NUEVO

Diccionario básico de la lengua española

SANTILLANA

El *Nuevo diccionario básico de la lengua española* es una obra colectiva concebida, diseñada y creada en el departamento de Referencia y Consulta de Santillana Educación, S. L., bajo la dirección de **Antonio Brandi**.

Dirección del proyecto: Antonio Luis Alarcón, Mercedes Rubio

Edición y coordinación: Mercedes Rubio
Redacción: Lourdes Herrera, Julia Fernández, Manuel Sequeiros, Rafael Díaz

Dirección de arte: José Crespo

Portada: Estudio Pep Carrió

Jefa de proyecto: Rosa Marín
Jefe de desarrollo de proyecto: Javier Tejeda
Desarrollo gráfico: Jorge Gómez, Raúl de Andrés

Dirección técnica: Ángel García Encinar

Coordinación técnica: Marisa Valbuena
Confección y montaje: Luis González, Pedro Valencia
Corrección: Ángeles San Román, Lorena Esmorís

© 2013 by Santillana Educación, S. L.
Avda. de los Artesanos, 6 - 28760 Tres Cantos - Madrid.
Printed in Spain

ISBN: 978-84-680-1583-5
CP: 490467
Depósito legal: M-10143-2013

JUL 1 1 2017

Un diccionario de muy fácil manejo

Un diccionario es, fundamentalmente, un repertorio de palabras dispuestas por orden alfabético junto a sus definiciones, es decir, el significado o significados de dichas palabras.

Este diccionario se ha concebido como «básico» por tres razones principales: por la importancia que da a las definiciones (principal objeto de búsqueda en este tipo de obras), por la sencillez de las mismas y por la cuidada selección de los términos que incluye.

El *Nuevo diccionario básico de la lengua española* ofrece cerca de 28 000 términos, que han sido seleccionados en todo momento a partir de criterios de uso y utilidad. Este copioso vocabulario proporciona una más que amplia base para entender y hablar con corrección la lengua española.

A pesar de su sencillez, en cada artículo de este diccionario se dan algunas informaciones que se consideran imprescindibles para un perfecto uso y entendimiento de nuestro idioma, como la categoría gramatical de cada término, los ejemplos de uso en aquellos casos en que más pueden ayudar a asimilar el significado propuesto, las expresiones más habituales, un rico muestrario de sinónimos y antónimos, que no son sino prolongaciones de los significados principales, o los cuadros verbales que acompañan a los verbos elegidos como modelo de la conjugación irregular y en los que se incluyen las formas que se apartan de la conjugación regular.

También tienen cabida en este diccionario las palabras extranjeras de uso habitual en nuestra lengua, así como neologismos, muchos de ellos procedentes de disciplinas como la informática y las nuevas tecnologías, los americanismos más generales y los términos malsonantes (marcados con la abreviatura *vulg.*) o de argot empleados corrientemente en castellano.

Con estas características se pretende satisfacer el deseo de todos aquellos que buscan un diccionario manejable y de rápida y fácil consulta.

Santillana

Algunas indicaciones para el uso de este diccionario

- Los términos que se definen van ordenados alfabéticamente y destacados en negrita. A pesar de que la *ch* y la *ll* son letras del abecedario español, se incluyen dentro de la *c* y la *l*, respectivamente. En los artículos dedicados en el diccionario a cada letra no se han tenido en cuenta a la hora de hacer el cómputo numérico, así, en la entrada *d*, por ejemplo, se dice que es la cuarta letra del abecedario, no la quinta.

- Para facilitar la búsqueda del consultante, en el borde superior derecho de todas las páginas impares aparece la letra del diccionario en la que nos encontramos, enmarcada en un recuadro gris. Asimismo, y con la misma finalidad, en la parte superior izquierda de las páginas pares se reproduce en letra destacada la primera palabra de esa página, y en la derecha de las impares, la última.

- Cuando una palabra tiene más de un significado, las distintas acepciones van numeradas. Este número coincidirá con el de los sinónimos y antónimos, haciéndolos corresponder con cada una de las definiciones.

- Aunque en este diccionario no se indica el origen etimológico de las palabras, se ha considerado oportuno dejar constancia de aquellos términos que no pertenecen a nuestra lengua. Se distingue entre extranjerismos puros o crudos, en cuyo caso el término irá destacado en cursiva y con la referencia directa, entre paréntesis, de la lengua de la que procede, y extranjerismos adaptados a las normas de nuestra lengua, que irán con la misma tipografía que el resto de artículos, pero con la especificación, entre paréntesis, de su procedencia.
  Ejemplos:
  - extranjerismo crudo: ***duty-free*** (ingl.)
  - extranjerismo adaptado: **mánager** (del ingl.)

- En este mismo espacio en que se indica el origen de los términos extranjeros aparece la información referente a si una voz está registrada como marca comercial.

- Los verbos irregulares que se toman como modelo incluirán un cuadro con las formas irregulares de su conjugación. En el resto de los verbos irregulares se indicará qué verbo modelo siguen.

ABREVIATURAS EMPLEADAS

acort.	acortamiento	*interr.*	interrogativo
adj.	adjetivo	irreg.	irregular
adv.	adverbio	ital.	italiano
al.	alemán	jap.	japonés
Amér.	América	lat.	latín, latino
ANT.	antónimos	**LOC.**	locuciones
apóc.	apócope	*m.*	masculino
ár.	árabe	*n. pr.*	nombre propio
art.	artículo	*num.*	numeral
art. det.	artículo determinado	p.	participio
art. indet.	artículo indeterminado	perf.	perfecto
aum.	aumentativo	*pl.*	plural
cat.	catalán	port.	portugués
comp.	comparativo	*pos.*	posesivo
conj.	conjunción	*prep.*	preposición
defect.	defectivo	pret.	pretérito
dem.	demostrativo	*pron.*	pronombre
desp.	despectivo	*pron. pers.*	pronombre personal
dim.	diminutivo	reg.	regular
excl.	exclamativo	*relat.*	relativo
expr.	expresión	*s.*	sustantivo
f.	femenino	*s. amb.*	sustantivo ambiguo
fam.	familiar	*s. f.*	sustantivo femenino
fr.	francés	*s. m.*	sustantivo masculino
gall.	gallego	**SIN.**	sinónimos
hebr.	hebreo	*sing.*	singular
indef.	indefinido	*sup.*	superlativo
ingl.	inglés	*v.*	verbo
interj.	interjección	*vulg.*	vulgar, vulgarismo

a¹ *s. f.* Primera letra del abecedario.

a² *prep.* Indica la persona que recibe un objeto o una acción: *Di el libro a tu amigo. Adora a sus hijos;* el lugar adonde alguien se dirige: *Voy a Cádiz;* distancia: *La casa está a 1 kilómetro;* tiempo en que ocurre o se hace algo: *Salimos a las doce;* modo: *lavar a mano;* precio: *todo a seis euros;* finalidad: *Vengo a verte;* velocidad: *Iba a 70 kilómetros por hora.*

a posteriori (lat.) *expr.* Después de que suceda una cosa: *Se dio cuenta del error* a posteriori. **ANT.** *A priori.*

a priori (lat.) *expr.* Antes de que suceda una cosa: *una consideración* a priori. **ANT.** *A posteriori.*

a. m. Siglas de *ante meridiem*, 'antes del mediodía'.

abacería *s. f.* Tienda de comestibles. **SIN.** Ultramarinos, colmado.

abacial *adj.* Del abad o la abadesa, o de la abadía.

ábaco *s. m.* **1.** Instrumento para contar y hacer operaciones matemáticas, con fichas o bolitas ensartadas en unas varillas. **2.** Parte superior del capitel de la columna.

abad, abadesa *s. m. y f.* Monje o monja que gobierna en algunos monasterios.

abadejo *s. m.* Bacalao.

abadía *s. f.* Monasterio gobernado por un abad o una abadesa.

abajo *adv.* Señala un lugar o una parte más bajos. **SIN.** Debajo. **ANT.** Arriba.

abalanzarse *v.* Lanzarse con fuerza hacia alguien o algo. **SIN.** Arrojarse, tirarse, echarse.

abalaustrado, da *adj.* Que tiene balaustradas o forma de balaustre.

abalear *v. Amér.* Disparar balas. **SIN.** Tirotear.

abalizar *v.* Balizar.

abalorio *s. m.* **1.** Bolita de los collares y otros adornos. **2.** Adorno llamativo de poco valor. **SIN. 1.** Cuenta.

abancalar *v.* Hacer bancales en un terreno.

abanderado, da *s. m. y f.* Persona que lleva la bandera en desfiles y actos públicos. **SIN.** Portaestandarte.

abanderar *v.* Ponerse al frente de los que defienden algo o luchan por ello: *abanderar un movimiento.* **SIN.** Liderar, encabezar, dirigir.

abandonado, da *p.* de abandonar. También *adj.* **SIN.** Descuidado, desatendido; desaliñado. **ANT.** Cuidadoso, atendido; arreglado.

abandonar *v.* **1.** Dejar solo y sin atención o cuidado. **2.** Dejar: *abandonar los estudios.* || **abandonarse 3.** No arreglarse o no asearse. **SIN. 1.** Descuidar, desamparar. **2.** Interrumpir, desistir. **ANT. 1.** Proteger. **2.** Continuar.

abandono *s. m.* Acción de abandonar o abandonarse. **SIN.** Desamparo, descuido; interrupción.

abanicar *v.* Dar aire con un abanico o con otra cosa.

abanico *s. m.* Utensilio plegable para darse aire.

abanto *adj. y s.* **1.** Torpe, atontado. **2.** Impaciente, impulsivo.

abaratar *v.* Bajar el precio de algo. **SIN.** Rebajar. **ANT.** Encarecer.

abarca *s. f.* Calzado rústico atado con correas o cuerdas. **SIN.** Albarca.

abarcar *v.* **1.** Rodear con los brazos o con la mano. **2.** Incluir, comprender. **SIN. 1.** Abrazar, ceñir. **2.** Englobar. **ANT. 2.** Excluir.

abarquillar *v.* Curvar, combar. **SIN.** Arquear, alabear. **ANT.** Enderezar.

abarrotado, da 1. *p.* de abarrotar. || *adj.* **2.** Muy lleno. **SIN. 2.** Atestado. **ANT. 2.** Vacío.

abarrotar *v.* Llenar por completo un lugar. **SIN.** Atestar. **ANT.** Vaciar.

abarrote *s. m. Amér.* Artículo comestible y tienda donde se vende.

abastecedor, ra *adj. y s.* Que abastece. **SIN.** Proveedor.

abastecer *v.* Proporcionar cosas necesarias. □ Es v. irreg. Se conjuga como *agradecer.* **SIN.** Suministrar, proveer.

abastecimiento *s. m.* Acción de abastecer. **SIN.** Suministro, aprovisionamiento.

abasto Se usa en la expresión **dar abasto**, 'poder hacer algo' o 'tener bastante': *No da abasto con tantos deberes. Un litro de leche da abasto para todos.*

abate *s. m.* Clérigo extranjero.

abatible *adj.* Que se puede bajar o tumbar: *respaldo abatible.*

abatido, da 1. *p.* de **abatir.** También *adj.* ∥ *adj.* **2.** Deprimido, desanimado. **SIN. 2.** Decaído. **ANT. 1.** Levantado. **2.** Animado.

abatimiento *s. m.* Desánimo, debilidad. **SIN.** Desaliento, desgana. **ANT.** Ánimo.

abatir *v.* **1.** Derribar. **2.** Bajar, tumbar. **3.** Hacer perder las fuerzas o el ánimo. ∥ **abatirse 4.** Lanzarse un avión o un ave desde lo alto, casi siempre para atacar. **SIN. 1.** Tirar, derrumbar. **2.** Inclinar. **3.** Desanimar, deprimir. **ANT. 1.** y **2.** Levantar. **3.** Animar.

abdicación *s. f.* Acción de abdicar.

abdicar *v.* Ceder el rey u otra persona su poder a alguien. **SIN.** Renunciar.

abdomen *s. m.* **1.** Parte del cuerpo de los vertebrados donde están las vísceras. **2.** Parte posterior del cuerpo de los artrópodos. **SIN. 1.** Vientre, barriga.

abdominal *adj.* Del abdomen.

abducir *v.* Secuestrar, especialmente si el secuestro lo llevan a cabo extraterrestres. ☐ Es v. irreg. Se conjuga como *conducir.*

abductor *adj.* y *s. m.* Se dice de los músculos que separan un brazo o una pierna del eje del cuerpo. **ANT.** Aductor.

abecé *s. m.* **1.** Abecedario. **2.** Conocimientos fundamentales de una materia.

abecedario *s. m.* Conjunto ordenado de las letras de un idioma. **SIN.** Abecé, alfabeto.

abedul *s. m.* Árbol de hoja caduca, madera dura y corteza lisa y grisácea que se desprende en láminas.

abeja *s. f.* Insecto volador que vive en colmenas y produce miel y cera.

abejaruco *s. m.* Ave de brillantes colores y pico y cola largos. Se alimenta de insectos, sobre todo de abejas.

abejorro *s. m.* Insecto parecido a la abeja, pero más grande.

aberración *s. f.* **1.** Cosa anormal. **2.** Acción inhumana o salvaje. **SIN. 1.** Anormalidad, desviación.

aberrante *adj.* **1.** Que no es normal o natural. **2.** Salvaje, inhumano.

abertura *s. f.* Agujero, grieta. **SIN.** Boquete.

abertzale (vasco) *adj.* y *s.* Nombre que se da a los nacionalistas vascos radicales.

abeto *s. m.* Árbol de alta montaña, de hoja perenne y copa cónica.

abiertamente *adv.* De manera clara y sincera.

abierto, ta 1. *p.* de **abrir.** También *adj.* ∥ *adj.* **2.** Amplio y sin obstáculos: *mar abierto.* **3.** Comunicativo. **4.** Comprensivo, receptivo: *abierto a nuevas costumbres.* **SIN. 3.** Extrovertido. **ANT. 3.** Retraído.

abigarrado, da *adj.* Con muchas cosas distintas y mal combinadas.

abisal *adj.* Se dice de las grandes profundidades del mar y de lo que hay en ellas.

abisinio, nia *adj.* y *s.* Etíope.

abismal *adj.* Se dice de la diferencia muy grande. **SIN.** Enorme, inmenso.

abismo *s. m.* **1.** Profundidad muy grande, impresionante y peligrosa, como la del mar o un precipicio. **2.** Mucha diferencia. **SIN. 1.** Sima.

abjurar *v.* Abandonar ideas o creencias. **SIN.** Renegar, apostatar. **ANT.** Reafirmarse.

ablación *s. f.* Mutilación de una parte del cuerpo.

ablandar *v.* **1.** Poner blanda una cosa. **2.** Convencer o conmover. **SIN. 1.** Reblandecer. **2.** Enternecer. **ANT. 1.** y **2.** Endurecer.

ablución *s. f.* Acción de lavarse, sobre todo para purificarse en algunas religiones.

ablusado, da *adj.* Suelto como una blusa.

abnegación *s. f.* Capacidad para sacrificarse por los demás. **ANT.** Egoísmo.

abnegado, da *adj.* Que muestra abnegación. **ANT.** Egoísta.

abocado, da *adj.* Próximo o expuesto: *abocado al fracaso.*

abocetar *v.* Hacer un boceto.

abochornado, da 1. *p.* de **abochornar.** ∥ *adj.* **2.** Avergonzado.

abochornar *v.* Avergonzar.

abofetear *v.* Dar bofetadas.

abogacía *s. f.* Profesión del abogado.

abogado, da *s. m.* y *f.* Persona que ha estudiado derecho y trabaja defendiendo a otras en los juicios, aconsejando en asuntos de leyes, etc. **SIN.** Letrado, jurista.

abogar *v.* Defender, apoyar: *abogar por la paz.* **SIN.** Interceder. **ANT.** Atacar.

abolengo *s. m.* Conjunto de antepasados, sobre todo si son nobles o importantes. **SIN.** Estirpe, linaje.

abolición *s. f.* Acción de abolir.

abolicionismo *s. m.* Doctrina que defendía la abolición de la esclavitud.

abolicionista *adj.* y *s.* Partidario del abolicionismo o relacionado con él.

abolir *v.* Suprimir una ley o costumbre. □ Aunque tradicionalmente ha sido un v. defect. y solo se conjugaban las formas con una *i* en la raíz: *abolió*, en la actualidad se consideran correctas todas las demás formas de la conjugación: *abolen*. **SIN.** Derogar. **ANT.** Implantar.

abolladura *s. f.* Acción de abollar y parte que queda abollada. **SIN.** Abollón.

abollar *v.* Hundir una superficie al golpearla o apretarla. **ANT.** Desabollar.

abollón *s. m.* Parte abollada de algo. **SIN.** Abolladura.

abombar *v.* Curvar hacia afuera una superficie. **SIN.** Abultar, ahuecar. **ANT.** Aplanar.

abominable *adj.* Que merece ser odiado o rechazado. **SIN.** Detestable, horroroso. **ANT.** Admirable.

abominar *v.* Odiar, rechazar. **SIN.** Aborrecer, detestar. **ANT.** Amar.

abonado, da 1. *p.* de abonar². ‖ *adj.* y *s.* **2.** Se dice de la persona que se abona a algo.

abonar¹ *v.* Echar abono en la tierra. **SIN.** Fertilizar.

abonar² *v.* **1.** Pagar. ‖ **abonarse 2.** Comprarse un abono o pagar para poder asistir a varias sesiones de un espectáculo, ir a un club o recibir revistas y periódicos.

abono¹ *s. m.* Sustancia que se echa en la tierra para hacerla más fértil. **SIN.** Fertilizante.

abono² *s. m.* Conjunto de entradas o tarjeta que permiten asistir a un espectáculo o utilizar un servicio.

abordaje *s. m.* Acción de abordar una embarcación a otra.

abordar *v.* **1.** Dirigirse a alguien para decirle algo. **2.** Tratar un asunto, comenzar una cosa difícil. **3.** Acercarse una embarcación a otra o chocar con ella, sobre todo para atacarla. **SIN.** 2. Acometer, afrontar. **ANT.** 2. Evitar.

aborigen *adj.* y *s.* Primitivo poblador de un lugar. **SIN.** Indígena, nativo.

aborrecer *v.* Odiar. □ Es v. irreg. Se conjuga como *agradecer*. **SIN.** Detestar, abominar. **ANT.** Amar.

aborrecible *adj.* Que merece ser aborrecido. **SIN.** Detestable.

aborrecimiento *s. m.* Odio, antipatía.

aborregado *adj.* Se dice del cielo cubierto de pequeñas nubes blancas.

abortar *v.* **1.** Expulsar la madre el feto antes de que esté en condiciones de poder vivir;

puede ser natural o provocado. **2.** Hacer fracasar algo. **SIN.** 2. Frustrar, malograr. **ANT.** 2. Triunfar.

abortista *adj.* y *s.* Partidario de legalizar el aborto.

abortivo, va *adj.* y *s. m.* Que provoca un aborto.

aborto *s. m.* Acción de abortar una mujer.

abotargado, da 1. *p.* de abotargarse. También *adj.* ‖ *adj.* **2.** Hinchado, con dificultad para moverse.

abotargarse *v.* **1.** Hincharse el cuerpo o una parte de él. **2.** Atontarse debido a diversas causas ambientales o fisiológicas. **SIN.** 1. Inflamarse. **ANT.** 1. Deshincharse.

abotinado, da *adj.* Se dice del calzado que cubre el pie hasta el tobillo.

abotonar *v.* Abrochar los botones de una prenda de vestir. **ANT.** Desabotonar, desabrochar.

abovedado, da *adj.* Que tiene forma de bóveda o está cubierto con ella.

abra *s. f.* Bahía pequeña.

abrasador, ra *adj.* Que abrasa.

abrasar *v.* **1.** Quemar con fuego, ácidos, etc. **2.** Estar muy caliente. **SIN.** 1. Carbonizar, calcinar. 2. Arder. **ANT.** 1. Apagar.

abrasión *s. f.* **1.** Desgaste por el roce. **2.** Lesión de la piel o las mucosas producida por roce o por algunas sustancias.

abrasivo, va *adj.* y *s. m.* Que produce abrasión.

abrazadera *s. f.* Pieza que sujeta algo rodeándolo como un anillo.

abrazar *v.* **1.** Rodear con los brazos, sobre todo en señal de cariño. **2.** Seguir unas ideas o una religión. **SIN.** 1. Estrechar. 2. Adoptar. **ANT.** 2. Abjurar.

abrazo *s. m.* Acción de abrazar a alguien.

abrebotellas *s. m.* Instrumento para levantar las chapas o tapones de las botellas. **SIN.** Abridor.

abrecartas *s. m.* Utensilio en forma de cuchillo para abrir cartas.

abrecoches *s. m.* y *f.* Persona que abre la puerta del coche a sus ocupantes en la entrada de un hotel, restaurante, etc.

ábrego *s. m.* Viento húmedo del suroeste.

abrelatas *s. m.* Instrumento para abrir latas de conservas.

abrevadero *s. m.* Estanque o pilón donde beben los animales.

abrevar *v.* Beber el ganado o darle de beber.

abreviado, da 1. *p.* de **abreviar**. ‖ *adj.* 2. Reducido, breve. **ANT.** 1. y 2. Alargado.

abreviar *v.* 1. Hacer más breve. 2. Darse prisa. **SIN.** 1. Reducir, resumir, acortar. 2. Apresurar, acelerar. **ANT.** 1. Alargar, ampliar. 2. Demorar.

abreviatura *s. f.* Forma más corta de una palabra, como *Sr.* de *señor.*

abridor *s. m.* Abrebotellas.

abrigado, da 1. *p.* de **abrigar**. ‖ *adj.* 2. Que abriga: *un jersey abrigado.* 3. Protegido del viento, del frío o de las olas.

abrigar *v.* Proteger del frío. **SIN.** Arropar, resguardar. **ANT.** Destapar, desabrigar.

abrigo *s. m.* 1. Prenda de vestir que se usa sobre el resto de la ropa para protegerse del frío. 2. Lugar protegido del frío y el viento. 3. Amparo, protección. ‖ **LOC. de abrigo** Tremendo: *Tiene un enfado de abrigo.* **SIN.** 1. Gabán, sobretodo.

abril *s. m.* Cuarto mes del año, de treinta días.

abrillantador, ra *adj.* y *s. m.* Que sirve para abrillantar.

abrillantar *v.* Dar brillo. **SIN.** Pulir, lustrar.

abrir *v.* 1. Quitar lo que tapa una cosa o impide el paso a un lugar: *abrir una caja, una botella, una puerta.* 2. Sacar un cajón del mueble en que está metido. 3. Extender algo que estaba doblado o junto: *abrir el paraguas, un libro.* 4. Hacer: *abrir un agujero.* 5. Empezar: *abrir un baile.* 6. Dar, provocar: *abrir el apetito.* ‖ **abrirse** 7. Hacerse comunicativa una persona. 8. Mostrarse tolerante o comprensivo. 9. *fam.* Irse. □ Su p. es irreg.: *abierto.* **SIN.** 1. Destapar. 3. Desplegar. 5. Iniciar, inaugurar. **ANT.** 1. Tapar. 1. a 4. Cerrar. 5. Terminar.

abrochar *v.* Cerrar o sujetar las prendas de vestir u otras cosas con botones o broches. **SIN.** Abotonar. **ANT.** Desabrochar.

abrogar *v.* Suprimir una ley. **SIN.** Abolir, derogar. **ANT.** Aprobar.

abrojo *s. m.* Arbusto de tallos largos y espinosos que crecen a ras de suelo, muy perjudicial para los sembrados.

abroncar *v.* Abuchear.

abrótano *s. m.* Planta de flores amarillas que se usa para elaborar crecepelos.

abrumador, ra *adj.* 1. Pesado, agobiante: *un trabajo abrumador.* 2. Muy grande, total: *una victoria abrumadora.* **SIN.** 1. Angustioso. 2. Aplastante. **ANT.** 1. y 2. Ligero, leve.

abrumar *v.* 1. Cansar, agobiar. 2. Hacer que alguien sienta vergüenza por ser demasiado amable con él o alabarle mucho. **SIN.** 1. Atosigar. 2. Azorar. **ANT.** 1. Aliviar.

abrupto, ta *adj.* Accidentado, montañoso. **SIN.** Escarpado. **ANT.** Llano.

ABS (siglas de la expr. ingl. *Anti Blocking System,* 'sistema antibloqueo') *s. m.* Sistema de freno de los vehículos que impide que las ruedas se bloqueen.

absceso *s. m.* Grano con pus muy doloroso. **SIN.** Forúnculo.

abscisa *s. f.* Coordenada primera o línea horizontal en un sistema de ejes cartesianos.

absenta *s. f.* Ajenjo, bebida alcohólica.

absentismo *s. m.* Hecho de faltar mucho al trabajo sin motivo justificado.

ábside *s. m.* Parte de una iglesia que sobresale en la fachada posterior, donde está el altar mayor.

absolución *s. f.* Acción de absolver de un pecado o culpa. **SIN.** Perdón. **ANT.** Condena.

absolutamente *adv.* Por completo, totalmente.

absolutismo *s. m.* Forma de gobierno en la que el rey tiene todos los poderes del Estado.

absolutista *adj.* y *s.* Partidario del absolutismo o relacionado con él.

absoluto, ta *adj.* 1. Total, completo. 2. En matemáticas, se aplica al valor de un número con signo positivo. ‖ **LOC. en absoluto** De ninguna manera: *–¿Te molestamos? –No, en absoluto.*

absolutorio, ria *adj.* Se dice del fallo o sentencia judicial que absuelve al acusado.

absolver *v.* 1. Perdonar un pecado. 2. Declarar inocente. □ Es v. irreg. Se conjuga como *volver.* **SIN.** 1. y 2. Exculpar. **ANT.** 1. y 2. Condenar.

absorbente *adj.* 1. Que absorbe o empapa. 2. Que necesita mucho tiempo o atención: *un trabajo absorbente.* ‖ *adj.* y *s.* 3. Se dice de la persona que quiere la atención de alguien solo para ella. **SIN.** 3. Posesivo, dominante.

absorber *v.* 1. Atraer un cuerpo a un líquido o gas y conservarlo dentro de él. 2. Ocupar toda la atención, el interés o el tiempo de alguien. **SIN.** 1. Chupar, embeber. **ANT.** 1. Expulsar. 2. Distraer.

absorción *s. f.* Acción de absorber un líquido o gas.

absorto, ta *adj.* Muy concentrado en algo. **SIN.** Abstraído. **ANT.** Distraído.

abstemio, mia *adj.* y *s.* Que no bebe alcohol. **ANT.** Bebedor.

abstención *s. f.* Acción de abstenerse, sobre todo de participar en una votación. **ANT.** Participación.

abstenerse v. No hacer, decir o tomar algo. □ Es v. irreg. Se conjuga como *tener*. SIN. Contenerse. ANT. Participar.

abstinencia s. f. Hecho de abstenerse de algo, en especial por razones religiosas.

abstracción s. f. Acción de abstraer o idea abstracta.

abstracto, ta adj. **1.** Se dice de las cualidades consideradas separadamente de las personas o cosas que las poseen, por ejemplo, la bondad y la belleza. **2.** Se dice de los sustantivos que expresan esas cualidades o ideas. **3.** Se dice del arte que no representa cosas que se ven en la realidad. ANT. 3. Figurativo.

abstraer v. **1.** Separar con el pensamiento alguna cualidad de una persona o cosa. || **2. abstraerse** Desviar la atención de todo para fijarse solo en una cosa. □ Es v. irreg. Se conjuga como *traer*. SIN. 2. Ensimismarse, embeberse. ANT. 2. Distraerse.

abstraído, da 1. p. de abstraer. También adj. || adj. **2.** Que está pensando en sus cosas y no se entera de lo demás. SIN. 2. Absorto. ANT. 2. Alerta, atento.

abstruso, sa adj. Que no se comprende. SIN. Incomprensible, impenetrable. ANT. Comprensible.

absurdo, da adj. y s. m. Que no tiene lógica ni sentido.

abubilla s. f. Ave de largo pico curvado y una vistosa cresta. Se alimenta de insectos y despide mal olor.

abuchear v. Protestar contra alguien con gritos o silbidos. SIN. Silbar, abroncar. ANT. Aplaudir, ovacionar.

abucheo s. m. Acción de abuchear. SIN. Bronca. ANT. Aplauso, ovación.

abuelastro, tra s. m. y f. **1.** Padre o madre del padrastro o de la madrastra de una persona. **2.** Segundo marido de la abuela o segunda mujer del abuelo de una persona.

abuelo, la s. m. y f. Padre o madre de los padres de alguien.

abuhardillado, da adj. Con buhardilla o en forma de buhardilla.

abulense adj. y s. De Ávila, ciudad y provincia españolas.

abulia s. f. Desgana, desinterés. SIN. Apatía. ANT. Entusiasmo.

abúlico, ca adj. Que tiene abulia. SIN. Apático. ANT. Entusiasta.

abullonado, da adj. Se dice de la prenda de vestir muy fruncida por un extremo y ajustada por otro.

abultado, da 1. p. de abultar. También adj. || adj. **2.** Grande o exagerado: *una abultada victoria*.

abultamiento s. m. Bulto.

abultar v. **1.** Ocupar un espacio. || **abultarse 2.** Hincharse. SIN. 2. Inflamarse. ANT. 2. Deshincharse.

abundamiento Se usa en la expresión **a o para mayor abundamiento**, 'además'.

abundancia s. f. Gran cantidad de alguna cosa. SIN. Riqueza, profusión. ANT. Escasez.

abundante adj. Que abunda. SIN. Copioso. ANT. Escaso.

abundar v. Haber mucho de algo.

abur interj. Adiós.

aburguesarse v. Acostumbrarse a la vida tranquila y acomodada de los burgueses.

aburrido, da 1. p. de aburrir. También adj. || adj. y s. **2.** Incapaz de divertirse. SIN. 1. Pesado. 1. y 2. Soso. ANT. 1. Distraído. 1. y 2. Divertido.

aburrimiento s. m. Cansancio o fastidio que produce lo que aburre. SIN. Tedio, hastío. ANT. Distracción.

aburrir v. Resultar pesado algo, no encontrarlo divertido o entretenido. SIN. Hastiar, hartar. ANT. Distraer.

abusar v. **1.** Tomar o usar demasiado una cosa. **2.** Aprovecharse de alguien. SIN. 1. Pasarse, excederse. ANT. 1. Controlarse.

abusivo, va adj. Que es un abuso: *precios abusivos*. ANT. Justo.

abuso s. m. Acción de abusar, hacer uso excesivo o indebido de algo.

abusón, na adj. y s. Que abusa de otros. SIN. Aprovechado.

abyecto, ta adj. Despreciable, indigno. SIN. Vil, ruin. ANT. Digno.

acá adv. **1.** Indica el sitio donde está la persona que habla: *Ven acá*. **2.** Señala el momento presente: *No paró de llover del martes acá*. SIN. 1. Aquí. ANT. 1. Allá, allí.

acabado, da 1. p. de acabar. También adj. || adj. **2.** En un estado o en una situación muy malos. || s. m. **3.** Forma de estar terminada una cosa. SIN. 1. Terminado, finalizado. 3. Remate.

acabar v. **1.** Poner fin a algo o llegar algo a su fin. **2.** Haber consumido algo completamente. **3.** Tener un objeto en su terminación la forma que se dice: *Los barrotes acaban en punta*. || LOC. **acabar de** Con un infinitivo, indica que la acción se ha producido inmediatamente antes: *Acabo de llegar*. SIN. 1. Concluir, finalizar. 1. a 3. Terminar. ANT. 1. Iniciar. 1. a 3. Empezar.

acabose Se usa en la expresión **ser** algo **el acabose**, 'ser un total desastre, el colmo'.

acacia s. f. **1.** Árbol o arbusto de madera dura y flores olorosas en racimos colgantes. **2.** Falsa acacia, común en España, que da unas flores blancas llamadas *pan y quesillo*.

academia s. f. **1.** Centro de enseñanza para algunas profesiones o actividades. **2.** Sociedad o institución artística, literaria o científica.

académico, ca adj. y s. **1.** De una academia o relacionado con ella. ‖ adj. **2.** Se dice del artista, la obra o el estilo que sigue las normas clásicas. **3.** De la enseñanza oficial: *curso académico*.

acaecer v. Ocurrir, suceder. ☐ Es v. irreg. Se conjuga como *agradecer*. **SIN.** Pasar, acontecer, sobrevenir.

acallar v. **1.** Hacer callar ruidos o voces. **2.** Calmar, aplacar. **SIN. 1.** Silenciar, enmudecer. **2.** Serenar, sosegar. **ANT. 2.** Excitar.

acaloramiento s. m. Excitación, enfado. **ANT.** Calma.

acalorar v. **1.** Dar o causar calor. ‖ **acalorarse 2.** Excitarse o enfadarse. **SIN. 2.** Exaltarse, enardecerse. **ANT. 2.** Refrescar. **2.** Calmarse.

acampada s. f. Acción de acampar.

acampanado, da adj. Que tiene forma de campana.

acampar v. Instalarse en el campo en tiendas de campaña o al aire libre.

acanalado, da adj. En forma de canal o con estrías.

acanaladura s. f. Canal o estría, como las de algunas columnas.

acantilado s. m. Parte de la costa cortada verticalmente sobre el mar.

acanto s. m. Planta de hojas rizadas y grandes, con espigas de flores blancas y rosadas, y brácteas espinosas.

acantonar v. Instalar a los soldados en un lugar.

acaparador, ra adj. y s. Que lo quiere todo para él.

acaparar v. **1.** Quedarse con algo o utilizarlo sin dejar a los demás hacerlo. **2.** Atraer por completo la atención o el interés de otros. **SIN. 1.** Copar. **2.** Absorber. **ANT. 1.** Compartir.

acápite s. m. *Amér.* Párrafo o título de un escrito.

acaramelado, da adj. **1.** Cubierto de caramelo. **2.** Muy dulce y cariñoso.

acariciar v. **1.** Hacer caricias. **2.** Rozar suavemente algo. **3.** Pensar con agrado en algo que se espera conseguir: *acariciar el éxito*.

ácaro s. m. Arácnido muy pequeño que vive en las plantas o es parásito de las personas y los animales, como las garrapatas o el arador de la sarna.

acarrear v. **1.** Causar daños o perjuicios. **2.** Transportar algo en carro o por otro medio. **SIN. 1.** Ocasionar, originar. **2.** Trasladar.

acarreo s. m. **1.** Acción de acarrear. **2.** Conjunto de materiales que se acumulan en un lugar, después de ser transportados por el agua o el viento. **SIN. 1.** Transporte, porte.

acartonarse v. Ponerse rígido y seco.

acaso adv. Indica posibilidad: *Acaso llueva.* ‖ **LOC. por si acaso** adv. Por si ocurre algo. **SIN.** Quizá.

acastañado, da adj. Que tira al color castaño.

acatamiento s. m. Acción de acatar. **SIN.** Cumplimiento, obediencia.

acatar v. Aceptar y obedecer una orden, ley o mandato. **SIN.** Cumplir, someterse. **ANT.** Incumplir.

acatarrarse v. Coger un catarro. **SIN.** Constiparse, resfriarse.

acaudalado, da adj. Rico, adinerado.

acaudillar v. Dirigir, capitanear. **SIN.** Liderar, encabezar.

acceder v. **1.** Estar alguien de acuerdo con lo que otro pide o quiere. **2.** Llegar, entrar. **SIN. 1.** Consentir, transigir. **2.** Pasar. **ANT. 1.** Rehusar. **2.** Salir.

accesibilidad s. f. Característica de las personas o cosas accesibles.

accesible adj. **1.** Se dice de lo que se puede alcanzar o del lugar al que se puede llegar. **2.** Se dice de la persona amable, con la que se puede tratar. **SIN. 1.** Asequible. **ANT. 1.** Inaccesible. **2.** Intratable.

accésit s. m. En algunos concursos, recompensa inferior al premio.

acceso s. m. **1.** Acción de acercarse o llegar a un lugar. **2.** Lugar por donde se llega o entra a un sitio. **3.** Ataque repentino: *un acceso de tos*. **SIN. 1.** Llegada, acercamiento. **ANT. 1.** Alejamiento. **2.** Salida.

accesorio, ria adj. **1.** Que no es necesario o principal. ‖ s. m. **2.** Complemento o adorno. **SIN. 1.** Secundario. **ANT. 1.** Fundamental.

accidentado, da 1. p. de **accidentarse**. También adj. y s. ‖ adj. **2.** Con muchos problemas o contratiempos. **3.** Muy montañoso. **SIN. 1.** Damnificado. **3.** Escarpado, abrupto. **ANT. 1.** Ileso. **2.** Tranquilo. **3.** Llano.

accidental adj. Que ocurre por casualidad. **SIN.** Casual, fortuito.

accidentarse v. Sufrir un accidente.

accidente s. m. **1.** Suceso inesperado que normalmente causa daños. **2.** En geografía, elemento que da a su forma y aspecto a un lugar, por ejemplo, un río o una montaña. **SIN. 1.** Percance.

acción s. f. **1.** Cualquier cosa que se hace. **2.** Influencia o efecto. **3.** Serie de acontecimientos que suceden en una película, novela, obra de teatro. **4.** En economía, cada una de las partes en que se divide el capital de una empresa, las cuales están repartidas entre los accionistas. **SIN. 1.** Hecho, actuación, obra.

accionar v. **1.** Poner en funcionamiento un mecanismo. **2.** Hacer gestos o movimientos al hablar. **SIN. 1.** Activar. **2.** Gesticular. **ANT. 1.** Desactivar.

accionista s. m. y f. Persona que posee acciones de una empresa.

acebo s. m. Árbol o arbusto de hojas espinosas y frutos en forma de bolitas rojas; sus ramas se usan como adorno navideño.

acebuche s. m. Olivo silvestre.

acechanza s. f. Acción de acechar. **SIN.** Acecho.

acechar v. **1.** Vigilar a una persona o animal sin que se entere. **2.** Amenazar. **SIN. 1.** Espiar.

acecho s. m. Acción de acechar. ‖ **LOC. al acecho** En actitud de acechar. **SIN.** Acechanza.

acedía s. f. Platija, pez.

aceitar v. Poner aceite, engrasar.

aceite s. m. Sustancia grasa y líquida que se obtiene de vegetales (aceituna, girasol), animales (ballena, bacalao) o minerales (carbón de hulla).

aceitera s. f. Frasco o recipiente para el aceite que se consume a diario.

aceitero, ra adj. Relacionado con el aceite.

aceitoso, sa adj. Que tiene demasiado aceite, grasiento.

aceituna s. f. Fruto comestible del olivo, pequeño, ovalado y de color verde.

aceitunado, da adj. Moreno verdoso.

aceitunero, ra adj. **1.** Relacionado con la aceituna. ‖ s. m. y f. **2.** Persona que recoge, transporta o vende aceitunas.

aceleración s. f. Acción de acelerar. **SIN.** Apresuramiento. **ANT.** Deceleración.

acelerado, da 1. p. de **acelerar**. También adj. ‖ adj. **2.** Que está muy nervioso o hace las cosas demasiado deprisa. **ANT. 2.** Tranquilo, pausado.

acelerador s. m. Mecanismo que lleva un motor para aumentar su velocidad.

acelerar v. Aumentar la velocidad o hacer algo más deprisa. **SIN.** Apresurar, aligerar. **ANT.** Desacelerar, frenar.

acelerón s. m. Acción de acelerar bruscamente un motor. **ANT.** Frenazo.

acelga s. f. Planta de huerta de hojas anchas, con tallo blanco, grueso y acanalado. Se usa mucho como alimento.

acémila s. f. **1.** Mula de carga. **2.** Persona bruta o ignorante. **SIN. 2.** Burro, bestia.

acendrado, da adj. Sin ningún defecto ni nada que parezca mal: acendrada honradez. **SIN.** Irreprochable, intachable, inmaculado. **ANT.** Turbio, corrompido.

acento s. m. **1.** Mayor o menor intensidad con que se pronuncia una sílaba. **2.** Tilde que se pone sobre la vocal de esa sílaba, cuando las normas de acentuación lo exigen. **3.** Entonación al hablar característica de una persona, región o país.

acentuación s. f. Acción de acentuar.

acentuado, da 1. p. de **acentuar**. ‖ adj. **2.** Que lleva acento. **3.** Que se nota mucho. **SIN. 2.** Tónico. **3.** Marcado. **ANT. 2.** Átono.

acentuar v. **1.** Pronunciar una palabra marcando su acento o ponerle la tilde. **2.** Hacer que algo se note más. **SIN. 2.** Resaltar. **ANT. 2.** Disimular.

aceña s. f. Molino de agua.

acepción s. f. Cada uno de los significados de una palabra.

aceptable adj. Que se puede aceptar. **SIN.** Admisible. **ANT.** Inaceptable.

aceptación s. f. Buena acogida, aprobación. **ANT.** Rechazo.

aceptar v. **1.** Recibir algo de buena gana. **2.** Admitir: La aceptaron en el club. **3.** Aprobar. **SIN. 2.** Acoger. **ANT. 1.** a **3.** Rechazar.

acequia s. f. Canal pequeño para regar.

acera s. f. Parte de la calle por la que caminan los peatones.

acerado, da adj. **1.** De acero o parecido al acero. **2.** Duro, agresivo: una acerada crítica.

acerbo, ba adj. Cruel, duro: una acerba crítica. **SIN.** Severo, despiadado.

acerca de expr. Señala aquello de lo que se habla, discute o escribe.

acercamiento s. m. Acción de acercar o acercarse. **SIN.** Aproximación. **ANT.** Alejamiento.

acercar v. **1.** Poner más cerca. **2.** Llevar en un vehículo a alguien adonde quiere ir. ‖ **acercarse 3.** Ir a un lugar. **4.** Faltar cada vez menos tiempo para que algo ocurra. **SIN. 1.** Arrimar, aproximar. **ANT. 1.** Alejar.

acería o **acerería** s. f. Fábrica de acero.

acerico s. m. Almohadilla para clavar agujas y alfileres. **SIN.** Alfiletero.

acero s. m. **1.** Hierro combinado con carbono, que lo hace más duro y flexible. **2.** Arma blanca, sobre todo la espada.

acerolo s. m. Árbol que tiene flores blancas y da unos frutos parecidos a las manzanas.

acérrimo, ma adj. Muy constante y entusiasta: *un acérrimo defensor*. **SIN.** Enérgico, tenaz.

acertado, da 1. p. de **acertar**. También adj. ǁ adj. **2.** Hecho con acierto. **ANT. 2.** Desacertado.

acertante adj. y s. Que ha acertado en un juego de apuestas, lotería o concurso.

acertar v. **1.** Hallar la solución, el resultado o la manera de hacer algo. **2.** Dar en el lugar al que se dirige alguna cosa. **3.** Encontrar por casualidad lo que se buscaba. **4.** Hacer lo mejor. □ Es v. irreg. Se conjuga como *pensar*. **SIN. 1.** Descubrir, adivinar. **1.** a **4.** Atinar. **ANT. 1.** a **4.** Fallar, equivocarse.

acertijo s. m. Adivinanza.

acervo s. m. Conjunto de bienes o conocimientos de una persona, grupo o país. **SIN.** Patrimonio, caudal.

acetato s. m. Compuesto químico que se usa en la industria textil y en la fabricación de plásticos o películas fotográficas.

acetona s. f. **1.** Líquido incoloro de olor fuerte, que arde con facilidad; se usa como disolvente de algunas sustancias. **2.** Enfermedad típica de los niños, caracterizada por vómitos y presencia de ese líquido en la orina.

achacable adj. Que se puede achacar a una persona o cosa.

achacar v. Pensar o decir que una persona o cosa tiene la culpa de algo malo.

achacoso, sa adj. Que sufre achaques.

achaflanado, da adj. Que forma chaflán: *esquina achaflanada*.

achampanado, da o **achampañado, da** adj. Se dice de las bebidas que imitan al champán.

achantar v. Acobardar, atemorizar. **SIN.** Achicar, amilanar.

achaparrado, da adj. Bajo y gordo. **ANT.** Esbelto.

achaque s. m. Molestia o enfermedad poco importante, que se da sobre todo en la vejez.

achatar v. Poner chato un objeto.

achicar v. **1.** Hacer más pequeño. **2.** Sacar el agua que ha entrado en un lugar, sobre todo en una embarcación. **3.** Acobardar, intimidar. **SIN. 1.** Disminuir. **3.** Achantar.

achicharradero s. m. Lugar donde hace mucho calor.

achicharrar v. **1.** Freír, asar o tostar demasiado un alimento. **2.** Pasar mucho calor o quemarse con el sol. **SIN. 1.** Quemar, chamuscar. **2.** Cocerse, asfixiarse. **ANT. 2.** Helarse.

achicoria s. f. Hierba perenne, de flores azules; con sus raíces molidas y tostadas se hace una bebida que sustituye al café.

achinado, da adj. De rasgos parecidos a los de los chinos.

achique s. m. Acción de achicar, sacar agua.

achisparse v. Ponerse alegre bebiendo, sin llegar a estar borracho.

achuchado, da 1. p. de **achuchar**. También adj. ǁ adj. **2.** Con dificultades, sobre todo económicas.

achuchar v. **1.** Incitar a una persona o animal contra otro. **2.** Empujar, apretujar. **3.** Abrazar cariñosamente. **SIN. 1.** Azuzar. **2.** Estrujar.

achuchón s. m. Acción de achuchar.

achulado, da adj. Con aspecto o modales de chulo.

aciago, ga adj. Se dice de las situaciones y momentos en los que todo sale mal. **SIN.** Desafortunado, nefasto. **ANT.** Afortunado.

acíbar s. m. Áloe, planta y jugo amargo que se extrae de ella.

acicalarse v. Arreglarse, ponerse guapo. **SIN.** Engalanarse.

acicate s. m. Estímulo para hacer algo. **SIN.** Aliciente. **ANT.** Freno.

acicular adj. En forma de aguja: *una hoja acicular*.

acidez s. f. **1.** Característica de las cosas ácidas. **2.** Sensación de malestar y ardor en el estómago debido al exceso de ácidos. **ANT. 1.** Dulzor.

ácido, da adj. **1.** De sabor como el del limón o el vinagre. ǁ s. m. **2.** Sustancia química que ataca a los metales y reacciona con las bases dando sales y agua. **SIN. 1.** Agrio, acre. **ANT. 1.** Dulce.

acidulante adj. y s. m. Se dice de las sustancias que se añaden a un alimento para darle un sabor más ácido.

acierto s. m. **1.** Acción de acertar. **2.** Cosa que se acierta. **SIN. 1.** Tino. **ANT. 1.** Desacierto.

ácimo adj. Ázimo.

aclamación s. f. Acción de aclamar. **SIN.** Aplauso, ovación. **ANT.** Abucheo.

aclamar v. Dar voces o aplausos una multitud en honor de alguien. **SIN.** Aplaudir, ovacionar. **ANT.** Abuchear.

aclaración s. f. Explicación de algo para que se entienda mejor.

aclarado, da 1. p. de aclarar. También adj. || s. m. **2.** Acción de aclarar lo que se está lavando. **SIN. 2.** Enjuague.

aclarar v. **1.** Hacer menos espeso o apretado. **2.** Poner de color más claro. **3.** Explicar algo ya dicho para que se entienda mejor. **4.** Echar agua para quitar el jabón. **5.** Desaparecer las nubes o la niebla. || **aclararse 6.** Entender, comprender. **SIN. 3.** Esclarecer. **4.** Enjuagar. **5.** Despejarse. **ANT. 1.** Espesar. **2.** Oscurecer. **5.** Nublarse.

aclaratorio, ria adj. Que aclara o explica.

aclimatación s. f. Acción de aclimatar o aclimatarse. **SIN.** Adaptación.

aclimatar v. Acostumbrar a un ser vivo a un ambiente diferente del suyo normal. **SIN.** Adaptar, habituar.

acné s. m. Enfermedad de la piel que padecen sobre todo los adolescentes, en la que salen granos y espinillas.

acobardar v. Dar o sentir temor. **SIN.** Atemorizar, amilanar. **ANT.** Envalentonarse.

acodado, da 1. p. de acodarse. || adj. **2.** Doblado en ángulo: tubo acodado.

acodarse v. Apoyarse en los codos.

acogedor, ra adj. Cómodo y agradable. **SIN.** Hospitalario.

acoger v. **1.** Admitir una persona a otra en su casa para protegerla o ayudarla. **2.** Recibir a alguien o algo de alguna manera: La acogieron con un aplauso. **SIN. 1.** Amparar.

acogida s. f. Acción de acoger. **SIN.** Aceptación. **ANT.** Rechazo.

acogotar v. **1.** Sujetar fuertemente por el cuello. **2.** Dominar, intimidar. **SIN. 2.** Amilanar.

acojonante adj. vulg. Que causa miedo o mucho asombro.

acojonar v. vulg. Atemorizar, asustar.

acolchado, da 1. p. de acolchar. También adj. || s. m. **2.** Acción de acolchar. **3.** Aquello con que se acolcha algo.

acolchar v. Forrar o rellenar con algodón, lana, gomaespuma o materiales parecidos.

acólito s. m. Persona que ayuda al sacerdote durante la misa y otras ceremonias. **SIN.** Monaguillo.

acometer v. **1.** Atacar o lanzarse contra alguien o algo. **2.** Empezar algo difícil. **SIN. 1.** Embestir, arremeter. **2.** Emprender. **ANT. 1.** Retroceder.

acometida s. f. **1.** Ataque, embestida. **2.** Unión de un canal, tubo o conducto principal con otro menos importante.

acomodación s. f. Acción de acomodar o acomodarse. **SIN.** Acomodo.

acomodadizo, za adj. Acomodaticio.

acomodado, da 1. p. de acomodar. También adj. || adj. **2.** De buena posición económica. **SIN. 2.** Rico, pudiente. **ANT. 2.** Pobre.

acomodador, ra s. m. y f. Persona que en los cines, teatros y otros espectáculos públicos indica a los espectadores sus asientos.

acomodar v. **1.** Colocar en el lugar apropiado: Acomodó al invitado en su habitación. || **acomodarse 2.** Adaptarse, amoldarse. **SIN. 1.** Situar, acoplar. **2.** Aclimatarse.

acomodaticio, cia adj. Que se adapta o se conforma fácilmente.

acomodo s. m. **1.** Acción de acomodar o acomodarse. **2.** Alojamiento, lugar donde instalarse. **SIN. 1.** Acomodación.

acompañamiento s. m. **1.** Personas o cosas que acompañan. **2.** Música con que se acompaña la melodía principal. **SIN. 1.** Compañía, comitiva.

acompañante adj. y s. Que acompaña a una persona.

acompañar v. **1.** Estar o ir una persona, animal o cosa con otros. **2.** Estar con alguien y hacer que no se sienta solo. **3.** Tocar un acompañamiento musical. **ANT. 1.** Abandonar.

acompasado, da adj. Que sigue un ritmo o compás. **SIN.** Rítmico.

acomplejar v. Crear un complejo a una persona.

acondicionado, da 1. p. de acondicionar. También adj.: una casa acondicionada para el frío. || **2. aire acondicionado** Instalación que produce aire a la temperatura y humedad deseadas.

acondicionador, ra adj. y s. **1.** Que sirve para acondicionar: champú acondicionador. || s. m. **2.** Aparato de aire acondicionado.

acondicionar v. Poner en las condiciones adecuadas. **SIN.** Preparar, disponer, adecuar.

aconfesional adj. Que no reconoce una religión oficial.

acongojar v. Causar mucha pena o preocupación. **SIN.** Afligir, apenar. **ANT.** Alegrar.

aconsejable adj. Bueno, beneficioso.

aconsejar v. Dar un consejo, recomendar. **ANT.** Desaconsejar.

acontecer v. Suceder, ocurrir: Los hechos acontecieron el pasado lunes. □ Es v. irreg. Se conjuga como agradecer. **SIN.** Acaecer, pasar.

acontecimiento s. m. Suceso, sobre todo cuando es importante. **SIN.** Evento.

acopio s. m. Acción de reunir gran cantidad de algo.

acoplamiento s. m. Acción de acoplar o acoplarse.

acoplar v. **1.** Unir o encajar dos cosas de manera que queden bien ajustadas. **2.** Colocar. || **acoplarse 3.** Llevarse bien una persona con otra o adaptarse a alguna situación. **SIN. 1.** Ensamblar. **2.** Situar. **3.** Armonizar; amoldarse. **ANT. 1.** Desencajar. **3.** Chocar.

acoquinar v. Asustar, acobardar. **ANT.** Envalentonarse.

acorazado, da 1. p. de **acorazar**. También adj. || adj. **2.** Se dice de la sección del Ejército dotada con tanques. || s. m. **3.** Barco de guerra de gran tamaño y con potentes cañones.

acorazar v. Revestir con planchas de hierro o acero.

acorazonado, da adj. Con forma de corazón: hoja acorazonada.

acorcharse v. **1.** Quedarse los alimentos secos, como el corcho. **2.** Quedarse sin sensibilidad una parte del cuerpo. **SIN. 2.** Dormirse, entumecerse.

acordar v. **1.** Tomar una decisión entre varios. || **acordarse 2.** Recordar. □ Es v. irreg. Se conjuga como contar. **SIN. 1.** Convenir. **2.** Rememorar, evocar. **ANT. 2.** Olvidarse.

acorde adj. **1.** Que está de acuerdo. || s. m. **2.** En música, conjunto de sonidos que se producen a la vez. **SIN. 1.** Conforme. **ANT. 1.** Disconforme.

acordeón s. m. Instrumento musical de viento formado por un fuelle que se pliega y se extiende y por un pequeño teclado a los dos lados.

acordeonista s. m. y f. Persona que toca el acordeón.

acordonar v. Rodear un lugar un ejército, la policía, los bomberos.

acorralar v. Rodear a una persona o animal para que no pueda escapar. **SIN.** Arrinconar, cercar.

acortamiento s. m. **1.** Acción de acortar. **2.** Procedimiento de formación de palabras a partir de otras suprimiendo sílabas al principio o al final, como en bici o bus.

acortar v. Hacer más corto. **SIN.** Reducir, abreviar. **ANT.** Aumentar.

acosar v. **1.** Perseguir sin descanso. **2.** Molestar con continuas peticiones, quejas, etc. **SIN. 1.** Hostigar. **2.** Asediar.

acoso s. m. Acción de acosar.

acostar v. **1.** Tumbar a alguien o tumbarse para dormir o descansar. || **acostarse 2.** Hacer el acto sexual. □ Es v. irreg. Se conjuga como contar. **SIN. 1.** Tender. **ANT. 1.** Levantar.

acostumbrado, da 1. p. de **acostumbrar**. También adj. || adj. **2.** Habitual. **SIN. 2.** Usual, cotidiano. **ANT. 1.** y **2.** Desacostumbrado.

acostumbrar v. **1.** Hacer que alguien adquiera una costumbre o no le resulte difícil algo. **2.** Tener costumbre de algo. **SIN. 1.** Habituar, aclimatar. **2.** Soler. **ANT. 1.** Desacostumbrar.

acotación s. f. Nota o indicación en un escrito.

acotar[1] v. **1.** Limitar, delimitar. **2.** Reservar un terreno para un uso, por ejemplo, para la caza.

acotar[2] v. **1.** Poner cotas o números en un plano o dibujo. **2.** Poner acotaciones o notas a un texto.

ácrata adj. y s. Que rechaza cualquier clase de autoridad.

acre[1] adj. **1.** Amargo y picante. **2.** Poco amable, brusco. **SIN. 1.** y **2.** Acerbo. **2.** Adusto. **ANT. 1.** y **2.** Dulce. **2.** Afable.

acre[2] s. m. Medida inglesa para extensiones de terreno, que equivale a 0,4047 hectáreas.

acrecentar v. Aumentar, agrandar. □ Es v. irreg. Se conjuga como pensar. **SIN.** Acrecer, incrementar. **ANT.** Disminuir.

acrecer v. Aumentar la cantidad o la importancia de algo. □ Es v. irreg. Se conjuga como agradecer. **SIN.** Acrecentar, incrementar, ampliar. **ANT.** Disminuir, mermar, menguar.

acreditación s. f. **1.** Acción de acreditar. **2.** Documento que demuestra que una persona desempeña un cargo o una actividad: una acreditación de periodista. **SIN. 1.** Justificación, confirmación. **2.** Credencial, documentación.

acreditado, da 1. p. de **acreditar**. También adj. || adj. **2.** Famoso, prestigioso. **SIN. 2.** Insigne.

acreditar v. **1.** Demostrar, probar. **2.** Dar fama o prestigio. **3.** Dar poder o autorización a alguien mediante los documentos necesarios. **SIN. 1.** Atestiguar. **3.** Autorizar, facultar. **ANT. 1.** y **2.** Desacreditar. **2.** Desprestigiar. **3.** Desautorizar.

acreditativo, va adj. Que acredita.

acreedor, ra s. m. y f. Persona o empresa a la que se debe dinero. || adj. **2.** Digno, merecedor. **ANT. 1.** Deudor.

acribillar v. **1.** Hacer muchos agujeros, heridas o picaduras. **2.** Molestar a alguien, sobre todo con muchas preguntas. **SIN. 1.** Agujerear. **2.** Asediar.

acrílico, ca *adj.* y *s. m.* **1.** Se dice de un tipo de tejidos sintéticos. ‖ *adj.* **2.** Se dice de una pintura de secado rápido y colores muy vivos.

acrisolado, da *1. p.* de **acrisolar**. También *adj.* ‖ *adj.* **2.** Que no tiene nada que se pueda criticar o que parezca mal: *una conducta acrisolada*. **SIN. 2.** Intachable, irreprochable, limpio. **ANT. 2.** Censurable, turbio.

acrisolar *v.* **1.** Purificar metales en el crisol. **2.** Mejorar poniendo a prueba.

acristalamiento *s. m.* Acción de acristalar.

acristalar *v.* Cerrar con cristales.

acritud *s. f.* **1.** Dureza al tratar con los demás. **2.** Sabor acre, amargo. **SIN. 2.** Amargor. **ANT. 1.** y **2.** Dulzura.

acrobacia *s. f.* Ejercicio de habilidad que se realiza en el trapecio, sobre el alambre, pilotando un avión, etc.

acróbata *s. m.* y *f.* Persona que realiza acrobacias. **SIN.** Equilibrista.

acrobático, ca *adj.* De la acrobacia o relacionado con ella.

acrónimo *s. m.* Palabra formada por las iniciales o siglas de varias palabras, como *ovni* (objeto **v**olante **n**o **i**dentificado).

acrópolis *s. f.* Lugar más alto y fortificado en las antiguas ciudades griegas.

acróstico, ca *adj.* y *s. m.* Se dice del poema en que las letras iniciales de los versos, leídas verticalmente, forman palabras.

acta *s. f.* Escrito donde se recoge lo tratado en una reunión o se declara que algo es cierto. ‖ **LOC. levantar acta** Hacerla. **SIN.** Memoria.

actinia *s. f.* Animal marino en forma de tubo y con tentáculos que recuerdan a una flor.

actitud *s. f.* **1.** Modo de comportarse. **2.** Postura o gesto que muestra un estado de ánimo o intención. **SIN. 1.** Talante. **2.** Ademán.

activar *v.* **1.** Dar mayor energía o rapidez a un proceso. **2.** Hacer funcionar un mecanismo. **SIN. 1.** Estimular, avivar. **2.** Accionar. **ANT. 1.** Paralizar. **2.** Desactivar.

actividad *s. f.* **1.** Acción, trabajo, movimiento. **2.** Conjunto de las tareas de una persona o profesión. **3.** Ejercicio o práctica. **SIN. 1.** Dinamismo, trajín.

activista *s. m.* y *f.* Persona que realiza acciones o propaganda al servicio de un movimiento o de una organización políticos.

activo, va *adj.* **1.** Que actúa: *una participación activa*. **2.** Que está en actividad o puede estarlo: *un volcán activo*. **3.** Que se mueve y trabaja mucho o con rapidez. ‖ *adj.* y *s. f.* **4.** Se dice de la voz del verbo que indica que el sujeto es el que realiza la acción; también se dice de las oraciones que tienen el verbo en esa voz. ‖ *s. m.* **5.** Capital y propiedades de una empresa. **SIN. 3.** Dinámico. **ANT. 1.** y **4.** Pasivo.

acto *s. m.* **1.** Hecho o acción. **2.** Acontecimiento público o ceremonia solemne. **3.** Cada una de las partes de una obra teatral. ‖ **LOC. acto seguido** A continuación. **en el acto** En el mismo momento. **SIN. 1.** Obra, actuación.

actor, actriz *s. m.* y *f.* Persona que representa personajes en teatro, cine, radio o televisión. **SIN.** Artista, intérprete.

actuación *s. f.* **1.** Acción, lo que hace alguien cuando actúa. **2.** Representación, espectáculo. **SIN. 1.** Conducta, comportamiento.

actual *adj.* **1.** Del momento presente. **2.** Moderno, de moda. **SIN. 1.** Contemporáneo. **ANT. 1.** y **2.** Anticuado.

actualidad *s. f.* **1.** El tiempo actual. **2.** Hecho de estar de moda. **SIN. 1.** Presente. **2.** Vigencia, pervivencia. **ANT. 1.** Pasado.

actualización *s. f.* Acción de actualizar.

actualizar *v.* Poner al día, renovar.

actualmente *adv.* En el momento presente.

actuar *v.* **1.** Realizar acciones o comportarse de alguna manera. **2.** Representar los actores una obra o función. **3.** Producir un efecto sobre una persona o cosa. **SIN. 1.** Obrar, proceder. **2.** Interpretar. **3.** Influir, afectar.

acuarela *s. f.* **1.** Pintura realizada con colores disueltos en agua. ‖ *s. f. pl.* **2.** Estos mismos colores.

acuarelista *s. m.* y *f.* Pintor de acuarelas.

acuario *s. m.* **1.** Recipiente con peces vivos y otros animales acuáticos. **2.** Lugar donde se exhiben animales acuáticos. ‖ *n. pr.* **3.** Decimoprimer signo del Zodiaco (del 20 de enero al 18 de febrero). **SIN. 1.** Pecera.

acuartelamiento *s. m.* **1.** Acción de acuartelar. **2.** Cuartel militar.

acuartelar *v.* Reunir o retener a la tropa en un cuartel, sobre todo por algún peligro. **SIN.** Acantonar.

acuático, ca *adj.* **1.** Relacionado con el agua o que se hace en el agua: *deportes acuáticos*. **2.** Que vive en el agua.

acuatizar *v.* Posarse un hidroavión en el agua.

acuchillado *s. m.* Acción de acuchillar la madera.

acuchillar *v.* **1.** Herir o matar con cuchillo o armas parecidas. **2.** Alisar una superficie de madera. **SIN. 1.** Apuñalar.

acuciado, da *1. p.* de **acuciar**. ‖ *adj.* **2.** Se dice de la persona que se siente agobiada por

**tener que conseguir algo o hacer una cosa urgentemente.

acuciante *adj.* Urgente, muy necesario. **SIN.** Apremiante.

acuciar *v.* **1.** Ser algo muy urgente y necesario. **2.** Meter prisa. **SIN. 1.** y **2.** Apremiar, urgir.

acudir *v.* **1.** Ir alguien donde debe hacer algo o donde le esperan. **2.** Venir, presentarse. **3.** Buscar ayuda en alguien o algo. **SIN. 1.** Dirigirse. **1.** y **2.** Comparecer. **3.** Recurrir. **ANT. 1.** Ausentarse.

acueducto *s. m.* Canal o construcción para conducir agua.

acuerdo *s. m.* **1.** Decisión tomada entre dos o más personas. **2.** Hecho de pensar o querer lo mismo dos o más personas, grupos, etc.: *estar de acuerdo.* **SIN. 1.** Convenio, pacto. **2.** Unanimidad. **ANT. 2.** Desacuerdo.

acuicultura *s. f.* Cultivo o cría de plantas o animales acuáticos.

acuífero, ra *adj.* y *s. m.* Se dice del terreno o de la capa de terreno que contiene aguas subterráneas.

acumulable *adj.* Que se puede acumular. **SIN.** Acumulativo.

acumulación *s. f.* **1.** Hecho de acumular o acumularse. **2.** Conjunto de cosas acumuladas. **SIN. 1.** Aglomeración, concentración. **ANT. 1.** Dispersión.

acumulador, ra *adj.* **1.** Que acumula. ‖ *s. m.* **2.** Aparato para acumular energía, sobre todo eléctrica.

acumular *v.* Amontonar, reunir. **SIN.** Aglomerar, apilar. **ANT.** Esparcir.

acumulativo, va *adj.* Que acumula o se acumula. **SIN.** Acumulable.

acunar *v.* Mecer al niño en la cuna o en los brazos para que se duerma.

acuñar *v.* **1.** Grabar una pieza de metal con una herramienta o máquina especial. **2.** Fabricar moneda.

acuoso, sa *adj.* Que contiene agua o parece agua.

acupuntura *s. f.* Técnica médica china que consiste en clavar agujas en el cuerpo para tratar enfermedades o aliviar dolores.

acurrucarse *v.* Encogerse para protegerse del frío o para estar a gusto. **SIN.** Ovillarse.

acusación *s. f.* **1.** Acción de acusar a alguien y aquello de lo que se acusa. **2.** En un juicio, las personas que acusan.

acusado, da **1.** *p.* de **acusar.** ‖ *adj.* y *s.* **2.** Se dice de la persona a la que se ha culpado de algo. ‖ *adj.* **3.** Muy destacado o muy pronunciado. **SIN. 2.** Marcado. **ANT. 2.** Disimulado.

acusador, ra *adj.* y *s.* Que acusa. **SIN.** Delator. **ANT.** Defensor.

acusar *v.* **1.** Culpar a alguien. **2.** Comunicar la falta o el delito de otra persona. **3.** Sentir, notar: *acusar el cansancio.* **SIN. 1.** Imputar. **2.** Delatar. **ANT. 1.** Exculpar. **2.** Encubrir.

acuse *s. m.* **1.** Acción de acusar o comunicar que se ha recibido una carta o un documento. ‖ **2. acuse de recibo** Escrito por el que se comunica a alguien que se ha recibido la carta o el documento que envió.

acusica o **acusón, na** *adj.* y *s.* Que tiene la costumbre de acusar a otros.

acústica *s. f.* **1.** Parte de la física que estudia los sonidos. **2.** Características de un lugar que influyen en cómo se oyen los sonidos.

acústico, ca *adj.* Relacionado con la acústica o con los sonidos. **SIN.** Auditivo, sonoro.

acutángulo *adj.* Se dice del triángulo que tiene los tres ángulos agudos.

adagio[1] *s. m.* Dicho breve que expresa una enseñanza. **SIN.** Sentencia, proverbio.

adagio[2] (ital.) *s. m.* Ritmo musical lento y composición con este ritmo.

adalid *s. m.* **1.** Caudillo militar. **2.** Líder o jefe. **SIN. 2.** Cabecilla.

adán *s. m.* Persona que no cuida su aspecto. **SIN.** Desastrado. **ANT.** Figurín.

adaptable *adj.* Que se adapta.

adaptación *s. f.* **1.** Acción de adaptar o adaptarse. **2.** Obra literaria, teatral o musical que ha sido adaptada. **SIN. 1.** Acomodación, aclimatación.

adaptador *s. m.* Aparato o mecanismo que adapta cosas de distinto uso o tamaño.

adaptar *v.* **1.** Ajustar una cosa a otra o dentro de otra. **2.** Hacer que algo destinado a un fin sirva para otras cosas. **3.** Hacer cambios con algún fin en una obra literaria, teatral o musical. ‖ **adaptarse 4.** Acostumbrarse a otras situaciones. **SIN. 1.** Acoplar. **4.** Acomodarse, amoldarse, aclimatarse. **ANT. 1.** Desajustar. **4.** Desacostumbrarse.

adarga *s. f.* Escudo de forma ovalada.

addenda (lat.) *s. f.* Adenda.

adecentar *v.* Poner decente, limpiar. **SIN.** Arreglar, asear. **ANT.** Ensuciar.

adecuación *s. f.* Acción de adecuar o adecuarse.

adecuado, da **1.** *p.* de **adecuar.** ‖ *adj.* **2.** Apropiado, conveniente. **SIN. 2.** Apto, idóneo. **ANT. 2.** Inadecuado.

adecuar *v.* Hacer que algo sirva o sea apropiado para alguna cosa. **SIN.** Adaptar, acomodar, acondicionar.

adefesio *s. m.* Persona muy fea o que viste de manera ridícula y muy rara. **SIN.** Mamarracho, espantajo.

adelantado, da 1. *p.* de adelantar. También *adj.* || *s. m.* **2.** Antiguamente, funcionario que tenía la máxima autoridad en los territorios que se iban conquistando. || **LOC. por adelantado** Antes de algo: *pagar por adelantado.* **SIN. 1.** Avanzado. **ANT. 1.** Atrasado.

adelantamiento *s. m.* Acción de adelantar, por ejemplo, un vehículo a otro.

adelantar *v.* **1.** Mover hacia adelante. **2.** Pasar delante. **3.** Hacer, dar o suceder antes de lo previsto. **4.** Poner un reloj en una hora más avanzada que la que marca. **5.** Marchar el reloj más deprisa de lo normal. **6.** Progresar, mejorar. **SIN. 1.** y **6.** Avanzar. **2.** Sobrepasar. **3.** Anticipar. **6.** Prosperar. **ANT. 1.** Retroceder. **3.** Retrasar. **4.** y **5.** Atrasar. **6.** Empeorar.

adelante *adv.* **1.** Más allá, avanzando. **2.** Expresa tiempo futuro. || *interj.* **3.** Da permiso para entrar. **ANT. 1.** Atrás.

adelanto *s. m.* **1.** Acción de adelantar o adelantarse: *el adelanto de las elecciones.* **2.** Progreso: *los adelantos de la ciencia.* **3.** Dinero que se da a alguien antes de la fecha en que debe recibir su paga. **SIN. 1.** y **3.** Anticipo. **2.** Avance. **ANT. 1.** y **2.** Atraso.

adelfa *s. f.* Arbusto de hojas alargadas y flores blancas, rojas, rosas o amarillas, también llamadas *adelfas;* su savia es venenosa.

adelgazamiento *s. m.* Hecho de adelgazar.

adelgazante *adj.* y *s. m.* Que hace adelgazar.

adelgazar *v.* **1.** Quedarse más delgado. **2.** Hacer más delgado. **SIN. 2.** Afinar. **ANT. 1.** Engordar. **2.** Engrosar.

ademán *s. m.* Gesto o movimiento.

además *adv.* Indica que se añade algo a lo ya dicho: *Estudia y además trabaja.*

adenda *s. f.* Nota o conjunto de notas que se añaden al final de un libro o escrito. **SIN.** Apéndice, anexo.

adentrarse *v.* Entrar, meterse más dentro. **SIN.** Internarse. **ANT.** Salir.

adentro *adv.* Hacia el interior de algo. **ANT.** Afuera.

adepto, ta *adj.* y *s.* Partidario de una persona, organización o ideas. **SIN.** Simpatizante. **ANT.** Contrario.

aderezar *v.* **1.** Condimentar los alimentos. **2.** Arreglar, adornar. **SIN. 1.** Aliñar, sazonar. **2.** Acicalarse.

aderezo *s. m.* Acción de aderezar y aquello con que se adereza.

adeudar *v.* Deber dinero.

adherencia *s. f.* **1.** Capacidad de adherirse, pegarse. **2.** Cosa que se adhiere a otra. **SIN. 1.** Adhesión, unión. **ANT. 1.** Separación, desunión.

adherente *adj.* y *s. m.* Que se adhiere o pega.

adherir *v.* **1.** Pegar una cosa a otra. || **adherirse 2.** Unirse a una idea o acción: *Se adhirió a la protesta.* □ Es v. irreg. Se conjuga como *sentir.* **SIN. 2.** Sumarse. **ANT. 2.** Discrepar.

adhesión *s. f.* Hecho de adherirse a una idea o acción. **SIN.** Apoyo, solidaridad. **ANT.** Desacuerdo.

adhesivo, va *adj.* y *s. m.* **1.** Que sirve para adherir o pegar objetos entre sí. **2.** Se dice de la tira o recorte de papel o de otro material que se pega por uno de los lados.

adicción *s. f.* **1.** Dependencia que crea en una persona el consumo habitual de drogas o bebidas alcohólicas. **2.** Gran afición a algo.

adición *s. f.* **1.** Operación de sumar. **2.** Acción de añadir. **SIN. 1.** y **2.** Suma. **ANT. 1.** Sustracción, resta.

adicional *adj.* Que se añade a otra cosa.

adicto, ta *adj.* y *s.* **1.** Que tiene adicción a las drogas o a las bebidas alcohólicas. **2.** Muy aficionado: *adicto al fútbol.* **3.** Partidario, simpatizante. **SIN. 2.** Hincha. **3.** Adepto. **ANT. 3.** Adversario.

adiestramiento *s. m.* Acción de adiestrar o adiestrarse.

adiestrar *v.* **1.** Amaestrar a un animal. **2.** Preparar a alguien para que adquiera una habilidad. **SIN. 2.** Entrenar.

adinerado, da *adj.* y *s.* Rico, acaudalado. **ANT.** Pobre.

adiós *interj.* **1.** Expresión para despedirse. || *s. m.* **2.** Despedida.

adiposo, sa *adj.* Se dice de un tejido situado bajo la piel, que tiene mucha grasa y sirve para mantener la temperatura corporal y como reserva de energía para el organismo.

aditamento *s. m.* Añadido, complemento.

aditivo *s. m.* Sustancia que se añade a otra para mejorar sus cualidades o para darle otras nuevas.

adivinación *s. f.* Conjunto de prácticas con que se pretende conocer el futuro o lo desconocido.

adivinanza *s. f.* Juego en el que hay que adivinar una cosa a través de algunas pistas.

adivinar *v.* **1.** Acertar algo siguiendo algunas pistas. **2.** Averiguar el futuro o lo desconocido. **SIN. 2.** Pronosticar, vaticinar.

adivinatorio, ria *adj.* Relacionado con la adivinación.

adivino, na *s. m.* y *f.* Persona que adivina el porvenir o lo desconocido.

adjetivación *s. f.* **1.** Conjunto de adjetivos utilizados en un texto. **2.** Cambio por el que una palabra que no es adjetivo pasa a realizar las funciones de este.

adjetivar *v.* **1.** Aplicar adjetivos a algo o alguien. **2.** Dar a un sustantivo o a otro elemento la función del adjetivo. **SIN. 1.** Calificar.

adjetivo, va *adj.* **1.** Del adjetivo o que desempeña su función. ‖ *s. m.* **2.** Palabra que se une al sustantivo para calificarlo (*buenas* notas). También se da este nombre a los demostrativos, posesivos, indefinidos, numerales, interrogativos, exclamativos y relativos cuando determinan al sustantivo.

adjudicación *s. f.* Acción de adjudicar. **SIN.** Concesión, atribución.

adjudicar *v.* **1.** Dar una cosa a alguien, sobre todo cuando varias personas competían por ella: *adjudicar un premio.* ‖ **adjudicarse 2.** Apropiarse: *Se adjudicó todo el mérito.* **3.** Conseguir: *Se adjudicaron el campeonato.* **SIN. 1.** Conceder, entregar. **2.** Atribuirse. **3.** Obtener, lograr. **ANT. 2.** y **3.** Perder.

adjuntar *v.* Poner algo junto con una carta o cualquier otro escrito. **SIN.** Acompañar.

adjunto, ta *adj.* **1.** Unido a otra cosa: *Le envío un paquete con una carta adjunta.* ‖ *adj.* y *s.* **2.** Ayudante. **3.** Indica una categoría en algunas profesiones: *profesor adjunto.*

adlátere *s. m.* Persona que depende de otra y la suele acompañar a todas partes. **SIN.** Acólito, secuaz.

adminículo *s. m.* Objeto pequeño que sirve de ayuda para algo.

administración *s. f.* **1.** Acción de administrar. **2.** Las personas y organismos que gobiernan un país, una región, una ciudad o un pueblo. **3.** Establecimiento donde se venden algunas cosas: *administración de lotería.* **SIN. 1.** Dirección, organización.

administrador, ra *s. m.* y *f.* Persona que administra los bienes de otros.

administrar *v.* **1.** Dirigir la economía de una casa, una empresa o una persona. **2.** Gobernar. **3.** Hacer tomar un medicamento o aplicarlo. **4.** Dar o repartir: *administrar justicia.* **SIN. 2.** Regir.

administrativo, va *adj.* **1.** De la administración. ‖ *s. m.* y *f.* **2.** Persona que realiza trabajos auxiliares en una oficina, como escribir a máquina o llevar las cuentas.

admirable *adj.* Que merece ser admirado.

admiración *s. f.* **1.** Sentimiento que se tiene cuando se admira a alguien o algo. **2.** Asombro. **3.** Signo ortográfico que se coloca antes (¡) y después (!) de una palabra o frase y expresa asombro, sorpresa, queja. **ANT. 1.** Desprecio. **3.** Exclamación.

admirador, ra *s. m.* y *f.* Persona que admira a alguien o algo. **SIN.** Fan.

admirar *v.* **1.** Considerar muy bien o mejor de lo normal a una persona o cosa. **2.** Sorprender. **SIN. 2.** Asombrar, maravillar. **ANT. 1.** Despreciar.

admirativo, va *adj.* Que expresa admiración. **SIN.** Exclamativo.

admisible *adj.* Que puede admitirse o aceptarse.

admisión *s. f.* Acción de admitir, dejar entrar. **SIN.** Acogida. **ANT.** Expulsión.

admitir *v.* **1.** Recibir o dejar entrar: *admitir en un grupo.* **2.** Aceptar, reconocer: *admitir un error.* **3.** Permitir, tolerar. **SIN. 1.** Acoger. **ANT. 1.** Expulsar. **1.** y **2.** Rechazar.

admonición *s. f.* Advertencia, reprensión.

ADN (siglas de *Ácido DesoxirriboNucleico*) *s. m.* Sustancia química que se encuentra en el núcleo de las células y se encarga de la transmisión de la herencia genética.

adobar *v.* **1.** Poner en adobo la carne o el pescado. **2.** Curtir las pieles.

adobe *s. m.* Mezcla de paja y barro con que se hacen ladrillos para construir.

adobo *s. m.* Caldo con vinagre y otros ingredientes para dar sabor a carnes y pescados y para conservarlos.

adocenar *v.* Volver mediocre.

adoctrinar *v.* **1.** Enseñar, instruir. **2.** Dirigir las ideas o la conducta de una persona.

adolecer *v.* Tener algún defecto: *Su redacción adolece de falta de claridad.* ☐ Es v. irreg. Se conjuga como *agradecer.*

adolescencia *s. f.* Periodo de la vida humana entre los 12 y los 18 años, aproximadamente.

adolescente *s. m.* y *f.* Persona que está en la adolescencia. **SIN.** Joven, muchacho.

adonde *adv.* Al lugar al que se va.

adónde *interr.* A qué lugar: *¿Adónde vas?*

adondequiera *adv.* A cualquier parte.

adonis *s. m.* Joven muy bello.

adopción *s. f.* Acción de adoptar.

adoptar *v.* **1.** Hacerse cargo legalmente de un niño como si fuera hijo propio. **2.** Tomar una actitud, conducta o decisión. **3.** Seguir otras costumbres o formas de pensar. **SIN. 3.** Asimilar. **ANT. 2.** y **3.** Rechazar.

adoptivo, va *adj.* **1.** Se dice del que adopta y del que ha sido adoptado: *padre adoptivo, hijo adoptivo.* **2.** Que uno considera como suyo propio, aunque no lo sea: *patria adoptiva.*

adoquín *s. m.* **1.** Piedra en forma de prisma rectangular que se utiliza para pavimentar calles y caminos. **SIN. 2.** Persona tonta o ignorante. **SIN. 2.** Bruto. **ANT. 2.** Lumbrera.

adoquinado *s. m.* Pavimento de adoquines.

adoquinar *v.* Cubrir el suelo con adoquines.

adorable *adj.* Encantador, maravilloso.

adoración *s. f.* Acción de adorar.

adorar *v.* **1.** Demostrar la mayor reverencia a un dios, o a un ser u objeto al que se considera divino: *adorar a Dios, adorar al sol.* **2.** Querer mucho. **3.** Gustar mucho. **ANT. 2.** y **3.** Odiar, aborrecer.

adormecer *v.* Producir sueño o empezar a dormirse. □ Es v. irreg. Se conjuga como *agradecer.* **SIN.** Adormilarse. **ANT.** Despabilarse.

adormidera *s. f.* Planta de hojas dentadas y flores grandes. Del fruto de una de sus variedades se extrae el opio.

adormilarse *v.* Quedarse medio dormido. **SIN.** Adormecerse. **ANT.** Despabilarse.

adornar *v.* **1.** Poner adornos. **2.** Servir de adorno. **SIN. 1.** Engalanar. **ANT. 2.** Afear.

adorno *s. m.* Aquello que embellece o decora. **SIN.** Ornamento, ornato.

adosado, da *p.* de **adosar.** También *adj.* y *s. m.: un chalé adosado.*

adosar *v.* Juntar, unir. **ANT.** Separar.

adquirir *v.* **1.** Conseguir: *adquirir conocimientos.* **2.** Comprar. □ Es v. irreg. **SIN. 1.** Ganar, obtener. **ANT. 1.** Perder. **2.** Vender.

ADQUIRIR	
INDICATIVO	**SUBJUNTIVO**
Presente	**Presente**
adquiero	adquiera
adquieres	adquieras
adquiere	adquiera
adquirimos	adquiramos
adquirís	adquiráis
adquieren	adquieran
IMPERATIVO	
adquiere (tú)	adquirid (vosotros)
adquiera (usted)	adquieran (ustedes)

adquisición *s. f.* **1.** Acción de adquirir. **2.** Cosa adquirida. **SIN. 1.** y **2.** Compra.

adquisitivo, va *adj.* **1.** Que sirve para adquirir o comprar. ‖ **2. poder adquisitivo** Capacidad para comprar y pagar cosas.

adrede *adv.* Con intención, a propósito. **SIN.** Deliberadamente. **ANT.** Involuntariamente.

adrenalina *s. f.* Hormona que hace que el cuerpo reaccione ante situaciones de peligro o tensión.

adscribir *v.* **1.** Destinar a una persona a un servicio o empleo. **2.** Considerar que una persona pertenece a un grupo o tiene unas ideas. □ Su p. es irreg.: *adscrito.* **SIN. 1.** Vincular. **2.** Asignar.

adscripción *s. f.* Acción de adscribir.

ADSL (siglas del ingl. *Asymmetric Digital Subscriber Line,* 'línea asimétrica de abonado digital', marca registrada) *s. m.* Tecnología de acceso a Internet, de banda ancha, que se realiza a través de un módem.

adsorber *v.* Atraer un cuerpo a un líquido o gas y retenerlo en su superficie.

aduana *s. f.* En fronteras, puertos y aeropuertos, oficina donde se controla el comercio entre países y el paso de viajeros.

aduanero, ra *adj.* **1.** Relativo a la aduana. ‖ *s. m.* y *f.* **2.** Empleado de aduanas.

aducir *v.* Presentar pruebas o razones para demostrar algo. □ Es v. irreg. Se conjuga como *conducir.* **SIN.** Alegar.

aductor *adj.* y *s. m.* Se dice de los músculos que acercan un brazo o una pierna al eje del cuerpo. **ANT.** Abductor.

adueñarse *v.* **1.** Apropiarse. **2.** Dominar a alguien un sentimiento o estado de ánimo. **SIN. 1.** y **2.** Apoderarse. **2.** Invadir. **ANT. 1.** Desprenderse.

adulación *s. f.* Acción de adular. **SIN.** Halago, lisonja.

adulador, ra *adj.* y *s.* Que adula. **SIN.** Lisonjero, zalamero.

adular *v.* Alabar demasiado a alguien, sobre todo por interés. **SIN.** Halagar. **ANT.** Ofender.

adulterar *v.* Estropear o cambiar las propiedades de algo: *adulterar los alimentos.*

adulterino, na *adj.* y *s.* Del adulterio o que procede de él: *hijo adulterino.*

adulterio *s. m.* Hecho de mantener relaciones sexuales una persona casada con otra que no es su pareja.

adúltero, ra *adj.* y *s.* Del adulterio o que comete adulterio.

adulto, ta *adj.* y *s.* Se dice de la persona o animal que ha terminado su desarrollo; también, relacionado con esas personas o animales. **SIN.** Maduro. **ANT.** Inmaduro.

adusto, ta *adj.* Serio, seco, poco amable. **SIN.** Áspero, hosco. **ANT.** Afable.

advenedizo, za *adj.* y *s.* Se dice del recién llegado al que se considera un extraño o un intruso.

advenimiento *s. m.* **1.** Llegada de un acontecimiento importante o de un periodo histórico. **2.** Subida al trono de un rey o de un papa. **SIN. 1.** Venida. **ANT. 1.** Final.

adventicio, cia *adj.* Se dice del órgano animal o vegetal que se desarrolla solo en ocasiones o en sitio distinto del normal: *raíces adventicias.*

adverbial *adj.* Del adverbio o que desempeña su función.

adverbio *s. m.* Palabra invariable que complementa al verbo, al adjetivo, a otro adverbio o a la oración e indica circunstancias de lugar, tiempo, modo, cantidad, etc.

adversario, ria *adj.* y *s.* Enemigo, contrincante o contrario. **SIN.** Contendiente. **ANT.** Aliado.

adversativo, va *adj.* Se dice de las oraciones que expresan una cosa que se opone a otra: *Le gusta leer, pero no tiene tiempo.* Se dice también de las conjunciones, como *pero* o *sino*, que van delante de estas oraciones.

adversidad *s. f.* Mala suerte o desgracia. **SIN.** Fatalidad.

adverso, sa *adj.* Desfavorable, contrario. **ANT.** Favorable.

advertencia *s. f.* Indicación con que se advierte o avisa de alguna cosa.

advertir *v.* **1.** Darse cuenta. **2.** Avisar. **3.** Decir algo como consejo o amenaza. □ Es v. irreg. Se conjuga como *sentir*. **SIN. 1.** Percibir, percatarse. **2.** Alertar, prevenir.

Adviento *n. pr. m.* Tiempo anterior a la Navidad en que los cristianos se preparan para celebrar el nacimiento de Cristo.

advocación *s. f.* **1.** Nombre del personaje o acontecimiento sagrado al que se dedica un templo religioso: *La parroquia está bajo la advocación de san Nicolás.* **2.** Cada uno de los nombres con que se venera a la Virgen María.

adyacente *adj.* **1.** Situado junto a otra cosa. **2.** Se dice de los dos ángulos que tienen el vértice y un lado comunes y suman 180 grados. ‖ *adj.* y *s. m.* **3.** Se dice de la palabra o sintagma que modifica o determina a otro, como el adjetivo o el artículo respecto al sustantivo. **SIN. 1.** Contiguo, anejo, anexo. **3.** Modificador. **ANT. 1.** Distante.

aéreo, a *adj.* **1.** Del aire o que se desarrolla en él. **2.** De la aviación: *ataque aéreo.*

aeróbic o **aerobic** (del ingl.) *s. m.* Tipo de gimnasia que suele hacerse acompañada de música.

aerobio, bia *adj.* y *s. m.* Se dice del organismo que necesita respirar el oxígeno del aire para vivir. **ANT.** Anaerobio.

aeroclub *s. m.* Club y aeródromo de aviación civil o deportiva.

aerodeslizador *s. m.* Vehículo que se mueve sobre un colchón de aire producido por un conjunto de hélices.

aerodinámica *s. f.* Parte de la física que estudia el movimiento de los gases y de los objetos que están en su interior.

aerodinámico, ca *adj.* **1.** De la aerodinámica. **2.** De forma adecuada para reducir la resistencia del aire.

aeródromo *s. m.* Aeropuerto, sobre todo para usos deportivos, particulares o militares.

aeroespacial *adj.* Relacionado con la aviación y la aeronáutica.

aerofagia *s. f.* Hecho de tragar aire, que se acumula en el intestino y produce molestias.

aerogenerador *s. m.* Aparato que transforma la energía eólica en energía eléctrica mediante unas grandes aspas movidas por una turbina.

aerógrafo *s. m.* Instrumento de dibujo que lanza pintura mediante aire a presión.

aerolínea *s. f.* Compañía de transporte aéreo. Se usa mucho en *pl.*

aerolito *s. m.* Meteorito que entra en la atmósfera y cae en la Tierra.

aeromodelismo *s. m.* Afición que consiste en construir y probar maquetas de aviones.

aeromozo, za *s. m.* y *f. Amér.* Azafato de líneas aéreas.

aeronáutica *s. f.* Ciencia que estudia el diseño, la construcción y el manejo de aviones y otro tipo de aeronaves.

aeronáutico, ca *adj.* Relacionado con la navegación aérea y la aeronáutica.

aeronave *s. f.* Vehículo que viaja por el aire o el espacio.

aeroplano *s. m.* Avión.

aeropuerto *s. m.* Conjunto de instalaciones para el despegue y aterrizaje de aviones.

aerosol *s. m.* **1.** Líquido o sólido mezclado con gas y metido a presión en un envase, que sale en pequeñas gotitas. **2.** Ese envase. **SIN. 1.** y **2.** *Spray.*

aerostática *s. f.* Parte de la física que estudia el equilibrio de los gases y de los cuerpos situados en ellos.

aerostático, ca *adj.* **1.** Relacionado con la aerostática. ‖ **2. globo aerostático** Ver **globo**, vehículo.

afinar

aerostato o **aeróstato** s. m. Aeronave llena de un gas menos pesado que el aire, que le permite elevarse, como un globo o un dirigible.

aerotaxi s. m. Avión pequeño que se alquila para uso privado.

aerovía s. f. Ruta para el vuelo de los aviones comerciales.

afabilidad s. f. Amabilidad.

afable adj. Amable. **SIN.** Simpático. **ANT.** Antipático.

afamado, da adj. Famoso, prestigioso.

afán s. m. **1.** Deseo muy grande. **2.** Esfuerzo, interés. **SIN. 1.** Ansia, anhelo. **2.** Empeño, voluntad, ahínco. **ANT. 2.** Desinterés.

afanar v. **1.** Robar, hurtar. || **afanarse 2.** Esforzarse. **SIN. 1.** Quitar, birlar. **2.** Desvivirse.

afanoso, sa adj. Que se afana. **SIN.** Esforzado, voluntarioso.

afasia s. f. Trastorno cerebral que dificulta o impide hablar o comprender el lenguaje.

afear v. **1.** Poner feo. **2.** Reprochar o criticar. **SIN. 2.** Censurar, reprobar. **ANT. 1.** Embellecer. **2.** Elogiar.

afección s. f. Enfermedad o trastorno en la salud. **SIN.** Dolencia, indisposición.

afectación s. f. Falta de naturalidad. **SIN.** Artificiosidad. **ANT.** Espontaneidad.

afectado, da **1.** p. de afectar. También adj. y s. || adj. **2.** Que muestra falta de naturalidad. **SIN. 1.** Interesado, perjudicado. **2.** Artificioso. **ANT. 2.** Espontáneo.

afectar v. **1.** Corresponder, tocar, aplicarse. **2.** Producir un efecto, casi siempre malo. **3.** Impresionar o emocionar. **SIN. 1.** Incumbir, atañer. **2.** Perjudicar. **3.** Conmover. **ANT. 2.** Favorecer.

afectividad s. f. **1.** Sentimientos y emociones de las personas. **2.** Tendencia a impresionarse o emocionarse con facilidad.

afectivo, va adj. **1.** Relacionado con los sentimientos y emociones. **2.** Muy sensible o impresionable. **3.** Cariñoso. **SIN. 1.** y **2.** Emotivo. **3.** Afectuoso. **ANT.** **3.** Insensible. **3.** Seco.

afecto s. m. Cariño, simpatía. **SIN.** Estima. **ANT.** Antipatía.

afectuoso, sa adj. Que tiene afecto.

afeitado, da **1.** p. de afeitar. También adj. || s. m. **2.** Acción de afeitar.

afeitadora adj. y s. f. Maquinilla de afeitar.

afeitar v. **1.** Cortar el pelo, sobre todo el de la barba, con cuchilla o maquinilla. **2.** Limar los cuernos del toro para que sean menos peligrosos.

afeite s. m. Cosmético.

afelio s. m. Punto más alejado del Sol en la órbita de un planeta.

afeminado, da adj. y s. m. Se dice del hombre que tiene aspecto o gestos de mujer. **SIN.** Amanerado.

aferrar v. **1.** Agarrar con fuerza. || **aferrarse 2.** Mantener con fuerza una idea o sentimiento. **SIN. 1.** Asir, sujetar. **2.** Empeñarse, obstinarse. **ANT. 1.** Soltar. **2.** Ceder.

affaire (fr.) s. m. **1.** Asunto o negocio polémico, ilegal o sospechoso: *La juez está investigando el* affaire *de los sobornos.* **2.** Aventura amorosa. **SIN. 2.** Amorío, romance.

afgano, na adj. y s. **1.** De Afganistán, país de Asia. || adj. y s. m. **2.** Se dice de un tipo de galgo de pelo largo originario de Afganistán.

afianzamiento s. m. Acción de afianzar o afianzarse.

afianzar v. Hacer más firme o seguro. **SIN.** Reforzar, asegurar. **ANT.** Aflojar.

afición s. f. **1.** Interés que se siente por las cosas que gustan. **2.** Seguidores de un equipo deportivo o público de un espectáculo. **ANT. 1.** Desinterés.

aficionado, da **1.** p. de aficionar. También adj. y s. || adj. y s. **2.** Que practica por afición un arte, un deporte u otra actividad.

aficionar v. Hacer que alguien tenga una afición o un hábito, o adquirirlos uno. **SIN.** Acostumbrar. **ANT.** Cansar.

afijo s. m. Partícula que unida a la raíz de una palabra forma otra nueva. Existen tres tipos de afijos: prefijos, infijos o interfijos y sufijos.

afilado, da **1.** p. de afilar. También adj. || adj. **2.** Delgado, fino: *nariz afilada.* **SIN. 2.** Estilizado. **ANT. 2.** Gordo.

afilador, ra s. m. y f. Persona que tiene por oficio afilar objetos cortantes.

afilalápices s. m. Sacapuntas.

afilar v. Sacar punta o filo a un objeto.

afiliación s. f. Acción de afiliarse.

afiliado, da **1.** p. de afiliar. || adj. y s. **2.** Que es miembro de un partido, asociación o sindicato.

afiliar v. Inscribir a alguien en un partido político, asociación o sindicato.

afín adj. Semejante, parecido. **SIN.** Similar, análogo. **ANT.** Distinto.

afinador, ra s. m. y f. **1.** Persona que afina pianos u otros instrumentos. || s. m. **2.** Utensilio para afinar instrumentos musicales.

afinar v. **1.** Hacer fino o delgado. **2.** Mejorar, perfeccionar: *afinar la puntería.* **3.** Hacer que un instrumento musical suene bien. **SIN. 3.** Templar. **ANT. 1.** Engrosar. **3.** Desafinar.

afincarse v. Fijar el domicilio en un lugar. SIN. Establecerse. ANT. Emigrar.

afinidad s. f. **1.** Semejanza, parecido. **2.** Igualdad en los gustos u opiniones. **3.** Parentesco entre una persona y la familia de su cónyuge. SIN. **1.** Similitud, analogía. ANT. **1.** Diferencia.

afirmación s. f. **1.** Acción de afirmar o afirmarse. **2.** Palabra o frase con que se afirma. SIN. **1.** Asentimiento. **1.** y **2.** Aseveración. ANT. **1.** y **2.** Negación.

afirmar v. **1.** Asegurar que algo es cierto. **2.** Responder que sí de palabra o con gestos. **3.** Poner firme, hacer que algo no se mueva. SIN. **1.** Aseverar. **2.** Asentir. **3.** Reforzar, afianzar. ANT. **1.** y **2.** Negar.

afirmativo, va adj. Que afirma o sirve para afirmar: oración afirmativa.

aflautado, da adj. Se dice del sonido agudo y suave: El cantante tenía una voz aflautada. ANT. Grave, áspero.

aflicción s. f. Tristeza, pena. SIN. Dolor. ANT. Alegría.

afligir v. Causar o sentir aflicción. SIN. Apenar, entristecer. ANT. Alegrar.

aflojar v. **1.** Poner menos apretado. **2.** Debilitarse o disminuir: aflojar el calor. **3.** Dejar de esforzarse: aflojar en los estudios. SIN. **1.** Soltar. **2.** Remitir. ANT. **2.** Aumentar.

aflorar v. Aparecer o salir algo que estaba oculto o interno.

afluencia s. f. Hecho de ir gente a un lugar. SIN. Flujo.

afluente s. m. Río que desemboca en otro más importante.

afluir v. **1.** Ir a parar una corriente de agua a un lugar. **2.** Acudir mucha gente a un lugar. □ Es v. irreg. Se conjuga como construir. SIN. **1.** Desembocar, desaguar. **2.** Confluir.

afonía s. f. Pérdida total o parcial de la voz. SIN. Ronquera.

afónico, ca adj. Que tiene afonía. SIN. Ronco.

aforar v. **1.** Calcular la capacidad de un depósito, de un local, etc. **2.** fam. Pagar.

aforismo s. m. Frase breve que resume un pensamiento.

aforo s. m. **1.** Acción de aforar. **2.** Capacidad de un lugar destinado a espectáculos públicos. SIN. **2.** Cabida.

afortunadamente adv. Por fortuna, por suerte.

afortunado, da adj. y s. **1.** Que tiene buena suerte. ∥ adj. **2.** Resultado de la buena suerte. **3.** Acertado, oportuno. SIN. **1.** Agraciado. **2.** Dichoso, feliz. **3.** Apropiado, conveniente. ANT. **1.** y **2.** Desdichado. **1.** a **3.** Desafortunado. **3.** Desacertado.

afrancesado, da adj. y s. **1.** Que imita a los franceses o cosas propias de ellos. **2.** Español partidario de los franceses durante la invasión de España por Napoleón.

afrenta s. f. Ofensa grave. SIN. Agravio.

afrentar v. Ofender gravemente. SIN. Agraviar, ultrajar.

africano, na adj. y s. De África.

afrikáans s. m. Variedad del holandés que, junto con el inglés, es oficial en Sudáfrica.

afro adj. **1.** Africano: moda afro. **2.** Se dice de un peinado con muchos rizos pequeños.

afroamericano, na adj. y s. De los americanos de origen africano o relacionado con ellos.

afrocubano, na adj. y s. De los cubanos de origen africano o relacionado con ellos.

afrodisiaco, ca o **afrodisíaco, ca** adj. y s. m. Se dice de algunas sustancias y alimentos que excitan el deseo sexual.

afrontar v. Enfrentarse a un peligro o a una dificultad. SIN. Encarar. ANT. Eludir.

afrutado, da adj. Que sabe o huele como la fruta: vino afrutado.

afta s. f. Llaga pequeña que sale sobre todo en la boca.

aftershave (ingl.) adj. y s. m. Se dice del producto que se usa para refrescar la piel después de afeitarse: loción aftershave.

aftersun (ingl.) adj. y s. m. Se dice de la crema para cuidar y refrescar la piel después de tomar el sol.

afuera adv. **1.** Hacia la parte exterior. ∥ s. f. pl. **2.** Alrededores de una población: Trabaja en las afueras. SIN. **2.** Periferia, extrarradio. ANT. **1.** Adentro. **2.** Centro.

agachadiza s. f. Ave de plumas pardas y pico largo que vive en marismas y pantanos.

agachar v. **1.** Inclinar una parte del cuerpo, especialmente la cabeza. ∥ **agacharse 2.** Inclinarse, doblar las rodillas o la cintura. SIN. **1.** Bajar. ANT. **1.** y **2.** Levantar.

agalla s. f. **1.** Branquia. **2.** Abultamiento que aparece en las plantas infectadas por algunos parásitos. ∥ s. f. pl. **3.** Valentía. SIN. **3.** Valor, coraje. ANT. **3.** Cobardía.

ágape s. m. Banquete.

agarrada s. f. Riña o pelea.

agarradera s. f. **1.** Agarradero. ∥ s. f. pl. **2.** Influencias, enchufe.

agarradero s. m. Pieza o parte de una cosa por donde se la puede agarrar. SIN. Asa, asidero, mango.

agarrado, da 1. *p.* de **agarrar**. También *adj.* || *adj.* **2.** Se dice del baile de pareja en que se baila muy juntos. || *adj.* y *s.* **3.** Roñoso, tacaño. **SIN. 3.** Avaro. **ANT. 3.** Generoso.

agarrador *s. m.* Utensilio para agarrar algo.

agarrar *v.* **1.** Coger firmemente con las manos o por otros medios. **2.** Atrapar. **3.** Pegarse a algo, especialmente al suelo: *Las ruedas no agarran con la lluvia.* **4.** Empezar a tener una enfermedad, borrachera, enfado. **5.** Arraigar una planta. **SIN. 1.** Asir. **2.** Capturar, apresar. **2.** y **4.** Pillar, pescar. **3.** Adherirse. **5.** Prender. **ANT. 1.** y **2.** Soltar. **2.** Liberar.

agarre *s. m.* Acción de agarrarse o sujetarse una cosa a otra: *Comprobaron el agarre de los neumáticos.*

agarrón *s. m.* Acción de agarrar y tirar con fuerza.

agarrotamiento *s. m.* Hecho de agarrotar o agarrotarse.

agarrotar *v.* Poner o ponerse rígido o inmóvil un mecanismo o una parte del cuerpo. **SIN.** Entumecerse. **ANT.** Desentumecer.

agasajar *v.* Mostrar aprecio hacia una persona con regalos o con otras atenciones. **SIN.** Regalar, homenajear. **ANT.** Ofender.

agasajo *s. m.* Regalo o muestra de afecto con que se agasaja a alguien. **SIN.** Homenaje, fiesta.

ágata *s. f.* Variedad de cuarzo traslúcido que se emplea en joyería y como objeto de adorno.

agazaparse *v.* Agacharse o encogerse detrás de un objeto para ocultarse.

agencia *s. f.* **1.** Oficina o empresa que presta algunos servicios a los clientes: *agencia de viajes.* **2.** Sucursal.

agenciar *v.* Conseguir algo con habilidad o astucia.

agenda *s. f.* Librito o cuaderno en que se anota lo que se debe hacer cada día, las direcciones y los teléfonos.

agente *s. m.* Que actúa o produce algún efecto: *El sol y la lluvia son agentes atmosféricos.* || *s. m.* y *f.* **2.** Persona que vende o hace algo en nombre de otra a la que representa, o al servicio de un país u organización. **3.** Policía, guardia. || *adj.* y *s. m.* **4.** Complemento del verbo en las oraciones pasivas, que indica la persona, animal o cosa que realiza la acción.

agigantado, da *adj.* Muy grande, enorme.

ágil *adj.* **1.** Que se mueve con facilidad y soltura. **2.** Rápido al pensar o al comprender. **SIN. 1.** Ligero. **ANT. 1.** y **2.** Torpe.

agilidad *s. f.* Característica de ágil. **SIN.** Ligereza. **ANT.** Torpeza.

agilizar *v.* Dar mayor rapidez a la realización de algo. **SIN.** Acelerar, aligerar. **ANT.** Retardar.

agitación *s. f.* **1.** Acción de agitar. **2.** Malestar o descontento.

agitador, ra *s. m.* y *f.* Persona que provoca desórdenes o conflictos políticos o sociales.

agitanado, da *adj.* Con aspecto de gitano.

agitar *v.* **1.** Mover una cosa varias veces a un lado y a otro. **2.** Excitar, alterar. **SIN. 1.** Sacudir, batir, remover. **2.** Alborotar, perturbar. **ANT. 2.** Calmar.

aglomeración *s. f.* **1.** Acción de aglomerar. **2.** Muchedumbre, multitud.

aglomerado *s. m.* Material formado por trozos de madera prensados y endurecidos, muy utilizado en carpintería.

aglomerar *v.* Reunir, amontonar, juntar. **SIN.** Aglutinar. **ANT.** Separar, dispersar.

aglutinar *v.* **1.** Juntar, reunir. **2.** Unir y pegar trozos de una o varias sustancias para formar un cuerpo macizo. **SIN. 1.** Agrupar, unificar. **2.** Aglomerar. **ANT. 1.** y **2.** Separar.

agnosticismo *s. m.* Doctrina que afirma que no es posible saber con seguridad si Dios existe o no.

agnóstico, ca *adj.* y *s.* Seguidor de la doctrina del agnosticismo.

agobiante *adj.* Que produce agobio. **SIN.** Asfixiante.

agobiar *v.* Causar o sentir agobio. **SIN.** Ahogar. **ANT.** Aliviar.

agobio *s. m.* **1.** Sensación de ahogo. **2.** Angustia, preocupación. **ANT. 1.** y **2.** Alivio.

agolparse *v.* Juntarse muchas personas o cosas en un lugar. **SIN.** Amontonarse, apelotonarse. **ANT.** Dispersarse.

agonía *s. f.* **1.** Estado de la persona o animal que está muriendo, sobre todo si sufre. || **agonías** *adj.* y *s.* **2.** Persona pesimista, que se angustia enseguida. **SIN. 2.** Derrotista, pusilánime. **ANT. 2.** Optimista.

agónico, ca *adj.* De la agonía o que se encuentra en estado de agonía. **SIN.** Moribundo.

agonizante *adj.* y *s.* Que está agonizando.

agonizar *v.* Estar muriéndose.

ágora *s. f.* En las antiguas ciudades griegas, plaza pública donde se celebraban asambleas, se administraba justicia y se trataban negocios.

agorafobia *s. f.* Miedo a estar en un lugar abierto muy grande.

agorero, ra *adj.* y *s.* **1.** Que anuncia desgracias. **2.** Pesimista, cenizo. **ANT. 2.** Optimista.

agostar *v.* Secar las plantas un calor excesivo. **SIN.** Abrasar.

agosto *s. m.* Octavo mes del año, de treinta y un días.

agotador, ra *adj.* Que cansa mucho.

agotamiento *s. m.* Cansancio muy grande.

agotar *v.* **1.** Acabar por completo. **2.** Cansar mucho. **SIN. 1.** Terminar, consumir. **2.** Fatigar, rendir. **ANT. 1.** Empezar. **2.** Descansar.

agracejo *s. m.* Arbusto de madera y flores amarillas, ramas espinosas y fruto de color rojo y sabor ácido.

agraciado, da *adj.* **1.** Guapo, atractivo. || *adj. y s.* **2.** Que ha ganado algo en un juego o concurso. **SIN. 1.** Favorecido. **ANT. 1.** Feo.

agradable *adj.* **1.** Que agrada. **2.** Amable, simpático. **SIN. 1.** Grato, placentero. **2.** Afable, encantador. **ANT. 1.** y **2.** Desagradable.

agradar *v.* Producir agrado. **SIN.** Gustar, complacer. **ANT.** Desagradar.

agradecer *v.* Dar las gracias o mostrar aprecio por algo. □ Es v. irreg. **SIN.** Reconocer.

AGRADECER	
INDICATIVO	**SUBJUNTIVO**
Presente	**Presente**
agradezco	agradezca
agradeces	agradezcas
agradece	agradezca
agradecemos	agradezcamos
agradecéis	agradezcáis
agradecen	agradezcan
IMPERATIVO	
agradece (tú)	agradeced (vosotros)
agradezca (usted)	agradezcan (ustedes)

agradecido, da 1. *p. de* **agradecer**. También *adj.* || *adj.* **2.** Se dice de lo que enseguida refleja el esfuerzo o atención puestos en ello: *un trabajo agradecido*. **ANT. 1.** Desagradecido.

agradecimiento *s. m.* Hecho de estar agradecido. **SIN.** Gratitud.

agrado *s. m.* Gusto, satisfacción. **ANT.** Desagrado.

agramatical *adj.* Se dice de la oración o secuencia que no sigue las reglas de la gramática. **ANT.** Gramatical.

agrandamiento *s. m.* Acción de agrandar o agrandarse.

agrandar *v.* Hacer más grande. **SIN.** Aumentar, ampliar, acrecentar. **ANT.** Empequeñecer.

agrario, ria *adj.* Del campo o de la agricultura. **SIN.** Agrícola.

agravamiento *s. m.* Empeoramiento.

agravante *adj. y s. f.* En derecho, se dice de la circunstancia que agrava la responsabilidad por un delito.

agravar *v.* Empeorar, hacer más grave. **ANT.** Mejorar.

agraviar *v.* Ofender.

agravio *s. m.* Ofensa. **ANT.** Desagravio.

agredir *v.* Pegar, atacar. □ Aunque tradicionalmente ha sido un v. defect. y solo se conjugaban las formas con una *i* en la raíz: *agredió*, en la actualidad se consideran correctas todas las formas de la conjugación: *agreden*.

agregado, da 1. *p. de* **agregar**. También *adj.* || *adj. y s.* **2.** Se dice del profesor de instituto o universidad de categoría inmediatamente inferior a la de catedrático. || *s. m. y f.* **3.** Funcionario con una tarea especial en una embajada: *agregado cultural*.

agregar *v.* Añadir, unir, sumar. **ANT.** Apartar, quitar.

agresión *s. f.* Acción de agredir.

agresividad *s. f.* Característica de las personas, animales o actos agresivos.

agresivo, va *adj.* **1.** Que tiene tendencia a atacar a otros. **2.** Duro, violento. **3.** Que demuestra iniciativa, seguridad y energía, sobre todo en el trabajo. **SIN. 3.** Decidido, emprendedor. **ANT. 1.** Manso. **3.** Apocado.

agresor, ra *adj. y s.* Que realiza una agresión. **SIN.** Atacante.

agreste *adj.* Se dice del terreno abrupto o lleno de vegetación salvaje.

agriar *v.* Volver agrio.

agrícola *adj.* De la agricultura o relacionado con ella. **SIN.** Agrario.

agricultor, ra *s. m. y f.* Persona que se dedica a la agricultura. **SIN.** Labrador, labriego, campesino.

agricultura *s. f.* Cultivo de la tierra.

agridulce *adj.* Que tiene mezcla de agrio y dulce.

agrietar *v.* Abrir grietas.

agrio, gria *adj.* **1.** Ácido; se dice sobre todo de algunos alimentos cuando están estropeados. **2.** Brusco, malhumorado. || *s. m.* **3.** El limón y otras frutas de sabor ácido. **SIN. 2.** Huraño, irritable. **ANT. 1.** y **2.** Dulce. **2.** Amable.

agroalimentario, ria *adj.* De los productos del campo destinados a la alimentación.

agronomía *s. f.* Ciencia que estudia las técnicas y métodos para el cultivo de la tierra.

agrónomo, ma *adj. y s.* Especialista en agronomía.

agropecuario, ria *adj.* Relacionado con la agricultura y la ganadería.

aguileño

agrupación *s. f.* **1.** Acción de agrupar o agruparse. **2.** Grupo, conjunto o asociación. **ANT. 1.** Separación, división.

agrupar *v.* Formar grupos. **SIN.** Juntar, congregar. **ANT.** Separar.

agua *s. f.* **1.** Líquido incoloro, sin olor ni sabor propios, que está formado por dos volúmenes de hidrógeno y uno de oxígeno y se encuentra en mares, ríos y lagos. **2.** Líquido con abundancia de agua, por ejemplo, la mezcla de esta con plantas o el jugo de algunos frutos: *agua de rosas, agua de coco.* ‖ *s. f. pl.* **3.** Dibujos o reflejos en forma de ondulaciones en algunas telas o piedras preciosas. ‖ **4. agua de borrajas** Cosa sin importancia: *quedarse algo en agua de borrajas.* **5. agua de colonia** Colonia, líquido para perfumar. **6. agua fuerte** Mezcla de agua y un ácido de nitrógeno. **7. agua mineral** La de manantial. **8. agua oxigenada** Líquido formado por dos volúmenes de hidrógeno y dos de oxígeno, que se utiliza como desinfectante. **9. agua tónica** Tónica, bebida refrescante. **10. aguas mayores** Los excrementos. **11. aguas menores** La orina. ‖ **LOC. hacer agua** Entrar agua en una embarcación. También, empezar a fallar algo.

aguacate *s. m.* Fruto comestible de un árbol tropical americano del mismo nombre; tiene piel verde, carne suave y un hueso grande.

aguacero *s. m.* Lluvia fuerte que cae de repente y dura poco. **SIN.** Chaparrón.

aguachento, ta *adj.* Se dice de los alimentos que tienen demasiada agua. **ANT.** Seco.

aguachirle *s. m.* Bebida o caldo muy aguado o de poco sabor.

aguada *s. f.* Pintura hecha con colores disueltos en agua. **SIN.** *Gouache.*

aguaderas *s. f. pl.* Armazón que se pone sobre una caballería para transportar cántaros, barriles y otras cosas.

aguadilla *s. f.* Ahogadilla.

aguador, ra *s. m. y f.* Persona que vende o transporta agua.

aguafiestas *s. m. y f.* Persona que estropea una diversión o la impide.

aguafuerte *s. m.* **1.** Técnica de grabar dibujos con planchas de metal sobre las que actúa el agua fuerte. **2.** Dibujo impreso con esta técnica.

aguaitar *v. Amér.* Mirar, vigilar.

aguamala *s. f.* Medusa.

aguamanil *s. m.* Jarra para el agua de lavarse las manos.

aguamarina *s. f.* Piedra preciosa transparente y de color azulado.

aguanieve *s. f.* Lluvia fina con nieve.

aguanoso, sa *adj.* Que tiene demasiada agua. **SIN.** Aguachento, aguado. **ANT.** Seco.

aguantaderas *s. f. pl.* Capacidad de una persona para aguantar cosas desagradables. **SIN.** Aguante, paciencia.

aguantar *v.* **1.** Sostener. **2.** Soportar cosas desagradables o pesadas, como esfuerzos y dificultades. ‖ **aguantarse 3.** No hacer o no expresar alguien lo que le gustaría. **SIN. 1.** Sujetar. **1.** y **2.** Resistir. **2.** Tolerar. **3.** Contenerse, reprimirse. **ANT. 1.** Soltar. **3.** Explotar.

aguante *s. m.* Capacidad para aguantar o aguantarse. **SIN.** Paciencia, dominio, aguantaderas.

aguar *v.* **1.** Mezclar con agua o con demasiada agua, sobre todo alimentos líquidos. **2.** Estropear: *La lluvia les aguó la excursión.* **SIN. 2.** Malograr.

aguardar *v.* Esperar.

aguardiente *s. m.* Bebida alcohólica muy fuerte hecha a partir del vino, zumo de frutas o de otras sustancias.

aguarrás *s. m.* Aceite de trementina, líquido de olor fuerte que se emplea como disolvente de pinturas y barnices.

aguaviva *s. f.* Medusa.

agudeza *s. f.* **1.** Rapidez y acierto al percibir las cosas: *agudeza visual.* **2.** Inteligencia, ingenio.

agudizar *v.* Hacer más agudo, fuerte, intenso. **SIN.** Agravar, empeorar. **ANT.** Suavizar.

agudo, da *adj.* **1.** De punta muy afilada. **2.** Que demuestra agudeza: *vista muy aguda, una frase muy aguda.* **3.** Muy fuerte o intenso: *dolor agudo.* **4.** Se dice de la palabra acentuada en la última sílaba. **5.** Se aplica al ángulo de menos de 90 grados. ‖ *adj. y s. m.* **6.** Se dice del sonido muy alto en la escala musical. **SIN. 1.** Puntiagudo, punzante. **2.** Ingenioso, ocurrente. **ANT. 1.** Chato. **2.** Torpe, soso. **3.** Leve. **6.** Grave.

agüero *s. m.* Señal que anuncia la buena o mala suerte. **SIN.** Presagio, augurio.

aguerrido, da *adj.* Valiente, luchador. **SIN.** Valeroso, bravo. **ANT.** Cobarde.

aguijón *s. m.* Órgano puntiagudo que tienen el escorpión y algunos insectos, como las avispas, con el que pican e inyectan veneno.

aguijonear *v.* Animar, estimular.

águila *s. f.* **1.** Ave rapaz de gran tamaño, color pardo con tonos amarillentos o blancos, pico curvo y fuerte y garras afiladas. **2.** Persona lista. **SIN. 2.** Lince.

aguileño, ña *adj.* Se dice del rostro o nariz afilados.

aguilucho

aguilucho *s. m.* **1.** Ave rapaz parecida al águila, pero de menor tamaño, que tiene el pico corto, la cola larga, grandes ojos y plumaje pardo o gris. **2.** Pollo del águila.

aguinaldo *s. m.* Regalo o dinero que se da en Navidad, por ejemplo, cuando alguien felicita las fiestas.

aguja *s. f.* **1.** Barrita delgada terminada en punta, como la de coser o las de hacer punto. **2.** Barrita parecida para otros usos, como las del reloj. **3.** Tubito metálico puntiagudo y muy fino que se clava en el cuerpo y se acopla a la jeringuilla para poner inyecciones, sacar sangre, etc. **4.** Raíl que se puede mover para hacer que el tren cambie de vía. **5.** Terminación en punta de una torre o de un edificio. **6.** Ave zancuda, pequeña y esbelta, de pico largo y patas largas y delgadas, que habita en zonas encharcadas. || *s. f. pl.* **7.** Costillas de la parte de delante de una res y carne de esa parte.

agujerear *v.* Hacer agujeros. **SIN.** Perforar, horadar.

agujero *s. m.* Hueco, abertura, generalmente redondeados.

agujetas *s. f. pl.* Dolor que se siente en alguna parte del cuerpo después de hacer un ejercicio físico fuerte o al que no se está acostumbrado.

agusanarse *v.* Llenarse de gusanos.

agustino, na *adj. y s.* De las órdenes religiosas de san Agustín.

aguzanieves *s. m.* Ave de pico largo y recto, cola larga y plumaje grisáceo con el vientre blanco.

aguzar *v.* Esforzar los sentidos o la inteligencia para sacarles el mayor provecho: *aguzar el oído.* **SIN.** Agudizar, afinar.

ah *interj.* **1.** Expresa sorpresa o emoción. **2.** Indica que se acaba de comprender algo.

ahí *adv.* **1.** En ese lugar o a ese lugar: *Está ahí. Irá ahí cuando pueda.* **2.** Con *por*, expresa un lugar cualquiera: *Andará por ahí.*

ahijado, da *s. m. y f.* Una persona con relación a su padrino o madrina.

ahínco *s. m.* Gran interés y esfuerzo. **SIN.** Empeño, afán. **ANT.** Dejadez.

ahíto, ta *adj.* Que ha comido hasta hartarse. **SIN.** Saciado, lleno. **ANT.** Hambriento.

ahogadilla *s. f.* Acción de meterle a otro la cabeza bajo el agua un momento como juego o broma. **SIN.** Aguadilla.

ahogado, da **1.** *p.* de ahogar. También *adj. y s.* || *adj.* **2.** Estrecho o mal ventilado.

ahogar *v.* **1.** Matar a una persona o animal impidiéndole respirar, o morirse de este modo, especialmente en el agua. **2.** Producir o sentir dificultad para respirar. **3.** Hacer que entre demasiado combustible en el motor de un automóvil, provocando que se pare o no arranque. **SIN. 1.** y **2.** Asfixiar.

ahogo *s. m.* **1.** Dificultad para respirar. **2.** Angustia, dificultad. **SIN. 1.** Asfixia. **1.** y **2.** Agobio, sofoco. **ANT. 2.** Alivio.

ahondar *v.* **1.** Hacer más hondo o cavar profundamente. **2.** Estudiar o tratar algo a fondo. **SIN. 1.** y **2.** Profundizar.

ahora *adv.* **1.** Expresa el momento presente: *de ahora en adelante.* **2.** Hace muy poco o dentro de un momento: *Acaba de llegar ahora. Ahora salgo.* || **LOC. ahora bien** Pero, sin embargo.

ahorcar *v.* Matar a alguien colgándolo de una cuerda atada alrededor del cuello.

ahorrador, ra *adj.* Que ahorra mucho. **SIN.** Ahorrativo. **ANT.** Derrochador.

ahorrar *v.* **1.** Guardar dinero en vez de gastarlo. **2.** Gastar poco. **3.** Ganar tiempo. **4.** Evitar: *No hagas eso y te ahorrarás un disgusto.* **SIN. 1.** Reservar. **2.** y **3.** Economizar. **ANT. 1.** y **2.** Derrochar.

ahorrativo, va *adj.* Ahorrador.

ahorro *s. m.* **1.** Acción de ahorrar. **2.** Cantidad ahorrada, especialmente de dinero.

ahuecar *v.* **1.** Poner hueco. **2.** Esponjar una cosa que estaba aplastada. **3.** Marcharse; se usa mucho en la expresión **ahuecar el ala**. **SIN. 2.** Mullir. **3.** Largarse, pirarse. **ANT. 2.** Apelmazar.

ahuevado, da *adj.* Con forma de huevo. **SIN.** Aovado.

ahumado, da **1.** *p.* de ahumar. También *adj.* || *adj. y s. m.* **2.** Se dice de los alimentos que se ahúman para conservarlos o para darles sabor.

ahumar *v.* **1.** Llenar un lugar de humo o hacer que una cosa coja olor o color de humo. **2.** Someter a la acción del humo algunos alimentos para conservarlos o darles sabor.

ahuyentar *v.* Hacer huir. **SIN.** Espantar. **ANT.** Atraer.

aimara o **aimará** *adj. y s.* **1.** De un pueblo indio establecido entre Perú y Bolivia. || *s. m.* **2.** Lengua de este pueblo.

airado, da *adj.* Muy enfadado, con ira. **SIN.** Colérico, rabioso. **ANT.** Sereno.

airbag (del ingl.) *s. m.* Bolsa de aire que se hincha automáticamente en el interior de un vehículo en caso de un choque fuerte.

aire *s. m.* **1.** Gas que envuelve la Tierra, formado básicamente por oxígeno y nitrógeno. **2.** Viento. **3.** Aspecto, apariencia. **SIN. 2.** Brisa.

airear v. **1.** Poner al aire o hacer que le dé el aire a alguien o algo. **2.** Contar algo: *airear una noticia.* **SIN. 1.** Orear, oxigenar. **1.** y **2.** Ventilar. **2.** Divulgar, difundir. **ANT. 2.** Ocultar.

airoso, sa adj. **1.** Que tiene garbo y elegancia. **2.** Que ha hecho bien algo: *Salió airoso del examen.* **SIN. 1.** Garboso, elegante. **2.** Victorioso. **ANT. 1.** Desgarbado.

aislado, da 1. p. de aislar. También adj. || adj. **2.** Raro, poco frecuente. **ANT. 2.** Generalizado.

aislamiento s. m. Acción de aislar o hecho de estar aislado.

aislante adj. y s. m. Sustancia o material que aísla, por ejemplo, de la electricidad o del calor.

aislar v. **1.** Apartar de los demás. **2.** No permitir el paso de la electricidad, el calor u otros agentes físicos. **SIN. 1.** Retirar, desconectar. **ANT. 1.** Unir. **2.** Conducir.

ajá interj. Indica aprobación.

ajado, da 1. p. de ajar. || adj. **2.** Deteriorado, deslucido. **ANT. 2.** Lozano.

ajamonarse v. Ponerse algo gorda una mujer, sobre todo cuando ya no es joven.

ajar v. Estropear, deslucir.

ajardinado, da adj. Con jardines o formando un jardín.

ajedrecista s. m. y f. Jugador de ajedrez.

ajedrez s. m. Juego entre dos personas que mueven piezas de diferentes formas sobre un tablero cuadriculado.

ajedrezado, da adj. Con cuadros de dos colores, como en los del tablero de ajedrez.

ajenjo s. m. **1.** Planta aromática y de sabor amargo con la que se prepara una bebida alcohólica. **2.** Esta bebida.

ajeno, na adj. **1.** Que pertenece a otro. **2.** Extraño o desconocido: *No dejan pasar a personas ajenas a la obra.* **3.** Que no conoce algo: *Era ajeno a vuestros planes.* **SIN. 3.** Ignorante. **ANT. 1.** Propio. **2.** Conocido. **3.** Conocedor.

ajete s. m. **1.** Ajo tierno que aún no ha desarrollado el bulbo. **2.** Puerro silvestre.

ajetreado, da adj. Con ajetreo.

ajetreo s. m. Mucho trabajo, movimiento o actividad. **SIN.** Trajín.

ají s. m. Amér. Especie de pimiento pequeño picante.

ajillo Se usa en la expresión **al ajillo**, modo de cocinar un alimento friéndolo con mucho ajo y otros ingredientes.

ajo s. m. **1.** Bulbo de una planta del mismo nombre, de sabor picante, usado para prepa-rar o guisar alimentos. **2.** Asunto, especialmente si es secreto: *Le preparaban una broma y sus padres estaban en el ajo.*

ajoarriero s. m. Guiso de bacalao con ajo, aceite y otros ingredientes.

ajonjolí s. m. Sésamo.

ajorca s. f. Aro que se lleva como adorno en las muñecas, brazos o tobillos.

ajuar s. m. **1.** Conjunto de ropas y otras cosas que aporta la mujer al casarse. **2.** Ropas, muebles y otros objetos para uso de la casa. **SIN. 2.** Menaje.

ajustado, da 1. p. de ajustar. || adj. **2.** Encajado o apretado. **ANT. 2.** Suelto.

ajustar v. **1.** Poner una cosa dentro de otra, junto a ella o alrededor, de modo que no quede espacio entre ellas: *ajustar la tapa de un bote.* **2.** Adaptar, acomodar. **LOC. ajustar cuentas** Dar a alguien su merecido. **SIN. 1.** Encajar, acoplar. **1.** y **2.** Amoldar. **2.** Adecuar. **ANT. 1.** Desajustar.

ajuste s. m. Acción de ajustar o ajustarse.

ajusticiar v. Aplicar la pena de muerte a un condenado. **SIN.** Ejecutar.

al Contracción de la preposición *a* y el artículo *el*: *Voy al campo.* A veces significa 'en el momento de': *Al verle, le saludé.*

al dente (del ital.) expr. Forma de preparar la pasta sin cocerla demasiado para que no quede blanda.

ala¹ s. f. **1.** Parte del cuerpo de algunos animales, como las aves o los insectos, que les sirve para volar. **2.** Parte de los aviones que hace que se mantengan en el aire. **3.** Parte que se extiende hacia los lados: *ala del tejado, del sombrero.* **4.** Unidad del Ejército del Aire equivalente al regimiento en el de Tierra. || s. m. y f. **5.** En baloncesto y otros deportes, jugador que ataca por los laterales. || **6. ala delta** Aparato formado por un ala triangular que sirve para volar aprovechando las corrientes de aire. || **LOC. tocado del ala** Loco. **SIN. 3.** y **5.** Alero.

ala² interj. Hala.

alabanza s. f. Acción de alabar. **SIN.** Elogio. **ANT.** Crítica.

alabar v. Decir cosas buenas de alguien o algo. **SIN.** Elogiar, ensalzar. **ANT.** Criticar.

alabarda s. f. Arma antigua, parecida a una lanza con una cuchilla en forma de media luna junto a la punta.

alabardero s. m. Soldado armado con alabarda.

alabastro s. m. Piedra dura, de color blanquecino y algo transparente, que se emplea para hacer esculturas y objetos de adorno.

alabear v. Curvar, combar. **SIN.** Abarquillar. **ANT.** Enderezar.

alacena s. f. Especie de armario, hecho en un hueco de la pared, con puertas y estantes.

alacrán s. m. Escorpión, arácnido.

alado, da adj. Con alas.

alamar s. m. **1.** Cairel. **2.** Presilla y botón de pasamanería.

alambicado, da adj. Demasiado complicado o sutil.

alambique s. m. Aparato para destilar.

alambrada s. f. Cerca o valla hecha de alambre.

alambrar v. Cercar con alambradas.

alambre s. m. Hilo de metal.

alambrera s. f. Red de alambre.

alambrista s. m. y f. Equilibrista que trabaja sobre un alambre o cable colocado a cierta altura.

alameda s. f. **1.** Lugar con muchos álamos. **2.** Paseo con árboles.

álamo s. m. Árbol muy alto, de hojas ovaladas o en forma de corazón y madera blanca. Es propio de las regiones templadas del hemisferio norte.

alano, na adj. y s. **1.** De un pueblo bárbaro que invadió España en el siglo v. || s. m. **2.** Perro fuerte, de tamaño mediano y pelo corto y rojizo.

alarde s. m. Demostración llamativa que hace alguien de sus cualidades. **SIN.** Ostentación, gala.

alardear v. Hacer alarde. **SIN.** Presumir, vanagloriarse.

alargadera s. f. Pieza que sirve para alargar. **SIN.** Alargador.

alargado, da 1. p. de alargar. || adj. **2.** Que es más largo que ancho.

alargador s. m. Pieza o aparato para alargar algo, por ejemplo, un cable. **SIN.** Alargadera.

alargar v. **1.** Hacer más largo. **2.** Extender el brazo o la mano. || **alargarse 3.** Extenderse al hablar o escribir. **SIN. 1.** Prolongar. **3.** Enrollarse. **ANT. 1.** Acortar. **1.** y **2.** Abreviar.

alarido s. m. Grito muy fuerte. **SIN.** Chillido, aullido.

alarma s. f. **1.** Señal con que se avisa de un peligro. **2.** Inquietud, sobresalto. **3.** Mecanismo para avisar, por ejemplo, en un despertador. **SIN. 2.** Intranquilidad, temor. **ANT. 2.** Calma.

alarmante adj. Que produce alarma, inquietud. **SIN.** Inquietante, preocupante. **ANT.** Tranquilizador.

alarmar v. Inquietar, asustar. **SIN.** Sobresaltar. **ANT.** Calmar.

alarmismo s. m. Inquietud exagerada ante un posible peligro.

alarmista adj. y s. **1.** Que provoca alarmismo. **2.** Que se alarma con facilidad.

alavés, sa adj. y s. De Álava, provincia española.

alazán, na adj. y s. Se dice del caballo de color canela.

alba s. f. **1.** Amanecer, primera luz del día. **2.** Túnica blanca de los sacerdotes. **SIN. 1.** Alborada, aurora.

albacea s. m. y f. Persona encargada de que se cumpla un testamento.

albaceteño, ña o **albacetense** adj. y s. De Albacete, ciudad y provincia españolas.

albahaca s. f. Hierba aromática de hojas en forma de lanza y flores blancas.

albanés, sa o **albano, na** adj. y s. **1.** De Albania, país europeo. || s. m. **2.** Lengua de este país.

albañal s. m. Alcantarilla, desagüe.

albañil s. m. y f. Obrero de la construcción.

albañilería s. f. Oficio y trabajos del albañil.

albarán s. m. Nota que indica que se ha entregado una mercancía. **SIN.** Recibo, comprobante.

albarca s. f. Abarca.

albarda s. f. Almohadón que se pone sobre el lomo de las caballerías.

albaricoque s. m. Fruto amarillento, carnoso y aromático, con un hueso en el centro.

albaricoquero s. m. Árbol que da el albaricoque.

albariño adj. y s. m. Vino blanco, ligero y un poco ácido, que se elabora en Galicia.

albarrana adj. Se dice de la torre que se construía en las murallas como punto de vigilancia.

albatros s. m. Ave marina de gran tamaño, con el cuerpo blanco y las alas gris oscuro.

albedrío s. m. Libertad de las personas para actuar.

alberca s. f. Depósito artificial de agua.

albérchigo s. m. **1.** Tipo de melocotón de color amarillo muy intenso. **2.** Albaricoque.

alberchiguero s. m. **1.** Tipo de melocotonero. **2.** Albaricoquero.

albergar v. **1.** Alojar. **2.** Tener un sentimiento: *albergar un deseo*. **SIN. 1.** Hospedar, cobijar. **2.** Abrigar.

albergue s. m. **1.** Acción de albergar. **2.** Lugar en el que se alberga a viajeros y excursionistas. **SIN. 1.** Hospedaje.

albero *s. m.* **1.** Tierra de color amarillento. **2.** Arena de la plaza de toros.

albino, na *adj.* y *s.* De piel y pelo casi blancos por falta de pigmentación.

albo, ba *adj.* Blanco.

albóndiga *s. f.* Bola de carne picada que suele guisarse con salsa.

albondiguilla *s. f.* **1.** Albóndiga pequeña. **2.** Pelotilla de moco seco.

albor *s. m.* **1.** Luz débil del amanecer. **2.** Principio, comienzo: *los albores del siglo*. **SIN. 2.** Inicio. **ANT. 2.** Ocaso.

alborada *s. f.* Momento en que amanece. **SIN.** Alba.

alborear *v.* Amanecer.

albornoz *s. m.* Bata de tela de rizo para después del baño.

alborotado, da **1.** *p.* de alborotar. También *adj.* || *adj.* **2.** Que tiene mucha agitación, muy movido. **3.** Que actúa sin pensar. **SIN. 2.** Nervioso, inquieto. **3.** Atolondrado, aturullado. **ANT. 2.** y **3.** Tranquilo. **3.** Calmado.

alborotador, ra *adj.* y *s.* Que alborota.

alborotar *v.* **1.** Causar alboroto. **2.** Alterar, revolucionar. **3.** Desordenar: *alborotar el pelo*. **SIN. 2.** y **3.** Revolver. **ANT. 2.** Tranquilizar.

alboroto *s. m.* Jaleo.

alborozado, da **1.** *p.* de alborozar. || *adj.* **2.** Que parece muy contento. **SIN. 2.** Alegre, emocionado. **ANT. 2.** Abatido, destrozado.

alborozar *v.* Alegrar mucho.

alborozo *s. m.* Alegría muy grande.

albricias *interj.* Expresa una gran alegría.

albufera *s. f.* Extensión de agua salada separada del mar por una zona arenosa.

álbum *s. m.* **1.** Libro para colocar fotografías, sellos, discos, etc. **2.** Conjunto de canciones de un grupo, cantante, etc., que se editan juntas con un mismo título.

albumen *s. m.* Tejido que rodea el embrión de la semilla de algunas plantas y le proporciona alimento.

albúmina *s. f.* Proteína que hay en la clara del huevo, la sangre, la leche y en algunas semillas.

albur *s. m.* **1.** Casualidad, azar. **2.** Riesgo o suceso imprevisto. **SIN. 1.** Suerte. **2.** Peligro, eventualidad, contingencia.

alcachofa *s. f.* **1.** Planta de huerta que da una flor de hojas verdes superpuestas, muy usada como alimento. **2.** Pieza con agujeros por donde sale el agua en duchas y regaderas.

alcahuete, ta *s. m.* y *f.* Persona que hace de intermediaria en una relación amorosa.

alcaide *s. m.* **1.** Director de una cárcel. **2.** Hombre que tenía a su cargo la defensa de una fortaleza.

alcalaíno, na *adj.* y *s.* De Alcalá, nombre de varias poblaciones españolas.

alcaldada *s. f.* Acción injusta de una autoridad. **SIN.** Abuso, atropello.

alcalde, alcaldesa *s. m.* y *f.* **1.** Persona que preside un ayuntamiento. || *s. f.* **2.** Mujer del alcalde.

alcaldía *s. f.* Cargo del alcalde y edificio donde trabaja.

alcalino, na *adj.* Se dice de las sustancias capaces de neutralizar los ácidos y, especialmente, de cierto tipo de metales.

alcaloide *s. m.* Sustancia con efectos excitantes, tranquilizantes o tóxicos, como la cafeína, la cocaína o la nicotina.

alcance *s. m.* **1.** Distancia a la que llega la acción de una cosa: *un cañón de largo alcance*. **2.** Acción de alcanzar: *al alcance de la mano; dar alcance*.

alcancía *s. f.* Hucha.

alcanfor *s. m.* Sustancia blanca, de olor fuerte, usada en medicina y en la industria, y para combatir la polilla.

alcanforero *s. m.* Árbol del que se obtiene el alcanfor.

alcantarilla *s. f.* Conducto subterráneo de aguas residuales. **SIN.** Cloaca, desagüe, albañal.

alcantarillado *s. m.* Conjunto de alcantarillas de una población.

alcanzado, da **1.** *p.* de alcanzar. También *adj.* || *adj.* **2.** Escaso, necesitado: *Anda alcanzado de dinero*. **SIN. 2.** Corto, falto. **ANT. 2.** Sobrado.

alcanzar *v.* **1.** Llegar hasta donde está el que va delante. **2.** Acercar: *Alcánzame un bolígrafo*. **3.** Llegar: *El timbre está alto y no alcanzo*. **4.** Acertar, dar: *La bala lo alcanzó en el hombro*. **5.** Conseguir. **6.** Bastar, ser suficiente. **SIN. 1.** Pillar. **5.** Obtener, lograr.

alcaparra *s. f.* **1.** Arbusto de tallo espinoso y grandes flores blancas; su yema se emplea como condimento. **2.** Esta yema.

alcaraván *s. m.* Ave zancuda de plumaje pardo, vientre blanco y pico amarillo con la punta negra. Vive en zonas áridas.

alcatraz *s. m.* Ave marina algo mayor que una gaviota, de color blanco con el borde de las alas negro.

alcaudón *s. m.* Pájaro de diversos colores según la especie y pico fuerte y curvado; clava a sus presas en espinos.

alcayata *s. f.* Escarpia.

alcazaba *s. f.* Fortificación árabe.

alcázar *s. m.* **1.** Fortificación donde vivían reyes y personas importantes. **2.** Palacio árabe.

alce *s. m.* Rumiante de gran tamaño, hocico muy desarrollado y, en los machos, cuernos anchos y ramificados.

alcista *adj.* Que tiende a subir.

alcoba *s. f.* Dormitorio.

alcohol *s. m.* **1.** Líquido incoloro, que arde fácilmente y se obtiene a partir de frutos y otras sustancias fermentadas. **2.** Bebida alcohólica.

alcoholemia *s. f.* Presencia de alcohol en la sangre.

alcoholera *s. f.* Fábrica de alcohol.

alcohólico, ca *adj.* **1.** Relacionado con el alcohol o que lo contiene. ‖ *adj. y s.* **2.** Que padece alcoholismo.

alcoholímetro o **alcohómetro** *s. m.* Aparato que sirve para medir la cantidad de alcohol en sangre después de consumir bebidas alcohólicas.

alcoholismo *s. m.* Hecho de tomar en exceso bebidas alcohólicas y daños que produce en el organismo.

alcoholizarse *v.* Hacerse alcohólica una persona.

alcor *s. m.* Monte pequeño.

alcornocal *s. m.* Terreno con muchos alcornoques.

alcornoque *s. m.* **1.** Árbol de copa muy ancha, hoja perenne y madera dura; su corteza es el corcho. **2.** Persona tonta o inculta. SIN. **2.** Ignorante, bruto.

alcorque *s. m.* Hoyo para recoger el agua alrededor de un árbol o planta.

alcotán *s. m.* Ave rapaz parecida al halcón, aunque de menor tamaño, con el plumaje oscuro y el vientre claro.

alcurnia *s. f.* Linaje, familia noble o importante.

alcuza *s. f.* Vasija pequeña para aceite.

aldaba *s. f.* Pieza metálica colgada en las puertas para llamar golpeando con ella.

aldabonazo *s. m.* **1.** Golpe dado con la aldaba en la puerta. **2.** Hecho que llama la atención sobre algo. SIN. **2.** Aviso, advertencia.

aldea *s. f.* Pueblo muy pequeño.

aldeano, na *adj. y s.* De una aldea.

ale *interj.* Hala.

aleación *s. f.* Mezcla de dos o más elementos químicos, en la que al menos uno es metal.

aleatorio, ria *adj.* Que depende de la suerte o el azar.

aleccionador, ra *adj.* Que sirve de ejemplo o de escarmiento: *un castigo aleccionador.*

aleccionar *v.* Enseñar, aconsejar o dar un escarmiento. SIN. Instruir.

aledaño, ña *adj.* **1.** Situado al lado. ‖ *s. m. pl.* **2.** Alrededores. SIN. **1.** Colindante, contiguo. **2.** Cercanías, proximidades.

alegar *v.* Dar una explicación o justificación. SIN. Aducir.

alegato *s. m.* **1.** Escrito en que el abogado expone los derechos de su cliente. **2.** Escrito o exposición en que se defiende algo.

alegoría *s. f.* Representación de una idea por medio de un dibujo, escena o escrito.

alegórico, ca *adj.* Que es o contiene una alegoría.

alegrar *v.* Poner alegre. SIN. Contentar, animar. ANT. Entristecer.

alegre *adj.* **1.** Que siente alegría, la muestra o la produce. **2.** Con mucho colorido, luz o animación. **3.** Un poco borracho. SIN. **1.** Contento, feliz. **2.** Luminoso, vivo. **3.** Achispado. ANT. **1.** Triste. **2.** Apagado.

alegremente *adv.* **1.** Con alegría. **2.** De manera insensata: *Se saltó el semáforo alegremente.*

alegría *s. f.* Sentimiento de placer o satisfacción. SIN. Contento, gozo, felicidad, júbilo. ANT. Tristeza.

alejamiento *s. m.* Acción de alejar o alejarse. SIN. Distanciamiento. ANT. Acercamiento.

alejandrino, na *adj. y s.* **1.** De Alejandría, ciudad de Egipto. ‖ *adj. y s. m.* **2.** Se dice del verso de catorce sílabas.

alejar *v.* Poner lejos o más lejos. SIN. Distanciar, retirar. ANT. Acercar.

alelado, da *adj.* Atontado, embobado.

aleluya *interj.* Expresa alegría.

alemán, na *adj. y s.* **1.** De Alemania, país de Europa. ‖ *s. m.* **2.** Lengua hablada en Alemania, Austria, Suiza y otros lugares. SIN. **1.** Germano.

alentador, ra *adj.* Que alienta.

alentar *v.* Dar ánimos. □ Es v. irreg. Se conjuga como *pensar.* SIN. Animar, estimular. ANT. Desalentar.

alerce *s. m.* Árbol muy alto, que tiene hojas caducas en forma de aguja, madera dura y aromática, y pequeñas piñas.

alérgeno, na o **alergeno, na** *adj. y s. m.* Se dice de la sustancia que provoca una reacción alérgica.

alergia *s. f.* **1.** Reacción anormal de algunas personas a determinadas sustancias. **2.** Manía, antipatía. **3.** Asco. **ANT. 2.** Agrado.

alérgico, ca *adj.* y *s.* **1.** Que tiene alergia. || *adj.* **2.** Relacionado con la alergia.

alergista o **alergólogo, ga** *s. m.* y *f.* Médico especialista en alergias.

alero *s. m.* **1.** Borde del tejado que sobresale de los muros. **2.** Ala, jugador de baloncesto.

alerón *s. m.* **1.** Aleta giratoria en las alas de un avión, que permite hacer maniobras. **2.** Pieza de algunos vehículos en forma de aleta.

alerta *adv.* **1.** Vigilando: *estar alerta.* || *s. f.* **2.** Situación de especial atención y vigilancia.

alertar *v.* Avisar a alguien para que esté atento y vigilante: *alertar de un peligro.* **SIN.** Advertir, prevenir.

aleta *s. f.* **1.** Extremidad de los peces y otros animales acuáticos, que les sirve para avanzar y mantenerse en el agua. **2.** Calzado utilizado por los submarinistas para impulsarse. **3.** Parte exterior de los orificios de la nariz. **4.** Parte de la carrocería de los coches que está encima de las ruedas.

aletargar *v.* **1.** Producir sueño o sentirlo. || **aletargarse 2.** Entrar algunos animales en estado de sueño profundo en ciertas épocas del año. **SIN. 1.** Adormecer.

aletear *v.* Mover las alas o las aletas.

aleteo *s. m.* Movimiento rápido de las alas de un ave sin echar a volar.

alevín *s. m.* **1.** Cría de un pez. **2.** Joven principiante, especialmente en un deporte.

alevosía *s. f.* Hecho de asegurarse un delincuente de que no va a fallar en su delito y de que la víctima no podrá defenderse.

alfa *s. f.* Letra del alfabeto griego que corresponde a nuestra *a*.

alfabético, ca *adj.* Relacionado con el alfabeto o que sigue su orden.

alfabetización *s. f.* Acción de alfabetizar.

alfabetizar *v.* **1.** Enseñar a leer y a escribir. **2.** Colocar siguiendo el orden del alfabeto.

alfabeto *s. m.* **1.** Abecedario. **2.** Conjunto de signos utilizados en un sistema de comunicación, como el braille para los ciegos. **SIN. 1.** Abecé.

alfajor *s. m.* Dulce parecido al polvorón hecho con almendras y miel.

alfalfa *s. f.* Hierba que se cultiva como pasto para los animales.

alfanje *s. m.* Sable curvado típico de algunos pueblos musulmanes.

alfanumérico, ca *adj.* Formado por letras y números.

alfar *s. m.* Taller del alfarero.

alfarería *s. f.* **1.** Arte de fabricar objetos de barro. **2.** Taller donde se hacen y tienda donde se venden. **SIN. 1.** Cerámica.

alfarero, ra *s. m.* y *f.* Artesano que se dedica a la alfarería.

alféizar *s. m.* Parte de abajo del hueco de una ventana.

alfeñique *s. m.* Persona muy delgada y débil. **SIN.** Enclenque, raquítico. **ANT.** Robusto.

alférez *s. m.* Grado militar inmediatamente inferior al de teniente.

alfil *s. m.* Pieza del ajedrez que se mueve en diagonal y puede recorrer cualquier número de casillas.

alfiler *s. m.* **1.** Barrita de metal pequeña y fina, terminada en punta por un extremo y, por el otro, en una cabeza redondeada. **2.** Broche de adorno.

alfiletero *s. m.* **1.** Tubito para guardar alfileres y agujas. **2.** Acerico.

alfombra *s. f.* Pieza de tejido grueso para cubrir el suelo.

alfombrar *v.* **1.** Poner alfombras. **2.** Cubrir una superficie: *La hierba alfombraba la ladera.*

alforja *s. f.* Saco doble que se lleva al hombro o sobre el lomo de las caballerías.

alga *s. f.* Ser vivo que es capaz de realizar la fotosíntesis y habita sobre todo en el agua.

algalia *s. f.* Sustancia aceitosa de olor fuerte que se extrae de un animal llamado *civeta* o *gato de algalia* y que se usa para hacer productos de perfumería.

algarabía *s. f.* Griterío, bullicio.

algarada *s. f.* **1.** Alboroto, desorden. **2.** Revuelta popular de poca importancia. **SIN. 1.** Jaleo, follón. **2.** Disturbio.

algarroba *s. f.* Fruto carnoso y dulce, en forma de vaina, con que se alimenta al ganado.

algarrobo *s. m.* Árbol grande, de hoja perenne y flores rojas en racimo, que da la algarroba.

algazara *s. f.* Jaleo de gente que se divierte. **SIN.** Algarabía, griterío.

álgebra *s. f.* Parte de las matemáticas que estudia las operaciones que se hacen con números y cantidades desconocidas representadas por letras.

algebraico, ca *adj.* Del álgebra.

álgido, da *adj.* Culminante: *punto álgido.*

algo *indef.* **1.** Designa una cosa que no se especifica. || *indef.* y *adv.* **2.** Un poco: *Tiene algo de fiebre. Está algo distraído.*

algodón *s. m.* **1.** Planta cuyas flores, al madurar, se convierten en cápsulas con semillas

algodonal envueltas en una fibra blanca. **2.** Esta fibra. **3.** Hilo o tejido hecho con ella.

algodonal o **algodonar** *s. m.* Terreno plantado de algodón.

algodonero, ra *adj.* **1.** Relacionado con el algodón. ‖ *s. m.* **2.** Planta del algodón.

algoritmo *s. m.* Conjunto de operaciones que se realizan paso a paso para resolver algunos problemas matemáticos.

alguacil *s. m.* Funcionario que está a las órdenes del alcalde o de un juez.

alguacilillo *s. m.* Cada uno de los dos jinetes que en las corridas de toros preceden a los toreros y a sus cuadrillas durante el paseíllo.

alguien *indef.* **1.** Indica a una persona no determinada. **2.** Persona importante: *Se cree alguien.* **SIN. 1.** Alguno. **ANT. 1.** y **2.** Nadie.

algún *indef. apóc.* de **alguno**.

alguno, na *indef.* **1.** Designa un número no determinado: *algunos libros.* **2.** Detrás de un sustantivo y en frases negativas, equivale a *ninguno: No encontró dinero alguno.* **3.** Indica cierta cantidad o intensidad: *Si se ríen tanto, alguna gracia tendrá.*

alhaja *s. f.* Joya.

alharaca *s. f.* Gesto exagerado. **SIN.** Aspaviento.

alhelí *s. m.* Planta con flores olorosas en racimos en el extremo del tallo y de diferentes colores según las variedades.

alhóndiga *s. f.* Local de compraventa y almacenamiento de granos y otras mercancías.

aliaga *s. f.* Aulaga.

alianza *s. f.* **1.** Acuerdo, pacto, unión. **2.** Anillo sencillo, como el de boda. **SIN. 1.** Convenio. **ANT. 1.** Rivalidad.

aliarse *v.* Unirse con un fin. **SIN.** Asociarse. **ANT.** Enfrentarse.

alias *adv.* **1.** También llamado: *el bandido José María Hinojosa, alias el Tempranillo.* ‖ *s. m.* **2.** Apodo, mote: *Le conocen por su alias.* **3.** Nombre por el que se identifica a una persona en Internet.

alicaído, da *adj.* Desanimado, sin fuerzas. **SIN.** Abatido. **ANT.** Animado.

alicantino, na *adj.* y *s.* De Alicante, ciudad y provincia españolas.

alicatado *s. m.* Acción de alicatar y azulejos con que se alicata.

alicatar *v.* Revestir de azulejos una pared.

alicates *s. m. pl.* Herramienta en forma de tenaza con las puntas planas o redondeadas.

aliciente *s. m.* Lo que anima a hacer algo. **SIN.** Estímulo, incentivo.

alícuota *adj.* Proporcional.

alienación *s. f.* **1.** Locura, trastorno mental. **2.** Frustración, insatisfacción.

alienado, da **1.** *p.* de **alienar**. También *adj.* ‖ *adj.* y *s.* **2.** Loco, demente.

alienar *v.* Producir alienación, frustración o insatisfacción.

alienígena *adj.* y *s.* Extraterrestre. **ANT.** Terrestre, terrícola.

aliento *s. m.* **1.** Respiración, aire que se respira. **2.** Aire expulsado al respirar. **3.** Ánimo. **SIN. 2.** Vaho. **3.** Valor, brío. **ANT. 3.** Desaliento.

aligátor *s. m.* Caimán.

aligerar *v.* **1.** Hacer más ligero. **2.** Darse prisa, acelerar. **SIN. 1.** Aliviar. **2.** Abreviar. **ANT. 1.** Cargar. **2.** Retrasar.

aligustre *s. m.* Arbusto de hojas apuntadas, flores pequeñas y blancas y fruto de color negro; se emplea mucho para hacer setos.

alijo *s. m.* Conjunto de mercancías de contrabando.

alimaña *s. f.* Animal salvaje y perjudicial o peligroso, como por ejemplo el lobo para el ganado.

alimentación *s. f.* **1.** Acción de alimentar o alimentarse. **2.** Conjunto de alimentos. **SIN. 2.** Comida, comestibles.

alimentador *s. m.* Cable o circuito que suministra corriente eléctrica a un aparato.

alimentar *v.* **1.** Dar o tomar alimento. **2.** Servir de alimento. **3.** Proporcionar a una máquina lo necesario para que funcione. **SIN. 1.** y **2.** Nutrir.

alimentario, ria *adj.* De la alimentación.

alimenticio, cia *adj.* Que alimenta.

alimento *s. m.* Sustancias que toman los seres vivos para obtener la materia y energía necesarias para vivir. **SIN.** Comida.

alimoche *s. m.* Ave rapaz parecida al buitre, pero más pequeña, con el plumaje blanco y el borde de las alas negro.

alimón Se usa en la expresión **al alimón**, 'conjuntamente', 'en colaboración'.

alineación *s. f.* **1.** Acción de alinear o alinearse. **2.** Conjunto de jugadores de un equipo que van a disputar un partido.

alinear *v.* **1.** Poner en línea recta. **2.** Elegir el entrenador a los jugadores que van a participar en un partido. ‖ **alinearse 3.** Unirse a un grupo o a una idea. **SIN. 3.** Afiliarse.

aliñar *v.* Condimentar, sobre todo la ensalada. **SIN.** Sazonar, aderezar.

aliño *s. m.* **1.** Acción de aliñar. **2.** Condimento con que se hace.

alioli *s. m.* Salsa de ajo y aceite.

alirón *interj.* Expresa alegría por un triunfo deportivo. || **LOC. cantar** (o **entonar**) **el alirón** Celebrar la victoria de un equipo en una competición deportiva.

alisar *v.* Poner liso.

alisios *s. m. pl.* Vientos que soplan desde los trópicos a la zona ecuatorial, más intensos en invierno.

aliso *s. m.* Árbol de hoja caduca, fruto en forma de piña y corteza amarillenta, rojiza o parda. Crece en las riberas de los ríos.

alistarse *v.* Inscribirse en el Ejército. **SIN.** Enrolarse.

aliteración *s. f.* Repetición de sonidos en una frase para producir un efecto poético o expresivo.

aliviadero *s. m.* Desagüe de un depósito, de un embalse, de un canal.

aliviar *v.* **1.** Hacer menos intenso: *aliviar el dolor.* **2.** Disminuir el peso o la carga. **SIN.** **1.** Calmar, aplacar. **2.** Aligerar, descargar. **ANT.** **1.** Agravar. **2.** Cargar.

alivio *s. m.* Disminución de un dolor, de una carga o preocupación. **SIN.** Desahogo, descanso. **ANT.** Agobio.

aljaba *s. f.* Carcaj.

aljama *s. f.* Barrio de moros o judíos.

aljibe *s. m.* Depósito, cisterna.

allá *adv.* **1.** Expresa lugar impreciso y alejado de la persona que habla. **2.** Expresa tiempo lejano: *allá por la época de mis abuelos.* **SIN.** **1.** Allí. **2.** Entonces. **ANT.** **1.** Acá, aquí.

allanamiento *s. m.* Acción de allanar.

allanar *v.* **1.** Poner llano. **2.** Entrar por la fuerza en la casa de una persona. **SIN.** **1.** Aplanar, igualar.

allegado, da **1.** *p.* de **allegar**. También *adj.* || *adj.* y *s.* **2.** Pariente, amigo. **SIN.** **2.** Familiar.

allegar *v.* Juntar, reunir.

allegretto (ital.) *s. m.* Tiempo musical algo más lento que el *allegro*.

allegro (ital.) *s. m.* Tiempo musical moderadamente rápido.

allende *prep.* Más allá de, al otro lado de: *allende los mares.*

allí *adv.* En aquel lugar o hacia aquel lugar: *Estoy allí. Voy allí.* **SIN.** Allá. **ANT.** Aquí.

alma *s. f.* **1.** Espíritu, parte espiritual del ser humano. **2.** Sentimientos: *un alma bondadosa.* **3.** Persona, individuo: *No había un alma.* **4.** Lo que da vitalidad a algo: *Es el alma del equipo.* **5.** Fuerza, entusiasmo: *desear con toda el alma.* **SIN.** **2.** Corazón, ánimo. **3.** Habitante. **5.** Coraje, empeño.

almacén *s. m.* **1.** Lugar donde se guardan mercancías. **2.** Tienda de venta al por mayor. || **3. grandes almacenes** Grandes establecimientos donde se venden artículos muy variados. **SIN.** **1.** Depósito.

almacenaje o **almacenamiento** *s. m.* Acción de almacenar.

almacenar *v.* **1.** Guardar mercancías en un almacén. **2.** Reunir, acumular. **SIN.** **2.** Amontonar.

almacenista *s. m. y f.* Persona que tiene o dirige un almacén.

almadía *s. f.* Balsa construida con maderos unidos entre sí.

almadraba *s. f.* **1.** Pesca de atunes. **2.** Red utilizada y lugar donde se realiza esa pesca.

almadreña *s. f.* Zueco, zapato de madera.

almanaque *s. m.* Calendario en que aparecen todos los días del año, los santos, datos astronómicos y otras informaciones.

almazara *s. f.* Molino de aceite.

almeja *s. f.* Molusco marino con dos conchas, que vive enterrado en la arena y es muy apreciado en alimentación.

almena *s. f.* Cada uno de los bloques de piedra situados sobre los muros de un castillo, de una muralla, etc.

almendra *s. f.* **1.** Fruto y semilla comestible del almendro. **2.** Semilla parecida de algunos frutos.

almendrado, da *adj.* **1.** En forma de almendra: *ojos almendrados.* || *adj.* y *s. m.* **2.** Se dice del plato o del dulce preparado con almendras.

almendro *s. m.* Árbol que tiene unas flores blancas o rosadas y que produce la almendra.

almendruco *s. m.* Fruto aún tierno del almendro, con su cubierta.

almeriense *adj.* y *s.* De Almería, ciudad y provincia españolas.

almiar *s. m.* Montón de paja o heno alrededor de un palo.

almíbar *s. m.* Azúcar disuelto en agua que se cuece hasta que queda espeso.

almibarado, da *adj.* **1.** Cubierto de almíbar. **2.** Excesivamente amable o dulce.

almidón *s. m.* Sustancia abundante en muchos vegetales, sobre todo en la patata y los cereales; se usa en la industria y para poner rígidos los tejidos. **SIN.** Fécula.

almidonar *v.* Poner almidón en la ropa.

alminar *s. m.* Torre de las mezquitas desde la que se llama a los fieles a la oración. **SIN.** Minarete.

almirantazgo s. m. **1.** Cargo de almirante. **2.** Antiguo tribunal militar de la Armada.

almirante s. m. Jefe de la Marina de guerra.

almirez s. m. Recipiente con un mazo para machacar cosas en él. SIN. Mortero.

almizcle s. m. Sustancia grasa de olor fuerte que se saca del almizclero macho y se usa para hacer perfumes.

almizclero, ra adj. **1.** Que produce almizcle o tiene un olor parecido. || s. m. **2.** Rumiante asiático de la familia de los ciervos, sin cuernos y con patas largas y finas; los machos segregan el almizcle. || **3. buey almizclero** Ver **buey**. **4. rata almizclera** Ver **rata**.

almohada s. f. Especie de cojín alargado para apoyar la cabeza en la cama.

almohade adj. y s. De la dinastía musulmana que dominó la España árabe durante los siglos XII y XIII.

almohadilla s. f. **1.** Cojín pequeño. **2.** Acerico. **3.** Parte blanda del extremo de las patas de algunos animales como el perro.

almohadillado, da adj. Acolchado.

almohadón s. m. **1.** Cojín grande. **2.** Funda donde se mete la almohada.

almoneda s. f. **1.** Subasta. **2.** Venta o tienda de artículos antiguos o usados, a bajo precio.

almorávide adj. y s. De la dinastía musulmana que dominó la España árabe desde el siglo XI al XII.

almorrana s. f. Hemorroide.

almorta s. f. Planta usada como alimento para el ganado; de sus semillas se obtiene una harina.

almorzar v. Tomar el almuerzo. □ Es v. irreg. Se conjuga como *contar*.

almuecín o **almuédano** s. m. Persona que desde el alminar llama a los fieles musulmanes a la oración. SIN. Muecín.

almuerzo s. m. **1.** Comida del mediodía. **2.** Comida que se toma a media mañana. SIN. **2.** Tentempié.

alocado, da adj. Algo loco, insensato. SIN. Atolondrado, irreflexivo. ANT. Sensato.

alocución s. f. Discurso breve.

áloe o **aloe** s. m. Planta de tallo alto y hojas alargadas y carnosas, que produce un jugo amargo usado en cosmética y en medicina.

alojamiento s. m. **1.** Acción de alojar o alojarse. **2.** Lugar donde alguien se aloja. SIN. **1.** Hospedaje. **1.** y **2.** Albergue.

alojar v. Dar a alguien un lugar donde vivir durante un tiempo, o tenerlo uno. SIN. Albergar, hospedar, aposentar. ANT. Desalojar.

alón s. m. Ala de ave a la que se han quitado las plumas.

alondra s. f. Pájaro pequeño de color pardo, con una cresta y con una larga uña en el dedo posterior; tiene un canto muy melodioso.

alopecia s. f. Calvicie.

alpaca[1] s. f. **1.** Rumiante parecido a la llama, pero más pequeño. **2.** Pelo de este animal y tejido hecho con él. **3.** Tejido brillante de algodón.

alpaca[2] s. f. Aleación plateada, hecha con níquel, cinc y cobre.

alpargata s. f. Zapatilla de lona con suela de cáñamo.

alpargatería s. f. Tienda donde se venden alpargatas y taller donde se fabrican.

alpinismo s. m. Deporte que consiste en escalar altas montañas.

alpinista s. m. y f. Persona que practica el alpinismo. SIN. Montañero.

alpino, na adj. De los Alpes o de otras montañas parecidas.

alpiste s. m. **1.** Hierba con espigas que contienen pequeñas semillas; se usa para alimentar al ganado, y sus semillas como alimento para los pájaros. **2.** Esta semilla.

alquería s. f. Casa o conjunto de casas de campo.

alquilar v. Dar o tomar una cosa para usarla por un tiempo a cambio de dinero. SIN. Arrendar.

alquiler s. m. **1.** Acción de alquilar. **2.** Precio que se paga por alquilar una cosa. SIN. **1.** Arrendamiento, arriendo. **2.** Renta.

alquimia s. f. Antigua ciencia que buscaba la piedra filosofal, la cual, según se creía, convertía los metales en oro.

alquimista s. m. y f. Persona que se dedicaba a la alquimia.

alquitrán s. m. **1.** Sustancia negra y pastosa obtenida del carbón, del petróleo, etc., muy empleada para pavimentar carreteras. **2.** Sustancia producida al quemarse el papel del cigarrillo.

alrededor adv. **1.** Rodeando: *Se sentaron alrededor del fuego.* **2.** Aproximadamente, más o menos: *Costó alrededor de diez euros.* || s. m. pl. **3.** Lugares cercanos a un pueblo o ciudad. SIN. **3.** Afueras, cercanías.

alsaciano, na adj. y s. De Alsacia, región de Francia.

alta s. f. **1.** Acción de entrar a formar parte de un grupo o asociación. **2.** Hecho de declarar el médico que un enfermo está ya curado y puede volver a trabajar: *Le dieron el alta.* ANT. **1.** y **2.** Baja.

altaico, ca adj. y s. **1.** De la cordillera de Altai, en Asia central, y de los pueblos que habitan en ella. ‖ adj. y s. m. **2.** Se dice de un conjunto de lenguas habladas en esa región.

altamente adv. Muy: altamente peligroso.

altanería s. f. Orgullo, soberbia. SIN. Altivez. ANT. Humildad.

altanero, ra adj. Orgulloso, soberbio. SIN. Engreído. ANT. Humilde.

altar s. m. **1.** Mesa sobre la que el sacerdote celebra la misa. **2.** Piedra o construcción en forma de mesa donde se ofrecían sacrificios a los dioses. SIN. **1.** y **2.** Ara.

altavoz s. m. Aparato para transformar en ondas sonoras una señal eléctrica y elevar la intensidad del sonido. SIN. Bafle.

alterable adj. **1.** Que se puede alterar. **2.** Que se enfada con facilidad.

alteración s. f. **1.** Cambio, modificación. **2.** Intranquilidad, alarma. **3.** Alboroto, desorden: Las protestas produjeron alteraciones en las calles. SIN. **2.** Inquietud. ANT. **2.** Tranquilidad. **3.** Orden.

alterar v. **1.** Cambiar, transformar. **2.** Producir o sentir intranquilidad. **3.** Enfadar. SIN. **1.** Modificar. **2.** Inquietar. **3.** Irritar. ANT. **1.** Mantener. **2.** y **3.** Tranquilizar.

altercado s. m. Discusión, riña violenta. SIN. Agarrada, pelea.

alternador s. m. Aparato eléctrico que produce corriente alterna.

alternancia s. f. Sucesión de dos o más cosas que se repiten.

alternar v. **1.** Repetir o repetirse varias cosas, primero una y luego otra: Alterna el trabajo con los estudios. **2.** Turnarse. **3.** Tener trato: Alterna con gente importante. SIN. **1.** Combinar. **3.** Tratar, relacionarse. ANT. **1.** Simultanear.

alternativa s. f. **1.** Elección entre dos o más cosas. **2.** Cada una de las cosas entre las que se elige. **3.** Ceremonia en que un torero le da la categoría de matador de toros a un novillero. SIN. **1.** Dilema. **2.** Opción.

alternativamente adv. Alternándose dos o más personas o cosas.

alternativo, va adj. **1.** Que tiene alternancia. **2.** Que es otra posibilidad: La carretera estaba cortada y buscaron un camino alternativo. SIN. **1.** Alterno, rotatorio. **2.** Opcional.

alterne s. m. Acción de alternar o relacionarse con la gente, sobre todo las empleadas de algunos locales públicos para animar a los clientes a consumir.

alterno, na adj. **1.** Que se alterna. **2.** Referido a periodos de tiempo, uno sí y otro no: días alternos. **3.** Se dice de la corriente eléctrica que cambia constantemente de valor y de sentido. SIN. **1.** Alternativo. ANT. **1.** y **3.** Continuo.

alteza s. f. Forma de tratamiento que se da a los príncipes.

altibajo s. m. **1.** Sucesión de momentos buenos y malos. **2.** Desigualdad en el terreno. SIN. **2.** Desnivel, irregularidad.

altillo s. m. **1.** Maletero sobre un armario o un falso techo. **2.** Desván.

altímetro s. m. **1.** Instrumento para medir la altura de vuelo de un vehículo. **2.** Aparato de topografía para medir alturas.

altiplano o **altiplanicie** s. m. o f. Meseta de gran altura y extensión.

altísimo, ma adj. **1.** sup. de alto. Muy alto. ‖ n. pr. **2.** Nombre que se da a Dios.

altisonante adj. Demasiado solemne o afectado; se dice sobre todo del lenguaje o del estilo. SIN. Grandilocuente.

altitud s. f. Altura de un punto con relación al nivel del mar.

altivez s. f. Orgullo, soberbia. SIN. Altanería. ANT. Humildad.

altivo, va adj. Orgulloso, soberbio. SIN. Altanero. ANT. Humilde.

alto s. m. **1.** Parada, detención: Hicieron un alto en el camino. **2.** Orden de que alguien pare o se detenga. ‖ interj. **3.** Expresa esa orden. SIN. **2.** y **3.** Stop.

alto, ta adj. **1.** Que tiene mucha altura o está a mucha altura. También adv.: Subió muy alto. **2.** Levantado, derecho: Va con la cabeza alta. **3.** Muy grande, importante o abundante: alto riesgo, clase alta, cantidad alta. **4.** Se dice del sonido fuerte, intenso. También adv.: Habla alto. **5.** Se dice de las notas musicales muy agudas. ‖ s. m. **6.** Altura. ‖ **7. pesca de altura** Ver pesca. ‖ LOC. a estas alturas En este momento, sobre todo si es demasiado tarde. SIN. **2.** Erguido. **3.** Notable, destacado. ANT. **1.** a **5.** Bajo. **2.** Agachado. **3.** Insignificante.

altoparlante s. m. Amér. Altavoz.

altorrelieve s. m. Escultura en relieve que sobresale bastante del fondo.

altozano s. m. Monte de poca altura en una zona llana.

altramuz s. m. **1.** Planta que tiene una semilla amarilla comestible. **2.** Esta semilla.

altruismo s. m. Amor desinteresado a los demás. SIN. Generosidad. ANT. Egoísmo.

altruista adj. y s. Que demuestra altruismo. SIN. Generoso, filántropo. ANT. Egoísta.

altura s. f. **1.** Medida de alguien o algo desde el suelo hasta su parte más elevada. **2.** Elevación sobre el nivel del mar. **3.** Punto, nivel:

Los dos están a la misma altura. **4.** Valor, mérito: *altura moral.* **5.** En una figura geométrica, perpendicular trazada desde la base hasta el vértice opuesto o hasta el punto más alejado del lado o cara opuesta. **SIN. 1.** Estatura. **4.** Categoría.

alubia *s. f.* Judía, planta, fruto y semilla.

alucinación *s. f.* Imagen de algo que no es real, pero que alguien cree ver.

alucinante *adj.* Asombroso, impresionante. **SIN.** Pasmoso. **ANT.** Corriente.

alucinar *v.* **1.** Producir o tener alucinaciones. **2.** Dejar o quedarse pasmado. **SIN. 1.** Delirar.

alucine *s. m.* Asombro, pasmo.

alucinógeno, na *adj.* y *s. m.* Se dice de las sustancias que producen alucinaciones.

alud *s. m.* Avalancha.

aludir *v.* Hablar o escribir sobre una persona o cosa sin nombrarla o solo de pasada. **SIN.** Mencionar.

alumbrado, da 1. *p.* de **alumbrar.** También *adj.* ‖ *s. m.* **2.** Luces que alumbran un lugar.

alumbramiento *s. m.* Parto.

alumbrar *v.* **1.** Dar luz. **2.** Parir, tener un hijo. **SIN. 1.** Iluminar, lucir.

aluminio *s. m.* Metal plateado, ligero, resistente a la corrosión, buen conductor de la electricidad. Es un elemento químico.

alumnado *s. m.* Conjunto de alumnos.

alumno, na *s. m.* y *f.* Persona que recibe enseñanza. **SIN.** Estudiante, escolar, discípulo.

alunizaje *s. m.* Acción de alunizar.

alunizar *v.* **1.** Posarse sobre la Luna una nave espacial. **2.** Estrellar un vehículo contra la luna de un escaparate de una tienda para robar en ella.

alusión *s. f.* Acción de aludir. **SIN.** Referencia.

alusivo, va *adj.* Que alude. **SIN.** Referente, relativo.

aluvial *adj.* Se dice del terreno formado por aluviones.

aluvión *s. m.* **1.** Crecida brusca de las aguas de un río. **2.** Depósito de materiales, como grava o arena, que deja una corriente de agua. **3.** Gran cantidad: *un aluvión de llamadas.* **SIN. 1.** Tromba. **3.** Montón, multitud.

alveolo o **alvéolo** *s. m.* **1.** Hueco donde están encajados los dientes. **2.** Cada una de las cavidades de los pulmones donde terminan las últimas ramificaciones de los bronquiolos.

alza *s. f.* **1.** Aumento de precio. **2.** Pieza que se pone a un zapato para hacerlo más alto o elevar el talón. **SIN. 1.** Subida. **ANT. 1.** Baja.

alzacuello *s. m.* Tirilla blanca y rígida que llevan en el cuello algunos eclesiásticos.

alzada *s. f.* Altura de los caballos y otros animales parecidos.

alzado, da 1. *p.* de **alzar.** También *adj.* ‖ *s. m.* **2.** Dibujo de una cosa vista de frente sin tener en cuenta la perspectiva.

alzamiento *s. m.* Rebelión, especialmente, militar.

alzapaño *s. m.* Cinta o cordón que recoge las cortinas hacia un lado.

alzar *v.* **1.** Levantar, subir. **2.** Construir, edificar. ‖ **alzarse 3.** Conseguir: *alzarse con el triunfo.* **4.** Rebelarse, sublevarse. **5.** Apoderarse, robar. **SIN. 1.** Elevar, aupar. **ANT. 1.** Bajar. **4.** Someter.

alzhéimer *s. m.* Enfermedad que atrofia el cerebro y destruye poco a poco las facultades mentales.

ama *s. f.* **1.** Dueña o propietaria. ‖ **2. ama de casa** Mujer que se ocupa de las tareas de su casa. **3. ama de cría** Mujer que da de mamar al hijo de otra. **4. ama de llaves** Criada principal de la casa.

amabilidad *s. f.* Característica de amable. **SIN.** Cortesía, gentileza. **ANT.** Descortesía.

amable *adj.* Agradable, educado. **SIN.** Correcto, atento. **ANT.** Grosero.

amado, da 1. *p.* de **amar.** ‖ *adj.* y *s.* **2.** Se dice de la persona o cosa a la que se ama. **SIN. 1.** y **2.** Querido.

amadrinar *v.* Ser la madrina de una persona o actuar de madrina en un acto.

amaestrar *v.* Hacer que un animal obedezca y aprenda a hacer algunas cosas.

amagar *v.* Mostrar intención de algo sin que llegue a hacerse o producirse: *No le dio, solo amagó el golpe.*

amago *s. m.* Acción de amagar.

amainar *v.* Calmarse el viento, la lluvia u otro fenómeno semejante.

amalgama *s. f.* **1.** Aleación de mercurio con otros metales. **2.** Mezcla de cosas diferentes. **SIN. 2.** Mezcolanza.

amamantar *v.* Dar de mamar.

amancebarse *v.* Hacer vida matrimonial dos personas sin estar casadas.

amanecer[1] *v.* **1.** Empezar a aparecer la luz del día. **2.** Estar en un lugar o de alguna manera al comenzar el día: *Amaneció de mal humor.* ☐ Es v. irreg. Se conjuga como *agradecer.* **SIN. 1.** Alborear, clarear. **ANT. 1.** Anochecer, oscurecer.

amanecer[2] *s. m.* Momento en que amanece. **SIN.** Alba, aurora. **ANT.** Anochecer.

amanecida *s. f.* Amanecer.

amanerado, da *adj.* **1.** Rebuscado, no natural: *un lenguaje amanerado.* ‖ *adj.* y *s. m.* **2.** Afeminado. **SIN. 1.** Afectado, artificioso. **ANT. 1.** Espontáneo.

amaneramiento *s. m.* Característica de amanerado.

amanita *s. f.* Seta de diferentes colores según la especie, con un anillo en el pie. Algunas son comestibles y otras venenosas.

amansar *v.* Hacer manso, dócil. **SIN.** Domar.

amante *adj.* y *s.* **1.** Que ama: *Es un amante de la naturaleza.* ‖ *s. m.* y *f.* **2.** Persona que mantiene relaciones amorosas con otra fuera del matrimonio. **SIN. 1.** Enamorado; entusiasta. **2.** Querido.

amanuense *s. m.* y *f.* Persona que copia textos a mano. **SIN.** Copista.

amañar *v.* Preparar algo con engaño para sacar un beneficio: *amañar un partido, un examen.* **SIN.** Apañar.

amaño *s. m.* Trampa, chanchullo.

amapola *s. f.* Planta silvestre con flores de cuatro pétalos, rojas, blancas o amarillas.

amar *v.* Tener amor. **SIN.** Querer. **ANT.** Odiar.

amaraje *s. m.* Amerizaje.

amarar *v.* Amerizar.

amargado, da *adj.* **1.** *p.* de **amargar.** ‖ *adj.* y *s.* **2.** Se dice de la persona que siempre está muy triste y descontenta.

amargamente *adv.* Con mucha tristeza.

amargar *v.* **1.** Dar o tener sabor amargo. **2.** Apenar, entristecer. **3.** Estropear, fastidiar. **SIN. 2.** Disgustar. **3.** Aguar. **ANT. 1.** Endulzar. **2.** Alegrar.

amargo, ga *adj.* **1.** De sabor desagradable, como el de la hiel o el de algunas almendras. **2.** Triste, doloroso. **SIN. 1.** Acre. **2.** Penoso. **ANT. 1.** Dulce. **2.** Alegre.

amargor *s. m.* **1.** Sabor amargo: *No le gusta el amargor del café.* **2.** Amargura.

amargura *s. f.* Tristeza, dolor. **SIN.** Pena, disgusto. **ANT.** Alegría, placer.

amariconarse *v.* **1.** *vulg. desp.* Volverse afeminado. **2.** *vulg. desp.* Volverse débil o cobarde. **SIN. 2.** Ablandarse.

amarillear *v.* Ponerse amarillento.

amarillento, ta *adj.* De color parecido al amarillo.

amarillo, lla *adj.* y *s. m.* **1.** Del color del limón. ‖ *adj.* **2.** Pálido, con mal color de piel. **3.** Se dice de la raza asiática.

amarra *s. f.* Cuerda o cable para sujetar un barco en el muelle de un puerto. **SIN.** Cabo, maroma.

amarradero *s. m.* Poste o anilla grande donde se amarra algo.

amarrar *v.* Atar, especialmente una embarcación al muelle.

amarre *s. m.* **1.** Acción de amarrar: *el amarre de los barcos.* **2.** Amarradero.

amartelado, da *adj.* Se dice de los enamorados que se muestran muy cariñosos.

amasar *v.* **1.** Hacer o trabajar una masa. **2.** Acumular riquezas: *amasar una fortuna.* **SIN. 2.** Atesorar.

amasijo *s. m.* Mezcla desordenada. **SIN.** Mezcolanza.

amateur (fr.) *adj.* y *s.* Que se dedica a una actividad o un deporte solo por afición. **SIN.** Aficionado. **ANT.** Profesional.

amatista *s. f.* Piedra de cuarzo transparente, de color violeta, que se utiliza en joyería.

amatorio, ria *adj.* Del amor o relacionado con él.

amazacotado, da *adj.* Apelmazado, demasiado compacto. **SIN.** Apretado.

amazona *s. f.* **1.** Mujer que monta a caballo. **2.** Mujer guerrera de la mitología griega.

amazónico, ca *adj.* Del río Amazonas o de la región de la Amazonia, en América del Sur.

ambages Se utiliza en la expresión **sin ambages**, 'sin rodeos', 'hablando claro'.

ámbar *s. m.* **1.** Resina fósil endurecida. **2.** Color amarillo parecido al de esa resina.

ambarino, na *adj.* Del ámbar o que tiene sus cualidades.

ambición *s. f.* Deseo muy grande de conseguir cosas, sobre todo riqueza o poder. **SIN.** Ansia, aspiración.

ambicionar *v.* Tener ambición de algo.

ambicioso, sa *adj.* y *s.* Que tiene ambición.

ambidiestro, tra o **ambidextro, tra** *adj.* y *s.* Que utiliza las dos manos con la misma habilidad.

ambientación *s. f.* Acción de ambientar.

ambientador *s. m.* Producto para perfumar un lugar.

ambiental *adj.* Del ambiente o relacionado con él: *temperatura ambiental, música ambiental.*

ambientar *v.* **1.** Darle a algo las características propias de un lugar, época o situación: *Ambientó el cuento en la selva.* **2.** Acostumbrar a cierto ambiente o situación. **SIN. 1.** Enmarcar, encuadrar. **2.** Aclimatar, habituar.

ambiente *s. m.* **1.** Aire que rodea un cuerpo. **2.** Circunstancias que rodean a una persona, animal o cosa. **3.** Gente, animación.

ambigüedad *s. f.* Característica de ambiguo o cosa ambigua.

ambiguo, gua *adj.* **1.** Que se puede entender de varias maneras. **2.** En gramática, se dice de los sustantivos que se usan en masculino o en femenino sin cambiar de forma ni significado, como *el mar* o *la mar*. **SIN. 1.** Equívoco. **ANT. 1.** Preciso.

ámbito *s. m.* **1.** Espacio entre ciertos límites: *Lloverá en todo el ámbito nacional.* **2.** Medio, campo: *el ámbito infantil.* **SIN. 1.** Extensión.

ambivalente *adj.* Que tiene dos sentidos o valores diferentes.

ambón *s. m.* **1.** En una iglesia, atril desde donde se leen las lecturas y algunas oraciones de la misa. **2.** Cada uno de los púlpitos que hay a ambos lados del altar en algunas iglesias.

ambos, bas *adj.* y *pl.* Los dos, uno y otro.

ambrosía *s. f.* Comida o bebida muy sabrosa y delicada. **SIN.** Manjar.

ambulancia *s. f.* Coche o furgoneta para transportar enfermos o heridos.

ambulante *adj.* Que no es fijo, que va de un lugar a otro: *vendedor ambulante, circo ambulante.* **ANT.** Estable.

ambulatorio *s. m.* Centro sanitario público, donde se atiende a personas que no tienen que quedarse ingresadas.

ameba *s. f.* Ser vivo microscópico de una sola célula, que vive en el agua y se mueve por medio de unas prolongaciones de su cuerpo.

amedrentar *v.* Producir miedo o sentirlo. **SIN.** Intimidar, acobardar. **ANT.** Envalentonarse.

amén *s. m.* Palabra hebrea que se dice al final de las oraciones y significa 'así sea'. ‖ **LOC. en un decir amén** En muy poco tiempo.

amén de *expr.* Además de.

amenaza *s. f.* Palabras, gestos o hechos con que se amenaza.

amenazante o **amenazador, ra** *adj.* Que amenaza.

amenazar *v.* **1.** Decir a una persona que se le va a hacer algo malo. **2.** Dar señales de algo malo: *La casa amenaza ruina.* **SIN. 1.** Advertir. **2.** Presagiar.

amenizar *v.* Hacer ameno.

ameno, na *adj.* Entretenido, divertido. **ANT.** Aburrido.

americana *s. f.* Chaqueta de tela con solapas y botones.

americanismo *s. m.* Palabra o expresión propia del español de Hispanoamérica.

americano, na *adj.* y *s.* **1.** De América. **2.** De los Estados Unidos de América.

amerindio, dia *adj.* y *s.* De los indios americanos o relacionado con ellos.

amerizaje *s. m.* Acción de amerizar. **SIN.** Amaraje.

amerizar *v.* Posarse en el mar un hidroavión u otro vehículo aéreo. **SIN.** Amarar.

ametrallador, ra *adj.* Que ametralla: *fusil ametrallador.*

ametralladora *s. f.* Arma de fuego automática que dispara balas a gran velocidad.

ametrallar *v.* Disparar con ametralladora o con un arma parecida.

amianto *s. m.* Mineral muy resistente al fuego y al calor, utilizado para fabricar tejidos y revestimientos.

amigable *adj.* Amistoso, propio de amigos.

amígdala *s. f.* Cada uno de los órganos redondeados que están a los dos lados de la garganta y defienden al organismo de algunas infecciones. **SIN.** Angina.

amigdalitis *s. f.* Inflamación de las amígdalas. **SIN.** Anginas.

amigo, ga *adj.* y *s.* **1.** Persona con la que se tiene amistad. **2.** Aficionado: *Es muy amigo de hacer bromas.* **SIN. 2.** Partidario, inclinado. **ANT. 1.** y **2.** Enemigo.

amigote, ta *s. m.* y *f.* Compañero de juergas y diversiones.

amiguismo *s. m.* Hecho de proporcionar cargos o premios a los amigos sin tener en cuenta sus méritos. **SIN.** Enchufismo.

amilanar *v.* Acobardar. **SIN.** Amedrentar.

aminoácido *s. m.* Nombre de ciertos ácidos orgánicos; algunos son componentes fundamentales de las proteínas.

aminorar *v.* Disminuir. **SIN.** Reducir, rebajar. **ANT.** Aumentar.

amistad *s. f.* **1.** Afecto y confianza que existe entre las personas. **2.** Amigo o conocido. **ANT. 1.** Enemistad. **2.** Enemigo.

amistoso, sa *adj.* **1.** Que demuestra amistad. **2.** En deporte, se dice de los partidos que se juegan fuera de la competición oficial. **SIN. 1.** Afectuoso, cordial. **ANT. 1.** Hostil.

amnesia *s. f.* Pérdida de la memoria.

amnésico, ca *adj.* y *s.* Que padece amnesia.

amniótico *adj.* Se dice del líquido que rodea el embrión de muchos animales.

amnistía *s. f.* Perdón de algunos delitos que concede el Gobierno.

amnistiar *v.* Conceder amnistía.

amo *s. m.* **1.** Dueño, propietario. **2.** Persona para la que trabaja un criado. **3.** Persona que manda o influye sobre otras. **SIN. 1.** y **2.** Señor. **3.** Jefe, líder.

amurallado

amodorrar v. Adormecer, adormilar. **SIN.** Aletargar. **ANT.** Espabilar.

amojamarse v. Ponerse una persona delgada y arrugada cuando se hace vieja. **SIN.** Acartonarse.

amolar v. **1.** Afilar. **2.** Molestar, fastidiar. □ Es v. irreg. Se conjuga como *contar*.

amoldar v. **1.** Ajustar. ‖ **amoldarse 2.** Adaptarse, acostumbrarse. **SIN. 1.** y **2.** Adecuar, acomodar. **2.** Habituarse, hacerse. **ANT. 2.** Deshabituarse.

amonarse v. Emborracharse.

amonestación s. f. **1.** Acción de amonestar. s. f. pl. **2.** Lista que se anuncia en la iglesia con los nombres de los que se van a casar.

amonestar v. **1.** Regañar, reprender. **2.** Hacer una advertencia.

amoniaco o **amoníaco** s. m. Gas de olor muy fuerte, que está compuesto por un volumen de nitrógeno y tres de hidrógeno. Se usa disuelto en agua en productos de limpieza y en la industria.

amontonar v. **1.** Poner unas cosas sobre otras. **2.** Reunir o juntar en gran cantidad. **SIN. 1.** Apilar. **2.** Acumular. **ANT. 1.** Esparcir. **1.** y **2.** Desperdigar.

amor s. m. **1.** Sentimiento que une a las personas y por el que se les desea el bien. **2.** Gran afición y respeto: *amor a la naturaleza*. **3.** Persona amada. ‖ **4. amor propio** Respeto que se tiene uno a sí mismo o deseo de quedar bien ante los demás. ‖ **LOC. hacer el amor** Realizar el acto sexual. **SIN. 1.** Cariño, querer. **2.** Aprecio. **ANT. 1.** y **2.** Odio.

amoral adj. y s. Que no tiene moral.

amoratarse v. Ponerse de color morado.

amordazar v. Poner una mordaza.

amorfo, fa adj. Que no tiene forma determinada.

amorío s. m. Relación amorosa corta y poco importante. **SIN.** Aventura, romance.

amoroso, sa adj. **1.** Relacionado con el amor de los enamorados. **2.** Que siente o manifiesta amor. **SIN. 2.** Afectuoso, cariñoso.

amortajar v. Vestir o cubrir un cadáver con una mortaja.

amortiguación s. f. **1.** Acción de amortiguar. **2.** Mecanismo de suspensión de un vehículo.

amortiguador, ra adj. **1.** Que amortigua. ‖ s. m. **2.** Dispositivo para hacer menos brusco un movimiento, sobre todo en vehículos.

amortiguar v. Hacer menos fuerte o menos intenso. **SIN.** Atenuar, moderar. **ANT.** Acentuar.

amortización s. f. Acción de amortizar. **SIN.** Liquidación.

amortizar v. **1.** Terminar de pagar un préstamo o una deuda. **2.** Sacar beneficio del dinero que se ha invertido. **SIN. 1.** Liquidar, satisfacer.

amotinar v. Organizar un motín. **SIN.** Sublevar, alzar.

AMPA (siglas de *Asociación de Madres y Padres de Alumnos*) s. f. Asociación de padres de alumnos de un colegio o instituto.

amparar v. **1.** Proteger, ayudar. ‖ **ampararse 2.** Valerse de algo: *Se ampara en su autoridad para hacer lo que quiere.* **SIN. 1.** Auxiliar, favorecer. **ANT. 1.** Desamparar.

amparo s. m. Protección, ayuda. **SIN.** Auxilio, refugio. **ANT.** Desamparo.

amperímetro s. m. Aparato para medir la intensidad de una corriente eléctrica.

amperio s. m. Unidad de intensidad de corriente eléctrica.

ampliación s. f. **1.** Acción de ampliar. **2.** Lo que se ha ampliado. **ANT. 1.** Reducción.

ampliador, ra adj. **1.** Que amplía. ‖ s. f. **2.** Máquina para hacer ampliaciones fotográficas.

ampliamente adv. Mucho, más de lo necesario o suficiente.

ampliar v. Hacer más grande. **SIN.** Aumentar, agrandar. **ANT.** Reducir.

amplificador, ra adj. **1.** Que amplifica. ‖ s. m. **2.** Aparato para amplificar.

amplificar v. Aumentar, sobre todo el sonido. **SIN.** Ampliar. **ANT.** Reducir.

amplio, plia adj. Grande, ancho, que ocupa o abarca mucho. **SIN.** Espacioso, holgado, dilatado, extenso. **ANT.** Estrecho, reducido.

amplitud s. f. Característica de amplio.

ampolla s. f. **1.** Bolsita llena de líquido que se forma en la piel. **2.** Tubito de cristal cerrado que contiene un líquido.

ampuloso, sa adj. Muy exagerado y rebuscado: *un estilo literario ampuloso.* **SIN.** Pomposo, rimbombante. **ANT.** Sencillo.

amputación s. f. Acción de amputar.

amputar v. Cortar un miembro o parte del cuerpo. **SIN.** Mutilar, cercenar.

amueblar v. Poner muebles.

amuermar v. fam. Aburrir.

amuleto s. m. Objeto que llevan algunas personas por creer que da suerte y protege de los peligros. **SIN.** Talismán.

amurallado, da adj. Rodeado con una muralla.

a

anabolizante adj. y s. m. Sustancia utilizada para aumentar el rendimiento en los deportistas.

anacarado, da adj. Parecido al nácar. SIN. Nacarado.

anacardo s. m. **1.** Árbol americano con hojas perennes ovaladas y fruto comestible. **2.** Fruto de este árbol.

anaconda s. f. Serpiente acuática americana de gran tamaño y color verde oscuro con manchas negras.

anacoreta s. m. y f. Ermitaño, eremita.

anacrónico, ca adj. Que no es propio de la época actual o de aquella de la que se trata.

anacronismo s. m. Lo que es anacrónico.

ánade s. m. Pato.

anaerobio, bia adj. Se dice de los seres vivos que no necesitan el oxígeno del aire para vivir, como, por ejemplo, algunas bacterias. ANT. Aerobio.

anáfora s. f. Figura retórica que consiste en repetir una o más palabras al comienzo de varios versos.

anafre s. m. Hornillo portátil para cocinar.

anagrama s. m. **1.** Distinta ordenación de las letras de una o más palabras de manera que formen otra, como *ocas* y *caso*. **2.** Popularmente, logotipo.

anal adj. Del ano.

anales s. m. pl. Relaciones de acontecimientos históricos, ordenados por años.

analfabetismo s. m. Hecho de ser analfabeto. SIN. Incultura. ANT. Cultura.

analfabeto, ta adj. y s. **1.** Que no sabe leer ni escribir. **2.** Que no tiene cultura. SIN. **1.** y **2.** Iletrado. **2.** Ignorante, inculto. ANT. **2.** Culto, sabio.

analgésico, ca adj. y s. m. Se dice del medicamento que calma el dolor. SIN. Calmante.

análisis s. m. **1.** Estudio cuidadoso de algo. **2.** Examen de los componentes de una sustancia: *análisis de sangre*. **3.** Estudio de las palabras de un texto y de las relaciones que hay entre ellas.

analista s. m. y f. Persona especializada en análisis, por ejemplo, médicos o económicos.

analítico, ca adj. Que emplea el método del análisis.

analizar v. Realizar un análisis.

analogía s. f. Semejanza, parecido. SIN. Similitud. ANT. Diferencia.

analógico, ca adj. Se dice de un tipo de reloj con manecillas que marcan las horas.

análogo, ga adj. Semejante, parecido.

ananá o **ananás** s. m. **1.** Planta tropical con fruto carnoso y comestible en forma de piña. **2.** Este fruto.

anaquel s. m. Estante o repisa de un armario, de una librería, etc.

anaranjado, da adj. De color parecido al de la naranja.

anarquía s. f. **1.** Ausencia de gobierno en un Estado. **2.** Desorden, confusión. SIN. **2.** Desconcierto, caos. ANT. **2.** Orden.

anárquico, ca adj. Que tiene anarquía. SIN. Caótico.

anarquista adj. y s. Partidario de la anarquía o relacionado con ella.

anatema s. m. Excomunión.

anatomía s. f. Ciencia que estudia las diferentes partes del cuerpo.

anatómico, ca adj. **1.** De la anatomía. **2.** Que se ajusta a la forma del cuerpo: *un asiento anatómico*.

anca s. f. **1.** Cada una de las dos mitades en que se divide la parte trasera de algunos animales: *ancas de rana*. **2.** Parte posterior del lomo de las caballerías.

ancestral adj. **1.** Relacionado con los antepasados. **2.** Muy antiguo.

ancestro s. m. Antepasado.

ancho, cha adj. **1.** De bastante anchura. **2.** Amplio, holgado. ‖ s. m. **3.** Anchura. ‖ LOC. **a mis (tus, sus,** etc.) **anchas** Muy a gusto. **quedarse tan ancho** Quedarse tan tranquilo. SIN. **2.** Dilatado. ANT. **1.** y **2.** Estrecho. **3.** Largo.

anchoa s. f. Boquerón en salazón.

anchura s. f. **1.** Dimensión más pequeña de las dos de una superficie. **2.** En objetos de tres dimensiones, el fondo o la profundidad. **3.** En lenguaje corriente, dimensión horizontal de un objeto. SIN. **1.** a **3.** Ancho.

ancianidad s. f. Vejez. ANT. Juventud.

anciano, na adj. y s. Persona vieja. ANT. Joven.

ancla s. f. Objeto pesado en forma de anzuelo doble para sujetar los barcos al fondo del mar. SIN. Áncora.

anclaje s. m. **1.** Acción de anclar. **2.** Pieza o dispositivo que mantiene fijo algo al suelo o a otra cosa: *Se rompió el anclaje del cinturón de seguridad*.

anclar v. **1.** Quedar sujeto un barco al fondo del mar con el ancla. **2.** Sujetar algo firmemente con algún anclaje. ‖ **anclarse 3.** Quedarse una persona estancada en una posición o idea. ANT. **1.** Levar.

áncora s. f. Ancla.

anda *interj.* Se usa para expresar sorpresa o llamar la atención sobre algo.

andadas Se usa en la expresión **volver** alguien **a las andadas**, 'volver a caer una persona en una mala costumbre'.

andaderas *s. f. pl.* Andador para ayudar o enseñar a andar. **SIN.** Andador.

andador, ra *adj.* **1.** Que anda: *una muñeca andadora.* ‖ *s. m.* **2.** Carrito o aparato para ayudar o enseñar a andar. ‖ *s. m. pl.* **3.** Tirantes para sujetar a los niños cuando aprenden a andar. **SIN. 2.** Andaderas.

andadura *s. f.* **1.** Acción de andar. **2.** Recorrido, trayectoria.

andaluz, za *adj.* y *s.* De Andalucía, comunidad autónoma de España.

andamiaje *s. m.* Conjunto de andamios.

andamio *s. m.* Estructura de tubos y tablones para trabajar sobre ella y llegar a las partes altas de los edificios.

andana Se usa en la expresión **llamarse** uno (a) **andana**, 'desentenderse una persona de sus promesas o de sus obligaciones'.

andanada *s. f.* Conjunto de disparos realizados a la vez por una serie de cañones en línea, sobre todo los de un barco.

andante¹ *adj.* **1.** Que anda. **2.** Se dice del caballero medieval que iba de un lado a otro en busca de aventuras.

andante² (del ital.) *s. m.* Tiempo musical moderadamente lento.

andanza *s. f.* Aventura, peripecia.

andar¹ *v.* **1.** Ir de un lugar a otro dando pasos. **2.** Moverse, marchar, funcionar. **3.** Estar, encontrarse. **4.** Curiosear, hurgar. **5.** Aproximarse a una cantidad: *El premio anda por los diez mil euros.* ‖ **andarse 6.** Actuar, comportarse: *Ándate con cuidado.* ‖ **LOC. andarse por las ramas** No ir directamente a lo importante. □ Es v. irreg. **SIN. 1.** Caminar. **5.** Rondar. **ANT. 2.** Detenerse.

andar² *s. m.* Modo de andar: *Tiene unos andares muy garbosos.*

andariego, ga o **andarín, na** *adj.* y *s.* Aficionado a andar.

andarríos *s. m.* Nombre de varias aves de Europa y Asia, de tamaño mediano y con el dorso oscuro y el vientre blanco.

andas *s. f. pl.* Tablero sujeto por dos barras paralelas para transportar una carga.

andén *s. m.* **1.** En las estaciones de tren o metro, acera junto a las vías. **2.** Muelle de un puerto.

andino, na *adj.* y *s.* De la cordillera de los Andes, en América del Sur.

andoba o **andóbal** *s. m.* y *f. desp.* Una persona cualquiera. **SIN.** Individuo, sujeto, fulano, tío.

andorga *s. f.* Panza. Se usa en la expresión **llenar la andorga**, 'comer'.

andorrano, na *adj.* y *s.* De Andorra, país de Europa.

andrajo *s. m.* Trozo de ropa vieja y usada; también, esta ropa. **SIN.** Jirón, harapo.

andrajoso, sa *adj.* y *s.* Vestido de andrajos. **SIN.** Harapiento.

androceo *s. m.* Órgano reproductor masculino de las flores, formado por los estambres.

andrógino, na *adj.* y *s. m.* Hermafrodita.

androide *s. m.* Robot con forma humana.

andropausia *s. f.* Periodo de la vida del hombre caracterizado por la disminución de la actividad de las glándulas sexuales.

andurrial *s. m.* Lugar apartado o por el que pasa poca gente.

anea *s. f.* Enea.

anécdota *s. f.* **1.** Relato corto de un suceso interesante, curioso o divertido. **2.** Detalle poco importante.

anecdotario *s. m.* Colección de anécdotas.

anecdótico, ca *adj.* **1.** Relacionado con la anécdota. **2.** Poco importante. **SIN. 2.** Secundario. **ANT. 2.** Principal.

anegar *v.* Llenar de agua o de otro líquido: *anegarse los ojos de lágrimas.*

anejo, ja *adj.* y *s. m.* Que está unido a otra cosa o depende de ella. **SIN.** Vinculado. **ANT.** Independiente.

ANDAR	
INDICATIVO	
Pretérito perfecto simple	
anduve	anduvimos
anduviste	anduvisteis
anduvo	anduvieron
SUBJUNTIVO	
Pretérito imperfecto	**Futuro simple**
anduviera, -ese	anduviere
anduvieras, -eses	anduvieres
anduviera, -ese	anduviere
anduviéramos, -ésemos	anduviéremos
anduvierais, -eseis	anduviereis
anduvieran, -esen	anduvieren

anélido *adj.* y *s. m.* Se dice de algunos gusanos, como la lombriz o la sanguijuela, que tienen el cuerpo dividido en pequeños anillos.

anemia s. f. Disminución de los glóbulos rojos de la sangre o de la hemoglobina que estos contienen, lo que produce debilidad.

anémico, ca adj. y s. Que padece anemia.

anemómetro s. m. Aparato para medir la velocidad o la fuerza del viento.

anémona s. f. **1.** Planta con flores de vivos colores y bulbo en la raíz. **2.** Animal marino parecido a la actinia.

anestesia s. f. **1.** Estado en el que no se tiene ninguna sensación en todo el organismo o en parte de él. **2.** Sustancia que produce este estado.

anestesiar v. Dejar sin sensibilidad el cuerpo o parte de él, sobre todo, poniéndole anestesia.

anestésico, ca adj. y s. m. Que produce anestesia.

anestesista s. m. y f. Médico especializado en administrar la anestesia.

anexión s. f. Acción de anexionar.

anexionar v. Unir una cosa a otra de forma que dependa de ella: anexionar un país a otro. **SIN.** Incorporar. **ANT.** Independizarse.

anexo, xa adj. y s. m. Unido a otra cosa de la que depende: El hotel tenía un anexo. **SIN.** Anejo.

anfeta o **anfetamina** s. f. Droga estimulante del sistema nervioso.

anfibio, bia adj. y s. m. **1.** Se dice de los animales que viven la primera parte de su vida en el agua, como la rana. **2.** Se dice del vehículo que puede desplazarse sobre tierra y agua.

anfiteatro s. m. **1.** En la antigua Roma, edificio circular donde se celebraban los espectáculos de gladiadores. **2.** Conjunto de asientos colocados en filas, como en algunas aulas, teatros o cines, sobre todo, los que están un poco más altos que el resto.

anfitrión, na s. m. y f. Persona que recibe y atiende a sus invitados.

ánfora s. f. Vasija, de los antiguos griegos y romanos, alta y estrecha, normalmente con dos asas.

angarillas s. f. pl. Andas para transportar cosas. **SIN.** Camilla.

ángel s. m. **1.** Ser espiritual que sirve a Dios y es su mensajero. **2.** Persona muy buena. ‖ **3. ángel de la guarda** o **ángel custodio** El que cuida de cada persona.

angelical o **angélico, ca** adj. De los ángeles o propio de ellos: una cara angelical.

angelote s. m. Figura grande de ángel con forma de niño que aparece en retablos y pinturas.

ángelus s. m. Oración cristiana que se suele rezar al mediodía, en la que se recuerda la visita del ángel a la Virgen para anunciarle que iba a ser la madre de Jesús.

angina s. f. **1.** Amígdala. ‖ s. f. pl. **2.** Inflamación de las amígdalas. ‖ **3. angina de pecho** Obstrucción en las arterias que produce un dolor muy fuerte en el pecho.

angiosperma adj. y s. f. Se dice de las plantas con flores que producen semillas y frutos. **ANT.** Gimnosperma.

anglicanismo s. m. Doctrina de la Iglesia anglicana, oficial en Inglaterra.

anglicano, na adj. **1.** Se dice de la Iglesia oficial de Inglaterra. ‖ adj. y s. **2.** Relacionado con el anglicanismo o que lo practica.

anglicismo s. m. Palabra o expresión que procede del inglés, como béisbol o aeróbic.

anglófono, na adj. y s. De habla inglesa.

anglosajón, na adj. y s. **1.** De un grupo de pueblos germánicos que se establecieron en Inglaterra en el siglo v. **2.** De lengua y civilización inglesas o relacionado con ellas.

angoleño, ña o **angolano, na** adj. y s. De Angola, país de África.

angora s. f. Lana de pelo abundante y muy suave.

angorina s. f. Lana parecida a la angora, pero con menos pelo.

angosto, ta adj. Estrecho, reducido. **ANT.** Amplio.

anguila s. f. Pez de cuerpo parecido al de una serpiente, que vive en los ríos y desciende al mar para reproducirse. Se utiliza como alimento.

angula s. f. Cría de la anguila, muy apreciada en alimentación.

angular adj. Relacionado con el ángulo o que tiene su forma.

ángulo s. m. **1.** Plano comprendido entre dos líneas rectas que salen de un mismo punto. **2.** Esquina o rincón. **3.** Punto de vista. **SIN. 3.** Perspectiva.

anguloso, sa adj. Que tiene ángulos o aristas: un rostro anguloso.

angustia s. f. **1.** Sensación de intranquilidad, miedo o ahogo. **2.** Náuseas. **SIN. 1.** Ansiedad, congoja. **ANT. 1.** Paz.

angustiar v. Producir o sentir angustia. **SIN.** Agobiar. **ANT.** Relajar.

angustioso, sa adj. Que produce angustia. **SIN.** Agobiante. **ANT.** Tranquilizante.

anhelar v. Desear mucho. **SIN.** Ansiar, ambicionar.

anhelo *s. m.* Ansia, deseo muy grande. SIN. Ambición, afán.

anhídrido *s. m.* Antiguo nombre de los óxidos no metálicos; por ejemplo, el dióxido de carbono se llamaba *anhídrido carbónico*.

anidar *v.* **1.** Hacer nido las aves o vivir en él. **2.** Hallarse o instalarse un sentimiento o cualidad en una persona: *El miedo había anidado en su corazón.* SIN. **2.** Albergar.

anilina *s. f.* Líquido que se usa para la fabricación de colorantes.

anilla *s. f.* **1.** Pieza en forma de circunferencia. ‖ *s. f. pl.* **2.** Aparato de gimnasia formado por dos aros colgados de cuerdas o cadenas. SIN. **1.** Argolla, arandela.

anillar *v.* Colocar anillas en las patas de las aves para estudiarlas y conocer sus movimientos.

anillo *s. m.* **1.** Aro pequeño. **2.** Cosa con esta forma: *los anillos de Saturno.* **3.** Sortija.

ánima *s. f.* **1.** Alma, espíritu, especialmente de una persona muerta. **2.** Hueco del cañón de un arma de fuego.

animación *s. f.* **1.** Alegría, bullicio. **2.** Técnica de cine para producir imágenes en movimiento.

animado, da **1.** *p.* de animar. ‖ *adj.* **2.** Con ánimos. **3.** Divertido. **4.** Que tiene vida o movimiento: *seres animados, dibujos animados.*

animador, ra *s. m. y f.* **1.** Persona que anima a otras, por ejemplo, a un equipo. **2.** Persona que organiza diversiones y actividades de tiempo libre.

animadversión *s. f.* Odio, antipatía.

animal *s. m.* **1.** Ser vivo que siente, es capaz de moverse y se alimenta de plantas o de otros animales. ‖ *adj. y s.* **2.** Ignorante, bruto. ‖ *adj.* **3.** De los animales: *instinto animal.* SIN. **2.** Bestia, burro.

animalada *s. f.* Acción o dicho propios de un animal, bruto o ignorante. SIN. Burrada.

animar *v.* **1.** Dar ánimo. **2.** Impulsar o estimular. **3.** Dar alegría. SIN. **1.** Alentar. **2.** Empujar, motivar. **3.** Alegrar, avivar. ANT. **1.** y **2.** Desanimar.

anímico, ca *adj.* Del ánimo, de los sentimientos o emociones.

animismo *s. m.* Creencia religiosa según la cual las cosas de la naturaleza tienen alma.

animista *adj. y s.* Relacionado con el animismo o que sigue esta creencia.

ánimo *s. m.* **1.** Sentimientos o emociones de una persona en un momento o circunstancia. **2.** Valor, entusiasmo. Se usa también como interjección para animar. **3.** Intención o propósito.

animosidad *s. f.* Antipatía o aversión.

animoso, sa *adj.* Que tiene mucho ánimo, valor, entusiasmo. SIN. Valeroso, resuelto. ANT. Cobarde.

aniñado, da *adj.* De aspecto o características de niño.

aniquilación *s. f.* Acción de aniquilar. SIN. Matanza, exterminio.

aniquilar *v.* Matar o destruir por completo. SIN. Exterminar, asolar.

anís *s. m.* **1.** Planta de semillas muy aromáticas, con las que se hacen dulces y licores. **2.** Esta semilla. **3.** Licor hecho con ella. **4.** Dulce en forma de bolita pequeña de colores, hecha con anís y azúcar.

anisado, da *adj.* **1.** Que tiene anís o sabe a anís. ‖ *s. m.* **2.** Aguardiente de anís.

anisete *s. m.* Licor hecho con anís.

aniversario *s. m.* **1.** Día en que se cumplen años de algún acontecimiento. **2.** Cumpleaños de alguien.

ano *s. m.* Orificio en que acaba el tubo digestivo y por donde se expulsan los excrementos. SIN. Culo.

anoche *adv.* En la noche de ayer.

anochecer[1] *v.* Empezar a hacerse de noche. ☐ Es v. irreg. Se conjuga como *agradecer.* SIN. Oscurecer. ANT. Amanecer.

anochecer[2] *s. m.* Tiempo en el que anochece. SIN. Ocaso, crepúsculo. ANT. Amanecer.

anochecida *s. f.* Anochecer[2]. ‖ LOC. **de anochecida** Al hacerse de noche.

anodino, na *adj.* Sin gracia ni interés. SIN. Insulso, vulgar.

ánodo *s. m.* Polo positivo de una pila o generador eléctrico.

anofeles *adj. y s. m.* Género de mosquitos que transmiten la malaria o el paludismo.

anomalía *s. f.* Cosa anormal, defecto.

anómalo, la *adj.* Que tiene anomalías. SIN. Anormal. ANT. Normal.

anonadar *v.* Impresionar mucho. SIN. Sorprender, maravillar.

anonimato *s. m.* Hecho de ser anónimo.

anónimo, ma *adj. y s.* **1.** De autor desconocido. ‖ *adj.* **2.** Desconocido, que no se sabe quién es: *una persona anónima.* ‖ *s. m.* **3.** Escrito no firmado que se envía a alguien y suele contener una amenaza.

anorak (del esquimal) *s. m.* Chaquetón impermeable.

anorexia *s. f.* Pérdida del apetito producida por problemas nerviosos o psíquicos.

anoréxico, ca *adj.* y *s.* De la anorexia o que padece anorexia.

anormal *adj.* **1.** Que no es normal. ‖ *adj.* y *s.* **2.** Retrasado mental. **SIN. 1.** Raro, extraño. **2.** Deficiente, subnormal. **ANT. 1.** Corriente.

anormalidad *s. f.* **1.** Característica de anormal. **2.** Cosa anormal.

anotación *s. f.* Nota, apunte.

anotar *v.* **1.** Escribir una nota, apuntar. **2.** Lograr: *El equipo se anotó la victoria.* **SIN. 1.** Inscribir, registrar. **2.** Conseguir, obtener.

anquilosarse *v.* **1.** No poder mover con normalidad una articulación del cuerpo. **2.** Quedarse estancado, no avanzar. **SIN. 1.** Paralizarse. **ANT. 2.** Renovarse.

ánsar *s. m.* Ave silvestre de la que procede el ganso doméstico.

ansia *s. f.* Deseo muy grande. **SIN.** Afán, anhelo.

ansiar *v.* Desear mucho algo. **SIN.** Anhelar, ambicionar.

ansiedad *s. f.* Inquietud y nerviosismo producido, normalmente, por desear mucho algo. **SIN.** Angustia, desazón.

ansiolítico, ca *adj.* y *s. m.* Se dice del medicamento tranquilizante que disminuye la ansiedad.

ansioso, sa *adj.* Que tiene ansia.

antagónico, ca *adj.* Opuesto, contrario. **SIN.** Incompatible. **ANT.** Igual.

antagonismo *s. m.* Oposición, rivalidad, enemistad.

antagonista *adj.* y *s.* Contrario, rival, enemigo. **SIN.** Antagónico.

antaño *adv.* Antiguamente: *Esta región antaño fue próspera.* **ANT.** Actualmente.

antártico, ca *adj.* Del Polo Sur. **ANT.** Ártico.

ante¹ *s. m.* **1.** Alce. **2.** Piel curtida de algunos animales, suave como el terciopelo.

ante² *prep.* **1.** Delante de, en presencia de: *Habló ante sus compañeros.* **2.** Frente a, con relación a: *reaccionar ante un peligro.* **ANT. 1.** Detrás, tras.

ante meridiem (lat.) *expr.* Antes del mediodía. **ANT.** *Post meridiem.*

anteanoche *adv.* En la noche de anteayer.

anteayer *adv.* En el día inmediatamente anterior al de ayer.

antebrazo *s. m.* Parte del brazo desde el codo hasta la muñeca.

antecedente *s. m.* **1.** Cosa o circunstancia anterior a otra con la que está relacionada: *El coche de caballos es el antecedente de los automóviles.* **2.** Palabra o palabras a las que se refiere un relativo. ‖ *s. m. pl.* **3.** Circuns-

tancia de haber sido condenada anteriormente una persona por un delito. **SIN. 1.** Precedente. **ANT. 1.** Consecuencia.

anteceder *v.* Preceder. **ANT.** Suceder.

antecesor, ra *s. m.* y *f.* **1.** Persona que estuvo antes en un cargo o trabajo. ‖ *s. m.* **2.** Antepasado. **SIN. 1.** Predecesor. **2.** Ascendiente. **ANT. 1.** Sucesor. **2.** Descendiente.

antedicho, cha *adj.* Dicho antes: *Para entender el último capítulo del libro hay que tener en cuenta lo antedicho.*

antediluviano, na *adj.* **1.** Anterior al diluvio universal. **2.** *fam.* Muy antiguo.

antelación *s. f.* Adelanto, anticipación. **ANT.** Retraso.

antelina *s. f.* Tejido que imita la piel de ante.

antemano Se usa en la expresión **de antemano**, 'por adelantado', 'antes de otra cosa'.

antena *s. f.* **1.** Órgano sensorial que tienen en la cabeza algunos artrópodos, como insectos y crustáceos. **2.** Aparato o cable para emitir o recibir señales como las de radio, televisión o radar.

antenista *s. m.* y *f.* Persona que instala y repara antenas.

anteojeras *s. f. pl.* Pieza que se les pone a las caballerías junto a los ojos, para que no vean por los lados.

anteojo *s. m.* **1.** Catalejo. ‖ *s. m. pl.* **2.** Prismáticos. **3.** Gafas.

antepasado, da *s. m.* y *f.* Familiar del que desciende una persona. **SIN.** Ascendiente, antecesor. **ANT.** Descendiente.

antepecho *s. m.* Barandilla colocada en un lugar alto para asomarse sin caerse.

antepenúltimo, ma *adj.* y *s.* Que está inmediatamente antes del penúltimo.

anteponer *v.* **1.** Poner delante. **2.** Dar más importancia a una cosa que a otra. □ Es *v. irreg.* Se conjuga como *poner.* **SIN. 2.** Preferir. **ANT. 1.** y **2.** Posponer.

anteposición *s. f.* **1.** Colocación de una cosa delante de otra. **2.** Preferencia que tiene una persona por una cosa en lugar de otra. **ANT. 1.** Posposición.

anteproyecto *s. m.* Estudio o proyecto que se hace antes de elaborar el definitivo: *anteproyecto de ley.*

antera *s. f.* Parte superior del estambre de las flores, donde está el polen.

anterior *adj.* **1.** Que existe o sucede antes que otra cosa. **2.** Que está delante o en la parte de delante. **SIN. 1.** Previo. **1.** y **2.** Precedente. **ANT. 1.** Futuro. **1.** y **2.** Posterior.

anterioridad *s. f.* Hecho de ser anterior.

anteriormente *adv.* Antes.

antes *adv.* **1.** En un tiempo pasado. **2.** Delante: *Va antes que yo en la cola.* **3.** Expresa preferencia: *Antes que vendérselo, lo regalo.* **ANT.** **1.** y **2.** Después. **2.** Detrás.

antesala *s. f.* Habitación inmediatamente antes de otra principal.

antiácido, da *adj.* y *s. m.* Se dice de la sustancia o el medicamento que quita la acidez de estómago.

antiadherente *adj.* Se dice de los materiales y sustancias que evitan que las cosas se peguen: *una sartén antiadherente.*

antiaéreo, a *adj.* y *s. m.* Que se usa contra ataques aéreos: *artillería antiaérea.*

antibalas *adj.* Que protege contra las balas.

antibiótico *s. m.* Medicamento contra las infecciones, como la penicilina.

anticiclón *s. m.* Estado atmosférico con altas presiones, lo que produce tiempo estable y sin lluvias. **ANT.** Borrasca.

anticipación *s. f.* Acción de anticipar o anticiparse: *Llegó con la suficiente anticipación.* **SIN.** Adelanto, antelación. **ANT.** Retraso.

anticipado, da 1. *p.* de anticipar. || *adj.* **2.** Que se anticipa: *jubilación anticipada.* || **LOC.** **por anticipado** *adj.* Antes de algo: *Pagó el total por anticipado.* **SIN.** **2.** Adelantado. **ANT.** **2.** Retrasado.

anticipar *v.* **1.** Hacer u ocurrir antes de lo previsto. **2.** Dar o decir algo por anticipado. **SIN.** **1.** y **2.** Adelantar. **2.** Predecir. **ANT.** **1.** y **2.** Retrasar, atrasar.

anticipo *s. m.* **1.** Lo que se hace como adelanto de algo. **2.** Dinero que se da antes de la fecha en que se debería recibir.

anticlerical *adj.* y *s.* En contra de los curas y de la Iglesia.

anticlericalismo *s. m.* Característica de anticlerical.

anticlinal *adj.* y *s. m.* Se dice del pliegue de la corteza terrestre curvado en forma de bóveda. **ANT.** Sinclinal.

anticoagulante *adj.* y *s. m.* Que impide que se coagule la sangre.

anticonceptivo, va *adj.* y *s. m.* Se dice del producto o medio que impide el embarazo.

anticongelante *adj.* y *s. m.* Se dice de la sustancia que se añade al agua que refrigera los motores para que no se congele.

anticonstitucional *adj.* Contrario a la constitución de un país.

anticristo *s. m.* Nombre que en el *Apocalipsis* de san Juan se da a un misterioso enemigo que antes de la segunda venida de Cristo tratará de apartar a los cristianos de su fe.

anticuado, da *adj.* Que no es propio de la época actual, sino de tiempos ya pasados. **SIN.** Antiguo, desfasado. **ANT.** Moderno.

anticuario, ria *s. m.* y *f.* **1.** Coleccionista o comerciante de cosas antiguas. || *s. m.* **2.** Tienda en que se venden estos objetos.

anticuerpo *s. m.* Proteína producida por el organismo para defenderse de elementos extraños.

antidemocrático, ca *adj.* Contrario a la democracia. **ANT.** Democrático.

antidepresivo, va *adj.* y *s. m.* Se dice del medicamento contra la depresión.

antidisturbios *adj.* y *s.* Que se emplea para impedir disturbios o disolver manifestaciones.

antidopaje o ***antidoping*** (*antidoping* es ingl.) *adj.* Se dice del control que demuestra si un deportista ha tomado drogas estimulantes.

antídoto *s. m.* **1.** Sustancia que combate los efectos de un veneno. **2.** Cosa que evita o previene otra mala: *La lectura es un buen antídoto contra el aburrimiento.*

antidroga *adj.* Que actúa contra el tráfico y consumo de drogas: *operación antidroga.*

antiestético, ca *adj.* Feo, que no es estético.

antifaz *s. m.* Máscara o pieza parecida para cubrir los ojos.

antigás *adj.* Que protege de los gases tóxicos: *careta antigás.*

antigualla *s. f.* Cosa muy antigua, pasada de moda. **SIN.** Novedad.

antiguamente *adv.* Hace mucho tiempo, en la antigüedad.

antigüedad *s. f.* **1.** Característica de antiguo. || *s. f.* y *n. pr.* **2.** Tiempo muy lejano al presente, sobre todo la Edad Antigua. **3.** Obra de arte u objeto antiguos. **ANT.** **1.** Novedad.

antiguo, gua *adj.* **1.** Que existe o está desde hace mucho tiempo. **2.** Del pasado: *la antigua Roma.* **3.** Anticuado. **SIN.** **1.** Viejo. **2.** Arcaico. **ANT.** **1.** y **2.** Nuevo. **3.** Moderno.

antihéroe, antiheroína *s. m.* y *f.* Personaje de una obra de ficción que tiene las características opuestas a las que suelen tener los héroes o las heroínas.

antihigiénico, ca *adj.* Contrario a la higiene. **ANT.** Higiénico.

antihistamínico, ca *adj.* y *s. m.* Se dice del medicamento para combatir la alergia.

antiinflamatorio, ria *adj.* y *s. m.* Que combate la inflamación.

antillano, na adj. y s. De las Antillas, islas del mar Caribe.

antílope s. m. Mamífero rumiante, africano o asiático, de cuernos largos y afilados.

antimilitarista adj. y s. Que está en contra del Ejército. ANT. Militarista.

antimonio s. m. Elemento químico, generalmente sólido, usado para fabricar granadas y hacer aleaciones.

antinatural adj. Contrario a lo que se considera natural. ANT. Normal.

antiniebla adj. y s. m. Que sirve para ver o ser visto en la niebla: *faros antiniebla.*

antinuclear adj. **1.** En contra del uso de la energía nuclear. **2.** Que protege contra las explosiones nucleares.

antioxidante adj. y s. m. Que impide la oxidación.

antipapa s. m. Nombre que se da al que pretende ser papa sin haber sido elegido por los cardenales de la Iglesia.

antiparasitario, ria adj. y s. m. Que protege contra los parásitos: *un collar antiparasitario.*

antiparras s. f. pl. Gafas, anteojos.

antipasto (ital.) s. m. Plato de entremeses fríos que suele tomarse al principio de la comida.

antipatía s. f. Sentimiento de desagrado o rechazo hacia alguien o algo. SIN. Manía, tirria. ANT. Simpatía.

antipático, ca adj. y s. Que causa antipatía. ANT. Simpático.

antipatriótico, ca adj. Contrario al patriotismo. ANT. Patriótico.

antipirético, ca adj. y s. m. Se dice del medicamento para bajar la fiebre. SIN. Antitérmico.

antípodas adj. y s. m. pl. **1.** Que habitan en el punto opuesto de la Tierra. ‖ s. amb. pl. **2.** Lugar diametralmente opuesto a otro.

antiquísimo, ma adj. sup. de **antiguo**.

antirreglamentario, ria adj. Contrario al reglamento. ANT. Reglamentario.

antirrobo adj. y s. m. Se dice del sistema de seguridad para impedir los robos.

antisemita adj. y s. Contrario a los judíos.

antisemitismo s. m. Actitud y comportamiento de los antisemitas.

antiséptico, ca adj. y s. m. Que destruye los microbios.

antitanque adj. Que se emplea para destruir tanques.

antitérmico, ca adj. **1.** Que aísla del calor: *una persiana antitérmica.* ‖ adj. y s. m. **2.** Se dice del medicamento que hace bajar la fiebre. SIN. **2.** Antipirético.

antiterrorista adj. Que sirve para luchar contra el terrorismo.

antítesis s. f. **1.** Oposición, contradicción. **2.** Persona o cosa que es totalmente opuesta a otra. SIN. **1.** Contraposición, contraste. ANT. **1.** Semejanza.

antitetánica adj. y s. f. Se dice de la vacuna contra el tétanos.

antitético, ca adj. Que constituye una antítesis. SIN. Contrario, opuesto.

antivirus adj. y s. m. En informática, programa que sirve para detectar y eliminar virus.

antojadizo, za adj. y s. Caprichoso.

antojarse v. **1.** Desear algo por capricho: *Se me antoja un helado de fresa.* **2.** Pensar que es probable que suceda algo: *Se me antoja que va a llover.* SIN. **1.** Encapricharse.

antojo s. m. **1.** Capricho, deseo. **2.** Lunar, mancha en la piel.

antología s. f. Colección de obras literarias o artísticas.

antológico, ca adj. **1.** Que forma una antología. **2.** Muy bueno.

antonimia s. f. Hecho de ser antónimas dos o más palabras o expresiones.

antónimo, ma adj. y s. m. Se dice de las palabras o expresiones que significan lo contrario. ANT. Sinónimo.

antonomasia Se usa en la expresión **por antonomasia**, 'por excelencia': *El tango es la canción argentina por antonomasia.*

antorcha s. f. Trozo de madera o de otro material al que se prende fuego por uno de los extremos para alumbrar. SIN. Tea.

antracita s. f. Carbón de color negro brillante que produce mucho calor.

ántrax s. m. **1.** Inflamación dura y con pus que se forma debajo de la piel. **2.** Enfermedad causada por una bacteria, que ataca a las personas y a algunos animales, y produce llagas con pus.

antro s. m. **1.** Cueva, gruta. **2.** Vivienda o local de mal aspecto o de mala fama. SIN. **2.** Tugurio.

antropocéntrico, ca adj. Que sitúa al ser humano como centro.

antropocentrismo s. m. Concepto filosófico que considera al ser humano como centro de todas las cosas.

antropofagia s. f. Costumbre de comer carne humana. SIN. Canibalismo.

antropófago, ga *adj.* y *s.* Se dice del que come carne humana. **SIN.** Caníbal.

antropoide *adj.* y *s. m.* Se dice de una clasificación de primates, entre los que están los seres humanos y algunos monos.

antropología *s. f.* Ciencia que estudia los seres humanos relacionando sus características biológicas con su evolución histórica y cultural.

antropológico, ca *adj.* Relacionado con la antropología.

antropólogo, ga *s. m.* y *f.* Persona especializada en antropología.

antropomorfo, fa *adj.* Que tiene forma humana.

anual *adj.* **1.** Que sucede o se repite cada año. **2.** Que dura un año.

anualidad *s. f.* Dinero que se paga cada año por alguna cosa.

anualmente *adv.* Cada año.

anuario *s. m.* Libro o revista que se publica una vez al año.

anudar *v.* Hacer nudos o atar con nudos. **SIN.** Enlazar. **ANT.** Desatar.

anuencia *s. f.* Aprobación que da una persona para que alguien haga algo. **SIN.** Consentimiento.

anulación *s. f.* Acción de anular. **SIN.** Supresión. **ANT.** Confirmación.

anular[1] *v.* **1.** Dejar sin valor: *anular una petición.* **2.** No dejar a alguien que actúe libremente o se muestre como es. **SIN.** **1.** Invalidar, cancelar. **ANT.** **1.** Confirmar.

anular[2] *adj.* **1.** En forma de anillo. ‖ *adj.* y *s. m.* **2.** Se dice del dedo de la mano que está junto al meñique.

Anunciación *n. pr. f.* Visita que le hizo el arcángel Gabriel a la Virgen María para anunciarle que iba a ser la madre de Jesús.

anunciante *s. m.* y *f.* Persona o empresa que anuncia algo para venderlo.

anunciar *v.* **1.** Comunicar algo en público. **2.** Hacer publicidad. **3.** Ser señal de algo: *Esas nubes anuncian lluvia.* **SIN.** **1.** Notificar. **2.** Promocionar. **3.** Presagiar, pronosticar. **ANT.** **1.** Silenciar.

anuncio *s. m.* **1.** Acción de anunciar, comunicar. **2.** Palabras o imágenes con que se anuncia algo. **3.** Señal de algo. **SIN.** **1.** Noticia, comunicación. **2.** Publicidad, propaganda. **3.** Presagio, augurio.

anuro *adj.* y *s. m.* Se dice de un grupo de anfibios sin cola y con las patas posteriores adaptadas para el salto, como la rana.

anverso *s. m.* Cara principal o delantera de una moneda, medalla u hoja de papel. **ANT.** Reverso.

anzuelo *s. m.* Gancho de metal en que se pone un cebo para pescar.

añada *s. f.* Cosecha de un año, sobre todo de vino.

añadido, da **1.** *p.* de **añadir.** También *adj.* ‖ *s. m.* **2.** Cosa que se añade a otra.

añadidura *s. f.* Cosa añadida. ‖ **LOC. por añadidura** Además.

añadir *v.* **1.** Juntar una cosa a otra. **2.** Dar, proporcionar o decir algo más. **SIN.** **1.** Sumar, agregar. **2.** Aportar, contribuir. **ANT.** **1.** Quitar, restar.

añagaza *s. f.* Trampa, engaño.

añejo, ja *adj.* **1.** Muy viejo, muy antiguo. **2.** Se dice de algunos alimentos o bebidas que con el tiempo toman sabor fuerte: *un vino añejo.* **ANT.** **1.** Nuevo.

añicos *s. m. pl.* Pedazos pequeños en que se divide una cosa al romperse. **SIN.** Trizas, migas.

añil *s. m.* **1.** Arbusto de cuyas hojas y tallos se saca un colorante azul oscuro. **2.** Color como el de este colorante.

año *s. m.* Periodo de doce meses, que es lo que tarda la Tierra en dar una vuelta alrededor del Sol; especialmente, los doce meses entre el 1 de enero y el 31 de diciembre.

añojo, ja *s. m.* y *f.* Becerro o cordero de un año.

añoranza *s. f.* Tristeza, nostalgia.

añorar *v.* Echar de menos.

añoso, sa *adj.* Que tiene muchos años. **ANT.** Joven.

aorta *s. f.* Arteria principal que sale del ventrículo izquierdo del corazón.

aovado, da *adj.* Con forma de huevo. **SIN.** Ahuevado.

apabullante *adj.* Que apabulla o impresiona. **SIN.** Impresionante, increíble.

apabullar *v.* Impresionar o dominar totalmente a alguien. **SIN.** Anonadar.

apacentar *v.* **1.** Cuidar el ganado mientras come en los prados. **2.** Dar pasto al ganado. ☐ Es *v.* irreg. Se conjuga como *pensar.*

apache *adj.* y *s.* De un pueblo indio de América del Norte.

apacible *adj.* Agradable y tranquilo. **SIN.** Sereno, sosegado. **ANT.** Desapacible.

apaciguar *v.* Tranquilizar, calmar. **SIN.** Amansar, aplacar. **ANT.** Excitar.

apadrinar v. 1. Ser padrino de una persona. 2. Apoyar a alguien o algo para que tenga éxito. SIN. 2. Patrocinar.

apagado, da 1. p. de apagar. También adj. || adj. 2. Sin animación, fuerza o intensidad: un carácter apagado, un color apagado. SIN. 2. Desanimado, apocado. ANT. 2. Animado.

apagar v. 1. Quitar la luz o desconectar un aparato. 2. Acabar con el fuego. 3. Disminuir o hacer desaparecer: Se apagó la emoción. SIN. 2. Sofocar. 3. Enfriar, aplacar. ANT. 1. a 3. Encender. 2. Incendiar. 2. y 3. Avivar.

apagavelas s. m. Palo con un cucurucho en un extremo que sirve para apagar las velas que están en alto.

apagón s. m. Corte imprevisto en la corriente eléctrica.

apaisado, da adj. Más ancho que alto.

apalabrar v. Llegar a un acuerdo de palabra. SIN. Acordar, concertar.

apalancar v. 1. Levantar o mover algo utilizando una palanca. || **apalancarse** 2. Instalarse en un sitio: Se apalancó en el sofá. SIN. 2. Apoltronarse.

apalear v. Dar golpes con un palo. SIN. Aporrear.

apañado, da 1. p. de apañar. También adj. || adj. 2. fam. Equivocado: Estás apañado si crees que te va a ayudar. 3. En situación difícil. SIN. 3. Aviado.

apañar v. 1. Arreglar, reparar. 2. Preparar con trampas y chanchullos. || **apañarse** 3. Darse maña. 4. Tener suficiente. SIN. 2. Amañar.

apaño s. m. 1. Acción de apañar. 2. Amorío, aventura.

aparador s. m. Mueble donde se guarda la vajilla y otras cosas para el servicio de la mesa.

aparato s. m. 1. Máquina, mecanismo, instrumento. 2. Conjunto de órganos con una misma función: aparato digestivo. 3. Circunstancias o fenómenos que acompañan a algo: una tormenta con aparato eléctrico. SIN. 1. Artefacto, utensilio.

aparatoso, sa adj. Muy grande, exagerado o llamativo. SIN. Espectacular. ANT. Corriente.

aparcacoches s. m. y f. Empleado de algunos establecimientos que aparca los vehículos de los clientes y se los entrega a la salida. SIN. Guardacoches.

aparcamiento s. m. Lugar para aparcar los coches. SIN. Estacionamiento, parking.

aparcar v. Dejar un vehículo en un sitio durante un tiempo. SIN. Estacionar.

apareamiento s. m. Acción de aparear o aparearse.

aparear v. Juntar un macho y una hembra para que se reproduzcan.

aparecer v. 1. Comenzar a verse, existir o manifestarse. 2. Ser encontrado o presentarse: Apareció el libro perdido. Por fin apareces. □ Es v. irreg. Se conjuga como agradecer. SIN. 1. Surgir, asomar. ANT. 1. y 2. Desaparecer. 2. Extraviar.

aparecido s. m. Fantasma, aparición.

aparejado, da 1. p. de aparejar. También adj. || adj. 2. Que va unido a una cosa o es consecuencia de ella.

aparejador, ra s. m. y f. Ayudante del arquitecto.

aparejar v. Disponer, preparar.

aparejo s. m. 1. Conjunto de utensilios: aparejo de pesca. 2. Conjunto de palos, velas y cuerdas de un barco. SIN. 1. Instrumentos.

aparentar v. 1. Fingir, manifestar lo que no es. 2. Tener el aspecto de cierta edad: Aparenta más años. 3. Presumir. SIN. 1. Simular. 2. Representar.

aparente adj. 1. Simulado o falso. 2. Que se ve o se aprecia claramente. 3. Vistoso, de buen aspecto. SIN. 1. Supuesto. 2. Manifiesto. ANT. 1. Auténtico. 2. Oculto.

aparentemente adv. De forma aparente, en apariencia.

aparición s. f. 1. Acción de aparecer. 2. Fantasma o ser sobrenatural. SIN. 1. Manifestación. 2. Aparecido, espectro, espíritu. ANT. 1. Desaparición.

apariencia s. f. 1. Aspecto. 2. Cosa que parece algo que no es: Todo ese lujo es pura apariencia. SIN. 1. Presencia, pinta.

apartado, da 1. p. de apartar. También adj. || s. m. 2. Cada parte en que se divide algo. || 3. **apartado de correos** Sección de una oficina de correos reservada para la correspondencia de una persona o empresa. SIN. 1. Distante. 2. División. ANT. 1. Cercano.

apartamento s. m. Vivienda independiente, generalmente pequeña, en una casa con varias plantas. SIN. Piso.

apartar v. 1. Separar o retirar. 2. Reservar. 3. Disuadir, hacer que alguien deje algo. SIN. 1. Aislar. ANT. 1. Acercar.

aparte adv. 1. En lugar distinto del resto, separadamente. 2. A distancia, sin intervenir. 3. A excepción de: No vino nadie aparte de ti. || adj. 4. Separado, distinto: Lo que me cuentas es caso aparte. || LOC. **aparte de** Además de. SIN. 3. Excepto, salvo. 4. Diferente.

apartheid (afrikáans) s. m. Política racista que se estableció en la República de Sudáfrica por parte de la minoría dirigente blanca.

apartotel *s. m.* **1.** Hotel que tiene apartamentos en lugar de habitaciones. **2.** Cada uno de estos apartamentos.

apasionadamente *adv.* De manera apasionada.

apasionado, da **1.** *p.* de apasionar. || *adj.* **2.** Que muestra mucha pasión o entusiasmo. || *adj. y s.* **3.** Muy aficionado. **SIN. 2.** Ardiente, exaltado. **3.** Entusiasta. **ANT. 2.** Frío.

apasionamiento *s. m.* Pasión, entusiasmo.

apasionante *adj.* Que apasiona. **SIN.** Fascinante, emocionante.

apasionar *v.* Gustar, entusiasmar o interesar mucho. **SIN.** Encantar, fascinar. **ANT.** Disgustar.

apatía *s. f.* Desgana, desinterés. **SIN.** Abulia, dejadez, indolencia. **ANT.** Interés, entusiasmo.

apático, ca *adj. y s.* Que muestra apatía. **SIN.** Desganado, abúlico. **ANT.** Entusiasta.

apátrida *adj. y s.* Que no tiene nacionalidad.

apeadero *s. m.* Lugar donde se apean los viajeros del tren, cuando no hay estación.

apear *v.* **1.** Bajar de una caballería, carruaje o vehículo. || **apearse 2.** Dejar una idea o una intención. **SIN. 1.** Desmontar. **ANT. 1.** Montar.

apechar o **apechugar** *v.* Aceptar una obligación o circunstancia que resulta desagradable. **SIN.** Cargar, afrontar, apencar.

apedrear *v.* Lanzar piedras a alguien o algo.

apegarse *v.* Adquirir mucho apego a una persona o cosa.

apego *s. m.* Cariño, afecto. **ANT.** Desapego.

apelación *s. f.* Acción de apelar.

apelar *v.* **1.** Recurrir a un juez o tribunal superior para que cambie o anule una sentencia. **2.** Recurrir a alguien o algo.

apelativo *adj. y s. m.* **1.** Se dice del nombre común. || *s. m.* **2.** Apodo, sobrenombre.

apellidarse *v.* Tener cierto apellido.

apellido *s. m.* Nombre de familia que se transmite de padres a hijos.

apelmazar *v.* Hacer compacto, poco esponjoso. **SIN.** Apretujar. **ANT.** Esponjar, ahuecar.

apelotonarse *v.* Amontonarse, apretujarse. **SIN.** Apiñarse, hacinarse. **ANT.** Disgregarse.

apenar *v.* Causar pena o sentirla. **SIN.** Entristecer, afligir. **ANT.** Alegrar.

apenas *adv.* **1.** Casi no, escasamente: *Apenas comió.* **2.** Tan pronto como: *Se fueron apenas anocheció.*

apencar *v.* Apechugar, afrontar. **ANT.** Eludir.

apéndice *s. m.* **1.** Cosa que se añade a otra: *La enciclopedia tiene un apéndice geográfico.* **2.** Parte del cuerpo unida a otra principal. **3.** Prolongación delgada y hueca del intestino grueso localizada en el ciego. **SIN. 1.** Suplemento, anexo.

apendicitis *s. f.* Inflamación del apéndice del intestino ciego.

apercibir *v.* **1.** Regañar o hacer una advertencia. || **apercibirse 2.** Darse cuenta. **SIN. 1.** Amonestar, reñir. **2.** Percatarse.

apergaminado, da **1.** *p.* de apergaminarse. || *adj.* **2.** Se dice de la piel seca y arrugada, como de pergamino.

apergaminarse *v.* Adelgazar mucho, quedando la piel seca y arrugada. **SIN.** Acartonarse.

aperitivo *s. m.* Bebida o alimento ligero que se toma antes de una comida. **SIN.** Tapa, piscolabis.

apero *s. m.* Utensilio empleado en un oficio, sobre todo en la agricultura.

aperreado, da *adj.* Trabajoso, molesto. **SIN.** Difícil, duro.

apertura *s. f.* **1.** Acción de abrir. **2.** Tolerancia y respeto hacia otras formas de pensar. **ANT. 1.** Cierre. **2.** Intransigencia.

aperturismo *s. m.* Característica de las personas que defienden la comprensión hacia comportamientos e ideas distintos de los suyos.

apesadumbrado, da **1.** *p.* de apesadumbrar. || *adj.* **2.** Muy triste o disgustado. **SIN. 2.** Abatido, apenado, afligido. **ANT. 2.** Contento, alegre.

apesadumbrar *v.* Producir pesadumbre, pena. **SIN.** Entristecer, afligir. **ANT.** Alegrar.

apestado, da **1.** *p.* de apestar. || *adj. y s.* **2.** Enfermo de peste.

apestar *v.* **1.** Despedir muy mal olor. **2.** Contagiar la peste. **SIN. 1.** Atufar.

apestoso, sa *adj.* Que apesta o huele mal. **SIN.** Hediondo. **ANT.** Fragante.

apétalo, la *adj.* Se dice de la flor sin pétalos.

apetecer *v.* Tener ganas, desear. □ Es v. irreg. Se conjuga como *agradecer.* **SIN.** Querer. **ANT.** Aborrecer.

apetecible *adj.* Que apetece. **SIN.** Apetitoso, deseable, goloso. **ANT.** Repulsivo.

apetencia *s. f.* Deseo, ganas de algo.

apetito *s. m.* **1.** Ganas de comer. **2.** Deseo. **SIN. 1.** Hambre. **2.** Ansia.

apetitoso, sa *adj.* Que parece muy rico y apetece comerlo. **SIN.** Sabroso, apetecible. **ANT.** Asqueroso.

apiadarse *v.* Tener compasión. **SIN.** Compadecerse. **ANT.** Ensañarse.

ápice

ápice *s. m.* **1.** Extremo superior, punta. **2.** Parte pequeñísima: *No ha adelantado un ápice en sus estudios.*

apícola *adj.* De la apicultura.

apicultor, ra *s. m.* y *f.* Persona que se dedica a la apicultura.

apicultura *s. f.* Técnica de criar abejas para obtener miel y cera.

apilar *v.* Colocar cosas unas encima de otras. **SIN.** Amontonar.

apimplarse *v.* Emborracharse un poco. **SIN.** Achisparse.

apiñarse *v.* Juntarse, amontonarse. **SIN.** Apelotonarse. **ANT.** Disgregarse.

apio *s. m.* Hortaliza de tallos largos y carnosos, que se come en ensalada o se usa como condimento.

apiolar *v. fam.* Matar.

apiparse *v.* Comer o beber demasiado. **SIN.** Atracarse, atiborrarse, inflarse.

apisonadora *s. f.* Máquina con unos rodillos grandes y pesados para alisar el terreno.

apisonar *v.* Alisar el suelo con la apisonadora. **SIN.** Aplanar, allanar.

aplacar *v.* Calmar, tranquilizar. **SIN.** Apaciguar. **ANT.** Excitar.

aplanadora *s. f. Amér.* Apisonadora.

aplanar *v.* **1.** Poner llana una superficie. **2.** Dejar sin ánimo, sin fuerzas. **SIN.** **1.** Allanar, alisar. **2.** Abatir. **ANT.** **2.** Animar.

aplastamiento *s. m.* Acción de aplastar, vencer por completo.

aplastante *adj.* Que aplasta o vence por completo. **SIN.** Arrollador.

aplastar *v.* **1.** Deformar una cosa al apretarla o poner peso sobre ella. **2.** Vencer o dominar por completo. **SIN.** **1.** Estrujar. **2.** Machacar, arrollar.

aplatanar *v.* Dejar o quedarse sin fuerza o ánimos. **SIN.** Aplastar, aplanar. **ANT.** Animar.

aplaudir *v.* **1.** Dar palmadas en señal de aprobación o entusiasmo. **2.** Aprobar, alabar. **SIN.** **1.** Ovacionar, vitorear. **2.** Elogiar. **ANT.** **1.** Abuchear. **2.** Censurar.

aplauso *s. m.* Acción de aplaudir.

aplazamiento *s. m.* Acción de aplazar.

aplazar *v.* Retrasar, dejar para más tarde. **SIN.** Posponer. **ANT.** Adelantar.

aplazo *s. m. Amér.* Hecho de no aprobar un examen. **SIN.** Suspenso.

aplicación *s. f.* **1.** Acción de aplicar. **2.** Uso, utilidad. **3.** Interés y esfuerzo que se pone en una actividad. **4.** Adorno o pieza superpuesta. **5.** En matemáticas, operación entre dos conjuntos por la que todo elemento del primero se relaciona con uno solo del segundo. **SIN.** **3.** Perseverancia, empeño. **4.** Aplique.

aplicado, da **1.** *p.* de **aplicar**. También *adj.* ‖ *adj.* **2.** Que se aplica o esfuerza.

aplicar *v.* **1.** Poner una cosa sobre otra o en contacto con ella: *aplicar una capa de pintura.* **2.** Emplear, usar. **3.** Decir algo de una persona o cosa: *El adjetivo rubio se aplica a las personas de pelo claro.* ‖ **aplicarse 4.** Esforzarse, sobre todo en el estudio. **SIN.** **2.** Utilizar. **3.** Referir.

aplique *s. m.* **1.** Lámpara que se coloca en la pared. **2.** Pieza superpuesta en otra, normalmente como adorno. **SIN.** **2.** Aplicación.

aplomo *s. m.* Tranquilidad, seguridad: *Respondía con aplomo.* **SIN.** Serenidad. **ANT.** Nerviosismo.

apocado, da *adj.* Tímido, poco atrevido. **SIN.** Pusilánime, cohibido. **ANT.** Decidido.

apocalipsis *s. m.* **1.** Fin del mundo. **2.** Gran catástrofe o destrucción.

apocalíptico, ca *adj.* **1.** Del apocalipsis. **2.** Que anuncia una catástrofe o tiene sus características.

apócope *s. f.* Forma abreviada de una palabra al suprimirle el final, por ejemplo, *gran* es apócope de *grande.*

apócrifo, fa *adj.* **1.** Que no es del autor que se piensa: *pintura apócrifa.* ‖ *adj.* y *s. m.* **2.** Se dice de algunos textos que cuentan la vida de Jesús, pero a los que la Iglesia no considera de inspiración divina: *evangelios apócrifos.* **SIN.** **1.** Falso, falsificado. **ANT.** **1.** Auténtico, genuino.

apodar *v.* Poner un apodo o llamar por el apodo.

apoderado, da **1.** *p.* de **apoderarse**. ‖ *s. m.* y *f.* **2.** Persona que representa a otra y hace cosas en su nombre: *el apoderado de un torero.* **SIN.** **2.** Representante, agente.

apoderar *v.* **1.** Dar permiso una persona a otra para que la represente y pueda hacer cosas en lugar de ella. ‖ **apoderarse 2.** Quedarse alguien con lo que no es suyo. **3.** Dominar a una persona: *El miedo se apoderó de él.* **SIN.** **2.** Adueñarse. **3.** Invadir.

apodo *s. m.* Nombre que se da a una persona y suele estar relacionado con alguna característica suya. **SIN.** Mote.

apófisis *s. f.* Parte redondeada y saliente de los huesos.

apogeo *s. m.* Momento mejor, más importante o más intenso de algo. **SIN.** Auge. **ANT.** Declive.

apolillarse *v.* **1.** Estropearse la tela u otros materiales a causa de la polilla. **2.** Quedarse viejo, sin actualidad.

apolíneo, a *adj.* **1.** Relacionado con Apolo, dios griego. **2.** Se dice del hombre muy guapo o de sus características: *belleza apolínea.*

apolítico, ca *adj.* Sin ideas políticas.

apología *s. f.* Defensa, alabanza. **ANT.** Crítica.

apoltronarse *v.* **1.** Ponerse cómodo en un asiento. **2.** Hacerse perezoso o demasiado cómodo. **SIN. 1.** Repantigarse.

apoplejía *s. f.* Pérdida de algunas de las funciones del cerebro, como la capacidad de movimiento, la sensibilidad o la conciencia, por hemorragia cerebral o embolia.

apoquinar *v. fam.* Pagar.

aporrear *v.* Golpear repetidas veces y con fuerza.

aportación *s. f.* Acción de aportar y lo que se aporta.

aportar *v.* Dar, contribuir.

aporte *s. m.* Aportación.

aposentar *v.* Alojar, hospedar.

aposento *s. m.* Cuarto, habitación.

aposición *s. f.* **1.** Construcción en la que un sustantivo o grupo nominal sigue, entre pausas, a otro sustantivo al que aclara: *Begoña, mi cuñada, vive aquí.* **2.** Unión de dos sustantivos en la que el segundo califica al primero, por ejemplo, *sofá cama.*

apósito *s. m.* Gasa u otro material con que se cubre una herida.

aposta *adv.* Queriendo, a propósito. **SIN.** Adrede, intencionadamente. **ANT.** Involuntariamente.

apostante *s. m.* y *f.* Persona que hace una apuesta.

apostar *v.* **1.** Decidir varios que el que acierte algo o tenga razón ganará el dinero que todos han puesto. **2.** Poner dinero en un juego para ganar más si se acierta el resultado. **3.** Colocar a alguien en un lugar para vigilar o atacar. □ Con los significados **1.** y **2.** es *v.* irreg. y se conjuga como *contar.* **SIN. 1.** y **2.** Jugar.

apostasía *s. f.* Hecho de apostatar o dejar de tener unas creencias religiosas.

apóstata *s. m.* y *f.* Persona que apostata.

apostatar *v.* Negar alguien su religión o sus ideas. **SIN.** Abjurar, renegar. **ANT.** Convertirse.

apostilla *s. f.* Nota que comenta o aclara un texto.

apostillar *v.* Poner apostillas en un texto.

apóstol *s. m.* **1.** Cada uno de los doce hombres elegidos por Jesús para que lo acompañaran y predicaran su doctrina. **2.** Persona que trata de extender una doctrina o idea.

apostolado *s. m.* **1.** Misión de los apóstoles. **2.** Hecho de predicar una doctrina.

apostólico, ca *adj.* **1.** De los apóstoles. **2.** Del papa o de la Iglesia católica.

apóstrofe *s. m.* **1.** Palabras apasionadas con que uno se dirige a un ser real o imaginario. **2.** Insulto dirigido a alguien. **SIN. 2.** Ofensa.

apóstrofo *s. m.* Signo (') de algunas lenguas que indica que se ha quitado una vocal; por ejemplo, en francés, *l'ami*, en vez de *le ami.*

apostura *s. f.* Elegancia, buena presencia.

apotema *s. f.* En un polígono regular, perpendicular trazada desde el centro al lado.

apoteósico, ca *adj.* **1.** Extraordinario, magnífico. **2.** Culminante.

apoteosis *s. f.* Momento más importante de algo. **SIN.** Culminación, cumbre, culmen.

apoyar *v.* **1.** Poner a una persona o cosa sobre otra, generalmente para que se sujete. **2.** Ayudar, defender. **3.** Basar, confirmar: *Apoya su teoría en experimentos.* **SIN. 1.** Recostar. **2.** Respaldar. **3.** Ratificar, corroborar. **ANT. 3.** Rectificar.

apoyo *s. m.* **1.** Lo que sirve para sostener una cosa. **2.** Ayuda. **3.** Hecho de mostrarse de acuerdo con algo. **SIN. 1.** Sostén, soporte. **2.** Amparo, protección. **3.** Respaldo.

apreciable *adj.* **1.** Digno de aprecio o estima. **2.** Que se ve o se percibe. **3.** Bastante, considerable. **SIN. 1.** Estimable. **2.** Perceptible. **3.** Notable, grande. **ANT. 1.** Despreciable. **2.** Inapreciable.

apreciación *s. f.* **1.** Acción de apreciar o percibir. **2.** Comentario, indicación. **SIN. 1.** Observación, percepción. **2.** Juicio, valoración.

apreciado, da **1.** *p.* de **apreciar.** También *adj.* ‖ *adj.* **2.** Estimado. **SIN. 2.** Querido.

apreciar *v.* **1.** Valorar. **2.** Sentir afecto o cariño por alguien. **3.** Percibir, darse cuenta. **SIN. 1.** y **2.** Estimar. **2.** Querer. **3.** Ver, captar. **ANT. 1.** Menospreciar. **1.** y **2.** Despreciar.

aprecio *s. m.* **1.** Acción de apreciar o valorar. **2.** Afecto, cariño. **SIN. 1.** y **2.** Estima. **ANT. 1.** y **2.** Desprecio.

aprehender *v.* Capturar, apropiarse.

aprehensión *s. f.* Acción de aprehender.

apremiante *adj.* Que apremia, que es necesario hacerlo pronto. **SIN.** Urgente, acuciante.

apremiar *v.* Meter prisa, obligar a hacer pronto algo. **SIN.** Urgir, acuciar.

apremio *s. m.* Acción de apremiar.

aprender *v.* Llegar a conocer mediante el estudio o la práctica. **SIN.** Instruirse.

aprendiz, za *s. m.* y *f.* Persona que aprende un oficio. **SIN.** Principiante.

aprendizaje *s. m.* Acción de aprender.

aprensión *s. f.* Miedo exagerado a algo, sobre todo a las enfermedades.

aprensivo, va *adj.* Que tiene aprensión.

apresamiento *s. m.* Acción de apresar. **SIN.** Captura.

apresar *v.* Capturar, detener. **SIN.** Prender. **ANT.** Liberar, soltar.

aprestarse *v.* Prepararse para hacer algo.

apresto *s. m.* Consistencia o rigidez que tienen algunos tejidos.

apresurado, da **1.** *p.* de **apresurar.** || *adj.* **2.** Rápido, con mucha prisa. **SIN. 2.** Ligero, veloz. **ANT. 2.** Lento.

apresuramiento *s. m.* Prisa, excesiva rapidez. **SIN.** Precipitación, aceleración. **ANT.** Lentitud.

apresurar *v.* Meter o darse prisa. **SIN.** Acelerar. **ANT.** Retardar.

apretado, da **1.** *p.* de **apretar.** También *adj.* || *adj.* **2.** Con mucho trabajo: *Hoy tiene un día muy apretado.* **3.** En una competición deportiva, se dice del final muy igualado. **SIN. 1.** Ceñido. **2.** Ocupado. **ANT. 1.** Flojo.

apretar *v.* **1.** Hacer fuerza o presión, o aumentar la tirantez de algo: *apretar un tornillo; apretar el cordón de un zapato.* **2.** Exigir mucho. **3.** Esforzarse. **4.** Ser muy fuerte o intenso. || **LOC. apretarse el cinturón** Reducir gastos. **SIN. 1.** Apretujar. □ Es v. irreg. Se conjuga como *pensar.* **ANT. 1.** Aflojar, desapretar.

apretón *s. m.* **1.** Saludo en el que dos personas se cogen la mano con fuerza. **2.** Empujón o apretujón. **3.** Ganas repentinas de hacer de vientre.

apretujar *v.* Apretar o juntar mucho. **SIN.** Comprimir, estrujar.

apretura *s. f.* **1.** Hecho de estar muchas personas muy juntas en un lugar. || *s. f. pl.* **2.** Falta de dinero. **SIN. 1.** Estrechez, penuria. **ANT. 1.** Holgura. **2.** Desahogo.

aprieto *s. m.* Situación difícil. **SIN.** Apuro, atolladero.

aprisa *adv.* Deprisa. **ANT.** Despacio.

aprisco *s. m.* Lugar cercado donde los pastores guardan el ganado. **SIN.** Redil.

aprisionar *v.* Sujetar con fuerza de manera que una persona o cosa no pueda soltarse de otra. **SIN.** Inmovilizar. **ANT.** Liberar.

aprobación *s. f.* Acción de aprobar o estar de acuerdo con algo.

aprobado, da **1.** *p.* de **aprobar.** También *adj.* y *s.* || *s. m.* **2.** Calificación mínima para aprobar. **SIN. 1.** Aceptado, admitido. **2.** Suficiente.

aprobar *v.* **1.** Pasar un examen. **2.** Mostrar acuerdo o conformidad con algo. □ Es v. irreg. Se conjuga como *contar.* **SIN. 2.** Aceptar, admitir. **ANT. 1.** Suspender. **2.** Desaprobar.

aprobatorio, ria *adj.* Que expresa acuerdo o conformidad.

apropiación *s. f.* Acción de apropiarse de algo.

apropiado, da **1.** *p.* de **apropiarse.** También *adj.* || *adj.* **2.** Adecuado. **SIN. 2.** Conveniente, oportuno. **ANT. 2.** Inapropiado.

apropiarse *v.* Quedarse con algo que pertenece a otro. **SIN.** Apoderarse, adueñarse.

aprovechable *adj.* Que se puede aprovechar.

aprovechado, da **1.** *p.* de **aprovechar.** También *adj.* || *adj.* y *s.* **2.** Que se aprovecha de lo que hacen otros.

aprovechamiento *s. m.* Acción de aprovechar. **SIN.** Utilización, uso; rendimiento.

aprovechar *v.* **1.** Ser de provecho. **2.** Utilizar. || **aprovecharse 3.** Servirse de alguien o algo de manera injusta o poco honrada. **SIN. 1.** Beneficiar, ayudar. **ANT. 1.** Perjudicar. **2.** Desaprovechar.

aprovisionamiento *s. m.* Acción de aprovisionar o aprovisionarse. **SIN.** Abastecimiento, suministro.

aprovisionar *v.* Proporcionar o conseguir lo necesario. **SIN.** Abastecer, suministrar.

aproximación *s. f.* Acción de aproximar o aproximarse. **SIN.** Acercamiento. **ANT.** Alejamiento.

aproximado, da **1.** *p.* de **aproximar.** También *adj.* || *adj.* **2.** Que se acerca más o menos a lo exacto: *Nos dijo un precio aproximado.* **SIN. 2.** Aproximativo. **ANT. 2.** Justo.

aproximar *v.* Acercar.

aproximativo, va *adj.* Aproximado, que se acerca más o menos a lo exacto.

aptitud *s. f.* Capacidad, habilidad para algo. **SIN.** Talento, don. **ANT.** Ineptitud.

apto, ta *adj.* **1.** Que tiene capacidad para algo. **2.** Adecuado, apropiado. || *s. m.* **3.** Calificación de aprobado. **SIN. 1.** Capacitado. **2.** Conveniente, idóneo. **ANT. 1.** Inepto. **2.** Inadecuado.

apuesta *s. f.* Acción de apostar. **SIN.** Envite.

apuesto, ta *adj.* Elegante, que tiene buena presencia. **SIN.** Atractivo, gallardo. **ANT.** Feo.

apuntado, da **1.** *p.* de **apuntar.** También *adj.* || *adj.* **2.** Que acaba en punta: *un arco apuntado.* **SIN. 2.** Puntiagudo. **ANT. 2.** Chato.

apuntador, ra *s. m.* y *f.* Persona que en el teatro se sitúa cerca de los actores para recordarles el texto.

apuntalar *v.* Poner puntales en un edificio.

apuntar v. **1.** Dirigir un arma hacia un punto. **2.** Señalar con el dedo o con algún instrumento. **3.** Tomar nota. **4.** Indicar a alguien con disimulo lo que debe decir, por ejemplo, en el teatro o en un examen. **5.** Dar el nombre y los datos necesarios para participar en algo. || **apuntarse 6.** Lograr: *El equipo se ha apuntado un nuevo tanto.* **SIN. 1.** Encañonar. **2.** Indicar. **3.** y **6.** Anotar. **4.** Soplar. **5.** Inscribir, matricular. **ANT. 5.** Borrar. **6.** Fallar.

apunte s. m. **1.** Dibujo en que solo se señalan las líneas principales. || s. m. pl. **2.** Notas por escrito, sobre todo las que los alumnos toman en clase. **SIN. 1.** Esbozo, bosquejo.

apuntillar v. Clavar la puntilla a un toro.

apuñalamiento s. m. Acción de apuñalar.

apuñalar v. Clavar un puñal a alguien.

apurado, da 1. p. de apurar. También adj. || adj. **2.** Con mucha prisa o muchas cosas que hacer. **3.** Con poco dinero. **4.** Difícil, peligroso. **5.** Que siente apuro o vergüenza. **SIN. 2.** Agobiado, abrumado. **4.** Arriesgado. **5.** Avergonzado. **ANT. 3.** Desahogado.

apurar v. **1.** Acabar, agotar. **2.** Meter o darse prisa. **3.** Preocupar. **4.** Dar apuro o vergüenza. **SIN. 1.** Consumir. **2.** Apresurar, apurarse. **3.** Agobiar. **4.** Avergonzar. **ANT. 2.** Entretener.

apuro s. m. **1.** Situación difícil. **2.** Vergüenza, bochorno. **SIN. 1.** Aprieto, brete.

aquagym (ingl.) s. m. Variante del aeróbic que se practica en el agua.

aquaplaning (ingl.) s. m. Deslizamiento que se produce cuando una capa de agua impide que la rueda de un vehículo se agarre bien al suelo.

aquejar v. Tener una enfermedad, dolor u otra cosa mala.

aquel, aquella, aquello dem. Se usa para referirse a alguien o algo que está lejos tanto de la persona que habla como de la que oye escucha: *aquel libro, aquellas mesas, ¿Qué es aquello?*

aquelarre s. m. Reunión de brujas y brujos con la supuesta intervención del diablo.

aquenio s. m. Fruto seco que no se abre espontáneamente y contiene una semilla, como la castaña o la bellota.

aquí adv. **1.** A este lugar o en este lugar. **2.** Ahora: *de aquí en adelante.* **SIN. 1.** Acá. **ANT. 1.** Allí, allá.

aquiescencia s. f. Consentimiento, conformidad.

aquietar v. Sosegar, tranquilizar. **SIN.** Calmar. **ANT.** Alterar.

aquilatar v. Pensar muy bien el valor o la importancia que se da a una cosa. **SIN.** Calcular, calibrar, precisar.

ara s. f. **1.** Altar donde se ofrecen sacrificios a los dioses. **2.** Piedra consagrada situada en el centro del altar sobre la que el sacerdote celebra la misa. || **LOC. en aras de** Para conseguir algo: *en aras de la paz.*

árabe adj. y s. **1.** De Arabia, país de Asia, o de otros pueblos islámicos. || s. m. **2.** Lengua de estos pueblos. **SIN. 1.** Arábigo.

arabesco s. m. Decoración de dibujos geométricos, propia de la arquitectura árabe.

arábigo, ga adj. Árabe.

arabismo s. m. Palabra o expresión árabe usada en otra lengua.

arabista s. m. y f. Persona especialista en lengua, literatura y cultura árabes.

arácnido adj. y s. m. Artrópodo sin antenas, con ocho patas y el cuerpo dividido en dos partes, como la araña o el escorpión.

arado s. m. Instrumento agrícola para abrir surcos en la tierra.

arador, ra adj. y s. **1.** Que ara. || **2. arador de la sarna** Arácnido parásito de las personas que causa esta enfermedad.

aragonés, sa adj. y s. De Aragón, comunidad autónoma de España.

arameo, a adj. y s. **1.** De un antiguo pueblo semita de Oriente Medio. || s. m. **2.** Lengua de este pueblo.

arancel s. m. Dinero que debe pagarse por pasar un producto por la aduana.

arándano s. m. **1.** Arbusto enano de hojas ovaladas, flores pequeñas y frutos dulces de color rojo, negro o azulado. **2.** Este fruto.

arandela s. f. Anilla.

araña s. f. **1.** Arácnido de patas largas y finas que fabrica una red para atrapar a sus presas. **2.** Lámpara de techo con varios brazos.

arañar v. Hacer una herida o marca superficial con las uñas u otra cosa afilada. **SIN.** Raspar, rayar.

arañazo s. m. Herida o marca que se hace al arañar. **SIN.** Rasguño.

arar v. Hacer surcos en la tierra para cultivar en ella. **SIN.** Labrar.

araucano, na adj. y s. **1.** De un pueblo indígena que vive en la región chilena de La Araucanía. || s. m. **2.** Idioma que habla este pueblo. **SIN. 1.** y **2.** Mapuche.

arbitraje s. m. Acción de arbitrar.

arbitral adj. Del árbitro.

arbitrar v. Actuar como árbitro.

arbitrariedad s. f. Acción arbitraria, injusta.

arbitrario, ria *adj.* **1.** Injusto, que se debe solo a la voluntad o al capricho de alguien. **2.** Que depende del acuerdo o la costumbre: *La forma de saludarse la gente es arbitraria.* **SIN. 2.** Convenido, convencional. **ANT. 1.** Justo.

arbitrio *s. m.* Capacidad de decidir.

árbitro, tra *s. m. y f.* **1.** Persona que aplica el reglamento en una competición deportiva. **2.** Persona que decide quién tiene razón en una disputa o conflicto. **SIN. 2.** Mediador, juez.

árbol *s. m.* Planta con un tronco grueso, que a cierta altura del suelo se divide en ramas con hojas, flores y, generalmente, frutos.

arbolado, da *adj.* **1.** Que tiene árboles. || *s. m.* **2.** Conjunto de árboles de un lugar. **SIN. 2.** Arboleda.

arboladura *s. f.* Conjunto de palos que sujetan las velas de los barcos.

arboleda *s. f.* Lugar con muchos árboles. **SIN.** Arbolado, bosque.

arbóreo, a *adj.* De los árboles o relacionado con ellos.

arborícola *adj.* Que vive en los árboles.

arboricultura *s. f.* Cultivo de árboles y arbustos.

arbotante *s. m.* En arquitectura, contrafuerte en forma de arco, típico del gótico.

arbustivo, va *adj.* De arbustos o con características de arbusto.

arbusto *s. m.* Planta más pequeña que un árbol y que se diferencia de este en que sus ramas nacen desde la base del tronco.

arca *s. f.* Caja grande o cofre.

arcabucero *s. m.* Soldado que iba armado de arcabuz.

arcabuz *s. m.* Arma de fuego antigua, parecida al fusil.

arcada *s. f.* **1.** Sacudida en el estómago que suele producirse antes de vomitar. **2.** Serie de arcos de una construcción.

arcaduz *s. m.* **1.** Caño, sobre todo el que forma parte de una cañería. **2.** Cangilón de una noria.

arcaico, ca *adj.* Muy antiguo. **SIN.** Primitivo, viejo. **ANT.** Actual.

arcaísmo *s. m.* Palabra o frase anticuadas. **ANT.** Neologismo.

arcaizante *adj. y s.* Que tiene carácter arcaico: *un lenguaje arcaizante.*

arcángel *s. m.* Ángel de categoría superior a la de otros ángeles.

arcano *s. m.* Secreto, misterio.

arce *s. m.* Árbol de hoja caduca, palmeada y de madera dura, con frutos en forma de ángulo que giran al caer.

arcén *s. m.* Zona lateral de algunas carreteras por donde, normalmente, no deben circular los vehículos.

archidiócesis *s. f.* Diócesis de un arzobispo.

archiduque, archiduquesa *s. m. y f.* **1.** Príncipe o princesa de la casa de Austria. || *s. f.* **2.** Esposa del archiduque.

archipiélago *s. m.* Conjunto de islas agrupadas.

archivador *s. m.* Mueble o carpeta para archivar documentos. **SIN.** Archivo.

archivar *v.* Guardar ordenadamente documentos, fichas, fotografías u otras cosas. **SIN.** Clasificar.

archivero, ra *s. m. y f.* Persona encargada de un archivo.

archivística *s. f.* Estudio de los archivos y su organización.

archivo *s. m.* **1.** Local o mueble donde se guardan ordenadamente documentos, fichas, fotografías y otras cosas. **2.** En informática, fichero.

arcilla *s. f.* Tipo de tierra que, mezclada con agua, forma una pasta muy moldeable.

arcilloso, sa *adj.* Que contiene arcilla o tiene sus características.

arcipreste *s. m.* Sacerdote con algunas atribuciones especiales en un territorio.

arco *s. m.* **1.** Parte de una curva. **2.** Elemento de construcción que tiene forma curva y sirve para cubrir un hueco entre dos puntos fijos. **3.** Vara o lámina estrecha con una cuerda tirante para lanzar flechas. **4.** Vara de madera con unas crines sujetas a sus extremos, con que se toca el violín e instrumentos parecidos. || **5. arco iris** Arcoíris.

arcoíris *s. m.* Arco de colores que aparece en el cielo cuando los rayos de sol atraviesan las gotas de agua. ☐ Se escribe también *arco iris.*

arcón *s. m.* Arca grande.

arder *v.* **1.** Estar una cosa quemándose. **2.** Sentir ardor en una parte del cuerpo. **3.** Tener de forma muy intensa un sentimiento: *Ardía en deseos de verte.* || **LOC. estar que arde** Estar alguien muy enfadado. También, estar a punto de que pase algo malo. **SIN. 2. y 3.** Abrasarse. **ANT. 1.** Apagarse.

ardid *s. m.* Treta, artimaña.

ardiente *adj.* **1.** Que arde o produce mucho calor. **2.** Muy intenso o apasionado. **SIN. 2.** Fogoso, vehemente. **ANT. 2.** Frío.

ardilla *s. f.* Mamífero roedor de cuerpo delgado y cola larga y peluda, que vive en los bosques y se alimenta de frutos y semillas.

ardor *s. m.* **1.** Sensación de calor en una parte del cuerpo, sobre todo la que a veces se siente cuando duele el estómago. **2.** Pasión, entusiasmo. **SIN. 2.** Brío. **ANT. 2.** Indiferencia.

ardoroso, sa *adj.* Ardiente, apasionado. **ANT.** Frío.

arduo, dua *adj.* Muy duro o difícil. **SIN.** Dificultoso, trabajoso. **ANT.** Fácil.

área *s. f.* **1.** Lugar o territorio dentro de unos límites. **2.** Todo lo que corresponde o pertenece a alguien o algo: *el área de la física*. **3.** Unidad de superficie que equivale a un decámetro cuadrado. **4.** En fútbol y otros deportes, zona del terreno de juego más próxima a la portería. **SIN. 1.** Zona, extensión. **1. y 2.** Ámbito, campo.

arena *s. f.* Conjunto de pequeñas partículas que se separan de las rocas.

arenal *s. m.* Extensión grande de terreno arenoso.

arenga *s. f.* Discurso para comunicar entusiasmo a un grupo o animarle a hacer algo.

arengar *v.* Dirigir una arenga.

arenisca *s. f.* Roca formada por arena compacta.

arenoso, sa *adj.* Que tiene arena o se parece a ella.

arenque *s. m.* Pez marino parecido a la sardina que se consume fresco o en salazón.

arepa *s. f. Amér.* Tortilla de harina de maíz hecha sobre una plancha.

arete *s. m.* Pendiente en forma de aro.

argamasa *s. f.* Mezcla de cal, arena y agua que se usa en albañilería.

argelino, na *adj. y s.* De Argelia, país de África, o de Argel, su capital.

argentino, na *adj. y s.* De Argentina, país de América del Sur.

argolla *s. f.* Aro grueso. **SIN.** Anilla.

argón *s. m.* Elemento químico gaseoso que se encuentra en el aire en muy pequeña cantidad.

argot *s. m.* Lenguaje especial de un grupo social o de una profesión. **SIN.** Jerga.

argucia *s. f.* Truco o acción astuta para lograr algo. **SIN.** Treta, artimaña.

argüir *v.* Argumentar. □ Es v. irreg. Se conjuga como *construir*.

argumentación *s. f.* Acción de argumentar. **SIN.** Razonamiento.

argumental *adj.* Del argumento o relacionado con él.

argumentar *v.* Dar argumentos a favor o en contra de algo.

argumentario *s. m.* Conjunto de argumentos con que se defiende algo.

argumento *s. m.* **1.** Razonamiento para defender o atacar algo. **2.** Aquello de lo que trata una película, obra de teatro o libro. **SIN. 1.** Razón. **2.** Trama.

aria *s. f.* Pieza musical cantada por una sola voz en una ópera.

aridez *s. f.* Característica de las cosas áridas.

árido, da *adj.* **1.** Seco, con poca vegetación. **2.** Pesado, aburrido. **SIN. 1.** Estéril, yermo. **ANT. 1.** Fértil. **2.** Ameno.

Aries *n. pr.* Primer signo del Zodiaco (del 20 de marzo al 20 de abril).

ariete *s. m.* **1.** Tronco con un remate en su extremo que se usaba antiguamente en la guerra para derribar puertas y murallas. **2.** Delantero centro de un equipo de fútbol.

ario, aria *adj. y s.* **1.** De un pueblo antiguo que habitaba en Asia central e invadió el norte de la India. **2.** Nombre que dieron los nazis a una supuesta raza superior.

arisco, ca *adj.* Poco sociable, que rechaza el trato con los demás. **SIN.** Intratable, huraño. **ANT.** Cariñoso.

arista *s. f.* Línea formada por la unión de dos planos. **SIN.** Ángulo, esquina.

aristocracia *s. f.* Conjunto de las personas que tienen título de nobleza.

aristócrata *s. m. y f.* Persona que pertenece a la aristocracia. **SIN.** Noble.

aristocrático, ca *adj.* De la aristocracia.

aristotélico, ca *adj.* Del filósofo griego Aristóteles o relacionado con él.

aritmética *s. f.* Parte de las matemáticas que estudia los números y las operaciones que se realizan con ellos: suma, resta, multiplicación y división.

aritmético, ca *adj.* De la aritmética o relacionado con ella.

arizónica *s. f.* Especie de ciprés que se utiliza mucho como seto.

arlequín *s. m.* Personaje cómico del teatro que actúa con una máscara y un traje de rombos.

arma *s. f.* **1.** Objeto o instrumento para atacar o defenderse. **2.** Medio para atacar y defenderse o conseguir algo: *La simpatía es su arma para convencerla*. **3.** Cada una de las secciones del Ejército: *arma de infantería, arma de artillería*. ‖ **4. arma blanca** La que tiene filo o punta, como un puñal. **5. arma de fuego** La que se dispara con una materia explosiva, como una escopeta. **6. arma de doble filo** La que tiene filo por los dos lados. También, aquello que puede producir el efecto deseado y el contrario. ‖ **LOC. de armas tomar** Muy enérgico, decidido o violento.

armada s. f. **1.** Conjunto de los barcos de guerra de un país. ‖ n. pr. f. Fuerzas navales de un país, Marina de guerra. **SIN. 1.** Escuadra, flota.

armadillo s. m. Mamífero americano con el cuerpo cubierto por placas duras que le permiten enroscarse como una bola para protegerse de sus depredadores.

armador s. m. Persona que proporciona a un barco todo lo que necesita.

armadura s. f. **1.** Traje compuesto por piezas de metal que servía de protección a los antiguos guerreros. **2.** Pieza o conjunto de piezas que sostienen o forman una cosa: *la armadura de las gafas*. **SIN. 2.** Armazón, estructura.

armamentista adj. **1.** De las armas de guerra. ‖ adj. y s. **2.** Partidario de aumentar el poder militar de un país.

armamentístico, ca adj. Relacionado con el armamento: *carrera armamentística*.

armamento s. m. Conjunto de armas.

armar v. **1.** Proporcionar armas o equiparse de ellas. **2.** Causar, producir: *armar ruido*. **3.** Montar y ajustar las piezas de algo. ‖ **armarse 4.** Prepararse para soportar o conseguir algo: *armarse de paciencia*. **SIN. 3.** Ensamblar. **ANT. 1.** y **3.** Desarmar. **3.** Desmontar.

armario s. m. Mueble para guardar ropa y otros objetos. ‖ **LOC. salir del armario** Reconocer públicamente alguien que es homosexual. **SIN.** Ropero.

armatoste s. m. Cosa muy grande y que suele estorbar. **SIN.** Trasto, mamotreto.

armazón s. amb. Conjunto de piezas unidas que se emplea para poner algo encima, sostenerlo o darle forma. **SIN.** Estructura, armadura.

armella s. f. Hembrilla.

armenio, nia adj. y s. De Armenia, país de Asia.

armería s. f. **1.** Lugar donde se guardan o se exponen armas. **2.** Tienda donde se venden armas.

armero s. m. **1.** Persona que fabrica, vende o arregla armas. **2.** En el Ejército, persona que está encargada de vigilar y mantener a punto las armas.

armiño s. m. Mamífero carnívoro pequeño y alargado, de piel suave parda o blanca, con la punta de la cola negra; su piel se utiliza en peletería.

armisticio s. m. Acuerdo por el que se detiene temporalmente un enfrentamiento armado.

armonía s. f. **1.** Hecho de resultar agradable y adecuada la combinación de varias cosas. **2.** Paz y entendimiento entre personas. **3.** En música, arte de formar y combinar los acordes. **SIN. 1.** Proporción, concordancia. **1.** y **2.** Equilibrio. **2.** Amistad. **ANT. 1.** Desproporción. **2.** Enemistad.

armónica s. f. Instrumento musical de forma rectangular que tiene una serie de agujeros con lengüetas y se toca soplando o aspirando por ellos.

armónico, ca adj. Que tiene armonía. **SIN.** Armonioso.

armonio o **armónium** s. m. Órgano pequeño con la forma de un piano.

armonioso, sa adj. **1.** Muy agradable al oído. **2.** Que tiene armonía o se desarrolla en armonía. **SIN. 2.** Armónico.

armonizar v. **1.** Poner o estar en armonía. **2.** En música, escribir los acordes de una melodía.

arnés s. m. **1.** Conjunto de correas, como, por ejemplo, las que usan los alpinistas. ‖ s. m. pl. **2.** Correas que se ponen a las caballerías. **SIN. 2.** Arreos.

árnica s. f. **1.** Hierba de flores amarillas y fuerte olor, de la que se obtiene un aceite utilizado para tratar los golpes y torceduras. **2.** Este aceite. ‖ **LOC. pedir árnica** Pedir ayuda en una situación apurada.

aro s. m. Objeto en forma de circunferencia. ‖ **LOC. entrar** (o **pasar**) **por el aro** Tener que hacer o decir una persona algo, aunque no quiera. **SIN.** Anillo, argolla.

aroma s. m. Olor muy agradable. **SIN.** Perfume, fragancia. **ANT.** Peste.

aromático, ca adj. De olor muy agradable. **SIN.** Perfumado. **ANT.** Apestoso.

aromatizante adj. y s. m. Que sirve para aromatizar.

aromatizar v. Dar aroma a algo.

arpa s. f. Instrumento musical, de forma triangular, con cuerdas colocadas verticalmente, que se hacen sonar con los dedos.

arpegio s. m. En música, conjunto de los sonidos de un acorde de agudo a grave o viceversa.

arpía s. f. Mujer mala y cruel. **SIN.** Bruja.

arpillera s. f. Tejido muy áspero que se usa sobre todo para fabricar sacos.

arpista s. m. y f. Persona que toca el arpa.

arpón s. m. Instrumento formado por un mango largo con una punta de hierro y uno o más ganchos, que se usa para cazar animales marinos.

arrebatar

arponero, ra *s. m.* y *f.* Persona que caza con arpón.

arquear *v.* Curvar, dar forma de arco. **SIN.** Combar, alabear. **ANT.** Enderezar.

arqueología *s. f.* Ciencia que estudia los restos de antiguos pueblos y civilizaciones.

arqueológico, ca *adj.* De la arqueología o relacionado con ella: *restos arqueológicos.*

arqueólogo, ga *s. m.* y *f.* Persona que se dedica a la arqueología.

arquería *s. f.* Serie de arcos.

arquero, ra *s. m.* y *f.* Persona que tira con arco.

arqueta *s. f.* **1.** Caja pequeña, normalmente de madera, con candado o cerradura. **2.** Depósito para el agua que hace de sifón en una tubería de desagüe.

arquetipo *s. m.* Modelo ideal. **SIN.** Canon, prototipo.

arquitecto, ta *s. m.* y *f.* Persona que tiene como profesión la arquitectura.

arquitectónico, ca *adj.* De la arquitectura o relacionado con ella.

arquitectura *s. f.* Arte y ciencia que se ocupa de la realización de los planos y la construcción de edificios.

arquitrabe *s. m.* En arquitectura, parte inferior del entablamento, que se apoya sobre el capitel de la columna.

arquivolta *s. f.* Conjunto de molduras que decoran un arco arquitectónico a lo largo de toda su curva.

arrabal *s. m.* Barrio de las afueras de una ciudad. **SIN.** Suburbio. **ANT.** Centro.

arrabalero, ra *adj.* y *s.* **1.** De los arrabales. **2.** Vulgar, ordinario, maleducado: *lenguaje arrabalero.* **SIN. 1.** Periférico. **2.** Barriobajero, basto. **ANT. 2.** Educado, refinado.

arracimado, da *adj.* En forma de racimo.

arracimarse *v.* Juntarse en un lugar muchas personas o cosas.

arraigado, da 1. *p.* de **arraigar.** También *adj.* ‖ *adj.* **2.** Muy unido a donde se ha nacido o vivido.

arraigar *v.* **1.** Echar raíces una planta. **2.** Hacerse firme en alguien una costumbre, virtud, vicio, etc. **SIN. 1.** Enraizar, agarrar. **1.** y **2.** Prender. **2.** Afianzarse, consolidarse. **ANT. 1.** y **2.** Desarraigar.

arraigo *s. m.* Hecho de estar muy arraigado. **SIN.** Raigambre.

arramblar o **arramplar** *v.* Llevarse alguien todo lo que encuentra en un sitio.

arrancada *s. f.* **1.** Acción de arrancar una máquina o vehículo. **2.** Salida violenta de una persona o animal.

arrancamoños *s. m.* Fruto de algunas plantas, pequeño, ovalado y lleno de púas.

arrancar *v.* **1.** Separar algo de donde está unido, tirando con fuerza. **2.** Poner en marcha una máquina o vehículo. **3.** Tener algo su origen: *El problema arranca de hace años.* **SIN. 1.** Extraer, sacar. **3.** Provenir, proceder.

arranque *s. m.* **1.** Acción de arrancar. **2.** Manifestación brusca de un sentimiento: *un arranque de ira.* **3.** Principio de algo. **SIN. 2.** Arrebato, ataque.

arrapiezo *s. m. desp.* Niño, muchacho, sobre todo si es pobre y va sucio y mal vestido. **SIN.** Rapaz.

arras *s. f. pl.* Las trece monedas que entrega el hombre a la mujer en la ceremonia del matrimonio religioso y viceversa.

arrasar *v.* **1.** Destruir completamente. **2.** Triunfar de forma aplastante. **SIN. 1.** Devastar, asolar. **2.** Arrollar.

arrastrado, da 1. *p.* de **arrastrar.** También *adj.* ‖ *adj.* **2.** Que tiene muchos trabajos y necesidades: *una vida arrastrada.* ‖ *s. m.* y *f.* **3.** Persona despreciable. **SIN. 1.** y **2.** Miserable. **ANT. 2.** Fácil.

arrastrar *v.* **1.** Llevar a una persona, animal o cosa por el suelo, tirando de ellos. **2.** Rozar el suelo o avanzar de esta manera. **3.** Llevar tras de sí. **4.** Sufrir, soportar desde hace tiempo. **SIN. 1.** Remolcar. **4.** Padecer.

arrastre *s. m.* Acción de arrastrar por el suelo. ‖ **LOC. para el arrastre** En muy malas condiciones.

arrayán *s. m.* Mirto.

arre *interj.* Se usa para arrear a las caballerías.

arrea *interj.* Expresa sorpresa.

arrear *v.* **1.** Gritar o golpear a las caballerías para que vayan más deprisa. **2.** Dar, pegar. **SIN. 1.** Espolear, aguijonear. **2.** Propinar.

arrebañar *v.* Rebañar.

arrebatado, da 1. *p.* de **arrebatar.** También *adj.* ‖ *adj.* **2.** De un color muy vivo, especialmente el rojo. **3.** Que es muy apasionado o muy irreflexivo: *amor arrebatado.* **SIN. 2.** Fuerte, intenso. **3.** Impetuoso. **ANT. 2.** Apagado, pálido. **3.** Reposado, reflexivo.

arrebatador, ra *adj.* Que arrebata, encantador. **SIN.** Cautivador. **ANT.** Repulsivo.

arrebatar *v.* **1.** Quitar con violencia. **2.** Atraer muchísimo. ‖ **arrebatarse 3.** Quemarse un alimento. **SIN. 1.** Desposeer, despojar. **2.** Cautivar. **ANT. 1.** Devolver. **2.** Repeler.

arrebato *s. m.* Impulso repentino. **SIN**. Arranque, ataque.

arrebol *s. m.* **1.** Color rojo que tienen a veces las nubes. **2.** Color rojo de las mejillas. **SIN**. 2. Rubor.

arrebujar *v.* **1.** Doblar algo arrugándolo. ‖ **arrebujarse 2.** Cubrirse o envolverse con algo: *Se arrebujó en las sábanas.*

arrechucho *s. m.* Malestar repentino y breve que no resulta grave.

arreciar *v.* Hacerse más fuerte o intenso: *La tormenta ha arreciado.* **SIN**. Aumentar, crecer. **ANT**. Amainar.

arrecife *s. m.* Formación de rocas, corales, etc., en el fondo del mar, que llega casi a la superficie.

arredrar *v.* Acobardar, atemorizar. **ANT**. Envalentonarse.

arreglado, da 1. *p.* de **arreglar**. También *adj.* ‖ *adj.* **2.** Barato.

arreglar *v.* **1.** Hacer que algo roto o estropeado funcione o quede bien. **2.** Solucionar. **3.** Poner limpio y en orden. **4.** Lavar, peinar y vestir. ‖ **arreglarse 5.** Tener suficiente: *Se arregla con poco dinero.* **SIN**. 1. Reparar. 2. Resolver. 3. Ordenar. 4. Acicalarse. **ANT**. 3. Desordenar.

arreglista *s. m. y f.* Persona que hace arreglos musicales.

arreglo *s. m.* **1.** Acción de arreglar. **2.** Trato, acuerdo. ‖ *s. m. pl.* **3.** Pequeños cambios que se hacen en una composición musical. **SIN**. 1. Reparación. 2. Convenio.

arrejuntarse *v. fam.* Vivir juntos como un matrimonio sin estar casados. **SIN**. Amancebarse.

arrellanarse *v.* Sentarse muy cómodamente en un asiento. **SIN**. Apoltronarse, repantigarse, arrepanchigarse.

arremangar *v.* Remangar.

arremeter *v.* Acometer o embestir.

arremetida *s. f.* Acción de arremeter. **SIN**. Embestida.

arremolinarse *v.* Amontonarse en un lugar. **SIN**. Aglomerarse, apiñarse. **ANT**. Dispersarse.

arrendador, ra *s. m. y f.* Persona que arrienda algo. **SIN**. Casero.

arrendajo *s. m.* Pájaro de la familia de los cuervos, de plumaje pardo rosado y alas negras con manchas azules, negras y blancas.

arrendamiento *s. m.* Acción de arrendar. **SIN**. Arriendo, alquiler.

arrendar *v.* Alquilar. ◻ Es v. irreg. Se conjuga como *pensar.*

arrendatario, ria *adj. y s.* Persona a la que se arrienda algo. **SIN**. Inquilino.

arreos *s. m. pl.* Correajes o adornos de las caballerías. **SIN**. Arnés.

arrepanchigarse o **arrepanchingarse** *v.* Sentarse cómodamente, de manera informal, casi tumbándose. **SIN**. Arrellanarse.

arrepentimiento *s. m.* Hecho de arrepentirse. **SIN**. Pesar.

arrepentirse *v.* **1.** Sentir pena por haber actuado mal o por no haber hecho algo. **2.** Volverse atrás en una intención. ◻ Es v. irreg. Se conjuga como *sentir.* **SIN**. 1. Lamentar.

arrestar *v.* Detener, poner preso. **SIN**. Apresar. **ANT**. Liberar.

arresto *s. m.* **1.** Acción de arrestar. ‖ *s. m. pl.* **2.** Valor, decisión. **SIN**. 2. Brío, ímpetu. **ANT**. 2. Indecisión.

arriar *v.* Bajar las velas o las banderas izadas. **ANT**. Izar.

arriate *s. m.* Cuadro o rectángulo con plantas en jardines y patios.

arriba *adv.* **1.** Señala un lugar o parte más altos. **2.** En un escrito, anteriormente: *Como se dijo arriba...* **SIN**. 1. y 2. Abajo.

arribada *s. f.* Acción de arribar.

arribar *v.* Llegar una nave al puerto. **SIN**. Atracar. **ANT**. Zarpar.

arribista *adj. y s.* Se dice de la persona sin escrúpulos a la que solo le interesa progresar.

arriendo *s. m.* Arrendamiento.

arriero, ra *s. m. y f.* Persona que lleva mercancías en bestias de carga.

arriesgado, da 1. *p.* de **arriesgar**. También *adj.* ‖ *adj.* **2.** Que tiene riesgo, peligroso.

arriesgar *v.* Poner en peligro. **SIN**. Exponer.

arrimar *v.* Poner cerca. **SIN**. Aproximar, acercar. **ANT**. Alejar.

arrimo Se usa en la expresión **al arrimo de** una persona o cosa, 'con ayuda o protección'.

arrinconar *v.* **1.** Poner en un rincón o lugar retirado. **2.** Dejar de lado. **3.** Cortar la salida a alguien para que no escape. **SIN**. 1. Apartar, arrumbar. 2. Olvidar. 3. Acorralar.

arritmia *s. f.* Ritmo irregular, sobre todo en los latidos del corazón.

arroba *s. f.* **1.** Unidad de peso que equivale a 11,5 kilogramos. **2.** Medida de líquidos que puede tener varias equivalencias. **3.** Símbolo (@) usado en informática, sobre todo en Internet.

arrobo *s. m.* Estado de la persona que siente una admiración, felicidad o placer tan grandes que no se da cuenta de nada más. **SIN**. Embeleso, fascinación. **ANT**. Asco.

arrocero, ra adj. **1.** Del arroz o relacionado con él. ‖ s. m. y f. **2.** Persona que cultiva arroz.

arrodillarse v. Ponerse de rodillas.

arrogancia s. f. Característica de arrogante.

arrogante adj. **1.** Muy orgulloso de sí mismo, que se muestra superior a los demás. **2.** Guapo, apuesto. SIN. **1.** Altivo, soberbio. ANT. **1.** Humilde.

arrogarse v. Adjudicarse sin razón cosas como autoridad o derechos.

arrojadizo, za adj. Hecho para ser lanzado: arma arrojadiza.

arrojado, da 1. p. de arrojar. También adj. ‖ adj. **2.** Valiente, atrevido.

arrojar v. **1.** Lanzar, tirar. **2.** Expulsar, echar.

arrojo s. m. Valentía, valor. SIN. Audacia, coraje. ANT. Cobardía.

arrollador, ra adj. Que arrolla: un éxito arrollador.

arrollar v. **1.** Atropellar. **2.** Arrastrar o destruir una cosa lo que encuentra a su paso. **3.** Enrollar. **4.** Triunfar por completo. SIN. **2.** y **4.** Arrasar. **4.** Aplastar.

arropar v. Cubrir o abrigar con ropa. SIN. Tapar. ANT. Desarropar.

arrostrar v. Enfrentarse con algo, sobre todo si es desagradable. SIN. Encarar, afrontar. ANT. Rehuir.

arroyada s. f. **1.** Valle por donde corre un arroyo. **2.** Crecida de un arroyo que provoca una inundación. SIN. **2.** Riada, avenida.

arroyo s. m. Río pequeño. SIN. Riachuelo.

arroz s. m. **1.** Planta gramínea, que se cultiva en terrenos encharcados; sus granos son un importante alimento. **2.** Los granos de esta planta.

arrozal s. m. Terreno sembrado de arroz.

arruga s. f. **1.** Línea o pliegue en la piel, sobre todo al envejecer. **2.** Pliegue o doblez en la ropa o en otra superficie lisa.

arrugar v. **1.** Hacer arrugas. ‖ **arrugarse 2.** Acobardarse. ANT. **1.** Planchar, desarrugar. **2.** Envalentonarse.

arruinar v. **1.** Hacer que alguien pierda el dinero o los bienes que tenía. **2.** Estropear o destruir. SIN. **1.** Empobrecer. **2.** Devastar, arrasar. ANT. **1.** Enriquecer.

arrullar v. **1.** Atraerse con un sonido especial el palomo y la paloma. **2.** Adormecer con canciones suaves o sonidos agradables.

arrullo s. m. **1.** Acción de arrullar. **2.** Toquilla para envolver a un bebé.

arrumaco s. m. Caricia o gesto de cariño. SIN. Mimo.

arrumbar v. Arrinconar, poner en un rincón.

arsenal s. m. **1.** Astillero. **2.** Almacén de armas y materiales de guerra.

arsénico s. m. Elemento químico de propiedades intermedias entre los metales y los no metales; algunos de sus compuestos son muy venenosos.

arte s. amb. **1.** Actividad de las personas destinada a crear algo bello. **2.** Técnica o conocimientos para hacer algo: el arte de cocinar. ‖ s. f. pl. **3.** Maña, astucia: malas artes. ‖ **4. arte mayor** y **arte menor** Ver verso. **5. séptimo arte** El cine. SIN. **2.** Práctica, destreza. **3.** Ingenio, treta.

artefacto s. m. Máquina, aparato. SIN. Artilugio.

artejo s. m. Cada una de las partes que forman las patas y antenas de los artrópodos.

artemisa o **artemisia** s. f. Planta aromática que tiene propiedades medicinales.

arteria s. f. **1.** Conducto por donde va la sangre desde el corazón al resto del cuerpo. **2.** Calle o carretera principal. SIN. **2.** Avenida, autopista.

arterial adj. De las arterias.

arteriosclerosis o **arterioesclerosis** s. f. Enfermedad en la que las arterias se vuelven más gruesas y duras, e impiden el paso normal de la sangre.

artero, ra adj. Astuto, tramposo y malintencionado. ANT. Noble, inocente.

artesa s. f. Recipiente rectangular de madera, usado para amasar el pan, mezclar agua y cemento, etc.

artesanal adj. De la artesanía.

artesanía s. f. Trabajo hecho a mano o con instrumentos sencillos.

artesano, na s. m. y f. **1.** Persona que se dedica a la artesanía. ‖ adj. **2.** De artesanía. ANT. **2.** Industrial.

artesiano adj. Se dice del pozo en el que el agua sube a la superficie por sí sola.

artesón s. m. Cada una de las figuras geométricas en que está dividido un artesonado.

artesonado s. m. Techo de madera dividido en figuras geométricas.

ártico, ca adj. Del Polo Norte. ANT. Antártico.

articulación s. f. **1.** Acción de articular. **2.** Unión de dos cosas de manera que puedan moverse, sobre todo dos huesos. SIN. **2.** Coyuntura.

articulado, da 1. p. de articular. ‖ adj. **2.** Con articulaciones: un muñeco articulado.

articular v. **1.** Unir dos o más cosas de tal manera que puedan moverse. **2.** Pronunciar los sonidos. ANT. **1.** Desarticular.

articulatorio, ria *adj.* De la articulación de los sonidos.

articulista *s. m.* y *f.* Persona que escribe artículos en periódicos o revistas.

artículo *s. m.* **1.** Palabra que va delante del sustantivo y lo modifica, indicando su género, número y si es conocido o no por los hablantes. **2.** Escrito breve sobre un tema en periódicos y revistas. **3.** Mercancía, producto. **4.** Cada parte de una ley o reglamento.

artífice *s. m.* y *f.* Persona que ha hecho o ha conseguido una cosa. **SIN.** Creador, autor.

artificial *adj.* **1.** Hecho por los seres humanos: *un lago artificial.* **2.** Falso, fingido. **SIN.** 1. Sintético. 2. Ficticio, simulado. **ANT.** 1. y 2. Natural. 2. Auténtico, sincero.

artificiero, ra *s. m.* y *f.* Militar o policía experto en proyectiles y explosivos.

artificio *s. m.* **1.** Falta de naturalidad y sencillez. **2.** Aparato, mecanismo. **SIN.** 1. Artificiosidad, afectación. 2. Artefacto, artilugio. **ANT.** 1. Espontaneidad.

artificiosidad *s. f.* Característica de lo que es artificioso. **SIN.** Artificio, afectación. **ANT.** Naturalidad, espontaneidad.

artificioso, sa *adj.* Que no tiene naturalidad. **SIN.** Afectado, rebuscado. **ANT.** Natural.

artillería *s. f.* **1.** Parte del Ejército que utiliza cañones y armas pesadas. **2.** Estas armas.

artillero, ra *adj.* y *s.* De la artillería.

artilugio *s. m.* Aparato, mecanismo. **SIN.** Artefacto.

artimaña *s. f.* Treta, truco.

artiodáctilo *adj.* y *s. m.* Animal mamífero con las patas terminadas en un número par de dedos, como el cerdo, el camello o el toro.

artista *s. m.* y *f.* **1.** Persona que hace obras de arte. **2.** Persona que actúa en el teatro, en el cine y en otros espectáculos. **SIN.** 1. Creador. 2. Actor, intérprete.

artístico, ca *adj.* Del arte o con arte.

artrítico, ca *adj.* y *s.* Relacionado con la artritis o que la padece.

artritis *s. f.* Inflamación de las articulaciones de los huesos.

artrópodo *adj.* y *s. m.* Se dice del animal invertebrado con esqueleto exterior, patas articuladas y cuerpo dividido en segmentos.

artrosis *s. f.* Enfermedad por la que se desgastan las articulaciones y pueden llegar a deformarse.

arveja *s. f.* En Canarias e Hispanoamérica, guisante.

arzobispado *s. m.* Territorio y edificio donde realiza sus funciones el arzobispo.

arzobispal *adj.* Del arzobispo: *palacio arzobispal.*

arzobispo *s. m.* Obispo de categoría superior a los demás obispos.

arzón *s. m.* Pieza de la silla de montar en forma de arco.

as *s. m.* **1.** Carta de la baraja o cara del dado con el número uno. **2.** Persona muy buena en algo: *un as del motociclismo.* **SIN.** 2. Campeón, figura.

asa *s. f.* Parte de algunos objetos por donde se los agarra.

asadero *s. m.* Lugar donde hace mucho calor. **SIN.** Horno. **ANT.** Nevera.

asado, da **1.** *p.* de **asar.** También *adj.* ǁ *s. m.* **2.** Carne asada o que se está asando.

asador *s. m.* **1.** Pincho para clavar la carne y asarla. **2.** Restaurante especializado en carne asada.

asadura *s. f.* Órganos comestibles de los animales, como el hígado o el corazón.

asalariado, da *adj.* y *s.* Que trabaja por un salario.

asalmonado, da *adj.* De color y sabor parecidos a los de la carne del salmón.

asaltante *adj.* y *s.* Que asalta.

asaltar *v.* **1.** Atacar un lugar o fortaleza enemigos. **2.** Entrar en un lugar o atacar a alguien para robar. **SIN.** 2. Atracar.

asalto *s. m.* **1.** Acción de asaltar. **2.** En deportes como el boxeo, cada parte del combate. **SIN.** 1. Atraco.

asamblea *s. f.* Reunión de personas para tratar o decidir algo. **SIN.** Junta.

asambleísta *s. m.* y *f.* Miembro de una asamblea.

asar *v.* **1.** Cocinar un alimento poniéndolo directamente al fuego o al calor. ǁ **asarse 2.** Tener mucho calor. **SIN.** 2. Cocerse, asfixiarse. **ANT.** 2. Helarse.

ascendencia *s. f.* Antepasados de alguien. **SIN.** Estirpe, linaje. **ANT.** Descendencia.

ascendente *adj.* Que asciende o sube. **ANT.** Descendente.

ascender *v.* **1.** Subir: *Ascendieron al monte. Ascendió en la empresa.* **2.** Llegar a una cantidad: *La factura asciende a doscientos euros.* □ Es v. irreg. Se conjuga como *tender.* **SIN.** 2. Alcanzar. **ANT.** 1. Descender.

ascendiente *s. m.* y *f.* **1.** Persona de la que se desciende. ǁ *s. m.* **2.** Influencia, autoridad. **SIN.** 1. Antecesor, antepasado. 2. Peso, influjo. **ANT.** 1. Descendiente.

ascensión *s. f.* Acción de ascender. **SIN.** Ascenso, subida. **ANT.** Descenso.

ascensional *adj*. De la ascensión: *movimiento ascensional*.

ascenso *s. m*. Ascensión, subida. **ANT**. Descenso.

ascensor *s. m*. Cabina para subir y bajar de una planta a otra en un edificio. **SIN**. Montacargas, elevador.

ascensorista *s. m. y f*. Persona que maneja un ascensor; también, el que lo arregla y lo instala.

asceta *s. m. y f*. Persona que lleva una vida de sacrificio y oración.

ascético, ca *adj*. De los ascetas.

ascetismo *s. m*. Forma de vida y doctrina de los ascetas.

asco *s. m*. **1**. Sensación de desagrado muy fuerte. **2**. Manía, antipatía. **SIN**. **1**. Repugnancia. **ANT**. **1**. Agrado.

ascua *s. f*. Trozo de un material ardiendo, pero sin llama. ‖ **LOC**. **en ascuas** Muy inquieto o con mucha curiosidad. **SIN**. Brasa.

asear *v*. Limpiar, arreglar. **SIN**. Adecentar. **ANT**. Ensuciar.

asechanza *s. f*. Engaño, trampa.

asediar *v*. Rodear al enemigo para que no salga de donde está ni reciba ayuda. **SIN**. Sitiar, cercar.

asedio *s. m*. Acción de asediar. **SIN**. Sitio, cerco.

asegurado, da **1**. *p*. de **asegurar**. También *adj*. ‖ *adj. y s*. **2**. Que ha contratado un seguro con alguna empresa.

asegurador, ra *adj. y s*. Que hace seguros de vida, para coches, etc.

asegurar *v*. **1**. Hacer o poner firme o seguro. **2**. Afirmar que algo es verdad. **3**. Hacer un contrato con una compañía de seguros. ‖ **asegurarse 4**. Comprobar algo para estar seguro. **SIN**. **1**. Afianzar, consolidar. **2**. Garantizar. **4**. Cerciorarse. **ANT**. **1**. Aflojar. **2**. Negar.

asemejarse *v*. Parecerse. **ANT**. Diferenciarse.

asentaderas *s. f. pl. fam*. Nalgas.

asentador, ra *s. m. y f*. Persona que compra productos al por mayor y los vende a los comerciantes.

asentamiento *s. m*. Acción de asentar o asentarse.

asentar *v*. **1**. Asegurar, consolidar. **2**. Calmar, hacer volver a la normalidad: *asentar el estómago*. ‖ **asentarse 3**. Establecerse en un lugar. □ Es v. irreg. Se conjuga como *pensar*. **SIN**. **1**. Afirmar. **3**. Instalarse. **ANT**. **2**. Revolver.

asentimiento *s. m*. Acción de asentir. **SIN**. Aprobación. **ANT**. Desacuerdo.

asentir *v*. Mostrar acuerdo o contestar que sí. □ Es v. irreg. Se conjuga como *sentir*. **SIN**. Aprobar; afirmar. **ANT**. Disentir; negar.

aseo *s. m*. **1**. Acción de asear. **2**. Cuarto de baño pequeño.

asépalo, la *adj*. Se dice del cáliz o la flor sin sépalos.

asepsia *s. f*. Limpieza y otros cuidados para evitar que se produzcan infecciones.

aséptico, ca *adj*. Limpio de gérmenes o microbios. **ANT**. Infectado.

asequible *adj*. **1**. Barato o fácil de conseguir. **2**. Fácil de entender: *una explicación asequible*. **SIN**. **1**. y **2**. Accesible. **2**. Comprensible. **ANT**. **1**. Prohibitivo. **1**. y **2**. Inaccesible.

aserción *s. f*. Acción de afirmar que algo es cierto. **SIN**. Aseveración.

aserradero *s. m*. Lugar donde se sierra la madera. **SIN**. Serrería.

aserrado, da **1**. *p*. de **aserrar**. También *adj*. ‖ *adj*. **2**. En forma de dientes de sierra.

aserrar *v*. Serrar. □ Es v. irreg. Se conjuga como *pensar*.

aserto *s. m*. Aserción, afirmación.

asesinar *v*. Matar intencionadamente.

asesinato *s. m*. Acción de asesinar.

asesino, na *adj. y s*. Que asesina.

asesor, ra *adj. y s*. Que asesora.

asesoramiento *s. m*. Acción de asesorar. **SIN**. Consejo, orientación.

asesorar *v*. Informar o aconsejar sobre algo. **SIN**. Orientar.

asesoría *s. f*. **1**. Actividad del asesor. **2**. Oficina donde se asesora sobre algunos asuntos, por ejemplo, de leyes o económicos.

asestar *v*. Dar golpes.

aseveración *s. f*. Afirmación.

aseverar *v*. Asegurar, decir afirmando. **SIN**. Confirmar. **ANT**. Negar.

aseverativo, va *adj*. **1**. Que asevera. ‖ *adj. y s. f*. **2**. En gramática, oración enunciativa.

asexuado, da *adj. y s*. Que no tiene sexo o no presenta unas características sexuales claras.

asexual *adj*. Que no tiene sexo o no se reproduce sexualmente. **ANT**. Sexual.

asfaltado, da **1**. *p*. de **asfaltar**. También *adj*. ‖ *s. m*. **2**. Acción de asfaltar.

asfaltadora *s. f*. Máquina para asfaltar.

asfaltar *v*. Cubrir de asfalto.

asfáltico, ca *adj*. De asfalto: *tela asfáltica*.

asfalto *s. m.* Conjunto de sustancias derivadas del petróleo; mezclado con agua se usa para recubrir calles y carreteras.

asfixia *s. f.* **1.** Dificultad o imposibilidad de respirar. **2.** Sensación de agobio. **SIN. 2.** Ahogo, angustia.

asfixiante *adj.* Que produce asfixia.

asfixiar *v.* **1.** Producir o sentir asfixia. **2.** Agobiar, angustiar. **SIN. 1.** y **2.** Ahogar. **ANT. 2.** Aliviar.

así *adv.* **1.** De la forma que se expresa: *Iba vestido así, con ropa deportiva.* || *conj.* **2.** Por eso: *No come y así le pasa lo que le pasa.* **3.** Aunque: *No te lo dirá, así le mates.* || *interj.* **4.** Ojalá: *Así le parta un rayo.* || **LOC. así de** Tan: *Pintó la casa y así de bonita quedó.* **así así** Regular. **así como así** De cualquier manera: *No pensarás irte así como así.* **así pues** o **así que** Por lo tanto: *Paso por tu trabajo, así que te recojo.*

asiático, ca *adj.* y *s.* De Asia.

asidero *s. m.* **1.** Agarradero. **2.** Agarraderas, influencias.

asiduidad *s. f.* Frecuencia.

asiduo, dua *adj.* y *s.* Que hace algo o va a un sitio con frecuencia.

asiento *s. m.* Objeto o lugar para sentarse en él.

asignación *s. f.* **1.** Acción de asignar. **2.** Sueldo, paga.

asignar *v.* **1.** Señalar lo que corresponde a alguien o algo. **2.** Destinar. **SIN. 1.** Adjudicar, distribuir. **2.** Adscribir.

asignatura *s. f.* Cada una de las materias que se enseñan en un centro docente y forman parte de un plan de estudios, como las Matemáticas o la Historia. **SIN.** Materia, disciplina.

asilar *v.* Dar asilo, sobre todo por razones políticas.

asilo *s. m.* **1.** Centro que acoge a ancianos pobres. **2.** Acogida, refugio.

asilvestrado, da *adj.* Se dice del animal doméstico que se vuelve salvaje.

asimétrico, ca *adj.* Que no es simétrico.

asimilación *s. f.* Acción de asimilar.

asimilar *v.* **1.** Comprender y retener lo que se aprende. **2.** Saber aceptar algo. **3.** Transformar los alimentos o las medicinas en sustancias necesarias para el organismo. **SIN. 1.** Entender. **3.** Digerir. **ANT. 3.** Rechazar.

asimismo *adv.* También, además. **ANT.** Tampoco.

asíndeton *s. m.* Figura retórica que consiste en no poner conjunciones, como en *Llegué, vi, vencí.*

asir *v.* Coger, agarrar. □ Es v. irreg. **SIN.** Sostener, sujetar. **ANT.** Soltar.

ASIR	
INDICATIVO	SUBJUNTIVO
Presente	**Presente**
asgo	asga
ases	asgas
ase	asga
asimos	asgamos
asís	asgáis
asen	asgan
IMPERATIVO	
ase (tú)	asid (vosotros)
asga (usted)	asgan (ustedes)

asirio, ria *adj.* y *s.* De Asiria, antiguo reino mesopotámico.

asistencia *s. f.* **1.** Acción de asistir: *asistencia médica.* **2.** Las personas presentes en determinado acto. **SIN. 1.** Auxilio, ayuda, presencia. **ANT. 1.** Ausencia.

asistencial *adj.* Que da asistencia médica o presta ayuda a personas que la necesitan: *centro asistencial.*

asistenta *s. f.* Mujer que va a una casa para trabajar haciendo las tareas del hogar.

asistente *adj.* y *s.* **1.** Que asiste. || **2. asistente social** Profesional que ayuda a personas con problemas de salud, familiares, educativos, etc.

asistido, da **1.** *p.* de asistir. || *adj.* **2.** Que se hace o funciona con la ayuda de ciertos medios mecánicos: *respiración asistida, dirección asistida.* **3.** Asistencial: *una residencia asistida.*

asistir *v.* **1.** Ir a un sitio, estar presente en él. **2.** Dar a alguien los cuidados o atenciones que necesita: *asistir a un herido.* **3.** Trabajar de asistenta. **SIN. 1.** Acudir. **2.** Atender, auxiliar.

asma *s. f.* Enfermedad de los bronquios que produce fatiga y dificultades en la respiración.

asmático, ca *adj.* y *s.* Relacionado con el asma o que la padece.

asno, na *s. m.* y *f.* Animal mamífero más pequeño que el caballo, con largas orejas y que se emplea para llevar carga. **SIN.** Burro.

asociación *s. f.* **1.** Acción de asociar. **2.** Agrupación de personas que tienen intereses comunes. **SIN. 2.** Sociedad, institución.

asociar *v.* **1.** Relacionar cosas o ideas. || **asociarse 2.** Unirse para hacer algo en común. **3.** Hacerse socio: *asociarse a un club.*

asociativa *adj.* y *s. f.* Se dice de la propiedad de la suma y la multiplicación según la cual el resultado no varía al cambiar la agrupación de los sumandos o de los factores.

asolar *v.* Destruir, arrasar. □ Es v. irreg. Se conjuga como *contar*, pero se tiende a conjugarlo como regular.

asomar *v.* Dejar o dejarse ver algo por una abertura o por detrás de una cosa. **SIN.** Aparecer. **ANT.** Ocultar.

asombrar *v.* Causar o sentir asombro. **SIN.** Sorprender, admirar.

asombro *s. m.* Gran admiración, sorpresa o extrañeza.

asombroso, sa *adj.* Que causa asombro. **SIN.** Admirable.

asomo *s. m.* Señal o manifestación de algo: *Había entre ellos un asomo de desconfianza.* **SIN.** Muestra, indicio.

asonancia *s. f.* Rima asonante.

asonante *adj.* Se dice de la rima en que solo son iguales las vocales a partir de la última vocal acentuada.

aspa *s. f.* **1.** Brazos en forma de X, como los de los molinos de viento o los de los ventiladores. **2.** Cada uno de estos brazos.

aspaviento *s. m.* Gesto exagerado.

aspecto *s. m.* **1.** Conjunto de rasgos externos de alguien o algo. **2.** Parte que se tiene en cuenta de algo. **SIN. 1.** Apariencia, pinta.

aspereza *s. f.* Característica de áspero. **ANT.** Suavidad.

áspero, ra *adj.* **1.** Que no es suave al tacto. **2.** Seco, antipático. **3.** Desagradable al gusto o al oído: *sabor áspero, voz áspera.* **SIN. 1.** Rasposo. **2.** Hosco, huraño. **3.** Acre; ronco. **ANT. 2.** Cordial.

aspersión *s. f.* Acción de esparcir un líquido a presión en pequeñas gotas.

aspersor *s. m.* Aparato que esparce líquido a presión.

áspid *s. m.* Víbora muy venenosa de color variable y parecida a las culebras.

aspillera *s. f.* Abertura larga y estrecha en las fortificaciones a través de la cual se disparaba.

aspiración *s. f.* **1.** Acción de aspirar el aire. **2.** Deseo, ambición. **SIN. 1.** Inspiración. **ANT. 1.** Espiración.

aspirador, ra *adj.* **1.** Que aspira. ‖ *s. m.* o *f.* **2.** Aparato eléctrico para aspirar el polvo o la suciedad.

aspirante *adj.* y *s.* Que aspira a algo: *el aspirante al título mundial.*

aspirar *v.* **1.** Hacer llegar el aire a los pulmones. **2.** Absorber gases, líquidos u otras sustancias. **3.** Tener como meta: *Enrique aspira a convertirse en un gran actor.* **SIN. 1.** Inspirar. **3.** Pretender, ambicionar. **ANT. 1.** Espirar. **3.** Renunciar.

aspirina (marca registrada) *s. f.* Medicamento para disminuir la fiebre y el dolor.

asquear *v.* Producir asco o repugnancia. **SIN.** Repugnar. **ANT.** Atraer.

asquerosidad *s. f.* Cosa que da asco. **SIN.** Porquería.

asqueroso, sa *adj.* **1.** Que causa asco. ‖ *adj.* y *s.* **2.** Se dice de la persona a la que todo le da asco. **SIN. 1.** Sucio; malo. **2.** Melindroso, escrupuloso. **ANT. 1.** Atractivo, delicioso.

asta *s. f.* **1.** Palo al que se sujeta la bandera. **2.** Cuerno de un animal.

astado, da *adj.* **1.** Que tiene asta. ‖ *s. m.* **2.** Toro de lidia.

astenia *s. f.* Debilidad, falta de fuerzas o flojera grande.

asténico, ca *adj.* y *s.* De la astenia o que la padece.

asterisco *s. m.* Signo ortográfico (*) que se emplea para indicar al lector que hay una nota que debe consultar, o para otros usos.

asteroide *s. m.* Cada uno de los pequeños y numerosos astros que giran principalmente entre las órbitas de Marte y Júpiter.

astigmatismo *s. m.* Defecto de la vista que impide ver con claridad los contornos de las imágenes.

astil *s. m.* **1.** Mango de madera de algunas herramientas, como azadas y picos. **2.** Barra horizontal de la balanza.

astilla *s. f.* Trozo pequeño que salta al partir o cortar madera y otros materiales duros.

astillar *v.* Hacer o hacerse astillas la madera o cosas parecidas.

astillero *s. m.* Lugar donde se construyen y reparan barcos. **SIN.** Arsenal, atarazana.

astracán *s. m.* Piel fina y rizada de cordero no nacido o recién nacido, empleada en peletería.

astrágalo *s. m.* Hueso del tobillo que se une a la tibia. **SIN.** Taba.

astral *adj.* De los astros del cielo.

astringente *adj.* y *s. m.* Que produce estreñimiento.

astro *s. m.* **1.** Cualquier cuerpo del firmamento, como las estrellas o los planetas. **2.** Persona muy admirada en un trabajo o actividad: *un astro del cine.* **SIN. 2.** Estrella.

astrofísica *s. f.* Parte de la astronomía que estudia la composición de los astros, su origen y su evolución.

astrolabio s. m. Antiguo instrumento para observar la posición y el movimiento de los astros y averiguar la altura a la que están.

astrología s. f. Estudio de la influencia de los astros en la forma de ser y el futuro de las personas.

astrólogo, ga s. m. y f. Especialista en astrología.

astronauta s. m. y f. Tripulante de una nave espacial. **SIN.** Cosmonauta.

astronáutica s. f. Actividad y ciencia que se ocupa de todo lo relacionado con los viajes y exploraciones espaciales en astronaves.

astronave s. f. Vehículo para viajar por el espacio. **SIN.** Cosmonave.

astronomía s. f. Ciencia que estudia el universo y los astros.

astronómico, ca adj. **1.** Relacionado con la astronomía. **2.** Se dice de las cantidades muy grandes: un precio astronómico. **SIN. 2.** Desorbitado. **ANT. 2.** Ridículo.

astrónomo, ma s. m. y f. Científico que se dedica a la astronomía.

astroso, sa adj. Sucio, harapiento. **SIN.** Desastrado, andrajoso, desarrapado. **ANT.** Limpio, aseado.

astucia s. f. Inteligencia y habilidad para conseguir lo que se quiere, para engañar a otros o para evitar ser engañado. **SIN.** Picardía, sagacidad. **ANT.** Inocencia.

astur adj. y s. De un antiguo pueblo celta de los territorios que hoy son Asturias y León.

asturcón, na adj. y s. m. Se dice de una raza de caballos fuertes y pequeños originarios de los montes de Asturias.

asturiano, na adj. y s. De Asturias, comunidad autónoma de España.

asturleonés, sa adj. **1.** De Asturias y León. ‖ s. m. **2.** Dialecto que surgió en Asturias y León como evolución del latín que se hablaba en esta zona.

astuto, ta adj. Que emplea la astucia o se hace con astucia. **SIN.** Pícaro, sagaz. **ANT.** Ingenuo.

asueto s. m. Descanso o vacaciones breves.

asumir v. **1.** Encargarse de algo con responsabilidad: asumir una tarea. **2.** Reconocer, admitir: asumir un error. **SIN. 1.** Responsabilizarse. **2.** Aceptar. **ANT. 1.** Rechazar.

asunción s. f. **1.** Acción de asumir. ‖ n. pr. f. **2.** Según la religión católica, elevación al cielo de la Virgen María. **SIN. 1.** Admisión, aceptación, recepción. **ANT. 1.** Rechazo.

asunto s. m. **1.** Aquello de lo que trata una conversación, un escrito, una película, etc. **2.** Actividad, ocupación, negocio. **SIN. 1.** Tema, argumento. **1.** y **2.** Cuestión.

asustadizo, za adj. Que se asusta con facilidad. **SIN.** Miedoso, medroso. **ANT.** Valiente.

asustar v. Causar susto o sentirlo. **SIN.** Atemorizar. **ANT.** Tranquilizar.

atacante adj. y s. Que ataca.

atacar v. **1.** Dirigirse o actuar contra alguien o algo. **2.** Destruir o causar daño. **SIN. 1.** Acometer, arremeter. **2.** Perjudicar, dañar. **ANT. 1.** Defender.

atado, da **1.** p. de atar. También adj. ‖ s. m. **2.** Hato, fajo. **ANT. 1.** Desatado.

atadura s. f. **1.** Cuerda u otra cosa con que se ata algo. **2.** Lo que une mucho a alguien con otra persona o cosa o hace que dependa de ella: las ataduras familiares. **SIN. 2.** Dependencia, ligadura.

atajar v. **1.** Tomar un atajo. **2.** Parar, detener: atajar el fuego. **SIN. 1.** Acortar. **2.** Cortar, contener. **ANT. 2.** Avivar.

atajo s. m. **1.** Camino por el que se llega antes. **2.** Conjunto de personas o cosas malas: un atajo de ladrones. **SIN. 2.** Hatajo.

atalaje s. m. **1.** Tiro de un carruaje. **2.** Arreos de los caballos. □ Se dice también atelaje.

atalaya s. f. Torre o lugar elevado desde el que se puede ver una gran extensión de tierra o mar.

atañer v. Corresponder, importar. □ Es v. irreg. y defect. Se conjuga como tañer, pero solo se usan las terceras personas.

ataque s. m. **1.** Acción de atacar. **2.** Manifestación brusca y repentina de una enfermedad, un sentimiento o un estado de ánimo: ataque al corazón, ataque de ira. **SIN. 1.** Acometida, embestida. **2.** Crisis. **ANT. 1.** Defensa.

atar v. **1.** Sujetar con cuerdas, nudos o algo parecido. **2.** Quitar libertad, independencia, tiempo libre. **SIN. 1.** Amarrar, anudar. **2.** Limitar, esclavizar. **ANT. 1.** Desatar. **2.** Liberar.

atarazana s. f. Astillero.

atardecer[1] v. Acabar la tarde al irse ocultando el sol. □ Es v. irreg. Se conjuga como agradecer. **SIN.** Oscurecer. **ANT.** Amanecer.

atardecer[2] s. m. Final de la tarde cuando empieza a ocultarse el sol. **SIN.** Ocaso, crepúsculo. **ANT.** Amanecer.

atareado, da adj. Muy ocupado. **SIN.** Ajetreado. **ANT.** Ocioso.

atascar v. **1.** Impedir el paso algo que se ha quedado dentro en una tubería o conducto. ‖ **atascarse 2.** Quedarse detenido, sin poderse mover o continuar: atascarse un cajón, atascarse al hablar. **SIN. 1.** Taponar, atrancar. **2.** Encajarse. **ANT. 1.** Desatascar.

atasco *s. m.* **1.** Hecho de atascarse un tubo o conducto. **2.** Acumulación de coches en una calle o en una carretera, que impide circular normalmente. **SIN. 1.** y **2.** Tapón. **2.** Embotellamiento, congestión.

ataúd *s. m.* Caja donde se coloca a los muertos para enterrarlos. **SIN.** Féretro.

ataviar *v.* Vestir, adornar.

atávico, ca *adj.* **1.** Del atavismo. **2.** Que tiene o imita costumbres anticuadas.

atavío *s. m.* Vestido o adorno.

atavismo *s. m.* **1.** Aparición en una persona de una característica que había tenido algún antepasado lejano pero que no había estado presente en otros posteriores. **2.** Tendencia a imitar costumbres anticuadas.

ateísmo *s. m.* Modo de pensar de los que no creen en Dios.

atelaje *s. m.* Atalaje.

atemorizar *v.* Causar temor o sentirlo. **SIN.** Asustar, amedrentar. **ANT.** Envalentonarse.

atemperar *v.* **1.** Calmar, suavizar un sentimiento o impulso. || **atemperarse 2.** Disminuir la intensidad de algo. **SIN. 1.** Moderar, mitigar. **1.** y **2.** Atenuar, aplacar. **ANT. 1.** Excitar. **1.** y **2.** Avivar.

atenazar *v.* Coger con fuerza. **SIN.** Agarrar, aferrar. **ANT.** Soltar.

atención *s. f.* **1.** Acción de atender. **2.** Demostración de educación o respeto. || **LOC. llamar la atención** Resultar extraño o llamativo; también, regañar a alguien. **SIN. 1.** Interés, cuidado, asistencia. **2.** Consideración, cumplido, detalle. **ANT. 2.** Distracción. **2.** Desconsideración.

atender *v.* **1.** Ocuparse de alguien o algo. **2.** Escuchar, estar pendiente. □ Es v. irreg. Se conjuga como *tender*. **SIN. 1.** Asistir, cuidar. **ANT. 1.** Desatender. **2.** Distraerse.

ateneo *s. m.* Asociación científica o literaria.

atenerse *v.* Ajustarse, someterse. □ Es v. irreg. Se conjuga como *tener*. **SIN.** Cumplir. **ANT.** Rebelarse.

ateniense *adj.* y *s.* De Atenas, capital de Grecia y antigua república.

atentado *s. m.* **1.** Acción violenta contra la vida de una persona. **2.** Daño grave que se hace a algo. **SIN. 1.** y **2.** Ataque, agresión.

atentamente *adv.* **1.** Con atención o interés. **2.** Con respeto y cortesía.

atentar *v.* Cometer un atentado. **SIN.** Atacar, agredir.

atento, ta *adj.* **1.** Que presta atención. **2.** Amable, educado. **SIN. 1.** Pendiente. **2.** Cortés, considerado. **ANT. 1.** Distraído. **2.** Descortés.

atenuante *adj.* y *s. amb.* Que hace que algo sea menos intenso o grave.

atenuar *v.* Disminuir la intensidad o gravedad de algo. **SIN.** Suavizar, moderar. **ANT.** Acentuar.

ateo, a *adj.* y *s.* Que no cree en Dios. **SIN.** Descreído. **ANT.** Creyente.

aterciopelado, da *adj.* Suave como el terciopelo.

aterido, da *adj.* Helado, con mucho frío. **SIN.** Gélido, congelado.

aterrador, ra *adj.* Que causa terror.

aterrar *v.* Aterrorizar.

aterrizaje *s. m.* Acción de aterrizar.

aterrizar *v.* Bajar hasta posarse en el suelo un avión u otra aeronave. **ANT.** Despegar.

aterrorizar *v.* Dar mucho miedo. **SIN.** Aterrar, espantar. **ANT.** Tranquilizar.

atesorar *v.* Reunir dinero o riquezas. **SIN.** Acumular, amontonar.

atestado *s. m.* Escrito oficial en que se cuenta cómo ha ocurrido un hecho. **SIN.** Testimonio, acta.

atestado, da 1. *p.* de atestar. || *adj.* **2.** Lleno, abarrotado. **ANT. 2.** Vacío.

atestar *v.* Llenar por completo un lugar. **SIN.** Abarrotar. **ANT.** Vaciar.

atestiguar *v.* **1.** Declarar como testigo. **2.** Demostrar, probar. **SIN. 1.** Testificar.

atezado, da *adj.* De piel oscura, moreno.

atiborrar *v.* **1.** Llenar demasiado. **2.** Hartar de comida. **SIN. 1.** Atestar. **2.** Atracar. **ANT. 1.** Vaciar.

ático *s. m.* Último piso de un edificio, generalmente con el muro de la fachada metido hacia dentro.

atigrado, da *adj.* Que tiene manchas como las de la piel del tigre.

atildado, da *adj.* Que va muy arreglado. **SIN.** Acicalado.

atinado, da 1. *p.* de atinar. También *adj.* || *adj.* **2.** Acertado, adecuado.

atinar *v.* Acertar. **ANT.** Errar.

atípico, ca *adj.* Que no es típico o corriente. **SIN.** Inusual.

atiplado, da *adj.* Se dice de la voz o el sonido agudo.

atisbar *v.* Ver u observar sin mucha claridad. **SIN.** Acechar, espiar.

atisbo *s. m.* Primera señal de algo. **SIN.** Signo, indicio.

atiza *interj.* Expresa sorpresa, asombro. **SIN.** Arrea.

atizador *s. m.* Instrumento utilizado para atizar el fuego.

atizar *v.* **1.** Remover el fuego o echarle combustible para que arda más. **2.** Pegar, sacudir. **ANT. 1.** Apagar.

atlante *s. m.* Estatua que representa un hombre, que sujeta un techo, una cornisa, etc.

atlántico, ca *adj.* Del océano Atlántico y de los territorios a orillas de él.

atlas *s. m.* **1.** Libro de mapas. **2.** Libro con gráficos, fotos y dibujos sobre un tema: *un atlas del cuerpo humano*.

atleta *s. m.* y *f.* Persona que practica el atletismo.

atlético, ca *adj.* **1.** De los atletas o del atletismo. **2.** Que tiene el aspecto de un atleta.

atletismo *s. m.* Conjunto de deportes que comprende diversas clases de carreras, saltos y lanzamientos.

atmósfera *s. f.* **1.** Capa gaseosa que rodea la Tierra. **2.** Ambiente: *En la pandilla hay una atmósfera de compañerismo*. **SIN. 2.** Clima.

atmosférico, ca *adj.* De la atmósfera o relacionado con ella.

atocinar *v.* Volver tonto, torpe.

atolladero *s. m.* Situación difícil. **SIN.** Aprieto, apuro.

atolón *s. m.* Isla o arrecife de coral en forma de anillo.

atolondrado, da **1.** *p.* de **atolondrar**. ‖ *adj.* **2.** Alocado, que actúa sin pensar. **SIN. 2.** Imprudente, irreflexivo. **ANT. 2.** Prudente.

atolondrar *v.* Aturdir, atontar.

atómico, ca *adj.* Del átomo o de la energía producida con él. **SIN.** Nuclear.

atomizador *s. m.* Pulverizador, *spray*.

átomo *s. m.* Partícula más pequeña de un elemento químico, que conserva todas sus propiedades.

atónito, ta *adj.* Asombrado, pasmado.

átono, na *adj.* Que se pronuncia sin acento. **ANT.** Tónico.

atontamiento *s. m.* Estado de la persona que se encuentra atontada.

atontar *v.* Dejar o quedarse tonto o como tonto. **SIN.** Aturdir. **ANT.** Espabilar.

atontolinado, da *adj.* Atontado.

atorar *v.* Atascar.

atormentar *v.* Hacer sufrir. **SIN.** Martirizar, mortificar. **ANT.** Reconfortar.

atornillar *v.* Poner un tornillo o sujetar con tornillos. **ANT.** Desatornillar.

atorón *s. m.* En México, atasco de tráfico.

atorrante, ta *adj.* y *s. m.* y *f. Amér.* Vago, holgazán; también, vagabundo.

atosigar *v.* Molestar a alguien metiéndole prisa o pidiéndole cosas constantemente. **SIN.** Acuciar; importunar.

atracadero *s. m.* Lugar donde atracan embarcaciones pequeñas.

atracador, ra *s. m.* y *f.* Persona que comete un atraco. **SIN.** Asaltante.

atracar *v.* **1.** Dejar o quedarse una embarcación en un puerto u otro lugar de la costa. **2.** Cometer un atraco.

atracarse *v.* Hartarse de comer. **SIN.** Atiborrarse.

atracción *s. f.* **1.** Acción de atraer. **2.** Espectáculo, aparato, etc., para divertirse: *parque de atracciones*. **SIN. 2.** Diversión.

atraco *s. m.* Acción de entrar en un lugar o atacar a alguien para robar. **SIN.** Asalto, robo.

atracón *s. m.* Acción de comer o hacer otra cosa en exceso. **SIN.** Panzada.

atractivo, va *adj.* **1.** Que atrae o gusta. ‖ *s. m.* **2.** Lo que atrae o gusta de una persona o cosa. **SIN. 1.** Atrayente, seductor. **2.** Encanto, gracia. **ANT. 1.** Repelente.

atraer *v.* **1.** Traer hacia sí: *El imán atrae al hierro*. **2.** Interesar, gustar. ◻ Es v. irreg. Se conjuga como *traer*. **ANT. 1.** y **2.** Repeler.

atragantarse *v.* **1.** Sentir ahogo al quedarse algo en la garganta. **2.** Resultar una cosa muy difícil.

atrancar *v.* **1.** Atascar. **2.** Cerrar la puerta con una tranca. **SIN. 1.** Obstruir. **ANT. 1.** y **2.** Desatrancar.

atrapar *v.* Agarrar, pillar. **SIN.** Apresar. **ANT.** Soltar.

atraque *s. m.* Acción de atracar una embarcación.

atrás *adv.* **1.** En la parte de detrás o hacia esa parte: *Atrás hay sitio. Vente atrás.* **2.** Expresa tiempo pasado: *Ocurrió años atrás.* **3.** En una posición retrasada. **SIN. 2.** Antes. **ANT. 1.** Delante, adelante. **2.** Después.

atrasado, da **1.** *p.* de **atrasar**. También *adj.* ‖ *adj.* **2.** Antiguo, pasado. **ANT. 1.** Adelantado. **2.** Nuevo.

atrasar *v.* **1.** Retrasar. **2.** Marchar un reloj más despacio de lo normal. **SIN. 1.** Aplazar, posponer, demorar. **ANT. 1.** y **2.** Adelantar.

atraso *s. m.* **1.** Retraso. ‖ *s. m. pl.* **2.** Dinero de un pago que debería haberse hecho antes. **SIN. 1.** Demora. **ANT. 1.** Antelación. **1.** y **2.** Adelanto. **2.** Anticipo.

atravesado, da **1.** *p.* de **atravesar**. También *adj.* ‖ *adj.* y *s.* **2.** Antipático y de malas intenciones. **SIN. 2.** Retorcido.

atravesar *v.* **1.** Pasar o meter de una parte a otra. **2.** Poner en medio. **3.** Pasar: *Atraviesa un mal momento.* ‖ **atravesarse 4.** Resultar muy difícil o molesto. ☐ Es v. irreg. Se conjuga como *pensar*. **SIN. 1.** Taladrar; cruzar. **2.** Bloquear. **4.** Atragantarse.

atrayente *adj.* Que atrae, atractivo. **SIN.** Sugestivo, tentador.

atreverse *v.* Tener valor para algo. **SIN.** Arriesgarse. **ANT.** Acobardarse.

atrevido, da 1. *p.* de atreverse. También *adj.* y *s.* ‖ *adj.* y *s.* **2.** Desvergonzado, descarado. **SIN. 1.** y **2.** Osado. **2.** Fresco, caradura. **ANT. 1.** y **2.** Vergonzoso. **2.** Comedido.

atrevimiento *s. m.* Osadía, descaro. **ANT.** Vergüenza.

atrezo (del ital.) *s. m.* Vestuario, muebles y otras cosas necesarias para representar una obra de teatro o televisión.

atribución *s. f.* **1.** Acción de atribuir. **2.** Lo que puede o debe hacer alguien por su cargo.

atribuir *v.* Señalar que algo corresponde a una persona o cosa. ☐ Es v. irreg. Se conjuga como *construir*. **SIN.** Achacar.

atribular *v.* Apenar, entristecer. **ANT.** Alegrar.

atributivo, va *adj.* **1.** Se dice del verbo copulativo y de las oraciones con este tipo de verbo. **2.** Se dice del adjetivo cuando va unido directamente al sustantivo.

atributo *s. m.* **1.** Cualidad. **2.** Palabra o palabras que califican al sujeto de una oración y van unidas a este con los verbos *ser, estar* o *parecer*.

atrición *s. f.* En la religión católica, arrepentimiento de haber pecado producido por miedo al castigo.

atril *s. m.* Tablero inclinado o utensilio para apoyar libros y papeles y leerlos con comodidad.

atrincherarse *v.* Ponerse en trincheras o en otro lugar semejante para protegerse del enemigo.

atrio *s. m.* **1.** Espacio cubierto y con columnas que sirve de entrada a algunas iglesias y palacios. **2.** Claustro de algunos edificios.

atrocidad *s. f.* **1.** Gran crueldad. **2.** Disparate, barbaridad. **SIN. 1.** Bestialidad.

atrofia *s. f.* Falta de desarrollo en una parte del cuerpo.

atrofiar *v.* Producir atrofia.

atronador, ra *adj.* Se dice del sonido muy fuerte, que hace daño al oído. **SIN.** Ensordecedor.

atronar *v.* **1.** Hacer un fuerte ruido, como los truenos. **2.** Ensordecer, molestar con un fuerte ruido. ☐ Es v. irreg. Se conjuga como *contar*.

atropellado, da 1. *p.* de atropellar. También *adj.* ‖ *adj.* **2.** Con prisa, de forma confusa y desordenada. **SIN. 2.** Atolondrado, precipitado. **ANT. 2.** Pausado.

atropellar *v.* **1.** Pasar un vehículo por encima de una persona o de un animal, o darles un golpe. **2.** Empujar para abrirse paso. **3.** Abusar, no respetar. ‖ **atropellarse 4.** Hablar o actuar con prisas y desordenadamente.

atropello *s. m.* **1.** Acción de atropellar o atropellarse. **2.** Abuso, acción injusta.

atroz *adj.* **1.** Muy cruel. **2.** Muy grande, tremendo. **3.** Muy malo. **SIN. 1.** Salvaje, brutal. **1.** y **3.** Horrible, espantoso. **2.** Desmesurado, enorme.

ATS (siglas de *Ayudante Técnico Sanitario*) *s. m.* y *f.* Persona titulada en Enfermería.

atuendo *s. m.* Ropa, vestimenta.

atufar *v.* Despedir humo o mal olor. **SIN.** Apestar, heder.

atún *s. m.* Pez marino de gran tamaño y color negro azulado. Es apreciado como alimento.

atunero, ra *adj.* **1.** Relacionado con la pesca del atún. ‖ *adj.* y *s. m.* **2.** Se dice del barco preparado para la pesca de atún.

aturdimiento *s. m.* Estado de la persona aturdida.

aturdir *v.* Dejar o quedarse atontado, desconcertado.

aturullar *v.* Confundir, liar.

atusar *v.* Arreglar a alguien ligeramente, colocándole el pelo o la ropa.

au pair (fr.) *expr.* Persona que trabaja en una casa en el extranjero cuidando niños o realizando tareas domésticas a cambio de alojamiento y comida.

audacia *s. f.* Característica de audaz. **SIN.** Valentía. **ANT.** Cobardía.

audaz *adj.* Atrevido, valiente. **ANT.** Cobarde.

audible *adj.* Que se puede oír.

audición *s. f.* **1.** Capacidad para oír. **2.** Concierto, recital o lectura en público.

audiencia *s. f.* **1.** Acto en el que el rey, un jefe de Estado u otra persona importante recibe y escucha a quienes acuden a él. **2.** Conjunto de personas que escuchan o ven un programa de radio o televisión. **3.** Tribunal de justicia de un territorio. **SIN. 1.** Recepción. **2.** Auditorio, público.

audífono *s. m.* Aparato que llevan los sordos para poder oír.

audio *s. m.* Mecanismo o técnica relacionado con la grabación y la reproducción del sonido.

audioguía *s. f.* Sistema de audio que permite realizar visitas guiadas proporcionando información sobre un determinado monumento, museo, etc.

audiovisual *adj.* Relacionado con el oído y la vista.

auditivo, va *adj.* Del oído o relacionado con el oído.

auditor, ra *adj. y s.* Que hace auditorías.

auditoría *s. f.* Revisión de la situación económica y administrativa de una empresa.

auditorio *s. m.* **1.** Conjunto de oyentes de un concierto, conferencia u otro acto público. **2.** Local para escuchar conciertos y conferencias. **SIN. 1.** Audiencia, público. **2.** Auditórium.

auditórium (del lat.) *s. m.* Auditorio, local.

auge *s. m.* Momento mejor, de más importancia o desarrollo de algo. **SIN.** Apogeo, plenitud. **ANT.** Ocaso.

augur *s. m.* En la antigua Roma, sacerdote que predecía el futuro.

augurar *v.* Anunciar el futuro, predecir. **SIN.** Presagiar, pronosticar.

augurio *s. m.* Señal de buena o mala suerte. **SIN.** Presagio, pronóstico.

augusto, ta *adj.* Muy importante o respetado. **SIN.** Honorable.

aula *s. f.* Sala donde se da clase.

aulaga *s. f.* Arbusto de tallos espinosos y flores de color amarillo, que crece sobre todo en el área mediterránea.

aullar *v.* Dar aullidos.

aullido *s. m.* Sonido agudo y prolongado que emiten animales como los lobos o los perros.

aumentar *v.* Hacer algo más grande, intenso o numeroso. **SIN.** Crecer, agrandar. **ANT.** Disminuir.

aumentativo, va *adj. y s. m.* Se dice de los sufijos que expresan mayor tamaño o intensidad, como -*ón* (*chuletón*) o -*azo* (*buenazo*). **ANT.** Diminutivo.

aumento *s. m.* Acción de aumentar. **SIN.** Ampliación, incremento. **ANT.** Disminución.

aun *adv.* Incluso, hasta: *Aun los días de lluvia sale a correr.*

aún *adv.* Todavía.

aunar *v.* Reunir personas o cosas para conseguir algo: *aunar esfuerzos*. **SIN.** Unir, unificar. **ANT.** Separar.

aunque *conj.* Indica una dificultad o un inconveniente, pero que no impide que se realice algo: *Iremos aunque haga mal tiempo.*

aúpa *interj.* Sirve para animar a alguien, por ejemplo, para que se levante. || **LOC. de aúpa** Muy grande, tremendo.

aupar *v.* Levantar a alguien o ayudarle a hacerlo. **SIN.** Alzar, encaramarse.

aura *s. f.* **1.** Luz que algunas personas ven alrededor de otras o de ciertos objetos. **2.** Fama especial que tienen algunas personas o cosas: *Esa casa abandonada está rodeada de un aura de misterio.* **SIN. 1. y 2.** Aureola, halo.

áureo, a *adj.* De oro o parecido a él.

aureola *s. f.* **1.** Corona circular que se pone alrededor de la cabeza de las imágenes de los santos. **2.** Fama o admiración que rodea a alguien. **SIN. 1.** Nimbo. **1. y 2.** Halo.

aurícula *s. f.* Cada una de las dos cavidades superiores del corazón, a las cuales llega la sangre de las venas.

auricular *s. m.* **1.** Parte del teléfono y de otros aparatos que se acerca al oído para escuchar. || *adj.* **2.** Del oído.

aurífero, ra *adj.* Que contiene oro.

auriga *s. m.* Persona que conducía un carro en los antiguos circos griegos y romanos.

aurora *s. f.* **1.** Luz débil antes de la salida del sol. **2.** Claridad parecida a esa luz que se produce en las regiones del Polo Norte (**aurora boreal**) y del Polo Sur (**aurora austral**). **SIN. 1.** Alba, amanecer.

auscultación *s. f.* Acción de auscultar.

auscultar *v.* En medicina, escuchar con un instrumento especial los sonidos del pecho o del vientre.

ausencia *s. f.* **1.** Hecho de no estar alguien en un lugar o acto. **2.** Falta: *El silencio es la ausencia de ruido.* **SIN. 1.** Desaparición. **2.** Carencia. **ANT. 1. y 2.** Presencia. **2.** Existencia.

ausentarse *v.* Irse, no estar. **SIN.** Marcharse. **ANT.** Quedarse.

ausente *adj.* **1.** Que no está en un lugar. **2.** Distraído. **ANT. 1.** Presente. **2.** Atento.

auspiciar *v.* Proteger, apoyar.

auspicio *s. m.* **1.** Protección, apoyo. || *s. m. pl.* **2.** Señales buenas o malas que anuncian algo. **SIN. 1.** Tutela, amparo. **2.** Presagio.

austeridad *s. f.* Característica de austero.

austero, ra *adj.* Que no tiene o no quiere lujos, comodidades o adornos: *una vida austera, una decoración austera.* **SIN.** Sobrio, moderado, sencillo. **ANT.** Lujoso.

austral *adj.* Del Polo Sur o del hemisferio sur. **SIN.** Antártico. **ANT.** Boreal, ártico.

australiano, na *adj. y s.* De Australia, país de Oceanía.

austriaco, ca o **austríaco, ca** *adj. y s.* De Austria, país de Europa.

autenticar *v.* Autentificar.

autenticidad *s. f.* Característica de auténtico. **ANT.** Falsedad.

auténtico, ca *adj.* Que es lo que parece o lo que indica su nombre: *diamantes auténticos.* **SIN.** Verdadero, legítimo. **ANT.** Falso.

autentificar *v.* Probar la autenticidad de algo. **SIN.** Autenticar.

autillo *s. m.* Ave rapaz nocturna, pequeña, de color pardo y con dos cuernecillos a modo de orejas.

autismo *s. m.* Trastorno mental que provoca el aislamiento de la persona respecto al ambiente que la rodea.

autista *adj. y s.* Que padece autismo.

auto¹ *s. m.* **1.** Resolución de un juez sobre cuestiones para las que no es necesaria una sentencia. **2.** Obra de teatro breve y normalmente de tema religioso: *auto sacramental.*

auto² *s. m. acort.* de **automóvil.**

autoabastecerse *v.* Abastecerse uno mismo. □ Es v. irreg. Se conjuga como *agradecer.*

autoadhesivo, va *adj. y s. m.* Que tiene una sustancia para que se pueda pegar fácilmente: *parche autoadhesivo.*

autobiografía *s. f.* Escrito en que el autor cuenta su propia vida.

autobiográfico, ca *adj.* Que constituye una autobiografía: *relato autobiográfico.*

autobombo *s. m.* Alabanza exagerada que hace alguien de sí mismo. **ANT.** Autocrítica.

autobús *s. m.* Vehículo de motor para transportar muchas personas.

autocar *s. m.* Autobús que circula por carretera o de una población a otra.

autocine *s. m.* Cine al aire libre y en el que se ve la película desde el propio coche.

autoclave *s. f.* Recipiente cerrado herméticamente para calentar líquidos a temperaturas superiores a su punto de ebullición.

autocontrol *s. m.* Control de sí mismo. **SIN.** Autodominio.

autocrítica *s. f.* Crítica que hace uno de sí mismo.

autóctono, na *adj.* Que es del mismo lugar en que está o se produce: *flora autóctona.* **SIN.** Aborigen, indígena. **ANT.** Extranjero.

autodeterminación *s. f.* Derecho que tienen los habitantes de un territorio para elegir su futuro régimen político.

autodidacta *adj. y s.* Que aprende por sí mismo, sin ayuda de maestro.

autodominio *s. m.* Autocontrol.

autoescuela *s. f.* Escuela en la que se enseña a conducir coches y otros vehículos.

autoestima *s. f.* Buena opinión o respeto que uno tiene hacia sí mismo.

autoestop *s. m.* Modo de viajar gratis en el vehículo de otra persona, a la que se pide que pare mediante una señal.

autoestopista *s. m. y f.* Persona que viaja haciendo autoestop.

autoevaluación *s. f.* Evaluación que hace uno mismo de su propio trabajo o conocimientos.

autogestión *s. f.* Forma de llevar una empresa en la que son los propios trabajadores los que la dirigen.

autogiro *s. m.* Aeronave sin alas con una hélice delante y otra en la parte de arriba.

autogobierno *s. m.* Acción de gobernarse a sí mismo un país, una empresa, etc.

autogol *s. m.* Gol que un jugador marca en su propia portería.

autógrafo, fa *adj. y s. m.* **1.** Escrito a mano por el mismo autor. || *s. m.* **2.** Firma de una persona, sobre todo si es famosa.

autómata *s. m.* **1.** Máquina de forma humana. **2.** Sistema informático dotado de algunas características de los seres vivos. **SIN. 1. y 2.** Robot.

automático, ca *adj.* **1.** Que funciona por sí solo. **2.** Que se hace mecánicamente, sin pensar: *un gesto automático.* || *s. m.* **3.** Cierre formado por dos piezas que encajan a presión. **4.** Interruptor que corta la corriente en algunos casos, como medida de seguridad. **SIN. 2.** Mecánico. **ANT. 2.** Consciente.

automatismo *s. m.* **1.** Mecanismo que funciona de forma automática. **2.** Realización de algunos actos o movimientos de forma involuntaria.

automatizar *v.* Emplear medios automáticos en una actividad.

automedicarse *v.* Tomar alguien medicinas por decisión propia, sin consultarlo con el médico.

automoción *s. f.* Conocimientos y actividades relacionados con la construcción y conducción de automóviles.

automóvil *s. m.* Vehículo sobre ruedas, con motor, que no circula sobre carriles, sobre todo el de cuatro ruedas para pocos ocupantes. **SIN.** Coche.

automovilismo *s. m.* **1.** Deporte consistente en carreras de automóviles. **2.** Automoción.

automovilista *s. m. y f.* Persona que conduce un automóvil.

automovilístico, ca *adj.* De los automóviles o del automovilismo.

autonomía *s. f.* Libertad o independencia de una persona, de un territorio, etc.

autonómico, ca *adj.* De la autonomía o de las comunidades autónomas.

autonomismo *s. m.* **1.** Autonomía. **2.** Sistema político en el que las comunidades autónomas tienen capacidad de gobierno en muchos asuntos.

autónomo, ma *adj.* **1.** Que tiene autonomía. **2.** Que trabaja por su cuenta y no en una empresa. ‖ **3. comunidad autónoma** Cada una de las comunidades españolas con gobierno propio. **SIN. 1.** Independiente.

autopase *s. m.* En algunos deportes, pase que se hace a sí mismo un jugador para regatear a un contrario.

autopista *s. f.* Carretera rápida con varios carriles separados para cada sentido, sin cruces y con entradas y salidas establecidas.

autopropulsado, da *adj.* Se dice de la máquina que se desplaza por sí misma, movida por un motor: *un vehículo autopropulsado.*

autopsia *s. f.* Examen médico de un cadáver para conocer la causa de su muerte.

autor, ra *s. m.* y *f.* Persona que hace una cosa: *el autor de una novela, de un crimen.*

autoría *s. f.* Identidad del autor de algo, hecho de ser autor.

autoridad *s. f.* **1.** Poder para mandar, influencia. **2.** Persona con poder debido al cargo público que ocupa. **3.** Persona con grandes conocimientos en una materia.

autoritario, ria *adj.* y *s.* Que impone su autoridad sin permitir que nadie le discuta. **SIN.** Déspota. **ANT.** Tolerante.

autoritarismo *s. m.* Actitud o conducta autoritaria.

autorización *s. f.* Acción de autorizar.

autorizado, da 1. *p.* de **autorizar**. También *adj.* ‖ *adj.* **2.** Con autoridad en una materia. **SIN. 2.** Acreditado. **ANT. 1.** Desautorizado.

autorizar *v.* Dar permiso o poder para algo. **SIN.** Permitir, facultar. **ANT.** Prohibir.

autorradio *s. amb.* Aparato de radio instalado en un automóvil.

autorretrato *s. m.* Retrato de una persona hecho por ella misma.

autoservicio *s. m.* Tienda o restaurante donde el cliente se sirve él mismo.

autosuficiencia *s. f.* Hecho de ser autosuficiente.

autosuficiente *adj.* **1.** Que se basta a sí mismo. **2.** Presumido, engreído.

autosugestión *s. f.* Acción de autosugestionarse. **SIN.** Sugestión, obsesión.

autosugestionarse *v.* Convencerse uno a sí mismo de que es verdad una cosa que se imagina. **SIN.** Sugestionarse, obsesionarse.

autótrofo, fa *adj.* Se dice de los seres vivos que fabrican sus propios alimentos a partir de sustancias inorgánicas, como las plantas. **ANT.** Heterótrofo.

autovía *s. f.* Carretera parecida a la autopista.

auxiliar[1] *v.* Dar o prestar auxilio. **SIN.** Ayudar, asistir, socorrer, amparar. **ANT.** Abandonar.

auxiliar[2] *adj.* y *s. m.* **1.** Que auxilia, ayuda o colabora con un fin: *mesa auxiliar.* **2.** Se dice de los verbos que se construyen con otros para formar tiempos compuestos (*haber*), la voz pasiva (*ser*) o perífrasis (*estar, ir, echar,* etc.) ‖ *s. m.* y *f.* **3.** Persona que ayuda a otra o colabora con ella: *auxiliar de clínica, auxiliar administrativo.* **SIN. 3.** Ayudante.

auxilio *s. m.* **1.** Ayuda. ‖ **2. primeros auxilios** Primeros cuidados que se prestan a un enfermo o herido. **SIN. 1.** Amparo, socorro. **ANT. 1.** Abandono.

aval *s. m.* Compromiso de pagar un préstamo que ha pedido otra persona, si esta no lo paga.

avalancha *s. f.* **1.** Masa de nieve que resbala de un monte y cae de golpe. **2.** Gran cantidad de personas o cosas que llegan de repente. **SIN. 1.** y **2.** Alud.

avalar *v.* **1.** Servir de aval. **2.** Demostrar las buenas cualidades de alguien: *Varios premios avalan a ese escritor.* **SIN. 1.** Garantizar. **2.** Acreditar. **ANT. 2.** Desacreditar.

avalista *s. m.* y *f.* Persona que avala.

avance *s. m.* **1.** Acción de avanzar. **2.** Muestra de algo que se desarrollará más tarde: *un avance informativo.* **SIN. 1.** Adelanto. **ANT. 1.** Retroceso.

avante *adv.* Adelante.

avanzada o **avanzadilla** *s. f.* Grupo de soldados que se separan de los demás para espiar al enemigo o explorar el terreno.

avanzado, da 1. *p.* de **avanzar**. También *adj.* ‖ *adj.* **2.** Se dice de la edad de una persona anciana. **3.** Progresista. **SIN. 3.** Liberal. **ANT. 3.** Retrógrado.

avanzar *v.* **1.** Ir o mover hacia adelante. **2.** Transcurrir el tiempo. **3.** Progresar, mejorar. **SIN. 1.** y **3.** Adelantar. **3.** Prosperar. **ANT. 1.** Retroceder. **3.** Empeorar.

avaricia *s. f.* Ansia de acumular riquezas. ‖ **LOC. con avaricia** Muy: *Es feo con avaricia.* **SIN.** Codicia.

avaricioso, sa o **avariento, ta** *adj. y s.* Que tiene avaricia. **SIN.** Avaro, codicioso.

avaro, ra *adj. y s.* **1.** Avaricioso. **2.** Tacaño. **SIN. 1.** Codicioso. **2.** Agarrado. **ANT. 1.** y **2.** Generoso.

avasallador, ra *adj.* Que avasalla.

avasallar *v.* Actuar sin tener en cuenta los derechos de los demás. **SIN.** Atropellar.

avatares *s. m. pl.* Cambios y cosas diferentes que van ocurriendo. **SIN.** Vueltas, sucesos.

ave *s. f.* Animal vertebrado con el cuerpo cubierto de plumas, que tiene alas y pico y se reproduce por medio de huevos.

AVE (acrónimo de *Alta Velocidad Española*, marca registrada) *s. m.* Tren de alta velocidad.

avecinarse *v.* Aproximarse, estar cerca. **SIN.** Acercarse.

avefría *s. f.* Ave zancuda de dorso negro verdoso, vientre blanco y cresta.

avejentado, da *p.* de avejentar. También *adj.* **SIN.** Aviejado. **ANT.** Rejuvenecido.

avejentar *v.* Hacer que una persona parezca más vieja de lo que es. **SIN.** Aviejar. **ANT.** Rejuvenecer.

avellana *s. f.* Fruto del avellano, de cáscara marrón casi redonda y con una semilla comestible en su interior.

avellano *s. m.* Arbusto de madera dura y flexible cuyo fruto es la avellana.

avemaría *s. f.* Oración a la Virgen María que en latín comenzaba con las palabras *Ave María*.

avena *s. f.* Planta parecida al trigo y la cebada; sus granos se emplean sobre todo para alimentar a las caballerías.

avenencia *s. f.* Acción de avenir o avenirse. **SIN.** Acuerdo, conformidad. **ANT.** Enfrentamiento, desavenencia.

avenida *s. f.* **1.** Calle ancha de una ciudad. **2.** Inundación, riada. **SIN. 1.** Alameda, paseo.

avenido, da 1. *p.* de avenir. También *adj.* || *adj.* **2.** Que se lleva bien o mal con otro: *unos hermanos bien avenidos*.

avenir *v.* **1.** Poner de acuerdo a los que están enfrentados. || **avenirse 2.** Aceptar, mostrarse conforme. □ Es v. irreg. Se conjuga como *venir*.

aventajado, da 1. *p.* de aventajar. || *adj.* **2.** Que destaca o aventaja a los demás: *un alumno aventajado*. **SIN. 1.** Adelantado. **ANT. 1.** Atrasado.

aventajar *v.* Sacar ventaja a otros en algo. **SIN.** Sobrepasar, superar. **ANT.** Atrasarse.

aventar *v.* Echar al viento los granos de cereal para separarlos de la paja. □ Es v. irreg. Se conjuga como *pensar*.

aventura *s. f.* **1.** Suceso extraordinario y emocionante. **2.** Relación amorosa corta y poco importante. **SIN. 1.** Peripecia. **2.** Amorío, romance.

aventurado, da 1. *p.* de aventurar. || *adj.* **2.** Arriesgado, peligroso.

aventurar *v.* **1.** Decir algo de lo que se tiene duda: *aventurar una respuesta*. || **aventurarse 2.** Arriesgarse, atreverse.

aventurero, ra *adj.* **1.** Relacionado con la aventura o que tiene aventuras. || *adj. y s.* **2.** Se dice de la persona a la que le gustan las aventuras. **SIN. 1.** Arriesgado, atrevido.

avergonzar *v.* Producir vergüenza o sentirla. □ Es v. irreg. Se conjuga como *contar*. **SIN.** Abochornar.

avería *s. f.* Daño o rotura en una máquina que impide que siga funcionando con normalidad.

averiado, da 1. *p.* de averiar. || *adj.* **2.** Que tiene una avería.

averiar *v.* Producir una avería o tenerla. **SIN.** Romper, estropear. **ANT.** Arreglar.

averiguación *s. f.* Lo que se hace para averiguar algo. **SIN.** Investigación, pesquisa.

averiguar *v.* Descubrir, llegar a saber.

aversión *s. f.* Odio, antipatía o asco. **ANT.** Simpatía, afición.

avestruz *s. m.* Ave no voladora con el cuello muy largo y patas largas y fuertes que le permiten correr muy deprisa. Es la más grande de las aves.

avetoro *s. m.* Ave grande y de plumaje pardo amarillento; su canto recuerda el mugido de un toro. Vive en zonas pantanosas.

avezado, da 1. *p.* de avezar. || *adj.* **2.** Con experiencia, acostumbrado al esfuerzo y las dificultades. **SIN. 1.** Experimentado. **ANT. 1.** Inexperto.

avezar *v.* Acostumbrar, adquirir experiencia.

aviación *s. f.* **1.** Utilización de aviones para transportar personas y mercancías o para otros usos. **2.** Conjunto de aviones o ejército que los usa: *la aviación enemiga*.

aviado, da 1. *p.* de aviar. También *adj.* || *adj.* **2.** Equivocado. **3.** En situación difícil. **SIN. 2.** y **3.** Apañado.

aviador, ra *s. m. y f.* Piloto de aviones.

aviar *v.* Preparar, arreglar.

avícola *adj.* De la avicultura.

avicultor, ra *s. m. y f.* Persona que se dedica a la avicultura.

avicultura *s. f.* Cría de aves para aprovechar sus productos.

avidez *s. f.* Ansia, deseo muy grande.

ávido, da *adj.* Que desea algo muy intensamente. **SIN.** Deseoso, ansioso. **ANT.** Harto.

aviejar *v.* Hacer vieja a una persona o que parezca más vieja. **SIN.** Avejentar. **ANT.** Rejuvenecer.

avieso, sa *adj.* Malvado, perverso. **SIN.** Retorcido. **ANT.** Bondadoso.

avilés, sa *adj.* y *s.* Abulense.

avinagrado, da *p. de* avinagrarse. También *adj.: vino avinagrado, carácter avinagrado.*

avinagrarse *v.* **1.** Ponerse agrio como el vinagre. **2.** Volverse malhumorado y de mal carácter.

avío *s. m.* Utilidad o provecho.

avión[1] *s. m.* Vehículo con alas para volar. **SIN.** Aeroplano, aeronave.

avión[2] *s. m.* Pájaro parecido al vencejo y la golondrina.

avioneta *s. f.* Avión pequeño, con un motor de poca potencia.

avisar *v.* **1.** Comunicar, hacer saber. **2.** Advertir o dar consejos. **3.** Llamar a alguien para que venga. **SIN.** **1.** Informar, anunciar. **2.** Prevenir.

aviso *s. m.* **1.** Acción de avisar. **2.** Escrito para hacer saber algo. ‖ **LOC. sobre aviso** Avisado o prevenido de algo. **SIN.** **1.** Comunicación, advertencia.

avispa *s. f.* Insecto de cuerpo amarillo y bandas negras, que tiene un aguijón con el que causa una picadura muy dolorosa.

avispado, da *adj.* Listo, despabilado. **SIN.** Despierto. **ANT.** Torpe.

avispero *s. m.* Nido de avispas.

avistar *v.* Lograr ver algo a lo lejos. **SIN.** Divisar, atisbar.

avituallamiento *s. m.* Acción de avituallar. **SIN.** Abastecimiento, aprovisionamiento, suministro.

avituallar *v.* Dar vituallas, provisiones. **SIN.** Abastecer, aprovisionar.

avivar *v.* Hacer más vivo o intenso. **SIN.** Estimular. **ANT.** Apagar.

avizor Se usa en la expresión **ojo avizor**, 'atento', 'muy pendiente'.

avoceta *s. f.* Ave zancuda de plumaje blanco con manchas negras y pico largo y curvado hacia arriba. Vive en zonas encharcadas.

avutarda *s. f.* Ave zancuda de dorso rojizo con líneas negras, pecho castaño y el vientre y la cabeza blancos. Vive en llanuras abiertas.

axila *s. f.* Cavidad que forma el brazo al unirse con el hombro. **SIN.** Sobaco.

axioma *s. m.* Afirmación o principio que se admite como una verdad.

ay *interj.* Expresa dolor o sorpresa.

ayatolá o **ayatola** *s. m.* Religioso de gran autoridad entre los musulmanes chiitas.

ayer *adv.* **1.** En el día inmediatamente anterior al de hoy. ‖ *s. m.* **2.** Tiempo pasado.

ayo, aya *s. m.* y *f.* Persona encargada del cuidado y educación de los niños de una casa. **SIN.** Preceptor; institutriz.

ayuda *s. f.* **1.** Acción de ayudar. **2.** Dinero u otra cosa que se da a alguien para ayudarle. ‖ **3. ayuda de cámara** Criado que se encarga del cuidado de la ropa de su señor. **SIN.** **1.** Auxilio, apoyo. **ANT.** **1.** Estorbo, desamparo.

ayudante *adj.* y *s.* Se dice de la persona que ayuda a otra de quien depende. **SIN.** Auxiliar.

ayudar *v.* **1.** Hacer algo en favor de una persona o colaborar con ella. ‖ **ayudarse 2.** Servirse, valerse de algo. **SIN.** **1.** Auxiliar; cooperar. **ANT.** **1.** Perjudicar; estorbar.

ayunar *v.* Comer y beber muy poco o nada durante un tiempo.

ayunas Se usa en la expresión **en ayunas**, 'sin haber tomado ningún alimento'.

ayuno *s. m.* Hecho de ayunar.

ayuntamiento *s. m.* **1.** Grupo de personas que gobierna una población, formado por el alcalde y los concejales. **2.** Edificio donde se reúnen y trabajan. **SIN.** **1.** Concejo.

azabache *s. m.* Mineral de color negro y brillante, que se usa en joyería.

azada *s. f.* Instrumento de agricultura con que se cava y remueve la tierra.

azadón *s. m.* Instrumento parecido a la azada, pero con la pala más larga.

azafate *s. m. Amér.* Bandeja para servir.

azafato, ta *s. m.* y *f.* **1.** Persona que atiende a los viajeros en aviones y aeropuertos. **2.** Persona que atiende al público en conferencias, exposiciones o reuniones: *azafata de congresos.*

azafrán *s. m.* **1.** Planta de flores de color violeta cuyos estigmas se usan para dar color amarillo y sabor a los guisos. **2.** Color amarillo anaranjado.

azafranado, da *adj.* De color azafrán.

azahar *s. m.* Flor blanca del naranjo, el limonero y otros árboles frutales, utilizada en medicina, en perfumería y para dar aroma a algunos dulces.

azalea *s. f.* Arbusto de hojas en forma de punta de lanza y flores agrupadas de color blanco, rojo o rosa.

azar *s. m.* Casualidad, suerte.

azarar *v.* Azorar.

azaroso, sa *adj.* Peligroso, inseguro, incierto: *un viaje azaroso, un futuro azaroso.*

azerbaiyano, na o **azerí** *adj.* y *s.* De Azerbaiyán, país de Asia.

ázimo *adj.* Se dice del pan sin levadura. □ Se escribe también *ácimo.*

azogue *s. m.* Mercurio.

azor *s. m.* Ave rapaz, de plumaje oscuro, con el vientre claro cruzado por líneas pardas.

azorar *v.* Avergonzar a alguien dejándolo sin saber qué hacer o decir.

azotaina *s. f. fam.* Azotes en el culo.

azotar *v.* **1.** Dar azotes. **2.** Causar grandes daños: *Un huracán azotó la región.* **SIN. 1.** Pegar. **2.** Asolar, arrasar.

azote *s. m.* **1.** Golpe dado en el culo con la mano abierta. **2.** Golpe dado con una vara, látigo u otro instrumento. **3.** Acción de azotar, causar grandes daños: *el azote de la guerra.* **SIN. 2.** Latigazo. **3.** Desgracia, calamidad. **ANT. 3.** Bendición.

azotea *s. f.* **1.** Cubierta llana de un edificio. **2.** *fam.* Cabeza: *estar mal de la azotea.* **SIN. 1.** Terraza, solana.

azteca *adj.* y *s.* De un pueblo indio que dominaba México a la llegada de los españoles.

azúcar *s. amb.* **1.** Sustancia blanca y muy dulce, en forma de granitos muy pequeños. **2.** Nombre de distintas sustancias que proporcionan energía a los seres vivos.

azucarado, da 1. *p.* de **azucarar**. También *adj.* ‖ *adj.* **2.** Dulce.

azucarar *v.* Endulzar o cubrir algo con azúcar.

azucarera *s. f.* Fábrica de azúcar.

azucarero, ra *adj.* **1.** Del azúcar o que lo tiene. ‖ *s. m.* **2.** Recipiente en que se sirve el azúcar.

azucarillo *s. m.* **1.** Terrón de azúcar. **2.** Dulce hecho con almíbar, clara de huevo batida y limón.

azucena *s. f.* Planta de hojas largas, tallo alto y grandes flores, muy olorosas, blancas, anaranjadas o rojas.

azuela *s. f.* Hacha pequeña de hoja curvada que usan los carpinteros para trabajar la madera.

azufre *s. m.* Elemento químico de color amarillo que se utiliza, por ejemplo, para fabricar insecticidas o pólvora.

azul *adj.* y *s. m.* Del color del cielo sin nubes.

azulado, da *adj.* Azul o parecido al azul.

azulejo *s. m.* Baldosín brillante con el que se revisten las paredes.

azulón, na *adj.* y *s. m.* De color azul intenso.

azuzar *v.* **1.** Incitar a un animal para que ataque. **2.** Incitar a una persona para que haga algo, especialmente para que se enfrente a alguien. **SIN. 1.** y **2.** Pinchar. **ANT. 1.** Apaciguar.

b *s. f.* Segunda letra del abecedario.

baba *s. f.* Saliva que cae de la boca. ‖ **LOC. caérsele** a uno **la baba** Demostrar un gran cariño o agrado.

babear *v.* Echar baba.

babero *s. m.* Pieza de tela que se pone al cuello a los niños para que no se manchen de baba o mientras comen.

babi *s. m.* Bata que usan los niños para no mancharse.

Babia Se usa en la expresión **estar en Babia**, 'estar muy distraído o despistado'.

babilla *s. f.* En las reses destinadas al consumo, parte que corresponde al muslo.

babilónico, ca *adj.* Relacionado con Babilonia, antigua ciudad e imperio de Asia.

babilonio, nia *adj. y s.* De Babilonia, antigua ciudad e imperio de Asia.

bable *s. m.* Dialecto hablado en Asturias.

babor *s. m.* Lado izquierdo de una embarcación mirando de popa a proa, es decir, de atrás adelante.

babosa *s. f.* Molusco parecido al caracol, pero sin concha, que vive en lugares húmedos.

babosear *v.* Llenar algo de babas.

baboso, sa *adj. y s.* Que echa muchas babas.

babucha *s. f.* Zapatilla sin talón, típica de los moros. **SIN.** Chancleta.

babuino *s. m.* Papión.

baca *s. f.* Soporte que se coloca sobre el techo de los vehículos para transportar cosas. **SIN.** Portaequipaje.

bacaladera *s. f.* **1.** Máquina con una cuchilla grande para cortar el bacalao en salazón. **2.** En comercios y restaurantes, máquina que registra los datos de una tarjeta de crédito.

bacaladero, ra *adj.* **1.** Relacionado con el bacalao. ‖ *s. m.* **2.** Embarcación que se emplea para la pesca del bacalao.

bacaladilla o **bacaladito** *s. f.* o *m.* Pez marino gris azulado y con la aleta caudal en forma de horquilla. Se utiliza como alimento.

bacalao *s. m.* Pez marino de cuerpo alargado que vive en los mares del norte. Su carne se consume fresca o conservada en sal.

bacanal *s. f.* Orgía, fiesta en la que se cometen excesos con la bebida, con el sexo, etc.

bacará o **bacarrá** *s. m.* Juego de cartas, muy frecuente en los casinos.

bache *s. m.* **1.** Hoyo en una carretera o camino. **2.** Dificultad pasajera o mal momento.

bachiller *s. m.* **1.** Bachillerato. ‖ *s. m. y f.* **2.** Persona que ha hecho el bachillerato.

bachillerato *s. m.* Estudios intermedios entre las enseñanzas básicas y las superiores.

bacía *s. f.* Vasija que los barberos colocaban bajo la barbilla para remojar la barba durante el afeitado.

bacilo *s. m.* Bacteria en forma de bastoncillo.

bacín *s. m.* Orinal.

bacinilla *s. f.* Bacín bajo, pequeño y cilíndrico. **SIN.** Orinal.

backup (ingl.) *s. m.* En informática, copia de seguridad de los datos grabados en el disco duro de un ordenador.

bacon o **bacón** (*bacon* es ingl.) *s. m.* Tocino con trozos de carne y ahumado.

bacteria *s. f.* Organismo microscópico formado por una sola célula sin núcleo.

bacteriología *s. f.* Ciencia que estudia las bacterias.

bacteriológico, ca *adj.* De las bacterias.

báculo *s. m.* Bastón, por ejemplo, el que llevan los obispos.

badajo *s. m.* Pieza que cuelga dentro de las campanas y las hace sonar.

badajocense o **badajoceño, ña** *adj. y s.* De Badajoz, ciudad y provincia españolas. **SIN.** Pacense.

badana *s. f.* Piel curtida de carnero u oveja. ‖ **LOC. zurrar la badana** Dar una paliza.

badén *s. m.* **1.** Hoyo o zanja que hace el agua en el terreno. **2.** Cauce en una carretera para dar paso a un curso de agua. **3.** Parte rebajada en la acera para que puedan pasar los coches.

badila *s. f.* Paleta metálica que sirve para remover el fuego en las chimeneas y recoger las cenizas.

bádminton (del ingl.) *s. m.* Deporte parecido al tenis que se juega con raquetas pequeñas de mango largo y una pelota semiesférica provista de plumas.

bafle *s. m.* Altavoz de un equipo de sonido.

bagaje *s. m.* Equipaje, equipo.

bagatela *s. f.* Cosa de poco valor o importancia. **SIN.** Chuchería.

bah *interj.* Se dice cuando se piensa que algo no es verdad o que es poco importante.

bahía *s. f.* Zona de mar que se mete en la costa. **SIN.** Ensenada.

bailador, ra *s. m.* y *f.* Persona que baila danzas regionales.

bailaor, ra *s. m.* y *f.* Bailador de flamenco.

bailar *v.* **1.** Mover el cuerpo al ritmo de una música. **2.** Moverse una cosa por estar floja. **3.** Girar o hacer girar la peonza, el yoyó, etc. **SIN.** **1.** Danzar. **2.** Oscilar.

bailarín, na *adj.* y *s.* **1.** Que baila. ‖ *s. m.* y *f.* **2.** Persona que se dedica al baile por profesión.

baile *s. m.* **1.** Acción de bailar. **2.** Forma de bailar: *los bailes regionales.* **3.** Fiesta en que se baila. **SIN.** **1.** y **2.** Danza.

bailotear *v. fam.* Bailar mucho.

baipás *s. m.* Operación médica que consiste en unir dos partes de una arteria dañada mediante un tubo artificial o un trozo de vena de otra parte del organismo.

baja *s. f.* **1.** Descenso, bajada. **2.** Acción de dejar una persona un grupo o una actividad: *Se dio de baja en el club.* **3.** Hecho de declarar el médico que alguien no puede ir al trabajo durante un tiempo por estar enfermo. **4.** Soldado muerto en combate. **SIN.** **1.** Disminución. **2.** Cese. **ANT.** **1.** Subida, aumento. **2.** y **3.** Alta.

bajada *s. f.* **1.** Descenso, disminución. **2.** Lugar por donde se baja. **3.** Cañería por donde baja el agua. **SIN.** **1.** Caída. **3.** Canalón. **ANT.** **1.** Subida.

bajamar *s. f.* Momento en que la marea está más baja. **ANT.** Pleamar.

bajante *s. amb.* Cañería que conduce a la alcantarilla las aguas sucias de las viviendas.

bajar *v.* **1.** Ir abajo. **2.** Salir de un vehículo o dejar de estar montado en él: *bajar del coche, de la bicicleta.* **3.** Poner algo en un lugar más bajo. **4.** Disminuir, rebajar. **5.** Grabar en el disco duro del ordenador un archivo que está en Internet. **SIN.** **1.** y **2.** Descender. **ANT.** **1.** a **4.** Subir. **5.** Colgar.

bajel *s. m.* En lenguaje literario, barco.

bajero, ra *adj.* Que se usa o se pone debajo: *sábana bajera.* **ANT.** Encimero.

bajeza *s. f.* Acción mala y despreciable.

bajinis o **bajini** Se usa en las expresiones **por lo bajinis** o **por lo bajini**, 'en voz muy baja, sin que nadie lo oiga'.

bajío *s. m.* Sitio con poco fondo en el mar.

bajo, ja *adj.* **1.** De poca altura o que está a poca altura. También *adv.*: *La avioneta volaba bajo.* **2.** Inclinado hacia abajo: *Salió con la cabeza baja.* **3.** Poco intenso, importante o abundante: *bajas temperaturas. Sacó unas notas muy bajas.* **4.** Se dice del sonido poco fuerte. También *adv.*: *Habla más bajo.* **5.** Se dice de las notas musicales graves. ‖ *s. m.* **6.** Parte de abajo: *los bajos del coche.* **7.** Cantante que tiene la voz más grave. **8.** Contrabajo. ‖ *prep.* **9.** Debajo de. **SIN.** **1.** Pequeño. **2.** Agachado. **ANT.** **1.** a **5.** Alto. **5.** Agudo.

bajón *s. m.* Disminución grande y brusca de algo.

bajorrelieve *s. m.* Escultura en relieve que sobresale poco del fondo.

bajura Se usa en la expresión **pesca de bajura**. Ver **pesca**.

bakalao *s. m.* Música electrónica de ritmo repetitivo hecha por ordenador. También, baile con esa música.

bala *s. f.* **1.** Proyectil de las armas de fuego. **2.** Paquete apretado y atado: *una bala de paja.*

balacear *v. Amér.* Disparar balas contra alguien.

balada *s. f.* **1.** Canción romántica de ritmo suave. **2.** Poema en que generalmente se cuentan leyendas y tradiciones.

baladí *adj.* De poca importancia o interés. **SIN.** Trivial, insignificante. **ANT.** Fundamental.

baladronada *s. f.* Fanfarronada. **SIN.** Bravata, chulería.

balalaica *s. f.* Instrumento popular ruso de caja triangular, mástil largo y con tres cuerdas.

balance *s. m.* **1.** Cuenta que compara el capital y las deudas de una persona o negocio. **2.** Valoración general.

balancear *v.* Mover de un lado a otro continuamente. **SIN.** Mecer, oscilar.

balanceo *s. m.* Movimiento de balancear o balancearse. **SIN.** Oscilación.

balancín *s. m.* **1.** Columpio formado por una barra apoyada en el medio, con asientos en los extremos. **2.** Asiento colgado y con toldo en terrazas o jardines.

balandra *s. f.* Barco de vela pequeño con cubierta y un solo palo.

balandro *s. f.* Balandra pequeña.

bálano o **balano** *s. m.* Extremo o cabeza del pene. SIN. Glande.

balanza *s. f.* Instrumento para pesar que consiste en una barra sujeta por el centro y unos platillos colgados de sus extremos. SIN. Báscula, romana.

balar *v.* Dar balidos.

balaustrada *s. f.* Barandilla con pequeñas columnas. SIN. Baranda.

balaustre o **balaústre** *s. m.* Cada una de las pequeñas columnas que forman las barandillas de balcones, azoteas o escaleras.

balazo *s. m.* Herida de bala.

balboa *s. m.* Moneda de Panamá.

balbucear o **balbucir** *v.* Hablar pronunciando mal o con dificultad. SIN. Farfullar, chapurrear.

balbuceo *s. m.* Acción de balbucear.

balcánico, ca *adj.* y *s.* De los montes Balcanes o la península de los Balcanes, en el sudeste de Europa.

balcón *s. m.* Hueco en el muro de un edificio, parecido al de una puerta, con barandilla.

balconada *s. f.* Conjunto de balcones.

balda *s. f.* Estante de un armario o repisa. SIN. Anaquel.

baldado, da **1.** *p.* de baldar. También *adj.* || *adj.* **2.** Muy cansado. SIN. 2. Roto, molido.

baldaquín o **baldaquino** *s. m.* Techo de adorno colocado sobre un trono, altar, etc.

baldar *v.* Dejar a alguien dolorido, sin poder moverse.

balde[1] *s. m.* Barreño o cubo.

balde[2] Se usa en las expresiones **de balde**, 'gratis', y **en balde**, 'en vano', 'inútilmente'.

baldío, a *adj.* y *s. m.* **1.** Se dice del terreno abandonado, sin cultivar. || *adj.* **2.** Inútil: *un esfuerzo baldío.* SIN. 1. Yermo. 2. Vano. ANT. 1. y 2. Fértil. 2. Útil.

baldón *s. m.* Deshonra, vergüenza.

baldosa *s. f.* Ladrillo delgado para recubrir suelos. SIN. Losa, loseta.

baldosín *s. m.* Baldosa pequeña para recubrir paredes. SIN. Azulejo.

balear *adj.* y *s.* **1.** De las islas Baleares, comunidad autónoma de España. || *s. m.* **2.** Mallorquín, variedad del catalán.

balido *s. m.* Sonido que emiten animales como la oveja, la cabra y el ciervo.

balín *s. m.* **1.** Bala pequeña de un arma de fuego. **2.** Proyectil de las armas de aire comprimido.

balística *s. f.* Ciencia que estudia las trayectorias de los proyectiles.

baliza *s. f.* **1.** Objeto flotante o fijo que señala algo a los navegantes. **2.** Señal con que se marcan las pistas en los aeropuertos. SIN. 1. Boya.

balizar *v.* Señalar con balizas.

ballena *s. f.* **1.** Mamífero marino, el más grande de los animales; tiene forma de pez y unas láminas duras y elásticas en lugar de dientes. **2.** Tira de esas láminas, o de plástico o metal, usada para reforzar corsés y corpiños.

ballenato *s. m.* Cría de la ballena.

ballenero, ra *adj.* **1.** Relacionado con la pesca de la ballena. || *s. m.* **2.** Barco para este tipo de pesca. **3.** Pescador de ballenas.

ballesta *s. f.* **1.** Arma que lanza flechas. **2.** Pieza de la suspensión de los vehículos, formada por láminas elásticas de acero superpuestas.

ballestero *s. m.* Persona que hacía ballestas o disparaba con ellas.

ballet (fr.) *s. m.* **1.** Representación en que se combina la danza, la mímica y la música. **2.** Grupo de bailarines que la realizan.

balneario *s. m.* Establecimiento en el que hay baños o fuentes de aguas medicinales.

balompié *s. m.* Fútbol.

balón *s. m.* **1.** Pelota grande que se usa en varios juegos o deportes. **2.** Recipiente flexible para contener gases: *balón de oxígeno.* || **3. un balón de oxígeno** Alivio en un momento difícil. LOC. **echar balones fuera** Desplazar la responsabilidad hacia otros.

balonazo *s. m.* Golpe dado con un balón.

baloncestista *s. m.* y *f.* Jugador de baloncesto.

baloncesto *s. m.* Juego entre dos equipos que consiste en llevar botando con la mano un balón y meterlo en una red colgada de un aro.

balonmano *s. m.* Juego parecido al fútbol en el que la pelota se lleva y se lanza con la mano.

balonvolea *s. m.* Voleibol.

balsa[1] *s. f.* Depósito de agua que se forma en un hoyo o zona hundida del terreno. SIN. Estanque, charca.

balsa[2] *s. f.* Embarcación hecha de maderos unidos unos con otros.

balsámico, ca *adj.* y *s. m.* Que tiene bálsamo o sus efectos calmantes.

bálsamo *s. m.* **1.** Sustancia líquida, de olor agradable, que se obtiene de algunos árboles. **2.** Medicamento compuesto de estas sustan-

bandó

cias, que se usa para aliviar heridas e irritaciones.

balsero, ra *s. m.* y *f.* Persona que se desplaza de un lugar a otro en una balsa.

báltico, ca *adj.* y *s.* Del mar Báltico, en el norte de Europa.

baluarte *s. m.* Construcción en forma de pentágono que sobresale del muro de una fortaleza. **SIN.** Bastión.

bamba *s. f.* **1.** Bollo redondo relleno de crema o nata. **2.** Música y baile latinoamericanos.

bambalina *s. f.* En el teatro, cada una de las tiras pintadas de la parte de arriba de la decoración.

bambas (de una marca registrada) *s. f. pl.* Zapatillas de lona con suela de goma y cordones.

bambolearse *v.* Balancearse.

bamboleo *s. m.* Balanceo.

bambú *s. m.* Planta tropical con cañas ligeras y resistentes, que se emplean para la fabricación de muebles y otros objetos.

banal *adj.* Sin interés ni importancia. **SIN.** Trivial, fútil. **ANT.** Interesante, importante.

banalidad *s. f.* **1.** Característica de lo que es banal. **2.** Cosa banal: *decir banalidades.* **SIN.** 1. y 2. Trivialidad.

banana o **banano** *s. f.* o *m.* Plátano.

bananero, ra *adj.* **1.** Del banano o la banana. || *s. m.* **2.** Plátano, planta.

banasta *s. f.* Cesto grande.

banasto *s. m.* Banasta profunda y de base redonda.

banca *s. f.* **1.** Conjunto de bancos, cajas de ahorros y otros grupos financieros. **2.** En algunos juegos, fichas o dinero que ponen los jugadores para pagar a los que ganan.

bancal *s. m.* En pendientes y montañas, terreno en escalón en el que se cultiva.

bancario, ria *adj.* De la banca o los bancos.

bancarrota *s. f.* **1.** Situación de la empresa o negocio que no puede pagar sus deudas. **2.** Ruina, miseria. **SIN.** 1. Quiebra.

banco *s. m.* **1.** Asiento duro para varias personas. **2.** Establecimiento que se dedica a recibir dinero para guardarlo, conceder préstamos y otros servicios. **3.** Lugar donde se guardan y conservan sangre y órganos humanos para tratamientos médicos y trasplantes. **4.** Grupo grande de peces. **5.** Elevación del fondo de un mar, río o lago al acumularse arena. **6.** En carpintería y otros oficios, tablero sobre el que se trabaja. || **7. banco de datos** Conjunto de informaciones sobre personas o cosas almacenado en un sistema informático o de otro tipo. **8. banco de hie-**

lo Bloque de hielo que se forma en el mar en zonas muy frías. **9. banco de niebla** Masa de niebla.

banda[1] *s. f.* **1.** Cinta ancha que se lleva desde el hombro al costado opuesto. **2.** Lista o raya ancha. || **3. banda sonora** Franja de una película donde está grabado el sonido. También, música de la película.

banda[2] *s. f.* **1.** Grupo de bandidos o de criminales. **2.** Orquesta de instrumentos de percusión y viento. **3.** Grupo musical: *una banda de rock.* **4.** Lado, lateral: *la banda de un campo de fútbol.* || **LOC. cerrarse en banda** Mantenerse firme sin dejarse convencer para actuar de otra manera. **coger por banda** Hablar con alguien, sin haberle avisado antes, para explicarle algo o reprenderle. **SIN.** 1. Cuadrilla. 2. Charanga.

bandada *s. f.* **1.** Grupo de aves que vuelan juntas. **2.** Grupo numeroso de personas.

bandazo *s. m.* Movimiento brusco hacia un lado.

bandearse *v.* Saber evitar o superar las dificultades en cualquier asunto. **SIN.** Apañarse, manejarse, desenvolverse, defenderse.

bandeja *s. f.* Utensilio plano que se emplea para servir o llevar cosas.

bandera *s. f.* **1.** Pieza de tela u otro material que representa una nación o indica otras cosas. || **2. bandera blanca** La que se levanta en señal de paz o rendición. || **LOC. jurar bandera** Jurar o prometer los soldados que defenderán a su país, representado en la bandera. **SIN.** 1. Enseña, estandarte.

banderilla *s. f.* **1.** Palo con una punta de hierro y adornado con papeles de colores, que los toreros clavan al toro. **2.** Aperitivo hecho con trozos de pepinillos, aceitunas, cebollitas, etc., pinchados en un palillo.

banderillear *v.* Poner un torero las banderillas al toro.

banderillero, ra *s. m.* y *f.* Torero que pone las banderillas.

banderín *s. m.* Bandera triangular pequeña.

banderola *s. f.* Bandera cuadrada pequeña.

bandido, da *s. m.* y *f.* **1.** Bandolero. **2.** Persona que engaña o tiene mala intención. **SIN.** 1. Salteador. 2. Pillo.

bando[1] *s. m.* Mandato o aviso publicado por orden de una autoridad. **SIN.** Edicto.

bando[2] *s. m.* Grupo de gente opuesto a otro. **SIN.** Partido, facción.

bandó *s. m.* Tela horizontal que se coloca en la parte superior de un cortinaje para tapar la barra de la que este cuelga.

bandolera *s. f.* Correa cruzada por el pecho y la espalda, para llevar algo colgado, como un bolso o un fusil.

bandolerismo *s. m.* Existencia de bandoleros en un lugar o época.

bandolero, ra *s. m.* y *f.* Ladrón que atracaba a sus víctimas en el campo. **SIN.** Salteador, bandido.

bandoneón *s. m.* Instrumento musical parecido al acordeón.

bandurria *s. f.* Instrumento musical de doce cuerdas que se toca con una púa.

bangladesí o **bangladeshí** *adj.* y *s.* De Bangladesh, país del sur de Asia.

banjo (ingl.) *s. m.* Banyo.

banner (ingl.) *s. m.* Publicidad que aparece en una página web.

banquero, ra *s. m.* y *f.* Propietario o director de un banco.

banqueta *s. f.* Asiento bajo y sin respaldo.

banquete *s. m.* **1.** Comida a la que asisten numerosas personas para celebrar algo. **2.** Comilona. **SIN. 1.** Convite. **2.** Festín.

banquillo *s. m.* **1.** En un juicio, asiento del acusado. **2.** Asiento ocupado por los jugadores suplentes y los entrenadores en algunos deportes, como el fútbol.

banquisa *s. f.* Bancos de hielo que se producen al congelarse el mar. En las zonas polares forman grandes extensiones a lo largo de las costas.

bantú *adj.* y *s.* De un numeroso grupo de pueblos de raza negra de África central y del sur.

banyo *s. m.* Instrumento musical de cuerda que tiene una caja de resonancia circular, cubierta por una piel.

bañadera *s. f. Amér.* Bañera, baño.

bañador *s. m.* Prenda para bañarse en playas, piscinas y lugares parecidos.

bañar *v.* **1.** Meter el cuerpo en agua o en otro líquido para lavarse, refrescarse o con fines medicinales. **2.** Cubrir una cosa con una capa de otra sustancia: *bañar un anillo en oro.* **SIN. 1.** Remojar.

bañera *s. f.* Pila para bañarse. **SIN.** Baño.

bañista *s. m.* y *f.* Persona que se baña en una piscina o en el mar.

baño *s. m.* **1.** Acción de bañar o bañarse. **2.** Bañera. **3.** Cuarto de aseo. **4.** Hecho de recibir un cuerpo la acción del sol, del calor o del vapor. **5.** Capa fina que cubre una cosa: *La sortija tiene un baño de plata.* || **6. al baño maría** (o **María**) Forma de cocinar o calentar un alimento en un recipiente, metiéndolo dentro de otro recipiente con agua hirviendo. **7. baño turco** Baño de vapor en una habitación especial para ello. **SIN. 1.** Remojón.

baobab *s. m.* Árbol de las sabanas de África tropical, de tronco grueso y grandes ramas.

baptisterio *s. m.* Pila bautismal; también, lugar, capilla o edificio donde se encuentra.

baquelita *s. f.* Material sintético muy duro que se emplea para fabricar aparatos eléctricos y aislantes.

baqueta *s. f.* **1.** Varilla delgada para limpiar o apretar la pólvora en un arma de fuego. || *s. f. pl.* **2.** Palillos con que se toca el tambor.

baquetazo *s. m.* **1.** Golpe dado con una baqueta. **2.** *fam.* Golpe violento producido por una caída.

baquetear *v.* Adiestrar a alguien haciendo que se acostumbre a superar adversidades y dificultades.

baquiano, na *s. m.* y *f. Amér.* Guía, persona que conoce los caminos y atajos.

bar *s. m.* Establecimiento donde se toman bebidas y cosas de comer.

barahúnda *s. f.* Alboroto, jaleo.

baraja *s. f.* Conjunto de cartas que se usan para diversos juegos.

barajar *v.* **1.** Mezclar las cartas de una baraja antes de repartirlas. **2.** Pensar o discutir varias posibilidades. **SIN. 2.** Considerar.

baranda *s. f.* Barandilla.

barandal *s. m.* **1.** Cada uno de los dos listones que sostienen por arriba y por abajo los balaústres de una barandilla. **2.** Barandilla, valla protectora.

barandilla *s. f.* Especie de valla que sirve de protección y apoyo en balcones, escaleras y terrazas.

baratija *s. f.* Cosa pequeña de poco valor. **SIN.** Chuchería.

baratillo *s. m.* **1.** Conjunto de cosas que se venden a bajo precio en un lugar público. **2.** Puesto o tienda en que se venden.

barato, ta *adj.* y *adv.* Que cuesta poco dinero: *un vuelo barato, vender barato.* **SIN.** Económico. **ANT.** Caro.

baraúnda *s. f.* Barahúnda.

barba *s. f.* **1.** Barbilla. **2.** Pelo que les crece a los hombres en esa parte de la cara y en las mejillas. || **LOC. por barba** En un reparto, a cada persona: *Tocamos a nueve euros por barba.* **SIN. 1.** Mentón.

barbacana *s. f.* **1.** Boquete en un muro por donde se disparaba. **2.** Fortificación que se construía a la entrada de algunas ciudades, fortalezas y puentes.

barbacoa *s. f.* Utensilio o construcción con una rejilla para asar alimentos al aire libre.

barbaridad *s. f.* **1.** Acción bárbara. **2.** Equivocación o error grande. **3.** Mucho: *Me costó una barbaridad aparcar el coche.* **SIN. 1.** y **2.** Atrocidad. **2.** Burrada. **2.** y **3.** Disparate.

barbarie *s. f.* Violencia, crueldad, vandalismo.

barbarismo *s. m.* **1.** Palabra o expresión incorrecta o mal empleada. **2.** Extranjerismo no totalmente aceptado en la lengua propia.

bárbaro, ra *adj.* y *s.* **1.** De los pueblos germánicos que invadieron el Imperio romano en el siglo v. **2.** Cruel, inhumano. **3.** Bruto, atrevido. **SIN. 2.** Brutal, despiadado, salvaje. **3.** Osado, temerario. **ANT. 2.** Bondadoso.

barbecho *s. m.* Campo que no se cultiva durante uno o más años para que pueda producir mejores cosechas.

barbería *s. f.* Establecimiento donde el barbero afeita y corta el pelo.

barbero *s. m.* Hombre que se dedica a afeitar y cortar la barba y el pelo.

barbián, na *adj.* y *s.* Desenvuelto, simpático.

barbilampiño *adj.* y *s. m.* Que tiene poca barba o no tiene barba. **SIN.** Imberbe, lampiño. **ANT.** Barbudo.

barbilla *s. f.* **1.** Parte de la cara situada debajo de la boca. **2.** Parte carnosa en la zona inferior de la cabeza de algunos peces. **SIN. 1.** Mentón.

barbitúrico *s. m.* Medicamento que se usa como tranquilizante o para producir sueño.

barbo *s. m.* Pez de río, de vientre blanquecino y lomo oscuro, con cuatro barbillas en la mandíbula superior.

barboquejo *s. m.* Cinta o correa con que se sujeta por la barbilla el sombrero, el gorro o el casco.

barbotar o **barbotear** *v.* Hablar entre dientes o de forma entrecortada y confusa. **SIN.** Farfullar.

barbudo, da *adj.* y *s.* Que tiene mucha barba. **ANT.** Imberbe, barbilampiño.

barca *s. f.* Embarcación de pequeño tamaño utilizada para navegar cerca de la costa, atravesar un río, etc.

barcarola *s. f.* Canción popular italiana, especialmente la típica de los gondoleros venecianos.

barcaza *s. f.* Barca grande para transportar mercancías o pasajeros.

barcelonés, sa *adj.* y *s.* De Barcelona, ciudad y provincia de España.

barco *s. m.* Vehículo que flota en el agua y sirve para transportar personas o mercancías. **SIN.** Embarcación, nave, navío.

bardo *s. m.* Poeta de los antiguos celtas, que cantaba las hazañas de su pueblo.

baremo *s. m.* Medida o criterio con que se valora algo.

bargueño *s. m.* Mueble de madera con muchos cajones y compartimentos.

baricentro *s. m.* Centro de gravedad de un cuerpo.

barisfera *s. f.* Núcleo de la Tierra, formado por hierro y níquel, de elevada temperatura y densidad. **SIN.** Nife.

barítono *s. m.* Hombre que canta con voz entre la de tenor y la de bajo.

barlovento *s. m.* En el lenguaje marinero, lado o parte de donde viene el viento. **ANT.** Sotavento.

barman (del ingl.) *s. m.* y *f.* Persona que trabaja detrás de la barra de un bar sirviendo cócteles y bebidas alcohólicas.

barniz *s. m.* Sustancia transparente para dar brillo y protección, por ejemplo, a la madera.

barnizar *v.* Dar barniz.

barométrico, ca *adj.* Relacionado con el barómetro: *presión barométrica.*

barómetro *s. m.* Instrumento que mide la presión atmosférica.

barón, baronesa *s. m.* y *f.* **1.** Noble que tiene el título inmediatamente inferior al de vizconde. ‖ *s. f.* **2.** Mujer del barón.

barquero, ra *s. m.* y *f.* Persona que maneja una barca.

barquilla *s. f.* En los globos, cesto grande en el que van los tripulantes.

barquillera *s. f.* Recipiente metálico para llevar los barquillos que se venden.

barquillero, ra *s. m.* y *f.* Persona que hace o vende barquillos.

barquillo *s. m.* Hoja de harina sin levadura y con azúcar o miel, enrollada o en forma de triángulo.

barra *s. f.* **1.** Pieza larga y delgada de un material rígido. **2.** Pieza alargada o en forma de prisma rectangular: *una barra de pan, de turrón.* **3.** Signo gráfico (/) que se usa para separar palabras, frases o números. **4.** Mostrador de bares y cafeterías. ‖ **5. barra de herramientas** En un programa informático, parte de la pantalla en la que aparecen los botones de las distintas funciones.

barrabasada *s. f.* **1.** Trastada, travesura. **2.** Faena, acción realizada con mala intención. **SIN. 1.** Diablura. **2.** Jugarreta.

barraca *s. f.* **1.** Vivienda típica de las huertas de Valencia y Murcia. **2.** Chabola, cabaña o choza. **3.** Construcción desmontable, como las que se ponen en las ferias. **SIN. 3.** Caseta.

barracón *s. m.* Construcción de un solo piso y sin tabiques, como los alojamientos de los soldados.

barracuda *s. f.* Pez carnívoro que vive en mares cálidos, tiene el cuerpo muy alargado y la boca grande con fuertes dientes.

barranca o **barranco** *s. f. o m.* **1.** Precipicio. **2.** Cauce hondo hecho por un río. **SIN. 1.** Despeñadero.

barrena *s. f.* Herramienta para taladrar.

barrenar *v.* Abrir agujeros con barrena.

barrendero, ra *s. m. y f.* Persona que trabaja barriendo las calles.

barreno *s. m.* **1.** Agujero relleno de explosivo en una roca u otra cosa que se quiere volar. **2.** Cartucho explosivo para volar rocas.

barreño *s. m.* Recipiente redondo y grande, más ancho por el borde que por el fondo, que se emplea en tareas de la casa. **SIN.** Balde.

barrer *v.* **1.** Quitar el polvo y la basura del suelo con una escoba o cepillo. **2.** Rastrear, recorrer buscando: *La policía barrió la zona.* **3.** Derrotar totalmente. **4.** Quedarse con todo o la mayor parte de algo. **SIN. 3.** Arrollar. **4.** Acaparar.

barrera *s. f.* **1.** Obstáculo o valla para cerrar el paso o cercar un lugar. **2.** Impedimento, dificultad. **SIN. 2.** Inconveniente, traba.

barretina *s. f.* Gorro típico catalán.

barriada *s. f.* Barrio o parte de él.

barrica *s. f.* Barril o tonel mediano.

barricada *s. f.* Defensa construida con objetos como muebles, adoquines o cajas.

barrido *s. m.* Acción de barrer.

barriga *s. f.* **1.** Parte del cuerpo donde se encuentran el estómago y los intestinos. **2.** Panza, vientre abultado. **SIN. 1.** Abdomen. **1.** y **2.** Tripa.

barrigudo, da o **barrigón, na** *adj.* Que tiene mucha barriga. **SIN.** Tripón.

barril *s. m.* Recipiente para conservar y transportar líquidos u otras cosas; algunos están hechos de listones de madera y otros son cilíndricos y metálicos. **SIN.** Tonel, barrica.

barrila *s. f.* Incordio, fastidio. Se usa mucho en la expresión **dar la barrila**, 'incordiar, dar la lata'. **SIN.** Tabarra.

barrillo *s. m.* Granito de color rojo que aparece en el rostro.

barrio *s. m.* **1.** Cada una de las partes en que se dividen las poblaciones. ‖ **2. barrio bajo** Barrio en el que vive gente pobre. **3. el otro barrio** El otro mundo, la muerte. **SIN. 1.** Barriada.

barriobajero, ra *adj. y s.* **1.** De los barrios bajos. **2.** Basto, ordinario. **ANT. 2.** Refinado.

barritar *v.* Emitir el elefante o el rinoceronte su sonido característico.

barrito *s. m.* Sonido que hacen el elefante o el rinoceronte.

barrizal *s. m.* Sitio lleno de barro. **SIN.** Lodazal, cenagal.

barro *s. m.* **1.** Tierra mezclada con agua. **2.** Arcilla. **SIN. 1.** Lodo.

barroco, ca *adj. y n. pr. m.* **1.** Se dice del estilo artístico y literario del siglo XVII y comienzos del XVIII, caracterizado por el recargamiento y la abundancia de adornos y elementos. ‖ *adj.* **2.** Recargado o que utiliza muchos adornos.

barrote *s. m.* Barra gruesa como las que se ponen en las jaulas, en las ventanas, etc.

barruntar *v.* Sospechar, presentir.

bartola Se usa en la expresión **a la bartola**, 'cómodamente', 'sin hacer nada': *tumbado a la bartola.*

bartolillo *s. m.* Pastel de masa frita relleno de crema.

bártulos *s. m. pl.* Utensilios.

barullo *s. m.* Jaleo, desorden.

basa *s. f.* Base de una columna o estatua.

basal *adj.* Se dice de la actividad orgánica que se realiza durante el reposo y el ayuno: *temperatura basal.*

basalto *s. m.* Roca volcánica de color gris oscuro o negro.

basamento *s. m.* Parte de abajo de un elemento arquitectónico o construcción, que se apoya directamente en el suelo.

basar *v.* Establecer algo sobre una base o fundamento. **SIN.** Fundar, fundamentar.

basca *s. f.* **1.** Náusea, arcada. **2.** *fam.* Grupo de gente, pandilla de amigos.

báscula *s. f.* Aparato para medir pesos, que tiene una plataforma sobre la que se coloca lo que se va a pesar.

bascular *v.* Moverse un objeto a un lado y a otro oscilando sobre un punto.

base *s. f.* **1.** Aquello sobre lo que se apoya una cosa. **2.** Línea o cara de las figuras geométricas sobre la que se supone que se apoyan. **3.** Lo más importante o fundamental de algo. **4.** Condición, norma: *las bases de un concurso.* **5.** En una potencia, número que debe multiplicarse por sí mismo tantas veces como indica el exponente. **6.** En química,

batiente

cuerpo que neutraliza un ácido o se combina con él para formar una sal. **7.** Instalación militar o científica. || *s. m.* y *f.* **8.** Jugador de baloncesto que dirige el juego del equipo. **SIN. 1.** Asiento, soporte. **3.** Fundamento.

básico, ca *adj.* **1.** Fundamental o elemental. **2.** En química, que tiene las propiedades de las bases. **SIN. 1.** Esencial. **ANT. 1.** Secundario.

basílica *s. f.* Iglesia importante.

basilisco *s. m.* **1.** Animal imaginario que podía matar con la mirada. **2.** Reptil americano de la familia de la iguana que corre tan deprisa que es capaz de avanzar sobre el agua. || **LOC. hecho un basilisco** o **como un basilisco** Muy furioso.

basset (fr. e ingl.) *s. m.* Perro de caza de pequeña estatura y pelo y patas cortos.

basta *s. f.* Hilván.

bastante *indef.* y *adv.* **1.** Suficiente: *Tiene bastante tiempo. No comes bastante.* **2.** No poco, algo menos que mucho: *Tienes bastante para empezar. Es bastante desordenado.*

bastar *v.* **1.** Ser suficiente. || **bastarse 2.** Ser capaz de hacer las cosas por uno mismo, sin ayuda. **SIN. 1.** Alcanzar, llegar. **ANT. 1.** Faltar.

bastardilla *adj.* y *s. f.* Cursiva.

bastardo, da *adj.* y *s.* Se dice del hijo nacido fuera del matrimonio. **SIN.** Ilegítimo. **ANT.** Legítimo.

bastidor *s. m.* **1.** Marco o aro al que se sujetan telas, por ejemplo, para pintar o bordar. **2.** Armazón sobre el que se apoya algo.

bastión *s. m.* Baluarte.

basto *s. m.* **1.** Carta del palo de bastos. || *s. m. pl.* **2.** Palo de la baraja española en el que figuran dibujados garrotes.

basto, ta *adj.* **1.** Muy grosero, vulgar. **2.** Poco fino o suave, áspero. **SIN. 1.** Ordinario, soez. **2.** Tosco, burdo. **ANT. 1.** Delicado.

bastón *s. m.* **1.** Palo para apoyarse al andar. **2.** Vara usada como símbolo de mando. **SIN. 1.** Cayado.

bastoncillo *s. m.* **1.** Palito para diversos usos. **2.** Célula nerviosa de la retina, pequeña y alargada, que capta la luz.

basura *s. f.* **1.** Lo que se tira o se desprecia porque sobra o no vale. **2.** Cubo o lugar donde se arroja. **SIN. 1.** Desperdicio, desecho.

basural *s. m.* Lugar donde se tira la basura. **SIN.** Basurero.

basurero, ra *s. m.* y *f.* **1.** Persona que recoge la basura. || *s. m.* **2.** Sitio en que se tira la basura. **SIN. 2.** Basural, vertedero.

bata *s. f.* **1.** Prenda parecida a un vestido abierto para estar cómodo en casa. **2.** Prenda usada en algunos trabajos para no manchar se la ropa. || **3. bata de cola** Traje de las bailaoras de flamenco.

batacazo *s. m.* **1.** Porrazo o golpe fuerte que se da uno al caer. **2.** Fracaso o decepción. **SIN. 1.** Trompazo.

batalla *s. f.* **1.** Hecho de encontrarse y combatir dos ejércitos enemigos. **2.** Lucha, rivalidad. **SIN. 1.** Contienda, lid. **1.** y **2.** Combate, enfrentamiento.

batallar *v.* **1.** Combatir en una batalla. **2.** Trabajar o esforzarse para conseguir una cosa. **SIN. 1.** y **2.** Luchar.

batallita *s. f. fam.* Relato pesado o exagerado de cosas que uno ha hecho en el pasado.

batallón *s. m.* **1.** Parte de un ejército formada por varias compañías y mandada por un teniente coronel o un comandante. **2.** Grupo muy numeroso de gente.

batán *s. m.* Máquina con gruesos mazos de madera que golpean los paños para quitarles la grasa y dar cuerpo al tejido.

batata *s. f.* **1.** Planta que produce unos tubérculos parecidos a la patata, de sabor dulce. **2.** Este tubérculo.

bate *s. m.* Palo con que se golpea la pelota en béisbol y otros deportes.

batea *s. f.* Bandeja que sirve de cajón en algunos muebles.

bateador, ra *s. m.* y *f.* En el béisbol, jugador al que le toca batear.

batear *v.* Golpear la pelota con el bate en el béisbol.

batel *s. m.* Barco pequeño. **SIN.** Barca, bote, lancha.

batería *s. f.* **1.** Conjunto de cañones. **2.** Instrumento musical formado por un conjunto de instrumentos de percusión. **3.** Aparato que almacena energía eléctrica. || *s. m.* **4.** Músico que toca la batería. || **5. batería de cocina** Conjunto de cazuelas, cazos, cacerolas y ollas para cocinar. || **LOC. en batería** Modo de colocar varias cosas paralelas unas a otras: *aparcar en batería.*

batiburrillo *s. m.* Conjunto de cosas mezcladas sin ningún orden. **SIN.** Lío, revoltijo.

batida *s. f.* Acción de batir o rastrear un terreno en busca de alguien o algo.

batido *s. m.* Bebida que se hace batiendo helado, leche, huevos, frutas u otros ingredientes.

batidor, ra *adj.* y *s. m.* **1.** Se dice del instrumento usado para batir. || *s. m.* y *f.* **2.** Persona que explora o rastrea el terreno. || *s. f.* **3.** Máquina para batir o triturar los alimentos.

batiente *s. m.* **1.** Hoja de una puerta o una ventana. **2.** Parte del marco de una puerta o ventana donde golpea y se detiene la hoja al cerrarla. ‖ **LOC. reír a mandíbula batiente** Reír a carcajadas.

batín s. m. Bata corta.

batir v. **1.** Mover con fuerza y rapidez. **2.** Golpear: *Las olas batían contra la costa.* **3.** Vencer, ganar. **4.** Recorrer un terreno buscando a alguien o algo. ‖ **batirse 5.** Combatir, luchar. **SIN. 1.** Revolver, agitar. **2.** Sacudir. **3.** Derrotar, arrollar. **4.** Reconocer, registrar.

batiscafo s. m. Nave sumergible para explorar el fondo del mar.

batista s. f. Tela de hilo o de algodón muy fina.

batracio s. m. Antiguo nombre de los animales anfibios.

Batuecas n. pr. Se usa en la expresión **estar en las Batuecas**, 'estar distraído'.

baturro, rra adj. y s. Se dice de los campesinos aragoneses.

batuta s. f. Varita con que marca el compás el director de una orquesta, de una banda o de un coro.

baúl s. m. **1.** Caja grande que suele estar forrada y sirve para guardar ropa y otras cosas. **2.** *Amér.* Maletero de un coche.

bauprés s. m. Palo horizontal y un poco inclinado en la proa de los barcos de vela.

bautismal adj. Del bautismo o relacionado con él: *pila bautismal.*

bautismo s. m. Sacramento cristiano que concede la gracia e incorpora a la Iglesia a quien lo recibe.

bautizar v. **1.** Administrar el sacramento del bautismo o recibirlo. **2.** Poner nombre a algo.

bautizo s. m. Acción de bautizar y fiesta con que se celebra esta ceremonia.

bauxita s. f. Roca de aspecto terroso y color rosa con manchas rojas, de la que se obtiene el aluminio.

bávaro, ra adj. y s. De Baviera, región de Alemania.

baya s. f. Fruto carnoso con muchas semillas, por ejemplo, la uva o el tomate.

bayeta s. f. Trapo de tejido absorbente para limpiar.

bayo, ya adj. Se dice del caballo de color blanco amarillento.

bayoneta s. f. Especie de cuchillo que se pone en el cañón del fusil.

baza s. f. **1.** En los juegos de cartas, las que se lleva el jugador que ha ganado. **2.** Jugada de un juego de cartas. **3.** Provecho, beneficio: *sacar baza.* ‖ **LOC. meter baza** Intervenir en una conversación. **SIN. 3.** Tajada.

bazar s. m. Tienda donde se venden cosas muy diversas, como regalos, juguetes o aparatos electrónicos.

bazo s. m. Órgano situado en el lado izquierdo del abdomen, en el cual se destruyen los glóbulos rojos envejecidos, se forman glóbulos blancos y se almacena sangre.

bazofia s. f. Cosa desagradable o de muy mala calidad. **SIN.** Porquería, basura.

bazuca s. f. Arma portátil para lanzar proyectiles, sobre todo contra los tanques.

beatería s. f. **1.** Religiosidad exagerada o falsa. **2.** Conjunto de personas beatas.

beatificar v. Declarar el papa que una persona está en el cielo y se le puede dar culto.

beatífico, ca adj. Muy tranquilo y feliz: *El niño dormía con expresión beatífica.* **SIN.** Plácido, sereno, sosegado. **ANT.** Nervioso, tenso.

beatitud s. f. **1.** En la religión cristiana, felicidad total de los que están en el cielo con Dios. **2.** Sensación de tranquilidad y felicidad. **SIN. 1.** Bienaventuranza. **2.** Bienestar, placidez. **ANT. 2.** Desasosiego, intranquilidad.

beato, ta adj. y s. **1.** Persona de religiosidad exagerada o fingida. ‖ s. m. y f. **2.** Persona que ha sido beatificada. **SIN. 1.** Santurrón.

bebe, beba s. m. y f. En Argentina, Perú y Uruguay, bebé, niño pequeño.

bebé s. m. Niño recién nacido o muy pequeño.

bebedero s. m. Recipiente o lugar donde beben los animales.

bebedizo s. m. Bebida con propiedades mágicas o medicinales. **SIN.** Pócima.

bebedor, ra adj. y s. Que bebe; se dice sobre todo del que bebe alcohol en exceso. **ANT.** Abstemio.

beber v. **1.** Tomar un líquido. **2.** Tomar bebidas alcohólicas. **SIN. 2.** Pimplar, soplar.

bebida s. f. **1.** Líquido para beber. **2.** Acción de beber, sobre todo alcohólica.

bebido, da 1. p. de beber. También adj. ‖ adj. **2.** Borracho o casi borracho. **SIN. 2.** Beodo, achispado. **ANT. 2.** Sobrio.

beca s. f. Ayuda económica o de otro tipo que recibe una persona para realizar una actividad, por ejemplo, estudiar. **SIN.** Subvención.

becada s. f. Ave de cuello y patas cortas, pico largo y delgado, y plumaje dorado con franjas oscuras.

becar v. Conceder una beca a alguien: *Le han becado con seiscientos euros.*

becario, ria s. m. y f. Persona a la que se ha concedido una beca.

becerrada s. f. Corrida de becerros. **SIN.** Novillada.

becerro, rra s. m. y f. Ternero menor de dos años.

bechamel s. f. Besamel.

bedel, la s. m. y f. Empleado que, en centros de enseñanza y otros centros oficiales, se encarga de cuidar el orden fuera de las aulas y de otras tareas. **SIN.** Ordenanza.

beduino, na adj. y s. De los pueblos nómadas que viven en las estepas y desiertos de la península arábiga, Siria y norte de África.

befa s. f. Burla insultante o grosera. **SIN.** Mofa.

begonia s. f. Planta de tallos carnosos, hojas grandes en forma de corazón y flores de vistosos colores.

beicon s. m. Bacon.

beige (fr.) adj. y s. m. Beis.

beis adj. y s. m. De color marrón claro o muy claro.

béisbol s. m. Juego entre dos equipos que se practica con una pelota y un palo especial para lanzarla, llamado bate.

bejuco s. m. Planta tropical de tallos muy largos que se extienden por el suelo o trepan por los troncos de los árboles.

bel canto (del ital.) expr. Canto de la ópera.

beldad s. f. Belleza.

belén s. m. **1.** Representación del nacimiento de Jesucristo con figuras. **2.** fam. Lío, follón. **SIN. 1.** Nacimiento.

belfo s. m. Labio del caballo y otros animales parecidos.

belga adj. y s. De Bélgica, país europeo.

belicismo s. m. Tendencia a provocar conflictos armados o tomar parte en ellos. **ANT.** Pacifismo.

belicista adj. y s. Relacionado con el belicismo o partidario de él. **ANT.** Pacifista.

bélico, ca adj. De la guerra o relacionado con ella.

belicoso, sa adj. **1.** Dispuesto a entrar en guerra o en una lucha armada. **2.** Agresivo. **SIN. 2.** Pendenciero. **ANT. 1.** y **2.** Pacífico.

beligerante adj. y s. **1.** Que está en guerra. || adj. **2.** Agresivo, dispuesto a la lucha o al enfrentamiento. **SIN. 1.** Combatiente. **2.** Combativo, luchador. **ANT. 2.** Apocado.

bellaco, ca adj. y s. Malvado, canalla.

belladona s. f. Planta que da unas bayas muy venenosas; de ella se extrae una sustancia usada en medicina.

belleza s. f. **1.** Característica de las personas o cosas bellas. **2.** Persona muy guapa o cosa muy bonita. **SIN. 1.** y **2.** Hermosura. **ANT. 1.** Fealdad.

bello, lla adj. **1.** De aspecto muy agradable por su gran perfección. **2.** Muy bueno o bondadoso: Es una bella persona. **SIN. 1.** Guapo. **1.** y **2.** Hermoso, bonito. **2.** Noble. **ANT. 1.** y **2.** Feo. **2.** Despreciable.

bellota s. f. Fruto de las encinas y los robles, de forma ovalada y puntiaguda.

bemol adj. **1.** Se dice de la nota musical que es medio tono más baja que su sonido natural. || s. m. **2.** Signo que la representa.

benceno s. m. Líquido incoloro que arde con facilidad y que se utiliza como disolvente y para fabricar diversos productos.

bencina s. f. Líquido incoloro y de fuerte olor que se obtiene principalmente de la hulla y se usa como disolvente y como combustible.

bendecir v. **1.** Pedir la protección divina para personas o cosas, haciendo la señal de la cruz o rezando una oración. **2.** Dar carácter sagrado a algo. □ Es v. irreg. Se conjuga como decir, excepto la 2.ª pers. del sing. del imperativo: bendice, y el futuro de indicativo, el condicional y el participio, que son regulares. **SIN. 2.** Consagrar. **ANT. 1.** Maldecir.

bendición s. f. Acción de bendecir. **SIN.** Consagración. **ANT.** Maldición.

bendito, ta adj. **1.** Que se ha bendecido: agua bendita. **2.** Feliz, dichoso. || s. m. y f. **3.** Buenazo. **SIN. 2.** Afortunado. **3.** Santo, infeliz. **ANT. 3.** Canalla.

benedictino, na adj. y s. De la orden religiosa de san Benito de Nursia.

benefactor, ra adj. y s. Se dice de la persona que protege o ayuda a otras. **SIN.** Bienhechor, mecenas.

beneficencia s. f. Actividad y medios dedicados a la ayuda de los pobres.

beneficiar v. Resultar bueno o provechoso. **SIN.** Favorecer.

beneficiario, ria adj. y s. Que recibe el beneficio de algo.

beneficio s. m. Bien, provecho. **SIN.** Ganancia. **ANT.** Perjuicio.

beneficioso, sa adj. Que produce un beneficio. **SIN.** Provechoso, favorable. **ANT.** Perjudicial.

benéfico, ca adj. **1.** Que sirve para ayudar a las personas pobres. **2.** Beneficioso.

benemérito, ta adj. **1.** Muy respetado por las cosas buenas que hace: la labor benemérita de la Cruz Roja. || **2. la Benemérita** La Guardia Civil española. **SIN. 1.** Honorable, insigne, meritorio.

beneplácito s. m. Permiso, aprobación. **SIN.** Conformidad. **ANT.** Prohibición.

benevolencia *s. f.* Actitud favorable hacia alguien. **SIN.** Tolerancia, indulgencia. **ANT.** Malevolencia; severidad.

benevolente o **benévolo, la** *adj.* Que muestra benevolencia. **SIN.** Bueno, tolerante. **ANT.** Malévolo.

bengala *s. f.* Fuego artificial que produce mucha luz.

benigno, na *adj.* **1.** Que no es malo o perjudicial: *tumor benigno.* **2.** Bueno, comprensivo. **3.** Templado, suave: *clima benigno.* **SIN. 1.** Leve. **2.** Indulgente, tolerante. **3.** Apacible. **ANT. 1.** Maligno. **2.** Severo. **3.** Riguroso.

benjamín, na *s. m. y f.* Hijo menor o persona más joven de un grupo. **ANT.** Primogénito.

beodo, da *adj. y s.* Borracho. **SIN.** Ebrio. **ANT.** Sobrio.

berberecho *s. m.* Molusco marino con dos conchas estriadas, que vive enterrado en la arena. Se utiliza como alimento.

berberisco, ca *adj. y s.* De la antigua región de Berbería, que incluye hoy día Marruecos, Argelia y Túnez.

berbiquí *s. m.* Pequeño taladro con una manivela para hacerlo girar.

bereber o **beréber** *adj. y s.* **1.** De un pueblo que, desde la antigüedad, habita en zonas del norte de África. ‖ *s. m.* **2.** Idioma hablado por este pueblo.

berenjena *s. f.* **1.** Planta de hojas grandes y flores moradas, con un fruto ovalado de color morado por fuera y pulpa blanca por dentro, que es comestible. **2.** Este fruto.

berenjenal *s. m.* **1.** Campo de berenjenas. **2.** Apuro, enredo. **SIN. 2.** Lío, embrollo.

bergantín *s. m.* Barco con dos palos y velas cuadradas.

beriberi *s. m.* Enfermedad causada por carencia de vitamina B1.

berilio *s. m.* Elemento químico metálico.

berlina *s. f.* **1.** Coche de caballos con capota y, generalmente, dos asientos. **2.** Automóvil de cuatro puertas.

berlinés, sa *adj. y s.* De Berlín, capital de Alemania.

bermejo, ja *adj.* Rubio o rojizo; se dice sobre todo del pelo o la piel.

bermellón *s. m.* Color rojo vivo algo anaranjado.

bermudas *s. amb. pl.* Pantalones cortos que llegan a la altura de la rodilla.

berrea *s. f.* **1.** Acción de berrear un animal. **2.** Época de celo de los ciervos y otros animales salvajes.

berrear *v.* **1.** Dar berridos un animal. **2.** Llorar con rabia, gritar.

berrido *s. m.* **1.** Sonido que emiten los becerros y otros animales. **2.** Grito.

berrinche *s. m.* **1.** Llanto fuerte y seguido, sobre todo el de los niños. **2.** Disgusto grande. **SIN. 1.** Pataleta, rabieta. **ANT. 2.** Alegría.

berro *s. m.* Planta propia de lugares húmedos, con tallos carnosos y gruesos y flores pequeñas. Sus hojas son comestibles.

berroqueño, ña *adj.* Se dice de la piedra de granito.

berza *s. f.* **1.** Col o variedad basta de col. ‖ **berzas** *s. m. y f.* **2.** Berzotas.

berzotas *s. m. y f.* Persona tonta, necia o ignorante. **SIN.** Bruto, bestia. **ANT.** Lumbrera.

besamanos *s. m.* **1.** Forma de saludar a una persona besándole la mano derecha o haciendo el gesto de besarla. **2.** Acto público en el que se saluda a los reyes o a otras personalidades besándoles la mano como señal de respeto.

besamel o **besamela** *s. f.* Salsa blanca y cremosa, de sabor suave, que se elabora con harina, leche y mantequilla. □ Se dice también *bechamel.*

besar *v.* Tocar con los labios a alguien o algo en señal de amor, respeto, etc.

beso *s. m.* Acción de besar.

best seller (ingl.) *s. m.* Libro o disco que ha tenido un gran éxito de ventas. **SIN.** Superventas.

bestia *s. f.* **1.** Animal de cuatro patas, sobre todo el de carga, como por ejemplo la mula. ‖ *adj. y s.* **2.** Ignorante, bruto.

bestial *adj.* **1.** Irracional o característico de las bestias. **2.** Muy grande, excesivo. **SIN. 1.** Animal. **1.** y **2.** Brutal. **2.** Tremendo, enorme.

bestialidad *s. f.* **1.** Comportamiento o acción propia de una bestia. **2.** Cantidad excesiva de algo. **SIN. 1.** Atrocidad. **1.** y **2.** Barbaridad, burrada.

besucón, na *adj. y s.* Persona a la que le gusta mucho besar.

besugo *s. m.* **1.** Pez marino de cuerpo ovalado rojizo y ojos grandes. Es muy apreciado en alimentación. **2.** Persona tonta, poco inteligente. **SIN. 2.** Merluzo. **ANT. 2.** Espabilado.

besuquear *v.* Besar muchas veces.

beta *s. f.* Letra del alfabeto griego que corresponde a nuestra *b.*

bético, ca *adj. y s.* De la antigua Bética, hoy Andalucía.

betún *s. m.* Producto para limpiar y dar brillo y color al calzado.

bianual *adj.* Que sucede dos veces al año.

biberón *s. m.* Recipiente en forma de botella con una tetina para dar leche y otros líquidos a niños muy pequeños.

Biblia *n. pr. f.* Conjunto de los libros del Antiguo y Nuevo Testamento, fundamento de la fe cristiana. || **LOC. ser algo la biblia en verso** Ser el colmo, el no va más.

bíblico, ca *adj.* De la Biblia o relacionado con ella.

bibliobús *s. m.* Autobús utilizado como pequeña biblioteca ambulante.

bibliófilo, la *s. m.* y *f.* Persona muy interesada en los libros, sobre todo en los raros.

bibliografía *s. f.* Lista de libros o publicaciones de un autor o sobre un tema.

biblioteca *s. f.* **1.** Edificio o sala donde se tienen libros para su consulta o lectura. **2.** Mueble para libros. **3.** Colección de libros.

bibliotecario, ria *s. m.* y *f.* Persona encargada de una biblioteca.

bicameral *adj.* Se dice del sistema parlamentario con dos cámaras legislativas.

bicarbonato *s. m.* Sustancia empleada para favorecer la digestión o calmar la acidez de estómago.

bicéfalo, la *adj.* **1.** Que tiene dos cabezas: *un dibujo de un águila bicéfala.* **2.** Se dice del grupo u organización que tiene dos jefes.

bíceps *s. m.* Músculo doble situado en cada uno de los brazos y muslos, que permite doblar las extremidades.

bicha *s. f.* Culebra o serpiente.

bicharraco, ca *s. m.* **1.** Bicho, sobre todo el que es muy feo o da asco. || *s. m.* y *f.* **2.** Persona mala o que no parece de fiar. **3.** Persona muy fea o muy rara.

bichero *s. m.* Palo largo con punta o ganchos en su extremo, que usan los marineros para mover embarcaciones pequeñas y otros usos.

bicho *s. m.* **1.** Animal, sobre todo insecto. **2.** Animal o cosa muy grande. **3.** Persona mala o niño travieso. **SIN. 1.** y **3.** Sabandija. **3.** Trasto.

bici *s. f. acort.* de **bicicleta.**

bicicleta *s. f.* Vehículo sin motor de dos ruedas, que se mueve por medio de pedales.

bicoca *s. f.* Chollo, ganga.

bicolor *adj.* De dos colores.

bidé *s. m.* Especie de lavabo de forma ovalada sobre el que una persona se puede sentar para lavarse.

bidón *s. m.* Recipiente grande para guardar o transportar líquidos.

biela *s. f.* Pieza de una máquina que transforma un movimiento de vaivén en otro de rotación, o al revés.

bieldo *s. m.* Rastrillo grande usado en algunos trabajos del campo.

bielorruso, sa *adj.* y *s.* De Bielorrusia, país de Europa.

bien *s. m.* **1.** Lo que es bueno y se debe hacer según la moral. **2.** Lo que da a alguien bienestar, felicidad u otra cosa buena. **3.** Nota entre el suficiente y el notable. || *s. m. pl.* **4.** Dinero, propiedades. || *adv.* **5.** De manera adecuada o correcta. **6.** Muy, mucho: *Abrígate bien.* || *conj.* **7.** Sirve para expresar distintas posibilidades: *Bien oral, bien por escrito, habrá examen.* **SIN. 1.** Virtud, bondad. **2.** Provecho, beneficio. **4.** Riqueza, hacienda. **5.** Correctamente. **ANT. 1.** Maldad. **1.**, **2.** y **5.** Mal. **2.** Perjuicio.

bienal *adj.* **1.** Que sucede cada dos años o que dura dos años. || *s. f.* **2.** Manifestación artística o cultural que se repite cada dos años.

bienaventurado, da *adj.* **1.** Dichoso, afortunado. || *adj.* y *s.* **2.** Se dice de quienes están con Dios en el cielo. **SIN. 1.** Feliz. **ANT. 1.** Desgraciado.

bienaventuranza *s. f.* **1.** Para los cristianos, disfrute del cielo y la vida eterna. **2.** Cada una de las ocho frases que pronunció Jesucristo en el sermón de la montaña en las que expresaba los motivos por los que sus seguidores podían considerarse bienaventurados.

bienestar *s. m.* Situación del que se siente a gusto y tiene lo que necesita para vivir. **SIN.** Comodidad, confort. **ANT.** Malestar.

bienhechor, ra *adj.* y *s.* Benefactor.

bienio *s. m.* Periodo de dos años.

bienmesabe *s. m.* Pescado adobado y frito.

bienvenida *s. f.* Buen recibimiento.

bienvenido, da *adj.* Que se recibe con satisfacción.

bies *s. m.* Trozo de tela cortado en diagonal que se coloca en los bordes de las ropas. || **LOC. al bies** En diagonal: *cortar al bies.*

bife *s. m. Amér.* Filete de carne de vaca.

bífido, da *adj.* Dividido en dos: *lengua bífida.*

bifocal *adj.* De doble foco; se dice sobre todo de las lentes con una parte para ver de cerca y otra para ver de lejos.

bifurcación *s. f.* Punto en que algo, como un camino o un río, se divide en dos.

bifurcarse *v.* Dividirse en dos una cosa, como un camino o un río.

bigamia *s. f.* Hecho de estar casado con dos personas al mismo tiempo. **ANT.** Monogamia.

bígamo, ma *adj.* y *s.* Casado con dos personas al mismo tiempo. **ANT.** Monógamo.

bigardo, da *adj.* y *s.* Se dice de la persona muy alta.

bígaro *s. m.* Pequeño caracol marino de concha oscura, que vive fijo en las rocas. Se utiliza como alimento.

bigote *s. m.* Pelo que hay encima del labio de arriba. **SIN.** Mostacho.

bigotera *s. f.* Compás pequeño que se gradúa con un tornillo.

bigotudo, da *adj.* Que tiene mucho bigote.

bigudí *s. m.* Pequeño cilindro que se usa para rizar el pelo enrollando en él un mechón.

bilateral *adj.* Se dice del acuerdo o relación entre dos partes o elementos. **ANT.** Unilateral.

bilbaíno, na *adj.* y *s.* De Bilbao, capital de Vizcaya, en el País Vasco.

bilbilitano, na *adj.* y *s.* De Calatayud, ciudad de la provincia de Zaragoza.

biliar *adj.* De la bilis: *vesícula biliar.*

bilingüe *adj.* Que habla o está escrito en dos lenguas. **ANT.** Monolingüe.

bilingüismo *s. m.* Uso de dos lenguas en una misma región o país, o por una misma persona.

bilirrubina *s. f.* Sustancia que se forma en el organismo por la degradación de la hemoglobina y que se expulsa a través de la bilis.

bilis *s. f.* Líquido amargo de color amarillo verdoso producido por el hígado y que ayuda a la digestión de los alimentos. **SIN.** Hiel.

billar *s. m.* Juego que consiste en impulsar y hacer chocar unas bolas con un palo, llamado *taco,* sobre una mesa forrada de tela.

billete *s. m.* **1.** Dinero en papel. **2.** Tarjeta, papel o documento que permite participar en algo o disfrutar de un servicio. **SIN. 2.** Entrada, tique.

billetero o **billetera** *s. m.* o *f.* Cartera de bolsillo para llevar billetes de banco.

billón *s. m.* Un millón de millones.

billonésimo, ma *num.* **1.** Que ocupa el último lugar de una serie formada por un billón de unidades. || *num.* y *s. m.* **2.** Se aplica a cada una de las partes iguales que resulta de dividir un todo por un billón.

bimembre *adj.* Formado por dos miembros. **ANT.** Unimembre.

bimensual *adj.* Que ocurre o se hace dos veces al mes.

bimestral *adj.* **1.** Que sucede o se repite cada dos meses. **2.** Que dura dos meses.

bimestre *s. m.* Periodo de tiempo de dos meses.

bimotor *s. m.* Avión con dos motores.

binario, ria *adj.* Formado por dos partes o elementos.

bingo *s. m.* **1.** Juego de azar en que cada jugador marca en su cartón los números que van saliendo en el sorteo. **2.** Premio que se consigue en ese juego al marcar todos los números de un cartón. **3.** Local donde se juega.

binocular *adj.* **1.** Se dice del instrumento óptico que tiene una lente para cada ojo. || *s. m. pl.* **2.** Anteojos.

binóculo *s. m.* Gafas sin patillas que se sujetan a la nariz con un pinza o con un mango.

binomio *s. m.* Expresión matemática formada por dos monomios, como $2x + 3y$.

biodegradable *adj.* Se dice del producto que se descompone en partes poco o nada contaminantes.

biodiversidad *s. f.* Diversidad de fauna y flora.

bioética *s. f.* Disciplina que estudia los aspectos éticos de la biología y la medicina.

biografía *s. f.* Historia de la vida de una persona.

biográfico, ca *adj.* Relacionado con la biografía.

biógrafo, fa *s. m.* y *f.* Persona que escribe la biografía de alguien.

biología *s. f.* Ciencia que estudia los seres vivos.

biológico, ca *adj.* Relacionado con la biología.

biólogo, ga *s. m.* y *f.* Especialista en biología.

bioma *s. m.* En biología, zona con una vegetación y fauna predominantes, por ejemplo, el bosque mediterráneo o la selva virgen.

biomasa *s. f.* Masa total de los organismos que viven en un ecosistema.

biombo *s. m.* Especie de tabique móvil y plegable para hacer una separación en un cuarto.

biopsia *s. f.* En medicina, examen con el microscopio de un trozo de tejido de un ser vivo.

bioquímica *s. f.* Parte de la química que estudia la composición de los seres vivos y las reacciones químicas que tienen lugar en ellos.

biorritmo *s. m.* Ciclo de duración variable al que se somete la actividad de los seres vivos.

biosfera *s. f.* Parte de la Tierra en la que hay vida.

biotopo *s. m.* En biología, lugar con un clima, suelo y otros factores ambientales propios.

bipartidismo s. m. Sistema político en que solo existen dos grandes partidos.

bípedo, da adj. y s. m. De dos pies.

biplano s. m. Avión de cuatro alas colocadas en dos planos paralelos. **ANT.** Monoplano.

biplaza adj. y s. m. Vehículo de dos plazas. **ANT.** Monoplaza.

bipolar adj. Que tiene dos polos: *batería bipolar.*

biquini s. m. **1.** Prenda de baño femenina formada por un sujetador y una braga. **2.** Braga de cintura baja.

birlar v. Quitar, robar.

birlibirloque Se usa en la expresión **por arte de birlibirloque**, 'por arte de magia'.

birmano, na adj. y s. De Birmania, antiguo nombre de Myanmar, país de Asia.

birra (ital.) s. f. fam. Cerveza.

birreta s. f. Gorro cuadrangular con una borla, usado por los clérigos.

birrete s. m. Gorro con una borla usado en ocasiones por profesores de universidad, jueces, magistrados y abogados. **SIN.** Bonete.

birria s. m. y f. **1.** Persona fea. || s. f. **2.** Cosa mal hecha o de poco valor. **SIN. 1.** Adefesio. **2.** Porquería, bodrio.

birrioso, sa adj. Que es una birria.

biruji s. m. fam. Frío, fresco.

bis adv. **1.** Indica que algo debe repetirse o está repetido; por ejemplo, una parte de una canción. || s. m. **2.** Repetición o pieza fuera del programa pedida por el público en un concierto.

bisabuelo, la s. m. y f. El padre o la madre de los abuelos.

bisagra s. f. Objeto formado por dos piezas unidas por un eje que sirve para juntar dos cosas de manera que puedan girar. **SIN.** Gozne.

bisbisear v. Hablar muy bajo de manera que solo se oye el sonido de las eses. **SIN.** Musitar.

bisbiseo s. m. Acción de bisbisear.

bisectriz s. f. En geometría, recta que divide un ángulo en dos partes iguales.

bisel s. m. Corte oblicuo que se hace en el borde de una lámina o plancha de algo.

biselado, da adj. Con bisel: *cristal biselado.*

bisexual adj. y s. Que siente atracción hacia personas de los dos sexos.

bisiesto adj. Se dice del año en que el mes de febrero tiene 29 días.

bisílabo, ba adj. De dos sílabas.

bismuto s. m. Elemento químico metálico de color blanco grisáceo; se usa en aleaciones y en la industria farmacéutica.

bisnieto, ta s. m. y f. Hijo o hija de los nietos de alguien. **SIN.** Biznieto.

bisojo, ja adj. y s. Bizco.

bisonte s. m. Rumiante de gran tamaño, con cuernos pequeños y una joroba. Vive en Europa oriental y América del Norte.

bisoñé s. m. Peluquín.

bisoño, ña adj. y s. Novato, principiante. **ANT.** Veterano.

bisté o **bistec** s. m. Filete de carne de vaca.

bisturí s. m. Instrumento con una hoja muy fina y afilada, usado por los cirujanos para hacer cortes.

bisutería s. f. Imitaciones de joyas hechas de materiales no preciosos.

bit (del ingl.) s. m. En informática, unidad básica de información. Se usa para medir la capacidad de memoria de un ordenador.

bitácora s. f. **1.** En los barcos, especie de armario donde se coloca la brújula. || **2. cuaderno de bitácora** Libro donde se anotan datos e incidentes de la navegación de un barco. También *blog.*

bíter s. m. Bebida de sabor amargo que se suele tomar como aperitivo.

bituminoso, sa adj. Que tiene betún o se parece al betún.

biunívoca adj. En matemáticas, se dice de la correspondencia entre dos conjuntos en que a cada elemento del primero le corresponde como máximo un elemento del segundo, y a cada elemento del segundo le corresponde a lo sumo uno del primero.

bivalvo, va adj. Se dice de los moluscos que tienen dos valvas o conchas.

bivitelino, na adj. Se dice de los gemelos nacidos de la fecundación de óvulos diferentes. **ANT.** Univitelino.

bizantino, na adj. y s. De Bizancio, antigua ciudad e imperio medieval.

bizarría s. f. Característica de la persona bizarra. **SIN.** Valentía, gallardía.

bizarro, rra adj. **1.** Valiente, intrépido. **2.** Apuesto, de buena presencia. **SIN. 1.** Valeroso, audaz. **2.** Gallardo, garboso. **ANT. 1.** Cobarde, miedoso.

bizco, ca adj. y s. Se dice de la persona que mira en distinta dirección con un ojo que con el otro. **SIN.** Bisojo, estrábico.

bizcocho s. m. Bollo hecho con harina, huevos y azúcar.

biznieto, ta s. m. y f. Bisnieto.

bizquear v. Ponerse bizco o padecer bizquera.

bizquera *s. f.* Defecto de la visión en que los ojos miran en distintas direcciones. **SIN.** Estrabismo.

blackjack (ingl.) *s. m.* Juego de cartas en el que gana el que hace veintiún puntos o se acerca más a ellos sin pasarse.

blanca *s. f.* **1.** Figura musical cuyo valor es la mitad de una redonda. **2.** Antigua moneda española. Actualmente se usa en la expresión **sin blanca**, 'sin dinero'.

blanco, ca *adj. y s. m.* **1.** Que tiene el color de la nieve o de la leche. ‖ *adj. y s.* **2.** Se dice de la raza humana de origen europeo y de las personas que pertenecen a ella. ‖ *s. m.* **3.** Objeto o punto hacia el que se dirige el disparo. **ANT. 1.** Negro.

blancura *s. f.* Propiedad de las cosas blancas. **ANT.** Negrura.

blancuzco, ca *adj.* De color blanco sucio.

blandengue *adj. y s.* Muy blando.

blandir *v.* Sostener de forma amenazadora un palo, arma o cosa parecida. ◻ Aunque tradicionalmente ha sido un v. defect. y solo se conjugaban las formas con una *i* en la raíz: *blandió*, en la actualidad se consideran correctas todas las formas de la conjugación: *blanden*.

blando, da *adj.* **1.** Que al tocarlo o hacer presión en ello se hunde fácilmente. ‖ *adj. y s.* **2.** Con pocas fuerzas, que resiste poco. **3.** Demasiado benévolo, que consiente mucho. **SIN. 2.** Enclenque, flojo. **3.** Indulgente. **ANT. 1.** Tieso. **1. y 3.** Duro, rígido. **3.** Severo.

blandura *s. f.* Característica de las cosas o personas blandas. **ANT.** Dureza.

blanquear *v.* **1.** Poner o ponerse blanca una cosa. **2.** Emplear en negocios legales el dinero que se ha obtenido de forma ilegal. **ANT. 1.** Ennegrecer.

blanquecino, na *adj.* De color más o menos blanco.

blanqueo *s. m.* Acción de blanquear: *blanqueo de dinero.*

blasfemar *v.* Decir blasfemias.

blasfemia *s. f.* Insulto a Dios, la Virgen, los santos o las cosas sagradas.

blasfemo, ma *adj. y s.* Que blasfema o contiene blasfemia.

blasón *s. m.* Escudo de armas y cada una de las figuras o símbolos que aparecen en él.

blástula *s. f.* Fase del desarrollo del embrión que sigue a la de mórula y en la que se forma una esfera hueca constituida por una sola capa de células.

blazer (ingl.) *s. m.* Chaqueta normalmente azul oscura, con botones metálicos y, a veces, un escudo en el bolsillo del pecho.

bledo Se utiliza en la expresión **importar** o **no importar un bledo**, 'no importar nada'.

blenda *s. f.* Mineral de color amarillento del que se obtiene el cinc.

blindado, da 1. *p.* de blindar. También *adj.* ‖ *adj.* **2.** Se dice de la unidad militar que tiene carros de combate y vehículos acorazados.

blindaje *s. m.* Lo que se utiliza para blindar.

blindar *v.* Proteger con planchas metálicas, por ejemplo, una puerta o un vehículo.

blíster *s. m.* Embalaje de plástico transparente y cartón para artículos de pequeño tamaño.

bloc *s. m.* Cuaderno con las hojas unidas de manera que se pueden pasar o arrancar fácilmente.

blocar *v.* **1.** Bloquear. **2.** En fútbol y balonmano, parar el portero el balón y protegerlo con el cuerpo. **3.** En boxeo, parar con los brazos o con los codos un golpe del contrario.

blog (del ingl.) *s. m.* Sitio en Internet en el que alguien registra regular y cronológicamente vivencias, sucesos, comentarios, etc., como si fuera un diario. Se llama también *bitácora* y *weblog.*

bloguero, ra *s. m. y f.* Persona que crea su propio blog en Internet y lo actualiza periódicamente.

blonda *s. f.* Encaje de seda que se utiliza en prendas de vestir.

bloque *s. m.* **1.** Trozo grande y duro de forma prismática. **2.** Conjunto de personas o cosas con alguna característica común: *un bloque de folios.* **3.** Manzana de edificios o edificio grande de viviendas.

bloquear *v.* Impedir la comunicación, el movimiento o funcionamiento de algo. **SIN.** Sitiar; paralizar. **ANT.** Desbloquear.

bloqueo *s. m.* Acción de bloquear. **SIN.** Cerco, sitio; paralización.

blu-ray (ingl.) *s. m.* Formato de disco compacto de gran capacidad que almacena datos en alta definición con una excelente calidad de imagen.

blue jeans (ingl.) *s. m. pl.* Pantalones vaqueros. **SIN.** Tejanos.

blues (ingl.) *s. m.* Canción y música de ritmo lento y tono triste, que tiene su origen en la población negra de los Estados Unidos.

bluetooth (ingl.) *s. m.* Sistema que permite la comunicación sin cables entre dispositivos electrónicos, como teléfonos móviles o auriculares.

blusa *s. f.* Tipo de camisa femenina.

bodyboard

blusón s. m. Blusa larga y suelta.

boa s. f. Serpiente americana de gran tamaño; no es venenosa, pero tiene mucha fuerza.

boato s. m. Lujo, pompa. **ANT**. Austeridad.

bobada s. f. Tontería.

bobalicón, na adj. y s. Bobo.

bóbilis Se usa en la expresión **de bóbilis bóbilis**, 'gratis' o 'sin ningún esfuerzo'.

bobina s. f. Carrete de hilo, alambre, película cinematográfica o cosas similares.

bobinadora s. f. Máquina que sirve para hacer bobinas.

bobo, ba adj. y s. Tonto, ingenuo. **SIN**. Estúpido, memo. **ANT**. Listo.

bobsleigh (ingl.) s. m. **1**. Deporte que consiste en deslizarse a gran velocidad en un trineo por una pista excavada en la nieve. **2**. Trineo especial que se utiliza en este deporte.

boca s. f. **1**. Abertura y cavidad del aparato digestivo por la que se introducen los alimentos; a los seres humanos les sirve también para hablar. **2**. Abertura, entrada o salida: *boca de metro*. **3**. Persona o animal que hay que alimentar. **4**. Órgano de la palabra: *Me enteré por boca de otros*. || **5. boca de riego** Surtidor de agua al que se une una manguera para regar calles y jardines. || **LOC. boca abajo** Bocabajo. **boca arriba** Bocarriba. **hacérsele** a alguien **la boca agua** Imaginar o ver una comida u otra cosa que gusta o se desea mucho.

bocabajo adv. En posición invertida o tendido con la cara hacia el suelo. □ Se escribe también *boca abajo*. **ANT**. Bocarriba.

bocacalle s. f. Calle menos importante que sale de otra principal.

bocadillo s. m. **1**. Trozo de pan abierto y relleno con algún alimento. **2**. En los cómics, especie de globo que encierra las palabras de un personaje.

bocado s. m. **1**. Cantidad de alimento que se toma de una vez. **2**. Mordisco. **3**. Parte del freno que entra en la boca de la caballería. || **4. bocado de Adán** Nuez de los hombres.

bocajarro Se usa en la expresión **a bocajarro**, 'desde muy cerca': *Le dispararon a bocajarro*. También, 'bruscamente': *Le dio a bocajarro la triste noticia*.

bocamanga s. f. Parte de la manga más cerca de la muñeca.

bocana s. f. Entrada de un puerto o de una bahía.

bocanada s. f. Aire o humo que sale o entra de una vez por la boca o por una abertura.

bocarriba adv. En posición normal o tendido de espaldas. □ Se escribe también *boca arriba*. **ANT**. Bocabajo.

bocata (marca registrada) s. m. fam. Bocadillo, pan relleno de algún alimento.

bocazas s. m. y f. fam. Persona que cuenta más cosas de las que debe. **SIN**. Boceras. **ANT**. Discreto.

bocera s. f. **1**. Resto de comida que queda pegado alrededor de los labios. **2**. Herida en las comisuras de los labios. || **boceras** s. m. y f. **3**. Bocazas. **SIN**. **2**. Boquera.

boceto s. m. Dibujo con los rasgos principales o ensayo de la obra que se quiere pintar, dibujar o esculpir. **SIN**. Esbozo, bosquejo, apunte.

bochinche s. m. Alboroto de gente que grita o riñe. **SIN**. Trifulca.

bochorno s. m. **1**. Calor agobiante. **2**. Vergüenza, apuro.

bochornoso, sa adj. **1**. Con bochorno o sus características: *un calor bochornoso*. **2**. Vergonzoso, humillante.

bocina s. f. **1**. Instrumento de los vehículos que produce un sonido de aviso. **2**. Instrumento con forma de cono para dar más fuerza a la voz. **SIN**. **1**. Claxon. **2**. Megáfono.

bocinazo s. m. Sonido producido con una bocina.

bocio s. m. Aumento de la glándula tiroides, lo que produce un bulto en el cuello.

boda s. f. Acto de casarse dos personas y fiesta con que se celebra. **SIN**. Matrimonio, nupcias.

bodega s. f. **1**. Lugar donde se guarda y cría el vino. **2**. Establecimiento donde se venden vinos y licores. **3**. Sótano que sirve de almacén. **4**. Compartimento de los barcos entre la cubierta inferior y la quilla. **SIN**. **2**. Taberna.

bodegón s. m. **1**. Pintura en la que se representan objetos sin vida, como utensilios de la casa o alimentos. **2**. Mesón o taberna.

bodeguero, ra s. m. y f. Dueño o encargado de una bodega de vino.

bodoque s. m. Adorno redondeado y en relieve que se hace en un bordado.

bodorrio s. m. Boda, sobre todo la que es vulgar y de mal gusto.

bodrio s. m. Cosa mal hecha. **SIN**. Bazofia, porquería.

body (ingl.) s. m. **1**. Maillot de gimnasia. **2**. Prenda femenina de una sola pieza, parecida a un bañador, a veces con mangas.

bodyboard (ingl.) s. m. Surf que se practica tumbado sobre una tabla pequeña.

bóer (del holandés) *adj.* y *s.* Nombre que se daba a los colonos de origen holandés que se establecieron en África del Sur.

bofe *s. m.* Pulmón, sobre todo el de las reses, utilizado como alimento.

bofetada *s. f.* Golpe que se da en la cara con la mano abierta. **SIN.** Bofetón, torta.

bofetón *s. m.* Bofetada dada con fuerza.

bofia *s. f.* En el lenguaje de los delincuentes, la policía.

boga[1] *s. f.* **1.** Pez marino de tonos claros, con tres o cuatro bandas a los lados. **2.** Pez de río pequeño, con hocico en punta y color pardo.

boga[2] *s. f.* Acción de bogar o remar. || **LOC. en boga** De moda.

bogar *v.* Remar.

bogavante *s. m.* Crustáceo marino parecido a la langosta, con dos grandes pinzas en el primer par de patas.

bogotano, na *adj.* y *s.* De Bogotá, capital de Colombia.

bohemio, mia *adj.* y *s.* **1.** De Bohemia, región checa. **2.** De vida poco corriente, diferente a la del resto de la sociedad.

boicot *s. m.* Conjunto de acciones contra una persona, nación o empresa para perjudicarla y obligarla a hacer alguna cosa.

boicotear *v.* Hacer el boicot contra alguien o algo.

boina *s. f.* Gorra redonda, plana y de una sola pieza, hecha de lana o fieltro.

boj *s. m.* Arbusto de hojas perennes y brillantes y madera amarillenta y muy dura, usada en ebanistería y xilografía.

bol *s. m.* Tazón sin asas. **SIN.** Cuenco.

bola *s. f.* **1.** Objeto en forma de esfera. **2.** Mentira, engaño. **SIN. 1.** Esfera, pelota. **2.** Trola, embuste.

bolardo *s. m.* **1.** Poste pequeño de hierro curvado al que se atan los barcos en los puertos. **2.** Poste metálico clavado en el suelo para que no aparquen los coches. **SIN. 1.** Noray.

boleadoras *s. f. pl.* Cuerdas trenzadas por un extremo y con unas bolas en el otro, que se usan en algunos países de Hispanoamérica para cazar.

bolera *s. f.* Local para jugar a los bolos.

bolero,·s. *m. s.* **1.** Canción lenta y triste originaria de las Antillas. **2.** Música y baile español de origen andaluz. **3.** Chaquetilla de mujer hasta la cintura.

boleta Se usa en la expresión **dar boleta** o **dar la boleta**, 'echar a alguien'.

boletería *s. f. Amér.* Taquilla, despacho de billetes o entradas.

boletero, ra *s. m.* y *f. Amér.* Persona que vende boletos para entrar en un lugar o para usar un medio de transporte.

boletín *s. m.* **1.** Libro o cuadernillo sobre alguna materia, que se publica cada cierto tiempo. **2.** Periódico en el que se publican asuntos oficiales, como leyes, oposiciones, etc. **SIN. 1.** Revista, gaceta.

boleto *s. m.* **1.** Papeleta de una rifa o un sorteo. **2.** *Amér.* Billete o entrada.

boliche *s. m.* Adorno o remate redondeado.

bólido *s. m.* **1.** Vehículo muy veloz, como los coches de carreras. **2.** Meteorito.

bolígrafo *s. m.* Objeto para escribir con un tubo de tinta y una bolita en la punta.

bolillo *s. m.* Cada uno de los palitos cilíndricos donde se van enrollando los hilos para hacer encajes y otras labores.

bolinga *adj. fam.* Borracho. **SIN.** Trompa.

bolívar *s. m.* Moneda de Venezuela.

boliviano, na *adj.* y *s.* **1.** De Bolivia, país de América del Sur. || *s. m.* **2.** Moneda de Bolivia.

bollera *s. f. vulg. desp.* Lesbiana.

bollería *s. f.* **1.** Establecimiento donde se hacen o venden bollos, pastas, etc. **2.** Estos alimentos. **SIN. 1.** Pastelería.

bollo *s. m.* **1.** Panecillo dulce de masa de harina cocida al horno. **2.** Abultamiento, abolladura. **3.** Jaleo, alboroto.

bolo *s. m.* **1.** Objeto en forma de botella que se emplea en varios juegos. || *s. m. pl.* **2.** Juego que consiste en lanzar una bola hacia un grupo de bolos y derribarlos. || **3. bolo alimenticio** Porción de alimento masticado que se traga de una vez.

bolsa[1] *s. f.* **1.** Pieza cerrada de tela, plástico, etc., para llevar cosas. **2.** Maleta o estuche flexible. **3.** Arruga, pliegue. **4.** Cavidad que contiene líquidos o gases. **SIN. 1.** Saco, talego.

bolsa[2] *s. f.* **1.** Conjunto de operaciones financieras como la compra y venta de acciones. Se llama también *bolsa de valores*. **2.** Edificio donde se realizan.

bolsillo *s. m.* **1.** Especie de bolsa en algunas prendas de ropa, para llevar cosas o como adorno. **2.** Bolsita o estuche para el dinero. **SIN. 2.** Monedero.

bolsista *s. m.* y *f.* Persona que trabaja realizando compras y ventas en una bolsa de valores.

bolso *s. m.* **1.** Bolsa que usan las mujeres para llevar sus cosas. **2.** Bolsillo de la ropa.

boludo, da *adj.* y *s. vulg.* En Argentina y Uruguay, tonto, imbécil.

bomba[1] *s. f.* Máquina o mecanismo para sacar, subir o comprimir líquidos y gases.

bomba[2] *s. f.* **1.** Objeto preparado para hacer explosión. **2.** Noticia que causa sensación. || **LOC. pasarlo bomba** Pasarlo muy bien. **SIN. 2.** Bombazo.

bombachas *s. f. pl.* En Argentina, bragas, prenda interior femenina.

bombacho *adj. y s. m.* Pantalón ancho, con los bordes inferiores recogidos y ajustados por debajo de la rodilla.

bombardear *v.* **1.** Lanzar bombas. **2.** Molestar con continuas llamadas, preguntas, etc. **SIN. 2.** Brear, acribillar.

bombardeo *s. m.* Acción de bombardear.

bombardero *s. m.* Avión que lanza bombas.

bombardino *s. m.* Instrumento musical de viento que tiene forma cónica, boca ancha y un tubo con pistones enrollado sobre sí mismo.

bombazo *s. m.* **1.** Explosión de una bomba. **2.** Noticia que causa gran impresión. **SIN. 2.** Campanada.

bombear *v.* **1.** Impulsar con bomba o de forma parecida un líquido o un gas. **2.** Lanzar una pelota formando una curva muy elevada.

bombeo *s. m.* Acción de bombear.

bombero, ra *s. m. y f.* Persona que tiene como oficio apagar incendios y prestar ayuda en otras emergencias.

bombilla *s. f.* Objeto para iluminar, formado por un globo de cristal con un hilo metálico que se pone incandescente al pasar la electricidad.

bombillo *s. m. Amér.* Bombilla eléctrica.

bombín *s. m.* Sombrero de ala estrecha y copa redondeada. **SIN.** Hongo.

bombo *s. m.* **1.** Tambor grande que se toca con una maza. **2.** Jaula esférica de donde se sacan al azar las papeletas o bolas de un juego. **3.** Propaganda o alabanza excesiva. **SIN. 3.** Publicidad.

bombón *s. m.* **1.** Trocito de chocolate, a veces relleno de licor o crema. **2.** *fam.* Persona muy atractiva.

bombona *s. f.* Recipiente cilíndrico para líquidos y gases.

bombonera *s. f.* Caja o recipiente para bombones.

bombonería *s. f.* Tienda donde se hacen o venden bombones y otros dulces.

bonachón, na *adj. y s.* Bueno y amable. **SIN.** Buenazo.

bonaerense *adj. y s.* De Buenos Aires, capital de Argentina.

bonanza *s. f.* **1.** Tranquilidad en el mar. **2.** Bienestar, prosperidad: *años de bonanza.* **SIN. 1.** Calma. **2.** Florecimiento, riqueza. **ANT. 1.** Tempestad. **2.** Decadencia.

bondad *s. f.* **1.** Característica de bueno. **2.** Amabilidad, cortesía: *Tenga la bondad de acompañarme.* **SIN. 1.** Virtud, honradez. **2.** Atención, deferencia. **ANT. 1.** Maldad. **2.** Descortesía.

bondadoso, sa *adj.* Bueno y amable. **SIN.** Benévolo. **ANT.** Malvado.

bonete *s. m.* Gorro que usaban antes los sacerdotes y que llevan los catedráticos y graduados en algunos actos. **SIN.** Birrete.

bongó (voz de origen africano) *s. m.* Instrumento musical de origen cubano, parecido al tambor.

boniato *s. m.* Batata, sobre todo la variedad de tubérculos muy dulces.

bonificación *s. f.* **1.** Aumento en lo que se va a cobrar o rebaja en lo que se va a pagar: *Tiene una bonificación en el seguro del coche.* **2.** En deporte, descuento en el tiempo empleado o aumento en los puntos conseguidos.

bonificar *v.* Dar una bonificación.

bonísimo, ma *adj. sup.* de **bueno**.

bonitero, ra *adj.* **1.** Del bonito: *la industria bonitera.* || *adj. y s. f.* **2.** Se dice de la embarcación que se emplea para la pesca del bonito.

bonito *s. m.* Pez marino parecido al atún, aunque más pequeño.

bonito, ta *adj.* **1.** Bello, agradable a la vista. **2.** Correcto, adecuado: *¿Te parece bonito lo que has dicho?* **SIN. 1.** Hermoso, lindo. **ANT. 1. y 2.** Feo.

bono *s. m.* **1.** Vale para cambiar por algún producto o por dinero. **2.** Tarjeta de abono.

bonobús *s. m.* Abono para el autobús.

bonometro *s. m.* Abono para el metro.

bonsái *s. m.* Árbol en miniatura, obtenido mediante una técnica japonesa de cultivo.

bonzo *s. m.* Sacerdote budista.

boñiga *s. f.* Excremento de vaca y otros animales.

boñigo *s. m.* Bola de excremento.

boom (ingl.) *s. m.* Importancia o éxito que tiene algo de repente: *boom turístico.*

boomerang (ingl.) *s. m.* Bumerán.

boqueada *s. f.* Acción de boquear.

boquear *v.* Abrir la boca repetidas veces: *Los peces boquean.*

boquera *s. f.* Herida en las comisuras de los labios. **SIN.** Bocera.

boquerón *s. m.* Pez marino parecido a la sardina, pero más pequeño, muy usado en alimentación.

boquete *s. m.* Agujero, abertura, rotura.

boquiabierto, ta *adj.* Muy sorprendido. **SIN.** Pasmado, atónito.

boquilla *s. f.* **1.** En los instrumentos musicales de viento, pieza por donde se sopla. **2.** Parte de la pipa o del cigarro que se introduce en la boca. **3.** Tubito donde se mete el cigarro para fumarlo. || **LOC. de boquilla** Sin intención de hacer lo que se dice.

borbotar o **borbotear** *v.* Formar burbujas y hacer ruido un líquido al hervir.

borbotón *s. m.* Burbuja en un líquido, por ejemplo, cuando hierve. || **LOC. a borbotones** Con fuerza y de forma no continua: *El agua salía a borbotones de la tubería rota.*

borda *s. f.* Borde del costado de un barco. || **LOC. echar** (o **tirar**) algo **por la borda** Echar a perder una cosa, desperdiciarla.

bordado, da 1. *p.* de **bordar**. También *adj.* || *adj.* **2.** Perfecto, sin fallos. || *s. m.* **3.** Labor de costura con que se hacen dibujos y adornos en relieve.

bordador, ra *s. m.* y *f.* Persona que tiene como oficio bordar.

bordar *v.* **1.** Hacer bordados. **2.** Hacer algo muy bien: *Aquel actor bordaba su papel.*

borde[1] *s. m.* Orilla, extremo. || **LOC. al borde de** Muy cerca: *Estuvo al borde de la muerte.* **SIN.** Límite, margen.

borde[2] *adj.* y *s.* Grosero, antipático o que tiene mala idea.

bordear *v.* **1.** Ir por el borde o cerca del borde. **2.** Rodear.

bordillo *s. m.* Borde de una acera, andén o de algo parecido.

bordo Se usa en la expresión **a bordo**, 'dentro de un barco o avión'.

bordón *s. m.* **1.** Cuerda más gruesa de un instrumento musical, que emite los sonidos más graves. **2.** Bastón alto de los peregrinos. **3.** Verso corto que sirve de estribillo.

boreal *adj.* Del Polo Norte o del hemisferio norte. **SIN.** Ártico. **ANT.** Austral, antártico.

bórico, ca *adj.* Se dice de un ácido usado como desinfectante y conservante.

borla *s. f.* **1.** Adorno hecho con hilos o cordoncillos unidos sobre por un extremo. **2.** Bola de material suave para extender un cosmético. **SIN. 1.** y **2.** Pompón.

borne *s. m.* Pieza metálica en forma de botón o varilla para conectar una máquina o aparato eléctrico al hilo conductor de la corriente.

boro *s. m.* Elemento químico de color oscuro y muy duro, a veces empleado en lugar del diamante.

borra *s. f.* Desperdicio de la lana y del algodón usado para rellenar cojines y colchones.

borrachera *s. f.* Estado de la persona borracha. **SIN.** Cogorza, curda.

borracho, cha *adj.* y *s.* **1.** Que está bajo los efectos del alcohol. **2.** Que toma muchas bebidas alcohólicas. || *adj.* y *s. m.* **3.** Se dice del bizcocho o pastel empapado en vino o licor. **SIN. 1.** Ebrio, bebido. **2.** Bebedor. **ANT. 1.** Sobrio. **2.** Abstemio.

borrador *s. m.* **1.** Goma de borrar. **2.** Paño u otra cosa para borrar la pizarra. **3.** Escrito que luego se corrige y se pasa a limpio.

borraja *s. f.* **1.** Planta de huerta con pelos en hojas y tallos y flores azules. || **2. agua de borrajas** Ver agua.

borrajear *v.* Trazar rayas o hacer dibujos por entretenimiento o para probar la pluma o el bolígrafo. **SIN.** Emborronar.

borrar *v.* **1.** Hacer desaparecer lo que está escrito o dibujado. **2.** Hacer desaparecer algo, por ejemplo, un recuerdo. **3.** Dejar un grupo o actividad: *Se ha borrado de Inglés.* **SIN. 1.** y **2.** Eliminar, suprimir. **ANT. 3.** Inscribirse.

borrasca *s. f.* **1.** Zona de bajas presiones en la atmósfera que provoca lluvias y mal tiempo. **2.** Tormenta en el mar. **ANT. 1.** Anticiclón.

borrascoso, sa *adj.* **1.** Que causa borrascas o las padece: *viento borrascoso, zonas borrascosas.* **2.** Poco claro, complicado o sospechoso: *un pasado borrascoso.* **SIN. 2.** Turbulento. **ANT. 1.** Anticiclónico.

borrego, ga *s. m.* y *f.* **1.** Oveja de uno o dos años. || *adj.* y *s.* **2.** Persona sin ideas propias que se deja llevar por las demás. **SIN. 2.** Infeliz, apocado.

borrico, ca *s. m.* y *f.* **1.** Asno, burro. || *adj.* y *s.* **2.** Persona ignorante o bruta. **3.** Cabezota, terco: *ponerse borrico.* **SIN. 2.** Torpe, necio. **3.** Tozudo.

borriquero *adj.* Se dice de una especie de cardo con flores rosadas.

borriqueta o **borriquete** *s. f.* o *m.* Soporte de carpintero formado por tres maderos cruzados.

borrón *s. m.* Mancha, tachadura.

borroso, sa *adj.* Que no se ve o no se distingue con claridad. **SIN.** Desdibujado, impreciso. **ANT.** Nítido.

borujo *s. m.* Burujo, grumo.

bosnio, nia *adj.* y *s.* De Bosnia-Herzegovina, país de Europa.

boxear

bosque *s. m.* Terreno con muchos árboles y arbustos.

bosquejar *v.* Hacer un bosquejo. **SIN.** Esbozar, bocetar.

bosquejo *s. m.* Boceto, esbozo.

bosquimano, na o **bosquimán, na** *adj. y s.* De un pueblo del sudeste de África, de raza negra y baja estatura.

bostezar *v.* Abrir la boca involuntariamente y aspirando con fuerza por sueño, aburrimiento o debilidad.

bostezo *s. m.* Acción de bostezar.

bota[1] *s. f.* Recipiente de cuero para guardar vino y beberlo de él. **SIN.** Odre.

bota[2] *s. f.* **1.** Calzado que cubre el pie y una parte de la pierna. **2.** Calzado para jugar al fútbol. ‖ **LOC. ponerse las botas** Comer mucho; también, sacar gran beneficio de algo.

botadura *s. f.* Acción de botar un barco.

botafumeiro *s. m.* Incensario.

botalón *s. m.* Palo largo que se puede sacar fuera de la embarcación para diversos usos.

botánica *s. f.* Ciencia que estudia las plantas.

botánico, ca *adj.* **1.** Relacionado con la botánica. ‖ *s. m. y f.* **2.** Persona que se dedica a la botánica.

botar *v.* **1.** Salir despedido algo al chocar contra una superficie. **2.** Saltar. **3.** Echar al agua un barco nuevo o recién reparado. **4.** Expulsar, echar.

botarate *s. m. y f.* Persona alocada. **SIN.** Atolondrado, informal.

botavara *s. f.* Palo horizontal apoyado en el mástil, que sujeta la vela en forma de trapecio situada en la popa de algunos barcos.

bote[1] *s. m.* Salto que se da al botar.

bote[2] *s. m.* Recipiente, generalmente cilíndrico, para guardar o envasar cosas. ‖ **LOC. chupar del bote** Sacar beneficio de algo sin hacer esfuerzos. **tener en el bote** Conquistar, ganarse la voluntad de alguien. **SIN.** Tarro, frasco.

bote[3] *s. m.* Embarcación pequeña, con remos y sin cubierta. **SIN.** Barca.

bote[4] Se usa en la expresión **de bote en bote**, 'totalmente lleno'.

botella *s. f.* Recipiente alto y de cuello estrecho para contener líquidos.

botellero *s. m.* Mueble, recipiente u otra cosa para colocar botellas.

botellín *s. m.* Botella pequeña, sobre todo la de cerveza.

botepronto Se usa en la expresión **a botepronto**, 'inmediatamente después de botar':

chutar a botepronto; también, 'de repente', 'de improviso'.

botica *s. f.* Farmacia.

boticario, ria *s. m. y f.* Farmacéutico.

botija *s. f.* Vasija de barro redondeada, de cuello corto y estrecho.

botijo *s. m.* Vasija redondeada, de barro, con una boca a un lado y un pitorro al otro para beber.

botín[1] *s. m.* Bota hasta el tobillo.

botín[2] *s. m.* Dinero o ganancia obtenidas en un robo, del enemigo en la guerra, etc. **SIN.** Trofeo.

botiquín *s. m.* Habitación, armario o estuche empleado para guardar medicinas, vendas y otras cosas.

boto *s. m.* Bota alta para montar a caballo.

botón *s. m.* **1.** Pieza usada para abrochar una prenda de vestir. **2.** Pieza, generalmente redonda, que se aprieta para hacer funcionar algunos instrumentos o aparatos. **3.** Yema de una planta. ‖ **botones 4.** Muchacho que en hoteles, bancos y otros establecimientos se encarga de hacer recados y otros servicios.

botonadura *s. f.* Botones de una prenda de vestir.

bótox (marca registrada) *s. m.* Toxina que causa el botulismo y se usa en tratamientos estéticos contra las arrugas de la cara.

botulismo *s. m.* Envenenamiento que se produce al comer algunos alimentos mal conservados; puede ser muy grave y causar la muerte.

bouquet (fr.) *s. m.* Buqué.

boutique (fr.) *s. f.* Tienda de ropa y complementos de moda.

bóveda *s. f.* Techo de forma curva y abombada.

bóvido *adj. y s. m.* Se dice de los rumiantes con cuernos sin ramificar, como los toros, bisontes, antílopes y cabras.

bovino, na *adj.* **1.** Del toro, la vaca o el buey, o relacionado con ellos: *ganado bovino.* **2.** Se dice de los rumiantes de gran tamaño, como el toro o el búfalo, con los cuernos lisos y curvados, el hocico ancho y sin pelo y la cola larga.

box (del ingl.) *s. m.* **1.** Compartimento individual donde se colocan los caballos a la salida de una carrera. **2.** Lugar donde están los servicios mecánicos en los circuitos de carreras de coches y motos. **3.** En algunos lugares, cabina o compartimento individual.

boxeador, ra *s. m. y f.* Persona que se dedica al boxeo. **SIN.** Púgil.

boxear *v.* Practicar el boxeo.

boxeo *s. m.* Deporte que consiste en la lucha entre dos contendientes que utilizan solo los puños.

bóxer (del ingl.) *s. m.* y *f.* **1.** Perro de tamaño mediano, hocico chato, pelo corto y estructura fuerte. || *s. m.* **2.** Calzoncillo parecido a un pantalón corto.

boy scout (ingl.) *s. m.* Scout.

boya *s. f.* Objeto flotante sujeto al fondo del mar, de un río, etc., que marca una zona o avisa de un peligro.

boyante *adj.* Favorable, que marcha bien. **SIN.** Próspero, floreciente. **ANT.** Precario.

bozal *s. m.* Objeto que se pone en el hocico de un animal para que no muerda o no coma.

bozo *s. m.* Vello que sale encima del labio superior. **SIN.** Pelusa.

bracear *v.* Mover mucho los brazos, por ejemplo, para librarse de algo o para nadar.

bracero *s. m.* Jornalero.

bráctea *s. f.* Hoja que nace del pedúnculo de algunas flores.

braga *s. f.* Prenda interior de mujer y bebé, que cubre la parte inferior del tronco y tiene dos aberturas para las piernas.

bragado, da *adj.* **1.** Se dice del animal con la entrepierna de distinto color que el resto del cuerpo: *toro negro bragado.* **2.** Valiente, decidido.

bragazas *s. m.* Hombre que se deja dominar con facilidad, sobre todo por su mujer.

braguero *s. m.* Aparato o vendaje para contener las hernias.

bragueta *s. f.* Abertura de la parte de delante de los pantalones. **SIN.** Portañuela.

braguetazo Se usa en la expresión **dar el braguetazo**, 'casarse un hombre pobre con una mujer muy rica'.

brahmán (del sánscrito) *s. m.* Miembro de la casta sacerdotal de la India.

brahmanismo *s. m.* Sistema religioso y social de la India.

braille *s. m.* Sistema de escritura para ciegos en que el alfabeto se representa mediante puntos en relieve, que se leen con los dedos.

bramante *s. m.* Hilo grueso de cáñamo. **SIN.** Guita.

bramar *v.* Dar bramidos. **SIN.** Mugir, berrear.

bramido *s. m.* Sonido que emiten animales como el toro, el bisonte o el ciervo. **SIN.** Mugido.

brandy (ingl.) *s. m.* Licor parecido al coñac.

branquia *s. f.* Órgano respiratorio de los peces y otros animales acuáticos. **SIN.** Agalla.

branquial *adj.* De las branquias o relacionado con ellas.

brasa *s. f.* Trozo de madera, carbón u otra materia que arde sin fuego. **SIN.** Ascua, rescoldo.

brasear *v.* Asar a la brasa.

brasero *s. m.* Recipiente de metal donde se hacía lumbre para calentarse. Actualmente funciona con electricidad.

brasileño, ña *adj.* y *s.* De Brasil, país de América del Sur.

bravata *s. f.* Fanfarronada con que se amenaza a alguien.

bravío, a *adj.* Se dice del animal salvaje, difícil de domesticar. **SIN.** Bravo. **ANT.** Manso.

bravo, va *adj.* **1.** Valiente, luchador. **2.** Se dice del animal salvaje o fiero: *toro bravo.* **3.** De mal genio. || *interj.* **4.** En algunos espectáculos, se usa para expresar que han sido muy buenos. **SIN.** **1.** Valeroso, intrépido. **2.** Indómito, bravío. **ANT.** **1.** Cobarde. **2.** Doméstico, manso.

bravucón, na *adj.* y *s.* Fanfarrón, que presume de valiente.

bravuconada *s. f.* Lo que hace o dice una persona bravucona. **SIN.** Fanfarronada.

bravuconería *s. f.* Característica de la persona bravucona.

bravura *s. f.* **1.** Característica de los animales bravos, sobre todo de los toros de lidia. **2.** Valentía, coraje. **SIN.** **1.** Fiereza. **2.** Valor, arrojo. **ANT.** **1.** Mansedumbre. **2.** Cobardía.

braza *s. f.* **1.** Unidad de longitud usada en la Marina, que equivale a 1,67 metros. **2.** Estilo de natación en el que se avanza encogiendo y estirando los brazos y las piernas.

brazada *s. f.* Cada movimiento con el brazo que hace una persona al nadar o al remar.

brazalete *s. m.* **1.** Pulsera que rodea el brazo por encima de la muñeca. **2.** Tira de tela que se pone en el brazo como distintivo.

brazo *s. m.* **1.** Extremidad superior del cuerpo humano. **2.** Pata delantera de los cuadrúpedos. **3.** Tentáculo o extremidad de los pulpos, estrellas de mar y otros animales. **4.** Parte de un sillón, butaca, etc., para apoyar los brazos. **5.** Cada una de las partes o ramas en que se divide o ramifica algo: *los brazos de una lámpara, de la balanza.* || **6. brazo de gitano** Pastel de bizcocho enrollado en forma de cilindro. **7. brazo derecho** Persona de confianza de alguien. **8. un brazo de mar** Persona muy arreglada o elegante. || **LOC. de brazos cruzados** Sin hacer nada. **no dar** alguien **su brazo a torcer** Mantenerse firme, no cambiar de opinión.

brocal

brazuelo s. m. Parte de la pata delantera de los cuadrúpedos entre el codillo y la rodilla.

brea s. f. Sustancia espesa y pegajosa que se obtiene de la madera de algunos árboles o del carbón mineral. Se usa, mezclada con otras sustancias, para tapar las junturas de la madera de los barcos.

breakdance (ingl.) s. m. Baile en el que se hacen movimientos complicados, a veces, como los de un robot.

brear v. Acribillar: brear a picotazos, a preguntas.

brebaje s. m. Bebida de aspecto o sabor desagradable. SIN. Pócima.

breca s. f. Pagel, pez marino de color rosado, parecido al besugo, pero más pequeño.

brecha s. f. **1.** Herida hecha en la cabeza. **2.** Agujero en un muro o pared. SIN. 2. Boquete, fisura.

brécol s. m. Hortaliza parecida a la coliflor, de color verde oscuro.

brega s. f. **1.** Trabajo, ajetreo. **2.** Lucha, pelea.

bregar v. Trabajar salvando dificultades, con personas o cosas que dan problemas. SIN. Luchar, pelear.

breña s. f. Terreno irregular y lleno de maleza.

brete s. m. Aprieto, situación difícil. SIN. Apuro, compromiso.

bretón, na adj. y s. De Bretaña, región de Francia.

breva s. f. Primer fruto de la higuera, oscuro y más grande que el higo.

breve adj. De poca extensión o duración. SIN. Corto, conciso. ANT. Largo.

brevedad s. f. Característica de breve: Lo expuso con brevedad. SIN. Concisión, prontitud. ANT. Amplitud, largura.

breviario s. m. Libro con los rezos de todo el año, usado por los sacerdotes y religiosos.

brezo s. m. Arbusto de madera muy dura y raíces gruesas, usadas para hacer carbón.

bribón, na adj. y s. Persona que engaña o estafa. SIN. Pícaro, pillo.

bribonada s. f. Acción o comentario propios de un bribón.

bricolaje s. m. Trabajos manuales y pequeños arreglos hechos en casa por alguien que no es profesional.

brida s. f. Freno del caballo con las riendas y el correaje para guiarlo.

bridge (ingl.) s. m. Cierto juego de cartas con baraja francesa.

brie (fr.) s. m. Queso francés muy cremoso, cubierto de una capa blanca.

brigada s. f. **1.** Unidad militar formada por dos o más regimientos. **2.** Grupo de personas que se reúnen para una misión: una brigada de salvamento. || s. m. **3.** Grado militar entre sargento y subteniente. SIN. 2. Equipo, cuadrilla.

brigadier (del fr.) s. m. Nombre que se les daba antiguamente a ciertos jefes militares.

brik (sueco, marca registrada) s. m. Tetra brik.

brillante adj. **1.** Que brilla. **2.** Muy bueno, magnífico. || s. m. **3.** Diamante tallado. SIN. 1. Reluciente, luminoso. 2. Sobresaliente. ANT. 1. Mate. 2. Gris.

brillantez s. f. Característica de brillante.

brillantina s. f. Producto para fijar el pelo y darle brillo.

brillar v. **1.** Despedir luz. **2.** Tener mucho brillo. **3.** Destacar, sobresalir. || LOC. **brillar algo por su ausencia** No haber de algo. SIN. 1. y 2. Resplandecer, relucir. ANT. 1. Apagarse.

brillo s. m. Luz que procede de algún cuerpo que la tiene o la refleja. SIN. Resplandor, fulgor.

brincar v. Dar brincos. SIN. Saltar, botar.

brinco s. m. Pequeño salto. SIN. Bote.

brindar v. **1.** Expresar un deseo en el momento en que se va a beber, levantando las copas y chocándolas. **2.** Proporcionar, ofrecer: No puedes desaprovechar la oportunidad que te brindan. || **brindarse 3.** Ofrecerse para algo. SIN. 3. Prestarse.

brindis s. m. Acción de brindar.

brío s. m. Fuerza, energía. SIN. Ímpetu, ánimo. ANT. Desgana.

brioche (fr.) s. m. Bollo muy esponjoso, parecido a una magdalena grande.

briofita adj. y s. f. Se dice de las plantas con clorofila, pero sin hojas, raíces y tallos verdaderos, por ejemplo, los musgos.

brioso, sa adj. Que tiene brío. SIN. Enérgico, impetuoso.

brisa s. f. Viento suave.

brisca s. f. Cierto juego de cartas con baraja española.

británico, ca adj. y s. Del Reino Unido, país de Europa.

brizna s. f. Parte muy pequeña o fina de algo, sobre todo de una planta: una brizna de hierba. SIN. Hebra.

broca s. f. Barrena de una taladradora.

brocado s. m. Tejido con los dibujos en relieve.

brocal s. m. Pared que rodea la boca de un pozo.

brocha *s. f.* Utensilio formado por un conjunto de cerdas unidas a un mango; se emplea para pintar y otros usos.

brochazo *s. m.* Cada pasada con la brocha.

broche *s. m.* 1. Conjunto de dos piezas que se enganchan para cerrar algo. 2. Joya o adorno que se lleva prendido en la ropa. ‖ LOC. **broche de oro** Final brillante y feliz.

brocheta *s. f.* Varilla con trozos de alimentos ensartados que se hacen a la parrilla.

broma *s. f.* 1. Chiste o gracia sin mala intención. 2. Cosa fastidiosa: *Vaya broma, castigado sin salir.* ‖ 3. **broma pesada** La que es desagradable y no resulta graciosa. SIN. 2. Guasa, pitorreo.

bromear *v.* Decir o hacer bromas.

bromista *adj. y s.* Persona a la que le gusta hacer bromas. SIN. Gracioso, guasón.

bromo *s. m.* Elemento químico no metálico; es un líquido de color rojo, venenoso y corrosivo, que se evapora fácilmente.

bronca *s. f.* Discusión o regañina fuerte. SIN. Pelea; reprimenda.

bronce *s. m.* Aleación de cobre y estaño, de color rojizo.

bronceado, da 1. *p.* de **broncear**. También *adj.* ‖ *s. m.* 2. Acción de broncear o broncearse. SIN. 2. Moreno.

bronceador, ra *adj. y s. m.* Producto para broncear.

broncear *v.* Poner moreno. SIN. Tostar.

bronco, ca *adj.* 1. Se dice del sonido o la voz grave y desagradable. 2. De mal carácter, malhumorado. SIN. 1. Ronco. 2. Brusco. ANT. 1. Suave. 2. Amable.

bronconeumonía *s. f.* Inflamación de los bronquiolos y de uno o varios lóbulos pulmonares.

bronquial *adj.* De los bronquios.

bronquio *s. m.* Cada uno de los conductos que unen la tráquea con los pulmones.

bronquiolo o **bronquíolo** *s. m.* Cada una de las ramificaciones en que se dividen los bronquios dentro de los pulmones.

bronquitis *s. f.* Inflamación de los bronquios.

brontosaurio *s. m.* Dinosaurio herbívoro de gran tamaño, con la cabeza pequeña y el cuello y la cola muy largos.

brotar *v.* Nacer, surgir, por ejemplo, las plantas de la tierra y el agua de los manantiales. SIN. Germinar; manar.

brote *s. m.* Acción de brotar y cosa que brota. SIN. Yema.

broza *s. f.* Conjunto de hojas secas, ramas y cortezas de las plantas.

bruces Se usa en la expresión **de bruces**, 'con la cara hacia el suelo' o 'de frente': *Se cayó de bruces. Chocó de bruces con una señora.*

bruja *s. f.* 1. Mujer que tiene poderes mágicos. 2. Mujer malvada. SIN. 1. Hechicera. 2. Arpía.

brujería *s. f.* Hechicería.

brujo *s. m.* Hombre que tiene poderes mágicos. SIN. Hechicero.

brújula *s. f.* Instrumento para orientarse, con una aguja imantada que gira y señala hacia el norte.

brujulear *v.* Ir de un sitio a otro buscando algo o con alguna intención.

bruma *s. f.* Niebla poco densa. SIN. Neblina.

brumoso, sa *adj.* Con bruma: *un día brumoso.* SIN. Nebuloso.

bruñido, da 1. *p.* de **bruñir**. También *adj.* ‖ *s. m.* 2. Acción de bruñir. SIN. 1. y 2. Pulido.

bruñir *v.* Sacar brillo. □ Es v. irreg. Se conjuga como *mullir*. SIN. Pulir, abrillantar.

brusco, ca *adj.* 1. Repentino y violento. 2. Poco amable o delicado. SIN. 1. Imprevisto. 2. Rudo, grosero. ANT. 1. Suave. 2. Cortés.

bruselense *adj. y s.* De Bruselas, capital de Bélgica.

brusquedad *s. f.* Característica de brusco. SIN. Rudeza, grosería. ANT. Suavidad, delicadeza.

brut (del fr.) *adj. y s. m.* Se dice de los vinos blancos espumosos muy secos.

brutal *adj.* 1. Violento, cruel. 2. Muy grande o intenso. SIN. 1. Salvaje, despiadado. 1. y 2. Bestial. 2. Tremendo.

brutalidad *s. f.* Característica o acción propia de alguien cruel, violento o que abusa de su fuerza física. SIN. Crueldad, atrocidad.

bruto, ta *adj. y s.* 1. Ignorante, poco inteligente. 2. Violento, que abusa de la fuerza física. 3. Maleducado. ‖ *adj.* 4. Se dice de una cantidad de dinero completa, sin descuentos. SIN. 1. Necio. 1. y 2. Bestia, burro. 3. Grosero, ordinario. ANT. 3. Educado. 4. Neto, líquido.

buba *s. f.* Bulto lleno de pus que sale en alguna parte del cuerpo. SIN. Pústula.

bubónico, ca *adj.* Se dice de un tipo de peste que produce bubas.

bucal *adj.* De la boca o relacionado con ella: *la cavidad bucal.*

bucanero *s. m.* Pirata que robaba en las posesiones españolas de América durante los siglos XVII y XVIII.

búcaro *s. m.* Florero, jarrón.

buceador, ra *s. m. y f.* Persona que bucea.

bullanguero

bucear v. Nadar por debajo del agua.

buceo s. m. Acción de bucear. **SIN.** Submarinismo.

buche s. m. **1.** Bolsa que tienen las aves antes del estómago, donde se ablanda el alimento. **2.** fam. Panza, barriga.

bucle s. m. Rizo muy marcado.

bucólico, ca adj. Se dice de la poesía que trata de manera idealizada la vida del campo y el amor entre pastores y pastoras. **SIN.** Pastoril.

budín s. m. Pudin.

budismo s. m. Religión fundada por Buda y que se practica sobre todo en Asia.

budista adj. y s. Del budismo o que lo practica.

buen adj. apóc. de **bueno**.

buenamente adv. Dentro de las posibilidades de alguien: *Lo haré cuando buenamente pueda.*

buenaventura s. f. **1.** Buena suerte. **2.** Adivinación del futuro.

buenazo, za adj. y s. Bueno, tranquilo y algo ingenuo. **SIN.** Bonachón. **ANT.** Malo.

bueno, na adj. y s. **1.** Que está bien según la moral, que piensa o actúa de acuerdo con ella. ‖ adj. **2.** De cualidades positivas. **3.** Sano: *ponerse bueno.* **4.** Conveniente, agradable. **5.** Gracioso o chocante: *Anda qué bueno, van vestidos iguales.* ‖ adv. **6.** Se emplea para aceptar algo o decir que sí: *–¿Me lo prestas? –Bueno.* ‖ **LOC. de buenas** Contento, de buen humor: *estar de buenas.* **de buenas a primeras** De repente, de improviso. **por las buenas** Sin usar la fuerza. **SIN. 1.** Honrado, bondadoso. **3.** Curado, restablecido. **4.** Provechoso. **5.** Divertido. **6.** Vale. **ANT. 1.** a **5.** Malo. **3.** Enfermo. **4.** Inadecuado.

buey s. m. **1.** Toro castrado. ‖ **2. buey almizclero** Mamífero rumiante de Europa y Asia. **3. buey de mar** Cangrejo marino de gran tamaño. Se utiliza en alimentación.

búfalo s. m. **1.** Mamífero rumiante, parecido al toro, con cuernos largos, algo caídos y muy curvados. **2.** Bisonte americano.

bufanda s. f. Prenda alargada y estrecha para abrigar o adornar el cuello.

bufar v. Resoplar con fuerza el toro, el caballo y otros animales.

bufé s. m. **1.** Mesa o lugar con diferentes platos y bebidas, para que la gente se sirva. **2.** Comida así servida.

bufete s. m. **1.** Despacho de un abogado. **2.** Escritorio con cajones. **SIN. 2.** Buró.

buffer (ingl.) s. m. En informática, memoria que permite seguir trabajando mientras se traslada la información de un dispositivo a otro.

bufido s. m. **1.** Sonido que emiten los animales al bufar. **2.** Palabra brusca, mala contestación. **SIN. 2.** Gruñido.

bufo, fa adj. Cómico; se dice sobre todo de un tipo de ópera.

bufón s. m. Persona que vivía en palacio y se encargaba de divertir a los reyes y cortesanos.

bufonada s. f. Tontería, estupidez, cosa que pretende ser graciosa sin conseguirlo.

buganvilla s. f. Planta tropical, trepadora o en forma de arbusto, con flores pequeñas y muy vistosas.

buggy (ingl.) s. m. Coche todoterreno, descapotable y con las ruedas muy anchas.

buhardilla s. f. **1.** Piso que está inmediatamente debajo del tejado y suele tener el techo inclinado. **2.** Ventana que sobresale por encima del tejado de las casas.

búho s. m. Ave rapaz nocturna con plumaje suave y esponjoso, grandes ojos y dos mechones de plumas a modo de orejas.

buhonero, ra s. m. y f. Vendedor ambulante de cosas de poco valor.

buitre s. m. **1.** Ave rapaz de gran tamaño, con la cabeza y el cuello generalmente desnudos, que se alimenta de carroña. **2.** Persona que se aprovecha de los demás.

buitrear v. Aprovecharse una persona de otra, sobre todo cogiéndole sus cosas. **SIN.** Gorronear.

bujía s. f. Pieza del motor de algunos vehículos que produce la chispa que inflama el combustible.

bula s. f. Documento por el que el papa concede algún beneficio.

bulbo s. m. **1.** Tallo subterráneo de forma redondeada de vegetales como la cebolla o el tulipán. **2.** Parte abultada y blanda de algunos órganos. ‖ **3. bulbo raquídeo** Parte del encéfalo que regula la actividad de los órganos internos.

bulerías s. f. pl. Cante y baile popular andaluz.

bulevar s. m. Calle ancha con un paseo central.

búlgaro, ra adj. y s. **1.** De Bulgaria, país de Europa. ‖ s. m. **2.** Lengua de este país.

bulimia s. f. Enfermedad que consiste en comer de manera compulsiva e insaciable.

bulla s. f. Alboroto, jaleo. **SIN.** Follón. **ANT.** Tranquilidad.

bullanguero, ra adj. y s. Se dice de la persona a la que le gusta la juerga.

bulldog (ingl.) *s. m.* Perro de presa de mediano tamaño, muy robusto y con el morro chato.

bulldozer (ingl.) *s. m.* Excavadora provista de una plancha curvada de acero que se maneja con un brazo móvil.

bullicio *s. m.* Jaleo, ruido, animación. **SIN.** Bulla, jolgorio. **ANT.** Silencio, calma.

bullicioso, sa *adj.* Que arma bullicio o tiene bullicio. **SIN.** Ruidoso. **ANT.** Silencioso.

bullir *v.* **1.** Hervir un líquido. **2.** Agitarse, tener gran actividad. □ Es v. irreg. Se conjuga como *mullir*. **SIN.** 2. Trajinar.

bullying (ingl.) *s. m.* Acoso escolar entre estudiantes.

bulo *s. m.* Mentira, noticia falsa. **SIN.** Habladuría. **ANT.** Verdad.

bulto *s. m.* **1.** Saliente redondeado en una superficie. **2.** Volumen de una cosa, lo que ocupa. **3.** Maleta, paquete. ‖ **LOC. a bulto** De manera aproximada. **escurrir** alguien **el bulto** Evitar un trabajo, compromiso, etc. **SIN.** 1. Abultamiento, protuberancia.

bumerán o **búmeran** *s. m.* Arma de los primitivos australianos, formada por una lámina curva que, al lanzarla, gira y vuelve al sitio inicial.

bungaló o *bungalow* (*bungalow* es ingl.) *s. m.* Chalé pequeño de un solo piso.

búnker (del al.) *s. m.* **1.** Fortificación militar de gruesos muros. **2.** Refugio subterráneo contra bombardeos.

buñuelo *s. m.* **1.** Pastelillo de masa frita en forma de bola o de rosca hueca. ‖ **2. buñuelo de viento** El que está relleno de nata, cabello de ángel u otras cremas.

buque *s. m.* Barco grande. **SIN.** Navío.

buqué *s. m.* Olor y sabor de los buenos vinos.

burbuja *s. f.* **1.** Pompa de gas que se forma en un líquido y sale a la superficie. **2.** Flotador que se ata a la espalda.

burbujear *v.* Hacer burbujas un líquido. **SIN.** Bullir.

burdel *s. m.* Casa o local de prostitutas. **SIN.** Prostíbulo.

burdeos *s. m.* **1.** Vino tinto elaborado en Burdeos, ciudad de Francia. **2.** Color rojo oscuro algo morado, como el de este vino.

burdo, da *adj.* Ordinario, vulgar. **SIN.** Tosco. **ANT.** Fino.

bureo *s. m.* Juerga, diversión.

burgalés, sa *adj.* y *s.* De Burgos, ciudad y provincia españolas.

burger (ingl.) *s. m.* Hamburguesería.

burgo *s. m.* Ciudad amurallada de la Edad Media.

burgués, sa *adj.* y *s.* **1.** De la clase social media acomodada. **2.** Se dice del habitante de los burgos de la Edad Media.

burguesía *s. f.* Clase social de los burgueses, personas de clase media acomodada.

buril *s. m.* Punzón de acero, que se usa sobre todo para grabar el metal.

burka (del ár.) *s. m.* Velo o vestido que llevan las mujeres en algunos países árabes que les cubre todo el cuerpo y que tiene una pequeña rejilla a la altura de los ojos para poder ver.

burla *s. f.* Palabras o acciones con que se pretende poner en ridículo a una persona o cosa o reírse de ella. **SIN.** Mofa, befa.

burladero *s. m.* Trozo de valla que hay delante de la barrera para que los toreros se refugien detrás de él.

burlar *v.* **1.** Esquivar con engaño o astucia. ‖ **burlarse 2.** Tomarse a burla, reírse. **SIN.** 1. Evitar, eludir. 2. Mofarse.

burlesco, ca *adj.* Que muestra burla. **SIN.** Burlón, sarcástico. **ANT.** Serio.

burlete *s. m.* Tira que se pone en las rendijas de puertas y ventanas para que no pase el aire.

burlón, na *adj.* y *s.* Que es aficionado a la burla o la muestra. **SIN.** Sarcástico, bromista. **ANT.** Serio.

buró *s. m.* Escritorio con cajones y departamentos encima del tablero y una tapa o persiana para cerrarlo. **SIN.** Bufete.

burocracia *s. f.* **1.** Conjunto de actividades de la Administración de un Estado y funcionarios públicos que las realizan. **2.** Exceso de trámites y papeleo.

burócrata *s. m.* y *f.* Empleado de la Administración del Estado.

burocrático, ca *adj.* De la burocracia.

burrada *s. f.* **1.** Error, equivocación o acción insensata. **2.** Acción brutal. **3.** Cantidad excesiva de algo. **SIN.** 1. Locura, imprudencia. 1. a 3. Barbaridad. 2. y 3. Brutalidad, bestialidad. 3. Montón.

burrito *s. m.* Tortilla de maíz o trigo enrollada y rellena de carne y otros ingredientes.

burro, rra *s. m.* y *f.* **1.** Asno. ‖ *adj.* y *s.* **2.** Persona que actúa sin delicadeza o usando más la fuerza que la habilidad. **3.** Persona ignorante, torpe. **SIN.** 1. Jumento. 1. a 3. Borrico. 2. y 3. Bruto, bestia. **ANT.** 3. Sabio.

bursátil *adj.* Relacionado con la bolsa de valores.

burujo *s. m.* Grumo.

bus *s. m. acort.* de **autobús**.

busca *s. f.* **1.** Acción de buscar. || *s. m.* **2.** Aparato que lleva una persona y que suena para avisarla de que otras quieren ponerse en contacto con ella.

buscador *s. m.* En informática, lugar de Internet que dispone de una base de datos para buscar información.

buscapiés *s. m.* Cohete que al encenderlo corre a ras del suelo en zigzag.

buscar *v.* **1.** Hacer lo necesario para encontrar a alguien o algo. **2.** Recoger a alguien: *Ven a buscarme a las ocho.*

buscavidas *s. m.* y *f.* Persona que sabe apañárselas muy bien para ganarse la vida.

buscón, na *adj.* y *s.* Que se dedica a buscar la ocasión para robar o engañar a la gente. **SIN.** Ratero, chorizo.

business (ingl.) *s. m.* **1.** Negocio, actividad empresarial. || *adj.* **2.** Se dice de la clase preferente en un avión o en un tren, intermedia entre primera y turista.

búsqueda *s. f.* Acción de buscar. **SIN.** Busca.

busto *s. m.* **1.** Escultura o pintura que representa la cabeza y la parte superior del tórax de una persona. **2.** Parte del cuerpo humano entre el cuello y la cintura. **3.** Pechos de la mujer. **SIN. 2.** Torso, tronco. **3.** Senos.

butaca *s. f.* **1.** Silla con brazos. **2.** Asiento en un teatro o cine, sobre todo en la planta baja. **SIN. 1.** Sillón.

butacón *s. m.* Butaca grande y cómoda.

butanero, ra *s. m.* y *f.* Persona que trabaja repartiendo bombonas de butano.

butano *s. m.* **1.** Gas derivado del petróleo que se usa como combustible. **2.** Color naranja como el de las bombonas de este gas.

buten Se usa en la expresión **de buten**, 'muy bueno' o 'muy bien': *pasarlo de buten.* **SIN.** Fenomenal, estupendo. **ANT.** Fatal.

butifarra *s. f.* Embutido típico de Cataluña, Valencia y Baleares.

butrón *s. m.* Agujero que los ladrones hacen en paredes y techos para entrar a robar.

buzo *s. m.* **1.** Persona que realiza trabajos en el fondo del mar con un traje y un equipo especiales. **2.** Traje de bebé con capucha y de una sola pieza.

buzón *s. m.* Caja o receptáculo con una abertura donde se echan las cartas para el correo.

buzoneo *s. m.* Actividad que consiste en repartir propaganda por los buzones de las casas.

bwana (voz de origen africano) *s. m.* y *f.* Amo.

bypass (ingl.) *s. m.* Baipás.

byte (ingl.) *s. m.* En informática, conjunto de ocho bits.

c *s. f.* Tercera letra del abecedario.

cabal *adj.* **1.** Honrado, justo. **2.** Exacto, completo. ‖ LOC. **no estar** uno **en sus cabales** Estar loco. SIN. **1.** Recto, íntegro. **2.** Entero.

cábala *s. f.* Suposición, conjetura.

cabalgada *s. f.* **1.** Acción de cabalgar. **2.** Expedición militar a caballo por territorio enemigo.

cabalgadura *s. f.* Caballería, animal.

cabalgar *v.* Marchar a caballo.

cabalgata *s. f.* Desfile de carrozas.

caballa *s. f.* Pez marino de lomo azulado y bandas oscuras, muy usado como alimento.

caballar *adj.* Del caballo o relacionado con él: *ganado caballar.* SIN. Equino.

caballeresco, ca *adj.* **1.** Relacionado con los caballeros medievales. **2.** Propio de un caballero.

caballería *s. f.* **1.** Animal utilizado para montar en él, como el caballo, la mula o el burro. **2.** Cuerpo del Ejército formado por tropas a caballo o en vehículos de motor.

caballeriza *s. f.* Cuadra de caballos y animales de carga.

caballerizo *s. m.* Encargado de una caballeriza.

caballero *adj.* y *s. m.* **1.** Se dice del hombre educado y amable. ‖ *s. m.* **2.** Hombre: *ropa de caballero.* **3.** En la Antigüedad y en la Edad Media, hombre de la clase noble. **4.** Miembro de alguna de las antiguas órdenes de caballería: *armar caballero.* SIN. **1.** y **2.** Señor. ANT. **1.** Grosero.

caballerosidad *s. f.* Característica de caballeroso, noble.

caballeroso, sa *adj.* Amable, educado. SIN. Cortés. ANT. Grosero.

caballete *s. m.* **1.** Soporte generalmente de madera donde se coloca el lienzo al pintar. **2.** Soporte en forma de V al revés. **3.** Saliente en la parte superior de la nariz.

caballista *s. m.* y *f.* Jinete hábil o persona que sabe de caballos.

caballito *s. m.* **1.** *dim.* de **caballo.** ‖ *s. m. pl.* **2.** Tiovivo. ‖ **3. caballito de mar** Pez marino de hocico muy alargado y cola larga y enrollada, también llamado *hipocampo.* **4. caballito del diablo** Insecto parecido a la libélula.

caballo *s. m.* **1.** Mamífero herbívoro de cabeza alargada, orejas pequeñas y patas terminadas en cascos. Se utiliza para montar en él y como animal de tiro. **2.** Naipe que representa a un caballo con su jinete. **3.** Pieza del ajedrez en forma de caballo. **4.** Aparato de gimnasia parecido al potro, pero más alargado. **5.** En argot, heroína, droga. ‖ **6. caballo de vapor** Unidad de potencia equivalente a 735 vatios.

caballón *s. m.* Montículo alargado de tierra, como el que queda entre los surcos de un campo arado.

cabaña *s. f.* **1.** Casa pequeña hecha con palos, cañas o ramas. **2.** Conjunto de cabezas de ganado de una misma clase o de un lugar. SIN. **1.** Choza.

cabaré o *cabaret* (*cabaret* es fr.) *s. m.* Local donde el público puede beber, bailar y ver algunos espectáculos.

cabaretero, ra *adj.* y *s.* Artista que actúa en un cabaré o un local parecido.

cabás *s. m.* Caja que usaban los niños para llevar los libros y otras cosas al colegio.

cabe *prep.* Cerca de, junto a.

cabecear *v.* **1.** Mover la cabeza de delante atrás o de un lado a otro. **2.** En el fútbol, dar al balón con la cabeza. **3.** Balancearse una embarcación levantando primero la proa y luego la popa.

cabecera *s. f.* **1.** Parte de la cama donde se coloca la almohada. **2.** Parte superior de la portada de un periódico donde aparece su nombre. **3.** Principio: *la cabecera de un río.* **4.** Parte o lugar principal: *la cabecera de la mesa.* SIN. **3.** Inicio; nacimiento. ANT. **1.** Pie. **3.** Final, término.

cabecero *s. m.* Pieza de la cama situada en la cabecera.

cabecilla *s. m.* Jefe de un grupo, de una banda, de una sublevación, etc. SIN. Líder, caudillo, adalid.

cabellera *s. f.* **1.** Conjunto de cabellos, sobre todo cuando son largos y abundantes. **2.** Cola luminosa de un cometa. **SIN. 1.** Pelo, melena.

cabello *s. m.* **1.** Pelo de la cabeza de una persona. ‖ **2. cabello de ángel** Dulce que se hace en forma de hebras de calabaza y almíbar. **SIN. 1.** Cabellera.

cabelludo Se usa en la expresión **cuero cabelludo**, 'zona de la cabeza donde nace el pelo'.

caber *v.* **1.** Tener espacio suficiente. **2.** Tocar, corresponder: *Le cabe el honor de entregar el premio.* **3.** Ser posible: *Todavía cabe otro intento.* □ Es v. irreg.

CABER	
INDICATIVO	
Presente	**Pretérito perfecto simple**
quepo	cupe
cabes	cupiste
cabe	cupo
cabemos	cupimos
cabéis	cupisteis
caben	cupieron
Futuro simple	**Condicional simple**
cabré	cabría
cabrás	cabrías
cabrá	cabría
cabremos	cabríamos
cabréis	cabríais
cabrán	cabrían
SUBJUNTIVO	
Presente	**Pretérito imperfecto**
quepa	cupiera, -ese
quepas	cupieras, -eses
quepa	cupiera, -ese
quepamos	cupiéramos, -ésemos
quepáis	cupierais, -eseis
quepan	cupieran, -esen
	Futuro simple
	cupiere
	cupieres
	cupiere
	cupiéremos
	cupiereis
	cupieren
IMPERATIVO	
cabe (tú)	cabed (vosotros)
quepa (usted)	quepan (ustedes)

cabestrillo *s. m.* Vendaje o aparato que se cuelga del cuello para sostener una mano o brazo lesionados.

cabestro *s. m.* **1.** Buey que guía a los toros bravos. **2.** Cuerda o correa que se ata a la cabeza o cuello de una caballería para sujetarla o llevarla. **SIN. 2.** Ronzal.

cabeza *s. f.* **1.** Parte del cuerpo donde se encuentran el cerebro y algunos de los órganos de los sentidos. **2.** Pieza o parte diferenciada de algo situada en su extremo: *la cabeza del alfiler.* **3.** Res: *cabeza de ganado.* **4.** Persona: *Tocamos a cinco euros por cabeza.* **5.** Inteligencia, prudencia: *actuar con cabeza.* ‖ **6. cabeza de ajo** o **de ajos** Bulbo de ajos. **7. cabeza de familia** El jefe de una familia, normalmente el padre. ‖ **LOC. a la cabeza** o **en cabeza** Delante, en primera posición. **subirse a la cabeza** Marear una bebida alcohólica. También, volverse vanidoso, soberbio. **SIN. 5.** Seso.

cabezada *s. f.* **1.** Movimiento brusco de la cabeza del que, sin estar acostado, se va durmiendo. **2.** Siesta breve: *echar una cabezada.* **3.** Correaje que rodea y sujeta la cabeza del caballo.

cabezal *s. m.* **1.** Cabecero de la cama. **2.** Reposacabezas. **3.** Pieza en el extremo de algunos aparatos. **4.** Pieza de los magnetófonos y otros aparatos que entra en contacto con la cinta para grabar, reproducir o borrar lo grabado en ella.

cabezazo *s. m.* Golpe dado con la cabeza o en la cabeza.

cabezo *s. m.* Monte pequeño y aislado.

cabezón, na *adj. y s.* **1.** Persona con la cabeza grande. **2.** Cabezota, terco. ‖ *s. m.* **3.** *aum.* de **cabeza. SIN. 1.** Cabezudo. **2.** Testarudo, tozudo.

cabezonada o **cabezonería** *s. f.* Terquedad, obstinación. **SIN.** Testarudez.

cabezota *s. f.* **1.** *aum.* de **cabeza.** ‖ *adj. y s.* **2.** Terco. **SIN. 1.** y **2.** Cabezón. **2.** Testarudo, tozudo, obstinado.

cabezudo, da *adj. y s.* **1.** Que tiene la cabeza grande. ‖ *s. m.* **2.** Persona disfrazada con una cabeza muy grande de cartón. **SIN. 1.** Cabezón.

cabezuela *s. f.* Grupo de flores que crecen juntas en la misma parte de la rama. **SIN.** Capítulo.

cabida *s. f.* Espacio, capacidad. ‖ **LOC. dar cabida** Acoger, contener: *Esa asociación da cabida a gente sin recursos.* **SIN.** Aforo.

cabildo *s. m.* **1.** Conjunto de sacerdotes con algún cargo en una catedral. **2.** Alcalde y concejales de un municipio. **3.** En Canarias, organismo que representa a los municipios de cada isla. **SIN. 2.** Ayuntamiento, concejo.

cabina *s. f.* Lugar cerrado y pequeño para diversos usos: *la cabina de un teleférico, de un camión.*

cabizbajo, ja *adj.* Que va con la cabeza baja porque está triste o preocupado. **SIN.** Abatido, apesadumbrado.

cable *s. m.* **1.** Hilo o conjunto de hilos metálicos protegidos por una cubierta de material aislante, usados para conducir la electricidad. **2.** Cuerda gruesa y fuerte, sobre todo la fabricada con hilos metálicos. **3.** Cablegrama. || **LOC. echar un cable** a alguien Ayudarlo. **SIN. 2.** Soga, maroma, cabo.

cableado, da **1.** *p.* de **cablear.** También *adj.* || *s. m.* **2.** Acción de cablear. **3.** Conjunto de cables de un aparato o de un sistema eléctrico.

cablear *v.* Colocar cables: *cablear un edificio.*

cablegrafiar *v.* Transmitir un cablegrama.

cablegrama *s. m.* Telegrama transmitido por cable submarino.

cabo *s. m.* **1.** Saliente de la costa que penetra en el mar. **2.** Extremo, punta. **3.** Cuerda usada en los barcos. || *s. m.* y *f.* **4.** Categoría militar de tropa por encima de la soldado. || **LOC. al cabo de** Después de: *al cabo de los años.* **de cabo a rabo** De principio a fin. **llevar a cabo** Realizar. **SIN. 3.** Soga.

cabotaje *s. m.* Navegación que se realiza sin dejar de ver de la costa.

cabra *s. f.* Mamífero rumiante con cuernos, de cuerpo ágil, pelo fuerte y cola corta. || **LOC. estar como una cabra** Estar chiflado.

cabracho *s. m.* Pez mediano, de color rojizo y cabeza grande con espinas; vive en el Atlántico y el Mediterráneo. Se utiliza como alimento.

cabrales *s. m.* Queso de sabor y olor fuertes, típico del pueblo de Cabrales (Asturias).

cabrear *v. fam.* Enfadar.

cabreo *s. m. fam.* Enfado.

cabrero, ra *s. m.* y *f.* Pastor de cabras.

cabrestante *s. m.* Torno vertical para mover grandes pesos.

cabria *s. f.* Máquina para levantar grandes pesos formada por una polea sujeta de un trípode o brazo giratorio.

cabrilla *s. f.* **1.** Pez marino de color marrón claro con varias bandas transversales oscuras. || *s. f. pl.* **2.** Pequeñas olas espumosas.

cabrío, a *adj.* De las cabras o relacionado con ellas: *ganado cabrío.* **SIN.** Caprino.

cabriola *s. f.* Salto, pirueta.

cabriolé *s. m.* **1.** Coche de caballos ligero y descubierto. **2.** Automóvil descapotable.

cabritilla *s. f.* Piel curtida de una res pequeña, por ejemplo, de cabrito o de cordero.

cabrito, ta *s. m.* **1.** Cría de la cabra hasta que deja de mamar. || *adj.* y *s.* **2.** *vulg.* Se dice de la persona que hace malas pasadas.

cabrón, na *adj.* y *s.* **1.** *vulg.* Persona de mala intención. || *s. m.* **2.** Macho de la cabra.

cabronada *s. f. vulg.* Cosa o acción malintencionada. **SIN.** Faena, cerdada, marranada.

caca *s. f. fam.* Excremento.

cacahual *s. m.* Plantación de cacao.

cacahuete *s. m.* **1.** Planta americana que crece a ras de suelo, con fruto de semilla comestible. **2.** Este fruto y su semilla. **SIN. 1.** y **2.** Maní.

cacao[1] *s. m.* **1.** Árbol tropical que produce un fruto carnoso ovalado y con muchas semillas en su interior, empleadas para hacer chocolate. **2.** Esta semilla. **3.** Polvo obtenido triturando esas semillas, que se toma disuelto en agua o en leche. **4.** Barrita de manteca de cacao para darse en los labios resecos.

cacao[2] *s. m.* Jaleo, follón.

cacarear *v.* Emitir las gallinas su sonido característico.

cacatúa *s. f.* Ave originaria de Oceanía, de pico fuerte y curvo, con el plumaje blanco y un penacho de plumas en la cabeza. Puede aprender a repetir palabras.

cacereño, ña *adj.* y *s.* De Cáceres, ciudad y provincia españolas.

cacería *s. f.* Excursión de caza.

cacerola *s. f.* Recipiente metálico para guisar, más ancho que alto y con dos asas.

cacha *s. f.* **1.** Cada una de las dos piezas del mango de una navaja o cuchillo y de algunas armas. || **cachas** *adj.* y *s.* **2.** *fam.* Persona fuerte, musculosa.

cachalote *s. m.* Mamífero cetáceo de gran tamaño y color gris, de cabeza muy voluminosa y boca con dientes.

cacharrazo *s. m. fam.* Golpe fuerte.

cacharrería *s. f.* Tienda donde se venden cacharros de barro o loza u otros objetos.

cacharro *s. m.* **1.** Recipiente, sobre todo el de cocina. **2.** Aparato, máquina u objeto viejo o inútil. **SIN. 2.** Trasto, cachivache.

cachava *s. f.* Bastón curvado por la parte de arriba. **SIN.** Cayado.

cachaza *s. f.* Excesiva tranquilidad. **SIN.** Pachorra, flema.

cachazudo, da *adj.* Que tiene cachaza. **SIN.** Calmoso.

caché *s. m.* **1.** Distinción, prestigio, elegancia. **2.** Dinero que cobra un artista por su trabajo. || *adj. y s. f.* **3.** En informática, se dice de la memoria que almacena de forma provisional la última información leída.

cachear *v.* Registrar a alguien palpándole la ropa.

cachelos *s. m. pl.* Nombre que se da en Galicia a los trozos de patata cocida que acompañan a algunos platos.

cachemir o **cachemira** *s. m. o f.* Tejido fino y suave de lana.

cachete *s. m.* **1.** Golpe con la mano abierta en la cara o en el culo. **2.** Carrillo. **SIN. 1.** Tortazo, bofetada, torta. **2.** Moflete.

cachimba *s. f.* Pipa de fumar.

cachiporra *s. f.* Palo con un extremo abultado para pegar con él. **SIN.** Porra.

cachiporrazo *s. m.* Golpe dado con una cachiporra o con otro objeto parecido.

cachirulo *s. m.* Pañuelo atado a la cabeza, típico del traje regional aragonés.

cachivache *s. m.* Trasto, chisme.

cacho *s. m.* Pedazo, trozo. **SIN.** Porción.

cachondearse *v. fam.* Reírse, burlarse. **SIN.** Pitorrearse, chotearse.

cachondeo *s. m.* **1.** *fam.* Burla. **2.** *fam.* Juerga. **SIN. 1.** Guasa, pitorreo, choteo. **2.** Jolgorio.

cachondo, da *adj. y s. fam.* **1.** Divertido. **2.** *vulg.* Excitado sexualmente.

cachorro, rra *s. m. y f.* Cría del perro y otros mamíferos.

cacicada *s. f.* Acción injusta hecha por alguien que abusa de su poder.

cacillo *s. m.* Especie de cuchara con mucho fondo para diversos usos.

cacique *s. m. y f.* Persona que abusa de su poder en un pueblo o comarca.

caciquismo *s. m.* Conducta de los caciques.

caco *s. m.* Ladrón.

cacofonía *s. f.* Repetición o unión de sonidos que, al hablar, resulta desagradable al oído, como por ejemplo *la agua*, por lo que se debe decir *el agua*.

cacofónico, ca *adj.* Que tiene cacofonía.

cactus o **cacto** *s. m.* Planta de las regiones muy secas, de tallos carnosos, normalmente con hojas transformadas en espinas. Puede almacenar agua.

cacumen *s. m. fam.* Inteligencia, agudeza.

cada *indef.* **1.** Aporta idea de distribución e indica una por una o por grupos las personas o cosas de las que se habla: *Hay un ordenador para cada alumno. Viene cada dos meses.*

2. Destaca la palabra a la que acompaña: *¡Tienes cada ocurrencia!*

cadalso *s. m.* Tablado donde se ejecutaba a los condenados a muerte. **SIN.** Patíbulo.

cadáver *s. m.* Cuerpo sin vida. **SIN.** Muerto, difunto. **ANT.** Vivo.

cadavérico, ca *adj.* Que tiene aspecto de cadáver.

caddie (ingl.) *s. m. y f.* Persona que lleva las pelotas y palos a un jugador de golf.

cadena *s. f.* **1.** Conjunto de anillos metálicos o piezas parecidas unidas unas detrás de otras. **2.** Conjunto de instalaciones o máquinas por las que va pasando un producto en su fabricación o montaje. **3.** Grupo de establecimientos, empresas, emisoras, etc., de la misma clase. **4.** Canal de radio o televisión. || **5. cadena de música** o **cadena de sonido** Conjunto de aparatos para escuchar música. **6. cadena perpetua** Pena de prisión que dura toda la vida del condenado.

cadencia *s. f.* Repetición regular de sonidos o movimientos. **SIN.** Ritmo.

cadencioso, sa *adj.* Con cadencia: *movimiento cadencioso.* **SIN.** Rítmico.

cadeneta *s. f.* **1.** Labor de costura en forma de cadena. **2.** Adorno formado por una cadena de tiras de papel de colores.

cadera *s. f.* Cada una de las dos partes del cuerpo humano, formada por los huesos de la pelvis, que sobresalen debajo de la cintura.

cadete *s. m. y f.* Alumno de una academia militar.

cadí *s. m.* Juez musulmán.

caducar *v.* Dejar de valer o de poder usarse, tomarse, etc., alguna cosa. **SIN.** Vencer.

caducidad *s. f.* Hecho de caducar algo.

caducifolio, lia *adj.* Se dice de las plantas a las que se les caen las hojas. **ANT.** Perennifolio.

caduco, ca *adj.* **1.** Se dice de la hoja que cae en otoño. **2.** Anticuado. **SIN. 2.** Desfasado. **ANT. 1.** Perenne. **2.** Moderno.

caer *v.* **1.** Moverse un cuerpo de arriba abajo por su peso, ir a parar al suelo. **2.** Recordar, darse cuenta. **3.** Estar situado en un lugar u ocurrir en una fecha. **4.** Ponerse: *caer enfermo.* **5.** Quedar atrapado: *caer en la trampa.* **6.** Morir, ser vencido, dejar de existir. **7.** Sentar: *Le cayó mal la leche.* **8.** Resultar, parecer: *caer simpático.* **9.** Tocar, corresponder: *Le cayó el primer premio de la lotería.* || **LOC. estar** algo **al caer** Faltar muy poco para que llegue o suceda una cosa. □ Es v. irreg. Ver cuadro en página siguiente. **SIN. 1.** Desplomarse. **2.** Acordarse; comprender. **6.** Sucumbir. **ANT. 1.** Levantarse. **2.** Olvidar.

CAER	
GERUNDIO	
cayendo	

INDICATIVO

Presente	Pretérito perfecto simple
caigo	caí
caes	caíste
cae	cayó
caemos	caímos
caéis	caísteis
caen	cayeron

SUBJUNTIVO

Presente	Pretérito imperfecto
caiga	cayera, -ese
caigas	cayeras, -eses
caiga	cayera, -ese
caigamos	cayéramos, -ésemos
caigáis	cayerais, -eseis
caigan	cayeran, -esen

Futuro simple	
cayere	
cayeres	
cayere	
cayéremos	
cayereis	
cayeren	

IMPERATIVO

cae (tú)	caed (vosotros)
caiga (usted)	caigan (ustedes)

café *s. m.* **1.** Cafeto. **2.** Semillas de este arbusto que, tostadas y molidas, sirven para hacer la bebida del mismo nombre. **3.** Establecimiento donde se sirve esta bebida.

cafeína *s. f.* Sustancia estimulante contenida en bebidas como el café o el té.

cafetal *s. m.* Plantación de café.

cafetera *s. f.* **1.** Recipiente o máquina para hacer café. **2.** Recipiente en que se sirve café. **3.** *fam.* Vehículo o aparato viejo y en mal estado. **SIN. 3.** Trasto.

cafetería *s. f.* Establecimiento donde se sirve café, otras bebidas y algunos alimentos. **SIN.** Café.

cafetero, ra *adj.* **1.** Del café. || *adj. y s.* **2.** Se dice de la persona a la que le gusta mucho el café. || *s. m. y f.* **3.** Persona que cultiva café.

cafetín *s. m.* Café, establecimiento de poca importancia.

cafeto *s. m.* Arbusto tropical cuyo fruto, pequeño y de color rojo, contiene unas semillas que, tostadas y molidas, se usan para preparar café.

cafre *adj. y s.* **1.** De la zona oriental de África del Sur. **2.** Bruto, maleducado. **SIN. 2.** Animal, bestia.

caftán *s. m.* Túnica sin cuello usada por turcos y moros.

cagada *s. f.* **1.** *vulg.* Excremento. **2.** *vulg.* Acción estúpida o desacertada.

cagado, da **1.** *p.* de **cagar.** || *adj. y s.* **2.** *vulg.* Muy asustado.

cagalera *s. f. fam.* Diarrea.

cagaprisas *adj. y s. fam.* Que siempre tiene prisa o que mete prisa a los demás.

cagar *v.* **1.** *vulg.* Expulsar los excrementos. || **cagarse 2.** *vulg.* Tener mucho miedo. **SIN. 1.** Evacuar, defecar, obrar.

cagarruta *s. f.* Excremento pequeño, especialmente el redondeado.

cagón, na *adj. y s.* **1.** *fam.* Que caga muchas veces. **2.** *fam.* Miedoso, cagueta.

cagueta *adj. y s. fam.* Miedoso.

caíd *s. m.* Juez o gobernador de algunos países musulmanes.

caída *s. f.* **1.** Acción de caer o caerse. **2.** Pendiente o inclinación. **3.** Forma de plegarse o caer una tela debido a su peso.

caído, da **1.** *p.* de **caer.** También *adj.* || *adj.* **2.** Inclinado hacia abajo o más bajo de lo normal. || *adj. y s. m.* **3.** Muerto en una guerra o en defensa de una causa. **SIN. 2.** Agachado. **ANT. 1.** y **2.** Levantado.

caimán *s. m.* Reptil americano parecido al cocodrilo, pero algo más pequeño.

Caín *n. pr.* Nombre de uno de los hijos de Adán, que se usa en la expresión **pasar las de Caín,** 'sufrir grandes apuros y dificultades'.

cairel *s. m.* Adorno en forma de fleco.

cairota *adj. y s.* De El Cairo, capital de Egipto.

caja *s. f.* **1.** Objeto hueco, generalmente con tapa, para guardar cosas. **2.** Lugar donde se paga o cobra, por ejemplo, en un banco. **3.** Parte hueca de algunos instrumentos musicales donde resuena el sonido. **4.** Ataúd. || **5. caja de ahorros** Establecimiento parecido a un banco, que dedica sus beneficios sobre todo a obras sociales. **6. caja de caudales** o **caja fuerte** Caja o mueble con un mecanismo de seguridad para guardar dinero y objetos de valor. **7. caja registradora** Máquina para guardar, sumar y apuntar el dinero que se cobra. **8. caja tonta** *fam.* La televisión. **SIN. 4.** Féretro.

cajero, ra *s. m.* y *f.* **1.** Encargado de la caja en un comercio, banco, etc. ‖ **2. cajero automático** Máquina que tienen los bancos para que los propios clientes saquen dinero y realicen otras operaciones.

cajetilla *s. f.* Paquete de cigarrillos.

cajetín *s. m.* Caja pequeña u objeto parecido.

cajón *s. m.* **1.** Compartimento de un mueble que se puede meter y sacar del hueco en que va encajado. **2.** Caja grande. ‖ **3. cajón de sastre** Conjunto de cosas diversas y desordenadas. ‖ **LOC. de cajón** Evidente, indiscutible.

cajonera *s. f.* **1.** Compartimento que hay debajo de las mesas de los escolares para guardar los libros. **2.** Mueble o parte de él formado solo por cajones. **SIN. 2.** Chifonier, cómoda.

cajuela *s. f. Amér.* Portaequipajes de un coche.

cal *s. f.* Sustancia blanca formada por oxígeno y calcio, que se utiliza para blanquear paredes, hacer cemento, etc. ‖ **LOC. cerrar a cal y canto** Cerrar completamente. **una de cal y otra de arena** Una cosa buena seguida de otra mala.

cala¹ *s. f.* Acción de calar un melón u otras frutas parecidas.

cala² *s. f.* Bahía pequeña.

cala³ *s. f. fam.* Nombre que se les daba a las antiguas pesetas.

calabacín *s. m.* Variedad de calabaza que produce un fruto alargado, con corteza verde y carne blanca.

calabaza *s. f.* **1.** Planta de huerta que da un fruto del mismo nombre, de color anaranjado o amarillento, a veces de gran tamaño, y con muchas semillas. **2.** *fam.* Suspenso. ‖ **LOC. dar calabazas** Rechazar la petición de relaciones amorosas de alguien.

calabobos *s. m.* Lluvia fina y constante. **SIN.** Sirimiri, orvallo.

calabozo *s. m.* Celda o lugar donde se encierra a presos o arrestados.

calaca *s. f.* En México, esqueleto. Se usa para referirse a la muerte.

calada *s. f.* Chupada que se da a un cigarro.

caladero *s. m.* Zona del mar apropiada para pescar.

calado, da 1. *p.* de **calar.** También *adj.* ‖ *adj.* **2.** Con agujeros: *un jersey calado.* ‖ *s. m.* **3.** Labor o adorno formado por agujeros en una tela o prenda de punto. **4.** Profundidad de las aguas. **5.** Profundidad que alcanza la parte sumergida de un buque.

calafatear *v.* Tapar con estopa y brea las uniones de las maderas de los barcos para que no entre el agua.

calagurritano, na *adj.* y *s.* De Calahorra, ciudad de La Rioja.

calamar *s. m.* Molusco marino de cuerpo alargado y tentáculos con ventosas. Para defenderse y ocultarse expulsa un líquido negro llamado *tinta.* Se usa mucho como alimento.

calambre *s. m.* **1.** Contracción muscular breve, involuntaria y dolorosa. **2.** Paso de una corriente eléctrica a través del cuerpo humano. **SIN. 1.** Espasmo. **2.** Descarga.

calamidad *s. f.* **1.** Desgracia, adversidad. **2.** Persona torpe, inútil o con mala suerte. **SIN. 1.** y **2.** Desastre. **ANT. 1.** Dicha.

calamina *s. f.* **1.** Mineral del que se extrae cinc. **2.** Cinc fundido.

calamitoso, sa *adj.* Que produce calamidades o va acompañado de ellas. **SIN.** Desastroso.

cálamo *s. m.* **1.** Caña cortada con la que se escribía antiguamente. **2.** Parte hueca de las plumas de las aves.

calandria *s. f.* Pájaro pequeño de alas anchas, pico grande y plumaje pardo, que tiene un canto fuerte y melodioso.

calaña *s. f.* Forma de ser de una persona mala. **SIN.** Condición, ralea.

cálao *s. m.* Ave trepadora tropical, con un gran pico curvado de vistosos colores y plumaje oscuro.

calar *v.* **1.** Mojar. **2.** Atravesar, agujerear. **3.** Cortar un trozo de algunas frutas para probarlas. **4.** Darse cuenta de la forma de ser o las intenciones de alguien. ‖ **calarse 5.** Pararse de pronto un motor. **6.** Encajarse el gorro o el sombrero. **SIN. 1.** Empapar. **1.** y **2.** Traspasar.

calasancio, cia *adj.* y *s.* Escolapio.

calavera *s. f.* **1.** Conjunto de los huesos de la cabeza. ‖ *s. m.* **2.** Hombre juerguista y poco responsable. **SIN. 1.** Cráneo. **2.** Tarambana, sinvergüenza.

calcado, da 1. *p.* de **calcar.** También *adj.* ‖ *adj.* **2.** Que es idéntico o se parece mucho. ‖ *s. m.* **3.** Acción de calcar. **4.** Copia hecha con papel transparente.

calcañar *s. m.* Talón del pie.

calcar *v.* Copiar un dibujo en un papel transparente o con papel carbón.

calcáreo, a *adj.* Que contiene cal: *rocas calcáreas.* **SIN.** Calizo.

calce *s. m.* Calzo.

calceta

calceta *s. f.* Tejido de punto.

calcetín *s. m.* Prenda que cubre el pie hasta más arriba del tobillo.

cálcico, ca *adj.* Del calcio.

calcificarse *v.* Formarse sales de calcio en algunos tejidos del cuerpo, como los huesos o las arterias. **ANT.** Descalcificarse.

calcinar *v.* Quemar por completo. **SIN.** Carbonizar.

calcio *s. m.* Elemento químico blanco plateado, que se encuentra en los huesos, espinas y conchas, y en alimentos como la leche y las verduras.

calcita *s. f.* Mineral formado por carbono, oxígeno y calcio, del que se obtiene la cal y el cemento.

calco *s. m.* **1.** Acción de calcar y copia que se obtiene. **2.** Papel para calcar.

calcomanía *s. f.* Pegatina que se coloca mojando o rascando el papel al que está pegada.

calculador, ra *adj. y s. f.* **1.** Se dice de la máquina usada para hacer cálculos matemáticos. ‖ *adj. y s.* **2.** Que piensa mucho las cosas antes de hacerlas.

calcular *v.* **1.** Hacer operaciones matemáticas para hallar un resultado. **2.** Creer, suponer: *Calculo que vendrán mañana.*

cálculo *s. m.* **1.** Acción de calcular. **2.** Piedrecita que se forma en órganos como los riñones y que puede producir dolor. **SIN. 1.** Cuenta; suposición.

caldear *v.* **1.** Calentar. **2.** Excitar: *caldearse los ánimos.* **SIN. 1.** y **2.** Acalorar. **ANT. 1.** y **2.** Enfriar.

caldeo, a *adj. y s.* **1.** De Caldea, antigua región de Asia. ‖ *s. m.* **2.** Idioma que se hablaba en esta región.

caldera *s. f.* **1.** Recipiente o aparato donde se calienta agua, por ejemplo, para la calefacción. **2.** Cráter de un volcán inactivo.

caldereta *s. f.* Guiso caldoso de carne, pescado o marisco.

calderilla *s. f.* Dinero suelto de poco valor.

caldero *s. m.* Olla grande.

calderón *s. m.* **1.** Delfín grande que se alimenta principalmente de calamares. **2.** Signo musical que indica que puede prolongarse la duración de una nota o un silencio.

calderoniano, na *adj.* Propio del escritor Calderón de la Barca, o que tiene alguna de sus características: *honor calderoniano.*

caldo *s. m.* **1.** Líquido que queda después de cocer en agua carne, pescado o verduras. **2.** Salsa de algunos guisos. **3.** Vino. ‖ **LOC. poner a caldo** Criticar, insultar o reñir. **SIN. 1.** Consomé. **2.** Moje.

caldoso, sa *adj.* Con mucho caldo.

calé *adj. y s.* Gitano. **SIN.** Caní.

calefacción *s. f.* Instalación para calentar un lugar.

calefactor, ra *s. m. y f.* **1.** Persona que instala y arregla calefacciones. ‖ *s. m.* **2.** Aparato de calefacción eléctrico o por aire.

caleidoscopio *s. m.* Tubo con espejos dentro del cual se ven combinaciones simétricas de formas y colores. ◻ Se dice también *calidoscopio.*

calendario *s. m.* **1.** Lista de los días del año, ordenados por semanas y meses. **2.** División del año, o parte de él, en función de una actividad: *calendario escolar.* **SIN. 1.** Almanaque.

calendas *s. f. pl.* En la antigua Roma, primer día del mes.

caléndula *s. f.* Planta de jardín de flores amarillas o anaranjadas. Su variedad más conocida es la *maravilla.*

calentador *s. m.* **1.** Aparato para calentar. **2.** Media de lana, sin pie, usada en baile y gimnasia.

calentamiento *s. m.* Acción de calentar. **ANT.** Enfriamiento.

calentar *v.* **1.** Dar calor. **2.** Alterar, excitar. **3.** Realizar ejercicios para preparar los músculos antes de hacer deporte. **4.** *fam.* Pegar, golpear. ◻ Es v. irreg. Se conjuga como *pensar.* **SIN. 1.** Caldear. **2.** Acalorar, enardecer. **4.** Zurrar. **ANT. 1.** Enfriar. **2.** Calmar.

calentón *s. m.* Acción de calentar algo mucho y demasiado deprisa.

calentura *s. f.* **1.** Costra o ampolla que sale en los labios a causa de la fiebre. **2.** Fiebre.

calenturiento, ta *adj.* **1.** Que parece que tiene fiebre. **2.** Se dice de la mente y las ideas raras o retorcidas. **SIN. 1.** Destemplado, febril.

calesa *s. f.* Coche de caballos con capota plegable.

calesita *s. f. Amér.* Tiovivo.

caleta *s. f.* Cala o playa pequeña.

caletre *s. m. fam.* Mente, inteligencia.

calibrar *v.* **1.** Medir el calibre de un objeto o darle el calibre adecuado. **2.** Valorar, sopesar.

calibre *s. m.* **1.** Diámetro de un objeto cilíndrico e instrumento para medirlo. **2.** Importancia, tamaño: *No pueden pasar un error de ese calibre.* **SIN. 2.** Trascendencia, volumen.

calidad *s. f.* Propiedad o conjunto de propiedades que hacen que algo sea bueno o malo.

cálido, da *adj.* **1.** Que está caliente o da calor. **2.** Amable, cariñoso: *una cálida bienve-*

　　　　　　　　　　　　　　　　　　　　　calorífero

nida. **3.** Se dice de los colores dorados o rojizos. **SIN. 1.** y **2.** Caluroso. **2.** Afectuoso, cordial. **ANT. 1.** y **2.** Helado. **1.** a **3.** Frío.

calidoscopio *s. m.* Caleidoscopio.

calientacamas *s. m.* Utensilio para calentar la cama.

calientapiés *s. m.* Aparato empleado para calentar los pies.

caliente *adj.* **1.** Con mucho calor. **2.** Que da calor. **3.** Apasionado, fogoso. **SIN. 1.** y **2.** Cálido. **1.** y **3.** Ardiente, acalorado. **2.** Abrigado. **ANT. 1.** a **3.** Frío. **2.** Refrescante.

califa *s. m.* Título de algunos príncipes musulmanes.

califato *s. m.* Cargo de califa y territorio en que gobernaba.

calificación *s. f.* **1.** Acción de calificar. **2.** Puntuación, nota, valoración.

calificar *v.* **1.** Valorar las cualidades de una persona o cosa. **2.** Expresar un adjetivo la cualidad del sustantivo al que acompaña. **SIN. 1.** Juzgar, evaluar.

calificativo, va *adj.* y *s. m.* Que califica; se dice sobre todo del adjetivo.

californiano, na *adj.* y *s.* De California, estado de los Estados Unidos.

calígine *s. f.* **1.** Niebla, bruma, calima. **2.** Bochorno, calor muy fuerte.

caligrafía *s. f.* Escritura a mano, sobre todo la que está bien hecha.

calígrafo, fa *s. m.* y *f.* Persona que escribe a mano, sobre todo la que lo hace con buena letra.

caligrama *s. m.* Composición poética en la que las letras y palabras hacen un dibujo, normalmente relacionado con el contenido del poema.

calima o **calina** *s. f.* Neblina de vapor de agua o de polvo, propia del tiempo caluroso. **SIN.** Bruma.

calimocho *s. m.* Bebida de vino tinto mezclado con refresco de cola.

cáliz *s. m.* **1.** Copa en que se consagra el vino en la misa. **2.** Hojas transformadas que cubren por debajo las flores y se unen al tallo.

caliza *s. f.* Roca formada principalmente por carbono, oxígeno y calcio.

calizo, za *adj.* Se dice del terreno o roca que contiene cal. **SIN.** Calcáreo.

callado, da **1.** *p.* de **callar.** || *adj.* **2.** Poco hablador. **3.** En silencio. **SIN. 2.** Reservado. **ANT. 2.** Locuaz. **3.** Ruidoso.

callar *v.* **1.** No hablar. **2.** Dejar o quedar en silencio. **SIN. 1.** Enmudecer.

calle *s. f.* **1.** Camino dentro de un pueblo o ciudad, casi siempre entre casas. **2.** Espacio entre dos líneas o filas de objetos. **SIN. 1.** Avenida, paseo.

calleja *s. f.* Callejuela.

callejear *v.* Andar por las calles de una población. **SIN.** Vagar, deambular.

callejero, ra *adj.* **1.** Que vive, sucede o está en la calle: *perro callejero, puesto callejero.* || *s. m.* **2.** Lista de los nombres de las calles de una ciudad, con un plano para buscarlas.

callejón *s. m.* **1.** Calle muy corta y estrecha, a veces sin salida. **2.** En las plazas de toros, espacio entre la barrera y el tendido.

callejuela *s. f.* Calle corta y estrecha.

callicida *s. m.* Sustancia para quitar los callos que salen en la piel.

callista *s. m.* y *f.* Pedicuro.

callo *s. m.* **1.** Dureza que se forma en la piel, sobre todo en los pies o manos, por el roce o la presión. || *s. m. pl.* **2.** Trozos de estómago de vaca o cordero que se comen guisados. **SIN. 1.** Callosidad.

callosidad *s. f.* Callo poco profundo.

calloso, sa *adj.* Con callos o durezas.

calma *s. f.* **1.** Situación del aire o del mar cuando no hay viento ni olas. **2.** Tranquilidad. || **3. calma chicha** Calma total en el mar. También, excesiva tranquilidad de una persona. **SIN. 1.** Quietud, bonanza. **2.** Paz, sosiego. **ANT. 1.** Marejada, tempestad. **2.** Desasosiego.

calmante *adj.* y *s. m.* Se dice de la medicina que calma el dolor o el nerviosismo. **SIN.** Analgésico; tranquilizante. **ANT.** Estimulante.

calmar *v.* **1.** Disminuir la fuerza, la intensidad o el movimiento de algo. **2.** Disminuir el nerviosismo o la ira. **SIN. 1.** Moderar, apaciguar. **1.** y **2.** Serenar, sosegar. **ANT. 2.** Estimular, alterar.

calmoso, sa *adj.* Perezoso o demasiado tranquilo. **SIN.** Cachazudo. **ANT.** Activo, nervioso.

caló *s. m.* Lenguaje de los gitanos españoles.

calor *s. m.* **1.** Energía que desprende un cuerpo cuya temperatura es mayor que la de los otros cuerpos o que el ambiente que lo rodean. **2.** Temperatura elevada y sensación que produce. **3.** Cariño, entusiasmo. **SIN. 2.** Bochorno; ardor. **ANT. 2.** Frío. **2.** y **3.** Frialdad.

caloría *s. f.* Unidad para medir el calor y la cantidad de energía de un alimento.

calorífero, ra *adj.* **1.** Que produce calor. || *s. m.* **2.** Aparato para calentar una habitación o una cama.

calorífico, ca *adj.* Que produce calor o está relacionado con él.

calorina *s. f.* Calor fuerte y sofocante. **SIN.** Bochorno.

calostro *s. m.* Primera leche que da la hembra después de parir.

calumnia *s. f.* Acusación falsa. **SIN.** Difamación, descrédito.

calumniador, ra *adj. y s.* Que calumnia.

calumniar *v.* Decir calumnias contra alguien. **SIN.** Difamar.

caluroso, sa *adj.* **1.** Se dice del tiempo en que hace calor. **2.** Que produce calor. **3.** Afectuoso, con entusiasmo: *un caluroso recibimiento.* **SIN. 1.** Cálido, caliente. **3.** Entusiasta, ardiente. **ANT. 1.** Frío. **3.** Indiferente.

calva *s. f.* Parte de la cabeza en que se ha caído el pelo.

calvario *s. m.* Sufrimiento, padecimiento. **SIN.** Martirio.

calvero *s. m.* Zona sin árboles de un bosque o sin plantas en un terreno cultivado.

calvicie *s. f.* Pérdida de pelo en la cabeza.

calvinismo *s. m.* Movimiento religioso protestante surgido de la doctrina de Juan Calvino en el siglo XVI.

calvinista *adj. y s.* Relacionado con el calvinismo o seguidor de este movimiento.

calvo, va *adj. y s.* Que ha perdido el pelo de la cabeza.

calza *s. f.* **1.** Calzo. || *s. f. pl.* **2.** Antiguos calzones que cubrían el muslo o parte de él.

calzada *s. f.* **1.** Camino ancho y empedrado. **2.** Parte de la carretera por donde van los coches.

calzado *s. m.* Parte de la vestimenta que cubre y protege los pies, como los zapatos y las botas.

calzador *s. m.* Utensilio para ayudar a meter el pie en el zapato.

calzar *v.* **1.** Poner calzado. **2.** Hacer que deje de moverse una cosa poniéndole debajo un trozo de madera, un papel doblado, etc. **ANT. 1.** Descalzar.

calzo *s. m.* Trozo de madera u otra cosa con que se calza algo. **SIN.** Calce.

calzón *s. m.* Pantalón que cubre desde la cintura hasta los muslos.

calzonazos *adj. y s. m. fam.* Hombre que se deja dominar, sobre todo por su pareja.

calzoncillo o **calzoncillos** *s. m. o s. m. pl.* Prenda interior masculina que se lleva debajo de los pantalones.

cama *s. f.* **1.** Mueble rectangular para descansar y dormir sobre él. **2.** Lugar donde se echan los animales para dormir. || **3. cama nido** Mueble formado por dos camas en el que una se guarda debajo de la otra. **SIN. 1.** Lecho, catre.

camada *s. f.* Conjunto de crías de un mismo parto de algunos mamíferos.

camafeo *s. m.* Piedra preciosa con una figura tallada en relieve.

camaleón *s. m.* Reptil de cola prensil y lengua larga y pegajosa con la que atrapa insectos. Se camufla cambiando el color de su piel.

cámara *s. f.* **1.** Máquina fotográfica. **2.** Aparato para tomar imágenes de cine, televisión o vídeo. **3.** Recinto o compartimento: *cámara frigorífica.* **4.** Habitación o sala importante. **5.** Parte de los neumáticos y balones donde se introduce el aire. || *s. m. y f.* **6.** Persona que maneja la cámara de cine o televisión. **SIN. 4.** Salón, aposento. **6.** Operador.

camarada *s. m. y f.* Compañero. **SIN.** Colega, compadre.

camaradería *s. f.* Amistad o buena relación entre compañeros. **SIN.** Compañerismo. **ANT.** Enemistad.

camarero, ra *s. m. y f.* **1.** Persona que sirve a los clientes en un bar, cafetería o local similar. || *s. f.* **2.** Dama al servicio de una reina.

camarilla *s. f.* **1.** Grupo de personas que influye en las decisiones de un personaje importante. **2.** Grupo de personas que ocupan puestos importantes y dejan fuera a los que no pertenecen a él.

camarín *s. m.* **1.** Capilla situada detrás del altar en la que se reza a una imagen. **2.** Habitación en la que se guardan los adornos y las ropas de una imagen religiosa.

camarón *s. m.* Crustáceo marino, parecido a la gamba, pero más pequeño.

camarote *s. m.* Cada una de las habitaciones con cama de los barcos.

camastro *s. m.* Cama incómoda o mala.

cambalache *s. m.* Cambio de objetos de poco valor, a veces con engaño.

cambiador *s. m.* **1.** Pieza de tela o gomaespuma y plástico sobre la que se coloca a un bebé para cambiarle de ropa o de pañales. **2.** Mueble con una de estas piezas en su parte superior para cambiar al bebé.

cambiante *adj.* Que cambia.

cambiar *v.* **1.** Dar, tomar o poner una cosa por otra. **2.** Dar una moneda o billete y recibir el mismo dinero en otros más pequeños o de otro país. **3.** Trasladar: *Se cambió a otra habitación.* **4.** Hacer distinto: *Ha cambiado el tiempo.* || **cambiarse 5.** Quitarse una prenda de vestir y ponerse otra. **SIN. 1.** Permutar, trocar. **1.** y **2.** Canjear. **3.** y **5.** Mudar(se). **4.** Modificar, transformar. **ANT. 4.** Mantener.

cambiazo s. m. Cambio grande. || **LOC. dar el cambiazo** Cambiar una cosa por otra con intención de engañar.

cambio s. m. **1.** Acción de cambiar o cambiarse. **2.** Dinero cambiado en billetes o monedas más pequeñas. **3.** Vuelta, dinero. **4.** Valor de la moneda de un país en comparación con las de otros. **5.** En un automóvil, mecanismo para pasar de una velocidad a otra. || **LOC. en cambio** Por el contrario. **SIN. 1.** Intercambio, trueque; traslado; modificación. **ANT. 1.** Mantenimiento.

cambista s. m. y f. Persona que se dedica a cambiar moneda.

camboyano, na adj. y s. De Camboya, país de Asia.

camelar v. fam. Conquistar o convencer a una persona adulándola o con halagos. **SIN.** Engatusar.

camelia s. f. **1.** Arbusto de hoja perenne y bellas flores sin olor, de color blanco, rojo o rosado. **2.** Flor de este arbusto.

camellero, ra s. m. y f. Persona que conduce o cuida camellos.

camello, lla s. m. y f. **1.** Mamífero rumiante que tiene el cuello muy largo y dos jorobas en el lomo; vive en terrenos desérticos. || s. m. **2.** fam. Persona que vende pequeñas cantidades de droga.

camelo s. m. Engaño, mentira.

camembert (del fr.) s. m. Queso francés cremoso y de corteza blanca.

cameo s. m. Breve aparición de un personaje famoso en una película o en una serie de televisión.

camerino s. m. En los teatros, habitación donde los actores se visten y se maquillan.

camero, ra adj. Se dice de la cama mayor que la normal y menor que la de matrimonio, y de lo relacionado con ella: un colchón camero.

camerunés, sa adj. y s. De Camerún, país de África.

camilla s. f. Cama estrecha y portátil para trasladar a enfermos y heridos.

camillero, ra s. m. y f. Persona que lleva enfermos y heridos en la camilla.

caminante adj. y s. Que va andando por un camino.

caminar v. Ir a pie de un lugar a otro. **SIN.** Andar, transitar. **ANT.** Detenerse.

caminata s. f. Paseo largo a pie.

caminero adj. y s. m. Se dice del peón que repara los caminos y carreteras.

camino s. m. **1.** Terreno preparado para ir de un sitio a otro. **2.** Viaje o recorrido: Se puso en camino. Conozco el camino. **3.** Modo, procedimiento. **SIN. 2.** Itinerario, ruta. **3.** Manera.

camión s. m. Vehículo de cuatro o más ruedas, grande y potente, para transportar cargas pesadas.

camionero, ra s. m. y f. Conductor de camiones.

camioneta s. f. **1.** Vehículo parecido al camión, pero más pequeño. **2.** Autobús.

camisa s. f. **1.** Prenda de vestir que cubre desde el cuello hasta la cintura, generalmente con botones y cuello. || **2. camisa de fuerza** Prenda cerrada por detrás que se pone a una persona para inmovilizarla.

camisería s. f. Establecimiento donde se venden o se hacen camisas.

camisero, ra adj. **1.** Se dice de la blusa o vestido de mujer parecidos a una camisa de caballero y, también, del cuello típico de esta camisa. || s. m. y f. **2.** Persona que hace o vende camisas.

camiseta s. f. Prenda de vestir o interior, que no tiene cuello, con o sin mangas, que cubre el tronco.

camisola s. f. Camiseta deportiva.

camisón s. m. Vestido amplio y suelto que usan las mujeres para dormir.

camomila s. f. Manzanilla, planta y flor.

camorra s. f. **1.** Pelea o discusión violenta y ruidosa. **2.** Mafia napolitana. **SIN.** Bronca, trifulca.

camorrista adj. y s. Que arma camorra. **SIN.** Pendenciero.

camote s. m. Amér. Batata.

campal Se usa en la expresión **batalla campal**, 'batalla decisiva entre dos ejércitos' y, también, 'pelea en la que participan muchos'.

campamento s. m. Conjunto de tiendas de campaña, barracones, etc., dispuestos para instalarse temporalmente. **SIN.** Acuartelamiento; camping.

campana s. f. **1.** Instrumento en forma de copa puesta hacia abajo, que suena al ser golpeado por una pieza que cuelga dentro, llamada badajo. **2.** Cosa de forma parecida. || **3. campana extractora** Aparato que saca el humo en cocinas y otros lugares.

campanada s. f. Sonido de campana. || **LOC. dar la campanada** Causar gran sorpresa.

campanario s. m. En las iglesias, torre con campanas.

campanazo Se usa en la expresión **dar el campanazo**, 'causar gran sorpresa'.

campanero, ra *s. m. y f.* **1.** Persona que fabrica campanas. **2.** Persona encargada de tocar las campanas.

campaniforme *adj.* En forma de campana.

campanilla *s. f.* **1.** Campana pequeña. **2.** Úvula. **3.** Planta con flores de distintos colores que tienen forma de campana. **SIN. 1.** Esquila.

campante *adj.* Tranquilo, sin preocuparse. **SIN.** Pimpante.

campanudo, da *adj.* Se dice de la forma de hablar rimbombante y de la persona que se expresa así. **SIN.** Pomposo, altisonante, afectado. **ANT.** Sencillo, llano.

campaña *s. f.* **1.** Expedición militar. **2.** Conjunto de actividades organizadas durante un tiempo con una misma finalidad: *campaña contra la droga.* **SIN. 2.** Cruzada.

campar Se usa en la expresión **campar por sus respetos**, 'actuar con libertad, sin someterse a nada'.

campeador *adj. y s. m.* Se decía del guerrero que destacaba en la batalla por sus hazañas y, sobre todo, se decía del Cid, Rodrigo Díaz de Vivar.

campear *v.* Sobresalir, destacar.

campechano, na *adj. fam.* Sencillo y amable. **SIN.** Llano, natural. **ANT.** Estirado.

campeón, na *s. m. y f.* Persona que gana una competición deportiva. **SIN.** Vencedor, ganador. **ANT.** Perdedor.

campeonato *s. m.* Competición deportiva. **SIN.** Torneo, certamen.

campero, ra *adj.* **1.** Campestre. || *adj. y s. f. pl.* **2.** Se dice de un tipo de botas de campo que cubren la pantorrilla.

campesinado *s. m.* Conjunto de los campesinos.

campesino, na *adj.* **1.** Propio del campo. || *adj. y s.* **2.** Se dice de la persona que vive y trabaja en el campo. **SIN. 1.** Campestre, rural. **2.** Agricultor, labrador. **ANT. 1.** Urbano.

campestre *adj.* Del campo o que sucede en él. **SIN.** Campesino, campero. **ANT.** Urbano.

camping (ingl.) *s. m.* **1.** Lugar al aire libre preparado para instalar tiendas de campaña o caravanas. **2.** Esa actividad: *ir de* camping. **SIN. 1.** Campamento. **2.** Acampada.

campiña *s. f.* Campo, sobre todo el llano dedicado al cultivo. **SIN.** Labrantío.

campista *s. m. y f.* Persona que practica el *camping.*

campo *s. m.* **1.** Terreno en estado natural o dedicado al cultivo. **2.** Conjunto de territorios y poblaciones dedicados a la agricultura y la ganadería. **3.** Lugar o espacio destinado a algún uso o en el que se desarrolla algo: *campo de fútbol, campo de batalla.* **4.** Todo lo que se refiere a una actividad: *el campo de la ciencia.* || **5. campo de concentración** Lugar cercado donde se encierra a prisioneros de guerra o presos políticos. || **LOC. campo a través** o **a campo traviesa** Cruzando el campo. **SIN. 1.** Campiña. **4.** Ámbito, esfera.

camposanto *s. m.* Cementerio cristiano.

campus *s. m.* Conjunto de terreno y edificios pertenecientes a una universidad.

camuesa *s. f.* Variedad de manzana aromática, carnosa y de sabor agridulce.

camueso *s. m.* Variedad de manzano que da la camuesa.

camuflaje *s. m.* Hecho de camuflar.

camuflar *v.* Ocultar con ramas, hojas o procedimientos similares, especialmente a las tropas o el material de guerra. **SIN.** Encubrir, disimular.

can *s. m.* Perro.

cana *s. f.* Cabello blanco. || **LOC. echar una cana al aire** Tener una aventura amorosa; también, irse de juerga.

canadiense *adj. y s.* De Canadá, país de América del Norte.

canal *s. m.* **1.** Paso entre dos mares. **2.** Conducto artificial de agua. **3.** Banda de frecuencia por la que emite una estación de radio o televisión. **4.** Surco, estría. || **LOC. en canal** Referido a las reses, abiertas y sin tripas. **SIN. 1.** Estrecho. **2.** Acequia, zanja. **3.** Cadena.

canalé *s. m.* Tejido de punto que forma pequeños surcos.

canalillo *s. m. fam.* Hueco entre los pechos de una mujer, visto desde el escote.

canalización *s. f.* **1.** Acción de canalizar. **2.** Conjunto de conductos o tuberías por donde pasa el agua o el gas. **SIN. 2.** Conducción.

canalizar *v.* **1.** Dirigir o reforzar el cauce de una corriente de agua. **2.** Orientar hacia un fin. **SIN. 2.** Encarrilar, encaminar. **ANT. 1.** y **2.** Desviar.

canalla *s. m. y f.* Mala persona. **SIN.** Sinvergüenza, indeseable. **ANT.** Santo.

canallada *s. f.* Acción propia de un canalla. **SIN.** Vileza, bajeza.

canallesco, ca *adj.* Malvado, propio de un canalla.

canalón *s. m.* Cañería que recoge el agua de lluvia de los tejados.

canana *s. f.* Cinturón como el que usan los cazadores, con compartimentos para los cartuchos. **SIN.** Cartuchera.

canapé *s. m.* **1.** Rebanadita de pan o bollito con algún alimento que se toma como aperitivo. **2.** Especie de sofá o diván. **3.** Especie de somier forrado y con patas.

canario, ria *adj.* y *s.* **1.** De las islas Canarias, comunidad autónoma de España. ‖ *s. m.* **2.** Pájaro pequeño de color amarillo, blanco o verdoso. Tiene un bello canto.

canasta *s. f.* **1.** Cesto con asas y boca ancha. **2.** Aro con una red sin fondo, por donde hay que meter la pelota en baloncesto. **3.** Juego de naipes de la baraja francesa. **SIN. 1.** Canasto, cesta, banasta.

canastilla *s. f.* **1.** Canasta pequeña. **2.** Ropa que se prepara para los niños recién nacidos.

canasto *s. m.* Canasta alta.

cáncamo *s. m.* Tornillo que tiene una anilla en lugar de cabeza.

cancán *s. m.* **1.** Baile francés muy movido que se baila levantando mucho las piernas. **2.** Falda con volantes que se lleva debajo del vestido o de otra falda para que abulte más.

cancela *s. f.* Verja en la entrada de algunas casas.

cancelar *v.* **1.** Anular, suspender. **2.** Pagar por completo una deuda. **SIN. 1.** Rescindir, suprimir. **ANT. 1.** Confirmar.

cáncer *s. m.* **1.** Tumor maligno. ‖ *n. pr.* **2.** Cuarto signo del Zodiaco (del 21 de junio al 22 de julio).

cancerígeno, na *adj.* Que puede producir cáncer.

canceroso, sa *adj.* Que tiene cáncer o las características del cáncer: *tejidos cancerosos, tumor canceroso.*

cancha *s. f.* Campo o pista de algunos deportes.

canciller *s. m.* y *f.* **1.** Jefe de Gobierno o ministro de Asuntos Exteriores de algunos países. **2.** Empleado auxiliar de embajadas y consulados.

cancillería *s. f.* **1.** Cargo del canciller. **2.** Oficina especial de las embajadas o consulados de algunos países.

canción *s. f.* **1.** Composición musical para ser cantada. **2.** Nombre de algunas composiciones poéticas. ‖ **3. canción de cuna** Nana. **SIN. 1.** Cantar, canto, tonada.

cancionero *s. m.* Libro de canciones y poemas de distintos autores.

candado *s. m.* Cerradura suelta que se pone a una cadena, verja y otras cosas.

candeal *adj.* Se dice del trigo que es muy blanco y del pan que se hace con este trigo.

candela *s. f.* **1.** Vela o cosa parecida para dar luz. **2.** Lumbre, fuego.

candelabro *s. m.* Soporte con uno o más brazos para colocar velas. **SIN.** Candelero.

candelero *s. m.* Objeto para sostener una vela y mantenerla derecha. ‖ **LOC. en (el) candelero** De moda o de actualidad. **SIN.** Candelabro.

candente *adj.* **1.** Se dice de algunos cuerpos cuando se vuelven rojos o blancos por la acción del calor. **2.** Actual, de gran interés: *un tema candente.* **SIN. 1.** Incandescente. **ANT. 1.** Frío. **2.** Trasnochado.

candidato, ta *s. m.* y *f.* Persona que aspira a ocupar un cargo, conseguir un premio, o que ha sido propuesta para ello. **SIN.** Aspirante, pretendiente.

candidatura *s. f.* **1.** Conjunto de candidatos. **2.** Hecho de presentarse como candidato.

candidez *s. f.* Bondad, inocencia. **SIN.** Candor. **ANT.** Malicia.

cándido, da *adj.* Bueno, que no tiene malicia ni picardía. **SIN.** Candoroso, ingenuo. **ANT.** Malicioso, pícaro.

candil *s. m.* Utensilio para alumbrar, con un recipiente lleno de aceite y un pico por donde asoma la mecha.

candilejas *s. f. pl.* En los teatros, fila de luces en la parte del escenario más cercana al público.

candor *s. m.* Inocencia, falta de malicia y picardía. **SIN.** Candidez, ingenuidad.

candoroso, sa *adj.* Inocente, ingenuo. **SIN.** Cándido. **ANT.** Malicioso.

canear *v. fam.* Pegar a alguien. **SIN.** Atizar, zurrar, sacudir.

canela *s. f.* Segunda corteza del árbol llamado *canelo,* que se emplea para dar sabor a algunos platos y dulces.

canelo, la *adj.* **1.** Del color de la canela. ‖ *adj.* y *s. m.* **2.** *fam.* Tonto, bobo. ‖ *s. m.* **3.** Árbol de la canela. **SIN. 2.** Pardillo.

canelón *s. m.* Trozo plano y cuadrado de pasta, enrollado y relleno de carne picada u otros alimentos.

canesú *s. m.* Pieza de arriba de un vestido o de una blusa a la que van cosidos el cuello, las mangas y el resto de la prenda.

cangilón *s. m.* Cada uno de los cajones que sacan el agua en una noria.

cangreja *s. f.* Vela con forma de trapecio que va situada en la parte posterior de una embarcación.

cangrejo *s. m.* **1.** Crustáceo marino o de río con pinzas en el primer par de patas; el de mar tiene el cuerpo redondeado y el de río lo tiene alargado. ‖ **2. cangrejo ermitaño** Cangrejo marino que tiene el cuerpo blando y para protegerse se mete en las conchas vacías de otros animales.

canguelo o **canguis** *s. m. fam.* Miedo, temor.

canguro *s. m.* **1.** Mamífero marsupial de Australia y Nueva Guinea. Tiene una cola muy fuerte y las patas traseras, con las que da grandes saltos, muy desarrolladas. ‖ *s. m.* y *f.* **2.** Persona a la que se contrata por horas para que cuide a los niños.

caníbal *adj.* y *s.* **1.** Persona que come carne humana. **2.** Muy bruto o cruel. **SIN. 1.** Antropófago. **2.** Bárbaro, inhumano.

canibalismo *s. m.* Costumbre de comer carne de individuos de la propia especie.

canica *s. f.* Bolita de cristal o de otro material que se usa para jugar.

caniche *s. m.* Perro, generalmente pequeño, de pelo lanoso y rizado y orejas caídas.

canícula *s. f.* Parte del año en que hace más calor.

canijo, ja *adj.* y *s.* Débil, bajito.

canilla *s. f.* **1.** Parte más delgada de la pierna. **2.** Carrete donde se enrolla el hilo en las máquinas de coser y de tejer. **3.** Caño pequeño por donde sale el líquido de una cuba o barril. **SIN. 3.** Espita.

canillita *s. m.* y *f. Amér.* Muchacho vendedor de periódicos.

canino, na *adj.* **1.** De los perros. **2.** Se dice del hambre muy grande. ‖ *s. m.* **3.** Colmillo de los mamíferos.

canje *s. m.* Cambio, acción de canjear. **SIN.** Intercambio.

canjear *v.* Cambiar una persona o cosa por otra: *Canjeó el premio por su valor en dinero.*

cannabis *s. m.* Planta de hojas compuestas y flores verdes de la que se obtiene la marihuana y el hachís.

cano, na *adj.* Canoso.

canoa *s. f.* Bote estrecho y ligero, con remos y, a veces, con motor.

canódromo *s. m.* Lugar donde se celebran carreras de galgos.

canon *s. m.* **1.** Regla o norma. **2.** Lo que se toma como mejor modelo. **3.** Cantidad que se paga por usar alguna cosa ajena o pública. **SIN. 1.** Precepto. **2.** Prototipo. **3.** Cuota, tasa.

canónico, ca *adj.* Relacionado con los cánones o reglas de la Iglesia.

canónigo *s. m.* Sacerdote que ocupa un cargo en una catedral.

canonizar *v.* Declarar el papa santa a una persona.

canoro, ra *adj.* Que tiene un canto agradable y melodioso: *ave canora.*

canoso, sa *adj.* Que tiene muchas canas. **SIN.** Cano.

canotier (fr.) *s. m.* Sombrero de paja, de copa plana y baja y ala recta.

cansado, da **1.** *p.* de **cansar.** También *adj.* ‖ *adj.* **2.** Que produce cansancio. **SIN. 1.** Fatigado, agotado. **2.** Pesado, duro. **ANT. 1.** y **2.** Descansado.

cansancio *s. m.* **1.** Debilidad a causa de una actividad o esfuerzo intensos. **2.** Aburrimiento, pesadez. **SIN. 1.** Fatiga, agotamiento. **2.** Tedio. **ANT. 1.** Vigor.

cansar *v.* Producir cansancio o sentirlo. **SIN.** Fatigar, agotar; aburrir. **ANT.** Descansar; distraer.

cansino, na *adj.* Lento, cansado. **SIN.** Perezoso. **ANT.** Vivo.

cantábrico, ca *adj.* De la cordillera Cantábrica, del mar Cantábrico o de las tierras junto a este mar.

cántabro, bra *adj.* y *s.* De Cantabria, comunidad autónoma de España.

cantado, da **1.** *p.* de **cantar.** También *adj.* ‖ *adj.* **2.** Dicho o recitado con música: *una misa cantada.* **3.** Que se suponía o se sabía de antemano.

cantamañanas *s. m.* y *f.* Persona informal, irresponsable o fantasiosa.

cantante *s. m.* y *f.* Persona que canta como profesión.

cantaor, ra *s. m.* y *f.* Persona que canta flamenco.

cantar[1] *v.* **1.** Hacer con la voz sonidos musicales. **2.** Producir sus sonidos las aves y algunos insectos. **3.** Decir con entonación: *cantar los números de la lotería.* **4.** *fam.* Confesar, revelar. **5.** *fam.* Despedir un olor fuerte y desagradable. **6.** *fam.* Ser algo muy evidente o llamar mucho la atención. ‖ **LOC. cantar las cuarenta** Ver **cuarenta.**

cantar[2] *s. m.* **1.** Poema para ser cantado. ‖ **2. cantar de gesta** Poema medieval que relata hechos históricos o leyendas. ‖ **LOC. ser otro cantar** Ser distinto. **SIN. 1.** Canción, canto.

cantarín, na *adj.* Que canta mucho o que le gusta cantar.

cántaro *s. m.* Recipiente grande de barro o metal, con boca estrecha y panza ancha. ‖ **LOC. a cántaros** Se usa referido a la forma de llover, con mucha fuerza.

cantata (del ital.) *s. f.* Composición musical para coro y orquesta.

cantautor, ra *s. m.* y *f.* Persona que canta y compone sus canciones.

cante *s. m.* **1.** Canción popular, sobre todo andaluza. **2.** *fam.* Lo que llama mucho la atención: *dar el cante.* || **3. cante hondo** o **jondo** Cante flamenco.

cantear *v.* **1.** Pulir los cantos o bordes de una tabla, una piedra, etc. **2.** Pegar una chapa de madera u otro material a los bordes de una tabla de conglomerado.

cantera *s. f.* **1.** Lugar de donde se saca piedra, mármol o materiales parecidos. **2.** Lugar, asociación, etc., donde se preparan personas para alguna actividad.

cantería *s. f.* **1.** Técnica de trabajar las piedras que se emplean en las construcciones. **2.** Construcción en piedra trabajada de esta forma.

cantero *s. m.* Persona que saca piedra de una cantera o la labra para utilizarla en la construcción. **SIN.** Picapedrero.

cántico *s. m.* Poema religioso, generalmente en acción de gracias o alabanza a Dios. **SIN.** Himno, salmo.

cantidad *s. f.* **1.** Parte o número de algo. **2.** Abundancia. || *adv.* **3.** *fam.* Mucho: *Con este calor se suda cantidad.* **SIN. 1.** Medida, dosis. **2.** Multitud. **ANT. 2.** Escasez.

cantiga *s. f.* Composición poética medieval destinada a ser cantada.

cantil *s. m.* **1.** Terreno que forma un escalón en el fondo del mar o en la costa. **2.** Borde de un precipicio.

cantimplora *s. f.* Recipiente para llevar agua en viajes y excursiones.

cantina *s. f.* Bar, taberna.

cantinela *s. f.* Cosa que se repite de forma molesta e inoportuna. **SIN.** Rollo.

cantinero, ra *s. m.* y *f.* Persona que tiene una cantina o sirve en ella. **SIN.** Tabernero.

canto[1] *s. m.* **1.** Acción de cantar. **2.** Composición para cantar. **SIN. 2.** Canción.

canto[2] *s. m.* Borde, orilla.

canto[3] *s. m.* Trozo de piedra. || **LOC. darse con un canto en los dientes** Conformarse. **SIN.** Guijarro.

cantón *s. m.* División administrativa de algunos países.

cantonera *s. f.* Pieza que se pone en las esquinas de algunas cosas como protección o adorno.

cantor, ra *adj.* y *s.* Que canta.

cantoral *s. m.* Libro que contiene cantos religiosos.

cantueso *s. m.* Arbusto pequeño que tiene hojas estrechas y alargadas y flores moradas y olorosas dispuestas en espiga.

canturrear *v.* Cantar en voz baja.

cánula *s. f.* **1.** En medicina, tubo que se introduce en alguna abertura del cuerpo. **2.** Extremo de las jeringuillas, donde se coloca la aguja.

canutas Se usa en la expresión **pasarlas canutas**, 'pasarlo muy mal'.

canutillo *s. m.* **1.** Raya o saliente alargado de una tela, como los de la pana. **2.** Tubo muy pequeño de vidrio que se usa en bordados y adornos. **3.** Espiral de plástico que se emplea para encuadernar folios manualmente.

canuto *s. m.* **1.** Tubo no muy grueso. **2.** *fam.* Porro.

caña *s. f.* **1.** Tallo de las plantas gramíneas, hueco y con nudos. **2.** Nombre de varias especies de plantas gramíneas: *caña de azúcar.* **3.** Vaso de cerveza o vino. **4.** Parte de las botas que cubre la pierna. || **5. caña de pescar** Vara en la que se coloca una cuerda fina y resistente, llamada *sedal*, para pescar. || **LOC. dar caña** o **meter caña** Meter prisa, achuchar. También, emplear algo a fondo: *dar caña al coche.*

cañada *s. f.* **1.** Camino para el ganado. **2.** Pequeño valle entre montañas.

cañadilla *s. f.* Molusco marino de color claro y concha espinosa terminada en punta. Se usa como alimento.

cañamazo *s. m.* Tela para bordar con los hilos muy separados.

cáñamo *s. m.* **1.** Planta de regiones cálidas, de tallo recto y hueco, y hojas largas y delgadas. Sus fibras se usan para fabricar tejidos y cuerdas. Del *cáñamo índico* se obtiene el hachís y la marihuana. **2.** Fibra o tejido obtenido de esta planta.

cañamón *s. m.* Semilla del cáñamo.

cañaveral *s. m.* Lugar donde hay muchas cañas.

cañería *s. f.* Tubo para conducir agua o gas. **SIN.** Tubería.

cañí *adj.* y *s.* Gitano. **SIN.** Calé.

cañizo *s. m.* Tejido hecho con cañas.

caño *s. m.* Tubo por donde cae el agua.

cañón *s. m.* **1.** Arma para disparar proyectiles formada por un tubo grande y un soporte. **2.** Pieza en forma de tubo: *el cañón del fusil.* **3.** Paso profundo entre montañas producido por la erosión de un río. **4.** Parte dura y hueca de la pluma de las aves.

cañonazo *s. m.* **1.** Disparo de cañón. **2.** Disparo fuerte con el balón. **SIN. 2.** Chupinazo.

cañonero, ra *adj.* y *s.* Se dice del barco o lancha que llevan cañones.

caoba s. f. **1.** Árbol americano muy alto, con el tronco recto y grueso, del que se obtiene una madera rojiza muy apreciada en ebanistería. **2.** Color parecido al de esta madera.

caolín s. m. Mineral de arcilla muy pura y blanca.

caos s. m. Gran desorden, confusión. **SIN.** Desorganización, desconcierto. **ANT.** Orden.

caótico, ca adj. Muy desordenado o confuso. **SIN.** Revuelto. **ANT.** Ordenado.

capa s. f. **1.** Prenda de abrigo muy amplia, abierta y sin mangas. **2.** Sustancia que cubre o baña a otra: *una capa de hielo, de chocolate.* **3.** Superficie o plano que se encuentra encima de otro: *las capas de la Tierra.* **4.** Cada grupo de una sociedad: *las capas sociales.* **5.** Tela con vuelo utilizada para torear. || **LOC. de capa caída** Mal, empeorando. **defender a capa y espada** Defender con gran entusiasmo y esfuerzo. **SIN. 2.** Baño, revestimiento.

capacho s. m. Bolsa o cesta, sobre todo la que se usa para ir a la compra. **SIN.** Capazo.

capacidad s. f. **1.** Espacio que tiene una cosa para contener a otra. **2.** Condiciones que tiene una persona para algo. **SIN. 1.** Cabida, aforo. **2.** Facultad, aptitud.

capacitado, da 1. p. de capacitar. || adj. **2.** Que tiene capacidad para hacer algo. **SIN. 2.** Apto, capaz.

capacitar v. Hacer a alguien capaz o apto para algo. **SIN.** Habilitar, facultar. **ANT.** Incapacitar.

capar v. Castrar.

caparazón s. m. Cubierta que protege el cuerpo de algunos animales, como las tortugas.

capataz, za s. m. y f. Persona que está al mando de los obreros y se encarga de controlar su trabajo.

capaz adj. **1.** Que puede hacer algo. **2.** Eficiente, preparado. **ANT. 1.** y **2.** Incapaz. **2.** Incompetente.

capazo s. m. Capacho.

capcioso, sa adj. Se dice de las preguntas malintencionadas, comprometidas.

capea s. f. Toreo de becerros o novillos por aficionados.

capear v. **1.** Hacer maniobras una embarcación para mantenerse a flote cuando hay muchas olas o el viento es muy fuerte. **2.** Esquivar o evitar las dificultades. Se usa sobre todo en la expresión **capear el temporal. SIN. 2.** Eludir, sortear.

capelina o **capellina** s. f. Capa corta que cubre los hombros y, a veces, también la cabeza.

capellán s. m. Sacerdote que cumple sus funciones en el Ejército, en un hospital, etc.

capelo s. m. Sombrero rojo de los cardenales.

caperuza s. f. Capucha.

capibara s. m. Mamífero roedor del tamaño de un cerdo, con patas cortas, cabeza grande y ojos y orejas pequeños. Vive en las orillas de algunos ríos de América del Sur.

capicúa adj. y s. m. Número que es igual leído de izquierda a derecha o al revés, por ejemplo, 515.

capilar adj. **1.** Del cabello. || s. m. **2.** Vaso sanguíneo muy fino.

capilla s. f. **1.** Parte de una iglesia que tiene altar o que está dedicada a una imagen. **2.** Pequeña iglesia con un solo altar. **3.** Lugar para rezar u oír misa en colegios, hospitales, cuarteles, etc. || **4. capilla ardiente** Lugar donde se coloca a un difunto para velarlo. **SIN. 3.** Oratorio.

capirotazo s. m. Toba, papirotazo.

capirote s. m. Capucha rígida en forma de cucurucho que llevan los penitentes en las procesiones.

capital adj. **1.** Principal, muy importante. || s. m. **2.** Dinero o bienes. || s. f. **3.** Población principal donde está el gobierno de un país, comunidad autónoma, etc. **SIN. 1.** Esencial, fundamental. **2.** Fortuna, riqueza, patrimonio.

capitalidad s. f. Hecho de ser una población la capital de un lugar.

capitalino, na adj. De una capital.

capitalismo s. m. Sistema económico en que el principal medio para producir riqueza es el capital privado.

capitalista adj. **1.** Del capital o del capitalismo. || adj. y s. **2.** Que ha puesto dinero en un negocio. || s. m. y f. **3.** Persona con mucho dinero.

capitalizar v. Sacar provecho de una acción o situación. **SIN.** Aprovechar, utilizar.

capitán, na s. m. y f. **1.** Persona que manda o dirige en un grupo, equipo deportivo, etc. **2.** Oficial del Ejército que manda una compañía, escuadrón o unidad equivalente. **3.** Nombre de distintos grados de oficiales de la Marina: *capitán de fragata.* **4.** Persona que está al mando de un barco. || **5. capitán general** El más alto grado militar. También, militar al mando de una capitanía general.

capitanear v. Mandar, guiar. **SIN.** Acaudillar.

capitanía s. f. **1.** Cargo de capitán. || **2. capitanía general** Cada una de las zonas militares en que se divide un país.

capitel *s. m.* En arquitectura, parte superior de una columna o pilar, sobre la que se apoya un arco u otro elemento.

capitolio *s. m.* Nombre de algunos edificios grandes y majestuosos.

capitoste *s. m. desp.* Mandamás, jefazo.

capitulación *s. f.* Rendición.

capitular[1] *v.* Rendirse, darse por vencido. **SIN.** Claudicar. **ANT.** Resistir.

capitular[2] *adj.* **1.** Del cabildo de una orden religiosa. ‖ *adj.* y *s. f.* **2.** Se dice de la letra mayúscula, o de la primera de cada capítulo.

capítulo *s. m.* **1.** Apartado de un libro o escrito. **2.** Cabezuela, grupo de flores.

capo (del ital.) *s. m.* Jefe de una mafia.

capó *s. m.* Tapa del motor de un automóvil.

capoeira (port.) *s. f.* Arte marcial brasileño, de origen africano, que combina la lucha, la música y la danza.

capón *s. m.* **1.** Golpe que se da en la cabeza con los nudillos. **2.** Pollo castrado y cebado.

caporal *s. m.* Encargado del ganado en una finca.

capota *s. f.* Cubierta plegable de algunos vehículos.

capotazo *s. m.* Pase que da el torero con el capote.

capote *s. m.* **1.** Capa de abrigo, con mangas y menos vuelo que la normal. **2.** Capa para torear.

capricho *s. m.* **1.** Deseo de algo innecesario. **2.** Aquello que es objeto de ese deseo. **SIN.** 1. y 2. Antojo.

caprichoso, sa *adj.* y *s.* Que tiene muchos caprichos. **SIN.** Antojadizo.

Capricornio *n. pr.* Décimo signo del Zodiaco (del 21 de diciembre al 20 de enero).

caprino, na *adj.* De la cabra.

cápsula *s. f.* **1.** Pequeño recipiente o envoltura de algunas cosas, como el que contiene alguna medicina. **2.** Cabina para los tripulantes de una nave o satélite espacial. **3.** Fruto seco con muchas semillas, como por ejemplo el de la amapola.

captar *v.* **1.** Percibir, darse cuenta. **2.** Atraer: *captar la atención.* **SIN.** 1. Detectar; comprender. **2.** Conquistar, ganar.

captor, ra *adj.* y *s.* Que captura.

captura *s. f.* Acción de capturar. **SIN.** Apresamiento. **ANT.** Liberación.

capturar *v.* Coger a una persona o a un animal a los que se persigue. **SIN.** Apresar. **ANT.** Liberar.

capucha *s. f.* **1.** Pieza que llevan algunas prendas de vestir para cubrir la cabeza. **2.** Objeto que protege la punta o el extremo de algo. **SIN.** 1. Caperuza. 2. Capuchón.

capuchino, na *adj.* y *s.* De una de las ramas de la orden franciscana.

capuchón *s. m.* **1.** Capucha grande. **2.** Capucha protectora. **SIN.** 1. Caperuza.

capullo *s. m.* **1.** Flor que aún no se ha abierto. **2.** Envoltura que fabrican algunos insectos, como el gusano de seda, dentro de la cual se transforman en adultos. **3.** *vulg.* Idiota o malintencionado. **SIN.** 1. Botón.

caqui[1] *s. m.* Color entre el marrón y el verde.

caqui[2] *s. m.* **1.** Árbol originario de Japón con fruto de color rojo, muy dulce y jugoso. **2.** Fruto de este árbol.

cara *s. f.* **1.** Parte delantera de la cabeza desde la frente hasta la barbilla. **2.** Aspecto, pinta. **3.** Cada una de las superficies de un cuerpo. **4.** Lado principal de una moneda, donde suele estar representada la imagen de un personaje. **5.** Descaro, desvergüenza: *tener cara.* ‖ *s. m.* y *f.* **6.** Persona descarada. ‖ **7. cara dura** Descaro, desvergüenza. ‖ **LOC. cara a** o **de cara a** De frente a alguna cosa; también, como preparación para algo: *Estudia mucho de cara a los exámenes.* **cara a cara** Frente a otra persona o a las claras: *hablar cara a cara.* **dar la cara** Hacerse responsable. **echar en cara** Reprochar. **SIN.** 1. Rostro. 1. y 5. Jeta. 2. Apariencia. 5. y 6. Caradura. **ANT.** 4. Cruz.

caraba Se usa en la expresión **ser la caraba**, 'ser el colmo'.

carabao *s. m.* Mamífero rumiante asiático parecido al búfalo que se utiliza como animal de tiro.

carabela *s. f.* Antiguo barco de vela, muy ligero.

carabina *s. f.* **1.** Arma de fuego más corta y ligera que un fusil. **2.** Antiguamente, señora que acompañaba a las jóvenes cuando salían de casa.

carabinero *s. m.* **1.** Policía encargado de perseguir el contrabando. **2.** Crustáceo parecido al langostino, pero más grande y de color rojo intenso. Es muy apreciado como alimento.

cárabo *s. m.* Ave rapaz nocturna parecida al búho, aunque sin los penachos de plumas a modo de cuernecillos, y con el plumaje grisáceo o pardorrojizo.

caracol *s. m.* **1.** Molusco marino o terrestre con una concha en forma de espiral. **2.** Rizo de pelo que cae sobre la frente. **3.** Conducto del oído interno, en forma de espiral. || **caracoles** *interj.* **4.** Expresa sorpresa o disgusto.

caracola *s. f.* **1.** Caracol marino grande con la concha cónica. **2.** Esta concha vacía. **3.** Bollo en forma de espiral.

caracolear *v.* Dar vueltas sobre sí mismo un caballo.

carácter *s. m.* **1.** Modo de ser y de comportarse una persona. **2.** Conjunto de características de una persona o cosa. **3.** Temperamento, genio. **4.** Letra, número o signo con que se representa algo. **SIN. 1.** Personalidad. **1.** y **2.** Índole. **2.** Condición, naturaleza. **4.** Matriz.

característica *s. f.* Cualidad o aspecto propios de alguien o algo. **SIN.** Peculiaridad, particularidad.

característico, ca *adj.* Propio de una persona o cosa, por lo que se la distingue de las demás. **SIN.** Peculiar, particular, distintivo, típico. **ANT.** General, común.

caracterizado, da 1. *p.* de **caracterizar.** También *adj.* || *adj.* **2.** Que se caracteriza por alguna cualidad.

caracterizar *v.* **1.** Distinguir a alguien o algo alguna cualidad: *Le caracteriza su buen humor.* || **caracterizarse 2.** Vestirse y maquillarse como algún personaje. **SIN. 1.** Definir.

caradura *s. m.* y *f.* Sinvergüenza, descarado. **SIN.** Fresco, desvergonzado. **ANT.** Vergonzoso.

carajillo *s. m.* Café con un chorrito de licor, sobre todo coñac.

carajo *s. m.* **1.** *vulg.* Pene. **2.** *vulg.* Nada o muy poco. || *interj.* **3.** *vulg.* Expresa sorpresa o enfado. || **LOC. irse al carajo** *vulg.* Fracasar.

caramba *interj.* Expresa sorpresa o enfado.

carámbano *s. m.* Trozo de hielo largo y puntiagudo que se forma al helarse el agua que va cayendo o goteando.

carambola *s. f.* **1.** Jugada de billar en que la bola impulsada toca a otras dos. **2.** Suerte, casualidad. **SIN. 2.** Chiripa.

caramelizar *v.* Cubrir con azúcar derretido.

caramelo *s. m.* **1.** Pasta endurecida de azúcar y alguna esencia. **2.** Azúcar derretido. || **LOC. a punto de caramelo** Dispuesto o preparado para algo.

caramillo *s. m.* Flauta pequeña hecha de caña, madera o hueso.

carantoña *s. f.* Caricia.

caraqueño, ña *adj.* y *s.* De Caracas, capital de Venezuela.

carátula *s. f.* **1.** Portada de un libro, disco, DVD, etc. **2.** Máscara o careta.

caravana *s. f.* **1.** Grupo de personas que viajan juntas, como los nómadas del desierto. **2.** Fila de vehículos que circulan lentamente.

3. Remolque que por dentro es una vivienda. **SIN. 1.** Expedición. **3.** *Roulotte.*

caray *interj.* Expresa sorpresa, enfado.

carbón *s. m.* **1.** Combustible sólido de color negro, formado principalmente por carbono. **2.** Carboncillo.

carbonatado, da *adj.* Se dice de la sustancia a la que se añade ácido carbónico para formar carbonato.

carbonato *s. m.* Nombre de una sal formada a partir del ácido carbónico.

carboncillo *s. m.* Barrita de madera convertida en carbón para dibujar.

carbonera *s. f.* Lugar para guardar el carbón.

carbonería *s. f.* Tienda donde se vende carbón.

carbonero, ra *adj.* **1.** Relacionado con el carbón. || *s. m.* y *f.* **2.** Persona que vende o hace carbón. || *s. m.* **3.** Pájaro pequeño con la cabeza negra y el pico corto y afilado.

carbónico, ca *adj.* Se dice de las mezclas o combinaciones en las que entra el carbono y, especialmente, de un ácido del carbono.

carbonífero, ra *adj.* **1.** Que contiene carbón mineral. || *adj.* y *n. pr. m.* **2.** Periodo geológico de hace cincuenta millones de años.

carbonilla *s. f.* **1.** Trozos pequeños de carbón. **2.** Ceniza que queda al quemarse el carbón.

carbonizar *v.* Quemar por completo. **SIN.** Abrasar, calcinar.

carbono *s. m.* Elemento químico que se presenta en estado puro con dos formas: el diamante y el grafito. También se encuentra en numerosos compuestos, especialmente los que forman parte de los seres vivos.

carbunco *s. m.* Ántrax, enfermedad infecciosa.

carburador *s. m.* Parte del motor de un vehículo donde se mezcla el combustible con el aire u otro gas para que se produzca la combustión.

carburante *s. m.* Combustible líquido con el que funcionan algunos motores.

carburar *v.* **1.** Mezclar aire u otro gas con un carburante para que se produzca la combustión. **2.** Funcionar, marchar.

carburo *s. m.* Combinación del carbono con otros elementos, como el calcio, que se empleaba para alumbrar: *lámpara de carburo.*

carca *adj.* y *s. fam.* De ideas muy anticuadas. **SIN.** Retrógrado. **ANT.** Moderno.

carcaj *s. m.* Caja o funda para meter las flechas que se cuelga del hombro.

carcajada *s. f.* Risa ruidosa. **SIN.** Risotada.

cargador

carcajearse *v.* Reírse a carcajadas.

carcamal *adj.* y *s. m. fam.* Viejo y achacoso. **SIN.** Vejestorio.

carcasa *s. f.* **1.** Soporte sobre el que se montan otras piezas. **2.** Cubierta de algunas cosas. **SIN.** Armazón, esqueleto.

cárcel *s. f.* Lugar donde se encierra a los presos. **SIN.** Prisión, presidio, penal.

carcelario, ria *adj.* De la cárcel. **SIN.** Penitenciario.

carcelero, ra *s. m.* y *f.* Persona que vigila a los presos en una cárcel. **SIN.** Celador, guardián.

carcoma *s. f.* Insecto coleóptero muy pequeño. Las larvas de algunas de sus especies hacen galerías en la madera, destruyéndola.

carcomer *v.* **1.** Destruir la carcoma la madera. **2.** Consumir, corroer.

carda *s. f.* **1.** Acción de cardar las materias textiles. **2.** Cepillo con púas de alambre para cardar. **3.** Máquina para limpiar las fibras textiles.

cardado, da **1.** *p.* de **cardar**. También *adj.* || *s. m.* **2.** Acción de cardar las materias textiles.

cardar *v.* **1.** Ahuecar el pelo. **2.** Peinar y limpiar la lana y otras materias textiles antes de hilarlas.

cardenal¹ *s. m.* Cada uno de los prelados que actúan como consejeros del papa y eligen a este reunidos en cónclave.

cardenal² *s. m.* Mancha amoratada que aparece en la piel a causa de un golpe. **SIN.** Moratón.

cardenalato *s. m.* Dignidad de los cardenales de la Iglesia.

cardenalicio, cia *adj.* De los cardenales de la Iglesia.

cardenillo *s. m.* Sustancia venenosa de color verdoso que se forma sobre los objetos de cobre.

cárdeno, na *adj.* De color morado. **SIN.** Amoratado, violáceo.

cardiaco, ca o **cardíaco, ca** *adj.* **1.** Del corazón o relacionado con él. **2.** *fam.* Nervioso, alterado. || *adj.* y *s.* **3.** Que está enfermo del corazón.

cardias *s. m.* Orificio por el que se comunican el estómago y el esófago.

cárdigan (del ingl.) *s. m.* Chaqueta de punto con escote de pico.

cardillo *s. m.* Planta de flores amarillas y hojas rizadas y espinosas; es comestible.

cardinal *adj.* **1.** Se dice de cada uno de los cuatro puntos del horizonte, que sirven para orientarse (*norte*, *sur*, *este* y *oeste*). **2.** Se dice del numeral que indica cantidad y sirve para contar, como *dos*, *cinco* o *mil*.

cardiología *s. f.* Rama de la medicina que se ocupa del corazón y sus enfermedades.

cardiólogo, ga *s. m.* y *f.* Médico especializado en cardiología.

cardiopatía *s. f.* Enfermedad del corazón.

cardiovascular *adj.* Del corazón y el aparato circulatorio: *enfermedad cardiovascular.*

cardo *s. m.* **1.** Nombre de diversas plantas espinosas, algunas de ellas con flores de colores vivos; suelen crecer en terrenos áridos. **2.** *fam.* Persona muy antipática.

cardume o **cardumen** *s. m.* Banco de peces.

carear *v.* Poner frente a frente a varias personas e interrogarlas juntas para comparar lo que dicen.

carecer *v.* No tener. □ Es v. irreg. Se conjuga como *agradecer*. **SIN.** Faltar. **ANT.** Poseer.

carenado *s. m.* **1.** Acción de carenar. **2.** Pieza o revestimiento de un vehículo, que lo hace más aerodinámico.

carenar *v.* Arreglar el casco de un barco.

carencia *s. f.* Falta o escasez de algo. **SIN.** Carestía. **ANT.** Abundancia.

carencial *adj.* Que indica la carencia de alguna cosa.

carente *adj.* Que carece de algo.

careo *s. m.* Acción de carear.

carero, ra *adj.* y *s.* Que vende caro.

carestía *s. f.* **1.** Hecho de estar caro algo. **2.** Escasez. **SIN. 2.** Carencia. **ANT. 2.** Abundancia.

careta *s. f.* Máscara.

careto, ta *adj.* **1.** Se dice de la caballería o la res que tiene la cara blanca y el resto de la cabeza oscuro. || *s. m.* **2.** *fam.* Cara.

carey *s. m.* **1.** Tortuga de gran tamaño que habita en los mares tropicales. **2.** Material que se obtiene de la concha de estas tortugas.

carga *s. f.* **1.** Acción de cargar. **2.** Mercancía que se transporta. **3.** Peso. **4.** Repuesto, recambio: *una carga para la pluma.* **5.** Proyectil de un arma o cantidad de explosivo. **6.** Sufrimiento, obligación, dificultad: *cargas familiares.* **7.** Cantidad de energía eléctrica de un cuerpo. **SIN. 2.** Cargamento. **6.** Molestia, cruz. **ANT. 1.** Descarga. **6.** Desahogo.

cargado, da **1.** *p.* de **cargar**. También *adj.* || *adj.* **2.** Pesado, aturdido: *tener la cabeza cargada.* **3.** Tormentoso, bochornoso. || **LOC. cargado de espaldas** Con la espalda encorvada, algo jorobado. **ANT. 2.** y **3.** Despejado.

cargador, ra *s. m.* y *f.* **1.** Persona que carga mercancías. || *s. m.* **2.** Pieza de un arma que contiene las balas o los cartuchos. **3.** Pieza de algunos utensilios que sirve para cargarlos o en la que se pone la carga. **SIN. 1.** Estibador.

cargamento *s. m.* Mercancía que lleva un vehículo. **SIN.** Carga.

cargante *adj.* Fastidioso, molesto. **SIN.** Pesado. **ANT.** Agradable.

cargar *v.* **1.** Poner algo sobre una persona, animal o vehículo para que lo transporten. **2.** Llenar: *cargar la despensa, cargarse de trabajo*. **3.** Hacer espeso, denso: *cargar un café, cargarse el ambiente*. **4.** Acumular electricidad. **5.** Poner la carga a un arma o a un aparato. **6.** Hacer responsable o culpable de algo: *cargársela*. **7.** Aburrir, fastidiar. **8.** Atacar en grupo, por ejemplo, un ejército o la policía. || **cargarse 9.** Suspender a alguien. **10.** Romper, estropear. **11.** Matar. **SIN. 2.** Abarrotar, saturar. **6.** Atribuir, apechugar. **7.** Hartar. **9.** y **11.** Cepillarse. **10.** Cascar, destrozar. **ANT. 1.** y **2.** Aligerar. **1.**, **4.** y **5.** Descargar. **2.** Vaciar. **6.** Eximir. **7.** Entretener.

cargazón *s. f.* Sensación de pesadez y molestia en una parte del cuerpo.

cargo *s. m.* **1.** Oficio, empleo. **2.** Cuidado, dirección: *Está a cargo de la tienda*. **3.** Aquello de que se acusa a alguien. || **LOC. hacerse cargo** Cuidar de una persona o cosa; también, comprender. **SIN. 1.** Puesto, categoría. **3.** Acusación.

cargoso, sa *adj. Amér.* Molesto, pesado.

carguero *s. m.* Barco o tren de mercancías.

cariacontecido, da *adj.* Con cara de pena o preocupación.

cariar *v.* Producir caries.

cariátide *s. f.* Estatua de mujer que sirve de columna.

caribe *adj. y s.* **1.** De un antiguo pueblo que habitó en las Antillas y se extendió por el norte de América del Sur. || *s. m.* **2.** Lengua de este pueblo.

caribeño, ña *adj. y s.* Del Caribe, mar de América, y de las tierras que baña.

caribú *s. m.* Animal parecido al reno, pero más grande. Vive en el norte de América, en regiones muy frías.

caricato *s. m.* Humorista, cómico.

caricatura *s. f.* **1.** Dibujo que ridiculiza o exagera los rasgos físicos de una persona. **2.** Descripción que ridiculiza a alguien o algo.

caricaturesco, ca *adj.* De la caricatura o que es una caricatura: *descripción caricaturesca*.

caricaturista *s. m. y f.* Dibujante de caricaturas.

caricaturizar *v.* Hacer una caricatura.

caricia *s. f.* Gesto de cariño que se hace pasando la mano sobre una persona o animal. **SIN.** Carantoña.

caridad *s. f.* **1.** Amor a Dios y a los demás. **2.** Sentimiento que lleva a ayudar a los necesitados. **SIN. 2.** Solidaridad, altruismo. **ANT. 1.** y **2.** Egoísmo.

caries *s. f.* Infección producida por bacterias, que destruye los dientes.

carilla *s. f.* Cada cara de una hoja de papel. **SIN.** Página, plana.

carillón *s. m.* **1.** Grupo de campanas afinadas en distintos tonos que, al ser tocadas, producen una melodía. **2.** Reloj con estas campanas.

cariño *s. m.* **1.** Amor, afecto. **2.** Cuidado, mimo. **SIN. 1.** Aprecio, apego. **2.** Esmero. **ANT. 1.** Odio. **2.** Descuido.

cariñoso, sa *adj.* Que muestra cariño. **SIN.** Afectuoso, amoroso. **ANT.** Despegado.

carioca *adj. y s.* **1.** De Río de Janeiro, ciudad de Brasil. **2.** Brasileño.

cariópside *s. f.* Fruto seco que no se abre espontáneamente y tiene el pericarpio pegado a la semilla, por ejemplo, el del trigo.

carisma *s. m.* Cualidad de una persona que la hace destacar sobre las demás o atraerlas. **SIN.** Magnetismo.

carismático, ca *adj.* Que tiene carisma.

caritativo, va *adj.* Que tiene caridad.

cariz *s. m.* Aspecto, carácter. **SIN.** Pinta, aire.

carlanca *s. f.* Collar de púas que se pone a los perros para defenderlos de otros animales.

carlinga *s. f.* Cabina de los aviones donde van el piloto y la tripulación.

carlista *adj. y s.* Defensor del derecho al trono del hermano de Fernando VII, Carlos María Isidro, y de sus descendientes contra Isabel II, hija del monarca.

carmelita *adj. y s.* De la orden religiosa del Carmelo.

carmesí *adj. y s. m.* Rojo muy intenso.

carmín *s. m.* **1.** Sustancia de color rojo intenso, que se obtiene principalmente de la cochinilla. **2.** Este color. **3.** Barra de labios.

carminativo, va *adj. y s. m.* Se dice de la sustancia o del medicamento que ayuda a expulsar los gases del intestino.

carnada *s. f.* Cebo para cazar o pescar. **SIN.** Carnaza.

carnal *adj.* **1.** Relacionado con el deseo sexual. **2.** Se dice de los parientes de primer grado: *primo carnal*. **SIN.** Espiritual.

carnaval *s. m.* **1.** Los tres días anteriores al Miércoles de Ceniza. **2.** Fiesta popular que se

carricoche

celebra en estos días con disfraces y otras diversiones.

carnavalesco, ca *adj.* Del carnaval o relacionado con él.

carnaza *s. f.* **1.** Carnada, cebo para cazar o pescar. **2.** Carne de animales muertos. **SIN. 2.** Carroña.

carne *s. f.* **1.** Parte blanda y musculosa del cuerpo de las personas y de los animales. **2.** Pulpa de las frutas. ‖ **LOC. carne de gallina** Aspecto que toma la piel, por frío o miedo, parecido a la de las gallinas desplumadas. **en carne viva** Sin piel. **entrado** (o **metido**) **en carnes** Algo gordo. **SIN. 1.** Molla, chicha.

carné *s. m.* Tarjeta que demuestra quién es una persona, a qué asociación pertenece, etc. **SIN.** *Carnet.*

carnero *s. m.* Macho de la oveja, con los cuernos enrollados en forma de espiral.

carnet (fr.) *s. m.* Carné.

carnicería *s. f.* **1.** Tienda donde se vende carne. **2.** Matanza, muerte de muchas personas. **3.** Destrozo en la piel o en la carne de una persona. **SIN. 2.** Masacre.

carnicero, ra *s. m. y f.* **1.** Persona que vende carne. ‖ *adj. y s.* **2.** Depredador.

cárnico, ca *adj.* Relacionado con la carne que se emplea como alimento.

carnívoro, ra *adj. y s. m.* **1.** Se dice del animal que se alimenta de carne. ‖ *adj.* **2.** Se dice de las plantas que se alimentan de insectos.

carnosidad *s. f.* Parte carnosa de alguna zona del cuerpo.

carnoso, sa *adj.* De carne o que tiene mucha carne. **SIN.** Rollizo, gordo. **ANT.** Flaco.

caro, ra *adj. y adv.* **1.** Que cuesta mucho dinero. ‖ *adj.* **2.** Querido, estimado. **SIN. 1.** Costoso. **ANT. 1.** Barato.

carolingio, gia *adj. y s.* De Carlomagno, emperador de Occidente en el siglo IX.

carota *adj. y s.* Caradura.

carótida *s. f.* Cada una de las dos arterias principales del cuello, que llevan la sangre a la cabeza.

carpa¹ *s. f.* Pez de agua dulce con el lomo verdoso, el vientre blanquecino y una sola aleta dorsal.

carpa² *s. f.* Cubierta grande de lona que sirve de techo, por ejemplo, en un circo.

carpaccio (ital.) *s. m.* Plato hecho con finas láminas de un alimento crudo, sobre todo carne.

carpelo *s. m.* Hoja transformada que constituye el órgano sexual femenino de las plantas fanerógamas.

carpeta *s. f.* Especie de cartera para guardar y clasificar papeles. **SIN.** Cartapacio, portafolios.

carpetazo Se usa en la expresión **dar carpetazo**, 'interrumpir' o 'dar algo por terminado'.

carpintería *s. f.* **1.** Taller y oficio del carpintero. **2.** Muebles y otras obras de madera de un lugar. **SIN. 1.** Ebanistería.

carpintero, ra *s. m. y f.* Persona que hace o arregla muebles y otras cosas de madera. **SIN.** Ebanista.

carpo *s. m.* Conjunto de huesos que forman la muñeca.

carraca¹ *s. f.* Aparato o vehículo viejo o estropeado. **SIN.** Cacharro, cafetera.

carraca² *s. f.* **1.** Instrumento formado por una rueda dentada que, al girar, golpea una lengüeta, produciendo un sonido seco y desagradable. **2.** Ave trepadora de pico fuerte y brillantes plumas de color azul y castaño.

carrasca *s. f.* Encina pequeña o mata de encina.

carrascal *s. m.* Lugar poblado de carrascas.

carrasco *adj.* Se dice de un tipo de pino.

carraspear *v.* Toser un poco para limpiarse la garganta.

carraspera *s. f.* Sequedad y picor en la garganta.

carrera *s. f.* **1.** Acción de correr. **2.** Competición de velocidad. **3.** Recorrido: *La carrera del taxi le costó cinco euros.* **4.** Estudios que permiten ejercer una profesión. **5.** Actividad profesional. **6.** Puntos sueltos en una media. **SIN. 3.** Trayecto, itinerario.

carrerilla Se usa en la expresión **tomar** o **coger carrerilla**, 'retroceder para tomar impulso'; también se usa en **de carrerilla**, 'de memoria' o 'sin enterarse de lo que se dice'.

carreta *s. f.* Carro, generalmente de dos ruedas, con un madero largo donde se sujeta el yugo al que van atados los animales de tiro.

carrete *s. m.* **1.** Cilindro hueco donde se enrollan hilos, alambres, películas, etc. **2.** Aparato colocado en la caña de pescar con una manivela para recoger o soltar el sedal. **SIN. 1.** Bobina, canilla.

carretera *s. f.* Camino asfaltado para que circulen por él los vehículos.

carretero *s. m.* Persona que construye o conduce carros o carretas.

carretilla *s. f.* Carro de mano con una rueda delante y dos varas detrás para conducirlo.

carricoche *s. m.* Vehículo pequeño y muy sencillo, por ejemplo, el de los heladeros.

carril *s. m.* **1.** Cada una de las dos barras paralelas de metal por donde circulan los trenes o tranvías. **2.** Parte de una carretera por donde circula una sola fila de vehículos. **SIN. 1.** Riel, raíl.

carrillo *s. m.* Parte más carnosa de la cara, desde los pómulos hasta la mandíbula. **SIN.** Mejilla, moflete.

carrizo *s. m.* Planta gramínea que crece cerca del agua de arroyos y charcas.

carro *s. m.* **1.** Vehículo formado por un armazón de madera sobre ruedas para transportar cargas. **2.** Bolsa, armazón o plataforma con ruedas: *el carro de la compra.* **3.** Parte móvil de algunos aparatos: *el carro de la máquina de escribir.* ‖ **4. carro de combate** Tanque.

carrocería *s. f.* En los vehículos, chapa que cubre el motor y el espacio para los viajeros y la carga.

carrocero, ra *adj.* Relacionado con las carrocerías.

carromato *s. m.* **1.** Carro grande con toldo. **2.** Carruaje viejo y malo.

carroña *s. f.* Carne podrida de animales muertos.

carroñero, ra *adj. y s.* Se dice del animal que se alimenta de carroña.

carroza *s. f.* **1.** Coche de caballos grande y lujoso. **2.** Vehículo adornado que desfila por las calles en algunas fiestas. ‖ *adj. y s.* **3.** *fam.* Persona vieja o anticuada.

carruaje *s. m.* Vehículo formado por un armazón sobre ruedas, en especial el tirado por animales y destinado a transportar personas.

carrusel *s. m.* Tiovivo.

carta *s. f.* **1.** Escrito que se envía normalmente dentro de un sobre. **2.** Naipe de la baraja. **3.** Lista de las comidas y bebidas de un bar o restaurante. **4.** Mapa: *carta de navegación.* ‖ **5. carta magna** Constitución escrita de un país. ‖ **LOC. dar carta blanca** Autorizar a alguien para que actúe libremente. **tomar cartas en el asunto** Intervenir en él. **SIN. 1.** Epístola, misiva.

cartabón *s. m.* Regla de dibujo en forma de triángulo rectángulo de tres lados desiguales.

cartagenero, ra *adj. y s.* De Cartagena, ciudad de Murcia, o de Cartagena de Indias, ciudad de Colombia.

cartaginense o **cartaginés, sa** *adj. y s.* De Cartago, antigua ciudad del norte de África.

cartapacio *s. m.* Carpeta grande para guardar papeles, documentos o libros. **SIN.** Portafolios.

cartearse *v.* Escribirse cartas.

cartel *s. m.* **1.** Lámina de papel o de otro material en la que se anuncia o comunica algo. **2.** Fama, reputación. **SIN. 1.** Letrero, póster. **2.** Prestigio. **ANT. 2.** Desprestigio.

cartelera *s. f.* Parte de un periódico o revista donde se anuncian los espectáculos, por ejemplo, el cine y el teatro.

cárter *s. m.* **1.** Depósito de aceite del motor de un automóvil. **2.** En un vehículo o máquina, cubierta rígida que protege alguna pieza.

cartera *s. f.* **1.** Objeto plegable de bolsillo para guardar el dinero, los carnés, etc. **2.** Maleta pequeña para libros o documentos. **3.** Bolso de mujer sin correa ni asa.

carterista *s. m. y f.* Ladrón de carteras y monederos.

cartero, ra *s. m. y f.* Persona que reparte las cartas y paquetes de correos.

cartesiano, na *adj. y s.* **1.** De la filosofía de Descartes y sus discípulos o partidario de ella. **2.** Muy lógico o racional. **3. eje cartesiano** Eje de coordenadas. Ver **eje.**

cartilaginoso, sa *adj.* De la materia de los cartílagos.

cartílago *s. m.* Tejido del cuerpo menos resistente que el hueso, pero más elástico. **SIN.** Ternilla.

cartilla *s. f.* **1.** Libro para aprender a leer. **2.** Cuaderno o libreta en que se anotan algunos datos: *cartilla de ahorros.* ‖ **LOC. leerle** a alguien **la cartilla** Reñirle diciéndole lo que debe hacer.

cartografía *s. f.* Ciencia y técnica dedicadas a la realización de mapas.

cartógrafo, fa *s. m. y f.* Persona que hace mapas.

cartomancia o **cartomancía** *s. f.* Adivinación del futuro a través de las cartas de la baraja.

cartón *s. m.* **1.** Lámina gruesa hecha con pasta de papel. **2.** Envase o paquete de este material. **3.** Dibujo que sirve de modelo para un tapiz, un mosaico, etc. ‖ **4. cartón piedra** Pasta de papel y yeso para hacer figuras y decorados.

cartoné *s. m.* Encuadernación hecha de cartón forrado con papel.

cartonero, ra *adj.* **1.** Relacionado con el cartón. ‖ *s. m. y f.* **2.** Persona que recoge o vende cartón.

cartuchera *s. f.* **1.** Cinturón ancho en el que se llevan los cartuchos. **2.** Caja para llevar cartuchos o balas. ‖ *s. f. pl.* **3.** Acumulación de grasa en las caderas. **SIN. 1.** Canana. **3.** Pistoleras.

casete

cartucho *s. m.* **1.** Cilindro que contiene la carga explosiva para cada disparo de un arma. **2.** Cucurucho.

cartuja *s. f.* Convento o monasterio de la Orden de la Cartuja, fundada por san Bruno.

cartujano, na *adj.* **1.** De la cartuja. || *adj. y s.* **2.** Se dice del caballo o yegua con las características propias de la raza andaluza.

cartujo, ja *adj. y s.* De la orden religiosa de la Cartuja.

cartulina *s. f.* Cartón delgado, liso y flexible.

casa *s. f.* **1.** Construcción o parte de ella donde viven las personas. **2.** Familia: *A Roberto mi padre le considera de la casa.* **3.** Conjunto de reyes o nobles con el mismo origen: *la casa de Austria.* **4.** Empresa o tienda. || **5. casa consistorial** o **casa de la villa** Ayuntamiento. **6. casa de socorro** Establecimiento médico donde se dan los primeros auxilios. **7. casa real** Familia real. || **LOC. como Pedro por su casa** Con toda confianza y libertad. **echar** o **tirar la casa por la ventana** Gastar mucho. **SIN. 1.** Piso, domicilio. **2.** Linaje. **3.** Firma.

casaca *s. f.* Chaqueta larga, ajustada y con faldones.

casación *s. f.* Anulación de una sentencia dada por un juez o por un tribunal.

casadero, ra *adj.* En edad de casarse.

casado, da *p.* de **casar.** También *adj. y s.* **ANT.** Soltero.

casamentero, ra *adj. y s.* Que relaciona a las personas para que se casen.

casamiento *s. m.* Acción de casar o casarse. **SIN.** Matrimonio.

casar *v.* **1.** Unir en matrimonio. **2.** Ajustar, hacer coincidir. **3.** Hacer juego varias cosas, quedar bien.

casba *s. f.* Barrio antiguo de las ciudades árabes.

cascabel *s. m.* **1.** Bola hueca de metal con un pequeño hierro dentro que, al ser movida, suena. **2.** Persona muy alegre. || **LOC. poner el cascabel al gato** Hacer algo muy difícil o arriesgado.

cascabeleo *s. m.* Sonido de cascabeles u otro parecido. **SIN.** Campanilleo, tintineo.

cascabelero, ra *adj. y s.* Que es alegre y un poco alocado.

cascada *s. f.* Caída del agua de un río o de otra corriente desde cierta altura.

cascado, da 1. *p.* de **cascar.** También *adj.* || *adj.* **2.** Viejo, estropeado, gastado. **3.** Se dice de la voz ronca y débil. **SIN. 2.** Decrépito, achacoso. **3.** Quebrado. **ANT. 2.** Nuevo.

cascajo *s. m.* **1.** Conjunto de trozos de piedras y otros materiales parecidos. **2.** Conjunto de frutos de cáscara seca, como avellanas, castañas, almendras o nueces. **3.** Cosa vieja, estropeada. **SIN. 3.** Trasto.

cascanueces *s. m.* Instrumento para partir nueces.

cascar *v.* **1.** Romper. **2.** *fam.* Pegar a una persona. **3.** *fam.* Hablar en exceso o de manera inconveniente. **4.** *fam.* Morir. **SIN. 1.** Partir. **2.** Sacudir. **3.** Rajar. **4.** Diñar.

cáscara *s. f.* **1.** Corteza o cubierta exterior de los huevos, las frutas y otras cosas. || **cáscaras** *interj.* **2.** Expresa sorpresa o enfado. **SIN. 1.** Piel, monda.

cascarilla *s. f.* **1.** Cubierta fina y quebradiza que envuelve los cereales y algunos frutos secos. **2.** Lámina muy fina que recubre algunos objetos o superficies.

cascarón *s. m.* Cáscara de huevo, sobre todo cuando está vacía.

cascarrabias *s. m. y f.* Persona gruñona, de mal genio.

cascarria *s. f.* Salpicadura de barro que queda seca en la ropa.

casco *s. m.* **1.** Especie de sombrero de material duro con que se cubre y protege la cabeza. **2.** Recipiente para líquidos. **3.** Cada pedazo de un vaso o vasija rotos. **4.** Uña de las caballerías. **5.** Cuerpo de un barco sin las máquinas, los palos y otros complementos. **6.** Parte de una población: *casco urbano, casco antiguo.* || *s. m. pl.* **7.** Auriculares para escuchar música. || **LOC. calentarse los cascos** Pensar mucho en algo. **SIN. 2.** Envase, botella. **3.** Añicos, cacho. **4.** Pezuña.

cascote *s. m.* Trozo de una construcción derribada.

casera (marca registrada) *s. f.* Gaseosa.

caserío *s. m.* **1.** Conjunto de casas que no llega a formar un pueblo. **2.** Casa de campo aislada.

casero, ra *adj.* **1.** Que se hace en casa o pertenece a ella: *comida casera.* **2.** Se dice de la persona a la que le gusta mucho estar en casa. **3.** Hecho con medios sencillos: *remedio casero.* || *s. m. y f.* **4.** Propietario de una vivienda alquilada. **SIN. 1.** Doméstico, familiar. **2.** Hogareño. **4.** Arrendador.

caserón *s. m.* Casa grande y destartalada.

caseta *s. f.* **1.** Casa pequeña, casi siempre de madera. **2.** Cuarto pequeño que hay en balnearios, playas, piscinas e instalaciones deportivas para cambiarse de ropa. **3.** Barraca de feria. **SIN. 2.** Cabina.

casete *s. amb.* **1.** Cinta magnética para grabar y reproducir el sonido protegida por un estuche de plástico. || *s. m.* **2.** Aparato donde se introducen estas cintas para grabarlas o reproducirlas.

casi adv. Cerca de, por poco, aproximadamente: *Lleva casi una semana enfermo. Casi se marea.*

casilla s. f. **1.** Cada una de las divisiones de los tableros de algunos juegos, como las damas o el ajedrez. **2.** Espacio en blanco para rellenar en algunos impresos. **3.** Cada una de las divisiones de algunos muebles y cajas. ‖ LOC. **sacar** a uno **de sus casillas** Hacerle perder la paciencia.

casillero s. m. Mueble con varias divisiones para tener ordenados y clasificados papeles u otros objetos.

casino s. m. **1.** Local para juegos de azar. **2.** Club, asociación recreativa.

caso s. m. **1.** Suceso, asunto. **2.** Situación o circunstancia. ‖ LOC. **hacer caso** Escuchar, prestar atención; también, obedecer. **ser** una persona **un caso** Ser especial o rara, tener algún defecto muy llamativo. SIN. **1.** Acontecimiento; cuestión.

caspa s. f. Pequeñas escamas de color blanco que se forman en la piel de la cabeza.

casposo, sa adj. **1.** Que tiene caspa. **2.** fam. Malo, cutre, descuidado. SIN. **2.** Rancio. ANT. **2.** Glamuroso.

casquería s. f. Tienda donde se venden tripas, callos u otras vísceras de las reses.

casquete s. m. **1.** Gorro de tela o cuero que se ajusta a la cabeza. ‖ **2. casquete polar** En el globo de la Tierra, parte que está entre el círculo polar y cada uno de los polos.

casquillo s. m. **1.** Pieza metálica en la que se mete o enrosca una bombilla eléctrica. **2.** Cápsula o pequeña pieza cilíndrica hueca que contiene, refuerza o protege algo.

casquivano, na adj. y s. **1.** Alocado, poco juicioso. ‖ adj. y s. f. **2.** Mujer que no es formal en asuntos amorosos. SIN. **2.** Frívola.

casta s. f. **1.** Variedad de una especie animal. **2.** Linaje de una persona. **3.** Grupo social cerrado.

castaña s. f. **1.** Fruto del castaño. **2.** Moño pequeño. **3.** fam. Torta, golpe. **4.** fam. Borrachera. **5.** fam. Cosa aburrida, de mala calidad o que no funciona bien. ‖ **6. castaña pilonga** La que se ha secado al humo y se guarda todo el año. SIN. **3.** Castañazo, porrazo. **4.** Curda. **5.** Rollo.

castañar s. m. Terreno donde hay castaños.

castañazo s. m. fam. Torta, golpe.

castañero, ra s. m. y f. Persona que vende castañas, especialmente asadas.

castañeta s. f. **1.** Chasquido que se produce con los dedos medio y pulgar. **2.** Castañuela.

castañetear v. Sonar los dientes al chocar unos con otros.

castaño, ña adj. y s. m. **1.** De color marrón, como el de la cáscara de la castaña. ‖ adj. y s. **2.** Que tiene el cabello de ese color. ‖ s. m. **3.** Árbol de tronco grueso y copa ancha, hojas caducas, lanceoladas y dentadas, flores blancas y fruto comestible. ‖ **4. castaño de Indias** Árbol de hojas caducas y palmeadas, flores blancas o rojizas y fruto parecido a la castaña, que no es comestible. ‖ LOC. **pasar de castaño oscuro** Ser algo intolerable o muy grave.

castañuela s. f. Instrumento musical formado por dos piezas que se hacen chocar con los dedos para que suenen. ‖ LOC. **como unas castañuelas** Muy contento.

castellanizar v. Dar forma castellana a una palabra de otro idioma.

castellano, na adj. y s. **1.** De Castilla, región de España. ‖ s. m. **2.** Español, lengua que se habla en España e Hispanoamérica.

castellano-leonés, sa o **castellanoleonés, sa** adj. y s. De Castilla y León, comunidad autónoma de España.

castellano-manchego, ga o **castellanomanchego, ga** adj. y s. De Castilla-La Mancha, comunidad autónoma de España.

castellonense adj. y s. De Castellón de la Plana o de Castellón, ciudad o provincia española respectivamente.

casticismo s. m. Gusto por lo típico, auténtico o tradicional de un lugar, sobre todo en el lenguaje.

castidad s. f. Renuncia a la actividad sexual o aceptación de normas morales o religiosas en lo relacionado con ella. SIN. Pureza. ANT. Lujuria.

castigador, ra adj. y s. **1.** Que castiga. **2.** fam. Se dice de la persona a la que se le da bien enamorar a otras. SIN. **2.** Seductor, conquistador.

castigar v. Poner un castigo.

castigo s. m. Pena que se impone al que ha cometido alguna falta o delito.

castillo s. m. **1.** Antigua edificación fortificada, rodeada de murallas. ‖ **2. castillo de fuegos artificiales** Montaje de fuegos artificiales.

casting (ingl.) s. m. Prueba para escoger a los actores de una película, de un programa de televisión o de un anuncio.

castizo, za adj. Típico, auténtico de un país o región.

casto, ta adj. Que practica la castidad o la muestra. SIN. Puro. ANT. Lujurioso.

castor *s. m.* Roedor de cuerpo grueso cubierto de pelo castaño, con patas cortas y cola aplastada, que construye su vivienda a orillas de ríos y lagos.

castrar *v.* Quitar los órganos genitales o dejarlos inútiles. **SIN.** Capar.

castrense *adj.* Relacionado con el Ejército y la vida y profesión militar.

castro *s. m.* Fortificación celtíbera.

casual *adj.* Que se produce por casualidad. **SIN.** Imprevisto, accidental. **ANT.** Previsto.

casualidad *s. f.* Hecho de que algo ocurra sin haberlo previsto: *Nos vimos por casualidad.* **SIN.** Coincidencia, suerte.

casualmente *adv.* **1.** Por casualidad. **2.** Precisamente; se usa para reafirmar o contradecir lo que otro dice: *Casualmente, yo iba a decir lo mismo.*

casuario *s. m.* Ave corredora de gran tamaño, con una especie de cresta azulada en la cabeza, que no puede volar. Vive en Australia.

casuística *s. f.* Conjunto de casos o situaciones particulares que pueden darse en un asunto o en una materia.

casulla *s. f.* Vestidura abierta por arriba y por los lados, que emplean los sacerdotes para decir misa.

cata *s. f.* Acción de catar o probar una cosa.

catacaldos *s. m.* y *f.* **1.** *fam.* Persona que inicia muchas cosas sin centrarse en ninguna. **2.** *fam.* Persona entrometida. **SIN. 2.** Meticón, metijón.

cataclismo *s. m.* Gran catástrofe.

catacumbas *s. f. pl.* Galerías subterráneas que los primitivos cristianos utilizaban para enterrar a sus muertos y celebrar ceremonias religiosas.

catador, ra *s. m.* y *f.* Persona que cata, sobre todo vinos.

catadura *s. f.* Aspecto de una persona, sobre todo cuando es malo.

catafalco *s. m.* Armazón cubierto de negro que imita un sepulcro o ataúd y que se coloca en las iglesias en algunos funerales.

catalán, na *adj.* y *s.* **1.** De Cataluña, comunidad autónoma de España. || *s. m.* **2.** Lengua hablada en Cataluña y en otras regiones.

catalejo *s. m.* Tubo formado por dos lentes en los extremos, que permite ver ampliados los objetos lejanos.

catalepsia *s. f.* Enfermedad nerviosa que hace que una persona se quede de repente inmóvil y rígida, y no sienta nada.

cataléptico, ca *adj.* y *s.* De la catalepsia o que sufre catalepsia.

catalina *s. f. fam.* Excremento, boñiga.

catalogar *v.* **1.** Registrar por orden o clasificar libros, discos y otras cosas. **2.** Considerar, juzgar. **ANT. 1.** Descatalogar.

catálogo *s. m.* Lista de personas o cosas clasificadas o puestas por orden. **SIN.** Inventario, registro.

catamarán *s. m.* Barco ligero y rápido, formado por una plataforma que se apoya sobre dos cascos alargados.

catana *s. f.* Espada larga con el filo ligeramente curvado que usaban los samuráis.

cataplasma *s. f.* Medicamento pastoso que se aplica sobre alguna parte del cuerpo.

cataplines *s. m. pl. fam.* Testículos.

catapulta *s. f.* **1.** Máquina militar antigua para lanzar piedras. **2.** Mecanismo que impulsa a los aviones para hacer que despeguen en espacios pequeños.

catapultar *v.* **1.** Impulsar a los aviones con la catapulta. **2.** Hacer triunfar rápidamente a alguien. **SIN. 2.** Elevar. **ANT. 2.** Hundir.

catar *v.* Probar, sobre todo el sabor de algo.

catarata *s. f.* **1.** Agua de un río que cae desde gran altura. **2.** Telilla que se forma en el cristalino del ojo y va produciendo ceguera.

catarral *adj.* Del catarro.

catarro *s. m.* Enfermedad leve en las vías respiratorias, que causa tos y aumento de moco. **SIN.** Constipado, resfriado.

catastral *adj.* Del catastro.

catastro *s. m.* Lista de las casas y terrenos de un lugar, sus propietarios y otras características. **SIN.** Censo.

catástrofe *s. f.* Suceso que produce grandes daños. **SIN.** Calamidad, desastre, cataclismo.

catastrófico, ca *adj.* Que es una catástrofe. **SIN.** Calamitoso, desastroso.

catastrofista *adj.* y *s.* Que es muy pesimista y siempre está anunciando males y desgracias. **SIN.** Agorero, cenizo. **ANT.** Optimista.

catatónico, ca *adj.* y *s.* **1.** Que se encuentra en un estado de inmovilidad y falta de voluntad producido por una enfermedad psiquiátrica. || *adj.* **2.** *fam.* Muy impresionado o sorprendido.

catavino *s. m.* **1.** Vaso pequeño o copa usado para probar el vino. **2.** Tubito para sacar vino de los toneles. || **catavinos** *s. m.* y *f.* **3.** Persona que cata vinos. **SIN. 3.** Catador.

cátchup *s. m.* Kétchup.

cate *s. m.* **1.** Golpe, puñetazo. **2.** *fam.* Suspenso en un examen o asignatura. **SIN. 1.** Bofetón, tortazo. **ANT. 2.** Aprobado.

catear *v. fam.* Suspender un examen.

catecismo s. m. Libro en que se explica la doctrina de la religión cristiana.

catecúmeno, na s. m. y f. Persona que recibe catequesis como preparación para el bautismo.

cátedra s. f. **1.** Puesto del catedrático. **2.** Departamento encargado de la enseñanza de una asignatura.

catedral s. f. Iglesia principal de una diócesis, que está a cargo de un obispo. **SIN.** Seo.

catedralicio, cia adj. De la catedral.

catedrático, ca s. m. y f. Profesor de categoría más alta en institutos de bachillerato y universidades.

categoría s. f. **1.** Cada uno de los grupos en que se divide un conjunto de personas o cosas por alguna característica común. **2.** Importancia, valor. **3.** En gramática, cada una de las clases de palabras de una lengua, por ejemplo, *sustantivo, adjetivo* o *verbo*. **SIN. 1.** Clase, nivel, rango. **2.** Alcance.

categórico, ca adj. Que dice o manifiesta algo de manera clara y sin duda. **SIN.** Rotundo, tajante. **ANT.** Vacilante.

catequesis s. f. Enseñanza de la religión cristiana, sobre todo para recibir un sacramento.

catequista s. m. y f. Persona que da catequesis a otras.

catequizar v. Enseñar una doctrina, y sobre todo la religión cristiana.

catering (ingl.) s. m. Servicio de comidas preparadas, como las que se dan a los pasajeros en los aviones.

caterva s. f. Grupo desordenado de personas o cosas. **SIN.** Multitud, muchedumbre.

catéter s. m. Tubo que usan los médicos para desatascar o examinar conductos o cavidades del cuerpo humano.

cateto s. m. Cada uno de los dos lados que forman el ángulo recto de un triángulo rectángulo.

cateto, ta adj. y s. Tosco, de poca cultura. **SIN.** Paleto. **ANT.** Refinado.

catódico, ca adj. **1.** Del cátodo. || **2. rayos catódicos** En televisores, monitores, etc., conjunto de electrones que se precipitan por un tubo de cristal sobre una pantalla, produciendo los puntos luminosos que forman la imagen.

cátodo s. m. Polo negativo de una pila o generador eléctrico. **ANT.** Ánodo.

catolicismo s. m. Religión cristiana de la Iglesia católica romana, que tiene como máxima autoridad al papa.

católico, ca adj. y s. Del catolicismo o seguidor de esta religión. || **LOC. no estar muy católico** No encontrarse bien de salud.

catorce num. **1.** Diez más cuatro. **2.** Que ocupa por orden el número catorce.

catorceavo, va num. y s. m. Se dice de cada una de las catorce partes iguales en que se divide una cosa.

catre s. m. **1.** Cama muy simple, para una sola persona. **2.** fam. Cama: *irse al catre.*

caucasiano, na adj. y s. Del Cáucaso, cordillera de Europa. **SIN.** Caucásico.

caucásico, ca adj. y s. **1.** Caucasiano. **2.** Se dice de la raza blanca.

cauce s. m. **1.** Camino por donde corre el agua de los ríos o la de riego. **2.** Medio, procedimiento. **SIN. 1.** Lecho, reguera. **2.** Trámite.

caucho s. m. Sustancia elástica, resistente e impermeable, hecha de la savia de algunas plantas tropicales o elaborada artificialmente; se usa, por ejemplo, para fabricar ruedas de coches o materiales aislantes.

caudal¹ s. m. **1.** Cantidad de agua que lleva un río o pasa por un conducto. **2.** Dinero, riquezas. **SIN. 2.** Capital.

caudal² adj. De la cola o relacionado con ella: *aleta caudal.*

caudaloso, sa adj. Se dice de los ríos que llevan mucha agua.

caudillaje s. m. **1.** Mando de un caudillo. **2.** Amér. Caciquismo.

caudillo s. m. Jefe de un grupo de personas, sobre todo en la guerra. **SIN.** Cabecilla, adalid.

causa s. f. **1.** Lo que hace que algo se produzca. **2.** Ideas o creencias por las que alguien lucha. **3.** Conjunto de acciones que realiza un juez o tribunal en algún asunto. **SIN. 1.** Origen, razón. **3.** Proceso.

causal adj. Se dice de la oración que expresa la causa de lo que se dice en otra. También se dice de las conjunciones con que suelen empezar esas oraciones, como *porque.*

causalidad s. f. Relación que existe entre algo y la causa que lo produce.

causante adj. y s. Que causa algo.

causar v. Hacer que algo suceda o aparezca. **SIN.** Producir, ocasionar. **ANT.** Evitar.

cáustico, ca adj. y s. m. Se dice de las sustancias que queman o destruyen los tejidos orgánicos, por ejemplo, la lejía o la sosa. **SIN.** Corrosivo.

cautela s. f. Cuidado. **SIN.** Prudencia, precaución. **ANT.** Imprudencia.

cebada

cautelar *adj.* Que sirve para prevenir un mal o evitar que algo ocurra: *medidas cautelares.* **SIN.** Preventivo.

cauteloso, sa *adj.* Que actúa con cautela o la muestra. **SIN.** Cauto, prudente, prevenido. **ANT.** Imprudente.

cauterizar *v.* Poner sobre una herida algo que queme para que no se infecte o siga saliendo sangre. **SIN.** Quemar.

cautivador, ra *adj.* Que cautiva o atrae de manera irresistible. **SIN.** Encantador.

cautivar *v.* **1.** Coger prisionero a alguien, sobre todo al enemigo en la guerra. **2.** Atraer a alguien de manera irresistible. **SIN. 1.** Apresar, capturar. **2.** Conquistar, seducir. **ANT. 1.** Liberar. **2.** Aburrir.

cautiverio *s. m.* Estado de la persona que se encuentra cautiva. **SIN.** Cautividad, prisión. **ANT.** Libertad.

cautividad *s. f.* Situación de la persona cautiva o del animal que no vive en libertad. **SIN.** Cautiverio.

cautivo, va *adj. y s.* **1.** Se dice de la persona o animal que no está en libertad. **2.** Que se siente muy atraído por alguien o algo. **SIN. 1.** Prisionero. **ANT. 1.** Libre.

cauto, ta *adj.* Que actúa con cuidado y astucia. **SIN.** Cauteloso, prudente. **ANT.** Incauto, imprudente.

cava *s. f.* **1.** Lugar bajo tierra donde se guardan los vinos para que tomen mejor sabor. **2.** Acción de cavar. **3.** Cada una de las dos grandes venas que conducen la sangre venosa al corazón. ‖ *s. m.* **4.** Vino espumoso elaborado al estilo del champán. **SIN. 1.** Bodega.

cavar *v.* **1.** Remover la tierra, sobre todo para plantar. **2.** Hacer un hoyo. **SIN. 2.** Excavar.

caverna *s. f.* Cueva profunda. **SIN.** Gruta, antro.

cavernario, ria *adj.* **1.** De la caverna. **2.** Se dice de los primeros seres humanos, que vivían en cavernas.

cavernícola *adj. y s.* Habitante de las cavernas. **SIN.** Troglodita.

cavernoso, sa *adj.* **1.** Que tiene cavernas. **2.** Se dice de la voz o los sonidos sordos y roncos.

caviar *s. m.* Huevas de esturión, muy apreciadas como alimento.

cavidad *s. f.* Espacio hueco en un cuerpo u objeto. **SIN.** Concavidad.

cavilación *s. f.* Acción de cavilar. **SIN.** Reflexión, meditación.

cavilar *v.* Pensar mucho en algo, reflexionar. **SIN.** Discurrir, meditar.

caviloso, sa *adj.* Que piensa mucho en algo. **SIN.** Pensativo.

cayado *s. m.* Bastón curvado por la parte superior, que usan sobre todo los pastores.

cayena *s. f.* Condimento muy picante.

cayo *s. m.* Isla llana y arenosa, como las que hay en el Caribe.

caza *s. f.* **1.** Acción de cazar. **2.** Animales que se cazan. ‖ *s. m.* **3.** Avión de combate, pequeño y muy rápido. ‖ **4. caza mayor** La de animales grandes. **5. caza menor** La de animales pequeños. ‖ **LOC. a la caza** de algo Tratando de conseguirlo. **dar caza** Alcanzar después de una persecución. **SIN. 1.** Cacería.

cazabombardero *s. m.* Avión de guerra que puede combatir contra otros aviones y también lanzar bombas.

cazador, ra *adj. y s.* Que caza.

cazadora *s. f.* Especie de chaqueta que se ajusta a la cintura o a la cadera.

cazadotes *s. m.* Hombre que intenta casarse con una mujer rica.

cazalla *s. f.* Aguardiente seco.

cazar *v.* **1.** Matar o capturar animales que estaban en libertad, con armas o mediante alguna trampa o engaño. **2.** Pillar a alguien en un error o en algo que quería ocultar. **SIN. 1.** Atrapar.

cazatalentos *s. m. y f.* Persona que se dedica a buscar profesionales, especialistas o artistas para empresas que los necesitan.

cazo *s. m.* **1.** Recipiente de cocina con mango que se emplea sobre todo para cocer. **2.** Utensilio de cocina en forma de media esfera y con un mango largo, que sirve para coger o servir líquidos. **SIN. 2.** Cucharón.

cazoleta *s. f.* **1.** Recipiente pequeño parecido a un cazo o a una cazuela. **2.** Pieza en forma de media esfera, como la que tienen algunas espadas para proteger la mano.

cazón *s. m.* Tipo de tiburón de unos dos metros de largo. Se usa como alimento.

cazuela *s. f.* Recipiente de cocina más ancho que alto, que se utiliza para guisar. **SIN.** Olla, cacerola.

cazurro, rra *adj. y s.* **1.** Astuto y reservado. **2.** Bruto, torpe.

CD-ROM (siglas del ingl. *Compact Disc Only Read Memory*, 'disco compacto con memoria únicamente de lectura') *s. m.* Disco compacto en el que se puede leer gran cantidad de información digitalizada, como música o programas informáticos.

cebada *s. f.* Cereal usado como alimento, sobre todo del ganado, y para fabricar bebidas, como la cerveza.

cebar v. **1.** Engordar rápidamente a los animales. ‖ **cebarse 2.** Ser demasiado duro o cruel con alguien. SIN. **1.** Hinchar. **2.** Ensañarse. ANT. **2.** Apiadarse.

cebiche s. m. Amér. Plato de pescado o marisco crudos, macerados con limón y otros ingredientes.

cebo s. m. **1.** Comida o engaño para capturar a un animal. **2.** Sustancia que hace que se prenda la carga explosiva de las armas de fuego. SIN. **1.** Carnada; señuelo.

cebolla s. f. **1.** Planta de tallo hueco, hojas largas, flores blancas y bulbo comestible de sabor picante y olor fuerte. **2.** Este bulbo.

cebolleta s. f. Especie de cebolla pequeña de la que se puede comer el bulbo y parte de las hojas.

cebollino s. m. **1.** Planta parecida a la cebolla, con hojas largas y estrechas y flores rosadas. **2.** fam. Persona torpe o ignorante. SIN. **2.** Zoquete.

cebón, na adj. y s. Animal cebado.

cebra s. f. **1.** Mamífero herbívoro africano, parecido a la mula, con el pelo a rayas blancas y negras. ‖ **2. paso de cebra** Paso para peatones marcado en el suelo con rayas paralelas blancas o amarillas.

cebú s. m. Mamífero rumiante que tiene una o dos jorobas según sea la especie india o africana. Se utiliza como animal doméstico.

Ceca Se utiliza en la expresión **de la Ceca a la Meca**, 'de aquí para allá'.

cecear v. Pronunciar la s como z.

ceceo s. m. Acción de cecear.

cecina s. f. Carne salada y seca.

cedazo s. m. Utensilio formado por un aro y una redecilla, que se utiliza para separar las partes gruesas de las finas de una cosa, por ejemplo, la harina de la cascarilla. SIN. Criba, tamiz.

ceder v. **1.** Dejar a otro: ceder el sitio. **2.** Dejar de oponerse a algo. **3.** Disminuir la fuerza o intensidad de algo: ceder la fiebre. **4.** Aflojarse, romperse: ceder una estantería. SIN. **1.** Dar, traspasar. **2.** Acceder, consentir. **3.** Calmarse, amainar. **4.** Fallar. ANT. **1.** Quedarse. **2.** Resistirse. **3.** Arreciar.

cedilla s. f. Letra de la antigua escritura española y de idiomas como el francés, que tiene forma de c con una virgulilla: ç. También se llama así a esa virgulilla.

cedro s. m. Nombre común de un grupo de árboles de gran altura, hoja perenne en forma de aguja, tronco grueso, copa cónica y madera blanda.

cédula s. f. Ficha o documento que contiene una información.

cefalea s. f. Dolor de cabeza. SIN. Jaqueca, migraña.

cefalópodo adj. y s. m. Molusco marino con el cuerpo en forma de saco con una abertura por la que sale la cabeza, que está rodeada de tentáculos, como por ejemplo, el pulpo.

céfiro s. m. Viento suave. SIN. Brisa.

cegar v. **1.** Dejar sin poder ver, para siempre o por un tiempo. **2.** Impedir darse cuenta de algo. **3.** Tapar, cerrar: cegar una cañería. □ Es v. irreg. Se conjuga como pensar. SIN. **1.** Deslumbrar. **2.** Ofuscar. **3.** Taponar.

cegato, ta adj. y s. fam. Que ve poco.

ceguera s. f. Pérdida o falta del sentido de la vista.

ceiba s. f. Árbol tropical muy alto, de tronco grueso, copa ancha, flores rojas y fruto alargado.

ceilandés, sa adj. y s. De Ceilán, actual Sri Lanka, isla y país de Asia.

ceja s. f. Reborde situado encima del ojo, que está cubierto de pelo; también, este pelo.

cejar v. Ceder, desistir. SIN. Flaquear, rendirse. ANT. Insistir.

cejijunto, ta adj. Con mucho pelo en las cejas y estas muy juntas.

cejilla s. f. Pieza que se pone pisando las cuerdas de la guitarra para elevar el tono de su sonido.

celacanto s. m. Pez marino que puede medir más de un metro y tiene el cuerpo rechoncho; vive en aguas muy profundas.

celada[1] s. f. Trampa, emboscada.

celada[2] s. f. Pieza de las antiguas armaduras que cubría la cabeza. SIN. Yelmo.

celador, ra adj. y s. Persona que vigila y mantiene el orden en cárceles, hospitales, etc. SIN. Vigilante.

celda s. f. Pequeña habitación en cárceles y conventos. SIN. Calabozo.

celdilla s. f. Cada casilla de un panal de abejas o de nidos semejantes de otros insectos, como las avispas.

celebérrimo, ma adj. sup. de célebre.

celebración s. f. Acción de celebrar.

celebrante s. m. Sacerdote que dice la misa. SIN. Oficiante.

celebrar v. **1.** Hacer una fiesta u otro acto en honor de alguien o algo. **2.** Llevar a cabo un acto, una reunión, un campeonato. **3.** Alegrarse: Celebro que estés bien. **4.** Decir misa. SIN. **1.** Festejar. **2.** Efectuar. **3.** Congratularse. ANT. **2.** Suspender. **3.** Lamentar.

cenefa

célebre *adj.* Famoso. **SIN.** Popular, renombrado. **ANT.** Desconocido.

celebridad *s. f.* **1.** Fama, popularidad. **2.** Persona famosa. **SIN. 1.** Reputación, renombre, prestigio.

celemín *s. m.* **1.** Medida de capacidad para grano y legumbres que equivale a 4,625 litros. **2.** Antigua medida de superficie que equivalía a 537 m².

celentéreo *adj. y s. m.* Se dice de unos animales acuáticos de cuerpo en forma de saco con una abertura que sirve de boca y de ano; algunos viven fijos a una superficie, como los corales, y otros libres, como las medusas.

celeridad *s. f.* Rapidez, velocidad. **SIN.** Prontitud, diligencia, presteza. **ANT.** Lentitud.

celeste *adj.* **1.** Del cielo. ‖ *adj. y s. m.* **2.** Azul claro.

celestial *adj.* Del cielo al que se refieren las religiones. **ANT.** Terrenal.

celestina *s. f.* Mujer que hace de intermediaria en los amores de dos personas.

celíaco, ca o **celiaco, ca** *adj.* **1.** Del vientre o los intestinos. ‖ *adj. y s.* **2.** Que tiene problemas para absorber ciertos alimentos, como el gluten.

celibato *s. m.* Estado de célibe.

célibe *adj. y s.* Soltero, sobre todo por motivos religiosos.

celinda *s. f.* Arbusto de tallos altos, flores blancas y olor agradable que se utiliza como planta de adorno.

celo¹ *s. m.* **1.** Cuidado, interés: *trabajar con celo.* **2.** Periodo durante el cual las hembras de muchos animales están preparadas para la reproducción y admiten la unión con los machos. ‖ *s. m. pl.* **3.** Sospecha o temor de que la persona a quien se ama prefiera a otra. **4.** Envidia. **SIN. 1.** Esmero, dedicación. **ANT. 1.** Descuido.

celo² (marca registrada) *s. m.* Cinta transparente que pega por uno de sus lados.

celofán (marca registrada) *s. m.* Papel transparente para envolver y hacer manualidades.

celosía *s. f.* Reja en una ventana u otro sitio para mirar sin ser visto.

celoso, sa *adj. y s.* **1.** Que siente celos. ‖ *adj.* **2.** Que hace las cosas con celo, cuidado e interés. **SIN. 2.** Cuidadoso, esmerado. **ANT. 2.** Descuidado.

celta *adj. y s.* **1.** De un pueblo que habitaba en Europa central e invadió el oeste de Europa entre los siglos VII y VI antes de Cristo. ‖ *s. m.* **2.** Lengua de este pueblo.

celtíbero, ra o **celtibero, ra** *adj. y s.* **1.** De un antiguo pueblo que vivió en la península ibérica antes de la llegada de los romanos. ‖ *s. m.* **2.** Lengua de este pueblo.

célula *s. f.* **1.** Unidad básica de tamaño microscópico que forma el cuerpo de los seres vivos. **2.** Grupo pequeño de personas con cierta independencia dentro de una organización. ‖ **3. célula fotoeléctrica** Dispositivo eléctrico que reacciona ante la luz, como los que hacen que una puerta se abra sola al paso de una persona.

celular *adj.* **1.** De las células o relacionado con ellas. ‖ *adj. y s. m.* **2.** *Amér.* Teléfono móvil.

celulitis *s. f.* **1.** Acumulación de grasa en algunas partes del cuerpo, que da a la piel aspecto de corteza de naranja. **2.** En medicina, inflamación de los tejidos.

celuloide *s. m.* **1.** Material plástico con que se hacen las películas empleadas en cine y fotografía. **2.** Arte o mundo del cine: *un artista del celuloide.*

celulosa *s. f.* Sustancia sólida y blanquecina de la membrana de muchas células de hongos y vegetales, y con la cual se fabrica papel, plásticos, etc.

cementerio *s. m.* **1.** Terreno donde se entierra a los muertos. ‖ **2. cementerio de coches** Lugar donde se amontonan los coches que ya no sirven. **SIN. 1.** Camposanto, necrópolis.

cemento *s. m.* Material de construcción en polvo que, mezclado con agua, forma una masa que después se endurece.

cena *s. f.* Última comida del día, que se toma por la noche o al atardecer.

cenáculo *s. m.* **1.** Sala en que Jesús celebró la última cena. **2.** Grupo de personas unidas por los mismos gustos o intereses.

cenador *s. m.* Construcción pequeña, generalmente redonda, en parques y jardines.

cenagal *s. m.* Lugar lleno de cieno o barro. **SIN.** Ciénaga, lodazal.

cenagoso, sa *adj.* Cubierto de cieno.

cenar *v.* Tomar la cena.

cencerrada *s. f.* Ruido desagradable hecho con cencerros, normalmente para gastar una broma o celebrar algo.

cencerrear *v.* **1.** Tocar o sonar cencerros insistentemente. **2.** *fam.* Tocar mal o desafinado un instrumento. **3.** *fam.* Hacer ruido los hierros de un mecanismo por estar mal ajustados.

cencerro *s. m.* Campana que se les pone en el cuello a las vacas, las ovejas y otros animales para saber dónde están. ‖ **LOC. como un cencerro** Loco, chiflado. **SIN.** Esquila.

cenefa *s. f.* Banda con dibujos o adornos en el borde de algo. **SIN.** Ribete, festón.

cenicero *s. m.* Recipiente para echar la ceniza o dejar los cigarrillos.

cenicienta *s. f.* Persona o cosa injustamente olvidada o despreciada.

ceniciento, ta *adj.* Del color de la ceniza.

cenit o **cénit** *s. m.* **1.** Punto del cielo que se encuentra verticalmente sobre el lugar donde está alguien. **2.** Mejor momento de alguien o algo. □ Se escribe también *zenit* o *zénit*. SIN. 2. Cúspide, cima. ANT. 2. Ocaso.

ceniza *s. f.* **1.** Polvo gris que queda como resto al quemar algo. ‖ *s. f. pl.* **2.** Restos de un cadáver después de pasar mucho tiempo o de haber sido incinerado.

cenizo *adj. y s. m.* Se dice de la persona que trae o tiene mala suerte, o es muy pesimista. SIN. Gafe.

cenobio *s. m.* Monasterio o convento.

cenote *s. m.* En México, depósito de agua subterránea.

censar *v.* Hacer un censo o incluir a alguien en un censo.

censo *s. m.* Lista de los habitantes o de la riqueza de una población, comunidad o país. SIN. Padrón, registro, catastro.

censor, ra *s. m. y f.* Persona con autoridad para censurar un libro, un espectáculo, etc.

censura *s. f.* **1.** Acción de censurar. **2.** Conjunto de censores. SIN. 1. Crítica. ANT. 1. Aprobación.

censurable *adj.* Que merece ser censurado o criticado.

censurar *v.* **1.** Criticar algo, dar una mala opinión sobre ello. **2.** Decidir si una obra, espectáculo, etc., puede mostrarse al público, sobre todo por motivos morales o políticos. **3.** Suprimir o prohibir algo la censura: *Censuraron varias escenas de la película.* SIN. 1. Reprobar. ANT. 1. Alabar.

centauro *s. m.* Ser mitológico, mitad hombre y mitad caballo.

centavo *s. m.* Centésima parte de la moneda de numerosos países.

centella *s. f.* Rayo poco intenso. ‖ LOC. **como una centella** Muy rápido.

centellear *v.* Despedir luces y destellos. SIN. Brillar, titilar.

centena *s. f.* Conjunto de cien unidades. SIN. Centenar.

centenar *s. f.* **1.** Centena. **2.** Gran cantidad de algo: *Se lo he dicho centenares de veces.*

centenario, ria *adj. y s.* **1.** Que tiene cien años o más. ‖ *s. m.* **2.** Fecha en que se cumplen cien años o varios centenares de años de un acontecimiento.

centeno *s. m.* Cereal parecido al trigo, empleado en la alimentación de las personas y del ganado.

centesimal *adj.* Se dice de la escala o el sistema de medida dividido en centésimas.

centésimo, ma *num.* **1.** Que ocupa por orden el número cien. ‖ *num. y s.* **2.** Se dice de cada una de las cien partes iguales en que se divide una cosa: *una centésima de segundo.*

centiárea *s. f.* Medida de superficie que equivale a la centésima parte del área; equivale a un metro cuadrado.

centígrado, da *adj.* **1.** Se dice de la escala para medir la temperatura dividida en 100 grados; el valor 0 grados es la temperatura a la que se funde el hielo, y 100 grados, la temperatura a la que hierve el agua. **2.** Se dice de cada uno de estos 100 grados.

centigramo *s. m.* Medida de masa que equivale a la centésima parte de un gramo.

centilitro *s. m.* Medida de capacidad que equivale a la centésima parte del litro.

centímetro *s. m.* Medida de longitud que equivale a la centésima parte del metro.

céntimo, ma *num. y s. m.* **1.** Se dice de cada una de las cien partes iguales en que se divide una cosa. ‖ *s. m.* **2.** Moneda que equivale a la centésima parte de la unidad monetaria de un país, por ejemplo, de un euro.

centinela *s. m. y f.* Soldado que está de vigilancia.

centollo o **centolla** *s. m. o f.* Cangrejo marino de cuerpo redondeado y patas largas, cubierto de pelillo. Es muy apreciado como alimento.

centrado, da **1.** *p.* de **centrar**. También *adj.* ‖ *adj.* **2.** Situado en el centro: *No salió centrado en la foto.*

central *adj.* **1.** Que está en el centro. **2.** Que actúa sobre todo un conjunto o territorio: *calefacción central; gobierno central.* **3.** Principal: *el personaje central de la película.* ‖ *s. f.* **4.** Instalaciones para producir energía: *central nuclear.* **5.** Oficina o establecimiento principal: *la central de un banco.* SIN. 1. Céntrico. 3. Fundamental, esencial. ANT. 1. Periférico. 3. Secundario.

centralismo *s. m.* Teoría y sistema político que concentra en un poder central el gobierno y la administración de un país.

centralista *adj. y s.* Relacionado con el centralismo o partidario de él: *Defendía una política centralista.*

centralita *s. f.* Aparato que conecta los teléfonos de un edificio entre ellos y con las llamadas del exterior.

centralizar v. Reunir varias cosas en un centro común o bajo una misma dirección. **SIN.** Agrupar, concentrar. **ANT.** Descentralizar.

centrar v. **1.** Colocar una cosa en el centro o poner su centro donde debe estar: *Centró la librería en la pared*. **2.** Dirigir algo hacia un punto, lugar o finalidad: *centrar la atención*. **3.** En fútbol, pasar el balón un jugador a otro. || **centrarse 4.** Concentrarse en algo. **5.** Adaptarse, estar a gusto. **SIN. 2.** Orientar. **ANT. 1.**, **4.** y **5.** Descentrar(se). **2.** Desviar.

céntrico, ca adj. Situado en el centro, sobre todo de una población. **SIN.** Central. **ANT.** Periférico.

centrífuga adj. Se dice de la fuerza que impulsa desde el centro hacia fuera. **ANT.** Centrípeta.

centrifugador, ra adj. y s. Se dice de las máquinas que aprovechan la fuerza centrífuga, por ejemplo, para escurrir la ropa.

centrifugar v. Someter a la acción de la fuerza centrífuga.

centrípeta adj. Se dice de la fuerza que atrae o impulsa hacia el centro. **ANT.** Centrífuga.

centrista adj. y s. Del centro político.

centro s. m. **1.** Punto medio situado a la misma distancia de los que están a su alrededor. **2.** Persona o cosa más importante: *Era el centro de la familia*. **3.** Lugar donde se concentra una actividad: *centro turístico*. **4.** Zona de una población donde hay más actividad, comercios, oficinas, etc. **5.** Establecimiento o lugar dedicado a una actividad: *centro de enseñanza, centro comercial*. **6.** Tendencia política intermedia entre la derecha y la izquierda. **SIN. 1.** Mitad. **2.** Núcleo, eje. **3.** Foco. **ANT. 1.** Extremo. **1.** y **4.** Periferia.

centroafricano, na adj. y s. De África central o de la República Centroafricana.

centroamericano, na adj. y s. De América Central.

centrocampista s. m. y f. En fútbol y otros deportes, jugador que ayuda a la defensa y a la delantera en el centro del campo.

centroeuropeo, a adj. y s. De Europa central.

céntuplo, pla num. y s. m. Cien veces una cantidad.

centuria s. f. **1.** Cien años. **2.** Compañía de cien hombres del antiguo ejército romano. **SIN. 1.** Siglo.

centurión s. m. Jefe de una centuria romana.

cenutrio, tria adj. y s. fam. Bruto, tonto.

ceñido, da 1. p. de ceñir. También adj. || adj. **2.** Apretado, ajustado. **ANT. 2.** Suelto.

ceñir v. **1.** Ajustar, quedar apretado. **2.** Poner o estar alrededor: *Una diadema ceñía su frente*. || **ceñirse 3.** Limitarse. □ Es v. irreg. **SIN. 1.** Comprimir. **2.** Rodear. **3.** Atenerse. **ANT. 1.** Soltar.

CEÑIR
GERUNDIO
ciñendo

INDICATIVO	
Presente	**Pretérito perfecto simple**
ciño	ceñí
ciñes	ceñiste
ciñe	ciñó
ceñimos	ceñimos
ceñís	ceñisteis
ciñen	ciñeron

SUBJUNTIVO	
Presente	**Pretérito imperfecto**
ciña	ciñera, -ese
ciñas	ciñeras, -eses
ciña	ciñera, -ese
ciñamos	ciñéramos, -ésemos
ciñáis	ciñerais, -eseis
ciñan	ciñeran, -esen
	Futuro simple
	ciñere
	ciñeres
	ciñere
	ciñéremos
	ciñereis
	ciñeren

IMPERATIVO	
ciñe (tú)	ceñid (vosotros)
ciña (usted)	ciñan (ustedes)

ceño s. m. Entrecejo; se usa en la expresión **fruncir el ceño**, 'arrugarlo enfadado'.

cepa s. f. **1.** Conjunto de varias plantas que tienen una raíz común. **2.** Tronco de la vid; también, toda la planta.

cepellón s. m. Tierra que se deja pegada a las raíces de una planta para trasplantarla.

cepillar v. **1.** Pasar el cepillo. **2.** Alisar la madera con el cepillo de carpintero. || **cepillarse 3.** Acabar con alguien o algo. **4.** Suspender. **5.** vulg. Tener relaciones sexuales con alguien. **SIN. 3.** Liquidar, cargar(se). **4.** Cargarse. **5.** Tirarse.

cepillo *s. m.* **1.** Objeto con cerdas o púas usado para la limpieza o el aseo. **2.** Instrumento de carpintería para alisar la madera. **3.** En las iglesias, caja para las limosnas.

cepo *s. m.* Trampa para cazar animales.

ceporro, rra *adj. y s. fam.* Torpe, bruto. || **LOC. dormir como un ceporro** Dormir profundamente.

cera *s. f.* **1.** Sustancia que fabrican las abejas para formar las celdillas de los panales; se usa para hacer velas y otras cosas. **2.** Sustancia parecida de origen vegetal o mineral. **3.** Barrita para dibujar hecha con esta sustancia. **4.** Cerumen.

cerámica *s. f.* **1.** Arte de hacer objetos de barro, loza o porcelana. **2.** Objeto hecho con estos materiales. **SIN. 1.** Alfarería.

ceramista *s. m. y f.* Persona que hace objetos de cerámica. **SIN.** Alfarero.

cerbatana *s. f.* Tubo para lanzar dardos soplando por uno de sus extremos.

cerca[1] *s. f.* Valla o tapia. **SIN.** Cercado.

cerca[2] *adv.* A poca distancia en el espacio o en el tiempo. || **LOC. cerca de** Casi, alrededor: *Eso vale cerca de diez euros.* **ANT.** Lejos.

cercado, da **1.** *p.* de **cercar**. También *adj.* || *s. m.* **2.** Lugar rodeado de una valla o tapia. **3.** Cerca, vallado.

cercanía *s. f.* **1.** Hecho de estar cercano. || *s. f. pl.* **2.** Alrededores, proximidades. || **cercanías** *s. m.* **3.** Tren que une una ciudad grande con las poblaciones de sus alrededores. **SIN. 1.** Proximidad. **2.** Inmediaciones. **ANT. 1.** Lejanía.

cercano, na *adj.* **1.** Que está cerca. **2.** Muy unido por parentesco o amistad: *un pariente cercano.* **SIN. 1.** y **2.** Próximo, inmediato, vecino. **2.** Allegado. **ANT. 1.** Distante. **1.** y **2.** Lejano, remoto.

cercar *v.* **1.** Rodear con una cerca o una valla. **2.** Rodear un lugar o una fortaleza para apoderarse de ella. **3.** Ponerse mucha gente alrededor de alguien o algo. **SIN. 1.** Tapiar, vallar. **2.** Sitiar, asediar.

cercenar *v.* Cortar, amputar.

cerceta *s. f.* Ave palmípeda de la familia de los patos, con plumaje pardo y plumas verdes en la cabeza y el lateral del cuerpo en algunas especies.

cerciorarse *v.* Comprobar, asegurarse.

cerco *s. m.* **1.** Lo que rodea alguna cosa. **2.** Borde que deja una mancha. **3.** Marco de una puerta o ventana. **4.** Acción de cercar una fortaleza. **SIN. 4.** Asedio, sitio.

cerda *s. f.* **1.** Pelo duro y grueso de algunos animales. **2.** Pelo de cepillo. || **3. ganado de cerda** Ganado de cerdos.

cerdada *s. f.* **1.** Acción sucia. **2.** Faena, mala jugada. **SIN. 1.** Guarrería, porquería. **1.** y **2.** Cochinada. **2.** Jugarreta.

cerdo, da *s. m. y f.* **1.** Mamífero doméstico de cabeza grande, orejas caídas, hocico largo y achatado y cuerpo muy grueso; de él se aprovecha su carne, grasa y piel. || *adj. y s.* **2.** Persona sucia o grosera. **3.** Persona que hace faenas a otra. **SIN. 1.** a **3.** Cochino, puerco. **ANT. 2.** Limpio; educado.

cereal *s. m.* Planta gramínea de semillas comestibles, con las que se puede hacer harina, como el trigo, el maíz, el arroz o el centeno.

cerealista *adj.* De cereales o relacionado con el cultivo de cereales.

cerebelo *s. m.* Una de las partes del encéfalo, situada en la zona posterior del cráneo. Se encarga de coordinar los movimientos.

cerebral *adj.* **1.** Del cerebro. **2.** Poco apasionado o sentimental. **SIN. 2.** Racional.

cerebro *s. m.* **1.** Parte más grande del encéfalo de los vertebrados, que ordena los actos voluntarios y es el centro de la sensibilidad, la memoria y la inteligencia. **2.** Talento, inteligencia. **3.** Persona muy inteligente. **4.** Miembro de un grupo que hace los planes y lo organiza todo. **SIN. 2.** Cabeza, juicio. **3.** Sabio, eminencia.

ceremonia *s. f.* **1.** Acto solemne que se realiza según unas reglas especiales: *la ceremonia de la misa.* **2.** Formalidad, seriedad, solemnidad. **SIN. 1.** Celebración. **2.** Pompa; protocolo. **ANT. 2.** Sencillez.

ceremonial *adj.* **1.** De las ceremonias. || *s. m.* **2.** Reglas que siguen las ceremonias.

ceremonioso, sa *adj.* Que trata a los demás con mucha ceremonia o solemnidad. **SIN.** Solemne, protocolario. **ANT.** Campechano.

cereza *s. f.* **1.** Fruto del cerezo, redondo, rojo y dulce. || *s. m.* **2.** Color como el de este fruto.

cerezo *s. m.* Árbol frutal de tronco liso que da la cereza; su madera se usa en ebanistería.

cerilla *s. f.* Palillo con fósforo en un extremo, que se enciende al frotarlo contra una superficie áspera.

cerillero, ra *s. m. y f.* **1.** Persona que vende tabaco y cerillas. || *s. f.* **2.** Cajita para cerillas.

cernedor *s. m.* Instrumento para cerner. □ Se dice también *cernidor.* **SIN.** Cedazo.

cerner *v.* **1.** Separar lo grueso del polvo en alguna materia, sobre todo la harina del salvado, usando el cedazo. || **cernerse 2.** Amenazar: *Una tormenta se cernía sobre la isla.* □ Se dice también *cernir.* Es v. irreg. Se conjuga como *tender*. **SIN. 1.** Cribar, tamizar. **2.** Cernir.

cernícalo *s. m.* **1.** Ave rapaz pequeña de pico y uñas fuertes y plumaje pardo rojizo con manchas más oscuras. **2.** *fam.* Persona bruta o ignorante. **SIN. 2.** Centurrio, zoquete.

cernidor *s. m.* Cernedor.

cernir *v.* Cerner. □ Es v. irreg. Se conjuga como *discernir*.

cero *num.* Número que expresa una cantidad nula: *Le han puesto cero puntos*. Escrito a la derecha de una cifra, la multiplica por diez. || **LOC. al cero** Cortado el pelo al rape. **ser** alguien **un cero a la izquierda** No valer nada.

cerrado, da 1. *p.* de **cerrar**. También *adj.* || *adj.* **2.** *fam.* Torpe, poco listo: *cerrado de mollera*. **3.** *fam.* Que no es comunicativo. **4.** Se dice del acento muy marcado: *Hablaba un andaluz cerrado*. **SIN. 2.** Corto. **3.** Reservado. **ANT. 1.** y **3.** Abierto. **2.** Espabilado.

cerradura *s. f.* Mecanismo empleado para cerrar puertas, cajones y otras cosas, sobre todo con llave.

cerrajería *s. f.* Taller donde se hacen y se venden cerraduras, llaves y otros objetos de metal.

cerrajero, ra *s. m.* y *f.* Persona que hace y arregla cerraduras, llaves y otros utensilios de metal.

cerramiento *s. m.* **1.** Acción de cerrar. **2.** Objeto o instalación que sirve para cerrar algo. **SIN. 1.** y **2.** Cierre. **ANT. 1.** Apertura.

cerrar *v.* **1.** Poner lo que tapa una cosa e impide el paso a un lugar: *cerrar una olla, los ojos, una ventana*. **2.** Meter en su hueco un cajón. **3.** Juntar, unir: *cerrar las piernas*. **4.** Acabar, dar por terminado: *cerrar un negocio, cerrarse un plazo*. **5.** Impedir, obstruir: *cerrar el paso, cerrarse un conducto*. □ Es v. irreg. Se conjuga como *pensar*. **SIN. 1.** y **5.** Atrancar. **4.** Concluir. **5.** Obstaculizar. **ANT. 1.** a **5.** Abrir.

cerrazón *s. f.* **1.** Dificultad para comprender. **2.** Cabezonería, terquedad, obstinación.

cerril *adj.* Terco, tozudo. **SIN.** Obcecado, testarudo.

cerro *s. m.* **1.** Monte aislado y de poca altura. **2.** Montón, pila: *un cerro de papeles*. **SIN. 2.** Montaña.

cerrojazo *s. m.* **1.** Acción de echar el cerrojo. **2.** Acción de terminar algo bruscamente: *Han dado cerrojazo al asunto*.

cerrojo *s. m.* Mecanismo para cerrar puertas y ventanas que suele consistir en una pieza de metal que entra en otra.

certamen *s. m.* Concurso, competición.

certero, ra *adj.* **1.** Que da en el blanco: *un tiro certero*. **2.** Atinado, acertado: *una respuesta certera*. **SIN. 2.** Adecuado. **ANT. 1.** Fallido. **2.** Desacertado.

certeza *s. f.* **1.** Seguridad, certidumbre: *Lo sé con certeza*. **2.** Hecho de ser algo cierto. **SIN. 2.** Verdad, autenticidad. **ANT. 1.** Incertidumbre. **2.** Falsedad.

certidumbre *s. f.* Seguridad que se tiene sobre algo. **SIN.** Certeza. **ANT.** Incertidumbre.

certificación *s. f.* **1.** Acción de certificar. **2.** Certificado, escrito.

certificado, da 1. *p.* de **certificar**. También *adj.* || *s. m.* **2.** Escrito en el que se certifica algo: *certificado de estudios*.

certificar *v.* **1.** Asegurar que algo es cierto. **2.** Enviar algo por correo de modo que quede asegurada su llegada por medio de un resguardo.

cerumen *s. m.* Sustancia grasa y amarillenta que se forma en los oídos. **SIN.** Cera.

cerval *adj.* Se dice del miedo muy grande.

cervantino, na *adj.* Propio del escritor Miguel de Cervantes o de sus obras.

cervatillo o **cervato** *s. m.* Cría del ciervo.

cervecería *s. f.* Bar en que se toma sobre todo cerveza.

cervecero, ra *adj.* **1.** Relacionado con la cerveza o con su fabricación. **2.** *fam.* Que le gusta mucho la cerveza.

cerveza *s. f.* Bebida alcohólica y espumosa, hecha con cebada.

cervical *adj.* **1.** De la cerviz o relacionado con ella. || *s. f.* **2.** Cada una de las siete vértebras de la cerviz.

cérvido *adj.* y *s. m.* Se dice de una familia de mamíferos rumiantes a la que pertenecen el ciervo, el gamo o el alce.

cerviz *s. f.* Parte posterior del cuello. **SIN.** Cogote, nuca.

cesante *adj.* y *s.* Se dice del empleado o funcionario público al que se deja sin empleo.

cesar *v.* **1.** Dejar, parar. **2.** Dejar de desempeñar un cargo o empleo: *Cesó como director*. **SIN. 1.** Concluir, acabar. **2.** Dimitir. **ANT. 1.** Continuar.

césar *s. m.* Emperador de los romanos.

cesárea *s. f.* Operación de cirugía en que se abre la matriz de la madre para sacar al niño que no puede nacer normalmente.

cese *s. m.* Hecho de cesar en un cargo o en un empleo.

cesión *s. f.* Renuncia de una cosa para cedérsela a otro.

césped s. m. Hierba corta y fina que cubre el suelo.

cesta s. f. **1.** Recipiente hecho con mimbres, juncos u otros materiales entretejidos. **2.** Canasta del baloncesto. **SIN. 1.** Cesto.

cestería s. f. **1.** Arte de hacer cestas o cestos. **2.** Establecimiento donde se hacen o venden.

cesto s. m. Cesta grande, más alta que ancha. **SIN.** Canasto.

cesura s. f. Pausa en el interior de un verso.

cetáceo adj. y s. m. Se dice de los mamíferos que viven en el mar y tienen forma de pez, como la ballena, el delfín o la orca.

cetrería s. f. Caza de aves realizada con ayuda de halcones u otras rapaces adiestradas para ello.

cetrino, na adj. De color amarillo verdoso.

cetro s. m. Bastón que llevan los reyes y emperadores como señal de poder y autoridad.

ceutí adj. y s. De Ceuta, ciudad española en el norte de África.

chabacanería o **chabacanada** s. f. **1.** Mal gusto, ordinariez. **2.** Cosa chabacana. **SIN. 1.** y **2.** Grosería.

chabacano, na adj. De mal gusto, ordinario. **SIN.** Basto, grosero. **ANT.** Elegante.

chabola s. f. Vivienda pobre, de materiales de desecho.

chabolismo s. m. Existencia de poblados de chabolas en las ciudades.

chabolista s. m. y f. Persona que vive en una chabola.

chacal s. m. Mamífero carnívoro de tamaño intermedio entre el lobo y el zorro, que se alimenta sobre todo de carroña. Vive en Asia y África.

chacha s. f. fam. Sirvienta, criada.

chachachá s. m. Baile y música de origen cubano, derivado de la rumba y el mambo.

cháchara s. f. Charla, conversación.

chache s. m. **1.** fam. La persona que está hablando, uno mismo: Lo que no quieras, para el chache. **2.** En lenguaje infantil, el hermano mayor. **SIN. 1.** Menda, yo.

chachi adj. y adv. Muy bueno, estupendo: una bici chachi, pasarlo chachi.

chacina s. f. **1.** Cecina. **2.** Carne de cerdo preparada para hacer embutidos. **3.** Conjunto de embutidos hechos con esta carne.

chacinería s. f. Charcutería.

chacota s. f. fam. Broma, burla.

chacra s. f. Amér. Granja o casa de campo.

chadiano, na adj. y s. De Chad, país de África central.

chador (del ár.) s. m. Manto oscuro que usan las mujeres de algunos países musulmanes para cubrirse la cabeza y, en ocasiones, también los hombros.

chafar v. **1.** Arrugar, aplastar. **2.** Fastidiar, estropear: Nos chafaron el plan. **SIN. 1.** Estrujar, deteriorar. **2.** Aguar. **ANT. 1.** Estirar.

chaflán s. m. En un edificio, pared que corta otras dos de modo que no hagan esquina.

chal s. m. Pañuelo estrecho y largo que llevan las mujeres por los hombros y la espalda. **SIN.** Mantón.

chalado, da adj. y s. fam. Loco, chiflado. **SIN.** Pirado. **ANT.** Cuerdo.

chaladura s. f. fam. Locura, chifladura.

chalana s. f. Pequeña embarcación de fondo plano.

chalé s. m. Casa para una sola familia, de una o pocas plantas y con jardín.

chaleco s. m. Prenda de vestir sin mangas, que suele ponerse encima de la camisa.

chalet (fr.) s. m. Chalé.

chalina s. f. Especie de corbata ancha que se anuda con lazada.

chalupa s. f. Embarcación pequeña.

chamaco, ca s. m. y f. Amér. Niño, muchacho.

chamán s. m. Hechicero de algunas tribus, del que se supone que tiene poderes sobrenaturales y curativos.

chamarilero, ra s. m. y f. Persona que compra y vende objetos viejos y usados. **SIN.** Trapero.

chamarra s. f. **1.** Especie de zamarra. **2.** Cazadora. **3.** Amér. Poncho o capa de lana que sirve también de manta.

chamba s. f. Chiripa, casualidad. **SIN.** Carambola, suerte.

chambelán s. m. Noble que estaba al servicio del rey en la corte.

chambergo s. m. **1.** Sombrero de ala ancha levantada por un lado. **2.** Chaquetón.

chamizo s. m. Choza, casa hecha con materiales muy ligeros. **SIN.** Chabola.

champán o **champaña** s. m. Vino blanco y espumoso elaborado en la región francesa de Champagne; también se llama así a otros vinos parecidos.

champiñón s. m. Hongo pequeño que se cultiva como alimento.

champú s. m. Jabón líquido empleado para lavarse el pelo.

chamuscar v. Quemar algo por fuera. **SIN.** Tostar.

chamusquina s. f. Acción de chamuscar o chamuscarse. || LOC. **oler a chamusquina** Parecer que algo va a acabar mal.

chance (del fr.) s. amb. Amér. Ocasión u oportunidad.

chancho, cha s. m. y f. **1.** Amér. Cerdo, animal. || adj. y s. **2.** Amér. Sucio, cochino.

chanchullo s. m. Trampa, apaño.

chancla o **chancleta** s. f. Zapatilla sin talón para andar por casa.

chanclo s. m. Zapato de madera o suela gruesa para andar por el barro. SIN. Zueco.

chándal s. m. Prenda deportiva compuesta por sudadera o chaqueta y pantalones.

changurro s. m. Centollo cocido, desmenuzado y condimentado, que se sirve en su caparazón.

chanquete s. m. Pez marino muy pequeño. Se utiliza como alimento.

chantaje s. m. Amenaza que se hace a una persona para conseguir algo de ella. SIN. Extorsión, coacción.

chantajear v. Hacer chantaje.

chantajista s. m. y f. Persona que hace chantaje.

chantillí o **chantilly** (chantilly es fr.) s. m. Crema de nata o claras de huevo batidas con azúcar.

chanza s. f. Broma, burla.

chao interj. Adiós.

chapa s. f. **1.** Lámina de metal, madera u otro material duro. **2.** Pieza de metal que cierra una botella. **3.** Color rojo de las mejillas. || s. f. pl. **4.** Juego infantil en que se utilizan las chapas de las botellas. || LOC. **no pegar ni chapa** No trabajar, estar ocioso. SIN. **1.** Plancha. **3.** Chapeta.

chapado, da p. de **chapar**. También adj. || LOC. **chapado a la antigua** De ideas o costumbres anticuadas.

chapar v. **1.** Recubrir con una chapa de metal precioso. **2.** fam. Trabajar o estudiar mucho. **3.** fam. Cerrar: Chaparon el bar a las dos. SIN. **2.** Currar, empollar.

chaparral s. m. Terreno poblado de chaparros.

chaparro, rra adj. **1.** Achaparrado. || s. m. **2.** Mata de encina o roble.

chaparrón s. m. Lluvia fuerte que dura poco. SIN. Aguacero.

chapata s. f. Tipo de pan crujiente de forma alargada y aplastada.

chapela s. f. Boina vasca.

chapeta s. f. Color rojo de las mejillas. SIN. Chapa, rubor.

chapista s. m. y f. Persona que trabaja la chapa metálica, sobre todo la de la carrocería de los vehículos.

chapó interj. Expresa admiración.

chapotear v. Mover los brazos o los pies en el agua salpicando.

chapucero, ra adj. y s. **1.** Persona que hace chapucerías. || adj. **2.** Mal hecho.

chapulín s. m. **1.** Amér. Langosta o saltamontes. **2.** En América Central, niño.

chapurrear o **chapurrar** v. Hablar mal o con dificultad un idioma extranjero.

chapuza s. f. **1.** Cosa mal hecha. **2.** Trabajo poco importante o que se hace en ocasiones. SIN. **1.** Chapucería.

chapuzón s. m. Acción de meterse de golpe en el agua. SIN. Zambullida.

chaqué s. m. Chaqueta masculina de etiqueta, con dos faldones.

chaqueta s. f. Prenda de vestir abierta y con mangas que se lleva encima de otras prendas y llega hasta la cadera. || LOC. **cambiar** alguien **de chaqueta** Cambiar de opinión o partido político según le conviene.

chaquetero, ra adj. y s. Persona que cambia de opinión o partido político según le conviene.

chaquetilla s. f. Chaqueta corta y ajustada que llega hasta la cintura.

chaquetón s. m. Prenda de abrigo que llega por debajo de la cadera.

charada s. f. Adivinanza.

charanga s. f. Banda de música poco importante.

charango s. m. Especie de guitarra pequeña de cinco cuerdas y sonido agudo, típica de la música andina.

charca s. f. Charco grande.

charco s. m. Agua acumulada en un hoyo del suelo.

charcutería s. f. Tienda de fiambres y embutidos. SIN. Chacinería.

charcutero, ra s. m. y f. Persona que vende fiambre y embutidos.

charla s. f. **1.** Conversación. **2.** Conferencia, exposición de un tema. SIN. **1.** Plática. **2.** Disertación.

charlar v. **1.** Hablar amistosamente con alguien. **2.** fam. Hablar mucho una persona. SIN. **1.** Conversar. **2.** Parlotear.

charlatán, na adj. y s. **1.** Que habla demasiado. **2.** Vendedor ambulante que habla para mostrar su mercancía. SIN. **1.** Hablador, parlanchín. ANT. **1.** Callado.

charlatanería s. f. Cualidad de charlatán.

charlestón *s. m.* Baile muy rápido originario de los Estados Unidos, que se hizo muy popular en la década de 1920.

charleta *s. f. fam.* Charla entre amigos.

charlotada *s. f.* Espectáculo taurino de carácter cómico.

charlotear *v.* Charlar de cosas sin importancia para pasar el rato.

charnego, ga *s. m.* y *f. desp.* En Cataluña, persona que proviene de otra región española y no habla catalán.

charnela *s. f.* Bisagra.

charol *s. m.* **1.** Barniz muy brillante. **2.** Cuero con este barniz: *zapatos de charol.*

charrán, na *adj.* y *s.* **1.** *fam.* Pillo, sinvergüenza. || *s. m.* **2.** Ave marina de pico fino, alas acabadas en punta y cola en forma de V; es de color gris y blanco con la parte superior de la cabeza negra.

charranada *s. f. fam.* Faena, mala pasada.

charretera *s. f.* Insignia militar en forma de pala y con un fleco, que se sujeta al hombro del uniforme.

charro, rra *adj.* y *s.* **1.** De Salamanca. || *adj.* y *s. m.* **2.** Se dice del jinete mexicano vestido con su traje y sombrero típicos. || *adj.* **3.** Recargado y de mal gusto. **SIN. 1.** Salmantino. **ANT. 3.** Discreto.

chárter (del ingl.) *adj.* y *s. m.* Viaje en avión contratado por una empresa de turismo y más barato que el vuelo regular.

chascar *v.* Dar chasquidos. **SIN.** Chasquear.

chascarrillo *s. m.* Anécdota o historia divertida.

chasco *s. m.* Desilusión, decepción. **SIN.** Desengaño. **ANT.** Ilusión.

chasis *s. m.* Parte que sostiene la carrocería de un vehículo.

chasquear *v.* **1.** Dar chasquidos. **2.** Dar o llevarse un chasco. **SIN. 1.** Crujir, restallar, chascar. **2.** Decepcionar.

chasquido *s. m.* Sonido seco y agudo que producen algunas cosas, como la madera al romperse o el látigo al golpear. **SIN.** Crujido.

chat (del ingl.) *s. m.* **1.** Charla que mantienen, por escrito y en ese mismo momento, un grupo de personas conectadas a Internet. **2.** Sistema informático para mantener esas conversaciones.

chatarra *s. f.* **1.** Hierros u otros metales que ya no sirven. **2.** *fam.* Cosa estropeada, vieja o de poco valor. **3.** *fam.* Calderilla. **SIN. 2.** Cacharro.

chatarrería *s. f.* Tienda en la que se compra y se vende chatarra.

chatarrero, ra *s. m.* y *f.* Persona que recoge o compra chatarra para después venderla.

chatear[1] *v.* Beber vino con amigos en los bares. **SIN.** Copear.

chatear[2] *v.* Conversar a través del ordenador en un chat.

chato, ta *adj.* y *s.* **1.** Se dice de la nariz pequeña y aplastada y de la persona que la tiene así. || *adj.* **2.** Más plano o menos alto de lo normal. || *s. m.* y *f.* **3.** Apelativo cariñoso que se da a una persona. || *s. m.* **4.** Vaso pequeño de vino. **SIN. 1.** Romo. **2.** Bajo. **ANT. 1.** Respingona. **2.** Alto.

chauvinismo *s. m.* Chovinismo.

chauvinista *adj.* y *s.* Chovinista.

chaval, la *s. m.* y *f.* Chico. **SIN.** Muchacho. **ANT.** Adulto.

chavea *s. m. fam.* Chaval, chico.

chaveta *s. f.* Clavo que atraviesa un hierro o madero para que no se salgan algunas cosas. || **LOC. estar chaveta** o **mal de la chaveta** Estar loco.

chavo *s. m.* Moneda de poco valor.

checheno, na *adj.* y *s.* De Chechenia, república autónoma de la Federación Rusa.

checo, ca *adj.* y *s.* **1.** De la República Checa, país de Europa. || *s. m.* **2.** Lengua de este país.

checoslovaco, ca o **checoeslovaco, ca** *adj.* y *s.* De Checoslovaquia, antiguo país de Europa central.

chef (del fr.) *s. m.* Cocinero jefe de un restaurante.

cheli *s. m.* Jerga madrileña formada por palabras y expresiones castizas.

chelín[1] *s. m.* Moneda inglesa.

chelín[2] *s. m.* **1.** Moneda de Austria hasta el año 2002. **2.** Moneda de algunos países de África.

chelo *s. m. acort.* de **violonchelo.**

chepa *s. f.* **1.** *fam.* Joroba. || *s. m.* **2.** *fam.* Cheposo.

cheposo, sa *adj.* y *s. fam.* Jorobado.

cheque *s. m.* Impreso que, firmado por una persona, permite sacar de su cuenta el dinero que pone en ese impreso. **SIN.** Talón.

chequear *v.* Hacer un chequeo.

chequeo *s. m.* Reconocimiento médico completo.

chequera *s. f.* Talonario de cheques y, también, cartera para guardarlo.

cheroque o **cheroqui** *adj.* y *s.* De una tribu india de América del Norte.

chévere *adj.* y *adv. Amér.* Magnífico, excelente.

chincheta

cheviot o **chevió** (del ingl.) *s. m.* **1.** Tipo de lana de Escocia. **2.** Tela jaspeada hecha con esta lana u otra parecida.

cheyene *adj.* y *s.* De una tribu india de América del Norte.

chibcha *adj.* y *s.* **1.** De un pueblo indio que habitaba en el altiplano colombiano. ‖ *s. m.* **2.** Lengua de este pueblo.

chic (del fr.) *adj.* Elegante y a la moda.

chicano, na *adj.* y *s.* Se dice de las personas de origen mexicano que viven en los Estados Unidos.

chicarrón, na *s. m.* y *f.* Joven alto y fuerte.

chicha[1] *s. f. fam.* Carne de las personas y los animales.

chicha[2] *s. f.* En América del Sur, bebida alcohólica que se obtiene del maíz. ‖ **LOC. no ser ni chicha ni limonada** No ser ni una cosa ni la contraria.

chicha[3] *adj.* Calma chicha. Ver **calma**.

chicharra *s. f.* Cigarra.

chicharro *s. m.* Jurel.

chicharrón *s. m.* **1.** Restos que quedan después de freír la manteca de cerdo junto con la piel. ‖ *s. m. pl.* **2.** Fiambre hecho con distintas partes del cerdo.

chichinabo Se utiliza en la expresión **de chichinabo**, 'de poca importancia o de mala calidad'.

chichón *s. m.* Bulto que sale en la cabeza después de un golpe. **SIN.** Bollo.

chichonera *s. f.* Casco para proteger la cabeza, como el de los ciclistas.

chicle *s. m.* Goma de mascar.

chiclé *s. m.* Pieza que regula el paso de un líquido o un gas.

chico, ca *adj.* **1.** Pequeño. ‖ *adj.* y *s.* **2.** Niño, muchacho. ‖ *s. m.* **3.** Muchacho que hace recados y ayuda en algunas tareas, por ejemplo, en una tienda. ‖ *s. f.* **4.** Criada, asistenta. **SIN. 1.** Menudo. **2.** Chaval, joven. **3.** Aprendiz, recadero. **ANT. 1.** Grande.

chiflado, da 1. *p.* de **chiflar.** ‖ *adj.* y *s.* **2.** Que le gusta mucho algo: *chiflado por la música.* **3.** Loco. **SIN. 3.** Pirado **ANT. 3.** Cuerdo.

chifladura *s. f.* Locura.

chiflar *v.* **1.** Gustar mucho. ‖ **chiflarse 2.** Volverse loco. **SIN. 1.** Pirrar. **2.** Enloquecer.

chifonier *s. m.* Mueble más alto que ancho y con muchos cajones.

chihuahua *adj.* y *s. m.* Se dice de una raza de perros muy pequeños, de cabeza redonda y orejas grandes.

chií o **chiita** *adj.* y *s.* Se dice de una de las dos grandes ramas de la religión islámica, así como de sus miembros.

chilaba *s. f.* Vestido largo y con capucha que usan los árabes.

chile *s. m.* Pimiento americano, pequeño y muy picante.

chileno, na *adj.* y *s.* De Chile, país de América del Sur.

chilindrón *s. m.* Salsa y condimento hechos con pimiento, tomate y otros ingredientes.

chill-out o **chill out** (ingl.) *adj.* y *s. m.* **1.** Se dice de un estilo de música electrónica suave, apropiado para relajarse. ‖ *s. m.* **2.** Sitio donde se escucha esta música.

chillar *v.* **1.** Hacer con la voz sonidos agudos y desagradables. **2.** Hablar muy alto. **SIN. 1.** y **2.** Gritar, vociferar, vocear, berrear. **ANT. 1.** Susurrar.

chillido *s. m.* Grito agudo y desagradable. **SIN.** Berrido, alarido.

chillón, na *adj.* y *s.* **1.** Que chilla mucho. ‖ *adj.* **2.** Se dice del sonido agudo y desagradable: *voz chillona.* **3.** De color muy fuerte y llamativo. **SIN. 2.** y **3.** Estridente. **ANT. 2.** y **3.** Suave.

chimenea *s. f.* **1.** Hueco en una habitación para encender fuego, con una salida de humos. **2.** Conducto por donde sale el humo de una caldera, cocina, etc. **3.** En un volcán, lugar por donde sale la lava y otros materiales. **SIN. 2.** Tiro, campana.

chimpancé *s. m.* Mono africano de pelo negro, cara sin pelo, y boca y orejas grandes.

china[1] *s. f.* **1.** Piedra pequeña y redondeada. **2.** En argot, trozo pequeño y prensado de hachís. ‖ **LOC. tocarle** a alguien **la china** Tocarle la peor parte de algo. **SIN. 1.** Chino, canto.

china[2] *s. f.* Porcelana fina y algo transparente, con la que se hacen vajillas y otros objetos.

chinarro *s. m.* Piedra algo mayor que una china.

chinazo *s. m.* Golpe dado con una china o piedra.

chinchar *v.* Fastidiar, molestar. **SIN.** Pinchar, jorobar. **ANT.** Agradar.

chinche *s. f.* **1.** Insecto aplastado y ovalado; la mayoría de las especies pican las plantas para extraer su jugo y algunas se alimentan de sangre de animales y de las personas. ‖ *adj.* y *s.* **2.** Chinchorrero.

chincheta *s. f.* Tachuela, clavito metálico corto, de cabeza grande y redondeada.

chinchilla *s. f.* Mamífero roedor de América del Sur, con la piel muy suave, de color gris claro, que vive en galerías bajo tierra.

chinchón[1] *s. m.* Aguardiente de anís que se hace en el pueblo madrileño de Chinchón.

chinchón[2] *s. m.* Juego de cartas que consiste en hacer combinaciones de manera que ninguna carta quede libre.

chinchorrear *v.* **1.** Cotillear, contar chismes. **2.** Fastidiar, molestar. **SIN. 1.** Chismorrear. **2.** Importunar. **ANT. 2.** Agradar.

chinchorrero, ra *adj. y s.* Se dice de la persona que protesta por todo. **SIN.** Chinche.

chinchulín *s. m. Amér.* Intestino delgado de vaca o de oveja asado a la brasa.

chinela *s. f.* Zapatilla sin talón que se usa para estar en casa. **SIN.** Pantufla, chancleta.

chinesco, ca *adj.* De China o parecido a las cosas de China: *dibujo chinesco.*

chingar *v.* **1.** *fam.* Estropear. **2.** *vulg.* Realizar el acto sexual.

chino *s. m.* China, piedra pequeña. ‖ **LOC. jugar a los chinos** Adivinar la cantidad de monedas que alguien se guarda en la mano.

chino, na *adj. y s.* **1.** De China, país de Asia. ‖ *s. m.* **2.** Lengua hablada en China. ‖ **LOC. engañar como a un chino** Engañar por completo. **ser trabajo de chinos** Ser un trabajo de mucho detalle y que exige mucha paciencia.

chip (del ingl.) *s. m.* Placa pequeña empleada en aparatos electrónicos, con circuitos integrados y numerosas patillas para poder conectarla.

chipirón *s. m.* Calamar pequeño.

chipriota *adj. y s.* De Chipre, Estado insular en el Mediterráneo, frente a Turquía.

chiquero *s. m.* **1.** Toril. **2.** Pocilga, cochiquera. **SIN. 2.** Porqueriza.

chiquilicuatro o **chiquilicuatre** *s. m.* Mequetrefe. **SIN.** Chisgarabís.

chiquillada *s. f.* Acción de chiquillos.

chiquillería *s. f.* Conjunto de chiquillos.

chiquillo, lla *adj. y s.* Niño o muchacho. **SIN.** Chico.

chiquito, ta *adj. y s. dim.* de chico. ‖ **LOC. no andarse con chiquitas** Hacer o decir algo de forma directa y clara.

chiribita *s. f.* **1.** Chispa. ‖ *s. f. pl.* **2.** Lucecitas que se ven a veces por sueño o por anormalidades en la vista.

chirigota *s. f.* Broma, burla.

chirimbolo *s. m.* **1.** Objeto, chisme. **2.** Remate redondeado. **SIN. 1.** Cachivache.

chirimiri *s. m.* Sirimiri.

chirimoya *s. f.* Fruto del chirimoyo, de piel verde y carne blanquecina con pepitas negras y grandes.

chirimoyo *s. m.* Árbol tropical americano cuyo fruto es la chirimoya.

chiringuito *s. m.* Bar pequeño, casi siempre al aire libre.

chiripa *s. f.* Casualidad, suerte.

chirla *s. f.* Molusco parecido a la almeja, pero más pequeño.

chirle *adj. fam.* Con poco sabor o sustancia. **SIN.** Insípido, soso.

chirona *s. f. fam.* Cárcel, prisión.

chirriar *v.* Hacer un ruido chillón y desagradable. **SIN.** Rechinar.

chirrido *s. m.* Ruido que hace algo al chirriar.

chirucas (marca registrada) *s. f. pl.* Botas de lona con suela de goma, ligeras y resistentes.

chis o **chist** *interj.* Se usa para hacer callar a alguien o para llamarle.

chiscón *s. m.* Habitación muy pequeña. **SIN.** Cuchitril.

chisgarabís *s. m.* Persona insignificante y enredadora. **SIN.** Chiquilicuatro, mequetrefe.

chisme *s. m.* **1.** Cosa que se cuenta de alguien, sobre todo para criticar. **2.** Objeto, trasto. **SIN. 1.** Murmuración, habladurías. **2.** Cachivache.

chismorrear *v.* Contar chismes. **SIN.** Cotillear, murmurar.

chismorreo *s. m.* Acción de chismorrear. **SIN.** Murmuración, cotilleo.

chismoso, sa *adj. y s.* Que cuenta chismes. **SIN.** Cotilla.

chispa *s. f.* **1.** Trocito encendido que salta de la lumbre. **2.** Lucecita que salta al producirse una descarga eléctrica. **3.** Cantidad muy pequeña: *una chispa de azúcar.* **4.** Gracia, ingenio: *una historia con chispa.* ‖ **LOC. echar chispas** Estar muy enfadado. **SIN. 1.** Chiribita. **3.** Pizca. **4.** Salero.

chispazo *s. m.* Chispa eléctrica.

chispeante *adj.* Gracioso, ingenioso.

chispear *v.* Lloviznar.

chisporrotear *v.* Echar chispas la lumbre. **SIN.** Crepitar.

chisporroteo *s. m.* Acción de chisporrotear.

chisquero *s. m.* Mechero antiguo con una mecha larga y gruesa.

chistar *v.* **1.** Hablar: *No chistó en toda la tarde.* **2.** Llamar a alguien con el sonido *chist* u otro parecido. **SIN. 1.** Rechistar.

chiste *s. m.* Historieta contada o dibujada para hacer reír.

chorro

chistera s. f. Sombrero de copa alta.

chistorra s. f. Tipo de chorizo delgado.

chistoso, sa adj. y s. Gracioso, que hace reír.

chistu s. m. Flauta típica del País Vasco.

chita Se usa en la expresión **a la chita callando**, 'de forma silenciosa y con disimulo'.

chitón interj. Se emplea para mandar callar a alguien.

chivarse v. Acusar, denunciar. SIN. Delatar. ANT. Encubrir.

chivatazo s. m. Acción de chivarse.

chivato, ta adj. y s. Que se chiva de lo que otros hacen o dicen. SIN. Acusica, soplón; confidente. ANT. Encubridor.

chivo, va s. m. y f. **1.** Cría de la cabra. ‖ **2. chivo expiatorio** Persona a la que se echa la culpa de algo.

chocante adj. Que choca o extraña. SIN. Extraño, raro. ANT. Normal.

chocar v. **1.** Producirse un choque. **2.** Juntar dos cosas, como los vasos al brindar. **3.** Pelear, discutir. **4.** Extrañar, sorprender. SIN. **1.** Colisionar. **3.** Enfrentarse, discrepar. **4.** Asombrar. ANT. **1.** Esquivar. **3.** Entenderse.

chocarrería s. f. Broma o chiste groseros y de mal gusto.

chocarrero, ra adj. y s. Grosero y de mal gusto.

chocha o **chochaperdiz** s. f. Becada.

chochear v. **1.** Hacer o decir tonterías por causa de la edad. **2.** fam. Estar embobado por un exceso de cariño.

chochera o **chochez** s. f. Característica de la persona que chochea.

chocho[1] s. m. Altramuz.

chocho[2] s. m. vulg. Órgano genital femenino.

chocho, cha adj. **1.** Que chochea. **2.** fam. Que demuestra un cariño o una afición fuera de lo normal: Está chocho con su nieto. SIN. **1.** Senil.

choclo s. m. Amér. Mazorca de maíz tierno.

choco s. m. Sepia pequeña.

chocolatada s. f. Comida en la que se toma principalmente chocolate a la taza.

chocolate s. m. **1.** Alimento hecho con cacao. **2.** Líquido que se hace disolviendo este alimento en agua o leche. **3.** En argot, hachís.

chocolatera s. f. Recipiente en que se hace o se sirve el chocolate líquido.

chocolatería s. f. **1.** Lugar donde se hace y vende chocolate. **2.** Establecimiento donde se sirve al público chocolate líquido.

chocolatero, ra adj. **1.** Relacionado con el chocolate. ‖ adj. y s. **2.** Que le gusta mucho

el chocolate. ‖ s. m. y f. **3.** Persona que fabrica o vende chocolate.

chocolatina s. f. Tableta pequeña y delgada de chocolate.

chófer o **chofer** s. m. y f. Conductor de un vehículo, sobre todo el que está contratado para este trabajo.

chola s. f. fam. Cabeza.

chollo s. m. Cosa buena que se consigue con poco esfuerzo o poco dinero. SIN. Ganga.

cholo, la adj. y s. Amér. Mestizo de sangre india y europea.

chomba o **chompa** s. f. Amér. Jersey.

choni s. f. **1.** desp. y fam. Nombre que se da a algunas jóvenes de modales poco refinados y forma de vestir provocativa y de mal gusto. ‖ adj. **2.** desp. y fam. Propio de estas jóvenes.

chóped s. m. Embutido grueso parecido a la mortadela.

chopera s. f. Lugar poblado de chopos.

chopería s. f. En Argentina, bar o cervecería.

chopito s. m. Molusco parecido al calamar, pero más pequeño.

chopo s. m. Nombre de varios tipos de álamos, y sobre todo del álamo negro.

choque s. m. **1.** Encuentro violento entre dos cuerpos. **2.** Pelea, discusión. SIN. **1.** Colisión, golpe, encontronazo. **2.** Disputa, riña.

chorbo, ba s. m. y f. **1.** fam. Cualquier persona. **2.** fam. Novio o pareja de una persona. SIN. **1.** Fulano, tipo, tío.

choricear o **chorizar** v. fam. Robar. SIN. Birlar.

chorizo s. m. **1.** Embutido de carne de cerdo picada y con pimentón. **2.** vulg. Trozo de excremento.

chorizo, za s. m. y f. fam. Ladrón.

chorlito s. m. Ave zancuda de pequeño a mediano tamaño, pico corto y recto, plumaje pardo y vientre blanco en invierno y negro en verano.

chorra adj. y s. m. **1.** fam. Tonto, estúpido. ‖ s. f. **2.** fam. Suerte.

chorrada s. f. fam. Tontería, bobada.

chorrear v. Caer un líquido a chorros o goteando.

chorreo s. m. **1.** Acción de chorrear. **2.** Gasto continuo de algo.

chorrera s. f. **1.** Lugar por donde chorrea un líquido. **2.** Adorno hecho de encaje o con los pliegues de la tela en la pechera de una camisa o vestido.

chorro s. m. **1.** Cantidad de líquido o gas que sale por un grifo, tubo o por otra abertura. ‖

2. chorro de voz Voz muy potente. ∥ LOC. **como los chorros del oro** Muy limpio.

chotacabras s. amb. Ave de plumaje pardo o rojizo, un pico corto y una gran boca que le permiten atrapar insectos al vuelo.

chotearse v. fam. Burlarse. SIN. Cachondearse, pitorrearse.

choteo s. m. fam. Burla. SIN. Cachondeo, pitorreo, guasa.

chotis o **chotís** s. m. Baile de parejas típico de Madrid.

choto, ta s. m. y f. **1.** Cabrito. **2.** Ternero. ∥ LOC. **como una chota** Loco.

chova s. f. **1.** Pájaro de la familia de los cuervos que tiene el plumaje negro y las patas rojas. **2.** Corneja.

chovinismo s. m. Patriotismo exagerado que hace pensar que el propio país es el mejor y manifiesta rechazo por lo extranjero.

chovinista adj. y s. Relacionado con el chauvinismo o que lo demuestra.

chow-chow s. m. Perro de origen chino, de cuerpo fuerte, pelo espeso, cabeza grande y lengua azulada.

choza s. f. Cabaña con una cubierta hecha de ramas y paja.

chubasco s. m. Lluvia fuerte, corta, generalmente con viento. SIN. Chaparrón, aguacero.

chubasquero s. m. Prenda impermeable para protegerse de la lluvia.

chuchería s. f. **1.** Golosina. **2.** Cosa de poco valor.

chucho s. m. fam. desp. Perro, sobre todo el que no es de raza.

chuchurrido, da o **chuchurrío, a** adj. **1.** fam. Marchito, lacio: La flor está chuchurrida. **2.** fam. Decaído, apagado. SIN. **1.** Mustio. ANT. **1.** Lozano. **2.** Animado.

chucrut s. m. Plato típico alsaciano hecho con col fermentada y condimentada, que se suele servir acompañando a la carne.

chufa s. f. **1.** Planta de cañas triangulares que produce tubérculos muy pequeños. **2.** Esos tubérculos, de sabor dulce, con los que se hace horchata.

chufla s. f. Broma, guasa.

chulada s. f. **1.** Dicho o acción de un chulo. **2.** fam. Cosa muy bonita o llamativa.

chulapo, pa o **chulapón, na** s. m. y f. Madrileño castizo.

chulear v. **1.** Reírse de alguien, no tomarle en serio. ∥ **chulearse 2.** Hacerse el chulo, presumir.

chulería s. f. **1.** Actitud de los chulos. **2.** Dicho o hecho propios de un chulo.

chuleta s. f. **1.** Costilla de una res, con la carne. **2.** Información que se lleva a un examen para mirarla disimuladamente. ∥ adj. y s. **3.** Persona chula.

chuletada s. f. Comida compuesta principalmente por chuletas.

chulo, la adj. y s. **1.** Persona descarada o que busca pelea. ∥ adj. **2.** Presumido. **3.** fam. Bonito: un reloj muy chulo. ∥ s. m. **4.** Hombre que vive del dinero que ganan las prostitutas. SIN. **1.** Bravucón. **4.** Proxeneta.

chumbera s. f. Cactus que produce los higos chumbos; se denomina también nopal.

chumbo adj. y s. m. Se dice del higo que da la chumbera o nopal.

chuminada s. f. fam. Cosa sin valor o de poca importancia. SIN. Tontería, insignificancia, nadería.

chunga s. f. Burla, broma.

chungo, ga adj. **1.** fam. Algo enfermo o decaído. **2.** fam. Estropeado. **3.** fam. Difícil. SIN. **1.** Indispuesto. **3.** Enrevesado.

chungón, na adj. fam. Se dice de la persona aficionada a las bromas y las gracias.

chupa s. f. fam. Cazadora.

chupa chups (marca registrada) s. m. Caramelo redondo con palito.

chupado, da 1. p. de chupar. También adj. ∥ adj. **2.** Muy delgado. **3.** fam. Fácil: un examen chupado.

chupar v. **1.** Lamer una cosa o meterla en la boca mojándola de saliva. **2.** Absorber o aspirar: Los mosquitos chupan sangre. **3.** Sacar dinero o beneficio de una persona, de un cargo, etc. **4.** Soportar algo desagradable: chuparse un atasco. ∥ LOC. **chupar del bote** Aprovecharse de algo. SIN. **2.** Sorber, succionar, libar. **3.** Aprovecharse. **4.** Tragar, aguantar. ANT. **2.** Escupir.

chupatintas s. m. desp. Oficinista.

chupete s. m. Objeto de goma que se da a los niños pequeños para que lo chupen y se calmen.

chupetear v. Chupar algo continuamente.

chupetón s. m. Acción de chupar con fuerza.

chupi adj. y adv. fam. Estupendo.

chupinazo s. m. **1.** Disparo de fuegos artificiales. **2.** En fútbol, tiro muy fuerte. SIN. **2.** Cañonazo.

chupito s. m. Sorbo, trago.

chupón, na adj. **1.** Que chupa. ∥ adj. y s. **2.** Que consigue dinero o beneficio aprovechándose de los demás. **3.** En algunos deportes de equipo, se dice del jugador muy individualista. ∥ s. m. **4.** Objeto largo y puntiagudo, como los colgantes de algunas lámparas. **SIN.** 2. Aprovechado.

chupóptero, ra s. m. y f. fam. Persona que vive aprovechándose de los demás.

churrasco s. m. Trozo de carne a la brasa.

churrería s. f. Establecimiento donde se hacen y venden churros.

churrero, ra s. m. y f. Persona que hace y vende churros.

churrete s. m. Mancha que deja un líquido cuando chorrea.

churretón s. m. Churrete grande.

churretoso, sa adj. Sucio, que está lleno de churretes.

churrigueresco, ca adj. **1.** Se dice del estilo barroco español desarrollado por el arquitecto Churriguera. **2.** Muy recargado de adornos.

churro s. m. **1.** Masa de harina y agua en forma de cordón, que se come frita. **2.** fam. Cosa mal hecha. **SIN. 2.** Chapuza, birria.

churro, rra adj. y s. Se dice de una raza de carneros y ovejas de lana larga y algo basta.

churruscar v. Tostar mucho un alimento. **SIN.** Chamuscar.

churrusco s. m. Pedazo de pan muy tostado.

churumbel (caló) s. m. Niño.

chusco, ca adj. y s. **1.** Gracioso. ‖ s. m. **2.** Pedazo de pan. **SIN. 1.** Chistoso. **2.** Mendrugo.

chusma s. f. Gente mala o despreciable. **SIN.** Gentuza.

chusquero adj. y s. m. fam. Se dice del oficial del Ejército que no ha pasado por la academia militar.

chut s. m. En fútbol, acción de chutar.

chutar v. **1.** En fútbol, lanzar el balón con el pie. ‖ **chutarse 2.** En argot, inyectarse droga.

chute s. m. En argot, inyección de droga.

chuzo s. m. Palo con un pincho de hierro. ‖ **LOC. caer chuzos** o **chuzos de punta** Llover, nevar o granizar mucho.

cianuro s. m. Veneno muy rápido.

ciática s. f. Inflamación dolorosa de un nervio ciático.

ciático adj. y s. m. Se dice de los dos nervios que nacen en la parte alta de la cadera y recorren las piernas.

ciberespacio s. m. Espacio virtual creado por una red informática.

cibernauta s. m. y f. Persona que utiliza una red informática como Internet. **SIN.** Internauta.

cibernética s. f. Ciencia que estudia las formas de comunicación y de control en los seres vivos y en las máquinas; se aplica sobre todo a la informática, por ejemplo, para fabricar robots.

cíborg (del ingl.) s. m. En la ciencia ficción, ser formado por partes humanas o de materia viva y otras mecánicas o electrónicas.

cicatear v. Dar o gastar menos de lo que debe. **SIN.** Escatimar, racanear. **ANT.** Derrochar, despilfarrar.

cicatería s. f. Tacañería.

cicatero, ra adj. y s. Tacaño, avaro. **SIN.** Ruin, miserable. **ANT.** Generoso.

cicatriz s. f. Señal que deja una herida después de curarse.

cicatrizar v. Curarse una herida hasta quedar bien cerrada.

cicerone s. m. y f. Persona que enseña a otra las cosas interesantes de un lugar. **SIN.** Guía.

ciclamen s. m. Planta de hojas acorazonadas y flores blancas y rosadas, cultivada como planta de adorno.

cíclico, ca adj. Que se repite cada cierto tiempo.

ciclismo s. m. Deporte que se practica montando en bicicleta.

ciclista adj. **1.** Relacionado con el ciclismo. ‖ s. m. y f. **2.** Persona que va en bicicleta. **3.** Deportista que practica carreras de ciclismo.

ciclo s. m. **1.** Conjunto de fenómenos o periodos que se repiten cada cierto tiempo. **2.** Serie de conferencias, libros o películas sobre el mismo tema o relacionados entre sí.

ciclocross (del ingl.) s. m. Cyclo-cross.

ciclomotor s. m. Moto pequeña de poca potencia, con cambio de marchas automático y, generalmente, pedales como los de las bicicletas.

ciclón s. m. **1.** Viento muy fuerte de origen tropical que gira como un torbellino en grandes círculos. **2.** Zona de bajas presiones. **SIN. 1.** Huracán. **2.** Borrasca. **ANT. 2.** Anticiclón.

cíclope s. m. Gigante de la mitología que tenía un solo ojo.

ciclostil o **ciclostilo** s. m. Aparato para reproducir muchas veces un escrito o dibujo.

cicloturismo s. m. Tipo de turismo que se hace en bicicleta.

cicuta s. f. **1.** Planta de tallo hueco y flores blancas; de sus hojas y frutos se extrae un poderoso veneno. **2.** Este mismo veneno.

cidra s. f. **1.** Planta de la familia de la calabaza; con su fruto se hace el cabello de ángel. **2.** Fruto del cidro, parecido al limón, pero de mayor tamaño.

cidro *s. m.* Árbol de tronco liso, hojas perennes y flores encarnadas y olorosas; su fruto es la cidra.

ciego, ga *adj.* y *s.* **1.** Que tiene ceguera. || *adj.* **2.** Dominado por un sentimiento: *ciego de ira.* **3.** Total, firme: *fe ciega.* **4.** Cerrado, tapado: *pozo ciego.* || *adj.* y *s. m.* **5.** Se dice de una de las partes del intestino grueso, con la que se comunica el intestino delgado. || **LOC. a ciegas** Sin ver. También, sin saber o sin informarse. **ponerse ciego** Hartarse de comida, bebida u otras cosas agradables. **SIN. 1.** Invidente. **2.** Ofuscado, poseído. **ANT. 1.** Vidente.

cielo *s. m.* **1.** Espacio en el que están todos los astros, especialmente la zona que rodea la Tierra. **2.** Según algunas religiones, lugar adonde van las personas buenas cuando mueren. **3.** Parte superior de algunas cosas: *el cielo de la boca.* **4.** Apelativo cariñoso que se da a una persona. || **cielos** *interj.* **5.** Expresa admiración o extrañeza. **SIN. 1.** Firmamento. **2.** Paraíso, gloria. **ANT. 1.** Infierno.

ciempiés *s. m.* Animal terrestre invertebrado que tiene el cuerpo dividido en anillos y muchos pares de patas.

cien *num.* **1.** Diez veces diez. **2.** Centésimo, que ocupa por orden el número cien: *la página cien.* || **LOC. poner** a alguien **a cien** Enfadarle, excitarle. **SIN. 1.** y **2.** Ciento.

ciénaga *s. f.* Lugar pantanoso o lleno de cieno. **SIN.** Cenagal, barrizal.

ciencia *s. f.* **1.** Conjunto de los conocimientos y cada una de las materias en que se organiza: *ciencias naturales.* **2.** Saber, instrucción. || *s. f. pl.* **3.** Estudios de las matemáticas, la física, la química y las ciencias naturales. || **4. ciencia ficción** Género literario y de cine que trata sobre el espacio y los extraterrestres, o sobre descubrimientos científicos imaginarios. || **LOC. a ciencia cierta** Con toda seguridad. **SIN. 2.** Sabiduría, cultura. **ANT. 2.** Incultura.

cienciología *s. f.* Movimiento religioso que surgió en los Estados Unidos cuyos seguidores buscan la mejora personal a través de diferentes técnicas.

cienmilésimo, ma *num.* **1.** Que ocupa por orden el número cien mil. || *num.* y *s. m.* **2.** Se dice de cada una de las cien mil partes iguales en que se divide algo.

cienmillonésimo, ma *num.* **1.** Que ocupa por orden el número cien millones. || *num.* y *s. m.* **2.** Se dice de cada una de los cien millones de partes iguales en que se divide algo.

cieno *s. m.* Barro blando y oscuro. **SIN.** Fango, lodo.

científico, ca *adj.* **1.** Relacionado con la ciencia. || *adj.* y *s.* **2.** Que se dedica a una o más ciencias.

ciento *num.* **1.** Cien. || *s. m.* **2.** Centenar. **LOC. por ciento** De cada cien. Suele representarse con el signo %.

ciernes Se usa en la expresión **en ciernes**, 'en sus comienzos', 'formándose'.

cierre *s. m.* **1.** Acción de cerrar. **2.** Lo que se utiliza para cerrar: *echar el cierre.* **SIN. 1.** Clausura. **ANT. 1.** Apertura.

ciertamente *adv.* **1.** Con certeza o seguridad. **2.** Se usa para afirmar: *Ciertamente, la película era estupenda.*

cierto, ta *adj.* **1.** Verdadero, seguro. || *indef.* **2.** Indica algo sin precisarlo: *Usaron cierto material parecido al plástico.* || *adv.* **3.** Sí, con certeza: –*Me dijeron que venías.* –*Cierto, pero cambié de idea.* **SIN. 1.** Exacto, auténtico. **2.** Alguno, determinado. **ANT. 1.** Incierto. **3.** No.

ciervo, va *s. m.* y *f.* Mamífero rumiante de pelo marrón rojizo en verano y gris en invierno. Los machos tienen cuernos grandes y ramificados.

cierzo *s. m.* Viento frío del norte.

cifra *s. f.* **1.** Signo o conjunto de signos que representa un número. **2.** Cantidad, suma. **SIN. 1.** Dígito. **2.** Número, porción.

cifrado, da **1.** *p.* de cifrar. || *adj.* **2.** Escrito en clave.

cifrar *v.* **1.** Escribir en clave, con un lenguaje especial. **2.** Reducir, centrar: *Cifra sus esperanzas en tu ayuda.* **ANT. 1.** Descifrar.

cigala *s. f.* Crustáceo marino con el cuerpo alargado, el caparazón duro y dos pinzas grandes y fuertes. Es muy apreciado como alimento.

cigarra *s. f.* Insecto de color casi negro, cabeza ancha, ojos salientes y dos pares de alas. Los machos tienen una membrana que hacen vibrar, produciendo un ruido característico.

cigarral *s. m.* En Toledo, se llama así a la casa de campo con huerto.

cigarrera *s. f.* Caja para cigarros.

cigarrero, ra *s. m.* y *f.* Persona que hace o vende cigarros.

cigarrillo *s. m.* Cilindro delgado hecho de tabaco picado envuelto en papel para fumarlo. **SIN.** Cigarro.

cigarro *s. m.* **1.** Rollo hecho con hojas de tabaco que se fuma. **2.** Cigarrillo. **SIN. 1.** Puro, habano.

cigoñino *s. m.* Cría o pollo de la cigüeña. **SIN.** Cigüeñato.

cigoto *s. m.* Célula fecundada que resulta al unirse las células reproductoras o gametos. □ Se escribe también *zigoto.*

cigüeña *s. f.* Ave zancuda grande con el cuerpo blanco, el extremo de las alas negro y el pico largo y rojo como las patas.

cigüeñal *s. m.* Eje de algunas máquinas y motores que transforma en movimiento circular un movimiento rectilíneo, o al revés.

cigüeñato *s. m.* Cigoñino.

cilantro *s. m.* Hierba aromática parecida al perejil que se utiliza como condimento.

ciliado, da *adj.* y *s. m.* Que tiene cilios.

cilindrada *s. f.* Capacidad de los cilindros de un motor de explosión, que se expresa en centímetros cúbicos.

cilíndrico, ca *adj.* Que tiene la forma de un cilindro.

cilindro *s. m.* **1.** Cuerpo geométrico que resulta al enrollar una superficie cuadrada o rectangular y cerrar con dos círculos los extremos. **2.** Cosa que tiene esta forma. **3.** Tubo en que se mueve el émbolo de una máquina o motor. **SIN. 2.** Rodillo, tambor.

cilio *s. m.* Prolongación corta y delgada que tienen algunas células y microorganismos.

cima *s. f.* **1.** Parte más alta de algo, como una montaña o un árbol. **2.** Momento mejor o más importante: *Llegó a la cima de su carrera.* **SIN. 1.** Cresta, pico, copa. **1.** y **2.** Cumbre, cúspide.

cimarrón, na *adj.* y *s.* Se dice del animal doméstico que huye al campo y se hace salvaje.

címbalo *s. m.* **1.** Campana pequeña. **2.** Instrumento musical parecido a los platillos, que usaban los griegos y los romanos.

cimborrio o **cimborio** *s. m.* **1.** Base de una cúpula, con forma de cilindro o de polígono. **2.** Cúpula.

cimbrear o **cimbrar** *v.* **1.** Hacer vibrar un objeto delgado y flexible. **2.** Mover el cuerpo o parte de él a un lado y a otro. **SIN. 2.** Contonearse.

cimentar *v.* **1.** Poner los cimientos de un edificio. **2.** Fortalecer, consolidar. **SIN. 2.** Afianzar. **ANT. 2.** Debilitar.

cimiento *s. m.* **1.** Parte de un edificio que está bajo tierra y sostiene la construcción. **2.** Base, fundamento. **SIN. 2.** Raíz, principio.

cimitarra *s. f.* Sable muy curvo de los turcos, persas y otros pueblos orientales.

cinabrio *s. m.* Mineral rojo oscuro del que se extrae el mercurio.

cinamomo *s. m.* Árbol de madera dura y aromática y flores de color violeta; de su fruto se extrae un aceite utilizado en medicina y en la industria.

cinc *s. m.* Elemento químico metálico de color blanco azulado, brillante, muy usado en la industria. □ Se escribe también *zinc*.

cincel *s. m.* Herramienta de acero para grabar la piedra y el metal, golpeándola con un martillo.

cincelar *v.* Grabar con el cincel.

cincha *s. f.* Correa que sujeta la silla o la albarda de las caballerías.

cincho *s. m.* Faja o cinturón.

cinco *num.* **1.** Cuatro y uno. **2.** Quinto: *el puesto cinco.*

cincuenta *num.* **1.** Cinco veces diez. **2.** Que ocupa por orden el número cincuenta: *el cincuenta aniversario.*

cincuentavo, va *num.* y *s. m.* Se dice de cada una de las cincuenta partes iguales en que se divide algo. **SIN.** Quincuagésimo.

cincuentena *s. f.* Cincuenta unidades.

cincuentenario *s. m.* Fecha en la que se cumplen cincuenta años de algún hecho.

cincuentón, na *adj.* y *s. desp.* Se dice de la persona que tiene entre cincuenta y sesenta años.

cine *s. m.* **1.** Técnica y arte que consiste en filmar imágenes en movimiento y proyectarlas sobre una pantalla. **2.** Local público para ver estas filmaciones. **SIN. 1.** Cinematografía. **2.** Cinematógrafo.

cineasta *s. m.* y *f.* Persona que se dedica al cine, sobre todo como director.

cineclub *s. m.* **1.** Asociación que se dedica a difundir el cine. **2.** Lugar donde los miembros de esta asociación proyectan y comentan películas.

cinéfilo, la *adj.* y *s.* Aficionado al cine.

cinefórum *s. m.* Proyección de una película seguida de un coloquio entre los asistentes.

cinegético, ca *adj.* Relacionado con la caza.

cinemascope (marca registrada) *s. m.* Técnica de cine en que se proyectan las imágenes sobre pantallas curvadas y dan sensación de profundidad.

cinemática *s. f.* Parte de la física que estudia el movimiento de los cuerpos.

cinematografía *s. f.* Técnica y arte del cine.

cinematográfico, ca *adj.* Del cine.

cinematógrafo *s. m.* Cine.

cinético, ca *adj.* Relacionado con el movimiento de los cuerpos.

cingalés, sa *adj.* y *s.* **1.** Ceilandés. ‖ *s. m.* **2.** Lengua de Ceilán, actual Sri Lanka.

cíngaro, ra *adj.* y *s.* Gitano de Europa central y del este.

cínico, ca *adj.* y *s.* Que dice o hace de forma descarada lo contrario de lo que piensa. **SIN.** Hipócrita, mentiroso. **ANT.** Sincero.

cinismo *s. m.* Característica de las personas cínicas. **SIN.** Hipocresía. **ANT.** Sinceridad.

cinquillo *s. m.* Juego de cartas que consiste en agruparlas por palos a partir del cinco de cada palo.

cinta *s. f.* **1.** Tira larga y estrecha de material flexible para diversos usos. **2.** Cinta magnética. **3.** Pieza de carne larga y redondeada que se corta del lomo del cerdo. || **4. cinta aislante** Tira adhesiva de plástico para recubrir y aislar los empalmes de los cables eléctricos. **5. cinta magnética** Tira de material plástico en la que se graban sonidos e imágenes. **SIN.** 1. Banda, faja. 5. Casete.

cinto *s. m.* Cinturón.

cintura *s. f.* **1.** Parte del cuerpo más estrecha entre el tronco y la cadera. **2.** Parte de una prenda que rodea esa zona. || **LOC. meter** a alguien **en cintura** Regañarle o hacer que obedezca.

cinturilla *s. f.* En vestidos, faldas y pantalones, tira de tela que se ajusta a la cintura.

cinturón *s. m.* **1.** Correa o banda para ajustar una prenda a la cintura o colgar algo de ella. || **2. cinturón de seguridad** El que sujeta a los ocupantes de los automóviles y aviones a sus asientos. || **LOC. apretarse el cinturón** Procurar gastar poco dinero. **SIN.** 1. Cinto.

cipote *s. m. vulg.* Pene.

ciprés *s. m.* Árbol alto y alargado, con hojas perennes pequeñas, en forma de escama, de color verde oscuro. Es el árbol típico de los cementerios.

circense *adj.* Del circo.

circo *s. m.* **1.** Espectáculo en que actúan payasos, trapecistas, domadores y otros artistas y lugar donde se desarrolla. **2.** Recinto donde los romanos celebraban carreras de carros y caballos y otros espectáculos.

circonio *s. m.* Metal radiactivo que resiste la acción de los ácidos y arde sin producir llama.

circonita *s. f.* Mineral que se usa en joyería como imitación del brillante.

circuito *s. m.* **1.** Camino o recorrido que vuelve al punto de partida: *un circuito automovilístico, un circuito turístico.* **2.** Conjunto de cables o conductores unidos por los que pasa la corriente eléctrica.

circulación *s. f.* **1.** Hecho de circular: *la circulación de la sangre.* **2.** Movimiento de personas y vehículos por las vías públicas. **SIN.** 2. Tránsito, tráfico.

circular¹ *v.* **1.** Moverse, ir y venir. **2.** Distribuirse la sangre por el organismo. **3.** Pasar algo de unas personas a otras. **SIN.** 1. Transitar. 3. Difundirse, propagarse.

circular² *adj.* **1.** En forma de círculo. || *s. f.* **2.** Carta o aviso para comunicar algo a varias personas. **SIN.** 1. Redondo. 2. Comunicado.

circulatorio, ria *adj.* Se dice del aparato o conjunto de órganos y vasos sanguíneos en que se realiza la circulación de la sangre.

círculo *s. m.* **1.** Superficie plana contenida dentro de una circunferencia. **2.** Circunferencia o lo que tiene su forma. **3.** Grupo de personas o asociación. || **4. círculo polar** Cada uno de los dos círculos menores del globo terrestre que rodean los polos. **SIN.** 1. y 2. Redondel.

circuncidar *v.* Hacer la circuncisión.

circuncisión *s. f.* Corte en círculo para quitar parte de la piel que rodea el extremo del pene, sobre todo cuando se hace como ritual en algunas religiones, pueblos, etc.

circunciso *adj.* Que ha sido circuncidado.

circundar *v.* Rodear, cercar.

circunferencia *s. f.* Curva cerrada en la que todos sus puntos están a la misma distancia de uno interior llamado *centro.*

circunflejo *adj.* Se dice de un acento (^) usado en algunas lenguas, como el francés.

circunloquio *s. m.* Utilización de muchas palabras o explicaciones para expresar algo que se podría decir de modo más breve.

circunscribir *v.* **1.** Reducir, limitar. **2.** Trazar una figura geométrica rodeando a otra, pero tocándose las dos en algunos puntos. □ Su p. es irreg.: *circunscrito.* **SIN.** 1. Restringir, ceñir.

circunscripción *s. f.* **1.** Acción de circunscribir. **2.** División administrativa, eclesiástica, electoral o militar de un territorio. **SIN.** 2. Distrito, demarcación.

circunscrito, ta **1.** *p.* de **circunscribir.** || *adj.* **2.** Reducido, limitado. **3.** Se dice de la figura que circunscribe a otra.

circunspecto, ta *adj.* Serio y prudente.

circunstancia *s. f.* Estado, situación. **SIN.** Ocasión, coyuntura.

circunstancial *adj.* **1.** Que obedece a una circunstancia o depende de ella. **2.** Se dice del complemento del verbo que indica modo, lugar, tiempo u otras cosas. **SIN.** 1. Accidental. **ANT.** 1. Premeditado, previsto.

circunvalación *s. f.* Acción de rodear un lugar, por ejemplo, una ciudad.

cirílico, ca *adj.* y *s. m.* Se dice del alfabeto usado en ruso y otras lenguas eslavas.

cirio *s. m.* **1.** Vela de cera, larga y gruesa. **2.** *fam.* Jaleo, follón.

cirro *s. m.* Nube blanca y ligera en forma de hilos o franjas delgadas, que está en las capas altas de la atmósfera.

cirrocúmulo *s. m.* Nube de aspecto algodonoso y bordes desgarrados.

cirroestrato o **cirrostrato** *s. m.* Cirro.

cirrosis *s. f.* Enfermedad incurable del hígado producida por la destrucción de sus células y el endurecimiento de sus tejidos.

ciruela *s. f.* Fruto carnoso del ciruelo, de forma, color y tamaño diferentes según las variedades: redondas o alargadas, amarillas, verdosas o negras.

ciruelo *s. m.* Árbol frutal de hojas caducas, alargadas y acabadas en punta y flores blancas; su fruto es la ciruela.

cirugía *s. f.* Parte de la medicina que cura mediante operaciones.

cirujano, na *s. m. y f.* Médico especialista en cirugía.

ciscarse *v. vulg.* Expulsar los excrementos.

cisco *s. m.* **1.** Carbón vegetal en trozos pequeños. **2.** *fam.* Alboroto, jaleo. ‖ **LOC. hacer cisco** Hacer daño, perjudicar. También, romper, estropear.

cisma *s. m.* Separación de un grupo de personas de la Iglesia o religión a la que pertenecían.

cisne *s. m.* Ave palmípeda acuática de cabeza pequeña, pico anaranjado, cuello muy largo y flexible, patas cortas y alas grandes. La especie más común tiene el plumaje blanco.

cisterciense *adj. y s. m.* Se dice de los monjes de la Orden del Císter y de lo relacionado con ellos.

cisterna *s. f.* **1.** Depósito de agua de un retrete. **2.** Vehículo o barco para transportar líquidos: *camión cisterna*. **3.** Depósito en donde se recoge el agua de lluvia o de un río o manantial.

cistitis *s. f.* Inflamación de la vejiga de la orina que produce escozor y continuas ganas de orinar.

cisura *s. f.* Grieta muy fina.

cita *s. f.* **1.** Hecho de fijar una hora y lugar para encontrarse dos o más personas, o para ser recibido. **2.** Ese encuentro. **3.** Palabras de una obra o de un autor que alguien repite diciendo a quién pertenecen. **SIN. 3.** Mención.

citación *s. f.* Aviso a una persona por orden del juez para que vaya al juzgado.

citar *v.* **1.** Dar una cita a alguien. **2.** Llamar el juez a una persona. **3.** Hacer citas de autores u obras, o mencionarlos.

cítara *s. f.* Nombre de varios instrumentos musicales con cuerdas, que se tocan con una púa.

citología *s. f.* **1.** Parte de la biología que estudia las células. **2.** Análisis de las células de un paciente.

citoplasma *s. m.* Parte líquida de las células, que rodea el núcleo y está limitada por una membrana.

cítrico, ca *adj.* **1.** Relacionado con el limón. ‖ *s. m. pl.* **2.** Frutas agrias o agridulces, como el limón o la naranja, y árboles que las producen.

citricultura *s. f.* Cultivo de cítricos.

ciudad *s. f.* Población grande con calles, edificios y medios de transporte. **SIN.** Urbe.

ciudadanía *s. f.* **1.** Situación, derechos y deberes de los ciudadanos de un país. **2.** Conjunto de estos ciudadanos.

ciudadano, na *adj. y s.* **1.** Habitante y vecino de una ciudad. ‖ *s. m. y f.* **2.** Persona que tiene unos derechos y obligaciones como habitante de un país: *ciudadano español*. **SIN. 2.** Súbdito.

ciudadela *s. f.* Lugar fortificado dentro de una ciudad.

ciudadrealeño, ña *adj. y s.* De Ciudad Real, ciudad y provincia españolas.

civeta *s. f.* Mamífero carnívoro de Asia y África, de tamaño medio, cola larga y pelo con manchas o rayas. Produce una sustancia, *algalia*, que se utiliza en perfumería, por lo que se le conoce también como *gato de algalia*.

cívico, ca *adj.* Que muestra civismo. **SIN.** Civilizado.

civil *adj.* **1.** De los ciudadanos. **2.** Que no es religioso: *cementerio civil*. ‖ *adj. y s.* **3.** Que no es militar: *población civil*. **SIN. 3.** Paisano.

civilización *s. f.* **1.** Conjunto de ideas, creencias, cultura, artes y modos de vida de un pueblo. **2.** Acción de civilizar.

civilizado, da *adj.* **1.** Se dice de la persona o pueblo que han adquirido unos conocimientos y una cultura que antes no tenían. **2.** Con educación y buenos modales. **SIN. 2.** Educado, cívico.

civilizar *v.* **1.** Hacer civilizado. **2.** Educar. **SIN. 1.** y **2.** Culturizar.

civismo *s. m.* Conducta de los ciudadanos que cumplen con sus obligaciones hacia la comunidad.

cizalla *s. f.* Especie de tijeras grandes para cortar metal o para otros usos.

cizaña *s. f.* **1.** Planta gramínea muy perjudicial para los sembrados; su semilla es venenosa. **2.** Lo que alguien hace para que otros se enemisten o discutan: *meter cizaña.*

cizañero, ra *adj.* y *s.* Que provoca peleas o discusiones entre los demás, poniendo a unos en contra de otros.

clac *s. f.* Claque.

clamar *v.* **1.** Quejarse, dar voces suplicando ayuda o socorro. **2.** Exigir: *clamar justicia.* **SIN. 1.** y **2.** Implorar.

clamor *s. m.* **1.** Gritos, voces, ruidos confusos y fuertes. **2.** Grito de dolor, queja o protesta. **SIN. 1.** Vocerío, griterío. **2.** Lamento, quejido.

clamoroso, sa *adj.* Con clamor, sobre todo con gritos y aplausos: *Tuvo un recibimiento clamoroso.*

clan *s. m.* **1.** Tribu o familia. **2.** Grupo organizado de personas con un interés común.

clandestinidad *s. f.* Situación de los que actúan de forma clandestina.

clandestino, na *adj.* Secreto, oculto, no legal: *una organización clandestina.*

claque *s. f.* Conjunto de personas que aplauden en un espectáculo a cambio de asistir gratis o de recibir dinero.

claqué *s. m.* Tipo de baile en el que se lleva el ritmo haciendo sonar el talón y la puntera de los zapatos.

claqueta *s. f.* En cine, pizarra con que se indica el número del plano que se está rodando, para facilitar el montaje de la película.

clara *s. f.* **1.** Materia transparente y blanquecina que rodea la yema del huevo. **2.** Cerveza con gaseosa.

claraboya *s. f.* Ventana en el techo o en lo alto de una pared. **SIN.** Tragaluz.

clarear *v.* **1.** Comenzar a amanecer. **2.** Empezar a despejarse el cielo. ‖ **clarearse 3.** Transparentarse. **SIN. 1.** Alborear. **2.** Aclarar. **3.** Traslucir. **ANT. 1.** Anochecer. **2.** Nublarse.

clarete *adj.* y *s. m.* Vino rosado.

claridad *s. f.* **1.** Efecto que causa la luz al iluminar un espacio y permitir que se vea bien lo que hay en él. **2.** Característica de claro. **3.** Capacidad de la persona que entiende, razona y se explica bien. **SIN. 1.** Luminosidad. **3.** Lucidez. **ANT. 1.** y **2.** Oscuridad.

clarificar *v.* Aclarar, explicar.

clarín *s. m.* Instrumento musical parecido a una trompeta pequeña, pero de sonido más agudo y sin llaves ni pistones.

clarinete *s. m.* Instrumento musical de viento con una boquilla de lengüeta simple y un tubo con agujeros.

clarisa *adj.* y *s. f.* Se dice de la monja que pertenece a la orden fundada por santa Clara.

clarividencia *s. f.* Capacidad de ver y comprender con claridad las cosas. **SIN.** Lucidez.

clarividente *adj.* y *s.* Que tiene clarividencia. **SIN.** Lúcido.

claro, ra *adj.* **1.** Que tiene luz o mucha luz. **2.** Se dice del color con mucho blanco en su mezcla. **3.** Poco espeso. **4.** Transparente, despejado: *agua clara.* ‖ *adj.* y *adv.* **5.** Que se ve, se oye o se comprende bien: *un texto claro, hablar claro.* **6.** Evidente. **7.** Franco, sincero. ‖ *s. m.* **8.** Espacio del bosque sin árboles. **9.** Zona del cielo sin nubes. ‖ *adv.* **10.** Naturalmente, por supuesto, sí. **SIN. 1.** Luminoso; iluminado. **5.** Nítido. **6.** Indudable. **ANT. 1., 2.** y **5.** Oscuro. **3.** Denso. **4.** Turbio; nublado. **6.** Dudoso.

claroscuro *s. m.* Contraste de claridad y sombras en una pintura o fotografía.

clase *s. f.* **1.** Conjunto de personas, animales o cosas con las mismas características. **2.** Aula y grupo de estudiantes que la utilizan. **3.** Enseñanza de una materia: *dar clase.* **4.** Elegancia, distinción. **SIN. 1.** Tipo, especie, género. **4.** Estilo.

clasicismo *s. m.* Tendencia artística que valora sobre todo la armonía de las formas e imita los modelos griegos y romanos.

clásico, ca *adj.* **1.** De las antiguas Grecia y Roma o relacionado con ellas: *lenguas clásicas.* **2.** Se dice de un tipo de música más culta y elaborada que la ligera o popular. **3.** Característico, típico: *Eso es clásico de ti.* **4.** Tradicional, serio: *Es muy clásico vistiendo.* ‖ *adj.* y *s. m.* **5.** Se dice de las obras, artistas y autores más importantes, que pueden tomarse como modelo. **SIN. 1.** Grecorromano. **3.** Propio, peculiar.

clasificación *s. f.* **1.** Acción de clasificar o clasificarse. **2.** Conjunto o lista ordenada de personas o cosas.

clasificado, da 1. *p.* de **clasificar**. También *adj.* ‖ *adj.* y *s.* **2.** Que ha conseguido clasificarse en una competición. ‖ *adj.* **3.** Se dice de la información que es secreta: *documentos clasificados.* **SIN. 3.** Reservado.

clasificador, ra *adj.* y *s.* Que clasifica o sirve para clasificar. **SIN.** Archivador.

clasificar *v.* **1.** Ordenar por clases. ‖ **clasificarse 2.** Lograr un puesto en un concurso o competición. **SIN. 1.** Catalogar, encasillar. **ANT. 1.** Desclasificar.

clasificatorio, ria *adj.* Que sirve para clasificarse: *un partido clasificatorio.*

clasista *adj.* y *s.* Que valora a las personas por la clase social a la que pertenecen.

claudia *adj.* y *s. f.* Se dice de un tipo de ciruela de color verde claro, muy dulce.

claudicar *v.* Abandonar, rendirse. **SIN.** Ceder. **ANT.** Perseverar.

claustro *s. m.* **1.** Patio rodeado de arcos o columnas en el interior de algunos conventos, iglesias, etc. **2.** Reunión de los profesores de un colegio, instituto o universidad. **SIN. 1.** Corredor.

claustrofobia *s. f.* Miedo y angustia que sienten algunas personas en los lugares cerrados.

cláusula *s. f.* Cada una de las partes de un contrato o de otros escritos. **SIN.** Artículo, apartado.

clausura *s. f.* **1.** Acción de clausurar. **2.** Parte de un convento en la que viven los religiosos y donde no pueden entrar otras personas. **3.** Vida religiosa en el interior de un convento, sin salir de él: *monja de clausura.* **SIN. 1.** Cierre, final. **ANT.** Inauguración, apertura.

clausurar *v.* **1.** Poner fin a una actividad o anunciar que se ha terminado. **2.** Cerrar algo de manera que no pueda abrirse. **SIN. 1.** Concluir, finalizar. **ANT. 1.** Inaugurar.

clavado, da 1. *p.* de **clavar**. También *adj.* ‖ *adj.* **2.** Igual o muy parecido.

clavar *v.* **1.** Meter con fuerza o por medio de golpes un clavo u otra cosa parecida. **2.** Sujetar con clavos. **3.** *fam.* Cobrar muy caro. **ANT. 2.** Desclavar.

clave *s. f.* **1.** Lenguaje o alfabeto especial para escribir mensajes secretos. **2.** Cosa indispensable para hacer o entender algo. **3.** Signo musical que, colocado al principio del pentagrama, indica la nota correspondiente a cada línea o espacio. **4.** En informática, contraseña. **SIN. 1.** Código. **2.** Quid. **4.** *Password.*

clavecín *s. m.* Clavicémbalo.

clavel *s. m.* **1.** Planta de flores olorosas de diversos colores cuyos pétalos tienen el borde superior dentado. **2.** Flor de esa planta.

clavellina *s. f.* Tipo de clavel pequeño.

clavero *s. m.* Árbol tropical; de los capullos secos de sus flores se obtiene la especia llamada *clavo.*

clavicémbalo *s. m.* Instrumento musical de cuerdas que se hacen sonar al tocar las teclas.

clavicordio *s. m.* Instrumento musical de cuerdas que se hacen sonar dentro de una caja rectangular mediante un teclado.

clavícula *s. f.* Cada uno de los dos huesos entre la parte baja del cuello y los hombros.

clavija *s. f.* **1.** Pieza en forma de barrita que se encaja en un agujero y sirve para sujetar o conectar algo. **2.** Cada una de las llaves de la guitarra y otros instrumentos para sujetar y tensar las cuerdas. **SIN. 1.** Borne.

clavijero *s. m.* Parte de los instrumentos musicales donde están las clavijas.

clavo *s. m.* **1.** Pieza pequeña de metal con punta en un extremo y cabeza en el otro. **2.** Capullo seco de la flor del clavero que se emplea como especia. **3.** Abultamiento o dureza que se forma a veces en la piel, sobre todo en las manos o en los pies. ‖ **LOC. como un clavo** Muy puntual. **dar en el clavo** Acertar.

claxon (marca registrada) *s. m.* Bocina de un automóvil.

clemencia *s. f.* Compasión o perdón hacia el que merece un castigo. **SIN.** Indulgencia, benevolencia. **ANT.** Rigor.

clemente *adj.* Que tiene o demuestra clemencia. **SIN.** Indulgente, compasivo. **ANT.** Riguroso.

clementina *s. f.* Tipo de mandarina de piel más roja y carne muy dulce.

cleptomanía *s. f.* Enfermedad psíquica que hace sentir la necesidad de robar cosas aunque no sean valiosas.

cleptómano, na *adj.* y *s.* Que padece cleptomanía.

clerecía *s. f.* **1.** Conjunto de los clérigos o sacerdotes. **2.** Oficio del clérigo. **SIN. 1.** Clero.

clerical *adj.* Del clero. **SIN.** Eclesiástico.

clérigo *s. m.* Persona que ha recibido alguna orden sagrada. **SIN.** Eclesiástico, cura, sacerdote. **ANT.** Laico, seglar.

clero *s. m.* Conjunto de los clérigos.

clic o **click** (*click* es ingl.) *s. m.* Pulsación en el botón de un aparato, especialmente en el del ratón de un ordenador.

cliché *s. m.* **1.** Plancha que tiene algo grabado para poder imprimirlo en otro sitio. **2.** Negativo de una película fotográfica del que se pueden sacar copias. **3.** Cosa muy repetida y, por tanto, nada original. **SIN. 3.** Tópico.

cliente, ta *s. m.* y *f.* Persona que compra en una tienda o utiliza los servicios de otro establecimiento o de un profesional. **SIN.** Comprador.

clientela *s. f.* Conjunto de clientes.

clima *s. m.* **1.** Características generales de la atmósfera en un lugar o región. **2.** Ambiente, situación. **SIN. 2.** Atmósfera.

climalit (marca registrada) *adj.* Con doble acristalamiento: *ventana climalit.*

climático, ca *adj.* Del clima atmosférico. **SIN.** Climatológico.

climatizador *s. m.* Aparato que mantiene un lugar cerrado en condiciones agradables de temperatura y humedad.

climatizar *v.* Mantener un lugar cerrado en condiciones agradables de temperatura y humedad.

climatología *s. f.* Ciencia que estudia el clima.

climatológico, ca *adj.* Del clima o de la climatología. **SIN.** Climático.

clímax *s. m.* Parte o momento más importante o más interesante. **SIN.** Culmen, apogeo.

climograma *s. m.* Representación gráfica de un clima.

clínex *s. m.* Kleenex.

clínica *s. f.* Establecimiento en que se atiende a los enfermos. **SIN.** Sanatorio, hospital.

clínico, ca *adj.* Relacionado con el cuidado directo de los enfermos.

clip[1] (del ingl.) *s. m.* **1.** Alambre o plástico doblado de forma que puede sujetar varios papeles. **2.** Cierre a presión.

clip[2] *s. m.* Videoclip.

clítoris *s. m.* Órgano pequeño y carnoso, muy sensible, que se encuentra en la parte externa de los genitales femeninos.

cloaca *s. f.* **1.** Conducto bajo tierra por donde pasan las aguas sucias de una población. **2.** Parte final del intestino de las aves y otros animales. **SIN. 1.** Alcantarilla.

clon *s. m.* Ser vivo o grupo de células producido a partir de una sola célula o de un solo individuo.

clonación *s. f.* Acción de clonar.

clonar *v.* Producir clones a partir de una célula o de un único individuo.

clónico, ca *adj. y s.* **1.** Relacionado con el clon o producido mediante clonación: *una oveja clónica.* **2.** Que es idéntico o exacto a otro. **3.** Se dice del ordenador construido con piezas de marcas diferentes.

cloquear *v.* Emitir un sonido característico la gallina clueca.

clorar *v.* Añadir cloro a una sustancia, normalmente al agua.

cloro *s. m.* Elemento químico gaseoso, de color amarillo verdoso, olor fuerte, tóxico y que se disuelve fácilmente en agua.

clorofila *s. f.* Sustancia de color verde y buen olor que tienen la mayoría de las plantas; con ella realizan la fotosíntesis.

clorofílico, ca *adj.* Relacionado con la clorofila o que la tiene.

cloroformo *s. m.* Líquido incoloro de olor fuerte usado para anestesiar.

clóset (del ingl.) *s. m. Amér.* Armario, sobre todo el empotrado.

clown (ingl.) *s. m.* Payaso.

club (del ingl.) *s. m.* **1.** Asociación de personas para realizar actividades comunes y lugar donde se hacen o donde se reúnen: *club de tenis.* **2.** Establecimiento donde se bebe y se baila y suele ofrecerse un espectáculo. **SIN. 1.** Círculo, sociedad.

clueca *adj. y s. f.* Se dice de las gallinas cuando están empollando los huevos.

cluniacense *adj. y s. m.* Se dice de los monjes de la congregación benedictina de Cluny y de lo relacionado con ellos.

coacción *s. f.* Acción de coaccionar. **SIN.** Amenaza, presión.

coaccionar *v.* Emplear la fuerza o las amenazas para obligar a alguien a hacer o decir algo. **SIN.** Amenazar, intimidar.

coadjutor *s. m.* Sacerdote que ayuda al párroco en su trabajo.

coadyuvar *v.* Contribuir a que se realice o consiga algo. **SIN.** Colaborar, cooperar, ayudar. **ANT.** Impedir, estorbar.

coagulación *s. f.* Acción de coagular o coagularse.

coagular *v.* Volver sólidos algunos líquidos, sobre todo la sangre. **SIN.** Cuajar, solidificar. **ANT.** Licuar.

coágulo *s. m.* Parte de algunas sustancias, como la sangre, que se ha coagulado. **SIN.** Trombo.

coalición *s. f.* Unión de personas, grupos o países para conseguir algo juntos. **SIN.** Alianza, asociación.

coaligarse *v.* Formar una coalición. **SIN.** Aliarse.

coartada *s. f.* Prueba con que el acusado de un delito demuestra que él no pudo ser el autor.

coartar *v.* Impedir que alguien actúe como quiere. **SIN.** Cohibir, coaccionar. **ANT.** Incitar.

coatí *s. m.* Mamífero americano omnívoro de cabeza alargada con hocico estrecho, cola larga con bandas más oscuras y pelo tupido. Vive en los bosques.

coautor, ra *s. m. y f.* Persona que hace algo en colaboración con otra o con otras. **SIN.** Colaborador.

coba *s. f.* Alabanza exagerada o poco sincera, normalmente para conseguir algo. **SIN.** Adulación, lisonja.

cobalto *s. m.* Elemento químico metálico de color blanco rojizo, que se utiliza en la fabricación de pinturas y esmaltes.

cobarde *adj. y s.* **1.** Que no se atreve a hacer nada ante un peligro o dificultad por miedo. **2.** Que ataca sin dar la cara o hace daño a los que son más débiles. **SIN. 1.** Gallina, pusilánime. **2.** Traidor. **ANT. 1.** Valiente.

cobardía *s. f.* Característica de los cobardes. **SIN.** Miedo. **ANT.** Valentía.

cobaya *s. m. y f.* Roedor parecido al conejo, pero más pequeño y con las orejas cortas; se utiliza mucho en experimentos científicos.

cobertizo *s. m.* Tejadillo o lugar cubierto con un techo de cañas o materiales parecidos. **SIN.** Choza.

cobertor *s. m.* Colcha o manta de una cama.

cobertura *s. f.* Lo que sirve para cubrir o proteger algo. **SIN.** Cubierta, revestimiento.

cobija *s. f. Amér.* Manta y ropa de cama.

cobijar *v.* Refugiar o proteger a alguien. **SIN.** Albergar; guarecer.

cobijo *s. m.* Lugar para cobijarse. **SIN.** Refugio, albergue.

cobista *s. m. y f.* Persona que da mucha coba. **SIN.** Adulador.

cobra *s. f.* Serpiente venenosa que ensancha el cuello cuando se levanta para atacar; vive en zonas cálidas de África, Asia y Oceanía.

cobrador, ra *s. m. y f.* Persona encargada de cobrar. **SIN.** Recaudador.

cobrar *v.* **1.** Pedir y recoger una cantidad como pago de algo. **2.** Empezar a tener o conseguir: *cobrar afecto, cobrar fama.* **3.** *fam.* Recibir una paliza. **SIN. 1.** Percibir, recaudar. **2.** Adquirir. **ANT. 1.** Pagar.

cobre *s. m.* Metal rojizo, buen conductor del calor y la electricidad, con el que es fácil hacer láminas o alambres finos. Es un elemento químico.

cobrizo, za *adj.* **1.** Del color del cobre. **2.** Que tiene cobre.

cobro *s. m.* Acción de cobrar dinero. **SIN.** Recaudación. **ANT.** Pago.

coca[1] *s. f.* **1.** Arbusto que se cultiva principalmente en América del Sur; de sus hojas se saca la cocaína. **2.** Cocaína.

coca[2] *s. f.* Moño que se hace retorciendo y enrollando parte del pelo.

coca-cola (marca registrada) *s. f.* Refresco con gas de color oscuro y sabor dulce.

cocaína *s. f.* Droga que se obtiene de las hojas de la coca.

cocainómano, na *s. m. y f.* Drogadicto que consume cocaína.

cocción *s. f.* Acción de cocer.

cóccix *s. m.* Coxis.

cocear *v.* Dar coces.

cocedero *s. m.* Tienda o restaurante donde se cuece marisco.

cocer *v.* **1.** Hervir, sobre todo alimentos. **2.** Calentar en el horno algunas cosas para cocinarlas o prepararlas: *cocer el pan, cocer ladrillos.* || **cocerse 3.** Pasar mucho calor. **4.** Prepararse algo en secreto. □ Es v. irreg. Se conjuga como *mover.* **SIN. 3.** Asarse.

cochambre *s. amb.* Suciedad, porquería o cosa sucia, vieja o estropeada.

cochambroso, sa *adj.* Viejo y estropeado o lleno de cochambre.

coche *s. m.* **1.** Automóvil. **2.** Vagón de tren para viajeros. **3.** Carruaje para viajeros: *un coche de caballos.* || **4. coche cama** Vagón de tren con camas para viajar de noche durmiendo.

cochera *s. f.* Lugar donde se guardan coches, autobuses y otros vehículos. **SIN.** Garaje.

cochero, ra *s. m. y f.* Persona que conduce un coche de caballos.

cochifrito *s. m.* Guiso de cabrito o de cordero troceado, cocido y frito.

cochinada *s. f.* **1.** *fam.* Porquería, guarrería. **2.** *fam.* Acción injusta o grosera. **SIN. 1.** y **2.** Marranada. **2.** Jugarreta, faena.

cochinilla *s. f.* **1.** Insecto del grupo de las chinches pero mucho más pequeño; es parásito de las plantas y puede causar daños a la agricultura. **2.** Pequeño crustáceo terrestre de forma ovalada que se hace una bola al tocarlo.

cochinillo *s. m.* Cría del cerdo que aún mama. **SIN.** Lechón.

cochino, na *adj. y s.* Cerdo.

cochiquera *s. f.* Pocilga.

cocido, da 1. *p.* de **cocer.** También *adj.* || *s. m.* **2.** Guiso hecho con garbanzos, carne, tocino y verduras.

cociente *s. m.* Resultado de una división.

cocina *s. f.* **1.** Habitación de la casa donde se prepara la comida. **2.** Aparato para cocinar, con quemadores o con placas eléctricas. **3.** Manera de preparar los alimentos: *clases de cocina, cocina italiana.*

cocinar *v.* Preparar los alimentos para poder comerlos. **SIN.** Guisar.

cocinero, ra *s. m. y f.* Persona que cocina, sobre todo si ese es su trabajo.

cocinilla *s. f.* **1.** Cocina portátil. || **cocinilla** o **cocinillas** *s. m.* **2.** *fam.* Hombre al que le gusta hacer tareas de la casa. ‖ *s. m.* y *f.* **3.** *fam.* Persona a la que le gusta cocinar.

cocker (ingl.) *s. m.* Perro de tamaño pequeño y pelo largo y sedoso.

coco[1] *s. m.* **1.** Fruto del cocotero; tiene una cubierta lisa y una cáscara muy dura rodeada de fibras, que contiene una pulpa blanca y un líquido dulce. **2.** *fam.* Cabeza: *darse en el coco, tener un buen coco.* **SIN. 2.** Cocorota.

coco[2] *s. m.* **1.** Fantasma con que se asusta a los niños. **2.** *fam.* Persona fea.

coco[3] *s. m.* **1.** Bacteria de forma redondeada. **2.** Gorgojo.

cococha *s. f.* Bulto carnoso de la cabeza de la merluza y del bacalao, que es muy apreciado como alimento.

cocodrilo *s. m.* Reptil de gran tamaño que vive en los ríos y tiene la piel cubierta de placas muy duras, cola larga y fuerte y boca muy grande con dientes afilados.

cocorota *s. f. fam.* Cabeza.

cocotal *s. m.* Plantación de cocoteros.

cocotero *s. m.* Árbol alto parecido a una palmera; su fruto es el coco.

cóctel o **coctel** *s. m.* **1.** Bebida que se prepara mezclando licores con zumos y refrescos. **2.** Fiesta o reunión donde se sirven bebidas y aperitivos. ‖ **3. cóctel molotov** Bomba incendiaria hecha con una botella llena de gasolina y una mecha.

coctelera *s. f.* Recipiente para preparar los cócteles.

coda[1] *s. f.* **1.** Parte final de una composición musical. **2.** Conjunto de versos que se añade al final de algunos poemas.

coda[2] *s. f.* Pieza triangular que refuerza dos tablas unidas en ángulo.

codazo *s. m.* Golpe dado con el codo.

codearse *v.* Tratarse de igual a igual con otra persona. **SIN.** Alternar.

codeína *s. f.* Calmante que se obtiene del opio; se utiliza en medicina, por ejemplo para quitar la tos.

codera *s. f.* **1.** Desgaste que se produce por el uso en la parte de los codos de una prenda de vestir. **2.** Remiendo o refuerzo que se pone en esa parte.

códice *s. m.* Manuscrito antiguo.

codicia *s. f.* Deseo muy grande de tener riquezas u otras cosas, como fama o poder. **SIN.** Ambición, avaricia.

codiciar *v.* Desear mucho riquezas u otras cosas. **SIN.** Ambicionar, ansiar.

codicioso, sa *adj.* y *s.* Que tiene codicia. **SIN.** Ambicioso, avaricioso. **ANT.** Desprendido.

codificador *s. m.* Aparato o programa informático que compone un mensaje con un código.

codificar *v.* **1.** Componer un mensaje mediante un código de signos y reglas. **2.** Ordenar un conjunto de leyes para formar un código. **SIN. 1.** Cifrar. **ANT. 1.** Descodificar.

código *s. m.* **1.** Conjunto de signos o señales y una serie de reglas para utilizarlos, que permite crear e interpretar mensajes. **2.** Conjunto organizado de leyes o normas.

codillo *s. m.* **1.** En animales como el cerdo o la vaca, parte de la unión de la pata delantera con el pecho. **2.** Hueso de jamón.

codirigir *v.* Dirigir algo en colaboración con una o varias personas.

codo *s. m.* **1.** Parte saliente de la articulación del brazo con el antebrazo. **2.** Trozo de un tubo doblado en ángulo. ‖ **LOC. codo con codo** Uno junto a otro; en colaboración.

codorniz *s. f.* Ave pequeña, parecida a la perdiz, de plumaje pardo con rayas blancas y pecho rojo. Se utiliza como alimento.

coeficiente *s. m.* **1.** Número que se coloca a la izquierda de una cantidad o de una variable y que los multiplica. **2.** Grado o intensidad en que aparece una propiedad o en que se da un fenómeno.

coercer *v.* Coartar, reprimir.

coerción *s. f.* Acción de coercer.

coercitivo, va *adj.* Que impide por la fuerza o mediante castigos que alguien actúe con libertad: *medidas coercitivas.* **SIN.** Represivo. **ANT.** Permisivo.

coetáneo, a *adj.* y *s.* De la misma edad o de la misma época que otra persona. **SIN.** Contemporáneo.

coexistencia *s. f.* Hecho de coexistir. **SIN.** Convivencia.

coexistir *v.* Existir al mismo tiempo. **SIN.** Convivir.

cofa *s. f.* Plataforma colocada en la parte alta de algunos de los palos de un barco.

cofia *s. f.* Especie de gorro para sujetar el pelo, como el que llevan las enfermeras.

cofrade *s. m.* y *f.* Miembro de una cofradía.

cofradía *s. f.* Asociación de personas, sobre todo de tipo religioso o profesional. **SIN.** Hermandad, congregación.

cofre *s. m.* Especie de caja o baúl. **SIN.** Arca, arcón.

cogedor *s. m.* Utensilio en forma de pala para recoger basura, carbón o ceniza.

coger *v.* **1.** Sujetar con las manos o utilizando otros medios. **2.** Empezar a tener algo, adquirirlo. **3.** Alcanzar, atrapar, pillar. **4.** Aceptar. **5.** Montarse en un vehículo. **6.** Entender. **7.** Caber. **SIN. 1.** Asir, aferrar. **1.** y **2.** Agarrar. **2.** y **3.** Pescar. **6.** Comprender. **7.** Entrar. **ANT. 1.** a **3.** Soltar. **4.** Rechazar. **5.** Bajar.

cogida *s. f.* Acción de coger el toro al torero.

cogido, da 1. *p.* de coger. También *adj.* ‖ *adj.* **2.** Obligado, atrapado.

cognitivo, va *adj.* Del conocimiento o relacionado con él.

cogollo *s. m.* Parte de dentro y más tierna de hortalizas como el repollo o la lechuga.

cogorza *s. f. fam.* Borrachera.

cogote *s. m.* Parte de atrás y de arriba del cuello. **SIN.** Nuca.

cohabitar *v.* Convivir.

cohecho *s. m.* Soborno a un juez o a un funcionario público.

coherencia *s. f.* Relación entre unas cosas y otras cuando no hay contradicciones o diferencias entre ellas. **SIN.** Congruencia, conformidad. **ANT.** Incoherencia.

coherente *adj.* Que tiene coherencia. **SIN.** Congruente, consecuente. **ANT.** Incoherente.

cohesión *s. f.* Unión. **ANT.** Desunión.

cohete *s. m.* **1.** Cartucho cargado de pólvora que, al encenderlo, sale disparado y estalla en el aire. **2.** Aparato de forma alargada que vuela a gran velocidad impulsado por un potente chorro de gas.

cohibir *v.* No dejar que alguien actúe con libertad o naturalidad. **SIN.** Reprimir, coartar. **ANT.** Estimular.

cohombro *s. m.* **1.** Variedad del pepino, de fruto largo y torcido. ‖ **2. cohombro de mar** Animal equinodermo marino, de cuerpo alargado y tentáculos alrededor de la boca.

cohorte *s. f.* **1.** División de la antigua legión romana. **2.** Grupo de personas: *una cohorte de admiradores.*

coincidencia *s. f.* Hecho de coincidir. **SIN.** Concurrencia; casualidad.

coincidir *v.* **1.** Ser iguales o estar de acuerdo dos o más personas o cosas. **2.** Ajustar una cosa con otra. **3.** Ocurrir al mismo tiempo o encontrarse en un mismo lugar. **SIN. 1.** Concordar. **2.** Casar, encajar. **3.** Concurrir. **ANT. 1.** Discrepar.

coito *s. m.* Unión sexual del hombre y la mujer; también, de algunos animales. **SIN.** Cópula, apareamiento.

cojear *v.* **1.** Andar mal por un defecto, lesión o dolor en las piernas o los pies. **2.** Moverse un mueble por no estar bien apoyado en el suelo. **3.** Tener un defecto o fallar en algo. **SIN. 1.** Renquear.

cojera *s. f.* Defecto o lesión que impide andar bien.

cojín *s. m.* Bolsa cerrada y rellena de material blando y esponjoso usada para sentarse o apoyarse sobre ella. **SIN.** Almohadón.

cojinete *s. m.* Pieza en la que se apoya un eje y le permite girar con suavidad.

cojitranco, ca *adj.* y *s. fam. desp.* Cojo.

cojo, ja *adj.* y *s.* **1.** Que cojea. **2.** Que ha perdido una pierna o una pata. **SIN. 1.** Renco.

cojón *s. m. vulg.* Testículo.

cojonudo, da *adj. vulg.* Muy bueno, estupendo.

col *s. f.* Planta de tallo grueso y hojas anchas, de la que existen muchas variedades, como el repollo, la lombarda, las coles de Bruselas. Se utiliza como alimento.

cola[1] *s. f.* **1.** Extremidad que tienen muchos animales en la parte de atrás del cuerpo. **2.** Extremo o prolongación: *la cola del avión.* **3.** Fila de personas o de vehículos que esperan hacer algo. ‖ **4. cola de caballo** Coleta en la parte posterior de la cabeza. ‖ **LOC. traer cola** Tener graves consecuencias. **SIN. 1.** Rabo. **2.** Final, fin. **ANT. 2.** Cabeza.

cola[2] *s. f.* Sustancia que sirve para pegar. **SIN.** Goma, pegamento.

colaboración *s. f.* Acción de colaborar. **SIN.** Cooperación, ayuda.

colaboracionismo *s. m.* Colaboración de los habitantes de un país con un régimen político que rechaza la mayoría, sobre todo si lo ha formado el enemigo tras invadirlos.

colaborador, ra *adj.* y *s.* Que colabora en una tarea.

colaborar *v.* **1.** Trabajar junto con otras personas en una misma tarea. **2.** Ayudar, contribuir. **SIN. 1.** y **2.** Cooperar.

colacao (marca registrada) *s. m.* **1.** Polvos de cacao que se pueden disolver en la leche. **2.** Leche mezclada con estos polvos.

colación *s. f.* **1.** Comida ligera. ‖ **LOC. sacar a colación** o **traer a colación** Mencionar. **SIN.** Tentempié.

colada *s. f.* **1.** Lavado de la ropa de casa. **2.** Ropa lavada.

coladero *s. m.* **1.** Lugar por donde es fácil pasar o colarse. **2.** Examen, asignatura o profesor con los que se aprueba fácilmente.

colado, da 1. *p.* de colar. También *adj.* ‖ *adj.* **2.** Se dice del hierro fundido sin refinar. **3.** *fam.* Muy enamorado.

colador *s. m.* Utensilio para colar líquidos. **SIN.** Filtro, tamiz.

colágeno s. m. Sustancia formada por proteínas que se encuentra en los huesos, los cartílagos y otras partes del cuerpo.

colapsar v. Producir o sufrir un colapso. SIN. Paralizar, interrumpir.

colapso s. m. **1.** Fallo repentino en el funcionamiento del corazón. **2.** Paralización o fuerte disminución en una actividad.

colar v. **1.** Pasar un líquido por una tela o filtro para separar las partes sólidas o las impurezas. **2.** Pasar por buenas o verdaderas cosas que no lo son. **3.** Meter, introducir. ‖ **colarse 4.** Entrar a escondidas o con disimulo. **5.** Saltarse al que está delante en una cola. **6.** fam. Equivocarse. □ Es v. irreg. Se conjuga como contar. SIN. **1.** Filtrar, tamizar. **6.** Patinar, confundirse.

colateral adj. **1.** Situado a los lados de otra cosa principal. **2.** Se dice del pariente que no lo es por línea directa.

colcha s. f. Tela que se pone sobre las sábanas y las mantas para cubrir la cama y adornarla. SIN. Cubrecama.

colchón s. m. Objeto para acostarse sobre él, formado por una funda rectangular rellena de un material blando, a veces, con muelles. SIN. Colchoneta, jergón.

colchonería s. f. Tienda de colchones.

colchoneta s. f. Colchón delgado, a veces inflado con aire.

cole s. m. acort. de **colegio**.

colear v. **1.** Mover la cola. **2.** Durar todavía las consecuencias de algo.

colección s. f. **1.** Conjunto de cosas de un mismo tipo, reunidas y ordenadas. **2.** Muchas personas o cosas. SIN. **1.** Recopilación, repertorio, serie. **2.** Montón, cúmulo.

coleccionable adj. **1.** Que forma parte de una colección. ‖ s. m. **2.** Conjunto de fascículos que se publican periódicamente.

coleccionar v. Reunir en una colección. SIN. Recopilar, juntar.

coleccionista s. m. y f. Persona que colecciona cosas.

colecta s. f. Hecho de reunir dinero u otras cosas con fines benéficos.

colectividad s. f. Conjunto de personas con algo en común o que viven en el mismo lugar. SIN. Comunidad.

colectivismo s. m. Sistema económico en el que los medios de producción pertenecen a la comunidad.

colectivo, va adj. **1.** Relacionado con una colectividad: transportes colectivos. **2.** Se dice del sustantivo que en singular designa un conjunto, como ejército o rebaño. ‖ s. m.

3. Grupo de personas con los mismos fines o intereses.

colector s. m. Canal que recoge las aguas que llegan de otros conductos.

colega s. m. y f. **1.** Persona de la misma profesión que otra. **2.** fam. Amigo, camarada.

colegiado, da adj. y s. **1.** Miembro de un colegio profesional. ‖ s. m. **2.** En deporte, árbitro.

colegial, la s. m. y f. Alumno que va a un colegio. SIN. Escolar.

colegiarse v. Inscribirse en un colegio profesional.

colegiata s. f. Tipo de iglesia.

colegio s. m. **1.** Centro de enseñanza primaria y en algunos casos también de secundaria. **2.** Asociación de personas de la misma profesión. ‖ **3. colegio mayor** Residencia de estudiantes universitarios. SIN. **1.** Escuela. **2.** Corporación.

colegir v. Deducir una cosa a partir de otra. □ Es v. irreg. Se conjuga como pedir.

coleóptero adj. y s. m. Insecto con caparazón duro, boca capaz de masticar y dos alas duras llamadas élitros, que cubren otras dos alas más débiles y finas.

cólera s. f. **1.** Enfado violento. ‖ s. m. **2.** Enfermedad infecciosa grave que produce vómitos y diarreas y se transmite a través de las aguas contaminadas. SIN. **1.** Ira, enojo.

colérico, ca adj. Que se deja llevar por la cólera. SIN. Iracundo.

colesterol s. m. Sustancia grasa que se forma principalmente en el hígado y que procede de los alimentos que tomamos.

coleta s. f. Pelo recogido con una cinta o pasador.

coletazo s. m. **1.** Golpe dado con la cola. ‖ s. m. pl. **2.** Últimos momentos o manifestaciones de algo.

coletilla s. f. Palabra o expresión innecesaria que alguien repite constantemente al hablar. SIN. Latiguillo.

coleto Se usa en la expresión **echarse** algo **al coleto**, 'comerlo' o 'beberlo'.

colgado, da 1. p. de **colgar**. También adj. ‖ adj. **2.** fam. Sin dinero, sin amigos o sin algo que uno necesita. **3.** fam. Bajo los efectos de alguna droga. SIN. **3.** Colocado.

colgador s. m. Percha para colgar la ropa.

colgadura s. f. Tela que cubre las paredes o balcones de un edificio en algunas celebraciones o festividades.

colgajo s. m. Cosa fea que cuelga, como un trozo de ropa rota.

colgante *adj.* **1.** Que cuelga. ‖ *s. m.* **2.** Collar, gargantilla o cadena que cuelga del cuello.

colgar *v.* **1.** Sujetar o estar sujeta por un lado una cosa quedando suelto el resto. **2.** Ahorcar. **3.** Abandonar una profesión o actividad. **4.** Cortar una conversación telefónica. **5.** Introducir una información en una página web para compartirla con otros usuarios. □ Es v. irreg. Se conjuga como *contar*. **SIN. 3.** Dejar. **5.** Subir. **ANT. 1.** Descolgar.

colibrí *s. m.* Ave muy pequeña de pico largo, fino y curvo y plumas de colores muy alegres. Se alimenta chupando el néctar de las flores.

cólico *s. m.* Dolor muy fuerte producido por contracciones en el intestino, la vejiga o el riñón.

coliflor *s. f.* Variedad de col que al echar el tallo forma una masa blanca y redonda.

colilla *s. f.* Parte del cigarrillo que ya no se fuma y se tira.

colimbo *s. m.* Ave acuática de pico aplastado por los lados, cuerpo grande y oscuro, y patas adaptadas para nadar. Vive en las costas de regiones frías.

colín *s. m.* Barrita de pan del grosor de un dedo.

colina *s. f.* Monte pequeño. **SIN.** Cerro.

colindante *adj.* Se dice de un pueblo, casa o terreno que está al lado de otro. **SIN.** Lindante, limítrofe, contiguo.

colindar *v.* Tener dos lugares un límite común: *Su finca colinda con la mía.* **SIN.** Lindar, limitar. **ANT.** Distar.

colirio *s. m.* Líquido que se echa en los ojos para curar irritaciones o infecciones.

coliseo *s. m.* Teatro importante.

colisión *s. f.* Choque.

colisionar *v.* Chocar contra algo.

colista *adj.* y *s.* Que va el último en una clasificación: *el equipo colista.*

colitis *s. f.* Inflamación del colon que produce diarreas.

collado *s. m.* **1.** Colina. **2.** Terreno entre dos montañas por donde se puede atravesar fácilmente una sierra. **SIN. 1.** Cerro. **2.** Paso, puerto.

collage (fr.) *s. m.* Cuadro hecho con distintos materiales pegados en una superficie.

collar *s. m.* **1.** Objeto que se lleva alrededor del cuello como adorno. **2.** Objeto que se pone alrededor del cuello de un animal doméstico para tenerlo sujeto. **3.** Plumas de distinto color que tienen algunas aves alrededor del cuello.

collarín *s. m.* Collar ancho que se pone alrededor del cuello para que no se muevan las vértebras cervicales cuando están lesionadas.

colleja *s. f.* Golpe dado con la palma de la mano en el cogote. **SIN.** Pescozón.

collera *s. f.* Pieza que se pone alrededor del cuello de las caballerías para sujetar a ella los correajes de tiro.

collerón *s. m.* Collar adornado para proteger el cuello de los caballos que tiran de coches y carrozas.

collie (ingl.) *s. m.* Perro pastor de hocico largo y delgado y pelo largo y abundante.

colmado, da 1. *p.* de **colmar.** También *adj.* ‖ *adj.* **2.** Completamente lleno. ‖ *s. m.* **3.** Tienda en la que se venden comestibles. **4.** Establecimiento en el que se sirven comidas. **SIN. 2.** Abarrotado, repleto, saturado. **3.** Ultramarinos. **4.** Taberna. **ANT. 2.** Vacío.

colmar *v.* **1.** Llenar hasta el borde. **2.** Dar en abundancia: *colmar de regalos.* **3.** Satisfacer por completo. **SIN. 1.** Henchir. **ANT. 1.** Vaciar.

colmena *s. f.* Lugar donde viven las abejas y hacen los panales de miel.

colmillo *s. m.* **1.** En los mamíferos, diente puntiagudo situado antes de cada fila de muelas. **2.** Cada uno de los grandes dientes en forma de cuerno que tienen los elefantes.

colmo *s. m.* Cantidad de contenido que se desborda de su recipiente. ‖ **LOC. para colmo** Por si fuera poco. **ser el colmo** Ser intolerable. También, ser extraordinario o lo máximo.

colocación *s. f.* **1.** Acción de colocar o manera de estar colocado. **2.** Trabajo, empleo. **SIN. 1.** Situación. **2.** Puesto.

colocado, da 1. *p.* de **colocar.** También *adj.* ‖ *adj.* **2.** *fam.* Bajo los efectos del alcohol o de alguna droga. **SIN. 2.** Colgado.

colocar *v.* **1.** Poner en un sitio. **2.** Dar o conseguir un empleo. **3.** Conseguir que otro acepte algo que no deseaba o aguante algo desagradable. ‖ **colocarse 4.** *fam.* Emborracharse o drogarse. **SIN. 1.** Situar, instalar. **2.** Emplear. **ANT. 1.** Descolocar. **2.** Despedir.

colocón *s. m.* **1.** *fam.* Borrachera. **2.** *fam.* Efecto producido por la droga. **SIN. 1.** y **2.** Cuelgue.

colodrillo *s. m.* Parte posterior de la cabeza.

colofón *s. m.* Remate, final. **SIN.** Culminación. **ANT.** Inicio.

colombiano, na *adj.* y *s.* De Colombia, país de América del Sur.

colombicultura *s. f.* Técnica de criar palomas y favorecer su reproducción.

colombino, na *adj.* De Cristóbal Colón o relacionado con él.

colon s. m. Parte del intestino grueso situada entre el ciego y el recto.

colón s. m. Moneda de Costa Rica y de El Salvador.

colonia[1] s. f. **1.** Territorio ocupado y gobernado por un país y que está fuera de sus fronteras. **2.** Conjunto de personas que viven en un país extranjero y lugar donde residen. **3.** Grupo de viviendas. **4.** Grupo de animales o plantas del mismo tipo que viven reunidos. **5.** Campamento de verano para niños. **SIN. 1.** Posesión, dominio.

colonia[2] s. f. Mezcla de agua, alcohol y sustancias aromáticas, usada para oler bien.

colonial adj. De las colonias de un país.

colonialismo s. m. Política de los países que tienen colonias.

colonización s. f. Acción de colonizar. **ANT.** Descolonización.

colonizador, ra adj. y s. Que coloniza.

colonizar v. Convertir un territorio en colonia de un país.

colono, na s. m. y f. **1.** Persona que va a un territorio para poblarlo, cultivarlo o vivir en él. **2.** Agricultor que trabaja las tierras de otro mediante un contrato.

coloquial adj. Se dice del lenguaje que empleamos corrientemente en la conversación. **SIN.** Familiar. **ANT.** Culto, literario.

coloquio s. m. **1.** Conversación. **2.** Reunión de varias personas para hablar sobre algún tema. **SIN. 1.** Charla. **2.** Debate, tertulia. **ANT. 1.** Monólogo.

color s. m. **1.** Propiedad que vemos en los objetos al reflejar estos una parte de la luz y absorber otra. **2.** Sustancia para pintar o teñir. ‖ **LOC. de color** Ni blanco ni negro: *ropa de color.* También, de raza negra o mulato. **no haber color** Ser una persona o cosa tan diferente a otra que no admite comparación. **sacarle** o **salirle** a alguien **los colores** Avergonzarle o avergonzarse. **SIN. 2.** Pintura, tinte.

coloración s. f. **1.** Color o tono de algo. **2.** Hecho de dar color a algo.

colorado, da adj. Rojo. ‖ **LOC. poner** o **ponerse colorado** Poner o ponerse rojo el rostro a causa de la vergüenza.

colorante adj. y s. m. Que da color.

colorear v. **1.** Dar color. ‖ **colorearse 2.** Tomar una cosa algún color: *El cielo se coloreó de rojo.* **SIN. 1.** Pintar. **1.** y **2.** Teñir. **ANT. 1.** y **2.** Decolorar. **2.** Desteñirse.

colorete s. m. Polvo para dar color a las mejillas.

colorido s. m. Colores de una cosa y forma en que están dispuestos.

colorín s. m. **1.** Color intenso y chillón. **2.** Jilguero.

colorista adj. Con mucho colorido.

colosal adj. **1.** Gigantesco, de gran tamaño. **2.** Extraordinario. **SIN. 1.** Enorme. **2.** Magnífico. **ANT. 2.** Pésimo.

coloso s. m. **1.** Estatua de tamaño mucho mayor que el natural. **2.** Persona o cosa muy importante en algo. **SIN. 2.** As, genio.

columna s. f. **1.** Pieza cilíndrica que sostiene algunas partes de una construcción. **2.** Forma más o menos cilíndrica que toman el humo y otras cosas al ascender. **3.** Cada una de las secciones de una página impresa separadas de arriba abajo por un espacio en blanco. **4.** Soldados o vehículos en fila de dos o más. ‖ **5. columna vertebral** En los vertebrados, conjunto de huesos unidos y articulados entre sí a lo largo del cuerpo.

columnata s. f. Serie de columnas que sostienen o adornan un edificio.

columnista s. m. y f. Persona que escribe artículos para un espacio fijo en un periódico.

columpiar v. **1.** Dar impulso a alguien en un columpio para que se balancee. ‖ **columpiarse 2.** Balancearse en un columpio o algo parecido. **3.** fam. Equivocarse, meter la pata. **SIN. 3.** Patinar.

columpio s. m. **1.** Asiento colgado de cuerdas o cadenas para balancearse. ‖ s. m. pl. **2.** En los parques, aparatos en los que se suben y juegan los niños.

colutorio s. m. Líquido para enjuagarse la boca.

colza s. f. Planta que tiene unas semillas de las que se obtiene un aceite utilizado en la alimentación y en la industria.

coma[1] s. f. **1.** Signo ortográfico (,) que indica una pequeña pausa y separa palabras o grupos de palabras. **2.** Signo que separa la parte entera de un número de la parte decimal, por ejemplo, 4,50.

coma[2] s. m. Estado de algunos enfermos graves en el que permanecen como si estuvieran profundamente dormidos.

comadre s. f. **1.** Madrina de un niño para los padres o el padrino de ese niño. **2.** Vecina y amiga de más confianza de una mujer. **3.** fam. Mujer chismosa.

comadreja s. f. Mamífero carnívoro de cuerpo largo y delgado, patas cortas y pelaje rojizo, menos en el vientre y el cuello, donde es blanco.

comadreo s. m. fam. Acción de contar chismes sobre los demás.

comentarista

comadrón, na s. m. y f. Persona que atiende a la madre durante el parto. **SIN.** Matrón, partero.

comanche adj. y s. De un pueblo indio que vivía en América del Norte, al este de las Montañas Rocosas.

comandancia s. f. Territorio bajo la autoridad de un comandante y oficina donde este ejerce sus funciones.

comandante s. m. y f. **1.** Grado del Ejército inmediatamente superior al de capitán. **2.** Militar que tiene el mando, sea cual sea su graduación. **3.** Piloto que tiene el mando de un avión. || **4. comandante en jefe** Oficial al mando de todas las fuerzas armadas o de una misión.

comandar v. Mandar una unidad militar.

comandita Se utiliza en la expresión **en comandita**, 'en grupo, todos juntos'.

comando s. m. **1.** Grupo pequeño y escogido de militares que realizan misiones especiales. **2.** Instrucción que se da al ordenador.

comarca s. f. División de un territorio en la que hay varias poblaciones.

comarcal adj. De una comarca o relacionado con ella.

comatoso, sa adj. Del estado de coma o que se encuentra en ese estado.

comba s. f. **1.** Juego o ejercicio físico en que se salta por encima de una cuerda. **2.** Esta cuerda.

combar v. Torcer, curvar. **SIN.** Alabear, abarquillar. **ANT.** Enderezar.

combate s. m. Lucha, pelea.

combatiente adj. y s. Que combate.

combatir v. **1.** Pelear, luchar. **2.** Oponerse: *combatir una opinión, un vicio.* **SIN.** 1. Guerrear. **ANT.** 2. Defender.

combativo, va adj. Luchador.

combi s. m. Frigorífico con puertas y motores independientes para congelador y nevera.

combinación s. f. **1.** Acción de combinar. **2.** Clave que permite abrir una caja fuerte u otro mecanismo de seguridad. **3.** Prenda femenina que se pone sobre la ropa interior y debajo del vestido.

combinado, da 1. p. de **combinar.** También adj. || adj. **2.** Plato que tiene varios alimentos. || s. m. **3.** Bebida que se prepara mezclando licores con zumos y refrescos. **SIN.** 3. Cóctel.

combinar v. **1.** Unir varias cosas para que formen un conjunto o un compuesto. **2.** Ir bien una cosa con otra. **3.** Pasarse el balón los jugadores de fútbol. **SIN.** 1. Mezclar. 2. Casar. **ANT.** 1. Desunir.

combinatoria s. f. Parte de las matemáticas que estudia las formas en que se pueden agrupar los elementos de un conjunto.

combinatorio, ria adj. Relacionado con la combinación o la combinatoria.

combustible adj. **1.** Que puede arder o arde con facilidad. || s. m. **2.** Sustancia o producto que se quema para producir calor o energía. **SIN.** 1. Inflamable.

combustión s. f. Hecho de arder una cosa.

comecocos s. m. fam. Algo que preocupa mucho a alguien o llena por completo su atención.

comecome s. m. **1.** Picor molesto. **2.** Nervios, preocupación o impaciencia. **SIN.** 1. Picazón, comezón. 2. Inquietud, desasosiego. **ANT.** 2. Tranquilidad, despreocupación.

comedero s. m. Recipiente para la comida de los animales.

comedia s. f. **1.** Obra de teatro o película divertida y con final feliz. **2.** Engaño, acción fingida. **SIN.** 2. Farsa.

comediante, ta s. m. y f. **1.** Actor o actriz de teatro. **2.** fam. Persona que aparenta o finge algo.

comedido, da adj. Moderado.

comediógrafo, fa s. m. y f. Autor de comedias.

comedirse v. Contenerse, no dejarse llevar por un sentimiento o un deseo. □ Es v. irreg. Se conjuga como *pedir.* **SIN.** Moderarse, reportarse.

comedor, ra adj. **1.** Que come mucho o lo hace con apetito. || s. m. **2.** Habitación donde se come.

comedura Se usa en la expresión **comedura de coco** o **de tarro,** 'acción de comer el coco'. Ver **comer.**

comendador, ra s. m. y f. **1.** Caballero que tiene una dignidad o cargo especial en algunas órdenes militares o civiles. **2.** Superior de algunas órdenes religiosas.

comensal s. m. y f. Cada uno de los que comen en la misma mesa.

comensalismo s. m. En biología, forma de asociación entre dos seres vivos en que uno de ellos se aprovecha del otro sin producirle perjuicio ni beneficio.

comentar v. Hablar o tratar sobre algo.

comentario s. m. **1.** Lo que se comenta sobre algo. **2.** Escrito en que se explica o analiza una obra. **3.** Opinión de un especialista sobre una materia. **SIN.** 2. Crítica, glosa. 3. Parecer, juicio.

comentarista s. m. y f. Especialista en una materia que hace comentarios sobre ella.

comenzar v. Empezar. □ Es v. irreg. Se conjuga como *pensar*.

comer v. **1.** Tomar alimento. **2.** Tomar la comida principal, que suele ser a mediodía. **3.** Desgastar: *El sol se ha comido el color de la cortina*. **4.** Ganar una pieza al contrario en juegos como las damas, el ajedrez o el parchís. **5.** Estar dominado por un sentimiento: *Le come la envidia*. ‖ **comerse 6.** No escribir o no pronunciar sin darse cuenta sílabas, letras, palabras o números. ‖ **LOC. comer el coco** o **el tarro** Influir mucho en una persona. **sin comerlo ni beberlo** Sin que uno lo haya buscado. **SIN. 1.** Alimentarse, nutrirse. **2.** Almorzar. **3.** Gastar. **5.** Corroer. **ANT. 1.** Ayunar.

comercial adj. **1.** Del comercio. **2.** Que está hecho para que se venda bien. **3.** Se dice de los aviones y vuelos que transportan viajeros y mercancías. ‖ s. m. y f. **4.** Persona que trabaja para una empresa haciendo operaciones de venta. **SIN. 1.** Mercantil.

comercializar v. Hacer que llegue a las tiendas un producto para que se venda.

comerciante adj. s. m. y f. Persona que comercia o que tiene un comercio.

comerciar v. Comprar, vender o cambiar productos para obtener un beneficio.

comercio s. m. **1.** Acción o actividad de comerciar. **2.** Tienda, establecimiento en que se vende algo.

comestible adj. **1.** Que se puede comer. ‖ s. m. pl. **2.** Alimentos, cosas de comer. **SIN. 2.** Víveres, provisiones.

cometa s. m. **1.** Astro con una larga cola brillante. ‖ s. f. **2.** Juguete hecho con tela o papel que se eleva con el viento y se sujeta con un cordel.

cometer v. Caer en una falta o error o llevar a cabo un delito. **SIN.** Incurrir.

cometido s. m. Tarea, encargo. **SIN.** Misión.

comezón s. f. **1.** Picor muy molesto. **2.** Inquietud, impaciencia.

cómic (del ingl.) s. m. Publicación con escenas dibujadas en las que se cuenta una historia. **SIN.** Historieta.

comicios s. m. pl. Elecciones, votación.

cómico, ca adj. **1.** Que divierte o produce risa. ‖ s. m. y f. **2.** Humorista. **3.** Actor de teatro. **SIN. 1.** Gracioso, ridículo. **2.** Caricato. **3.** Comediante. **ANT. 1.** Serio; dramático.

comida s. f. **1.** Alimento, cosas que se comen. **2.** Acción de comer, sobre todo la que se hace a mediodía. **3. comida rápida** Comida que se prepara en poco tiempo porque se hace con ingredientes ya elaborados. **SIN. 1.** Vianda. **2.** Almuerzo.

comidilla s. f. Tema que es motivo para que la gente comente y chismorree.

comido, da 1. p. de **comer**. También adj. ‖ adj. **2.** Que tiene señales de que alguien se ha comido una parte. ‖ **LOC. lo comido por lo servido** Se dice sobre todo del negocio o trabajo en el que se gana lo mismo que se gasta en él.

comienzo s. m. Principio. **SIN.** Inicio. **ANT.** Final.

comillas s. f. pl. Signo ortográfico que puede ser doble (" ", « ») o simple (' ') y que se pone al principio y al final de una cita o de una palabra o frase que se quiere destacar.

comilón, na adj. y s. Que come mucho. **SIN.** Tragón.

comilona s. f. Comida muy abundante. **SIN.** Banquete, festín.

comino s. m. **1.** Hierba de semillas de color marrón y pequeño tamaño, que se usan como condimento. **2.** Esta semilla. **3.** Niño pequeño. ‖ **LOC. importarle** a alguien **un comino** No importarle nada.

comisaría s. f. Oficina de la policía dirigida por un comisario.

comisario, ria s. m. y f. **1.** Jefe de policía que está al frente de una comisaría. **2.** Persona a quien se ha dado poder para hacer alguna tarea: *el comisario de una exposición*.

comisión s. f. **1.** Conjunto de personas que representan a otras y están encargadas de hacer algo. **2.** Tanto por ciento que se lleva un vendedor, empresa o banco por alguna venta o negocio en que participa. **SIN. 1.** Comité, delegación.

comisionar v. Encargar a alguien un trabajo. **SIN.** Delegar.

comisquear v. Comer a menudo de varias cosas y poca cantidad. **SIN.** Picar.

comistrajo s. m. Comida mala o mal hecha.

comisura s. f. Punto de unión de algunas partes del cuerpo, por ejemplo, de los labios.

comité s. m. Grupo de personas que representan a otras para hacer algo. **SIN.** Delegación, comisión.

comitiva s. f. Conjunto de personas que acompañan a alguien en un acto importante. **SIN.** Cortejo, séquito.

como adv. **1.** De la manera que: *Arregló la bicicleta como le indicó su padre*. **2.** Se emplea para hacer comparaciones: *Es fuerte como un roble*. **3.** Según: *Como dice en el libro...* **4.** Se usa para poner ejemplos: *En esa región abundan algunas frutas, como la naranja y el limón*. **5.** Más o menos, aproximadamente: *Ese chico pesará como sesenta kilos*. **6.** Por tener una función, cargo o condición: *Habló como capitán del equipo.* || *conj.* **7.** Si: *Como no llueva, se va a estropear la cosecha.* **8.** Porque: *Como no venía, le llamé por teléfono.*

cómo *interr.* y *excl.* **1.** De qué manera: *¿Cómo vas al colegio? ¡Cómo pica la guindilla!* || *interr.* **2.** Por qué: *¿Cómo no me pediste un bolígrafo si lo necesitabas?* **3.** Qué: *¿Cómo dices?* **4.** Cuánto: *¿A cómo está la pescadilla?* || *interj.* **5.** Expresa asombro o enfado: *¡Cómo! ¿No ha llegado todavía?*

cómoda *s. f.* Mueble con cajones que sirve normalmente para guardar ropa.

comodidad *s. f.* **1.** Cualidad de cómodo. || *s. f. pl.* **2.** Aparatos, muebles, etc., que hacen más cómoda la vida.

comodín *s. m.* Carta o cara de los dados que puede valer por cualquier otra.

cómodo, da *adj.* **1.** Que está a gusto o hace que alguien esté a gusto. || *adj.* y *s.* **2.** Persona comodona. **SIN. 1.** Confortable. **ANT. 1.** Incómodo.

comodón, na *adj.* y *s.* Que busca siempre su comodidad.

comodoro *s. m.* **1.** Oficial de la Marina de algunos países. **2.** Oficial al mando de un grupo de barcos.

comoquiera que *expr.* De cualquier manera que: *Comoquiera que te pongas, no te lo voy a dar.*

compact disc (ingl.) *expr.* **1.** Disco compacto. **2.** Aparato para reproducir este tipo de discos.

compactar *v.* Hacer compacto algo.

compacto, ta *adj.* **1.** Apretado, con pocos huecos o poros. || *s. m.* **2.** Compact disc. **SIN. 1.** Macizo, denso. **ANT.** Esponjoso.

compadecer *v.* Sentir lástima por alguien. ◻ Es v. irreg. Se conjuga como *agradecer.* **SIN.** Apiadarse.

compadre *s. m.* **1.** Padrino de un niño para la madre, el padre o la madrina de ese niño. **2.** Padre de un niño para los padrinos de este. **3.** Amigo, compañero. **SIN. 3.** Camarada, colega, socio.

compadreo *s. m.* Unión o pacto entre dos o más personas, sobre todo para hacer algo malo.

compaginar *v.* Hacer que algo pueda realizarse o suceder juntamente con otra cosa. **SIN.** Conciliar.

compañerismo *s. m.* Buena relación entre compañeros. **SIN.** Camaradería.

compañero, ra *s. m.* y *f.* **1.** Persona que estudia, trabaja o realiza alguna actividad con otra. **2.** Cada una de las cosas iguales que

van juntas: *Este calcetín es compañero de aquel otro.* **SIN. 1.** Camarada, colega, socio. **2.** Pareja.

compañía *s. f.* **1.** Acción de acompañar. **2.** Empresa. **3.** Unidad militar mandada por un capitán. **SIN. 2.** Sociedad. **ANT. 1.** Soledad.

comparable *adj.* Que se puede comparar. **ANT.** Incomparable.

comparación *s. f.* **1.** Acción de comparar. **2.** Recurso estilístico que consiste en establecer una semejanza entre dos seres, hechos o cualidades. **SIN. 1.** Contraste, cotejo.

comparar *v.* Examinar dos o más cosas para descubrir en qué se parecen o diferencian. **SIN.** Contrastar, cotejar, confrontar.

comparativo, va *adj.* **1.** Que compara o sirve para comparar. || *adj.* y *s. m.* **2.** Se dice del grado del adjetivo y el adverbio que expresa una comparación: *más bajo, más cerca.*

comparecencia *s. f.* Acción de comparecer.

comparecer *v.* Presentarse: *El presidente compareció ante los periodistas.* ◻ Es v. irreg. Se conjuga como *agradecer.* **SIN.** Acudir, personarse.

comparsa *s. m.* y *f.* **1.** Actor que en el teatro hace papeles poco importantes. **2.** Persona poco importante o que depende de otra. || *s. f.* **3.** En el teatro, conjunto de actores que hacen papeles de poca importancia. **4.** Grupo de personas disfrazadas que participan en algunas fiestas.

compartimiento o **compartimento** *s. m.* Cada una de las partes en que se divide un espacio. **SIN.** Departamento, división.

compartir *v.* **1.** Repartir con los demás. **2.** Sentir o pensar lo mismo que otros.

compás *s. m.* **1.** Instrumento para dibujar circunferencias con dos varillas unidas por la parte superior. **2.** División del tiempo en una composición musical. **3.** Brújula usada en navegación.

compasillo *s. m.* Compás musical de cuatro tiempos.

compasión *s. f.* Sentimiento de lástima por los sufrimientos y desgracias de otros. **SIN.** Conmiseración, condolencia.

compasivo, va *adj.* Que siente o demuestra compasión.

compatibilizar *v.* Hacer compatibles dos o más cosas. **SIN.** Compaginar, conciliar.

compatible *adj.* Que puede hacerse o suceder juntamente con otra cosa. **ANT.** Incompatible.

compatriota *s. m.* y *f.* Persona de la misma patria que otra. **SIN.** Paisano, conciudadano.

compeler v. Obligar por la fuerza o la autoridad.

compendio s. m. Resumen. SIN. Síntesis. ANT. Ampliación.

compenetración s. f. Hecho de compenetrarse.

compenetrarse v. Entenderse o llevarse bien varias personas. SIN. Identificarse, congeniar, coincidir. ANT. Discrepar.

compensación s. f. Lo que se da o se hace para compensar por algo. SIN. Recompensa, reparación.

compensar v. 1. Igualar una cosa con la contraria: *compensar las pérdidas con las ganancias.* 2. Dar o hacer algo a alguien por una cosa buena que ha hecho o por un daño que ha sufrido. 3. Merecer la pena. SIN. 1. Equilibrar, nivelar. 2. Recompensar, resarcir.

competencia s. f. 1. Lucha entre varios para lograr una misma cosa. 2. Lo que alguien puede o debe hacer por su profesión o cargo. 3. Capacidad de una persona. SIN. 1. Oposición, pugna. 2. Facultad, atribución. 3. Aptitud. ANT. 3. Ineptitud.

competente adj. 1. Eficaz en su trabajo. 2. Que puede hacer algo por su profesión o cargo. SIN. 1. Cualificado, eficiente. 2. Autorizado. ANT. 1. Incompetente.

competer v. Corresponder a alguien hacer una cosa. SIN. Incumbir, atañer.

competición s. f. Prueba en la que varias personas compiten por algo.

competidor, ra adj. y s. Que compite. SIN. Rival, contendiente.

competir v. Enfrentarse a otros por conseguir una misma cosa. □ Es v. irreg. Se conjuga como *pedir.* SIN. Rivalizar, pugnar.

competitividad s. f. 1. Competencia, lucha entre varios para conseguir algo. 2. Característica de competitivo.

competitivo, va adj. 1. Se dice de aquello en lo que hay competencia. 2. Que es tan bueno como otros, que puede competir con ellos.

compilación s. f. Colección de escritos o partes de diferentes libros en uno solo. SIN. Recopilación.

compilador, ra adj. y s. Que compila.

compilar v. 1. Reunir en un libro varios escritos o partes de distintos libros. 2. En informática, traducir un programa a código máquina, un lenguaje con el que el ordenador puede trabajar. SIN. 1. Recopilar.

compincharse v. Ponerse de acuerdo varias personas, sobre todo para hacer algo malo. SIN. Confabularse, conchabarse.

compinche s. m. y f. Compañero de travesuras o de malas acciones. SIN. Cómplice.

complacencia s. f. Agrado, satisfacción. SIN. Placer. ANT. Desagrado.

complacer v. 1. Dar gusto a alguien, hacer lo que quiere. || **complacerse** 2. Alegrarse o sentir agrado con algo. □ Es v. irreg. Se conjuga como *agradecer.*

complaciente adj. Que complace a los demás.

complejidad s. f. Complicación, dificultad. ANT. Sencillez.

complejo, ja adj. 1. Complicado, difícil. || s. m. 2. Conjunto de edificios e instalaciones para una actividad. 3. Idea que una persona tiene de sí misma, generalmente negativa, y que influye en su conducta. ANT. 1. Sencillo.

complementar v. Añadir algo que faltaba. SIN. Completar.

complementario, ria adj. 1. Que complementa. 2. Se dice de los ángulos que suman 90 grados.

complemento s. m. 1. Cualquier cosa que se añade a otra para completarla o mejorarla. 2. Palabra o grupo de palabras que completan el significado de otra u otras. SIN. 1. Añadido, suplemento, aditamento.

completamente adv. Del todo, sin que falte nada. SIN. Totalmente.

completar v. Hacer que algo esté completo. SIN. Acabar, llenar.

completiva adj. y s. f. Se dice de la oración subordinada sobre todo cuando funciona como complemento directo.

completo, ta adj. 1. Sin que falte nada: *Ha hecho un trabajo muy completo.* 2. Lleno. 3. Muy: *Es un completo inútil.* SIN. 1. Entero, todo, íntegro. 2. Ocupado, repleto. ANT. 1. Incompleto. 2. Vacío.

complexión s. f. Forma y características del cuerpo de una persona o de un animal. SIN. Constitución.

complicación s. f. Aquello que hace más difícil algo o lo empeora. SIN. Contratiempo, dificultad. ANT. Facilidad, sencillez.

complicado, da 1. p. de complicar. También adj. || adj. 2. Difícil. ANT. 2. Fácil, sencillo.

complicar v. 1. Hacer difícil. 2. Hacer que alguien participe en algo malo. SIN. 1. Dificultar, enredar. 2. Implicar, envolver. ANT. 1. Simplificar.

cómplice s. m. y f. Persona que ayuda a otra en un delito. SIN. Compinche.

complicidad s. f. Hecho de ser cómplice una persona.

complot (del fr.) *s. m.* Acuerdo secreto para actuar contra alguien o algo. **SIN.** Confabulación, conspiración, conjura.

complutense *adj.* De Alcalá de Henares, ciudad de la provincia de Madrid.

componenda *s. f.* Acuerdo poco legítimo. **SIN.** Chanchullo.

componente *adj. y s.* Que forma parte de algo. **SIN.** Integrante.

componer *v.* **1.** Formar algo juntando o juntándose varias personas o cosas. **2.** Realizar una obra musical o poética. **3.** Arreglar, reparar. || **componerse 4.** Estar formado algo de las cosas que se dicen. □ Es v. irreg. Se conjuga como *poner*. **SIN. 1.** Integrar. **2.** Crear, escribir. **ANT. 1.** Desintegrar. **1.** y **3.** Descomponer. **3.** Estropear.

comportamiento *s. m.* Manera de comportarse. **SIN.** Conducta, actuación.

comportar *v.* **1.** Tener una cosa algo como consecuencia: *Esa operación en el dedo no comporta ningún peligro.* || **comportarse 2.** Actuar de una manera. **3.** Portarse bien. **SIN. 1.** Suponer, implicar. **2.** Obrar.

composición *s. f.* **1.** Acción de componer algo. **2.** Obra musical o poema. **3.** Redacción sobre algún tema. **4.** Manera de estar formada una sustancia. **5.** Procedimiento de formación de palabras mediante la unión de otras que ya existen; por ejemplo, *sacacorchos*, a partir de *sacar* y *corcho*. **ANT. 1.** Descomposición, desintegración.

compositor, ra *s. m. y f.* Persona que compone obras musicales.

compostelano, na *adj. y s.* De Santiago de Compostela, ciudad de Galicia. **SIN.** Santiagués.

compostura *s. f.* **1.** Arreglo. **2.** Buenos modales. **SIN. 1.** Composición. **ANT. 1.** Desarreglo.

compota *s. f.* Postre que se hace cociendo trozos de fruta con azúcar.

compra *s. f.* **1.** Hecho de comprar: *ir de compras.* **2.** Lo que se compra. **SIN. 1.** y **2.** Adquisición. **ANT. 1.** Venta.

comprador, ra *adj. y s.* Que compra algo. **ANT.** Vendedor.

comprar *v.* Conseguir una cosa pagando por ella. **SIN.** Adquirir, mercar. **ANT.** Vender.

compraventa *s. f.* Acción de comprar y vender.

comprender *v.* **1.** Entender. **2.** Encontrar justificados los sentimientos o actos de alguien. **3.** Incluir, contener. **SIN. 1.** Captar, enterarse. **3.** Englobar. **ANT. 1.** Ignorar.

comprensible *adj.* Que se puede comprender o entender. **SIN.** Inteligible. **ANT.** Incomprensible.

comprensión *s. f.* Capacidad para comprender. **SIN.** Entendimiento; tolerancia. **ANT.** Incomprensión.

comprensivo, va *adj.* Que muestra comprensión con los demás. **SIN.** Tolerante, benévolo. **ANT.** Intolerante.

compresa *s. f.* Gasa que doblada varias veces se pone sobre una herida o para empapar un líquido.

compresión *s. f.* Acción de comprimir. **ANT.** Descompresión.

compresor, ra *adj. y s. m.* **1.** Que comprime. || *s. m.* **2.** Aparato para comprimir un líquido o un gas.

comprimido, da 1. *p.* de **comprimir.** También *adj.* || *s. m.* **2.** Medicamento en forma de pastilla. **SIN. 2.** Píldora, gragea.

comprimir *v.* Apretar o presionar sobre algo para que ocupe menos espacio. **SIN.** Oprimir, prensar. **ANT.** Descomprimir.

comprobación *s. f.* Acción de comprobar. **SIN.** Revisión, prueba, verificación.

comprobante *s. m.* Recibo que sirve para demostrar algo, por ejemplo, que se ha realizado un pago. **SIN.** Factura, resguardo.

comprobar *v.* Ver si algo está bien o es cierto. □ Es v. irreg. Se conjuga como *contar.* **SIN.** Revisar, probar, verificar.

comprometedor, ra *adj.* Que compromete, obliga a alguien a algo o le pone en una situación difícil.

comprometer *v.* **1.** Hacer que alguien se sienta obligado a algo. **2.** Poner en situación difícil. || **comprometerse 3.** Obligarse ante otros a hacer algo. **SIN. 2.** Complicar, perjudicar. **ANT. 1.** Dispensar. **2.** Proteger.

comprometido, da 1. *p.* de **comprometer.** También *adj.* || *adj.* **2.** Difícil. **SIN. 2.** Delicado, embarazoso. **ANT. 2.** Fácil.

compromiso *s. m.* **1.** Acuerdo o promesa por los que alguien está obligado a algo. **2.** Situación difícil. **SIN. 1.** Pacto, trato. **2.** Aprieto, apuro.

compuerta *s. f.* Dispositivo que permite abrir y cerrar un canal o una presa.

compuesto, ta 1. *p.* de **componer.** También *adj.* || *adj.* **2.** Arreglado, reparado. || *adj. y s. m.* **3.** Formado por dos o más partes o elementos. **SIN. 3.** Complejo, mixto. **ANT. 3.** Simple, sencillo.

compulsar *v.* Comparar la copia de un documento con el original para ver si coincide.

compulsivo, va *adj.* Que no puede evitar hacer algo: *comprador compulsivo*.

compungido, da 1. *p.* de **compungir**. || *adj.* **2.** Triste. **SIN. 2.** Afligido. **ANT. 2.** Alegre.

compungir *v.* Provocar tristeza o pena. **SIN.** Afligir, apenar. **ANT.** Alegrar.

computacional *adj.* De la informática o relacionado con ella.

computador o **computadora** *s. m.* o *f.* Ordenador.

computar *v.* Contar, calcular.

computarizar o **computerizar** *v.* Aplicar técnicas informáticas para realizar una tarea. **SIN.** Informatizar.

cómputo *s. m.* Cuenta, cálculo.

comulgar *v.* **1.** Tomar la comunión. **2.** Tener las mismas ideas o sentimientos que otro. **SIN. 2.** Compartir. **ANT. 2.** Discrepar.

comulgatorio *s. m.* En algunas iglesias, reclinatorio o barandilla ante la que se arrodillan los fieles para recibir la comunión.

común *adj.* **1.** Que pertenece a varios. **2.** Corriente, frecuente. **3.** Se dice del sustantivo que nombra algo sin indicar uno en concreto de su clase, por ejemplo, *hombre, león* o *pera*. || **LOC. en común** Junto con otro o con otros. **por lo común** Normalmente. **SIN. 1.** Colectivo, general. **2.** Ordinario, usual. **ANT. 1.** Particular. **2.** Raro. **3.** Propio.

comuna *s. f.* Comunidad formada por personas que viven en la misma casa y llevan una vida en común, en todos los aspectos.

comunal *adj.* Que pertenece a todos los habitantes de un municipio: *tierras comunales*.

comunero, ra *adj.* y *s.* De un movimiento de protesta de los castellanos contra Carlos V, a principios del siglo XVI.

comunicación *s. f.* **1.** Acción de comunicarse las personas o las cosas. **2.** Aviso, nota. || *s. f. pl.* **3.** Los transportes y los medios que sirven para comunicarse las personas, como el teléfono y el correo. **SIN. 1.** Difusión, conexión. **2.** Notificación.

comunicado, da 1. *p.* de **comunicar**. También *adj.* || *s. m.* **2.** Aviso, escrito o informe. **SIN. 2.** Comunicación, notificación.

comunicante *adj.* **1.** Que comunica algo. **2.** Que se comunica con otra cosa.

comunicar *v.* **1.** Hacer saber una cosa. **2.** Hacer llegar a alguien un sentimiento o estado de ánimo. **3.** Poner en relación, unir. **4.** Dar el teléfono una señal que indica que la línea está ocupada. **SIN. 1.** Informar, decir. **2.** Transmitir, contagiar. **3.** Conectar, enlazar. **ANT. 1.** Ocultar. **3.** Aislar.

comunicativo, va *adj.* **1.** Relacionado con la comunicación. **2.** Se dice de la persona a la que le gusta expresar lo que piensa o siente. **SIN. 2.** Abierto, extrovertido. **ANT. 2.** Reservado.

comunidad *s. f.* **1.** Conjunto de personas que viven juntas y tienen una actividad o intereses comunes: *comunidad religiosa, de vecinos*. **2.** División territorial o administrativa: *comunidad autónoma*. **SIN. 1.** Colectividad, congregación.

comunión *s. f.* **1.** Sacramento de la eucaristía. **2.** Unión, relación.

comunismo *s. m.* Sistema político y económico que considera que no debe existir la propiedad privada; es decir, que todas las cosas tienen que pertenecer a la comunidad.

comunista *adj.* y *s.* Del comunismo o partidario de este sistema político.

comunitario, ria *adj.* **1.** De una comunidad. **2.** De la Unión Europea. **SIN. 1.** Colectivo.

comúnmente *adv.* Normalmente, corrientemente.

con *prep.* Indica instrumento: *Abrió el bote con un abrelatas*; modo: *La trata con mucho respeto*; compañía o relación: *Sandra está con Manolo. Se escribe con un chico italiano*; contenido o pertenencia: *una botella con agua, una persona con dinero*.

conato *s. m.* Intento o suceso que no llega a realizarse por completo. **SIN.** Amago, tentativa. **ANT.** Logro.

concatenación *s. f.* Unión de cosas, unas detrás de otras. **SIN.** Encadenamiento.

concatenar *v.* Unir, encadenar.

concavidad *s. f.* Parte cóncava de alguna cosa.

cóncavo, va *adj.* Curvado hacia dentro. **ANT.** Convexo.

concebir *v.* **1.** Quedarse embarazada una mujer. **2.** Tener una idea. **3.** Entender: *No concibo cómo puede estar al sol con el calor que hace*. **4.** Empezar a tener algunos sentimientos: *concebir falsas esperanzas*. □ Es v. irreg. Se conjuga como *pedir*. **SIN. 1.** Engendrar. **2.** Idear, planear. **3.** Comprender, imaginar. **4.** Albergar.

conceder *v.* Dar: *conceder un premio; conceder importancia a una cosa*. **SIN.** Otorgar, adjudicar. **ANT.** Negar.

concejal, la *s. m.* y *f.* Persona que forma parte de un ayuntamiento. **SIN.** Edil.

concejalía *s. f.* **1.** Cargo de concejal. **2.** Departamento a cargo de un concejal: *concejalía de juventud*.

concejo *s. m.* **1.** Ayuntamiento. **2.** Reunión del ayuntamiento. **SIN. 1.** Cabildo.

concelebrar *v.* Celebrar la misa varios sacerdotes.

concentración *s. f.* Acción de concentrar o concentrarse. **SIN.** Reunión, acumulación.

concentrado, da 1. *p.* de concentrar. También *adj.* || *adj. y s. m.* **2.** Se dice de las mezclas que tienen menos líquido de lo normal. **SIN. 1.** Agrupado; abstraído. **2.** Condensado. **ANT. 1.** Disperso; distraído. **2.** Diluido.

concentrar *v.* **1.** Reunir. **2.** Aumentar la cantidad de sólido disuelto en una mezcla, disminuyendo el líquido. || **concentrarse 3.** Fijar la atención en alguna cosa. **SIN. 1.** Juntar, agrupar, aglutinar. **2.** Condensar, espesar. **3.** Abstraerse. **ANT. 1.** Dispersar. **2.** Diluir. **3.** Distraerse.

concéntrico, ca *adj.* Se dice de las figuras geométricas que tienen un mismo centro.

concepción *s. f.* **1.** Hecho de quedarse embarazada una mujer. **2.** Forma de pensar sobre algo. **SIN. 1.** Fecundación. **2.** Concepto, visión.

conceptismo *s. m.* Estilo literario del Barroco que empleaba un lenguaje ingenioso para expresar muchos conceptos o ideas con pocas palabras.

concepto *s. m.* **1.** Idea, pensamiento. **2.** Opinión. **SIN. 1.** Noción. **2.** Juicio, parecer.

conceptual *adj.* De los conceptos o ideas.

conceptuar *v.* Considerar, juzgar.

concerniente *adj.* Que trata de algo o está relacionado con ello: *Trataron problemas concernientes a la educación.* **SIN.** Referente, relativo.

concernir *v.* Ser algo tarea u obligación de una persona: *Eso a ti no te concierne.* □ Es v. irreg. Se conjuga como *discernir.* **SIN.** Atañer, tocar, incumbir.

concertar *v.* **1.** Ponerse de acuerdo. **2.** En gramática, concordar. □ Es v. irreg. Se conjuga como *pensar.* **SIN. 1.** Acordar, pactar.

concertina *s. f.* Acordeón que tiene un fuelle largo y dos tapas de forma octogonal o hexagonal, con un teclado en cada una de ellas.

concertino *s. m.* Violinista más importante de una orquesta.

concertista *s. m. y f.* Músico que da conciertos como solista.

concesión *s. f.* **1.** Acción de conceder. **2.** Hecho de ceder en algo o admitir alguna cosa. **SIN. 1.** Adjudicación, licencia. **2.** Renuncia.

concesionario, ria *adj. y s. m. o f.* Persona o empresa a la que el Estado u otra empresa permite construir, explotar o vender algo.

concesivo, va *adj. y s. f.* Se dice de la oración subordinada que expresa una dificultad que no impide que se cumpla lo que indica la oración principal: *Aunque tiene poco dinero, se va a comprar un ordenador.* También se dice de la conjunción que va delante de estas oraciones, como por ejemplo, *aunque.*

concha *s. f.* **1.** Cubierta dura que protege el cuerpo de algunos animales, como la de ciertos moluscos o las tortugas. **2.** Carey, material. **3.** Lugar donde se coloca el apuntador en el escenario.

conchabarse *v.* Ponerse de acuerdo varias personas para hacer algo malo. **SIN.** Confabularse.

conciencia *s. f.* **1.** Capacidad para distinguir el bien del mal. **2.** Conocimiento de una persona sobre sí misma y sobre lo que la rodea. || **3. cargo de conciencia** Arrepentimiento, hecho de sentirse culpable. || **LOC. a conciencia** Con mucho cuidado, muy bien. **SIN. 1.** Moral.

concienciar *v.* Hacer que alguien se dé cuenta de algo, sobre todo de los problemas de los demás.

concienzudo, da *adj.* **1.** Que hace las cosas con mucho cuidado e interés. **2.** Que está hecho a conciencia. **SIN. 1.** y **2.** Esmerado, meticuloso. **ANT. 1.** y **2.** Descuidado.

concierto *s. m.* **1.** Función en la que actúa un cantante, grupo musical u orquesta. **2.** Trato, acuerdo. || **LOC. sin orden ni concierto** De manera desordenada. **SIN. 1.** Audición, recital, gala. **2.** Pacto, convenio, arreglo. **ANT. 2.** Discrepancia.

conciliábulo *s. m.* Reunión secreta, sobre todo si es ilegal o contra alguien.

conciliación *s. f.* Acción de conciliar. **SIN.** Acuerdo, concordancia. **ANT.** Enfrentamiento.

conciliador, ra *adj.* Que concilia o pone de acuerdo.

conciliar *v.* Hacer que algo pueda realizarse o suceder juntamente con otra cosa. || **LOC. conciliar el sueño** Lograr dormirse. **SIN.** Concordar, acordar. **ANT.** Enfrentar.

concilio *s. m.* Reunión de obispos y sacerdotes para tratar cuestiones importantes sobre la Iglesia y la religión. **SIN.** Sínodo, cónclave.

concisión *s. f.* Característica de las cosas concisas. **SIN.** Brevedad, precisión. **ANT.** Extensión.

conciso, sa *adj.* Breve y preciso. **SIN.** Sucinto, lacónico. **ANT.** Extenso.

concitar v. **1.** Provocar una reacción o un sentimiento negativo contra uno mismo o contra otra persona. **2.** Reunir. **SIN. 1.** Suscitar. **2.** Congregar.

conciudadano, na s. m. y f. Habitante de una ciudad o país con respecto a los demás habitantes. **SIN.** Compatriota.

cónclave s. m. Reunión de cardenales para elegir un nuevo papa.

concluir v. **1.** Acabar, terminar. **2.** Llegar a una conclusión. □ Es v. irreg. Se conjuga como *construir*. **SIN. 1.** Finalizar, completar. **2.** Decidir, determinar. **ANT. 1.** Empezar.

conclusión s. f. **1.** Decisión o idea a la que se llega después de pensar sobre algo. **2.** Final, terminación. **SIN. 1.** Determinación, deducción. **2.** Fin, término. **ANT. 2.** Comienzo.

concluyente adj. Claro, que no deja lugar a dudas. **SIN.** Rotundo, definitivo, tajante. **ANT.** Dudoso.

concomerse v. Estar enfadado o angustiado por la envidia, el odio u otro sentimiento. **SIN.** Reconcomerse.

concomitante adj. Que acompaña a otra cosa. **SIN.** Simultáneo. **ANT.** Incompatible.

concordancia s. f. En gramática, hecho de concordar dos o más palabras.

concordar v. **1.** Coincidir. **2.** Tener los mismos morfemas gramaticales dos o más palabras, por ejemplo, el mismo género y número el sustantivo y el adjetivo. □ Es v. irreg. Se conjuga como *contar*. **SIN. 2.** Concertar.

concordato s. m. Acuerdo entre la Iglesia y un Estado.

concorde adj. De acuerdo, conforme. **SIN.** Acorde. **ANT.** Disconforme, discordante.

concordia s. f. Armonía, buena relación entre las personas. **SIN.** Paz, acuerdo. **ANT.** Discordia.

concreción s. f. Característica de las cosas concretas. **SIN.** Precisión.

concretamente adv. En concreto.

concretar v. **1.** Fijar con exactitud: *concretar una fecha.* **2.** Hacer concreto, ir a lo principal. **SIN. 1.** y **2.** Precisar. **ANT. 2.** Divagar.

concreto, ta adj. **1.** En particular, que es ese y no otro: *Quiere un diccionario concreto, no uno cualquiera.* **2.** Preciso, exacto: *Dame datos concretos.* **3.** Se dice de las cosas que se perciben con los sentidos. **4.** Se dice del sustantivo que designa estas cosas. **SIN. 1.** Determinado. **ANT. 1.** Indeterminado. **2.** Impreciso. **3.** y **4.** Abstracto.

concubina s. f. Mujer que es la amante de un hombre. **SIN.** Querida.

conculcar v. Actuar contra una ley, una norma o un derecho. **SIN.** Infringir, vulnerar, violar, transgredir. **ANT.** Cumplir.

concuñado, da s. m. y f. **1.** Hermano de uno de los esposos con relación a los hermanos del otro. **2.** Esposo o esposa de una persona con relación al esposo o la esposa de un hermano de esa persona.

concupiscencia s. f. En la moral católica, deseo excesivo de placeres sexuales o bienes materiales.

concurrencia s. f. Personas que acuden a un lugar. **SIN.** Público.

concurrente adj. Que concurre.

concurrido, da **1.** p. de **concurrir**. ‖ adj. **2.** Se dice del lugar al que va mucha gente. **SIN. 2.** Frecuentado.

concurrir v. **1.** Reunirse varias personas en un mismo lugar o coincidir varias cosas. **2.** Participar en un concurso o en unas elecciones. **SIN. 1.** Concentrarse, converger.

concursante s. m. y f. Persona que participa en un concurso.

concursar v. Participar alguien en un concurso.

concurso s. m. **1.** Prueba entre varias personas que quieren conseguir un premio. **2.** Procedimiento para conseguir un trabajo en que los participantes tienen que presentar sus méritos. **SIN. 1.** Certamen.

condado s. m. **1.** Territorio bajo el dominio de un conde. **2.** Título de conde.

condal adj. Del conde o de la condesa: *ciudad condal.*

conde, condesa s. m. y f. **1.** Noble con un título inmediatamente inferior al de marqués. ‖ s. f. **2.** Mujer del conde.

condecoración s. f. Insignia o medalla que se da a alguien por sus méritos.

condecorar v. Poner una condecoración.

condena s. f. **1.** Castigo que se impone al que comete un delito o una falta. **2.** Rechazo hacia algo malo o injusto. **SIN. 1.** Pena, sanción. **ANT. 1.** Absolución.

condenable adj. Que es digno de condena o reprobación.

condenación s. f. Acción de condenar.

condenado, da **1.** p. de **condenar**. También adj. y s. ‖ adj. **2.** fam. Indica que alguien es muy malo o travieso o que una cosa es muy molesta: *¡Cómo pesa la condenada maleta!* **SIN. 2.** Endiablado, maldito. **ANT. 1.** Absuelto.

condenar v. **1.** Imponer el juez una pena a alguien. **2.** Considerar que algo está mal. **3.** Obligar a alguien a hacer algo que no desea. **4.** Cerrar para siempre una puerta, ventana

conducir

o habitación. ‖ **condenarse 5.** Ir al infierno. **SIN. 1.** Castigar, sancionar, penar. **2.** Reprobar, censurar. **4.** Clausurar, tabicar. **ANT. 1.** Absolver. **2.** Aprobar.

condenatorio, ria adj. De la condena o que contiene una condena: *Dictaron una sentencia condenatoria.*

condensación s. f. Acción de condensar o condensarse algo, por ejemplo, el vapor de agua.

condensador s. m. **1.** Aparato para almacenar electricidad. **2.** Aparato que sirve para condensar gases.

condensar v. **1.** Hacer líquido o sólido un vapor. **2.** Hacer más espeso un líquido. **3.** Resumir. **SIN. 2.** Concentrar, espesar. **3.** Sintetizar. **ANT. 1.** Evaporar. **3.** Ampliar.

condescendencia s. f. Característica de las personas condescendientes.

condescender v. Ser condescendiente. ▢ Es v. irreg. Se conjuga como *tender.* **SIN.** Consentir, acceder. **ANT.** Negarse.

condescendiente adj. Que cede voluntariamente ante los demás.

condestable s. m. En la Edad Media, persona que mandaba en el ejército en nombre del rey.

condición s. f. **1.** Lo necesario para que algo ocurra o pueda realizarse. **2.** Situación en que se encuentra alguien. **3.** Modo de ser: *Es de condición amable.* ‖ s. f. pl. **4.** Estado de una cosa. **5.** Cualidades de una persona. **SIN. 3.** Naturaleza, índole. **5.** Capacidad.

condicional adj. **1.** Se dice de la oración subordinada que indica una condición. También se dice de las conjunciones que las introducen, por ejemplo, *si, como,* etc. **2.** Que depende de una condición: *libertad condicional.* ‖ s. m. **3.** Tiempo verbal del indicativo: *cantaría, viviría, habría salido.* **SIN. 2.** Provisional. **ANT. 2.** Incondicional.

condicionamiento s. m. Circunstancia que limita las posibilidades de una persona o una cosa. **SIN.** Restricción, limitación.

condicionante adj. y s. Que condiciona.

condicionar v. Influir.

condimentar v. Echar condimento a las comidas. **SIN.** Sazonar, aderezar.

condimento s. m. Sustancia que se echa a las comidas para mejorar su sabor, como la sal o las especias. **SIN.** Aderezo, aliño.

condiscípulo, la s. m. y f. Compañero de estudios.

condolencia s. f. Sentimiento de dolor ante la desgracia de otra persona. **SIN.** Pésame, pesar.

condolerse v. Sentir dolor ante la desgracia de otra persona. ▢ Es v. irreg. Se conjuga como *mover.* **SIN.** Compadecerse. **ANT.** Alegrarse.

condón s. m. Preservativo.

condonar v. Perdonar una pena, especialmente la de muerte, o una deuda. **SIN.** Indultar, dispensar, librar.

cóndor s. m. Ave rapaz del grupo de los buitres, de gran tamaño, que vive en la cordillera de los Andes, en América del Sur.

conducción s. f. **1.** Acción de conducir. **2.** Sistema de tuberías o cables por donde pasa la electricidad o un líquido o gas. **SIN. 1.** Transporte, traslado.

conducir v. **1.** Llevar, dirigir, transportar. **2.** Guiar un vehículo. **3.** Ser causa de algo, llevar a un resultado. ‖ **conducirse 4.** Actuar de una manera. ▢ Es v. irreg. **SIN. 4.** Comportarse, proceder.

CONDUCIR	
INDICATIVO	
Presente	**Pretérito perfecto simple**
conduzco	conduje
conduces	condujiste
conduce	condujo
conducimos	condujimos
conducís	condujisteis
conducen	condujeron
SUBJUNTIVO	
Presente	**Pretérito imperfecto**
conduzca	condujera, -ese
conduzcas	condujeras, -eses
conduzca	condujera, -ese
conduzcamos	condujéramos, -ésemos
conduzcáis	condujerais, -eseis
conduzcan	condujeran, -esen
	Futuro simple
	condujere
	condujeres
	condujere
	condujéremos
	condujereis
	condujeren
IMPERATIVO	
conduce (tú)	conducid (vosotros)
conduzca (usted)	conduzcan (ustedes)

conducta *s. f.* Manera de actuar. SIN. Comportamiento, proceder.

conductividad o **conductibilidad** *s. f.* Capacidad que tiene un cuerpo de conducir el calor o la electricidad.

conducto *s. m.* **1.** Tubo o canal por donde circula un líquido o gas. **2.** Camino que sigue una noticia, una orden, etc. SIN. **1.** Cañería, tubería. **2.** Vía, procedimiento.

conductor, ra *adj.* y *s.* **1.** Persona que conduce un vehículo. || *adj.* y *s.* **2.** Que conduce el calor o la electricidad. SIN. **1.** Chófer.

condumio *s. m. fam.* Comida, alimento. SIN. Sustento.

conectar *v.* **1.** Poner en contacto dos piezas para que un aparato funcione. **2.** Poner en comunicación, relacionar. SIN. **1.** Acoplar, empalmar. **2.** Contactar. ANT. Desconectar.

conector, ra *adj.* y *s. m.* Que sirve para conectar.

conejera *s. f.* Madriguera del conejo.

conejillo de Indias *expr.* Cobaya.

conejo, ja *s. m.* y *f.* Mamífero herbívoro pequeño de orejas grandes, cola corta y pelo suave y espeso; sus patas traseras son más largas y le permiten correr deprisa.

conexión *s. f.* **1.** Acción de conectar. **2.** Unión o relación entre personas o cosas. SIN. **1.** Enlace. ANT. **1.** Desconexión.

conexo, xa *adj.* Se dice de una cosa que está en relación con otra. SIN. Relacionado. ANT. Inconexo.

confabulación *s. f.* Acuerdo o plan secreto para perjudicar a alguien. SIN. Conspiración, conjura.

confabularse *v.* Planear algo en secreto para perjudicar a alguien. SIN. Conspirar, conjurarse.

confección *s. f.* **1.** Acción de confeccionar. **2.** Fabricación de ropa en serie, no a medida: *un traje de confección.* SIN. **1.** Elaboración, fabricación.

confeccionar *v.* Fabricar, elaborar.

confederación *s. f.* Alianza, agrupación. SIN. Liga, federación.

confederado, da *adj.* y *s.* Unido o asociado a otros en una confederación. SIN. Federado.

confederal *adj.* Formado por varias asociaciones u organizaciones unidas para conseguir un fin.

conferencia *s. f.* **1.** Exposición de un tema ante un público. **2.** Llamada telefónica a otra ciudad o país. **3.** Reunión para tratar algún asunto importante. || **4. conferencia de prensa** Reunión de una persona importante con los periodistas para informar sobre algo y contestar sus preguntas. SIN. **1.** Disertación, charla.

conferenciante *s. m.* y *f.* Persona que da una conferencia.

conferir *v.* Dar, otorgar: *Le confirieron amplios poderes.* □ Es v. irreg. Se conjuga como *sentir.* SIN. Conceder. ANT. Desposeer.

confesar *v.* **1.** Reconocer algo que antes se había ocultado. **2.** Decir los pecados a un sacerdote. También, escucharlos este. **3.** Decir sinceramente lo que uno piensa. □ Es v. irreg. Se conjuga como *pensar.*

confesión *s. f.* **1.** Acción de confesar o confesarse. **2.** Religión. SIN. **2.** Fe, creencia.

confesional *adj.* Que se declara seguidor de una religión: *un Estado confesional.*

confesionario o **confesonario** *s. m.* En las iglesias, cabina donde el sacerdote escucha al que se confiesa.

confeso, sa *adj.* y *s.* Persona que ha confesado su delito o culpa.

confesor *s. m.* Sacerdote que confiesa.

confeti (del ital.) *s. m.* Trocitos de papel de colores que se arrojan las personas unas a otras en algunas fiestas.

confiado, da 1. *p.* de **confiar.** || *adj.* **2.** Que confía. SIN. **1.** Esperanzado. **2.** Crédulo. ANT. **2.** Desconfiado.

confianza *s. f.* **1.** Seguridad que uno tiene en las personas o en las cosas. **2.** Naturalidad e intimidad en el trato entre amigos o familiares. SIN. **2.** Llaneza, franqueza. ANT. **1.** Desconfianza.

confiar *v.* **1.** Tener confianza en alguien o algo. **2.** Dejar al cuidado o al cargo de alguien: *Le confió los niños durante su ausencia.* **3.** Decir algo a alguien en quien se tiene confianza: *confiar un secreto.* || **confiarse 4.** Descuidarse por exceso de confianza. SIN. **1.** Fiarse, creer. **2.** Encomendar, entregar. ANT. **1.** Desconfiar.

confidencia *s. f.* Secreto que se cuenta a otro.

confidencial *adj.* Secreto. SIN. Reservado. ANT. Público.

confidente *s. m.* y *f.* **1.** Persona a quien otra cuenta sus secretos. **2.** Persona que espía para la policía o para el enemigo en una guerra. SIN. Soplón, chivato.

configuración *s. f.* Forma, estructura.

configurar *v.* Dar a algo forma o estructura. SIN. Formar; organizar.

confín *s. m.* Punto más lejano que alcanza la vista o donde se supone que termina algo. SIN. Horizonte; linde.

confinamiento *s. m.* **1.** Hecho de confinar a una persona o a un animal. **2.** Pena que consiste en obligar a una persona a vivir en un determinado lugar, en libertad pero vigilado por las autoridades. **SIN. 1.** Encierro, prisión.

confinar *v.* Llevar a un lugar del que no se puede salir. **SIN.** Desterrar; encerrar. **ANT.** Liberar.

confirmación *s. f.* **1.** Acción de confirmar. **2.** Sacramento de la Iglesia católica que confirma y refuerza la fe. **SIN. 1.** Ratificación, verificación. **ANT. 1.** Rectificación.

confirmar *v.* **1.** Dar por cierta o segura una cosa. **2.** Administrar o recibir el sacramento de la confirmación. **SIN. 1.** Ratificar, verificar. **ANT. 1.** Rectificar.

confiscar *v.* Quedarse el Estado o las autoridades con algo, generalmente porque alguien lo tiene de forma ilegal. **SIN.** Requisar.

confit (del fr.) *s. m.* Carne cocinada que se conserva en su propia grasa.

confitado, da *adj.* Se dice de las frutas que se conservan secas después de cocerlas en almíbar.

confite *s. m.* Golosina en forma de bolita.

confitería *s. f.* Establecimiento donde se hacen o venden dulces. **SIN.** Bombonería, pastelería.

confitura *s. f.* Dulce parecido a la mermelada: *una confitura de frutas.*

conflagración *s. f.* Guerra entre países. **SIN.** Contienda, enfrentamiento.

conflictivo, va *adj.* Que causa conflictos o los tiene. **SIN.** Problemático, difícil, complicado. **ANT.** Pacífico.

conflicto *s. m.* **1.** Lucha, enfrentamiento. **2.** Problema, situación difícil. **SIN. 1.** Disputa, pugna. **2.** Apuro, aprieto. **ANT. 1.** Paz.

confluencia *s. f.* Hecho de juntarse dos o más personas o cosas en un punto.

confluir *v.* Juntarse en un punto distintas personas o cosas. □ Es v. irreg. Se conjuga como *construir*. **SIN.** Afluir, concurrir. **ANT.** Dispersarse.

conformar *v.* **1.** Dar forma a algo. **2.** Poner la firma u otro signo en algún documento para declarar que se está conforme. ‖ **conformarse 3.** Aceptar, aguantarse con algo. **SIN. 1.** Formar, configurar. **3.** Transigir, resignarse. **ANT. 1.** Deformar. **3.** Rebelarse.

conforme *adj.* **1.** De acuerdo. **2.** Satisfecho. ‖ *adv.* **3.** Según: *Hicieron el trabajo conforme había dicho el profesor.* **SIN. 1.** Acorde. **ANT. 1.** Disconforme.

conformidad *s. f.* **1.** Aprobación. **2.** Acuerdo, coherencia. **SIN. 1.** Consentimiento, permiso. **2.** Concordancia, armonía. **ANT. 2.** Discordancia.

conformismo *s. m.* Actitud y conducta del conformista. **SIN.** Resignación. **ANT.** Inconformismo.

conformista *adj. y s.* Que se conforma con cualquier cosa. **ANT.** Inconformista.

confort (del fr.) *s. m.* Comodidad, bienestar. **SIN.** Desahogo, holgura. **ANT.** Incomodidad.

confortable *adj.* Cómodo, agradable. **SIN.** Acogedor. **ANT.** Incómodo.

confortar *v.* Dar fuerzas o ánimos. **SIN.** Fortalecer; alentar. **ANT.** Debilitar; desalentar.

confraternizar *v.* Tener una relación amistosa. **SIN.** Simpatizar, congeniar. **ANT.** Odiarse.

confrontación *s. f.* **1.** Comparación. **2.** Enfrentamiento. **SIN. 1.** Cotejo.

confrontar *v.* Comparar, cotejar.

confundir *v.* **1.** Creer que una persona o cosa es otra distinta. **2.** Mezclar: *Se confundió entre la gente.* **3.** Dejar a alguien sin saber qué hacer o qué decir. ‖ **confundirse 4.** Equivocarse. **SIN. 1.** y **4.** Errar. **2.** Revolver. **3.** Desconcertar. **ANT. 1.** y **4.** Acertar. **2.** Ordenar.

confusión *s. f.* **1.** Equivocación. **2.** Mezcla, desorden. **SIN. 1.** Error, yerro. **2.** Barullo, lío. **ANT. 1.** Acierto. **2.** Orden.

confuso, sa *adj.* **1.** Difícil de entender, ver o distinguir. **2.** Que no sabe qué hacer o qué decir. **ANT. 1.** Claro; nítido.

conga *s. f.* Baile popular cubano.

congelación *s. f.* Acción de congelar.

congelador *s. m.* Parte del frigorífico o electrodoméstico independiente que congela los alimentos.

congelar *v.* **1.** Hacer sólido un líquido al enfriarlo mucho. **2.** Enfriar un sólido hasta que quede helada su parte líquida. **3.** Tener mucho frío. **4.** Impedir o paralizar. **SIN. 1.** y **3.** Helar. **ANT. 1.** Fundir. **1.** y **2.** Descongelar.

congénere *adj. y s.* Del mismo género o clase. **SIN.** Semejante, igual.

congeniar *v.* Llevarse bien las personas por tener un carácter parecido. **SIN.** Simpatizar, entenderse. **ANT.** Chocar.

congénito, ta *adj.* Se dice de lo que tiene una persona desde que nace. **SIN.** Innato. **ANT.** Adquirido.

congestión *s. f.* **1.** Acumulación excesiva o anormal de sangre en alguna parte del cuerpo. **2.** Acumulación de personas, vehículos u otras cosas que dificultan la circulación o el paso de algo. **SIN. 2.** Embotellamiento. **ANT. 2.** Fluidez.

congestionar v. Producir una congestión. **ANT**. Descongestionar.

conglomerado, da 1. p. de **conglomerar**. También adj. ‖ s. m. 2. Material que resulta al unirse trozos o partículas de otros materiales. 3. Roca sedimentaria. Ver **sedimentario**. **SIN**. 2. Amalgama.

conglomerar v. Unir trozos o partículas de algo para hacer una materia compacta. **SIN**. Aglomerar, aglutinar. **ANT**. Disgregar.

congoja s. f. Pena o preocupación. **SIN**. Angustia, aflicción. **ANT**. Alegría.

congoleño, ña o **congolés, sa** adj. y s. De la República del Congo o de la República Democrática del Congo, países de África.

congraciarse v. Ganarse la simpatía, el cariño o la ayuda de alguien. **SIN**. Avenirse. **ANT**. Enemistarse.

congratulación s. m. Manifestación de alegría por algo bueno que le ha ocurrido a alguien.

congratular v. Manifestar satisfacción por algo bueno que le ha ocurrido a alguien. **SIN**. Felicitar, celebrar, aplaudir. **ANT**. Compadecer.

congregación s. f. Comunidad de personas con fines religiosos.

congregante, ta s. m. y f. Miembro de una congregación.

congregar v. Reunir gente. **SIN**. Agrupar, juntar. **ANT**. Dispersar.

congresista s. m. y f. 1. Miembro del Congreso. 2. Persona que asiste a un congreso científico, profesional, etc. **SIN**. 1. Diputado.

congreso s. m. 1. Reunión para tratar de temas científicos, profesionales, etc. ‖ n. pr. m. 2. Institución encargada de elaborar las leyes y controlar al Gobierno. **SIN**. 1. Convención, simposio.

congrio s. m. Pez marino con el cuerpo muy alargado y sin escamas. Es apreciado como alimento.

congruencia s. f. Relación entre las cosas cuando no hay contradicciones o diferencias entre ellas. **SIN**. Acuerdo, coherencia. **ANT**. Incongruencia.

congruente adj. Que no tiene contradicciones ni diferencias con otra cosa. **SIN**. Coherente. **ANT**. Incongruente.

cónico, ca adj. En forma de cono.

conífero, ra adj. y s. f. Se dice de algunas plantas o árboles de hoja perenne, con piñas en forma de cono o esfera, por ejemplo, el pino, el abeto o el ciprés.

conjetura s. f. Opinión o idea que se basa en algo poco seguro. **SIN**. Suposición, sospecha, hipótesis.

conjeturar v. 1. Pensar una cosa basándose en pistas, pero sin saberlo a ciencia cierta. 2. Hacer conjeturas o suposiciones. **SIN**. 2. Suponer, sospechar.

conjugación s. f. Conjunto de las formas de un verbo en todos sus tiempos, modos y personas. (Ver en **verbo** la conjugación de los verbos regulares).

conjugar v. Poner un verbo en todas sus formas.

conjunción s. f. Palabra invariable que sirve para unir palabras o grupos de palabras, por ejemplo, y, ni, porque, pero.

conjuntamente adv. Junto con otro u otros. **ANT**. Individualmente.

conjuntar v. Ir bien una cosa con otra: El bolso conjunta con los zapatos. **SIN**. Combinar, pegar. **ANT**. Desentonar.

conjuntiva s. f. Mucosa que protege y mantiene húmedas la parte interior del párpado y la parte anterior del globo del ojo.

conjuntivitis s. f. Inflamación de la conjuntiva del ojo, que produce enrojecimiento y picor.

conjuntivo, va adj. 1. Se dice del tejido que sirve para unir otros tejidos y órganos del cuerpo. 2. En gramática, que tiene la función de una conjunción: locución conjuntiva.

conjunto, ta adj. 1. Se dice de las cosas que están unidas y tienen el mismo fin. ‖ s. m. 2. Grupo. 3. En matemáticas, grupo de elementos que cumplen una condición. 4. Dos o más prendas de vestir combinadas. ‖ **LOC**. **en conjunto** En general, sin entrar en detalles. **SIN**. 1. Común. 2. Agrupación. **ANT**. 1. Individual.

conjura o **conjuración** s. f. Acuerdo para actuar contra alguien, sobre todo contra el que tiene el poder. **SIN**. Conspiración, confabulación.

conjurar v. 1. Organizar una conjuración. 2. Evitar males. **SIN**. 1. Conspirar, tramar. 2. Eludir. **ANT**. 2. Atraer.

conjuro s. m. Palabras mágicas para hacer hechizos o alejar males. **SIN**. Sortilegio.

conllevar v. Llevar unido: El cargo de presidente conlleva muchas responsabilidades. **SIN**. Implicar, suponer. **ANT**. Excluir.

conmemoración s. f. Hecho de recordar a una persona o acontecimiento con alguna celebración.

conmemorar v. Recordar a una persona o acontecimiento con una celebración o un monumento. **SIN**. Rememorar.

conmemorativo, va adj. Que conmemora a una persona o acontecimiento.

conmigo *pron. pers.* Con la persona que habla, o sea yo.

conminar *v.* Pedir u obligar a alguien a hacer algo mediante un aviso o amenaza. **SIN.** Intimidar.

conmiseración *s. f.* Lástima ante los males ajenos. **SIN.** Compasión, piedad.

conmoción *s. f.* **1.** Impresión o alteración muy fuertes. ‖ **2. conmoción cerebral** Pérdida del conocimiento por un fuerte golpe en la cabeza. **SIN. 1.** Agitación, trastorno. **ANT. 1.** Serenidad.

conmocionar *v.* Producir una conmoción. **SIN.** Agitar, trastornar. **ANT.** Serenar.

conmovedor, ra *adj.* Que conmueve o emociona. **SIN.** Emocionante.

conmover *v.* Producir un sentimiento de emoción o pena. □ Es v. irreg. Se conjuga como *mover*. **SIN.** Emocionar, apenar.

conmutación *s. f.* Cambio, sustitución. **SIN.** Permuta.

conmutador *s. m.* Mecanismo para cambiar la dirección de la corriente o para cortarla.

conmutar *v.* Cambiar, sustituir. **SIN.** Permutar, trocar.

conmutativa *adj. y s. f.* Propiedad de algunas operaciones, como la suma y la multiplicación, según la cual el orden de sus elementos no influye en el resultado.

connivencia *s. f.* **1.** Acuerdo entre varias personas para llevar a cabo un engaño o delito. **2.** Hecho de permitir un superior que las personas a su cargo cometan una falta. **SIN. 1.** Confabulación. **1.** y **2.** Complicidad. **2.** Tolerancia.

connotación *s. f.* Sentido o intención que una palabra o una frase tiene además de su significado principal.

cono *s. m.* Figura geométrica acabada en punta y que tiene como base un círculo.

conocedor, ra *adj. y s.* Que conoce o sabe algo. **SIN.** Informado; entendido.

conocer *v.* **1.** Saber, estar informado de algo. **2.** Saber quién o cómo es alguien, tener trato con él. □ Es v. irreg. Se conjuga como *agradecer.* **SIN. 1.** Enterarse. **2.** Tratar, frecuentar. **ANT. 1.** Desconocer.

conocido, da 1. *p.* de **conocer.** También *adj.* ‖ *adj.* **2.** Se dice de las personas o cosas a las que mucha gente conoce. ‖ *s. m.* y *f.* **3.** Persona con la que se tiene trato, pero no amistad. **SIN. 1.** Sabido. **2.** Popular, famoso. **ANT. 2.** Desconocido.

conocimiento *s. m.* **1.** Capacidad para conocer y acción de conocer. **2.** Capacidad para darnos cuenta a través de los sentidos de lo que nos rodea: *perder el conocimiento.* ‖ *s. m. pl.* **3.** Cosas que se conocen sobre una ciencia, una técnica, etc. **SIN. 1.** Inteligencia, entendimiento. **2.** Consciencia. **3.** Saber, cultura, instrucción. **ANT. 1.** Desconocimiento.

conque *conj.* Por lo tanto, en consecuencia: *Tengo prisa, conque acaba rápido.*

conquense *adj. y s.* De Cuenca, ciudad y provincia españolas.

conquista *s. f.* **1.** Acción de conquistar y la cosa conquistada. **2.** Persona a la que se consigue enamorar. **SIN. 1.** Toma. **ANT. 1.** Pérdida.

conquistador, ra *adj. y s.* **1.** Que conquista un territorio. **2.** Persona que hace muchas conquistas amorosas. **SIN. 2.** Donjuán.

conquistar *v.* **1.** En la guerra, apoderarse de un territorio por las armas. **2.** Conseguir: *Conquistaron el primer puesto.* **3.** Lograr una persona que otra se enamore de ella. **4.** Atraer la simpatía o el cariño de la gente. **SIN. 1.** Tomar, ocupar. **2.** Alcanzar, obtener. **3.** y **4.** Cautivar. **ANT. 1.** y **2.** Perder.

consabido, da *adj.* **1.** Sabido por todos. **2.** Habitual. **SIN. 1.** Conocido. **2.** Usual, acostumbrado. **ANT. 1.** Desconocido.

consagración *s. f.* Acción de consagrar o consagrarse. **SIN.** Ofrecimiento, dedicación.

consagrar *v.* **1.** Ofrecer a Dios. **2.** Dedicar: *Consagra su tiempo a la lectura.* **3.** Dar importancia o fama. **4.** En la misa, pronunciar el sacerdote las palabras para que el pan y el vino se transformen en el cuerpo y la sangre de Cristo.

consanguíneo, a *adj. y s.* **1.** Que tiene los mismos antepasados que otro. **2.** Que son hermanos solo de padre.

consanguinidad *s. f.* Parentesco entre varias personas que tienen los mismos antepasados.

consciencia *s. f.* Característica o estado consciente, con pleno conocimiento.

consciente *adj.* **1.** Que se da cuenta de las cosas. **2.** Que no ha perdido el conocimiento. **ANT. 1.** y **2.** Inconsciente.

consecución *s. f.* Acción de conseguir. **SIN.** Logro, obtención. **ANT.** Fracaso.

consecuencia *s. f.* Hecho que resulta de otro. **SIN.** Efecto, resultado. **ANT.** Causa.

consecuente *adj.* Se dice de la persona que actúa según su forma de pensar. **SIN.** Coherente, congruente. **ANT.** Inconsecuente.

consecuentemente *adv.* Con coherencia respecto a la propia forma de pensar.

consecutivo, va *adj.* **1.** Que sigue a otra cosa sin interrupción: *Veraneé allí cuatro años consecutivos.* **2.** Se dice de la oración gramatical que expresa la consecuencia de otra, y de las conjunciones que la introducen, como *conque, por lo tanto, así que*. **SIN. 1.** Seguido, sucesivo.

conseguido, da 1. *p.* de **conseguir**. También *adj.* ‖ *adj.* **2.** Bien hecho: *un retrato muy conseguido*. **SIN. 1.** y **2.** Logrado.

conseguir *v.* Obtener, lograr algo: *conseguir un premio*. □ Es v. irreg. Se conjuga como *pedir*. **SIN.** Alcanzar, adquirir. **ANT.** Fracasar, perder.

consejería *s. f.* **1.** Cargo de consejero. **2.** Cada departamento del gobierno de una comunidad autónoma.

consejero, ra *s. m.* y *f.* **1.** Persona que aconseja. **2.** Miembro de un consejo. **3.** Responsable de una consejería en una comunidad autónoma. **SIN. 1.** Asesor.

consejo *s. m.* **1.** Opinión que da una persona a otra sobre lo que debe hacer o cómo hacerlo. **2.** Grupo de personas que dirigen o aconsejan a otras. **SIN. 1.** Recomendación, asesoramiento.

consenso *s. m.* Acuerdo entre todos. **SIN.** Unanimidad. **ANT.** Discrepancia.

consensuar *v.* Llegar a un acuerdo todas las personas de un grupo.

consentido, da 1. *p.* de **consentir**. También *adj.* ‖ *adj.* y *s.* **2.** Muy mimado. **SIN. 2.** Caprichoso, malcriado.

consentimiento *s. m.* Permiso, autorización. **SIN.** Aprobación, conformidad.

consentir *v.* **1.** Permitir, autorizar. **2.** Ser demasiado tolerante con alguien. □ Es v. irreg. Se conjuga como *sentir*. **SIN. 1.** Aprobar, acceder. **1.** y **2.** Tolerar. **2.** Mimar, malcriar. **ANT. 1.** Impedir.

conserje *s. m.* y *f.* Persona encargada de la vigilancia y del cuidado de un edificio, oficina, etc. **SIN.** Portero, ordenanza.

conserjería *s. f.* **1.** Lugar de un edificio, oficina, etc., donde está el conserje. **2.** Recepción de un hotel.

conserva *s. f.* Alimento preparado y envasado que pueda durar mucho tiempo.

conservación *s. f.* Acción de conservar. **SIN.** Mantenimiento.

conservador, ra *adj.* y *s.* **1.** Que conserva. **2.** Que sigue la tradición y no quiere cambios, sobre todo en política. **SIN. 2.** Tradicional. **ANT. 2.** Progresista.

conservadurismo *s. m.* Actitud o tendencia conservadora, sobre todo en política. **ANT.** Progresismo.

conservante *s. m.* Sustancia añadida a los alimentos para conservarlos.

conservar *v.* **1.** Hacer que algo dure en buen estado. **2.** Seguir teniendo una cosa. **3.** Hacer conservas. ‖ **conservarse 4.** Seguir con buen aspecto una persona a pesar de los años. **SIN. 2.** Guardar. **ANT. 1.** y **4.** Estropear. **2.** Perder.

conservatorio *s. m.* Lugar en que se enseña música y danza.

conservero, ra *adj.* De las conservas.

considerable *adj.* Grande, importante. **SIN.** Notable. **ANT.** Insignificante.

consideración *s. f.* **1.** Observación, indicación. **2.** Respeto y educación con los demás. **3.** Aprecio, estima: *Le tienen en gran consideración*. **SIN. 1.** Reflexión. **2.** Miramiento. **ANT. 2.** Desconsideración.

considerado, da 1. *p.* de **considerar**. También *adj.* ‖ *adj.* **2.** Respetuoso, educado. **SIN. 2.** Mirado, delicado.

considerar *v.* **1.** Pensar despacio y con tranquilidad. **2.** Opinar, creer. **SIN. 1.** Examinar, reflexionar, estudiar. **2.** Juzgar, estimar.

consigna *s. f.* **1.** Orden, instrucción. **2.** En estaciones, aeropuertos, grandes almacenes, etc., lugar donde se dejan los equipajes u otras cosas por un tiempo.

consignar *v.* **1.** Dejar alguna cosa en un sitio para que la guarden por un tiempo. **2.** Poner por escrito. **SIN. 1.** Depositar. **2.** Anotar.

consigo *pron. pers.* Equivale a 'con él mismo', 'con ella misma' o 'con usted mismo', y sus plurales: *Hablaba consigo mismo. Trajeron a su hijo consigo.*

consiguiente *adj.* Que es consecuencia de otra cosa o se deduce de ella. **SIN.** Correspondiente.

consiguientemente *adv.* Por o como consecuencia.

consistencia *s. f.* **1.** Resistencia, dureza. **2.** Hecho de ser más o menos espesa una masa. **3.** Coherencia, fundamento. **SIN. 1.** y **3.** Solidez, firmeza. **ANT. 2.** y **3.** Inconsistencia.

consistente *adj.* **1.** Que consiste en lo que se dice: *Recibió un premio consistente en un viaje.* **2.** Que tiene consistencia: *material consistente, argumentos consistentes.* **SIN. 2.** Sólido, firme. **ANT. 2.** Inconsistente.

consistir *v.* Ser algo lo que se dice o estar compuesto por lo que se indica: *Su trabajo consiste en cuidar niños. Un monopatín consiste en una tabla con ruedas.* **SIN.** Estribar, constar.

consistorial *adj.* Del consistorio.

consistorio *s. m.* **1.** Ayuntamiento. **2.** Asamblea de cardenales presidida por el papa.

consola *s. f.* **1.** Mesa hecha para colocarse arrimada a la pared. **2.** Tablero de mandos de un avión o nave espacial. **3.** Teclado y pantalla de un ordenador. **4.** Aparato de videojuegos.

consolación *s. f.* Acción de consolar.

consolar *v.* Dar consuelo. □ Es v. irreg. Se conjuga como *contar*. **SIN.** Aliviar, confortar. **ANT.** Apenar.

consolidación *s. f.* Acción de consolidar o consolidarse.

consolidar *v.* Hacer sólido, fuerte y firme. **SIN.** Reforzar, fortalecer, afianzar. **ANT.** Debilitar.

consomé *s. m.* Caldo de carne.

consonancia *s. f.* **1.** Igualdad, coherencia. **2.** Rima consonante.

consonante *s. f.* **1.** Cada una de las letras que, con las vocales, forman el alfabeto. ‖ *adj.* **2.** Se dice de la rima en la que todas las letras son iguales desde la última vocal acentuada.

consonántico, ca *adj.* De las consonantes.

consorcio *s. m.* Gran empresa formada por la unión de otras de menor tamaño.

consorte *s. m. y f.* Marido o esposa. **SIN.** Cónyuge.

conspiración *s. f.* Acción de conspirar. **SIN.** Intriga, confabulación, conjura.

conspirador, ra *s. m. y f.* Persona que conspira. **SIN.** Intrigante.

conspirar *v.* Unirse varias personas contra alguien o algo. **SIN.** Intrigar, maquinar, confabularse, conjurarse.

constancia *s. f.* Característica de la persona constante. **SIN.** Tenacidad, persistencia. **ANT.** Inconstancia.

constante *adj.* **1.** Continuo: *un dolor constante.* **2.** Muy frecuente. **3.** Se dice de la persona que siempre continúa lo que comienza. ‖ *s. f.* **4.** Valor que permanece fijo. **SIN. 1.** Persistente. **3.** Tenaz, perseverante. **ANT. 3.** Inconstante.

constantemente *adv.* De manera constante, o muy a menudo. **SIN.** Continuamente.

constar *v.* **1.** Tener la certeza o la seguridad de algo. **2.** Aparecer por escrito. **3.** Estar formado por lo que se indica: *El examen consta de diez preguntas.* **SIN. 2.** Figurar. **3.** Componerse, consistir.

constatación *s. f.* Acción de constatar. **SIN.** Confirmación, verificación.

constatar *v.* Comprobar un hecho, asegurarse. **SIN.** Confirmar, verificar.

constelación *s. f.* Conjunto de estrellas agrupadas que forman una figura.

consternación *s. f.* Tristeza o dolor muy grandes. **SIN.** Pena, abatimiento.

consternado, da **1.** *p.* de **consternar.** ‖ *adj.* **2.** Muy triste. **SIN. 2.** Afligido, apesadumbrado. **ANT. 2.** Alegre.

consternar *v.* Causar mucha tristeza o dolor. **SIN.** Afligir, apesadumbrar. **ANT.** Alegrar.

constipado, da **1.** *p.* de **constiparse.** También *adj.* ‖ *s. m.* **2.** Catarro, resfriado.

constiparse *v.* Acatarrarse, resfriarse.

constitución *s. f.* **1.** Acción de constituir. ‖ *s. f.* **2.** Forma del cuerpo: *un hombre de constitución fuerte.* **3.** Composición y cualidades de algo. ‖ *n. pr.* **4.** Ley principal y más importante de un país. **SIN. 1.** Formación. **2.** Complexión.

constitucional *adj.* **1.** De la Constitución de un país o conforme a ella. **2.** De la constitución física. **ANT. 1.** Inconstitucional.

constituir *v.* **1.** Formar, componer. **2.** Ser algo lo que se indica: *El petróleo constituye la principal riqueza de ese país.* □ Es v. irreg. Se conjuga como *construir.* **SIN. 1.** Integrar.

constitutivo, va *adj.* Que compone algo. **SIN.** Integrante.

constituyente *adj. y s.* **1.** Que constituye una parte de algo. **2.** Se dice de las Cortes o asambleas que se reúnen para hacer o reformar la Constitución de un país. **SIN. 1.** Componente.

constreñir *v.* Limitar, restringir. □ Es v. irreg. Se conjuga como *ceñir.*

construcción *s. f.* **1.** Acción de construir. **2.** Obra construida. **3.** Frase o expresión: *una construcción incorrecta.* ‖ *s. f. pl.* **4.** Juguete formado por muchas piezas diferentes para hacer casas o figuras. **SIN. 1.** Edificación. **2.** Edificio. **ANT. 1.** Destrucción.

constructivo, va *adj.* Provechoso, beneficioso. **SIN.** Edificante.

constructor, ra *adj. y s.* Que construye, sobre todo edificios: *Dirige una empresa constructora.*

construir *v.* **1.** Hacer edificios y otras obras, como puentes, carreteras, etc. **2.** Ordenar y unir las palabras y las frases de acuerdo con la gramática. □ Es v. irreg. Ver cuadro en página siguiente. **SIN. 1.** Edificar, erigir. **ANT. 1.** Destruir.

consuegro, gra *s. m. y f.* Padre o madre de uno de los cónyuges respecto del padre o la madre del otro.

consuelo *s. m.* Persona o cosa que disminuye el sufrimiento o pena de alguien. **SIN.** Alivio. **ANT.** Desconsuelo.

consuetudinario, ria *adj.* Habitual o relacionado con la costumbre.

CONSTRUIR

GERUNDIO

construyendo

INDICATIVO

Presente	Pretérito perfecto simple
construyo	*construí*
construyes	*construiste*
construye	*construyó*
construimos	*construimos*
construís	*construisteis*
construyen	*construyeron*

SUBJUNTIVO

Presente	Pretérito imperfecto
construya	*construyera, -ese*
construyas	*construyeras, -eses*
construya	*construyera, -ese*
construyamos	*construyéramos, -ésemos*
construyáis	*construyerais, -eseis*
construyan	*construyeran, -esen*

Futuro simple

construyere
construyeres
construyere
construyéremos
construyereis
construyeren

IMPERATIVO

construye (tú)	*construid* (vosotros)
construya (usted)	*construyan* (ustedes)

cónsul *s. m. y f.* Persona que se encarga de defender a las personas y los intereses de su nación en un país extranjero.

consulado *s. m.* Edificio u oficina del cónsul.

consular *adj.* Del cónsul o del consulado.

consulta *s. f.* **1.** Acción de consultar. **2.** Acción de examinar y atender el médico a los enfermos, y lugar donde lo hace.

consultar *v.* **1.** Pedir opinión o consejo. **2.** Buscar información: *Consulta en el plano.* **SIN. 1.** Asesorarse. **2.** Informarse.

consulting (ingl.) *s. m.* Consultoría.

consultivo, va *adj.* Se dice de los organismos creados para ser consultados.

consultor, ra *adj. y s.* **1.** Que consulta. || *s. m. y f.* **2.** Persona dedicada a la consultoría.

consultoría *s. f.* **1.** Actividad que consiste en informar y aconsejar a las empresas sobre temas legales, económicos, etc. **2.** Empresa dedicada a esa actividad. **SIN. 1.** y **2.** *Consulting.*

consultorio *s. m.* **1.** Lugar donde pasan consulta varios médicos. **2.** Lugar, programa o apartado de un periódico donde se contestan preguntas que hace la gente sobre cierto tema.

consumación *s. f.* Acción de consumar. **SIN.** Cumplimiento.

consumado, da **1.** *p.* de **consumar.** También *adj.* || *adj.* **2.** Muy bueno en algo: *un consumado pintor.* **SIN. 2.** Extraordinario. **ANT. 2.** Mediocre.

consumar *v.* Hacer o cumplir algo completamente. **SIN.** Concluir. **ANT.** Incumplir.

consumición *s. f.* **1.** Acción de consumir o consumirse. **2.** Alimento o bebida que se toma en un establecimiento. **SIN. 1.** Agotamiento.

consumido, da **1.** *p.* de **consumir.** También *adj.* || *adj.* **2.** Gastado, acabado. **3.** Flaco y con mal aspecto. **SIN. 3.** Demacrado.

consumidor, ra *adj. y s.* Que consume, utiliza o gasta algo.

consumir *v.* **1.** Utilizar, gastar. **2.** Tomar algo en un bar, restaurante, etc. **3.** Destruir, hacer desaparecer: *El fuego consume la madera.* **4.** Producir mucha intranquilidad y malestar: *consumirse de celos.* **SIN. 2.** Comer; beber.

consumismo *s. m.* Tendencia a comprar continuamente cosas que en realidad no son necesarias.

consumista *adj. y s.* Del consumismo o dominado por el consumismo.

consumo *s. m.* Acción de consumir, utilizar o gastar. **SIN.** Gasto.

consustancial *adj.* Propio de una persona o cosa y siempre unido a ella. **SIN.** Inherente. **ANT.** Accidental.

contabilidad *s. f.* Cuentas que se hacen para calcular el dinero que se gana y el que se gasta.

contabilizar *v.* Contar, llevar la cuenta de algo.

contable *adj.* **1.** Se dice de los sustantivos que nombran personas o cosas que pueden ser contadas: *(cuatro) niños, (dos) manzanas.* || *s. m. y f.* **2.** Persona que se encarga de la contabilidad de otra persona o de una empresa. **ANT. 1.** Incontable.

contactar *v.* Ponerse en contacto con alguien. **SIN.** Comunicarse.

contacto *s. m.* **1.** Acción de tocar o tocarse. **2.** Relación o comunicación entre personas. **3.** Persona que hace posible esta relación o comunicación. **4.** Unión entre dos partes de un circuito eléctrico que hace que pase la corriente y funcione un aparato. **SIN. 1.** Toque. **2.** Trato. **4.** Conexión.

contado, da 1. *p.* de **contar.** También *adj.* ‖ *adj.* **2.** Poco, escaso. ‖ **LOC. al contado** Pagando de una vez y en el momento. **ANT. 2.** Mucho.

contador *s. m.* Aparato para medir o contar algo, como el agua que se gasta en una casa.

contagiar *v.* Transmitir a alguien una enfermedad, costumbre, manía, etc. **SIN.** Pegar.

contagio *s. m.* Acción de contagiar.

contagioso, sa *adj.* Que se contagia.

contaminación *s. f.* Hecho de existir en una cosa o en un lugar sustancias tóxicas o perjudiciales.

contaminante *adj.* y *s. m.* Que contamina.

contaminar *v.* Dañar o estropear algo con sustancias tóxicas o perjudiciales. **ANT.** Descontaminar.

contante Se usa en la expresión **contante y sonante**, que se dice del dinero en metálico.

contar *v.* **1.** Decir los números seguidos. **2.** Numerar una serie de cosas para saber cuántas hay. **3.** Decir o comunicar un suceso real o inventado. **4.** Poseer, disponer: *Nuestra ciudad cuenta con un importante aeropuerto. Cuenta desde ahora con mi ayuda.* **5.** Valer, importar: *Lo que cuenta son los amigos.* □ Es *v.* irreg. **SIN. 2.** Enumerar. **3.** Narrar, relatar, referir. **4.** Tener.

CONTAR		
INDICATIVO	**SUBJUNTIVO**	**IMPERATIVO**
Presente	**Presente**	
cuento	*cuente*	
cuentas	*cuentes*	*cuenta* (tú)
cuenta	*cuente*	*cuente* (usted)
contamos	*contemos*	*contad* (vosotros)
contáis	*contéis*	*cuenten* (ustedes)
cuentan	*cuenten*	

contemplación *s. f.* **1.** Acción de contemplar. **2.** Meditación religiosa. ‖ *s. f. pl.* **3.** Cuidado especial con alguien o algo. **SIN. 3.** Miramientos, remilgos.

contemplar *v.* **1.** Mirar tranquilamente o con atención. **2.** Tener en cuenta: *contemplar una posibilidad.* **SIN. 2.** Considerar.

contemplativo, va *adj.* Dedicado a la contemplación religiosa.

contemporáneo, a *adj.* y *s.* **1.** De la misma época que otra persona o cosa. **2.** Actual. **SIN. 1.** Coetáneo.

contemporizar *v.* Ponerse de acuerdo con alguien o ser tolerante con él. **SIN.** Consentir, transigir. **ANT.** Oponerse.

contención *s. f.* Acción de contener, impedir moverse o avanzar: *muro de contención.* **SIN.** Retención, sujeción.

contencioso, sa *adj.* y *s. m.* **1.** Se dice de los asuntos sobre los que se discute en un juicio. ‖ *s. m.* **2.** Conflicto.

contender *v.* Luchar, enfrentarse. □ Es *v.* irreg. Se conjuga como *tender.* **SIN.** Combatir, competir.

contendiente *adj.* y *s.* Que lucha o se enfrenta con otros. **SIN.** Combatiente, competidor.

contenedor *s. m.* **1.** Caja de gran tamaño para transportar mercancías. **2.** Recipiente grande para echar basuras o escombros.

contener *v.* **1.** Tener dentro. **2.** Impedir a alguien o algo moverse o avanzar. **3.** Aguantarse un deseo o sentimiento: *contener la risa.* □ Es *v.* irreg. Se conjuga como *tener.* **SIN. 1.** Incluir, encerrar. **2.** Detener, retener. **3.** Dominar. **ANT. 2.** Soltar.

contenido, da 1. *p.* de **contener.** También *adj.* ‖ *s. m.* **2.** Cosa que otra contiene. **3.** Significado de una palabra, frase o texto. **SIN. 3.** Sentido.

contentar *v.* **1.** Alegrar, complacer. ‖ **contentarse 2.** Conformarse. **SIN. 1.** Satisfacer.

contento, ta *adj.* **1.** Alegre, feliz. **2.** Satisfecho, conforme. ‖ *s. m.* **3.** Alegría, felicidad. **SIN. 1.** Jubiloso. **2.** Complacido. **3.** Gozo, dicha. **ANT. 1.** Triste. **2.** Insatisfecho. **3.** Tristeza.

contera *s. f.* Pieza o funda que remata o protege la punta de algo, como un bastón.

contertulio, lia *s. m.* y *f.* Persona que va a la misma tertulia que otra.

contestación *s. f.* Acción de contestar. **SIN.** Respuesta.

contestador *s. m.* Aparato conectado a un teléfono con una grabadora para dar y recoger mensajes.

contestar *v.* **1.** Decir algo cuando a uno le preguntan. **2.** Decir algo de malos modos como respuesta a otra cosa. **SIN. 1.** Responder. **1.** y **2.** Replicar. **ANT. 1.** Callar.

contestatario, ria *adj.* y *s.* Que no acepta las normas establecidas o protesta por ellas. **SIN.** Rebelde, inconformista, díscolo. **ANT.** Conformista.

contestón, na *adj.* y *s. fam.* Respondón.

contexto *s. m.* **1.** Lo que se dice antes o después de una frase o palabra y las sitúa y ayuda a comprenderlas. **2.** Ambiente en que se desarrolla alguien o algo. **SIN. 2.** Entorno.

contextualizar *v.* Situar algo en su contexto para que se entienda mejor.

contextura *s. f.* Manera de estar formada alguna cosa. **SIN.** Textura.

contienda *s. f.* Lucha, enfrentamiento. **SIN.** Batalla, combate. **ANT.** Paz.

contigo *pron. pers.* Con la persona a la que alguien se dirige: *Voy contigo.*

contigüidad *s. f.* Hecho de ser contiguas dos o más cosas.

contiguo, gua *adj.* Justo al lado. **SIN.** Vecino, seguido. **ANT.** Separado.

continencia *s. f.* Moderación en las pasiones, los deseos o los impulsos. **SIN.** Templanza. **ANT.** Incontinencia.

continental *adj.* **1.** De un continente o de la parte de un continente que no es una isla: *la Europa continental.* **2.** Se dice del clima de inviernos fríos, veranos cálidos y poca lluvia. **ANT. 1.** Insular.

continente *s. m.* **1.** Cosa que contiene dentro otra. **2.** Cada una de las seis grandes partes en que se divide la Tierra: Europa, Asia, África, América, Oceanía y la Antártida. **ANT. 1.** Contenido.

contingencia *s. f.* Suceso imprevisto. **SIN.** Eventualidad.

contingente *adj.* **1.** Que puede suceder o no. ‖ *s. m.* **2.** Gran número de soldados o policías. **SIN. 1.** Incierto. **ANT. 1.** Seguro.

continuación *s. f.* Cosa con la que se continúa otra. ‖ **LOC. a continuación** Inmediatamente después o detrás. **SIN.** Prolongación. **ANT.** Interrupción.

continuador, ra *adj.* y *s.* Que continúa lo que otro ha empezado.

continuamente *adv.* De manera continua. **SIN.** Constantemente.

continuar *v.* **1.** Hacer algo que ya se había empezado. **2.** Estar en el mismo lugar o situación en que se estaba: *Continúa muy enfermo.* **3.** Extenderse: *El jardín continúa detrás de la verja.* **SIN. 1.** Prorrogar, reanudar. **1.** a **3.** Seguir. **2.** Persistir, subsistir. **ANT. 1.** Interrumpir, parar.

continuidad *s. f.* **1.** Característica de lo que está continuo o seguido. **2.** Unión entre las partes de algo que van seguidas. **SIN. 1.** Constancia. **2.** Encadenamiento. **ANT. 1.** y **2.** Interrupción.

continuo, nua *adj.* **1.** Que no tiene paradas o interrupciones. **2.** Que sucede con frecuencia. **SIN. 1.** Seguido. **1.** y **2.** Constante, incesante. **ANT. 1.** y **2.** Intermitente. **2.** Discontinuo.

contonearse *v.* Andar moviendo mucho los hombros y las caderas.

contorno *s. m.* **1.** Línea que forma el borde de algo. **2.** Zona alrededor de un lugar. **SIN. 1.** Silueta, perímetro. **2.** Proximidades, inmediaciones.

contorsión *s. f.* Movimiento en que se fuerza o retuerce el cuerpo. **SIN.** Contracción, convulsión.

contorsionarse *v.* Hacer contorsiones. **SIN.** Retorcerse.

contorsionista *s. m.* y *f.* Artista que hace contorsiones difíciles en el circo y otros espectáculos.

contra *prep.* **1.** Indica oposición, lucha o enfrentamiento: *estar en contra, jugar contra*; junto a, tocando: *Pon la silla contra la pared*; a cambio de: *contra rembolso*. ‖ *s. m.* **2.** Aspecto desfavorable: *los pros y los contras.* ‖ *interj.* **3.** Expresa enfado o sorpresa. ‖ **LOC. en contra** En oposición a alguien o algo: *La cantante tenía al público en contra.* **SIN. 2.** Dificultad, inconveniente.

contra natura *expr.* Contrario a lo que es natural. **SIN.** Antinatural.

contraalisios *s. m. pl.* Vientos que soplan en sentido opuesto al de los alisios.

contraatacar *v.* Realizar un contraataque. ☐ Se dice también *contratacar.*

contraataque *s. m.* Ataque que se realiza en respuesta a otro del contrario. ☐ Se dice también *contrataque.* **SIN.** Contraofensiva, contragolpe.

contrabajo *s. m.* Instrumento musical parecido al violín, pero mucho más grande; se toca de pie apoyándolo en el suelo.

contrabandista *s. m.* y *f.* Persona que se dedica al contrabando.

contrabando *s. m.* Acción de introducir en un país o sacar de él mercancías prohibidas o sin pagar impuestos en la aduana.

contrabarrera *s. f.* Segunda fila de asientos en una plaza de toros.

contracción *s. f.* **1.** Acción de contraer o contraerse. **2.** Palabra formada por la unión de otras dos suprimiendo parte de una de ellas, como *al* (*a* y *el*) y *del* (*de* y *el*). **ANT. 1.** Dilatación.

contrachapado, da *adj.* y *s. m.* Tablero formado por finas láminas de madera, unidas.

contracorriente Se usa en la expresión **a contracorriente**, 'en contra de lo que hacen o piensan los demás'.

contráctil *adj.* Se dice de los músculos o de los órganos que se contraen con facilidad.

contractual *adj.* Que procede o deriva de un contrato: *obligación contractual*.

contractura *s. f.* Encogimiento involuntario de un músculo que produce dolor.

contracubierta *s. f.* Lado interior de la cubierta de un libro.

contradecir *v.* **1.** Decir lo contrario: *Contradijo su opinión. No resultaba creíble porque se contradecía*. **2.** Estar en contra: *Sus acciones y sus palabras se contradicen*. □ Es v. irreg. Se conjuga como *decir*, salvo la 2.ª pers. del sing. del imperativo: *contradice*. **SIN. 1.** Rebatir, replicar. **2.** Contraponerse, chocar. **ANT. 1.** Ratificar, confirmar. **2.** Concordar.

contradicción *s. f.* Acción de contradecir o contradecirse. **SIN.** Oposición; incoherencia. **ANT.** Coherencia.

contradictorio, ria *adj.* Que contradice o se contradice. **SIN.** Opuesto, contrario; incoherente. **ANT.** Coherente.

contraer *v.* **1.** Hacer o hacerse más pequeña una cosa: *La goma se estira y luego se contrae*. **2.** Encogerse un músculo o un nervio. **3.** Llegar a tener alguien una enfermedad. **4.** Adoptar una costumbre, obligación, etc. ‖ **LOC. contraer matrimonio** Casarse. □ Es v. irreg. Se conjuga como *traer*. **SIN. 1.** Disminuir. **3.** Adquirir, contagiarse. **ANT. 1.** Estirar, dilatar.

contraespionaje *s. m.* Servicio de seguridad de un país contra el espionaje extranjero.

contrafuerte *s. m.* **1.** Pilar que refuerza un muro. **2.** Refuerzo en el talón del zapato.

contragolpe *s. m.* Contraataque.

contrahecho, cha *adj. y s.* Con joroba o con otra deformidad del cuerpo. **SIN.** Deforme.

contraindicación *s. f.* Hecho de estar contraindicada una cosa. **ANT.** Indicación.

contraindicado, da *adj.* Se dice del medicamento, tratamiento, etc., que resulta perjudicial para algo.

contralmirante *s. m. y f.* Alto grado de la Marina de guerra, por debajo del vicealmirante.

contralto *s. m. y f.* Persona, especialmente mujer, con voz entre la de soprano y la de tenor.

contraluz *s. amb.* Aspecto de las cosas desde el lado opuesto a la luz.

contramaestre *s. m.* **1.** Persona que manda directamente a los marineros de un barco. **2.** Capataz de una fábrica o taller.

contramano Se utiliza en la expresión **a contramano**, 'en dirección contraria a la que debe ser'.

contraofensiva *s. f.* Ataque de un ejército como respuesta a otro del enemigo. **SIN.** Contraataque.

contraoferta *s. f.* Oferta que se da como respuesta a una anterior.

contraorden *s. f.* Orden que anula otra anterior.

contrapartida *s. f.* Cosa buena que compensa a otra que no lo es tanto.

contrapear *v.* Ir colocando cosas en posición alternada.

contrapelo Se usa en la expresión **a contrapelo**, 'contra la dirección del pelo'.

contrapesar *v.* Igualar un peso con otro. **SIN.** Equilibrar, nivelar.

contrapeso *s. m.* Peso que iguala a otro.

contrapié Se usa en la expresión **a contrapié**, 'con el pie en mala postura para lo que se quiere hacer'.

contraponer *v.* **1.** Oponer. **2.** Comparar dos cosas para ver la diferencia: *contraponer dos estilos*. □ Es v. irreg. Se conjuga como *poner*. **SIN. 1.** Enfrentar. **2.** Cotejar.

contraportada *s. f.* **1.** Página anterior a la portada de un libro, donde aparecen algunos datos de este. **2.** Parte posterior de la cubierta de un libro o de una revista.

contraposición *s. f.* Oposición entre cosas.

contraprestación *s. f.* Servicio o favor que responde a otro recibido.

contraproducente *adj.* De efecto contrario al que se busca. **SIN.** Perjudicial. **ANT.** Beneficioso.

contrapuesto, ta **1.** *p.* de **contraponer**. También *adj.* ‖ *adj.* **2.** Opuesto, contrario.

contrapunto *s. m.* **1.** Técnica musical en la que varias melodías suenan a la vez, independientemente pero dentro de un conjunto. **2.** Contraste entre dos o más cosas.

contrariado, da **1.** *p.* de **contrariar**. También *adj.* ‖ *adj.* **2.** Disgustado, de mal humor.

contrariar *v.* **1.** Llevarle la contraria a alguien. **2.** Disgustar. **SIN. 2.** Enojar, enfadar. **ANT. 2.** Satisfacer.

contrariedad *s. f.* **1.** Suceso imprevisto que retrasa o impide algo. **2.** Disgusto, descontento. **SIN. 1.** Contratiempo, percance.

contrario, ria *adj.* **1.** Que se opone a algo o lo rechaza. ‖ *s. m. y f.* **2.** Adversario. ‖ **LOC. al contrario** o **por el contrario** Al revés, de modo opuesto. **llevar la contraria** Hacer o decir lo contrario que otro. **SIN. 1.** Opuesto. **2.** Rival, enemigo. **ANT. 2.** Amigo, partidario.

contrarreloj *adj.* y *s. f.* Se dice de la prueba que consiste en medir el tiempo que tarda un deportista en recorrer una distancia.

contrarrestar *v.* Compensar o anular una cosa los efectos de otra. **SIN.** Neutralizar, paliar. **ANT.** Potenciar.

contrarrevolución *s. f.* Movimiento político dirigido contra una revolución.

contrasentido *s. m.* Cosa sin sentido. **SIN.** Disparate, sinsentido.

contraseña *s. f.* **1.** Señal o palabras acordadas entre varios para identificarse. **2.** Conjunto de letras o números que identifican a un usuario en un ordenador u otro sistema con acceso restringido. **SIN. 2.** *Password*, clave.

contrastar *v.* **1.** Comprobar si algo es cierto o correcto: *contrastar datos.* **2.** Destacar mucho una cosa entre otras. **SIN. 1.** Constatar, verificar. **2.** Resaltar.

contraste *s. m.* Gran diferencia u oposición entre personas o cosas.

contrata *s. f.* Contrato para hacer una obra o prestar un servicio por un precio determinado.

contratacar *v.* Contraatacar.

contratación *s. f.* Acción de contratar.

contrataque *s. m.* Contraataque.

contratar *v.* Hacer un contrato con alguien: *contratar trabajadores, contratar un apartamento.*

contratiempo *s. m.* Suceso inesperado que causa problemas. **SIN.** Imprevisto, complicación, contrariedad.

contratista *s. m.* y *f.* Empresa o persona que presta un servicio por medio de una contrata.

contrato *s. m.* Acuerdo entre dos o más personas por el que se obligan a hacer algo.

contravenir *v.* Ir en contra de lo ordenado o acordado. □ Es v. irreg. Se conjuga como *venir.* **SIN.** Desobedecer, infringir. **ANT.** Obedecer.

contraventana *s. f.* Puerta que cubre los cristales de una ventana para que no entre luz ni frío.

contrayente *adj.* y *s.* Persona que contrae matrimonio.

contribución *s. f.* **1.** Acción de contribuir. **2.** Dinero con que se contribuye a algo, sobre todo el que se paga como impuesto. **SIN. 2.** Aportación, ayuda.

contribuir *v.* **1.** Dar dinero para algún fin. **2.** Ayudar a que algo ocurra. □ Es v. irreg. Se conjuga como *construir.* **SIN. 1.** Aportar. **1.** y **2.** Colaborar, cooperar.

contribuyente *adj.* y *s.* Ciudadano que paga impuestos.

contrición *s. f.* En la religión católica, arrepentimiento por haber ofendido a Dios.

contrincante *s. m.* y *f.* Rival, adversario. **SIN.** Contrario.

contrito, ta *adj.* Arrepentido.

control *s. m.* **1.** Acción de controlar o controlarse. **2.** Lugar donde se controla algo. **3.** Mando para controlar algo. **4.** Examen. **SIN. 1.** Inspección, vigilancia. **ANT. 1.** Descontrol.

controlador, ra *s. m.* y *f.* **1.** Persona que controla. ‖ **2. controlador aéreo** En los aeropuertos, persona que lleva el control para que los aviones despeguen, vuelen y aterricen sin problemas.

controlar *v.* **1.** Vigilar para que algo esté bien. **2.** Dominar o dirigir: *controlar los nervios, controlar un vehículo.* **SIN. 1.** Inspeccionar. **ANT. 2.** Descontrolarse.

controversia *s. f.* Discusión entre personas que opinan de manera diferente. **SIN.** Polémica, disputa.

controvertido, da *adj.* Que provoca discusión. **SIN.** Polémico.

contubernio *s. m.* **1.** Reunión de personas con intereses secretos o ilegales. **2.** Hecho de vivir dos personas en pareja sin estar casados.

contumacia *s. f.* Característica de contumaz. **SIN.** Cabezonería, terquedad.

contumaz *adj.* Que se mantiene en un error y no reconoce que se ha equivocado. **SIN.** Cabezota, terco.

contundencia *s. f.* Característica de contundente.

contundente *adj.* **1.** Que produce contusión: *un golpe contundente.* **2.** Evidente, que convence: *un argumento contundente.* **SIN. 2.** Categórico, terminante. **ANT. 2.** Dudoso.

conturbar *v.* Impresionar, inquietar. **SIN.** Conmover.

contusión *s. f.* Daño causado por un golpe que no produce herida ni fractura.

convalecencia *s. f.* Estado de la persona que convalece. **SIN.** Recuperación.

convalecer *v.* Recuperar las fuerzas una persona que ha estado enferma. □ Es v. irreg. Se conjuga como *agradecer.*

convaleciente *adj.* y *s.* Que convalece.

convalidación *s. f.* Acción de convalidar una asignatura, un curso u otra cosa.

convalidar *v.* Confirmar que una cosa vale, sobre todo los estudios realizados en otro centro de enseñanza, en otro país, etc.

convecino, na *s. m.* y *f.* Vecino de una persona.

convencer *v.* **1.** Conseguir con razones que una persona haga algo o piense de cierta manera. **2.** Gustar, parecer bien: *Ese cuadro me convence.* **SIN. 1.** Persuadir, demostrar. **2.** Complacer. **ANT. 1.** Disuadir. **2.** Disgustar.

convencimiento *s. m.* Hecho de estar convencido de algo. **SIN.** Convicción.

convención *s. f.* **1.** Aquello que se acuerda o se fija entre varios. **2.** Asamblea, reunión. **SIN. 1.** Convenio, pacto, concierto. **2.** Congreso, simposio.

convencional *adj.* Que se hace por convención o por costumbre. **SIN.** Arbitrario.

convencionalismo *s. m.* Idea, comportamiento, etc., que se acepta en una sociedad por uso o por costumbre.

conveniencia *s. f.* Provecho, utilidad.

conveniente *adj.* Que conviene, bueno, útil. **SIN.** Beneficioso, oportuno, ventajoso. **ANT.** Inconveniente.

convenio *s. m.* Acuerdo, trato. **SIN.** Alianza, pacto. **ANT.** Desacuerdo.

convenir *v.* **1.** Ser algo bueno o útil para alguien. **2.** Decidir algo varias personas. □ Es v. irreg. Se conjuga como *venir*. **SIN. 2.** Acordar. **ANT. 1.** Perjudicar.

conventillo *s. m. Amér.* Casa grande de vecinos.

convento *s. m.* Edificio en que viven religiosos o religiosas de una misma orden. **SIN.** Monasterio.

conventual *adj.* Del convento: *la vida conventual.*

convergencia *s. f.* Hecho de converger o convergir. **ANT.** Divergencia.

convergente *adj.* Que converge. **ANT.** Divergente.

converger o **convergir** *v.* Dirigirse hacia un mismo punto: *Los tres caminos convergen en ese cruce.* **SIN.** Confluir, juntarse. **ANT.** Divergir.

conversación *s. f.* Acción de conversar. **SIN.** Charla.

conversador, ra *adj.* y *s.* Que conversa, especialmente el que lo hace de forma agradable e interesante.

conversar *v.* Hablar unas personas con otras. **SIN.** Charlar, departir. **ANT.** Callar.

conversión *s. f.* Acción de convertir o convertirse. **SIN.** Transformación.

converso, sa *adj.* y *s.* Convertido al cristianismo.

convertible *adj.* **1.** Que puede convertirse en otra cosa. || *s. m.* **2.** *Amér.* Automóvil descapotable.

convertir *v.* **1.** Transformar, cambiar una cosa en otra. **2.** Convencer a alguien para que siga una religión. □ Es v. irreg. Se conjuga como *sentir.* **SIN. 1.** Mudar, trocar.

convexo, xa *adj.* Curvado hacia fuera. **ANT.** Cóncavo.

convicción *s. f.* **1.** Convencimiento. || *s. f. pl.* **2.** Ideas en las que una persona cree firmemente. **SIN. 1.** Certeza, seguridad. **2.** Creencias, principios. **ANT. 1.** Duda.

convicto, ta *adj.* Se dice del acusado de un delito cuando se demuestra que es culpable.

convidado, da 1. *p.* de **convidar**. También *adj.* || *adj.* y *s.* **2.** Persona invitada.

convidar *v.* Invitar.

convincente *adj.* Que convence: *una razón convincente.* **SIN.** Persuasivo.

convite *s. m.* Comida, banquete u otra cosa a la que se invita a alguien.

convivencia *s. f.* Hecho de convivir. **SIN.** Coexistencia.

convivir *v.* Vivir con otras personas. **SIN.** Coexistir.

convocar *v.* **1.** Llamar a alguien para que vaya a algún sitio o a un acto. **2.** Anunciar un examen, una reunión, unas elecciones, etc. **SIN. 1.** Citar. **ANT. 1.** y **2.** Desconvocar.

convocatoria *s. f.* **1.** Acción de convocar. **2.** Anuncio con que se convoca. **SIN. 1.** Cita, llamamiento.

convoy *s. m.* **1.** Escolta que protege a un grupo de barcos o vehículos que viajan. **2.** Ese grupo de barcos o vehículos protegidos. **3.** Vagones de tren enlazados y arrastrados por una máquina.

convulsión *s. f.* **1.** Movimiento brusco e incontrolado del cuerpo producido por una enfermedad o un ataque. **2.** Impresión o alteración muy fuertes. **SIN. 1.** Espasmo. **2.** Conmoción.

convulsionar *v.* Producir convulsiones o sufrirlas.

convulsivo, va *adj.* Acompañado de convulsión: *movimientos convulsivos.* **SIN.** Espasmódico.

conyugal *adj.* De los cónyuges.

cónyuge *s. m.* y *f.* Marido o esposa. **SIN.** Consorte.

coña *s. f.* **1.** *fam.* Broma, burla. **2.** *fam.* Cosa molesta. **SIN.** Guasa, chunga. **2.** Fastidio.

coñac (del fr.) *s. m.* Licor fuerte que se elabora según el procedimiento de la región francesa de Cognac.

coñazo *s. m. vulg.* Persona o cosa muy pesada o molesta. **SIN.** Peñazo.

coño *s. m.* **1.** *vulg.* Vulva. || *interj.* **2.** *vulg.* Expresa enfado o sorpresa.

cool (ingl.) *s. m.* **1.** Nombre de un estilo musical del jazz intimista y contenido. || *adj.* **2.** Muy bueno, elegante o de moda.

cooperación *s. f.* Acción de cooperar. **SIN.** Colaboración.

cooperante *adj. y s.* Que coopera, especialmente si se hace de manera desinteresada.

cooperar *v.* Colaborar, contribuir.

cooperativa *s. f.* Sociedad que forman personas con unos mismos intereses, para conseguir cosas que benefician a todos.

cooperativismo *s. m.* Sistema económico y social que se basa en la asociación en cooperativas.

cooperativista *adj. y s.* Relacionado con las cooperativas o que pertenece a una de ellas.

coordenada *adj. y s. f.* Se dice de las líneas que sirven de referencia para determinar la posición de un punto.

coordinación *s. f.* **1.** Acción de coordinar. **2.** En gramática, unión de dos palabras o grupos de palabras que tienen la misma función sintáctica, mediante un elemento de enlace, como en *César* y *Montse, ¿Estudias* o *trabajas?* **SIN.** **1.** Organización. **ANT.** **1.** Descoordinación.

coordinado, da **1.** *p.* de **coordinar.** También *adj.* || *adj. y s. f.* **2.** Se dice de las palabras o proposiciones entre las que existe una relación de coordinación.

coordinador, ra *adj. y s.* Que coordina u organiza.

coordinante *adj. y s. m.* Se dice de las conjunciones que coordinan palabras o grupos de palabras, como *y, o, pero, ni.*

coordinar *v.* **1.** Organizar y combinar distintas cosas o acciones. **2.** En gramática, unir por coordinación. **SIN.** **1.** Ordenar, compaginar. **ANT.** **1.** Desorganizar.

copa *s. f.* **1.** Vaso en forma de campana, con pie. **2.** Líquido que contiene. **3.** Fiesta, cóctel. **4.** Premio de algunas competiciones deportivas. **5.** Competición deportiva: *la Copa de Europa.* **6.** Parte más alta de un árbol, formada por las ramas y las hojas. **7.** Parte hueca del sombrero. **8.** En la baraja española, carta del palo de copas. || *s. f. pl.* **9.** Palo de la baraja española en el que figuran dibujadas copas. **SIN.** **1.** Cáliz.

copago *s. m.* Pago compartido.

copar *v.* **1.** Quedarse con todo o con la mayor parte. **2.** Rodear, acorralar. **SIN.** **1.** Acaparar. **2.** Cercar.

copear *v.* Tomar copas. **SIN.** Chatear.

copeo *s. m.* Acción de copear.

copete *s. m.* **1.** Mechón de pelo levantado. **2.** Penacho de plumas que tienen algunas aves en la cabeza. **3.** Adorno en la parte superior de algunos muebles. || **LOC.** **de alto copete** Importante, de categoría.

copetín *s. m.* **1.** Copa de licor. **2.** *Amér.* Cóctel o aperitivo.

copia *s. f.* **1.** Cosa que se hace igual que otra o la imita. **2.** Gran cantidad. **SIN.** **1.** Duplicado, imitación. **2.** Abundancia, multitud.

copiador, ra *adj. y s. f.* Se dice de la máquina que hace copias. **SIN.** Fotocopiadora.

copiar *v.* **1.** Hacer una cosa igual que otra o imitarla. **2.** Durante un examen mirar el ejercicio de un compañero o un libro para poner lo mismo. **SIN.** **1.** Calcar, duplicar; remedar.

copiloto *s. m. y f.* Persona que se sienta al lado del piloto para ayudarle.

copión, na *adj. y s.* **1.** Que imita a otros. **2.** Que copia en los exámenes.

copioso, sa *adj.* Abundante. **SIN.** Cuantioso, numeroso. **ANT.** Escaso.

copista *s. m. y f.* Persona que copia obras de arte o escritos. **SIN.** Amanuense.

copla *s. f.* **1.** Poesía que suele ser letra de muchas canciones populares. **2.** Cosa que se repite con pesadez. || **3.** **copla de pie quebrado** Poesía en la que se alternan versos cortos de cuatro sílabas con otros más largos.

copo *s. m.* **1.** Cada trocito de nieve que cae. **2.** Trocito parecido de algo: *copos de maíz.*

copón *s. m.* Copa donde se guardan las hostias consagradas en la misa.

coproducción *s. f.* Cosa producida por varias personas, sobre todo, película hecha por productoras de varios países.

copropietario, ria *adj. y s.* Que es propietario de algo junto con otros.

cópula *s. f.* **1.** Unión sexual del macho y la hembra. **2.** Palabra que une palabras u oraciones, como las conjunciones y los verbos copulativos. **SIN.** **1.** Apareamiento, coito.

copular *v.* Realizar la cópula sexual. **SIN.** Aparearse.

copulativo, va *adj.* **1.** Se dice del verbo que sirve de enlace entre el sujeto y su atributo, como *ser, estar* o *parecer.* También se dice de las oraciones que tienen estos verbos. **2.** Se dice de las conjunciones que unen palabras y oraciones añadiendo simplemente una a otra, como *y*, *e*, *ni*. También se dice de las oraciones unidas por estas conjunciones.

copyright (ingl.) *s. m.* Derecho que tiene sobre una obra o producto la persona que los ha creado, al registrarlos oficialmente. Su símbolo es ©.

coque *s. m.* Combustible sólido que se obtiene del carbón mineral o del petróleo.

coqueta *s. f.* Mueble que se emplea como tocador.

coquetear *v.* Tratar de atraer una persona a otra con actitudes estudiadas. **SIN.** Tontear.

coqueteo *s. m.* Acción de coquetear.

coquetería *s. f.* Característica de las personas coquetas.

coqueto, ta *adj. y s.* **1.** Persona a la que le gusta coquetear. **2.** Presumido. ‖ *adj.* **3.** Agradable, mono. **SIN. 1.** Frívolo, casquivano. **3.** Gracioso, atractivo. **ANT. 3.** Feo.

coquilla *s. f.* En algunos deportes, pieza para proteger los genitales.

coquina *s. f.* Molusco marino con dos conchas ovaladas y aplastadas. Se utiliza como alimento.

coracero *s. m.* Soldado de caballería que iba protegido con coraza.

coraje *s. m.* **1.** Ánimo, valentía. **2.** Rabia, enfado. **SIN. 1.** Valor. **ANT. 1.** Cobardía.

corajudo, da *adj.* Que actúa con valentía. **SIN.** Valiente, animoso. **ANT.** Cobarde, pusilánime.

coral[1] *s. m.* **1.** Animal marino muy pequeño con esqueleto exterior de colores muy variados según las especies; los corales forman grandes colonias en los mares tropicales. **2.** Esqueleto de estos animales usado en joyería.

coral[2] *adj.* **1.** Del coro. ‖ *s. f.* **2.** Agrupación de cantantes.

coralífero, ra *adj.* Que tiene corales.

coralino, na *adj.* De coral o que se parece al coral: *arrecife coralino*.

Corán *n. pr. m.* Libro sagrado que contiene las creencias de los musulmanes.

coraza *s. f.* **1.** Armadura que protegía el pecho y la espalda. **2.** Placa dura que cubre y protege una cosa.

corazón *s. m.* **1.** Órgano principal del sistema circulatorio; es un músculo que recoge la sangre procedente de las venas y la impulsa a través de las arterias hasta las demás partes del cuerpo. **2.** Sentimientos de una persona: *tener buen corazón*. **3.** Cosa central o más importante: *Vive en pleno corazón de la ciudad*. **4.** Dedo más largo de los cinco de la mano. ‖ **LOC. de todo corazón** Con toda

franqueza y sinceridad. **el corazón en un puño** Expresa gran temor o preocupación: *Le dieron tal susto que tiene el corazón en un puño*. **partir** o **romper el corazón** Producir mucha pena.

corazonada *s. f.* Presentimiento, sospecha. **SIN.** Pálpito, presagio.

corbata *s. f.* Tira de tela que se ata como adorno debajo del cuello de la camisa.

corbeta *s. f.* Barco ligero de guerra.

corcel *s. m.* Caballo veloz, grande y bonito.

corchea *s. f.* Figura musical que equivale a la mitad de una negra.

corchera *s. f.* Cuerda con flotadores que separa las calles en las piscinas.

corchete *s. m.* **1.** Broche formado por dos piezas, una en forma de asa y otra en forma de gancho. **2.** Cada uno de los signos ortográficos ([ ]), con un uso parecido al del paréntesis.

corcho *s. m.* **1.** Material blando y muy ligero que se forma en la corteza de algunos árboles, sobre todo del alcornoque. **2.** Tapón de este material.

corcova *s. f.* Joroba, chepa.

corcovado, da *adj. y s.* Que tiene corcova. **SIN.** Jorobado, cheposo.

cordado *adj. y s.* Se dice de los animales que tienen una estructura de sostén que atraviesa su cuerpo verticalmente, como la columna vertebral en los vertebrados.

cordaje *s. m.* Conjunto de cuerdas, sobre todo de una embarcación o de un instrumento musical.

cordal[1] *s. m.* Pieza de los instrumentos musicales de cuerda donde se sujetan estas, al otro extremo del clavijero.

cordal[2] *adj. y s. amb.* Se dice de las muelas del juicio.

cordel *s. m.* Cuerda delgada.

cordero, ra *s. m. y f.* Cría de la oveja antes de cumplir un año.

cordial *adj.* Amable y cariñoso. **SIN.** Afable, simpático. **ANT.** Antipático.

cordialidad *s. f.* Característica de cordial. **SIN.** Amabilidad, cariño. **ANT.** Antipatía.

cordillera *s. f.* Conjunto de montañas en línea. **SIN.** Sierra.

córdoba *s. m.* Moneda de Nicaragua.

cordobán *s. m.* Piel curtida de cabra.

cordobés, sa *adj. y s.* De Córdoba, ciudad y provincia españolas.

cordón *s. m.* **1.** Cuerda de hilos, lana, cuero, etc. **2.** Cable de aparatos como el teléfono. **3.** Grupo de personas en línea o rodeando algo. || **4. cordón umbilical** Estructura larga y flexible que une el feto con la placenta de la madre durante el embarazo.

cordoncillo *s. m.* **1.** Línea de bordado. **2.** Reborde fino de algunas cosas.

cordura *s. f.* Estado de cuerdo. **SIN.** Sensatez. **ANT.** Locura.

coreano, na *adj. y s.* **1.** De Corea, nombre de dos países de Asia. || *s. m.* **2.** Lengua de estos países.

corear *v.* Repetir algo varias personas al mismo tiempo.

coreografía *s. f.* Conjunto de movimientos y pasos que hace un grupo de baile.

coreógrafo, fa *s. m. y f.* Persona que prepara coreografías.

corindón *s. m.* Mineral de gran dureza del que son variantes el zafiro y el rubí.

corintio, tia *adj. y s.* **1.** De Corinto, ciudad de Grecia. || *adj. y s. m.* **2.** Se dice de uno de los tres órdenes clásicos de la arquitectura, caracterizado por tener en el capitel adornos que imitan hojas de acanto.

corinto *s. m.* Color rojo muy oscuro, que tira a morado.

corista *s. f.* En la revista y otros espectáculos de teatro, artista del coro.

cormorán *s. m.* Ave marina de la familia de los pelícanos, de cuello y pico largos y color oscuro.

cornada *s. f.* Golpe que da un animal con los cuernos y herida que produce.

cornamenta *s. f.* Cuernos de animales como el toro o el ciervo.

cornamusa *s. f.* **1.** Trompeta larga con una vuelta en el centro del tubo. **2.** Gaita, instrumento musical.

córnea *s. f.* Membrana dura y transparente que forma la parte delantera del globo del ojo.

cornear *v.* Dar cornadas.

corneja *s. f.* Pájaro parecido al cuervo, pero más pequeño, de color negro y gris.

córneo, a *adj.* De consistencia parecida a la del cuerno.

córner *s. m.* En fútbol y otros deportes, saque de esquina que se efectúa al haber enviado el contrario el balón fuera del campo por la línea de fondo de su portería.

corneta *s. f.* Instrumento de viento usado en las bandas militares y para dar órdenes en el Ejército.

cornetín *s. m.* **1.** Instrumento musical parecido a la trompeta, pero más pequeño. **2.**

Corneta pequeña usada para dar órdenes en el Ejército.

cornezuelo *s. m.* Hongo parásito del centeno y otros cereales.

cornisa *s. f.* **1.** Conjunto de molduras o salientes en la parte superior de un edificio. **2.** Remate parecido en otra cosa, por ejemplo, en un mueble. **3.** Parte saliente y rocosa que recorre el borde de una meseta, montaña, costa: *la cornisa cantábrica.*

cornucopia *s. f.* **1.** Recipiente en forma de cuerno lleno de frutas y flores, símbolo de la abundancia. **2.** Espejo con marco dorado y muy adornado.

cornudo, da *adj.* **1.** Que tiene cuernos. || *adj. y s. m.* **2.** Se dice del hombre al que engaña su pareja.

cornúpeta *adj. y s.* Que tiene cuernos; se dice sobre todo del toro.

coro *s. m.* **1.** Grupo de cantores. **2.** Grupo que acompaña en un espectáculo al artista principal. **3.** Lugar de las iglesias donde se colocan los cantores o donde se reúnen los eclesiásticos para cantar o rezar. || **LOC. a coro** Al mismo tiempo. **SIN. 1.** Coral.

coroides *s. f.* Membrana del ojo situada entre la retina y la esclerótica.

corola *s. f.* Conjunto de los pétalos de la flor.

corolario *s. m.* Afirmación que se deduce fácilmente de lo que se ha demostrado o afirmado antes.

corona *s. f.* **1.** Joya en forma de aro que rodea la cabeza. **2.** Aro hecho con ramas y flores. **3.** Cerco que rodea la cabeza de las imágenes de la Virgen y los santos. **4.** Ruedecita para dar cuerda a los relojes. **5.** Parte del diente que queda fuera de la encía. **6.** Moneda de algunos países europeos. || *n. pr. f.* **7.** Reino o monarquía: *la Corona española.* **SIN. 3.** Nimbo, halo.

coronación *s. f.* Acción de coronar. **SIN.** Terminación, remate.

coronar *v.* **1.** Ponerle una corona a alguna persona al nombrarla rey o reina. **2.** Terminar algo o ser una cosa el final de otra. **SIN. 2.** Rematar, acabar.

coronario, ria *adj. y s. f.* Se dice sobre todo de las arterias que llevan la sangre al corazón.

coronel *s. m. y f.* Jefe militar por debajo del general, que manda un regimiento o una base aérea.

coronilla *s. f.* Parte superior y posterior de la cabeza.

corpiño *s. m.* Prenda de vestir de mujer, muy ajustada y sin mangas.

corporación *s. f.* **1.** Asociación de personas para defender los intereses de sus miembros. **2.** Conjunto de personas que forman un ayuntamiento. **SIN. 1.** Colegio.

corporal *adj.* Del cuerpo.

corporativismo *s. m.* Comportamiento de un sector profesional que superpone sus intereses a los del resto de la sociedad.

corporativo, va *adj.* De una corporación.

corpore insepulto (lat.) *expr.* Se dice de las ceremonias fúnebres que tienen lugar antes de que se entierre el cadáver: *misa* corpore insepulto.

corpóreo, a *adj.* Que tiene cuerpo, materia o consistencia. **SIN.** Material. **ANT.** Incorpóreo, inmaterial.

corpulencia *s. f.* Característica de corpulento. **SIN.** Robustez, fortaleza.

corpulento, ta *adj.* Alto, grande y fuerte. **SIN.** Robusto, fornido. **ANT.** Esmirriado, pequeño.

corpus (del lat.) *s. m.* **1.** Conjunto de textos o datos sobre una materia determinada. || **2.** *Corpus* o *Corpus Christi* Fiesta católica que se celebra en honor a la eucaristía.

corpúsculo *s. m.* Cuerpo o materia muy pequeños.

corral *s. m.* **1.** Lugar cercado y al aire libre para encerrar a los animales domésticos o al ganado. **2.** En algunas casas antiguas, patio donde se hacían representaciones teatrales: *corral de comedias.*

corrala *s. f.* Casa de vecinos de varios pisos con un patio interior al que dan las puertas de cada vivienda.

corralito *s. m.* Recinto con red o barandilla alrededor donde se pone a los niños pequeños para que jueguen. **SIN.** Parque.

correa *s. f.* **1.** Tira de cuero o de otro material para atar o sujetar algo. **2.** Paciencia, aguante. **SIN. 1.** Cinturón.

correaje *s. m.* Conjunto de correas que tiene una cosa.

corrección *s. f.* **1.** Cambio que se hace para corregir algo. **2.** Castigo leve. **3.** Forma correcta de comportarse o hacer algo. **SIN. 1.** Rectificación, enmienda. **3.** Cortesía. **ANT. 3.** Incorrección.

correccional *adj.* **1.** Que sirve para corregir: *castigo correccional.* || *s. m.* **2.** Centro donde se lleva a los jóvenes que han cometido un delito y que por su edad aún no pueden ir a la cárcel. **SIN. 1.** Correctivo. **2.** Reformatorio.

correctamente *adv.* De manera correcta.

correctivo, va *adj.* y *s. m.* **1.** Que corrige o trata de corregir. || *s. m.* **2.** Castigo que se le pone a alguien. **SIN. 1.** Correccional.

correcto, ta *adj.* **1.** Bien hecho o sin fallos. **2.** Educado, que sabe comportarse bien. **SIN. 1.** Perfecto, preciso, adecuado. **2.** Cortés. **ANT. 1.** Incorrecto. **2.** Descortés.

corrector, ra *adj.* y *s.* Que corrige.

corredero, ra *adj.* Se dice de las puertas o ventanas, etc., que se abren y cierran deslizándose por carriles; se llaman también *de corredera.*

corredizo, za *adj.* Se dice de los nudos que se dejan algo flojos para que puedan correr por la cuerda o tira donde se hacen.

corredor, ra *adj.* y *s.* **1.** Que corre mucho. || *adj.* y *s. f.* **2.** Se dice de las aves que no pueden volar, pero tienen las patas muy desarrolladas para correr, como el avestruz. || *s. m.* y *f.* **3.** Participante de una carrera. || *s. m.* **4.** Pasillo o galería con ventanas. **5.** Persona que actúa como intermediario en algunos negocios, operaciones comerciales, etc.: *corredor de seguros.* **SIN. 3.** Atleta.

corregidor *s. m.* **1.** Antiguamente, magistrado que administraba justicia en algunas poblaciones. **2.** Antiguamente, cargo parecido al de alcalde.

corregir *v.* **1.** Señalar lo que está mal o cambiarlo para que esté bien. **2.** Reñir, reprender. **3.** Leer los exámenes los profesores para ponerles nota. □ Es v. irreg. Se conjuga como *pedir.* **SIN. 1.** Rectificar, enmendar. **2.** Amonestar, advertir. **ANT. 1.** Confirmar, ratificar. **2.** Aprobar, alabar.

correlación *s. f.* Relación y correspondencia entre las cosas. **SIN.** Conexión. **ANT.** Desconexión.

correlativo, va *adj.* **1.** Se dice de personas o cosas que están en correlación. **2.** Que sigue inmediatamente a otro: *El tres y el cuatro son números correlativos.* **SIN. 1.** Correspondiente. **2.** Consecutivo, sucesivo.

correlato *s. m.* Cosa o suceso que está en relación con otro.

correligionario, ria *adj.* y *s.* Se dice de las personas que pertenecen a un mismo grupo por tener la misma religión o ideología.

correntada *s. f. Amér.* Corriente muy fuerte de agua.

correo *s. m.* **1.** Medio por el que se mandan cartas o paquetes. **2.** Lo que se envía o se recibe por este medio. **3.** Antiguamente, persona que llevaba mensajes de un lugar a otro: *el correo del zar.* || *s. m. pl.* **4.** Edificio donde se organiza el transporte y reparto de cartas y paquetes. || **5. correo electrónico** Sistema de intercambio de mensajes a través de una red informática. **SIN. 2.** Correspondencia. **3.** Emisario, mensajero.

correoso, sa *adj.* Que se estira y se dobla fácilmente sin romperse, como la goma o el pan cuando está húmedo.

correpasillos *s. m.* Juguete con ruedas sobre el que se sientan los niños y se mueven empujándose con los pies.

correr *v.* **1.** Andar muy rápidamente dándose impulso. **2.** Ir o hacer algo muy deprisa. **3.** Moverse el aire o algún líquido o gas: *correr la brisa, correr el agua.* **4.** Pasar el tiempo: *correr las horas.* **5.** Mover, apartar, deslizar: *correr una silla, correr el pestillo.* **6.** Propagarse una noticia. **7.** Pasar por cierta situación: *correr peligro.* ‖ **correrse 8.** Extenderse y mezclarse los colores. **9.** *vulg.* Eyacular o tener un orgasmo. **SIN. 1.** Trotar. **2.** Apresurarse, aligerar. **3.** Fluir. **5.** Desplazar. **6.** Circular. **ANT. 1.** Pararse. **2.** Tardar.

correría *s. f.* **1.** Ataque en el territorio enemigo, destruyendo todo lo que se encuentra al paso. ‖ *s. f. pl.* **2.** Aventuras, juergas, travesuras. **SIN. 1.** Incursión.

correspondencia *s. f.* **1.** Acción de corresponder. **2.** Relación por carta entre personas. **3.** Cartas que envía o recibe una persona. **SIN. 1.** Correlación, conexión. **3.** Correo.

corresponder *v.* **1.** Tener relación una cosa con otra: *La respuesta que dio no correspondía con lo que le habían preguntado.* **2.** Agradecer una cosa dando o haciendo algo a cambio. **3.** Ser para alguien una cosa, una tarea, etc. **SIN. 1.** Relacionarse, concordar. **2.** Recompensar. **3.** Incumbir. **ANT. 1.** Contrastar.

correspondiente *adj.* Que le corresponde: *Cada uno recibió su parte correspondiente.*

corresponsal *s. m. y f.* **1.** Periodista enviado a otro país o población para que mande información de lo que allí ocurre. **2.** Persona a través de la cual una empresa o un comerciante mantiene relaciones con personas de otro lugar. **SIN. 2.** Agente, representante.

corretear *v.* Correr de un lado a otro.

correveidile o **correvedile** *s. m. y f.* Cotilla, chismoso.

corrida *s. f.* **1.** Acción de correr de un lugar a otro. **2.** Espectáculo en que se lidian toros. **SIN. 1.** Carrera.

corrido, da 1. *p.* de **correr.** También *adj.* ‖ *adj.* **2.** Seguido, sin interrupción: *un balcón corrido.* **3.** Avergonzado. ‖ *s. m.* **4.** Canción típica de México y otros países hispanoamericanos. ‖ **LOC. de corrido** o **de corrida** De carrerilla: *Lo dijo de corrido.* **SIN. 2.** Continuo.

corriente *adj.* **1.** Que corre: *agua corriente.* **2.** Regular, ni bueno ni malo, ni feo ni bonito:

un coche corriente. **3.** Frecuente, habitual. **4.** Se dice del día, mes, año, etc., en que se está. ‖ *s. f.* **5.** Movimiento de un líquido o gas: *la corriente del río, una corriente de aire.* **6.** Electricidad. **7.** Movimiento artístico, literario, político, etc. ‖ **LOC. al corriente** Sin atraso. También, enterado: *Está al corriente de todo.* **llevar** o **seguir la corriente a** alguien Darle la razón, aunque no se piense así. **SIN. 2.** Normal, ordinario. **2. y 3.** Común. **ANT. 1.** Estancado. **2. y 3.** Extraordinario, raro.

corrientemente *adv.* La mayoría de las veces. **SIN.** Habitualmente.

corrillo *s. m.* Grupo de personas que se juntan aparte para hablar. **SIN.** Círculo, corro.

corrimiento *s. m.* Movimiento de una extensión de terreno.

corro *s. m.* **1.** Grupo de personas en círculo. **2.** Juego de niños que consiste en cantar y moverse en círculo, cogidos de la mano.

corroborar *v.* Confirmar, probar. **SIN.** Ratificar, reafirmar. **ANT.** Negar, refutar.

corroer *v.* **1.** Desgastar poco a poco una cosa el agua, el viento o alguna sustancia. **2.** Producir mucha intranquilidad y malestar: *Le corroía la envidia.* ☐ Es v. irreg. Se conjuga como *roer.* **SIN. 1.** Erosionar. **1. y 2.** Carcomer. **2.** Consumir.

corromper *v.* **1.** Estropear algunas cosas, como los alimentos o el agua. **2.** Hacer malo según la ética o la moral. **SIN. 1.** Pudrir, descomponer. **2.** Viciar, enviciar. **ANT. 1.** Conservar. **2.** Ennoblecer.

corrosión *s. f.* Acción de corroer. **SIN.** Desgaste.

corrosivo, va *adj.* Que corroe: *sustancia corrosiva.*

corrupción *s. f.* Acción de corromper o corromperse. **SIN.** Descomposición; perversión.

corruptela *s. f.* Corrupción, soborno o asunto ilegal.

corrupto, ta *adj. y s.* De vida o conducta corrompidas.

corruptor, ra *adj. y s.* Que corrompe en el sentido moral.

corrusco *s. m.* Cuscurro.

corsario, ria *adj. y s. m.* **1.** Se dice de la embarcación que estaba autorizada por su gobierno para atacar y saquear a los buques enemigos. ‖ *adj. y s.* **2.** Se dice de los tripulantes de esas embarcaciones.

corsé *s. m.* **1.** Prenda interior femenina, muy ajustada al cuerpo. **2.** Prenda ajustada al cuerpo para corregir algunas lesiones de columna vertebral.

cortometraje

corsetería *s. f.* Tienda donde se hacen y se venden corsés, fajas y prendas parecidas.

corso, sa *adj. y s.* **1.** De Córcega, isla de Francia en el mar Mediterráneo. || *s. m.* **2.** Dialecto italiano que se habla en esa isla.

corta *s. f.* Acción de cortar árboles y plantas. **SIN.** Tala.

cortacésped *s. amb.* Máquina para cortar el césped.

cortacircuitos *s. m.* Aparato que corta automáticamente la corriente eléctrica en caso de peligro.

cortadillo *s. m.* **1.** Pastel cuadrado con cabello de ángel. **2.** Terrón de azúcar.

cortado, da **1.** *p.* de **cortar**. También *adj.* || *adj. y s.* **2.** Tímido, vergonzoso. || *adj. y s. m.* **3.** Café con un chorrito de leche. **ANT.** 2. Atrevido, osado.

cortador, ra *adj.* **1.** Que corta. || *s. m. y f.* **2.** Persona que corta telas para trajes.

cortadura *s. f.* Corte en la piel. **SIN.** Tajo.

cortafrío *s. m.* Herramienta de punta recta y afilada para cortar metales y otros materiales en frío, golpeando sobre ella con un martillo. **SIN.** Escoplo.

cortafuego o **cortafuegos** *s. m.* Zanja que se hace en bosques sembrados para que no se propague el fuego en caso de incendio.

cortante *adj.* **1.** Que corta: *instrumento cortante.* **2.** Que deja cortado, sin saber qué hacer o decir.

cortapisa *s. f.* Dificultad, pega o limitación. **SIN.** Obstáculo, traba.

cortaplumas *s. m.* Navaja pequeña.

cortapuros *s. m.* Utensilio para cortar la punta de los puros.

cortar *v.* **1.** Hacer una raja en algo o separar un trozo de una cosa, usando cuchillos, tijeras o instrumentos parecidos. **2.** Impedir algo: *cortar el paso, cortar la comunicación.* **3.** Quitar, suprimir, acortar: *Cortaron una escena de la película. Tienes que cortarme las mangas.* **4.** Avergonzar, dejar sin saber qué hacer o decir. **5.** Separar en dos partes las cartas de una baraja para que queden desordenadas. || **cortarse 6.** Estropearse la leche, una salsa o una crema al quedar mal mezcladas las sustancias que las forman. **SIN.** 1. Rajar, seccionar. 2. Bloquear. **ANT.** 1. Unir.

cortaúñas *s. m.* Utensilio para cortar las uñas.

corte¹ *s. m.* **1.** Acción y resultado de cortar. **2.** Filo de un instrumento cortante. **3.** Técnica de saber cortar los vestidos: *corte y confección.* **4.** Cantidad de tela con que se hace una prenda de vestir. **5.** Trozo de un bloque de helado. **6.** Vergüenza, apuro. **7.** *fam.* Cosa que se dice o se hace y que deja a alguien sin saber cómo reaccionar: *dar un corte.* **SIN.** 1. Cortadura, tajo.

corte² *s. f.* **1.** Población donde vive el rey. **2.** El rey, la familia real y las personas que los acompañan. || *n. pr. f. pl.* **3.** En España, el Congreso y el Senado. || **LOC. hacer la corte** Cortejar.

cortedad *s. f.* **1.** Timidez, vergüenza. **2.** Poca inteligencia.

cortejar *v.* Intentar conquistar a una mujer. **SIN.** Galantear.

cortejo *s. m.* **1.** Hecho de cortejar. **2.** Personas que van de acompañamiento en una ceremonia. **SIN.** 2. Séquito, comitiva.

cortés *adj.* Atento, amable, educado. **SIN.** Correcto, considerado. **ANT.** Descortés.

cortesano, na *adj.* **1.** De la corte o relacionado con ella. || *s. m.* **2.** Persona que servía al rey en la corte. || *s. f.* **3.** Prostituta culta y refinada. **SIN.** 1. Palaciego.

cortesía *s. f.* **1.** Amabilidad, buena educación. **2.** Detalle o regalo como muestra de amabilidad: *cortesía de la casa.* **SIN.** 1. y 2. Gentileza. 2. Obsequio. **ANT.** 1. Descortesía.

corteza *s. f.* **1.** Parte externa de la raíz y el tallo de los vegetales. **2.** Parte exterior y dura de algunas frutas y otras cosas. || **3. corteza terrestre** Capa más externa de la Tierra. **4. corteza cerebral** Capa superficial del cerebro, formada por la sustancia gris. **SIN.** 2. Cáscara.

cortijo *s. m.* Finca típica de Andalucía.

cortina *s. f.* **1.** Pieza de tela que se cuelga delante de ventanas, puertas y otras cosas. **2.** Lo que tapa y oculta algo: *cortina de humo.*

cortinaje *s. m.* Conjunto de cortinas.

cortisona *s. f.* Sustancia producida por la corteza de unas glándulas situadas encima del riñón. Se utiliza para tratar algunas enfermedades.

corto, ta *adj.* **1.** De poca longitud, cantidad o duración. **2.** Poco inteligente o poco espabilado. **3.** Tímido, vergonzoso. || *s. m.* **4.** Cortometraje. || **5. corto de vista** Miope. || **LOC. ni corto ni perezoso** Con decisión. **quedarse corto** No llegar a hacer, decir o conseguir lo suficiente. **SIN.** 1. Breve. 2. Torpe, necio. 3. Apocado. **ANT.** 1. Largo. 2. Listo.

cortocircuito *s. m.* Corriente muy intensa provocada por un contacto accidental entre dos conductores o cables eléctricos mal aislados.

cortometraje *s. m.* Película que no dura más de treinta minutos.

coruñés, sa *adj.* y *s.* De La Coruña, ciudad y provincia españolas.

corva *s. f.* Parte de la pierna opuesta a la rodilla, por donde se dobla.

corvejón *s. m.* Articulación que los cuadrúpedos tienen en las patas posteriores.

corveta *s. f.* Movimiento que se enseña al caballo y que consiste en caminar sobre las patas de atrás, manteniendo las de delante en alto.

córvido, da *adj.* y *s. m.* Se dice de una familia de aves de cuerpo robusto y pico fuerte, como el cuervo o la urraca.

corvo, va *adj.* Curvo, encorvado.

corzo, za *s. m.* y *f.* Animal herbívoro con cuernos pequeños, parecido al ciervo, pero de menor tamaño.

cosa *s. f.* **1.** Todo lo que existe distinto de las personas, las plantas y los animales. **2.** Palabra que utilizamos en el lenguaje con muchos significados, a menudo en lugar de otras. **3.** En oraciones negativas, equivale a nada: *No hay cosa peor que la desconfianza.*

cosaco, ca *adj.* y *s.* **1.** De los pueblos nómadas de las estepas del sur de Rusia. || *s. m.* **2.** Soldado ruso de caballería ligera.

coscoja *s. f.* **1.** Árbol bajo o arbusto parecido a la encina. **2.** Hoja seca de la encina.

coscorrón *s. m.* Golpe en la cabeza.

coscurro *s. m.* Mendrugo, trozo de pan duro.

cosecha *s. f.* **1.** Frutos que se recogen de la tierra, ocupación de recogerlos y época del año en que se recogen. **2.** Producto de esos frutos: *cosecha de vino.* **SIN.** Recolección.

cosechadora *s. f.* Máquina para cortar y recoger la cosecha, sobre todo de cereales.

cosechar *v.* **1.** Recoger los productos del campo cuando están maduros. **2.** Ganarse: *cosechar triunfos.* **SIN.** 1. Recolectar. 2. Obtener, granjearse.

coser *v.* **1.** Unir con hilo y aguja telas u otras cosas. **2.** Hacer pespuntes, bordados y otras labores en una tela. || **LOC. ser** algo **coser y cantar** Ser muy fácil. **ANT. 1.** Descoser.

cosido *s. m.* Costura, serie de puntadas.

cosmética *s. f.* Arte de preparar y emplear productos cosméticos.

cosmético, ca *adj.* y *s. m.* Se dice del producto empleado para cuidar o embellecer la piel o el pelo.

cósmico, ca *adj.* Del cosmos.

cosmonauta *s. m.* y *f.* Astronauta.

cosmonave *s. f.* Astronave.

cosmopolita *adj.* y *s.* **1.** Persona que ha viajado mucho y conoce gente y costumbres de diversos países. || *adj.* **2.** Se dice de los lugares en que hay gente y costumbres de muchos países.

cosmos *s. m.* Universo.

coso *s. m.* Plaza de toros.

cosquillas *s. f. pl.* Sensación al rozar o tocar la piel que da ganas de reír.

cosquilleo *s. m.* Sensación semejante a las cosquillas. **SIN.** Hormigueo.

costa[1] *s. f.* Zona de tierra junto al mar. **SIN.** Litoral.

costa[2] *s. f.* **1.** Cantidad que se paga por una cosa. || *s. f. pl.* **2.** Gastos de un juicio. || **LOC. a costa de** A fuerza de, mediante, sirviéndose o aprovechándose de alguien o algo. **a toda costa** Como sea. **SIN. 1.** Coste, importe.

costado *s. m.* **1.** Cada uno de los dos lados del cuerpo que están debajo de los brazos. **2.** Lado de muchas cosas.

costal *s. m.* Saco grande. **SIN.** Talego.

costalada o **costalazo** *s. f.* o *m.* Golpe que alguien se da al caer de costado o de espaldas. **SIN.** Batacazo, trastazo.

costanera *s. f. Amér.* Paseo marítimo.

costar *v.* **1.** Tener un precio. **2.** Ocasionar a alguien esfuerzos, molestias, perjuicios. □ Es *v. irreg.* Se conjuga como *contar.* **SIN. 1.** Valer, importar.

costarricense o **costarriqueño, ña** *adj.* y *s.* De Costa Rica, país de América Central.

coste *s. m.* Lo que cuesta una cosa. **SIN.** Importe, precio.

costear[1] *v.* Pagar un gasto.

costear[2] *v.* Navegar sin dejar de ver la costa.

costero, ra *adj.* De la costa o litoral.

costilla *s. f.* Cada uno de los huesos largos y encorvados que se hallan en el tórax.

costillar *s. m.* Conjunto de costillas y parte del cuerpo donde se encuentran.

costo *s. m.* Coste.

costoso, sa *adj.* Que cuesta mucho dinero o esfuerzo. **SIN.** Caro; dificultoso. **ANT.** Barato; fácil.

costra *s. f.* **1.** Capa dura que se forma sobre las heridas cuando se secan. **2.** Capa dura que se forma sobre otras cosas.

costroso, sa *adj.* **1.** Que tiene costras. **2.** Sucio y de aspecto viejo y estropeado.

costumbre *s. f.* Lo que se convierte en habitual o tradicional por hacerse a menudo o desde hace mucho tiempo. **SIN.** Hábito, uso.

costumbrismo s. m. Descripción de las costumbres típicas de un país o región en literatura y arte.

costumbrista adj. Del costumbrismo.

costura s. f. **1.** Acción de coser. **2.** Labor que se está cosiendo. **3.** Puntadas que se hacen al coser.

costurera s. f. Mujer que tiene como oficio la costura.

costurero s. m. Caja o bolsa para guardar las cosas que se emplean en la costura.

costurón s. m. **1.** Costura mal hecha. **2.** Cicatriz grande y visible.

cota[1] s. f. **1.** Número que en los mapas señala la altura de un punto sobre el nivel del mar. **2.** Esa misma altura.

cota[2] s. f. Antigua armadura para proteger el cuerpo: cota de malla.

cotarro s. m. **1.** fam. Asunto o actividad: manejar el cotarro. **2.** fam. Grupo o reunión de personas: animar el cotarro.

cotejar v. Comparar, confrontar.

cotejo s. m. Acción de cotejar. SIN. Confrontación.

cotidiano, na adj. Que se hace o sucede cada día. SIN. Diario, acostumbrado.

cotiledón s. m. Forma con que aparece la primera hoja en el embrión de las plantas que se reproducen mediante semillas.

cotilla adj. y s. Persona que cotillea. SIN. Chismoso.

cotillear v. **1.** Ir contando chismes de otros. **2.** Observar alguien a otras personas para enterarse de su vida. SIN. **1.** Murmurar. **2.** Husmear.

cotilleo s. m. Acción de cotillear.

cotillón s. m. Baile y fiesta con que se celebra algún día importante, como la Nochevieja o la noche de Reyes.

cotización s. f. **1.** Cuota que se cotiza. **2.** Precio de las acciones y valores en la bolsa.

cotizar v. **1.** Pagar una cuota o un impuesto. **2.** Publicar en la bolsa el precio de las acciones y valores. || **cotizarse 3.** Estar muy bien considerado, tener prestigio.

coto s. m. Terreno acotado: coto de caza.

cotorra s. f. **1.** Nombre de varias aves de cabeza grande y pico fuerte y ganchudo, con alas y cola largas y diversos colores. **2.** fam. Persona muy habladora. SIN. **2.** Loro, parlanchín, charlatán.

cotorrear v. fam. Hablar mucho.

cotufa s. f. **1.** Palomita de maíz. **2.** Chufa.

country (ingl.) s. m. Música popular y tradicional del sur de los Estados Unidos.

covacha s. f. **1.** Cueva pequeña. **2.** Vivienda o cuarto pobre y muy sucio. SIN. **1.** Antro, caverna. **2.** Cuchitril.

cowboy (ingl.) s. m. Vaquero del oeste americano.

coxal adj. De la cadera: hueso coxal.

coxis s. m. Hueso que forma la última parte de la columna vertebral; se compone de cuatro vértebras y está articulado con el sacro. □ Se dice también cóccix.

coyote s. m. Mamífero carnívoro americano, parecido al lobo, de color gris amarillento.

coyuntura s. f. Circunstancia, situación, ocasión: aprovechar la coyuntura.

coyuntural adj. Que depende de las circunstancias. SIN. Circunstancial.

coz s. f. Patada que dan los borricos, caballos y animales parecidos.

CPU (siglas del ingl. Central Processing Unity, 'unidad central de procesamiento') s. f. Parte principal de un ordenador, donde se procesan los datos y se realizan las funciones básicas.

crac s. m. Quiebra o desastre económico.

crack (ingl.) s. m. **1.** Tipo de droga compuesta principalmente de cocaína. **2.** Persona que destaca extraordinariamente en algo.

cracker (ingl.) s. m. y f. Persona que se introduce en un sistema informático para robar información o destruir datos.

crampón s. m. Pieza metálica con pinchos que los montañeros se ponen en la suela de las botas para no resbalar en la nieve o el hielo.

craneal o **craneano, na** adj. Del cráneo o relacionado con él.

cráneo s. m. Conjunto de huesos de la cabeza en cuyo interior está el encéfalo.

crápula s. m. **1.** Hombre golfo y juerguista. || s. f. **2.** Vida que lleva este hombre. SIN. **1.** Calavera. **2.** Libertinaje.

craso, sa adj. Se dice de un error muy grave. SIN. Garrafal. ANT. Insignificante.

cráter s. m. **1.** Abertura por la cual los volcanes echan la lava y los gases. **2.** Hoyo que deja un meteorito al chocar contra la superficie de la Luna o de la Tierra.

creación s. f. **1.** Acción de crear o producir. **2.** Todo lo creado por Dios. **3.** Conjunto de las obras de un artista. SIN. **1.** y **3.** Producción.

creador, ra adj. y s. **1.** Que crea. || **2. el Creador** Dios.

crear v. **1.** Hacer algo que antes no existía. **2.** Causar, producir. SIN. **1.** Engendrar; fundar. **2.** Forjar. ANT. **1.** Destruir.

creatividad s. f. Capacidad e imaginación para crear e inventar.

creativo, va adj. Que tiene creatividad o ayuda a tenerla.

crecedero, ra adj. **1.** Que puede crecer. **2.** Se dice de la ropa de niño que resulta grande para que pueda servirle aunque crezca.

crecepelo s. m. Producto para hacer que salga pelo en la cabeza.

crecer v. **1.** Aumentar de tamaño, sobre todo en altura. **2.** Hacerse adulto. **3.** Hacerse más grande o importante. **4.** Aparecer, salir: *crecer la hierba.* || **crecerse 5.** Volverse más atrevido o decidido. □ Es v. irreg. Se conjuga como *agradecer.* **SIN. 1.** Desarrollarse. **2.** Madurar. **3.** Incrementarse. **4.** Darse. **ANT. 1.** y **3.** Menguar. **3.** Disminuir.

creces Se usa en la expresión **con creces**, 'más de lo necesario o suficiente'.

crecida s. f. Aumento del agua que lleva un río, a causa de las lluvias o del deshielo. **SIN.** Riada, avenida.

crecido, da 1. p. de **crecer**. También adj. || adj. **2.** Que ha aumentado de tamaño. **3.** Numeroso, grande o abundante. **SIN. 3.** Nutrido, copioso. **ANT. 3.** Escaso.

creciente adj. **1.** Que crece o aumenta. || **2. cuarto creciente** Ver **cuarto**. **ANT. 1.** Decreciente.

crecimiento s. m. Hecho de crecer. **SIN.** Desarrollo; aumento. **ANT.** Disminución.

credencial adj. **1.** Que acredita o demuestra algo. || s. f. **2.** Documento que acredita el cargo que se ha dado a una persona.

credibilidad s. f. Característica de las cosas creíbles o de las personas que las dicen.

crédito s. m. **1.** Dinero que se pide prestado a un banco o empresa. **2.** Posibilidad que alguien tiene de que le presten dinero o de poder pagar una cosa más tarde. **3.** Hecho de aceptar algo como cierto o verdadero. **4.** Fama, prestigio. || **LOC. a crédito** A plazos o pagándolo más tarde.

credo s. m. **1.** Oración que resume la fe católica. **2.** Religión o ideología. **SIN. 2.** Fe, creencia.

credulidad s. f. Característica de las personas crédulas. **SIN.** Ingenuidad. **ANT.** Incredulidad.

crédulo, la adj. y s. Que se lo cree todo. **SIN.** Ingenuo, inocente. **ANT.** Incrédulo.

creencia s. f. **1.** Hecho de creer firmemente una cosa. **2.** Idea o conjunto de ideas en las que alguien cree, sobre todo las religiosas. **SIN. 1.** Certeza, convicción. **2.** Ideología. **ANT. 1.** Duda.

creer v. **1.** Aceptar como cierto. **2.** Pensar que alguien o algo es de una determinada manera. **3.** Tener fe religiosa. **4.** Confiar en algo. □ Es v. irreg. Se conjuga como *leer.* **SIN. 1.** Admitir, tragarse. **2.** Suponer, estimar. **ANT. 1.** y **2.** Dudar. **1.** y **4.** Desconfiar.

creíble adj. Que se puede creer o aceptar como cierto. **SIN.** Verosímil, fidedigno, plausible.

creído, da 1. p. de **creer**. || adj. y s. **2.** Presumido, vanidoso. **SIN. 2.** Engreído. **ANT. 2.** Humilde.

crema s. f. **1.** Pasta hecha con leche, huevos y azúcar, o con otros ingredientes. **2.** Nata de la leche. **3.** Puré poco espeso que se hace con algunos alimentos: *crema de espárragos, crema de marisco.* **4.** Nombre dado a algunas sustancias pastosas: *crema hidratante.* **5.** Lo mejor y más escogido de un grupo: *la crema de la sociedad.* || s. m. **6.** Color blanco amarillento. **SIN. 4.** Pomada.

cremación s. f. Acción de quemar, especialmente los cadáveres humanos. **SIN.** Incineración.

cremallera s. f. **1.** Cierre formado por dos filas de dientes por los que corre una pieza que los va encajando. **2.** Riel con dientes en los que encaja una pieza, que permite a algunos trenes subir y bajar pendientes.

crematístico, ca adj. Del dinero o relacionado con él.

crematorio, ria adj. y s. m. **1.** Se dice del lugar donde se queman los cadáveres: *horno crematorio.* || s. m. **2.** Lugar donde se queman basuras.

crème Se usa en la expresión francesa **la crème de la crème**, 'lo mejor de lo mejor'.

cremoso, sa adj. Parecido a la crema o con mucha crema.

crêpe, crepe o **crep** (*crêpe* es fr.) s. amb. Tortita muy fina hecha con harina, huevos, azúcar y leche o agua; suele servirse enrollada y con un relleno.

crepé s. m. **1.** Tejido con relieves. **2.** Tipo de caucho.

crepería s. f. Restaurante donde se sirven *crêpes.*

crepitar v. Hacer un ruido como el de la leña al arder. **SIN.** Chisporrotear.

crepuscular adj. Del crepúsculo o relacionado con él: *luz crepuscular.*

crepúsculo s. m. Claridad que se ve en el cielo al salir y, sobre todo, al ponerse el Sol. **SIN.** Alba; ocaso.

crescendo (ital.) s. m. En música, aumento progresivo de la intensidad de los sonidos. || **LOC. in crescendo** En aumento.

crespo, pa *adj.* Se dice del cabello fuerte y muy rizado. **SIN.** Ensortijado. **ANT.** Lacio.

crespón *s. m.* **1.** Seda o gasa ondulada. **2.** Tira negra que se lleva en señal de luto.

cresta *s. f.* **1.** Saliente carnoso que tienen sobre la cabeza algunas aves y reptiles. **2.** Plumas que algunas aves tienen sobre la cabeza. **3.** Cumbre rocosa de una montaña. **4.** Parte más alta de una ola. **SIN.** **2.** Penacho, copete.

creta *s. f.* Roca caliza, blanda y de color blanco, formada con restos fósiles de animales marinos.

cretense *adj. y s.* De Creta, isla de Grecia en el Mediterráneo.

cretino, na *adj. y s.* Tonto, estúpido.

cretona *s. f.* Tela fuerte que suele ser de algodón.

creyente *adj. y s.* Que cree en Dios o sigue alguna religión. **ANT.** Ateo.

cría *s. f.* **1.** Hecho de criar niños o animales. **2.** Animal mientras es alimentado por su madre. **SIN.** **1.** Crianza.

criadero *s. m.* **1.** Lugar donde se crían animales. **2.** Lugar adonde se trasplantan árboles o plantas para que se desarrollen. **SIN.** **1.** Granja. **2.** Vivero.

criadilla *s. f.* Testículo de algunas reses que se toma como alimento.

criado, da **1.** *p.* de **criar**. También *adj.* ‖ *adj.* **2.** Con *bien* o *mal* se dice de las personas bien o mal educadas. ‖ *s. m. y f.* **3.** Empleado de una casa que realiza tareas domésticas. **SIN.** **3.** Sirviente.

criador, ra *s. m. y f.* Persona que cría animales.

crianza *s. f.* **1.** Acción de criar. **2.** Educación que ha recibido una persona.

criar *v.* **1.** Alimentar las madres a sus hijos recién nacidos o las hembras de los animales a sus crías. **2.** Cuidar y educar a los niños. **3.** Cuidar animales o plantas y hacer que se reproduzcan. **4.** Producir, procrear. ‖ **criarse** **5.** Desarrollarse, crecer. **SIN.** **2.** Enseñar, instruir. **4.** Parir. **ANT.** **1.** Destetar.

criatura *s. f.* **1.** Cualquiera de los seres de la creación. **2.** Niño pequeño. **SIN.** **2.** Crío, nene.

criba *s. f.* **1.** Cedazo. **2.** Selección, elección. **SIN.** **1.** Tamiz.

cribar *v.* **1.** Pasar por la criba o cedazo. **2.** Hacer una selección. **SIN.** **1.** Tamizar, cerner. **2.** Seleccionar.

crimen *s. m.* **1.** Delito muy grave, sobre todo el hecho de matar a otra persona. **2.** Cosa injusta o muy mal hecha. **SIN.** **1.** Asesinato, homicidio. **2.** Atropello; disparate.

criminal *adj. y s.* **1.** Autor de un crimen. ‖ *adj.* **2.** Relacionado con los crímenes o que constituye un crimen. **SIN.** **1.** Delincuente, asesino. **2.** Penal.

criminalidad *s. f.* **1.** Lo que hace que una acción sea considerada un crimen. **2.** Existencia de crímenes.

criminalista *adj. y s.* Especialista en la parte del derecho que trata sobre los delitos y las penas.

criminología *s. f.* Ciencia que trata sobre los delitos.

crin *s. f.* Pelos que tienen los caballos y otros animales sobre el cuello y en la cola.

crío, a *s. m. y f.* Niño.

criollo, lla *adj. y s.* **1.** Descendiente de europeos nacido en Latinoamérica. **2.** De Latinoamérica: *cocina criolla.*

cripta *s. f.* **1.** Capilla debajo de una iglesia. **2.** Lugar bajo tierra para enterrar a los muertos.

críptico, ca *adj.* Muy difícil de entender. **SIN.** Oscuro, incomprensible. **ANT.** Claro, comprensible.

criptógama *adj. y s. f.* Se dice de las plantas que no tienen flores.

criptografía *s. f.* Arte de escribir con clave secreta.

críquet *s. m.* Juego de pelota de origen inglés que se practica con bates planos entre dos equipos de once jugadores.

crisálida *s. f.* Etapa del desarrollo de las mariposas en que la larva se va transformando en adulto.

crisantemo *s. m.* Planta de tallos largos y flores grandes formadas por muchos pétalos pequeños.

crisis *s. f.* Momento grave, con cambios o problemas, como por ejemplo, una mala situación económica. **SIN.** Trance, aprieto. **ANT.** Estabilidad.

crisma[1] *s. f.* **1.** *fam.* Cabeza: *romperse la crisma.* ‖ *s. amb.* **2.** Mezcla de aceite y bálsamo consagrados, que se usa en algunas ceremonias religiosas.

crisma[2] *s. m.* Tarjeta para felicitar la Navidad.

crisol *s. m.* Recipiente que se usa para fundir metales.

crispación *s. f.* Hecho de crispar o crisparse. **SIN.** Convulsión; enojo. **ANT.** Relajación.

crispar *v.* **1.** Contraer de repente los músculos de una parte del cuerpo. **2.** Poner nervioso o enfadar. **SIN.** **1.** Estremecer. **2.** Alterar, irritar. **ANT.** **1.** Relajar. **2.** Calmar.

cristal *s. m.* **1.** Cuerpo mineral con forma de poliedro, como la sal o el cuarzo. **2.** Vidrio, material duro y transparente, y también, lámina de este material.

cristalera *s. f.* **1.** Ventana, puerta o pared formada por cristales. **2.** Vitrina.

cristalería *s. f.* **1.** Establecimiento donde se fabrican o venden objetos de cristal. **2.** Conjunto de objetos de cristal, sobre todo vasos y copas.

cristalero, ra *s. m.* y *f.* Persona que fabrica cristales, los vende o los coloca en puertas y ventanas.

cristalino, na *adj.* **1.** Parecido al cristal. ‖ *s. m.* **2.** Parte transparente del ojo, situada detrás de la pupila, que permite enfocar las imágenes. **SIN. 1.** Claro, transparente. **ANT. 1.** Opaco, turbio.

cristalización *s. f.* Acción de cristalizar o cristalizarse.

cristalizar *v.* **1.** Tomar forma y estructura de cristal. **2.** Tener un resultado concreto: *La reunión cristalizó en un acuerdo.* **SIN. 2.** Concretarse.

cristalografía *s. f.* Ciencia que estudia los cristales minerales.

cristianar *v.* Bautizar.

cristiandad *s. f.* Conjunto de todas las personas y países cristianos. **SIN.** Cristianismo.

cristianismo *s. m.* **1.** Religión surgida de la predicación y ejemplo de Jesucristo. **2.** Cristiandad.

cristianizar *v.* Llevar el cristianismo a un lugar o grupo de personas. **SIN.** Evangelizar.

cristiano, na *adj.* y *s.* **1.** Del cristianismo o seguidor de esta religión. ‖ *s. m.* y *f.* **2.** *fam.* Cualquier persona: *Esto no hay cristiano que lo resista.* ‖ **LOC. en cristiano** De manera que se entienda: *hablar en cristiano.*

cristo *s. m.* **1.** Imagen de Jesús crucificado. ‖ **2. todo cristo** *fam.* Todo el mundo. ‖ **LOC. hecho** (o **como**) **un cristo** *fam.* Destrozado, hecho una pena. **SIN. 1.** Crucifijo.

criterio *s. m.* **1.** Regla o norma para hacer algo. **2.** Opinión, juicio, parecer. **SIN. 1.** Principio. **2.** Idea.

crítica *s. f.* **1.** Opinión acerca de algo, sobre todo de una obra artística o de un espectáculo. **2.** Personas que dan estas opiniones acerca de literatura, cine u otra materia: *La crítica alabó toda su obra.* **3.** Mala opinión sobre algo. **SIN. 1.** Juicio, recensión. **3.** Censura. **ANT. 3.** Aprobación.

criticable *adj.* Digno de crítica o censura.

criticar *v.* **1.** Dar una mala opinión sobre algo. **2.** Hacer críticas literarias o artísticas. **SIN. 1.** Censurar, desaprobar. **ANT. 1.** Aprobar.

crítico, ca *adj.* **1.** Que critica. **2.** Grave, peligroso, decisivo: *estado crítico, momento crítico.* ‖ *s. m.* y *f.* **3.** Persona que se dedica a la crítica de libros, espectáculos u otras cosas.

criticón, na *adj.* y *s. fam.* Persona que critica o pone faltas a todo.

croar *v.* Cantar la rana.

croata *adj.* y *s.* De Croacia, país de Europa.

crocante *adj.* **1.** Que cruje al morderlo. ‖ *s. m.* **2.** Guirlache.

crocanti (del ital.) Chocolate o helado que contiene trocitos de almendra.

croché o *crochet* (*crochet* es fr.) *s. m.* **1.** Labor de ganchillo: *un tapete de croché.* **2.** Golpe de boxeo que se da con el brazo doblado en forma de gancho.

croissant (fr.) *s. m.* Cruasán.

crol *s. m.* Estilo de natación en que se avanza moviendo los pies sin parar y sacando alternativamente los brazos del agua por encima de la cabeza.

cromado, da *adj.* Que tiene un baño de cromo.

cromático, ca *adj.* De los colores.

crómlech (del fr.) *s. m.* Monumento megalítico formado por grandes piedras colocadas en círculo.

cromo *s. m.* **1.** Metal duro, plateado, resistente a la humedad y al óxido, con que se hace acero inoxidable y pinturas. Es elemento químico. **2.** Papel con un dibujo o una foto que los niños coleccionan.

cromosoma *s. m.* En el núcleo de la célula, cada una de las partes que contienen los genes. Solo se ven cuando la célula se va a dividir.

crónica *s. f.* **1.** Relato de hechos históricos en el orden en que estos han ocurrido. **2.** Información periodística sobre temas de actualidad. **SIN. 2.** Reportaje.

crónico, ca *adj.* Se dice de enfermedades, problemas, males o vicios que se padecen desde hace mucho tiempo y no se solucionan. **SIN.** Arraigado. **ANT.** Nuevo.

cronista *s. m.* y *f.* Autor de una crónica histórica o periodística.

cronoescalada *s. f.* Carrera ciclista contrarreloj en la que se sube una montaña.

cronología *s. f.* **1.** Ciencia que fija el orden y las fechas en que han ocurrido los hechos históricos. **2.** Lista de personas o hechos históricos ordenados por sus fechas.

cronológico, ca *adj.* Que sigue el orden en que han ido ocurriendo los hechos.

cronometrar v. Medir el tiempo con un cronómetro.

cronómetro s. m. Reloj para medir periodos de tiempo muy pequeños con mucha precisión.

cróquet s. m. Juego de origen inglés que consiste en hacer pasar unas bolas por unos aros golpeándolas con un mazo.

croqueta s. f. Trozo de masa de besamel con trocitos de jamón, de pescado u otro alimento, rebozado en huevo y frito.

croquis s. m. Dibujo esquemático que se hace a ojo y sin detalle. **SIN.** Apunte, bosquejo, esbozo.

cross (ingl.) s. m. Prueba deportiva que consiste en correr varios kilómetros por el campo.

crótalo s. m. **1.** Instrumento parecido a las castañuelas. **2.** Serpiente de cascabel.

crotorar v. Hacer la cigüeña su ruido característico.

cruasán s. m. Bollo en forma de media luna.

cruce s. m. **1.** Acción de cruzar. **2.** Lugar donde se cruzan calles, carreteras o caminos. **3.** Mezcla de dos especies de plantas o animales. **SIN. 2.** Encrucijada.

cruceiro s. m. Antigua moneda de Brasil.

crucería s. f. En arquitectura gótica, conjunto de arcos diagonales, llamados *nervios* u *ojivas,* que refuerzan y adornan las aristas de la bóveda.

crucero s. m. **1.** Viaje turístico en barco, parando en distintos puertos. **2.** En las iglesias, espacio en el que se cruza la nave mayor con la nave transversal. **3.** Buque de guerra de gran tamaño. **4.** Cruz de piedra colocada en un cruce de caminos o en un atrio.

crucial adj. Decisivo, de gran importancia para lo que va a suceder después. **SIN.** Crítico, esencial. **ANT.** Intrascendente.

crucificar v. Clavar a una persona en una cruz.

crucifijo s. m. Cruz que representa a Jesucristo crucificado.

crucifixión s. f. Acción de crucificar.

crucigrama s. m. Pasatiempo que consiste en rellenar unas casillas con palabras que hay que adivinar a partir de unas definiciones.

crudeza s. f. Característica de lo que es crudo, duro, desagradable: *la crudeza del clima, la crudeza de una película.* **SIN.** Dureza, aspereza, rigor. **ANT.** Suavidad.

crudo, da adj. **1.** Que no está cocinado o no lo está lo suficiente. **2.** En estado natural, sin elaborar. **3.** Beis muy clarito. **4.** Duro, desagradable, difícil de soportar: *un invierno crudo.* **5.** Difícil de lograr: *Lo tienes crudo.* ‖ s. m. **6.** Petróleo sin refinar. **SIN. 4.** Riguroso.

cruel adj. **1.** Que disfruta haciendo daño o con el dolor de los demás. **2.** Que provoca mucho daño o sufrimiento. **SIN. 1.** y **2.** Despiadado, inhumano. **ANT. 1.** Compasivo.

crueldad s. f. **1.** Característica de cruel. **2.** Acción cruel. **SIN. 1.** y **2.** Atrocidad, barbaridad. **ANT. 1.** Compasión.

cruento, ta adj. Con derramamiento de sangre. **SIN.** Sangriento, encarnizado. **ANT.** Incruento.

crujido s. m. Ruido que hace una cosa al crujir. **SIN.** Chasquido.

crujiente adj. Que cruje.

crujir v. Hacer ruido algunas cosas, como la madera, cuando se parten, se doblan o se rozan unas con otras.

crupier s. m y f. En casinos y casas de juegos, persona que dirige las partidas.

crustáceo adj. y s. m. Animal generalmente acuático que respira por branquias; tiene varios pares de patas y suele estar cubierto por un caparazón duro, como la langosta, la cigala o el cangrejo.

cruz s. f. **1.** Figura con forma de X. **2.** Madero vertical cruzado por otro horizontal, en que se clavaba a los condenados a muerte. Es símbolo del cristianismo. **3.** Objeto o insignia con esta forma. **4.** Gran sufrimiento o trabajo. **5.** Reverso de una moneda o medalla. **6.** Parte más alta del lomo de algunos cuadrúpedos. ‖ **7. cruz gamada** La que tiene los brazos doblados en ángulo recto. Es un símbolo nazi. **8. cruz griega** La que tiene los cuatro brazos iguales. **9. cruz latina** La que tiene el palo horizontal más corto y más arriba. **SIN. 1.** Aspa. **3.** Crucifijo. **4.** Suplicio, calvario. **5.** Envés.

cruzada n. pr. f. **1.** En la Edad Media, campaña militar de los cristianos contra los musulmanes para recuperar Jerusalén y los Santos Lugares. ‖ s. f. **2.** Campaña muy activa a favor o en contra de algo.

cruzado, da 1. p. de **cruzar.** También adj. ‖ adj. **2.** Se dice de la prenda en la que un delantero monta sobre otro: *falda cruzada.* ‖ s. m. **3.** El que participaba en una Cruzada.

cruzar v. **1.** Atravesar o poner una cosa sobre otra en forma de cruz. **2.** Ir de uno a otro lado: *cruzar la calle.* **3.** Dirigirse mutuamente: *cruzar palabras, saludos.* **4.** Juntar un macho y una hembra de distintas razas o plantas de diferentes variedades para que se reproduzcan. ‖ **cruzarse 5.** Encontrarse por el mismo camino, pero en distintas direcciones. ‖ **LOC. cruzarle** a uno **la cara** Darle una bofetada.

cruzarse de brazos No hacer nada. SIN. 2. Pasar.

cruzeiro (port.) *s. m.* Cruceiro.

cuaderna *s. f.* **1.** Cada una de las piezas curvas que parten de la quilla y forman la armadura del casco de un barco. || **2. cuaderna vía** Estrofa medieval formada por cuatro versos alejandrinos, de catorce sílabas, con rima consonante.

cuaderno *s. m.* **1.** Conjunto de hojas de papel en forma de libro. || **2. cuaderno de bitácora** En los barcos, libro en que se apuntan el rumbo, la velocidad y otros datos de la navegación.

cuadra *s. f.* **1.** Establo para caballos y otros animales de carga. **2.** Conjunto de caballos de un mismo dueño. SIN. 1. Caballeriza.

cuadrado, da *adj.* **1.** Con forma de cuadrado, polígono. **2.** Referido a una unidad de longitud, la convierte en unidad de superficie; un metro cuadrado equivale a lo que ocupa un cuadrado que mide de lado un metro. || *s. m.* **3.** Polígono de cuatro lados iguales y ángulos rectos. **4.** Resultado de multiplicar un número por sí mismo.

cuadragésimo, ma *num.* **1.** Que ocupa por orden el número cuarenta. || *num.* y *s. m.* **2.** Se dice de cada una de las cuarenta partes en que se divide una cosa.

cuadrangular *adj.* Que tiene cuatro ángulos.

cuadrante *s. m.* **1.** Cuarta parte de un círculo o una circunferencia. **2.** Instrumento usado en astronomía para medir ángulos.

cuadrar *v.* **1.** Coincidir, estar de acuerdo, ir bien con algo. || **cuadrarse 2.** Ponerse muy derecho, como los soldados cuando van a saludar a sus superiores. SIN. 1. Adecuarse, armonizar. ANT. 1. Desentonar.

cuadratura Se utiliza en la expresión **la cuadratura del círculo**, que se emplea para indicar algo imposible.

cuádriceps *s. m.* Músculo ubicado en la parte anterior del muslo, que permite estirar la pierna.

cuadrícula *s. f.* Conjunto de cuadrados formados por dos series de líneas paralelas que se cortan.

cuadriculado, da *adj.* **1.** Dividido en cuadrículas. **2.** *fam.* De costumbres o ideas muy rígidas: *Tiene una mente cuadriculada.*

cuadriga *s. f.* Carro romano tirado por cuatro caballos enganchados uno al lado del otro.

cuadrilátero, ra *adj.* **1.** De cuatro lados. || *s. m.* **2.** Polígono de cuatro lados. **3.** Plataforma donde se disputan combates de boxeo y de otros deportes de lucha. SIN. 3. *Ring.*

cuadrilla *s. f.* **1.** Grupo de personas que actúan o trabajan juntas. **2.** En los toros, grupo de toreros que ayudan al matador. SIN. 1. Partida, brigada.

cuadringentésimo, ma *num.* **1.** Que ocupa por orden el número cuatrocientos. || *num.* y *s. m.* **2.** Se dice de cada una de las cuatrocientas partes iguales en que se divide algo.

cuadro *s. m.* **1.** Lienzo o lámina con un dibujo o una pintura. **2.** Figura en forma de cuadrado. **3.** Escena o suceso. **4.** Equipo de personas que realizan una actividad. **5.** Esquema que consiste en un conjunto de datos o explicaciones dentro de un recuadro. || **6. cuadro clínico** Conjunto de síntomas en un enfermo o en una enfermedad. SIN. 2. Cuadrilátero. 3. Visión.

cuadrumano, na o **cuadrúmano, na** *adj.* y *s. m.* Se dice de los animales con manos en las cuatro extremidades, como los monos.

cuadrúpedo, da *adj.* y *s. m.* Se dice del animal de cuatro patas.

cuádruple o **cuádruplo, pla** *num.* y *s. m.* **1.** Que es cuatro veces mayor que otra cosa. || *adj.* **2.** Formado por cuatro cosas iguales: *cuádruple capa.*

cuadruplicar *v.* Multiplicar por cuatro.

cuajada *s. f.* Parte sólida de la leche que se separa de la parte líquida.

cuajar[1] *v.* **1.** Unir las partes de un líquido para convertirlo en sólido. **2.** Cubrir, llenar. **3.** Formar la nieve una capa en una superficie. **4.** Tener éxito, funcionar, salir bien. SIN. 1. Coagular. 2. Colmar. ANT. 1. Fundir.

cuajar[2] *s. m.* Cuarta cavidad del estómago de los rumiantes, que segrega el jugo gástrico.

cuajarón *s. m.* Porción de sangre o de otro líquido que se ha vuelto sólida. SIN. Coágulo.

cuajo *s. m.* **1.** Sustancia para cuajar un líquido, en especial la leche para convertirla en queso. **2.** Demasiada calma. || **LOC. de cuajo** De raíz. SIN. 2. Pachorra, cachaza.

cual *relat.* **1.** Equivale a *que* y lleva delante el artículo: *Las niñas con las cuales comí ayer son mis primas.* || *adv.* **2.** Equivale a *como*: *Ese chico se muestra tal cual es.*

cuál *interr.* Sirve para preguntar sobre personas, animales o cosas: *¿Cuál de los dos libros prefieres?*

cualidad *s. f.* **1.** Cada una de las propiedades o características que distinguen a los seres vivos o a las cosas. **2.** Cosa buena de una persona. SIN. 2. Virtud.

cualificado, da *adj.* Se dice del trabajador especialmente preparado para una tarea.

cualitativo, va adj. Que indica cualidad. **ANT.** Cuantitativo.

cualquier indef. apóc. de **cualquiera**.

cualquiera indef. **1.** Indica personas, animales o cosas, pero sin señalar cuál: *Dame un bolígrafo cualquiera.* □ Su pl. es *cualesquiera*. ‖ s. m. **2.** Hombre poco importante. ‖ s. f. **3.** Prostituta.

cuan adv. Indica igualdad o modo y equivale a *tan... como* o a *todo lo... que*: *Resbaló y cayó cuan largo era.*

cuán excl. Se usa delante de adjetivos o adverbios para destacar su significado: *¡Cuán desgraciada se siente!*

cuando adv. **1.** En el momento de, en el instante en que. ‖ conj. **2.** Equivale a *si: Cuando él lo dice, será verdad.* **3.** Con el adverbio *aun* significa *aunque: Aun cuando te enfades, no haré lo que pides.* ‖ **LOC. de cuando en cuando** o **de vez en cuando** A veces.

cuándo interr. En qué momento: *¿Cuándo dices que te vas?*

cuantía s. f. Cantidad de dinero que cuesta o supone algo. **SIN.** Importe.

cuantificador s. m. En lingüística, palabra que se refiere a otra y expresa una cantidad.

cuantificar v. Expresar algo en números, decir su valor en cantidades. **SIN.** Valorar, tasar, calcular.

cuantioso, sa adj. Abundante, grande. **SIN.** Mucho, numeroso, copioso. **ANT.** Escaso.

cuantitativo, va adj. Relacionado con la cantidad o el número de algo.

cuanto, ta relat. Todo lo que: *Te digo cuanto sé.* También se usa en comparaciones: *Cuanto más tiene, más quiere.* ‖ **LOC. en cuanto** Tan pronto como: *Dímelo en cuanto te enteres.* **en cuanto a** En relación a, por lo que se refiere a: *En cuanto a ese problema, se solucionará.*

cuánto, ta interr. **1.** Se usa para preguntar la cantidad: *¿Cuántos años tienes? ¿Cuánto mides?* ‖ excl. **2.** Destaca la cantidad de algo: *¡Cuánta gente! ¡Cuánto sabe!*

cuarcita s. f. Roca muy dura y normalmente blanca formada por granos de cuarzo.

cuarenta num. **1.** Cuatro veces diez. **2.** Que ocupa por orden el número cuarenta. ‖ **LOC. cantar las cuarenta** En el juego del tute, decir que se tiene el rey y el caballo del palo que pinta, con lo que se consiguen cuarenta puntos. También, decirle claramente a alguien lo que se tiene contra él.

cuarentena s. f. **1.** Conjunto de cuarenta unidades. **2.** Tiempo que se tiene aislados a algunos enfermos para que no contagien a otros.

cuarentón, na adj. y s. Se dice de la persona que tiene entre cuarenta y cincuenta años.

Cuaresma n. pr. f. En la religión cristiana, periodo de cuarenta días dedicado a la penitencia y al ayuno, desde el Miércoles de Ceniza hasta la Pascua de Resurrección.

cuarta s. f. Palmo, medida de longitud.

cuartear v. **1.** Partir en trozos, sobre todo los animales empleados como alimento. ‖ **cuartearse 2.** Hacerse rajas o grietas. **SIN. 1.** Descuartizar, despedazar. **2.** Rajarse, agrietarse.

cuartel s. m. **1.** Instalaciones donde viven y realizan sus actividades los soldados, o los policías y bomberos. **2.** Descanso o interrupción en un enfrentamiento: *dar cuartel, lucha sin cuartel.* **SIN. 1.** Acuartelamiento.

cuartelero, ra adj. **1.** Del cuartel. **2.** Se dice del lenguaje grosero y malhablado.

cuartelillo s. m. Puesto de policía, de la Guardia Civil o de bomberos.

cuarterón s. m. Panel o cuadrado de una puerta.

cuarterón, na adj. y s. En América, hijo de mestizo y española o de español y mestiza.

cuarteta s. f. Estrofa de cuatro versos de ocho sílabas o menos.

cuarteto s. m. **1.** Conjunto musical de cuatro instrumentos o de cuatro cantantes. **2.** Estrofa de cuatro versos de más de ocho sílabas.

cuartilla s. f. Hoja de papel que es la cuarta parte de un pliego.

cuarto, ta num. **1.** Que ocupa por orden el número cuatro. ‖ num. y s. m. **2.** Se dice de cada una de las cuatro partes en las que se divide una cosa: *cuarto de litro.* ‖ s. m. **3.** Habitación. **4.** Cada una de las cuatro partes en que se divide horizontal y verticalmente el cuerpo de algunos animales, como las reses o las aves: *los cuartos traseros.* ‖ s. m. pl. **5.** fam. Dinero. ‖ **6. cuarto creciente** Fase lunar intermedia entre la luna nueva y la luna llena. **7. cuarto menguante** Fase lunar intermedia entre la luna llena y la luna nueva. ‖ **LOC. de tres al cuarto** De poco valor o categoría. **SIN. 3.** Pieza, dependencia.

cuarzo s. m. Mineral de gran dureza formado por sílice y que es componente de muchas rocas.

cuate, ta adj. y s. **1.** En México, amigo. **2.** En México, mellizo o gemelo.

cuaternario, ria adj. y n. pr. m. Se dice del periodo geológico que comenzó hace unos dos millones de años, en el que aparecieron los primeros seres humanos y hubo grandes glaciares.

cuatrero, ra s. m. y f. Ladrón de ganado.

cuatrillizo, za adj. y s. Se dice de cada uno de los cuatro hermanos nacidos en un mismo parto.

cuatrimestral adj. **1.** Que se repite cada cuatro meses. **2.** Que dura cuatro meses.

cuatrimestre s. m. Periodo de tiempo de cuatro meses.

cuatrimotor s. m. Avión que tiene cuatro motores.

cuatro num. **1.** Tres y uno. **2.** Poca cantidad de alguna cosa: *Tiene cuatro pelos en la cabeza.* **3.** Cuarto.

cuatrocientos, tas num. **1.** Cuatro veces cien. **2.** Que ocupa por orden el número cuatrocientos.

cuba s. f. Recipiente para líquidos formado por una serie de tablas curvadas y unidas, con dos bases circulares en sus extremos. ‖ LOC. **como una cuba** Muy borracho. SIN. Barril, tonel.

cubalibre s. m. Refresco de cola con ginebra o ron.

cubano, na adj. y s. De Cuba, país de América Central.

cubata s. m. fam. Cubalibre.

cubero s. m. Persona que hace o vende cubas. ‖ LOC. **a ojo de buen cubero** Ver **ojo**.

cubertería s. f. Cubiertos y otros utensilios para servir la comida.

cubeta s. f. Recipiente de poco fondo y casi siempre rectangular o cuadrado, como los que se emplean para revelar fotografías.

cúbico, ca adj. **1.** Con forma de cubo geométrico. **2.** Referido a una unidad de longitud, la convierte en unidad de capacidad, por ejemplo, un metro cúbico equivale al contenido de un cubo que tiene como lado un metro.

cubículo s. m. Habitación o lugar muy pequeños. SIN. Cuchitril.

cubierta s. f. **1.** Lo que cubre o tapa una cosa. **2.** Tapa de un libro. **3.** Parte exterior del techo de un edificio. **4.** Parte exterior de las ruedas de algunos vehículos. **5.** Piso de un barco, sobre todo el superior.

cubierto, ta 1. p. de **cubrir**. También adj. ‖ s. m. **2.** Utensilio para partir los alimentos, servirlos o llevárselos a la boca. **3.** Servicio de mesa para cada persona. **4.** Comida que se sirve en restaurantes con platos y precios fijos. SIN. **4.** Menú.

cubil s. m. **1.** Guarida o madriguera de los animales. **2.** Escondrijo.

cubilete s. m. **1.** Vaso en el que se meten los dados para moverlos y tirarlos. **2.** Molde de cocina.

cubismo s. m. Estilo de pintura surgido a principios del siglo xx, que representa las figuras mediante formas geométricas.

cubista adj. y s. Del cubismo.

cubitera s. f. **1.** Recipiente que se mete en el congelador con agua para hacer cubitos de hielo. **2.** Recipiente en el que se ponen los cubitos de hielo para servirlos.

cubito s. m. Pedacito de hielo que se echa en las bebidas para enfriarlas.

cúbito s. m. Hueso más largo y grueso de los dos del antebrazo.

cubo[1] s. m. Recipiente más ancho por la boca que por el fondo y con un asa. SIN. Balde.

cubo[2] s. m. **1.** Figura geométrica formada por seis caras que son cuadrados iguales. **2.** En matemáticas, resultado de multiplicar un número dos veces por sí mismo.

cubrebañera s. f. Lona que cubre el hueco de una piragua para evitar que entre agua.

cubrecadena s. f. Pieza de la bicicleta que cubre y protege la cadena.

cubrecama s. m. Colcha.

cubrerradiador s. m. Mueble que cubre un radiador de calefacción.

cubrir v. **1.** Poner algo encima de una cosa. **2.** Proteger, defender: *Se cubrió la cara con los brazos.* **3.** Llenar: *cubrirse el cielo de nubes.* **4.** Ocupar, completar o ser suficiente: *cubrir las plazas de un hotel, cubrir gastos.* **5.** Unirse el macho a la hembra para fecundarla. ‖ **cubrirse 6.** Ponerse el sombrero. ◻ Su p. es irreg.: *cubierto*. SIN. **1.** Tapar, envolver, recubrir. **2.** Resguardar. **3.** Colmar, abarrotar. **4.** Copar; bastar. **5.** Montar, aparearse. ANT. **1.** Descubrir, usar.

cucamonas s. f. pl. fam. Mimos, carantoñas. SIN. Arrumacos.

cucaña s. f. En algunas fiestas, palo largo untado con algo resbaladizo, por el que hay que subir para coger un premio.

cucaracha s. f. Insecto de forma ovalada, color negro, rojizo o marrón, con antenas largas y finas.

cuchara s. f. **1.** Cubierto con una parte cóncava para tomar alimentos líquidos o poco consistentes, como sopas o purés. **2.** Parte de las grúas y las excavadoras en la que se recogen y transportan los materiales.

cucharada s. f. Lo que cabe en una cuchara.

cucharilla s. f. Cuchara pequeña.

cucharón s. m. Cuchara grande para servir la comida.

cuché adj. y s. m. Se dice de un tipo de papel brillante que se usa en libros y revistas con ilustraciones.

cuchichear *v.* Hablar muy bajito. **SIN.** Murmurar.

cuchicheo *s. m.* Acción de cuchichear. **SIN.** Murmuración.

cuchilla *s. f.* **1.** Hoja de acero con filo. **2.** Hoja de afeitar. **3.** Cuchillo grande y pesado.

cuchillada o **cuchillazo** *s. f.* o *m.* Herida de cuchillo o arma parecida.

cuchillería *s. f.* Taller o tienda de cuchillos, tijeras y utensilios parecidos.

cuchillo *s. m.* **1.** Instrumento para cortar, formado por un mango y una hoja afilada solo por un lado. **2.** Corriente de aire frío que entra por una rendija.

cuchipanda *s. f. fam.* Fiesta con comida y diversión.

cuchitril *s. m.* Habitación o casa muy pequeñas.

cuchufleta *s. f. fam.* Broma, chufla. **SIN.** Burla.

cuclillas Se usa en la expresión **en cuclillas**, 'agachado y con las piernas muy dobladas'.

cuclillo *s. m.* Cuco, ave.

cuco *s. m.* Especie de cuna pequeña portátil que suele formar parte del coche de los niños pequeños. **SIN.** Moisés.

cuco, ca *adj.* **1.** Bonito, mono. || *adj.* y *s.* **2.** Pillo, listo. || *s. m.* **3.** Ave de tamaño medio, cola larga y alas afiladas; las hembras ponen sus huevos en los nidos de otras aves para que estas los críen. || **4. reloj de cuco** Reloj de pared con un cuclillo mecánico.

cucurucho *s. m.* **1.** Cono de papel, cartón, barquillo, etc. **2.** Capirote, gorro en forma de cono.

cuelgue *s. m. fam.* Efecto producido por una droga o por el alcohol. **SIN.** Colocón.

cuello *s. m.* **1.** Parte del cuerpo que une la cabeza al tronco. **2.** Parte de una prenda que cubre o rodea el cuello. **3.** Parte más estrecha de algo: *el cuello de la botella.* **SIN. 1.** Pescuezo, garganta.

cuenca *s. f.* **1.** Hueco donde está cada ojo. **2.** Territorio por donde corren las aguas de un río y de sus afluentes. **3.** Región donde abunda un mineral, que se extrae en las minas. **SIN. 1.** Órbita.

cuenco *s. m.* **1.** Especie de tazón. **2.** Hueco de algunas cosas: *el cuenco de la mano.* **SIN. 1.** Escudilla, bol.

cuenta *s. f.* **1.** Acción de contar: *llevar la cuenta.* **2.** Operación matemática, como la suma o la resta. **3.** Nota donde pone lo que hay que pagar. **4.** Anotación que lleva un banco o una caja de ahorros de los ingresos o pagos de un cliente. **5.** Explicación o excusa: *No tengo por qué darte cuenta de lo que hago.* **6.** Bo-

lita con un agujero para hacer collares y otras cosas. **7.** Cuidado, deber o responsabilidad de alguien: *Fui por mi cuenta. Los gastos corren de su cuenta.* || **LOC. a cuenta** Como anticipo: *Dejó cien euros a cuenta.* **caer en la cuenta** o **darse cuenta** Ver o comprender algo. **tomar** o **tener** algo **en cuenta** Hacer caso de ello. **SIN. 1.** Recuento, cómputo. **3.** Recibo, minuta. **5.** Justificación. **7.** Obligación, incumbencia.

cuentacuentos *s. m.* y *f.* **1.** Persona que lee e interpreta cuentos a los niños. || *s. m.* **2.** Lectura interpretada por una de estas personas.

cuentagotas *s. m.* Utensilio con un tubito para echar un líquido gota a gota.

cuentakilómetros *s. m.* **1.** Aparato que indica los kilómetros que ha recorrido un vehículo. **2.** A veces se llama así al aparato que marca la velocidad.

cuentarrevoluciones *s. m.* Aparato que indica las revoluciones de un motor, como el de algunos automóviles.

cuentista *adj.* y *s.* **1.** Quejica, protestón. **2.** Exagerado, algo mentiroso o presumido. || *s. m.* y *f.* **3.** Persona que escribe cuentos.

cuento *s. m.* **1.** Narración corta, sobre todo la que no cuenta una historia real y va dirigida a los niños. **2.** Mentira o pretexto: *No vengas con cuentos.* **3.** Hecho de fingir: *No está enfermo, lo que tiene es cuento.* || **LOC. venir a cuento** Tener relación con algo que se dice. **vivir del cuento** Vivir sin trabajar. **SIN. 1.** Historia. **2.** Embuste; excusa.

cuerda *s. f.* **1.** Conjunto de hilos de cáñamo, esparto u otro material, que juntos y retorcidos forman uno solo más grueso. **2.** Hilo fuerte y tirante de algunos instrumentos musicales, como el arpa o la guitarra. **3.** Muelle o resorte que hace funcionar algunos relojes y mecanismos. **4.** En geometría, línea recta que une dos puntos de una curva. || **5. cuerda floja** Cable sobre el que realizan sus ejercicios los acróbatas y trapecistas. **6. cuerdas vocales** Membranas situadas en la laringe, a las que hace vibrar el aire procedente de los pulmones, produciendo así los sonidos de la voz. || **LOC. bajo cuerda** A escondidas, sin que se sepa. **SIN. 1.** Cordel, soga.

cuerdo, da *adj.* y *s.* En su sano juicio, que no está loco. **ANT.** Demente.

cuerna *s. f.* Cornamenta.

cuerno *s. m.* **1.** Parte saliente y dura que tienen en la cabeza algunos animales como el toro o el ciervo. **2.** Abultamiento duro y puntiagudo que tienen algunos animales, como el del rinoceronte sobre la mandíbula superior. **3.** Antena de algunos animales, por ejemplo, el caracol. **4.** Cualquier cosa de forma parecida a los cuernos de un toro: *los cuernos de la luna*. **5.** Instrumento de viento de forma parecida a un cuerno de toro. || **LOC. al cuerno** Indica rechazo o desprecio. **coger el toro por los cuernos** Hacer frente al peligro o dificultad con valentía. **poner los cuernos** Engañar alguien a su pareja con otra persona. **SIN. 1.** Asta.

cuero *s. m.* **1.** Piel curtida de algunos animales. **2.** Recipiente hecho con la piel entera de algunos animales: *un cuero de vino.* **3.** Balón de fútbol. || **4. cuero cabelludo** Piel de donde nace el cabello. || **LOC. en cueros** Desnudo. **SIN. 2.** Odre.

cuerpo *s. m.* **1.** Conjunto de cabeza, tronco y extremidades; también, el organismo. **2.** Tronco, sin incluir la cabeza y las extremidades. **3.** Objeto de tres dimensiones. **4.** Cualquier materia sólida, líquida o gaseosa. **5.** Cada una de las partes que se pueden distinguir en un edificio o mueble: *armario de dos cuerpos.* **6.** La parte de arriba del vestido desde el cuello o los hombros hasta la cintura. || **LOC. a cuerpo** o **a cuerpo gentil** Sin abrigo, chaqueta u otra prenda de abrigo. **de cuerpo presente** Estando presente el cadáver antes de ser enterrado. **en cuerpo y alma** Entero, totalmente. **SIN. 2.** Torso.

cuervo *s. m.* Ave de color negro, con cuerpo robusto y pico y extremidades fuertes.

cuesco *s. m.* **1.** Hueso de la fruta. **2.** *fam.* Pedo ruidoso. **SIN. 1.** Güito.

cuesta *s. f.* Terreno en pendiente. || **LOC. a cuestas** Sobre los hombros y las espaldas. **SIN.** Rampa, repecho.

cuestación *s. f.* Recogida de limosnas o donativos.

cuestión *s. f.* **1.** Asunto, tema o cosa que hay que resolver. **2.** Pregunta. **SIN. 1.** Materia, problema.

cuestionar *v.* **1.** Poner en duda. || **cuestionarse 2.** Preguntarse, ponerse a pensar algo. **SIN. 2.** Plantearse.

cuestionario *s. m.* Lista de preguntas o temas.

cueva *s. f.* Cavidad natural o artificial en la superficie o en el interior de la tierra. **SIN.** Caverna, gruta.

cuezo Se usa en la expresión **meter el cuezo**, 'equivocarse', 'meter la pata'.

cuidado, da 1. *p.* de **cuidar.** También *adj.* || *s. m.* **2.** Acción de cuidar. **3.** Atención que se pone para hacer bien algo o evitar un daño. **4.** Preocupación: *No tengas cuidado, te avisará.* || *interj.* **5.** Se emplea para avisar de un peligro o para amenazar. || **6. unidad de cuidados intensivos** Lugar de un hospital con instalaciones adecuadas para dar aten-

ción especial a los enfermos graves. || **LOC. traer** o **tener sin cuidado** Darle igual o no importarle una cosa a una persona. **SIN. 2.** Asistencia, vigilancia. **3.** Esmero. **4.** Intranquilidad, temor. **5.** Ojo. **ANT. 2.** y **3.** Descuido. **4.** Tranquilidad.

cuidador, ra *adj.* y *s.* Persona que tiene a su cuidado a alguien o algo.

cuidadoso, sa *adj.* **1.** Que cuida bien las cosas. **2.** Que pone cuidado en lo que hace. **SIN. 2.** Esmerado, meticuloso. **ANT. 1.** y **2.** Descuidado.

cuidar *v.* **1.** Ocuparse: *cuidar niños, cuidar un jardín, de un enfermo.* **2.** Vigilar. **3.** Poner atención para hacer bien las cosas. **4.** Tratar bien. || **cuidarse 5.** Hacer alguien lo necesario para tener buena salud o buen aspecto. **6.** Evitar: *Se cuida mucho de contar sus secretos a nadie.* **SIN. 1.** y **4.** Atender. **3.** Fijarse. **ANT. 1.** Desatender. **5.** Despreocuparse.

cuita *s. f.* Pena, sufrimiento. **SIN.** Tristeza, desventura. **ANT.** Alegría.

cuitado, da *adj.* **1.** Apenado. **2.** Que tiene poco ánimo o decisión. **SIN. 1.** Angustiado, acongojado. **2.** Apocado. **ANT. 1.** Feliz, afortunado. **2.** Decidido.

culada *s. f.* Golpe que se da una persona en el culo al caer al suelo.

cular *adj.* Se dice del embutido hecho con la parte más gruesa de la tripa: *chorizo cular.*

culata *s. f.* Parte posterior de las armas de fuego para agarrarlas o apoyarlas en el hombro al disparar.

culatazo *s. m.* **1.** Golpe dado con la culata de un arma. **2.** Sacudida que da un arma de fuego al ser disparada.

culebra *s. f.* Reptil terrestre o acuático, sin extremidades, de cuerpo muy estrecho y alargado, que generalmente no es venenoso.

culebrón *s. m.* Serie de televisión con muchos capítulos.

culera *s. f.* **1.** Trozo de tela que se pone en la parte de los pantalones que cubre las nalgas. **2.** Desgaste, deformación o mancha de una prenda de vestir en esa parte.

culinario, ria *adj.* Relacionado con el arte de la cocina.

culmen *s. m.* Momento más importante o interesante de algo. **SIN.** Clímax.

culminación *s. f.* Hecho de culminar algo.

culminante *adj.* En el momento más importante o interesante.

culminar *v.* **1.** Llegar algo a su momento más importante o interesante. **2.** Terminar. **SIN. 2.** Acabar, finalizar. **ANT. 2.** Empezar.

cuña

culo s. m. **1.** Parte del cuerpo situada entre la espalda o el lomo y las extremidades inferiores. **2.** Ano. **3.** Parte sobre la que se apoyan algunos objetos, como los vasos y las botellas. || **4. culo de mal asiento** Persona muy inquieta. **SIN. 1.** Trasero, posaderas.

culón, na adj. Con el culo grande.

culote s. m. **1.** Prenda interior femenina semejante a un pantalón corto. **2.** Pantalón corto ajustado que llega casi a la rodilla, como el que usan los ciclistas.

culpa s. f. Responsabilidad en un error o mala acción. **SIN.** Defecto, culpabilidad. **ANT.** Inocencia.

culpabilidad s. f. Hecho de ser culpable. **ANT.** Inocencia.

culpabilizar v. Culpar.

culpable adj. y s. Que tiene la culpa de algo. **SIN.** Responsable. **ANT.** Inocente.

culpar v. Echar la culpa. **SIN.** Acusar, imputar. **ANT.** Exculpar.

culteranismo s. m. Estilo literario del Barroco caracterizado por un lenguaje muy culto y alejado de la lengua corriente.

cultismo s. m. Palabra procedente del latín o del griego que se usa en otro idioma y que no ha cambiado o ha cambiado muy poco, como por ejemplo, cátedra o amígdala.

cultivado, da 1. p. de cultivar. También adj. || adj. **2.** Culto, bien educado. **SIN. 2.** Refinado. **ANT. 1.** Yermo. **2.** Bruto.

cultivador, ra adj. y s. Que cultiva.

cultivar v. **1.** Hacer en la tierra los trabajos necesarios para que las plantas nazcan, se desarrollen y den fruto. **2.** Criar: cultivar ostras. **3.** Desarrollar, fomentar: cultivar la amistad. **SIN. 1.** Labrar. **3.** Cuidar, mantener. **ANT. 3.** Descuidar.

cultivo s. m. **1.** Acción de cultivar. **2.** Conjunto de plantas que se cultivan. **SIN. 1.** Labranza; desarrollo.

culto, ta adj. **1.** Que tiene cultura o es propio de quien tiene cultura. || s. m. **2.** Actividad con que se muestra respeto y se alaba a la divinidad o a las cosas sagradas. **SIN. 1.** Ilustrado, instruido. **2.** Adoración; rito. **ANT. 1.** Ignorante.

cultura s. f. **1.** Conjunto de conocimientos que posee una persona. **2.** Conjunto de conocimientos, costumbres y actividades de un lugar o época. **SIN. 1.** Formación, saber, sabiduría. **2.** Civilización. **ANT. 1.** Incultura.

cultural adj. De la cultura.

cultureta s. f. **1.** desp. Actividad cultural de poca calidad. || adj. y s. **2.** desp. y fam. Intelectual o que pretende serlo.

culturismo s. m. Gimnasia que se practica con pesas para desarrollar mucho los músculos.

culturista s. m. y f. Persona que practica el culturismo.

culturizar v. Dar cultura.

cumbia s. f. Baile y canción popular de Colombia.

cumbre s. f. **1.** Parte más alta de una montaña. **2.** Mejor momento de una persona o cosa. **3.** Reunión de presidentes o jefes de varios países. **SIN. 1.** Pico. **1.** y **2.** Cima, cúspide. **2.** Apogeo. **ANT. 2.** Decadencia.

cumpleaños s. m. Día en que alguien cumple años.

cumplidamente adv. Enteramente.

cumplido, da 1. p. de cumplir. También adj. || adj. **2.** Que pone mucho cuidado en quedar bien con los demás. || s. m. **3.** Palabras o acciones para agradar a alguien o quedar bien con él. **SIN. 2.** Correcto. **3.** Gentileza, delicadeza. **ANT. 2.** Descortés. **3.** Descortesía.

cumplidor, ra adj. y s. Que cumple sus obligaciones. **SIN.** Responsable. **ANT.** Irresponsable.

cumplimentar v. **1.** Visitar o saludar a una autoridad con las debidas muestras de respeto. **2.** Rellenar un impreso.

cumplimiento s. m. Acción de cumplir. **SIN.** Realización, ejecución. **ANT.** Incumplimiento.

cumplir v. **1.** Hacer una persona lo que debe o lo que otra le manda. **2.** Hacer realidad: cumplir un deseo. **3.** Llegar a una edad o antigüedad. **4.** Quedar bien: Fue a la fiesta solamente por cumplir. **SIN. 1.** Obedecer. **1.** y **2.** Realizar, ejecutar. **ANT. 1.** Incumplir.

cúmulo s. m. **1.** Conjunto de muchas cosas amontonadas o que suceden a la vez. **2.** Nube grande y redondeada que no suele producir lluvias. **SIN. 1.** Acumulación, montón.

cuna s. f. **1.** Cama pequeña para bebés o niños muy pequeños. **2.** Lugar donde ha nacido una persona o donde tiene su origen algo. **3.** Familia o antepasados de una persona. **SIN. 3.** Linaje, estirpe.

cundir v. **1.** Avanzar en una tarea. **2.** Tener o haber para algo: Esta pintura cunde mucho. **3.** Extenderse algunos sentimientos: cundir el pánico. **SIN. 1.** Rendir, progresar. **3.** Propagarse. **ANT. 1.** Retrasarse.

cuneiforme adj. En forma de cuña.

cuneta s. f. Desnivel que hay en el borde de caminos y carreteras.

cuña s. f. **1.** Pieza que se pone entre dos cosas para que ajusten o para poder separarlas y que suele tener una forma triangular. **2.** Especie de orinal plano que usan los enfermos que no pueden levantarse de la cama. **SIN. 1.** Calce.

cuñado, da *s. m.* y *f.* **1.** Hermano o hermana de la persona con la que alguien está casado. **2.** Esposo o esposa de la hermana o del hermano de una persona.

cuño *s. m.* **1.** Instrumento para grabar en monedas y medallas. **2.** Grabado que se realiza con este instrumento. ‖ **LOC. de nuevo cuño** Nuevo, recién aparecido: *palabra de nuevo cuño.*

cuórum (del lat.) *s. m.* Quórum.

cuota *s. f.* **1.** Dinero que se debe pagar por algo a cada persona o cada cierto tiempo. **2.** Parte: *A cada uno le corresponde una cuota del piso.*

cupé (del fr.) *s. m.* Coche con dos puertas y, generalmente, dos asientos.

cuplé (del fr.) *s. m.* Canción alegre y a veces atrevida, muy de moda a comienzos del siglo XX.

cupletista *s. f.* Cantante de cuplés.

cupo *s. m.* Cantidad de una cosa que corresponde o se destina a algo.

cupón *s. m.* Papel que se corta de algo o se separa de un conjunto para distintos usos, como un billete de lotería o un vale de descuento sobre un producto.

cúpula *s. f.* Elemento de construcción en forma de media esfera con que se cubre un edificio. **SIN.** Cimborrio.

cura *s. f.* **1.** Acción de curar una enfermedad o herida. **2.** Tratamiento médico: *cura de adelgazamiento.* ‖ *s. m.* **3.** Sacerdote católico, sobre todo el encargado de una parroquia.

curación *s. f.* Acción de curar o curarse.

curado, da *p.* de curar. También *adj.* ‖ **LOC. curado de espanto** Que no se sorprende o impresiona fácilmente.

curandero, ra *s. m.* y *f.* Persona que se dedica a curar, pero no es médico.

curar *v.* **1.** Hacer que desaparezca una enfermedad. **2.** Limpiar una herida para desinfectarla y que sane. **3.** Preparar los alimentos para que se conserven, echándoles sal, dejándolos al aire o ahumándolos. **4.** Curtir las pieles. ‖ **curarse 5.** Volver a estar sano. ‖ **LOC. curarse en salud** Ver **salud**. **SIN. 1.** y **5.** Sanar. **ANT. 1.** y **5.** Enfermar.

curativo, va *adj.* Que sirve para curar.

curda *s. f. fam.* Borrachera.

curdo, da *adj.* y *s.* Kurdo.

curia *s. f.* Organismos y personas que colaboran con el papa en el gobierno de la Iglesia católica.

curiosamente *adv.* **1.** Extrañamente, de manera que llama la atención: *Había luz en la casa y, curiosamente, no contestaban al teléfono.* **2.** Con curiosidad.

curiosear *v.* Intentar enterarse de alguna cosa, generalmente a escondidas. **SIN.** Fisgar, husmear.

curiosidad *s. f.* **1.** Deseo de averiguar algo. **2.** Cosa curiosa o interesante. **SIN. 1.** Interés. **ANT. 1.** Indiferencia.

curioso, sa *adj.* y *s.* **1.** Que tiene curiosidad. ‖ *adj.* **2.** Que llama la atención o provoca interés. **3.** Limpio y ordenado. **SIN. 1.** Entrometido; interesado. **2.** Interesante. **3.** Pulcro, esmerado. **ANT. 1.** Discreto. **3.** Sucio, dejado.

curita (marca registrada) *s. f. Amér.* Tirita o esparadrapo.

currante *adj.* y *s. fam.* Trabajador, obrero.

currar *v. fam.* Trabajar. **SIN.** Currelar.

curre *s. m. fam.* Curro.

currelar *v. fam.* Currar.

curricular *adj.* Del currículo.

currículo *s. m.* **1.** Curriculum. **2.** Plan de estudios o actividades escolares.

curriculum (lat.) *s. m.* Escrito en que aparecen los datos personales, estudios y experiencia profesional de alguien. Se dice también *curriculum vitae.* **SIN.** Currículo.

curro *s. m. fam.* Trabajo. **SIN.** Tajo.

currusco *s. m.* Cuscurro.

curry (ingl.) *s. m.* Condimento de jengibre, clavo y azafrán.

cursar *v.* **1.** Realizar un curso de alguna materia. **2.** Hacer que un documento, orden, etc., llegue a su destino. **SIN. 2.** Expedir.

cursi *adj.* y *s.* Que pretende ser fino y elegante, pero resulta ridículo.

cursilada *s. f.* Acción o cosa cursi.

cursilería *s. f.* **1.** Característica de cursi. **2.** Cursilada.

cursillo *s. m.* Curso de poca duración.

cursivo, va *adj.* y *s. f.* Se dice de la letra de imprenta inclinada hacia la derecha.

curso *s. m.* **1.** Recorrido de una corriente de agua o de un astro. **2.** Conjunto de etapas por las que pasa algo: *La enfermedad sigue su curso.* **3.** Periodo de tiempo: *Terminará en el curso de una semana.* **4.** Conjunto de lecciones sobre una materia. **5.** Cada una de las divisiones de un ciclo de enseñanza y conjunto de alumnos que las forman. **6.** Uso de algunas cosas: *Tiene monedas antiguas que ya no son de curso legal.* **SIN. 1.** Cauce, trayectoria. **2.** Desarrollo, evolución. **3.** Transcurso. **4.** Cursillo.

cursor *s. m.* Indicador que se mueve por la pantalla de algunos aparatos, como los ordenadores.

curtido, da 1. *p.* de **curtir**. También *adj.* ‖ *s. m.* **2.** Acción de curtir.

curtiduría *s. f.* Taller donde se curten las pieles.

curtir *v.* **1.** Preparar las pieles para hacer ropa y otros objetos. **2.** Poner morena y hacer más fuerte el sol y el aire la piel de las personas. **3.** Acostumbrar a trabajos duros y dificultades. **SIN. 1.** Adobar, curar. **3.** Avezar.

curva *s. f.* Línea que no va derecha y no forma ángulos. **ANT.** Recta.

curvar *v.* Dar forma curva o coger algo esa forma. **SIN.** Arquear, combar.

curvatura *s. f.* Desviación de la línea recta.

curvilíneo, a *adj.* Que tiene forma curva o está formado por curvas.

curvo, va *adj.* De forma de curva.

cuscurro *s. m.* Extremo de una barra de pan, que está más tostado que el resto. **SIN.** Corrusco, currusco.

cuscús *s. m.* Guiso árabe que se hace con sémola de trigo y otros ingredientes, generalmente, carne y verduras.

cúspide *s. f.* **1.** Cumbre de una montaña. **2.** Extremo puntiagudo. **3.** Mejor momento de algo: *Llegó a la cúspide de su carrera como cantante*. **SIN. 1.** Cima. **2.** Vértice. **3.** Apogeo, apoteosis. **ANT. 3.** Decadencia.

cusqui o **cusca** Se usa en la expresión **hacer la cusqui** o **hacer la cusca**, 'fastidiar'.

custodia *s. f.* **1.** Cuidado o vigilancia. **2.** Pieza de oro, plata u otro metal donde se coloca la hostia consagrada para que la adoren los fieles.

custodiar *v.* Cuidar o vigilar.

custodio *adj.* y *s. m.* Que custodia: *ángel custodio*.

customizar *v.* Personalizar algo, como una prenda de vestir.

cutáneo, a *adj.* De la piel o del cutis.

cúter (del ingl.) *s. m.* Herramienta para cortar que tiene una cuchilla que se recoge dentro del mango.

cutícula *s. f.* Piel fina y delgada que está pegada a la base de la uña.

cutis *s. m.* Piel que cubre el cuerpo humano, sobre todo la de la cara.

cutre *adj. fam.* **1.** De poca calidad, pobre, descuidado. ‖ *adj.* y *s.* **2.** *fam.* Tacaño.

cutrerío *s. m. fam.* Conjunto de personas o cosas cutres.

cutrez *s. f. fam.* Característica de cutre o cosa cutre.

cutter (ingl., marca registrada) *s. m.* Cúter.

cuyo, ya *relat.* Indica posesión o pertenencia: *La caoba es un árbol cuya madera se usa para hacer muebles*.

cyborg (ingl.) Cíborg.

cyclo-cross (ingl.) *s. m.* Ciclismo que se practica en el campo o en circuitos con obstáculos y desigualdades en el terreno.

d *s. f.* Cuarta letra del abecedario.

dabuten o **dabuti** *adj. fam.* Muy bien.

daca Se usa en la expresión **toma y daca**. Ver **tomar**.

dactilar *adj.* De los dedos o relacionado con ellos: *huellas dactilares*. **SIN**. Digital.

dádiva *s. f.* Regalo, obsequio.

dadivoso, sa *adj.* y *s.* Generoso. **SIN**. Espléndido. **ANT**. Tacaño.

dado *s. m.* Objeto en forma de cubo que se usa en algunos juegos.

dado, da 1. *p.* de **dar**. También *adj.* ‖ *adj.* **2.** Concreto, especial: *Dijeron que nos llamarían en un momento dado.* ‖ **LOC. ser** alguien **dado a** Tener afición o inclinación por algo. **dado que** Puesto que, ya que.

daga *s. f.* Puñal de hoja corta y fina.

daguerrotipo *s. m.* **1.** Aparato fotográfico que obtiene imágenes sobre placas de metal. **2.** Imagen así obtenida.

dalái lama *expr.* Sacerdote budista que tiene la máxima autoridad.

dalia *s. f.* Planta de jardín con flores de variados colores, que tienen el botón central amarillo y muchos pétalos.

dálmata *adj.* y *s.* **1.** De Dalmacia, región de los Balcanes. **2.** Se dice de un perro de pelo corto y blanco con manchitas negras.

daltónico, ca *adj.* y *s.* Que tiene daltonismo.

daltonismo *s. m.* Defecto en la vista que impide distinguir algunos colores.

dama *s. f.* **1.** Señora de buena posición social. **2.** Mujer a la que un hombre quiere enamorar. **3.** Mujer que sirve a una reina o princesa. ‖ *s. f. pl.* **4.** Juego sobre un tablero con 64 cuadros y 12 piezas para cada jugador. ‖ **5. dama de honor** Joven que forma parte del acompañamiento de otra en algunos actos.

damajuana *s. f.* Recipiente de vidrio grande, redondeado y achatado, con una funda de mimbre o paja.

damasco *s. m.* Tejido de seda o lana que forma dibujos.

damasquinado *s. m.* Trabajo de artesanía que consiste en incrustar metales preciosos en un objeto.

damero *s. m.* **1.** Tablero en el que se juega a las damas. **2.** Especie de crucigrama en el que al final se puede leer una frase.

damisela *s. f.* **1.** Señorita. **2.** Muchacha delicada o presumida.

damnificado, da *adj.* y *s.* Que ha sufrido daños. **SIN**. Perjudicado. **ANT**. Beneficiado.

dan (del jap.) *s. m.* Cada uno de los diez niveles superiores que se alcanzan a partir del de cinturón negro en las artes marciales.

dandi *s. m.* Hombre elegante y refinado. **ANT**. Adán.

danés, sa *adj.* y *s.* **1.** De Dinamarca, país de Europa. ‖ *s. m.* **2.** Lengua de este país. ‖ **3. gran danés** Dogo.

danone (marca registrada) *s. m.* Yogur.

dantesco, ca *adj.* Terrible, espantoso.

danza *s. f.* Baile. ‖ **LOC. en danza** En continua actividad, sin parar: *estar en danza.* **SIN**. *Ballet.*

danzante, ta *s. m.* y *f.* Persona alocada, entrometida y presumida.

danzar *v.* Bailar.

dañar *v.* Causar daño. **SIN**. Estropear, perjudicar. **ANT**. Beneficiar.

dañino, na *adj.* Que causa daño. **SIN**. Nocivo, perjudicial. **ANT**. Inofensivo.

daño *s. m.* **1.** Mal o perjuicio causado a alguien o algo. **2.** Dolor o sufrimiento. **SIN**. **1.** Deterioro, estropicio. **ANT**. **1.** Bien, beneficio. **2.** Alivio.

dar *v.* **1.** Pasar, entregar, conceder. **2.** Realizar una acción: *dar saltos.* **3.** Producir, proporcionar: *dar fruto.* **4.** Comunicar, decir: *dar recados.* **5.** Explicar, pronunciar: *dar clases, dar discursos.* **6.** Aplicar: *dar una mano de barniz.* **7.** Abrir o conectar: *dar el gas, la luz.* **8.** Ofrecer: *dar una fiesta.* **9.** Sonar en el reloj las campanadas. **10.** Suceder una cosa a alguien, empezar a sentirla: *Le dio un mareo.* **11.** Tocar, chocar, golpear: *Se dio con la puerta.* **12.** Acertar: *dar en el blanco.* ‖ **darse 13.** Ocurrir, existir: *darse un hecho.* **14.** Resultar fácil o difícil: *Se le da bien el dibujo.* ‖

LOC. dar de sí Ensancharse una prenda de vestir; también, ser suficiente. **darle** a uno **por** una cosa Entrarle una manía o mucho interés por algo. □ Es v. irreg. **SIN.** 3. Causar; suministrar. 5. Impartir. 10. Sobrevenir. 12. Atinar. 13. Suceder, acontecer. **ANT.** 1. Arrebatar, negar. **1.** y **3.** Quitar. **7.** Cortar; apagar. **12.** Fallar.

DAR	
INDICATIVO	
Presente	Pret. perf. simple
doy	di
das	diste
da	dio
damos	dimos
dais	disteis
dan	dieron
SUBJUNTIVO	
Pretérito imperfecto	Futuro simple
diera, -ese	diere
dieras, -eses	dieres
diera, -ese	diere
diéramos, -ésemos	diéremos
dierais, -eseis	diereis
dieran, -esen	dieren

dardo s. m. Flecha o proyectil pequeños con punta.

dársena s. f. **1.** Parte resguardada de un puerto. **2.** En una estación de autobuses, lugar donde se detienen para que suban y bajen los pasajeros.

datar v. **1.** Poner fecha. **2.** Tener algo su comienzo en el momento que se indica. **SIN.** 2. Remontarse.

dátil s. m. Fruto comestible de algunas palmeras, alargado y castaño rojizo.

datilera adj. y s. f. Se dice de la palmera que da dátiles.

dato s. m. Cifra, nombre u otra información que sirve para conocer algo. **SIN.** Referencia, noticia.

DDT (marca registrada) s. m. Insecticida muy potente.

de prep. Indica posesión: el despacho de mi padre; origen o procedencia: Soy de Jaén; materia o contenido: mueble de madera, frasco de colonia; tema: novela de aventuras; causa: Lloró de rabia; modo: tocar de oído; finalidad o función: máquina de coser; empleo o profesión: Trabaja de electricista; cualidades de una persona o cosa: un hombre de gran inteligencia; momento: viajar de noche; parte de algo: cuarto de kilo.

de facto (lat.) expr. De hecho, en realidad.

deambular v. Andar de una parte a otra, sin ir a un sitio fijo. **SIN.** Vagar.

deán s. m. Cargo de mayor autoridad en una catedral después del de obispo.

debacle (del fr.) s. f. Desastre, catástrofe o derrota muy grande.

debajo adv. En lugar inferior respecto de otro: El sótano está debajo de la casa. **SIN.** Abajo, bajo. **ANT.** Encima, sobre.

debate s. m. Discusión ordenada sobre un tema entre varias personas.

debatir v. Discutir de forma ordenada.

debe s. m. Parte de una cuenta bancaria o de un libro de cuentas donde se apuntan los pagos que se hacen o el dinero que se saca. **ANT.** Haber.

deber¹ v. **1.** Tener una obligación. **2.** Tener que devolver dinero a alguien o a un banco. **3.** Indica suposición o posibilidad: Debe de ser muy tarde. ‖ **deberse 4.** Tener por causa, ser consecuencia. **SIN.** 2. Adeudar.

deber² s. m. **1.** Lo que se tiene que hacer por obligación. ‖ s. m. pl. **2.** Trabajo para hacer en casa que el profesor manda a los alumnos.

debido, da 1. p. de deber. También adj. ‖ adj. **2.** Obligado, conveniente: Pon la debida atención. ‖ **LOC. debido a** A causa de. **SIN.** 2. Necesario, apropiado. **ANT.** 2. Indebido.

débil adj. y s. **1.** De poca fuerza, poder o resistencia. **2.** Que tiene poca voluntad. **SIN.** 1. Flojo. **ANT.** 1. Resistente. **1.** y **2.** Fuerte.

debilidad s. f. **1.** Característica de débil. **2.** Afición o cariño exagerado. **SIN.** 1. Flojedad. **ANT.** 1. Fortaleza.

debilitamiento s. m. Acción de debilitar o debilitarse.

debilitar v. Disminuir la fuerza, resistencia o poder de una persona o cosa. **SIN.** Desgastar, agotar. **ANT.** Fortalecer.

débito s. m. **1.** Deuda. **2.** Debe de una cuenta. **ANT.** 2. Haber.

debut (del fr.) s. m. **1.** Presentación o primera actuación en público de una compañía, de un artista. **2.** Estreno de una película, obra de teatro u otra cosa.

debutante adj. y s. Que debuta.

debutar v. Hacer su debut una compañía, un artista u otra persona.

década s. f. Periodo de diez años.

decadencia s. f. Hecho de decaer. **SIN.** Declive, ocaso. **ANT.** Auge.

d

decadente *adj.* En decadencia. **SIN.** Caduco, decrépito. **ANT.** Pujante.

decaedro *s. m.* Cuerpo geométrico de diez caras.

decaer *v.* Perder fuerza, energía, importancia. □ Es v. irreg. Se conjuga como *caer*. **SIN.** Debilitarse, disminuir. **ANT.** Fortalecerse.

decágono *s. m.* Polígono de diez lados.

decagramo *s. m.* Medida de masa que equivale a diez gramos.

decaído, da 1. *p.* de **decaer.** ‖ *adj.* **2.** Triste, desanimado o sin fuerzas. **SIN. 2.** Abatido, deprimido. **ANT. 2.** Animado; fuerte.

decaimiento *s. m.* Tristeza, desánimo, flojedad. **SIN.** Depresión, debilidad. **ANT.** Ánimo.

decalitro *s. m.* Medida de capacidad que equivale a diez litros.

decálogo *s. m.* Conjunto de diez reglas, leyes o normas.

decámetro *s. m.* Medida de longitud que equivale a diez metros.

decano, na *s. m. y f.* **1.** Persona más antigua de un grupo o actividad. **2.** Persona que dirige una facultad universitaria o un colegio profesional.

decantar *v.* **1.** Separar un líquido de los posos que contiene vertiéndolo suavemente en otro recipiente para que los posos se queden en el primero. ‖ **decantarse 2.** Decidirse por alguien o algo. **SIN. 2.** Optar, inclinarse.

decapante *adj. y s. m.* Producto que sirve para decapar.

decapar *v.* Quitar la capa de pintura, barniz u óxido que cubre una superficie.

decapitar *v.* Cortar la cabeza. **SIN.** Degollar.

decárea *s. f.* Medida de superficie que equivale a diez áreas.

decasílabo, ba *adj. y s. m.* De diez sílabas.

decatlón *s. m.* Prueba de atletismo en la que cada participante realiza diez pruebas.

deceleración *s. f.* Pérdida progresiva de velocidad. **SIN.** Desaceleración. **ANT.** Aceleración.

decena *s. f.* Conjunto de diez unidades.

decencia *s. f.* Característica de las personas decentes. **SIN.** Honestidad. **ANT.** Indecencia.

decenio *s. m.* Periodo de diez años.

decente *adj.* **1.** De acuerdo con la moral o con la buena conducta. **2.** Limpio, arreglado. **3.** Suficiente, adecuado: *un sueldo decente.* **SIN. 1.** Honrado, recatado. **2.** Aseado. **ANT. 1.** Indecente. **2.** Desaseado. **3.** Miserable.

decepción *s. f.* Pena que sentimos cuando algo no es como esperábamos. **SIN.** Desilusión, desengaño. **ANT.** Ilusión.

decepcionar *v.* Causar una decepción. **SIN.** Desilusionar, desengañar. **ANT.** Ilusionar.

deceso *s. m.* Fallecimiento por causas naturales. **SIN.** Defunción, óbito.

dechado *s. m.* Modelo, ejemplo: *un dechado de virtudes.*

decibelio *s. m.* Unidad en que se mide la intensidad de los sonidos.

decidido, da 1. *p.* de **decidir.** También *adj.* ‖ *adj.* **2.** Que tiene decisión y valor. **3.** Firme, seguro: *Caminaba con paso decidido.* **SIN. 2.** Atrevido, valiente. **2.** y **3.** Resuelto. **3.** Enérgico. **ANT. 2.** Indeciso. **3.** Dudoso.

decidir *v.* **1.** Elegir entre varias posibilidades o soluciones. **2.** Animar, convencer: *Eso fue lo que me decidió a mudarme.* **3.** Hacer que algo se resuelva de cierta forma: *El penalti decidió el partido.* **SIN. 1.** Optar. **2.** Mover, impulsar. **3.** Resolver, determinar.

decigramo *s. m.* Medida de masa que equivale a la décima parte de un gramo.

decilitro *s. m.* Medida de capacidad que equivale a la décima parte de un litro.

décima *s. f.* Tipo de estrofa compuesta por diez versos octosílabos con una rima especial.

decimal *adj.* **1.** Formado por múltiplos o divisores de diez con respecto a una unidad principal, como el sistema métrico decimal: 1 metro es igual a 10 decímetros, 100 centímetros y 1 000 milímetros. ‖ **2. fracción decimal** La que tiene por denominador la unidad seguida de ceros. **3. número decimal** El que tiene una parte entera y otra inferior, separadas por una coma, por ejemplo, *1,5.* Se llaman también decimales los números a la derecha de esa coma.

decímetro *s. m.* Medida de longitud que equivale a la décima parte de un metro.

décimo, ma *num.* **1.** Que ocupa por orden el número diez. ‖ *num. y s. m.* **2.** Cada una de las diez partes iguales en que se divide algo. ‖ *s. m.* **3.** Décima parte del billete de lotería.

decimoctavo, va *num.* Que ocupa por orden el número dieciocho.

decimocuarto, ta *num.* Que ocupa por orden el número catorce.

decimonónico, ca *adj.* Del siglo xix.

decimonoveno, na o **decimonono, na** *num.* Que ocupa por orden el número diecinueve.

decimoprimer *num. apóc.* de **decimoprimero.**

decimoprimero, ra *num.* Que ocupa por orden el número once. **SIN.** Undécimo.

decomisar

decimoquinto, ta *num.* Que ocupa por orden el número quince.

decimosegundo, da *num.* Que ocupa por orden el número doce. **SIN.** Duodécimo.

decimoséptimo, ma *num.* Que ocupa por orden el número diecisiete.

decimosexto, ta *num.* Que ocupa por orden el número dieciséis.

decimotercer *num. apóc.* de **decimotercero**.

decimotercero, ra *num.* Que ocupa por orden el número trece.

decir *v.* **1.** Expresar algo con palabras o de otra forma. **2.** Llamar, nombrar: *De pequeño le decían «el melenas».* ‖ **LOC. el qué dirán** Lo que piensa la gente de los demás. □ Es v. irreg. **SIN. 1.** Contar, hablar. **ANT. 1.** Callar.

decisión *s. f.* **1.** Acción de decidir o decidirse. **2.** Seguridad que se demuestra al hacer una cosa sin dudar. **SIN. 1.** y **2.** Determinación. **ANT. 2.** Indecisión.

decisivo, va *adj.* Que decide o que tiene efectos muy importantes. **SIN.** Determinante.

declamación *s. f.* El hecho y el arte de declamar o recitar.

declamar *v.* Decir un texto, sobre todo en verso, con entonación y gestos adecuados. **SIN.** Recitar.

declaración *s. f.* Acción de declarar. **SIN.** Revelación, confesión.

declarado, da **1.** *p.* de **declarar**. También *adj.* ‖ *adj.* **2.** Conocido, sabido, claro.

declarar *v.* **1.** Comunicar, dar a conocer; por ejemplo, decir un testigo al juez lo que sabe. **2.** Decidir un juez o tribunal si una persona es culpable o inocente, u otra cosa. ‖ **declararse 3.** Aparecer: *declararse un incendio, declararse una epidemia.* **4.** Decir una persona a otra que le gusta o que está enamorada de ella. **SIN. 1.** Revelar, confesar. **2.** Dictaminar, fallar. **ANT. 1.** Callar.

declinación *s. f.* En algunas lenguas, conjunto de las diferentes formas que presentan las palabras para expresar las distintas funciones gramaticales.

declinar *v.* **1.** Debilitarse. **2.** Acercarse a su fin: *declinar el día.* **3.** Renunciar, no aceptar: *declinar una invitación.* **4.** En algunas lenguas, poner las terminaciones en las palabras según las funciones gramaticales que pueden desempeñar. **SIN. 1.** Decaer. **2.** Acabarse. **3.** Rechazar, rehusar. **ANT. 1.** Progresar.

declive *s. m.* **1.** Pendiente, cuesta, inclinación. **2.** Decadencia. **SIN. 2.** Caída, ocaso. **ANT. 2.** Auge.

DECIR		d
GERUNDIO	**PARTICIPIO**	
diciendo	*dicho*	

INDICATIVO	
Presente	**Pretérito perfecto simple**
digo	dije
dices	dijiste
dice	dijo
decimos	dijimos
decís	dijisteis
dicen	dijeron
Futuro simple	**Condicional simple**
diré	diría
dirás	dirías
dirá	diría
diremos	diríamos
diréis	diríais
dirán	dirían

SUBJUNTIVO	
Presente	**Pretérito imperfecto**
diga	dijera, -ese
digas	dijeras, -eses
diga	dijera, -ese
digamos	dijéramos, -ésemos
digáis	dijerais, -eseis
digan	dijeran, -esen
	Futuro simple
	dijere
	dijeres
	dijere
	dijéremos
	dijereis
	dijeren

IMPERATIVO	
di (tú)	*decid* (vosotros)
diga (usted)	*digan* (ustedes)

decodificador, ra *adj.* y *s. m.* Descodificador.

decodificar *v.* Descodificar.

decolar *v. Amér.* Despegar un avión.

decolorar *v.* Quitar el color.

decomisar *v.* Confiscar el Estado o las autoridades mercancías de contrabando.

decomiso *s. m.* **1.** Acción de decomisar. **2.** Mercancías decomisadas.

decoración *s. f.* **1.** Acción de decorar y cosas con que se decora. **2.** Arte de decorar casas y otros lugares.

decorado, da **1.** *p.* de **decorar**. También *adj.* ‖ *s. m.* **2.** Construcciones y objetos que se usan en teatro y cine para representar los lugares en que ocurre la acción.

decorador, ra *s. m.* y *f.* Profesional que se dedica a la decoración.

decorar *v.* **1.** Poner en un lugar muebles, cuadros u otras cosas para crear un ambiente bonito. **2.** Adornar.

decorativo, va *adj.* Usado en decoración o relacionado con ella. **SIN.** Ornamental.

decoro *s. m.* Dignidad, decencia o respeto en la forma de comportarse, hablar o vestir. **SIN.** Pudor, recato.

decoroso, sa *adj.* **1.** Que guarda el decoro. **2.** Suficientemente bueno. **SIN. 1.** Respetuoso, recatado. **1.** y **2.** Decente, digno. **ANT. 1.** y **2.** Vergonzoso, indigno.

decrecer *v.* Disminuir. ▢ Es v. irreg. Se conjuga como *agradecer.* **SIN.** Menguar. **ANT.** Crecer.

decreciente *adj.* Que decrece. **SIN.** Menguante. **ANT.** Creciente.

decrépito, ta *adj.* **1.** Se dice del anciano que ha perdido gran parte de sus facultades físicas o mentales. **2.** Viejo, en decadencia. **SIN. 2.** Decadente. **ANT. 1.** y **2.** Joven.

decrepitud *s. f.* Estado de decrépito.

decretar *v.* Decidir o mandar algo el que tiene autoridad para hacerlo. **SIN.** Resolver, ordenar.

decreto *s. m.* **1.** Decisión o mandato del que tiene autoridad. **2.** Ley dictada por el Gobierno en algunos casos. **SIN. 1.** Resolución.

decúbito *s. m.* **1.** Posición horizontal que toman las personas y los animales cuando están tumbados. ‖ **2. decúbito prono** Tumbado bocabajo. **3. decúbito supino** Tumbado bocarriba.

décuplo, pla *num.* y *s. m.* Diez veces mayor que otra cantidad.

dedal *s. m.* Utensilio de costura que se pone en el dedo para empujar la aguja y no pincharse.

dedicación *s. f.* **1.** Hecho de dedicar o dedicarse. **2.** Gran interés y esfuerzo que se pone en una actividad. **SIN. 2.** Entrega.

dedicar *v.* **1.** Destinar, emplear. **2.** Ofrecer o dirigir: *dedicar una canción.* ‖ **dedicarse** **3.** Ocuparse en una actividad o tener una profesión. **SIN. 1.** Asignar.

dedicatoria *s. f.* Escrito con que se dedica a una persona un libro, una foto u otra cosa.

dedil *s. m.* Funda con que se cubre o protege un dedo.

dedillo Se usa en la expresión **al dedillo**, 'muy bien', 'con todo detalle': *conocer al dedillo.*

dedo *s. m.* **1.** Cada una de las partes en que terminan la mano o el pie. **2.** El ancho de un dedo cuando se usa para medir. **3.** Autoestop: *hacer dedo.* ‖ **LOC. chuparse el dedo** Ser muy bobo. **chuparse los dedos** Sentir especial placer con algo, generalmente de comer.

dedocracia *s. f. fam.* Nombramiento de una persona para ocupar un cargo, hecho de manera arbitraria y con abuso de poder.

deducción *s. f.* Acción de deducir. **SIN.** Conclusión; descuento.

deducible *adj.* Que se puede deducir.

deducir *v.* **1.** Sacar las consecuencias de algo. **2.** Descontar una parte de una cantidad. ▢ Es v. irreg. Se conjuga como *conducir.* **SIN. 1.** Concluir, derivar. **2.** Restar, rebajar.

deductivo, va *adj.* Que actúa por deducción. **ANT.** Inductivo.

defecar *v.* Expulsar los excrementos. **SIN.** Obrar, cagar, evacuar.

defectivo *adj.* Se dice del verbo que no se usa en todos los modos, tiempos y personas.

defecto *s. m.* Falta, fallo o imperfección. **SIN.** Deficiencia, desperfecto, tara. **ANT.** Perfección, virtud.

defectuoso, sa *adj.* Que tiene algún defecto. **SIN.** Deficiente, imperfecto. **ANT.** Perfecto.

defender *v.* **1.** Proteger, apoyar, actuar en favor de alguien o algo. **2.** Responder a un ataque. ▢ Es v. irreg. Se conjuga como *tender.* **SIN. 1.** Amparar, abogar. **ANT. 1.** Atacar. **2.** Rendir.

defenestrar *v.* Cesar a alguien de su cargo de forma repentina o brusca. **SIN.** Destituir, expulsar.

defensa *s. f.* **1.** Acción de defender. **2.** Lo que sirve para defender o defenderse. **3.** Abogado defensor: *La defensa tiene la palabra.* **4.** En el fútbol y otros deportes, jugadores situados cerca de su portería, encargados de parar los ataques de los contrarios. ‖ *s. m.* y *f.* **5.** Cada uno de esos jugadores. **SIN. 1.** Apoyo, ayuda, auxilio, amparo; protección. **ANT. 1.** Ataque. **3.** Acusación.

defensivo, va *adj.* Que sirve para defenderse. ‖ **LOC. a la defensiva** Con intención de defenderse. **SIN.** Protector. **ANT.** Ofensivo.

dejadez

d

defensor, ra *adj.* y *s.* **1.** Que defiende. **2.** Se dice del abogado que defiende al acusado en un juicio. **SIN. 1.** Protector.

deferencia *s. f.* Atención, respeto. **SIN.** Consideración. **ANT.** Desconsideración.

deferente *adj.* **1.** Que se comporta con deferencia. ‖ **2. conducto deferente** Conducto que comunica cada uno de los testículos con el exterior. **SIN. 1.** Atento, considerado. **ANT. 1.** Desatento, desconsiderado.

deficiencia *s. f.* **1.** Defecto o imperfección. **2.** Característica de las personas que son deficientes. **SIN. 1.** Fallo.

deficiente *adj.* **1.** Incompleto, imperfecto, que no es suficiente. ‖ *adj.* y *s.* **2.** Que tiene algún defecto físico o una inteligencia por debajo de lo normal. **SIN. 1.** Escaso; defectuoso. **ANT. 1.** Perfecto.

déficit *s. m.* **1.** Situación en que se gasta más dinero del que se gana o recibe. **2.** Falta, escasez. **SIN. 2.** Carencia. **ANT. 1.** Superávit. **2.** Sobra.

deficitario, ria *adj.* Que tiene déficit.

definición *s. f.* **1.** Explicación del significado de una palabra o expresión. **2.** Acción de definir o definirse.

definido, da 1. *p.* de **definir.** También *adj.* ‖ *adj.* **2.** Preciso, concreto. ‖ *adj.* y *s. m.* **3.** Algunas gramáticas dan este nombre a los artículos determinados: *el, la, los, las.* **ANT. 2.** Indefinido.

definir *v.* **1.** Explicar el significado de una palabra, expresión, etc. **2.** Hacer claro o preciso. ‖ **definirse 3.** Decir una persona su opinión sobre algo. **SIN. 2.** Precisar. **3.** Pronunciarse.

definitivo, va *adj.* Que es lo último y ya no puede cambiarse: *la fecha definitiva.* ‖ **LOC. en definitiva** En resumen, por último. **SIN.** Decisivo, determinante.

deflación *s. f.* Disminución generalizada de los precios.

deflagración *s. f.* Combustión rápida y sin explosión.

deforestación *s. f.* Acción de deforestar. □ Se dice también *desforestación.*

deforestar *v.* Destruir o eliminar la vegetación de un bosque. □ Se dice también *desforestar.* **ANT.** Repoblar.

deformación *s. f.* Acción de deformar o deformarse.

deformar *v.* **1.** Cambiar la forma o aspecto de algo, estropeándolo o dándole otro que no es el suyo. **2.** Cambiar o exagerar lo que se dice. **SIN. 1.** y **2.** Desfigurar, alterar.

deforme *adj.* Que no tiene una forma normal. **ANT.** Proporcionado.

deformidad *s. f.* Lo que es deforme.

defraudar *v.* **1.** Resultar menos bueno de lo que se esperaba. **2.** No pagar el dinero que se debe, haciendo trampas. **SIN. 1.** Desilusionar, decepcionar. **2.** Estafar. **ANT. 1.** Satisfacer.

defunción *s. f.* Muerte de una persona. **SIN.** Fallecimiento.

degeneración *s. f.* Acción de degenerar. **SIN.** Degradación. **ANT.** Regeneración.

degenerado, da 1. *p.* de **degenerar.** También *adj.* ‖ *adj.* y *s.* **2.** Se dice de quien tiene muchos vicios o muy malos. **SIN. 2.** Vicioso, pervertido.

degenerar *v.* Estropearse, empeorar. **SIN.** Degradarse, decaer. **ANT.** Regenerarse.

degenerativo, va *adj.* Que degenera o se va deteriorando: *enfermedad degenerativa.*

deglución *s. f.* Acción de deglutir.

deglutir *v.* Tragar los alimentos.

degollar *v.* Cortar el cuello. □ Es v. irreg. Se conjuga como *contar.* **SIN.** Decapitar.

degollina *s. f.* **1.** Gran cantidad de muertes violentas. **2.** *fam.* Abundancia de suspensos en un examen. **SIN. 1.** Escabechina, carnicería.

degradación *s. f.* Hecho de degradar o degradarse. **SIN.** Degeneración.

degradante *adj.* Que hace perder la dignidad a una persona: *un trato degradante.* **SIN.** Humillante, indigno. **ANT.** Digno.

degradar *v.* **1.** Bajar a alguien de categoría. **2.** Desgastar o estropear. **3.** Hacer que alguien pierda su dignidad. **SIN. 2.** Degenerar. **3.** Envilecer. **ANT. 1.** Ascender. **2.** Mejorar. **3.** Honrar.

degüello *s. m.* Acción de degollar.

degustación *s. f.* Acción de degustar.

degustar *v.* Probar un alimento o una bebida para ver cómo sabe.

dehesa *s. f.* Terreno, generalmente acotado, con árboles dispersos y prados en los que pasta el ganado.

deíctico, ca *adj.* y *s. m.* Que señala; se aplica sobre todo a algunas palabras, como los demostrativos o ciertos adverbios.

deidad *s. f.* Dios o diosa de algunas religiones y mitologías. **SIN.** Divinidad.

déjà vu (fr.) *expr.* Sensación que se experimenta ante una situación al pensar que ya se ha vivido con anterioridad.

dejación *s. f.* Cesión o abandono de algo.

dejadez *s. f.* Característica de las personas dejadas, descuidadas. **SIN.** Abandono, desgana. **ANT.** Esmero.

dejado, da 1. *p.* de **dejar**. También *adj.* ‖ *adj.* y *s.* **2.** Se dice de la persona muy descuidada consigo misma y con sus cosas. **SIN. 2.** Abandonado. **ANT. 2.** Pulcro.

dejar *v.* **1.** Soltar lo que se tiene agarrado o ponerlo en un lugar. **2.** No continuar. **3.** Marcharse. **4.** Hacer que alguien o algo quede de alguna manera. **5.** No molestar: *Déjame, ya me tienes aburrido*. **6.** Dar, prestar, encargar. **7.** Permitir. ‖ **dejarse 8.** Olvidarse una cosa en un sitio. **SIN. 1.** Desprenderse; colocar. y **3.** Abandonar. **3.** Retirarse. **6.** Ceder, encomendar. **7.** Consentir. **ANT. 1.** Tomar. **3.** Quedarse. **7.** Prohibir.

deje o **dejo** *s. m.* Modo de pronunciar o entonación característica de una región. **SIN.** Acento.

del Contracción de la preposición *de* y el artículo *el*: *las tiendas del barrio*.

delación *s. f.* Acción de delatar.

delantal *s. m.* Prenda que se ata a la cintura y cubre la parte de delante del cuerpo; se usa encima de la ropa para no mancharse en algunas labores.

delante *adv.* **1.** En la parte hacia donde se mira o que se considera la principal. **2.** En un puesto o lugar anterior. **3.** En presencia de alguien. **SIN. 2.** Antes. **ANT. 1.** a **3.** Detrás. **2.** Después.

delantera *s. f.* **1.** Parte de delante. **2.** Ventaja que se lleva a otro. **3.** En algunos deportes, los jugadores más adelantados, los que lanzan los ataques. **4.** *fam.* Pecho de las mujeres. **SIN. 1.** Frente, cara. **ANT. 1.** Trasera.

delantero, ra *adj.* **1.** Que está delante. ‖ *s. m.* **2.** Pieza que forma la parte de delante de una prenda de vestir. ‖ *s. m.* y *f.* **3.** Jugador de la delantera. **ANT. 1.** Trasero.

delatar *v.* **1.** Denunciar al que ha cometido una falta o delito. **2.** Dejar ver, mostrar: *Su rostro delataba cansancio*. **SIN. 1.** Acusar. **2.** Reflejar. **ANT. 1.** Encubrir. **2.** Ocultar.

delator, ra *adj.* y *s.* Que delata.

delco (marca registrada) *s. m.* Aparato que en algunos motores lleva la corriente a las bujías.

delegación *s. f.* **1.** Acción de delegar. **2.** Conjunto de delegados. **3.** Oficina o edificio de los delegados.

delegado, da 1. *p.* de **delegar**. ‖ *adj.* y *s.* **2.** Se dice de la persona en quien se delega. **SIN. 2.** Representante, apoderado.

delegar *v.* Dar permiso o poder una persona o entidad a otra para que actúe en su nombre.

deleitar *v.* Producir o sentir deleite. **SIN.** Gustar, agradar. **ANT.** Disgustar.

deleite *s. m.* Gusto, agrado, placer. **SIN.** Gozo, satisfacción. **ANT.** Disgusto.

deletrear *v.* Decir una a una las letras que forman una palabra.

deleznable *adj.* Despreciable. **SIN.** Miserable. **ANT.** Admirable.

delfín[1] *s. m.* Mamífero marino con forma de pez; mide de 2 a 3 metros, tiene la boca en forma de pico y es muy inteligente.

delfín[2] *s. m.* **1.** Título que se daba al príncipe heredero del trono de Francia. **2.** Persona que sucederá a alguien importante.

delfinario *s. m.* Instalación en la que se muestran delfines vivos.

delgadez *s. f.* Característica de las personas o cosas delgadas. **SIN.** Flaqueza. **ANT.** Gordura; obesidad.

delgado, da *adj.* Poco gordo o grueso. **SIN.** Flaco; fino. **ANT.** Obeso; ancho.

deliberación *s. f.* Acción de deliberar. **SIN.** Reflexión, discusión.

deliberado, da 1. *p.* de **deliberar**. También *adj.* ‖ *adj.* **2.** Hecho aposta, queriendo. **SIN. 2.** Intencionado. **ANT. 2.** Involuntario.

deliberar *v.* Pensar o discutir las cosas antes de tomar una decisión. **SIN.** Meditar, reflexionar; debatir.

delicadeza *s. f.* **1.** Característica de delicado. **2.** Atención o detalle que se tiene con alguien. **SIN. 1.** Finura, suavidad. **2.** Cortesía, consideración. **ANT. 1.** Aspereza. **2.** Descortesía.

delicado, da *adj.* **1.** Débil, que enferma, se estropea o se rompe con facilidad. **2.** Muy suave y agradable. **3.** Fino y educado. **4.** Difícil, comprometido, grave. **SIN. 1.** Frágil. **2.** Sutil. **3.** Refinado. **4.** Peliagudo. **ANT. 1.** Fuerte. **3.** Grosero, ordinario.

delicatessen (ingl.) *s. f. pl.* **1.** Comidas refinadas y exquisitas. ‖ *s. amb.* **2.** Tienda donde se venden.

delicia *s. f.* Sensación de gusto o placer. **SIN.** Satisfacción, deleite, gozo. **ANT.** Asco.

delicioso, sa *adj.* Muy bueno o agradable. **SIN.** Exquisito. **ANT.** Asqueroso.

delictivo, va *adj.* Relacionado con el delito o que se considera delito.

delimitar *v.* Marcar los límites de algo. **SIN.** Limitar, acotar.

delincuencia *s. f.* **1.** Actividad de los delincuentes. **2.** Existencia de delitos.

delincuente *s. m.* y *f.* Persona que comete delitos. **SIN.** Malhechor, criminal.

delineante *s. m.* y *f.* Persona que trabaja trazando planos.

demostrar

delinear v. Dibujar las líneas de una figura, especialmente de un plano.

delinquir v. Cometer delitos.

delirante adj. y s. **1.** Que delira. **2.** Absurdo, lleno de disparates. **SIN. 2.** Disparatado. **ANT. 2.** Normal.

delirar v. **1.** Sufrir delirios. **2.** Hacer o decir tonterías o disparates. **SIN. 1.** Alucinar. **1.** y **2.** Desvariar. **2.** Desbarrar.

delirio s. m. **1.** Trastorno mental en el que se sufren alucinaciones, como cuando se tiene mucha fiebre. ‖ **2. delirios de grande-za** Hecho de creerse alguien que es más importante de lo que realmente es. **SIN. 1.** Desvarío, alucinación. **ANT. 1.** Lucidez.

delirium tremens (lat.) expr. Crisis con temblores y delirios que sufren las personas alcohólicas cuando dejan de beber.

delito s. m. Acción que está castigada por las leyes. **SIN.** Crimen, infracción.

delta s. f. **1.** Letra del alfabeto griego que corresponde a nuestra d. ‖ s. m. **2.** Terreno en forma de triángulo en la desembocadura de algunos ríos.

deltoides adj. y s. m. Músculo triangular del hombro que permite elevar el brazo.

demacrado, da adj. Delgado y muy pálido, con aspecto de enfermo. **SIN.** Consumido. **ANT.** Lozano.

demagogia s. f. Intento de conseguir el apoyo de los demás por cualquier medio, sobre todo con falsas promesas.

demagógico, ca adj. Relacionado con la demagogia.

demagogo, ga adj. y s. Que hace demagogia o la demuestra.

demanda s. f. **1.** Petición. **2.** Lo que la gente pide y desea comprar. **3.** Escrito que se presenta a un juez con una petición determinada. **SIN.** Súplica.

demandar v. **1.** Pedir. **2.** Presentar una demanda contra alguien ante el juez. **SIN. 1.** Solicitar, suplicar.

demarcación s. f. **1.** Territorio al que se ha puesto unos límites. **2.** División de un territorio que se encuentra bajo el mando de una autoridad. **SIN. 2.** Circunscripción, distrito.

demarraje s. m. Acción de demarrar.

demarrar v. En una carrera deportiva, acelerar de pronto uno de los participantes para alejarse de los otros competidores.

demás indef. El resto, los otros: Elige una carta y dame las demás.

demasía Se usa en la expresión **en demasía**, 'demasiado', 'con exceso'.

demasiado, da indef. **1.** En mayor número o cantidad de lo normal o conveniente. ‖ adv. **2.** Más de lo debido. **SIN. 1.** Excesivo. **ANT. 1.** y **2.** Poco.

demencia s. f. Locura. **SIN.** Enajenación. **ANT.** Cordura.

demencial adj. **1.** De la demencia o relacionado con ella. **2.** Disparatado, desproporcionado. **SIN. 1.** y **2.** Loco.

demente adj. y s. Loco, chiflado. **SIN.** Enajenado. **ANT.** Cuerdo.

demo s. f. Pequeña demostración de algo que sirve para ver cómo es, por ejemplo, de un videojuego o de un programa informático.

democracia s. f. **1.** Forma de gobierno en que los ciudadanos eligen a sus gobernantes por votación. **2.** País gobernado de esta forma.

demócrata adj. y s. Partidario de la democracia.

democrático, ca adj. Que sigue las normas de la democracia.

democratizar v. Hacer demócrata o democrático.

democristiano, na adj. y s. De la democracia cristiana o partidario de esta corriente política basada en los principios del humanismo cristiano.

demografía s. f. Estudio de la población humana de un territorio.

demográfico, ca adj. Relacionado con la demografía.

demoler v. Destruir, derribar. ◻ Es v. irreg. Se conjuga como mover. **SIN.** Tirar, derruir. **ANT.** Levantar, construir.

demolición s. f. Acción de demoler. **SIN.** Destrucción, derribo. **ANT.** Construcción.

demoníaco, ca o **demoniaco, ca** adj. Del demonio o relacionado con él. **SIN.** Diabólico. **ANT.** Angelical.

demonio s. m. Diablo.

demonizar v. Atribuir a una persona o cosa características muy malas o diabólicas. **ANT.** Idealizar.

demora s. f. Retraso. **SIN.** Atraso, tardanza. **ANT.** Adelanto.

demorar v. **1.** Retrasar: Se han demorado las obras. ‖ **demorarse 2.** Pararse o entretenerse en un lugar. **SIN. 1.** Atrasar. **2.** Detenerse. **ANT. 1.** Adelantar.

demostración s. f. Acción de demostrar algo y pruebas, razones y otras cosas con que se demuestra. **SIN.** Prueba.

demostrar v. **1.** Probar una cosa para que no se dude de ella. **2.** Mostrar claramente, revelar. **3.** Enseñar cómo funciona o cómo se hace algo. □ Es v. irreg. Se conjuga como *contar*. SIN. **2.** Indicar, manifestar. ANT. **1.** Refutar.

demostrativo, va adj. y s. m. En gramática, se dice de algunas palabras que sirven para señalar, como *este, ese, aquel*.

demudado, da adj. Se dice de la persona a la que le cambia la expresión o el color de la cara por una impresión o un malestar físico.

denario s. m. Antigua moneda romana.

denegar v. No conceder lo que se pide. □ Es v. irreg. Se conjuga como *pensar*. SIN. Negar. ANT. Acceder.

denigrante adj. Que ofende y humilla. SIN. Humillante. ANT. Honroso.

denigrar v. **1.** Hablar mal de una persona o cosa. **2.** Ofender o insultar. SIN. **1.** Denostar. **2.** Injuriar. ANT. **1.** y **2.** Alabar.

denim (ingl.) s. m. Tejido de algodón resistente empleado para hacer ropa vaquera.

denodado, da adj. Esforzado, decidido, valeroso: *Es un denodado defensor de los derechos humanos.* ANT. Pusilánime.

denominación s. f. Nombre que se da a una persona, animal o cosa.

denominador s. m. Número que indica las partes en que se divide otro, llamado *numerador*.

denominar v. Dar un nombre a una persona, animal o cosa. SIN. Llamar, nombrar.

denostar v. Insultar o hablar mal de alguien o algo. □ Es v. irreg. Se conjuga como *contar*. SIN. Denigrar. ANT. Alabar.

denotación s. f. **1.** Indicación o muestra de algo. **2.** Significado principal de una palabra o frase que no muestra juicios o valoraciones de quien las dice.

denotar v. **1.** Significar, indicar, mostrar. **2.** En lingüística, expresar una palabra, una frase, etc., su significado objetivo.

denotativo, va adj. Que implica denotación.

densidad s. f. **1.** Característica de denso. **2.** En física, resultado de dividir la masa de un cuerpo por el volumen del mismo. ‖ **3. densidad de población** Número de habitantes por unidad de superficie.

denso, sa adj. **1.** Que tiene mucha masa en poco volumen. **2.** Espeso, poco líquido. **3.** Que tiene muy juntos o apretados los elementos que lo forman. SIN. **1.** Compacto. **2.** Pastoso. **3.** Tupido. ANT. **2.** y **3.** Claro.

dentado, da adj. Con dientes o puntas parecidas a ellos.

dentadura s. f. Conjunto de los dientes, colmillos y muelas de la boca.

dental adj. De los dientes o relacionado con ellos.

dentellada s. f. Acción de clavar los dientes y herida o señal que dejan. SIN. Mordisco, bocado.

dentera s. f. Sensación desagradable que se tiene en los dientes, por ejemplo, al oír ruidos chirriantes o al comer alimentos ácidos.

dentición s. f. **1.** Formación de los dientes. **2.** Tipo de dientes de cada mamífero según su especie.

dentífrico, ca adj. y s. m. Sustancia para limpiar los dientes.

dentista s. m. y f. Especialista en el cuidado y las enfermedades de los dientes. SIN. Odontólogo.

dentón, na adj. y s. **1.** Que tiene los dientes muy grandes o los tiene hacia fuera. ‖ s. m. **2.** Pez parecido al besugo que tiene dientes muy salientes.

dentro adv. **1.** En el interior. **2.** Después de un periodo de tiempo: *dentro de una semana*. ANT. **1.** Fuera.

denuedo s. m. Valor, esfuerzo.

denuesto s. m. Insulto grave. SIN. Injuria.

denuncia s. f. Acción de denunciar y escrito en que se denuncia algo. SIN. Acusación, delación.

denunciante adj. **1.** Que denuncia. ‖ s. m. y f. **2.** Persona que presenta una denuncia ante un tribunal de justicia.

denunciar v. **1.** Comunicar a la autoridad que se ha cometido un delito. **2.** Decir públicamente que una cosa está mal o va contra la ley. SIN. **1.** Acusar, delatar. ANT. **1.** Encubrir.

deparar v. Causar, producir.

departamento s. m. **1.** Cada una de las partes en que se divide una empresa, un vehículo, un edificio, etc. **2.** Cada uno de los territorios en que se dividen algunos países, como Francia. **3.** Amér. Apartamento. SIN. **1.** Compartimento, dependencia.

departir v. Conversar, charlar.

depauperado, da adj. Empobrecido, arruinado: *Tras la guerra, el país quedó depauperado.*

dependencia s. f. **1.** Situación del que depende de otra persona o cosa. **2.** Oficina que depende de otra más importante. **3.** Cada una de las habitaciones de un gran edificio. SIN. **1.** Subordinación; adicción. **3.** Sección, departamento, división. ANT. **1.** Independencia.

depender v. **1.** Estar bajo la autoridad de una persona. **2.** Producirse una cosa si se da una determinada condición. **3.** Necesitar de una persona o cosa.

dependiente *adj.* Que depende de una persona o cosa. **SIN.** Subordinado. **ANT.** Independiente.

dependiente, ta *s. m. y f.* En una tienda, empleado que atiende al público.

depilar *v.* Quitar el vello de algunas partes del cuerpo.

depilatorio, ria *adj. y s. m.* Que sirve para depilar.

deplorable *adj.* Lamentable, penoso. **SIN.** Lastimoso. **ANT.** Admirable.

deplorar *v.* Lamentar algo que causa pena o disgusto. **ANT.** Celebrar.

deponer *v.* **1.** Echar a una persona del puesto o cargo que ocupa. **2.** Abandonar una actitud, un comportamiento. □ Es v. irreg. Se conjuga como *poner.* **SIN. 1.** Destituir, relevar. **ANT. 1.** Reponer. **2.** Mantener.

deportación *s. f.* Acción de deportar.

deportar *v.* Desterrar a una persona y enviarla a otro país o lugar del que no puede salir. **SIN.** Confinar.

deporte *s. m.* Juego o ejercicio físico que realizan individuos o equipos siguiendo unas normas.

deportista *adj. y s.* Se dice de la persona que practica un deporte.

deportividad *s. f.* Comportamiento deportivo.

deportivo, va *adj.* **1.** Relacionado con el deporte. **2.** Se dice del comportamiento que debe tener un deportista, respetando las reglas del juego.

deposición *s. f.* **1.** Acción de deponer a una persona de su cargo. **2.** Excrementos y el hecho de expulsarlos. **SIN. 1.** Destitución. **2.** Heces. **ANT. 1.** Nombramiento.

depositar *v.* **1.** Colocar en un sitio. **2.** Dar dinero o cosas de valor a una persona o banco para que los guarde. **3.** Poner en una persona un sentimiento. || **depositarse 4.** Posarse en el fondo las partículas sólidas que hay en un líquido. **SIN. 1.** Poner, dejar. **3.** Confiar. **4.** Sedimentarse. **ANT. 1.** y **2.** Retirar.

depositario, ria *adj. y s.* Que guarda o recibe lo que otros le confían, sobre todo dinero o cosas de valor.

depósito *s. m.* **1.** Conjunto de cosas depositadas en un lugar. **2.** Espacio o recipiente para guardar o almacenar alguna cosa.

depravado, da *adj. y s.* Vicioso, pervertido, malvado. **SIN.** Perverso, degenerado. **ANT.** Virtuoso.

depreciar *v.* Disminuir el precio o valor de alguna cosa. **SIN.** Devaluar. **ANT.** Revaluar.

depredador, ra *adj. y s.* Se dice del animal que se alimenta de otros a los que captura. **SIN.** Predador.

depresión *s. f.* **1.** Estado de ánimo caracterizado por la tristeza y la pérdida de interés por las cosas. **2.** Hundimiento o hueco en una superficie. **SIN. 1.** Desánimo, decaimiento. **2.** Hoyo. **ANT. 1.** Alegría. **2.** Elevación.

depresivo, va *adj.* Se dice de la persona que suele sufrir depresiones.

deprimente *adj.* Que deprime. **SIN.** Triste. **ANT.** Alegre.

deprimido, da 1. *p.* de **deprimir.** || *adj.* **2.** Pobre, poco desarrollado: *Daba clases a niños de los barrios más deprimidos.*

deprimir *v.* Producir o sufrir depresión o tristeza. **SIN.** Abatir, desanimar. **ANT.** Animar.

deprisa *adv.* Empleando muy poco tiempo. **SIN.** Rápidamente. **ANT.** Despacio.

depurado, da 1. *p.* de **depurar.** También *adj.* || *adj.* **2.** Hecho con cuidado, muy trabajado.

depurador, ra *adj. y s.* Que depura.

depurar *v.* **1.** Limpiar, quitar de una sustancia la suciedad u otras cosas que no deben estar en ella. **2.** Perfeccionar, mejorar: *depurar el lenguaje.* **SIN. 1.** Purificar. **2.** Refinar.

depurativo, va *adj. y s. m.* Que sirve para depurar.

dequeísmo *s. m.* Uso incorrecto de la preposición *de* delante de la conjunción *que.*

derbi o *derby* (*derby* es ingl.) *s. m.* **1.** Cierta competición hípica. **2.** En fútbol y otros deportes, partido entre rivales de la misma localidad o región.

derechista *adj. y s.* De ideas políticas de derecha. **SIN.** Conservador. **ANT.** Izquierdista.

derecho, cha *adj.* **1.** Recto, vertical o sin torcerse ni desviarse. También *adv.*: *Camina derecho.* || *adj. y s. f.* **2.** Se dice de lo que está en el lado opuesto al del corazón o queda a ese lado. || *s. m.* **3.** Leyes de una comunidad y estudio de estas leyes. **4.** Lo que nos permite hacer o exigir alguna cosa: *Estás en tu derecho de protestar.* **5.** Cara o lado principal. || *s. m. pl.* **6.** Dinero que cobran por su trabajo algunos profesionales. || *s. f.* **7.** Personas, grupos y partidos de ideas políticas conservadoras. **SIN. 1.** Erguido, enderezado. **5.** Anverso. **ANT. 1.** Torcido. **2.** Izquierdo. **5.** Reverso. **7.** Izquierda.

deriva *s. f.* Desvío de una nave de su rumbo a causa del viento, de las olas o de la corriente. || **LOC. a la deriva** Sin rumbo ni dirección.

derivación *s. f.* **1.** Hecho de derivar o derivarse y cosa que se deriva de otra. **2.** Procedimiento para formar palabras a partir de otras, por ejemplo, mediante sufijos: a *ropa* le añadimos *-ero* y obtenemos *ropero*.

derivado, da 1. *p.* de **derivar**. También *adj.* || *adj.* y *s. m.* **2.** En gramática, palabra formada por derivación. **3.** Producto o sustancia que se obtiene de otro.

derivar *v.* **1.** Proceder una cosa de otra. **2.** Formarse una palabra a partir de otra o tener su origen en otra. **3.** Tomar una nueva dirección. **SIN. 1.** Provenir, originarse. **3.** Desviarse.

dermatitis *s. f.* Irritación de la piel.

dermatología *s. f.* Especialidad médica que se ocupa de las enfermedades de la piel.

dermatólogo, ga *s. m.* y *f.* Médico especialista en dermatología.

dermis *s. f.* Capa más gruesa de la piel, formada por tejido conjuntivo y cubierta por la *epidermis*.

derogar *v.* Anular una ley o una norma. **SIN.** Abolir. **ANT.** Promulgar.

derrama *s. f.* Gasto temporal que se produce además de los habituales.

derramamiento *s. m.* Acción de derramar. **SIN.** Derrame.

derramar *v.* Hacer que un líquido o una cosa menuda, por ejemplo, en polvo o en grano, salga de donde está y se extienda. **SIN.** Verter, esparcir.

derrame *s. m.* **1.** En medicina, salida de un líquido fuera de su lugar: *derrame cerebral*. **2.** Derramamiento.

derrapar *v.* Patinar un vehículo desviándose hacia un lado.

derrape *s. m.* Acción de derrapar.

derredor Se usa en la expresión **en derredor**, 'alrededor'.

derretir *v.* Hacer el calor que algunas cosas se ablanden o se vuelvan líquidas. □ Es *v.* irreg. Se conjuga como *pedir*. **SIN.** Fundir.

derribar *v.* **1.** Tirar al suelo, hacer caer. **2.** Destruir, derrumbar. **3.** Hacer perder a una persona, gobierno, etc., su poder. **SIN. 1.** Tumbar. **2.** Demoler, derruir. **3.** Derrocar. **ANT. 1.** y **2.** Levantar. **3.** Reponer.

derribo *s. m.* Acción de derribar una construcción y materiales que se sacan al derribarla. **SIN.** Demolición, destrucción.

derrocamiento *s. m.* Acción de derrocar, por ejemplo, un gobierno.

derrocar *v.* Quitar por la fuerza a alguien de un puesto elevado o de mando. **SIN.** Derribar.

derrochador, ra *adj.* y *s.* Que derrocha. **SIN.** Despilfarrador, manirroto. **ANT.** Ahorrador.

derrochar *v.* **1.** Gastar inútilmente. **2.** Tener mucho de una cosa buena: *derrochar simpatía*. **SIN. 1.** Despilfarrar, dilapidar. **2.** Rebosar. **ANT. 1.** Ahorrar.

derroche *s. m.* Acción de derrochar. **SIN.** Despilfarro. **ANT.** Ahorro.

derrota *s. f.* **1.** Hecho de ser vencido en una guerra, juego o competición. **2.** Rumbo de un barco. **SIN. 1.** Fracaso, pérdida. **2.** Derrotero. **ANT. 1.** Victoria.

derrotar *v.* Ganar al enemigo o al contrario en la guerra, en una competición o en un juego. **SIN.** Vencer. **ANT.** Perder.

derrotero *s. m.* **1.** Camino o dirección para lograr algo. **2.** Derrota o rumbo de un barco.

derrotista *adj.* y *s.* Se dice del que antes de conocer el final de algo ya piensa que va a salir mal.

derruir *v.* Derribar una construcción. □ Es *v.* irreg. Se conjuga como *construir*. **SIN.** Demoler, derrumbar. **ANT.** Construir.

derrumbamiento o **derrumbe** *s. m.* Acción de derrumbar o derrumbarse. **SIN.** Hundimiento. **ANT.** Levantamiento.

derrumbar *v.* **1.** Derribar, destruir. || **derrumbarse 2.** Perder el valor, las fuerzas, los ánimos. **SIN. 1.** Demoler, derruir, hundir. **2.** Abatirse. **ANT. 1.** Construir. **2.** Animarse.

desabastecido, da *adj.* Sin las cosas que necesita o debe tener.

desabollar *v.* Quitar las abolladuras. **ANT.** Abollar.

desaborido, da *adj.* **1.** Sin sabor o sin sustancia. || *adj.* y *s.* **2.** Se dice de la persona aburrida y sin gracia. **SIN. 1.** Insípido. **ANT. 1.** Sabroso. **2.** Saleroso.

desabotonar *v.* Sacar los botones de los ojales para abrir una prenda. **SIN.** Desabrochar. **ANT.** Abotonar.

desabrido, da *adj.* **1.** Que no tiene sabor o tiene muy poco. **2.** Se dice del mal tiempo. **3.** Huraño, de mal genio. **SIN. 1.** Soso, insípido. **ANT. 1.** Sabroso.

desabrigar *v.* Quitar una prenda de abrigo. **ANT.** Abrigar.

desabrochar *v.* Abrir una cosa que está abrochada.

desacato *s. m.* Falta de obediencia o respeto a una persona con autoridad. **SIN.** Desobediencia. **ANT.** Acatamiento.

desaceleración *s. f.* Acción de desacelerar. **SIN.** Deceleración.

desacelerar *v.* Disminuir la velocidad de algo o hacer algo más despacio. **SIN.** Retardar, retrasar. **ANT.** Acelerar.

desalmado

desacertado, da *adj.* Equivocado, sin acierto. **SIN.** Erróneo. **ANT.** Acertado.

desacierto *s. m.* Equivocación, error. **SIN.** Fallo. **ANT.** Acierto.

desacompasado, da *adj.* Que no sigue un ritmo o compás.

desaconsejar *v.* Aconsejar a una persona que no haga algo. **SIN.** Disuadir.

desacostumbrado, da 1. *p.* de **desacostumbrar.** También *adj.* ǁ *adj.* **2.** Que no es corriente o habitual.

desacostumbrar *v.* Hacer perder una costumbre o dejar de estar acostumbrado a algo. **SIN.** Deshabituar.

desacreditar *v.* Hacer que se pierda o disminuya la buena opinión que se tiene de una persona o cosa. **SIN.** Desprestigiar. **ANT.** Acreditar.

desactivar *v.* Quitar o detener el mecanismo que hace funcionar algunas cosas, como una bomba o una alarma. **ANT.** Activar.

desacuerdo *s. m.* Falta de acuerdo. **SIN.** Discrepancia.

desafiante *adj.* Que desafía o reta. **SIN.** Provocador.

desafiar *v.* **1.** Invitar o provocar a alguien a una lucha o competición. **2.** Enfrentarse a un peligro o dificultad. **SIN.** 1. Retar. 2. Afrontar, arrostrar.

desafinar *v.* Dar mal una nota musical al cantar o tocar un instrumento.

desafío *s. m.* **1.** Hecho de desafiar. **2.** Tarea difícil. **SIN.** 1. y 2. Reto.

desaforado, da *adj.* Excesivo, desmesurado. **SIN.** Desmedido, enorme. **ANT.** Moderado.

desafortunado, da *adj.* **1.** Sin suerte. **2.** Que no es conveniente o acertado. **SIN.** 1. Desgraciado. 2. Inoportuno. **ANT.** 1. Afortunado. 2. Oportuno.

desagradable *adj.* **1.** Que causa desagrado. **2.** Antipático, poco amable. **SIN.** 1. Asqueroso; molesto. 2. Arisco. **ANT.** 1. y 2. Agradable.

desagradar *v.* No gustar. **SIN.** Disgustar, molestar, fastidiar. **ANT.** Agradar.

desagradecido, da *adj.* y *s.* **1.** Se dice de la persona que no agradece las cosas que se hacen por ella. ǁ *adj.* **2.** Se dice de aquello que no refleja el trabajo que cuesta hacerlo. **SIN.** 1. y 2. Ingrato. **ANT.** 1. y 2. Agradecido.

desagrado *s. m.* Disgusto, molestia, asco. **SIN.** Fastidio. **ANT.** Satisfacción.

desagraviar *v.* Compensar por alguna ofensa o perjuicio. **SIN.** Satisfacer. **ANT.** Agraviar.

desagravio *s. m.* Compensación por una ofensa o perjuicio. **ANT.** Agravio.

desaguar *v.* **1.** Sacar el agua de un lugar. **2.** Desembocar un río en el mar, en otro río o en un lago. **SIN.** 1. Drenar, achicar. 2. Afluir. **ANT.** 1. Inundar.

desagüe *s. m.* Lugar o tubería por donde se va el agua, por ejemplo, en el lavabo. **SIN.** Sumidero.

desaguisado *s. m.* Estropicio, destrozo, desorden.

desahogado, da 1. *p.* de **desahogar.** ǁ *adj.* **2.** Grande, amplio. **3.** Sin problemas de dinero. **SIN.** 2. Ancho, despejado. 3. Acomodado. **ANT.** 2. Estrecho. 3. Apurado.

desahogar *v.* **1.** Quitar algunas cosas de un lugar para dejar más sitio libre. ǁ **desahogarse 2.** Contar a alguien lo que nos preocupa o nos tiene tristes para sentirnos mejor. **SIN.** 1. Despejar, descongestionar. 2. Explayarse.

desahogo *s. m.* **1.** Situación en la que no hay apuros, sobre todo de dinero. **2.** Hecho de desahogarse con alguien. **SIN.** 1. Bienestar. **ANT.** 1. Estrechez.

desahuciar *v.* **1.** Admitir el médico que ya no se puede hacer nada por un enfermo. **2.** Obligar a una persona a abandonar la vivienda o local que tenía alquilado o hipotecado. **SIN.** 2. Echar, expulsar.

desahucio *s. m.* Acción de desahuciar a alguien de una vivienda o local.

desairar *v.* Hacer un desprecio a alguien. **SIN.** Menospreciar, desdeñar. **ANT.** Respetar.

desaire *s. m.* Desprecio que se hace a alguien. **SIN.** Menosprecio, desdén.

desajustar *v.* **1.** Separar o aflojar lo que está ajustado. **2.** Alterar el correcto funcionamiento de algo. **SIN.** 1. Desencajar. **ANT.** 1. Ajustar.

desajuste *s. m.* Hecho de estar algo desajustado. **ANT.** Ajuste.

desalar *v.* Quitar la sal a alguna cosa. **ANT.** Salar.

desalentador, ra *adj.* Que desalienta.

desalentar *v.* Desanimar. □ Es v. irreg. Se conjuga como *pensar.* **SIN.** Desmoralizar, abatir. **ANT.** Animar.

desaliento *s. m.* Desánimo. **SIN.** Abatimiento. **ANT.** Ánimo.

desalinizadora *s. f.* Instalación en la que se elimina la sal del agua del mar.

desalinizar *v.* Quitar la sal del agua del mar para hacerla potable.

desaliñado, da *adj.* Poco aseado o cuidado.

desaliño *s. m.* Falta de aseo o cuidado.

desalmado, da *adj.* y *s.* Muy malo, cruel. **SIN.** Malvado, perverso. **ANT.** Bondadoso.

desalojar v. Dejar vacío un lugar. **SIN.** Desocupar, evacuar. **ANT.** Ocupar.

desalojo s. m. Acción de desalojar.

desamor s. m. Falta de amor.

desamparar v. Abandonar a alguien o no darle la ayuda que necesita. **SIN.** Desatender, descuidar. **ANT.** Amparar.

desamparo s. m. Situación de la persona que se encuentra sola y sin ayuda. **SIN.** Abandono. **ANT.** Amparo.

desandar v. Retroceder en lo andado o en lo que se ha hecho. □ Es v. irreg. Se conjuga como *andar*. **SIN.** Recular. **ANT.** Avanzar.

desangelado, da adj. Soso, sin gracia. **SIN.** Insulso. **ANT.** Gracioso, alegre.

desangrar v. **1.** Sacar la sangre a una persona o a un animal. ‖ **desangrarse 2.** Perder mucha o toda la sangre.

desanimar v. **1.** Hacer perder el ánimo. **2.** Convencer a alguien de que no haga una cosa. **SIN. 1.** Desmoralizar, desalentar. **2.** Disuadir. **ANT. 1.** y **2.** Animar. **2.** Persuadir.

desánimo s. m. Estado de la persona que ha perdido los ánimos. **SIN.** Desaliento, abatimiento. **ANT.** Entusiasmo.

desapacible adj. Que no es agradable o tranquilo. **SIN.** Desagradable, destemplado. **ANT.** Apacible.

desaparecer v. **1.** Dejar de existir o de percibirse algo. **2.** No estar en un lugar o irse de él. □ Es v. irreg. Se conjuga como *agradecer*. **SIN. 1.** Extinguirse. **1.** y **2.** Esfumarse, desvanecerse. **ANT. 1.** y **2.** Aparecer.

desaparición s. f. Acción de desaparecer. **SIN.** Extinción. **ANT.** Aparición.

desapasionado, da adj. Imparcial, guiado por la razón y no por la pasión. **SIN.** Frío. **ANT.** Apasionado.

desapego s. m. Falta de apego o cariño. **SIN.** Despego, desinterés. **ANT.** Amor.

desapercibido, da adj. **1.** Sin que se vea o se note. **2.** Desprevenido. **SIN. 1.** Inadvertido. **2.** Distraído. **ANT. 2.** Prevenido.

desaprensivo, va adj. y s. **1.** Irresponsable. **2.** Se dice de la persona a la que no le importa hacer daño o malas acciones. **SIN. 1.** Inconsciente. **2.** Malvado, sinvergüenza.

desapretar v. Aflojar algo apretado. □ Es v. irreg. Se conjuga como *pensar*. **ANT.** Apretar.

desaprobar v. Considerar que no está bien alguna cosa, no estar de acuerdo con ella. □ Es v. irreg. Se conjuga como *contar*. **SIN.** Censurar, condenar. **ANT.** Aprobar.

desaprovechar v. No sacar el provecho que debería obtenerse de alguna cosa. **SIN.** Desperdiciar, malgastar. **ANT.** Aprovechar.

desarbolar v. **1.** Debilitar, desbaratar. **2.** Quitar los mástiles a una embarcación.

desarmado, da 1. p. de **desarmar**. También adj. ‖ adj. **2.** Indefenso, sin armas. **ANT. 1.** Armado.

desarmar v. **1.** Quitar las armas a alguien o reducir el poder militar de un país. **2.** Desmontar las distintas piezas de algo. **3.** Calmar el enfado o sentimiento parecido. **ANT. 1.** y **2.** Armar. **2.** Montar.

desarme s. m. Reducción del poder militar de los países.

desarraigado, da 1. p. de **desarraigar**. También adj. ‖ adj. **2.** Se dice de la persona que no se encuentra en el ambiente o lugar en que ha vivido. **ANT. 1.** y **2.** Arraigado.

desarraigar v. **1.** Sacar la tierra o un árbol o planta con su raíz. **2.** Apartar a una persona del lugar en el que nació o en el que vive. **3.** Acabar con una costumbre, pasión o vicio. **SIN. 2.** y **3.** Desterrar. **ANT. 1.** y **3.** Arraigar.

desarraigo s. m. Situación de la persona desarraigada. **ANT.** Arraigo.

desarrapado, da adj. y s. Mal vestido, con la ropa sucia y rota. □ Se escribe también *desharrapado*. **SIN.** Astroso. **ANT.** Elegante.

desarreglo s. m. Desorden, alteración. **ANT.** Orden.

desarrollado, da 1. p. de **desarrollar**. También adj. ‖ adj. **2.** Se dice del país con un alto grado de desarrollo. **ANT. 2.** Subdesarrollado.

desarrollar v. **1.** Agrandar, fortalecer, mejorar. **2.** Tratar extensamente un tema. **3.** Realizar: *desarrollar una actividad*. ‖ **desarrollarse 4.** Ir sucediendo: *Las fiestas se desarrollaron con toda normalidad*. **SIN. 1.** Crecer, madurar, enriquecer, progresar. **4.** Evolucionar. **ANT. 1.** Disminuir, empobrecer.

desarrollo s. m. **1.** Acción de desarrollar o desarrollarse. **2.** Los medios, la producción y el nivel de vida de un país. **3.** En una bicicleta, combinación entre el plato y los piñones. **SIN. 1.** Crecimiento, enriquecimiento, progreso. **ANT. 1.** Disminución.

desarropar v. Quitar o apartar la ropa de alguien o algo. **SIN.** Destapar. **ANT.** Arropar.

desarrugar v. Quitar las arrugas. **SIN.** Alisar. **ANT.** Arrugar.

desarticular v. **1.** Deshacer un plan o una organización. **2.** Separar dos o más cosas que estaban unidas. **SIN. 1.** Desorganizar. **2.** Desencajar, dislocar. **ANT. 2.** Articular.

desaseado, da adj. y s. Sucio, mal arreglado. **SIN.** Desastrado, astroso. **ANT.** Aseado.

desasir v. **1.** Soltar o soltarse lo que está sujeto. ‖ **desasirse 2.** Deshacerse, desprenderse de algo. □ Es v. irreg. Se conjuga como *asir*. **SIN. 1.** y **2.** Liberarse.

desasistir v. No darle a alguien la ayuda que necesita. **SIN.** Desatender, abandonar. **ANT.** Asistir.

desasnar v. *fam.* Hacer menos ordinaria o ignorante a una persona.

desasosegar v. Producir desasosiego. □ Es v. irreg. Se conjuga como *pensar*. **SIN.** Desazonar, inquietar. **ANT.** Calmar, tranquilizar.

desasosiego s. m. Intranquilidad. **SIN.** Inquietud. **ANT.** Tranquilidad.

desastrado, da adj. y s. Sucio y mal vestido. **SIN.** Desaseado. **ANT.** Aseado.

desastre s. m. **1.** Suceso que produce grandes daños. **2.** Cosa que ha salido muy mal. **3.** Persona que tiene mala suerte o lo hace todo mal. **SIN. 1.** Catástrofe, tragedia. **1.** a **3.** Calamidad. **ANT. 2.** Éxito.

desastroso, sa adj. Que produce un desastre o es un desastre. **SIN.** Catastrófico.

desatado, da 1. *p.* de desatar. También *adj.* ‖ *adj.* **2.** Sin moderación o sin control. **SIN. 2.** Desenfrenado, desbocado. **ANT. 1.** Atado. **2.** Moderado, comedido.

desatar v. **1.** Soltar lo que estaba atado. **2.** Hacer que empiece a producirse algo violento: *Se desató una fuerte discusión.* **SIN. 2.** Desencadenar.

desatascador, ra adj. y s. m. **1.** Que sirve para desatascar. ‖ *s. m.* **2.** Utensilio compuesto por un palo y una ventosa que sirve para desatascar desagües.

desatascar v. Hacer que deje de estar atascada una cosa. **SIN.** Desatrancar. **ANT.** Atascar.

desatender v. No ocuparse debidamente de alguien o algo. □ Es v. irreg. Se conjuga como *tender*. **SIN.** Descuidar. **ANT.** Atender.

desatento, ta adj. y s. Que no es atento con los demás. **SIN.** Desconsiderado, descortés. **ANT.** Cortés.

desatino s. m. Locura, disparate. **SIN.** Despropósito. **ANT.** Acierto.

desatornillar v. Sacar o aflojar un tornillo. **ANT.** Atornillar.

desatrancar v. **1.** Dejar libre el paso por un conducto. **2.** Quitar la tranca de una puerta. **SIN. 1.** Desatascar. **ANT. 1.** y **2.** Atrancar.

desautorizar v. **1.** No dar o quitar la autorización a alguien. **2.** Quitar la autoridad o el crédito a alguien. **SIN. 1.** Prohibir. **ANT. 1.** Autorizar.

desavenencia s. f. Desacuerdo o enfrentamiento. **SIN.** Discrepancia. **ANT.** Armonía, acuerdo.

desayunar v. Tomar el desayuno.

desayuno s. m. Primera comida del día, que se toma por la mañana.

desazón s. f. **1.** Preocupación, inquietud. **2.** Picor. **SIN. 1.** Desasosiego. **1.** y **2.** Comezón. **ANT. 1.** Sosiego.

desazonar v. Inquietar, preocupar, disgustar. **SIN.** Desasosegar. **ANT.** Sosegar.

desbancar v. Quitar el puesto a una persona para ocuparlo uno mismo. **SIN.** Desplazar.

desbandada s. f. Huida o separación en distintas direcciones en un grupo de personas o animales: *salir en desbandada.* **SIN.** Dispersión. **ANT.** Concentración.

desbandarse v. Huir o irse a la desbandada. **SIN.** Dispersarse. **ANT.** Concentrarse.

desbarajuste s. m. Desorden. **SIN.** Lío, confusión. **ANT.** Orden.

desbaratar v. Deshacer, arruinar, estropear. **SIN.** Descomponer, frustrar. **ANT.** Arreglar.

desbarrar v. Decir o hacer tonterías. **SIN.** Desvariar, delirar.

desbastar v. Quitar las partes más bastas de algo, sobre todo de un tronco o de un trozo de madera.

desbloquear v. Eliminar los obstáculos para que algo se mueva, funcione o pueda realizarse. **ANT.** Bloquear.

desbocarse v. **1.** Abrirse más de lo debido el cuello de una prenda de vestir. **2.** Galopar un caballo sin obedecer al jinete.

desbordamiento s. m. Acción de desbordar o desbordarse.

desbordante adj. Que es muy intenso y se manifiesta claramente: *una alegría desbordante.* **SIN.** Rebosante.

desbordar v. **1.** Salirse algo de los bordes. **2.** Ser excesivo, pasar de un límite. **SIN. 1.** Derramarse, inundar. **1.** y **2.** Rebosar. **2.** Rebasar, superar.

desbravar v. Hacer manso o dócil. **SIN.** Domar, domesticar, amansar.

desbrozar v. **1.** Limpiar un campo de hojas, ramas, cortezas, etc. **2.** Eliminar los aspectos confusos que complican un asunto.

descabalado, da 1. *p.* de descabalar. También *adj.* ‖ *adj.* **2.** Se dice de un conjunto al que le falta alguna de sus piezas o elementos.

descabalar v. **1.** Dejar incompleta una cosa formada por dos o más piezas. **2.** Desajustar, desbaratar: *No tuvieron en cuenta algunas partidas y se descabaló el presupuesto.*

descabalgar v. Bajarse de una caballería. **SIN.** Desmontar.

descabellado, da 1. *p.* de descabellar. ||
adj. 2. Disparatado, que no tiene sentido. SIN.
1. Absurdo. ANT. 2. Sensato.

descabellar *v.* Matar instantáneamente al
toro clavándole la punta de un estoque en la
cerviz.

descabello *s. m.* Hecho de descabellar.

descabezar *v.* 1. Quitar la cabeza. 2. Romper o suprimir la parte superior de una cosa.
3. Dejar sin jefes: *descabezar una rebelión*.
LOC. **descabezar un sueño** Dormir un rato.

descacharrar *v.* Escacharrar.

descafeinado, da *adj.* 1. Que ha perdido
su fuerza o su autenticidad. || *adj. y s. m.*
2. Se dice del café al que se le ha quitado la
cafeína.

descalabrar *v.* Herir a alguien, sobre todo
en la cabeza. □ Se dice también *escalabrar*.

descalabro *s. m.* Fracaso, desastre.

descalcificarse *v.* Disminuir la cantidad de
calcio en los huesos.

descalificar *v.* 1. Echar a un participante de
una competición o de un concurso por no
haber respetado las normas. 2. Hacer perder
a alguien la buena opinión que los demás
tienen de él. SIN. 2. Desprestigiar, desacreditar. ANT. 2. Acreditar.

descalzar *v.* Quitar el calzado. ANT. Calzar.

descalzo, za *adj.* Sin calzado.

descamar *v.* 1. Quitar las escamas a los
peces. || **descamarse** 2. Caerse la piel en
forma de escamas.

descambiar *v. fam.* Devolver una cosa que
se ha comprado recuperando el dinero o cambiándola por otra.

descaminado, da *adj.* No acertado, equivocado. □ Se dice también *desencaminado*.
SIN. Errado, desacertado. ANT. Encaminado.

descamisado, da *adj.* Sin camisa o con la
camisa muy abierta.

descampado *s. m.* Terreno sin árboles ni
casas.

descansado, da 1. *p.* de descansar. También *adj.* || *adj.* 2. Que se hace con poco esfuerzo: *un viaje descansado*. SIN. 2. Cómodo.
ANT. 2. Arduo.

descansar *v.* 1. Dejar de hacer una actividad
cuando se está cansado para recuperar fuerzas. 2. Dormir. 3. Estar enterrado un cadáver
en un lugar. 4. Estar una cosa apoyada en
otra. 5. Basarse, fundamentarse. SIN. 3. Yacer.
ANT. 1. Cansarse.

descansillo *s. m.* Espacio más amplio en
que termina cada uno de los tramos de una
escalera. SIN. Rellano.

descanso *s. m.* 1. Parada para descansar.
2. Interrupción en una película, obra de teatro, deporte, etc., para continuar después. SIN.
1. Alto. 2. Intermedio, entreacto.

descapitalizar *v.* 1. Dejar sin capital una
empresa. 2. Hacer perder los bienes históricos y culturales de una comunidad.

descapotable *adj. y s. m.* Automóvil con
un techo plegable que deja al descubierto el
espacio de los ocupantes.

descarado, da *adj. y s.* Que actúa con descaro. SIN. Desvergonzado, fresco.

descarga *s. f.* 1. Acción de descargar. 2.
Serie de disparos que se hacen de una vez.
3. Paso brusco de corriente eléctrica de un
cuerpo a otro de diferente potencial. ANT. 1.
Carga.

descargar *v.* 1. Quitar la carga de un vehículo o animal. 2. Librar de un trabajo u obligación. 3. Disparar un arma de fuego o sacar
de ella la carga. 4. Dejar algo sin carga eléctrica. 5. Hacer caer sobre alguien el enfado,
mal humor, etc. 6. Copiar archivos desde un
dispositivo electrónico a otro: *descargarse
un programa*. 7. Caer lluvia o granizo. SIN. 2.
Dispensar, eximir. 3. Tirar. 5. Desfogar, desahogarse. ANT. 1. Cargar. 2. Responsabilizar.

descargo *s. m.* Justificación o pretexto por
una mala acción.

descarnado, da *adj.* 1. Que no tiene carne.
2. Que ha perdido la capa exterior: *pared
descarnada*. 3. Que refleja algo con dureza,
sin ocultar nada: *un relato descarnado*. SIN.
3. Crudo.

descaro *s. m.* Falta de vergüenza y respeto.
SIN. Desvergüenza, desfachatez, insolencia.

descarriado, da *adj.* 1. Se dice de la res
que se ha separado del rebaño. 2. Que ha
dejado de portarse como debe.

descarrilamiento *s. m.* Acción de descarrilar.

descarrilar *v.* Salirse un tren o tranvía de
los carriles sobre los que marcha. ANT. Encarrilar.

descartar *v.* 1. Rechazar. || **descartarse** 2.
En algunos juegos de cartas, dejar un jugador
las que no le sirven para coger otras. SIN. 1.
Desechar, excluir. ANT. 1. Aceptar.

descarte *s. m.* Acción de descartarse en un
juego de cartas.

descascarillarse *v.* Quitarse el esmalte,
pintura u otra cosa que cubre una superficie.
SIN. Desportillarse.

descastado, da *adj. y s.* Se dice de la persona que muestra poco cariño por sus familiares. SIN. Desnaturalizado.

descatalogar *v.* Quitar de un catálogo. **ANT.** Catalogar.

descendencia *s. f.* Hijos, nietos y otros descendientes de una persona. **SIN.** Prole, progenie. **ANT.** Ascendencia.

descendente *adj.* Que desciende. **ANT.** Ascendente.

descender *v.* **1.** Bajar. **2.** Tener por antepasados: *Desciende de una familia muy famosa.* □ Es v. irreg. Se conjuga como *tender.* **SIN.** **1.** Disminuir; apearse. **2.** Proceder. **ANT.** **1.** Subir.

descendiente *s. m.* y *f.* Persona que desciende de otra, por ejemplo, un hijo de su padre. **SIN.** Vástago. **ANT.** Ascendiente.

descendimiento *n. pr. m.* **1.** Bajada del cuerpo de Cristo de la cruz. ‖ *s. m.* **2.** Cuadro, escultura, etc., con que se representa.

descenso *s. m.* Acción de descender. **SIN.** Bajada; disminución. **ANT.** Ascenso; aumento.

descentralizar *v.* Hacer que un gobierno u organización no dependan de un centro único. **ANT.** Centralizar.

descentrar *v.* **1.** Poner algo fuera de su centro. **2.** Hacer perder a alguien la concentración. **3.** Hacer que alguien pierda su equilibrio y orientación en la vida. **ANT.** **1.** y **2.** Centrar. **2.** Concentrar.

descerebrado, da *adj.* y *s. fam.* Que tiene poca inteligencia o poco juicio. **SIN.** Estúpido, insensato.

descerrajar *v.* Abrir algo arrancando o rompiendo la cerradura.

descifrar *v.* Entender un mensaje o explicar algo que no se entendía. **SIN.** Descodificar; desentrañar. **ANT.** Cifrar.

desclasar *v.* Hacer que una persona pierda la posición que tenía dentro del sistema de clases sociales.

desclasificar *v.* **1.** Sacar algo del orden por clases en que se encuentra. **2.** Hacer pública una información que estaba clasificada como secreta. **ANT.** **1.** Clasificar.

desclavar *v.* Quitar o separar una cosa de donde estaba clavada. **ANT.** Clavar.

descocado, da *adj.* y *s.* Demasiado atrevido en la manera de vestir. **SIN.** Descarado, desvergonzado. **ANT.** Recatado.

descodificador, ra *adj.* **1.** Que descodifica o sirve para descodificar. ‖ *s. m.* **2.** Aparato que descodifica las señales codificadas de televisión. □ Se dice también *decodificador.*

descodificar *v.* Entender un mensaje aplicando el código que se utilizó para enviarlo. □ Se dice también *decodificar.* **SIN.** Descifrar. **ANT.** Codificar.

descojonarse *v. vulg.* Reírse mucho.

descolgar *v.* **1.** Quitar algo de donde está colgado. **2.** Dejar caer algo poco a poco sujetándolo de alguna manera, por ejemplo, con una cuerda. **3.** Activar el dispositivo de un teléfono que permite atender una llamada. ‖ **descolgarse 4.** Quedarse atrás. □ Es v. irreg. Se conjuga como *contar.* **SIN.** **1.** y **2.** Bajar. **2.** Deslizarse. **4.** Atrasarse, rezagarse. **ANT.** **1.** y **3.** Colgar. **2.** Izar.

descollar *v.* Destacar, sobresalir. □ Es v. irreg. Se conjuga como *contar.* **SIN.** Resaltar, despuntar.

descolocar *v.* Desordenar o cambiar de sitio. **SIN.** Revolver, embarullar. **ANT.** Colocar.

descolonización *s. f.* Proceso por el cual un país o territorio que era gobernado por otro obtiene la independencia política. **ANT.** Colonización.

descolorido, da *adj.* Que ha perdido color. **SIN.** Pálido, apagado. **ANT.** Vivo.

descompasado, da *adj.* Que no sigue un compás o ritmo. **ANT.** Acompasado.

descompensar *v.* Hacer perder el equilibrio. **SIN.** Desequilibrar.

descomponer *v.* **1.** Separar las partes de algo. **2.** Estropear. **3.** Pudrir, corromper. **4.** Hacer perder la calma. ‖ **descomponerse 5.** Poner un gesto de estar enfermo o encontrarse mal. □ Es v. irreg. Se conjuga como *poner.* **SIN.** **1.** Dividir. **2.** Desbaratar. **4.** Irritar. **ANT.** **1.** y **2.** Componer. **2.** Arreglar. **3.** Conservar. **4.** Calmar.

descomposición *s. f.* **1.** Acción de descomponer o descomponerse algo. **2.** Diarrea.

descompresión *s. f.* Disminución de la presión que actúa sobre alguien o algo. **ANT.** Compresión.

descomprimir *v.* Hacer que lo que está comprimido vuelva al tamaño o estado que tenía antes. **ANT.** Comprimir.

descompuesto, ta 1. *p.* de **descomponer.** También *adj.* ‖ *adj.* **2.** Que tiene diarrea.

descomunal *adj.* Enorme, extraordinario. **SIN.** Colosal. **ANT.** Insignificante.

desconcertante *adj.* Que desconcierta. **SIN.** Sorprendente.

desconcertar *v.* Dejar muy sorprendido y desorientado. □ Es v. irreg. Se conjuga como *pensar.* **SIN.** Confundir, desorientar. **ANT.** Orientar.

desconchar *v.* Romper o quitar un trocito de la capa que recubre algo: *desconchar la pared.* **SIN.** Descascarillarse.

desconchón *s. m.* Parte desconchada de una cosa.

desconcierto s. m. 1. Lío, desorden. 2. Situación en que no se sabe qué hacer o qué pensar. SIN. 1. Desorganización. 1. y 2. Confusión.

desconectar v. 1. Hacer que un aparato deje de estar conectado. 2. Separar o hacer que pierdan la relación varias personas o cosas. SIN. 1. Apagar, desenchufar. 2. Desvincular. ANT. 1. y 2. Conectar.

desconexión s. f. Falta de unión o relación. SIN. Desunión. ANT. Conexión.

desconfiado, da 1. p. de desconfiar. || adj. y s. 2. Que desconfía. SIN. 2. Receloso, suspicaz. ANT. 2. Confiado.

desconfianza s. f. Falta de confianza. SIN. Recelo, suspicacia.

desconfiar v. No tener confianza en alguien o algo. SIN. Recelar, sospechar. ANT. Confiar.

descongelar v. Hacer que algo deje de estar congelado. SIN. Deshelar. ANT. Congelar.

descongestionar v. Hacer que algo deje de estar congestionado. SIN. Despejar, desatascar. ANT. Congestionar.

descongestivo, va adj. y s. m. Se dice del medicamento que sirve para descongestionar.

desconocedor, ra adj. Que desconoce algo.

desconocer v. 1. No saber. 2. No reconocer a alguien o algo: *Desconozco la casa después de la reforma.* □ Es v. irreg. Se conjuga como *agradecer*. SIN. 1. Ignorar. ANT. 1. Conocer.

desconocido, da 1. p. de desconocer. También adj. y s. || adj. 2. Muy cambiado: *Está desconocido con barba.* SIN. 1. Ignorado. ANT. 1. Conocido.

desconocimiento s. m. Falta de conocimiento sobre algo. SIN. Ignorancia.

desconsideración s. f. Falta de consideración con alguien. SIN. Descortesía. ANT. Cortesía.

desconsiderado, da adj. y s. Poco considerado con alguien. SIN. Descortés, grosero. ANT. Cortés.

desconsolado, da adj. Muy triste, que no se consuela con nada. SIN. Afligido, acongojado. ANT. Alegre.

desconsuelo s. m. Tristeza muy grande que no encuentra consuelo. SIN. Aflicción, congoja. ANT. Alegría.

descontado Se usa en la expresión **por descontado**, 'con seguridad, por supuesto'.

descontaminar v. Disminuir o eliminar la contaminación. ANT. Contaminar.

descontar v. Restar o quitar una cantidad o parte a algo. □ Es v. irreg. Se conjuga como *contar*. SIN. Rebajar, reducir. ANT. Añadir.

descontento, ta adj. y s. 1. Que no está contento o satisfecho. || s. m. 2. Sentimiento del que no está contento o satisfecho. SIN. 1. Disgustado, contrariado. 2. Enojo, decepción.

descontrol s. m. Desorden, desorganización. SIN. Lío, barullo. ANT. Orden.

descontrolado, da adj. Que ha perdido el control o va sin control.

descontrolarse v. Perder el control. ANT. Controlarse.

desconvocar v. Anunciar que no se va a llevar a cabo un acto que se había convocado. SIN. Anular. ANT. Convocar.

descoordinación s. f. Falta de coordinación.

descorazonado, da adj. Desanimado. SIN. Abatido. ANT. Animado.

descorazonador, ra adj. Que desanima mucho.

descorchar v. Quitar el corcho de una botella.

descornarse v. 1. fam. Esforzarse mucho. 2. fam. Darse un golpe muy fuerte.

descorrer v. 1. Apartar una cortina u otra cosa parecida. 2. Correr un cerrojo o pestillo de una puerta o ventana para abrirlas.

descortés adj. y s. Poco educado, que no tiene cortesía. SIN. Desatento, maleducado. ANT. Cortés.

descortesía s. f. Falta de cortesía.

descoser v. Quitar el hilo con que está cosido algo. ANT. Coser.

descosido, da 1. p. de descoser. También adj. || s. m. 2. Parte de una prenda por donde se ha abierto una costura. || LOC. **como un descosido** Mucho: *Habla como un descosido.*

descoyuntar v. Hacer que se salgan los huesos de su sitio o salirse ellos solos por alguna causa. SIN. Dislocar.

descrédito s. m. Pérdida de la buena fama. SIN. Desprestigio. ANT. Crédito.

descreído, da adj. y s. Que no tiene fe, sobre todo religiosa.

descremado, da adj. Sin la crema o grasa: *leche descremada.* SIN. Desnatado.

describir v. 1. Decir cómo es una persona o cosa. 2. Seguir una línea un cuerpo al moverse: *El balón describió una curva.* □ Su p. es irreg.: *descrito.* SIN. 1. Detallar. 2. Trazar.

descripción s. f. Acción de describir.

descriptivo, va adj. Que describe.

descruzar v. Separar lo que estaba cruzado.

descuadernar v. Desencuadernar.

descuajaringar o **descuajeringar** v. fam. Desarmar. SIN. Romper. ANT. Armar.

desembuchar

descuartizar v. Dividir en trozos el cuerpo de una persona o animal. **SIN.** Despedazar.

descubierto, ta 1. p. de descubrir. También adj. ‖ adj. **2.** Desprotegido. **3.** Despejado: cielo descubierto. ‖ **LOC. al descubierto** De manera clara; también, al aire libre. **ANT. 1.** a **3.** Cubierto.

descubridor, ra adj. y s. Persona que descubre, por ejemplo, un territorio o un medicamento.

descubrimiento s. m. Acción de descubrir una cosa, encontrar algo o enterarse de ello.

descubrir v. **1.** Encontrar algo que no se conocía o estaba escondido. **2.** Enterarse de algo, conocer. **3.** Quitar a una cosa lo que la cubría. **4.** Hacer que se sepa algo. ‖ **descubrirse 5.** Quitarse el sombrero, el gorro, etc. □ Su p. es irreg.: descubierto. **SIN. 2.** Averiguar. **4.** Mostrar, manifestar. **ANT. 3.** Tapar. **3.** y **5.** Cubrir. **4.** Ocultar.

descuento s. m. Rebaja. **SIN.** Reducción. **ANT.** Aumento.

descuidado, da 1. p. de descuidar. También adj. ‖ adj. y s. **2.** Que pone poco cuidado en lo que hace o no cuida bien las cosas. **SIN. 1.** Desatendido, abandonado. **ANT. 1.** Cuidado. **2.** Cuidadoso.

descuidar v. **1.** No ocuparse adecuadamente, poner poco cuidado. **2.** No preocuparse: Descuida, te llevaré lo que me has pedido. **SIN. 1.** Desatender, abandonar. **ANT. 1.** Cuidar.

descuidero, ra adj. y s. Ladrón que se apropia de las cosas que la gente deja descuidadas.

descuido s. m. **1.** Distracción, falta de cuidado. **2.** Poco cuidado en el aseo o en el vestir. **SIN. 1.** Fallo. **2.** Abandono. **ANT. 1.** Esmero. **2.** Aseo.

desde prep. Indica lugar de origen: Este avión viene desde París; momento a partir del cual se hace o sucede algo: No le he visto desde su cumpleaños.

desdecir v. **1.** Mostrar alguien o algo peores cualidades que las personas o cosas con las que se relaciona o a las que acompaña: Esos zapatos desdicen con un traje tan elegante. ‖ **desdecirse 2.** Decir lo contrario o algo distinto a lo afirmado. □ Es v. irreg. Se conjuga como decir, excepto la 2.ª pers. del sing. del imperativo: desdice. **SIN. 2.** Retractarse. **ANT. 1.** Combinar. **2.** Reafirmarse.

desdén s. m. Desprecio, rechazo.

desdentado, da adj. Sin dientes.

desdeñable adj. Que se puede rechazar o despreciar. **SIN.** Despreciable. **ANT.** Aceptable.

desdeñar v. Rechazar. **SIN.** Despreciar. **ANT.** Aceptar.

desdeñoso, sa adj. y s. Que desdeña.

desdibujarse v. Percibirse sin claridad. **SIN.** Borrarse, desvanecerse. **ANT.** Perfilarse.

desdicha s. f. Desgracia, desventura. **SIN.** Infortunio. **ANT.** Dicha.

desdichado, da adj. y s. Desgraciado, desafortunado. **SIN.** Infeliz. **ANT.** Feliz.

desdoblar v. Extender algo que estaba doblado. **SIN.** Desplegar. **ANT.** Doblar.

desdoro s. m. Desprestigio, mancha en la buena fama de alguien o algo. **SIN.** Deshonra, baldón.

desdramatizar v. Quitar importancia: desdramatizar una discusión. **ANT.** Dramatizar.

deseable adj. Que merece que alguien lo desee. **SIN.** Apetecible, tentador, goloso.

desear v. Querer conseguir o hacer algo, o que algo ocurra. **SIN.** Anhelar, ansiar.

desecar v. Secar, quitar el agua: desecar un embalse. **ANT.** Humedecer.

desechable adj. Que solo puede usarse una vez o un número limitado de veces: una maquinilla de afeitar desechable.

desechar v. Rechazar o dejar de usar algo. **SIN.** Descartar, excluir. **ANT.** Aprovechar.

desecho s. m. Algo que no sirve para nada. **SIN.** Residuo, basura.

desembalar v. Quitar el embalaje. **SIN.** Desempaquetar, desenvolver. **ANT.** Embalar.

desembarazarse v. Librarse de lo que molesta o estorba. **SIN.** Apartar, deshacerse.

desembarcadero s. m. Lugar en la costa apropiado para desembarcar. **SIN.** Grao.

desembarcar v. **1.** Sacar de una embarcación las cosas que van en ella. **2.** Salir alguien de una embarcación. **ANT. 1.** y **2.** Embarcar.

desembarco s. m. Acción de desembarcar. **ANT.** Embarque.

desembocadura s. f. Lugar por donde desemboca un río o canal. **ANT.** Nacimiento.

desembocar v. **1.** Entrar un río o canal en otro, en un lago o en el mar. **2.** Ir a parar una calle o camino a un lugar. **3.** Tener el final que se indica: La discusión desembocó en pelea. **SIN. 1.** Desaguar, afluir. **3.** Terminar, culminar. **ANT. 3.** Comenzar.

desembolsar v. Pagar o entregar dinero. **SIN.** Abonar. **ANT.** Embolsarse.

desembolso s. m. Pago o entrega de una cantidad de dinero.

desembragar v. Pisar el pedal del embrague de un vehículo para cambiar de marcha.

desembuchar v. Contar lo que se tenía callado. **SIN.** Confesar, cantar. **ANT.** Callar.

desempañar v. Hacer que una cosa deje de estar empañada. **ANT.** Empañar.

desempaquetar v. Deshacer un paquete. **SIN.** Desembalar. **ANT.** Empaquetar.

desemparejado, da adj. Sin pareja. **ANT.** Emparejado.

desempatar v. Deshacer un empate. **ANT.** Empatar.

desempate s. m. Acción de desempatar. **ANT.** Empate.

desempeñar v. 1. Realizar una actividad. 2. Recuperar lo que se empeñó. **SIN.** 1. Ejercer. **ANT.** 2. Empeñar.

desempeño s. m. Acción de desempeñar. **SIN.** Ejercicio. **ANT.** Empeño.

desempleado, da adj. y s. Persona que está sin empleo, en el paro. **SIN.** Parado. **ANT.** Empleado.

desempleo s. m. Situación de la persona desempleada. **SIN.** Empleo, trabajo.

desempolvar v. 1. Quitar el polvo. 2. Volver a utilizar algo que se había dejado o interrumpido hacía tiempo.

desencadenante s. m. Origen o causa de una cosa.

desencadenar v. 1. Causar, producir. 2. Quitar las cadenas. || **desencadenarse 3.** Producirse algo violento. **SIN.** 1. Originar. 1. a 3. Desatar(se). 3. Estallar. **ANT.** 2. Encadenar.

desencajado, da 1. p. de **desencajar**. También adj. || adj. 2. Con la cara alterada por un susto o una fuerte impresión. **SIN.** 2. Desfigurado, descompuesto.

desencajar v. 1. Sacar una cosa de donde está encajada. || **desencajarse 2.** Tomar la cara un gesto de miedo o dolor. **SIN.** 2. Descomponerse.

desencaminado, da adj. Descaminado.

desencanto s. m. Desilusión, decepción. **SIN.** Desengaño. **ANT.** Ilusión.

desenchufar v. Sacar el enchufe de algo. **SIN.** Desconectar. **ANT.** Enchufar.

desencolar v. Separar lo que está unido con cola. **SIN.** Despegar. **ANT.** Encolar.

desencriptar v. En informática, hacer que un archivo encriptado vuelva a su estado normal y pueda leerse. **ANT.** Encriptar.

desencuadernar v. Quitar la cubierta y despegar o descoser las hojas de un libro o cuaderno. ☐ Se dice también *descuadernar*. **ANT.** Encuadernar.

desencuentro s. m. Falta de acuerdo o de entendimiento. **SIN.** Desacuerdo, desavenencia. **ANT.** Avenencia.

desenfadado, da adj. Espontáneo y con sentido del humor. **SIN.** Informal, divertido. **ANT.** Serio.

desenfado s. m. Espontaneidad y sentido del humor. **SIN.** Naturalidad, informalidad. **ANT.** Seriedad.

desenfocar v. No enfocar bien al hacer una fotografía o al filmar.

desenfrenado, da adj. y s. Sin freno o moderación, sobre todo en los placeres y diversiones.

desenfreno s. m. Falta de freno o moderación en los placeres y diversiones. **SIN.** Libertinaje.

desenfundar v. Sacar una cosa de su funda. **ANT.** Enfundar.

desenganchar v. 1. Soltar lo que está enganchado. || **desengancharse 2.** Dejar la droga. **ANT.** 1. y 2. Enganchar(se).

desengañado, da 1. p. de **desengañar**. || adj. 2. Desilusionado porque algo no era como se esperaba o deseaba. **SIN.** 2. Decepcionado. **ANT.** 2. Ilusionado.

desengañar v. Hacer ver a uno que algo no es como espera o desea. **SIN.** Desilusionar, decepcionar. **ANT.** Ilusionar.

desengaño s. m. Desilusión. **SIN.** Decepción. **ANT.** Ilusión.

desengranar v. Separar lo que está engranado. **ANT.** Engranar.

desengrasante adj. y s. m. Se dice del producto que sirve para quitar la grasa.

desengrasar v. Quitar la grasa de algo. **ANT.** Engrasar.

desenlace s. m. Forma de acabar un suceso, novela, película, etc. **SIN.** Fin, final. **ANT.** Comienzo.

desenmarañar v. Hacer que algo quede más suelto o más claro, que se comprenda mejor. **SIN.** Desenredar, desliar. **ANT.** Enmarañar.

desenmascarar v. 1. Quitar la máscara. 2. Descubrir lo que alguien es o hace en realidad. **ANT.** 1. y 2. Enmascarar. 2. Encubrir.

desenredar v. Hacer que algo deje de estar enredado. **SIN.** Desenmarañar. **ANT.** Enredar.

desenrollar v. Extender lo que está enrollado. **SIN.** Desplegar. **ANT.** Enrollar.

desenroscar v. Sacar o extender lo que está enroscado. **ANT.** Enroscar.

desensillar v. Quitar la silla a una caballería. **ANT.** Ensillar.

desentenderse v. No ocuparse de algo o no atender a una cosa. ☐ Es v. irreg. Se conjuga como *tender*. **SIN.** Despreocuparse. **ANT.** Preocuparse.

desentendido, da *p.* de desentenderse. ‖ **LOC. hacerse el desentendido** Hacer una persona como que no se entera de algo.

desenterrar *v.* Sacar lo que está enterrado. ☐ Es v. irreg. Se conjuga como *pensar*. **SIN.** Exhumar. **ANT.** Enterrar.

desentonar *v.* **1.** No quedar bien con lo que está alrededor: *Las cortinas desentonan con los muebles.* **2.** Desafinar. **SIN. 1.** Contrastar. **2.** Disonar. **ANT. 2.** Entonar.

desentrañar *v.* Comprender o descubrir algo oculto o difícil. **SIN.** Descifrar.

desentrenado, da *adj.* Que no está preparado para hacer algo por falta de entrenamiento. **SIN.** Relajar. **ANT.** Entrenado.

desentumecer *v.* Hacer que un miembro deje de estar entumecido o rígido. ☐ Es v. irreg. Se conjuga como *agradecer*. **SIN.** Relajar. **ANT.** Agarrotar.

desenvainar *v.* Sacar la espada u otra arma blanca de su vaina o funda. **ANT.** Envainar.

desenvoltura *s. f.* Habilidad o facilidad para hacer algo, especialmente para hablar en público o tratar con los demás. **SIN.** Soltura. **ANT.** Torpeza.

desenvolver *v.* **1.** Quitar la envoltura. ‖ **desenvolverse 2.** Saber cómo actuar. **3.** Producirse. ☐ Es v. irreg. Se conjuga como *volver*. **SIN. 1.** Desempaquetar. **2.** Manejarse, arreglárselas. **3.** Desarrollarse, transcurrir. **ANT. 1.** Envolver.

desenvuelto, ta 1. *p.* de desenvolver. También *adj.* ‖ *adj.* **2.** Que tiene desenvoltura. **SIN. 2.** Resuelto, hábil. **ANT. 2.** Torpe; tímido.

deseo *s. m.* Lo que alguien desea. **SIN.** Anhelo, afán.

deseoso, sa *adj.* Que desea algo.

desequilibrado, da 1. *p.* de desequilibrar. También *adj.* ‖ *adj.* y *s.* **2.** Loco, chiflado. **SIN. 2.** Perturbado. **ANT. 1.** y **2.** Equilibrado.

desequilibrar *v.* **1.** Hacer perder el equilibrio. ‖ **desequilibrarse 2.** Perder el equilibrio mental, hacer o pensar cosas propias de un loco. **SIN. 1.** Desnivelar, descompensar. **2.** Enloquecer. **ANT. 1.** Equilibrar.

desequilibrio *s. m.* Falta de equilibrio.

deserción *s. m.* Acción de desertar.

desertar *v.* **1.** Abandonar un soldado el Ejército sin estar autorizado para ello. **2.** Abandonar una idea, un partido político u otra cosa.

desértico, ca *adj.* Del desierto o relacionado con él.

desertizar *v.* Convertir un terreno en desierto.

desertor, ra *s. m.* y *f.* Soldado que deserta.

desescombrar *v.* Quitar los escombros de un lugar.

desesperación *s. f.* **1.** Falta de esperanza. **2.** Gran nerviosismo o impaciencia. **SIN. 1.** Desolación. **ANT. 1.** Ánimo.

desesperado, da 1. *p.* de desesperar. ‖ *adj.* y *s.* **2.** Que ya no tiene esperanza. ‖ *adj.* **3.** Muy nervioso o impaciente. **SIN. 3.** Inquieto. **ANT. 2.** Esperanzado.

desesperante *adj.* Que causa gran nerviosismo o impaciencia.

desesperanza *s. f.* Estado de ánimo del que ha perdido la esperanza o la ilusión. **SIN.** Desesperación, desaliento. **ANT.** Esperanza.

desesperar *v.* **1.** Poner inquieto, intranquilo o impaciente. **2.** Perder la esperanza. **SIN. 1.** Irritar. **2.** Desalentarse, desanimarse. **ANT. 1.** Tranquilizar. **2.** Animarse.

desespero *s. m. Amér.* Desesperación.

desestabilizar *v.* Hacer que algo deje de tener estabilidad. **SIN.** Desequilibrar. **ANT.** Estabilizar.

desestimar *v.* No tomar en cuenta algo. **SIN.** Desechar. **ANT.** Considerar.

desfachatez *s. f.* Descaro, atrevimiento. **SIN.** Desvergüenza. **ANT.** Respeto.

desfalco *s. m.* Delito que comete el que se apropia indebidamente del dinero que se le ha confiado.

desfallecer *v.* **1.** Perder las fuerzas. **2.** Desanimarse. ☐ Es v. irreg. Se conjuga como *agradecer*. **SIN. 1.** Debilitarse, flaquear. **2.** Decaer. **ANT. 1.** Resistir. **2.** Animarse.

desfallecimiento *s. m.* Pérdida de las fuerzas o del ánimo. **SIN.** Desmayo; desánimo.

desfasado, da 1. *p.* de desfasar. También *adj.* ‖ *adj.* **2.** Anticuado. **SIN. 2.** Obsoleto. **ANT. 2.** Actual.

desfasar *v.* **1.** Producir una diferencia de fase. **2.** Quedar anticuado o pasado de moda.

desfase *s. m.* **1.** Hecho de quedarse anticuado algo. **2.** Diferencia de tiempo entre dos hechos o procesos: *Hay un desfase de varias horas entre Europa y América.*

desfavorable *adj.* No favorable. **SIN.** Perjudicial, adverso. **ANT.** Beneficioso.

desfavorecer *v.* Perjudicar, no favorecer. ☐ Es v. irreg. Se conjuga como *agradecer*.

desfigurar *v.* Alterar la forma de alguna cosa. **SIN.** Deformar, desvirtuar. **ANT.** Mejorar.

desfiladero *s. m.* Paso estrecho y hondo entre montañas. **SIN.** Cañada.

desfilar v. Marchar o ir ordenadamente en fila varias personas.

desfile s. m. Acto en el que desfila un conjunto de personas, animales o vehículos. SIN. Parada.

desflecar v. Hacer flecos en una tela destejiendo los hilos de sus bordes.

desflorar v. Hacer que una mujer pierda la virginidad. SIN. Desvirgar.

desfogar v. Manifestar enérgicamente un sentimiento o estado de ánimo para liberarse de él. SIN. Descargar. ANT. Reprimir.

desfondar v. Romper o quitar el fondo.

desforestación s. f. Deforestación.

desforestar v. Deforestar.

desgaire s. m. Falta de gracia o cuidado, a veces a propósito, en el vestir, el moverse, etc. ‖ LOC. **al desgaire** Sin interés, con descuido. SIN. Desaliño.

desgajar v. Separar una parte de algo. SIN. Arrancar. ANT. Unir.

desgalichado, da adj. De aspecto descuidado y desgarbado. SIN. Desaliñado, desastrado. ANT. Arreglado.

desgana s. f. Falta de ganas. SIN. Apatía, abulia. ANT. Gana.

desganado, da adj. Sin ganas. SIN. Apático, abúlico.

desgañitarse v. fam. Gritar esforzándose mucho. SIN. Vociferar.

desgarbado, da adj. Sin gracia o elegancia. ANT. Garboso.

desgarrado, da 1. p. de desgarrar. También adj. ‖ adj. 2. Que muestra mucho sentimiento o pena: voz desgarrada. SIN. 1. Rasgado.

desgarrador, ra adj. Que produce mucha pena o impresión.

desgarrar v. 1. Romper una cosa al tirar de ella. 2. Causar mucha pena o impresión.

desgarro s. m. Roto que se hace en una cosa al tirar de ella. SIN. Desgarrón.

desgarrón s. m. Desgarro grande.

desgastar v. 1. Gastar una cosa al usarla o rozarla mucho. 2. Hacer que alguien o algo pierda fuerza, entusiasmo, etc. SIN. 1. Consumir. ANT. 1. Conservar.

desgaste s. m. Acción de desgastar o desgastarse.

desglosar v. Dividir en partes. SIN. Desgajar. ANT. Englobar.

desglose s. m. Acción de desglosar.

desgracia s. f. 1. Cosa que causa mucho daño o sufrimiento. 2. Mala suerte. SIN. 1. Desdicha, desventura. ANT. 1. Alegría. 2. Dicha.

desgraciado, da adj. y s. 1. Que sufre desgracias o tiene mala suerte. 2. Mala persona. SIN. 1. Desdichado. 2. Canalla. ANT. 1. Afortunado.

desgraciar v. Romper, fastidiar o echar a perder algo.

desgranar v. Sacar los granos de algo, por ejemplo, de una espiga.

desgravar v. Descontar una cantidad de un impuesto. ANT. Gravar.

desgreñado, da adj. Con el pelo descuidado. SIN. Despeinado.

desguace s. m. 1. Acción de desguazar. 2. Lugar donde se desguazan vehículos y otros aparatos viejos.

desguarnecer v. Dejar sin protección. □ Es v. irreg. Se conjuga como agradecer. SIN. Desproteger. ANT. Guarnecer.

desguazar v. Desmontar las piezas de un vehículo o de otro aparato que ya no sirve.

déshabillé (fr.) s. m. Bata ligera de mujer, salto de cama.

deshabitado, da adj. Que no está habitado. SIN. Despoblado, desierto. ANT. Habitado.

deshabituar v. Hacer perder un hábito o costumbre. SIN. Desacostumbrar. ANT. Habituar, acostumbrar.

deshacer v. 1. Dejar una cosa como estaba antes de hacerla. 2. Separar las partes que componen una cosa. 3. Destruir. 4. Hacer líquido un sólido. 5. Reducir a polvo un sólido o disolverlo en un líquido. ‖ **deshacerse** 6. Hacer o decir en abundancia lo que se expresa: deshacerse en elogios. ‖ LOC. **deshacerse de** Desprenderse o librarse de alguien o algo. □ Es v. irreg. Se conjuga como hacer. SIN. 1. y 2. Desmontar, desarmar. 2. Disgregar. 3. Demoler, derribar. 4. Derretir. 5. Desmenuzar; deslеír. ANT. 4. Solidificar.

desharrapado, da adj. Desarrapado.

deshecho, cha 1. p. de deshacer o deshacerse. ‖ adj. 2. Muy mal, muy triste o muy cansado. SIN. 2. Destrozado; molido. ANT. 1. Hecho. 2. Feliz; descansado.

deshelar v. Hacer líquido lo que está helado. □ Es v. irreg. Se conjuga como pensar. SIN. Descongelar, derretir. ANT. Congelar.

desheredado, da 1. p. de desheredar. ‖ adj. y s. 2. Pobre, marginado.

desheredar v. Dejar sin herencia a alguien.

deshidratar v. Quitarle a un cuerpo el agua que contiene. ANT. Hidratar.

deshielo s. m. Hecho de deshacerse la nieve o el hielo de las montañas.

deshilachar *v.* Sacar hilos de una tela, especialmente en el borde.

deshilvanado, da *adj.* Se dice del discurso o el razonamiento que no tiene unión o conexión entre sus partes.

deshinchar *v.* **1.** Desinflar. **2.** Bajar la hinchazón de una parte del cuerpo. **ANT.** 1. y 2. Hinchar, inflar. 2. Inflamarse.

deshojar *v.* Quitar las hojas de una planta o los pétalos de una flor.

deshollinador, ra *adj.* y *s.* **1.** Persona que se dedica a deshollinar chimeneas. ‖ *s. m.* **2.** Utensilio para deshollinar las chimeneas. **SIN.** 1. Fumista.

deshollinar *v.* Limpiar el hollín de las chimeneas.

deshonesto, ta *adj.* Que no es honesto. **SIN.** Deshonroso, indecente. **ANT.** Honrado.

deshonor *s. m.* Pérdida del honor. **SIN.** Deshonra, humillación. **ANT.** Honra.

deshonra *s. f.* Pérdida de la honra o dignidad de alguien. **SIN.** Deshonor, humillación. **ANT.** Honra, honor.

deshonrar *v.* Hacer perder la honra. **SIN.** Degradar. **ANT.** Honrar.

deshonroso, sa *adj.* Que hace perder la honra o la dignidad. **SIN.** Degradante. **ANT.** Honroso.

deshora o **deshoras** Se usa en la expresión **a deshora** o **a deshoras**, 'fuera del momento en que debe hacerse': *comer a deshoras*.

deshuesar *v.* Quitar los huesos de la carne o de la fruta.

deshumanizar *v.* Hacer perder las cualidades humanas o el interés por lo humano. **ANT.** Humanizar.

desiderativo, va *adj.* y *s. f.* Se dice de las oraciones que expresan deseo, por ejemplo, *¡Ojalá llueva!*

desideratum (lat.) *s. m.* Lo deseable, lo mejor que se puede esperar.

desidia *s. f.* Falta de ganas o interés. **SIN.** Dejadez, pereza. **ANT.** Energía.

desierto, ta *adj.* **1.** Vacío, sin gente. ‖ *s. m.* **2.** Terreno muy seco, generalmente lleno de arena y con muy poca o ninguna vegetación. **SIN.** 1. Deshabitado. **ANT.** 1. Habitado.

designación *s. f.* **1.** Acción de designar a alguien o algo para alguna cosa. **2.** Nombre que se da a algo. **SIN.** 1. Destino. 2. Denominación.

designar *v.* **1.** Destinar a una persona o cosa para que ocupe un cargo o desempeñe una función. **2.** Nombrar, llamar. **SIN.** 1. Elegir, señalar. 2. Denominar.

designio *s. m.* Intención, propósito. **SIN.** Plan, proyecto.

desigual *adj.* **1.** Distinto, diferente. **2.** Con cambios o altibajos: *un terreno desigual*. **SIN.** 1. Diverso. 2. Irregular. **ANT.** 1. Igual. 2. Uniforme.

desigualdad *s. f.* **1.** Diferencia. **2.** Hoyos y elevaciones de un terreno o superficie. **SIN.** 1. Disparidad, variedad. 2. Desnivel, altibajos. **ANT.** 1. Igualdad.

desilusión *s. f.* **1.** Sentimiento de una persona al comprobar que alguien o algo no es como esperaba. **2.** Pérdida de las ilusiones. **SIN.** 1. Desengaño, decepción.

desilusionar *v.* Hacer sentir desilusión o sentirla uno. **SIN.** Decepcionar, desengañar. **ANT.** Ilusionar.

desincrustar *v.* Separar lo que está incrustado. **ANT.** Incrustar.

desinencia *s. f.* Terminación de una palabra que indica cuál es su género, número, tiempo, persona, etc., por ejemplo, las desinencias de *gatas* y *tomamos* son *-as* y *-amos*.

desinfección *s. f.* Acción de desinfectar. **SIN.** Esterilización. **ANT.** Infección.

desinfectante *adj.* y *s. m.* Que desinfecta.

desinfectar *v.* Limpiar algo de microbios. **SIN.** Esterilizar. **ANT.** Infectar.

desinflamar *v.* Hacer desaparecer la inflamación producida por una herida, un golpe, etc. **ANT.** Inflamarse.

desinflar *v.* **1.** Sacar o hacer salir el aire de una cosa inflada. **2.** Desanimar, desilusionar. **SIN.** 1. Deshinchar. 2. Desmoralizar. **ANT.** 1. Inflar. 2. Animar.

desinformación *s. f.* **1.** Falta de información, desconocimiento de algo. **2.** Hecho de comunicar información falsa o incompleta.

desinformado, da *adj.* Que no está bien informado o no está informado.

desinhibirse *v.* Perder la vergüenza, actuar espontáneamente. **ANT.** Inhibirse.

desinsectar *v.* Matar los insectos perjudiciales que hay en un lugar.

desinstalar *v.* Suprimir del disco duro de un ordenador todos los archivos de una aplicación o de un programa. **ANT.** Instalar.

desintegración *s. f.* Acción de desintegrar o desintegrarse. **SIN.** Desunión, descomposición. **ANT.** Integración.

desintegrar *v.* Separar algo en los elementos que lo forman. **SIN.** Descomponer, desunir. **ANT.** Integrar.

desinterés *s. m.* Falta de interés. **SIN.** Desidia, abandono, dejadez. **ANT.** Empeño.

desinteresado, da 1. *p.* de desinteresarse. También *adj.* ‖ *adj.* 2. Generoso, que actúa sin pedir nada a cambio. **SIN.** 2. Altruista. **ANT.** 2. Interesado.

desinteresarse *v.* Dejar de tener interés por algo. **ANT.** Interesarse.

desintoxicar *v.* Curar a alguien de una intoxicación, como la producida por comida en mal estado o por drogas. **ANT.** Intoxicar.

desistir *v.* Renunciar a algo que se pensaba hacer. **SIN.** Abandonar, cejar. **ANT.** Insistir.

deslavazado, da *adj.* Disperso, sin unión. **ANT.** Ligado, trabado.

desleal *adj.* Que no es leal o fiel. **SIN.** Infiel, traidor.

deslealtad *s. f.* Falta de lealtad. **SIN.** Infidelidad, traición. **ANT.** Fidelidad.

deslegitimar *v.* Hacer que una persona o cosa no sea legítima o deje de estar legitimada: *Se intentó deslegitimar la decisión del juez.*

desleír *v.* Disolver, diluir. □ Es v. irreg. Se conjuga como *reír.*

deslenguado, da *adj.* y *s.* Que habla sin respeto a los demás o dice palabrotas. **SIN.** Malhablado. **ANT.** Considerado.

desliar *v.* 1. Deshacer un lío. 2. Desatar un envoltorio. **SIN.** 1. Desenredar. 2. Desembalar, desempaquetar.

desligar *v.* Separar, desunir. **SIN.** Deslindar. **ANT.** Ligar.

deslindar *v.* Separar o limitar terrenos, ideas, etc., para que no se confundan. **SIN.** Acotar; delimitar.

desliz *s. m.* Equivocación o falta que se hace por no pensar bien las cosas. **SIN.** Desacierto, yerro. **ANT.** Acierto.

deslizante *adj.* Que desliza o deja deslizarse: *una superficie deslizante.*

deslizar *v.* 1. Pasar suavemente sobre algo: *deslizarse por el hielo.* 2. Poner una cosa en un sitio con suavidad o disimulo: *Deslizó las cartas por debajo de la puerta.* **SIN.** 1. Patinar, escurrirse.

deslomar *v.* 1. Romper o dañar los lomos. 2. Cansar mucho, agotar.

deslucido, da 1. *p.* de deslucir. ‖ *adj.* 2. Que ha perdido su buen aspecto. 3. Que no ha resultado bien: *una función deslucida.* **SIN.** 2. Ajado. **ANT.** 2. y 3. Lucido.

deslucir *v.* Dejar deslucido. □ Es v. irreg. Se conjuga como ‖ *lucir.* **ANT.** Lucir.

deslumbrante *adj.* Que deslumbra. **SIN.** Cegador; fascinante.

deslumbrar *v.* 1. Cegarle a alguien una luz. 2. Maravillar, fascinar.

deslustrar *v.* 1. Quitar el brillo de una cosa. 2. Quitar mérito o algo o estropearlo. **SIN.** 1. y 2. Empañar. 2. Deslucir.

desmadejado, da *adj.* Sin fuerzas, muy cansado. **SIN.** Flojo, debilitado. **ANT.** Vigoroso.

desmadrarse *v. fam.* Actuar de forma alocada, sin vergüenza.

desmadre *s. m. fam.* Desorden, follón.

desmagnetizar *v.* Hacer que un imán o un objeto magnético pierda la capacidad de atraer metales. **ANT.** Magnetizar.

desmán[1] *s. m.* Abuso, acción injusta. **SIN.** Injusticia, atropello.

desmán[2] *s. m.* Pequeño mamífero, de la familia de los topos, que tiene el hocico en forma de trompa y es un excelente nadador.

desmandarse *v.* Hacer uno lo que le da la gana, no obedecer. **SIN.** Rebelarse.

desmano Se emplea en la expresión **a desmano**, 'en un lugar alejado del camino que uno lleva'.

desmantelar *v.* Deshacer algo ya montado u organizado. **SIN.** Desmontar, desarmar. **ANT.** Montar.

desmañado, da *adj.* y *s.* Poco mañoso. **SIN.** Torpe. **ANT.** Hábil.

desmaquillar *v.* Quitar el maquillaje y otros cosméticos de la cara.

desmarcar *v.* 1. Quitar las marcas. ‖ **desmarcarse** 2. En algunos deportes, quedarse un jugador libre, sin que le marque un contrario. 3. Apartarse de algo o evitar un trabajo u obligación.

desmayado, da 1. *p.* de desmayarse. También *adj.* ‖ *adj.* 2. Decaído, débil. 3. Se dice de los colores apagados o desvaídos. **SIN.** 3. Descolorido, pálido.

desmayarse *v.* Perder el conocimiento. **SIN.** Desvanecerse.

desmayo *s. m.* Acción de desmayarse. **SIN.** Desvanecimiento, desfallecimiento.

desmedido, da *adj.* Muy grande, excesivo. **SIN.** Desmesurado, exagerado, descomunal. **ANT.** Moderado.

desmejorado, da *adj.* Que tiene peor salud o aspecto que antes.

desmelenarse *v. fam.* Desmadrarse, desmandarse.

desmembrar *v.* Dividir un conjunto separando sus partes. □ Es v. irreg. Se conjuga como *pensar.* **SIN.** Desunir. **ANT.** Unir.

desmemoriado, da *adj.* y *s.* Que no tiene memoria o tiene muy poca. **SIN.** Olvidadizo.

desmentido *s. m.* Acción de desmentir. **SIN.** Rectificación. **ANT.** Confirmación.

desmentir *v.* Decir o demostrar que algo que se ha dicho no es verdad. □ Es v. irreg. Se conjuga como *sentir*. **SIN.** Rectificar. **ANT.** Confirmar.

desmenuzar *v.* Dividir algo en trozos muy pequeños.

desmerecer *v.* **1.** Perder valor: *La casa desmerece con esa decoración tan fea.* **2.** Resultar peor que otra persona o cosa con la que se compara. □ Es v. irreg. Se conjuga como *agradecer*. **SIN. 1.** Desentonar. **ANT. 1.** y **2.** Ganar.

desmesura *s. f.* Falta de mesura o moderación. **SIN.** Exageración, exceso.

desmesurado, da *adj.* Enorme, exagerado. **SIN.** Desmedido, desproporcionado. **ANT.** Mesurado.

desmigajar o **desmigar** *v.* Hacer migajas. **SIN.** Desmenuzar.

desmilitarizar *v.* Hacer que algo deje de ser militar o de estar ocupado por los militares. **ANT.** Militarizar.

desmirriado, da *adj. fam.* Esmirriado.

desmitificar *v.* Dejar de idealizar o valorar en exceso a una persona o cosa. **ANT.** Mitificar, endiosar.

desmochar *v.* Quitar la punta o la parte superior de algo.

desmontable *adj.* y *s. m.* Que se puede desmontar en varias piezas.

desmontar *v.* **1.** Separar las piezas o elementos que forman algo. **2.** Bajar de una caballería, vehículo, etc. **SIN. 1.** Desarmar. **2.** Apearse. **ANT. 1.** Armar. **1.** y **2.** Montar.

desmonte *s. m.* Lugar en el que se ha quitado o se ha amontonado tierra.

desmoralizar *v.* Desanimar mucho. **SIN.** Desalentar. **ANT.** Animar.

desmoronar *v.* **1.** Deshacer, derrumbar. || **desmoronarse** **2.** Quedarse sin ánimos, entusiasmo o energía. **SIN. 2.** Desmoralizarse. **ANT. 2.** Sobreponerse.

desmotivar *v.* Hacer que alguien pierda el interés o el ánimo para hacer algo. **SIN.** Desanimar. **ANT.** Motivar, alentar.

desmultiplicar *v.* Reducir la velocidad del movimiento de un mecanismo mediante diversos engranajes.

desnatado, da *adj.* Se dice del producto al que se le ha quitado la nata: *leche desnatada.* **SIN.** Descremado.

desnaturalizado, da *adj.* **1.** Que no tiene las características propias de su naturaleza. || *adj.* y *s.* **2.** Se dice de las personas que no

demuestran cariño hacia sus familiares más cercanos. **ANT. 2.** Descastado.

desnivel *s. m.* **1.** Diferencia de altura entre dos o más puntos. **2.** Diferencia que hay entre personas o cosas. **SIN. 2.** Desequilibrio. **ANT. 2.** Equilibrio.

desnivelar *v.* Hacer que dos o más cosas dejen de estar niveladas. **SIN.** Desequilibrar. **ANT.** Equilibrar.

desnucar *v.* **1.** Romper la nuca. **2.** Matar de un golpe en la nuca.

desnudar *v.* **1.** Dejar desnudo, quitar la ropa. **2.** Quitar, despojar: *desnudar la pared de adornos.* **SIN. 1.** Desvestir. **ANT. 1.** Vestir.

desnudez *s. f.* Hecho de estar alguien o algo desnudo.

desnudo, da *adj.* **1.** Sin ropa. **2.** Vacío, sin nada que lo cubra o lo adorne. || *s. m.* **3.** En pintura y escultura, figura humana sin vestir. **SIN. 1.** Desvestido. **2.** Desprovisto, desguarnecido. **ANT. 1.** Vestido. **2.** Cubierto.

desnutrición *s. f.* Debilidad de la persona que no está bien alimentada.

desnutrido, da *adj.* Que tiene desnutrición.

desobedecer *v.* No hacer lo que nos mandan. □ Es v. irreg. Se conjuga como *agradecer*. **SIN.** Incumplir. **ANT.** Obedecer.

desobediencia *s. f.* Hecho de desobedecer. **SIN.** Rebeldía. **ANT.** Obediencia.

desobediente *adj.* y *s.* Que desobedece, sobre todo si lo hace con frecuencia. **SIN.** Rebelde, díscolo. **ANT.** Obediente.

desobstruir *v.* Eliminar lo que impide el paso de un conducto o camino. □ Es v. irreg. Se conjuga como *construir*. **SIN.** Desatascar. **ANT.** Obstruir, atascar.

desocupado, da **1.** *p.* de desocupar. || *adj.* **2.** Sin ocupar. **3.** Sin nada que hacer. **SIN. 2.** Vacío. **ANT. 2.** y **3.** Ocupado. **3.** Atareado.

desocupar *v.* Dejar vacío un lugar. **SIN.** Desalojar, evacuar. **ANT.** Ocupar.

desodorante *adj.* y *s. m.* Producto para eliminar los malos olores, especialmente los del cuerpo.

desoír *v.* No hacer caso: *desoír un consejo.* □ Es v. irreg. Se conjuga como *oír*. **SIN.** Ignorar, pasar. **ANT.** Atender.

desojarse *v.* Forzar demasiado la vista.

desolación *s. f.* **1.** Acción de desolar. **2.** Pena muy grande. **SIN. 1.** Ruina. **2.** Tristeza, desconsuelo. **ANT. 2.** Alegría.

desolado, da **1.** *p.* de desolar. || *adj.* **2.** Se dice del lugar despoblado o abandonado. **3.** Muy afligido o triste.

desolador, ra *adj.* **1.** Que destruye totalmente. **2.** Que causa mucha pena. **SIN. 1.**

Destructor, devastador. **2.** Triste, desgarrador. **ANT. 2.** Alegre.

desolar *v.* **1.** Destruir algo totalmente. **2.** Causar mucha pena. □ Es v. irreg. Se conjuga como *contar*. **SIN. 1.** Asolar, arrasar. **2.** Desgarrar. **ANT. 2.** Alegrar.

desollar *v.* Quitar el pellejo o la piel. □ Es v. irreg. Se conjuga como *contar*. **SIN.** Despellejar, pelar.

desorbitado, da *adj.* Muy grande, exagerado: *precios desorbitados*. **SIN.** Desmesurado. **ANT.** Ajustado.

desorden *s. m.* **1.** Falta de orden. **2.** Alboroto, jaleo. **SIN. 1.** Desorganización, confusión. **2.** Alteración, disturbio. **ANT. 1.** Organización.

desordenado, da **1.** *p.* de **desordenar**. También *adj.* ‖ *adj.* **2.** Que hace las cosas sin ningún orden. **SIN. 1. y 2.** Desorganizado. **ANT. 1. y 2.** Ordenado.

desordenar *v.* Quitar a las cosas el orden que tenían. **SIN.** Desorganizar, confundir, liar. **ANT.** Ordenar.

desorganización *s. f.* Desorden, lío. **SIN.** Confusión, desconcierto. **ANT.** Organización.

desorganizar *v.* Dejar sin orden o sin organización. **SIN.** Desordenar, confundir, liar. **ANT.** Organizar.

desorientación *s. f.* Acción de desorientarse. **SIN.** Despiste, extravío. **ANT.** Orientación.

desorientar *v.* **1.** Hacer que alguien se pierda o no sepa dónde está. **2.** Dejar a alguien confuso, sin saber qué pensar. **SIN. 1.** Extraviar. **2.** Confundir, desconcertar. **ANT. 1. y 2.** Orientar.

desovar *v.* Soltar los huevos las hembras de algunos animales como los insectos, los peces o los anfibios.

desove *s. m.* Acción de desovar.

desoxidar *v.* Quitar el óxido de un metal. **ANT.** Oxidar.

despabilar *v.* Espabilar.

despachar *v.* **1.** Atender a los clientes o al público. **2.** Reunirse con alguien para solucionar o decidir algo. **3.** Hacer o terminar una cosa. ‖ **despacharse 4.** Decir algo sin rodeos: *Me despaché a gusto y le dije lo que pensaba de él*. **SIN. 3.** Acabar. **4.** Desahogarse, explayarse.

despacho *s. m.* **1.** Habitación o conjunto de habitaciones donde se trabaja o se estudia: *un despacho de abogados*. **2.** Acción de despachar una cosa. **3.** Lugar donde se despacha o vende algo: *un despacho de pan*. **SIN. 1.** Oficina.

despachurrar *v.* Espachurrar.

despacio *adv.* Empleando mucho tiempo. **SIN.** Lentamente. **ANT.** Deprisa.

despacioso, sa *adj.* Lento, calmado. **SIN.** Pausado. **ANT.** Acelerado.

despampanante *adj. fam.* Muy llamativo. **SIN.** Impresionante, deslumbrante.

despanzurrar *v.* Reventar, espachurrar. **SIN.** Despachurrar.

desparasitar *v.* Eliminar los parásitos.

desparejado, da *adj.* Sin pareja: *un guante desparejado*. **ANT.** Emparejado.

desparpajo *s. m.* Falta de timidez, soltura para hablar y actuar. **SIN.** Desenfado, desenvoltura.

desparramar *v.* **1.** Poner por muchos sitios lo que estaba junto. **2.** *fam.* Divertirse sin control. **SIN. 1.** Esparcir, desperdigar. **2.** Despendolarse, desmelenarse. **ANT. 1.** Reunir.

despatarrarse *v. fam.* **1.** Separar mucho las piernas. **2.** *fam.* Caerse alguien al suelo. **SIN.** Espatarrarse.

despavorido, da *adj.* Que tiene mucho miedo. **SIN.** Aterrado, aterrorizado.

despechado, da *adj.* Que siente despecho.

despecho *s. m.* Rencor, resentimiento.

despechugado, da *adj. fam.* Con el pecho muy destapado.

despectivo, va *adj.* Que muestra o indica desprecio; en gramática se llama así a algunos sufijos, como *-ejo* (de *tipo, tipejo*).

despedazar *v.* Hacer pedazos. **SIN.** Destrozar.

despedida *s. f.* Acción de despedir o despedirse. **SIN.** Adiós. **ANT.** Bienvenida, recibimiento.

despedir *v.* **1.** Decirle adiós a alguien. **2.** Echar, lanzar, expulsar: *despedir vapor, despedir mal olor*. **3.** Echar a una persona de su trabajo o irse ella misma. ‖ **despedirse 4.** Renunciar a algo, olvidarse de ello: *Despídete de tu regalo*. □ Es v. irreg. Se conjuga como *pedir*. **SIN. 2.** Arrojar, emitir. **ANT. 1.** Recibir. **2.** Aspirar. **3.** Contratar.

despegado, da **1.** *p.* de **despegar**. También *adj.* ‖ *adj.* **2.** Poco cariñoso o sociable.

despegar *v.* **1.** Separar una cosa de otra a la que estaba pegada o unida. **2.** Levantarse del suelo y empezar a volar un avión u otra aeronave. **SIN. 1.** Desprender, arrancar. **2.** Elevarse. **ANT. 1.** Pegar, adherir. **2.** Aterrizar.

despego *s. m.* Desapego.

despegue *s. m.* Acción de despegar una aeronave. **ANT.** Aterrizaje.

despeinar *v.* Deshacer o estropear el peinado. **ANT.** Peinar.

desplegable

despejado, da 1. *p.* de despejar. También *adj.* || *adj.* **2.** Sin nubes. **ANT. 2.** Cubierto, nublado.

despejar *v.* **1.** Dejar libre. **2.** Aclarar, por ejemplo, una duda. **3.** En deportes como el fútbol, lanzar la pelota lejos de la portería. || **despejarse 4.** Quedarse el cielo sin nubes. **5.** Dejar de estar atontado, dormido, borracho, etc. **SIN. 2.** Esclarecer. **4.** Clarear. **ANT. 1.** Ocupar. **2.** Complicar. **4.** Nublarse.

despeje *s. m.* Acción de despejar.

despellejar *v.* **1.** Quitar la piel o el pellejo. **2.** Hablar muy mal de alguien. **SIN. 1.** Desollar. **2.** Criticar.

despelotarse *v.* **1.** *fam.* Desnudarse. **2.** *fam.* Partirse de risa.

despelote *s. m.* **1.** *fam.* Acción de despelotarse. **2.** *fam.* Desorden, jaleo, falta de formalidad.

despeluchar *v.* Caérsele el pelo a un animal o perder el pelillo una cosa.

despenalizar *v.* Hacer que algo que era delito deje de serlo. **ANT.** Penalizar.

despendolarse *v. fam.* Desmadrarse, comportarse de forma descontrolada.

despensa *s. f.* Habitación o armario para guardar alimentos.

despeñadero *s. m.* Barranco, precipicio. **SIN.** Tajo.

despeñar *v.* Tirar a una persona, animal o cosa por un precipicio, o caerse por él.

despepitarse *v. fam.* Mostrar muchos deseos de algo. **SIN.** Morirse.

desperdiciar *v.* Gastar demasiado de algo o no sacar buen provecho de una cosa: *desperdiciar el agua, la comida.* **SIN.** Malgastar, desaprovechar. **ANT.** Aprovechar.

desperdicio *s. m.* **1.** Acción de desperdiciar. || *s. m. pl.* **2.** Basuras, restos de comida. || **LOC. no tener desperdicio** Ser alguien o algo muy bueno, útil, o todo lo contrario, muy malo, no servir para nada. **SIN. 2.** Residuos, desechos. **ANT. 1.** Aprovechamiento.

desperdigar *v.* Separar personas o cosas de forma que queden lejos unas de otras. **SIN.** Desparramar, dispersar. **ANT.** Reunir.

desperezarse *v.* Estirarse por sueño o por pereza.

desperfecto *s. m.* **1.** Daño poco importante. **2.** Defecto pequeño. **SIN. 1.** Deterioro. **2.** Falta, imperfección.

despertador *s. m.* Reloj que hace sonar una alarma a la hora que previamente se le ha marcado.

despertar¹ *v.* **1.** Hacer que una persona deje de dormir. **2.** Causar, producir: *despertar el* apetito. **3.** Hacerse más listo y avispado. □ Es v. irreg. Se conjuga como *pensar.* **SIN. 1.** y **3.** Despabilar. **2.** Provocar, avivar. **ANT. 1.** Adormecer.

despertar² *s. m.* Momento o forma en que alguien despierta.

despiadado, da *adj.* Muy malo o cruel, sin piedad. **SIN.** Brutal, inhumano. **ANT.** Compasivo.

despido *s. m.* Acción de despedir o echar. **SIN.** Expulsión. **ANT.** Admisión.

despiece *s. m.* Acción de despiezar.

despierto, ta 1. *p.* de despertar. También *adj.* || *adj.* **2.** Listo, avispado. **SIN. 2.** Espabilado, vivo. **ANT. 2.** Torpe.

despiezar *v.* Descuartizar las reses que se emplean como alimento.

despilfarrador, ra *adj.* y *s.* Que despilfarra. **SIN.** Derrochador, manirroto. **ANT.** Ahorrador.

despilfarrar *v.* Malgastar el dinero. **SIN.** Dilapidar, derrochar. **ANT.** Ahorrar.

despilfarro *s. m.* Gasto excesivo o innecesario. **SIN.** Derroche. **ANT.** Ahorro.

despintar *v.* Quitar la pintura. || **LOC. no despintársele** una persona o cosa a alguien No olvidársele.

despiojar *v.* Quitar los piojos.

despiporre o **despiporren** Se usa en la expresión **ser** algo **el despiporre** o **el despiporren**, 'ser muy divertido, escandaloso, desmadrado'.

despistado, da 1. *p.* de despistar. También *adj.* || *adj.* y *s.* **2.** Distraído.

despistar *v.* **1.** Hacer que alguien pierda la pista o se equivoque. || **despistarse 2.** Distraerse. **SIN. 1.** Desorientar, confundir. **ANT. 1.** Orientar.

despiste *s. m.* Hecho de despistarse o fallo que se comete por ello. **SIN.** Distracción.

desplante *s. m.* Palabras o acción insolentes. **SIN.** Chulería, arrogancia.

desplazado, da 1. *p.* de desplazar. También *adj.* || *adj.* y *s.* **2.** Que no se encuentra a gusto en un lugar o ambiente. **SIN. 2.** Inadaptado.

desplazamiento *s. m.* Acción de desplazarse.

desplazar *v.* **1.** Mover o ir de un lugar a otro. **2.** Dejar a alguien en una situación peor o menos importante: *Ya no es el mejor del equipo, el nuevo jugador lo ha desplazado.* **SIN. 1.** Trasladar, correr. **2.** Relegar, postergar. **ANT. 1.** Inmovilizar.

desplegable *adj.* y *s. m.* Que se puede desplegar o extender: *un folleto desplegable.*

desplegar v. **1.** Extender, desdoblar. **2.** Dispersar por una zona un grupo de policías, soldados, etc. **3.** Mostrar alguna cualidad o conocimiento. □ Es v. irreg. Se conjuga como *pensar*. SIN. **1.** Estirar. **3.** Exhibir. ANT. **1.** Plegar, doblar. **2.** Replegar.

despliegue s. m. **1.** Acción de desplegar. **2.** Demostración de riqueza, fuerza, conocimientos, etc. SIN. **1.** Extensión. **2.** Alarde, exhibición. ANT. **1.** Pliegue; repliegue.

desplomarse v. Caerse, irse abajo. SIN. Derrumbarse. ANT. Levantarse.

desplome s. m. Acción de desplomarse.

desplumar v. **1.** Quitar las plumas a un ave. **2.** fam. Dejar sin dinero. SIN. **1.** Pelar.

despoblado, da **1.** p. de **despoblar**. ‖ adj. y s. m. **2.** Deshabitado. SIN. **2.** Desierto. ANT. **1.** y **2.** Poblado.

despoblar v. Dejar o quedarse sin habitantes un lugar. □ Es v. irreg. Se conjuga como *contar*. ANT. Poblar.

despojar v. Quitar a una persona o cosa algo que tiene. ‖ **despojarse 2.** Desprenderse alguien de algo que tiene o que lleva encima. SIN. **1.** Arrebatar, desposeer. ANT. **1.** Restituir. **2.** Ponerse.

despojo s. m. **1.** Acción de despojar. ‖ s. m. pl. **2.** Restos, sobras. **3.** Vísceras y partes menos carnosas de las aves y otros animales que se consumen como alimento. SIN. **1.** Expolio. **2.** Desperdicios. **3.** Menudos.

despolitizar v. Quitar el carácter político a una persona o cosa. ANT. Politizar.

desportilladura s. f. Rotura pequeña en el borde de una cosa. SIN. Mella.

desportillar v. Descascarillar, desconchar. SIN. Mellar, cascar.

desposarse v. **1.** Casarse. **2.** Antiguamente, hacer en público la promesa de casarse. SIN. **2.** Comprometerse. ANT. **1.** Divorciarse.

desposeer v. Quitarle a una persona o cosa algo que tenía. □ Es v. irreg. Se conjuga como *leer*. SIN. Arrebatar, despojar. ANT. Restituir.

desposorio s. m. **1.** Boda. **2.** Antiguamente, promesa pública de casarse con alguien. SIN. **2.** Esponsales.

déspota s. m. y f. Persona que abusa de su poder y trata con dureza a los que están a sus órdenes. SIN. Tirano.

despótico, ca adj. Propio de un déspota. SIN. Tiránico.

despotismo s. m. Autoridad total de una persona o de un gobierno sin que esté limitada por ninguna ley.

despotricar v. fam. Hablar mal de alguien o algo. SIN. Criticar. ANT. Elogiar.

despreciable adj. Que merece ser despreciado. SIN. Indigno. ANT. Estimable.

despreciar v. **1.** Considerar a alguien o algo inferior o poco importante. **2.** Rechazar: *Despreció mi ayuda*. SIN. **1.** Menospreciar, subestimar. **2.** Desdeñar. ANT. **1.** Apreciar. **2.** Aceptar.

despreciativo, va adj. Que refleja desprecio. SIN. Despectivo, desdeñoso. ANT. Admirativo, elogioso.

desprecio s. m. Acción de despreciar. SIN. Menosprecio, desdén. ANT. Consideración.

desprender v. **1.** Separar una cosa de otra a la que está unida. **2.** Soltar, despedir: *desprender buen olor*. ‖ **desprenderse 3.** Deshacerse de algo, darlo: *Se desprendió de la ropa vieja*. **4.** Deducirse una cosa de otra. SIN. **1.** Despegar. **2.** Emanar. **3.** Despojarse. ANT. **1.** Prender. **3.** Retener.

desprendido, da **1.** p. de **desprender**. También adj. ‖ adj. **2.** Que da y comparte lo que tiene. SIN. **1.** Suelto. **2.** Generoso. ANT. **1.** Prendido. **2.** Tacaño.

desprendimiento s. m. **1.** Acción de desprender o desprenderse. **2.** Característica de las personas desprendidas. SIN. **2.** Generosidad. ANT. **2.** Tacañería.

despreocupación s. f. **1.** Acción de despreocuparse. **2.** Falta de cuidado o atención. SIN. **2.** Descuido, desinterés. ANT. **1.** y **2.** Preocupación.

despreocupado, da **1.** p. de **despreocuparse**. ‖ adj. **2.** Que no se preocupa, sobre todo de su forma de actuar o de seguir ciertas normas.

despreocuparse v. Dejar de preocuparse por alguien o algo. SIN. Descuidar, desentenderse. ANT. Ocuparse.

desprestigiar v. Quitar o perder prestigio. SIN. Desacreditar, deshonrar. ANT. Prestigiar.

desprestigio s. m. Falta o pérdida de prestigio. SIN. Descrédito, deshonra.

desprevenido, da adj. Que no está preparado: *pillar a alguien desprevenido*. SIN. Descuidado. ANT. Prevenido.

desprogramar v. Borrar o cambiar las instrucciones que se han dado a una máquina. ANT. Programar.

desproporción s. f. Diferencia grande, falta de proporción.

desproporcionado, da adj. **1.** Que no tiene proporción con otra cosa. **2.** Muy grande, enorme. SIN. **2.** Desmedido. ANT. **1.** Proporcionado.

despropósito s. m. Disparate, palabra o acción sin sentido. SIN. Desatino, dislate. ANT. Acierto.

desproteger v. Dejar o quedarse sin protección. **SIN.** Desguarnecer. **ANT.** Proteger.

desprovisto, ta adj. Que no tiene alguna cosa. **SIN.** Carente. **ANT.** Provisto.

después adv. **1.** Más tarde que otra cosa: *La llamé después de cenar.* **2.** Detrás, más allá: *Mi casa está después del parque.* **3.** Expresa que una persona o cosa sigue a otra en orden, preferencia, etc.: *Es el que más sabe después de Luis.* **SIN. 1.** Posteriormente. **1.** y **2.** Seguidamente. **ANT. 1.** y **2.** Antes.

despuntar v. **1.** Romper la punta. **2.** Salirles brotes a las plantas: *Aún no han despuntado los rosales.* **3.** Empezar a aparecer algo: *al despuntar el día.* **4.** Sobresalir, destacar: *despuntar en una actividad.* **SIN. 1.** Embotar. **3.** Asomar. **4.** Distinguirse.

despunte s. m. Acción de despuntar.

desquiciar v. Sacar de quicio, hacer perder los nervios o la paciencia. **SIN.** Enloquecer, irritar. **ANT.** Serenar.

desquitarse v. Hacer o conseguir algo que compense alguna pérdida, molestia o daño. **SIN.** Resarcir.

desquite s. m. Acción de desquitarse.

desratizar v. Acabar con las ratas y ratones de un lugar.

desriñonar v. **1.** Dañar los riñones un peso, esfuerzo, etc. **2.** Cansar muchísimo.

desrizar v. Quitar los rizos o las ondulaciones del pelo. **ANT.** Rizar.

destacamento s. m. Grupo de soldados o policías enviados a un lugar con una misión.

destacar v. **1.** Distinguirse alguien o algo sobre los demás o hacer que se distinga: *Destacaba del grupo por su simpatía. Destacó el título subrayándolo.* **2.** Enviar un grupo de personas a un lugar para que cumplan una misión. **SIN. 1.** Sobresalir, descollar. **ANT. 1.** Igualar.

destajista s. m. y f. Persona que trabaja a destajo.

destajo s. m. Forma de trabajar en la que se cobra por trabajo hecho y no por sueldo fijo.

destapar v. Quitar la tapa u otra cosa que cubre a alguien o algo. **SIN.** Descubrir. **ANT.** Tapar.

destape s. m. Hecho de desnudarse una persona en público, sobre todo en espectáculos o películas.

destaponar v. **1.** Quitar un tapón. **2.** Desatascar algo: *destaponarse la nariz.* **SIN. 1.** Destapar. **ANT. 1.** y **2.** Taponar.

destartalado, da adj. **1.** Poco acogedor por ser muy grande, estar desordenado, etc.: *un caserón destartalado.* **2.** Viejo, roto, medio desarmado: *un coche destartalado.* **SIN. 1.** Inhóspito. **2.** Desvencijado.

destellar v. Producir destellos.

destello s. m. Luz fuerte que dura poco tiempo. **SIN.** Resplandor.

destemplado, da adj. **1.** Algo enfermo y con sensación de frío. **2.** Se dice del tiempo algo frío y desagradable. **3.** Desafinado: *voz destemplada.* **ANT. 2.** y **3.** Templado.

destensar v. Aflojar algo tirante. **ANT.** Tensar.

desteñir v. **1.** Manchar una cosa a otra con su color. **2.** Borrar o hacer más suaves los colores de una tela u otra cosa: *La lejía destiñe los colores.* ◻ Es v. irreg. Se conjuga como *ceñir.* **SIN. 2.** Decolorar. **ANT. 1.** Teñir.

desternillarse v. Partirse de risa.

desterrar v. **1.** Echar a una persona de su país o de un lugar y prohibirle que vuelva. **2.** Abandonar, dejar: *desterrar una idea.* ◻ Es v. irreg. Se conjuga como *pensar.* **SIN. 1.** Deportar. **ANT. 1.** Repatriar.

destetar v. Dejar de dar de mamar a los bebés o a las crías de los animales para que se acostumbren a tomar otro tipo de alimentos.

destete s. m. Acción de destetar, y periodo en el que se hace.

destiempo Se usa en la expresión **a destiempo,** 'fuera de tiempo', 'en momento no oportuno': *La felicitación llegó a destiempo.*

destierro s. m. Acción de desterrar y situación de la persona desterrada. **SIN.** Deportación, exilio.

destilar v. **1.** Separar de una mezcla de líquidos el que antes se evapora, calentándolo y volviéndolo a enfriar después. **2.** Soltar un líquido gota a gota: *Los pinos destilan resina.*

destilería s. f. Industria donde se destila, por ejemplo, para fabricar licor.

destinar v. **1.** Dar cierto uso o destino. **2.** Enviar a una persona a un lugar para que haga algo allí. **SIN. 1.** Dedicar, designar. **2.** Mandar.

destinatario, ria s. m. y f. Persona a quien se envía una cosa o para la que se hace algo: *el destinatario de una carta, el destinatario de un libro.* **ANT.** Remitente.

destino s. m. **1.** Lugar al que va o es enviada una persona o cosa. **2.** Finalidad, objetivo. **3.** Lo que hace que las cosas ocurran de una manera sin que podamos cambiarlas. **SIN. 1.** Puesto, plaza. **3.** Sino, hado.

destitución s. f. Acción de destituir.

destituir v. Quitar a alguien de su cargo o empleo. ◻ Es v. irreg. Se conjuga como *construir.* **SIN.** Despedir, deponer. **ANT.** Restituir.

destornillador *s. m.* Herramienta para apretar y aflojar tornillos.

destornillar *v.* **1.** Desatornillar. ‖ **destornillarse 2.** Desternillarse, mondarse de risa.

destreza *s. f.* Habilidad, capacidad para hacer bien las cosas. **SIN.** Soltura. **ANT.** Torpeza.

destripador, ra *adj. y s.* Que destripa.

destripar *v.* **1.** Quitar las tripas. **2.** Sacar lo que tiene dentro una cosa. **3.** Espachurrar, reventar. **4.** *fam.* Estropear un chiste, película, etc., contando el final antes de tiempo.

destripaterrones *s. m.* **1.** *desp.* Trabajador del campo no especializado. **2.** *fam.* Persona ignorante o sin modales. **SIN. 2.** Patán.

destronar *v.* Echar al rey de su trono y quitarle su autoridad o poder. **SIN.** Derrocar. **ANT.** Restaurar.

destrozar *v.* **1.** Romper o estropear por completo. **2.** Causar mucho daño, dolor o pena. **SIN. 1.** Despedazar, destruir. **ANT. 1.** Arreglar. **2.** Animar.

destrozo *s. m.* Acción de destrozar y daño que se produce. **SIN.** Destrucción, estropicio. **ANT.** Arreglo.

destrucción *s. f.* Acción de destruir o destruirse. **SIN.** Destrozo, derribo. **ANT.** Construcción.

destructivo, va *adj.* Que destruye o puede destruir.

destructor, ra *adj.* **1.** Que destruye. ‖ *s. m.* **2.** Barco de guerra rápido y con armamento muy potente.

destruir *v.* Destrozar o echar abajo una cosa. ☐ Es v. irreg. Se conjuga como *construir*. **SIN.** Asolar, devastar. **ANT.** Construir.

desunión *s. f.* Falta de unión, sobre todo entre personas. **SIN.** División; enemistad.

desunir *v.* Separar personas o cosas que estaban unidas. **SIN.** Dividir; enemistar. **ANT.** Unir.

desusado, da *adj.* **1.** Raro, poco frecuente. **2.** Que ya no se usa. **SIN. 1.** Desacostumbrado, anormal. **2.** Pasado. **ANT. 1.** Acostumbrado. **2.** Actual.

desuso *s. m.* Poco o ningún uso que tiene algo: *estar, caer en desuso.*

desvaído, da *adj.* Descolorido, apagado: *colores desvaídos.* **SIN.** Pálido. **ANT.** Vivo.

desvalido, da *adj. y s.* Que no tiene protección ni medios para defenderse. **SIN.** Desamparado, indefenso. **ANT.** Protegido.

desvalijar *v.* Quitarle a alguien todo lo que lleva encima o robar todas las cosas valiosas de un lugar. **SIN.** Saquear.

desvalorizar *v.* Disminuir el valor de una cosa. **SIN.** Devaluar. **ANT.** Revalorizar.

desván *s. m.* Cuarto en la parte más alta de una casa para guardar trastos y cosas viejas. **SIN.** Buhardilla, altillo.

desvanecerse *v.* **1.** Desaparecer poco a poco: *desvanecerse la niebla.* **2.** Marearse, desmayarse. ☐ Es v. irreg. Se conjuga como *agradecer.* **SIN. 1.** Esfumarse, disiparse.

desvanecimiento *s. m.* Mareo, desmayo.

desvariar *v.* Decir o hacer tonterías. **SIN.** Delirar.

desvarío *s. m.* Tontería, disparate.

desvelar[1] *v.* **1.** Hacer perder el sueño. ‖ **desvelarse 2.** Poner mucho cuidado y atención en alguien o algo. **SIN. 2.** Desvivirse, esmerarse. **ANT. 1.** Adormecer. **2.** Despreocuparse.

desvelar[2] *v.* Decir un secreto u otra cosa que no se sabía. **SIN.** Revelar. **ANT.** Ocultar.

desvelo *s. m.* Mucho esfuerzo, cuidado y preocupación que se pone en algo.

desvencijar *v.* Romper, desarmar. **SIN.** Descomponer. **ANT.** Arreglar.

desventaja *s. f.* **1.** Situación desfavorable de una persona o cosa en comparación con otra. **2.** Inconveniente, problema. **SIN. 2.** Pega. **ANT. 1. y 2.** Ventaja.

desventura *s. f.* Mala suerte. **SIN.** Adversidad, desdicha. **ANT.** Ventura.

desventurado, da *adj. y s.* Desgraciado, desdichado.

desvergonzado, da *adj. y s.* Que no tiene vergüenza. **SIN.** Sinvergüenza, descarado. **ANT.** Vergonzoso.

desvergüenza *s. f.* Atrevimiento, descaro. **SIN.** Frescura. **ANT.** Recato.

desvestir *v.* Quitar la ropa, desnudar. ☐ Es v. irreg. Se conjuga como *pedir.* **ANT.** Vestir.

desviación *s. f.* **1.** Acción de desviar o desviarse. **2.** Camino que sale de otro más importante. **3.** Cosa anormal. **SIN. 1. y 2.** Desvío. **3.** Anormalidad.

desviar *v.* Separar a alguien o algo de su camino o de lo que se considera normal. **SIN.** Apartar. **ANT.** Encaminar.

desvincular *v.* Hacer desaparecer una relación o vínculo. **SIN.** Desligar. **ANT.** Vincular.

desvío *s. m.* **1.** Acción de desviar. **2.** Camino que sale de otro más importante. **SIN. 1. y 2.** Desviación.

desvirgar *v.* Quitar la virginidad a una mujer.

desvirtuar *v.* Hacer que algo pierda su valor o características. **SIN.** Deformar, adulterar. **ANT.** Resaltar.

detraer

desvitalizar v. Eliminar el nervio de un diente para dejarlo sin sensibilidad.

desvivirse v. Poner mucho interés y cariño en alguien o algo. **SIN.** Desvelarse. **ANT.** Despreocuparse.

detall Se usa en la expresión **al detall**, 'al por menor': *venta al detall.*

detallar v. Contar o tratar una cosa con todo detalle. **SIN.** Pormenorizar.

detalle s. m. **1.** Cosa que no es del todo necesaria, pero completa o adorna a otra. **2.** Dato o información que aclara o completa. **3.** Regalo u otra cosa para agradar a alguien. **4.** Parte de un cuadro, escultura u otra cosa. **SIN. 1.** Adorno, complemento. **2.** Pormenor, particularidad. **3.** Atención, cortesía.

detallista adj. y s. **1.** Que se preocupa mucho de los detalles. **2.** Muy atento con los demás. **SIN. 1.** Meticuloso. **2.** Cumplido. **ANT. 1.** Descuidado.

detección s. f. Hecho de detectar algo.

detectar v. Notar o descubrir alguna cosa, por ejemplo, mediante un aparato. **SIN.** Captar, localizar.

detective s. m. y f. Persona que realiza trabajos de investigación parecidos a los de la policía por encargo de un cliente. **SIN.** Investigador.

detector, ra adj. y s. m. Se dice del aparato que sirve para detectar alguna cosa: *detector de metales.*

detención s. f. Acción de detener o detenerse. **SIN.** Captura, arresto; parada.

detener v. **1.** Parar a alguien o algo, impedirle seguir o actuar. **2.** Coger la policía a alguien por haber cometido un delito. ‖ **detenerse 3.** Pararse: *No se detuvo a pensarlo.* □ Es v. irreg. Se conjuga como *tener.* **SIN. 1.** Inmovilizar, retener. **2.** Arrestar, prender, capturar. **ANT. 1.** Avanzar. **2.** Soltar.

detenidamente adv. Con detenimiento o atención.

detenido, da 1. p. de **detener.** También adj. ‖ adj. y s. **2.** Que lo detuvo la policía. **SIN. 2.** Arrestado.

detenimiento s. m. Atención, cuidado y lentitud para hacer bien las cosas. **SIN.** Cuidado, paciencia. **ANT.** Prisa.

detentar v. Adjudicarse alguien sin derecho un cargo, título, etc.

detergente s. m. Jabón u otro producto para lavar o limpiar.

deteriorar v. Estropear. **SIN.** Dañar. **ANT.** Arreglar.

deterioro s. m. Daño, desperfecto. **SIN.** Estropicio.

determinación s. f. **1.** Decisión que toma alguien. **2.** Característica de las personas que no dudan al actuar. **SIN. 1.** y **2.** Resolución. **ANT. 2.** Indecisión.

determinado, da 1. p. de **determinar.** También adj. ‖ adj. **2.** Nombre que dan algunas gramáticas a los artículos *el, la, los, las,* que presentan personas o cosas que son conocidas por los hablantes. **SIN. 2.** Definido. **ANT. 1.** y **2.** Indeterminado.

determinante adj. **1.** Que determina. ‖ s. m. **2.** En gramática, palabra que va delante del sustantivo y lo concreta o determina. Son determinantes el artículo, los demostrativos, los posesivos, los indefinidos y los numerales. **SIN. 1.** Determinativo.

determinar v. **1.** Señalar con exactitud: *Determinaron la fecha del examen.* **2.** Hacer tomar una decisión o tomarla una persona: *Determinó comprar un coche.* **3.** Hacer que alguien o algo sea de una manera: *El clima determina la vegetación de un lugar.* **4.** En gramática, modificar el artículo u otro determinante al sustantivo, indicando que se trata de uno concreto, como en *el niño, mi bicicleta, estos gatos.* **SIN. 1.** Fijar, precisar, concretar. **2.** Decidir, resolver. **3.** Condicionar, influir.

determinativo, va adj. **1.** Que determina. **2.** En gramática, se dice del adjetivo que determina el significado de un sustantivo al que acompaña. **SIN. 1.** Determinante.

determinismo s. m. Corriente filosófica según la cual todo sucede debido a las leyes de la naturaleza o a la voluntad de Dios, sin que los seres humanos puedan hacer nada por cambiarlo.

detestable adj. Muy malo, horrible, que merece ser detestado. **SIN.** Horrendo, aborrecible. **ANT.** Estupendo.

detestar v. Odiar, aborrecer. **SIN.** Abominar. **ANT.** Gustar.

detonación s. f. Explosión.

detonador, ra adj. y s. **1.** Que provoca una detonación. ‖ s. m. **2.** Dispositivo que hace estallar un explosivo.

detonante adj. **1.** Que provoca una detonación. ‖ s. m. **2.** Cosa que provoca otra violenta o negativa.

detonar v. **1.** Hacer estallar. **2.** Producir un estallido o ruido muy fuerte.

detractor, ra adj. y s. Se dice de la persona que critica o se opone a alguien o algo. **ANT.** Defensor.

detraer v. Separar o quitar parte de una cosa. □ Es v. irreg. Se conjuga como *traer.* **SIN.** Sustraer, restar. **ANT.** Añadir.

detrás *adv.* **1.** En la parte que está a espaldas de una persona o cosa. **2.** A continuación: *Entré detrás de ti.* **3.** Sin que alguien esté presente o sin que se entere: *Critica a la gente por detrás.* **SIN. 1.** Tras, atrás. **ANT. 1.** a **3.** Delante.

detrimento Se usa en la expresión **en detrimento,** 'en perjuicio'.

detrito o **detritus** *s. m.* Basura, desechos. **SIN.** Residuos.

deuce (ingl.) *s. m.* En el tenis, igualdad de puntos entre los jugadores en un momento del partido.

deuda *s. f.* **1.** Dinero u otra cosa que tiene que pagar o devolver una persona a otra. **2.** Obligación que siente una persona de recompensar o ayudar a otra que se ha portado muy bien con ella: *estar en deuda con alguien.*

deudo, da *s. m.* y *f.* Pariente, familiar.

deudor, ra *adj.* y *s.* Que debe algo, sobre todo dinero. **ANT.** Acreedor.

devaluar *v.* Bajar el valor de algo, sobre todo el de una moneda. **SIN.** Depreciar. **ANT.** Revalorizar.

devanar *v.* Enrollar un hilo, alambre, cuerda, etc., alrededor de una cosa. ‖ **LOC. devanarse los sesos** Pensar mucho sobre algo.

devaneo *s. m.* Relación amorosa corta y poco importante. **SIN.** Aventura.

devastador, ra *adj.* Que devasta o destruye. **SIN.** Destructor, desolador.

devastar *v.* Destruir por completo. **SIN.** Asolar, arrasar. **ANT.** Reconstruir.

devengar *v.* Tener derecho a recibir un dinero por acciones, cuentas, o por el trabajo realizado.

devenir[1] *v.* **1.** Llegar a ser. **2.** Suceder una cosa. □ Es v. irreg. Se conjuga como *venir.* **SIN. 1.** Convertirse. **2.** Acaecer, suceder.

devenir[2] *s. m.* Transcurso.

devoción *s. f.* **1.** Amor a Dios, la Virgen o algún santo. **2.** Cariño o afición muy grandes. **SIN. 1.** y **2.** Veneración. **2.** Adoración, simpatía. **ANT. 2.** Odio.

devocionario *s. m.* Libro que contiene oraciones religiosas.

devolución *s. f.* Acción de devolver una cosa. **SIN.** Restitución.

devolver *v.* **1.** Dar o enviar una cosa a quien la tenía antes, o al lugar de donde se sacó. **2.** Darle a alguien la vuelta cuando paga. **3.** *fam.* Vomitar. □ Es v. irreg. Se conjuga como *volver.* **SIN. 1.** Restituir. **ANT. 1.** Quedarse.

devorar *v.* **1.** Comer muy deprisa y con ansia. **2.** Comer un animal a otro. **3.** Hacer algo rápidamente, con mucho interés: *devorar una novela.* **SIN. 1.** Engullir.

devoto, ta *adj.* y *s.* Que tiene mucha devoción religiosa. **SIN.** Piadoso, pío.

devuelto, ta 1. *p.* de **devolver.** También *adj.* ‖ *s. m.* **2.** *fam.* Vómito.

día *s. m.* **1.** Espacio de tiempo, dividido en veinticuatro horas, que tarda la Tierra en dar una vuelta sobre su eje. **2.** Tiempo durante el que luce el Sol. ‖ **LOC. al día** Bien informado o sin retraso: *Lee el periódico para estar al día. Pagó todos los recibos para estar al día.* **el día de mañana** En el futuro. **hoy día** u **hoy en día** Actualmente. **SIN. 1.** Jornada. **ANT. 2.** Noche.

diabetes *s. f.* Enfermedad caracterizada por una cantidad excesiva de azúcar en la sangre, debida a que el páncreas no segrega suficiente insulina.

diabético, ca *adj.* **1.** De la diabetes o relacionado con ella. ‖ *adj.* y *s.* **2.** Persona que tiene esta enfermedad.

diablesa o **diabla** *s. f.* Diablo femenino.

diablo *s. m.* **1.** Cada uno de los ángeles que se rebelaron contra Dios y fueron castigados al infierno. **2.** Persona mala o traviesa. **SIN. 1.** y **2.** Demonio.

diablura *s. f.* Travesura, trastada.

diabólico, ca *adj.* **1.** Del diablo o relacionado con él. **2.** Muy malo, malvado. **SIN. 1.** Demoníaco.

diábolo *s. m.* Juguete formado por dos conos unidos por el vértice, que se baila con una cuerda sujeta a dos varillas.

diácono *s. m.* Eclesiástico de grado inmediatamente inferior al de sacerdote.

diacrítico, ca *adj.* Se dice de los signos ortográficos que dan a una letra un valor especial, como la diéresis (ü), o del acento que distingue significados, por ejemplo, *te* y *té.*

diacrónico, ca *adj.* Se dice de lo que se considera teniendo en cuenta su evolución en el tiempo y de los hechos que ocurren durante ese tiempo. **ANT.** Sincrónico.

diadema *s. f.* **1.** Adorno en forma de media corona para sujetar el pelo. **2.** Corona.

diáfano, na *adj.* **1.** Casi transparente. **2.** Muy claro: *aguas diáfanas.* **SIN. 1.** Traslúcido. **2.** Límpido. **ANT. 1.** Opaco. **2.** Turbio.

diafragma *s. m.* **1.** Músculo de los mamíferos que separa el tórax del abdomen. **2.** En las cámaras de fotos, disco pequeño que se abre o se cierra para regular el paso de la luz.

diagnosis *s. f.* Diagnóstico.

diagnosticar v. Decir el médico qué enfermedad tiene alguien a partir de los síntomas o signos que presenta.

diagnóstico s. m. Acción de diagnosticar.

diagonal adj. y s. f. **1.** Se aplica a las rectas que unen vértices no consecutivos de un polígono o vértices de un poliedro que no están en la misma cara. **2.** Se dice de la línea, calle, etc., que corta a otra u otras de forma oblicua.

diagrama s. m. Esquema o dibujo geométrico para representar y explicar algunas cosas. SIN. Gráfico.

dial (del ingl.) s. m. Placa con letras o números sobre la que se mueve un indicador (una aguja, una señal luminosa, un disco), que en algunas radios y teléfonos sirve para seleccionar la emisora o para marcar el número.

dialectal adj. De un dialecto.

dialéctica s. f. **1.** Parte de la filosofía que estudia el método de razonamiento y sus reglas. **2.** Capacidad y técnica para discutir o argumentar de forma lógica y razonada.

dialéctico, ca adj. Relacionado con la dialéctica.

dialecto s. m. Variedad de una lengua en alguna de las zonas en que se habla.

diálisis s. f. En medicina, método para eliminar las sustancias de desecho de la sangre en las personas que tienen problemas de riñón y no pueden realizar esta función adecuadamente.

dialogar v. Conversar, tener diálogo. SIN. Charlar, hablar.

diálogo s. m. **1.** Conversación entre dos o más personas. || **2. diálogo de besugos** Conversación absurda. SIN. **1.** Charla, plática.

diamante s. m. Mineral compuesto de carbono puro cristalizado; es el de mayor dureza y constituye una piedra preciosa de gran valor.

diamantino, na adj. Relacionado con el diamante o que tiene sus características.

diametralmente adv. Por completo, totalmente: Tienen caracteres diametralmente opuestos.

diámetro s. m. Recta que pasa por el centro de una circunferencia y la divide en dos partes iguales.

diana s. f. **1.** Especie de tablero con círculos concéntricos que se coloca lejos como blanco para ejercitar la puntería; también, centro de este objeto. **2.** Toque militar para despertar a los soldados.

diantre s. m. fam. Demonio.

diapasón s. m. Instrumento que da una nota conocida y se utiliza en música para afinar o entonar.

diapositiva s. f. Fotografía copiada sobre un material transparente para proyectarla en una pantalla.

diario, ria adj. **1.** Que se hace todos los días. || s. m. **2.** Periódico que sale todos los días. **3.** Libro en el que una persona escribe lo que le ha pasado cada día, sus pensamientos, etc. SIN. **1.** Cotidiano.

diarismo s. m. Amér. Periodismo.

diarrea s. f. Trastorno del aparato digestivo que consiste en hacer de vientre muchas veces, expulsando excrementos casi líquidos. SIN. Descomposición. ANT. Estreñimiento.

diáspora s. f. Dispersión de un grupo de personas, sobre todo la de los judíos cuando fueron expulsados de Palestina.

diástole s. f. Movimiento por el que los ventrículos y las aurículas del corazón se dilatan al entrar la sangre en ellos. ANT. Sístole.

diatriba s. f. Ataque o crítica muy duros. SIN. Invectiva.

dibujante s. m. y f. Persona que se dedica a dibujar.

dibujar v. **1.** Hacer un dibujo. **2.** Describir. || **dibujarse 3.** Aparecer, mostrarse: El sol se dibujaba detrás de las nubes. SIN. **1.** Pintar. **3.** Perfilarse. ANT. **1.** y **3.** Borrar.

dibujo s. m. **1.** Figura que se traza sobre una superficie con lápiz, pinturas u otros utensilios. **2.** Arte de dibujar. || **3. dibujos animados** Película hecha con dibujos que se mueven gracias a una técnica especial.

dicción s. f. **1.** Manera de pronunciar: Los actores deben trabajar su dicción. **2.** Forma de hablar o escribir. SIN. **1.** Pronunciación.

diccionario s. m. Obra en la que se ordenan alfabéticamente las palabras de un idioma, materia, etc., definiendo cada una de ellas o dando su equivalencia en otras lenguas.

dicha s. f. Felicidad, suerte. SIN. Alegría, fortuna. ANT. Desdicha.

dicharachero, ra adj. fam. Se dice de la persona alegre, graciosa, que hace bromas al hablar.

dicho, cha 1. p. de **decir.** También adj. || s. m. **2.** Frase popular, refrán.

dichoso, sa adj. **1.** Feliz, afortunado. **2.** Molesto, fastidioso: ¡Dichosos ruidos! SIN. **1.** Contento. **2.** Maldito. ANT. **1.** Infeliz.

diciembre s. m. Último mes del año, de treinta y un días.

dicotiledónea *adj.* y *s. f.* Se dice de la planta angiosperma que tiene el embrión con dos cotiledones, como la judía.

dicotomía *s. f.* División en dos partes de una cosa o asunto.

dictado *s. m.* **1.** Ejercicio que consiste en escribir un texto que alguien dicta. || *s. m. pl.* **2.** Lo que nos impulsa a hacer la razón, la conciencia o los sentimientos.

dictador, ra *s. m.* y *f.* **1.** Gobernante que tiene todo el poder y manda sin tener en cuenta las opiniones o libertades de los ciudadanos. **2.** Persona muy autoritaria. **SIN. 1.** y **2.** Tirano. **2.** Déspota.

dictadura *s. f.* Forma de gobierno de un dictador. **ANT.** Democracia.

dictáfono (marca registrada) *s. m.* Aparato para grabar mensajes, cartas o conversaciones y escucharlos después.

dictamen *s. m.* Opinión que da sobre algo una persona que está especializada en ello.

dictaminar *v.* Dar alguien su dictamen sobre algo.

dictar *v.* **1.** Leer o decir algo para que otro lo escriba. **2.** Dar o anunciar alguna ley, norma, sentencia. **3.** Impulsarnos a hacer algo la razón, la conciencia o los sentimientos. **SIN. 2.** Decretar. **ANT. 2.** Derogar.

dictatorial *adj.* Relacionado con un dictador o una dictadura o propio de ellos: *gobierno dictatorial.*

didáctica *s. f.* Parte de la pedagogía que estudia los métodos de enseñanza.

didáctico, ca *adj.* Que enseña: *juegos didácticos.* **SIN.** Educativo, pedagógico.

diecinueve *num.* **1.** Diez más nueve. **2.** Que ocupa por orden el número diecinueve.

diecinueveavo, va *num.* y *s. m.* Se dice de cada una de las diecinueve partes iguales en que se divide algo.

dieciochavo, va *num.* y *s. m.* Dieciochoavo.

dieciochesco, ca *adj.* Del siglo XVIII.

dieciocho *num.* **1.** Diez más ocho. **2.** Que ocupa por orden el número dieciocho.

dieciochoavo, va *num.* y *s. m.* Se dice de cada una de las dieciocho partes iguales en que se divide algo. □ Se dice también *dieciochavo.*

dieciséis *num.* **1.** Diez más seis. **2.** Que ocupa por orden el número dieciséis.

dieciseisavo, va *num.* y *s. m.* Se dice de cada una de las dieciséis partes iguales en que se divide algo.

diecisiete *num.* **1.** Diez más siete. **2.** Que ocupa por orden el número diecisiete.

diecisieteavo, va *num.* y *s. m.* Se dice de cada una de las diecisiete partes iguales en que se divide algo.

diedro *adj.* Se dice del ángulo formado por dos planos que se cortan.

diente *s. m.* **1.** Cada uno de los huesos encajados en las mandíbulas para cortar y masticar los alimentos; especialmente se llama así a los incisivos. **2.** Cada saliente o punta de algunos objetos, mecanismos, etc.: *los dientes de un peine, de una sierra.* || **3. diente de ajo** Cada una de las partes en que se divide una cabeza de ajo. **4. dientes de leche** Los primeros que les salen a los niños, y que luego se caen. || **LOC. poner** una cosa **los dientes largos** Provocar mucho deseo.

diéresis *s. f.* **1.** Hecho de pronunciar en sílabas distintas las dos vocales que forman un diptongo, *ci-e-lo* por *cie-lo.* **2.** Signo ortográfico (¨) que se coloca encima de la *u* de las sílabas *gue* y *gui* para indicar que esta letra debe pronunciarse: *cigüeña.*

diésel *s. m.* Motor que funciona con gasoil y en el que la explosión del combustible se consigue al comprimir aire a alta presión.

diestra *s. f.* Mano derecha. **SIN.** Siniestra.

diestro, tra *adj.* y *s.* **1.** Persona que usa sobre todo la mano derecha. || *adj.* **2.** Experto, habilidoso. || *adj.* **3.** Situado a la derecha. || *s. m.* **4.** Torero. || **LOC. a diestro y siniestro** A todos lados o a todo el mundo. **SIN. 2.** Hábil, ducho. **ANT. 1.** Zurdo. **2.** Torpe. **3.** Izquierdo.

dieta[1] *s. f.* Alimentación que sigue o debe seguir una persona.

dieta[2] *s. f.* Dinero extra que se paga a alguien por un trabajo especial o por realizarlo fuera de donde vive.

dietario *s. m.* Libro en que se apuntan los gastos e ingresos diarios de una casa o de un comercio.

dietética *s. f.* Ciencia que estudia la influencia de las dietas de alimentación en la salud.

dietético, ca *adj.* Relacionado con la dieta de alimentación o con la dietética.

dietista *s. m.* y *f.* Especialista en dietética. **SIN.** Nutricionista.

diez *num.* **1.** Nueve más uno. **2.** Décimo.

diezmar *v.* Causar muchas muertes o gran destrucción de personas, animales o plantas.

diezmilésimo, ma *num.* **1.** Que ocupa por orden el número diez mil. || *num.* y *s. m.* **2.** Se dice de cada una de las diez mil partes iguales en que se divide una cosa.

diezmo *s. m.* Antiguo impuesto que se pagaba a la Iglesia o al rey.

dilación

difamación *s. f.* Acción de difamar.

difamar *v.* Crearle mala fama a una persona hablando mal de ella. **SIN.** Desacreditar. **ANT.** Acreditar.

diferencia *s. f.* **1.** Lo que hace distinta a una persona, animal o cosa de otros. **2.** Falta de acuerdo o entendimiento entre las personas. **3.** Resultado de restar dos cantidades. **SIN. 1.** Distinción, disparidad. **2.** Desacuerdo, discrepancia. **ANT. 1.** Igualdad. **2.** Coincidencia.

diferencial *adj.* Que indica alguna diferencia. **SIN.** Distintivo. **ANT.** Común.

diferenciar *v.* **1.** Descubrir la diferencia entre dos o más personas, animales o cosas. **2.** Hacer diferente. ‖ **diferenciarse 3.** Ser diferente en algo. **SIN. 1.** y **2.** Distinguir. **3.** Diferir. **ANT. 1.** y **2.** Confundir. **2.** Igualar. **3.** Parecerse.

diferente *adj.* y *adv.* Que no es igual a otro. **SIN.** Distinto. **ANT.** Semejante.

diferido Se usa en la expresión **en diferido**, 'que se graba para luego transmitirlo por radio o televisión'.

diferir *v.* **1.** Ser diferente. **2.** Dejar para más tarde. □ Es v. irreg. Se conjuga como *sentir*. **SIN. 1.** Diferenciarse. **2.** Aplazar. **ANT. 1.** Parecerse. **2.** Adelantar.

difícil *adj.* **1.** Que cuesta mucho conseguirlo, hacerlo o comprenderlo. **2.** Se dice de la persona de mal carácter o rebelde. **SIN. 1.** Complicado, complejo. **2.** Problemático, conflictivo. **ANT. 1.** Fácil.

dificultad *s. f.* **1.** Característica de las cosas difíciles. **2.** Problema o situación difícil. **SIN. 1.** Complejidad, complicación. **2.** Aprieto, apuro. **ANT. 1.** y **2.** Facilidad.

dificultar *v.* Hacer difícil. **SIN.** Estorbar, obstaculizar. **ANT.** Facilitar.

dificultoso, sa *adj.* Que resulta difícil. **SIN.** Complicado, complejo. **ANT.** Fácil.

difteria *s. f.* Enfermedad infecciosa muy contagiosa, que provoca dificultad para respirar. Ataca sobre todo a los niños.

difuminar *v.* Hacer que algo quede menos marcado o claro, sobre todo las líneas y sombras de un dibujo.

difumino *s. m.* Rollito de papel terminado en punta que se usa en dibujo para difuminar.

difundir *v.* Extender, propagar.

difunto, ta *s. m.* y *f.* Persona que ha muerto. **SIN.** Fallecido. **ANT.** Vivo.

difusión *s. f.* **1.** Acción de difundir o difundirse. ‖ **2. medios de difusión** Medios de comunicación, como la radio, la televisión, la prensa o Internet. **SIN. 1.** Propagación, divulgación.

difuso, sa *adj.* Poco preciso o poco claro. **SIN.** Impreciso, borroso.

difusor, ra *adj.* **1.** Que extiende o difunde algo. ‖ *s. m.* **2.** Aparato o pieza que sirve para difundir o dispersar una cosa.

digerir *v.* **1.** Realizar la digestión. **2.** Aceptar algo malo: *digerir una derrota.* □ Es v. irreg. Se conjuga como *sentir.* **SIN. 2.** Asimilar.

digestible *adj.* Que se puede digerir.

digestión *s. f.* Proceso por el que los alimentos se convierten en sustancias más sencillas que pueden ser asimiladas por el organismo.

digestivo, va *adj.* **1.** De la digestión. ‖ *adj.* y *s. m.* **2.** Sustancia que ayuda a la digestión.

digital *adj.* **1.** De los dedos o relacionado con ellos: *huella digital.* **2.** Que muestra la información mediante números: *reloj digital, termómetro digital.* **3.** Se dice de las señales eléctricas, libros, imágenes, vídeos, etc., que están formados a partir de una secuencia de números, por ejemplo, ceros y unos. **SIN. 1.** Dactilar.

digitalizar *v.* En informática, convertir información en números para procesarlos y archivarlos.

digitígrado, da *adj.* Se dice del animal que camina apoyando únicamente los dedos, como el gato.

dígito *s. m.* Cada una de las cifras que se utilizan para escribir un número.

dignarse *v.* Hacer lo que otro pide o desea: *Se dignó a hablar con los periodistas.* **SIN.** Consentir, acceder. **ANT.** Negarse.

dignatario, ria *s. m.* y *f.* Persona con un cargo importante.

dignidad *s. f.* **1.** Aquello por lo que una persona merece ser respetada: *la dignidad del ser humano.* **2.** Hecho de tener en la vida lo que las personas merecen o les corresponde. **3.** Cargo importante, por ejemplo, el de alcalde. **SIN. 1.** Respeto. **2.** Decoro.

dignificar *v.* Hacer digno: *La sinceridad dignifica a las personas.*

digno, na *adj.* **1.** Que merece lo que se indica: *Es digno de admiración.* **2.** Respetable, honrado. **3.** Suficientemente bueno: *un trabajo digno.* **SIN. 1.** Merecedor. **2.** Honesto, decente. **3.** Satisfactorio. **ANT. 1.** a **3.** Indigno.

dígrafo *s. m.* Grupo de dos letras que representan un solo sonido, como *ch, rr* o *ll.*

digresión *s. f.* Parte de un escrito o de un discurso que se aparta del tema principal.

dije *s. m.* Joya o adorno que se lleva colgado de una cadena, pulsera, etc.

dilación *s. f.* Retraso. **SIN.** Demora. **ANT.** Adelanto.

dilapidar v. Malgastar. **SIN.** Derrochar. **ANT.** Ahorrar.

dilatación s. f. Acción de dilatar o dilatarse. **ANT.** Contracción.

dilatado, da 1. p. de **dilatar.** ‖ adj. **2.** Se dice de lo que se dilata. **3.** Muy grande o extenso. **SIN. 3.** Prolongado.

dilatar v. **1.** Aumentar el tamaño de algo, sobre todo por la acción del calor. **2.** Durar mucho o demasiado. **SIN. 1.** Agrandar. **2.** Prolongar. **ANT. 1.** Contraer.

dilema s. m. Hecho de tener que elegir entre dos cosas.

diletante adj. y s. Que no es profesional en una actividad. **SIN.** Aficionado.

diligencia s. f. **1.** Rapidez y cuidado con los que se hace una cosa. **2.** Coche de caballos cerrado para viajeros. **3.** Gestión, trámite. **SIN. 1.** Prontitud; esmero. **ANT. 1.** Lentitud; negligencia.

diligente adj. Que hace las cosas con rapidez y cuidado. **SIN.** Rápido; esmerado. **ANT.** Lento; negligente.

dilucidar v. Hacer que algo quede claro. **SIN.** Esclarecer.

diluir v. Disolver. ▢ Es v. irreg. Se conjuga como *construir*.

diluviar v. Llover mucho.

diluvio s. m. **1.** Lluvia abundante y fuerte. ‖ n. pr. m. **2.** El que dice la Biblia que se produjo en tiempos de Noé.

dimanar v. Proceder una cosa de otra. **SIN.** Provenir, originarse.

dimensión s. f. **1.** La longitud, la altura y el volumen de alguien o algo. **2.** Importancia de algo. **SIN. 1.** y **2.** Magnitud.

dimensionar v. Medir las dimensiones de algo. **SIN.** Calibrar.

dimes y diretes expr. Comentarios, habladurías.

diminutivo, va adj. y s. m. **1.** Se dice del sufijo que expresa tamaño pequeño o da matices afectivos: *perrillo, abuelita.* ‖ s. m. **2.** Palabra formada con este sufijo. **ANT. 1.** y **2.** Aumentativo.

diminuto, ta adj. De tamaño pequeñísimo. **SIN.** Minúsculo, insignificante. **ANT.** Enorme.

dimisión s. f. Acción de dimitir. **SIN.** Cese.

dimitir v. Dejar una persona el cargo que ocupa, informando de ello. **SIN.** Cesar.

dinámica s. f. **1.** Parte de la física que estudia las relaciones entre el movimiento y las causas que lo producen. **2.** Forma en que actúa o se desarrolla algo: *Desconozco la dinámica de esta empresa.*

dinámico, ca adj. **1.** Relacionado con el movimiento. **2.** Activo, enérgico, con movimiento: *La película tenía un ritmo dinámico.* **ANT. 1.** Estático. **2.** Pasivo, pausado.

dinamismo s. m. Energía, vitalidad.

dinamita s. f. Mezcla explosiva que contiene nitroglicerina.

dinamitar v. Volar algo con dinamita.

dinamitero, ra s. m. y f. Persona que se dedica a realizar voladuras con dinamita.

dinamizar v. Dar más dinamismo a una cosa.

dinamo o **dínamo** s. f. Aparato que transforma la energía mecánica en energía eléctrica.

dinamómetro s. m. Instrumento que sirve para medir fuerzas.

dinar s. m. Moneda de varios países árabes.

dinastía s. f. Serie de reyes de una misma familia. **SIN.** Casa.

dinástico, ca adj. De una dinastía o relacionado con ella.

dineral s. m. Mucho dinero. **SIN.** Fortuna.

dinero s. m. Monedas y billetes que se utilizan para comprar.

dingo s. m. Mamífero carnívoro salvaje, muy parecido al perro, que habita en Australia.

dinosaurio s. m. Nombre dado a unos reptiles que vivieron hace millones de años durante la era secundaria. La mayoría tenía un gran tamaño y estaban adaptados a todos los medios.

dinoterio s. m. Especie de elefante que vivió hace millones de años.

dintel s. m. Parte horizontal que está situada encima de los huecos de puertas y ventanas.

diñar v. fam. Morir: *diñarla.* **SIN.** Palmar, cascar, espichar.

diocesano, na adj. De la diócesis o relacionado con ella.

diócesis s. f. Territorio bajo la autoridad de un obispo.

dioptría s. f. Unidad empleada por los oculistas y ópticos para medir la potencia de una lente.

dios, diosa s. m. y f. **1.** Cada uno de los seres sobrenaturales de las religiones politeístas (que creen en varios dioses). ‖ n. pr. m. **2.** Ser supremo de las religiones monoteístas (que creen en un solo Dios). **SIN.** Divinidad, deidad.

dióxido s. m. **1.** Compuesto químico formado por dos átomos de oxígeno y uno de otro elemento. ‖ **2. dióxido de carbono** Gas formado por un átomo de carbono y dos de oxígeno. Es el gas que se expulsa en la respiración.

diplodocus o **diplodoco** s. m. Dinosaurio cuadrúpedo de gran tamaño, con la cabeza pequeña y el cuello y la cola muy largos.

diploma s. m. Documento que indica que una persona ha realizado unos estudios o que ha ganado un premio. **SIN.** Título.

diplomacia s. f. **1.** Actividad de un país para mantener buenas relaciones con el resto de los países. **2.** Habilidad para tratar con los demás. **SIN. 2.** Tacto.

diplomado, da 1. p. de diplomarse. || adj. y s. **2.** Que tiene el título de algunos tipos de estudios. **SIN. 2.** Titulado.

diplomarse v. Obtener una persona un diploma al terminar unos estudios.

diplomático, ca adj. y s. **1.** De la diplomacia o que se dedica a ella. || adj. **2.** Que actúa con diplomacia.

diplomatura s. f. Grado universitario que se obtiene al aprobar estudios de menor duración que la licenciatura.

díptico s. m. **1.** Cuadro formado por dos tableros unidos y, generalmente, articulados. **2.** Folleto formado por una hoja doblada en dos partes.

diptongar v. **1.** Convertirse una vocal en diptongo. **2.** Pronunciar dos vocales formando diptongo, como ocurre con la i y la o de período (pe-ri-o-do) cuando se pronuncia periodo (pe-rio-do).

diptongo s. m. Pronunciación de dos vocales en una sola sílaba, por ejemplo, ai en la palabra aire.

diputación n. pr. f. Nombre de algunos organismos, por ejemplo, la Diputación Provincial, que se ocupa de los intereses de una provincia. || s. f. **2.** Edificio donde están situados estos organismos.

diputado, da s. m. y f. Miembro del Congreso. **SIN.** Congresista.

dique s. m. **1.** Muro que sirve para que no pase una corriente de agua o para contener las olas. || **2. dique seco** En un puerto, parte cerrada con compuertas que se deja seca para poder arreglar allí los barcos.

dirección s. f. **1.** Línea que sigue alguien o algo que va hacia un lugar. **2.** Acción de dirigir. **3.** Persona o conjunto de personas que dirigen una empresa o actividad. **4.** Calle o plaza donde vive una persona o está alguna cosa. **5.** Mecanismo para dirigir un vehículo. **SIN. 1.** Sentido, rumbo. **2.** Gobierno, mando. **2.** y **3.** Jefatura. **3.** Directiva. **4.** Señas.

directiva s. f. Conjunto de personas que dirigen una empresa u otra cosa similar. **SIN.** Dirección, mando.

directivo, va adj. y s. Que dirige una empresa: junta directiva.

directo, ta adj. **1.** Que sigue una línea o un camino recto, sin desviarse. **2.** Se dice de aquello en lo que no intervienen otras personas o cosas: Recibe órdenes directas del jefe. **3.** Se dice del complemento del verbo que nombra a la persona, animal o cosa sobre los que recae la acción del verbo, por ejemplo, un zorro en la oración Vieron un zorro. **4.** Sincero, que dice las cosas sin rodeos. || **LOC. en directo** Se dice del programa o actuación que se está realizando en el mismo momento en que lo oímos o vemos. **SIN. 1.** Derecho. **4.** Franco. **ANT. 1.** Torcido. **2.** Indirecto.

director, ra s. m. y f. Persona que dirige alguna cosa.

directorio s. m. **1.** Lista que ofrece una información, por ejemplo, la de los grandes almacenes, que indica los artículos que se venden en las distintas zonas. **2.** En informática, lista de archivos que se identifica por medio de un nombre.

directriz s. f. Regla, norma.

dírham o **dírhem** (del ár.) s. m. **1.** Moneda de Marruecos y de los Emiratos Árabes Unidos. **2.** Moneda fraccionaria de algunos países islámicos.

dirigente adj. y s. Persona o grupo que dirige o gobierna un país, un partido político, etc. **SIN.** Directivo, gobernante.

dirigible s. m. Vehículo parecido al globo, pero de forma alargada y con motores.

dirigir v. **1.** Llevar hacia un lugar. **2.** Decir algo a alguien: Se dirigió a nosotros con quejas. **3.** Mandar, gobernar, organizar. **SIN. 1.** Conducir, guiar. **3.** Regir.

dirimente adj. Que dirime.

dirimir v. Resolver una discusión o un desacuerdo. **SIN.** Zanjar.

disc-jockey (ingl.) s. m. y f. Persona que pone música en la radio, en discotecas, fiestas, etc. □ Se usa mucho abreviado: dj. **SIN.** Pinchadiscos.

discal adj. Relacionado con los discos de cartílago que hay entre las vértebras de la columna: hernia discal.

discapacidad s. f. Limitación física o psíquica que impide a una persona realizar algunas actividades. **SIN.** Minusvalía.

discapacitado, da adj. y s. Se dice de la persona que sufre una discapacidad. **SIN.** Minusválido.

discar v. Amér. Marcar un número de teléfono.

discernimiento *s. m.* Hecho de distinguir entre dos o más cosas.

discernir *v.* Distinguir: *discernir entre el bien y el mal.* □ Es v. irreg. **SIN.** Diferenciar, separar. **ANT.** Confundir.

DISCERNIR	
INDICATIVO	**SUBJUNTIVO**
Presente	**Presente**
discierno	discierna
disciernes	disciernas
discierne	discierna
discernimos	discernamos
discernís	discernáis
disciernen	disciernan
IMPERATIVO	
discierne (tú)	discernid (vosotros)
discierna (usted)	disciernan (ustedes)

disciplina *s. f.* **1.** Cumplimiento de las normas: *la disciplina militar.* **2.** Cada parte en que se divide el saber. **3.** Modalidad de un deporte. **SIN. 2.** Asignatura, materia.

disciplinado, da *adj.* Que obedece a unas normas.

disciplinario, ria *adj.* De la disciplina o relacionado con ella.

discípulo, la *s. m. y f.* Persona que recibe las enseñanzas de un maestro. **SIN.** Alumno, pupilo.

discman (ingl.) *s. m.* Aparato pequeño y portátil para escuchar discos compactos con cascos.

disco *s. m.* **1.** Objeto plano y circular, como el que se lanza en atletismo. **2.** Objeto parecido, de material plástico, que tiene un sonido grabado. **3.** Semáforo. ‖ **4. disco compacto** Disco en el que se graba y se reproduce información, imágenes o sonido, mediante un rayo láser. **5. disco duro** Parte del ordenador en la que se almacena la información.

discografía *s. f.* **1.** Técnica e industria de la grabación de discos. **2.** Conjunto de discos de un autor o intérprete.

discográfico, ca *adj.* Relacionado con los discos o la discografía.

díscolo, la *adj. y s.* Desobediente, rebelde. **SIN.** Indisciplinado. **ANT.** Obediente.

disconforme *adj.* Que no está de acuerdo. **SIN.** Opuesto. **ANT.** Conforme.

disconformidad *s. f.* Falta de acuerdo. **SIN.** Desacuerdo. **ANT.** Conformidad.

discontinuidad *s. f.* Falta de continuidad.

discontinuo, nua *adj.* Que tiene separaciones o interrupciones. **SIN.** Entrecortado, intermitente. **ANT.** Continuo.

discordancia *s. f.* Falta de acuerdo entre personas o cosas. **SIN.** Desacuerdo, desavenencia. **ANT.** Armonía.

discordante *adj.* Se dice de la persona o cosa que es diferente, no armoniza o no está de acuerdo.

discordia *s. f.* Falta de armonía entre las personas. **SIN.** Desacuerdo, desavenencia. **ANT.** Concordia.

discoteca *s. f.* **1.** Local para escuchar música y bailar. **2.** Colección de discos.

discotequero, ra *adj.* **1.** Propio de una discoteca. ‖ *adj. y s.* **2.** Se dice de la persona a la que le gusta ir a las discotecas.

discreción *s. f.* Característica de las personas discretas. ‖ **LOC. a discreción** Sin límite, según considere o quiera cada uno: *fuego a discreción.* **SIN.** Prudencia, tacto. **ANT.** Indiscreción.

discrecional *adj.* **1.** Que depende de lo que quiera o crea cada uno. ‖ **2. servicio discrecional** El servicio de transporte cuyo recorrido y horario depende de la persona que lo contrata.

discrepancia *s. f.* Diferencia entre las ideas u opiniones de dos o más personas. **SIN.** Desacuerdo. **ANT.** Acuerdo.

discrepar *v.* No estar de acuerdo. **SIN.** Disentir. **ANT.** Coincidir.

discreto, ta *adj. y s.* **1.** Se dice de la persona que es prudente cuando habla o actúa y sabe guardar un secreto. ‖ *adj.* **2.** Regular, no muy bueno ni muy grande. **SIN. 1.** Reservado, sensato. **2.** Modesto. **ANT. 1.** Indiscreto, imprudente. **2.** Extraordinario.

discriminación *s. f.* Acción de discriminar. **SIN.** Segregación, marginación.

discriminar *v.* Tratar peor a alguien por ser de otra raza, religión, sexo, etc. **SIN.** Segregar, marginar. **ANT.** Igualar, equiparar.

discriminatorio, ria *adj.* Que discrimina.

disculpa *s. f.* Acción de disculpar o disculparse. **SIN.** Perdón; excusa.

disculpar *v.* **1.** Perdonar un error o falta de otra persona. ‖ **disculparse 2.** Pedir perdón o dar explicaciones por algún error o mala acción. **SIN. 1.** Dispensar. **1.** y **2.** Excusar. **ANT. 1.** Condenar.

discurrir *v.* **1.** Pensar. **2.** Ir una cosa por un sitio: *El río discurre por el valle.* **3.** Pasar o suceder: *El concierto discurrió según lo previsto.* **SIN. 1.** Razonar. **2.** Fluir. **3.** Transcurrir, desarrollarse.

discursivo, va adj. **1.** Del discurso o del razonamiento. **2.** Inclinado a reflexionar.

discurso s. m. Exposición que alguien hace en público. SIN. Alocución, disertación.

discusión s. f. Acción de discutir. SIN. Debate; pelea. ANT. Reconciliación.

discutible adj. Que no está claro, que se puede discutir. SIN. Dudoso. ANT. Indiscutible.

discutir v. **1.** Tratar entre varios un asunto, diciendo cada uno lo que piensa. **2.** Enfrentarse, regañar. **3.** Mostrar desacuerdo. SIN. **1.** Debatir. **2.** Reñir, pelear. **3.** Contradecir. ANT. **2.** Reconciliarse. **3.** Aceptar.

disecar v. Preparar un animal muerto para que tenga el mismo aspecto que cuando estaba vivo.

disección s. f. Acción de diseccionar.

diseccionar v. Dividir en partes un cadáver o una planta para estudiarlos.

diseminar v. Esparcir, dispersar: El viento disemina las semillas. ANT. Agrupar.

disensión s. f. Desacuerdo. SIN. Discrepancia. ANT. Acuerdo.

disentería s. f. Enfermedad del intestino producida por tomar alimentos y agua contaminados por amebas; causa dolor, fiebre y diarrea.

disentir v. No estar de acuerdo. □ Es v. irreg. Se conjuga como sentir. SIN. Discrepar. ANT. Asentir.

diseñador, ra s. m. y f. Persona que se dedica a hacer diseños.

diseñar v. Hacer un diseño.

diseño s. m. Dibujo de cómo puede ser algo que se va a hacer, como un edificio, un traje, un escenario. SIN. Boceto.

disertación s. f. **1.** Acción de disertar. **2.** Discurso.

disertar v. Tratar algo con profundidad, sobre todo si es en público.

disfraz s. m. Traje que se pone una persona en fiestas y carnavales para parecerse a algún personaje, a un animal, etc.

disfrazar v. Poner un disfraz.

disfrutar v. **1.** Pasarlo bien, sentir alegría o placer. **2.** Tener algo útil o bueno: Disfruta de una magnífica salud. SIN. **1.** y **2.** Gozar. ANT. **1.** y **2.** Sufrir.

disfrute s. m. Acción de disfrutar. Goce. ANT. Padecimiento.

disfunción s. f. Mal funcionamiento de algún órgano o parte del cuerpo.

disgregar v. Separar por varios sitios lo que estaba unido. SIN. Desunir, dispersar. ANT. Reunir.

disgustar v. **1.** No gustar. **2.** Apenar o enojar. SIN. **1.** Desagradar, molestar. **2.** Entristecer. ANT. **1.** Agradar. **2.** Alegrar.

disgusto s. m. **1.** Tristeza, pena. **2.** Enfado, discusión. **3.** Desgracia. ‖ LOC. **a disgusto** Incómodo, no a gusto. SIN. **2.** Disputa. **3.** Desastre. ANT. **1.** Alegría.

disidente adj. y s. Se dice de la persona que se aparta de un grupo por no estar de acuerdo con él. ANT. Adepto.

disimulado, da 1. p. de **disimular**. También adj. ‖ adj. y s. **2.** Se dice de la persona que disimula o que hace como que no se entera.

disimular v. **1.** Actuar alguien de forma que no se note lo que hace, sabe o siente. **2.** Esconder algo o tratar de que se note menos: disimular una cicatriz. SIN. **1.** Simular, fingir, encubrir. **2.** Ocultar, camuflar. ANT. **1.** Mostrar. **2.** Descubrir; resaltar.

disimulo s. m. Forma de actuar disimulando. SIN. Fingimiento, simulación.

disipación s. f. **1.** Acción de disipar. **2.** Forma de vida disipada. SIN. **2.** Desenfreno.

disipado, da 1. p. de **disipar**. ‖ adj. **2.** Dedicado a las diversiones o a los placeres: vida disipada. SIN. **2.** Desenfrenado, libertino.

disipar v. **1.** Hacer desaparecer: disipar dudas, disiparse las nubes. **2.** Malgastar el dinero. SIN. **1.** Esfumarse, desvanecerse. **2.** Derrochar. ANT. **1.** Reforzar, conservar.

dislate s. m. Disparate.

dislexia s. f. Dificultad anormal de algunas personas para aprender a leer y escribir bien.

disléxico, ca adj. y s. Que tiene dislexia.

dislocación s. f. Acción de dislocar o dislocarse un hueso.

dislocar v. Sacar o salirse un hueso de su sitio. SIN. Descoyuntar, desarticular. ANT. Colocar.

disloque s. m. fam. Jaleo o lío muy grande: ser algo el disloque.

disminución s. f. Acción de disminuir. SIN. Bajada, reducción. ANT. Aumento.

disminuido, da 1. p. de **disminuir**. También adj. ‖ adj. y s. **2.** Que tiene algún defecto físico o mental. SIN. **2.** Deficiente; minusválido.

disminuir v. Hacer o ser menor o más pequeño. □ Es v. irreg. Se conjuga como construir. SIN. Bajar, reducir. ANT. Aumentar.

disnea s. f. Dificultad para respirar.

disociar v. Separar, desunir. SIN. Desmembrar. ANT. Asociar.

disolución s. f. **1.** Sustancia, generalmente líquida, que resulta de mezclar otras. **2.** Acción de disolver o disolverse: la disolución *del azúcar en la leche; la disolución de un grupo.* **SIN. 1.** Solución, mezcla. **2.** Dispersión. **ANT. 2.** Concentración.

disoluto, ta *adj.* y *s.* Disipado, vicioso.

disolvente *s. m.* Sustancia líquida para disolver otras sustancias, como el aguarrás.

disolver *v.* **1.** Mezclar una sustancia con un líquido deshaciéndola del todo en él. **2.** Deshacer, dispersar: *disolver un partido político, disolver una reunión.* □ Es v. irreg. Se conjuga como *volver.* **SIN. 1.** Diluir. **2.** Disgregar. **ANT. 2.** Reunir.

disonancia *s. f.* Falta de armonía en los sonidos.

disonante *adj.* Que disuena.

disonar *v.* **1.** Sonar mal. **2.** No estar de acuerdo: *Sus ideas disuenan con las del resto.* □ Es v. irreg. Se conjuga como *contar.* **SIN. 1.** y **2.** Desentonar. **2.** Discrepar. **ANT. 1.** y **2.** Armonizar.

dispar *adj.* Distinto, diferente. **SIN.** Desigual. **ANT.** Igual.

disparada *s. f. Amér.* Fuga precipitada y sin orden. || **LOC. a la disparada** *Amér.* A toda prisa, corriendo.

disparadero *s. m.* Disparador de un arma de fuego. || **LOC. poner** a una persona **en el disparadero** Hacer que una persona pierda la paciencia.

disparado, da 1. *p.* de **disparar**. También *adj.* || *adj.* **2.** *fam.* Muy deprisa: *salir disparado.* **SIN. 1.** y **2.** Lanzado.

disparador *s. m.* **1.** Mecanismo que en las armas de fuego acciona el disparo. **2.** Mecanismo que hace funcionar una cámara fotográfica.

disparar *v.* **1.** Lanzar con un arma balas, flechas u otros proyectiles. **2.** Lanzar algo con fuerza: *El delantero disparó a puerta y metió gol.* || **dispararse 3.** Aumentar algo mucho y en poco tiempo: *dispararse los precios.* **SIN. 1.** y **2.** Tirar.

disparatado, da *adj.* Absurdo, que es un disparate. **SIN.** Desacertado. **ANT.** Acertado.

disparate *s. m.* **1.** Palabra o acción equivocada, sin sentido o sin prudencia. **2.** *fam.* Cantidad excesiva: *Eso te va a costar un disparate.* **SIN. 1.** Absurdo, insensatez. **1.** y **2.** Burrada. **ANT. 1.** Acierto.

disparidad *s. f.* Característica de dispar. **SIN.** Desigualdad. **ANT.** Igualdad.

disparo *s. m.* **1.** Acción de disparar. **2.** Herida o marca producida al disparar un proyectil. **SIN. 1.** y **2.** Tiro.

dispendio *s. m.* Gasto muy grande o innecesario. **SIN.** Despilfarro, derroche. **ANT.** Ahorro.

dispensa *s. f.* Permiso especial.

dispensar *v.* **1.** Perdonar, disculpar. **2.** Permitir que alguien no cumpla una obligación. **3.** Dar o conceder: *dispensar cuidados, halagos.* **SIN. 1.** Excusar. **2.** Eximir. **3.** Otorgar, rendir. **ANT. 1.** Condenar. **2.** Obligar. **3.** Negar.

dispensario *s. m.* Clínica donde se hacen curas y se atiende a enfermos que no están internados. **SIN.** Ambulatorio.

dispersar *v.* Separar en distintas direcciones lo que estaba unido. **SIN.** Desperdigar, diseminar. **ANT.** Reunir.

dispersión *s. f.* Acción de dispersar. **ANT.** Reunión.

disperso, sa *adj.* **1.** Separado, desperdigado. **2.** Distraído, poco concentrado. **SIN. 1.** Diseminado. **ANT. 1.** Reunido.

display (del ingl.) *s. m.* Pantalla de un ordenador, de una calculadora u otro aparato electrónico.

displicente *adj.* y *s.* Que muestra indiferencia o desprecio. **SIN.** Desdeñoso.

disponer *v.* **1.** Preparar, colocar las cosas para algo. **2.** Mandar, dar una orden. **3.** Tener, utilizar: *disponer de tiempo.* || **disponerse 4.** Estar a punto de: *Se disponía a salir.* □ Es v. irreg. Se conjuga como *poner.* **SIN. 1.** Arreglar, organizar. **2.** Determinar, ordenar. **ANT. 1.** Desordenar. **3.** Carecer.

disponibilidad *s. f.* Hecho de estar disponible para alguien o algo. **SIN.** Facilidad, posibilidad.

disponible *adj.* Libre, desocupado. **SIN.** Vacante. **ANT.** Ocupado.

disposición *s. f.* **1.** Modo en que se encuentra o está colocado alguien o algo: *No está en disposición de viajar. Cambiaron la disposición de los muebles.* **2.** Orden, norma, mandato. **3.** Capacidad para hacer o aprender algo. || **LOC. a disposición de** una persona Pudiendo contar con alguien o algo: *Si necesitas mis libros, están a tu disposición.* **SIN. 1.** Colocación; condición. **2.** Ley. **3.** Condiciones, talento.

dispositivo *s. m.* Mecanismo o sistema con un determinado fin: *dispositivo antirrobo.* **SIN.** Aparato; plan.

dispuesto, ta 1. *p.* de **disponer**. También *adj.* || *adj.* **2.** Con intención de hacer algo. **3.** Trabajador o servicial. **SIN. 2.** Preparado, presto. **3.** Diligente.

disputa *s. f.* **1.** Discusión, pelea. **2.** Competición o lucha.

disputar *v.* **1.** Luchar o competir con otros por conseguir lo mismo: *disputar un torneo, disputarse un cargo.* **2.** Discutir, pelear. **SIN. 1.** Jugar.

disquete *s. m.* En informática, disco flexible para leer o grabar información.

disquetera *s. f.* Dispositivo de un ordenador donde se introducen los disquetes.

disquisición *s. f.* **1.** Comentario o razonamiento que se aparta del tema que se está tratando. **2.** Examen profundo de algo. **SIN. 1.** Digresión.

distancia *s. f.* **1.** Espacio entre dos personas o cosas. **2.** Tiempo entre una cosa y otra. **3.** Diferencia. **4.** Disminución de la amistad o del afecto entre personas. **SIN. 1.** y **2.** Separación. **4.** Desigualdad. **4.** Frialdad. **ANT. 3.** Semejanza, igualdad. **4.** Cordialidad.

distanciamiento *s. m.* Acción de distanciar o distanciarse. **SIN.** Alejamiento. **ANT.** Acercamiento.

distanciar *v.* **1.** Alejar. || **distanciarse 2.** Disminuir la amistad o el afecto entre personas. **SIN. 1.** Apartar. **ANT. 1.** Acercar.

distante *adj.* **1.** Alejado, a bastante distancia. **2.** Frío, poco amable o sociable. **SIN. 1.** Lejano, retirado. **ANT. 1.** y **2.** Próximo. **2.** Cordial.

distar *v.* **1.** Estar separada una cosa de otra por un espacio o tiempo. **2.** Haber diferencia: *Lo que dice dista mucho de la verdad.* **SIN. 2.** Diferenciarse. **ANT. 2.** Acercarse, parecerse.

distender *v.* **1.** Aflojar lo que estaba tirante. **2.** Disminuir las tensiones y los problemas entre personas, países, etc. □ Es v. irreg. Se conjuga como *tender*.

distendido, da 1. *p.* de **distender**. || *adj.* **2.** Relajado, sin tensiones: *ambiente distendido.* **3.** Se dice del músculo o el ligamento que sufre un estiramiento violento. **SIN. 2.** Cordial.

distensión *s. f.* **1.** Acción de distender o distenderse. **2.** Estiramiento brusco en un músculo o en los ligamentos.

distinción *s. f.* **1.** Acción de distinguir o distinguirse. **2.** Premio, honor. **3.** Elegancia, clase. **SIN. 1.** Diferencia. **2.** Privilegio, dignidad. **3.** Refinamiento. **ANT. 1.** Igualdad. **2.** Deshonor. **3.** Vulgaridad.

distingo *s. m.* Distinción entre personas o cosas: *No hace distingos entre sus alumnos.*

distinguido, da 1. *p.* de **distinguir**. También *adj.* || *adj.* **2.** Elegante. **3.** Destacado, importante: *un distinguido artista.* **SIN. 2.** Refinado. **ANT. 2.** Ordinario. **3.** Vulgar.

distinguir *v.* **1.** Diferenciar. **2.** Ver: *Desde aquí no se distingue bien el cartel.* **3.** Dar un premio u honor. || **distinguirse 4.** Tener una persona o cosa algo que la hace diferente o mejor. **SIN. 1.** Discernir. **2.** Divisar. **3.** Galardonar, condecorar. **4.** Sobresalir. **ANT. 1.** Confundir.

distintivo, va *adj.* y *s. m.* Que distingue a una persona o cosa de otras. **SIN.** Característico; señal.

distinto, ta *adj.* **1.** Que no es igual o no es el mismo. || *adj. pl.* **2.** Varios: *Hay distintas especies de patos.* **SIN. 1.** Diferente. **ANT. 1.** Parecido.

distorsionar *v.* Deformar, desfigurar.

distracción *s. f.* **1.** Falta de atención. **2.** Cosa que divierte o entretiene. **SIN. 2.** Entretenimiento, diversión. **ANT. 1.** Concentración. **2.** Aburrimiento.

distraer *v.* **1.** Apartar la atención de alguien de lo que estaba haciendo, escuchando, etc. **2.** Entretener, divertir. □ Es v. irreg. Se conjuga como *traer*. **SIN. 1.** Despistar. **ANT. 1.** Concentrar. **2.** Aburrir.

distraído, da 1. *p.* de **distraer**. También *adj.* || *adj.* **2.** Entretenido, divertido. || *adj.* y *s.* **3.** Que se distrae con facilidad. **SIN. 2.** Ameno. **3.** Despistado. **ANT. 2.** Aburrido.

distribución *s. f.* Acción de distribuir y forma en que se distribuye algo. **SIN.** Reparto.

distribuidor, ra *adj.* y *s.* **1.** Se dice de la persona o empresa que recibe un producto del fabricante y lo distribuye entre los comerciantes. || *s. m.* **2.** Pasillo pequeño que comunica las habitaciones de una casa. **SIN. 1.** Repartidor.

distribuir *v.* Repartir de manera organizada. □ Es v. irreg. Se conjuga como *construir*. **SIN.** Disponer, ordenar. **ANT.** Desordenar.

distributivo, va *adj.* **1.** Que expresa idea de distribución o reparto. || *adj.* y *s. f.* **2.** Se dice de las conjunciones que van delante de oraciones coordinadas disyuntivas y se repiten, como *o... o, bien... bien*: *O vamos al cine, o vamos al teatro.* También se llama así a estas oraciones. **3.** En matemáticas, se dice de la propiedad por la que el producto de un número por una suma es igual a la suma del producto de dicho número por cada uno de los sumandos: $3 \times (2 + 1) = (3 \times 2) + (3 \times 1)$.

distrito *s. m.* Cada una de las partes en que se divide una ciudad o región.

disturbio *s. m.* Desorden, riña, pelea.

disuadir *v.* Convencer a alguien para que no haga algo. **SIN.** Desaconsejar, desanimar. **ANT.** Animar.

disuasivo, va o **disuasorio, ria** *adj.* Que disuade.

disyuntiva *s. f.* Situación en la que hay que elegir entre dos posibilidades. **SIN.** Encrucijada, dilema.

disyuntivo, va *adj.* y *f.* Se dice de las oraciones coordinadas que indican una alternativa entre dos cosas: *¿Qué hacemos, salimos* *o nos quedamos?* También se dice de las conjunciones que van delante de estas oraciones (*o, u*).

diu (siglas de *dispositivo intrauterino*) *s. m.* Dispositivo que, colocado en el cuello del útero, impide que anide el óvulo fecundado, y por tanto el embarazo.

diurético, ca *adj.* y *s. m.* Que aumenta o facilita la producción de orina.

diurno, na *adj.* Que ocurre, vive o se hace durante el día: *horario diurno*. **ANT.** Nocturno.

divagación *s. f.* Acción de divagar.

divagar *v.* Hablar o hacer algo sin centrarse en lo más importante. **SIN.** Desviarse, dispersarse.

diván *s. m.* Sofá, normalmente sin respaldo, para tumbarse en él.

divergencia *s. f.* Hecho de divergir. **SIN.** Desacuerdo, desvío. **ANT.** Convergencia.

divergente *adj.* Que diverge: *líneas divergentes, opiniones divergentes.* **ANT.** Convergente.

divergir *v.* **1.** Desviarse, apartarse. **2.** No estar de acuerdo. **SIN. 1.** Separarse. **2.** Disentir. **ANT. 1.** Converger. **1.** y **2.** Coincidir.

diversidad *s. f.* Diferencia o variedad. **SIN.** Desigualdad. **ANT.** Uniformidad.

diversificar *v.* Hacer una cosa más variada o dividirla en varias diferentes. **SIN.** Diferenciar. **ANT.** Uniformizar.

diversión *s. f.* Acción de divertirse y cosa que divierte. **SIN.** Distracción, entretenimiento. **ANT.** Aburrimiento.

diverso, sa *adj.* Distinto o variado. **SIN.** Heterogéneo. **ANT.** Homogéneo.

divertido, da 1. *p.* de **divertir.** ‖ *adj.* **2.** Que divierte. **SIN. 2.** Entretenido; gracioso. **ANT. 2.** Aburrido.

divertimento *s. m.* **1.** Composición musical breve y alegre, de estructura libre y para varios instrumentos. **2.** Divertimiento.

divertimiento *s. m.* Diversión. ☐ Se dice también *divertimento*. **SIN.** Entretenimiento.

divertir *v.* Producir alegría o gusto. ☐ Es v. irreg. Se conjuga como *sentir.* **SIN.** Entretener, distraer. **ANT.** Aburrir.

dividendo *s. m.* En una división, cantidad que hay que dividir por otra llamada *divisor.*

dividir *v.* **1.** Separar en partes. **2.** En matemáticas, hacer una división. **3.** Enemistar, enfrentar. **SIN. 1.** Partir; repartir. **ANT. 1.** Unir.

divieso *s. m.* Grano grueso con pus.

divinamente *adv.* De maravilla, muy bien.

divinidad *s. f.* Ser divino, dios o diosa. **SIN.** Deidad.

divinizar *v.* Adorar como a un dios.

divino, na *adj.* **1.** De Dios, de los dioses o relacionado con ellos. **2.** Muy bueno o muy bonito. **SIN. 2.** Maravilloso, extraordinario. **ANT. 2.** Horrible.

divisa *s. f.* **1.** Señal o signo para distinguir una cosa de otras: *la divisa de una ganadería.* **2.** Dinero de un país extranjero.

divisar *v.* Ver algo desde lejos o con poca claridad. **SIN.** Atisbar.

divisible *adj.* **1.** Que puede dividirse. **2.** Se dice del número que al dividirse por otro da como resultado un número entero. **ANT. 1.** Indivisible.

división *s. f.* **1.** Acción de dividir. **2.** Operación matemática que consiste en repartir un número (*dividendo*) en tantas partes iguales como unidades tiene otro (*divisor*). **3.** Falta de acuerdo: *división de opiniones.* **4.** Unidad del Ejército formada por dos o más brigadas o regimientos. **5.** En algunos deportes, conjunto de equipos agrupados según su categoría: *primera división.* **6.** Sección, departamento. **SIN. 1.** Partición. **3.** Disparidad. **ANT. 1.** Unión. **3.** Unanimidad.

divisor *s. m.* En una división, cantidad por la que se divide otra llamada *dividendo.*

divisorio, ria *adj.* Que divide: *línea divisoria.*

divo, va *adj.* y *s.* Artista de mucha categoría, sobre todo un cantante de ópera.

divorciarse *v.* Deshacerse un matrimonio después de haberlo permitido el juez.

divorcio *s. m.* Acción de divorciarse.

divulgación *s. f.* Acción de divulgar.

divulgar *v.* Dar a conocer algo a mucha gente o de modo que lo entienda.

divulgativo, va *adj.* Que sirve para divulgar información o conocimientos: *una revista divulgativa.*

dj *s. m.* y *f.* Siglas del inglés *disc-jockey.*

DNI (siglas de *Documento Nacional de Identidad*) *s. m.* Carné que contiene los datos personales de los ciudadanos españoles.

do *s. m.* Primera nota de la escala musical.

dóberman *s. m.* y *f.* Perro fuerte, ágil y delgado, de pelo corto y negro, que suele adiestrarse como perro guardián.

dobladillo *s. m.* Borde de una tela doblado hacia dentro y cosido para que no se deshilache.

doblaje *s. m.* Acción de doblar una película a otro idioma.

doblar *v.* **1.** Hacer que una parte de un objeto quede pegada contra otra, repitiéndolo una o más veces. **2.** Torcer, curvar: *doblar un* tubo. **3.** Duplicar: *doblar una cantidad, doblarle a alguien la edad.* **4.** Dar la vuelta, cambiar de dirección: *doblar una esquina.* **5.** Traducir una película a otro idioma o cambiar la voz de un actor por la de otro. **6.** Sustituir un extra a un actor en algunas escenas, sobre todo en las peligrosas. **7.** Tocar las campanas. **SIN. 1.** Plegar. **2.** Combar, arquear. **4.** Girar, virar. **ANT. 1.** Desdoblar. **2.** Enderezar.

doble *num.* y *s. m.* **1.** Dos veces una cantidad: *Le dieron el doble de puntos que a mí.* || *adj.* **2.** Formado por dos cosas iguales o doblado: *tela doble.* **3.** Falso, hipócrita. || *s. m.* **4.** Persona que se parece mucho a otra. **5.** Actor que sustituye a otro, por ejemplo, en escenas peligrosas. **SIN. 1.** Duplo. **2.** Par. **ANT. 1.** Mitad. **2.** Sencillo.

doblegar *v.* Obligar a alguien a obedecer o a ceder. **SIN.** Someter.

doblete *s. m.* Hecho de hacer dos cosas o una cosa dos veces, como los actores cuando interpretan dos papeles en la misma obra.

doblez *s. m.* **1.** Cada una de las veces en que se dobla algo. || *s. amb.* **2.** Falsedad, hipocresía. **SIN. 2.** Duplicidad. **ANT. 2.** Sinceridad.

doblón *s. m.* Antigua moneda castellana de oro.

doce *num.* **1.** Diez y dos. **2.** Duodécimo.

doceavo, va *num.* y *s. m.* Se dice de cada una de las doce partes en que se divide una cosa.

docena *s. f.* Conjunto de doce unidades.

docencia *s. f.* Actividad de las personas que se dedican a la enseñanza. **SIN.** Educación.

docente *adj.* y *s.* Relacionado con la enseñanza o que se dedica a ella: *un centro docente, los docentes del instituto.* **SIN.** Educativo; profesor.

dócil *adj.* Obediente y fácil de manejar. **SIN.** Manso, sumiso. **ANT.** Indócil, rebelde.

docilidad *s. f.* Característica de dócil. **SIN.** Mansedumbre, sumisión. **ANT.** Rebeldía.

docto, ta *adj.* y *s.* Sabio. **SIN.** Erudito. **ANT.** Ignorante.

doctor, ra *s. m.* y *f.* **1.** Médico. **2.** Persona que tiene el grado universitario más alto.

doctorado, da 1. *p.* de **doctorarse.** También *adj.* || *s. m.* **2.** Título de doctor universitario, y curso realizado para conseguir este título.

doctoral *adj.* Del doctorado o del doctor universitario: *tesis doctoral.*

doctorarse *v.* Obtener alguien el título de doctor universitario.

doctrina *s. f.* Conjunto organizado de las ideas y los pensamientos de un autor, escue-

la, movimiento político, etc. **SIN.** Ideario, filosofía.

doctrinal *adj.* De la doctrina o relacionado con ella.

documentación *s. f.* **1.** Documento o documentos para identificar a alguien o algo. **2.** Información sobre un tema o un asunto: *Busca documentación sobre las ballenas.* **SIN. 1.** Credencial.

documentado, da 1. *p.* de **documentar.** También *adj.* || *adj.* **2.** Que tiene un documento que lo identifica. **SIN. 2.** Acreditado. **ANT. 2.** Indocumentado.

documental *s. m.* Película en la que las escenas y los personajes son reales y tiene como fin enseñar o informar.

documentalista *s. m.* y *f.* **1.** Persona que se dedica a buscar información y datos sobre algún tema. **2.** Persona que hace documentales.

documentar *v.* Dar información sobre alguna cosa o buscarla. **SIN.** Informar.

documento *s. m.* Escrito u otra cosa que informa sobre algo o lo demuestra. **SIN.** Diploma, carné.

dodecaedro *s. m.* Cuerpo geométrico de doce caras.

dodecasílabo, ba *adj.* y *s. m.* De doce sílabas.

dodo *s. m.* Ave actualmente extinguida, de pico fuerte y en forma de gancho, incapaz de volar, y que vivía en algunas islas del Pacífico.

dodotis (marca registrada) *s. m.* Pañal ajustable de celulosa, de usar y tirar.

dogal *s. m.* Soga que se pone al cuello de las caballerías.

dogma *s. m.* **1.** Lo que una religión afirma como verdadero. **2.** Cualquier cosa que se afirma sin que sea posible dudar de ella.

dogmático, ca *adj.* **1.** De los dogmas o relacionado con ellos. || *adj.* y *s.* **2.** Que piensa que sus ideas u opiniones son verdaderas y no admite que otros las discutan. **SIN. 2.** Intransigente. **ANT. 2.** Transigente.

dogmatismo *s. m.* Forma intransigente de pensar y de comportarse de las personas dogmáticas.

dogo *s. m.* Perro de gran tamaño y fortaleza, cabeza chata y gruesa y pelo corto.

dólar *s. m.* Moneda de varios países, como los Estados Unidos, Canadá y Australia.

dolby (marca registrada) *s. m.* Sistema que reduce el ruido de fondo en las grabaciones de sonido.

dolencia *s. f.* Enfermedad o malestar. **SIN.** Achaque, afección. **ANT.** Salud.

doler v. Sentir o causar dolor. □ Es v. irreg. Se conjuga como *mover*. SIN. Lastimar; apenar. ANT. Calmar; alegrar.

dolido, da 1. p. de doler. || adj. **2.** Triste por algo que ha hecho otra persona. SIN. **2.** Apenado, afligido.

dolmen s. m. Monumento funerario del Neolítico, que consiste en una losa horizontal sostenida por grandes piedras verticales.

dolor s. m. **1.** Malestar que causa una herida, un golpe u otra cosa en alguna parte del cuerpo. **2.** Sentimiento de pena o tristeza. SIN. **1.** y **2.** Sufrimiento. **2.** Pesar, aflicción. ANT. **1.** Bienestar. **2.** Alegría.

dolorido, da adj. Que sufre dolor.

doloroso, sa adj. Que produce dolor.

doma s. m. Acción de domar animales.

domador, ra s. m. y f. Persona que se dedica a domar animales salvajes.

domar v. **1.** Hacer manso a un animal para que obedezca a las personas. **2.** Conseguir que una persona deje de ser rebelde. **3.** Hacer que una cosa se vuelva flexible o manejable: *domar unos zapatos.* SIN. **1.** y **2.** Amansar, amaestrar.

domeñar v. Someter, dominar.

domesticar v. Hacer manso a un animal salvaje para que pueda vivir con las personas.

doméstico, ca adj. **1.** De la casa, del hogar, o relacionado con ellos. **2.** Se dice del animal que vive con las personas. SIN. **1.** Casero. ANT. **2.** Salvaje.

domiciliar v. **1.** Hacer alguien que le paguen el sueldo y le cobren los recibos a través de una cuenta en un banco. || **domiciliarse 2.** Fijar el domicilio en un lugar.

domiciliario, ria adj. Del domicilio o que se hace o sucede en él.

domicilio s. m. Edificio, piso o local donde vive una persona o donde se encuentra una tienda, una oficina o una empresa. SIN. Dirección, señas.

dominación s. f. **1.** Acción de dominar. **2.** Dominio sobre un pueblo, territorio o nación. SIN. **1.** Sometimiento.

dominanta adj. fam. Se dice de la mujer dominante o mandona.

dominante adj. **1.** Que domina. **2.** Se dice de la persona a la que le gusta dominar a las demás.

dominar v. **1.** Tener poder sobre alguien o algo. **2.** Conocer bien un idioma, ciencia u otra cosa que se ha aprendido. **3.** Contener, controlar. **4.** Ver desde lo alto una gran extensión de terreno. **5.** Ser más usado o destacar sobre el resto. SIN. **1.** Someter. **5.**

Predominar. ANT. **1.** Obedecer. **2.** Desconocer. **3.** Avivar.

domingo s. m. Séptimo día de la semana.

dominguero, ra adj. y s. Persona que suele salir al campo o a la playa los domingos y días de fiesta, cuando va todo el mundo.

dominical adj. **1.** Del domingo. || s. m. **2.** Revista que algunos periódicos publican los domingos.

dominicano, na adj. y s. De la República Dominicana, país de América Central, o de Santo Domingo, su capital.

dominico, ca adj. y s. De la orden religiosa fundada por santo Domingo de Guzmán.

dominio s. m. **1.** Poder o superioridad sobre personas o cosas. **2.** Conocimiento de una ciencia, técnica u otra cosa. **3.** Territorio gobernado o administrado por otro. **4.** Denominación que identifica a un sitio en Internet y expresa su origen geográfico o su actividad como empresa. || LOC. **ser** una cosa **del dominio público** Ser conocida por todo el mundo. SIN. **1.** Dominación, imperio. **2.** Destreza, maestría. **3.** Colonia, posesión.

dominó s. m. Juego que se hace con veintiocho fichas rectangulares, divididas en dos cuadrados marcados con puntos.

domótica s. f. Disciplina que se ocupa de los sistemas informáticos que controlan las instalaciones de las casas y edificios.

don¹ s. m. **1.** Habilidad o cualidad que posee alguna persona. **2.** Regalo. || **3. don de gentes** Facilidad para relacionarse y tratar con otras personas. SIN. **1.** Destreza. **2.** Presente, obsequio. ANT. **1.** Torpeza.

don² s. m. **1.** Tratamiento de respeto que se pone delante de los nombres propios masculinos. || **2. don nadie** Persona sin ninguna importancia.

donación s. f. Acción de donar y aquello que se dona. SIN. Regalo.

donaire s. m. Gracia al hablar, escribir, moverse.

donante adj. y s. Persona que dona algo, especialmente la que dona sangre o algún órgano de su cuerpo.

donar v. Dar algo que uno posee, sin obtener dinero a cambio. SIN. Obsequiar, regalar. ANT. Quitar.

donativo s. m. Dinero u otra cosa que alguien da, sobre todo para ayudar a los que lo necesitan. SIN. Donación, limosna.

doncel s. m. En la Edad Media, joven noble que todavía no era caballero.

doncella s. f. **1.** Muchacha joven, en especial la que todavía no se ha casado. **2.** Criada que realiza algunas tareas de la casa o que atiende o sirve a una señora.

donde *adv.* En el lugar en que: *Esta es la calle donde nací.* || **LOC. de donde** Indica una conclusión o deducción: *No quiso saludarnos, de donde pensamos que estaba enfadado.*

dónde *interr.* **1.** En qué lugar: *No sé dónde va.* || *excl.* **2.** Expresa enfado, protesta o extrañeza: *¡Dónde se ha visto tal cosa!*

dondequiera *adv.* En cualquier parte.

dondiego *s. m.* **1.** Planta de flores grandes y de vivos colores que se abren solo en las noches y desprenden un olor fuerte y agradable. || **2. dondiego de día** Planta de flores azules, con cuello blanco y fondo amarillo, que se abren por el día y se cierran al anochecer.

donjuán *s. m.* Hombre que conquista a muchas mujeres. **SIN.** Conquistador.

donostiarra *adj. y s.* De San Sebastián (Donostia), capital de Guipúzcoa.

donut o **dónut** (marca registrada) *s. m.* Rosquilla esponjosa normalmente recubierta de azúcar o chocolate.

doña *s. f.* Tratamiento de respeto que se pone delante de los nombres propios femeninos.

dopaje *s. m.* Acción de dopar o doparse.

dopar *v.* En deportes, dar o tomar drogas estimulantes que aumentan la fuerza y la resistencia.

doping (ingl.) *s. m.* Dopaje.

doquier o **doquiera** *adv.* Se usan en las expresiones **por doquier** o **por doquiera**, 'en cualquier parte'.

dorada *s. f.* Pez marino de color gris azulado con una mancha dorada en la cabeza, de la que recibe su nombre. Es muy apreciado como alimento.

dorado, da 1. *p.* de **dorar.** También *adj.* || *adj.* **2.** De color de oro o parecido a él. **3.** Se dice de un periodo muy bueno, de gran esplendor. || *s. m.* **4.** Capa dorada de un objeto. **SIN. 3.** Glorioso, brillante.

dorar *v.* **1.** Cubrir con una capa de oro o de otra sustancia del color del oro. **2.** Freír o asar un alimento hasta que tome color dorado. || **dorarse 3.** Tomar color dorado: *dorarse al sol.* **SIN. 2.** Tostar.

dórico, ca *adj. y s. m.* Se dice del más antiguo y sencillo de los tres órdenes clásicos de la arquitectura.

dormida *s. f.* Acción de dormir.

dormilón, na *adj. y s. fam.* Que duerme mucho. **SIN.** Marmota.

dormir *v.* **1.** Cerrar los ojos y dejar de pensar y de actuar conscientemente para descansar;

también, conseguir que alguien descanse de este modo: *dormir a un bebé.* **2.** Anestesiar. || **dormirse 3.** Quedarse sin sensibilidad algún miembro del cuerpo. **4.** Descuidarse, no poner la debida atención. || **LOC. dormirse en los laureles** Confiarse demasiado por creer que ya casi se ha conseguido lo que se pretendía. □ Es v. irreg. **SIN. 3.** Entumecerse. **ANT. 1.** y **2.** Despertar.

dormitar *v.* Dormir a medias. **SIN.** Amodorrarse. **ANT.** Despabilarse.

dormitorio *s. m.* Habitación que se utiliza para dormir. **SIN.** Alcoba.

dorsal *adj.* **1.** Del dorso o de la espalda. || *s. m.* **2.** Número que llevan en la espalda los parti-

DORMIR	
GERUNDIO	
durmiendo	
INDICATIVO	
Presente	**Pretérito perfecto simple**
duermo	*dormí*
duermes	*dormiste*
duerme	*durmió*
dormimos	*dormimos*
dormís	*dormisteis*
duermen	*durmieron*
SUBJUNTIVO	
Presente	**Pretérito imperfecto**
duerma	*durmiera, -ese*
duermas	*durmieras, -eses*
duerma	*durmiera, -ese*
durmamos	*durmiéramos, -ésemos*
durmáis	*durmierais, -eseis*
duerman	*durmieran, -esen*
	Futuro simple
	durmiere
	durmieres
	durmiere
	durmiéremos
	durmiereis
	durmieren
IMPERATIVO	
duerme (tú)	*dormid* (vosotros)
duerma (usted)	*duerman* (ustedes)

cipantes de las carreras y otros deportes. ‖ *s. f.*
3. Cordillera terrestre o submarina.

dorso *s. m.* **1.** Espalda de las personas y lomo de los animales. **2.** Revés de una cosa. **SIN.** 2. Envés, reverso. **ANT.** 2. Anverso.

dos *num.* **1.** Uno y uno. **2.** Segundo. ‖ **LOC. cada dos por tres** Con mucha frecuencia.

doscientos, tas *num.* **1.** Dos veces cien. **2.** Que ocupa por orden el número doscientos.

dosel *s. m.* Especie de techo de adorno sobre un altar, un trono o una cama.

dosier o **_dossier_** (*dossier* es fr.) *s. m.* Conjunto de documentos sobre una persona o asunto. **SIN.** Expediente.

dosificador *s. m.* Utensilio para dosificar medicamentos u otras cosas.

dosificar *v.* Fijar las dosis de un medicamento o de otras cosas. **SIN.** Graduar, regular.

dosis *s. f.* **1.** Cantidad de medicamento que debe tomar un enfermo cada vez. **2.** Cantidad de otras cosas: *una dosis de veneno*; *una buena dosis de cariño*.

dotación *s. f.* **1.** Acción de dotar y aquello con que se dota. **2.** Tripulación.

dotado, da **1.** *p.* de **dotar**. También *adj.* ‖ *adj.* **2.** Que tiene buenas cualidades para algo: *dotado para el deporte*. **SIN.** 1. Provisto. 2. Apto, capacitado. **ANT.** 1. Carente. 2. Inepto.

dotar *v.* **1.** Dar ciertas cualidades a las personas o animales. **2.** Dar a una persona o cosa algo que necesita o que la mejora. **SIN.** 1. Otorgar, conferir. 2. Proveer, equipar.

dote *s. f.* **1.** Bienes que una mujer aporta cuando se casa o cuando ingresa en un convento. **2.** Capacidad o habilidad para una actividad. **SIN.** 2. Cualidad, dones.

dovela *s. f.* Cada una de las piedras que forman un arco o una bóveda.

dracma *s. amb.* **1.** Antigua moneda de Grecia. **2.** Antigua moneda griega y romana de plata.

draga *s. f.* Máquina o aparato que sirve para dragar.

dragar *v.* **1.** Limpiar el fondo de puertos, ríos, canales. **2.** Retirar o destruir las minas de los mares.

drago *s. m.* Árbol originario de Canarias, con el tronco grueso y muchas ramas y la copa ancha y siempre verde.

dragón *s. m.* Animal fantástico de leyendas y cuentos infantiles que tiene alas y echa fuego por la boca.

drama *s. m.* **1.** Obra de teatro. **2.** Obra de teatro o película de tema serio, triste o desgraciado. **3.** Suceso triste o lamentable. **SIN.** 3. Desdicha, desgracia. **ANT.** 3. Alegría.

dramático, ca *adj.* **1.** Del drama o relacionado con él. **2.** Que impresiona y produce angustia o tristeza. **SIN.** 2. Patético. **ANT.** 1. y 2. Cómico. 2. Alegre.

dramatismo *s. m.* Característica de las cosas o situaciones dramáticas.

dramatizar *v.* **1.** Dar a una obra forma de drama. **2.** Exagerar lo malo de una cosa. **ANT.** 2. Desdramatizar.

dramaturgia *s. f.* **1.** Arte de escribir obras de teatro. **2.** Conjunto de obras teatrales.

dramaturgo, ga *s. m. y f.* Persona que escribe dramas, obras de teatro.

drapeado, da *adj.* Se dice de las telas o prendas con muchos pliegues: *una falda drapeada*.

drástico, ca *adj.* Rápido y enérgico: *Se vieron obligados a tomar medidas drásticas*. **SIN.** Tajante, radical. **ANT.** Suave.

drenaje *s. m.* **1.** Acción de drenar. **2.** Tubos y otras cosas con que se drena una herida o una cavidad del cuerpo.

drenar *v.* **1.** Eliminar el agua de un terreno. **2.** Vaciar de líquido una herida o una cavidad del cuerpo.

driblar *v.* En fútbol y otros deportes, avanzar con el balón esquivando a los contrarios.

dribling (ingl.) *s. m.* Acción de driblar.

driver (ingl.) *s. m.* En informática, programa que controla un dispositivo del ordenador.

driza *s. f.* En los barcos, cabo para izar y arriar velas, banderas y cosas parecidas.

droga *s. f.* **1.** Medicamento, fármaco. **2.** Nombre de distintas sustancias que producen sensaciones de excitación o placer, o que provocan alucinaciones.

drogadicción *s. f.* Adicción a las drogas.

drogadicto, ta *adj. y s.* Persona adicta a las drogas.

drogar *v.* Hacer tomar o inyectar drogas a alguien, o hacerlo él mismo.

drogata o **drogota** *s. m. y f. fam.* Drogadicto.

drogodependencia *s. f.* Dependencia física o psíquica de una droga.

droguería *s. f.* Tienda de artículos de limpieza, pinturas y otros productos.

droguero, ra *s. m. y f.* Dueño o encargado de una droguería.

dromedario *s. m.* Mamífero rumiante muy parecido al camello, pero con una sola joroba.

druida *s. m.* Sacerdote de los celtas.

drupa *s. f.* Fruto carnoso que tiene en su interior un solo hueso, como la ciruela y el melocotón.

dual adj. Formado por dos partes, dos aspectos, dos elementos. SIN. Doble.

dualidad s. f. Característica de lo que es dual.

dubitativo, va adj. **1.** Que duda o no sabe qué hacer. **2.** En gramática, se dice de las oraciones y conjunciones que expresan duda. SIN. **1.** Dudoso, indeciso. ANT. **1.** Seguro.

ducado s. m. **1.** Territorio bajo el dominio de un duque. **2.** Antigua moneda de oro española.

ducal adj. Del duque: palacio ducal.

ducentésimo, ma num. **1.** Que ocupa por orden el número doscientos. || num. y s. m. **2.** Cada una de las doscientas partes iguales en que se divide algo.

ducha s. f. **1.** Agua en forma de lluvia que se echa sobre el cuerpo para lavarse o refrescarse. **2.** Instalación y aparato para ducharse; también, el cuarto donde están.

duchar v. Dar o darse una ducha.

ducho, cha adj. Que conoce bien algo. SIN. Experto, versado. ANT. Inexperto.

dúctil adj. **1.** Que se puede moldear fácilmente. **2.** Se dice de los metales con los que se puede hacer hilos o alambres. **3.** Se dice de la persona fácil de manejar o que se acomoda a cualquier cosa. SIN. **1.** Maleable, flexible. **3.** Manejable. ANT. **1.** Duro. **3.** Inflexible.

duda s. f. **1.** Falta de seguridad que lleva a no saber qué hacer o qué escoger. **2.** Cosa de la que alguien no está seguro. SIN. **1.** Vacilación, indecisión. **2.** Dificultad. ANT. **1.** Decisión. **2.** Certeza.

dudar v. No estar seguro de alguien o algo o no saber qué hacer. SIN. Vacilar, titubear. ANT. Confiar, decidir.

dudoso, sa adj. **1.** Que tiene dudas. **2.** Se dice de aquello de lo que se duda, que no está claro. SIN. **1.** Dubitativo, vacilante. **2.** Confuso, incierto. ANT. **1.** y **2.** Seguro. **2.** Cierto.

duelista s. m. Cada una de las personas que se enfrentan en un duelo.

duelo[1] s. m. **1.** Combate entre dos personas para solucionar entre ellas una cuestión de honor o una ofensa. **2.** Enfrentamiento o lucha entre dos rivales.

duelo[2] s. m. Demostración de dolor por la muerte de una persona.

duende s. m. **1.** Personaje fantástico de cuentos y leyendas, pequeño y revoltoso. **2.** Encanto o característica especial de una persona o cosa que la hace agradable. SIN. **1.** Genio.

dueño, ña s. m. y f. Persona que tiene o posee algo. || LOC. ser alguien **dueño** o **muy dueño** Poder hacer algo si quiere: Eres muy dueño de marcharte. SIN. Propietario, amo, poseedor.

duermevela s. amb. Sueño ligero y con interrupciones.

dueto s. m. Dúo musical.

dulce adj. **1.** De sabor parecido al del azúcar. **2.** Que no tiene sabor ácido, amargo o salado: agua dulce, almendra dulce. **3.** Delicado, agradable, cariñoso. || s. m. **4.** Pastel, golosina. SIN. **3.** Suave, grato. ANT. **1.** Amargo. **3.** Desagradable.

dulcería s. f. Establecimiento donde se hacen o venden dulces. SIN. Confitería, pastelería.

dulcificar v. Hacer más dulce, más suave y agradable.

dulzaina s. f. Instrumento musical popular de viento de sonido agudo y parecido a una flauta.

dulzón, na adj. Demasiado dulce.

dulzor s. m. Característica de las cosas dulces. ANT. Amargor.

dulzura s. f. Característica de las personas o cosas dulces, delicadas.

duna s. f. Pequeña montaña de arena formada por el viento, como las del desierto o las playas.

dúo s. m. **1.** Pareja de músicos o de cantantes. **2.** Canción para dos cantantes o música para dos instrumentos. || LOC. a dúo Entre dos personas o las dos a la vez.

duodécimo, ma num. **1.** Que ocupa por orden el número doce. || num. y s. m. **2.** Doceavo. SIN. **1.** Decimosegundo.

duodeno s. m. Primera parte del intestino delgado; está unida al estómago.

dúplex s. m. Vivienda con dos plantas comunicadas por una escalera interior.

duplicado, da 1. p. de duplicar. || adj. **2.** Que es el resultado de multiplicar algo por dos. || s. m. **3.** Copia.

duplicar v. Multiplicar algo por dos o tener el doble. SIN. Doblar.

duplicidad s. f. **1.** Característica de lo que es doble. **2.** Hipocresía, engaño. SIN. **2.** Doblez, falsedad. ANT. **2.** Sinceridad.

duplo, pla num. y s. m. Dos veces una cantidad. SIN. Doble.

duque, duquesa s. m. y f. **1.** Noble menos importante que el príncipe y más importante que el marqués o el conde. || s. f. **2.** Mujer del duque.

duración s. f. Tiempo que dura algo.

duradero, ra adj. Que dura o resiste bastante tiempo. SIN. Resistente.

duralex

duralex (marca registrada) *s. m.* Material transparente parecido al vidrio utilizado para hacer vajillas.

duramadre o **duramater** (*duramater* es lat.) *s. f.* La más externa de las meninges o membranas que envuelven el cerebro y la médula espinal.

durante *prep.* Expresa que una cosa sucede en el tiempo que dura algo: *He leído varios libros durante el verano.*

durar *v.* Pasar un tiempo desde el principio de algo hasta que termina, se estropea o deja de existir. **SIN.** Extenderse, prolongarse.

durazno *s. m.* **1.** Árbol frutal parecido al melocotonero, de mediano tamaño y flores rosadas. **2.** Fruto de este árbol.

dureza *s. f.* **1.** Característica de lo que es duro. **2.** Capa de piel dura que se forma por el roce en algunas partes del cuerpo. **SIN. 2.** Callo, callosidad. **ANT. 1.** Blandura.

duro, ra *adj.* **1.** Que no se puede doblar, rayar o cortar con facilidad. **2.** Resistente, fuerte, que aguanta bien. **3.** Difícil o que cuesta soportarlo. **4.** Exigente, violento o cruel. ‖ *s. m.* **5.** Antigua moneda de cinco pesetas. ‖ *adv.* **6.** Con fuerza o con gran esfuerzo: *entrenar duro.* ‖ **LOC. estar a las duras y a las maduras** Estar en lo malo lo mismo que en lo bueno. **tener la cabeza dura** o **muy dura** Ser muy terco. **SIN. 2.** Duradero. **3.** Arduo; crudo. **4.** Riguroso. **ANT. 1.** y **4.** Blando. **2.** Frágil. **3.** Suave.

duty-free (ingl.) *s. m.* Tienda que hay en los aeropuertos y que vende productos sin impuestos.

DVD (siglas del ingl. *Digital Versatil Disc*, disco digital versátil) *s. m.* **1.** Disco compacto con mayor capacidad de almacenaje que un CD-ROM. **2.** Aparato que lee y reproduce este tipo de discos.

e¹ *s. f.* Quinta letra del abecedario.

e² *conj.* Se emplea en lugar de la conjunción *y* delante de palabras que comienzan por *i* o *hi*, aunque no delante de *hie*: *herramientas e instrumentos; nieve y hielo.* Tampoco se usa al comienzo de una interrogación o exclamación: *¿Y Isabel?*

e-book (ingl.) *s. m.* Libro electrónico. Ver **libro.**

e-mail (ingl.) *s. m.* Correo electrónico. Ver **correo.**

ea *interj.* **1.** Sirve para expresar resolución: *Que he dicho que no voy, ea.* **2.** Se usa repetido para acunar a un niño.

easonense *adj.* y *s.* De San Sebastián, ciudad española. **SIN.** Donostiarra.

ebanista *s. m.* y *f.* Carpintero que trabaja maderas de calidad, como el ébano.

ebanistería *s. f.* **1.** Taller del ebanista. **2.** Actividad del ebanista.

ébano *s. m.* Árbol muy alto con la copa ancha y el tronco grueso; su madera negra es muy apreciada para fabricar muebles e instrumentos musicales.

ebrio, ebria *adj.* y *s.* Borracho, bebido. **SIN.** Embriagado. **ANT.** Sobrio.

ebullición *s. f.* **1.** Acción de hervir un líquido, produciéndose burbujas en él. ‖ **2. punto de ebullición** Temperatura a la que empieza a hervir un líquido. **SIN. 1.** Hervor.

ebúrneo, a *adj.* De marfil o que parece marfil.

eccehomo (del lat.) *s. m.* **1.** Imagen de Jesucristo con una corona de espinas, como la presentó Pilatos al pueblo. **2.** Persona que tiene muy mal aspecto, con heridas y contusiones.

eccema *s. m.* Aparición en la piel de escamas, granitos o manchas rojizas, que pican o escuecen.

echar *v.* **1.** Lanzar o lanzarse: *Échame la pelota. Se nos echó encima.* **2.** Expulsar, despedir: *La echaron de clase. La chimenea echa humo.* **3.** Meter, colocar, poner: *Echa la carta en el buzón. Échate a un lado. ¿Me echas agua?* **4.** Salirle: *echar los dientes.* **5.** Poner una película o programa en televisión, representar una obra en un teatro, etc. **6.** Calcular: *Le echo unos treinta años.* **7.** Hacer lo que indica el sustantivo: *echar cuentas.* ‖ **echarse 8.** Acostarse o tenderse. **9.** Empezar una relación: *echarse novio.* ‖ **LOC. echar** o **echarse a** Comenzar a: *echarse a reír.* **echar a perder** Estropear. **echar de menos** Notar la falta de una persona o cosa. **echar un cable** o **una mano** a alguien Ayudarlo. **echarse atrás** Abandonar algo que se pensaba hacer. **SIN. 1.** Tirar. **1.** y **2.** Arrojar. **3.** Enviar, introducir. **4.** Brotar. **ANT. 1.** Agarrar. **2.** Admitir. **3.** Recoger.

echarpe *s. m.* Mantón largo y estrecho que se ponen las mujeres por los hombros.

eclecticismo *s. m.* **1.** Tendencia a combinar elementos, ideas o estilos diferentes. **2.** Modo de actuar del que toma una posición intermedia entre ideas o posturas contrarias.

ecléctico, ca *adj.* y *s.* Del eclecticismo o que actúa con eclecticismo.

eclesial *adj.* Eclesiástico.

eclesiástico, ca *adj.* **1.** Relacionado con la Iglesia y con los clérigos. ‖ *s. m.* **2.** Clérigo. **SIN. 1.** Clerical. **ANT. 1.** y **2.** Laico.

eclipsar *v.* **1.** Tapar un astro a otro. **2.** Tener alguien o algo tan buenas cualidades que no se aprecian las de los demás. ‖ **eclipsarse 3.** Sufrir un astro un eclipse. **SIN. 2.** Anular.

eclipse *s. m.* Fenómeno que se produce cuando un astro tapa totalmente o en parte a otro al ponerse entre él y un tercer astro.

eclíptica *s. f.* Recorrido de forma ovalada que hace la Tierra al moverse alrededor del Sol.

eclosión *s. f.* **1.** Acción de abrirse el huevo para dejar salir al nuevo ser. **2.** Apertura de un capullo de flor o de insecto. **3.** Salida del óvulo del ovario. **4.** Hecho de aparecer de repente algo que luego tiene mucha importancia. **SIN. 4.** Aparición, comienzo.

eclosionar *v.* Hacer eclosión.

eco *s. m.* **1.** Repetición de un sonido al chocar contra un objeto, rebotar y volver al lugar de origen. **2.** Hecho de extenderse o ser conocido algo. **SIN. 2.** Alcance, resonancia.

ecografía *s. f.* Técnica empleada en medicina para ver los órganos del interior del cuerpo a través de ultrasonidos.

ecología *s. f.* Ciencia que estudia las relaciones entre los seres vivos y el medio en que viven.

ecológico, ca *adj.* **1.** Relacionado con la ecología. **2.** Que no daña el medio ambiente: *productos ecológicos.*

ecologismo *s. m.* Teoría y movimiento social que defienden la conservación del medio ambiente y se opone al uso incontrolado de la naturaleza.

ecologista *adj. y s.* **1.** Del ecologismo. **2.** Que respeta y cuida el medio ambiente. **SIN. 1.** Verde. **2.** Ecológico.

economato *s. m.* Establecimiento donde algunos grupos de personas pueden comprar productos a un precio más barato.

economía *s. f.* **1.** Ciencia que estudia la mejor manera de utilizar los bienes y el dinero, y obtener beneficios con ellos. **2.** Bienes o riqueza de un país, empresa, familia, etc. **3.** Ahorro de dinero, tiempo u otra cosa.

económico, ca *adj.* **1.** De la economía. **2.** Barato: *un restaurante económico.* **SIN. 2.** Asequible, módico. **ANT. 2.** Caro.

economista *s. m. y f.* Experto en economía.

economizar *v.* Gastar poco. **SIN.** Ahorrar. **ANT.** Despilfarrar.

ecónomo, ma *adj. y s.* **1.** Encargado de administrar la economía de una orden religiosa o de una persona que por sí misma no puede hacerlo. ‖ *s. m.* **2.** Sacerdote que sustituye a otro en una parroquia.

ecosistema *s. m.* Conjunto formado por los seres vivos y otros factores (agua, clima, tipo de suelo, etc.) de un lugar.

ecoturismo *s. m.* Turismo que tiene lugar en áreas naturales y que respeta el medio ambiente.

ecuación *s. f.* Igualdad entre dos expresiones matemáticas que contienen una o más incógnitas; por ejemplo, $3x + 2 = 11$.

ecuador *s. m.* **1.** Círculo imaginario perpendicular al eje de la Tierra, que divide a esta en dos mitades iguales llamadas *hemisferios* (el norte y el sur). **2.** Punto medio en la duración de algo: *el ecuador del curso escolar.*

ecualizador *s. m.* Circuito electrónico utilizado en un amplificador para aumentar la calidad del sonido.

ecuánime *adj.* Justo, imparcial. **ANT.** Parcial.

ecuanimidad *s. f.* Justicia, imparcialidad. **ANT.** Parcialidad.

ecuatoguineano, na *adj. y s.* De Guinea Ecuatorial, país de África.

ecuatorial *adj.* Del ecuador, paralelo central de la Tierra.

ecuatoriano, na *adj. y s.* De Ecuador, país de América del Sur.

ecuestre *adj.* **1.** Relacionado con los caballos. **2.** Se dice de la figura o escultura representada a caballo.

ecuménico, ca *adj.* De todo el mundo; se dice sobre todo de los concilios en los que está representada toda la Iglesia.

ecumenismo *s. m.* Movimiento que intenta conseguir la unidad de todas las Iglesias cristianas.

edad *s. f.* **1.** Tiempo que una persona o animal lleva viviendo, desde su nacimiento. **2.** Periodo de la vida de una persona. **3.** Cada periodo de la historia. ‖ **4. Edad Antigua** Periodo de la historia desde la aparición de las primeras civilizaciones hasta la caída del Imperio romano (siglo v). **5. Edad Contemporánea** La actual, que comenzó con la Revolución francesa. **6. Edad de los Metales** Parte de la prehistoria en la que los primeros seres humanos comenzaron a fabricar armas e instrumentos de metal; se divide en Edad del Cobre, del Bronce y del Hierro. **7. Edad de Piedra** Primer periodo de la prehistoria, en que los primeros seres humanos utilizaban instrumentos de piedra. **8. edad del pavo** Edad en que comienza la adolescencia. **9. Edad Media** La que abarca desde el siglo v hasta finales del siglo xv. **10. Edad Moderna** La que abarca desde el final de la Edad Media hasta la Revolución francesa (1789). **11. mayor de edad** Persona que ha cumplido los dieciocho años. **12. tercera edad** Periodo de la vida que comienza alrededor de los sesenta y cinco años.

edelweiss (al.) *s. m.* Planta con hojas cubiertas de pelillo y flores blancas, que crece en zonas de alta montaña.

edema *s. m.* Inflamación de una parte del cuerpo por acumularse líquido, por ejemplo, en los pulmones.

edén *s. m.* **1.** Según la Biblia, paraíso terrenal donde vivieron Adán y Eva. **2.** Lugar muy agradable.

edición *s. f.* **1.** Acción de editar. **2.** Conjunto de ejemplares de una misma obra que se realizan de una sola vez. **3.** Cada celebración de un concurso, festival, etc. **SIN. 2.** Tirada.

edicto *s. m.* **1.** Mandato o decreto de una autoridad. **2.** Aviso en la prensa o en un lugar público para que lo conozcan los ciudadanos. **SIN. 1.** Bando.

edificación *s. f.* **1.** Acción de edificar. **2.** Edificio. **SIN. 1.** y **2.** Construcción.

edificante *adj.* Que da buen ejemplo y anima a otros a actuar bien.

edificar *v.* Hacer edificios. **SIN.** Construir, levantar. **ANT.** Derrumbar.

edificio *s. m.* Construcción realizada con materiales resistentes y destinada a viviendas, oficinas, tiendas, etc. **SIN.** Edificación, inmueble.

edil, edila *s. m. y f.* Concejal.

editar *v.* **1.** Publicar por medio de la imprenta o por otras técnicas de reproducción un libro, revista, disco, etc. **2.** Preparar una de estas obras para su publicación. **3.** Abrir un documento y corregirlo y modificarlo usando un determinado programa informático. **SIN. 1.** Imprimir.

editor, ra *adj. y s.* **1.** Persona o empresa que edita obras. || *s. m. y f.* **2.** Persona encargada de organizar las tareas de publicación de una obra. || *s. m.* **3.** Programa informático que permite abrir y modificar archivos: *editor de vídeo.*

editorial *adj.* **1.** Relacionado con la edición de una obra. || *s. f.* **2.** Empresa que edita libros, revistas y otras obras. || *s. m.* **3.** Artículo de un periódico que no lleva firma y expresa la opinión de este sobre un asunto. **SIN. 2.** Editora.

edredón *s. m.* Colcha rellena de plumas u otro material.

educación *s. f.* **1.** Hecho de enseñar a una persona los conocimientos necesarios y las normas de cómo debe comportarse. **2.** Manera de comportarse correctamente con los demás. || **3. educación física** Actividad que consiste en la gimnasia y el deporte. **SIN. 1.** Enseñanza, instrucción. **2.** Cortesía, corrección. **ANT. 2.** Descortesía.

educado, da *1. p.* de educar. También *adj.* || *adj.* **2.** Que tiene buena educación. **SIN. 2.** Cortés. **ANT. 2.** Descortés.

educador, ra *s. m. y f.* Persona que educa a otras. **SIN.** Profesor, maestro.

educando, da *adj. y s.* Que está recibiendo una educación. **SIN.** Alumno, discípulo, estudiante, pupilo.

educar *v.* **1.** Dar a una persona los conocimientos necesarios y enseñarle cómo debe comportarse. **2.** Perfeccionar y desarrollar una cosa: *educar el oído, la voz.* **SIN. 1.** Formar, instruir. **2.** Ejercitar, afinar. **ANT. 1.** Malcriar.

educativo, va *adj.* Que educa o sirve para educar: *juegos educativos.* **SIN.** Didáctico, pedagógico.

edulcorante *adj. y s. m.* Se dice de la sustancia empleada para endulzar.

edulcorar *v.* Endulzar algo. **SIN.** Azucarar. **ANT.** Amargar.

efectista *adj.* Que da más importancia al efecto de algo que a la calidad que tiene: *un discurso efectista.*

efectivamente *adv.* Confirma algo dicho o pensado antes: *Efectivamente, ocurrió así.*

efectividad *s. f.* Característica de efectivo. **SIN.** Eficacia.

efectivo, va *adj.* **1.** Eficaz. || *s. m.* **2.** Dinero en monedas o billetes: *Pagamos en efectivo.* || *s. m. pl.* **3.** Número de personas de que dispone una empresa, ejército, etc., para algo. || **LOC. hacer efectivo** Realizar; referido a una cantidad de dinero, pagarla o cobrarla. **SIN. 1.** Eficiente. **2.** Metálico. **ANT. 1.** Ineficaz.

efecto *s. m.* **1.** Resultado de la acción de algo: *El hielo se funde por efecto del calor.* || *s. m. pl.* **2.** Objetos de una persona, empresa, etc.: *Cuando se trasladó, se llevó todos sus efectos.* || **3. efectos especiales** Trucos que se emplean en cine, televisión, teatro, etc., para representar algunas cosas o fenómenos como si fueran reales. || **LOC. en efecto** Efectivamente. **SIN. 1.** Consecuencia, producto. **2.** Pertenencias.

efectuar *v.* Hacer, realizar: *El despegue se efectuó sin problemas.*

efeméride *s. f.* **1.** Acontecimiento importante que se recuerda en cualquier aniversario del mismo y, también, la conmemoración de ese aniversario. || *s. f. pl.* **2.** Acontecimientos importantes de distintos años que coinciden en el día y en el mes.

efervescencia *s. f.* **1.** Desprendimiento de burbujas a través de un líquido. **2.** Animación, excitación.

efervescente *adj.* Que está o puede estar en efervescencia: *comprimidos efervescentes.*

eficacia *s. f.* Característica de eficaz. **SIN.** Eficiencia. **ANT.** Ineficacia.

eficaz *adj.* **1.** Que produce el efecto que se desea: *un remedio eficaz.* **2.** Que hace muy bien su trabajo. **SIN. 1.** Efectivo. **1.** y **2.** Eficiente. **ANT. 1.** Ineficaz. **2.** Incompetente.

eficiencia *s. f.* Característica de eficiente. **SIN.** Eficacia.

eficiente *adj.* Eficaz. **SIN.** Competente; efectivo. **ANT.** Incompetente; ineficaz.

efigie *s. f.* Imagen de una persona en un cuadro, escultura, etc. **SIN.** Retrato.

efímero, ra *adj.* Que dura poco tiempo. **SIN.** Breve, fugaz. **ANT.** Duradero.

efluvio s. m. Lo que despide una cosa de sí, como olor o vapores. **SIN.** Emanación.

efusión s. f. Forma muy afectuosa de demostrar que se aprecia a alguien. **SIN.** Calor. **ANT.** Frialdad.

efusivo, va adj. Que muestra mucho afecto o cariño: un efusivo abrazo. **SIN.** Caluroso. **ANT.** Frío.

egipcio, cia adj. y s. **1.** De Egipto, país de África. || s. m. **2.** Lengua hablada en este país.

egiptología s. f. Estudio de la antigua civilización egipcia.

égloga s. f. Poema en que dos o más pastores hablan del amor o de la vida en el campo.

ego (del lat.) s. m. **1.** Excesiva buena opinión que tiene una persona de sí misma. || **2. alter ego** Persona en la que otra tiene mucha confianza.

egocéntrico, ca adj. y s. Se dice de la persona que se cree el centro de todo.

egocentrismo s. m. Característica de la persona egocéntrica.

egoísmo s. m. Característica de la persona egoísta. **ANT.** Abnegación.

egoísta adj. y s. Que solo piensa en sí mismo y no le importan los demás. **ANT.** Abnegado.

ególatra adj. y s. Se dice de la persona que se admira demasiado a sí misma.

egolatría s. f. Característica de la persona ególatra.

egregio, gia adj. Que destaca por su categoría o por sus méritos. **SIN.** Insigne, ilustre.

egresado, da adj. y s. Amér. Se dice de la persona que ha terminado sus estudios y tiene un título.

eh interj. Sirve para llamar, preguntar o advertir algo a otra persona: ¡Eh, ven aquí!

eje s. m. **1.** Barra, varilla o línea que pasa por el centro de un cuerpo y permite que este gire alrededor de ella. **2.** Persona, cosa o asunto muy importante, que es el centro de algo. || **3. eje de coordenadas** o **cartesiano** Cada una de las dos rectas perpendiculares que sirven para determinar la situación de un punto en el plano constituido por ellas. **SIN.** 2. Núcleo, base.

ejecución s. f. **1.** Acción de ejecutar. **2.** Manera en que se ejecuta algo, sobre todo una obra musical. **SIN.** 1. Realización, cumplimiento, consumación.

ejecutable adj. **1.** Que se puede ejecutar o llevar a cabo. || adj. y s. m. **2.** Se dice de los archivos informáticos que pueden ser ejecutados directamente por el ordenador.

ejecutar v. **1.** Hacer, realizar. **2.** Tocar una pieza musical. **3.** Matar a una persona condenada a muerte. **SIN.** 1. Efectuar, cumplir. 3. Ajusticiar. **ANT.** 1. Incumplir.

ejecutiva s. f. Grupo de personas que dirigen algo, por ejemplo, una empresa o un partido político.

ejecutivo, va s. m. y f. **1.** Persona que participa en la dirección de una empresa. || n. pr. m. **2.** El Gobierno de una nación. Se llama también poder ejecutivo.

ejemplar adj. **1.** Que es bueno y por ello sirve de ejemplo. **2.** Se dice del castigo que se pone a alguien para que sirva de escarmiento a otros. || s. m. **3.** Cada una de las copias de un libro, periódico u otra publicación. **4.** Cada uno de los miembros de una raza o especie.

ejemplificar v. Poner ejemplos para demostrar o aclarar algo.

ejemplo s. m. **1.** Persona, acción o conducta que debe imitarse si es buena y evitarse si es mala. **2.** Lo que se dice como muestra de algo o para que se entienda mejor. **SIN.** 1. Modelo, patrón.

ejercer v. **1.** Realizar las actividades de una profesión u oficio. **2.** Tener influencia, autoridad o poder sobre alguien o algo. **3.** Hacer uso de un derecho. **SIN.** 1. Desempeñar, profesar. 3. Ejercitar.

ejercicio s. m. **1.** Tarea que se realiza para practicar lo que se aprende. **2.** Examen, prueba. **3.** Movimientos del cuerpo que se hacen para entrenar o estar en forma. **4.** Acción de ejercer. **SIN.** 3. Gimnasia, deporte. 4. Desempeño. **ANT.** 3. Reposo.

ejercitar v. **1.** Hacer ejercicios para practicar lo aprendido o para mejorar en algo. **2.** Dedicarse a una profesión o actividad. **3.** Hacer uso de algo, como un derecho o una capacidad. **SIN.** 1. Entrenar. 2. y 3. Ejercer.

ejército n. pr. m. **1.** Conjunto de soldados, con sus armas y vehículos, que defienden un país: Sirvió en el Ejército. || s. m. **2.** Grupo de soldados bajo un mismo mando: el ejército de Napoleón. **3.** Grupo muy numeroso. **SIN.** 1. Milicia. 3. Multitud.

ejido s. m. Campo a las afueras de un pueblo que es de todos los vecinos.

el art. det. m. Va delante de un sustantivo masculino singular, que es conocido por los hablantes, o de un adjetivo convirtiéndolo en sustantivo: el ordenador; el mejor. También acompaña a sustantivos femeninos que comienzan por a o ha tónicas: el águila, el habla.

él, ella, ello pron. pers. Indica la persona o la cosa de la que se habla, que es la tercera persona.

elaboración s. f. Acción de elaborar una cosa. **SIN.** Fabricación, confección.

elaborado, da 1. p. de elaborar. También adj. || adj. **2.** Hecho con mucho trabajo y cuidado. **SIN. 2.** Esmerado. **ANT. 2.** Descuidado.

elaborar v. Preparar una cosa utilizando lo necesario para ello y haciéndolo de la manera conveniente. **SIN.** Hacer, fabricar, confeccionar.

elasticidad s. f. **1.** Característica de elástico. **2.** Ejercicios que se hacen para tener flexibles los músculos. **SIN. 1.** Flexibilidad. **ANT. 1.** Rigidez.

elástico, ca adj. **1.** Que puede estirarse y volver luego a la forma que tenía antes. **2.** Que permite algunos cambios o interpretaciones: Las normas de este juego son bastante elásticas. Lo que dices me parece muy elástico. || s. m. **3.** Cinta o cordón de goma. **SIN. 1.** y **2.** Flexible. **ANT. 1.** y **2.** Rígido.

ele interj. **1.** Sirve para expresar asentimiento: ¡Ele! Ya te lo decía yo. **2.** Sirve para jalear: ¡Ele mi niña!

elección s. f. **1.** Acción de elegir y aquello que se elige. **2.** Votación en la que se elige a una o varias personas para un puesto o cargo. **SIN. 2.** Comicios, sufragio.

electivo, va adj. Se dice del cargo o puesto que se consigue por elección.

electo, ta adj. y s. Elegido en votación.

elector, ra s. m. y f. Persona que vota en unas elecciones o tiene derecho a hacerlo. **SIN.** Votante.

electorado s. m. Electores de un país, región o ciudad.

electoral adj. De las elecciones o relacionado con ellas.

electoralista adj. Que se dice o se hace únicamente para conseguir votos en unas elecciones.

electricidad s. f. **1.** Conjunto de fenómenos físicos que resultan de la existencia en la materia de cargas eléctricas positivas (protones) y negativas (electrones) y de las interacciones entre ellas. **2.** Corriente eléctrica, cargas eléctricas en movimiento. || **3. electricidad estática** La que es producida por frotamiento.

electricista s. m. y f. Persona que pone y arregla instalaciones eléctricas.

eléctrico, ca adj. **1.** De la electricidad o relacionado con ella. **2.** Que tiene electricidad, la conduce o funciona con ella.

electrificar v. Poner electricidad o equipos eléctricos en una cosa o lugar.

electrizante adj. Que electriza o entusiasma. **SIN.** Apasionante.

electrizar v. **1.** Producir electricidad en un cuerpo. **2.** Provocar un gran entusiasmo. **SIN. 2.** Apasionar.

electrocardiograma s. m. Gráfico en el que un aparato especial registra el ritmo de los latidos del corazón.

electrochoque s. m. Tratamiento para algunas enfermedades mentales mediante descargas eléctricas en el cerebro.

electrocutar v. Matar o morir por medio de una descarga eléctrica.

electrodo s. m. Cada uno de los extremos de un conductor que recibe o comunica una corriente eléctrica.

electrodoméstico s. m. Aparatos eléctricos que se utilizan en las casas, como la lavadora o el televisor.

electroencefalograma s. m. Gráfico en el que, mediante un aparato, se registra la actividad cerebral. **SIN.** Encefalograma.

electrógeno, na adj. **1.** Que produce electricidad. || s. m. **2.** Aparato que produce energía eléctrica. || **3. grupo electrógeno** Motor de explosión que transforma, a través de un generador, la energía mecánica en eléctrica. **SIN. 2.** Generador.

electroimán s. m. Pieza de hierro que toma las propiedades de un imán cuando circula una corriente eléctrica alrededor de ella.

electrólisis o **electrolisis** s. f. Separación de los componentes de una disolución haciendo circular una corriente eléctrica a través de ella.

electrolito o **electrólito** s. m. Sustancia que al disolverse en el agua hace que esta sea conductora de la electricidad, como por ejemplo, las sales.

electromagnetismo s. m. Parte de la física que estudia los fenómenos en los que intervienen la electricidad y el magnetismo.

electrón s. m. Partícula de un átomo con carga eléctrica negativa.

electrónica s. f. **1.** Parte de la física que estudia las señales que se envían y se reciben por medio de la electricidad. **2.** Técnica que utiliza estas señales.

electrónico, ca adj. De la electrónica o relacionado con ella.

electroscopio s. m. Aparato para descubrir si hay electricidad en un cuerpo.

electroshock (ingl.) s. m. Electrochoque.

elefante, ta s. m. y f. **1.** Mamífero herbívoro de gran tamaño, con las orejas muy grandes y la nariz y el labio superior en forma de larga trompa. Vive en África y en Asia. || **2. elefante marino** Animal parecido a una foca de gran tamaño. Los machos tienen una pequeña trompa en el hocico.

elefantiasis *s. f.* Enfermedad que produce un enorme aumento de algunas partes del cuerpo.

elegancia *s. f.* Característica de elegante. **SIN.** Distinción, finura. **ANT.** Ordinariez.

elegante *adj.* **1.** Que viste bien y con buen gusto. **2.** Muy fino, bonito o de categoría. **SIN.** **1.** y **2.** Distinguido. **2.** Lujoso. **ANT.** **1.** y **2.** Ordinario.

elegía *s. f.* Poesía muy triste, sobre todo la que se hace por la muerte de una persona.

elegiaco, ca o **elegíaco, ca** *adj.* **1.** De la elegía. **2.** Que expresa tristeza y dolor.

elegir *v.* Tomar o indicar la persona o cosa que se prefiere entre varias. ◻ Es v. irreg. Se conjuga como *pedir.* **SIN.** Escoger, seleccionar. **ANT.** Rechazar.

elemental *adj.* **1.** Fundamental, básico. **2.** Sencillo, poco complicado. **SIN.** **1.** Esencial. **2.** Simple. **ANT.** **1.** Accesorio. **2.** Complejo.

elemento *s. m.* **1.** Cada una de las personas o cosas de un grupo o de las partes o circunstancias de algo. **2.** Individuo valorado positiva o negativamente: *¡Menudo elemento es Raúl!* **3.** En química, cuerpo que no puede descomponerse en otros más simples sin perder sus características. **4.** Medio en que vive una persona o un animal. ‖ *s. m. pl.* **5.** Algunos fenómenos atmosféricos, como el viento o la tormenta. **SIN.** **1.** Integrante. **4.** Ambiente, hábitat.

elenco *s. m.* Conjunto de actores o artistas que intervienen en un espectáculo.

elepé *s. m.* Disco de vinilo de larga duración.

elevación *s. f.* **1.** Acción de elevar o elevarse. **2.** Parte del terreno o de otra cosa que está más alta que lo que la rodea. **SIN.** **1.** Subida, aumento. **2.** Altura. **ANT.** **1.** Bajada. **2.** Depresión.

elevado, da **1.** *p.* de **elevar.** También *adj.* ‖ *adj.* **2.** Alto. **3.** Muy bueno o importante. **4.** Difícil, complicado: *Utiliza un lenguaje elevado.* **SIN.** **3.** Noble, sublime. **4.** Complejo. **ANT.** **2.** y **3.** Bajo. **3.** Mezquino. **4.** Sencillo.

elevador, ra *adj.* **1.** Que eleva o sube. ‖ *s. m.* **2.** Máquina empleada para subir personas o mercancías.

elevalunas *s. m.* Mecanismo para subir y bajar los cristales de un coche.

elevar *v.* **1.** Levantar, subir. **2.** Aumentar el valor, la cantidad o la intensidad de algo. **3.** Poner a una persona en una situación o cargo mejor. **4.** En matemáticas, hacer una potencia: *elevar al cubo.* **SIN.** **1.** y **2.** Alzar. **2.** Incre-

mentar, acrecentar. **3.** Ascender. **ANT.** **1.** y **2.** Bajar. **2.** Disminuir. **3.** Degradar.

elfo *s. m.* Ser fantástico de las leyendas escandinavas; era bondadoso y vivía en los bosques.

elidir *v.* Suprimir una letra o también una palabra dentro de una oración, porque se entiende sin ella.

eliminación *s. f.* Acción de eliminar. **SIN.** Supresión. **ANT.** Añadidura.

eliminar *v.* Rechazar, quitar, expulsar. **SIN.** Suprimir. **ANT.** Añadir.

eliminatoria *s. f.* Prueba para seleccionar a los participantes en una competición o en un concurso.

eliminatorio, ria *adj.* Que elimina o sirve para eliminar.

elipse *s. f.* Curva cerrada que tiene forma ovalada.

elipsis *s. f.* Eliminación de una o más palabras en una oración o una frase sin que cambie su significado, como en *Nuria puede ir, pero yo no* (*puedo ir*).

elíptico, ca *adj.* Se dice de la palabra o grupo de palabras que se han suprimido de una oración.

elisión *s. f.* Elipsis.

élite o **elite** (del fr.) *s. f.* Grupo pequeño de personas importantes o destacadas.

elitismo *s. m.* Sistema o actitud que beneficia a una élite.

elitista *adj.* y *s.* Relacionado con la élite o dirigido a este tipo de personas.

élitro *s. m.* Cada una de las alas, duras y que no sirven para volar, que protegen las verdaderas alas en algunos insectos.

elixir o **elíxir** *s. m.* **1.** Medicamento líquido disuelto en alcohol. **2.** Remedio maravilloso: *el elixir de la juventud.*

elocuencia *s. f.* Capacidad de hablar muy bien, de modo que impresione y convenza. **SIN.** Labia.

elocuente *adj.* Que tiene elocuencia.

elogiar *v.* Decir elogios. **SIN.** Alabar, ensalzar. **ANT.** Insultar; criticar.

elogio *s. m.* Cosa buena que se dice de alguien o algo. **SIN.** Alabanza. **ANT.** Insulto; crítica.

elogioso, sa *adj.* Que elogia o merece ser elogiado. **SIN.** Laudatorio. **ANT.** Insultante; crítico.

elucidar *v.* Explicar o aclarar algo: *elucidar una cuestión.*

elucubración *s. f.* Acción de elucubrar. **SIN.** Reflexión.

elucubrar v. Pensar mucho sobre algo, a menudo sin fundamento. **SIN**. Reflexionar.

eludir v. Evitar algo molesto o desagradable. **SIN**. Rehuir. **ANT**. Afrontar.

emanación s. f. Acción de emanar y lo que emana de algo. **SIN**. Efluvio.

emanar v. **1**. Salir de un cuerpo un olor, vapor o radiación. **2**. Proceder una cosa de otra. **SIN**. **1**. Despedir, desprender. **2**. Derivar, provenir.

emancipación s. f. Independencia, liberación. **ANT**. Sometimiento.

emanciparse v. Hacer o hacerse independiente o libre. **SIN**. Independizar, liberar. **ANT**. Someter.

embadurnar v. Untar o llenar de algo pegajoso, grasiento o que mancha.

embajada s. f. **1**. Cargo de embajador. **2**. Residencia y oficina del embajador y sus empleados. **SIN**. **2**. Legación.

embajador, ra s. m. y f. Persona que representa a su país y a su jefe de Estado en otra nación.

embalaje s. m. **1**. Acción de embalar. **2**. Envoltorio o caja con que se embala.

embalar v. Envolver o colocar en cajas las cosas que se van a transportar. **SIN**. Empaquetar. **ANT**. Desembalar.

embalarse v. Aumentar mucho la velocidad. **SIN**. Lanzarse. **ANT**. Frenarse.

embalsamar v. Preparar un cadáver para evitar que se descomponga.

embalsar v. Hacer que el agua se detenga y quede retenida.

embalse s. m. Lago artificial en que queda retenida y almacenada el agua de un río. **SIN**. Pantano, estanque.

embarazada adj. y s. f. Se dice de la mujer que va a tener un niño. **SIN**. Encinta.

embarazar v. **1**. Fecundar un hombre a una mujer, hacer que vaya a tener un hijo. **2**. Estorbar. ‖ **embarazarse 3**. Quedarse embarazada una mujer. **4**. Sentir vergüenza. **SIN**. **1**. Preñar. **4**. Cohibirse, turbarse, cortarse.

embarazo s. m. **1**. Estado de la mujer embarazada, que suele durar nueve meses. **2**. Vergüenza o apuro. **SIN**. **1**. Gestación, preñez. **ANT**. **2**. Desparpajo.

embarazoso, sa adj. Que produce embarazo o vergüenza: una situación embarazosa. **SIN**. Comprometido, incómodo, violento. **ANT**. Cómodo.

embarcación s. f. Vehículo que se traslada por el agua. **SIN**. Barco, nave, navío.

embarcadero s. m. Lugar destinado para embarcar y desembarcar. **SIN**. Atracadero.

embarcar v. **1**. Subir personas o mercancías a un barco, tren o avión. **2**. Meter a alguien en un asunto arriesgado: Le embarcaron en un negocio turbio. **ANT**. **1**. Desembarcar.

embargar v. **1**. Hacer un embargo. **2**. Llenar a alguien una sensación o sentimiento: Le embarga la emoción. **SIN**. **2**. Colmar, inundar.

embargo s. m. **1**. Hecho de retener los bienes de una persona por orden del juez u otra autoridad. **2**. Prohibición de un país a otro de comprar y transportar armas u otras cosas. ‖ **LOC**. **sin embargo** A pesar de ello, sin que impida lo que se dice a continuación: Hacía frío; sin embargo, salimos a pasear.

embarque s. m. Acción de embarcarse personas o embarcar mercancías. **ANT**. Desembarco.

embarrancar v. Encallar una embarcación.

embarrar v. **1**. Cubrir o manchar con barro. **2**. Amér. Meter a alguien en problemas o en asuntos sucios.

embarullar v. Liar, embrollar. **SIN**. Enredar. **ANT**. Desenredar.

embate s. m. Golpe violento, por ejemplo, el de las olas. **SIN**. Acometida.

embaucador, ra adj. y s. Que embauca. **SIN**. Timador.

embaucar v. Engañar. **SIN**. Timar.

embeber v. **1**. Absorber un cuerpo sólido un líquido. ‖ **embeberse 2**. Estar muy concentrado haciendo algo. **SIN**. **1**. Absorber. **2**. Enfrascarse, ensimismarse. **ANT**. **2**. Distraerse.

embelesar v. Gustar algo a una persona de tal manera que atrae toda su atención. **SIN**. Cautivar, fascinar.

embeleso s. m. Acción de embelesar. **SIN**. Fascinación.

embellecedor, ra adj. **1**. Que embellece. ‖ s. m. **2**. Pieza de adorno.

embellecer v. Hacer más bello. □ Es v. irreg. Se conjuga como agradecer. **ANT**. Afear.

embero s. m. Árbol africano muy apreciado por su madera oscura.

emberrenchinarse o **emberrincharse** v. Enfadarse mucho, coger un berrinche. **SIN**. Enrabietarse.

embestida s. f. Acción de embestir. **SIN**. Acometida.

embestir v. Lanzarse con fuerza contra alguien o algo. □ Es v. irreg. Se conjuga como pedir. **SIN**. Arremeter, acometer.

embetunar v. Dar betún a los zapatos.

emblema *s. m.* **1.** Medalla, escudo, etc., que representa a una familia, ciudad o institución. **2.** Figura que se toma como representación de algo. **SIN. 1.** Enseña. **2.** Símbolo.

emblemático, ca *adj.* Representativo, destacado.

embobado, da 1. *p.* de embobar. ‖ *adj.* **2.** Se dice de la persona a la que le gusta tanto algo que no se entera de nada más.

embobar *v.* Dejar a alguien embobado o quedarse uno embobado. **SIN.** Embelesar, pasmar.

embocado, da *adj.* Se dice del vino mezcla de seco y dulce. **SIN.** Abocado.

embocadura *s. f.* **1.** Lugar por donde se entra a un puerto, canal, etc. **2.** Boquilla de un instrumento musical de viento.

embolado *s. m. fam.* Asunto incómodo y difícil de resolver. **SIN.** Marrón, papeleta.

embolador *s. m.* En Colombia, limpiabotas.

embolia *s. f.* Obstrucción de una arteria por grasa, aire o un coágulo, que impide que la sangre pueda circular.

émbolo *s. m.* Pieza que se mueve dentro de otra para empujar un líquido o gas, como la que tienen las jeringuillas.

embolsarse *v.* Ganar dinero.

emborrachar *v.* Poner o ponerse borracho. **SIN.** Embriagar. **ANT.** Despejar.

emborrascarse *v.* Ponerse el tiempo malo.

emborregado, da *adj.* Se dice del cielo cubierto de nubes.

emborronar *v.* Manchar con borrones un dibujo o escrito.

emboscada *s. f.* Acción de esconderse para atacar a alguien por sorpresa. **SIN.** Trampa, encerrona.

emboscar *v.* **1.** Ocultar a alguien para que ataque por sorpresa. ‖ **emboscarse 2.** Esconderse entre los árboles y la vegetación. **SIN. 1.** Apostar.

embotar *v.* **1.** Hacer perder agudeza a la mente o a los sentidos. **2.** Quitar el filo o la punta a un arma o utensilio. **SIN. 1.** Atontar, ofuscar. **2.** Mellar. **ANT. 1.** Aguzar. **2.** Afilar.

embotellado, da 1. *p.* de embotellar. También *adj.* ‖ *s. m.* **2.** Acción de embotellar.

embotellamiento *s. m.* Atasco de vehículos. **SIN.** Tapón.

embotellar *v.* Meter un líquido en botellas.

embozado, da *adj.* Que lleva tapada la parte de abajo de la cara.

embozo *s. m.* **1.** Parte de la sábana de arriba que se dobla hacia fuera. **2.** Parte de una prenda de vestir, sobre todo de la capa, que cubre el rostro.

embragar *v.* Conectar el embrague.

embrague *s. m.* Dispositivo de los automóviles que sirve para acoplar o para dejar suelto el mecanismo del motor que permite cambiar de marcha.

embravecerse *v.* Agitarse las fuerzas naturales, por ejemplo, el mar. □ Es v. irreg. Se conjuga como *agradecer*.

embrear *v.* Cubrir con brea.

embriagador, ra *adj.* Que embriaga o produce gran placer o satisfacción.

embriagar *v.* **1.** Emborrachar. **2.** Producir algo a una persona tal placer o satisfacción que se queda como fuera de sí. **SIN. 2.** Cautivar, extasiar. **ANT. 1.** Despejarse. **2.** Disgustar.

embriaguez *s. f.* Estado de la persona que está borracha. **SIN.** Borrachera.

embrión *s. m.* **1.** Primera etapa del desarrollo de un ser vivo, desde el comienzo de la evolución del huevo fecundado hasta que se diferencian todos sus órganos. **2.** Comienzo de algo que se desarrollará después. **SIN. 2.** Germen.

embrionario, ria *adj.* Del embrión o relacionado con él.

embrollar *v.* Producir embrollo. **SIN.** Embarullar, enredar, liar. **ANT.** Aclarar.

embrollo *s. m.* Lío, follón.

embromar *v.* **1.** Gastar una broma a alguien. **2.** *Amér.* Molestar o perjudicar. **SIN. 1.** Vacilar.

embrujar *v.* **1.** Actuar sobre una persona por medio de la brujería o la magia. **2.** Atraer mucho la belleza o los encantos de alguien o algo. **SIN. 1.** Encantar. **1.** y **2.** Hechizar. **2.** Cautivar, fascinar. **ANT. 2.** Repeler.

embrujo *s. m.* **1.** Acción de embrujar. **2.** Atractivo irresistible. **SIN. 1.** y **2.** Hechizo. **2.** Encanto.

embrutecer *v.* Hacer bruta o más bruta a una persona. □ Es v. irreg. Se conjuga como *agradecer*. **ANT.** Refinar.

embuchado, da 1. *p.* de embuchar. También *adj.* ‖ *adj.* y *s. m.* **2.** Se dice del embutido que se hace con carne picada metida en una tripa de animal.

embuchar *v.* **1.** Meter carne picada y otros ingredientes en una tripa para hacer embutidos. **2.** Cebar a las aves introduciéndoles comida en el buche. **3.** Comer mucho y casi sin masticar. **SIN. 1.** Embutir. **3.** Engullir.

embudo *s. m.* Utensilio en forma de cono con una boquilla, que sirve para pasar líquidos de un recipiente a otro.

embuste *s. m.* Mentira. **SIN.** Patraña. **ANT.** Verdad.

embustero, ra *adj.* y *s.* Mentiroso.

embutido *s. m.* **1.** Tripa rellena de carne picada, sobre todo de cerdo, y otros ingredientes. **2.** Acción de embutir.

embutir *v.* Meter una cosa dentro de otra apretándola. **SIN.** Embuchar.

emergencia *s. f.* Suceso o accidente que exige una rápida solución. **SIN.** Urgencia.

emerger *v.* Salir a la superficie una cosa que estaba bajo el agua. **SIN.** Flotar. **ANT.** Hundirse, sumergirse.

emérito, ta *adj.* **1.** Se dice de la persona que se ha jubilado y que recibe un premio por su servicio. **2.** Se dice del profesor de universidad que sigue dando clases después de jubilado.

emigración *s. f.* Acción de emigrar y el conjunto de personas que han emigrado. **SIN.** Éxodo. **ANT.** Inmigración.

emigrante *adj.* y *s.* Persona que emigra. **ANT.** Inmigrante.

emigrar *v.* **1.** Ir a vivir a otro país o región por razones económicas, políticas, etc. **2.** Marcharse de un lugar a otro algunos animales en busca de comida, mejor clima, etc. **ANT. 1.** Inmigrar.

eminencia *s. f.* **1.** Persona que destaca mucho en una actividad, sobre todo en una ciencia. **2.** Forma de tratamiento para dirigirse a los cardenales. **SIN. 1.** Cerebro, genio.

eminente *adj.* Que es una eminencia en una actividad. **SIN.** Insigne, ilustre. **ANT.** Mediocre.

emir *s. m.* Príncipe o caudillo árabe.

emirato *s. m.* Cargo del emir y territorio en que gobierna.

emisario, ria *s. m.* y *f.* Persona enviada a un lugar para llevar un mensaje o tratar un asunto. **SIN.** Mensajero, legado.

emisión *s. f.* Acción de emitir.

emisor, ra *s. m.* y *f.* Persona que emite o comunica un mensaje. **SIN.** Hablante. **ANT.** Receptor, oyente.

emisora *s. f.* Estación que emite programas de radio o televisión.

emitir *v.* **1.** Producir algo y enviarlo al exterior. **2.** Transmitir programas la radio y la televisión. **3.** Manifestar, expresar. **4.** Crear monedas, billetes de banco y otras cosas, y ponerlos en circulación. **SIN. 1.** Arrojar, emanar. **2.** Radiar, televisar. **3.** Exponer. **ANT. 1.** Recibir.

emmental *s. m.* Queso suizo con grandes agujeros.

emoción *s. f.* Sentimiento intenso.

emocional *adj.* De los sentimientos o emociones o relacionado con ellos.

emocionante *adj.* Que causa emoción.

emocionar *v.* Causar emoción o sentirla.

emolumentos *s. m. pl.* Dinero que se recibe como pago por un trabajo. **SIN.** Honorarios.

emoticono (del ingl.) *s. m.* Símbolo gráfico utilizado en mensajes electrónicos para reflejar ciertos estados de ánimo.

emotividad *s. f.* **1.** Capacidad de producir emociones. **2.** Sensibilidad para notar las emociones.

emotivo, va *adj.* **1.** Se dice de aquello en lo que hay emoción. **2.** Sensible, que se emociona fácilmente. **SIN. 2.** Afectivo. **ANT. 1.** y **2.** Frío. **2.** Insensible.

empacadora *s. f.* Máquina que sirve para meter las cosas en paquetes.

empacar *v.* Colocar en pacas, paquetes o cajas. **SIN.** Empaquetar.

empachar *v.* **1.** Producir indigestión o tenerla. **2.** Aburrir, hartar. **SIN. 1.** Hartar, indigestarse.

empacho *s. m.* **1.** Indigestión por haber comido demasiado. **2.** Aburrimiento, hartazgo. **3.** Vergüenza, apuro.

empachoso, sa *adj.* **1.** Se dice de los alimentos que causan empacho. **2.** Fastidioso, incómodo. **3.** Se dice de las personas y cosas empalagosas, demasiado afectivas. **SIN. 1.** Indigesto.

empadronamiento *s. m.* Acción de empadronar.

empadronar *v.* Apuntar a una persona en el padrón, lista de los que viven en un lugar. **SIN.** Censar.

empalagar *v.* **1.** Hartar o desagradar un alimento por ser demasiado dulce. **2.** Resultar molesta una persona o cosa por ser demasiado sensible o afectiva.

empalagoso, sa *adj.* Que empalaga.

empalar *v.* Torturar a una persona atravesándola con un palo.

empalidecer *v.* Palidecer. □ Es v. irreg. Se conjuga como *agradecer*.

empalizada *s. f.* Valla hecha con maderos enlazados y clavados en el suelo.

empalmar *v.* **1.** Unir, enlazar. **2.** Bajarse de un vehículo de transporte público y coger a continuación otro. ‖ **empalmarse 3.** *vulg.* Excitarse sexualmente un hombre o un animal macho. **SIN. 1.** Ensamblar, conectar. **ANT. 1.** Desunir.

empalme *s. m.* **1.** Acción de empalmar. **2.** Cosa que empalma con otra. **3.** Lugar donde empalman dos vías de comunicación o medios de transporte. **SIN. 1.** Unión, conexión. **1.** y **3.** Enlace. **ANT. 1.** Separación.

empanada *s. f.* **1.** Masa cocida al horno rellena de algún alimento. || **2. empanada mental** Confusión de ideas.

empanadilla *s. f.* Porción de masa frita doblada en forma de media luna y rellena de algún alimento.

empanar *v.* Cubrir un alimento con pan rallado para freírlo después.

empantanado, da 1. *p.* de **empantanar.** También *adj.* || *adj.* **2.** Parado, abandonado, a medio hacer: *Los albañiles han dejado la obra empantanada.*

empantanar *v.* **1.** Llenar de agua un terreno. **2.** Detener o interrumpir un asunto. **SIN. 1.** Inundar, anegar. **2.** Estancar, parar.

empañar *v.* **1.** Quitar el vapor de agua el brillo o la transparencia de algo. **2.** Hacer que disminuya la buena fama de alguien. || **empañarse 3.** Humedecerse los ojos de lágrimas. **SIN. 2.** Desprestigiar, desacreditar. **ANT. 1.** Desempañar.

empapar *v.* **1.** Mojar del todo. || **empaparse 2.** Enterarse bien de una cosa. **SIN. 1.** Impregnar, calar. **ANT. 1.** Secar.

empapelado, da 1. *p.* de **empapelar.** También *adj.* || *s. m.* **2.** Acción de cubrir una pared con papel. **3.** Papel pintado que se usa para cubrir una pared u otra superficie.

empapelador, ra *s. m.* y *f.* Persona que empapela paredes.

empapelar *v.* **1.** Cubrir las paredes con papel pintado. **2.** *fam.* Multar, castigar o detener a alguien. **SIN. 2.** Emplumar.

empapuzar *v.* Dar mucho de comer o comer demasiado. **SIN.** Atiborrar, atracar.

empaque *s. m.* Aspecto distinguido de una persona. **SIN.** Señorío, distinción.

empaquetado, da 1. *p.* de **empaquetar.** También *adj.* || *s. m.* **2.** Acción de empaquetar.

empaquetadora *s. f.* Máquina para empaquetar.

empaquetar *v.* Hacer paquetes o meter algo en paquetes. **SIN.** Embalar, empacar. **ANT.** Desempaquetar.

emparedado, da 1. *p.* de **emparedar.** También *adj.* || *s. m.* **2.** Sándwich.

emparedar *v.* Encerrar a una persona entre paredes sin comunicación con el exterior.

emparejar *v.* Formar parejas.

emparentado, da 1. *p.* de **emparentar.** || *adj.* **2.** Que es de la misma familia que otra persona. **3.** Que tiene relación con otra cosa

o el mismo origen que ella: *dos lenguas emparentadas.* **SIN. 3.** Relacionado.

emparentar *v.* **1.** Adquirir parentesco a través del matrimonio. **2.** Tener relación, semejanza, etc., una cosa con otra. □ Se usa como *v.* irreg. conjugado como *pensar,* pero es más frecuente la conjugación regular.

emparrado *s. m.* Parra o conjunto de parras sostenidas por un armazón, que forman una techumbre.

empastar *v.* Rellenar el dentista con una pasta especial el hueco de una caries.

empaste *s. m.* Acción de empastar y pasta con que se hace.

empatar *v.* Conseguir el mismo número de tantos o votos. **SIN.** Igualar. **ANT.** Desempatar.

empate *s. m.* Acción de empatar. **ANT.** Desempate.

empatía *s. f.* Capacidad de experimentar uno mismo los sentimientos de otra persona.

empatizar *v.* Sentir empatía: *Enseguida empatizó con sus compañeros.*

empecer *v.* Impedir, estorbar. □ Es *v.* irreg. y defect. Se conjuga como *agradecer.* Se usa solo en tercera persona o en infinitivo.

empecinarse *v.* Ponerse cabezota, no querer ceder. **SIN.** Empeñarse, obstinarse. **ANT.** Ceder.

empedernido, da *adj.* Que tiene un vicio o una costumbre que no puede dejar. **SIN.** Incorregible, impenitente.

empedrado, da 1. *p.* de **empedrar.** También *adj.* y *s. m.* || *adj.* **2.** Se dice del cielo cubierto de nubes pequeñas y muy juntas.

empedrar *v.* Cubrir el suelo con piedras ajustadas entre sí. □ Es *v.* irreg. Se conjuga como *pensar.*

empeine *s. m.* Parte de arriba del pie que llega hasta donde comienzan los dedos.

empellón *s. m.* Empujón fuerte.

empeñado, da 1. *p.* de **empeñar.** También *adj.* || *adj.* **2.** Que tiene deudas. **3.** Que se empeña en algo. **SIN. 2.** Endeudado. **3.** Empecinado.

empeñar *v.* **1.** Entregar una cosa a cambio de un préstamo, la cual se recupera al devolver lo prestado. || **empeñarse 2.** Adquirir muchas deudas. **3.** Querer conseguir algo como sea. **SIN. 2.** Endeudarse, entramparse. **3.** Empecinarse, obstinarse. **ANT. 1.** Desempeñar.

empeño *s. m.* **1.** Acción de empeñar una cosa: *casa de empeño.* **2.** Mucho interés en hacer o conseguir algo. **SIN. 2.** Afán; constancia. **ANT. 1.** Desempeño.

empresa

empeoramiento *s. m.* Hecho de empeorar. **ANT.** Mejora.

empeorar *v.* Poner o ponerse peor. **ANT.** Mejorar.

empequeñecer *v.* Hacer más pequeño. □ Es v. irreg. Se conjuga como *agradecer*. **SIN.** Disminuir, encoger, menguar. **ANT.** Agrandar.

emperador *s. m.* **1.** Rey de un imperio. **2.** Pez espada. Ver **pez**.

emperatriz *s. f.* Reina de un imperio.

emperejilarse *v.* Emperifollarse.

emperifollarse *v.* Arreglarse una persona en exceso. **SIN.** Emperejilarse.

emperrarse *v.* Empeñarse en algo, ponerse cabezota. **SIN.** Obstinarse, obcecarse. **ANT.** Ceder.

empezar *v.* **1.** Pasar de no hacer a hacer algo: *empezar a estudiar*. **2.** Ponerse a usar o consumir algo: *empezar el bocadillo*. **3.** Tener algo su principio en un determinado momento: *La película empieza a las ocho.* □ Es v. irreg. Se conjuga como *pensar*. **SIN.** Emprender. **1.** a **3.** Comenzar, iniciar. **ANT.** **1.** a **3.** Acabar.

empiece *s. m.* Momento o parte en que empieza algo. **SIN.** Comienzo, inicio. **ANT.** Final.

empinar *v.* **1.** Levantar en alto. **2.** Levantar e inclinar un botijo, una bota o algo similar para beber. ‖ **empinarse 3.** Ponerse de puntillas. ‖ **LOC. empinar el codo** Tomar bebidas alcohólicas en exceso. **ANT. 3.** Agacharse.

empingorotado, da *adj.* Se dice de la persona rica o de buena posición social que presume de ello.

empírico, ca *adj.* Que se basa en la experiencia y la observación de los hechos.

empitonar *v.* Coger el toro con la punta del cuerno.

emplaste *s. m.* Pasta de yeso usada para rellenar las grietas o huecos de una pared antes de pintarla.

emplastecer *v.* Dar pasta de yeso a una superficie para dejarla lisa y preparada para pintar. □ Es v. irreg. Se conjuga como *agradecer*.

emplasto *s. m.* Preparado medicinal sólido y blando, que se aplica exteriormente en alguna parte del cuerpo.

emplatar *v.* Colocar una comida en cada plato para presentarlo en la mesa.

emplazamiento *s. m.* Lugar donde está situado algo.

emplazar¹ *v.* Citar a alguien para que se presente en el día y hora fijados. **SIN.** Convocar.

emplazar² *v.* Colocar, situar. **SIN.** Establecer.

empleado, da 1. *p.* de emplear. También *adj.* ‖ *s. m.* y *f.* **2.** Persona que trabaja para otros a cambio de un salario. ‖ **LOC. estarle** a alguien una cosa. **bien empleada** Tenerla merecida. **SIN. 1.** Usado; gastado. **2.** Asalariado, trabajador.

emplear *v.* **1.** Utilizar, usar. **2.** Dar empleo o trabajo a alguien. **SIN. 1.** Gastar. **2.** Colocar. **ANT. 1.** Desechar. **2.** Echar.

empleo *s. m.* **1.** Acción de emplear. **2.** Trabajo que se realiza a cambio de un salario. **SIN. 1.** Uso, utilización. **2.** Colocación. **ANT. 2.** Desempleo.

emplomado, da 1. *p.* de emplomar. También *adj.* ‖ *s. m.* **2.** Cubierta de plomo que recubre un techo. **3.** Conjunto de tiras de plomo que sujetan los cristales que forman las vidrieras.

emplomar *v.* **1.** Poner plomo a alguna cosa para cubrirla o soldarla: *emplomar las cañerías.* **2.** *Amér.* Empastar un diente.

emplumar *v.* **1.** Poner plumas a algo. **2.** *fam.* Castigar, detener o juzgar a una persona. **SIN. 2.** Empapelar.

empobrecer *v.* Hacer pobre o más pobre. □ Es v. irreg. Se conjuga como *agradecer*. **SIN.** Arruinar. **ANT.** Enriquecer.

empobrecimiento *s. m.* Acción de empobrecer o empobrecerse. **SIN.** Ruina. **ANT.** Enriquecimiento.

empollar *v.* **1.** Calentar un ave sus huevos poniéndose encima de ellos para que los polluelos se desarrollen en su interior. **2.** Estudiar mucho. **SIN. 1.** Incubar.

empollón, na *adj.* y *s.* Persona que estudia mucho.

empolvar *v.* **1.** Cubrir de polvo. **2.** Poner polvos de tocador sobre el rostro.

emponzoñar *v.* Envenenar.

emporio *s. m.* Lugar famoso por su desarrollo comercial o cultural.

empotrar *v.* Meter una cosa en la pared o por debajo del suelo.

emprendedor, ra *adj.* y *s.* Dispuesto a emprender cosas. **SIN.** Decidido, resuelto. **ANT.** Indeciso, apocado.

emprender *v.* Empezar una actividad difícil o que necesita mucho esfuerzo. ‖ **LOC. emprenderla** o **emprenderla a** Tomarla con una persona o cosa, o empezar a darle golpes, tiros o algo parecido. **SIN.** Comenzar, abordar. **ANT.** Acabar.

empresa *s. f.* **1.** Conjunto de personas y medios organizados para realizar una actividad con la que se gana dinero. **2.** Acción o trabajo difíciles o que necesitan gran esfuerzo. **SIN.** **1.** Sociedad, compañía. **2.** Tarea, proyecto.

empresariado *s. m.* Conjunto de empresarios. **SIN.** Patronal.

empresarial *adj.* De la empresa o del empresario.

empresario, ria *s. m.* y *f.* Dueño de una empresa o persona que la dirige.

empréstito *s. m.* Dinero que se presta a una sociedad, que da a cambio unos documentos en los que se compromete a devolverlo con intereses.

empujar *v.* **1.** Hacer fuerza contra alguien o algo, o darle un golpe para intentar moverlo. **2.** Forzar o animar a una persona para que haga algo. **SIN.** **1.** y **2.** Impulsar. **2.** Incitar. **ANT.** **2.** Disuadir.

empuje *s. m.* **1.** Fuerza que se hace al empujar. **2.** Energía, entusiasmo, decisión. **SIN.** **2.** Ánimo, brío. **ANT.** **2.** Desánimo.

empujón *s. m.* **1.** Golpe brusco con que se empuja a una persona o cosa. **2.** Esfuerzo que se hace para adelantar una actividad o terminarla. **SIN.** **1.** Empellón, envite. **2.** Impulso, avance.

empuñadura *s. f.* Parte por donde se agarra una espada, un bastón y otros objetos. **SIN.** Puño, mango.

empuñar *v.* Agarrar con la mano algo, como un arma o una herramienta, para usarlo. **SIN.** Asir, sujetar. **ANT.** Soltar.

emú *s. m.* Ave corredora muy grande, con las plumas de color gris o marrón oscuro, que no puede volar. Vive en Australia.

emular *v.* Imitar a alguien intentando igualarlo o superarlo.

émulo, la *adj.* y *s.* Que emula a otro.

emulsión *s. f.* Líquido en el que flotan pequeñas partículas de otra sustancia que no pueden disolverse completamente.

en *prep.* Significa 'dentro de': *Entra en casa*; 'sobre': *Ponlo en la mesa*; indica tiempo: *En diez minutos estoy ahí. En julio iremos de vacaciones*; manera en que está o se hace algo: *libro en inglés, viajar en coche*; precio: *Nos vendió la bici en muy poco dinero*; ocupación o situación: *Trabajaba en la construcción, pero ahora está en paro*.

enagua *s. f.* Prenda interior femenina parecida a una falda o un vestido. **SIN.** Combinación.

enajenación *s. f.* **1.** Acción de enajenar algo. **2.** Locura. **SIN.** **1.** Venta, traspaso. **ANT.** **1.** Adquisición. **2.** Cordura.

enajenar *v.* **1.** Vender una cosa o dársela a otra persona. **2.** Volver o volverse loco. **SIN.**

1. Transmitir, traspasar. **2.** Enloquecer. **ANT.** **1.** Adquirir.

enaltecer *v.* **1.** Hacer mejor, más querido o admirado. **2.** Alabar, elogiar. □ Es v. irreg. Se conjuga como *agradecer*. **SIN.** **1.** y **2.** Ensalzar. **2.** Encomiar. **ANT.** **1.** y **2.** Humillar. **2.** Criticar.

enamoradizo, za *adj.* Que se enamora con facilidad.

enamorado, da **1.** *p.* de enamorar. ‖ *adj.* y *s.* **2.** Que siente amor por alguien o entusiasmo por algo.

enamoramiento *s. m.* Acción de enamorarse y estado de la persona enamorada.

enamorar *v.* **1.** Hacer una persona que otra sienta amor por ella; también, empezar a sentir amor por alguien. **2.** Gustar mucho, encantar. **SIN.** **1.** y **2.** Cautivar. **2.** Entusiasmar.

enamoriscarse *v.* **1.** Enamorarse sin mucha fuerza o sin intención de empezar una relación seria. **2.** Empezar a sentir amor. **SIN.** **1.** Tontear, ligar.

enanismo *s. m.* Trastorno del crecimiento que hace que algunas personas sean muy bajas.

enano, na *adj.* **1.** Muy pequeño o mucho más pequeño que la mayoría. ‖ *s. m.* y *f.* **2.** Persona que tiene una enfermedad que le ha impedido crecer. **3.** Personaje fantástico de figura humana y pequeño tamaño que aparece en cuentos y leyendas. ‖ **LOC. como un enano** Mucho: *disfrutar como un enano.* **SIN.** **1.** Diminuto. **ANT.** **1.** y **2.** Gigante.

enarbolar *v.* Levantar o colocar en alto una bandera o algo parecido. **SIN.** Izar.

enardecer *v.* **1.** Volver más violenta o intensa una lucha, una pelea, una discusión. **2.** Entusiasmar, excitar. □ Es v. irreg. Se conjuga como *agradecer*. **SIN.** **1.** Calentar. **2.** Emocionar, enfervorizar. **ANT.** **1.** Apaciguar. **1.** y **2.** Calmar.

encabalgamiento *s. m.* Separación en distintos versos de una palabra o una frase.

encabezamiento *s. m.* Lo que se pone en la parte de arriba al principio de un escrito.

encabezar *v.* **1.** Poner o ir al principio. **2.** Ser el primero en hacer algo, dirigirlo. **SIN.** **2.** Acaudillar, capitanear.

encabritarse *v.* Levantar el caballo las patas delanteras, como cuando se asusta.

encabronar *v. vulg.* Enfadar mucho. **SIN.** Enfurecer, enojar, cabrear.

encadenado, da **1.** *p.* de encadenar. También *adj.* ‖ *adj.* **2.** Se dice de la estrofa en la que el primer verso repite todo o parte del último verso de la estrofa anterior: *tercetos encadenados.* **3.** Se dice del verso que empieza repitiendo la última palabra del verso anterior.

encadenamiento *s. m.* **1.** Acción de encadenar o encadenarse. **2.** Cosas unidas o relacionadas una detrás de otra. **SIN. 1.** y **2.** Enlace, unión.

encadenar *v.* **1.** Sujetar con cadenas. **2.** Unir o relacionar una cosa con otra que va detrás. **SIN. 1.** Atar, amarrar. **2.** Enlazar, concatenar. **ANT. 1.** Desencadenar.

encajar *v.* **1.** Meter, poner o quedar colocada una cosa dentro de otra de manera que esté bien ajustada. **2.** Aceptar, asimilar: *encajar una derrota.* **3.** Adaptarse, estar de acuerdo, quedar bien. **4.** Dar, soltar: *encajar un puñetazo.* **SIN. 1.** Acoplar, encastrar. **2.** Digerir. **3.** Acomodarse, amoldarse, integrarse. **ANT. 1.** Desencajar. **3.** Discrepar.

encaje *s. m.* **1.** Acción de encajar una cosa en otra. **2.** Tejido fino que está calado haciendo dibujos. **SIN. 1.** Acoplamiento.

encajonar *v.* Meter o dejar en un sitio muy estrecho.

encalado, da 1. *p.* de encalar. También *adj.* || *s. m.* **2.** Acción de encalar las paredes. **SIN. 2.** Blanqueo.

encalar *v.* Dar cal a las paredes o a otra cosa para ponerlas blancas. **SIN.** Blanquear, enlucir.

encallar *v.* **1.** Quedarse parada una embarcación al chocar su fondo con arena o rocas. **2.** Quedar detenido un proyecto, negocio o empresa. **SIN. 1.** Varar, embarrancar.

encallecer *v.* **1.** Salir callos o durezas en la piel. || **encallecerse 2.** Hacerse fuerte o resistente ante las dificultades o sufrimientos. □ Es v. irreg. Se conjuga como *agradecer.* **SIN. 2.** Endurecerse, curtirse. **ANT. 2.** Ablandarse.

encalomar *v.* Dar o encargar a otro algo desagradable o pesado. **SIN.** Endosar, encasquetar, endilgar.

encamar *v.* Meter en la cama a alguien, sobre todo si está enfermo.

encaminar *v.* **1.** Indicar a alguien el camino o ponerle en él. **2.** Destinar, dirigir: *Encaminó sus estudios hacia la música.* || **encaminarse 3.** Ir hacia algún sitio. **SIN. 1.** Guiar, orientar. **ANT. 1.** Desorientar.

encandilar *v.* **1.** Fascinar, impresionar. **2.** Engañar a alguien dejando que se haga ilusiones. **SIN. 1.** Deslumbrar. **2.** Embaucar.

encanecer *v.* Ponerse gris o blanco el cabello. □ Es v. irreg. Se conjuga como *agradecer.*

encanijar *v.* Hacer que alguien, particularmente un niño, se quede canijo.

encantado, da 1. *p.* de encantar. También *adj.* || *adj.* **2.** Muy contento. **3.** Se usa, como fórmula de saludo, dirigido a alguien que aca-

ba de ser presentado. **SIN. 1.** Hechizado, embrujado. **2.** Entusiasmado. **ANT. 2.** Descontento.

encantador, ra *adj.* **1.** Muy agradable y simpático. || *s. m.* y *f.* **2.** Persona que hace encantamientos: *encantador de serpientes.* **SIN. 1.** Cautivador, adorable. **ANT. 1.** Desagradable.

encantamiento *s. m.* Acto o palabras con las que, por arte de magia, se transforma o se domina a las personas y las cosas. **SIN.** Hechizo.

encantar *v.* **1.** Gustar mucho. **2.** Hacer un encantamiento. **SIN. 1.** Fascinar, cautivar. **2.** Hechizar, embrujar. **ANT. 1.** Disgustar.

encanto *s. m.* **1.** Conjunto de cualidades de una persona o cosa que hacen que guste o resulte atrayente. **2.** Persona encantadora.

encañonar *v.* Apuntar a alguien o algo con un arma de fuego.

encapotarse *v.* Cubrirse el cielo de nubes como cuando va a llover. **SIN.** Nublarse. **ANT.** Despejarse.

encapricharse *v.* Tener capricho por algo. **SIN.** Emperrarse, empeñarse. **ANT.** Desistir.

encapuchado, da *adj.* y *s.* Que se cubre la cara y la cabeza con una capucha.

encarado, da 1. *p.* de encarar. También *adj.* || **2. bien** o **mal encarado** De buen aspecto, guapo, o de mal aspecto, feo.

encaramarse *v.* Subirse a un lugar alto. **SIN.** Trepar. **ANT.** Bajar.

encarar *v.* **1.** Hacer frente a algo, tratar de solucionarlo. **2.** Poner cara a cara a dos personas o cosas. || **encararse 3.** Enfrentarse a una persona, discutir con ella. **SIN. 1.** Afrontar. **ANT. 1.** Evitar.

encarcelar *v.* Meter en la cárcel. **SIN.** Apresar. **ANT.** Excarcelar.

encarecer *v.* **1.** Aumentar el precio o valor de algo. **2.** Alabar mucho. **3.** Recomendar mucho. □ Es v. irreg. Se conjuga como *agradecer.* **SIN. 1.** Subir. **2.** Ensalzar. **3.** Insistir. **ANT. 1.** Abaratar.

encarecidamente *adv.* Con mucho interés o insistencia. **SIN.** Insistentemente.

encarecimiento *s. m.* Acción de encarecer.

encargado, da 1. *p.* de encargar. También *adj.* || *adj.* y *s.* **2.** Que se encarga de algo.

encargar *v.* **1.** Mandar o pedir a una persona que haga o envíe una cosa. || **encargarse 2.** Ocuparse de algo. **SIN. 1.** Encomendar. **ANT. 2.** Despreocuparse.

encargo *s. m.* **1.** Acción de encargar. **2.** Lo que se encarga. **SIN. 2.** Recado, pedido.

encariñarse *v.* Cogerle cariño a una persona, animal o cosa.

encarnación *s. f.* **1.** Acción de encarnar o encarnarse. **2.** Representación o personificación. **SIN. 2.** Imagen.

encarnado, da *la* **1.** *p.* de encarnar. También *adj.* || *adj.* y *s. m.* **2.** De color rojo. **SIN. 2.** Colorado.

encarnadura *s. f.* Capacidad de un tejido del cuerpo para cicatrizar.

encarnar *v.* **1.** Representar a un personaje o una cualidad. || **encarnarse 2.** Según la religión cristiana, hacerse Dios hombre en la persona de Jesucristo. **SIN. 1.** Interpretar; personificar.

encarnizado, da *adj.* Se dice de la lucha o discusión muy cruel o violenta. **SIN.** Salvaje, feroz.

encarrilar *v.* **1.** Poner un vehículo en el carril del que se había salido. **2.** Dirigir por buen camino a una persona o un asunto. **SIN. 2.** Guiar, encauzar, encaminar. **ANT. 1.** Descarrilar. **2.** Desviar.

encarte *s. m.* Hoja o folleto que se coloca, suelto, pegado o cosido, entre las hojas de un libro o revista.

encasillar *v.* **1.** Poner en una casilla. **2.** Meter en un grupo a personas o cosas por alguna característica, a veces injustamente.

encasquetar *v.* **1.** Colocar bien metido en la cabeza un sombrero o gorro. **2.** Dar o encargar a una persona algo que no le gusta. **SIN. 1.** Calar. **2.** Endosar, endilgar.

encasquillarse *v.* **1.** Atascarse un mecanismo o una pieza, sobre todo un arma de fuego. **2.** Vacilar al hablar o al pensar. **SIN. 1.** Engancharse. **2.** Tartamudear, titubear. **ANT. 1.** Desatascarse.

encastillarse *v.* Ponerse testarudo en algo. **SIN.** Obstinarse, emperrarse, obcecarse.

encastrar *v.* Meter una cosa dentro de otra de manera que quede bien ajustada. **SIN.** Encajar, empotrar.

encausar *v.* En derecho, iniciar una causa o proceso judicial contra alguien.

encauzar *v.* **1.** Hacer que una corriente de agua vaya por un sitio. **2.** Llevar por buen camino. **SIN. 1.** Canalizar. **2.** Guiar, encarrilar. **ANT. 2.** Desviar.

encebollado, da *adj.* y *s. m.* Guisado con mucha cebolla.

encefálico, ca *adj.* Del encéfalo o relacionado con él.

encefalitis *s. f.* Inflamación del encéfalo.

encéfalo *s. m.* Conjunto de órganos del sistema nervioso (cerebro, cerebelo y bulbo raquídeo) situados dentro del cráneo.

encefalograma *s. m.* Electroencefalograma.

encelar *v.* Dar o sentir celos.

encendedor *s. m.* Instrumento para encender por medio de una llama o de una chispa. **SIN.** Mechero.

encender *v.* **1.** Hacer que una cosa arda para que dé luz o calor. **2.** Hacer funcionar aparatos, luces o circuitos eléctricos. **3.** Provocar o hacer más intenso el odio, el amor, una discusión. || **encenderse 4.** Sonrojarse. ◻ Es v. irreg. Se conjuga como *tender*. **SIN. 1.** Prender. **2.** Poner, conectar. **3.** Excitar. **4.** Ruborizarse. **ANT. 1.** y **2.** Apagar. **2.** Desconectar, quitar. **4.** Palidecer.

encendido, da *la* **1.** *p.* de encender. También *adj.* || *adj.* **2.** Rojo intenso. || *s. m.* **3.** Acción de encender.

encerado, da *la* **1.** *p.* de encerar. También *adj.* || *s. m.* **2.** Tablero para escribir en él con tizas. **SIN. 2.** Pizarra.

encerar *v.* Extender cera sobre alguna cosa, en especial sobre el suelo de un edificio.

encerrar *v.* **1.** Meter en un sitio cerrado. **2.** Contener, incluir: *Sus palabras encerraban una gran verdad.* ◻ Es v. irreg. Se conjuga como *pensar*. **SIN. 2.** Comprender, englobar. **ANT. 1.** Soltar, sacar.

encerrona *s. f.* Trampa para obligar a una persona a hacer o decir algo.

encestar *v.* En baloncesto, meter un jugador el balón dentro de la canasta.

enceste *s. m.* En baloncesto, acción de encestar.

encharcar *v.* Formar o formarse charcos en el suelo.

enchilada *s. f.* En México, tortilla de maíz rellena y condimentada con chile.

enchironar *v. fam.* Meter en la cárcel. **SIN.** Encarcelar, apresar.

enchufado, da *la* **1.** *p.* de enchufar. También *adj.* || *adj.* y *s. m.* **2.** Que tiene enchufe o recomendación. **SIN. 2.** Recomendado.

enchufar *v.* **1.** Encajar las dos piezas del enchufe para que llegue la corriente eléctrica a un aparato. **2.** *fam.* Dar a alguien trabajo u otra cosa buena, no por sus méritos, sino por una recomendación. **SIN. 1.** Conectar. **ANT. 1.** Desenchufar.

enchufe *s. m.* **1.** Las dos piezas que hay que encajar para que un aparato eléctrico funcione. **2.** *fam.* Forma de conseguir un trabajo u otra cosa gracias a una recomendación y no por méritos propios. **SIN. 2.** Amiguismo.

enchufismo *s. m.* Costumbre de dar los trabajos o los cargos por enchufe.

encía *s. f.* En la boca, parte carnosa en que están encajados los dientes y las muelas.

encíclica *s. f.* Escrito que dirige el papa a los obispos y creyentes de la Iglesia católica.

enciclopedia *s. f.* Obra que contiene los conocimientos fundamentales de una o varias materias.

enciclopédico, ca *adj.* De una enciclopedia o relacionado con ella.

encierro *s. m.* **1.** Acción de encerrar o encerrarse y lugar donde se encierra. **2.** Acción de llevar los toros al toril para encerrarlos antes de la corrida.

encima *adv.* **1.** En un lugar más alto que otro, sobre alguien o algo: *La colcha se pone encima de las sábanas.* **2.** Muy cerca: *Ya están encima los exámenes.* **3.** Además, por si fuera poco: *Perdió la cartera y encima llegó tarde.* ‖ **LOC. por encima** Superficialmente, sin profundizar: *Leí el periódico por encima.* **ANT. 1.** Abajo, debajo. **2.** Lejos.

encimera *s. f.* Tablero que cubre los muebles y electrodomésticos de la cocina.

encimero, ra *adj.* Que está o se pone encima de otra cosa: *sábanas encimeras.* **ANT.** Bajero.

encina *s. f.* Árbol de copa ancha, hojas perennes, pequeñas, redondeadas o lanceoladas, y madera muy dura. Su fruto es la bellota.

encinar *s. m.* Terreno con muchas encinas.

encinta *adj.* Se dice de la mujer embarazada. **SIN.** Preñada.

encizañar *v.* Meter cizaña, hacer que otros se enfaden. **SIN.** Enemistar. **ANT.** Reconciliar.

enclaustrar *v.* **1.** Meter en un convento. **2.** Encerrar en algún sitio.

enclavar *v.* Poner en un lugar. **SIN.** Situar, ubicar, emplazar.

enclave *s. m.* Territorio o comunidad con unas características propias que está dentro de otro mayor.

enclenque *adj.* y *s.* Muy flaco, con pocas fuerzas o poca salud. **SIN.** Endeble, esmirriado. **ANT.** Robusto.

enclítico, ca *adj.* y *s.* Se dice de las partes de la oración que se unen a la palabra que las precede, formando con ella una sola palabra, como algunos pronombres pospuestos al verbo: *tráemelo, bebérselo.*

encofrado, da **1.** *p.* de **encofrar.** También *adj.* ‖ *s. m.* **2.** Molde que sostiene el hormigón hasta que se pone duro.

encofrar *v.* Hacer un armazón que sostiene el hormigón mientras este fragua.

encoger *v.* **1.** Disminuir de tamaño. **2.** Recoger nuestro cuerpo o una parte de él de modo que ocupe menos espacio. ‖ **encogerse 3.** Acobardarse. ‖ **LOC. encogerse de hombros** Levantarlos en señal de que no sabemos o no nos importa algo. **SIN. 1.** Reducir. **2.** Contraer, doblar. **3.** Achicarse. **ANT. 1.** Ensanchar. **2.** Estirar. **3.** Crecerse.

encogido, da **1.** *p.* de **encoger.** También *adj.* ‖ *adj.* **2.** Acobardado o tímido. **SIN. 2.** Apocado, vergonzoso.

encolar *v.* Dar cola o pegar con cola. **ANT.** Desencolar.

encolerizar *v.* Enfadar mucho, poner furioso. **SIN.** Enojar, enfurecer, irritar. **ANT.** Calmar.

encomendar *v.* **1.** Encargar a alguien que haga algo. ‖ **encomendarse 2.** Ponerse en manos de alguien buscando su ayuda. ▢ Es v. irreg. Se conjuga como *pensar.* **SIN. 1.** Delegar.

encomiable *adj.* Que es muy bueno y merece ser alabado. **SIN.** Loable, admirable. **ANT.** Abominable.

encomiar *v.* Elogiar mucho. **SIN.** Alabar, ensalzar. **ANT.** Criticar.

encomienda *s. f.* **1.** Tarea que se le encarga a una persona para que la haga. **2.** En la América colonial española, institución por la que se le concedía a un colonizador el trabajo de un grupo de indígenas a cambio de protegerlos y evangelizarlos. **SIN. 1.** Encargo.

encomio *s. m.* Elogio grande. **SIN.** Alabanza. **ANT.** Crítica.

enconado, da **1.** *p.* de **enconar.** ‖ *adj.* **2.** Muy intenso o violento: *una enconada lucha.*

enconar *v.* **1.** Hacer que aumente el odio o la enemistad entre dos o más personas. **2.** Poner peor una herida. **SIN. 1.** Avivar, recrudecer. **ANT. 1.** Apaciguar. **2.** Sanar.

encono *s. m.* Enemistad o rencor muy grande. **SIN.** Odio, resentimiento, animadversión.

encontradizo, za *adj.* Se usa en la expresión **hacerse** uno **el encontradizo**, 'simular un encuentro casual con una persona'.

encontrado, da **1.** *p.* de **encontrar.** También *adj.* ‖ *adj.* **2.** Contrario, opuesto. **SIN. 2.** Enfrentado.

encontrar *v.* **1.** Descubrir a una persona o cosa por casualidad o porque se la estaba buscando. **2.** Ver de una manera: *Te encuentro cambiado.* ‖ **encontrarse 3.** Estar en lugar. **4.** Sentirse. **5.** Unirse en un punto dos o más cosas. ▢ Es v. irreg. Se conjuga como *contar.* **SIN. 1.** Topar. **1.** a **3.** Coincidir, converger. **ANT. 1.** Perder. **5.** Separarse.

encontronazo *s. m.* Choque fuerte.

encopetado, da *adj.* De alto copete, de buena posición social.

encorajinar *v.* Irritar, poner furioso. **SIN.** Encolerizar, enojar, enfurecer. **ANT.** Calmar.

encorbatado, da *adj.* Que lleva corbata.

encordar *v.* **1.** Poner cuerdas a los instrumentos musicales o a las raquetas de tenis. ‖ **encordarse 2.** Atarse los montañeros unos a otros para evitar caídas. □ Es v. irreg. Se conjuga como *contar*.

encorsetar *v.* **1.** Poner un corsé. **2.** Limitar o quitar la libertad.

encorvar *v.* **1.** Hacer que algo tome forma curva. ‖ **encorvarse 2.** Doblar una persona la espalda hacia delante. **SIN. 1.** Arquear, curvar, combar. **ANT. 1.** y **2.** Enderezar.

encrespar *v.* **1.** Enfadar mucho. **2.** Alborotar y levantar las olas del mar. **3.** Rizar el pelo o ponerlo de punta. **SIN. 1.** Irritar, exasperar. **ANT. 1.** y **2.** Calmar. **2.** Apaciguar. **3.** Alisar.

encriptar *v.* En informática, transformar la información en signos extraños para que solo pueda entenderla quien conoce las claves que devuelven el archivo a su estado normal. **ANT.** Desencriptar.

encrucijada *s. f.* **1.** Cruce de caminos o calles. **2.** Situación difícil en la que hay que decidirse entre varias posibilidades. **SIN. 1.** Intersección. **2.** Dilema, disyuntiva.

encuadernación *s. f.* **1.** Acción de encuadernar algo. **2.** Tapas con que se ha encuadernado un libro.

encuadernador, ra *s. m.* y *f.* Persona que encuaderna.

encuadernar *v.* Coser o pegar las hojas que forman un libro y ponerles las tapas. **ANT.** Desencuadernar.

encuadrar *v.* **1.** Poner en un marco o cuadro. **2.** Incluir dentro de un grupo, época o circunstancias. **3.** Captar la imagen de algo a través del objetivo de una cámara. **SIN. 1.** y **2.** Enmarcar. **2.** Clasificar, localizar.

encuadre *s. m.* Lo que capta el objetivo de una cámara según se coloque esta.

encubierto, ta 1. *p.* de **encubrir.** ‖ *adj.* **2.** Oculto o disimulado para que no se descubra.

encubridor, ra *adj.* y *s.* Que oculta algo o ayuda a otro a ocultar algo malo que ha hecho.

encubrir *v.* Ocultar una cosa o impedir que llegue a saberse. □ Su p. es irreg.: *encubierto.* **SIN.** Esconder, enmascarar. **ANT.** Revelar.

encuentro *s. m.* **1.** Hecho de encontrarse. **2.** En deporte, partido.

encuesta *s. f.* Serie de preguntas que se hace a un grupo de personas para conocer su opinión sobre algo. **SIN.** Sondeo.

encuestador, ra *s. m.* y *f.* Persona que hace encuestas.

encuestar *v.* Hacer una encuesta a alguien.

encumbrar *v.* Colocar a alguien en una buena posición. **SIN.** Elevar, ascender. **ANT.** Relegar.

encurtido, da *adj.* y *s. m.* Se dice de los pepinillos, aceitunas y otros alimentos conservados en vinagre.

ende Se usa en la expresión **por ende,** 'por tanto', 'por consiguiente'.

endeble *adj.* Débil, frágil. **SIN.** Flojo, enclenque. **ANT.** Fuerte.

endecasílabo, ba *adj.* y *s. m.* Se dice del verso de once sílabas.

endémico, ca *adj.* **1.** Se dice de la enfermedad que es habitual en un territorio o país durante épocas fijas. **2.** Se dice del animal o vegetal típico de una zona determinada y que solo vive en ella. **3.** Se dice del mal o problema muy frecuente en un lugar.

endemoniado, da *adj.* y *s.* **1.** Poseído por el demonio. ‖ *adj.* **2.** Que molesta o da mucho trabajo. **SIN. 1.** Poseso. **2.** Maldito, endiablado.

enderezar *v.* **1.** Poner derecho algo que estaba torcido. **2.** Hacer mejor a alguien o algo que no iban por buen camino. **SIN. 1.** Erguir. **2.** Encauzar, encarrilar. **ANT. 1.** Torcer. **2.** Pervertir.

endeudarse *v.* Llenarse de deudas. **SIN.** Entramparse.

endiablado, da *adj.* **1.** Muy malo o molesto. **2.** Muy grande: *velocidad endiablada.* **SIN. 1.** Endemoniado, maldito. **2.** Enorme.

endibia *s. f.* Planta de huerta con hojas de color verde claro agrupadas en un manojo. □ Se escribe también *endivia.*

endilgar *v. fam.* Encargar a otro algo molesto o desagradable. **SIN.** Endosar, encasquetar, endiñar. **ANT.** Librar.

endiñar *v.* **1.** *fam.* Pegar, propinar. **2.** *fam.* Endilgar.

endiosado, da 1. *p.* de **endiosar.** ‖ *adj.* **2.** Que se siente muy superior a los demás. **SIN. 2.** Creído.

endiosar *v.* Hacer creer a alguien que es muy superior a los demás.

endivia *s. f.* Endibia.

endocardio *s. m.* Membrana que recubre las cavidades del corazón.

endocarpio o **endocarpo** s. m. En algunos frutos, parte en la que está encerrada la semilla.

endocrino, na adj. **1.** Se dice de las hormonas que se forman dentro del cuerpo y de las glándulas que las producen. || s. m. y f. **2.** fam. Endocrinólogo.

endocrinología s. f. Parte de la medicina que estudia las glándulas endocrinas y sus enfermedades.

endocrinólogo, ga s. m. y f. Médico especializado en endocrinología. **SIN.** Endocrino.

endodoncia s. f. Intervención en la parte interna de los dientes y de las muelas.

endogamia s. f. Práctica de casarse con personas del mismo grupo o de la misma raza.

endolinfa s. f. Líquido que ocupa el interior del laberinto del oído de los vertebrados.

endomingarse v. Arreglarse más que de costumbre.

endosar v. Dar o encargar a otra persona lo que no nos gusta. **SIN.** Endilgar, encasquetar.

endoscopia s. f. Examen hecho con un endoscopio.

endoscopio s. m. Instrumento usado por los médicos para ver las paredes del estómago y los intestinos.

endrina s. f. Fruto del endrino, de color negro azulado y sabor ácido, usado para hacer el licor llamado pacharán.

endrino, na adj. **1.** De color negro azulado. || s. m. **2.** Árbol espinoso de hojas caducas y lanceoladas y flores blancas; su fruto es la endrina.

endulzar v. **1.** Poner dulce. **2.** Hacer más agradable o menos grave. **SIN. 1.** Azucarar. **1.** y **2.** Edulcorar. **ANT. 1.** y **2.** Amargar.

endurecer v. **1.** Poner dura o más dura una cosa. **2.** Hacer a una persona más dura, fuerte o insensible. □ Es v. irreg. Se conjuga como agradecer. **SIN. 1.** Curtir, fortalecer. **ANT. 1.** Reblandecer. **1.** y **2.** Ablandar.

enea s. f. Planta acuática perenne, con el tallo en forma de caña y hojas estrechas y largas, usadas para hacer asientos de sillas y otros objetos. **SIN.** Espadaña, anea.

eneágono s. m. Polígono de nueve ángulos y nueve lados.

eneasílabo, ba adj. y s. m. Se dice del verso de nueve sílabas.

enebro s. m. Arbusto perenne de hojas rígidas, que pinchan y están agrupadas de tres en tres; su madera es fuerte y rojiza y con su fruto se hace la ginebra.

eneldo s. m. Planta con hojas estrechas y flores amarillas en círculo. Se usa en medicina y como condimento.

enema s. m. Introducción de agua por el ano para provocar la salida de los excrementos y dejar limpio el intestino. **SIN.** Lavativa.

enemigo, ga adj. y s. **1.** Que está en contra de alguien o lucha contra él. **2.** Contrario: Es enemigo de las peleas. **SIN. 1.** Adversario. **2.** Opuesto. **ANT. 1.** Partidario. **2.** Amigo.

enemistad s. f. Relación entre enemigos. **SIN.** Hostilidad. **ANT.** Amistad.

enemistar v. Hacer que alguien pierda la amistad que tenía con otro, o dejar de ser amigos. **SIN.** Indisponer. **ANT.** Reconciliar.

energético, ca adj. De la energía o relacionado con ella.

energía s. f. **1.** En física, capacidad de un cuerpo o sistema para realizar un trabajo. **2.** Fuerzas, ánimo. **3.** Intensidad. || **4. fuentes de energía** El Sol, el viento, el petróleo y otras cosas de las que se obtiene energía. **ANT. 2.** Debilidad.

enérgico, ca adj. Que tiene fuerza y decisión. **SIN.** Fuerte, decidido. **ANT.** Débil.

energúmeno, na s. m. y f. Persona que se enfurece mucho y con facilidad: ponerse como un energúmeno.

enero s. m. Primer mes del año, de treinta y un días.

enervar v. **1.** Poner nervioso, enfadar. **2.** Quitar las fuerzas, debilitar. **SIN. 1.** Irritar, indignar. **ANT. 1.** Calmar. **2.** Fortalecer.

enésimo, ma adj. **1.** Se dice de un número indeterminado. **2.** Se dice de un número grande de veces que se repite algo: Le dije por enésima vez que bajara la música.

enfadar v. **1.** Causar enfado. || **enfadarse 2.** Cogerse un enfado. **3.** Enemistarse con alguien. **SIN. 1.** y **2.** Enojar(se), irritar(se). **ANT. 1.** y **3.** Reconciliar(se).

enfado s. m. Mal humor, reacción de alguien ante una persona o cosa que le molesta o le desagrada mucho.

enfangar v. **1.** Cubrir o ensuciar de barro, o meter en el barro. || **enfangarse 2.** Mezclarse en asuntos sucios o ilegales.

énfasis s. m. Fuerza con que se dice algo para destacar su importancia.

enfático, ca adj. Con énfasis.

enfatizar v. Poner el énfasis en algo.

enfermar v. Ponerse enfermo. **ANT.** Sanar.

enfermedad s. f. Mal funcionamiento en el organismo de un ser vivo, trastorno de la salud. **SIN.** Dolencia, afección. **ANT.** Salud.

enfermería

enfermería *s. f.* **1.** Lugar para atender a enfermos o heridos que hay en algunos sitios, como campos de fútbol, colegios y empresas. **2.** Profesión y título de enfermero.

enfermero, ra *s. m. y f.* Ayudante de un médico, que atiende a enfermos o heridos.

enfermizo, za *adj.* **1.** Que enferma con facilidad. **2.** Propio de un enfermo: *ojos enfermizos.* **3.** Propio de una persona desequilibrada: *obsesión enfermiza.* **SIN. 1.** Delicado. **ANT. 1.** a **3.** Sano.

enfermo, ma *adj. y s.* Que sufre una enfermedad. **SIN.** Indispuesto; paciente. **ANT.** Sano.

enfervorizar *v.* **1.** Hacer sentir fervor religioso. **2.** Producir gran entusiasmo. **SIN. 2.** Entusiasmar, enardecer. **ANT. 2.** Decepcionar.

enfilar *v.* Tomar una dirección o dirigir algo hacia un lugar. **ANT.** Desviar.

enfisema *s. m.* Formación de bolsas de gas en un tejido del organismo: *un enfisema pulmonar.*

enflaquecer *v.* Poner o ponerse flaco. □ Es v. irreg. Se conjuga como *agradecer.* **SIN.** Adelgazar. **ANT.** Engordar.

enfocar *v.* **1.** Hacer que se vea con claridad una imagen que se mira a través de una lente o que se proyecta en una pantalla. **2.** Dirigir hacia un punto un foco o una cámara fotográfica, de cine o de vídeo. **3.** Tratar algo de una manera determinada. **SIN. 1.** Encuadrar. **3.** Orientar. **ANT. 1.** Desenfocar.

enfoque *s. m.* Acción de enfocar. **SIN.** Encuadre; orientación.

enfoscado, da **1.** *p.* de **enfoscar.** También *adj.* ‖ *s. m.* **2.** Capa de cemento o de otro material con que se enfosca.

enfoscar *v.* Cubrir una pared con cemento u otros materiales parecidos, o tapar los agujeros que tenga.

enfrascarse *v.* Concentrarse mucho en algo. **SIN.** Embeberse, abstraerse. **ANT.** Distraerse.

enfrentamiento *s. m.* Acción de enfrentar o enfrentarse. **SIN.** Lucha; competición; discusión. **ANT.** Unión.

enfrentar *v.* **1.** Hacer que alguien luche, compita o discuta con otro. ‖ **enfrentarse 2.** Intentar resolver las dificultades. **SIN. 1.** Enemistar, contender. **2.** Afrontar, arrostrar. **ANT. 1.** Unir. **2.** Eludir.

enfrente *adv.* Delante o en la parte opuesta.

enfriamiento *s. m.* **1.** Acción de enfriar o enfriarse. **2.** Catarro, resfriado.

enfriar *v.* **1.** Dar frío o poner fría una cosa. **2.** Quitar fuerza a un sentimiento, a un proyecto, etc. ‖ **enfriarse 3.** Coger frío una persona. **SIN. 3.** Acatarrarse, resfriarse. **ANT. 1.** Calentar. **2.** Avivar.

enfundar *v.* Poner dentro de la funda. **SIN.** Envainar. **ANT.** Desenfundar.

enfurecer *v.* Poner furioso. □ Es v. irreg. Se conjuga como *agradecer.* **SIN.** Irritar, enojar. **ANT.** Calmar.

enfurruñarse *v. fam.* Enfadarse ligeramente o por algo sin importancia.

engalanar *v.* Adornar, arreglar. **SIN.** Embellecer. **ANT.** Afear.

enganchar *v.* **1.** Sujetar o unir con un gancho o de forma parecida. **2.** Coger, atrapar, pillar. **3.** *fam.* Producir algo mucha afición o sentirla alguien: *El libro engancha desde la primera página. Me he enganchado a esa serie de televisión.* ‖ **engancharse 4.** *fam.* Consumir drogas y empezar a depender de ellas. **SIN. 3.** Interesar. **ANT. 1.** y **4.** Desenganchar(se).

enganche *s. m.* **1.** Acción de enganchar o engancharse. **2.** Objeto o sistema usado para enganchar.

enganchón *s. m.* Roto que se hace en una cosa, sobre todo en un tejido, al engancharse con algo.

engañar *v.* **1.** Hacer creer a alguien una mentira o que algo es como en realidad no es. **2.** Hacer una trampa o estafa. **3.** Calmar por poco tiempo una necesidad, sobre todo el hambre. **SIN. 1.** Mentir; confundir. **2.** Timar. **ANT. 1.** Desengañar.

engañifa *s. f.* Cosa que parece buena o útil, pero no lo es. **SIN.** Timo.

engaño *s. m.* Acción de engañar. **SIN.** Mentira, embuste; timo. **ANT.** Desengaño; verdad.

engañoso, sa *adj.* Que engaña, que parece de una manera y es de otra. **SIN.** Falso, falaz. **ANT.** Verdadero.

engarce *s. m.* Acción de engarzar y soporte en que se engarza.

engarzar *v.* **1.** Unir una cosa con otra formando cadena: *engarzar un collar.* **2.** Engastar: *Mandó engarzar un rubí en el anillo.*

engastar *v.* Encajar una cosa en otra, sobre todo una piedra preciosa en un soporte de metal. **SIN.** Engarzar.

engaste *s. m.* Acción de engastar y soporte en que se engasta.

engatusar *v.* Ganarse a alguien con alabanzas o amabilidades. **SIN.** Camelar.

engendrar *v.* **1.** Producir los seres humanos y los animales individuos de su misma especie. **2.** Causar, generar. **SIN. 1.** Procrear. **2.** Originar.

engendro *s. m.* **1.** Criatura deforme o monstruosa. **2.** Cosa muy mal hecha.

englobar *v.* Contener, incluir. **SIN.** Comprender, abarcar. **ANT.** Excluir.

engolado, da *adj.* **1.** Afectado, poco natural. **2.** Arrogante, presuntuoso. **SIN. 1.** Artificioso.

engolfarse *v.* Concentrarse mucho en algo sin darse cuenta de nada más. **SIN.** Enfrascarse. **ANT.** Distraerse.

engolosinar *v.* Hacer desear algo mostrándolo como muy atractivo.

engomado, da 1. *p.* de engomar. || *adj.* **2.** Que tiene goma para que pueda pegarse: *papel engomado.*

engomar *v.* Poner goma a una cosa para pegarla.

engominar *v.* Poner gomina en el cabello.

engordaderas *s. f. pl.* Granitos que aparecen en la cara de algunos bebés.

engordar *v.* Poner o ponerse gordo. **ANT.** Adelgazar.

engorde *s. m.* Acción de engordar a los animales.

engorro *s. m.* Asunto molesto o fastidioso. **SIN.** Fastidio, incordio. **ANT.** Placer.

engorroso, sa *adj.* Molesto, fastidioso. **SIN.** Incómodo.

engranaje *s. m.* **1.** Acción de engranar. **2.** Conjunto de piezas con dientes que engranan unos con otros.

engranar *v.* Encajar los dientes de dos o más piezas para que se muevan conjuntamente. **ANT.** Desengranar.

engrandecer *v.* **1.** Hacer más grande. **2.** Hacer más noble o mejor. □ Es v. irreg. Se conjuga como *agradecer.* **SIN. 1.** Agrandar, acrecentar. **2.** Enaltecer, ensalzar. **ANT. 1.** Empequeñecer.

engrandecimiento *s. m.* Acción de engrandecer.

engrasar *v.* Untar con grasa o aceite. **SIN.** Lubricar. **ANT.** Desengrasar.

engrase *s. m.* Acción de engrasar.

engreído, da 1. *p.* de engreír. || *adj.* **2.** Soberbio y presumido. **SIN. 2.** Vanidoso. **ANT. 2.** Humilde.

engreír *v.* **1.** Hacer a alguien soberbio y presumido. **2.** *Amér.* Mimar, malcriar. □ Es v. irreg. Se conjuga como *reír.*

engrosar *v.* **1.** Hacer grueso o más grueso. **2.** Aumentar: *Su nombre pasó a engrosar la lista de los más valorados en la empresa.* **SIN. 1.** Ensanchar, abultar, engordar. **2.** Incrementar. **ANT. 1.** Estrechar. **2.** Disminuir.

engrudo *s. m.* Pasta de harina y agua que se usa como pegamento.

enguachinar *v.* Echar más agua de lo necesario. **SIN.** Aguar.

enguarrar *v. fam.* Ensuciar, manchar.

engullir *v.* Tragar la comida muy deprisa y casi sin masticar. □ Es v. irreg. Se conjuga como *mullir.* **SIN.** Devorar.

engurruñar *v.* Arrugar, encoger.

enharinar *v.* Cubrir con harina.

enhebrar *v.* **1.** Meter un hilo por el ojo de la aguja o por el agujero de una cuenta o perla. **2.** Unir, enlazar: *enhebrar frases.* **SIN. 1.** Ensartar. **2.** Encadenar, concatenar.

enhiesto, ta *adj.* Levantado, derecho. **SIN.** Erguido. **ANT.** Tumbado.

enhorabuena *s. f.* Felicitación.

enigma *s. m.* Cosa desconocida o muy difícil de comprender. **SIN.** Misterio, arcano.

enigmático, ca *adj.* Difícil de comprender. **SIN.** Misterioso, inescrutable **ANT.** Comprensible, claro.

enjabonar *v.* Dar jabón a alguien o algo para lavarlo. **ANT.** Aclarar.

enjaezar *v.* Poner jaeces o adornos a las caballerías.

enjalbegar *v.* Blanquear las paredes con cal o yeso disuelto en agua. **SIN.** Encalar.

enjambre *s. m.* **1.** Conjunto de las abejas de una colmena. **2.** Conjunto numeroso de personas, animales o cosas.

enjaretar *v.* **1.** Pasar un cordón o una cinta por un dobladillo, como en algunas capuchas. **2.** *fam.* Hacer o decir algo muy deprisa y mal. **3.** *fam.* Dar a otro algo que nos resulta molesto o pesado. **SIN. 3.** Endosar, endilgar, encasquetar.

enjaular *v.* Meter en una jaula o en algo parecido. **SIN.** Encerrar.

enjoyado, da *adj.* Que lleva muchas joyas.

enjuagar *v.* **1.** Quitar el jabón o la espuma de alguna cosa echándole agua. || **enjuagarse 2.** Limpiarse la boca y los dientes con agua u otro líquido.

enjuague *s. m.* **1.** Acción de enjuagar o enjuagarse. **2.** *fam.* Trampa, chanchullo.

enjugar *v.* Secar algo que está mojado o húmedo, sobre todo las lágrimas o el sudor.

enjuiciar *v.* **1.** Dar un juicio o una opinión. **2.** Hacer un juicio contra alguien. **SIN. 1.** y **2.** Juzgar. **2.** Procesar.

enjundia *s. f.* Lo más importante o interesante de algo. **SIN.** Sustancia.

enjundioso, sa adj. Interesante, con muchas ideas: *un discurso enjundioso*. SIN. Profundo. ANT. Superficial.

enjuto, ta adj. Flaco. ANT. Gordo.

enlace s. m. **1.** Lo que sirve para unir o comunicar a personas o cosas. **2.** Boda. **3.** En química, fuerza que une los átomos para formar una molécula. **4.** En informática, texto o elemento destacado en una página web, que al pinchar sobre él, dirige a otra información. SIN. **1.** Nexo. **1.** y **4.** Vínculo. **2.** Matrimonio, desposorio. **4.** Link. ANT. **1.** Separación.

enladrillar v. Cubrir un suelo con ladrillos. SIN. Solar, pavimentar.

enlatar v. Meter los alimentos en latas para conservarlos.

enlazar v. Unir o relacionar. SIN. Conectar, vincular. ANT. Separar.

enlodar v. **1.** Cubrir o manchar con lodo. **2.** Perjudicar la reputación de una persona. SIN. **1.** Enfangar, embarrar. **2.** Desacreditar, mancillar.

enloquecer v. Volver o volverse loco. □ Es v. irreg. Se conjuga como *agradecer*. SIN. Enajenar, desequilibrar.

enlosado, da **1.** p. de **enlosar**. También adj. || s. m. **2.** Suelo cubierto de losas.

enlosar v. Cubrir un suelo con losas o baldosas. SIN. Solar, pavimentar.

enlucido, da **1.** p. de **enlucir**. También adj. || s. m. **2.** Acción de enlucir. SIN. **2.** Revoque.

enlucir v. Cubrir una superficie con una capa de yeso, cal, etc. □ Es v. irreg. Se conjuga como *lucir*. SIN. Revocar, encalar.

enlutado, da adj. Vestido de luto.

enmadrado, da adj. Se dice del niño que no se separa de su madre.

enmarañar v. Hacer una maraña o un lío: *enmarañar la lana de un ovillo; enmarañarse una historia*. SIN. Enredar; embarullar. ANT. Desenredar; aclarar.

enmarcar v. **1.** Poner marco a un cuadro, una fotografía, etc. **2.** Situar algo dentro de un tiempo, lugar o estilo. SIN. **2.** Encuadrar.

enmascarado, da **1.** p. de **enmascarar**. También adj. || adj. y s. **2.** Se dice de la persona que lleva máscara.

enmascarar v. **1.** Tapar la cara con una careta o un disfraz. **2.** Esconder, disimular: *enmascarar un sabor*. SIN. **2.** Ocultar, encubrir. ANT. **1.** Desenmascarar. **2.** Descubrir.

enmasillar v. Sujetar o rellenar algo con masilla.

enmendar v. Corregir o corregirse: *Enmendaron el error. Era muy irresponsable, pero se enmendó*. || LOC. **enmendarle la plana** a alguien Corregirle. □ Es v. irreg. Se conjuga como *pensar*. SIN. Rectificar, reparar. ANT. Reincidir.

enmienda s. f. Acción de enmendar o enmendarse. SIN. Rectificación, reforma. ANT. Reincidencia.

enmohecer v. Cubrir o cubrirse de moho. □ Es v. irreg. Se conjuga como *agradecer*.

enmoquetar v. Cubrir con moqueta.

enmudecer v. **1.** Perder el habla o callarse. **2.** Dejar de sonar o hacer ruido. □ Es v. irreg. Se conjuga como *agradecer*.

ennegrecer v. Poner o ponerse negra una cosa. □ Es v. irreg. Se conjuga como *agradecer*. SIN. Ensuciar. ANT. Blanquear.

ennoblecer v. **1.** Hacer noble, de buenos sentimientos. **2.** Dar elegancia o distinción. □ Es v. irreg. Se conjuga como *agradecer*. SIN. **1.** Honrar, enaltecer. **2.** Refinar. ANT. **1.** Humillar. **2.** Vulgarizar.

enojadizo, za adj. Que se enfada fácilmente. SIN. Irritable, colérico.

enojar v. Enfadar o molestar mucho. SIN. Enfurecer, irritar. ANT. Calmar; agradar.

enojo s. m. Enfado. SIN. Irritación.

enojoso, sa adj. Que enoja.

enología s. f. Conocimientos sobre cómo se hace y cómo se conserva el vino.

enorgullecer v. Llenar de orgullo y satisfacción. □ Es v. irreg. Se conjuga como *agradecer*. SIN. Halagar; vanagloriarse. ANT. Avergonzar.

enorme adj. Muy grande. SIN. Inmenso, gigantesco. ANT. Minúsculo.

enormemente adv. Muy, mucho.

enormidad s. f. Cantidad o tamaño muy grandes: *costar algo una enormidad*. SIN. Inmensidad. ANT. Pequeñez.

enquistarse v. **1.** Formarse un quiste. **2.** Quedarse estancado un proceso o una situación. SIN. **2.** Estancarse, paralizarse.

enrabietar v. Hacer que alguien coja una rabieta o cogerla uno.

enraizar v. **1.** Echar raíces las plantas. **2.** Establecerse en un lugar. **3.** Tener éxito una moda, costumbre, etc. SIN. **1.** Prender. **1.** a **3.** Arraigar. ANT. **1.** a **3.** Desarraigar. **2.** Marcharse. **3.** Olvidarse.

enramada s. f. **1.** Conjunto de ramas de árboles entrelazadas. **2.** Cabaña hecha con ramas de árboles.

enrarecer v. **1.** Hacer menos denso un gas. **2.** Hacer menos puro el aire. **3.** Empeorar una situación o relación. □ Es v. irreg. Se conjuga como *agradecer*. SIN. **2.** Contaminar. ANT. **2.** Purificar.

enrasar v. **1.** Igualar la altura o nivel de algo. **2.** Hacer que el contenido de un recipiente no rebase su borde.

enredadera adj. y s. f. Se dice de las plantas que tienen tallos con pequeñas raíces que trepan por los muros o por otras plantas, como la hiedra.

enredador, ra adj. y s. Que enreda, travieso.

enredar v. **1.** Hacer un lío con hilos, pelos y cosas parecidas. **2.** Hacer difícil o complicado. **3.** Meter a alguien en algo malo o peligroso: Intentaron enredarla en el robo. **4.** Jugar o hacer travesuras. ‖ **enredarse 5.** Engancharse con algo. **6.** Empezar una pelea o discusión. SIN. **1.** Enmarañar. **2.** Embrollar. **2.** y **3.** Complicar. ANT. **1.** Desenredar. **2.** Aclarar.

enredo s. m. **1.** Conjunto de cosas enredadas. **2.** Problema, complicación. SIN. **1.** Revoltijo, maraña. **1.** y **2.** Lío. **2.** Embrollo.

enredoso, sa adj. Lleno de enredos, muy difícil o complicado. SIN. Enrevesado, lioso, confuso. ANT. Fácil, claro.

enrejado s. m. Reja en puertas y ventanas, hecha de barrotes, listones o cañas entrecruzados.

enrevesado, da adj. Muy difícil o complicado: una explicación enrevesada. SIN. Lioso, intrincado. ANT. Fácil, sencillo.

enriquecer v. **1.** Hacer rico o más rico. **2.** Aumentar, mejorar: enriquecer la leche con vitaminas. □ Es v. irreg. Se conjuga como agradecer. ANT. **1.** Empobrecer. **2.** Disminuir, empeorar.

enriquecimiento s. m. Acción de enriquecer o enriquecerse.

enrocar v. En el ajedrez, mover en una misma jugada el rey y la torre según ciertas condiciones.

enrojecer v. Poner o ponerse rojo. □ Es v. irreg. Se conjuga como agradecer. SIN. Ruborizarse, sonrojarse. ANT. Palidecer.

enrojecimiento s. m. Acción de enrojecer o enrojecerse. SIN. Rubor.

enrolarse v. Apuntarse para entrar en el Ejército o en otro grupo o actividad.

enrollado, da 1. p. de enrollar. También adj. ‖ adj. **2.** fam. Se dice de la persona que es agradable y se porta bien con los demás.

enrollar v. **1.** Poner algo en forma de rollo. ‖ **enrollarse 2.** fam. Extenderse mucho al hablar o escribir. **3.** fam. Tener relaciones amorosas dos personas. SIN. **1.** Arrollar. ANT. **1.** Desenrollar. **2.** Abreviar.

enronquecer v. Poner ronco. □ Es v. irreg. Se conjuga como agradecer.

enroque s. m. En ajedrez, acción de enrocar.

enroscar v. **1.** Enrollar algo en espiral. **2.** Meter o colocar una cosa en un sitio, dándole vueltas: enroscar un tornillo, un tapón. ANT. **1.** y **2.** Desenroscar.

ensaimada s. f. Bollo esponjoso de forma espiral, originario de Baleares.

ensalada s. f. Plato de vegetales y hortalizas crudos, a los que se añade sal, aceite, vinagre y, a veces, salsas y otros ingredientes.

ensaladera s. f. Recipiente hondo para servir la ensalada.

ensaladilla s. f. Plato hecho con patatas cocidas, zanahorias, atún y otros alimentos, mezclados con mayonesa. También se llama ensaladilla rusa.

ensalivar v. Mojar o ablandar con saliva: Los alimentos se mastican y ensalivan antes de tragarlos.

ensalmo s. m. Palabras o remedios mágicos que emplean los curanderos.

ensalzar v. Alabar, elogiar mucho. SIN. Encomiar, enaltecer. ANT. Denostar.

ensamblaje o **ensamble** s. m. Acción de ensamblar.

ensamblar v. Unir dos piezas encajando unas partes en otras. SIN. Acoplar.

ensanchar v. Hacer más ancho. SIN. Extender, agrandar. ANT. Estrechar.

ensanche s. m. **1.** Acción de ensanchar y parte que se ensancha. **2.** Parte de una ciudad en que se van construyendo nuevos barrios.

ensangrentar v. Manchar o llenar de sangre. □ Es v. irreg. Se conjuga como pensar.

ensañamiento s. m. Acción de ensañarse.

ensañarse v. Disfrutar haciendo mucho daño. SIN. Cebarse. ANT. Apiadarse.

ensartar v. **1.** Meter por un hilo o alambre perlas, cuentas, anillas, etc. **2.** Atravesar algo usando un objeto con punta. **3.** Ir uniendo, al hablar, chistes, anécdotas u otras cosas: Ensartaba una historia detrás de otra. SIN. **2.** Traspasar. **3.** Encadenar, empalmar.

ensayar v. **1.** Repetir varias veces una cosa para que luego salga bien. **2.** Hacer pruebas con algo para ver si es bueno, resistente, eficaz, etc.: ensayar una nueva vacuna. SIN. **2.** Experimentar, probar. ANT. **1.** Improvisar.

ensayista s. m. y f. Autor que escribe ensayos.

ensayo s. m. **1.** Acción de ensayar. **2.** Representación de una obra de teatro u otro espectáculo antes de que se estrene ante el público. **3.** Escrito en el que un autor trata un tema literario, científico, filosófico, etc. También, género formado por este tipo de obras. **4.** En rugby y fútbol americano, tanto conseguido al depositar el balón detrás de la línea contraria. **SIN. 1.** Experimento, prueba. **ANT. 1.** Improvisación.

enseguida *adv.* En un momento, inmediatamente. □ Se escribe también *en seguida.*

ensenada *s. f.* Entrada del mar en la tierra. **SIN.** Bahía, rada.

enseña *s. f.* Insignia, bandera u otra cosa que distingue y representa a un grupo de personas. **SIN.** Estandarte, emblema.

enseñanza *s. f.* **1.** Actividad de enseñar a alguien. ‖ *s. f. pl.* **2.** Conocimientos, técnicas y otras cosas que se enseñan.

enseñar *v.* **1.** Dar a alguien los conocimientos necesarios para que aprenda algo. **2.** Mostrar, poner a la vista. **3.** Servir de escarmiento. **SIN. 1.** Instruir, educar, formar. **ANT. 2.** Ocultar.

enseñorearse *v.* Apoderarse, adueñarse.

enseres *s. m. pl.* Muebles, utensilios y otras cosas necesarias que hay en una casa o local. **SIN.** Útiles, efectos.

ensilladura *s. f.* Parte del lomo del caballo donde se coloca la silla de montar.

ensillar *v.* Poner la silla de montar a un caballo.

ensimismamiento *s. m.* Acción de ensimismarse.

ensimismarse *v.* Quedarse alguien muy pensativo, concentrado en sus pensamientos. **SIN.** Abstraerse, enfrascarse. **ANT.** Distraerse.

ensoberbecer *v.* Hacer a alguien soberbio, hacer que se crea superior. □ Es v. irreg. Se conjuga como *agradecer.* **SIN.** Envanecer. **ANT.** Humillar.

ensombrecer *v.* **1.** Cubrir de sombra, oscurecer. **2.** Entristecer, quitar alegría. □ Es v. irreg. Se conjuga como *agradecer.* **SIN. 1.** Nublarse. **2.** Apenar. **ANT. 1.** Aclarar. **2.** Alegrar.

ensoñación *s. f.* Fantasía, cosa que se imagina o se sueña. ‖ **LOC. ni por ensoñación** Ni en sueños, de ninguna manera. **SIN.** Ensueño, ilusión.

ensordecedor, ra *adj.* Se dice del sonido muy fuerte, que impide oír bien.

ensordecer *v.* **1.** Impedir un sonido muy fuerte que alguien pueda oír. **2.** Dejar sordo. □ Es v. irreg. Se conjuga como *agradecer.* **SIN. 1.** Atronar.

ensortijado, da *adj.* Muy rizado. **ANT.** Lacio.

ensuciar *v.* Manchar, poner sucio. **SIN.** Embadurnar. **ANT.** Limpiar.

ensueño *s. m.* Ilusión, fantasía. ‖ **LOC. de ensueño** Estupendo, fantástico: *un viaje de ensueño.* **SIN.** Ensoñación.

entablamento *s. m.* Parte superior de la fachada de algunos edificios, como los templos griegos, formada por *cornisa, friso* y *arquitrabe.*

entablar *v.* Comenzar algunas cosas, por ejemplo, una conversación. **SIN.** Empezar, iniciar. **ANT.** Zanjar.

entablillar *v.* Sujetar con tablillas y vendas una pierna o un brazo roto o lesionado para que no se mueva.

entallar *v.* Ajustar una prenda al talle, a la cintura.

entarimado *s. m.* Suelo cubierto con tablas o parqué.

ente *s. m.* **1.** Cualquier cosa que existe. **2.** Nombre que se da a algunos organismos públicos. **SIN. 1.** Ser.

enteco, ca *adj.* Flaco, delgado.

entelequia *s. f.* Utopía, cosa muy buena, pero imposible.

entendederas *s. f. pl.* Inteligencia, capacidad para entender las cosas. **SIN.** Entendimiento, luces.

entendedor, ra *adj. y s.* Que entiende.

entender[1] *v.* **1.** Conocer el significado o el motivo de algo: *¿Entiendes la pregunta? No entiendo por qué lo hizo.* **2.** Saber cuáles son los sentimientos, gustos, etc., de las personas, para poder tratarlas. **3.** Saber de algo, ser experto en ello: *Entiende mucho de ordenadores.* ‖ **entenderse 4.** Llevarse bien con alguien. □ Es v. irreg. Se conjuga como *tender.* **SIN. 1., 2.** y **4.** Comprender(se). **4.** Congeniar, compenetrarse. **ANT. 4.** Chocar.

entender[2] *s. m.* Opinión, juicio: *A mi entender, hiciste bien.*

entendido, da 1. *p.* de **entender.** ‖ *adj. y s.* **2.** Especialista o experto en algo. **SIN. 2.** Versado. **ANT. 2.** Lego.

entendimiento *s. m.* **1.** Capacidad para entender las cosas, diferenciarlas y opinar sobre ellas. **2.** Acuerdo: *llegar a un entendimiento.* **SIN. 1.** Razón, inteligencia. **2.** Arreglo, convenio. **ANT. 2.** Desacuerdo.

entente (del fr.) *s. f.* Acuerdo o buena relación entre países o gobiernos.

enterado, da 1. *p.* de **enterarse.** También *adj.* ‖ *adj. y s.* **2.** *fam.* Persona que sabe mucho sobre algo. **SIN. 2.** Entendido, versado. **ANT. 2.** Inexperto.

enteramente *adv.* Totalmente.

enterarse *v.* **1.** Conocer una noticia o información. **2.** Darse cuenta de algo o comprenderlo. **SIN. 1.** Informarse, saber, averiguar. **2.** Percatarse, apercibirse.

entraña

entereza *s. f.* Característica de la persona que sabe mantenerse tranquila en situaciones duras, tristes o desagradables. **SIN.** Firmeza, temple. **ANT.** Debilidad.

enterizo, za *adj.* De una sola pieza: *pijama enterizo.*

enternecedor, ra *adj.* Que enternece. **SIN.** Conmovedor.

enternecer *v.* Hacer que alguien sienta ternura o se emocione. □ Es v. irreg. Se conjuga como *agradecer.* **SIN.** Conmover, emocionar. **ANT.** Endurecer.

entero, ra *adj.* **1.** Completo, sin que falte nada. **2.** Que demuestra entereza. ‖ *adj.* y *s. m.* **3.** En matemáticas, se dice de los números que no tienen decimales. **SIN. 1.** Todo, íntegro, cabal. **ANT. 1.** Incompleto.

enterrador, ra *s. m.* y *f.* Persona que trabaja enterrando cadáveres.

enterramiento *s. m.* **1.** Acción de enterrar. **2.** Lugar donde se ha enterrado un cadáver. **SIN. 1.** Entierro. **2.** Sepultura, fosa, tumba.

enterrar *v.* **1.** Poner algo debajo de la tierra: *enterrar un tesoro.* **2.** Dar sepultura. □ Es v. irreg. Se conjuga como *pensar.* **SIN. 1.** y **2.** Sepultar. **3.** Inhumar. **ANT. 1.** y **2.** Desenterrar. **2.** Exhumar.

entibiar *v.* Poner tibio. **SIN.** Templar.

entidad *s. f.* **1.** Empresa, asociación: *una entidad bancaria.* **2.** Importancia. **SIN. 1.** Sociedad, organismo. **2.** Alcance, trascendencia.

entierro *s. m.* **1.** Acción de enterrar. **2.** Actos que se celebran cuando se entierra un cadáver y personas que lo acompañan. **SIN. 1.** Enterramiento. **2.** Sepelio.

entintar *v.* Manchar o empapar de tinta.

entoldado, da *adj.* y *s. m.* **1.** Se dice del lugar cubierto de toldos. ‖ *s. m.* **2.** Toldo o conjunto de toldos.

entomología *s. f.* Parte de la zoología que estudia los insectos.

entomólogo, ga *s. m.* y *f.* Especialista en entomología.

entonación *s. f.* Acción de entonar y manera de hacerlo.

entonado, da 1. *p.* de **entonar.** También *adj.* ‖ *adj.* **2.** Que combina bien con otra cosa. **3.** Restablecido, con más fuerzas. **4.** Animado por haber tomado una bebida alcohólica. **5.** De clase social alta. **SIN. 2.** Armonizado. **4.** Achispado. **ANT. 2.** Encopetado.

entonar *v.* **1.** Cantar en el tono correcto. **2.** Cantar, recitar. **3.** Ir bien un color con otro. **4.** Hacer algo que una persona se encuentre mejor, con más fuerzas. **5.** Poner animado a alguien una bebida alcohólica. **SIN. 1.** Afinar.

3. Pegar, combinar. **5.** Achisparse. **ANT. 1.** Desafinar. **1.** y **3.** Desentonar.

entonces *adv.* **1.** Indica un tiempo o momento: *Entonces no vivíamos aquí.* **2.** En ese caso: *Si no quieres ir, entonces no vayas.*

entontecer *v.* Volver tonto. □ Es v. irreg. Se conjuga como *agradecer.* **SIN.** Atontar. **ANT.** Espabilar.

entorchado *s. m.* Bordado hecho con hilo de oro o plata.

entornar *v.* Dejar una puerta, ventana o los ojos sin cerrar del todo. **SIN.** Entrecerrar, entreabrir.

entorno *s. m.* Personas y cosas que rodean a alguien o algo. **SIN.** Ámbito, ambiente.

entorpecer *v.* **1.** Hacer que algo vaya mal o más lento. **2.** Poner torpe. **3.** No dejar pensar con claridad. □ Es v. irreg. Se conjuga como *agradecer.* **SIN. 1.** Dificultar, obstaculizar. **3.** Embotar. **ANT. 1.** Facilitar. **3.** Espabilar.

entorpecimiento *s. m.* Acción de entorpecer.

entrada *s. f.* **1.** Lugar por donde se entra. **2.** Hecho de entrar. **3.** Billete que permite entrar en un cine, teatro, museo, etc. **4.** Primer pago que se hace de una cosa que se va a pagar en varias veces, como un piso o un coche. **5.** Plato que se sirve antes de los principales. **6.** En los diccionarios, cada palabra con su información correspondiente. ‖ *s. f. pl.* **7.** Zona que se queda sin pelo encima de las sienes. ‖ **LOC. de entrada** En primer lugar, para empezar: *De entrada no me gustaron sus modales.* **SIN. 1.** y **2.** Acceso. **2.** Ingreso, introducción. **5.** Entrante. **ANT. 1.** y **2.** Salida.

entradilla *s. f.* Comienzo de una información periodística que resume lo más importante de ella.

entrado, da 1. *p.* de **entrar.** También *adj.* ‖ *adj.* **2.** Avanzado: *Se despertó ya entrado el día.* ‖ **LOC. entrado en años** Se dice de la persona que va siendo mayor.

entramado *s. m.* Armazón que sirve para sostener una obra de albañilería.

entrambos, bas *adj.* Los dos, uno y otro. **SIN.** Ambos.

entramparse *v.* Endeudarse.

entrante *adj.* **1.** Que entra: *una llamada entrante.* **2.** Próximo: *el año entrante.* ‖ *s. m.* **3.** Parte de una cosa que está hacia dentro: *entrantes y salientes.* **4.** Plato que se sirve como entrada. **SIN. 2.** Venidero. **4.** Entrada. **ANT. 2.** Saliente.

entraña *s. f.* **1.** Órgano interno del cuerpo. **2.** Sentimientos, corazón. **3.** Parte más oculta, el interior: *las entrañas de la tierra.* **SIN. 1.** Víscera, tripa. **2.** Alma.

entrañable *adj.* **1.** Querido, afectuoso, íntimo: *una amistad entrañable.* **2.** Que despierta afecto.

entrañar *v.* Suponer, implicar, llevar una cosa unida otra. **SIN.** Conllevar.

entrar *v.* **1.** Ir de fuera adentro. **2.** Caber, estar o introducirse una cosa dentro de otra. **3.** Ser admitido o tomar parte en algo. **4.** Comenzar a sentir: *entrarle a uno miedo.* **5.** Empezar, llegar: *Ha entrado el invierno.* ‖ **LOC. no entrarle** a alguien una cosa No lograr comprenderla. **SIN. 1.** Pasar, penetrar, acceder. **3.** Ingresar. **ANT. 1.** y **2.** Salir. **3.** Dejar. **5.** Terminar.

entre *prep.* Significa 'en medio de' o 'dentro de': *Siéntate entre nosotros dos. He puesto bolsitas perfumadas entre la ropa*; expresa estado intermedio: *Su pelo es entre moreno y castaño*; participación o relación entre dos o más personas: *Entre todos te ayudamos. Entre nosotros hay una gran amistad*; cosas donde escoger: *Elige entre estos dos regalos.*

entreabrir *v.* Abrir un poco, no del todo. □ Su p. es irreg.: *entreabierto.* **SIN.** Entornar.

entreacto *s. m.* Intermedio en una representación teatral.

entrecano, na *adj.* Se dice del pelo con bastantes canas.

entrecejo *s. m.* Espacio entre las dos cejas.

entrecerrar *v.* Cerrar a medias, no completamente. □ Es v. irreg. Se conjuga como *pensar.* **SIN.** Entornar.

entrechocar *v.* Chocar dos cosas una contra otra.

entrecomillado, da 1. *p.* de **entrecomillar.** También *adj.* ‖ *s. m.* **2.** Texto que está escrito entre comillas.

entrecomillar *v.* Poner entre comillas palabras, frases o párrafos.

entrecortado, da *adj.* No seguido, que tiene cortes o interrupciones: *la respiración entrecortada.* **SIN.** Discontinuo, intermitente. **ANT.** Continuo.

entrecot (del fr.) *s. m.* Filete grueso, sobre todo el que se saca de la parte de las costillas de la res.

entrecruzar *v.* Cruzar dos o más cosas entre sí. **SIN.** Entrelazar.

entredicho *s. m.* Hecho de ponerse en duda una cosa: *Está en entredicho su honradez.*

entredós *s. m.* Tira de adorno que se cose entre dos telas.

entrega *s. f.* **1.** Acción de entregar o entregarse: *entrega de mercancía; dedicarse con entrega.* **2.** Acto en el que se entregan premios, títulos y otras cosas. **3.** Cada una de las partes de una obra que se publican y venden por separado: *una novela por entregas.* **SIN. 3.** Fascículo.

entregar *v.* **1.** Dar, poner en manos de alguien. ‖ **entregarse 2.** Dedicarse a algo con mucho interés. **SIN. 1.** Conceder, depositar. **ANT. 1.** Quitar. **2.** Desentenderse.

entrelazar *v.* Enlazar una cosa con otra cruzándolas entre sí. **SIN.** Entrecruzar.

entrelínea *s. f.* Espacio blanco entre dos líneas de un texto. **SIN.** Interlineado.

entremedias *adv.* Entre dos o más cosas, tiempos, acciones o lugares.

entremés *s. m.* **1.** Plato ligero que se toma generalmente antes de las comidas. **2.** Pieza de teatro breve y divertida que solía representarse entre los actos de una obra más larga.

entremeter *v.* **1.** Meter una cosa entre otras. ‖ **entremeterse 2.** Entrometerse. **SIN. 1.** Intercalar. **2.** Inmiscuirse.

entremetido, da 1. *p.* de **entremeter.** También *adj.* ‖ *adj.* y *s.* **2.** Entrometido.

entremezclar *v.* Mezclar unas cosas con otras.

entrenador, ra *s. m.* y *f.* Persona que entrena a otras. **SIN.** Preparador.

entrenamiento *s. m.* Acción de entrenar o entrenarse y conjunto de ejercicios que se hacen con ese fin.

entrenar *v.* **1.** Hacer algo muchas veces para prepararse, especialmente los ejercicios que hacen los deportistas. **2.** Dirigir a otros en esos ejercicios. **SIN. 1.** Practicar, ejercitar. **2.** Preparar.

entreoír *v.* Oír algo, pero no muy bien. □ Es v. irreg. Se conjuga como *oír.*

entrepaño *s. m.* Balda, estante.

entrepierna *s. f.* **1.** Parte interior de los muslos. **2.** Órganos sexuales del hombre o la mujer.

entrepiso *s. m.* Piso que se construye aprovechando la altura de uno y que queda entre este y el superior.

entreplanta *s. f.* Planta situada entre los sótanos y el primer piso o el bajo.

entresacar *v.* Sacar unas cosas de entre otras para escoger. **SIN.** Extraer; seleccionar.

entresijo *s. m.* **1.** Membrana que une el estómago y el intestino con la parte interior de la tripa. ‖ *s. m. pl.* **2.** Cosas ocultas o desconocidas de alguien o algo. **SIN. 2.** Interioridades, intimidades.

entresuelo *s. m.* **1.** En teatros y cines, planta sobre el patio de butacas. **2.** Piso situado sobre la planta baja y debajo de la primera.

entretanto *adv.* Entre tanto, mientras.

entretejer v. Meter distintos hilos en la tela que se está tejiendo para hacer una labor o dibujo.

entretela s. f. Tejido de refuerzo que se pone entre la tela y el forro en chaquetas y otras prendas.

entretener v. **1.** Hacer que alguien lo pase bien y se divierta. **2.** Distraer a alguien haciéndole perder el tiempo, o distraerse uno mismo. □ Es v. irreg. Se conjuga como *tener*. **SIN. 1.** Divertir. **ANT. 1.** Aburrir.

entretenido, da 1. p. de **entretener**. ‖ adj. **2.** Que entretiene y divierte. **3.** Que se divierte, que no se aburre. **4.** Que ocupa mucho tiempo. **SIN. 2.** Divertido, ameno. **4.** Minucioso. **ANT. 2.** y **3.** Aburrido. **4.** Rápido.

entretenimiento s. m. Hecho de entretenerse y cosa con que uno se entretiene. **SIN.** Distracción, diversión. **ANT.** Aburrimiento.

entretiempo s. m. Tiempo entre el invierno y el verano, es decir, la primavera y el otoño: *un traje de entretiempo*.

entrever v. **1.** Ver algo sin claridad, de manera confusa. **2.** Adivinar, sospechar. □ Es v. irreg. Se conjuga como *ver*. **SIN. 1.** Atisbar. **1.** y **2.** Vislumbrar. **2.** Intuir.

entreverado, da adj. Que tiene intercaladas o mezcladas cosas diferentes: *tocino entreverado con magro*.

entrevista s. f. **1.** Encuentro en el que una persona hace preguntas a otra, por ejemplo, la entrevista que hace un periodista a alguien famoso. **2.** Reunión de dos o más personas para tratar de un asunto importante. **SIN. 1.** Interviú.

entrevistador, ra s. m. y f. Persona que hace entrevistas.

entrevistar v. **1.** Hacer una entrevista. ‖ **entrevistarse 2.** Reunirse dos o más personas para tratar de un asunto importante.

entristecer v. **1.** Producir tristeza o ponerse triste. **2.** Dar aspecto triste. □ Es v. irreg. Se conjuga como *agradecer*. **SIN. 1.** Apenar, afligir. **ANT. 1.** y **2.** Alegrar.

entrometerse v. Meterse una persona en los asuntos de los demás. **SIN.** Inmiscuirse, entremeterse.

entrometido, da 1. p. de **entrometerse**. ‖ adj. y s. **2.** Persona que se entromete. **SIN. 2.** Entremetido.

entroncar v. **1.** Tener una cosa relación con otra. **2.** Emparentar. **SIN. 1.** Conectar, vincular.

entronizar v. Colocar a una persona en el trono. **ANT.** Destronar.

entronque s. m. Hecho de entroncar. **SIN.** Vínculo, conexión.

entubar v. Poner tubos, por ejemplo, a un paciente en una operación para que pueda respirar.

entuerto s. m. Injusticia, ofensa.

entumecerse v. Quedarse rígido y sin poder moverse un miembro del cuerpo. □ Es v. irreg. Se conjuga como *agradecer*. **SIN.** Agarrotarse, entumirse. **ANT.** Desentumecerse.

entumecimiento s. m. Hecho de entumecerse un miembro.

entumirse v. Entumecerse.

enturbiar v. **1.** Poner turbio. **2.** Estropear: *Un malentendido enturbió su amistad*. **SIN. 1.** Ensuciar.

entusiasmar v. **1.** Producir entusiasmo, gustar mucho. ‖ **entusiasmarse 2.** Sentir entusiasmo. **SIN. 1.** Encantar, apasionar. **ANT. 1.** Desagradar.

entusiasmo s. m. **1.** Lo que sentimos cuando alguien o algo nos gusta o interesa muchísimo. **2.** Interés y esfuerzo muy grandes. **SIN. 1.** Pasión. **2.** Empeño, afán. **ANT. 1.** y **2.** Desinterés.

entusiasta adj. y s. Que siente entusiasmo o fácilmente se entusiasma.

enumeración s. f. Acción de enumerar y serie de cosas que se enumeran.

enumerar v. Exponer por orden una serie de cosas, a veces poniéndoles números. **SIN.** Contar, detallar.

enunciación s. f. Acción de enunciar.

enunciado s. m. **1.** Palabras con que se enuncia o expone algo. **2.** En lengua, un conjunto de palabras entre pausas marcadas.

enunciar v. Exponer algo de forma breve y precisa. **SIN.** Formular.

enunciativa adj. y s. f. En gramática, se dice de las oraciones que afirman o niegan algo.

envainar v. Meter en la vaina la espada u otra arma blanca. **SIN.** Enfundar. **ANT.** Desenvainar.

envalentonarse v. Hacerse el valiente. **ANT.** Rajarse, achicarse.

envanecer v. Volver vanidoso o muy creído. □ Es v. irreg. Se conjuga como *agradecer*. **SIN.** Ensoberbecer. **ANT.** Humillar.

envarado, da adj. y s. Muy serio y orgulloso. **SIN.** Estirado. **ANT.** Campechano.

envasado, da 1. p. de **envasar**. También adj. ‖ s. m. **2.** Acción de envasar.

envasar v. Introducir en recipientes un producto para guardarlo, conservarlo o transportarlo. **SIN.** Embotellar, enlatar.

envase s. m. **1.** Recipiente donde se envasa. **2.** Envasado, acción de envasar.

envejecer v. Hacer viejo o ponerse viejo. □ Es v. irreg. Se conjuga como *agradecer*. **SIN.** Avejentar, aviejar. **ANT.** Rejuvenecer.

envejecimiento s. m. Hecho de envejecer. **ANT.** Rejuvenecimiento.

envenenado, da **1.** p. de **envenenar.** También adj. ‖ adj. **2.** Que contiene veneno. **3.** Que esconde algún mal.

envenenamiento s. m. Acción de envenenar o envenenarse y daño que produce. **SIN.** Intoxicación.

envenenar v. **1.** Dar veneno a una persona o animal, o tomarlo ellos. **2.** Poner veneno. **3.** Dañar algo, como la amistad o los sentimientos. **SIN. 1.** Intoxicar. **2.** Emponzoñar. **ANT. 1.** Desintoxicar.

envergadura s. f. **1.** Importancia. **2.** Distancia entre las puntas de las alas abiertas de un ave o de las de un avión, o entre los extremos de los brazos de una persona extendidos hacia los lados. **3.** Anchura de la vela de un barco por la parte de abajo. **SIN. 1.** Alcance, relevancia.

envés s. m. Revés de una hoja o de una tela. **SIN.** Reverso. **ANT.** Derecho, anverso, haz.

enviado, da **1.** p. de **enviar.** También adj. ‖ s. m. y f. **2.** Persona que va a un lugar por mandato de otra para hacer algo. **SIN. 2.** Emisario.

enviar v. **1.** Mandar una cosa a algún sitio. **2.** Hacer ir a alguien a un lugar con algún fin. **SIN. 1.** Remitir, expedir. **2.** Destinar. **ANT. 1. y 2.** Recibir.

enviciar v. **1.** Hacer que alguien tenga un vicio o coger un vicio una persona. ‖ **enviciarse 2.** Aficionarse demasiado a una cosa y no poder dejarla. **SIN. 1.** Pervertir, corromper. **2.** Engolosinarse. **ANT. 1.** Regenerar.

envidar v. Hacer un envite.

envidia s. f. **1.** Disgusto que se siente al ver que a otro le ocurren cosas buenas o es más querido por los demás. **2.** Deseo de tener o hacer lo mismo que otro. **SIN. 1.** Celos.

envidiable adj. Que es muy bueno y lo desea todo el mundo.

envidiar v. Tener envidia de alguien.

envidioso, sa adj. y s. Que tiene envidia. **SIN.** Celoso.

envilecer v. Hacer malo y despreciable. □ Es v. irreg. Se conjuga como *agradecer*. **SIN.** Pervertir, deshonrar. **ANT.** Enaltecer.

envío s. m. Acción de enviar y aquello que se envía.

envite s. m. Apuesta que se hace en algunos juegos de cartas.

enviudar v. Quedarse viuda una persona.

envoltorio s. m. **1.** Conjunto de cosas envueltas. **2.** Papel, cartón, etc., que envuelve una cosa: *Los dulces llevaban envoltorios de colores.*

envoltura s. f. Lo que envuelve o rodea una cosa. **SIN.** Envoltorio, revestimiento.

envolvente adj. Que envuelve o rodea: *sonido envolvente.*

envolver v. **1.** Cubrir a una persona o cosa rodeándola con algo. **2.** Convencer con habilidad. **3.** Hacer que alguien participe o se vea metido en un asunto. □ Es v. irreg. Se conjuga como *volver.* **SIN. 1.** Embalar; arropar, rebozar. **3.** Comprometer, implicar, involucrar. **ANT. 1.** Desenvolver, desembalar.

envuelto, ta **1.** p. de **envolver.** También adj. ‖ adj. **2.** Cubierto o rodeado por algo.

enyesar v. **1.** Tapar o cubrir con yeso. **2.** Escayolar una parte del cuerpo.

enzarzar v. Meter o meterse en una discusión o pelea. **SIN.** Incitar, encizañar. **ANT.** Apaciguar.

enzima s. amb. Molécula compuesta por proteínas que intervienen en los procesos químicos de los seres vivos.

eólico, ca adj. Producido por la acción del viento: *energía eólica.*

epa interj. Amér. Hola.

épica s. f. Género de poesía en la que se cuentan grandes hazañas.

epiceno adj. y s. m. Se dice de algunos sustantivos que tienen una misma terminación y artículo para el macho o varón y la hembra o mujer, como *jilguero* o *persona.*

epicentro s. m. Punto de la superficie de la Tierra donde primero se notan los efectos de un terremoto.

épico, ca adj. **1.** De la épica o relacionado con ese tipo de poesía. **2.** Muy grande, exagerado: *un esfuerzo épico.*

epidemia s. f. Enfermedad infecciosa que ataca a la vez a muchas personas de un lugar.

epidémico, ca adj. De la epidemia.

epidermis s. f. Capa externa de las plantas y de la piel de las personas y los animales.

epidural adj. y s. f. Se dice de la anestesia que se pone alrededor de la médula espinal para no sentir dolor de la cintura para abajo.

Epifanía n. pr. f. Fiesta en que la Iglesia católica celebra la Adoración de los Reyes Magos al Niño Jesús.

epigastrio s. m. Parte del cuerpo que va desde debajo del pecho hasta el ombligo.

epiglotis s. f. Lámina cartilaginosa que cierra la glotis al tragar para evitar que los alimentos vayan hacia las vías respiratorias.

epígono *s. m.* Persona que sigue las ideas o el estilo artístico de otra persona o de una escuela anterior.

epígrafe *s. m.* Título o resumen con que empieza un capítulo o un apartado de un escrito. **SIN.** Encabezamiento.

epigrama *s. m.* Poesía corta que expresa un pensamiento ingenioso o satírico.

epilepsia *s. f.* Enfermedad nerviosa que provoca en el que la padece ataques con movimientos violentos e involuntarios y pérdida del conocimiento.

epiléptico, ca *adj.* y *s.* De la epilepsia o que sufre esta enfermedad.

epílogo *s. m.* Parte final, sobre todo la de un libro. **ANT.** Prólogo.

episcopado *s. m.* **1.** Conjunto de los obispos. **2.** Cargo o dignidad del obispo. **SIN. 2.** Obispado.

episcopal *adj.* Del obispo.

episódico, ca *adj.* **1.** Del episodio o compuesto de episodios. **2.** Poco importante. **SIN. 2.** Anecdótico, trivial. **ANT. 2.** Fundamental.

episodio *s. m.* Cada uno de los hechos que se van sucediendo en la historia, en la vida de alguien, en una novela, etc. **SIN.** Capítulo; pasaje.

epístola *s. f.* Carta, escrito dirigido a alguien. **SIN.** Misiva.

epistolar *adj.* Relacionado con la epístola: *novela epistolar.*

epistolario *s. m.* Conjunto de cartas escritas por una persona o libro en que se recogen.

epitafio *s. m.* Frase que se pone a veces sobre la tumba de una persona.

epitelial *adj.* Se dice del tejido que recubre las superficies externas e internas del cuerpo.

epitelio *s. m.* Tejido epitelial.

epíteto *s. m.* Adjetivo que expresa una característica propia o destacada del sustantivo al que acompaña, como *azul* en *cielo azul.*

época *s. f.* Periodo de tiempo. ‖ **LOC. de época** Antiguo, de un tiempo pasado: *traje de época.* **hacer época** Tener mucha importancia, destacar mucho en su tiempo. **SIN.** Temporada, era.

epopeya *s. f.* **1.** Obra poética en que se cuentan leyendas o acciones heroicas. **2.** Acción realizada con un gran esfuerzo. **SIN. 1.** Saga. **2.** Odisea, proeza.

equidad *s. f.* Justicia, imparcialidad, neutralidad. **ANT.** Injusticia.

equidistante *adj.* A la misma distancia que otra cosa.

equidistar *v.* Estar a la misma distancia que otro punto, línea, etc.

équido *s. m.* Nombre que se da a un grupo de mamíferos que tienen patas largas y andan sobre una especie de uña llamada *casco*, como por ejemplo, el caballo o el burro.

equilátero, ra *adj.* Se dice de la figura o cuerpo geométrico que tiene todos sus lados iguales.

equilibrado, da **1.** *p.* de **equilibrar.** También *adj.* ‖ *adj.* **2.** Sensato, que no actúa con exageración ni hace locuras. **SIN. 2.** Prudente, razonable. **ANT. 1.** y **2.** Desequilibrado.

equilibrar *v.* Poner en equilibrio. **SIN.** Nivelar, igualar, compensar. **ANT.** Desequilibrar.

equilibrio *s. m.* **1.** Estado de un cuerpo que no se mueve ni se cae en una posición en que es fácil que lo hiciera. **2.** Relación de armonía entre personas o cosas. **SIN. 1.** Estabilidad. **2.** Proporción, concordancia. **ANT. 1.** y **2.** Desequilibrio.

equilibrismo *s. m.* Conjunto de ejercicios y juegos que realiza un equilibrista. **SIN.** Acrobacia.

equilibrista *s. m.* y *f.* Artista que realiza ejercicios de equilibrio. **SIN.** Acróbata, funámbulo.

equino, na *adj.* y *s. m.* Del caballo o relacionado con él. **SIN.** Caballar.

equinoccio *s. m.* Momento del año en que, por estar el Sol sobre el ecuador, los días y las noches duran lo mismo en toda la Tierra. Existe el equinoccio de primavera (21 de marzo) y el de otoño (23 de septiembre).

equinodermo *s. m.* Animal marino invertebrado que tiene el cuerpo simétrico y un esqueleto exterior recubierto por la epidermis, como la estrella de mar.

equipaje *s. m.* Maletas y otras cosas que se llevan de viaje. **SIN.** Bagaje.

equipamiento *s. m.* **1.** Acción de equipar. **2.** Conjunto de instalaciones, instrumentos y objetos con que se equipa alguna cosa.

equipar *v.* Dar o poner lo necesario para una actividad o para el funcionamiento de algo. **SIN.** Proveer, surtir.

equiparable *adj.* Que se puede equiparar.

equiparar *v.* Considerar que dos cosas son iguales o parecidas, o hacer que lo sean. **SIN.** Igualar. **ANT.** Diferenciar.

equipo *s. m.* **1.** Grupo de personas que actúan en colaboración en un trabajo, deporte, etc. **2.** Conjunto de aparatos o cosas que sirven para un mismo fin. **SIN. 1.** Personal.

equis *s. f.* **1.** Nombre de la letra *x*. ‖ *adj.* **2.** Se usa para referirse a alguien o algo desconocido o que no interesa decir.

equitación *s. f.* Deporte de montar a caballo. **SIN.** Hípica.

equitativo, va *adj.* Justo, imparcial. **SIN.** Ecuánime. **ANT.** Injusto.

equivalencia *s. f.* Relación que hay entre las cosas equivalentes.

equivalente *adj.* y *s. m.* Que tiene el mismo valor. **SIN.** Semejante, igual. **ANT.** Desigual.

equivaler *v.* Tener el mismo valor, significado o intensidad. ▢ Es v. irreg. Se conjuga como *valer*.

equivocación *s. f.* Acción de equivocarse. **SIN.** Equívoco.

equivocar *v.* **1.** Hacer o considerar algo de manera distinta a como se debe. **2.** Hacer que alguien cometa un error o cometerlo uno mismo. **SIN. 1.** Errar. **1.** y **2.** Confundir. **ANT. 1.** y **2.** Acertar.

equívoco, ca *adj.* y *s. m.* **1.** Que puede entenderse de varias maneras. ‖ *s. m.* **2.** Equivocación. **SIN. 1.** Ambiguo. **2.** Confusión, error. **ANT. 1.** Inequívoco.

era[1] *s. f.* Periodo de tiempo con unas características propias, que se cuenta a partir de un hecho importante: *era cristiana*. **SIN.** Época.

era[2] *s. f.* Espacio de tierra limpia y lisa donde se trilla y separa el grano de las espigas de los cereales.

eral, la *s. m.* y *f.* Ternero que tiene entre uno y dos años.

erario *s. m.* Conjunto de bienes de una nación, región o provincia.

erección *s. f.* **1.** Acción de erigir. **2.** Acción de ponerse rígido el pene.

eréctil *adj.* Que se puede levantar y ponerse rígido: *Los erizos tienen púas eréctiles.*

erecto, ta *adj.* Que está levantado, derecho o tieso.

eremita *s. m.* Persona que vive en un lugar solitario y se dedica a la oración y a la penitencia. **SIN.** Ermitaño, anacoreta.

ergonómico, ca *adj.* Se dice de los objetos diseñados para adaptarse al cuerpo humano y ser más cómodos de usar: *silla ergonómica.*

erguir *v.* Levantar, poner algo derecho. ▢ Es v. irreg. **SIN.** Alzar, enderezar. **ANT.** Bajar.

erial *s. m.* Terreno que está sin cultivar o no puede producir. **SIN.** Baldío, yermo. **ANT.** Sembrado.

erigir *v.* Construir un edificio o un monumento, o crear algo, como una ciudad o una empresa: *Erigieron un busto del fundador.* **SIN.** Edificar; establecer. **ANT.** Destruir.

erisipela *s. f.* Enfermedad de la piel que produce manchas rojas en la cara.

eritema *s. m.* Inflamación y enrojecimiento de la piel.

eritrocito *s. m.* Glóbulo rojo.

erizar *v.* Poner tieso el pelo o el vello.

erizo *s. m.* **1.** Pequeño mamífero cubierto de púas, con el hocico puntiagudo y las patas y la cola muy cortas. ‖ **2. erizo de mar** Animal equinodermo de forma redondeada, con un caparazón cubierto de pinchos.

ermita *s. f.* Iglesia pequeña o capilla que suele estar en las afueras de una población.

ERGUIR

GERUNDIO
irguiendo

INDICATIVO

Presente	Pretérito perfecto simple
yergo o *irgo*	*erguí*
yergues o *irgues*	*erguiste*
yergue o *irgue*	*irguió*
erguimos	*erguimos*
erguís	*erguisteis*
yerguen o *irguen*	*irguieron*

SUBJUNTIVO

Presente	Pretérito imperfecto
yerga o *irga*	*irguiera, -ese*
yergas o *irgas*	*irguieras, -eses*
yerga o *irga*	*irguiera, -ese*
irgamos	*irguiéramos, -ésemos*
irgáis	*irguierais, -eseis*
yergan o *irgan*	*irguieran, -esen*

Futuro simple
irguiere
irguieres
irguiere
irguiéremos
irguiereis
irguieren

IMPERATIVO
yergue o *irgue* (tú)   *erguid* (vosotros)
yerga o *irga* (usted)   *yergan* o *irgan* (ustedes)

ermitaño, ña *s. m.* y *f.* **1.** Persona que vive en una ermita. **2.** Persona que vive sola o tiene una vida solitaria. **SIN. 1.** y **2.** Eremita. **1.** y **2.** Anacoreta.

erógeno, na *adj.* Que produce o siente excitación sexual: *zonas erógenas.*

erosión *s. f.* Desgaste en la superficie de la Tierra que van produciendo el viento, el agua y los cambios de temperatura.

erosionar *v.* Producir erosión.

erosivo, va *adj.* Que produce erosión.

erótico, ca *adj.* Relacionado con el amor y el deseo sexual. **SIN.** Amoroso.

erotismo *s. m.* Característica de erótico.

errabundo, da *adj.* Errante.

erradicar *v.* Hacer desaparecer por completo una cosa mala. **SIN.** Eliminar, extirpar. **ANT.** Arraigar.

errante *adj.* Que va de un lado para otro sin tener lugar fijo. **SIN.** Ambulante, errático, errabundo. **ANT.** Sedentario.

errar *v.* **1.** Fallar, equivocarse. **2.** Ir de un lado para otro sin tener un lugar fijo donde estar o vivir. □ Es v. irreg. **SIN. 2.** Vagar, deambular. **ANT. 1.** Acertar.

ERRAR		
INDICATIVO	SUBJUNTIVO	IMPERATIVO
Presente	Presente	
yerro	yerre	
yerras	yerres	yerra (tú)
yerra	yerre	yerre (usted)
erramos	erremos	errad (vosotros)
erráis	erréis	yerren (ustedes)
yerran	yerren	

errata *s. f.* Error en una obra impresa.

errático, ca *adj.* **1.** Errante. **2.** Que se sale de lo normal y corriente. **SIN. 2.** Extraño, extravagante.

erre *s. f.* Nombre de la letra *r.* ‖ **LOC. erre que erre** Insistiendo de manera terca.

erróneo, a *adj.* Que contiene error. **SIN.** Equivocado, incorrecto. **ANT.** Correcto.

error *s. m.* Equivocación, cosa mal hecha. **SIN.** Falta, fallo. **ANT.** Acierto.

ertzaina (vasco) *s. m.* y *f.* Miembro de la policía autonómica vasca.

ertzaintza (vasco) *s. f.* La policía autonómica vasca.

eructar *v.* Echar por la boca los gases del estómago haciendo ruido. **SIN.** Regoldar.

eructo *s. m.* Acción de eructar. **SIN.** Regüeldo.

erudición *s. f.* Gran cantidad de conocimientos. **SIN.** Sabiduría, cultura. **ANT.** Ignorancia.

erudito, ta *adj.* y *s.* Que tiene mucha erudición. **SIN.** Sabio. **ANT.** Ignorante.

erupción *s. f.* **1.** Salida violenta de materias sólidas, líquidas o gaseosas desde el interior de la tierra: *la erupción de un volcán.* **2.** Aparición en la piel de granos o manchas.

esaborío, a *adj. fam.* Aburrido, antipático. **SIN.** Desaborido, soso. **ANT.** Saleroso.

esbeltez *s. f.* Cualidad de esbelto.

esbelto, ta *adj.* Alto, delgado y de figura elegante. **SIN.** Espigado. **ANT.** Rechoncho.

esbirro *s. m.* Persona a la que alguien paga para que realice actos violentos. **SIN.** Sicario.

esbozar *v.* **1.** Hacer un esbozo. **2.** Comenzar a hacer un gesto: *esbozar una sonrisa.*

esbozo *s. m.* **1.** Dibujo o pintura que se hace trazando solo los rasgos principales. **2.** Esquema o plan de una cosa. **SIN. 1.** Boceto, bosquejo.

escabechar *v.* Poner un alimento en escabeche.

escabeche *s. m.* **1.** Salsa preparada con aceite, vinagre, laurel y otros condimentos, para conservar y hacer más sabrosos los alimentos, sobre todo el pescado. **2.** Bonito o atún conservado en esta salsa.

escabechina *s. f.* Gran cantidad de muertes, destrozos u otros hechos perjudiciales. **SIN.** Carnicería, degollina.

escabel *s. m.* Banqueta para apoyar los pies. **SIN.** Reposapiés.

escabroso, sa *adj.* **1.** Rocoso, montañoso o con muchos desniveles. **2.** Que se considera inadecuado por ser indecente, violento o desagradable. **SIN. 1.** Abrupto. **2.** Atrevido. **ANT. 1.** Llano. **2.** Decente, inocente.

escabullirse *v.* Escaparse con habilidad o disimulo. □ Es v. irreg. Se conjuga como *mullir.* **SIN.** Escurrirse, desaparecer.

escacharrar *v.* Romper, estropear. **SIN.** Destrozar. **ANT.** Arreglar.

escafandra *s. f.* Traje que usan buzos y astronautas, completamente cerrado, que permite ver el exterior y respirar dentro de él.

escafoides *s. m.* Nombre de uno de los huesos del pie y de uno de la mano.

escagarruciarse o **escagarruzarse** *v. vulg.* Hacerse de vientre de forma involuntaria.

escala *s. f.* **1.** Escalera de una sola pieza hecha de cuerda u otros materiales. **2.** Serie ordenada de cosas, como las notas musicales o los colores. **3.** Línea o banda con divisiones que tienen algunos instrumentos de medida: *la escala del termómetro.* **4.** Relación entre las dimensiones de un mapa, plano, maqueta, etc., y las del objeto real que representan. **5.** Parada que realiza un barco o un avión en su recorrido. **6.** Importancia o cantidad de algo. **SIN. 6.** Proporción, magnitud.

escalabrar *v.* Descalabrar.

escalada *s. f.* **1.** Acción de escalar. **2.** Aumento rápido de alguna cosa: *la escalada de la violencia.* **SIN. 1.** Ascensión. **ANT. 1.** Descenso. **2.** Caída.

escalador, ra *adj.* y *s.* Que escala. **SIN.** Alpinista.

escalafón *s. m.* Lista de personas ordenada por la categoría de su cargo. **SIN.** Jerarquía.

escalar *v.* **1.** Subir a un sitio alto utilizando una escala o trepando. **2.** Alcanzar un puesto o posición social elevados. **SIN. 1.** Ascender. **2.** Medrar, progresar. **ANT. 1.** Bajar.

escaldado, da 1. *p.* de **escaldar.** También *adj.* ‖ *adj.* **2.** Que está escarmentado por algo malo que le ha ocurrido.

escaldar *v.* **1.** Bañar una cosa en agua hirviendo. **2.** Quemar a alguien algo que está hirviendo.

escaleno *adj.* Se dice del triángulo que tiene los tres lados y los tres ángulos desiguales.

escalera *s. f.* **1.** Serie de peldaños construidos para subir o bajar de un lugar a otro. **2.** Utensilio portátil con unos escalones o travesaños para subir o bajar. **3.** En algunos juegos de naipes, sucesión de cartas de valor correlativo.

escaléxtric (marca registrada) *s. m.* **1.** Juguete que consiste en una pista con raíles por la que corren coches eléctricos. **2.** Cruce de carreteras a distinto nivel.

escalfar *v.* Cocer un huevo sin la cáscara.

escalinata *s. f.* Escalera ancha, como la que hay a la entrada de algunos grandes edificios. **SIN.** Gradas.

escalivada (del cat.) *s. f.* Ensalada de pimientos y otras hortalizas asadas.

escalofriante *adj.* Que aterroriza o que impresiona mucho: *una escena escalofriante.* **SIN.** Espeluznante, estremecedor.

escalofrío *s. m.* Temblor que nos recorre el cuerpo cuando tenemos frío, fiebre o miedo. **SIN.** Repelús.

escalón *s. m.* **1.** Cada una de las partes horizontales de una escalera. **2.** Puesto que se asciende en un cargo, empleo u otra cosa. **SIN. 1.** Peldaño. **2.** Grado.

escalonado, da 1. *p.* de **escalonar.** También *adj.* ‖ *adj.* **2.** En forma de escalón.

escalonar *v.* **1.** Distribuir varias personas o cosas dejando una distancia entre ellas. **2.** Hacer varias cosas dejando que pase un tiempo entre una y otra. **ANT. 1.** Juntar. **1.** y **2.** Concentrar.

escalope *s. m.* Filete fino empanado y frito.

escalpelo *s. m.* Instrumento de cirugía en forma de cuchillo pequeño de hoja estrecha.

escama *s. f.* **1.** Cada una de las placas pequeñas y transparentes que cubren la piel de peces y reptiles. **2.** Otras cosas que tienen algún parecido con estas placas.

escamado, da 1. *p.* de **escamar.** ‖ *adj.* **2.** Que sospecha o desconfía. **SIN. 2.** Receloso, mosqueado.

escamar *v.* **1.** Hacer sospechar o desconfiar. **2.** Quitar las escamas a los peces. **SIN. 1.** Recelar. **2.** Descamar.

escamoso, sa *adj.* Que tiene escamas.

escamotear *v.* **1.** Hacer desaparecer una cosa con habilidad, sin que otro se dé cuenta. **2.** Eliminar u ocultar algo de forma intencionada.

escampar *v.* Dejar de llover.

escanciar *v.* Echar el vino u otra bebida en un vaso.

escandalera *s. f. fam.* Escándalo, alboroto.

escandalizar *v.* **1.** Causar escándalo. ‖ **escandalizarse 2.** Mostrarse alguien horrorizado por algo que le parece indecente, injusto o ilegal. **SIN. 1.** Alborotar.

escándalo *s. m.* **1.** Alboroto, ruido grande. **2.** Acción o conducta que hace que la gente se indigne o hable mucho de ella; también, la indignación o el revuelo que provoca. **SIN. 1.** Bulla, griterío.

escandaloso, sa *adj.* y *s.* **1.** Muy ruidoso. **2.** Que causa escándalo e indignación.

escandinavo, va *adj.* y *s.* De Escandinavia, conjunto de países que conforman esta región del norte de Europa.

escanear *v.* Obtener imágenes utilizando un escáner.

escáner *s. m.* **1.** Aparato de rayos X con el que se obtienen imágenes del interior del cuerpo humano en varios planos. **2.** Aparato conectado a un ordenador que permite obtener documentos e imágenes digitales a partir de un original en papel, un objeto, etc.

escaño *s. m.* Asiento y cargo de los parlamentarios en las dos Cámaras.

escapada *s. f.* **1.** Acción de escapar o escaparse. **2.** Breve viaje para descansar del trabajo o de las ocupaciones. **SIN. 1.** Huida.

escapar v. **1.** Huir. **2.** Librarse. **3.** Quedar fuera de las obligaciones, posibilidades o capacidad de comprensión de una persona. ‖ **escaparse 4.** Salirse un líquido o gas por algún agujero o raja. **5.** Perder o no conseguir algo. **6.** Decir sin querer algo que se debía callar. **7.** Hacer algo sin poderse contener. **SIN. 1.** Fugarse. **2.** Salvarse; eludir. **4.** Irse. **ANT. 1.** Atrapar. **2.** Sufrir. **3.** Entrar.

escaparate s. m. En los comercios, espacio en la fachada cubierto con cristales donde se exponen las cosas que se venden.

escaparatista s. m. y f. Profesional que trabaja colocando de forma atractiva los objetos de los escaparates.

escapatoria s. f. Forma de escapar o de salir de una situación difícil o apurada. **SIN.** Salida, escape.

escape s. m. **1.** Salida de un gas o líquido por un agujero, raja o tubo. **2.** Escapatoria, solución. **SIN. 1.** Fuga.

escápula s. f. Omóplato.

escapulario s. m. Objeto formado por dos piezas pequeñas de tela con una imagen religiosa y unidas con dos cintas largas, que cuelgan sobre el pecho y la espalda.

escaque s. m. Cada una de las casillas del tablero de ajedrez y de damas.

escaquearse v. fam. Escabullirse una persona para evitar algo que no le gusta. **SIN.** Zafarse. **ANT.** Cumplir.

escarabajo s. m. Nombre común que se da a ciertos coleópteros de cuerpo ovalado y patas cortas.

escaramujo s. m. Arbusto llamado también *rosal silvestre*, de hojas caducas afiladas, flores encarnadas o sonrosadas y fruto carnoso de color rojo, utilizado en farmacia.

escaramuza s. f. En la guerra, combate de poca importancia. **SIN.** Refriega.

escarapela s. f. Adorno o distintivo hecho con cintas de colores plegadas en forma de círculo.

escarbar v. **1.** Remover la tierra u otra cosa con las manos, con algunas herramientas, con las patas. **2.** Hurgar. **3.** Investigar, indagar. **SIN. 1.** Hozar.

escarceo s. m. **1.** Intento que alguien hace en una actividad a la que no se dedica habitualmente. **2.** Aventura amorosa.

escarcha s. f. Rocío que se congela por la noche y forma una capa blanca sobre las superficies.

escarchado, da adj. **1.** Que tiene escarcha. **2.** Se dice de las frutas cubiertas por un baño de almíbar que forma una capa parecida a la escarcha.

escardar v. Arrancar los cardos y malas hierbas de un campo cultivado.

escarlata adj. y s. f. Rojo un poco menos intenso que el carmín.

escarlatina s. f. Enfermedad infantil contagiosa que produce fiebre, manchas rojas en la piel e inflamación de garganta y amígdalas.

escarmentar v. **1.** Dar un escarmiento o castigo a una persona. **2.** Aprender alguien de los daños que causan sus errores o los de otro. □ Es v. irreg. Se conjuga como *pensar*.

escarmiento s. m. **1.** Castigo que se da a una persona cuando hace algo malo para que no vuelva a hacerlo. **2.** Enseñanza que se obtiene después de sufrir algún daño. **SIN. 2.** Lección.

escarnecer v. Burlarse. □ Es v. irreg. Se conjuga como *agradecer*. **SIN.** Humillar. **ANT.** Alabar.

escarnio s. m. Burla muy ofensiva. **SIN.** Humillación. **ANT.** Alabanza.

escarola s. f. Planta de huerta con hojas abundantes y rizadas que se comen en ensalada.

escarpado, da adj. Se dice del terreno con mucha pendiente. **SIN.** Empinado, inclinado. **ANT.** Llano.

escarpadura s. f. Pendiente muy grande en el terreno.

escarpia s. f. Clavo doblado en ángulo recto para colgar cosas de él. **SIN.** Alcayata.

escarpín s. m. Zapato ligero y flexible.

escasear v. Haber poca cantidad de algo. **SIN.** Faltar. **ANT.** Abundar.

escasez s. f. Hecho de escasear algo. **SIN.** Carencia. **ANT.** Abundancia.

escaso, sa adj. **1.** Poco o no suficiente. **2.** Se dice de aquello a lo que le falta un poco para estar justo: *El viaje duró una hora escasa.* **SIN. 1.** Limitado, exiguo. **2.** Corto. **ANT. 1.** Abundante. **2.** Largo.

escatimar v. Dar lo menos posible de algo. **SIN.** Regatear. **ANT.** Prodigar.

escatología[1] s. f. Conjunto de creencias sobre la vida después de la muerte.

escatología[2] s. f. Uso de términos o expresiones relacionados con los excrementos.

escatológico, ca[1] adj. De la escatología[1].

escatológico, ca[2] adj. De la escatología[2].

escay (marca registrada) s. m. Material artificial que imita el cuero.

escayola s. f. **1.** Yeso especial que se emplea, mezclado con agua, para hacer esculturas y en decoración. **2.** Vendaje endurecido con esta mezcla que mantiene inmóvil un miembro roto o dislocado.

escayolar v. Poner una escayola en un miembro roto o dislocado para tenerlo quieto. **SIN.** Enyesar.

escayolista s. m. y f. Persona que hace obras o trabajos con escayola.

escena s. f. **1.** Escenario. **2.** Parte de una obra de teatro o de una película en la que intervienen los mismos personajes y la acción sucede en un mismo lugar. **3.** Suceso o situación reales. **4.** Acción o situación exagerada o teatral. **SIN. 2.** Secuencia.

escenario s. m. **1.** Parte de un teatro o local donde actúan los actores, bailarines u otros artistas. **2.** Lugar en el que se desarrolla la acción de una película o tiene lugar un suceso real. **SIN. 1.** Escena.

escénico, ca adj. De la escena o del teatro: artes escénicas.

escenificar v. Representar una obra de teatro o una historia cualquiera como si fuera una obra de teatro.

escenografía s. f. **1.** Arte de realizar decorados para el teatro, el cine, la televisión y otros espectáculos. **2.** Conjunto de esos decorados.

escenógrafo, fa s. m. y f. Persona que realiza los decorados para el teatro, el cine u otros espectáculos.

escepticismo s. m. Duda o desconfianza que se tiene sobre alguien o algo. **SIN.** Incredulidad. **ANT.** Confianza, fe.

escéptico, ca adj. y s. Que duda o desconfía de alguien o algo. **SIN.** Incrédulo. **ANT.** Confiado.

escindir v. Separar o dividir. **SIN.** Cortar, partir. **ANT.** Unir.

escisión s. f. Separación o división. **SIN.** Corte, partición. **ANT.** Unión.

esclarecer v. Aclarar, hacer que algo se conozca o se entienda. □ Es v. irreg. Se conjuga como agradecer. **SIN.** Explicar, clarificar. **ANT.** Oscurecer, embrollar.

esclarecido, da 1. p. de **esclarecer**. También adj. ‖ adj. **2.** Que destaca por sus méritos o su importancia. **SIN. 2.** Distinguido, insigne, eminente.

esclarecimiento s. m. Acción de esclarecer. **SIN.** Aclaración, explicación.

esclava s. f. Pulsera con una placa rectangular en el centro en la que se suele grabar el nombre.

esclavina s. f. Capa corta que cubre los hombros.

esclavista adj. y s. De la esclavitud o partidario de ella. **ANT.** Abolicionista.

esclavitud s. f. **1.** Situación de los esclavos. **2.** Hecho de estar demasiado sometido a alguien o algo. **SIN. 1.** y **2.** Servidumbre. **ANT. 1.** y **2.** Libertad.

esclavizar v. **1.** Hacer esclavo a alguien o tratarle como esclavo. **2.** Obligar a alguien a actuar de cierta manera, tenerle dominado. **SIN. 2.** Someter, sojuzgar. **ANT. 1.** Libertar. **1.** y **2.** Liberar.

esclavo, va adj. y s. **1.** Persona sin libertad ni derechos, que pertenece a un amo. **2.** Que depende demasiado de alguien o algo y no puede dejarlo. **SIN. 1.** Siervo. **ANT. 1.** Libre.

esclerosis s. f. Enfermedad en la que se endurecen órganos o tejidos del cuerpo.

esclerótica s. f. Membrana más externa de las que recubren el globo del ojo. Es dura y blanca, menos la parte central de delante, que es transparente.

esclusa s. f. Parte de un canal con compuertas que se abren o cierran para aumentar o disminuir el nivel del agua y que los barcos puedan pasar de un lado a otro que está a diferente altura.

escoba s. f. **1.** Utensilio para barrer formado por varias ramas atadas o un cepillo en el extremo de un palo. **2.** Juego de cartas en el que hay que intentar sumar quince puntos.

escobero s. m. Armario o sitio donde se guardan las escobas.

escobilla s. f. **1.** Escoba pequeña. **2.** Pieza de algunas máquinas eléctricas que sirve para mantener el contacto entre la parte fija y la que se mueve.

escocedura s. f. Irritación en una parte del cuerpo.

escocer v. **1.** Causar o sentir una sensación de picor doloroso, parecida a la de una quemadura. ‖ **escocerse 2.** Irritarse la piel por el roce, el sudor u otro motivo. □ Es v. irreg. Se conjuga como mover.

escocés, sa adj. y s. **1.** De Escocia, país del Reino Unido. ‖ adj. **2.** Se dice del dibujo con cuadros de distintos colores y de las telas y prendas que lo tienen: una falda escocesa. ‖ s. m. **3.** Lengua celta que, junto con el inglés, se habla en Escocia.

escofina s. f. Herramienta parecida a una lima de dientes gruesos.

escoger v. Tomar a alguien o algo de entre varias personas o cosas. **SIN.** Elegir, seleccionar, preferir.

escogido, da 1. p. de **escoger**. También adj. y s. ‖ adj. **2.** Selecto, de los mejores entre los de su clase. **SIN. 2.** Notable, eminente.

escogorciar v. fam. Estropear o romper.

escolanía s. f. Coro de niños de una iglesia, monasterio o colegio.

escolapio, pia adj. y s. De las Escuelas Pías, orden religiosa fundada por san José de Calasanz.

escolar adj. **1.** De la escuela o de los estudiantes: *horario escolar*. **2.** Adaptado a los estudiantes: *diccionario escolar*. ‖ adj. y s. **3.** Niño que va a la escuela o al colegio. **SIN. 3.** Colegial, alumno.

escolaridad s. f. Tiempo durante el que se va a la escuela o a otro centro de enseñanza.

escolarizar v. Hacer que los niños u otras personas puedan ir a la escuela o al colegio.

escoliosis s. f. Desviación de la columna vertebral hacia un lado.

escollera s. f. Muro u obra de grandes piedras o bloques de cemento para proteger un puerto o una playa de las olas del mar. **SIN.** Dique, espigón.

escollo s. m. **1.** Roca en el agua cerca de la superficie, muy peligrosa para la navegación. **2.** Dificultad, obstáculo. **SIN. 2.** Problema, traba, pega.

escolopendra s. f. Miriápodo terrestre, llamado también ciempiés, con dos apéndices en forma de uña alrededor de la boca, con los que inyecta veneno.

escolta s. f. **1.** Acción de escoltar y grupo de personas que escoltan a alguien o algo. ‖ s. m. y f. **2.** Persona que escolta a alguien o algo. **SIN. 1.** Protección, custodia. **2.** Guardaespaldas.

escoltar v. Acompañar a alguien o algo para protegerlo. **SIN.** Custodiar, proteger.

escombrera s. f. Sitio donde se amontonan los escombros.

escombro s. m. Conjunto de ladrillos y otros materiales para tirar que queda en una obra o derribo. **SIN.** Cascote.

esconder v. **1.** Poner a una persona o cosa en un lugar donde no se vea y cueste encontrarla. **2.** Tener dentro algo que no se ve a primera vista. **SIN. 1.** Ocultar, encubrir. **2.** Encerrar, guardar. **ANT. 1.** y **2.** Mostrar.

escondidas Se usa en la expresión **a escondidas**, 'sin que nadie lo vea'.

escondido, da 1. p. de **esconder**. También adj. ‖ adj. **2.** Que está fuera o lejos de los lugares frecuentados. **SIN. 1.** Oculto. **2.** Retirado, apartado, recóndito.

escondite s. m. **1.** Escondrijo. **2.** Juego de niños que consiste en que uno de los jugadores debe encontrar a los demás que se han escondido. **SIN. 1.** Refugio.

escondrijo s. m. Lugar donde se esconde o se puede esconder una persona, animal o cosa. **SIN.** Escondite.

escoñar v. **1.** vulg. Estropear, romper. ‖ **escoñarse 2.** vulg. Tener un accidente y darse un golpe fuerte.

escopeta s. f. Arma de fuego con uno o dos cañones largos, que se usa normalmente para cazar.

escopetado, da adj. fam. Muy deprisa. **SIN.** Disparado.

escopetazo s. m. **1.** Disparo hecho con una escopeta y ruido que produce. **2.** Herida producida por un disparo de escopeta.

escoplo s. m. Herramienta de acero para esculpir la piedra o tallar la madera, que se golpea con un mazo. **SIN.** Cincel.

escorar v. Inclinarse un barco por el viento, por las olas o por otras causas.

escorbuto s. m. Enfermedad causada por la falta de vitamina C, que produce debilidad, heridas en la piel y otros daños.

escoria s. f. **1.** Restos que quedan después de quemarse el carbón o fundirse los metales. **2.** Lava esponjosa de los volcanes. **3.** Lo peor o lo más despreciable de algo. **SIN. 3.** Desecho, basura.

escornarse v. fam. Descornarse.

escorpena o **escorpina** s. f. Cabracho.

Escorpio n. pr. Octavo signo del Zodiaco (del 23 de octubre al 22 de noviembre).

escorpión s. m. **1.** Arácnido con las patas delanteras en forma de pinzas y una cola larga que se curva hacia delante, con un aguijón venenoso. ‖ n. pr. **2.** Escorpio. **SIN. 1.** Alacrán.

escorzo s. m. En pintura, posición de una figura cuando una parte de ella está vuelta o girada.

escotado, da adj. Con el escote bastante abierto. **ANT.** Cerrado.

escote[1] s. m. Abertura de una prenda de vestir que deja al descubierto el cuello y, a veces, parte del pecho y de la espalda.

escote[2] Se usa en la expresión **a escote**, 'pagando cada uno la parte que le toca de un gasto'.

escotilla s. f. Cada una de las aberturas que hay en la cubierta de un barco para pasar a los compartimientos interiores y para ventilarlos.

escozor s. m. Sensación que se tiene cuando escuece algo. **SIN.** Comezón, picor, picazón.

escriba s. m. **1.** Persona del pueblo de los hebreos que conocía la ley y la enseñaba. **2.** Escribano de los egipcios o de otros pueblos antiguos.

escribanía *s. f.* Conjunto de piezas de escritorio, compuesto de tintero, pluma, secante y otras cosas, colocadas en una bandeja.

escribano *s. m.* **1.** Antiguamente, persona que hacía las funciones de notario. **2.** Pájaro parecido al gorrión, que tiene el pico corto y colores pardos, amarillentos o rojizos según la especie.

escribiente *s. m. y f.* Empleado de oficina que escribía o copiaba a mano lo que le mandaban.

escribir *v.* **1.** Poner palabras y frases en un papel u otra superficie utilizando instrumentos adecuados para ello, como un lápiz o un teclado. **2.** Componer libros, discursos, obras musicales, etc. **3.** Contactar con alguien por escrito: *Me escribió un correo electrónico.* □ Su p. es irreg.: *escrito.*

escrito, ta **1.** *p.* de **escribir**. También *adj.* ‖ *s. m.* **2.** Lo que se escribe. **SIN. 2.** Texto.

escritor, ra *s. m. y f.* Persona que se dedica a escribir libros, artículos y otras obras. **SIN.** Autor.

escritorio *s. m.* **1.** Mueble que sirve para escribir sobre él. **2.** Pantalla principal de trabajo en que se muestran los iconos de archivos y programas de un ordenador.

escritura *s. f.* **1.** Letras y otros signos con que se escribe. **2.** Documento público en que se refleja un contrato o acuerdo, u otro hecho. ‖ *n. pr. f.* **3.** La Biblia: *la Sagrada Escritura.*

escriturar *v.* Hacer constar un contrato u otro hecho en escritura pública.

escroto *s. m.* Bolsa de piel que contiene los testículos.

escrúpulo *s. m.* **1.** Duda o intranquilidad que tiene una persona sobre si una acción suya es buena o mala. **2.** Miedo o asco que da usar o tomar algo. **SIN. 1.** Conciencia. **2.** Recelo, melindre.

escrupuloso, sa *adj. y s.* **1.** Que hace las cosas con mucho cuidado e interés. **2.** Se dice de la persona a la que le da miedo o asco usar o tomar algo. **SIN. 1.** Cuidadoso, esmerado. **2.** Melindroso. **ANT.** Descuidado.

escrutar *v.* **1.** Examinar cuidadosamente a alguien o algo. **2.** Contar los votos emitidos en una votación o los boletos de unas apuestas. **SIN. 1.** Escudriñar.

escrutinio *s. m.* Acción de escrutar votos o boletos.

escuadra *s. f.* **1.** Regla de dibujo en forma de triángulo rectángulo que tiene iguales dos de sus lados. **2.** Pieza u objeto en forma de ángulo recto. **3.** Conjunto de barcos de guerra mandados por un almirante.

escuadrilla *s. f.* **1.** Conjunto de barcos de guerra de pequeño tamaño. **2.** Conjunto de aviones de guerra que están al mando de un mismo jefe.

escuadrón *s. m.* **1.** Unidad de caballería mandada por un capitán. **2.** Unidad del Ejército del Aire que equivale a un batallón.

escuálido, da *adj.* Débil y flaco. **SIN.** Delgado, enclenque. **ANT.** Gordo.

escualo *s. m.* Tiburón.

escucha *s. f.* Acción de escuchar: *escuchas telefónicas.*

escuchar *v.* Oír algo con atención.

escuchimizado, da *adj.* Muy débil y flaco. **SIN.** Enclenque. **ANT.** Fornido.

escudarse *v.* Utilizar algo como pretexto o apoyarse en alguien para hacer o dejar de hacer alguna cosa. **SIN.** Excusarse, servirse.

escudería *s. f.* Equipo de coches o motos de carreras.

escudero *s. m.* Persona que acompañaba a un caballero para llevarle las armas y servirle.

escudilla *s. f.* Recipiente en forma de media esfera para tomar alimentos líquidos. **SIN.** Cuenco, bol.

escudo *s. m.* **1.** Arma defensiva en forma de lámina de material duro, que se sujeta con un brazo. **2.** Objeto o dibujo, parecido generalmente a la mencionada arma, que representa a una familia, a un país, a un equipo de fútbol, etc. **3.** Antigua moneda de Portugal. ‖ **4. escudo de armas** El que representa a una familia noble o a una ciudad. **SIN. 2.** Blasón; insignia.

escudriñar *v.* Mirar o examinar algo con mucha atención. **SIN.** Escrutar.

escuela *s. f.* **1.** Lugar donde se dan clases de alguna enseñanza. **2.** Conjunto de seguidores de un estilo, de una doctrina o de un maestro. **SIN. 1.** Academia; colegio. **2.** Tendencia, corriente, movimiento.

escuelero, ra *s. m. y f.* **1.** *Amér.* Maestro de escuela. **2.** *Amér.* Escolar.

escuerzo *s. m. fam.* Persona muy delgada y enclenque.

escueto, ta *adj.* Breve, corto: *Hizo la comunicación a través de una escueta nota.* **SIN.** Sucinto, conciso. **ANT.** Largo.

escuincle, cla *s. m y f.* En México, niño o muchacho.

esculpir *v.* Trabajar un material duro como la piedra o el mármol para hacer una escultura. **SIN.** Labrar.

escultor, ra *s. m. y f.* Persona que hace esculturas.

escultórico, ca *adj*. De la escultura.

escultura *s. f.* **1.** Arte de hacer figuras en materiales como barro, madera, piedra o bronce. **2.** Cada una de estas figuras. **SIN. 2.** Estatua, talla.

escultural *adj*. **1.** De la escultura. **2.** Se dice del cuerpo tan perfecto que parece una escultura.

escupidera *s. f.* Recipiente que se usa para escupir en él.

escupir *v*. **1.** Echar con fuerza saliva por la boca. **2.** Echar de la boca algo que se tiene dentro. **SIN. 1.** Expectorar.

escupitajo o **escupitinajo** *s. m. fam.* Saliva que se echa al escupir. **SIN.** Gargajo, esputo.

escurreplatos *s. m.* Mueble o armazón donde se coloca la vajilla fregada para que escurra. **SIN.** Escurridor.

escurridizo, za *adj*. **1.** Que se escurre fácilmente. **2.** Que hace escurrirse. **SIN. 1.** y **2.** Resbaladizo.

escurrido, da **1.** *p*. de **escurrir**. También *adj*. ‖ *adj*. **2.** Delgado y de formas poco marcadas.

escurridor *s. m.* **1.** Escurreplatos. **2.** Colador grande que se emplea para escurrir verduras y otros alimentos.

escurrir *v*. **1.** Quitar el agua que le queda a una cosa mojada. **2.** Resbalar: *escurrirse en el suelo*. **SIN. 2.** Deslizar(se).

escusado *s. m.* Retrete, váter. ☐ Se escribe también *excusado*.

esdrújulo, la *adj*. y *s.* Se dice de la palabra acentuada en la antepenúltima sílaba.

ese, esa, eso *dem*. Señala a la persona, animal o cosa que está más cerca del que escucha que del que habla. ‖ **LOC. a eso de** Expresa un tiempo aproximado: *El autocar llegará a eso de las tres.*

esencia *s. f.* **1.** Lo que hace que una persona o cosa sea como es. **2.** Lo más importante de una cosa. **3.** Perfume u otra sustancia concentrada: *esencia de naranja*. **SIN. 1.** Naturaleza. **2.** Fundamento, núcleo.

esencial *adj*. Muy importante, fundamental. **SIN.** Básico, primordial. **ANT.** Secundario.

esfera *s. f.* **1.** Figura geométrica formada por una superficie curva en la que todos sus puntos están situados a la misma distancia de otro interior, llamado *centro*. **2.** Círculo en que giran las manecillas del reloj o de algunos instrumentos parecidos. **3.** Clase o ambiente de una persona o grupo: *las altas esferas*. **SIN. 3.** Ámbito.

esférico, ca *adj*. **1.** Que tiene forma de esfera. ‖ *s. m.* **2.** Balón de fútbol. **SIN. 1.** Redondo, circular. **2.** Pelota.

esferográfica *s. f. Amér.* Pluma estilográfica.

esferógrafo *s. m. Amér.* Bolígrafo.

esfinge *s. f.* Escultura con cabeza humana, sobre todo de mujer, y cuerpo de león.

esfínter *s. m.* Músculo que abre o cierra un orificio o conducto del cuerpo, como los que hay en el ano o en el esófago.

esforzado, da **1.** *p*. de **esforzar**. ‖ *adj*. **2.** Que pone mucho esfuerzo en lo que hace. **SIN. 2.** Animoso, luchador.

esforzar *v*. **1.** Hacer esfuerzos con algunas cosas: *esforzar la vista*. ‖ **esforzarse 2.** Trabajar con mucho interés para conseguir algo. ☐ Es v. irreg. Se conjuga como *contar*. **SIN. 1.** Forzar. **2.** Afanarse, desvivirse.

esfuerzo *s. m.* Hecho de utilizar con intensidad la fuerza física, la inteligencia o la voluntad. **SIN.** Afán, empeño. **ANT.** Desgana.

esfumarse *v*. Desaparecer. **SIN.** Escabullirse, desvanecerse.

esgrima *s. f.* Técnica de manejar la espada y otras armas parecidas y deporte basado en esta técnica.

esgrimir *v*. **1.** Usar un arma o algo parecido contra una persona. **2.** Utilizar razones para convencer a alguien. **SIN. 1.** Empuñar. **2.** Emplear, servirse.

esguince *s. m.* Rotura o daño producido en los ligamentos.

eslabón *s. m.* Cada una de las piezas enlazadas que forman una cadena.

eslalon *s. m.* Carrera de esquí en que los deportistas bajan muy rápido por una pendiente esquivando una serie de banderas.

eslavo, va *adj*. y *s.* **1.** De un grupo de antiguos pueblos que ocuparon el norte y el centro de Europa. ‖ *s. m.* **2.** Idioma que hablaban estos pueblos, del que proceden el ruso o el polaco.

eslip (del fr.) *s. m. Slip.*

eslogan *s. m.* Frase corta con la que se hace publicidad de algo.

eslora *s. f.* Medida de un barco desde la proa a la popa.

eslovaco, ca *adj*. y *s.* **1.** De Eslovaquia, país de Europa. ‖ *s. m.* **2.** Lengua que se habla en Eslovaquia.

esloveno, na *adj*. y *s.* **1.** De Eslovenia, país de Europa. ‖ *s. m.* **2.** Lengua que se habla en Eslovenia.

esmaltar *v*. Cubrir algo con esmalte.

esmalte *s. m.* **1.** Barniz que se hace fundiendo vidrio de colores. **2.** Barniz para las uñas. **3.** Capa blanca y dura que recubre los dientes. **SIN. 2.** Laca.

esmerado, da 1. *p.* de **esmerarse.** || *adj.* **2.** Que pone esmero en lo que hace. **SIN. 2.** Cuidadoso. **ANT. 2.** Chapucero.

esmeralda *s. f.* Piedra preciosa de color verde.

esmerarse *v.* Poner esmero en lo que se hace. **SIN.** Aplicarse, cuidar. **ANT.** Desentenderse.

esmeril *s. m.* Roca dura y rugosa usada para pulimentar.

esmerilado, da *adj.* Pulimentado con esmeril o con otro material parecido.

esmero *s. m.* Cuidado que alguien pone al hacer algo. **SIN.** Celo. **ANT.** Descuido.

esmirriado, da *adj.* Muy débil y flaco. **SIN.** Enclenque, raquítico. **ANT.** Fuerte.

esmoquin *s. m.* Chaqueta de hombre con un cuello largo de seda.

esnifar *v.* Aspirar droga por la nariz.

esnob (del ingl.) *adj.* y *s.* Se dice de la persona que para darse importancia quiere ser muy moderna y elegante.

esnobismo *s. m.* Característica de la persona esnob.

esófago *s. m.* Tubo del aparato digestivo por el que pasan los alimentos desde la faringe hasta el estómago.

esotérico, ca *adj.* Secreto, oculto, incomprensible para la mayoría.

esoterismo *s. m.* **1.** Característica de las cosas esotéricas. **2.** Estudio de temas ocultos y misteriosos, como la magia.

espabilado, da 1. *p.* de **espabilar.** También *adj.* || *adj.* y *s.* **2.** Listo, hábil. **SIN. 1.** y **2.** Despierto. **2.** Avispado. **ANT. 2.** Tonto.

espabilar *v.* **1.** Quitar el sueño o el atontamiento. **2.** Hacer listo, hábil. **3.** Meter o darse prisa. **SIN. 1.** Despabilar, despertar. **3.** Apresurar, apurar. **ANT. 1.** Adormecer; atontar. **3.** Tardar.

espachurrar *v. fam.* Estrujar, aplastar. **SIN.** Despachurrar, reventar.

espaciador *s. m.* Tecla de las máquinas de escribir y los ordenadores para dejar espacios en blanco.

espacial *adj.* Del espacio o relacionado con él: *nave espacial.*

espaciar *v.* **1.** Dejar espacios o separaciones. **2.** Dejar que pase algún tiempo entre una cosa y otra. **SIN. 1.** Separar. **ANT. 1.** y **2.** Juntar.

espacio *s. m.* **1.** Extensión en la que están contenidos todos los cuerpos. **2.** Parte de esa extensión más o menos determinada. **3.** Lugar donde están los astros. **4.** Periodo o porción de tiempo. **5.** Programa de radio o televisión. **SIN. 2.** Sitio. **4.** Plazo, intervalo.

espacioso, sa *adj.* Amplio, con mucho espacio. **SIN.** Vasto. **ANT.** Pequeño.

espada *s. f.* **1.** Arma blanca de hoja larga y cortante con un mango para agarrarla. **2.** Carta del palo de espadas. || *s. f. pl.* **3.** Palo de la baraja española en que figuran espadas. || *s. m.* **4.** Matador de toros. || **LOC. a espaldas de** alguien Sin que se entere. **entre la espada y la pared** En la difícil situación de tener que elegir entre dos cosas igualmente malas. **SIN. 1.** Acero. **4.** Diestro.

espadachín *s. m.* Persona que maneja muy bien la espada.

espadaña *s. f.* **1.** Campanario de una sola pared con unos huecos abiertos para las campanas. **2.** Enea.

espadín *s. m.* Espada de hoja estrecha que se usa en algunos uniformes.

espagueti (del ital.) *s. m.* Pasta comestible hecha con harina de trigo en forma de fideos largos.

espalda *s. f.* **1.** Parte de atrás del cuerpo humano desde los hombros hasta la cintura. **2.** Lomo de los animales. **3.** Parte de atrás de algunas cosas, sobre todo de una prenda de vestir. **4.** Estilo de natación en que se avanza con el cuerpo bocarriba moviendo los brazos y las piernas. || **LOC. dar la espalda** o **volver la espalda** Quitar la ayuda, confianza o cariño a alguien.

espaldarazo *s. m.* **1.** Reconocimiento de la valía de una persona en una actividad. **2.** Golpe que se daba en la espalda al que se iba a armar caballero con la espada o la mano.

espalderas *s. f. pl.* Serie de barras horizontales sujetas a la pared para hacer ejercicios de gimnasia.

espaldilla *s. f.* Pata y cuarto delantero de algunos animales.

espanglish *s. m.* Modalidad de habla que es una mezcla del español y del inglés y que hablan algunos hispanos de los Estados Unidos.

espantada *s. f.* **1.** Huida repentina de uno o más animales. **2.** Hecho de irse o dejar de hacer algo bruscamente: *dar la espantada.* **SIN. 1.** Estampida. **2.** Abandono.

espantajo *s. m.* **1.** Espantapájaros. **2.** *fam.* Persona mal vestida y de aspecto ridículo. **SIN. 2.** Mamarracho.

espantapájaros *s. m.* Muñeco o cosa parecida que se pone en los sembrados y huertos para espantar a las aves.

espantar *v.* **1.** Producir espanto. **2.** Hacer huir. **3.** Desagradar mucho. **SIN. 1.** Aterrar, aterrorizar. **2.** Ahuyentar. **1.** y **3.** Horrorizar. **ANT. 3.** Encantar.

espanto *s. m.* **1.** Miedo enorme, terror. **2.** Persona o cosa muy fea. ‖ **LOC. de espanto** Enorme: *un hambre de espanto.* **SIN. 1.** Horror, pánico, pavor.

espantoso, sa *adj.* **1.** Que produce espanto. **2.** Enorme, tremendo. **3.** Muy feo, horroroso. **SIN. 1.** Terrorífico. **1.** y **2.** Terrible. **1.** a **3.** Horrible.

español, la *adj.* y *s.* **1.** De España. ‖ *s. m.* **2.** Idioma que se habla principalmente en España y en muchos países de América. **SIN. 2.** Castellano.

españolear *v.* Ensalzar exageradamente a España y lo español.

españolismo *s. m.* **1.** Carácter español. **2.** Afición a las cosas de España.

españolizar *v.* **1.** Transmitir la cultura española. **2.** Dar forma española a una palabra o expresión de otro idioma.

esparadrapo *s. m.* Tira de tela o de plástico que se pega por uno de sus lados y se emplea para sujetar gasas, algodones y vendajes.

esparcimiento *s. m.* **1.** Diversión, entretenimiento. **2.** Acción de esparcir o esparcirse. **SIN. 1.** Distracción, recreo, ocio. **ANT. 1.** Aburrimiento.

esparcir *v.* **1.** Separar y extender cosas que estaban juntas. **2.** Hacer que una noticia llegue a mucha gente o a muchos sitios. **SIN. 1.** Dispersar, desparramar. **2.** Propagar, difundir. **ANT. 1.** Acumular.

espárrago *s. m.* **1.** Brote tierno y alargado de la esparraguera que se utiliza como alimento. **2.** Esparraguera.

esparraguera *s. f.* Planta que da los espárragos.

espartano, na *adj.* y *s.* **1.** De Esparta, ciudad de la antigua Grecia. ‖ *adj.* **2.** Duro, austero. **SIN. 2.** Sobrio.

esparteña *s. f.* Zapatilla de lona con la suela de esparto. **SIN.** Alpargata.

esparto *s. m.* Planta de hojas muy largas y estrechas, que se usan para fabricar sogas, esteras y otras cosas.

espasmo *s. m.* Contracción de los músculos que se produce involuntariamente. **SIN.** Convulsión.

espasmódico, ca *adj.* Acompañado de espasmos. **SIN.** Convulsivo.

espatarrarse *v. fam.* Despatarrarse.

espato *s. m.* Nombre de diversos minerales formados por láminas.

espátula *s. f.* Paleta pequeña y con mango, como la de los albañiles o la de los pintores.

especia *s. f.* Sustancia vegetal muy aromática, usada para dar sabor a la comida, y en la elaboración de algunos perfumes.

especial *adj.* **1.** Distinto de lo normal. **2.** Raro, difícil: *No sé qué regalarle, es muy especial.* **3.** Apropiado o preparado para algo: *un pegamento especial para metales.* ‖ **LOC. en especial** Sobre todo. **SIN. 1.** Singular, peculiar. **ANT. 1.** Común.

especialidad *s. f.* **1.** Cada parte en que se divide una ciencia o actividad: *La medicina tiene muchas especialidades.* **2.** Cosa que hace muy bien una persona, establecimiento, región, etc. **SIN. 1.** Especialización.

especialista *adj.* y *s.* **1.** Dedicado a una especialidad, sobre todo en medicina. ‖ *s. m.* y *f.* **2.** Persona que sustituye a un actor en las escenas peligrosas o para las que se necesita una habilidad especial. **SIN. 1.** Experto. **2.** Doble.

especialización *s. f.* Acción de especializarse.

especializarse *v.* Adquirir los conocimientos y habilidades de una ciencia, especialidad o profesión, y dedicarse a ella.

especiar *v.* Añadir especias a un guiso o a un plato.

especie *s. f.* **1.** En biología, clasificación de seres vivos con características comunes. **2.** Cosa parecida a otra: *El diván es una especie de sofá.* ‖ **LOC. en especie** En productos, no en dinero: *pagar en especie.* **SIN. 2.** Tipo.

especiero *s. m.* Armario o estantería para guardar o tener las especias.

especificación *s. f.* Acción de especificar. **SIN.** Precisión.

especificar *v.* Explicar o dar los datos precisos sobre algo: *No especificó la hora del examen.* **SIN.** Señalar, determinar, precisar.

especificativo, va *adj.* Se dice del adjetivo que concreta o especifica al sustantivo al que acompaña, como *industria **automovilística*** (la industria del automóvil, no otra). **ANT.** Explicativo.

específico, ca *adj.* **1.** Propio o característico de una persona o cosa, y no de otra. **2.** Que sirve para una cosa en concreto. ‖ *adj.* y *s. m.* **3.** Medicamento con un nombre comercial. **ANT. 1.** Común.

espécimen *s. m.* Modelo, ejemplar: *Ese animal es un espécimen tropical.*

espectacular *adj.* Impresionante, muy llamativo. **SIN.** Aparatoso.

espectáculo *s. m.* **1.** Actuación, función, etc., para divertir o entretener al público. **2.** Suceso que causa asombro o llama mucho la atención. **SIN. 1.** y **2.** *Show.*

espectador, ra *s. m.* y *f.* Persona que asiste a un espectáculo o ve la televisión. **SIN.** Asistente, telespectador.

espectral *adj.* Fantasmal, misterioso.

espectro *s. m.* **1.** Fantasma, aparición. **2.** Arcoíris, conjunto de colores en que se descompone la luz.

especulación *s. f.* Acción de especular. **SIN.** Elucubración.

especulador, ra *s. m.* y *f.* Persona que gana dinero comprando cosas y luego vendiéndolas mucho más caras.

especular *v.* **1.** Reflexionar, meditar. **2.** Imaginar, suponer. **3.** Comprar cosas a bajo precio para luego venderlas mucho más caras. **SIN. 1.** Elucubrar.

especulativo, va *adj.* **1.** Relacionado con la especulación. **2.** Teórico, en oposición a práctico.

espejismo *s. m.* Hecho de ver cercana y al revés la imagen de un objeto lejano; es frecuente en los desiertos y está producida por la refracción de la luz en capas de aire próximas al suelo.

espejo *s. m.* **1.** Cristal cubierto con mercurio u otro metal por la parte posterior, que sirve para reflejar los objetos. **2.** Cualquier superficie donde se reflejan los objetos.

espeleología *s. f.* Exploración de cuevas naturales por deporte o con fines científicos.

espeleólogo, ga *s. m.* y *f.* Persona que hace espeleología.

espeluznante *adj.* Terrorífico.

espeluzno *s. m.* Temblor que recorre el cuerpo de una persona cuando tiene miedo. **SIN.** Escalofrío.

espera *s. f.* Acción de esperar.

esperable *adj.* Que se puede esperar. **SIN.** Previsible. **ANT.** Inesperado.

esperanto *s. m.* Idioma inventado a finales del siglo XIX para emplearlo como lenguaje universal.

esperanza *s. f.* Confianza que tiene una persona de que se cumplan sus deseos, lo que le han prometido, etc. **SIN.** Ilusión. **ANT.** Desesperanza.

esperanzado, da *adj.* Que tiene esperanza. **SIN.** Ilusionado, confiado. **ANT.** Desesperado.

esperanzador, ra *adj.* Que da esperanza. **SIN.** Alentador. **ANT.** Desalentador.

esperar *v.* **1.** Tener confianza en que suceda algo. **2.** Estar una persona en un sitio hasta que venga alguien o suceda alguna cosa. **3.** Ir a ocurrir algo: *Nos esperan años de felici-*

dad. ‖ **LOC. de aquí te espero** Tremendo. **SIN. 1.** Confiar. **2.** y **3.** Aguardar. **ANT. 1.** Desconfiar, desesperar.

esperma *s. amb.* **1.** Semen. **2.** Sustancia grasa que se obtiene de la cabeza del cachalote y se usa para hacer velas y pomadas. Se llama también *esperma de ballena.*

espermafita *adj.* y *s. f.* Fanerógama.

espermatozoide o **espermatozoo** *s. m.* Célula masculina que fecunda al óvulo en la reproducción.

esperpento *s. m.* Persona o cosa muy fea o ridícula. **SIN.** Mamarracho.

espesar *v.* Poner espeso. **SIN.** Concentrar, apelmazar. **ANT.** Aclarar.

espeso, sa *adj.* **1.** Poco líquido. **2.** Se dice de las cosas que tienen sus partes muy juntas y apretadas: *un bosque espeso.* **3.** Grueso, macizo: *unos muros espesos.* **4.** *fam.* Sucio, desaseado. **SIN. 1.** Denso, pastoso. **2.** Tupido, cerrado. **3.** Ancho. **4.** Guarro. **ANT. 1.** Fluido. **2.** Despejado. **3.** Delgado. **4.** Limpio.

espesor *s. m.* **1.** Grosor. **2.** Característica de espeso. **SIN. 1.** Grueso. **2.** Espesura.

espesura *s. f.* **1.** Lugar con mucha vegetación. **2.** Característica de espeso. **SIN. 2.** Espesor.

espetar *v.* **1.** Decirle a alguien de repente algo que le molesta o sorprende. **2.** Atravesar algunas carnes, pescados u otros alimentos con el espetón. **SIN. 1.** Soltar.

espetón *s. m.* Pincho con que se atraviesan algunas carnes, pescados u otros alimentos para asarlos.

espía *s. m.* y *f.* **1.** Persona que espía a otras. **2.** En aposición, usado para espiar: *un avión espía.*

espiar *v.* Tratar de enterarse con disimulo de lo que ocurre en un lugar, de lo que hace alguien, etc. **SIN.** Vigilar, fisgar.

espichar *v. fam.* Morir. **SIN.** Palmar.

espiga *s. f.* **1.** Conjunto de flores o frutos pequeños unidos a un tallo común. **2.** Parte o pieza de un objeto que se puede encajar en otro. **3.** Pequeño cilindro de madera que se encaja en un agujero para unir dos tablas.

espigado, da 1. *p.* de espigar. ‖ *adj.* **2.** Alto y delgado. **SIN. 2.** Esbelto. **ANT. 2.** Rechoncho.

espigar *v.* **1.** Coger las espigas que no se han segado o han quedado en el suelo. ‖ **espigarse 2.** Ponerse alto y delgado. **SIN. 2.** Estilizarse, crecer.

espigón *s. m.* Muro a la orilla del mar o de un río para evitar que el agua avance. **SIN.** Escollera, dique.

esponjar

espiguilla *s. f.* Dibujo parecido a una espiga, como el de algunos tejidos.

espina *s. f.* **1.** Cada uno de los huesos largos y puntiagudos de los peces. **2.** Pincho duro de algunas plantas. || **3. espina dorsal** Columna vertebral. || **LOC. darle** a alguien **mala espina** una cosa Hacerle pensar que va a ocurrir algo malo.

espinaca *s. f.* Planta de huerta con hojas verde oscuro que nacen cerca de la raíz.

espinal *adj.* De la columna vertebral o relacionado con ella: *médula espinal.*

espinar *s. m.* Terreno en el que crecen los espinos.

espinazo *s. m.* Columna vertebral.

espingarda *s. f.* **1.** Antiguo cañón de artillería. **2.** Antigua escopeta.

espinilla *s. f.* **1.** Parte de delante del hueso de la pierna por debajo de la rodilla. **2.** Pequeño grano de grasa que sale en la piel, sobre todo de la cara.

espinillera *s. f.* Pieza que se ponen algunos deportistas en la pierna para proteger la espinilla.

espino *s. m.* **1.** Planta que tiene espinas en las ramas. **2.** Alambre con pinchos con el que se hacen cercas.

espinoso, sa *adj.* **1.** Que tiene espinas. **2.** Difícil, que puede causar problemas. **SIN. 2.** Delicado, comprometido.

espionaje *s. m.* Actividad de los espías.

espira *s. f.* Cada una de las vueltas de una espiral.

espiración *s. f.* Acción de espirar. **ANT.** Inspiración.

espiral *s. f.* **1.** Línea curva que da vueltas alrededor de un punto, parecida a un rizo o a un muelle. **2.** Proceso creciente e incontrolado: *una espiral de violencia.*

espirar *v.* Echar el aire que tomamos al respirar. **ANT.** Inspirar.

espiritado, da *adj.* Flaco.

espiritismo *s. m.* Comunicación que algunas personas dicen tener con los muertos.

espiritista *adj.* y *s.* Relacionado con el espiritismo o persona que practica el espiritismo.

espiritoso, sa *adj.* Se dice de las bebidas que contienen mucho alcohol. **SIN.** Espirituoso.

espíritu *s. m.* **1.** Parte no visible de las personas con la que pueden pensar, sentir y querer. **2.** Ser invisible, sin cuerpo, como los ángeles o los dioses de algunas religiones. **3.** Modo de ser o de comportarse: *Luis tiene un espíritu inquieto.* || **4. Espíritu Santo** En la religión cristiana, tercera persona de la Santísima Trinidad. **SIN. 1.** Alma, conciencia. **2.** Ánima. **3.** Talante. **ANT. 1.** Materia.

espiritual *adj.* **1.** Del espíritu o relacionado con él. **2.** Que está más interesado en las cosas del pensamiento o de la religión que en las cosas materiales. || *s. m.* **3.** Canto religioso típico de los negros del sur de los Estados Unidos. **SIN. 1.** Inmaterial. **ANT. 1.** Material, físico. **2.** Materialista.

espiritualidad *s. f.* Característica de lo que es espiritual.

espirituoso, sa *adj.* Espiritoso.

espita *s. f.* Grifo o pequeño tubo por el que sale el líquido o el gas de un recipiente.

esplendidez *s. f.* Generosidad. **SIN.** Largueza. **ANT.** Tacañería.

espléndido, da *adj.* **1.** Muy bueno o muy bonito. **2.** Generoso. **SIN. 1.** Estupendo, magnífico. **2.** Desprendido. **ANT. 1.** Pésimo. **2.** Tacaño.

esplendor *s. m.* **1.** Grandeza, belleza, lujo. **2.** Situación mejor a la que ha llegado una persona o cosa. **3.** Brillo, resplandor. **SIN. 1.** Grandiosidad. **2.** Apogeo, plenitud. **ANT. 2.** Decadencia.

esplendoroso, sa *adj.* **1.** Resplandeciente, brillante. **2.** De gran esplendor o belleza. **SIN. 2.** Espléndido.

espliego *s. m.* Arbusto de hojas estrechas y grisáceas y espigas de flores azules, que tiene muy buen olor. Se emplea en perfumería. **SIN.** Lavanda.

espolear *v.* **1.** Picar al caballo con la espuela. **2.** Animar, incitar. **SIN. 1.** y **2.** Aguijonear.

espoleta *s. f.* Mecanismo para hacer estallar la carga explosiva de una bomba o de un proyectil.

espolón *s. m.* **1.** Huesecillo afilado que tienen las patas de los machos de algunas aves y les sirve para defenderse. **2.** Saliente que tienen las caballerías en la parte de atrás de las patas. **3.** Muro hecho como defensa al borde de un río, del mar o de un barranco. **SIN. 3.** Malecón.

espolvorear *v.* Repartir una sustancia en polvo sobre una cosa: *Espolvoreó el bizcocho con azúcar.* **SIN.** Esparcir.

esponja *s. f.* **1.** Animal marino de esqueleto flexible cuyo cuerpo está lleno de poros por los que absorbe gran cantidad de agua. Vive formando colonias. **2.** Esqueleto de ese animal o material artificial, elástico y poroso, usado para lavarse y otros fines.

esponjar *v.* **1.** Poner esponjoso. || **esponjarse 2.** Ponerse uno contento cuando hace bien una cosa o le alaban. **SIN. 1.** Mullir. **2.** Enorgullecerse, envanecerse. **ANT. 1.** Endurecer.

esponjoso, sa *adj.* Blando y poco apretado como una esponja. **SIN.** Mullido. **ANT.** Duro.

esponsales *s. m. pl.* Promesa de casarse que se hacen públicamente dos personas, y fiesta con que se celebra. **SIN.** Desposorio.

espónsor *s. m.* Persona o empresa que paga una actividad para conseguir publicidad. **SIN.** Patrocinador.

espontaneidad *s. f.* Característica de espontáneo. **SIN.** Naturalidad.

espontáneo, a *adj.* **1.** Que se produce solo. **2.** Que se hace voluntariamente y sin pensarlo mucho. **3.** Natural, sincero, que actúa tal como es. ∥ *s. m. y f.* **4.** Espectador que en una corrida de toros salta al ruedo para torear. **SIN. 1.** Automático. **2.** Voluntario, libre. **ANT. 2.** Obligado.

espora *s. f.* Célula reproductora que no necesita ser fecundada, como la de los musgos, helechos y hongos.

esporádico, ca *adj.* Poco frecuente, que se produce de vez en cuando. **SIN.** Ocasional, aislado. **ANT.** Regular, constante.

esporangio *s. m.* Cápsula donde se forman y están las esporas.

esposar *v.* Ponerle a alguien las esposas.

esposas *s. f. pl.* Aros metálicos unidos por una cadena con los cuales se sujeta por las muñecas a una persona.

esposo, sa *s. m. y f.* Persona con la que está casado alguien. **SIN.** Cónyuge.

esprintar *v.* Hacer un *sprint*.

esprínter *s. m. y f.* Corredor especializado en *sprints*.

espuela *s. f.* Objeto de metal formado por una ruedecilla con pinchos que se sujeta al talón de la bota del jinete para picar al caballo y hacer que ande o corra.

espuerta *s. f.* Recipiente con dos asas que se utiliza sobre todo para transportar algo. ∥ **LOC. a espuertas** En mucha cantidad.

espulgar *v.* Limpiar de pulgas o piojos.

espuma *s. f.* **1.** Burbujas que se forman en la superficie de un líquido. **2.** Crema de textura muy esponjosa: *espuma de afeitar*. Tejido sintético fino y elástico. **3.** Gomaespuma.

espumadera *s. f.* Utensilio de cocina con un mango largo y una placa con agujeros, que sirve para sacar los fritos de la sartén.

espumar *v.* Quitar la espuma, especialmente a un caldo.

espumarajo *s. m.* Saliva espumosa que se echa por la boca.

espumillón *s. m.* Tira con flecos, de colores vivos y brillantes, usada como adorno de Navidad.

espumoso, sa *adj.* Que hace o tiene espuma: *vino espumoso*.

espurio, ria *adj.* Ilegítimo o falso.

espurrear o **espurrir** *v.* Manchar o rociar algo con líquido o comida que se echa por la boca.

esputo *s. m.* Escupitajo con mucosidad. **SIN.** Gargajo.

esqueje *s. m.* Tallo de una planta que se mete en el tallo de otra o en la tierra para que nazca un nuevo vegetal.

esquela *s. f.* Tarjeta o recuadro con los bordes negros en los periódicos con que se comunica la muerte de una persona.

esquelético, ca *adj.* Muy flaco. **SIN.** Escuálido, esmirriado. **ANT.** Robusto.

esqueleto *s. m.* **1.** Conjunto de huesos y articulaciones que sostienen el cuerpo de los vertebrados. **2.** Parte exterior dura de algunos animales como los saltamontes, las arañas o los cangrejos. **3.** Pieza o piezas que sostienen una cosa. **4.** *fam.* Persona muy delgada. ∥ **LOC. mover** o **menear el esqueleto** *fam.* Bailar. **SIN. 1.** Osamenta. **2.** Caparazón. **3.** Armazón, estructura.

esquema *s. m.* **1.** Representación de alguna cosa mediante líneas y dibujos. **2.** Resumen de las ideas o partes principales de algo. **SIN. 1.** Boceto, esbozo, croquis.

esquemático, ca *adj.* En forma de esquema. **SIN.** Sintético.

esquematizar *v.* Resumir, hacer un esquema de algo. **SIN.** Esbozar.

esquí *s. m.* **1.** Tabla larga y estrecha para deslizarse sobre la nieve o el agua. **2.** Deporte que se practica deslizándose sobre la nieve con estas tablas colocadas en los pies. ∥ **3. esquí acuático** El que consiste en deslizarse sobre el agua, arrastrado por una lancha con motor.

esquiador, ra *s. m. y f.* Persona que practica el esquí.

esquiar *v.* Deslizarse sobre la nieve o el agua con esquís.

esquife *s. m.* Bote para llegar desde un barco hasta tierra.

esquijama *s. m.* Pijama ajustado de tejido de punto.

esquila *s. f.* Cencerro pequeño.

esquilador, ra *s. m. y f.* Persona que esquila a los animales.

esquiladora *s. f.* Máquina para cortar el pelo o la lana a los animales.

esquilar v. Cortar el pelo o la lana a los animales, sobre todo a las ovejas. **SIN.** Trasquilar.

esquilmar v. **1.** Dejar algo totalmente agotado. **2.** Dejar sin dinero. **SIN. 2.** Desplumar.

esquimal adj. y s. **1.** De un pueblo que vive en las costas cercanas al Polo Norte. || s. m. **2.** Lengua de este pueblo.

esquina s. f. Ángulo que forman dos paredes o dos lados de algo.

esquinado, da adj. **1.** Puesto en la esquina. **2.** Se dice de la persona de trato difícil o mala intención. **SIN. 2.** Atravesado.

esquinazo s. m. Esquina. || **LOC. dar esquinazo** Evitar encontrarse con alguien o conseguir despistarse.

esquirla s. f. Trocito que se desprende al romperse algo duro.

esquirol s. m. y f. Persona que va a trabajar cuando sus compañeros hacen huelga.

esquivar v. **1.** Hacer un movimiento para no chocar contra algo o no recibir un golpe. **2.** Intentar no encontrarse con alguien o no hacer una cosa. **SIN. 1.** y **2.** Sortear, eludir. **ANT. 1.** Chocar.

esquivo, va adj. Que no quiere encontrarse con otros, ni saludarlos o tratar con ellos. **SIN.** Arisco, huraño. **ANT.** Sociable.

esquizofrenia s. f. Enfermedad mental que produce en quien la sufre graves alteraciones de la razón.

esquizofrénico, ca adj. y s. Que tiene esquizofrenia.

estabilidad s. f. Característica de las cosas estables. **SIN.** Equilibrio, firmeza. **ANT.** Inestabilidad.

estabilizar v. Hacer estable. **SIN.** Equilibrar, afianzar. **ANT.** Desestabilizar.

estable adj. Que no va a caerse, cambiar o desaparecer. **SIN.** Firme, invariable, permanente. **ANT.** Inestable.

establecer v. **1.** Poner o crear algo en un sitio. **2.** Decir algo, sobre todo lo que debe hacerse o cómo es una cosa. || **establecerse 3.** Quedarse a vivir en un lugar. **4.** Abrir un negocio o dedicarse a una actividad. □ Es v. irreg. Se conjuga como agradecer. **SIN. 1.** Fundar, instaurar. **2.** Ordenar, disponer. **3.** Afincarse, instalarse. **ANT. 3.** Irse.

establecimiento s. m. **1.** Acción de establecer o establecerse. **2.** Local o instalaciones dedicadas al comercio y otras actividades.

establo s. m. Lugar cubierto donde se encierra al ganado. **SIN.** Cuadra, caballeriza.

estabular v. Meter al ganado en establos.

estaca s. f. **1.** Palo con punta en uno de sus extremos para poder clavarlo. **2.** Palo grueso y fuerte. **SIN. 2.** Garrote, tranca.

estacada Se usa en la expresión **dejar en la estacada**, 'no ayudar a alguien que lo necesita'.

estacazo s. m. Golpe que se da con una estaca o un palo, o cualquier otro golpe fuerte. **SIN.** Garrotazo, porrazo.

estación s. f. **1.** Cada uno de los cuatro periodos en que se divide el año: primavera, verano, otoño e invierno. **2.** Temporada: la estación de las lluvias. **3.** Lugar con determinados servicios donde paran algunos medios de transporte, como el tren y el metro. **4.** Lugar con las instalaciones necesarias para realizar una actividad: estación de esquí. **5.** Cada una de las catorce paradas que se hacen en el via crucis. || **LOC. estación de servicio** Gasolinera con otros servicios. **SIN. 2.** Época.

estacional adj. **1.** De las estaciones del año. **2.** Que solo dura algún tiempo durante el año.

estacionamiento s. m. **1.** Acción de estacionar. **2.** Lugar donde se puede aparcar un vehículo. **SIN. 1.** y **2.** Aparcamiento. **2.** Parking.

estacionar v. Aparcar un vehículo.

estacionario, ria adj. Que no cambia, ni mejora ni empeora. **SIN.** Estable, invariable. **ANT.** Variable.

estadillo s. m. Lista de nombres o cifras en casillas o columnas.

estadio s. m. **1.** Lugar donde se llevan a cabo competiciones deportivas, con gradas para los espectadores. **2.** Fase, etapa. **SIN. 1.** Campo. **2.** Ciclo.

estadista s. m. y f. **1.** Jefe de Estado. **2.** Persona experta en asuntos de Estado.

estadística s. f. Ciencia que estudia los hechos a partir de datos numéricos.

estadístico, ca adj. De la estadística o relacionado con ella.

estado s. m. **1.** Situación en que se encuentra alguien o algo. **2.** Cada una de las formas en que aparece la materia: estado sólido, líquido y gaseoso. **3.** País, nación. **4.** Cada una de las divisiones territoriales de algunos países, como los Estados Unidos y México. || n. pr. m. **5.** Conjunto de ministerios y otros organismos que dirigen y organizan un país. || **6. estado civil** Situación de soltero, casado, divorciado o viudo. || **LOC. en estado** Embarazada. **SIN. 1.** y **2.** Condición.

estadounidense adj. y s. De los Estados Unidos de América. **SIN.** Norteamericano, yanqui.

estafa s. f. Lo que se hace al estafar a alguien. **SIN.** Timo, fraude.

estafador, ra *s. m.* y *f.* Persona que estafa. **SIN.** Timador.

estafar *v.* Engañar a una persona para sacarle dinero u otro beneficio. **SIN.** Timar.

estafeta *s. f.* Oficina de correos.

estalactita *s. f.* Columna alargada y puntiaguda que se forma en el techo de la cuevas, al acumularse la cal de las gotas de agua que se filtran por él.

estalagmita *s. f.* Columna parecida a la estalactita que se forma en el suelo de la cuevas con el agua que gotea del techo.

estallar *v.* **1.** Romperse una cosa de golpe y con ruido, como un globo inflado o una bomba. **2.** Producirse un hecho violento: *estallar una tormenta, una guerra.* **3.** Manifestar bruscamente un sentimiento. **SIN.** **1.** y **3.** Explotar, reventar. **2.** Desencadenarse.

estallido *s. m.* Acción de estallar. **SIN.** Explosión, estampido.

estambre *s. m.* **1.** Órgano reproductor masculino de las flores. **2.** Tejido de lana muy liso y algo brillante.

estamento *s. m.* Grupo que forman en la sociedad personas de una misma actividad o clase social.

estameña *s. f.* Tela basta que se utiliza para hacer algunos hábitos religiosos.

estampa *s. f.* **1.** Dibujo o fotografía. **2.** Imagen religiosa impresa en un trozo de cartulina. **3.** Aspecto, pinta. **SIN.** **1.** Lámina, cromo. **3.** Planta, porte.

estampación *s. m.* Acción de estampar sobre papel, tela, etc.

estampado, da **1.** *p.* de **estampar.** También *adj.* ‖ *adj.* **2.** Se dice de las telas con dibujos. ‖ *s. m.* **3.** Dibujo de las telas. **SIN.** **1.** Impreso.

estampar *v.* **1.** Dejar impreso algo sobre papel, tela, etc., haciendo presión con un molde. **2.** Dejar marcado: *estampar las huellas.* **3.** Estrellar con fuerza. **4.** Darle a alguien un beso o golpe fuerte. **SIN.** **1.** y **2.** Imprimir. **4.** Plantar.

estampida *s. f.* Acción de salir huyendo de repente un grupo de personas o animales.

estampido *s. m.* Ruido muy fuerte. **SIN.** Estallido.

estampilla *s. f.* Sello para marcar algo en un papel, por ejemplo, una firma.

estancamiento *s. m.* Acción de estancar o estancarse. **SIN.** Detención, paralización.

estancar *v.* **1.** Detener algo o quedarse sin movimiento. **2.** Hacer que algo no avance. **SIN.** **1.** y **2.** Paralizar.

estancia *s. f.* **1.** Hecho de permanecer alguien en un lugar durante un tiempo. **2.** Habitación o sala. **3.** *Amér.* Casa de campo con mucho terreno. **SIN.** **2.** Cuarto, aposento.

estanciero, ra *s. m.* y *f.* *Amér.* Dueño o encargado de una estancia o hacienda.

estanco, ca *adj.* **1.** Se dice de las cosas que están totalmente cerradas: *compartimentos estancos.* ‖ *s. m.* **2.** Tienda donde se vende tabaco, sellos y otras cosas.

estándar *adj.* **1.** Que sirve como modelo o referencia: *medida estándar.* ‖ *s. m.* **2.** Modelo, patrón. **SIN.** **2.** Tipo.

estandarizar *v.* Ajustar a un tipo, un modelo o una norma. **SIN.** Normalizar, uniformar, homologar. **ANT.** Diversificar.

estandarte *s. m.* Pieza de tela sujeta a una barra, con un escudo u otro distintivo que representa a un grupo de personas.

estanque *s. m.* Depósito artificial de agua, como el que hay en algunos parques.

estanquero, ra *s. m.* y *f.* Persona que se encarga de un estanco.

estante *s. m.* Tabla horizontal de un mueble o sujeta directamente a la pared, que sirve para poner cosas encima. **SIN.** Balda, anaquel, repisa.

estantería *s. f.* Mueble que está formado por estantes.

estaño *s. m.* Metal de color blanco plateado, más duro y brillante que el plomo, y resistente a la humedad. Es un elemento químico.

estar *v.* **1.** Encontrarse en un lugar o de cierta manera. **2.** Tener la utilidad o el fin que se indica: *Esa percha está aquí para colgar los*

ESTAR	
INDICATIVO	
Presente	**Pret. perf. simple**
estoy	estuve
estás	estuviste
está	estuvo
estamos	estuvimos
estáis	estuvisteis
están	estuvieron
SUBJUNTIVO	
Pretérito imperfecto	**Futuro simple**
estuviera, -ese	estuviere
estuvieras, -eses	estuvieres
estuviera, -ese	estuviere
estuviéramos, -ésemos	estuviéremos
estuvierais, -eseis	estuviereis
estuvieran, -esen	estuvieren

trapos de cocina. **3.** Tener el precio que se expresa. **4.** Quedarle a alguien la ropa de cierta manera: *La camisa le está grande.* **5.** Con un gerundio, indica que se realiza una acción: *Está cantando.* □ Es v. irreg. **SIN. 1.** Hallarse. **3.** Costar, valer. **4.** Sentar, caer.

estárter (del ingl.) *s. m.* En vehículos con motor de explosión, dispositivo que regula la entrada de aire en el carburador.

estatal *adj.* Del Estado. **SIN.** Oficial, gubernamental. **ANT.** Privado.

estática *s. f.* Parte de la física que estudia las leyes del equilibrio de los cuerpos.

estático, ca *adj.* **1.** Parado, en el mismo estado, sin cambios. **2.** De la estática o relacionado con ella. **SIN. 1.** Quieto, invariable. **ANT. 1.** Cambiante. **1. y 2.** Dinámico.

estatua *s. f.* Escultura, sobre todo la que tiene figura humana o animal.

estatuaria *s. f.* Arte de hacer estatuas.

estatuario, ria *adj.* De las estatuas.

estatuir *v.* Establecer, ordenar: *El consejo escolar estatuyó varias normas.* □ Es v. irreg. Se conjuga como *construir.*

estatura *s. f.* **1.** Altura de una persona. **2.** Calidad, valor: *estatura moral.* **SIN. 1. y 2.** Talla.

estatus *s. m.* Posición social y económica de una persona.

estatutario, ria *adj.* De los estatutos o que está en los estatutos.

estatuto *s. m.* Conjunto de normas por las que se rigen un grupo de personas: *estatuto de los trabajadores.* **SIN.** Reglamento.

este *s. m.* Punto cardinal por donde sale el sol.

este, esta, esto *dem.* Sirve para señalar a alguien o algo que está cerca de la persona que habla.

estegosaurio *s. m.* Dinosaurio que tenía unas placas en forma de cresta en el lomo y espinas en la cola.

estela *s. f.* Señal que dejan algunas cosas al moverse, por ejemplo, un barco en el agua.

estelar *adj.* **1.** De las estrellas. **2.** Más destacado o importante: *el momento estelar de un espectáculo.*

estelaridad *s. f. Amér.* Popularidad.

estenosis *s. f.* Estrechamiento anormal de un conducto del cuerpo, por ejemplo, de una arteria.

estenotipia *s. f.* **1.** Taquigrafía a máquina. **2.** Máquina con que se realiza este tipo de escritura.

estenotipista *s. m. y f.* Persona que escribe con la estenotipia.

estentóreo, a *adj.* Se dice de la voz, grito o sonido muy fuertes. **ANT.** Débil.

estepa *s. f.* Llanura extensa sin árboles y con la vegetación adaptada a la sequedad.

estepario, ria *adj.* De la estepa.

estera *s. f.* Tejido grueso para cubrir el suelo, hecho de esparto, junco o material parecido.

estercolero *s. m.* **1.** Lugar donde se echa el estiércol. **2.** Lugar muy sucio. **SIN. 1. y 2.** Muladar. **2.** Pocilga.

estéreo *adj. y s. m. acort.* de **estereofónico.**

estereofónico, ca *adj. y s. m.* Se dice de un sistema de grabación y reproducción que separa los tonos graves y agudos para dar mayor calidad de sonido.

estereotipado, da *adj.* Se dice de los gestos, formas de actuar, etc., que se repiten siempre de la misma manera y no reflejan un verdadero sentimiento.

estereotipo *s. m.* **1.** Modelo o norma en la conducta, en las cualidades de alguna cosa, etc. **2.** Tópico, lugar común.

estéril *adj.* **1.** Se dice de la persona o del animal que no puede tener hijos. **2.** Que no da frutos. **3.** Inútil: *unos esfuerzos estériles.* **SIN. 2.** Árido, improductivo. **3.** Vano. **ANT. 1. y 2.** Fértil, fecundo. **3.** Eficaz.

esterilidad *s. f.* Característica de estéril. **ANT.** Fertilidad, fecundidad.

esterilización *s. f.* Acción de esterilizar.

esterilizar *v.* **1.** Hacer que una persona o animal no pueda tener hijos. **2.** Destruir los gérmenes que causan enfermedades. **SIN. 2.** Desinfectar.

esterilla *s. f.* Estera para tumbarse a tomar el sol.

esterlina *adj.* Se dice de la libra, moneda del Reino Unido.

esternocleidomastoideo *s. m.* Músculo del cuello que permite girar la cabeza hacia los lados o hacia delante.

esternón *s. m.* Hueso plano, alargado y terminado en punta, situado en el centro de la parte delantera del tórax.

estero *s. m.* **1.** Zona costera que se inunda cuando sube la marea. **2.** Terreno bajo cubierto de agua poco profunda. **3.** *Amér.* Riachuelo.

estertor *s. m.* Respiración dificultosa propia de los moribundos.

estética *s. f.* **1.** Cualidad que hace que las cosas sean bellas o feas: *Le gusta cuidar la estética en su forma de vestir.* **2.** Ciencia que trata de la belleza.

esteticista *s. m.* y *f.* Persona especializada en el cuidado de la belleza del cuerpo, especialmente del rostro.

estético, ca *adj.* **1.** Bello. **2.** De la estética o relacionado con ella. **ANT. 1.** Antiestético.

estetoscopio *s. m.* Aparato utilizado en medicina para auscultar.

esteva *s. f.* Pieza de la parte de atrás del arado, que se agarra para guiarlo.

esthéticien, esthéticienne (fr.) *s. m.* y *f.* Esteticista.

estiaje *s. m.* Fuerte disminución del nivel de las aguas de un río, de un lago o de una laguna. **ANT.** Crecida.

estibador, ra *s. m.* y *f.* Persona que estiba.

estibar *v.* **1.** Repartir o colocar bien los pesos de un buque. **2.** Cargar y descargar mercancías de los barcos.

estiércol *s. m.* Excremento de los animales, especialmente el que se mezcla con restos vegetales para usarlo como abono.

estigma *s. m.* **1.** Marca en el cuerpo. **2.** Huella que deja algo muy perjudicial o deshonroso: *los estigmas de la guerra*. **3.** Abertura en que termina el estilo de la flor, donde es recogido el polen. **4.** Cada una de las aberturas que tienen en el abdomen los insectos, arañas y otros animales, por donde entra el aire en la tráquea. **SIN. 2.** Mancha.

estilarse *v.* Estar de moda. **SIN.** Llevarse.

estilete *s. m.* Puñal de hoja muy estrecha.

estilismo *s. m.* Actividad del estilista de decoración, moda, etc.

estilista *s. m.* y *f.* **1.** Escritor que tiene un estilo elegante. **2.** Persona que se ocupa del estilo y de la imagen en revistas de moda, en decoración, en espectáculos.

estilística *s. f.* Estudio del estilo de los escritores y de las formas de expresarse a través del lenguaje.

estilístico, ca *adj.* Relativo al estilo de escribir o de hablar.

estilizado, da **1.** *p.* de **estilizar.** || *adj.* **2.** Que tiene una figura armoniosa, alta y delgada. **SIN. 2.** Esbelto.

estilizar *v.* Adelgazar o hacer parecer más delgado.

estilo *s. m.* **1.** Características propias de una época, artista, escritor, obra, etc. **2.** Cada una de las formas en que se practican algunos deportes: *estilo mariposa de natación*. **3.** Modo: *estilo de vida*. **4.** Elegancia: *Tiene estilo vistiendo*. **5.** Parte de la flor, en forma de tubo, que comunica el ovario con el exterior. || **LOC. por el estilo** Parecido, aproximado. **SIN. 2.** Modalidad. **3.** y **4.** Clase. **4.** Distinción.

estilográfico, ca *adj.* y *s. f.* **1.** Se dice de la pluma de escribir que lleva un depósito de tinta en el mango. || *adj.* **2.** Lo escrito con esta pluma.

estiloso, sa *adj.* Que tiene estilo o elegancia.

estima *s. f.* Afecto, aprecio. **SIN.** Cariño. **ANT.** Odio.

estimable *adj.* Apreciable, valioso.

estimación *s. f.* **1.** Estima, aprecio. **2.** Cálculo. **SIN. 1.** Afecto. **2.** Evaluación, valoración.

estimado, da **1.** *p.* de **estimar.** También *adj.* || *adj.* **2.** Querido, apreciado.

estimar *v.* **1.** Sentir afecto o cariño. **2.** Reconocer el mérito de alguien o algo. **3.** Calcular algo. **4.** Creer, opinar. **SIN. 1.** Querer. **1.** y **2.** Apreciar. **2.** y **3.** Valorar. **3.** Evaluar, tasar. **4.** Considerar, juzgar. **ANT. 1.** Odiar. **1.** y **2.** Despreciar.

estimativo, va *adj.* Calculado aproximadamente. **ANT.** Exacto.

estimulante *adj.* y *s. m.* Que estimula. **SIN.** Excitante.

estimular *v.* **1.** Animar. **2.** Hacer funcionar más activamente a una parte del cuerpo. **SIN. 1.** Mover, incitar, alentar. **2.** Activar. **ANT. 1.** Desanimar.

estímulo *s. m.* **1.** Lo que estimula o anima a hacer algo. **2.** Aquello que provoca una reacción en un ser vivo cuando actúa sobre él. **SIN. 1.** Aliciente, acicate.

estío *s. m.* Verano.

estipendio *s. m.* Paga que recibe una persona por el trabajo o los servicios que ha realizado. **SIN.** Sueldo, remuneración, honorarios.

estipulación *s. f.* **1.** Convenio o acuerdo. **2.** Cada una de las partes de un contrato o un acuerdo. **SIN. 1.** Pacto. **2.** Condición, cláusula.

estipular *v.* Poner en una ley, contrato u otra cosa lo que hay que cumplir.

estirado, da **1.** *p.* de **estirar.** También *adj.* || *adj.* y *s.* **2.** Muy orgulloso, que se da mucha importancia. **SIN. 2.** Engreído, altivo, arrogante. **ANT. 2.** Campechano.

estiramiento *s. m.* **1.** Acción de estirar. **2.** Orgullo, arrogancia.

estirar *v.* **1.** Tirar de los extremos de una cosa, por ejemplo, para alargarla, alisarla o dejarla extendida. **2.** Poner rectos los brazos, las piernas, el cuerpo. **3.** Hacer que algo dure más. || **estirarse 4.** Ser generoso. **SIN. 1.** Tensar. **1.** y **3.** Prolongar. **ANT. 1.** Aflojar, arrugar. **1.** y **2.** Encoger. **3.** Acortar. **4.** Escatimar.

estirón *s. m.* **1.** Acción de estirar o tirar con fuerza. **2.** Crecimiento rápido en estatura: *dar un estirón*. **SIN. 1.** Tirón.

estirpe *s. f.* Todos los antepasados y descendientes de una persona, sobre todo si es noble o ilustre. **SIN.** Linaje.

estival *adj.* Propio del estío o verano. **SIN.** Veraniego. **ANT.** Invernal.

estocada *s. f.* Pinchazo que se da con la espada o el estoque.

estofa *s. f. desp.* Clase, calidad: *de baja estofa.* **SIN.** Ralea, calaña.

estofado, da *adj.* y *s. m.* Se dice del guiso de carne o pescado y otros ingredientes, cocidos a fuego lento.

estoicismo *s. m.* **1.** Escuela filosófica fundada en la antigua Grecia por Zenón de Citio. **2.** Fortaleza y resignación para soportar las dificultades y desgracias.

estoico, ca *adj.* y *s.* **1.** Del estoicismo o seguidor de esta escuela. **2.** Que soporta con estoicismo las desgracias.

estola *s. f.* **1.** Tira larga y estrecha que el sacerdote lleva colgada del cuello en algunas ceremonias. **2.** Pieza larga de piel o tela que se ponen las mujeres alrededor del cuello y sobre los hombros.

estoma *s. m.* Cada uno de los orificios que tienen las plantas en las hojas para respirar.

estomacal *adj.* **1.** Del estómago. ‖ *adj.* y *s. m.* **2.** Medicamento, bebida, etc., que ayuda a hacer la digestión. **SIN. 1.** Gástrico.

estomagante *adj.* Pesado, inaguantable. **SIN.** Cargante, empalagoso.

estómago *s. m.* Órgano del aparato digestivo en forma de bolsa donde se digieren y descomponen los alimentos.

estomatología *s. f.* Parte de la medicina que trata las enfermedades de la boca.

estomatólogo, ga *s. m.* y *f.* Médico especializado en estomatología.

estoniano, na o **estonio, nia** *adj.* y *s.* **1.** De Estonia, país de Europa. ‖ *s. m.* **2.** Lengua de este país.

estopa *s. f.* **1.** Parte basta y gruesa del lino o cáñamo. **2.** Tela de este material.

estoque *s. m.* Espada estrecha y sin filo, como la que utilizan los toreros para matar al toro.

estoquear *v.* Herir o matar con un estoque, especialmente a un toro.

estor *s. m.* Pieza de tela u otro material que se pone en ventanas, puertas y balcones como una cortina o persiana.

estorbar *v.* **1.** Hacer que a una persona le resulte difícil algo. **2.** Molestar, interrumpir. **SIN. 1.** Obstaculizar, dificultar. **2.** Fastidiar.

estorbo *s. m.* Persona o cosa que estorba. **SIN.** Obstáculo, dificultad.

estornino *s. m.* Pájaro de cabeza pequeña, cola corta, pico amarillo y plumas negras con reflejos verdes y morados y pintas blancas.

estornudar *v.* Echar ruidosamente y de golpe por la boca y la nariz el aire procedente de los pulmones.

estornudo *s. m.* Acción de estornudar.

estrábico, ca *adj.* y *s.* Que padece estrabismo. **SIN.** Bizco.

estrabismo *s. m.* Defecto de la vista en que un ojo mira en distinta dirección que el otro. **SIN.** Bizquera.

estrado *s. m.* Tarima donde se coloca el trono del rey o las personas más importantes en algunos actos.

estrafalario, ria *adj.* Muy raro, que llama mucho la atención. **SIN.** Extravagante. **ANT.** Normal.

estragado, da *adj.* Que tiene malestar en el estómago por haber comido mucho o por haber tomado alimentos muy fuertes. **SIN.** Lleno, harto.

estragón *s. m.* Planta de tallos delgados, hojas estrechas y alargadas y pequeñas flores amarillentas; se usa como condimento.

estrago *s. m.* Gran daño o matanza: *La epidemia causó estragos.* **SIN.** Destrucción, ruina.

estrambótico, ca *adj.* Estrafalario. **SIN.** Extravagante. **ANT.** Normal.

estrangulador, ra *adj.* y *s.* Que estrangula.

estrangular *v.* Ahogar a una persona o animal apretándole el cuello.

estraperlista *s. m.* y *f.* Persona que se dedica al estraperlo.

estraperlo *s. m.* Comercio ilegal y a precios muy caros de productos que escasean.

estratagema *s. f.* Manera de conseguir algo con habilidad, generalmente con engaño. **SIN.** Treta, artimaña.

estratega *s. m.* y *f.* Experto en estrategia.

estrategia *s. f.* **1.** Manera de dirigir y de organizar las operaciones militares. **2.** Modo de organizarse para conseguir algo. **SIN. 1.** y **2.** Táctica.

estratégico, ca *adj.* **1.** Hecho con estrategia o relacionado con ella. **2.** Bien situado para algo: *un lugar estratégico.*

estratificar *v.* Disponer en estratos.

estrato *s. m.* Cada una de las capas o niveles en que se divide algo, sobre todo de rocas sedimentarias en un terreno.

estratocúmulo *s. m.* Nube baja y plana, de color blanco o grisáceo, que cubre gran parte del cielo.

estratosfera *s. f.* Segunda capa de la atmósfera, dentro de la cual se encuentra la capa de ozono que protege a los seres vivos de los rayos perjudiciales del Sol.

estraza Se usa en la expresión **papel de estraza**, 'papel muy áspero, de color marrón o gris'.

estrechamente *adv.* **1.** Con estrechez o pocos medios: *vivir estrechamente.* **2.** De cerca y con dedicación: *Vigilan estrechamente al sospechoso.* **3.** En estrecha relación: *colaborar estrechamente.*

estrechamiento *s. m.* **1.** Acción de estrechar. **2.** Parte en que algo se estrecha.

estrechar *v.* **1.** Hacer más estrecho algo. **2.** Apretar con los brazos o las manos. **3.** Aumentar la unión o las buenas relaciones entre personas o países. ‖ **estrecharse 4.** Juntarse mucho varias personas en un lugar para que quepa más gente. **SIN. 1.** Comprimir, encoger. **4.** Apiñarse, hacinarse. **ANT. 1.** Ensanchar. **3.** Distanciar.

estrechez *s. f.* **1.** Característica de estrecho. **2.** Falta de dinero y otras cosas necesarias. **SIN. 1.** Estrechura. **2.** Apretura, privación. **ANT. 1.** y **2.** Holgura.

estrecho, cha *adj.* **1.** De poca anchura. **2.** Que queda muy ajustado y aprieta. **3.** Metido en un espacio demasiado pequeño. **4.** Se dice de la relación muy fuerte o del parentesco muy cercano. ‖ *s. m.* **5.** Parte del mar que separa dos costas cercanas entre sí. **SIN. 1.** Delgado, angosto. **2.** Ceñido, justo. **3.** Apretado. **4.** Íntimo. **ANT. 1.** a **3.** Amplio. **2.** y **3.** Holgado. **4.** Superficial; lejano.

estrechura *s. f.* **1.** Estrechez de un paso o de un lugar. **2.** Situación difícil, sobre todo por falta de dinero. **SIN. 2.** Apuro, apretura. **ANT. 1.** Anchura.

estrella *s. f.* **1.** Astro que tiene luz propia. **2.** Figura con que se representa este astro y objeto de esta forma. **3.** Persona muy famosa en una actividad. **4.** Suerte, destino. ‖ **5. estrella de mar** Animal marino en forma de estrella de cinco puntas. **6. estrella fugaz** Pequeño cuerpo celeste que al entrar en la atmósfera deja una estela luminosa en el cielo. ‖ **LOC. ver las estrellas** Sentir un dolor muy fuerte. **SIN. 3.** Figura. **4.** Fortuna, sino.

estrellado, da 1. *p.* de **estrellar**. También *adj.* ‖ *adj.* **2.** Con estrellas o en forma de estrella.

estrellar *v.* **1.** Tirar con violencia una cosa contra otra, haciéndola pedazos. ‖ **estrellarse 2.** Sufrir un choque violento. **3.** Fracasar en algo. **SIN. 1.** Estampar. **2.** Chocar. **3.** Fallar. **ANT. 3.** Triunfar.

estrellato *s. m.* Situación del artista famoso, que se ha convertido en una estrella.

estremecedor, ra *adj.* Que estremece. **SIN.** Escalofriante.

estremecer *v.* **1.** Temblar o hacer temblar. **2.** Asustar, sobresaltar. □ Es v. irreg. Se conjuga como *agradecer*. **SIN. 1.** Sacudir, tiritar. **ANT. 2.** Tranquilizar.

estremecimiento *s. m.* Acción de estremecer o estremecerse. **SIN.** Temblor, escalofrío, sacudida.

estrenar *v.* **1.** Usar por primera vez. **2.** Presentar por primera vez ante el público una obra de teatro, una película u otro espectáculo. ‖ **estrenarse 3.** Realizar por primera vez una actividad.

estreno *s. m.* Acción de estrenar o estrenarse, sobre todo un espectáculo.

estreñimiento *s. m.* Dificultad para expulsar los excrementos. **ANT.** Diarrea, descomposición.

estreñir *v.* Producir estreñimiento. □ Es v. irreg. Se conjuga como *ceñir*.

estrépito *s. m.* Ruido muy grande. **SIN.** Estruendo, fragor. **ANT.** Silencio.

estrepitoso, sa *adj.* **1.** Con estrépito. **2.** Se dice de los fracasos y derrotas muy grandes. **SIN. 1.** Estruendoso. **2.** Espectacular.

estrés *s. m.* Estado de gran tensión o cansancio producido por el exceso de trabajo, por las preocupaciones, la ansiedad, etc.

estresante *adj.* Que produce estrés. **SIN.** Angustioso, agobiante. **ANT.** Relajante.

estresar *v.* Causar estrés. **SIN.** Angustiar, agobiar. **ANT.** Relajar.

estría *s. f.* **1.** Surco en línea recta en una superficie. **2.** Línea que se forma en la piel cuando esta se ha estirado excesivamente. **SIN. 1.** Canal, ranura.

estriado, da *adj.* Con estrías.

estribación *s. f.* Serie de montañas más bajas en los extremos de una cordillera.

estribar *v.* **1.** Apoyarse una cosa en otra más firme y resistente. **2.** Tener una cosa su causa o explicación en otra. **SIN. 1.** Cargar, sustentarse. **2.** Basarse, radicar. **ANT. 1.** Sostener.

estribillo *s. m.* **1.** Versos o frases que se repiten detrás de una o varias estrofas en un poema o canción. **2.** Palabra o frase que una persona repite muchas veces. **SIN. 2.** Muletilla.

estribo *s. m.* **1.** Pieza en la que el jinete apoya los pies cuando monta a caballo. **2.** Escalón para subir y bajar de un coche de caballos o de otros vehículos. **3.** Cada una de las dos piezas de la motocicleta donde se apoyan los pies. **4.** Uno de los cuatro huesecillos del oído medio. ‖ **LOC. perder los estribos** Perder la paciencia, enfurecerse.

estribor *s. m.* Lado derecho de un barco, mirando de popa a proa, es decir, de atrás adelante.

estricnina *s. f.* Sustancia muy venenosa que se obtiene de algunas plantas.

estricto, ta *adj.* **1.** Se dice de la norma, acuerdo, etc., que se debe cumplir exactamente y sin excepción. **2.** Que cumple o hace cumplir fielmente lo que está mandado. **3.** Auténtico, exacto: *el sentido estricto de una palabra.* **SIN. 1.** y **2.** Riguroso, rígido. **2.** Cumplidor. **ANT. 1.** y **2.** Flexible, tolerante. **3.** Aproximado.

estridencia *s. f.* Característica de los sonidos y cosas estridentes.

estridente *adj.* **1.** Se dice de los sonidos chirriantes y desagradables. **2.** Chillón, llamativo, exagerado. **SIN. 1.** Destemplado. **ANT. 1.** y **2.** Armonioso.

estrofa *s. f.* Cada parte de un poema formada por dos o más versos.

estropajo *s. m.* Pieza de esparto o de algún otro material áspero que se utiliza para fregar.

estropajoso, sa *adj.* **1.** Áspero, que parece estropajo. **2.** Se dice de la forma de hablar confusa, que no se entiende bien. **SIN. 1.** Basto. **ANT. 1.** Sedoso.

estropear *v.* **1.** Poner alguna cosa mal o de modo que no pueda utilizarse. **2.** Impedir que se haga algo o hacer que salga mal. **SIN. 1.** Dañar; deslucir. **2.** Frustrar, malograr. **ANT. 1.** Arreglar.

estropicio *s. m.* Rotura o destrozo grande. **SIN.** Desastre.

estructura *s. f.* **1.** Modo de estar colocadas las cosas que forman algo. **2.** Construcción u otra cosa que sirve de soporte o refuerzo. **SIN. 1.** Organización, configuración. **2.** Armazón.

estructural *adj.* De la estructura.

estructurar *v.* Organizar de algún modo las cosas que forman algo. **SIN.** Disponer, configurar. **ANT.** Desorganizar.

estruendo *s. m.* Ruido muy fuerte. **SIN.** Estrépito. **ANT.** Silencio.

estruendoso, sa *adj.* Que produce estruendo. **SIN.** Estrepitoso.

estrujar *v.* Apretar algo arrugándolo o aplastándolo. ‖ **LOC. estrujarse la cabeza** o **los sesos** Pensar mucho. **SIN.** Exprimir; aplastar. **ANT.** Estirar.

estuario *s. m.* Desembocadura muy ancha de un río donde se mezcla el agua de este con la del mar.

estuche *s. m.* Caja o funda para guardar una cosa.

estuco *s. m.* Masa de yeso con otros materiales que se utiliza para recubrir paredes o para hacer figuras y adornos.

estudiado, da *p.* de estudiar. También *adj.* ‖ *adj.* **2.** Poco natural, que se nota que se ha pensado mucho cómo hacerlo. **SIN. 2.** Afectado, artificioso.

estudiante *s. m.* y *f.* Persona que se dedica a estudiar. **SIN.** Alumno, escolar.

estudiantil *adj.* De los estudiantes: *residencia estudiantil.*

estudiantina *s. f.* Tuna.

estudiar *v.* **1.** Leer, observar o escuchar algo intentando comprenderlo o aprenderlo. **2.** Ir a un centro de enseñanza para aprender. **3.** Pensar o mirar algo despacio y con detalle. **SIN. 1.** Memorizar. **2.** Cursar. **3.** Meditar; examinar.

estudio *s. m.* **1.** Acción de estudiar. **2.** Trabajo científico o de investigación. **3.** Piso pequeño con una sola habitación, cocina y un cuarto de baño. **4.** Lugar donde trabajan algunas personas, como los artistas. **5.** Lugar donde se hacen películas de cine o programas de radio o de televisión. ‖ *s. m. pl.* **6.** Actividad de estudiar y las cosas que se estudian. **SIN. 1.** Aprendizaje; reflexión, análisis. **2.** Tratado, ensayo. **4.** Taller.

estudioso, sa *adj.* y *s.* Que estudia mucho. **SIN.** Empollón.

estufa *s. f.* Aparato que sirve para calentar una habitación.

estupefacción *s. f.* Estupor.

estupefaciente *adj.* y *s. m.* Nombre que se da a algunas drogas. **SIN.** Narcótico.

estupefacto, ta *adj.* Asombrado, sin saber qué hacer o qué decir.

estupendo, da *adj.* **1.** Muy bueno o muy bonito. ‖ *adv.* **2.** Muy bien. **SIN. 1.** Excelente, extraordinario. **2.** Fenomenal. **ANT. 1.** Horrible. **2.** Fatal.

estupidez *s. f.* **1.** Característica de las personas o cosas estúpidas. **2.** Palabra o acción estúpidas. **SIN. 1.** y **2.** Tontería.

estúpido, da *adj.* y *s.* Poco inteligente. **SIN.** Torpe, tonto. **ANT.** Listo.

estupor *s. m.* Asombro muy grande. **SIN.** Pasmo, estupefacción.

estupro *s. m.* Delito que consiste en aprovecharse sexualmente de un menor.

esturión s. m. Pez de mar cubierto de placas duras y con un afilado hocico. Sube por los ríos a poner sus huevos; de estos se hace el caviar.

esvástica s. f. Cruz gamada. Ver **cruz**.

etapa s. f. Cada una de las partes en que se divide una acción o el desarrollo de algo: *las etapas de una carrera, de la vida*. **SIN**. Jornada; periodo.

etarra adj. y s. De la organización terrorista vasca *ETA*.

etcétera s. m. Palabra utilizada después de una serie de cosas para indicar que hay otras que no se dicen. Casi siempre se usa su forma abreviada *etc.*

éter s. m. **1**. Nombre de algunos compuestos químicos entre los que destaca el éter etílico, un líquido incoloro que arde y se evapora fácilmente y tiene un fuerte olor. Se emplea como anestesia y también como disolvente. **2**. El cielo.

etéreo, a adj. **1**. Inmaterial, muy ligero o difuso. **2**. Del éter o cielo. **SIN**. **1**. Sutil.

eternamente adv. **1**. Para siempre, todo el tiempo. **2**. Durante mucho tiempo o por mucho tiempo.

eternidad s. f. **1**. Lo que no tiene principio ni se acabará nunca. **2**. Duración muy larga. **SIN**. **1**. Infinitud. **ANT**. **2**. Fugacidad, instante.

eternizarse v. Tardar mucho en hacer algo o tener que esperar mucho.

eterno, na adj. **1**. Que durará siempre. **2**. Que dura mucho tiempo. **3**. Que se repite muchas veces: *Esa es la eterna pregunta*. **SIN**. **1**. Infinito, imperecedero. **2**. Interminable. **3**. Constante. **ANT**. **1**. Efímero. **2**. Fugaz.

ética s. f. Conjunto de normas sobre lo que está bien o mal y cómo deben comportarse las personas. **SIN**. Moral.

ético, ca adj. **1**. De la ética. **2**. Que sigue la ética. **SIN**. **1**. y **2**. Moral. **ANT**. **2**. Inmoral.

etílico, ca adj. Se dice del alcohol que tienen el vino y otras bebidas alcohólicas.

étimo s. m. **1**. Raíz o palabra o expresión. **2**. Parte de la lingüística que estudia el origen de las palabras.

etimología s. f. Origen de una palabra o palabras de las que deriva otra.

etimológico, ca adj. Relacionado con la etimología.

etiología s. f. **1**. Estudio sobre las causas de las cosas. **2**. Parte de la medicina que estudia las causas de las enfermedades; también, estas mismas causas.

etíope adj. y s. De Etiopía, país de África.

etiqueta s. f. **1**. Papel, tela, plástico u otra cosa que se pega o se sujeta a algo y donde aparecen su marca, precio, etc. **2**. Conjunto de normas que deben seguirse en un acto oficial, en sociedad, etc. ‖ **LOC. de etiqueta** Se dice de las fiestas o reuniones en las que hay que ir muy bien vestido, así como de los trajes que deben llevarse. **SIN**. Rótulo.

etiquetar v. Poner etiquetas.

etnia s. f. Conjunto de personas de una misma raza, cultura, etc.

étnico, ca adj. Característico de una raza o de un pueblo.

etnografía s. f. Ciencia que se dedica a describir los pueblos, razas y culturas.

etnología s. f. Ciencia que estudia los distintos pueblos, razas y culturas.

etrusco, ca adj. y s. **1**. De un antiguo pueblo que vivió en Italia. ‖ s. m. **2**. Lengua hablada por este pueblo.

eucalipto s. m. Árbol muy alto de hojas alargadas, puntiagudas y de buen olor, que se usan para despejar la nariz y la garganta cuando alguien está constipado.

eucaristía s. f. **1**. Sacramento en el que los cristianos toman el pan y el vino convertidos en el cuerpo y la sangre de Cristo. **2**. Misa.

eucarístico, ca adj. De la eucaristía.

eufemismo s. m. Palabra o expresión que se dice en lugar de otra que se considera vulgar o desagradable. **ANT**. Tabú.

eufemístico, ca adj. Del eufemismo o que es un eufemismo.

eufonía s. f. Característica de las palabras que tienen un sonido agradable al pronunciarlas.

eufónico, ca adj. Que tiene eufonía.

euforia s. f. Alegría muy grande. **SIN**. Exaltación, júbilo. **ANT**. Depresión.

eufórico, ca adj. Muy alegre o contento. **SIN**. Exultante.

eunuco s. m. Hombre castrado que se dedicaba en algunos lugares a la custodia de las mujeres.

eureka interj. Expresa alegría por conseguir o encontrar algo.

euríbor (del ingl. *Euro Interbank Offered Rate*) s. m. Tipo de interés que se aplica en las operaciones financieras realizadas entre los bancos de la zona euro.

euro s. m. Moneda de los países de la Unión Europea.

eurodiputado, da s. m. y f. Diputado del Parlamento Europeo.

europeísmo s. m. Doctrina que defiende la unión de los países de Europa.

europeísta *adj.* y *s.* Del europeísmo o partidario de esta doctrina.

europeizar *v.* Introducir o transmitir la cultura europea.

europeo, a *adj.* y *s.* De Europa.

euscaldún o **euskaldún** (del vasco) *adj.* y *s.* **1.** Vasco. **2.** Que habla vasco.

euskera (del vasco) *s. m.* **1.** Lengua vasca. ‖ *adj.* **2.** De esta lengua.

eutanasia *s. f.* Hecho de dejar morir o ayudar a morir a un enfermo incurable que tiene muchos sufrimientos.

evacuación *s. f.* Acción de evacuar. **SIN.** Desalojo; deposición.

evacuar *v.* **1.** Dejar vacío un lugar por haber en él un peligro. **2.** Expulsar los excrementos. **SIN. 1.** Desalojar, desocupar. **2.** Defecar. **ANT. 1.** Ocupar.

evadir *v.* **1.** Evitar hábilmente algo. **2.** Sacar ilegalmente dinero de un país o evitar pagar impuestos. ‖ **evadirse 3.** Escaparse un preso. **4.** Dejar de pensar alguien en sus problemas. **SIN. 1.** Eludir; sortear. **3.** Fugarse, huir. **ANT. 1.** Afrontar. **4.** Preocuparse.

evaluación *s. f.* **1.** Acción de evaluar, calcular. **2.** Cada una de las partes en que se divide un curso escolar, en las que el profesor valora lo que ha aprendido un alumno. **SIN. 1.** Valoración, cálculo.

evaluar *v.* Calcular, hallar el valor o la calidad de algo. **SIN.** Valorar, estimar.

evanescente *adj.* Que va desapareciendo poco a poco: *luz evanescente.*

evangélico, ca *adj.* **1.** Del evangelio o relacionado con él. ‖ *adj.* y *s.* **2.** De la religión protestante.

evangelio *s. m.* Cada uno de los cuatro libros de la Biblia que tratan sobre la vida y doctrina de Jesucristo.

evangelista *s. m.* Cada uno de los cuatro discípulos de Jesucristo que escribieron los Evangelios: san Mateo, san Marcos, san Lucas y san Juan.

evangelizador, ra *adj.* y *s.* Que evangeliza.

evangelizar *v.* Dar a conocer la doctrina de Jesucristo.

evaporación *s. f.* Acción de evaporarse un líquido. **ANT.** Licuación, licuefacción.

evaporar *v.* Convertir un líquido en vapor. **ANT.** Licuar.

evasé *adj.* Se dice de las faldas o los vestidos que se ensanchan hacia abajo.

evasión *s. f.* Acción de evadir o evadirse. **SIN.** Fuga, huida.

evasiva *s. f.* Lo que dice una persona a otra para no contestar claramente a lo que le pregunta. **SIN.** Rodeo, excusa, pretexto.

evasivo, va *adj.* Que elude una dificultad o un peligro.

evento *s. m.* **1.** Acontecimiento, suceso. **2.** Acto social o cultural.

eventual *adj.* **1.** Temporal: *un trabajo eventual.* **2.** Que no es seguro, pero puede ocurrir. **SIN. 2.** Posible. **ANT. 1.** Estable, fijo.

eventualidad *s. f.* **1.** Característica de eventual. **2.** Cosa que puede ocurrir. **SIN. 2.** Posibilidad.

evidencia *s. f.* **1.** Característica de lo que es evidente o cosa evidente. **2.** Prueba que demuestra algo. ‖ **LOC. en evidencia** De manera que queda al descubierto la falta o defecto de alguien.

evidenciar *v.* Dejar claro, demostrar.

evidente *adj.* Muy claro, indudable. **SIN.** Indiscutible. **ANT.** Dudoso.

evitar *v.* Hacer lo necesario para no sufrir un peligro, molestia u otra cosa perjudicial. **SIN.** Eludir, rehuir. **ANT.** Afrontar.

evocación *s. f.* Recuerdo.

evocar *v.* Recordar. **SIN.** Rememorar.

evolución *s. f.* **1.** Cambio que se produce poco a poco. ‖ *s. f. pl.* **2.** Vueltas, giros o ejercicios de alguien o alguna cosa. **SIN. 1.** Transformación, desarrollo, progreso.

evolucionar *v.* Sufrir una evolución. **SIN.** Transformarse, desarrollarse, progresar.

evolucionismo *s. m.* Teoría que explica la transformación de las especies por los cambios que se producen en sucesivas generaciones.

evolutivo, va *adj.* De la evolución.

ex *s. m.* y *f.* Persona que ha dejado de ser la pareja sentimental de otra.

ex profeso (lat.) *expr.* Con la única intención de hacer una cosa concreta.

exabrupto *s. m.* Palabra muy brusca, que se dice con malos modales.

exacerbar *v.* **1.** Hacer más fuerte un dolor, una molestia o un sentimiento. **2.** Enfadar mucho. **SIN. 1.** Agudizar, avivar. **2.** Exasperar, encolerizar. **ANT. 1.** Mitigar. **1.** y **2.** Calmar.

exactitud *s. f.* Característica de exacto. **SIN.** Precisión. **ANT.** Inexactitud.

exacto, ta *adj.* **1.** Medido o calculado con toda precisión. **2.** Completamente igual. **3.** Cierto, verdadero. **SIN. 1.** Cabal. **2.** Idéntico. **ANT. 1.** Inexacto. **2.** Diferente. **3.** Falso.

exageración *s. f.* Acción de exagerar y cosa exagerada.

exagerado, da 1. *p.* de **exagerar**. ‖ *adj.* y *s.* **2.** Que exagera. ‖ *adj.* **3.** Excesivo, mayor de lo normal o conveniente. **SIN. 3.** Desmedido, desmesurado.

exagerar *v.* **1.** Hablar de las cosas presentándolas como más grandes o importantes de lo que son en realidad. **2.** Hacer o tomar algo en exceso. **SIN. 2.** Pasarse.

exaltación *s. f.* Hecho de exaltar o exaltarse. **SIN.** Excitación, pasión. **ANT.** Serenidad.

exaltado, da 1. *p.* de **exaltar**. También *adj.* ‖ *adj.* y *s.* **2.** Que se exalta con facilidad.

exaltar *v.* **1.** Alabar mucho. ‖ **exaltarse 2.** Ponerse alguien muy nervioso o excitado cuando hay algo que le enfada o entusiasma. **SIN. 1.** Ensalzar, enaltecer. **2.** Excitarse, apasionarse.

examen *s. m.* **1.** Prueba con que se examina a alguien. **2.** Acción de examinar, observar o estudiar detenidamente. **SIN. 1.** Ejercicio, control. **2.** Reconocimiento, estudio, análisis, inspección.

examinador, ra *s. m.* y *f.* Persona que examina.

examinar *v.* **1.** Hacer un prueba a una persona para ver si sabe lo suficiente sobre algo o está preparada para una actividad. **2.** Observar o estudiar detenidamente a una persona o cosa. **SIN. 2.** Reconocer, analizar, inspeccionar, explorar.

exánime *adj.* **1.** Muerto. **2.** Sin fuerzas, muy débil. **SIN. 2.** Exhausto. **ANT. 1.** Vivo. **2.** Fuerte.

exasperación *s. f.* Enfado, nerviosismo. **SIN.** Irritación.

exasperante *adj.* Que exaspera. **SIN.** Irritante. **ANT.** Tranquilizador.

exasperar *v.* Poner a alguien muy enfadado y nervioso. **SIN.** Irritar, enfurecer. **ANT.** Tranquilizar.

excarcelar *v.* Sacar de la cárcel a un preso por orden del juez o de otra autoridad. **SIN.** Liberar. **ANT.** Encarcelar.

excavación *s. f.* Acción de excavar y lugar donde se excava.

excavadora *s. f.* Máquina que sirve para excavar.

excavar *v.* Hacer un hoyo o zanja. **SIN.** Cavar, socavar.

excedencia *s. f.* Situación de un empleado que deja por un tiempo el puesto que ocupa, pero puede volver a él.

excedente *adj.* y *s. m.* **1.** Sobrante. ‖ *adj.* y *s.* **2.** Que está en excedencia.

exceder *v.* **1.** Superar. ‖ **excederse 2.** Pasarse: *excederse en la bebida.* **SIN. 1.** Adelan-

tar, aventajar. **2.** Propasarse, extralimitarse. **ANT. 2.** Contenerse.

excelencia *s. f.* **1.** Característica de excelente. **2.** Título que se da a algunas personas que tienen un cargo importante, por ejemplo, a los alcaldes. ‖ **LOC. por excelencia** Indica que una persona o cosa es el mejor ejemplo de lo que se dice: *El béisbol es el deporte norteamericano por excelencia.*

excelente *adj.* Que destaca por sus buenas cualidades. **SIN.** Estupendo, extraordinario. **ANT.** Pésimo.

excelentísimo, ma *adj.* Forma de tratamiento que se da a las personas con el título de excelencia.

excelso, sa *adj.* Extraordinario, de grandes cualidades. **SIN.** Sublime, insigne. **ANT.** Ínfimo.

excentricidad *s. f.* Acción u otra cosa propia de un excéntrico. **SIN.** Extravagancia.

excéntrico, ca *adj.* y *s.* Raro, fuera de lo normal. **SIN.** Extravagante, estrafalario. **ANT.** Corriente.

excepción *s. f.* Cosa que se aparta de lo que es habitual o normal. ‖ **LOC. a excepción de** o **con excepción de** Excepto, excluyendo lo que se dice: *Toda esta semana ha hecho bueno, a excepción del lunes, que llovió.* **SIN.** Salvedad. **ANT.** Inclusión.

excepcional *adj.* **1.** Que ocurre rara vez. **2.** Muy bueno, extraordinario. **SIN. 1.** Inusual. **2.** Excelente. **ANT. 1.** Normal.

excepto *prep.* Todo menos lo que se indica: *Ya tiene los libros nuevos, excepto el de Lengua.* **SIN.** Salvo. **ANT.** Incluso.

exceptuar *v.* Dejar fuera de un grupo. **SIN.** Excluir, apartar. **ANT.** Incluir.

excesivo, va *adj.* Mayor de lo necesario o conveniente. **SIN.** Exagerado, desmedido. **ANT.** Moderado.

exceso *s. m.* Lo que supera lo necesario o conveniente: *exceso de comida, de trabajo.* **SIN.** Exageración. **ANT.** Moderación.

excipiente *s. m.* Sustancia que se mezcla con las medicinas para que sea más fácil tomarlas.

excitable *adj.* Que se excita fácilmente. **SIN.** Irritable, alterable.

excitación *s. f.* Estado en que se encuentra una persona excitada. **SIN.** Agitación, alboroto, exaltación.

excitante *adj.* Que excita: *una bebida excitante.* **ANT.** Relajante.

excitar *v.* **1.** Producir nerviosismo, impaciencia o entusiasmo. **2.** Hacer que algo sea más intenso o se ponga en actividad: *excitar la imaginación.* **3.** Provocar deseo sexual. **SIN. 1.**

Agitar, alborotar; exaltarse. **2.** Activar. **ANT. 1.** y **2.** Calmar, relajar.

exclamación *s. f.* **1.** Palabra o frase que expresa alegría, enfado, sorpresa u otro sentimiento. **2.** Signo ortográfico que se pone al principio (¡) y al final (!) de estas palabras o frases. **SIN. 1.** Interjección. **2.** Admiración.

exclamar *v.* Decir una exclamación.

exclamativo, va *adj.* y *s. f.* Se dice de las oraciones que expresan exclamación. También se aplica a los pronombres y adverbios que suelen aparecer en este tipo de frases, por ejemplo, ¡qué! o ¡cómo! **SIN.** Admirativo.

excluir *v.* Dejar fuera de un grupo. □ Es *v.* irreg. Se conjuga como *construir*. **SIN.** Exceptuar, separar. **ANT.** Incluir.

exclusión *s. f.* Acción de excluir. **SIN.** Separación. **ANT.** Inclusión.

exclusive *adv.* Sin incluir la última persona o cosa que se ha nombrado. **ANT.** Inclusive.

exclusivo, va *adj.* **1.** Único, solo para alguien o para algo: *Este ordenador es para uso exclusivo de los profesores.* ‖ *s. f.* **2.** Privilegio por el que solo una persona o empresa está autorizada para publicar, vender o hacer algo.

excluyente *adj.* Que excluye.

excombatiente *adj.* y *s.* Se dice de la persona que ha luchado en alguna guerra.

excompañero, ra *s. m.* y *f.* Persona que ha dejado de ser compañera de otra.

excomulgar *v.* Apartar a una persona de la comunidad católica y del uso de los sacramentos.

excomunión *s. f.* Hecho de excomulgar.

exconsejero, ra *s. m.* y *f.* Persona que ha dejado de ocupar el cargo de consejero.

excoriación *s. f.* Irritación o pequeña herida en la primera capa de la piel.

excoriar *v.* Levantar la capa más externa de la piel.

excrecencia *s. f.* Bulto anormal que le sale a un organismo animal o vegetal.

excreción *s. f.* Expulsión de las sustancias sobrantes del organismo.

excremento *s. m.* Restos de la comida que, después de la digestión, se expulsan por el ano. **SIN.** Caca, heces, deposición.

excretar *v.* Expulsar el organismo sustancias sobrantes, por ejemplo, la orina.

excretor, ra *adj.* **1.** Que excreta. ‖ **2. aparato excretor** El que sirve para eliminar sustancias sobrantes del cuerpo a través de la orina.

exculpar *v.* Librar de culpa. **SIN.** Absolver. **ANT.** Inculpar.

excursión *s. f.* Viaje corto que se hace por diversión o deporte.

excursionista *s. m.* y *f.* Persona que va de excursión.

excusa *s. f.* **1.** Lo que una persona dice, aunque no sea verdad, para librarse de hacer algo. **2.** Motivo que alguien encuentra para hacer algo que le apetece. **3.** Disculpa. **SIN. 1.** y **2.** Pretexto. **2.** y **3.** Justificación.

excusado *s. m.* Escusado.

excusado, da 1. *p.* de *excusar.* También *adj.* ‖ *adj.* **2.** Innecesario, que no hace falta. **3.** Libre de algunas obligaciones o impuestos.

excusar *v.* Disculpar. **SIN.** Justificar. **ANT.** Culpar.

execrable *adj.* Muy malo, que merece ser rechazado o condenado: *un crimen execrable.* **SIN.** Abominable, detestable.

exégesis o **exegesis** *s. f.* Interpretación de un texto en sus diversos aspectos, especialmente de la Biblia.

exención *s. f.* Acción de eximir.

exento, ta *adj.* Que está libre de tener que hacer algo. **SIN.** Dispensado. **ANT.** Obligado.

exequias *s. f. pl.* Ceremonias religiosas que se hacen por una persona que ha muerto. **SIN.** Funerales.

exfoliar *v.* Eliminar las capas más externas de la piel.

exhalación *s. f.* Rayo. ‖ **LOC. como una exhalación** Muy rápido. **SIN.** Centella.

exhalar *v.* **1.** Despedir gases, vapores u olores. **2.** Lanzar suspiros o quejas. **SIN. 1.** Desprender, emanar.

exhaustividad *s. f.* Característica de lo que es exhaustivo.

exhaustivo, va *adj.* Muy completo. **SIN.** Intensivo, minucioso, pormenorizado. **ANT.** Incompleto, parcial.

exhausto, ta *adj.* **1.** Muy cansado. **2.** Agotado, que ya no le queda nada. **SIN. 1.** Rendido, deshecho. **2.** Vacío. **ANT. 1.** Descansado. **2.** Repleto.

exhibición *s. f.* Acción de exhibir. **SIN.** Demostración.

exhibicionismo *s. m.* Comportamiento de la persona exhibicionista.

exhibicionista *s. m.* y *f.* **1.** Persona a la que le gusta exhibirse desnuda o medio desnuda en lugares públicos. **2.** Persona a la que le gusta llamar la atención en público.

exhibir *v.* Mostrar o presentar algo a los demás. **SIN.** Enseñar, exponer. **ANT.** Ocultar.

exhortación *s. f.* Acción de exhortar.

exhortar v. Animar a alguien para que haga algo, con argumentos o con ruegos. **SIN.** Incitar.

exhortativa adj. y s. f. En gramática, se dice de las oraciones que expresan consejo, ruego, mandato o prohibición.

exhortativo, va adj. Que sirve para exhortar: un estilo exhortativo.

exhumación s. f. Acción de exhumar. **ANT.** Inhumación.

exhumar v. Desenterrar un cadáver o restos humanos. **ANT.** Inhumar.

exigencia s. f. Acción de exigir y lo que se exige. **SIN.** Reclamación, petición.

exigente adj. y s. Que exige mucho. **SIN.** Severo, riguroso. **ANT.** Tolerante.

exigir v. **1.** Obligar a alguien a que haga algo. **2.** Pedir alguien una cosa a la que tiene derecho. **3.** Hacer necesario: Cruzar el lago a nado exige estar en buena forma. **4.** Querer que las cosas estén muy bien hechas. **SIN. 2.** Reclamar, reivindicar. **3.** Precisar.

exiguo, gua adj. Muy pequeño, escaso. **SIN.** Reducido, insignificante. **ANT.** Copioso.

exiliado, da o **exilado, da 1.** p. de exiliarse o exilarse. ‖ adj. y s. **2.** Persona que ha dejado su país, sobre todo por motivos políticos.

exiliarse o **exilarse** v. Marcharse alguien de su país, sobre todo por motivos políticos.

exilio s. m. Acción de exiliarse.

eximente adj. Que exime.

eximio, mia adj. Muy destacado o importante en una actividad: un eximio historiador. **SIN.** Insigne.

eximir v. Liberar a alguien de algo, sobre todo de una obligación o culpa. **SIN.** Librar, dispensar. **ANT.** Obligar.

existencia s. f. **1.** Hecho de existir. **2.** Vida de las personas. ‖ s. f. pl. **3.** Mercancías. **SIN. 3.** Género. **ANT. 1.** Inexistencia. **2.** Muerte.

existencial adj. De la existencia o relacionado con ella.

existencialismo s. m. Doctrina filosófica que sitúa la existencia concreta del ser humano en el primer plano de su reflexión.

existente adj. Que existe. **SIN.** Real. **ANT.** Inexistente.

existir v. **1.** Tener ser real y verdadero. **2.** Haber: Existen muchas diferencias en la vegetación de esas dos regiones. **SIN. 1.** Vivir.

éxito s. m. **1.** Algo que ha tenido un buen resultado. **2.** Hecho de que a los demás les guste alguien o algo: un cantante con éxito. **SIN. 1.** Logro, triunfo. **2.** Fama, celebridad. **ANT. 1. y 2.** Fracaso.

exitoso, sa adj. Que tiene éxito.

exmarido s. m. Hombre que ha dejado de ser el marido de otra persona.

exministro, tra s. m. y f. Persona que ha dejado de ocupar el cargo de ministro.

exmujer s. f. Mujer que ha dejado de ser la esposa de otra persona.

exnovio, via s. m. y f. Persona que ha dejado de ser novia de otra.

exocrina adj. y s. f. Se dice de la glándula que vierte sus hormonas a una cavidad del cuerpo, como el tubo digestivo.

éxodo s. m. Emigración de un pueblo o de un grupo de personas.

exonerar v. Liberar de una obligación: Le exoneraron del pago de la multa.

exorbitante adj. Excesivo, desorbitado. **SIN.** Descomunal. **ANT.** Moderado.

exorcismo s. m. Conjunto de ritos que se hace para expulsar al demonio.

exorcista s. m. y f. Persona que hace exorcismos.

exorcizar v. Realizar exorcismos.

exótico, ca adj. **1.** De un país extranjero. **2.** Que llama la atención porque es diferente a lo que conocemos. **SIN. 1.** Forastero, foráneo. **2.** Original. **ANT. 1.** Autóctono. **2.** Corriente.

exotismo s. m. Característica de exótico.

expandir v. Extender.

expansión s. f. **1.** Acción de ocupar más espacio o aumentar de volumen. **2.** Distracción, entretenimiento. **SIN. 1.** Extensión; dilatación. **2.** Esparcimiento. **ANT. 1.** Contracción. **2.** Aburrimiento.

expansionarse v. **1.** Distraerse, divertirse. **2.** Aumentar su volumen un gas o vapor. ‖ **expansionarse. 3.** Desahogarse una persona. **SIN. 1.** Entretenerse. **2.** Expandirse. **ANT. 1.** Aburrirse.

expansionista adj. y s. Que pretende extender su poder o influencia, especialmente a otros países.

expansivo, va adj. **1.** Que se expande o se extiende: onda expansiva. **2.** Se dice de la persona que tiene facilidad para relacionarse con los demás. **SIN. 2.** Comunicativo, extrovertido, abierto. **ANT. 2.** Introvertido, cerrado.

expareja s. f. Persona que ha dejado de ser la pareja sentimental de otra.

expatriar v. Obligar a una persona a abandonar su patria.

expectación s. f. Curiosidad, interés con que alguien espera alguna cosa.

expectante adj. Que está esperando atentamente algo.

expectativa *s. f.* Posibilidad de lograr algo. ‖ **LOC. estar a la expectativa** Estar a la espera de algo.

expectorante *adj.* y *s. m.* Que hace expectorar.

expectorar *v.* Expulsar por la boca mucosidades y otras sustancias producidas en los órganos respiratorios.

expedición *s. f.* **1.** Viaje con un fin determinado, sobre todo si es científico o militar. **2.** Acción de expedir.

expedicionario, ria *adj.* y *s.* Que va en una expedición.

expedientar *v.* Formar expediente a alguien, abrirle una investigación.

expediente *s. m.* **1.** Lista de las calificaciones de un alumno o de los servicios de un empleado. **2.** Investigación sobre un empleado para ver si ha cometido una falta. **3.** Conjunto de escritos y otros documentos sobre un asunto. **SIN. 3.** Dosier.

expedir *v.* **1.** Redactar o rellenar un documento y hacer que tenga validez: *expedir un cheque, un carné.* **2.** Enviar, mandar: *expedir un paquete.* □ Es v. irreg. Se conjuga como *pedir.* **SIN. 1.** Extender. **2.** Remitir. **ANT. 2.** Recibir.

expeditivo, va *adj.* Eficaz, rápido, con decisión. **SIN.** Decidido, resuelto.

expedito, ta *adj.* Sin obstáculos.

expeler *v.* Arrojar, despedir. **SIN.** Expulsar. **ANT.** Absorber.

expendedor, ra *adj.* y *s.* Que vende o despacha alguna cosa: *una máquina expendedora de billetes de tren.*

expendeduría *s. f.* Establecimiento donde se venden algunos artículos, especialmente tabaco.

expender *v.* **1.** Vender. **2.** Despachar: *expender billetes de tren.*

expensas Se usa en la expresión **a expensas de,** 'a costa de', 'dependiendo de otro': *vivir a expensas de los demás.*

experiencia *s. f.* **1.** Conocimiento que tiene una persona sobre algo porque lo ha practicado o lo ha vivido. **2.** Experimento. **SIN. 1.** Costumbre, hábito. **2.** Ensayo, prueba. **ANT. 1.** Inexperiencia.

experimentación *s. f.* Acción de experimentar.

experimentado, da 1. *p.* de **experimentar.** También *adj.* ‖ *adj.* **2.** Con experiencia. **SIN. 2.** Ducho, experto. **ANT. 2.** Inexperto.

experimental *adj.* **1.** Que se basa en los experimentos: *una ciencia experimental.* **2.** Que todavía está probándose, sin saber si es bueno o si dará resultado.

experimentar *v.* **1.** Hacer experimentos. **2.** Sentir o conocer algo por uno mismo. **3.** Pasar un cambio, transformación u otro proceso. **SIN. 1.** Ensayar, probar. **2.** Percibir. **3.** Sufrir.

experimento *s. m.* Prueba que se hace para estudiar, observar o averiguar algo. **SIN.** Ensayo, experiencia.

experto, ta *adj.* y *s.* Que tiene mucha práctica o sabe mucho de algo. **SIN.** Entendido, ducho. **ANT.** Inexperto.

expiar *v.* Sufrir el castigo por algo malo que se ha hecho. **SIN.** Pagar, purgar.

expiatorio, ria *adj.* **1.** Que sirve para expiar: *castigo expiatorio.* ‖ **2. chivo expiatorio** Ver **chivo.**

expirar *v.* **1.** Morir. **2.** Terminar el tiempo fijado para algo. **SIN. 1.** Fallecer, fenecer. **2.** Vencer. **ANT. 1.** Nacer.

explanada *s. f.* Terreno llano, sin edificios ni árboles. **SIN.** Descampado.

explayarse *v.* **1.** Alargarse mucho al decir o escribir algo. **2.** Contar una persona a otra sus sentimientos para desahogarse. **3.** Distraerse, expansionarse. **SIN. 1.** Extenderse. **2.** Confesarse. **ANT. 1.** Ceñirse.

explicación *s. f.* Acción de explicar. **SIN.** Aclaración; justificación.

explicar *v.* **1.** Hablar con claridad sobre algo para que los demás lo entiendan. **2.** Ser la causa o la razón de algo: *No ha dormido bien; eso explica su cansancio.* ‖ **explicarse 3.** Entender: *No me explico cómo está tan delgado con lo que come.* **SIN. 1.** Enseñar, mostrar. **2.** Aclarar, justificar. **3.** Comprender.

explicativo, va *adj.* **1.** Que sirve para explicar. **2.** Se dice del adjetivo que expresa una cualidad propia o habitual del sustantivo al que acompaña, por ejemplo, *blanca* con respecto a *nieve.* **SIN. 2.** Epíteto. **ANT. 2.** Especificativo.

explicitar *v.* Expresar o decir claramente.

explícito, ta *adj.* **1.** Que se expresa o aparece claramente. **2.** Que dice o explica algo con claridad. **SIN. 1.** Manifiesto, patente. **1.** y **2.** Claro. **ANT. 1.** Implícito. **2.** Confuso.

exploración *s. f.* Acción de explorar. **SIN.** Examen, reconocimiento.

explorador, ra *adj.* y *s.* Persona que explora un lugar.

explorar *v.* **1.** Recorrer un territorio para conocerlo o descubrir lo que hay en él. **2.** Hacer pruebas el médico a una persona para saber si tiene alguna enfermedad. **SIN. 1.** Inspeccionar, rastrear. **2.** Reconocer, examinar.

explosión *s. f.* **1.** Acción de romperse algo violentamente y con mucho ruido. **2.** Hecho de quemarse rápidamente un combustible, como ocurre en los cilindros del motor de los coches. **3.** Manifestación brusca de un sentimiento. **SIN. 1.** Reventón. **1. y 3.** Estallido.

explosionar *v.* Estallar o hacer estallar una bomba o cosa parecida.

explosivo, va *adj.* y *s. m.* **1.** Que puede producir una explosión. ‖ *adj.* **2.** Que tiene un efecto muy fuerte.

explotación *s. f.* **1.** Acción de explotar a una persona o cosa. **2.** Lugar con las instalaciones necesarias para explotar algo: *una explotación minera.*

explotador, ra *adj.* y *s.* Que explota a los que trabajan para él. **SIN.** Negrero.

explotar[1] *v.* **1.** Sacar un provecho de algo: *explotar un negocio.* **2.** Hacer trabajar demasiado a los demás en beneficio de uno mismo. **SIN. 1.** Trabajar.

explotar[2] *v.* **1.** Estallar una bomba, un cohete, un globo. **2.** Mostrar de repente y con mucha fuerza un sentimiento. **SIN. 1.** Explosionar. **1. y 2.** Reventar.

expoliar *v.* Quitar injustamente algo a alguien. **SIN.** Despojar. **ANT.** Devolver.

expolio *s. m.* **1.** Acción de expoliar. **2.** Bronca, follón. **SIN. 2.** Pelotera. **ANT. 1.** Devolución.

exponente *s. m.* **1.** Número pequeño que se coloca a la derecha y en la parte de arriba de otro para indicar las veces que este último debe multiplicarse por sí mismo. **2.** Persona o cosa que representa muy bien a un grupo, clase, género, etc. **SIN. 2.** Modelo, ejemplo.

exponer *v.* **1.** Presentar una cosa para que la vean los demás, por ejemplo, un pintor sus cuadros. **2.** Decir o explicar algo: *exponer un tema.* **3.** Poner a una persona o cosa de manera que reciba la acción de algo: *exponerse al sol.* **4.** Poner en peligro. ☐ Es v. irreg. Se conjuga como *poner.* **SIN. 1.** Exhibir. **2.** Expresar, declarar. **3.** Someter. **4.** Arriesgar. **ANT. 1.** Ocultar. **4.** Proteger.

exportación *s. f.* Acción de exportar. **ANT.** Importación.

exportador, ra *adj.* y *s.* Que exporta. **ANT.** Importador.

exportar *v.* Vender mercancías a un país extranjero. **ANT.** Importar.

exposición *s. f.* Acción de exponer. **SIN.** Exhibición; explicación; sometimiento.

expósito, ta *adj.* y *s.* Se dice del niño que ha sido abandonado por sus padres nada más nacer.

expositor *s. m.* Mueble o armazón en que se colocan cosas para que se vean bien, por ejemplo, en una tienda.

exprés *adj.* **1.** Se dice de algunos aparatos que son muy rápidos: *olla exprés, cafetera exprés.* ‖ *adj.* y *s. m.* **2.** Tren expreso. Ver **expreso. 3.** Se dice del café hecho con una cafetera exprés.

expresamente *adv.* **1.** Claramente: *Dijo expresamente lo que quería.* **2.** Con la intención de, con el fin de: *Vino expresamente para vernos.*

expresar *v.* Dar a entender con palabras, gestos o de otro modo lo que uno piensa, siente o quiere. **SIN.** Manifestar, declarar, indicar.

expresidente, ta *s. m.* y *f.* Persona que ha dejado de ocupar el cargo de presidente.

expresidiario, ria *s. m.* y *f.* Persona que ha cumplido condena en una cárcel.

expresión *s. f.* **1.** Acción de expresar. **2.** Gesto de la cara que se expresa un sentimiento. **3.** Palabra o grupo de palabras que tiene un significado especial, como *hablar por los codos,* 'hablar mucho'. **SIN. 1.** Manifestación, declaración, indicación. **3.** Modismo, locución.

expresionismo *s. m.* Estilo artístico surgido a principios del siglo XX, en que el artista muestra con gran intensidad sus sentimientos y sensaciones.

expresionista *adj.* y *s.* Del expresionismo o que sigue este estilo.

expresividad *s. f.* Característica de las personas expresivas o de sus gestos y rasgos.

expresivo, va *adj.* Que expresa de manera muy viva pensamientos o sentimientos. **ANT.** Inexpresivo.

expreso, sa *adj.* **1.** Que se dice claramente. ‖ *adj.* y *s. m.* **2.** Tren rápido de pasajeros que para en pocas estaciones. ‖ *adv.* **3.** Expresamente para alguien o algo: *Lo hizo expreso para agradarle.* **SIN. 1.** Claro, explícito. **2.** Exprés. **ANT. 1.** Implícito.

exprimidor *s. m.* Utensilio para sacar el zumo de algunas frutas, como las naranjas.

exprimir *v.* **1.** Apretar o retorcer una cosa para sacarle el jugo. **2.** Sacar todo el partido posible de una persona o cosa. **SIN. 1.** Estrujar. **2.** Explotar.

expropiación *s. f.* Acción de expropiar.

expropiar *v.* Quitarle a alguien el Estado o un organismo oficial una cosa que le pertenece, dándole dinero para compensarle.

expuesto, ta **1.** *p.* de **exponer.** También *adj.* ‖ *adj.* **2.** En peligro de que pase alguna cosa. **3.** Peligroso: *un trabajo muy expuesto.* **SIN. 3.** Arriesgado. **ANT. 3.** Seguro.

expulsar *v.* Echar fuera o de un sitio. **SIN.** Arrojar, despedir. **ANT.** Admitir.

expulsión *s. f.* Acción de expulsar. **SIN.** Despido. **ANT.** Admisión.

expurgar *v.* Quitar lo malo o inútil de una cosa; especialmente, suprimir partes de un escrito.

exquisitez *s. f.* **1.** Elegancia, refinamiento. **2.** Cosa exquisita. **SIN. 1.** Distinción. **ANT. 1.** Vulgaridad.

exquisito, ta *adj.* **1.** Muy fino y elegante. **2.** Que está muy rico. **SIN. 1.** Refinado, distinguido, selecto. **2.** Delicioso. **ANT. 1.** Vulgar. **2.** Asqueroso.

extasiar *v.* Causar o sentir éxtasis. **SIN.** Encantar, fascinar.

éxtasis *s. m.* Estado de la persona que siente una admiración, alegría o placer tan grande que no se entera de nada más. **SIN.** Fascinación.

extemporáneo, a *adj.* Que se hace o se dice cuando no conviene. **SIN.** Inoportuno, intempestivo.

extender *v.* **1.** Hacer que algo ocupe más. **2.** Poner algo sobre toda una superficie. **3.** Hacer que algo lo conozca o lo tenga mucha gente. **4.** Escribir un cheque, un recibo o algo parecido. || **extenderse 5.** Ocupar un sitio o durar un tiempo. **6.** Hablar o escribir mucho sobre algo. □ Es v. irreg. Se conjuga como *tender.* **SIN. 1.** Ampliar, dispersar; desdoblar. **2.** Dar, untar. **3.** Difundir, divulgar. **5.** Expandirse; prolongarse. **6.** Enrollarse. **ANT. 1.** Agrupar; plegar.

extensible *adj.* Que se puede extender.

extensión *s. f.* **1.** Acción de extender o extenderse. **2.** Sitio que ocupa o tiempo que dura alguna cosa. || **LOC. por extensión** Se dice de las palabras y expresiones que, además de su significado principal, significan otras cosas con las que están relacionadas. **SIN. 1.** Ampliación, difusión, expansión. **2.** Superficie; transcurso.

extensivo, va *adj.* Que se extiende o se aplica a otras personas o cosas.

extenso, sa *adj.* Muy grande, que ocupa mucho: *un terreno extenso.* || **LOC. por extenso** Extendiéndose mucho, con todo detalle. **SIN.** Amplio, vasto. **ANT.** Reducido.

extensor, ra *adj.* **1.** Que extiende o hace que algo se extienda. || *adj.* y *s. m.* **2.** Se dice de los músculos que hacen que se estiren pies y manos. || *s. m.* **3.** Aparato para fortalecer los músculos formado por dos asas unidas con cintas elásticas.

extenuado, da **1.** *p.* de extenuar. || *adj.* **2.** Muy débil o cansado. **SIN. 2.** Agotado. **ANT. 2.** Fuerte; fresco.

extenuar *v.* Dejar muy débil o cansado. **SIN.** Agotar. **ANT.** Fortalecer.

exterior *adj.* **1.** Situado en la parte de fuera o que da a la parte de fuera. || *s. m.* **2.** Parte de fuera. **SIN. 1.** Externo. **ANT. 1.** Interno. **1.** y **2.** Interior.

exteriorizar *v.* Mostrar alguien lo que siente o piensa. **SIN.** Manifestar, expresar. **ANT.** Ocultar.

exteriormente *adv.* En el exterior, por fuera. **ANT.** Interiormente.

exterminador, ra *adj.* y *s.* Que extermina.

exterminar *v.* Matar o destruir a todas las personas, animales o plantas de un grupo o lugar. **SIN.** Aniquilar. **ANT.** Proteger.

exterminio *s. m.* Acción de exterminar. **SIN.** Aniquilación. **ANT.** Protección.

externo, na *adj.* **1.** De fuera o por fuera. || *adj.* y *s.* **2.** Se dice del empleado o del estudiante que no vive ni come en el lugar donde trabaja o estudia. **SIN. 1.** Exterior. **ANT. 1.** Interior. **2.** Interno.

extinción *s. f.* Acción de extinguir o extinguirse. **SIN.** Terminación, fin, final; cese. **ANT.** Comienzo.

extinguir *v.* **1.** Apagar el fuego o la luz. **2.** Hacer desaparecer algo o acabarse poco a poco. **SIN. 1.** Sofocar. **2.** Agotar, finalizar, cesar. **ANT. 1.** Encender. **1.** y **2.** Originar.

extinto, ta *adj.* Que se ha extinguido o ha desaparecido.

extintor *s. m.* Especie de botella que tiene a presión una sustancia para apagar el fuego.

extirpar *v.* Sacar un tumor, un órgano enfermo, etc., del interior del cuerpo. **SIN.** Extraer. **ANT.** Implantar.

extorsión *s. f.* **1.** Molestia o perjuicio grande. **2.** Hecho de usar la violencia con alguien o asustarle para conseguir algo de él. **SIN. 1.** Trastorno, estropicio. **ANT. 1.** Ayuda.

extorsionar *v.* Hacer extorsión.

extra *adj.* **1.** De mejor calidad que la normal. || *adj.* y *s. m.* **2.** Que se da o se hace además de lo normal. || *s. m.* y *f.* **3.** Persona que sale en una película con un papel poco importante, sin hablar. **SIN. 1.** y **2.** Extraordinario. **2.** Plus. **ANT. 1.** Inferior.

extracción *s. f.* Acción de extraer.

extractar *v.* Hacer un extracto o resumen. **SIN.** Resumir. **ANT.** Ampliar.

extracto *s. m.* **1.** Resumen con lo más importante de algo. **2.** Sustancia concentrada que se obtiene de alguna cosa. **SIN. 1.** Síntesis, compendio, sinopsis. **2.** Esencia. **ANT. 1.** Ampliación.

extractor, ra *adj.* y *s. m.* o *f.* Que sirve para extraer: *extractor de humos.*

extradición *s. f.* Acción de extraditar.

extraditar *v.* Entregar a una persona que está refugiada en un país a las autoridades de otro en el que se la busca por algún delito. **ANT.** Acoger.

extraer *v.* **1.** Sacar algo de donde estaba. **2.** Sacar una sustancia de un fruto o de otra cosa. **3.** Llegar a una idea, a un resultado o a algo parecido: *extraer una conclusión.* □ Es v. irreg. Se conjuga como *traer.* **SIN. 2.** Obtener. **3.** Deducir. **ANT. 1.** Introducir.

extraescolar *adj.* Se dice de las actividades educativas que se hacen fuera del horario escolar.

extrafino, na *adj.* Más fino de lo que es normal.

extralimitarse *v.* Excederse, propasarse. **SIN.** Pasarse. **ANT.** Comedirse.

extramarital o **extramatrimonial** *adj.* Que tiene lugar fuera del matrimonio.

extramuros *adv.* Fuera de las murallas de una población. **ANT.** Intramuros.

extranjería *s. f.* Situación de los extranjeros en un país y normas que la regulan: *ley de extranjería.*

extranjerismo *s. m.* Palabra o expresión que viene de otro idioma.

extranjero, ra *adj.* y *s.* **1.** De otro país. ‖ *s. m.* **2.** País o países distintos del nuestro. **SIN. 1.** Forastero, foráneo. **ANT. 1.** Nativo; nacional.

extranjis Se usa en la expresión **de extranjis,** 'en secreto' o 'sin que se note'.

extrañar *v.* **1.** Parecer algo extraño o mostrar extrañeza. **2.** Echar de menos, sentir que alguien no está. **SIN. 1.** Sorprender, admirar. **2.** Añorar.

extrañeza *s. f.* Impresión que nos causa algo que nos parece extraño. **SIN.** Sorpresa, asombro, desconcierto.

extraño, ña *adj.* **1.** Raro, que no es normal. ‖ *adj.* y *s.* **2.** Desconocido o que pertenece a un grupo, familia o país distinto. ‖ *s. m.* **3.** Movimiento brusco e inesperado. **SIN. 1.** Insólito, excepcional. **2.** Extranjero, forastero. **ANT. 1.** Corriente.

extraoficial *adj.* Que no es oficial.

extraordinariamente *adv.* Mucho, muy. **SIN.** Extremadamente.

extraordinario, ria *adj.* **1.** Muy bueno, mejor de lo normal. ‖ *adj.* y *s. m.* **2.** Aparte de lo que es normal o habitual. **SIN. 1.** Estu-

pendo, notable. **2.** Excepcional, extra. **ANT. 1.** Vulgar.

extraplano, na *adj.* Más plano de lo normal.

extrapolar *v.* Aplicar una conclusión o un resultado a otros casos parecidos.

extrarradio *s. m.* Barrio o zona de las afueras de una ciudad. **SIN.** Periferia.

extrasensorial *adj.* Que ocurre o se experimenta sin que intervengan los sentidos: *fenómenos extrasensoriales.*

extraterrestre *adj.* y *s.* De otro planeta diferente a la Tierra. **SIN.** Alienígena, marciano. **ANT.** Terrícola, terrestre.

extravagancia *s. f.* **1.** Característica de la persona o cosa extravagante. **2.** Cosa extravagante. **SIN. 1.** y **2.** Excentricidad.

extravagante *adj.* Raro y muy llamativo. **SIN.** Estrafalario, excéntrico.

extravertido, da *adj.* y *s.* Extrovertido.

extraviar *v.* Perder o perderse. **SIN.** Desorientarse. **ANT.** Encontrar; orientarse.

extravío *s. m.* Acción de extraviar o extraviarse. **SIN.** Pérdida; desorientación. **ANT.** Hallazgo; orientación.

extremadamente *adv.* Mucho, muy. **SIN.** Extraordinariamente.

extremado, da 1. *p.* de **extremar.** ‖ *adj.* **2.** Mucho, muy grande: *frío extremado.* **3.** Exagerado, excesivo: *opinión extremada.* **SIN. 2.** Enorme. **3.** Desmedido, desmesurado. **ANT. 2.** y **3.** Moderado.

extremar *v.* Llevar al extremo, al grado máximo. **SIN.** Exagerar. **ANT.** Moderar.

extremaunción *s. f.* Sacramento de la Iglesia católica que recibe la persona que está en peligro de morir.

extremeño, ña *adj.* y *s.* De Extremadura, comunidad autónoma de España.

extremidad *s. f.* **1.** Parte final de una cosa. **2.** Brazo o pierna de las personas; pata o cola de los animales. **SIN. 1.** Extremo, punta. **2.** Miembro.

extremismo *s. m.* Ideas y forma de pensar y actuar de los extremistas.

extremista *adj.* y *s.* De ideas muy radicales o exageradas, sobre todo en política. **ANT.** Moderado.

extremo, ma *adj.* **1.** Se dice de lo que está más alejado del centro. **2.** Muy grande, máximo; también, excesivo, exagerado. ‖ *s. m.* **3.** Principio o final de una cosa, o parte situada más lejos del centro. **4.** Límite, grado máximo. **5.** En el fútbol y otros deportes, cada uno de los dos delanteros que juegan por los lados del campo. ‖ **LOC. en extremo** Mucho, demasiado. **SIN. 1.** Periférico. **2.** Sumo. **3.** Extremidad, punta. **4.** Colmo. **ANT. 1.** Céntrico. **2.** Moderado.

extremoso, sa *adj.* Exagerado, excesivo. **SIN.** Extremado. **ANT.** Moderado.

extrínseco, ca *adj.* Que no forma parte de las características de alguien o algo. **SIN.** Externo, accesorio. **ANT.** Intrínseco.

extrovertido, da *adj.* y *s.* Que se relaciona bien con los demás y suele mostrar lo que piensa y siente. □ Se dice también *extravertido*. **SIN.** Abierto, comunicativo. **ANT.** Introvertido.

exuberancia *s. f.* Característica de las cosas exuberantes. **SIN.** Abundancia.

exuberante *adj.* Muy abundante o desarrollado: *vegetación exuberante*.

exudado, da 1. *p.* de **exudar**. También *adj.* ‖ *s. m.* **2.** En medicina, líquido corporal que sale al exterior poco a poco, como en algunas heridas o inflamaciones.

exudar *v.* Dejar salir un líquido poco a poco del conducto o lugar que lo contiene. **SIN.** Rezumar.

exultante *adj.* Muy contento. **SIN.** Alegre, eufórico. **ANT.** Triste.

exultar *v.* Mostrar mucha alegría o satisfacción. **SIN.** Entusiasmarse, alegrarse.

exvoto *s. m.* Objeto que se ofrece a Dios, la Virgen, los santos, etc., como muestra de agradecimiento.

eyaculación *s. f.* Acción de eyacular.

eyacular *v.* Expulsar con fuerza el contenido de un órgano o cavidad del cuerpo, sobre todo el semen.

eyección *s. f.* En algunos aviones, expulsión automática del asiento del piloto cuando este debe abandonar el aparato en el aire.

f *s. f.* Sexta letra del abecedario.

fa *s. m.* Cuarta nota de la escala musical.

fabada *s. f.* Guiso de judías blancas con tocino, chorizo y morcilla, típico de Asturias.

fábrica *s. f.* Lugar donde se fabrican objetos con máquinas. **SIN.** Factoría.

fabricación *s. f.* Acción de fabricar.

fabricante *s. m.* y *f.* Dueño de una fábrica.

fabricar *v.* **1.** Transformar materias en cosas útiles empleando máquinas o herramientas. **2.** Construir, elaborar.

fabril *adj.* Relacionado con las fábricas.

fábula *s. f.* **1.** Cuento del que se saca alguna enseñanza, sobre todo los que muestran animales o cosas que hablan y actúan como personas. **2.** Mentira o historia inventada. **SIN. 2.** Patraña.

fabular *v.* Imaginar o inventar historias, argumentos, etc.

fabulista *s. m.* y *f.* Escritor de fábulas.

fabuloso, sa *adj.* **1.** Imaginario o inventado. **2.** Muy grande o muy bueno. **SIN. 1.** Legendario. **1.** y **2.** Fantástico. **2.** Extraordinario. **ANT. 1.** Real. **2.** Pésimo.

faca *s. f.* Cuchillo grande y puntiagudo, especialmente el de forma curva.

facción *s. f.* **1.** Parte de un grupo de personas o de una país que se enfrenta a otra. ‖ *s. f. pl.* **2.** Líneas o partes que forman la cara. **SIN. 1.** Bando. **2.** Rasgos.

faccioso, sa *adj.* y *s.* **1.** Miembro de una facción o bando. **2.** Que participa en alguna revuelta o rebelión.

faceta *s. f.* Cada una de las diferentes características o cualidades de alguien o algo. **SIN.** Aspecto, rasgo.

facha[1] *s. f.* Aspecto de una persona o cosa. **SIN.** Pinta, presencia.

facha[2] *adj.* y *s. desp.* De ideas muy conservadoras. **SIN.** Carca.

fachada *s. f.* Parte exterior de los muros de un edificio.

fachoso, sa *adj.* De mala facha o aspecto. **SIN.** Descuidado, desastrado.

facial *adj.* De la cara.

fácil *adj.* **1.** Que se hace con poco esfuerzo o es poco complicado. **2.** Que es posible que ocurra. ‖ *adv.* **3.** Fácilmente: *Eso se dice fácil, pero hacerlo es otra cosa.* **SIN. 1.** Sencillo. **2.** Probable. **ANT. 1.** Difícil. **2.** Improbable.

facilidad *s. f.* **1.** Hecho de ser fácil una cosa. **2.** Habilidad para hacer bien algo. ‖ *s. f. pl.* **3.** Posibilidades que se dan para hacer más fácil o cómoda una cosa: *facilidades de pago.* **SIN. 1.** Sencillez. **2.** Capacidad, aptitud. **ANT. 1.** Dificultad. **2.** Incapacidad.

facilitar *v.* **1.** Hacer más fácil. **2.** Dar, proporcionar. **SIN. 1.** Simplificar, favorecer. **2.** Suministrar. **ANT. 1.** Dificultar. **2.** Retirar.

facineroso, sa *adj.* y *s.* Delincuente, criminal. **SIN.** Malhechor, maleante.

facsímil o **facsímile** *s. m.* Copia exacta de un libro, escrito, dibujo, etc.

factible *adj.* Que se puede hacer. **SIN.** Posible. **ANT.** Imposible.

fáctico, ca *adj.* **1.** De los hechos, o relacionado con ellos. **2.** Basado en los hechos. **SIN. 2.** Real. **ANT. 2.** Teórico.

factor, ra *s. m.* y *f.* **1.** Empleado del ferrocarril o de una empresa de transportes que se ocupa de las mercancías y equipajes. ‖ *s. m.* **2.** Cosa o circunstancia que influye en otra o es parte de ella. **3.** Cada una de las cantidades con las que se hace una multiplicación. **SIN. 1.** Elemento, agente.

factoría *s. f.* Fábrica grande con muchas instalaciones. **SIN.** Industria.

factorial *adj.* **1.** Relativo al factor. ‖ *s. m.* **2.** Producto que resulta al multiplicar un determinado número por todos los números enteros que le preceden, incluido él mismo.

factura *s. f.* Papel o documento que se entrega a alguien y en el que pone lo que tiene que pagar por algo. **SIN.** Cuenta, recibo.

facturación *s. f.* Acción de facturar.

facturar *v.* **1.** Entregar equipajes y paquetes en una estación, puerto o aeropuerto para que los envíen a su destino. **2.** Hacer una factura.

facultad s. f. **1.** Capacidad, poder o derecho para hacer alguna cosa. **2.** Cada uno de los centros de una universidad donde se estudian las distintas carreras. **SIN. 1.** Aptitud, autoridad. **ANT. 1.** Incapacidad.

facultar v. Dar autorización o capacidad para hacer algo. **SIN.** Autorizar, capacitar. **ANT.** Incapacitar.

facultativo, va adj. **1.** Que se puede hacer o no. **2.** Se dice de los consejos o indicaciones que da el médico al paciente. ‖ s. m. y f. **3.** Médico. **SIN. 1.** Opcional. **3.** Doctor. **ANT. 1.** Obligatorio.

facundia s. f. Facilidad para hablar o tendencia a hablar demasiado. **SIN.** Elocuencia, locuacidad.

fado s. m. Canción popular portuguesa de carácter triste.

faena s. f. **1.** Trabajo, labor: *Hoy tengo mucha faena.* **2.** Cosa que perjudica o molesta. **3.** Acción de torear el torero al toro con la muleta. **SIN. 1.** Tarea, quehacer. **2.** Trastada, jugarreta. **ANT. 1.** Descanso, ocio.

faenar v. Trabajar, sobre todo pescando en el mar o haciendo las faenas del campo.

faenero, ra adj. Que faena o trabaja en el mar o en el campo: *barco faenero.*

fagocitar v. **1.** Envolver una célula a un cuerpo extraño para comérselo o destruirlo. **2.** Absorber o atraer.

fagocito s. m. Célula que destruye a otras células, microbios o cuerpos perjudiciales para el organismo.

fagot s. m. Instrumento musical de viento con forma de tubo grueso con agujas y llaves y boquilla de caña.

faisán s. m. Ave del tamaño de un gallo, con la cola larga; el macho posee un plumaje vistoso. Su carne es muy apreciada como alimento.

faja s. f. **1.** Tira de tela o de otro material que rodea una cosa. **2.** Prenda femenina elástica que se ajusta a las caderas y la cintura para hacerlas más delgadas.

fajar v. Rodear con una faja.

fajín s. m. Faja pequeña de tela que se pone como adorno o distintivo alrededor de la cintura en algunos trajes.

fajita s. f. Plato mexicano consistente en finas tiras de carne o pollo, enrolladas en una tortilla de harina y acompañadas de salsas y otros ingredientes.

fajo s. m. Conjunto de papeles puestos unos sobre otros y atados.

falacia s. f. Mentira, falsedad.

falange s. f. **1.** Cada uno de los huesos de los dedos. **2.** Primero de estos huesos, que se une al resto de la mano.

falangeta s. f. Hueso del extremo de los dedos.

falangina s. f. Hueso de los dedos situado entre la falange y la falangeta.

falangista adj. y s. De Falange Española, organización política fundada en 1933 por José Antonio Primo de Rivera.

falaz adj. Mentiroso, falso.

falda s. f. **1.** Prenda de vestir o parte del vestido que cae de la cintura hacia abajo. **2.** Tela que se pone sobre algunas cosas y las cubre hasta el suelo: *faldas de camilla.* **3.** Parte de abajo de una montaña. **4.** Carne de vacuno que cuelga de las agujas.

faldero, ra adj. **1.** Se dice del perro pequeño apreciado como animal de compañía. **2.** *fam.* Se dice del hombre al que le gustan mucho las mujeres. **SIN. 2.** Mujeriego.

faldón s. m. **1.** Parte de algunas prendas de vestir que cae suelta desde la cintura. **2.** Ropa larga que se pone a los bebés encima de las otras prendas. **3.** Pieza que cuelga de la parte de abajo de algunas cosas.

fálico, ca adj. Del falo o relacionado con él.

falla[1] s. f. Escalón o corte que se forma en un terreno al romperse y moverse dos trozos de la corteza terrestre.

falla[2] s. f. **1.** Muñeco o grupo de muñecos que se queman en las calles de Valencia la noche de san José. ‖ n. pr. f. pl. **2.** Fiestas celebradas esa noche.

fallar[1] v. Decir un juez, un jurado o un tribunal lo que ha decidido. **SIN.** Sentenciar, dictar.

fallar[2] v. **1.** Hacer mal algo, no funcionar una cosa o no dar el resultado que se esperaba. **2.** Perder la fuerza o la resistencia: *Le fallaron las piernas.* **SIN. 1.** Equivocarse, errar, marrar; estropearse. **2.** Flaquear. **ANT. 1.** Acertar. **2.** Resistir.

fallecer v. Morir una persona. □ Es v. irreg. Se conjuga como *agradecer.* **SIN.** Perecer, expirar. **ANT.** Nacer; vivir.

fallecimiento s. m. Muerte de una persona. **SIN.** Defunción, deceso, óbito, fin. **ANT.** Nacimiento.

fallero, ra adj. **1.** De las Fallas valencianas. ‖ s. m. y f. **2.** Persona que participa en estas fiestas.

fallido, da adj. Que ha fallado y no ha salido bien. **SIN.** Fracasado, frustrado.

fallo[1] s. m. Acción de fallar[1]. **SIN.** Sentencia, decisión.

fallo² *s. m.* **1.** Error, equivocación. **2.** Mal resultado o mal funcionamiento. **SIN. 1.** Falta, descuido. **2.** Fracaso. **ANT. 1.** Acierto. **2.** Éxito.

falo *s. m.* Pene.

falsear *v.* Cambiar una cosa de modo que ya no sea la verdadera: *falsear un testimonio.* **SIN.** Deformar, desfigurar.

falsedad *s. f.* **1.** Característica de falso. **2.** Dicho o hecho falso. **SIN. 2.** Mentira, engaño. **ANT. 2.** Verdad.

falsete *s. m.* Voz más aguda que la normal, como cuando se imita la de una mujer o un niño.

falsificación *s. f.* **1.** Acción de falsificar. **2.** Lo que se ha falsificado.

falsificar *v.* Hacer una cosa falsa imitando a una auténtica.

falsilla *s. f.* Hoja con rayas que se pone debajo del papel en que se va a escribir para no torcerse.

falso, sa *adj.* **1.** Que es mentira o no es de verdad: *falsos rumores, una puerta falsa.* **2.** Que se estropea o se rompe con facilidad: *Este cierre es muy falso.* || *adj.* y *s.* **3.** Mentiroso, hipócrita. **SIN. 1.** Simulado, ficticio, falsificado. **2.** Frágil, flojo. **3.** Embustero. **ANT. 1.** Auténtico. **2.** Resistente. **3.** Sincero.

falta *s. f.* **1.** Hecho de faltar alguien o algo. **2.** Error o fallo. **3.** Acción que va en contra de una ley o una regla. || **LOC. echar en falta** Tener pena de que no esté alguien; también, notar que falta alguien o algo. **hacer falta** Necesitar o ser necesario. **SIN. 1.** Carencia, escasez. **2.** Equivocación. **3.** Infracción. **ANT. 1.** Abundancia. **2.** Acierto.

faltar *v.* **1.** No haber o no ser suficiente. **2.** No estar o no acudir. **3.** Quedar algún tiempo para que llegue u ocurra una cosa. **4.** Ofender o no tener respeto. **5.** No cumplir una promesa o una obligación. || **LOC. no faltaba más** Forma educada de decir que haremos lo que nos piden. **SIN. 1.** Escasear. **4.** Insultar. **5.** Incumplir, quebrantar. **ANT. 1.** Abundar; sobrar. **2.** Asistir. **4.** y **5.** Respetar.

falto, ta *adj.* Que no tiene algo. **SIN.** Escaso, necesitado. **ANT.** Sobrado.

faltón, na *adj.* y *s. fam.* Que ofende o falta al respeto.

faltriquera *s. f.* Bolsa pequeña que antiguamente servía para guardar el dinero y otras cosas.

falúa *s. f.* Pequeña embarcación de forma alargada que se usa en los puertos y en los ríos.

fama *s. f.* **1.** Hecho de ser muy conocido y admirado. **2.** Lo que los demás piensan de alguien o algo. **SIN. 1.** Celebridad, renombre. **2.** Reputación.

famélico, ca *adj.* Muy flaco, sobre todo por no comer. **SIN.** Esmirriado, esquelético. **ANT.** Gordo.

familia *s. f.* **1.** Grupo formado por los padres y sus hijos y, también, por todos los parientes. **2.** Hijos, descendencia: *tener familia.* **3.** Conjunto de personas, animales o cosas que tienen algo en común: *El gato pertenece a la familia de los felinos.* **SIN. 1.** Parentela. **2.** Prole.

familiar *adj.* **1.** De la familia o relacionado con ella. **2.** Conocido, corriente o habitual. **3.** Sencillo, natural: *un trato familiar.* **4.** De mayor tamaño que el normal, para que lo use toda la familia. || *s. m.* **5.** Persona de la misma familia que otra. **SIN. 2.** Común, normal. **3.** Llano. **5.** Pariente. **ANT. 2.** Raro. **3.** Solemne. **4.** Individual.

familiaridad *s. f.* Confianza que se tiene con los amigos y las personas a las que se trata mucho. **SIN.** Intimidad. **ANT.** Desconfianza.

familiarizar *v.* Acostumbrar, habituar.

famoso, sa *adj.* y *s.* Que tiene fama. **SIN.** Célebre. **ANT.** Desconocido.

fámulo, la *s. m.* y *fam.* Sirviente, criado doméstico.

fan *s. m.* y *f.* Persona a la que le gusta mucho un artista, un grupo musical, un deporte, etc. **SIN.** Aficionado, fanático.

fanal *s. m.* **1.** Farol grande que se usa como señal en los barcos y los puertos. **2.** Campana transparente para proteger una luz o un objeto.

fanático, ca *adj.* y *s.* **1.** Que no admite otras religiones, opiniones o ideas que las suyas. **2.** Muy aficionado a alguien o algo. **SIN. 1.** Exaltado, intolerante. **2.** Entusiasta, fan. **ANT. 1.** Tolerante.

fanatismo *s. m.* Ideas y forma de pensar y actuar de los fanáticos. **SIN.** Intolerancia. **ANT.** Tolerancia.

fandango *s. m.* Baile popular español de ritmo alegre, y copla y música de este baile.

faneca *s. f.* Pez marino de tamaño medio, con el lomo de color oscuro. Se usa como alimento.

fanega *s. f.* **1.** Medida de capacidad para semillas, como el trigo o la cebada, y que varía según las regiones. **2.** Medida para calcular la extensión de los campos.

fanerógama *adj.* y *s. f.* Se dice de las plantas que tienen flores y se reproducen por semillas. **SIN.** Espermafita.

fanfarria *s. f.* **1.** Banda de música, sobre todo la militar. **2.** *fam.* Fanfarronada.

fanfarrón, na *adj.* y *s.* Que presume mucho. **SIN.** Presumido, bravucón. **ANT.** Modesto.

fanfarronada *s. f.* Acción o palabras propias de un fanfarrón. **SIN.** Bravata.

fanfarronear *v.* Presumir de algo que no se es o no se tiene. **SIN.** Farolear.

fango *s. m.* Barro que hay en el fondo del agua que está quieta. **SIN.** Lodo, cieno.

fangoso, sa *adj.* Que tiene fango o que se parece al fango.

fantasear *v.* Pensar en cosas fantásticas o imaginarias. **SIN.** Soñar.

fantasía *s. f.* **1.** Capacidad para imaginar o inventar cosas que no existen. **2.** Cosa que uno inventa con la imaginación. **SIN. 1.** Imaginación, inventiva. **2.** Invención, figuraciones. **ANT. 2.** Realidad.

fantasioso, sa *adj. y s.* Que tiene mucha imaginación y siempre está fantaseando.

fantasma *s. m.* **1.** Persona o cosa que parece de verdad, pero solo existe en nuestra imaginación o en los sueños. **2.** Espíritu de una persona muerta que, según ciertas creencias, se aparece a los vivos. **3.** Deshabitado: *pueblo fantasma.* ‖ *adj. y s.* **4.** *fam.* Fanfarrón, presumido. **SIN. 2.** Aparición, espectro.

fantasmada *s. f. fam.* Lo que hace o dice una persona que presume de lo que no tiene o lo que no es.

fantasmagórico, ca *adj.* Fantasmal.

fantasmal *adj.* Propio de los fantasmas y espíritus. **SIN.** Fantasmagórico.

fantástico, ca *adj.* **1.** Inventado por la imaginación. **2.** Estupendo, maravilloso. **SIN. 1.** Imaginario, irreal. **1. y 2.** Fabuloso. **2.** Sensacional. **ANT. 1.** Real. **2.** Horrible.

fantoche *s. m.* **1.** Muñeco o marioneta. **2.** Persona con un aspecto ridículo. ‖ *adj. y s.* **3.** Fanfarrón. **SIN. 2.** Mamarracho.

faquir *s. m.* **1.** En la India, persona que vive de limosnas y lleva una vida de sacrificios y oración. **2.** Artista de circo que se tumba sobre clavos, se traga espadas y hace otras cosas inspiradas en los faquires de la India.

faralaes *s. m. pl.* Adornos de volantes que lleva en la falda el traje típico andaluz de las mujeres.

farallón *s. m.* Roca grande, alta y picuda que sobresale del mar o del terreno.

farándula *s. f.* **1.** El mundo del teatro y de los artistas de espectáculos: *A la fiesta acudieron personajes de la farándula.* **2.** Compañía de teatro o de circo que actúa de pueblo en pueblo.

faraón *s. m.* Rey del antiguo Egipto.

faraónico, ca *adj.* **1.** Del faraón. **2.** Grandioso, espectacular.

fardar *v. fam.* Presumir, darse importancia. **SIN.** Fanfarronear.

farde *s. m. fam.* Lo que llama la atención por ser muy bonito o muy bueno. **SIN.** Chulada.

fardo *s. m.* Paquete grande y apretado.

fardón, na *adj.* **1.** *fam.* Que es muy bonito y vistoso. ‖ *adj. y s.* **2.** *fam.* Persona que farda o presume. **SIN. 1. y 2.** Chulo.

farero, ra *s. m. y f.* Persona encargada del faro por el que se guían los barcos.

farfullar *v.* Decir algo muy rápido y de manera que no se entiende. **SIN.** Balbucear, mascullar.

faria (marca registrada) *s. amb.* Cigarro puro barato.

faringe *s. f.* Conducto de la garganta que va de la boca al esófago.

faringitis *s. f.* Inflamación de la faringe.

fario Se emplea en la expresión **mal fario**, 'mala suerte'.

farisaico, ca *adj.* **1.** De los fariseos o relacionado con ellos. **2.** Se dice de quien quiere parecer bueno sin serlo. **SIN. 2.** Hipócrita, falso.

fariseísmo *s. m.* Actitud del fariseo o hipócrita.

fariseo, a *s. m. y f.* **1.** Miembro de una secta de los antiguos judíos. **2.** Hipócrita, persona que quiere parecer buena sin serlo. **SIN. 2.** Farisaico, falso. **ANT. 2.** Sincero.

farmacéutico, ca *adj.* **1.** De la farmacia o relacionado con ella: *productos farmacéuticos.* ‖ *s. m. y f.* **2.** Persona que tiene una farmacia o trabaja en ella. **3.** Persona que ha estudiado farmacia. **SIN. 2.** Boticario.

farmacia *s. f.* **1.** Tienda donde se preparan y venden las medicinas. **2.** Ciencia que trata de los medicamentos y de cómo se preparan. **SIN. 1.** Botica.

fármaco *s. m.* Medicina, medicamento.

farmacología *s. f.* Parte de la medicina que trata de la acción de los medicamentos en el organismo.

faro *s. m.* **1.** Torre situada en costas y puertos, con una luz en lo alto para guiar de noche a los barcos. **2.** Aparato que da una luz muy fuerte, como los que llevan los automóviles.

farol *s. m.* **1.** Caja transparente que contiene una luz y sirve para alumbrar. **2.** *fam.* Lo que alguien dice o hace para presumir o para engañar a otro. **SIN. 1.** Fanal. **2.** Trola, mentira.

farola *s. f.* Farol grande, normalmente sobre un poste, que ilumina las calles por la noche.

farolear *v.* Darse importancia, tirarse faroles. **SIN.** Fanfarronear.

farolero, ra *s. m. y f.* **1.** Persona que, antiguamente, encendía y apagaba los faroles de la calle. || *adj.* y *s.* **2.** *fam.* Mentiroso, que se tira faroles. **SIN. 2.** Fanfarrón, trolero.

farolillo *s. m.* Farol pequeño de adorno, hecho con papeles de colores.

farra *s. f.* Juerga, parranda.

farragoso, sa *adj.* Confuso, desordenado y con muchas cosas innecesarias: *un escrito farragoso.*

farruco, ca *adj. fam.* Chulo y contestón. **SIN.** Respondón.

farsa *s. f.* **1.** Obra de teatro, sobre todo la que hace reír al público. **2.** Cosa que se prepara para que parezca lo que no es. **SIN. 1.** Comedia. **2.** Engaño, trampa.

farsante *adj.* y *s.* Persona que engaña a los demás haciéndose pasar por lo que no es. **SIN.** Impostor, comediante.

fas Se emplea en la expresión **por fas o por nefas**, 'por una cosa o por otra'.

fascículo *s. m.* Cada uno de los cuadernillos que se publican y entregan por separado y en distintas veces.

fascinación *s. f.* Atracción muy fuerte hacia una persona o cosa. **SIN.** Encanto, seducción. **ANT.** Rechazo.

fascinante *adj.* Que fascina. **SIN.** Encantador, seductor. **ANT.** Repelente.

fascinar *v.* **1.** Atraer mucho la atención de alguien una persona o cosa. **2.** Gustar muchísimo. **SIN. 1.** Cautivar. **1.** y **2.** Encantar. **ANT. 1.** y **2.** Repeler.

fascismo *s. m.* **1.** Movimiento político surgido en Italia a principios del siglo xx que estaba en contra de la libertad y la democracia. **2.** Actitud autoritaria y antidemocrática.

fascista *adj.* y *s.* Del fascismo o partidario de él.

fase *s. f.* **1.** Parte en que se divide una acción o algo que ocurre. **2.** Cada una de las formas en que puede verse la Luna.

fast food (ingl.) *expr.* **1.** Comida rápida. Ver **comida. 2.** Restaurante de comida rápida.

fastidiado, da 1. *p.* de **fastidiar**. También *adj.* || *adj.* **2.** Que no se encuentra bien, molesto, enfermo.

fastidiar *v.* **1.** Molestar mucho. **2.** Estropear, dañar, romper. || **fastidiarse 3.** Aguantarse. **SIN. 1.** Jorobar.

fastidio *s. m.* Cosa que molesta. **SIN.** Rollo, lata, incordio, engorro.

fastidioso, sa *adj.* Que fastidia, que molesta. **SIN.** Molesto, incómodo.

fasto *s. m.* Lujo, riqueza.

fastuosidad *s. f.* Característica de fastuoso. **SIN.** Lujo. **ANT.** Sencillez.

fastuoso, sa *adj.* Con mucho lujo. **SIN.** Lujoso, majestuoso. **ANT.** Modesto.

fatal *adj.* y *adv.* **1.** Muy malo o muy mal. || *adj.* **2.** Inevitable: *atracción fatal.* **SIN. 1.** Horrible, pésimo. **ANT. 1.** Fenomenal.

fatalidad *s. f.* Mala suerte. **SIN.** Desgracia, desdicha. **ANT.** Fortuna.

fatalismo *s. m.* Actitud o forma de pensar de la persona fatalista.

fatalista *adj.* y *s.* Que piensa que todo lo que ocurre es inevitable y no se puede cambiar.

fatídico, ca *adj.* Con muy malas consecuencias: *un error fatídico.* **SIN.** Fatal, nefasto. **ANT.** Afortunado.

fatiga *s. f.* Cansancio. **ANT.** Descanso.

fatigar *v.* Cansar. **ANT.** Descansar.

fatigoso, sa *adj.* Que fatiga. **SIN.** Agotador. **ANT.** Descansado.

fatuo, tua *adj.* y *s.* **1.** Vanidoso, engreído. **2.** Frívolo, poco profundo. **SIN. 1.** Petulante, jactancioso. **2.** Superficial.

fauces *s. f. pl.* Boca y dientes de animales muy fieros, como los leones.

fauna *s. f.* Conjunto de animales de un país, región o periodo de tiempo.

fauno *s. m.* Personaje de la mitología romana que tenía cuerpo de hombre y patas y cuernos de cabra.

fausto, ta *adj.* Alegre, afortunado. **SIN.** Feliz, venturoso. **ANT.** Infausto.

favela (del port.) *s. f.* Chabola de las grandes ciudades de Brasil.

favor *s. m.* **1.** Ayuda que se da a alguien. **2.** Simpatía y apoyo que una persona recibe de otras. || **LOC. a favor** Que apoya o está de acuerdo: *Están a favor de cambiar el horario.* En la misma dirección: *a favor de la corriente.* **por favor** Se utiliza para pedir una cosa a alguien educadamente. **SIN. 1.** Servicio. **ANT. 1.** Perjuicio. **2.** Enemistad.

favorable *adj.* **1.** Que favorece o beneficia. **2.** Que está de acuerdo con algo. **SIN. 2.** Conforme, partidario. **ANT. 1.** Desfavorable. **2.** Contrario.

favorecedor, ra *adj.* y *s.* Que favorece, que hace más guapo.

favorecer *v.* **1.** Ayudar, beneficiar. **2.** Hacer más guapo. □ Es v. irreg. Se conjuga como *agradecer.* **SIN. 1.** Apoyar. **2.** Embellecer. **ANT. 1.** Perjudicar. **2.** Afear.

favoritismo *s. m.* Hecho de favorecer solo a algunos cuando otros lo merecen igual o más. **SIN.** Preferencia, parcialidad. **ANT.** Imparcialidad.

favorito, ta *adj.* y *s.* **1.** Preferido. **2.** Que es probable que gane por ser mejor que los demás. ‖ *s. m.* y *f.* **3.** Persona a la que un rey o alguien muy poderoso ayuda y protege. SIN. **1.** Predilecto.

fax (del ingl.) *s. m.* **1.** Aparato que sirve para mandar a larga distancia mensajes escritos, dibujos o fotografías. **2.** Lo que se manda por medio de este aparato. SIN. **1.** y **2.** Telefax.

faz *s. f.* **1.** Cara, rostro. ‖ **2. la faz de la Tierra** La superficie terrestre.

fe *s. f.* **1.** Hecho de creer en Dios. **2.** Religión. **3.** Confianza: *Tiene fe en la ciencia.* SIN. **2.** Creencia, confesión. **3.** Esperanza. ANT. **3.** Desconfianza.

fealdad *s. f.* Característica de feo. ANT. Hermosura.

febrero *s. m.* Segundo mes del año, de veintiocho días, o de veintinueve días en los años bisiestos.

febrícula *s. f.* Fiebre ligera.

febril *adj.* **1.** De la fiebre. **2.** Muy vivo, muy agitado: *una actividad febril.* SIN. **2.** Frenético. ANT. **2.** Relajado.

fecal *adj.* Relacionado con los excrementos: *heces fecales, aguas fecales.*

fecha *s. f.* Día, mes y año en que pasa o se hace algo.

fechar *v.* **1.** Poner la fecha a un escrito. **2.** Determinar la fecha en que ocurrió o fue hecha una cosa.

fechoría *s. f.* Mala acción. SIN. Desmán; trastada, faena.

fécula *s. f.* Sustancia de color blanco que se encuentra en la mayoría de los vegetales, sobre todo en la patata y en el arroz. Se emplea en alimentación.

fecundación *s. f.* **1.** Unión de una célula masculina y una femenina para dar origen a un nuevo ser. ‖ **2. fecundación** *in vitro* Fecundación de un óvulo por medios artificiales en un laboratorio, fuera del cuerpo de la mujer.

fecundar *v.* **1.** Unirse una célula masculina a una femenina para dar origen a un nuevo ser. **2.** Hacer que algo sea fecundo, que produzca: *Los abonos sirven para fecundar la tierra.* SIN. **2.** Fertilizar. ANT. **2.** Esterilizar.

fecundidad *s. f.* Característica de fecundo. SIN. Fertilidad. ANT. Esterilidad.

fecundo, da *adj.* **1.** Que puede criar o producir. **2.** Se dice del escritor o artista que tiene muchas obras. SIN. **1.** Fértil, productivo. ANT. **1.** Estéril.

federación *s. f.* **1.** Organismo que regula y controla un deporte. **2.** Agrupación de varias organizaciones, países o estados. SIN. **2.** Confederación.

federal *adj.* Formado por varias organizaciones, países o estados.

federalismo *s. m.* Sistema político en el que el gobierno está repartido entre un poder central y unos estados federados.

federalista *adj.* y *s.* Del federalismo o partidario de este sistema político.

federar *v.* **1.** Hacer socio a una federación. ‖ **federarse 2.** Agruparse varias organizaciones, países o estados.

federativo, va *adj.* **1.** De la federación. ‖ *s. m.* **2.** Miembro dirigente de una federación, sobre todo deportiva.

fehaciente *adj.* Que demuestra o asegura de manera indudable alguna cosa. SIN. Fidedigno. ANT. Dudoso.

feldespato *s. m.* Mineral que abunda en la naturaleza y existe en muchas rocas, por ejemplo, en el granito.

felicidad *s. f.* Estado de alegría y bienestar. SIN. Dicha. ANT. Tristeza.

felicitación *s. f.* **1.** Acción de felicitar. **2.** Tarjeta con la que se felicita a alguien. SIN. **1.** Enhorabuena.

felicitar *v.* **1.** Decir a alguien que nos alegramos por algo bueno que ha hecho o le ha pasado. **2.** Desear a alguien que sea feliz: *felicitar las Navidades.* SIN. **1.** Congratularse.

feligrés, sa *s. m.* y *f.* Persona que pertenece a una parroquia.

felino, na *adj.* y *s. m.* Del grupo de animales al que pertenecen el gato, el león o el tigre.

feliz *adj.* **1.** Que siente felicidad. **2.** Bueno, afortunado: *un feliz acontecimiento.* SIN. **1.** y **2.** Alegre, dichoso. ANT. **1.** y **2.** Triste.

felón, na *adj.* y *s.* Canalla, traidor.

felonía *s. f.* Canallada, traición.

felpa *s. f.* Tejido con pelillo por una cara.

felpudo *s. m.* Alfombrilla que se pone delante de las puertas de las casas para limpiarse las suelas de los zapatos.

femenino, na *adj.* **1.** Se dice de los seres vivos que tienen órganos para ser fecundados y, también, de lo relacionado con estos seres. **2.** Propio de la mujer. ‖ *adj.* y *s. m.* **3.** Se dice del género gramatical de las palabras que se refieren a mujeres o animales hembra, así como de las cosas a las que se da este género. ANT. **1.** a **3.** Masculino.

fémina *s. f.* Mujer.

feminidad o **femineidad** *s. f.* Conjunto de características que se consideran propias de las mujeres.

feminismo *s. m.* Movimiento que defiende que las mujeres deben tener los mismos derechos que los hombres.

feminista *adj.* y *s.* Del feminismo o partidario de él.

femoral *adj.* **1.** Del fémur. ‖ *adj.* y *s. f.* **2.** Arteria que recorre el muslo.

fémur *s. m.* Hueso del muslo.

fenecer *v.* Morir. □ Es v. irreg. Se conjuga como *agradecer.* **SIN.** Fallecer, perecer.

fenicio, cia *adj.* y *s.* De Fenicia, antiguo país a orillas del Mediterráneo oriental.

fénix *s. m.* Ave mitológica que ardía en una hoguera y renacía de sus propias cenizas.

fenomenal *adj.* y *adv.* Muy bueno, estupendo. **SIN.** Fantástico, extraordinario. **ANT.** Fatal, pésimo.

fenómeno *s. m.* **1.** Cualquier cosa que ocurre. **2.** *fam.* Persona muy buena en el deporte, en el trabajo o en otra actividad. ‖ *adj.* y *adv.* **3.** Estupendo o estupendamente. **SIN. 1.** Hecho, acontecimiento. **2.** As, prodigio. **3.** Fenomenal. **ANT. 2.** Desastre. **3.** Mal.

feo, a *adj.* y *s.* **1.** Que no es bonito o guapo. ‖ *adj.* **2.** Malo, desfavorable: *El día se está poniendo feo.* **3.** Desagradable: *Dio una fea contestación.* **4.** Ilegal, deshonroso: *un feo negocio.* ‖ *s. m.* **5.** *fam.* Desprecio: *hacer un feo.* **SIN. 1.** Antiestético. **2.** Adverso. **4.** Sucio. **5.** Grosería, menosprecio. **ANT. 1.** Bello. **2.** Favorable. **4.** Legal, honroso. **5.** Cortesía.

feraz *adj.* Se dice de la tierra muy fértil. **SIN.** Fecundo, productivo. **ANT.** Estéril.

féretro *s. m.* Caja donde se coloca el cuerpo de una persona muerta para enterrarlo. **SIN.** Ataúd.

feria *s. f.* **1.** Reunión de muchos productos o animales para mostrarlos y venderlos: *feria del libro, de ganado.* **2.** Lugar con casetas, carruseles y otras atracciones para que la gente se divierta.

feriado *adj.* y *s. m.* Se dice del día en el que no se trabaja por ser festivo.

ferial *adj.* De la feria: *recinto ferial.*

feriante *s. m.* y *f.* Persona que compra o vende en una feria.

fermentación *s. f.* Acción de fermentar algo.

fermentar *v.* Transformarse algunas sustancias por la acción de microorganismos.

fermento *s. m.* **1.** Sustancia que hace fermentar a otra. **2.** Causa u origen de algo. **SIN. 2.** Germen.

ferocidad *s. f.* Característica de feroz. **SIN.** Fiereza. **ANT.** Mansedumbre.

feroz *adj.* **1.** Se dice de los animales carnívoros muy salvajes, que atacan y devoran a otros. **2.** Cruel, violento. **3.** Muy intenso: *un hambre feroz.* **SIN. 1.** y **3.** Fiero. **ANT. 1.** Manso.

férreo, a *adj.* **1.** De hierro o parecido al hierro. **2.** Duro, fuerte o muy constante. **3.** Se dice de las vías y de la línea o recorrido de un tren. **SIN. 2.** Firme, consistente. **ANT. 2.** Frágil.

ferretería *s. f.* Tienda donde se venden herramientas, objetos de metal y cacharros de cocina.

ferretero, ra *s. m.* y *f.* Dueño o encargado de una ferretería.

ferrocarril *s. m.* **1.** Tren. **2.** Camino hecho con dos carriles de hierro paralelos, sobre los que circula el tren. **3.** Empresa de transportes mediante trenes.

ferroviario, ria *adj.* **1.** Del ferrocarril: *tráfico ferroviario.* ‖ *s. m.* y *f.* **2.** Empleado de una empresa de ferrocarril.

ferruginoso, sa *adj.* Que contiene hierro: *aguas ferruginosas.*

ferry (ingl.) *s. m.* Transbordador, barco.

fértil *adj.* **1.** Se dice de la tierra que produce mucho. **2.** Se dice de los artistas que crean muchas obras. **3.** Se dice de la mujer o de la hembra que puede tener hijos o crías. **SIN. 1.** y **2.** Fecundo, productivo. **ANT. 1.** y **3.** Estéril.

fertilidad *s. f.* Característica de fértil. **SIN.** Fecundidad. **ANT.** Esterilidad.

fertilización *s. f.* Aplicación de abonos al suelo para que produzca más cosechas.

fertilizante *adj.* y *s. m.* Que sirve para fertilizar. **SIN.** Abono.

fertilizar *v.* Hacer fértil, sobre todo la tierra, echándole abonos. **SIN.** Abonar.

férula *s. f.* Pieza rígida que se utiliza para inmovilizar un miembro del cuerpo.

ferviente *adj.* Que muestra mucho fervor, interés o entusiasmo. **SIN.** Entusiasta, apasionado. **ANT.** Indiferente.

fervor *s. m.* **1.** Sentimiento muy intenso de una persona al rezar o en otros actos religiosos. **2.** Interés o entusiasmo muy grande. **SIN. 1.** Devoción. **2.** Pasión. **ANT. 2.** Desinterés.

fervoroso, sa *adj.* Que demuestra fervor, sobre todo religioso. **SIN.** Piadoso.

festejar *v.* Hacer fiestas en honor de alguien o algo. **SIN.** Celebrar.

festejo *s. m.* Fiesta o fiestas con que se celebra alguna cosa. **SIN.** Celebración.

festín *s. m.* Banquete, a veces con baile y otras diversiones. **SIN.** Comilona.

festival *s. m.* Serie de funciones o actuaciones que se dedican a un arte o espectáculo, a veces para ganar un premio. **SIN.** Certamen.

festividad *s. f.* Día en que se conmemora a alguien o algo, por ejemplo, a un santo. **SIN.** Fiesta, celebración.

festivo, va *adj.* y *s. m.* **1.** Se dice del día en que no se trabaja o en que se celebra alguna cosa. ‖ *adj.* **2.** Alegre, gracioso. **SIN. 2.** Desenfadado, chistoso. **ANT. 1.** Laboral. **2.** Serio; triste.

festón *s. m.* Bordado o dibujo que adorna el borde de una cosa. **SIN.** Cenefa, ribete.

fetal *adj.* Del feto o relacionado con él.

fetén *adj.* **1.** Muy bueno, estupendo. ‖ *adv.* **2.** Muy bien. **SIN. 1.** y **2.** Fenomenal, fabuloso. **ANT. 1.** y **2.** Horrible.

fetiche *s. m.* **1.** Objeto o figura a la que adora un pueblo primitivo. **2.** Amuleto, talismán. **SIN. 1.** Tótem.

fetichismo *s. m.* **1.** Adoración a los fetiches. **2.** Atracción sexual que provoca en algunas personas mirar o tocar ciertos objetos.

fetichista *adj.* **1.** Relacionado con el fetichismo. ‖ *adj.* y *s.* **2.** Persona que se excita sexualmente mirando o tocando ciertos objetos.

fetidez *s. f.* Olor muy malo. **SIN.** Hedor.

fétido, da *adj.* Que huele muy mal. **SIN.** Hediondo. **ANT.** Perfumado.

feto *s. m.* **1.** Embrión de las personas y de algunos animales, desde que empieza a tener una forma parecida a la que tendrá después, hasta que nace. **2.** *fam.* Persona muy fea. **SIN. 2.** Adefesio.

fettuccini (ital.) *s. m.* Pasta comestible cortada en tiras largas y estrechas.

feudal *adj.* Del feudo o del feudalismo.

feudalismo *s. m.* Tipo de organización social de la Edad Media en la que había señores y vasallos. El señor entregaba un feudo a su vasallo y, a cambio, este le servía en la guerra y trabajaba las tierras que le había entregado.

feudo *s. m.* En la Edad Media, tierra que el señor feudal entregaba a un vasallo para que la trabajara.

fez *s. m.* Gorro de fieltro rojo usado en algunos lugares del norte de África y en Turquía.

fiabilidad *s. f.* Característica de las cosas o las personas fiables.

fiable *adj.* Se dice de las personas o cosas de las que nos podemos fiar. **SIN.** Fidedigno. **ANT.** Dudoso.

fiado, da *p.* de **fiar**. También *adj.* ‖ **LOC. de fiado** o **al fiado** Sin cobrar o pagar al momento lo que se vende o se compra.

fiador, ra *s. m.* y *f.* Persona que se compromete, en caso necesario, a hacerse cargo de las deudas o las obligaciones de otra.

fiambre *s. m.* **1.** Alimento preparado para comerlo frío, como el jamón, la mortadela o los embutidos. **2.** *fam.* Cadáver de una persona. **SIN. 2.** Muerto.

fiambrera *s. f.* Recipiente con tapa muy ajustada para llevar comida.

fianza *s. f.* Dinero o cosa que alguien deja para asegurar que va a cumplir o hacer algo. **SIN.** Garantía, aval.

fiar *v.* **1.** Vender algo a alguien permitiéndole pagar en otro momento. ‖ **fiarse 2.** Tener confianza en alguien o algo. **SIN. 2.** Confiar. **ANT. 2.** Desconfiar.

fiasco *s. m.* Fracaso, mal resultado.

fibra *s. f.* **1.** Hilo artificial con el que se hacen telas. **2.** Aquello de que están formados los músculos y otros tejidos de los animales o las plantas, parecido a un hilo. **SIN. 1.** Hebra.

fibroso, sa *adj.* Formado por fibras o que tiene muchas fibras.

fíbula *s. f.* Hebilla o broche antiguos.

ficción *s. f.* Cosa o historia inventada. **SIN.** Invención, fantasía.

ficha *s. f.* **1.** Pieza de muchas formas y tamaños y diversos usos, como las que se emplean, por ejemplo, en algunos juegos. **2.** Papel o documento donde se escriben los datos de una persona o cosa. **3.** Hoja, cartulina, etc., con ejercicios escolares. **4.** Cantidad que se paga a un deportista profesional aparte de su sueldo.

fichaje *s. m.* **1.** Acción de fichar o contratar a alguien. **2.** Persona a la que han fichado.

fichar *v.* **1.** Hacer una ficha con los datos de una persona o cosa. **2.** Contratar a una persona, sobre todo a un deportista profesional. **3.** Pasar los trabajadores una ficha por un reloj o un contador para que cuente el tiempo que están trabajando.

fichero *s. m.* **1.** Caja o mueble donde se guardan ordenadas fichas que contienen datos. **2.** En informática, conjunto de datos que se guardan con un mismo nombre. **SIN. 1.** Clasificador, archivador. **2.** Archivo.

ficticio, cia *adj.* Que parece real, pero no lo es. **SIN.** Aparente, falso. **ANT.** Auténtico.

ficus *s. m.* Árbol de hojas grandes, ovaladas y fuertes, que crece en regiones cálidas. Cuando es de pequeño tamaño se utiliza como planta de adorno.

fidedigno, na *adj.* Se dice de las cosas de las que podemos fiarnos: *noticias fidedignas.* **SIN.** Fiable. **ANT.** Dudoso.

fidelidad *s. f.* **1.** Característica de fiel. ‖ **2. alta fidelidad** Característica de algunos equipos electrónicos con los que se consigue muy buen sonido. **SIN. 1.** Lealtad; precisión. **ANT. 1.** Infidelidad; imprecisión.

fidelísimo, ma *adj. sup.* de **fiel**.

fidelizar *v.* Hacer que un cliente sea consumidor habitual.

fideo

fideo *s. m.* **1.** Cada uno de los hilitos de pasta con que se hace sopa. **2.** *fam.* Persona muy delgada.

fideuá (del cat.) *s. f.* Plato de origen catalán parecido a la paella que se hace con fideos, caldo de pescado, ajo y aceite.

fiebre *s. f.* **1.** Aumento excesivo de la temperatura del cuerpo, producido por una enfermedad. **2.** Enfermedad que tiene como principal síntoma este aumento de la temperatura. **3.** Manía, moda. ‖ **4. fiebre de Malta** Enfermedad del ganado que puede transmitirse a las personas a través de la leche. **SIN. 1.** Calentura.

fiel[1] *adj.* **1.** De confianza, que ni engaña ni traiciona. **2.** Que cumple sus compromisos o cree en algo sin cambiar de idea. **3.** Que representa una cosa tal como es. ‖ *adj.* y *s.* **4.** Persona que sigue una religión. **SIN. 1.** Noble. **1.** y **2.** Leal. **3.** Exacto, preciso. **4.** Creyente. **ANT. 1.** y **2.** Desleal. **1.**, **2.** y **4.** Infiel. **3.** Inexacto.

fiel[2] *s. m.* Aguja de la balanza que, cuando está vertical, indica que los dos platillos tienen el mismo peso.

fieltro *s. m.* Tela gruesa y tiesa que no va tejida, sino prensada.

fiera *s. f.* **1.** Animal salvaje y peligroso. **2.** *fam.* Persona de muy mal genio. ‖ *s. m.* y *f.* **3.** *fam.* Persona muy buena en una actividad. **SIN. 1.** Alimaña, bestia. **2.** Energúmeno, ogro. **3.** Fenómeno. **ANT. 3.** Desastre.

fiereza *s. f.* Característica de fiero. **SIN.** Ferocidad. **ANT.** Mansedumbre.

fiero, ra *adj.* **1.** Se dice del animal muy peligroso y salvaje. **2.** Cruel o muy violento. **SIN. 1.** y **2.** Feroz. **ANT. 1.** Manso.

fierro *s. m. Amér.* Hierro.

fiesta *s. f.* **1.** Reunión de varias personas para divertirse o celebrar alguna cosa. **2.** Día en que no se trabaja, sobre todo en el que se celebra algo especial. ‖ *s. f. pl.* **3.** Actividades y diversiones para celebrar un día o una ocasión especial: *las fiestas del pueblo.* **4.** Lo que hace una persona o animal para demostrar que está contento o para agradar. ‖ **5. fiesta de guardar** Fiesta religiosa. **SIN. 1.** Celebración. **2.** Festividad, vacaciones. **3.** Festejos.

figón *s. m.* Establecimiento popular en el que se sirven comidas. **SIN.** Mesón.

figura *s. f.* **1.** Forma exterior o aspecto. **2.** Dibujo, escultura u otra cosa que representa a alguien o algo. **3.** Signo que indica la duración de una nota musical. **4.** Persona importante o que destaca en una actividad. **5.** En geometría, espacio limitado por líneas o superficies. ‖ **6. figura retórica** Modo bello y original de expresarse que utilizan escritores y poetas, como la metáfora o la comparación. **SIN. 1.** Silueta, tipo. **4.** Personalidad, as.

figuración *s. f.* Cosa que uno se figura o se imagina. **SIN.** Imaginación, suposición.

figurado, da 1. *p.* de figurar. ‖ *adj.* **2.** Se dice del significado de las palabras y expresiones que es distinto del suyo principal, pero con el que tienen alguna relación.

figurante *s. m.* y *f.* Persona que actúa en el cine, el teatro o la televisión haciendo un papel poco importante, sin hablar.

figurar *v.* **1.** Formar la figura de alguien o algo. **2.** Estar, aparecer. **3.** Presumir, tratar con gente importante para darse importancia. **4.** Aparentar o simular. ‖ **figurarse 5.** Creer algo sin estar muy seguro de ello. **SIN. 1.** Representar. **2.** Hallarse. **5.** Imaginarse, suponer.

figurativo, va *adj.* Se dice del arte que representa figuras y cosas que pueden reconocerse en la realidad.

figurín *s. m.* **1.** Dibujo de un vestido que sirve de modelo para hacerlo luego. **2.** Conjunto de estos dibujos o revista de modas. **3.** *fam.* Persona muy bien vestida.

figurón *s. m. fam.* Persona a la que le gusta figurar, darse importancia.

fijación *s. f.* **1.** Acción de fijar. **2.** Manía muy fuerte. **SIN. 2.** Obsesión.

fijador, ra *adj.* y *s. m.* Que sirve para fijar, como el producto utilizado para mantener el peinado o el líquido que se usa al revelar las fotos para fijar la imagen en el papel.

fijar *v.* **1.** Poner una cosa de forma que no se mueva o se caiga. **2.** Dirigir la atención o la mirada sobre alguien o algo. **3.** Decidir de forma definitiva: *fijar una fecha.* ‖ **fijarse 4.** Poner mucha atención en algo. **SIN. 1.** Asegurar, sujetar. **3.** Determinar, precisar. **4.** Atender. **ANT. 1.** Soltar. **4.** Desviar.

fijeza *s. f.* Firmeza, seguridad o persistencia.

fijo, ja *adj.* **1.** Sujeto a otra cosa o inmóvil. **2.** Que no cambia, permanente. ‖ *adv.* **3.** Con seguridad: *Fijo que mañana nos llama.* ‖ *adj.* y *s. m.* **4.** Se dice del teléfono o del sistema telefónico que funciona por cable. **SIN. 1.** y **2.** Firme, estable. **2.** Definitivo. **3.** Seguramente, seguro. **ANT. 1.** y **2.** Inestable. **2.** Eventual.

fila *s. f.* **1.** Conjunto de personas o cosas colocadas en línea. **2.** *fam.* Antipatía. ‖ *s. f. pl.* **3.** Grupo, bando o ejército. ‖ **4. fila india** La formada por varias personas, animales o cosas una detrás de otra. **SIN. 1.** y **4.** Hilera, cola. **2.** Manía.

filamento *s. m.* Cosa en forma de hilo. **SIN.** Hebra, fibra.

filantropía *s. f.* Amor a la humanidad, que lleva a hacer el bien a los demás.

filántropo, pa s. m. y f. Persona que ayuda a los demás sin esperar nada a cambio. **SIN.** Altruista.

filarmónico, ca adj. y s. f. Se dice de algunas orquestas y sociedades de música clásica.

filatelia s. f. Conocimientos sobre los sellos de correos y afición a coleccionarlos.

filatélico, ca adj. **1.** De la filatelia. ‖ s. m. y f. **2.** Coleccionista de sellos.

filete s. m. **1.** Loncha de carne o pescado sin huesos ni espinas. **2.** Línea que adorna o separa un texto o un dibujo. **SIN. 1.** Bisté, entrecot.

filfa s. f. fam. Cosa que parece buena o de verdad, pero no lo es. **SIN.** Patraña, engañifa.

filiación s. f. **1.** Datos de una persona, como son su nombre y el de sus padres, el lugar y la fecha en que nació, etc. **2.** Origen de alguien o algo. **3.** Hecho de pertenecer una persona a un grupo o tener unas ideas determinadas.

filial adj. **1.** De los hijos o relacionado con ellos: *el amor filial*. ‖ adj. y s. f. **2.** Tienda o establecimiento que depende de otro principal. **SIN. 2.** Sucursal, delegación.

filibustero s. m. Pirata que navegaba por el mar Caribe durante el siglo XVII.

filigrana s. f. **1.** Objeto hecho con hilos de oro o plata que forman dibujos muy complicados. **2.** Cosa hecha con mucha habilidad o perfección. **SIN. 2.** Floritura. **ANT. 2.** Chapuza.

filípica s. f. Reprimenda, bronca. **SIN.** Regañina.

filipino, na adj. y s. De Filipinas, país de Asia.

filisteo, a adj. y s. De un antiguo pueblo enemigo de los israelitas.

filloa (del gall.) s. f. Torta de harina, huevos y leche.

film (ingl.) Filme.

filmación s. f. Acción de filmar. **SIN.** Rodaje.

filmar v. Tomar imágenes y sonido con una cámara de cine o de vídeo. **SIN.** Rodar.

filme s. m. Película de cine. **SIN.** *Film*.

filmografía s. f. Conjunto de los filmes de un director, actor, tema, etc.

filmoteca s. f. Lugar donde se guardan o proyectan los filmes.

filo s. m. Borde que corta y está afilado, como el de un cuchillo o una espada. **SIN.** Corte.

filología s. f. Ciencia que estudia una lengua o grupo de lenguas y sus literaturas.

filólogo, ga s. m. y f. Persona que se dedica a la filología.

filón s. m. **1.** Mineral que aparece entre las grietas de la tierra. **2.** Persona, negocio u otra cosa que da mucho dinero. **SIN. 1.** Veta, vena. **2.** Mina. **ANT. 2.** Ruina.

filoso, sa adj. Amér. Afilado.

filosofar v. Pensar sobre los temas y cuestiones que trata la filosofía.

filosofía s. f. **1.** Ciencia que trata sobre temas muy importantes relacionados con el ser humano, como cuál es el origen del mundo y de la vida y qué acciones son buenas o malas. **2.** Resignación para aguantar cosas perjudiciales o pesadas.

filosófico, ca adj. De la filosofía o relacionado con ella.

filósofo, fa s. m. y f. Persona que se dedica a la filosofía.

filoxera s. f. **1.** Insecto parecido al pulgón, que daña las hojas y las raíces de la vid. **2.** Enfermedad que causa este insecto a la vid.

filtración s. f. Paso de un líquido u otra cosa a través de un filtro o de un sólido.

filtrar v. **1.** Hacer pasar algo por un filtro. **2.** Pasar un líquido u otra cosa a través de un cuerpo sólido. **SIN. 1.** Colar. **2.** Infiltrar.

filtro[1] s. m. Papel, tela u otra cosa por la que se hace pasar un líquido, la luz o el sonido, para quitarles parte de lo que contienen.

filtro[2] s. m. Bebida con poderes mágicos. **SIN.** Bebedizo.

fimosis s. f. Estrechez excesiva del prepucio del pene, que impide descubrir el glande.

fin s. m. **1.** Parte o momento en que termina una cosa. **2.** Lo que se pretende conseguir. ‖ **3. fin de año** Nochevieja, última noche del año. **4. fin de semana** El sábado y el domingo. ‖ **LOC. al fin** o **por fin** Después de haber trabajado mucho o haber pasado dificultades. **al fin y al cabo** Sin embargo, después de todo. **en fin** Resumiendo. A veces tiene un significado parecido a '¿qué le vamos a hacer?'. **SIN. 1.** Final, terminación. **2.** Finalidad, objetivo. **ANT. 1.** Principio.

finado, da 1. p. de finar. ‖ s. m. y f. **2.** Difunto, persona muerta.

final adj. **1.** Que es lo último o termina alguna cosa. **2.** Se dice de la oración que indica finalidad y de las conjunciones con que suelen empezar, como *para que* o *a fin de que*. ‖ s. m. **3.** Fin, término. ‖ s. f. **4.** Última parte de un campeonato o de un concurso, en la que se deciden los ganadores. **SIN. 3.** Remate, conclusión. **ANT. 1.** Inicial. **3.** Principio.

finalidad s. f. Lo que se quiere conseguir con algo. **SIN.** Fin, objetivo, meta.

finalista adj. y s. Que ha llegado a la final de un campeonato o de un concurso.

finalizar v. Terminar, acabar. **SIN.** Concluir. **ANT.** Empezar.

finalmente adv. En último lugar, después de muchas cosas.

financiación s. f. Acción de financiar.

financiar v. Dar dinero para crear un negocio o una empresa o como ayuda para algunas actividades. **SIN.** Subvencionar.

financiero, ra adj. **1.** Relacionado con las finanzas. ‖ s. m. y f. **2.** Persona que se dedica a las finanzas.

financista s. m. y f. Amér. Financiero.

finanzas s. f. pl. Actividades económicas relacionadas con la bolsa, los bancos o el mundo de los negocios.

finar v. Morir. **SIN.** Expirar, fallecer.

finca s. f. Terreno o edificio que posee alguien en el campo o en una ciudad. **SIN.** Hacienda; casa, inmueble.

finés, sa adj. y s. Finlandés.

fineza s. f. Atención o cortesía.

finger (ingl.) s. m. Tubo por el que se entra directamente a un avión desde la terminal del aeropuerto.

fingimiento s. m. Acción de fingir. **SIN.** Simulación.

fingir v. Intentar engañar con palabras, gestos o acciones. **SIN.** Simular, aparentar.

finiquitar v. **1.** Pagar a un trabajador el finiquito. **2.** fam. Acabar, dar algo por concluido. **SIN. 2.** Rematar, finalizar.

finiquito s. m. Dinero con el que se termina de pagar algo o que se da a un trabajador cuando finaliza su contrato.

finito, ta adj. Que tiene fin. **SIN.** Limitado. **ANT.** Infinito.

finlandés, sa adj. y s. **1.** De Finlandia, país de Europa. ‖ s. m. **2.** Idioma que se habla en este país.

fino, na adj. **1.** Delgado, de poco grosor. **2.** Educado, elegante. **3.** De buena calidad: plata fina. **4.** Se dice del sentido que es muy agudo: un fino olfato. **5.** Muy perfecto: un trabajo muy fino. **SIN. 1.** Flaco. **2.** Cortés; refinado. **5.** Excelente, redondo. **ANT. 1.** Grueso. **2.** y **3.** Basto. **5.** Tosco.

finolis adj. y s. fam. Demasiado fino o delicado. **SIN.** Cursi. **ANT.** Basto.

finta s. f. Movimiento rápido del cuerpo para esquivar o engañar a alguien, sobre todo en algunos deportes. **SIN.** Quiebro, regate.

fintar v. Hacer fintas. **SIN.** Regatear.

finura s. f. Característica de fino. **SIN.** Delicadeza, refinamiento.

fiordo s. m. Entrante del mar en la costa, estrecho y profundo, típico de Noruega.

firma s. f. **1.** Nombre y apellidos de una persona escritos por ella misma, generalmente con una rúbrica. **2.** Empresa comercial: Es publicista en una importante firma de moda.

firmamento s. m. Cielo.

firmante adj. y s. Persona que firma algo.

firmar v. Poner uno su firma en un escrito. **SIN.** Rubricar, suscribir.

firme adj. **1.** Que está bien sujeto y no se mueve ni se cae. ‖ adj. y adv. **2.** Fuerte, sólido: una firme amistad, trabajar firme. ‖ s. m. **3.** Suelo de las calles y carreteras. ‖ **LOC. firmes** Orden que se da a los soldados para que se pongan derechos y con los pies unidos por el talón y las puntas algo separadas. **SIN. 1.** Seguro, estable, fijo. **2.** Inalterable; duro. **ANT. 1.** Frágil, inestable. **1.** y **2.** Débil. **2.** Variable.

firmeza s. f. Característica de firme. **SIN.** Estabilidad, solidez. **ANT.** Debilidad.

fiscal s. m. y f. **1.** Funcionario que se encarga especialmente de acusar en los juicios. ‖ adj. **2.** Relacionado con el fiscal o con el fisco.

fiscala s. f. Amér. Mujer que ejerce como fiscal.

fiscalía s. f. Oficina o despacho del fiscal.

fiscalizar v. Controlar, vigilar: Fiscalizaba todo lo que hacías.

fisco s. m. Conjunto de organismos que se encargan de cobrar los impuestos. **SIN.** Hacienda.

fiscorno s. m. Instrumento musical de viento, de la familia del metal.

fisgar o **fisgonear** v. Curiosear, hurgar. **SIN.** Cotillear, husmear.

fisgón, na adj. y s. Se dice de la persona a la que le gusta fisgar.

física s. f. Ciencia que estudia los cuerpos del universo, su forma, movimiento, peso, temperatura, etc.

físico, ca adj. **1.** De la física o relacionado con esta ciencia. **2.** Del cuerpo humano o relacionado con él: fuerza física, defecto físico. **3.** De los elementos materiales que componen el mundo, como mares, lagos, cordilleras, etc.: geografía física, mapa físico. ‖ s. m. y f. **4.** Persona que se dedica a la física. ‖ s. m. **5.** Cuerpo o aspecto exterior de una persona. **SIN. 2.** Corporal. **5.** Fisonomía, apariencia. **ANT. 2.** Espiritual.

fisiología s. f. Ciencia que estudia las funciones de los órganos de los seres vivos.

fisiológico, ca adj. De la fisiología o relacionado con ella.

fisión *s. f.* División del núcleo de un átomo, que produce una gran cantidad de energía.

fisioterapeuta *s. m.* y *f.* Persona que tiene como profesión aplicar la fisioterapia.

fisioterapia *s. f.* Tratamiento para los músculos y los huesos mediante masajes, ejercicios, corrientes eléctricas, etc.

fisonomía *s. f.* **1.** Aspecto de la cara de una persona. **2.** Aspecto de otras cosas, por ejemplo, del paisaje o de una ciudad.

fisonomista *adj.* y *s.* Que recuerda bien las caras de otras personas.

fístula *s. f.* Conducto que se forma debajo de la piel para dar salida al pus.

fisura *s. f.* Grieta, raja.

fitness (ingl.) *s. m.* Tipo de gimnasia para mantenerse en forma.

flacidez o **flaccidez** *s. f.* Característica de flácido. **SIN.** Flojedad. **ANT.** Dureza, firmeza.

flácido, da o **fláccido, da** *adj.* Blando y caído: *músculos flácidos.* **SIN.** Flojo, fofo. **ANT.** Firme, duro.

flaco, ca *adj.* **1.** Muy delgado. ‖ **2. punto flaco** Defecto, punto débil. **SIN. 1.** Enjuto, escuálido. **ANT. 1.** Gordo.

flagelación *s. f.* Acción de flagelar.

flagelar *v.* Dar con un látigo o algo parecido. **SIN.** Azotar.

flagelo *s. m.* **1.** Prolongación alargada que tienen algunas células y seres unicelulares para poder desplazarse. **2.** Especie de látigo.

flagrante *adj.* **1.** Que se está cometiendo en el mismo momento del que se habla: *delito flagrante.* **2.** Claro, evidente.

flama *s. f.* **1.** Resplandor de una llama. **2.** Calor agobiante. **SIN. 2.** Bochorno.

flamante *adj.* **1.** De muy buen aspecto porque está recién hecho o es nuevo: *un coche flamante.* **2.** Que acaba de triunfar o tener un éxito en algo: *el flamante campeón.*

flambear *v.* Preparar algunos alimentos rociándolos con licor y haciéndolos arder durante un cierto tiempo. **SIN.** Flamear.

flamear *v.* **1.** Echar llamas. **2.** Moverse formando ondas a causa del viento una bandera, una vela o algo parecido. **3.** Flambear. **SIN. 1.** Arder. **2.** Ondear.

flamenco, ca *adj.* y *s.* **1.** Se dice del cante y baile andaluz y gitano. **2.** De Flandes, región antigua que actualmente es una parte de Bélgica. ‖ *adj.* **3.** *fam.* Chulo, insolente. ‖ *s. m.* **4.** Ave con patas y cuello muy largos, pico encorvado y plumas de color rosa o rojizo. Vive en zonas acuáticas poco profundas. **5.** Lengua que se habla en Flandes.

flamenquín *s. m.* Plato consistente en un rollo de carne, pollo, jamón, etc., empanado y frito.

flan *s. m.* Dulce que se hace mezclando leche con azúcar y huevo o algunas sustancias preparadas, y dejando enfriar la mezcla para que cuaje. ‖ **LOC. hecho un flan** o **como un flan** Muy nervioso.

flanco *s. m.* Parte del lado de algo, por ejemplo, de un barco. **SIN.** Costado, ala.

flanero o **flanera** *s. m.* o *f.* Molde para hacer flanes.

flanquear *v.* Estar o ir a los lados de una persona o cosa. **SIN.** Bordear.

flaquear *v.* **1.** Disminuir las fuerzas o el ánimo. **2.** Estar menos preparado en unas cosas que en otras: *Flaquea en ciencias.* **SIN. 1.** Ceder, decaer. **2.** Flojear, cojear. **ANT. 1.** Fortalecerse. **2.** Destacar.

flaqueza *s. f.* Debilidad de una persona que no puede resistirse a algunas cosas. **ANT.** Voluntad, fortaleza.

flash (ingl.) *s. m.* **1.** Luz fuerte y breve usada en las cámaras fotográficas para hacer fotos en lugares poco iluminados. **2.** Noticia breve que transmite un medio de comunicación con carácter urgente.

flato *s. m.* Flatulencia y dolor que causa.

flatulencia *s. f.* Acumulación de gases en el abdomen que produce molestias. **SIN.** Flato.

flatulento, ta *adj.* **1.** Se dice del alimento que produce gases. ‖ *adj.* y *s.* **2.** Se dice de la persona que tiene flato.

flauta *s. f.* Instrumento musical de viento con una boquilla y un tubo recto con varios agujeros.

flautín *s. m.* Flauta pequeña, de sonido más agudo que la normal.

flautista *s. m.* y *f.* Persona que toca la flauta.

flebitis *s. f.* Inflamación de las venas.

flecha *s. f.* **1.** Varilla con una punta triangular que se dispara con un arco. **2.** Cosa de forma parecida al objeto anterior, como por ejemplo, un indicador. **SIN. 1.** Saeta.

flechazo *s. m.* **1.** Herida o marca que deja una flecha. **2.** *fam.* Hecho de enamorarse de repente de una persona.

fleco *s. m.* **1.** Adorno en forma de hilos o cordoncillos que cuelgan del borde de una tela. **2.** Borde deshilachado de una tela.

fleje *s. m.* **1.** Tira de metal con que se hacen los aros de los barriles. **2.** Pieza curva y alargada de metal con que se hacen muelles y resortes.

flema *s. f.* **1.** Mucosidad que se tiene en la garganta y que se expulsa al toser o al escupir. **2.** Tranquilidad propia de la persona flemática. **SIN. 1.** Esputo, gargajo. **2.** Calma, serenidad. **ANT. 2.** Nerviosismo.

flemático, ca *adj.* Muy tranquilo.

flemón *s. m.* Inflamación en las encías.

flequillo *s. m.* Pelo que cae sobre la frente.

fletán *s. m.* Pez marino plano de gran tamaño que vive en los mares del norte. Se usa como alimento.

fletar *v.* Alquilar un avión, barco u otro vehículo para transportar personas o mercancías.

flete *s. m.* **1.** Precio que se paga por fletar un barco u otro medio de transporte. **2.** Carga que transporta un barco, avión, camión u otro vehículo.

flexibilidad *s. f.* Característica de flexible. **SIN.** Elasticidad. **ANT.** Rigidez.

flexibilizar *v.* Hacer que algo sea flexible, pueda cambiar o adaptarse a las circunstancias. **ANT.** Endurecer.

flexible *adj.* **1.** Que se dobla con facilidad sin romperse. **2.** Que puede cambiar o adaptarse a las circunstancias. **SIN. 1.** Elástico, dúctil. **2.** Adaptable. **ANT. 1.** y **2.** Inflexible, rígido.

flexión *s. f.* **1.** Acción de doblar una parte del cuerpo. **2.** Cambio que se da en muchas palabras para indicar su valor gramatical.

flexionar *v.* Doblar alguna parte del cuerpo.

flexo *s. m.* Lámpara de mesa con un brazo móvil que permite iluminar solo un determinado espacio.

flexor, ra *adj.* y *s. m.* Que sirve para realizar movimientos de flexión, como algunos músculos.

flipar *v.* **1.** *fam.* Alucinar a causa de una droga. **2.** *fam.* Quedarse totalmente impresionado o sorprendido: *Cuando me dijeron lo que costaba, flipé.* **3.** *fam.* Gustar o impresionar mucho. **SIN. 3.** Molar.

flipe *s. m. fam.* Hecho de flipar o cosa que flipa.

flirtear *v.* **1.** Coquetear con alguien. **2.** Dedicarse a algo sin seriedad ni constancia: *flirtear con la política.*

flirteo *s. m.* **1.** Acción de flirtear. **2.** Relación amorosa corta y poco importante. **SIN. 2.** Aventura, ligue.

flojear *v.* Debilitarse o disminuir: *flojear en los estudios, flojear las ventas.* **SIN.** Decaer. **ANT.** Aumentar.

flojedad *s. f.* Característica de flojo.

flojera *s. f.* Cansancio, debilidad. **SIN.** Flojedad. **ANT.** Fortaleza.

flojo, ja *adj.* **1.** Poco apretado o tirante. **2.** De poca fuerza o intensidad. **3.** Que no es

bueno o resulta escaso: *un examen flojo, una comida floja.* || *adj.* y *s.* **4.** Perezoso. **SIN. 1.** Suelto. **2.** Débil, endeble. **3.** Mediocre; pobre. **4.** Vago, holgazán. **ANT. 1.** Prieto; tenso. **2.** Fuerte. **3.** Brillante. **4.** Activo.

flor *s. f.* **1.** Parte de las plantas, a veces de vistosos colores, en que están los órganos para la reproducción. **2.** Lo mejor de algo: *la flor de la vida.* **3.** Elogio o piropo: *echar flores.* || **4. flor de lis** Figura en forma de lirio que aparece en el escudo de los Borbones franceses. **5. la flor y nata** Lo mejor de algo: *la flor y nata de la sociedad.* || **LOC. a flor de piel** Muy sensible o excitado, a punto de estallar: *Tiene los nervios a flor de piel.* **SIN. 3.** Galantería, requiebro. **ANT. 2.** Escoria. **3.** Insulto.

flora *s. f.* **1.** Conjunto de plantas que hay en un país o región. **2.** Bacterias que crecen en algunos órganos y que son necesarias para su buen funcionamiento. **SIN. 1.** Vegetación.

floración *s. f.* Hecho de florecer las plantas. **SIN.** Florecimiento.

floral *adj.* De las flores o relacionado con ellas: *adornos florales.*

floreado, da *adj.* Que tiene dibujos de flores: *un vestido floreado.*

florecer *v.* **1.** Dar flores las plantas. **2.** Nacer y desarrollarse un movimiento artístico, una civilización o una actividad. □ Es v. irreg. Se conjuga como *agradecer.* **SIN. 2.** Progresar. **ANT. 2.** Decaer.

floreciente *adj.* Que marcha bien: *un negocio floreciente.* **SIN.** Próspero.

florecimiento *s. m.* Acción de florecer.

florentino, na *adj.* y *s.* De Florencia, ciudad de Italia.

florero *s. m.* Vasija para colocar flores.

floresta *s. f.* Bosque frondoso o lugar con mucha vegetación.

florete *s. m.* Espada fina que se usa en el deporte de la esgrima.

floricultor, ra *s. m.* y *f.* Persona que se dedica a la floricultura.

floricultura *s. f.* Cultivo de flores y plantas de adorno.

florido, da *adj.* **1.** Con flores. **2.** Se dice del lenguaje o del estilo muy adornado, con muchas figuras retóricas.

florín *s. m.* Moneda de los Países Bajos hasta la llegada del euro.

floripondio *s. m.* Flor grande o adorno muy exagerado.

florista *s. m.* y *f.* Persona que vende flores y plantas.

floristería *s. f.* Tienda donde se venden flores y plantas.

floritura *s. f.* Adorno o añadido innecesario.

flota *s. f.* **1.** Todos los barcos que posee un país o una empresa. **2.** Grupo de barcos que tienen una misma misión. **3.** Conjunto de aviones, taxis, autobuses u otros vehículos que tiene una empresa o país. **SIN. 1.** y **2.** Escuadra, armada.

flotación *s. f.* **1.** Acción de flotar. || **2. línea de flotación** Línea hasta donde llega el agua en el casco de una embarcación.

flotador *s. m.* **1.** Objeto que se sujeta al cuerpo de una persona para mantenerla a flote. **2.** Objeto que flota en el agua, por ejemplo, el que usan los pescadores para saber cuándo ha picado un pez. **SIN. 1.** Salvavidas.

flotante *adj.* Que flota.

flotar *v.* **1.** Mantenerse sobre un líquido sin hundirse. **2.** Estar un cuerpo en el aire o en otro gas, sin tocar el suelo. **3.** Notarse algo en el ambiente: *flotar el nerviosismo.* **SIN. 3.** Percibirse.

flote Se usa en la expresión **a flote**, 'flotando sobre el agua' o 'a salvo': *La empresa consiguió salir a flote.*

flotilla *s. f.* Conjunto de barcos o aviones pequeños.

fluctuación *s. f.* Acción de fluctuar. **SIN.** Variación, oscilación.

fluctuar *v.* Tener cambios algunas cosas, por ejemplo, subir y bajar el precio de algo. **SIN.** Variar, oscilar. **ANT.** Mantenerse.

fluidez *s. f.* Característica de fluido.

fluidificar *v.* Hacer fluida una cosa.

fluido, da *adj.* y *s. m.* **1.** Líquido o gas. || *adj.* **2.** Se dice de la forma de hablar o escribir clara y fácil. **3.** Que se mueve o marcha bien: *una circulación de coches fluida.* || *s. m.* **4.** Corriente eléctrica. **SIN. 4.** Electricidad, luz. **ANT. 1.** Sólido. **3.** Dificultoso.

fluir *v.* **1.** Correr un líquido o gas por un lugar o salir de algún sitio. **2.** Salir con facilidad ideas o palabras de la mente o de la boca de alguien. □ Es v. irreg. Se conjuga como *construir.* Las formas *flui, fluis* no llevan tilde porque son monosílabas. **SIN. 1.** Discurrir, manar. **ANT. 1.** y **2.** Estancarse.

flujo *s. m.* **1.** Acción de fluir algo, por ejemplo, un líquido o un gas. **2.** Subida de la marea. **3.** Salida de un líquido del cuerpo. **SIN. 1.** Corriente. **3.** Derrame. **ANT. 2.** Reflujo.

flúor *s. m.* Elemento químico; es un gas amarillento más pesado que el aire y de fuerte olor. Entre otras aplicaciones, se usa para fortalecer los dientes.

fluorar *v.* Echar flúor a algo.

fluorescente *adj.* **1.** Se dice de las sustancias que reflejan la luz con mayor intensidad de la que reciben. || *adj.* y *s. m.* **2.** Tubo de cristal con un gas y una sustancia fluorescente dentro, que produce mucha luz al conectarlo a la corriente eléctrica.

fluorita *s. f.* Mineral compuesto de flúor y calcio.

fluvial *adj.* De los ríos: *navegación fluvial.*

fobia *s. f.* **1.** Miedo muy grande. **2.** Odio. **SIN. 2.** Manía, aversión, antipatía.

foca *s. f.* Mamífero marino con aletas y cuerpo grueso y alargado, cubierto de pelo y con una abundante capa de grasa bajo la piel. Es un gran nadador y vive en las costas, generalmente en zonas muy frías.

focalizar *v.* Reunir en un punto común varias cosas de diversa procedencia.

focha *s. f.* Ave de color oscuro, patas largas y pico blanco, que vive en aguas poco profundas. **SIN.** Foja, gallareta.

foco *s. m.* **1.** Lámpara muy potente. **2.** Punto de donde sale luz o calor. **3.** Lugar donde se concentra algo y se extiende en distintas direcciones: *un foco cultural.* **SIN. 3.** Centro, núcleo.

foehn (al.) *s. m.* Viento cálido y seco producido por el descenso del aire por la ladera de sotavento de los Alpes.

fofo, fa *adj.* Blando y poco consistente. **SIN.** Flácido. **ANT.** Duro.

fogata *s. f.* Hoguera pequeña.

fogón *s. m.* **1.** Lugar donde se hacía fuego y guisaba en las antiguas cocinas. **2.** Lugar donde se quema el combustible en la caldera de un horno o de una máquina de vapor. **SIN. 1.** Hogar.

fogonazo *s. m.* Llama repentina y muy breve, como la de un disparo. **SIN.** Llamarada.

fogonero, ra *s. m.* y *f.* Encargado del fogón de un horno o de la caldera de una máquina de vapor.

fogosidad *s. f.* Característica de fogoso. **SIN.** Entusiasmo, ímpetu.

fogoso, sa *adj.* Que tiene mucha energía o entusiasmo. **SIN.** Impetuoso, ardiente, apasionado. **ANT.** Calmado.

foguear *v.* **1.** Acostumbrarse al fuego o ruido de los disparos. **2.** Acostumbrarse una persona a hacer un trabajo o actividad.

fogueo Se usa en la expresión **de fogueo**, y se dice de la munición o los disparos que solo hacen ruido porque no tienen proyectil.

foie (fr.) *s. m. Foie-gras.*

foie-gras (fr.) *s. m.* Alimento en forma de pasta elaborado con hígado de pato o de oca;

a veces se llama así también al que se hace con el hígado y la carne de otros animales, como el cerdo.

foja[1] *s. f.* Focha.

foja[2] *s. f. Amér.* Hoja de papel.

folclore o *folklore* (*folklore* es ingl.) *s. m.* Música, artesanía, literatura y costumbres populares de una región o país.

folclórico, ca 1. Del folclore. || *s. m.* y *f.* **2.** Persona que canta o baila flamenco.

fólder *s. m. Amér.* Carpeta para guardar papeles.

folía *s. f.* Canción y baile populares de las islas Canarias.

folio *s. m.* Hoja grande de papel.

folk (del ingl.) *s. m.* Tipo de música que tiene su origen en las canciones populares.

follaje *s. m.* Ramas y hojas de los árboles o vegetación de un lugar.

follar *v. vulg.* Realizar el acto sexual.

folletín *s. m.* Película o libro de argumento amoroso y complicado.

folletinesco, ca *adj.* Del folletín, o semejante a las situaciones que se dan en él.

folleto *s. m.* Impreso en el que se informa de algo.

follón *s. m. fam.* Lío, barullo, jaleo.

fomentar *v.* Ayudar a que se desarrolle algo. **SIN.** Favorecer, promover. **ANT.** Obstaculizar.

fomento *s. m.* Acción de fomentar. **SIN.** Promoción.

fonda *s. f.* Lugar donde comer y dormir por poco dinero. **SIN.** Posada, pensión.

fondeadero *s. m.* Puerto o lugar profundo en la costa donde puede dejarse un barco.

fondear *v.* **1.** Dejar sujeto un barco al fondo del mar con el ancla. **2.** Quedarse un barco en un puerto. **SIN. 1.** Anclar. **2.** Atracar.

fondista *s. m.* y *f.* Deportista que está especializado en carreras de fondo.

fondo *s. m.* **1.** Parte inferior de un recipiente, depósito, etc. **2.** Superficie sólida que está debajo del agua de un río, mar, etc. **3.** Profundidad: *un cajón de poco fondo.* **4.** Final, lugar más alejado de algo: *al fondo del pasillo.* **5.** Superficie o color sobre los que hay figuras: *flores blancas sobre fondo azul.* **6.** Lo esencial o más importante. **7.** Verdadera forma de ser de una persona: *tener buen fondo.* **8.** Resistencia física para el deporte. **9.** Conjunto de libros y otros documentos de una editorial, archivo, etc. || *s. m. pl.* **10.** Dinero que se tiene. || **11. bajos fondos** Conjunto y forma de vida de maleantes y delincuentes. || **LOC. a fondo** Con mucho interés,

del todo. **SIN. 1.** Culo, base. **2.** Lecho. **3.** Hondura. **6.** Núcleo, meollo. **ANT. 4.** Principio.

fondón, na *adj. fam.* Se dice de la persona que empieza a estar gorda. **SIN.** Regordete, relleno. **ANT.** Delgado.

fondue (fr.) *s. f.* **1.** Plato hecho con queso fundido en un recipiente especial que se sirve en la misma mesa, que se hace también con otros alimentos, como carne o chocolate. **2.** Utensilios especiales para preparar y servir este plato.

fonema *s. m.* Sonido de una letra.

fonendoscopio o **fonendo** *s. m.* Aparato médico para oír los latidos del corazón y otros sonidos del organismo.

fonética *s. f.* Rama de la lingüística que estudia los fonemas o sonidos de una lengua.

fonético, ca *adj.* De la fonética o relacionado con los sonidos del lenguaje.

foniatra *s. m.* y *f.* Médico especialista en foniatría.

foniatría *s. f.* Parte de la medicina que estudia las enfermedades de los órganos que producen la voz.

fónico, ca *adj.* Relacionado con la voz o el sonido.

fono *s. m. Amér.* Aparato de teléfono o número de teléfono.

fonoteca *s. f.* Edificio o sala en los que se tienen ordenados discos y cintas, y donde se puede ir a escucharlos.

fontanela *s. f.* Espacio membranoso que hay en el cráneo de los niños y muchos animales jóvenes antes de formarse del todo el hueso.

fontanería *s. f.* **1.** Trabajo del fontanero. **2.** Conjunto de cañerías, grifos y otros aparatos para llevar y usar el agua en las casas. **3.** Tienda o taller del fontanero.

fontanero, ra *s. m.* y *f.* Persona que se dedica a arreglar o poner las cañerías, grifos y otros aparatos para el uso del agua en las casas.

footing (ingl.) *s. m.* Ejercicio físico que consiste en correr no muy deprisa.

foque *s. m.* Vela triangular de un barco.

forajido, da *adj.* y *s.* Delincuente que huye de la ley.

foral *adj.* Del fuero o relacionado con él: *régimen foral.*

foráneo, a *adj.* Forastero.

forastero, ra *adj.* y *s.* De otro país o lugar. **SIN.** Extranjero; foráneo. **ANT.** Nacional; autóctono.

forcejear *v.* Hacer fuerza cuando se lucha contra alguien o para liberarse de algo.

forcejeo *s. m.* Acción de forcejear.

fórceps *s. m.* Instrumento con forma de tenaza que se usa en los partos difíciles para ayudar a sacar al niño.

forense *adj.* y *s.* Se dice del médico que se ocupa de cuestiones relacionadas con la ley, como examinar un cadáver para saber si se ha cometido un crimen.

forestal *adj.* De los bosques y selvas.

forfait (del fr.) *s. m.* Abono que se compra para utilizar unas instalaciones, sobre todo de esquí, todas las veces que se quiera durante un tiempo limitado.

forja *s. f.* **1.** Taller donde se forjan o trabajan los metales. **2.** Acción de forjar o forjarse. **SIN. 1.** Fragua.

forjado, da 1. *p.* de **forjar**. También *adj.* ‖ *s. m.* **2.** Acción de forjar. **3.** Estructura con la que se hacen las paredes y las separaciones entre los pisos de un edificio.

forjar *v.* **1.** Dar forma a los objetos de metal calentándolos para que se ablanden. **2.** Inventar, imaginar: *forjarse ilusiones.* **3.** Crear, realizar con esfuerzo o poco a poco: *forjar un porvenir, forjarse un carácter.* **SIN. 1.** Fraguar. **3.** Labrarse.

forma *s. f.* **1.** Figura exterior de las cosas. **2.** Modo, manera. **3.** Condición física: *estar en buena forma.* **4.** La hostia consagrada: *la sagrada forma.* ‖ **LOC. de todas formas** Sin embargo. **guardar las formas** Comportarse como es debido en un lugar. **SIN. 1.** Aspecto, apariencia. **2.** Medio, método.

formación *s. f.* **1.** Acción de formar o formarse. **2.** Conocimientos de una persona. **3.** Conjunto de personas ordenadas en filas. **SIN. 1.** Creación, constitución. **2.** Estudios, cultura.

formal *adj.* **1.** De la forma. **2.** Que se porta como es debido. **3.** Estable: *novia formal.* **4.** Que sigue los requisitos o normas necesarios: *Le hicieron una petición formal.* **SIN. 2.** Responsable, serio.

formalidad *s. f.* **1.** Manera de comportarse las personas formales. ‖ *s. f. pl.* **2.** Requisitos, normas. **SIN. 1.** Corrección, seriedad.

formalismo *s. m.* **1.** Tendencia excesiva a cumplir o exigir formalidades. **2.** Cualquier tendencia artística o científica que centra su interés en las formas.

formalizar *v.* **1.** Hacer más seria o fija alguna cosa. **2.** Hacer algo cumpliendo los requisitos necesarios: *formalizar un documento.*

formar *v.* **1.** Hacer una cosa con un material o con distintos elementos. **2.** Enseñar, educar. **3.** Colocarse en filas ordenadamente. **SIN. 1.** Constituir, configurar. **3.** Instruir. **4.** Alinearse. **ANT. 1.** Deshacer.

formatear *v.* En informática, dar a un disco la estructura necesaria para que pueda ser utilizado por el ordenador.

formativo, va *adj.* Que enseña y educa. **SIN.** Educativo, didáctico.

formato *s. m.* Tamaño y forma de un libro, un cuaderno, una fotografía y otras cosas.

formenterano, na *adj.* y *s.* De Formentera, una de las islas Baleares.

formica (marca registrada) *s. f.* Material muy resistente que se utiliza para recubrir muebles, sobre todo de cocina.

formidable *adj.* **1.** Muy bueno, estupendo. **2.** Muy grande, tremendo. **SIN. 1.** Magnífico. **1.** y **2.** Extraordinario. **2.** Mayúsculo. **ANT. 1.** Pésimo. **2.** Minúsculo.

formol *s. m.* Líquido usado como desinfectante y para conservar cuerpos y organismos sin vida.

formón *s. m.* Herramienta de carpintero formada por un mango con una pieza de metal terminada en un filo recto.

fórmula *s. f.* **1.** Conjunto de las letras y números que expresan un cálculo, la composición de una sustancia, etc. **2.** Componentes que tiene una comida, medicina, etc. **3.** Manera de conseguir o solucionar algo. **4.** Cada una de las categorías de las competiciones de automovilismo: *piloto de Fórmula 1.* **SIN. 2.** Receta; composición. **3.** Solución, sistema.

formular *v.* Manifestar, exponer: *formular una pregunta, un deseo.*

formulario *s. m.* Papel o documento con espacios en blanco para rellenarlos con datos o respuestas. **SIN.** Impreso.

formulismo *s. m.* **1.** Tendencia a hacer las cosas siguiendo unas fórmulas o procedimientos establecidos. **2.** Forma de actuar con la que solo se pretende quedar bien. **SIN. 1.** Burocracia.

fornicar *v.* Tener relaciones sexuales con una persona con la que no se está casado.

fornido, da *adj.* Fuerte, musculoso. **SIN.** Robusto. **ANT.** Débil.

foro *s. m.* **1.** En la antigua Roma, plaza donde se celebraban las asambleas y juicios y se ponían los mercados. **2.** Coloquio o reunión de varias personas para conversar o discutir sobre un tema.

forofo, fa *adj.* y *s. fam.* Persona muy aficionada a algo, sobre todo a un equipo de fútbol. **SIN.** Hincha.

forrado, da 1. *p.* de **forrar**. También *adj.* ‖ *adj.* **2.** *fam.* Que tiene mucho dinero.

forraje *s. m.* Hierba para alimentar al ganado.

forrajero, ra *adj.* Se dice de las plantas que se cultivan para forraje.

forrar v. **1.** Poner forro a algo: *forrar un libro, forrar un vestido.* **2.** *fam.* Pegar una paliza a alguien. || **forrarse 3.** *fam.* Comer mucho. **4.** *fam.* Ganar mucho dinero. **SIN. 1.** Recubrir, revestir. **2.** Zurrar, sacudir. **3.** Inflarse, hincharse. **4.** Enriquecerse. **ANT. 4.** Empobrecerse.

forro s. m. Material con que se reviste una cosa, por fuera o por dentro. || **LOC. ni por el forro** Nada en absoluto.

fortachón, na adj. y s. *fam.* Persona muy fuerte. **SIN.** Forzudo. **ANT.** Enclenque.

fortalecer v. Hacer fuerte. □ Es v. irreg. Se conjuga como *agradecer.* **SIN.** Reforzar, robustecer. **ANT.** Debilitar.

fortalecimiento s. m. Acción de fortalecer. **SIN.** Robustecimiento.

fortaleza s. f. **1.** Fuerza. **2.** Construcción protegida de los ataques de los enemigos. **SIN. 1.** Energía, vigor. **2.** Fortificación, fuerte. **ANT. 1.** Debilidad.

fortificación s. f. **1.** Acción de fortificar. **2.** Fortaleza, lugar protegido contra el enemigo.

fortificar v. Proteger un lugar del enemigo con murallas y otras construcciones.

fortín s. m. Fortaleza o fuerte pequeño.

fortísimo, ma adj. sup. de **fuerte.**

fortuito, ta adj. Casual. **SIN.** Imprevisto. **ANT.** Deliberado.

fortuna s. f. **1.** Suerte. **2.** Gran cantidad de dinero. **SIN. 1.** Destino, azar. **2.** Dineral, millonada. **ANT. 2.** Miseria.

fórum (del lat.) s. m. Foro, coloquio.

forúnculo s. m. Bulto con pus, muy doloroso. **SIN.** Divieso.

forzado, da 1. p. de **forzar.** También adj. || adj. **2.** Que no es sincero o espontáneo. **SIN. 2.** Fingido, artificial. **ANT. 2.** Auténtico.

forzar v. **1.** Hacer fuerza en una cosa, a veces casi rompiéndola. **2.** Obligar a una persona a hacer lo que no quiere. **3.** Hacer que algo funcione demasiado rápido o con demasiada fuerza. □ Es v. irreg. Se conjuga como *contar.* **SIN. 2.** Presionar.

forzoso, sa adj. Obligatorio o inevitable. **SIN.** Indispensable, obligado. **ANT.** Voluntario.

forzudo, da adj. y s. Se dice de la persona que tiene mucha fuerza. **SIN.** Fortachón, fornido. **ANT.** Débil.

fosa s. f. **1.** Hoyo en el que se entierra a los muertos. **2.** Hueco muy profundo en la superficie de la tierra o en el fondo del mar. || **3. fosas nasales** Cavidades de la nariz que se abren al exterior por los orificios nasales. **SIN. 1.** Tumba.

fosco, ca adj. **1.** Se dice del pelo muy revuelto o rizado. **2.** Referido al cielo, oscuro.

SIN. 2. Nublado, nuboso. **ANT. 1.** Lacio. **2.** Despejado.

fosfatina Se utiliza en las expresiones **hecho fosfatina**, 'muy cansado, dolorido, desanimado o enfermo' y **hacer fosfatina**, 'destrozar o causar un daño grave'.

fosfato s. m. Sustancia que tiene fósforo y se usa sobre todo para abonar los campos.

fosforescente adj. Se dice de los materiales y sustancias que, después de haber recibido luz, resplandecen en la oscuridad durante un tiempo.

fosforito adj. *fam.* Muy brillante o chillón: *verde fosforito.*

fósforo s. m. **1.** Cerilla. **2.** Elemento químico que da luz en la oscuridad y se usa como fertilizante y en fuegos artificiales. Se encuentra en la naturaleza y, también, en los huesos y otras partes de los seres vivos.

fósil adj. y s. m. Restos fosilizados de animales y plantas.

fosilizarse v. Convertirse en roca los restos de animales y plantas que vivieron hace miles de años.

foso s. m. **1.** Hoyo muy grande en el suelo. **2.** Hoyo profundo que rodeaba un castillo para que los enemigos no pudieran acercarse. **3.** Sitio con arena en el que cae el atleta después de hacer el salto de longitud. **4.** Espacio debajo del escenario de un teatro, donde se pone la orquesta.

foto s. f. acort. de **fotografía**, imagen fotográfica.

foto-finish (del ingl.) s. f. Foto que se hace en la línea de meta de una carrera deportiva para comprobar quién ha llegado el primero.

fotocélula s. f. Célula fotoeléctrica. Ver **célula.**

fotocopia s. f. Copia que se hace de un escrito, dibujo u otra cosa con una máquina que saca una especie de fotografía.

fotocopiadora s. f. Máquina con la que se hacen las fotocopias.

fotocopiar v. Hacer fotocopias.

fotoeléctrico, ca adj. Se dice de los fenómenos eléctricos producidos por la luz y también, de los aparatos que aprovechan estos fenómenos.

fotofobia s. f. Incapacidad para aguantar bien la luz.

fotogénico, ca adj. Que sale muy bien en las fotografías.

fotografía s. f. **1.** Procedimiento con que se obtienen imágenes permanentes sobre materiales sensibles a la luz. **2.** Imagen obtenida con este procedimiento.

fotografiar v. Sacar fotografías con una cámara fotográfica.

fotográfico, ca adj. De la fotografía.

fotógrafo, fa s. m. y f. Persona que hace fotografías.

fotograma s. m. Cada una de las imágenes que, una detrás de otra, componen una película cinematográfica.

fotomatón (marca registrada) s. m. Cabina donde se hacen automáticamente y en muy poco tiempo fotografías pequeñas.

fotómetro s. m. Aparato para medir la intensidad de la luz.

fotomontaje s. m. Imagen que se hace combinando varias fotografías.

fotón s. m. Partícula que transporta la energía de la luz.

fotonovela s. f. Relato, normalmente amoroso, que se hace a través de fotos acompañadas por los diálogos de los personajes.

fotosíntesis s. f. Proceso por el que las plantas verdes, utilizando la luz del Sol, convierten en alimento las sustancias que obtienen de la tierra.

fototropismo s. m. Movimiento de las plantas hacia la luz, por ejemplo, el del girasol.

foulard (fr.) s. m. Fular.

fox terrier (del ingl.) s. m. y f. Perro de tamaño pequeño y pelo corto, con las orejas algo caídas y el morro cuadrado.

frac (del fr.) s. m. Chaqueta masculina de etiqueta que por delante llega hasta la cintura y por detrás tiene dos faldones largos.

fracasado, da 1. p. de fracasar. También adj. || adj. y s. 2. Persona que no ha conseguido lo que quería en la vida. SIN. 2. Perdedor. ANT. 2. Triunfador.

fracasar v. No tener éxito. SIN. Malograrse, frustrarse. ANT. Triunfar.

fracaso s. m. Hecho de fracasar. SIN. Fallo, desastre. ANT. Éxito.

fracción s. f. 1. Número quebrado. 2. Cada una de las partes en que se divide una cosa o que se separa de algo. SIN. 2. División, trozo.

fraccionado, da 1. p. de fraccionar. || adj. 2. Dividido en varias fracciones o partes: pago fraccionado.

fraccionar v. Dividir una cosa en partes. SIN. Fragmentar, repartir. ANT. Unir, agrupar.

fraccionario, ria adj. Se dice de las fracciones o números quebrados.

fractura s. f. 1. Hecho de romperse una cosa dura, sobre todo un hueso. 2. Lugar por donde se rompe algo.

fracturar v. Romper una cosa dura, sobre todo un hueso. SIN. Partir, quebrar.

fragancia s. f. Olor muy bueno. SIN. Aroma, perfume. ANT. Peste.

fragante adj. Que huele muy bien.

fragata s. f. Barco de guerra de tamaño mediano.

frágil adj. Que se rompe o se estropea con facilidad: un material frágil. SIN. Quebradizo; endeble. ANT. Fuerte.

fragilidad s. f. Característica de frágil.

fragmentar v. Partir en trozos o dividir en partes. SIN. Trocear, separar, fraccionar. ANT. Unir.

fragmentario, ria adj. Incompleto o parcial. ANT. Completo, total.

fragmento s. m. Trozo o parte de algo. SIN. Cacho, porción.

fragor s. m. Ruido grande y continuo. SIN. Estruendo, estrépito. ANT. Silencio.

fragua s. f. Fogón en el que se calientan las piezas de metal para ablandarlas y darles forma, y taller donde se hace. SIN. Forja.

fraguar v. 1. Planear o ir preparando algo. 2. Ponerse duro el cemento, el yeso o materiales parecidos. SIN. 1. Tramar, urdir. 2. Endurecerse, solidificarse.

fraile s. m. Religioso de algunas órdenes, como los franciscanos, los carmelitas o los dominicos.

frailecillo s. m. Ave marina de lomo negro, vientre y cara blancos y pico fuerte con rayas de vivos colores. Vive en acantilados del Atlántico norte.

frambuesa s. f. Conjunto de pequeños frutos en forma de bolitas de color rojo, de sabor dulce y un poco ácido.

frambueso s. m. Arbusto espinoso, parecido a la zarza, que crece sobre todo en los bosques templados de Europa y Asia. Su fruto es la frambuesa.

francachela s. f. fam. Juerga, parranda.

francamente adv. 1. Sinceramente, de verdad. 2. Muy: francamente bien.

francés, sa adj. y s. 1. De Francia, país de Europa. || s. m. 2. Idioma que se habla en Francia y otros países.

franchute adj. y s. desp. Francés. SIN. Gabacho.

franciscano, na adj. y s. De la orden religiosa que fundó san Francisco de Asís.

franco, ca adj. 1. Sincero. 2. Verdadero, evidente: El enfermo experimentó una franca mejoría. 3. Sin obstáculos: dejar el paso franco. 4. Se dice del lugar en el que no se paga impuestos: puerto franco. || adj. y s. 5. De un pueblo germánico que conquistó la Galia, actual Francia. ‖ *s. m.* **6.** Moneda de Francia, Bélgica y Luxemburgo anterior al euro. También, actual moneda de Suiza y otros países. **SIN. 2.** Auténtico; manifiesto. **ANT. 1.** Hipócrita, falso. **3.** Obstruido.

francófono, na *adj.* y *s.* De habla francesa.

francotirador, ra *s. m.* y *f.* Tirador que se coloca él solo en un sitio para disparar.

franela *s. f.* Tejido fino de lana o algodón con pelillo en una de sus caras.

franja *s. f.* Tira, banda.

franquear *v.* **1.** Poner los sellos en algo que se va a mandar por correo. **2.** Dejar el paso libre. **3.** Atravesar un sitio venciendo alguna dificultad: *franquear una puerta.* **SIN. 2.** Despejar. **3.** Cruzar, traspasar. **ANT. 2.** Obstruir.

franqueo *s. m.* Acción de franquear lo que se va a mandar por correo.

franqueza *s. f.* Sinceridad. **SIN.** Verdad. **ANT.** Falsedad.

franquicia *s. f.* **1.** Privilegio por el que se permite a alguien no pagar unos derechos o impuestos. **2.** Contrato por el que una empresa concede a una persona la explotación de un negocio según determinadas condiciones que son iguales a las de otros establecimientos de la misma organización. También, este mismo negocio.

franquismo *s. m.* Régimen político de España bajo la dictadura del general Franco (1939-1975).

franquista *adj.* y *s.* Del franquismo o partidario de este régimen político.

frasca *s. f.* Recipiente de vidrio, generalmente de base cuadrada, que se usa para el vino.

frasco *s. m.* Recipiente en forma de botella pequeña o bote, generalmente de cristal. **SIN.** Tarro.

frase *s. f.* **1.** Conjunto de palabras que tiene sentido. ‖ **2. frase hecha** La que tiene una forma fija, por ejemplo, *como anillo al dedo.* **SIN. 1.** Enunciado.

fraternal *adj.* Propio de un hermano: *amor fraternal.* **SIN.** Fraterno.

fraternidad *s. f.* Unión y sentimiento de cariño entre las personas. **SIN.** Hermandad. **ANT.** Desunión.

fraternizar *v.* Unirse y tratarse con afecto, como hermanos.

fraterno, na *adj.* Fraternal.

fratricida *adj.* y *s.* **1.** Persona que mata a su hermano. ‖ *adj.* **2.** Se dice de la lucha, enfrentamiento, odio, etc., entre compatriotas o personas muy unidas.

fratricidio *s. m.* Crimen de un fratricida.

fraude *s. m.* Delito que consiste en engañar a alguien para obtener un beneficio.

fraudulento, ta *adj.* Que es un fraude: *negocio fraudulento.*

fray *s. m.* apóc. de **fraile.** Se usa delante del nombre de algunos religiosos.

freático, ca *adj.* **1.** Se dice de las aguas subterráneas acumuladas sobre una capa impermeable. **2.** Se aplica a la capa del subsuelo que contiene estas aguas.

frecuencia *s. f.* **1.** Hecho de ser frecuente algo. **2.** Número de veces que ocurre alguna cosa en un espacio de tiempo.

frecuentado, da 1. *p.* de **frecuentar.** También *adj.* ‖ *adj.* **2.** Se dice del lugar que la gente frecuenta.

frecuentar *v.* **1.** Ir mucho a un sitio. **2.** Tratar con frecuencia: *Todavía frecuenta a sus antiguos amigos.*

frecuente *adj.* **1.** Que se repite muchas veces. **2.** Normal, corriente. **SIN. 2.** Común, usual. **ANT. 2.** Raro, inusual.

free lance (ingl.) *adj.* y *s.* Se dice de la persona que trabaja por su cuenta y ofrece su trabajo a otras personas o empresas. **SIN.** Autónomo, independiente.

fregadero *s. m.* Pila para fregar los cacharros de la cocina.

fregado *s. m.* **1.** Acción de fregar. **2.** *fam.* Lío, jaleo. **SIN. 2.** Enredo, follón.

fregar *v.* Limpiar con agua y jabón u otro producto los suelos, los cacharros de cocina, etc., normalmente frotándolos con algo. □ Es v. irreg. Se conjuga como *pensar.*

fregona *s. f.* **1.** *desp.* Mujer que friega, criada. **2.** Utensilio formado por un manojo de cordones o tiras y un mango largo, que se utiliza para fregar el suelo. **SIN. 1.** Chacha.

freidora *s. f.* Electrodoméstico usado para freír.

freiduría *s. f.* Establecimiento donde se fríe pescado para venderlo o servirlo allí mismo.

freír *v.* **1.** Cocinar un alimento pasándolo por aceite, mantequilla o manteca de cerdo calientes. **2.** *fam.* Acribillar: *Los mosquitos me van a freír a picotazos.* □ Es v. irreg. Se conjuga como *reír.* Tiene dos participios: uno reg., *freído,* y otro irreg., *frito,* más frecuente.

fréjol *s. m.* Fríjol, judía.

frenada *s. f.* Acción de frenar.

frenar *v.* **1.** Detener o disminuir la marcha, por ejemplo, un coche. **2.** Parar, hacer que algo no aumente: *frenar los precios, la gripe.* **SIN. 2.** Contener, moderar. **ANT. 1.** Acelerar. **2.** Dispararse.

frenazo *s. m.* Acción de frenar bruscamente. **ANT.** Acelerón.

frenesí *s. m.* **1.** Pasión muy grande. **2.** Actividad y movimiento excesivos: *el frenesí de las grandes ciudades.* **SIN. 1.** Desenfreno, exaltación. **2.** Ajetreo. **ANT. 2.** Tranquilidad.

frenético, ca *adj.* Furioso, muy enfadado y excitado. **SIN.** Exaltado, desquiciado.

frenillo *s. m.* Membrana que sujeta algunos órganos, como la lengua.

freno *s. m.* **1.** Dispositivo que tienen los automóviles y máquinas para frenar. **2.** Pieza de hierro que se introduce en la boca de los caballos para sujetarlos y guiarlos. **3.** Impedimento, obstáculo.

frenopático *s. m. fam.* Manicomio.

frente *s. f.* **1.** Parte de arriba de la cara, desde donde empieza el pelo hasta las cejas. || *s. m.* **2.** Parte de delante. **3.** Zona donde se lucha en una guerra. **4.** En meteorología, superficie que separa dos masas de aire de diferentes características, por ejemplo, una fría y otra caliente. || **LOC. al frente** Hacia delante: *dar un paso al frente.* En cabeza o al mando. **de frente** Hacia delante: *ir de frente.* Enfrente de otro: *Cuando salí, me encontré a Jorge que venía de frente.* **frente a** Enfrente de; contra: *El tenista español juega muy frente al alemán.* Ante: *Se encuentra frente a varios problemas.* **hacer frente** Enfrentarse. **SIN. 2.** Delantera.

fresa[1] *s. f.* **1.** Planta con tallos que crecen a ras de suelo y fruto pequeño, carnoso y de color rojo, que da esta planta. || *s. m.* **2.** Color parecido al de este fruto.

fresa[2] *s. f.* **1.** Herramienta con una serie de aristas cortantes, que se hace girar a gran velocidad para agujerear, alisar o dar forma a piezas de metal. **2.** Instrumento parecido usado por los dentistas para perforar o limar los dientes.

fresador, ra *s. m. y f.* Persona que trabaja con una fresadora.

fresadora *s. f.* Máquina para fresar.

fresar *v.* Trabajar con la fresa las piezas de metal.

fresca *s. f.* **1.** Frescor agradable de algunos momentos del día, por ejemplo, el de las mañanas de verano. **2.** *fam.* Mala contestación que se da a alguien.

frescachón, na *adj. y s.* Persona de aspecto sano, robusto y algo tosco.

frescales *s. m. y f. fam.* Fresco, caradura.

fresco, ca *adj.* **1.** Un poco frío. **2.** Se dice de los alimentos recientes o no cocinados ni preparados de alguna manera. **3.** Que no da calor o no lo conserva: *ropa fresca, habitación*

f

fresca. **4.** Que acaba de producirse: *Tengo noticias frescas.* **5.** Sano, fuerte, lleno de vida: *hierba fresca, fresca juventud.* **6.** Descansado, no fatigado. **7.** Tranquilo, indiferente: *quedarse tan fresco.* || *adj. y s.* **8.** Descarado, caradura: *Es un fresco.* || *s. m.* **9.** Un poco de frío: *Hace fresco.* **10.** Pintura que se hace con colores disueltos en agua, sobre una superficie húmeda, en la pared o en el techo. || **LOC. traer** a alguien algo **al fresco** No importarle nada. **SIN. 4.** Reciente. **5.** Lozano. **7.** Pancho. **8.** Desvergonzado. **9.** Frescor. **ANT. 1.** y **3.** Caluroso, caliente. **2.** y **4.** Pasado. **5.** Ajado. **6.** Cansado. **7.** Preocupado.

frescor *s. m.* Sensación o característica de fresco. **SIN.** Frescura. **ANT.** Calor.

frescura *s. f.* **1.** Característica de fresco. **2.** Desvergüenza, descaro. **SIN. 1.** Frescor.

fresno *s. m.* Árbol de hoja caduca y alargada, con muchas ramas, tronco grueso y madera blanca muy flexible.

fresón *s. m.* Variedad de fresa que da frutos más grandes. También, este fruto.

fresquera *s. f.* Mueble o lugar fresco y ventilado donde se guardan los alimentos para conservarlos.

fresquilla *s. f.* Variedad de melocotón.

frialdad *s. f.* **1.** Característica de lo que está frío. **2.** Desinterés o falta de cariño entre personas. **3.** Característica de las personas que se dominan y conservan la calma. **SIN. 3.** Indiferencia. **ANT. 1.** y **2.** Calor. **3.** Nerviosismo.

fricción *s. f.* **1.** Acción de frotar una parte del cuerpo. **2.** Roce de una cosa con otra. **SIN. 1.** Friega.

friccionar *v.* Dar fricciones.

friega *s. f.* Acción de frotar una parte del cuerpo para curarla o quitar un dolor, sobre todo echando alguna sustancia: *friegas de alcohol.* **SIN.** Fricción.

friegaplatos *s. m.* Lavavajillas, electrodoméstico. **SIN.** Lavaplatos.

frigidez *s. f.* **1.** Incapacidad de una persona para excitarse sexualmente. **2.** Frialdad.

frígido, da *adj. y s.* **1.** Que sufre frigidez. || *adj.* **2.** Muy frío: *un viento frígido.*

frigoría *s. f.* Unidad calorífica con la que se mide el frío.

frigorífico, ca *adj.* **1.** Que produce frío artificialmente: *cámara frigorífica.* || *s. m.* **2.** Electrodoméstico en el que se conservan fríos los alimentos y las bebidas.

fríjol o **frijol** *s. m.* Judía, alubia. □ Se dice también *fréjol.*

friki *adj.* **1.** Raro, extravagante. || *adj. y s.* **2.** Se dice de la persona con una afición obsesiva por algo y especialmente por la ciencia ficción, los cómics, etc. También, propio de estas personas.

frío, a adj. **1.** Con baja temperatura: *un día frío*. **2.** Poco cariñoso o amistoso. **3.** Que no muestra sus sentimientos, que conserva la calma y se domina. **4.** Poco acogedor: *una decoración fría*. **5.** Se dice de algunos colores, como el azul o el verde, que producen una sensación de tranquilidad. ‖ *s. m.* **6.** Baja temperatura: *el frío invernal*. **7.** Sensación que tiene una persona o un animal cuando necesita calor. ‖ **LOC. coger frío** Coger un resfriado. **quedarse con frío** Quedarse impresionado, sin saber cómo reaccionar. **SIN. 2.** Distante, seco. **6.** y **7.** Frialdad. **ANT. 1.** Caliente. **1.**, **2.** y **5.** Cálido. **2.** Amable. **3.** Apasionado. **6.** y **7.** Calor.

friolento, ta adj. Friolero; se usa sobre todo en América.

friolera s. f. fam. Gran cantidad de algo, sobre todo de dinero.

friolero, ra adj. y s. Persona que enseguida siente frío. **SIN.** Friolento. **ANT.** Caluroso.

friqui adj. Friki.

frisar v. Estar cerca de una edad: *Su tía frisa los cincuenta años.* **SIN.** Rondar.

friso s. m. **1.** Franja decorada que hay debajo de la cornisa en algunos edificios, por ejemplo, en los templos griegos. **2.** Franja que adorna la parte de arriba de una pared. **3.** Banda de madera o plástico que se pone en la parte de abajo de la pared para proteger o decorar. **SIN. 3.** Zócalo.

frisón, na adj. y s. Se dice de los caballos de una raza caracterizada por tener los pies anchos y fuertes.

fritada s. f. Conjunto de alimentos una vez fritos.

fritanga s. f. desp. Alimentos fritos.

frito, ta **1.** p. de freír. También adj. ‖ adj. **2.** fam. Profundamente dormido. **3.** fam. Muerto. **4.** fam. Harto, enfadado: *Su jefa la trae frita.* ‖ s. m. **5.** Alimento frito. **SIN. 2.** Sopa. **3.** Seco. **4.** Quemado.

fritura s. f. Conjunto de alimentos fritos, sobre todo para condimento.

frivolidad s. f. **1.** Característica de frívolo. **2.** Cosa frívola. **SIN. 1.** Superficialidad. **ANT. 1.** Seriedad.

frívolo, la adj. y s. Poco serio o importante, que solo busca diversión. **SIN.** Superficial.

fronda s. f. **1.** Conjunto apretado de ramas y hojas. **2.** Hoja de una planta, sobre todo de los helechos.

frondoso, sa adj. Con muchas hojas y ramas. **SIN.** Exuberante.

frontal adj. **1.** De la frente o relacionado con ella. **2.** De frente: *choque frontal.* ‖ adj. y *s. m.* **3.** Hueso de la frente.

frontenis s. m. Juego de frontón en el que se usan raquetas de tenis.

frontera s. f. **1.** Separación entre dos países. **2.** Lo que separa una cosa de otra. **SIN. 2.** Límite.

fronterizo, za adj. **1.** Que está en la frontera o se relaciona con ella: *una ciudad fronteriza.* **2.** Se dice del país que tiene frontera con otro. **SIN. 1.** y **2.** Limítrofe.

frontispicio s. m. **1.** Fachada monumental de un edificio. **2.** Frontón de una fachada, puerta o ventana.

frontón s. m. **1.** Juego que consiste en lanzar una pelota contra una pared y golpearla cuando vuelve; también se llama así a la pared contra la que se lanza la pelota. **2.** Lugar o edificio preparado para este juego. **3.** Parte superior, normalmente triangular, de una fachada, puerta o ventana. **SIN. 3.** Frontispicio.

frotación s. m. Acción de frotar. **SIN.** Fricción.

frotamiento s. m. Acción de frotar. **SIN.** Frote.

frotar v. Pasar muchas veces una cosa sobre otra con fuerza. **SIN.** Restregar.

frote s. m. Frotamiento.

fructífero, ra adj. Que produce fruto o resultado, provechoso. **SIN.** Productivo; beneficioso. **ANT.** Estéril; inútil.

fructificar v. **1.** Dar fruto los árboles y las plantas. **2.** Producir un buen resultado. **SIN. 2.** Rendir. **ANT. 2.** Fracasar.

fructosa s. f. Azúcar que se encuentra en la miel y en muchas frutas.

frugal adj. Se dice de las comidas poco abundantes. **SIN.** Ligero, liviano. **ANT.** Opíparo.

fruición s. f. Placer, satisfacción.

frunce s. m. Parte fruncida de una tela, papel o cosa parecida. **SIN.** Fruncido, doblez.

fruncido, da **1.** p. de fruncir. También adj. ‖ s. m. **2.** Frunce.

fruncir v. **1.** Arrugar la frente, las cejas o el entrecejo. **2.** Hacer pequeños pliegues o dobleces en una tela, papel o cosa parecida.

fruslería s. f. Cosa de poco valor o importancia. **SIN.** Pequeñez, bagatela.

frustración s. f. Sensación de malestar por algo que no ha salido como queríamos. **SIN.** Decepción, desengaño, desilusión.

frustrante adj. Que hace sentir frustración.

frustrar v. **1.** Hacer sentir frustración. **2.** Hacer que algo fracase o no se realice. **SIN. 1.** Decepcionar. **2.** Estropear, malograr.

fruta *s. f.* Fruto comestible de algunas plantas que se cultivan.

frutal *adj.* y *s. m.* Se dice del árbol que produce fruta.

frutería *s. f.* Tienda que vende fruta.

frutero, ra *adj.* **1.** Relacionado con la fruta. || *s. m.* y *f.* **2.** Vendedor de fruta. || *s. m.* **3.** Recipiente para la fruta.

frutícola *adj.* De la fruticultura.

fruticultura *s. f.* Cultivo de las plantas que producen fruta.

fruto *s. m.* **1.** Parte de la planta que tiene dentro las semillas. **2.** Producto de la tierra. **3.** Hijo que se está formando en el vientre de su madre. **4.** Producto, resultado. **SIN. 2.** Producción, cosecha. **4.** Rendimiento; beneficio.

fu Se usa en la expresión **ni fu ni fa**, 'resultar indiferente, ni bueno ni malo'.

fuagrás *s. m.* Foie-gras.

fucsia *s. f.* **1.** Arbusto con flores de color rosa fuerte. || *s. m.* **2.** Color de estas flores.

fuego *s. m.* **1.** Luz y calor que desprende una materia que arde. **2.** Incendio. **3.** Disparo de un arma. **4.** En las cocinas, cada uno de los puntos que dan lumbre. || **5. fuegos artificiales** Cohetes y otras cosas parecidas que se encienden y se hacen explotar para producir ruido y luces de colores.

fuel, fueloil o **fuelóleo** *s. m.* Combustible líquido obtenido del petróleo. Se usa, por ejemplo, para las calefacciones.

fuelle *s. m.* Utensilio que coge aire del exterior y luego lo expulsa en una dirección; se emplea para avivar el fuego, o en algunos instrumentos musicales, como el acordeón.

fuente *s. f.* **1.** Lugar por el cual sale el agua que hay debajo de la tierra. **2.** Construcción con uno o más tubos por los que sale agua. **3.** Recipiente grande en que se sirven alimentos. **4.** Obra, tema, etc., que sirven de información o de inspiración a alguien, por ejemplo, a un escritor. **5.** Lo que produce algo o de donde sale: *fuente de energía.* **6.** En informática, tipo de letra. **SIN. 1.** Manantial. **5.** Origen, foco.

fuer Se usa en la expresión **a fuer de**, 'en virtud de, por la condición de': *Nunca se atrevió a reclamar nada, a fuer del amor que sentía por sus hijos.*

fuera *adv.* **1.** En la parte exterior. **2.** Que no está o se hace en el tiempo en que se debía: *fuera de plazo.* **3.** Expresa algo a lo que no es posible llegar: *Comprar ese piso está fuera de su alcance.* || *interj.* **4.** Se emplea para echar a alguien o decir que no se quiere algo. || **LOC. fuera de** Dejando a un lado: *fuera de bromas.* **fuera de combate** Vencido o sin que pueda continuar la lucha. **fuera de serie** Extraordinario, excepcional. **fuera de sí** Que ha perdido la razón o no puede controlarse. **ANT. 1.** y **2.** Dentro.

fueraborda *adj.* y *s. m.* **1.** Motor con una hélice que está por fuera en la parte de atrás de algunas embarcaciones. || *s. amb.* **2.** Embarcación con este motor.

fuero *s. m.* Privilegio o ley especial que se da a regiones, ciudades y personas.

fuerte *adj.* **1.** Que tiene mucha fuerza o resistencia. **2.** Abundante, intenso: *fuerte lluvia, color fuerte.* También *adv.: comer fuerte.* **3.** Que produce mucho efecto: *un medicamento muy fuerte.* **4.** Bien sujeto o apretado: *un nudo fuerte.* **5.** Capaz de hacer frente a las cosas sin dejarse vencer: *Supo ser fuerte cuando murió su padre.* **6.** Se dice del carácter irritable o difícil de dominar. **7.** Que sabe mucho de algo o tiene especial habilidad para una cosa. || *s. m.* **8.** Lo que se le da mejor a alguien: *Su fuerte es el deporte.* **9.** Lugar rodeado de un muro para defenderse del enemigo. **SIN. 1.** Forzudo, resistente. **2.** Copioso. **5.** Valiente; tenaz. **6.** Irascible. **7.** Ducho, experto. **8.** Especialidad. **9.** Fortificación. **ANT. 1.** Enclenque. **1.**, **2.** y **4.** Flojo. **1.**, **2.** y **5.** Débil. **2.** Escaso.

fuerza *s. f.* **1.** Causa que puede hacer que un cuerpo se mueva, se detenga o cambie la forma de su movimiento. **2.** Capacidad para mover o sostener algo. **3.** Poder, influencia: *la fuerza de unas ideas.* **4.** Energía, vitalidad. **5.** Corriente eléctrica. || *s. f. pl.* **6.** Ejército, tropas: *las fuerzas armadas.* || **7. fuerza bruta** La fuerza física empleada sin inteligencia. **8. fuerza pública** o **fuerzas de orden público** La Policía y la Guardia Civil. **9. fuerzas políticas** Partidos políticos. || **LOC. a fuerza de** Haciendo mucho algo o repitiéndolo muchas veces: *Se ha aprendido la canción a fuerza de oírla.* **a la fuerza** Utilizando la fuerza. Necesariamente: *Con todo lo que ha comido, a la fuerza se tiene que poner malo.* **SIN. 2.** Fortaleza. **2.** y **4.** Vigor. **4.** Ímpetu. **5.** Fluido. **ANT. 2.** Debilidad.

fuet (del cat.) *s. m.* Embutido largo y estrecho parecido al salchichón.

fuga *s. f.* **1.** Acción de fugarse. **2.** Salida de un líquido o gas por un agujero o raja que no debería existir. **SIN. 1.** Huida, escapada. **2.** Escape.

fugacidad *s. f.* Característica de fugaz.

fugarse *v.* Huir, escaparse.

fugaz *adj.* **1.** Que dura muy poco. **2.** Que pasa o sucede rápidamente: *una estrella fugaz, un éxito fugaz.* **SIN. 1.** Breve, efímero. **ANT. 1.** Eterno. **1.** y **2.** Duradero.

fugitivo, va *adj.* y *s.* Persona que huye o se esconde. **SIN.** Prófugo.

ful[1] *adj.* **1.** *fam.* Falso o malo. ‖ *s. f.* **2.** Cosa muy mala. **SIN. 2.** Porquería, basura. **ANT. 1.** Guay.

ful[2] *s. m.* Full.

fulano, na *s. m.* y *f.* **1.** Cualquier persona. **2.** Persona de mala pinta. **SIN. 1.** Zutano, mengano; tipo, sujeto.

fular *s. m.* Pañuelo largo de tela muy fina que se pone en el cuello.

fulero, ra *adj.* **1.** Fullero, tramposo. **2.** Chapucero.

fúlgido, da *adj.* Muy brillante.

fulgor *s. m.* Brillo intenso, resplandor.

fulgurante *adj.* Muy rápido y con mucho éxito: *una carrera fulgurante.* **SIN.** Brillante.

full (ingl.) *s. m.* Jugada del póquer en la que se tiene un trío y una pareja.

full contact (ingl.) *s. m.* Deporte que mezcla boxeo y artes marciales.

fullería *s. f.* Trampa en el juego.

fullero, ra *adj.* y *s.* Tramposo en el juego.

fulminante *adj.* **1.** Muy rápido: *un efecto fulminante.* ‖ *s. m.* **2.** En un arma, sustancia que transmite el fuego a la carga explosiva. **SIN. 1.** Instantáneo. **ANT. 1.** Lento.

fulminar *v.* Matar o destruir al instante. **SIN.** Aniquilar.

fumadero *s. m.* Lugar destinado para fumar.

fumador, ra *adj.* y *s.* Persona que fuma.

fumar *v.* **1.** Aspirar y soltar el humo del tabaco. **2.** Hacer lo mismo con algunas drogas. ‖ **fumarse 3.** No hacer una cosa que se debía hacer: *fumarse una clase.* **4.** Gastar rápidamente. **SIN. 4.** Pulir, fundir.

fumarola *s. f.* Gases y vapores que salen de las grietas en los terrenos volcánicos.

fumata (del ital.) *s. f.* En el Vaticano, columna de humo blanco o negro que indica si ha sido elegido o no el nuevo papa.

fumigar *v.* Echar insecticida en algún lugar.

fumista *s. m.* y *f.* Persona que limpia y arregla chimeneas. **SIN.** Deshollinador.

funámbulo, la *s. m.* y *f.* Artista de circo que realiza ejercicios de equilibrio sobre un alambre o cable colocado a cierta altura. **SIN.** Equilibrista, volatinero.

función *s. f.* **1.** Actividad que realiza alguien o algo, aquello para lo que sirve. **2.** Cada vez que ponen una película en un cine o que representan una obra de teatro u otro espectáculo. **3.** En gramática, papel que desempeña una palabra o grupo de palabras en la oración, como sujeto, objeto directo, etc. ‖ **LOC. en función de** Dependiendo de. **en funciones** Desempeñando un determinado cargo de manera provisional: *presidenta en funciones.* **SIN. 1.** Finalidad, utilidad. **2.** Sesión, pase.

funcional *adj.* **1.** Relacionado con una función o actividad. **2.** Útil, práctico.

funcionamiento *s. m.* Acción o manera de funcionar. **SIN.** Marcha.

funcionar *v.* **1.** Realizar alguien o algo su función. **2.** Ir bien una persona o cosa. **SIN. 1.** Marchar. **ANT. 1.** y **2.** Fallar.

funcionario, ria *s. m.* y *f.* Empleado del Estado, de un ayuntamiento o de un gobierno regional.

funda *s. f.* Bolsa, estuche o algo parecido para meter una cosa dentro y que así quede protegida.

fundación *s. f.* **1.** Acción de fundar. **2.** Institución creada con diversos fines, por ejemplo, culturales, religiosos o de caridad. **SIN. 1.** Creación, constitución.

fundador, ra *adj.* y *s.* Que funda una ciudad, institución o empresa.

fundamental *adj.* Muy importante. **SIN.** Básico, esencial. **ANT.** Secundario.

fundamentalismo *s. m.* Actitud y forma de pensar de algunos grupos políticos o religiosos que solo siguen y admiten la doctrina tradicional.

fundamentalista *adj.* y *s.* Del fundamentalismo o partidario de él.

fundamentalmente *adv.* Principalmente. **SIN.** Básicamente.

fundamentar *v.* Establecer sobre una base o fundamento. **SIN.** Basar.

fundamento *s. m.* Lo principal o la base de algo. **SIN.** Esencia, pilar.

fundar *v.* **1.** Crear una ciudad, institución, empresa. ‖ **fundarse 2.** Tener su fundamento, apoyarse. **SIN. 1.** Constituir, instituir. **2.** Basarse.

fundición *s. f.* **1.** Acción de fundir los metales. **2.** Fábrica o taller donde se funde el metal. **SIN. 1.** Fusión.

fundir *v.* **1.** Convertir en líquido un cuerpo sólido calentándolo. **2.** Unir, fusionar: *fundir dos empresas.* **3.** *fam.* Gastar rápidamente. ‖ **fundirse 4.** Quemarse el hilillo que tienen las bombillas o el motor de un aparato eléctrico. **SIN. 1.** Derretir. **2.** Juntar. **3.** Pulir, fundirse. **ANT. 1.** Solidificar. **2.** Desunir. **3.** Ahorrar.

fúnebre *adj.* **1.** Relacionado con los difuntos: *coche fúnebre.* **2.** Muy triste. **SIN. 1.** Funerario, mortuorio. **2.** Lúgubre, tétrico. **ANT. 2.** Alegre.

funeral *s. m.* Honras fúnebres, ceremonia que se hace por un muerto. **SIN.** Exequias.

funerala Se usa en la expresión **a la funerala**, que se dice del ojo que está morado por haber recibido un golpe.

funeraria *s. f.* Empresa que se ocupa de llevar a los difuntos al cementerio y de enterrarlos o incinerarlos.

funerario, ria *adj.* Relacionado con los entierros y funerales. **SIN.** Mortuorio.

funesto, ta *adj.* Desgraciado, muy malo. **SIN.** Aciago, nefasto. **ANT.** Feliz.

fungible *adj.* Que se consume con el uso y que puede ser sustituido: *material fungible*.

fungicida *adj.* y *s. m.* Se dice de la sustancia que sirve para matar hongos.

funicular *adj.* y *s. m.* Se dice de la cabina o del tren que sube por una pendiente arrastrado por cables o cadenas.

funk o **funky** (ingl.) *s. m.* Música de ritmo fuerte y repetitivo que procede de la mezcla del *jazz* y del *blues*.

furcia *s. f. desp.* Prostituta.

furgón *s. m.* **1.** Vehículo largo y cubierto para el transporte de equipajes y otras cosas. **2.** Vagón de tren cerrado para transportar mercancías y equipajes.

furgoneta *s. f.* Vehículo más pequeño que el camión para transportar y repartir mercancías. **SIN.** Camioneta.

furia *s. f.* **1.** Enfado muy violento. **2.** Fuerza, entusiasmo, pasión. **3.** Violencia con que se mueve o sucede algo. **SIN. 1.** Ira, cólera. **1.** a **3.** Furor. **2.** Coraje, ímpetu. **ANT. 1.** a **3.** Calma.

furibundo, da *adj.* **1.** Furioso. **2.** Que se enfada con facilidad. **SIN. 1.** y **2.** Colérico. **2.** Irascible. **ANT. 1.** y **2.** Manso.

furioso, sa *adj.* **1.** Lleno de furia, muy enfadado. **2.** Terrible o violento. **SIN. 1.** Furibundo, colérico. **2.** Tremendo. **ANT. 1.** Manso. **2.** Suave.

furor *s. m.* Furia. || **LOC. hacer furor** Estar muy de moda. **SIN.** Ira; pasión; violencia. **ANT.** Calma.

furtivo, va *adj.* **1.** Que se hace a escondidas o con disimulo. || *adj.* y *s.* **2.** Se dice de quien hace algo a escondidas, sobre todo cazar o pescar sin permiso o donde está prohibido.

fusa *s. f.* Figura musical que equivale a la mitad de una semicorchea.

fuselaje *s. m.* Cuerpo de un avión, donde van las personas y la carga.

fusible *s. m.* Hilo o chapa de metal que se pone en un circuito eléctrico, de forma que se funda y corte la corriente cuando pasa por él demasiada electricidad. **SIN.** Plomos.

fusiforme *adj.* Alargado y más o menos cilíndrico, como un huso.

fusil *s. m.* Arma de fuego de cañón largo que dispara balas.

fusilamiento *s. m.* Acción de fusilar.

fusilar *v.* **1.** Matar a una persona con disparos de fusil. **2.** *fam.* Copiar, plagiar.

fusión *s. f.* **1.** Hecho de fundirse. **2.** Unión. **SIN. 1.** Fundición. **2.** Reunión, agrupación. **ANT. 2.** Separación.

fusionar *v.* Producir la unión de dos cosas. **SIN.** Fundir, unir. **ANT.** Separar.

fusta *s. f.* Vara flexible con que el jinete golpea al caballo para hacerlo correr.

fuste *s. m.* **1.** Parte larga de una columna. **2.** Importancia, valor.

fustigar *v.* Golpear con una fusta, correa o látigo a los caballos para que anden o corran. **SIN.** Arrear, azotar.

futbito *s. m.* Tipo de fútbol sala.

fútbol *s. m.* **1.** Deporte que se juega entre dos equipos que tratan de meter un balón en la portería contraria, moviéndolo solo con los pies y la cabeza. || **2. fútbol sala** Deporte parecido al fútbol, que se juega con menos jugadores y en un campo, generalmente cubierto, y con un balón más pequeño.

futbolero, ra *adj.* y *s.* Aficionado al fútbol.

futbolín (marca registrada) *s. m.* Juego que imita un partido de fútbol y consiste en una mesa con figuritas que se mueven por medio de unas barras.

futbolista *s. m.* y *f.* Jugador de fútbol.

futbolístico, ca *adj.* Del fútbol.

fútil *adj.* Poco importante o poco serio. **SIN.** Insignificante. **ANT.** Esencial.

futón *s. m.* Colchón tradicional japonés que sirve como cama o como asiento.

futurista *adj.* Muy moderno, que parece del futuro. **SIN.** Vanguardista. **ANT.** Anticuado.

futuro, ra *adj.* **1.** Que existirá o sucederá. || *adj.* y *s. m.* **2.** En gramática, tiempo del verbo que expresa una acción que ocurrirá. || *s. m.* **3.** Tiempo que aún no ha llegado. **4.** Buenas posibilidades que tendrá alguna cosa. **SIN. 1.** Venidero. **3.** Porvenir, mañana. **4.** Perspectiva. **ANT. 1.** a **3.** Pasado.

futurólogo, ga *s. m.* y *f.* Persona experta en predecir el futuro.

g *s. f.* Séptima letra del abecedario.

gabacho, cha *adj.* y *s. fam. desp.* Francés. **SIN.** Franchute.

gabán *s. m.* Abrigo, prenda de vestir.

gabardina *s. f.* Prenda de vestir para protegerse de la lluvia.

gabarra *s. f.* **1.** Barco pequeño para la carga y descarga de mercancías en los puertos. **2.** Embarcación de transporte, mayor que la lancha, que suele tener cubierta.

gabinete *s. m.* **1.** Habitación preparada adecuadamente para que un médico, psicólogo, etc., atienda y examine a sus pacientes, o donde se estudia una ciencia. **2.** Departamento que se ocupa de un asunto: *gabinete de prensa.* ‖ *n. pr. m.* **3.** Conjunto de los ministros de un país. **4.** Ministerio: *Gabinete de Asuntos Exteriores.* ‖ **5. gabinete de crisis** El formado por altos cargos del Gobierno en una situación grave. **SIN.** 3. Gobierno.

gabonés, sa *adj.* y *s.* De Gabón, país de África.

gacela *s. f.* Mamífero rumiante de África y Asia, con los cuernos curvados hacia atrás, cabeza pequeña y patas largas y finas.

gaceta *s. f.* Periódico que trata de temas culturales, científicos o de otro tipo.

gacetilla *s. f.* Noticia corta en un periódico.

gachas *s. f. pl.* Comida elaborada con harina, agua y sal, a la que se le pueden añadir otros condimentos.

gachí *s. f. fam.* Mujer, muchacha.

gacho, cha *adj.* Doblado hacia abajo. **SIN.** Agachado. **ANT.** Erguido.

gachó *s. m. fam.* Hombre, individuo.

gachupín, na *s. m.* y *f. Amér. fam. desp.* Español establecido en América.

gadget (ingl.) *s. m.* Pequeño aparato práctico y novedoso.

gaditano, na *adj.* y *s.* De Cádiz, ciudad y provincia españolas.

gaélico, ca *adj.* y *s.* **1.** De un pueblo celta de Irlanda y Escocia. ‖ *s. m.* **2.** Dialecto celta de Irlanda y Escocia.

gafar *v.* Traer la mala suerte y hacer que algo salga mal.

gafas *s. f. pl.* Par de lentes colocadas en una armadura que se apoya en la nariz y detrás de las orejas con unas patillas. Se usan para corregir la visión o para protegerse los ojos. **SIN.** Anteojos.

gafe *adj.* y *s.* Persona que da mala suerte. **SIN.** Cenizo.

gag (del ingl.) *s. m.* Escena cómica: *La película tiene algunos gags muy buenos.*

gagá *adj. fam.* Que chochea, que dice o hace tonterías a causa de la edad.

gaita *s. f.* **1.** Instrumento musical de viento formado por una bolsa de cuero que se llena de aire y de la que salen una boquilla por la que se sopla y dos flautas. **2.** Molestia, fastidio. **SIN.** 1. Cornamusa.

gaitero, ra *s. m.* y *f.* Persona que toca la gaita.

gajes Se usa en la expresión **gajes del oficio**, 'molestias propias de cada profesión'.

gajo *s. m.* **1.** Trozos en que se dividen algunos frutos como la naranja. **2.** Cada uno de los grupitos de uvas que tiene un racimo.

gala *s. f.* **1.** Vestido muy elegante y lujoso: *Lucía sus mejores galas.* **2.** Fiesta o ceremonia que requiere este tipo de vestimenta. **3.** Actuación de un cantante o grupo. ‖ **LOC. de gala** Muy elegante o solemne: *cena de gala, traje de gala.* **hacer gala** de algo o **tener a gala** una cosa Estar orgulloso de ello, presumir. **SIN.** 3. Recital, concierto.

galáctico, ca *adj.* De las galaxias.

galaico, ca *adj.* **1.** De un antiguo pueblo peninsular que habitaba en Galicia y el norte de Portugal. **2.** Gallego.

galaicoportugués, sa o **galaico-portugués, sa** *adj.* y *s. m.* Gallegoportugués.

galán *s. m.* **1.** Hombre guapo y atractivo. **2.** Actor de cine o teatro que hace papeles de hombre joven que gusta a las mujeres. ‖ **3. galán de noche** Perchero con pie para colgar el traje.

gallo

galante *adj.* Se dice del hombre muy educado y atento con las mujeres y de lo que hace o dice para agradarlas. **SIN.** Cortés. **ANT.** Descortés.

galantear *v.* Decir galanterías a una mujer, intentar enamorarla. **SIN.** Cortejar.

galantería *s. f.* **1.** Característica de galante. **2.** Palabra o acción galante. **SIN. 1.** Cortesía.

galantina *s. f.* Carne rellena y recubierta con gelatina que se come fría.

galanura *s. f.* Gracia, elegancia.

galápago *s. m.* Reptil perteneciente al grupo de las tortugas de agua dulce.

galardón *s. m.* Premio.

galardonar *v.* Dar un galardón. **SIN.** Premiar, recompensar.

galaxia *s. f.* Conjunto de millones de estrellas y otros astros que hay en distintas zonas del espacio.

galena *s. f.* Mineral compuesto de azufre y plomo, de color gris metálico.

galeón *s. m.* Barco grande de vela muy usado para el comercio de España con América durante los siglos XV al XVII.

galeote *s. m.* Persona que estaba condenada a remar en las galeras.

galera *s. f.* **1.** Barco antiguo de vela y remo. || *s. f. pl.* **2.** Antiguamente, castigo que consistía en remar en las galeras.

galería *s. f.* **1.** Sala larga y amplia, como las de los museos y otros locales en los que se exponen obras de arte. **2.** Pasillo que tienen algunas casas para dar luz a las habitaciones interiores. **3.** Túnel de las minas y otras construcciones. || *s. f. pl.* **4.** Lugar cubierto y con muchas tiendas y establecimientos comerciales.

galerna *s. f.* Viento fuerte del noroeste que sopla en la costa cantábrica.

galés, sa *adj.* y *s.* **1.** De Gales, país de Gran Bretaña. || *s. m.* **2.** Lengua celta que se habla en Gales junto con el inglés.

galgo, ga *adj.* y *s.* Perro de cuerpo delgado, patas largas, cabeza pequeña y hocico alargado. Es muy rápido y buen cazador.

gálibo *s. m.* Arco de metal que sirve para comprobar si un vehículo cabe por un túnel o un puente.

galicismo *s. m.* Palabra o expresión del francés que se usa en otra lengua.

galileo, a *adj.* y *s.* De Galilea, antigua región de Palestina.

galimatías *s. m.* Cosa complicada y muy difícil de entender. **SIN.** Embrollo.

galladura *s. f.* Coágulo de sangre que tienen en la yema los huevos de gallina fecundados.

g

gallardete *s. m.* Bandera triangular. **SIN.** Banderín.

gallardía *s. f.* **1.** Buena presencia. **2.** Valentía. **SIN. 1.** Apostura. **2.** Bravura.

gallardo, da *adj.* **1.** Que tiene buena presencia y se mueve con elegancia. **2.** Valiente y noble. **SIN. 1.** Apuesto, garboso. **1.** y **2.** Bizarro. **2.** Valeroso. **ANT. 1.** Desgarbado. **2.** Cobarde.

gallareta *s. f.* Focha.

gallear *v.* Presumir, hacerse el valiente.

gallego, ga *adj.* y *s.* **1.** De Galicia, comunidad autónoma de España. || *s. m.* **2.** Lengua que se habla en Galicia.

gallegoportugués, sa o **gallego-portugués, sa** *adj.* y *s. m.* **1.** Se dice de la antigua lengua romance de la que derivan el gallego y el portugués. || *adj.* **2.** Se aplica a una escuela lírica medieval en esta lengua.

galleguismo *s. m.* Palabra o expresión propios de la lengua gallega.

galleta *s. f.* **1.** Pasta crujiente hecha de harina, azúcar, huevos y otros ingredientes, que se cuece al horno. **2.** *fam.* Bofetada, golpe.

gallina *s. f.* **1.** Hembra del gallo, de menor tamaño, con la cresta más corta y sin espolones. Se cría para aprovechar sus huevos y su carne. || *adj.* y *s.* **2.** *fam.* Cobarde. || **3. carne** o **piel de gallina** Ver **carne. 4. la gallina** o **la gallinita ciega** Juego en el que uno de los jugadores, con los ojos vendados, intenta coger a alguno de los otros y adivinar quién es. **ANT. 2.** Valiente.

gallinaza *s. f.* Excremento de las gallinas.

gallinazo *s. m.* Ave rapaz americana, muy grande y parecida al buitre, carroñera, de color pardo y con la cabeza sin plumas.

gallinejas *s. f. pl.* Tripas fritas de gallina y otros animales.

gallinero *s. m.* **1.** Lugar donde se crían y guardan las gallinas. **2.** *fam.* Sitio en que hay mucho jaleo. **3.** *fam.* Entresuelo de los teatros y cines.

gallineta *s. f.* **1.** Ave de alas cortas, patas largas y color gris con rayas negras que vive en lagunas de lugares fríos. **2.** Pintada[1].

gallito *s. m. fam.* Persona que se pone chula.

gallo *s. m.* **1.** Ave doméstica que es el macho de la gallina. Tiene vistosas plumas, una cresta roja y alta, y espolones en las patas. **2.** Voz chillona y desagradable que a veces sale al cantar o hablar. || **LOC. en menos que canta un gallo** Con mucha rapidez. **otro gallo (me, te...) cantara** Expresa que las cosas habrían ido mejor si se hubieran hecho o hubieran sucedido de otra manera.

galo, la *adj.* y *s.* **1.** De la Galia, nombre que dieron los romanos a Francia. **2.** Francés.

galón[1] *s. m.* Cinta estrecha, a veces con un hilo dorado o plateado, que sirve de adorno en vestidos y otros objetos. **SIN.** Trencilla.

galón[2] *s. m.* Medida para líquidos que en el Reino Unido equivale a 4,54 litros y en los Estados Unidos a 3,78 litros.

galopada *s. f.* Carrera del caballo cuando galopa.

galopante *adj.* Se dice de la enfermedad o la situación muy grave y que sucede muy rápido.

galopar *v.* **1.** Correr a galope un caballo. **2.** Cabalgar sobre un caballo que va a galope.

galope *s. m.* Carrera del caballo en la que, durante un momento, tiene las cuatro patas en el aire.

galpón *s. m. Amér.* Barracón.

galvanizado, da **1.** *p.* de **galvanizar**. También *adj.* ‖ *s. m.* **2.** Acción de galvanizar.

galvanizar *v.* Cubrir un metal con una capa de otro, sobre todo de cinc, para que no se oxide.

gama *s. f.* **1.** Serie de cosas con algo en común, por ejemplo de colores. **2.** Escala musical. **SIN. 1.** Gradación.

gamada *adj.* Se dice de la cruz con cuatro brazos iguales y que al final de cada brazo tiene un trazo en ángulo recto con él.

gamba *s. f.* Crustáceo marino de cuerpo alargado, caparazón no muy duro, dos antenas largas y varios pares de patas. Es muy apreciado como alimento. ‖ **LOC. meter la gamba** Meter la pata. Ver **pata**.

gamberrada *s. f.* Acción propia de un gamberro.

gamberrismo *s. m.* Conducta o actividad de los gamberros. **SIN.** Vandalismo.

gamberro, rra *adj.* y *s.* Persona que para divertirse rompe cosas, arma jaleo o molesta a los demás. **SIN.** Alborotador, vándalo. **ANT.** Educado.

gambito *s. m.* Jugada del ajedrez que consiste en dejarse comer una pieza, generalmente, un peón al principio de la partida para conseguir una buena posición.

gameto *s. m.* Cada una de las dos células sexuales, masculina y femenina, que se unen para que nazca un nuevo ser vivo.

gamma *s. f.* Letra del alfabeto griego que corresponde al sonido suave de nuestra *g*.

gamo *s. m.* Mamífero rumiante parecido al ciervo, de color pardo rojizo y con los cuernos aplastados en forma de pala ramificada.

gamusino *s. m.* Animal imaginario que se menciona en chistes y bromas.

gamuza *s. f.* **1.** Rebeco, mamífero rumiante. **2.** Piel curtida de este animal u otras parecidas; también, tejido que la imita. **3.** Paño suave para limpiar. **SIN. 3.** Bayeta.

gana *s. f.* **1.** Deseo de algo. **2.** Hambre, apetito. ‖ **LOC. darle** a alguien **la gana** Hacer algo una persona porque quiere. **de buena** o **de mala gana** Con gusto o a disgusto. **SIN. 1.** Anhelo, ansia. **ANT. 1.** y **2.** Desgana.

ganadería *s. f.* **1.** Cría de ganado. **2.** Conjunto de ganados de una región, de un país o de una misma persona.

ganadero, ra *adj.* **1.** Del ganado o la ganadería. ‖ *adj.* y *s.* **2.** Dueño de una ganadería.

ganado *s. m.* Conjunto de animales cuadrúpedos de una misma especie, como ovejas, toros, vacas o caballos.

ganador, ra *adj.* y *s.* Que ha ganado. **SIN.** Vencedor. **ANT.** Perdedor.

ganancia *s. f.* **1.** Dinero u otra cosa que se gana. **SIN.** Beneficio, provecho, rendimiento. **ANT.** Pérdida.

ganancial Se usa en la expresión **bienes gananciales**, las cosas que en un matrimonio pertenecen por igual a los dos cónyuges.

ganar *v.* **1.** Conseguir alguien dinero en un negocio o trato, o recibirlo por su trabajo. **2.** Conseguir un premio, una victoria o un título. **3.** Ser mejor que otro: *Nadie le gana en simpatía.* **4.** Alcanzar: *Ganaron la orilla a nado.* **5.** Mejorar: *El cuadro gana mucho con ese marco.* **SIN. 1.** Ingresar; cobrar. **2.** Vencer. **3.** Aventajar, superar. **ANT. 1.** y **2.** Perder.

ganchillo *s. m.* **1.** Aguja que termina en un pequeño gancho y se utiliza para hacer algunas labores de punto. **2.** Labor que se hace con esta aguja.

ganchito (marca registrada) *s. m.* Aperitivo de patata, maíz o trigo frito, que tiene forma alargada o de gancho.

gancho *s. m.* **1.** Objeto con forma curva, que sirve para agarrar o colgar cosas. **2.** *fam.* Encanto de una persona. **3.** Persona o cosa que sirve para atraer a otros. **4.** En boxeo, golpe dado de abajo arriba con el brazo doblado. **SIN. 1.** Garfio. **2.** Atractivo.

ganchudo, da *adj.* Que tiene forma de gancho.

gandul, la *adj.* y *s.* Vago, holgazán. **SIN.** Perezoso. **ANT.** Trabajador.

gandulear *v.* Hacer el vago. **SIN.** Vaguear, holgazanear. **ANT.** Trabajar.

garito

gandulería *s. f.* Característica o comportamiento de la persona gandula. **SIN.** Vagancia, vaguería, holgazanería.

ganga[1] *s. f.* Parte que va unida a los minerales al extraerlos de la mina y que no sirve.

ganga[2] *s. f.* Cosa buena o ventajosa y muy barata. **SIN.** Ocasión, chollo.

ganga[3] *s. f.* Ave esteparia de color pardo, parecida a una paloma.

ganglio *s. m.* Cada uno de los pequeños órganos que se encuentran en distintas partes del cuerpo y que defienden nuestro organismo de las infecciones. También se llaman *ganglios linfáticos.*

gangoso, sa *adj. y s.* Que habla como si lo hiciera por la nariz, casi siempre por tener un defecto en la garganta.

gangrena *s. f.* Muerte de una parte del cuerpo porque no circula por ella la sangre suficiente. A veces se produce por una infección.

gangrenarse *v.* Sufrir gangrena una parte del cuerpo.

gansada *s. f. fam.* Tontería con la que se quiere hacer gracia a alguien. **SIN.** Bobada.

ganso, sa *s. m. y f.* **1.** Ave del mismo grupo que el pato, pero de mayor tamaño que este, de color blanco, gris o pardo y con el pico grueso y las patas fuertes. || *adj. y s.* **2.** *fam.* Persona que hace bobadas para resultar graciosa. || *adj.* **3.** *fam.* Grande, desmesurado: *Pagó por el arreglo una pasta gansa.* **SIN. 1.** Ánsar, oca.

gánster (del ingl.) *s. m.* Miembro de una banda organizada de criminales.

ganzúa *s. f.* Alambre fuerte doblado por la punta para abrir cerraduras. La utilizan, por ejemplo, los ladrones.

gañán *s. m.* **1.** Hombre que trabaja en una casa de campo y se dedica a las tareas agrícolas. **2.** Hombre bruto. **SIN. 2.** Patán.

gañir *v.* Aullar o quejarse algunos animales, como el perro. □ Es v. irreg. Se conjuga como *mullir.*

gañote *s. m. fam.* Garganta.

garabatear *v.* Hacer garabatos.

garabato *s. m.* Letras o rayas mal hechas. **SIN.** Pintarrajo.

garaje *s. m.* **1.** Lugar cerrado donde se guardan los coches. **2.** Taller en el que se arreglan coches. **SIN. 1.** Cochera.

garante *adj. y s.* Que garantiza.

garantía *s. f.* **1.** Seguridad de que algo se va a cumplir o es bueno. **2.** Documento por el que una empresa se obliga durante un tiempo a arreglar gratis una cosa que alguien acaba de comprar.

garantizar *v.* **1.** Asegurar que algo se va a cumplir. **2.** Obligarse por un tiempo una empresa a arreglar gratis una cosa que alguien acaba de comprar.

garbanzo *s. m.* **1.** Planta de flores blancas y fruto en forma de vaina con semilla comestible, redonda y de color beis. **2.** Esta semilla. || **3. garbanzo negro** Persona que destaca por algo malo en una familia o grupo.

garbeo *s. m.* Paseo. **SIN.** Vuelta.

garbo *s. m.* Gracia y elegancia en la forma de hablar, moverse o comportarse. **SIN.** Salero.

garboso, sa *adj.* Que tiene garbo. **SIN.** Elegante, saleroso. **ANT.** Soso.

garceta *s. f.* Ave parecida a la garza, con las plumas blancas o grises, pico fino y cuello delgado. Vive en las orillas de ríos y lagunas.

garcilla *s. f.* Ave zancuda de cuerpo corto y alas robustas, que vive en zonas pantanosas.

gardenia *s. f.* **1.** Arbusto de tallo espinoso y unas bonitas flores blancas de muy buen olor. **2.** Esta flor.

garduña *s. f.* Pequeño mamífero carnívoro de cuerpo alargado, cuello largo y patas cortas. Su pelo es marrón y gris, con una mancha blanca en el pecho.

garete Se usa en la expresión **ir** o **irse** una cosa **al garete**, 'estropearse algo', 'irse a pique', 'fracasar'.

garfio *s. m.* Gancho de hierro que sirve para sujetar o agarrar algo.

gargajear *v.* Escupir gargajos.

gargajo *s. m.* Esputo, escupitajo.

garganta *s. f.* **1.** Parte delantera o interior del cuello. **2.** Paso estrecho y hondo entre dos montañas. **SIN. 1.** Gaznate. **2.** Desfiladero, cañón.

gargantilla *s. f.* Collar corto, muy ajustado al cuello.

gárgaras *s. f. pl.* Acción de tener un líquido en la garganta, con la boca abierta y hacia arriba, sin tragarlo y echando el aire para removerlo y hacer burbujas. || **LOC. mandar a hacer gárgaras** Echar a alguien o rechazar algo bruscamente. **SIN.** Gargarismo.

gargarismo *s. m.* Gárgaras.

gárgola *s. f.* Figura, generalmente en forma de animal imaginario, que hay en las cornisas de algunos edificios, como en las catedrales, para que salga el agua de lluvia.

garita *s. f.* Caseta o torrecita donde se mete un soldado, guarda, etc., para vigilar.

garito *s. m.* **1.** Casa de juego ilegal. **2.** Local de mala reputación. **SIN. 2.** Antro.

garlopa *s. f.* Cepillo de carpintero largo y con mango.

garnacha *adj.* y *s.* **1.** Variedad de uva, fina y dulce y de color negro rojizo. ‖ *s. f.* **2.** Vino que se obtiene de esta uva.

garra *s. f.* **1.** Uña fuerte y afilada que tienen algunos animales, como el león o el águila. **2.** Mano o pata de los animales que tienen estas uñas. **3.** *fam.* Atractivo, interés. **SIN.** 2. Zarpa. 3. Gancho, tirón.

garrafa *s. f.* Recipiente parecido a una botella grande.

garrafal *adj.* Se dice de los errores muy grandes o muy graves. **SIN.** Enorme, tremendo.

garrafón *s. m.* Garrafa grande. ‖ **LOC. de garrafón** Se dice de las bebidas alcohólicas de mala calidad.

garrapata *s. f.* Arácnido muy pequeño que vive en la piel o en el pelo de algunos animales para chuparles la sangre.

garrapiñado, da *adj.* y *s.* Cubierto de una capa rojiza y gruesa de azúcar hecho caramelo: *almendras garrapiñadas.*

garrapiñar *v.* Robar algo agarrándolo o tirando de ello.

garrido, da *adj.* Guapo, de buen aspecto. **SIN.** Gallardo, apuesto. **ANT.** Feo.

garriga *s. f.* Matorral formado por distintos arbustos espinosos y aromáticos que crece en zonas mediterráneas.

garrocha *s. f.* Vara larga con una punta de acero que se usa para picar a los toros. **SIN.** Pica, puya.

garrota *s. f.* Bastón grueso.

garrotazo *s. m.* Golpe dado con un garrote o algo parecido.

garrote *s. m.* **1.** Palo grueso y fuerte. ‖ **2. garrote vil** Antiguo instrumento en el que se ejecutaba a los condenados a muerte, estrangulándolos o partiéndoles el cuello. **SIN.** 1. Tranca.

garrucha *s. m.* Polea.

garrulo, la *adj.* y *s. fam.* Se dice de la persona ordinaria, que no sabe comportarse con educación. **SIN.** Paleto, patán.

gárrulo, la *adj.* **1.** Se dice de las aves que cantan o graznan mucho. **2.** Que habla mucho, charlatán.

garúa *s. f.* *Amér.* Llovizna.

garza *s. f.* Ave zancuda de pico largo y fuerte y plumaje blanco o gris claro, con un penacho de plumas en la cabeza. Vive en las orillas de lagos y pantanos y se alimenta de peces.

garzo, za *adj.* Azul; se dice sobre todo de los ojos.

gas *s. m.* **1.** Estado de la materia en que las moléculas están muy separadas y con muy poca fuerza de unión entre ellas. **2.** Combustible en este estado. ‖ *s. m. pl.* **3.** Aire que se produce en la digestión y se queda en el intestino. ‖ **4. gas noble** El que existe en la atmósfera en muy pequeña cantidad y se caracteriza por su inactividad química, por ejemplo, el neón. ‖ **LOC. a todo gas** A toda velocidad o con toda fuerza. **SIN.** 3. Flato.

gasa *s. f.* **1.** Tela muy fina y transparente. **2.** Tejido con los hilos muy separados que se usa sobre todo para cubrir heridas.

gascón, na *adj.* y *s.* **1.** De Gascuña, región de Francia. ‖ *s. m.* **2.** Dialecto hablado en Gascuña.

gasear *v.* **1.** Hacer que un líquido absorba gas. **2.** Hacer respirar gases asfixiantes o lacrimógenos a una persona o a un animal.

gaseoducto o **gasoducto** *s. m.* Tubería muy ancha y larga por la que se conducen gases combustibles desde lugares muy lejanos.

gaseosa *s. f.* Agua dulce con burbujas.

gaseoso, sa *adj.* **1.** En estado de gas. **2.** Se dice del líquido que tiene gas.

gasfíter, gásfiter o **gasfitero, ra** *s. m.* y *f. Amér.* Fontanero.

gasofa *s. f. fam.* Gasolina.

gasoil o **gasóleo** *s. m.* Combustible derivado del petróleo, parecido a la gasolina, con el que funcionan algunos vehículos y calefacciones.

gasolina *s. f.* Combustible líquido que se saca del petróleo y se usa en los motores de algunos vehículos y como disolvente.

gasolinera *s. f.* Lugar donde se venden gasolina y otros combustibles.

gasolinero, ra *s. m.* y *f.* Persona que trabaja en una gasolinera.

gastado, da 1. *p.* de **gastar**. También *adj.* ‖ *adj.* **2.** Estropeado por el uso.

gastador, ra *adj.* y *s.* **1.** Que gasta mucho dinero. ‖ *s. m.* **2.** Soldado especializado en hacer trincheras. **SIN.** 1. Derrochador, manirroto. 2. Zapador. **ANT.** 1. Ahorrador.

gastar *v.* **1.** Emplear dinero en algo. **2.** Utilizar una cosa que se está acabando. **3.** Desgastar. **4.** Llevar o usar una cosa corrientemente: *Gasta camisas de algodón.* ‖ **LOC. gastar una broma** Hacerla. **gastarlas** Comportarse alguien siempre de una manera; sobre todo se dice de una persona con mal genio: *Ten cuidado con él, ya sabes cómo las gasta.* **SIN.** 2. Consumir. **ANT.** 1. y 2. Ahorrar.

gasto *s. m.* Lo que se gasta de algo, sobre todo dinero. **SIN.** Consumo; desembolso. **ANT.** Ahorro.

gástrico, ca *adj.* Del estómago o relacionado con él. **SIN.** Estomacal.

gastritis *s. f.* Inflamación de la capa epitelial que recubre el estómago, que produce dolor.

gastroenteritis *s. f.* Inflamación del estómago y del intestino que produce dolor y diarrea.

gastrointestinal *adj.* Del estómago y del intestino.

gastronomía *s. f.* Conocimientos sobre las distintas formas de preparar la comida. **SIN.** Cocina.

gastronómico, ca *adj.* De la gastronomía. **SIN.** Culinario.

gástrula *s. f.* Fase del desarrollo del embrión que sigue a la de blástula. En esta fase aparecen tres capas celulares de las que se formarán los distintos órganos del feto.

gatear *v.* **1.** Andar a gatas. **2.** Subir por un muro o por un árbol como lo hacen los gatos. **SIN. 2.** Trepar.

gatera *s. f.* Agujero en una pared o en una puerta para que entren y salgan los gatos y otros animales pequeños.

gatillo *s. m.* Palanca de las pistolas y otras armas de fuego que se aprieta con el dedo para disparar.

gato, ta *s. m.* y *f.* **1.** Pequeño mamífero del grupo de los felinos, con las orejas de punta, la cola larga y el pelo muy suave. Tiene las patas cortas, con afiladas uñas retráctiles, y suele vivir en las casas como animal de compañía. || *s. m.* **2.** Instrumento que se usa para levantar grandes pesos a poca altura. || **LOC. a gatas** Apoyado en las manos y los pies o las rodillas, como los gatos: *andar a gatas.* **dar gato por liebre** Dar una cosa mala por una buena. **haber gato encerrado** Haber algo raro o sospechoso. **llevarse el gato al agua** Ser uno entre varios el que consigue alguna cosa. **SIN. 1.** Minino.

gatuno, na *adj.* Propio del gato.

gaucho, cha *adj.* y *s. m.* **1.** Vaquero de las grandes llanuras de Argentina y Uruguay. || *adj.* **2.** Propio de ellos: *costumbres gauchas.*

gaveta *s. f.* **1.** Cajón, especialmente el de un escritorio. **2.** Mueble con uno o varios de estos cajones.

gavia *s. f.* **1.** Vela que se pone en la parte alta de algunos de los palos de un barco. **2.** Plataforma colocada en el palo mayor de un barco. **SIN. 2.** Cofa.

gavial *s. m.* Cocodrilo de hocico muy largo y estrecho que habita en los ríos de la India.

gavilán *s. m.* Ave rapaz pequeña, gris azulada por arriba con rayas rojizas por debajo en el macho y gris pardas en la hembra.

gavilla *s. f.* Conjunto de ramas, espigas o cosas parecidas, atadas o sujetas. **SIN.** Manojo, haz.

gavión *s. m.* Gaviota de gran tamaño.

gaviota *s. f.* Ave de plumas blancas y grises con el pico largo y terminado en gancho. Sus patas son apropiadas para nadar y vive cerca del agua, generalmente en las costas.

gay (del ingl.) *adj.* **1.** Relacionado con los homosexuales. || *adj.* y *s.* **2.** Homosexual, sobre todo el masculino.

gayumbos *s. m. pl. fam.* Calzoncillos.

gazapo¹ *s. m.* Cría del conejo.

gazapo² *s. m.* Equivocación al hablar o escribir. **SIN.** Errata, error.

gazmoñería *s. f.* Característica de la persona gazmoña. **SIN.** Mojigatería, puritanismo.

gazmoño, ña *adj.* y *s.* Cursi, ñoño. **SIN.** Mojigato, puritano.

gaznate *s. m.* Parte de arriba de la garganta.

gazpacho *s. m.* Plato frío que se elabora con tomates, pepinos, pimientos y otras hortalizas, crudas y muy picadas, ajo, aceite, vinagre y sal.

gazuza *s. f. fam.* Hambre.

géiser *s. m.* Chorro de agua caliente y vapor que sale de la tierra y suele aparecer en regiones donde hay volcanes.

geisha (jap.) *s. f.* En Japón, mujer que se dedica a entretener y dar agradable compañía a los hombres.

gel *s. m.* **1.** Jabón líquido de ducha y baño. **2.** Pasta transparente con la que se hacen medicinas y productos de belleza.

gelatina *s. f.* Sustancia espesa y transparente, como la que se hace cociendo huesos y ternillas o frutas.

gelatinoso, sa *adj.* Que tiene gelatina o parece gelatina.

gélido, da *adj.* Helado, muy frío. **SIN.** Congelado, glacial. **ANT.** Caliente.

gema *s. f.* Piedra preciosa.

gemación *s. f.* Forma de reproducción asexual de algunos seres vivos inferiores, como los pólipos, en la que estos producen un abultamiento que, al desarrollarse y desprenderse, da origen a un nuevo individuo.

gemelo, la *adj.* y *s.* **1.** Cada uno de los dos niños o crías de animal que nacen de un mismo parto, especialmente los que se originan a partir de un único óvulo y son prácticamente iguales. || *adj.* **2.** Se dice de dos cosas iguales que están juntas: *columnas gemelas.* ‖ *s. m.* **3.** Músculo de la pantorrilla, formado por dos músculos finos que terminan en un solo tendón. ‖ *s. m. pl.* **4.** Dos piezas unidas por una barrita o cadenita con que se abrochan los puños de las camisas. **5.** Prismáticos. **SIN. 1.** Mellizo. **5.** Anteojos.

gemido *s. m.* Sonido que expresa pena, dolor y otros sentimientos. **SIN.** Lamento, quejido.

Géminis *n. pr.* Tercer signo del Zodiaco (del 20 de mayo al 21 de junio).

gemir *v.* Dar gemidos. □ Es v. irreg. Se conjuga como *pedir.* **SIN.** Sollozar.

gemología *s. f.* Parte de la geología que estudia las piedras preciosas.

gen *s. m.* Fragmento de los cromosomas de las células; a través de los genes pasan a los hijos las características de los padres, como la raza o el color del pelo.

genciana *s. f.* Planta de hojas grandes, flores amarillas. Su raíz se usa para mejorar la digestión o bajar la fiebre.

gendarme *s. m.* En Francia y otros países, agente de policía.

gendarmería *s. f.* **1.** Cuerpo de policía formado por gendarmes. **2.** Puesto de gendarmes.

genealogía *s. f.* **1.** Antepasados de cada persona. **2.** Escrito o cuadro en que figuran los antepasados de una persona. **SIN. 1.** Linaje, estirpe.

genealógico, ca *adj.* De la genealogía o relacionado con ella.

generación *s. f.* **1.** Acción de generar. **2.** Conjunto de personas que viven en una misma época y tienen edades parecidas.

generacional *adj.* De las generaciones o relacionado con ellas.

generador, ra *adj.* y *s.* **1.** Que genera o produce. ‖ *s. m.* **2.** Aparato que produce energía: *generador eléctrico.*

general *adj.* **1.** Que se puede decir de todo un conjunto de personas o cosas o de la mayoría. **2.** Que no es exacto o preciso. ‖ *s. m.* y *f.* **3.** Grado militar superior al de coronel. ‖ *s. m.* **4.** Superior o superiora de una orden religiosa. ‖ **LOC. en general** o **por lo general** Generalmente; también, sin referirse a una persona o cosa en concreto. **SIN. 1.** Genérico, colectivo, común. **ANT. 1.** Particular.

generala *s. f.* **1.** Toque militar que avisa a las tropas para que se preparen con las armas. **2.** Mujer del general.

generalato *s. m.* **1.** Grado de general. **2.** Conjunto de los generales de un ejército.

generalidad *s. f.* **1.** La mayoría de las personas o cosas de un conjunto. ‖ *s. f. pl.* **2.** Cosas generales o poco exactas: *hablar de generalidades.* **SIN. 1.** Colectividad. **2.** Vaguedades. **ANT. 1.** Minoría.

generalización *s. f.* Acción de generalizar.

generalizar *v.* Hacer algo general, extenderlo a muchas personas. **SIN.** Difundir; pluralizar. **ANT.** Particularizar.

generalmente *adv.* Casi siempre.

generar *v.* **1.** Producir, causar. **2.** Dar vida a un nuevo ser. **SIN. 1.** Originar. **2.** Engendrar.

generatriz *adj.* y *s. f.* En geometría, se dice de la línea o figura que al moverse produce otra figura o cuerpo geométrico.

genérico, ca *adj.* **1.** Común a todo lo que entra dentro de un género o conjunto. ‖ *adj.* y *s. m.* **2.** Medicamento que no se vende con un nombre comercial sino con el de la sustancia que lo compone. **SIN. 1.** General, colectivo. **2.** Específico. **ANT. 1.** Específico.

género *s. m.* **1.** Conjunto de personas, animales, plantas o cosas que tienen características comunes. **2.** Cosas que se venden en una tienda: *Amplió los escaparates para que se viera mejor el género.* **3.** Tela, tejido. **4.** Categoría gramatical según la cual las palabras pueden ser masculinas, femeninas o neutras. **5.** Cada uno de los tipos en que se agrupan las obras artísticas: *género policiaco.* **SIN. 1.** Grupo, clase. **2.** Artículos.

generosidad *s. f.* Característica de las personas generosas. **SIN.** Esplendidez. **ANT.** Tacañería.

generoso, sa *adj.* **1.** Que da o reparte lo que tiene. **2.** Abundante: *una generosa ración.* **SIN. 1.** Espléndido, desprendido. **2.** Copioso. **ANT. 1.** Tacaño. **2.** Escaso.

génesis *s. f.* Creación o formación de una cosa: *la génesis de las montañas.*

genética *s. f.* Ciencia que estudia las características que se heredan en los seres vivos.

genético, ca *adj.* Relacionado con los genes o la genética.

genial *adj.* **1.** Muy inteligente, con mucho talento. ‖ *adj.* y *adv.* **2.** Muy bueno, extraordinariamente: *Lo pasamos genial.* **SIN. 1.** Brillante. **2.** Fenomenal. **ANT. 1.** Mediocre. **2.** Fatal.

genialidad *s. f.* **1.** Característica de la persona que es un genio. **2.** Cosa ingeniosa y original que se dice o se hace.

genio *s. m.* **1.** Persona muy inteligente o con mucho talento. **2.** Mal humor. **3.** Personaje fantástico de los cuentos, que tiene poderes mágicos. **SIN. 1.** Lumbrera. **3.** Duende. **ANT. 1.** Nulidad. **2.** Simpatía.

germinar

genital *adj.* **1.** De los órganos reproductores o relacionado con ellos. ‖ *s. m. pl.* **2.** Órganos sexuales.

genocida *adj.* y *s.* Que comete genocidio.

genocidio *s. m.* Exterminio de un pueblo, una raza o un grupo de personas.

genoma *s. m.* Conjunto de los cromosomas que hay en una célula.

genotipo *s. m.* Conjunto de los genes de un individuo.

genovés, sa *adj.* y *s.* De Génova, ciudad de Italia.

gente *s. f.* **1.** Las personas en general. ‖ **2. gente bien** La de clase social elevada.

gentil *adj.* Amable, educado. **SIN.** Atento. **ANT.** Grosero.

gentileza *s. f.* **1.** Amabilidad. **2.** Cosa que se hace o se regala por cortesía.

gentilhombre *s. m.* Noble que servía al rey en la corte.

gentilicio, cia *adj.* y *s. m.* Palabra que indica el país o lugar de donde es una persona o cosa, por ejemplo, *español*.

gentío *s. m.* Gran cantidad de gente. **SIN.** Muchedumbre, multitud.

gentleman (ingl.) *s. m.* Hombre que se caracteriza por su distinción, elegancia y comportamiento noble. **SIN.** Caballero.

gentuza *s. f.* Mala gente. **SIN.** Chusma, plebe.

genuflexión *s. f.* Hecho de doblar la rodilla ante alguien o algo para mostrar respeto. **SIN.** Reverencia.

genuino, na *adj.* Auténtico, puro. **SIN.** Verdadero. **ANT.** Falso.

geo (siglas de *grupo especial de operaciones*) *s. m.* y *f.* Miembro de un cuerpo de la policía española especializado en operaciones muy arriesgadas.

geografía *s. f.* Ciencia que estudia el aspecto exterior de la Tierra, sus montañas, ríos, regiones, países, etc.

geográfico, ca *adj.* De la geografía.

geógrafo, fa *s. m.* y *f.* Persona que se dedica a la geografía.

geoide *s. m.* Forma teórica de la Tierra, que se determina tomando como superficie el nivel medio de los mares.

geología *s. f.* Ciencia que estudia los materiales y la formación de la Tierra.

geológico, ca *adj.* De la geología.

geólogo, ga *s. m.* y *f.* Persona que se dedica a la geología.

geometría *s. f.* Parte de las matemáticas que estudia los puntos, las líneas y las figuras.

geométrico, ca *adj.* **1.** De la geometría o relacionado con ella. **2.** Se dice de los dibujos hechos con líneas rectas y curvas muy perfectas.

georgiano, na *adj.* y *s.* **1.** De Georgia, país limítrofe entre Europa y Asia que perteneció a la antigua Unión Soviética. **2.** De Georgia, estado de los Estados Unidos. ‖ *s. m.* **3.** Idioma hablado en la república de Georgia.

geotérmico, ca *adj.* Relacionado con el calor del interior de la Tierra: *energía geotérmica*.

geotropismo *s. m.* Movimiento de las plantas con respecto a la gravedad terrestre; los tallos crecen hacia arriba, mientras que las raíces lo hacen hacia abajo.

geranio *s. m.* Planta de tallo y hojas fuertes y flores de colores muy vivos.

gerbo *s. m.* Jerbo.

gerencia *s. f.* **1.** Cargo y actividad del gerente. **2.** Gerente o conjunto de gerentes. **SIN. 1.** Dirección.

gerente *s. m.* y *f.* Persona que dirige una empresa.

geriatra *s. m.* y *f.* Médico especialista en geriatría.

geriatría *s. f.* Rama de la medicina que estudia y trata las enfermedades de los ancianos. **SIN.** Gerontología.

geriátrico, ca *adj.* **1.** Relacionado con la geriatría. ‖ *adj.* y *s. m.* **2.** Se dice del hospital o residencia que se ocupa del cuidado de personas ancianas.

gerifalte *s. m. fam.* Persona muy importante o con mucho poder.

germanía *s. f.* Lenguaje de los ladrones y delincuentes en los siglos XVI y XVII.

germánico, ca *adj.* **1.** De Germania, antigua región del centro de Europa. **2.** Alemán. ‖ *adj.* y *s. m.* **3.** Se dice de un grupo de lenguas que hablaban los pueblos germanos.

germanismo *s. m.* Palabra o expresión del alemán que se usa en otra lengua.

germano, na *adj.* y *s.* **1.** De Germania, antigua región europea. **2.** Alemán. **SIN. 1.** y **2.** Germánico. **2.** Teutón.

germen *s. m.* **1.** Microorganismo que puede producir enfermedades. **2.** Tallito que empieza a salir de una semilla. **3.** Origen o causa. **SIN. 3.** Raíz.

germinación *s. f.* Acción de germinar. **SIN.** Brote.

germinar *v.* Empezar a desarrollarse una semilla para formar una planta.

gerontología s. f. Parte de la medicina que estudia las enfermedades y los problemas de la vejez. **SIN.** Geriatría.

gerundense adj. y s. De Gerona, ciudad y provincia españolas.

gerundio s. m. Forma no personal del verbo, acabada en -ando o -iendo, que expresa una acción que se está produciendo.

gesta s. f. Acción valiente y muy importante, sobre todo de guerra. **SIN.** Hazaña, proeza.

gestación s. f. **1.** Proceso de formación de los hijos dentro de la madre. **2.** Preparación, elaboración. **SIN. 1.** Embarazo. **2.** Formación.

gestante adj. y s. f. Se dice de la mujer embarazada.

gestar v. **1.** Tener la madre a su hijo dentro de ella desde el principio hasta el parto. ‖ **gestarse 2.** Formarse, desarrollarse.

gesticulación s. f. Acción de gesticular. **SIN.** Gesto.

gesticular v. Hacer gestos.

gestión s. f. **1.** Lo que se hace para conseguir algo o resolver un asunto. **2.** Dirección y organización de una empresa o un asunto. **SIN. 1.** Trámite, diligencia. **2.** Administración.

gestionar v. **1.** Hacer gestiones o trámites. **2.** Dirigir, organizar: gestionar el tráfico. **SIN. 1.** Tramitar. **2.** Administrar.

gesto s. m. **1.** Movimiento de la cara o de las manos que, normalmente, expresa algo. **2.** Acción que alguien realiza movido por un impulso o sentimiento: Le perdonó en un gesto de generosidad. **SIN. 1.** Seña, visaje.

gestor, ra adj. y s. Que gestiona algo.

gestoría s. f. Oficina que resuelve asuntos a sus clientes.

gestual adj. De los gestos o que se hace con gestos: lenguaje gestual.

ghanés, sa adj. y s. De Ghana, país africano.

giba s. f. Joroba, chepa.

gibar v. fam. Molestar, fastidiar.

gibón s. m. Mono de brazos muy largos, que puede caminar a dos patas y vive en los árboles. Habita en Asia.

giboso, sa adj. y s. Que tiene giba.

gibraltareño, ña adj. y s. De Gibraltar, territorio británico situado en el sur de España.

giga s. m. acort. de gigabyte.

gigabyte (ingl.) s. m. Unidad de medida informática que equivale a 1 024 megabytes.

gigante, ta s. m. y f. **1.** Personaje fantástico de gran estatura. **2.** Figura típica de algunas fiestas: dentro de ella va una persona, y representa a un hombre o una mujer muy altos. **3.** Persona muy alta. ‖ s. m. **4.** Persona muy buena en una actividad. ‖ **gigante** adj. **5.** Muy grande: tamaño gigante. **SIN. 4.** Coloso, monstruo. **5.** Enorme. **ANT. 1.**, **3.** y **5.** Enano. **3.** Retaco. **5.** Pequeño.

gigantesco, ca adj. Muy grande, enorme. **SIN.** Colosal.

gigantismo s. m. Enfermedad que hace aumentar excesivamente el tamaño del cuerpo o de algunas partes de él.

gigantón, na s. m. y f. **1.** Persona muy grande. **2.** Gigante de las fiestas populares.

gigoló s. m. Hombre joven que mantiene relaciones sexuales con mujeres a cambio de dinero.

gijonés, sa o **gijonense** adj. y s. De Gijón, ciudad española.

gilipollas adj. y s. vulg. Tonto, estúpido.

gilipollez s. f. vulg. Tontería.

gilipuertas adj. y s. vulg. Gilipollas.

gillette (ingl., marca registrada) s. f. **1.** Hoja para maquinillas de afeitar. **2.** Maquinilla de afeitar desechable.

gimnasia s. f. **1.** Ejercicios que se hacen para dar fuerza y agilidad al cuerpo. ‖ **2. gimnasia sueca** La que consiste en flexiones y movimientos sin utilizar aparatos.

gimnasio s. m. Local con instalaciones y aparatos para hacer gimnasia o practicar algún deporte.

gimnasta s. m. y f. Persona que se dedica a hacer gimnasia.

gimnástico, ca adj. De gimnasia: ejercicios gimnásticos.

gimnosperma adj. y s. f. Se dice de las plantas que no tienen frutos.

gimotear v. Empezar como a llorar, pero sin llegar a hacerlo. **SIN.** Lloriquear, gemir.

gimoteo s. m. Acción de gimotear.

gincana s. f. Yincana.

ginebra s. f. Bebida alcohólica fuerte y de color transparente, elaborada con ciertas semillas y con bayas de enebro.

gineceo s. m. **1.** Pistilo. **2.** Entre los antiguos griegos, habitaciones destinadas a las mujeres.

ginecología s. f. Parte de la medicina que se dedica al tratamiento de las enfermedades de los órganos sexuales de la mujer.

ginecólogo, ga s. m. y f. Médico especializado en ginecología.

gineta s. f. Jineta, mamífero carnívoro.

gingival adj. De las encías o relacionado con ellas.

gingivitis s. f. Inflamación de las encías.

ginseng *s. m.* Planta originaria de Asia cuya raíz posee propiedades medicinales.

gira *s. f.* **1.** Viaje por varios lugares, volviendo luego al lugar de donde se ha salido. **2.** Serie de actuaciones musicales o artísticas por varios lugares. **SIN. 1.** Recorrido, *tour*. **1.** y **2.** *Tournée.*

giradiscos *s. m.* Pieza del tocadiscos o del equipo de música sobre la que se pone el disco para que dé vueltas. **SIN.** Plato.

giralda *s. f.* Veleta con forma de persona o de animal.

girar *v.* **1.** Dar vueltas. **2.** Cambiar de dirección. **3.** Tratar algo sobre un tema. **4.** Enviar dinero por correo o telégrafo. **SIN. 1.** Rotar. **2.** Torcer, doblar. **3.** Hablar, ocuparse.

girasol *s. m.* Planta de tallo largo, hojas en forma de corazón y flor amarilla y grande que gira siguiendo la luz del sol. Sus semillas (pipas) son comestibles y de ellas se obtiene aceite.

giratorio, ria *adj.* Que gira.

giro *s. m.* **1.** Acción de girar. **2.** Frase, expresión. **3.** Envío de dinero por correo o telégrafo. **SIN. 1.** Vuelta. **2.** Construcción.

girola *s. f.* Galería que rodea por detrás el altar mayor de algunas iglesias.

gitano, na *adj.* y *s.* **1.** De un pueblo, habitualmente errante, que procedía de la India y se ha extendido por Europa y otras partes. ‖ *s. m.* **2.** Lengua hablada por esta raza. ‖ **LOC. que no se lo salta un gitano** Muy grande o muy bueno. **SIN. 1.** Calé. **2.** Caló.

glaciación *s. f.* Cada uno de los periodos, hace miles de años, en que se produjo en la Tierra un gran descenso de la temperatura.

glacial *adj.* **1.** Helado, muy frío. **2.** Se dice de las zonas de la Tierra cercanas a los polos. **SIN. 1.** Gélido. **1.** y **2.** Polar. **ANT. 1.** Caliente. **2.** Tropical.

glaciar *s. m.* Masa de hielo que se desliza lentamente por las montañas formando una especie de río.

gladiador *s. m.* Luchador del circo romano.

gladiolo o **gladíolo** *s. m.* Planta de jardín con hojas en forma de espada y flores agrupadas en espiga.

glamour (ingl.) *s. m.* Atractivo, encanto.

glande *s. m.* Parte final del pene.

glándula *s. f.* Órgano de los animales que produce determinadas sustancias, como la saliva, las lágrimas o el sudor.

glasé (del fr.) *adj.* Se dice del azúcar molido utilizado en pastelería que, disuelto en agua, forma una capa compacta al hacerse sólido. Se le llama también *azúcar glas*.

glaseado, da **1.** *p.* de glasear. ‖ *adj.* **2.** Recubierto de azúcar derretido y clara de huevo: *bizcocho glaseado.*

glasear *v.* Recubrir un dulce con una capa hecha de azúcar derretido y clara de huevo.

glaucoma *s. m.* Enfermedad de los ojos en que las pupilas toman color verdoso y que se caracteriza por la pérdida de visión e intensos dolores.

glicerina *s. f.* Líquido espeso y sin color que se usa para hacer productos de belleza y farmacia, y para preparar nitroglicerina, base de la dinamita.

global *adj.* General, de todo: *examen global.* **SIN.** Total, entero. **ANT.** Parcial.

globalización *s. f.* Acción de globalizar.

globalizar *v.* Hacer que algo sea global o total.

globo *s. m.* **1.** Especie de bolsa de goma o material flexible, llena de aire o gas, que se usa para jugar o como adorno. **2.** Vehículo volador formado por una bolsa redondeada, llena de aire caliente o de un gas más ligero que el aire, de la que cuelga una barquilla para los viajeros. Se llama también *globo aerostático.* **3.** Objeto más o menos redondo: *globo de luz.* ‖ **4. globo terráqueo** El planeta Tierra; también, esfera con la que se representa. **SIN. 2.** Aeróstato.

glóbulo *s. m.* **1.** Célula de la sangre. ‖ **2. glóbulo blanco** El que se encarga de destruir los microbios y partículas perjudiciales. **3. glóbulo rojo** El que lleva el oxígeno a través del organismo.

gloria *s. f.* **1.** Según algunas religiones, lugar donde se encuentra Dios y donde, después de la muerte, las personas buenas gozan de él. **2.** Gran fama. **3.** Gran placer o satisfacción. ‖ *s. m.* **4.** Oración o cántico de la misa que empieza por las palabras en latín *Gloria in excelsis Deo* (Gloria a Dios en el cielo). ‖ **LOC. en la gloria** Muy a gusto. **saber a gloria** Tener muy buen sabor. **SIN. 1.** Cielo, paraíso. **2.** Renombre, celebridad. **3.** Deleite. **ANT. 1.** Infierno. **2.** Fracaso.

gloriar *v.* **1.** Glorificar, alabar. ‖ **gloriarse 2.** Presumir, sentirse orgulloso. ‖ **3.** Sentirse muy alegre y feliz. **SIN. 2.** Vanagloriarse, jactarse, alardear.

glorieta *s. f.* **1.** Plaza donde van a parar varias calles. **2.** Plazoleta de un jardín o parque.

glorificar *v.* Alabar: *glorificar a Dios.* **SIN.** Ensalzar, enaltecer, gloriar. **ANT.** Ofender.

glorioso, sa *adj.* Que tiene gloria o fama, o es digno de ella: *una hazaña gloriosa.* **SIN.** Memorable, honroso. **ANT.** Deshonroso.

glosa *s. f.* Explicación o comentario que se hace sobre un texto.

glosar *v.* Explicar o comentar.

glosario *s. m.* Vocabulario que explica las palabras difíciles o dudosas de un texto.

glotis *s. f.* Espacio de la laringe situado entre las cuerdas vocales.

glotón, na *adj. y s.* Que come mucho. **SIN.** Comilón, tragón.

glotonear *v.* Comer mucho y con ansia.

glotonería *s. f.* Característica de las personas glotonas. **SIN.** Gula, ansia. **ANT.** Desgana.

glucemia *s. f.* Concentración de azúcar en la sangre.

glúcido *s. m.* Hidrato de carbono.

glucosa *s. f.* Glúcido que se encuentra en la miel, la fruta y en la sangre de las personas y animales, a los que proporciona energía.

gluten *s. m.* Sustancia muy nutritiva que se obtiene del trigo.

glúteo *s. m.* Cada uno de los tres músculos que forman las nalgas.

gneis *s. m.* Roca de grano grueso que tiene capas alternas de minerales claros y oscuros.

gnomo *s. m.* Hombrecillo de algunos cuentos y leyendas, que vive en los bosques y tiene poderes mágicos.

gobernabilidad *s. f.* Cualidad de lo que puede ser gobernado.

gobernación *s. f.* Acción de gobernar. **SIN.** Gobierno, administración, dirección.

gobernador, ra *s. m. y f.* Persona que gobierna una ciudad o territorio.

gobernanta *s. f.* Mujer que en los grandes hoteles se encarga de mantenerlo todo limpio y cuidado.

gobernante *adj. y s.* Que gobierna, especialmente un país. **SIN.** Dirigente.

gobernar *v.* **1.** Dirigir o mandar, sobre todo en un país. **2.** Guiar un barco. □ Es v. irreg. Se conjuga como *pensar*. **SIN. 1.** Regir, administrar. **2.** Pilotar.

gobierno *s. m.* **1.** Acción de gobernar. ‖ *n. pr. m.* **2.** Conjunto de personas y organismos que gobiernan un país. **SIN. 1.** Administración, pilotaje. **2.** Gabinete.

gobio *s. m.* Pequeño pez marino o de río, con unas barbillas en la boca y manchas oscuras en el lomo.

goce *s. m.* Acción de gozar, placer. **SIN.** Delicia, gozo. **ANT.** Sufrimiento.

godo, da *adj. y s.* De un antiguo pueblo que procedía del norte de Europa y se estableció en España e Italia.

gofio *s. m.* Alimento típico de las islas Canarias y algunos países de Hispanoamérica elaborado con harina tostada de maíz.

gofre (marca registrada) *s. m.* Pastel rectangular con un relieve en forma de rejilla, que se toma caliente.

gogó Se usa en la expresión **a gogó**, 'en mucha cantidad'.

gol *s. m.* En fútbol y otros deportes, hecho de meter la pelota en la portería y conseguir un tanto.

gola *s. f.* Adorno de tela plegada o rizada, que se ponía antiguamente alrededor del cuello.

golazo *s. m.* Gol conseguido mediante un potente disparo o una jugada muy buena.

goleada *s. f.* Muchos goles que marca un equipo durante un partido.

goleador, ra *s. m. y f.* Jugador que marca muchos goles.

golear *v.* Marcar muchos goles al equipo contrario.

goleta *s. f.* Barco de vela ligero con dos o tres palos.

golf (del ingl.) *s. m.* Deporte que consiste en meter una pequeña pelota, golpeándola con un bastón especial, en una serie de hoyos muy alejados unos de otros.

golfante *adj. y s.* Golfo, persona holgazana y juerguista.

golfear *v.* Portarse como un golfo.

golfería *s. f.* **1.** Comportamiento o acción propia de un golfo. **2.** Grupo de golfos. **SIN. 1.** Sinvergonzonería, pillería.

golfista *s. m. y f.* Jugador de golf.

golfo *s. m.* Extensión grande de mar que entra en la costa.

golfo, fa *adj. y s.* **1.** Persona holgazana y juerguista. ‖ *s. f.* **2.** Prostituta. **SIN. 1.** Vago, sinvergüenza.

golilla *s. f.* Adorno de tela almidonada que se ponían antiguamente los hombres en el cuello.

gollería *s. f.* Adorno o complicación innecesaria. **SIN.** Floritura.

gollete *s. m.* Cuello de las botellas y recipientes parecidos.

golondrina *s. f.* Pájaro pequeño, de color oscuro y negro por arriba y blanco por abajo, con el pico corto, las alas largas y puntiagudas y la cola larga, terminada en dos puntas.

golondrino *s. m.* **1.** Cría de la golondrina. **2.** Bulto doloroso que sale en el sobaco.

golosear *v.* Comer o buscar golosinas continuamente.

golosina *s. f.* Cosa dulce de comer, como los caramelos.

goloso, sa *adj.* y *s.* **1.** Se dice de la persona a la que le gustan mucho los dulces. || *adj.* **2.** Se dice de algo que es muy bueno y codiciado. **3.** Sucio, manchado: *¡Lávate bien, que bienes goloso!* **SIN. 2.** Deseable, tentador.

golpe *s. m.* **1.** Hecho de chocar bruscamente una cosa con otra. **2.** Desgracia, disgusto. **3.** Atraco, robo. **4.** Cosa graciosa o ingeniosa. || **5. golpe bajo** En boxeo, el que se da por debajo de la cintura y no vale; también, faena, mala pasada. **6. golpe de Estado** Acción por la que un grupo, militar o armado, se apodera por la fuerza del gobierno de un país. **7. golpe de mano** Acción de guerra rápida y por sorpresa. || **LOC. a golpe de** Haciendo o usando algo: *Fuimos al pueblo a golpe de pedal*. **de golpe** De una vez o de repente. **no dar ni golpe** No trabajar. **SIN. 1.** Impacto, colisión. **2.** Adversidad, revés. **3.** Asalto. **4.** Salida, ocurrencia.

golpear *v.* Dar uno o más golpes. **SIN.** Pegar, atizar.

golpetazo *s. m.* Golpe fuerte.

golpetear *v.* Dar muchos golpes seguidos. **SIN.** Repiquetear.

golpista *adj.* y *s.* Del golpe de Estado o que participa en un golpe de Estado.

golpiza *s. f. Amér.* Paliza.

goma *s. f.* **1.** Material elástico que se obtiene de algunas plantas o se hace artificialmente. **2.** Tira o hilo de este material. **3.** Trozo del mismo material que se usa para borrar. **4.** Pegamento líquido. || **5. goma de mascar** Chicle. **SIN. 1.** Caucho. **3.** Borrador. **4.** Cola.

gomaespuma *s. f.* Material ligero y elástico con el que se hacen almohadas y colchones.

gomero *s. m. Amér.* Árbol que produce el caucho o goma.

gomero, ra *adj.* y *s.* De La Gomera, isla de las Canarias (España).

gomina *s. f.* Crema para fijar el pelo.

gominola (marca registrada) *s. f.* Caramelo blando y masticable.

gónada *s. f.* Glándula sexual de los seres humanos y de numerosos animales. La masculina es el testículo, que produce los espermatozoides, y la femenina, el ovario, que produce los óvulos.

góndola *s. f.* Barca típica de Venecia, que tiene los extremos curvados hacia arriba y se mueve con un solo remo.

gondolero, ra *s. m.* y *f.* Persona que conduce una góndola.

gong o **gongo** (del ingl.) *s. m.* Disco de metal que se golpea con una maza para que produzca sonido.

gonorrea *s. f.* Infección de los genitales que se contagia a través del acto sexual.

gordezuelo, la *adj.* Se dice de la persona un poco gorda y de sus miembros.

gordinflas *adj.* y *s. fam.* Gordo, gordinflón.

gordinflón, na *adj.* y *s. fam.* Persona muy gorda.

gordo, da *adj.* **1.** Que tiene mucho grosor o abulta mucho. **2.** Se dice del dedo más grueso de la mano o del pie. **3.** Grave, importante. || *adj.* y *s.* **4.** Se dice de la persona o animal que tiene mucha carne o grasa. || *adj.* y *s. m.* **5.** Primer premio de la lotería. || *s. m.* **6.** Grasa de la carne. || **LOC. caer gordo** alguien Resultar antipático. **ni gorda** Nada en absoluto. **SIN. 1.** y **4.** Grueso. **3.** Serio, considerable. **4.** Obeso. **6.** Sebo. **ANT. 1.** Fino. **1.** y **4.** Delgado. **4.** Flaco. **6.** Magro.

gordura *s. f.* Hecho de estar gordo. **SIN.** Obesidad.

gore (ingl.) *adj.* y *s. m.* Se dice de un género de películas en las que se muestran escenas muy sangrientas.

gore-tex o **goretex** (marca registrada) *s. m.* Material impermeable que permite el paso de la transpiración.

gorgojo *s. m.* Insecto coleóptero muy pequeño que vive en los granos de algunas plantas y que es perjudicial para ellas.

gorgonzola *s. m.* Queso italiano de textura cremosa y sabor fuerte.

gorgorito *s. m.* Sonido que se hace con voz aguda y que está formado por otros sonidos cortos y muy seguidos, sobre todo al cantar.

gorguera *s. f.* Antiguo adorno hecho con una tira de tela plegada o rizada, que se ponía en el cuello.

gorila *s. m.* El mono más grande y fuerte de todos; tiene el pelo muy oscuro y vive en los bosques de África.

gorjear *v.* Hacer gorjeos, especialmente los pájaros. **SIN.** Trinar.

gorjeo *s. m.* Cambio rápido de sonidos agudos que se hace con la voz, sobre todo los pájaros. **SIN.** Trino.

gorra *s. f.* Gorro sin copa ni alas y con visera. || **LOC. con la gorra** Fácilmente, sin esfuerzo. **de gorra** Gratis.

gorrinada *s. f.* **1.** Suciedad, porquería. **2.** Acción sucia o indecente. **SIN. 2.** Guarrada, cochinada, marranada. **ANT. 1.** Limpieza.

gorrino, na *s. m.* y *f.* **1.** Cerdo. ‖ *adj.* y *s.* **2.** *fam.* Persona sucia. **SIN.** 1. y 2. Puerco, cochino. **ANT.** 2. Limpio.

gorrión, na *s. m.* y *f.* Pájaro pequeño de pico corto y plumaje pardo. Se alimenta de granos e insectos y es muy común en España.

gorro *s. m.* Prenda con que se tapa la cabeza, sobre todo la que no tiene alas ni visera. ‖ **LOC. hasta el gorro** Harto. **SIN.** Sombrero.

gorrón, na *adj.* y *s.* Persona que gorronea. **SIN.** Aprovechado.

gorronear *v.* Vivir, comer o divertirse a costa de otros, sin pagar.

gota *s. f.* **1.** Parte pequeña y redonda de líquido que se desprende. **2.** Pequeña cantidad. **3.** Enfermedad muy dolorosa que hace que se hinchen algunas articulaciones, sobre todo el dedo gordo del pie. ‖ **LOC. ni gota** Nada. **sudar la gota gorda** Trabajar o esforzarse mucho. **SIN.** 2. Chispa, pizca. **ANT.** 2. Montón.

gotear *v.* Caer o dejar caer un líquido gota a gota.

gotelé *s. m.* Técnica para pintar paredes consistente en echar gotas de pintura espesa que dan aspecto de granos.

goteo *s. m.* Acción de gotear.

gotera *s. f.* Agujero o grieta en el techo o la pared por donde se cuela el agua.

gotero *s. m.* **1.** Aparato con el que se introduce líquido o medicamentos gota a gota a través de una vena. **2.** *Amér.* Cuentagotas.

goterón *s. m.* Gota muy grande.

gótico, ca *adj.* y *s. m.* **1.** Estilo artístico europeo que se desarrolló entre los siglos XII y XVI, caracterizado principalmente por sus edificios, muy altos y con arcos y otros elementos acabados en punta, y por la representación de las figuras humanas con realismo. ‖ *adj.* **2.** Se dice de un tipo de letra de trazos rectos y puntiagudos. ‖ *s. m.* **3.** Lengua de los godos.

gotoso, sa *adj.* y *s.* Enfermo de gota.

gouache (fr.) *s. m.* Aguada.

gouda *s. m.* Queso holandés en forma de rueda, hecho con leche de vaca.

gourmet (fr.) *s. m.* y *f.* **1.** Persona entendida y de gustos refinados en lo referente a la comida. ‖ *adj.* **2.** Se dice de los alimentos refinados y selectos y de lo relacionado con ellos.

gozada *s. f.* Placer o satisfacción muy grandes. **SIN.** Gustazo, goce.

gozar *v.* **1.** Pasarlo bien, sentir alegría o placer. **2.** Tener algo bueno. **SIN.** 1. y 2. Disfrutar. **ANT.** 1. y 2. Sufrir. 2. Carecer.

gozne *s. m.* Bisagra de puertas y ventanas.

gozo *s. m.* Placer, alegría. **SIN.** Goce, gusto, contento. **ANT.** Pena.

gozoso, sa *adj.* **1.** Que siente gozo. **2.** Que produce gozo o se hace con gozo. **SIN.** 1. Contento, radiante. 1. y 2. Dichoso, feliz. **ANT.** 1. y 2. Triste.

GPS (siglas del ingl. *Global Positioning System*, sistema de posicionamiento global) *s. m.* Sistema que permite la localización de una persona, vehículo, etc., mediante la recepción de señales que emite una red de satélites.

grabación *s. f.* **1.** Acción de grabar sonidos o imágenes. **2.** Disco o cinta magnética en los que se ha grabado algo.

grabado, da **1.** *p.* de **grabar**. También *adj.* ‖ *s. m.* **2.** Arte de grabar y manera de hacerlo. **3.** Estampa, lámina o ilustración hecha por medio de este arte. **4.** Plancha grabada para reproducir o imprimir fotografías, dibujos o textos.

grabador, ra *adj.* y *s. m.* **1.** Que graba: *un grabador de CD.* ‖ *s. m.* y *f.* **2.** Persona que hace grabados. ‖ *s. f.* **3.** Aparato o dispositivo para grabar sonido. **SIN.** 3. Magnetófono.

grabar *v.* **1.** Marcar algo sobre una superficie dura con un objeto afilado o por otro medio. **2.** Marcar una imagen o dibujo en una plancha de madera o metal de modo que, al ponerle tinta y apretarla sobre una hoja, se reproduzca el dibujo en el papel. **3.** Recoger y almacenar datos, sonidos, imágenes, etc., en una cinta o en otro soporte para reproducirlos después. **4.** Quedarse en la memoria de una persona un recuerdo, sentimiento, etc. **SIN.** 1. Tallar, cincelar. 3. y 4. Registrar. **ANT.** 1. y 3. Borrar.

gracejo *s. m.* Gracia al hablar o al escribir.

gracia *s. f.* **1.** Lo que hace reír: *tener gracia, decir una gracia.* **2.** Salero, desenvoltura o encanto. **3.** Cosa que enfada o molesta. **4.** En la religión cristiana, don que Dios da a los seres humanos para que estén sin pecado. **5.** Beneficio, favor, algo bueno que se da a alguien. **6.** Perdón a un condenado. ‖ *s. f. pl.* **7.** Se usa para mostrar agradecimiento: *Te doy las gracias. Gracias, Julia.* ‖ **LOC. caer** alguien **en gracia** Caer bien, resultar simpático. **gracias a** Por medio de, a causa de. **SIN.** 1. Humor, chispa. 2. Garbo. 5. Merced. 6. Indulto. **ANT.** 6. Condena.

grácil *adj.* Delgado, ligero, delicado. **SIN.** Esbelto. **ANT.** Gordo, tosco.

gracilidad *s. f.* Delgadez o delicadeza.

graciosamente *adv.* Como gracia o favor, sin recibir nada a cambio.

gracioso, sa *adj.* y *s.* **1.** Que divierte o que hace reír. **2.** Agradable, simpático. **SIN.** 1.

granadero

Divertido. **2.** Rico. **ANT. 1.** Serio. **2.** Desagradable.

grada *s. f.* **1.** Cada uno de los asientos en forma de escalón que hay en estadios, plazas de toros y otros lugares. ‖ *s. f. pl.* **2.** Graderío.

gradación *s. f.* Conjunto de cosas ordenadas de más a menos o de menos a más. **SIN.** Escala, progresión.

graderío o **gradería** *s. m.* o *f.* Conjunto de gradas y también el público sentado en ellas.

gradiente *s. m.* Grado en que varía una magnitud con relación a la unidad.

grado[1] *s. m.* **1.** Lugar que ocupa alguien o algo en un orden, de más a menos o de menos a más. **2.** Unidad de medida, como la que se usa para medir la temperatura, los ángulos o el alcohol de una bebida. **3.** Intensidad, cantidad. **4.** Título que se obtiene al superar con éxito ciertos estudios: *grado de bachiller*. **5.** En lengua, cada una de las tres formas con que puede expresarse la intensidad del significado de un adjetivo: *positivo* (*guapo*), *comparativo* (*más guapo*) y *superlativo* (*muy guapo*). **SIN. 1.** Escalón, nivel.

grado[2] *s. m.* Gusto con que se hace algo: *Aceptó de buen grado.*

graduable *adj.* Que puede graduarse.

graduación *s. f.* **1.** Acción de graduar. **2.** Número de grados que hay en algo, por ejemplo, la cantidad de alcohol que contiene el vino. **3.** Categoría de un militar.

graduado, da 1. *p.* de **graduar.** También *adj.* ‖ *s. m.* y *f.* **2.** Persona que ha conseguido graduarse en una universidad. ‖ **3.** graduado escolar Título que obtenía una persona al terminar con éxito los estudios elementales. **SIN. 2.** Titulado.

gradual *adj.* Que va por grados, sin saltos bruscos. **SIN.** Progresivo. **ANT.** Repentino.

graduar *v.* **1.** Dar a una cosa el grado que se desea. **2.** Medir los grados. **3.** Aumentar o disminuir una cosa de forma gradual. ‖ **graduarse 4.** En las universidades, conseguir un título al terminar unos estudios.

graffiti (ital.) *s. m.* Grafito[2].

grafía *s. f.* Letra o letras que representan un sonido.

gráfico, ca *adj.* **1.** Propio de la escritura o de la imprenta: *artes gráficas.* **2.** Hecho con ilustraciones, dibujos o signos. ‖ *s. m.* y *f.* **3.** Dibujo o esquema para explicar algo.

grafismo *s. m.* **1.** Manera que tiene una persona de hacer los trazos al escribir o dibujar. **2.** Diseño gráfico de libros, revistas, etc.

grafiti (del ital.) *s. m.* Grafito[2].

grafito[1] *s. m.* Carbono puro cristalizado, de color negro o gris oscuro, buen conductor del calor y de la electricidad. Se usa, por ejemplo, para fabricar minas de lápices.

grafito[2] *s. m.* Dibujo o escrito realizados con aerosoles en las paredes, las tapias, el metro, etc. **SIN.** Pintada.

grafología *s. f.* Estudio de la escritura de una persona para saber qué personalidad tiene.

grafólogo, ga *s. m.* y *f.* Persona experta en grafología.

gragea *s. f.* Pastilla que suele estar recubierta de una sustancia dulce. **SIN.** Píldora.

grajilla *s. f.* Pájaro parecido al cuervo y a la graja, pero de menor tamaño, de color gris y negro.

grajo, ja *s. m.* y *f.* Ave parecida al cuervo pero de menor tamaño, de plumaje negro azulado y con la zona que rodea al pico de color gris.

grama *s. f.* Hierba gramínea muy abundante en prados, bosques y sembrados, que sirve de alimento al ganado.

gramaje *s. m.* Peso en gramos de un papel por metro cuadrado.

gramática *s. f.* **1.** Ciencia que estudia el lenguaje y libro que trata de ello. ‖ **2. gramática parda** *fam.* Habilidad para desenvolverse en la vida.

gramatical *adj.* **1.** De la gramática. **2.** Que sigue las normas de la gramática. **ANT. 2.** Agramatical.

gramático, ca *s. m.* y *f.* Persona que estudia la gramática y es especialista en ella.

gramínea *adj.* y *s. f.* Se dice de unas plantas monocotiledóneas que tienen tallos cilíndricos con nudos, hojas alargadas y flores en espiga; por ejemplo, los cereales.

gramo *s. m.* **1.** En física, unidad de masa. **2.** En lenguaje corriente, unidad de peso.

gramófono *s. m.* Aparato con un altavoz en forma de trompa que reproduce sonidos grabados en un disco.

gramola (marca registrada) *s. f.* Tipo de gramófono que tiene dentro un altavoz.

gran *adj. apóc.* de **grande.**

grana *s. f.* Color rojo oscuro. **SIN.** Granate.

granada *s. f.* **1.** Fruto de un árbol llamado *granado.* Es redondo y de color amarillento rojizo; por dentro tiene muchos granos encarnados y jugosos. **2.** Bomba pequeña que se lanza con la mano. **3.** Bala de cañón.

granadero *s. m.* **1.** Soldado que lanza granadas. **2.** Soldado de gran estatura que pertenecía a una compañía que formaba a la cabeza del regimiento.

granadino, na adj. y s. De Granada, ciudad y provincia españolas.

granado s. m. Árbol espinoso de hojas brillantes, flores rojas grandes, cuyo fruto, la granada, se utiliza como alimento.

granado, da adj. Notable, principal, escogido: *lo más granado de la sociedad.* **SIN.** Selecto. **ANT.** Despreciable.

granate s. m. **1.** Color rojo oscuro. **2.** Piedra que se usa en joyería, normalmente de color rojo brillante o violeta. **SIN. 1.** Grana.

grancanario, ria adj. y s. De Gran Canaria, una de las islas Canarias (España).

grande adj. **1.** De tamaño, extensión o cantidad mayor de lo normal o adecuado. **2.** Muy fuerte, intenso o importante. **3.** Que vale mucho o destaca por sus méritos o cualidades. ‖ adj. y s. **4.** Adulto, mayor. ‖ **5. grande de España** Título de los miembros de la clase superior de la nobleza española. ‖ **LOC. en grande** Muy bien: *pasarlo en grande.* **SIN. 1.** Extenso; ancho. **ANT. 1.** Pequeño. **3.** Insignificante.

grandeza s. f. **1.** Característica de grande. **2.** Bondad, buenos sentimientos. **SIN. 1.** Grandiosidad. **2.** Nobleza. **ANT. 2.** Mezquindad.

grandilocuencia s. f. Hecho de hablar o escribir de manera muy poco natural, utilizando palabras y expresiones cultas y difíciles. **ANT.** Sencillez.

grandilocuente adj. Que habla o escribe con grandilocuencia. **SIN.** Pomposo. **ANT.** Sencillo.

grandiosidad s. f. Característica de grandioso. **SIN.** Grandeza. **ANT.** Insignificancia.

grandioso, sa adj. Que impresiona por lo grande o por sus características. **SIN.** Enorme, majestuoso. **ANT.** Insignificante.

grandullón, na adj. y s. fam. Se dice de la persona grande y fuerte.

granel Se usa en la expresión **a granel**, forma de vender sin envase o sin medida exacta.

granero s. m. **1.** Sitio donde se guarda el grano. **2.** Territorio donde abunda el cereal y que puede proporcionarlo a otros lugares. **SIN. 1.** Silo.

granítico, ca adj. **1.** De granito o que contiene granito. **2.** Muy duro.

granito s. m. Roca compacta y dura que está compuesta de cuarzo, feldespato y mica.

granívoro, ra adj. Se dice de los animales que se alimentan de granos.

granizada s. f. Lluvia de granizo.

granizado, da adj. y s. m. Se dice del refresco de zumo de frutas o café y hielo muy picado.

granizar v. Caer granizo.

granizo s. m. Agua congelada en forma de pequeñas bolas que cae de las nubes con mucha fuerza.

granja s. f. **1.** Finca en el campo con casa, corrales y establos. **2.** Sitio en el que se crían pollos, gallinas y otros animales.

granjearse v. Conseguir una persona que otras tengan un sentimiento hacia ella, por ejemplo, simpatía o antipatía. **SIN.** Ganarse, captarse.

granjero, ra s. m. y f. Persona que tiene una granja o se ocupa de ella.

grano s. m. **1.** Semilla o fruto de algunas plantas que aparecen agrupados con otros: *un grano de trigo, un grano de uva.* **2.** Trozo muy pequeño: *un grano de sal.* **3.** Bulto pequeño que sale en la piel. ‖ **4. grano de arena** Pequeña ayuda: *Tú ya has aportado tu grano de arena.* ‖ **LOC. ir al grano** Tratar de lo más importante, sin hablar de otras cosas. **SIN. 3.** Espinilla.

granuja s. m. y f. Pillo. **SIN.** Bribón, truhan.

granujada s. f. Cosa que hace o dice un granuja. **SIN.** Gamberrada, pillería.

granulado, da adj. En forma de granos: *azúcar granulado.*

granular adj. Que tiene granos en su masa o superficie. **SIN.** Granuloso.

gránulo s. m. Grano o bolita muy pequeños.

granuloso, sa adj. Formado por pequeños granos. **SIN.** Granular.

grao s. m. Playa que se utiliza como desembarcadero.

grapa s. f. Trozo pequeño y delgado de metal con los extremos doblados que se clavan para unir o sujetar papeles u otras cosas.

grapadora s. f. Utensilio para poner grapas.

grapar v. Unir o sujetar con grapas.

grasa s. f. Sustancia líquida o sólida de origen vegetal (aceite de oliva), animal (manteca) o mineral (la empleada para engrasar motores).

grasiento, ta adj. Con demasiada grasa o manchado de grasa. **SIN.** Seboso, grasoso.

graso, sa adj. Que tiene grasa. **ANT.** Magro.

grasoso, sa adj. Que tiene mucha grasa. **SIN.** Grasiento.

gratén s. m. Forma de cocinar un alimento cubriéndolo con una capa de besamel, pan rallado o queso que luego se dora por encima en el horno.

grifo

gratificación *s. f.* Dinero que se da para recompensar por algo.

gratificante *adj.* Que produce satisfacción. **SIN.** Satisfactorio.

gratificar *v.* Recompensar a alguien, casi siempre con dinero, por un trabajo, servicio o ayuda. **SIN.** Premiar, retribuir.

gratinador *s. m.* Dispositivo en la parte de arriba de algunos hornos, que se utiliza para gratinar.

gratinar *v.* Meter en el horno un alimento para que se tueste por encima.

gratis *adv.* Sin tener que dar dinero a cambio o sin cobrar.

gratitud *s. f.* El agradecer a alguien lo que ha hecho por nosotros. **SIN.** Agradecimiento. **ANT.** Ingratitud.

grato, ta *adj.* Que agrada. **SIN.** Agradable. **ANT.** Ingrato.

gratuidad *s. f.* Hecho de ser algo gratuito.

gratuito, ta *adj.* **1.** Que no cuesta dinero. **2.** Sin fundamento o justificación: *una acusación gratuita.* **SIN. 2.** Infundado. **ANT. 1.** Oneroso.

grava *s. f.* Arena de grano muy grueso o piedra machacada que suele usarse para allanar el suelo o para hacer hormigón.

gravamen *s. m.* Lo que hay que pagar como impuesto.

gravar *v.* Poner un impuesto. **SIN.** Cargar. **ANT.** Desgravar, eximir.

grave *adj.* **1.** Que tiene mucha importancia por su peligro o sus malas consecuencias. **2.** Que está muy enfermo. **3.** Serio: *un gesto grave.* || *adj. y s. f.* **4.** Se dice de la palabra que tiene el acento en la penúltima sílaba. || *adj. y s. m.* **5.** Se dice del sonido de baja frecuencia. **SIN. 1.** Importante; peligroso; difícil. **3.** Solemne; severo. **ANT. 1.** Insignificante, leve. **2.** Sano. **3.** Alegre. **5.** Agudo.

gravedad *s. f.* **1.** Gravitación. **2.** Característica de lo que es o está grave. **SIN. 2.** Importancia. **ANT. 2.** Levedad.

grávida *adj.* Que va a tener un niño. **SIN.** Embarazada, encinta.

gravidez *s. f.* Estado de la mujer que va a tener un niño. **SIN.** Embarazo.

gravilla *s. f.* Grava fina.

gravitación *s. f.* Ley física según la cual todos los cuerpos del universo se atraen entre sí con una fuerza que depende no solo de sus masas sino de la distancia que los separa. **SIN.** Gravedad.

gravitar *v.* **1.** En física, moverse un cuerpo alrededor de otro por la fuerza de la gravedad. **2.** Descansar un cuerpo pesado sobre

otro. **3.** Amenazar, haber peligro de que suceda algo malo. **SIN. 2.** Cargar, apoyar. **3.** Pender.

gravitatorio, ria *adj.* De la gravitación.

gravoso, sa *adj.* Que causa mucho gasto o molestia. **SIN.** Costoso, caro; cargante. **ANT.** Barato.

graznar *v.* Dar graznidos.

graznido *s. m.* Sonido que hacen el cuervo, el grajo, el ganso y otras aves.

greca *s. f.* Banda o tira de adorno, sobre todo si tiene dibujos geométricos.

grecolatino, na *adj.* Grecorromano.

grecorromano, na *adj.* De los griegos y romanos o relacionado con ellos.

greda *s. f.* Arcilla arenosa de color blanco azulado.

green (ingl.) *s. m.* Terreno de un campo de golf con césped muy cuidado situado alrededor de cada hoyo.

gregario, ria *adj.* Que no tiene ideas propias y hace lo que dicen otros. **SIN.** Borrego.

gregoriano, na *adj. y s. m.* Tipo de canto o música religiosos.

grelo *s. m.* Hoja tierna del nabo que se come en algunos guisos.

gremial *adj.* De un gremio, oficio o profesión.

gremio *s. m.* Agrupación de personas de un mismo oficio o profesión.

greña *s. f.* Pelo revuelto y descuidado: *Péinate esas greñas.* || **LOC. andar a la greña** Estar siempre regañando. **SIN.** Pelambrera.

gres *s. m.* Cerámica muy dura con la que se hacen sobre todo azulejos y baldosas.

gresca *s. f.* **1.** Riña, pelea. **2.** Jaleo, follón. **SIN. 1.** Bronca.

gresite *s. m.* Azulejos de gres cuadrados y muy pequeños que se usan para alicatar paredes, suelos y piscinas.

grey *s. f.* **1.** Rebaño. **2.** Conjunto de personas con características comunes, por ejemplo, los fieles que forman la Iglesia católica.

grial *s. m.* Vaso o copa que se supone usó Jesucristo en la última cena. **SIN.** Cáliz.

griego, ga *adj. y s.* **1.** De Grecia, país de Europa. || *s. m.* **2.** Lengua hablada en Grecia.

grieta *s. f.* Raja en la tierra, en cualquier cuerpo sólido o en la piel. **SIN.** Abertura, fisura, hendidura.

grifa *s. f.* En argot, marihuana.

grifería *s. f.* Conjunto de grifos.

grifo *s. m.* **1.** Utensilio de metal que tiene una llave para abrir o cerrar el paso de un líquido.

2. Animal fantástico, con cabeza, alas y patas delanteras de águila y cuerpo de león.

grifón, na *adj.* y *s.* Se dice de una raza de perros pequeños y de pelo rizado, usados para la caza y como animal de compañía.

grill (del ingl.) *s. m.* **1.** Parrilla. **2.** Fuego situado en la parte alta de algunos hornos para dorar los alimentos.

grillado, da *adj.* y *s. fam.* Loco, mal de la cabeza. **SIN.** Chiflado, pirado. **ANT.** Cuerdo.

grillarse *v. fam.* Volverse loco.

grillete *s. m.* Aro de hierro con el que se sujetaba a los presos por el tobillo.

grillo *s. m.* **1.** Insecto de color negro, con la cabeza redonda y los ojos salientes. Tiene unas alas duras y cortas, llamadas *élitros*, y los machos, al rozarlas, hacen un ruido muy característico. || *s. m. pl.* **2.** Conjunto de dos grilletes unidos por una misma pieza que impedía andar a los presos.

grima *s. f.* **1.** Rabia o lástima que da una cosa. **2.** Dentera.

gringo, ga *adj.* y *s. Amér.* Estadounidense.

gripal *adj.* De la gripe o relacionado con ella: *proceso gripal.*

gripar *v.* Hacer que no puedan moverse piezas que giran o van juntas, normalmente por no haber aceite lubricante que las haga resbalar: *gripar un motor.*

gripe *s. f.* Enfermedad causada por un virus, que produce sobre todo fiebre y catarro.

griposo, sa *adj.* y *s.* Que tiene gripe.

gris *adj.* y *s. m.* **1.** Se dice del color que es mezcla de blanco y negro; también se dice de las cosas que lo tienen. || *adj.* **2.** Corriente, que no destaca: *una vida gris.* **SIN. 2.** Vulgar, apagado: *una mañana gris.* **SIN. 2.** Vulgar, mediocre. **3.** Sombrío. **ANT. 3.** Alegre, vivo.

grisáceo, a *adj.* De color gris o con una tonalidad parecida.

grisú *s. m.* Gas inflamable muy peligroso que hay a veces en las minas, sobre todo en las de carbón.

gritar *v.* Dar gritos o hablar muy alto. **SIN.** Berrear, chillar, vocear, vociferar. **ANT.** Murmurar, susurrar.

griterío *s. m.* Jaleo de personas gritando. **SIN.** Vocerío, alboroto, bulla.

grito *s. m.* **1.** Sonido, palabra o expresión que se hace o se dice con voz muy fuerte. || **2. el último grito** Lo más moderno. || **LOC. a gritos** o **a grito pelado** Gritando con fuerza. **poner el grito en el cielo** Enfadarse mucho. **SIN. 1.** Chillido, berrido.

grogui *adj.* Atontado, como los boxeadores cuando han recibido muchos golpes.

grosella *s. f.* Fruto del grosellero, pequeño y de color rojo, con sabor dulce aunque un poco ácido.

grosellero *s. m.* Arbusto caduco de hojas grandes y flores amarillo-verdosas, cuyo fruto es la grosella.

grosería *s. f.* Característica de grosero y cosa grosera. **SIN.** Ordinariez. **ANT.** Finura.

grosero, ra *adj.* y *s.* Ordinario y maleducado. **SIN.** Basto. **ANT.** Educado.

grosor *s. m.* **1.** La más pequeña de las tres dimensiones de algo. **2.** Diámetro de un cuerpo con forma de cilindro. **SIN. 1.** Grueso. **1.** y **2.** Espesor.

grosso modo (lat.) *expr.* Aproximadamente, más o menos.

grotesco, ca *adj.* Tan feo o raro que produce risa o rechazo. **SIN.** Ridículo, extravagante.

grúa *s. f.* **1.** Máquina para levantar y mover pesos muy grandes, con un brazo del que cuelgan unos cables a los que se engancha la carga. **2.** Camión con una máquina parecida a esta que sirve para arrastrar otros vehículos.

grueso, sa *adj.* **1.** Gordo. || *s. m.* **2.** Grosor. **3.** Parte más grande o numerosa de un conjunto: *El grueso de los corredores llegó varios minutos después del ganador.* **SIN. 1.** Corpulento, obeso. **2.** Espesor. **ANT. 1.** Delgado.

grulla *s. f.* Ave grande de patas largas, plumaje gris y pico y cuello largos.

grumete *s. m.* Muchacho que ayuda en los trabajos de un barco.

grumo *s. m.* Pegote que se forma en un líquido o pasta líquida.

grumoso, sa *adj.* Que tiene grumos.

gruñido *s. m.* **1.** Sonido que hacen algunos animales como el cerdo o el jabalí. **2.** Sonido que hacen otros animales, como los perros, para asustar o cuando van a atacar.

gruñir *v.* **1.** Dar gruñidos los animales. **2.** Quejarse, protestar. □ Es v. irreg. Se conjuga como *mullir.* **SIN. 2.** Refunfuñar, rezongar.

gruñón, na *adj.* y *s. fam.* Se dice de la persona que gruñe o protesta mucho. **SIN.** Protestón, refunfuñón, rezongón.

grupa *s. f.* Parte de atrás del lomo de algunos animales, como el caballo o la mula.

grupal *adj.* Del grupo o relacionado con él.

grupo *s. m.* Dos o más personas o cosas que están unidas, trabajan juntas o tienen algo en común. **SIN.** Conjunto, agrupación.

grupúsculo *s. m.* Grupo formado por pocas personas.

gruta *s. f.* Cueva entre rocas. **SIN.** Caverna.

gruyer o **gruyère** (*gruyère* es fr.) *s. m.* Queso suizo muy grande y con agujeros.

gua *s. m.* **1.** Hoyo pequeño que se hace para jugar a las canicas. **2.** Este juego.

guacamayo *s. m.* Ave americana parecida a un loro, pero más grande, con las plumas rojas, azules y amarillas y la cola muy larga y vistosa.

guacamole o **guacamol** *s. m.* Pasta de aguacate, cebolla y otros ingredientes, típica de México.

guache *s. m.* Aguada.

guachimán *s. m. Amér.* Vigilante o guarda.

guadalajareño, ña *adj.* y *s.* De Guadalajara, ciudad y provincia españolas.

guadaña *s. f.* Instrumento para segar que tiene una cuchilla curva y puntiaguda y un mango largo.

guaflex (marca registrada) *s. m.* Material para encuadernar que imita la piel.

guagua *s. f.* En Canarias y algunos países de Hispanoamérica, autobús.

guajiro, ra *s. m.* y *f.* En Cuba, campesino.

guajolote *s. m. Amér.* Pavo, ave.

gualda *s. f.* Hierba de flores amarillas de la que se saca un colorante amarillo dorado utilizado para teñir telas.

gualdo, da *adj.* Amarillo dorado.

gualdrapa *s. f.* **1.** Cobertura larga que se coloca sobre las caballerías como adorno. **2.** Trozo de ropa vieja, harapo. **SIN. 2.** Andrajo.

guanaco *s. m.* Mamífero de América del Sur parecido a la llama, pero más grande, con el cuerpo cubierto de pelo largo de color pardo rojizo.

guanche *adj.* y *s.* **1.** De un pueblo que vivía en las islas Canarias antes de que formaran parte de España. ‖ *s. m.* **2.** Lengua hablada por este pueblo.

guano *s. m.* Excrementos de aves marinas que se utilizan como abono.

guantazo o **guantada** *s. m.* o *f.* Tortazo, puñetazo, golpe.

guante *s. m.* Prenda que cubre las manos para protegerlas del frío o de otras cosas. ‖ **LOC. de guante blanco** Se aplica al ladrón muy hábil y que no emplea la fuerza. **echar el guante** Pillar, coger a alguien. **más suave que un guante** Dócil, obediente o sumiso.

guantera *s. f.* Especie de cajón que hay enfrente de los asientos de delante de un coche.

guaperas *adj.* y *s. m. fam.* y *desp.* Guapo.

guapetón, na *adj. fam.* Guapo, atractivo.

guapo, pa *adj.* y *s.* **1.** Persona de aspecto agradable o de cara bella. ‖ *adj.* **2.** *fam.* Bueno, bonito. **SIN. 1.** Hermoso, agraciado. **2.** Estupendo. **ANT. 1.** y **2.** Feo. **2.** Malo.

guaraní *adj.* y *s.* **1.** De un pueblo de indios sudamericanos que vive en Paraguay. ‖ *s. m.* **2.** Idioma que habla este pueblo. **3.** Moneda de Paraguay.

guarda *s. m.* y *f.* **1.** Persona que vigila algún lugar o alguna cosa. **2.** Hoja de papel o cartulina que une la tapa con el resto del libro. ‖ **3. guarda jurado** El que ha jurado su cargo ante la autoridad y puede ser contratado por una empresa. **SIN. 1.** Vigilante.

guardabarrera *s. m.* y *f.* Persona que en las vías de tren vigila un paso a nivel.

guardabarros *s. m.* Pieza que cubre las ruedas de un vehículo para evitar las salpicaduras de barro.

guardabosque o **guardabosques** *s. m.* y *f.* Guarda de un bosque.

guardacantón *s. m.* Bloque de piedra que protege las esquinas de los edificios.

guardacoches *s. m.* y *f.* Persona que aparca y cuida los coches de los clientes en un establecimiento.

guardacostas *s. m.* Barco que vigila las costas.

guardaespaldas *s. m.* y *f.* Persona que acompaña a otra para protegerla.

guardagujas *s. m.* y *f.* Persona que se encarga de mover las agujas de los raíles para que el tren cambie de vía.

guardameta *s. m.* y *f.* Portero de fútbol, balonmano y otros deportes.

guardamonte *s. m.* Pieza en forma de arco que protege el gatillo de las armas de fuego.

guardamuebles *s. m.* Lugar donde se dejan guardados los muebles, pagando un dinero por ello.

guardapolvo o **guardapolvos** *s. m.* **1.** Bata o delantal que se pone encima de la ropa para no ensuciarse. **2.** Funda con que se cubre algo para protegerlo del polvo.

guardar *v.* **1.** Meter una cosa en un sitio seguro. **2.** Cuidar, vigilar. **3.** Callarse algo. **4.** Tener, mantener: *guardar un recuerdo, guardar silencio.* **5.** Reservar una cosa: *Le guardó un poco de comida.* ‖ **guardarse 6.** Evitar: *Se guarda mucho de hablar mal de sus compañeros.* ‖ **LOC. guardársela** o **tenérsela guardada** a alguien Querer vengarse de él. **SIN. 2.** Proteger, custodiar. **4.** Conservar. **6.** Cuidarse. **ANT. 1.** Sacar.

guardarraíl *s. m.* Protección que se coloca al borde de la carretera para evitar accidentes.

guardarropa *s. m.* Lugar en los teatros, hoteles y otros locales donde se puede dejar el abrigo y otros objetos.

guardarropía *s. f.* **1.** Conjunto de trajes y objetos que usan los que aparecen en el teatro, el cine o la televisión. **2.** Lugar donde se guardan estos trajes.

guardería *s. f.* Establecimiento donde se cuida a los niños pequeños.

guardés, sa *s. m. y f.* Persona encargada de cuidar y vigilar una finca o casa.

guardia *s. m. y f.* **1.** Persona que suele ir armada y se encarga de vigilar y mantener el orden. ‖ *s. f.* **2.** Acción de vigilar alguna cosa. **3.** Grupo de personas armadas que vigilan o protegen a alguien o algo. **4.** Tiempo que están funcionando fuera del horario normal los hospitales, farmacias y otros establecimientos. **5.** Postura que pone un boxeador o luchador para defenderse. ‖ **6. Guardia Civil** Cuerpo armado español que mantiene el orden en los pueblos y vigila las costas, fronteras y carreteras. **7. guardia civil** Cada una de las personas de este cuerpo. **SIN. 1.** Policía, agente. **2.** Vigilancia. **3.** Escolta.

guardiamarina *s. m. y f.* Alumno de los dos últimos cursos de la Escuela Naval Militar.

guardián, na *s. m. y f.* Persona que vigila en algún lugar. **SIN.** Vigilante.

guarecer *v.* Proteger, defender. □ Es v. irreg. Se conjuga como *agradecer*. **SIN.** Cobijar, resguardar. **ANT.** Desproteger.

guarida *s. f.* **1.** Lugar donde se meten los animales para dormir o refugiarse. **2.** Escondite, refugio. **SIN. 1.** Cueva, madriguera, cubil.

guarismo *s. m.* Número, cifra.

guarnecer *v.* Proteger, defender un lugar. □ Es v. irreg. Se conjuga como *agradecer*.

guarnición *s. f.* **1.** Hortalizas o legumbres que se sirven acompañando a otro alimento. **2.** Adornos que se ponen en la ropa, las cortinas y otras cosas. **3.** Soldados que protegen un lugar. ‖ *s. f. pl.* **4.** Correajes que se ponen a los caballos.

guarnicionería *s. f.* Taller donde se hacen correajes para las caballerías y otros objetos de cuero; también, la tienda donde se venden.

guarnicionero, ra *s. m. y f.* Persona que hace o vende correajes para las caballerías y otros objetos de cuero.

guarrada *s. f.* **1.** Cosa sucia. **2.** Jugarreta, faena. **SIN. 2.** Guarrería.

guarrazo *s. m. fam.* Golpe, trastazo.

guarrear *v. fam.* Ensuciar.

guarrería *s. f.* **1.** Suciedad. **2.** Mala acción. **SIN. 2.** Guarrada.

guarrindongo, ga *adj. y s. fam.* Muy guarro o sucio. **SIN.** Asqueroso, repugnante. **ANT.** Limpio, impoluto.

guarro, rra *adj. y s.* **1.** Sucio. **2.** Malintencionado. ‖ *s. m. y f.* **3.** Cerdo, animal. **SIN. 1.** a **3.** Puerco, cochino. **ANT. 1.** Limpio. **2.** Bueno, noble.

guasa *s. f.* Burla y tono de burla con que se dice algo. ‖ **LOC. estar de guasa** Bromear. **SIN.** Broma, ironía, sorna. **ANT.** Seriedad.

guasearse *v.* Burlarse.

guasón, na *adj. y s.* Persona a la que le gusta bromear. **SIN.** Bromista.

guata *s. f.* Lámina de algodón que se usa sobre todo para rellenar colchas y prendas de vestir.

guatear *v.* Rellenar con guata.

guatemalteco, ca *adj. y s.* De Guatemala, país de América Central.

guateque *s. m.* Fiesta que da una persona en su casa, en la que se come, se toman bebidas y se baila.

guay *adj. y adv. fam.* Estupendo.

guayaba *s. f.* Fruto del guayabo, de sabor dulce, que se consume al natural o en mermelada.

guayabera *s. f.* Chaquetilla o camisa suelta y de tela fina.

guayabo *s. m.* Árbol originario de América Central cultivado por su fruto, la guayaba.

gubernamental o **gubernativo, va** *adj.* Del gobierno de un país. **SIN.** Oficial.

gubia *s. f.* Herramienta de carpintero y escultor con un filo de hierro en forma de medio cilindro y un mango de madera. **SIN.** Formón.

gudari (vasco) *s. m.* Soldado vasco.

guedeja *s. f.* **1.** Cabellera larga. **2.** Mechón de pelo. **SIN. 1.** Pelambrera.

guepardo *s. m.* Mamífero carnívoro africano parecido al leopardo, capaz de correr a gran velocidad.

guerra *s. f.* **1.** Lucha armada entre países o grupos de personas. **2.** Enfrentamiento, rivalidad: *guerra de precios.* **3.** Lucha contra algo perjudicial: *la guerra contra las enfermedades.* ‖ **4. guerra civil** Guerra entre los habitantes de un mismo país. ‖ **LOC. dar guerra** Molestar, enredar. **SIN. 1.** Conflagración. **1.** y **2.** Contienda, disputa. **3.** Competencia. **3.** Eliminación. **ANT. 1.** Paz. **2.** Armonía. **3.** Impulso.

guerrear *v.* Hacer la guerra.

guerrera *s. f.* Chaqueta de algunos uniformes militares. **SIN.** Casaca.

guerrero, ra *adj. y s.* **1.** Se dice de la persona que lucha en una guerra, sobre todo en las antiguas. ‖ *adj.* **2.** De la guerra o relacionado con ella. **3.** *fam.* Travieso, que da mucha guerra. **SIN. 1.** Combatiente. **2.** Bélico, marcial. **ANT. 2.** Pacífico.

guerrilla *s. f.* Pequeño grupo armado que, generalmente, no pertenece al Ejército y ataca por sorpresa aprovechando su conocimiento del terreno.

guerrillero, ra *s. m.* y *f.* Persona que forma parte de una guerrilla.

gueto *s. m.* Lugar dentro de una ciudad o país donde viven apartadas personas de otra raza o cultura.

guía *s. m.* y *f.* **1.** Persona que enseña algo a otra, le aconseja lo que debe hacer o le dice por dónde tiene que ir. ‖ *s. f.* **2.** Lo que sirve de ayuda o modelo para hacer algo. **3.** Libro o folleto que informa sobre un lugar, sobre cómo funciona o se usa algo, sobre direcciones y teléfonos, etc. **4.** Ranura, carril o barra por la que se deslizan algunos objetos al moverlos. ‖ *s. amb.* **5.** Manillar. **SIN. 1.** Maestro, conductor. **2.** Pauta. **3.** Manual.

guiar *v.* **1.** Servir de guía. **2.** Conducir un vehículo. ‖ **guiarse 3.** Tomar como guía a alguien o algo: *Nos guiamos por las señales del camino.* **SIN. 1.** Orientar, encauzar. **ANT. 1.** Desorientar.

güija *s. f.* Tablero con las letras del alfabeto alrededor del cual se reúne un grupo de personas con la intención de comunicarse con los espíritus.

guijarro *s. m.* Piedra pequeña y redondeada, como las que hay en la orilla del mar o en los ríos. **SIN.** China.

guijo *s. m.* Conjunto de guijarros que se emplean para hacer caminos y carreteras. **SIN.** Grava, gravilla.

guillotina *s. f.* **1.** Máquina que se utilizaba para cortar la cabeza a los condenados a muerte. **2.** Máquina con una cuchilla para cortar papel y otras cosas.

guillotinar *v.* **1.** Cortarle a alguien la cabeza en la guillotina. **2.** Cortar una cosa con guillotina.

guinda *s. f.* **1.** Fruto del guindo, parecido a la cereza, pero más redondo y de sabor más ácido. **2.** Cosa que sirve de final a algo. **SIN. 2.** Remate.

guindar *v. fam.* Robar, quitar.

guindilla *s. f.* Tipo de pimiento alargado y estrecho, de sabor muy picante.

guindo *s. m.* Árbol cuyo fruto son las guindas. Es bastante alto y tiene hojas caducas de color oscuro y flores blancas.

guinea *s. f.* Antigua moneda inglesa de oro.

guineano, na *adj.* y *s.* De Guinea, nombre de varios países de África.

guiñapo *s. m.* **1.** Tela sucia, rota o muy arrugada. **2.** Persona que se encuentra enferma, débil o muy desanimada. **SIN. 1.** Andrajo, harapo. **2.** Piltrafa.

guiñar *v.* **1.** Cerrar un ojo un momento dejando el otro abierto, por ejemplo, para hacer una seña. **2.** Cerrar casi por completo los ojos, como se hace cuando no se ve bien o hay mucha luz.

guiño *s. m.* Gesto de guiñar un ojo.

guiñol *s. m.* Representación de teatro con muñecos movidos por personas. **SIN.** Títeres.

guion *s. m.* **1.** Escrito donde se cuenta lo que tienen que decir y hacer los actores en una película o en un programa de radio o televisión. **2.** Escrito en que se apunta lo más importante del tema del que se va a tratar, para no olvidarse de nada. **3.** Signo ortográfico que se emplea para indicar varias cosas, por ejemplo, que parte de la última palabra de un renglón continúa en el siguiente.

guionista *s. m.* y *f.* Persona que hace el guion de una película o de un programa de radio o televisión.

guipar *v. fam.* Ver o darse cuenta de algo.

guipur *s. m.* Tela de encaje de malla gruesa.

guipuzcoano, na *adj.* y *s.* De Guipúzcoa, provincia española.

guiri *s. m.* y *f. fam.* Extranjero.

guirigay *s. m.* Griterío, alboroto.

guirlache *s. m.* Dulce hecho con almendras tostadas y caramelo.

guirnalda *s. f.* Tira de adorno hecha con flores, hojas y otras cosas unidas.

guisa *s. f.* Modo, manera.

guisado, da 1. *p.* de **guisar.** También *adj.* ‖ *s. m.* **2.** Guiso.

guisante *s. m.* **1.** Planta del tipo de las legumbres, con fruto en forma de vaina que contiene unas semillas redondas comestibles, de color verde o amarillo. **2.** Semilla de esta planta.

guisar *v.* Preparar alimentos cociéndolos al fuego con otras sustancias que les dan más sabor. **SIN.** Cocinar.

guiso *s. m.* Alimento que se ha guisado para comerlo. **SIN.** Guisado.

guisote *s. m. desp.* Guiso mal hecho.

güisqui *s. m. Whisky.*

guita *s. f.* **1.** Cuerda fina de cáñamo. **2.** *fam.* Dinero. **SIN. 1.** Bramante. **2.** Pasta, tela.

guitarra *s. f.* **1.** Instrumento musical con seis o más cuerdas, una caja de madera que se estrecha por el centro y un mástil dividido en trastes. ‖ **2. guitarra eléctrica** Aquella en la que el sonido se transmite por medios electrónicos a un amplificador.

guitarrería *s. f.* Taller donde se hacen y arreglan guitarras o tienda donde se venden.

guitarrero, ra *s. m.* y *f.* Persona que hace, arregla o vende guitarras.

guitarrillo o **guitarro** *s. m.* Instrumento musical de cuatro cuerdas parecido a la guitarra.

guitarrista *s. m.* y *f.* Persona que toca la guitarra.

guitarrón *s. m.* Guitarra grande de tono bajo.

güito *s. m.* **1.** Hueso de fruta, como el de la ciruela. **2.** *fam.* Sombrero.

gula *s. f.* Muchas ganas de comer y beber, aunque no se tenga hambre. **SIN.** Glotonería, voracidad. **ANT.** Templanza.

gulasch (del húngaro) *s. m.* Estofado de buey o cerdo, típico de Hungría.

guripa *s. m.* **1.** Guardia o policía. **2.** *fam.* Soldado raso.

gurruño *s. m.* Cosa encogida o muy arrugada.

gurú *s. m.* **1.** Guía espiritual de un grupo religioso en la India. **2.** Persona que tiene mucha influencia sobre otras o se la considera una autoridad en algo.

gurullo *s. m.* Grumo.

gusa *s. f. fam.* Hambre.

gusanera *s. f.* Lugar donde se crían gusanos.

gusanillo *s. m.* **1.** *dim.* de **gusano.** **2.** Alambre enrollado en espiral, como el que se usa para colgar un visillo. ‖ **LOC. matar el gusanillo** Quitar un poco el hambre comiendo algo ligero.

gusano *s. m.* **1.** Animal de cuerpo alargado y blando, sin esqueleto ni extremidades, como por ejemplo, la lombriz. **2.** Persona muy mala y despreciable. ‖ **LOC. gusano de seda** Oruga que teje un capullo que se utiliza para fabricar telas de seda. **SIN. 2.** Rata, indeseable. **ANT. 2.** Bendito.

gusarapo, pa *s. m.* y *f.* Gusano o animal parecido que se cría en algunos líquidos.

gustar *v.* **1.** Resultarle a alguien bonita, agradable o atractiva una persona o cosa, o parecerle bien: *Le gusta el deporte. Me gusta que vayas bien vestido.* **2.** Sentir el sabor de una comida o bebida. **3.** Se usa como fórmula de cortesía cuando uno va a comer delante de otras personas: *Estoy almorzando, si gustas...* **SIN. 1.** Agradar, complacer. **2.** Saborear, degustar. **ANT. 1.** Disgustar, desagradar.

gustativo, va *adj.* Relacionado con el sentido del gusto: *papilas gustativas.*

gustazo *s. m. fam.* Mucho gusto que da hacer lo que a uno le apetece.

gustillo *s. m.* Sabor que queda en la boca después de tomar algo o que acompaña a otro más fuerte. **SIN.** Regusto.

gustirrinín *s. m. fam.* Sensación de placer muy agradable.

gusto *s. m.* **1.** Sentido corporal con el que se perciben y se distinguen los sabores. **2.** Sabor de las cosas. **3.** Placer, satisfacción. **4.** Lo que uno quiere hacer o hace de buena gana. **5.** Lo que a cada uno le gusta, sus preferencias. **6.** Capacidad para saber distinguir lo que es bonito o lo que resulta bien: *Tiene mucho gusto vistiendo.* ‖ **LOC. a gusto** Muy bien, muy cómodo o satisfecho. **mucho gusto, tanto gusto** o **el gusto es mío** Formas de cortesía que se utilizan cuando una persona es presentada a otra. **SIN. 3.** Goce, gozo, complacencia. **4.** Agrado. **ANT. 3.** y **4.** Desagrado.

gustoso, sa *adj.* **1.** Sabroso. **2.** Que hace algo con gusto.

gutapercha *s. f.* Goma producida por algunos árboles, utilizada como aislante y para hacer impermeables las telas.

gutural *adj.* De la garganta o relacionado con ella: *una voz gutural.*

gym-jazz (ingl.) *s. m.* Gimnasia que se practica al ritmo de música moderna.

gymkhana (ingl.) *s. f.* Yincana.

h *s. f.* Octava letra del abecedario.

haba *s. f.* **1.** Planta del tipo de las legumbres, con fruto en forma de vaina que contiene unas semillas un poco más grandes que las judías. **2.** Fruto y semilla de esta planta.

habanera *s. f.* Canción y música de origen cubano, de ritmo suave.

habanero, ra *adj.* y *s.* De La Habana, capital de Cuba.

habano *s. m.* Cigarro puro hecho en Cuba.

haber[1] *v.* **1.** Forma los tiempos compuestos de los verbos: *he escrito, había hablado.* **2.** Tener una obligación: *He de irme.* **3.** Ser necesario o conveniente: *Hay que descansar.* **4.** Estar, existir, darse: *Había mucha gente en la fiesta. Hubo una vez un niño... Hay inviernos muy fríos.* **5.** Ocurrir: *Hubo varios terremotos.* ‖ **LOC. no hay de qué** Forma educada de contestar al que nos da las gracias. ☐ Es v. irreg. **SIN. 2.** Deber. **3.** Necesitar, convenir. **4.** Encontrarse, hallarse. **5.** Suceder, acaecer. **ANT. 4.** Faltar.

haber[2] *s. m.* **1.** Parte de una cuenta en un banco donde se indica el dinero que se ingresa. ‖ *s. m. pl.* **2.** Sueldo, salario.

habichuela *s. f.* Judía.

hábil *adj.* **1.** Se dice de la persona a la que se le da bien hacer algo. **2.** Se dice del tiempo que realmente tenemos para alguna cosa. **SIN. 1.** Habilidoso, diestro, mañoso. **ANT. 1.** Torpe.

habilidad *s. f.* Capacidad para hacer bien las cosas. **SIN.** Destreza, maña. **ANT.** Torpeza.

habilidoso, sa *adj.* Que es hábil, sobre todo para cosas que se hacen con las manos. **SIN.** Diestro. **ANT.** Torpe.

habilitado, da *d.* **1.** *p.* de **habilitar.** También *adj.* ‖ *s. m.* y *f.* **2.** Persona a la que se habilita para algunos asuntos, por ejemplo, pagar los sueldos en una empresa o un organismo oficial.

habilitar *v.* **1.** Preparar algo para un fin distinto del que tenía. **2.** Dar poder o autoridad a una persona para hacer algo. **SIN. 2.** Capacitar, autorizar.

habitabilidad *s. f.* Conjunto de características que hacen que un lugar se pueda habitar.

habitable *adj.* Que puede habitarse.

HABER	
INDICATIVO	
Presente	**Pretérito perfecto simple**
he	hube
has	hubiste
ha	hubo
hemos	hubimos
habéis	hubisteis
han	hubieron
Futuro simple	**Condicional simple**
habré	habría
habrás	habrías
habrá	habría
habremos	habríamos
habréis	habríais
habrán	habrían
SUBJUNTIVO	
Presente	**Pretérito imperfecto**
haya	hubiera, -ese
hayas	hubieras, -eses
haya	hubiera, -ese
hayamos	hubiéramos, -ésemos
hayáis	hubierais, -eseis
hayan	hubieran, -esen
	Futuro simple
	hubiere
	hubieres
	hubiere
	hubiéremos
	hubiereis
	hubieren
IMPERATIVO	
	he (tú)

habitación *s. f.* Cada una de las partes en que se divide una casa, sobre todo la que se usa para dormir. **SIN.** Cuarto; dormitorio.

habitáculo *s. m.* Espacio cerrado en el que pueden estar una o varias personas: *el habitáculo de un coche.*

habitante *s. m.* Persona que habita en un lugar. **SIN.** Residente.

habitar *v.* Vivir en un lugar. **SIN.** Poblar; residir.

hábitat *s. m.* **1.** Territorio con unas características especiales que está habitado por un conjunto de seres vivos. **2.** Lugar donde habita un tipo de población.

hábito *s. m.* **1.** Costumbre. **2.** Vestimenta usada por religiosos y religiosas.

habituado, da 1. *p.* de **habituar.** ‖ *adj.* **2.** Que tiene hábito o está acostumbrado a algo.

habitual *adj.* Que se repite, que se hace por hábito o costumbre. **SIN.** Acostumbrado, usual. **ANT.** Inusual.

habituar *v.* Hacer que alguien tenga un hábito o se acostumbre a algo. **SIN.** Adaptar. **ANT.** Deshabituar.

habla *s. f.* **1.** Capacidad de hablar. **2.** Acción de hablar o modo de hacerlo. **SIN. 2.** Lengua, idioma, dialecto.

hablado, da 1. *p.* de **hablar.** También *adj.* ‖ *adj.* y *s.* **2.** Con *bien* o *mal* se dice del que habla con educación o, por el contrario, de forma grosera, diciendo palabrotas.

hablador, ra *adj.* y *s.* Se dice de la persona que habla mucho. **SIN.** Parlanchín. **ANT.** Callado.

habladurías *s. f. pl.* Cosas sin mucho fundamento que la gente cuenta de otros con el fin de criticar. **SIN.** Chismes, rumores, murmuraciones.

hablante *s. m.* Persona que habla, sobre todo una lengua. **SIN.** Emisor. **ANT.** Oyente; receptor.

hablar *v.* **1.** Pronunciar sonidos en forma de palabras. **2.** Comunicarse con palabras; también, por otros medios, como señas. **3.** Decir cosas acerca de alguien o algo. **4.** Confesar, decir lo que se había ocultado. ‖ **LOC. hablar por los codos** Hablar mucho. **SIN. 1.** y **2.** Expresarse. **1.** Conversar, charlar. **2.** y **3.** Contar. **4.** Cantar. **ANT. 1.** a **4.** Callar.

habón *s. m.* Bulto enrojecido que pica mucho y aparece en la piel producido, por ejemplo, por la picadura de un insecto. **SIN.** Grano, roncha.

hacendado, da *adj.* y *s.* Persona que tiene en propiedad muchas tierras y casas. **SIN.** Terrateniente, potentado.

hacendoso, sa *adj.* Que hace bien y con cuidado las tareas de la casa.

hacer *v.* **1.** Realizar o preparar. **2.** Fabricar, construir. **3.** Producir un resultado o un efecto: *hacer feliz, hacer daño.* **4.** Volver, convertir, dar aspecto: *hacerse mayor. Este peinado te*

hace más guapa. **5.** Representar un papel: *Ese actor hace de malo en la película.* **6.** Unido a su complemento tiene el significado de este: *hacer el tonto.* **7.** Obligar, mandar: *Le hicieron venir para nada.* **8.** Obrar, actuar: *Has hecho mal en regañarle.* **9.** Formar un número o cantidad: *Dos más dos hacen cuatro.* **10.** Cumplir: *Hoy hago 18 años.* **11.** Ocupar un lugar: *Haces*

HACER	
PARTICIPIO	
hecho	
INDICATIVO	
Presente	**Pretérito perfecto simple**
hago	*hice*
haces	*hiciste*
hace	*hizo*
hacemos	*hicimos*
hacéis	*hicisteis*
hacen	*hicieron*
Futuro simple	**Condicional simple**
haré	*haría*
harás	*harías*
hará	*haría*
haremos	*haríamos*
haréis	*haríais*
harán	*harían*
SUBJUNTIVO	
Presente	**Pretérito imperfecto**
haga	*hiciera, -ese*
hagas	*hicieras, -eses*
haga	*hiciera, -ese*
hagamos	*hiciéramos, -ésemos*
hagáis	*hicierais, -eseis*
hagan	*hicieran, -esen*
	Futuro simple
	hiciere
	hicieres
	hiciere
	hiciéremos
	hiciereis
	hicieren
IMPERATIVO	
haz (tú)	*haced* (vosotros)
haga (usted)	*hagan* (ustedes)

el número cinco de la lista. **12.** Expresa el tiempo o la temperatura que hay: *Hace frío.* **13.** Haber pasado un tiempo: *Hace un mes que no te veo.* ‖ **hacerse 14.** Conseguir: *El equipo se hizo con el triunfo.* **15.** Fingir: *hacerse el dormido.* **16.** Acostumbrarse: *Todavía no me hago a este clima.* ‖ **LOC. hacer caso** Seguir los consejos de otro. **¿qué se le va a hacer?** o **¿qué (le) vamos a hacer?** Frases que decimos cuando no podemos evitar algo y tenemos que conformarnos. □ Es v. irreg. **SIN. 1.** Efectuar, ejecutar. **2.** Elaborar, confeccionar. **3.** Causar, originar. **8.** Proceder. **14.** Alzarse. **15.** Aparentar, simular. **16.** Adaptarse, habituarse. **ANT. 1.** y **2.** Deshacer. **2.** Destruir. **14.** Perder.

hacha[1] *s. f.* **1.** Antorcha que se utilizaba para iluminar. **2.** Vela de cera grande y gruesa.

hacha[2] *s. f.* Herramienta usada especialmente para cortar madera que consiste en un mango con una hoja ancha y corta. ‖ **LOC. ser** alguien **un hacha** Destacar en algo, ser muy bueno.

hachazo *s. m.* **1.** Golpe de hacha y corte que deja. **2.** Disgusto o contrariedad grandes e inesperados.

hachís *s. m.* Droga que se obtiene del cáñamo índico y se fuma mezclada con tabaco.

hacia *prep.* **1.** Indica dirección: *Vamos hacia allá.* **2.** Más o menos, cerca de: *Volverá hacia el dos de agosto.*

hacienda *s. f.* **1.** Finca o campos que tiene alguien. **2.** Bienes y propiedades de una persona. ‖ *n. pr. f.* **3.** Ministerio de Economía y Hacienda; organismo que administra el dinero y los bienes del Estado y cobra los impuestos. **SIN. 1.** Heredad. **2.** Fortuna, patrimonio, posesiones.

hacinar *v.* Juntar en muy poco espacio muchas personas o cosas.

hackear *v.* Acceder ilegalmente a un sistema informático.

hacker (ingl.) *s. m.* y *f.* Persona que accede a un sistema informático de forma ilegal.

hada *s. f.* Personaje fantástico de los cuentos que suele llevar una varita mágica dotada de grandes poderes.

hado *s. m.* El destino, lo que hace que las cosas ocurran de una manera sin que podamos cambiarlas. **SIN.** Fatalidad, sino.

hagiografía *s. f.* Historia de la vida de los santos.

haiku o **haikú** (del jap.) *s. m.* Poema japonés breve, compuesto generalmente por tres versos de cinco, siete y cinco sílabas, respectivamente.

haitiano, na *adj.* y *s.* De Haití, país de América Central en el mar Caribe.

hala *interj.* Se usa para animar o expresar una impresión.

halagador, ra *adj.* Que halaga.

halagar *v.* **1.** Producir orgullo o satisfacción. **2.** Mostrar aprecio o admiración a una persona con palabras o acciones. **SIN. 1.** Enorgullecer. **2.** Alabar, adular. **ANT. 1.** y **2.** Ofender.

halago *s. m.* Acción de halagar y cosa que halaga. **SIN.** Alabanza, adulación. **ANT.** Ofensa.

halagüeño, ña *adj.* **1.** Optimista, favorable: *un futuro halagüeño.* **2.** Que halaga. **SIN. 1.** Prometedor. **2.** Halagador. **ANT. 1.** Negro.

halar *v.* Tirar, sobre todo de una cuerda o algo parecido.

halcón *s. m.* Ave rapaz de alas largas y puntiagudas, pico curvo y garras muy fuertes, con el pecho de color claro y el dorso gris azulado en los machos y pardo en las hembras. Es una excelente voladora y cazadora, se usa en cetrería y se puede domesticar.

halconero, ra *s. m.* y *f.* Persona que cuida y adiestra halcones.

hale *interj.* Hala.

hálito *s. m.* Aliento.

halitosis *s. f.* Mal aliento.

hall (ingl.) *s. m.* Vestíbulo.

hallar *v.* **1.** Encontrar, descubrir o averiguar. ‖ **hallarse 2.** Estar en un lugar o situación.

hallazgo *s. m.* **1.** Acción de hallar. **2.** Lo que ha sido hallado. **SIN. 1.** Encuentro. **2.** Descubrimiento.

halo *s. m.* **1.** Aro luminoso, como el que a veces se ve alrededor del Sol y de la Luna, o el que tienen alrededor de la cabeza las imágenes religiosas. **2.** Atmósfera que rodea a alguien o algo. **SIN. 1.** Nimbo, corona. **1.** y **2.** Aureola.

halógeno, na *adj.* y *s. m.* **1.** Se dice de un grupo de elementos químicos entre los que se encuentran el cloro y el yodo. ‖ *adj.* y *s.* **2.** Se dice de unas lámparas, faros y bombillas que producen una luz blanca y brillante, debido a la presencia de alguno de los elementos químicos anteriores.

haltera *s. f.* Aparato de gimnasia formado por una barra con discos de metal en los extremos, que sirve para hacer levantamiento de pesos.

halterofilia *s. f.* Deporte que consiste en levantar halteras.

halterófilo, la *s. m.* y *f.* Deportista que practica la halterofilia.

hamaca *s. f.* **1.** Red o lona que se cuelga de sus dos extremos y se utiliza como cama. **2.** Tumbona.

hambre

hambre *s. f.* **1.** Necesidad de alimentos. **2.** Ganas de comer. **3.** Deseo muy grande de algo. || **4. hambre canina** La que es muy grande. || **LOC. matar el hambre** Comer algo para saciarla. **SIN. 2.** Apetito, gazuza. **3.** Ansia, sed. **ANT. 2.** Hartazgo.

hambriento, ta *adj.* y *s.* **1.** Que tiene mucha hambre. || *adj.* **2.** Que desea mucho una cosa. **SIN. 2.** Ansioso, sediento. **ANT. 1.** Saciado. **2.** Harto.

hambrón, na *adj.* y *s. fam.* Que come mucho o con ansia. **SIN.** Comilón, glotón.

hambruna *s. f.* Situación de hambre muy grave provocada por la escasez de alimentos.

hamburguesa *s. f.* Filete de carne picada que suele comerse dentro de un pan redondo.

hamburguesería *s. f.* Establecimiento donde se sirven hamburguesas.

hammán o **hammam** (del ár.) *s. m.* Establecimiento de baños turcos.

hampa *s. f.* **1.** Conjunto de maleantes y delincuentes. **2.** Forma de vida y actividades de estos individuos. **SIN. 2.** Delincuencia.

hampón *adj.* y *s. m.* Delincuente, maleante.

hámster (del al.) *s. m.* Roedor parecido al ratón; se utiliza como animal de laboratorio y también como mascota.

hándicap (del ingl.) *s. m.* Obstáculo, desventaja. **SIN.** Dificultad, inconveniente.

hangar *s. m.* Lugar cubierto donde se guardan, revisan o reparan los aviones en un aeropuerto.

haragán, na *adj.* y *s.* Vago, holgazán. **SIN.** Perezoso. **ANT.** Trabajador.

haraganear *v.* Hacer el haragán. **SIN.** Holgazanear, vaguear.

harapiento, ta *adj.* Vestido con harapos. **SIN.** Andrajoso.

harapo *s. m.* **1.** Trozo roto de ropa vieja. **2.** Ropa vieja y sucia. **SIN. 1.** y **2.** Andrajo.

haraquiri (del jap.) *s. m.* Forma de suicidio de los antiguos guerreros japoneses, que consistía en clavarse la espada en el vientre.

hardware (ingl.) *s. m.* Parte material de los ordenadores, por ejemplo, la pantalla, el teclado, el ratón. Lo demás es el *software*, que está formado por los programas.

harekrisna (del sánscrito) *s. m.* y *f.* Persona que pertenece al Hare Krisna, religión que adora al dios hindú Krisna.

harén *s. m.* **1.** Parte de la casa de los musulmanes donde viven solo las mujeres. **2.** Conjunto de estas mujeres.

harina *s. f.* Polvo que resulta al moler algunas cosas, sobre todo las semillas de los cereales.

|| **LOC. estar metido en harina** Estar ocupado trabajando en algo. **ser harina de otro costal** Ser muy distinto.

harinoso, sa *adj.* Que tiene mucha harina o se parece a ella.

hartada *s. f.* Hartazgo.

hartar *v.* **1.** Aburrir, cansar. || **hartarse 2.** Hacer una cosa hasta que ya no se puede más, sobre todo comer y beber. **SIN. 2.** Saciarse.

hartazgo *s. m.* Hecho de comer, beber o hacer cualquier otra cosa en exceso. **SIN.** Hartada, hartón.

harto, ta *adj.* **1.** Que se ha hartado de algo. || *adv.* **2.** Muy, demasiado: *harto difícil, harto frecuente.* **SIN. 1.** Lleno, atiborrado, saciado. **ANT. 1.** Hambriento. **2.** Poco.

hartón *s. m. fam.* Hartazgo.

hartura *s. f.* Hecho de estar o quedarse harto. **SIN.** Saciedad.

hasta *prep.* y *conj.* **1.** Expresa el final de un lugar, de un tiempo, de una cantidad o de una acción: *Llegó hasta tu casa. Hasta que no encontró la pulsera, no paró de buscarla.* || *adv.* **2.** Incluso.

hastiar *v.* Aburrir, hartar. **SIN.** Cansar. **ANT.** Divertir.

hastío *s. m.* Aburrimiento, cansancio. **SIN.** Tedio. **ANT.** Diversión.

hatajo *s. m.* Conjunto de personas o cosas malas o que no valen para nada.

hatillo *s. m.* Hato, envoltorio.

hato *s. m.* **1.** Envoltorio de ropa y otras cosas. **2.** Rebaño. **SIN. 1.** Hatillo.

hawaiano, na *adj.* y *s.* De Hawái, islas de los Estados Unidos en el océano Pacífico.

haya *s. f.* Árbol muy alto con la corteza lisa y gris o blanquecina, hojas ovaladas y fruto, el hayuco, parecido a una pequeña castaña. Su madera es muy usada en carpintería.

hayedo o **hayal** *s. m.* Lugar donde hay muchas hayas.

hayuco *s. m.* Fruto del haya.

haz[1] *s. m.* **1.** Conjunto de espigas, hierba, leña o cosas parecidas, unida y atadas. **2.** Conjunto de rayos de luz que salen de un mismo punto. **SIN. 1.** Manojo, gavilla.

haz[2] *s. f.* En algunas cosas que tienen dos caras, como por ejemplo, las hojas de las plantas, la cara principal. **SIN.** Derecho, anverso. **ANT.** Revés, envés.

hazaña *s. f.* Acción muy valiente o importante. **SIN.** Proeza, gesta.

hazmerreír *s. m. fam.* Persona de la que se ríen los demás.

he Se usa en las expresiones **he aquí, he allí** y **he ahí**, que se utilizan para señalar a una persona o cosa.

heavy (ingl.) *adj.* y *s.* **1.** Seguidor del *heavy metal.* ‖ **2. *heavy metal*** Estilo de música *rock* caracterizado por tener una melodía sencilla y un ritmo e instrumentación poderosos.

hebilla *s. f.* Objeto, generalmente de metal, que sirve para unir los dos extremos de un cinturón o cosa parecida.

hebra *s. f.* **1.** Nombre que se da a algunas fibras vegetales y animales, como las del borde de las judías verdes o las de la carne. **2.** Trozo de hilo de coser que se introduce en la aguja. ‖ **LOC. pegar la hebra** Ponerse a hablar con alguien durante mucho tiempo.

hebraico, ca *adj.* De los hebreos.

hebraísmo *s. m.* **1.** Judaísmo. **2.** Palabra o expresión del hebreo usada en otra lengua.

hebraísta *s. m.* y *f.* Estudioso de la cultura hebrea.

hebreo, a *adj.* y *s.* **1.** De un pueblo que antiguamente vivió en Palestina, región de Asia. ‖ *s. m.* **2.** Lengua de este pueblo; actualmente se habla en Israel y en las comunidades judías. **SIN. 1.** Israelita, judío.

hecatombe *s. f.* Catástrofe en la que mueren muchas personas.

hechicería *s. f.* Arte de hacer hechizos. **SIN.** Brujería, magia.

hechicero, ra *s. m.* y *f.* Persona que practica la hechicería. **SIN.** Brujo, mago.

hechizar *v.* **1.** Dominar a alguna persona con poderes mágicos. **2.** Gustar o atraer mucho. **SIN. 1.** Encantar, embrujar. **2.** Fascinar, enamorar. **ANT. 2.** Repugnar.

hechizo *s. m.* **1.** Acción con la que se pretende dominar a alguien o conseguir algo utilizando poderes mágicos. **2.** Encanto, atractivo. **SIN. 1.** Encantamiento. **1.** y **2.** Embrujo. **ANT. 2.** Repugnancia.

hecho, cha 1. *p.* de **hacer.** También *adj.* ‖ *adj.* **2.** Más o menos cocinado: *un filete poco hecho.* **3.** Acostumbrado. ‖ *s. m.* **4.** Lo que hace o hizo una persona. **5.** Lo que ocurre o ha ocurrido. ‖ **LOC. de hecho** En realidad. **hecho y derecho** Adulto. **SIN. 3.** Habituado. **4.** Acción, acto. **5.** Acontecimiento, suceso. **ANT. 1.** Deshecho. **3.** Desacostumbrado.

hechura *s. f.* Forma de estar hecha una cosa, sobre todo la ropa.

hectárea *s. f.* Medida de superficie que equivale a 100 áreas.

hectogramo *s. m.* Medida de masa que equivale a 100 gramos.

hectolitro *s. m.* Medida de capacidad que equivale a 100 litros.

hectómetro *s. m.* Medida de longitud que equivale a 100 metros.

heder *v.* Oler muy mal. ▢ Es *v.* irreg. Se conjuga como *tender.* **SIN.** Apestar.

hediondo, da *adj.* Que huele muy mal. **SIN.** Apestoso. **ANT.** Fragante.

hedonismo *s. m.* Filosofía o actitud que sostiene que el placer es lo más importante de la vida.

hedonista *adj.* y *s.* Que considera el placer como lo más importante en la vida.

hedor *s. m.* Olor muy malo. **SIN.** Peste. **ANT.** Fragancia.

hegemonía *s. f.* Superioridad de un país sobre otro u otros. **SIN.** Predominio, supremacía. **ANT.** Inferioridad.

hegemónico, ca *adj.* Que tiene hegemonía.

hégira o **héjira** *s. f.* Huida de Mahoma de La Meca a Medina, ocurrida en el año 622 después de Cristo. A partir de esta fecha empiezan a contar los años los musulmanes.

helada *s. f.* Bajada de la temperatura del ambiente por debajo de los cero grados.

heladera *s. f. Amér.* Nevera.

heladería *s. f.* Lugar donde se hacen o venden helados.

heladero, ra *s. m.* y *f.* Vendedor de helados.

helado, da 1. *p.* de **helar.** También *adj.* ‖ *adj.* **2.** Muy frío o con mucho frío. **3.** Muy sorprendido. ‖ *s. m.* **4.** Dulce muy frío elaborado con leche, azúcar, zumo o sabores de frutas. **SIN. 1.** y **2.** Congelado. **3.** Pasmado, atónito.

helador, ra *adj.* Muy frío, que hiela.

heladora *s. f.* Aparato para hacer helados y sorbetes caseros.

helar *v.* **1.** Congelar. **2.** Dañar el frío las plantas o los tejidos del cuerpo. **3.** Producirse una helada. ‖ **helarse 4.** Pasar alguien mucho frío o quedarse alguna cosa muy fría. ▢ Es *v.* irreg. Se conjuga como *pensar.* **SIN. 4.** Enfriarse. **ANT. 1.** Deshelar, descongelar.

helecho *s. m.* Planta criptógama de hojas grandes y muy verdes, formadas por pequeñas hojas triangulares y algo rizadas. Crece en bosques húmedos y con mucha sombra.

helénico, ca *adj.* De la antigua Grecia.

helenismo *s. m.* Época de la cultura griega desde el siglo IV al I antes de Cristo.

helenista *s. m.* y *f.* Estudioso de la cultura griega.

helenístico, ca *adj.* Del helenismo.

heleno, na *adj.* y *s.* De la Hélade, nombre que dieron a Grecia en la Antigüedad. **SIN.** Griego.

hélice *s. f.* **1.** Pieza formada por aletas o aspas que giran alrededor de un eje. **2.** Espiral.

helicoidal *adj.* Que tiene forma de hélice o espiral.

helicóptero *s. m.* Vehículo que vuela movido por una o varias hélices muy grandes que tiene en la parte de arriba.

helio *s. m.* Elemento químico en estado de gas que se encuentra en pequeñas cantidades en la atmósfera.

heliocentrismo *s. m.* Teoría astronómica que considera el Sol como centro del universo.

heliogábalo *s. m.* Comilón, glotón.

heliotropo *s. m.* Planta de jardín de hojas rugosas de color verde oscuro y pequeñas flores blancas o violetas.

helipuerto *s. m.* Aeropuerto para el despegue y aterrizaje de helicópteros.

helvético, ca *adj.* y *s.* Suizo.

hematíe *s. m.* Glóbulo rojo.

hematología *s. f.* Parte de la medicina que estudia y trata la sangre.

hematólogo, ga *s. m.* y *f.* Médico especialista en hematología.

hematoma *s. m.* Mancha morada o amarillenta que sale en la piel a causa de un golpe. **SIN.** Moratón, cardenal.

hembra *s. f.* **1.** Persona o animal del sexo femenino. **2.** Se dice de las plantas que solo tienen flores femeninas. **3.** En algunos objetos formados por dos piezas, la que tiene el hueco u orificio en que encaja la otra, llamada *macho.*

hembrilla *s. f.* Anilla con un clavo o tornillo para fijarla en algún sitio. **SIN.** Armella.

hemeroteca *s. f.* Biblioteca donde se guardan periódicos y revistas.

hemiciclo *s. m.* Espacio en forma de medio círculo con filas de asientos, como el del salón del Congreso donde se reúnen los diputados.

hemiplejia o **hemiplejía** *s. f.* Parálisis de todo un lado del cuerpo.

hemipléjico, ca *adj.* y *s.* Que sufre hemiplejia.

hemisferio *s. m.* Cada una de las dos mitades de la esfera, sobre todo las de la esfera terrestre.

hemistiquio *s. m.* Cada una de las dos partes en que se dividen algunos versos de arte mayor.

hemodiálisis *s. f.* Diálisis.

hemofilia *s. f.* Enfermedad hereditaria que se caracteriza por la dificultad de la sangre para coagularse.

hemofílico, ca *adj.* y *s.* De la hemofilia o que la padece.

hemoglobina *s. f.* Sustancia de color rojo contenida en los glóbulos rojos de la sangre, que sirve para transportar el oxígeno.

hemorragia *s. f.* Salida de la sangre de las venas o arterias por las que circula, sobre todo cuando se produce en grandes cantidades.

hemorroide *s. f.* Pequeño abultamiento en los vasos sanguíneos de la parte exterior del ano o final del intestino. **SIN.** Almorrana.

hemostático, ca *adj.* y *s. m.* Que sirve para detener una hemorragia.

henchido, da **1.** *p.* de **henchir.** ‖ *adj.* **2.** Lleno o repleto: *henchido de orgullo.*

henchir *v.* Hinchar, llenar. ⬚ Es v. irreg. Se conjuga como *pedir.*

hender *v.* Abrir o rajar una cosa. ⬚ Es v. irreg. Se conjuga como *tender.* **SIN.** Agrietar, resquebrajar.

hendidura *s. f.* Raja, grieta. **SIN.** Fisura, ranura, abertura.

hendir *v.* Hender. ⬚ Es v. irreg. Se conjuga como *discernir.*

henna (del ár.) *s. f.* **1.** Árbol de hojas ovaladas que se usan para hacer cosméticos. **2.** Colorante rojo que se obtiene de las hojas de ese árbol.

heno *s. m.* **1.** Planta de la misma familia del trigo, con las hojas estrechas y flores en forma de espiga. **2.** Hierba cortada y seca con que se alimenta al ganado. ‖ **3. fiebre del heno** Alergia que produce el polen de algunas plantas gramíneas.

hepático, ca *adj.* y *s.* Del hígado o relacionado con él.

hepatitis *s. f.* Enfermedad que produce inflamación del hígado.

heptaedro *s. m.* Cuerpo geométrico de siete caras.

heptágono *adj.* y *s. m.* Polígono de siete lados y siete ángulos.

heptasílabo, ba *adj.* y *s. m.* De siete sílabas.

heptatlón *s. m.* Competición de atletismo en la que cada atleta realiza siete pruebas.

heráldica *s. f.* Conjunto de conocimientos sobre los escudos de armas de una familia, ciudad o país.

heraldo *s. m.* Antiguamente, mensajero o persona que anunciaba los sucesos importantes.

herbáceo, a *adj.* Se dice de la planta que tiene aspecto de hierba.

herbario *s. m.* Colección de hierbas y plantas secas.

herbazal *s. m.* Lugar donde hay mucha hierba.

herramienta

herbicida *adj.* y *s. m.* Producto químico que se echa en los sembrados para que no crezcan en ellos hierbas perjudiciales.

herbívoro, ra *adj.* y *s. m.* Se dice del animal que se alimenta de hierba.

herbolario o **herboristería** *s. m.* o *f.* Tienda en la que se venden hierbas y plantas medicinales.

hercúleo, a *adj.* Propio de Hércules, héroe de la mitología romana que tenía una enorme fuerza.

heredad *s. f.* Terreno o fincas de un solo dueño. **SIN.** Hacienda.

heredar *v.* **1.** Recibir los bienes u otras cosas que deja una persona al morir. **2.** Recibir alguien al nacer características de sus padres u otros familiares. **3.** Recibir algo de una persona o de un momento anterior.

heredero, ra *adj.* y *s.* Que hereda algo.

hereditario, ria *adj.* Que se hereda de padres a hijos.

hereje *s. m.* y *f.* Seguidor de una herejía. **SIN.** Heterodoxo. **ANT.** Ortodoxo.

herejía *s. f.* Doctrina que se aparta de alguna de las creencias fundamentales de la Iglesia católica. **SIN.** Heterodoxia. **ANT.** Ortodoxia.

herencia *s. f.* Todas las cosas que se heredan. **SIN.** Legado.

herético, ca *adj.* Relacionado con las herejías o los herejes.

herida *s. f.* Rotura del tejido de la piel por un golpe o corte.

herido, da **1.** *p.* de **herir**. También *adj.* y *s.* ‖ *adj.* **2.** Ofendido. **SIN.** 1. Lesionado. 2. Dolido. **ANT.** 1. Ileso.

herir *v.* **1.** Producir una herida en el cuerpo. **2.** Hacer que alguien se sienta ofendido. **3.** Producir una sensación molesta en la vista o el oído: *Esa luz tan fuerte hiere la vista.* □ Es v. irreg. Se conjuga como *sentir*. **SIN.** 1. Lesionar, lastimar. 2. Doler.

hermafrodita *adj.* y *s.* Que tiene los dos sexos, como por ejemplo, el caracol o algunas flores.

hermanar *v.* Unir, juntar. **SIN.** Armonizar, conciliar. **ANT.** Enfrentar.

hermanastro, tra *s. m.* y *f.* Para una persona, los hijos de su madrastra o de su padrastro.

hermandad *s. f.* **1.** Afecto y unión entre personas que no son hermanas, pero que se tratan como si lo fueran. **2.** Nombre de algunas asociaciones. **SIN.** 1. Fraternidad.

hermano, na *s. m.* y *f.* **1.** Persona que tiene los mismos padres, o el mismo padre o madre que otra. **2.** Fraile o monja. **3.** Según la religión, todos los seres humanos entre sí por ser hijos de Dios. ‖ *adj.* y *s.* **4.** Persona o cosa unida a otra por algo: *hermanos en la lucha, pueblos hermanos.* ‖ **5.** **hermano político** Cuñado. **SIN.** 2. Fray; sor.

herméticamente *adv.* De forma hermética: *herméticamente cerrado.*

hermético, ca *adj.* **1.** Que cierra perfectamente, no dejando pasar el aire de fuera. **2.** Muy difícil de comprender. **SIN.** 2. Oscuro, incomprensible. **ANT.** 2. Claro.

hermetismo *s. m.* Característica de las cosas herméticas.

hermosear *v.* Hacer o poner hermoso. **SIN.** Embellecer, adornar.

hermoso, sa *adj.* **1.** De gran belleza. **2.** Grande o bien desarrollado. **3.** Muy noble o generoso: *una hermosa acción.* **SIN.** 1. Bello, bonito, lindo. **ANT.** 1. Feo. 3. Indigno.

hermosura *s. f.* **1.** Belleza. **2.** Característica de la persona o cosa bien desarrollada y de buen aspecto. **ANT.** 1. Fealdad.

hernia *s. f.* Hecho de salirse un órgano o una parte de él del sitio en que debe estar.

herniarse *v.* **1.** Producirse una hernia. **2.** Hacer mucho esfuerzo; suele decirse en tono de burla cuando alguien trabaja poco.

héroe, heroína *s. m.* y *f.* **1.** Persona muy valiente que realiza grandes hazañas. **2.** Persona muy admirada. **SIN.** 2. Ídolo, figura. **ANT.** 1. Cobarde.

heroicidad *s. f.* **1.** Heroísmo. **2.** Acción propia de un héroe. **SIN.** 1. Valentía. 2. Hazaña, proeza, gesta. **ANT.** 1. Cobardía.

heroico, ca *adj.* Propio de los héroes. **SIN.** Valiente. **ANT.** Cobarde.

heroína *s. f.* Droga que se obtiene de la morfina.

heroinómano, na *adj.* y *s.* Drogadicto que consume heroína.

heroísmo *s. m.* Característica propia de un héroe. **SIN.** Heroicidad, valentía.

herpes o **herpe** *s. m.* Nombre de algunas enfermedades causadas por virus; muchas de ellas producen en la piel granos dolorosos.

herradura *s. f.* Pieza de hierro en forma de U que se clava en las pezuñas de las caballerías para protegerlas.

herraje *s. m.* Conjunto de piezas de metal que refuerza o adorna algunas cosas, por ejemplo, una maleta o una puerta.

herramienta *s. f.* Instrumento que se coge con la mano para hacer algunos trabajos, como el martillo o los alicates. **SIN.** Utensilio.

herrar v. Poner herraduras en las pezuñas de las caballerías. □ Es v. irreg. Se conjuga como *pensar*.

herrería s. f. Taller del herrero. SIN. Fragua.

herrerillo s. m. Pájaro pequeño con el pico corto y las plumas negras, azules, amarillas y blancas.

herrero, ra s. m. y f. Persona que trabaja el hierro.

herreruelo s. m. Pájaro pequeño que se alimenta de insectos. El macho es negro y blanco, y la hembra es grisácea y blanca.

herrumbre s. f. Capa oxidada que se forma sobre el hierro a causa de la humedad. SIN. Óxido, orín.

herrumbroso, sa adj. Que tiene herrumbre. SIN. Oxidado.

hertziano, na adj. Se dice de un tipo de ondas que sirven para transmitir sonidos o imágenes a larga distancia. Se utilizan en la radio y la televisión.

hertzio s. m. Unidad en la que se mide la frecuencia de un movimiento vibratorio.

hervidero s. m. Lugar donde hay mucha gente y mucho jaleo. SIN. Hormiguero.

hervir v. **1.** Producir burbujas un líquido al calentarlo a cierta temperatura, como el agua al llegar a los cien grados. **2.** Poner algo en agua muy caliente, sobre todo un alimento para cocinarlo. **3.** Sentir un intenso deseo o pasión. □ Es v. irreg. Se conjuga como *sentir*. SIN. 2. Cocer. 3. Arder. ANT. 3. Aplacarse.

hervor s. m. Acción de hervir un líquido. SIN. Ebullición.

heterodoxia s. f. Característica de las personas o ideas heterodoxas. SIN. Herejía. ANT. Ortodoxia.

heterodoxo, xa adj. y s. Que no está de acuerdo con algunas creencias o ideas de una religión, doctrina o teoría. SIN. Hereje. ANT. Ortodoxo.

heterogeneidad s. f. Característica de heterogéneo. SIN. Diversidad, variedad. ANT. Homogeneidad.

heterogéneo, a adj. Formado por cosas o partes distintas. SIN. Diverso, variado. ANT. Homogéneo.

heterónimo s. m. Palabra que tiene un significado muy cercano al de otra, pero su origen y su forma es diferente; por ejemplo: *hombre* y *mujer*.

heterosexual adj. y s. Se dice de la persona que se siente atraída por personas del otro sexo. ANT. Homosexual.

heterosexualidad s. f. Hecho de ser heterosexual. ANT. Homosexualidad.

heterótrofo, fa adj. Se dice de los seres vivos que se alimentan de otros, como, por ejemplo, los animales. ANT. Autótrofo.

hevea s. f. Árbol originario de América tropical del que se extrae una sustancia con la que se elabora el caucho.

hexaedro s. m. Cuerpo geométrico de seis caras.

hexagonal adj. En forma de hexágono.

hexágono adj. y s. m. Polígono de seis ángulos y seis lados.

hexasílabo, ba adj. y s. m. De seis sílabas.

hez s. f. **1.** Residuo que dejan algunos líquidos. **2.** Lo más despreciable de algo: *la hez de la sociedad.* ‖ s. f. pl. **3.** Excrementos. Se llaman también *heces fecales.* SIN. 2. Escoria. 3. Deposición.

hi-fi (abreviatura de la expresión inglesa *high fidelity*, 'alta fidelidad') s. m. Alta fidelidad: *equipo de música hi-fi.*

hiato s. m. Pronunciación en dos sílabas distintas de dos vocales que van seguidas, por ejemplo, la *i* y la *a* en la palabra *tenía.* ANT. Diptongo.

hibernación s. f. Estado de los animales que hibernan.

hibernar v. Pasar el invierno algunos animales, por ejemplo, la marmota o el lirón, como si estuvieran dormidos, con las funciones corporales más bajas de lo normal. SIN. Invernar.

hibisco s. m. Planta de hojas grandes y flores de colores con cinco pétalos.

híbrido, da adj. y s. m. **1.** Animal o planta que nace al unirse individuos de distinta raza o especie; por ejemplo, el mulo es un híbrido de asno y yegua. **2.** Cosa que es el resultado de mezclar varios elementos diferentes. SIN. 2. Mixto. ANT. 1. y 2. Puro.

hidalgo, ga s. m. y f. **1.** Noble de categoría más baja dentro de la antigua nobleza castellana. ‖ adj. **2.** Relacionado con estos nobles. ANT. 1. Plebeyo.

hidalguía s. f. **1.** Condición de hidalgo. **2.** Generosidad o nobleza.

hidatídico, ca adj. Se dice del quiste en el hígado o los pulmones producido por un parásito que tienen los perros.

hidra s. f. **1.** Pequeño animal celentéreo de agua dulce. **2.** En la mitología griega, monstruo fantástico de siete cabezas.

hidratación s. f. Acción de hidratar.

hidratante adj. Que hidrata.

hidratar v. Devolver a algo la humedad que había perdido. ANT. Deshidratar.

higo

hidrato *s. m.* **1.** En química, sustancia en la que existen moléculas de agua. ‖ **2. hidrato de carbono** Compuesto formado por carbono, oxígeno e hidrógeno, que proporciona energía a los seres vivos.

hidráulico, ca *adj.* **1.** Se dice de la energía que se produce por la fuerza del agua. **2.** Que funciona por el movimiento o la presión de un líquido: *frenos hidráulicos.*

hidroavión *s. m.* Avión que puede despegar desde el agua o posarse en ella.

hidrocarburo *s. m.* Sustancia compuesta de carbono e hidrógeno, por ejemplo, el petróleo o el gas butano.

hidrocefalia *s. f.* Enfermedad que consiste en acumular líquido en la cavidad craneal.

hidroeléctrico, ca *adj.* Relacionado con la electricidad que se obtiene a partir de la fuerza del agua.

hidrófilo, la *adj.* Se dice del material o sustancia que absorbe el agua con facilidad, por ejemplo, el algodón. **ANT.** Hidrófugo.

hidrofobia *s. f.* Rabia, enfermedad.

hidrófugo, ga *adj.* Que no deja pasar la humedad. **ANT.** Hidrófilo.

hidrógeno *s. m.* Gas menos pesado que el aire, sin color, olor o sabor, que arde con mucha facilidad. Se combina con el oxígeno para formar el agua. Es elemento químico.

hidrografía *s. f.* Parte de la geografía que estudia los mares, ríos y lagos.

hidrográfico, ca *adj.* De la hidrografía o relacionado con ella.

hidrojet *s. m.* **1.** Sistema de propulsión que consiste en expulsar agua a mucha presión. **2.** Embarcación que se mueve utilizando este sistema.

hidrólisis o **hidrolisis** *s. f.* En química, división de una molécula en iones que se produce por efecto del agua, de un ácido o de un fermento.

hidrología *s. f.* Ciencia que estudia las propiedades, la distribución y la utilización del agua en nuestro planeta.

hidrológico, ca *adj.* Relacionado con la hidrología.

hidromasaje *s. m.* Masaje que se hace con agua y aire a presión.

hidrosfera *s. f.* Parte líquida de la Tierra, es decir, los ríos, lagos y mares.

hidrosoluble *adj.* Que se puede disolver en agua: *pastillas hidrosolubles.*

hidroterapia *s. f.* Utilización del agua para curar enfermedades.

hidróxido *s. m.* Compuesto químico formado por un elemento metálico, oxígeno e hidrógeno.

hiedra *s. f.* Planta trepadora con hojas de color verde oscuro que se sujeta a los muros, los árboles y otras cosas mediante raíces que brotan de sus ramas. ▢ Se escribe también *yedra.*

hiel *s. f.* Bilis.

hielera *s. f. Amér.* Refrigerador, nevera.

hielo *s. m.* Agua que se ha vuelto sólida por efecto del frío. ‖ **LOC. romper el hielo** Ser el primero en decidirse a iniciar una conversación, una relación u otra cosa.

hiena *s. f.* Animal mamífero carnívoro que vive en África y parte de Asia. Tiene el pelaje gris con manchas o rayas oscuras y se alimenta de carroña y de los animales que caza.

hierático, ca *adj.* **1.** Que no muestra con sus gestos lo que piensa o siente. **2.** Se dice de las esculturas o pinturas que representan figuras rígidas e inexpresivas. **SIN. 1.** Impasible, inalterable. **ANT. 1.** Expresivo.

hierba *s. f.* **1.** Cualquier planta pequeña de tallo tierno. **2.** Conjunto de muchas de estas plantas. ‖ **3. mala hierba** Plantas perjudiciales que crecen en los sembrados. ▢ Se escribe también *yerba.* **SIN. 2.** Césped.

hierbabuena *s. f.* Planta de olor muy agradable que se utiliza como condimento y en infusión. ▢ Se escribe también *yerbabuena.*

hierbajo *s. m. desp.* Hierba sin valor, que crece sola. ▢ Se escribe también *yerbajo.*

hierro *s. m.* **1.** Metal de color gris plateado o negruzco, duro y fácil de convertir en hilos o láminas. Es un elemento químico. **2.** Objeto de hierro o de otro metal parecido. ‖ **LOC. quitar hierro** Intentar que algo parezca menos grave de lo que es.

higa *s. f.* Gesto despectivo que consiste en asomar, con el puño cerrado, el dedo pulgar entre los dedos índice y corazón. ‖ **LOC. una higa** Muy poco o nada: *importar una higa.*

higadillos o **higaditos** *s. m. pl.* Hígados de animales pequeños, sobre todo de las aves, que se utilizan como alimento.

hígado *s. m.* Órgano de las personas y de muchos animales que produce la bilis y realiza otras funciones importantes.

higiene *s. f.* Limpieza, aseo. **SIN.** Pulcritud. **ANT.** Suciedad.

higiénico, ca *adj.* De la higiene.

higo *s. m.* **1.** Uno de los frutos de la higuera, blando y muy dulce, lleno de pequeñas semillas. Se come fresco o seco. ‖ **2. higo chumbo** Fruto de la chumbera, ovalado, de color verde amarillento o rojizo y muy dulce. ‖ **LOC. de higos a brevas** De tarde en tarde.

higuera s. f. Árbol que da los higos, en otoño; algunas variedades producen, además, otro fruto en verano: la breva. ‖ **LOC. estar en la higuera** Estar muy distraído o no enterarse de nada.

hijastro, tra s. m. y f. Para una persona, el hijo o hija que su esposo o esposa tiene de otra unión.

hijo, ja s. m. y f. **1.** Una persona o animal con relación a sus padres. **2.** Una persona respecto al lugar donde ha nacido. ‖ **3. hijo de papá** El que tiene padres ricos o importantes y se aprovecha de eso. **4. hijo de puta** (o **de perra**, o **de su madre**) vulg. Persona de mala intención. Se usa como insulto. **5. hijo natural** El que alguien tiene con una persona que no es su marido o su mujer. **SIN. 1.** Vástago. **2.** Natural.

hijoputa, hijaputa adj. y s. vulg. Hijo de puta. Ver **hijo.**

hijuela s. f. **1.** Cada una de las partes en que se divide una herencia y documento en el que se detallan estas partes. **2.** Cosa que depende o deriva de otra principal.

hilacha o **hilacho** s. f. o m. **1.** Hilo que cuelga de una tela o una prenda. ‖ s. f. pl. **2.** Restos pequeños de algo.

hilado, da 1. p. de **hilar.** También adj. ‖ s. m. **2.** Acción de hilar.

hilandero, ra s. m. y f. Persona que tiene como oficio hilar.

hilar v. Convertir en hilo las materias que sirven para hacer tejidos.

hilarante adj. Que provoca risa.

hilaridad s. f. Risa que da algo.

hilera s. f. Línea de personas, animales o cosas, uno detrás de otro. **SIN.** Fila.

hilo s. m. **1.** Hebra larga y delgada de algodón, lana o materias parecidas, usada para hacer tejidos o para coser. **2.** Hebra de cualquier material flexible. **3.** Tela hecha con fibra de lino. **4.** Desarrollo de lo que se está diciendo o pensando. ‖ **LOC. pender de un hilo** Estar en peligro o muy poco seguro.

hilván s. m. Costura de puntadas largas con que se señala o sujeta lo que se va a coser.

hilvanar v. Señalar o sujetar con hilvanes.

himen s. m. Membrana que reduce el orificio externo de la vagina en las mujeres vírgenes.

himno s. m. Poema o composición musical en alabanza de alguien o algo, como la que representa a un país.

hincapié Se usa en la expresión **hacer hincapié**, 'insistir en algo que se dice o manda'.

hincar v. Clavar una cosa con punta. **SIN.** Introducir, hundir. **ANT.** Desclavar.

hincha s. f. fam. **1.** Antipatía, manía. ‖ s. m. y f. **2.** Persona que sigue con gran entusiasmo a un equipo deportivo. **SIN. 1.** Rabia. **2.** Seguidor, fan. **ANT. 2.** Simpatía.

hinchable adj. Que se puede hinchar.

hinchar v. **1.** Hacer algo más grande llenándolo de aire, de gas o de otra cosa. ‖ **hincharse 2.** Abultarse una parte del cuerpo por un golpe, una herida, una inflamación. **3.** Hacer mucho una cosa, sobre todo comer. **SIN. 1.** y **3.** Inflar(se). **2.** Inflamarse. **3.** Hartarse. **ANT. 1.** Desinflar. **1.** y **2.** Deshinchar.

hinchazón s. f. Abultamiento, inflamación.

hindi s. m. Lengua oficial de la India.

hindú adj. y s. De la India, país de Asia; se dice sobre todo de los que practican el hinduismo. **SIN.** Indio.

hinduismo s. m. Principal religión de la India.

hinojo[1] s. m. Rodilla.

hinojo[2] s. m. Planta que se usa como condimento y en medicina.

hip-hop (ingl.) s. m. Movimiento juvenil originario de los Estados Unidos que se caracteriza por su afición al rap y a los grafitos.

hipar v. Tener hipo.

híper s. m. acort. de **hipermercado.**

hiperactivo, va adj. y s. Se dice de la persona demasiado nerviosa y activa, que no puede estarse quieta.

hipérbato o **hipérbaton** s. m. Cambio del orden normal de las palabras en la frase.

hipérbola s. f. Curva plana y simétrica que resulta de cortar una superficie cónica por un plano paralelo a su eje.

hipérbole s. f. Figura retórica que consiste en una exageración muy grande.

hiperbólico, ca adj. **1.** De la hipérbole o relacionado con ella. **2.** Exagerado.

hiperglucemia s. f. Subida de la cantidad normal de azúcar en la sangre. **ANT.** Hipoglucemia.

hipermercado s. m. Supermercado grande.

hipermétrope adj. y s. Que padece hipermetropía.

hipermetropía s. f. Defecto de la vista que consiste en ver bien de lejos y mal de cerca.

hiperónimo, ma s. m. Palabra con un significado general que incluye el significado de otras. Por ejemplo, perro es el hiperónimo de caniche y bulldog. **ANT.** Hipónimo.

hiperrealismo s. m. Movimiento artístico que reproduce la realidad con el máximo realismo.

hipersensible adj. Que es exageradamente sensible.

hipertensión s. f. Tensión arterial muy alta. **ANT.** Hipotensión.

hipertenso, sa adj. y s. Que tiene hipertensión. **SIN.** Hipotenso.

hipertermia s. f. Aumento excesivo de la temperatura del cuerpo. **SIN.** Fiebre. **ANT.** Hipotermia.

hipertexto s. m. En informática, organización de la información de manera que, al seleccionar un elemento, se puede acceder directamente a otros contenidos relacionados con él.

hipertrofia s. f. Crecimiento excesivo y anormal de un órgano o de otra cosa.

hipertrofiarse v. Producirse hipertrofia o crecimiento excesivo.

hípica s. f. Deporte que se practica a caballo. **SIN.** Equitación.

hípico, ca adj. Relacionado con los caballos y los deportes que se practican con ellos.

hipido s. m. Sonido parecido al hipo que se hace al llorar.

hipnosis s. f. Estado de la persona que está hipnotizada.

hipnótico, ca adj. Relacionado con la hipnosis o el hipnotismo.

hipnotismo s. m. Actividad del que se dedica a hipnotizar.

hipnotizar v. Dormir profundamente a alguien y hacer que obedezca las órdenes que se le dan durante ese sueño.

hipo s. m. Serie de sacudidas bruscas del diafragma acompañadas por un ruido característico al expulsar el aire. ‖ **LOC. quitar el hipo** Asombrar mucho algo por ser muy bueno.

hipoalérgico, ca adj. Que está preparado para que no produzca alergia.

hipocampo s. m. Caballito de mar.

hipocentro s. m. Punto del interior de la corteza terrestre donde tiene su origen un terremoto.

hipocondriaco, ca o **hipocondríaco, ca** adj. y s. Se dice del que siempre está preocupado por su salud.

hipocresía s. f. Forma de ser o de actuar de los hipócritas. **SIN.** Doblez, falsedad, cinismo.

hipócrita adj. y s. Que finge lo que no es o lo que no siente. **SIN.** Falso, cínico.

hipodérmico, ca adj. Que está o se pone debajo de la piel: *región hipodérmica, inyección hipodérmica.*

hipódromo s. m. Lugar donde se celebran carreras de caballos y otras pruebas de equitación.

hipófisis s. f. Glándula que controla la actividad de las demás glándulas y el funcionamiento del organismo.

hipoglucemia s. f. Bajada de la cantidad normal de azúcar en la sangre. **ANT.** Hiperglucemia.

hipónimo, ma s. m. Palabra que tiene un significado que se incluye dentro de otro más amplio. Por ejemplo, *clavel, amapola, rosa* son hipónimos de *flor.* **ANT.** Hiperónimo.

hipopótamo s. m. Mamífero de cuerpo muy grueso, patas cortas y cabeza grande con las orejas pequeñas y el hocico enorme. Vive en los ríos y lagos de África.

hipotálamo s. m. Parte del cerebro que controla el funcionamiento del sistema nervioso autónomo.

hipoteca s. f. **1.** Modo de asegurar el pago de una deuda poniendo una casa o finca como garantía. **2.** La casa o finca que sirve de garantía.

hipotecar v. Hacer una hipoteca sobre una casa o una finca.

hipotecario, ria adj. De la hipoteca o relacionado con ella.

hipotensión s. f. Tensión arterial baja. **ANT.** Hipertensión.

hipotenso, sa adj. y s. Que tiene la tensión arterial muy baja. **ANT.** Hipertenso.

hipotenusa s. f. En un triángulo rectángulo, el lado que está enfrente del ángulo recto.

hipotermia s. f. Bajada excesiva de la temperatura del cuerpo. **ANT.** Hipertermia.

hipótesis s. f. Explicación o idea que no está probada, pero que de momento se da por buena. **SIN.** Conjetura.

hipotético, ca adj. **1.** De la hipótesis. **2.** Poco probable, dudoso.

hippy o **hippie** (ingl.) adj. y s. De un movimiento juvenil que apareció en los Estados Unidos en la década de 1960; sus miembros vivían en grupos, en contacto con la naturaleza y rechazaban la violencia.

hiriente adj. Que hiere u ofende.

hirsuto, ta adj. Se dice del pelo duro y tieso. **SIN.** Erizado. **ANT.** Lacio.

hisopo s. m. Utensilio usado en las iglesias para esparcir el agua bendita.

hispalense adj. y s. Sevillano.

hispánico, ca adj. De España y del resto de los países de lengua española.

hispanidad s. f. Conjunto de los pueblos y países que hablan español.

hispanista s. m. y f. Persona que estudia la lengua y la cultura españolas.

hispano, na adj. **1.** De España o de los países de lengua española. ‖ adj. y s. **2.** Se dice de los habitantes de habla española de los Estados Unidos. **SIN. 1.** Hispánico.

hispanoamericano, na adj. y s. De los países americanos de lengua española.

hispanoárabe adj. y s. De la parte de España dominada por los musulmanes en la Edad Media.

hispanohablante adj. y s. Que habla español.

hispanojudío, a adj. y s. Se dice de los judíos que vivían en España durante la Edad Media.

hispanomusulmán, na adj. y s. Hispanoárabe.

hispanorromano, na adj. De la península ibérica durante la dominación romana.

histamina s. f. Compuesto orgánico que reduce la tensión arterial y está presente en numerosas reacciones alérgicas.

histeria o **histerismo** s. f. o m. **1.** Nerviosismo. **2.** Un tipo de enfermedad nerviosa grave. **ANT. 1.** Tranquilidad.

histérico, ca adj. y s. Que tiene histeria o está relacionado con ella. **SIN.** Nervioso. **ANT.** Tranquilo.

histograma s. m. Diagrama en el que se representan unos datos mediante rectángulos o barras.

histología s. f. Parte de la anatomía que estudia los tejidos de los seres vivos.

historia s. f. **1.** Sucesión de hechos importantes que han ocurrido en el pasado. **2.** Ciencia que estudia esos hechos. **3.** Sucesos o cosas, inventados o verdaderos, que se cuentan. **SIN. 3.** Relato, narración, cuento.

historiado, da adj. En arte y arquitectura, se dice de los elementos decorados con dibujos y escenas.

historiador, ra s. m. y f. Persona que se dedica a estudiar la historia.

historial s. m. Escrito que contiene datos importantes sobre alguien, por ejemplo, sus estudios, trabajos y méritos. **SIN.** Currículum, expediente.

histórico, ca adj. **1.** De la historia o relacionado con ella. **2.** Se dice de un acontecimiento muy importante. **3.** Que ha existido o sucedido de verdad: *El Cid Campeador fue un personaje histórico.* **SIN. 2.** Trascendente, crucial. **3.** Auténtico, real. **ANT. 2.** Intrascendente. **3.** Legendario.

historieta s. f. **1.** Relato que se va contando con dibujos. **2.** Relato breve y divertido. **SIN. 1.** Cómic.

historiografía s. f. **1.** Conjunto de conocimientos sobre el método de escribir la historia. **2.** Estudio de las obras que han tratado temas históricos. **3.** Conjunto de estas obras.

histrión s. m. Actor de teatro, sobre todo el que actúa de manera exagerada.

histriónico, ca adj. Propio de un histrión: *gestos histriónicos.* **SIN.** Exagerado, teatral. **ANT.** Sobrio.

hit (ingl.) s. m. Disco, libro, película, etc., que consigue un gran éxito de venta.

hitita adj. y s. **1.** De un pueblo antiguo que creó un gran imperio en Asia entre los años 1600 y 1200 antes de Cristo. ‖ s. m. **2.** Lengua de este pueblo.

hito s. m. **1.** Poste de piedra que señala los límites de las tierras, la dirección de los caminos o indica las distancias. **2.** Suceso o cosa muy importante o destacado. **SIN. 1.** Mojón, señal.

hobby (ingl.) s. m. Afición favorita de alguien.

hocicar v. **1.** Levantar o remover la tierra con el hocico. **2.** fam. Curiosear.

hocico s. m. Parte de la cabeza de los animales en la que están la nariz y la boca.

hocicudo, da adj. Que tiene mucho hocico.

hockey (ingl.) s. m. Deporte entre dos equipos que consiste en meter en la portería contraria una bola o un disco, golpeándolo con un bastón. Se juega en un campo de hierba o sobre patines.

hogar s. m. **1.** Casa donde alguien vive, generalmente con su familia. **2.** Lugar donde se enciende fuego. **SIN. 1.** Domicilio, vivienda. **2.** Fogón, chimenea.

hogareño, ña adj. Se dice de la persona a la que le gusta estar en casa. **SIN.** Familiar, casero.

hogaza s. f. Pan grande y redondo.

hoguera s. f. Fuego hecho en el suelo al aire libre. **SIN.** Fogata.

hoja s. f. **1.** Parte de las plantas que crece en las ramas o en los tallos, y suele ser ancha y fina. **2.** Lámina muy fina de papel. **3.** Lámina delgada de otro material. **4.** Parte cortante de un arma o una herramienta. **5.** Parte de las puertas y las ventanas que se cierra y se abre. **SIN. 2.** Folio, cuartilla. **3.** Plancha.

hojalata s. f. Lámina fina de metal.

hojalatería s. f. Lugar en el que se fabrican o se venden objetos de hojalata.

hojaldrado, da adj. **1.** Hecho de hojaldre. ‖ s. m. **2.** Pastel de hojaldre.

hojaldre s. m. Masa de pastelería que forma capas muy finas, unas encima de otras.

hojarasca s. f. Conjunto de hojas secas que han caído de los árboles.

hojear v. Pasar las hojas de un libro, revista, etc., mirándolas o leyéndolas por encima.

hojuela s. f. Masa de harina muy delgada y fina que se suele comer frita. || **LOC. miel sobre hojuelas.** Ver **miel.**

hola interj. Se usa para saludar. **ANT.** Adiós.

holandés, sa adj. y s. **1.** De Holanda, país de Europa. || s. m. **2.** Idioma hablado en Holanda. || s. f. **3.** Hoja de papel más pequeña que un folio. **SIN. 1.** y **2.** Neerlandés.

holding (ingl.) s. m. Sociedad financiera que tiene la mayoría de las acciones de otras empresas para controlarlas.

holgado, da adj. **1.** Amplio, ancho. **2.** Sin problemas de dinero. **SIN. 1.** Grande. **1.** y **2.** Desahogado. **ANT. 1.** Estrecho. **2.** Necesitado.

holganza s. f. Descanso, ocio. **SIN.** Recreo. **ANT.** Actividad.

holgar v. **1.** No trabajar, descansar. **2.** Sobrar: *Huelga decir que quien desordene la mesa, la recogerá.* □ Es v. irreg. Se conjuga como *contar.* **SIN. 1.** Vaguear.

holgazán, na adj. y s. Vago, que no quiere trabajar. **SIN.** Gandul, haragán. **ANT.** Trabajador, laborioso.

holgazanear v. Hacer el vago. **SIN.** Vaguear, haraganear. **ANT.** Trabajar.

holgazanería s. f. Característica de holgazán. **SIN.** Vaguería.

holgura s. f. **1.** Espacio entre dos cosas que deben estar juntas. **2.** Buena situación económica. **SIN. 2.** Desahogo.

hollar v. Poner los pies sobre algo. □ Es v. irreg. Se conjuga como *contar.*

hollejo s. m. Pellejo de algunas frutas y legumbres, como la uva o el garbanzo.

hollín s. m. Sustancia negra y grasienta que deja pegada el humo sobre algunas superficies. **SIN.** Tizne.

holocausto s. m. Gran matanza de personas. **SIN.** Masacre.

holografía s. f. Técnica fotográfica que utiliza rayos láser para obtener hologramas.

holograma s. m. Fotografía que da sensación de relieve, y va cambiando según el lugar desde donde se mira.

hombrada s. f. Acción propia de un hombre valiente y decidido.

hombre s. m. **1.** Ser humano. **2.** Persona del sexo masculino. || **3. hombre rana** Persona con traje y equipo para bucear. **SIN. 2.** Varón. **ANT. 2.** Mujer.

hombrera s. f. **1.** Almohadilla que se pone por dentro en una prenda de vestir para levantar los hombros. **2.** Pieza para proteger los hombros en algunos deportes. **3.** Cinta o tela que sujeta, por los hombros, vestidos, camisetas, etc. **4.** Tira de tela que llevan en los hombros algunos uniformes.

hombría s. f. Fuerza y valentía que se les atribuye a los hombres.

hombro s. m. **1.** Parte del tronco de la que salen los brazos. **2.** Parte de una prenda de vestir que cubre esa parte del cuerpo. || **LOC. a hombros** Encima de los hombros. **arrimar el hombro** Ayudar, colaborar. **encogerse de hombros** Levantar los hombros, dando a entender que algo no se sabe o no importa.

hombruno, na adj. Se dice de las mujeres que parecen hombres. **SIN.** Masculino.

home (ingl.) s. f. *Homepage.*

home cinema (ingl.) s. m. Conjunto de aparatos que se conectan a un televisor para obtener una imagen y un sonido similares a los de una sala de cine.

homenaje s. m. Fiesta o ceremonia en honor de alguien.

homenajear v. Hacer un homenaje a alguien.

homeópata adj. y s. Médico que practica la homeopatía.

homeopatía s. f. Forma de curación utilizando en pequeñas dosis las mismas sustancias que han provocado la enfermedad.

homeotermo, ma adj. y s. Se dice de los seres vivos que mantienen el cuerpo siempre a la misma temperatura, como los mamíferos.

homepage (ingl.) s. amb. Página de inicio de un sitio web.

homicida adj. y s. Que comete homicidio.

homicidio s. m. Hecho de matar a una persona intencionadamente.

homilía s. f. Explicación o discurso del sacerdote en la misa sobre alguna parte de la Biblia u otro tema religioso.

homínido adj. y s. m. Se dice de un grupo de mamíferos primates cuyo único representante en la actualidad es el ser humano.

homofobia s. f. Rechazo que siente alguien hacia los homosexuales.

homófobo, ba adj. y s. Que muestra homofobia.

homófono, na adj. y s. m. Se dice de las palabras que se pronuncian igual, pero tienen diferente significado y origen, como *basto* (grosero) y *vasto* (extenso).

homogeneidad s. f. Característica de homogéneo. **ANT.** Heterogeneidad.

homogeneizar v. Hacer homogéneas cosas distintas o hacer homogéneo un conjunto o mezcla formados por elementos diferentes.

homogéneo, a adj. **1.** Se dice del conjunto formado por personas o cosas parecidas. **2.** Que es todo igual, sin partes diferentes. **SIN. 1.** Heterogéneo.

homógrafo, fa adj. y s. m. Se dice de las palabras que se escriben igual pero tienen orígenes y significados distintos, como *canto* (composición que se canta) y *canto* (trozo de piedra).

homologar v. **1.** Hacer que varias cosas sean iguales o equivalentes. **2.** Considerar una autoridad que una cosa vale para algo.

homólogo, ga adj. y s. Que tiene una función o cargo equivalente.

homonimia s. f. Hecho de ser homónimas dos o más palabras.

homónimo, ma adj. y s. m. Se dice de las palabras que son iguales, pero tienen distinto significado, como *botín* (calzado) y *botín* (ganancia).

homosexual adj. y s. Persona que se siente atraída por otras de su mismo sexo. **ANT.** Heterosexual.

homosexualidad s. f. Hecho de ser homosexual. **ANT.** Heterosexualidad.

honda s. f. Tira de cuero que sirve para arrojar piedras con fuerza.

hondo, da adj. **1.** Que tiene bastante profundidad. **2.** Se dice de algunos sentimientos muy fuertes: *una pena muy honda*. **SIN. 1.** y **2.** Profundo. **2.** Intenso.

hondonada s. f. Parte de un terreno que está más honda que el resto.

hondura s. f. Característica de las cosas hondas. || **LOC. meterse** o **entrar en honduras** Meterse en lo más difícil o complicado de algo. **SIN.** Profundidad.

hondureño, ña adj. y s. De Honduras, país de América Central.

honestidad s. f. Característica de honesto. **SIN.** Honradez, integridad.

honesto, ta adj. Honrado, que no roba ni engaña y hace lo que debe hacer. **SIN.** Decente, íntegro. **ANT.** Deshonesto.

hongo s. m. Nombre de unos seres vivos que nacen en lugares húmedos. Algunos son muy pequeños, como el moho, que forma una capa verde o blanquecina, y otros son más grandes y se llaman **setas**.

honor s. m. **1.** Orgullo y amor propio que lleva a alguien a actuar como cree que debe hacerlo. **2.** Fama, reputación. **3.** Lo que hace a alguien sentirse orgulloso: *Es un gran honor conocerle*. || s. m. pl. **4.** Ceremonia o actos con que se muestra respeto y aprecio a una persona. **SIN. 2.** Honra. **ANT. 1.** a **3.** Deshonra, deshonor.

honorable adj. Que merece un gran respeto. **SIN.** Respetable.

honorario, ria adj. **1.** Honorífico. || s. m. pl. **2.** Dinero que alguien recibe por un trabajo. **SIN. 2.** Emolumentos, remuneración.

honorífico, ca adj. Se dice de los cargos o trabajos que dan prestigio, pero no dinero. **SIN.** Honorario.

honoris causa (lat.) *expr.* Se dice de algunos grados o títulos honoríficos que las universidades conceden a personas importantes: *doctor* honoris causa.

honra s. f. **1.** Respeto y consideración que los demás tienen a alguien. || **2. honras fúnebres** Ceremonias dedicadas a una persona muerta. **SIN. 1.** Honor, fama, reputación. **ANT. 1.** Deshonra, deshonor.

honradez s. f. Característica de las personas honradas. **SIN.** Honestidad.

honrado, da adj. Se dice de la persona que actúa correctamente, que cumple su palabra y obligaciones; también se dice de sus acciones. **SIN.** Honesto, íntegro. **ANT.** Deshonesto.

honrar v. **1.** Dar honra, ser motivo de orgullo: *Su excelente comportamiento le honra*. **2.** Mostrar respeto hacia alguien. || **honrarse 3.** Sentirse orgulloso por algo. **SIN. 1.** Enaltecer, ennoblecer. **2.** Respetar. **3.** Enorgullecerse. **ANT. 1.** Deshonrar. **3.** Avergonzarse.

honroso, sa adj. Que honra. **SIN.** Digno. **ANT.** Deshonroso.

hooligan (ingl.) adj. y s. m. Hincha inglés de fútbol que suele comportarse de forma violenta.

hora s. f. **1.** Cada una de las veinticuatro partes iguales en que se divide el día. **2.** Momento, ocasión: *Ya es hora de partir.* || **3. hora punta** Momento en que gente entra o sale del trabajo y se llenan los transportes y las calles. || **LOC. a buenas horas** Expresa que algo ocurre demasiado tarde. **entre horas** Entre una comida y otra.

horadar v. Hacer un agujero en algo atravesándolo. **SIN.** Perforar, taladrar, agujerear.

horario, ria adj. **1.** Relacionado con la hora. || s. m. **2.** Distribución de las horas de un trabajo o actividad.

horca s. f. **1.** Armazón del que cuelga una cuerda para ahorcar a alguien. **2.** Especie de tenedor muy grande para realizar faenas del campo. **SIN. 2.** Bieldo.

horcajadas Se usa en la expresión **a horcajadas**, manera de montar a caballo o de sentarse sobre algo poniendo una pierna a cada lado.

horchata *s. f.* Bebida hecha con chufas machacadas, agua y azúcar.

horchatería *s. f.* Establecimiento donde se hace y se sirve horchata.

horda *s. f.* Grupo de guerreros muy violentos.

horizontal *adj. y s. f.* Paralelo al horizonte o con todos sus puntos o partes a la misma altura. **ANT.** Vertical.

horizonte *s. m.* **1.** Línea más lejana a la que llega la vista, donde parece que se juntan la tierra o el mar con el cielo. **2.** Ideas o ambiciones de una persona.

horma *s. f.* Objeto o aparato que se mete dentro de los zapatos o los sombreros para ensancharlos o para darles forma.

hormiga *s. f.* Insecto que vive en grandes grupos en agujeros excavados en el suelo y es muy laborioso.

hormigón *s. m.* Mezcla de arena, piedrecillas y cemento que al secarse se endurece. Se utiliza en la construcción.

hormigonera *s. f.* Máquina que mezcla el hormigón en un recipiente que da vueltas.

hormigueo *s. m.* Cosquilleo o picor.

hormiguero *s. m.* **1.** Agujero con muchos túneles en el que viven las hormigas. **2.** Lugar donde hay mucha gente en movimiento. **SIN. 2.** Hervidero.

hormiguita *s. f.* **1.** *dim.* de hormiga. **2.** Persona muy trabajadora y ahorradora.

hormona *s. f.* Cada una de las sustancias producidas por diversas glándulas, que regulan la actividad de otros órganos o sistemas del cuerpo.

hormonal *adj.* De las hormonas o relacionado con ellas.

hornacina *s. f.* Hueco en la pared para meter dentro una estatua u otro objeto de adorno.

hornada *s. f.* **1.** Conjunto de barras de pan, objetos de cerámica y otras cosas que se cuecen al mismo tiempo en el horno. **2.** *fam.* Grupo de personas que acaban unos estudios o consiguen un trabajo al mismo tiempo. **SIN. 2.** Promoción.

hornazo *s. m.* Rosca o torta adornada con huevos u otros alimentos que se cuecen en el horno junto con la masa.

hornear *v.* Cocinar un alimento en el horno.

hornillo *s. m.* Pequeño aparato donde se hace o se calienta la comida. **SIN.** Infiernillo.

horno *s. m.* **1.** Construcción o aparato donde se mete la comida para asarla o en el que se cuece el pan o las piezas de cerámica. **2.** Lugar donde se hacen el pan y los bollos. **3.**

Sitio muy caluroso. ‖ **4. alto horno** Horno industrial donde se funde el hierro. **SIN. 2.** Tahona. **3.** Sauna. **ANT. 3.** Nevera.

horóscopo *s. m.* Lo que se dice que va a ocurrir según el signo del Zodiaco que tenga una persona.

horquilla *s. f.* **1.** Trozo de alambre u otro material doblado por el centro que se usa para sujetar el pelo. **2.** En bicicletas y motos, pieza unida al manillar donde se coloca la rueda delantera.

horrendo, da *adj.* Horrible, espantoso. **SIN.** Horroroso. **ANT.** Maravilloso.

hórreo *s. m.* Granero de madera o piedra, típico de Asturias y de Galicia.

horrible *adj.* **1.** Que causa horror. **2.** Muy feo o muy malo. **3.** Muy fuerte o intenso. **SIN. 1. y 2.** Horripilante, horrendo. **1. a 3.** Horroroso, espantoso. **3.** Tremendo. **ANT. 2.** Precioso, maravilloso.

horripilante *adj.* Horrible, espantoso. **SIN.** Horrendo. **ANT.** Maravilloso.

horripilar *v.* Causar un miedo o un rechazo muy grandes. **SIN.** Horrorizar, espantar. **ANT.** Encantar.

horrísono, na *adj.* Se dice de un sonido muy desagradable.

horror *s. m.* **1.** Miedo muy grande. **2.** Fuerte sentimiento de rechazo o desagrado. ‖ *s. m. pl.* **3.** Desgracias, tragedias. ‖ **LOC. horrores** o **un horror** Muchísimo. **SIN. 1.** Pánico. **1. y 2.** Espanto, terror.

horrorizar *v.* Causar horror. **SIN.** Asustar, aterrar, horripilar.

horroroso, sa *adj.* **1.** Que causa horror. **2.** Muy feo o muy malo. **3.** Muy grande. **SIN. 1.** Aterrador, terrorífico. **1. a 3.** Espantoso, horrible. **2. y 3.** Terrible. **3.** Enorme. **ANT. 2.** Bonito, estupendo.

hortaliza *s. f.* Planta de huerta.

hortelano, na *s. m. y f.* Persona que tiene o cultiva una huerta.

hortensia *s. f.* Planta de hojas con el borde dentado y flores olorosas de distintos colores, que están agrupadas formando una especie de flor grande muy vistosa.

hortera *adj. y s.* Que no es elegante, de mal gusto. **SIN.** Ordinario, chabacano. **ANT.** Distinguido.

horterada *s. f.* Acción o cosa propia de un hortera.

hortícola *adj.* Del cultivo de hortalizas.

horticultor, ra *s. m. y f.* Persona que se dedica a la horticultura.

horticultura *s. f.* Cultivo de hortalizas.

hortofrutícola *adj.* Del cultivo de hortalizas y frutas.

hosanna *s. m.* Himno que se canta en las iglesias el Domingo de Ramos.

hosco, ca *adj.* Antipático, poco sociable. **SIN.** Huraño. **ANT.** Afable.

hospedaje *s. m.* **1.** Acción de hospedar. **2.** Lugar donde alguien se hospeda. **SIN. 1.** y **2.** Alojamiento, albergue.

hospedar *v.* **1.** Proporcionar a alguien un lugar donde pueda quedarse por un tiempo. ‖ **hospedarse 2.** Estar en un hotel o en casa de alguien por un tiempo. **SIN. 1.** y **2.** Alojar(se), albergar(se).

hospedería *s. f.* Lugar donde se pueden hospedar personas, sobre todo el que hay en algunos monasterios y conventos. **SIN.** Hostal, hostería.

hospicio *s. m.* Lugar donde se recoge a niños huérfanos o abandonados, o a otras personas pobres que no tienen casa. **SIN.** Orfanato, orfelinato.

hospital *s. m.* Establecimiento grande con muchos medios donde se atiende y cura a los enfermos. **SIN.** Clínica, sanatorio.

hospitalario, ria *adj.* **1.** Que acoge amablemente a las personas. **2.** Se dice de los lugares en los que resulta agradable estar. **3.** Del hospital. **SIN. 1.** y **2.** Acogedor. **ANT. 2.** Inhóspito.

hospitalidad *s. f.* Hecho de acoger amablemente a las personas.

hospitalizar *v.* Dejar en un hospital o clínica a alguien que necesita cuidados especiales. **SIN.** Internar.

hostal *s. m.* Establecimiento parecido a un hotel pero más pequeño y sin grandes lujos. **SIN.** Hostería, posada.

hostelería *s. f.* Conjunto de servicios dedicados a alojar y proporcionar comida a los clientes.

hostelero, ra *adj.* **1.** De la hostelería. ‖ *s. m.* y *f.* **2.** Persona encargada de un hostal.

hostería *s. f.* Hostal.

hostia *s. f.* **1.** Lámina fina y redonda de pan sin levadura, que se consagra en la misa para dar la comunión. **2.** *vulg.* Golpe.

hostigar *v.* Acosar, atacar.

hostil *adj.* Enemigo, contrario. **SIN.** Adverso, desfavorable. **ANT.** Favorable.

hostilidad *s. f.* **1.** Enemistad u oposición hacia alguien. ‖ *s. f. pl.* **2.** Guerra, lucha armada: *Un nuevo tratado puso fin a las hostilidades.* **SIN. 1.** Rivalidad, aversión. **2.** Contienda. **ANT. 1.** Amistad, concordia. **2.** Paz.

hot dog o **hot-dog** (ingl.) *expr.* Perrito caliente. Ver **perrito**.

hotel *s. m.* **1.** Establecimiento con numerosas habitaciones donde alguien puede quedarse un tiempo pagando por ello. **2.** Chalé.

hotelero, ra *adj.* De los hoteles.

hovercraft (ingl.) *s. m.* Vehículo que se desplaza por la tierra o por el agua sobre una capa de aire a presión.

hoy *adv.* **1.** En el día en que estamos. **2.** Actualmente: *Hoy es fundamental hablar otros idiomas.* ‖ **LOC. hoy día** u **hoy en día** En estos tiempos. **hoy por hoy** De momento, aunque más adelante las cosas puedan cambiar.

hoya *s. f.* **1.** Hoyo grande en el terreno, por ejemplo, en el fondo de un río. **2.** Llanura grande rodeada de montañas. **SIN. 2.** Hondonada, depresión.

hoyo *s. m.* Agujero o hundimiento en el terreno o en otra superficie. **SIN.** Hoya, socavón.

hoyuelo *s. m.* Hoyo pequeño que tienen algunas personas en la cara o en la barbilla.

hoz[1] *s. f.* Herramienta de hoja curva y mango corto que se utiliza para segar.

hoz[2] *s. f.* Paso estrecho entre montañas. **SIN.** Desfiladero, garganta.

hozar *v.* Remover la tierra con el hocico algunos animales. **SIN.** Escarbar.

hucha *s. f.* Caja o recipiente en que se echa dinero por una ranura para tenerlo guardado. **SIN.** Alcancía.

hueco, ca *adj.* **1.** Que no tiene nada dentro. **2.** Esponjoso, mullido, que no está apretado. ‖ *s. m.* **3.** Espacio vacío. **4.** Tiempo libre que queda entre varias ocupaciones. **SIN. 1.** y **2.** Ahuecado. **2.** Suelto. **3.** Cavidad. **ANT. 1.** Lleno. **1.** y **2.** Macizo, compacto. **2.** Apelmazado.

huecograbado *s. m.* Procedimiento para imprimir en el que las letras o dibujos se graban en hueco sobre planchas o cilindros y luego se llenan de tinta para reproducirlos.

huecorrelieve *s. m.* Figura o relieve en el que los dibujos están en un nivel más bajo que el fondo.

huelga *s. f.* Hecho de dejar de trabajar para protestar por algo.

huelguista *s. m.* y *f.* Persona que hace huelga.

huella *s. f.* **1.** Señal que queda en algún sitio después de pisarlo, tocarlo o pasar por encima de él. **2.** Recuerdo, impresión. ‖ **3. huellas dactilares** Las que dejan los dedos, y que son diferentes en cada persona. **SIN. 1.** Rastro, pisada, marca.

huelveño, ña *adj.* y *s.* De Huelva, ciudad y provincia españolas. **SIN.** Onubense.

huérfano, na adj. y s. Que no tiene padres o ha perdido a alguno de ellos.

huero, ra adj. Vacío, hueco. ANT. Lleno.

huerta s. f. Terreno donde se cultivan verduras, legumbres y árboles frutales.

huertano, na adj. y s. De Valencia, Murcia y otras zonas de Levante, donde hay muchas huertas.

huerto s. m. Huerta pequeña.

hueso s. m. **1.** Cada una de las piezas duras y blanquecinas que forman el esqueleto de los vertebrados. **2.** Parte dura y redondeada que tienen dentro algunas frutas y en donde está la semilla. **3.** Color blanco amarillento. **4.** fam. Muy duro o muy difícil: *Ese profesor es un hueso.*

huésped, da s. m. y f. **1.** Persona que vive en la casa de otra, o está en un hotel o establecimiento parecido. ‖ s. m. **2.** En biología, ser vivo del que se aprovecha otro que vive a su costa.

hueste s. f. **1.** Ejército, grupo de gente armada: *Las huestes enemigas.* **2.** Conjunto de partidarios o seguidores de alguien o algo. SIN. **1.** Tropa. **2.** Adeptos.

huesudo, da adj. Que tiene mucho hueso o los tiene muy salientes.

hueva s. f. Masa que forman los huevos de algunos peces, que está contenida dentro de una bolsa o membrana.

huevera s. f. **1.** Bolsa o caja con huecos para guardar los huevos. **2.** Recipiente especial para servir los huevos pasados por agua.

huevería s. f. Tienda donde se venden huevos.

huevero, ra s. m. y f. Vendedor de huevos.

huevo s. m. **1.** Cuerpo más o menos esférico que ponen las hembras de las aves, peces, reptiles y otros animales, de donde salen sus crías cuando ya están formadas. **2.** Cigoto. ‖ LOC. **pisando huevos** Muy despacio.

huevón, na adj. y s. vulg. Persona demasiado lenta o tranquila. SIN. Cachazudo.

hugonote, ta adj. y s. Calvinista francés de los siglos XVI y XVII.

huida s. f. Acción de huir. SIN. Fuga, evasión.

huidizo, za adj. **1.** Que se asusta muy fácilmente y huye. **2.** Que se desvía o se aparta: *mirada huidiza.* SIN. **1.** Asustadizo. ANT. **1.** Atrevido.

huipil s. m. En Centroamérica y México, blusa femenina amplia y sin mangas.

huir v. **1.** Marcharse muy deprisa de un sitio o escaparse de él. **2.** Apartarse de una persona o cosa, evitarla. ☐ Es v. irreg. Se conjuga como *construir.* Las formas *hui, huis* no llevan tilde porque son monosílabas. SIN. **1.** Fugarse, evadirse. **2.** Rehuir, esquivar. ANT. **1.** Quedarse.

hula-hoop (ingl., marca registrada) s. m. Aro que se hace girar alrededor de la cintura, como juego o como deporte.

hule s. m. Tela recubierta por un lado con una capa brillante e impermeable.

hulla s. f. Tipo de carbón que se usa como combustible.

humanamente adv. Con todos los medios que tienen las personas: *hacer lo humanamente posible.*

humanidad s. f. **1.** Bondad hacia los demás. **2.** Conjunto de todos los seres humanos. ‖ s. f. pl. **3.** Los estudios de la lengua, de la literatura, de la filosofía, de la historia y de la cultura en general. SIN. **1.** Solidaridad, caridad. **3.** Letras. ANT. **1.** Maldad.

humanismo s. m. Movimiento cultural del Renacimiento que tomaba como modelo el pensamiento y el arte de los antiguos griegos y romanos.

humanista adj. y s. **1.** Del humanismo o relacionado con él. **2.** Persona que se dedica a estudios de humanidades.

humanitario, ria adj. Que se preocupa por los demás, que los ayuda. SIN. Solidario.

humanizar v. Hacer a alguien o algo menos duro o desagradable para las personas. ANT. Endurecer.

humano, na adj. **1.** De los seres humanos. **2.** Bueno y comprensivo con los demás. ‖ s. m. **3.** Persona. ‖ **4. ser humano** Mamífero que se caracteriza por su mayor inteligencia, su capacidad de hablar y por caminar erguido sobre las extremidades inferiores. SIN. **2.** Bondadoso, compasivo. ANT. **2.** Inhumano.

humanoide adj. y s. Que tiene el aspecto o las características de un ser humano.

humareda s. f. Gran cantidad de humo.

humear v. Echar humo.

humectar v. Humidificar, hacer que haya más humedad.

humedad s. f. Agua u otro líquido que hace que una cosa esté húmeda. ANT. Sequedad.

humedal s. m. Terreno de aguas superficiales o subterráneas.

humedecer v. Mojar un poco una cosa. ☐ Es v. irreg. Se conjuga como *agradecer.* SIN. Humidificar. ANT. Resecar.

húmedo, da adj. **1.** Un poco mojado. **2.** Se dice del clima o lugar en el que llueve mucho. ANT. **1.** y **2.** Seco. **2.** Árido.

húmero s. m. Hueso del brazo que está entre el hombro y el codo.

humidificador *s. m.* Aparato que evapora agua y hace que haya más humedad en un espacio cerrado.

humidificar *v.* Hacer que haya más humedad en un sitio o en una cosa.

humildad *s. f.* Característica de humilde. **SIN.** Sencillez, modestia. **ANT.** Soberbia.

humilde *adj.* **1.** Que no presume. **2.** Pobre o de clase social baja. **SIN.** 1. Sencillo, llano. 1. y 2. Modesto. **ANT.** 1. Soberbio. 2. Acomodado.

humillación *s. f.* Acción de humillar.

humilladero *s. m.* Lugar con una cruz o imagen que suele estar en la entrada de los pueblos.

humillante *adj.* Que humilla. **SIN.** Degradante.

humillar *v.* Hacer que una persona se sienta inferior o muy avergonzada. **SIN.** Avergonzar. **ANT.** Ensalzar.

humo *s. m.* **1.** Gas que sale de una cosa que se está quemando. ‖ *s. m. pl.* **2.** Arrogancia, orgullo. **ANT.** 2. Humildad.

humor *s. m.* **1.** Estado de ánimo por el que alguien está contento o enfadado. **2.** Ganas de hacer algo. **3.** Capacidad para descubrir y mostrar lo que algo tiene de cómico. **SIN.** 1. Genio, talante.

humorada *s. f.* Cosa divertida o extravagante que alguien dice o hace. **SIN.** Ocurrencia, gracia, golpe.

humorista *s. m. y f.* Artista que se dedica a contar chistes y a hacer reír al público. **SIN.** Cómico.

humorístico, ca *adj.* Que tiene humor, es divertido y hace reír. **SIN.** Cómico, gracioso. **ANT.** Serio.

humus *s. m.* Tierra que tiene muchos materiales orgánicos que la hacen muy buena para las plantas.

hundido, da *p.* de hundir. También *adj.* ‖ *adj.* **2.** Muy triste, deprimido. **SIN.** 2. Abatido. **ANT.** 2. Animado.

hundimiento *s. m.* **1.** Acción de hundir o de hundirse. **2.** Parte más hundida de algo. **SIN.** 1. Derrumbamiento; inmersión. 2. Socavón, hondonada. **ANT.** 1. Levantamiento.

hundir *v.* **1.** Meter o irse hacia abajo alguna cosa en un sólido o en un líquido. **2.** Hacer caer o caerse una cosa. **3.** Dar un golpe en una cosa o aplastarla, metiendo una parte hacia dentro. **4.** Hacer fracasar, arruinar, echar a perder. **5.** Dejar muy triste, preocupado o en muy mala situación. **SIN.** 1. Sumer-

gir. **2.** Derrumbar, desmoronar. **3.** Abollar. **4.** Malograr. **5.** Desmoralizar. **ANT.** 1. Sacar; emerger. **2.** Levantar. **5.** Animar.

húngaro, ra *adj.* y *s.* **1.** De Hungría, país de Europa. ‖ *s. m.* **2.** Lengua de este país.

huno, na *adj.* y *s.* De un pueblo nómada de Asia que invadió Europa a finales del siglo IV.

huracán *s. m.* **1.** Ciclón característico de las zonas tropicales. **2.** Viento muy fuerte. **SIN.** 1. Tifón. 2. Vendaval.

huracanado, da *adj.* Con la fuerza de un huracán: *vientos huracanados.*

huraño, ña *adj.* Se dice de la persona a la que no le gusta hablar o tratar con los demás. **SIN.** Arisco. **ANT.** Sociable.

hurgar *v.* **1.** Remover algo, sobre todo en un hueco. **2.** Fisgar, curiosear. **SIN.** 1. Escarbar, revolver.

hurón *s. m.* Mamífero carnívoro de cuerpo pequeño, largo y delgado y patas cortas. Es muy feroz y se introduce en las madrigueras en busca de sus presas.

hurra *interj.* Expresa alegría o satisfacción.

hurtadillas Se usa en la expresión **a hurtadillas,** 'a escondidas'.

hurtar *v.* Robar una cosa sin utilizar la violencia. **SIN.** Quitar, birlar.

hurto *s. m.* Acción de hurtar y cosa que se hurta. **SIN.** Robo.

húsar *s. m.* Soldado de caballería ligera con un uniforme semejante a los de la caballería húngara.

husky (ingl.) *s. m.* **1.** Abrigo acolchado con costuras en forma de rombos. ‖ **2. husky siberiano** Raza de perros que tiene las orejas en punta, los ojos pardos o azules y el pelaje suave y espeso, normalmente blanco o gris.

husmear *v.* **1.** Buscar con el olfato el rastro que deja alguna cosa, como hacen los perros. **2.** Fisgar, curiosear.

huso *s. m.* **1.** Instrumento para hilar, cilíndrico, alargado y más fino por los extremos; en él se enrolla el hilo que se va hilando. ‖ **2. huso horario** Cada una de las veinticuatro partes en que se divide el globo terrestre, que están limitadas por dos meridianos y en las que la hora es la misma.

hutu *adj.* y *s.* De un conjunto de pueblos de raza negra que vive en Ruanda y Burundi, países de África.

huy *interj.* Uy.

i *s. f.* Novena letra del abecedario.

ibérico, ca *adj.* De la península ibérica.

ibero, ra o **íbero, ra** *adj.* y *s.* **1.** De los antiguos pobladores de la península ibérica. ‖ *s. m.* **2.** Lengua que hablaban.

iberoamericano, na *adj.* y *s.* De Iberoamérica, es decir, de los países americanos en los que se habla español o portugués. **SIN.** Latinoamericano.

íbex *s. m.* Índice de referencia de la bolsa en España a partir de las empresas españolas con mayor liquidez.

ibicenco, ca *adj.* y *s.* De Ibiza, isla de las Baleares.

ibis *s. m.* Ave zancuda parecida a la cigüeña, pero más pequeña, que tiene el pico largo y curvo. Vive en zonas pantanosas.

ibón *s. m.* Laguna de montaña de origen glaciar en los Pirineos.

ibuprofeno *s. m.* Medicamento que actúa para combatir el dolor y la inflamación.

iceberg (del ingl.) *s. m.* Bloque muy grande de hielo que flota en el mar.

icono *s. m.* **1.** Imagen religiosa pintada sobre una tabla. **2.** Signo que por su forma recuerda la cosa que representa. **3.** En informática, símbolo que representa un programa o una aplicación en la pantalla de un ordenador, móvil, etc.

iconoclasta *adj.* y *s.* **1.** Que no admite que se rinda culto a las imágenes religiosas. **2.** Que no respeta las normas, los gustos o los valores mayoritarios.

iconografía *s. f.* **1.** Estudio del significado de las imágenes, pinturas y esculturas. **2.** Conjunto de imágenes, cuadros y esculturas de una época o de un asunto determinado.

icosaedro *s. m.* Cuerpo geométrico de veinte caras planas.

ictericia *s. f.* Color amarillo que tiene la piel, síntoma de enfermedades del hígado.

ictiología *s. f.* Parte de la zoología que estudia los peces.

ictiosaurio o **ictiosauro** *s. m.* Reptil marino muy grande que vivió hace millones de años, parecido al delfín.

ida *s. f.* Acción de ir de un sitio a otro. **SIN.** Marcha, partida. **ANT.** Vuelta.

idea *s. f.* **1.** Lo que conocemos, pensamos, imaginamos o se nos ocurre de las cosas. **2.** Plan, intención. ‖ **3. mala idea** Mala intención. ‖ **LOC. hacerse a la idea** Acostumbrarse o resignarse. **SIN.** **1.** Concepto, opinión. **2.** Proyecto.

ideal *adj.* **1.** Imaginario. **2.** Maravilloso, muy bueno. ‖ *s. m.* **3.** Modelo que se imita o se admira. **4.** Deseo o idea que a una persona le gustaría ver cumplido. **SIN.** **1.** Irreal, inventado. **2.** Estupendo. **3.** Canon. **4.** Aspiración, objetivo. **ANT.** **1.** Real.

idealismo *s. m.* Forma de pensar y actuar de los idealistas. **ANT.** Realismo.

idealista *adj.* y *s.* Persona que defiende sus ideales aunque sean difíciles de realizar. **ANT.** Realista.

idealizar *v.* Pensar que una persona o una cosa es mejor de lo que es en realidad.

idear *v.* Pensar una idea o un plan. **SIN.** Discurrir, concebir.

ideario *s. m.* Conjunto de ideas o creencias. **SIN.** Ideología.

idem (lat.) *pron.* Significa 'lo mismo' y se utiliza para no tener que repetir lo que se ha dicho antes.

idéntico, ca *adj.* Igual o muy parecido. **SIN.** Exacto. **ANT.** Diferente.

identidad *s. f.* **1.** Hecho de ser idénticas dos o más cosas. **2.** Hecho de ser una persona o cosa la misma que se dice o se cree que es: *Comprobaron su identidad.* **SIN.** **1.** Igualdad, semejanza, equivalencia. **ANT.** **1.** Diferencia.

identificación *s. f.* **1.** Acción de identificar. **2.** Lo que sirve para identificar. **SIN.** **1.** Reconocimiento.

identificar *v.* **1.** Comprobar o reconocer que una persona o cosa es la que se busca o se cree. **2.** Relacionar, unir. ‖ **identificarse 3.** Estar totalmente de acuerdo con alguien o algo. **4.** Sentirse o imaginarse igual que otra persona. **SIN.** **2.** Asociar, vincular. **3.** Simpatizar, solidarizarse. **ANT.** **2.** Oponer. **3.** Disentir.

ideología *s. f.* Conjunto de ideas de una persona, grupo o doctrina. **SIN.** Credo, creencia.

ideológico, ca *adj.* De la ideología.

ideólogo, ga *s. m.* y *f.* Persona que se ocupa de cuestiones ideológicas.

idílico, ca *adj.* Muy agradable o hermoso. **SIN.** Placentero, encantador.

idilio *s. m.* Aventura o relación amorosa. **SIN.** Amorío.

idioma *s. m.* Lengua de un grupo de personas, de un pueblo o de una nación. **SIN.** Lenguaje.

idiomático, ca *adj.* De un idioma.

idiosincrasia *s. f.* Manera de ser propia de una persona o de un pueblo. **SIN.** Carácter, personalidad.

idiota *adj.* y *s. fam.* Tonto, imbécil. **SIN.** Bobo, estúpido. **ANT.** Inteligente.

idiotez *s. f.* Tontería, imbecilidad. **SIN.** Estupidez.

idiotizar *v.* Volver idiota a alguien.

ido, da **1.** *p.* de **ir.** || *adj.* **2.** Loco, chiflado. **3.** Muy distraído o despistado. **SIN. 3.** Lelo. **ANT. 2.** Cuerdo. **3.** Atento.

idólatra *adj.* y *s.* Que adora o admira a un ídolo.

idolatrar *v.* **1.** Adorar a un ídolo o una cosa como si fuera un dios. **2.** Amar o admirar mucho a una persona o cosa.

idolatría *s. f.* Hecho de idolatrar.

ídolo *s. m.* **1.** Imagen o cosa a la que se adora como a un dios. **2.** Persona muy admirada. **SIN. 1.** Fetiche, tótem. **2.** Héroe.

idóneo, a *adj.* Muy apropiado para algo. **SIN.** Ideal, adecuado. **ANT.** Inadecuado.

iglesia *s. f.* **1.** Templo cristiano. **2.** Conjunto de los miembros de una religión cristiana.

iglú (del esquimal) *s. m.* Vivienda semiesférica que hacen los esquimales con bloques de hielo.

ígneo, a *adj.* De fuego o parecido a él.

ignición *s. f.* Acción de arder o encenderse.

ignífugo, ga *adj.* Que protege contra el fuego: *un tejido ignífugo.*

ignominia *s. f.* Deshonra, infamia. **SIN.** Descrédito, deshonor. **ANT.** Dignidad, honor.

ignominioso, sa *adj.* Deshonroso.

ignorancia *s. f.* Falta de conocimientos. **SIN.** Desconocimiento, incultura. **ANT.** Cultura, sabiduría.

ignorante *adj.* y *s.* Que no sabe algo. **SIN.** Inculto, desconocedor. **ANT.** Culto.

ignorar *v.* **1.** No saber una cosa. **2.** No hacer caso de alguien o de algo. **SIN. 1.** Desconocer.

2. Desatender, desoír. **ANT. 1.** Conocer. **2.** Atender.

ignoto, ta *adj.* Desconocido, que está sin descubrir o sin explorar.

igual *adj.* **1.** Que es como otro o muy parecido. **2.** Liso, llano. || *s. m.* **3.** Signo matemático (=) que indica igualdad o equivalencia. || *s. m.* y *f.* **4.** Persona de la misma clase, condición o cargo que otra u otras. || *adv.* **5.** Lo mismo: *Me da igual.* **6.** Quizá: *Igual nos vemos.* || **LOC. sin igual** Incomparable, extraordinario. **SIN. 1.** Idéntico; similar. **2.** Uniforme. **4.** Homólogo. **ANT. 1.** Diferente. **1.** y **2.** Desigual. **2.** Accidentado.

igualar *v.* **1.** Hacer o hacerse iguales. **2.** Empatar. **3.** Alisar, allanar.

igualdad *s. f.* Hecho de ser iguales. **SIN.** Coincidencia, identidad, uniformidad. **ANT.** Desigualdad.

igualitario, ria *adj.* Que procura una mayor igualdad: *sociedad igualitaria.*

igualmente *adv.* Del mismo modo, también, asimismo.

iguana *s. f.* Reptil de patas y dedos largos con uñas puntiagudas y una cresta a lo largo del lomo. Vive en zonas de América y del Pacífico.

iguanodonte *s. m.* Dinosaurio herbívoro de gran tamaño que tenía una especie de pico y caminaba erguido. Vivió hace millones de años.

ijada o **ijar** *s. f.* o *m.* Espacio que hay entre las costillas y las caderas.

ikastola (del vasco) *s. f.* Escuela en la que se enseña en euskera.

ikurriña (del vasco) *s. f.* Bandera del País Vasco.

ilación *s. f.* Unión ordenada de las ideas o partes de un escrito o un discurso.

ilativo, va *adj.* Que une dos palabras o frases; por ejemplo, *y* es una conjunción ilativa.

ilegal *adj.* Que va en contra de la ley. **SIN.** Ilícito, prohibido. **ANT.** Legal.

ilegalidad *s. f.* Característica de ilegal. **SIN.** Legalidad.

ilegalizar *v.* Hacer que una cosa sea ilegal. **ANT.** Legalizar.

ilegible *adj.* Se dice de algo que no se puede leer. **SIN.** Indescifrable, ininteligible. **ANT.** Legible.

ilegítimo, ma *adj.* **1.** Ilegal. **2.** Se dice del hijo que alguien tiene con una persona con la cual no está casado. **SIN. 1.** Ilícito. **2.** Natural, bastardo. **ANT. 1.** y **2.** Legítimo.

íleon *s. m.* Tercera parte del intestino delgado.

ilerdense *adj.* y *s.* De Lérida (Lleida), ciudad y provincia españolas. **SIN.** Leridano.

imberbe

ileso, sa *adj.* Que no ha sufrido daño. **SIN.** Indemne. **ANT.** Herido.

iletrado, da *adj.* **1.** Inculto, ignorante. **2.** Que no sabe leer ni escribir. **SIN. 1.** y **2.** Analfabeto. **ANT. 1.** Culto.

iliaco, ca o **ilíaco, ca** *adj.* Del ilion o relacionado con él.

ilicitano, na *adj.* y *s.* De Elche, ciudad de Alicante.

ilícito, ta *adj.* Que no es lícito. **SIN.** Ilegal, inmoral. **ANT.** Lícito.

ilimitado, da *adj.* Que no tiene límites.

ilion *s. m.* Uno de los huesos que forman la pelvis.

ilógico, ca *adj.* Que no es lógico. **SIN.** Absurdo.

iluminación *s. f.* **1.** Acción de iluminar. **2.** Luces que alumbran un lugar. **3.** Cantidad de luz que hay o entra en un sitio. **SIN. 1.** y **2.** Alumbrado.

iluminado, da **1.** *p.* de **iluminar.** También *adj.* || *adj.* y *s.* **2.** Persona inspirada por un poder sobrenatural.

iluminar *v.* **1.** Dar luz sobre algo. **2.** Adornar con luces. **3.** Explicar, aclarar: *Le pedimos que nos iluminara con algunos ejemplos.* **SIN. 1.** Alumbrar. **ANT. 1.** Oscurecer.

ilusión *s. f.* **1.** Lo que uno se imagina o cree ver o sentir, pero que no es real. **2.** Esperanza o deseo difícil de realizar. **3.** Alegría, entusiasmo. **SIN. 1.** Visión, espejismo. **3.** Satisfacción. **ANT. 1.** y **2.** Realidad. **2.** y **3.** Desilusión.

ilusionar *v.* **1.** Hacer que alguien tenga ilusiones o esperanzas. **2.** Hacer ilusión, causar alegría. **SIN. 1.** Alegrar, encantar. **ANT. 1.** Desilusionar. **2.** Entristecer.

ilusionismo *s. m.* Arte de hacer trucos de magia.

ilusionista *s. m.* y *f.* Mago, persona que se dedica al ilusionismo. **SIN.** Prestidigitador.

iluso, sa *adj.* y *s.* **1.** Inocente, incauto. **2.** Que tiene deseos imposibles de realizar. **SIN. 1.** Ingenuo, cándido. **2.** Soñador. **ANT. 1.** Espabilado. **2.** Realista.

ilusorio, ria *adj.* Que es una ilusión, que no es real. **SIN.** Engañoso, irreal.

ilustración *s. f.* **1.** Educación, instrucción. **2.** Fotografía o dibujo de un libro o una revista. || *n. pr. o f.* **3.** Movimiento cultural, político y filosófico del siglo XVIII caracterizado por su confianza en la razón. **SIN. 1.** Cultura, formación. **2.** Lámina, grabado. **ANT. 1.** Incultura.

ilustrado, da **1.** *p.* de **ilustrar.** También *adj.* || *adj.* y *s.* **2.** De la Ilustración, movimiento cultural.

ilustrador, ra *adj.* **1.** Que ilustra. || *s. m.* y *f.* **2.** Persona que ilustra una publicación con dibujos.

ilustrar *v.* **1.** Explicar algo mediante ejemplos, imágenes o comparaciones. **2.** Poner ilustraciones en un libro o en otra publicación. **3.** Educar, instruir. **SIN. 1.** Aclarar, esclarecer. **3.** Formar.

ilustrativo, va *adj.* Que ilustra o ayuda a explicar una cosa: *Puso un ejemplo muy ilustrativo.* **SIN.** Ilustrador, aclaratorio.

ilustre *adj.* **1.** Noble, distinguido. **2.** Destacado, famoso: *una ilustre escritora.* **3.** Eminente, insigne, prestigioso. **ANT. 2.** Mediocre.

ilustrísimo, ma *adj.* y *s. f.* Tratamiento que se da a algunas personas que tienen un cargo importante.

imagen *s. f.* **1.** Figura que refleja un espejo. **2.** Figura en una pantalla, en una fotografía, en un cuadro. **3.** Estatua religiosa. **4.** Aspecto: *cambiar de imagen.* **5.** Idea que uno se forma sobre alguien o algo.

imaginación *s. f.* **1.** Capacidad para imaginar cosas. **2.** Lo que uno se imagina, pero que no es cierto. **SIN. 1.** y **2.** Fantasía. **2.** Figuración, suposición.

imaginar *v.* **1.** Formar alguien imágenes en el pensamiento. **2.** Inventar. **3.** Suponer. **SIN. 1.** Fantasear. **2.** Idear, concebir. **3.** Figurarse.

imaginaria *s. f.* **1.** En el Ejército, vigilancia nocturna realizada dentro del lugar donde duermen los soldados. || *s. m.* **2.** Soldado que realiza esta guardia.

imaginario, ria *adj.* Que solo existe en la imaginación. **SIN.** Ficticio. **ANT.** Real.

imaginativo, va *adj.* Que tiene mucha imaginación.

imaginería *s. f.* Arte de esculpir o pintar imágenes religiosas.

imago *s. m.* Aspecto final de los insectos que sufren metamorfosis.

imán[1] *s. m.* Mineral u otra materia capaz de atraer al hierro y otros metales.

imán[2] (del ár.) *s. m.* Jefe religioso musulmán.

imantar *v.* Hacer magnético un material. **SIN.** Magnetizar.

imbatible *adj.* Invencible.

imbebible *adj.* Que no se puede beber porque está muy malo.

imbécil *adj.* y *s.* Tonto, estúpido.

imbecilidad *s. f.* **1.** Característica de imbécil. **2.** Dicho o hecho imbécil, tonto. **SIN. 1.** y **2.** Tontería, idiotez.

imberbe *adj.* y *s. m.* Se dice de aquel al que no le ha salido la barba. **SIN.** Lampiño, barbilampiño.

imborrable *adj.* **1.** Que no se puede borrar. **2.** Que no se puede olvidar porque fue muy bueno: *Un recuerdo imborrable.* **SIN. 1.** Indeleble. **2.** Inolvidable.

imbricar *v.* Superponer unas cosas parcialmente sobre otras, como las escamas de los peces.

imbuir *v.* Inculcar, infundir. □ Es v. irreg. Se conjuga como *construir.*

imitación *s. f.* **1.** Hecho de imitar. **2.** Cosa que imita a otra. **SIN. 2.** Copia, plagio.

imitador, ra *adj.* y *s.* Que imita.

imitar *v.* **1.** Hacer o tratar de hacer algo de la misma forma que otro. **2.** Estar hecha una cosa de forma que parezca otra: *Este bolso imita piel.* **SIN. 1.** Copiar, plagiar. **2.** Semejar.

impaciencia *s. f.* Hecho de estar impaciente. **SIN.** Inquietud. **ANT.** Paciencia.

impacientar *v.* Hacer perder a alguien la paciencia, ponerle nervioso.

impaciente *adj.* Que no tiene paciencia. **ANT.** Paciente.

impactante *adj.* Que causa mucha impresión. **SIN.** Impresionante.

impactar *v.* Causar impacto, impresión. **SIN.** Conmocionar.

impacto *s. m.* **1.** Choque, golpe. **2.** Impresión, efecto: *causar impacto.* **SIN. 1.** Colisión. **2.** Sensación, conmoción. **ANT. 2.** Indiferencia.

impagable *adj.* Que es tan valioso o importante que no se puede pagar con dinero. **SIN.** Inestimable.

impagado, da *adj.* **1.** No pagado. || *s. m.* **2.** Recibo, factura, etc., sin pagar.

impago *s. m.* Hecho de no pagar una deuda en un plazo determinado.

impala *s. m.* Mamífero rumiante africano de color rojizo y vientre blanco. Los machos tienen cuernos largos y finos, doblados en forma de S.

impalpable *adj.* Que no es físico, por lo que no se puede tocar. **SIN.** Intangible.

impar *adj.* y *s. m.* Se dice del número que no es divisible por dos. **SIN.** Non. **ANT.** Par.

imparable *adj.* Que no se puede parar.

imparcial *adj.* Justo, que juzga o actúa sin tener preferencias. **SIN.** Objetivo, neutral. **ANT.** Parcial.

imparcialidad *s. f.* Característica de imparcial. **SIN.** Objetividad, neutralidad, ecuanimidad. **ANT.** Parcialidad.

impartir *v.* Dar algunas cosas, por ejemplo, una clase.

impasible *adj.* Que no muestra nerviosismo, enfado u otro sentimiento. **SIN.** Imperturbable, impávido.

impasse (fr.) *s. m.* Situación sin salida, sin solución.

impávido, da *adj.* Impasible.

impecable *adj.* Sin defectos o manchas. **SIN.** Intachable, irreprochable; impoluto. **ANT.** Defectuoso; sucio.

impedido, da **1.** *p.* de impedir. || *adj.* y *s.* **2.** Inválido.

impedimenta *s. f.* Bagaje de la tropa.

impedimento *s. m.* Lo que impide algo. **SIN.** Dificultad, obstáculo, traba. **ANT.** Facilidad.

impedir *v.* Hacer algo imposible o difícil. □ Es v. irreg. Se conjuga como *pedir.* **SIN.** Dificultar, obstaculizar. **ANT.** Facilitar.

impeler *v.* **1.** Empujar produciendo movimiento. **2.** Animar, motivar. **SIN. 1.** y **2.** Impulsar.

impenetrable *adj.* **1.** Que no se puede atravesar. **2.** Que no se puede conocer o entender. **SIN. 2.** Inescrutable.

impenitente *adj.* y *s.* Que tiene un vicio o costumbre muy arraigado: *un jugador impenitente.* **SIN.** Incorregible, empedernido.

impensable *adj.* Imposible o muy difícil.

impepinable *adj. fam.* Que no se puede dudar de ello ni discutirlo. **SIN.** Indudable, indiscutible. **ANT.** Incierto, dudoso.

imperar *v.* Dominar, prevalecer. **SIN.** Reinar, regir.

imperativo, va *adj.* **1.** Que sirve para mandar. || *adj.* y *s. m.* **2.** Modo del verbo que expresa un mandato o ruego, como *lávate.* || *s. m.* **3.** Obligación, necesidad.

imperceptible *adj.* Que no se percibe o se percibe muy poco. **ANT.** Perceptible.

imperdible *s. m.* Alfiler doblado por uno de sus extremos que se abrocha por el otro.

imperdonable *adj.* Que no se puede perdonar. **SIN.** Intolerable, inaceptable.

imperecedero, ra *adj.* Eterno. **SIN.** Inmortal. **ANT.** Perecedero.

imperfección *s. f.* **1.** Característica de imperfecto. **2.** Defecto. **SIN. 1.** y **2.** Deficiencia. **ANT. 1.** Perfección.

imperfecto, ta *adj.* **1.** Que no es perfecto. || *adj.* y *s. m.* **2.** Se dice de los tiempos del verbo que expresan una acción no terminada. **SIN. 1.** Deficiente, defectuoso.

imperial *adj.* Del emperador o del imperio.

imperialismo *s. m.* Política basada en el dominio de un país sobre otros.

imperialista *adj.* y *s.* Del imperialismo o partidario del imperialismo.

impericia *s. f.* Falta de pericia. **SIN.** Incapacidad, ineptitud. **ANT.** Pericia.

imperio *s. m.* Organización política en que un país extiende su dominio a otros territorios.

imperioso, sa *adj.* **1.** Autoritario. **2.** Urgente, necesario.

impermeabilizar *v.* Hacer impermeable.

impermeable *adj.* **1.** Que no puede ser atravesado por el agua y otros líquidos. || *s. m.* **2.** Prenda que no deja pasar el agua de la lluvia. **SIN. 2.** Chubasquero. **ANT. 1.** Permeable.

impersonal *adj.* **1.** Poco expresivo o personal. **2.** Que no se refiere a nadie en concreto. || *adj.* y *s. f.* **3.** Se dice de las oraciones que no pueden tener sujeto (*Nieva en Granada*) y de las que no lo llevan porque es desconocido o no interesa (*Dicen que va a subir la gasolina*). || *adj.* y *s. m.* **4.** Se dice del verbo que no puede llevar sujeto, como *llover*.

impertérrito, ta *adj.* Imperturbable.

impertinencia *s. f.* Característica de impertinente o comentario impertinente.

impertinente *adj.* y *s.* Que molesta por ser inoportuno, descarado o indiscreto. **SIN.** Inconveniente, insolente. **ANT.** Discreto.

imperturbable *adj.* Que no muestra nerviosismo, miedo u otra reacción. **SIN.** Impasible, inmutable, impertérrito.

impetrar *v.* Suplicar, rogar. **SIN.** Implorar.

ímpetu *s. m.* Fuerza, energía, violencia.

impetuoso, sa *adj.* **1.** Que tiene ímpetu. **2.** Precipitado, irreflexivo. **SIN. 1.** Enérgico, violento. **2.** Impulsivo. **ANT. 1.** Débil. **2.** Reflexivo.

impiedad *s. f.* **1.** Falta de sentimiento religioso o desprecio hacia este. **2.** Falta de compasión. **SIN. 2.** Crueldad. **ANT. 1.** Devoción. **1.** y **2.** Piedad.

impío, a *adj.* y *s.* Que no tiene fe religiosa o no respeta las cosas sagradas. **SIN.** Ateo; irreverente. **ANT.** Pío, devoto.

implacable *adj.* Duro, inflexible. **SIN.** Riguroso, severo. **ANT.** Clemente.

implantar *v.* **1.** Imponer o establecer. **2.** Colocar un órgano o una pieza artificial en alguna parte del cuerpo.

implante *s. m.* Acción de implantar y aquello que se implanta. **SIN.** Implantación.

implicación *s. f.* **1.** Participación en un delito o un asunto. **2.** Consecuencia.

implicar *v.* **1.** Hacer participar a alguien en un asunto o en un delito. **2.** Suponer, tener como consecuencia. **SIN. 1.** Envolver, involucrar. **2.** Entrañar.

implícito, ta *adj.* Que sin decirlo se da a entender. **SIN.** Sobrentendido. **ANT.** Explícito.

implorar *v.* Suplicar, rogar. **SIN.** Impetrar.

impoluto, ta *adj.* Limpio, sin manchas. **SIN.** Impecable.

imponderable *s. m.* Imprevisto.

imponente *adj.* Impresionante.

imponer *v.* **1.** Obligar a algo. **2.** Causar miedo o respeto. || **imponerse 3.** Ser necesario. **4.** Dominar o predominar. □ Es v. irreg. Se conjuga como *poner*. **SIN. 2.** Asustar, impresionar. **4.** Superar, prevalecer.

impopular *adj.* Que no es popular, que no gusta a la mayoría de la gente.

importación *s. f.* Hecho de comprar cosas a un país extranjero. **ANT.** Exportación.

importador, ra *adj.* y *s.* Que compra cosas a un país extranjero. **ANT.** Exportador.

importancia *s. f.* Valor, interés, categoría. || **LOC. darse importancia** Presumir. **SIN.** Trascendencia, alcance.

importante *adj.* Que tiene importancia. **SIN.** Fundamental, considerable. **ANT.** Secundario.

importar *v.* **1.** Tener alguien o algo importancia. **2.** Comprar cosas a un país extranjero. **3.** Costar una cantidad de dinero. **SIN. 1.** Interesar; afectar. **3.** Valer. **ANT. 2.** Exportar.

importe *s. m.* Lo que se paga por algo. **SIN.** Precio, cuantía.

importunar *v.* Molestar.

imposibilidad *s. f.* Hecho de ser imposible. **ANT.** Posibilidad.

imposibilitado, da 1. *p.* de imposibilitar. || *adj.* y *s.* **2.** Inválido. **SIN. 2.** Impedido, minusválido.

imposibilitar *v.* Hacer imposible. **SIN.** Impedir. **ANT.** Posibilitar.

imposible *adj.* y *s. m.* **1.** Que no es posible. || *adj.* **2.** Inaguantable. **SIN. 1.** Inviable. **2.** Insufrible. **ANT. 1.** Factible.

imposición *s. f.* **1.** Acción de imponer. **2.** Cantidad de dinero que se mete en una cuenta de ahorro.

impostar *v.* Hacer que la voz suene con potencia y claridad.

impostor, ra *adj.* y *s.* Persona que se hace pasar por quien no es. **SIN.** Farsante.

impostura *s. f.* Engaño, especialmente el hacerse uno pasar por quien no es. **SIN.** Farsa.

impotencia *s. f.* Hecho de ser impotente. **SIN.** Incapacidad.

impotente *adj.* **1.** Que no tiene poder o capacidad para algo. || *adj.* y *s. m.* **2.** Hombre que no puede hacer el acto sexual. **SIN. 1.** Incapaz, inútil. **ANT. 1.** Capaz.

impracticable adj. Se dice del lugar por el que es imposible o muy difícil pasar. SIN. Intransitable. ANT. Practicable, expedito.

imprecación s. f. Expresión con que se impreca a alguien.

imprecar v. Manifestar un gran deseo de que le ocurra algo malo a alguien. SIN. Maldecir.

imprecisión s. f. Falta de precisión.

impreciso, sa adj. Poco preciso. SIN. Indefinido, vago. ANT. Concreto.

impredecible adj. Que no se puede predecir. SIN. Imprevisible.

impregnar v. Empapar, mojar: *impregnar un algodón con alcohol.*

imprenta s. f. **1.** Técnica de imprimir. **2.** Taller donde se imprime y máquina para imprimir.

imprescindible adj. Completamente necesario. SIN. Indispensable. ANT. Innecesario.

impresentable adj. **1.** Que no se puede presentar por estar mal hecho, sucio, etc. || adj. y s. **2.** Se dice de la persona maleducada, informal, desconsiderada.

impresión s. f. **1.** Acción de imprimir. **2.** Efecto o sensación que algo nos produce. **3.** Idea, opinión. SIN. 2. Impacto, emoción.

impresionable adj. Que se impresiona con facilidad.

impresionante adj. Que impresiona. SIN. Impactante.

impresionar v. Causar una gran impresión. SIN. Emocionar, conmover.

impresionismo s. m. Movimiento artístico de finales del siglo XIX que buscaba reflejar en la obra las impresiones que los objetos producen en el artista.

impresionista adj. y s. Del impresionismo.

impreso, sa 1. p. de **imprimir**. También adj. y s. m. || s. m. **2.** Escrito con espacios en blanco para rellenar con los datos que se piden. SIN. 2. Formulario.

impresor, ra adj. **1.** Que imprime. || s. m. y f. **2.** Dueño o encargado de una imprenta.

impresora s. f. Máquina que imprime la información de un ordenador.

imprevisible adj. Difícil de prever. SIN. Inesperado, repentino, impredecible. ANT. Previsible.

imprevisión s. f. Falta de previsión.

imprevisto, ta adj. y s. m. No previsto, que no sabemos que va a ocurrir. SIN. Inesperado, repentino.

imprimación s. f. Preparación de algo que se va a pintar con los ingredientes necesarios.

imprimir v. **1.** Reproducir en papel u otro material textos o imágenes con una máquina especial. **2.** Dejar una huella o marca. **3.** Dar producir: *imprimir velocidad.* □ Tiene dos participios: uno reg., *imprimido*, y otro irreg., *impreso.* SIN. 2. Marcar.

improbable adj. Que es difícil que suceda. SIN. Dudoso. ANT. Probable.

ímprobo, ba adj. Se dice del trabajo o esfuerzo muy grande.

improcedente adj. Que no es correcto o no se ajusta a la ley o a las normas. ANT. Procedente.

improductivo, va adj. Que no produce. SIN. Estéril, inútil. ANT. Productivo, útil.

impronta s. f. **1.** Imagen reproducida en hueco o en relieve sobre una materia blanda. **2.** Influencia. **3.** Estilo, carácter. SIN. 1. y 2. Huella.

impronunciable adj. **1.** Que es difícil de pronunciar. **2.** Que no se debe decir.

improperio s. m. Insulto. SIN. Injuria. ANT. Elogio.

impropio, pia adj. Que no es propio de alguien o algo. SIN. Inadecuado.

improvisación s. f. Acción de improvisar. ANT. Preparación.

improvisar v. Hacer una cosa sin haberla preparado. ANT. Planear.

improviso Se usa en la expresión **de improviso**, 'de repente', 'sin avisar'.

imprudencia s. f. **1.** Falta de prudencia. **2.** Acción o dicho imprudente. SIN. 1. y 2. Insensatez, temeridad. ANT. 1. y 2. Precaución.

imprudente adj. y s. Que no es prudente. SIN. Insensato. ANT. Cauto.

impúber adj. y s. Que aún no ha alcanzado la pubertad. ANT. Púber.

impúdico, ca adj. y s. Que no tiene pudor. SIN. Obsceno. ANT. Pudoroso.

impuesto, ta 1. p. de **imponer**. También adj. || s. m. **2.** Dinero que se paga al Estado, comunidad autónoma o ayuntamiento para que se realicen las obras o actividades necesarias. SIN. 2. Tasa, gravamen.

impugnar v. Oponerse a algo por considerar que es injusto, falso o ilegal.

impulsar v. **1.** Aplicar una fuerza sobre algo para que se mueva. **2.** Ayudar al desarrollo de algo. SIN. 1. Propulsar. 2. Favorecer, estimular. ANT. 1. y 2. Frenar.

impulsivo, va adj. y s. Que actúa dejándose llevar por sus impulsos. SIN. Impetuoso, irreflexivo, precipitado. ANT. Reflexivo.

impulso s. m. **1.** Acción de impulsar. **2.** Deseo fuerte que lleva a hacer alguna cosa

incalculable

sin pensarla. **SIN. 1.** Propulsión. **2.** Arrebato, arranque.

impulsor, ra adj. y s. Que impulsa.

impune adj. Que queda sin castigo.

impunidad s. f. Hecho de quedar impune.

impuntual adj. Que llega tarde a las citas o a los plazos. **ANT.** Puntual.

impureza s. f. **1.** Característica de impuro. **2.** Sustancia mezclada con otra que hace que esta pierda su pureza. **SIN. 1.** Suciedad. **ANT. 1.** Pureza.

impuro, ra adj. **1.** No puro. **2.** Indecente, deshonesto. **SIN. 1.** Sucio, turbio, viciado. **ANT. 1.** Limpio. **2.** Honesto.

imputar v. Culpar, atribuir: *Le imputaron el crimen.* **SIN.** Achacar.

in albis (lat.) *expr.* En blanco, sin entender o sin recordar.

in extremis (lat.) *expr.* **1.** En el último momento. **2.** A punto de morir.

in fraganti (lat.) *expr.* En el mismo momento en que se está cometiendo una falta o delito: *Atraparon al ladrón* in fraganti. □ Se escribe también *infraganti*.

in situ (lat.) *expr.* En el mismo sitio.

in vitro (lat.) *expr.* Se refiere a los experimentos y procesos biológicos que se hacen en un laboratorio: *fecundación* in vitro.

inabarcable adj. Que no se puede abarcar.

inacabable adj. Que es difícil de acabar o no se acaba. **SIN.** Interminable.

inacabado, da adj. No acabado. **SIN.** Inconcluso.

inaccesible adj. Que no es accesible.

inaceptable adj. Que no se puede aceptar. **SIN.** Intolerable. **ANT.** Tolerable.

inactividad s. f. Falta de actividad.

inactivo, va adj. Que no está activo.

inadaptación s. f. Falta de adaptación.

inadaptado, da adj. y s. Que no se adapta a las circunstancias en que vive. **SIN.** Desarraigado, desplazado. **ANT.** Integrado.

inadecuado, da adj. No adecuado. **SIN.** Inapropiado. **ANT.** Apropiado.

inadmisible adj. Que no se puede admitir o tolerar. **SIN.** Intolerable.

inadvertido, da adj. Se dice de aquello de lo que no nos damos cuenta.

inagotable adj. Que no se puede agotar. **SIN.** Inacabable.

inaguantable adj. Que no se puede aguantar. **SIN.** Insoportable, insufrible.

inalámbrico, ca adj. Se dice del teléfono, micrófono u otro sistema de comunicación eléctrica, que funciona sin cable.

inalcanzable adj. Que no se puede alcanzar o conseguir. **SIN.** Inaccesible. **ANT.** Accesible.

inalienable adj. Que no puede ser quitado a alguien: *un derecho inalienable.*

inalterable adj. Que no se altera o no se puede alterar. **SIN.** Inmutable, impasible. **ANT.** Cambiante, inquieto.

inalterado, da adj. Sin cambios.

inamovible adj. Que no se puede mover o cambiar. **SIN.** Inalterable.

inane adj. Sin utilidad, valor o importancia. **SIN.** Inútil, vano, fútil. **ANT.** Valioso, útil.

inanición s. f. Debilidad muy grande producida por la falta de alimentos.

inanimado, da adj. Que no tiene vida porque no es un ser vivo. **SIN.** Inerte. **ANT.** Animado.

inánime adj. Que ya no tiene vida: *Su cuerpo inánime yacía en el suelo.*

inapelable adj. **1.** Se dice de la sentencia o decisión contra la que no se puede apelar. **2.** Indudable, indiscutible. **3.** Inevitable.

inapetencia s. f. Falta de ganas de comer. **SIN.** Desgana. **ANT.** Hambre, apetito.

inaplazable adj. Que no se puede aplazar.

inapreciable adj. **1.** Pequeñísimo, que apenas se nota. **2.** De muchísimo valor. **SIN. 1.** Imperceptible. **ANT. 1.** Manifiesto.

inapropiado, da adj. No apropiado. **SIN.** Inadecuado, impropio. **ANT.** Adecuado.

inasequible adj. Que no se puede conseguir. **SIN.** Inalcanzable, inaccesible. **ANT.** Asequible.

inaudito, ta adj. **1.** Sorprendente, increíble. **2.** Que no se puede tolerar. **SIN. 1.** Insólito, asombroso. **2.** Inaceptable.

inauguración s. f. Acción de inaugurar. **SIN.** Apertura. **ANT.** Clausura.

inaugural adj. De la inauguración: *ceremonia inaugural.*

inaugurar v. **1.** Dar comienzo a algo con un acto solemne. **2.** Abrir una tienda o negocio haciendo alguna celebración. **SIN. 1.** y **2.** Estrenar, iniciar. **ANT. 1.** Clausurar.

inca adj. y s. De un pueblo indígena americano que habitaba un territorio que correspondía a los actuales Ecuador, Perú y norte de Chile.

incaico, ca adj. De los incas.

incalculable adj. Que no se puede calcular por ser demasiado grande. **SIN.** Enorme, inconmensurable.

incalificable adj. Que merece un gran rechazo: una conducta incalificable. SIN. Inaceptable, intolerable.

incandescente adj. Se dice del metal al rojo vivo por la acción del calor.

incansable adj. Que aguanta mucho sin cansarse. SIN. Infatigable. ANT. Cansino.

incapacidad s. f. Falta de capacidad para algo. SIN. Ineptitud. ANT. Aptitud.

incapacitar v. 1. Hacer incapaz para algo: La lesión la incapacitó para competir. 2. Declarar oficialmente la incapacidad de alguien para ejercer ciertos derechos. SIN. 1. Imposibilitar. 1. y 2. Inhabilitar.

incapaz adj. Que no es capaz de algo. SIN. Inútil, negado. ANT. Hábil.

incardinar v. Incorporar, integrar.

incautarse v. Apoderarse de algo una autoridad, por ejemplo, la policía. SIN. Confiscar.

incauto, ta adj. y s. 1. Que no es cauto. 2. Ingenuo, fácil de engañar. SIN. 1. Imprudente. 2. Crédulo, cándido. ANT. 1. Prudente. 2. Espabilado.

incendiar v. Provocar un incendio.

incendiario, ria adj. y s. Que provoca incendios. SIN. Pirómano.

incendio s. m. Fuego grande que se extiende cada vez más.

incensario s. m. Recipiente en el que se quema el incienso.

incentivar v. Estimular, animar.

incentivo s. m. Lo que se hace o se da para incentivar. SIN. Estímulo, acicate.

incertidumbre s. f. Falta de seguridad sobre algo. ANT. Certidumbre.

incesante adj. Que no cesa o para. SIN. Constante, continuo.

incesto s. m. Relación sexual entre familiares muy cercanos.

incestuoso, sa adj. Se dice de la relación sexual en la que se comete incesto.

incidencia s. f. 1. Lo que ocurre en el transcurso de algo. 2. Efecto, repercusión. SIN. 1. Avatares, incidente.

incidente s. m. Hecho desagradable o que causa algún problema. SIN. Incidencia; contratiempo.

incidir v. 1. Caer en una falta o error. 2. Influir, tener efecto. SIN. 1. Incurrir. 2. Repercutir.

incienso s. m. Resina que al arder produce un olor fuerte y se usa, sobre todo, en ceremonias religiosas.

incierto, ta adj. Falso o poco seguro. SIN. Inseguro. ANT. Cierto.

incineración s. f. Acción de incinerar.

incinerador, ra adj. y s. Se dice del apa rato o la instalación que sirve para incinera

incinerar v. Quemar algo, especialmente u cadáver, hasta convertirlo en cenizas. SIN Calcinar, carbonizar.

incipiente adj. Que empieza. SIN. Inicia naciente. ANT. Final.

incisión s. f. Corte hecho con un instrumen to, por ejemplo, con un bisturí.

incisivo, va adj. 1. Que sirve para abrir cortar: un arma incisiva. 2. Inteligente y cr tico a la vez: un comentario incisivo. ‖ s. n 3. Cada uno de los dientes delanteros plancy de borde cortante. SIN. 2. Punzante, morda

inciso s. m. Frase que se intercala en un oración, escrito o exposición.

incitar v. Animar a hacer algo, sobre todo es malo. SIN. Inducir, instigar. ANT. Disuadi

incívico, ca o **incivil** adj. y s. Que no e propio de un buen ciudadano. ANT. Cívico.

inclasificable adj. Que no se puede deci de qué clase es.

inclemencia s. f. Característica de la perso na o del tiempo inclementes. SIN. Rigor. AN Clemencia.

inclemente adj. 1. Sin clemencia. 2. Se dic del tiempo atmosférico muy duro, en el qu llueve mucho o hace frío. ANT. 1. Clemente 2. Benigno.

inclinación s. f. 1. Posición de algo que est inclinado. 2. Afición, tendencia. SIN. 1. Per diente. 2. Preferencia, predisposición.

inclinar v. 1. Apartar alguna cosa de su po sición horizontal o vertical. 2. Influir, conver cer. ‖ **inclinarse** 3. Tender: Me inclino creerle. 4. Preferir. SIN. 1. Torcer. 3. Move ANT. 1. Enderezar. 3. Resistirse.

ínclito, ta adj. Célebre, ilustre.

incluir v. 1. Poner dentro. 2. Contener. ⬜ E v. irreg. Se conjuga como construir. SIN. 1 Meter, introducir. 2. Comprender, englobar ANT. 1. y 2. Excluir.

inclusa s. f. Establecimiento benéfico dond se recoge a niños abandonados.

inclusero, ra adj. y s. 1. Que se ha criad en una inclusa. ‖ adj. 2. fam. Que no es d marca conocida.

inclusión s. f. Acción de incluir. SIN. Intro ducción. ANT. Exclusión.

inclusive adv. Incluyendo lo que se indica La lección va de la página quince a la treinta ambas inclusive. ANT. Exclusive.

incluso adv. y prep. Incluyendo también la persona o cosa que se expresa: Todos fueron a la fiesta, incluso mis padres.

incontinencia

incoar *v.* Iniciar un proceso administrativo o judicial.

incógnita *s. f.* **1.** Misterio, cosa que no se conoce. **2.** En matemáticas, cantidad representada por una letra que hay que averiguar en una ecuación. **SIN. 1.** Enigma, interrogante.

incógnito Se usa en la expresión **de incógnito**, 'intentando no ser reconocido'.

incoherencia *s. f.* Falta de coherencia. **SIN.** Incongruencia.

incoherente *adj.* Que no es coherente. **SIN.** Incongruente.

incoloro, ra *adj.* Sin color.

incólume *adj.* Que no ha sufrido daño: *Salió incólume del accidente.* **SIN.** Indemne, ileso.

incombustible *adj.* **1.** Que no se quema. **2.** Se dice de la persona que se mantiene mucho tiempo en un puesto o una actividad.

incomible *adj.* Que no se puede comer, sobre todo porque está mal cocinado. **SIN.** Intragable.

incomodar *v.* Molestar, importunar.

incomodidad *s. f.* **1.** Falta de comodidad. **2.** Molestia. **SIN. 2.** Incomodo.

incomodo *s. m.* Molestia. **SIN.** Incomodidad, fastidio.

incómodo, da *adj.* **1.** Que no es o no está cómodo. **2.** Que no es agradable. **SIN. 1. y 2.** Fastidioso, molesto.

incomparable *adj.* Extraordinario, que no admite comparación.

incomparecencia *s. f.* Hecho de no acudir a un lugar al que se debería ir.

incompatible *adj.* **1.** Que no puede hacerse o suceder junto con otra cosa. **2.** Se dice de las personas que no congenian por ser muy diferentes. **SIN. 2.** Antagónico. **ANT. 1.** Compatible.

incompetencia *s. f.* Falta de capacidad para hacer bien un trabajo. **SIN.** Ineptitud. **ANT.** Competencia.

incompetente *adj. y s.* Que demuestra incompetencia. **SIN.** Inepto. **ANT.** Competente.

incompleto, ta *adj.* Que no está completo. **ANT.** Entero.

incomprendido, da *adj. y s.* Que no es comprendido por los demás.

incomprensible *adj.* Que no se puede comprender. **SIN.** Ininteligible.

incomprensión *s. f.* Falta de comprensión que sufre una persona.

incomunicación *s. f.* Falta de comunicación. **SIN.** Aislamiento.

incomunicado, da *adj.* Que no puede comunicarse con otra persona o cosa. **SIN.** Aislado, separado.

inconcebible *adj.* Increíble, inaudito. **SIN.** Incomprensible.

inconcluso, sa *adj.* Que no está acabado. **SIN.** Inacabado.

inconcreto, ta *adj.* Que no es concreto. **SIN.** Indefinido, impreciso. **ANT.** Definido, preciso.

incondicional *adj.* **1.** Sin condiciones. ‖ *adj. y s.* **2.** Totalmente partidario de una persona o idea. **SIN. 1.** Absoluto. **2.** Adepto. **ANT. 1.** Condicional. **2.** Enemigo.

inconexo, xa *adj.* Sin conexión.

inconfesable *adj.* Que no se puede decir a los demás, generalmente por ser vergonzoso.

inconfeso, sa *adj.* Que no ha confesado aquello de lo que se le acusa.

inconformismo *s. m.* Actitud de la persona inconformista.

inconformista *adj. y s.* Que no se conforma o no está de acuerdo con muchas cosas. **SIN.** Rebelde. **ANT.** Conformista.

inconfundible *adj.* Que es imposible confundirlo con otro. **SIN.** Característico, peculiar.

incongruencia *s. f.* Incoherencia.

incongruente *adj.* Incoherente.

inconmensurable *adj.* Inmenso.

inconmovible *adj.* Que no se conmueve. **SIN.** Impasible, imperturbable.

inconsciencia *s. f.* **1.** Estado de inconsciente. **2.** Falta de sensatez. **ANT. 1.** Consciencia.

inconsciente *adj.* **1.** Que ha perdido el conocimiento. **2.** Que se hace de forma mecánica, sin darse uno cuenta. ‖ *adj. y s.* **3.** Que no es sensato ni responsable. **SIN. 2.** Involuntario, automático. **3.** Imprudente. **ANT. 1. y 2.** Consciente. **2.** Voluntario, deliberado. **3.** Prudente.

inconsecuente *adj. y s.* Que no actúa según su forma de pensar. Incoherente. **ANT.** Consecuente.

inconsistencia *s. f.* Falta de consistencia.

inconsistente *adj.* Sin consistencia.

inconsolable *adj.* Se dice de la persona a la que no se puede consolar.

inconstancia *s. f.* Característica de la persona inconstante. **ANT.** Constancia.

inconstante *adj.* Que no tiene constancia en lo que hace. **ANT.** Constante.

inconstitucional *adj.* Que no cumple lo que dice la Constitución. **ANT.** Constitucional.

incontable *adj.* Tan numeroso que no se puede contar. **SIN.** Innumerable. **ANT.** Contable.

incontenible *adj.* Que no se puede contener.

incontestable *adj.* Indiscutible.

incontinencia *s. f.* **1.** Falta de continencia. **2.** Trastorno que consiste en expulsar involuntariamente excrementos u orina. **SIN. 1.** Descontrol, desenfreno. **ANT. 1.** Moderación.

incontinente *adj.* **1.** Que no se puede contener o controlar. || *adj.* y *s.* **2.** Que padece incontinencia. **SIN. 1.** Descontrolado, desenfrenado. **ANT. 1.** Moderado.

incontrolable *adj.* Que no se puede controlar: *un deseo incontrolable.*

incontrolado, da *adj.* y *s.* Que funciona, actúa o se mueve sin control: *un camión incontrolado.* **SIN.** Descontrolado.

inconveniencia *s. f.* **1.** Característica de inconveniente o inoportuno. **2.** Palabras o acción inconvenientes.

inconveniente *adj.* **1.** No conveniente. || *s. m.* **2.** Dificultad, obstáculo. **SIN. 1.** Inoportuno, improcedente. **2.** Desventaja, pega. **ANT. 2.** Ventaja.

incordiar *v.* Molestar, fastidiar.

incordio *s. m.* Lo que molesta o fastidia. **SIN.** Molestia, fastidio, lata. **ANT.** Gusto.

incorporación *s. f.* Acción de incorporar o incorporarse.

incorporar *v.* **1.** Poner una cosa en otra para formar un todo. **2.** Levantar la parte de arriba del cuerpo de alguien que está tumbado. || **incorporarse 3.** Entrar en un grupo, organización, empresa, etc. **SIN. 1.** Añadir. **3.** Integrarse. **ANT. 1.** Separar. **2.** Recostar, tender.

incorpóreo, a *adj.* Inmaterial.

incorrección *s. f.* **1.** Error, falta. **2.** Falta de respeto o educación. **SIN. 1.** Equivocación, fallo. **2.** Descortesía. **ANT. 1.** Acierto. **2.** Cortesía.

incorrecto, ta *adj.* Que no es correcto. **SIN.** Equivocado. **ANT.** Acertado.

incorregible *adj.* Que no corrige sus faltas, errores o vicios. **SIN.** Impenitente.

incorruptible *adj.* Que no se puede corromper: *una moral incorruptible.*

incorrupto, ta *adj.* Que no se ha corrompido. **ANT.** Corrupto.

incredulidad *s. f.* Actitud incrédula. **SIN.** Escepticismo. **ANT.** Credulidad.

incrédulo, la *adj.* y *s.* Que no cree que es verdad lo que le cuentan. **SIN.** Escéptico, desconfiado. **ANT.** Crédulo.

increíble *adj.* Difícil de creer. **SIN.** Inverosímil. **ANT.** Creíble.

incrementar *v.* Aumentar. **SIN.** Crecer, ampliar. **ANT.** Disminuir.

incremento *s. m.* Aumento. **SIN.** Crecimiento, ampliación. **ANT.** Disminución.

increpar *v.* Reñir duramente.

incriminar *v.* Acusar a alguien de un delito grave.

incruento, ta *adj.* Se dice del enfrentamiento o la lucha sin víctimas. **ANT.** Cruento.

incrustación *s. f.* Acción de incrustar y cosa que se incrusta en otra.

incrustar *v.* Introducir algo en una superficie o en un cuerpo. **SIN.** Engastar, empotrar. **ANT.** Desincrustar.

incubación *s. f.* **1.** Acción de incubar. **2.** Periodo durante el que las aves y otros animales incuban sus huevos.

incubadora *s. f.* **1.** Aparato donde se mete a niños nacidos antes de tiempo para darles los cuidados necesarios. **2.** Aparato para empollar huevos artificialmente.

incubar *v.* **1.** Ponerse un ave sobre sus huevos para calentarlos y que nazcan los polluelos. **2.** Empezar a desarrollarse algo poco a poco, sobre todo una enfermedad. **SIN. 2.** Gestarse.

incuestionable *adj.* Que no se puede cuestionar. **SIN.** Indiscutible, incontestable.

inculcar *v.* Hacer que alguien tenga ciertas ideas o sentimientos. **SIN.** Infundir, imbuir.

inculpar *v.* Acusar de un delito.

inculto, ta *adj.* y *s.* **1.** Que tiene poca cultura. || *adj.* **2.** Se dice del terreno no cultivado. **SIN. 1.** Ignorante. **2.** Yermo, baldío. **ANT. 1.** Culto.

incultura *s. f.* Falta de cultura. **SIN.** Ignorancia. **ANT.** Saber.

incumbencia *s. f.* Hecho de incumbirle algo a una persona. **SIN.** Competencia.

incumbir *v.* Ser algo la obligación de uno o corresponderle por alguna razón. **SIN.** Atañer, concernir.

incumplimiento *s. m.* Acción de incumplir.

incumplir *v.* No cumplir. **SIN.** Infringir, quebrantar. **ANT.** Respetar.

incunable *adj.* y *s. m.* Libro impreso en el periodo que va desde la invención de la imprenta hasta principios del siglo XVI.

incurable *adj.* y *s.* Que no se puede curar.

incuria *s. f.* Descuido, abandono.

incurrir *v.* Cometer una falta, error, etc. **SIN.** Incidir.

incursión *s. f.* **1.** Entrada de un ejército en territorio enemigo. **2.** Acción de iniciar alguien una nueva actividad. **SIN. 1.** Correría, razia.

indagar *v.* Investigar, averiguar.

indalo *s. m.* Dibujo prehistórico con forma humana al que se atribuían propiedades mágicas.

indebido, da *adj.* Que no debe hacerse. **ANT.** Debido.

indecencia *s. f.* Característica de indecente o cosa indecente. **SIN.** Inmoralidad, obscenidad. **ANT.** Decencia.

indecente *adj.* Que no es decente. **SIN.** Inmoral, obsceno; sucio. **ANT.** Honesto; limpio.

indecible *adj.* Muy grande: *alegría indecible.* || **LOC.** **lo indecible** Mucho.

indecisión *s. f.* Falta de decisión. **SIN.** Duda, vacilación. **ANT.** Determinación.

indeciso, sa *adj. y s.* Que duda y no sabe qué hacer. **SIN.** Dubitativo, vacilante. **ANT.** Decidido.

indeclinable *adj.* Se dice de lo que se tiene que hacer o cumplir obligatoriamente. **SIN.** Insoslayable, ineludible.

indecoroso, sa *adj.* Que no es decoroso. **SIN.** Indecente.

indefectible *adj.* Que no puede faltar o dejar de ocurrir. **SIN.** Inevitable, seguro, infalible.

indefendible *adj.* Que no se puede defender. **SIN.** Injustificable.

indefenso, sa *adj.* Que no puede o no sabe defenderse. **SIN.** Desvalido, vulnerable.

indefinición *s. f.* Característica de lo que es indefinido.

indefinido, da *adj.* **1.** Que no es definido o claro: *sabor indefinido.* **2.** Sin límite: *contrato indefinido.* || *adj. y s. m.* **3.** Nombre que dan algunas gramáticas al artículo indeterminado: *un, una, unos, unas.* **4.** Se dice del adjetivo o pronombre que no se refiere a una persona o cosa concretos: *algunos, varios, cualquiera.* **5.** Se dice del pretérito perfecto simple (*canté*). **SIN.** **1.** Impreciso, confuso. **2.** Ilimitado. **ANT.** **1.** Preciso. **3.** Determinado.

indeleble *adj.* Que no se puede borrar. **SIN.** Imborrable.

indemne *adj.* Que no ha sufrido daño. **SIN.** Incólume, ileso. **ANT.** Afectado.

indemnización *s. f.* Dinero u otra cosa con que se indemniza.

indemnizar *v.* Dar dinero u otra cosa a uno por un perjuicio que ha sufrido. **SIN.** Resarcir, reparar.

indemostrable *adj.* Que no se puede demostrar.

independencia *s. f.* Situación de la persona o cosa independiente. **SIN.** Libertad, emancipación. **ANT.** Dependencia.

independentista *adj. y s.* Partidario de la independencia de un territorio que pertenece a un país.

independiente *adj.* **1.** Que no está unido a otro. **2.** Que no depende de otra persona, país, etc. **3.** Que trabaja por cuenta propia. **SIN.** **2.** y **3.** Autónomo. **ANT.** **2.** Sometido.

independientemente *adv.* Sin tener en cuenta: *Irán al campo independientemente del tiempo que haga.*

independizarse *v.* Hacerse independiente. **SIN.** Emanciparse.

indescifrable *adj.* Que no se puede descifrar o entender. **SIN.** Incomprensible, ininteligible. **ANT.** Comprensible.

indescriptible *adj.* Que es difícil de describir por lo impresionante que es.

indeseable *adj. y s.* Persona mala, despreciable. **SIN.** Indigno. **ANT.** Digno.

indestructible *adj.* Que no se puede destruir. **SIN.** Irrompible.

indeterminado, da *adj.* **1.** Que no se sabe exactamente cuál es: *una cantidad indeterminada.* **2.** En algunas gramáticas, se dice de los artículos *un, una, unos, unas,* que presentan personas o cosas que no son conocidas por los hablantes. **SIN.** **1.** Impreciso. **2.** Indefinido. **ANT.** **1.** y **2.** Determinado.

indexar *v.* En informática, hacer un índice de datos.

indiano, na *adj. y s.* Se dice del que había hecho fortuna en América.

indicación *s. f.* Palabra, rótulo o señal que indica algo.

indicado, da **1.** *p.* de indicar. También *adj.* || *adj.* **2.** Adecuado, conveniente. **SIN.** **2.** Apropiado. **ANT.** **2.** Inapropiado.

indicador, ra *adj. y s.* **1.** Que indica algo. || *s. m.* **2.** Instrumento para indicar alguna cosa: *indicador de velocidad.*

indicar *v.* **1.** Decir algo con palabras o señales. **2.** Decir, ordenar o aconsejar a alguien lo que tiene que hacer. **SIN.** **1.** Comunicar, avisar.

indicativo, va *adj. y s. m.* **1.** Que indica. **2.** Modo verbal que expresa acciones reales: *tú comes (presente de indicativo).* **SIN.** **1.** Indicador, indicación.

índice *s. m.* **1.** En un libro, lista donde pone el título de cada parte y la página en la que está. **2.** Dedo de la mano que usamos para señalar. **3.** Hecho o dato que indica una cosa. **4.** Número que expresa la cantidad o proporción de algo: *índice de natalidad.* **SIN.** **3.** Indicio, señal. **4.** Tasa.

indicio *s. m.* Lo que indica que hay o ha habido una cosa o que algo va a pasar. **SIN.** Señal, síntoma, índice.

indiferencia *s. f.* Desinterés, desprecio. **SIN.** Apatía. **ANT.** Interés.

indiferente *adj.* **1.** Que da igual. **2.** Se dice de la persona a la que no le interesa alguien o algo, que le da igual. **SIN.** **1.** Indistinto. **2.**

Desinteresado, distante. **ANT. 1.** Preferible. **2.** Interesado.

indígena *adj.* y *s.* Se dice de los primeros pobladores de un lugar y de sus descendientes sin mezcla de otra raza. **SIN.** Nativo, aborigen, autóctono. **ANT.** Extranjero.

indigencia *s. f.* Pobreza, miseria.

indigente *adj.* y *s.* Persona muy pobre. **SIN.** Menesteroso, mendigo. **ANT.** Potentado.

indigestarse *v.* Sufrir una indigestión. **SIN.** Empacharse.

indigestión *s. f.* Malestar en el estómago causado por comer demasiado o por una mala digestión. **SIN.** Empacho.

indigesto, ta *adj.* Se dice de la comida que sienta mal porque es muy fuerte.

indignación *s. f.* Gran enfado que produce algo malo o injusto. **SIN.** Irritación, enojo. **ANT.** Agrado.

indignante *adj.* Que causa indignación. **SIN.** Irritante.

indignar *v.* Causar indignación. **SIN.** Irritar, enojar. **ANT.** Agradar.

indigno, na *adj.* Que no es digno. **ANT.** Merecedor.

índigo *s. m.* Añil.

indio, dia *adj.* y *s.* **1.** De la India, país asiático. **2.** De los pueblos indígenas de América. || **LOC. hacer el indio** Hacer el tonto. **SIN. 1.** Hindú.

indirecta *s. f.* Cosa que se da a entender sin decirla claramente.

indirecto, ta *adj.* **1.** Que no es directo. **2.** Se dice del complemento que indica la persona o cosa que recibe el daño o provecho de la acción del verbo, por ejemplo, *a sus tíos* en la oración: *Escribió una carta a sus tíos.*

indisciplina *s. f.* Falta de disciplina.

indisciplinado, da *adj.* Que no tiene disciplina. **SIN.** Desobediente, rebelde. **ANT.** Disciplinado.

indiscreción *s. f.* **1.** Característica de indiscreto. **2.** Algo que resulta indiscreto. **ANT. 1.** Discreción.

indiscreto, ta *adj.* y *s.* **1.** Que cuenta cosas que debería callarse. **2.** Curioso, entrometido. || *adj.* **3.** Que se dice y debería callarse: *comentario indiscreto.* **SIN. 2.** Cotilla. **3.** Inconveniente. **ANT. 1.** a **3.** Discreto.

indiscriminado, da *adj.* Igual para todos, sin distinguir entre unos y otros. **SIN.** Indistinto.

indiscutible *adj.* Que está tan claro que no se puede discutir. **SIN.** Incontestable, evidente. **ANT.** Discutible.

indisociable *adj.* Que no se puede tomar por separado.

indisoluble *adj.* Que no se puede disolver. **SIN.** Insoluble. **ANT.** Soluble.

indispensable *adj.* Completamente necesario. **SIN.** Imprescindible, preciso. **ANT.** Innecesario.

indisponer *v.* **1.** Enfrentar, enemistar. || **indisponerse 2.** Sufrir indisposición. □ Es *v.* irreg. Se conjuga como *poner.*

indisposición *s. f.* Enfermedad o malestar que no es grave y dura poco.

indispuesto, ta 1. *p.* de **indisponer.** También *adj.* || *adj.* **2.** Algo enfermo.

indistinto, ta *adj.* Indiferente, igual.

individual *adj.* De una sola persona o para una sola persona. **SIN.** Particular, personal. **ANT.** Colectivo.

individualismo *s. m.* Forma de pensar y de actuar de las personas individualistas.

individualista *adj.* y *s.* Se dice de la persona a la que le gusta hacerlo todo según su criterio y sin aceptar las normas generales.

individuo, dua *s. m.* y *f.* **1.** Persona, sujeto. || *s. m.* **2.** Miembro de un grupo. **SIN. 1.** Tipo.

indivisible *adj.* Que no se puede dividir. **ANT.** Divisible.

indochino, na *adj.* y *s.* De Indochina, península de Asia.

indócil *adj.* Difícil de manejar, educar o trabajar. **SIN.** Desobediente, díscolo. **ANT.** Dócil.

indocumentado, da *adj.* y *s.* Se dice de la persona que no tiene o no lleva consigo los documentos que la identifican.

indoeuropeo, a *adj.* y *s.* **1.** De unos pueblos antiguos que se extendieron por Europa y el oeste de Asia. || *s. m.* **2.** Idioma de estos pueblos, del que proceden muchas de las lenguas europeas y algunas asiáticas.

índole *s. f.* **1.** Forma de ser, naturaleza: *Es una persona de índole nerviosa.* **2.** Tipo, clase. **SIN. 1.** y **2.** Carácter.

indolencia *s. f.* Característica de indolente. **SIN.** Apatía. **ANT.** Diligencia.

indolente *adj.* y *s.* Perezoso, descuidado, apático. **ANT.** Diligente.

indoloro, ra *adj.* Que no duele.

indomable *adj.* Que no se deja domar o dominar. **SIN.** Indómito. **ANT.** Dócil.

indómito, ta *adj.* Rebelde, indomable. **SIN.** Salvaje. **ANT.** Dócil.

indonesio, sia *adj.* y *s.* **1.** De Indonesia, país de Asia. || *s. m.* **2.** Grupo de lenguas del sudeste de Asia.

indostano, na adj. y s. **1.** Del Indostán, parte norte de la India. ‖ s. m. **2.** Lengua hablada en la India y en Pakistán.

inducción s. f. **1.** Acción de inducir. **2.** Razonamiento que parte de casos particulares para hacer una ley general.

inducir v. Llevar a alguien a hacer o pensar algo. □ Es v. irreg. Se conjuga como *conducir*. **SIN.** Impulsar, incitar. **ANT.** Disuadir.

inductivo, va adj. Que se hace por inducción: *método inductivo*. **ANT.** Deductivo.

inductor, ra adj. y s. Que induce. **SIN.** Instigador.

indudable adj. Muy claro, evidente. **SIN.** Indiscutible. **ANT.** Dudoso.

indulgencia s. f. **1.** Característica de indulgente. **2.** Perdón que concede la Iglesia del castigo que hay que cumplir por los pecados. **SIN. 1.** Comprensión, tolerancia. **ANT. 1.** Intolerancia.

indulgente adj. Comprensivo, tolerante. **SIN.** Condescendiente, benévolo. **ANT.** Inflexible.

indultar v. Dar el indulto a alguien.

indulto s. m. Perdón de una pena o de una parte de ella. **SIN.** Amnistía.

indumentaria s. f. Ropa, vestimenta.

industria s. f. **1.** Actividad que consiste en transformar con máquinas las materias primas en objetos o productos útiles. **2.** Fábrica. **SIN. 1.** Manufactura. **ANT. 1.** Artesanía.

industrial adj. **1.** De la industria. ‖ s. m. y f. **2.** Fabricante o empresario.

industrialización s. f. Acción de industrializar.

industrializar v. Crear industrias en un lugar o desarrollar las que había.

industrioso, sa adj. **1.** Habilidoso, mañoso. **2.** Muy trabajador. **SIN. 2.** Laborioso.

inédito, ta adj. **1.** No publicado todavía: *una novela inédita*. **2.** Que todavía no ha publicado nada: *un autor inédito*. **3.** Nuevo, no conocido aún: *un producto inédito*.

inefable adj. Que no se puede expresar con palabras. **SIN.** Inenarrable.

ineficacia s. f. Falta de eficacia. **SIN.** Ineficiencia.

ineficaz adj. Que no es eficaz, inútil. **SIN.** Nulo, inepto, ineficiente.

ineficiencia s. f. Falta de eficiencia. **SIN.** Ineficacia.

ineficiente adj. Que no es eficiente o útil. **SIN.** Ineficaz.

ineludible adj. Que no se puede eludir. **SIN.** Inevitable, indeclinable.

inenarrable adj. Imposible de describir con palabras. **SIN.** Indescriptible, inefable.

ineptitud s. f. Característica de inepto. **SIN.** Incompetencia.

inepto, ta adj. y s. Torpe, inútil. **SIN.** Incompetente. **ANT.** Competente.

inequívoco, ca adj. Indudable. **SIN.** Evidente. **ANT.** Dudoso.

inercia s. f. **1.** Tendencia de los cuerpos a mantenerse en su estado, ya estén quietos o en movimiento si no lo impide una fuerza externa. **2.** Pereza, apatía.

inerme adj. Desarmado o indefenso.

inerte adj. Que no tiene vida. **SIN.** Inanimado. **ANT.** Vivo.

inescrutable adj. Que no se puede saber. **SIN.** Impenetrable.

inesperado, da adj. Que no se espera. **SIN.** Imprevisto, insospechado. **ANT.** Previsto.

inestabilidad s. f. Falta de estabilidad. **SIN.** Inseguridad.

inestable adj. **1.** Que puede caerse o cambiar con facilidad: *una escalera inestable, tiempo inestable*. **2.** Que cambia fácilmente de idea o estado de ánimo. **SIN. 1.** Inseguro, variable. **2.** Voluble. **ANT. 1.** Seguro. **1.** y **2.** Estable.

inestimable adj. Muy valioso. **SIN.** Inapreciable, impagable.

inevitable adj. Que no se puede evitar. **SIN.** Irremediable, ineludible.

inexactitud s. f. **1.** Hecho de ser alguna cosa inexacta. **2.** Cosa inexacta. **SIN. 1.** y **2.** Incorrección, imprecisión. **ANT. 1.** Exactitud.

inexacto, ta adj. Que no es exacto. **SIN.** Impreciso; falso. **ANT.** Correcto; cierto.

inexcusable adj. Imperdonable.

inexistencia s. f. Hecho de no existir. **ANT.** Existencia.

inexistente adj. Que no existe o no es real. **SIN.** Irreal; ausente. **ANT.** Existente.

inexorable adj. Que no se puede evitar. **SIN.** Ineludible, irremediable.

inexperiencia s. f. Falta de experiencia. **SIN.** Impericia. **ANT.** Pericia.

inexperto, ta adj. y s. Que no tiene experiencia. **SIN.** Novato, principiante. **ANT.** Experto.

inexplicable adj. Que no se puede explicar.

inexpresivo, va adj. Poco expresivo, que no muestra lo que piensa o siente.

inexpugnable adj. Imposible o difícil de conquistar: *un fortín inexpugnable*. **SIN.** Irreductible.

inextricable *adj.* **1.** Se dice del lugar muy enmarañado: *un bosque inextricable.* **2.** Complicado, difícil de entender. **SIN. 1.** Inaccesible. **1.** y **2.** Intrincado. **2.** Oscuro.

infalible *adj.* Seguro, que no falla.

infame *adj.* y *s.* **1.** Que no tiene honra, buena fama o estima. || *adj.* **2.** Malvado, perverso. **3.** *fam.* Pésimo: *Nos hizo un tiempo infame.* **SIN. 1.** Indigno. **2.** Vil. **3.** Horrible, espantoso. **ANT. 2.** Bondadoso. **3.** Extraordinario.

infamia *s. f.* **1.** Cualidad de infame. **2.** Acción infame. **SIN. 1.** Deshonra. **1.** y **2.** Vileza.

infancia *s. f.* Primer periodo de la vida de las personas. **SIN.** Niñez.

infante, ta *s. m.* y *f.* **1.** Hermano o hermana de un príncipe o una princesa. **2.** Antiguo título castellano que se daba a los parientes del rey. **3.** Niño.

infantería *s. f.* Conjunto de soldados que luchan a pie.

infanticida *adj.* y *s.* Que comete infanticidio.

infanticidio *s. m.* Acción de matar a un niño.

infantil *adj.* De los niños o para ellos.

infantilismo *s. m.* Comportamiento propio de un niño en un adulto.

infarto *s. m.* Daño que se produce en un órgano, sobre todo en el corazón, por obstrucción de la circulación sanguínea.

infatigable *adj.* Incansable. **ANT.** Cansino.

infausto, ta *adj.* Desgraciado, aciago. **SIN.** Nefasto. **ANT.** Feliz.

infección *s. f.* **1.** Hecho de infectarse una herida. **2.** Enfermedad causada por microorganismos, como bacterias o virus.

infeccioso, sa *adj.* Que causa infección o se produce por ella.

infectar *v.* **1.** Llenar de microorganismos una herida, una parte del cuerpo u otra cosa. **2.** Contagiar una enfermedad. **SIN. 2.** Transmitir. **ANT. 1.** Desinfectar.

infecto, ta *adj.* **1.** Que se ha infectado. **2.** Sucio, repugnante.

infectocontagioso, sa *adj.* Se dice de la enfermedad infecciosa que se contagia.

infelicidad *s. f.* Sentimiento de la persona que no es feliz. **SIN.** Desdicha, desgracia. **ANT.** Felicidad.

infeliz *adj.* y *s.* **1.** Que no es feliz. **2.** *fam.* De poco carácter o muy inocente: *un pobre infeliz.* **SIN. 1.** Desgraciado, desdichado. **2.** Apocado; ingenuo. **ANT. 1.** Dichoso. **2.** Decidido; pícaro.

inferior *adj.* **1.** Que está más abajo o por debajo de otra cosa. **2.** De menos cantidad, tamaño, calidad o categoría. || *adj.* y *s.* **3.** Que está a las órdenes de otro o es de clase social más baja. **SIN. 2.** Peor. **3.** Subordinado, subalterno. **ANT. 1.** a **3.** Superior. **2.** Mejor.

inferioridad *s. f.* Hecho de ser inferior. **ANT.** Superioridad.

inferir *v.* **1.** Deducir, sacar consecuencias. **2.** Causar daños o heridas. □ Es v. irreg. Se conjuga como *sentir.*

infernal *adj.* **1.** Del infierno. **2.** Muy malo o desagradable. **SIN. 2.** Horrible, espantoso. **ANT. 1.** Celestial. **2.** Estupendo.

infértil *adj.* Que no es fértil. **SIN.** Estéril, yermo.

infertilidad *s. f.* Característica de la tierra, hembra o mujer que no es fértil. **SIN.** Esterilidad.

infestar *v.* Llenar de algo malo. **ANT.** Erradicar, limpiar.

infidelidad *s. f.* Falta de fidelidad. **SIN.** Deslealtad. **ANT.** Lealtad.

infiel *adj.* **1.** Que no es fiel. || *adj.* y *s.* **2.** De distinta religión a la que uno considera verdadera. **SIN. 1.** Desleal, traidor. **ANT. 1.** Leal.

infiernillo *s. m.* Hornillo.

infierno *s. m.* **1.** Según algunas religiones, lugar adonde van los que mueren en pecado. **2.** Lugar o situación en los que se sufre mucho. **ANT. 1.** Cielo. **1.** y **2.** Gloria.

infijo, ja *adj.* y *s. m.* Se dice del grupo de letras que están dentro de una palabra, entre su raíz y la terminación, como, por ejemplo, *-ec-* en *manecilla.*

infiltración *s. f.* Acción de infiltrar o infiltrarse.

infiltrar *v.* **1.** Hacer penetrar un líquido en un cuerpo sólido. || **infiltrarse 2.** Meterse uno en un lugar o grupo sin que los demás sepan quién es.

ínfimo, ma *adj.* Muy poco o muy malo. **SIN.** Mínimo; pésimo. **ANT.** Grande; estupendo.

infinidad *s. f.* Gran número. **SIN.** Multitud. **ANT.** Escasez.

infinitamente *adv.* Muchísimo.

infinitesimal *adj.* Se dice de la cantidad muy pequeña, que se acerca al cero.

infinitivo *s. m.* Forma no personal del verbo que da nombre a este (*cantar, temer, partir*).

infinito, ta *adj.* **1.** Que no tiene fin. **2.** Que hay tantos que no se pueden contar. || *s. m.* **3.** Lugar impreciso que no tiene fin ni límites. || *adv.* **4.** Mucho: *Lo lamento infinito.* **SIN. 1.** Finito. **2.** Incontable, innumerable.

infinitud *s. f.* Característica de infinito.

inflación *s. f.* Subida grande y continua de los precios.

inflacionario, ria o **inflacionista** *adj.* De la inflación o relacionado con ella.

inflador *s. m.* Aparato para inflar.

inflamable *adj.* Que arde fácilmente.

inflamación *s. f.* Hecho de inflamarse.

inflamarse *v.* **1.** Arder algo con llamas. **2.** Hincharse una parte del cuerpo. **SIN. 1.** Incendiarse, encenderse. **ANT. 1.** Apagarse. **2.** Deshincharse, desinflamar.

inflar *v.* Hinchar. **ANT.** Desinflar.

inflexible *adj.* Firme, que no cambia de opinión. **SIN.** Rígido, severo. **ANT.** Flexible.

inflexión *s. f.* **1.** Cambio de tono que se hace al hablar. **2.** En matemáticas, punto de una curva en el que esta cambia de sentido.

infligir *v.* Hacer sufrir a alguien castigos o derrotas.

inflorescencia *s. f.* Grupo de flores agrupadas en una misma rama.

influencia *s. f.* Poder o efecto de una persona o cosa sobre otra. **SIN.** Influjo.

influenciable *adj.* Se dice de la persona que se deja influir fácilmente.

influenciar *v.* Influir en una persona.

influir *v.* Ejercer influencia. □ Es v. irreg. Se conjuga como *construir*.

influjo *s. m.* Influencia.

influyente *adj.* **1.** Que influye. **2.** Se dice de la persona importante, con poder. **SIN. 2.** Poderoso.

información *s. f.* **1.** Acción de informar. **2.** Conjunto de noticias y datos sobre una cosa. **3.** Lugar donde se informa sobre algo.

informador, ra *adj.* y *s.* **1.** Que informa. ‖ *s. m.* y *f.* **2.** Persona que se dedica profesionalmente a informar.

informal *adj.* y *s.* **1.** Que no cumple sus obligaciones o compromisos. **2.** Poco serio o solemne: *reunión informal.* **SIN. 1.** Irresponsable. **ANT. 1.** Cumplidor. **1.** y **2.** Formal.

informalidad *s. f.* Característica de informal. **ANT.** Formalidad.

informar *v.* Dar datos o noticias de algo.

informática *s. f.* Conjunto de técnicas y conocimientos científicos relativos a los ordenadores.

informático, ca *adj.* **1.** De la informática o relacionado con ella. ‖ *s. m.* y *f.* **2.** Experto en informática.

informativo, va *adj.* **1.** Que informa. ‖ *s. m.* **2.** Programa de radio o televisión donde se dan las noticias.

informatizar *v.* Utilizar la informática en una actividad.

informe[1] *s. m.* Conjunto de datos o informaciones sobre una persona o cosa. **SIN.** Referencia, noticia, *dossier.*

informe[2] *adj.* Deforme o sin forma definida: *una masa informe.* **SIN.** Amorfo.

infortunado, da *adj.* y *s.* Desafortunado.

infortunio *s. m.* Desgracia, mala suerte. **SIN.** Adversidad.

infracción *s. f.* Hecho de infringir o no cumplir una norma. **SIN.** Falta.

infractor, ra *adj.* y *s.* Que ha cometido una infracción.

infraestructura *s. f.* Instalaciones y servicios básicos necesarios para una actividad o para vivir en un lugar.

infraganti *adv.* In fraganti.

infrahumano, na *adj.* Tan malo que no es propio del ser humano. **SIN.** Indigno.

infranqueable *adj.* Que no se puede atravesar o superar. **ANT.** Accesible.

infrarrojo, ja *adj.* Se dice de un tipo de rayos que no son visibles al ojo humano y se emplean en dispositivos de visión nocturna o control remoto.

infrautilizar *v.* Utilizar poco una cosa o sin aprovecharla al máximo.

infravalorar *v.* Dar a una persona o a una cosa menos valor del que se merece. **SIN.** Subestimar. **ANT.** Sobrevalorar, sobrestimar.

infravivienda *s. f.* Vivienda que no tiene las condiciones necesarias para habitar en ella.

infrecuente *adj.* Poco frecuente. **SIN.** Raro, insólito. **ANT.** Habitual.

infringir *v.* No cumplir una ley o una norma. **SIN.** Incumplir, violar. **ANT.** Obedecer.

infructuoso, sa *adj.* Inútil, estéril. **ANT.** Útil, productivo.

infrutescencia *s. f.* Conjunto de frutos agrupados de forma que parecen uno solo, por ejemplo, la mora.

ínfula *s. f.* **1.** Cada una de las dos cintas anchas que cuelgan de la mitra de los obispos. ‖ *s. f. pl.* **2.** Soberbia, vanidad: *darse ínfulas.* **SIN. 2.** Humos.

infumable *adj.* Aburrido o de mala calidad: *una película infumable.* **ANT.** Intragable.

infundado, da *adj.* Que no tiene motivo o fundamento. **SIN.** Injustificado.

infundio *s. m.* Calumnia, mentira.

infundir *v.* Causar en alguien un sentimiento o estado de ánimo. **SIN.** Inspirar, inculcar.

infusión *s. f.* Bebida que se hace cociendo o metiendo en agua muy caliente hierbas, hojas, frutos o semillas.

infuso, sa *adj.* Se dice de los conocimientos que Dios comunica directamente al ser humano: *ciencia infusa.*

ingeniar v. Inventar o idear algo con ingenio. **SIN.** Planear, imaginar.

ingeniería s. f. Estudios y técnicas que permiten construir o fabricar cosas aplicando los conocimientos científicos.

ingeniero, ra s. m. y f. Persona que tiene un título universitario en ingeniería, sobre todo si se dedica a ella.

ingenio s. m. Capacidad para pensar o inventar cosas o para hablar con gracia. **SIN.** Talento, inventiva, agudeza.

ingenioso, sa adj. Que tiene ingenio. **SIN.** Agudo, ocurrente.

ingente adj. Muy grande o numeroso. **SIN.** Inmenso, enorme. **ANT.** Insignificante.

ingenuidad s. f. Característica de ingenuo. **SIN.** Candidez. **ANT.** Malicia.

ingenuo, nua adj. y s. Inocente, sin picardía. **SIN.** Cándido. **ANT.** Malicioso.

ingerir v. Tomar comida, bebida o medicinas. □ Es v. irreg. Se conjuga como *sentir*.

ingesta o **ingestión** s. f. Acción de ingerir.

ingle s. f. Parte del cuerpo donde se une el tronco con el muslo.

inglés, sa adj. y s. **1.** De Inglaterra, país del Reino Unido. **2.** Británico. || s. m. **3.** Lengua que se habla en el Reino Unido, los Estados Unidos y muchos otros países.

inglete s. m. Unión en ángulo recto que forman dos piezas ensambladas.

ingobernable adj. Que no se puede gobernar o controlar.

ingratitud s. f. Falta de gratitud.

ingrato, ta adj. y s. **1.** Desagradecido. **2.** Desagradable, molesto. **SIN. 2.** Fastidioso. **ANT. 1.** y **2.** Agradecido.

ingravidez s. f. Hecho de no estar sometidos los cuerpos a la fuerza de la gravedad.

ingrávido, da adj. **1.** En estado de ingravidez. **2.** Muy ligero. **SIN. 2.** Liviano.

ingrediente s. m. Cada uno de los alimentos o sustancias con que se hace un guiso, una bebida, un medicamento, etc. **SIN.** Componente.

ingresar v. **1.** Entrar o meter en un organismo, en una asociación, en un hospital. **2.** Meter dinero en un banco. **3.** Ganar o recibir una cantidad de dinero. **SIN. 1.** Incorporarse; internar. **ANT. 1.** Salir, abandonar. **2.** Sacar.

ingreso s. m. **1.** Acción de ingresar. **2.** Lo que se ingresa, sobre todo dinero.

inguinal adj. Relacionado con la ingle.

inhabilitar v. **1.** Declarar oficialmente que una persona no puede ocupar un cargo o disfrutar de un derecho. **2.** Impedir, imposibilitar. **SIN. 1.** y **2.** Incapacitar.

inhabitable adj. Que no reúne las condiciones suficientes para ser habitado.

inhalación s. f. Acción de inhalar.

inhalador s. m. Aparato que sirve para inhalar.

inhalar v. Aspirar un gas, un vapor o un líquido en gotas muy finas.

inherente adj. Que es propio de algo y siempre va unido a ello.

inhibición s. f. Hecho de inhibir o inhibirse.

inhibir v. **1.** Hacer que alguien no actúe como quiere. || **inhibirse 2.** No actuar o no intervenir. **SIN. 1.** Cohibir, refrenar. **ANT. 1.** Animar. **2.** Desinhibirse.

inhóspito, ta adj. Se dice del lugar, clima, etc., que resulta muy duro, desagradable o incómodo. **ANT.** Acogedor.

inhumación s. f. Acción de inhumar. **SIN.** Sepultura. **ANT.** Exhumación.

inhumano, na adj. Muy malo y cruel. **SIN.** Despiadado, atroz. **ANT.** Piadoso.

inhumar v. Enterrar un cadáver. **SIN.** Sepultar. **ANT.** Exhumar.

iniciación s. f. Acción de iniciar o iniciarse. **SIN.** Comienzo, principio. **ANT.** Final.

iniciado, da 1. p. de iniciar. También adj. || adj. y s. **2.** Que tiene conocimientos sobre algo, en especial si es secreto o misterioso.

inicial adj. **1.** Que está al principio. || adj. y s. f. **2.** Primera letra de una palabra. **ANT. 1.** Final.

inicializar v. **1.** Preparar un programa informático para que pueda ser usado. **2.** En informática, formatear.

iniciar v. **1.** Comenzar. **2.** Dar a alguien los primeros conocimientos de una actividad o revelarle los secretos de algo. **SIN. 1.** Empezar.

iniciativa s. f. **1.** Capacidad para llevar a cabo planes o ideas. **2.** Proposición, sugerencia. **3.** Hecho de hacer algo antes que los demás: *Miguel tomó la iniciativa.* **SIN. 1.** Decisión.

inicio s. m. Principio, comienzo.

inicuo, cua adj. **1.** Injusto. **2.** Malvado.

inigualable adj. Tan bueno que no se puede igualar. **SIN.** Incomparable.

inimaginable adj. Difícil de imaginar.

inimitable adj. Que no se puede imitar.

ininteligible adj. Que no se entiende. **SIN.** Incomprensible, enrevesado. **ANT.** Inteligible.

ininterrumpido, da adj. Seguido, sin interrupciones. **SIN.** Continuo, constante, incesante. **ANT.** Intermitente.

iniquidad s. f. Injusticia o maldad. **SIN.** Canallada, ignominia.

injerencia s. f. Acción de injerirse.

injerirse v. Entrometerse, inmiscuirse. □ Es v. irreg. Se conjuga como *sentir*.

injertar v. **1.** Unir una rama o tronco de una planta a otra para que crezca en ella. **2.** Poner un trozo de piel o tejido en una parte dañada del cuerpo para que se unan.

injerto s. m. **1.** Acción de injertar. **2.** Lo que se injerta.

injuria s. f. Ofensa o insulto muy grave. **SIN.** Afrenta, agravio. **ANT.** Alabanza.

injuriar v. Ofender o insultar. **SIN.** Agraviar. **ANT.** Alabar.

injurioso, sa adj. Ofensivo, que injuria. **SIN.** Insultante.

injusticia s. f. **1.** Hecho de ser una cosa injusta. **2.** Acción injusta.

injustificable adj. Que no se puede justificar o disculpar.

injustificado, da adj. Que no tiene ninguna razón o justificación.

injusto, ta adj. Que no es justo. **SIN.** Arbitrario, parcial. **ANT.** Imparcial.

inmaculado, da adj. Sin ninguna mancha o defecto. **SIN.** Impecable.

inmadurez s. f. Característica de la persona inmadura, poco responsable. **ANT.** Madurez.

inmaduro, ra adj. y s. Que todavía no ha madurado. **ANT.** Maduro.

inmaterial adj. Que no es material, que no se puede ver ni tocar. **SIN.** Incorpóreo. **ANT.** Corpóreo.

inmediaciones s. f. pl. Alrededores. **SIN.** Aledaños, cercanías.

inmediato, ta adj. **1.** Que ocurre enseguida. **2.** Que está junto a otra cosa. **SIN. 1.** Instantáneo. **2.** Contiguo.

inmejorable adj. Magnífico, excelente.

inmemorial adj. Muy antiguo.

inmensamente adv. Muchísimo.

inmensidad s. f. Característica de lo que es inmenso. **SIN.** Enormidad. **ANT.** Pequeñez.

inmenso, sa adj. Muy grande. **SIN.** Enorme, tremendo. **ANT.** Pequeño.

inmerecido, da adj. No merecido.

inmersión s. f. Acción de sumergir en un líquido.

inmerso, sa adj. **1.** Dentro de un líquido. **2.** Muy concentrado en alguna cosa. **3.** Metido en una situación mala. **SIN. 1.** Sumergido. **2.** Abstraído, ensimismado.

inmigración s. f. Acción de inmigrar. **ANT.** Emigración.

inmigrante s. m. y f. Persona que inmigra. **ANT.** Emigrante.

inmigrar v. Llegar a un país o lugar para quedarse a vivir allí. **ANT.** Emigrar.

inminente adj. Que va a suceder enseguida. **SIN.** Inmediato. **ANT.** Remoto.

inmiscuirse v. Entrometerse. □ Es v. irreg. Se conjuga como *construir*.

inmisericorde adj. Sin misericordia.

inmobiliaria s. f. Empresa que construye, vende y alquila viviendas y locales.

inmobiliario, ria adj. De los bienes inmuebles.

inmodesto, ta adj. Que no es modesto. **SIN.** Presumido.

inmolación s. f. Acción de inmolar. **SIN.** Sacrificio.

inmolar v. **1.** Matar a una persona o a un animal como sacrificio a los dioses. ‖ **inmolarse 2.** Dar la vida por una persona o cosa. **SIN. 1.** y **2.** Sacrificar.

inmoral adj. y s. Que va contra la moral. **SIN.** Deshonesto, indecente. **ANT.** Decente.

inmoralidad s. f. Característica de inmoral o acción inmoral. **SIN.** Indecencia. **ANT.** Moralidad.

inmortal adj. **1.** Que no puede morir. **2.** Que perdurará: *una obra inmortal.* **SIN. 1.** Eterno, imperecedero. **2.** Perdurable. **ANT. 1.** Mortal. **1.** y **2.** Perecedero.

inmortalidad s. f. Hecho de ser inmortal.

inmortalizar v. Hacer que alguien o algo quede en el recuerdo para siempre: *El pintor inmortalizó la escena en un impresionante cuadro.*

inmóvil adj. Que no se mueve. **SIN.** Quieto, parado. **ANT.** Móvil.

inmovilidad s. f. Hecho de estar inmóvil. **ANT.** Movilidad.

inmovilismo s. m. Tendencia a mantener sin cambios una situación política, social, económica o ideológica.

inmovilizar v. Dejar inmóvil. **SIN.** Paralizar, detener. **ANT.** Mover.

inmueble adj. **1.** Se dice de los bienes que no pueden trasladarse, como casas, terrenos, etc. ‖ s. m. **2.** Edificio.

inmundicia s. f. Basura, suciedad. **SIN.** Porquería, cochambre.

inmundo, da adj. Muy sucio. **SIN.** Cochambroso. **ANT.** Limpio.

inmune adj. Que tiene inmunidad.

inmunidad *adj.* **1.** Protección contra una enfermedad u otras cosas perjudiciales. **2.** Privilegio que impide que algunas personas, como diplomáticos o parlamentarios, puedan ser detenidos y juzgados como el resto de los ciudadanos.

inmunitario, ria *adj.* Relacionado con la inmunidad.

inmunizar *v.* Hacer inmune.

inmunodeficiencia *s. f.* Enfermedad causada por la disminución de las defensas naturales del organismo.

inmunología *s. f.* Parte de la medicina que estudia las defensas del organismo.

inmunológico, ca *adj.* **1.** De la inmunología. ‖ **2. sistema inmunológico** Conjunto de órganos que defienden el organismo contra las infecciones.

inmutable *adj.* Que no cambia. **SIN.** Inalterable. **ANT.** Variable.

inmutarse *v.* Ponerse nervioso o emocionarse: *Ni se inmutó con la noticia.* **SIN.** Alterarse, conmoverse.

innato, ta *adj.* Que se tiene desde el nacimiento. **SIN.** Natural, congénito. **ANT.** Adquirido.

innecesario, ria *adj.* No necesario.

innegable *adj.* Evidente, indiscutible.

innoble *adj.* Despreciable, vil, indigno. **ANT.** Noble.

innovación *s. f.* Novedad, cosa nueva.

innovador, ra *adj. y s.* Que hace innovaciones o es una innovación: *un proyecto, un diseño innovador.* **SIN.** Novedoso, moderno. **ANT.** Anticuado.

innovar *v.* Hacer innovaciones.

innumerable *adj.* Muy numeroso. **SIN.** Incontable. **ANT.** Escaso.

inocencia *s. f.* Característica de inocente. **SIN.** Ingenuidad. **ANT.** Malicia; culpabilidad.

inocentada *s. f.* Broma, sobre todo la que suele gastarse el día 28 de diciembre, fiesta de los Santos Inocentes.

inocente *adj. y s.* **1.** Que no tiene culpa. **2.** Crédulo o sin mala intención. **SIN. 2.** Ingenuo. **ANT. 1.** Culpable. **2.** Malicioso.

inocuidad *s. f.* Característica de las cosas inocuas.

inocular *v.* Introducir en el cuerpo una sustancia. **SIN.** Inyectar.

inocuo, cua *adj.* Que no hace daño. **SIN.** Inofensivo. **ANT.** Dañino.

inodoro, ra *adj.* **1.** Que no tiene olor. ‖ *s. m.* **2.** Retrete. **ANT. 1.** Oloroso.

inofensivo, va *adj.* Que no hace daño. **SIN.** Inocuo. **ANT.** Dañino.

inolvidable *adj.* Difícil de olvidar, sobre todo porque es muy bueno. **SIN.** Imborrable.

inoperante *adj.* Que no funciona o no sirve. **SIN.** Ineficaz, inútil. **ANT.** Operante, operativo.

inopia Se usa en la expresión **estar en la inopia**, 'estar distraído', 'no enterarse'.

inopinado, da *adj.* Inesperado, repentino.

inoportuno, na *adj. y s.* Que se hace, se dice o sucede en el lugar o el momento en que no debe. **SIN.** Intempestivo. **ANT.** Oportuno.

inorgánico, ca *adj.* Que no tiene vida: *Los minerales son materia inorgánica.* **SIN.** Inerte. **ANT.** Orgánico.

inoxidable *adj.* Que no se oxida.

input (ingl.) *s. m.* En informática, sistema de entrada de información en un ordenador, así como los datos y programas que se introducen en él.

inquebrantable *adj.* Que se mantiene firme: *fe inquebrantable.* **SIN.** Sólido. **ANT.** Frágil.

inquietante *adj.* Que inquieta. **SIN.** Alarmante, preocupante. **ANT.** Tranquilizador.

inquietar *v.* Poner inquieto o nervioso. **SIN.** Intranquilizar, alarmar. **ANT.** Tranquilizar.

inquieto, ta *adj.* **1.** Que no puede estarse quieto. **2.** Nervioso, preocupado. **3.** Se dice de la persona con ganas de hacer o aprender cosas nuevas. **SIN. 1. y 2.** Intranquilo. **ANT. 1. y 2.** Tranquilo.

inquietud *s. f.* **1.** Nerviosismo, preocupación. **2.** Ganas de aprender y de hacer cosas nuevas. **SIN. 1.** Intranquilidad, agitación. **ANT. 1.** Tranquilidad.

inquilino, na *s. m. y f.* Persona que vive en una casa alquilada.

inquina *s. f.* Antipatía o manía.

inquirir *v.* Preguntar o investigar. ◻ Es *v. irreg.* Se conjuga como *adquirir*.

inquisición *s. f.* **1.** Acción de inquirir. ‖ *n. pr. f.* **2.** Tribunal de la Iglesia que perseguía y juzgaba los delitos contra la religión.

inquisidor, ra *adj.* **1.** Inquisitivo. ‖ *s. m.* **2.** Juez de la Inquisición.

inquisitivo, va *adj.* Que inquiere.

inri Se usa en la expresión **para más inri**, 'encima, por si fuera poco'.

insaciable *adj.* Que no se sacia nunca.

insalivación *s. f.* Acción de insalivar.

insalivar *v.* Mezclar los alimentos con saliva dentro de la boca.

insalubre *adj.* Perjudicial para la salud. **SIN.** Insano, nocivo. **ANT.** Saludable.

insalvable *adj.* Imposible de superar o resolver: *dificultades insalvables.* **SIN.** Invencible, insuperable.

insano, na *adj.* Insalubre. **SIN.** Perjudicial, nocivo. **ANT.** Sano.

insatisfacción *s. f.* Falta de satisfacción. **SIN.** Descontento.

insatisfecho, cha *adj.* No satisfecho. **SIN.** Descontento.

inscribir *v.* **1.** Apuntar en una lista o en un registro. **2.** Dibujar una figura geométrica dentro de otra, de manera que se toquen en varios puntos, pero sin cortarse. □ Su p. es irreg.: *inscrito*. **SIN. 1.** Registrar. **ANT. 2.** Circunscribir.

inscripción *s. f.* **1.** Acción de inscribir. **2.** Palabras grabadas en una piedra o en un objeto de metal o de madera. **SIN. 1.** Anotación, registro.

insecticida *s. m.* Producto para matar insectos.

insectívoro, ra *adj.* y *s. m.* Que se alimenta de insectos.

insecto *s. m.* Nombre de los animales de un grupo numerosísimo de artrópodos, que tienen antenas, tres pares de patas, el cuerpo dividido en tres partes y, muchos de ellos, uno o dos pares de alas.

inseguridad *s. f.* Falta de seguridad. **SIN.** Peligro; duda.

inseguro, ra *adj.* Que no es o no está seguro. **SIN.** Peligroso; dudoso. **ANT.** Firme.

inseminación *s. f.* Acción de inseminar: *inseminación artificial*.

inseminar *v.* Hacer llegar el semen del macho al óvulo de la hembra para fecundarlo.

insensatez *s. f.* **1.** Característica de insensato. **2.** Cosa insensata. **SIN. 1.** y **2.** Necedad, tontería. **ANT. 1.** Sensatez.

insensato, ta *adj.* y *s.* Imprudente, que no piensa bien lo que hace o dice. **SIN.** Irresponsable. **ANT.** Sensato.

insensibilidad *s. f.* Característica de insensible. **ANT.** Sensibilidad.

insensibilizar *v.* Hacer insensible. **ANT.** Sensibilizar.

insensible *adj.* **1.** Que no siente el dolor, otra sensación o un sentimiento. **2.** Que casi no se nota. **SIN. 2.** Inapreciable, imperceptible. **ANT. 1.** y **2.** Sensible. **2.** Perceptible.

inseparable *adj.* Que no se puede separar o casi nunca se separa.

insepulto, ta *adj.* Se dice del cadáver que aún no está sepultado.

inserción *s. f.* Acción de meter una cosa dentro de otra.

insertar *v.* Meter una cosa dentro de otra o entre otras. **SIN.** Introducir, intercalar. **ANT.** Sacar.

inserto, ta *adj.* Insertado en otra cosa.

inservible *adj.* Que no sirve. **SIN.** Inútil. **ANT.** Aprovechable.

insidia *s. f.* Lo que se hace o se dice con mala intención, para perjudicar.

insidioso, sa *adj.* y *s.* Que muestra insidia: *una pregunta insidiosa*. **SIN.** Malintencionado.

insigne *adj.* Famoso, ilustre.

insignia *s. f.* Escudo de un equipo, una asociación, etc. **SIN.** Distintivo, enseña.

insignificancia *s. f.* Cosa insignificante o hecho de ser insignificante.

insignificante *adj.* Muy pequeño o muy poco importante. **SIN.** Inapreciable, insustancial, ridículo.

insinuación *s. f.* Acción o palabras con que se insinúa algo.

insinuar *v.* **1.** Dar a entender algo sin decirlo claramente. ‖ **insinuarse 2.** Verse o notarse algo ligeramente. **SIN. 1.** Sugerir, apuntar. **2.** Adivinarse.

insípido, da *adj.* Que no sabe a nada. **SIN.** Soso, insulso. **ANT.** Sabroso.

insistencia *s. f.* Hecho de insistir mucho. **SIN.** Persistencia, perseverancia.

insistente *adj.* Que insiste mucho. **SIN.** Persistente, perseverante.

insistir *v.* Repetir una acción o pedir algo varias veces para lograr lo que se pretende. **SIN.** Persistir, perseverar. **ANT.** Desistir.

insobornable *adj.* Que no se deja sobornar. **ANT.** Venal.

insociable *adj.* Que tiene pocos amigos o no le gusta estar con otras personas. **SIN.** Huraño. **ANT.** Sociable.

insolación *s. f.* Daño o malestar que produce el estar al sol mucho tiempo.

insolencia *s. f.* Falta de respeto.

insolentarse *v.* Ponerse insolente.

insolente *adj.* y *s.* Descarado, que no tiene respeto. **SIN.** Impertinente. **ANT.** Respetuoso.

insolidario, ria *adj.* y *s.* No solidario.

insólito, ta *adj.* Raro, poco frecuente. **SIN.** Anormal, inaudito. **ANT.** Normal.

insoluble *adj.* **1.** Que no se puede disolver. **2.** Imposible de solucionar. **SIN. 1.** Indisoluble. **ANT. 1.** Soluble.

insolvente *adj.* y *s.* Que no es solvente.

insomne *adj.* Que tiene insomnio.

insomnio *s. m.* Dificultad que tiene alguien para dormirse.

insondable *adj.* Muy difícil de conocer o comprender: *un misterio insondable.*

insonorizar *v.* Preparar un recinto u otra cosa para que se oigan menos los ruidos de fuera.

insoportable *adj.* Que no se puede soportar. **SIN.** Inaguantable.

insoslayable *adj.* Que no se puede soslayar o evitar. **SIN.** Ineludible.

insospechado, da *adj.* Que nadie se lo esperaba. **SIN.** Inesperado, imprevisto. **ANT.** Previsto.

insostenible *adj.* **1.** Que no se puede sostener o soportar: *Lleva un ritmo de vida insostenible.* **2.** Se dice de las razones que no se pueden defender porque no tienen sentido. **SIN. 1.** Insoportable.

inspección *s. f.* Acción de inspeccionar. **SIN.** Revisión, reconocimiento.

inspeccionar *v.* Mirar, examinar o revisar algo con detalle. **SIN.** Explorar; reconocer.

inspector, ra *s. m. y f.* **1.** Persona que inspecciona algo. **2.** Policía que se encarga de una investigación.

inspiración *s. f.* **1.** Acción de inspirar. **2.** Idea que inspira a alguien. **SIN. 1.** Aspiración. **ANT. 1.** Espiración.

inspirado, da **1.** *p.* de **inspirar.** También *adj.* ‖ *adj.* **2.** Que tiene inspiraciones o ideas.

inspirar *v.* **1.** Tomar aire u otro gas al respirar. **2.** Producir un sentimiento: *inspirar temor.* **3.** Darle a alguien ideas, o tomar una persona ideas de algo, para hacer o crear alguna cosa. **SIN. 1.** Aspirar, inhalar. **2.** Infundir, provocar. **3.** Sugerir. **ANT. 1.** Espirar, exhalar.

instalación *s. f.* **1.** Acción de instalar. **2.** Conjunto de aparatos, edificios u otras cosas dispuestos para ser usados. **SIN. 1.** Colocación; montaje.

instalador, ra *s. m. y f.* Profesional que se dedica a instalar algo.

instalar *v.* **1.** Colocar alguna cosa en un lugar y prepararla para que funcione y pueda usarse: *instalar una conducción de agua, instalar un programa de ordenador.* **2.** Acomodar a alguien en un lugar. **SIN. 1.** Montar. **2.** Alojar. **ANT. 1.** Desinstalar.

instancia *s. f.* Escrito en el que se pide algo a alguien con autoridad. ‖ **LOC. a instancias de** alguien A petición suya. **en última instancia** Si no hay otra solución. **SIN.** Solicitud.

instantáneo, a *adj.* Que se produce enseguida o dura solo un instante. **SIN.** Inmediato; momentáneo. **ANT.** Retardado; eterno.

instante *s. m.* Espacio de tiempo muy corto. **SIN.** Momento, periquete. **ANT.** Eternidad.

instar *v.* Pedir con insistencia.

instauración *s. f.* Acción de instaurar. **SIN.** Implantación.

instaurar *v.* Establecer, implantar. **SIN.** Instituir. **ANT.** Suprimir.

instigación *s. f.* Acción de instigar. **SIN.** Inducción.

instigador, ra *adj. y s.* Que instiga.

instigar *v.* Provocar, incitar. **SIN.** Inducir. **ANT.** Disuadir.

instintivo, va *adj.* Que se hace por instinto o sin pensar. **SIN.** Inconsciente.

instinto *s. m.* Conducta natural de las personas y los animales que hace que actúen de una manera, sin pensarlo ni haberlo aprendido. **SIN.** Intuición.

institución *s. f.* **1.** Acción de instituir y lo que se instituye. **2.** Organización fundada para realizar una actividad o proporcionar un servicio. **SIN. 1.** Fundación. **2.** Organismo. **ANT. 1.** Supresión.

institucional *adj.* **1.** De las instituciones. **2.** De carácter oficial: *viaje institucional.*

institucionalizar *v.* Convertir algo en institución o darle sus características.

instituir *v.* Crear, establecer. □ Es v. irreg. Se conjuga como *construir.* **SIN.** Fundar, instaurar. **ANT.** Suprimir.

instituto *s. m.* **1.** Centro público de enseñanza secundaria. **2.** Nombre de algunas instituciones, organizaciones o establecimientos: *Instituto Nacional de Industria; instituto de belleza.*

institutriz *s. f.* Mujer que se encarga de la educación de los niños de una familia.

instrucción *s. f.* **1.** Norma u orden que indica cómo hacer algo: *Seguí sus instrucciones para hacer el pedido.* **2.** Acción de instruir. **3.** Formación, estudios. **4.** Conjunto de ejercicios o prácticas que hacen los soldados: *instrucción militar.* **SIN. 1.** Directriz. **2.** Educación, adiestramiento. **3.** Cultura.

instructivo, va *adj.* Que instruye.

instructor, ra *adj. y s.* Persona encargada de instruir en alguna actividad.

instruir *v.* **1.** Enseñar, proporcionar conocimientos. **2.** Realizar las actuaciones necesarias para llevar a cabo un proceso o un expediente: *Ese es el juez que instruye la causa.* □ Es v. irreg. Se conjuga como *construir.* **SIN. 1.** Formar, adiestrar.

instrumental *adj.* **1.** De los instrumentos. ‖ *s. m.* **2.** Conjunto de instrumentos: *instrumental quirúrgico.*

instrumentar v. **1.** Escribir las partes de una pieza musical que han de interpretar los diferentes instrumentos. **2.** Organizar algo. **SIN. 1.** y **2.** Orquestar.

instrumentista s. m. y f. **1.** Músico que toca un instrumento. **2.** Fabricante de instrumentos musicales. **3.** Persona que se encarga del instrumental quirúrgico.

instrumento s. m. **1.** Cosa que sirve para realizar algo. **2.** Objeto empleado para producir sonidos musicales. **SIN. 1.** Herramienta, utensilio.

insubordinación s. f. Acción de insubordinarse.

insubordinarse v. Desobedecer, rebelarse contra el que manda. **ANT.** Someterse.

insuficiencia s. f. Hecho de no ser suficiente.

insuficiente adj. **1.** Que no es suficiente. ‖ s. m. **2.** Suspenso, calificación. **SIN. 1.** Escaso, corto. **ANT. 1.** Bastante. **2.** Aprobado.

insuflar v. **1.** Introducir soplando gas, vapor o una sustancia en polvo en un órgano o cavidad. **2.** Transmitir sentimientos o ideas: *insuflar ánimos.*

insufrible adj. Insoportable, intolerable. **SIN.** Inaguantable. **ANT.** Tolerable.

ínsula s. f. Antiguamente, isla.

insular adj. y s. De una isla. **SIN.** Isleño.

insulina s. f. Hormona producida por el páncreas que regula la cantidad de glucosa en la sangre. La falta de insulina puede provocar diabetes.

insulso, sa adj. **1.** Sin sabor o con poco sabor. **2.** Sin gracia o interés: *una película insulsa.* **SIN. 1.** Insípido. **1.** y **2.** Soso. **ANT. 1.** Sabroso. **2.** Interesante.

insultante adj. Que insulta.

insultar v. Ofender con palabras, gestos o acciones. **SIN.** Injuriar, agraviar. **ANT.** Alabar.

insulto s. m. Lo que se dice o se hace a alguien cuando se le insulta. **SIN.** Injuria. **ANT.** Alabanza.

insumisión s. f. Rebeldía, desobediencia, insubordinación.

insumiso, sa adj. y s. **1.** Se dice de la persona que no obedece o no se somete a unas normas. **2.** Se dice del joven que se negaba a hacer el servicio militar obligatorio.

insuperable adj. Muy difícil de superar. **SIN.** Invencible, insalvable.

insurgente adj. y s. Insurrecto.

insurrección s. f. Levantamiento o sublevación. **SIN.** Rebelión.

insurrecto, ta adj. y s. Que participa en una insurrección. **SIN.** Rebelde, insurgente.

insustancial adj. De poca importancia. **SIN.** Insignificante. **ANT.** Sustancial.

insustituible adj. Que no se puede sustituir. **SIN.** Irreemplazable.

intachable adj. Irreprochable. **SIN.** Impecable. **ANT.** Censurable.

intacto, ta adj. Que no ha sido tocado o dañado, que permanece como estaba. **SIN.** Íntegro; ileso.

intangible adj. Inmaterial, que no se puede tocar. **ANT.** Tangible.

integración s. f. Acción de integrar.

integral adj. **1.** Completo, total. **2.** Se dice de la harina que se ha molido con el salvado y del pan y los productos hechos con ella. **SIN. 1.** Global. **ANT. 1.** Parcial.

integrante adj. y s. Cada una de las personas o cosas que forman un grupo. **SIN.** Miembro.

integrar v. **1.** Formar un conjunto. **2.** Hacer que una persona se sienta aceptada en un grupo o en la sociedad. **SIN. 1.** Componer, constituir. **ANT. 1.** Desintegrar.

integridad s. f. **1.** Característica de íntegro. ‖ **2. integridad física** La salud o la vida de una persona. **SIN. 1.** Honestidad, honradez.

integrismo s. m. Fundamentalismo.

integrista adj. y s. Fundamentalista.

íntegro, gra adj. **1.** Entero, completo. **2.** Honrado, que actúa correctamente. **SIN. 1.** Total. **2.** Honesto. **ANT. 1.** Incompleto. **2.** Deshonesto.

intelecto s. m. Inteligencia.

intelectual adj. **1.** De la inteligencia. ‖ adj. y s. **2.** Que se dedica a una actividad relacionada con el pensamiento, el estudio o la cultura. **SIN. 2.** Pensador.

intelectualidad s. f. Conjunto de los intelectuales de un país o lugar.

inteligencia s. f. Capacidad para comprender y relacionar las cosas. **SIN.** Entendimiento, razón, raciocinio.

inteligente adj. y s. Que tiene inteligencia o está hecho con inteligencia. **SIN.** Listo, perspicaz, sagaz. **ANT.** Tonto.

inteligible adj. Que se puede entender. **SIN.** Comprensible. **ANT.** Ininteligible.

intemerata Se usa en la expresión **la intemerata**, 'muchísimo'.

intemperie Se usa en la expresión **a la intemperie**, 'al aire libre'.

intempestivo, va adj. Inoportuno.

intemporal adj. Que no cambia con el paso del tiempo.

intención s. f. **1.** Pensamiento que tiene alguien de hacer algo. **2.** Deseo de hacer algo bueno o malo para alguien: *buena intención, mala intención.* **SIN. 1.** Propósito, empeño. **1.** y **2.** Idea.

intencionado, da *adj.* Hecho con intención, queriendo, aposta. **SIN.** Voluntario, deliberado.

intendencia *s. f.* **1.** Parte del Ejército encargada de los víveres y suministros. **2.** Dirección o administración de algo.

intendente *s. m.* y *f.* **1.** Jefe de los servicios económicos de algunos organismos. **2.** Jefe del servicio de intendencia del Ejército. **3.** *Amér.* Gobernador o alcalde.

intensidad *s. f.* Fuerza o energía que tiene o que necesita una cosa. **SIN.** Potencia.

intensificar *v.* Dar más intensidad. **SIN.** Potenciar, reforzar.

intensivo, va *adj.* Que se hace de forma muy intensa o en poco tiempo o espacio: *curso intensivo.*

intenso, sa *adj.* De mucha intensidad. **SIN.** Potente, fuerte. **ANT.** Débil.

intentar *v.* Hacer lo posible para realizar una cosa, sin estar seguro de lograrlo. **SIN.** Procurar, tratar, probar. **ANT.** Desistir.

intento *s. m.* Acción de intentar. **SIN.** Tentativa. **ANT.** Renuncia.

intentona *s. f. fam.* Intento desesperado que, normalmente, no da resultado.

interacción *s. f.* Acción o influencia mutua entre dos personas o cosas.

interactivo, va *adj.* **1.** De la interacción o que produce interacción. **2.** Se dice del sistema informático que permite la comunicación entre una persona y el ordenador.

intercalar *v.* Meter una cosa entre otras. **SIN.** Insertar.

intercambiador *s. m.* Estación en la que hay varios medios de transporte para poder enlazar unos con otros.

intercambiar *v.* Dar una cosa y recibir otra por ella.

intercambio *s. m.* Acción de intercambiar. **SIN.** Trueque.

interceder *v.* Rogar en favor de alguien. **SIN.** Abogar, terciar.

interceptar *v.* Impedir que alguien o algo llegue adonde se dirigía. **SIN.** Detener, parar.

intercesión *s. f.* Acción de interceder.

intercesor, ra *adj.* y *s.* Que intercede.

intercity *s. m.* Tren rápido de largo recorrido que une dos ciudades.

intercontinental *adj.* Entre dos o más continentes.

intercostal *adj.* Se dice del espacio que hay entre costilla y costilla.

interdigital *adj.* Se dice de la membrana que une los dedos de las patas de algunos animales, como el pato.

interdisciplinario, ria *adj.* Que abarca varias disciplinas.

interés *s. m.* **1.** Importancia o valor que una cosa tiene para alguien. **2.** Deseo de conocer, saber o hacer algo. **3.** Cantidad de más que se obtiene por el dinero que se ha invertido o que se ha de pagar al devolver un préstamo. **4.** Beneficio o provecho de alguien. **SIN. 2.** Ganas, afán. **ANT. 2.** Desinterés.

interesado, da *p.* de interesar. || *adj.* y *s.* **2.** Que tiene interés por algo. **3.** Que actúa por interés, por el beneficio. **SIN. 3.** Egoísta. **ANT. 2.** y **3.** Desinteresado.

interesante *adj.* Que interesa. **SIN.** Atrayente, sugerente. **ANT.** Aburrido.

interesar *v.* Tener interés por una cosa o hacer que otro lo tenga. **SIN.** Atraer; motivar. **ANT.** Pasar, desinteresarse.

interestelar *adj.* Que está entre dos o más astros: *espacio interestelar.*

interfaz o ***interface*** (*interface* es ingl.) *s. m.* o *f.* **1.** En informática, dispositivo que conecta dos aparatos, dos circuitos o dos sistemas. **2.** En informática, sistema que permite al usuario comunicarse con el ordenador.

interfecto, ta *adj.* y *s.* **1.** Se dice de la persona que muere violentamente. || *s. m.* y *f.* **2.** *fam.* Persona de la que se habla.

interferencia *s. f.* **1.** Acción de interferir. **2.** Alteración en las imágenes o el sonido de una televisión, radio, etc., producida por las ondas de otros aparatos.

interferir *v.* **1.** Ser un obstáculo. **2.** Causar interferencias. □ Es v. irreg. Se conjuga como *sentir.* **SIN. 1.** Interponerse.

interfono *s. m.* Sistema telefónico que comunica distintos sitios de un edificio.

intergaláctico, ca *adj.* Situado entre dos o más galaxias.

intergeneracional *adj.* Que se produce entre distintas generaciones.

ínterin Se usa en la expresión **en el ínterin**, 'entre dos acciones o dos momentos'.

interino, na *adj.* y *s.* **1.** Empleado o funcionario que ocupa por un tiempo un puesto, por ejemplo, sustituyendo a otro. || *s. f.* **2.** Criada de una casa particular que no reside en ella. **ANT. 2.** Interna.

interior *adj.* y *s. m.* **1.** En la parte de dentro o de la parte de dentro. || *s. m.* **2.** Ideas o sentimientos de una persona. **SIN. 1.** Interno. **ANT. 1.** Exterior.

interioridad *s. f.* **1.** Característica de interior. || *s. f. pl.* **2.** Asuntos privados o íntimos de una persona, familia o grupo.

interiorismo *s. m.* Profesión que consiste en decorar el interior de casas, locales y edificios.

interiorista *s. m.* y *f.* Persona que se dedica al interiorismo.

interiorizar *v.* Reconocer como propios opiniones, criterios o principios ajenos.

interiormente *adv.* En lo interior. **ANT.** Exteriormente.

interjección *s. f.* Palabra o frase que expresa una impresión, un aviso, una orden, un saludo: *¡oh!, ¡bien!, ¡hola!*

interlínea *s. f.* Espacio que hay entre dos líneas de un texto escrito.

interlineado *s. m.* Conjunto de espacios en blanco que quedan entre las líneas de un escrito.

interlocutor, ra *s. m.* y *f.* Cada uno de los que hablan en una conversación.

interludio *s. m.* Composición musical breve que sirve de introducción o intermedio a otra.

intermediario, ria *adj.* y *s.* **1.** Que interviene para poner de acuerdo a otros. **2.** Persona que lleva los productos desde donde los hacen hasta donde se venden. **SIN. 1.** Mediador.

intermedio, dia *adj.* **1.** Que está en medio. || *s. m.* **2.** Tiempo de descanso en una película o espectáculo.

interminable *adj.* Que dura muchísimo. **SIN.** Eterno, inacabable.

intermitente *adj.* **1.** Que se para y luego continúa, y así muchas veces. || *s. m.* **2.** Luz indicadora de los coches que se enciende y apaga rápidamente. **SIN. 1.** Discontinuo. **ANT. 1.** Continuo.

internacional *adj.* **1.** De varios o de todos los países del mundo. || *adj.* y *s.* **2.** Se aplica al deportista que representa a su país en una competición entre naciones. **SIN. 1.** Universal, mundial. **ANT. 1.** Nacional.

internacionalizar *v.* Hacer internacional alguna cosa.

internado *s. m.* Centro de enseñanza en el que también viven los alumnos.

internar *v.* **1.** Meter a alguien en un hospital o en otro establecimiento. || **internarse 2.** Ir hacia el interior. **SIN. 1.** Ingresar. **2.** Adentrarse, penetrar.

internauta *s. m.* y *f.* Persona que utiliza Internet.

Internet (siglas de la expr. inglesa *International Network*, red internacional) *n. pr. f.* Red de comunicación formada por muchos ordenadores conectados entre sí, a la que se puede acceder para compartir información con otros usuarios.

internista *adj.* y *s.* Médico especialista en las enfermedades de los órganos internos.

interno, na *adj.* **1.** Que ocurre o está por dentro. || *adj.* y *s.* **2.** Que vive en el mismo sitio en que trabaja o estudia. || *s. m.* y *f.* **3.** Recluso, preso. **ANT. 1.** Exterior. **1.** y **2.** Externo.

interpelación *s. f.* Hecho de interpelar.

interpelar *v.* Pedir explicaciones.

interplanetario, ria *adj.* Entre planetas: *viaje interplanetario.*

interpolar *v.* Intercalar.

interponer *v.* **1.** Poner un recurso legal. || **interponerse 2.** Ponerse una persona entre otras para impedir o dificultar que hagan algo. □ Es v. irreg. Se conjuga como *poner.*

interpretación *s. f.* Acción de interpretar. **SIN.** Actuación.

interpretar *v.* **1.** Entender algo de una manera. **2.** Representar los actores su papel. **3.** Cantar o tocar para el público una pieza musical. **SIN. 1.** Descifrar. **2.** Actuar.

interpretativo, va *adj.* Relacionado con la interpretación.

intérprete *s. m.* y *f.* **1.** Cantante, músico o actor. **2.** Persona que va traduciendo una conversación entre personas que hablan distintas lenguas.

interrelación *s. f.* Relación mutua entre dos o más cosas.

interrogación *s. f.* **1.** Signo ortográfico que se coloca al principio (¿) y al final (?) de una palabra o frase con que se pregunta. **2.** Palabra o frase con que se pregunta. **SIN. 2.** Pregunta.

interrogante *s. amb.* **1.** Cosa que no se sabe. || *s. m.* **2.** Signo de interrogación. **SIN. 1.** Enigma, incógnita.

interrogar *v.* Preguntar a alguien.

interrogativo, va *adj.* y *s. f.* **1.** Se dice de las oraciones que expresan una pregunta. || *adj.* y *s. m.* **2.** Se dice de los pronombres y adverbios que se usan en este tipo de oraciones, como *quién, cuándo, dónde* o *cómo.*

interrogatorio *s. m.* Preguntas que se hacen para aclarar un hecho.

interrumpir *v.* Parar o impedir algo. **SIN.** Detener. **ANT.** Continuar.

interrupción *s. f.* Acción de interrumpir. **SIN.** Parada. **ANT.** Continuación.

interruptor *s. m.* Llave o dispositivo que abre o cierra un circuito eléctrico.

intersección *s. f.* **1.** Encuentro de dos líneas, superficies o cuerpos que se cortan. **2.**

En matemáticas, elementos comunes que tienen dos conjuntos. **SIN. 1.** Cruce.

intersticio *s. m.* Grieta, ranura o pequeño espacio entre dos cosas.

interurbano, na *adj.* Que se realiza o funciona entre distintas ciudades o poblaciones: *autobús interurbano.*

intervalo *s. m.* **1.** Tiempo entre dos hechos. **2.** Distancia entre dos cosas.

intervención *s. f.* **1.** Acción de intervenir en algo. **2.** Operación de cirugía. **SIN. 1.** Participación.

intervencionismo *s. m.* **1.** Sistema político en el que el Estado interviene en la economía del país. **2.** Doctrina política que está a favor de que un país intervenga en los asuntos de otros.

intervenir *v.* **1.** Tomar parte en un asunto o actividad. **2.** En cirugía, operar. □ Es v. irreg. Se conjuga como *venir.* **SIN. 1.** Participar, colaborar. **ANT. 1.** Abstenerse.

interventor, ra *s. m.* y *f.* Persona que revisa y autoriza algunas operaciones o actividades para que se hagan de forma legal.

interviú *s. f.* Entrevista periodística.

intestinal *adj.* Del intestino.

intestino, na *adj.* **1.** Se dice de los enfrentamientos entre las personas de un mismo país o grupo. ‖ *s. m.* **2.** Parte del aparato digestivo en forma de tubo largo que va desde el final del estómago al ano, y donde se hace la última parte de la digestión. **SIN. 1.** Interno.

intimar *v.* **1.** Llegar a tener mucha amistad con alguien. **2.** Exigir con autoridad o amenazas: *Le intimó a salir.* **SIN. 2.** Conminar.

intimidación *s. f.* Acción de intimidar.

intimidad *s. f.* **1.** La vida de una persona en su casa y con su familia. **2.** Amistad muy estrecha. ‖ *s. f. pl.* **3.** Sentimientos y pensamientos íntimos de una persona. **4.** Órganos genitales. **SIN. 4.** Partes.

intimidar *v.* Asustar, atemorizar.

intimidatorio, ria *adj.* Que intimida.

intimista *adj.* Que refleja emociones o sentimientos íntimos de las personas: *un relato intimista.*

íntimo, ma *adj.* **1.** Interior, profundo, se dice sobre todo de los sentimientos o de los pensamientos. **2.** Familiar, privado. **3.** Se dice de la relación o amistad muy fuerte. ‖ *adj.* y *s.* **4.** Se dice de las personas con las que se tiene más amistad. **SIN. 1.** Hondo. **4.** Entrañable.

intocable *adj.* Que no se puede tocar, que debe ser respetado.

intolerable *adj.* Que no se puede tolerar o permitir. **SIN.** Inaceptable. **ANT.** Tolerable.

intolerancia *s. f.* Actitud intolerante. **SIN.** Intransigencia. **ANT.** Tolerancia.

intolerante *adj.* y *s.* Que no tolera otras ideas distintas de las suyas. **SIN.** Intransigente. **ANT.** Tolerante.

intoxicación *s. f.* Acción de intoxicarse. **SIN.** Envenenamiento.

intoxicar *v.* Poner a alguien muy enfermo por tomar algo venenoso o en mal estado, o por abusar de algunas sustancias. **SIN.** Envenenar. **ANT.** Desintoxicar.

intragable *adj.* **1.** *fam.* Muy malo o muy pesado. **2.** Muy difícil de creer. **SIN. 1.** Infumable. **2.** Increíble.

intramuros *adv.* Dentro de las murallas de una población. **ANT.** Extramuros.

intramuscular *adj.* Que está, se produce o se aplica en el interior de los músculos.

intranet *n. pr. f.* Red informática parecida a Internet, pero entre los ordenadores de una misma empresa.

intranquilidad *s. f.* Inquietud, desasosiego. **ANT.** Tranquilidad, calma.

intranquilizar *v.* Hacer perder a alguien la tranquilidad. **SIN.** Inquietar, preocupar.

intranquilo, la *adj.* Que no está tranquilo. **SIN.** Inquieto.

intransferible *adj.* Que no se puede transferir o traspasar.

intransigencia *s. f.* Intolerancia.

intransigente *adj.* **1.** Intolerante. **2.** Que no permite el menor fallo o error. **SIN. 2.** Inflexible, exigente. **ANT. 1.** y **2.** Transigente.

intransitable *adj.* Se dice del sitio por el que no se puede transitar o andar. **SIN.** Impracticable.

intransitivo, va *adj.* y *s. m.* **1.** Se dice de los verbos que no llevan complemento directo, como *crecer* o *morir.* ‖ *adj.* y *s. f.* **2.** Se dice de la oración formada con esos verbos.

intrascendencia *s. f.* Característica de intrascendente. **SIN.** Trivialidad.

intrascendente *adj.* Que no tiene trascendencia. **SIN.** Trivial. **ANT.** Trascendente.

intratable *adj.* Antipático, maleducado. **SIN.** Irritable, huraño. **ANT.** Amable.

intravenoso, sa *adj.* Que está, se produce o se aplica dentro de las venas.

intrépido, da *adj.* Valiente, audaz. **SIN.** Osado. **ANT.** Cobarde.

intriga *s. f.* **1.** Acción de intrigar. **2.** Curiosidad muy grande provocada por algo. **3.** Sucesos que en una novela, obra de teatro o película mantienen el interés del lector o espectador. **SIN. 1.** Confabulación. **3.** Trama.

intrigante *adj. y s.* Que intriga.

intrigar *v.* **1.** Actuar en secreto y con astucia para lograr algo o para perjudicar a otro. **2.** Provocar la curiosidad. **SIN. 1.** Conspirar, maquinar, tramar. **2.** Extrañar.

intrincado, da *adj.* Confuso, enredado. **SIN.** Complicado.

intríngulis *s. m.* Dificultad, complicación: *El problema tenía su intríngulis.*

intrínseco, ca *adj.* Se dice de la cualidad que algo tiene por sí mismo y no por otras causas: *valor intrínseco.* **SIN.** Propio. **ANT.** Extrínseco.

introducción *s. f.* **1.** Acción de introducir o introducirse. **2.** Lo que se pone o se dice al comienzo de algo y sirve de preparación o explicación. **SIN. 2.** Prólogo, preámbulo. **ANT. 2.** Epílogo.

introducir *v.* **1.** Meter, hacer entrar. ‖ **introducirse 2.** Entrar en un sitio. □ Es v. irreg. Se conjuga como *conducir.* **SIN. 1.** Encajar, insertar. **2.** Colarse. **ANT. 1.** Sacar, expulsar. **2.** Salir.

introductorio, ria *adj.* Que sirve para introducir.

intromisión *s. f.* Acción de entrometerse en asuntos de otras personas.

introspección *s. f.* Examen que una persona hace de su propia conciencia, de sus pensamientos, de sus sentimientos, de sus actos.

introspectivo, va *adj.* De la introspección o relacionado con ella.

introversión *s. f.* Característica de introvertido. **SIN.** Timidez, retraimiento.

introvertido, da *adj. y s.* Tímido, que habla poco con los demás. **SIN.** Retraído. **ANT.** Extrovertido.

intrusismo *s. m.* Desempeño o práctica de una actividad sin estar autorizado para ello: *intrusismo profesional.*

intruso, sa *s. m. y f.* Persona que se ha introducido en un lugar sin tener derecho o disfruta de algo que no le corresponde.

intuición *s. f.* **1.** Hecho de intuir algo. **2.** Capacidad de alguien para intuir las cosas. **SIN. 1.** Impresión, presentimiento.

intuir *v.* Tener la impresión de que ocurre o va a ocurrir una cosa o de que algo es de una manera. □ Es v. irreg. Se conjuga como *construir.* **SIN.** Presentir.

intuitivo, va *adj.* Que tiene intuición o actúa por intuición.

inundación *s. f.* Acción de inundar o inundarse.

inundar *v.* **1.** Cubrir de agua un lugar. **2.** Llenar un lugar de personas o cosas. **SIN. 1.** Encharcar, anegar. **2.** Atestar. **ANT. 1.** Achicar. **2.** Vaciar.

inusitado, da *adj.* Que no es habitual. **SIN.** Inusual, insólito. **ANT.** Corriente.

inusual *adj.* No usual. **SIN.** Inusitado, insólito. **ANT.** Habitual.

inútil *adj. y s.* Que no sirve, que no es útil. **SIN.** Inservible; inepto.

inutilizar *v.* Hacer que algo ya no sirva. **SIN.** Estropear; invalidar. **ANT.** Arreglar; habilitar.

invadir *v.* **1.** Entrar en un lugar por la fuerza. **2.** Llenar, abarrotar. **3.** Dominar, hacerse sentir con fuerza: *Le invadió el miedo.* **SIN. 1.** Asaltar, ocupar. **2.** Inundar. **3.** Apoderarse.

invalidación *s. f.* Acción de invalidar. **SIN.** Anulación.

invalidar *v.* Hacer que algo no valga. **SIN.** Anular, inutilizar.

invalidez *s. f.* Hecho de ser inválido.

inválido, da *adj. y s.* Persona que, por tener algún defecto o lesión o por faltarle algún miembro, no puede moverse con normalidad. **SIN.** Minusválido, impedido.

invariable *adj.* Que no varía. **SIN.** Inalterable, inmutable. **ANT.** Variable.

invasión *s. f.* Acción de invadir. **SIN.** Asalto; plaga.

invasor, ra *adj. y s.* Que invade.

invectiva *s. f.* Discurso o escrito en que se ataca a alguien o algo.

invencible *adj.* Imposible de vencer. **SIN.** Insuperable.

invención *s. f.* **1.** Hecho de inventar. **2.** Lo que alguien se inventa. **SIN. 1.** Descubrimiento, hallazgo. **2.** Invento; fantasía.

inventar *v.* **1.** Encontrar o crear algo nuevo. **2.** Imaginar, idear. **SIN. 1.** Descubrir, hallar. **2.** Concebir, planear.

inventariar *v.* Hacer un inventario.

inventario *s. m.* Lista de todas las cosas que tiene una persona o entidad. **SIN.** Recuento.

inventiva *s. f.* Capacidad para inventar. **SIN.** Imaginación, creatividad.

invento *s. m.* Cosa que se ha inventado.

inventor, ra *s. m. y f.* Persona que inventa una cosa nueva.

invernadero *s. m.* **1.** Recinto cerrado y preparado para cultivar plantas en invierno o fuera de su ambiente natural. ‖ **2. efecto invernadero** Aumento de temperatura en la atmósfera debido a la acumulación de dióxido de carbono, que permite el paso del calor del Sol, pero impide la salida al exterior del calor que se desprende del suelo.

invernal *adj.* Del invierno. **ANT.** Estival.

invernar *adj.* **1.** Hibernar los animales. **2.** Pasar el invierno en un lugar.

inverosímil *adj.* Difícil de creer. **SIN.** Increíble. **ANT.** Verosímil.

inversión *s. f.* **1.** Hecho de invertir. **2.** Dinero que se invierte en un negocio. **SIN. 1.** Alteración, cambio.

inverso, sa *adj.* Contrario, opuesto.

inversor, ra *adj. y s.* Que invierte dinero en negocios.

invertebrado, da *adj. y s. m.* Se dice de los animales que no tienen columna vertebral, como los insectos. **ANT.** Vertebrado.

invertido, da 1. *p.* de **invertir.** También *adj.* || *s. m.* **2.** *desp.* Homosexual.

invertir *v.* **1.** Colocar en dirección, posición u orden contrario. **2.** Emplear: *invertir tiempo.* **3.** Dar dinero para un negocio con el fin de obtener un beneficio. □ Es v. irreg. Se conjuga como *sentir.* **SIN. 1.** Alterar. **2.** Destinar.

investidura *s. f.* **1.** Acción de investir. **2.** Acto en que se inviste a alguien.

investigación *s. f.* Acción de investigar.

investigador, ra *adj. y s.* Se dice de la persona que investiga.

investigar *v.* Hacer todo lo necesario para descubrir o conocer algo. **SIN.** Averiguar, indagar.

investir *v.* Conceder privilegios, cargos y honores: *Invistieron al rey doctor honoris causa en la Universidad.* □ Es v. irreg. Se conjuga como *pedir.*

inveterado, da *adj.* Muy antiguo o firme: *una costumbre inveterada.*

inviable *adj.* Que no puede realizarse. **SIN.** Imposible, irrealizable. **ANT.** Viable.

invicto, ta *adj.* Que no ha sido vencido.

invidente *adj. y s.* Persona ciega.

invierno *s. m.* La estación más fría del año.

inviolable *adj.* Que no se puede violar o romper: *un pacto inviolable.*

invisible *adj.* Que no se puede ver. **ANT.** Visible.

invitación *s. f.* **1.** Hecho de invitar. **2.** Tarjeta con que se invita a alguien.

invitado, da 1. *p.* de **invitar.** || *adj. y s.* **2.** Persona a la que se invita. **SIN. 2.** Convidado.

invitar *v.* **1.** Ofrecer o dar algo bueno a una persona sin que tenga que pagar por ello. **2.** Decir a alguien que haga algo o animarle a hacerlo. **SIN. 1. y 2.** Convidar. **2.** Incitar, mover.

invocación *s. f.* Acción de invocar.

invocar *v.* **1.** Pedir algo a Dios, a los santos o a un espíritu. **2.** Nombrar a una persona o cosa para que nos sirva de ayuda o para de-

mostrar algo. **SIN. 1.** Rogar, implorar, suplicar. **2.** Apelar.

involución *s. f.* Retroceso en la evolución de algo: *involución política.*

involucrar *v.* Hacer que alguien participe en algo malo. **SIN.** Complicar, comprometer, implicar.

involuntario, ria *adj.* Que se hace o pasa sin querer, sin intención. **SIN.** Inconsciente. **ANT.** Voluntario.

invulnerable *adj.* Que no es vulnerable.

inyección *s. f.* **1.** Acción de inyectar y sustancia que se inyecta. **2.** Introducción a presión del combustible en el cilindro de algunos motores.

inyectar *v.* Introducir en el cuerpo una sustancia con una jeringuilla o por un procedimiento similar.

inyector *s. m.* Aparato que inyecta a presión un líquido o un gas en un recipiente o cavidad.

iodo *s. m.* Yodo.

ion *s. m.* Átomo o grupo de átomos con carga eléctrica.

ionosfera *s. f.* Penúltima capa de la atmósfera que contiene pocos gases, pero con carga eléctrica.

ipso facto (lat.) *expr.* Inmediatamente.

ir *v.* **1.** Trasladarse a un lugar. **2.** Tener una dirección: *El camino va hasta el río.* **3.** Tener cierta extensión: *Su finca va de aquí a la linde.* **4.** Estar situado: *ir el último.* **5.** Marchar, encontrarse: *Le va bien.* **6.** Tratar: *¿De qué va el libro?* **7.** Combinar: *La colcha no va con las cortinas.* **8.** Vestir: *Vas muy elegante.* **9.** Gustar: *Me va esta música.* **10.** Ser: *ir en serio.* **11.** Querer parecer: *ir de listo.* **12.** Expresar intención: *Voy a estudiar.* **13.** Empezar poco a poco: *Ya va hablando algo de inglés.* || *irse* **14.** Salirse un líquido o gas de donde está contenido. **15.** Quitarse: *Esa mancha no se va.* **16 .** No poder controlar algo. || **LOC. el no va más** Lo mejor, lo máximo. **ni irle ni venirle** algo a alguien No importarle o no mostrar interés. □ Es v. irreg. **SIN. 1.** Desplazarse; acudir. **3.** Extenderse, ocupar. **4. y 5.** Hallarse. **7.** Entonar. **9.** Agradar. **14. y 15.** Salir(se). **ANT. 1.** Volver; quedarse. **7.** Desentonar. **9.** Disgustar.

ira *s. f.* Enfado muy violento. **SIN.** Rabia, cólera, furor. **ANT.** Calma.

iracundo, da *adj.* Irascible.

iraní *adj. y s.* De Irán, país de Asia.

iraquí *adj. y s.* De Iraq, país de Asia.

irascible *adj.* Que se enfada fácilmente: *un temperamento irascible.* **SIN.** Iracundo, colérico.

iris *s. m.* Círculo de color que rodea la pupila del ojo.

·isación *s. f.* Brillo con los colores del arcoíris, como el que tiene el nácar.

·isado, da *adj.* Con irisaciones.

·landés, sa *adj.* y *s.* **1.** De Irlanda, isla y país de Europa. ‖ *s. m.* **2.** Lengua celta hablada en Irlanda. ‖ *adj.* y *s. m.* **3.** Se dice del café con *whisky* y nata.

·onía *s. f.* **1.** Hecho de decir una cosa dando a entender lo contrario. **2.** Tono burlón. SIN. 2. Sorna.

·ónico, ca *adj.* Que tiene ironía.

·onizar *v.* Hablar o escribir con ironía sobre alguien o algo.

·oqués, sa *adj.* y *s.* **1.** De un pueblo indio que vivía en América del Norte. ‖ *s. m.* **2.** Lengua de este pueblo.

IR	
GERUNDIO	
yendo	
INDICATIVO	
Presente	**Pretérito perfecto simple**
voy	*fui*
vas	*fuiste*
va	*fue*
vamos	*fuimos*
vais	*fuisteis*
van	*fueron*
SUBJUNTIVO	
Presente	**Pretérito imperfecto**
vaya	*fuera, -ese*
vayas	*fueras, -eses*
vaya	*fuera, -ese*
vayamos	*fuéramos, -ésemos*
vayáis	*fuerais, -eseis*
vayan	*fueran, -esen*
	Futuro simple
	fuere
	fueres
	fuere
	fuéremos
	fuereis
	fueren
IMPERATIVO	
ve (tú)	*id* (vosotros)
vaya (usted)	*vayan* (ustedes)

IRPF (siglas de *Impuesto sobre la Renta de las Personas Físicas*) *s. m.* En España, dinero que un ciudadano debe pagar al Estado por lo que gana al año.

irracional *adj.* **1.** Que no tiene capacidad de razonar. **2.** No es razonable. SIN. 2. Ilógico, insensato. ANT. 1. Racional. 2. Sensato.

irradiación *s. f.* Acción de irradiar.

irradiar *v.* **1.** Salir de un cuerpo luz, calor u otra energía en todas direcciones. **2.** Transmitir: *irradiar alegría.* SIN. 1. Emitir, radiar. 2. Difundir.

irreal *adj.* Que no es real. SIN. Ficticio, imaginario.

irrealizable *adj.* Imposible de realizar.

irrebatible *adj.* Imposible de rebatir. SIN. Irrefutable.

irreconciliable *adj.* Que no puede reconciliarse o llegar a un acuerdo.

irreconocible *adj.* Que no se puede reconocer.

irrecuperable *adj.* Que no se puede recuperar.

irreductible o **irreducible** *adj.* **1.** Que no se puede reducir. **2.** Que no se puede someter o conquistar. SIN. 2. Inexpugnable.

irreemplazable *adj.* Que no se puede reemplazar. SIN. Insustituible.

irreflexivo, va *adj.* **1.** Hecho sin pensar. ‖ *adj.* y *s.* **2.** Que no piensa bien las cosas antes de hacerlas. SIN. 1. y 2. Inconsciente. ANT. 1. y 2. Reflexivo.

irrefrenable *adj.* Que no se puede refrenar o contener. SIN. Incontenible, irreprimible.

irrefutable *adj.* Que no se puede refutar. SIN. Irrebatible, indiscutible.

irregular *adj.* **1.** Que tiene cambios, fallos, altibajos, etc. **2.** Que no es regular: *verbo irregular, polígono irregular.* SIN. 1. Desigual, variable.

irregularidad *s. f.* **1.** Característica de irregular. **2.** Cosa irregular. ANT. 1. y 2. Regularidad.

irrelevante *adj.* Sin importancia. SIN. Intrascendente. ANT. Relevante.

irreligioso, sa *adj.* Que no tiene creencias religiosas o es contrario a la religión.

irremediable *adj.* Sin remedio. SIN. Irreparable.

irremisible *adj.* Inevitable.

irremplazable *adj.* Irreemplazable.

irrenunciable *adj.* Se dice de aquello a lo que no se puede renunciar.

irreparable *adj.* Que no se puede arreglar o compensar: *pérdida irreparable*. **SIN.** Irremediable.

irrepetible *adj.* Que no se puede repetir. **SIN.** Único, excepcional.

irreprimible *adj.* Que no se puede reprimir o contener. **SIN.** Irrefrenable, incontenible.

irreprochable *adj.* Se dice de aquello a lo que no se puede reprochar nada. **SIN.** Intachable. **ANT.** Censurable.

irresistible *adj.* **1.** Que no se puede resistir. **2.** Muy atractivo. **SIN. 1.** Inaguantable, insufrible. **ANT. 2.** Feo.

irresoluble *adj.* Imposible de resolver. **SIN.** Insoluble.

irresoluto, ta *adj.* Indeciso.

irrespetuoso, sa *adj.* Que no es respetuoso. **SIN.** Desconsiderado, irreverente.

irrespirable *adj.* **1.** Que no se puede respirar. **2.** Se dice del ambiente o situación agobiante, desagradable.

irresponsable *adj.* y *s.* Que no es responsable, que actúa sin sensatez.

irreverencia *s. f.* Acción irreverente.

irreverente *adj.* Que no tiene respeto, sobre todo a las cosas sagradas. **SIN.** Irrespetuoso. **ANT.** Reverente.

irreversible *adj.* Que ya no puede volver atrás, cambiar o solucionarse.

irrevocable *adj.* Que no se puede revocar o anular: *una decisión irrevocable*.

irrigar *v.* **1.** Regar. **2.** Llevar la sangre a una parte del cuerpo. **3.** Introducir un líquido en el cuerpo, especialmente en el intestino a través del ano.

irrisorio, ria *adj.* **1.** Ridículo. **2.** Muy pequeño: *una cantidad irrisoria*. **SIN. 1.** Mínimo, insignificante. **ANT. 2.** Grande.

irritable *adj.* Que se irrita fácilmente. **SIN.** Irascible, colérico. **ANT.** Tranquilo.

irritación *s. f.* **1.** Zona del cuerpo irritada. **2.** Enfado.

irritante *adj.* Que irrita.

irritar *v.* **1.** Causar dolor o escozor y enrojecimiento: *irritar la piel*. **2.** Enfadar. **SIN. 2.** Enfurecer. **ANT. 2.** Tranquilizar.

irrompible *adj.* Que no se rompe.

irrumpir *v.* Entrar o aparecer de pronto.

irrupción *s. f.* Acción de irrumpir.

isa *s. f.* Canto y baile popular canarios.

isabelino, na *adj.* De los reinados de Isabel I o Isabel II de España, o de Isabel I de Inglaterra: *arte isabelino*.

isla *s. f.* Porción de tierra rodeada de agua por todos los lados.

islam *s. m.* **1.** Islamismo. **2.** Conjunto de los países de cultura y religión musulmanas.

islámico, ca *adj.* Del islam.

islamismo *s. m.* Religión de los musulmanes, fundada por Mahoma.

islandés, sa *adj.* y *s.* **1.** De Islandia, isla país de Europa. ‖ *s. m.* **2.** Lengua que se habla en este país.

isleño, ña *adj.* y *s.* De una isla. **SIN.** Insular.

isleta *s. f.* Espacio delimitado de la carretera o calzada por donde no pueden pasar los coches.

islote *s. m.* Isla pequeña.

isobara o **isóbara** *s. f.* Línea que en un mapa meteorológico une los puntos con igual presión atmosférica.

isósceles *adj.* Se dice de la figura geométrica que tiene iguales dos lados no paralelos: *trapecio isósceles*.

isotermo, ma *adj.* y *s. f.* De igual temperatura o con temperatura constante.

isquion *s. m.* Uno de los huesos de la pelvis.

israelí *adj.* y *s.* De Israel, país de Asia.

israelita *adj.* y *s.* De un pueblo que antiguamente vivió en Palestina.

istmo *s. m.* Brazo de tierra que une dos continentes o una península con un continente.

italianismo *s. m.* Palabra o expresión del italiano en otro idioma.

italiano, na *adj.* y *s.* **1.** De Italia, país de Europa. ‖ *s. m.* **2.** Lengua de este país.

itálico, ca *adj.* De la Italia antigua.

ítem *s. m.* **1.** Cada una de las divisiones o artículos de un texto o documento. **2.** Cada uno de los elementos o partes de que se compone un test, cuestionario, etc. **3.** En informática, cada uno de los elementos o caracteres que pertenecen a un mismo dato.

itinerante *adj.* Que va de un lado a otro. **SIN.** Ambulante, errante. **ANT.** Permanente.

itinerario *s. m.* Camino o recorrido. **SIN.** Trayecto, circuito.

IVA (siglas de *Impuesto sobre el Valor Añadido*) *s. m.* En los países de la Unión Europea es el dinero que el Estado cobra sobre todas las cosas que se venden o se contratan.

izar *v.* Subir algo tirando del cable en que está sujeto: *izar la bandera, izar una vela*. **ANT.** Arriar.

izquierdista *adj.* y *s.* De ideas políticas de izquierda. **ANT.** Derechista.

izquierdo, da *adj.* y *s. f.* **1.** Que está en el lado del corazón o queda hacia ese lado. ‖ *s. f.* **2.** Personas, grupos y partidos de ideas socialistas o comunistas. **SIN. 2.** Derecha. **ANT. 1.** Derecho.

j s. f. Décima letra del abecedario.

jabalí, jabalina s. m. y f. Animal mamífero omnívoro parecido al cerdo, con el cuerpo cubierto de pelo fuerte de color pardo; sus colmillos se curvan hacia arriba y sobresalen de la boca.

jabalina s. f. Lanza para arrojar empleada en pruebas de atletismo.

jabato, ta s. m. y f. **1.** Cría de jabalí. ‖ adj. y s. **2.** Persona muy valiente. **SIN. 1.** Rayón. **2.** Audaz, atrevido. **ANT. 2.** Cobarde.

jabón s. m. Producto para lavarse o lavar la ropa u otras cosas. ‖ **LOC. dar jabón** fam. Dar coba, adular.

jabonadura s. f. **1.** Acción de enjabonar ‖ s. f. pl. **2.** Agua que queda mezclada con jabón y espuma.

jaboncillo s. m. **1.** Jabón pequeño. **2.** Pastilla de talco que usan sastres y modistas para hacer señales en la tela que cosen o cortan.

jabonera s. f. Recipiente para dejar o guardar la pastilla de jabón.

jabonoso, sa adj. Que tiene jabón.

jaca s. f. **1.** Caballo que tiene poca altura. **2.** Yegua.

jacarandoso, sa adj. Que tiene gracia o alegría. **SIN.** Garboso, saleroso.

jacinto s. m. Planta con bulbo y flores pequeñas en forma de campana, agrupadas en espiga.

jaco s. m. Caballo pequeño y no muy bonito. **SIN.** Jamelgo, rocín.

jacobeo, a adj. Del apóstol Santiago o relacionado con él: año jacobeo.

jacquard (fr.) s. m. Tipo de tejido con dibujos geométricos repetidos de distintos colores.

jactancia s. f. Actitud de la persona que se jacta o presume mucho de algo. **SIN.** Presunción, arrogancia. **ANT.** Modestia.

jactancioso, sa adj. y s. Que se jacta de algo. **SIN.** Presumido. **ANT.** Modesto.

jactarse v. Presumir mucho de algo. **SIN.** Alardear, vanagloriarse. **ANT.** Avergonzarse.

jaculatoria s. f. Oración o rezo breve.

jacuzzi (ingl., marca registrada) s. m. Baño de hidromasaje.

jade s. m. Mineral muy duro, verde o blanquecino, que se emplea en joyería y para hacer cosas de adorno.

jadeante adj. Que jadea.

jadear v. Respirar con dificultad por el cansancio, el calor o por otra causa. **SIN.** Resollar.

jadeo s. m. Acción de jadear. **SIN.** Resuello.

jaez s. m. **1.** Tipo o clase de persona o cosa, generalmente mala. ‖ s. m. pl. **2.** Adorno que se pone a las caballerías. **SIN. 1.** Calaña, ralea. **2.** Arreos.

jaguar s. m. Animal carnívoro parecido al leopardo, de color amarillento con manchas negras o totalmente negro. Caza de noche y vive en América.

jalar v. **1.** fam. Comer. **2.** fam. Correr o huir. **SIN. 1.** Jamar.

jalea s. f. **1.** Especie de mermelada de fruta, con aspecto de gelatina. ‖ **2. jalea real** Sustancia que producen las abejas con la que se alimentan las reinas y las larvas.

jalear v. Animar con gritos o palmadas a los que bailan, cantan o participan en una competición. **ANT.** Abuchear.

jaleo s. m. **1.** Mucho ruido o movimiento desordenado. **2.** Confusión, desorden. **SIN. 1.** Alboroto, follón. **2.** Lío, caos. **ANT. 1.** Calma.

jalón s. m. **1.** Palo con punta metálica que se clava en un terreno para señalar un punto. **2.** Hecho importante en la vida de alguien o en el desarrollo de algo. **SIN. 1.** Mojón. **2.** Hito.

jalonar v. **1.** Señalar un terreno con jalones. **2.** Ser muy importante un suceso en la vida de alguien o en el desarrollo de algo.

jamacuco s. m. fam. Indisposición o mareo sin importancia.

jamaicano, na adj. y s. De Jamaica, isla y país de América Central.

jamar v. fam. Comer. **SIN.** Jalar.

jamás adv. Nunca.

jamba s. f. Cada una de las dos piezas verticales que están a cada lado del hueco de puertas y ventanas.

jamelgo s. m. Caballo flaco y de mal aspecto. **SIN.** Rocín, jaco.

jamón

jamón *s. m.* **1.** Pierna de cerdo. Si está curada se llama *jamón serrano*. **2.** *fam.* Pierna de una persona. || **3. jamón (de) York** Jamón cocido. || **LOC. y un jamón** No, ni hablar.

jamona *adj.* y *s. f. fam.* Se dice de la mujer madura y un poco gorda.

japonés, sa *adj.* y *s.* **1.** De Japón, país de Asia. || *s. m.* **2.** Lengua hablada en Japón. **SIN.** **1.** Nipón.

japuta *s. f.* Palometa, pez marino.

jaque *s. m.* Jugada de ajedrez en la cual el rey o la reina están amenazados por una pieza contraria. Cuando el rey ya no puede salvarse, se llama *jaque mate*, con lo que se acaba la partida. || **LOC. tener** o **traer en jaque** a alguien Molestarlo todo el tiempo, no dejarlo tranquilo.

jaqueca *s. f.* Dolor fuerte de cabeza. **SIN.** Migraña.

jaquetón *s. m.* Tipo de tiburón muy grande, de color gris y blanco y muy poderosa. Se llama también *tiburón blanco*.

jara *s. f.* Arbusto de hojas pegajosas, flores blancas, rosas o amarillentas y olor fuerte.

jarabe *s. m.* **1.** Medicina líquida muy espesa y que suele tener sabor dulce. **2.** Líquido o bebida muy dulce.

jaramago *s. m.* Planta de flores amarillas y pequeñas y hojas grandes y ásperas. Es muy abundante en la península ibérica.

jarana *s. f.* **1.** *fam.* Juerga. **2.** *fam.* Bronca, escándalo. **SIN.** **1.** Diversión, farra. **2.** Altercado.

jaranero, ra *adj.* Juerguista.

jarapa *s. f.* Alfombra de tejido basto.

jarcha *s. f.* Cancioncilla breve escrita en castellano que los poetas árabes o hebreos españoles ponían al final de sus poemas.

jarcias *s. f. pl.* Aparejos y cabos de un barco.

jardín *s. m.* **1.** Lugar con árboles, plantas y flores para estar en él o pasear. || **2. jardín de infancia** Centro educativo para niños muy pequeños. **SIN.** **1.** Parque. **2.** Guardería.

jardinera *s. f.* Recipiente grande para sembrar plantas o flores en él.

jardinería *s. f.* El cultivo y el cuidado de las plantas y flores de jardín.

jardinero, ra *s. m.* y *f.* Persona que se dedica a cuidar un jardín. || **LOC. a la jardinera** Modo de guisar algunos alimentos con verduras variadas.

jareta *s. f.* **1.** Pliegue cosido que se hace en la ropa como adorno. **2.** Doblez cosido que se hace en una tela para meter en él una cinta o goma.

jaretón *s. m.* Jareta ancha.

jarra *s. f.* Recipiente con asa y de boca ancha, con un pico en el borde para echar el líquido con facilidad. || **LOC. en jarras** Con los brazo separados del cuerpo y las manos apoyada en la cintura.

jarrear *v. fam.* Llover mucho y muy fuert **SIN.** Diluviar.

jarrete *s. m.* **1.** Corva o corvejón. **2.** Par carnosa de la pantorrilla.

jarro *s. m.* Recipiente de boca ancha con asa || **LOC. un jarro de agua fría** Disgusto o de cepción.

jarrón *s. m.* Recipiente más alto que ancho que se usa como adorno. **SIN.** Florero.

jaspe *s. m.* Piedra con manchas de distinto colores, utilizada para hacer cosas de adorno

jaspeado, da *adj.* Con pintas o manchita de color de formas irregulares.

jauja *s. f.* Lugar imaginario donde hay much riqueza y en el que se puede conseguir lo qu se desee.

jaula *s. f.* Caja hecha con barras o palos qu se usa para encerrar o transportar animale

jauría *s. f.* Grupo de perros que van juntos e una cacería.

jazmín *s. m.* Planta con flores pequeñas blan cas o amarillas y muy olorosas, que se culti va en jardinería y se usa para hacer perfume

jazz (ingl.) *s. m.* Música que surgió en los Es tados Unidos, caracterizada por la improvi sación y los cambios de ritmo.

jeans (ingl.) *s. m. pl.* Blue jeans.

jeep (ingl., marca registrada) *s. m.* Coche mu resistente para ir por terrenos muy difícile **SIN.** Todoterreno.

jefatura *s. f.* **1.** Puesto o cargo de jefe. **2** Instalaciones donde está la Policía.

jefe, jefa *s. m.* y *f.* **1.** Persona que manda dirige a otras. **2.** Categoría militar superior la de los oficiales, formada por comandantes tenientes coroneles y coroneles. **SIN.** **1.** D rigente, patrón, jerarca, mandamás. **ANT.** Subordinado.

jengibre *s. m.* Hierba de hojas alargadas flores amarillas y rojas, con tallo subterráne del que se obtiene una sustancia aromática

jeque *s. m.* Jefe musulmán de un territori lugar o comunidad.

jerarca *s. m.* y *f.* Persona con poder o auto ridad dentro de una organización. **SIN.** Jef **ANT.** Subordinado.

jerarquía *s. f.* **1.** Organización de un grup de personas o cosas por orden de importan cia o de categoría. **2.** Cada una de las cate gorías de los grupos organizados de est manera. **SIN.** **1.** Graduación, escalafón.

jerárquico, ca *adj.* Organizado en jerar quías.

jerarquizar *v.* Organizar en jerarquías.

jerbo s. m. Mamífero parecido a un ratón, con las patas de atrás mucho más largas que las delanteras para poder saltar. Vive en zonas áridas del norte de África y este de Europa. □ Se escribe también *gerbo*.

jerez s. m. Vino blanco y seco, que se hace en la provincia de Cádiz.

jerezano, na adj. De Jerez de la Frontera, ciudad de la provincia de Cádiz.

jerga s. f. Lenguaje especial que usan entre sí las personas de una misma profesión o grupo. SIN. Argot.

jergal adj. Relacionado con la jerga.

jergón s. m. Colchón relleno de hierba, paja u otras cosas parecidas.

jerigonza s. f. Jerga, argot.

jeringa s. f. Jeringuilla grande.

jeringar v. fam. Fastidiar. SIN. Jorobar. ANT. Agradar.

jeringuilla s. f. Tubo de plástico o de cristal con una aguja, usado para poner inyecciones.

jeroglífico, ca adj. **1.** Se dice de la escritura, como la de los antiguos egipcios, que emplea dibujos en lugar de letras y otros signos. || s. m. **2.** Pasatiempo que consiste en adivinar algo a partir de dibujos y símbolos.

jersey (ingl.) s. m. Prenda de punto o lana con mangas y que llega hasta la cintura o la cadera. SIN. Suéter.

jesuita adj. y s. m. De la Compañía de Jesús, orden religiosa que fundó san Ignacio de Loyola.

jesuítico, ca adj. **1.** De los jesuitas. **2.** fam. Hipócrita, falso.

jet (ingl.) s. m. **1.** Avión a reacción. || s. f. **2.** Conjunto de personas que pertenecen a la alta sociedad. □ Con este significado se dice también *jet set*. || **3. jet lag** Cansancio y malestar físico producido tras un largo viaje en avión debido a la diferencia horaria.

jeta s. f. **1.** fam. Cara de una persona. **2.** fam. Descaro, desfachatez, desvergüenza. || adj. y s. **3.** fam. Persona descarada. SIN. **1.** y **2.** Rostro. **3.** Caradura.

jíbaro, ra adj. y s. De un pueblo que vive en las selvas del Amazonas y que practicaba la reducción de las cabezas de sus enemigos.

jibia s. f. **1.** Sepia. **2.** Hueso de este molusco.

jícara s. f. Taza pequeña para tomar el chocolate.

jienense o **jiennense** adj. y s. De Jaén, ciudad y provincia españolas.

jijona s. m. Turrón blando que se hace con almendras machacadas y miel o azúcar.

jilguero s. m. Pájaro pequeño con el pico corto y fuerte, plumaje marrón, alas negras y amarillas y cabeza blanca, negra y roja.

jineta¹ s. f. Mamífero carnívoro de pelo gris con manchas negras, cola larga y patas cortas. □ Se escribe también *gineta*.

jineta² Se usa en la expresión **a la jineta**, forma de montar a caballo en que se llevan los estribos cortos y las piernas muy dobladas y pegadas al vientre del animal.

jinete s. m. y f. Persona que monta a caballo.

jiñar v. **1.** vulg. Hacer de vientre. || **jiñarse 2.** vulg. Asustarse mucho. SIN. **1.** y **2.** Cagar(se). **2.** Atemorizarse.

jipi adj. y s. Hippy.

jipiar v. fam. Ver.

jipijapa s. f. Tira obtenida de las hojas de una palma, que se usa para hacer sombreros.

jipío s. m. Grito o quejido de las canciones flamencas.

jira s. f. Comida campestre entre amigos.

jirafa s. f. Mamífero rumiante africano de color amarillento con manchas marrones, cabeza pequeña con dos cuernecillos y un larguísimo cuello.

jirón s. m. **1.** Trozo roto de tela. **2.** Trozo separado o arrancado de otra cosa. SIN. **1.** Desgarrón, harapo.

jiu-jitsu (del jap.) s. m. Lucha japonesa en la que se utilizan manos, pies y codos para inmovilizar al contrario.

jo interj. fam. Exclamación para expresar sorpresa, admiración, fastidio o protesta.

jobar interj. fam. Jo.

jockey (ingl.) s. m. Yóquey.

jocoso, sa adj. Chistoso, divertido. SIN. Cómico. ANT. Serio, aburrido.

joder v. **1.** vulg. Realizar el acto sexual. **2.** vulg. Molestar, fastidiar, perjudicar o estropear. || interj. **3.** vulg. Expresa enfado, disgusto o sorpresa.

jodido, da 1. p. de joder. || adj. **2.** vulg. Que no se encuentra bien o sufre algo malo. **3.** vulg. Que es muy malo, molesto o difícil. SIN. **2.** y **3.** Jorobado.

jofaina s. f. Palangana.

jogging (ingl.) s. m. Ejercicio que consiste en correr no muy deprisa. SIN. Footing.

jolgorio s. m. Juerga.

jolín o **jolines** interj. fam. Jo.

jónico, ca adj. y s. m. Se dice de uno de los tres órdenes de la arquitectura clásica, caracterizado por las volutas del capitel.

jopé interj. fam. Jo.

jordano, na adj. y s. De Jordania, país de Asia.

jornada s. f. **1.** Tiempo que se trabaja al día o a la semana. **2.** Día.

jornal *s. m.* Dinero que gana un trabajador por cada día de trabajo. **SIN.** Salario, paga.

jornalero, ra *s. m. y f.* Trabajador del campo que por cada día de trabajo recibe una paga. **SIN.** Bracero, peón.

joroba *s. f.* **1.** Abultamiento en la espalda, en el pecho o en los dos sitios a la vez, producido por una desviación de la columna vertebral. **2.** Bulto que tienen algunos animales en el lomo, como el dromedario. **SIN.** **1.** Chepa, corcova. **1. y 2.** Giba.

jorobado, da **1.** *p.* de jorobar. También *adj.* || *adj.* **2.** *fam.* Difícil, complicado. || *adj. y s.* **3.** Se dice de la persona que tiene joroba.

jorobar *v. fam.* Fastidiar, estropear. **SIN.** Molestar, dañar. **ANT.** Agradar.

jota¹ *s. f.* Nombre de la letra *j*. Se usa en la expresión **ni jota**, 'nada' o 'muy poco': *no entender ni jota*.

jota² *s. f.* **1.** Baile de Aragón y de otras regiones españolas. **2.** Música y canción que acompañan a este baile.

joven *adj. y s.* **1.** Que tiene poca edad: *un chico joven*. || *adj.* **2.** Propio de la juventud: *ropa joven*. **SIN.** **1.** Muchacho. **2.** Juvenil. **ANT.** **1. y 2.** Viejo.

jovial *adj.* Alegre, con buen humor. **SIN.** Animado, bromista. **ANT.** Triste.

jovialidad *adj.* Característica de jovial.

joya *s. f.* **1.** Objeto de adorno hecho con metales, piedras preciosas, perlas, etc. **2.** Persona o cosa que vale mucho. **SIN.** **1. y 2.** Alhaja. **2.** Tesoro. **ANT.** **1.** Baratija.

joyería *s. f.* **1.** Tienda donde se venden joyas y taller en que se hacen. **2.** Arte y técnica de hacer joyas.

joyero, ra *s. m. y f.* **1.** Persona que hace o vende joyas. || *s. m.* **2.** Cajita u otra cosa para guardar las joyas.

joystick (ingl.) *s. m.* Palanca para dirigir los movimientos que se utiliza en algunos juegos electrónicos.

juanete *s. m.* Deformación o abultamiento en el dedo gordo del pie.

jubilación *s. f.* **1.** Acción de jubilar o jubilarse. **2.** Cantidad de dinero que cobra una persona jubilada.

jubilado, da **1.** *p.* de jubilar. || *adj. y s.* **2.** Persona que ha llegado a la jubilación.

jubilar *v.* **1.** Retirar a una persona de su trabajo, por ser mayor o por otras causas, pagándole una cantidad de dinero. **2.** Dejar de usar alguna cosa porque es vieja o ya no sirve. **SIN.** **2.** Desechar. **ANT.** **2.** Aprovechar.

jubileo *s. m.* **1.** En la Iglesia católica, perdón de todos los pecados que concede el papa en algunas ocasiones. **2.** Fiesta pública que celebraban los israelitas cada cincuenta años.

3. *fam.* Entrada y salida de mucha gente en algún sitio.

júbilo *s. m.* Alegría muy grande. **SIN.** Alborozo, regocijo. **ANT.** Tristeza.

jubiloso, sa *adj.* Muy alegre, lleno de júbilo. **SIN.** Contento, gozoso.

jubón *s. m.* Prenda ajustada, con o sin mangas, que cubría la parte de arriba del cuerpo.

judaico, ca *adj.* De los judíos.

judaísmo *s. m.* Religión de los judíos, que solo admite las enseñanzas del Antiguo Testamento.

judas *s. m.* Traidor.

judeocristiano, na *adj.* De la tradición judía y cristiana, sobre todo en lo referente a la moral, la cultura o las costumbres.

judeoespañol, la *adj.* **1.** De los judíos españoles. || *s. m.* **2.** Variedad del español hablado por estos judíos. **SIN.** **1. y 2.** Sefardí.

judería *s. f.* En España, barrio judío.

judía *s. f.* **1.** Planta leguminosa con el fruto en vainas aplastadas con varias semillas. Se cultiva en huertas y tanto la vaina como el fruto se usan como alimento. **2.** Fruto y semilla de esta planta. **SIN.** **1. y 2.** Alubia, habichuela.

judicatura *s. f.* Cargo del juez y conjunto de jueces de un país.

judicial *adj.* Del juez, de la justicia o relacionado con ellos.

judío, a *adj. y s.* **1.** Hebreo. **2.** Que practica el judaísmo. **3.** De Judea, antigua región de Palestina.

judo (del jap.) *s. m.* Yudo.

judoca o **judoka** (del jap.) *s. m. y f.* Yudoca

juego *s. m.* **1.** Acción de jugar. **2.** Actividad con unas reglas que se realiza por diversión o entretenimiento. **3.** Ejercicio de habilidad que alguien hace para entretener a otros. **4.** Conjunto de cosas de la misma clase: *un juego de sábanas*. **5.** Combinación de cosas que resulta bonita: *juego de colores*. **6.** Movimiento que tienen dos cosas unidas entre sí: *e. juego de la rodilla*. || **7. juego de azar** Aquel en el que, según la suerte, se puede ganar o perder, como la lotería. **8. juego de manos** El que se hace con las manos y necesita gran habilidad. **9. juegos malabares** Ver malabar. **10. Juegos Olímpicos** Conjunto de competiciones deportivas que se celebran cada cuatro años en la ciudad elegida para ello. || **LOC. estar en juego** Estar decidiéndose lo que va a pasar con algo. **fuera de juego** Falta que comete el jugador de fútbol que no tiene el balón y se encuentra más adelantado que los defensas del equipo contrario. **hacer juego** Combinar bien. **SIN.** **6.** Articulación, movilidad.

juerga *s. f.* Diversión animada y con jaleo. **SIN.** Parranda, jarana.

juerguista *adj. y s.* Persona a la que le gustan las juergas. **SIN.** Jaranero.

jueves *s. m.* Cuarto día de la semana. || **LOC. no ser del otro jueves** No ser muy bueno, no ser nada extraordinario.

juez, jueza *s. m. y f.* **1.** Persona que decide si algo es justo o injusto de acuerdo con las leyes. **2.** Miembro de un jurado o de un tribunal. **3.** En deporte, persona encargada de hacer cumplir el reglamento. || **4. juez de línea** En algunos deportes, sobre todo en fútbol, la persona que ayuda al árbitro y vigila el partido desde las bandas. En tenis, juez de pista. **5. juez de paz** Persona que, sin ser juez ni abogado, puede hacer algunas de sus funciones, como por ejemplo intervenir en delitos poco importantes o celebrar bodas. **6. juez de pista** En tenis, ayudante del juez de silla que se encarga de avisarlo cuando la pelota traspasa la línea de la cancha; también se llama *juez de línea*. En automovilismo y motociclismo, persona que da la salida, controla que se sigan las reglas durante la carrera y vigila los tiempos. **7. juez de silla** En tenis y voleibol, árbitro que vigila el partido desde una silla. **SIN.** 3. Árbitro.

jugada *s. f.* **1.** Cada una de las acciones que realiza un jugador. **2.** Jugarreta. **SIN.** 2. Trastada, faena.

jugador, ra *s. m. y f.* Persona que juega. **SIN.** Competidor, participante.

jugar *v.* **1.** Hacer algo por diversión o entretenimiento. **2.** Participar en un juego: *jugar al fútbol, a la lotería.* || **jugarse 3.** Arriesgarse. **4.** Apostarse algo: *¿Qué te juegas a que no llama?* || **LOC. jugársela** a alguien Perjudicarlo, engañarlo. □ Es v. irreg. **SIN.** 1. Divertirse, entretenerse. 2. Competir.

JUGAR		
INDICATIVO	SUBJUNTIVO	IMPERATIVO
Presente	**Presente**	
juego	juegue	
juegas	juegues	juega (tú)
juega	juegue	juegue (usted)
jugamos	juguemos	jugad (vosotros)
jugáis	juguéis	jueguen (ustedes)
juegan	jueguen	

jugarreta *s. f.* Engaño o acción mala contra alguien. **SIN.** Jugada, faena.

juglar, juglaresa *s. m. y f.* Artista de la Edad Media que iba de un lugar a otro recitando poesías, cantando y bailando o haciendo juegos y habilidades.

juglaresco, ca *adj.* De los juglares.

juglaría *s. f.* Mester de juglaría. Ver **mester**.

jugo *s. m.* **1.** Zumo. **2.** Líquido de algunos alimentos: *ternera en su jugo.* **3.** Nombre de algunos líquidos que produce el cuerpo: *jugos gástricos.*

jugoso, sa *adj.* Que tiene mucho jugo.

juguete *s. m.* Objeto que sirve para que jueguen los niños.

juguetear *v.* Entretenerse jugando y enredando.

juguetería *s. f.* Tienda de juguetes.

juguetón, na *adj.* Se dice de la persona o animal a los que les gusta mucho jugar. **SIN.** Travieso. **ANT.** Tranquilo.

juicio *s. m.* **1.** Capacidad para pensar y opinar sobre las personas y las cosas. **2.** Idea u opinión que una persona tiene de alguien o algo. **3.** Acto en que un juez o un tribunal juzga a alguien. || **4. juicio final** o **juicio universal** En la religión cristiana, el que hará Jesucristo cuando se acabe el mundo para premiar o castigar a cada persona. **SIN.** 1. Razón, criterio. 2. Parecer, dictamen. 3. Proceso.

juicioso, sa *adj.* Formal, sensato. **SIN.** Prudente, reflexivo.

julepe *s. m.* Juego de cartas en que se reparten cinco a cada jugador y gana el que hace dos bazas de las cinco posibles.

julio *s. m.* Séptimo mes del año, de 31 días.

jumbo (ingl.) *s. m.* Avión de grandes dimensiones para pasajeros.

jumear o **jumelar** *v. fam.* Oler mal. **SIN.** Atufar, apestar.

jumento, ta *s. m. y f.* Asno, burro.

jumilla *s. m.* Vino tinto o rosado que se produce en la provincia de Murcia.

junco[1] *s. m.* Planta de tallo recto, liso y flexible que crece en las orillas de los ríos.

junco[2] *s. m.* Barco pequeño con velas rectangulares, muy usado en los mares de Oriente.

jungla *s. f.* Selva tropical, sobre todo la del sur de Asia.

junio *s. m.* Sexto mes del año, de 30 días.

júnior *adj.* **1.** Se añade al nombre del hijo cuando es el mismo que el del padre, para diferenciarlos. || *adj. y s.* **2.** Se dice de la categoría de los deportistas jóvenes. **3.** Que aún no tiene experiencia profesional: *editor júnior.* **SIN.** 2. Juvenil. **ANT.** 2. Sénior. 3. Veterano.

junípero *s. m.* Enebro.

junquillo *s. m.* **1.** Planta de aspecto parecido al junco y con flores amarillas de fuerte olor. Se utiliza en perfumería. **2.** Cualquier adorno en forma de junco, como los que se ponen en algunas puertas.

junta *s. f.* **1.** Reunión de personas para tratar sobre un asunto. **2.** Conjunto de personas nombradas para administrar o dirigir los asuntos de otras: *junta directiva de un club de fútbol.* **3.** Juntura, unión. **SIN. 1.** Asamblea. **2.** Directiva.

juntar *v.* **1.** Poner juntos. **2.** Reunir una cantidad de algo. || **juntarse 3.** Andar en compañía de alguien, tener amistad. **SIN. 1.** Unir, arrimar, agrupar. **2.** Sumar. **ANT. 1.** Separar, dispersar. **3.** Rehuir.

junto, ta *adj.* **1.** Que está cerca o unido: *Se sentaron juntos.* También *adv.:* *Hay un río junto a la casa.* **2.** Reunido: *En el zoo hay muchos animales juntos.* **3.** En compañía de, a la vez: *Salieron juntos.* También *adv.:* *Llegó una nota junto con las flores.* **SIN. 1.** Próximo, contiguo. **2.** Agrupado, congregado. **ANT. 1.** a **3.** Separado.

juntura *s. f.* **1.** Parte donde se unen dos o más cosas. **2.** Pieza que se coloca entre dos tubos o partes de un aparato para unirlos. **SIN. 1.** y **2.** Junta. Empalme.

jura *s. f.* Acto en el que alguien jura ser fiel a un país, a la Constitución, a una persona o a los deberes de un cargo.

jurado *s. m.* **1.** Conjunto de personas que examina y premia o puntúa a las personas, animales o cosas que se presentan a un concurso. **2.** Tribunal formado por un grupo de ciudadanos, que decide al final de un juicio si el acusado es culpable o inocente. **3.** Miembro que forma parte de alguno de estos tribunales. **SIN. 3.** Juez.

juramentarse *v.* Comprometerse varias personas mediante juramento a hacer alguna cosa.

juramento *s. m.* **1.** Hecho de jurar. **2.** Blasfemia o palabrota. **SIN. 1.** Compromiso, promesa. **2.** Maldición.

jurar *v.* **1.** Afirmar o prometer algo firmemente, a menudo poniendo por testigo a Dios o a personas y cosas muy queridas o respetadas. **2.** Aceptar un cargo u otra cosa prometiendo respetarlos y cumplir las obligaciones y deberes que conllevan. || **LOC. jurársela** o **jurárselas** a alguien Prometer vengarse de él o hacerle daño.

jurásico, ca *adj.* y *n. pr. m.* **1.** Periodo de la historia de la Tierra que comenzó hace 190 millones de años y acabó hace unos 135 millones; en él aparecieron las aves y vivieron muchos dinosaurios. || *adj.* **2.** De este tiempo: *fauna jurásica.*

jurel *s. m.* Pez gris con tonos verdes y azulados que vive en casi todos los mares y se usa mucho como alimento. **SIN.** Chicharro.

jurídico, ca *adj.* Del derecho o las leyes. **SIN.** Judicial, legal.

jurisdicción *s. f.* **1.** Poder o autoridad para gobernar y hacer cumplir las leyes. **2.** Terri-torio sobre el que alguien manda o en el que tienen valor unas leyes. **SIN. 1.** Competencia, atribución. **2.** Demarcación, circunscripción.

jurisdiccional *adj.* De la jurisdicción o relacionado con ella.

jurisprudencia *s. f.* **1.** Ciencia del derecho. **2.** Decisiones de los tribunales que sirven de criterio para juzgar otros casos parecidos.

jurista *s. m.* y *f.* Persona que conoce muy bien el derecho y las leyes.

justa *s. f.* En la Edad Media, combate a caballo y con lanza.

justamente *adv.* **1.** Con justicia. **2.** Precisamente, exactamente.

justicia *s. f.* **1.** Hecho de dar a cada uno lo que le corresponde o se merece de acuerdo con la ley o la moral. **2.** Las leyes, organismos y personas encargadas de castigar los delitos y resolver los conflictos entre los ciudadanos. **SIN. 1.** Rectitud. **ANT. 1.** Injusticia.

justiciero, ra *adj.* y *s.* Que hace justicia de una forma muy estricta.

justificación *s. f.* Explicación u otra cosa que justifica algo. **SIN.** Disculpa, excusa.

justificado, da 1. *p.* de **justificar**. También *adj.* || *adj.* **2.** Que tiene razones que lo justifican: *No fue una conducta justificada.*

justificante *adj.* y *s. m.* Papel o documento que sirve para justificar algo. **SIN.** Comprobante.

justificar *v.* **1.** Ser algo el motivo que explica o disculpa una acción, una falta o un error. **2.** Dar razones para disculpar la conducta de una persona. **3.** Probar, demostrar. **SIN. 1.** Explicar. **2.** Excusar. **3.** Acreditar. **ANT. 3.** Acusar.

justo, ta *adj.* **1.** Que actúa o está de acuerdo con la ley o la moral. **2.** Merecido, que es como debe ser. **3.** Exacto en número, peso o medida. **4.** Ajustado, apretado. || *adv.* **5.** Exactamente; en el mismo momento: *Entró justo cuando tú salías.* **SIN. 1.** Equitativo, imparcial. **3.** Cabal. **5.** Precisamente. **ANT. 1.** y **2.** Injusto. **3.** Inexacto. **4.** Amplio.

juvenil *adj.* **1.** Propio de los jóvenes. || *adj.* y *s.* **2.** Categoría de los deportistas jóvenes (entre 15 y 18 años). **SIN. 2.** Júnior. **ANT. 1.** Viejo. **2.** Sénior.

juventud *s. f.* **1.** Etapa de la vida desde la niñez hasta la madurez. **2.** Característica de joven. **3.** Conjunto de jóvenes. **ANT. 1.** Vejez. **2.** Ancianidad.

juzgado *s. m.* Local o edificio donde se celebran los juicios.

juzgar *v.* **1.** Examinar y decidir un juez o tribunal. **2.** Tener una idea u opinión. **SIN. 1.** Fallar, sentenciar. **2.** Opinar.

k *s. f.* Decimoprimera letra del abecedario.

k. o. Siglas de la expresión inglesa *knock-out*, 'fuera de combate'.

káiser (del al.) *s. m.* Título de los emperadores de Alemania.

kamikaze (del jap.) *s. m.* **1.** Piloto japonés que, en la Segunda Guerra Mundial, se lanzaba con un avión cargado de explosivos contra los objetivos enemigos. ‖ *s. m.* y *f.* **2.** Persona muy temeraria.

kan *s. m.* Emperador de algunos países de Asia.

kaputt (al.) *adj.* Estropeado, roto.

karaoke (del jap.) *s. m.* **1.** Aparato que emite música con la letra de las canciones sobregrabada en un monitor. **2.** Local público donde los clientes pueden cantar con este aparato.

kárate o **karate** (del jap.) *s. m.* Lucha de origen japonés que consiste sobre todo en el combate con manos y pies.

karateca *s. m.* y *f.* Luchador de kárate.

karst *s. m.* Tipo de terreno con grietas, cavernas, galerías y cañones, que se forma al disolverse la caliza o yeso con el agua.

kárstico, ca *adj.* Relacionado con el karst: *un paisaje kárstico.*

kart (ingl.) *s. m.* Pequeño coche para una sola persona con un motor poco potente, que se usa en circuitos especiales.

karting (ingl.) *s. m.* **1.** Deporte en el que se hacen carreras de *karts.* **2.** Circuito de *karts.*

kasba o **kasbah** (del ár.) *s. f.* Casba.

katiuska (del ruso) *s. f.* Bota alta de goma.

kayak (del esquimal) *s. m.* Canoa que usan los esquimales.

kebab (del ár.) *s. m.* Bloque de carne picada insertada en una varilla que se hace lentamente a la brasa.

kendo (del jap.) *s. m.* Esgrima japonesa que se practica con espadas de bambú.

keniano, na o **keniata** *adj.* y *s.* De Kenia, país de África.

kermés *s. f.* Fiesta al aire libre, generalmente con fines benéficos.

kétchup (del ingl.) *s. m.* Salsa de tomate con vinagre, azúcar y especias.

kibutz (del hebr.) *s. m.* Granja israelí explotada por una comunidad.

kiko (marca registrada) *s. m.* Grano de maíz tostado.

kilo *s. m.* **1.** *acort.* de **kilogramo. 2.** *fam.* Un millón de las antiguas pesetas.

kilobyte (ingl.) *s. m.* En informática, unidad para medir la memoria de un ordenador que equivale a 1 024 *bytes.*

kilogramo *s. m.* Unidad de masa que equivale a mil gramos.

kilolitro *s. m.* Medida de capacidad para líquidos que equivale a mil litros o a un metro cúbico.

kilometraje *s. m.* Número de kilómetros que se han recorrido o distancia medida en kilómetros.

kilométrico, ca *adj.* Muy largo.

kilómetro *s. m.* Medida de longitud que equivale a mil metros.

kilovatio *s. m.* Unidad de potencia eléctrica que equivale a mil vatios.

kimono (del jap.) *s. m.* Quimono.

kindergarten (del al.) *s. m.* Jardín de infancia. Ver **jardín.**

kiosco *s. m.* Quiosco.

kiowa *adj.* y *s.* **1.** De un pueblo indio de América del Norte. ‖ *s. m.* **2.** Zapato mocasín con la suela blanda.

kit (del ingl.) *s. m.* **1.** Aparato o mueble que se vende por piezas para montarlo luego. **2.** Conjunto de varias cosas relacionadas entre sí o que sirven para lo mismo: *un kit de limpieza.* **SIN. 2.** Set.

kitsch (al.) *adj.* y *s.* Se dice de la decoración y los objetos muy llamativos y de mal gusto.

kiwi *s. m.* **1.** Fruta de piel marrón con pelitos, de carne verde y sabor dulce algo ácido. También, arbusto que da este fruto. **2.** Ave de plumaje marrón, patas fuertes y largo pico curvado. No puede volar porque sus alas están apenas desarrolladas y vive en Nueva Zelanda.

kleenex (marca registrada) *s. m.* Pañuelo de papel.

koala *s. m.* Mamífero marsupial australiano de hocico corto, orejas grandes, pelo grisáceo y pequeña cola que habita en los bosques de eucaliptos, de cuyas hojas se alimenta.

kremlin (del ruso) *s. m.* Fortaleza rusa, sobre todo la de Moscú, donde tiene su sede el gobierno de Rusia.

kung-fu (del chino) *s. m.* Arte marcial de origen chino.

kurdo, da *adj.* y *s.* De un pueblo de religión musulmana que vive en la región del Kurdistán, repartida entre Turquía, Iraq, Irán y Armenia.

kuwaití *adj.* y *s.* De Kuwait, país de Asia.

l *s. f.* Decimosegunda letra del abecedario.

la¹ *art. det. f.* **1.** Va delante de un sustantivo femenino singular, que es conocido por los hablantes, o de un adjetivo, convirtiéndolo en sustantivo: *la gata; la peor.* ‖ *pron. pers. f.* **2.** Se usa como complemento directo: *¿Has visto su moto? La compró el mes pasado.*

la² *s. m.* Sexta nota de la escala musical.

laberinto *s. m.* **1.** Lugar con muchos caminos que se cruzan y del que es difícil salir. **2.** Conjunto de órganos y conductos que forman el oído interno.

labia *s. f. fam.* Facilidad para hablar: *Es un vendedor con mucha labia.* **SIN.** Elocuencia.

labial *adj.* Relacionado con los labios.

lábil *adj.* Poco seguro, débil. **SIN.** Inseguro, frágil. **ANT.** Estable, firme.

labio *s. m.* **1.** Cada uno de los bordes carnosos que forman la abertura de la boca. **2.** Cada uno de los bordes de la vulva. **3.** Borde de la parte de fuera de algunas cosas: *los labios de una herida.* **SIN. 1.** Morro, hocico.

labor *s. f.* **1.** Trabajo, actividad. **2.** Trabajo de costura, de bordado o de punto. **3.** Trabajos que se hacen para cultivar la tierra. **SIN. 1.** Tarea, faena. **3.** Labranza. **ANT. 1.** Ocio.

laborable *adj. y s. m.* Se dice del día de trabajo. **ANT.** Festivo.

laboral *adj.* Relacionado con el trabajo.

laboralista *adj. y s.* Especialista en leyes relacionadas con el trabajo: *abogado laboralista.*

laborar *v.* Trabajar la tierra.

laboratorio *s. m.* Lugar con aparatos y material para hacer experimentos, análisis, etc.

laborioso, sa *adj.* **1.** Que trabaja mucho. **2.** Que necesita mucho trabajo y atención. **SIN. 1.** Trabajador. **2.** Trabajoso, difícil, minucioso. **ANT. 2.** Fácil.

laborismo *s. m.* En el Reino Unido y otros países, movimiento político de ideas socialistas moderadas.

laborista *adj. y s.* Del laborismo o partidario de este movimiento político.

labrador, ra *adj. y s.* Persona que trabaja en labores agrícolas. **SIN.** Labriego, agricultor, campesino.

labrantío, a *adj. y s. m.* Se dice del campo o la tierra de cultivo.

labranza *s. f.* Trabajos que hay que hacer para cultivar la tierra.

labrar *v.* **1.** Trabajar un material, como la madera, la piedra o el cuero, o grabar cosas en él. **2.** Cultivar la tierra, sobre todo hacer surcos en ella para después sembrar. **3.** Esforzarse para conseguir un buen trabajo y poder vivir bien: *labrarse un porvenir.* **SIN. 1.** Tallar, esculpir. **2.** Arar.

labriego, ga *s. m. y f.* Labrador.

laca *s. f.* **1.** Resina que se saca de algunos árboles del sur de Asia. **2.** Barniz o pintura brillante y resistente que se hace con esta y otras sustancias. **3.** Sustancia que se pone en el pelo para mantener el peinado.

lacar *v.* Barnizar o pintar con laca.

lacayo *s. m.* Criado que acompañaba a su señor y solía ir sentado junto al cochero. **SIN.** Sirviente.

lacerante *adj.* Que lacera o hace mucho daño: *un dolor lacerante.*

lacerar *v.* Lastimar, hacer daño.

lacha *s. f. fam.* Vergüenza, apuro.

lacio, cia *adj.* **1.** Se dice del pelo muy liso. **2.** Mustio: *una planta lacia.* **SIN. 2.** Marchito. **ANT. 1.** Rizado. **2.** Lozano.

lacón *s. m.* Pata delantera del cerdo, sobre todo cuando está cocida o curada.

lacónico, ca *adj.* Conciso, que usa muy pocas palabras. **SIN.** Escueto, parco. **ANT.** Locuaz.

laconismo *s. m.* Característica de lacónico. **ANT.** Locuacidad.

lacra *s. f.* **1.** Señal, lesión u otra cosa mala que deja en alguien una enfermedad o daño físico. **2.** Algo malo y perjudicial. **SIN. 1.** Secuela. **2.** Defecto.

lacrar *v.* Cerrar con lacre.

lacre *s. m.* Pasta sólida, generalmente de color rojo, que se usa, derretida, para dejar cerrados sobres y paquetes.

lacrimal *s. m.* Lagrimal.

lacrimógeno, na *adj.* **1.** Se dice de los gases y humos que hacen llorar. **2.** Demasiado triste o sentimental.

lacrimoso, sa *adj.* **1.** Que llora o tiene lágrimas. **2.** Que hace llorar. **SIN. 1.** Lloroso. **2.** Lacrimógeno, sensiblero.

lactancia *s. f.* Tiempo durante el cual los mamíferos se alimentan de la leche de sus madres.

lactante *adj. y s.* **1.** Bebé que todavía se alimenta de leche. ‖ *adj. y s. f.* **2.** Se dice de la madre en el periodo en que da de mamar a su hijo.

lácteo, a *adj. y s. m.* Elaborado a partir de la leche: *productos lácteos.*

láctico, ca *adj.* Relacionado con la leche.

lactosa *s. f.* Azúcar que hay en la leche.

lacustre *adj.* De los lagos: *aves lacustres.*

ladear *v.* Inclinar hacia un lado.

ladera *s. f.* Lado de una montaña. **SIN.** Falda, vertiente.

ladilla *s. f.* Insecto muy pequeño que vive como parásito entre el vello de las personas, sobre todo en el pubis y sus picaduras son muy molestas.

ladino, na *adj.* Astuto. **SIN.** Taimado. **ANT.** Inocente.

lado *s. m.* **1.** Parte de una cosa que está cerca de los extremos. **2.** Cada una de las caras de un objeto. **3.** Sitio, lugar. **4.** Aspecto: *el lado bueno de las cosas.* **5.** Parte, bando. ‖ **LOC. al lado** Muy cerca. **al lado de** En comparación con. **dar de lado** Rechazar. **dejar a un lado** o **dejar de lado** No contar con alguien, no tenerle en cuenta. **SIN. 1.** Costado, flanco. **4.** Faceta.

ladrar *v.* Dar ladridos el perro.

ladrido *s. m.* Sonido que emite el perro.

ladrillo *s. m.* Pieza rectangular de barro cocido que se utiliza para construir.

ladrón, na *adj. y s.* **1.** Se dice de la persona que roba. ‖ *s. m.* **2.** Enchufe con varios agujeros para poder conectar diversos aparatos a la vez. **SIN. 1.** Ratero.

lady (ingl.) *s. f.* **1.** Título que se da en el Reino Unido a las mujeres de la nobleza.

lagar *s. m.* Lugar donde se prensa la uva, la manzana o la aceituna para elaborar el vino, la sidra o el aceite, respectivamente.

lagarta *s. f.* **1.** Hembra del lagarto. **2.** *fam.* Mujer astuta y algo malvada.

lagartija *s. f.* Reptil parecido al lagarto, pero más pequeño.

lagarto *s. m.* Reptil de color verdoso con el cuerpo cubierto de escamas, cola larga y cuatro patas cortas.

lago *s. m.* Extensión de agua en el interior de un continente rodeada de tierra por todas partes.

lágrima *s. f.* **1.** Gota de líquido salado producido por unas glándulas situadas debajo de los párpados; sirve para mantener limpios y húmedos los ojos. ‖ **2. lágrimas de cocodrilo** Llanto fingido.

lagrimal *adj.* **1.** Relacionado con las lágrimas. ‖ *s. m.* **2.** Parte del ojo que está más cerca de la nariz.

lagrimear *v.* **1.** Producir lágrimas los ojos. **2.** Llorar por cualquier cosa.

laguna *s. f.* **1.** Lago pequeño. **2.** Cosa que falta en un escrito o en una exposición, que no se sabe o no se recuerda. **SIN. 2.** Ausencia, omisión.

laicismo *s. m.* Tendencia o doctrina que defiende la independencia de los individuos y del Estado de la influencia religiosa.

laico, ca *adj. y s.* **1.** Que no es sacerdote ni está en una orden religiosa. ‖ *adj.* **2.** Que no sigue una religión ni es de la Iglesia. **ANT. 2.** Confesional.

laísmo *s. m.* Empleo de los pronombres *la, las* como complemento indirecto cuando debería usarse *le, les*; por ejemplo, **La dije que vendrías* en lugar de *Le dije que vendrías.*

laísta *adj. y s.* Que comete laísmo.

laja *s. f.* Piedra plana, lisa y estrecha.

lama *s. m.* Religioso budista del Tíbet y Asia central.

lamaísmo *s. m.* Rama de la religión budista del Tíbet y Asia central.

lambrucear o **lambucear** *v.* Andar una persona comiendo a todas horas. **SIN.** Lechucear.

lamé *s. m.* Tela brillante hecha con hilos de oro o plata.

lamentable *adj.* **1.** Que hace sentir pena. **2.** Que causa mala impresión por ser de poca calidad, por estar mal hecho o estropeado. **SIN. 1.** Triste, trágico. **2.** Impresentable, penoso. **ANT. 2.** Admirable.

lamentación *s. f.* Acción de lamentarse. **SIN.** Lamento, queja.

lamentar *v.* **1.** Sentir pena o disgusto por algo. ‖ **lamentarse 2.** Quejarse. **ANT. 1.** Celebrar. **2.** Alegrarse.

lamento *s. m.* Expresión de pena, dolor o disgusto. **SIN.** Lamentación, queja. **ANT.** Risa.

lamer *v.* Pasar la lengua por una cosa.

lapa

lametazo o **lametón** s. m. Acción de lamer, sobre todo si se hace con fuerza. **SIN.** Lengüetada, lengüetazo.

lámina s. f. **1.** Trozo delgado y plano de cualquier materia. **2.** Dibujo o fotografía. **SIN. 1.** Placa, chapa. **2.** Ilustración, grabado.

laminado, da 1. p. de laminar¹. ‖ adj. **2.** Hecho láminas o con láminas.

laminar¹ v. Dar forma de lámina.

laminar² adj. Que tiene forma de lámina.

lámpara s. f. **1.** Aparato para dar luz artificial. **2.** Bombilla eléctrica. **3.** fam. Mancha.

lamparilla s. f. Velita o luz pequeña.

lamparita s. f. Amér. Bombilla.

lamparón s. m. fam. Mancha grande en la ropa. **SIN.** Lámpara.

lampiño, ña adj. Que no tiene barba. **SIN.** Barbilampiño, imberbe. **ANT.** Barbudo.

lamprea s. f. Pez de cuerpo delgado y largo, parecido al de una serpiente, con la boca en forma de ventosa. Su carne es muy apreciada.

lana s. f. **1.** Pelo de la oveja y otros animales. **2.** Hilo hecho con ese pelo y tejido que se fabrica con él.

lanar adj. Se dice del ganado que tiene lana, como las ovejas.

lance s. m. **1.** Situación o suceso. **2.** Jugada o acción en un juego o en otro enfrentamiento. **3.** Cada una de las acciones que el torero realiza con la capa. **4.** Riña, pelea. **SIN. 1.** Episodio, incidente. **3.** Trifulca.

lanceolado, da adj. Con forma de punta de lanza: hojas lanceoladas.

lancero s. m. Soldado que va armado con una lanza.

lanceta s. f. **1.** Instrumento de cirugía con una hoja triangular muy afilada. **2.** Amér. Aguijón.

lancha s. f. **1.** Barca grande que suele tener motor. **2.** Barco pequeño y sin cubierta.

landa s. f. Llanura grande de terreno que no se puede cultivar y en la que crecen plantas silvestres.

landó s. m. Coche de caballos con cuatro ruedas que tiene capota delante y detrás.

langosta s. f. **1.** Crustáceo marino grande con dos largas antenas y cinco pares de patas sin pinzas. Su carne es muy apreciada. **2.** Insecto parecido al saltamontes que a veces, en grupos de miles de individuos, arrasa los campos.

langostino s. m. Crustáceo marino parecido a la gamba, pero más grande.

languidecer v. **1.** Hacerse algo más débil. **2.** Estar triste o desanimado. □ Es v. irreg. Se

conjuga como agradecer. **SIN. 1.** Debilitarse, desfallecer.

languidez s. f. Característica de lánguido. **SIN.** Debilidad; tristeza. **ANT.** Fuerza; alegría.

lánguido, da adj. **1.** Débil, sin fuerza ni energía. **2.** Triste, desanimado. **SIN. 1.** Flojo. **2.** Decaído. **ANT. 1.** Fuerte. **2.** Alegre.

lanolina s. f. Grasa de la lana de la oveja y del carnero, que se usa para hacer pomadas y productos de belleza.

lanudo, da adj. Que tiene mucho pelo o mucha lana.

lanza s. f. Palo largo con una punta de metal que se usa como arma.

lanzacohetes s. m. Aparato o arma que lanza cohetes.

lanzada s. f. Golpe dado con una lanza y herida que produce.

lanzadera s. f. **1.** Pieza que sirve para entrecruzar los hilos al tejer. **2.** Vehículo espacial de transporte que es capaz de aterrizar como un avión, por lo que puede volver a utilizarse. **3.** Medio de transporte que realiza continuamente el trayecto de ida y vuelta entre dos puntos.

lanzado, da 1. p. de lanzar. También adj. ‖ adj. **2.** Muy rápido. ‖ adj. y s. **3.** Decidido, atrevido. **SIN. 2.** Disparado. **3.** Valiente. **ANT. 3.** Cobarde.

lanzagranadas s. m. Arma que lanza granadas.

lanzallamas s. m. Arma que arroja un chorro de fuego.

lanzamiento s. m. **1.** Acción de lanzar. **2.** Prueba deportiva que consiste en lanzar objetos como el disco, el peso o la jabalina.

lanzamisiles s. m. Aparato o plataforma que lanza misiles.

lanzar v. **1.** Arrojar, tirar. **2.** Emitir sonidos o palabras: lanzar un grito. **3.** Dirigir a alguien una acción: lanzar una mirada. **4.** Dar a conocer: lanzar un producto. ‖ **lanzarse 5.** Ponerse a hacer algo con energía, decidirse: Aunque le daba vergüenza, se lanzó a bailar. **SIN. 1.** Echar. **2.** Proferir, exhalar, soltar. **3.** Mandar. **4.** Promocionar. **5.** Atreverse. **ANT. 1.** Retener. **5.** Vacilar.

lanzaroteño, ña adj. y s. De Lanzarote, isla de Canarias.

lanzatorpedos s. m. Aparato o mecanismo que lanza torpedos.

laña s. f. Grapa especial con diversos usos.

laosiano, na adj. y s. **1.** De Laos, país de Asia. ‖ s. m. **2.** Lengua de este país.

lapa s. f. **1.** Molusco marino con una concha en forma de cono que vive pegado a las rocas. **2.** *fam.* Persona que siempre está con otra, que no la deja ni un momento.

lapicera *s. f.* **1.** Lápiz plano que usan los carpinteros. **2.** *Amér.* Pluma estilográfica.

lapicero *s. m.* Pieza larga de madera u otro material con una mina dentro que se utiliza para escribir o dibujar. **SIN.** Lápiz.

lápida *s. f.* Piedra rectangular plana con algo grabado en recuerdo de alguien, como las que hay en los cementerios. **SIN.** Losa.

lapidación *s. f.* Acción de lapidar.

lapidar *v.* Matar a una persona arrojándole piedras.

lapidario, ria *adj.* Se dice de la frase breve y seria que expresa algo importante. **SIN.** Solemne.

lapilli (ital.) *s. m. pl.* Trozos pequeños de lava que arrojan los volcanes.

lapislázuli *s. m.* Roca de color azul que se usa como adorno. Su principal componente mineral es la lazurita.

lápiz *s. m.* **1.** Lapicero. **2.** Barrita utilizada para maquillarse: *lápiz de labios, lápiz de ojos.* ‖ **3. lápiz de memoria** *Pendrive.* **4. lápiz óptico** Dispositivo electrónico en forma de lápiz capaz de captar una señal y transmitirla a la pantalla de un ordenador, un móvil u otro equipo.

lapo *s. m. fam.* Escupitajo.

lapón, na *adj. y s.* **1.** De un pueblo de Laponia, región del norte de Europa, en el círculo polar ártico. ‖ *s. m.* **2.** Lengua de este pueblo.

lapso *s. m.* Periodo de tiempo.

lapsus *s. m.* Equivocación que alguien tiene sin darse cuenta. **SIN.** Error, confusión. **ANT.** Acierto.

lar *s. m.* **1.** Lugar donde se enciende el fuego en algunas casas y cocinas. ‖ *s. m. pl.* **2.** La casa o el hogar de alguien: *volver una persona a sus lares.* **SIN.** **1.** Fogón, lumbre.

largamente *adv.* **1.** Durante mucho tiempo: *conversar largamente.* **2.** Con larguez o generosidad: *recompensar largamente.*

largar *v.* **1.** Contar algo muy largo o muy pesado: *largar un discurso.* **2.** Hablar mucho, sobre todo si se dice algo que no se debía decir. **3.** Dar o encargar algo molesto o desagradable. ‖ **largarse 4.** Irse, marcharse. **SIN.** **1.** y **3.** Encasquetar. **2.** Cascar. **3.** Endosar, endilgar. **4.** Pirarse, abrirse.

largavistas *s. m. Amér.* Prismáticos.

largo, ga *adj.* **1.** Que tiene mucha o demasiada longitud. **2.** Que dura mucho. ‖ *s. m.* **3.** La mayor de las tres dimensiones de un cuerpo. **4.** Tiempo musical lento. ‖ **LOC. a la larga** Después de bastante tiempo. **a lo largo de**

Durante. **dar largas** Retrasar con excusas lo que no se quiere hacer. **largo** Se usa para echar a alguien bruscamente. **largo y tendido** Durante mucho tiempo. **para largo** Para mucho tiempo. **SIN. 1.** y **2.** Prolongado. **ANT. 1.** y **2.** Corto. **2.** Breve.

largometraje *s. m.* Película de larga duración. **ANT.** Cortometraje.

larguero *s. m.* Palo horizontal de la portería de fútbol y otros deportes. **SIN.** Travesaño.

larguez *s. f.* Generosidad, abundancia. **SIN.** Desprendimiento.

larguirucho, cha *adj. y s. fam.* Persona demasiado alta y delgada.

largura *s. f.* El largo, la longitud.

laringe *s. f.* Parte del aparato respiratorio situada en la garganta y en la cual están las cuerdas vocales.

laringitis *s. f.* Inflamación de la laringe.

laringología *s. f.* Parte de la medicina que estudia la laringe y sus enfermedades.

larva *s. f.* Forma que tienen algunos animales antes de acabar de crecer y adoptar su forma definitiva; por ejemplo, la oruga es la larva de la mariposa.

larvado, da *adj.* Que está escondido o no se nota: *odio larvado.* **SIN.** Oculto, latente. **ANT.** Manifiesto.

larvario, ria *adj.* De las larvas o relacionado con ellas: *estado larvario.*

lasaña *s. f.* Plato italiano hecho con láminas de pasta, carne picada, queso, besamel y otros ingredientes, formando capas.

lasca *s. f.* Trozo de piedra plano y delgado.

lascivia *s. f.* Lujuria.

lascivo, va *adj.* Lujurioso.

láser *s. m.* Rayo de una luz especial muy intensa. Se emplea para soldar, para hacer pequeños cortes en cirugía o para grabar y reproducir discos.

laso, sa *adj.* **1.** Cansado o decaído. **2.** Lacio. **SIN. 2.** Liso. **ANT. 2.** Rizado.

lástima *s. f.* Pena, tristeza por algo malo. **SIN.** Dolor, compasión. **ANT.** Alegría.

lastimar *v.* Hacer daño. **SIN.** Dañar, lesionar.

lastimero, ra *adj.* Que da lástima. **SIN.** Quejumbroso.

lastimoso, sa *adj.* Muy malo, muy estropeado o dañado: *un estado lastimoso.* **SIN.** Penoso, lamentable.

lastrar *v.* **1.** Poner lastre. **2.** Obstaculizar, dificultar. **SIN. 2.** Estorbar.

lastre *s. m.* **1.** Peso que llevan los globos aerostáticos y que se suelta para poder elevarse. **2.** Peso que se pone en el fondo de un barco para que se hunda un poco y sea más estable. **3.** Obstáculo, dificultad. **SIN. 3.** Estorbo, impedimento. **ANT. 3.** Ventaja.

lata *s. f.* **1.** Hojalata. **2.** Caja o bote hecho de este material, como por ejemplo, los que contienen alimentos en conserva. **3.** *fam.* Cosa pesada o molesta. || **LOC. dar la lata** Molestar, fastidiar. **SIN. 3.** Rollo, tostón.

latente *adj.* Oculto, que no se ve o no se nota claramente. **SIN.** Velado. **ANT.** Expreso.

lateral *adj. y s. m.* Se dice de aquello que está en un lado. **SIN.** Marginal. **ANT.** Central.

látex *s. m.* Líquido blanquecino de diversos árboles del que se obtienen algunas materias primas, como el caucho.

latido *s. m.* Cada uno de los movimientos del corazón. **SIN.** Palpitación.

latifundio *s. m.* Terreno de gran extensión de un solo dueño. **ANT.** Minifundio.

latifundismo *s. m.* Sistema de repartir las tierras en un lugar donde abundan los latifundios. **ANT.** Minifundismo.

latifundista *adj.* **1.** De los latifundios. || *s. m. y f.* **2.** Propietario de un latifundio. **ANT. 1. y 2.** Minifundista.

latigazo *s. m.* **1.** Golpe de látigo. **2.** Dolor fuerte y momentáneo. **SIN. 1.** Azote. **2.** Pinchazo, punzada.

látigo *s. m.* Cuerda o correa larga con un mango para dar golpes con ella.

latiguillo *s. m.* Coletilla, palabra o frase que alguien repite constantemente.

latín *s. m.* Lengua de los antiguos romanos, de la cual derivan el español y las otras lenguas romances actuales.

latinajo *s. m. desp.* Latinismo.

latinismo *s. m.* Palabra o expresión del latín utilizada en otro idioma.

latino, na *adj. y s.* **1.** Del latín o de los antiguos romanos y su imperio. **2.** De los países, regiones, culturas cuya lengua viene del latín.

latinoamericano, na *adj. y s.* De Latinoamérica, conjunto de países de América que hablan una lengua latina.

latir *v.* Dar latidos el corazón. **SIN.** Palpitar.

latitud *s. f.* **1.** Distancia desde un lugar cualquiera de la Tierra hasta el ecuador. **2.** Lugar o región de la Tierra: *¿Y qué le llevó a viajar por aquellas latitudes?*

lato, ta *adj.* Extenso o amplio. || **LOC. en sentido lato** En sentido general. **SIN.** Dilatado, vasto. **ANT.** Breve, reducido.

latón *s. m.* Metal de color dorado que se consigue mezclando cobre y cinc.

latoso, sa *adj.* Molesto, fastidioso. **SIN.** Pesado. **ANT.** Agradable.

latrocinio *s. m.* Robo.

laúd *s. m.* Instrumento musical parecido a la guitarra, pero más pequeño y con la caja casi redonda.

laudable *adj.* Que merece ser alabado. **SIN.** Loable. **ANT.** Censurable.

láudano *s. m.* Mezcla de opio, azafrán, canela y vino que se tomaba como calmante.

laudatorio, ria *adj.* Que alaba o elogia. **SIN.** Elogioso.

laudes *s. f. pl.* Una de las oraciones que rezan los religiosos por la mañana.

laureado, da *adj.* Que ha sido recompensado con un premio, condecoración u honores.

laurel *s. m.* Árbol perenne de pequeño tamaño con las hojas alargadas y terminadas en punta, de color verde oscuro, que se usan para dar sabor a la comida.

laurisilva *s. f.* Bosque propio de las zonas húmedas de Canarias, formado por árboles de hoja perenne de diferentes especies.

lava *s. f.* Líquido espeso, formado por rocas fundidas, que arrojan los volcanes.

lavable *adj.* Que se puede lavar.

lavabo *s. m.* **1.** Pila con grifos para lavarse. **2.** Cuarto de baño. **SIN. 2.** Aseo, baño.

lavacoches *s. m. y f.* Persona que limpia coches en garajes o gasolineras.

lavadero *s. m.* Lugar donde se lava, sobre todo la ropa.

lavado, da **1.** *p.* de **lavar**. También *adj.* || *s. m.* **2.** Acción de lavar o lavarse.

lavadora *s. f.* Máquina que sirve para lavar la ropa.

lavamanos *s. m.* **1.** Cuenco con agua que se pone en la mesa para lavarse los dedos. **2.** Depósito de agua con un grifo y una pila para lavarse las manos.

lavanda *s. f.* Espliego.

lavandera *s. f.* Pájaro de pico largo y recto, cola larga y plumaje gris o negro combinado con blanco o amarillo.

lavandería *s. f.* Lugar con muchas lavadoras donde se lleva a lavar la ropa.

lavandero, ra *s. m. y f.* Persona que trabaja lavando ropa.

lavaplatos *s. m.* **1.** Lavavajillas, máquina. || *s. m. y f.* **2.** Persona que lava los platos en la cocina de un restaurante, bar u hotel.

lavar *v.* Quitar la suciedad de alguien o algo mojándolo con agua y dándole jabón u otra cosa parecida. **SIN.** Bañar, fregar, limpiar. **ANT.** Ensuciar.

lavarropa o **lavarropas** s. m. Amér. Lavadora.

lavativa s. f. **1.** Introducción de agua por el ano para que el intestino expulse lo que tiene dentro y quede limpio. **2.** Instrumento con que se hace. **SIN. 1.** Enema.

lavatorio s. m. Acción de lavar o lavarse.

lavavajillas s. m. **1.** Máquina que sirve para lavar vajillas y cacharros de cocina. **2.** Jabón que se usa para lavar la vajilla. **SIN. 1.** Lavaplatos.

laxante adj. y s. m. Se dice de la sustancia que ayuda a evacuar el vientre. **ANT.** Astringente.

laxitud s. f. Característica de laxo.

laxo, xa adj. **1.** Que no está tenso o tirante. **2.** Que no sigue con firmeza unos principios o normas: una moral laxa. **SIN. 1.** Flojo, flácido. **1.** y **2.** Relajado.

lazada s. f. **1.** Nudo que se hace de manera que se suelte tirando de uno de los cabos. **2.** Cada uno de los círculos o anillas que forman esos nudos. **SIN. 1.** Lazo.

lazareto s. m. Hospital de leprosos.

lazarillo s. m. Persona o animal que va con un ciego para guiarlo.

lazo s. m. **1.** Nudo en el que hay dos o más lazadas. **2.** Corbata con un nudo parecido. **3.** Cuerda con un nudo corredizo, como la que usan los vaqueros para atrapar a las vacas. **4.** Trampa, engaño. **5.** Unión, relación: lazos de amistad. ‖ **LOC. echar el lazo** Coger, pillar. **SIN. 4.** Encerrona. **5.** Vínculo.

lazurita o **lazulita** s. f. Mineral muy duro, de color azul, principal componente del lapislázuli.

le pron. pers. m. y f. Se usa como complemento indirecto y, en ocasiones, como complemento directo masculino referido a una persona: Le di tu recado. Mírale.

leal adj. Fiel. **SIN.** Noble. **ANT.** Desleal.

lealtad s. f. Fidelidad. **SIN.** Nobleza. **ANT.** Deslealtad.

leasing (ingl.) s. m. Alquiler de una cosa con opción a compra.

lebeche s. m. Viento cálido del sudoeste, que sopla en Levante.

lebrato s. m. Cría de la liebre.

lebrel adj. y s. m. Perro de caza alto, delgado y con el labio de arriba y las orejas caídas.

lebrillo s. m. Recipiente de poca altura y boca más ancha que la base.

lección s. f. **1.** Cada una de las divisiones de una asignatura o materia. **2.** Explicación o clase que se da sobre alguna materia: Recibe lecciones de piano. **3.** Enseñanza o escarmiento. **SIN. 1.** Tema.

lechada s. f. Masa líquida hecha con agua y cal, yeso o cemento que se usa para unir ladrillos o blanquear paredes.

lechal adj. y s. m. Cordero que todavía mama. **SIN.** Lechazo.

lechazo s. m. Cordero lechal.

leche s. f. **1.** Líquido blanco producido por las hembras de los mamíferos, con el que alimentan a sus crías. **2.** Sustancia de aspecto parecido a este líquido: leche bronceadora. **3.** vulg. Golpe, trastazo. ‖ interj. **4.** vulg. Expresa sorpresa o enfado. ‖ **5. leche frita** Dulce hecho con una masa de leche y harina que se reboza y se fríe. **6. leche merengada** Bebida hecha con leche, azúcar, clara de huevo y canela. **7. mala leche** fam. Mala intención o mal humor. ‖ **LOC. a toda leche** vulg. Muy deprisa. **ser la leche** vulg. Ser extraordinario.

lechería s. f. Tienda donde se vende leche.

lechero, ra adj. **1.** De la leche. **2.** Se dice de los animales de los que se obtiene leche: vaca lechera. ‖ s. m. y f. **3.** Persona que vende leche. ‖ s. f. **4.** Jarra para servir o llevar la leche.

lecho s. m. **1.** Cama o lugar preparado para dormir. **2.** Fondo del mar, de un río o de un lago. **SIN. 1.** Catre.

lechón, na s. m. y f. Cría del cerdo que todavía mama. **SIN.** Cochinillo.

lechoso, sa adj. Blanquecino, parecido a la leche.

lechucear v. Estar a todas horas comiendo golosinas o alimentos en pequeñas cantidades. **SIN.** Lambucear.

lechuga s. f. Planta de huerta de grandes hojas, que se come en ensalada.

lechuguino s. m. fam. Joven demasiado arreglado y presumido.

lechuza s. f. Ave rapaz nocturna, de pico corto y curvo, ojos grandes y plumaje blanco y dorado claro con manchas pardas. Se alimenta principalmente de ratones.

lechuzo, za adj. y s. Se dice de la persona que lechucea.

lectivo, va adj. Se dice de los días en que hay clase.

lector, ra adj. y s. **1.** Que lee. ‖ s. m. y f. **2.** Profesor que enseña su propio idioma en una universidad extranjera. ‖ s. m. **3.** Aparato que capta las señales grabadas en un soporte y las transforma en imágenes o sonidos: lector de DVD.

lectura s. f. **1.** Acción de leer. **2.** Escrito o libro que se lee.

leguleyo

led *s. m.* Dispositivo compuesto por un material semiconductor que emite luz al aplicarle una pequeña corriente eléctrica.

leer *v.* **1.** Pasar la vista por las letras de un escrito entendiendo lo que dice. **2.** Comprender el significado de otros signos. **3.** Adivinar: *leer el pensamiento.* □ Es v. irreg. **SIN. 2.** Interpretar. **3.** Captar.

LEER
GERUNDIO
leyendo
INDICATIVO
Pretérito perfecto simple

leí	*leímos*
leíste	*leísteis*
leyó	*leyeron*

SUBJUNTIVO	

Pretérito imperfecto	**Futuro simple**
leyera, -ese	*leyere*
leyeras, -eses	*leyeres*
leyera, -ese	*leyere*
leyéramos, -ésemos	*leyéremos*
leyerais, -eseis	*leyereis*
leyeran, -esen	*leyeren*

legación *s. f.* **1.** Conjunto de legados. **2.** Misión o mensaje que lleva un legado. **SIN. 1.** y **2.** Comisión, delegación.

legado, da 1. *p.* de **legar.** También *adj.* || *s. m.* **2.** Cosa que deja alguien en testamento a otro. **3.** Lo que se recibe de los antepasados: *legado cultural.* **4.** Persona que representa a un gobierno o autoridad o es enviada por estos a un lugar para que trate un asunto. **SIN. 2.** y **3.** Herencia. **4.** Emisario, delegado.

legajo *s. m.* Conjunto de papeles escritos sobre un mismo asunto, que suelen estar atados.

legal *adj.* **1.** Que cumple lo que la ley ordena o permite. **2.** Relacionado con las leyes. **3.** *fam.* Que merece confianza. **SIN. 1.** Legitimo, lícito. **2.** Judicial. **3.** Leal. **ANT. 1.** Ilegal.

legalidad *s. f.* Característica de legal. **ANT.** Ilegalidad.

legalista *adj.* y *s.* Que cumple o aplica la ley con excesivo rigor.

legalización *s. f.* Acción de legalizar.

legalizar *v.* Hacer que algo sea legal. **SIN.** Legitimar. **ANT.** Ilegalizar.

légamo *s. m.* Lodo, barro pegajoso. **SIN.** Cieno, limo.

legaña *s. f.* Líquido producido por las glándulas de los párpados que se queda seco en los ojos.

legar *v.* **1.** Dejar algo una persona a otra en su testamento. **2.** Dejar la cultura, las tradiciones u otras cosas a las generaciones siguientes.

legendario, ria *adj.* **1.** Que solo existe en las leyendas. **2.** Que ha conseguido mucha fama. **SIN. 1.** Mítico. **2.** Célebre.

leggings (ingl.) *s. m. pl.* Pantalón elástico.

legible *adj.* Que se puede leer con facilidad. **ANT.** Ilegible.

legión *s. f.* **1.** Cuerpo principal del antiguo ejército romano. **2.** Nombre de algunas unidades militares actuales. **3.** Gran número de personas o animales. **SIN. 3.** Multitud, muchedumbre.

legionario, ria *s. m.* y *f.* Soldado de alguno de los cuerpos militares llamados legión.

legionela *s. f.* **1.** Enfermedad contagiosa grave que causa fiebre, congestión y neumonía. **2.** Bacteria que produce esa enfermedad.

legislación *s. f.* **1.** Acción de legislar. **2.** Conjunto de leyes. **SIN. 2.** Código.

legislador, ra *adj.* y *s.* Que legisla.

legislar *v.* Hacer las leyes.

legislativo, va *adj.* **1.** De la legislación. || *adj.* y *s. m.* **2.** Se dice del organismo que legisla y de su función.

legislatura *s. f.* Periodo de tiempo que va desde que se forma el Parlamento hasta que se disuelve.

legitimar *v.* **1.** Asegurar que un documento o firma es auténtico. **2.** Hacer que alguien o algo sea legítimo. **SIN. 1.** Legalizar. **2.** Habilitar; reconocer.

legitimidad *s. f.* Característica de lo que es legítimo.

legítimo, ma *adj.* **1.** De acuerdo con lo que dice la ley. **2.** Justo, razonable. **3.** Auténtico, verdadero. **4.** Se dice del hijo nacido dentro del matrimonio. **SIN. 1.** Legal. **1.** y **2.** Lícito. **3.** Genuino. **ANT. 1.** y **4.** Ilegítimo. **2.** Injusto. **3.** Falso. **4.** Bastardo.

lego, ga *adj.* y *s. m.* **1.** Se dice del religioso que no es sacerdote. || *adj.* y *s.* **2.** Se dice de la persona que no sabe de una materia. **SIN. 2.** Profano. **ANT. 2.** Experto.

legua *s. f.* Medida de longitud que equivale a algo más de 5,5 kilómetros. || **LOC. a la legua** Claramente.

leguleyo, ya *s. m.* y *f. desp.* Mal abogado. **SIN.** Picapleitos.

legumbre *s. f.* **1.** Fruto en forma de vaina con semillas dentro. **2.** Semilla de este tipo de frutos, como los garbanzos o las lentejas.

leguminoso, sa *adj.* y *s. f.* Se dice de la planta que tiene el fruto en legumbre, como el garbanzo, la lenteja o el guisante.

lehendakari (vasco) *s. m.* Lendakari.

leído, da 1. *p.* de leer. ‖ *adj.* **2.** Se dice de la persona que lee mucho y es muy culta. **SIN. 2.** Erudito.

leísmo *s. m.* Empleo de *le, les* como complemento directo cuando debería usarse *lo, la, los, las;* por ejemplo, **Este bolígrafo le compré ayer,* en lugar de *Este bolígrafo lo compré ayer.* Se admite cuando se refiere a personas: *A Raúl ya le invité.*

leísta *adj.* y *s.* Que comete leísmo.

leitmotiv (al.) *s. m.* **1.** Tema musical que se repite con frecuencia en una composición. **2.** Motivo o tema central de una cosa.

lejanía *s. f.* **1.** Lo que se ve a lo lejos. **2.** Situación de lo que está lejano. **SIN. 1.** Horizonte, lontananza. **ANT. 1.** y **2.** Cercanía.

lejano, na *adj.* **1.** Que está lejos. **2.** Que ocurrió hace mucho tiempo. **3.** Que tiene una relación muy pequeña: *parientes lejanos.* **SIN. 1.** Apartado, alejado, distante. **1.** a **3.** Remoto. **ANT. 1.** a **3.** Cercano.

lejía *s. f.* Líquido compuesto por agua y sustancias como la sosa o la potasa, que se emplea para limpiar.

lejos *adv.* **1.** A mucha distancia. **2.** Hace mucho tiempo. **ANT. 1.** y **2.** Cerca.

lelo, la *adj.* y *s.* Tonto, bobo. **SIN.** Alelado. **ANT.** Espabilado.

lema *s. m.* Frase que expresa la forma en que debe actuar una persona. **SIN.** Máxima, principio.

lemming (ingl.) *s. m.* Roedor pequeño que habita en las regiones árticas y realiza migraciones en grandes grupos.

lempira *s. m.* Moneda de Honduras.

lémur *s. m.* Mamífero primate de hocico saliente y larga cola, que vive en los árboles. Habita en algunas islas de África.

lencería *s. f.* **1.** Ropa interior de mujer y otras prendas, como camisones o pijamas. **2.** Tienda en que se vende este tipo de ropa.

lendakari (del vasco) *s. m.* Presidente del Gobierno autónomo vasco.

lengua *s. f.* **1.** Órgano situado dentro de la boca, que está formado por un músculo. Sirve para saborear los alimentos, ayuda a tragarlos y es necesaria para hablar. **2.** Cosa de forma parecida: *lengua de fuego, lengua de tierra.* **3.** Sistema de comunicación que

consiste en un conjunto de sonidos que sirven para expresar ideas. ‖ **4. lengua de gato** Pequeño bizcocho o chocolatina finos y alargados. **5. lengua muerta** La que no se habla actualmente, como el latín. **6. malas lenguas** Personas que hablan mal de otra u otras. ‖ **LOC. irse de la lengua** Hablar de cosas que uno debería haber callado. **tener en la punta de la lengua** Estar a punto de decir algo que no se acaba de recordar. **tirar de la lengua** Provocar a una persona para que diga algo que no quiere o no debe decir. **SIN. 3.** Idioma, lenguaje.

lenguado *s. m.* Pez marino de cuerpo casi plano, con los dos ojos en el mismo lado del cuerpo, muy apreciado como alimento.

lenguaje *s. m.* **1.** Cualquier sistema que sirve para comunicarse unos individuos con otros. **2.** Capacidad del ser humano de comunicarse mediante palabras. **3.** Idioma, lengua. **4.** Manera de expresarse con palabras: *un lenguaje poético.*

lenguaraz *adj.* y *s.* Que habla con descaro. **SIN.** Deslenguado.

lengüeta *s. f.* **1.** Tira de cuero que tienen los zapatos por arriba, sobre la que se atan los cordones. **2.** Lámina fina y redondeada por la punta, como la que llevan algunos instrumentos musicales en la boquilla.

lengüetada o **lengüetazo** *s. f.* o *m.* Lametazo o lametón.

lente *s. f.* **1.** Cuerpo transparente con una o dos superficies curvas. Puede aumentar, disminuir o cambiar la imagen de un objeto. ‖ *s. m. pl.* **2.** Anteojos o gafas. ‖ **3. lente de contacto** Lentilla.

lenteja *s. f.* **1.** Planta leguminosa con semillas comestibles redondas, aplastadas y de color marrón. **2.** Semilla de esta planta.

lentejuela *s. f.* Pieza circular y brillante, del tamaño de una lenteja, que se pone en la ropa y en algunos complementos como adorno.

lenticular *adj.* **1.** En forma de lenteja. **2.** En ciclismo, se dice de un tipo de rueda especial para la velocidad, formada por un disco en vez de radios. ‖ *adj.* y *s. m.* **3.** El más pequeño de los cuatro huesecillos del oído medio.

lentilla *s. f.* Lente pequeña que se pone directamente en el ojo para corregir defectos de la visión.

lentisco *s. m.* Arbusto mediterráneo de madera dura y rojiza, flores pequeñas y fruto de color rojo que luego se vuelve negro.

lentitud *s. f.* Característica de lento. **SIN.** Pesadez, tardanza, parsimonia. **ANT.** Rapidez.

lento, ta *adj.* **1.** Que se mueve o sucede muy despacio. **2.** Que tarda mucho en hacer algo. ‖ *s. m.* **3.** Tiempo musical que se ejecuta pausadamente. || *adv.* **4.** Muy despacio: *caminar lento.* **SIN. 1.** Pesado, tardo. **2.** Tranquilo, remolón. **3.** Largo. **ANT. 1.**, **2.** y **4.** Rápido. **2.** Vivo. **4.** Deprisa.

leña *s. f.* **1.** Troncos y ramas secas que sirven para hacer fuego. **2.** *fam.* Golpes, tortas. || **LOC. añadir** o **echar leña al fuego** Hacer que aumente un enfado o una discusión.

leñador, ra *s. m.* y *f.* Persona que se dedica a cortar leña en el monte.

leñazo *s. m. fam.* Golpe fuerte. **SIN.** Tortazo, trompazo.

leñe *interj. fam.* Expresa enfado o sorpresa.

leñera *s. f.* Lugar en el que se guarda la leña.

leñero, ra *adj.* y *s.* Se dice de la persona agresiva, sobre todo si es un deportista.

leño *s. m.* **1.** Trozo de árbol cortado y sin ramas. **2.** *fam.* Persona de poca inteligencia. **SIN. 2.** Zoquete.

leñoso, sa *adj.* Se dice de los tallos o frutos de algunas plantas que tienen la dureza y la consistencia de la madera.

Leo *n. pr.* Quinto signo del Zodiaco (del 22 de julio al 22 de agosto).

león, na *s. m.* y *f.* **1.** Mamífero carnívoro felino de gran tamaño y pelaje entre amarillo y rojo. El macho se distingue por su gran melena. **2.** Persona muy valiente o que tiene mucho genio. || **3. león marino** Mamífero carnívoro de gran tamaño, parecido a la foca, que vive en el océano Pacífico.

leonado, da *adj.* De color rubio rojizo.

leonera *s. f.* **1.** Sitio donde están encerrados los leones. **2.** *fam.* Habitación o casa muy desordenada.

leonés, sa *adj.* y *s.* **1.** De León, ciudad y provincia españolas, y ciudad de México. **2.** Del antiguo reino de León. || *s. m.* **3.** Asturleonés, dialecto.

leonino, na *adj.* Se dice del contrato o acuerdo en el que una de las partes debe cumplir unas condiciones muy duras y, también, de estas condiciones.

leontina *s. f.* Cadena de reloj de bolsillo.

leopardo *s. m.* Mamífero carnívoro felino de color amarillento con manchas negras redondeadas. Vive en los bosques y sabanas de África y sur de Asia.

leotardos *s. m. pl.* Medias de lana o de punto que llegan hasta la cintura.

Lepe Se usa en la expresión **saber más que Lepe**, 'saber mucho, ser muy astuto'.

leporino, na *adj.* Se dice del labio superior de una persona que por un defecto de nacimiento está partido como el de la liebre.

lepra *s. f.* Enfermedad infecciosa que produce llagas por todo el cuerpo y también ataca el sistema nervioso.

leprosería *s. f.* Hospital de leprosos. **SIN.** Lazareto.

leproso, sa *adj.* y *s.* Que tiene la lepra.

lerdo, da *adj.* y *s.* **1.** Torpe para comprender o hacer las cosas. **2.** Lento y torpe al andar. **SIN. 1.** Corto, obtuso. **2.** Pesado. **ANT. 1.** Listo. **2.** Ligero.

leridano, na *adj.* y *s.* De Lérida, ciudad y provincia españolas. **SIN.** Ilerdense.

lesbianismo *s. m.* Hecho de ser una mujer lesbiana.

lesbiano, na *adj.* **1.** Lésbico. || *s. f.* **2.** Se dice de la mujer que se siente atraída sexualmente por otras mujeres.

lésbico, ca *adj.* Del lesbianismo. **SIN.** Lesbiano.

lesión *s. f.* Daño que causa una herida, un golpe o una enfermedad.

lesionar *v.* Producir una lesión. **SIN.** Herir, lastimar.

lesivo, va *adj.* Que produce lesiones o perjuicios.

letal *adj.* Que puede causar la muerte. **SIN.** Mortal, mortífero.

letanía *s. f.* Rezo que consiste en una serie de frases que se repiten.

letargo *s. m.* **1.** Sueño muy profundo o que dura mucho. **2.** Estado de inactividad y reposo en el que permanecen algunos animales durante ciertas épocas.

letón, na *adj.* y *s.* **1.** De Letonia, país de Europa. || *s. m.* **2.** Lengua de este país.

letra *s. f.* **1.** Cada uno de los signos con que escribimos y que representan los sonidos utilizados para hablar. **2.** Manera de escribir estos signos. **3.** Las palabras de una canción. **4.** Documento donde figura una cantidad que hay que pagar en la fecha indicada. || *s. f. pl.* **5.** Conjunto de ciencias formado por la filosofía, la lengua, la literatura y la historia. || **6. letra de imprenta** o **letra de molde** La letra impresa; también, letra mayúscula. **7. letra mayúscula** Ver mayúscula. **8. letra minúscula** Ver minúscula. || **LOC. al pie de la letra** Exactamente como está escrito o como se dice. **SIN. 2.** Escritura, caligrafía. **5.** Humanidades.

letrado, da *adj.* **1.** Culto, instruido. || *s. m.* y *f.* **2.** Abogado o juez. **SIN. 1.** Ilustrado. **2.** Magistrado. **ANT. 1.** Inculto.

letraset (marca registrada) *s. m.* Lámina con letras que se pegan en una superficie apretando sobre ellas.

letrero s. m. Palabra o palabras que se colocan en un sitio para indicar algo. **SIN.** Rótulo, cartel.

letrilla s. f. Poema breve amoroso o humorístico, con un estribillo que se repite detrás de cada estrofa.

letrina s. f. Agujero en el suelo que se utiliza como retrete.

leucemia s. f. Enfermedad muy grave de la sangre, producida por un aumento excesivo de los leucocitos.

leucocito s. m. Glóbulo blanco.

leva s. f. **1.** Reclutamiento de gente, sobre todo el que se hacía para la guerra. **2.** Pieza de forma especial que al girar va moviendo una varilla. ‖ **3. árbol de levas** En los motores, eje con levas que van accionando las válvulas.

levadizo, za adj. Que se puede levantar: puente levadizo.

levadura s. f. Sustancia formada por hongos que hacen fermentar a otras sustancias con las que se mezcla; se emplea en panadería, pastelería y para hacer cerveza.

levantamiento s. m. **1.** Acción de levantar: levantamiento de pesos. **2.** Rebelión, sublevación. **SIN. 1.** Elevación. **2.** Alzamiento, motín. **ANT. 1.** Bajada.

levantar v. **1.** Llevar algo de abajo arriba o ponerlo en un lugar más alto. **2.** Poner derecho o de pie. **3.** Dirigir hacia arriba: levantar la vista. **4.** Edificar, construir. **5.** Hacer que suene más fuerte la voz. **6.** Rebelar, sublevar. ‖ **levantarse 7.** Dejar la cama después de haber dormido o de haber estado enfermo. **SIN. 1.** Subir. **1.** a **3.**, **5.** y **6.** Alzar. **1.**, **3.** y **4.** Elevar. **2.** Enderezar. **ANT. 1.**, **2.** y **4.** Tirar. **1.**, **3.** y **5.** Bajar. **4.** Demoler. **6.** Reprimir. **7.** Acostarse.

levante s. m. **1.** Este, lugar por donde sale el Sol. **2.** Viento húmedo y cálido del este. **SIN. 1.** Oriente. **ANT. 1.** Occidente, oeste. **1.** y **2.** Poniente.

levantino, na adj. y s. Del Levante español, región formada por las comarcas de la costa mediterránea, sobre todo la Comunidad Valenciana y Murcia.

levantisco, ca adj. Que tiende a rebelarse. **SIN.** Rebelde, indómito. **ANT.** Sumiso.

levar v. Recoger el ancla. ‖ **LOC. levar anclas** Zarpar, salir un barco del puerto.

leve adj. **1.** De poco peso. **2.** De poca importancia o poca gravedad. **3.** Suave, poco fuerte o poco intenso. **SIN. 1.** y **2.** Liviano. **1.** a **3.** Ligero. **ANT. 1.** Pesado. **2.** Grave.

levedad s. f. Característica de leve.

levita s. f. **1.** Chaqueta masculina, larga y ajustada a la cintura. **2.** Prenda femenina parecida a la anterior.

levitar v. Flotar en el aire una persona o cosa sin que, aparentemente, actúe ninguna fuerza ni haya nada que la sostenga.

lexema s. m. Parte de una palabra que contiene el significado básico de esta; por ejemplo, perr- es el lexema de perro, perrito y perruno.

lexía s. f. Conjunto de letras o sonidos que tienen un significado, en especial el formado por más de una palabra, como sacacorchos o tren de aterrizaje.

léxico, ca adj. **1.** Relacionado con las palabras de una lengua. ‖ s. m. **2.** Conjunto de las palabras de una lengua, o las usadas normalmente por una persona, un grupo, en una profesión, etc. **SIN. 2.** Vocabulario.

lexicografía s. f. Disciplina y conocimientos relacionados con la elaboración de diccionarios.

lexicógrafo, fa s. m. y f. Persona que se dedica a la lexicografía.

ley s. f. **1.** Hecho que se repite siempre de la misma manera: la ley de la gravedad. **2.** Norma que ordena, prohíbe o regula alguna cosa. **3.** Cariño o lealtad: tener ley a alguien. **4.** Cantidad de oro o plata que deben tener legalmente las monedas y joyas. **SIN. 2.** Legislación, reglamento, código. **3.** Afecto.

leyenda s. f. **1.** Narración de hechos fantásticos que se va transmitiendo a lo largo del tiempo. **2.** Pequeño texto escrito sobre un cuadro, dibujo, escudo, moneda, etc.

lezna s. f. Instrumento puntiagudo para hacer agujeros, como el que usan los zapateros.

lía s. f. **1.** Poso de un líquido: las lías del vino. **2.** Cuerda de esparto.

liana s. f. Bejuco.

liante, ta adj. y s. Persona que lía a otras, las confunde o las engaña.

liar v. **1.** Envolver y atar paquetes con papeles, cuerdas, gomas. **2.** Enrollar. **3.** Complicar, enredar. **4.** Confundir a alguien. **5.** Convencer a alguien con engaños o insistiendo mucho. ‖ **liarse 6.** Ponerse a hacer algo. **7.** fam. Tener una aventura amorosa con alguien. **SIN. 1.** Embalar, empaquetar. **2.** Arrollar. **3.** Embrollar, embarullar. **4.** Equivocar. **5.** Engatusar. **6.** Lanzarse. **ANT. 1.** Desenvolver. **2.** Desenrollar.

libación s. f. Acción de libar.

libanés, sa adj. y s. Del Líbano, país de Asia.

libar v. Chupar el jugo de algo, como hacen los insectos con el néctar de las flores. **SIN.** Succionar, sorber.

libelo *s. m.* Escrito en que se dicen cosas malas o falsas de alguien o algo.

libélula *s. f.* Insecto de cuerpo alargado, ojos grandes y dos pares de alas iguales. Vive en charcas y sitios con agua. Se llama también *caballito del diablo*.

liberación *s. f.* Acción de liberar.

liberal *adj.* y *s.* **1.** Defensor de la libertad y la tolerancia. **2.** Partidario del liberalismo político y económico. || *adj.* **3.** Generoso. **4.** Se dice de algunas profesiones que se pueden ejercer por cuenta propia y de los profesionales que las ejercen, como abogados, médicos, ingenieros. **SIN. 1.** Tolerante. **3.** Espléndido, desprendido. **ANT. 1.** Intolerante. **3.** Tacaño.

liberalismo *s. m.* **1.** Teoría política y económica que defiende la libertad individual de los ciudadanos respecto del Estado. **2.** Tolerancia. **ANT. 2.** Intransigencia.

liberalización *s. f.* Acción de liberalizar.

liberalizar *v.* Hacer más libre o abierto: *liberalizar un régimen político.*

liberar *v.* **1.** Dar libertad o poner en libertad. **2.** Desprender: *El fuego libera calor.* **3.** Quitar un compromiso, obligación o preocupación: *liberar de una promesa.* **SIN. 1.** Libertar. **2.** Despedir, emitir. **3.** Librar. **ANT. 1.** Apresar. **2.** Captar. **3.** Obligar.

liberiano *adj.* Se dice de los vasos o conductos de las plantas que llevan la savia elaborada a todas sus células.

liberiano, na *adj.* y *s.* De Liberia, país de África.

líbero *s. m.* Jugador de fútbol que no tiene una posición fija y no marca a un contrario.

libérrimo, ma *adj. sup.* de **libre**.

libertad *s. f.* **1.** Capacidad que tienen las personas de hacer o no una cosa y de hacerla de una manera o de otra. **2.** Estado de la persona, animal, pueblo o país que no está preso, encerrado o sometido a otro. **3.** Confianza en el trato, para hablar o para hacer otra cosa. || *s. f. pl.* **4.** Atrevimiento o excesiva confianza: *Se toma demasiadas libertades.* **SIN. 1.** Voluntad. **2.** Independencia. **3.** Franqueza. **ANT. 2.** Esclavitud.

libertador, ra *adj.* y *s.* Persona que liberta a otras.

libertar *v.* Dar la libertad. **SIN.** Liberar. **ANT.** Esclavizar, encerrar.

libertario, ria *adj.* y *s.* Anarquista.

libertinaje *s. m.* Libertad excesiva, en la que no se respeta la ley, la moral ni la libertad de los demás.

libertino, na *adj.* y *s.* Se dice de la persona que tiene muchos vicios y de sus actos y costumbres. **SIN.** Vicioso, inmoral. **ANT.** Virtuoso.

liberto, ta *s. m.* y *f.* En la antigua Roma, esclavo al que se había dado la libertad.

libidinoso, sa *adj.* Lujurioso.

libido *s. f.* En psicología, deseo sexual.

libio, bia *adj.* y *s.* De Libia, país de África.

libra *s. f.* **1.** Moneda del Reino Unido y antigua moneda de Irlanda. □ Su nombre completo es *libra esterlina*. **2.** Medida de peso que equivale a algo menos de medio kilogramo. || *n. pr.* **3.** Séptimo signo del Zodiaco (del 22 de septiembre al 23 de octubre).

librado, da *p.* de **librar**. También *adj.* || **LOC. salir bien** (o **mal**) **librado** Salir beneficiado de algo o, por el contrario, perjudicado.

librar *v.* **1.** Evitar a alguien algo molesto, pesado, malo o peligroso. **2.** Con palabras que significan 'lucha', realizarla: *librar una batalla.* **3.** Tener un empleado el día libre. **SIN. 1.** Liberar, salvar. **2.** Entablar. **ANT. 1.** Cargar.

libre *adj.* **1.** Que tiene libertad o está en libertad. **2.** Suelto, no sujeto. **3.** Que no tiene lo que se indica: *libre de culpa.* **4.** No ocupado: *un asiento libre.* **5.** Sin obstáculos: *paso libre.* **6.** Se dice del tiempo durante el cual no estamos trabajando o realizando nuestra actividad habitual. || **LOC. al aire libre** En el campo, en contacto con la naturaleza. **SIN. 3.** Exento. **4.** Desocupado, vacante. **ANT. 1.** Cautivo. **5.** Cerrado, cortado.

librea *s. f.* Uniforme de gala que usan porteros y conserjes en ocasiones importantes.

librecambio *s. m.* Sistema económico que se basa en el libre comercio entre países, sin pagar derechos de aduanas.

librepensador, ra *adj.* y *s.* Persona que defiende la razón y la tolerancia y no sigue los dogmas ni las ideas impuestas.

librería *s. f.* **1.** Tienda donde se venden libros. **2.** Mueble con estantes para colocar libros. **SIN. 2.** Estantería.

librero, ra *s. m.* y *f.* Vendedor de libros.

libresco, ca *adj.* De los libros o que se basa en los libros y no en la realidad.

libreta *s. f.* **1.** Cuadernillo para escribir o anotar. || **2. libreta de ahorros** Cuenta de ahorro en la que el dinero que meten o sacan los clientes y los intereses que reciben se anotan en una libreta.

libreto *s. m.* Texto de una ópera o zarzuela.

libro *s. m.* **1.** Conjunto de hojas escritas o impresas sujetas por un lado y que tienen una cubierta. **2.** Conjunto de hojas unidas o encuadernadas para distintos usos, por ejemplo, para apuntar las cuentas de un negocio. **3.** Una parte del estómago de los rumiantes. ‖ **4. libro de bolsillo** El de pequeño tamaño. **5. libro de familia** Libreta en que aparecen los datos del matrimonio y de sus hijos. **6. libro electrónico** Dispositivo electrónico muy manejable que permite almacenar textos e imágenes y leerlos en una pantalla.

licántropo *s. m.* Persona que sufre una enfermedad mental que le hace creer que es un lobo.

licencia *s. f.* Permiso para algo: *licencia de pesca.* **SIN.** Autorización. **ANT.** Prohibición.

licenciado, da 1. *p.* de **licenciarse.** ‖ *adj.* y *s.* **2.** Persona que tiene una licenciatura en una carrera universitaria. ‖ *adj.* y *s.* **3.** Soldado que ha acabado el servicio militar. **SIN.** 2. Titulado.

licenciarse *v.* **1.** Conseguir una licenciatura. **2.** Terminar el servicio militar los soldados. **SIN.** 1. Graduarse.

licenciatura *s. f.* Grado o título que se consigue al acabar los estudios universitarios.

licencioso, sa *adj.* Indecente, inmoral. **SIN.** Libertino, vicioso.

liceo *s. m.* **1.** Nombre de algunos centros o asociaciones culturales o de entretenimiento. **2.** En algunos países, instituto de enseñanza secundaria.

lícito, ta *adj.* Que está permitido por la ley o es justo o correcto. **SIN.** Legal, legítimo. **ANT.** Ilícito.

licor *s. m.* Bebida que tiene alcohol, sustancias aromáticas, agua y azúcar.

licorera *s. f.* **1.** Botella decorada que se usa para servir licores. **2.** Mueble pequeño o soporte para botellas y copas.

licorería *s. f.* Lugar donde se hacen y venden licores.

licra *s. f.* Tejido sintético y elástico usado en la confección de bañadores, medias y otras prendas.

licuación *s. f.* Acción de licuar. **SIN.** Licuefacción. **ANT.** Evaporación.

licuadora *s. f.* Aparato eléctrico para licuar frutas u otros alimentos.

licuar *v.* Hacer líquida una cosa sólida o gaseosa. **ANT.** Solidificar.

licuefacción *s. f.* Proceso por el que la materia pasa del estado físico gaseoso al líquido. **SIN.** Licuación. **ANT.** Evaporación.

lid *s. f.* **1.** Lucha, combate, enfrentamiento. **2.** Discusión. ‖ *s. f. pl.* **3.** Actividades, situaciones: *Es un experto en estas lides.* **SIN.** 1. Pelea, contienda. 2. Debate.

líder *s. m.* y *f.* **1.** Persona que dirige o manda en un grupo, partido, movimiento. **2.** Deportista o equipo que va el primero en la clasificación. **3.** Cualquiera que domina en algo, que sobresale entre otros. **SIN.** 1. Jefe, dirigente.

liderar *v.* **1.** Dirigir un grupo. **2.** Ser el primero en una clasificación. **SIN.** 1. Abanderar, capitanear. 1. y 2. Encabezar.

liderato o **liderazgo** *s. m.* Hecho de ser líder.

lidia *s. f.* Acción de lidiar toros.

lidiar *v.* **1.** Luchar para conseguir algo. **2.** Tener alguien que tratar con personas molestas, que dan mucho trabajo. **3.** Torear. **SIN.** 2. Bregar.

liebre *s. f.* Mamífero herbívoro parecido al conejo con las patas traseras muy desarrolladas y orejas muy largas; se asusta fácilmente y corre mucho.

liendre *s. f.* Huevecillo del piojo.

lienzo *s. m.* **1.** Tela hecha normalmente de lino, cáñamo o algodón. **2.** Tela preparada para pintar sobre ella, y cuadro ya pintado. **SIN.** 2. Pintura, óleo.

lifting (ingl.) *s. m.* Operación de cirugía estética para eliminar las arrugas de la piel.

liga *s. f.* **1.** Cinta elástica para sujetar las medias a la pierna. **2.** Competición deportiva en la que cada equipo tiene que jugar contra todos los demás de la misma categoría. **3.** Alianza de ciudadanos, grupos o países con un interés común. **SIN.** 3. Asociación, coalición, agrupación.

ligadura *s. f.* **1.** Acción de ligar, atar. **2.** Cuerda, correa o cualquier cosa para atar o sujetar. **3.** Unión de dos cables, cuerdas o cosas parecidas. **4.** Lo que a una persona la ata o la une fuertemente a algo o a otras personas. **SIN.** 2. y 4. Atadura, lazo.

ligamento *s. m.* Tendón o membrana que une los huesos y las articulaciones o sostiene un órgano del cuerpo.

ligar *v.* **1.** Atar o unir. **2.** *fam.* Conquistar o intentar conquistar a alguien. ‖ **LOC. ligarla** o **ligársela** En juegos como el escondite, tocarle a uno buscar o atrapar a los demás. **SIN.** 1. Amarrar. **ANT.** 1. Desligar.

ligazón *s. f.* Unión fuerte entre cosas. **SIN.** Conexión, trabazón.

ligereza *s. f.* **1.** Característica de ligero. **2.** Insensatez, imprudencia. **SIN.** 1. Levedad; rapidez. 2. Descuido. **ANT.** 1. Pesadez; lentitud. 2. Prudencia.

ligero, ra *adj.* **1.** Que pesa poco o es poco grueso. **2.** Ágil, rápido. **3.** Se dice del sueño no profundo, del que uno se despierta con facilidad. **4.** Se dice de los alimentos que se digieren pronto y con facilidad. **5.** De poca importancia, gravedad o fuerza. ‖ **LOC. a la ligera** Rápida y descuidadamente, sin pensar. **SIN. 1.** y **5.** Leve. **2.** Veloz. **ANT. 1.**, **3.** y **4.** Pesado. **5.** Grave.

light (ingl.) adj. **1.** Se dice de los alimentos o bebidas que tienen pocas calorías. **2.** Poco importante o profundo: *un comentario muy light.* **SIN. 1.** Ligero. **2.** Insustancial, intrascendente. **ANT. 2.** Enjundioso, sustancial.

lignito s. m. Carbón mineral; es un combustible que produce poco calor.

ligón, na adj. y s. fam. Persona que liga mucho con otras.

ligue s. m. fam. Acción de ligar y persona con la que alguien liga.

liguero, ra adj. **1.** De una liga deportiva. ‖ s. m. **2.** Prenda interior femenina que se pone en la cintura y tiene cintas y enganches para sujetar las medias.

lija s. f. **1.** Especie de tiburón de cuerpo relativamente delgado con una piel muy áspera que se utilizó antiguamente para pulir. **2.** Papel fuerte con vidrio molido u otras partículas duras pegadas, que se usa para lijar. Se llama también *papel de lija.* **SIN. 1.** Pintarroja.

lijado, da 1. p. de **lijar.** También adj. ‖ s. m. **2.** Acción de lijar.

lijadora s. f. Máquina para lijar.

lijar v. Dejar lisa o más suave una superficie pasándole una lija o una lijadora. **SIN.** Pulir.

lila[1] s. f. **1.** Arbusto con florecitas de color morado o blanco, agrupadas en racimos y de muy buen olor. **2.** La flor de este arbusto. ‖ s. m. **3.** Color morado de esta flor. **SIN. 3.** Malva.

lila[2] adj. y s. fam. Bobo, que se deja engañar. **SIN.** Pardillo, ingenuo. **ANT.** Astuto.

liliputiense adj. y s. Enano.

lilo s. m. Lila, arbusto.

lima[1] s. f. **1.** Herramienta consistente en una barra con la superficie áspera que sirve para alisar o desgastar metales y otros materiales. **2.** Utensilio parecido, más pequeño, para limar las uñas. **3.** fam. Persona que come mucho.

lima[2] s. f. Fruto de un árbol llamado *limero* y también *lima;* es casi redondo y tiene la corteza de color amarillo o verdoso y la carne jugosa y agridulce.

limaduras s. f. pl. Pequeños trozos que caen cuando se lima un metal. **SIN.** Virutas.

limar v. **1.** Pulir o desgastar una cosa con la lima. **2.** Disminuir: *limar diferencias.* **3.** Per-

feccionar: *Limó el artículo antes de publicarlo.* **SIN. 1.** Alisar. **2.** Reducir. **3.** Depurar, pulir.

limbo s. m. **1.** Según la religión católica, lugar adonde iban las almas de los niños y de las personas buenas que morían sin haber sido bautizados. **2.** Parte ancha de las hojas de las plantas.

limeño, ña adj. y s. De Lima, capital del Perú.

limero s. m. Árbol que da la lima.

limitación s. f. **1.** Acción de limitar. **2.** Aquello que limita o impide. **SIN. 2.** Impedimento, traba. **ANT. 2.** Facilidad.

limitado, da 1. p. de **limitar.** También adj. ‖ adj. **2.** Escaso, reducido: *unos recursos limitados.* **3.** Se dice de la persona poco inteligente. **SIN. 2.** y **3.** Corto. **ANT. 1.** y **2.** Ilimitado. **3.** Listo.

limitar v. **1.** Poner límites, reducir. **2.** Tener un lugar, territorio o país límites o fronteras comunes con otro. **3.** Hacer que alguien o algo no pase de un límite. ‖ **limitarse 4.** Hacer alguien solo lo que se expresa: *Calla y limítate a escuchar.* **SIN. 1.** Recortar, restringir. **2.** Lindar. **4.** Ceñirse. **ANT. 1.** Aumentar.

límite s. m. **1.** Lo que señala la separación entre dos cosas. **2.** El final o el grado mayor de algo. **3.** Aquello que no se puede o no se debe pasar. ‖ **4. situación límite** Situación o estado de mayor peligro o gravedad. **SIN. 1.** División, linde. **2.** Fin, término.

limítrofe adj. Se dice del territorio, país, lugar o terreno que tiene límites con otro. **SIN.** Colindante, aledaño.

limo s. m. Cieno, barro.

limón s. m. **1.** Fruto del limonero, de color amarillo y sabor ácido. **2.** Limonero. **3.** Color del fruto del limonero.

limonada s. f. Bebida hecha con zumo de limón, agua y azúcar.

limonar s. m. Campo de limoneros.

limonero s. m. Árbol que da los limones.

limosna s. f. Dinero u otra cosa que se da a los pobres para ayudarlos.

limpia s. f. **1.** Acción de limpiar. ‖ s. m. y f. **2.** fam. y acort. de **limpiabotas.**

limpiabotas s. m. y f. Persona que trabaja limpiando botas y zapatos.

limpiador, ra adj. y s. **1.** Que limpia. ‖ s. m. **2.** Producto para limpiar.

limpiamente adv. **1.** Con habilidad, sin tropiezos ni dificultades: *El atleta saltó el listón limpiamente.* **2.** Con honradez y respetando las normas: *El partido se desarrolló limpiamente.*

limpiaparabrisas s. m. Varillas que se mueven a un lado y a otro por el parabrisas de los vehículos para limpiarlos de lluvia o nieve.

limpiar *v.* **1.** Quitar la suciedad. **2.** Quitar lo que estorba, es malo o no sirve. **3.** *fam.* Robar. **4.** *fam.* En el juego, ganar a los otros jugadores el dinero que han apostado. **SIN. 1.** Asear. **2.** Despejar. **3.** Mangar, birlar. **ANT. 1.** Ensuciar.

límpido, da *adj.* Limpio, puro, transparente. **ANT.** Turbio.

limpieza *s. f.* **1.** Característica de limpio. **2.** Acción de limpiar. **3.** Habilidad o destreza al hacer algo. **4.** Comportamiento correcto y honrado, de acuerdo con unas normas. **SIN. 1.** Pulcritud. **1.** y **2.** Aseo. **3.** Maña, esmero. **4.** Honestidad, corrección. **ANT. 1.** Suciedad. **3.** Torpeza.

limpio, pia *adj.* **1.** Que no tiene manchas ni suciedad, ni mezcla ni impurezas. **2.** Se dice de la persona que se lava y cuida su higiene y su aspecto. **3.** Se dice de aquello a lo que se le han quitado los desperdicios, sobras u otras cosas que no sirven. **4.** Que no tiene dinero o lo ha perdido todo. **5.** Se emplea en algunas expresiones en las que indica que se usa únicamente lo que se dice: *a tiro limpio, a puño limpio.* || *adj.* y *adv.* **6.** Con honradez y respetando las normas: *un partido limpio; jugar limpio.* || **LOC. pasar a limpio** Copiar un escrito con limpieza, sin tachones. **sacar en limpio** Obtener una idea clara de algo; también, obtener provecho o ganancia. **SIN. 1.** Puro. **1.** y **2.** Pulcro, aseado. **6.** Pelado. **6.** Correcto; limpiamente. **ANT. 1.** Impuro. **1.**, **2.** y **6.** Sucio. **4.** Forrado.

limusina *s. f.* Automóvil de gran tamaño y lujoso.

linaje *s. m.* Conjunto de antepasados y descendientes de una persona. **SIN.** Estirpe, abolengo.

linajudo, da *adj.* y *s.* Que pertenece a un linaje noble o importante.

linaza *s. f.* Semilla del lino, de la que se saca un aceite (*aceite de linaza*), usado para fabricar pinturas y barnices.

lince *s. m.* **1.** Mamífero carnívoro, parecido al gato, pero mucho mayor, con las orejas terminadas en un mechón de pelos negros. **2.** Persona astuta, muy lista. **SIN. 2.** Zorro.

linchamiento *s. m.* Acción de linchar.

linchar *v.* Matar una multitud a una persona sin haberla juzgado antes.

lindante *adj.* Lindero, que linda. **SIN.** Colindante.

lindar *v.* Estar juntos dos territorios, terrenos, edificios, etc. **SIN.** Colindar, limitar.

linde *s. amb.* Límite, separación entre campos, fincas, propiedades o territorios. **SIN.** División, lindero.

lindero, ra *adj.* **1.** Que linda con otra cosa. || *s. m.* **2.** Linde. **SIN. 1.** Colindante, limítrofe, lindante. **2.** Límite.

lindezas *s. f. pl.* **1.** Palabras o detalles que agradan. **2.** En sentido irónico, insultos, groserías. **SIN. 1.** Piropos. **2.** Insolencias, frescas.

lindo, da *adj.* Bonito, agradable. || **LOC. de lo lindo** Mucho: *divertirse de lo lindo.* **SIN.** Hermoso, mono.

línea *s. f.* **1.** En geometría, sucesión continua de puntos. **2.** Raya o trazo continuo que se extiende a lo largo. **3.** Figura esbelta, buen tipo: *guardar la línea.* **4.** Serie de las personas, animales o cosas colocadas en la misma dirección. **5.** Vía de comunicación o de transporte: *línea aérea.* **6.** Sistema de cables, hilos y otras cosas que hacen posible la comunicación telefónica o telegráfica. **7.** Serie de personas unidas por parentesco: *línea materna.* **8.** Estilo, diseño, forma: *línea deportiva.* **9.** Conjunto de jugadores de un equipo que tienen la misma finalidad: *línea defensiva.* || *s. f. pl.* **10.** Ejército y lugar en que está situado: *las líneas enemigas.* || **LOC. en línea** Conectado a un sistema central a través de una red de comunicación como Internet. **en líneas generales** En general. **SIN. 4.** Fila, hilera. **5.** Ruta.

lineal *adj.* Hecho con líneas o relacionado con ellas: *dibujo lineal.*

linfa *s. f.* Líquido compuesto sobre todo de proteínas y glóbulos blancos que circula en nuestro cuerpo por unos ganglios y vasos llamados *linfáticos.*

linfático, ca *adj.* De la linfa o relacionado con ella: *ganglio linfático.*

linfocito *s. m.* Tipo de leucocito o glóbulo blanco producido por los ganglios linfáticos.

linfoma *s. m.* Tumor cancerígeno de los tejidos linfáticos.

lingotazo *s. m. fam.* Trago grande de una bebida alcohólica.

lingote *s. m.* Trozo o barra de metal sin pulir, sobre todo de oro, plata o hierro.

lingual *adj.* De la lengua, órgano.

lingüista *s. m.* y *f.* Persona que se dedica a la lingüística.

lingüística *s. f.* Ciencia que estudia el lenguaje y las lenguas.

lingüístico, ca *adj.* De la lengua o de la lingüística.

linier *s. m.* En fútbol, juez de línea. Ver **juez.**

lisonjero

linimento *s. m.* Líquido con que se frota la piel, como el que se usa para aliviar dolores musculares.

link (ingl.) *s. m.* En informática, enlace.

lino *s. m.* **1.** Planta de cuyo tallo se saca una fibra textil. De su semilla se extrae el aceite de linaza. **2.** Esa fibra textil y el tejido hecho con ella.

linóleo o **linóleum** *s. m.* Material que se emplea sobre todo para cubrir suelos pegándolo encima.

linotipia *s. f.* **1.** Máquina que se usa en imprenta para componer textos. **2.** Técnica para componer textos con esta máquina.

linotipista *s. m. y f.* Persona que trabaja con una linotipia.

linterna *s. f.* **1.** Lamparita portátil que suele funcionar a pilas. **2.** Farol que se lleva fácilmente en la mano, con una sola cara de vidrio y un asa.

lío *s. m.* **1.** Algo que resulta complicado, difícil de entender o de resolver. **2.** Situación mala a la que cuesta salir. **3.** Lo que está desordenado. **4.** Conjunto de cosas envueltas o atadas, por ejemplo, ropas. **5.** Aventura amorosa. **SIN. 1.** a **3.** Embrollo, enredo, follón. **4.** Hato.

liofilizar *v.* Extraer el agua de un alimento congelándolo y eliminando luego el hielo.

lioso, sa *adj.* **1.** Que es un lío o embrollo. || *adj.* **2.** Chismoso, cotilla. **SIN. 1.** Liado, embrollado, enredado. **ANT. 1.** Claro.

lípido *s. m.* Sustancia orgánica formada principalmente por carbono, oxígeno e hidrógeno, que proporciona energía a los seres vivos.

liposoluble *adj.* Que se puede disolver en grasas o aceites.

liposucción *s. f.* Técnica que se usa para quitar la grasa que hay bajo la piel.

lipotimia *s. f.* Desmayo que se produce cuando no llega suficiente sangre al cerebro.

liquen *s. m.* Ser vivo formado por la unión de un alga y un hongo que viven en simbiosis. No tiene hojas, flores ni raíces y crece en superficies húmedas.

liquidación *s. f.* Acción de liquidar y cosas que se liquidan. **SIN.** Pago; saldo.

liquidar *v.* **1.** Pagar totalmente lo que se debía: *liquidar una deuda.* **2.** Vender un comercio las cosas más baratas para que la gente las compre todas. **3.** Gastar completamente. **4.** Terminar con algo. **5.** *fam.* Matar. **SIN. 1.** Cancelar, saldar. **3.** Fundir. **4.** Acabar. **ANT. 1.** Contraer.

liquidez *s. f.* Capacidad que tiene una persona o empresa para poder pagar sus deudas o disponer de dinero. **SIN.** Solvencia.

líquido, da *adj.* **1.** Se dice del estado de la materia que es como el del agua. || *adj. y s. m.* **2.** Se dice de la sustancia que está en ese estado. **3.** Se dice de la cantidad de dinero a la que se han descontado impuestos, deudas o gastos. **SIN. 2.** Fluido. **3.** Neto. **ANT. 3.** Bruto.

lira[1] *s. f.* **1.** Antiguo instrumento musical de cuerda parecido a un arpa, pero más pequeño. **2.** Estrofa de cinco versos de siete y once sílabas, que riman el primero con el tercero y el segundo con el cuarto y el quinto.

lira[2] *s. f.* Moneda de Turquía y también de Italia antes de adoptar el euro.

lírica *s. f.* Tipo de poesía en la que el autor expresa sobre todo sus sentimientos.

lírico, ca *adj.* **1.** De la lírica. **2.** Se dice de las obras teatrales cantadas o con partes cantadas, como la ópera o la zarzuela. **3.** Que conmueve por su belleza o por la emoción que provoca. || *adj. y s.* **4.** Que escribe obras de lírica: *poeta lírico.* **5.** Que canta óperas o zarzuelas. **SIN. 1.** Poético. **3.** Emotivo.

lirio *s. m.* Planta de hojas alargadas y flores de color violeta, azul y a veces blanco. Se utiliza para fabricar perfumes y como planta decorativa.

lirismo *s. m.* Característica de lo que es lírico y conmueve por su belleza o emoción.

lirón *s. m.* **1.** Mamífero roedor de pelo amarillento por el lomo y blanco por el vientre, con una larga cola. Vive en los bosques de Europa y el norte de África y pasa todo el invierno dentro de su madriguera. **2.** Persona muy dormilona. **SIN. 2.** Marmota.

lis *s. f.* Flor de lis. Ver **flor.**

lisboeta *adj. y s.* De Lisboa, capital de Portugal.

lisiado, da **1.** *p.* de lisiar. || *adj. y s.* **2.** Se dice de la persona a la que le falta algún miembro o lo tiene dañado. **SIN. 2.** Mutilado, inválido, tullido.

lisiar *v.* Dejar lisiado. **SIN.** Lesionar, mutilar, tullir.

liso, sa *adj.* **1.** Sin arrugas, desigualdades o salientes. **2.** No rizado. **3.** De un solo color. **SIN. 1.** Plano, llano. **2.** Lacio. **ANT. 1.** Arrugado. **2.** Crespo.

lisonja *s. f.* Alabanza que se hace a alguien para conseguir algo a cambio. **SIN.** Halago, adulación.

lisonjear *v.* Decir lisonjas a alguien. **SIN.** Halagar, adular.

lisonjero, ra *adj. y s.* Que alaba o resulta agradable. **SIN.** Halagador.

lista *s. f.* **1.** Tira de cualquier material. **2.** Raya o línea más o menos ancha. **3.** Papel o documento que tiene escritos los nombres de personas o cosas. ‖ **LOC. pasar lista** Leer en voz alta los nombres de las personas que aparecen en un documento para saber si están. **SIN. 1.** y **2.** Banda. **2.** Franja. **3.** Listado, relación.

listado, da *adj.* **1.** Que tiene listas o rayas. ‖ *s. m.* **2.** Lista de personas o cosas. **SIN. 1.** Rayado. **ANT. 1.** Liso.

listeza *s. f.* Inteligencia, astucia.

listín *s. m.* Cuaderno para apuntar teléfonos y direcciones.

listo, ta *adj.* y *s.* **1.** Que tiene facilidad para pensar y entiende las cosas rápidamente. **2.** Hábil, astuto. ‖ *adj.* **3.** Preparado. ‖ **LOC. estar listo** o **ir listo** Estar apañado, no tener ninguna posibilidad. **SIN. 1.** Inteligente, despierto. **2.** Espabilado, avispado. **3.** Dispuesto. **ANT. 1.** Tonto.

listón *s. m.* Tabla larga, delgada y estrecha.

lisura *s. f.* Característica de lo que es liso. **SIN.** Tersura. **ANT.** Rugosidad.

litera *s. f.* **1.** Cada una de las camas que están unidas una encima de otra. **2.** Especie de carroza sin ruedas y con unos palos largos para ser transportada a hombros o por caballerías.

literal *adj.* Que dice exactamente lo mismo que está escrito o lo que ha dicho otro. **SIN.** Textual, fiel.

literario, ria *adj.* De la literatura o que es propio de ella.

literato, ta *s. m.* y *f.* Autor de obras de literatura.

literatura *s. f.* **1.** Arte que consiste en expresar sentimientos o ideas con palabras escritas o habladas. **2.** Estudio de ese arte y de sus autores y obras. **3.** Conjunto de obras literarias de una época, de un país o de un estilo.

litigar *v.* Comenzar o tener un litigio con alguien. **SIN.** Pleitear.

litigio *s. m.* Enfrentamiento, sobre todo el que tratan de solucionar dos personas en un juicio. **SIN.** Pleito.

litografía *s. f.* Dibujo o escrito grabado o impreso con planchas de piedra o metal.

litoral *s. m.* **1.** La orilla del mar. ‖ *adj.* **2.** De la orilla del mar. **SIN. 1.** Costa. **2.** Costero.

litosfera *s. f.* Capa superficial y sólida de la Tierra, formada por la corteza y la capa externa del manto.

litro *s. m.* Medida para líquidos, que es igual a la cantidad de líquido que cabe en un cubo de 10 centímetros de lado.

litrona *s. f. fam.* Botella de cerveza de un litro.

lituano, na *adj.* y *s.* **1.** De Lituania, país de Europa. ‖ *s. m.* **2.** Lengua de ese país.

liturgia *s. f.* Las ceremonias religiosas y las reglas que se siguen en ellas. **SIN.** Rito, culto.

litúrgico, ca *adj.* De la liturgia.

liviandad *s. f.* **1.** Característica de lo que es liviano. **2.** Acción liviana, frívola. **SIN. 1.** y **2.** Frivolidad.

liviano, na *adj.* **1.** Delgado, que pesa poco o es poco resistente. **2.** Poco importante o poco serio. **3.** Inconstante o frívolo. **SIN. 1.** y **2.** Ligero. **ANT. 1.** Pesado. **2.** Grave; formal.

lividecer *v.* Ponerse lívido. ◻ Es v. irreg. Se conjuga como *agradecer*. **SIN.** Palidecer.

lívido, da *adj.* Que tiene la cara u otra parte del cuerpo pálida o de color un poco morado.

living (ingl.) *s. m. Amér.* Salón o cuarto de estar.

liza *s. f.* Lucha o combate: *entrar en liza.* **SIN.** Enfrentamiento, lid.

llaga *s. f.* Herida abierta que escuece y duele. **SIN.** Úlcera.

llagar *v.* Causar llagas.

llama¹ *s. f.* **1.** Masa de gas encendida que sale de algo cuando se está quemando. **2.** Sentimiento muy fuerte: *la llama del amor.* **SIN. 2.** Ardor, pasión.

llama² *s. f.* Mamífero rumiante, de pelo color marrón claro y cuello y patas bastante largos. Vive en los Andes y se cría por su carne, su leche y su lana y como animal de carga.

llamada *s. f.* **1.** Acción de llamar. **2.** Palabra o señal con que se llama o avisa a alguien. **3.** Signo o número que se pone en un escrito para indicar que se busque más información en otro lugar que se indica. **SIN. 1.** Llamamiento, convocatoria. **2.** Aviso, indicación.

llamado *s. m. Amér.* Llamada o llamamiento.

llamador *s. m.* Botón del timbre u otra cosa para llamar a la puerta.

llamamiento *s. m.* **1.** Petición importante y urgente que se hace a muchas personas. **2.** Acción de llamar a alguien. **SIN. 1.** Llamada, exhortación. **2.** Convocatoria.

llamar *v.* **1.** Pronunciar el nombre de una persona o animal, gritarle o hacerle algún gesto para avisarle de algo o para que venga. **2.** Ponerse en contacto con alguien por teléfono. **3.** Poner un nombre a alguien o algo, o tener un nombre una persona o cosa. **4.** Ponerle un mote o un calificativo a alguien o dirigirle un insulto. **5.** Golpear en la puerta o hacer sonar el timbre para que abran o digan si se puede pasar. ‖ **LOC. llamar la atención** Reñir a alguien; también, hacer una persona que los demás se fijen en ella. **SIN.** 3. Nombrar, denominar. **4.** Apodar.

llamarada *s. f.* Llama grande que sale bruscamente y luego desaparece. **SIN.** Fogonazo.

llamativo, va *adj.* Que llama mucho la atención. **SIN.** Vistoso, chillón.

llamear *v.* Echar llamas.

llana *s. f.* Herramienta que tiene una plancha de metal con un asa y que se utiliza para extender el yeso o la argamasa.

llanear *v.* Ir por sitios llanos, evitando las pendientes.

llanero, ra *adj.* y *s.* De las llanuras.

llaneza *s. f.* Sencillez o naturalidad. **SIN.** Familiaridad. **ANT.** Solemnidad.

llano, na *adj.* **1.** Sin diferencias de altura ni desigualdades. **2.** Sencillo y natural en el trato con los demás. **3.** Se dice de las personas que no son importantes ni de clase social alta: *el pueblo llano.* || *adj.* y *s. f.* **4.** Se dice de la palabra acentuada en la penúltima sílaba. || *s. m.* **5.** Terreno sin diferencias de altura ni desigualdades. **SIN. 1.** Plano, liso. **2.** Familiar, espontáneo. **5.** Llanura. **ANT. 1.** Accidentado. **2.** Ceremonioso.

llanta *s. f.* Parte metálica de las ruedas de los coches y otros vehículos sobre la que se coloca el neumático.

llantén *s. m.* Planta herbácea de flores pequeñas y fruto en cápsula; se toma como infusión.

llantera o **llantina** *s. f. fam.* Llanto fuerte. **SIN.** Llorera.

llanto *s. m.* Acción de llorar. **SIN.** Lloro.

llanura *s. f.* Terreno llano y extenso. **SIN.** Planicie. **ANT.** Montaña.

llave *s. f.* **1.** Objeto, normalmente metálico, que se mete en una cerradura para cerrarla y abrirla. **2.** Pieza para abrir y cerrar un grifo o el conducto por el cual pasa un líquido o gas. **3.** Herramienta para apretar o aflojar tuercas. **4.** Botón, pequeña palanca u otra cosa para encender y apagar la luz eléctrica. **5.** Utensilio para dar cuerda a un reloj u otros mecanismos de resorte. **6.** Signo ortográfico que se representa como { }. **7.** En algunos deportes, como el yudo, movimiento que se hace para derribar o inmovilizar al contrario. **8.** Lo que sirve para lograr algo o lo pone más fácil. || **9. llave de contacto** La que se emplea para arrancar el motor de un vehículo. **10. llave inglesa** La que tiene los brazos graduables para adaptarse a los distintos tamaños de tuerca. **11. llave maestra** Aquella con la que se pueden abrir todas las cerraduras de un lugar. **SIN. 2.** Válvula. **4.** Interruptor.

llavero *s. m.* Objeto que sirve para llevar las llaves.

llavín *s. m.* Llave pequeña y plana.

llegada *s. f.* **1.** Acción de llegar. **2.** Lugar o línea donde termina una carrera deportiva. **SIN. 1.** Advenimiento. **2.** Meta. **ANT. 1.** y **2.** Salida.

llegar *v.* **1.** Terminar alguien o algo su viaje, su recorrido o lo que estaba haciendo. **2.** Venir o suceder: *Llegó la primavera.* **3.** Durar hasta un tiempo o situación: *No sé si esta planta llegará al verano.* **4.** Conseguir, lograr ser: *Este chico llegará a presidente.* **5.** Tener algo una medida o cantidad. **6.** Ser suficiente. || **LOC. estar al llegar** Faltar muy poco para que venga una persona o suceda alguna cosa. **SIN. 1.** Arribar. **2.** Ocurrir, sobrevenir. **3.** Resistir. **6.** Bastar. **ANT. 1.** Salir. **6.** Faltar.

llenar *v.* **1.** Meter o poner personas o cosas en un lugar sin que quede más sitio. **2.** Dar mucho de alguna cosa: *La llenó de besos.* **3.** Dejar contento o satisfecho: *La danza llena su vida.* || **llenarse 4.** Hartarse de comer o beber. **SIN. 1.** Abarrotar, atestar. **2.** Colmar. **4.** Saciarse, atiborrarse. **ANT. 1.** Vaciar.

lleno, na *adj.* **1.** Que no caben más personas o cosas. **2.** Que tiene algo o mucho de algo: *un cubo lleno de agua, un mantel lleno de manchas.* **3.** Que ha comido o bebido mucho y no puede más. **4.** Un poco gordo. || **LOC. de lleno** Directamente, completamente, exactamente: *dar de lleno, acertar de lleno.* **SIN. 1.** Repleto; abarrotado. **2.** Plagado. **3.** Harto. **4.** Regordete. **ANT. 1.** y **2.** Vacío. **4.** Flaco.

llevadero, ra *adj.* Fácil de soportar. **SIN.** Tolerable. **ANT.** Insoportable.

llevar *v.* **1.** Mover o pasar de un lugar a otro a una persona, animal o cosa. **2.** Conducir. **3.** Tener: *llevar razón.* **4.** Vestir, tener ropa puesta. **5.** Haber pasado un tiempo en un lugar o haciendo algo: *Lleva años viviendo aquí.* **6.** Cobrar una cantidad de dinero: *Me llevan treinta euros por la reparación.* **7.** Encargarse: *llevar un negocio.* **8.** Soportar bien o mal algo molesto o desagradable. **9.** Tener una diferencia una persona o cosa en comparación con otra: *Su hermano le lleva dos años.* || **llevarse 10.** Estar de moda. **11.** Mantener una relación buena o mala con otras personas. **12.** Coger, quedarse con algo: *Se han llevado el dinero.* **13.** Conseguir. **14.** Cortar, amputar: *Casi me llevo el dedo con el cuchillo.* **15.** Sufrir, recibir: *llevarse un disgusto.* **16.** En algunas operaciones matemáticas, apartar la cifra correspondiente a las decenas para añadirla al siguiente cálculo: *Diez y cinco son quince y me llevo una.* **SIN. 1.** Transportar, trasladar. **2.** Guiar, encaminar.

7. Ocuparse. **8.** Tolerar, aguantar. **13.** Lograr, obtener. **ANT. 1.** Dejar.

llorar v. **1.** Salir lágrimas de los ojos por tristeza, alegría o por otra causa. **2.** Quejarse mucho.

llorera s. f. Llantera o llantina.

llorica adj. y s. fam. Llorón.

lloriquear v. Llorar de forma débil y continua. **SIN.** Gimotear.

lloro s. m. Llanto.

llorón, na adj. y s. **1.** Que llora mucho. **2.** Que siempre se está quejando. **SIN. 1.** Llorica. **2.** Quejoso. **ANT. 1.** Risueño.

lloroso, sa adj. Con señales de haber llorado: *ojos llorosos.*

llover v. **1.** Caer de las nubes agua en gotas. **2.** Producirse algo en abundancia. ‖ **LOC. como quien oye llover** Sin hacer caso. **llover sobre mojado** Suceder una cosa desagradable o molesta después de otras parecidas. ◻ Es v. irreg. Se conjuga como *mover.* **SIN. 2.** Abundar. **ANT. 1.** Escampar. **2.** Faltar.

llovizna s. f. Lluvia muy fina.

lloviznar v. Caer una lluvia muy fina. **SIN.** Chispear.

lluvia s. f. **1.** Gotas de agua que caen de las nubes. **2.** Caída o llegada abundante de algo. **SIN. 1.** Precipitación. **2.** Avalancha. **ANT. 1.** Sequía. **2.** Escasez.

lluvioso, sa adj. Con lluvia.

lo art. neutro **1.** Va delante de un adjetivo y lo convierte en sustantivo: *lo malo.* ‖ pron. pers. m. y neutro **2.** Se usa como complemento directo: *Lo vi en el cine. Eso yo no lo sabía.*

loa s. f. **1.** Alabanza. **2.** Composición poética en que se alaba a una persona o se celebra un acontecimiento. **SIN. 1.** Elogio, apología. **ANT. 1.** Crítica.

loable adj. Que merece elogio. **SIN.** Laudable. **ANT.** Censurable.

loar v. Alabar, elogiar. **SIN.** Ensalzar. **ANT.** Criticar.

lobanillo s. m. Bulto, normalmente de grasa, que se forma debajo de la piel. **SIN.** Quiste.

lobato o **lobezno** s. m. Cría del lobo.

lobera s. f. Guarida del lobo.

lobo, ba s. m. y f. **1.** Mamífero carnívoro de la misma familia que el perro o el chacal; tiene las orejas levantadas, el hocico acabado en punta, pelaje pardo o gris y suele vivir en pequeños grupos. ‖ **2. lobo de mar** Marino con muchos años de experiencia. **3. lobo marino** Foca.

lóbrego, ga adj. Oscuro y triste. **SIN.** Lúgubre, tenebroso. **ANT.** Alegre.

lobulado, da adj. Dividido en lóbulos o formado por ellos: *arco lobulado.*

lóbulo s. m. **1.** La parte de abajo de la oreja, que es blanda y redonda. **2.** Parte redondeada del borde ondulado de algunas cosas.

local adj. **1.** De un lugar o en un lugar. **2.** De un pueblo o ciudad: *elecciones locales.* ‖ s. m. **3.** Sitio cubierto y cerrado en el que se pone una tienda o una empresa o donde se realiza una actividad: *locales comerciales.*

localidad s. f. **1.** Cualquier lugar poblado, por ejemplo, una ciudad o un pueblo. **2.** Asiento del cine, el teatro u otro espectáculo, y billete o entrada que se compra para entrar en ellos. **SIN. 1.** Población. **2.** Plaza, butaca.

localismo s. m. Palabra o expresión que solo se usa en una zona concreta.

localización s. f. **1.** Acción de localizar. **2.** Lugar donde está alguien o algo. **SIN. 1.** y **2.** Ubicación. **2.** Situación.

localizar v. **1.** Saber dónde está alguien o algo. ‖ **localizarse 2.** Estar algo en un lugar. **SIN. 1.** Encontrar, hallar. **1.** y **2.** Ubicar(se). **2.** Situarse. **ANT. 1.** Perder.

loción s. f. Líquido con el que se da un pequeño masaje en alguna parte del cuerpo.

loco, ca adj. y s. **1.** Que padece locura, enfermedad mental. **2.** Imprudente, insensato. ‖ adj. **3.** Con mucha actividad: *un día loco en el trabajo.* **4.** Que tiene mucha alegría, rabia u otro sentimiento fuerte: *loco de contento.* **5.** Se dice de la persona a la que le gusta mucho una cosa o tiene muchas ganas de hacer algo: *Está loco por las motos. Ana está loca por irse.* **6.** Muy grande: *una suerte loca.* ‖ s. f. **7.** desp. Hombre homosexual muy afeminado. **SIN. 1.** Ido, demente. **2.** Temerario. **3.** Agitado, ajetreado. **5.** Deseoso. **6.** Extraordinario. **ANT. 1.** y **2.** Cuerdo. **2.** Prudente.

locomoción s. f. Movimiento o traslado de un lugar a otro: *medios de locomoción.* **SIN.** Desplazamiento, transporte.

locomotor, ra adj. Que produce movimiento o está relacionado con él.

locomotora s. f. Máquina de tren.

locomotriz adj. Femenino de **locomotor.** Que produce movimiento.

locuacidad s. f. Característica de locuaz. **SIN.** Charlatanería, facundia, verborrea. **ANT.** Laconismo.

locuaz adj. Que habla mucho. **SIN.** Hablador, charlatán. **ANT.** Lacónico.

locución s. f. Frase o expresión formada siempre por las mismas palabras y que tiene un significado especial, como por ejemplo, *pisando huevos,* 'muy despacio'.

locura s. f. **1.** Enfermedad mental que lleva a las personas a pensar o hacer cosas raras. **2.** Imprudencia, insensatez, temeridad. **3.** Afecto, entusiasmo o interés muy grandes: *querer con locura*. **4.** Cosa o situación exagerada: *Estos precios son una locura*. **SIN. 1.** Demencia, delirio. **2.** y **4.** Disparate. **3.** Pasión. **ANT. 1.** Cordura. **2.** Prudencia.

locutor, ra s. m. y f. Persona que habla por radio o televisión para dar noticias, anuncios o para presentar un programa.

locutorio s. m. **1.** Lugar o cabina con un teléfono público. **2.** En cárceles, conventos y otros sitios, habitación dividida por rejas o por un cristal donde se reciben las visitas.

lodazal s. m. Lugar con mucho lodo. **SIN.** Barrizal.

loden (del al.) s. m. Tejido de lana fuerte e impermeable y prenda de abrigo confeccionada con él.

lodo s. m. Barro que se forma en un terreno. **SIN.** Fango, cieno.

loft (ingl.) s. m. Espacio diáfano usado como vivienda, en una zona industrial o a partir de un antiguo local.

logaritmo s. m. En matemáticas, exponente al que hay que elevar un número para que dé como resultado una cantidad determinada.

lógica s. f. **1.** Ciencia que estudia las leyes del pensamiento. **2.** Forma de pensar razonando. **3.** Hecho de ser algo lógico o razonable. **SIN. 2.** Razonamiento. **3.** Coherencia. **ANT. 3.** Incoherencia.

lógico, ca adj. **1.** De la lógica o relacionado con ella. **2.** Natural, razonable. ‖ s. m. y f. **3.** Persona que se dedica al estudio de la lógica. **SIN. 1.** Racional. **ANT. 1.** y **2.** Ilógico. **2.** Absurdo.

login (ingl.) s. m. Nombre de usuario de un sistema informático.

logística s. f. **1.** Parte de la ciencia militar que trata del movimiento y aprovisionamiento de las tropas. **2.** Organización y medios necesarios para llevar a cabo un servicio o actividad.

logístico, ca adj. De la logística: *apoyo logístico*.

logo s. m. acort. de **logotipo**.

logopeda s. m. y f. Especialista en logopedia.

logopedia s. f. Reeducación y tratamiento de los trastornos que le impiden a una persona pronunciar bien.

logotipo s. m. Símbolo de una marca o empresa, formado por letras, abreviaturas o dibujos.

logrado, da 1. p. de **lograr**. También adj. ‖ adj. **2.** Bien hecho: *Le hicieron un retrato muy logrado*. **SIN. 2.** Conseguido, perfecto.

lograr v. Conseguir, llegar a hacer o a tener algo que se desea o intenta. **SIN.** Alcanzar, obtener. **ANT.** Perder.

logro s. m. **1.** Hecho de lograr algo. **2.** Éxito o resultado. **SIN. 1.** Consecución, obtención. **ANT. 1.** Pérdida. **2.** Fracaso.

logroñés, sa adj. y s. De Logroño, ciudad española.

loísmo s. m. Uso de los pronombres *lo* o *los* como complemento indirecto cuando deberían emplearse *le* o *les*; por ejemplo, *fríe el filete y échalo un poco de sal* en vez de *échale un poco de sal*.

loísta adj. y s. Que comete loísmo.

loma s. f. Pequeño monte de forma alargada. **SIN.** Colina.

lombarda s. f. Especie de repollo de color morado.

lombriz s. f. Gusano con el cuerpo muy largo y formado por anillos, de color que varía del rosa al marrón; hace galerías en la tierra y se alimenta de sustancias que hay en ella.

lomo s. m. **1.** Parte del cuerpo de los animales cuadrúpedos que va desde el cuello a las ancas. **2.** Carne de esta parte del animal, sobre todo la del cerdo. **3.** Parte del libro por donde están unidas las hojas. ‖ **4. cinta de lomo** Pieza de carne de cerdo larga y redondeada.

lona s. f. Tela gruesa y fuerte con la que se hacen, por ejemplo, toldos y tiendas de campaña.

loncha s. f. Trozo ancho y delgado de un alimento, por ejemplo, de fiambre. **SIN.** Tajada.

londinense adj. y s. De Londres, capital del Reino Unido.

loneta s. f. Tejido menos grueso que la lona.

long play (ingl.) expr. Elepé.

longanimidad s. f. Firmeza de ánimo.

longaniza s. f. Chorizo largo y muy delgado.

longevidad s. f. Hecho de vivir muchos años.

longevo, va adj. Que vive muchos años.

longitud s. f. **1.** La mayor de las tres dimensiones de una superficie. **2.** Distancia desde cualquier lugar de la Tierra hasta el meridiano 0. **SIN. 1.** Largo.

longitudinal adj. Hecho o puesto siguiendo la longitud de algo. **ANT.** Transversal.

longui o **longuis** Se usa en las expresiones **hacerse el longui** o **el longuis**, 'hacerse el tonto', 'disimular'.

lonja *s. f.* En los puertos, lugar donde se vende el pescado que han traído los barcos.

lontananza *s. f.* Lejanía.

look (ingl.) *s. m.* Aspecto que tiene una persona. **SIN.** Imagen.

looping (ingl.) *s. m.* **1.** Acrobacia que consiste en dar una vuelta vertical completa con un avión. **2.** Vuelta completa en una montaña rusa o en una atracción semejante.

loor *s. m.* Alabanza. **SIN.** Loa.

lopesco, ca *adj.* Propio del escritor Félix Lope de Vega y Carpio y de su obra.

loquero, ra *s. m. y f.* **1.** Persona que cuida de los locos. **2.** *desp.* y *fam.* Psiquiatra. ‖ *s. m.* **3.** *fam.* y *desp.* Manicomio.

lord (ingl.) *s. m.* **1.** Título que se da en el Reino Unido a los miembros de la nobleza, los arzobispos y algunos altos cargos. **2.** Miembro de la Cámara alta del Reino Unido.

loriga *s. f.* Armadura formada por pequeñas láminas de metal que parecen escamas.

loro *s. m.* **1.** Ave de pico curvo y plumaje de vivos colores que vive en África y en las selvas del Amazonas. Algunos son capaces de imitar el habla humana. **2.** *fam.* Persona muy habladora. **3.** *fam.* Mujer fea. **4.** *fam.* Aparato de radio o de música. ‖ **LOC. al loro** *fam.* Atento a lo que ocurre.

lorza *s. f.* **1.** Trozo de tela que se dobla y cose en la ropa como adorno o para acortarla y luego poder alargarla. **2.** *fam.* Acumulación de grasa en el cuerpo. **SIN. 2.** Michelín.

losa *s. f.* **1.** Piedra rectangular, lisa, plana y de poco grosor, como la que se usa para cubrir las tumbas. **2.** Cosa muy pesada y molesta. **SIN. 1.** Lápida. **2.** Peso, carga. **ANT. 2.** Alivio.

loseta *s. f.* Baldosa o losa pequeña como las que se usan para cubrir suelos o paredes.

lote *s. m.* **1.** Conjunto de cosas que se venden o se dan juntas. **2.** Parte en que se divide algo para repartirlo.

lotería *s. f.* **1.** Sorteo en que se saca un número y el que lo tiene gana dinero u otro premio. **2.** Cosa que depende solo de la suerte, del azar.

lotero, ra *s. m. y f.* Persona que vende los números de la lotería o tiene un despacho de lotería.

loto *s. m.* Planta acuática de hojas grandes y flores olorosas, generalmente de color blanco azulado. Suelen ponerse en lagos y estanques como adorno.

low cost (ingl.) *adj. y s.* De bajo coste; se dice sobre todo de las compañías aéreas que ofrecen vuelos baratos.

loza *s. f.* Barro cocido y barnizado con el que se hacen, sobre todo, platos, tazas y otros objetos parecidos.

lozanía *s. f.* Aspecto sano y hermoso.

lozano, na *adj.* De buen aspecto, sano, robusto. **SIN.** Saludable, lustroso. **ANT.** Mustio.

LP (del ingl. *LP*, siglas de **L**ong **P**lay) *s. m.* Elepé.

lubina *s. f.* Pez marino grande, de cuerpo largo y delgado y de color plateado con una línea oscura a cada lado. Su carne es muy apreciada. **SIN.** Róbalo.

lubricante o **lubrificante** *adj. y s. m.* Se dice del aceite o sustancia para lubricar o lubrificar.

lubricar o **lubrificar** *v.* Poner aceite u otra sustancia entre dos superficies o piezas que rozan entre sí para que el roce sea más suave y se desgasten menos o funcionen mejor.

lucense *adj. y s.* De Lugo, ciudad y provincia españolas.

lucerna o **lucernario** *s. f. o m.* Ventana alta que da luz y ventilación a una habitación. **SIN.** Claraboya, tragaluz.

lucero *s. m.* **1.** Cualquier astro grande y muy brillante. **2.** Lunar blanco que tienen algunos animales, como los caballos, en la frente. ‖ **3. lucero del alba** El planeta Venus.

lucha *s. f.* **1.** Acción de luchar. **2.** Pelea, batalla. **3.** Discusión, riña o enfrentamiento. **SIN. 2.** Conflicto, contienda. **3.** Polémica.

luchador, ra *s. m. y f.* **1.** Persona que practica algún deporte de lucha. ‖ *adj. y s.* **2.** Persona que se esfuerza por conseguir algo. **SIN. 2.** Combativo.

luchar *v.* **1.** Pelear personas o animales. **2.** Competir una o más personas contra otras para intentar ganar. **3.** Esforzarse por algo. **SIN. 1.** Combatir, enfrentarse. **3.** Trabajar.

lucidez *s. f.* Característica de lúcido. **SIN.** Sagacidad, perspicacia.

lucido, da 1. *p.* de lucir. ‖ *adj.* **2.** Muy bonito, bueno o acertado. **3.** Que permite lucirse.

lúcido, da *adj.* Que piensa con claridad y comprende las cosas rápidamente: *una mente lúcida.* **SIN.** Sagaz, perspicaz.

luciérnaga *s. f.* Insecto grande parecido a un gusano. Las hembras no tienen alas y producen una luz verde azulada más fuerte que la de los machos.

lucimiento *s. m.* Acción de lucirse.

lucio *s. m.* Pez de río de gran tamaño, color amarillo verdoso y boca grande. Es carnívoro y ataca incluso a aves y a algunos mamíferos acuáticos.

lucir v. **1.** Dar luz o brillar. **2.** Dar resultado o provecho: *Aunque trabaja mucho, le luce poco.* **3.** Llevar puesta una cosa o enseñarla: *lucir un vestido.* **4.** Verse bien una cosa, destacar: *El jarrón luce más encima del mueble.* ‖ **lucirse 5.** Demostrar alguien sus cualidades o lo bien que hace algo. □ Es v. irreg. **SIN. 1.** Iluminar; relucir, resplandecer. **3.** Exhibir. **4.** Resaltar.

LUCIR		
INDICATIVO	**SUBJUNTIVO**	**IMPERATIVO**
Presente	**Presente**	
luzco	luzca	
luces	luzcas	luce (tú)
luce	luzca	luzca (usted)
lucimos	luzcamos	lucid (vosotros)
lucís	luzcáis	luzcan (ustedes)
lucen	luzcan	

lucrarse v. Obtener ganancias, sobre todo si son grandes. **SIN.** Beneficiarse.

lucrativo, va adj. Que produce lucro. **SIN.** Beneficioso, provechoso.

lucro s. m. Beneficio o ganancia que se saca de algo, sobre todo de un negocio. **SIN.** Provecho. **ANT.** Pérdida.

luctuoso, sa adj. Que causa dolor o tristeza. **SIN.** Triste. **ANT.** Dichoso.

lucubración s. f. Elucubración.

lucubrar v. Elucubrar.

lúdico, ca adj. Relacionado con el juego y las diversiones.

ludópata adj. y s. Persona que padece ludopatía.

ludopatía s. f. Adicción enfermiza por los juegos de azar, que puede llevar a una persona a perder mucho dinero.

ludoteca s. f. Sitio donde hay juegos y juguetes, en especial para los niños.

luego adv. **1.** Después, más tarde: *Luego nos vemos.* **2.** Más allá, más adelante: *Primero está el portal 3 y luego el 5.* ‖ conj. **3.** Por lo tanto: *Las luces están apagadas, luego no han llegado aún.* ‖ **LOC. desde luego** Sí, pues claro, sin ninguna duda.

luengo, ga adj. Largo: *un anciano de luengas barbas.*

lugar s. m. **1.** Espacio, situación o posición que ocupa o puede ocupar una persona o cosa. **2.** Sitio o población pequeña. **3.** Una parte de una superficie o de otra cosa. **4.** Momento u ocasión: *Ya habrá lugar para que hablemos con más calma.* ‖ **5. lugar común** Cosa que se ha repetido mucho, por lo que

no es nada original. ‖ **LOC. dar lugar** Producir. **en lugar** de otra persona Si se estuviera en la misma situación que ella: *Yo en tu lugar no lo haría.* **en lugar de** En vez de. **fuera de lugar** Inoportuno, inconveniente. **tener lugar** Ocurrir. **SIN. 2.** Paraje, pueblo. **4.** Oportunidad.

lugareño, ña adj. y s. Que ha nacido o vive en una población pequeña. **SIN.** Aldeano, pueblerino.

lugarteniente s. m. Persona que, en algunos casos, puede sustituir a otra en su cargo o puesto.

lúgubre adj. Muy triste y oscuro. **SIN.** Lóbrego, sombrío. **ANT.** Alegre.

lujo s. m. **1.** Gran riqueza y comodidad. **2.** Abundancia: *Contó la historia con todo lujo de detalles.* **3.** Lo que normalmente no se puede tener, conseguir o hacer: *No puede permitirse el lujo de comer fuera todos los días.* **SIN. 1.** Opulencia.

lujoso, sa adj. Con mucho lujo o riqueza. **SIN.** Rico, fastuoso. **ANT.** Pobre.

lujuria s. f. Deseo sexual exagerado.

lujurioso, sa adj. y s. Que tiene lujuria. **SIN.** Libidinoso, lascivo.

lulú adj. y s. Perro pequeño, con mucho pelo y con la cabeza, las orejas y el hocico parecidos a los de un zorro.

lumbago s. m. Dolor fuerte en la zona de los riñones.

lumbar adj. Se dice de la zona del cuerpo situada entre la última costilla y los glúteos y de lo relacionado con ella.

lumbre s. f. **1.** Fuego que se enciende quemando leña, carbón u otro material combustible. **2.** Fósforo u otra cosa con que se enciende algo.

lumbrera s. f. Persona muy inteligente o de gran talento. **SIN.** Genio, sabio.

luminaria s. f. Luz o conjunto de luces que se ponen en las calles durante las fiestas.

lumínico, ca adj. De la luz.

luminosidad s. f. Luz o claridad.

luminoso, sa adj. **1.** Que tiene o despide luz o claridad. **2.** Muy claro y acertado: *una idea luminosa.* **SIN. 1.** Iluminado, resplandeciente. **2.** Atinado, certero. **ANT. 1.** Oscuro. **2.** Desacertado.

luminotecnia s. f. Técnica para iluminar de manera artificial, con focos, bombillas, etc.

luna n. pr. f. **1.** Satélite natural de un planeta, sobre todo el que gira alrededor de la Tierra. **2.** Parte de este satélite vista desde la Tierra y luz que refleja. ‖ s. f. **3.** Cristal de vidrieras y escaparates. **4.** Espejo, sobre todo el de un armario. ‖ **5. Luna de miel** Primeros días del matrimonio; también, viaje que hacen los novios después de su boda. **6. Luna llena** La Luna cuando se ve iluminada la cara entera que mira a la Tierra. **7. Luna nueva** La Luna cuando no se puede ver desde la Tierra, al iluminar el Sol la cara que está escondida. **8. media luna** Luna creciente o menguante, y objeto o figura con esta forma. Es el símbolo de los musulmanes. ‖ **LOC. estar en la Luna** Estar distraído.

lunar *adj.* **1.** De la Luna o relacionado con ella. ‖ *s. m.* **2.** Manchita o dibujo redondo y pequeño, por ejemplo, en la piel.

lunático, ca *adj.* y *s.* Loco, maniático. **SIN.** Venado. **ANT.** Cuerdo.

lunes *s. m.* Primer día de la semana.

luneta *s. f.* **1.** Cristal de la parte de atrás de los automóviles. **2.** Cristal de las gafas.

lunfardo *s. m.* Jerga de los delincuentes de Buenos Aires, de la que han pasado muchas palabras y expresiones al habla común.

lupa *s. f.* Lente con la que se ven las cosas más grandes.

lupanar *s. m.* Prostíbulo.

lúpulo *s. m.* Planta trepadora que produce unos frutos usados para dar aroma y sabor amargo a la cerveza.

lusitano, na *adj.* y *s.* **1.** De Lusitania, provincia romana de Hispania que comprendía aproximadamente Portugal y Extremadura. **2.** Portugués. **SIN.** 2. Luso.

luso, sa *adj.* y *s.* Portugués.

lustrabotas o **lustrador** *s. m. Amér.* Limpiabotas.

lustrar *v.* Dar brillo a una cosa frotándola. **SIN.** Abrillantar, pulir.

lustre *s. m.* **1.** Brillo, sobre todo el que se consigue lustrando. **2.** Prestigio, distinción. **3.** Aspecto sano y fuerte. **SIN.** 2. Esplendor, notoriedad. 3. Lozanía.

lustro *s. m.* Periodo de tiempo de cinco años. **SIN.** Quinquenio.

lustroso, sa *adj.* **1.** Que tiene lustre o brillo. **2.** De aspecto sano y fuerte. **SIN.** 1. Brillante, reluciente. 2. Lozano. **ANT.** 2. Enfermizo.

luteranismo *s. m.* Movimiento religioso protestante surgido de la doctrina de Lutero en el siglo XVI.

luterano, na *adj.* y *s.* Relacionado con el luteranismo o seguidor de este movimiento.

luto *s. m.* **1.** Dolor por la muerte de una persona y tiempo en que se muestra este dolor. **2.** Ropa negra u otro signo externo que indica ese dolor.

luxación *s. f.* Hecho de salirse un hueso de su sitio.

luxemburgués, sa *adj.* y *s.* De Luxemburgo, pequeño país de Europa.

luz *s. f.* **1.** Forma de energía que ilumina las cosas y hace que podamos verlas y, también, punto u objeto de donde parte, como los faros de un coche. **2.** Corriente eléctrica. **3.** Lo que ayuda a comprender mejor una cosa: *La investigación arrojó luz sobre las causas del accidente.* ‖ *s. f. pl.* **4.** Inteligencia. ‖ **LOC. a todas luces** Muy claramente, sin duda. **dar a luz** Tener un niño una mujer. **SIN.** 1. Claridad, luminosidad. 2. Electricidad. **ANT.** 1. Oscuridad.

lycra (ingl., marca registrada) *s. f.* Licra.

m *s. f.* Decimotercera letra del alfabeto.

maca *s. f.* **1.** Señal que tiene una fruta y que ha sido producida por un golpe. **2.** Desperfecto.

macabro, bra *adj.* Relacionado con las cosas más terroríficas o desagradables de la muerte. **SIN.** Fúnebre, lúgubre.

macaco, ca *s. m. y f.* Mono de Asia y África, de hocico alargado, brazos cortos y cuerpo de tamaño medio.

macana *s. f. Amér.* Tontería, disparate.

macanudo, da *adj. fam.* Estupendo, extraordinario.

macarra *adj. y s.* **1.** Se dice de la persona chula y agresiva. **2.** Hortera, de mal gusto. ‖ *s. m.* **3.** Hombre que vive del dinero que ganan las prostitutas.

macarrón *s. m.* Pasta de harina de trigo en forma de canuto que se come cocida.

macarrónico, ca *adj.* Se dice de un idioma cuando una persona lo habla muy mal.

macedonia *s. f.* Postre preparado con el zumo y los trozos de varias frutas.

macedonio, nia *adj. y s.* De Macedonia, región y país de Europa.

maceración *s. f.* Acción de macerar.

macerar *v.* Ablandar algo apretándolo, golpeándolo o metiéndolo en un líquido.

macero *s. m.* Empleado de algunos ayuntamientos y otras corporaciones que lleva una maza en ciertos actos.

maceta *s. f.* Recipiente, normalmente de barro cocido, en el que se cultivan plantas.

macetero *s. m.* Soporte o vasija para colocar una maceta.

machaca *s. m. y f. fam.* Persona que hace trabajos pesados, aburridos o de poca importancia.

machacar *v.* **1.** Golpear una cosa para hacerla pedazos, aplastarla o cambiar su forma. **2.** Repetir algo muchas veces. **SIN. 1.** Majar, moler. **2.** Insistir.

machacón, na *adj.* Que se repite mucho: *una música machacona.* **SIN.** Insistente.

machaconería *s. f.* Característica de lo que es machacón.

machada *s. f.* Lo que hace o dice alguien para dárselas de valiente.

machamartillo Se usa en la expresión **a machamartillo**, 'firmemente', 'con fuerza': *defender algo a machamartillo.*

machar *v.* Golpear, aplastar: *machar un ajo.* **SIN.** Machacar.

machete *s. m.* Cuchillo grande y ancho.

machismo *s. f.* Comportamiento y actitud machista.

machista *adj. y s.* Que piensa que el hombre es superior a la mujer. **ANT.** Feminista.

macho¹ *adj. y s. m.* **1.** Animal del sexo masculino. **2.** Se dice de la planta que solo tiene flores masculinas. **3.** Se dice del hombre valiente, fuerte o varonil. ‖ *s. m.* **4.** Pieza que se introduce en otra: *el macho de un enchufe.* **SIN. 3.** Viril. **ANT. 1.** y **4.** Hembra. **3.** Afeminado.

macho² *s. m.* Mulo.

macilento, ta *adj.* Pálido, flaco: *un rostro macilento.*

macillo *s. m.* Palillo con una bola para tocar el xilófono y otros instrumentos.

macizo, za *adj.* **1.** Sólido, grueso, apretado. **2.** De carnes firmes. ‖ *s. m.* **3.** Conjunto de montañas. **4.** Grupo de plantas o flores en un parque o jardín. **SIN. 1.** Compacto. **1.** y **2.** Prieto. **4.** Parterre. **ANT. 1.** Esponjoso. **2.** Fofo.

macramé *s. m.* **1.** Tejido hecho a mano con hilos trenzados y anudados formando una red. **2.** Hilo con que se hace este tejido.

macrobiótico, ca *adj.* Se dice de un tipo de alimentación a base de cereales, legumbres, hortalizas y algas.

macroinstrucción *s. f.* En informática, conjunto de instrucciones que se dan al ordenador para que haga una serie de operaciones.

macroscópico, ca *adj.* Que se puede ver a simple vista, sin microscopio. **ANT.** Microscópico.

mácula *s. f.* Defecto o falta que estropea algo. **SIN.** Mancha, tacha.

macuto *s. m.* Mochila o saco que se lleva a la espalda. **SIN.** Morral.

madalena *s. f.* Magdalena.

madeja *s. f.* Ovillo de lana o de hilo.

madera *s. f.* **1.** Materia dura de los árboles y arbustos que se encuentra debajo de la corteza. **2.** Talento, capacidad: *Tiene madera de actor.* **3.** En argot, cuerpo de Policía.

maderamen *s. m.* Conjunto de maderas usadas en la construcción de una obra.

maderero, ra *adj.* **1.** De la madera. ‖ *s. m.* y *f.* **2.** Comerciante de maderas.

madero *s. m.* **1.** Pieza o tabla larga de madera. **2.** Árbol cortado y sin ramas. **3.** *fam.* En argot, agente de Policía. **SIN.** **1.** Tablón. **2.** Tronco.

madona *s. f.* En arte, nombre de algunas representaciones de la Virgen.

madrastra *s. f.* Mujer del padre para los hijos que este tiene de un matrimonio anterior.

madraza *s. f. fam.* Madre muy cariñosa.

madre *s. f.* **1.** Lo que es una mujer para sus hijos o la hembra de un animal para sus crías. **2.** Causa u origen: *La pereza es madre de los vicios.* **3.** Título que se da a algunas monjas. **4.** Cauce de un río. ‖ **5. madre política** Suegra. **SIN.** **1.** Mamá. **4.** Fuente. **4.** Lecho.

madreña *s. f.* Zueco, zapato de madera. ☐ Se dice también *almadreña.*

madreperla *s. f.* Molusco parecido a la ostra que a veces contiene una perla.

madrépora *s. f.* Pequeño animal marino que tiene el esqueleto exterior y vive en los mares tropicales formando colonias o barreras de coral.

madreselva *s. f.* Arbusto de tallo trepador; hojas verdes, oscuras por encima y claras por debajo, y flores blancas, rosadas o rojas, de olor fuerte y agradable.

madrigal *s. m.* Breve poema amoroso en versos de once y siete sílabas.

madriguera *s. f.* **1.** Cueva pequeña y estrecha en la que viven algunos animales. **2.** Escondrijo, refugio. **SIN.** **1.** y **2.** Guarida, cubil.

madrileño, ña *adj.* y *s.* De Madrid, capital de España y también provincia y comunidad autónoma.

madrina *s. f.* **1.** Mujer que acompaña y ayuda a quien recibe algunos sacramentos, como el bautismo o el matrimonio. **2.** Mujer que preside algunos actos.

madroño *s. m.* **1.** Arbusto perenne, de flores blancas y frutos redondos con granitos en su superficie, de color rojo y sabor dulce. **2.** Fruto de este arbusto.

madrugada *s. f.* **1.** Momento del día en que amanece. **2.** Horas que siguen a la medianoche. **SIN.** **1.** Amanecer, alba, aurora.

madrugador, ra *adj.* y *s.* Que madruga o que le gusta madrugar.

madrugar *v.* Levantarse alguien muy temprano.

madrugón *s. m.* Hecho de madrugar mucho.

maduración *s. f.* Acción de madurar.

madurar *v.* **1.** Ponerse maduros los frutos. **2.** Hacerse más serio y responsable con el tiempo. **3.** Pensar mucho un plan, idea, proyecto, etc.

madurez *s. f.* Estado o característica de maduro. **SIN.** Sazón; prudencia. **ANT.** Inmadurez.

maduro, ra *adj.* **1.** Se dice del fruto que está en el buen momento para ser recogido o comido. **2.** Serio, responsable. **3.** Que ya no es joven, pero aún no ha llegado a la vejez. **4.** Muy pensado o bien encauzado. **SIN.** **1.** y **2.** Sensato, reflexivo. **ANT.** **1.** y **2.** Inmaduro. **1.** y **4.** Verde. **3.** Muchacho.

maese *s. m.* Antiguo tratamiento de respeto que se ponía delante del nombre.

maestría *s. f.* **1.** Habilidad, destreza. **2.** Título o grado de maestro en un oficio. **SIN.** **1.** Pericia. **ANT.** **1.** Impericia.

maestro, tra *s. m.* y *f.* **1.** Persona que enseña a otras, sobre todo a los niños. **2.** Persona con mucha autoridad y conocimientos en una materia. ‖ *s. m.* **3.** Persona que ha alcanzado el grado más alto en un oficio. **4.** Compositor de música o director de orquesta. **5.** Matador de toros. ‖ *adj.* **6.** Muy bien hecho. **SIN.** **1.** Profesor. **5.** Diestro, espada. **6.** Magistral.

mafia *s. f.* **1.** Organización criminal de origen siciliano. **2.** Grupo de personas que se organiza para hacer cosas ilegales o controlar un negocio o actividad.

mafioso, sa *adj.* y *s.* De la mafia.

magacín, magazín o *magazine* (*magazine* es ingl.) *s. m.* **1.** Revista informativa con fotos. **2.** Programa de radio o televisión en el que se ofrece información, entrevistas y variedades.

magdalena *s. f.* Bollo hecho con harina, aceite, leche y huevo y que se cuece al horno en pequeños moldes. ☐ Se escribe también *madalena.*

magenta *adj.* y *s. m.* Color mezcla de rojo y azul.

magia *s. f.* **1.** Arte con que se pretende hacer cosas prodigiosas por medio de brujería o fuerzas extrañas de la naturaleza. **2.** Arte y espectáculo en que se realizan mediante trucos cosas que parecen imposibles. **3.** Atractivo, encanto. ‖ **4. magia negra** Hechicería, brujería. **SIN. 1.** Ocultismo. **2.** Prestidigitación. **3.** Seducción, fascinación.

magiar *adj.* y *s.* **1.** Húngaro. **2.** De un pueblo procedente de las llanuras situadas entre Europa y Asia, que llegó a Europa a finales del siglo IX.

mágico, ca *adj.* **1.** De la magia. **2.** Maravilloso, sorprendente: *La lectura nos proporciona momentos mágicos.* **SIN. 2.** Fascinante, fabuloso, deslumbrante.

magín *s. m. fam.* Imaginación, inteligencia. **SIN.** Ingenio.

magisterio *s. m.* **1.** Profesión y actividad de un maestro o un profesor. **2.** Conjunto de estudios para obtener el título de maestro en educación infantil o primaria. **3.** Autoridad moral o intelectual.

magistrado, da *s. m.* y *f.* **1.** Juez. **2.** Miembro de un tribunal superior de justicia.

magistral *adj.* **1.** Hecho con maestría. **2.** De un maestro o del magisterio. **SIN. 1.** Perfecto, genial.

magistratura *s. f.* **1.** Los magistrados de un país. **2.** Cargo de magistrado.

magma *s. m.* Masa de rocas fundidas a causa de la presión y la temperatura, que se encuentra en las zonas más profundas de la corteza terrestre. Forma la lava de los volcanes.

magnanimidad *s. f.* Característica de magnánimo. **SIN.** Generosidad.

magnánimo, ma *adj.* Noble y generoso, sobre todo para perdonar. **ANT.** Ruin.

magnate *s. m.* y *f.* Financiero, industrial o empresario muy importante.

magnesia *s. f.* Sustancia blanca compuesta de magnesio; se emplea en la industria por su resistencia al calor y, también, en medicina como purgante.

magnesio *s. m.* Metal de color blanco que arde con una llama muy brillante, por lo que se usa, por ejemplo, para hacer bengalas. Se encuentra en algunos líquidos, como la leche y la sangre. Es un elemento químico.

magnético, ca *adj.* Del magnetismo.

magnetismo *s. m.* **1.** Propiedad que tienen los imanes de atraer metales y conjunto de fenómenos relacionados con esta propiedad. **2.** Fuerte atractivo o influencia que ejerce alguien. **SIN. 2.** Carisma.

magnetita *s. f.* Piedra imán; mineral de hierro, de color negro, pesado y con propiedades magnéticas.

magnetizar *v.* Comunicar a un cuerpo la propiedad de atraer metales. **SIN.** Imantar. **ANT.** Desmagnetizar.

magnetófono o **magnetofón** *s. m.* Aparato para grabar sonidos en una cinta magnética y reproducirlos. **SIN.** Grabadora.

magnetoscopio *s. m.* Aparato que graba y reproduce sonidos e imágenes de vídeo sobre una cinta magnética.

magnicida *adj.* y *s.* Persona que comete magnicidio.

magnicidio *s. m.* Asesinato de alguien muy importante por su cargo o poder.

magnificar *v.* Exagerar, agrandar.

magnificencia *s. f.* **1.** Grandiosidad, esplendor. **2.** Generosidad.

magnífico, ca *adj.* Muy bueno. **SIN.** Extraordinario, excelente. **ANT.** Pésimo.

magnitud *s. f.* **1.** Medida de las cosas, como la longitud o el peso. **2.** Tamaño, importancia o intensidad. **SIN. 2.** Dimensión, proporción.

magno, na *adj.* Grande o importante. **SIN.** Soberbio. **ANT.** Insignificante.

magnolia *s. f.* **1.** Árbol perenne, de flores blancas grandes y frutos con semillas rojas. **2.** Flor de este árbol.

magnolio *s. m.* Magnolia, árbol.

mago, ga *s. m.* y *f.* **1.** Persona que practica la magia o hace trucos de magia. ‖ *adj.* y *s. m.* **2.** Cada uno de los tres reyes de Oriente que adoraron a Jesús en Belén. **SIN. 1.** Brujo; prestidigitador, ilusionista.

magrear *v. vulg.* Tocar mucho a una persona, sobre todo con intención sexual. **SIN.** Sobar, toquetear.

magrebí *adj.* y *s.* Del Magreb, región del norte de África que comprende Marruecos, Argelia y Túnez.

magret (fr.) *s. m.* Pechuga de oca o de pato.

magro, gra *adj.* **1.** Se dice de la carne sin grasa ni nervios. ‖ *s. m.* **2.** Carne de cerdo que está junto al lomo.

maguey *s. m. Amér.* Pita, planta.

magulladura *s. f.* Contusión, cardenal.

magullar *v.* Causar magulladuras.

mahometano, na *adj.* y *s.* Musulmán.

mahonés, sa *adj.* y *s.* De Mahón, ciudad de la isla de Menorca (España).

mahonesa *s. f.* Mayonesa.

maicena (marca registrada) *s. f.* Harina fina de maíz.

mail (ingl.) *s. m.* Correo electrónico. Ver **correo**.

mailing (ingl.) *s. m.* Envío de información o de publicidad por correo a muchas personas.

maillot (del fr.) *s. m.* **1.** Camiseta de ciclista. **2.** Prenda elástica muy ajustada, usada en gimnasia o *ballet*.

mainel s. m. Parteluz.

maitines s. m. pl. Oraciones que los religiosos rezan antes del amanecer.

maître (fr.) s. m. y f. Jefe de comedor de un restaurante o un hotel.

maíz s. m. **1.** Planta anual de tallo alto, recto y fuerte, hojas grandes y fruto en mazorca con muchas semillas amarillas comestibles, de las que también se saca aceite. **2.** Estas semillas.

maizal s. m. Campo de maíz.

majada s. f. Lugar en el campo adonde se lleva al ganado por la noche.

majadería s. f. Tontería, estupidez.

majadero, ra adj. y s. Tonto, estúpido. **SIN.** Imbécil. **ANT.** Inteligente.

majar v. Machacar.

majara o **majareta** adj. y s. fam. Loco.

majestad s. f. Tratamiento que se da a Dios y a los reyes y emperadores.

majestuosidad s. f. Característica de majestuoso. **SIN.** Grandiosidad.

majestuoso, sa adj. Muy elegante, grandioso, solemne. **SIN.** Señorial, fastuoso.

majo, ja adj. **1.** Agradable, bueno, bonito. ‖ s. m. y f. **2.** Personaje del siglo XVIII típico de Madrid. **SIN. 1.** Simpático. **ANT. 1.** Desagradable; feo.

majorero, ra adj. y s. De la isla de Fuerteventura, en las Canarias.

majorette (fr.) s. f. Chica con uniforme que desfila en algunas celebraciones.

majuela s. f. Fruto del majuelo; es una bolita roja y dulce.

majuelo s. m. Arbusto silvestre de hoja caduca, ramas espinosas y florecillas blancas. Su fruto se llama *majuela*.

maketo, ta (vasco) adj. y s. desp. Maqueto.

mal adj. **1.** apóc. de **malo.** ‖ s. m. **2.** Lo contrario del bien, las cosas malas. **3.** Enfermedad. ‖ adv. **4.** Al contrario de bien: *portarse mal.* **5.** Difícilmente: *Mal puedes aprobar si no estudias.* ‖ **6. mal de ojo** Daño que se cree causado por la mirada de alguien. ‖ **LOC. menos mal** Expresa alivio. **ni un mal** Ni siquiera: *No nos dieron ni un mal vaso de agua.* **tomar a mal** una cosa Ofenderse por ella. **SIN. 2.** Maldad, perversidad. **4.** Erróneamente, injustamente. **ANT. 1.** Buen. **2.** Bondad; beneficio. **4.** Perfectamente.

malabar Se usa en la expresión **juegos malabares,** ejercicios que consisten en lanzar objetos al aire y recogerlos o mantenerlos en equilibrio.

malabarismos s. m. pl. **1.** Juegos malabares. Ver **malabar. 2.** Acciones complicadas y difíciles. **SIN. 2.** Virguerías.

malabarista s. m. y f. Persona que hace juegos malabares.

malacitano, na adj. y s. Malagueño.

malacostumbrar v. **1.** Acostumbrar a una persona a tener todos los caprichos que quiere. **2.** Hacer que una persona adquiera malos hábitos y costumbres. **SIN. 1.** Malcriar. **2.** Viciar, pervertir.

málaga s. m. Vino dulce elaborado en la provincia de Málaga.

malagueña s. f. Tipo de cante y baile andaluz, propio de la provincia de Málaga.

malagueño, ña adj. y s. De Málaga, ciudad y provincia españolas.

malaje adj. y s. **1.** Sin gracia. **2.** Que tiene mala intención. **SIN. 2.** Malo, perverso. **ANT. 2.** Ángel.

malandrín, na adj. y s. Malo, granuja. **SIN.** Bribón, malvado.

malaquita s. f. Mineral verde brillante con manchas de diversos tonos. Se usa para hacer joyas y objetos de adorno.

malaria s. f. Paludismo.

malasio, sia adj. y s. De Malasia, país de Asia. **SIN.** Malayo.

malasombra adj. y s. fam. Persona que tiene mala idea o intención. **SIN.** Malaje.

malayo, ya adj. y s. **1.** De la península de Malaca y de Malasia, país de Asia. ‖ s. m. **2.** Lengua de este país. **SIN. 1.** Malasio.

malbaratar v. Malvender o malgastar.

malcomer v. Comer poco y mal.

malcriado, da 1. p. de **malcriar.** ‖ adj. y s. **2.** Maleducado, consentido.

malcriar v. Educar mal a los hijos dándoles todos los caprichos. **SIN.** Consentir, mimar, maleducar.

maldad s. f. **1.** Característica de las personas malas. **2.** Mala acción. **SIN. 1.** Perversidad. **ANT. 1.** Bondad.

maldecir v. Echar o decir maldiciones. □ Es v. irreg. Se conjuga como *decir,* excepto la 2.ª pers. del sing. del imperativo: *maldice,* y el futuro de indicativo, el condicional y el participio, que son regulares. **ANT.** Bendecir.

maldición s. f. **1.** Daño o castigo que se cree causado por una fuerza mágica. **2.** Palabras con las que se muestra odio o enfado. ‖ interj. **3.** Expresa enfado o sorpresa desagradable. **SIN. 1.** Maleficio, hechizo, encantamiento. **ANT. 1.** y **2.** Bendición.

maldito, ta adj. **1.** Se emplea en algunas expresiones de enfado o desagrado: ¡Maldita sea! ∥ adj. y s. **2.** Malvado. **3.** Castigado por una maldición. **ANT. 1.** y **2.** Bendito.

maleable adj. **1.** Se dice del metal del que pueden hacerse láminas fácilmente. **2.** Que se puede modelar con facilidad. **SIN. 2.** Dúctil. **ANT. 2.** Rígido.

maleante s. m. y f. Delincuente.

malear v. **1.** Hacer que una persona se haga mala o adquiera malas costumbres. **2.** Estropear o echar a perder una cosa. **SIN. 1.** Pervertir, corromper.

malecón s. m. Muro que protege la entrada de un puerto. **SIN.** Espigón.

maledicencia s. f. Hecho de murmurar o hablar mal de los demás. **SIN.** Murmuración.

maledicente adj. y s. Que murmura o habla mal de otros.

maleducado, da 1. p. de **maleducar.** ∥ adj. y s. **2.** Que demuestra mala educación. **SIN. 2.** Grosero, descortés. **ANT. 2.** Educado.

maleducar v. Educar mal a alguien, sobre todo a un niño. **SIN.** Malcriar.

maleficio s. m. Palabras o acciones de brujería para causar daño. **SIN.** Encantamiento.

maléfico, ca adj. Perjudicial, dañino. **SIN.** Malo, nocivo. **ANT.** Bueno.

malencarado, da adj. y s. Que tiene una cara desagradable o que asusta.

malentendido s. m. Confusión que se produce por entender mal una cosa. **SIN.** Equivocación.

malestar s. m. Sensación de encontrarse mal, enfermo o molesto.

maleta s. f. **1.** Especie de caja con asa para llevar la ropa y otras cosas en los viajes. ∥ adj. y s. **2.** fam. Persona torpe.

maletero s. m. **1.** Espacio en los coches para meter el equipaje. **2.** Armario empotrado en la parte alta de la pared. **SIN. 2.** Altillo.

maletilla s. m. y f. Joven que está empezando en la profesión de torero.

maletín s. m. Maleta pequeña, que se usa sobre todo para llevar papeles y documentos. **SIN.** Portafolios.

malevolencia s. f. Maldad.

malévolo, la adj. y s. Malvado. **SIN.** Perverso, maligno. **ANT.** Bondadoso.

maleza s. f. **1.** Malas hierbas que crecen en los sembrados. **2.** Vegetación abundante. **SIN. 2.** Espesura.

malformación s. f. Parte del cuerpo mal formada.

malgache adj. y s. **1.** De Madagascar, isla y país de África. ∥ s. m. **2.** Lengua que se habla en este país.

malgastar v. Gastar inútilmente. **SIN.** Dilapidar, despilfarrar. **ANT.** Ahorrar.

malhablado, da adj. y s. Que dice muchos tacos y expresiones groseras.

malhechor, ra adj. y s. Delincuente. **SIN.** Maleante, rufián. **ANT.** Bienhechor.

malherir v. Herir gravemente a una persona. □ Es v. irreg. Se conjuga como sentir.

malhumor s. m. Estado de la persona que está de mal humor o que se enfada con facilidad.

malhumorado, da adj. De mal humor. **SIN.** Enfadado; gruñón. **ANT.** Contento.

malicia s. f. Picardía o maldad. **SIN.** Perversidad. **ANT.** Ingenuidad.

maliciarse v. Sospechar: Se malició que estaban desviando fondos y acertó.

malicioso, sa adj. y s. Que tiene malicia. **SIN.** Pícaro; malévolo. **ANT.** Ingenuo.

maligno, na adj. y s. **1.** Malvado. **2.** Grave, que causa mucho daño o perjuicio. **SIN. 1.** Malo, perverso. **2.** Perjudicial, dañino. **ANT. 1.** Bueno. **2.** Benigno.

malintencionado, da adj. y s. Que tiene mala intención. **SIN.** Malicioso, maligno.

malinterpretar v. Entender de forma equivocada lo que otro hace o dice.

malla s. f. **1.** Tejido en forma de red. **2.** Traje, medias o pantalones deportivos elásticos y muy ajustados al cuerpo.

mallorquín, na adj. y s. **1.** De Mallorca, isla de España. ∥ s. m. **2.** Variedad del catalán hablada en Mallorca.

malmeter v. **1.** Hacer o decir cosas para enfrentar o enemistar a otras personas. **2.** Animar a alguien a hacer algo malo. **SIN. 2.** Inducir, instigar.

malnacido, da adj. y s. Canalla. **SIN.** Despreciable, indeseable. **ANT.** Bueno.

malo, la adj. y s. **1.** Que no es bueno o no está bueno. ∥ adj. **2.** Enfermo. ∥ **LOC. de malas** De mal humor. **por las malas** Por la fuerza. **SIN. 1.** Imperfecto; deteriorado; adverso; dañino; malvado. **2.** Indispuesto. **ANT. 1.** Beneficioso; favorable; bondadoso. **2.** Sano.

malogrado, da 1. p. de **malograr.** También adj. ∥ adj. **2.** Se dice de la persona que muere joven.

malograr v. **1.** Echar a perder, estropear o desaprovechar: Va a malograr su futuro. ∥ **2.** No cumplirse o completarse algo. **SIN. 1.** Fastidiar. **2.** Fracasar.

maloliente *adj.* Que huele mal. **SIN.** Apestoso, fétido, hediondo.

malparado, da *adj.* Muy perjudicado. **SIN.** Maltrecho.

malpensado, da *adj.* y *s.* Que siempre piensa mal de los demás. **SIN.** Desconfiado, malicioso. **ANT.** Confiado.

malqueda *s. m.* y *f. fam.* Persona informal que queda mal con los demás. **ANT.** Formal, cumplidor.

malquistar *v.* Enemistar, enfrentar.

malsano, na *adj.* **1.** Malo para la salud. **2.** Propio de un enfermo o de un loco: *una afición malsana.* **SIN. 1.** Insano, insalubre. **2.** Enfermizo, morboso. **ANT. 1.** y **2.** Sano, saludable.

malsonante *adj.* Que suena mal; se dice sobre todo de las palabrotas.

malta *s. f.* Cereal tostado, generalmente cebada, que se usa para hacer cerveza y para tomarlo en lugar del café.

maltés, sa *adj.* y *s.* **1.** De Malta, isla y país de Europa. ‖ *s. m.* **2.** Lengua que se habla en Malta.

maltraer Se usa en la expresión **tener** o **traer a maltraer**, 'molestar', 'hacer sufrir'.

maltratar *v.* Tratar mal, causar daño. **SIN.** Estropear, perjudicar. **ANT.** Cuidar.

maltrato *s. m.* Acción de maltratar.

maltrecho, cha *adj.* En mal estado. **SIN.** Destrozado, malparado.

malva *s. f.* **1.** Planta con hojas de color verde intenso y flores violetas. ‖ *s. m.* **2.** Color violeta suave. ‖ **LOC. criando malvas** Muerto y enterrado.

malvado, da *adj.* y *s.* Muy malo, capaz de hacer daño a los demás. **SIN.** Perverso, desalmado. **ANT.** Bueno.

malvarrosa *s. f.* Planta ornamental de flores grandes de color rojo, blanco o rosa.

malvasía *s. f.* **1.** Tipo de uva dulce y olorosa. **2.** Vino hecho con esta uva.

malvavisco *s. m.* Hierba de tallo y hojas aterciopelados y grandes flores rosáceas. Crece en la península ibérica, junto a las acequias y en las costas.

malvender *v.* Vender una cosa por mucho menos de lo que vale.

malversación *s. f.* Acción de malversar el dinero de otros.

malversar *v.* Quedarse o gastar mal una persona el dinero que administra por cuenta ajena.

malvivir *v.* Vivir mal, pobremente.

mama *s. f.* **1.** Órgano de las hembras de los mamíferos por donde sale la leche con que alimentan a sus crías. **2.** *fam.* Mamá. **SIN. 1.** Teta, seno, pecho, ubre.

mamá *s. f. fam.* Nombre cariñoso que se da a las madres.

mamar *v.* **1.** Chupar las crías de los mamíferos la leche de las mamas de la madre. **2.** Aprender o adquirir algo desde la infancia: *Su pasión por la música la ha mamado desde pequeña.* ‖ **mamarse 3.** *vulg.* Emborracharse.

mamario, ria *adj.* Relacionado con las mamas de las hembras.

mamarrachada *s. f.* Acción o cosa fea, ridícula o mal hecha. **SIN.** Mamarracho.

mamarracho *s. m.* **1.** Persona ridícula. **2.** Cosa fea, ridícula o mal hecha. **SIN. 1.** Espantajo, fantoche. **1.** y **2.** Adefesio. **ANT. 2.** Maravilla.

mambo *s. m.* Música y baile de origen cubano que tiene mucho ritmo.

mamella *s. f.* Cada uno de los dos apéndices alargados que cuelgan del cuello de la cabra y de otros animales.

mameluco *adj.* y *s. m.* **1.** Soldado egipcio de un cuerpo de caballería creado por Napoleón en el siglo XIX. **2.** *fam.* Tonto, torpe. **SIN. 2.** Necio, bobo.

mamífero, ra *adj.* y *s. m.* Se dice de los animales vertebrados, vivíparos, homeotermos, que tienen el cuerpo cubierto de pelo y dan de mamar a sus crías.

mamón, na *adj.* y *s.* **1.** En edad de mamar. **2.** *vulg.* Persona despreciable.

mamotreto *s. m.* **1.** Libro de muchas páginas. **2.** Cosa muy grande o que estorba. **SIN. 2.** Trasto, armatoste.

mampara *s. f.* Pared o plancha que hace una separación en un recinto.

mamparo *s. m.* Cada uno de los tabiques que dividen en compartimentos el interior de un barco.

mamporro *s. m. fam.* Golpe, tortazo.

mampostería *s. f.* Obra de piedras unidas con argamasa, sin formar hileras.

mamut *s. m.* Animal prehistórico parecido a un elefante, muy grande, peludo y con dos enormes colmillos.

maná *s. m.* Alimento que, según la Biblia, Dios envió desde el cielo a los hebreos para que no murieran de hambre camino de la tierra prometida.

manada *s. f.* **1.** Grupo de animales de la misma especie que van juntos. **2.** Grupo grande de gente.

manejar

mánager (del ingl.) *s. m.* y *f.* Persona que se ocupa de los contratos de un artista o de un deportista. **SIN.** Representante, apoderado.

manantial *s. m.* Corriente de agua que sale de forma natural de la tierra. **SIN.** Fuente.

manar *v.* Salir un líquido de algún sitio. **SIN.** Fluir, surgir.

manatí *s. m.* Animal mamífero parecido a una foca, pero más grueso, que vive en las desembocaduras de los grandes ríos en América del Sur y África.

manaza *s. f.* **1.** *aum.* de mano. || **manazas** *adj.* y *s.* **2.** Torpe con las manos. **ANT. 2.** Manitas.

mancar *v.* Inutilizar una mano u otro miembro. **SIN.** Lisiar, tullir.

mancebo, ba *s. m.* y *f.* **1.** Aprendiz o dependiente, sobre todo de farmacia. || *s. m.* **2.** Chico, muchacho. || *s. f.* **3.** Concubina. **SIN. 1.** Joven. **1.** y **2.** Mozo.

mancha *s. f.* **1.** Señal que deja la suciedad u otra cosa. **2.** Parte de una superficie de distinto color que el resto. **3.** Vergüenza, deshonra. **SIN. 1.** Marca, lamparón. **3.** Deshonor. **ANT. 3.** Honor.

manchar *v.* Echar manchas, ensuciar. **SIN.** Pringar, tiznar. **ANT.** Limpiar.

manchego, ga *adj.* y *s.* **1.** De La Mancha, región de España. || *adj.* y *s. m.* **2.** Queso típico de esta región.

mancilla *s. f.* Mancha o daño en el honor de alguien. **SIN.** Deshonra.

mancillar *v.* Dañar el honor de alguien.

manco, ca *adj.* y *s.* **1.** Persona a la que le falta un brazo o una mano, o los dos, o los tiene inútiles. || *adj.* **2.** Incompleto. **SIN. 2.** Defectuoso. **ANT. 2.** Completo.

mancomún Se utiliza en la expresión **de mancomún**, que significa 'de común acuerdo entre varias personas'.

mancomunidad *s. f.* Asociación de personas o grupos que tienen fines o intereses comunes. **SIN.** Agrupación, federación.

mancuerna *s. f.* Pesa de mano que se usa en gimnasia.

mandado, da 1. *p.* de mandar. También *adj.* || *s. m.* y *f.* **2.** Persona que solo cumple órdenes. || *s. m.* **3.** Recado.

mandamás *s. m.* y *f. fam.* Jefe.

mandamiento *s. m.* **1.** Orden o regla que hay que cumplir. **2.** Cada una de las diez normas de la ley de Dios y de las cinco de la Iglesia católica. **SIN. 1.** Mandato, disposición.

mandanga *s. f.* **1.** Lentitud o tranquilidad excesiva. || *s. f. pl.* **2.** Tonterías o cuentos. **SIN. 1.** Pachorra.

mandar *v.* **1.** Decir a alguien lo que tiene que hacer. **2.** Hacer que llegue una cosa a alguien o que una persona vaya a otro lugar. **SIN. 1.** Ordenar, decretar. **2.** Enviar, remitir, expedir.

mandarín *s. m.* **1.** Funcionario importante de la antigua China. **2.** Dialecto chino que se habla en el norte del país.

mandarina *s. f.* Fruto del mandarino, parecido a una naranja pequeña.

mandarino *s. m.* Árbol frutal que da la mandarina.

mandatario, ria *s. m.* y *f.* Gobernante.

mandato *s. m.* **1.** Lo que alguien manda hacer. **2.** Tiempo que dura un cargo. **SIN. 1.** Orden, mandamiento, disposición.

mandíbula *s. f.* **1.** Cada uno de los dos huesos curvos que forman la boca de los vertebrados. **2.** Parte de la cara donde están estos huesos. **3.** Cada una de las dos piezas duras que forman la boca de otros animales, como los insectos. **SIN. 1.** Maxilar, quijada.

mandil *s. m.* Delantal que se usa en algunos oficios para no mancharse.

mandioca *s. f.* Planta americana que tiene unos tubérculos parecidos a los de la patata, de los que se saca la tapioca. **SIN.** Yuca.

mando *s. m.* **1.** Autoridad para dar órdenes. **2.** Persona o grupo con esta autoridad. **3.** Dispositivo con que se maneja un aparato, vehículo, mecanismo. **SIN. 1.** Gobierno. **2.** Jefe, superior. **ANT. 2.** Inferior, subordinado.

mandoble *s. m.* Golpe dado con una espada, cogiéndola con las dos manos.

mandolina *s. f.* Instrumento musical parecido a una guitarra pequeña, pero con la caja ovalada y redondeada por detrás.

mandón, na *adj.* y *s.* Se dice de la persona a la que le gusta mucho mandar. **SIN.** Marimandona.

mandrágora *s. f.* Planta sin tallo, con hojas grandes y arrugadas y raíz gruesa de formas muy distintas. Fue utilizada por brujas y hechiceros.

mandril *s. m.* Mono africano de gran tamaño, pelo pardo y hocico alargado, con la nariz roja y rodeada de pliegues azul claro brillante y las nalgas de estos mismos colores.

manduca *s. f. fam.* Comida.

manducar *v. fam.* Comer.

manecilla *s. f.* Aguja o flecha indicadora del reloj y de otros aparatos.

manejable *adj.* Fácil de manejar.

manejar *v.* **1.** Usar o mover alguna cosa con las manos o por otros medios. **2.** Dirigir, mandar. || **manejarse 3.** Saber cómo actuar, desenvolverse. **SIN. 1.** Manipular. **2.** Llevar. **3.** Arreglarse.

manejo *s. m.* **1.** Acción de manejar una cosa. **2.** Trampa, chanchullo. **SIN. 1.** Utilización, uso, empleo. **2.** Tejemaneje.

manera *s. f.* **1.** Forma en que se hace o sucede una cosa. || *s. f. pl.* **2.** Modales, educación. || **3. manera de ser** Carácter o forma de comportarse. || **LOC. de ninguna manera** No, en absoluto. **SIN. 1.** Método, procedimiento. **1.** y **2.** Modo(s).

manga[1] *s. f.* **1.** Parte de una prenda de vestir que cubre el brazo. **2.** Manguera. **3.** Cada una de las partes en que se dividen algunas competiciones deportivas. **4.** Embudo de tela con una boquilla que se rellena de crema, nata u otra cosa y sirve para hacer adornos en tartas y otros platos: *manga pastelera*. **5.** Anchura de un barco. || **6. manga ancha** Hecho de permitir demasiado. || **LOC. manga por hombro** Con mucho desorden. **sacarse** algo **de la manga** Decir o mostrar algo que no es cierto o que es inventado.

manga[2] (del jap.) *s. m.* **1.** Cómic japonés y, por extensión, películas de animación, videojuegos, etc., basados en estos cómics o que siguen su estética. || *adj.* **2.** Relacionado con este tipo de cómic, películas o estética.

manganeso *s. m.* Metal gris claro, brillante, duro pero fácil de romper. Se usa mezclado con el hierro para fabricar acero. Es un elemento químico.

mangante *adj.* y *s. fam.* Que manga. **SIN.** Ladrón, chorizo.

mangar *v. fam.* Robar, quitar.

manglar *s. m.* Vegetación adaptada a la sal del mar, que crece en las zonas pantanosas de las costas tropicales.

mangle *s. m.* Árbol de los manglares, de ramas largas que llegan al suelo y muchas raíces que están al aire.

mango[1] *s. m.* Pieza larga por donde se agarran algunos utensilios.

mango[2] *s. m.* **1.** Árbol tropical de corteza oscura y lisa, que da un fruto de olor agradable y sabor muy dulce. **2.** Fruto de este árbol.

mangonear *v.* Meterse alguien en los asuntos de otras personas, intentando dirigirlos.

mangoneo *s. m.* Hecho de mangonear.

mangosta *s. f.* Animal mamífero de pequeño tamaño, pelo rojizo o gris, cola larga y patas cortas. Es muy ágil y caza serpientes, de las que se alimenta.

manguera *s. f.* Tubo largo de goma u otro material flexible en el que por un lado entra un líquido y por el otro, sale. **SIN.** Manga.

manguito *s. m.* **1.** Prenda en forma de tubo que usaban las mujeres para abrigar las manos. **2.** Prenda que cubría el antebrazo y se usaba en las oficinas para no mancharse de tinta las mangas. **3.** Tubo con que se unen dos piezas cilíndricas. **4.** Flotador que se pone en los brazos.

maní *s. m.* Cacahuete.

manía *s. f.* **1.** Obsesión muy fuerte que hace que alguien se comporte de forma rara. **2.** Costumbre o conducta extraña. **3.** Afición o deseo muy grandes. **4.** *fam.* Antipatía, odio. **SIN. 2.** Vicio. **4.** Rabia, ojeriza. **ANT. 3.** Desinterés. **4.** Simpatía.

maniaco, ca o **maníaco, ca** *adj.* y *s.* Se dice de la persona que tiene una manía que le hace comportarse de forma extraña o incluso peligrosa. **SIN.** Obseso, psicópata.

maniatar *v.* Atar las manos.

maniático, ca *adj.* y *s.* Que tiene una manía muy fuerte o muchas manías.

manicomio *s. m.* Hospital o clínica para enfermos con trastornos mentales. **SIN.** Psiquiátrico.

manicura *s. f.* Cuidado y arreglo de las manos, sobre todo de las uñas.

manicuro, ra *s. m.* y *f.* Persona que trabaja haciendo la manicura a otras.

manido, da *adj.* **1.** Tópico, trillado. **2.** Estropeado por el uso. **SIN. 2.** Sobado, ajado. **ANT. 1.** y **2.** Nuevo.

manifestación *s. f.* **1.** Acción de manifestar. **2.** Multitud que se reúne en un sitio o sale por las calles para protestar o pedir alguna cosa. **SIN. 1.** Expresión, demostración.

manifestante *s. m.* y *f.* Persona que va a una manifestación.

manifestar *v.* **1.** Expresar, mostrar, dar a conocer. || **manifestarse 2.** Hacer una manifestación o participar en ella. □ Es v. irreg. Se conjuga como *pensar*. **SIN. 1.** Decir, declarar. **ANT. 1.** Callar.

manifiesto, ta *adj.* **1.** Claro, evidente. || *s. m.* **2.** Escrito en que una persona o un grupo manifiesta sus ideas sobre algo. **SIN. 1.** Patente. **2.** Declaración, proclama. **ANT. 1.** Oculto.

manigua *s. f.* En Cuba, terreno con mucha maleza.

manija *s. f.* Mango o manivela de algunas herramientas e instrumentos.

manilla *s. f.* **1.** Asa del picaporte. **2.** Manecilla de los relojes. **SIN. 1.** Tirador. **2.** Aguja.

manillar *s. m.* Pieza de las bicicletas y las motocicletas que sirve para dirigirlas. **SIN.** Guía.

mantecoso

maniobra *s. f.* **1.** Lo que se hace para mover una cosa o manejar una máquina o vehículo. **2.** Trampa o chanchullo. || *s. f. pl.* **3.** Prácticas de operaciones militares. **SIN. 1.** Operación, manipulación. **2.** Manejo, tejemaneje.

maniobrar *v.* Hacer maniobras para mover o manejar algo. **SIN.** Manipular, operar.

manipulación *s. f.* Acción de manipular. **SIN.** Maniobra.

manipular *v.* **1.** Manejar con las manos o usando herramientas o instrumentos. **2.** Influir en alguien o cambiar las cosas para conseguir un fin, generalmente con trampas y engaños. **SIN. 1.** Maniobrar, operar. **2.** Falsear.

maniqueo, a *adj. y s.* Que considera o presenta a las personas y cosas como buenas o malas, sin término medio.

maniquí *s. m.* **1.** Muñeco como los que sirven para mostrar la ropa en las tiendas o los que utilizan modistas y sastres para probar los trajes. || *s. m. y f.* **2.** Persona que trabaja como modelo de costura.

manirroto, ta *adj. y s.* Derrochador. **SIN.** Despilfarrador. **ANT.** Ahorrador.

manisero, ra *s. m. y f. Amér.* Vendedor de manises o cacahuetes.

manita *s. f.* **1.** *dim.* de mano. || **manitas** *adj. y s.* **2.** *fam.* Hábil trabajando con las manos. || **LOC. hacer manitas** Tocarse las manos cariñosamente una pareja. **ANT. 2.** Manazas.

manito *s. m.* En México, compadre.

manivela *s. f.* Pieza doblada en ángulo recto que sirve para hacer girar otra o para hacer funcionar un mecanismo. **SIN.** Manubrio.

manjar *s. m.* Cosa de comer, sobre todo si es muy buena. **SIN.** Ambrosía, exquisitez, vianda.

mano *s. f.* **1.** Parte del cuerpo con la que agarramos y manejamos las cosas. **2.** Extremidad delantera de algunos animales. **3.** Capa de pintura u otra cosa parecida. **4.** Partida de cartas y jugador que la comienza. **5.** Intervención, influencia: *Aquí se nota la mano de un experto.* **6.** Habilidad: *tener mano para los negocios.* || **7. mano de obra** Obreros que hacen una cosa. **8. mano derecha** Ayudante de confianza. **9. mano dura** Dureza, severidad. **10. mano izquierda** Habilidad para tratar con los demás o solucionar cosas. **11. manos libres** Aparato o sistema que permite hablar por un teléfono sin utilizar las manos. || **LOC. a mano** Hecho con las manos, sin máquinas; también, cerca o en un lugar que viene bien; seguido de *derecha* e *izquierda*, al lado derecho o izquierdo. **a manos llenas** Con abundancia. **con las manos en la masa** En el momento en que se está haciendo algo malo: *atrapar con las manos en la masa.* **de**

segunda mano Usado. **echar una mano** Ayudar. **írsele** a alguien **la mano** Pasarse. **lavarse las manos** Desentenderse. **SIN. 6.** Maña.

manojo *s. m.* **1.** Conjunto de cosas alargadas que pueden sujetarse con una mano: *un manojo de hierba.* **2.** Conjunto de cosas agrupadas: *un manojo de llaves.* **SIN. 1.** Haz, puñado.

manoletina *s. f.* Zapato plano de mujer que recuerda al que llevan los toreros.

manómetro *s. m.* Instrumento para medir la presión de líquidos y gases.

manopla *s. f.* Guante sin separaciones para los dedos, excepto el pulgar.

manosear *v.* Tocar mucho con las manos a una persona o cosa. **SIN.** Sobar, toquetear.

manoseo *s. m.* Acción de manosear.

manotada o **manotazo** *s. f. o m.* Golpe que se da con la mano abierta. **SIN.** Bofetada, cachete.

manotear *v.* **1.** Dar golpes con las manos. **2.** Mover mucho las manos.

mansalva Se usa en la expresión **a mansalva**, 'mucho', 'en gran cantidad'.

mansedumbre *s. f.* Característica de manso. **SIN.** Docilidad. **ANT.** Rebeldía.

mansión *s. f.* Casa grande y lujosa. **SIN.** Palacio.

manso, sa *adj.* **1.** Se dice del animal que no ataca a las personas o se puede domesticar fácilmente. **2.** Pacífico. **SIN. 1.** Dócil. **2.** Dulce, tranquilo. **ANT. 1.** Bravo. **2.** Guerrero.

manta *s. f.* **1.** Tela gruesa, grande y rectangular que sirve para abrigarse, sobre todo en la cama. **2.** Pez marino de gran tamaño, parecido a la raya, de cuerpo aplastado, con dos ensanchamientos a los lados en forma de alas, y unas prolongaciones en la cabeza que parecen cuernos. **3.** *fam.* Paliza, tunda: *una manta de palos.* || *s. m. y f.* **4.** *fam.* Persona muy torpe. || **LOC. a manta** Mucho. **tirar de la manta** Descubrir algo que se ocultaba.

mantear *v.* Poner a alguien sobre una manta y moverla con fuerza entre varios para lanzarlo hacia arriba.

manteca *s. f.* **1.** Grasa animal, sobre todo la del cerdo. **2.** Grasa de la leche. **3.** Grasa vegetal: *manteca de cacao.* **SIN. 1.** Unto. **2.** Mantequilla, nata.

mantecada *s. f.* Dulce esponjoso hecho con harina, huevos, azúcar y mantequilla.

mantecado *s. m.* **1.** Bollo amasado con manteca de cerdo. **2.** Especie de polvorón. **3.** Helado hecho con leche, azúcar y huevos.

mantecoso, sa *adj.* Que tiene manteca o que es blando y suave como la manteca.

mantel *s. m.* Pieza de tela que se pone sobre la mesa para comer.

mantelería *s. f.* Conjunto de mantel y servilletas a juego.

mantener *v.* **1.** Sujetar una cosa para que no se caiga o no se tuerza. **2.** Conservar, seguir: *mantener la calma.* **3.** Defender una opinión o idea. **4.** Pagar el dinero que necesita una persona o cosa: *mantener una familia.* **5.** Alimentar a un ser vivo. ‖ **mantenerse 6.** Permanecer alguien o algo sin caerse o torcerse. □ Es v. irreg. Se conjuga como *tener.* **SIN. 1.** Soportar, aguantar. **1.** y **3.** Sostener. **5.** Nutrir. **ANT. 1.** Soltar. **3.** Renegar.

mantenido, da 1. *p.* de **mantener**. También *adj* y *s.* ‖ *s. m.* y *f.* **2.** Persona que es amante de otra que le paga todos sus gastos.

mantenimiento *s. m.* **1.** Acción de mantener. **2.** Cuidados que necesita algo para conservarse. **SIN. 1.** Sostenimiento; manutención.

manteo *s. m.* Acción de mantear.

mantequería *s. f.* Tienda donde se vende mantequilla, quesos, fiambres y otros productos.

mantequilla *s. f.* Grasa que se obtiene de la nata de la leche y se usa como alimento.

mantilla *s. f.* **1.** Prenda de mujer que se pone sobre la cabeza y cae sobre los hombros. **2.** Prenda con que se envuelve a los bebés para abrigarlos. ‖ **LOC. estar** algo **en mantillas** Estar empezando o muy poco adelantado.

mantillo *s. m.* Tierra muy buena para las plantas, formada por estiércol y otros materiales orgánicos. **SIN.** Humus.

mantis *s. f.* Insecto alargado y estrecho, de color amarillento o verdoso. La hembra es mayor que el macho y lo devora después de aparearse con él. Se llama también *mantis religiosa.*

manto *s. m.* **1.** Capa grande que tapa desde la cabeza o los hombros hasta los pies. **2.** Capa de la Tierra, situada entre la corteza terrestre y el núcleo.

mantón *s. m.* **1.** Prenda que se ponen las mujeres sobre los hombros. ‖ **2. mantón de Manila** El de seda con bordados de colores vistosos.

mantra *s. m.* En el budismo y el hinduismo, sílabas o palabras rituales.

manual *adj.* **1.** Que se hace o se maneja con las manos. ‖ *s. m.* **2.** Libro con lo más importante de alguna materia. **ANT. 1.** Mecánico.

manualidades *s. f. pl.* Trabajos que se hacen con las manos, sobre todo los que se aprenden a hacer en la escuela.

manubrio *s. m.* Mango o manivela de algunos utensilios y aparatos.

manufactura *s. f.* **1.** Objeto fabricado a mano o con máquinas. **2.** Fábrica, taller. **SIN. 2.** Industria.

manufacturar *v.* Fabricar objetos. **SIN.** Elaborar, producir.

manumiso, sa *adj.* Se dice del esclavo al que se ha dado la libertad.

manumitir *v.* Liberar a un esclavo.

manuscrito, ta *adj.* **1.** Escrito a mano. ‖ *s. m.* **2.** Documento o libro escrito a mano. **3.** El original de un libro.

manutención *s. f.* Acción de mantener a una persona o una cosa. **SIN.** Mantenimiento, sustento.

manzana *s. f.* **1.** Fruto del manzano, redondo, de piel muy fina amarilla, verde o roja y carne blanca. **2.** Grupo de casas seguidas, rodeado de calles. **SIN. 2.** Bloque.

manzanilla *s. f.* **1.** Planta de flores muy olorosas, parecidas a las margaritas. **2.** Flor de esta planta y bebida que se prepara con ella. **3.** Vino blanco seco y aromático elaborado en Andalucía.

manzano *s. m.* Árbol que da manzanas.

maña *s. f.* **1.** Habilidad o destreza. **2.** Astucia o engaño para conseguir algo. **SIN. 1.** Mano, pericia. **2.** Treta, truco. **ANT. 1.** Torpeza.

mañana *adv.* **1.** En el día siguiente al de hoy. ‖ *adv.* y *s. m.* **2.** El futuro. ‖ *s. f.* **3.** Tiempo que va desde medianoche o desde el amanecer hasta mediodía. **SIN. 2.** Porvenir. **ANT. 2.** Ayer. **3.** Tarde, noche.

mañanero, ra *adj.* **1.** De la mañana. **2.** Madrugador.

mañanita *s. f.* **1.** Prenda femenina que se pone en los hombros, sobre el camisón. ‖ *s. f. pl.* **2.** Canción popular mexicana.

maño, ña *adj.* y *s. fam.* Aragonés.

mañoso, sa *adj.* Habilidoso. **SIN.** Diestro. **ANT.** Torpe.

maorí *adj.* y *s.* **1.** De un pueblo indígena de Nueva Zelanda, país de Oceanía. ‖ *s. m.* **2.** Lengua de este pueblo.

mapa *s. m.* Dibujo que representa la superficie de la Tierra o una zona de ella.

mapache *s. m.* Mamífero de color gris con una larga cola peluda a rayas blancas y oscuras y la cara blanca con una mancha alrededor de los ojos. Vive en América del Norte.

mapamundi *s. m.* Mapa que representa toda la superficie de la Tierra.

mapuche *adj.* y *s.* Araucano.

maqueta *s. f.* **1.** Modelo, generalmente en pequeño tamaño, de un edificio o de otra cosa. **2.** En artes gráficas, boceto de una obra

marca

con los textos y las imágenes tal como quedarán al imprimirla. **3.** Grabación definitiva de una canción o de un álbum completo, de la que se harán las diferentes copias.

maquetador, ra *s. m. y f.* **1.** Maquetista. ‖ *adj. y s. m.* **2.** Se dice del programa informático que sirve para maquetar.

maquetar *v.* Hacer la maqueta de un texto.

maquetista *s. m. y f.* Persona que se dedica profesionalmente a maquetar.

maqueto, ta (del vasco) *adj. y s. desp.* En el País Vasco, nombre que se da a las personas que viven allí, pero han nacido en otros lugares.

maquiavélico, ca *adj.* Que actúa con astucia y engaños para conseguir algo.

maquillador, ra *s. m. y f.* Persona que trabaja maquillando a otras.

maquillaje *s. m.* **1.** Acción de maquillar. **2.** Producto para maquillar.

maquillar *v.* **1.** Poner en la cara o el cuerpo productos para embellecerlos, disfrazarlos o para actuar en teatro, cine o televisión. **2.** Cambiar algo para que tenga otra apariencia: *Maquillaron los datos de la encuesta.* **ANT. 1.** Desmaquillar.

máquina *s. f.* **1.** Conjunto de piezas que funcionan juntas y sirven para realizar un trabajo o transformar una forma de energía en otra. **2.** Locomotora de tren. ‖ **LOC. a toda máquina** Con la máxima velocidad o potencia. **SIN. 1.** Aparato, artilugio.

maquinación *s. f.* Plan que se prepara para hacer algo malo. **SIN.** Intriga.

maquinal *adj.* Que se hace sin pensar. **SIN.** Inconsciente, mecánico.

maquinar *v.* Planear algo malo. **SIN.** Idear, tramar.

maquinaria *s. f.* **1.** Conjunto de máquinas. **2.** Mecanismo de un aparato.

maquinilla *s. f.* Instrumento o aparato para afeitarse.

maquinista *s. m. y f.* Persona que maneja algunas máquinas, sobre todo la que conduce una locomotora.

mar *s. amb.* **1.** Gran cantidad de agua salada que cubre la mayor parte de la superficie terrestre y cada una de las zonas en que se divide: *el mar Egeo.* **2.** Gran cantidad: *un mar de lágrimas, un mar de dudas.* ‖ **3. alta mar** Parte del mar lejos de la costa. ‖ **LOC. a mares** Mucho: *llover a mares.* **hacerse a la mar** Zarpar. **la mar de** Mucho o muchos.

marabú *s. m.* Ave africana muy alta, de patas largas y fuertes, alas grandes, pico largo y plumaje gris y blanco.

marabunta *s. f.* **1.** Cantidad enorme de hormigas que devoran todo lo que encuentra a su paso. **2.** *fam.* Mucho desorden o destrucción. **SIN. 2.** Tumulto.

maraca *s. f.* Instrumento musical que está formado por un mango con una bola llena de granos o semillas. Suena al agitarlo.

maracuyá *s. m.* Fruto tropical con muchas semillas.

maragato, ta *adj. y s.* De la Maragatería, comarca de León, en España.

marajá *s. m.* Antiguo rey o príncipe de algunos países de la India.

maraña *s. f.* **1.** Conjunto revuelto de pelos, hilos o cosas parecidas. **2.** Cosa muy complicada y difícil de solucionar. **SIN. 1.** Revoltijo. **1. y 2.** Lío, enredo. **2.** Confusión.

marasmo *s. m.* **1.** Paralización de la actividad. **2.** Gran confusión. **SIN. 1.** Suspensión. **2.** Caos.

maratón *s. amb.* **1.** Carrera en la que se corre una gran distancia, generalmente unos 42 kilómetros. **2.** Competición de resistencia: *un maratón de baile.* **3.** *fam.* Actividad larga e intensa que se desarrolla en una sola sesión: *una maratón de cine.*

maratoniano, na *adj.* Se dice de la actividad muy intensa, en la que no se para un momento. **SIN.** Agotador.

maravedí *s. m.* Antigua moneda española.

maravilla *s. f.* **1.** Cosa extraordinaria, que causa admiración. **2.** Planta de jardín con flores anaranjadas. Es una variedad de la caléndula. ‖ **LOC. a las mil maravillas** o **de maravilla** Muy bien. **SIN. 1.** Fenómeno, prodigio.

maravillar *v.* Causar asombro. **SIN.** Admirar, asombrar.

maravilloso, sa *adj.* Muy bueno. **SIN.** Estupendo, fantástico. **ANT.** Pésimo.

marbellí *adj. y s.* De Marbella, ciudad de España.

marbete *s. m.* Etiqueta que se pega en mercancías o equipajes, en la que se indican algunos datos o características.

marca *s. f.* **1.** Señal, símbolo o palabras que sirven para distinguir una cosa, saber a quién pertenece o quién la fabrica. **2.** Señal que deja algo. **3.** Resultado que obtiene un deportista en una prueba. ‖ **4. marca blanca** Marca propia de un supermercado o una cadena de distribución con la que vende productos a precios reducidos. ‖ **LOC. dejar marca** Influir mucho una cosa o un suceso en alguien. **SIN. 1.** Signo, indicador. **2.** Huella.

marcado, da 1. *p.* de **marcar**. También *adj.* ‖ **2.** Que se nota mucho. **SIN. 2.** Evidente, acusado. **ANT. 2.** Inapreciable.

marcador, ra *adj.* y *s.* **1.** Que marca. ‖ *s. m.* **2.** Tablero donde se anotan los tantos que se marcan en un partido.

marcaje *s. m.* Acción de marcar un jugador a un contrario para dificultar su juego.

marcapáginas *s. m.* Cartulina pequeña u otra cosa que se pone entre las páginas de un libro para saber por dónde se va.

marcapasos *s. m.* Pequeño aparato electrónico que llevan algunos enfermos del corazón para que pueda latir de forma adecuada.

marcar *v.* **1.** Poner o dejar una marca. **2.** Indicar o señalar. **3.** Formar un número con las teclas del teléfono. **4.** Meter un gol o lograr un tanto. **5.** En algunos deportes, mantenerse cerca de un jugador contrario para estorbar su juego. **6.** Hacer que se noten los pasos o el compás de un baile o de una marcha militar. **7.** Peinar y dar forma al pelo. ‖ **marcarse 8.** Hacer o decir: *Se marcó unas sevillanas. Se marca cada rollo...* **SIN. 1.** Señalizar.

marcha *s. f.* **1.** Acción de marchar o marcharse. **2.** Manera de marchar o velocidad con que se hace. **3.** Funcionamiento o desarrollo. **4.** *fam.* Animación o juerga: *tener marcha, irse de marcha.* **5.** Cada una de las posiciones del cambio de velocidades de un vehículo. **6.** Composición musical de ritmo muy marcado: *marcha militar.* **7.** En atletismo, modalidad de carrera en la que el deportista debe andar muy rápido, pero manteniendo siempre un pie en contacto con el suelo. ‖ **8. marcha atrás** Acción de retroceder un vehículo y mecanismo que lleva para poder hacerlo. ‖ **LOC. a marchas forzadas** Con mucha prisa. **sobre la marcha** Según se va haciendo. **SIN. 1.** Partida; caminata. **3.** Evolución. **4.** Parranda. **ANT. 1.** Parada.

marchador, ra *s. m.* y *f.* Deportista que compite en el deporte de la marcha.

marchamo *s. m.* **1.** Chapa o marca que se pone a un producto que ha pasado un control de calidad. **2.** Señal o etiqueta que se pone en la aduana a los bultos que han sido revisados.

marchante, ta *s. m.* y *f.* Persona que compra y vende, sobre todo la que comercia con obras de arte.

marchar *v.* **1.** Ir de un lugar a otro. **2.** Abandonar alguien un lugar. **3.** Funcionar, desarrollarse, desenvolverse. **SIN. 1.** Desplazarse, circular. **1.** y **3.** Andar. **2.** Partir. **ANT. 1.** Detenerse. **2.** Volver; permanecer.

marchitar *v.* **1.** Secar o secarse las plantas o flores. **2.** Hacer perder la belleza o el buen aspecto. **SIN. 1.** Agostar. **1.** y **2.** Ajar. **ANT. 1.** Florecer. **2.** Rejuvenecer.

marchito, ta *adj.* Que se marchitó. **SIN.** Ajado. **ANT.** Lozano.

marchoso, sa *adj.* y *s. fam.* Muy animado. **SIN.** Alegre. **ANT.** Muerto.

marcial *adj.* **1.** Relacionado con lo militar o la guerra. ‖ **2. artes marciales** Deportes de lucha de origen oriental, como el yudo, el kárate o el taekwondo. **SIN. 1.** Guerrero, bélico.

marcialidad *s. f.* Característica de lo que es marcial.

marciano, na *adj.* y *s.* **1.** Del planeta Marte. ‖ *s. m.* y *f.* **2.** Extraterrestre. **SIN. 1.** y **2.** Alienígena.

marco *s. m.* **1.** Cerco que rodea una cosa o en el que queda encajada: *marco de una puerta.* **2.** Ambiente o escenario. **3.** Antigua moneda de Alemania y de Finlandia. **SIN. 1.** Moldura. **2.** Entorno, ámbito.

marea *s. f.* **1.** Movimiento de las aguas del mar, que primero ascienden y después descienden debido a la atracción del Sol y de la Luna. **2.** Gran cantidad de gente: *Una marea de turistas invadió la catedral.* ‖ **3. marea negra** Capa de petróleo que ha caído en el mar. **SIN. 2.** Multitud.

marear *v.* **1.** Producir mareo o sufrirlo. **2.** *fam.* Agobiar o molestar a una persona. **SIN. 2.** Fastidiar, importunar.

marejada *s. f.* Agitación del mar que no es tan fuerte como el temporal.

marejadilla *s. f.* Agitación del mar que no es tan fuerte como la marejada.

maremágnum o **maremagno** *s. m.* Conjunto desordenado. **SIN.** Barullo.

maremoto *s. m.* Terremoto marino.

marengo *adj.* y *s. m.* Gris muy oscuro.

mareo *s. m.* **1.** Malestar que produce náuseas, vómitos, pérdida del equilibrio. **2.** *fam.* Cansancio, fastidio. **SIN. 1.** Vahído.

marfil *s. m.* **1.** Material blanco y duro del que están formados los dientes de los vertebrados y, sobre todo, los colmillos del elefante. **2.** Color blanco amarillento como el de este material.

marfileño, ña *adj.* **1.** De marfil o que se parece al marfil. ‖ *adj.* y *s.* **2.** De Costa de Marfil, país de África.

margarina *s. f.* Alimento parecido a la mantequilla, pero hecho con grasas vegetales.

margarita *s. f.* **1.** Planta con flores que tienen el centro amarillo y los pétalos blancos. **2.** Flor de esta planta.

margen *s. amb.* **1.** Borde, orilla. || *s. m.* **2.** Espacio en blanco alrededor del texto de una página. **3.** Límite o diferencia de tiempo, espacio u otra cosa de que dispone una persona. || **LOC. al margen** Apartado, sin participar. **SIN. 1.** Lado, lateral, ribera.

marginación *s. f.* **1.** Acción de marginar. **2.** Situación de marginado. **SIN. 1.** y **2.** Exclusión, discriminación.

marginado, da 1. *p.* de **marginar.** También *adj.* || *adj.* y *s.* **2.** Que vive al margen de la sociedad o se siente rechazado por ella.

marginal *adj.* **1.** Secundario, poco importante. **2.** En el margen o del margen: *nota marginal.* **3.** De los marginados: *una conducta marginal.* **SIN. 1.** Accesorio. **ANT. 1.** Principal.

marginar *v.* Apartar a una persona o grupo, no hacerles caso o rechazarlos. **SIN.** Excluir, discriminar. **ANT.** Integrar.

maría *s. f.* **1.** *fam.* y *desp.* Ama de casa de bajo nivel cultural. **2.** *fam.* Asignatura fácil de aprobar. **3.** En argot, marihuana.

mariachi *s. m.* **1.** Música popular mexicana muy alegre. **2.** Orquesta que toca esta música y cada uno de sus músicos.

marianista *adj.* y *s.* Religioso de la Compañía de María, congregación dedicada a la enseñanza.

mariano, na *adj.* De la Virgen María.

marica *s. m. fam. desp.* Hombre homosexual.

maricón *s. m. vulg. desp. fam.* Marica.

mariconada *s. f.* **1.** *fam. desp.* Cosa que parece propia de un marica. **2.** *fam.* Tontería, cosa sin importancia. **SIN. 2.** Chorrada, memez, estupidez.

mariconera *s. f.* Bolso de mano masculino.

marido *s. m.* Esposo de una mujer.

marihuana o **mariguana** *s. f.* Droga que se obtiene de las hojas del cáñamo y se fuma mezclada con tabaco.

marimacho *s. m. fam.* Mujer que por su aspecto o su conducta parece un hombre.

marimandona *adj.* y *s. f. fam.* Se dice de la mujer muy mandona.

marimba *s. f.* **1.** Instrumento musical de origen africano, parecido al xilófono. **2.** Especie de tambor africano.

marimorena *s. f. fam.* Riña, alboroto.

marina *s. f.* y *n. pr.* **1.** Conjunto de barcos de un país; pueden ser de guerra o estar dedicados al comercio. || *s. f.* **2.** Arte de navegar. **3.** Pintura que representa el mar. **SIN. 1.** Flota, armada.

marine (del ingl.) *s. m.* Soldado de infantería de Marina de los Estados Unidos o del Reino Unido.

marinería *s. f.* Conjunto de marineros.

marinero, ra *adj.* **1.** De la marina. || *s. m.* y *f.* **2.** Tripulante sin graduación de un barco. || **LOC. a la marinera** Forma de cocinar alimentos con una salsa que lleva aceite, ajo, cebolla y perejil.

marino, na *adj.* **1.** Del mar. || *adj.* y *s. m.* **2.** Azul muy oscuro. || *s. m.* **3.** Persona experta en navegar. **SIN. 1.** Marítimo. **3.** Navegante.

marioneta *s. f.* **1.** Muñeco movido por hilos. **2.** Persona que se deja manejar. **SIN. 1.** y **2.** Títere.

mariposa *s. f.* **1.** Insecto con cuatro alas de colores muy vistosos. **2.** Forma de nadar en que se impulsan los dos brazos a la vez hacia delante. || *s. m.* **3.** *fam. desp.* Hombre afeminado u homosexual.

mariposear *v.* **1.** Dar vueltas alrededor de una persona o cosa. **2.** Coquetear. **SIN. 1.** Revolotear.

mariquita *s. f.* **1.** Insecto ovalado con cuatro alas, dos de ellas duras y de color rojo o amarillo con puntos negros. || *s. m.* **2.** *fam. desp.* Marica.

marisabidilla *s. f. fam.* Mujer o chica que presume de lista y enterada.

mariscada *s. f.* Comida compuesta de mariscos variados.

mariscador, ra *s. m.* y *f.* Persona que se dedica a mariscar.

mariscal *s. m.* Grado superior del Ejército en algunos países.

mariscar *v.* Pescar marisco.

marisco *s. m.* Nombre que se da a los crustáceos y moluscos marinos usados en alimentación, como langostinos, gambas, percebes, ostras, etc.

marisma *s. f.* Terreno costero pantanoso que se inunda con el agua del mar.

marisquería *s. f.* Establecimiento donde principalmente se come marisco.

marista *adj.* y *s.* Religioso de las congregaciones de los Hermanos Maristas o de la Sociedad de María.

marital *adj.* Propio del matrimonio.

marítimo, ma *adj.* Relacionado con el mar o junto a él: *paseo marítimo.* **SIN.** Marino, náutico.

marjal *s. m.* Terreno bajo y pantanoso.

marketing (ingl.) *s. m.* Estudio de las condiciones del mercado que se hace para vender mejor un producto. **SIN.** Mercadotecnia.

marmita *s. f.* Olla de metal.

marmitako (vasco) *s. m.* Guiso hecho con bonito y patatas.

mármol *s. m.* Roca caliza, muy dura, de varios colores, con vetas, que se emplea en construcción y escultura.

marmolería *s. f.* Taller donde se trabaja el mármol.

marmolista *s. m. y f.* Persona que trabaja el mármol.

marmóreo, a *adj.* Hecho de mármol o parecido al mármol.

marmota *s. f.* **1.** Mamífero roedor de algo más de medio metro de largo y pelaje espeso que pasa el invierno durmiendo en su madriguera. **2.** *fam.* Persona dormilona. **SIN. 2.** Lirón.

maroma *s. f.* Cuerda muy gruesa.

maromo *s. m.* **1.** *fam.* Individuo, fulano. **2.** Hombre que es la pareja de una mujer.

marqués, sa *s. m. y f.* **1.** Noble más importante que el conde y menos que el duque. ‖ *s. f.* **2.** Mujer del marqués.

marquesado *s. m.* **1.** Territorio de un marqués. **2.** Título de marqués.

marquesina *s. f.* Cubierta sobre una entrada, parada o andén que protege a las personas del sol o la lluvia.

marquetería *s. f.* **1.** Trabajo de decorar la madera metiendo en ella piezas de marfil, nácar, metales u otras maderas. **2.** Técnica que consiste en hacer dibujos en una madera muy fina cortándola con una sierra especial.

marrajo *s. m.* Tiburón de gran tamaño que vive en aguas del Mediterráneo y del Atlántico. Es apreciado como alimento.

marranada *s. f.* Cerdada.

marranear *v.* Manchar, ensuciar.

marrano, na *adj. y s.* Cerdo.

marrar *v.* Fallar, errar. **SIN.** Equivocarse. **ANT.** Acertar.

marras Se usa en la expresión **de marras**, 'ya conocido', 'el de otras veces'.

marrón *adj. y s. m.* **1.** De color como el de la cáscara de castaña. **2.** *fam.* Cosa molesta o pesada.

marron glacé (fr.) *expr.* Castaña cocida y cubierta de una capa de azúcar.

marroquí *adj. y s.* De Marruecos, país de África.

marroquinería *s. f.* **1.** Fabricación de artículos de piel o cuero. **2.** Conjunto de estos artículos.

marrullería *s. f.* Trampa, truco sucio.

marrullero, ra *adj. y s.* Que hace marrullerías. **SIN.** Tramposo.

marsellés, sa *adj. y s.* De Marsella, ciudad de Francia.

marsopa o **marsopla** *s. f.* Mamífero cetáceo parecido al delfín, con el dorso negro y el vientre blanco.

marsupial *adj. y s. m.* Se dice de los mamíferos, como el canguro, cuyas hembras tienen una bolsa en el vientre para llevar a sus crías.

marsupio *s. m.* Bolsa de un marsupial.

marta *s. f.* Mamífero carnívoro de cabeza pequeña, cola larga y pelo suave de color castaño. Su piel es muy apreciada.

martes *s. m.* Segundo día de la semana.

martillazo *s. m.* Golpe de martillo.

martillear o **martillar** *v.* Dar golpes con el martillo.

martillo *s. m.* **1.** Herramienta formada por un mango de madera y una cabeza de hierro, que sirve para golpear. **2.** Uno de los cuatro huesecillos del oído medio.

martín pescador *s. m.* Ave de color azul, amarillo y naranja y pico largo y puntiagudo, que vive a orillas de ríos y lagunas y se alimenta de peces.

martingala *s. f.* Artimaña, engaño. **SIN.** Treta, argucia.

martini (marca registrada) *s. m.* Bebida preparada con ginebra, vermú seco y cáscara de limón.

mártir *s. m. y f.* Persona que sufre o ha sufrido martirio.

martirio *s. m.* **1.** Muerte o torturas que padece una persona por defender su religión o sus ideas. **2.** Sufrimiento. **SIN. 1. y 2.** Tormento, suplicio.

martirizar *v.* **1.** Dar muerte o torturar a un mártir. **2.** Molestar o hacer sufrir. **SIN. 2.** Atormentar.

martirologio *s. m.* Libro que contiene la lista de los mártires cristianos y, en general, de todos los santos.

maruja *s. f. desp. y fam.* Ama de casa de bajo nivel cultural.

marujear *v. desp. y fam.* Hacer lo que se supone que hacen las marujas.

marxismo *s. m.* Ideas económicas, políticas y filosóficas de Karl Marx, pensador alemán del siglo XIX, y movimiento basado en esas ideas.

marxista *adj. y s.* Del marxismo o partidario de este movimiento.

marzo *s. m.* Tercer mes del año, de treinta y un días.

mata

mas *conj.* Pero: *Dijo que vendría, mas no hoy.*

más *adv.* **1.** Expresa mayor cantidad o intensidad: *Échame más azúcar. Ahora hace más frío.* **2.** Tan: *¡Qué libro más aburrido!* || *s. m.* **3.** Signo aritmético (+) de la suma. || **LOC. de lo más** Muy. **más o menos** Aproximadamente. **sus más y sus menos** Peleas, problemas.

masa *s. f.* **1.** Mezcla que resulta al añadir un líquido a una sustancia sólida o en polvo. **2.** Multitud. **3.** Cantidad, conjunto. **4.** Cantidad de materia que tiene un cuerpo; se mide en kilogramos. || **LOC. en masa** Todo o todos a la vez. **SIN. 1.** Pasta. **2.** Muchedumbre.

masacrar *v.* Matar a muchas personas.

masacre *s. f.* Matanza de mucha gente. **SIN.** Exterminio, holocausto.

masai *adj.* y *s.* De un pueblo nómada que vive en Kenia y Tanzania, países de África.

masaje *s. m.* Acción de apretar, frotar o dar ligeros golpes en una parte del cuerpo para relajarla, tratar una lesión, etc. **SIN.** Friega, fricción.

masajear *v.* Dar un masaje.

masajista *s. m.* y *f.* Profesional que se dedica a dar masajes.

mascar *v.* **1.** Masticar. **2.** *fam.* Presentir: *Se mascaba la tragedia.*

máscara *s. f.* **1.** Pieza con que alguien se tapa la cara para ocultarla, protegerse el rostro o no respirar gases perjudiciales. **2.** Disfraz: *baile de máscaras.* **SIN. 1.** Careta, antifaz.

mascarada *s. f.* **1.** Fiesta de disfraces. **2.** Farsa, engaño.

mascarilla *s. f.* **1.** Máscara que solo tapa la boca y nariz. **2.** Crema que se aplica sobre la piel o el cabello para cuidarlos. **3.** Molde que se hace del rostro de una persona.

mascarón *s. m.* **1.** Cara que adorna algunas fuentes y otras obras de arquitectura. || **2. mascarón de proa** Figura que adorna la proa de un barco.

mascletá (del valenciano) *s. f.* Serie de petardos que explotan uno detrás de otro, típicos de las fiestas valencianas.

mascota *s. f.* **1.** Persona, animal o cosa que se cree que trae buena suerte o que simboliza algo: *la mascota del equipo.* **2.** Animal de compañía. **SIN. 1.** Amuleto, talismán.

masculino, na *adj.* **1.** Se dice del ser vivo que tiene órganos para fecundar y de lo relacionado con él. **2.** Propio del hombre. || *adj.* y *s. m.* **3.** Se dice del género gramatical de las palabras que se refieren a personas y animales del sexo masculino, y de las cosas a las que se da este género. **SIN. 1.** Macho. **2.** Viril, varonil. **ANT. 1.** a **3.** Femenino.

mascullar *v.* Hablar entre dientes o en voz baja, pronunciando mal. **SIN.** Murmurar.

masetero *s. m.* Cada uno de los músculos que mueven la mandíbula inferior.

masía *s. f.* Casa rural típica de Cataluña.

masificar *v.* Hacer multitudinario un lugar o un servicio.

masilla *s. f.* Pasta como la que se usa para sujetar los cristales a los marcos.

masivo, va *adj.* En gran cantidad. **SIN.** Intensivo. **ANT.** Moderado.

masón, na *s. m.* y *f.* Miembro de la masonería.

masonería *s. f.* Asociación secreta internacional dividida en grupos llamados *logias*; sus miembros se consideran hermanos y se ayudan unos a otros.

masónico, ca *adj.* De la masonería.

masoquismo *s. m.* Hecho de disfrutar alguien cuando le hacen sufrir.

masoquista *adj.* y *f.* Persona que disfruta cuando le hacen sufrir.

mastaba *s. f.* Tumba del antiguo Egipto que es como una pirámide plana por arriba.

mastelero *s. m.* Palo más pequeño que en los barcos prolonga los mástiles.

máster (del ingl.) *s. m.* Curso especializado para personas con título universitario.

masticación *s. f.* Acción de masticar.

masticar *v.* Deshacer los alimentos en la boca con los dientes y las muelas. **SIN.** Mascar.

mástil *s. m.* **1.** Palo vertical como los que sostienen las velas de un barco o las banderas. **2.** Pieza estrecha y larga de los instrumentos de cuerda. **SIN. 1.** Asta.

mastín *s. m.* Perro muy fuerte y robusto, con la cabeza grande, las orejas caídas y el pelo corto.

mastodonte *s. m.* **1.** Animal prehistórico parecido al elefante. **2.** Persona o cosa muy grande. **SIN. 2.** Mamotreto, armatoste. **ANT. 2.** Miniatura.

mastodóntico, ca *adj.* Enorme.

mastuerzo *s. m.* **1.** Berro, planta. || *adj.* y *s. m.* **2.** *fam.* Torpe, tonto. **SIN. 2.** Burro, zopenco. **ANT. 2.** Listo.

masturbación *s. f.* Acción de masturbarse.

masturbarse *v.* Obtener placer una persona tocando sus órganos sexuales.

mata *s. f.* **1.** Hierba o arbusto de poca altura o rama de esa planta. || **2. mata de pelo** Cabello largo y abundante. **SIN. 1.** Matojo.

matacaballo Se usa en la expresión **a matacaballo**, 'muy deprisa'.

matadero *s. m.* Sitio donde se mata a los animales cuya carne comemos.

matador, ra *adj.* y *s.* **1.** Que mata. || *adj.* **2.** *fam.* Muy cansado. **3.** *fam.* Ridículo, feo, que sienta muy mal. || *s. m.* y *f.* **4.** Torero. **SIN. 2.** Agotador. **4.** Diestro.

matadura *s. f.* **1.** Llaga o herida que se hacen las caballerías debido al roce de los arreos. **2.** Golpe o herida de poca importancia. **SIN. 2.** Magulladura.

matamoscas *s. m.* Especie de paleta para matar moscas.

matanza *s. f.* **1.** Hecho de matar a muchas personas en una batalla, atentado, etc. **2.** Tarea de matar los cerdos, época en que se hace y productos que se obtienen en ella. **SIN. 1.** Masacre, carnicería.

matar *v.* **1.** Quitar la vida. **2.** Quitar el hambre o la sed. **3.** Pasar el tiempo: *matar las horas*. **4.** Hacer sufrir o quitar la salud: *matar a disgustos*. || **matarse 5.** Suicidarse. **6.** Perder la vida. **7.** Esforzarse mucho: *matarse a trabajar*. **8.** No quedar bien una cosa con otra. || **LOC. matarlas callando** Hacer algo malo, pero dando la impresión a los demás de que uno es muy bueno. **SIN. 1.** Asesinar, liquidar. **2.** Calmar, mitigar.

matarife *s. m.* Persona que mata y descuartiza animales en el matadero.

matarratas *s. m.* Raticida.

matasanos *s. m.* y *f.* *fam. desp.* Médico.

matasellos *s. m.* **1.** Marca o dibujo que se estampan sobre los sellos de las cartas y paquetes en las oficinas de correos. **2.** Instrumento con que ponen estas marcas.

matasuegras *s. m.* Objeto de broma que consiste en un tubo de papel enroscado y una boquilla, por donde se sopla para que se desenrolle bruscamente.

mate[1] *s. m.* **1.** Jaque mate. Ver **jaque**. **2.** Tiro fuerte de la pelota de arriba abajo.

mate[2] *s. m.* **1.** Planta de América del Sur. **2.** Hojas secas de esta planta y bebida que se prepara con ellas.

mate[3] *adj.* Sin brillo: *pintura mate*. **ANT.** Brillante.

matemáticas *s. f. pl.* Ciencia que estudia los números, el cálculo o las figuras geométricas.

matemático, ca *adj.* **1.** De las matemáticas. **2.** Que no falla, que suele cumplirse. || *s. m.* y *f.* **3.** Persona que se dedica a las matemáticas.

materia *s. f.* **1.** Todo lo que existe en el universo, formado por partículas elementales agrupadas en átomos y moléculas. **2.** Sustancia o material de que está hecha una cosa. **3.** Asunto, tema. **4.** Asignatura. || **5. materia prima** Sustancia natural utilizada en una industria para elaborar productos.

material *adj.* **1.** De la materia o relacionado con ella. **2.** Que no es espiritual. **3.** Que hace algo directa y personalmente: *el autor material de un crimen*. || *s. m.* **4.** Materia con que se hace algo. **5.** Conjunto de instrumentos, máquinas y otras cosas necesarias para realizar un trabajo o una actividad: *el material de oficina*. **6.** Cuero curtido. **SIN. 1.** y **2.** Corpóreo. **ANT. 1.** y **2.** Inmaterial.

materialidad *s. f.* Característica de lo que es material y puede ser percibido por los sentidos.

materialismo *s. m.* **1.** Doctrina filosófica que admite como única realidad la materia y niega la espiritualidad. **2.** Forma de pensar y actuar de las personas materialistas.

materialista *adj.* y *s.* Que aprecia demasiado el dinero y los bienes materiales.

materializar *v.* Llevar a la práctica un plan, proyecto o idea. **SIN.** Ejecutar.

materialmente *adv.* De hecho, realmente: *La casa incendiada quedó materialmente destruida*.

maternal *adj.* Propio de la madre. **SIN.** Materno.

maternidad *s. f.* **1.** Hecho de ser madre. **2.** Centro clínico donde se atiende a las mujeres que van a tener un hijo.

maternizada *adj.* Se dice de la leche que tiene las mismas características que la de la mujer.

materno, na *adj.* **1.** De la madre. **2.** Se dice de la lengua que uno aprende de sus padres. **SIN. 1.** Maternal.

matinal *adj.* De la mañana o que ocurre o se hace por la mañana. **SIN.** Matutino.

matiné *s. f.* Sesión de un espectáculo que se hace por la mañana o a primera hora de la tarde.

matiz *s. m.* **1.** Cada una de las intensidades o tonos que puede tener un color. **2.** Rasgo o diferencia pequeña. **SIN. 1.** Tonalidad, gama. **2.** Detalle.

matización *s. f.* Acción de matizar.

matizar *v.* **1.** Combinar de manera armoniosa los colores. **2.** Dar cierto matiz. **3.** Señalar los matices o diferencias de algo. **SIN. 1.** Graduar. **2.** Concretar, puntualizar.

matojo *s. m.* Planta o arbusto de poca altura. SIN. Mata.

matón *s. m.* **1.** Hombre que presume de valiente y busca pelea. **2.** Guardaespaldas. SIN. **1.** Bravucón. **2.** Gorila.

matorral *s. m.* Arbusto o grupo de arbustos y matas.

matraca *s. f.* **1.** Rueda de tablas en forma de cruz, con mazos que al girar la rueda producen un ruido fuerte y desagradable; se usa en Semana Santa en lugar de campanas. **2.** Carraca, instrumento. **3.** *fam.* Rollo, tabarra.

matraz *s. m.* Recipiente muy utilizado en los laboratorios; es de vidrio, redondo y con el cuello recto y estrecho.

matriarcado *s. m.* Organización social en la que mandan las mujeres. ANT. Patriarcado.

matriarcal *adj.* Del matriarcado o que está relacionado con él. ANT. Patriarcal.

matrícula *s. f.* **1.** Trámite con el que uno se apunta a un curso o asignatura. **2.** Registro en el que se inscriben personas o cosas. **3.** Anotación de un vehículo en un registro oficial y placa que lleva con el número que tiene en ese registro. || **4. matrícula de honor** La mejor calificación, superior al sobresaliente.

matricular *v.* Apuntar en una matrícula. SIN. Inscribir, registrar.

matrimonial *adj.* Del matrimonio.

matrimonialista *adj. y s.* Se dice del abogado especialista en derecho de familia.

matrimonio *s. m.* **1.** Unión de dos personas para vivir juntas. **2.** Sacramento de la religión cristiana por el que se unen dos personas. **3.** La pareja que forman estas personas.

matrioska (del ruso) *s. f.* Conjunto de muñecas iguales, pero de distinto tamaño, que se meten unas dentro de otras.

matritense *adj.* Madrileño.

matriz *s. f.* **1.** Útero. **2.** Molde en que se funden objetos de metal. **3.** Parte que queda unida al talonario al arrancar los talones, los cheques o las papeletas. **4.** En un texto impreso, cada una de las letras y espacios en blanco. **5.** En matemáticas, cuadro de números distribuidos en filas y columnas. SIN. **1.** Seno. **4.** Carácter.

matrón, na *s. m. y f.* **1.** Comadrón, partero. || *s. f.* **2.** Mujer madura y algo gruesa.

matute *s. m.* Contrabando.

matutino, na *adj.* De la mañana o que se hace por la mañana. SIN. Matinal.

maula *s. f.* **1.** Cosa inútil o muy vieja. **2.** Engaño o trampa. || *adj. y s.* **3.** *fam.* Rollo. **4.** Que trabaja poco y mal. **4.** Que engaña o hace trampa.

maullar *v.* Dar maullidos el gato.

maullido *s. m.* El sonido típico del gato.

mauritano, na *adj. y s.* De Mauritania, país de África.

mausoleo *s. m.* Sepulcro monumental.

maxifalda *s. f.* Falda hasta los tobillos.

maxilar *adj. y s. m.* De las mandíbulas; se dice sobre todo de los huesos que las forman.

maxilofacial *adj.* Del maxilar y de la cara: *cirugía maxilofacial.*

máxima *s. f.* **1.** Frase breve que expresa un principio moral o una enseñanza. **2.** Norma de comportamiento. SIN. **1.** Sentencia. **2.** Lema.

máximamente o **máxime** *adv.* Sobre todo, con mayor motivo.

maximizar *v.* Hacer más grande. SIN. Ampliar, aumentar. ANT. Reducir.

máximo, ma *adj.* **1.** *sup.* de **grande.** Que no hay nada superior o mayor. || *s. m.* **2.** Límite o grado superior que puede alcanzar alguien o algo. SIN. **1.** Sumo. **2.** Máximum. ANT. **1.** y **2.** Mínimo.

máximum (del lat.) *s. m.* Máximo.

maya *adj. y s.* De un pueblo indio americano que habitaba en la península de Yucatán y en zonas vecinas de México, Honduras y Guatemala.

mayestático, ca *adj.* Se dice del plural que se usa en vez del singular para expresar autoridad y dignidad, como hacen, por ejemplo, los reyes.

mayo *s. m.* Quinto mes del año, de treinta y un días.

mayólica *s. f.* Tipo de cerámica con un barniz metálico.

mayonesa *s. f.* Salsa que se hace batiendo aceite y huevo crudo. SIN. Mahonesa.

mayor *adj. y s.* **1.** *comp.* de **grande.** De más tamaño, intensidad, cantidad, edad que otro. Con el artículo se convierte en superlativo: *el mayor de todos.* **2.** Adulto. **3.** Anciano. || *adj.* **4.** Principal: *plaza mayor.* || *s. m. y f.* **5.** En algunos ejércitos, grado equivalente a comandante. || **6. mayor de edad** Persona que ha cumplido los dieciocho años y puede votar y ejercer otros derechos. || **LOC. al por mayor** Se dice de la venta en grandes cantidades. ANT. **1.** y **2.** Menor. **2.** y **3.** Niño, joven.

mayoral *s. m.* **1.** Pastor principal de un rebaño. **2.** Jefe de un grupo de personas que trabajan en el campo.

mayorazgo *s. m.* **1.** Herencia en la que todos los bienes familiares pasan al hijo mayor. **2.** Conjunto de estos bienes.

mayordomo *s. m.* Sirviente principal de una casa.

mayoría *s. f.* **1.** La mayor parte. ‖ **2. mayoría de edad** Situación de quien es mayor de edad. Ver **mayor**. **ANT. 1.** Minoría.

mayorista *s. m. y f.* Persona que compra algo en gran cantidad para luego venderlo a los comerciantes. **ANT.** Minorista.

mayoritario, ria *adj.* De la mayoría. **SIN.** General. **ANT.** Minoritario.

mayormente *adv.* Principalmente.

mayúscula *adj. y s. f.* Se dice de la letra más grande y de forma distinta que se utiliza, por ejemplo, al inicio de un escrito, después de punto o en los nombres propios. **ANT.** Minúscula.

mayúsculo, la *adj.* Muy grande. **ANT.** Minúsculo.

maza *s. f.* **1.** Utensilio parecido a un martillo, pero más grande y pesado. **2.** Palo con una bola en la punta que se utiliza para tocar el bombo. **SIN. 1.** Mazo.

mazacote *s. m.* **1.** *fam.* Cosa que está apretada o apelmazada. **2.** Cosa demasiado pesada, grande o sin gracia.

mazapán *s. m.* Dulce típico de Navidad hecho con almendras molidas y azúcar.

mazazo *s. m.* **1.** Golpe de maza o algo parecido. **2.** Impresión muy fuerte. **SIN. 2.** Impacto, conmoción.

mazmorra *s. f.* Cárcel subterránea. **SIN.** Calabozo.

mazo *s. m.* **1.** Maza pequeña. **2.** Montón o fajo: *mazo de naipes*. ‖ *adv.* **3.** *fam.* Mucho: *Ese juego mola mazo.*

mazorca *s. f.* Panocha o espiga del maíz, formada por granos muy juntos.

mazurca *s. f.* Música y baile polacos.

me *pron. pers.* Indica la primera persona del singular y funciona como complemento directo e indirecto: *Me trajo en coche. Me regaló un pañuelo*; forma los verbos pronominales: *Me arrepentí*; sirve para dar más expresividad: *Me comí un bocadillo.*

mea culpa (lat.) *expr.* Significa 'por mi culpa'.

meada *s. f.* *vulg.* Orina que se expulsa de una vez.

meado, da 1. *p.* de **mear**. ‖ *adj.* **2.** *vulg.* Manchado o mojado de orina.

meandro *s. m.* Cada una de las curvas de un río o de un camino.

meapilas *s. m. y f.* *fam. desp.* Santurrón.

mear *v.* **1.** *vulg.* Orinar. **2.** *fam.* Reírse mucho: *mearse de risa.*

meato *s. m.* Orificio de un conducto del cuerpo: *meato urinario.*

meca *s. f.* Lugar muy importante en una actividad: *Hollywood, la meca del cine.*

mecachis *interj.* Expresa sorpresa, enfado, disgusto.

mecánica *s. f.* **1.** Parte de la física que estudia el movimiento de los cuerpos y las fuerzas que lo producen. **2.** Estudio de las máquinas. **3.** Mecanismos que hacen funcionar una máquina. **4.** Funcionamiento: *Desconozco la mecánica de este departamento.*

mecánicamente *adv.* **1.** Por medios mecánicos. **2.** De manera mecánica, sin pensar. **SIN. 2.** Automáticamente.

mecánico, ca *adj.* **1.** De las máquinas. **2.** Que se hace sin pensar. ‖ *s. m. y f.* **3.** Persona que se dedica al manejo, reparación o mantenimiento de máquinas, sobre todo vehículos. **SIN. 2.** Maquinal, automático. **ANT. 2.** Intencionado.

mecanismo *s. m.* **1.** Conjunto de piezas conectadas entre sí que hace que algo funcione. **2.** Modo de desarrollarse una actividad, una función u otra cosa. **SIN. 1.** Dispositivo. **2.** Funcionamiento.

mecanizado, da 1. *p.* de **mecanizar**. ‖ *adj.* **2.** Que se hace con máquinas.

mecanizar *v.* Empezar a usar máquinas en una actividad. **SIN.** Automatizar.

mecano (marca registrada) *s. m.* Juguete formado por distintas piezas con las que se construyen cosas.

mecanografía *s. f.* Técnica de escribir a máquina.

mecanografiar *v.* Escribir a máquina.

mecanógrafo, fa *s. m. y f.* Persona que trabaja escribiendo a máquina.

mecedora *s. f.* Silla montada sobre dos arcos que permiten mecerse sentado en ella.

mecenas *s. m.* Persona o institución que protege y favorece las artes.

mecenazgo *s. m.* Apoyo que el mecenas da a los artistas y escritores.

mecer *v.* Balancear suavemente. **SIN.** Acunar.

mecha *s. f.* **1.** Cuerda retorcida que tienen dentro las velas, candiles o mecheros para hacerla arder. **2.** Cuerda o tubo con pólvora que se prende para hacer estallar un explosivo o para disparar armas de fuego antiguas. ‖ *s. f. pl.* **3.** Algunos mechones de pelo teñidos de color diferente al del resto del cabello. ‖ **LOC. a toda mecha** Rápidamente.

mechar *v.* Rellenar con tocino, jamón u otro ingrediente una carne o un ave.

mechero *s. m.* **1.** Encendedor de bolsillo. **2.** Instrumento para dar fuego, con una mecha y una rueda que al girar roza una piedrecilla y produce chispas.

mechón *s. m.* Porción de pelo, lana u otra cosa parecida, separada del resto.

meconio *s. m.* Primer excremento de un niño recién nacido.

medalla *s. f.* **1.** Placa pequeña, generalmente de metal, con una imagen u otra cosa grabada. **2.** Condecoración.

medallero *s. m.* Relación de medallas que consiguen los deportistas de una competición.

medallista *s. m.* y *f.* Deportista que tiene una medalla en una competición.

medallón *s. m.* **1.** Medalla grande. **2.** Elemento decorativo de muros y fachadas, redondo u ovalado. **3.** Rodaja de un alimento.

médano *s. m.* Duna de las costas.

media[1] *s. f.* **1.** Resultado de sumar varias cantidades y dividirlo por el número de cantidades que hay. **2.** Treinta minutos además de la hora que se indica: *las cinco y media.*

media[2] *s. f.* **1.** Prenda de lana, seda, nailon, etc., que cubre la pierna hasta la rodilla, el muslo o, incluso, la cintura. **2.** Calcetín alto.

mediación *s. f.* Acción de mediar en un conflicto o en favor de otro. **SIN.** Intercesión.

mediado, da *adj.* Hacia la mitad o que tiene más o menos la mitad. ‖ **LOC. a mediados de** Hacia la mitad de un espacio de tiempo: *Sucedió a mediados de siglo.*

mediador, ra *adj.* y *s.* Que media en un conflicto o en favor de alguien.

mediana *s. f.* **1.** Línea recta que une cada vértice de un triángulo con el punto medio del lado opuesto. **2.** Seto u otra cosa que separa las dos direcciones de una autopista o carretera. **3.** En estadística, número que ocupa el lugar central de una serie cuando los datos que la forman se ordenan de menor a mayor o viceversa.

medianamente *adv.* No muy bien.

medianería *s. f.* División común a dos edificios o terrenos que están pegados.

medianero, ra *adj.* Que está en medio de dos cosas, por ejemplo, una pared que separa dos casas.

medianía *s. f.* Mediocridad. **ANT.** Eminencia.

mediano, na *adj.* Que no es ni mucho ni poco, ni muy bueno ni muy malo.

medianoche *s. f.* **1.** Momento en que el Sol está en el punto opuesto al del mediodía. **2.** Horas centrales de la noche. **3.** Bollito partido en dos mitades entre las que se pone un alimento.

mediante *prep.* Por medio de. ‖ **LOC. Dios mediante** Si Dios quiere, si nada lo impide.

mediar *v.* **1.** Llegar algo aproximadamente a la mitad. **2.** Intervenir en favor de alguien o para resolver un conflicto. **3.** Haber o suceder algo entre dos personas, dos cosas, dos hechos. **SIN. 2.** Interceder, terciar.

mediático, ca *adj.* **1.** Relacionado con los medios de comunicación. **2.** Que tiene influencia o repercusión en estos medios: *un escritor muy mediático.*

mediatizar *v.* Influir mucho en los actos o decisiones de otro, dirigiéndolos o limitándolos.

mediatriz *s. f.* Recta perpendicular al punto medio de un segmento.

medicación *s. f.* **1.** Los medicamentos utilizados para curar una enfermedad. **2.** Acción de medicar.

medicamento *s. m.* Sustancia para evitar, curar o aliviar una enfermedad. **SIN.** Medicina, fármaco.

medicamentoso, sa *adj.* Que se utiliza como medicamento.

medicar *v.* Recetar o administrar medicinas a un enfermo.

medicina *s. f.* **1.** Ciencia que trata de las enfermedades y de cómo curarlas. **2.** Profesión de médico. **3.** Medicamento. **SIN. 3.** Fármaco.

medicinal *adj.* Que se usa para curar: *aguas medicinales.*

medición *s. f.* Acción de medir. **SIN.** Medida.

médico, ca *adj.* **1.** De la medicina. ‖ *s. m.* y *f.* **2.** Persona que tiene como profesión la medicina. ‖ **3. médico de cabecera** (o **de familia**) El que atiende a un enfermo para cosas generales, para las que no se necesita un médico especialista. **SIN. 2.** Doctor.

medida *s. f.* **1.** Acción de medir y lo que mide alguien o algo. **2.** Unidad que sirve para medir, como el metro o el gramo. **3.** Acción o medio con que se trata de conseguir o evitar algo: *medidas de seguridad.* **4.** Grado, intensidad: *en gran medida.* **5.** Moderación: *beber con medida.* ‖ **LOC. a medida** o **a la medida** Que está hecho con las medidas de la persona o cosa a la que se destina. **a medida que** Según, conforme. **SIN. 3.** Disposición, precaución. **5.** Mesura.

medidor, ra *adj.* y *s.* **1.** Que mide o sirve para medir. ‖ *s. m.* **2.** *Amér.* Contador de la luz, el agua o el gas.

medieval *adj.* De la Edad Media.

medievalista *s. m.* y *f.* Especialista en la Edad Media.

medievo *s. m.* Edad Media.

medina *s. f.* Parte antigua de una ciudad árabe.

medio, dia *adj.* **1.** Que está por la mitad o le falta una parte. **2.** Gran parte: *Ha visto medio mundo.* **3.** Se dice del tercer dedo de la mano, el más largo. ‖ *adj.* y *s. m.* **4.** Que está entre dos extremos o en el centro: *la clase media*; *en el punto medio.* ‖ *s. m.* **5.** Quebrado que tiene por denominador el 2. **6.** Modo de conseguir algo o lo que sirve para un fin. **7.** Ambiente o circunstancias en que vive una persona o se desarrolla un ser vivo. ‖ *s. m. pl.* **8.** Dinero u otras cosas que alguien posee o con las que cuenta. ‖ *adv.* **9.** No del todo: *medio dormido.* ‖ **LOC. a medias** La mitad cada uno. Sin terminar. No del todo. **en medio** o **en medio de** En mitad de. Entre otros. A pesar de: *En medio de su tristeza, se reía.* **por medio** o **por el medio** o **por en medio** Por la mitad o por dentro. En desorden. **por medio de** Utilizando lo que se indica. A través de. **SIN. 3.** Corazón. **4.** Intermedio, central. **6.** Forma, procedimiento. **7.** Hábitat, entorno. **8.** Fortuna. **ANT. 1.** Entero.

medioambiental *adj.* Relacionado con el medio ambiente.

mediocampista *s. m.* y *f.* Centrocampista.

mediocre *adj.* No muy bueno, de poca calidad, inteligencia o talento. **SIN.** Vulgar, gris.

mediocridad *s. f.* Característica de mediocre. **SIN.** Vulgaridad.

mediodía *s. m.* **1.** Momento del día en que el Sol está en su punto más alto. **2.** Las horas de la mitad del día. **3.** El sur. **ANT. 1.** y **2.** Medianoche. **3.** Norte.

medioevo *s. m.* Medievo, Edad Media.

mediopensionista *adj.* y *s.* Se dice del alumno que come al mediodía en el centro donde estudia.

medir *v.* **1.** Hallar la altura, longitud, volumen, peso, temperatura, tiempo u otra magnitud utilizando unas unidades. **2.** Tener determinada altura, longitud o volumen. **3.** Comparar cualidades, habilidades u otras cosas. **4.** Hacer o decir algo con prudencia: *medir uno sus palabras.* □ Es v. irreg. Se conjuga como *pedir.* **SIN. 1.** Calcular. **4.** Moderar.

meditabundo, da *adj.* Muy pensativo. **SIN.** Ensimismado, absorto.

meditación *s. f.* Acción de meditar. **SIN.** Reflexión, cavilación.

meditar *v.* Pensar con mucha atención. **SIN.** Reflexionar, cavilar.

mediterráneo, a *adj.* Del mar Mediterráneo y de los territorios situados en sus orillas.

médium *s. m.* y *f.* Persona de la que se cree que puede comunicarse con los espíritus de los muertos.

medrar *v.* **1.** Mejorar una persona de posición social o económica. **2.** Crecer, aumentar. **SIN. 1.** Prosperar, progresar, ascender.

medroso, sa *adj.* y *s.* Miedoso, asustadizo.

médula o **medula** *s. f.* **1.** Sustancia blanda que está dentro de los huesos. Se llama también *médula ósea.* **2.** Parte del sistema nervioso protegida por la columna vertebral, de la que nacen los nervios. Se llama también *médula espinal.* **3.** Lo principal y más importante. **SIN. 3.** Meollo, fondo.

medular *adj.* De la médula.

medusa *s. f.* Animal invertebrado acuático con forma de sombrilla rodeada de tentáculos. Es una de las fases de los celentéreos. **SIN.** Aguaviva, aguamala.

megabyte (ingl.) *s. m.* En informática, unidad de medida de la información de un ordenador que equivale a 1024 *kilobytes.*

megafonía *s. f.* **1.** Técnica que se ocupa de los aparatos y medios para aumentar el volumen del sonido. **2.** Conjunto de esos aparatos.

megáfono *s. m.* Aparato para aumentar el volumen de la voz.

megalítico, ca *adj.* Relacionado con los megalitos.

megalito *s. m.* Monumento prehistórico hecho con grandes piedras sin tallar.

megalomanía *s. f.* Hecho de creerse una persona muy importante o excepcional.

megalómano, na *adj.* y *s.* Que muestra megalomanía.

megapíxel o **megapixel** *s. m.* En informática, unidad equivalente a un millón de píxeles que expresa la resolución de una imagen digitalizada.

meigo, -ga (del gall.) *s. m.* y *f.* En Galicia y otras regiones, brujo.

meiosis *s. f.* División celular a partir de la cual algunas células de las gónadas dan lugar a células sexuales o gametos.

mejicanismo *s. m.* Mexicanismo.

mejicano, na *adj.* y *s.* Mexicano.

mejilla *s. f.* Parte de la cara situada bajo los ojos y a cada lado de la nariz. **SIN.** Carrillo, cachete.

mejillón *s. m.* Molusco marino de concha negra azulada formada por dos valvas. Vive sujeto a las rocas y es apreciado como alimento.

mejillonera *s. f.* Instalación para la cría del mejillón.

mejor *adj.* y *s.* **1.** *comp.* de **bueno.** Más bueno o que se prefiere. Con el artículo se convierte en superlativo: *el mejor de todos.* ‖ *adv.* **2.** *comp.* de **bien.** Más bien o menos mal. ‖ **LOC. a lo mejor** Es posible, quizás. **SIN. 1.** Superior; preferible. **ANT. 1.** y **2.** Peor.

mejora *s. f.* Acción de mejorar. **SIN.** Mejoría. **ANT.** Empeoramiento.

mejorana *s. f.* Planta medicinal de hojas redondeadas y flores rosadas en espiga. Se usa como estomacal y sedante.

mejorar *v.* **1.** Poner mejor o ponerse mejor. **2.** Ser mejor, superar. **SIN. 1.** Progresar; restablecer, sanar. **2.** Aventajar. **ANT. 1.** Empeorar; estropear. **2.** Desmerecer.

mejoría *s. f.* Hecho de mejorar. **SIN.** Mejora, recuperación. **ANT.** Empeoramiento.

mejunje *s. m.* Mezcla de líquidos o sustancias de aspecto desagradable.

melamina *s. f.* Tipo de plástico que se utiliza para fabricar resinas y para tratar el cuero.

melancolía *s. f.* Tristeza, nostalgia. **SIN.** Añoranza. **ANT.** Alegría.

melancólico, ca *adj.* y *s.* Triste, nostálgico. **ANT.** Alegre.

melanésico, ca o **melanesio, sia** *adj.* y *s.* **1.** De Melanesia, archipiélago de Oceanía. ‖ *adj.* y *s. m.* **2.** Grupo de lenguas de Melanesia.

melanina *s. f.* Sustancia que hace que tengan color la piel, el pelo y los ojos.

melaza *s. f.* Jarabe líquido y dulce que queda como residuo al fabricar azúcar.

melé *s. f.* Jugada de *rugby* en la que los delanteros de los dos equipos forman un grupo y se empujan, para apoderarse del balón puesto en medio de ellos.

melena *s. f.* **1.** Pelo largo y suelto de una persona. **2.** Cabellera del león. ‖ *s. f. pl.* **3.** Greñas.

melenudo, da *adj.* y *s.* Con melena.

melifluo, flua *adj.* Tan excesivamente amable que resulta cursi o falso. **SIN.** Afectado, meloso. **ANT.** Natural.

melillense *adj.* y *s.* De Melilla, ciudad española en el norte de África.

melindre *s. m.* Remilgo o ascos que hace una persona demasiado delicada.

melindroso, sa *adj.* y *s.* Que hace muchos melindres. **SIN.** Remilgado.

melisa *s. f.* Planta aromática y medicinal de hojas ovaladas y arrugadas y flores blancas.

mella *s. f.* **1.** Pequeño roto en el borde o filo de una cosa. **2.** Hueco que queda cuando se cae un diente. ‖ **LOC. hacer mella** Causar efecto una cosa a una persona. **SIN. 1.** y **2.** Melladura.

mellado, da **1.** *p.* de **mellar.** ‖ *adj.* **2.** Que tiene mellas.

melladura *s. f.* Mella.

mellar *v.* Hacer mellas en algo.

mellizo, za *adj.* y *s.* Cada uno de los hermanos nacidos en un mismo parto. **SIN.** Gemelo.

melocotón *s. m.* Fruto del melocotonero, de color naranja, muy dulce y con la piel muy suave, cubierta de pelitos.

melocotonero *s. m.* Árbol frutal cuyo fruto es el melocotón.

melodía *s. f.* Conjunto de notas que forman una música o una canción. **SIN.** Tema.

melódico, ca *adj.* De la melodía.

melodioso, sa *adj.* Se dice del sonido que resulta agradable o musical.

melodrama *s. m.* Obra de teatro que intenta emocionar al público con situaciones demasiado tristes o dramáticas.

melodramático, ca *adj.* Del melodrama o que tiene sus características.

melomanía *s. f.* Afición muy grande a la música.

melómano, na *s. m.* y *f.* Persona a la que le gusta muchísimo la música.

melón *s. m.* **1.** Fruta de la planta del mismo nombre; es grande y ovalada, de corteza gruesa, verde o amarillenta, y carne blanca, dulce y muy jugosa. **2.** *fam.* Persona torpe, tonta. **3.** *fam.* Cabeza. **SIN. 2.** Bobo.

melonar *s. m.* Campo de melones.

melonero, ra *s. m.* y *f.* Persona que vende melones.

melopea *s. f. fam.* Borrachera.

meloso, sa *adj.* **1.** Demasiado amable, delicado o dulce. **2.** Aplicado a ciertos guisos o alimentos, jugoso: *arroz meloso.* **SIN. 1.** Empalagoso, melifluo.

melva *s. f.* Pez parecido al bonito, pero con las aletas dorsales muy separadas. Se utiliza como alimento.

membrana *s. f.* **1.** Tejido delgado y elástico que envuelve o separa algunos órganos. **2.** Lámina tensa y fina que se hace vibrar o que separa dos cosas.

membrete *s. m.* Nombre y dirección de una persona o empresa impresos en los sobres, papeles de cartas, etc., que usa.

membrillo *s. m.* **1.** Árbol frutal de hojas de forma ovalada y flores blancas o rosadas. **2.** Fruta de ese árbol, de color amarillo y forma de pera grande, con que se hace un dulce llamado *dulce* o *carne de membrillo.*

memez *s. f.* Tontería, simpleza.

memo, ma *adj.* y *s.* Tonto, bobo. **SIN.** Estúpido, idiota, imbécil. **ANT.** Inteligente, listo.

memorable *adj.* Que merece ser recordado porque era muy bueno.

memorándum o **memorando** *s. m.* **1.** Resumen escrito de los puntos más importantes de un asunto. **2.** Agenda.

memorar *v.* Recordar.

memoria *s. f.* **1.** Capacidad de recordar. **2.** Recuerdo. **3.** Parte de un ordenador donde se almacena la información. **4.** Informe escrito sobre un determinado asunto. ‖ *s. f. pl.* **5.** Autobiografía. **SIN. 1.** Retentiva. **ANT. 1.** y **2.** Olvido.

memorial *s. m.* **1.** Escrito en favor de alguien o algo. **2.** Homenaje en memoria de una persona.

memorístico, ca *adj.* De la memoria o que se hace con ella.

memorizar *v.* Aprender algo de memoria. **SIN.** Retener. **ANT.** Olvidar.

mena *s. f.* Roca que contiene abundante mineral aprovechable.

menaje *s. m.* Conjunto de muebles, utensilios y ropas de la casa.

mención *s. f.* Hecho de mencionar. **SIN.** Alusión, cita. **ANT.** Omisión.

mencionar *v.* Hablar de pasada de una persona o cosa o decir su nombre. **SIN.** Citar, aludir. **ANT.** Omitir.

menda *s. m.* y *f.* **1.** *fam.* Persona, individuo. ‖ *pron. pers.* **2.** *fam.* Uno mismo: *mi menda.* **SIN. 1.** Tipo, fulano.

mendaz *adj.* y *s.* Mentiroso, falso.

mendicante *adj.* y *s.* Se dice de las órdenes religiosas que viven de la limosna.

mendicidad *s. f.* Actividad de mendigar.

mendigar *v.* Pedir limosna.

mendigo, ga *s. m.* y *f.* Persona pobre que vive pidiendo limosna. **SIN.** Pordiosero.

mendrugo *s. m.* **1.** Trozo de pan duro. ‖ *adj.* y *s.* **2.** Tonto, torpe. **SIN. 1.** Coscurro. **2.** Zoquete. **ANT.** Inteligente.

menear *v.* Mover algo de un lado a otro. **SIN.** Sacudir, balancear.

meneo *s. m.* Acción de menear. **SIN.** Sacudida.

menester *s. m.* Ocupación, trabajo. ‖ **LOC. ser menester** Ser necesario.

menesteroso, sa *adj.* y *s.* Indigente.

menestra *s. f.* Guiso de verduras y hortalizas que a veces lleva trocitos de jamón o carne.

menestral, la *s. m.* y *f.* Persona que tiene un oficio manual, como un artesano o un obrero.

mengano, na *s. m.* y *f. fam.* Una persona cualquiera. **SIN.** Fulano, zutano.

mengua *s. f.* Disminución, pérdida. **SIN.** Descenso, merma. **ANT.** Aumento.

menguante *adj.* **1.** Que mengua. ‖ **2. cuarto menguante** Ver **cuarto. SIN. 1.** Decreciente. **ANT. 1.** Creciente.

menguar *v.* Disminuir, reducirse. **SIN.** Decrecer, mermar. **ANT.** Aumentar.

mengue *s. m. fam.* Diablo, duende.

menhir *s. m.* Monumento prehistórico que consiste en una piedra grande clavada verticalmente en el suelo.

meninge *s. f.* Cada una de las membranas que envuelven y protegen el encéfalo y la médula espinal.

meningitis *s. f.* Inflamación de las meninges; es una enfermedad muy grave.

menino, na (del port.) *s. m.* y *f.* En la antigua corte española, niño o joven de la nobleza que estaba al servicio de la reina o de los infantes.

menisco *s. m.* Cartílago de algunas articulaciones, como la rodilla.

menopausia *s. f.* Hecho de dejar de tener la menstruación la mujer y época de su vida en que esto ocurre.

menor *adj.* y *s.* **1.** *comp.* de **pequeño.** De menos tamaño, intensidad, cantidad, edad que otro. Con el artículo se convierte en superlativo: *Ella es la menor de su casa.* **2.** Menor de edad. ‖ **3. aguas menores** Ver **agua. 4. menor de edad** Persona que no ha cumplido los dieciocho años y no puede votar ni ejercer otros derechos. ‖ **LOC. al por menor** Se dice de la venta en pequeñas cantidades. **ANT. 1.** y **2.** Mayor. **2.** Adulto.

menorquín, na *adj.* y *s.* De Menorca, isla de las Baleares, España.

menos *adv.* **1.** Expresa menor cantidad o intensidad: *Tiene menos dinero que su hermano. Luis es menos nervioso que tú.* ‖ *prep.* **2.** Excepto: *Se comió todo menos la fruta.* ‖ *s. m.* **3.** Signo aritmético (–) de la resta. ‖ **LOC. a menos que** A no ser que. **al menos** o **por lo menos** Aunque solo sea eso. **echar de menos** Notar que falta alguien o algo, acordarse de él. **menos mal** Indica alivio. **SIN. 2.** Salvo. **ANT. 1.** y **3.** Más. **2.** Incluso.

menoscabar *v.* Dañar, quitar valor, importancia o fama a alguien o algo. **SIN.** Perjudicar, deteriorar. **ANT.** Beneficiar.

menoscabo *s. m.* Perjuicio, daño, disminución. **SIN.** Deterioro. **ANT.** Beneficio.

menospreciar *v.* Dar a alguien o algo menos importancia o valor del que tiene. **SIN.**

mercachifle

Rebajar, despreciar, subestimar. **ANT.** Apreciar, alabar.

menosprecio *s. m.* Hecho de menospreciar a alguien o algo. **SIN.** Desprecio. **ANT.** Interés.

mensáfono *s. m.* Aparato electrónico, anterior a la telefonía móvil, usado para enviar y recibir mensajes cortos o avisos.

mensaje *s. m.* **1.** Lo que se dice o se comunica a alguien. **2.** Enseñanza o moraleja de un libro, una película, etc. **SIN. 1.** Recado, comunicación.

mensajería *s. f.* **1.** Servicio o empresa que envía y reparte paquetes y cartas. **2.** Sistema que permite enviar y recibir mensajes a través de un dispositivo electrónico.

mensajero, ra *adj.* y *s.* Que lleva mensajes, recados u otras cosas. **SIN.** Recadero, emisario.

menstruación o **menstruo** *s. f.* o *m.* Pérdida de sangre procedente de la matriz que tienen las mujeres por la vagina una vez al mes, al no instalarse en el útero un óvulo fecundado. **SIN.** Regla, periodo.

menstrual *adj.* Relacionado con la menstruación: *dolores menstruales.*

menstruar *v.* Tener la menstruación.

mensual *adj.* **1.** Que ocurre, se hace o aparece cada mes. **2.** Que dura un mes.

mensualidad *s. f.* Lo que se paga o se cobra cada mes.

ménsula *s. f.* **1.** Repisa. **2.** En arquitectura, elemento que sobresale en una pared y sirve como soporte.

menta *s. f.* Planta de hojas verdes o rojizas y flores lila. Se utiliza para hacer licores e infusiones y de ella se saca una sustancia de buen olor y sabor con que se elaboran dulces y perfumes.

mental *adj.* Relacionado con la mente.

mentalidad *s. f.* Modo de pensar. **SIN.** Pensamiento, ideología, mente.

mentalizar *v.* Preparar a alguien para que actúe o piense de una manera.

mentalmente *adv.* Con el pensamiento o respecto a la mente.

mentar *v.* Mencionar, nombrar. □ Es *v. irreg.* Se conjuga como *pensar.* **SIN.** Citar.

mente *s. f.* **1.** Capacidad de las personas para pensar y entender las cosas. **2.** Pensamiento: *tener una cosa en mente.* **3.** Mentalidad: *una mente abierta.* **SIN. 1.** Inteligencia, cerebro.

mentecato, ta *adj.* y *s.* Tonto, necio. **SIN.** Idiota. **ANT.** Inteligente.

mentidero *s. m.* Lugar donde se reúne la gente para conversar y comentar lo que pasa.

mentir *v.* Decir mentiras. □ Es *v. irreg.* Se conjuga como *sentir.* **SIN.** Engañar.

mentira *s. f.* Lo que no es verdad, engaño. ‖ **LOC. parece mentira** Indica que algo causa asombro o sorpresa. **SIN.** Cuento, embuste.

mentirijillas Se usa en la expresión **de mentirijillas**, 'en broma, de mentira'.

mentiroso, sa *adj.* y *s.* Que miente. **SIN.** Embustero, farsante.

mentís *s. m.* Palabra o hecho con que alguien desmiente lo que otros afirman. **SIN.** Desmentido. **ANT.** Confirmación.

mentol *s. m.* Alcohol que se saca de la menta y se utiliza en medicina para suavizar la garganta y ayudar a respirar; también se usa en perfumes y licores.

mentolado, da *adj.* De sabor a menta.

mentón *s. m.* Barbilla.

mentor, ra *s. m.* y *f.* **1.** Persona que aconseja, guía u orienta a otra. **2.** Preceptor. **SIN. 1.** Consejero. **2.** Tutor.

menú *s. m.* **1.** Conjunto de platos que se toman en una comida. **2.** Lista de las comidas y bebidas que se pueden pedir en un restaurante. **3.** Lista que aparece en la pantalla del ordenador con las cosas que puede hacer un programa, para elegir aquella que se quiere. **SIN. 2.** Carta.

menudear *v.* Suceder a menudo: *En otoño menudean las lluvias.* **SIN.** Abundar.

menudencia *s. f.* Insignificancia. **SIN.** Minucia, bagatela.

menudillos *s. m. pl.* El corazón, el hígado y otras vísceras de las aves. **SIN.** Menudos.

menudo, da *adj.* **1.** Muy pequeño. **2.** Sin importancia. **3.** Se usa para destacar algo: *¡Menuda suerte!* ‖ *s. m. pl.* **4.** Tripas, manos y sangre de cordero, cerdo, vaca, etc. **5.** Menudillos. ‖ **LOC. a menudo** Muchas veces. **SIN. 1.** Chico. **2.** Insignificante, secundario. **4.** y **5.** Despojos. **ANT. 1.** Grande. **2.** Importante.

meñique *adj.* y *s. m.* El dedo más pequeño de la mano.

meollo *s. m.* Lo más importante. **SIN.** Fundamento, esencia.

meón, na *adj.* y *s. fam.* Que hace mucho pis o mea muchas veces.

mequetrefe *s. m.* y *f.* Persona informal, inútil, en la que no se puede confiar. **SIN.** Botarate, tarambana.

meramente *adv.* Solamente, simplemente: *Baila meramente por diversión.*

mercachifle *s. m. desp.* Vendedor ambulante o de poca importancia. **SIN.** Quincallero, buhonero.

mercadear v. Comerciar.

mercader, ra s. m. y f. Comerciante.

mercadería s. f. Mercancía.

mercadillo s. m. Mercado de puestos ambulantes que se ponen en días fijos.

mercado s. m. **1.** Edificio o lugar con puestos en los que se venden alimentos y otras cosas. **2.** Conjunto de actividades relacionadas con la compra y la venta. ‖ **3. mercado negro** Comercio ilegal de productos. SIN. 1. Plaza.

mercadotecnia s. f. Marketing.

mercancía s. f. **1.** Cosa que se puede comprar y vender. ‖ **mercancías** s. m. **2.** Tren que transporta solamente cosas. SIN. 1. Género, artículo.

mercante adj. **1.** Del comercio por mar: la Marina mercante. ‖ adj. y s. m. **2.** Barco que transporta mercancías.

mercantil adj. Relacionado con la compra y venta de cosas. SIN. Comercial.

mercar v. Comprar.

merced s. f. **1.** Favor o recompensa. ‖ **2. su merced** o **vuestra merced** Se usaba antiguamente como hoy usted. ‖ LOC. **a merced de** Sometido a la acción o al poder de una persona o cosa. SIN. 1. Don, gracia.

mercedario, ria adj. y s. De la orden religiosa de la Merced.

mercenario, ria adj. y s. Soldado que lucha solo porque le pagan.

mercería s. f. Tienda donde se venden objetos para coser o hacer labores.

mercero, ra s. m. y f. Dueño o encargado de una mercería.

merchandising (ingl.) s. m. Conjunto de procesos destinados a facilitar la producción y venta de un producto.

merchero, ra s. m. y f. Persona que se dedica a la venta ambulante.

mercromina (marca registrada) s. f. Líquido rojo que se usa para desinfectar las heridas.

mercurio s. m. Metal líquido plateado; entre otros usos, se emplea en algunos termómetros para indicar la temperatura al dilatarse con el calor. Es un elemento químico.

mercurocromo (marca registrada) s. m. Mercromina.

merecedor, ra adj. Que merece algo. SIN. Digno, acreedor. ANT. Indigno.

merecer v. Ser justo que alguien o algo tenga o reciba una cosa. ‖ LOC. **merecer** una cosa **la pena** No importar lo que cueste, si se obtiene algo bueno. □ Es v. irreg. Se conjuga como agradecer.

merecido, da 1. p. de **merecer**. ‖ adj. **2.** Que alguien se lo merece. ‖ s. m. **3.** Castigo que se merece por algo.

merecimiento s. m. Hecho de merecer.

merendar v. **1.** Comer algo a media tarde. ‖ **merendarse 2.** fam. Terminar algo rápidamente. **3.** fam. Ganar a otro por mucha diferencia. □ Es v. irreg. Se conjuga como pensar. SIN. 3. Arrollar.

merendero s. m. Lugar en el campo o en la playa donde se puede comer.

merendola o **merendona** s. f. Merienda celebrada como una fiesta entre muchas personas.

merengada adj. Leche merengada. Ver **leche**.

merengue s. m. Crema hecha con claras de huevo y azúcar.

meretriz s. f. Prostituta.

meridiano, na adj. **1.** Claro, evidente. ‖ s. m. **2.** Cada línea imaginaria de la esfera terrestre que va de un polo a otro.

meridional adj. y s. Del sur. SIN. Sureño. ANT. Septentrional, norteño.

merienda s. f. **1.** Comida ligera que se hace por la tarde. ‖ **2. merienda de negros** fam. Jaleo, lío, tumulto.

merino, na adj. y s. Se dice de una raza de ovejas de lana fina, rizada y suave.

mérito s. m. **1.** Acción o trabajo por los que una persona merece alguna cosa, sobre todo un premio. **2.** Valor que tiene algo por el cuidado o trabajo que se ha puesto en ello. ‖ LOC. **hacer méritos** Esforzarse haciendo las cosas para merecer o para conseguir algo. SIN. 2. Calidad. ANT. 1. Defecto.

meritorio, ria adj. Que tiene mucho mérito y merece que lo premien.

merluza s. f. **1.** Pez marino grande, con el cuerpo alargado y plateado. Su carne, blanca y suave, es muy apreciada como alimento. **2.** fam. Borrachera.

merluzo, za adj. y s. fam. Tonto, bobo.

merma s. f. Disminución. SIN. Mengua. ANT. Aumento.

mermar v. Disminuir, reducir. SIN. Menguar, menoscabar. ANT. Aumentar.

mermelada s. f. Conserva espesa y muy dulce hecha con fruta cocida y azúcar. SIN. Confitura.

mero s. m. Pez marino de gran tamaño con la cabeza y la boca también muy grandes. Vive en el Mediterráneo y el Atlántico y su carne es muy apreciada.

mero, ra *adj.* Solo lo que se dice: *Viaja por mero placer.* **SIN.** Puro, simple.

merodear *v.* Ir por algún lugar para mirar, curiosear o con malas intenciones. **SIN.** Rondar, acechar.

merodeo *s. m.* Acción de merodear.

mes *s. m.* **1.** Cada una de las doce partes en que se divide el año. **2.** Tiempo que va desde un día hasta la misma fecha del mes siguiente. **3.** Menstruación.

mesa *s. f.* **1.** Mueble formado por una tabla o plancha, sostenida por un pie o varias patas. **2.** Este mueble con lo necesario para comer en él. **3.** Comida: *la buena mesa.* **4.** En algunas reuniones, personas que la dirigen o la presiden. ‖ **5. mesa camilla** La redonda con faldas, generalmente con una plataforma para colocar el brasero. **6. mesa de noche** Mesilla. **7. mesa redonda** Reunión en la que se trata un tema.

mesana *s. f.* **1.** En un barco de tres palos, el mástil más cercano a la popa. **2.** Vela que se pone en ese mástil.

mesarse *v.* Tirarse del pelo o de la barba en señal de pena o de enfado.

mesero, ra *s. m. y f. Amér.* Camarero.

meseta *s. f.* **1.** Terreno llano de gran extensión, situado a más de quinientos metros sobre el nivel del mar. **2.** Descansillo. **SIN. 1.** Altiplanicie.

mesiánico, ca *adj.* Del mesías.

mesianismo *s. m.* **1.** Creencia de los judíos en un enviado de Dios que liberará a Israel. **2.** Confianza en la solución de los problemas por la intervención de un líder.

mesías *s. m.* El enviado de Dios, anunciado por los profetas al pueblo de Israel y que para los cristianos es Jesucristo.

mesilla *s. f.* Mueble pequeño, con uno o más cajones, que se coloca junto a la cama. Se dice también *mesilla de noche.*

mesnada *s. f.* En la Edad Media, tropa a las órdenes de un rey o de un noble.

mesón *s. m.* **1.** Taberna donde se sirven comidas y bebidas. **2.** Posada. **SIN. 1.** Tasca. **2.** Hostal, hostería.

mesonero, ra *s. m. y f.* Persona que trabaja en un mesón.

mesopotámico, ca *adj. y s.* De Mesopotamia, región de Asia en la que surgieron importantes culturas.

mesosfera *s. f.* Parte de la atmósfera situada sobre la estratosfera.

mester *s. m.* **1.** En la Edad Media, arte, oficio. ‖ **2. mester de clerecía** Poesía medieval compuesta por clérigos o personas cultas. **3.**

mester de juglaría Poesía medieval de los juglares o poetas populares.

mestizaje *s. m.* Mezcla de razas.

mestizo, za *adj. y s.* Nacido de padres de diferente raza.

mesura *s. f.* Calma, moderación. **SIN.** Compostura, medida. **ANT.** Exceso.

mesurado, da *adj.* Moderado.

meta *s. f.* **1.** Objetivo que se quiere alcanzar. **2.** Línea donde termina una carrera. **3.** En fútbol y otros deportes, portería. **SIN. 1.** Aspiración, fin. **3.** Puerta.

metabólico, ca *adj.* Del metabolismo o relacionado con él.

metabolismo *s. m.* Conjunto de procesos químicos producidos en el organismo a través de los cuales este obtiene la energía y las sustancias necesarias para vivir.

metabolizar *v.* Transformar en el organismo una sustancia a través de procesos químicos.

metacarpo *s. m.* Conjunto de huesos que forman la parte central de la mano.

metacrilato *s. m.* Plástico muy duro que parece cristal.

metadona *s. f.* Medicamento parecido a la heroína, utilizado para desintoxicar a los drogadictos.

metafísica *s. f.* Parte de la filosofía que estudia qué son las cosas en general, a diferencia de las ciencias, que estudian cada cosa concreta.

metafísico, ca *adj.* De la metafísica.

metafita *adj. y s. f.* Planta, vegetal.

metáfora *s. f.* Recurso del lenguaje que consiste en dar a una cosa el nombre de otra distinta, con la que el autor la identifica.

metafórico, ca *adj.* De la metáfora o que tiene o usa metáforas.

metal *s. m.* **1.** Cuerpo de brillo característico y buen conductor del calor y la electricidad. A temperatura normal es sólido, excepto el mercurio. ‖ **2. metal noble** o **precioso** Oro, plata o platino.

metálico, ca *adj.* **1.** De metal. ‖ *s. m.* **2.** Dinero en monedas o billetes. **SIN. 2.** Efectivo.

metalizado, da 1. *p.* de metalizar. También *adj.* ‖ *adj.* **2.** Se dice de los colores que imitan el brillo del metal: *azul metalizado.*

metalizar *v.* **1.** Cubrir con una capa de metal. **2.** Dar a alguna cosa las propiedades del metal.

metalurgia *s. f.* Conjunto de técnicas y estudios sobre la obtención, transformación y uso de los metales.

metalúrgico, ca *adj.* **1.** De la metalurgia. ‖ *adj.* y *s.* **2.** Persona que trabaja en la metalurgia.

metamórfico, ca *adj.* Se dice de las rocas y minerales que proceden de otros que han sufrido transformaciones físicas y químicas debido al calor y la presión.

metamorfosis *s. f.* Transformación, cambio importante, como cuando una oruga se convierte en mariposa.

metano *s. m.* Gas incoloro, usado como combustible, que arde con facilidad cuando está en contacto con el aire.

metástasis *s. f.* Extensión de una enfermedad o tumor situados en un órgano a otros puntos del cuerpo.

metatarso *s. m.* Conjunto de huesos que forman la parte central del pie.

metazoo *adj.* y *s. m.* Animal formado por muchas células organizadas en tejidos.

meteórico, ca *adj.* Muy rápido: *Su ascenso en la empresa fue meteórico.* **SIN.** Fulgurante, vertiginoso.

meteorito *s. m.* Cuerpo sólido que va a gran velocidad por el espacio.

meteoro *s. m.* Fenómeno natural atmosférico, como la lluvia, la nieve, el viento.

meteorología *s. f.* Ciencia que estudia los meteoros, de los que depende el tiempo atmosférico.

meteorológico, ca *adj.* De la meteorología o relacionado con ella.

meteorólogo, ga *s. m.* y *f.* Especialista en meteorología.

metepatas *s. m.* y *f. fam.* Persona que siempre está metiendo la pata. **SIN.** Patoso. **ANT.** Discreto.

meter *v.* **1.** Poner o ponerse dentro. **2.** Decir o contar: *meter un rollo.* **3.** Poner a una persona en situación difícil o desagradable: *meter en un lío.* **4.** Producir, hacer, dar: *meter miedo, meter ruido, meter un puñetazo.* **5.** Hacer más corta o estrecha una prenda de vestir. **6.** Utilizar o hacer funcionar algunos instrumentos o mecanismos: *meter la tijera; meter la marcha atrás de un coche.* ‖ **meterse 7.** Participar, intervenir. **8.** Ponerse a realizar un trabajo o una actividad: *Se metió a guardia.* **9.** Molestar, insultar, atacar: *meterse con alguien.* ‖ **LOC. a todo meter** Con mucha fuerza o rapidez. **SIN. 1.** Introducir. **2.** Largar. **3.** Comprometer. **7.** Inmiscuirse. **ANT. 1.** y **3.** Salir. **1., 3.** y **5.** Sacar. **8.** Dejar.

meticón, na *adj.* y *s. fam.* Entrometido. **SIN.** Metijón.

meticulosidad *s. f.* Característica de la persona meticulosa. **SIN.** Minuciosidad.

meticuloso, sa *adj.* Que hace todo muy despacio y con mucho cuidado. **SIN.** Minucioso, puntilloso. **ANT.** Descuidado.

metido, da *p.* de meter. También *adj.* ‖ **LOC. metido en carnes** Gordo.

metijón, na *adj. fam.* Meticón.

metódico, ca *adj.* Que sigue un orden o un método. **SIN.** Ordenado, sistemático. **ANT.** Desordenado.

metodismo *s. m.* Movimiento religioso que surgió en Inglaterra en el siglo XVIII para renovar la Iglesia anglicana, de la que se separó.

metodista *adj.* y *s.* Seguidor del metodismo o relacionado con él.

método *s. m.* Serie de cosas que hay que hacer para conseguir algo. **SIN.** Metodología, sistema, procedimiento, técnica.

metodología *s. f.* Método empleado para alguna cosa.

metomentodo *adj.* y *s. fam.* Entrometido, meticón. **SIN.** Metijón.

metonimia *s. f.* Recurso del lenguaje que consiste en llamar a una cosa con el nombre de otra a la que está muy relacionada, como por ejemplo, las *canas* por la vejez o *compraron un Miró,* por *un cuadro de Miró.*

metopa o **métopa** *s. f.* En arquitectura, elemento decorativo de los frisos de algunos templos griegos que está situado entre dos triglifos.

metralla *s. f.* Fragmentos de metal que lanza con fuerza una bomba cuando explota.

metralleta *s. f.* Arma de fuego que hace muchos disparos en pocos segundos.

métrica *s. f.* Estudio de los versos, el número de sílabas que tienen y cómo se combinan en una estrofa o en un poema.

métrico, ca *adj.* **1.** Relacionado con el metro, unidad de longitud: *el sistema métrico decimal.* **2.** De la métrica.

metro[1] *s. m.* **1.** Unidad internacional de medida de longitud. **2.** Utensilio para medir que tiene marcada la longitud de esta unidad y sus divisores, como centímetros y milímetros.

metro[2] *s. m.* Tren que circula por una gran ciudad, casi siempre subterráneo. **SIN.** Metropolitano.

metrobús *s. m.* Billete de varios viajes que sirve para el metro y los autobuses municipales.

metrónomo *s. m.* Aparato que sirve para medir el tiempo y marcar el compás de las composiciones musicales.

metrópoli o **metrópolis** *s. f.* **1.** Ciudad grande e importante. **2.** Ciudad o país que tiene colonias. **SIN. 1.** Urbe.

mielina

metropolitano, na *adj.* **1.** De la ciudad o metrópoli. ‖ *s. m.* **2.** Metro².

mexica *adj.* y *s.* Azteca.

mexicanismo *s. m.* Palabra o expresión propia del español de México.

mexicano, na *adj.* y *s.* De México, país de América del Norte.

mezcla *s. f.* **1.** Acción de mezclar. **2.** Resultado de mezclar distintas cosas. **SIN. 1.** y **2.** Mixtura, mezcolanza, combinación.

mezclador, ra *adj.* y *s.* Que mezcla o sirve para mezclar.

mezclar *v.* **1.** Juntar varias cosas para que queden más o menos unidas. **2.** Juntar o confundir personas o cosas muy diferentes. **3.** Meter a alguien en un asunto complicado o peligroso. ‖ **mezclarse 4.** Relacionarse. **SIN. 1.** Combinar. **1.** y **2.** Entremezclar. **3.** Involucrar. **ANT. 1.** y **2.** Separar. **3.** Apartar.

mezcolanza *s. f.* Mezcla de personas o cosas que no quedan bien juntas. **SIN.** Revoltijo.

mezquindad *s. f.* Característica de mezquino. **SIN.** Vileza, ruindad. **ANT.** Nobleza.

mezquino, na *adj.* **1.** Despreciable, malo. **2.** Pequeñísimo. **3.** Tacaño. **SIN. 1.** Miserable, vil. **2.** Mínimo. **ANT. 1.** Noble. **3.** Generoso.

mezquita *s. f.* Templo musulmán.

mi¹ *s. m.* Tercera nota de la escala musical.

mi² *pos. apóc.* de **mío**, **mía**.

mí *pron. pers.* Indica la primera persona del singular y se usa detrás de una preposición: *para mí, a mí...*

miaja *s. f. fam.* Un poquito.

miasmas *s. m. pl.* Gases malolientes o perjudiciales que despiden las sustancias podridas o los cuerpos enfermos.

mica *s. f.* Mineral de silicio y otros elementos que aparece en muchas rocas. Es brillante, tiene diversos colores y se divide en capas con facilidad.

micción *s. f.* Acción de orinar.

michelín (marca registrada) *s. m. fam.* Acumulación de grasa en la cintura o en otra parte del cuerpo.

mico, ca *s. m.* y *f.* **1.** Mono pequeño de cola larga. **2.** *fam.* Niño.

micra *s. f.* Medida de longitud que equivale a la millonésima parte del metro.

micro *s. m.* **1.** *acort.* de **micrófono**. **2.** *acort.* de **microondas**.

microbiano, na *adj.* De los microbios o relacionado con ellos.

microbio *s. m.* Microorganismo.

microbús *s. m.* Autobús pequeño.

microchip (del ingl.) *s. m.* Chip de tamaño muy pequeño.

microcirugía *s. f.* Cirugía que se realiza sobre tejidos muy pequeños que solo se pueden ver con el microscopio.

microclima *s. m.* Clima especial de un lugar, diferente al del resto de la zona.

microfilm o **microfilme** (*microfilm* es ingl.) *s. m.* Película de tamaño muy pequeño usada para fotografiar libros y documentos.

micrófono *s. m.* Aparato que recoge el sonido para ampliarlo o grabarlo.

micronesio, sia *adj.* y *s.* De Micronesia, archipiélago de Oceanía.

microonda *s. f.* **1.** Tipo de radiación electromagnética. ‖ **microondas** *s. m.* **2.** Horno que se utiliza para calentar y cocinar los alimentos muy rápidamente por medio de esas radiaciones.

microordenador *s. m.* Pequeño ordenador formado por un conjunto de circuitos integrados, cuya unidad central es un microprocesador.

microorganismo *s. m.* Organismo vivo que solo se puede ver con microscopio.

microprocesador *s. m.* Pequeño circuito electrónico que es la parte principal de un ordenador.

microrrelato *s. m.* Texto narrativo muy breve.

microscópico, ca *adj.* Pequeñísimo, que solo se ve a través del microscopio. **ANT.** Macroscópico.

microscopio *s. m.* Aparato que sirve para ver cosas muy pequeñas que a simple vista no se perciben.

miedica *adj.* y *s. fam.* Miedoso.

miedo *s. m.* Sentimiento desagradable ante algo que nos asusta o nos puede hacer daño. ‖ **LOC. de miedo** Muy bueno, muy bien o muy grande. **SIN.** Temor, terror. **ANT.** Valor.

miedoso, sa *adj.* Que siempre tiene miedo. **SIN.** Temeroso, cobarde, asustadizo. **ANT.** Valiente.

miel *s. f.* Líquido muy espeso y dulce que hacen las abejas con el néctar de las flores. ‖ **LOC. dejar** (o **quedarse**) **con la miel en los labios** Perder una cosa buena cuando se está a punto de conseguirla o cuando se acababa de conseguir. **miel sobre hojuelas** Se usa para decir que una cosa mejora con otra que ya era buena.

mielina *s. f.* Sustancia grasa que rodea los nervios y que ayuda a transmitir con rapidez los impulsos nerviosos.

miembro *s. m.* **1.** Cualquiera de las extremidades del cuerpo de las personas y los animales. **2.** Persona o cosa que pertenece a un grupo. **3.** Elemento, parte. **SIN. 2.** Socio, afiliado. **3.** Componente.

mientras *adv.* y *conj.* Al mismo tiempo que se hace o sucede otra cosa: *Voy a entrar; tú, mientras, espera fuera.* ‖ **LOC. mientras que** A la vez que: *Mientras que Luisa barría, Pedro cocinaba.* Expresa oposición o diferencia: *Mientras que en el norte llueve, en el sur hace calor.* **mientras tanto** En el tiempo que ocurre algo.

miércoles *s. m.* **1.** Tercer día de la semana. ‖ **2. miércoles de Ceniza** Primer día de la Cuaresma, en el que el sacerdote pone ceniza en la frente de los fieles.

mierda *s. f.* **1.** Excremento. **2.** *fam.* Suciedad, basura. **3.** *fam.* Cosa mal hecha o sin valor. **4.** *fam.* Borrachera. ‖ *s. m.* y *f.* **5.** *fam.* Persona inútil o despreciable. **SIN. 1.** Caca, cagada, heces, boñiga. **2.** y **3.** Porquería. **3.** Bodrio, chapuza.

mies *s. f.* **1.** Cereal, como el trigo o la cebada. ‖ *s. f. pl.* **2.** Los campos sembrados.

miga *s. f.* **1.** Parte blanda del pan. **2.** Trocito muy pequeño de pan o de otras cosas. **3.** Parte más importante o interesante de algo. ‖ *s. f. pl.* **4.** Plato preparado con trocitos de pan humedecidos con agua y luego fritos con otros ingredientes. ‖ **LOC. hacer buenas migas** Llevarse bien. **hacer migas** Destrozar. **SIN. 2.** Migaja. **3.** Meollo.

migaja *s. f.* **1.** Miga, trocito de pan o de otra cosa. ‖ *s. f. pl.* **2.** Los restos, lo que dejan los demás. **SIN. 1.** Pizca. **2.** Desecho.

migar *v.* **1.** Deshacer el pan en migas. **2.** Echar migas de pan en un líquido.

migración *s. f.* **1.** Movimiento de gente que se va a vivir a otro lugar. **2.** Viaje que realizan algunos animales de unas zonas a otras según la estación. **3.** En informática, paso de datos o aplicaciones de un ordenador a otro.

migraña *s. f.* Jaqueca.

migrar *v.* Hacer migraciones.

migratorio, ria *adj.* De la migración o que hace migraciones.

mihrab (del ár.) *s. m.* En las mezquitas, hueco en una pared orientado hacia La Meca, la ciudad santa de los musulmanes, adonde miran los fieles que están orando.

mijo *s. m.* **1.** Planta gramínea originaria de Asia. **2.** Las semillas de esta planta, que sirven de alimento.

mil *num.* **1.** Diez veces cien. **2.** Que ocupa por orden el número mil.

milady (ingl.) *s. f.* Tratamiento que se da a las mujeres de la nobleza británica.

milagrería *s. f.* Tendencia a tomar como milagros algunos hechos naturales.

milagrero, ra *adj.* Que hace muchos milagros. **SIN.** Milagroso.

milagro *s. m.* **1.** Hecho que se piensa que ocurre por la intervención de Dios o de un ser divino. **2.** Cosa muy sorprendente o increíble. ‖ **LOC. de milagro** Por casualidad, por suerte. **SIN. 1.** y **2.** Prodigio.

milagroso, sa *adj.* **1.** Que parece un milagro, que no sucede de acuerdo con las leyes de la naturaleza. **2.** Que hace milagros. **3.** Extraordinario, asombroso. **SIN. 1.** Prodigioso, sobrenatural. **2.** Milagrero. **3.** Increíble.

milanés, sa *adj.* y *s.* De Milán, ciudad italiana.

milano *s. m.* Ave rapaz de plumaje castaño con tonos rojizos y cola en forma de horquilla.

milenario, ria *adj.* Que lleva existiendo más de mil años o varios miles de años.

milenio *s. m.* Periodo de mil años.

milésimo, ma *num.* **1.** Que ocupa por orden el número mil. ‖ *num.* y *s. m.* **2.** Se dice de cada una de las mil partes en que se divide una cosa.

mileurista *adj.* y *s.* Que tiene un sueldo mensual de unos mil euros.

milhojas *s. m.* Pastel de hojaldre relleno de merengue.

mili *s. f. fam.* Nombre que se daba en España al servicio militar obligatorio.

milibar *s. m.* Unidad en que se mide la presión atmosférica.

milicia *s. f.* **1.** Profesión de los militares. **2.** Servicio militar. **3.** Tropa formada por voluntarios o ciudadanos armados.

miliciano, na *adj.* y *s.* De una milicia.

milico *s. m. Amér. fam.* Militar.

miligramo *s. m.* Medida de masa equivalente a la milésima parte de un gramo.

mililitro *s. m.* Medida de capacidad equivalente a la milésima parte de un litro.

milimetrado, da *adj.* Que está dividido en milímetros: *papel milimetrado.*

milimétrico, ca *adj.* **1.** Del milímetro. **2.** Milimetrado. **3.** Muy preciso, exacto.

milímetro *s. m.* Medida de longitud equivalente a la milésima parte de un metro.

militancia *s. f.* **1.** Condición de militante. **2.** Conjunto de los militantes de un partido u organización.

militante *adj.* y *s.* Que milita en un partido político, asociación o grupo.

militar[1] v. Pertenecer a un ejército, partido político, asociación o grupo.

militar[2] adj. **1.** Del ejército. ‖ s. m. y f. **2.** Miembro del ejército. **SIN. 1.** Castrense. **ANT. 1.** y **2.** Civil.

militarismo s. m. Excesiva importancia del ejército en la vida de un país.

militarista adj. y s. Partidario del militarismo o relacionado con él.

militarizar v. Dar carácter militar a alguien o algo; sobre todo, poner un país o algunos servicios civiles bajo el control del ejército.

milla s. f. **1.** Medida de longitud que se utiliza en algunos países; equivale a 1 609 metros. **2.** Unidad para medir las distancias marinas que equivale a 1 852 metros.

millar s. m. Conjunto de mil unidades.

millardo s. m. Mil millones.

millón s. m. **1.** Mil veces mil. **2.** fam. Cantidad grande e indeterminada: Lo dijo un millón de veces.

millonada s. f. Cantidad muy grande de dinero.

millonario, ria adj. y s. **1.** Que es rico y tiene uno o más millones. ‖ adj. **2.** De muchos millones: cifra millonaria. **SIN. 1.** Acaudalado, potentado.

millonésimo, ma num. **1.** Que ocupa por orden el número un millón. ‖ num. y s. m. **2.** Se dice de cada una del millón de partes iguales en que se divide algo.

milmillonésimo, ma num. **1.** Que ocupa por orden el último lugar en una serie de mil millones. ‖ num. y s. m. **2.** Se dice de cada una de las mil millones de partes iguales en que se divide algo.

milonga s. f. **1.** Canción y baile de la zona del Río de la Plata, en América del Sur, que es de ritmo lento y se acompaña con guitarra. **2.** fam. Mentira, excusa: No me vengas con milongas.

milord (del ingl.) s. m. Tratamiento que se da a los nobles británicos varones.

milrayas s. f. Tela de color claro con rayas finas y muy juntas.

mimado, da 1. p. de mimar. ‖ adj. y s. **2.** Se dice de la persona a la que se mima demasiado. **SIN. 2.** Consentido.

mimar v. **1.** Tratar a alguien con excesivo mimo, consintiéndole demasiado. **2.** Tratar con mucho cariño o cuidado.

mimbre s. m. Rama fina, larga y flexible de la mimbrera, con la que se hacen cestas y otros objetos.

mimbrera s. f. Arbusto que crece en lugares húmedos, y cuya rama, llamada mimbre, se utiliza en cestería.

mimeógrafo (marca registrada) s. m. Amér. Multicopista.

mimético, ca adj. Relacionado con el mimetismo.

mimetismo s. m. **1.** Propiedad de algunos seres vivos de confundirse con el medio que los rodea o de tomar el aspecto de especies peligrosas para defenderse de sus enemigos. **2.** Imitación de lo que hacen otras personas.

mimetizarse v. Tomar algunos seres vivos el color o el aspecto de las cosas que los rodean para ocultarse.

mímica s. f. Expresión por medio de gestos y movimientos del cuerpo.

mímico, ca adj. De la mímica.

mimo s. m. **1.** Trato cariñoso o demostración de afecto. **2.** Cuidado, esmero. **3.** Tipo de teatro en que se utiliza solo la mímica y actor o actriz que se dedica a él. **SIN. 1.** y **2.** Delicadeza. **ANT. 1.** Desdén. **2.** Descuido.

mimosa s. f. **1.** Planta de flores pequeñas y amarillas que parecen borlas o copos. En algunas especies, las hojas se contraen al ser tocadas o movidas. **2.** Flor de esta planta.

mimoso, sa adj. Que le gusta hacer mimos o que se los hagan.

mina s. f. **1.** Yacimiento de mineral y galerías subterráneas que se hacen para sacarlo. **2.** Explosivo que se coloca bajo tierra o bajo la superficie del agua para que explote cuando pase el enemigo. **3.** Barrita del interior de los lápices y portaminas. **4.** Persona o cosa de la que se saca mucho provecho. **SIN. 4.** Filón.

minar v. **1.** Colocar minas explosivas en una zona. **2.** Debilitar o destruir poco a poco. **3.** Excavar caminos y galerías por debajo de la tierra. **SIN. 2.** y **3.** Socavar. **ANT. 2.** Fortalecer.

minarete s. m. Torre de una mezquita.

mindundi o **mindungui** s. m. y f. fam. Persona insignificante. **SIN.** Infeliz, pelanas, pelagatos.

mineral s. m. **1.** Materia natural inorgánica que se encuentra en el interior o en la superficie de la tierra. ‖ adj. **2.** Relacionado con esta materia natural.

mineralogía s. f. Parte de la geología que estudia los minerales.

minería s. f. **1.** Explotación de las minas de minerales. **2.** Conjunto de minas de un país o región.

minero, ra adj. **1.** De la minería. ‖ s. m. y f. **2.** Trabajador de una mina.

minestrone (ital.) *s. f.* Sopa de pasta y verduras.

miniatura *s. f.* **1.** Reproducción de una cosa en un tamaño muy reducido. **2.** Cosa muy pequeña. **3.** Pintura muy pequeña y con mucho detalle, como las que antiguamente ilustraban los libros.

miniaturista *s. m. y f.* **1.** Pintor de miniaturas. **2.** Persona que hace pequeños objetos artísticos.

minibar *s. m.* Mueble pequeño con una nevera dentro para guardar bebidas.

minibasket (ingl.) *s. m.* Baloncesto infantil.

minicadena *s. f.* Cadena de música de alta fidelidad pequeña y compacta.

minifalda *s. f.* Falda muy corta.

minifundio *s. m.* Finca o terreno agrícola muy pequeños. **ANT.** Latifundio.

minifundismo *s. m.* Sistema de división de las tierras en un lugar donde lo que más hay son minifundios. **ANT.** Latifundismo.

minifundista *adj.* **1.** Del minifundio. ‖ *s. m. y f.* **2.** Propietario de un minifundio. **ANT. 1.** y **2.** Latifundista.

minigolf *s. m.* Golf que se practica en un campo o en una pista pequeños.

minimalismo *s. m.* Tendencia artística que trata de representar lo máximo con los mínimos elementos.

minimizar *v.* **1.** Quitar importancia a alguna cosa. **2.** Hacer más pequeña la ventana de un programa de ordenador. **SIN. 1.** Empequeñecer, rebajar.

mínimo, ma *adj.* **1.** *sup.* de **pequeño**. Muy pequeño o lo más pequeño posible. ‖ *s. m.* **2.** Lo menos a lo que se puede llegar. ‖ **LOC. lo más mínimo** Nada: *No me importa lo más mínimo.* **ANT. 1.** y **2.** Máximo.

minino, na *s. m. y f. fam.* Gato, animal.

minio *s. m.* Óxido de plomo, con el que se hace una pintura roja que se aplica a los metales para evitar que se oxiden.

ministerial *adj.* De un ministerio.

ministerio *s. m. y n. pr. m.* **1.** Cada uno de los departamentos en que se divide el Gobierno de un país. ‖ *s. m.* **2.** Edificio de cada uno de estos departamentos. **3.** Cargo de ministro y tiempo que dura. **4.** Tarea, función, cargo: *el ministerio sacerdotal.*

ministro, tra *s. m. y f.* Persona que está al frente de un ministerio.

minorar *v.* Aminorar.

minoría *s. f.* **1.** La menor parte de un grupo de personas. ‖ **2. minoría de edad** Situación de la persona que aún es menor de edad. Ver **menor. ANT. 1.** Mayoría.

minorista *s. m. y f.* Comerciante que vende mercancía al público en pequeñas cantidades. **ANT.** Mayorista.

minoritario, ria *adj.* De la minoría. **ANT.** Mayoritario.

minucia *s. f.* Insignificancia, pequeñez. **SIN.** Menudencia; tontería. **ANT.** Enormidad.

minuciosidad *s. f.* Característica de minucioso. **SIN.** Meticulosidad.

minucioso, sa *adj.* Que hace las cosas con mucho cuidado y detalle o que está hecho así. **SIN.** Meticuloso.

minué o **minueto** *s. m.* Baile y música franceses del siglo XVIII, de ritmo lento y movimientos elegantes.

minuendo *s. m.* En matemáticas, cantidad a la que se resta otra que se llama *sustraendo.*

minúscula *adj. y s. f.* Se dice de las letras que se distinguen de las mayúsculas por su forma y su menor tamaño.

minúsculo, la *adj.* Muy pequeño. **SIN.** Mínimo, diminuto. **ANT.** Mayúsculo.

minusvalía *s. f.* **1.** Pérdida de valor. **2.** Disminución de la capacidad física o mental de una persona a causa de un defecto o una lesión.

minusválido, da *adj. y s.* Que tiene una minusvalía física o mental. **SIN.** Inválido; discapacitado, deficiente.

minusvalorar *v.* Estimar a una persona o cosa en menos de lo debido. **SIN.** Subestimar, infravalorar.

minuta *s. f.* Cuenta que algunos profesionales presentan por su trabajo. **SIN.** Factura, honorarios.

minutero *s. m.* Aguja o manecilla del reloj que señala los minutos.

minuto *s. m.* **1.** Cada una de las sesenta partes de una hora. **2.** Cada una de las sesenta partes iguales en las que se divide un grado de circunferencia o círculo.

mío, a *pos.* Que me pertenece, tiene relación conmigo o es propio de mí.

miocardio *s. m.* Capa de fibras musculares del corazón.

miope *adj. y s.* Que tiene miopía.

miopía *s. f.* Defecto de la vista que hace que no se vean bien los objetos situados a cierta distancia.

mir (siglas de *médico interno residente*) *s. m.* **1.** Médico que realiza prácticas en un hospital. **2.** Examen que se hace para conseguir este puesto.

mira *s. f.* **1.** Pieza de algunos instrumentos y armas de fuego que sirve para dirigir la vista o para apuntar bien. **SIN. 2.** Propósito: *Estudia con miras a aprobar.* **SIN. 2.** Fin, objetivo.

mirada *s. f.* **1.** Acción o forma de mirar. **2.** Vistazo, ojeada. **SIN. 1.** Vista.

mirado, da **1.** *p.* de mirar. || *adj.* **2.** Que tiene muy en cuenta una cosa. || **LOC. estar bien** (o **mal**) **mirado** Estar bien o mal considerado por algunas personas. **SIN. 2.** Prudente, cauto; delicado. **ANT. 2.** Desconsiderado.

mirador *s. m.* **1.** Sitio desde el que se contempla una vista o paisaje. **2.** Balcón cubierto y cerrado con cristales.

miraguano *s. m.* **1.** Palmera de América y Oceanía de cuyo fruto se saca una materia parecida al algodón, que se usa como relleno. **2.** Esta materia.

miramiento *s. m.* **1.** Consideración, respeto. **2.** Cuidado, prudencia. **SIN. 1.** Cortesía. **2.** Cautela, reparo. **ANT. 1.** Desconsideración. **2.** Imprudencia.

mirar *v.* **1.** Fijar la vista en alguien o algo para verlo. **2.** Pensar bien lo que se va a hacer o decir. **3.** Considerar, tener en cuenta. **4.** Estar una cosa frente a algo u orientada en una dirección || **LOC. mirar por** Proteger, cuidar. **SIN. 1.** Observar, contemplar. **2.** Meditar. **3.** Valorar, atender. **4.** Dar, caer.

miriagramo *s. m.* Medida de masa equivalente a diez mil gramos.

mirialitro *s. m.* Medida de capacidad equivalente a diez mil litros.

miriámetro *s. m.* Medida de longitud equivalente a diez mil metros.

miriápodo o **miriópodo** *adj.* y *s. m.* Se dice de unos animales invertebrados terrestres que tienen muchas patas articuladas, como el ciempiés.

mirilla *s. f.* **1.** Agujero o pequeña abertura hecha en una pared o puerta para ver el otro lado. **2.** Pequeña ventanilla de algunos instrumentos para dirigir la vista.

miriñaque *s. m.* Prenda rígida o almidonada, a veces con aros, que antiguamente llevaban las mujeres bajo la falda para darle vuelo.

mirlo *s. m.* Pájaro de plumaje oscuro, pico anaranjado y canto melodioso, que puede imitar sonidos e incluso la voz humana.

mirón, na *adj.* y *s.* Que mira con curiosidad y durante mucho rato. **SIN.** Curioso.

mirra *s. f.* Resina olorosa con la que se hace incienso y perfumes.

mirto *s. m.* Arbusto de hojas perennes de color verde intenso, flores blancas olorosas y frutos de color negro azulado.

misa *s. f.* **1.** Celebración principal de la Iglesia católica, en la que el sacerdote ofrece a Dios el cuerpo y la sangre de Cristo en forma de pan y vino. || **2. misa del gallo** La celebrada en Nochebuena hacia medianoche. || **LOC. cantar misa** Celebrar su primera misa un nuevo sacerdote.

misal *s. m.* Libro que contiene las oraciones de la misa.

misantropía *s. f.* Forma de ser y de comportarse de los misántropos.

misántropo, pa *s. m.* y *f.* Persona que evita la compañía de los demás.

miscelánea *s. f.* **1.** Mezcla. **2.** Colección de escritos variados.

misceláneo, a *adj.* Compuesto por cosas diferentes.

miscible *adj.* Que se puede mezclar.

miserable *adj.* **1.** Muy escaso. || *adj.* y *s.* **2.** Muy pobre. **3.** Tacaño. **4.** Canalla. **SIN. 1.** Exiguo. **2.** Indigente. **3.** Mezquino, avaro. **3.** y **4.** Ruin. **ANT. 1.** y **3.** Generoso. **2.** Rico.

miserere *s. m.* Salmo en el que se pide a Dios perdón por los pecados.

miseria *s. f.* **1.** Pobreza grande. **2.** Sufrimiento, desgracia. **3.** Cantidad pequeña. **SIN. 1.** Necesidad, penuria. **2.** Desventura, calamidad. **3.** Ridiculez. **ANT. 1.** Riqueza. **2.** Dicha. **3.** Montón.

misericordia *s. f.* Compasión, lástima. **SIN.** Piedad, clemencia.

misericordioso, sa *adj.* Que siente o muestra misericordia. **SIN.** Compasivo, clemente. **ANT.** Inmisericorde.

mísero, ra *adj.* **1.** Pobre, escaso. **2.** Tacaño. **3.** Desdichado. **SIN. 1.** Miserable. **1.** y **2.** Mezquino. **2.** Avaro.

misérrimo, ma *adj. sup.* de **mísero**.

misil *s. m.* Cohete utilizado en la guerra que lleva una carga explosiva.

misión *s. f.* **1.** Encargo que se da a una persona para que lo lleve a cabo. **2.** Tarea o trabajo que alguien debe hacer. **3.** Labor de los misioneros y lugar, iglesia o casa donde viven y trabajan. **SIN. 1.** Comisión, delegación. **2.** Cometido.

misionero, ra *s. m.* y *f.* Persona que predica la religión cristiana en tierra de no creyentes o en países no desarrollados.

misiva *s. f.* Carta o nota que se envía a una persona.

mismo, ma *indef.* **1.** Se dice de la persona, animal o cosa que es una sola en distintas ocasiones o lugares. **2.** Igual, semejante. || *adj.* y *adv.* **3.** Acompaña a un nombre, pronombre o adverbio para dar más fuerza a lo que se dice: *Lo hice yo mismo, sin ayuda.* ‖ **LOC. dar lo mismo** o **ser lo mismo** No importar. **SIN. 1.** y **2.** Idéntico. **2.** Parecido, similar. **ANT. 1.** y **2.** Distinto.

misoginia *s. f.* Odio hacia las mujeres.

misógino, na *adj.* y *s. m.* Que odia o rechaza a las mujeres.

miss (ingl.) *s. f.* Ganadora de un concurso femenino de belleza: miss *España.*

mistela *s. f.* **1.** Vino que se hace añadiendo alcohol al mosto de uva. **2.** Bebida hecha con aguardiente, azúcar, agua y canela.

míster (del ingl.) *s. m.* **1.** Ganador de un concurso masculino de belleza: *míster Universo.* **2.** Entrenador de un equipo deportivo, sobre todo de fútbol.

mistérico, ca *adj.* Del misterio o relacionado con él.

misterio *s. m.* **1.** Algo que no sabemos explicar o que no se conoce. **2.** Secreto, discreción. **3.** En la religión cristiana, verdad que no se puede comprender, pero debe creerse porque ha sido revelada por Dios. **4.** Cada uno de los hechos de la vida de Jesucristo o de la Virgen, que se recuerdan en el rosario. **SIN. 1.** Enigma, incógnita. **2.** Reserva.

misterioso, sa *adj.* Que es un misterio o está relacionado con los misterios.

mística *s. f.* Experiencia de unión del alma con Dios, y doctrina y escritos que tratan sobre esta experiencia.

misticismo *s. m.* Característica de místico o estado místico.

místico, ca *adj.* y *s.* De la mística o que ha experimentado esa unión.

mistificar *v.* Falsear, falsificar.

mistral *s. m.* Viento que sopla del noroeste en el Mediterráneo.

mitad *s. f.* **1.** Cada una de las dos partes iguales en que se divide algo. **2.** Punto o lugar que está a la misma distancia de los dos extremos. ‖ **LOC. en mitad de** Mientras está ocurriendo una cosa. **SIN. 2.** Medio.

mítico, ca *adj.* Que es un mito o está relacionado con los mitos. **SIN.** Legendario.

mitificar *v.* **1.** Convertir en mito. **2.** Idealizar, dar un valor excesivo. **ANT. 2.** Desmitificar.

mitigar *v.* Calmar, suavizar. **SIN.** Aplacar. **ANT.** Avivar.

mitin *s. m.* Reunión en la que uno o varios oradores pronuncian discursos políticos.

mito¹ *s. m.* **1.** Historia fantástica sobre dioses y héroes antiguos. **2.** Persona muy admirada. **3.** Cosa inventada que se repite o se cree como si fuera verdad. **SIN. 1.** Leyenda, fábula.

2. Ídolo. **3.** Invención, montaje. **ANT. 1.** y **3.** Realidad.

mito² *s. m.* Pájaro pequeño negro, blanco y rojizo, de cola muy larga. Vive en bosques y parques frondosos.

mitología *s. f.* **1.** Conjunto de leyendas sobre los dioses y héroes de las antiguas Grecia y Roma y de otros pueblos. **2.** Estudio de esos mitos.

mitológico, ca *adj.* De la mitología.

mitomanía *s. f.* Tendencia a mentir e inventar historias imaginarias.

mitómano, na *adj.* y *s.* Que padece mitomanía.

mitón *s. m.* Guante que deja los dedos al descubierto.

mitosis *s. f.* División celular por la cual una célula origina otras dos idénticas.

mitra *s. f.* Gorro que llevan en las ceremonias los obispos, formado por dos caras planas y terminado en punta.

mixomatosis *s. f.* Enfermedad infecciosa que ataca a los conejos.

mixtificar *v.* Mistificar.

mixto, ta *adj.* **1.** Formado por personas o cosas de diferentes clases. **2.** En matemáticas, se dice del número formado por un número entero sumado a una fracción. ‖ *adj.* y *s. m.* **3.** Sándwich de jamón y queso. **4.** Tren de viajeros y de mercancías. **SIN. 1.** Mezclado. **ANT. 1.** Homogéneo.

mixtura *s. f.* Mezcla de varias cosas. **SIN.** Mezcolanza.

mnemotecnia o **mnemotécnica** *s. f.* Método que ayuda a memorizar las cosas mediante reglas, frases y juegos de palabras.

mnemotécnico, ca *adj.* De la mnemotecnia o relacionado con ella.

moaré *s. m.* Tela fuerte que forma aguas o reflejos ondulados.

mobbing (ingl.) *s. m.* Acoso psicológico que ejerce una persona sobre otra en el trabajo de manera continuada.

mobiliario *s. m.* Conjunto de muebles de una casa o una habitación.

moca *s. m.* **1.** Crema de café, mantequilla, vainilla y azúcar. **2.** Tipo de café.

mocárabe *s. m.* Decoración de la arquitectura árabe formada por la combinación geométrica de prismas, que se ubica en bóvedas, capiteles y arcos.

mocasín *s. m.* **1.** Zapato de piel de los indios norteamericanos. **2.** Zapato plano, ligero, flexible y sin cordones.

modificación

mocedad *s. f.* Juventud. **SIN.** Adolescencia. **ANT.** Ancianidad.

mochales *adj. fam.* Loco, chiflado.

mocheta *s. f.* **1.** En algunas herramientas cortantes, parte gruesa y sin filo. **2.** Parte rebajada del marco de una puerta o ventana.

mochila *s. f.* Saco o bolsa con correas para llevarlo colgado a la espalda.

mocho, cha *adj.* **1.** Se dice de algo a lo que le falta la punta o la ha perdido. **2.** Se dice del animal que, debiendo tener cuernos, no los tiene. || *s. m.* **3.** *fam.* Fregona. **SIN. 1.** Romo, chato. **ANT. 1.** Puntiagudo.

mochuelo *s. m.* **1.** Ave rapaz nocturna de cabeza redondeada, ojos grandes de color amarillo y pico curvo. Se alimenta de insectos y pequeños animales. **2.** *fam.* Tarea o encargo molesto o difícil.

moción *s. f.* Algo que se dice o pide en una asamblea o reunión importante.

moco *s. m.* **1.** Líquido espeso que sale por la nariz. **2.** Sustancia parecida a este líquido. || **3. moco de pavo** Cresta que este animal tiene sobre el pico. || **LOC. llorar a moco tendido** Llorar mucho. **no ser** alguna cosa **moco de pavo** No ser despreciable, valer mucho. **SIN. 1.** Mucosidad.

mocoso, sa *adj.* **1.** Que tiene mocos. || *s. m.* y *f.* **2.** *fam.* Niño, chico.

moda *s. f.* **1.** Prendas de vestir, adornos, costumbres, etc., que se usan en una época o en una temporada. **2.** En estadística, el dato que más veces se repite en una serie de datos.

modal *adj.* **1.** Del modo de los verbos. || *s. m. pl.* **2.** Manera de comportarse delante de los demás, sobre todo cuando debe ser correcta y educada. **SIN. 2.** Modos, maneras.

modalidad *s. f.* Forma distinta que presenta una misma cosa. **SIN.** Manera, especialidad, variante.

modelado, da 1. *p.* de modelar. También *adj.* || *s. m.* **2.** Acción o arte de modelar.

modelar *v.* Dar forma a una materia blanda, como barro, cera, plastilina. **SIN.** Moldear.

modélico, ca *adj.* Que sirve de modelo: *una actitud modélica.*

modelismo *s. m.* Técnica de construir reproducciones en pequeño tamaño de edificios, barcos, aviones y otras cosas.

modelo *s. m.* **1.** Cosa en que alguien se fija para imitarla o reproducirla. **2.** Persona o cosa que, por sus cualidades, sirve de ejemplo. **3.** Reproducción en pequeño de una cosa. **4.** Tipo, clase. **5.** Prenda, vestido. || *s. m.* y *f.* **6.** Persona que posa para ser copiada por pintores o escultores, o para hacer anuncios de publicidad. **7.** Persona que trabaja mostrando prendas de vestir y otras cosas que lleva puestas. **SIN. 1.** Muestra. **2.** Ideal, prototipo. **3.** Maqueta, miniatura. **4.** Variedad. **7.** Maniquí.

módem *s. m.* Aparato para mandar información de un ordenador a otro a través del teléfono.

moderación *s. f.* **1.** Acción de moderar. **2.** Característica o conducta de la persona que hace las cosas con orden y tranquilidad, sin excesos. **SIN. 2.** Sobriedad, templanza. **ANT. 1.** y **2.** Desenfreno.

moderado, da 1. *p.* de moderar. || *adj.* **2.** Que no es excesivo, que está en medio de los extremos. **SIN. 2.** Comedido, discreto.

moderador, ra *adj.* **1.** Que modera. || *s. m.* y *f.* **2.** Persona que dirige un debate, asamblea o reunión y se encarga de dar la palabra por turno.

moderar *v.* **1.** Disminuir, suavizar, frenar: *moderar el consumo de grasas, moderar los precios.* **2.** Dirigir una reunión o una asamblea. **SIN. 1.** Reprimir, mitigar. **ANT. 1.** Aumentar, exagerar.

modernidad *s. f.* Característica de moderno.

modernismo *s. m.* **1.** Movimiento literario hispanoamericano y español de finales del siglo XIX y principios del XX. Renovó el lenguaje y mostró gran interés por tiempos y países lejanos. **2.** Estilo artístico de la misma época, caracterizado por su libertad e imaginación y el uso de líneas curvas.

modernista *adj.* y *s.* Del modernismo o que lo sigue.

modernización *s. f.* Acción de modernizar. **SIN.** Actualización, renovación.

modernizar *v.* Hacer más moderno. **SIN.** Actualizar, renovar.

moderno, na *adj.* **1.** De la época actual. **2.** De la Edad Moderna. Ver **edad. 3.** De acuerdo con los gustos o conocimientos actuales: *una técnica moderna.* **SIN. 1.** Contemporáneo, coetáneo. **3.** Avanzado, nuevo, puntero. **ANT. 1.** Antiguo.

modestia *s. f.* Característica de la persona o cosa modesta. **SIN.** Humildad, sencillez. **ANT.** Vanidad.

modesto, ta *adj.* **1.** Que no presume de lo que tiene o de sus cualidades. **2.** Humilde, sin lujos. **SIN. 1.** y **2.** Sencillo. **ANT. 1.** Vanidoso. **2.** Lujoso.

módico, ca *adj.* Moderado o escaso: *un precio módico.* **SIN.** Limitado, reducido. **ANT.** Exorbitante.

modificación *s. f.* Cambio, transformación. **SIN.** Variación, reforma.

modificador, ra *adj.* **1.** Que modifica. ‖ *s. m.* **2.** Palabra que modifica a otra.

modificar *v.* **1.** Cambiar, transformar. **2.** Completar una palabra con el significado de otra, como por ejemplo, el adjetivo modifica al sustantivo. **SIN. 1.** Reformar, variar.

modismo *s. m.* Expresión propia de una lengua que tiene un sentido especial, como *no dar pie con bola*, 'fallar mucho'. **SIN.** Locución, giro.

modisto, ta *s. m.* y *f.* **1.** Persona que diseña prendas de vestir. ‖ *s. f.* **2.** Mujer que se dedica a hacer prendas de vestir, sobre todo femeninas. **SIN. 2.** Costurera.

modo *s. m.* **1.** Forma, manera. **2.** Cada uno de los grupos en que se dividen las formas del verbo y que expresan el punto de vista de la persona que habla. Indicativo: *Vienen*; subjuntivo: *Espero que vengan*; imperativo: *Venid*. ‖ *s. m. pl.* **3.** Modales, forma de comportarse. ‖ **LOC. de modo que** Por tanto. **de todos modos** A pesar de todo. **SIN. 1.** Procedimiento, método.

modorra *s. f.* Sueño, pesadez. **SIN.** Somnolencia, sopor.

modoso, sa *adj.* Formal, educado. **SIN.** Comedido, recatado, respetuoso. **ANT.** Descarado, atrevido.

modulación *s. f.* Acción de modular.

modular[1] *v.* **1.** Ir cambiando de tono al hablar o cantar: *modular la voz*. **2.** Variar las características de una onda de radio para mejorar la transmisión.

modular[2] *adj.* Formado por módulos.

módulo *s. m.* **1.** Cada una de las partes o piezas similares que forman un conjunto. **2.** Parte de una nave espacial que puede separarse y funcionar independientemente.

mofa *s. f.* Burla.

mofarse *v.* Burlarse.

mofeta *s. f.* Mamífero carnívoro americano de color blanco y negro y larga cola; expulsa para defenderse un líquido de muy mal olor.

moflete *s. m. fam.* Carrillo abultado y gordo. **SIN.** Cachete.

mofletudo, da *adj.* Se dice de la persona que tiene mofletes.

mogol, la *adj.* y *s.* Mongol.

mogollón *s. m.* **1.** *fam.* Gran cantidad. **2.** *fam.* Alboroto, tumulto. **SIN. 1.** Montón, muchedumbre. **2.** Barullo, lío.

mohair (ingl.) *s. m.* Tipo de lana muy suave.

mohicano, na *adj.* y *s.* De una tribu india de Norteamérica, ya extinguida.

mohín *s. m.* Gesto de enfado o de disgusto.

mohíno, na *adj.* Enfadado o triste. **SIN.** Disgustado, enfurruñado. **ANT.** Alegre.

moho *s. m.* Hongo que forma una capa blanquecina o verdosa sobre los alimentos y otras materias orgánicas.

mohoso, sa *adj.* Que tiene moho.

moisés *s. m.* Cesto con asas que sirve de cuna para niños muy pequeños.

mojadura *s. f.* Acción de mojar.

mojama *s. f.* Tira de atún salada y seca.

mojar *v.* **1.** Hacer que el agua u otro líquido toque un cuerpo o entre en él. **2.** Meter un bollo u otro alimento en una salsa, en leche, en chocolate, etc. ‖ **mojarse 3.** Comprometerse en un asunto aceptando las posibles consecuencias. **SIN. 1.** Humedecer, calar, empapar. **ANT. 1.** Secar. **3.** Desentenderse.

mojarra *s. f.* Pez marino de cuerpo plano, grandes escamas y fuertes dientes, apreciado como alimento.

moje *s. m.* Salsa o caldo de un guiso.

mojicón *s. m.* Pequeño bizcocho que se suele tomar mojado en café o chocolate.

mojiganga *s. f.* **1.** Fiesta pública que se hacía con disfraces extravagantes. **2.** Burla o cualquier cosa ridícula.

mojigatería *s. f.* Característica del que es mojigato. **SIN.** Puritanismo.

mojigato, ta *adj.* y *s.* Que se escandaliza por cualquier cosa. **SIN.** Puritano.

mojón *s. m.* **1.** Piedra o poste que señala unos límites, una distancia u otra cosa. **2.** *fam.* Trozo de excremento que se expulsa de una vez. **SIN. 1.** Hito, jalón. **2.** Zurullo.

moka *s. m.* Moca.

molar[1] *v.* **1.** *fam.* Gustar, agradar. **2.** *fam.* Lucir, presumir. **SIN. 1.** Flipar. **2.** Fardar.

molar[2] *adj.* y *s. m.* Se dice de las muelas de la dentadura.

moldavo, va *adj.* y *s.* De Moldavia, país europeo.

molde *s. m.* Objeto con un hueco que se rellena con materia fundida o blanda que, una vez dura, se saca con la forma de ese hueco. **SIN.** Matriz.

moldeado, da 1. *p. de* moldear. También *adj.* ‖ *s. m.* **2.** Peinado con el cabello ondulado o rizado.

moldeador, ra *adj.* **1.** Que moldea. ‖ *s. m.* **2.** Técnica de peluquería con la que se hace el moldeado.

moldear *v.* **1.** Hacer una figura u objeto con un molde. **2.** Dar una forma a algo. **3.** Formar el carácter de una persona. **SIN. 1.** Fundir, vaciar. **2.** Modelar. **3.** Educar.

monasterio

moldura *s. f.* **1.** Banda saliente que adorna fachadas, paredes, techos. **2.** Listón de madera tallado que se utiliza como adorno o para tapar juntas. **3.** Marco de un cuadro. **SIN. 2.** Junquillo.

mole *s. f.* Persona, animal o cosa muy grande y pesada.

molécula *s. f.* Parte más pequeña que puede separarse de una sustancia sin que esta pierda sus propiedades.

molecular *adj.* De las moléculas.

moler *v.* **1.** Golpear o frotar una cosa hasta hacerla trocitos o polvo. **2.** Cansar mucho. || **LOC. moler a palos** o **a golpes** Dar una paliza. □ Es *v.* irreg. Se conjuga como *mover*. **SIN. 1.** Triturar, pulverizar, machacar. **2.** Derrengar, baldar.

molestar *v.* **1.** Causar molestia. **2.** Ofender, disgustar. || **molestarse 3.** Realizar el trabajo o el esfuerzo de hacer una cosa. **SIN. 1.** Incordiar, jorobar. **1.** y **2.** Fastidiar, incomodar. **2.** Doler. **ANT. 1.** y **2.** Agradar.

molestia *s. f.* **1.** Cosa desagradable, pesada o incómoda que se sufre o hace. **2.** Dolor poco intenso o malestar. **SIN. 1.** Fastidio, incordio. **2.** Trastorno. **ANT. 1.** Agrado.

molesto, ta *adj.* **1.** Que causa o siente molestia. **2.** Ofendido, disgustado. **SIN. 1.** Fastidioso, enojoso, incómodo. **2.** Dolido. **ANT. 1.** Agradable.

molicie *s. f.* Excesiva comodidad con que vive alguien. **SIN.** Pereza, regalo. **ANT.** Sacrificio.

molido, da 1. *p.* de **moler**. También *adj.* || *adj.* **2.** Cansado, agotado. **SIN. 2.** Baldado.

molienda *s. f.* **1.** Hecho de moler. **2.** Cantidad que se muele de una vez.

molinero, ra *s. m.* y *f.* Persona que trabaja en un molino.

molinete *s. m.* **1.** Ventilador que se pone en un cristal, puerta o ventana para renovar el aire del interior. **2.** Aparato con brazos o aspas que giran y que, colocado en una puerta o entrada, solo deja pasar a las personas de una en una. **3.** Molinillo, juguete.

molinillo *s. m.* **1.** Aparato pequeño para moler. **2.** Juguete formado por un palo con unas aspas que giran con el aire. **SIN. 2.** Molinete.

molino *s. m.* **1.** Máquina e instalación para moler. **2.** Mecanismo provisto de aspas que transforma la energía del viento o del agua en energía eléctrica o mecánica.

molla *s. f.* **1.** Parte del cuerpo abultada por tener mucha carne o grasa. **2.** Parte de la carne limpia de desperdicio o grasa. **SIN. 1.** Michelín. **2.** Chicha.

mollar *adj.* Blando, fácil de partir o de pelar.

molleja *s. f.* **1.** Estómago de las aves y otros animales en el que se tritura el alimento. **2.** Trozo de carne que se forma en algunas glándulas de las reses jóvenes y es apreciado como alimento.

mollera *s. f.* **1.** Parte más alta del cráneo. **2.** *fam.* Inteligencia. || **LOC. duro de mollera** Tonto; terco. **SIN. 2.** Sesera.

molón, na *adj. fam.* Bonito, bueno.

molturar *v.* Moler granos o frutos.

molusco *adj.* y *s. m.* Animal invertebrado de cuerpo blando; algunos, como el pulpo, tienen tentáculos y otros se protegen con una concha, como el mejillón.

momentáneo, a *adj.* **1.** Que dura un momento. **2.** Provisional, temporal. **SIN. 1.** Pasajero, fugaz. **ANT. 1.** y **2.** Duradero.

momento *s. m.* **1.** Espacio muy corto de tiempo. **2.** Un tiempo o situación concretos. **3.** El presente: *vivir el momento*. **4.** Ocasión buena para algo. || **LOC. al momento** Enseguida, inmediatamente. **de momento** o **por el momento** Por ahora o de forma provisional. **SIN. 1.** Periquete. **1.** y **2.** Instante. **3.** Actualidad, hoy. **4.** Oportunidad, coyuntura.

momia *s. f.* Cadáver conservado sin pudrirse, de forma natural o por medios artificiales, como las momias de Egipto.

momificar *v.* Convertir en momia un cadáver. **SIN.** Embalsamar.

momio *s. m.* Trabajo o cosa muy buena que requiere poco esfuerzo. **SIN.** Bicoca, chollo, ganga.

mona¹ *s. f. fam.* Borrachera.

mona² *s. f.* Rosca o bollo típico de Pascua, adornado con huevos cocidos.

monacal *adj.* De los monjes y monjas.

monacato *s. m.* Estado y forma de vida de los monjes.

monada *s. f.* **1.** Persona, animal o cosa muy bonita. **2.** Gesto o acción graciosa, como las que hacen los niños pequeños. **SIN. 1.** Preciosidad, ricura. **1.** y **2.** Monería. **ANT. 1.** Asco.

monaguillo *s. m.* Niño que ayuda al sacerdote durante la celebración de la misa.

monarca *s. m.* y *f.* Jefe del Estado de una monarquía. **SIN.** Rey, soberano.

monarquía *s. f.* **1.** Forma de gobierno en la que el jefe del Estado es un rey o un príncipe. **2.** País con esta forma de gobierno.

monárquico, ca *adj.* y *s.* De la monarquía o partidario de ella.

monasterio *s. m.* Edificio donde viven los monjes o las monjas. **SIN.** Abadía; convento.

monástico, ca *adj.* De los monjes o de los monasterios.

monda *s. f.* Piel o cáscara que se quita de frutas y hortalizas. || LOC. **ser la monda** Ser muy divertido; ser el colmo.

mondadientes *s. m.* Palillo para sacar la comida que queda entre los dientes.

mondadura *s. f.* **1.** Acción de mondar. **2.** Monda.

mondar *v.* **1.** Pelar las frutas y hortalizas. || **mondarse 2.** *fam.* Reírse mucho. SIN. **2.** Partirse, desternillarse.

mondo, da *adj.* **1.** Sin pelo. **2.** Solo, sin añadir nada; se usa sobre todo en la expresión **mondo y lirondo.** SIN. **1.** Pelón. **1.** y **2.** Pelado. ANT. **1.** Melenudo.

mondongo *s. m.* Intestinos de un animal, sobre todo del cerdo.

moneda *s. f.* **1.** Pieza redonda de metal que sirve para pagar. También, los billetes de banco. **2.** La que sirve como unidad de pago en cada país, como el euro en España. **3.** Dinero. || **4. papel moneda** Billetes de banco. || LOC. **pagar con la misma moneda** Portarnos con una persona de la misma forma que ella con nosotros.

monedero *s. m.* Cartera o bolsita donde se lleva y guarda el dinero.

monegasco, ca *adj.* y *s.* De Mónaco, pequeño país de Europa.

monera *s. f.* Ser vivo formado por una sola célula sin núcleo diferenciado, como las bacterias.

monería *s. f.* Monada.

monetario, ria *adj.* Relacionado con las monedas y el dinero.

mongol, la *adj.* y *s.* **1.** De unos pueblos asiáticos que formaron un gran imperio en el siglo XIII. **2.** De Mongolia, país de Asia.

mongólico, ca *adj.* y *s.* **1.** Mongol, de Mongolia. **2.** Que padece mongolismo.

mongolismo *s. m.* Síndrome de Down. Ver **síndrome.**

mongoloide *adj.* y *s.* Se dice de la raza humana, también llamada amarilla, que tiene la piel amarillenta, pelo oscuro y liso, y ojos oscuros y oblicuos.

monicaco, ca *s. m.* y *f.* **1.** *desp.* Persona poco importante. **2.** *fam.* Niño. SIN. **1.** Pelanas, monigote. **2.** Mocoso.

monición *s. f.* Texto breve que se lee en algunas celebraciones litúrgicas como introducción o explicación a algo.

monigote *s. m.* **1.** Dibujo mal hecho. **2.** Muñeco o figurita ridícula. **3.** Persona sin importancia. SIN. **1.** Mono. **3.** Pelagatos; pelanas. ANT. **3.** Gerifalte.

monitor, ra *s. m.* y *f.* **1.** Persona que enseña o guía a otras en un deporte, en un campamento juvenil o en otras actividades. || *s. m.* **2.** Pantalla de un televisor, ordenador u otro aparato parecido. SIN. **1.** Entrenador.

monitorizar *v.* En medicina, vigilar algunas funciones del organismo de una persona a través de un monitor.

monja *s. f.* Mujer que pertenece a una orden religiosa. SIN. Hermana, sor.

monje *s. m.* Hombre que consagra su vida a Dios y vive en soledad, como los antiguos ermitaños, o en comunidades. SIN. Fraile, hermano.

monjil *adj.* Propio de las monjas.

mono, na *adj.* **1.** Guapo, bonito. || *s. m.* y *f.* **2.** Animal primate, como el gorila o el chimpancé. || *s. m.* **3.** Traje de trabajo de una sola pieza o prenda de vestir parecida. **4.** Dibujo mal hecho. **5.** En argot, malestar que tiene una persona cuando le falta droga u otra cosa a la que es adicta. || **6. el último mono** La persona menos importante. SIN. **1.** Lindo, rico. **4.** Monigote. ANT. **1.** Feo.

monocarril *adj.* y *s. m.* Monorraíl.

monociclo *s. m.* Vehículo de una rueda movido por pedales. Se usa especialmente en el circo.

monocorde *adj.* **1.** Se dice del instrumento musical que solo tiene una cuerda. **2.** Que repite siempre la misma nota. **3.** Monótono.

monocotiledónea *adj.* y *s. f.* Se dice de la planta que tiene un solo cotiledón en el embrión como el azafrán.

monocromo, ma *adj.* De un único color. ANT. Policromado, polícromo.

monóculo *s. m.* Lente para un solo ojo.

monocultivo *s. m.* Cultivo de un solo producto en un lugar.

monogamia *s. f.* Hecho de estar casado con una sola persona. ANT. Poligamia.

monógamo, ma *adj.* y *s.* Casado solo con una persona. ANT. Polígamo.

monografía *s. f.* Estudio monográfico.

monográfico, ca *adj.* Que trata de un solo tema.

monolingüe *adj.* Que habla o está escrito en una sola lengua.

monolítico, ca *adj.* **1.** Relacionado con los monolitos. **2.** Que está muy unido o compacto. SIN. **2.** Sólido.

monolito *s. m.* Monumento de piedra de una sola pieza.

monólogo *s. m.* **1.** Hecho de hablar una persona consigo misma, como si pensara en voz alta. **2.** Obra literaria o parte de ella en que solo habla un personaje. **SIN. 1.** Soliloquio. **ANT. 1.** Diálogo, coloquio.

monomanía *s. f.* Preocupación u obsesión continua por algo. **SIN.** Manía.

monomio *s. m.* Expresión matemática formada por números y letras relacionados por la operación producto, por ejemplo, *3x*.

mononucleosis *s. f.* Enfermedad que consiste en el aumento relativo de ciertos leucocitos.

monopatín *s. m.* Tabla de madera con ruedas que sirve para desplazarse sobre ella y se usa como juego o deporte.

monoplano *adj. y s. m.* Se dice del avión con dos alas. **ANT.** Biplano.

monoplaza *adj. y s. m.* Se dice del vehículo de una sola plaza.

monopolio *s. m.* Situación en la que solo una empresa puede fabricar y vender una cosa o prestar un servicio.

monopolizar *v.* **1.** Tener el monopolio de una cosa. **2.** Acaparar, no dejar a los demás participar o compartir algo.

monopoly (marca registrada) *s. m.* Juego de mesa que consiste en comprar y vender calles y edificios.

monoptongar *v.* Convertir un diptongo en una sola vocal.

monorraíl *adj. y s. m.* Se dice del ferrocarril que circula sobre un solo raíl. **SIN.** Monocarril.

monosabio *s. m.* En la plaza de toros, mozo que ayuda al picador y realiza otras tareas.

monosílabo, ba *adj. y s. m.* De una sola sílaba. **ANT.** Polisílabo.

monoteísmo *s. m.* Doctrina monoteísta. **ANT.** Politeísmo.

monoteísta *adj. y s.* Que cree en un solo Dios. **ANT.** Politeísta.

monotonía *s. f.* Característica de lo que es monótono. **ANT.** Variedad.

monótono, na *adj.* Que es siempre igual o varía poco y llega a aburrir. **ANT.** Variado.

monotrema *adj. y s. m.* Se dice de algunos mamíferos de Oceanía, como el ornitorrinco, que son ovíparos.

monovolumen *adj. y s. m.* Se dice del coche en el que el espacio para los pasajeros, el motor y el maletero es uno solo.

monóxido *s. m.* Nombre de varios compuestos químicos con un solo átomo de oxígeno en su molécula, como el **monóxido de carbo-** no, un gas venenoso que se produce al quemarse algunas sustancias como el carbón.

monseñor *s. m.* Tratamiento que se da a obispos, cardenales y otras autoridades de la Iglesia.

monserga *s. f. fam.* Palabrería, cuento.

monstruo *s. m.* **1.** Ser fantástico y terrorífico. **2.** Ser vivo o cosa muy feos o anormales. **3.** Persona malvada. **4.** *fam.* Persona que tiene mucho talento para algo. **SIN. 1.** y **2.** Engendro. **2.** Adefesio. **4.** Fenómeno, genio. **ANT. 2.** Belleza.

monstruosidad *s. f.* **1.** Característica de monstruoso. **2.** Acción monstruosa.

monstruoso, sa *adj.* **1.** Propio de un monstruo. **2.** Muy malo, terrible.

monta *s. f.* **1.** Acción de montar un caballo. **2.** Importancia: *de poca monta.*

montacargas *s. m.* Ascensor para subir y bajar cosas pesadas.

montado, da **1.** *p.* de montar. También *adj.* ‖ *adj.* **2.** Que va a caballo. ‖ *s. m.* **3.** Bocadillo pequeño. ‖ **LOC. estar montado** o **estar montado en el dólar** Estar en buena situación económica.

montador, ra *s. m. y f.* Persona que hace montajes, por ejemplo, de máquinas o de películas.

montaje *s. m.* **1.** Acción de montar las piezas o partes de algo, por ejemplo, de las escenas que componen una película. **2.** Truco, farsa. **SIN. 1.** Instalación. **ANT. 1.** Desarme.

montanero, ra *adj. y s.* Guarda de un monte o una dehesa.

montante *s. m.* **1.** Importe, valor. **2.** Pieza vertical que sirve de soporte.

montaña *s. f.* **1.** Gran elevación del terreno. **2.** Conjunto de estas elevaciones. **3.** Gran cantidad de algo. ‖ **4. montaña rusa** En ferias y parques de atracciones, instalación en la que una serie de vagonetas circulan a gran velocidad por una vía con curvas y pendientes muy pronunciadas. **SIN. 1.** Monte, pico. **2.** Sierra. **3.** Montón.

montañero, ra *adj.* **1.** De la montaña. ‖ *s. m. y f.* **2.** Persona que practica el montañismo. **SIN. 2.** Alpinista.

montañés, sa *adj. y s.* **1.** De una región montañosa. **2.** De la región cántabra de la Montaña o de Cantabria.

montañismo *s. m.* **1.** Alpinismo. **2.** Deporte que consiste en caminar por la montaña.

montañoso, sa *adj.* Con montañas.

montaplatos *s. m.* Pequeño montacargas que sube y baja los platos desde la cocina al comedor del restaurante.

montar *v.* **1.** Subir a un vehículo o a otra cosa. **2.** Ir sobre un caballo o animal parecido. **3.** Colocar las piezas o partes que componen algo. **4.** Instalar, abrir: *montar un negocio.* **5.** Hacer, formar: *montar un escándalo.* **6.** Batir la clara de huevo o la nata hasta que quedan espesas. **7.** Dejar el mecanismo de un arma de fuego listo para disparar. || LOC. **montárselo** Organizarse. SIN. 2. Cabalgar. 3. y 5. Armar. ANT. 1. Bajar. 2. a 4. Desmontar. 4. Quitar, cerrar.

montaraz *adj.* Silvestre, del monte. ANT. Doméstico.

monte *s. m.* **1.** Montaña, terreno elevado. **2.** Terreno no cultivado, con árboles, arbustos, hierbas. || **3. monte bajo** El que tiene matorrales, arbustos y árboles aislados. **4. monte de piedad** Establecimiento público al que se llevan cosas a empeñar. SIN. 2. Soto.

montepío *s. m.* Establecimiento cuyo fin es dar dinero cuando lo necesiten a las personas de una misma profesión, que hacen aportaciones periódicas al mismo.

montera *s. f.* Gorro de los toreros.

montería *s. f.* Caza de animales de gran tamaño, como ciervos o jabalíes.

montero, ra *s. m.* y *f.* En una montería, persona encargada de hacer salir a los animales escondidos.

montés *adj.* Del monte: *cabra montés.*

montevideano, na *adj.* y *s.* De Montevideo, capital de Uruguay.

montículo *s. m.* Monte pequeño que puede ser natural o hecho por las personas o los animales.

montilla *s. m.* Vino fino blanco y oloroso que se hace en Montilla, Córdoba.

monto *s. m.* Suma final de una cuenta.

montón *s. m.* **1.** Conjunto de cosas puestas unas sobre otras. **2.** Gran cantidad. || LOC. **del montón** Vulgar y corriente. SIN. 1. y 2. Pila.

montura *s. f.* **1.** Animal utilizado para montar en él. **2.** Silla de montar y otras cosas que se ponen a un animal para cabalgar en él. **3.** Soporte, armazón: *la montura de las gafas.* SIN. 1. Caballería.

monumental *adj.* **1.** De los monumentos o que tiene muchos monumentos. **2.** Muy grande, impresionante. SIN. 2. Gigantesco. ANT. 2. Diminuto.

monumento *s. m.* **1.** Construcción de gran valor artístico o levantada para recordar a una persona o un suceso. **2.** Altar adornado donde se ponen las hostias consagradas el Jueves Santo. **3.** *fam.* Persona muy guapa. SIN. 3. Bombón. ANT. 3. Adefesio.

monzón *s. m.* Viento que sopla en el sudeste de Asia; en verano es húmedo y cálido y trae fuertes lluvias, y en invierno es seco y frío.

moña *s. f. fam.* Borrachera.

moñiga *s. f. fam.* Boñiga.

moñigo *s. m.* Boñigo.

moño *s. m.* Peinado que se hace recogiendo y enrollando el pelo.

mopa *s. f.* Utensilio parecido a una fregona que se usa para quitar el polvo del suelo.

moquear *v.* Echar mocos.

moqueta *s. f.* Tela gruesa y fuerte con que se cubre el suelo o las paredes.

moquillo *s. m.* Enfermedad grave de los perros y otros animales, que afecta sobre todo al aparato respiratorio.

mor Se usa en la expresión **por mor de**, 'por causa de, en consideración a'.

mora *s. f.* **1.** Fruto de dos árboles, el moral y la morera. Las moras del moral son de color violeta oscuro y las de la morera, blancas. **2.** Fruto de la zarzamora, de color negro cuando está maduro.

morada *s. f.* Lugar donde vive alguien. SIN. Vivienda, hogar.

morado, da *adj.* y *s. m.* De color mezcla de azul y rojo. || LOC. **pasarlas moradas** Pasarlo muy mal. **ponerse** uno **morado** Hartarse de comer. SIN. Cárdeno.

morador, ra *adj.* y *s.* Habitante.

moral[1] *s. f.* **1.** Normas que guían el buen comportamiento de las personas. **2.** Estado de ánimo. || *adj.* **3.** Relacionado con la moral o bueno según la moral. SIN. 1. Ética, moralidad. 3. Ético; honrado.

moral[2] *s. m.* Árbol de hoja caduca y tronco grueso y recto que tiene como fruto unas moras de color violeta oscuro.

moraleja *s. f.* Enseñanza que se saca de algo, por ejemplo, de un cuento. SIN. Lección.

moralidad *s. f.* Hecho de comportarse de acuerdo con la moral.

moralina *s. f. desp.* Moraleja simplista.

moralista *adj.* y *s.* Que moraliza.

moralizar *v.* **1.** Hacer moral la conducta, costumbres, etc., de las personas. **2.** Hacer reflexiones morales.

moralmente *adv.* Según las normas de la moral.

morapio *s. m. fam.* Vino tinto corriente.

morar *v.* Vivir en un lugar. SIN. Habitar.

morralla

moratón *s. m.* Mancha morada o amarillenta en la piel producida por un golpe. **SIN.** Cardenal.

moratoria *s. f.* Ampliación de un plazo.

mórbido, da *adj.* Blando, suave o delicado; se dice sobre todo de las formas del cuerpo femenino.

morbo *s. m.* Gusto por lo desagradable, lo extraño, lo cruel o lo prohibido.

morboso, sa *adj.* Que produce morbo o que siente morbo.

morcilla *s. f.* **1.** Embutido preparado con sangre de cerdo cocida y condimentada. **2.** *fam.* Palabras que un actor improvisa durante la representación, intercalándolas en su papel. ‖ **LOC. que te** (**le**, etc.) **den morcilla** Indica desprecio o falta de interés por alguien.

morcillo *s. m.* Parte alta carnosa de las patas de vacas o terneras.

morcón *s. m.* Tripa gruesa de algunos animales y embutido hecho con ella.

mordacidad *s. f.* Característica de mordaz. **SIN.** Sarcasmo.

mordaz *adj.* Que critica con mala intención y como burlándose. **SIN.** Satírico, sarcástico, burlón.

mordaza *s. f.* **1.** Lo que se pone a alguien en la boca para impedirle hablar o gritar. **2.** Aparato formado por dos piezas entre las que se sujeta un objeto.

mordedura *s. f.* Acción de morder y marca o herida que deja. **SIN.** Mordisco.

morder *v.* **1.** Apretar una cosa entre los dientes, clavándolos. **2.** Realizar una acción parecida a un utensilio o una máquina. **3.** Estar furioso, de muy mal humor: *Está que muerde.* ‖ **LOC. morder el anzuelo** Caer en una trampa. ☐ Es v. irreg. Se conjuga como *mover.*

mordida *s. f.* **1.** Forma de morder. **2.** En México y otros países de Hispanoamérica, soborno a un funcionario. **SIN. 1.** Mordedura.

mordido, da 1. *p.* de **morder.** ‖ *adj.* **2.** Desgastado, incompleto.

mordisco *s. m.* **1.** Acción de morder. **2.** Trozo que se arranca al morder. **SIN. 1.** Mordedura, dentellada. **1.** y **2.** Bocado.

mordisquear *v.* Morder algo repetidamente y con poca fuerza.

morena *s. f.* Pez marino con el cuerpo parecido al de una anguila y fuertes dientes. Es un gran depredador de otros peces.

moreno, na *adj.* y *s.* **1.** Con la piel o el pelo oscuro. **2.** Más oscuro de lo normal: *azúcar moreno.* ‖ *s. m.* **3.** Color oscuro que toma la piel por la acción del sol. **SIN. 3.** Bronceado.

morera *s. f.* Árbol caduco que produce unas moras blancas; sus hojas sirven de alimento a los gusanos de seda.

morería *s. f.* En España, barrio árabe.

moretón *s. m.* Cardenal.

morfema *s. m.* En gramática, la parte de las palabras que indica, por ejemplo, el género y el número, como -*o* en *niño* y -*os* en *bolsos*, o el tiempo y la persona de los verbos, como -*aba* en *amaba.*

morfina *s. f.* Droga elaborada a partir del opio y usada para calmar el dolor.

morfología *s. f.* Parte de la gramática que estudia la forma y estructura de las palabras.

morfológico, ca *adj.* De la morfología o relacionado con ella.

morganático, ca *adj.* Se dice del matrimonio entre un miembro de la realeza y otra persona que no lo es, en el que cada uno conserva su condición anterior.

morgue (del fr.) *s. f.* Depósito de cadáveres.

moribundo, da *adj.* y *s.* Que se está muriendo. **SIN.** Agonizante.

morigerado, da *adj.* Moderado.

moriles *s. m.* Vino fino y de pocos grados que se hace en Moriles, Córdoba.

morir *v.* **1.** Dejar de vivir. **2.** Terminar, acabar. ‖ **morirse 3.** Sentir intensamente un deseo, sentimiento, necesidad: *morirse de sed, de ganas.* ☐ Es v. irreg. Se conjuga como *dormir,* excepto en el participio, que es *muerto.* **SIN. 1.** Fallecer, fenecer. **2.** Concluir, finalizar. **ANT. 1.** Nacer. **2.** Comenzar.

morisco, ca *adj.* y *s.* Se dice de los musulmanes que quedaron en España después de la Reconquista y debieron convertirse al cristianismo.

morlaco *s. m.* Toro bravo muy grande.

mormón, na *adj.* y *s.* De un movimiento religioso fundado en los Estados Unidos en el siglo XIX.

moro, ra *adj.* y *s.* **1.** De la zona norte de África. **2.** Se dice de los musulmanes que vivieron en España y de lo relacionado con ellos. **3.** Que practica la religión islámica. **SIN. 3.** Musulmán.

moroso, sa *adj.* y *s.* **1.** Que tarda en pagar lo que debe. **2.** Lento, pausado.

morral *s. m.* **1.** Bolsa o saco que se lleva colgado. **2.** Bolsa con pienso que se cuelga de la cabeza de las caballerías para que coman. **SIN. 1.** Zurrón, macuto.

morralla *s. f.* **1.** Cosas inútiles, sin valor. **2.** Gente despreciable. **SIN. 2.** Chusma, gentuza.

morrena *s. f.* Piedras y tierra acumuladas al ser arrastradas por un glaciar.

morrillo *s. m.* Parte carnosa y abultada del cuello de las reses.

morriña *s. f.* Nostalgia, añoranza.

morrión *s. m.* **1.** Casco antiguo con los bordes levantados. **2.** Antiguo gorro militar, alto y con visera.

morro *s. m.* **1.** Hocico. **2.** *fam.* Labios. **3.** Parte delantera y saliente de algo. **4.** *fam.* Cara dura. ‖ **LOC. de morros** Enfadado, poniendo mala cara. **SIN. 4.** Jeta.

morrocotudo, da *adj. fam.* Muy grande o muy bueno. **SIN.** Tremendo; estupendo, fenomenal.

morrón *adj.* **1.** Se dice de una variedad de pimiento rojo, muy grueso y carnoso. ‖ *s. m.* **2.** *fam.* Golpe, porrazo.

morsa *s. f.* Mamífero marino parecido a la foca, pero más grande. El macho tiene dos colmillos largos y rectos.

morse *s. m.* Alfabeto formado por puntos y rayas que indican las letras y que se emplea en el telégrafo.

mortadela *s. f.* Embutido muy grueso de carne muy picada, con trozos de tocino.

mortaja *s. f.* Vestidura en que se envuelve un cadáver para enterrarlo. **SIN.** Sudario.

mortal *adj.* **1.** Que ha de morir. **2.** Que puede causar la muerte, mortífero. **3.** Propio de un muerto. **4.** Muy fatigoso o pesado: *La subida a pie fue mortal.* **5.** Se dice del odio muy fuerte. ‖ *s. m. y f.* **6.** Cualquier persona. **SIN. 1.** Perecedero. **2.** Letal. **3.** Cadavérico. **4.** Agotador. **ANT. 1.** Inmortal. **4.** Grato.

mortalidad *s. f.* Número de personas que mueren en un periodo de tiempo o en una población. **ANT.** Natalidad.

mortandad *s. f.* Gran cantidad de muertes causadas por una catástrofe, una epidemia, una guerra, etc. **SIN.** Matanza, escabechina.

mortecino, na *adj.* Apagado, débil. **SIN.** Macilento, tenue. **ANT.** Fuerte, vivo.

mortero *s. m.* **1.** Recipiente con un mazo para machacar cosas en él. **2.** Mezcla de cemento, arena y agua usada como material de construcción. **3.** Arma de artillería formada por un tubo que se apoya en el suelo. **SIN. 1.** Almirez. **2.** Argamasa.

mortífero, ra *adj.* Que causa o puede causar la muerte. **SIN.** Mortal, letal.

mortificación *s. f.* Acción de mortificar y lo que mortifica. **SIN.** Tormento.

mortificar *v.* **1.** Hacer sufrir al cuerpo por motivos religiosos, como penitencia o como sacrificio. **2.** Atormentar. **SIN. 2.** Afligir, angustiar. **ANT. 2.** Tranquilizar.

mortuorio, ria *adj.* Relacionado con la muerte de una persona.

mórula *s. f.* Fase del desarrollo del embrión en que el cigoto se transforma en una masa esférica de células.

moruno, na *adj.* Propio o característico del norte de África: *té moruno.*

mosaico *s. m.* **1.** Obra artística que se hace combinando pequeñas piezas. **2.** Cualquier cosa formada por diversos elementos: *Esta ciudad es un mosaico de razas y culturas.*

mosca *s. f.* **1.** Insecto de dos alas del que existen numerosas especies; las más corrientes son negras y tienen una boca chupadora en forma de trompa. ‖ *adj.* **2.** *fam.* Mosqueado. ‖ **3. mosca tse-tse** Insecto parecido a una mosca que produce con su picadura una gran debilidad y sueño. ‖ **LOC. estar con la mosca detrás de la oreja** Sospechar. **por si las moscas** Por si acaso. **¿qué mosca te (le, os,** etc.**) ha picado?** Se usa para preguntar a alguien por qué se ha enfadado de repente. **SIN. 2.** Enfadado.

moscarda *s. f.* Especie de mosca grande, de color azul o verde.

moscardón *s. m.* **1.** Especie de mosca grande. **2.** *fam.* Persona pesada. **SIN. 2.** Moscón.

moscatel *adj. y s. f.* **1.** Variedad de uva muy dulce y olorosa. ‖ *adj. y s. m.* **2.** Vino hecho con esa uva.

moscón *s. m.* **1.** Insecto parecido a la mosca, pero de mayor tamaño. **2.** *fam.* Persona pesada. **SIN. 2.** Moscardón.

moscovita *adj. y s.* De Moscú, capital de Rusia.

mosén *s. m.* Tratamiento que se daba a clérigos y nobles de segunda clase en el reino de Aragón.

mosqueado, da 1. *p.* de **mosquear.** ‖ *adj.* **2.** Que sospecha. **3.** Enfadado.

mosquear *v.* **1.** Hacer que una persona sospeche. **2.** Enfadar, molestar.

mosqueo *s. m.* **1.** Sospecha. **2.** Enfado.

mosquete *s. m.* Antigua arma de fuego más larga que el fusil.

mosquetero *s. m.* Soldado que iba armado de mosquete.

mosquetón *s. m.* **1.** Carabina corta. **2.** Anilla que se puede abrir y cerrar, como las que usan los alpinistas.

mosquita *s. f.* **1.** *dim.* de **mosca.** ‖ **2. mosquita muerta** Persona que parece muy inocente, pero que no lo es.

mosquitera o **mosquitero** s. f. o m. Tela o malla que se coloca en puertas y ventanas para que no entren insectos.

mosquito s. m. **1.** Insecto pequeño, de patas largas y dos alas transparentes. La hembra chupa la sangre de las personas y los animales produciendo una molesta picadura. **2.** Se llama así también a otros insectos parecidos.

mosso d'esquadra (cat.) *expr.* Miembro del cuerpo de la Policía autonómica de Cataluña.

mostacho s. m. Bigote grande.

mostaza s. f. **1.** Salsa hecha con la semilla de la planta también llamada *mostaza*. **2.** Esta planta y su semilla.

mosto s. m. Zumo de uva sin fermentar.

mostrador s. m. Mesa o mueble en que se despachan las mercancías a los compradores de una tienda o establecimiento o se sirven consumiciones en los bares.

mostrar v. **1.** Poner algo a la vista. **2.** Manifestar. **3.** Explicar, indicar. ‖ **mostrarse 4.** Comportarse de una manera. □ Es v. irreg. Se conjuga como *contar*. **SIN. 1.** Presentar, exhibir. **1.** y **3.** Enseñar. **2.** Demostrar. **ANT. 1.** Ocultar. **2.** Disimular.

mostrenco, ca adj. y s. **1.** *fam.* Poco inteligente. **2.** Se dice de la persona gorda y pesada. **SIN. 1.** Zoquete.

mota s. f. Mancha o trocito muy pequeño de algo: *motas de polvo.*

mote s. m. Apodo.

moteado, da adj. **1.** Con motas de colores. ‖ s. m. **2.** Acción de poner motas a una tela. **3.** Dibujo de motas.

motejar v. Llamar algo malo a alguien. **SIN.** Tachar, tildar.

motel s. m. Hotel de carretera.

motero, ra adj. y s. Persona muy aficionada a las motos. **SIN.** Motorista.

motete s. m. Pieza de música religiosa de poca duración.

motilidad s. f. Capacidad de los seres vivos de moverse ante estímulos.

motín s. m. Rebelión contra los que mandan. **SIN.** Sublevación.

motivación s. f. Algo que motiva.

motivador, ra adj. Que motiva.

motivar v. **1.** Dar motivo o razón para algo. **2.** Animar, estimular. **SIN. 1.** Causar, originar. **2.** Impulsar, incitar. **ANT. 2.** Desanimar, desmotivar.

motivo s. m. **1.** Lo que hace que alguien actúe de una forma o que algo ocurra o sea de una manera. **2.** Elemento que se repite en una decoración. **SIN. 1.** Razón, causa.

moto s. m. *acort.* de **motocicleta**. ‖ **LOC. como una moto** *fam.* Chiflado o muy nervioso o inquieto. **vender la moto** *fam.* Intentar hacer pasar por bueno algo que no lo es.

motocarro s. m. Vehículo de carga con tres ruedas y motor.

motocicleta s. f. Vehículo de dos ruedas con motor.

motociclismo s. m. Deporte que se practica con motocicletas. **SIN.** Motorismo.

motociclista s. m. y f. Persona que monta en una motocicleta. **SIN.** Motorista.

motocross (fr.) s. m. Motociclismo que se practica en un terreno difícil.

motonáutica s. f. Deporte náutico que consiste en hacer carreras con embarcaciones de motor.

motor, ra adj. **1.** Que produce movimiento. ‖ s. m. **2.** Máquina que mueve o hace funcionar una cosa, utilizando algún tipo de energía.

motora s. f. Barca con motor.

motorismo s. m. Motociclismo.

motorista s. m. y f. Motociclista.

motorizado, da 1. *p.* de **motorizar.** ‖ adj. **2.** Que tiene vehículos movidos por motor.

motorizar v. Dotar a algo de motor.

motosierra s. f. Sierra con motor usada sobre todo para talar árboles.

motricidad s. f. **1.** Capacidad de moverse o de producir movimiento: *desarrollar la motricidad de un miembro.* **2.** Capacidad de algunos centros nerviosos para mover o contraer los músculos del cuerpo. **SIN. 1.** Movilidad.

motriz adj. Femenino de **motor.** Que produce movimiento: *fuerza motriz.*

motu proprio (lat.) *expr.* Por voluntad propia.

mountain bike (ingl.) *expr.* Bicicleta de montaña preparada para ir por caminos no asfaltados.

mousse (fr.) s. amb. Crema batida muy esponjosa hecha con diferentes ingredientes.

mouton (fr.) s. m. Piel de cordero tratada que se utiliza para hacer abrigos.

movedizo, za adj. Que se mueve, que está poco seguro: *arenas movedizas.* **SIN.** Inestable, inseguro. **ANT.** Inmóvil.

mover v. **1.** Cambiar de posición o lugar. **2.** Remover, agitar. **3.** Provocar: *mover a risa.* ‖ **moverse 4.** Hacer muchas cosas para conseguir algo. □ Es v. irreg. Ver cuadro en página siguiente. **SIN. 1.** Desplazar, trasladar. **2.** Menear. **3.** Causar, inducir. **ANT. 1.** Inmovilizar.

MOVER		
INDICATIVO	**SUBJUNTIVO**	**IMPERATIVO**
Presente	**Presente**	
muevo	mueva	
mueves	muevas	mueve (tú)
mueve	mueva	mueva (usted)
movemos	movamos	moved (vosotros)
movéis	mováis	muevan (ustedes)
mueven	muevan	

movida s. f. fam. Jaleo, follón, lío.

movido, da 1. p. de **mover**. También adj. ‖ adj. **2.** Que tiene mucho ajetreo. **3.** Borroso: salir movida una foto. **SIN. 2.** Agitado, ajetreado. **ANT. 2.** Tranquilo. **3.** Nítido.

móvil adj. **1.** Que se puede mover. ‖ adj. y s. m. **2.** Se dice del teléfono portátil y de pequeño tamaño. ‖ s. m. **3.** Motivo, razón. **4.** Objeto formado por distintas piezas que se mueven con el aire o mediante un dispositivo. **SIN. 3.** Causa. **ANT. 1.** Inmóvil.

movilidad s. f. Capacidad de moverse. **SIN.** Motricidad.

movilización s. f. Acción de movilizar.

movilizar v. Poner en movimiento o en actividad tropas, personas, medios.

movimiento s. m. **1.** Acción de mover. **2.** Actividad, animación. **3.** Conjunto de manifestaciones culturales, sociales o políticas con ideas y características comunes: movimiento literario, movimiento obrero. **SIN. 1.** Meneo, desplazamiento, traslado. **2.** Tráfico, ambiente. **3.** Corriente, tendencia. **ANT. 1.** y **2.** Reposo.

moviola (marca registrada) s. f. Máquina de proyección con la que se puede parar la imagen, hacer que vuelva atrás o que vaya más rápido o más lento.

mozalbete s. m. Mozo, joven.

mozambiqueño, ña adj. y s. De Mozambique, país de África.

mozárabe adj. y s. **1.** Se dice de los cristianos que vivían en los territorios musulmanes de la península ibérica. ‖ s. m. **2.** Lengua romance que hablaban estos cristianos.

mozo, za adj. y s. **1.** Persona joven, sobre todo si es soltera. ‖ s. m. **2.** Hombre que hace trabajos poco importantes. ‖ s. m. y f. **3.** Camarero. **SIN. 1.** Muchacho. **2.** Aprendiz, botones.

mozzarella (ital.) s. f. Tipo de queso fresco y blanco de sabor suave, que se funde fácilmente.

mp3 s. m. **1.** Formato de audio que permite comprimir un archivo sin perder la calidad de sonido. **2.** Reproductor de audio digital que usa este formato.

mucamo, ma s. m. y f. Amér. Criado, sirviente.

muchacho, cha s. m. y f. **1.** Joven, chico. ‖ s. f. **2.** Asistenta o criada. **SIN. 1.** Chaval, mozo. **2.** Chica, doncella. **ANT. 1.** Adulto, viejo.

muchedumbre s. f. Multitud de gente. **SIN.** Gentío.

mucho, cha indef. **1.** Que es abundante, numeroso o intenso. ‖ adv. **2.** En gran cantidad o con gran intensidad: Si corro mucho, me canso. **3.** Largo tiempo: Hace mucho que se fueron. ‖ **LOC. como mucho** Como máximo. **ni mucho menos** Se usa para negar. **SIN. 1.** Cuantioso, demasiado. **1.** a **3.** Bastante. **ANT. 1.** a **3.** Poco.

mucílago o **mucilago** s. m. **1.** Sustancia viscosa que se encuentra en algunos vegetales. **2.** Sustancia viscosa producto de la disolución de goma en agua.

mucolítico, ca adj. y s. m. Medicamento o sustancia que sirve para eliminar el moco.

mucosa s. f. Capa que cubre por dentro algunas partes del cuerpo que comunican con el exterior, y que produce líquido para que estén siempre húmedas.

mucosidad s. f. **1.** Líquido espeso que producen algunas mucosas. **2.** Mocos.

muda s. f. **1.** Acción de mudar, cambiar. **2.** Ropa interior para una vez.

mudanza s. f. **1.** Acción de mudar o mudarse, sobre todo de cambiarse de casa. **2.** Cambio, variación. **SIN.** Traslado. **3.** Transformación.

mudar v. **1.** Cambiar, transformar. **2.** Cambiar los animales la piel, el pelo, la pluma, la cubierta quitinosa. **3.** Cambiar de sitio. **4.** Cambiar la ropa, generalmente por otra limpia: mudar la cama, mudarse de pijama. ‖ **5.** Cambiarse de casa. **SIN. 3.** y **5.** Trasladar(se).

mudéjar adj. y s. Se dice de los musulmanes que vivían en los reinos cristianos de la península ibérica.

mudez s. f. Incapacidad para hablar.

mudo, da adj. y s. **1.** Que no habla o no puede hablar. ‖ adj. **2.** Sin sonido: cine mudo. **3.** Se dice de la letra que no se pronuncia, como la h en español. **4.** Que no tiene nada escrito: un mapa mudo. **ANT. 2.** Sonoro.

mueble s. m. Objeto que adorna o equipa una casa, como una silla, una mesa, un armario, etc.

mueca s. f. Gesto de la cara que expresa dolor, desagrado, burla, etc.

muecín s. m. Almuécin.

mullir

muela *s. f.* **1.** Cada uno de los dientes más anchos que el resto, situados en la parte de atrás de la boca y que sirven para masticar. **2.** En los molinos, rueda de piedra que gira sobre otra para triturar el grano. **3.** Disco de piedra para afilar. ‖ **4. muela del juicio** La que sale en la edad adulta al final de la dentadura.

muelle¹ *s. m.* Lugar donde se cargan y descargan los barcos en un puerto o los trenes en una estación de ferrocarril. **SIN.** Embarcadero.

muelle² *s. m.* **1.** Alambre en espiral que tiene la propiedad de estirarse y encogerse sin deformarse. ‖ *adj.* **2.** Blando, cómodo, agradable: *una vida muelle.* **SIN. 1.** Resorte. **2.** Confortable, placentero. **ANT. 2.** Sacrificado.

muérdago *s. m.* Planta parásita de los árboles, de tallo verdoso, flores en grupos de tres y frutos de color blanco.

muermo *s. m.* **1.** *fam.* Aburrimiento, rollo. **2.** *fam.* Sensación de sueño. **SIN. 2.** Sopor. **ANT. 1.** Animación.

muerte *s. f.* **1.** Final de la vida. **2.** Acción de matar: *dar muerte.* **3.** Final, desaparición. **4.** Figura que personifica la muerte, generalmente un esqueleto con una guadaña. ‖ **LOC. a muerte** Se dice del enfrentamiento que solo acaba cuando muere uno de los que luchan; se dice del odio muy intenso. **de mala muerte** Pobre, sucio, de mal aspecto. **de muerte** Muy grande: *un susto de muerte.* **SIN. 1.** Defunción, fallecimiento, óbito. **2.** Homicidio, asesinato. **3.** Caída. **ANT. 1. y 3.** Nacimiento. **3.** Aparición.

muerto, ta 1. *p.* de morir. ‖ *adj. y s.* **2.** Que se murió o lo mataron. ‖ *adj.* **3.** Sin seres vivos. **4.** Sin actividad o animación. **5.** *fam.* Muy cansado. **6.** Que tiene o siente mucho de lo que se dice: *muerto de risa.* ‖ *s. m.* **7.** *fam.* Cosa molesta o ingrata. ‖ **8. muerto de hambre** Persona muy pobre. ‖ **LOC. echarle a uno el muerto** Echarle la culpa. **no tener donde caerse muerto** Ser muy pobre. **SIN. 2.** Difunto, cadáver. **4.** Triste. **5.** Reventado. **7.** Engorro, lata. **ANT. 5.** Descansado.

muesca *s. f.* **1.** Hueco o ranura que se hace en una cosa para encajar otra. **2.** Corte hecho como señal. **SIN. 2.** Incisión.

muestra *s. f.* **1.** Parte de algo que sirve para enseñarlo, probarlo o analizarlo. **2.** Cosa que sirve de modelo o ejemplo. **3.** Exposición, feria: *un muestra de cine.* **4.** Prueba, señal: *muestras de alegría.* **SIN. 1. y 2.** Ejemplar. **4.** Indicio.

muestrario *s. m.* Colección de productos para enseñarlos al cliente.

muestreo *s. m.* Operación de seleccionar muestras de un conjunto para observar las características de este.

muflón *s. m.* Animal mamífero parecido al carnero, pero de pelo más largo. El macho tiene grandes cuernos curvados hacia atrás. Vive en las montañas de países mediterráneos.

mugido *s. m.* Sonido que hacen los toros, las vacas y animales parecidos.

mugir *v.* Dar mugidos. **SIN.** Bramar.

mugre *s. f.* Suciedad pegada a algo. **SIN.** Porquería, cochambre, roña.

mugriento, ta *adj.* Lleno de mugre. **SIN.** Roñoso, cochambroso.

mujer *s. f.* **1.** Persona adulta de sexo femenino. **2.** Esposa. ‖ **3. mujer pública** Prostituta. **SIN. 2.** Señora.

mujeriego *adj. y s. m.* Se dice del hombre al que le gustan mucho las mujeres.

mujeril *adj.* De las mujeres. **SIN.** Femenino. **ANT.** Masculino, varonil.

mujerío *s. m.* Conjunto de muchas mujeres.

mujeruca *s. f. desp.* Mujer vulgar o de mal aspecto.

mújol *s. m.* Pez marino de cuerpo alargado, cabeza aplastada y labios gruesos; su carne y sus huevas son muy apreciadas como alimento.

mula *s. f.* **1.** Mulo. **2.** Hembra del mulo. **3.** *fam.* Persona muy fuerte o muy bruta.

muladar *s. m.* **1.** Estercolero, basurero. **2.** Lugar muy sucio. **SIN. 1.** Vertedero. **2.** Pocilga.

mular *adj.* Del mulo: *ganado mular.*

mulato, ta *adj. y s.* Hijo de negro y blanca o al revés. **SIN.** Mestizo.

mulero *s. m.* Persona que cuida las mulas.

muleta *s. f.* **1.** Bastón que se usa para andar, apoyándolo en la axila o el antebrazo. **2.** Tela roja sujeta a un palo, utilizada para torear.

muletilla *s. f.* Palabra o frase que alguien dice continua e innecesariamente por costumbre como apoyo al hablar, como *¿no?, ¿verdad?, bueno.*

muletón *s. m.* Tela gruesa de lana o algodón que tiene pelillo y suele usarse para proteger algunas superficies.

mulillas *s. f. pl.* Mulas que en las corridas se llevan arrastrando al toro muerto.

mullido, da 1. *p.* de mullir. ‖ *adj.* **2.** Esponjoso y blando. **ANT. 2.** Duro.

mullir *v.* Ahuecar algo para que quede más blando y esponjoso. □ Es v. irreg. Ver cuadro en página siguiente. **SIN.** Esponjar. **ANT.** Apelmazar.

MULLIR
GERUNDIO
mullendo
INDICATIVO

Pretérito perfecto simple

mullí	mullimos
mulliste	mullisteis
mulló	mulleron

SUBJUNTIVO

Pretérito imperfecto	Futuro simple
mullera, -ese	mullere
mulleras, -eses	mulleres
mullera, -ese	mullere
mulléramos, -ésemos	mulléremos
mullerais, -eseis	mullereis
mulleran, -esen	mulleren

mulo *s. m.* Animal mamífero que resulta del cruce de caballo y asno. Es más grande que el asno y tiene las orejas y el cuello largos. Es muy fuerte y se utiliza como animal de trabajo. **SIN.** Mula.

multa *s. f.* Dinero que se debe pagar como castigo por haber hecho algo prohibido y documento donde consta. **SIN.** Sanción.

multar *v.* Poner una multa.

multicentro *s. m.* Centro comercial en el que hay muchas tiendas.

multicine *s. m.* Cine con varias salas de proyección.

multicolor *adj.* Con muchos colores.

multicopista *adj. y s. f.* Máquina que hace copias de textos y dibujos.

multicultural *adj.* Que refleja la existencia de varias culturas juntas.

multidisciplinar o **multidisciplinario, ria** *adj.* Que comprende varias disciplinas: *un equipo multidisciplinario.*

multifuncional *adj.* Que puede tener diferentes funciones.

multilateral *adj.* Se dice del acuerdo o de la relación entre varias partes o elementos.

multimedia *adj. y s. m.* Sistema informático que reúne sonidos, imágenes y texto.

multimillonario, ria *adj.* **1.** De muchos millones. || *adj. y s.* **2.** Que es muy rico y tiene muchos millones.

multinacional *adj.* **1.** De varias naciones. || *adj. y s. f.* **2.** Se dice de la empresa que trabaja en varios países.

múltiple *adj.* **1.** Con distintas partes o acciones. || *adj. pl.* **2.** Varios, muchos. **SIN. 1.** Compuesto. **2.** Innumerables. **ANT. 1.** Simple. **2.** Pocos.

multiplicación *s. f.* **1.** Acción de multiplicar o multiplicarse. **2.** Operación matemática que consiste en sumar un número (*multiplicando*) tantas veces como indica otro número (*multiplicador*). Su resultado se llama *producto*. **SIN. 1.** Aumento, incremento. **ANT. 1.** Disminución. **2.** División.

multiplicador *s. m.* Cantidad por la que se multiplica otra llamada *multiplicando.*

multiplicando *s. m.* Cantidad que se multiplica por otra llamada *multiplicador.*

multiplicar *v.* **1.** Hacer varias veces mayor. **2.** Hacer una multiplicación matemática. || **multiplicarse 3.** Reproducirse, tener hijos. **SIN. 1.** Aumentar. **3.** Procrear. **ANT. 1.** y **3.** Dividir.

multiplicativo, va *adj.* Se dice del numeral que indica multiplicación, como *doble*, *triple, cuádruple.*

múltiplo *adj. y s. m.* Se dice del número que contiene a otro varias veces exactamente: *6 es múltiplo de 2 (2 + 2 + 2 = 6).*

multipropiedad *s. f.* **1.** Sistema de propiedad de un inmueble a través de varios propietarios. **2.** Inmueble que está bajo este sistema.

multisectorial *adj.* Relacionado con varios sectores de una actividad.

multitarea *adj.* Se dice del programa informático que puede llevar a cabo varios procesos a la vez.

multitud *s. f.* Mucha cantidad de personas o cosas. **SIN.** Muchedumbre; abundancia.

multitudinario, ria *adj.* Se dice de algo en lo que participa mucha gente.

multiuso *adj.* Que se puede usar para varias cosas: *una navaja multiuso.*

multiusuario, ria *adj.* Se dice del programa informático que puede ser utilizado a la vez por varios usuarios.

mundanal o **mundano, na** *adj.* Relacionado con la gente, la sociedad, las fiestas, el lujo y las diversiones. **SIN.** Frívolo. **ANT.** Espiritual.

mundial *adj.* **1.** Del mundo entero. || *s. m.* **2.** Competición deportiva en la que participan países de todo el mundo. **SIN. 1.** Universal.

mundillo *s. m.* Grupo de pocas personas de una misma clase social, profesión o actividad: *el mundillo del teatro.*

mundo *s. m.* **1.** Todo lo que existe. **2.** La Tierra o, también, otros planetas. **3.** Cada una de las partes en que puede dividirse todo lo que existe: *el mundo marino.* **4.** Todos los seres humanos o parte de ellos: *el mundo civilizado.* **5.** Conjunto de personas con características comunes o con la misma actividad: *el mundo del cine.* **6.** Experiencia que tiene quien ha vivido en muchos sitios y conoce y sabe tratar a la gente. ‖ **7. el Nuevo Mundo** América. **8. el Tercer Mundo** Conjunto de los países más pobres. ‖ **LOC. no ser** algo **nada del otro mundo** Ser normal y corriente. **SIN. 1.** Universo. **5.** Círculo, ambiente.

mundología *s. f.* Experiencia en la vida y en el trato con las personas.

munición *s. f.* Proyectiles que se disparan con las armas de fuego.

municipal *adj.* **1.** Del municipio. ‖ *adj.* y *s.* **2.** Agente de policía de un municipio.

municipio *s. m.* Territorio que depende de un ayuntamiento.

muñeca *s. f.* **1.** Juguete con forma de niña o de chica. **2.** Parte del cuerpo donde se une la mano al brazo.

muñeco *s. m.* Juguete con forma humana o de animal.

muñeira *s. f.* Baile popular gallego.

muñequera *s. f.* Tira o venda elástica que se coloca en la muñeca para sujetarla, para protegerla, o como adorno.

muñón *s. m.* Trozo que queda de un miembro del cuerpo cortado.

mural *adj.* **1.** Que se pone sobre un muro y cubre gran parte de él. ‖ *s. m.* **2.** Pintura, decoración, etc., que se hace sobre una pared.

muralista *s. m.* y *f.* Pintor de murales.

muralla *s. f.* Muro defensivo alrededor de una ciudad, castillo o fortaleza.

murciano, na *adj.* y *s.* De Murcia, ciudad, provincia y comunidad autónoma de España.

murciélago *s. m.* Mamífero parecido a un ratón con alas. Vuela al atardecer y por la noche y se guía mediante ondas.

murga *s. f.* **1.** Banda callejera de músicos. **2.** *fam.* Cosa molesta o muy ruidosa. **SIN. 1.** Charanga. **2.** Lata, pesadez.

murmullo *s. m.* Ruido continuo y suave, como el de gente hablando bajo. **SIN.** Rumor, susurro.

murmuración *s. f.* Comentario con que se murmura de alguien. **SIN.** Chismorreo.

murmurar *v.* **1.** Hablar mal de una persona sin que esté presente. **2.** Hablar en voz baja y sin pronunciar claramente. **SIN. 1.** Chismorrear. **2.** Susurrar, musitar. **ANT. 1.** Elogiar. **2.** Vocear.

muro *s. m.* **1.** Pared gruesa. **2.** Espacio de un usuario dentro de una red social en Internet donde puede compartir información con su grupo de contactos.

murria *s. f. fam.* Tristeza, melancolía.

mus *s. m.* Juego de cartas.

musa *s. f.* **1.** Mujer que inspira a un artista. **2.** Cada una de las diosas de las antiguas Grecia y Roma que protegían las ciencias y las artes.

musaraña *s. f.* Mamífero muy pequeño parecido a un ratón, con el hocico afilado y pelaje rojizo. Se alimenta de insectos y otros animales. ‖ **LOC. pensar en las musarañas** Estar distraído.

musculación *s. f.* Desarrollo de los músculos.

muscular *adj.* De los músculos.

musculatura *s. f.* **1.** Conjunto de los músculos del cuerpo. **2.** Desarrollo de los músculos.

músculo *s. m.* Órgano de tejido elástico que, con los huesos y los cartílagos, permite mover el cuerpo.

musculoso, sa *adj.* **1.** De músculos muy desarrollados. **2.** Formado por músculos.

muselina *s. f.* Tela fina y transparente.

museo *s. m.* Lugar donde se exponen al público obras de arte, objetos antiguos u otras cosas de interés.

museología *s. f.* Ciencia que trata de los museos, sobre todo, en lo que se refiere a su organización y funcionamiento.

museólogo, ga *s. m.* y *f.* Persona especialista en museología.

muserola *s. f.* Correa que rodea el morro del caballo y sujeta el bocado.

musgo *s. m.* Planta que crece en lugares húmedos y que forma una especie de alfombra sobre los árboles y las rocas.

music hall o **music-hall** (ingl.) *s. m.* Espectáculo que mezcla números musicales y de otra clase: cómicos, de magia, etc.

música *s. f.* **1.** Combinación de sonidos capaz de producir un efecto bello o expresar emociones. **2.** Arte de combinar esos sonidos. **3.** Conjunto de obras musicales de un estilo, época, etc.: *música pop, música barroca.* ‖ **LOC. con la música a otra parte** A otro sitio, fuera.

musical *adj.* **1.** De música: *instrumento musical.* **2.** Que suena agradablemente. ‖ *adj.* y *s. m.* **3.** Obra de teatro o película con música y canciones. **SIN. 2.** Melodioso.

musicalidad *s. f.* Característica de lo que es musical o agradable al oído.

músico, ca *s. m.* y *f.* Persona que toca un instrumento o compone música. **SIN.** Intérprete; compositor.

musicología *s. f.* Estudio de la música y su historia.

musicólogo, ga *s. m.* y *f.* Persona que estudia la música y su historia.

musiquilla *s. f.* **1.** Música suave y sencilla. **2.** Tono o deje de la voz.

musitar *v.* Hablar muy bajo. **SIN.** Susurrar, murmurar. **ANT.** Vocear.

muslamen *s. m. fam.* Los muslos de una mujer.

muslo *s. m.* Parte de la pierna a continuación de la cadera.

mustélido *adj.* y *s. m.* Animal de un grupo de mamíferos carnívoros de pequeño o mediano tamaño, patas cortas y piel con bastante pelo, como la nutria, la mofeta o la comadreja.

mustiarse *v.* Ponerse mustio.

mustio, tia *adj.* **1.** Marchito, estropeado: *una planta mustia.* **2.** Triste, deprimido. **SIN. 1.** Ajado. **2.** Melancólico, lánguido. **ANT. 1.** Lozano. **2.** Animado.

musulmán, na *adj.* **1.** Del islam. ‖ *adj.* y *s.* **2.** Seguidor de esta religión. **SIN. 1.** Islámico. **1.** y **2.** Mahometano.

mutación *s. f.* Cambio o alteración importante, sobre todo en un ser vivo.

mutante *adj.* y *s.* Que ha sufrido una mutación.

mutar *v.* Cambiar o transformar.

mutilación *s. f.* Acción de mutilar.

mutilado, da 1. *p.* de mutilar. ‖ *adj.* y *s.* **2.** Persona a la que le falta alguna parte del cuerpo, como un brazo o una pierna.

mutilar *v.* Cortar, arrancar o quitar una parte del cuerpo. **SIN.** Amputar.

mutis *s. m.* En teatro, salida de escena de un actor. ‖ **LOC. hacer mutis (por el foro)** Irse discretamente, sin llamar la atención.

mutismo *s. m.* Hecho de estar o quedarse callado. **SIN.** Silencio.

mutualidad *s. f.* Agrupación de personas que pagan unas cantidades de dinero que se usan para ayudar a cualquiera de ellas cuando lo necesita.

mutualismo *s. m.* Asociación de dos seres vivos de distintas especies, en la que ambos salen beneficiados.

mutuamente *adv.* De manera mutua. **SIN.** Recíprocamente.

mutuo, tua *adj.* Que alguien lo da a otro y, a la vez, lo recibe de este. **SIN.** Recíproco.

muy *adv. apóc.* de **mucho.** Se usa delante de adjetivos y adverbios para darles más fuerza: *Presentó un dibujo muy bonito. Hizo el examen muy mal.*

n *s. f.* Decimocuarta letra del abecedario.

nabo *s. m.* Planta de hojas grandes, flores amarillas y una raíz muy gruesa, que es comestible.

nácar *s. m.* Material duro y blanco con brillos de diferentes colores, que se encuentra en el interior de la concha de los moluscos. Se utiliza para fabricar objetos de adorno.

nacarado, da *adj.* Parecido al nácar.

nacer *v.* **1.** Salir un ser del vientre de la madre, de un huevo o de una semilla. **2.** Empezar a existir. **3.** Salir, aparecer, brotar. □ Es *v.* irreg. Se conjuga como *agradecer.* **SIN.** **2.** Surgir, originarse. **ANT.** **1.** Morir. **2.** y **3.** Desaparecer.

nacho *s. m.* Comida mexicana que consiste en un triángulo de pasta de maíz frita que se toma con salsas.

naciente *adj.* Que nace o empieza a aparecer: *Sol naciente.*

nacimiento *s. m.* **1.** Hecho de nacer. **2.** Lugar o punto del que sale una cosa. **3.** Representación con figuritas de Jesús recién nacido, la Virgen, san José y otros personajes en el portal de Belén. **SIN.** **1.** y **2.** Origen, comienzo. **3.** Belén. **ANT.** **1.** Muerte. **1.** y **2.** Fin, final.

nación *s. f.* País, Estado, pueblo.

nacional *adj.* **1.** De una nación. **2.** Del Estado. ‖ *adj.* y *s.* **3.** Partidario de Franco en la guerra civil española. **SIN.** **2.** Estatal. **ANT.** **1.** Internacional. **2.** Privado.

nacionalidad *s. f.* Hecho de pertenecer a un país determinado.

nacionalismo *s. m.* **1.** Sentimiento y forma de pensar de los que dan mucha importancia a todo lo de su país. **2.** Movimiento político que defiende la autonomía o la independencia de un pueblo o de parte de un país.

nacionalista *adj.* y *s.* Del nacionalismo o partidario de él.

nacionalizar *v.* **1.** Hacer que algo pase a pertenecer al Estado o a ser dirigido por él. ‖ **nacionalizarse 2.** Adquirir alguien la nacionalidad de un país que no es el suyo. **ANT.** **1.** Privatizar.

nacionalsocialismo *s. m.* Movimiento político y social creado por Adolf Hitler en Alemania, que concedía todo el poder al Estado y sostenía que los alemanes eran superiores a los demás pueblos. **SIN.** Nazismo.

nacionalsocialista *adj.* y *s.* Relacionado con el nacionalsocialismo o partidario de él. **SIN.** Nazi.

nada *indef.* **1.** Ninguna cosa. ‖ *adv.* **2.** Ninguna o muy poca cantidad o intensidad de algo: *No está nada contento.* **3.** Expresa decisión o negación firme: *¡Nada, que no voy!* ‖ *s. f.* **4.** La ausencia total de cualquier cosa. ‖ **LOC.** **como si nada** Sin que cueste trabajo. También, sin conseguir ningún resultado. **de nada** Sin importancia. También se usa para contestar a quien da las gracias. **nada menos** o **nada más y nada menos** Sirve para destacar algo importante. **ANT.** **1.** Todo.

nadador, ra *adj.* y *s.* Que nada.

nadar *v.* **1.** Mover el cuerpo y los brazos y piernas para mantenerse y avanzar en el agua. **2.** Estar una cosa en mucho líquido o flotar en él. **3.** Tener en abundancia: *nadar en dinero.*

nadería *s. f.* Cosa sin importancia.

nadie *indef.* **1.** Ninguna persona. ‖ *s. m.* **2.** Persona sin importancia. **ANT.** **1.** y **2.** Alguien.

nado Se usa en la expresión **a nado**, 'nadando': *Se acercó a la orilla a nado.*

nafta *s. f.* **1.** Producto que se obtiene del petróleo o del carbón y que se usa como disolvente. **2.** *Amér.* Gasolina.

naftalina *s. f.* Sustancia sólida de olor fuerte utilizada para evitar que la polilla se coma la ropa.

nahua o **náhuatl** *adj.* y *s.* **1.** De un grupo de pueblos indígenas de México. ‖ *s. m.* **2.** Lengua de estos pueblos.

naíf o **naif** (del fr.) *adj.* y *s. m.* Se dice de un estilo de pintura caracterizado por su ingenuidad, sencillez y vivos colores.

nailon *s. m.* Material obtenido artificialmente con que se fabrican tejidos.

naipe *s. m.* Carta de la baraja.

nalga *s. f.* Cada una de las dos partes redondas y carnosas situadas debajo de la espalda. **SIN.** Posaderas.

nana *s. f.* **1.** Canción con la que se duerme a los niños. **2.** Saco para abrigar a los bebés. **3.** *Amér.* Nodriza o niñera.

nanay *interj. fam.* Se usa para negar con fuerza una cosa.

nao *s. f.* Barco de gran tamaño, sobre todo el utilizado entre los siglos XIII y XVII para el comercio marítimo.

napa *s. f.* Piel curtida con la que se hacen prendas de vestir.

napalm *s. m.* Mezcla que contiene gasolina, es muy inflamable y se emplea sobre todo en las bombas incendiarias.

napia o **napias** *s. f.* o *s. f. pl. fam.* Nariz, sobre todo si es grande.

napoleónico, ca *adj.* De Napoleón Bonaparte, emperador de Francia, o relacionado con él.

napolitana *s. f.* Bollo relleno de crema o chocolate.

napolitano, na *adj.* y *s.* De Nápoles, ciudad italiana.

naranja *s. f.* **1.** Fruto redondo dividido en gajos y de sabor dulce y algo ácido. ‖ *adj.* y *s. m.* **2.** Color que es mezcla de rojo y amarillo, como el de este fruto. ‖ **3. media naranja** Persona con la que alguien está casado o con la que forma pareja. ‖ **LOC. naranjas de la China** Se usa para negar algo.

naranjada *s. f.* Bebida hecha con zumo de naranja o con sabor a naranja.

naranjal *s. m.* Terreno en el que hay plantados naranjos.

naranjo *s. m.* Árbol que da la naranja.

narcisismo *s. m.* Admiración exagerada que alguien siente por sí mismo.

narcisista *adj.* y *s.* Que muestra narcisismo. **SIN.** Narciso².

narciso¹ *s. m.* Planta de hojas muy largas y finas, que nacen de la base del tallo, y una sola flor, blanca o amarilla.

narciso² *s. m.* Hombre muy presumido, sobre todo el que cuida mucho su aspecto físico. **SIN.** Narcisista.

narcótico, ca *adj.* y *s. m.* Sustancia que produce sueño, relajación muscular y disminución en la actividad de los sentidos. Se emplea en medicina y, en algunos casos, como droga. **SIN.** Sedante, somnífero. **ANT.** Excitante, estimulante.

narcotismo *s. m.* **1.** Estado de sueño producido por el consumo de narcóticos. **2.** Dependencia de los narcóticos.

narcotizar *v.* Adormecer con narcóticos.

narcotraficante *adj.* y *s.* Persona que trafica con drogas.

narcotráfico *s. m.* Tráfico de drogas.

nardo *s. m.* Planta con pequeñas flores blancas en forma de espiga y de muy buen olor.

narigudo, da *adj.* y *s.* Que tiene la nariz grande y larga. **SIN.** Narizotas. **ANT.** Chato.

narina *s. f.* Agujero de la nariz. **SIN.** Ventana.

nariz *s. f.* **1.** Parte saliente de la cara situada entre los ojos y la boca, por la que respiramos y olemos. **2.** Sentido del olfato. ‖ *s. f. pl.* **3.** *fam.* Valor, ganas: *Para subirse ahí hay que tener narices.* ‖ **LOC. de narices** Muy grande o considerable. **meter las narices en** algo Meterse uno donde no le llaman. **por narices** Obligatoriamente. **salirle** a alguien una cosa **de las narices** Darle la gana. **SIN. 1.** Napia. **3.** Agallas, coraje.

narizotas *s. m.* y *f.* Persona que tiene la nariz muy grande. **SIN.** Narigudo. **ANT.** Chato.

narración *s. f.* **1.** Hecho de narrar. **2.** Escrito o palabras con que se narra algo. **SIN. 2.** Relato.

narrador, ra *adj.* y *s.* Persona que narra.

narrar *v.* Contar alguna cosa de palabra o por escrito. **SIN.** Relatar, referir.

narrativa *s. f.* Género literario formado por las novelas y los cuentos.

narrativo, va *adj.* De la narración o de la narrativa.

narval *s. m.* Mamífero marino de color gris y unos cinco metros de longitud; los machos tienen un enorme diente que sobresale como un cuerno.

nasa *s. f.* Instrumento de pesca en forma de cesta, en la que quedan atrapados peces y crustáceos.

nasal *adj.* **1.** De la nariz. **2.** Se dice del sonido, voz, etc., en los que, al pronunciar, el aire sale por la nariz.

nasti Se usa en la expresión **nasti de plasti**, 'no, de ningún modo, nada'.

nata *s. f.* **1.** Capa cremosa que se forma en la superficie de la leche. **2.** Crema de pastelería que se hace batiendo esta capa con azúcar. ‖ **3. la flor y nata** Las personas más importantes o destacadas en algo.

natación *s. f.* Actividad de nadar y deporte que se practica nadando.

natal *adj.* Se dice del lugar en el que se nace.

natalicio, cia *adj.* **1.** Relacionado con el día del nacimiento. ‖ *s. m.* **2.** Día en el que nace alguien y fiestas con que se celebra.

natalidad *s. f.* Número de nacimientos que se producen en un lugar y en un tiempo. **ANT.** Mortalidad.

natatorio, ria *adj.* **1.** De la natación. || **2. vejiga natatoria** Ver **vejiga**.

natillas *s. f. pl.* Crema que se hace con leche, huevos y azúcar.

Natividad *n. pr. f.* **1.** Nacimiento de Jesucristo, la Virgen o san Juan Bautista. **2.** Día y época de la Navidad.

nativo, va *adj. y s.* Que ha nacido en el lugar de que se trata. **SIN.** Oriundo, indígena. **ANT.** Extranjero.

nato, ta *adj.* Que tiene de nacimiento muy buenas cualidades para algo: *Es un deportista nato.*

natural *adj.* **1.** De la naturaleza o producido por ella. **2.** Característico de una persona o cosa. **3.** Sencillo o sincero. **4.** Normal, como tiene que ser: *Me parece natural que se enfadara.* || *adj. y s.* **5.** Que ha nacido en el lugar que se dice. || **LOC. al natural** Tal como es. **del natural** Forma de pintar o hacer una escultura copiando directamente la persona o la cosa que se tiene delante. **SIN. 2.** Propio. **3.** Espontáneo. **4.** Lógico. **5.** Nativo, originario, oriundo. **ANT. 1.** y **3.** Artificial. **3.** Artificioso. **4.** Raro. **5.** Extranjero.

naturaleza *s. f.* **1.** Todos los seres y cosas que existen y que no han sido hechas por los seres humanos. **2.** El campo, lejos de ciudades y poblaciones. **3.** Propiedades o condiciones de un ser vivo o de una cosa. || **4. naturaleza muerta** Bodegón, pintura. **SIN. 3.** Característica.

naturalidad *s. f.* Característica de natural, sencillo, espontáneo. **SIN.** Sencillez, espontaneidad.

naturalismo *s. m.* Tendencia a mostrar la realidad tal como es, sin esconder ni evitar las cosas desagradables.

naturalista *adj. y s.* **1.** Del naturalismo. || *s. m. y f.* **2.** Especialista en ciencias naturales.

naturalizar *v.* Hacer a una persona, o hacerse ella, ciudadana de un país. **SIN.** Nacionalizarse.

naturalmente *adv.* **1.** De forma natural. **2.** Sí, claro, por supuesto.

naturismo *s. m.* Teoría que defiende la utilización únicamente de medios naturales para llevar una vida sana o para tratar las enfermedades.

naturista *adj. y s.* Relacionado con el naturismo o que lo practica.

naufragar *v.* **1.** Hundirse un barco y quedar en el mar los que viajan en él. **2.** Fracasar: *La idea de montar un negocio naufragó.* **ANT. 2.** Triunfar.

naufragio *s. m.* Acción de naufragar.

náufrago, ga *s. m. y f.* Persona que ha sufrido un naufragio.

náusea *s. f.* **1.** Sensación desagradable en el estómago cuando se tienen ganas de vomitar. **2.** Repugnancia, asco.

nauseabundo, da *adj.* Que produce náuseas o mucho asco. **SIN.** Repugnante, repulsivo. **ANT.** Agradable.

náutica *s. f.* Ciencia y arte de navegar.

náutico, ca *adj.* **1.** De la náutica o relacionado con ella. || *s. m.* **2.** Tipo de zapato ligero y flexible con suela de goma y cordones.

nava *s. f.* Terreno bajo y llano entre montañas, a veces pantanoso.

navaja *s. f.* **1.** Especie de cuchillo cuya hoja puede guardarse dentro del mango. **2.** Molusco alargado con dos valvas que cerradas parecen una caña; vive enterrado en la arena del mar.

navajazo o **navajada** *s. m.* o *f.* Herida o corte de navaja.

navajero, ra *s. m. y f.* Delincuente que roba amenazando con una navaja.

navajo, ja *adj. y s.* De una tribu india apache de América del Norte.

naval *adj.* De los barcos o de la navegación. **SIN.** Náutico.

navarro, rra *adj. y s.* De Navarra, comunidad autónoma de España.

nave *s. f.* **1.** Barco. **2.** Cohete u otro vehículo que viaja por el espacio. **3.** En las iglesias y otros edificios, cada una de las partes separadas por muros, filas de arcos o columnas. **4.** Construcción grande sin divisiones y de un solo piso que suele usarse como almacén.

navegable *adj.* Se dice del río, canal o lago por el que pueden navegar barcos.

navegación *s. f.* **1.** Ciencia y arte de navegar. **2.** Acción de navegar.

navegador, ra *adj. y s.* **1.** Que navega. || *s. m.* **2.** Programa que permite acceder a Internet para buscar y encontrar información.

navegante *s. m. y f.* **1.** Persona que se dedica a navegar. **2.** Internauta. **SIN. 1.** Marinero. **2.** Cibernauta.

navegar *v.* **1.** Ir un barco por el agua, o una nave o un avión por el aire. **2.** Viajar en esos vehículos. **3.** En informática, utilizar un navegador para ir de una página web a otra en Internet.

naveta *s. f.* Monumento prehistórico de las islas Baleares, hecho con piedras y de carácter funerario.

Navidad *n. pr. f.* **1.** Nacimiento de Jesucristo. **2.** Día y época del año en que se celebra. **SIN. 1.** y **2.** Natividad.

navideño, ña *adj.* De la Navidad.

naviero, ra *adj.* y *s. f.* **1.** Se dice de la empresa de barcos de mercancías y pasajeros. ‖ *s. m.* y *f.* **2.** Propietario de un navío o de una de estas empresas.

navío *s. m.* Barco muy grande. **SIN.** Nave, buque.

náyade *s. f.* En la mitología griega y romana, ninfa de las fuentes y los ríos.

nazareno, na *adj.* y *s.* **1.** De Nazaret, ciudad de Israel. ‖ *s. m.* **2.** Penitente que va en las procesiones de Semana Santa, vestida con una túnica y un capirote.

nazi (del al.) *adj.* y *s.* Nacionalsocialista.

nazismo *s. m.* Nacionalsocialismo.

neblí *s. m.* Ave rapaz parecida al halcón común y que se utilizaba en cetrería.

neblina *s. f.* Niebla que no es muy espesa. **SIN.** Bruma.

nebulosa *s. f.* Especie de nube enorme formada por pequeños materiales que flotan en el espacio.

nebuloso, sa *adj.* **1.** Con niebla. **2.** Confuso, borroso o poco claro.

necedad *s. f.* **1.** Característica de necio, tonto. **2.** Tontería, bobada.

necesario, ria *adj.* **1.** Se dice de las cosas sin las que no se puede estar o sin las que algo no puede existir o hacerse. **2.** Muy conveniente. **SIN. 1.** Imprescindible, indispensable. **2.** Beneficioso, recomendable. **ANT. 1.** Innecesario. **2.** Perjudicial.

neceser *s. m.* Estuche o maletín donde se guardan cosas de aseo personal.

necesidad *s. f.* **1.** Lo que es necesario para alguien o algo. **2.** Falta o pobreza. ‖ **LOC. hacer** alguien **sus necesidades** Orinar o hacer de vientre. **SIN. 2.** Carencia, escasez. **ANT. 2.** Abundancia.

necesitado, da 1. *p.* de necesitar. ‖ *adj.* **2.** Que no tiene alguna cosa y la necesita: *necesitado de cariño.* ‖ *adj.* y *s.* **3.** Pobre, que no tiene para vivir. **SIN. 2.** Falto, carente. **3.** Menesteroso.

necesitar *v.* Tener necesidad de algo. **SIN.** Precisar, requerir. **ANT.** Prescindir.

necio, cia *adj.* y *s.* Tonto o ignorante. **SIN.** Imbécil, idiota. **ANT.** Inteligente.

nécora *s. f.* Cangrejo marino de color pardo, con el caparazón liso y dos fuertes pinzas, muy apreciado como alimento.

necrófago, ga *adj.* Se dice de los animales que se alimentan de cadáveres.

necrología *s. f.* **1.** Biografía o noticia de una persona que ha fallecido recientemente. **2.** Lista de personas fallecidas.

necrológica *s. f.* Noticia que aparece en la prensa sobre la muerte de alguien.

necrópolis *s. f.* Cementerio, sobre todo el que es grande y tiene monumentos funerarios.

necrosis *s. f.* Muerte de células o tejidos del organismo.

néctar *s. m.* **1.** Jugo muy dulce que se encuentra en las flores y que chupan algunos insectos. **2.** Bebida muy dulce, sobre todo la que se saca de las frutas.

nectarina *s. f.* Fruta que es un injerto de melocotón y ciruela.

neerlandés, sa *adj.* y *s.* **1.** Holandés. ‖ *s. m.* **2.** Idioma de Holanda o de los Países Bajos.

nefando, da *adj.* Que merece desprecio o rechazo. **SIN.** Abominable.

nefasto, ta *adj.* Desgraciado, muy malo. **SIN.** Desastroso, funesto. **ANT.** Dichoso.

nefrítico, ca *adj.* Del riñón.

nefritis *s. f.* Inflamación de los riñones.

nefrología *s. f.* Parte de la medicina que se ocupa del riñón y sus enfermedades.

negación *s. f.* **1.** Acción de negar o negarse. **2.** Palabra o expresión que se usa para negar, como *no, jamás, nunca.* **SIN. 1.** Negativa. **ANT. 1.** Afirmación.

negado, da 1. *p.* de **negar**. También *adj.* ‖ *adj.* y *s.* **2.** Torpe o inútil para alguna cosa. **SIN. 2.** Incapaz. **ANT. 2.** Hábil.

negar *v.* **1.** Decir que algo no existe o no es verdad. **2.** Decir o manifestar que no. **3.** No dar o no dejar hacer alguna cosa: *negar auxilio.* ‖ **negarse 4.** No querer hacer alguna cosa. ☐ Es v. irreg. Se conjuga como *pensar.* **SIN. 1.** Desmentir. **3.** Rechazar, rehusar. **ANT. 1.** y **2.** Afirmar. **3.** Conceder.

negativa *s. f.* **1.** Acción de negar o negarse. **2.** Respuesta con que se niega. **SIN. 1.** y **2.** Negación. **ANT. 1.** y **2.** Afirmación.

negativo, va *adj.* **1.** Que niega o sirve para negar: *oración negativa.* **2.** Malo, perjudicial. **3.** Pesimista. **4.** En matemáticas, se dice de los números menores de cero, que llevan el signo menos. **5.** En física, se dice de la carga eléctrica del electrón. ‖ *s. m.* **6.** Primera película que se saca de las fotografías, en la que los colores aparecen al revés. **SIN. 2.** Dañino, nocivo. **6.** Cliché. **ANT. 1.** Afirmativo. **2.** a **6.** Positivo.

negligencia *s. f.* Falta de cuidado, de atención o de interés. **SIN.** Descuido.

negligente *adj. y s.* Que hace las cosas con negligencia. **SIN.** Descuidado, dejado. **ANT.** Cuidadoso.

negociación *s. f.* Acción de negociar. **SIN.** Trato, discusión.

negociado *s. m.* Cada una de las secciones o departamentos de un ministerio, oficina u organismo.

negociador, ra *adj. y s.* Que negocia, especialmente en asuntos importantes.

negociante *adj. y s.* **1.** Que negocia o se dedica a los negocios. **2.** Se dice de la persona a la que solo le interesa el dinero o el beneficio que va a sacar en algo. **SIN.** **1.** Comerciante.

negociar *v.* **1.** Comprar, vender o cambiar cosas para ganar dinero. **2.** Discutir para llegar a un acuerdo. **SIN.** **1.** Comerciar, traficar. **1.** y **2.** Tratar. **2.** Acordar, pactar.

negocio *s. m.* **1.** Compra, venta, cambio, etc., con que se espera ganar dinero o conseguir beneficio. **2.** Beneficio que se obtiene. **3.** Tienda o comercio. **4.** Asunto: *No sé en qué negocios andará.* **SIN.** **3.** Establecimiento, local.

negra *s. f.* Figura musical que equivale a un tiempo dentro de un compás.

negrero, ra *adj.* **1.** Relacionado con el comercio de esclavos negros. ‖ *adj. y s.* **2.** Persona que vendía y compraba esclavos negros. **3.** *fam.* Explotador.

negrita *adj. y s. f.* Se dice de un tipo de letra de imprenta de trazo más grueso.

negro, gra *adj. y s. m.* **1.** De color totalmente oscuro, como el del carbón. ‖ *adj.* **2.** Oscuro o más oscuro que el resto. **3.** Muy sucio. **4.** Malo o poco favorable: *un negro futuro.* **5.** *fam.* Enfadado, harto o molesto: *tener a alguien negro; estar negro.* **6.** Se dice de un género policiaco tratado con realismo y crudeza: *novela negra, cine negro.* ‖ *adj. y s.* **7.** De la raza humana caracterizada por el color oscuro de la piel. ‖ *s. m.* **8.** Persona que trabaja para otra de forma anónima, generalmente un escritor. ‖ **LOC. pasarlas negras** Pasarlo muy mal. **tener la negra** Tener muy mala suerte. **verse** alguien **negro** o **vérselas negras** Resultarle muy difícil hacer una cosa. **SIN.** **3.** Mugriento. **4.** Desfavorable, adverso. **ANT.** **1.** y **7.** Blanco. **3.** Limpio. **4.** Prometedor.

negroide *adj. y s.* Que tiene rasgos físicos característicos de la raza negra.

negrura *s. f.* Cualidad del color negro. **ANT.** Blancura.

negruzco, ca *adj.* De color casi negro. **ANT.** Blanquecino.

nemotecnia o **nemotécnica** *s. f.* Mnemotecnia.

nemotécnico, ca *adj.* Mnemotécnico.

nene, na *s. m. y f. fam.* Niño pequeño.

nenúfar *s. m.* Planta que flota sobre el agua, con unos rizomas o tallos largos que llegan hasta el fondo. Sus hojas son redondas y muy verdes y sus flores, grandes y blancas. Se cultiva en los estanques como adorno.

neoclasicismo *s. m.* Estilo artístico de mediados del siglo XVIII que imitaba al antiguo arte griego y romano.

neoclásico, ca *adj. y s.* **1.** Del neoclasicismo o relacionado con él. ‖ *s. m.* **2.** Neoclasicismo.

neófito, ta *s. m. y f.* **1.** Persona que acaba de convertirse a una religión. **2.** Persona que es nueva en un grupo o asociación.

neolítico, ca *adj. y n. pr. m.* Se dice del segundo periodo de la prehistoria y de lo relacionado con él. En el Neolítico los primeros seres humanos empezaron a pulimentar la piedra para hacer utensilios.

neologismo *s. m.* Palabra o expresión nueva en una lengua, como la que da nombre a un invento reciente.

neón *s. m.* Elemento químico; es un gas noble y, por tanto, no reacciona químicamente. Se encuentra en la atmósfera en pequeñas cantidades y se emplea en tubos luminosos.

neonatología *s. f.* Parte de la medicina que se ocupa de los recién nacidos.

neonazi *adj. y s.* Que es partidario de que vuelva el nazismo.

neopreno (marca registrada) *s. m.* Especie de caucho sintético muy resistente que conserva bien el calor.

neoyorquino, na *adj. y s.* De Nueva York, ciudad de los Estados Unidos.

neozelandés, sa *adj. y s.* De Nueva Zelanda, país de Oceanía.

nepalés, sa *adj. y s.* De Nepal, país de Asia.

nepotismo *s. m.* Hecho de favorecer a familiares y amigos dándoles cargos políticos o privilegios.

nervadura *s. f.* **1.** Conjunto de los nervios de una hoja. **2.** Nervio de una bóveda.

nervio *s. m.* **1.** Cada una de las fibras largas y finas que nacen en el cerebro y la médula espinal y recorren todo el cuerpo; transmiten las órdenes del cerebro y las sensaciones. **2.** Tendón de la carne que está duro al cortarlo o comerlo. **3.** Cada una de las fibras largas y delgadas de las hojas de las plantas. **4.** Moldura alargada que hay en algunos techos y bóvedas. **5.** Energía, fuerza. || *s. m. pl.* **6.** Nerviosismo. **SIN. 5.** Brío, empuje. **ANT. 5.** Debilidad. **6.** Tranquilidad.

nerviosismo *s. m.* Estado del que está muy nervioso. **SIN.** Nervios, desasosiego. **ANT.** Tranquilidad.

nervioso, sa *adj.* **1.** De los nervios del cuerpo o relacionado con ellos. **2.** Muy alterado, intranquilo o impaciente. **SIN. 2.** Inquieto. **ANT. 2.** Tranquilo.

nervudo, da *adj.* De nervios y tendones muy marcados: *manos nervudas*.

nescafé (marca registrada) *s. m.* Café en polvo soluble en agua o en leche.

neto, ta *adj.* **1.** Se dice del dinero que se recibe después de descontar los impuestos u otros gastos. **2.** Se dice del peso real de un producto una vez descontado el peso del envase. **3.** Claro, preciso, bien definido. **SIN. 1.** Líquido. **1.** y **2.** Limpio. **ANT. 1.** Bruto. **3.** Confuso, indefinido.

neumático, ca *adj.* **1.** Que funciona o se hincha con aire u otro gas: *colchón neumático*. || *s. m.* **2.** Parte de la rueda de algunos vehículos que rodea a la llanta; es de caucho y contiene una cámara de aire.

neumología *s. f.* Rama de la medicina que estudia los órganos del aparato respiratorio y sus enfermedades.

neumólogo, ga *s. m.* y *f.* Médico especializado en neumología.

neumonía *s. f.* Pulmonía.

neura *s. f. fam.* Nerviosismo, manía u obsesión. **SIN.** Neurastenia.

neuralgia *s. f.* Dolor intenso que recorre un nervio del cuerpo.

neurálgico, ca *adj.* **1.** Relacionado con la neuralgia. **2.** Muy importante, vital: *centro neurálgico*. **SIN. 2.** Decisivo, esencial. **ANT. 2.** Intrascendente.

neurastenia *s. f.* Estado de la persona que está muy nerviosa, deprimida y cansada.

neurasténico, ca *adj.* **1.** De la neurastenia o relacionado con ella. || *adj.* y *s.* **2.** Que sufre neurastenia.

neurocirugía *s. f.* Parte de la cirugía que se ocupa del sistema nervioso.

neurocirujano, na *s. m.* y *f.* Cirujano del cerebro y el sistema nervioso.

neurología *s. f.* Parte de la medicina que se ocupa del sistema nervioso y sus enfermedades.

neurológico, ca *adj.* De la neurología.

neurólogo, ga *s. m.* y *f.* Especialista en neurología.

neurona *s. f.* Cada una de las células que forman el sistema nervioso.

neuronal *adj.* De las neuronas.

neuropatía *s. f.* Enfermedad nerviosa.

neurosis *s. f.* Trastorno nervioso grave en el que no parece existir ninguna lesión física.

neurótico, ca *adj.* **1.** De la neurosis o relacionado con ella. || *adj.* y *s.* **2.** Que padece neurosis. **3.** *fam.* Muy nervioso y con manías. **SIN. 3.** Histérico. **ANT. 3.** Tranquilo.

neutral *adj.* y *s.* Que en un conflicto o enfrentamiento no apoya a ninguno de los que están enfrentados. **SIN.** Neutro, imparcial. **ANT.** Partidario.

neutralidad *s. f.* Característica o actitud de neutral. **SIN.** Imparcialidad.

neutralizar *v.* Anular o disminuir una cosa o acción los efectos de otra. **SIN.** Contrarrestar. **ANT.** Potenciar.

neutro, tra *adj.* **1.** Indefinido, que no es ni una cosa ni la contraria. **2.** Neutral. **3.** En química, que no es ácido ni básico. || *adj.* y *s. m.* **4.** Se dice del género gramatical que no es masculino ni femenino y de las cosas que lo tienen, como el artículo *lo* o los demostrativos *esto, eso* y *aquello*. **SIN. 1.** Indeterminado, impreciso.

neutrón *s. m.* Partícula sin carga eléctrica que se encuentra en el núcleo de los átomos.

nevada *s. f.* Acción de nevar y nieve caída.

nevar *v.* Caer nieve de las nubes. □ Es v. irreg. Se conjuga como *pensar*.

nevera *s. f.* **1.** Frigorífico. **2.** Bolsa o caja portátil donde se conservan fríos alimentos y bebidas. **3.** *fam.* Lugar muy frío. **SIN. 1.** Refrigerador. **ANT. 3.** Horno.

nevero *s. m.* Lugar de la alta montaña que durante todo el año está cubierto de nieve.

nevisca *s. f.* Nevada breve en la que caen copos muy pequeños.

neviscar *v.* Caer una nevisca.

newsletter (ingl.) *s. amb.* Boletín electrónico que tiene información especializada sobre un tema o un producto de interés para los suscriptores.

nexo *s. m.* Lo que une una cosa con otra; por ejemplo, una conjunción es el nexo que une dos palabras o frases. **SIN.** Unión, enlace, vínculo.

ni *conj.* **1.** Une palabras o frases indicando negación: *Ni Elena ni Maite vinieron.* || *adv.* **2.** Sirve para dar más fuerza a una negación: *No quiero ni pensarlo.*

nicaragüense *adj.* y *s.* De Nicaragua, país de América Central.

nicho *s. m.* Hueco en un muro para colocar algo en él, como los que hay en los cementerios para los cadáveres o sus cenizas. **SIN.** Hornacina.

nick o **nickname** (ingl.) *s. m.* Apodo con el que un usuario se identifica en Internet para comunicarse con otras personas.

nicotina *s. f.* Sustancia tóxica que tiene el tabaco.

nidación *s. f.* Hecho de anidar o nidificar las aves.

nidada *s. f.* Conjunto de huevos o crías que se encuentran en un nido.

nidificar *v.* Hacer sus nidos las aves. **SIN.** Anidar.

nido *s. m.* **1.** Lecho o refugio que construyen las aves para poner sus huevos y criar a los pollos. **2.** Lugar donde viven y se reproducen otros animales: *nido de ratones.* **3.** Lugar donde se reúnen o acumulan algunas personas o cosas malas: *nido de ladrones.* **4.** Casa, hogar. **5.** En los hospitales, lugar donde están los recién nacidos.

NIE (siglas de *N*úmero de *I*dentidad de *E*xtranjero) *s. m.* Documento de identificación personal que acredita que un ciudadano extranjero se encuentra en situación legal en España.

niebla *s. f.* Nube que se encuentra en contacto con el suelo y dificulta la visión. **SIN.** Neblina, bruma.

nietastro, tra *s. m.* y *f.* Hijo o hija del hijastro o hijastra de una persona.

nieto, ta *s. m.* y *f.* Lo que es una persona con relación a sus abuelos.

nieve *s. f.* Agua de las nubes que se hiela y cae en copos blancos. ‖ **LOC. a punto de nieve** Modo en que quedan las claras de huevo al batirlas mucho, como si fueran espuma.

NIF (siglas de *N*úmero de *I*dentificación *F*iscal) *s. m.* Clave que identifica a las personas en España para asuntos comerciales y fiscales.

nife *s. m.* Barisfera.

nigeriano, na *adj.* y *s.* De Nigeria, país de África.

nigerino, na *adj.* y *s.* De Níger, país de África.

nigromancia o **nigromancía** *s. f.* **1.** Conjunto de prácticas que pretenden conocer el futuro invocando a los espíritus. **2.** Magia negra, brujería.

nigromante *s. m.* y *f.* Persona que practica la nigromancia.

nilón *s. m.* Nailon.

nimbo *s. m.* **1.** Círculo luminoso que rodea la cabeza de los santos. **2.** Círculo luminoso que rodea algunos astros, como el Sol y la Luna. **3.** Nimboestrato. **SIN. 1.** Aureola. **1.** y **2.** Halo.

nimboestrato *s. m.* Capa de nubes bajas, de color gris, que produce lluvia, nieve o granizo. **SIN.** Nimbo.

nimiedad *s. f.* Insignificancia, pequeñez, nadería.

nimio, mia *adj.* Insignificante.

ninfa *s. f.* **1.** En la mitología griega y romana, diosa con forma de muchacha que vivía en bosques, fuentes o ríos. **2.** Larva acuática de algunos insectos.

ningún *indef.* apóc. de **ninguno**.

ninguno, na *indef.* Ni uno solo. **SIN.** Nadie. **ANT.** Alguno; todos.

ninja (del jap.) *s. m.* Guerrero experto en artes marciales.

ninot (del cat.) *s. m.* Figura o muñeco de una falla valenciana.

niña *s. f.* Pupila del ojo.

niñato, ta *adj.* y *s.* **1.** *desp.* Se dice del joven sin experiencia. **2.** *desp.* Joven presumido y de comportamiento despreocupado.

niñería *s. f.* Acción o palabras propias de un niño. **SIN.** Chiquillada.

niñero, ra *adj.* y *s.* **1.** Que le gustan mucho los niños. ‖ *s. m.* y *f.* **2.** Persona que trabaja cuidando niños.

niñez *s. f.* Infancia.

niño, ña *adj.* y *s.* **1.** Persona que está en la infancia o es muy joven. ‖ *s. m.* y *f.* **2.** Hijo, sobre todo el de pocos años. ‖ **LOC. como un niño con zapatos nuevos** Muy contento. **SIN. 1.** Chico. **ANT. 1.** Adulto.

nipón, na *adj.* y *s.* Japonés.

níquel *s. m.* Metal plateado duro y resistente a la corrosión, que se convierte con facilidad en láminas finas. Es elemento químico.

niquelar *v.* Cubrir con una capa de níquel otro metal.

niqui *s. m.* Prenda de tejido ligero, con cuello y, normalmente, manga corta. **SIN.** Polo.

níscalo *s. m.* Seta comestible con un sombrerillo anaranjado.

níspero *s. m.* **1.** Árbol perenne de tronco delgado que da un pequeño fruto anaranjado comestible. **2.** Fruto de este árbol.

nitidez *s. f.* Característica de nítido.

nítido, da *adj.* **1.** Transparente, limpio. **2.** Preciso, claro, que se ve o se percibe bien. **SIN. 1.** Cristalino. **ANT. 1.** Opaco, turbio. **2.** Confuso.

nitrato *s. m.* Sal del ácido nítrico con la que se fabrican muchos abonos.

nítrico, ca *adj.* Se dice de algunos compuestos del nitrógeno, especialmente del *ácido nítrico*, formado por un átomo de nitrógeno, tres de oxígeno y uno de hidrógeno.

nitrógeno *s. m.* Elemento químico gaseoso e incoloro que reacciona muy poco y se encuentra en muchos compuestos, como los nitratos y el amoniaco; forma parte del aire que respiramos.

nitroglicerina *s. f.* Compuesto de nitrógeno y glicerina que es muy explosivo; con él se hace la dinamita.

nival *adj.* Relacionado con la nieve.

nivel *s. m.* **1.** Altura o grado en que está o al que llega una persona o cosa. **2.** Instrumento que se utiliza para comprobar si una superficie está bien horizontal o vertical. **3.** Piso o planta.

nivelar *v.* **1.** Hacer que una superficie quede horizontal o llana. **2.** Poner dos o más cosas a la misma altura, grado o categoría. **SIN. 1.** Allanar. **1.** y **2.** Igualar. **2.** Equilibrar. **ANT. 1.** y **2.** Desnivelar.

níveo, a *adj.* Muy blanco, parecido a la nieve.

nivopluvial *adj.* Se dice del río que recibe más agua de la nieve que de la lluvia.

no *adv.* **1.** Se usa para negar o rechazar. ‖ *s. m.* **2.** Negación: *Le dieron un no por respuesta*. **SIN. 2.** Negativa. **ANT. 1.** y **2.** Sí.

nobel *n. pr. m.* **1.** Premio que concede la fundación sueca Alfred Nobel a científicos, escritores y personas que han hecho algo importante para la humanidad. ‖ *s. m.* y *f.* **2.** Persona que ha recibido este premio.

nobiliario, ria *adj.* De la nobleza y los nobles. **SIN.** Aristocrático. **ANT.** Plebeyo.

noble *adj.* y *s.* **1.** De la nobleza. ‖ *adj.* **2.** Generoso, leal, sincero. **3.** De gran calidad, valor o categoría: *madera noble*. ‖ **4. gas noble** Ver **gas**. **SIN. 1.** Aristócrata. **2.** Franco, honesto. **3.** Refinado. **ANT. 1.** Plebeyo. **2.** Desleal.

nobleza *s. f.* **1.** Clase social que antiguamente era la más importante; está formada por personas que tienen títulos y privilegios que las diferencian de las demás. **2.** Característica de lo que es noble. **SIN. 1.** Aristocracia. **2.** Honestidad, lealtad.

nobuk (del ingl.) *s. m.* Piel de vaca curtida y de tacto suave, parecida al ante.

nocedal *s. m.* Nogueral.

noche *s. f.* **1.** Tiempo desde la puesta a la salida del Sol, en el que está todo oscuro. ‖ **2. media noche** Medianoche. **3. noche toledana** La que se pasa sin dormir por una preocupación o por otro motivo. ‖ **LOC. como de la noche al día** Completamente distinto.

de la noche a la mañana De repente. **ANT. 1.** Mañana; día.

Nochebuena *n. pr. f.* Noche del 24 de diciembre, en que se celebra el nacimiento de Jesucristo.

Nochevieja *n. pr. f.* Última noche del año.

noción *s. f.* **1.** Idea o conocimiento sobre alguna cosa. **2.** Conocimiento básico, elemental. **SIN. 2.** Fundamento, rudimentos.

nocivo, va *adj.* Que causa daño o perjuicio. **SIN.** Perjudicial, dañino. **ANT.** Beneficioso.

noctámbulo, la *adj.* y *s.* **1.** Persona a la que le gusta salir y divertirse de noche. ‖ *adj.* **2.** Se dice de los animales nocturnos y de sus costumbres.

nocturnidad *s. f.* **1.** Circunstancia de ser de noche o de ocurrir por la noche. **2.** En derecho, circunstancia de aprovechar la noche para cometer un delito y por la cual este se considera más grave.

nocturno, na *adj.* **1.** De la noche o que ocurre durante la noche. **2.** Se dice de los animales que desarrollan su actividad durante la noche y de las plantas que abren sus flores solo de noche. **SIN. 2.** Noctámbulo. **ANT. 1.** Diurno.

nodriza *s. f.* **1.** Ama de cría. **2.** Vehículo que suministra combustible a otros: *un avión nodriza*.

nódulo *s. m.* Abultamiento o masa redondeada que se forma en una materia.

nogal *s. m.* Árbol grande con la corteza lisa y de color gris y hojas caducas de color verde brillante. Su fruto es la nuez y su madera se usa para hacer muebles.

nogueral *s. m.* Lugar poblado de nogales. **SIN.** Nocedal.

nómada *adj.* y *s.* Que va de un lugar a otro, sin vivir en un lugar fijo.

nomadismo *s. m.* Forma de vida de los pueblos nómadas.

nombradía *s. f.* Fama, renombre.

nombramiento *s. m.* Hecho de nombrar a alguien para un cargo, un empleo o un título. **SIN.** Designación.

nombrar *v.* **1.** Decir el nombre de una persona o cosa o hablar de ella. **2.** Elegir o señalar a alguien para un cargo, empleo o título. **SIN. 1.** Denominar, citar, mencionar. **2.** Designar, proclamar.

nombre *s. m.* **1.** Palabra o palabras que se dan a personas, animales o cosas para conocerlos, distinguirlos y llamarlos. **2.** El nombre de pila y apellidos de una persona. **3.** Sustantivo. **4.** Fama, reputación: *Consiguió hacerse un nombre en el mundo del cine*. ‖ **5.**

nombre de pila El nombre que va delante de los apellidos y se le da a una persona cuando es bautizada o cuando se le adjudica por elección. ‖ **LOC. en nombre de** alguien En representación de esa persona. **SIN. 1.** Denominación.

nomenclatura *s. f.* Conjunto de las palabras empleadas en una ciencia o en una materia.

nomeolvides *s. m.* Planta con flores de color azul que es utilizada en jardinería y como adorno.

nómina *s. f.* **1.** Lista de nombres, sobre todo de las personas que trabajan de forma fija en una empresa o en otro lugar. **2.** Sueldo que recibe cada una de ellas y documento en el que se detalla.

nominación *s. f.* Acción de nominar. **SIN.** Designación.

nominal *adj.* **1.** Del nombre o sustantivo, o relacionado con él: *sintagma nominal.* **2.** Que es o existe solamente de nombre, pero no de forma real: *un cargo nominal.*

nominar *v.* Proponer a alguien para algo, sobre todo para un premio.

nominativo, va *adj.* Que lleva el nombre de la persona a la que pertenece o a la que se le paga: *un cheque nominativo.*

non *adj. y s. m.* **1.** Se dice del número impar. ‖ **2. nones** *fam.* Se usa para decir que no. **ANT. 1.** Par.

nonagenario, ria *adj. y s.* Persona que tiene entre noventa y noventa y nueve años.

nonagésimo, ma *num.* **1.** Que ocupa por orden el número noventa. ‖ *num. y s. m.* **2.** Se dice de cada una de las noventa partes iguales en que se divide algo.

noningentésimo, ma *num.* **1.** Que ocupa por orden el número novecientos. ‖ *num. y s. m.* **2.** Se dice de cada una de las novecientas partes iguales en que se divide algo.

nono, na *num.* Noveno.

nopal *s. m.* Chumbera.

noquear *v.* En boxeo, dejar fuera de combate al contrario.

noray *s. m.* Poste al que se amarran los barcos. **SIN.** Amarradero.

nordeste o **noreste** *s. m.* Punto del horizonte situado entre el norte y el este, a igual distancia de los dos. **ANT.** Sudeste.

nórdico, ca *adj. y s.* De los países del norte de Europa, sobre todo los escandinavos. **SIN.** Septentrional.

noria *s. f.* **1.** Máquina para sacar agua de un pozo o un río, en forma de rueda y con unos cubos, llamados *cangilones*, que recogen el agua y la llevan hacia arriba. **2.** Gran rueda que hay en ferias y parques de atracciones; gira verticalmente y tiene compartimentos con asientos para la gente.

norma *s. f.* Lo que hay que cumplir por estar ordenado o porque es lo correcto. **SIN.** Precepto, ley, orden, regla.

normal *adj.* **1.** Parecido a la mayoría, como los demás. **2.** Frecuente, habitual. **3.** Natural, que no resulta extraño. **SIN. 1.** y **2.** Ordinario, corriente. **ANT. 1.** a **3.** Anormal.

normalidad *s. f.* Característica de normal o situación normal.

normalización *s. f.* Acción de normalizar. **SIN.** Regularización.

normalizar *v.* Hacer que una cosa sea normal o se ajuste a unas normas. **SIN.** Estandarizar.

normalmente *adv.* **1.** De manera normal. **2.** Frecuentemente.

normando, da *adj. y s.* **1.** De Normandía, región del noroeste de Francia. **2.** Vikingo.

normativa *s. f.* Conjunto de normas. **SIN.** Reglamento.

normativo, va *adj.* Relacionado con las normas o que sirve de norma.

noroeste *s. m.* Punto del horizonte entre el norte y el oeste, a igual distancia de los dos. **ANT.** Suroeste.

norte *s. m.* **1.** Uno de los cuatro puntos cardinales, que está en la dirección del Polo Norte o Ártico. ‖ **2. norte magnético** Dirección a la que apunta la aguja de una brújula y que es la misma del Ártico. **SIN. 1.** Septentrión. **ANT. 1.** Sur.

norteafricano, na *adj. y s.* Del norte de África.

norteamericano, na *adj. y s.* **1.** De América del Norte. **2.** Estadounidense.

norteño, ña *adj. y s.* Del norte. **ANT.** Sureño.

noruego, ga *adj. y s.* **1.** De Noruega, país de Europa. ‖ *s. m.* **2.** Idioma de este país.

nos *pron. pers.* Indica la primera persona del plural y funciona como complemento directo: *Luis nos conoció en Vigo*; complemento indirecto: *Tu madre nos dio un recado*; se usa también para formar los verbos pronominales: *Nos arrepentimos*, y para dar expresividad: *Nos tomamos un refresco.*

nosotros, tras *pron. pers., m. y f.* Indica la primera persona del plural. Funciona como sujeto: *Nosotros lo haremos*; o como complemento, detrás de una preposición: *a nosotros, con nosotros, para nosotros.*

nostalgia *s. f.* Tristeza que uno siente cuando está lejos de su hogar, de sus familiares o amigos, o cuando recuerda algo querido que ya no existe. **SIN.** Añoranza, melancolía. **ANT.** Alegría.

nostálgico, ca *adj.* y *s.* Que tiene nostalgia o la produce. **SIN.** Melancólico. **ANT.** Alegre.

nota *s. f.* **1.** Escrito breve para recordar una cosa, avisar de algo, dar una información o con otro fin. **2.** Cuenta o factura en que se dice lo que hay que pagar. **3.** Calificación obtenida en un examen, trabajo o curso. **4.** Cada uno de los siete sonidos de la escala musical. **5.** Detalle o aspecto. **SIN.** 1. Aviso, aclaración.

notable *adj.* **1.** Que destaca entre los demás. **2.** Grande, importante. ‖ *s. m.* **3.** Calificación que equivale a un siete o un ocho en una puntuación del cero al diez. **SIN.** 1. Señalado. 1. y 2. Relevante. 2. Considerable. **ANT.** 1. Mediocre. 2. Insignificante.

notación *s. f.* Conjunto de signos, como los usados en música o en una ciencia.

notar *v.* **1.** Sentir o darse cuenta de algo. ‖ **notarse 2.** Verse algo o ser evidente. ‖ **LOC. hacerse notar** Llamar la atención. **SIN.** 1. Experimentar, advertir. 1. y 2. Percibir(se), apreciar(se).

notaría *s. f.* **1.** Despacho del notario. **2.** Profesión de notario.

notarial *adj.* Relacionado con el notario, hecho o autorizado por él.

notario, ria *s. m.* y *f.* Funcionario que con su firma asegura que es cierto o auténtico lo que se indica en un documento o escrito. **SIN.** Escribano.

notebook (ingl.) *s. m.* Ordenador portátil de tamaño pequeño.

noticia *s. f.* **1.** Cosa que se hace saber a alguien. **2.** Información que dan los periódicos, la radio o la televisión. **SIN.** 1. Novedad, notificación. 2. Informativo.

noticiario *s. m.* Programa de noticias de actualidad que se transmite por los medios de comunicación, sobre todo radio y televisión. **SIN.** Informativo.

noticiero *s. m. Amér.* Noticiario.

notición *s. m. fam.* Noticia de gran interés o muy buena para alguien.

noticioso *s. m. Amér.* Noticiario.

notificación *s. f.* Acción de notificar y escrito en que se notifica algo.

notificar *v.* Hacer saber algo a alguien, sobre todo lo que ha decidido una autoridad. **SIN.** Comunicar, informar.

notoriedad *s. f.* Fama, renombre.

notorio, ria *adj.* **1.** Evidente, claro. **2.** Famoso, célebre. **SIN.** 1. Manifiesto, patente. **ANT.** 2. Desconocido.

nova *s. f.* Etapa de la evolución de una estrella, en la que desprende mucha energía y aumenta mucho su brillo.

novatada *s. f.* Broma que gastan los más antiguos a los nuevos en un lugar o actividad. ‖ **LOC. pagar la novatada** Tener un error o contratiempo por falta de experiencia.

novato, ta *adj.* y *s.* **1.** Nuevo en un grupo o en un sitio. **2.** Que no tiene experiencia. **SIN.** 2. Principiante, novel. **ANT.** 1. y 2. Veterano. 2. Experto.

novecientos, tas *num.* **1.** Nueve veces cien. **2.** Que ocupa por orden el número novecientos.

novedad *s. f.* **1.** Característica de nuevo. **2.** Cosa nueva, que acaba de producirse o aparecer. **3.** Cambio, variación. **SIN.** 1. y 2. Innovación. 3. Modificación, transformación. **ANT.** 1. Antigüedad.

novedoso, sa *adj.* Nuevo, que acaba de producirse o aparecer.

novel *adj.* y *s.* Que acaba de comenzar en una actividad o profesión: *un autor novel*. **SIN.** Principiante. **ANT.** Veterano.

novela *s. f.* **1.** Obra literaria escrita en prosa en la que se cuenta una historia, generalmente larga. ‖ **2. novela rosa** La que cuenta una historia amorosa, que suele tener un final feliz.

novelar *v.* **1.** Escribir novelas. **2.** Dar forma de novela a una historia.

novelero, ra *adj.* y *s.* **1.** Que suele contar o imaginarse historias falsas. **2.** Aficionado a leer novelas.

novelesco, ca *adj.* Propio de las novelas.

novelista *s. m.* y *f.* Escritor de novelas.

novelístico, ca *adj.* De la novela o relacionado con ella.

novena *s. f.* Oraciones y devociones que se hacen durante nueve días.

noveno, na *num.* **1.** Que ocupa por orden el número nueve. ‖ *num.* y *s. m.* **2.** Se dice de cada una de las nueve partes iguales en que se divide una cosa.

noventa *num.* **1.** Nueve veces diez. **2.** Que ocupa por orden el número noventa.

noventavo, va *num.* y *s. m.* Se dice de cada una de las noventa partes iguales en que se divide una cosa.

noviazgo *s. m.* Relación que existe entre los novios y tiempo que dura.

noviciado *s. m.* **1.** Prueba y preparación de las personas que quieren entrar en una orden religiosa y que acaba cuando hacen los votos. **2.** Casa en que viven los novicios.

novicio, cia *s. m.* y *f.* Persona que se prepara para entrar en una orden religiosa.

noviembre *s. m.* Decimoprimer mes del año, de treinta días.

noviero, ra *adj. fam.* Que tiene mucha facilidad para echarse novio o novia.

novillada *s. f.* **1.** Corrida de novillos. **2.** Conjunto de novillos.

novillero, ra *s. m.* y *f.* Persona que torea novillos.

novillo, lla *s. m.* y *f.* Toro o vaca de dos a tres años. || LOC. **hacer novillos** Faltar un estudiante a clase.

novilunio *s. m.* Fase de Luna nueva. Ver **luna**.

novio, via *s. m.* y *f.* **1.** Persona que sale con otra porque la quiere. **2.** Persona que va a casarse o acaba de hacerlo.

nubarrón *s. m.* Nube grande y oscura.

nube *s. f.* **1.** Conjunto de pequeñas gotas de agua que forman en la atmósfera una masa de color blanco o gris. **2.** Humo, polvo u otra cosa de aspecto parecido a una nube. **3.** Pequeña mancha blanquecina que se forma en el ojo, en la capa exterior de la córnea, que impide o estorba la visión. **4.** Abundancia de algo: *una nube de periodistas*. || LOC. **estar en las nubes** Estar muy distraído. **poner por las nubes** a una persona o cosa Elogiarla, hablar muy bien de ella. **por las nubes** Muy caro.

núbil *adj.* Se dice de la edad en la que una persona ya está preparada para casarse y de la persona que está en esa edad.

nublado, da **1.** *p.* de **nublarse**. También *adj.* || *s. m.* **2.** Nube que anuncia tormenta. **3.** Tormenta muy fuerte. SIN. **1.** Nuboso. **2.** Nubarrón. ANT. **1.** Despejado.

nublarse *v.* Cubrirse de nubes el cielo. || LOC. **nublarse la vista** No ver bien, ver borroso. SIN. Encapotarse. ANT. Despejar.

nubosidad *s. f.* Hecho de estar nuboso.

nuboso, sa *adj.* Con muchas nubes. SIN. Nublado. ANT. Despejado.

nuca *s. f.* Parte del cuerpo donde se une la columna vertebral con la cabeza.

nuclear *adj.* Relacionado con el núcleo, sobre todo con el núcleo de los átomos y la energía que se produce cuando se modifican estos núcleos. SIN. Atómico.

núcleo *s. m.* **1.** Parte central o fundamental de algo. **2.** Parte principal de las células, donde están los cromosomas. **3.** Parte central del átomo, formada por protones y neutrones. **4.** Capa más profunda de la esfera terrestre. **5.** Palabra o palabras más importantes de un sintagma. || **6. núcleo de población** Grupo de viviendas, lugar donde viven personas. SIN. **1.** Centro; meollo.

nudillo *s. m.* Parte exterior de las articulaciones de los dedos de la mano.

nudismo *s. m.* Práctica que consiste en estar desnudo en contacto con la naturaleza.

nudista *adj.* y *s.* **1.** Que practica el nudismo. || *adj.* **2.** Se dice de la playa o del lugar en que se practica el nudismo.

nudo *s. m.* **1.** Lazo que se aprieta al tirar de los extremos. **2.** Fuerte unión. **3.** Parte abultada del tronco o tallo de un árbol o planta, de donde salen las ramas o las hojas. **4.** Lugar donde se unen o cruzan varias carreteras, caminos, cordilleras, etc. **5.** Momento en el que se desarrolla la acción en obras de teatro, películas o novelas. **6.** Unidad con que se mide la velocidad de los barcos. || LOC. **tener un nudo en la garganta** No poder hablar por la emoción, el miedo o la impresión. SIN. **1.** Lazada. **2.** Atadura, vínculo.

nudoso, sa *adj.* Que tiene nudos.

nuera *s. f.* Para una persona, la mujer de su hijo.

nuestro, tra *pos.* Que nos pertenece a nosotros, tiene relación con nosotros o es propio de nosotros: *nuestra casa, nuestros familiares, nuestras costumbres*.

nueva *s. f.* Noticia reciente.

nuevamente *adv.* De nuevo, otra vez.

nueve *num.* **1.** Ocho más uno. **2.** Noveno.

nuevo, va *adj.* **1.** Que acaba de hacerse, de aparecer o de comprarse. **2.** Otro, distinto del anterior. **3.** Que todavía está en buenas condiciones. **4.** *fam.* Descansado: *quedarse como nuevo*. || *adj.* y *s.* **5.** Que acaba de llegar a un lugar o de entrar en un grupo. || LOC. **de nuevo** Otra vez. SIN. **1.** Reciente, actual. **3.** Impecable. **5.** Novato. ANT. **1.** a **3.** y **5.** Viejo. **1.** y **5.** Antiguo.

nuez *s. f.* **1.** Fruto del nogal, que tiene una cáscara dura y una semilla comestible dentro. **2.** Bulto que forma la laringe en el cuello de los hombres adultos. || **3. nuez moscada** Semilla de un árbol tropical, que se usa como condimento.

nulidad *s. f.* **1.** Característica de lo que es nulo y no vale. **2.** *fam.* Persona muy torpe.

nulo, la *adj.* **1.** Que no vale. **2.** Que no es eficaz para aquello que se desea. **3.** Se dice de la persona muy torpe en una actividad. SIN. **1.** Invalidado. **2.** Ineficaz, inútil. ANT. **1.** Válido. **3.** Apto.

numantino, na *adj.* y *s.* **1.** De Numancia, antigua ciudad de España que resistió durante años el ataque de los romanos. || *adj.* **2.**

Muy firme y valiente, como los habitantes de Numancia.

numen *s. m.* **1.** Cualquiera de los dioses y espíritus en los que creían los antiguos romanos. **2.** Inspiración de un artista.

numeración *s. f.* **1.** Acción de numerar. **2.** Símbolos y reglas para expresar cualquier cantidad. ‖ **3. numeración arábiga** La que utiliza los números que los árabes introdujeron en Europa: *0, 1, 2, 3, 4, 5, 6, 7, 8, 9.* **4. numeración romana** La que usa siete letras del alfabeto latino: I (uno), V (cinco), X (diez), L (cincuenta), C (cien), D (quinientos), M (mil).

numerador *s. m.* Número que indica las partes iguales de un todo que se van a dividir por otro, llamado *denominador.*

numeral *adj.* Se dice del adjetivo o del pronombre que expresa número. Puede ser de cantidad (*uno*), de orden (*tercero*) o de partición (*la quinta parte*).

numerar *v.* **1.** Poner un número a cada elemento de un conjunto para que quede ordenado. **2.** Contar los elementos de un conjunto siguiendo el orden de los números: *La profesora pidió a los alumnos que se numeraran.*

numerario, ria *adj. y f.* Se dice de la persona que pertenece de forma fija a un grupo, asociación u organización.

numérico, ca *adj.* Relacionado con los números o que está hecho con ellos.

número *s. m.* **1.** Símbolo que expresa la cantidad. **2.** Cierta cantidad de personas, animales o cosas. **3.** Revista o periódico publicado en una fecha concreta. **4.** Categoría gramatical que indica si una palabra está en singular o plural. **5.** Parte de un espectáculo variado. **6.** Billete de lotería o de otro juego de azar. **7.** *fam.* Acción que provoca asombro o escándalo: *montar el número.* **SIN.** 1. Cifra, guarismo.

numeroso, sa *adj.* Muchos o que está formado por gran cantidad de personas o cosas. **SIN.** Abundante, cuantioso. **ANT.** Escaso.

numismática *s. f.* Ciencia que estudia las monedas y medallas, especialmente si son antiguas; también, afición a coleccionarlas.

numismático, ca *adj. y s.* De la numismática o que se dedica a ella.

nunca *adv.* En ningún momento. **SIN.** Jamás. **ANT.** Siempre.

nunciatura *s. f.* Cargo del nuncio y edificio o lugar donde reside y trabaja.

nuncio *s. m.* **1.** Embajador del papa en cada país. **2.** Mensajero, emisario.

nupcial *adj.* De las nupcias o boda, o relacionado con ellas.

nupcias *s. f. pl.* Boda, matrimonio. **SIN.** Esponsales, casamiento.

nurse (ingl.) *s. f.* Niñera.

nutria *s. f.* Animal mamífero de cola larga, patas cortas con los dedos unidos por una membrana y pelaje espeso de color pardo rojizo. Vive en las orillas de los ríos, es una gran nadadora y se alimenta de peces y crustáceos.

nutrición *s. f.* Acción de nutrir a los seres vivos o nutrirse ellos. **SIN.** Alimentación, sustento.

nutricional *adj.* De la nutrición o relacionado con ella.

nutricionista *s. m. y f.* Médico especialista en nutrición. **SIN.** Dietista.

nutrido, da **1.** *p.* de **nutrir.** También *adj.* ‖ *adj.* **2.** Numeroso. **SIN.** 2. Abundante, cuantioso. **ANT.** 2. Escaso.

nutrir *v.* **1.** Dar a los seres vivos, o tomar ellos, los alimentos que les proporcionan las sustancias y energía necesarias para vivir. **2.** Dar a algo lo que necesita para mantenerse y que no se agote: *nutrir de agua una población, nutrir la piel.* **SIN.** 1. y 2. Alimentar, sustentar. **ANT.** 2. Debilitar.

nutritivo, va *adj.* Se dice de los alimentos y sustancias que nutren.

nylon (ingl., marca registrada) *s. m.* Nailon.

ñ *s. f.* Decimoquinta letra del abecedario.

ñame *s. m.* Planta trepadora de los países tropicales; su rizoma es un importante alimento para los habitantes de esa zona.

ñandú *s. m.* Ave parecida al avestruz, pero más pequeña y con tres dedos en cada pie. Vive en América del Sur.

ñoñería o **ñoñez** *s. f.* **1.** Característica de ñoño. **2.** Cosa o acción ñoña. **SIN. 1.** y **2.** Remilgo, gazmoñería.

ñoño, ña *adj.* y *s.* Cursi o demasiado delicado. **SIN.** Remilgado, gazmoño.

ñoqui *s. m.* Plato italiano preparado con bolitas de pasta y patata que se comen cocidas y acompañadas de una salsa.

ñora *s. f.* Cierto tipo de pimiento rojo seco muy picante.

ñu *s. m.* Mamífero herbívoro de color pardo, cabeza grande, cuernos curvos y una crin abundante. Vive en las llanuras de África.

o¹ *s. f.* Decimosexta letra del abecedario.

o² *conj.* **1.** Sirve para presentar dos posibilidades de las cuales hay que elegir una: *¿Vienes o te quedas?* **2.** Une dos o más cosas haciéndolas equivalentes: *Esta cola pega madera o metal.* **3.** Se usa para expresar una cantidad aproximada: *Había 25 o 30 personas.*

oasis *s. m.* Lugar con agua y vegetación en medio del desierto.

obcecación *s. f.* Hecho de obcecarse con alguna cosa.

obcecarse *v.* Tener alguien una idea fija, aunque esté equivocado. **SIN.** Obstinarse, ofuscarse.

obedecer *v.* **1.** Hacer alguien lo que le mandan o lo que dicen las normas o leyes. **2.** Responder una cosa a la acción de algo: *No obedecieron los frenos y se salió de la carretera.* **3.** Ser consecuencia de algo: *¿A qué obecede esa insistencia suya?* □ Es v. irreg. Se conjuga como *agradecer.* **SIN. 1.** Cumplir, observar, acatar. **2.** Funcionar. **3.** Provenir. **ANT. 1.** Desobedecer.

obediencia *s. f.* Acción de obedecer y característica del que es obediente. **SIN.** Cumplimiento, observancia, acatamiento. **ANT.** Desobediencia.

obediente *adj.* Que obedece a lo que se le manda. **SIN.** Sumiso, dócil. **ANT.** Desobediente, rebelde.

obelisco *s. m.* Columna acabada en punta que se coloca en algún lugar en recuerdo de un hecho importante.

obenque *s. m.* Cuerda gruesa con que se sujetan los extremos de los mástiles de un barco a los costados de este o a la cofa.

obertura *s. f.* Comienzo de algunas obras musicales, sobre todo de las óperas, en que solo intervienen instrumentos.

obesidad *s. f.* Gordura excesiva, sobre todo si es perjudicial para la salud.

obeso, sa *adj. y s.* Persona muy gorda. **SIN.** Grueso, rollizo. **ANT.** Delgado.

óbice Se usa en la expresión **no ser óbice**, 'no ser obstáculo', 'no impedir': *Es muy travieso, pero esto no es óbice para que saque buenas notas.*

obispado *s. m.* **1.** Cargo del obispo. **2.** Territorio que depende de un obispo. **3.** Edificio donde el obispo realiza su trabajo. **SIN. 1.** Episcopado. **2.** Diócesis.

obispo *s. m.* Sacerdote que tiene el más alto grado dentro de la Iglesia.

óbito *s. m.* Muerte de una persona. **SIN.** Fallecimiento, defunción, deceso.

obituario *s. m.* Sección de una publicación en la que se informa de los fallecimientos.

objeción *s. f.* **1.** Dificultad o problema que se plantea en contra de una idea, plan, propuesta. ‖ **2. objeción de conciencia** Hecho de negarse alguien a cumplir una ley o una obligación contraria a sus ideas. **SIN. 1.** Reparo, inconveniente.

objetar *v.* **1.** Decir una cosa en contra de algo. **2.** Hacer objeción de conciencia. **SIN. 1.** Oponer. **ANT. 1.** Aceptar.

objetivar *v.* Considerar de manera objetiva.

objetividad *s. f.* Característica de las personas o cosas objetivas.

objetivo, va *adj.* **1.** Se dice de quien no se deja llevar por sus propios intereses o sentimientos y ve las cosas como son. ‖ *s. m.* **2.** Finalidad, propósito. **3.** Punto al que va dirigida alguna cosa. **4.** Lente o lentes de las cámaras y de otros aparatos parecidos que se encuentran más cerca del objeto que se quiere fotografiar o mirar. **SIN. 1.** Imparcial. **2.** Fin, intención. **3.** Blanco, diana. **ANT. 1.** Subjetivo.

objeto *s. m.* **1.** Cosa, sobre todo si es material. **2.** Persona o cosa a la que se dirige una acción, un pensamiento, una ciencia. **3.** Finalidad, propósito. **4.** En gramática, complemento directo o indirecto del verbo. **SIN. 2.** Materia. **3.** Objetivo, fin.

objetor, ra *s. m. y f.* Persona que hace objeción de conciencia.

oblea *s. f.* Hoja muy fina de pan sin levadura.

oblicuo, cua *adj.* Inclinado, en una posición intermedia entre paralela y perpendicular. **SIN.** Transversal.

obtención

obligación *s. f.* Lo que alguien tiene que hacer o cumplir. **SIN.** Deber, compromiso.

obligado, da **1.** *p.* de obligar. También *adj.* ‖ *adj.* **2.** Necesario, conveniente.

obligar *v.* Hacer que una persona realice o cumpla algo sin que pueda negarse. **SIN.** Forzar, presionar.

obligatoriedad *s. f.* Característica de lo que es obligatorio.

obligatorio, ria *adj.* Que hay que hacerlo. **SIN.** Obligado, necesario.

oblongo, ga *adj.* Más largo que ancho. **SIN.** Ovalado.

obnubilar *v.* **1.** Impedir algo a una persona pensar con claridad. **2.** Dejar fascinado. **SIN.** **1.** Ofuscar. **2.** Embelesar.

oboe *s. m.* Instrumento musical de viento hecho de madera con embocadura cónica y llaves.

óbolo *s. m.* Donativo o limosna.

obra *s. f.* **1.** Lo que alguien ha hecho o es resultado de una actividad. **2.** Edificio o construcción que se está levantando. **3.** Arreglos o cambios en un edificio, calle, casa, etc. **SIN.** **1.** Creación, producto.

obrador *s. m.* Taller artesanal: *un obrador de repostería.*

obrar *v.* **1.** Realizar una acción o comportarse de una manera. **2.** Expulsar los excrementos. **SIN.** **1.** Actuar. **2.** Defecar.

obrero, ra *s. m. y f.* **1.** Trabajador de poca categoría profesional, sobre todo el que trabaja con las manos. ‖ *adj.* **2.** Relacionado con estos trabajadores. ‖ *adj. y s.* **3.** En los insectos que viven en colonias, como abejas y hormigas, se dice de las que se encargan de alimentar la colonia y cuidar de ella. **SIN.** **1.** Operario. **1. y 2.** Proletario.

obscenidad *s. f.* Característica de obsceno o cosa obscena. **SIN.** Indecencia, inmoralidad. **ANT.** Decencia.

obsceno, na *adj.* En las cosas relacionadas con el sexo, inmoral, grosero. **SIN.** Indecente. **ANT.** Decente.

obsequiar *v.* Hacer o dar cosas a alguien para agradarle, sobre todo regalos. **SIN.** Regalar, agasajar.

obsequio *s. m.* Regalo.

obsequioso, sa *adj.* Que intenta agradar a los demás con atenciones y regalos, a veces excesivamente.

observación *s. f.* **1.** Acción de observar. **2.** Comentario o indicación. **SIN.** **2.** Nota.

observador, ra *adj. y s.* **1.** Que observa. ‖ *adj.* **2.** Persona que se fija mucho en las cosas y se da cuenta de lo que pasa a su alrededor.

observancia *s. f.* Hecho de observar o cumplir normas, leyes, reglas, etc.

observar *v.* **1.** Mirar o examinar atentamente. **2.** Darse cuenta de algo. **3.** Cumplir, obedecer: *observar la ley.* **SIN.** **1. y 2.** Fijarse. **1. y 3.** Contemplar. **2.** Notar, advertir.

observatorio *s. m.* Sitio desde donde se observa algo; sobre todo, lugar con los aparatos necesarios para observar el cielo y las estrellas.

obsesión *s. f.* Idea, deseo o preocupación que una persona no puede quitarse de la cabeza. **SIN.** Manía.

obsesionar *v.* Producir una obsesión. **SIN.** Preocupar.

obsesivo, va *adj.* **1.** Que obsesiona. **2.** Que suele obsesionarse mucho.

obseso, sa *adj. y s.* Que solo piensa en una cosa, sobre todo en el sexo.

obsidiana *s. f.* Roca volcánica dura, de poco peso y de color negro brillante o verdoso.

obsoleto, ta *adj.* Anticuado, que está pasado de moda.

obstaculizar *v.* Poner obstáculos. **SIN.** Estorbar, dificultar. **ANT.** Facilitar.

obstáculo *s. m.* **1.** Cosa que está en medio y no deja pasar. **2.** Lo que impide o estorba algo. **SIN.** **1. y 2.** Estorbo. **2.** Impedimento, traba. **ANT.** **2.** Facilidad.

obstante Se emplea en la expresión **no obstante**, ‘sin que lo dicho sea un obstáculo’: *No estaba de acuerdo, no obstante nos apoyó.*

obstar *v.* Ser un obstáculo o inconveniente: *Estás muy ocupado, pero eso no obsta para que llames alguna vez.*

obstetricia *s. f.* Parte de la medicina que se ocupa del embarazo, el parto y el tiempo que sigue inmediatamente a este. **SIN.** Tocología.

obstinación *s. f.* Característica de obstinado. **SIN.** Terquedad, cabezonería.

obstinado, da *adj.* Cabezota, terco. **SIN.** Tozudo, testarudo.

obstinarse *v.* Pensar alguien una cosa o querer hacer algo a toda costa, aunque no tenga razón. **SIN.** Empecinarse, obcecarse.

obstrucción *s. f.* Acción de obstruir o de obstruirse. **SIN.** Atasco.

obstruir *v.* **1.** No dejar paso por un conducto o camino. **2.** Impedir o hacer más difícil algo. □ Es v. irreg. Se conjuga como *construir.* **SIN.** **1.** Atascar, taponar. **2.** Obstaculizar, dificultar. **ANT.** **1.** Desatascar, desobstruir. **2.** Facilitar.

obtención *s. f.* Acción de obtener. **SIN.** Consecución, logro.

obtener v. **1.** Llegar a tener alguna cosa. **2.** Sacar un material o producto de otro. □ Es v. irreg. Se conjuga como *tener*. SIN. **1.** Conseguir, lograr. **2.** Extraer.

obturador s. m. Pieza de las máquinas fotográficas que se abre y se cierra para regular la entrada de luz a través del objetivo.

obturar v. Obstruir, cerrar, taponar.

obtusángulo adj. Se dice del triángulo que tiene un ángulo mayor de 90 grados.

obtuso, sa adj. **1.** Que no tiene punta. **2.** Torpe, que no comprende las cosas. **3.** Se dice de los ángulos de más de 90 grados y menos de 180. SIN. **1.** y **2.** Romo. **2.** Lerdo. ANT. **1.** Afilado. **2.** Inteligente.

obús s. m. **1.** Tipo de cañón de alcance medio. **2.** El proyectil que dispara este cañón.

obviar v. **1.** Evitar obstáculos o inconvenientes. **2.** No decir una cosa por considerar que ya se sabe o que es evidente. SIN. **1.** Eludir. **2.** Omitir.

obviedad s. f. **1.** Característica de lo que es obvio o evidente. **2.** Cosa obvia, clara y evidente. SIN. **1.** y **2.** Evidencia.

obvio, via adj. Claro, evidente. SIN. Manifiesto, patente. ANT. Confuso.

oca s. f. **1.** Ganso, ave. **2.** Juego de mesa en el que se hace avanzar una ficha sobre un tablero con casillas.

ocapi s. m. Okapi.

ocarina s. f. Flauta de forma redondeada hecha de barro o metal.

ocasión s. f. **1.** Momento en que se hace u ocurre algo. **2.** Momento bueno para algo. ‖ LOC. **con ocasión de** Con motivo de. **de ocasión** Muy barato, sobre todo si ya está usado: *coches de ocasión.* SIN. **1.** Circunstancia, coyuntura. **2.** Oportunidad.

ocasional adj. **1.** Que ocurre por casualidad. **2.** Que ocurre de vez en cuando, que no es continuo. SIN. **1.** Casual, fortuito. **2.** Esporádico. ANT. **1.** Provocado. **2.** Constante.

ocasionar v. Causar, provocar. SIN. Producir, originar. ANT. Impedir.

ocaso s. m. **1.** Desaparición detrás del horizonte del Sol u otro astro. **2.** Decadencia. SIN. **1.** Atardecer, anochecer, crepúsculo. **2.** Caída, declive. ANT. **1.** Amanecer, aurora. **2.** Auge.

occidental adj. **1.** Que está en el occidente u oeste. ‖ adj. y s. **2.** De los países de Occidente. ANT. **1.** y **2.** Oriental.

occidentalizar v. Transmitir características que se consideran propias del mundo occidental.

occidente s. m. **1.** Oeste, punto cardinal. ‖ n. pr. m. **2.** Nombre dado a los países del oeste de Europa, los Estados Unidos y otras naciones con una forma de vida parecida. SIN. **1.** Poniente. ANT. **1.** Este. **1.** y **2.** Oriente.

occipital adj. **1.** De la nuca. ‖ adj. y s. m. **2.** Se dice del hueso que está por detrás en la parte de abajo del cráneo.

occipucio s. m. Nuca.

oceánico, ca adj. **1.** Del océano o relacionado con él. **2.** Tipo de clima en que la influencia del mar suaviza los inviernos y refresca los veranos.

océano s. m. Cada una de las cinco partes en que se divide la masa de agua que cubre la Tierra: el Atlántico, el Antártico, el Ártico, el Índico y el Pacífico.

oceanografía s. f. Ciencia que estudia los mares y sus animales y plantas.

oceanógrafo, fa s. m. y f. Persona que se dedica a la oceanografía.

ocelo s. m. **1.** Ojo simple de los artrópodos. **2.** Mancha redondeada y de dos colores que tienen algunos animales en la piel, las alas o las plumas.

ocelote s. m. Mamífero felino de pelaje de color ocre claro con manchas oscuras y cola larga. Vive en las selvas de América Central y del Sur.

ochavo s. m. **1.** Antigua moneda de cobre. **2.** Moneda de poco valor.

ochenta num. **1.** Ocho veces diez. **2.** Que ocupa por orden el número ochenta.

ochentavo, va num. y s. m. Se dice de cada una de las ochenta partes iguales en que se divide una cosa. SIN. Octogésimo.

ocho num. **1.** Siete más uno. **2.** Octavo.

ochocientos, tas num. **1.** Ocho veces cien. **2.** Que ocupa por orden el número ochocientos.

ochomil s. m. En alpinismo, montaña de más de ocho mil metros de altura.

ocio s. m. Tiempo libre, cuando no hay que trabajar ni se tienen otras obligaciones. SIN. Descanso.

ociosidad s. f. Hecho de estar ocioso, sin trabajar.

ocioso, sa adj. y s. **1.** Que está sin trabajar. ‖ adj. **2.** Innecesario, inútil. SIN. **1.** Desocupado, libre. **2.** Gratuito. ANT. **1.** Ocupado. **2.** Necesario, útil.

ocluir v. Obstruir o cerrar un orificio o conducto del cuerpo, de forma que no se pueda abrir normalmente. □ Es v. irreg. Se conjuga como *construir*.

oclusión s. f. Hecho de cerrarse un conducto, sobre todo del cuerpo.

ocre *s. m.* **1.** Mineral parecido a la arcilla, de color amarillo oscuro. || *adj.* y *s. m.* **2.** De un color mezcla de amarillo y marrón.

octaedro *s. m.* Cuerpo geométrico de ocho caras.

octanaje *s. m.* Cantidad de octano que hay en la gasolina.

octano *s. m.* Sustancia compuesta de carbono e hidrógeno que se destila del petróleo.

octava *s. f.* **1.** Estrofa de ocho versos. **2.** La serie de las notas musicales formada por las siete notas seguidas de la repetición de la primera de ellas.

octavilla *s. f.* Hoja de propaganda.

octavo, va *num.* **1.** Que ocupa por orden el número ocho. || *num.* y *s. m.* **2.** Se dice de cada una de las ocho partes iguales en que se divide una cosa.

octingentésimo, ma *num.* **1.** Que ocupa por orden el número ochocientos. || *num.* y *s. m.* **2.** Se dice de cada una de las ochocientas partes iguales en que se divide una cosa.

octogenario, ria *adj.* y *s.* Que tiene entre ochenta y noventa años.

octogésimo, ma *num.* **1.** Que ocupa por orden el número ochenta. || *num.* y *s. m.* **2.** Se dice de cada una de las ochenta partes iguales en que se divide una cosa. **SIN. 2.** Ochentavo.

octogonal *adj.* Del octógono o que tiene forma de octógono.

octógono *s. m.* Polígono de ocho ángulos y ocho lados.

octosílabo, ba *adj.* y *s. m.* De ocho sílabas.

octubre *s. m.* Décimo mes del año, de treinta y un días.

óctuple u **óctuplo, pla** *adj.* y *s. m.* Que es ocho veces mayor que otra cosa.

ocular *adj.* **1.** De los ojos o hecho con ellos. || *s. m.* **2.** Lente de un instrumento óptico.

oculista *s. m.* y *f.* Oftalmólogo.

ocultar *v.* **1.** Esconder. **2.** No dejar que se note algo: *ocultar un sabor.* **3.** No decir algo que uno sabe. **SIN. 1.** y **2.** Camuflar. **3.** Disimular. **3.** Callar, encubrir. **ANT. 1.** y **3.** Revelar.

ocultismo *s. m.* Creencias y prácticas sobre fenómenos no demostrados científicamente, como por ejemplo, la comunicación con los muertos.

oculto, ta *adj.* Que no se ve o no se conoce. **SIN.** Escondido.

ocupación *s. f.* **1.** Acción de ocupar. **2.** Actividad en que una persona ocupa su tiempo. **SIN. 2.** Tarea, quehacer.

ocupacional *adj.* De la ocupación o actividad laboral: *taller ocupacional.*

ocupado, da **1.** *p.* de ocupar. || *adj.* **2.** Que está haciendo algo en ese momento.

ocupante *adj.* y *s.* Que ocupa un lugar: *un vehículo para cinco ocupantes.*

ocupar *v.* **1.** Llenar un espacio. **2.** Conquistar, dominar: *El ejército ocupó los territorios fronterizos.* **3.** Tener un cargo: *ocupar la presidencia.* **4.** Emplear el tiempo en algo. || **ocuparse 5.** Encargarse de alguien o algo: *Yo me ocupo de hacer la comida.* **6.** Tratar un asunto: *¿De qué se ocupa ese libro?* **SIN. 3.** Desempeñar, ejercer. **4.** Dedicar. **5.** Cuidar, atender. **ANT. 1.** Desocupar.

ocurrencia *s. f.* Idea que se le ocurre a una persona de repente, sobre todo si resulta graciosa u original. **SIN.** Salida, golpe.

ocurrente *adj.* Que tiene muchas ocurrencias. **SIN.** Agudo.

ocurrir *v.* Producirse un hecho. || **LOC. ocurrírsele** algo a alguien Venirle de repente una idea. **SIN.** Suceder, pasar, acontecer, acaecer.

oda *s. f.* Poesía con la que se canta a una persona o cosa.

odeón *s. m.* Edificio en el que se escuchan obras musicales, especialmente óperas.

odiar *v.* Sentir odio hacia alguien o algo. **SIN.** Aborrecer, detestar. **ANT.** Amar.

odio *s. m.* Sentimiento muy fuerte por el que alguien le desea un mal a otro, o rechaza a una persona o cosa. **SIN.** Aversión, ojeriza, manía, tirria. **ANT.** Amor, simpatía.

odioso, sa *adj.* **1.** Que merece o provoca odio. **2.** *fam.* Muy antipático o desagradable: *Hace un tiempo odioso.* **SIN. 1.** Detestable.

odisea *s. f.* Serie de aventuras y dificultades por las que pasa una persona.

odontología *s. f.* Parte de la medicina que trata de las enfermedades y defectos de la dentadura.

odontólogo, ga *s. m.* y *f.* Dentista.

odorífero, ra u **odorífico, ca** *adj.* Que produce olor, sobre todo si es agradable. **SIN.** Oloroso, aromático. **ANT.** Inodoro.

odre *s. m.* Recipiente hecho con la piel de un animal, en que se echa aceite, vino u otro líquido.

oeste *s. m.* **1.** El punto cardinal por donde se pone el Sol. **2.** Zona de los Estados Unidos entre los montes Apalaches y el océano Pacífico, cuya colonización en el siglo XIX es el tema de muchas películas y novelas. **SIN. 1.** Poniente, occidente. **ANT. 1.** Este.

ofender v. Molestar mucho a alguien faltándole al respeto o haciendo que se sienta humillado o despreciado. SIN. Herir, insultar. ANT. Alabar.

ofensa s. f. Acción o palabras que ofenden. SIN. Insulto, injuria. ANT. Alabanza.

ofensiva s. f. Ataque. SIN. Agresión.

ofensivo, va adj. 1. Que ofende: un comentario ofensivo. 2. Que sirve para atacar: estrategia ofensiva. SIN. 1. Insultante. ANT. 2. Defensivo.

oferente adj. y s. Que ofrece.

oferta s. f. 1. Lo que se ofrece a una persona. 2. Poner a la venta algo a un precio más bajo. 3. Cantidad de cosas que se ponen a la venta. SIN. 1. Proposición. 2. Ocasión, ganga.

ofertar v. Ofrecer en venta, sobre todo a un precio más bajo.

ofertorio s. m. Parte de la misa en la que el sacerdote ofrece a Dios el pan y el vino, y oración que reza antes de este momento.

off (ingl.) Se usa en las expresiones **en off**, referida a la voz que se escucha en una película o espectáculo sin que se vea a la persona que habla, y **off line**, que significa fuera de línea, desconectado de un servidor o red.

off line (ingl.) expr. Ver **off**.

office (fr.) s. m. Lugar o cuarto al lado de la cocina que se usa sobre todo para comer en él.

offset (ingl.) s. m. 1. Procedimiento para imprimir en el que el texto o la imagen se imprime sobre un rodillo de caucho y este sobre el papel. 2. Máquina que emplea este procedimiento.

oficial adj. 1. Del Estado o de otra autoridad, hecho o aprobado por ellos: organismo oficial. 2. Se dice del alumno que tiene que asistir a clase para poder examinarse. || s. m. y f. 3. Categoría militar formada por los grados de alférez, teniente y capitán. 4. Funcionario con una categoría entre la de auxiliar y la de jefe: oficial administrativo. SIN. 1. Público. ANT. 1. Privado.

oficial, la s. m. y f. En un oficio manual, operario que ha terminado el aprendizaje y no es maestro todavía.

oficialidad s. f. 1. Característica de lo que es oficial. 2. Conjunto de los oficiales de un ejército o parte de él.

oficiante adj. y s. m. Se dice del sacerdote que celebra la misa.

oficiar v. Celebrar el sacerdote la misa.

oficina s. f. Lugar de trabajo donde se realizan tareas comerciales, económicas, jurídicas o de otro tipo.

oficinista s. m. y f. Persona que trabaja en una oficina.

oficio s. m. 1. Trabajo que se hace con las manos y con herramientas, para el que no hacen falta estudios superiores. 2. Cualquier profesión. 3. Escrito que manda una autoridad o un organismo a otro. 4. Misa o celebración religiosa. || 5. **oficio divino** En la Iglesia católica, conjunto de oraciones que se rezan a lo largo del día.

oficioso, sa adj. Se dice de las informaciones que proceden de una autoridad, pero no son oficiales.

ofidio adj. y s. m. Nombre científico del grupo de reptiles al que pertenecen las serpientes.

ofimática s. f. Ordenadores y material informático para oficinas.

ofrecer v. 1. Dar algo voluntariamente a una persona, ponerlo a su disposición. 2. Dedicar o entregar algo. 3. Decir la cantidad de dinero que se está dispuesto a pagar por algo. 4. Mostrar algo que puede ser visto. 5. Proporcionar algo oportunidades, facilidades, posibilidades. || **ofrecerse** 6. Mostrarse dispuesto a hacer algo. □ Es v. irreg. Se conjuga como agradecer. SIN. 1. Ceder, proponer. 1. y 6. Brindar(se). 2. Ofrendar. 5. Deparar. ANT. 1. Retirar. 1. y 6. Negar(se).

ofrecimiento s. m. Hecho de ofrecer algo a una persona. SIN. Oferta. ANT. Negativa.

ofrenda s. f. Cosa que se ofrece a un dios o a otro ser divino.

ofrendar v. Ofrecer algo a un dios o a otro ser divino.

oftalmología s. f. Parte de la medicina que estudia las enfermedades de los ojos y los defectos de la vista.

oftalmólogo, ga s. m. y f. Médico especializado en oftalmología. SIN. Oculista.

ofuscación u **ofuscamiento** s. f. o m. Hecho de estar ofuscado.

ofuscar v. Impedir algo a una persona pensar con claridad. SIN. Aturdir.

ogro, ogresa s. m. y f. 1. Gigante de los cuentos infantiles que se alimenta de carne humana. 2. fam. Persona gruñona, que tiene muy mal genio.

oh interj. Exclamación de admiración, asombro, desilusión, etc.

ohmio s. m. Unidad en que se mide la resistencia eléctrica.

oídas Se usa en la expresión **de oídas**, 'solo por lo que otros cuentan': conocer de oídas.

oído s. m. 1. Órgano del cuerpo que permite oír. En los vertebrados se divide en tres partes: oído externo, medio e interno. 2. Uno de

oleada

los cinco sentidos, mediante el cual se oye. **3.** Capacidad o aptitud para la música: *tener buen oído.* || **LOC. duro de oído** Que no oye bien. **hacer oídos sordos** No darse por enterado. **regalar** a alguien **los oídos** Decirle cosas agradables, alabarlo.

oír *v.* **1.** Percibir los sonidos. **2.** Poner atención a lo que otra persona dice. || **LOC. como quien oye llover** Sin hacer caso. □ Es v. irreg. **SIN. 2.** Escuchar.

OÍR	
GERUNDIO	**PARTICIPIO**
oyendo	*oído*
INDICATIVO	

Presente	**Pretérito perfecto simple**
oigo	*oí*
oyes	*oíste*
oye	*oyó*
oímos	*oímos*
oís	*oísteis*
oyen	*oyeron*

SUBJUNTIVO	
Presente	**Pretérito imperfecto**
oiga	*oyera, -ese*
oigas	*oyeras, -eses*
oiga	*oyera, -ese*
oigamos	*oyéramos, -ésemos*
oigáis	*oyerais, -eseis*
oigan	*oyeran, -esen*

Futuro simple
oyere
oyeres
oyere
oyéremos
oyereis
oyeren

IMPERATIVO	
oye (tú)	*oíd* (vosotros)
oiga (usted)	*oigan* (ustedes)

ojal *s. m.* Pequeña abertura por la que se pasan los botones para abrocharlos.

ojalá *interj.* Expresa el deseo de que algo suceda.

ojeada *s. f.* Mirada rápida. **SIN.** Vistazo.

ojeador, ra *s. m. y f.* Persona que ojea o espanta a los animales para dirigirlos hacia los cazadores.

ojear¹ *v.* Mirar rápidamente algo.

ojear² *v.* Hacer ruido para que los animales vayan hacia donde están los cazadores o las trampas.

ojén *s. m.* Aguardiente preparado con anís y azúcar.

ojeo *s. m.* Acción de ojear².

ojeras *s. f. pl.* Marcas que aparecen debajo de los ojos, por ejemplo, cuando no se ha dormido bien.

ojeriza *s. f.* Antipatía. **SIN.** Manía. **ANT.** Simpatía.

ojeroso, sa *adj.* Que tiene ojeras.

ojete *s. m.* **1.** Agujero pequeño por el que se pasa una cinta, un cordón, etc. **2.** *fam.* Ano.

ojiva *s. f.* **1.** Figura formada por dos arcos que se cortan y terminan en punta. **2.** Arco que tiene esta figura. **3.** Parte delantera de un misil, donde tiene la carga explosiva.

ojival *adj.* Con forma de ojiva o relacionado con la ojiva.

ojo *s. m.* **1.** Órgano con el que se ve. **2.** Iris, parte coloreada de ese órgano: *ojos verdes.* **3.** Vistazo: *echar un ojo.* **4.** Agujero de algunas cosas: *ojo de la cerradura.* **5.** Habilidad: *tener ojo para los negocios.* **6.** Cuidado, atención: *Ten ojo con los carteristas.* || **7. ojo de buey** Ventana redonda, como las de los barcos. **8. ojo** u **ojito derecho** Persona preferida de alguien. || **LOC. a ojo** o **a ojo de buen cubero** Sin calcular exactamente. **en un abrir y cerrar de ojos** Rápidamente. **ojo avizor** Alerta, en actitud vigilante. **no pegar ojo** No dormir. **un ojo de la cara** Muy caro. **SIN. 3.** Ojeada. **5.** Vista.

OK (ingl.) Significa 'de acuerdo'.

okapi *s. m.* Mamífero rumiante africano del tamaño de un asno, con dos pequeños cuernos en la cabeza, como la jirafa. Tiene el pelaje marrón oscuro con líneas claras en cuello y patas.

okupa *s. m. y f.* En argot, persona que se instala ilegalmente en una vivienda vacía.

ola *s. f.* **1.** Onda que se forma en la superficie del agua, sobre todo del mar, a causa del viento o las corrientes. **2.** Bajada o subida brusca en la temperatura que dura algún tiempo: *ola de frío.* **3.** Gran cantidad de personas o cosas que llegan o suceden de golpe. **SIN. 3.** Avalancha, oleada.

olé u **ole** *interj.* Se usa para animar y aplaudir a alguien. También, expresa alegría.

oleada *s. f.* Gran cantidad de personas o cosas que aparecen de repente. **SIN.** Avalancha, afluencia, ola.

oleaginoso, sa adj. Que tiene aceite o se parece al aceite. **SIN.** Oleoso.

oleaje s. m. Movimiento de las olas al ir una tras otra.

oleicultura s. f. Técnicas para el cultivo de plantas productoras de aceite y para la obtención de este.

óleo s. m. **1.** Pintura realizada con colores muy pastosos, hechos con colorantes y aceites. **2.** Estos colores. **3.** Aceite consagrado que se usa en sacramentos como el bautismo y la extremaunción.

oleoducto s. m. Tubería para conducir petróleo desde lugares muy lejanos.

oleoso, sa adj. Que tiene aceite o que se le parece. **SIN.** Oleaginoso.

oler v. **1.** Sentir o notar los olores. **2.** Producir olor una cosa. **3.** fam. Sospechar: Me huelo problemas. □ Es v. irreg. **SIN. 1.** Olfatear. **3.** Figurarse.

OLER		
INDICATIVO	**SUBJUNTIVO**	**IMPERATIVO**
Presente	**Presente**	
huelo	huela	
hueles	huelas	huele (tú)
huele	huela	huela (usted)
olemos	olamos	oled (vosotros)
oléis	oláis	huelan (ustedes)
huelen	huelan	

olfatear v. **1.** Oler algo haciendo entrar varias veces el aire por la nariz, como hacen los animales. **2.** Seguir el rastro que deja un olor, como hacen los perros. **3.** fam. Curiosear, fisgar. **SIN. 1.** Olisquear, husmear. **3.** Cotillear, indagar.

olfativo, va adj. Relacionado con el olfato.

olfato s. m. **1.** Sentido por el que se perciben los olores. **2.** Capacidad que tiene una persona para darse cuenta enseguida de las cosas. **SIN. 2.** Intuición.

oligarca s. m. y f. Persona que forma parte de una oligarquía.

oligarquía s. f. Gobierno en el que manda una minoría poderosa.

oligisto s. m. Mineral de hierro, de color gris oscuro o rojizo, muy duro y pesado.

oligofrenia s. f. Deficiencia mental.

oligofrénico, ca adj. y s. Deficiente mental.

olimpiada u **olímpiada** s. f. **1.** Fiesta que los antiguos griegos celebraban cada cuatro años en la ciudad de Olimpia y en la que había competiciones deportivas y literarias. **2.** Juegos Olímpicos. Ver **juego**.

olímpicamente adv. Sin hacer caso de alguna cosa: Jaime se saltó olímpicamente las normas.

olímpico, ca adj. De la olimpiada o relacionado con ella.

olimpismo s. m. Conjunto de actividades relacionadas con las olimpiadas.

olisquear v. Olfatear. **SIN.** Husmear.

oliva s. f. **1.** Aceituna. **2.** Olivo.

oliváceo, a adj. De color como el de la aceituna verde.

olivar s. m. Campo de olivos.

olivarero, ra adj. **1.** Relacionado con el cultivo de los olivos y las industrias que se derivan de él. ‖ s. m. y f. **2.** Persona que cultiva olivos.

olivicultura s. f. Técnicas para el cultivo del olivo.

olivino s. m. Mineral verde o amarillo, brillante y algo transparente, que se usa en joyas y adornos.

olivo s. m. Árbol no muy alto, de tronco retorcido y hojas perennes, verdes oscuras por el derecho y blancas por el revés. Su fruto es la aceituna.

olla s. f. **1.** Recipiente de fondo redondo que se usa para guisar. **2.** Guiso de carne, legumbres y verduras. **3.** fam. Cabeza, cerebro: perder la olla, estar mal de la olla. ‖ **4. olla a presión** u **olla exprés** Olla metálica con una tapa que queda totalmente cerrada y en la que se cocinan los alimentos más rápidamente.

olma s. f. Olmo grande y frondoso.

olmeca adj. y s. De un pueblo que habitaba en México, en los actuales estados de Veracruz, Tabasco y Oaxaca.

olmedo u **olmeda** s. m. o f. Terreno en el que hay muchos olmos.

olmo s. m. Árbol grande, con muchas ramas, de hojas caducas ovaladas y terminadas en punta, flores pequeñas de color blanco rojizo y tronco grueso y derecho.

ológrafo adj. y s. m. Se dice del testamento escrito por el testador de su puño y letra.

olor s. m. Propiedad de las cosas que se percibe a través del olfato. **SIN.** Aroma.

oloroso, sa adj. **1.** Que produce olor, sobre todo si es bueno. ‖ s. m. **2.** Vino de Jerez de color oscuro y aroma muy fuerte. **SIN. 1.** Aromático, perfumado. **ANT. 1.** Inodoro.

olvidadizo, za adj. Se dice de la persona que se olvida con frecuencia de las cosas.

olvidar v. 1. Dejar de tener algo en la memoria. 2. No acordarse de coger algo de un sitio o de hacer alguna cosa. **ANT.** 1. Recordar.

olvido s. m. Hecho de olvidar alguna cosa. **SIN.** Descuido. **ANT.** Recuerdo.

ombligo s. m. 1. Pequeño hoyo redondeado que queda como cicatriz en el vientre de los mamíferos cuando se corta el cordón umbilical después del parto. 2. Centro o punto más importante de algo: *Se cree el ombligo del mundo.*

ombliguero s. m. Venda que se pone a los recién nacidos en el ombligo para que se forme bien.

ombú s. m. Árbol de América del Sur, de tronco grueso, madera blanda y copa frondosa con hojas lanceoladas.

omega s. f. Letra del alfabeto griego que corresponde a nuestra o.

ominoso, sa adj. Que merece desprecio y rechazo. **SIN.** Abominable.

omisión s. f. Hecho de no decir o no hacer una cosa.

omiso Se usa en la expresión **hacer caso omiso,** 'no hacer ningún caso'.

omitir v. Dejar de decir o hacer alguna cosa. **SIN.** Callar, ocultar. **ANT.** Indicar.

ómnibus s. m. Autobús muy grande, para muchos pasajeros.

omnímodo, da adj. Total, completo: *un poder omnímodo.*

omnipotencia s. f. Poder absoluto o muy grande.

omnipotente adj. Que todo lo puede o tiene muchísimo poder.

omnipresente adj. Que está o parece que está en todas partes.

omnisapiente adj. Omnisciente.

omnisciente adj. Que todo lo sabe o todo lo conoce.

omnívoro, ra adj. y s. m. Que come cualquier alimento, como los seres humanos y algunos animales, por ejemplo, el cerdo.

omóplato u **omoplato** s. m. Cada uno de los dos huesos triangulares y planos que forman la parte de atrás del hombro.

on line (ingl.) expr. En línea; conectado a un sistema central a través de una red de comunicación como Internet.

onagro s. m. Asno salvaje de Asia.

once num. 1. Diez más uno. 2. Que ocupa por orden el número once. **SIN.** 2. Undécimo, decimoprimero, onceno.

onceavo, va num. y s. m. Se dice de cada una de las once partes iguales en que se divide una cosa. **SIN.** Onzavo.

onceno, na num. Que ocupa por orden el número once. **SIN.** Undécimo, decimoprimero.

oncología s. f. Parte de la medicina que se ocupa de los tumores.

oncológico, ca adj. Relacionado con la oncología.

oncólogo, ga s. m. y f. Médico especializado en oncología.

onda s. f. 1. Cada uno de los círculos que se forman en la superficie del agua cuando se mueve. 2. Curva en forma de S que se forma en una cosa, como en el pelo. 3. Cada uno de los medios círculos que adornan el borde de algo. 4. Forma en que se propagan algunas vibraciones, como por ejemplo, el sonido a través del aire: *ondas sonoras.* ‖ **LOC. coger** o **pillar onda** o **la onda** Entender algo o enterarse de algo. **estar en la onda** Conocer y seguir las últimas tendencias. **SIN.** 1. Ola. 1. y 2. Ondulación.

ondear v. Formar ondas en una cosa al moverla o al moverse: **SIN.** Ondular.

ondina s. f. En mitología, ninfa que vivía en las aguas de los ríos, las fuentes y los lagos.

ondulación s. f. 1. Acción de ondular o de ondularse. 2. Parte redondeada que sobresale de una superficie. **SIN.** 2. Onda.

ondulado, da 1. p. de ondular. ‖ adj. 2. Que tiene ondas. **SIN.** 1. y 2. Rizado.

ondular v. Formar ondas en algo. **SIN.** Rizar, ondear. **ANT.** Alisar.

ondulatorio, ria adj. Que se mueve o se propaga en forma de ondas.

oneroso, sa adj. 1. Pesado, muy difícil de soportar. 2. Que cuesta mucho dinero. **SIN.** 1. y 2. Gravoso. 2. Costoso. **ANT.** 1. Leve. 2. Módico.

ONG (siglas de *Organización No Gubernamental*) s. f. Organización no estatal formada por voluntarios que se dedica a labores humanitarias, sin fines lucrativos.

ónice s. m. Mineral de cuarzo con bandas de diversos tonos o colores, sobre todo blancas y negras, que se emplea como piedra de adorno o para hacer esculturas. **SIN.** Ónix.

onírico, ca adj. Que está relacionado con los sueños o que parece propio de los sueños.

ónix s. m. Ónice.

onomástica s. f. Día en que una persona celebra su santo.

onomástico, ca adj. De nombres propios, sobre todo de persona, o relacionado con ellos: *índice onomástico.*

onomatopeya *s. f.* Palabra onomatopéyica.

onomatopéyico, ca *adj.* Se dice de las palabras o los sonidos que imitan ruidos, voces de animales y cosas parecidas.

onubense *adj. y s.* De Huelva, ciudad y provincia españolas. SIN. Huelveño.

onza[1] *s. f.* **1.** Antigua medida de peso que equivalía a 28,70 gramos. **2.** Cada uno de los cuadrados en que se dividen las tabletas de chocolate.

onza[2] *s. f.* Guepardo.

onzavo, va *num. y s. m.* Onceavo.

opacidad *s. f.* Característica de lo que es opaco. ANT. Transparencia.

opaco, ca *adj.* **1.** Se dice de los objetos que no dejan pasar la luz a través de ellos. **2.** Sin brillo. SIN. 2. Apagado, mate. ANT. 1. Translúcido. 2. Brillante.

ópalo *s. m.* Mineral de brillo entre blanco y azulado, que se emplea para pulir y como piedra preciosa.

opción *s. f.* Posibilidad de elegir y cada una de las cosas entre las que se puede elegir. SIN. Elección, alternativa.

opcional *adj.* Que se puede hacer, elegir o utilizar si uno quiere, sin estar obligado a ello. SIN. Optativo. ANT. Obligatorio.

open (del ingl.) *s. m.* Competición deportiva en la que pueden participar aficionados y profesionales: *open de golf*.

ópera *s. f.* **1.** Obra musical y teatral, hecha para ser a la vez cantada y representada. **2.** Género musical formado por estas obras. **3.** Teatro donde se representan. || **4. ópera prima** Primera de las obras de un autor.

operación *s. f.* **1.** Acción o conjunto de acciones con que se realiza algo. **2.** Acción de operar el cirujano a un paciente. **3.** En matemáticas, cálculo que se realiza con números, como la suma, la resta, la multiplicación o la división. SIN. 1. Actuación. 2. Intervención.

operador, ra *adj. y s.* Persona que maneja algunas máquinas o aparatos.

operante *adj. y s.* Operativo.

operar *v.* **1.** Actuar, realizar acciones con algún fin. **2.** Realizar cálculos con números. **3.** Abrir el cuerpo de una persona o de un animal con instrumentos para curar o extraer partes dañadas o enfermas. SIN. 1. Trabajar, obrar. 2. Calcular. 3. Intervenir.

operario, ria *s. m. y f.* Obrero, trabajador manual.

operativo, va *adj.* **1.** Que funciona o está en activo. **2.** Que produce el resultado que se espera o se pretende. SIN. 2. Eficaz. ANT. 2. Ineficaz.

opérculo *s. m.* Pieza en forma de tapa que cierra una abertura en algunos seres vivos, como la que cubre las agallas de los peces.

opereta *s. f.* Obra musical de teatro, breve y generalmente cómica.

opiáceo, a *adj. y s. m.* Del opio o que está compuesto de opio.

opilar *v.* Obstruir. SIN. Ocluir.

opinar *v.* **1.** Tener una opinión sobre alguien o algo. **2.** Decir esa opinión. SIN. 1. y 2. Pensar, juzgar. 2. Declarar.

opinión *s. f.* **1.** Lo que se piensa de alguien o de algo. || **2. opinión pública** La que tiene la gente en general. SIN. 1. Idea, juicio.

opio *s. m.* Sustancia que se saca de la planta llamada *adormidera* y de la que se obtienen drogas como la morfina, la heroína y la codeína.

opíparo, ra *adj.* Se dice de las comidas muy buenas y abundantes. SIN. Espléndido, copioso. ANT. Frugal, ligero.

oponente *adj. y s.* Que se opone o se enfrenta a otro u otros. SIN. Contrincante, enemigo, rival.

oponer *v.* **1.** Poner algo frente a una persona o cosa o contra ella. || **oponerse 2.** No estar de acuerdo con algo, rechazarlo. **3.** Ser contrario. □ Es v. irreg. Se conjuga como *poner*. SIN. 1. y 2. Enfrentar(se). 1. y 3. Contraponer(se). ANT. 2. Apoyar. 3. Equivaler.

oporto *s. m.* Vino originario de Oporto, en Portugal.

oportunidad *s. f.* **1.** Ocasión o posibilidad de hacer algo. || *s. f. pl.* **2.** En los comercios, venta de productos a bajo precio. SIN. 1. Coyuntura. 2. Saldo, rebaja. ANT. 1. Imposibilidad.

oportunismo *s. m.* Comportamiento de la persona oportunista.

oportunista *adj. y s.* Que trata de sacar provecho de todo, sin importarle nada ni nadie. SIN. Aprovechado.

oportuno, na *adj.* Que se hace o sucede en el momento, en el lugar o de la manera que conviene. SIN. Apropiado, feliz. ANT. Inoportuno.

oposición *s. f.* **1.** Acción o hecho de oponer u oponerse. **2.** Pruebas que se hacen para ocupar un puesto o empleo. **3.** Grupo o grupos políticos de ideas opuestas a las del Gobierno. SIN. 1. Resistencia; enfrentamiento; rechazo. 2. Concurso. ANT. 1. Acuerdo.

opositar *v.* Preparar unas oposiciones para un empleo o cargo, y examinarse de ellas.

opositor, ra *s. m. y f.* **1.** Persona que se opone a alguien o algo. **2.** Persona que oposita. **SIN. 1.** Contrario, enemigo. **ANT. 1.** Partidario.

opresión *s. f.* **1.** Acción de oprimir, dominar. **2.** Sensación de ahogo y angustia. **SIN. 1.** Tiranía. **2.** Asfixia, agobio.

opresivo, va *adj.* Que causa opresión.

opresor, ra *adj. y s.* Que oprime a una persona o a un pueblo. **SIN.** Tirano.

oprimido, da 1. *p. de* oprimir. También *adj.* ‖ *adj. y s.* **2.** Que sufre opresión.

oprimir *v.* **1.** Apretar, hacer fuerza sobre algo. **2.** Dominar a una persona o a un pueblo quitándole su libertad u otros derechos. **SIN. 1.** Presionar, comprimir. **2.** Tiranizar. **ANT. 1.** Aflojar. **2.** Liberar.

oprobio *s. m.* Vergüenza, deshonra.

optar *v.* **1.** Escoger una posibilidad entre varias: *Optó por abandonar.* **2.** Intentar lograr algo, sobre todo un cargo o un empleo: *optar a un puesto.* **SIN. 1.** Seleccionar. **2.** Pretender, aspirar. **ANT. 1.** Rechazar. **2.** Renunciar.

optativo, va *adj.* Opcional.

óptica *s. f.* **1.** Técnica y conocimientos para fabricar lentes, gafas y otros instrumentos que corrigen o mejoran la visión. **2.** Tienda donde se venden estas lentes e instrumentos y, también, donde revisan la vista y hacen las gafas. **3.** Parte de la física que estudia la luz y sus fenómenos.

óptico, ca *adj.* **1.** Relacionado con la visión, con los ojos o la óptica. ‖ *s. m. y f.* **2.** Persona que fabrica o vende lentes e instrumentos de óptica.

optimismo *s. m.* Forma de ser de los optimistas. **ANT.** Pesimismo.

optimista *adj. y s.* Que ve siempre el lado bueno de las cosas y no se desanima. **ANT.** Pesimista.

optimizar *v.* Lograr el mejor resultado o los mayores beneficios posibles.

óptimo, ma *adj. sup. de* bueno. Que es lo mejor. **SIN.** Perfecto. **ANT.** Pésimo.

opuesto, ta *adj.* **1.** Contrario o totalmente diferente. **2.** Que está enfrente o lo más alejado posible de otra cosa. **SIN. 1.** Contrapuesto, enfrentado; inverso; dispar. **ANT. 1.** Igual. **2.** Contiguo.

opulencia *s. f.* Gran riqueza o abundancia. **SIN.** Lujo. **ANT.** Miseria.

opulento, ta *adj.* Rico o abundante. **SIN.** Lujoso, generoso. **ANT.** Pobre, escaso.

opúsculo *s. m.* Obra o ensayo de pocas páginas.

oquedad *s. f.* Hueco, cavidad.

oquedal *s. m.* Monte sin matas ni hierbas, solo con árboles altos.

ora *conj.* Se utiliza, repetida, para relacionar oraciones o elementos que indican posibilidades distintas o que se alternan: *Viajaba ora a pie, ora a caballo.*

oración *s. f.* **1.** Lo que se hace y se dice al orar. **2.** En gramática, conjunto de palabras que expresan un significado completo. ‖ **3. oración simple** La que tiene un solo predicado. **4. oración compuesta** La que tiene dos o más predicados. **SIN. 1.** Rezo, plegaria.

oracional *adj.* Relacionado con las oraciones de la gramática.

oráculo *s. m.* **1.** Entre los griegos, los romanos y otros pueblos antiguos, respuesta que los dioses daban a las preguntas de los seres humanos, a través de sacerdotes y adivinos. **2.** Lugar o templo donde se hacían estas preguntas.

orador, ra *s. m. y f.* Persona que da conferencias, pronuncia discursos o habla en público.

oral *adj.* **1.** Que se hace hablando, no por escrito. **2.** De la boca o por la boca: *administrar por vía oral.* **SIN. 1.** Verbal. **2.** Bucal.

orangután *s. m.* Mono grande de cabeza alargada, brazos muy largos y pelo marrón o rojizo. Vive en las selvas de Sumatra y Borneo, islas del sureste de Asia.

orante *adj.* Que está orando o en actitud de orar: *estatua orante.*

orar *v.* Dirigirse a Dios o a otro ser divino para alabarlo, hacerle alguna petición o agradecerle algo. **SIN.** Rezar.

orate *s. m. y f.* Loco, chalado.

oratoria *s. f.* Arte de saber hablar para convencer, agradar o emocionar. **SIN.** Elocuencia.

oratorio, ria *adj.* **1.** Relacionado con la oratoria o con el orador. ‖ *s. m.* **2.** Capilla de una casa particular o de un edificio público.

orbe *s. m.* El mundo o el universo.

órbita *s. f.* **1.** Recorrido que siguen los planetas alrededor del Sol u otra estrella, y los satélites alrededor de los planetas. **2.** Cada uno de los dos huecos en los que se encuentran los ojos. **3.** Ámbito, campo: *Eso cae fuera de su órbita.* **SIN. 2.** Cuenca.

orbital *adj.* Relacionado con la órbita de los planetas.

orbitar *v.* Moverse siguiendo una órbita.

orca *s. f.* Animal mamífero marino de la misma familia que los delfines; mide hasta nueve metros de largo, es de color negro, con una mancha blanca en el vientre y otras dos detrás de los ojos.

órdago *s. m.* En el juego del mus, el apostarlo todo a una sola jugada. ‖ **LOC. de órdago** Muy grande, muy fuerte o muy bueno.

orden *s. m.* **1.** Colocación de las personas o cosas en su sitio o de una determinada manera. **2.** Situación normal, en la que hay tranquilidad: *el orden público.* **3.** Clase, tipo. **4.** Sacramento por el que se consagra obispo, sacerdote o diácono a una persona. ‖ *s. f.* **5.** Lo que se manda a alguien para que lo haga. **6.** Organización religiosa aprobada por el papa, en la que sus miembros viven según unas reglas. ‖ **7. orden de caballería** Organización militar y religiosa que estaba formada por caballeros, los cuales seguían unas normas. **SIN. 1.** Ordenación. **2.** Normalidad. **3.** Género. **5.** Mandato. **6.** Congregación. **ANT. 1.** y **2.** Desorden, caos.

ordenación *s. f.* **1.** Acción de ordenar. **2.** Manera de estar ordenadas las cosas. **3.** Ceremonia religiosa en la cual una persona recibe el sacramento del orden. **SIN. 1.** y **2.** Organización, disposición. **2.** Orden.

ordenada *s. f.* En matemáticas, coordenada segunda o línea vertical de un punto en un sistema de ejes cartesianos.

ordenado, da 1. *p.* de **ordenar.** También *adj.* ‖ *adj.* **2.** Que hace las cosas con orden; que tiene sus cosas ordenadas. **ANT. 2.** Desordenado.

ordenador *s. m.* Máquina electrónica que almacena datos e información, junto con programas de operaciones que sirven para manejar esa información. **SIN.** Computadora.

ordenamiento *s. m.* **1.** Acción de ordenar. **2.** Ordenanza, reglamento. **SIN. 1.** Ordenación.

ordenanza *s. f.* **1.** Normas que dirigen el funcionamiento de un grupo de personas o de una institución. ‖ *s. m.* y *f.* **2.** Empleado de oficina que hace recados y tareas parecidas. **3.** Soldado que está al servicio de un oficial. **SIN. 1.** Reglamento, estatuto. **2.** Bedel.

ordenar *v.* **1.** Poner en orden. **2.** Dar una orden. **3.** Administrar o recibir el sacramento del orden. **SIN. 1.** Organizar, arreglar. **1.** y **2.** Disponer. **2.** Mandar. **ANT. 1.** Desordenar.

ordeñadora *s. f.* Máquina que sirve para ordeñar.

ordeñar *v.* Sacar la leche de un animal hembra exprimiendo sus ubres.

ordinal *adj.* y *s. m.* Se dice del número y del adjetivo numeral que indican el orden en el que van las cosas, como *primero, segundo, tercero.*

ordinariez *s. f.* Característica de ordinario, grosero, y cosa, acción o palabras ordinarias o groseras. **SIN.** Grosería, vulgaridad, chabacanería. **ANT.** Delicadeza.

ordinario, ria *adj.* **1.** Habitual, corriente. ‖ *adj.* y *s.* **2.** Poco educado o delicado, grosero. **3.** Vulgar o de mal gusto. **SIN. 1.** Normal, común. **2.** Maleducado, soez. **2.** y **3.** Basto, chabacano. **ANT. 1.** Excepcional. **2.** y **3.** Fino.

orear *v.* Airear, ventilar.

orégano *s. m.* Hierba muy olorosa que se emplea en perfumería y como condimento.

oreja *s. f.* Parte externa del oído, que consiste en dos repliegues de la piel que se encuentran a los lados de la cabeza. ‖ **LOC. de oreja a oreja** Se dice de bocas o sonrisas muy grandes. **verle las orejas al lobo** Darse cuenta de un peligro o de una dificultad.

orejera *s. f.* Pieza con que se cubre o se protege las orejas.

orejón *s. m.* **1.** *aum.* de **oreja. 2.** Trozo de melocotón o albaricoque que ha sido secado al aire y al sol.

orejudo, da *adj.* Que tiene las orejas muy grandes.

orensano, na *adj.* y *s.* De Orense, ciudad y provincia españolas.

orfanato *s. m.* Casa para niños huérfanos. **SIN.** Orfelinato, hospicio.

orfandad *s. f.* Situación de un niño huérfano.

orfebre *s. m.* y *f.* Persona que hace objetos de orfebrería.

orfebrería *s. f.* **1.** El arte y oficio de hacer objetos artísticos con metales preciosos, como el platino, el oro o la plata. **2.** Conjunto de estos objetos.

orfelinato *s. m.* Orfanato.

orfeón *s. m.* Coro, coral.

organdí *s. m.* Tela de algodón fina, transparente y un poco rígida.

orgánico, ca *adj.* **1.** Relacionado con los órganos o el organismo de los seres vivos. **2.** Se dice de la sustancia o materia que es o ha sido parte de un ser vivo, o que está formada por restos de seres vivos; estas sustancias contienen principalmente carbono.

organigrama *s. m.* Gráfico que representa el modo de estar organizada una empresa, un organismo o un sistema; también, esa misma organización.

organillero, ra *s. m.* y *f.* Persona que toca el organillo.

organillo *s. m.* Instrumento musical con forma de piano pequeño que tiene una manivela para hacer que suene la música.

organismo *s. m.* **1.** Ser vivo. **2.** Conjunto de órganos que forman un ser vivo. **3.** Conjunto organizado, público o privado, que tiene una función importante, por ejemplo, el gobierno de un país o la Organización de las Naciones Unidas (ONU).

organista *s. m.* y *f.* Persona que toca el órgano.

organización *s. f.* **1.** Acción de organizar. **2.** Manera de estar organizado algo. **3.** Asociación o grupo de personas organizadas. **SIN. 1.** y **2.** Ordenación, colocación. **2.** Estructura. **3.** Organismo, agrupación. **ANT. 1.** y **2.** Desorganización.

organizado, da 1. *p.* de **organizar.** || *adj.* **2.** Que tiene organización u orden.

organizador, ra *adj.* y *s.* Que organiza o sabe organizar.

organizar *v.* **1.** Ordenar personas o cosas para que funcionen bien. **2.** Preparar, hacer, producir: *organizar una fiesta, un lío.* **3.** Poner algo en orden. || **organizarse 4.** Ser ordenado en las cosas de uno, en lo que uno hace. **SIN. 1.** Estructurar. **2.** Montar, armar. **ANT. 1.** y **3.** Desorganizar.

organizativo, va *adj.* De la organización o relacionado con ella.

órgano *s. m.* **1.** Cada una de las partes del cuerpo de un ser vivo que realizan una función distinta, por ejemplo, el corazón de personas y animales o las hojas de las plantas. Está formado por tejidos. **2.** Parte de un conjunto con una función o finalidad: *El consejo escolar es un órgano de gobierno del colegio.* **3.** Instrumento musical de viento que se toca con teclas. || **4. órgano electrónico** Instrumento electrónico que produce sonidos parecidos a los del órgano de viento.

organza *s. f.* Organdí.

orgasmo *s. m.* Momento de máximo placer sexual.

orgía *s. f.* Fiesta en la que se come y se bebe con exceso, o se hacen actos sexuales.

orgullo *s. m.* **1.** Satisfacción que una persona siente por algo bueno suyo: *Miraba a sus hijos con orgullo.* **2.** Sentimiento y actitud del que se cree que es más que otros. **3.** Amor propio: *herir a alguien en su orgullo.* **SIN. 2.** Soberbia. **3.** Pundonor. **ANT. 1.** Vergüenza. **2.** Humildad.

orgulloso, sa *adj.* **1.** Satisfecho por algo bueno suyo. || *adj.* y *s.* **2.** Persona que se cree superior a otras. **SIN. 2.** Soberbio, engreído. **ANT. 2.** Humilde.

orientable *adj.* Que se puede orientar.

orientación *s. f.* **1.** Acción de orientar u orientarse. **2.** Posición de una cosa en dirección hacia alguno de los puntos cardinales. **3.** Capacidad para orientarse. **4.** Consejo, ayuda o información. **5.** Dirección que lleva

la conducta de las personas. **SIN. 5.** Rumbo. **ANT. 1.**, **3.** y **5.** Desorientación.

orientador, ra *adj.* y *s.* Que orienta.

oriental *adj.* **1.** Situado en el oriente o el este. || *adj.* y *s.* **2.** De Asia o de los países asiáticos. **ANT. 1.** y **2.** Occidental.

orientalizar *v.* Transmitir características que se consideran propias del mundo oriental.

orientar *v.* **1.** Colocar en dirección a un lugar, sobre todo hacia alguno de los puntos cardinales. **2.** Indicar a una persona dónde se encuentra o la dirección que debe tomar. **3.** Dar una información o consejo. **4.** Dirigir alguien su conducta. || **orientarse 5.** Saber una persona o animal en dónde se encuentra y qué dirección debe seguir. **SIN. 2.** a **4.** Guiar, encaminar. **3.** Instruir. **4.** Encauzar. **ANT. 2.** a **5.** Desorientar.

orientativo, va *adj.* Que sirve como orientación, información o consejo: *precios orientativos.*

oriente *s. m.* **1.** Este, punto cardinal. || *n. pr. m.* **2.** Nombre dado a Asia y a las regiones de Europa y África más cercanas a Asia. || **3. Extremo Oriente** Los países de Asia oriental. **4. Oriente Medio** Los países del nordeste de África y el sudoeste de Asia. **SIN. 1.** Levante. **ANT. 1.** Oeste. **1.** y **2.** Occidente.

orífice *s. m.* y *f.* Artesano o artista que trabaja el oro.

orificio *s. m.* Agujero.

origen *s. m.* **1.** Principio o comienzo de algo. **2.** Lo que produce una cosa: *el origen de una enfermedad.* **3.** Familia de la que procede una persona: *Es de origen noble.* **4.** Lugar de donde procede una persona o cosa. || **LOC. dar origen** a algo Causarlo o provocarlo. **SIN. 1.** Inicio, nacimiento. **2.** Motivo, causa. **3.** Ascendencia. **ANT. 1.** Fin. **3.** Descendencia.

original *adj.* **1.** Del origen o principio. **2.** Distinto de la mayoría, que se sale de lo corriente. **3.** Relacionado con obras, películas, etc., que están en el idioma en que se han hecho: *versión original.* || *adj.* y *s. m.* **4.** Aquello de lo que se hacen copias, reproducciones o versiones. **SIN. 1.** Originario, inicial. **ANT. 2.** Normal. **3.** Doblado.

originalidad *s. f.* Característica de original.

originar *v.* **1.** Producir, ser origen, motivo o causa de algo. || **originarse 2.** Tener una cosa su origen o principio en otra. **SIN. 1.** Causar, provocar.

originariamente *adv.* Al principio, en los orígenes.

originario, ria *adj.* **1.** Que tiene su origen en un sitio o procede de él. **2.** Como era al principio. **SIN. 1.** Natural, oriundo.

orilla *s. f.* **1.** Extremo o borde de algo. **2.** Límite entre la tierra y el agua de un río, del mar, de un lago, y parte de tierra o de agua próxima a ese límite. **SIN. 1.** Límite, lado, filo. **1. y 2.** Margen. **2.** Ribera, costa.

orillar *v.* **1.** Evitar cualquier obstáculo o dificultad. ‖ **orillarse 2.** Arrimarse a la orilla. **SIN. 1.** Esquivar, sortear.

orillo *s. m.* Borde de las piezas de tela, más basto que el resto de la pieza.

orín[1] *s. m.* Capa oxidada de color rojizo anaranjado que se forma en la superficie del hierro por la humedad.

orín[2] *s. m.* Orina.

orina *s. f.* Desecho líquido que se echa fuera del cuerpo, normalmente de color amarillento. Procede de los riñones, pasa a la vejiga y se expulsa por la uretra. **SIN.** Orín, pis.

orinal *s. m.* Recipiente pequeño para orinar o hacer de vientre.

orinar *v.* Expulsar la orina. **SIN.** Mear.

oriundo, da *adj. y s.* Que procede de un lugar. **SIN.** Originario, natural.

órix *s. m.* Mamífero rumiante africano de pelaje castaño y blanco, con franjas negras en la cabeza y los costados, cola larga con un mechón al final y largos cuernos rectos dirigidos hacia atrás.

orla *s. f.* **1.** Adorno que se pone al borde de telas, vestidos, hojas de papel, cuadros. **2.** Cuadro con las fotos de alumnos y profesores que se suele hacer al acabar los estudios.

orlar *v.* Poner o estar una orla alrededor de algo.

ornamentación *s. f.* Acción de adornar y aquello que adorna.

ornamental *adj.* Relacionado con el adorno o que sirve para adornar. **SIN.** Decorativo.

ornamento *s. m.* **1.** Adorno o conjunto de objetos que decoran algo. ‖ *s. m. pl.* **2.** Ropas que se ponen los sacerdotes para celebrar una ceremonia religiosa y, también, adornos de los altares. **SIN. 1.** Decoración, ornamentación, ornato.

ornar *v.* Adornar.

ornato *s. m.* Adorno, ornamento.

ornitología *s. f.* Parte de la zoología que estudia las aves.

ornitorrinco *s. m.* Mamífero australiano de pelo grisáceo o pardo, cola grande y plana, hocico en forma de pico de pato y patas cortas con membranas entre los dedos. Aunque es un mamífero, la hembra pone huevos. Vive en los cursos de agua dulce y se alimenta de pequeños animales.

oro *s. m.* **1.** Metal de color amarillo, resistente a la oxidación y la corrosión, muy usado en joyería. Es un elemento químico. **2.** Conjunto de joyas y objetos de este metal. **3.** Color de ese metal. **4.** Carta del palo de oros. ‖ *s. m. pl.* **5.** Palo de la baraja española en el que figuran monedas de oro. ‖ **6. oro negro** Petróleo. ‖ **LOC. a peso de oro** Muy caro, muy costoso. **de oro** Muy bueno, excelente: *un corazón de oro.* **el oro y el moro** Valor exagerado o irreal: *Le han ofrecido el oro y el moro.*

orogenia *s. f.* **1.** Parte de la geología que estudia la formación de las montañas. **2.** Periodo de formación de las montañas.

orogénico, ca *adj.* Relacionado con la formación de las montañas.

orografía *s. f.* **1.** Estudio del relieve y las montañas de la Tierra. **2.** Conjunto de montes de un continente, país o región.

orográfico, ca *adj.* Relacionado con la orografía.

orondo, da *adj.* **1.** *fam.* Gordo, muy redondito. **2.** *fam.* Satisfecho, contento: *quedarse tan orondo.* **SIN. 1.** Rollizo. **2.** Pancho. **ANT. 1.** Delgado. **2.** Avergonzado.

oropel *s. m.* **1.** Lámina de latón muy fina que imita al oro. **2.** Aquello que parece de gran valor o lujo, pero que en realidad no lo tiene.

oropéndola *s. f.* Pájaro del tamaño de un mirlo, de pico rojo y canto muy característico; el macho es amarillo con alas y cola negras, la hembra es verde por arriba y con el vientre blancuzco con franjas pardas.

orquesta *s. f.* Grupo de músicos que tocan diversos instrumentos, como violines, flautas, trompetas y otros.

orquestal *adj.* De la orquesta o relacionado con ella.

orquestar *v.* **1.** Arreglar una pieza musical para que pueda ser tocada por una orquesta. **2.** Coordinar u organizar algo. **SIN. 1. y 2.** Instrumentar.

orquestina *s. f.* Orquesta de pocos instrumentos, que normalmente toca música para bailar.

orquídea *s. f.* Flor de diversas plantas que se llaman también *orquídeas*; tiene formas y colores vistosos, y uno de sus pétalos se desarrolla más que los otros.

órsay *s. m.* Fuera de juego. Ver **juego.**

ortega *s. f.* Ave del tamaño de una perdiz, con las alas largas y puntiagudas y vuelo muy rápido, con el vientre de color negro y el plumaje grisáceo y anaranjado en el macho y amarillento con manchas negras en la hembra. Vive en estepas.

ortiga *s. f.* Planta silvestre cubierta de pelillos que, al tocarlos, producen un picor muy molesto.

ortigal *s. m.* Terreno lleno de ortigas.

ortocentro *s. m.* Punto donde se cortan las alturas de un triángulo.

ortodoncia *s. f.* **1.** Parte de la odontología que trata de corregir los defectos de los dientes mal formados o mal colocados. **2.** Tratamiento para corregir los defectos de los dientes mal formados o mal colocados.

ortodoncista *s. m. y f.* Dentista especializado en ortodoncia.

ortodoxia *s. f.* Característica de ortodoxo.

ortodoxo, xa *adj. y s.* **1.** Que sigue fielmente las creencias, enseñanzas o ideas de una religión, doctrina o ideología. **2.** De la religión cristiana de algunos países, como Rusia, Rumanía o Grecia, que se separó de la Iglesia católica en el siglo XI. **ANT. 1.** Heterodoxo.

ortoedro *s. m.* Prisma recto que tiene un rectángulo como base.

ortogonal *adj.* Que forma ángulo recto.

ortografía *s. f.* **1.** Parte de la gramática de una lengua que establece las normas para escribir las palabras y para puntuar los textos. **2.** Manera correcta de escribir de acuerdo con esas normas.

ortográfico, ca *adj.* De la ortografía.

ortopedia *s. f.* Parte de la medicina que trata de corregir defectos y deformaciones del cuerpo humano, sobre todo utilizando ciertos aparatos.

ortopédico, ca *adj.* De la ortopedia.

oruga *s. f.* **1.** Larva de algunos insectos, como la mariposa, parecida a un gusano, con muchas patitas con las que se ayuda para arrastrarse. **2.** Cadena que une las ruedas de algunos vehículos, como tanques o excavadoras, y les permite avanzar por terrenos difíciles.

orujo *s. m.* Aguardiente hecho con los restos que quedan de prensar la uva.

orvallar *v.* En Asturias y Galicia, lloviznar.

orvallo *s. m.* En Asturias y Galicia, lluvia fina y continua.

orza *s. f.* Pieza triangular que se pone en la quilla de una embarcación para mejorar la estabilidad y la navegación.

orzuelo *s. m.* Pequeño grano en el borde del párpado.

os *pron. pers.* Indica la segunda persona del plural y funciona como complemento directo: *Os quiero mucho*; complemento indirecto: *¿Os dieron el recado?*; también se usa para formar los verbos pronominales: *Os arrepen-*

tiréis; y para dar más expresividad: *¿Os habéis leído el libro?*

osadía *s. f.* **1.** Característica de las personas osadas, que se atreven a todo. **2.** Falta de respeto, descaro. **SIN. 1.** Temeridad. **1. y 2.** Atrevimiento. **2.** Desvergüenza, insolencia. **ANT. 1.** Prudencia. **2.** Consideración.

osado, da *adj.* Muy atrevido. **SIN.** Desvergonzado; temerario. **ANT.** Considerado; prudente.

osamenta *s. f.* Conjunto de huesos del esqueleto de una persona o un animal.

osar *v.* **1.** Atreverse a hacer algo, sobre todo si es peligroso. **2.** Atreverse a hablar con alguien, a contestarle o a hacer alguna cosa sin ningún respeto. **SIN. 1.** Arriesgarse. **ANT. 1.** Evitar.

osario *s. m.* Lugar donde hay enterrados huesos humanos.

óscar *n. pr. m.* **1.** Premio de cine que concede cada año la Academia Americana de Artes y Ciencias Cinematográficas. ‖ *s. m.* **2.** Estatuilla que se entrega a los que ganan este premio.

oscense *adj. y s.* De Huesca, ciudad y provincia españolas.

oscilación *s. f.* Acción de oscilar. **SIN.** Balanceo; variación; titubeo. **ANT.** Estabilidad.

oscilar *v.* **1.** Moverse varias veces, primero hacia un lado y luego hacia otro, una cosa que está sujeta solo por un punto. **2.** Variar algo entre unos límites, cantidades o valores. **3.** Dudar, no saber qué hacer. **SIN. 1.** Balancearse, mecerse. **2.** Fluctuar. **3.** Titubear. **ANT. 1. y 2.** Estabilizarse.

osciloscopio *s. m.* Aparato que sirve para registrar señales electromagnéticas que varían muy rápidamente.

ósculo *s. m.* Beso.

oscurantismo *s. m.* Postura que defiende ideas y creencias irracionales o atrasadas y se opone a la difusión de la educación y la cultura.

oscurantista *adj. y s.* Del oscurantismo o relacionado con él.

oscurecer *v.* **1.** Poner más oscuro. **2.** Anochecer. ☐ Es v. irreg. Se conjuga como *agradecer*. **SIN. 1.** Apagar, sombrear. **ANT. 1.** Iluminar. **2.** Amanecer.

oscurecida *s. f.* Momento en que empieza a anochecer.

oscuridad *s. f.* Falta de luz o claridad para ver las cosas.

oscuro, ra *adj.* **1.** Que no tiene luz o claridad, o tiene muy poca. **2.** Se dice del color que está más cerca del negro en comparación con otros. **3.** Complicado, desconocido o difícil de entender. ‖ **LOC. a oscuras** Sin luz. **SIN. 1.** Apagado, sombrío. **3.** Confuso, incomprensible. **ANT. 1.** Iluminado. **1.** a **3.** Claro. **3.** Comprensible, sencillo.

óseo, a *adj*. De los huesos o parecido a ellos.

osera *s. f*. Cueva donde viven los osos.

osezno *s. m*. Cachorro del oso.

ósmosis *s. f*. Paso de un líquido o de algunas sustancias a través de una membrana que separa dos soluciones.

oso, osa *s. m.* y *f*. **1.** Animal mamífero plantígrado, de pelo largo y espeso, cabeza grande, ojos pequeños, hocico puntiagudo y las patas cortas y fuertes con uñas largas. **2.** Persona muy fuerte o con mucho vello, como los osos. ‖ **3. oso hormiguero** Mamífero que se alimenta de hormigas gracias a su largo hocico cilíndrico y a su lengua larga y pegajosa. **4. oso panda** Panda[1]. ‖ **LOC. hacer el oso** Hacer o decir tonterías.

osobuco (del ital.) *s. m*. Plato italiano que consiste en un guiso de pierna de vaca o ternera cortada en rodajas y con hueso incluido.

ostensible *adj*. Evidente, que se ve o se nota mucho. **SIN.** Perceptible, manifiesto. **ANT.** Imperceptible.

ostensivo, va *adj*. Que muestra algo de forma clara.

ostentación *s. f*. Hecho de mostrar algo con mucho orgullo para que todos lo vean. **SIN.** Exhibición, alarde. **ANT.** Modestia.

ostentar *v*. **1.** Hacer ostentación de algo, mostrarlo con orgullo. **2.** Tener un título, un cargo u otra cosa. **SIN. 1.** Exhibir, alardear, lucir. **2.** Poseer, ocupar. **ANT. 1.** Esconder.

ostentoso, sa *adj*. **1.** Se dice de las cosas que muestran mucho lujo o riqueza. **2.** Que se hace o se muestra con ostentación. **SIN. 1.** Lujoso, suntuoso. **2.** Ostensible, patente. **ANT. 1.** Mísero.

osteoporosis *s. f*. Formación de huecos en los huesos, sin que disminuya la cantidad de calcio.

ostra *s. f*. Molusco marino con dos conchas rugosas, desiguales, de color pardo por fuera y con el interior de nácar. La ostra común es muy apreciada en alimentación. ‖ **LOC. aburrirse** alguien **como una ostra** Aburrirse mucho una persona.

ostracismo *s. m*. **1.** En la antigua Grecia, pena de destierro. **2.** Hecho de aislar o ignorar a una persona como forma de castigo o de rechazo.

ostricultura *s. f*. Conocimientos y técnicas para criar ostras.

ostrogodo, da *adj*. y *s*. De uno de los dos grupos principales en que se dividían los antiguos godos.

otalgia *s. f*. Dolor de oídos.

otear *v*. **1.** Mirar desde un lugar alto. **2.** Mirar con atención intentando descubrir algo. **SIN. 2.** Observar.

otero *s. m*. Monte pequeño en un terreno llano. **SIN.** Cerro, colina.

otitis *s. f*. Inflamación del oído.

otomán *s. m*. Tejido que forma pequeños cordones horizontales.

otomana *s. f*. Especie de sofá o diván para sentarse o tumbarse.

otomano, na *adj*. y *s*. Turco.

otoñal *adj*. **1.** Del otoño o relacionado con él. **2.** Que está cerca de la vejez.

otoño *s. m*. **1.** Estación del año comprendida entre el verano y el invierno. **2.** Periodo de la vida próximo a la vejez.

otorgamiento *s. m*. Acción de otorgar.

otorgar *v*. Conceder una cosa, como un premio o un título. **SIN.** Dar. **ANT.** Negar.

otorrino *s. m.* y *f. acort.* de **otorrinolaringólogo**.

otorrinolaringología *s. f*. Parte de la medicina que trata las enfermedades de la nariz, la garganta y los oídos.

otorrinolaringólogo, ga *s. m.* y *f*. Médico especialista en otorrinolaringología.

otoscopio *s. m*. Instrumento médico que se utiliza para examinar el interior de los oídos.

otro, otra *indef*. **1.** Distinto de la persona o cosa de quien se habla o que ya se conoce: *En verano salgo con otros amigos. Ahora vive en otra casa.* **2.** Anterior, ya pasado: *El otro día fui al cine.*

otrora *adv*. En tiempos pasados. **SIN.** Antaño.

ouija (marca comercial) *s. f*. Güija.

out (ingl.) *adj. fam*. Que no está de moda o que no conoce la moda o la actualidad.

outlet (ingl.) *s. m*. Tienda o sitio web donde se venden productos de marcas de prestigio a un precio más bajo por proceder de temporadas anteriores o ser restos de serie.

ovación *s. f*. Aplauso ruidoso que un conjunto de personas dedica a alguien para mostrar satisfacción o admiración. **SIN.** Palmas. **ANT.** Abucheo.

ovacionar *v*. Dar una ovación a alguien. **SIN.** Aplaudir. **ANT.** Abuchear.

oval u **ovalado, da** *adj*. Que tiene forma de óvalo. **SIN.** Ovoide.

ovalar *v*. Dar forma de óvalo.

óvalo s. m. Línea curva cerrada de forma parecida a la de un huevo o una elipse.

ovárico, ca adj. De los ovarios.

ovario s. m. Órgano de reproducción femenino de animales y plantas.

oveja s. f. **1.** Animal mamífero rumiante que tiene el cuerpo cubierto de lana y vive en rebaños; se aprovecha su carne, su leche y su lana. El carnero es el macho de la oveja. ‖ **2. oveja negra** Persona que, por su mala conducta, se diferencia del resto de los miembros de una familia o de un grupo.

ovejero, ra adj. y s. Que cuida de las ovejas.

overbooking (ingl.) s. m. Venta de plazas de avión u hotel en número superior al disponible.

overo, ra adj. Se dice del animal, especialmente del caballo, de pelo con mezcla de blanco y rojo.

overol s. m. Amér. Mono, traje de una pieza para trabajar.

ovetense adj. y s. De Oviedo, ciudad española.

ovillar v. **1.** Hacer ovillos. ‖ **ovillarse 2.** Acurrucarse, enroscarse.

ovillo s. m. **1.** Bola que se forma enrollando un hilo de lana, una cuerda o algo parecido. **2.** Montón confuso de cosas.

ovino, na adj. y s. m. Se dice del ganado formado por ovejas y animales de la misma familia. **SIN.** Lanar.

ovíparo, ra adj. y s. Se dice de los animales que ponen huevos en los que el embrión termina su desarrollo fuera ya del cuerpo de la madre.

ovni (siglas de *objeto volador no identificado*) s. m. Nombre dado a algunos objetos voladores de origen desconocido.

ovoide u **ovoideo, a** adj. Que tiene forma de huevo. **SIN.** Oval.

ovovivíparo, ra adj. y s. Se dice de los animales que se reproducen mediante huevos,

pero que permanecen dentro del cuerpo de la madre hasta después de romperse la cáscara, como ocurre con los tiburones y las víboras.

ovulación s. f. Hecho de ovular.

ovular v. Salir el óvulo del ovario.

óvulo s. m. Célula reproductora femenina, que se une a la masculina para formar un nuevo ser.

oxidación s. f. Acción de oxidarse.

oxidar v. Producir óxido en algunos metales.

óxido s. m. **1.** Compuesto químico formado por oxígeno y otro elemento. **2.** En particular, capa rojiza o pardusca que se forma en la superficie de los metales por la acción del aire y la humedad. **SIN. 2.** Herrumbre, orín.

oxigenación s. f. Acción de oxigenar.

oxigenado, da 1. p. de **oxigenar.** ‖ adj. **2.** Que contiene oxígeno. **3.** Aireado, lleno de aire puro. **SIN. 3.** Ventilado, oreado. **ANT. 3.** Cargado.

oxigenar v. **1.** Combinar o mezclar un elemento con el oxígeno. **2.** Airear, ventilar. ‖ **oxigenarse 3.** Descansar al aire libre. **SIN. 2.** Orear. **ANT. 2.** Enrarecer.

oxígeno s. m. Elemento químico gaseoso que forma parte del aire y, con el hidrógeno, compone el agua. Es necesario para respirar y en la combustión.

oyente adj. y s. **1.** Se dice de la persona que está oyendo o escuchando. ‖ s. m. y f. **2.** Alumno que asiste a un curso sin estar matriculado en él. **SIN. 1.** Receptor. **ANT. 1.** Hablante, emisor.

ozono s. m. Gas de color azulado compuesto por tres átomos de oxígeno. Forma parte de la ozonosfera.

ozonosfera s. f. Capa de la atmósfera situada entre los 20 y los 25 kilómetros de altitud, formada principalmente por ozono, que protege a los seres vivos de las radiaciones del Sol.

p *s. f.* Decimoséptima letra del abecedario.

p. m. Siglas de *post meridiem*, 'después del mediodía'.

pabellón *s. m.* **1.** Edificio que es parte de un conjunto o que depende de otro. **2.** Bandera, sobre todo la que llevan los barcos. ‖ **3. pabellón auditivo** Parte exterior del oído, la oreja.

pabilo o **pábilo** *s. m.* Mecha de una vela, sobre todo la parte quemada.

pábulo Se usa en la expresión **dar pábulo a** algo, 'dar motivo', 'fomentar'.

paca *s. f.* Paquete apretado y atado de cosas como lana, algodón o paja. **SIN.** Bala.

pacato, ta *adj.* y *s.* Que se escandaliza fácilmente. **SIN.** Mojigato, timorato.

pacense *adj.* y *s.* De Badajoz, ciudad y provincia españolas.

pacer *v.* Pastar. □ Es v. irreg. Se conjuga como *agradecer*.

pachá *s. m.* Antiguo funcionario turco equivalente al gobernador o al virrey.

pachanga *s. f. fam.* Diversión, fiesta, baile.

pachanguero, ra *adj.* Se dice de la música pegadiza y alegre que se toca en fiestas y bailes.

pacharán *s. m.* Licor de endrinas típico de Navarra.

pachas Se usa en la expresión **a pachas**, 'a partes iguales entre dos o más personas': *pagar a pachas*.

pachón, na *adj.* y *s.* **1.** *fam.* Calmoso, tranquilo. ‖ *adj.* y *s. m.* **2.** Se dice de un perro parecido al perdiguero, pero con las patas más cortas y torcidas. **SIN. 1.** Cachazudo. **ANT. 1.** Rápido, inquieto.

pachorra *s. f. fam.* Demasiada calma y lentitud para hacer las cosas. **SIN.** Tranquilidad, cachaza. **ANT.** Presteza.

pachucho, cha *adj.* **1.** *fam.* Un poco enfermo. **2.** Mustio, marchito.

pachulí o **pachuli** *s. m.* Planta muy olorosa que crece en Asia y Oceanía y de la que se obtiene un perfume.

paciencia *s. f.* Calma para esperar, aguantar o para hacer bien las cosas. **SIN.** Serenidad; aguante; esmero. **ANT.** Impaciencia.

paciente *adj.* **1.** Que tiene o muestra paciencia. **2.** Se dice del sujeto de la oración que tiene el verbo en voz pasiva. ‖ *s. m.* y *f.* **3.** Persona a la que atiende el médico o que sigue un tratamiento. **SIN. 3.** Enfermo. **ANT. 1.** Impaciente.

pacificación *s. f.* Acción de pacificar.

pacificador, ra *adj.* y *s.* Que pacifica.

pacificar *v.* Poner paz en un lugar o entre personas que discuten o pelean. **SIN.** Apaciguar, reconciliar. **ANT.** Enemistar.

pacífico, ca *adj.* **1.** Que no provoca guerras ni le gustan la violencia ni los enfrentamientos. **2.** En paz, sin guerras ni enfrentamientos. **SIN. 1.** Sosegado, calmado. **ANT. 1.** Belicoso.

pacifismo *s. m.* Ideas y acciones en favor de la paz y en contra de la guerra.

pacifista *adj.* y *s.* Del pacifismo o partidario de él.

pack (ingl.) *s. m.* Caja o envase en el que vienen varios productos iguales.

pacotilla Se usa en la expresión **de pacotilla**, 'de poca calidad', 'de poca valía': *un escritor de pacotilla*.

pactar *v.* Hacer un pacto. **SIN.** Acordar.

pacto *s. m.* Acuerdo entre dos o más personas o grupos, que todos ellos deben cumplir. **SIN.** Trato, convenio.

padecer *v.* **1.** Tener una cosa perjudicial o que produce sufrimiento. **2.** Sentir dolor o sufrimiento. □ Es v. irreg. Se conjuga como *agradecer*. **SIN. 1.** Soportar, aguantar. **1.** y **2.** Sufrir. **ANT. 1.** y **2.** Disfrutar.

padecimiento *s. m.* Sufrimiento.

pádel *s. m.* Deporte parecido al tenis que se juega en una pista más pequeña y con paredes a los lados.

padrastro *s. m.* **1.** Nuevo marido de la madre para los hijos que ella ya tenía de otro matrimonio. **2.** Trozo de piel que se levanta alrededor de las uñas y duele.

padrazo *s. m. fam.* Padre muy cariñoso.

padre *s. m.* **1.** Lo que es un hombre para sus hijos o un animal macho para sus crías. **2.** Persona que crea, inventa o difunde una cosa. **3.** Tratamiento que se da a los curas y a algunos religiosos. ‖ *n. pr. m.* **4.** Primera persona de la Santísima Trinidad. ‖ *s. m. pl.* **5.** El padre y la madre. ‖ *adj.* **6.** *fam.* Muy grande o fuerte: *Se armó el lío padre.* ‖ **7. padre de familia** Jefe de la familia, aunque no tenga hijos. **8. padre político** El suegro. ‖ **LOC. de padre y muy señor mío** Muy grande o muy fuerte. **SIN. 1.** Papá, progenitor. **2.** Creador, inventor.

padrenuestro *s. m.* Oración cristiana que empieza con las palabras *Padre nuestro.*

padrinazgo *s. m.* **1.** Hecho de ser padrino de alguien. **2.** Protección y apoyo que se da a una persona para que tenga éxito.

padrino *s. m.* **1.** Hombre que acompaña y ayuda a quien recibe algunos sacramentos, como el matrimonio y el bautismo. **2.** Persona que protege y ayuda a otra para que tenga éxito. ‖ *s. m. pl.* **3.** El padrino y la madrina. **SIN. 2.** Protector, benefactor.

padrón *s. m.* Lista de habitantes de un pueblo o ciudad. **SIN.** Censo, catastro.

paella *s. f.* **1.** Plato de origen valenciano de arroz guisado con azafrán y otros ingredientes. **2.** Paellera.

paellera *s. f.* Especie de sartén grande para hacer paellas.

paga *s. f.* **1.** Acción de pagar. **2.** Dinero que recibe una persona por su trabajo. **SIN. 1.** Pago. **2.** Sueldo, salario, jornal.

pagadero, ra *adj.* Que se tiene que pagar en un plazo determinado.

pagado, da 1. *p.* de **pagar**. También *adj.* ‖ *adj.* **2.** Orgulloso, satisfecho.

pagador, ra *adj.* y *s.* Que paga o está encargado de pagar.

pagaduría *s. f.* Oficina o despacho donde se hacen los pagos.

paganismo *s. m.* Religión o creencias de los paganos.

pagano, na[1] *adj.* y *s.* **1.** Nombre que dieron los cristianos a las personas de religión distinta a la suya. ‖ *adj.* **2.** Se dice de las fiestas y otras cosas que no son cristianas.

pagano, na[2] *adj.* y *s. fam.* Se dice del que paga lo que cuesta algo, generalmente porque otros abusan.

pagar *v.* **1.** Dar dinero a alguien porque se le debe o por otro motivo. **2.** Responder de algún modo a lo que otro hace por nosotros. **3.** Sufrir el castigo o las consecuencias de un delito, un error, una mala costumbre. ‖ **LOC. pagarla** o **pagarlas** Sufrir el castigo o las consecuencias de algo. **SIN. 1.** Abonar. **ANT. 1.** Deber; cobrar.

pagaré *s. m.* Escrito en el que alguien se compromete a pagar una cantidad de dinero en un plazo.

pagel *s. f.* Breca.

página *s. f.* **1.** Lado o cara de una hoja de un libro, una revista o un cuaderno. ‖ **2. página web** Conjunto de información disponible en Internet a través de una dirección independiente, con enlaces de hipertexto a otras páginas.

paginación *s. f.* **1.** Acción de paginar. **2.** Serie de páginas numeradas.

paginar *v.* Numerar las páginas de un libro, de un cuaderno o de otra cosa parecida.

pago *s. m.* **1.** Acción de pagar. **2.** Dinero que se da al pagar. **3.** Premio o recompensa: *Como pago a sus esfuerzos, la ascendieron.*

pagoda *s. f.* Templo budista típico de algunos países orientales.

paidofilia *s. f.* Pedofilia.

paidófilo, la *adj.* y *s.* Pedófilo.

paintball (ingl.) *s. m.* Juego entre equipos en el que los participantes deben eliminarse unos a otros lanzándose pequeñas bolas de pintura con pistolas de aire comprimido.

paipay o **paipái** *s. m.* Abanico de forma casi redonda, con un mango.

pairo Se usa en la expresión **estar** o **quedarse al pairo**, 'estar o quedarse esperando, sin tomar una decisión'.

país *s. m.* **1.** Territorio independiente que tiene gobierno propio y está limitado por fronteras. **2.** Región diferenciada dentro de un territorio o Estado: *el País Vasco.* **SIN. 1.** Patria, nación, Estado.

paisaje *s. m.* **1.** Terreno que se ve desde un lugar. **2.** Pintura o dibujo que representa una extensión de terreno. **SIN. 1.** Panorama, vista.

paisajista *s. m.* y *f.* Pintor de paisajes.

paisajístico, ca *adj.* Relacionado con los dibujos o pinturas de paisajes.

paisano, na *adj.* y *s.* **1.** Se dice de las personas que son del mismo país, región o lugar. ‖ *s. m.* y *f.* **2.** Campesino. ‖ *s. m.* **3.** Hombre que no es militar. **SIN. 3.** Civil.

paja *s. f.* **1.** Tallo de los cereales, seco y separado del resto. **2.** Tubo delgado que se utiliza para sorber un líquido. **3.** Cosa poco importante, de relleno. **4.** *vulg.* Masturbación.

pajar *s. m.* Sitio donde se guarda la paja.

pájara *s. f.* Desmayo que sufre un ciclista en la carrera tras un gran esfuerzo.

pajarera *s. f.* Jaula grande o sitio donde se tienen pájaros.

pajarería *s. f.* Tienda donde se venden pájaros y otros animales domésticos.

pajarero, ra *adj.* **1.** De los pájaros. ‖ *s. m.* y *f.* **2.** Criador o vendedor de pájaros.

pajarita *s. f.* **1.** Figura con forma de pájaro que se hace doblando muchas veces un papel. **2.** Lazo que se pone en el cuello de la camisa.

pájaro, ra *s. m.* y *f.* **1.** Ave, sobre todo la de pequeño tamaño. **2.** Persona aprovechada o de malas intenciones. ‖ **3. pájaro bobo** Pingüino. **4. pájaro carpintero** Ave de muchos colores y pico largo y muy fuerte, con el que pica los troncos de los árboles. ‖ **LOC. tener la cabeza llena de pájaros (o a pájaros)** Tenerla llena de fantasías. **SIN. 2.** Granuja.

pajarraco, ca *s. m.* y *f.* **1.** Pájaro grande y feo. **2.** *desp.* Pájaro, persona que tiene malas intenciones o se aprovecha de los demás.

paje *s. m.* Chico que antiguamente servía como criado a un amo.

pajizo, za *adj.* De color amarillento, parecido al de la paja.

pajolero, ra *adj.* y *s.* Molesto, irritante: *Se pasa todo el pajolero día protestando.* ‖ **LOC. no tener ni pajolera idea** No saber nada sobre una cosa. **SIN.** Repajolero.

pakistaní *adj.* y *s.* De Pakistán, país de Asia.

pala *s. f.* **1.** Herramienta que se usa sobre todo para cavar y está formada por una parte plana y un mango. **2.** Nombre de otros utensilios parecidos, pero más pequeños, como la pala para servir la tarta o el cuchillo para comer el pescado. **3.** Raqueta de madera de algunos juegos. **4.** Parte más ancha del remo y de otras cosas parecidas. **5.** Cada uno de los dos dientes incisivos superiores.

palabra *s. f.* **1.** Sonidos o letras que expresan una idea. **2.** Capacidad para hablar y expresarse: *facilidad de palabra.* **3.** Derecho o turno para hablar: *tener la palabra.* **4.** Promesa: *Me diste tu palabra.* ‖ **5. palabra de honor** Promesa firme que alguien hace. **6. palabras mayores** Cosa muy importante o muy seria. ‖ **LOC. de palabra** Hablando, no por escrito; también se dice de la persona que cumple lo que promete. **en una palabra** Resumiendo, en conclusión. **SIN. 1.** Término, vocablo, voz.

palabrería *s. f.* Hecho de emplear muchas palabras, pero que dicen muy poco.

palabro *s. m.* **1.** Palabra rara o mal dicha. **2.** Palabrota.

palabrota *s. f. fam.* Palabra muy ordinaria y que suena muy mal. **SIN.** Taco, palabro.

palacete *s. m.* Casa grande y lujosa parecida a un palacio, pero más pequeña.

palaciego, ga *adj.* Del palacio y la corte de un rey. **SIN.** Palatino, cortesano.

palacio *s. m.* **1.** Casa grande y muy lujosa donde viven personas muy importantes, y sobre todo la del rey. **2.** Edificio muy grande donde se realizan algunas actividades o actos: *Palacio de Congresos.* **SIN. 1.** Mansión.

palada *s. f.* **1.** Cantidad de algo que se coge o echa con la pala cada vez. **2.** Cada movimiento o golpe que se da con la pala del remo en el agua.

paladar *s. m.* **1.** Parte de arriba por dentro de la boca. **2.** Capacidad para apreciar el sabor de los alimentos.

paladear *v.* Tener un alimento un rato en la boca para apreciar mejor su sabor. **SIN.** Saborear.

paladeo *s. m.* Acción de paladear.

paladín *s. m.* **1.** Caballero que luchaba en la guerra y era muy famoso por sus hazañas. **2.** Defensor de una idea.

palafito *s. m.* Casa que se construye sobre estacas en un lago o un pantano.

palafrenero *s. m.* Criado encargado de los caballos.

palanca *s. f.* **1.** Barra o cosa parecida que sirve para levantar o mover un objeto, apoyándolo en uno de sus extremos y haciendo fuerza en el otro. **2.** Barra u otra cosa que sirve para hacer funcionar una máquina o un mecanismo.

palangana *s. f.* Recipiente que se utiliza para lavarse o para lavar algunas cosas. **SIN.** Jofaina.

palanganero *s. m.* Mueble o soporte en el que se pone la palangana.

palangre *s. m.* Instrumento de pesca compuesto por un cordel del cual salen varios hilos con anzuelos.

palanqueta *s. f.* Palanca pequeña que se usa para hacer saltar cerraduras.

palanquín *s. m.* Silla o cama que se usa para llevar a las personas a hombros.

palatal *adj.* Relacionado con el paladar.

palatino, na *adj.* Del palacio. **SIN.** Palaciego.

palco *s. m.* **1.** En teatros, plazas de toros y lugares parecidos, balcón con varios asientos. **2.** Tarima que se pone levantada para ver un espectáculo.

palé *s. m.* Plataforma hueca de madera que se usa para almacenar y transportar algunas mercancías.

palenque *s. m.* Valla de madera y terreno cercado con ella.

palentino, na *adj.* y *s.* De Palencia, ciudad y provincia españolas.

paleocristiano, na *adj.* De los primeros cristianos.

paleografía *s. f.* Ciencia que estudia la escritura de los textos antiguos.

paleolítico, ca *adj.* y *n. pr. m.* Se dice del primer periodo de la Edad de Piedra y de lo relacionado con él.

paleontología *s. f.* Ciencia que se ocupa de los seres vivos que vivieron hace millones de años, estudiando los fósiles que quedan de ellos.

paleontólogo, ga *s. m.* y *f.* Especialista en paleontología.

palestino, na *adj.* y *s.* De Palestina, región de Oriente Medio.

palestra *s. f.* Lugar donde antiguamente se celebraban combates y torneos. || **LOC. salir o saltar a la palestra** Darse a conocer ante el público una persona o cosa.

paleta *s. f.* **1.** Pala pequeña. **2.** Herramienta que usan los albañiles para extender yeso y otras masas. **3.** Tabla que usan los pintores artísticos para poner los colores que van a utilizar. **4.** Raqueta de madera del pimpón y otros juegos.

paletada[1] *s. f.* Cantidad de algo que se coge de una vez con una paleta o pala.

paletada[2] *s. f.* Cosa o acción de paleto.

paletilla *s. f.* **1.** Cada uno de los dos huesos casi planos y triangulares situados en la parte alta de la espalda. **2.** Carne que está pegada a esos huesos en los animales. **SIN. 1.** Omóplato.

paleto, ta *adj.* y *s.* **1.** Ignorante o que no sabe comportarse, sobre todo si viene del campo. **2.** Poco fino o elegante. **SIN. 1.** Cateto, palurdo.

paletón *s. m.* Parte de la llave en la que están los dientes.

paliar *v.* Atenuar algo malo o perjudicial. **SIN.** Mitigar, moderar, suavizar. **ANT.** Agravar.

paliativo, va *adj.* y *s. m.* Que sirve para paliar o suavizar: *cuidados paliativos*.

palidecer *v.* Ponerse uno pálido. □ Es v. irreg. Se conjuga como *agradecer*. **SIN.** Empalidecer.

palidez *s. f.* Característica de pálido.

pálido, da *adj.* **1.** Que no tiene o ha perdido color, sobre todo el de la cara. **2.** Se dice de los colores suaves. **SIN. 1.** Demacrado. **2.** Descolorido. **ANT. 1.** Sonrosado. **2.** Vivo.

palier (del fr.) *s. m.* En un coche, cada una de las partes en que se divide el eje que transmite el movimiento a las ruedas.

palillero *s. m.* Recipiente donde se colocan los palillos de dientes.

palillo *s. m.* **1.** Palito de madera afilado para sacar la comida que queda entre los dientes. **2.** Varita para tocar el tambor. || *s. m. pl.* **3.** Palos largos y finos que usan como cubiertos algunos pueblos orientales. **SIN. 1.** Mondadientes.

palíndromo *s. m.* Se dice de la palabra o frase que se lee igual de izquierda a derecha que de derecha a izquierda, como: *dábale arroz a la zorra el abad.*

palio *s. m.* Toldo sujeto por unas varas largas con que se cubre al sacerdote que lleva la eucaristía, a una imagen o a una persona importante.

palique *s. m. fam.* Conversación, charla de poca importancia. **SIN.** Cháchara.

palisandro *s. m.* Madera rojiza con vetas oscuras que procede de árboles tropicales, muy apreciada en ebanistería.

palitroque *s. m.* Palo pequeño.

paliza *s. f.* **1.** Golpes que se dan a una persona o animal. **2.** Esfuerzo que cansa mucho. **3.** *fam.* Derrota importante. || *adj.* y *s.* **4.** *fam.* Persona muy pesada. **SIN. 1.** Tunda, zurra. **4.** Pelma, plasta.

palloza *s. f.* Choza circular de piedra, típica de Galicia.

palma *s. f.* **1.** Parte de la mano hacia la que se doblan los dedos. **2.** Palmera, árbol. **3.** Hoja de la palmera, con la que se hacen cestos, escobas y otras cosas. || *s. f. pl.* **4.** Palmadas. || **LOC. llevar o tener a alguien en palmas** o **palmitas** Tratarle demasiado bien. **llevarse la palma** Ser el mejor o el que más destaca en algo. **SIN. 4.** Ovación.

palmada *s. f.* **1.** Golpe dado con la palma de la mano. **2.** Acción de chocar las palmas de las manos.

palmar[1] *v. fam.* Morir.

palmar[2] *s. m.* Palmeral.

palmarés *s. m.* **1.** Triunfos o éxitos de un artista, deportista, equipo, etc. **2.** Lista de los ganadores de una competición.

palmario, ria *adj.* Claro, evidente. **SIN.** Obvio, notorio.

palmatoria *s. f.* Platito con asa en que se coloca una vela.

palmeado, da 1. *p.* de **palmear.** || *adj.* **2.** Con forma de mano abierta. **3.** Se dice de los dedos de algunos animales que están unidos por una membrana, como los de los patos.

palmear *v.* **1.** Dar palmadas. **2.** En baloncesto, impulsar hacia la cesta con la palma de la mano el balón lanzado por un compañero.

palmense *adj.* y *s.* De Las Palmas de Gran Canaria.

palmeo *s. m.* Acción de palmear.

palmera *s. f.* **1.** Árbol de tronco delgado con hojas muy grandes y tiesas en lo alto. Algunas variedades dan frutos comestibles, como el dátil. **2.** Dulce plano hecho con hojaldre. **SIN. 1.** Palma.

palmeral *s. m.* Lugar poblado de palmeras. **SIN.** Palmar.

palmero, ra[1] *s. m.* y *f.* Persona que acompaña tocando las palmas un cante o baile flamencos.

palmero, ra[2] *adj.* y *s.* De La Palma, isla de Canarias.

palmesano, na *adj.* y *s.* De Palma de Mallorca, capital de las Baleares.

palmeta *s. f.* Regla de madera que usaban los profesores para golpear a los alumnos en la palma de la mano.

palmípedo, da *adj.* y *s. f.* Se dice de las aves acuáticas que tienen una membrana entre los dedos de las patas, como patos, cisnes o gaviotas.

palmito[1] *s. m.* Palmera con el tronco debajo de la tierra o muy corto y hojas en forma de abanico que se usan para hacer esteras, escobas y otras cosas. Tiene un cogollo que se usa como alimento.

palmito[2] *s. m. fam.* Tipo bonito y airoso de una mujer.

palmo *s. m.* Medida de longitud que equivale a la mano muy abierta. ‖ **LOC. quedarse** alguien o **dejar** a alguien **con un palmo de narices** Llevarse un chasco o dárselo. **SIN.** Cuarta.

palmotear *v.* **1.** Dar muchas palmadas. **2.** Dar palmadas a alguien o algo.

palo *s. m.* **1.** Trozo de madera alargado y generalmente cilíndrico. **2.** Golpe que se da con este trozo de madera. **3.** Madera: *cuchara de palo.* **4.** Cosa recta y larga, como por ejemplo, los mástiles de los barcos. **5.** Cada uno de los cuatro grupos de cartas de la baraja. En la española son: bastos, copas, espadas y oros. **6.** *fam.* Disgusto, pena: *Fue un palo suspender el examen.* ‖ **7. palo de ciego** Lo que se hace sin saber muy bien lo que se pretende. **8. palo santo** Árbol de madera oscura y muy dura que crece en América. ‖ **LOC. a palo seco** Sin nada que lo acompañe. **SIN. 1.** Estaca.

paloduz *s. m.* Trozo del tallo subterráneo de la planta llamada *regaliz*, que se chupa o se mastica como golosina.

paloma *s. f.* Ave de tamaño mediano, cabeza pequeña, pico corto y cola amplia. Su color varía según la especie.

palomar *s. m.* Lugar donde se crían o se refugian las palomas.

palometa *s. f.* Pez marino de cuerpo ovalado y plano y de color gris. Se usa mucho como alimento.

palomilla *s. f.* **1.** Tuerca con dos aletas que se enrosca a mano. **2.** Pieza de metal doblada en ángulo recto que sirve para sostener estantes u otras cosas.

palomino *s. m.* **1.** Cría de las palomas silvestres. **2.** *fam.* Mancha de excremento en la ropa interior. **SIN. 1.** Pichón. **2.** Zurraspa.

palomita *s. f.* **1.** Grano de maíz que, cuando se pone al fuego, revienta y se pone blanco y esponjoso. Se come con sal o azúcar. **2.** Bebida de anís y agua.

palomo *s. m.* **1.** Macho de la paloma. **2.** Paloma torcaz.

palote *s. m.* Raya que trazan los niños cuando están aprendiendo a escribir.

palpable *adj.* **1.** Que se puede tocar. **2.** Claro, evidente. **SIN. 1.** Tangible. **2.** Patente. **ANT. 2.** Dudoso.

palpar *v.* **1.** Tocar una cosa con las manos o los dedos. **2.** Notar, apreciar. **SIN. 1.** Tentar, tantear. **2.** Percibir.

palpitación *s. f.* Acción de palpitar, latido.

palpitante *adj.* **1.** Que palpita. **2.** Actual, de gran interés. **SIN. 2.** Candente.

palpitar *v.* **1.** Latir el corazón. **2.** Aumentar el ritmo de los latidos del corazón. **3.** Moverse una parte del cuerpo involuntariamente. **4.** Manifestarse con fuerza un sentimiento: *En su voz palpitaba la emoción.*

pálpito *s. m.* Presentimiento.

palpo *s. m.* Apéndice que las arañas y otros animales tienen cerca de la boca; con él palpan y sujetan los alimentos.

palúdico, ca *adj.* y *s.* Del paludismo o que tiene esta enfermedad.

paludismo *s. m.* Enfermedad que da una fiebre intermitente muy alta. Está producida por un microorganismo frecuente en terrenos pantanosos y se transmite por la picadura de la hembra de un tipo de mosquito. **SIN.** Malaria.

palurdo, da *adj.* y *s.* Paleto.

palustre *adj.* De las lagunas o pantanos.

pamela *s. f.* Sombrero de mujer de ala ancha.

pamema *s. f.* Tontería, bobada.

pampa *s. f.* Llanura muy extensa y sin árboles, característica de algunas regiones de América del Sur, por ejemplo, de Argentina.

pampaneo *s. m. fam.* Hecho de salir y alternar mucho.

pámpano *s. m.* Hoja de la vid, sobre todo la que está recién salida.

pamplina *s. f. fam.* Tontería, bobada.

pamplonica o **pamplonés, sa** *adj.* y *s.* De Pamplona, capital de Navarra.

pan *s. m.* **1.** Alimento hecho con harina amasada con agua y levadura y cocida luego al horno. **2.** La comida y todo lo necesario para vivir: *ganarse el pan.* **3.** Lámina muy fina de oro o plata con la que se cubre un objeto o superficie. ‖ **4. pan de molde** El de forma cuadrada y cortado en rebanadas. **5. pan y quesillo** Flor de la falsa acacia, que tiene un sabor dulce. ‖ **LOC. ser pan comido** Ser muy fácil. **ser** alguien **un pedazo de pan** Ser una persona muy buena. **SIN. 2.** Sustento.

pana *s. f.* Tejido grueso que tiene como surcos y parece terciopelo.

panacea *s. f.* Solución o remedio para cualquier problema.

panaché (del fr.) *s. m.* Plato de verduras variadas, cocidas y rehogadas.

panadería *s. f.* Tienda que vende pan.

panadero, ra *s. m.* y *f.* Persona que hace o vende pan.

panadizo *s. m.* Inflamación que sale en los dedos alrededor de las uñas.

panal *s. m.* Conjunto de celdillas que hacen las abejas para almacenar la miel y para poner dentro los huevos. **SIN.** Colmena.

panamá *s. m.* Sombrero masculino de verano, hecho de pita.

panameño, ña *adj.* y *s.* De Panamá, país de América Central.

panamericano, na *adj.* De todos los países de América.

panarabismo *s. m.* Movimiento que defiende la unión entre los países de lengua y cultura árabes.

pancarta *s. f.* Cartel grande con algo escrito, normalmente reivindicativo, que se muestra, por ejemplo, en las manifestaciones.

panceta *s. f.* Tocino de cerdo con vetas de carne.

panchito *s. m.* Cacahuete pelado y frito.

pancho, cha *adj.* Tranquilo, satisfecho: *quedarse uno tan pancho.*

páncreas *s. m.* Glándula que está situada debajo del estómago y produce insulina y un líquido que interviene en la digestión.

pancreático, ca *adj.* Del páncreas.

pancreatitis *s. f.* Inflamación del páncreas.

panda[1] *s. m.* Mamífero asiático parecido a un oso. Tiene el pelo de color blanco y negro y se alimenta casi exclusivamente de vegetales, sobre todo de bambú.

panda[2] *s. f.* Pandilla.

pandearse *v.* Curvarse una cosa por su centro. **SIN.** Alabearse.

pandemonio o **pandemónium** *s. m.* Griterío, jaleo.

pandereta *s. f.* Pandero pequeño.

panderete *s. m.* Pared delgada hecha con ladrillos puestos de canto.

pandero *s. m.* **1.** Instrumento musical formado por un aro con chapitas metálicas y cubierto por una piel muy estirada, que suena al golpearla. **2.** *fam.* Culo.

pandilla *s. f.* **1.** Los amigos que siempre van juntos. **2.** Grupo de personas. **SIN. 2.** Banda.

pando, da *adj.* Que se pandea.

panegírico *s. m.* Discurso, poema o escrito en el que se alaba a alguien o algo. **SIN.** Elogio, apología. **ANT.** Crítica.

panel *s. m.* **1.** Cada uno de los cuadrados o rectángulos en que se dividen algunas puertas. **2.** Plancha o tablero móvil que se puede poner y quitar. **3.** Tablero o superficie donde se encuentran algunos mandos o aparatos.

panera *s. f.* Caja o cesta para el pan.

pánfilo, la *adj.* y *s.* Torpe, tonto. **SIN.** Bobo. **ANT.** Avispado.

panfletario, ria *adj.* De estilo semejante al de los panfletos.

panfleto *s. m.* **1.** Escrito en el que se ataca a alguien o algo de manera exagerada y falsa. **2.** Folleto de propaganda política. **SIN. 1.** Libelo.

pangolín *s. m.* Animal mamífero de cuerpo alargado, cubierto de escamas y con cola. Tiene la lengua larga para atrapar insectos y las uñas fuertes para excavar. Vive en África y Asia.

panhispánico, ca *adj.* Relativo a todos los países de lengua española.

paniaguado, da *adj.* y *s.* Se dice de la persona protegida o favorecida por otra.

pánico *s. m.* Miedo muy grande. **SIN.** Terror, horror, pavor.

panícula *s. f.* Espiga o pirámide formada por pequeños racimos de flores.

paniego, ga *adj.* Se dice del terreno sembrado de trigo.

panificadora *s. f.* Fábrica de pan.

panocha o **panoja** *s. f.* Espiga del maíz y otras plantas. Es como un cono formado por granos muy juntos. **SIN.** Mazorca.

panoli *adj.* y *s. fam.* Tonto, bobo.

panoplia *s. f.* **1.** Armadura de guerrero. **2.** Tabla, generalmente en forma de escudo, en la que se colocan sables y espadas. **3.** Colección ordenada de armas. **4.** Conjunto de medios para un fin.

panorama *s. m.* **1.** Vista de una amplia extensión de terreno desde un lugar. **2.** Situación o estado general de algo. **SIN.** **1.** Panorámica. **2.** Coyuntura.

panorámica *s. f.* **1.** Panorama, vista. **2.** Visión general sobre un asunto.

panorámico, ca *adj.* **1.** Se dice de las vistas de una gran extensión de tierra. **2.** Se dice de un tipo de pantalla de cine muy alargada y curvada hacia atrás.

panqueque *s. m. Amér.* Torta delgada de harina, leche y huevo, rellena con diferentes ingredientes.

pantagruélico, ca *adj.* Se dice de las comidas excesivamente abundantes. **SIN.** Opíparo. **ANT.** Frugal.

pantalán *s. m.* Pequeño embarcadero que se mete un poco en el mar.

pantalla *s. f.* **1.** Superficie en la que se ven imágenes, como la del cine o el televisor. **2.** Lámina que se coloca alrededor de una luz, como en las lámparas.

pantalón o **pantalones** *s. m.* o *s. m. pl.* Prenda de vestir que se abrocha a la cintura y cubre cada una de las piernas por separado. ‖ **LOC. llevar** alguien **los pantalones** Mandar en la familia.

pantano *s. m.* **1.** Terreno cubierto de agua con poca profundidad. **2.** Embalse. **SIN.** **1.** Ciénaga, marisma.

pantanoso, sa *adj.* Se dice del terreno cubierto de aguas poco profundas.

panteísmo *s. m.* Doctrina filosófica y teológica según la cual todo lo que existe se identifica con Dios.

panteísta *adj.* y *s.* Relacionado con el panteísmo o que lo defiende.

panteón *s. m.* Tumba grande para enterrar a varias personas.

pantera *s. f.* Leopardo.

panti o **pantis** (del ingl.) *s. m.* o *s. m. pl.* Leotardos hechos con un material fino, como la licra. **SIN.** Medias.

pantocrátor *s. m.* Imagen de Cristo, propia del románico, sentado en un trono y situada dentro de un óvalo.

pantógrafo *s. m.* Instrumento formado por cuatro varillas articuladas y graduadas que sirve para copiar, ampliar o reducir un dibujo.

pantomima *s. f.* **1.** Mimo, tipo de teatro. **2.** Acción con que se intenta hacer creer lo que no es verdad. **SIN.** **2.** Farsa.

pantorrilla *s. f.* Parte carnosa de la pierna entre la rodilla y el tobillo.

pantufla *s. f.* Zapatilla para estar en casa, abierta por el talón. **SIN.** Chinela.

panza *s. f.* **1.** Vientre, sobre todo si es grande. **2.** Parte abultada de algunas cosas. **3.** Una de las cuatro cavidades del estómago de los rumiantes. **SIN.** **1.** Tripa, barriga. **2.** Abultamiento.

panzada *s. f.* **1.** Golpe que se da uno en la panza. **2.** *fam.* Exceso en alguna actividad. **3.** *fam.* Comilona. **SIN.** **2.** y **3.** Atracón.

panzudo, da *adj.* Con mucha panza.

pañal *s. m.* Especie de braga absorbente, generalmente de usar y tirar, que se les pone a los bebés y a las personas con incontinencia para que hagan ahí sus necesidades. ‖ **LOC. en pañales** En sus comienzos.

pañería *s. f.* **1.** Lugar donde se venden paños. **2.** Conjunto de paños.

pañete *s. m.* Paño delgado y de poca calidad.

pañito *s. m.* Tapete de tela o encaje.

paño *s. m.* **1.** Tejido fuerte de lana. **2.** Trapo. ‖ **3. paños calientes** Lo que se hace o se dice para hacer menos dura una noticia o una situación. ‖ **LOC. en paños menores** En ropa interior.

pañol *s. m.* Compartimento de un barco para guardar provisiones y otras cosas.

pañoleta *s. f.* Pañuelo grande que se pone en la cabeza o sobre los hombros.

pañuelo *s. m.* **1.** Pieza de tela fina para sonarse la nariz o para limpiarse. **2.** Pieza de tela más grande que se utiliza como adorno o para protegerse del frío. **SIN.** **2.** Pañoleta.

papa[1] *s. m.* Hombre que ejerce la máxima autoridad en la Iglesia católica.

papa[2] *s. f.* Patata.

papa[3] Se usa en la expresión **ni papa**, 'nada': *no entender ni papa.*

papá o **papa** *s. m.* Nombre cariñoso que se da al padre.

papable *adj.* Se dice del cardenal que tiene posibilidades de ser elegido papa.

papada *s. f.* Abultamiento que se forma debajo de la barbilla, sobre todo con la edad o cuando se está gordo.

papado *s. m.* Cargo o categoría que tiene el papa.

papagayo *s. m.* Ave de pico curvo y plumaje de vivos colores. Vive en África y en América del Sur y algunas de ellas son capaces de imitar el habla humana. **SIN.** Loro.

papal *adj.* Del papa¹.

papamóvil *s. m. fam.* Vehículo blindado y acristalado que usa el papa en sus viajes para moverse entre la multitud.

papanatas *s. m. y f. fam.* Bobo, tonto.

paparazzi (ital.) *s. m. pl.* Fotógrafos de prensa que se dedican a seguir a los famosos para hacerles una foto.

paparrucha o **paparruchada** *s. f. fam.* Tontería, bobada.

papaya *s. f.* Fruto del papayo, parecido a un melón.

papayo *s. m.* Árbol tropical de tronco recto, hojas grandes lobuladas y fruto comestible, la papaya.

papear *v. fam.* Comer.

papel *s. m.* **1.** Lámina muy fina hecha con fibra de madera u otros materiales; se utiliza para escribir, dibujar, envolver, etc. **2.** Personaje que tiene que representar un actor. **3.** Función o acción que realiza alguien. || **4. papel cebolla** El fino y casi transparente, que se usa para calcar. **5. papel charol** El brillante, fino y casi siempre de color. **6. papel de calco** o **papel carbón** El que tiene tinta por una cara y se usa para sacar copias de lo que se escribe. **7. papel higiénico** El que se usa en el váter para limpiarse. **8. papel pintado** El que se pone en las paredes. **9. papel vegetal** El transparente y duro, usado para calcar. **SIN.** 3. Tarea, labor.

papela *s. f. fam.* En argot, carné.

papeleo *s. m.* Los trámites, documentos y escritos que se necesitan para resolver un asunto.

papelera *s. f.* **1.** Cubo o recipiente al que se tiran papeles usados y otras cosas que no valen. **2.** Fábrica de papel. **SIN.** 1. Cesto.

papelería *s. f.* Tienda en la que se vende material para escribir y de oficina.

papeleta *s. f.* **1.** Hoja pequeña de papel en la que hay algo escrito, por ejemplo, el número para un sorteo. **2.** *fam.* Situación o asunto molesto o difícil. **SIN.** 2. Engorro, incordio.

papelina *s. f.* Cantidad de droga que se vende en un sobrecito de papel.

papelón *s. m.* Comportamiento ridículo que tiene alguien.

papeo *s. m. fam.* Comida.

paperas *s. f. pl.* Enfermedad infecciosa que produce inflamación en una glándula situada debajo del oído y detrás de la mandíbula; ataca sobre todo a los niños.

papila *s. f.* Pequeño abultamiento de la piel y las membranas de los animales y vegetales; las que están en la lengua sirven para apreciar los sabores.

papilla *s. f.* Comida muy triturada que se da a los niños pequeños o los enfermos. || **LOC. hacer papilla** Destrozar. **SIN.** Puré.

papiloma *s. m.* Pequeño tumor benigno que sale en la piel y las mucosas.

papión *s. m.* Mono africano de pelo gris o pardo claro, que tiene unas callosidades características en las nalgas.

papiro *s. m.* **1.** Planta de 2 o 3 metros de altura que crece en las orillas de los ríos. Su tallo es una caña, tiene flores pequeñas y verdosas y largas hojas. Antiguamente se utilizó para fabricar papel. **2.** Este papel.

papiroflexia *s. f.* Arte de hacer figuras doblando varias veces una hoja de papel.

papirotazo o **papirotada** *s. m.* o *f.* Toba, capirotazo.

papista *adj.* y *s.* Que obedece fielmente al papa. || **LOC. ser más papista que el papa** Ser demasiado exagerado al defender alguna idea.

papo *s. m.* **1.** *fam.* Mejilla abultada. **2.** *fam.* Cara dura. **3.** *fam.* Pachorra, calma. **4.** *vulg.* Vulva. **SIN.** 1. Moflete. 2. Jeta.

papú o **papúa** *adj.* y *s.* **1.** De un pueblo de Oceanía que vive en Papúa Nueva Guinea y las islas Fiji. || *s. m.* **2.** Idioma de este pueblo.

paquebot o **paquebote** (del fr.) *s. m.* Barco que lleva el correo y pasajeros de un puerto a otro.

paquete *s. m.* **1.** Objeto u objetos envueltos o metidos en una caja o bolsa para protegerlos o para llevarlos mejor. **2.** Conjunto: *un paquete de medidas*. **3.** *fam.* Persona que va como acompañante en una moto o una bicicleta. **4.** *fam.* Castigo, sanción. **SIN.** 1. Bulto, envoltorio. 2. Lote.

paquetería *s. f.* **1.** Conjunto de mercancías que se transportan o venden en paquetes. **2.** Departamento o empresa que se encarga de enviar paquetes.

paquidermo *adj.* y *s. m.* Animal de un grupo de mamíferos que tienen la piel muy gruesa y fuerte, por ejemplo, el elefante o el rinoceronte.

paquistaní *adj.* y *s.* Pakistaní.

par *adj.* y *s. m.* **1.** Se dice del número divisible por dos. || *s. m.* **2.** Dos personas o cosas. **3.** Unos pocos: *Nos habremos visto un par de veces.* || **LOC. a la par** A la vez. **a pares** En gran cantidad. **de par en par** Completamente abierto. **sin par** Incomparable: *una belleza sin par.* **SIN.** 2. Pareja. **ANT.** 1. Non, impar.

para *prep.* Expresa finalidad o utilidad: *Los ojos sirven para ver*; indica la persona que tiene o da una opinión: *Para mí, Lola es la más lista*; indica la persona o cosa que recibe algo: *El regalo es para Marga*; expresa duración: *Nos fuimos al campo para quince días*; dirección: *Vamos para Barcelona*; un momento futuro: *Déjalo para mañana*.

parabién *s. m.* Felicitación.

parábola *s. f.* **1.** Historia que se cuenta como ejemplo para enseñar o explicar algo. **2.** Curva abierta formada por dos partes simétricas respecto a un eje, como la que hace un objeto lanzado con fuerza hacia delante y hacia arriba.

parabólico, ca *adj.* **1.** Con forma de parábola: *trayectoria parabólica.* ‖ *adj.* y *s. f.* **2.** Se dice de una antena de televisión que puede recibir imágenes que llegan desde muy lejos.

parabrisas *s. m.* Cristal delantero de algunos vehículos.

paracaídas *s. m.* Gran bolsa de tela que se utiliza para lanzarse desde mucha altura, pues se llena de aire y disminuye la velocidad de la caída.

paracaidismo *s. m.* Actividad de los que se lanzan en paracaídas.

paracaidista *adj.* y *s.* Que se lanza en paracaídas.

paracetamol *s. m.* Compuesto químico que baja la fiebre y disminuye el dolor.

parachoques *s. m.* Pieza que llevan delante y detrás algunos vehículos como protección contra los choques.

parada *s. f.* **1.** Acción de parar. **2.** Lugar donde se detiene un vehículo de transporte público para dejar o recoger pasajeros. **3.** Desfile. **SIN. 1.** Detención.

paradero *s. m.* Lugar donde se encuentra alguien o algo. **SIN.** Localización, ubicación.

paradigma *s. m.* **1.** Modelo, ejemplo. **2.** Conjunto ordenado de las distintas formas en que pueden aparecer algunas palabras, por ejemplo, los verbos. **SIN. 1.** Prototipo, canon.

paradisiaco, ca o **paradisíaco, ca** *adj.* Del paraíso o parecido a él, de gran belleza.

parado, da **1.** *p.* de **parar**. También *adj.* ‖ *adj.* **2.** Quieto. ‖ *adj.* y *s.* **3.** Poco decidido. **4.** Persona sin empleo. ‖ **LOC. salir bien** o **mal parado** Tener buen o mal resultado. **SIN. 4.** Desempleado. **ANT. 3.** Atrevido.

paradoja *s. f.* Hecho de decir o darse a la vez dos cosas totalmente contrarias. **SIN.** Contrasentido.

paradójico, ca *adj.* Contradictorio, que constituye una paradoja.

parador (marca registrada) *s. m.* Hotel del Estado situado en un lugar turístico.

parafarmacia *s. f.* Tienda o sección en que se venden productos propios de una farmacia y que no son medicamentos.

parafernalia *s. f.* Lujo, boato. **SIN.** Pompa. **ANT.** Sobriedad.

parafina *s. f.* Sustancia parecida a la cera, que se saca del petróleo.

parafrasear *v.* Decir con otras palabras lo mismo que otro ha dicho o escrito.

paráfrasis *s. f.* Palabras con que se parafrasea algo.

paragolpes *s. m. Amér.* Parachoques.

parágrafo *s. m.* Párrafo.

paraguas *s. m.* Utensilio para protegerse de la lluvia, formado por un bastón y una tela que puede abrirse y cerrarse mediante unas varillas.

paraguaya *s. f.* Fruta parecida al melocotón, pero más aplastada.

paraguayo, ya *adj.* y *s.* De Paraguay, país de América del Sur.

paragüero *s. m.* Mueble o recipiente para dejar en él los paraguas.

paraíso *s. m.* **1.** Lugar muy hermoso del que habla la Biblia, donde vivían Adán y Eva. **2.** Lugar muy bonito, muy agradable o muy bueno para algo. **3.** Cielo, lugar donde van las personas bondadosas después de morir, según algunas religiones. **SIN. 1.** y **3.** Edén. **3.** Gloria.

paraje *s. m.* Lugar, sobre todo en el campo.

paralelepípedo *s. m.* Figura geométrica cuyas bases son paralelogramos y que tiene seis caras paralelas dos a dos.

paralelismo *s. m.* Hecho de ser paralelas dos cosas.

paralelo, la *adj.* y *s.* **1.** Se dice de las líneas rectas, los planos u otras cosas que van siempre a la misma distancia sin juntarse nunca. **2.** Parecido, comparable. **3.** Simultáneo. ‖ *s. m.* **4.** Parecido, comparación, paralelismo. **5.** Cada una de las líneas horizontales que se trazan en el globo terrestre. ‖ *s. f. pl.* **6.** Barras paralelas sobre las que se hacen ejercicios de gimnasia. **SIN. 2.** Similar.

paralelogramo *s. m.* Polígono de cuatro lados paralelos dos a dos.

paralimpiada o **paralimpíada** *s. f.* Olimpiada en la que solo participan minusválidos.

paralímpico, ca *adj.* y *s.* De la paralimpiada: *Juegos Paralímpicos.*

parálisis *s. f.* Pérdida de la capacidad de mover alguna parte del cuerpo.

paralítico, ca *adj.* y *s.* Que sufre una parálisis.

paralización *s. f.* Acción de paralizar.

paralizar *v.* **1.** Hacer que alguien o algo no pueda moverse. **SIN. 1.** Inmovilizar. **2.** Detener, frenar. **ANT. 1.** Movilizar. **2.** Retomar.

paramecio *s. m.* Ser microscópico unicelular que vive en aguas estancadas.

paramento *s. m.* Prenda o tela con que se cubre o adorna una cosa.

parámetro *s. m.* Dato o valor que se tiene en cuenta para medir, analizar o juzgar una cosa.

paramilitar *adj.* y *s.* Se dice de la organización que, siendo civil, tiene una estructura de tipo militar.

páramo *s. m.* Terreno llano y elevado con poca vegetación.

parangón *s. m.* Comparación.

paraninfo *s. m.* Salón de actos de las universidades, institutos y sitios parecidos.

paranoia *s. f.* Enfermedad mental en la que el enfermo está obsesionado con una idea, por ejemplo, que alguien le persigue.

paranoico, ca *adj.* y *s.* De la paranoia o que tiene paranoia.

paranomasia *s. f.* Paronimia.

paranormal *adj.* Se dice de los fenómenos extraños que la ciencia aún no ha podido explicar, como la telepatía.

paraolimpiada *s. f.* Paralimpiada.

paraolímpico, ca *adj.* Paralímpico.

parapente *s. m.* Deporte en el que una persona se tira desde un sitio alto con un paracaídas rectangular y ya desplegado; también, este paracaídas.

parapetarse *v.* Protegerse o refugiarse detrás de alguien o algo. **SIN.** Resguardarse.

parapeto *s. m.* Montón de sacos de arena, piedras y otras cosas que sirve para protegerse detrás de él. **SIN.** Barricada.

paraplejia o **paraplejía** *s. f.* Parálisis de cintura para abajo.

parapléjico, ca *adj.* y *s.* Paralítico de cintura para abajo.

parapsicología *s. f.* Estudio de los fenómenos paranormales.

parar *v.* **1.** Dejar de moverse o de hacer algo. **2.** Hacer que alguien o algo deje de moverse, actuar o funcionar. **3.** Detener el balón el portero; detener un golpe o un ataque. **4.** Alojarse, hospedarse: *Solía parar en aquel hotel.* ‖ **LOC. ir** o **venir a parar** Llegar a un lugar; también, pasar una cosa a ser de al-

guien. **SIN. 2.** Inmovilizar, frenar. **ANT. 2.** Accionar.

pararrayos *s. m.* Aparato que se pone sobre un edificio para atraer los rayos y evitar que causen algún daño.

parasitario, ria *adj.* De los parásitos o causado por los parásitos.

parasitismo *s. m.* Relación entre dos organismos en la que uno de ellos vive como parásito del otro.

parásito, ta *adj.* y *s.* **1.** Ser vivo que se alimenta de otro diferente causándole perjuicio. **2.** Gorrón, aprovechado.

parasol *s. m.* **1.** Sombrilla. **2.** Pieza que hay sobre el parabrisas de los automóviles, que se puede colocar de forma que quite el sol.

parcela *s. f.* **1.** Cada una de las partes en que se divide un terreno. **2.** Parte de una cosa.

parcelar *v.* Dividir en parcelas.

parcelario, ria *adj.* De las parcelas.

parche *s. m.* **1.** Pieza que se cose o se pega para tapar un agujero o un desperfecto. **2.** Arreglo provisional. **3.** Piel tensa de los tambores, panderetas y otros instrumentos parecidos, en la que se golpea. **SIN. 1.** Remiendo.

parchear *v.* Poner parches a algo.

parchís *s. m.* Juego que consiste en mover unas fichas sobre un tablero tantas casillas como indica el dado. Gana el primero que llega a la casilla final.

parcial *adj.* **1.** Solo de una parte: *eclipse parcial.* **2.** Que favorece injustamente a unos y no a otros: *una decisión parcial.* ‖ *adj.* y *s. m.* **3.** Examen de parte de una asignatura. **SIN. 2.** Arbitrario. **ANT. 1.** Total. **2.** Imparcial.

parcialidad *s. f.* Hecho de ser parcial, de favorecer a unos y no a otros. **SIN.** Injusticia. **ANT.** Imparcialidad.

parcialmente *adv.* En parte.

parco, ca *adj.* **1.** Muy moderado, que no comete excesos. **2.** Escaso, pequeño. **SIN. 1.** Sobrio. **2.** Corto, exiguo. **ANT. 1.** Exagerado. **2.** Abundante.

pardal *s. m.* **1.** Gorrión. **2.** Pardillo, pájaro silvestre.

pardiez *interj. fam.* Indica enfado, sorpresa o asombro.

pardillo, lla *adj.* y *s.* **1.** Paleto. **2.** Persona a la que se engaña fácilmente. ‖ *s. m.* **3.** Pájaro del tamaño del canario, con el lomo pardo, la cabeza grisácea y el pecho rojizo. Vive en bosques, jardines y campos de cultivo. **SIN. 2.** Ingenuo, tonto. **ANT. 2.** Avispado.

pardo, da *adj.* De color marrón parecido al de la tierra.

pardusco, ca o **parduzco, ca** adj. De color más o menos pardo.

pareado s. m. Estrofa de dos versos que riman entre sí.

parear v. **1.** Emparejar dos cosas. **2.** Comparar dos cosas.

parecer[1] v. **1.** Tener un aspecto o producir una impresión. **2.** Ser casi igual que otro. **3.** Haber señales de algo: *Parece que va a llover.* **4.** Creer, opinar: *¿Qué te parece?* □ Es v. irreg. Se conjuga como *agradecer*. SIN. **1.** Semejar. **2.** Asemejarse. ANT. **2.** Diferenciarse.

parecer[2] s. m. Opinión. SIN. Juicio.

parecido, da 1. p. de **parecer**. ‖ adj. **2.** Que se parece a otro. **3.** Detrás de *bien* o *mal*, significa 'que tiene buen o mal aspecto físico'. ‖ s. m. **4.** Semejanza. SIN. **2.** Similar, semejante. ANT. **2.** Distinto. **4.** Diferencia.

pared s. f. **1.** Obra de ladrillos, piedras u otro material, hecha en vertical para cerrar o separar un espacio. **2.** Superficie o lado. ‖ LOC. **subirse por las paredes** Estar muy enfadado o nervioso. SIN. **1.** Muro, tabique.

paredaño, ña adj. Se dice del lugar separado de otro por una pared.

paredón s. m. **1.** Pared que queda en pie en un edificio en ruinas. **2.** Muro delante del cual se fusila a alguien.

pareja s. f. **1.** Dos personas, animales o cosas; también, cada uno de ellos respecto al otro. **2.** Persona que mantiene con otra una relación sentimental: *Nos presentó a su pareja.* ‖ **3. pareja de hecho** Unión de dos personas que conviven juntas sin estar casadas, pero que está reconocida legalmente. SIN. **1.** Dúo, par; compañero.

parejo, ja adj. Igual o parecido. SIN. Semejante, similar. ANT. Desigual.

parénquima s. m. **1.** Tejido vegetal esponjoso que realiza funciones de fotosíntesis o de almacenamiento. **2.** En los animales, tejido que forma las glándulas.

parentela s. f. Los parientes de alguien. SIN. Familia.

parenteral adj. Se dice del modo de administración de medicinas que no es por vía oral o digestiva.

parentesco s. m. **1.** Relación que hay entre los que son parientes. **2.** Relación que existe entre cosas del mismo origen. SIN. **1.** Consanguinidad. **2.** Vínculo. ANT. **2.** Diferencia.

paréntesis s. m. **1.** Signo ortográfico, ( ), que encierra algo que aclara o amplía el contenido de una palabra o frase. También, lo que se halla contenido en este signo. **2.** Interrupción, pausa: *Hizo un paréntesis para descansar.*

pareo s. m. Pañuelo grande que se enrolla al cuerpo como un vestido o como una falda.

paria s. m. y f. **1.** En la India, persona de la casta o clase social más baja. **2.** Persona a la que se considera inferior.

parida s. f. fam. Tontería, idiotez.

paridad s. f. Igualdad, semejanza.

pariente, ta s. m. y f. Persona de la misma familia que otra. SIN. Familiar.

parietal s. m. Cada uno de los dos huesos situados a los lados del cráneo.

parihuela s. f. **1.** Tablero sujeto con dos barras paralelas para transportar cosas. **2.** Camilla de madera. Esta palabra se usa más en pl. SIN. **1.** Angarillas, andas.

paripé s. m. Lo que se hace o se dice solo para engañar a alguien o para quedar bien: *hacer el paripé.*

parir v. Tener un hijo la mujer o la hembra de los mamíferos. ‖ LOC. **poner a parir** a alguien o algo Hablar mal de él.

parisién o **parisiense** adj. y s. Parisino.

parisino, na adj. y s. De París, capital de Francia.

paritario, ria adj. Se dice de la asamblea o de otra reunión en la que cada una de las partes que la forman tiene el mismo número de participantes.

paritorio s. m. Sala de un hospital o de una clínica donde se atienden los partos.

parka s. f. Tipo de chaquetón con capucha, acolchado o forrado con piel.

parking (ingl.) s. m. Aparcamiento.

párkinson s. m. Enfermedad cerebral que produce temblores y dificultad de movimientos en los miembros. Se llama también *enfermedad de Parkinson*.

parlamentar v. Hablar unos con otros para llegar a un acuerdo. SIN. Negociar.

parlamentario, ria adj. **1.** Relacionado con el Parlamento. ‖ s. m. y f. **2.** Miembro de un Parlamento. **3.** Persona que se envía a parlamentar.

parlamentarismo s. m. Sistema político en el que un Parlamento hace y aprueba las leyes y vigila la actuación del Gobierno.

parlamento s. m. **1.** Acción de parlamentar. **2.** Monólogo largo de un personaje de una obra de teatro. ‖ n. pr. m. **3.** Asamblea de personas elegidas por los ciudadanos de un país para hacer y aprobar las leyes.

parlanchín, na adj. y s. fam. Que habla demasiado. SIN. Hablador, charlatán. ANT. Callado.

parsimonioso

parlante *adj.* Que habla: *una muñeca parlante.*

parlar *v.* Hablar, sobre todo cuando se habla mucho.

parleta *s. f. fam.* Charla.

parlotear *v. fam.* Charlar, cotorrear.

parmesano, na *adj.* y *s.* **1.** De Parma, ciudad italiana. ‖ *adj.* y *s. m.* **2.** Se dice de un queso de leche de vaca, elaborado en la región italiana de Lombardía.

parnaso *s. m.* **1.** Conjunto de los poetas de un lugar o una época. **2.** Antología de varios poetas.

parné *s. m. fam.* Dinero.

paro *s. m.* **1.** Acción de parar o pararse: *paro cardiaco.* **2.** Interrupción del trabajo, sobre todo como forma de protesta. **3.** Situación de las personas que están sin empleo y conjunto formado por estas personas: *estar en paro; aumentar el paro.* **4.** Dinero que recibe una persona desempleada: *cobrar el paro.* **SIN. 3.** Desempleo.

parodia *s. f.* Imitación humorística. **SIN.** Caricatura.

parodiar *v.* Hacer una parodia. **SIN.** Caricaturizar, ridiculizar.

parolimpiada o **parolimpíada** *s. f.* Paralimpiada.

paronimia *s. f.* Hecho de ser parónimas dos o más palabras. **SIN.** Paranomasia.

parónimo, ma *adj.* Se dice de las palabras parecidas entre sí por su forma o su sonido.

paroxismo *s. m.* **1.** Grado más alto de un enfado, una pasión o un sentimiento. **2.** Fase más grave de una enfermedad.

paroxítono, na *adj.* y *s.* Se dice de la palabra acentuada en la penúltima sílaba. **SIN.** Llano.

parpadear *v.* **1.** Abrir y cerrar los párpados varias veces y con rapidez. **2.** Apagarse y encenderse muy seguido una luz. **SIN. 1.** Pestañear. **2.** Titilar.

parpadeo *s. m.* Acción de parpadear.

párpado *s. m.* Cada uno de los pliegues de piel que protegen los ojos.

parpar *v.* Emitir el pato su sonido.

parque *s. m.* **1.** Terreno con árboles, plantas y césped para que la gente pasee, descanse, juegue, etc. **2.** Lugar con instalaciones industriales, tecnológicas, etc.: *parque de bomberos, parque empresarial.* **3.** Conjunto de vehículos y equipo para realizar un determinado servicio: *parque automovilístico.* **4.** Armazón con una red como pared donde se coloca a los niños pequeños. ‖ **5. parque de atracciones** Lugar con muchas atracciones y aparatos mecánicos para divertirse. **6. parque**

nacional Terreno salvaje acotado por el Estado para proteger su vegetación, su fauna y su belleza natural. **7. parque natural** Terreno declarado valioso por el Gobierno por su belleza natural. **8. parque zoológico** Ver **zoológico. SIN. 1.** Jardín.

parqué *s. m.* Cubierta para el suelo hecha con pequeñas tablas de madera que forman figuras geométricas.

parqueadero *s. m. Amér.* Aparcamiento.

parquear *v. Amér.* Aparcar.

parquedad *s. f.* Característica de parco. **SIN.** Sobriedad. **ANT.** Exageración.

parquímetro *s. m.* Aparato que controla el tiempo que se deja el coche aparcado en algunos lugares.

parra *s. f.* Vid que crece sujeta a una pared o trepando sobre un armazón.

parrafada *s. f. fam.* Charla o discurso largos. **SIN.** Sermón.

párrafo *s. m.* Cada una de las partes de un escrito o discurso separadas por un punto y aparte o por otra pausa larga.

parral *s. m.* Parra o conjunto de parras sostenidas por un armazón.

parranda *s. f. fam.* Juerga.

parricida *adj.* y *s.* Relacionado con el parricidio o que lo ha cometido.

parricidio *s. m.* Acto de matar alguien a alguno de sus ascendientes o descendientes o a su cónyuge.

parrilla *s. f.* **1.** Rejilla de hierro para poner al fuego lo que se quiere asar o tostar. **2.** Restaurante en que se sirve carne asada de esta manera. ‖ **3. parrilla de salida** Zona de un circuito automovilístico en la que se sitúan los coches para comenzar una carrera.

parrillada *s. f.* Conjunto de alimentos asados a la parrilla.

párroco *adj.* y *s. m.* Sacerdote que dirige una parroquia: *cura párroco.*

parroquia *s. f.* **1.** Iglesia que atiende a las personas de un pueblo, un barrio o parte de él. **2.** Zona y conjunto de fieles que dependen de esa iglesia. **3.** Los clientes de un establecimiento.

parroquial *adj.* De la parroquia.

parroquiano, na *adj.* y *s.* **1.** Que es miembro de una parroquia. ‖ *s. m.* y *f.* **2.** Cliente habitual de un establecimiento. **SIN. 1.** Feligrés.

parsimonia *s. f.* Lentitud, calma. **SIN.** Flema, pachorra. **ANT.** Rapidez.

parsimonioso, sa *adj.* Lento, calmoso. **SIN.** Flemático. **ANT.** Rápido.

parte s. f. **1.** Lo que se separa de un conjunto o de una cosa. **2.** Lo que se da o se recibe al repartir. **3.** Cada una de las personas o grupos enfrentados. **4.** Lugar: *en todas partes.* ‖ s. m. **5.** Comunicación, aviso, noticia: *parte meteorológico.* ‖ s. f. pl. **6.** Órganos genitales. ‖ **7. parte de la oración** Cada una de las clases de palabras que existen en una lengua, como el adjetivo o el sustantivo. ‖ **LOC. llevar** uno **la mejor** o **la peor parte** Tener ventaja o desventaja. **tener** o **tomar parte** Participar. **SIN. 1.** Pieza, porción, trozo. **2.** Lote. **3.** Oponente, contendiente. **4.** Lado. **6.** Intimidades. **ANT. 1.** y **2.** Todo, totalidad.

parteluz s. m. Columna que divide en dos el hueco de una ventana o puerta.

partero, ra s. m. y f. Persona que ayuda a las mujeres en los partos.

parterre (del fr.) s. m. Cuadrado o rectángulo con flores y césped.

partición s. f. Acción de partir o repartir y cada una de las partes que se hacen. **SIN.** División, trozo.

participación s. f. **1.** Hecho de participar en algo. **2.** Aviso, comunicación: *participación de boda.* **3.** Cada una de las partes en que se divide o reparte algo, por ejemplo, un décimo de lotería. **SIN. 1.** Intervención, contribución. **2.** Notificación. **ANT. 1.** Abstención.

participante adj. y s. Que participa.

participar v. **1.** Hacer algo junto con otros. **2.** Recibir parte de alguna cosa. **3.** Hacer saber, comunicar. **SIN. 1.** Colaborar, intervenir, contribuir. **2.** Informar, notificar. **ANT. 1.** Abstenerse.

participativo, va adj. Se dice de la persona que suele participar en actividades de grupo.

partícipe adj. y s. Que participa en algo. ‖ **LOC. hacer partícipe** a alguien de alguna cosa Comunicársela o compartirla con él.

participio s. m. Forma no personal del verbo que termina en *-ado, -ido* y con la que se forman los tiempos compuestos: *ha venido.* También puede desempeñar la función del adjetivo e incluso del sustantivo: *la persona amada; su amada.*

partícula s. f. **1.** Parte muy pequeña de algo o cuerpo muy pequeño. **2.** El adverbio, la conjunción o la preposición. A veces también se llama *partícula* a los prefijos y los sufijos. **SIN. 1.** Porción.

particular adj. **1.** Propio de alguien o algo. **2.** Raro, especial. **3.** Concreto, que es ese y no otro. **4.** Que pertenece a alguien o que solo lo utiliza esa persona. **SIN. 1.** Típico. **1.** y **2.** Peculiar. **3.** Determinado, específico. **4.** Privado. **ANT. 1.** a **4.** Común.

particularidad s. f. Característica que diferencia a una persona o cosa de otras. **SIN.** Singularidad, peculiaridad.

particularizar v. **1.** Señalar los detalles particulares de algo. **2.** Referirse a una persona o cosa concretas. **SIN. 1.** Concretar, precisar. **2.** Singularizar. **ANT. 1.** y **2.** Generalizar.

particularmente adv. En particular, en especial.

partida s. f. **1.** Acción de partir o marcharse. **2.** Cantidad de una mercancía que se entrega, se envía o se recibe de una vez. **3.** Anotación en un registro del bautismo, del matrimonio o algún dato de una persona; también, copia de esa anotación. **4.** En un juego, serie de jugadas que terminan cuando alguien gana. **5.** Grupo, cuadrilla: *partida de caza.* **SIN. 1.** Marcha. **2.** Remesa. **3.** Inscripción; certificado. **5.** Banda. **ANT. 1.** Llegada.

partidario, ria adj. y s. Que apoya o defiende a una persona, idea o grupo. **SIN.** Seguidor, simpatizante. **ANT.** Enemigo.

partidismo s. m. Actitud o conducta partidista.

partidista adj. y s. Que favorece solo a un partido, idea, opinión, etc., frente a otros.

partido, da 1. p. de partir. También adj. ‖ s. m. **2.** Asociación de personas que defienden unas ideas políticas. **3.** Competición deportiva en que se enfrentan dos jugadores o equipos. ‖ **LOC. sacar partido** Sacar un beneficio o provecho. **ser un buen partido** Tener una persona una buena situación económica, por lo que se la considera interesante como pareja. **tomar partido** Mostrarse a favor de una de las partes enfrentadas. **SIN. 2.** Bando, facción. **3.** Encuentro.

partir v. **1.** Dividir en partes. **2.** Cortar y separar una parte de algo. **3.** Romper. **4.** Marcharse. **5.** Provenir, proceder. ‖ **partirse 6.** fam. Reírse mucho: *partirse de risa.* ‖ **LOC. a partir de** Desde: *a partir de mañana.* También, tomando como base algo. **SIN. 1.** Trocear, fragmentar. **2.** Desgajar. **3.** Quebrar, cascar. **4.** Irse. **5.** Nacer, arrancar. **6.** Troncharse, desternillarse, mondarse. **ANT. 2.** Unir. **4.** Llegar; permanecer.

partisano, na s. m. y f. Miembro de un grupo armado clandestino que lucha contra los invasores de su país.

partitivo, va adj. y s. m. Se dice de los sustantivos y adjetivos que expresan una parte de algo, como *cuarto* o *medio.*

partitura s. f. Texto de una obra musical escrito con los signos que representan los sonidos.

parto s. m. Acción de parir.

parturienta *adj.* y *s. f.* Mujer que está pariendo o acaba de hacerlo.

party (ingl.) *s. m.* Fiesta que se celebra en una casa.

parusía *s. f.* En el cristianismo, regreso de Jesús al final de los tiempos.

parva *s. f.* Mies extendida en la era.

parvo, va *adj.* **1.** Escaso, poco. **2.** De pequeño tamaño. **SIN. 2.** Diminuto. **ANT. 1.** Abundante. **2.** Grande.

parvulario *s. m.* Escuela de párvulos.

párvulo, la *adj.* y *s.* Niño que todavía es muy pequeño para ir al colegio y va a una escuela que se llama *parvulario*.

pasa *adj.* y *s. f.* Uva pasa. Ver **paso, sa**.

pasable *adj.* Aceptable.

pasacalle *s. m.* Música que tocan las bandas populares en algunas fiestas.

pasada *s. f.* **1.** Acción que se realiza sobre una cosa o capa de una sustancia que se le da. **2.** Hecho de pasar volando un avión sobre un lugar. **3.** *fam.* Cosa o acción exagerada. ‖ **4. mala pasada** Mala acción hecha a otra persona.

pasadizo *s. m.* Túnel o paso estrecho. **SIN.** Corredor, pasaje.

pasado, da **1.** *p.* de pasar. ‖ *adj.* **2.** Se dice del tiempo anterior al presente: *cosas pasadas*. **3.** Gastado o estropeado. ‖ *s. m.* **4.** Tiempo anterior al presente: *El pasado nunca vuelve.* **5.** El tiempo pretérito de los verbos. ‖ **6. pasado mañana** El día después de mañana. **SIN. 2.** Antiguo. **3.** Ajado, podrido. **4.** Ayer. **ANT. 2.** Actual. **3.** Nuevo.

pasador, ra *adj.* y *s.* **1.** Que pasa de un lugar a otro. ‖ *s. m.* **2.** Varilla, pieza de metal que se pasa de un lado a otro de una cosa para sujetar algo, como en algunos broches o como en los cerrojos. **3.** Colador. ‖ *s. m. pl.* **4.** Gemelos de la camisa.

pasaje *s. m.* **1.** Precio que se paga por viajar en barco o en avión. **2.** Conjunto de personas que viajan en un barco o en un avión. **3.** Calle estrecha y corta, o paso de una calle a otra por debajo de una obra literaria o musical. **SIN. 3.** Pasadizo, travesía. **4.** Episodio.

pasajero, ra *adj.* y *s.* **1.** Persona que viaja en un vehículo sin conducirlo. ‖ *adj.* **2.** Que pasa pronto. **SIN. 1.** Viajero. **2.** Breve, fugaz. **ANT. 2.** Duradero.

pasamanería *s. f.* Tira de tela bordada o de hilos o cordones trenzados con que se adornan vestidos y otras cosas. **SIN.** Trencilla, galón.

pasamanos *s. m.* Barra o parte de encima de una barandilla.

pasamontañas *s. m.* Gorro de punto que cubre toda la cabeza hasta el cuello, menos los ojos y la nariz.

pasante *s. m.* y *f.* Persona que trabaja y hace prácticas con un abogado.

pasaporte *s. m.* Documento que identifica a una persona y es necesario para entrar en algunos países.

pasapuré o **pasapurés** *s. m.* Colador para hacer puré.

pasar *v.* **1.** Ir a un lugar o entrar en él. **2.** Llevar o mover de un lugar a otro. **3.** Atravesar. **4.** Superar, aprobar. **5.** Sufrir, tener, padecer. **6.** Permitir, aguantar: *no pasar una.* **7.** Estar durante un tiempo en un lugar, en una situación o haciendo algo: *Pasó la tarde durmiendo.* **8.** Dar, entregar. **9.** Ocurrir. **10.** No hacer alguien una cosa, no participar en algo o no interesarle. ‖ **pasarse 11.** Pudrirse o estropearse los frutos, carnes, pescados, flores, etc. **12.** Excederse. **13.** Olvidarse o no darse cuenta. **SIN. 2.** Transportar, cambiar. **3.** Traspasar. **6.** Tolerar. **10.** Abstenerse, desentenderse. **ANT. 1.** Quedarse; salir. **2.** Dejar. **4.** Suspender. **10.** Intervenir. **12.** Contenerse. **13.** Acordarse.

pasarela *s. f.* **1.** Puente pequeño, hecho de materiales ligeros. **2.** Pasillo estrecho y en alto por el que pasan los modelos en un desfile de modas.

pasatiempo *s. m.* Entretenimiento para pasar el rato, como los crucigramas.

pasavolante *s. m.* Acción hecha con prisas y sin cuidado.

pascua *n. pr. f.* **1.** Fiesta con que los judíos recuerdan la huida de Egipto de sus antepasados. **2.** En la religión católica, fiesta que conmemora la resurrección de Jesucristo (Pascua de Resurrección); también se llama así a la Navidad, a la Epifanía y a Pentecostés. ‖ **LOC. como unas pascuas** Muy contento. **de Pascuas a Ramos** Muy pocas veces, de tarde en tarde. **hacer** a alguien **la pascua** Perjudicarle.

pascual *adj.* **1.** De la Pascua. **2.** Se dice del cordero de más de dos meses.

pase *s. m.* **1.** Acción de pasar. **2.** Cada una de las veces que el torero deja pasar al toro, que sigue la muleta. **3.** Proyección de una película en un cine o una sala. **4.** Desfile de modelos. **5.** Permiso por escrito con que se puede pasar por algunos sitios o hacer otras cosas. ‖ **LOC. tener un pase** Ser aceptable, no estar mal. **SIN. 5.** Autorización, salvoconducto.

paseante *adj.* y *s.* Que pasea.

pasear v. **1.** Ir andando, a caballo o en un vehículo para distraerse, tomar el aire, hacer ejercicio. **2.** Llevar de paseo. SIN. **1.** Caminar, deambular, callejear.

paseíllo s. m. Desfile de los toreros y sus cuadrillas antes de la corrida.

paseo s. m. **1.** Acción de pasear. **2.** Avenida para pasear. ‖ LOC. **a paseo** Con verbos como *ir, mandar, enviar*, se utiliza para echar a alguien o rechazar algo.

pashmina s. f. **1.** Tejido de cachemir. **2.** Chal fabricado con este tejido o con otro parecido.

pasiego, ga adj. y s. Del valle del Pas, en Cantabria.

pasillo s. m. Parte larga y estrecha de una casa o edificio, que comunica unas habitaciones con otras. SIN. Corredor.

pasión s. f. **1.** Sentimiento, amor o afición muy fuertes. ‖ n. pr. f. **2.** Sufrimientos que padeció Jesucristo desde su entrada en Jerusalén hasta su muerte en la cruz. SIN. **1.** Emoción, entusiasmo. ANT. **1.** Frialdad.

pasional adj. De la pasión amorosa.

pasionaria s. f. Planta trepadora de hojas verdes, con flores blancas y fruto naranja; también se llama así a su flor.

pasividad s. f. Hecho de estar o quedarse sin hacer nada. SIN. Inactividad; apatía. ANT. Actividad, dinamismo.

pasivo, va adj. **1.** Que se queda sin hacer nada. **2.** Se dice de las pensiones que paga el Estado a los jubilados, viudas, etc. ‖ adj. y s. f. **3.** Se dice de la voz del verbo que indica que el sujeto no realiza la acción del verbo, sino que recibe sus efectos, y de las oraciones que tienen el verbo en esa voz, por ejemplo: *El gol fue marcado por el delantero.* ‖ s. m. **4.** Dinero que debe una persona, empresa o negocio. SIN. **1.** Inactivo. ANT. **1.**, **3.** y **4.** Activo.

pasma s. f. En argot, policía.

pasmado, da 1. p. de **pasmar**. También adj. ‖ adj. y s. **2.** Que se queda como atontado, como un pasmarote. SIN. **1.** Maravillado, estupefacto. **2.** Alelado.

pasmar v. **1.** Dejar a alguien helado de frío. **2.** Asombrar mucho, maravillar.

pasmarote s. m. fam. Persona que se queda atontada, sin hacer nada, o como si no entendiera lo que le dicen. SIN. Pasmado, alelado. ANT. Espabilado.

pasmina s. f. Pashmina.

pasmo s. m. Asombro muy grande.

pasmoso, sa adj. Que causa pasmo. SIN. Asombroso. ANT. Corriente.

paso s. m. **1.** Acción de pasar. **2.** Movimiento de adelantar una pierna cada vez al andar y espacio que se recorre al realizarlo. **3.** Cada uno de los movimientos distintos de una danza o un baile. **4.** Lugar por el que se pasa para ir de un sitio a otro. **5.** Cada una de las cosas que hay que hacer para conseguir algo. **6.** Hecho importante de la Pasión de Jesucristo y grupo de esculturas que lo representa. **7.** Cada vez que avanza un número en un aparato contador. ‖ **8. paso a nivel** Cruce de una vía de tren con un camino o carretera que está a su misma altura. ‖ LOC. **a cada paso** Con mucha frecuencia. **salir del paso** Librarse de una dificultad o superarla. **seguir los pasos de** alguien Imitarle. SIN. **1.** Tránsito. **2.** Zancada. **4.** Camino.

paso, sa adj. Se dice de los frutos que se han dejado secar y toman un sabor muy dulce: *uva pasa, higo paso.*

pasodoble s. m. Música, canción y baile españoles de ritmo vivo.

pasota adj. y s. fam. Persona a la que todo le da igual y no se interesa por nada.

pasotismo s. m. fam. Actitud del pasota.

paspartú s. m. Recuadro de cartón, tela u otro material que se coloca entre una pintura o fotografía y su marco.

pasquín s. m. **1.** Escrito sin firma colocado en lugares públicos en el que se critica a alguien o algo. **2.** Cartel.

password (ingl.) s. m. En informática, contraseña.

pasta s. f. **1.** Mezcla de una sustancia sólida y un líquido o materia blanda que se puede moldear o amasar y se endurece al secarse. **2.** Masa de harina de trigo y agua de la que se hacen, por ejemplo, los espaguetis. **3.** Dulce de pastelería, más bien duro y plano. **4.** Tapa de los libros. **5.** fam. Dinero. SIN. **5.** Guita, parné.

pastar v. Comer el ganado hierba en el campo. SIN. Pacer.

pastel s. m. **1.** Pieza hecha con masa de harina, huevo, manteca y otras cosas, cocida en el horno y rellena o adornada con diversos ingredientes. **2.** Lápiz o barra hecha con polvo de color, agua y otras sustancias, que se utiliza para pintar. ‖ LOC. **descubrir el pastel** Enterarse de algo que se intentaba ocultar.

pastelería s. f. **1.** Tienda donde se hacen o venden pasteles, pastas y otros dulces. **2.** Arte de hacer esos dulces. SIN. **1.** Confitería. **2.** Repostería.

pastelero, ra s. m. y f. **1.** Persona que vende o hace pasteles. ‖ adj. **2.** Usado para hacer pasteles: *crema pastelera.*

pasterización o **pasteurización** s. f. Proceso de pasterizar un alimento.

pasterizar o **pasteurizar** v. Esterilizar la leche u otros alimentos calentándolos y enfriándolos después rápidamente.

pastiche s. m. Obra mal hecha que imita a otra o mezcla cosas diferentes. **SIN.** Plagio; refrito. **ANT.** Original.

pastilla s. f. **1.** Pieza de alguna pasta más o menos dura: *pastilla de jabón.* **2.** Medicamento en forma de pieza pequeña, dura y redondeada que se puede chupar o tragar con facilidad. ‖ **LOC. a toda pastilla** Muy deprisa. **SIN. 1.** y **2.** Tableta. **2.** Píldora, comprimido.

pastillero s. m. Caja pequeña para guardar pastillas.

pastizal s. m. Terreno con mucho pasto.

pasto s. m. **1.** Hierba que come el ganado en el campo. **2.** Lugar en que pasta el ganado. **3.** Lo que es consumido, destruido o devorado por algo: *La casa fue pasto de las llamas.* **SIN. 2.** Pastizal, prado.

pastor, ra s. m. y f. **1.** Persona que cuida el ganado. ‖ s. m. **2.** Sacerdote, sobre todo el que es protestante. ‖ adj. y s. **3.** Se dice del perro adiestrado para ayudar con el ganado. También se dice de algunas razas de perros que originalmente tenían esta función, como el pastor alemán.

pastoral adj. **1.** Relacionado con los pastores o sacerdotes. ‖ s. f. **2.** Escrito que dirige un obispo a sus feligreses.

pastorear v. Cuidar y guiar el ganado mientras pasta.

pastoreo s. m. Actividad de pastorear.

pastoril adj. Se dice de un tipo de literatura que trata de forma idealizada sobre la vida del campo y los amores de los pastores. **SIN.** Bucólico.

pastoso, sa adj. **1.** Blando, espeso o pegajoso como una pasta. **2.** Se dice de la voz agradable y suave. **SIN. 1.** Denso. **ANT. 1.** Líquido.

pata s. f. **1.** Pierna de los animales. **2.** fam. Pierna de una persona. **3.** Cada una de las piezas con las que un mueble se apoya en el suelo. **4. mala pata** Mala suerte. ‖ **5. patas de gallo** Arrugas que se forman en la piel al extremo del ojo. ‖ **LOC. estirar la pata** Morir. **meter la pata** Equivocarse. **patas arriba** Al revés o desordenado.

patada s. f. Golpe dado con el pie o con la pata. ‖ **LOC. a patadas** En gran cantidad; también, con verbos como *echar* o *tratar*, con violencia y sin consideración. **dar la patada** a alguien Echarle. **SIN.** Coz, puntapié.

patalear v. **1.** Mover mucho las piernas o las patas. **2.** Dar golpes con fuerza en el suelo con los pies o las patas. **SIN. 2.** Patear.

pataleo s. m. Acción de patalear.

pataleta s. f. fam. Enfado muy grande. **SIN.** Berrinche, rabieta.

patán s. m. fam. Hombre inculto o bruto. **SIN.** Palurdo, paleto.

patata s. f. **1.** Planta de hojas compuestas con hojitas ovaladas, flores blancas y fruto pequeño y verde; tiene unos tubérculos redondeados, llamados también *patatas*, que son un importante alimento. **2.** Cosa mala, mal hecha o aburrida. ‖ **LOC. ni patata** o **ni una patata** Nada: *no entender ni una patata.* **SIN. 1.** Papa.

patatal s. m. Terreno donde se cultivan patatas.

patatero, ra adj. **1.** Se dice de la persona a la que le gusta mucho comer patatas. **2.** Malo, sin calidad ni estilo. ‖ **LOC. rollo patatero** Cosa muy aburrida.

patatín Se usa en la expresión **que si patatín que si patatán** o **que patatín que patatán**, con la que se describe una conversación poco importante o las excusas de alguien.

patatús s. m. **1.** fam. Desmayo o ataque de nervios. **2.** fam. Impresión muy fuerte. **SIN. 1.** y **2.** Soponcio, síncope.

paté (del fr.) s. m. Pasta hecha de carne o de hígado picados.

patear v. **1.** fam. Golpear o pisotear con los pies. **2.** fam. Recorrer, andar. **SIN. 1.** Patalear.

patena s. f. Platillo en que se pone la hostia en la misa.

patentar v. Registrar mediante una patente un invento o una marca.

patente adj. **1.** Que se ve o se nota claramente. ‖ s. f. **2.** Documento oficial que concede solamente a una persona o empresa el derecho a difundir y explotar un invento o una marca. **SIN. 1.** Manifiesto, claro, evidente. **ANT. 1.** Dudoso.

pateo s. m. fam. Acción de patear.

páter (del lat.) s. m. Sacerdote, sobre todo el de un regimiento militar.

patera s. f. Barca de fondo plano para aguas poco profundas. Se llama también así a las que pasan contrabando o inmigrantes ilegales entre el norte de África y la península ibérica.

paternal adj. Propio de un padre.

paternalismo s. m. Actitud propia de quien es paternalista.

paternalista adj. y s. Que dirige y protege demasiado a una persona, sin dejar que ella tome sus propias decisiones.

paternidad s. f. Hecho de ser padre.

paterno, na adj. Del padre.

patético, ca *adj.* Que da mucha lástima. SIN. Trágico, dramático, conmovedor. ANT. Alegre.

patetismo *s. m.* Característica de lo que resulta patético.

patibulario, ria *adj.* **1.** Relacionado con el patíbulo. **2.** Que tiene cara o aspecto siniestro, como de criminal.

patíbulo *s. m.* Lugar donde se ejecutaba a los condenados a muerte. SIN. Cadalso.

patidifuso, sa *adj. fam.* Asombrado.

patilla *s. f.* **1.** Pelo que crece por delante de las orejas. **2.** Varillas que llevan las gafas para apoyarlas en las orejas. **3.** Saliente pequeño y delgado de algunas cosas, que se encaja en otras.

patín *s. m.* **1.** Bota o plancha que se ajusta al zapato, con cuatro ruedas o una especie de cuchilla, que sirve para patinar. **2.** Patinete. **3.** Embarcación pequeña sobre dos flotadores.

pátina *s. f.* **1.** Capa verdosa de óxido que se forma en el bronce y otros metales. **2.** Aspecto que toman las pinturas y otros objetos con el paso del tiempo.

patinador, ra *s. m.* y *f.* Persona que practica el patinaje.

patinaje *s. m.* **1.** Acción de patinar. **2.** Deporte que consiste en patinar sobre el hielo o sobre otra superficie.

patinar *v.* **1.** Deslizarse con los patines sobre el hielo o sobre otra superficie lisa. **2.** Resbalar. **3.** *fam.* Meter la pata. SIN. **2.** Derrapar.

patinazo *s. m.* **1.** Acción de patinar o resbalar bruscamente. **2.** *fam.* Equivocación. SIN. **1.** Resbalón.

patinete *s. m.* Tabla con ruedas y una barra con manillar para dirigirla. SIN. Patín.

patio *s. m.* **1.** Espacio abierto dentro de un edificio al que dan las ventanas de las habitaciones interiores. **2.** Planta baja de los teatros que está ocupada por las butacas.

patitieso, sa *adj.* **1.** *fam.* Muy asombrado. **2.** *fam.* Paralizado, sin movimiento. SIN. **1.** Patidifuso, estupefacto. **2.** Inmóvil.

patituerto, ta *adj.* **1.** Que tiene las patas o las piernas torcidas. **2.** *fam.* Se dice de las cosas torcidas o mal hechas.

patizambo, ba *adj.* y *s.* Que anda con las piernas torcidas hacia fuera.

pato, ta *s. m.* y *f.* **1.** Ave palmípeda acuática de pico ancho, cuello corto y patas pequeñas. || *adj.* y *s. m.* **2.** *fam.* Patoso. || LOC. **pagar el pato** Sufrir uno las consecuencias de lo que otro hace.

patochada *s. f.* Disparate, tontería.

patógeno, na *adj.* Que causa enfermedades: *germen patógeno.*

patología *s. f.* Parte de la medicina que estudia las enfermedades.

patológico, ca *adj.* Relacionado con la patología o con la enfermedad.

patoso, sa *adj.* y *s.* **1.** Torpe, poco ágil. **2.** Que hace o dice lo que no debe y mete la pata. SIN. **1.** Desgarbado. **2.** Metepatas. ANT. **1.** Hábil.

patraña *s. f.* Mentira.

patria *s. f.* **1.** País de una persona. || **2. patria chica** Pueblo, ciudad o región donde una persona ha nacido.

patriarca *s. m.* **1.** Nombre de algunos personajes del Antiguo Testamento que tuvieron muchos descendientes. **2.** Persona más respetada o con mayor autoridad en una familia o grupo. **3.** Título que se da a algunos obispos, por ejemplo, a los de la Iglesia oriental.

patriarcado *s. m.* **1.** Título del patriarca. **2.** Organización social en la que manda el padre o el marido. ANT. **2.** Matriarcado.

patriarcal *adj.* Del patriarcado.

patricio, cia *adj.* y *s.* En el antiguo Imperio romano, miembro de alguna de las familias más antiguas de la nobleza. ANT. Plebeyo.

patrimonial *adj.* Del patrimonio.

patrimonio *s. m.* Bienes de una persona, institución, país, comunidad, etc. SIN. Propiedad, fortuna, capital.

patrio, tria *adj.* De la patria.

patriota *adj.* y *s.* Que ama a su patria.

patriotero, ra *adj.* y *s.* Que presume exageradamente de patriotismo.

patriótico, ca *adj.* Relacionado con la patria o el patriotismo.

patriotismo *s. m.* Amor a la patria.

patrocinador, ra *adj.* y *s.* Que patrocina a alguien o algo.

patrocinar *v.* Apoyar, generalmente con dinero, a una persona, actividad o idea. SIN. Favorecer; sufragar.

patrocinio *s. m.* Acción de patrocinar.

patrón, na *s. m.* y *f.* **1.** Patrono. || *s. m.* **2.** Persona al mando de un barco pequeño. **3.** Cosa que sirve de modelo o plantilla, como las piezas de papel que sirven para cortar la tela de los vestidos. SIN. **3.** Molde.

patronal *adj.* **1.** Del patrono o relacionado con él. || *s. f.* **2.** Asociación de patronos o empresarios.

patronato *s. m.* **1.** Fundación benéfica. **2.** Grupo de personas que dirige o supervisa las actividades de algunas instituciones o fundaciones.

patronazgo *s. m.* Derecho, poder o facultad que tiene el patrono.

patronear *v.* Dirigir un barco. **SIN.** Gobernar.

patronímico *s. m.* Nombre o apellido que deriva del nombre propio del padre o de un antepasado, como *González* de *Gonzalo*.

patrono, na *s. m.* y *f.* **1.** Santo o Virgen a los que se dedica una iglesia o que son protectores de un lugar o asociación. **2.** Dueño de la casa en la que uno vive. **3.** Persona que contrata obreros o empleados para un trabajo. **SIN. 1.** a **3.** Patrón. **3.** Empresario.

patrulla *s. f.* Grupo de personas, aviones o barcos que patrullan un lugar.

patrullar *v.* Recorrer un lugar para vigilarlo o con alguna otra misión. **SIN.** Rondar.

patrullero, ra *adj.* y *s.* Que patrulla.

patuco *s. m.* Calzado de punto que se pone a los niños pequeños que todavía no andan. **SIN.** Peúco.

patulea *s. f. fam.* Grupo de delincuentes o personas de mala condición. **SIN.** Hatajo, caterva.

paulatino, na *adj.* Que se produce o se realiza poco a poco, despacio. **SIN.** Lento, gradual. **ANT.** Rápido, repentino.

paulino, na *adj.* Del apóstol san Pablo o relacionado con él.

paupérrimo, ma *adj. sup.* de **pobre**.

pausa *s. f.* Interrupción breve. **SIN.** Parada, paro, detención.

pausado, da *adj.* Lento, tranquilo.

pauta *s. f.* **1.** Norma o guía que se tiene en cuenta para hacer algo: *marcar la pauta*. **2.** Rayas horizontales que se hacen en el papel para no torcerse al escribir. **3.** Rayas paralelas sobre las que se escriben los signos musicales. **SIN. 1.** Regla, criterio.

pautado, da 1. *p.* de **pautar**. También *adj.* || *adj.* **2.** Se dice del papel que tiene rayas.

pautar *v.* **1.** Dar las normas que han de tenerse en cuenta para hacer algo. **2.** Trazar rayas horizontales en el papel.

pavada *s. f. fam.* Tontería, bobada.

pavana *s. f.* **1.** Danza cortesana de movimientos lentos y acompasados. **2.** Música que acompaña a esta danza.

pavés *s. m.* **1.** Ladrillo de vidrio que se usa para construir techos, suelos o paredes transparentes. **2.** Suelo de adoquines.

pavesa *s. f.* Parte pequeña que se desprende de un cuerpo encendido y que acaba por convertirse en ceniza.

pavimentar *v.* Cubrir el suelo con baldosas o con otros materiales para hacerlo más liso y resistente. **SIN.** Asfaltar, solar.

pavimento *s. m.* Suelo pavimentado y material con que se hace.

pavo, va *s. m.* y *f.* **1.** Ave de gran tamaño, del mismo grupo que la gallina, que tiene la cabeza y el cuello sin plumas y unos colgantes carnosos de color rojo. Su carne es muy apreciada. || *adj.* y *s.* **2.** *fam.* Soso o bobo. || *s. m.* **3.** *fam.* Moneda de un euro. **4.** *fam.* Antigua moneda de cinco pesetas. || **5. pavo real** Ave parecida al pavo con plumas de bonitos colores. El macho tiene una cola muy larga que despliega en forma de abanico y un penacho de plumas tiesas. || **LOC. pelar la pava** Tener los novios conversaciones amorosas. **subírsele** a alguien **el pavo** Sonrojarse. **SIN. 2.** Pavisoso.

pavón *s. m.* **1.** Mariposa grande con pequeñas manchas de colores en las alas. **2.** Pavo real. **3.** Capa de óxido que se emplea para cubrir objetos de hierro y protegerlos de la corrosión.

pavonar *v.* Dar una capa de pavón.

pavonearse *v.* Presumir mucho.

pavor *s. m.* Miedo muy grande. **SIN.** Terror, pánico. **ANT.** Valor.

pavoroso, sa *adj.* Que causa pavor. **SIN.** Terrorífico.

payador *s. m. Amér.* Cantor que va de un lugar a otro y que improvisa las letras de sus canciones.

payasada *s. f.* Tontería, bobada.

payaso, sa *s. m.* y *f.* **1.** Artista de circo que hace reír al público; suele ir vestido y maquillado de forma muy llamativa y graciosa. || *adj.* y *s.* **2.** Persona poco formal o ridícula. **3.** Persona a la que le gusta hacer reír a los demás. **SIN. 1.** *Clown*.

payés, sa *s. m.* y *f.* Campesino de Cataluña o de Baleares.

payo, ya *s. m.* y *f.* Nombre que dan los gitanos a los que no son de su raza.

paz *s. f.* **1.** Situación en la que no hay guerra, conflictos ni enfrentamientos. **2.** Acuerdo que pone fin a una guerra. **3.** Tranquilidad, silencio. || **LOC. dejar en paz** a alguien No molestarle. **hacer las paces** Dejar de estar enfadadas o enfrentadas dos o más personas. **SIN. 1.** Concordia, armonía. **ANT. 1.** Enemistad. **3.** Bullicio.

pazguato, ta *adj.* y *s.* Simple, ingenuo. **SIN.** Papanatas; timorato.

pazo *s. m.* Casa grande que en Galicia tienen algunas familias importantes.

PC (siglas del ingl. *Personal Computer*, 'ordenador personal') *s. m.* Ordenador de uso personal.

pe Se usa en la expresión **de pe a pa**, 'de principio a fin': *Me lo sé de pe a pa.*

peaje *s. m.* **1.** Cantidad de dinero que hay que pagar para pasar por determinados sitios, como algunas autopistas. **2.** Lugar donde se paga este dinero.

peana *s. f.* Base sobre la que se coloca una estatua, jarrón u otra figura. **SIN.** Pedestal.

peatón, na *s. m.* y *f.* Persona que se desplaza a pie. **SIN.** Transeúnte, viandante.

peatonal *adj.* Solo para peatones: *calle peatonal.*

peca *s. f.* Manchita marrón que sale en la piel, sobre todo en la cara.

pecado *s. m.* **1.** Acto, palabra o pensamiento contra la voluntad de Dios. ‖ **2. pecado mortal** Pecado grave. **3. pecado original** El que, según los cristianos, tienen todas las personas al nacer por haber desobedecido Adán y Eva a Dios. **4. pecado venial** Pecado leve.

pecador, ra *adj.* y *s.* Se dice del que comete pecados.

pecaminoso, sa *adj.* Que es pecado o está relacionado con el pecado.

pecar *v.* **1.** Cometer pecados. **2.** Tener en exceso una cualidad: *pecar alguien de ingenuo.* **SIN. 2.** Excederse.

pecarí *s. m.* Mamífero americano parecido al jabalí; posee una glándula que produce una sustancia maloliente.

peccata minuta (lat.) *expr.* Poca importancia o valor de una cosa.

pecera *s. f.* **1.** Recipiente de cristal con agua para tener en él peces vivos. **2.** Sala acristalada que deja ver el interior. **SIN. 1.** Acuario.

pechar *v.* Tener que cargar con el trabajo o las consecuencias malas de algo. **SIN.** Apechugar.

pechera *s. f.* Parte de la camisa o de otras prendas que cubre el pecho.

pecho *s. m.* **1.** Parte del cuerpo de los seres humanos y los animales cuadrúpedos, rodeada por las costillas, donde se encuentran los pulmones y el corazón. **2.** Zona exterior y delantera de esa parte del cuerpo. **3.** Cada mama de la mujer o las dos juntas. ‖ **LOC. dar el pecho** Dar de mamar a un niño. **tomar** algo **a pecho** Tomarlo muy en serio. **SIN. 1.** Tórax. **2.** Torso. **3.** Seno, teta.

pechuga *s. f.* **1.** Pecho del pollo y otras aves. **2.** *fam.* Pecho de una persona, sobre todo de una mujer.

pechugona *adj.* y *s. f. fam.* Se dice de la mujer que tiene mucho pecho.

pecíolo o **peciolo** *s. m.* Prolongación de las hojas por la que se unen al tallo. **SIN.** Pedúnculo.

pécora *s. f.* **1.** *fam.* Prostituta. **2.** *fam.* Mujer mala. **SIN. 2.** Bruja.

pecoso, sa *adj.* Que tiene pecas.

pectoral *adj.* **1.** Del pecho. ‖ *adj.* y *s. m.* **2.** Se dice de los músculos del pecho. **SIN. 1.** y **2.** Torácico.

pecuario, ria *adj.* Del ganado: *vía pecuaria.*

peculiar *adj.* Característico, propio. **SIN.** Particular, singular. **ANT.** General.

peculiaridad *s. f.* Lo que es propio de una cosa y la distingue de las demás. **SIN.** Particularidad, característica.

peculio *s. m.* Dinero o bienes de que dispone una persona.

pecuniario, ria *adj.* Del dinero.

pedagogía *s. f.* Ciencia que estudia los métodos de enseñanza.

pedagógico, ca *adj.* **1.** De la pedagogía. **2.** Que enseña las cosas de forma que se entiendan y aprendan fácilmente. **SIN. 2.** Didáctico.

pedagogo, ga *s. m.* y *f.* Persona que se dedica a la pedagogía.

pedal *s. m.* Palanca que se empuja con los pies, como la que tienen los coches o las bicicletas.

pedalada *s. f.* Cada movimiento del pedal con el pie al pedalear.

pedalear *v.* Mover los pedales, sobre todo de una bicicleta.

pedaleo *s. m.* Acción de pedalear.

pedáneo, a *adj.* y *s.* Se dice del alcalde o juez de una pedanía o del que actúa en asuntos poco importantes.

pedanía *s. f.* Pueblo de pocos habitantes que depende de un municipio mayor y está gobernado por un alcalde o un juez, llamados *pedáneos.*

pedante *adj.* y *s.* Que presume mucho de sus conocimientos ante los demás.

pedantería *s. f.* **1.** Característica de pedante. **2.** Cosa que dice un pedante.

pedantesco, ca *adj.* Propio de una persona pedante.

pedazo *s. m.* Parte o trozo. ‖ **LOC. caerse a pedazos** Estar una cosa muy vieja; estar alguien muy cansado. **SIN.** Porción, fragmento.

pederasta *adj.* y *s.* Adulto que abusa sexualmente de un niño. **SIN.** Pedófilo.

pederastia *s. f.* Abuso sexual de un adulto a un niño. **SIN.** Pedofilia.

pedernal *s. m.* Tipo de cuarzo de color amarillento, que al ser golpeado con un hierro produce chispas.

pedestal *s. m.* Base sobre la que se coloca una estatua, una columna u otras cosas. ‖ **LOC. tener** o **poner** a alguien **en un pedestal** Tener muy buena opinión de él. **SIN.** Podio, peana.

pedestre *adj.* **1.** Vulgar. **2.** Se dice de la carrera deportiva que se realiza a pie.

pediatra *s. m.* y *f.* Médico especialista en pediatría.

pediatría *s. f.* Parte de la medicina que se ocupa de las enfermedades del niño. **SIN.** Puericultura.

pedicuro, ra *s. m.* y *f.* Persona que se dedica al cuidado de los pies. **SIN.** Callista.

pedida *s. f.* Acto de pedir la mano de una mujer para casarse con ella.

pedido, da 1 *p.* de pedir. También *adj.* ‖ *s. m.* **2.** Productos que se encargan a un fabricante o vendedor.

pedigrí *s. m.* Conjunto de antepasados de un animal de raza.

pedigüeño, ña *adj.* y *s.* Que siempre está pidiendo y por eso resulta molesto.

pedir *v.* **1.** Decir a otro que nos haga o nos dé algo. **2.** Poner un precio a algo que se vende. **3.** Querer, necesitar, requerir. **4.** Mendigar. ‖ **LOC. pedir la mano** Pedir permiso el novio a los padres o parientes de su novia para poder casarse con ella. □ Es v. irreg. **SIN. 1.** Solicitar, rogar. **3.** Desear. **ANT. 1.** Dar.

pedo *s. m.* **1.** Aire que se expulsa por el ano. **2.** *fam.* Estado del que está borracho o que ha tomado alguna droga. **SIN. 1.** Ventosidad.

pedofilia *s. f.* Atracción sexual que siente un adulto hacia los niños.

pedófilo, la *adj.* y *s.* Que siente pedofilia o la practica.

pedorrear *v.* **1.** Tirarse pedos haciendo ruido. **2.** Hacer pedorretas.

pedorreta *s. f.* Ruido hecho con la boca imitando el de un pedo.

pedorro, rra *adj.* y *s.* **1.** Que se tira pedos. **2.** *fam.* Se dice de la persona tonta, molesta o desagradable.

pedrada *s. f.* Golpe con una piedra.

pedrea *s. f.* **1.** Premios de menor valor de la lotería nacional. **2.** Pelea a pedradas. **3.** Llover granizo o pedrisco.

pedregal *s. m.* Terreno pedregoso.

pedregoso, sa *adj.* Se dice del terreno que está lleno de piedras.

pedrería *s. f.* Conjunto de piedras preciosas: *una diadema de pedrería.*

pedrisco *s. m.* Granizo de gran tamaño.

pedrusco *s. m.* Piedra grande.

pedúnculo *s. m.* **1.** Parte de las plantas que une las flores y los frutos al tallo. **2.** Parte del cuerpo de algunos animales marinos, como por ejemplo, los percebes, mediante la cual se pegan a las rocas. **SIN. 1.** Rabillo.

peeling (ingl.) *s. m.* Tratamiento de belleza con el que se quitan las células muertas de la piel.

peerse *v.* Tirarse un pedo. **SIN.** Ventosear.

pega *s. f.* Obstáculo, inconveniente. ‖ **LOC. de pega** Falso o de imitación. **SIN.** Dificultad. **ANT.** Facilidad.

PEDIR	
GERUNDIO	
pidiendo	
INDICATIVO	
Presente	**Pretérito perfecto simple**
pido	*pedí*
pides	*pediste*
pide	*pidió*
pedimos	*pedimos*
pedís	*pedisteis*
piden	*pidieron*
SUBJUNTIVO	
Presente	**Pretérito imperfecto**
pida	*pidiera, -ese*
pidas	*pidieras, -eses*
pida	*pidiera, -ese*
pidamos	*pidiéramos, -ésemos*
pidáis	*pidierais, -eseis*
pidan	*pidieran, -esen*
Futuro simple	
pidiere	*pidiéremos*
pidieres	*pidiereis*
pidiere	*pidieren*
IMPERATIVO	
pide (tú)	*pedid* (vosotros)
pida (usted)	*pidan* (ustedes)

pegada *s. f.* Modo de pegar a la pelota en tenis o al contrincante en boxeo.

pegadizo, za *adj.* Se dice de la música y de las canciones que se quedan con facilidad en la memoria.

pegado, da **1.** *p.* de **pegar.** También *adj.* ‖ *s. m.* **2.** Acción de pegar.

pegajoso, sa *adj.* **1.** Que se queda pegado. **2.** *fam.* Demasiado cariñoso o amable. **3.** Que se contagia con facilidad. **SIN. 1.** Pringoso. **2.** Empalagoso. **3.** Pegadizo.

pegamento *s. m.* Sustancia que sirve para pegar un objeto a otro.

pegar *v.* **1.** Dar golpes a una persona o animal. **2.** Unir una cosa a otra con una sustancia como el pegamento. **3.** Unir, acercar mucho. **4.** Estar muy cerca. **5.** Transmitirle a otro la misma enfermedad, costumbre o manía que uno tiene. **6.** Dar, hacer: *pegar un susto; pegar un salto.* **7.** Quedar bien una cosa con otra. **8.** Dar en algo: *La pelota pegó en la pared.* ‖ **pegarse 9.** Quemarse la comida y quedarse fija en el fondo del recipiente. **10.** Quedarse una cosa en la memoria. ‖ **LOC. pegársela** Engañar a alguien. También, sufrir una caída o choque. **SIN. 1.** Golpear, atizar. **2.** Encolar, adherir. **3.** Arrimar. **5.** Contagiar. **7.** Armonizar. **ANT. 2.** Despegar. **2.** y **3.** Separar. **7.** Desentonar.

pegatina *s. f.* Lámina impresa que se pega en cualquier superficie.

pego Se usa en la expresión **dar el pego,** 'engañar' o 'parecer lo que no es'.

pegón, na *adj.* y *s. fam.* Que siempre está pegando a los demás.

pegote *s. m.* **1.** Masa de una sustancia pegajosa. **2.** *fam.* Cosa añadida a otra que queda mal. **3.** *fam.* Mentira. **SIN. 3.** Trola.

pegotear *v.* Pegar algo de manera descuidada.

peinado, da **1.** *p.* de **peinar.** También *adj.* ‖ *s. m.* **2.** Forma de peinarse el pelo. **ANT. 1.** Despeinado.

peinador, ra *adj.* **1.** Que peina. ‖ *s. m.* **2.** Prenda que se pone alrededor del cuello para cubrir la ropa del que se peina o afeita.

peinar *v.* **1.** Desenredar y colocar el pelo con un peine o cepillo. **2.** Registrar una zona con mucho cuidado. **ANT. 1.** Despeinar.

peinazo *s. m.* Listón horizontal que en una puerta o ventana forma divisiones.

peine *s. m.* **1.** Utensilio con púas o dientes para peinar el pelo. **2.** Objeto con una forma y función parecida al anterior. **3.** Cargador de algunas armas de fuego.

peinecillo *s. m.* Peineta pequeña.

peineta *s. f.* Adorno femenino para sujetar el pelo, que tiene forma de peine curvo.

pejerrey *s. m.* Pez de cuerpo gris plateado, con el dorso oscuro y los ojos grandes. Se usa como alimento.

pejiguera *s. f. fam.* Fastidio, pesadez.

pejiguero, ra *adj.* y *s. fam.* Que se queja mucho y pone pegas a todo. **SIN.** Chinchorrero, pijotero.

pekinés, sa *adj.* y *s.* **1.** De Pekín, capital de China. ‖ *s. m.* **2.** Perro pequeño, de cabeza ancha, hocico chato, orejas caídas, pelo largo y liso y patas cortas.

pela *s. f. fam.* Antigua moneda de una peseta.

peladilla *s. f.* Almendra recubierta de una capa blanca de azúcar.

pelado, da **1.** *p.* de **pelar.** También *adj.* ‖ *adj.* **2.** Sin lo que normalmente tiene: *un monte pelado.* **3.** Se dice de un número o cantidad muy justa o escasa. ‖ *adj.* y *s.* **4.** *fam.* Sin dinero: *estar pelado.* ‖ *s. m.* **5.** Acción de cortar el pelo. **SIN. 2.** Desnudo, mondo.

peladura *s. f.* **1.** Acción de pelar. **2.** Piel o corteza que se quita al pelar algo. **SIN. 1.** Mondadura.

pelagatos *s. m. fam.* Persona pobre o poco importante. **SIN.** Infeliz, pelanas.

pelagra *s. f.* Enfermedad causada por la falta de un tipo de vitamina, que provoca trastornos digestivos y nerviosos y manchas y erupciones en la piel.

pelaje *s. m.* **1.** Pelo o lana de un animal. **2.** *fam.* Aspecto de una persona, sobre todo cuando es malo.

pelambre o **pelambrera** *s. f.* Gran cantidad de pelo, largo o muy revuelto. **SIN.** Melena, greña.

pelanas *s. m. fam.* Pelagatos.

pelandusca *s. f. fam.* y *desp.* Prostituta.

pelar *v.* **1.** Cortar el pelo o arrancarlo. **2.** Quitar la piel o corteza de un vegetal o la piel o las plumas a un animal. **3.** *fam.* Dejar a alguien sin dinero. ‖ **pelarse 4.** Caerse la piel. ‖ **LOC. duro de pelar** Difícil de lograr o convencer. **que se las pela** Con rapidez: *corre que se las pela.* **SIN. 1.** Rapar, trasquilar. **2.** Mondar. **3.** Desplumar. **4.** Despellejarse.

peldaño *s. m.* Cada parte de una escalera en que se apoya el pie. **SIN.** Escalón.

pelea *s. f.* Acción de pelear o pelearse. **SIN.** Lucha, disputa.

pelear *v.* **1.** Enfrentarse a otros con armas o con las propias fuerzas. **2.** Reñir, discutir. **3.** Trabajar o esforzarse mucho. **SIN. 1.** Combatir, luchar. **3.** Bregar.

pelechar v. Cambiar el pelo o las plumas los animales.

pelele s. m. **1.** Muñeco con figura de persona que en algunas fiestas populares es apaleado o manteado. **2.** Persona que se deja manejar por los demás. **SIN. 1.** Monigote.

peleón, na adj. **1.** Se dice de la persona a la que le gusta pelear o discutir. **2.** fam. Se dice del vino de mala calidad.

peletería s. f. **1.** Tienda de prendas de piel. **2.** Oficio de preparar y coser las pieles de algunos animales para hacer esas prendas.

peletero, ra s. m. y f. Persona que hace o vende prendas de piel.

peliagudo, da adj. Difícil de solucionar. **SIN.** Arduo, enrevesado. **ANT.** Fácil.

pelícano o **pelicano** s. m. Ave acuática con el plumaje blanco, el pico muy largo y ancho y una bolsa debajo de la mandíbula inferior donde guarda los alimentos.

película s. f. **1.** Cinta de celuloide en la que quedan recogidas las imágenes tomadas con una máquina de fotos, de cine o de vídeo. **2.** Lo que se muestra mediante imágenes de cine o de vídeo. **3.** Capa muy fina que cubre algo. || **LOC. de película** Muy bueno, estupendo. **SIN. 1.** Rollo. **2.** Filme.

peliculero, ra adj. y s. **1.** Se dice de la persona a la que le gusta mucho el cine. **2.** fam. Fantasioso.

peliculón s. m. Película de cine de gran calidad.

peligrar v. Estar en peligro.

peligro s. m. Situación en la que puede ocurrir algo malo y lo que la produce. **SIN.** Riesgo.

peligrosidad s. f. Característica de lo que es peligroso. **SIN.** Riesgo.

peligroso, sa adj. Que tiene peligro. **SIN.** Arriesgado, amenazador.

pelillo s. m. dim. de **pelo**. || **LOC. pelillos a la mar** Frase con que se propone hacer las paces y olvidar el motivo del enfado.

pelirrojo, ja adj. y s. Que tiene el pelo de color rojizo.

pella s. f. Masa redondeada de una materia. || **LOC. hacer pellas** Faltar un alumno a clase sin causa justificada.

pellejo, ja s. m. y f. **1.** Piel de un animal, sobre todo cuando le ha sido arrancada. || s. m. **2.** Piel de las personas. **3.** Piel de algunas frutas. **4.** Odre. || adj. y s. f. **5.** fam. Mujer mala o de muy mal genio: *una vieja pelleja*. || **LOC. jugarse el pellejo** Poner en peligro la vida. **SIN. 4.** Bota.

pelliza s. f. Chaquetón hecho o forrado con piel de borrego. **SIN.** Zamarra.

pellizcar v. **1.** Apretar con dos dedos un trozo de piel, haciendo daño. **2.** Coger un trocito de algo. **SIN. 2.** Picar.

pellizco s. m. **1.** Acción de pellizcar. **2.** Pequeña cantidad que se coge de algo.

pelma o **pelmazo, za** adj. y s. Persona muy pesada y aburrida o muy lenta.

pelo s. m. **1.** Filamentos que crecen en la piel de los seres humanos, de muchos animales y de algunos vegetales. **2.** Los que tenemos en la cabeza. **3.** Hilos muy finos de algunos tejidos. **4.** Muy poco o nada: *No tiene un pelo de tonto*. || **LOC. caérsele** a alguien **el pelo** Recibir un castigo si se descubre que ha hecho algo malo. **con pelos y señales** Con todo detalle. **no tener pelos en la lengua** Decir uno todo lo que piensa, sin callarse nada. **tirarse de los pelos** Arrepentirse por perder una buena ocasión. **tomar el pelo** a alguien Burlarse de él. **SIN. 1.** Vello. **1.** y **3.** Pelusa. **2.** Cabello.

pelón, na adj. y s. **1.** Calvo o con el pelo cortado al rape. **2.** fam. Persona pobre. **SIN. 1.** Rapado. **ANT. 1.** Peludo.

pelota s. f. **1.** Bola de goma u otro material flexible, con que se practican diversos juegos y deportes. **2.** Juego en que se usa esa bola. **3.** Bola de materia blanda. || s. m. y f. **4.** Persona que hace la pelota. **5.** vulg. Testículos. || **6. pelota vasca** Nombre de varios juegos vascos de frontón. || **LOC. en pelotas** Desnudo. **hacer la pelota** Ser agradable con alguien para obtener un beneficio. **SIN. 1.** Balón, esférico.

pelotari (del vasco) s. m. y f. Jugador de pelota vasca.

pelotazo s. m. **1.** Golpe dado con una pelota. **2.** fam. Trago de una bebida alcohólica.

pelotear v. **1.** Jugar a la pelota sin hacer un partido. **2.** fam. Hacer la pelota.

peloteo s. m. **1.** Hecho de pelotear. **2.** fam. Hecho de hacer la pelota a alguien. **SIN. 2.** Pelotilleo.

pelotera s. f. fam. Pelea, discusión. **SIN.** Trifulca.

pelotero, ra adj. y s. **1.** fam. Se dice de la persona que hace la pelota. || adj. **2.** Se dice de una variedad de escarabajo que hace pelotas con excrementos de otros animales, con las que alimenta a sus larvas.

pelotilla s. f. **1.** dim. de **pelota**. **2.** Bolita que se forma en algunos tejidos. || s. m. y f. **3.** fam. Pelotillero.

pelotilleo s. m. fam. Hecho de hacerle la pelota a alguien. **SIN.** Peloteo.

pelotillero, ra adj. y s. fam. Persona que hace la pelota. **SIN.** Cobista.

pelotón *s. m.* **1.** Grupo desordenado de muchas personas. **2.** Pequeña unidad militar a las órdenes de un sargento o de un cabo. **3.** Grupo de ciclistas que marchan todos juntos.

peluca *s. f.* Cabellera postiza.

peluche *s. m.* **1.** Tejido de pelo muy largo que se utiliza para hacer muñecos. **2.** Muñeco hecho de este tejido.

peluco *s. m.* En argot, reloj.

peludo, da *adj.* Con mucho pelo. **SIN.** Velludo. **ANT.** Pelado.

peluquería *s. f.* Establecimiento donde se corta o arregla el pelo a las personas.

peluquero, ra *s. m.* y *f.* Persona que trabaja cortando y arreglando el pelo.

peluquín *s. m.* Peluca que solo cubre una parte de la cabeza. **SIN.** Bisoñé.

pelusa *s. f.* **1.** Pelo muy fino. **2.** Pelo que se desprende de algunas telas con el uso. **3.** Polvo acumulado en sitios que se limpian pocas veces. **4.** *fam.* Envidia o celos de los niños.

pelviano, na *adj.* De la pelvis.

pelvis *s. f.* Hueso situado entre el abdomen y las piernas; rodea la vejiga de la orina, la terminación del tubo digestivo y algunos órganos del aparato genital.

pena *s. f.* **1.** Castigo que impone la ley por un delito o falta. **2.** Tristeza. **3.** Penalidad. || **4. pena capital** La pena de muerte. || **LOC. a duras penas** Con mucho esfuerzo. **de pena** Muy mal o muy malo. **merecer** o **valer** una cosa **la pena** Estar bien empleado el dinero o esfuerzo que cuesta. **SIN. 1.** Condena, sanción. **2.** Lástima, pesar. **3.** Esfuerzo, fatiga. **ANT. 2.** Alegría.

penacho *s. m.* **1.** Las plumas que tienen algunas aves en la cabeza. **2.** Adorno de plumas que se pone en algunas cosas. **SIN. 2.** Plumero.

penado, da 1. *p.* de **penar.** También *adj.* || *s. m.* y *f.* **2.** Persona condenada a cumplir una pena.

penal *adj.* **1.** De las penas con que son castigados los delitos. || *s. m.* **2.** Cárcel. **SIN. 1.** Criminal. **2.** Prisión, presidio.

penalidad *s. f.* Esfuerzo o trabajo que causa sufrimiento. **SIN.** Pena, fatiga.

penalista *adj.* y *s.* Abogado especializado en derecho penal.

penalización *s. f.* Acción de penalizar.

penalizar *v.* Poner una pena o castigo. **SIN.** Penar, castigar. **ANT.** Despenalizar.

penalti *s. m.* En fútbol y otros deportes, castigo por una falta que consiste en hacer un lanzamiento contra la portería contraria.

penar *v.* **1.** Sufrir de dolor o de tristeza. **2.** Poner una pena o castigo. **SIN. 1.** Padecer. **2.** Castigar, sancionar.

penca *s. f.* Parte carnosa y más gruesa de las hojas de algunas plantas, por ejemplo, la acelga o la lechuga.

penco *s. m.* Caballo flaco y feo. **SIN.** Jamelgo.

pendejo, ja *adj.* y *s.* **1.** *fam.* Pendón, persona de vida poco decente. **2.** *Amér.* Persona tonta o estúpida.

pendencia *s. f.* Riña, pelea.

pendenciero, ra *adj.* y *s.* Que siempre va buscando pelea.

pender *v.* **1.** Estar colgado. **2.** Existir un peligro o una amenaza sobre alguien. **SIN. 2.** Cerner, gravitar.

pendiente *adj.* **1.** Muy atento a alguien o algo. **2.** Que no está resuelto o terminado todavía. **3.** Que cuelga. || *s. m.* **4.** Adorno que se pone en las orejas. || *s. f.* **5.** Terreno inclinado. **SIN. 2.** Inacabado. **5.** Cuesta, rampa. **ANT. 1.** Distraído.

pendón *s. m.* Bandera más larga que ancha. **SIN.** Estandarte.

pendón, na *adj.* **1.** *fam.* Persona de vida poco decente. || *s. m.* **2.** Prostituta o mujer cuya conducta se considera indecente.

pendoneo *s. m.* Comportamiento de la persona que solo se dedica a hacer el vago y divertirse.

pendrive (ingl.) *s. m.* Pequeño dispositivo que se conecta a un ordenador para almacenar y transportar datos.

pendular *adj.* Del péndulo.

péndulo *s. m.* Objeto colgado de un punto fijo que se mueve varias veces por su propio peso a un lado y a otro.

pene *s. m.* Órgano del hombre y de muchos animales que les permite hacer el acto sexual y es la última parte del aparato urinario masculino.

penetración *s. f.* **1.** Acción de penetrar. **2.** Inteligencia, perspicacia. **SIN. 1.** Entrada, introducción. **2.** Agudeza.

penetrante *adj.* Profundo, fuerte, que penetra mucho: *un olor penetrante.*

penetrar *v.* **1.** Entrar o pasar a través de algo. **2.** Hacerse sentir algo muy intensamente, como el frío o un grito. **3.** Lograr alguien comprender una cosa. **SIN. 1.** Atravesar; meterse. **3.** Entender. **ANT. 1.** Salir.

penibético, ca *adj.* De la cordillera penibética, en España.

penicilina *s. f.* Antibiótico muy utilizado para curar enfermedades infecciosas.

peón

península *s. f.* Superficie de tierra rodeada de agua por todas partes menos por una, por donde se une a otra de mayor extensión.

peninsular *adj. y s.* De una península, especialmente de la península ibérica.

penique *s. m.* Moneda británica; cien peniques equivalen a una libra esterlina.

penitencia *s. f.* **1.** Sacramento por el que el sacerdote perdona los pecados en nombre de Dios. **2.** Oración u otra cosa que el sacerdote manda cumplir a la persona que se confiesa. **3.** Sacrificio que se hace por razones religiosas. **4.** Cosa desagradable que hay que soportar. **SIN. 1.** Confesión. **3.** Mortificación. **4.** Suplicio.

penitencial *adj.* De la penitencia.

penitenciaría *s. f.* Cárcel, penal. **SIN.** Prisión.

penitenciario, ria *adj.* De las penitenciarías o cárceles. **SIN.** Carcelario.

penitente *s. m. y f.* **1.** Persona que hace penitencia. **2.** Persona que, para hacer penitencia sale en las procesiones de Semana Santa vestida con túnica. **SIN. 2.** Nazareno.

penoso, sa *adj.* **1.** Que cuesta mucho esfuerzo. **2.** Lamentable, que da pena.

pensador, ra *s. m. y f.* Persona que se dedica a estudios muy profundos, sobre todo a la filosofía. **SIN.** Filósofo.

pensamiento *s. m.* **1.** Capacidad de pensar. **2.** Lo que una persona piensa. **3.** Idea de un escrito, un discurso, una obra. **4.** Flor de una planta de jardín llamada también *pensamiento*, que tiene cuatro pétalos superpuestos y manchas de varios colores. **SIN. 1.** Raciocinio, inteligencia.

pensar *v.* **1.** Formar ideas, examinar atentamente algo. **2.** Tener una opinión o sospecha. ‖ **LOC. ni pensarlo** De ningún modo. ◻ Es v. irreg. **SIN. 1.** Razonar, discurrir, reflexionar. **2.** Considerar, juzgar.

PENSAR		
INDICATIVO	**SUBJUNTIVO**	**IMPERATIVO**
Presente	**Presente**	
pienso	piense	
piensas	pienses	*piensa* (tú)
piensa	piense	*piense* (usted)
pensamos	pensemos	*pensad* (vosotros)
pensáis	penséis	*piensen* (ustedes)
piensan	piensen	

pensativo, va *adj.* Que está pensando. **SIN.** Meditabundo.

pensión *s. f.* **1.** Dinero que reciben al mes algunas personas, como los jubilados o algunos familiares de fallecidos. **2.** Casa en la que se alquilan habitaciones a huéspedes. ‖ **LOC. media pensión** En un establecimiento hotelero, la habitación y una comida al día. También, situación de los alumnos de algunos centros que reciben, además de la enseñanza, la comida del mediodía. **pensión completa** En un establecimiento hotelero, la habitación y todas las comidas del día. **SIN. 1.** Jubilación. **2.** Fonda.

pensionado, da *adj. y s.* **1.** Que cobra pensión. ‖ *s. m.* **2.** Internado.

pensionista *s. m. y f.* **1.** Persona que cobra una pensión. **2.** Persona que recibe alojamiento y comida, por los que paga una cantidad. **3.** Alumno de un pensionado o internado. **SIN. 1.** Pensionado, jubilado.

pentaedro *s. m.* Cuerpo geométrico de cinco caras.

pentagonal *adj.* Que tiene forma de pentágono.

pentágono *s. m.* Polígono de cinco ángulos y cinco lados.

pentagrama *s. m.* Cinco líneas horizontales y paralelas que en música se utilizan para escribir las notas.

pentasílabo, ba *adj. y s. m.* Que tiene cinco sílabas.

pentatlón *s. m.* Competición deportiva compuesta de cinco pruebas: equitación, natación, tiro, esgrima y carrera campo a través.

Pentecostés *n. pr. m.* Fiesta cristiana en la que se recuerda la venida del Espíritu Santo sobre los apóstoles.

penúltimo, ma *adj. y s.* Que va antes del último.

penumbra *s. f.* Sombra suave.

penuria *s. f.* Escasez, pobreza.

peña *s. f.* **1.** Piedra grande. **2.** Asociación con fines deportivos o recreativos: *peña taurina.* **3.** *fam.* Grupo de amigos. **SIN. 1.** Roca, peñasco. **3.** Pandilla.

peñascal *s. m.* Terreno cubierto de peñascos.

peñasco *s. m.* Peña grande y elevada.

peñazo *s. m. fam.* Persona o cosa aburrida, muy pesada. **SIN.** Rollo, tostón.

peñón *s. m.* **1.** Peña o piedra muy grande. **2.** Monte con muchos peñascos.

peón *s. m.* **1.** Trabajador que no está especializado. **2.** Cada una de las ocho piezas de ajedrez, negras o blancas, colocadas en la línea de delante al comenzar la partida. **3.** Peonza con la punta de metal.

peonada *s. f.* Trabajo de un peón al día, sobre todo en labores agrícolas.

peonía *s. f.* Planta perenne con grandes flores rojas o rosas que crece en lugares húmedos y laderas de montaña.

peonza *s. f.* Juguete de madera en forma de cono con una cuerda enrollada alrededor, que se desenrolla de golpe para hacerlo girar. **SIN.** Trompo, peón.

peor *adj. y s.* **1.** *comp.* de **malo.** Más malo que otro. Con el artículo se convierte en superlativo: *Sara es la peor de nuestro equipo.* || *adv.* **2.** *comp.* de **mal.** Más mal o menos bien. **ANT. 1.** y **2.** Mejor.

pepero, ra *adj. y s. fam. desp.* Del Partido Popular español, afiliado a él o acorde con su ideología política.

pepinazo *s. m.* **1.** Estallido fuerte. **2.** Disparo de un arma grande. **SIN. 1.** Bombazo, zambombazo. **2.** Cañonazo.

pepinillo *s. m.* Variedad de pepino pequeño que se conserva en vinagre.

pepino *s. m.* **1.** Planta de tallo al ras del suelo y fruto, llamado también *pepino*, amarillo o verde por fuera y blanco y con pequeñas semillas por dentro. **2.** *fam.* Melón poco maduro. || **LOC. importar** una cosa a alguien **un pepino** Importarle muy poco o nada.

pepita *s. f.* **1.** Semilla de algunas frutas. **2.** Trozo pequeño de oro u otro metal.

pepito *s. m.* **1.** Bocadillo de filete de carne. **2.** Bollo alargado y normalmente relleno de crema.

pepitoria *s. f.* Guiso de ave que tiene en la salsa yema de huevo.

pepla *s. f. fam.* Persona o cosa que está en malas condiciones.

pepona *s. f.* Muñeca grande y casi siempre de cartón.

pequeñez *s. f.* **1.** Característica de pequeño. **2.** Cosa sin valor o importancia. **SIN. 2.** Menudencia. **ANT. 1.** Grandeza.

pequeño, ña *adj.* **1.** De poco tamaño, extensión, cantidad y duración. **2.** De pocos años. **3.** De poca importancia: *un pequeño error.* || *s. m. y f.* **4.** Niño. **SIN. 1.** Breve, corto. **1.** y **2.** Chico. **2.** y **4.** Crío. **4.** Chiquillo. **ANT. 1.** Grande; alto; largo. **2.** y **4.** Mayor.

pequinés, sa *adj. y s.* Pekinés.

per capita (lat.) *expr.* Significa 'por cabeza', es decir, 'por persona'. Se usa sobre todo en estadística: *renta per capita.*

per saecula saeculorum (lat.) *expr.* Para siempre.

per se (lat.) *expr.* Por sí mismo.

pera *s. f.* **1.** Fruto del peral, carnoso, de piel fina y forma un poco cónica. **2.** Objeto hueco de goma terminado en un tubito, que sirve para echar aire o líquidos. **3.** Interruptor de luz o timbre con la forma de una pera. || **LOC. el año de la pera** Hace mucho tiempo. **pedir peras al olmo** Pedir algo imposible.

peral *s. m.* Árbol frutal que produce las peras; tiene ramas espinosas, hojas ovaladas y flores blancas.

peraleda *s. f.* Terreno con muchos perales.

peraltado, da 1. *p.* de **peraltar.** || *adj.* **2.** Que tiene peralte.

peralte *s. m.* Mayor elevación que tienen las curvas de las carreteras y otros caminos por la parte de fuera.

perborato *s. m.* Tipo de sal de boro. El *perborato sódico*, por ejemplo, se usa como desinfectante.

perca *s. f.* Pez de río de escamas duras y ásperas y color verdoso por el lomo, plateado por el vientre y dorado con listas oscuras en los lados.

percal *s. m.* Tela de algodón que se usa para hacer prendas baratas. || **LOC. conocer** alguien **el percal** Conocer bien a una persona, una cosa, un asunto.

percance *s. m.* Cosa que no se espera y que causa algún perjuicio. **SIN.** Contratiempo, incidente.

percatarse *v.* Darse cuenta de algo. **SIN.** Notar, captar, reparar.

percebe *s. m.* **1.** Crustáceo marino con forma de cilindro terminado en una especie de uña, que vive agarrado a las rocas. **2.** *fam.* Persona tonta.

percentil *s. m.* En estadística, cada uno de los noventa y nueve valores resultantes de dividir una distribución en cien partes iguales de frecuencia.

percepción *s. f.* Hecho de percibir.

perceptible *adj.* Que se puede percibir. **SIN.** Visible, patente. **ANT.** Imperceptible.

perceptivo, va *adj.* De la percepción.

percha *s. f.* **1.** Objeto para colgar la ropa en los armarios; suele tener forma de triángulo con un gancho en la parte de arriba. **2.** Gancho para colgar ropa. **3.** *fam.* Tipo o figura de una persona.

perchero *s. m.* Mueble u objeto con varios colgadores o ganchos para colgar prendas de vestir y otras cosas.

percherón, na *adj. y s.* Caballo de una raza francesa de gran fuerza y tamaño.

perezoso

percibir *v.* **1.** Darse cuenta de algo por alguno de los sentidos. **2.** Recibir. **SIN. 1.** Advertir, captar. **2.** Cobrar, obtener.

percusión *s. f.* Acción de golpear. ‖ **LOC. de percusión** Se dice de los instrumentos musicales que se hacen sonar golpeándolos, como la batería.

percusionista *s. m.* y *f.* Músico que toca instrumentos de percusión.

percutor *s. m.* En una máquina, pieza que golpea, sobre todo, la que provoca la detonación en las armas de fuego.

perdedor, ra *adj.* y *s.* Que pierde.

perder *v.* **1.** Dejar de tener, quedarse sin alguien o algo. **2.** No saber dónde está una cosa. **3.** No aprovechar: *perder una oportunidad.* **4.** Resultar vencido. **5.** No alcanzar a tiempo: *perder el tren.* **6.** Tener una fuga: *El depósito pierde.* **7.** Causar o sufrir un perjuicio: *En el reparto salió perdiendo.* ‖ **perderse 8.** No encontrar alguien el camino, no saber dónde está. **9.** Distraerse, no seguir aquello de lo que se está tratando. ‖ **LOC. echarse a perder** Estropearse. ☐ Es v. irreg. Se conjuga como *tender.* **SIN. 2.** Extraviar. **3.** Desperdiciar, malgastar. **8.** y **9.** Despistarse. **ANT. 1.** y **2.** Encontrar. **4.** Ganar. **9.** Centrarse.

perdición *s. f.* Aquello que causa a alguien una pérdida o daño grave. **SIN.** Ruina.

pérdida *s. f.* **1.** Acción de perder o perderse o lo que se ha perdido. **2.** Daño, perjuicio. ‖ **LOC. no tener pérdida** un lugar Ser fácil de encontrar o llegar a él. **SIN. 1.** Extravío; muerte. **ANT. 1.** Hallazgo. **2.** Beneficio.

perdidamente *adv.* Totalmente, completamente: *perdidamente enamorado.*

perdido, da 1. *p.* de perder. También *adj.* ‖ *adj.* **2.** Del todo, sin solución: *Es boba perdida. Es un caso perdido.* ‖ *adj.* y *s.* **3.** Se dice de quien vive de manera poco decente. ‖ **LOC. ponerse perdido** Ensuciarse mucho. **SIN. 3.** Perdulario.

perdigón *s. m.* **1.** Cría de la perdiz. **2.** Grano de plomo que se usa como munición en las armas de caza.

perdigonada *s. f.* **1.** Tiro de perdigones. **2.** Herida que produce.

perdiguero, ra *adj.* y *s. m.* Se dice de un perro de caza de muy buen olfato.

perdiz *s. f.* Ave de cuerpo grueso, cuello corto, cabeza pequeña, pico y patas rojos y plumaje pardo con franjas en los costados; vuela poco y es muy apreciada como pieza de caza.

perdón *s. m.* Acción de perdonar. **SIN.** Disculpa, absolución.

perdonar *v.* **1.** No guardar rencor contra el que nos ha hecho algo malo. **2.** Liberar a alguien de un castigo, de una deuda o de otra obligación. **3.** Disculpar: *Perdone las molestias.* **4.** Dejar pasar: *No perdona una buena comida.* **SIN. 1.** y **3.** Excusar. **2.** Eximir, dispensar. **ANT. 1.** y **2.** Castigar.

perdonavidas *s. m.* y *f. fam.* Fanfarrón que presume de ser muy valiente y fuerte. **SIN.** Bravucón.

perdulario, ria *adj.* y *s.* Persona que lleva una vida de vicios. **SIN.** Perdido.

perdurable *adj.* Que dura para siempre o mucho tiempo. **SIN.** Duradero. **ANT.** Perecedero.

perdurar *v.* Continuar durando algo o durar mucho tiempo. **SIN.** Subsistir; permanecer. **ANT.** Morir, perderse.

perecedero, ra *adj.* Que dura poco, que morirá o acabará. **SIN.** Efímero. **ANT.** Perdurable.

perecer *v.* Morir. ☐ Es v. irreg. Se conjuga como *agradecer.* **SIN.** Fenecer, fallecer. **ANT.** Vivir.

peregrinación o **peregrinaje** *s. f.* o *m.* Viaje que por devoción se hace a un santuario o lugar sagrado.

peregrinar *v.* **1.** Ir en peregrinación a un santuario o lugar sagrado. **2.** *fam.* Ir de un sitio a otro para resolver un asunto.

peregrino, na *adj.* y *s.* **1.** Que peregrina. ‖ *adj.* **2.** Extraño: *una ocurrencia peregrina.* **SIN. 1.** Romero. **2.** Raro.

perejil *s. m.* Planta con hojas de color verde oscuro que se emplea para dar sabor a muchas comidas.

perendengue *s. m.* **1.** Adorno de poco valor. ‖ *s. m. pl.* **2.** Objeciones, pegas.

perengano, na *s. m.* y *f.* Una persona cualquiera. Se menciona siempre a continuación de *fulano* y *mengano.*

perenne *adj.* **1.** Que dura siempre. **2.** Se dice de las partes de una planta, sobre todo de las hojas, que permanecen vivas durante el invierno. **3.** Se dice de la planta que vive más de dos años. **SIN. 1.** Permanente, perpetuo. **ANT. 1.** Perecedero. **2.** y **3.** Caduco.

perennifolio, lia *adj.* Se dice de la planta de hojas perennes.

perentorio, ria *adj.* Muy urgente. **SIN.** Apremiante, acuciante.

pereza *s. f.* Falta de ganas de hacer algo, sobre todo de trabajar. **SIN.** Vagancia. **ANT.** Diligencia.

perezoso, sa *adj.* y *s.* **1.** Que tiene pereza. ‖ *s. m.* **2.** Mamífero de América del Sur, de cabeza pequeña, pelo pardo y extremidades largas; vive en los árboles y se mueve muy lentamente. **SIN. 1.** Vago, holgazán, haragán. **ANT. 1.** Trabajador, diligente.

perfección s. f. **1.** Característica de perfecto. **2.** Cosa perfecta. **ANT. 1.** Imperfección.

perfeccionamiento s. m. Acción de perfeccionar.

perfeccionar v. Hacer que algo sea más perfecto o lo más perfecto posible.

perfeccionismo s. m. Deseo de hacer las cosas muy bien, perfectas.

perfeccionista adj. y s. Que quiere que todo quede perfecto.

perfectamente adv. **1.** De manera perfecta. **2.** Muy bien, de acuerdo.

perfectivo, va adj. Se dice de los tiempos verbales que expresan acción terminada.

perfecto, ta adj. **1.** Muy bueno, sin ningún fallo o defecto. **2.** Se dice de los tiempos de los verbos que expresan una acción terminada o acabada, como los pretéritos perfectos. **SIN. 1.** Insuperable. **ANT. 1.** y **2.** Imperfecto.

perfidia s. f. Característica de pérfido. **SIN.** Perversidad. **ANT.** Bondad; lealtad.

pérfido, da adj. y s. **1.** Desleal, traidor. **2.** Malvado. **SIN. 2.** Perverso. **ANT. 1.** Leal.

perfil s. m. **1.** Postura de lado. **2.** Línea que marca el borde de algo. **3.** En geometría, figura que presenta un cuerpo cortado por un plano vertical. **4.** Conjunto de propiedades o características de una persona o cosa: *Necesitan sustituirle y buscan a alguien de su perfil.* **SIN. 2.** Contorno, silueta.

perfilado, da 1. p. de **perfilar.** ‖ adj. **2.** Muy acabado, hecho con detalle.

perfilador s. m. Cosmético con forma de lápiz con el que se marca el borde de los ojos o de los labios.

perfilar v. **1.** Marcar el perfil de algo. **2.** Dar a una cosa los últimos detalles. ‖ **perfilarse 3.** Empezar a destacarse: *Se perfila como ganador.* **SIN. 2.** Retocar.

perforación s. f. Acción de perforar.

perforadora s. f. Máquina de perforar; especialmente la que se usa para sacar de la tierra petróleo o gas.

perforar v. Hacer agujeros. **SIN.** Horadar, taladrar.

performance (ingl.) s. f. Manifestación artística pública, improvisada y provocadora.

perfumador s. m. Recipiente o aparato con perfume para esparcirlo.

perfumar v. Dar un olor agradable.

perfume s. m. **1.** Producto que sirve para dar un olor agradable. **2.** Olor agradable: *el perfume de las flores.* **SIN. 1.** Colonia. **2.** Fragancia, aroma. **ANT. 1.** Hedor.

perfumería s. f. **1.** Tienda de perfumes, colonias, jabones y otros productos. **2.** Arte de fabricar estos productos.

perfumero, ra s. m. y f. **1.** Perfumista. ‖ s. m. **2.** Recipiente para perfume.

perfumista s. m. y f. Persona que hace o vende perfumes.

pergamino s. m. **1.** Piel de algunos animales que antiguamente se preparaba para escribir sobre ella. **2.** Escrito hecho sobre esa piel.

pergeñar v. Preparar o diseñar una cosa a grandes rasgos. **SIN.** Esbozar.

pérgola s. f. Armazón que hay en muchos jardines y parques formado por columnas que sostienen un tejadillo o plantas trepadoras.

periantio s. m. Conjunto formado por el cáliz y la corola, que rodea los órganos sexuales de las flores.

pericardio s. m. Tejido formado por dos membranas que envuelve el corazón.

pericarpio s. m. Parte exterior de los frutos que rodea a la semilla.

pericia s. f. Habilidad, maestría. **SIN.** Experiencia. **ANT.** Impericia.

pericial adj. Del perito: *un informe pericial.*

periclitar v. **1.** Decaer, perder fuerza o intensidad. **2.** Poner en peligro. **SIN. 1.** Declinar. **2.** Peligrar.

perico s. m. **1.** Loro. **2.** fam. Orinal.

periferia s. f. Zona que rodea al centro.

periférico, ca adj. **1.** De la periferia. ‖ adj. y s. m **2.** En informática, se dice de los dispositivos externos a la unidad y memoria centrales.

perifollo s. m. Adorno de mal gusto.

perífrasis s. f. Hecho de decir con varias palabras lo que podría decirse con una sola o de forma más sencilla; por ejemplo, la perífrasis *tengo que* equivale a *debo.*

perifrástico, ca adj. De la perífrasis o que tiene perífrasis.

perilla s. f. Barba que solo cubre la barbilla. ‖ **LOC. venir** algo **de perilla** o **de perillas** Venir bien, muy oportuno.

perillán adj. y s. fam. Persona pícara y astuta, especialmente si es joven. **SIN.** Granuja, pillo.

perímetro s. m. **1.** Línea del borde de una figura o de una superficie: *el perímetro de una circunferencia.* **2.** Lo que mide esa línea.

perindola o **perinola** s. f. Peonza pequeña que se hace girar con los dedos.

periódicamente adv. Una y otra vez, después de pasar el mismo tiempo.

periodicidad s. f. Característica de un suceso o hecho periódico.

periódico, ca adj. **1.** Que se hace o sucede siempre después de pasar el mismo tiempo. || s. m. **2.** Conjunto de hojas impresas que se venden todos los días con noticias y otras informaciones. **SIN. 2.** Diario.

periodismo s. m. Carrera y profesión de periodista.

periodista s. m. y f. Persona que recoge y escribe las noticias para informar al público.

periodístico, ca adj. Relacionado con los periódicos y con los periodistas.

periodo o **período** s. m. **1.** Tiempo en que ocurre o se hace algo. **2.** Tiempo en que una cosa vuelve al estado o posición que tenía al principio, como el que tarda un astro en dar la vuelta alrededor de otro. **3.** Menstruación. **SIN. 1.** Etapa, fase. **3.** Regla.

peripecia s. f. Suceso, incidente.

periplo s. m. **1.** Viaje en barco navegando alrededor de un lugar. **2.** Viaje por muchos sitios o países.

peripuesto, ta adj. Se dice de la persona que va muy arreglada. **SIN.** Acicalado, emperifollado, emperejilado. **ANT.** Desaliñado.

periquete s. m. fam. Tiempo muy corto. **SIN.** Santiamén, instante.

periquito s. m. Pájaro del tamaño de un gorrión, que tiene el plumaje de colores vistosos, sobre todo verde, azul o blanco.

periscopio s. m. Aparato óptico para ver por encima de la línea de visión del observador, como los que llevan los submarinos para ver sobre la superficie del mar cuando están sumergidos.

perista s. m. y f. Persona que compra y vende objetos robados.

peristilo s. m. **1.** Conjunto de columnas que rodean un edificio o parte de él. **2.** Patio rodeado de columnas.

peritaje s. m. **1.** Estudio o informe que hace un perito. **2.** Carrera de perito.

peritar v. Hacer un perito un estudio de algo para evaluarlo.

perito, ta adj. y s. **1.** Especialista o experto. || s. m. y f. **2.** Ingeniero técnico, grado medio en ingeniería. **3.** Persona que ha realizado la carrera de comercio: perito mercantil. **SIN. 1.** Experimentado. **ANT. 1.** Inexperto.

peritoneo s. m. Membrana que en los vertebrados y otros animales recubre los órganos del abdomen.

peritonitis s. f. Inflamación del peritoneo.

perjudicar v. Causar daño o perjuicio. **SIN.** Dañar, lastimar. **ANT.** Beneficiar.

perjudicial adj. Que perjudica. **SIN.** Dañino. **ANT.** Beneficioso.

perjuicio s. m. Cualquier cosa mala que se hace o sucede a alguien o algo. **SIN.** Daño. **ANT.** Beneficio.

perjurar v. **1.** Jurar algo que es falso. **2.** Jurar mucho.

perjurio s. m. **1.** Hecho de jurar algo que es falso. **2.** El no cumplir un juramento.

perjuro, ra adj. y s. Que comete perjurio.

perla s. f. **1.** Bola pequeña de nácar, de color blanco grisáceo y reflejos brillantes, que se forma en el interior de las conchas de algunos moluscos. Se utiliza en joyería. **2.** Bola artificial que imita a la anterior. **3.** Persona o cosa excelente. **4.** Irónicamente, frase o palabra mal dicha, malsonante, etc. || **LOC. de perlas** Muy bien, estupendamente.

perlado, da adj. **1.** Del color o el brillo de las perlas. **2.** Cubierto de perlas o de cosas que parecen perlas.

perlé (del fr.) s. m. Hilo de algodón que se usa para bordar, hacer ganchillo, etc.

perlífero, ra adj. Que produce perlas.

permanecer v. **1.** Quedarse. **2.** Seguir de una manera: permanecer callado. □ Es v. irreg. Se conjuga como agradecer. **SIN. 1.** y **2.** Mantenerse. **2.** Continuar. **ANT. 1.** Marcharse.

permanencia s. f. Hecho de permanecer.

permanente adj. **1.** Que permanece. || s. f. **2.** Peinado de rizos que dura mucho tiempo. **SIN. 1.** Estable, duradero. **ANT. 1.** Inestable.

permeabilidad s. f. Característica de permeable.

permeable adj. Que deja pasar un líquido o un gas a través de él. **ANT.** Impermeable.

permisividad s. f. Tolerancia.

permisivo, va adj. Tolerante. **SIN.** Transigente. **ANT.** Inflexible.

permiso s. m. **1.** Acción de permitir. **2.** Autorización para dejar por un tiempo una obligación, por ejemplo, el trabajo. **SIN. 1.** Consentimiento. **ANT. 1.** Prohibición.

permitir v. **1.** Dejar que otro haga alguna cosa. **2.** Hacer posible, no impedir. || **permitirse 3.** Atreverse, osar. **SIN. 1.** Consentir, tolerar. **2.** Posibilitar, favorecer. **ANT. 1.** Prohibir.

permuta o **permutación** *s. f.* Acción de permutar, cambio.

permutar *v.* Cambiar una cosa por otra.

pernera *s. f.* Parte del pantalón que cubre la pierna.

pernicioso, sa *adj.* Muy perjudicial. SIN. Nocivo, dañino. ANT. Beneficioso.

pernil *s. m.* Parte superior de la pata de un animal, especialmente de cerdo.

pernio *s. m.* Bisagra grande en que las dos piezas se pueden separar.

perno *s. m.* Tornillo de cabeza redonda por un extremo y que por el otro se asegura con una tuerca u otra pieza.

pernocta *s. f.* **1.** Hecho de pernoctar. || **2. pase** o **permiso de pernocta** Autorización dada a un soldado para que pueda ir a dormir a su casa en lugar de quedarse en el cuartel.

pernoctar *v.* Pasar la noche en un lugar.

pero *conj.* **1.** Se usa delante de una frase que expresa algo contrario o distinto que la anterior: *Me marcho, pero vuelvo enseguida.* **2.** En principio de frase, da más fuerza a lo que se expresa: *Pero qué listo eres.* || *s. m.* **3.** Defecto, inconveniente: *poner peros.* SIN. **1.** Mas. **3.** Reparo.

perogrullada *s. f. fam.* Cosa tan evidente o sabida que es una tontería decirla.

Perogrullo Se usa en la expresión **verdad de Perogrullo**, 'perogrullada'.

perol *s. m.* Vasija en forma de media esfera para cocinar alimentos.

perola *s. f.* Perol pequeño.

peroné *s. m.* Hueso largo y delgado de la pierna situado detrás de la tibia.

perorar *v.* Soltar una perorata.

perorata *s. f.* Discurso largo y pesado.

perpendicular *adj.* **1.** Que forma ángulo recto con otra cosa. || *s. f.* **2.** Línea que forma ángulo recto con otra.

perpetrar *v.* Cometer un delito.

perpetuar *v.* Hacer que algo dure siempre o mucho tiempo. SIN. Perdurar.

perpetuidad *s. f.* Característica de perpetuo. || LOC. **a perpetuidad** Para toda la vida.

perpetuo, tua *adj.* Que dura siempre.

perplejidad *s. f.* Estado de perplejo. SIN. Asombro, indecisión.

perplejo, ja *adj.* Asombrado, confuso, sin saber qué hacer. SIN. Atónito.

perra *s. f.* **1.** *fam.* Rabieta de niño. **2.** *fam.* Manía, antojo. || *s. f. pl.* **3.** *fam.* Dinero.

perrera *s. f.* **1.** Lugar donde se encierra a los perros callejeros. **2.** Furgoneta que recoge a

estos animales. **3.** Espacio en algunos vehículos para llevar a los perros y otros animales.

perrería *s. f.* Faena, jugarreta.

perrero, ra *s. m.* y *f.* Empleado de la perrera.

perrito, ta *s. m.* y *f.* **1.** *dim.* de perro. || **2. perrito caliente** Salchicha asada o cocida y metida en un pan alargado.

perro, rra *s. m.* y *f.* **1.** Mamífero utilizado como animal doméstico del que existen una gran variedad de razas; tiene un fino olfato y un oído muy agudo. || *adj.* y *s.* **2.** *fam.* Persona muy mala, despreciable. || *adj.* **3.** *fam.* Malo, desgraciado: *una vida perra.* || **4. perro salchicha** Ver salchicha. **5. perro viejo** Persona que sabe mucho de la vida por experiencia. || LOC. **de perros** Muy malo: *un tiempo de perros.* SIN. **1.** Can, chucho. **3.** Desdichado.

perruno, na *adj.* Del perro o que tiene alguna de sus características.

persa *adj.* y *s.* **1.** De Persia, antiguo país de Asia que hoy se llama Irán. || *s. m.* **2.** Idioma de este país.

persecución *s. f.* Acción de perseguir.

persecutorio, ria *adj.* Relacionado con la persecución.

perseguidor, ra *adj.* y *s.* Que persigue.

perseguir *v.* **1.** Ir detrás de una persona, animal o cosa para alcanzarlos. **2.** Buscar, pretender. □ Es v. irreg. Se conjuga como *pedir.* ANT. **1.** Huir.

perseverancia *s. f.* Característica de perseverante. SIN. Constancia, empeño. ANT. Inconstancia.

perseverante *adj.* Que persevera. SIN. Constante, tenaz. ANT. Inconstante.

perseverar *v.* Mantenerse firme en algo, no abandonar. SIN. Persistir, empeñarse. ANT. Desistir.

persiana *s. f.* Pantalla de tiras de madera u otro material que se colocan en las ventanas para que no entre mucha luz.

persianista *s. m.* y *f.* Persona que fabrica, vende, instala o arregla persianas.

pérsico, ca *adj.* Persa.

persignarse *v.* Hacer la señal de la cruz, sobre todo una en la frente, otra en la boca y otra en el pecho.

persistencia *s. f.* Hecho de persistir.

persistente *adj.* Que persiste.

persistir *v.* **1.** Continuar. **2.** Perseverar: *persistir en una idea.* SIN. **1.** Perdurar. **2.** Empeñarse. ANT. **1.** y **2.** Cesar. **2.** Desistir.

persona *s. f.* **1.** Cualquier ser humano. **2.** Distintas formas gramaticales que pueden tener el verbo y el pronombre; la *primera persona* (*yo, nosotros*) es la que habla, la *segunda persona* (*tú, vosotros*) es a quien se habla y la *tercera persona* (*él, ella, ello, ellos, ellas*) es aquel o aquello de que se habla. ‖ **LOC. en persona** Haciéndolo uno mismo. **SIN. 1.** Individuo.

personaje *s. m.* **1.** Persona u otro ser que aparece en una obra artística, literaria o en una película. **2.** Persona importante. **SIN. 2.** Personalidad.

personal *adj.* **1.** De la persona en general o de una sola persona. ‖ *s. m.* **2.** Todas las personas que trabajan en un lugar. **3.** Gente. ‖ **4. pronombre personal** Ver **pronombre**.

personalidad *s. f.* **1.** Forma de ser de cada persona. **2.** Persona importante. **SIN. 2.** Personaje.

personalismo *s. m.* Actitud de quien es personalista.

personalista *adj.* y *s.* Que sigue sus propias ideas, gustos o intereses, sin contar con los demás.

personalizar *v.* Hablar de alguien en concreto y no de todos en general. **SIN.** Particularizar. **ANT.** Generalizar.

personalmente *adv.* **1.** En persona: *Acudió personalmente.* **2.** Según lo que piensa el que habla: *Personalmente creo que deberías disculparte.*

personarse *v.* Acudir en persona. **SIN.** Comparecer. **ANT.** Faltar.

personificación *s. f.* **1.** Acción de personificar; también, la persona o cosa que personifica algo. **2.** Figura literaria que consiste en atribuir a animales o cosas acciones y cualidades propias de las personas. **SIN. 1.** Encarnación. **2.** Prosopopeya.

personificar *v.* **1.** Representar una cualidad: *La diosa Venus personifica la belleza y el amor.* **2.** Atribuir a animales o cosas cualidades y acciones humanas. **SIN. 1.** Simbolizar, encarnar.

perspectiva *s. f.* **1.** Representación de los objetos en una superficie tal como aparecen a la vista. **2.** Vista, panorama. **3.** Punto de vista. **4.** Expectativa, futuro. **SIN. 3.** Visión. **4.** Esperanza.

perspicacia *s. f.* Característica de perspicaz. **SIN.** Sagacidad.

perspicaz *adj.* **1.** Que se da cuenta enseguida de las cosas y las comprende con facilidad. **2.** Se dice de la vista que percibe muy bien, incluso de lejos. **SIN. 1.** Sagaz, inteligente. **1.** y **2.** Agudo, penetrante. **ANT. 1.** Torpe.

persuadir *v.* Convencer con razones. **ANT.** Disuadir.

persuasión *s. f.* Acción de persuadir. **SIN.** Convencimiento.

persuasivo, va *adj.* Que persuade o sabe persuadir. **SIN.** Convincente. **ANT.** Disuasorio.

pertenecer *v.* **1.** Ser una cosa propiedad de alguien. **2.** Ser una cosa parte de otra o estar incluida en ella. **3.** Corresponder. □ Es v. irreg. Se conjuga como *agradecer*. **SIN. 3.** Atañer, incumbir.

perteneciente *adj.* Que pertenece.

pertenencia *s. f.* **1.** Hecho de pertenecer a alguien o algo. **2.** Lo que pertenece a alguien o algo. **SIN. 2.** Propiedad, posesión.

pértiga *s. f.* Vara larga, sobre todo la que se utiliza en salto de altura.

pertinacia *s. f.* Característica de la persona o cosa pertinaz. **SIN.** Obcecación, terquedad, persistencia.

pertinaz *adj.* **1.** Obstinado, tenaz. **2.** Se dice de cosas perjudiciales que duran mucho: *una sequía pertinaz.* **SIN. 1.** Terco, obstinado, obcecado. **1.** y **2.** Persistente. **2.** Prolongado.

pertinencia *s. f.* Característica de pertinente u oportuno.

pertinente *adj.* **1.** Que pertenece o se refiere a algo. **2.** Conveniente, oportuno. **SIN. 1.** Referente, relativo. **2.** Idóneo, adecuado.

pertrechar *v.* Proporcionar pertrechos. **SIN.** Proveer, aprovisionar.

pertrechos *s. m. pl.* **1.** Municiones, provisiones y otras cosas que necesita un ejército para la guerra. **2.** Cosas necesarias para cualquier otra actividad.

perturbación *s. f.* Acción de perturbar. **SIN.** Alteración, trastorno.

perturbado, da **1.** *p.* de **perturbar**. También *adj.* ‖ *adj.* y *s.* **2.** Loco. **SIN. 2.** Demente. **ANT. 2.** Cuerdo.

perturbador, ra *adj.* y *s.* Que perturba.

perturbar *v.* **1.** Acabar con el orden o con la tranquilidad. **2.** Volver loco a alguien. **SIN. 1.** Alterar. **1.** y **2.** Trastornar. **ANT. 1.** Calmar.

peruano, na *adj.* y *s.* De Perú, país de América del Sur.

perversidad *s. f.* Maldad muy grande.

perversión *s. f.* **1.** Acción de pervertir. **2.** Cosa o conducta pervertida. **SIN. 1.** Corrupción. **2.** Maldad.

perverso, sa *adj.* y *s.* Malvado. **SIN.** Malévolo, pérfido. **ANT.** Bondadoso.

pervertido, da **1.** *p.* de **pervertir**. También *adj.* ‖ *adj.* y *s.* **2.** Que tiene costumbres sexuales que se consideran anormales o inmorales.

pervertir v. Hacer muy malo o inmoral a alguien o algo. □ Es v. irreg. Se conjuga como *sentir*. SIN. Corromper.

pervivencia s. f. Hecho de pervivir.

pervivir v. Seguir existiendo. SIN. Perdurar, persistir. ANT. Desaparecer.

pesa s. f. 1. Pieza con un peso determinado, como las que se ponen en las balanzas o las que se usan en los gimnasios. 2. Pieza que cuelga en algunos relojes de pared y los hace funcionar con su movimiento.

pesadez s. f. 1. Cosa pesada, aburrida. 2. Sensación de cansancio o peso. 3. Lentitud. SIN. 1. Aburrimiento, rollo, fastidio.

pesadilla s. f. Sueño desagradable que produce miedo o inquietud.

pesado, da 1. p. de pesar. También adj. ‖ adj. 2. Que pesa mucho. 3. Se dice del sueño del que cuesta mucho despertar. 4. Que siente o produce sensación de pesadez. ‖ adj. y s. 5. Muy lento o calmoso. 6. Que aburre mucho. SIN. 4. Cargado. 5. y 6. Pelma. ANT. 2. a 4. Ligero. 6. Divertido.

pesadumbre s. f. Tristeza, pesar. SIN. Pena, remordimiento. ANT. Satisfacción.

pesaje s. m. Hecho de pesar.

pésame s. m. Forma de expresarle a una persona la pena que sentimos cuando se le ha muerto un ser querido. SIN. Condolencia. ANT. Enhorabuena.

pesar[1] v. 1. Tener un peso. 2. Ver qué peso tiene una cosa. 3. Causar pena.

pesar[2] s. m. Tristeza, pena. ‖ LOC. **a pesar de** Aunque otros se opongan o aunque haya dificultades. SIN. Pesadumbre, aflicción. ANT. Satisfacción.

pesaroso, sa adj. Triste, apenado. ANT. Satisfecho.

pesca s. f. 1. Acción de pescar. 2. Peces que se pescan. ‖ 3. **pesca de altura** La que se hace en alta mar. 4. **pesca de bajura** La realizada cerca de la costa.

pescada s. f. Merluza, pez.

pescadería s. f. Tienda, puesto, etc., donde venden pescado.

pescadero, ra s. m. y f. Persona que vende pescado.

pescadilla s. f. 1. Pez parecido a la merluza, pero más pequeño. 2. Cría de la merluza.

pescado s. m. Pez que se pesca para comerlo. ‖ LOC. **pescado azul** El que tiene mucha grasa, como la sardina. **pescado blanco** El que tiene poca grasa, como la merluza y el lenguado.

pescador, ra s. m. y f. Persona que pesca.

pescante s. m. Asiento del que guía un carruaje o coche de caballos.

pescar v. 1. Capturar peces. 2. fam. Coger, pillar. 3. fam. Enterarse, darse cuenta. SIN. 2. Agarrar. 3. Captar.

pescozón s. m. Golpe que se da con la mano en el pescuezo o la cabeza.

pescuezo s. m. Cuello.

pesebre s. m. 1. Cajón o sitio donde se pone la comida para los animales en las cuadras. 2. Belén, nacimiento.

peseta s. f. Moneda de España hasta el año 2002 en el que se cambió por el euro.

pesetero, ra adj. y s. Que se preocupa mucho de ganar y ahorrar dinero.

pesimismo s. m. Forma de ver las cosas de los pesimistas. ANT. Optimismo.

pesimista adj. y s. Que tiende a ver el lado malo de las cosas. ANT. Optimista.

pésimo, ma adj. sup. de malo. Que es lo peor. SIN. Malísimo. ANT. Óptimo.

peso s. m. 1. Fuerza con que la Tierra atrae a las cosas. 2. Cosa que pesa mucho. 3. Utensilio para pesar. 4. Preocupación, cansancio. 5. Influencia o importancia que tiene una persona o cosa sobre otras. 6. Moneda de algunos países americanos, de Filipinas y de Guinea-Bissau. SIN. 4. Carga.

pespunte s. m. Línea de puntadas.

pespuntear v. Coser con pespuntes.

pesquero, ra adj. 1. De la pesca. 2. fam. Se dice del pantalón que no cubre el tobillo. ‖ s. m. 3. Barco de pesca.

pesquis s. m. fam. Inteligencia.

pesquisa s. f. Investigación, indagación. SIN. Averiguación.

pestaña s. f. 1. Cada uno de los pelos que hay en los bordes de los párpados. 2. Saliente estrecho en el borde de una cosa, que sirve para que encaje en otra.

pestañear v. Abrir y cerrar los párpados rápidamente.

peste s. f. 1. Enfermedad contagiosa grave que produce muchas muertes. 2. Mal olor. 3. Cosa muy mala o perjudicial. ‖ LOC. **decir, contar** o **echar pestes** Hablar muy mal de alguien o algo. SIN. 2. Tufo, pestilencia.

pesticida s. m. Sustancia para matar animales o plantas perjudiciales para las personas, la agricultura o la ganadería.

pestilencia s. f. Mal olor. SIN. Peste, tufo. ANT. Fragancia.

pestilente adj. Que huele muy mal. SIN. Apestoso. ANT. Fragante.

pestillo s. m. **1.** Cerrojo pequeño. **2.** Pieza de la cerradura de una puerta que entra y sale al mover la llave o el tirador y se encaja en el marco.

pestiño s. m. **1.** Dulce de masa de harina y huevo, frita y cubierta con miel. **2.** fam. Persona o cosa aburrida, pesada. **SIN. 2.** Petardo, plasta.

petaca s. f. **1.** Estuche para el tabaco. **2.** Botella pequeña y plana para llevar licor. **3.** Broma que se gasta a alguien doblando la sábana de arriba de su cama de modo que no se pueda meter. **SIN. 1.** Tabaquera.

pétalo s. m. Cada una de las hojas de colores que forman las flores.

petanca s. f. Juego en que cada jugador lanza unas bolas para acercarse lo más posible a una bolita más pequeña.

petar v. **1.** fam. Apetecer o gustar: *Hace lo que le peta.* **2.** fam. Estropearse: *Ha petado el motor.*

petardo, da adj. y s. **1.** fam. Persona o cosa aburrida o molesta. ‖ s. m. **2.** Tubo con pólvora y una mecha que, cuando se prende, estalla con mucho ruido.

petate s. m. Bolsa con ropa y otras cosas que se lleva al hombro. **SIN.** Hatillo.

petenera s. f. Un tipo de cante flamenco. ‖ **LOC. salir por peteneras** Hacer o decir algo que no viene a cuento.

petequia s. f. Mancha pequeña en la piel producida por una hemorragia subcutánea.

petición s. f. Acción de pedir algo y palabras o escrito con que se pide. **SIN.** Ruego, demanda, súplica.

peticionario, ria adj. y s. Persona que pide oficialmente algo.

petimetre s. m. Joven muy presumido. **SIN.** Lechuguino.

petirrojo s. m. Pájaro del tamaño de un gorrión que tiene la parte de arriba oscura, el cuello y el pecho rojos y el vientre de color blanquecino.

petisú s. m. Pastel de masa frita de forma alargada y relleno de nata o crema.

petit comité (fr.) expr. Grupo pequeño de personas que decide sin tener en cuenta a los demás.

petit point (fr.) expr. Bordado de medio punto de cruz que se hace sobre un tejido.

petitorio, ria adj. Que sirve para pedir algo: *una mesa petitoria de la Cruz Roja.*

peto s. m. **1.** La parte de algunos pantalones y faldas que cubre el pecho y se sujeta con tirantes; también se llaman *peto* esos pantalones y faldas. **2.** Armadura que cubría el pecho. **3.** Manta acolchada que se pone como protección a los caballos de los picadores.

petrel s. m. Ave marina de color negruzco que vive lejos de tierra, a la que solo se acerca para criar.

pétreo, a adj. De piedra o que parece de piedra.

petrificado, da adj. **1.** Convertido en piedra o tan duro que parece de piedra. **2.** Paralizado por el asombro o el miedo. **SIN. 2.** Helado.

petrodólar s. m. Unidad monetaria con la cual se expresan las cantidades de dólares que los países productores de petróleo obtienen con su venta.

petróleo s. m. Líquido aceitoso y oscuro que se encuentra dentro de la tierra. Arde con facilidad y de él se obtiene la gasolina, los plásticos y otros muchos productos.

petrolero, ra adj. **1.** Del petróleo. ‖ s. m. **2.** Barco que transporta petróleo.

petrolífero, ra adj. Que tiene o produce petróleo.

petroquímico, ca adj. Relacionado con los productos químicos obtenidos del petróleo.

petulancia s. f. Característica de petulante, engreído. **SIN.** Presunción.

petulante adj. y s. Presuntuoso, engreído. **SIN.** Creído, insolente.

petunia s. f. **1.** Planta de hojas alargadas o redondeadas y flores en forma de campanilla y de diferentes colores. **2.** Flor de esta planta.

peúco s. m. Patuco.

peyorativo, va adj. Se dice de las palabras, frases o gestos con que se expresa algo malo de alguien o algo. **SIN.** Despectivo, negativo.

pez[1] s. m. **1.** Animal vertebrado ovíparo, que vive en el agua, respira por branquias, tiene las extremidades en forma de aletas y su piel suele estar cubierta de escamas. ‖ **2. pez espada** Pez marino de cuerpo robusto, cabeza alargada y un saliente largo y puntiagudo en la mandíbula superior, que parece una espada. Es muy apreciado como alimento. **3. pez gordo** Persona muy importante. **4. pez martillo** Pez parecido al tiburón, con la cabeza ensanchada por los lados. **5. pez sierra** Pez del mismo grupo de las rayas que tiene un saliente largo en la mandíbula superior, parecido a una sierra. ‖ **LOC. como pez en el agua** Muy a gusto en el lugar o la situación en que está. **estar pez** No saber nada.

pez[2] s. f. Sustancia pegajosa de color amarillento que se emplea, por ejemplo, para hacer impermeables algunas superficies.

pezón s. m. Punta redondeada de los pechos de las hembras de los mamíferos y de la tetilla de los machos.

pezuña *s. f.* Uña grande y dura que tienen al final de la pata algunos animales, como los caballos o las vacas.

pH *s. m.* Número con el que se mide la acidez de un producto.

pi *s. f.* **1.** Letra del alfabeto griego que corresponde a nuestra *p.* **2.** En matemáticas, número que equivale a 3,14159... y representa la relación entre la longitud de una circunferencia y su diámetro.

piadoso, sa *adj.* **1.** Muy religioso, devoto. **2.** Compasivo. **SIN. 1.** Pío, fervoroso. **ANT. 1.** Impío. **2.** Despiadado.

piafar *v.* Golpear el caballo el suelo con las patas delanteras.

pianista *s. m.* y *f.* Músico que toca el piano.

piano *s. m.* **1.** Instrumento musical que tiene unas cuerdas metálicas dentro de una caja y unos macillos que las golpean al tocar un teclado. ‖ *adv.* **2.** Bajito, sin que suene mucho: *Habla piano.*

pianola (marca registrada) *s. f.* Piano que puede tocar de manera mecánica algunas canciones.

piante *adj.* y *s. fam.* Que protesta o se queja. **SIN.** Quejica.

piar *v.* Hacer «pío, pío» algunas aves. ‖ **LOC. piarlas** Quejarse, protestar.

piara *s. f.* Manada de cerdos.

pibe, ba *s. m.* y *f.* Chico, muchacho.

pibón *s. m. fam.* Mujer muy atractiva.

pica *s. f.* **1.** Tipo de lanza antigua. **2.** Vara larga que el picador clava al toro en la corrida. **SIN. 2.** Garrocha.

picabueyes *s. m.* Ave pequeña de color marrón que se alimenta de los parásitos de los bueyes.

picacho *s. m.* Pico agudo en que terminan algunos montes y riscos.

picadero *s. m.* Lugar donde se doma a los caballos y se aprende a montarlos.

picadillo *s. m.* **1.** Lomo de cerdo picado y adobado que se come frito o con el que se hacen chorizos. **2.** Alimento picado: *picadillo de cebolla.*

picado, da **1.** *p.* de **picar.** También *adj.* ‖ *adj.* **2.** Enfadado, molesto. **3.** Se dice del mar cuando está revuelto. ‖ *s. m.* **4.** Descenso rápido de un avión o de un pájaro. ‖ **LOC. en picado** Modo de bajar un avión o un pájaro, muy rápido y perpendicular al suelo. También, modo de disminuir algo muy rápidamente. **SIN. 1.** Triturado. **2.** Mosqueado.

picador, ra *adj.* y *s. f.* **1.** Se dice de la máquina o del utensilio usados para picar. ‖ *s. m.* y *f.* **2.** Persona que doma caballos. ‖ *s. m.* **3.** Hombre montado a caballo que pica al toro en las corridas. **4.** Minero que arranca el mineral con un pico.

picadura *s. f.* **1.** Mordedura o pinchazo de las aves, las serpientes o los insectos. **2.** Caries. **3.** Agujero o grieta pequeños, como los que salen en el hierro oxidado. **4.** Tabaco picado para liar cigarrillos o para fumarlo en pipa.

picajón, na o **picajoso, sa** *adj.* y *s. fam.* Que se pica o enfada enseguida. **SIN.** Quisquilloso.

picante *adj.* y *s. m.* **1.** Que tiene un sabor fuerte y quema o pica en la boca. **2.** Que trata sobre el sexo con cierta malicia. **SIN. 2.** Verde, obsceno, erótico.

picapedrero *s. m.* Hombre que saca piedras picando en una cantera. **SIN.** Cantero.

picapica *s. m.* Polvos que dan picor.

picapleitos *s. m.* y *f. fam. desp.* Abogado.

picaporte *s. m.* **1.** Manilla o palanca con que se abren o cierran ventanas y puertas. **2.** Aldaba.

picar *v.* **1.** Morder o pinchar algunos animales, como las aves, las serpientes o los insectos. **2.** Producir picor. **3.** Clavar el picador la pica al toro. **4.** Morder el pez el anzuelo. **5.** Dejarse convencer o engañar. **6.** Cortar en trozos muy pequeños. **7.** Probar un poco de varios alimentos. **8.** Golpear con un pico u otro instrumento en una superficie para quitarle trozos. **9.** Estropear algunas cosas, como el hierro, la goma, el vino o los dientes. **10.** Entrarle deseos a una persona de ganar o superar a otra. **11.** *fam.* Hacer enfadar. **SIN. 2.** Escocer. **6.** Trocear. **7.** Picotear. **11.** Mosquear.

picardear *v.* Decir o hacer picardías.

picardía *s. f.* **1.** Astucia y habilidad para disimular, engañar o sacar provecho. **2.** Acción o palabras un poco atrevidas o descaradas. ‖ **picardías** *s. m.* **3.** Camisón muy corto con braguitas a juego. **SIN. 1.** Malicia. **2.** Travesura. **ANT. 1.** Inocencia.

picaresca *s. f.* Comportamiento o forma de vida de los pícaros.

picaresco, ca *adj.* **1.** De los pícaros. **2.** Se dice de las obras literarias que tratan sobre la vida de un pícaro.

pícaro, ra *adj.* y *s.* **1.** Persona que vive de engañar a otras. **2.** Travieso. ‖ *adj.* **3.** Que se hace o se dice con picardía. **SIN. 1.** y **2.** Pillo, tunante.

picarón, na *adj.* y *s.* Pícaro, travieso.

picatoste *s. m.* Trozo de pan frito.

picaza *s. f.* Urraca.

picazón *s. f.* **1.** Picor. **2.** Remordimiento. **SIN. 1.** Comezón.

picha *s. f. vulg.* Pene.

pichi *s. m.* Vestido sin mangas que se pone con otra prenda debajo.

pichichi *s. m.* En el fútbol español, premio que se le da al jugador que mete más goles en una liga.

pichón *s. m.* Pollo de la paloma común.

Picio Se usa en la expresión **ser más feo que Picio**, 'ser muy feo'.

picnic (ingl.) *s. m.* Comida o merienda en el campo.

pico¹ *s. m.* **1.** La boca, saliente y dura, de las aves. **2.** *fam.* Boca: *Cierra el pico.* ‖ **LOC. pico de oro** Labia; persona que habla bien.

pico² *s. m.* **1.** Punta, esquina, saliente. **2.** Montaña puntiaguda. **3.** Herramienta con una barra de hierro puntiaguda y un mango de madera, que se utiliza para hacer agujeros o romper una superficie. **4.** Un poco más de la cantidad que se dice: *el pie a las dos y pico.* **5.** *fam.* Cantidad indeterminada de dinero, generalmente alta: *La comida le salió por un pico.* ‖ **LOC. de picos pardos** De juerga.

picoleto *s. m. fam.* Miembro de la Guardia Civil.

picón *s. m.* Carbón en trozos pequeños que se quema en los braseros.

picor *s. m.* **1.** Sensación que se produce en alguna parte del cuerpo y da ganas de rascarse. **2.** Ardor o escozor que producen en la boca algunos alimentos.

picota *s. f.* **1.** Tipo de cereza más gorda y de carne más dura. **2.** *fam.* Nariz.

picotazo *s. m.* Acción de picar a alguien o algo algunos animales, como las aves o los insectos; también, la señal que dejan.

picotear *v.* **1.** Picar las aves muchas veces. **2.** Comer un poco de varias cosas.

picoteo *s. m.* Acción de picotear.

pictograma *s. m.* Figura o símbolo que se utiliza en lugar de letras para escribir, como los que usan los chinos.

pictórico, ca *adj.* Del arte de la pintura o relacionado con él.

picudo, da *adj.* Con mucho pico.

pídola *s. f.* Juego de niños en el que unos saltan por encima de otro que está agachado.

pie *s. m.* **1.** Cada una de las partes en que terminan las piernas o las patas y que apoyan en el suelo. **2.** Parte de algunas cosas sobre la que se apoyan: *el pie de una lámpara.* **3.** Parte inferior de algunas cosas: *al pie del escrito.* **4.** Medida de longitud que equivale a veintiocho centímetros. ‖ **5. pie de atleta** Infección en los pies producida por un hongo. **6. pie de imprenta** Datos de la editorial, fecha y número de la edición, etc., que constan en una publicación. ‖ **LOC. dar pie** Dar

motivo. **de pie** Levantado y apoyado sobre los pies. **en pie** De pie; también expresa que algo vale todavía: *La invitación sigue en pie.* **no dar pie con bola** No hacer nada bien. **parar los pies** a alguien No dejar que se exceda.

piedad *s. f.* **1.** Compasión, lástima. **2.** Devoción religiosa.

piedra *s. f.* **1.** Materia natural dura que se encuentra en la tierra; trozo de esta materia. **2.** Sustancias sólidas de pequeño tamaño que a veces se forman en algunos órganos del cuerpo, como en el riñón o la vesícula. **3.** Pieza de algunos mecheros que sirve para producir la chispa. ‖ **4. piedra pómez** Piedra grisácea muy porosa, formada de lava volcánica sólida. **5. piedra preciosa** La que se usa para hacer joyas, como los brillantes. ‖ **LOC. de piedra** Asombrado, perplejo; también, que no se conmueve. **SIN. 1.** Roca. **2.** Cálculo.

piel *s. f.* **1.** Capa externa que cubre el cuerpo de las personas y de los animales. **2.** La de algunos animales tratada para fabricar bolsos, zapatos, abrigos. **3.** Capa que cubre la carne de algunas frutas. ‖ **4. piel de gallina** Ver **gallina**. ‖ **LOC. dejarse la piel** Esforzarse. **ser de la piel del diablo** Ser muy travieso. **SIN. 1.** y **3.** Pellejo.

piélago *s. m.* Mar.

pienso *s. m.* Alimento para el ganado, hecho, por ejemplo, de cereales secos.

piercing (ingl.) *s. m.* Moda de hacerse agujeros en distintas partes del cuerpo para ponerse pendientes u otros adornos; también se llama así a estos adornos.

pierna *s. f.* **1.** Cada una de las extremidades del cuerpo humano que empiezan en la cadera y terminan en los pies. **2.** Parte de esas extremidades que va desde la rodilla al pie. **3.** Muslo de los animales de cuatro patas. ‖ **LOC. dormir a pierna suelta** Dormir muy bien. **estirar las piernas** Andar un poco después de haber estado sentado largo rato.

pierrot (del fr.) *s. m.* Personaje del antiguo teatro italiano y francés, vestido con una blusa blanca con grandes botones.

pieza *s. f.* **1.** Cada una de las partes de una cosa o elemento de un conjunto. **2.** Cuarto, habitación. **3.** Animal de caza o pesca. **4.** Obra de teatro o de música. **5.** *fam.* Persona revoltosa o traviesa. ‖ **LOC. de una pieza** Perplejo, asombrado. **SIN. 1.** Porción.

pífano *s. m.* Flautín que se usa en las bandas militares.

pifia *s. f. fam.* Error o cosa mal hecha.

pifiar *v. fam.* Estropear, hacer una pifia.

pigmentación *s. f.* Color que les dan a los seres vivos sus pigmentos.

pigmentar *v.* Dar color.

pigmento *s. m.* Sustancia que se encuentra en las células de las personas, los animales o las plantas y les da su color.

pigmeo, a *adj.* y *s.* De unos pueblos de África y Asia, de estatura muy baja, piel oscura y cabello rizado.

pijada *s. f.* **1.** *fam.* Tontería. **2.** *fam.* Cosa que usan o llevan los pijos.

pijama *s. m.* Conjunto de pantalón y chaqueta que se usa para dormir.

pijerío *s. m. fam.* Conjunto de gente pija.

pijo, ja *adj.* y *s.* **1.** *fam.* Se dice de algunas personas, generalmente jóvenes, que cuidan mucho su forma de vestir y suelen ser de familia acomodada. ‖ *adj.* **2.** Propio de estas personas. ‖ *s. m.* **3.** *vulg.* Pene.

pijota *s. f.* Pescadilla.

pijotada *s. f. fam.* Pijada, tontería.

pijotería *s. f. fam.* Pega, pejiguera.

pijotero, ra *adj.* y *s. fam.* Pejiguero.

pil-pil o **pilpil** Se usa en la expresión **al pil-pil** o **al pilpil**, que es una forma de cocinar el bacalao, típica del País Vasco, con ajos, guindilla y aceite.

pila[1] *s. f.* **1.** Montón de cosas unas encima de otras. **2.** Muchas cosas. **SIN. 1.** y **2.** Cúmulo.

pila[2] *s. f.* **1.** Recipiente de piedra u otro material parecido en el que se echa agua, por ejemplo, para lavar. **2.** Batería pequeña con que se hace funcionar algunos aparatos eléctricos.

pilar *s. m.* **1.** Estructura de construcción parecida a una columna, pero más gruesa y generalmente de forma cuadrada. **2.** Persona o cosa que sirve de apoyo o protección. **SIN. 2.** Fundamento.

pilastra *s. f.* Columna cuadrada.

pilates *s. m.* Método de entrenamiento físico consistente en realizar suaves estiramientos ejerciendo un control sobre el propio cuerpo a través de la relajación y la respiración.

píldora *s. f.* **1.** Medicamento, generalmente de forma redondeada, que se traga o se mastica. **2.** Anticonceptivo que se toma en forma de pastillas. ‖ **LOC. dorar la píldora** Suavizar una mala noticia o algo desagradable. **SIN. 1.** Comprimido, gragea.

pileta *s. f. Amér.* Piscina.

pilila *s. f. fam.* Nombre que dan los niños al pene.

pillaje *s. m.* Robos y saqueos.

pillar *v.* **1.** Coger. **2.** *fam.* Encontrar de una manera: *Me pilló todavía en pijama.* **3.** *fam.* Sorprender a alguien haciendo algo malo o que quería ocultar. **4.** *fam.* Entender. **5.** Sujetar o dejar aprisionado: *pillarse un dedo.* **6.** Atropellar. **7.** Hallarse: *El parque pilla muy cerca.* **SIN. 1.** Alcanzar. **2.** Hallar. **3.** y **4.** Cazar, pescar.

pillastre *s. m. fam.* Pillo.

pillería *s. f.* Lo que dice o hace un pillo.

pillo, lla *adj.* y *s.* **1.** *fam.* Que se aprovecha de otros con astucia. **2.** Travieso. **SIN. 1.** Pícaro, granuja. **2.** Zascandil.

pilón *s. m.* Pila grande de algunas fuentes, que sirve para que beban los animales o para lavar.

píloro *s. m.* Orificio que comunica el estómago con el intestino delgado.

piloso, sa *adj.* Con vello. **SIN.** Velludo.

pilotaje *s. m.* Acción de pilotar.

pilotar *v.* Conducir un barco, un avión, una nave espacial, un coche de carreras y otros vehículos.

pilote *s. m.* Madero que se clava en la tierra para asegurar los cimientos.

piloto *s. m.* y *f.* **1.** Persona que pilota. ‖ *s. m.* **2.** Bombilla o lucecita que indica algo, por ejemplo, que está funcionando un aparato. **3.** Que sirve como modelo o prueba: *piso piloto.* ‖ **4. piloto automático** Mecanismo que hace que vaya solo un avión o un barco sin que lo guíe nadie.

piltra *s. f. fam.* Cama.

piltrafa *s. f.* **1.** Trozo pequeño de carne con mucho pellejo. **2.** Resto pequeño de alguna cosa. **3.** Persona o cosa muy estropeada o con mal aspecto. **SIN. 2.** Desperdicio, desecho.

pimentero *s. m.* **1.** Arbusto tropical que produce la pimienta. **2.** Bote pequeño con pimienta molida para servirse en la mesa.

pimentón *s. m.* Polvo de pimientos rojos secos, que se utiliza como condimento.

pimienta *s. f.* Semilla del pimentero, una bolita oscura y de sabor picante que se usa como condimento.

pimiento *s. m.* **1.** Fruto comestible de una planta de huerta llamada también *pimiento.* Sale de color verde y después se pone rojo o amarillo; está hueco por dentro y tiene muchas semillas. **2.** *fam.* Nada: *Me importa un pimiento.* ‖ **3. pimiento morrón** Tipo de pimiento más grueso y dulce que los normales. ‖ **LOC. como un pimiento** Muy colorado. **SIN. 2.** Pepino, bledo, comino, pito.

pimpampum *s. m.* Juego de feria que consiste en derribar a pelotazos unos muñecos puestos en fila.

pimpante *adj.* **1.** *fam.* Tranquilo, campante. **2.** *fam.* Muy bien vestido y arreglado.

pimpinela *s. f.* Planta de hojas pequeñas y flores colocadas en forma de espiga o de cabezuela, generalmente de color púrpura o verdoso.

pimplar *v. fam.* Tomar mucho vino u otras bebidas alcohólicas.

pimpollo *s. m.* **1.** Árbol o planta joven, o rama o tallo nuevo que sale de una planta. **2.** Capullo de rosa todavía cerrado. **3.** *fam.* Niño o joven muy guapo. **SIN. 1.** Brote, renuevo. **2.** Botón.

pimpón *s. m.* Deporte parecido al tenis que se juega sobre una mesa rectangular con una pelota pequeña y unas paletas.

pin[1] (del ingl.) *s. m.* Broche en forma de chapa con una insignia o un dibujo que se prende en la ropa.

pin[2] (de las siglas inglesas *personal identification number*) *s. m.* Contraseña numérica que permite acceder a ciertos sistemas o dispositivos electrónicos.

pinacoteca *s. f.* Museo de pinturas.

pináculo *s. m.* Remate alargado, generalmente en forma de pirámide o de cono, en lo alto de algunos edificios.

pinar *s. m.* Terreno con muchos pinos.

pincel *s. m.* Instrumento para pintar que tiene un manojo de pelitos sujetos a un mango largo.

pincelada *s. f.* Toque de pintura o línea corta pintada con un pincel.

pinchadiscos *s. m. y f.* Persona que pone los discos en una discoteca, en la radio o en una fiesta. **SIN.** *Disc-jockey.*

pinchar *v.* **1.** Clavar un pincho o algo parecido. **2.** Poner inyecciones. **3.** Molestar a una persona, sobre todo para que haga o diga algo. **4.** *fam.* Fracasar en algo: *Pinchó en el segundo examen.* **5.** *fam.* Poner discos. **6.** Pulsar con el botón del ratón sobre un elemento o una imagen de la pantalla del ordenador. **SIN. 3.** Picar.

pinchaúvas *s. m. fam.* Hombre despreciable o insignificante.

pinchazo *s. m.* **1.** Agujero o grieta en una cosa hinchada, por donde se escapa el aire. **2.** Herida que hace algo que pincha. **3.** Dolor agudo.

pinche *s. m. y f.* Ayudante de cocinero.

pincho *s. m.* **1.** Palo, varilla u otra cosa fina y con punta afilada. **2.** Trozo de algunos alimentos que se toma sobre todo como aperitivo y suele estar pinchado con un palillo. **3.** *fam.* Lápiz de memoria, *pendrive.* ǁ **4. pincho moruno** Trozos de carne a la plancha pinchados en una varilla metálica.

pindonga *s. f. fam.* Mujer que se pasa todo el día en la calle. **SIN.** Pingo.

pineda *s. f.* Pinar.

ping-pong (ingl., marca registrada) *s. m.* Pimpón.

pingajo *s. m.* **1.** *fam.* Tela rota que cuelga. **2.** *fam. desp.* Persona muy desmejorada. **SIN. 1.** Andrajo, harapo, pingo.

pinganillo *s. m.* Auricular pequeño que se acopla dentro de la oreja.

pingar *v.* **1.** Colgar: *Te pinga la falda.* **2.** Gotear algo que está muy mojado.

pingo *s. m.* **1.** *fam.* Pingajo, harapo. **2.** *fam.* Mujer que está siempre fuera de casa. ǁ *s. m. pl.* **3.** *fam.* Ropa de mujer, sobre todo la que es mala y barata. **SIN. 1.** Andrajo. **2.** Pindonga.

pingoneo *s. m. fam.* Hecho de estar todo el día alguien divirtiéndose fuera de casa.

pingüe *adj.* Abundante: *pingües beneficios.* **SIN.** Cuantioso. **ANT.** Escaso.

pingüino *s. m.* Ave no voladora, negra por detrás y blanca por delante, que vive en las regiones polares, está adaptada para nadar y tiene las alas en forma de aletas. Se llama también *pájaro bobo.*

pinitos *s. m. pl.* **1.** Primeros pasos que da un niño que está aprendiendo a andar. **2.** Comienzos en una actividad.

pino *s. m.* Nombre de un tipo de árboles que tienen el tronco rugoso y hojas perennes en forma de aguja unidas en grupos. Los pinos dan las piñas y producen resina.

pino, na *adj.* Con mucha pendiente.

pinrel *s. m. fam.* Pie de las personas.

pinsapo *s. m.* Árbol de la familia del pino, de forma cónica y corteza blanquecina, que da piñas.

pinta[1] *s. f.* **1.** Mancha pequeña. **2.** Aspecto, apariencia.

pinta[2] *s. f.* Medida de capacidad para líquidos que varía según los países: *una pinta de cerveza.*

pintada[1] *s. f.* Ave de cuerpo rechoncho, color pardo, azulado o negruzco, con puntos o lunares blancos, y el cuello y la cabeza pelados. Es mala voladora y vive en las sabanas de África. **SIN.** Gallineta.

pintada[2] *s. f.* Dibujo o letrero pintado en paredes o tapias.

pintado, da *p.* de pintar. También *adj.* ǁ **LOC. el más pintado** Cualquier persona o la mejor: *Este trabajito cansa al más pintado.* **venir** algo **que ni pintado** Venir muy bien.

pintalabios *s. m.* Barra o crema para pintarse los labios.

pintamonas *s. m.* y *f.* **1.** *desp.* Pintor malo. **2.** *desp.* Persona muy poco importante.

pintar *v.* **1.** Dibujar algo con líneas y colores. **2.** Cubrir con color. **3.** Contar o describir con mucho detalle. **4.** Funcionar un lápiz, un bolígrafo, una pluma. **5.** Maquillar. **6.** Tener importancia o servir para algo: *Aquí no pintamos nada.* **SIN. 2.** Colorear. **3.** Detallar.

pintarrajear o **pintarrajar** *v.* Pintar muy mal o hacer garabatos. **SIN.** Emborronar.

pintarrajo *s. m.* Dibujo muy mal realizado.

pintarroja *s. f.* Lija, un pez.

pintaúñas *s. m.* Producto para pintarse las uñas.

pintiparado, da *adj.* **1.** Muy adecuado: *Este terreno es que ni pintiparado para jugar al fútbol.* **2.** Muy parecido a otra persona o cosa. **SIN. 1.** Ideal. **2.** Idéntico.

pinto, ta *adj.* Se dice de los animales que tienen el pelaje con manchas de distintos colores.

pintor, ra *s. m.* y *f.* **1.** Artista que se dedica a la pintura. **2.** Persona que tiene por oficio pintar paredes, puertas, ventanas, etc.

pintoresco, ca *adj.* **1.** Se dice de los lugares muy bonitos o típicos: *un paisaje pintoresco.* **2.** Curioso, raro, llamativo. **SIN. 2.** Chocante, extraño. **ANT. 2.** Corriente.

pintura *s. f.* **1.** Arte y técnica de pintar cuadros, murales y otras cosas. **2.** Cuadro, mural u otra obra pintada. **3.** Sustancia para pintar. ‖ **LOC. no poder ver** a alguien **ni en pintura** Tenerle mucha manía. **SIN. 2.** Lienzo.

pinturero, ra *adj.* y *s.* Presumido, que se arregla mucho.

pinza *s. f.* **1.** Instrumento para coger o sujetar algunas cosas, como la ropa. **2.** Extremidad de animales como los cangrejos o de algunos insectos, transformada para coger o agarrar cosas. **3.** Pliegue en la ropa. ‖ *s. f. pl.* **4.** Instrumento que suele ser de metal y sirve para coger, arrancar o sujetar cosas pequeñas.

pinzamiento *s. m.* Presión fuerte sobre un órgano, músculo o nervio.

pinzar *v.* **1.** Sujetar o presionar con pinza. **2.** Coger una cosa con otra con forma de pinza.

pinzón *s. m.* Pájaro pequeño con las alas puntiagudas y la cola larga, que vive en los árboles, en Europa y Asia. El macho tiene las plumas de colores muy vistosos.

piña *s. f.* **1.** Fruto en forma de cono del pino y de otros árboles parecidos; está formado por unas escamas leñosas triangulares y en cada una de ellas suele haber dos semillas o piñones. **2.** Ananás, planta y fruto. **3.** Conjunto de personas o cosas unidas estrechamente.

piñata *s. f.* Recipiente lleno de golosinas y regalos que se cuelga para que alguien con los ojos vendados lo rompa con un palo.

piño *s. m. fam.* Diente.

piñón[1] *s. m.* Semilla del pino. ‖ **LOC. estar a partir un piñón** Estar muy compenetradas o ser muy amigas dos personas.

piñón[2] *s. m.* Rueda pequeña con dientes alrededor que encajan en otra más grande o en otra pieza, como por ejemplo, los que llevan las bicicletas.

pío *s. m.* Palabra que imita el sonido que hacen los pollitos. ‖ **LOC. no decir ni pío** No hablar nada.

pío, a *adj.* **1.** Muy religioso, muy devoto. **2.** Relacionado con la religión: *obras pías.* **SIN. 1.** Piadoso. **ANT. 1.** Impío.

piojo *s. m.* Insecto muy pequeño y sin alas, que vive como parásito en el pelo de las personas y de los animales y puede causar enfermedades como el tifus.

piojoso, sa *adj.* y *s.* **1.** Que tiene piojos. ‖ *adj.* **2.** Muy sucio o asqueroso. **SIN. 2.** Cochambroso.

piolet (del fr.) *s. m.* Pico que los alpinistas clavan en la nieve o el hielo para sujetarse.

pionero, ra *s. m.* y *f.* **1.** Persona que va a un territorio por primera vez y lo explora. **2.** Persona que realiza los primeros descubrimientos o trabajos en una actividad o ciencia.

piorrea *s. f.* Enfermedad de la boca en la que las encías se llenan de pus y se pueden caer los dientes.

pipa[1] *s. f.* **1.** Utensilio para fumar formado por un cacito, donde se pone tabaco picado, y un tubo unido a él, por donde se aspira el humo. **2.** En argot, pistola, arma. ‖ *adv.* **3.** *fam.* Estupendamente: *pasarlo pipa.*

pipa[2] *s. f.* Pepita o semilla de las frutas, el girasol o la calabaza.

pipermín *s. m.* Licor de menta dulce.

pipero, ra *s. m.* y *f.* Persona que vende pipas, caramelos y golosinas en la calle.

pipeta *s. f.* Tubo de cristal estrecho y alargado que se usa para pasar pequeñas cantidades de líquido de un recipiente a otro.

pipi *s. m. fam.* Piojo.

pipí *s. m. fam.* Pis, orina.

pipiolo, la *s. m.* y *f.* **1.** *fam.* Persona muy joven. **2.** *fam.* Novato, principiante. **ANT. 2.** Veterano.

pipo *s. m.* Pepita de un fruto.

pique *s. m.* **1.** Enfado. **2.** Competencia que alguien tiene con otro para demostrar quién es el mejor. ‖ **LOC. irse a pique** Hundirse un barco; estropearse o fracasar una cosa. **SIN. 1.** Disgusto.

piqué (del fr.) *s. m.* Tejido de algodón con dibujos en relieve.

piqueta *s. f.* Herramienta utilizada en albañilería para picar las paredes, parecida a un martillo, pero con uno de los extremos puntiagudo.

piquete *s. m.* **1.** En las huelgas, persona o grupo de personas que intentan convencer a otras para que tampoco vayan a trabajar. **2.** Pequeño grupo de soldados, sobre todo el formado para fusilar a alguien.

piquituerto *s. m.* Pájaro pequeño de cola en forma de horquilla y pico con las mandíbulas cruzadas; vive en los bosques europeos y se alimenta de piñones.

pira *s. f.* Hoguera grande, sobre todo la que se hacía antiguamente y se sigue haciendo en algunos países para quemar los cuerpos de los difuntos y las víctimas de los sacrificios.

pirado, da *adj. y s. fam.* Loco, majareta.

piragua *s. f.* Barca larga y estrecha movida con remo o a vela, como la que usan los indios o la que se utiliza para hacer deporte.

piragüismo *s. m.* Deporte que se practica sobre piraguas o canoas.

piragüista *s. m. y f.* Persona que practica el piragüismo.

piramidal *adj.* En forma de pirámide.

pirámide *s. f.* **1.** Figura geométrica que tiene un cuadrado u otro polígono como base, y como caras, triángulos que se juntan en un vértice. **2.** Construcción con esta forma, como las que hicieron los antiguos egipcios para enterrar en ellas a los faraones.

piraña *s. f.* Pez carnívoro con una gran mandíbula de dientes muy fuertes. Las pirañas viven en los grandes ríos de América del Sur, como el Amazonas y el Orinoco, y a veces atacan en bandadas a animales grandes.

pirarse *v. fam.* Marcharse, largarse.

pirata *adj. y s.* **1.** Se dice de las personas que se dedicaban a atacar y robar barcos en el mar o en las costas y de lo relacionado con ellas: *bandera pirata.* ‖ *adj.* **2.** Que se hace sin permiso o autorización: *una copia pirata, una emisora pirata.*

piratear *v.* Hacer copias piratas de algo, como películas, música o programas de ordenador.

piratería *s. f.* Actividad de los piratas.

pirenaico, ca *adj. y s.* De la cordillera de los Pirineos.

pírex *s. m.* Pyrex.

piripi *adj. fam.* Un poco borracho.

pirita *s. f.* Mineral duro y pesado, de color amarillo brillante. De él se saca hierro y también azufre.

pirograbado *s. m.* Técnica para grabar sobre madera con un objeto incandescente.

piromanía *s. f.* Trastorno mental que impulsa a una persona a provocar incendios.

pirómano, na *adj. y s.* Persona que padece piromanía.

piropear *v.* Decir piropos a alguien.

piropo *s. m.* Cosa bonita o graciosa que se dice a alguien, sobre todo a una mujer. **SIN.** Galantería, cumplido.

pirotecnia *s. f.* Técnica para usar fuego y explosivos como armas o como diversión y espectáculo, por ejemplo, los fuegos artificiales.

pirotécnico, ca *adj.* De la pirotecnia o relacionado con ella.

pirrar *v. fam.* Gustar muchísimo.

pirsin *s. m.* Piercing.

pirueta *s. f.* Movimiento difícil para el que se necesita mucha agilidad y equilibrio, como los que realizan los bailarines y los artistas de circo.

pirula *s. f. fam.* Jugarreta, faena.

piruleta *s. f.* Caramelo redondo y aplastado, con un palito como mango.

pirulí *s. m.* Caramelo largo y en forma de cono con un palito para agarrarlo.

pis *s. m. fam.* Orina.

pisada *s. f.* **1.** Acto de pisar. **2.** Marca que deja el pie al pisar. **SIN. 1.** Paso. **2.** Huella, rastro.

pisapapeles *s. m.* Objeto que se pone sobre los papeles para sujetarlos.

pisar *v.* **1.** Poner el pie sobre algo. **2.** Estar una cosa sobre otra. **3.** *fam.* Hacer o decir lo que pensaba otra persona, pero antes que ella: *pisarle una idea a otro.* **4.** Tratar mal a alguien o perjudicarlo. **5.** Ir a algún sitio: *No pisa la calle.* **SIN. 2.** Montar. **4.** Atropellar, pisotear.

pisaverde *s. m. fam.* Joven demasiado arreglado y presumido.

piscícola *adj.* De los peces.

piscicultura *s. f.* Técnicas para criar peces y mariscos.

piscifactoría *s. f.* Lugar donde se crían peces y mariscos.

piscina *s. f.* Estanque de agua para que naden y se bañen las personas.

Piscis *n. pr.* Decimosegundo signo del Zodiaco (del 19 de febrero al 20 de marzo).

piscívoro, ra *adj.* Que se alimenta de peces.

piscolabis *s. m.* Comida ligera, por ejemplo, la que se toma a veces a media mañana. **SIN.** Tentempié.

piso *s. m.* **1.** Suelo liso o cubierto de pavimento. **2.** Cada una de las plantas de un edificio. **3.** Cada una de las viviendas que hay en una casa de varias plantas. **4.** Cada una de las capas que se distinguen en una cosa. **5.** Suela. **SIN.** 4. Nivel.

pisón *s. m.* Objeto pesado que se usa para apisonar o allanar el terreno.

pisotear *v.* **1.** Pisar varias veces. **2.** Maltratar o perjudicar. **SIN.** 2. Atropellar, humillar. **ANT.** 2. Respetar.

pisotón *s. m.* Pisada fuerte sobre el pie de otro o sobre otra cosa.

pispajo *s. m. fam.* Persona pequeña y vivaracha, sobre todo un niño.

pispás Se usa en la expresión **en un pispás**, 'en un momento', 'enseguida'.

pista *s. f.* **1.** Huella que deja una persona o animal por donde pasa. **2.** Lo que nos permite averiguar o adivinar una cosa. **3.** Superficie sobre la que se practican algunos deportes o se hacen otras cosas, como la que hay en las discotecas para bailar. **4.** Franja larga de terreno preparada para que despeguen y aterricen los aviones. **SIN.** 1. Rastro. 2. Indicio. 3. Cancha.

pistachero *s. m.* Árbol de hojas de color verde oscuro y flores pequeñas en racimo; su fruto es el pistacho.

pistacho *s. m.* Fruto del pistachero, que tiene la cáscara dura y es verde por dentro. Suele comerse como fruto seco.

pistilo *s. m.* Órgano sexual femenino de las plantas, generalmente en el centro de la flor, que tiene forma de botella y está formado por ovario, estilo y estigma. **SIN.** Gineceo.

pisto *s. m.* **1.** Guiso que se hace friendo trozos revueltos de hortalizas. **2.** *fam.* Jaleo, lío. ‖ **LOC. darse pisto** Darse importancia, presumir. **SIN.** 2. Follón.

pistola *s. f.* **1.** Arma de fuego pequeña que se puede utilizar con una sola mano. **2.** Utensilio que lanza a presión pintura u otro líquido. **3.** Barra de pan.

pistolera *s. f.* **1.** Funda donde se lleva la pistola. ‖ *s. f. pl.* **2.** Acumulación de grasa en las caderas. **SIN.** 2. Cartucheras.

pistolero, ra *s. m. y f.* Persona que usa pistola para robar, matar o amenazar.

pistoletazo *s. m.* Disparo de pistola.

pistón *s. m.* **1.** Pieza que al apretarla o moverla empuja un líquido u otra cosa. **2.** Llave para pulsar en algunos instrumentos musicales, como la trompeta. **3.** Pequeña cantidad de pólvora que se pone a algunas pistolas de juguete. **SIN.** 1. Émbolo.

pistonudo, da *adj. fam.* Muy bueno. **SIN.** Estupendo, magnífico, fenomenal.

pita[1] *s. f.* Planta de gran tamaño y unas hojas muy grandes y largas, acabadas en punta; de ellas se sacan unos hilos con los que se hacen tejidos y cuerdas.

pita[2] *s. f.* Acción de pitar o silbar a alguien. **SIN.** Abucheo. **ANT.** Aplauso.

pitada *s. f.* **1.** Pitido. **2.** En un espectáculo, conjunto de silbidos que da el público para protestar. **SIN.** 2. Abucheo. **ANT.** 2. Aplauso.

pitagorín, na *adj. y s. fam.* Persona que lo sabe todo.

pitanza *s. f. fam.* Comida diaria.

pitaña *s. f.* Legaña.

pitañoso, sa *adj.* Se dice de los ojos cuando tienen legañas.

pitar *v.* **1.** Tocar o sonar el pito. **2.** Dar una pita: *El público pitó a los actores.* **3.** Indicar algo el árbitro con el pito en algunos deportes. **4.** *fam.* Marchar o funcionar bien. ‖ **LOC. pitando** Muy deprisa. **SIN.** 2. Silbar, abuchear. **ANT.** 2. Aplaudir.

pitbull (ingl.) *s. m.* Raza de perros de mediano tamaño, pelo corto y constitución fuerte y musculosa.

pitido *s. m.* **1.** Sonido o toque de pito. **2.** Silbido de protesta. **SIN.** 2. Pita, abucheo.

pitillera *s. f.* Cajita, funda o estuche para guardar pitillos.

pitillo *s. m.* Cigarrillo.

pitiminí *s. m.* Rosa de pitiminí. Ver **rosa**.

pito *s. m.* **1.** Silbato que produce un sonido muy fuerte y agudo. **2.** Sonido o voz muy fuertes y agudos. **3.** *fam.* Bocina de los coches. **4.** Cigarrillo. **5.** *fam.* Pene. ‖ **LOC. importarle** a uno **un pito** No importarle nada. **SIN.** 3. Claxon. 4. Pitillo.

pitón[1] *s. m.* **1.** Punta de los cuernos del toro. **2.** Cuerno que les empieza a salir a algunos animales.

pitón[2] *s. f.* Serpiente muy grande; algunas especies pueden medir hasta diez metros. Se alimenta de otros animales que se traga enteros, después de asfixiarlos apretándolos con su cuerpo. Vive en zonas húmedas de África y Asia.

pitonisa *s. f.* Adivina.

pitorrearse *v.* Burlarse.

pitorreo *s. m.* Burla, guasa.

pitorro *s. m.* Tubito de los botijos, porrones y otras cosas, por donde sale el líquido.

pitote *s. m. fam.* Jaleo, alboroto.

pituitaria *adj. y s. f.* **1.** Se dice de la membrana que cubre por dentro la nariz y es el órgano del olfato. ‖ **2. glándula pituitaria** Hipófisis.

pituso, sa *adj. y s. fam.* Niño pequeño y gracioso.

pívot (del fr.) *s. m. y f.* Jugador de baloncesto que suele ser el más alto y fuerte y juega cerca de los tableros.

pivotar *v.* **1.** Girar apoyándose en un pivote. **2.** En baloncesto, girar sobre un pie.

pivote *s. m.* Soporte sobre el que se apoya una cosa para poder girar o moverse de un lado a otro.

píxel o *pixel* (*pixel* es ingl.) *s. m.* En informática, punto de luz muy pequeño que junto con muchos otros forma una imagen.

pixelar *v.* En informática, hacer que los píxeles de una imagen digital sean visibles, disminuyendo la calidad de esta.

pizarra *s. f.* **1.** Roca de color gris o negro azulado, formada por hojas o capas delgadas. Se usa mucho para hacer tejados. **2.** Tablero de color oscuro para escribir o dibujar en él con tiza. ‖ **3. pizarra digital interactiva** Pantalla conectada a un ordenador y a un proyector que permite interactuar con las imágenes y los contenidos que se muestran en ella. **SIN. 2.** Encerado.

pizarral *s. m.* Lugar en el que hay mucha pizarra.

pizarrín *s. m.* Barrita que se usa para escribir en las pizarras.

pizarroso, sa *adj.* Se dice del terreno que tiene mucha pizarra.

pizca *s. f.* Muy poquito de alguna cosa. ‖ **LOC. ni pizca** Nada. **SIN.** Brizna.

pizpireto, ta *adj. fam.* Se dice de la persona muy viva, alegre y graciosa. **SIN.** Vivaracha.

pizza (ital.) *s. f.* Masa de harina, redonda y aplastada, con queso, tomate y otras cosas por encima, que se cuece en el horno.

pizzería *s. f.* Lugar donde se hacen, se venden o se sirven *pizzas*.

placa *s. f.* **1.** Lámina o plancha delgada. **2.** Chapa o letrero que sirve para recordar un hecho, informar sobre algo o demostrar quién es una persona. **3.** Superficie de metal que produce calor para cocinar sobre ella y que funciona por electricidad. **4.** En fotografía, cristal donde se saca el negativo. ‖ **5. placa dental** Capa que van formando sobre los dientes los restos de comida y suciedad.

placaje *s. m.* Acción de placar.

placar o *placard* (*placard* es fr.) *s. m. Amér.* Armario empotrado.

placar *v.* En rugby, agarrar a un jugador del equipo contrario para que no siga avanzando.

placebo *s. m.* Producto natural sin propiedades médicas que puede curar si la persona que lo toma cree que es un medicamento.

placenta *s. f.* Bolsa que rodea al feto de la mayoría de los mamíferos dentro del vientre de la madre.

placentario, ria *adj. y s. m.* Se dice de los mamíferos que se desarrollan en el útero de la madre donde se forma la placenta.

placentero, ra *adj.* Que da placer. **SIN.** Agradable, grato. **ANT.** Desagradable.

placer[1] *v.* Gustar, agradar. □ Es v. irreg. Se conjuga como *agradecer*. **SIN.** Complacer, satisfacer. **ANT.** Desagradar.

placer[2] *s. m.* **1.** Sensación que tenemos cuando estamos a gusto y disfrutando. **2.** Diversión. **SIN. 1.** Agrado, satisfacción. **2.** Entretenimiento. **ANT. 1.** y **2.** Sufrimiento, disgusto.

plácet (del lat.) *s. m.* Aprobación que un Gobierno da al embajador de otro país.

placidez *s. f.* Característica de plácido. **SIN.** Tranquilidad, serenidad.

plácido, da *adj.* Tranquilo y agradable. **SIN.** Apacible, sereno. **ANT.** Desapacible.

pladur (marca registrada) *s. m.* Material de construcción con el que se hacen tabiques, estanterías o techos falsos.

plafón *s. m.* Lámpara pegada al techo.

plaga *s. f.* **1.** Cosa muy perjudicial y que es muy abundante y se extiende rápidamente: *Una plaga de langostas arrasó la cosecha.* **2.** Demasiada cantidad de personas o cosas. **SIN. 1.** Peste. **2.** Montón.

plagado, da 1. *p.* de plagar. ‖ *adj.* **2.** Lleno, cubierto, sobre todo de cosas malas. **SIN. 2.** Infestado.

plagar *v.* Llenar o cubrir de algo malo o perjudicial.

plagiar *v.* Copiar una persona lo que ha hecho otra y presentarlo como si fuera suyo. **SIN.** Fusilar.

plagio *s. m.* Copia que se hace plagiando la obra de otra persona.

plaguicida *s. m.* Sustancia para acabar con las plagas de animales que atacan los cultivos. **SIN.** Pesticida.

plan *s. m.* **1.** Lo que se piensa hacer y la manera en que se quiere hacer. **2.** Actitud, intención: *Vino en plan conciliador.* **3.** *fam.*

Ligue, relación amorosa poco seria. **4.** *fam.* Dieta para adelgazar: *ponerse a plan.* **SIN. 1.** Idea, proyecto.

plana *s. f.* **1.** Cada una de las dos caras de una hoja de papel. **2.** Ejercicio que hacen los niños que están aprendiendo a escribir. ‖ **LOC. enmendar la plana** Corregir a alguien.

plancha *s. f.* **1.** Lámina delgada y plana. **2.** Aparato que se calienta y sirve para planchar la ropa o el pelo. **3.** Placa de metal para tostar o cocinar algunos alimentos. **4.** *fam.* Equivocación, metedura de pata. ‖ **LOC. a la plancha** Modo de tostar o cocinar los alimentos sobre una plancha. **SIN. 1.** Chapa, hoja.

planchado, da 1. *p.* de **planchar.** También *adj.* ‖ *adj.* **2.** *fam.* Muy sorprendido o impresionado, sin saber qué hacer o qué decir. ‖ *s. m.* **3.** Acción de planchar la ropa. **SIN. 2.** Cortado, estupefacto.

planchador, ra *s. m.* y *f.* Persona que se gana la vida planchando ropa.

planchar *v.* **1.** Pasar la plancha caliente por encima de la ropa para quitarle las arrugas. **2.** Alisar el pelo.

planchazo *s. m.* **1.** *fam.* Plancha, equivocación. **2.** *fam.* Golpe que se da a alguien en la tripa al tirarse al agua.

plancton *s. m.* Conjunto formado por millones de pequeños seres del reino animal o vegetal, que están presentes en el agua de los mares y lagos y sirven de alimento a otros seres vivos.

planeador *s. m.* Avión que vuela sin motor aprovechando las corrientes de aire.

planeadora *s. f.* Lancha con motor muy rápida.

planear[1] *v.* Sostenerse en el aire un ave sin mover las alas o un avión sin utilizar el motor, llevados por las corrientes de aire.

planear[2] *v.* Pensar hacer una cosa o cómo hacerla. **SIN.** Planificar, proyectar, organizar. **ANT.** Improvisar.

planeo *s. m.* Acción de planear un ave o un avión.

planeta *s. m.* Cuerpo que gira en el espacio alrededor del Sol o de otra estrella y que no tiene luz propia, como la Tierra.

planetario, ria *adj.* **1.** De los planetas o relacionado con ellos. ‖ *s. m.* **2.** Aparato que representa los planetas del sistema solar y cómo se mueven; edificio o sala donde está este aparato.

planicie *s. f.* Terreno liso y muy grande. **SIN.** Llanura.

planificación *s. f.* Acción de planificar.

planificar *v.* Planear, organizar. **SIN.** Programar, proyectar. **ANT.** Improvisar.

planilla *s. f.* **1.** Cuaderno donde se apuntan las cuentas de una empresa. **2.** *Amér.* Nómina de los trabajadores de una empresa. **3.** Impreso que se rellena para pedir o declarar una cosa. **SIN. 3.** Formulario.

planisferio *s. m.* Mapa en el que está representada en un plano la esfera terrestre o celeste.

planning (ingl.) *s. m.* En las empresas, elaboración de un plan de trabajo para conseguir un objetivo concreto.

plano, na *adj.* **1.** Llano, liso. ‖ *s. m.* **2.** Dibujo que representa las partes de un edificio, las calles de una ciudad u otra cosa parecida. **3.** Superficie sobre la que se representan las rectas, las curvas, las figuras geométricas. **4.** En cine y televisión, conjunto de escenas que se filman de una vez. **5.** Modo de enfocar la cámara de cine o de fotos, desde más cerca o más lejos, desde arriba o abajo. **6.** Punto de vista. ‖ **7. primer plano** Plano en el que la cámara enfoca de cerca la cara de una persona o un objeto. ‖ **LOC. de plano** Totalmente. **SIN. 1.** Raso, uniforme.

planta *s. f.* **1.** Vegetal pluricelular que posee órganos diferenciados, vive fijo al suelo y realiza la fotosíntesis. **2.** Parte de abajo del pie. **3.** Cada una de las partes de un edificio a diferente altura. **4.** Fábrica o instalación industrial: *una planta petroquímica.* **5.** Plano de una cosa vista desde arriba. **6.** Aspecto, pinta: *A pesar de los años, sigue teniendo muy buena planta.* **SIN. 3.** Piso, nivel. **4.** Central. **6.** Porte, presencia.

plantación *s. f.* Extensión donde se cultiva un solo tipo de plantas.

plantado, da 1. *p.* de **plantar.** También *adj.* ‖ *adj.* **2.** Puesto en un sitio: *¿Qué haces ahí plantado?* ‖ **LOC. bien plantado** Se dice de la persona que tiene muy buen aspecto.

plantar *v.* **1.** Meter en la tierra una planta, tallo o semilla para que crezca. **2.** Poner en un lugar. **3.** *fam.* Dar fuerte y de repente una cosa, como golpes o besos. **4.** *fam.* Dejar o abandonar a alguien o no acudir a una cita. ‖ **plantarse 5.** Llegar enseguida a un sitio. **6.** No continuar. ‖ **LOC. plantar cara** Enfrentarse. **SIN. 1.** Sembrar, cultivar. **2.** Colocar. **2.** y **3.** Plantificar. **ANT. 1.** Arrancar.

plante *s. m.* Protesta de un grupo de personas que se niega a hacer su trabajo u otra cosa para pedir o rechazar algo.

planteamiento *s. m.* **1.** Forma en que se plantea una cosa. **2.** Principio de una novela, película u obra de teatro, donde ocurren las primeras cosas que se irán solucionando a lo largo de la historia.

plantear *v.* **1.** Presentar problemas, dificultades, dudas, preguntas o soluciones. ‖ **plantearse 2.** Empezar a pensar una cosa. **SIN. 1.** Exponer, sugerir. **2.** Considerar.

plantel *s. m.* **1.** Conjunto de personas con algo en común, por ejemplo, la misma profesión: *un plantel de artistas.* **2.** Lugar donde se cultivan plantas. **SIN. 2.** Vivero.

plantificar *v.* **1.** *fam.* Plantar, dar de repente o bruscamente un beso, un golpe u otra cosa. **2.** Colocar en un sitio. ‖ **plantificarse 3.** Llegar a un lugar.

plantígrado, da *adj. y s. m.* Se dice de los animales de cuatro patas que apoyan la planta en el suelo al andar, como el oso.

plantilla *s. f.* **1.** Pieza con que se cubre por dentro la planta del calzado. **2.** Pieza que se usa como modelo para dibujar, cortar o hacer otra pieza igual. **3.** Conjunto de los empleados que trabajan de forma fija en una empresa. **4.** Conjunto de jugadores de un equipo. **SIN. 2.** Patrón.

plantío *s. m.* Lugar plantado recientemente de vegetales.

plantón *s. m.* **1.** *fam.* Hecho de no ir a una cita o de hacer esperar mucho a alguien. **2.** Rama o arbolito para plantar.

plañidero, ra *adj.* **1.** Que llora o se queja demasiado. ‖ *s. f.* **2.** Mujer a la que se pagaba para que llorara en los entierros. **SIN. 1.** Quejica, llorón.

plaqueta *s. f.* Célula que está en la sangre y hace que esta se coagule.

plasma *s. m.* **1.** Parte líquida de la sangre. **2.** Mezcla de gases usada en la fabricación de algunas pantallas planas, que emiten luz tras recibir una descarga eléctrica. **3.** Televisor o monitor fabricado con este material.

plasmación *s. f.* Acción de plasmar.

plasmar *v.* Expresar alguien en lo que dice, escribe o hace lo que piensa y siente. **SIN.** Reflejar.

plasta *s. f.* **1.** Cosa blanda o aplastada. **2.** *fam.* Excremento que es así. ‖ *adj. y s.* **3.** *fam.* Persona muy pesada. **SIN. 1.** Pegote. **3.** Pelmazo.

plástica *s. f.* Arte de hacer figuras con barro, arcilla, yeso y otros materiales.

plasticidad *s. f.* **1.** Característica de los materiales fáciles de modelar o dar forma. **2.** Expresividad.

plástico, ca *adj. y s. m.* **1.** Se dice de unos materiales sintéticos que se obtienen del petróleo, son fáciles de moldear y con ellos se fabrican muchos objetos. ‖ *adj.* **2.** Se dice del arte de hacer figuras y moldear materiales:

artes plásticas. **3.** Se dice de los materiales a los que es fácil moldear o dar forma. **4.** Se dice de la cirugía que se ocupa de corregir algunos defectos físicos y de embellecer el cuerpo.

plastificar *v.* Cubrir con una capa de plástico muy pegada.

plastilina (marca registrada) *s. f.* Pasta blanda, de diversos colores, que sirve para modelar y que se puede usar muchas veces, pues no se endurece.

plata *s. f.* **1.** Metal de color blanco brillante, buen conductor del calor y la electricidad, muy usado en joyería. Es un elemento químico. **2.** Color de este metal. **3.** *fam.* Dinero.

plataforma *s. f.* **1.** Tablado u otra cosa plana que se levanta sobre el suelo. **2.** Cualquier cosa o superficie plana que levanta a otra. **3.** Parte de delante y de atrás de autobuses, tranvías y otros vehículos parecidos, donde no hay asientos. **4.** Grupo de personas con ideas o exigencias comunes. **5.** Medio empleado para conseguir un fin. **6.** Sistema que permite que distintas aplicaciones sean compatibles entre sí, dentro de un entorno informático.

platal *s. m. Amér.* Dineral.

platanal o **platanar** *s. m.* Plantación de plátanos.

platanero, ra *adj.* **1.** Del plátano. ‖ *s. m. o f.* **2.** Plátano, árbol que da el fruto de este mismo nombre.

plátano *s. m.* **1.** Planta parecida a una palmera que produce un fruto también llamado *plátano*. Este fruto nace en racimos y es alargado, amarillo por fuera y blanco por dentro, y se toma como alimento. **2.** Árbol grande y alto que se cultiva mucho en parques y paseos. Tiene las hojas palmeadas y da unos frutos que forman bolas cubiertas de pelos o pinchitos. Se llama también *plátano de sombra.* **SIN. 1.** Banano, banana, platanero.

platea *s. f.* Planta baja de los teatros y cines.

plateado, da *adj.* **1.** *p. de* **platear.** También *adj.* ‖ *adj.* **2.** Del color de la plata.

platear *v.* **1.** Cubrir con plata. **2.** Dar color de plata.

plateresco, ca *adj. y s. m.* Se dice del estilo de arquitectura que se desarrolló en España durante el siglo XV y principios del XVI, en el que se decoraba muchísimo, sobre todo las fachadas de los edificios.

platería *s. f.* Establecimiento donde se hacen o se venden objetos de plata.

platero, ra *s. m. y f.* Persona que hace o vende objetos de plata.

plática *s. f.* **1.** Conversación. **2.** Sermón corto. **SIN. 1.** Charla, diálogo.

platicar *v.* Hablar, conversar.

platija *s. f.* Pez marino de piel rugosa y cuerpo aplanado, con los dos ojos situados en el lado derecho. Se usa como alimento.

platillo *s. m.* **1.** Pieza pequeña parecida a un plato. **2.** Cada una de las dos piezas de la balanza donde se ponen los pesos y lo que se va a pesar. ‖ *s. m. pl.* **3.** Instrumento musical compuesto por dos chapas de metal en forma de plato que se golpean una contra otra. ‖ **4. platillo volador** o **platillo volante** Objeto desconocido que vuela por el espacio y del que algunas personas creen que está tripulado por extraterrestres.

platina *s. f.* **1.** Pletina de un equipo de música, grabadora, etc. **2.** Parte del microscopio donde se pone lo que se quiere observar.

platino *s. m.* Metal de color blanco brillante, muy duro y resistente, que es muy valioso y se emplea en joyería y para otros muchos usos. Es un elemento químico.

plato *s. m.* **1.** Recipiente redondo y poco profundo donde se ponen los alimentos para comerlos. **2.** Alimento cocinado o preparado. **3.** Platillo de la balanza. **4.** Parte de un equipo de música donde se ponen los discos. **5.** En las bicicletas, disco con dientes, junto a los pedales, donde va enganchada la cadena. ‖ **LOC. no haber roto** uno **un plato** Haberse portado siempre muy bien. **pagar** uno **los platos rotos** Ser castigado por lo que ha hecho otro.

plató *s. m.* Lugar de un estudio donde se ruedan películas o se hacen programas de televisión.

platónico, ca *adj.* y *s.* **1.** Del filósofo griego Platón o relacionado con él. **2.** ‖ *adj.* Se dice del amor que idealiza a la persona amada sin tener con ella una relación real.

plausible *adj.* **1.** Que merece aplausos o alabanzas. **2.** Aceptable, admisible.

play-off (ingl.) *s. m.* En una competición deportiva, liguilla o fase final.

playa *s. f.* Orilla del mar, de un lago o de un río, llana y con arena.

playback (ingl.) *s. m.* Técnica empleada en cine, televisión y espectáculos en directo, en la que los artistas hacen como si hablaran o cantaran cuando en realidad lo que suena es una grabación.

playboy (ingl.) *s. m.* Hombre atractivo y conquistador, sobre todo el que suele estar con gente de la alta sociedad.

playera *s. f.* Zapatilla deportiva.

playero, ra *adj.* De playa.

plaza *s. f.* **1.** Lugar ancho y espacioso, rodeado de edificios, en el que suelen desembocar varias calles. **2.** Mercado. **3.** Sitio o puesto. ‖ **LOC. plaza de toros** Terreno redondo, rodeado de asientos para los espectadores, donde se celebran corridas de toros. **plaza fuerte** Ciudad fortificada. **SIN. 1.** Plazoleta, glorieta, rotonda.

plazo *s. m.* **1.** Tiempo que se da para hacer una cosa. **2.** Cada una de las cantidades de dinero que se dan para pagar algo en varias veces: *comprar a plazos.*

plazoleta o **plazuela** *s. f.* Plaza pequeña de un pueblo o ciudad.

pleamar *s. f.* Momento en el que la marea está más alta. **ANT.** Bajamar.

plebe *s. f.* **1.** Las personas de baja categoría y posición social. **2.** Los ciudadanos de la antigua Roma que no pertenecían a la clase noble de los patricios. **SIN. 1.** Vulgo, populacho.

plebeyo, ya *adj.* y *s.* **1.** Persona de baja categoría. **2.** Persona de la plebe romana. **SIN. 1.** Villano. **ANT. 1.** Aristócrata. **2.** Patricio.

plebiscito *s. m.* Votación que organiza el gobierno para que el pueblo diga sí o no a una pregunta sobre algo importante.

plegable *adj.* Que se puede plegar.

plegamiento *s. m.* Pliegue en la corteza de la Tierra producido por las fuerzas que actúan sobre ella.

plegar *v.* **1.** Doblar una cosa sobre sí misma de manera que quede más pequeña o más recogida. ‖ **plegarse 2.** Someterse, hacer lo que otra persona quiere. □ Es v. irreg. Se conjuga como *pensar.* **SIN. 2.** Ceder, doblegarse. **ANT. 1.** Desplegar. **2.** Rebelarse.

plegaria *s. f.* Petición que se hace a Dios, a la Virgen o a los santos. **SIN.** Súplica, ruego, oración.

pleitear *v.* Litigar.

pleitesía *s. f.* Muestra de cortesía y respeto hacia alguien importante: *rendir pleitesía.*

pleito *s. m.* Litigio.

plenamente *adv.* Totalmente, absolutamente.

plenario, ria *adj.* Se dice de la reunión a la que van todos los miembros de un grupo o una organización.

plenilunio *s. m.* Fase de luna llena. Ver **luna.**

plenipotenciario, ria *adj.* y *s.* Se dice del embajador o enviado al que un rey, gobierno o Estado da plenos poderes para que le represente en el extranjero.

plenitud *s. f.* Máximo desarrollo o intensidad de alguien o algo. **SIN.** Apogeo, culminación. **ANT.** Declive.

pleno, na *adj.* **1.** Completo, total: *plenos poderes.* **2.** Lleno. **3.** Que está en el momento de mayor desarrollo o intensidad. **4.** Justo en el lugar que se indica: *Le pegó en plena cara.* || *s. m.* **5.** Reunión de todos los miembros de un ayuntamiento, asamblea u otro organismo o grupo. || **LOC. en pleno** En su totalidad. **SIN. 1.** Todo.

pleonasmo *s. m.* Uso innecesario de alguna palabra, por ejemplo, *arriba* en la expresión *subir arriba*, porque siempre se sube arriba.

pletina *s. f.* **1.** Parte de un equipo de música, grabadora, etc., donde se ponen las cintas magnéticas para que suenen o para grabar en ellas. **2.** Pieza metálica de poco grosor.

pletórico, ca *adj.* Lleno de algo bueno: *pletórico de salud.* **SIN.** Rebosante.

pleura *s. f.* Cada una de las membranas que recubre los pulmones.

pleuresía o **pleuritis** *s. f.* Inflamación de la pleura.

plexiglás (marca registrada) *s. m.* Resina sintética, transparente y flexible.

plica *s. f.* Sobre sellado que se usa para guardar ciertos documentos que no se pueden mostrar hasta una fecha fijada.

pliego *s. m.* **1.** Hoja de papel doblada por la mitad. **2.** Hoja grande de papel.

pliegue *s. m.* **1.** Doblez en algo flexible, como la tela. **2.** Ondulación en la corteza terrestre.

plinto *s. m.* Aparato de gimnasia para realizar saltos y otros ejercicios.

plisado, da 1. *p.* de **plisar.** || *adj.* **2.** Con pliegues pequeños e iguales.

plisar *v.* Hacer pliegues en una tela.

plomada *s. f.* Cuerda con una pesa que se usa para saber si una pared está recta.

plomazo *s. m. fam.* Persona muy pesada, **SIN.** Plomo, plasta, tostón.

plomero, ra *s. m.* y *f. Amér.* Fontanero.

plomífero, ra *adj.* **1.** Que contiene plomo. **2.** *fam.* Que fastidia o aburre.

plomizo, za *adj.* **1.** Parecido al plomo, sobre todo por su color grisáceo. **2.** Que tiene plomo.

plomo *s. m.* **1.** Metal de color grisáceo, blando, pesado y que se puede fundir con facilidad. Es un elemento químico. **2.** *fam.* Persona muy pesada. || *s. m. pl.* **3.** Fusible de una instalación eléctrica. || **LOC. con pies de plomo** Con mucho cuidado. **SIN. 2.** Pelmazo, plasta.

plóter *s. m.* Aparato parecido a una impresora para imprimir planos, gráficos, etc.

plum-cake (ingl.) *s. m.* Bizcocho con pasas y otras frutas.

pluma *s. f.* **1.** Cada una de las piezas que cubren el cuerpo de las aves. Tiene una parte central dura con unos pelillos a ambos lados. **2.** Conjunto de estas piezas usado para rellenar almohadas y otras cosas: *un edredón de pluma.* **3.** Utensilio para escribir que antiguamente era una pluma de ave que se mojaba en la tinta, y ahora se llama *pluma estilográfica* y es como un bolígrafo con una punta especial y un depósito de tinta. **4.** Escritor y actividad de este. **5.** *fam.* Afeminamiento en un hombre. || **plumas** *s. m.* **6.** Plumífero, prenda de vestir.

plumaje *s. m.* Conjunto que forman las plumas de un ave.

plumazo Se usa en la expresión **de un plumazo,** 'rápidamente', 'de una vez'.

plúmbeo, a *adj.* **1.** De plomo o parecido a él. **2.** Pesado, aburrido.

plumero *s. m.* Palo con unas plumas sujetas en la punta, que se usa para quitar el polvo. || **LOC. vérsele** a uno **el plumero** Descubrírsele los pensamientos o intenciones.

plumier (del fr.) *s. m.* Caja o estuche para guardar lápices, pinturas y otras cosas.

plumífero *s. m.* Cazadora o anorak relleno de plumas o acolchado.

plumilla *s. f.* Punta de metal que se pone en un mango alargado y que se moja en tinta para escribir o dibujar.

plumín *s. m.* Plumilla de la pluma de escribir.

plumón *s. m.* **1.** Pluma pequeña y suave que tienen las aves debajo del plumaje de fuera. **2.** Plumaje de los pollos.

plural *adj.* y *s. m.* En gramática, número de las palabras que se refieren a varias personas, animales o cosas, como por ejemplo, *los niños* o *las casas.* **ANT.** Singular.

pluralidad *s. f.* Variedad, diversidad.

pluralismo *s. m.* Hecho de haber varias ideas u opiniones diferentes.

pluralista *adj.* Relacionado con el pluralismo o que tiene pluralismo.

pluralizar *v.* Extender a muchas personas lo que se dice de una sola. **SIN.** Generalizar. **ANT.** Particularizar.

pluricelular *adj.* Se dice del organismo formado por muchas células. **ANT.** Unicelular.

pluriempleado, da *adj.* y *s.* Persona que tiene más de un trabajo.

pluriempleo *s. m.* Situación de la persona que tiene más de un trabajo.

pluripartidismo *s. m.* Sistema político basado en la existencia de varios partidos diferentes en un país.

plus *s. m.* Cantidad de dinero que alguien recibe además del sueldo normal.

pluscuamperfecto *adj.* y *s. m.* Tiempo del verbo que indica una acción terminada, anterior a otra acción también acabada; por ejemplo, *había comido*: *Los niños ya habían comido cuando llegó su padre.*

plusmarca *s. f.* Récord deportivo.

plusmarquista *s. m.* y *f.* Deportista que ha conseguido un récord.

plusvalía *s. f.* **1.** Aumento del valor de una cosa por causas externas a ella. **2.** Impuesto que se paga cuando se quiere vender un bien que, con el paso del tiempo, ha aumentado de valor.

plutonio *s. m.* Elemento químico metálico que se obtiene artificialmente del uranio. Es muy radiactivo y se usa para producir energía atómica.

pluvial *adj.* **1.** De la lluvia: *aguas pluviales.* **2.** Se dice de los ríos cuya agua procede principalmente de la lluvia.

pluviometría *s. f.* Parte de la meteorología que estudia la distribución y cantidad de las lluvias.

pluviómetro *s. m.* Aparato que se emplea para medir la cantidad de lluvia que cae en un lugar.

poblacho *s. m. desp.* Pueblo pequeño o feo. **SIN.** Villorrio.

población *s. f.* **1.** Conjunto de personas, animales o plantas que viven en un lugar. **2.** Localidad, ciudad, pueblo. **SIN.** 2. Poblado.

poblado, da *adj.* **1.** Se dice del lugar en el que viven personas, animales o plantas. **2.** Con mucho pelo: *una barba poblada.* ‖ *s. m.* **3.** Población, lugar habitado. **4.** Conjunto de chozas o de chabolas. **SIN.** 1. Habitado. 2. Espeso. 3. Localidad, asentamiento. 4. Aldea. **ANT.** 1. Deshabitado.

poblador, ra *adj.* y *s.* Que puebla un lugar, que vive en él. **SIN.** Habitante.

poblamiento *s. m.* Acción de poblar un lugar: *Esta región tuvo un poblamiento tardío.*

poblar *v.* **1.** Haber en abundancia, llenar. **2.** Establecerse en un lugar para vivir en él. □ Es v. irreg. Se conjuga como *contar.* **SIN.** 1. Colmar. 2. Repoblar. **ANT.** 1. Vaciar. 2. Despoblar.

pobre *adj.* **1.** Que tiene muy poco de algo o es de poco valor o calidad: *un vocabulario pobre, una decoración pobre.* ‖ *adj.* y *s.* **2.** Que no tiene dinero ni lo necesario para vivir. **3.** Se dice de una persona o animal que nos da pena por algo: *El pobre se levanta muy temprano.* ‖ *s. m.* y *f.* **4.** Persona que vive de pedir limosna. **SIN.** 1. Escaso; modesto. 2. Necesitado. 3. Desdichado, infeliz. 4. Indigen-

te, mendigo, pordiosero. **ANT.** 1. Abundante, valioso. 1. y 2. Rico. 3. Afortunado.

pobreza *s. f.* **1.** Falta de dinero y otras cosas necesarias para vivir. **2.** Escasez, falta. **SIN.** 1. Miseria, necesidad. **ANT.** 1. Opulencia. 1. y 2. Riqueza.

pocero *s. m.* Persona que limpia las alcantarillas.

pocha *s. f.* Judía blanca temprana.

pochar *v.* Freír un alimento lentamente y en poco aceite.

pocho, cha *adj.* **1.** Podrido. **2.** Un poco enfermo. **SIN.** 1. Pasado. 2. Indispuesto.

pocholada *s. f. fam.* Persona o cosa que resulta bonita o graciosa.

pocilga *s. f.* **1.** Lugar donde se mete a los cerdos. **2.** *fam.* Lugar muy sucio. **SIN.** 1. Cochiquera, porqueriza. 2. Leonera.

pocillo *s. m.* Recipiente pequeño para echar líquidos.

pócima *s. f.* **1.** Poción. **2.** Bebida extraña o desagradable. **SIN.** 2. Brebaje.

poción *s. f.* Bebida medicinal o con poderes mágicos. **SIN.** Pócima.

poco, ca *indef.* **1.** Se dice de lo que existe en pequeña cantidad o intensidad. ‖ *s. m.* **2.** Cantidad pequeña de algo. ‖ *adv.* **3.** En pequeña cantidad o intensidad: *Ha llovido poco.* **4.** Indica un tiempo corto: *Vino hace poco.* ‖ **LOC. poco a poco** Despacio, en pequeñas cantidades. **SIN.** 1. Escaso. **ANT.** 1. Abundante. 1., 3. y 4. Mucho.

poda *s. f.* Acción de podar.

podadera *s. f.* Utensilio para podar.

podar *v.* Cortar las ramas de los árboles y otras plantas para que crezcan luego con más fuerza.

podenco *s. m.* Perro de cuerpo fuerte, orejas tiesas y cola enroscada. Tiene una excelente vista y olfato, por lo que es muy bueno para la caza.

poder[1] *v.* **1.** Tener alguien capacidad, fuerzas o posibilidad para hacer algo. **2.** Tener permiso. **3.** Ser más fuerte, ser capaz de ganar a alguien. **4.** Ser posible: *Puede que llueva.* ‖ **LOC. a** (o **hasta**) **más no poder** Mucho, tanto que no se puede más: *Se rieron a más no poder.* □ Es v. irreg. **SIN.** 3. Dominar.

poder[2] *s. m.* **1.** Capacidad, fuerzas o posibilidad para hacer algo. **2.** Gobierno, mando, influencia. **3.** Hecho de poseer: *tener alguien algo en su poder.* **SIN.** 1. Potencia, facultad. 2. Poderío, dominio. 3. Posesión, propiedad. **ANT.** 1. Incapacidad, imposibilidad. 2. Sumisión.

poderío *s. m.* **1.** Poder, dominio. **2.** Fortaleza, fuerza. **SIN. 1.** Mando. **2.** Energía, potencia. **ANT. 2.** Debilidad.

poderoso, sa *adj.* y *s.* **1.** Que tiene mucho poder. ‖ *adj.* **2.** Eficaz: *una medicina muy poderosa.* **3.** Importante, serio: *Tiene poderosas razones para sospechar.* **SIN. 1.** Potente, influyente. **2.** Activo. **ANT. 1.** Débil. **2.** Ineficaz.

podio o **pódium** *s. m.* Plataforma en la que se colocan los vencedores de una prueba deportiva.

PODER	
GERUNDIO	
pudiendo	
INDICATIVO	
Presente	**Pretérito perfecto simple**
puedo	*pude*
puedes	*pudiste*
puede	*pudo*
podemos	*pudimos*
podéis	*pudisteis*
pueden	*pudieron*
Futuro simple	**Condicional simple**
podré	*podría*
podrás	*podrías*
podrá	*podría*
podremos	*podríamos*
podréis	*podríais*
podrán	*podrían*
SUBJUNTIVO	
Presente	**Pretérito imperfecto**
pueda	*pudiera, -ese*
puedas	*pudieras, -eses*
pueda	*pudiera, -ese*
podamos	*pudiéramos, -ésemos*
podáis	*pudierais, -eseis*
puedan	*pudieran, -esen*
Futuro simple	
pudiere	*pudiéremos*
pudieres	*pudiereis*
pudiere	*pudieren*
IMPERATIVO	
puede (tú)	*poded* (vosotros)
pueda (usted)	*puedan* (ustedes)

podología *s. f.* Parte de la medicina que se ocupa de las enfermedades y el cuidado de los pies.

podólogo, ga *s. m.* y *f.* Especialista en podología.

podómetro *s. m.* Instrumento que cuenta los pasos de la persona que lo lleva y mide la distancia que esta recorre.

podredumbre *s. f.* Estado en que se encuentra algo podrido; también, lo que está podrido. **SIN.** Putrefacción.

podrido, da *p.* de **podrir** y **pudrir**. También *adj.* ‖ **LOC. estar podrido** de alguna cosa Tener mucho de lo que se dice: *Está podrido de dinero.*

podrir *v.* Pudrir.

poema *s. m.* Obra en verso. **SIN.** Poesía.

poemario *s. m.* Colección de poemas.

poesía *s. f.* **1.** Arte de expresar ideas o sentimientos de forma bella por medio de las palabras, normalmente en verso. **2.** Poema. **ANT. 1.** y **2.** Prosa.

poeta *s. m.* y *f.* Escritor de poesía.

poético, ca *adj.* De la poesía o parecido a ella. **SIN.** Lírico.

poetisa *s. f.* Escritora de poesía.

pointer (ingl.) *s. m.* Perro de tamaño mediano, orejas colgantes y pelo corto. Se utiliza para la caza.

poiquilotermo, ma *adj.* y *s. m.* Se dice de los seres vivos cuya temperatura corporal depende del medio que los rodea, como peces, reptiles y anfibios.

poker o **póker** (*poker* es ingl.) *s. m.* Póquer.

polaco, ca *adj.* y *s.* **1.** De Polonia, país de Europa. ‖ *s. m.* **2.** Lengua de este país.

polaina *s. f.* Prenda que cubre desde el tobillo a la rodilla y se abrocha o abotona por la parte de fuera.

polar *adj.* De los polos o como si fuera de ellos: *regiones polares; frío polar.*

polarizar *v.* Concentrar la atención o el interés. **SIN.** Centrar.

polaroid (marca registrada) *s. f.* Cámara fotográfica que revela automáticamente las fotos.

polca *s. f.* Antiguo baile por parejas, de origen polaco y carácter alegre y popular. ‖ **LOC. el año de la polca** Hace muchísimo tiempo.

pólder (del holandés) *s. m.* Terreno pantanoso ganado al mar y rodeado de diques para evitar que entre el agua; es característico de Holanda.

polea *s. f.* Rueda por la que se hace pasar una cuerda y que se utiliza para levantar pesos.

polémica *s. f.* Discusión entre personas que tienen opiniones o ideas distintas. **SIN.** Controversia, disputa. **ANT.** Acuerdo.

polémico, ca *adj.* Que causa polémica.

polemizar *v.* Comenzar o mantener una polémica.

polen *s. m.* Conjunto de granos muy pequeños formados por la parte masculina de las flores, por medio de los cuales se reproducen las plantas.

poleo *s. m.* Hierba de hojas ovales y flores color violeta, con la que se hace una infusión digestiva.

poli *s. m.* y *f. fam.* Policía.

poliamida *s. f.* Material obtenido artificialmente con el que se fabrican tejidos.

polibán *s. m.* Bañera pequeña, generalmente con un asiento en un lado.

polichinela *s. m.* Personaje del teatro italiano y del guiñol. Tiene joroba y es muy burlón.

policía *s. m.* y *f.* **1.** Persona que se encarga de mantener el orden público y cuidar de la seguridad de los ciudadanos. || *n. pr. f.* **2.** Organización formada por estas personas.

policiaco, ca o **policíaco, ca** *adj.* **1.** Policial. **2.** Género de novelas, películas, etc., que tratan de las investigaciones de policías y detectives.

policial *adj.* De la Policía o relacionado con ella. **SIN.** Policiaco.

policlínica *s. f.* Clínica en la que hay médicos de diferentes especialidades.

policromado, da *adj.* De varios colores. **SIN.** Multicolor.

polícromo, ma o **policromo, ma** *adj.* Policromado.

polideportivo, va *adj.* y *s. m.* Instalación en la que pueden practicarse varios deportes.

poliedro *s. m.* Figura geométrica formada por varias caras planas.

poliéster *s. m.* Fibra obtenida artificialmente que tiene muchos usos, por ejemplo, para fabricar tejidos.

polifacético, ca *adj.* Se dice de la persona que vale para muchas cosas o se dedica a varias actividades.

polifonía *s. f.* Música compuesta de varios sonidos o voces combinados.

polifónico, ca *adj.* Se dice de la música que combina varias voces o instrumentos musicales.

poligamia *s. f.* Hecho de estar alguien casado con varias personas a la vez. **ANT.** Monogamia.

polígamo, ma *adj.* y *s.* Casado con varias personas. **ANT.** Monógamo.

políglota *adj.* **1.** Escrito en varias lenguas. || *adj.* y *s.* **2.** Que habla varias lenguas.

polígloto, ta o **poligloto, ta** *adj.* y *s.* Políglota.

poligonal *adj.* En forma de polígono.

polígono *s. m.* **1.** Figura geométrica plana, limitada por una línea cerrada que forma varios ángulos, como el cuadrado y el pentágono. **2.** Terreno grande que suele estar en las afueras de las ciudades y se destina a una actividad: *polígono industrial.*

poligrafía *s. f.* **1.** Actividad de escribir sobre diversas materias. **2.** Arte de escribir con ciertos procedimientos secretos y de descifrar estos escritos. **SIN. 2.** Criptografía.

polígrafo, fa *s. m.* y *f.* **1.** Autor que escribe o ha escrito sobre diversas materias. **2.** Persona que se dedica a la poligrafía. || *s. m.* **3.** Aparato que se conecta a una persona y registra ciertas constantes, como el pulso o el ritmo cardiaco, para comprobar si es verdad lo que está diciendo.

polilla *s. f.* Mariposa pequeña de color amarillento o grisáceo y cuerpo grueso. Las larvas de algunas de ellas se comen la ropa, excavando túneles en ella.

polimorfo, fa *adj.* Que puede tener varias formas.

polinesio, sia *adj.* y *s.* **1.** De la Polinesia, archipiélago de Oceanía. || *s. m.* **2.** Lengua de Polinesia.

polinización *s. f.* Transporte del polen de una parte a otra de la flor o de una flor a otra.

polinizar *v.* Realizar la polinización.

polinomio *s. m.* Expresión matemática formada por varios monomios, por ejemplo, $3x + 2y + 5z$.

polio *s. f. acort.* de **poliomielitis.**

poliomielítico, ca *adj.* Relacionado con la poliomielitis o que la padece.

poliomielitis *s. f.* Enfermedad causada por un virus que daña la médula espinal y deja paralíticos a los que la sufren. Suele producirse en la infancia.

polipiel *s. f.* Material sintético que imita piel.

pólipo *s. m.* **1.** Animal marino en forma de tubo que vive pegado a las rocas; los corales son un tipo de pólipos. **2.** Pequeño bulto o tumor que se forma en algunas partes internas del cuerpo, por ejemplo, en la nariz, en las cuerdas vocales o en la matriz.

polis *s. f.* La ciudad en la antigua Grecia.

polisemia *s. f.* Hecho de tener varios significados una palabra; por ejemplo, *sierra* es

pomada

un conjunto de montañas y también una herramienta.

polisílabo, ba adj. Que tiene varias sílabas. **ANT.** Monosílabo.

polisíndeton s. m. Figura retórica que consiste en emplear muchas conjunciones para dar más fuerza a lo que se dice, como en '*y venga y dale y una vez y otra*'.

polisón s. m. Armazón que antiguamente las mujeres llevaban atado a la cintura para abultar la falda por detrás.

politécnico, ca adj. Se dice del centro donde se enseñan oficios o algunas carreras, como la arquitectura o la electrónica.

politeísmo s. m. Doctrina religiosa politeísta. **ANT.** Monoteísmo.

politeísta adj. y s. Que cree en varios dioses. **ANT.** Monoteísta.

política s. f. **1.** Actividad que tiene como finalidad gobernar y organizar un país. **2.** Forma de actuar, estrategia.

político, ca adj. y s. **1.** Persona que se dedica a la política. || adj. **2.** Relacionado con la política. **3.** Se dice de algunos familiares de la persona con que alguien se casa, por ejemplo, los *hermanos políticos* son los cuñados, y los *padres políticos*, los suegros.

politiqueo s. m. desp. Participación en la política que se hace con intrigas y trampas o solo para sacar provecho.

politizar v. Dar un sentido político a algo que normalmente no lo tiene. **ANT.** Despolitizar.

poliuretano s. m. Sustancia sintética que se utiliza para fabricar plásticos, fibras y otros materiales.

polivalente adj. Que sirve para varias cosas.

polivinilo s. m. Material sintético que se usa como aislante.

póliza s. f. **1.** Sello que hay que poner en algunos documentos o escritos. **2.** Documento en que está escrito un contrato, por ejemplo, el del seguro.

polizón, na s. m. y f. Que viaja a escondidas y sin pagar en un barco o en un avión.

polizonte s. m. y f. desp. Policía, agente.

polla s. f. **1.** Gallina joven. **2.** fam. Chica, jovencita. **3.** vulg. Pene. || **4. polla de agua** Ave que vive en las orillas de ríos y pantanos.

pollada s. f. Conjunto de pollos que nacen de una misma puesta.

pollera s. f. Amér. Falda.

pollería s. f. Tienda en la que se venden pollos, huevos y otras aves comestibles.

pollero, ra s. m. y f. Persona que cría o vende pollos.

pollino, na s. m. y f. Burro, asno.

pollo s. m. **1.** Cría de las aves. **2.** Gallo o gallina joven. **3.** fam. Jovencito, chico. **4.** fam. Tío, individuo. **5.** fam. Lío, jaleo: *Menudo pollo se montó en la manifestación*.

polluelo s. m. Cría de ave.

polo[1] s. m. **1.** Cada una de las dos regiones que están en la parte más al norte y más al sur de la Tierra, en las que hay un clima muy frío. **2.** Helado duro con un palito para sujetarlo. □ Con este significado es marca registrada. **3.** Cada uno de los dos puntos de una pila u otro generador a los que se conecta un conductor para que circule la corriente eléctrica; son el *polo positivo* y el *polo negativo*. || **4. el polo opuesto** Alguien o algo que es muy diferente a otra persona o cosa.

polo[2] s. m. **1.** Deporte que se practica a caballo y que consiste en meter una pelota en la portería contraria golpeándola con un mazo. **2.** Camisa de punto con cuello.

pololos s. m. pl. Antigua prenda interior femenina que era como unos pantalones que llegaban hasta la rodilla.

polonesa s. f. Baile antiguo de origen polaco.

poltrona s. f. **1.** Sillón muy cómodo. **2.** fam. Cargo importante o muy bueno.

polución s. f. Contaminación.

polucionar v. Contaminar.

polvareda s. f. **1.** Gran cantidad de polvo que se levanta del suelo. **2.** fam. Escándalo, revuelo.

polvera s. f. Caja o estuche con polvos para maquillarse.

polvo s. m. **1.** Conjunto de partículas muy pequeñas de arena y de otros materiales que están en el aire, el suelo o encima de los objetos. **2.** Cualquier cosa en trocitos muy pequeños. **3.** vulg. Acto sexual. || s. m. pl. **4.** Producto que se pone en la cara para maquillarse. || **LOC. hacer polvo** Hacer daño, cansar mucho, destrozar.

pólvora s. f. Sustancia que arde muy fácilmente y se usa, por ejemplo, en municiones y explosivos.

polvoriento, ta adj. Que tiene mucho polvo: *un camino polvoriento*.

polvorilla s. m. y f. fam. Persona que no se puede estar quieta.

polvorín s. m. **1.** Lugar donde se guardan los explosivos. **2.** Lugar o situación muy conflictivos.

polvorón s. m. Dulce navideño de harina, manteca y azúcar, que se deshace fácilmente.

pomada s. f. Pasta para ponerse en la piel como medicamento.

pomarada *s. f.* Lugar en el que hay muchos manzanos.

pomelo *s. m.* Fruta de un árbol llamado también *pomelo*, parecida a la naranja, pero más grande y de color amarillo, y sabor ácido y amargo.

pomo *s. m.* Agarrador en forma de bola de una puerta, ventana o cajón.

pompa *s. f.* **1.** Esfera de agua y jabón llena de aire. **2.** Mucho lujo o ceremonia muy solemne. ‖ **3. pompas fúnebres** El entierro y las ceremonias que se hacen cuando alguien muere. **SIN. 1.** Burbuja. **2.** Boato, ostentación. **ANT. 2.** Sencillez.

pompeyano, na *adj.* y *s.* De Pompeya, ciudad de la antigua Roma sepultada por la lava del volcán Vesubio.

pompi o **pompis** *s. m. fam.* Culo, trasero.

pompón *s. m.* Bola de lana o de otro material parecido que a veces se pone de adorno en la ropa o en un gorro.

pomposidad *s. f.* Característica de lo que es pomposo.

pomposo, sa *adj.* **1.** Con demasiado lujo o muy solemne. **2.** Se dice del lenguaje poco natural, demasiado culto o adornado. **SIN. 1.** Ostentoso, lujoso. **2.** Grandilocuente, rimbombante. **ANT. 1.** y **2.** Sencillo.

pómulo *s. m.* Parte saliente de la cara debajo de los ojos, a los lados de la nariz.

ponche *s. m.* **1.** Bebida caliente que se hace con leche, huevo y algún licor. **2.** Bebida refrescante que se prepara mezclando varios licores.

ponchera *s. f.* Recipiente grande donde se mezcla y se sirve el ponche.

poncho *s. m.* Prenda de abrigo que consiste en una manta que tiene en el centro un agujero para sacar la cabeza.

ponderación *s. f.* **1.** Moderación en lo que se dice o se hace. **2.** Alabanza, elogio. **SIN. 1.** Discreción.

ponderado, da 1. *p.* de **ponderar**. También *adj.* ‖ *adj.* **2.** Moderado, que no exagera en lo que hace o dice. **SIN. 2.** Equilibrado, discreto.

ponderar *v.* **1.** Examinar las ventajas e inconvenientes de algo. **2.** Alabar o elogiar mucho. **SIN. 1.** Sopesar. **2.** Ensalzar. **ANT. 2.** Criticar.

ponderativo, va *adj.* Que pondera o elogia. **SIN.** Elogioso.

ponedero *s. m.* Lugar donde las gallinas ponen los huevos.

ponedora *adj.* y *s. f.* Ave, sobre todo gallina que ya pone huevos.

ponencia *s. f.* Lo que alguien dice sobre un tema en una conferencia, un congreso y otras reuniones.

ponente *s. m.* y *f.* Persona que realiza una ponencia.

poner *v.* **1.** Hacer que alguien o algo esté en un lugar, una situación o de una manera: *poner en un sitio, poner en peligro, poner de mal humor.* **2.** Abrir, hacer que empiece a funcionar: *poner una tienda.* **3.** Encender, conectar: *poner la televisión.* **4.** Vestir o calzar.

PONER	
PARTICIPIO	
puesto	
INDICATIVO	
Presente	**Pretérito perfecto simple**
pongo	*puse*
pones	*pusiste*
pone	*puso*
ponemos	*pusimos*
ponéis	*pusisteis*
ponen	*pusieron*
Futuro simple	**Condicional simple**
pondré	*pondría*
pondrás	*pondrías*
pondrá	*pondría*
pondremos	*pondríamos*
pondréis	*pondríais*
pondrán	*pondrían*
SUBJUNTIVO	
Presente	**Pretérito imperfecto**
ponga	*pusiera, -ese*
pongas	*pusieras, -eses*
ponga	*pusiera, -ese*
pongamos	*pusiéramos, -ésemos*
pongáis	*pusierais, -eseis*
pongan	*pusieran, -esen*
Futuro simple	
pusiere	*pusiéremos*
pusieres	*pusiereis*
pusiere	*pusieren*
IMPERATIVO	
pon (tú)	*poned* (vosotros)
ponga (usted)	*pongan* (ustedes)

5. Soltar los huevos las aves. **6.** Dar un nombre o apodo. **7.** Marcar, fijar: *poner límites.* **8.** Echar, mostrar: *¿Qué ponen en la tele?* **9.** Dar: *poner dinero.* **10.** Decir: *¿Qué pone en ese letrero?* **11.** Preparar: *poner la mesa.* **12.** Dar una opinión, juzgar: *Ponen muy bien esa película.* **13.** Con algunos sustantivos, realizar lo que significan: *poner paz, poner orden.* **14.** Castigar con: *poner una multa.* ‖ **ponerse 15.** Empezar: *ponerse a trabajar.* **16.** Ocultarse el Sol y otros astros. □ Es v. irreg. **SIN. 1.** Colocar, situar. **3.** Enchufar. **6.** Llamar, apodar. **7.** Establecer. **9.** Aportar, proporcionar. **ANT. 1., 2., 4., 9.** y **11.** Quitar. **1.** y **11.** Retirar. **2.** Cerrar. **3.** Desconectar, apagar.

póney o **poni** *s. m.* Raza de caballos de muy poca altura, ágiles y fuertes.

poniente *s. m.* **1.** Oeste. **2.** Viento que sopla de la parte oeste. **SIN. 1.** Occidente. **ANT. 1.** Levante, oriente.

pontevedrés, sa *adj.* y *s.* De Pontevedra, ciudad y provincia españolas.

pontificado *s. m.* **1.** Cargo del pontífice. **2.** Tiempo que un pontífice tiene este cargo.

pontifical *adj.* Del papa, un obispo o un arzobispo.

pontificar *v.* **1.** *fam.* Hablar intentando mostrar una sabiduría y una autoridad que no se tiene. **2.** Celebrar la misa u otros oficios como pontífice.

pontífice *s. m.* El papa. Se llama también *sumo pontífice* o *romano pontífice.*

pontificio, cia *adj.* Del papa, el sumo pontífice, o relacionado con él.

pontón *s. m.* **1.** Puente formado por maderos o por una sola tabla. **2.** Barco que se utiliza para pasar ríos, construir puentes o limpiar el fondo de los puertos.

ponzoña *s. f.* Veneno.

ponzoñoso, sa *adj.* Venenoso.

pop (del ingl.) *adj.* y *s. m.* Tipo de música popular que nació en los países de habla inglesa en los años cincuenta.

popa *s. f.* Parte de atrás de una embarcación. **ANT.** Proa.

pope *s. m.* Sacerdote de la Iglesia ortodoxa.

popelín *s. m.* Tela de algodón o seda que tiene un poco de brillo.

populachero, ra *adj. desp.* Propio del populacho. **SIN.** Vulgar, plebeyo.

populacho *s. m. desp.* La gente de más baja categoría social. **SIN.** Gentuza, chusma, plebe.

popular *adj.* **1.** Del pueblo o relacionado con él. **2.** De las clases sociales menos ricas. **3.** Muy famoso. **4.** Que está muy extendido o gusta mucho a la gente. **SIN. 1.** Folclórico. **3.** Conocido.

popularidad *s. f.* Hecho de ser muy popular. **SIN.** Fama.

popularizar *v.* Hacer popular.

populismo *s. m.* Doctrina o movimiento político que afirma defender los intereses de las clases populares.

populista *adj.* Que pretende defender los intereses de las clases sociales humildes.

populoso, sa *adj.* Con mucha población. **SIN.** Poblado. **ANT.** Despoblado.

popurrí *s. m.* **1.** Composición formada con fragmentos de varias obras musicales. **2.** Mezcla de cosas diversas. **SIN. 2.** Miscelánea.

póquer *s. m.* Juego de cartas en el que se reparten cinco a cada jugador y gana el que consigue la mejor combinación.

por *prep.* **1.** Expresa el lugar en el cual alguien o algo está o a través del que pasa: *El coche va por la carretera;* tiempo: *Se fue por octubre;* medio, instrumento: *Le llamó por teléfono;* multiplicación o porcentaje: *seis por dos, cinco por ciento;* significa 'a cambio de': *Te doy mi lápiz por tu sacapuntas;* equivale a 'hacia': *Tiene mucho interés por la música;* expresa una causa o motivo: *Pararon por una avería. Dibuja por entretenerse;* una opinión: *Le tienen por un chico listo;* en busca de: *Fue por leche a la tienda.* **2.** Va delante del complemento agente en las oraciones pasivas: *Este museo es visitado por muchos turistas.* ‖ **LOC. por qué** Se usa para preguntar la razón o motivo de algo.

porcelana *s. f.* **1.** Una cerámica de muy buena calidad, brillante y que suele ser de color blanco. **2.** Figura o recipiente hecho con este material.

porcentaje *s. m.* Número o cantidad que, con referencia a cien, representa principalmente una parte de un total. Por ejemplo, un porcentaje del 50 por ciento equivale a 15 en un total de 30. Se expresa con el signo %.

porcentual *adj.* Se dice de lo que está expresado en porcentajes.

porche *s. m.* Espacio abierto, con techo y columnas, que tienen algunos edificios en la entrada o en un lado.

porcino, na *adj.* De cerdo: *ganado porcino.*

porción *s. f.* Parte separada de una cosa que se puede dividir. **SIN.** Trozo, fracción.

pordiosear *v.* **1.** Pedir limosna. **2.** Pedir una cosa con humildad y de forma insistente. **SIN. 1.** Mendigar.

pordiosero, ra *adj.* y *s.* Pobre que pide limosna. **SIN.** Mendigo.

porexpán *s. m.* Material sintético parecido al corcho que se emplea para fabricar embalajes.

porfía *s. f.* Acción de porfiar.

porfiado, da **1.** *p.* de **porfiar.** ‖ *adj.* **2.** Terco, obstinado, insistente.

porfiar *v.* **1.** Discutir con otra persona, queriendo llevar razón. **2.** Ponerse pesado para conseguir algo. **SIN. 1.** Obstinarse, empecinarse. **2.** Insistir, empeñarse. **ANT. 1.** Ceder. **2.** Cejar.

porífero *adj.* y *s. m.* Animal acuático invertebrado con poros por donde circula el agua. La esponja es un porífero.

pormenor *s. m.* Detalle, información concreta sobre algo.

pormenorizado, da **1.** *p.* de **pormenorizar.** ‖ *adj.* **2.** Con todos sus pormenores. **SIN. 2.** Detallado.

pormenorizar *v.* Describir algo con todos los detalles.

porno *adj.* **1.** *fam. acort.* de **pornográfico.** ‖ *s. m.* **2.** *acort. fam.* de **pornografía.**

pornografía *s. f.* Películas, revistas y otras obras que tienen como fin provocar la excitación sexual.

pornográfico, ca *adj.* De pornografía.

poro *s. m.* Hueco o agujero muy pequeño e invisible a simple vista, como los que tenemos en la piel.

porosidad *s. f.* Característica de lo que es poroso.

poroso, sa *adj.* Que tiene poros.

poroto *s. m. Amér.* Judía, alubia.

porque *conj.* Introduce una oración que indica la causa o razón de algo: *Fue al zoo porque quería ver los osos panda.*

porqué *s. m.* Causa, motivo: *Desconozco el porqué.* **SIN.** Razón, móvil.

porquería *s. f.* **1.** Guarrería, suciedad. **2.** Cosa vieja, rota o de mala calidad. **SIN. 1.** Inmundicia. **1.** y **2.** Mierda, basura.

porqueriza *s. f.* Establo para los cerdos. **SIN.** Pocilga, chiquero.

porquerizo, za o **porquero, ra** *s. m.* y *f.* Persona que cuida cerdos.

porra *s. f.* **1.** Palo más grueso por un extremo que por otro. **2.** Objeto alargado de goma u otro material que llevan policías y guardias. **3.** Churro más grueso. **4.** Juego en que varias personas apuestan dinero a un número o resultado; el que acierta se lleva el dinero de todos. ‖ **LOC. a la porra** Se usa para mandar lejos a alguien o algo de que se está harto: *¡Vete a la porra!* **SIN. 1.** Cachiporra.

porrada *s. f. fam.* Gran cantidad. **SIN.** Montón, pila, porrón.

porrazo *s. m.* **1.** Golpe dado con la porra o con otra cosa. **2.** Golpe que uno se da al caerse o chocar con algo duro. **SIN. 2.** Trastazo, batacazo.

porrero, ra *adj.* y *s.* Que fuma porros.

porreta *s. f.* **1.** Hojas verdes que brotan de algunas verduras como el puerro. **2.** Primeras hojas que salen de los cereales. ‖ **LOC. en porreta(s)** Desnudo.

porrillo Se usa en la expresión **a porrillo,** 'en gran cantidad'.

porro *s. m.* Cigarrillo de hachís o marihuana.

porrón *s. m.* **1.** Recipiente de cristal con un largo pitorro por el que se bebe a chorro. **2.** Pato pequeño de muy variados colores, frecuente en España. **3.** *fam.* Porrada.

portaaviones *s. m.* Barco de guerra muy grande para transportar aviones y para que estos despeguen y aterricen en él.

portabebés *s. m.* **1.** Cuna portátil con asas. **2.** Mochila diseñada para llevar un bebé al pecho o a la espalda.

portabilidad *s. f.* **1.** En informática, característica de un programa para ejecutarse en distintas plataformas sin sufrir cambios. **2.** Servicio que permite a los usuarios de un teléfono móvil cambiar de compañía sin tener que hacerlo de número.

portada *s. f.* **1.** Primera página de un libro, periódico o revista, con el título y otros datos. **2.** Tapa de un libro o revista. **3.** Fachada principal de algunas iglesias y otros edificios.

portador, ra *adj.* y *s.* **1.** Que lleva o trae algo: *portador de buenas noticias.* ‖ *s. m.* y *f.* **2.** Persona que lleva en su cuerpo el germen de una enfermedad y puede contagiarla a otras personas.

portaequipaje o **portaequipajes** *s. m.* Maletero o baca de un automóvil.

portaesquís *s. m.* Soporte colocado en el techo del automóvil para transportar los esquís.

portaestandarte *s. m.* Militar que lleva la bandera o estandarte.

portafolio o **portafolios** *s. m.* Carpeta o cartera para llevar papeles y libros.

portal *s. m.* **1.** Parte de la casa por donde se entra y donde está la puerta principal. **2.** Sitio en Internet que ofrece gran cantidad de información y servicios, como correo electrónico, chats, compras a través de la red, etc.

portalámpara o **portalámparas** *s. m.* Pieza metálica en la que se enrosca la bombilla.

posesivo

portalón *s. m.* Puerta grande de algunos edificios que da a un patio descubierto.

portaminas *s. m.* Objeto que por fuera parece un bolígrafo y dentro lleva una mina de lápiz que se puede recambiar.

portamisiles *adj.* y *s. m.* Se dice del vehículo de guerra armado con misiles.

portante Se usa en la expresión **coger** o **tomar el portante**, 'marcharse, irse'.

portañuela *s. f.* En un pantalón, tira de tela que tapa la bragueta.

portar *v.* **1.** Traer o llevar. || **portarse 2.** Tener una conducta: *portarse bien*. **SIN. 2.** Comportarse, conducirse.

portarretrato o **portarretratos** *s. m.* Marco para colocar un retrato.

portarrollos *s. m.* Aparato para colocar el rollo de papel higiénico o el de la cocina.

portátil *adj.* **1.** Que se puede llevar con uno de un sitio a otro. || *s. m.* **2.** Ordenador de tamaño manejable que se puede trasladar fácilmente.

portavoz *s. m.* y *f.* Persona que habla en nombre de otras e informa de sus asuntos o decisiones. **SIN.** Representante.

portazo *s. m.* Golpe que da la puerta al cerrarla o al cerrarse bruscamente.

porte *s. m.* **1.** Aspecto, apariencia. **2.** Acción de llevar una cosa de un sitio a otro por una cantidad de dinero, y también, esta cantidad de dinero. **3.** Capacidad, tamaño: *un barco de gran porte*. **SIN. 1.** Presencia, facha.

porteador, ra *s. m.* y *f.* Persona a la que se contrata para transportar cosas.

portear *v.* Transportar una cosa de un sitio a otro por un precio.

portento *s. m.* **1.** Persona que tiene unas cualidades buenísimas para algo. **2.** Acción, suceso o cosa asombrosa o increíble. **SIN. 1.** Fenómeno. **1.** y **2.** Prodigio. **2.** Milagro, maravilla.

portentoso, sa *adj.* Extraordinario, muy bueno. **SIN.** Prodigioso.

porteño, ña *adj.* y *s.* Bonaerense.

portería *s. f.* **1.** Habitación o lugar a la entrada de un edificio donde está el portero. **2.** En algunos deportes, como el fútbol, marco rectangular formado por un larguero y dos postes donde los jugadores tienen que meter el balón para marcar un tanto. **SIN. 2.** Meta, puerta.

portero, ra *s. m.* y *f.* **1.** Persona que en un edificio se encarga principalmente de vigilar la entrada y salida de personas. **2.** Jugador que defiende la portería de su equipo. || **3.** **portero automático** Aparato para abrir el portal de un edificio desde cada una de las viviendas. **SIN. 2.** Guardameta.

portezuela *s. f.* **1.** *dim.* de **puerta**. **2.** Puerta de un carruaje.

porticado, da *adj.* Con pórticos o soportales.

pórtico *s. m.* **1.** Espacio cubierto y con columnas que tienen algunos templos y otros edificios en la parte delantera. **2.** Galería con arcos o columnas de un patio o de la fachada de un edificio. **SIN. 1.** y **2.** Atrio.

portón *s. m.* Puerta grande que divide el portal del resto de la casa.

portorriqueño, na *adj.* y *s.* Puertorriqueño.

portuario, ria *adj.* De un puerto de mar.

portugués, sa *adj.* y *s.* **1.** De Portugal. || *s. m.* **2.** Lengua hablada en Portugal, Brasil y otros países que pertenecieron a Portugal.

porvenir *s. m.* Lo que le espera a alguien: *labrarse un porvenir*. **SIN.** Futuro.

pos Se usa en la expresión **en pos de**, 'detrás de alguien o algo'.

posada *s. f.* Casa en que se hospedan personas. **SIN.** Mesón, hostería.

posaderas *s. f. pl.* Nalgas de una persona. **SIN.** Trasero.

posadero, ra *s. m.* y *f.* Dueño o encargado de una posada. **SIN.** Mesonero.

posar¹ *v.* **1.** Poner, colocar suavemente. **2.** Seguido de sustantivos como *vista*, *mirada* u *ojos*, significa 'mirar', 'observar'. || **posarse 3.** Pararse en un sitio algo que vuela, flota o estaba suspendido en el aire.

posar² *v.* Quedarse alguien en una postura para que le hagan una foto o un retrato.

posavasos *s. m.* Objeto que se pone debajo de los vasos y copas para que no se manche la mesa.

posdata *s. f.* Palabras o frases que se añaden a una carta cuando ya está terminada y que suelen escribirse debajo de la firma.

pose *s. f.* **1.** Postura en que se pone una persona, por ejemplo, para hacerse un retrato o una foto. **2.** Actitud fingida o exagerada.

poseedor, ra *adj.* y *s.* Que posee algo.

poseer *v.* Tener o ser dueño de algo. □ Es v. irreg. Se conjuga como *leer*.

poseído, da **1.** *p.* de **poseer**. || *adj.* y *s.* **2.** Persona que está dominada por algo, como por ejemplo, una idea, una pasión o un vicio. **3.** Poseso.

posesión *s. f.* **1.** Cosa que se posee. **2.** Hecho de poseer algo. **SIN. 1.** Propiedad, bien.

posesivo, va *adj.* y *s. m.* **1.** En gramática, se dice del adjetivo o pronombre que expresa posesión: *mío, tuyo, suyo, nuestro, vuestro;*

mi, tu y *su.* ‖ *adj.* **2.** Se dice de la persona que quiere que otra solo esté con ella y le haga caso únicamente a ella. **SIN. 2.** Dominante, absorbente.

poseso, sa *adj.* y *s.* Persona que se cree que tiene un espíritu dentro del cuerpo y que está dominada por él. **SIN.** Poseído.

posgrado *s. m.* Estudios universitarios que se hacen después de haber obtenido una licenciatura.

posguerra *s. f.* Periodo que sigue a una guerra, en el que todavía se sufren sus consecuencias.

posibilidad *s. f.* **1.** Hecho de ser posible. **2.** Lo que uno puede hacer o elegir. ‖ *s. f. pl.* **3.** Posibles, medios para hacer algo. **SIN. 1.** Probabilidad. **ANT. 1.** Imposibilidad.

posibilitar *v.* Hacer posible. **SIN.** Permitir. **ANT.** Impedir.

posible *adj.* **1.** Que puede ser o suceder, que se puede realizar. ‖ *s. m. pl.* **2.** Dinero u otros medios para hacer algo. ‖ **LOC. hacer lo posible** o **todo lo posible** Hacer todo lo que se puede para lograr algo. **SIN. 1.** Verosímil, factible, viable. **ANT. 1.** Imposible.

posiblemente *adv.* Bastante posible: *Posiblemente tienes razón.*

posición *s. f.* **1.** Manera de estar colocado. **2.** Situación o puesto que se ocupa. **3.** Ideas o actitud de una persona. **4.** Categoría económica o social. **5.** Lugar estratégico o fortificado que es muy importante en una acción de guerra. **SIN. 1.** y **3.** Postura. **2.** Ubicación.

posicionarse *v.* Colocarse en una posición, postura o actitud.

pósit (del ingl.) *s. m.* Pequeña hoja de papel con un adhesivo que se utiliza para escribir notas.

positivamente *adv.* **1.** De forma positiva. **2.** Sin ninguna duda.

positivar *v.* Obtener el positivo de una fotografía convirtiendo las partes claras del negativo en oscuras.

positivismo *s. m.* Sistema filosófico que admite solo lo que puede demostrarse a través de los sentidos o de experimentos.

positivista *adj.* y *s.* Del positivismo o partidario de este sistema filosófico.

positivo, va *adj.* **1.** Beneficioso, bueno. **2.** Optimista. **3.** Que indica la existencia de algo: *La prueba de embarazo dio positiva.* **4.** Se dice del número que es mayor que cero. **5.** En física, se dice de la carga eléctrica en la que hay falta de electrones. ‖ *s. m.* **6.** Fotografía que se obtiene de un negativo. **SIN. 1.** Provechoso. **ANT. 1.** a **6.** Negativo.

positrón *s. m.* Partícula del átomo que es igual que el electrón, pero con carga eléctrica positiva.

poso *s. m.* **1.** Partícula sólida de un líquido que se queda en el fondo del recipiente. **2.** Huella que deja en alguien una experiencia desagradable. **SIN. 1.** Sedimento.

posología *s. f.* Parte de la farmacología que trata de las dosis de medicamentos que hay que administrar a un enfermo.

posoperatorio, ria *adj.* y *s. m.* Se dice del proceso que sigue un enfermo después de haber sido operado.

posparto *s. m.* Tiempo que sigue inmediatamente al parto.

posponer *v.* **1.** Dejar para más tarde. **2.** Poner o colocar a una persona o cosa después de otra, sobre todo porque se la aprecia menos. □ Es v. irreg. Se conjuga como *poner.* **SIN. 1.** Aplazar, retrasar. **2.** Postergar. **ANT. 1.** Adelantar.

posposición *s. f.* Hecho de posponer algo. **SIN.** Aplazamiento.

post (ingl.) *s. m.* Comentario hecho en un blog o foro.

post meridiem (lat.) *expr.* Después del mediodía. □ Su abreviatura es *p. m.* **ANT.** *Ante meridiem.*

post-it (ingl., marca registrada) *s. m.* Pósit.

posta *s. f.* Bala pequeña de plomo, más grande que el perdigón. ‖ **LOC. a posta** Aposta, queriendo.

postal *adj.* **1.** Del servicio de correos. ‖ *s. f.* **2.** Tarjeta con un paisaje u otra cosa impresa, que se escribe por la otra cara y se envía sin sobre por correo.

poste *s. m.* Madero u otro objeto alargado que está en posición vertical.

póster (del ingl.) *s. m.* Cartel con un dibujo o una foto que se pone en la pared.

postergar *v.* **1.** Dejar a una persona o cosa olvidada o en peor situación de la que tenía. **2.** Dejar para más tarde. **SIN. 1.** y **2.** Posponer. **2.** Aplazar, retrasar. **ANT. 1.** y **2.** Adelantar.

posteridad *s. f.* **1.** El futuro y las personas que vivirán en él. **2.** La fama después de la muerte.

posterior *adj.* **1.** Que sucede después. **2.** Que está detrás o en la parte de atrás. **SIN. 1.** Ulterior, subsiguiente. **2.** Trasero. **ANT. 1.** y **2.** Anterior.

posterioridad *s. f.* Hecho de ser posterior. ‖ **LOC. con posterioridad** Después.

posteriormente *adv.* Después.

postigo *s. m.* **1.** Puerta pequeña que se abre en otra mayor. **2.** Puertecillas que cubren los

potingue

cristales de algunas ventanas para que no entre luz. **SIN. 2.** Contraventana.

postilla *s. f.* Costra que se forma al secarse una herida o grano.

postín *s. m.* Importancia que se da una persona, sobre todo presumiendo de su riqueza. ‖ **LOC. de postín** De mucho lujo.

postinero, ra *adj.* Que presume de tener postín.

postizo, za *adj.* **1.** Que no es natural ni propio, sino artificial o añadido: *dentadura postiza.* ‖ *s. m.* **2.** Pelo que se pone y se quita.

postoperatorio, ria *adj.* y *s. m.* Posoperatorio.

postor *s. m.* Cada persona que ofrece una cantidad de dinero en una subasta.

postración *s. f.* Falta de fuerzas o de ánimos producida por la tristeza o una enfermedad. **SIN.** Abatimiento.

postrado, da 1. *p.* de postrar. También *adj.* ‖ *adj.* **2.** Debilitado, o que está sin ánimos.

postrar *v.* **1.** Dejar a una persona sin fuerzas ni ánimos. ‖ **postrarse 2.** Ponerse de rodillas a los pies de una persona en señal de respeto o para rogarle. **SIN. 1.** Abatir, consumir. **2.** Arrodillarse. **ANT. 1.** Fortalecer, animar.

postre *s. m.* Fruta, dulce u otro plato que se toma al final de las comidas. ‖ **LOC. a la postre** En definitiva, al final.

postrer *adj.* apóc. de postrero.

postrero, ra *adj.* Último.

postrimería *s. f.* Últimos años de alguien o algo: *las postrimerías del siglo.*

postulado *s. m.* **1.** Algo que se admite como cierto sin necesidad de ser demostrado. **2.** Idea que defiende una persona, una doctrina o un grupo. **SIN. 2.** Principio.

postulante *adj.* y *s.* Que pide dinero para una buena obra.

postular *v.* **1.** Pedir dinero por la calle para una buena causa. **2.** Afirmar, defender.

póstumo, ma *adj.* **1.** Que nace después de la muerte de su padre. **2.** Que aparece después de la muerte de su autor. **3.** Que ocurre o se hace a una persona después de su muerte: *homenaje póstumo.*

postura *s. f.* **1.** Manera de tener colocado el cuerpo. **2.** Forma de actuar o de pensar. **SIN. 1.** Colocación. **1.** y **2.** Posición. **2.** Actitud.

posventa *s. f.* Tiempo tras una venta en el que se ofrece al comprador un determinado servicio.

pota *s. f. fam.* Vómito.

potabilizar *v.* Hacer potable el agua que no lo es.

potable *adj.* Se dice del agua que se puede beber.

potaje *s. m.* Guiso preparado con legumbres, verduras y otros ingredientes: *potaje de garbanzos.*

potar *v. fam.* Vomitar.

potasa *s. f.* Nombre de varios compuestos químicos que contienen potasio, como por ejemplo, la *potasa cáustica,* que se emplea para hacer jabón.

potasio *s. m.* Metal blando, brillante, que se oxida rápidamente en contacto con el aire. Es un elemento químico.

pote *s. m.* **1.** Nombre que se da a distintos cacharros de cocina, sobre todo uno redondo con tres pies y dos asas. **2.** Caldo típico de Galicia y Asturias que lleva patatas, judías blancas, verduras cocidas y otros ingredientes. **3.** *fam.* Maquillaje ‖ **LOC. darse pote** Darse importancia.

potencia *s. f.* **1.** Fuerza, poder, capacidad para algo. **2.** Nación muy poderosa. **3.** En física, cantidad de trabajo que realiza un motor u otra cosa dividido por el tiempo que tarda en hacerlo. **4.** Resultado de multiplicar un número por sí mismo varias veces; por ejemplo, 2 elevado a la tercera potencia (2^3) equivale a $2 \times 2 \times 2$. ‖ **LOC. en potencia** Que aún no es, pero puede ser o existir en el futuro. **SIN. 2.** Imperio. **ANT. 1.** Impotencia.

potencial *adj.* **1.** Relacionado con la potencia. **2.** Que todavía no es, pero puede serlo en el futuro: *enemigo potencial.* ‖ *s. m.* **3.** Poder o fuerza: *potencial militar.* **4.** En física, fuerza que hace circular una corriente eléctrica entre dos puntos.

potencialmente *adv.* En potencia.

potenciar *v.* Impulsar, dar más fuerza a algo. **SIN.** Estimular.

potenciómetro *s. m.* Aparato que sirve para medir una diferencia de potencial eléctrico.

potentado, da *s. m.* y *f.* Persona rica y poderosa. **SIN.** Acaudalado, magnate. **ANT.** Pobre.

potente *adj.* Que tiene mucha potencia, fuerza o poder. **SIN.** Fuerte, poderoso. **ANT.** Impotente.

potestad *s. f.* **1.** Poder para hacer algo o para mandar sobre una persona. ‖ **2. patria potestad** Autoridad que tienen los padres sobre los hijos menores de edad que viven con ellos. **SIN. 1.** Dominio, facultad, jurisdicción.

potestativo, va *adj.* Que se puede elegir entre hacerlo o no. **SIN.** Voluntario, opcional. **ANT.** Obligatorio.

potingue *s. m.* **1.** *fam.* Cremas y otros productos de belleza. **2.** *fam.* Bebida de sabor y aspecto desagradables. **SIN. 1.** Afeite. **2.** Pócima, brebaje.

potito (marca registrada) *s. m.* Tarrito que contiene comida preparada para los niños pequeños.

poto *s. m.* Planta trepadora que tiene las hojas en forma de corazón, verdes y con manchas blancas o amarillas.

potosí *s. m.* Riqueza grande: *valer algo un potosí.*

potra *s. f. fam.* Buena suerte.

potranco, ca o **potrillo, lla** *s. m.* y *f.* Caballo o yegua de menos de tres años.

potro, tra *s. m.* y *f.* **1.** Caballo o yegua que no pasa de los cuatro años y medio. ‖ *s. m.* **2.** Aparato de gimnasia sobre el que se salta, formado por un prisma rectangular con cuatro patas. **3.** Antiguo aparato de tortura.

poyete *s. m.* Poyo pequeño o bajo.

poyo *s. m.* Banco de piedra, yeso u otro material que se construye arrimado a la pared.

poza *s. f.* **1.** Charca. **2.** Zona de un río que es más profunda. **SIN. 2.** Pozo.

pozo *s. m.* **1.** Hoyo profundo que se hace en el suelo para sacar agua o petróleo. **2.** Poza de un río. **3.** Persona que tiene mucho de lo que se dice: *un pozo de sabiduría.*

práctica *s. f.* **1.** Hecho de practicar mucho y experiencia o habilidad que se obtiene con ello. ‖ *s. f. pl.* **2.** Ejercicios que deben realizar los estudiantes y otras personas para aplicar los conocimientos que han aprendido. ‖ **LOC. en la práctica** En la realidad.

practicable *adj.* **1.** Que se puede practicar. **2.** Se dice del camino o lugar sin obstáculos, por el que se puede pasar. **SIN. 2.** Expedito. **ANT. 2.** Impracticable.

prácticamente *adv.* **1.** De manera práctica. **2.** Casi: *El trabajo ya está prácticamente terminado.*

practicante *adj.* y *s.* **1.** Que practica. ‖ *s. m.* y *f.* **2.** Persona que tiene como profesión poner inyecciones y hacer pequeñas curas.

practicar *v.* **1.** Hacer algo que se ha aprendido para perfeccionarlo. **2.** Realizar de forma habitual una actividad. **3.** Cumplir las personas creyentes lo que les manda su religión. **SIN. 1.** Ensayar. **2.** Ejercer.

práctico, ca *adj.* **1.** Útil, eficaz. **2.** Que realiza una actividad de la que ya se tienen conocimientos: *clases prácticas.* **3.** Se dice de la persona que ve las cosas como son y no se deja llevar por sueños ni fantasías. **SIN. 1.** Conveniente. **3.** Pragmático, realista. **ANT. 1.** Inútil. **2.** Teórico. **3.** Idealista.

pradera *s. f.* Prado grande.

prado *s. m.* Terreno húmedo con hierba, sobre todo el que se aprovecha para alimentar al ganado. **SIN.** Pradera, pastizal.

pragmático, ca *adj.* y *s.* Que busca la utilidad de las cosas. **SIN.** Práctico.

pragmatismo *s. m.* Forma pragmática de pensar o de actuar.

praliné *s. m.* **1.** Crema de chocolate y almendra o avellana. **2.** Chocolate o bombón hecho con esta crema.

praxis *s. f.* Práctica de una actividad en oposición a teoría: *El médico fue acusado de mala praxis.*

preacuerdo *s. m.* Acuerdo anterior al definitivo, en el que todavía quedan temas por discutir.

preámbulo *s. m.* **1.** Lo que se dice o escribe al comienzo, antes de lo principal. **2.** Rodeo que se da para no decir claramente algo. **SIN. 1.** Introducción, prólogo, prefacio. **ANT. 1.** Epílogo.

preaviso *s. m.* Aviso previo anterior a uno definitivo.

prebenda *s. f.* **1.** Renta o dinero que se recibe en algunos cargos de la Iglesia. **2.** *fam.* Empleo en el que se trabaja poco y se gana mucho. **SIN. 2.** Momio, chollo.

preboste *s. m.* **1.** Jefe de una asociación o de una comunidad. **2.** Persona importante o poderosa.

precalentamiento *s. m.* Ejercicios suaves que realiza un deportista para prepararse antes del esfuerzo principal.

precariedad *s. f.* Estado o característica de lo que es precario.

precario, ria *adj.* En situación apurada. **SIN.** Inestable, frágil. **ANT.** Seguro.

precaución *s. f.* Actitud o acción para evitar un mal, daño o peligro. **SIN.** Prudencia, cuidado. **ANT.** Imprudencia.

precautorio, ria *adj.* Que sirve de precaución. **SIN.** Cautelar, preventivo.

precaver *v.* Tratar de evitar un mal, daño o peligro teniendo mucho cuidado. **SIN.** Prevenir.

precavido, da 1. *p.* de **precaver.** ‖ *adj.* **2.** Que tiene mucho cuidado para que no le ocurra nada malo. **SIN. 2.** Cauto, prudente.

precedente *adj.* **1.** Que precede o va antes. ‖ *s. m.* **2.** Cosa que explica o da lugar a otras que ocurren después. **SIN. 1.** Anterior, previo. **2.** Antecedente. **ANT. 1.** Posterior.

preceder *v.* **1.** Ir delante u ocurrir antes. **2.** Ser más importante. **ANT. 1.** y **2.** Seguir, ceder.

preceptista *adj.* y *s.* Persona que da preceptos o normas.

preceptiva *s. f.* Conjunto de preceptos o normas. **SIN.** Normativa.

preceptivo, va *adj.* Obligatorio, que debe cumplirse por norma. **SIN.** Normativo, reglamentario. **ANT.** Facultativo.

precepto *s. m.* **1.** Mandato, norma, cosa que hay que cumplir. ǁ **2. día** o **fiesta de precepto** Día en que los católicos tienen la obligación de oír misa porque lo manda la Iglesia. **SIN. 1.** Regla; mandamiento.

preceptor, ra *s. m.* y *f.* Persona que se encarga de la educación de un niño en la casa de este.

preceptuar *v.* Dar preceptos o normas.

preces *s. f. pl.* Oraciones y súplicas que los creyentes dirigen a Dios, a la Virgen o a los santos.

preciado, da **1.** *p.* de **preciarse.** ǁ *adj.* **2.** Valioso, que se estima mucho. **SIN. 2.** Precioso. **ANT. 2.** Despreciable.

preciarse *v.* Mostrarse muy orgulloso por alguna cosa, presumir de ella. **SIN.** Jactarse, vanagloriarse. **ANT.** Avergonzarse.

precintar *v.* Poner a una cosa un precinto para que no se pueda abrir.

precinto *s. m.* Sello u otra cosa que se pone en algo o en un sitio para que no lo puedan abrir.

precio *s. m.* **1.** Dinero que cuesta una cosa. **2.** Lo que es necesario hacer para conseguir algo. **SIN. 1.** Importe, valor.

preciosidad *s. f.* **1.** Característica de precioso. **2.** Persona o cosa preciosa.

preciosismo *s. m.* Forma de hacer una cosa con mucho cuidado y perfección.

precioso, sa *adj.* **1.** Que tiene mucho valor. **2.** Muy bello, que gusta mucho. **SIN. 1.** Preciado, valioso. **2.** Hermoso. **ANT. 1.** Insignificante. **2.** Feo.

precipicio *s. m.* Corte profundo y vertical del terreno. **SIN.** Barranco.

precipitación *s. f.* **1.** Prisa excesiva. **2.** Caída de lluvia, granizo o nieve.

precipitado, da **1.** *p.* de **precipitar.** ǁ *adj.* **2.** Que hace las cosas con precipitación, muy deprisa y sin pensarlas. **3.** Muy rápido, hecho con demasiada prisa.

precipitar *v.* **1.** Lanzar desde un lugar muy alto. **2.** Hacer que ocurra una cosa mucho más deprisa de lo normal. ǁ **precipitarse 3.** Hacer o decir algo demasiado deprisa, sin pararse a pensar. **4.** Ir rápidamente hacia un sitio. **SIN. 1.** Despeñar, tirar. **2.** Acelerar. **2.** a

4. Apresurar. **4.** Correr, abalanzarse. **ANT. 2.** Retardar.

precisamente *adv.* Se emplea para referirse a una persona, cosa o momento en particular: *Precisamente a ti te estaba buscando.*

precisar *v.* **1.** Necesitar, hacer falta. **2.** Decir algo de forma exacta y completa. **SIN. 1.** Requerir. **2.** Especificar, detallar. **ANT. 1.** Prescindir. **2.** Generalizar.

precisión *s. f.* Exactitud al hacer o decir algo.

preciso, sa *adj.* **1.** Necesario, que hace falta. **2.** Justo, exacto, no aproximado. **3.** Ese mismo: *Le vi en el preciso instante en que se iba.* **SIN. 1.** Indispensable, imprescindible. **2.** Concreto, particular, puntual. **ANT. 2.** Impreciso.

preclaro, ra *adj.* Muy brillante, que sobresale por sus méritos. **SIN.** Insigne, ilustre. **ANT.** Desconocido.

precocidad *s. f.* Característica de precoz.

precocinado, da *adj.* Se dice del alimento que se vende ya cocinado y solo hay que calentarlo: pizza *precocinada.*

precolombino, na *adj.* De América antes de ser descubierta por Colón.

preconcebido, da **1.** *p.* de **preconcebir.** También *adj.* ǁ *adj.* **2.** Se dice de lo que se piensa de alguien o algo sin haberlo comprobado antes con la realidad.

preconcebir *v.* Pensar o planear algo por anticipado. □ Es v. irreg. Se conjuga como *pedir.*

preconizar *v.* Aconsejar o defender. **SIN.** Recomendar. **ANT.** Combatir.

precontrato *s. m.* Acuerdo por el que dos personas se comprometen a firmar un contrato definitivo.

precoz *adj.* **1.** Que se produce antes de lo normal o previsto. **2.** Se dice del niño que se desarrolla o aprende algo antes que otros de su edad. **SIN. 1.** Prematuro. **2.** Aventajado. **ANT. 1.** y **2.** Retrasado.

precuela *s. f.* Novela, película, etc., creada a partir del éxito de otra, y con un argumento cronológicamente anterior al de la original.

precursor, ra *adj.* y *s.* Que anuncia o comienza algo que se desarrollará más tarde. **SIN.** Pionero. **ANT.** Seguidor.

predador, ra *adj.* y *s.* Depredador.

predecesor, ra *s. m.* y *f.* Persona que ha estado en un puesto o situación antes que otra. **SIN.** Antecesor. **ANT.** Sucesor.

predecible *adj.* Que se puede predecir con facilidad.

predecir *v.* Decir que va a suceder alguna cosa. □ Es v. irreg. Se conjuga como *decir,* excepto la 2.ª pers. del sing. del imperativo: *predice.* El futuro y el condicional de indicativo admiten formas regulares: *predeciré, predeciría,* o irregulares: *prediré, prediría.* **SIN.** Adivinar, pronosticar.

predela *s. f.* En arte, parte inferior de un retablo que está dividida en paneles pintados o tallados.

predestinación *s. f.* Hecho de estar predestinado.

predestinado, da 1. *p.* de **predestinar.** ‖ *adj.* **2.** Que se cree que va a ser o le va a ocurrir algo sin que se pueda cambiar.

predestinar *v.* Destinar o elegir a alguien o algo para una cosa que tiene que ocurrir.

predeterminar *v.* Fijar una cosa con antelación, sobre todo si no se puede cambiar.

prédica *s. f.* Sermón, predicación.

predicación *s. f.* Acción de predicar y lo que se predica.

predicado *s. m.* **1.** En gramática, parte de la oración que expresa lo que se dice del sujeto; suele estar formado por un verbo y sus complementos. ‖ **2. predicado nominal** El formado por un verbo copulativo, como *ser, estar* o *parecer,* y un atributo: *Roberto es (o está o parece) serio.* **3. predicado verbal** El formado por un verbo no copulativo y sus complementos: *Sonia habla italiano.*

predicador, ra *adj.* **1.** Que predica. ‖ *s. m.* y *f.* **2.** Sacerdote o sacerdotisa que predica.

predicamento *s. m.* Prestigio, fama, influencia.

predicar *v.* **1.** Dar a conocer a otros una religión. **2.** Pronunciar un sermón. **3.** En gramática, decir el predicado algo del sujeto. **SIN.** **1.** Anunciar, difundir.

predicativo, va *adj.* **1.** Se dice de las oraciones que tienen un predicado verbal y de los verbos que aparecen en ellas. ‖ *adj.* y *s. m.* **2.** Se dice del complemento que modifica a la vez al verbo y a un sustantivo en las oraciones de predicado verbal, como por ejemplo, *cansados* en *Los jugadores corrían cansados.*

predicción *s. f.* Acción de predecir y lo que se predice. **SIN.** Pronóstico, profecía, vaticinio.

predilección *s. f.* Preferencia.

predilecto, ta *adj.* Se dice de la persona o cosa a la que se prefiere entre varias. **SIN.** Preferido, favorito.

predio *s. m.* Propiedad formada por terrenos, edificios, fincas.

predisponer *v.* Influir en alguien para algo. ☐ Es v. irreg. Se conjuga como *poner.* **SIN.** Inclinar.

predisposición *s. f.* **1.** Acción de predisponer. **2.** Tendencia a una cosa, facilidad de que a uno le ocurra algo. **SIN.** **2.** Propensión.

predispuesto, ta 1. *p.* de **predisponer.** También *adj.* ‖ *adj.* **2.** Que tiene predisposición o tendencia a algo. **SIN.** **2.** Propenso.

predominante *adj.* Que predomina: *un rasgo predominante.*

predominar *v.* Ser más abundante o destacar. **SIN.** Prevalecer, sobresalir.

predominio *s. m.* Hecho de predominar sobre otros. **SIN.** Preeminencia, superioridad.

preeminencia *s. f.* Predominio, superioridad, preferencia.

preeminente *adj.* Superior, preferente.

preescolar *adj.* y *s. m.* De la etapa de educación en que los niños no han comenzado la enseñanza primaria.

preestablecer *v.* Establecer una cosa antes de que se use. ☐ Es v. irreg. Se conjuga como *agradecer.*

preestreno *s. m.* Emisión o representación de un espectáculo que se hace antes del estreno oficial.

prefabricado, da *adj.* Se dice de las construcciones cuyas partes se envían ya fabricadas al lugar de la edificación para que allí se monten.

prefacio *s. m.* Introducción, prólogo. **ANT.** Epílogo.

prefecto *s. m.* Nombre que se da a diferentes cargos civiles, religiosos o militares de algunos países.

prefectura *s. f.* Cargo y oficina del prefecto y zona bajo su autoridad.

preferencia *s. f.* **1.** Hecho de tener alguna ventaja, como ser elegido alguien antes que otro o realizarse una cosa antes que otra. **2.** Hecho de preferir. **SIN.** **1.** Prioridad, primacía. **2.** Predilección. **ANT.** **2.** Antipatía.

preferencial *adj.* Que tiene preferencia: *trato preferencial.*

preferente *adj.* Superior, destacado o mejor. **SIN.** Preeminente.

preferible *adj.* Mejor, más conveniente o adecuado.

preferido, da 1. *p.* de **preferir.** ‖ *adj.* **2.** Que se prefiere. **SIN.** **2.** Predilecto.

preferir *v.* **1.** Gustarle a alguien más una persona o cosa que otra. **2.** Dar preferencia o ventaja: *Para este trabajo se prefiere a titulados universitarios.* ☐ Es v. irreg. Se conjuga como *sentir.* **SIN.** **1.** y **2.** Anteponer, inclinarse.

prefigurar *v.* Representar o sugerir algo por anticipado.

prender

prefijar v. **1.** Fijar una cosa con antelación. **2.** En gramática, añadir un prefijo a una palabra.

prefijo, ja adj. y s. m. **1.** Se dice de la partícula que va delante de la raíz de algunas palabras y les da un significado especial; por ejemplo, in- en incapaz, 'que no es capaz'. ‖ s. m. **2.** Cifras que, cuando se llama por teléfono a otra ciudad o a otro país, hay que marcar antes del número.

pregón s. m. Anuncio en voz alta de una cosa para que se entere la gente; por ejemplo, el que en pueblos y ciudades anuncia el comienzo de las fiestas.

pregonar v. **1.** Anunciar algo con un pregón. **2.** Decir en voz alta un vendedor lo que vende. **3.** Decir algo para que lo sepan todos, por ejemplo, una cosa que debería callarse. **SIN. 3.** Proclamar, divulgar.

pregonero, ra adj. y s. Persona que pregona.

pregunta s. f. Lo que alguien dice o escribe para obtener una respuesta. **SIN.** Interrogación, cuestión. **ANT.** Contestación.

preguntar v. Dirigirse una persona a otra para que le diga algo que quiere saber. **SIN.** Interrogar. **ANT.** Responder.

preguntón, na adj. y s. fam. Que molesta haciendo muchas preguntas.

prehistoria s. f. **1.** Periodo desde la aparición del ser humano hasta los primeros escritos. **2.** Parte de la historia que estudia este periodo.

prehistórico, ca adj. **1.** De la prehistoria. **2.** fam. Anticuado, viejo.

preinscripción s. f. Solicitud previa a la inscripción definitiva.

prejubilación s. f. Jubilación que tiene lugar antes de llegar a la edad establecida por la ley.

prejuicio s. m. Opinión, generalmente mala, que se tiene de una persona o cosa sin conocerla en realidad.

prejuzgar v. Juzgar las cosas antes de conocerlas.

prelación s. f. Preferencia, prioridad.

prelado s. m. Cargo o dignidad que tienen algunas personas con autoridad en la Iglesia, como el obispo o el arzobispo.

prelatura s. f. Oficio de prelado.

prelavado s. m. Primer lavado antes del definitivo.

preliminar adj. y s. m. pl. Que sirve para preparar o presentar algo: ensayos preliminares, páginas preliminares. **SIN.** Previo; preámbulo. **ANT.** Posterior.

preludiar v. Anunciar, preparar o iniciar algo.

preludio s. m. **1.** Lo que sucede antes de una cosa y anuncia que va a empezar. **2.** Breve pieza musical que sirve de comienzo o introducción a otra. **SIN. 1.** Anuncio, inicio.

premamá adj. De la mujer embarazada: vestido premamá.

prematrimonial adj. Que se hace antes del matrimonio.

prematuro, ra adj. **1.** Antes de tiempo, antes de lo debido o de que esté maduro. ‖ adj. y s. **2.** Se dice del niño que nace antes de tiempo, por ejemplo, a los siete u ocho meses. **SIN. 1.** Adelantado, temprano. **ANT. 1.** Tardío.

premeditación s. f. Hecho de pensar y preparar mucho una cosa antes de hacerla; cuando se trata de un delito, lo agrava. **SIN.** Deliberación, planificación.

premeditado, da adj. Muy pensado y preparado: un crimen premeditado. **SIN.** Preconcebido.

premiar v. Dar un premio. **SIN.** Galardonar, recompensar.

premio s. m. **1.** Lo que se le da a una persona por algo bueno que ha hecho. **2.** Lo que se gana en un sorteo o concurso. **SIN. 1.** Recompensa, galardón. **ANT. 1.** Castigo.

premiosidad s. f. Lentitud, calma.

premioso, sa adj. Lento, calmoso.

premisa s. f. Ideas o afirmaciones de las que se sacan otras.

premolar adj. y s. m. Se dice de los dientes situados entre los caninos y los molares.

premonición s. f. Presentimiento. **SIN.** Presagio, corazonada.

premonitorio, ria adj. Que anuncia algo como una premonición.

premura s. f. Rapidez, urgencia.

prenatal adj. Que existe o se hace antes del nacimiento de un niño.

prenda s. f. **1.** Cualquiera de las cosas que utilizan las personas para vestirse. **2.** Cosa que se deja como garantía de algo. ‖ s. f. pl. **3.** Juego en el que el perdedor entrega un objeto que le pertenece o realiza aquello que los demás jugadores le ordenan. ‖ **LOC. no soltar prenda** No decir algo, guardar un secreto.

prendar v. **1.** Gustar mucho. ‖ **prendarse 2.** Quedarse enamorado o encantado.

prendedor s. m. **1.** Adorno para sujetarse el pelo. **2.** Alfiler, broche.

prender v. **1.** Sujetar: prender algo con alfileres. **2.** Apresar a una persona. **3.** Empezar a arder una materia. **4.** Hacer fuego y quemar algo. **5.** Echar raíces y vivir una planta en un sitio. **6.** Ser bien recibido algo, encontrar apoyo: *Las palabras del político prendieron en el público*. **SIN. 2.** Capturar, detener. **4.** Encender. **5.** Arraigar. **ANT. 2.** Liberar. **4.** Apagar.

prendimiento *s. m.* Acción de prender.

prensa *s. f.* **1.** Máquina para presionar sobre algo, como la que se utiliza para aplastar las uvas y sacarles el zumo. **2.** Máquina para imprimir sobre papel textos y dibujos. **3.** Los periódicos y las revistas; los periodistas y su actividad profesional. ‖ **LOC. prensa amarilla** Los periódicos sensacionalistas. **prensa del corazón** La que trata de la vida de las personas famosas. **tener** alguien **buena** o **mala prensa** Tener buena o mala fama.

prensar *v.* Apretar algo en una prensa o de otra manera. **SIN.** Comprimir.

prensil *adj.* Que sirve para agarrar: *Algunos monos tienen la cola prensil.*

prensor, ra *adj. y s. f.* Se dice de algunas aves, como el loro, que tienen el pico fuerte y encorvado y las patas con dos de los dedos hacia atrás.

preñada *adj.* Se dice de la mujer o de la hembra de algunos animales que va a tener un hijo. **SIN.** Embarazada.

preñar *v.* Hacer que una mujer o la hembra de un animal mamífero vaya a tener un hijo. **SIN.** Embarazar.

preñez *s. f.* Estado de la mujer embarazada o de la hembra preñada. **SIN.** Embarazo, gravidez.

preocupación *s. f.* Algo que causa en una persona intranquilidad o temor y hace que piense mucho en ello. **SIN.** Inquietud.

preocupado, da 1. *p.* de **preocupar.** ‖ *adj.* **2.** Que tiene una preocupación.

preocupante *adj.* Que causa preocupación. **SIN.** Inquietante.

preocupar *v.* **1.** Tener una preocupación. ‖ **preocuparse 2.** Dedicar mucha atención a una persona o cosa, o estar inquieto por ella. **3.** Encargarse, cuidar. **SIN. 1.** Intranquilizar, inquietar. **ANT. 1.** Tranquilizar. **2.** y **3.** Despreocuparse.

prepago *s. m.* Pago anticipado.

preparación *s. f.* **1.** Acción de preparar o prepararse. **2.** Conocimientos y práctica de una persona. **SIN. 1.** Disposición, organización. **2.** Saber. **ANT. 1.** Improvisación. **2.** Ignorancia.

preparado, da 1. *p.* de **preparar.** También *adj.* ‖ *s. m.* **2.** Medicamento. **SIN. 1.** Organizado; entendido.

preparador, ra *s. m. y f.* Persona que prepara o entrena, por ejemplo, a deportistas. **SIN.** Entrenador.

preparar *v.* **1.** Hacer que alguien o algo sirva para lo que se quiere. **2.** Estudiar: *preparar los exámenes.* ‖ **prepararse 3.** Haber señales de que va a suceder algo: *prepararse una tormenta.* **SIN. 1.** Disponer; entrenar. **3.** Avecinarse.

preparativos *s. m. pl.* Todo aquello que se hace para que algo pueda realizarse.

preparatorio, ria *adj.* Que prepara para algo: *curso preparatorio.*

preponderancia *s. f.* Superioridad, predominio. **ANT.** Inferioridad.

preponderante *adj.* Que domina, tiene más importancia o es más abundante. **SIN.** Dominante, predominante. **ANT.** Inferior.

preposición *s. f.* Palabra que no varía de forma y tiene la función de relacionar otras palabras; por ejemplo, *con, de, en, por.*

preposicional *adj.* Se dice del sintagma o grupo de palabras que empieza por una preposición; por ejemplo, *en casa; de Luis; para la oficina.*

prepotencia *s. f.* Característica de la persona prepotente.

prepotente *adj. y s.* Que tiene mucho poder, sobre todo si presume y abusa de él. **SIN.** Dominante, autoritario.

prepucio *s. m.* Piel móvil que recubre el glande o extremo del pene.

prerrogativa *s. f.* Privilegio que una persona tiene sobre otras.

prerrománico, ca *adj. y s. m.* Se dice del estilo artístico de los primeros siglos de la Edad Media, caracterizado por su sencillez y por la ausencia de esculturas y pinturas.

prerromano, na *adj.* Anterior al dominio de los antiguos romanos.

presa *s. f.* **1.** Persona, animal o cosa que puede ser atrapado o cazado. **2.** El que sufre aquello que se expresa: *La multitud fue presa del pánico.* **3.** Muro que se construye para detener una corriente de agua. **4.** Lago artificial, embalse. **SIN. 1.** y **2.** Víctima. **4.** Estanque.

presagiar *v.* **1.** Anunciar, indicar que va a suceder una cosa. **2.** Adivinar, predecir. **SIN. 1.** y **2.** Pronosticar, vaticinar.

presagio *s. m.* **1.** Señal que anuncia algo que va a suceder. **2.** Presentimiento. **SIN. 1.** Anuncio, indicio. **2.** Corazonada.

presbicia *s. f.* Vista cansada. Ver **vista.**

presbiterio *s. m.* Parte de las iglesias donde está el altar mayor.

presbítero *s. m.* **1.** Sacerdote, eclesiástico autorizado para decir misa. **2.** Sacerdote de una religión cristiana no católica.

prescindir *v.* **1.** Dejar de tener algo o de utilizar a una persona o cosa. **2.** No decir algo. **SIN. 1.** Privarse, desprenderse. **1.** y **2.** Suprimir. **2.** Omitir.

prescribir *v.* **1.** Mandar, ordenar: *El médico le prescribió un jarabe.* **2.** Acabar el tiempo en que se pueden hacer algunas cosas: *Ayer prescribió el plazo.* □ Su p. es irreg.: *prescrito.* **SIN. 1.** Disponer; recetar. **2.** Vencer, caducar.

prescripción *s. f.* Acción de prescribir. **SIN.** Orden, disposición; conclusión.

preselección *s. f.* Primera selección que se hace antes de la definitiva.

presencia *s. f.* **1.** Hecho de estar en un lugar. **2.** Aspecto externo de una persona: *buena presencia.* || **LOC. en presencia de** Estando delante de. **SIN. 1.** Asistencia, existencia. **2.** Pinta. **ANT. 1.** Ausencia.

presencial *adj.* Que presencia algo: *un testigo presencial.*

presenciar *v.* Estar presente, ver en persona algo. **SIN.** Mirar, contemplar.

presentable *adj.* Que tiene buen aspecto, que está bien para que otros lo vean. **ANT.** Impresentable.

presentación *s. f.* **1.** Acción de presentar o presentarse a otros. **2.** Aspecto, manera en que se presenta algo. **SIN. 2.** Pinta.

presentador, ra *s. m.* y *f.* Persona que presenta, sobre todo un programa de televisión.

presentar *v.* **1.** Decir a una persona quién es otra para que se conozcan. **2.** Mostrar o poner ante otro una cosa. **3.** Hablar una persona delante de otras sobre alguien o algo para que lo conozcan: *presentar un cantante al público.* **4.** Dar, ofrecer: *presentar excusas.* || **presentarse 5.** Participar alguien en algo para que le elijan, por ejemplo, en unas elecciones: *presentarse como candidato.* **6.** Ir a hacer algo: *presentarse a un examen.* **7.** Ir a un sitio: *Se presentó sin ser invitado.* **8.** Aparecer, producirse: *presentarse una oportunidad.* **SIN. 2.** Enseñar. **7.** Acudir. **8.** Surgir, salir. **ANT. 7.** Faltar.

presente *adj.* y *s.* **1.** Que está en un lugar. || *adj.* **2.** Actual, que pasa o se hace ahora: *el momento presente.* || *s. m.* **3.** El tiempo en que vivimos. **4.** Tiempo del verbo que expresa una acción que se realiza en el momento en que se habla o se escribe. **5.** Regalo. || *s. f.* **6.** Fórmula que se pone en cartas y escritos para referirse a estos: *Por la presente contesto a su carta.* || **LOC. tener presente** a una persona o cosa Acordarse de ella. **SIN. 1.** Asistente. **5.** Obsequio. **ANT. 1.** Ausente. **2.** a **4.** Pasado, futuro.

presentimiento *s. m.* Sensación que tiene alguien de que va a ocurrir una cosa. **SIN.** Corazonada, premonición, presagio.

presentir *v.* Tener un presentimiento. □ Es *v.* irreg. Se conjuga como *sentir.* **SIN.** Sospechar, barruntar.

preservación *s. f.* Hecho de preservar. **SIN.** Protección.

preservar *v.* Proteger de algún daño o molestia. **SIN.** Defender, resguardar. **ANT.** Estropear.

preservativo *s. m.* Funda de goma que se pone en el pene al realizar el acto sexual para evitar la fecundación o el contagio de enfermedades. **SIN.** Profiláctico, condón.

presidencia *s. f.* **1.** Cargo de presidente y tiempo que dura. **2.** Oficina del presidente. **3.** Acción de presidir.

presidencial *adj.* De la presidencia o del presidente.

presidente, ta *s. m.* y *f.* Persona que preside algo.

presidiario, ria *s. m.* y *f.* Persona que cumple una condena en la cárcel. **SIN.** Preso, prisionero, recluso.

presidio *s. m.* Cárcel, penal.

presidir *v.* **1.** Ocupar el puesto más importante de una organización. **2.** Estar en un lugar destacado. **3.** Dominar, guiar. **SIN. 1.** Dirigir. **3.** Conducir.

presilla *s. f.* Tira en forma de anilla que se cose al borde de una prenda de vestir para pasar un botón u otra cosa por ella.

presión *s. f.* **1.** Acción de presionar. **2.** Fuerza que ejerce un gas, líquido o sólido sobre cada unidad de superficie de un cuerpo. **3.** Hecho de presionar alguien a otro para obligarle a hacer algo. || **4. presión arterial** Tensión arterial. Ver **tensión.** **5. presión atmosférica** Fuerza que ejerce la masa de aire de la atmósfera sobre una unidad de superficie de la Tierra.

presionar *v.* **1.** Apretar, hacer fuerza sobre algo. **2.** Obligar o intentar obligar a alguien a que haga algo o actúe de un modo. **SIN. 1.** Empujar, oprimir. **2.** Forzar. **ANT. 1.** Soltar.

preso, sa *adj.* **1.** Dominado por algo: *preso del miedo.* || *adj.* y *s.* **2.** Persona a la que se ha metido en la cárcel. **SIN. 2.** Presidiario, interno, recluso.

pressing (ingl.) *s. m.* Presión que se ejerce en algunos deportes para dificultar las jugadas del contrario.

pressing catch (ingl.) *expr.* Espectáculo de lucha en el que se pretende derribar e inmovilizar al contrario.

prestación *s. f.* **1.** Hecho de prestar un servicio, una ayuda. **2.** Característica de un coche, un motor, una máquina.

prestado, da *p.* de **prestar**. También *adj.* ‖ LOC. **de prestado** Con cosas que a uno le prestan otros.

prestamista *s. m.* y *f.* Persona que presta dinero para que luego se lo devuelvan con un interés.

préstamo *s. m.* **1.** Dinero o cosa que se presta a alguien. **2.** Palabra o expresión que una lengua toma de otra.

prestancia *s. f.* Elegancia, distinción. SIN. Estilo, refinamiento. ANT. Vulgaridad.

prestar *v.* **1.** Entregar una cosa a alguien con la condición de que la devuelva. **2.** Dar, ofrecer: *prestar un servicio.* **3.** Con algunos sustantivos significa la acción que esos sustantivos expresan: *prestar atención (atender), prestar juramento (jurar).* ‖ **prestarse 4.** Ofrecerse voluntariamente una persona para hacer algo. **5.** Dar motivo o ser causa: *prestarse a confusión.* SIN. **1.** Dejar. **2.** Proporcionar. **4.** Brindarse. **5.** Ocasionar. ANT. **2.** y **4.** Negar(se).

presteza *s. f.* Rapidez. SIN. Prontitud, diligencia. ANT. Lentitud.

prestidigitación *s. f.* Espectáculo en que el artista realiza con gran habilidad trucos de magia y juegos de manos.

prestidigitador, ra *s. m.* y *f.* Persona que hace prestidigitación. SIN. Mago.

prestigiar *v.* Dar prestigio. SIN. Acreditar. ANT. Desprestigiar.

prestigio *s. m.* Buena fama. SIN. Crédito, renombre. ANT. Desprestigio.

prestigioso, sa *adj.* Que tiene prestigio. SIN. Acreditado, reputado.

presto (del ital.) *s. m.* **1.** Movimiento musical rápido. **2.** Composición musical o parte de ella tocada con ese movimiento.

presto, ta *adj.* **1.** Preparado, dispuesto. ‖ *adj.* y *adv.* **2.** Rápido. SIN. **1.** Listo. **2.** Raudo, veloz. ANT. **2.** Lento.

presumible *adj.* Que es probable que suceda. SIN. Posible. ANT. Imposible.

presumido, da *adj.* y *s.* Persona que presume. SIN. Vanidoso, creído, engreído. ANT. Sencillo.

presumir *v.* **1.** Mostrarse ante otros demasiado orgulloso de sí mismo o de algo. **2.** Cuidar alguien excesivamente su aspecto externo. **3.** Sospechar, creer. SIN. **1.** Jactarse, alardear, vanagloriarse. **3.** Suponer.

presunción *s. f.* **1.** Característica de presumido. **2.** Lo que se supone que es verdadero

mientras no exista nada en contra. **3.** Lo que alguien supone o cree. SIN. **1.** Jactancia, alarde, vanagloria. **3.** Suposición, conjetura. ANT. **1.** Sencillez.

presunto, ta *adj.* Supuesto, que no se sabe con seguridad: *Deberán juzgar al presunto homicida.*

presuntuoso, sa *adj.* y *s.* Que presume mucho. SIN. Engreído. ANT. Humilde.

presuponer *v.* Suponer una cosa antes de saberla con seguridad. □ Es v. irreg. Se conjuga como *poner.*

presuposición *s. f.* Suposición.

presupuestar *v.* Calcular la cantidad de dinero que hay que gastar en algo.

presupuestario, ria *adj.* Del presupuesto o relacionado con él.

presupuesto *s. m.* Cálculo del dinero que hay que gastar en algo.

presura *s. f.* **1.** Prisa. **2.** Opresión.

presurizar *v.* Hacer que la presión de aire en el interior de un vehículo cerrado herméticamente sea adecuada para las personas: *presurizar un avión.*

presuroso, sa *adj.* Que se hace o va con rapidez, con prisa. SIN. Rápido, veloz, ligero. ANT. Lento.

prêt-à-porter (fr.) *adj.* y *s. m.* Se dice de la ropa no hecha a medida, sino hecha en serie con tallas fijas.

pretencioso, sa *adj.* Que pretende ser más de lo que es en realidad.

pretender *v.* **1.** Querer conseguir algo e intentarlo. **2.** Intentar conquistar a una mujer. SIN. **1.** Procurar, desear. **2.** Cortejar. ANT. **1.** Renunciar.

pretendido, da **1.** *p.* de **pretender**. También *adj.* ‖ *adj.* **2.** Que pretende ser lo que no es.

pretendiente *adj.* y *s.* **1.** Que pretende conseguir algo, por ejemplo, un cargo. **2.** Se dice de la persona que quiere ser pareja de otra o casarse con ella. SIN. **1.** Aspirante, candidato.

pretensión *s. f.* **1.** Lo que se pretende conseguir. **2.** Derecho que uno cree tener sobre algo. **3.** Característica de pretencioso. SIN. **1.** Propósito, intención.

pretérito, ta *adj.* **1.** Pasado, que sucedió hace mucho. ‖ *adj.* y *s. m.* **2.** En gramática, forma de los verbos que se usa para hablar del pasado. SIN. **1.** Remoto. ANT. **1.** y **2.** Futuro, presente.

pretexto *s. m.* Excusa o disculpa falsas. SIN. Justificación.

pretil *s. m.* Barandilla que se pone a los lados de un sitio alto para evitar que alguien se caiga, por ejemplo, en un puente.

primitivo

pretina *s. f.* Tira con una hebilla o un broche que sirve para sujetar o ajustar en la cintura una prenda de vestir.

pretor *s. m.* Magistrado de la antigua Roma.

prevalecer *v.* **1.** Quedar como primera o más importante una persona o cosa sobre otras. **2.** Perdurar, continuar: *prevalecer las costumbres.* □ Es v. irreg. Se conjuga como *agradecer.* **SIN. 1.** Predominar, dominar. **ANT. 1.** Someterse.

prevaricación *s. f.* Delito que comete un juez, un abogado o un funcionario público cuando dicta resoluciones injustas sabiendo que lo son.

prevaricar *v.* Cometer prevaricación.

prevención *s. f.* **1.** Lo que se hace para prevenir algo malo. **2.** Desconfianza. **SIN. 1.** Previsión, precaución. **2.** Temor, suspicacia. **ANT. 2.** Confianza.

prevenido, da *p.* de prevenir. ‖ *adj.* **2.** Preparado, dispuesto. **3.** Prudente.

prevenir *v.* **1.** Tratar de evitar algo malo antes de que ocurra. **2.** Avisar a alguien de algo que puede ser malo para él. □ Es v. irreg. Se conjuga como *venir.* **SIN. 1.** Prever. **2.** Advertir.

preventivo, va *adj.* Que sirve para prevenir.

prever *v.* **1.** Imaginar lo que va a suceder o darse cuenta antes de que ocurra. **2.** Proyectar, programar. □ Es v. irreg. Se conjuga como *ver.* **SIN. 1.** Prevenir, predecir, pronosticar.

previo, via *adj.* Que tiene que suceder o hacerse antes que otra cosa. **SIN.** Anterior, precedente. **ANT.** Posterior.

previsible *adj.* Que se puede prever, probable. **ANT.** Imprevisible.

previsión *s. f.* **1.** Hecho de prever algo. **2.** Lo que se calcula o se prepara por adelantado, antes de que ocurra algo. **SIN. 1.** Predicción, pronóstico.

previsor, ra *adj.* y *s.* Que prepara las cosas por si surgen problemas. **SIN.** Prevenido.

previsto, ta *p.* de prever. También *adj.* **SIN.** Proyectado, programado.

prieto, ta *adj.* **1.** Apretado, duro. **2.** De color muy oscuro, casi negro: *un caballo prieto.* **SIN. 1.** Ajustado, compacto, comprimido. **ANT. 1.** Flojo, suelto.

prima *s. f.* **1.** Dinero que se da a alguien además del sueldo como premio o recompensa. **2.** Dinero que hay que pagar por un seguro. **SIN. 1.** Gratificación, plus. **ANT. 1.** Descuento.

prima donna (del ital.) *expr.* Cantante femenina que interpreta el papel principal en una ópera.

primacía *s. f.* **1.** Hecho de ser una persona o cosa mejor o más importante que las demás. **2.** El ir o tener que ir una cosa antes de otra. **SIN. 1.** Superioridad. **2.** Prioridad. **ANT. 1.** Inferioridad. **2.** Posterioridad.

primado *s. m.* El más importante obispo o arzobispo de un país o una región.

primar[1] *v.* Dar o tener primacía o prioridad.

primar[2] *v.* Dar una prima o premio.

primario, ria *adj.* **1.** Fundamental o necesario. ‖ *adj.* y *s. f.* **2.** Se dice de la primera enseñanza que se da en la escuela, antes de la secundaria. ‖ *adj.* y *n. pr. m.* **3.** Se dice del primer periodo de la historia de la Tierra, que comenzó hace unos 600 millones de años y terminó hace unos 225 millones de años. ‖ **4. colores primarios** Los que se combinan para conseguir todos los demás; son el rojo, el amarillo y el azul. **SIN. 1.** Básico, principal. **ANT. 1.** Secundario.

primate *adj.* y *s. m.* Mamífero que tiene manos y pies con cinco dedos y cerebro muy desarrollado. Primates son el ser humano, el chimpancé o el gorila.

primavera *s. f.* Estación del año que va después del invierno, en la que empieza a hacer mejor tiempo.

primaveral *adj.* De la primavera o relacionado con ella.

primer *num. apóc.* de primero.

primeramente *adv.* En primer lugar.

primerizo, za *adj.* y *s.* Se dice de la persona que hace algo por primera vez, sobre todo de la madre que va a tener su primer hijo. **SIN.** Principiante, novato. **ANT.** Veterano.

primero, ra *num.* **1.** Que ocupa por orden el número uno. ‖ *adj.* y *s.* **2.** Se dice de la persona o cosa mejor o más importante que todas las demás: *Es la primera de la clase.* ‖ *adv.* **3.** Antes que otra cosa. **4.** Expresa que se prefiere una cosa y equivale a *antes, mejor*: *¿Ir al centro en coche? Primero me voy andando.* ‖ **LOC. a la primera** Al primer intento. **de buenas a primeras** De repente y sin que haya un motivo. **de primera** Muy bueno o muy bien. **SIN. 2.** Principal, superior. **ANT. 1.** Último. **2.** Secundario. **3.** Después.

primicia *s. f.* Primera noticia que se da sobre algo. **SIN.** Novedad.

primigenio, nia *adj.* Primitivo, originario.

primitivismo *s. m.* **1.** Estado de los pueblos poco desarrollados. **2.** Característica de lo que es muy simple o poco moderno. **SIN. 2.** Rudeza, tosquedad.

primitivo, va *adj.* **1.** Se dice de lo más antiguo, de lo que pertenece a los comienzos o al estado original de algo. **2.** Poco avanzado o poco desarrollado: *tribus primitivas.* SIN. 1. Originario; prehistórico. 2. Elemental, rudimentario. ANT. 1. Actual.

primo, ma *s. m.* y *f.* **1.** Para una persona, hijo de su tío o de su tía. || *adj.* y *s.* **2.** *fam.* Persona que se deja engañar con facilidad y no tiene malicia ni picardía. || **3. número primo** Número que solo puede dividirse exactamente por sí mismo o por uno.

primogénito, ta *adj.* y *s.* Se dice del primer hijo que tiene una pareja. SIN. Mayor. ANT. Benjamín.

primogenitura *s. f.* Hecho de ser el primogénito y derechos que se tienen por serlo.

primor *s. m.* **1.** Mucho cuidado y cariño con que se hace algo. **2.** Persona, animal o cosa muy bonitos y agradables. SIN. 1. Esmero, celo. 2. Encanto, preciosidad. ANT. 1. Descuido. 2. Horror.

primordial *adj.* Muy importante o necesario. SIN. Fundamental, esencial, principal. ANT. Secundario.

primoroso, sa *adj.* **1.** Hecho con primor. **2.** Que hace las cosas con primor. **3.** Bello, delicado. SIN. 1. y 2. Cuidadoso, esmerado. 3. Bonito, delicioso. ANT. 1. y 2. Descuidado. 3. Feo.

princesa *s. f.* **1.** Mujer que reina en un principado. **2.** Hija del rey, sobre todo si algún día será reina. **3.** Esposa del príncipe.

principado *s. m.* **1.** Título de príncipe o princesa. **2.** Territorio gobernado por un príncipe o una princesa.

principal *adj.* **1.** Que es lo más importante, lo más grande o lo más abundante. **2.** En gramática, se dice de la oración o proposición de la que dependen una o más proposiciones subordinadas. SIN. 1. Fundamental, esencial, primordial. ANT. Secundario.

principalmente *adv.* Sobre todo.

príncipe *s. m.* **1.** Hijo del rey, sobre todo si algún día él también será rey. **2.** Hombre que reina en un principado. || **3. príncipe azul** El que aparece en los cuentos de hadas; también, hombre ideal con que sueña una mujer.

principesco, ca *adj.* De los príncipes.

principiante, ta *adj.* y *s.* Persona que es nueva en una actividad. SIN. Aprendiz, novato. ANT. Veterano.

principiar *v.* Comenzar, iniciar.

principio *s. m.* **1.** Primer momento o primera parte. **2.** Causa, origen. **3.** Teoría o idea fundamental de una ciencia: *el principio de Arquímedes.* **4.** Norma o idea que considera fundamental una persona y que es la base de su pensamiento o de su conducta. **5.** Componente. || LOC. **en principio** En un primer momento, de forma general o provisional. SIN. 1. Comienzo, inicio. 2. Razón, motivo. 3. Fundamento. 5. Constituyente, integrante. ANT. 1. Fin.

pringado, da 1. *p.* de pringar. También *adj.* || *adj.* y *s.* **2.** *fam.* Se dice de la persona a la que es fácil engañar, o que siempre se lleva la peor parte.

pringar *v.* **1.** Manchar con algo pegajoso. **2.** Mojar pan en la salsa de los alimentos. **3.** *fam.* Llevarse alguien la peor parte de algo o las culpas de todo. **4.** *fam.* Sacar beneficio en un negocio de forma indebida o ilegal.

pringoso, sa *adj.* Que pringa, que mancha. SIN. Pegajoso.

pringue *s. amb.* **1.** Grasa que sueltan algunos alimentos, como el tocino, al cocinarlos. **2.** Suciedad grasienta o pegajosa. SIN. 2. Mugre, porquería.

prior, ra *s. m.* y *f.* En las órdenes religiosas, superior o superiora de un convento, o religioso que está por debajo del abad.

prioridad *s. f.* Hecho de estar una persona o cosa antes que otra, por ser más importante o por otro motivo. SIN. Preferencia, primacía.

prioritario, ria *adj.* Que es lo más importante y tiene prioridad.

priorizar *v.* Dar prioridad o preferencia.

prisa *s. f.* **1.** Rapidez con que se hacen las cosas. **2.** Necesidad o ganas de hacer una cosa muy rápido o de que algo sea muy corto: *tener prisa.* || LOC. **a prisa** o **de prisa** Con rapidez. **correr prisa** algo Ser urgente. **darse prisa** Hacer algo rápidamente. **meter prisa** Hacer que alguien vaya más rápido. SIN. 1. Apresuramiento, prontitud. 1. y 2. Urgencia. ANT. 1. Lentitud.

prisión *s. f.* Cárcel.

prisionero, ra *s. m.* y *f.* Persona que está en la cárcel o en algún otro sitio del que no puede salir. SIN. Preso, cautivo.

prisma *s. m.* **1.** Cuerpo geométrico formado por dos polígonos iguales y paralelos entre sí, llamados *bases,* y por caras laterales que son polígonos de cuatro lados. **2.** Objeto transparente con caras planas en forma de triángulo y que desvía y descompone la luz en diferentes colores.

prismático, ca *adj.* **1.** Con forma de prisma. || *s. m. pl.* **2.** Instrumento formado por dos cilindros unidos y provistos de unas lentes, que permite ver objetos lejanos. SIN. 2. Gemelos.

prístino, na *adj.* Que permanece tal y como era al principio: *El lugar conservaba su prístina belleza.* SIN. Original.

privacidad *s. f.* Característica propia de lo que es privado o íntimo. SIN. Intimidad.

privación s. f. Falta de algo, sobre todo de lo necesario para vivir: *pasar privaciones*. **SIN.** Necesidad, carencia. **ANT.** Riqueza.

privado, da adj. **1.** Que es de una persona o de un pequeño grupo y solo ellos lo utilizan o lo disfrutan: *propiedad privada*. **2.** Que no es del Estado: *escuela privada*. **3.** Que es asunto de una persona y solo a ella le interesa: *vida privada*. **4.** Que no tiene una cosa: *privado de libertad*. || s. m. **5.** Hombre en el que confía un soberano, gobernante o personaje importante y al que este consulta a la hora de tomar decisiones. || **LOC. en privado** Solo entre dos o más personas: *hablar en privado*. **SIN. 1.** a **3.** Particular. **3.** Íntimo, personal. **4.** Falto, carente. **ANT. 1.** a **3.** Público. **2.** Estatal, oficial. **4.** Lleno.

privar v. **1.** Quitarle algo a alguien. **2.** *fam.* Gustar muchísimo: *Le privan los helados*. || **privarse 3.** No hacer o tomar algo. **SIN. 1.** Despojar, arrebatar. **2.** Encantar, fascinar. **ANT. 1.** Dar; devolver. **2.** Disgustar.

privativo, va adj. Propio de una persona o cosa y solo de ella. **SIN.** Exclusivo, particular. **ANT.** General.

privatización s. f. Acción de privatizar.

privatizar v. Hacer que algo deje de ser del Estado y pase a una persona o empresa particular. **ANT.** Nacionalizar.

privilegiado, da 1. p. de **privilegiar**. || adj. y s. **2.** Que tiene algún privilegio. **3.** Muy bueno, estupendo, de lo mejor: *una mente privilegiada*. **SIN. 2.** Favorecido. **3.** Extraordinario.

privilegiar v. Dar privilegios. **SIN.** Favorecer. **ANT.** Perjudicar.

privilegio s. m. **1.** Derecho o ventaja que tiene alguien sobre los demás. **2.** Honor, satisfacción: *Es un privilegio para mí estar con ustedes*. **SIN. 2.** Placer. **ANT. 1.** Desventaja.

pro prep. En favor, para ayudar a alguien o algo: *una manifestación pro derechos humanos*. || **LOC. de pro** Bueno, honrado y útil para los demás: *mujer de pro*. **los pros y los contras** Ventajas y desventajas de una cosa.

proa s. f. Parte de delante de un barco, y también de otros vehículos como los aviones. **ANT.** Popa.

probabilidad s. f. Posibilidad.

probable adj. Que es fácil que suceda o que sea como se dice. **SIN.** Posible, previsible. **ANT.** Improbable.

probador, ra adj. y s. **1.** Que prueba. || s. m. **2.** En las tiendas, lugar para probarse la ropa.

probar v. **1.** Mostrar que algo es cierto o es de la manera que se dice. **2.** Utilizar una cosa o examinarla para ver si funciona o para sa-

ber cómo es. **3.** Ponernos una prenda de vestir para ver si nos sienta bien. **4.** Comer o beber un poco de algo, sobre todo para ver cómo sabe. **5.** Intentar. □ Es v. irreg. Se conjuga como *contar*. **SIN. 1.** Demostrar, comprobar. **4.** Catar. **5.** Tratar, procurar.

probatorio, ria adj. Que sirve para probar o demostrar algo.

probeta s. f. Recipiente de cristal en forma de tubo que suele tener un pico en el borde y se usa en los laboratorios. Se utiliza para medir volúmenes de líquidos.

problema s. m. **1.** Cosa que hay que resolver o solucionar, y de la que solo sabemos unos datos. **2.** Cosa mala o difícil que nos preocupa o no nos deja hacer algo. **SIN. 1.** Pregunta, incógnita. **2.** Dificultad, complicación. **ANT. 1.** Solución. **2.** Facilidad.

problemático, ca adj. Difícil, que causa problemas. **SIN.** Dificultoso, complicado. **ANT.** Fácil.

problematizar v. Poner en cuestión algo, analizar sus aspectos más complicados o dificultosos.

probo, ba adj. Honrado, de buena conducta. **SIN.** Honesto, intachable. **ANT.** Deshonesto.

probóscide s. f. Prolongación en forma de tubo de la nariz o de la boca de algunos animales, como los elefantes.

procacidad s. f. Característica de lo que es procaz. **SIN.** Obscenidad.

procaz adj. Atrevido en lo relacionado con el sexo. **SIN.** Obsceno.

procedencia s. f. Origen de donde procede alguien o algo. **SIN.** Ascendencia. **ANT.** Descendencia.

procedente adj. Que procede de donde se dice. **SIN.** Originario.

proceder[1] v. **1.** Tener origen en el lugar, grupo, clase o cosa que se dice. **2.** Comportarse, actuar. **3.** Comenzar a hacer algo: *Ahora se procederá a la votación*. **4.** Ser apropiado, conveniente: *Lo que procede es actuar con calma*. **SIN. 1.** Provenir, derivarse. **2.** Portarse, conducirse. **3.** Iniciar. **4.** Corresponder. **ANT. 3.** Finalizar.

proceder[2] s. m. Comportamiento, actuación. **SIN.** Conducta.

procedimiento s. m. Modo de realizar o conseguir algo. **SIN.** Sistema, recurso.

proceloso, sa adj. Se dice del mar en el que hay muchas tormentas y tempestades. **SIN.** Tempestuoso, tormentoso.

prócer adj. y s. Persona ilustre y respetada por sus méritos.

procesado, da 1. *p.* de **procesar**. También *adj.* ‖ *adj.* y *s.* 2. Persona contra la que se hace un proceso o juicio.

procesador *s. m.* 1. La parte más importante de un ordenador, que dirige todas las tareas que tiene que hacer. ‖ 2. **procesador de textos** Programa de ordenador con el que se pueden crear textos y trabajar con ellos.

procesal *adj.* Relacionado con un proceso o juicio.

procesamiento *s. m.* Hecho de procesar.

procesar *v.* 1. Hacer un proceso o juicio contra alguien. 2. Transformar una cosa haciéndola pasar por un proceso. **SIN.** 1. Juzgar.

procesión *s. f.* 1. Conjunto de personas que van por las calles, en algunas fiestas religiosas, llevando imágenes, velas y otras cosas. 2. *fam.* Fila de personas, animales o vehículos, sobre todo si van muy despacio. **SIN.** 2. Hilera, desfile.

procesionaria *s. f.* Oruga cubierta de pelitos que vive en los pinos y otros árboles. Se desplaza en grupo formando una fila y, si se la toca, produce granitos y ronchas en la piel.

proceso *s. m.* 1. Serie de acciones o etapas por las que va pasando algo que se transforma. 2. En derecho, juicio. **SIN.** 1. Marcha, evolución. 2. Causa.

proclama *s. f.* 1. Discurso o escrito político o militar. 2. Aviso o anuncio que se hace a mucha gente. **SIN.** 1. Arenga. 1. y 2. Bando, pregón.

proclamación *s. f.* Hecho de proclamar.

proclamar *v.* 1. Decir una cosa a mucha gente: *proclamar una noticia.* 2. Anunciar que ha comenzado un periodo, forma de gobierno o algo parecido: *Proclamaron la república.* 3. Dar un título, cargo o privilegio: *La proclamaron reina de las fiestas.* **SIN.** 1. Publicar, divulgar. 3. Nombrar, elegir. **ANT.** 1. Callar. 3. Destituir.

proclive *adj.* Que tiene tendencia a alguna cosa. **SIN.** Propenso, dado. **ANT.** Reacio.

procreación *s. f.* Acción de procrear. **SIN.** Reproducción.

procrear *v.* Tener hijos las personas y los animales. **SIN.** Engendrar, reproducirse.

procurador, ra *s. m.* y *f.* Persona profesional del derecho que está legalmente autorizada para representar a otra en los juicios, en ciertas ocasiones.

procurar *v.* 1. Tratar de hacer o conseguir algo. 2. Proporcionar, conseguirle alguna cosa a alguien. **SIN.** 1. Intentar, pretender. 2. Facilitar, suministrar. **ANT.** 2. Quitar.

prodigar *v.* 1. Dar mucho de algo: *prodigar cuidados a un enfermo.* ‖ **prodigarse** 2. Apa-

recer por un sitio, dejarse ver o actuar en público. **SIN.** 1. Dispensar, otorgar. 2. Lucirse. **ANT.** 1. Negar. 2. Esconderse.

prodigio *s. m.* 1. Cosa fuera de lo corriente, que no puede explicarse por causas normales. 2. Persona, animal o cosa muy buena en su clase. **SIN.** 1. Milagro. 1. y 2. Portento, maravilla.

prodigioso, sa *adj.* Que es un prodigio.

pródigo, ga *adj.* y *s.* 1. Muy generoso. 2. Que gasta mucho dinero. ‖ *adj.* 3. Que produce mucho. **SIN.** 1. Espléndido. 2. Manirroto. 3. Productivo, fértil. **ANT.** 1. y 2. Tacaño. 3. Estéril.

producción *s. f.* 1. Acción de producir. 2. Lo que ha sido producido. **SIN.** 1. Fabricación, elaboración, creación. 2. Producto.

producir *v.* 1. Dar algo la tierra, la naturaleza o los animales. 2. Fabricar o crear. 3. Causar. 4. Dar dinero o beneficios. 5. Proporcionar el dinero necesario para hacer una película, grabar un disco o realizar algo parecido. ‖ **producirse** 6. Pasar, ocurrir. □ Es v. irreg. Se conjuga como *conducir*. **SIN.** 2. Elaborar. 3. Ocasionar, provocar. 6. Suceder.

productividad *s. f.* Lo que produce una fábrica, una empresa o un país.

productivo, va *adj.* 1. Que produce, sobre todo cuando es mucho. 2. Muy útil y provechoso. **SIN.** 1. Fértil. **ANT.** 1. y 2. Improductivo.

producto *s. m.* 1. Cosa producida, sobre todo por la tierra o la industria. 2. Resultado. 3. Beneficio, ganancia. 4. En matemáticas, resultado de una multiplicación. **SIN.** 1. Artículo. 1. y 2. Fruto. 2. Obra. 3. Provecho.

productor, ra *adj.* y *s.* Que produce. **SIN.** Fabricante.

productora *s. f.* Empresa que produce películas, series de televisión, discos, etc.

proemio *s. m.* Prólogo, introducción.

proeza *s. f.* Hazaña, heroicidad.

profanación *s. f.* Acción de profanar.

profanar *v.* Entrar en un templo sin respeto o tratar así las cosas sagradas.

profano, na *adj.* 1. Que no es religioso: *una fiesta profana.* ‖ *adj.* y *s.* 2. Que no es entendido o experto en alguna cosa. **SIN.** 1. Laico, secular, seglar. 2. Lego. **ANT.** 1. Sagrado. 2. Experimentado.

profecía *s. f.* Predicción de algo que pasará en el futuro, sobre todo la que se hace por inspiración divina o sobrenatural. **SIN.** Vaticinio.

proferir *v.* Decir insultos, amenazas, etc., o dar gritos u otros sonidos parecidos. □ Es

v. irreg. Se conjuga como *sentir*. **SIN.** Prorrumpir, lanzar.

profesar *v.* **1.** Seguir una religión o una creencia. **2.** Sentir: *Profesa un gran amor por los animales.* **3.** Entrar en una orden religiosa. **SIN. 1.** Abrazar, practicar. **2.** Experimentar.

profesión *s. f.* **1.** Trabajo al que se dedica alguien. **2.** Acción de profesar una religión o creencia. **SIN. 1.** Ocupación, empleo.

profesional *adj.* **1.** Relacionado con la profesión o trabajo. **2.** Se dice del trabajo muy bien hecho y de la persona que lo realiza. || *adj.* y *s.* **3.** Que se dedica a una profesión, deporte u otra actividad para ganar dinero con el que vivir: *futbolista profesional.* **SIN. 1.** Laboral. **ANT. 3.** *Amateur*, aficionado.

profesionalidad *s. f.* Característica del que es un buen profesional.

profesionalizar *v.* Hacer profesional.

profeso, sa *adj.* y *s.* Que ha ingresado en una orden religiosa.

profesor, ra *s. m.* y *f.* Persona que enseña, sobre todo si se dedica a ello profesionalmente. **SIN.** Maestro, educador.

profesorado *s. m.* Conjunto de profesores.

profeta, profetisa *s. m.* y *f.* **1.** Persona que habla en nombre de Dios y anuncia cosas futuras. **2.** Persona que dice cosas que van a pasar.

profético, ca *adj.* De los profetas o relacionado con ellos y con lo que dicen.

profetizar *v.* Decir lo que va a pasar. **SIN.** Adivinar, predecir, vaticinar.

profiláctico, ca *adj.* **1.** Relacionado con la profilaxis. || *s. m.* **2.** Preservativo.

profilaxis *s. f.* Medidas para proteger de una enfermedad y para evitar que se extienda.

profiterol *s. m.* Pastel pequeño relleno de helado o crema que se sirve bañado con chocolate caliente.

prófugo, ga *adj.* y *s.* Que huye de la justicia, de la policía o de otra autoridad. **SIN.** Fugitivo.

profundidad *s. f.* **1.** Medida de una cosa desde la superficie hasta el fondo. **2.** Medida de una cosa desde el frente hacia dentro. **3.** Característica de las ideas, pensamientos o sentimientos profundos. || *s. f. pl.* **4.** Lugar profundo. || **LOC. en profundidad** Con mucho detalle, por completo. **SIN. 1.** y **3.** Hondura.

profundización *s. f.* Acción de profundizar.

profundizar *v.* **1.** Hacer profundo. **2.** Estudiar o pensar algo con mucho cuidado y detalle para conocerlo lo mejor posible. **SIN. 1.** y **2.** Ahondar.

profundo, da *adj.* **1.** Que tiene mucha profundidad. **2.** Muy fuerte, muy intenso o muy

grande. **3.** Muy importante o serio: *temas profundos.* **SIN. 1.** y **2.** Hondo. **3.** Trascendente. **ANT. 1.** a **3.** Superficial.

profusión *s. f.* Abundancia. **SIN.** Multitud, riqueza. **ANT.** Escasez.

profuso, sa *adj.* Abundante. **SIN.** Copioso. **ANT.** Escaso.

progenie *s. f.* **1.** Hijos de una persona. **2.** Familia la que desciende una persona. **SIN. 1.** Descendencia, prole. **2.** Linaje, ascendencia.

progenitor, ra *s. m.* y *f.* El padre o la madre de una persona. **SIN.** Ascendiente, antecesor. **ANT.** Descendiente, hijo.

programa *s. m.* **1.** Plan de las cosas que se van a hacer, ver, llevar a cabo, etc. **2.** Película, serie, concurso u otra cosa que vemos en la tele o escuchamos en la radio. **3.** Conjunto de instrucciones que se dan a una máquina, sobre todo a un ordenador, para que haga algo. **SIN. 3.** Aplicación.

programable *adj.* Que se puede programar: *calculadora programable.*

programación *s. f.* **1.** Acción de programar. **2.** Conjunto de programas de radio y televisión o de lo que se va a ver en un cine o teatro. **3.** Elaboración de programas de ordenador. **SIN. 1.** Planificación.

programador, ra *adj.* y *s.* **1.** Que programa. || *s. m.* y *f.* **2.** Persona que hace programas de ordenador. || *s. m.* **3.** Aparato que sirve para ordenar a una máquina que tiene que hacer, como por ejemplo, el de las lavadoras.

programar *v.* **1.** Preparar y organizar todo lo que se va a hacer. **2.** Darle unas órdenes a una máquina por anticipado para que haga alguna cosa. **3.** Hacer programas de ordenador. **SIN. 1.** Planear, planificar. **ANT. 1.** Improvisar. **2.** Desprogramar.

progre *adj.* y *s. fam.* Progresista.

progresar *v.* Mejorar, avanzar. **SIN.** Prosperar. **ANT.** Empeorar.

progresión *s. f.* Acción de progresar. **SIN.** Progreso, avance; aumento. **ANT.** Empeoramiento; disminución.

progresismo *s. m.* Actitud o ideas de los progresistas.

progresista *adj.* y *s.* Partidario de que haya cambios y avances en la sociedad. **ANT.** Conservador.

progresivo, va *adj.* Que aumenta continuamente. **SIN.** Gradual.

progreso *s. m.* Avance, desarrollo que trae beneficios. **SIN.** Adelanto. **ANT.** Retroceso.

prohibición *s. f.* Acción de prohibir. **SIN.** Veto. **ANT.** Permiso.

prohibir *v.* No dejar hacer alguna cosa. **SIN.** Impedir, vedar. **ANT.** Permitir.

prohibitivo, va *adj.* **1.** Demasiado caro: *unos precios prohibitivos.* **2.** Que prohíbe. **SIN. 1.** Exorbitante. **ANT. 1.** Asequible.

prohijar *v.* Adoptar un hijo.

prójimo *s. m.* Cualquier persona respecto a otra. **SIN.** Semejante.

prole *s. f.* **1.** Hijos de una persona, sobre todo si son muchos. **2.** *fam.* Gran cantidad de gente. **SIN. 1.** Descendencia.

prolegómenos *s. m. pl.* Lo que va antes de algo, sobre todo de una obra escrita, y sirve de preparación o introducción. **SIN.** Preámbulo, preliminares.

proletariado *s. m.* Clase social de los trabajadores.

proletario, ria *adj. y s.* Trabajador, obrero.

proliferación *s. f.* Aumento en la cantidad de algo. **SIN.** Incremento. **ANT.** Disminución.

proliferar *v.* Aumentar mucho la cantidad de algo. **SIN.** Incrementarse, multiplicarse. **ANT.** Disminuir.

prolífico, ca *adj.* **1.** Que se reproduce mucho. **2.** Se dice del artista o escritor que realiza muchas obras. **SIN. 1.** y **2.** Fértil, fecundo. **2.** Productivo. **ANT. 1.** y **2.** Estéril.

prolijo, ja *adj.* Que se extiende demasiado en detalles y explicaciones al hablar o escribir.

prologar *v.* Escribir el prólogo de un libro.

prólogo *s. m.* Texto que se pone al principio de un libro para presentarlo o explicar algo sobre él. **SIN.** Prefacio, preámbulo, introducción. **ANT.** Epílogo.

prolongación *s. f.* **1.** Acción de prolongar o prolongarse. **2.** Lo que se añade a una cosa y que la hace más larga. **SIN. 2.** Ampliación, continuación.

prolongado, da **1.** *p.* de **prolongar.** También *adj.* ‖ *adj.* **2.** Largo. **SIN. 2.** Dilatado. **ANT. 2.** Corto.

prolongador, ra *adj. y s. m.* Que prolonga o sirve para prolongar.

prolongar *v.* **1.** Hacer más largo. ‖ **prolongarse 2.** Durar: *La reunión se prolongó hasta las ocho de la tarde.* **3.** Llegar hasta un lugar: *El campo se prolonga hasta el horizonte.* **SIN. 1.** y **2.** Alargar(se), dilatar(se). **3.** Extenderse. **ANT. 1.** y **2.** Abreviar, acortar.

promedio *s. m.* Resultado de sumar varias cantidades y luego dividir lo que sale por el número de cantidades.

promesa *s. f.* **1.** Acción de prometer y lo que se promete. **2.** Persona de la que se espera que llegue a triunfar. **SIN. 1.** Compromiso, palabra.

prometedor, ra *adj.* Que parece que llegará a ser muy importante o bueno: *un futuro prometedor.* **SIN.** Halagüeño, esperanzador.

prometer *v.* **1.** Asegurar una persona que va a hacer una cosa o que es verdad lo que dice. **2.** Afirmar una persona que va a cumplir con su deber: *El ministro prometió su cargo.* **3.** Parecer una persona o cosa que va a resultar como se expresa: *El partido promete ser interesante.* ‖ **prometerse 4.** Convertirse en prometidos una pareja. **SIN. 1.** Garantizar. **1.** y **2.** Jurar.

prometido, da 1. *p.* de **prometer.** También *adj.* ‖ *s. m. y f.* **2.** Novio o novia cuando tienen intención de casarse.

prominencia *s. f.* **1.** Característica de prominente. **2.** Cosa prominente. **SIN. 2.** Saliente, protuberancia.

prominente *adj.* **1.** Que sobresale o se levanta mucho. **2.** Importante, destacado. **SIN. 1.** Saliente, abultado. **ANT. 1.** Plano.

promiscuidad *s. f.* Característica de promiscuo.

promiscuo, cua *adj.* **1.** Que mantiene relaciones sexuales con muchas personas. **2.** Mezclado con muchas personas o cosas diferentes.

promoción *s. f.* **1.** Acción de promocionar o de promover. **2.** Grupo de personas que acaban los estudios o que consiguen un trabajo al mismo tiempo. **SIN. 1.** Impulso, fomento; ascenso.

promocionar *v.* **1.** Promover, ascender. **2.** Dar a conocer a alguien o algo para que tenga éxito. **SIN. 1.** Degradar.

promontorio *s. m.* Montículo, colina.

promotor, ra *adj. y s.* **1.** Que causa o impulsa algo. **2.** Persona que promociona a un artista, una obra, un producto.

promover *v.* **1.** Causar, favorecer o impulsar. **2.** Ascender a una persona. ◻ Es *v.* irreg. Se conjuga como *mover.* **SIN. 1.** Provocar, fomentar. **2.** Promocionar. **ANT. 1.** Entorpecer. **2.** Degradar.

promulgación *s. f.* Hecho de promulgar.

promulgar *v.* Publicar una ley para que empiece a cumplirse.

pronombre *s. m.* **1.** Palabra que tiene función de sustantivo y que indica cualquier persona, animal o cosa sin nombrarlos; hay de varios tipos: personales (*él, nosotros*), demostrativos (*este, ese, aquel*), relativos (*que, quien*), interrogativos (*cuál, quién*). ‖ **2. pronombre personal** El que señala a un ser o cosa concretos y se distingue en primera (*yo, nosotros*), segunda (*tú, vosotros*) y tercera persona (*él, ella, ellos*). Tiene diversas formas según la función sintáctica que desempeñe: *yo, me, mi, conmigo...*

pronominal *adj.* **1.** Del pronombre o relacionado con él. ‖ *adj.* y *s. m.* **2.** Se dice de los verbos que siempre se conjugan con un pronombre, por ejemplo, *atreverse: me atrevo, te atreves...*

pronosticar *v.* Decir que algo va a pasar o va a ocurrir de una manera, según los datos o indicios que se tienen. **SIN.** Predecir, augurar, vaticinar.

pronóstico *s. m.* **1.** Acción de pronosticar. **2.** Opinión que da el médico sobre el estado de un enfermo. **SIN. 1.** Predicción.

prontitud *s. f.* Rapidez. **SIN.** Presteza. **ANT.** Lentitud.

pronto, ta *adj.* **1.** Que ocurre sin pasar mucho tiempo. ‖ *s. m.* **2.** Reacción fuerte y repentina. ‖ *adv.* **3.** Sin que pase mucho tiempo. **4.** Temprano. ‖ **LOC. de pronto** De repente. **por de pronto** o **por lo pronto** De momento. **tan pronto como** En cuanto, inmediatamente después. **SIN. 1.** Rápido, veloz. **2.** Arranque, arrebato. **3.** Rápidamente. **ANT. 1.** Lento. **3.** y **4.** Tarde.

pronunciación *s. f.* Acción o forma de pronunciar. **SIN.** Articulación, dicción.

pronunciado, da 1. *p.* de **pronunciar**. También *adj.* ‖ *adj.* **2.** Muy marcado o fuerte, que se nota mucho. **SIN. 2.** Acentuado, acusado. **ANT. 2.** Leve.

pronunciamiento *s. m.* **1.** Acción de pronunciarse. **2.** Rebelión militar contra el Gobierno. **SIN.** Alzamiento.

pronunciar *v.* **1.** Emitir los sonidos de una lengua. **2.** Decir algo en voz alta y casi siempre en público: *pronunciar un discurso*. ‖ **pronunciarse 3.** Dar uno su opinión. **SIN. 1.** Articular, vocalizar. **3.** Declararse.

propagación *s. f.* Acción de propagar o propagarse. **SIN.** Transmisión, difusión.

propaganda *s. f.* Actividad y medios para dar a conocer algo a muchas personas y convencerlas de que hagan o compren algo. **SIN.** Publicidad.

propagandista *adj.* y *s.* Que hace propaganda, sobre todo política.

propagandístico, ca *adj.* De la propaganda o relacionado con ella: *fines propagandísticos*. **SIN.** Publicitario.

propagar *v.* Extender, transmitir. **SIN.** Difundir. **ANT.** Contener.

propalar *v.* Extender rumores, falsedades o secretos. **SIN.** Difundir.

propano *s. m.* Gas derivado del petróleo que se usa como combustible en la industria y para las cocinas y calentadores de las casas.

propasarse *v.* Pasarse, tomar excesiva confianza con alguien, especialmente en el terreno sexual. **SIN.** Excederse, extralimitarse. **ANT.** Contenerse.

propensión *s. f.* Hecho de ser propenso a algo. **SIN.** Tendencia, inclinación, predisposición.

propenso, sa *adj.* Se dice de alguien al que es fácil que le ocurran ciertas cosas, por ejemplo, una enfermedad. **SIN.** Predispuesto, proclive.

propiamente *adv.* Con exactitud.

propiciar *v.* Ayudar a que algo se produzca. **SIN.** Favorecer. **ANT.** Impedir.

propicio, cia *adj.* Favorable, oportuno, bueno para algo. **SIN.** Adecuado, conveniente. **ANT.** Desfavorable.

propiedad *s. f.* **1.** Cualidad o característica. **2.** Hecho de pertenecer una cosa a alguien. **3.** Cosa que es de alguien. **4.** El usar bien las palabras, dándoles el significado que realmente tienen: *hablar con propiedad*. **SIN. 1.** Atributo. **2.** y **3.** Posesión, pertenencia.

propietario, ria *adj.* y *s.* Dueño, que posee algo. **SIN.** Poseedor, amo.

propina *s. f.* Dinero que voluntariamente se paga de más para premiar el buen servicio en un restaurante, un hotel u otro lugar parecido.

propinar *v.* Dar, pegar: *propinar un puñetazo*. **SIN.** Atizar, sacudir.

propio, pia *adj.* **1.** De la persona de quien se está hablando. **2.** Se dice de los nombres que se escriben con mayúscula y que indican cómo se llama una persona, una ciudad, un país; por ejemplo, *Ana, Cádiz, Grecia*. **3.** Característico, peculiar. **4.** Incluso, también él: *El propio director le felicitó.* **SIN. 1.** Particular. **3.** Típico. **ANT. 1.** Ajeno. **2.** Común. **3.** Impropio.

proponer *v.* **1.** Decir algo a alguien para ver si está de acuerdo. **2.** Presentar a una persona para que sea elegida o para un cargo, empleo, premio. ‖ **proponerse 3.** Decidir hacer una cosa. □ Es v. irreg. Se conjuga como *poner*. **SIN. 1.** Sugerir, plantear. **3.** Empeñarse, pretender. **ANT. 3.** Desistir.

proporción *s. f.* **1.** Cantidad de algo en relación con el resto. **2.** Relación adecuada entre las dimensiones de varias cosas. **3.** Tamaño, dimensión. **4.** Intensidad, importancia. **5.** Expresión matemática en que aparecen dos cocientes separados por el signo igual, por ejemplo, 3/5 = 6/10. **SIN. 1.** Porcentaje. **2.** Equilibrio, armonía. **4.** Fuerza, trascendencia. **ANT. 2.** Desproporción.

proporcionado, da 1. *p.* de proporcionar. También *adj.* ‖ *adj.* 2. De dimensiones correctas. 3. Justo, adecuado. **ANT.** 2. y 3. Desproporcionado.

proporcional *adj.* 1. Que se hace siguiendo la debida proporción, dando a cada uno lo que le corresponde: *un reparto proporcional.* 2. En matemáticas, se dice de las cantidades que tienen relación entre sí, de tal forma que, si una aumenta o disminuye, la otra también lo hace en la misma medida. **SIN.** 1. Proporcionado, equitativo.

proporcionar *v.* 1. Dar a una persona lo que necesita. 2. Producir, causar. **SIN.** 1. Facilitar, suministrar. 1. y 2. Procurar. 2. Ocasionar, deparar. **ANT.** 1. Negar.

proposición *s. f.* 1. Acción de proponer y lo que se propone. 2. En gramática, unidad formada por sujeto y predicado, que se une a otra para formar una oración compuesta. **SIN.** 1. Propuesta.

propósito *s. m.* 1. Lo que uno se propone o piensa hacer. 2. Objetivo, finalidad. ‖ **LOC. a propósito** De forma intencionada, queriendo. **a propósito de** Con relación a. **SIN.** 1. Determinación, proyecto. 1. y 2. Intención. 2. Objeto, fin.

propuesta *s. f.* Proposición, aquello que se propone. **SIN.** Oferta.

propugnar *v.* Defender una postura o idea. **SIN.** Apoyar. **ANT.** Rechazar.

propulsar *v.* Impulsar o mover hacia adelante. **SIN.** Lanzar. **ANT.** Frenar.

propulsión *s. f.* 1. Acción de propulsar. ‖ 2. **propulsión a chorro** Procedimiento para que un avión, cohete o proyectil avance en el espacio impulsado por un gas que sale por detrás a gran velocidad.

propulsor, ra *adj.* y *s.* Que sirve para propulsar. **SIN.** Impulsor.

prorratear *v.* Repartir en partes iguales una cantidad entre varios.

prórroga *s. f.* Tiempo de más con que se prolonga algo.

prorrogable *adj.* Que se puede prorrogar: *contrato prorrogable.*

prorrogar *v.* Prolongar más tiempo una cosa: *prorrogar un plazo.*

prorrumpir *v.* Mostrar de repente y con fuerza lo que sentimos: *prorrumpir en aplausos.* **SIN.** Proferir, estallar.

prosa *s. f.* Manera de escribir que, a diferencia del verso, no tiene rima ni sigue unas normas sobre el número de sílabas.

prosaico, ca *adj.* Vulgar, que no es poético. **ANT.** Lírico.

prosapia *s. f.* Linaje, sobre todo cuando es ilustre o noble.

proscenio *s. m.* En un teatro, parte del escenario más cercana al público.

proscribir *v.* 1. Echar a una persona de su país, sobre todo por motivos políticos. 2. Prohibir. □ Su p. es irreg.: *proscrito.* **SIN.** 1. Desterrar.

proscripción *s. f.* Acción de proscribir.

proscrito, ta 1. *p.* de proscribir. ‖ *adj.* y *s.* 2. Expulsado, desterrado. ‖ *adj.* 3. Prohibido.

prosecución *s. f.* Acción de proseguir. **SIN.** Reanudación.

proseguir *v.* Continuar. □ Es v. irreg. Se conjuga como *pedir.* **SIN.** Reanudar; persistir. **ANT.** Cesar.

proselitismo *s. m.* Intento de ganar partidarios para una doctrina o religión.

prosélito *s. m.* Persona a la que se ha convencido para que siga una doctrina, religión, partido político. **SIN.** Partidario, adepto.

prosista *s. m.* y *f.* Autor de obras en prosa.

prosístico, ca *adj.* De la prosa.

prosodia *s. f.* Parte de la gramática que estudia los acentos y la entonación de las palabras.

prosódico, ca *adj.* De la prosodia.

prosopopeya *s. f.* En las obras de literatura, personificación.

prospección *s. f.* Exploración debajo de la tierra para descubrir si hay minerales, petróleo o agua.

prospecto *s. m.* 1. Información que llevan algunos productos, como los medicamentos, sobre su composición, sus efectos o su modo de empleo. 2. Impreso pequeño que se reparte entre el público para anunciar algo o hacer propaganda de ello. **SIN.** 1. Instrucciones. 1. y 2. Folleto. 2. Panfleto.

prosperar *v.* 1. Mejorar. 2. Tener éxito o aceptación. **SIN.** 1. Avanzar, medrar. 1. y 2. Progresar. **ANT.** 1. Decaer.

prosperidad *s. f.* Situación de una persona o país prósperos. **SIN.** Expansión, auge. **ANT.** Decadencia.

próspero, ra *adj.* Que marcha bien, sobre todo económicamente. **SIN.** Floreciente, pujante.

próstata *s. f.* Glándula masculina que está situada debajo de la vejiga. Su función es colaborar en la formación del semen.

prosternarse *v.* Postrarse.

prostíbulo *s. m.* Casa que se dedica a la prostitución. **SIN.** Burdel, lupanar.

prostitución *s. f.* Actividad de la persona que tiene relaciones sexuales con otras a cambio de dinero.

prostituir *v.* **1.** Hacer que alguien se dedique a la prostitución. **2.** Corromper, pervertir. ☐ Es v. irreg. Se conjuga como *construir*.

prostituto, ta *s. m. y f.* Persona que se dedica a la prostitución. **SIN.** Puto; ramera.

protagonismo *s. m.* Hecho de ser protagonista.

protagonista *s. m. y f.* **1.** Personaje principal de la creación de una película, obra de teatro, novela, etc. **2.** Persona o cosa más importante en un asunto o hecho. **SIN. 1.** Héroe, heroína. **ANT. 1.** Antagonista.

protagonizar *v.* Hacer de protagonista, por ejemplo, en una película o en una obra de teatro.

protección *s. f.* **1.** Acción de proteger. **2.** Persona o cosa que protege.

proteccionismo *s. m.* Sistema económico que protege los productos del país frente a los del exterior, haciendo pagar impuestos a estos últimos.

proteccionista *adj.* Relacionado con el proteccionismo o partidario de él.

protector, ra *adj. y s.* Que protege.

protectorado *s. m.* Territorio o país que está bajo el dominio de otro, pero tiene sus propias autoridades.

proteger *v.* **1.** Evitar por algún medio un peligro o daño a una persona, animal o cosa. **2.** Ayudar, apoyar. **SIN. 1.** Resguardar, guarecer. **2.** Favorecer, socorrer. **ANT. 1.** Desproteger.

protegido, da 1. *p.* de **proteger**. También *adj.* **||** *adj. y s.* **2.** Persona a la que otra protege o apoya. **SIN. 2.** Recomendado, pupilo.

proteína *s. f.* Una de las principales sustancias que forman las células.

protésico, ca *adj.* **1.** Relacionado con la prótesis. **||** *s. m. y f.* **2.** Profesional que prepara y ajusta prótesis, especialmente dentales.

prótesis *s. f.* Pieza artificial que sustituye a un órgano o parte del cuerpo humano que falta o está dañado.

protesta *s. f.* Acción de protestar. **SIN.** Queja, rechazo, disgusto. **ANT.** Aplauso.

protestante *adj. y s.* Relacionado con el protestantismo o seguidor de este movimiento religioso.

protestantismo *s. m.* Movimiento religioso cristiano surgido de la Reforma de Lutero en el siglo XVI.

protestar *v.* Mostrar una persona que algo le parece mal. **SIN.** Quejarse, reclamar. **ANT.** Aprobar, aplaudir.

protestón, na *adj. y s.* Que protesta y se queja por todo. **SIN.** Quejica.

prótido *s. m.* Proteína.

protista *adj. y s. m.* Ser vivo unicelular o pluricelular que no tiene tejidos ni órganos diferenciados, como las algas y los protozoos.

protocolario, ria *adj.* Del protocolo. **SIN.** Ceremonial. **ANT.** Informal.

protocolo *s. m.* Conjunto de reglas o ceremonias que hay que cumplir en los actos oficiales o solemnes. **SIN.** Ceremonial, etiqueta.

protón *s. m.* Partícula del núcleo de un átomo con carga eléctrica positiva.

protoplasma *s. m.* Sustancia contenida dentro de la membrana de una célula.

prototípico, ca *adj.* Del prototipo o que es un prototipo.

prototipo *s. m.* **1.** Primer ejemplar de una cosa que sirve de modelo para hacer otros de la misma clase. **2.** Persona o cosa que por sus características o cualidades es modelo o ejemplo de algo. **SIN. 1.** y **2.** Tipo, patrón. **2.** Paradigma.

protozoo *adj. y s. m.* Ser vivo formado por una sola célula, como la ameba y otros microorganismos. Algunos de ellos causan enfermedades.

protráctil *adj.* Que puede proyectarse o lanzarse hacia fuera, como la lengua del camaleón. **ANT.** Retráctil.

protuberancia *s. f.* Abultamiento.

provecho *s. m.* **1.** Beneficio, utilidad. **2.** Efecto que produce una comida o bebida que alimenta. **|| LOC. buen provecho** Expresión para desear a otro que le siente bien lo que está comiendo o bebiendo. **SIN. 1.** Valor, aprovechamiento.

provechoso, sa *adj.* Que da provecho. **SIN.** Útil, beneficioso, conveniente.

provecto, ta *adj.* Se dice de la persona muy anciana y de su edad.

proveedor, ra *adj. y s.* Que provee. **SIN.** Abastecedor, suministrador.

proveer *v.* Proporcionar a alguien lo que necesita, dándoselo o vendiéndoselo. ☐ Es v. irreg. Se conjuga como *leer*. El verbo *proveer* tiene dos participios: uno reg., *proveído*, y otro irreg., *provisto*. **SIN.** Suministrar, abastecer.

proveniente *adj.* Que proviene o tiene su origen. **SIN.** Procedente.

provenir *v.* Proceder, tener su origen. ☐ Es v. irreg. Se conjuga como *venir*.

provenzal *adj.* y *s.* **1.** De Provenza, región de Francia. ‖ *s. m.* **2.** Lengua hablada en Provenza.

proverbial *adj.* **1.** Relacionado con los proverbios. **2.** Conocido desde siempre o por todos: *Es proverbial su generosidad.* **SIN. 2.** Célebre.

proverbio *s. m.* Frase popular que expresa una enseñanza, un consejo o un pensamiento y se dice siempre de la misma manera. **SIN.** Dicho, refrán.

providencia *s. f.* Cuidado que Dios tiene de todos los seres: *la Divina Providencia.*

providencial *adj.* **1.** De la Providencia de Dios. **2.** Se dice del suceso inesperado que evita un daño o mal.

provincia *s. f.* División de un territorio que varía según los países.

provincial *adj.* De una provincia.

provincial, la *s. m.* y *f.* Religioso o religiosa que gobierna las casas religiosas de su orden en una provincia.

provinciano, na *adj.* y *s.* De provincias, que no es de la capital.

provisión *s. f.* **1.** Conjunto de cosas, especialmente alimentos, que se reúnen por si hace falta utilizarlas. **2.** Acción de proveer. **SIN. 1.** Víveres. **1.** y **2.** Abastecimiento, avituallamiento.

provisional *adj.* Que no es para siempre, sino solo para un tiempo. **SIN.** Temporal, transitorio. **ANT.** Definitivo.

provisto, ta **1.** *p.* de proveer. ‖ *adj.* **2.** Que tiene lo que se dice. **SIN. 2.** Dotado.

provocación *s. f.* Acción de provocar. **SIN.** Desafío, excitación.

provocador, ra *adj.* y *s.* Que provoca.

provocar *v.* **1.** Hacer o decir una persona a otra algo para que esta conteste, se enfade, discuta, pelee o haga cualquier otra cosa. **2.** Producir, causar. **3.** Excitar el deseo sexual. **SIN. 1.** Incitar, desafiar, enojar. **2.** Ocasionar, desencadenar. **ANT. 1.** Apaciguar.

provocativo, va *adj.* Que provoca, sobre todo sexualmente.

proxeneta *s. m.* y *f.* Persona que vive del dinero que ganan las prostitutas. **SIN.** Chulo.

próximamente *adv.* Dentro de poco tiempo, pronto.

proximidad *s. f.* **1.** Característica de próximo. ‖ *s. f. pl.* **2.** Lugar que está cerca de otro. **SIN. 1.** y **2.** Cercanía. **2.** Inmediaciones, alrededores. **ANT. 1.** y **2.** Lejanía.

próximo, ma *adj.* **1.** Cerca, a poca distancia. **2.** Que ha ocurrido hace poco o va a ocurrir pronto. **3.** Que tiene mucha relación con algo.

4. Siguiente: *la próxima semana.* **SIN. 1.** Inmediato, contiguo. **1.** a **3.** Cercano. **ANT. 1.** a **3.** Lejano. **4.** Anterior.

proyección *s. f.* Acción de proyectar.

proyectar *v.* **1.** Tener pensado hacer una cosa. **2.** Hacer que se vea la figura o la sombra de alguien o algo sobre una superficie. **3.** Hacer que se vean en la pantalla las imágenes ampliadas de una película, una diapositiva o algo parecido. **4.** Lanzar hacia adelante o a distancia con fuerza. **5.** Hacer un proyecto de arquitectura o de ingeniería. **SIN. 1.** Planear. **4.** Echar, despedir.

proyectil *s. m.* Cuerpo que se lanza con fuerza contra alguien o algo, por ejemplo, el disparado con un arma de fuego.

proyecto *s. m.* **1.** Intención o pensamiento que se tiene de hacer alguna cosa. **2.** Conjunto de planos o de instrucciones donde se explica la forma de realizar o construir una cosa. **SIN. 1.** Plan, propósito.

proyector *s. m.* Máquina o aparato que sirve para proyectar imágenes.

prudencia *s. f.* Característica de prudente. **SIN.** Sensatez; moderación. **ANT.** Imprudencia.

prudencial *adj.* Sensato, moderado.

prudente *adj.* Que habla o hace las cosas con mucho cuidado, procurando evitar cualquier daño o peligro. **SIN.** Sensato, precavido. **ANT.** Imprudente.

prueba *s. f.* **1.** Acción de probar. **2.** Lo que sirve para demostrar algo. **3.** Examen o ejercicio que se hace para comprobar los conocimientos o capacidades de una persona. **4.** Lo que se hace para estudiar o descubrir algo, ver cómo resultará o para qué sirve, o examinar su funcionamiento. **5.** Situación difícil. **6.** Competición: *prueba automovilística.* **7.** Operación de matemáticas para ver si está bien otra operación. ‖ **LOC. a prueba** Comprobando la capacidad, las características o el buen funcionamiento de alguien o algo. **a prueba de** Que resiste y aguanta lo que se expresa: *un cristal a prueba de balas.* **SIN. 1.** Demostración. **2.** Testimonio. **3.** Test, control. **4.** Experimento, ensayo. **4.** y **7.** Comprobación. **6.** Torneo, campeonato.

prurito *s. m.* **1.** Picor. **2.** Deseo excesivo de hacer algo lo mejor posible. **SIN. 1.** Comezón.

prusiano, na *adj.* y *s.* De Prusia, región de Alemania que fue un Estado.

psicoanálisis *s. m.* Método para tratar algunas enfermedades psíquicas o problemas de la conducta en el que se intenta que el enfermo conozca y supere sus miedos, temores y complejos.

psicoanalista *adj.* y *s.* Especialista en psicoanálisis.

pucherazo

psicoanalizar v. Someter a alguien al psicoanálisis.

psicodelia s. f. Estado en el que se sufren alucinaciones o se perciben sensaciones y cosas extrañas, como el que producen algunas drogas.

psicodélico, ca adj. 1. De la psicodelia o relacionado con ella. 2. fam. Raro, extravagante.

psicología s. f. 1. Ciencia que estudia fundamentalmente el comportamiento de las personas. 2. Forma de ser y de pensar propias de alguien.

psicológico, ca adj. Relacionado con la psicología o con la mente: *rasgos psicológicos, test psicológico*.

psicólogo, ga s. m. y f. Especialista en psicología.

psicomotor, ra adj. De la psicomotricidad.

psicomotricidad s. f. Relación que hay entre los movimientos del cuerpo y la mente.

psicomotriz adj. Femenino de **psicomotor**. De la psicomotricidad.

psicópata s. m. y f. Persona que tiene una enfermedad mental que se manifiesta sobre todo en un comportamiento agresivo y violento.

psicopatía s. f. Enfermedad mental que altera la personalidad y la conducta de quien la tiene.

psicosis s. f. 1. Nombre que se da a diversas enfermedades psíquicas bastante graves. 2. Miedo u obsesión muy fuertes.

psicotécnico, ca adj. Se dice de un tipo de test o prueba para averiguar las cualidades o habilidades de una persona.

psicoterapeuta s. m. y f. Especialista en psicoterapia.

psicoterapia s. f. Tratamiento de algunas enfermedades por medio de procedimientos psicológicos.

psicótico, ca adj. y s. Se dice de la persona que padece psicosis.

psique s. f. Mente o alma de una persona.

psiquiatra s. m. y f. Médico especialista en psiquiatría.

psiquiatría s. f. Ciencia que se ocupa de las enfermedades mentales.

psiquiátrico, ca adj. 1. De la psiquiatría o relacionado con ella. ‖ s. m. 2. Hospital para personas que padecen alguna enfermedad mental. **SIN.** 2. Manicomio.

psíquico, ca adj. De la mente y los pensamientos o relacionado con ellos. **SIN.** Mental.

psoriasis s. f. Soriasis.

pterodáctilo s. m. Reptil volador prehistórico de gran tamaño.

púa s. f. 1. Pincho u otra cosa parecida. 2. Chapa o lámina en forma de triángulo con la que se tocan algunos instrumentos de cuerdas, como la guitarra.

pub (ingl.) s. m. Local bien decorado y con asientos cómodos, donde se pueden tomar bebidas y escuchar música.

púber adj. y s. Que está en la pubertad. **SIN.** Adolescente. **ANT.** Impúber.

pubertad s. f. Etapa de la vida en que los niños comienzan a hacerse adultos. **SIN.** Adolescencia.

pubis s. m. 1. Parte de abajo del vientre, situada entre las dos piernas. 2. Uno de los tres huesos que forman la pelvis.

publicación s. f. 1. Acción de publicar un libro u otro escrito. 2. Cualquier libro o escrito publicado. **SIN.** 1. y 2. Edición.

públicamente adv. Ante todo el mundo, en público.

publicar v. 1. Imprimir un libro u otro escrito para que se venda y lo pueda leer la gente. 2. Hacer que se conozca algo poniéndolo en un periódico o revista, o de otro modo. **SIN.** 1. Editar. 2. Divulgar, difundir, pregonar. **ANT.** 2. Ocultar.

publicidad s. f. 1. Característica de lo que es público o conocido por todo el mundo. 2. Actividad con la que se intenta que la gente conozca y haga o compre algo, por ejemplo, mediante anuncios. 3. Anuncio, cartel u otra cosa parecida que se usa en esa actividad. **SIN.** 1. Difusión, divulgación. 1. a 3. Propaganda.

publicista s. m. y f. Persona que trabaja en publicidad. **SIN.** Publicitario.

publicitario, ria adj. 1. De la publicidad. ‖ s. m. y f. 2. Publicista.

público, ca adj. 1. Que es de todos o puede ser usado por todos. 2. Que todo el mundo lo sabe o lo conoce. 3. Que es del Estado o lo dirige el Estado: *una empresa pública*. ‖ s. m. 4. Conjunto de personas que van a un espectáculo, acto, etc. 5. Conjunto de personas con aficiones o características comunes: *Esta serie está dirigida a un público juvenil*. ‖ **LOC. en público** Delante de todos. **SIN.** 3. Estatal. 4. Espectadores. **ANT.** 1. a 3. Privado.

publirreportaje s. m. Anuncio publicitario extenso que tiene la forma de un reportaje.

pucelano, na adj. y s. De Valladolid, ciudad y provincia españolas.

pucherazo s. m. Trampa en unas elecciones que consiste en cambiar el resultado del recuento de votos.

puchero *s. m.* **1.** Recipiente para guisar, alto, abombado y con una o dos asas. **2.** Guiso de legumbres u hortalizas, con carne, tocino u otro alimento. **3.** *fam.* Gesto de la cara cuando se va a empezar a llorar.

pucho *s. m. Amér.* Resto, pequeña cantidad que sobra de una cosa; también, colilla del cigarro.

pudding (ingl.) *s. m.* Pudin.

pudendo, da *adj.* Que da o debe dar pudor o vergüenza: *zonas pudendas.*

pudibundo, da *adj.* Muy pudoroso.

púdico, ca *adj.* Que tiene o muestra pudor. SIN. Recatado, pudoroso. ANT. Indecente, desvergonzado.

pudiente *adj. y s.* Que tiene mucho dinero. SIN. Rico, adinerado. ANT. Pobre.

pudin o **pudín** *s. m.* Dulce parecido al flan, hecho con pan o bollo reblandecidos en leche, y frutas.

pudor *s. m.* Sentimiento de vergüenza o decencia. SIN. Reparo, recato, decoro. ANT. Desvergüenza.

pudoroso, sa *adj.* Que tiene o muestra pudor. SIN. Recatado. ANT. Impúdico.

pudridero *s. m.* Cámara de los cementerios donde se colocan los cadáveres antes de colocarlos en un panteón.

pudrir *v.* Estropear o descomponer una planta o el cuerpo de un animal o de una persona muerta. □ Su p. es irreg.: *podrido.* SIN. Corromper.

pueblerino, na *adj. y s.* De pueblo. SIN. Aldeano, lugareño.

pueblo *s. m.* **1.** Población pequeña, sobre todo aquella en la que sus habitantes trabajan en el campo o en la pesca. **2.** Conjunto de personas de un mismo país, región, raza, cultura. **3.** Las personas más pobres o humildes. SIN. **1.** Villa, aldea. **2.** Nación. **3.** Proletariado, vulgo. ANT. **3.** Aristocracia.

puente *s. m.* **1.** Construcción para pasar de un lado a otro, por ejemplo, sobre un río. **2.** En los barcos, plataforma con barandilla que está más alta que la cubierta. **3.** Nombre de algunas piezas que sirven para unir dos cosas. **4.** Pieza de la guitarra, el violín y otros instrumentos que está sobre la tapa y mantiene levantadas las cuerdas. **5.** Unión de dos cables para que pase la corriente eléctrica. **6.** Tiempo de vacaciones de dos o más días festivos y otros no festivos que quedan en medio. **7.** Ejercicio de gimnasia que consiste en arquear el cuerpo hacia atrás hasta quedar sostenido por pies y manos.

puentear *v.* **1.** Hacer un puente en un circuito eléctrico. **2.** Acudir una persona a un jefe superior saltándose al suyo inmediato.

puenting *s. m.* Puentismo.

puentismo *s. m.* Deporte en el que una persona se arroja al vacío desde un puente, sujeta con una cuerda larga, gruesa y elástica.

puerco, ca *adj. y s.* **1.** Sucio. **2.** Persona que se porta mal con otros. || *s. m. y f.* **3.** Cerdo, animal. || **4. puerco espín** o **puerco espino** Puercoespín.

puercoespín *s. m.* Mamífero roedor africano de cuerpo rechoncho, patas cortas y uñas fuertes. Tiene el lomo y la cola cubiertos de pinchos que le sirven para defenderse. □ Se escribe también *puerco espín* o *puerco espino.*

puericultor, ra *s. m. y f.* Médico especialista en puericultura. SIN. Pediatra.

puericultura *s. f.* Ciencia que se ocupa de los niños en sus primeros años para que se críen y crezcan sanos. SIN. Pediatría.

pueril *adj.* De niños o que parece de niños. SIN. Infantil, ingenuo. ANT. Maduro.

puerilidad *s. f.* **1.** Característica de pueril. **2.** Cosa pueril que se dice o se hace. SIN. **1.** y **2.** Ingenuidad.

puerro *s. m.* Bulbo comestible de una planta que también se llama *puerro*; tiene forma estrecha y alargada y es de color blanco por abajo y verde por arriba.

puerta *s. f.* **1.** Abertura hecha desde el suelo en una pared, un muro o algo parecido para pasar de un lado a otro. **2.** Plancha de madera, hierro u otro material sujeta de modo que puede moverse para dejar abierta o cerrada esa abertura. **3.** En fútbol y otros deportes, portería. **4.** Camino o medio para conseguir algo: *la puerta del éxito.* || LOC. **a las puertas** Muy cerca. SIN. **3.** Meta.

puerto *s. m.* **1.** Lugar en la costa o en las orillas de un río donde pueden detenerse los barcos, por ejemplo, para cargar y descargar mercancías o para que suban y bajen pasajeros. **2.** Carretera o camino entre montañas para pasar de un lado a otro de una cordillera. **3.** En informática, dispositivo de un ordenador a través del cual se reciben y envían datos. || LOC. **llegar a buen puerto** Vencer alguna dificultad y conseguir lo que se quería.

puertorriqueño, ña *adj. y s.* De Puerto Rico, país de América Central, en una isla del mar Caribe.

pues *conj.* **1.** Expresa causa o motivo: *Abrígate bien, pues hace frío;* o conclusión o consecuencia: *¿Que no quiere venir? Pues que no venga. Había llovido mucho: el camino,* *pues, estaba lleno de barro.* **2.** Se emplea al principio de algunas frases para darles más fuerza o expresividad: *¡Pues sí que te has lucido!* **SIN. 1.** Porque.

puesta *s. f.* **1.** Acción de poner o ponerse. **2.** Acción de poner huevos las aves.

puesto, ta 1. *p.* de **poner**. También *adj.* ‖ *adj.* **2.** Bien arreglado o bien vestido. ‖ *s. m.* **3.** Caseta que se pone en la calle o en un edificio grande, y en la que se venden cosas, se vigila, se da información o se realizan otras actividades: *puesto de helados, puesto de la Cruz Roja.* **4.** Lugar donde está una persona o cosa, o sitio preparado para ella. **5.** Orden en que se va está una persona o cosa. **6.** Trabajo, cargo. ‖ **LOC. estar muy puesto** en algo Saber mucho de algo. **lo puesto** Ropa y otras cosas que puede llevar una persona encima. **puesto que** Expresa causa o motivo: *Puesto que tú no lo sabes, le preguntaré a otro.* **SIN. 2.** Peripuesto. **3.** Quiosco. **6.** Empleo, ocupación. **ANT. 2.** Desaseado.

puf *s. m.* Asiento bajo y sin respaldo o especie de cojín grande para sentarse.

pufo *s. m. fam.* Engaño, timo.

púgil *s. m. y f.* Boxeador.

pugilístico, ca *adj.* Relacionado con el púgil o con el boxeo.

pugna *s. f.* Lucha, pelea, disputa. **SIN.** Enfrentamiento. **ANT.** Acuerdo.

pugnar *v.* Luchar o pelear por conseguir algo.

puja[1] *s. f.* Acción de pujar o esforzarse.

puja[2] *s. f.* Hecho de pujar en una subasta.

pujante *adj.* Que va mejorando o aumentando mucho o con rapidez: *un negocio pujante.* **SIN.** Floreciente.

pujanza *s. f.* Fuerza con que algo va creciendo o mejorando. **SIN.** Vigor, empuje, brío. **ANT.** Debilidad.

pujar[1] *v.* Esforzarse mucho por hacer algo difícil. **SIN.** Pugnar. **ANT.** Rendirse.

pujar[2] *v.* Ofrecer alguien una cantidad de dinero por una cosa en una subasta.

pulcritud *s. f.* Limpieza o cuidado muy grandes. **SIN.** Esmero. **ANT.** Suciedad.

pulcro, cra *adj.* **1.** Muy aseado, limpio o cuidado. **2.** Que hace las cosas con mucho cuidado. **SIN. 1.** Impecable. **2.** Cuidadoso, esmerado. **ANT. 1.** y **2.** Sucio. **2.** Descuidado.

pulga *s. f.* **1.** Insecto muy pequeño que es parásito de las personas y algunos animales, a los que chupa la sangre y puede transmitirles enfermedades contagiosas. **2.** *fam.* Bocadillo muy pequeño: *una pulga de jamón.* ‖ **LOC. malas pulgas** Mal humor o mal carácter.

pulgada *s. f.* Medida de longitud que equivale a 2,5 centímetros aproximadamente.

pulgar *s. m.* Dedo más gordo y corto de la mano.

pulgón *s. m.* Insecto muy pequeño que tiene cuatro alas. Los pulgones se alimentan de las plantas y pueden ser muy perjudiciales para ellas.

pulgoso, sa *adj.* Que tiene pulgas.

pulido, da 1. *p.* de **pulir**. ‖ *adj.* **2.** Muy liso y suave. **3.** Muy cuidado, perfecto, sin falta: *un lenguaje pulido.* ‖ *s. m.* **4.** Acción de pulir.

pulimentar *v.* Pulir una superficie. **SIN.** Bruñir, lustrar.

pulimento *s. m.* Sustancia para pulimentar.

pulir *v.* **1.** Dejar lisa, suave y brillante una superficie, por ejemplo, frotándola. **2.** Corregir los defectos o errores de algo para que sea lo más perfecto posible. **3.** *fam.* Gastarse alguien todo lo que tiene. **SIN. 1.** Pulimentar, lustrar. **2.** Mejorar. **3.** Derrochar, dilapidar. **ANT. 2.** Empeorar.

pulla *s. f.* Cosa que alguien dice para burlarse de otro, criticarle o regañarle.

pullover (ingl.) *s. m.* Pulóver.

pulmón *s. m.* Cada uno de los dos órganos del aparato respiratorio de las personas y de algunos animales que se llenan de aire al respirar.

pulmonar *adj.* De los pulmones.

pulmonía *s. f.* Enfermedad producida por la inflamación de los pulmones. **SIN.** Neumonía.

pulóver (del ingl.) *s. m.* Jersey cerrado.

pulpa *s. f.* Parte de dentro, blanda y comestible de la mayor parte de las frutas.

pulpejo *s. m.* Parte carnosa de algunos miembros del cuerpo, como la parte de la mano de la que sale el pulgar.

pulpería *s. f. Amér.* Tienda donde se vende bebida, comida y toda clase de artículos.

púlpito *s. m.* Balconcillo que hay a un lado del altar en algunas iglesias antiguas, desde donde predicaba el sacerdote.

pulpo *s. m.* Molusco marino de cuerpo en forma de saco, ocho brazos largos con ventosas y ojos muy grandes. Cambia de color según el lugar en que está.

pulque *s. m.* Bebida alcohólica que se hace en México.

pulquérrimo, ma *adj. sup.* de **pulcro**.

pulsación *s. f.* **1.** Cada uno de los movimientos de la sangre por las arterias al ser impulsada por el corazón. **2.** Cada uno de los golpes que se dan al apretar las teclas de una máquina de escribir o de un ordenador. **SIN. 1.** Palpitación, latido.

pulsador *s. m.* Botón o interruptor de un aparato o mecanismo.

pulsar *v.* **1.** Apretar el botón de un aparato o mecanismo. **2.** Tocar o apretar con los dedos las cuerdas o teclas de algunos instrumentos musicales, o el teclado de una máquina de escribir o un ordenador. **SIN. 2.** Tañer; teclear.

pulsera *s. f.* **1.** Adorno que se pone alrededor de la muñeca o del brazo; generalmente en forma de aro o cadena. **2.** Correa o cadena con que se sujeta el reloj a la muñeca. **SIN. 1.** Brazalete.

pulso *s. m.* **1.** Pulsaciones que produce la sangre al circular por las arterias. **2.** Seguridad que se tiene en las manos para no moverlas al hacer una cosa en la que se necesita ser muy exacto. ‖ **LOC. a pulso** Levantando o sosteniendo algo con los brazos sin apoyarlos en ningún sitio. **echar un pulso** Cogerse dos personas la mano y, apoyando los codos en algún sitio, hacer fuerza para ver quién tumba el brazo del contrario. **tomar el pulso** Tocar a alguien en la parte de dentro de la muñeca para ver cómo tiene las pulsaciones.

pulular *v.* Moverse de un lado a otro muchas personas, animales o cosas en un lugar. **SIN.** Bullir.

pulverizador *s. m.* Spray.

pulverizar *v.* **1.** Echar un líquido en gotitas muy pequeñas. **2.** Romper algo en trozos pequeños o convertirlo en polvo. **3.** Vencer por completo a alguien en una pelea, juego, competición, etc. **SIN. 1.** Rociar. **2.** Desmenuzar. **2.** y **3.** Aniquilar, machacar.

puma *s. m.* Mamífero americano parecido al leopardo, de color pardo rojizo con manchas blancas en la cara y el morro. Vive en solitario y se alimenta de pájaros y otros animales.

punching ball (ingl.) *s. m.* Especie de balón que está colgado del techo o sujeto al suelo por un resorte y, golpeándolo, le sirve al boxeador para entrenarse.

punción *s. f.* Operación médica que consiste en meter un instrumento afilado en alguna parte del cuerpo.

pundonor *s. m.* Respeto que una persona tiene hacia ella misma y que hace que trate de tener buena fama y quedar bien ante los demás. **SIN.** Orgullo, dignidad.

pundonoroso, sa *adj.* Que tiene mucho pundonor. **SIN.** Orgulloso.

punible *adj.* Que merece ser castigado con una pena o de otra manera.

púnico, ca *adj.* y *s.* De Cartago, antigua ciudad del norte de África. **SIN.** Cartaginense, cartaginés.

punir *v.* Castigar.

punk o **punki** (del ingl.) *adj.* y *s. m.* De un grupo juvenil surgido en Inglaterra, que puso de moda una manera de vestir muy agresiva y peinados llamativos con los pelos de punta.

punta *s. f.* **1.** Parte que pincha de un instrumento afilado y cortante. **2.** Extremo de cualquier cosa. **3.** Saliente en pico de algo. **4.** Clavo pequeño. **5.** Trozo de terreno alargado que penetra un poco hacia el mar. ‖ **6. tecnología punta** La más moderna. **7. velocidad punta** La mayor a la que puede ir un vehículo. ‖ **LOC. a punta pala** Mucho. **de punta** Recto, tieso. **de punta en blanco** Muy bien vestido y arreglado. **sacar punta a algo** Ver siempre las cosas por el lado malo o encontrarle defectos a todo. **SIN. 2.** Extremidad, vértice. **3.** Ángulo, esquina. **5.** Cabo. **ANT. 3.** Entrante.

puntada *s. f.* Cada una de las veces que se pasa el hilo de un lado a otro al coser algo.

puntal *s. m.* **1.** Madero o barra de material resistente que se pone para sostener algo que se puede caer, por ejemplo, la pared de un edificio viejo. **2.** Persona o cosa muy importante y que sirve de apoyo a otras. **SIN. 1.** Viga, poste. **2.** Soporte, sostén, pilar.

puntapié *s. m.* Patada que se da con la punta del pie.

puntazo[1] *s. m.* Herida producida por un cuerno o por otro objeto con punta.

puntazo[2] *s. m. fam.* Cosa buena o divertida: *Sería un puntazo que ganásemos el premio.*

puntear *v.* **1.** Poner puntos o señalar con puntos. **2.** Tocar cuerda por cuerda la guitarra u otro instrumento parecido.

punteo *s. m.* Acción de puntear.

puntera *s. f.* Punta de los zapatos, los calcetines o las medias.

puntería *s. f.* Hecho de saber acertar al tirar algo para dar o meterlo en el lugar exacto. **SIN.** Tino.

puntero, ra *adj.* **1.** Que es de los mejores. ‖ *s. m.* **2.** Palo largo y fino que se usa para señalar. **3.** En informática, símbolo en forma de flecha que se desplaza por la pantalla del ordenador. **SIN. 1.** Sobresaliente.

puntiagudo, da *adj.* Que tiene mucha punta o muy afilada.

puntilla *s. f.* **1.** Tira de tejido fino con agujeritos o bordados haciendo dibujos, que se pone como adorno en el borde de otras telas. **2.** Puñal pequeño que se emplea para matar a las reses clavándoselo en la cerviz. ‖ **LOC.**

puño

de puntillas Modo de andar pisando solo con la punta de los pies.

puntillero s. m. Persona que remata al toro con la puntilla en las corridas.

puntillo s. m. Pundonor, amor propio. **SIN.** Orgullo.

puntilloso, sa adj. **1.** Que se enfada enseguida por cosas sin importancia. **2.** Que hace las cosas con mucho cuidado y con mucho detalle. **SIN. 1.** Quisquilloso, susceptible. **2.** Meticuloso, cuidadoso. **ANT. 2.** Descuidado.

punto s. m. **1.** Pequeña señal de forma redonda, como la que lleva la *i* o la *j*, o la que se usa como signo ortográfico (.) para indicar el final de la oración. **2.** Unidad con que se mide el resultado de un examen, juego, concurso u otra cosa. **3.** En geometría, lugar sin extensión: *Las dos líneas se cruzan en un punto.* **4.** Sitio, lugar concreto: *punto de información.* **5.** Aspecto, cuestión, asunto: *Tratamos varios puntos.* **6.** Grado de perfección o intensidad de algo: *estar algo en su punto, punto de congelación.* **7.** Puntada para coser una herida. **8.** Cada una de las maneras de enlazar y pasar el hilo al coser, bordar o tejer: *punto de cruz.* **9.** Tejido que se hace enlazando y anudando un hilo de lana, algodón u otro material. ‖ **10. dos puntos** Signo ortográfico (:) que va delante de una enumeración o de las palabras que ha dicho exactamente una persona: *Juan me dijo: «te espero a las ocho en el cine».* En matemáticas, es el signo de la división: *6 : 2 = 3.* **11. punto cardinal** Cada uno de los cuatro que dividen el horizonte y sirven para orientarse: *norte, sur, este* y *oeste.* **12. punto de vista** Opinión, manera de pensar o ver las cosas. **13. punto débil** o **flaco** El punto en que una persona o cosa puede ser atacada más fácilmente. **14. punto limpio** Instalación donde se depositan ciertos residuos contaminantes para ser reciclados. **15. punto y coma** Signo ortográfico (;) que indica una pausa mayor que la coma. **16. puntos suspensivos** Signo ortográfico (...) con que se indica que una oración o párrafo queda incompleto. ‖ **LOC. a punto** Preparado; también, a tiempo: *Llegó a punto para ayudarle.* **a punto de** Que va a hacerse o va a ocurrir muy pronto: *a punto de acabar.* **con puntos y comas** Con todos los detalles. **en punto** Exactamente: *las tres en punto.* **poner los puntos sobre las íes** Dejar las cosas muy claras.

puntuable adj. Que puntúa o cuenta para algo: *un combate puntuable para el título mundial de boxeo.*

puntuación s. f. **1.** Acción de puntuar. **2.** Puntos, comas, interrogaciones y otros signos ortográficos de un escrito. **3.** Puntos conseguidos en un examen, competición o en otra cosa. **SIN. 3.** Nota, calificación.

puntual adj. **1.** Que llega a tiempo o hace las cosas en el tiempo prometido. **2.** Concreto: *un problema puntual.* **ANT. 1.** Impuntual.

puntualidad s. f. Característica de puntual.

puntualización s. f. Acción de puntualizar. **SIN.** Precisión, matización.

puntualizar v. Decir algo con exactitud o con mucho detalle, sobre todo para corregir lo que nos parece incompleto o poco exacto. **SIN.** Precisar, matizar.

puntualmente adv. Con puntualidad.

puntuar v. **1.** Calificar con puntos un examen, una prueba deportiva o algo parecido. **2.** Poner los signos ortográficos necesarios en un escrito. **3.** Valer un ejercicio o prueba para el resultado final de una competición o de otra cosa. **SIN. 1.** Evaluar.

punzada s. f. Dolor fuerte parecido al que produce un pinchazo en alguna parte del cuerpo.

punzante adj. **1.** Que pincha: *un dolor punzante; una arma punzante.* **2.** Se dice de las palabras o frases que se expresan con la intención de herir. **SIN. 2.** Incisivo, mordaz.

punzar v. Pinchar.

punzón s. m. Objeto largo y con punta que sirve para hacer agujeros, grabar metales y para otras cosas. **SIN.** Pincho, buril.

puñado s. m. **1.** Cantidad de una cosa que cabe en un puño. **2.** fam. Mucho, un montón. ‖ **LOC. a puñados** En gran cantidad.

puñal s. m. Arma de acero, corta y puntiaguda, que hiere con la punta.

puñalada s. f. **1.** Acción de clavar un puñal o un arma parecida y la herida que produce. ‖ **2. puñalada trapera** Traición, o acción muy mala que se hace a otro. **SIN. 1.** Navajazo, cuchillada.

puñeta s. f. **1.** Bordado que se pone en el extremo de las mangas de algunas prendas de vestir. **2.** fam. Cosa molesta. ‖ **LOC. a hacer puñetas** fam. Expresión con que se manda a una persona a la porra. **hacer la puñeta** fam. Fastidiar.

puñetazo s. m. Golpe que se da con el puño.

puñetero, ra adj. y s. **1.** fam. Molesto, fastidioso. **2.** fam. Que tiene mala intención. ‖ adj. **3.** fam. Complicado, difícil.

puño s. m. **1.** La mano cerrada. **2.** Parte de la manga de las prendas de vestir que rodea la muñeca. **3.** Empuñadura, mango. ‖ **LOC. como puños** Muy grandes: *verdades como puños.*

pupa *s. f.* **1.** Herida o ampolla en los labios. **2.** En lenguaje infantil, herida o daño en alguna parte del cuerpo. **3.** Crisálida de la mariposa. **SIN. 1.** Calentura.

pupila *s. f.* Punto negro que hay dentro del círculo de color que tenemos en el ojo. **SIN.** Niña.

pupilo, la *s. m.* y *f.* Alumno, discípulo.

pupitre *s. m.* Mesa que usan los alumnos en los colegios.

puramente *adv.* Solamente, únicamente.

purasangre *s. m.* Caballo de raza muy utilizado en las carreras.

puré *s. m.* Comida de verduras, patatas, legumbres u otros alimentos cocidos y triturados. ‖ **LOC. hecho puré** Muy cansado, destrozado.

pureza *s. f.* Característica de lo que es puro. **SIN.** Transparencia; honestidad; castidad. **ANT.** Impureza.

purga *s. f.* **1.** Hecho de purgar o purgarse. **2.** Purgante, medicina empleada para purgar. **SIN. 2.** Laxante.

purgante *adj.* **1.** Que purga. ‖ *adj.* y *s. m.* **2.** Medicina que sirve para purgar.

purgar *v.* **1.** Limpiar el estómago de una persona o animal dándole una medicina o sustancia que le obligue a hacer de vientre. **2.** Sufrir un castigo por algo malo que se ha hecho. **SIN. 2.** Expiar.

purgatorio *s. m.* Lugar adonde, según la religión católica, irán después de la muerte las personas que no han expiado todos sus pecados en la tierra, para purificar sus almas y luego ir al cielo.

puridad Se usa en la expresión **en puridad**, 'claramente, en realidad'.

purificación *s. f.* **1.** Acción de purificar o purificarse. ‖ *n. pr. f.* **2.** Fiesta católica que recuerda el día en que la Virgen María fue al templo a purificarse y a presentar al Niño Jesús. **SIN. 1.** Limpieza, saneamiento. **ANT. 1.** Contaminación.

purificar *v.* Limpiar, quitar las impurezas. **SIN.** Depurar, sanear. **ANT.** Contaminar.

purista *adj.* y *s.* Que se preocupa mucho por usar bien el lenguaje y no acepta palabras nuevas o extranjeras que le parecen innecesarias.

puritanismo *s. m.* Característica de puritano. **SIN.** Mojigatería. **ANT.** Libertinaje.

puritano, na *adj.* y *s.* Se dice de la persona a la que todo le parece malo o indecente. **SIN.** Mojigato. **ANT.** Libertino.

puro, ra *adj.* **1.** Que no tiene suciedad o mezcla de otra cosa. **2.** Casto o sin malicia. **3.** Solo lo que se dice, ni más ni menos: *la pura verdad.* ‖ *s. m.* **4.** Cigarro, rollo de hojas de tabaco que se enciende por un extremo y se fuma. **5.** *fam.* Castigo, sanción: *meter un puro a alguien.* **SIN. 1.** Limpio. **2.** Honesto. **3.** Mero. **4.** Habano. **ANT. 1.** Impuro; contaminado. **2.** Malicioso, corrompido.

púrpura *s. m.* Color rojo oscuro que resulta al mezclar el rojo con un poco de azul.

purpurina *s. f.* **1.** Pintura dorada o plateada. **2.** Polvo muy brillante que puede ser de diversos colores y se emplea para adornar alguna cosa pegándolo sobre ella.

purrela *s. f. fam.* Gente o cosas que no valen para nada.

purrusalda *s. f.* Guiso típico del País Vasco compuesto por puerros, patatas y bacalao.

purulento, ta *adj.* Que tiene pus.

pus *s. m.* Líquido espeso y amarillento que sale de heridas o granos infectados.

pusilánime *adj.* y *s.* Persona que no tiene valor ni ánimo para hacer las cosas. **SIN.** Corto, apocado. **ANT.** Atrevido.

pústula *s. f.* Ampolla llena de pus en la piel.

putada *s. f. vulg.* Acción o hecho que resulta muy perjudicial o molesto. **SIN.** Faena.

putativo, va *adj.* Se dice de la persona a la que se considera como padre, hermano, etc., sin serlo.

putear *v. vulg.* Fastidiar o perjudicar.

puticlub *s. m. fam.* Bar de alterne donde generalmente se ejerce la prostitución. **SIN.** Prostíbulo.

puto, ta *s. m.* y *f.* **1.** *vulg.* Persona que se prostituye. ‖ *adj.* **2.** *vulg.* Maldito. **3.** *vulg.* Malo, molesto o difícil.

putrefacción *s. f.* Hecho de pudrirse alguna cosa. **SIN.** Corrupción, descomposición.

putrefacto, ta *adj.* Podrido.

pútrido, da *adj.* Podrido.

puya *s. f.* **1.** Punta del palo con el que pican a los toros en las corridas. **2.** Cualquier palo largo con una punta. **3.** Algo que se dice con mala intención, para molestar o burlarse de alguien. **SIN. 1.** Pica. **3.** Pulla, sarcasmo.

puyazo *s. m.* Golpe dado con la puya y herida que hace.

puzle o *puzzle* (*puzzle* es ingl.) *s. m.* Juego en el que hay que formar un dibujo o una imagen juntando piezas que encajan unas en otras. **SIN.** Rompecabezas.

pyme (acrónimo de *pequeña y mediana empresa*) *s. f.* Empresa que no tiene muchos empleados ni tampoco grandes ganancias.

pyrex (marca registrada) *s. m.* Tipo de vidrio que soporta temperaturas muy altas.

q *s. f.* Decimoctava letra del abecedario. Se escribe con una *u* detrás.

que *relat.* **1.** Sirve para construir oraciones adjetivas: *Dice cosas que no pueden creerse (increíbles).* **2.** Con artículo puede formar a veces oraciones con función de sustantivo: *Los que estudian mucho sacan buenas notas.* || *conj.* **3.** Se usa para introducir oraciones que tienen la misma función de un sustantivo: *Espero que llegues pronto a casa.* **4.** Sirve para construir oraciones que indican la causa o consecuencia de algo: *Hacía tanto aire que se le voló el paraguas.* **5.** Se emplea para introducir una comparación: *La comida de hoy es mejor que la del otro día.*

qué *interr.* **1.** Se utiliza para hacer preguntas: *¿Qué vas a hacer?* || *excl.* **2.** Expresa admiración o una impresión fuerte: *¡Qué caballos tan bonitos!* || **LOC. ¿qué tal?** Se usa como saludo o para preguntar a alguien cómo está.

quebrada *s. f.* Paso estrecho entre montañas. **SIN.** Garganta, desfiladero.

quebradero Se emplea en la expresión **quebraderos de cabeza**, 'preocupaciones'.

quebradizo, za *adj.* **1.** Que se rompe con facilidad. **2.** Se dice de la salud cuando es débil. **SIN. 1.** y **2.** Frágil, endeble. **ANT. 1.** y **2.** Sólido. **2.** Robusto.

quebrado, da *adj.* **1.** Se dice de la línea formada por varias rectas que van en distinta dirección. || *adj.* y *s. m.* **2.** Número formado por un numerador, que indica las partes que se cogen de un todo, y un denominador, que dice en cuántas partes se ha dividido ese todo, por ejemplo, 3/5.

quebrantahuesos *s. m.* Ave rapaz de gran tamaño y plumaje negro, con la cabeza de color blanco amarillento y el vientre naranja. Se alimenta de carroña.

quebrantamiento *s. m.* Acción de quebrantar. **SIN.** Deterioro; transgresión. **ANT.** Cumplimiento.

quebrantar *v.* **1.** Debilitar: *quebrantar la salud.* **2.** No cumplir: *quebrantar la ley.* **SIN. 1.** Deteriorar. **2.** Desobedecer, incumplir, transgredir. **ANT. 1.** Fortalecer. **2.** Acatar.

quebranto *s. m.* **1.** Acción de quebrantar. **2.** Pena muy grande.

quebrar *v.* **1.** Romper. **2.** Dejar de funcionar un negocio o empresa por haber perdido mucho dinero. □ Es v. irreg. Se conjuga como *pensar.* **SIN. 2.** Hundirse, arruinarse.

quechua *adj.* y *s.* **1.** De un pueblo indio del Perú. || *s. m.* **2.** Lengua de este pueblo.

queda *s. f.* **1.** Hora de la noche o la tarde a partir de la cual la población de un lugar debe quedarse en sus casas por orden de las autoridades. **2.** El hecho de permanecer la población en sus casas por esta situación. || **3. toque de queda** Medida que toma el Gobierno en circunstancias excepcionales por la cual los ciudadanos no pueden estar en la calle a partir de cierta hora.

quedar *v.* **1.** Seguir estando en un sitio o de alguna forma: *quedarse en casa, quedarse sentado.* **2.** Resultar: *El coche quedó destrozado.* **3.** No estar acabado algo. **4.** Citarse dos o más personas. **5.** Faltar: *¿Cuánto queda para llegar?* **6.** Estar: *El pueblo no queda lejos.* **7.** Dejar en los demás una impresión: *quedar bien, quedar mal.* || **quedarse 8.** Recordar, memorizar: *No me quedé con su nombre.* **9.** Apropiarse. **10.** Morirse: *Se quedó en el quirófano.* **11.** *fam.* Engañar, tomar el pelo. **SIN. 1.** Mantenerse, continuar. **5.** Restar. **ANT. 1.** Irse.

quedo, da *adj.* Bajo: *en voz queda.*

quehacer *s. m.* El trabajo, las obligaciones. **SIN.** Tarea.

queimada *s. f.* Bebida caliente gallega que se prepara quemando orujo y echando azúcar, granos de café y otros ingredientes.

queja *s. f.* **1.** Quejido. **2.** Acción de quejarse. **SIN. 1.** Lamento, gemido. **2.** Protesta. **ANT. 2.** Elogio.

quejarse *v.* **1.** Gritar, hacer algún sonido o decir algo por un dolor o por otra cosa que nos molesta. **2.** Decir que algo no nos gusta. **SIN. 1.** Lamentarse. **2.** Protestar, reclamar. **ANT. 2.** Alegrarse.

quejica *adj.* y *s. fam.* Que siempre se está quejando. **SIN.** Protestón, pejiguero.

quejido s. m. Grito o sonido con que nos quejamos por un dolor o una molestia. SIN. Queja, lamento, gemido.

quejigo s. m. Árbol de tronco grueso, copa pequeña y hojas de tamaño variable y duras, que da un fruto en forma de bellota.

quejoso, sa adj. Que tiene queja de alguien o de algo. SIN. Descontento, disgustado. ANT. Contento.

quejumbroso, sa adj. Se dice de la voz o el sonido que hace alguien que se está quejando. SIN. Lastimero.

quelonio adj. y s. m. Grupo de reptiles que tienen el cuerpo protegido por un caparazón, como la tortuga.

quema s. f. **1.** Acción de quemar o quemarse. **2.** Incendio. || LOC. **huir de la quema** Apartarse de un peligro o de una situación molesta. SIN. **2.** Fuego.

quemado, da 1. p. de **quemar**. También adj. || adj. **2.** fam. Harto, muy enfadado o molesto.

quemador s. m. Aparato que regula la salida del gas en las cocinas y otros utensilios.

quemadura s. f. Herida que produce el fuego u otra cosa que queme.

quemar v. **1.** Hacer que una cosa se vaya consumiendo con el fuego. **2.** Estropear la comida por calentarla demasiado. **3.** Estar muy caliente. **4.** Causar heridas o destrozos la acción de un producto químico, la electricidad u otras cosas. **5.** Producir el sol quemaduras en la piel. **6.** fam. Hartar o enfadar a una persona. **7.** Producir ardor en la boca una comida o bebida muy fuerte. SIN. **1.** Abrasar, incendiar. **1.** y **7.** Arder. ANT. **1.** Apagar.

quemarropa Se usa en la expresión **a quemarropa**, que se dice del disparo de arma de fuego hecho muy cerca de la víctima.

quemazón s. f. Ardor, escozor o calor excesivo que siente una persona.

quena s. f. Flauta india utilizada en algunos lugares de América del Sur.

quepis s. m. Gorra militar de copa cilíndrica y con visera. SIN. Ros.

queratina s. f. Proteína que hay en las uñas, el pelo, las plumas, los cuernos y las pezuñas de muchos animales.

querella s. f. Acusación que se hace ante un juez o un tribunal.

querellarse v. Presentar una querella contra alguien. SIN. Denunciar.

querencia s. f. **1.** Afecto, cariño. **2.** Tendencia de las personas y de algunos animales a volver al lugar en el que se han criado o en el que les gustaba estar. SIN. **1.** Inclinación.

querer[1] v. **1.** Sentir amor o cariño. **2.** Tener ganas o deseo de algo: *Quiero descansar. Quiere ser actriz.* **3.** Pedir una cantidad por algo: *Quieren un millón por la finca.* || LOC. **querer decir** Significar. **sin querer** Sin intención de hacer algo. □ Es v. irreg. SIN. **1.** Amar. **2.** Desear, apetecer. ANT. **1.** y **2.** Odiar.

querer[2] s. m. Amor, cariño: *un querer firme, las cosas del querer.*

QUERER	
INDICATIVO	
Presente	**Pretérito perfecto simple**
quiero	quise
quieres	quisiste
quiere	quiso
queremos	quisimos
queréis	quisisteis
quieren	quisieron
Futuro simple	**Condicional simple**
querré	querría
querrás	querrías
querrá	querría
querremos	querríamos
querréis	querríais
querrán	querrían
SUBJUNTIVO	
Presente	**Pretérito imperfecto**
quiera	quisiera, -ese
quieras	quisieras, -eses
quiera	quisiera, -ese
queramos	quisiéramos, -ésemos
queráis	quisierais, -eseis
quieran	quisieran, -esen
Futuro simple	
quisiere	quisiéremos
quisieres	quisiereis
quisiere	quisieren
IMPERATIVO	
quiere (tú)	quered (vosotros)
quiera (usted)	quieran (ustedes)

querido, da 1. p. de **querer**. También adj. || s. m. y f. **2.** Persona que mantiene relaciones sexuales con otra sin estar casada. SIN. **2.** Amante.

queroseno *s. m.* Combustible líquido que se obtiene del petróleo.

querubín *s. m.* **1.** Ángel de gran belleza y sabiduría. **2.** Niño muy guapo.

quesada *s. f.* Pastel que se hace con queso.

quesadilla *s. f.* En México, tortilla de harina de maíz que se rellena de queso y otros alimentos.

quesera *s. f.* Recipiente que sirve para guardar queso.

quesero, ra *adj.* **1.** Del queso o relacionado con él. || *adj.* y *s.* **2.** Se dice de la persona a la que le gusta mucho el queso. || *s. m.* y *f.* **3.** Persona que hace o vende queso.

quesito *s. m.* Trozo de queso cremoso que se envasa dividido en porciones.

queso *s. m.* **1.** Alimento que se hace con la leche de oveja, cabra o vaca. **2.** *fam.* Pie de una persona. || **LOC. dársela** a uno **con queso** Engañarle.

quetzal *s. m.* **1.** Ave americana de vivos colores que tiene un penacho en la cabeza y una cola larga y fuerte. **2.** Moneda de Guatemala.

quevedesco, ca *adj.* Propio del escritor español Francisco de Quevedo y de sus obras.

quevedos *s. m. pl.* Anteojos circulares con una armadura para que se sujeten en la nariz.

quia *interj. fam.* Se usa para indicar incredulidad o negación.

quiche (del fr.) *s. amb.* Pastel salado que se hace con una base de pasta sobre la que se pone una mezcla de huevos batidos con diferentes ingredientes y que se cocina en el horno.

quicio *s. m.* Parte de las puertas o ventanas donde están las bisagras. || **LOC. sacar de quicio** Poner muy nervioso a alguien; también, ver una cosa muy exagerada o con más problemas de los que tiene en realidad.

Quico Se usa en la expresión **ponerse como el Quico**, 'atiborrarse de comida'.

quid (del lat.) *s. m.* El punto más importante o la razón de algo. **SIN.** Clave, porqué.

quiebra *s. f.* Cierre de una empresa o un negocio que no puede pagar lo que debe.

quiebro *s. m.* **1.** Movimiento que se hace con el cuerpo hacia un lado doblando la cintura. **2.** Gorgorito hecho con la voz. **SIN. 1.** Finta, regate.

quien *relat.* Se utiliza para referirse a personas y equivale a *que, el que, la que: Me encontré con tu compañero, quien me contó lo sucedido. Quien llegue el primero espera a los demás.*

quién *interr.* **1.** Sirve para preguntar sobre personas: *¿Con quién has hablado? ¿Quién viene?* || *excl.* **2.** Forma parte de una oración que expresa asombro o admiración: *¡Quién se lo iba a imaginar!*

quienquiera *indef.* Una persona cualquiera. □ Su pl. es *quienesquiera*.

quieto, ta *adj.* Sin moverse. **SIN.** Inmóvil. **ANT.** Inquieto.

quietud *s. f.* **1.** Falta de movimiento. **2.** Tranquilidad. **SIN. 2.** Paz, calma. **ANT. 2.** Inquietud.

quijada *s. f.* Cada una de las dos mandíbulas de los vertebrados que tienen dientes.

quijotada *s. f.* Lo que hace la persona que es un quijote.

quijote *s. m.* Persona muy idealista que lucha por lo que cree justo.

quijotesco, ca *adj.* Propio del personaje don Quijote de la Mancha o de un quijote.

quilate *s. m.* **1.** Cada una de las veinticuatro partes en peso de oro puro que hay en una aleación de este metal. **2.** Unidad de peso para perlas y piedras preciosas.

quilla *s. f.* **1.** Pieza que va por debajo del barco de proa a popa; también, saliente que forma esta pieza. **2.** Parte saliente y afilada del esternón de las aves y murciélagos. **3.** Parte saliente y afilada en la cola de algunos peces.

quilo[1] *s. m.* Kilo.

quilo[2] *s. m.* Líquido blanco y grasiento en que se convierten los alimentos en el intestino delgado después de la digestión.

quimbambas *s. f. pl. fam.* Lugar muy lejano.

quimera *s. f.* Fantasía que parece posible o verdadera. **SIN.** Ilusión.

quimérico, ca *adj.* Irreal, fantástico, imaginario. **SIN.** Ilusorio. **ANT.** Real.

química *s. f.* **1.** Ciencia que estudia las propiedades y composición de las sustancias, sus transformaciones y las acciones de unas sobre otras. **2.** Entendimiento entre varias personas: *Hay buena química en el grupo.* **SIN. 2.** Empatía.

químico, ca *adj.* **1.** Relacionado con la química. || *s. m.* y *f.* **2.** Especialista en química.

quimio *s. f. fam.* Quimioterapia.

quimioterapia *s. f.* Uso de productos químicos para tratar las enfermedades.

quimo *s. m.* Líquido ácido en que se convierten los alimentos en el estómago por la digestión.

quimono *s. m.* **1.** Prenda de vestir japonesa. **2.** Traje usado para practicar algunas artes marciales.

quina *s. f.* Corteza de un árbol americano llamado *quino*; de ella se extrae la quinina. ||

LOC. ser más malo que la quina Ser muy *malo*.

quincalla *s. f.* Objetos metálicos de poco valor. **SIN.** Baratija.

quincallería *s. f.* **1.** Conjunto de quincalla. **2.** Lugar donde se vende o fabrica quincalla.

quincallero, ra *s. m. y f.* Persona que fabrica o vende quincalla.

quince *num.* **1.** Diez y cinco. **2.** Que ocupa por orden el número quince.

quinceañero, ra *adj. y s.* Se dice del joven que tiene alrededor de quince años.

quinceavo, va *num. y s. m.* Se dice de cada una de las quince partes iguales en que se divide una cosa.

quincena *s. f.* Periodo de quince días seguidos.

quincenal *adj.* **1.** Que sucede o se repite cada quince días: *una publicación quincenal.* **2.** Que dura una quincena.

quincuagésimo, ma *num.* **1.** Que ocupa por orden el número cincuenta. ‖ *num. y s. m.* **2.** Se dice de cada una de las cincuenta partes iguales en que se divide una cosa.

quingentésimo, ma *num.* **1.** Que ocupa por orden el número quinientos. ‖ *num. y s. m.* **2.** Se dice de cada una de las quinientas partes iguales en que se divide una cosa.

quiniela *s. f.* Juego de apuestas en el que gana el que acierta los resultados de los partidos de fútbol, carreras de caballos y otros deportes.

quinientos, tas *num.* **1.** Cinco veces cien. **2.** Que ocupa por orden el número quinientos.

quinina *s. f.* Sustancia que se saca de la quina y se usa contra la fiebre y algunas enfermedades infecciosas.

quino *s. m.* Árbol americano de hoja perenne, flores de color rosado y fruto en cápsula con muchas semillas. De su corteza se extrae la *quina.*

quinqué *s. m.* Pequeña lámpara de aceite o petróleo con un cristal para proteger la llama.

quinquenal *adj.* **1.** Que sucede o se repite cada cinco años. **2.** Que dura cinco años.

quinquenio *s. m.* Periodo de cinco años. **SIN.** Lustro.

quinqui *s. m. y f.* Persona de un grupo social marginado, que se suele dedicar a la delincuencia.

quinta *s. f.* **1.** Finca en el campo con una casa para sus propietarios. **2.** Conjunto de jóvenes que hacían el servicio militar en el mismo año. **3.** Conjunto de personas de la misma edad.

quintaesencia *s. f.* Lo mejor y más importante de algo.

quintal *s. m.* Unidad de masa que equivale a 100 kilogramos. ☐ Se llama también *quintal métrico.*

quinteto *s. m.* **1.** Estrofa parecida a la quintilla, pero con versos de más de ocho sílabas. **2.** Composición o grupo musical formado por cinco personas o instrumentos.

quintilla *s. f.* Estrofa de cinco versos de ocho sílabas o menos, ordenados de forma que no rimen tres versos seguidos ni tampoco los dos últimos entre sí.

quintillizo, za *adj. y s.* Cada uno de los cinco hermanos nacidos en un mismo parto.

Quintín Se usa en la expresión **la de San Quintín**, 'jaleo, pelea, gran desorden': *armarse la de San Quintín.*

quinto, ta *num.* **1.** Que ocupa por orden el número cinco. **2.** *fam.* Con algunos sustantivos, indica un lugar que está muy lejos: *Eso está en el quinto infierno.* ‖ *num. y s. m.* **3.** Se dice de cada una de las cinco partes iguales en que se divide algo. ‖ *s. m.* **4.** Joven al que le tocaba ir al servicio militar obligatorio.

quíntuple o **quíntuplo, pla** *num. y s. m.* **1.** Que es cinco veces mayor que otra cosa. ‖ *adj.* **2.** Formado por cinco cosas iguales.

quintuplicar *v.* Multiplicar por cinco.

quiosco *s. m.* **1.** Puesto callejero en que se venden periódicos, flores u otras cosas. **2.** Construcción formada por un techo sujeto con columnas, que se instala en jardines y parques.

quiosquero, ra *s. m. y f.* Persona que trabaja en un quiosco.

quiqui *s. m. fam.* Mechón de pelo atado, rizado o que se queda de punta.

quiquiriquí *s. m.* Sonido que hace el gallo.

quirófano *s. m.* Sala de un hospital en la que se hacen las operaciones quirúrgicas.

quiromancia o **quiromancía** *s. f.* Adivinación del futuro de una persona por las rayas de su mano.

quiromasaje *s. m.* Masaje corporal que se hace con las manos.

quirúrgico, ca *adj.* De cirugía.

quisicosa *s. f.* **1.** *fam.* Acertijo, cosa difícil de averiguar. **2.** *fam.* Cosa extraña o rara.

quisque o **quisqui** Se emplea en las expresiones **cada quisque** o **cada quisqui**, 'cada cual', y **todo quisque** o **todo quisqui**, 'cualquiera': *Me gusta irme de vacaciones como a todo quisque.*

quisquilla *s. f.* Crustáceo marino parecido a la gamba, pero más pequeño.

quisquilloso, sa *adj.* y *s.* **1.** Que se enfada por cualquier cosa. **2.** Que es difícil de contentar. **SIN. 1.** Susceptible.

quiste *s. m.* Cavidad que se forma en un órgano del cuerpo y se llena de líquido.

quitaesmalte *s. m.* Producto líquido para quitar el esmalte, sobre todo la laca de uñas.

quitamanchas *s. m.* Producto que quita las manchas de una prenda de vestir u otra cosa sin tener que lavarla.

quitamiedos *s. m.* **1.** Barra o cuerda que se coloca por seguridad en algunos lugares peligrosos. **2.** Valla que se coloca al borde de una carretera, para que sea más segura.

quitanieves *s. f.* Máquina para apartar la nieve que impide el paso en carreteras y caminos.

quitar *v.* **1.** Separar, apartar. **2.** Dejar a una persona sin algo que tenía. **3.** Hacer desaparecer. **4.** Dejar de echar, dar o poner: *Iré al cine antes de que quiten esta película.* ‖ **quitarse 5.** Dejar una costumbre o un vicio: *quitarse de fumar.* **SIN. 1.** Retirar, arrancar. **2.** Robar, arrebatar. **3.** Eliminar. **ANT. 1.** Poner. **2.** Devolver.

quitasol *s. m.* Sombrilla grande.

quite *s. m.* **1.** Acción de acudir un torero en ayuda de alguno de sus compañeros para que no le coja el toro. **2.** Movimiento de defensa con que se detiene un golpe.

quiteño, ña *adj.* y *s.* De Quito, capital de Ecuador.

quitina *s. f.* Sustancia química que forma la cubierta de los artrópodos.

quitinoso, sa *adj.* Que tiene quitina.

quizá o **quizás** *adv.* Indica que algo es posible, pero no seguro: *Quizá vayamos, ya veremos.* **SIN.** Acaso.

quórum (del lat.) *s. m.* **1.** Número de personas que tienen que estar presentes para poder celebrar una asamblea o reunión. **2.** Número de votos afirmativos necesarios para aprobar algo o para llegar a un acuerdo.

r *s. f.* Decimonovena letra del abecedario.

rabadán *s. m.* **1.** Pastor que está al mando de una cabaña entera de ganado. **2.** Pastor de uno o más rebaños, que está a las órdenes de un mayoral.

rabadilla *s. f.* Extremo de la columna vertebral por la parte de abajo.

rabanero, ra *adj.* **1.** *fam.* Ordinario, descarado. ‖ *s. f.* **2.** *fam.* Mujer chillona y poco educada. **SIN. 1.** Basto. **2.** Verdulera. **ANT. 1.** Distinguido.

rábano *s. m.* Planta de hojas ásperas y bastante grandes, flores blancas, amarillas o de color rojo y raíz carnosa, que se emplea mucho como alimento. ‖ **LOC. coger** alguien **el rábano por las hojas** Entender mal algo o pensar que se ha hecho con mala intención. **importar** algo **un rábano** No importar nada o muy poco.

rabí *s. m.* Rabino.

rabia *s. f.* **1.** Enfado o disgusto grande. **2.** Manía, antipatía. **3.** Enfermedad infecciosa que sufren a veces algunos animales, como el perro, y que pueden contagiar a las personas por su mordedura. **SIN. 1.** Cólera, ira. **2.** Tirria. **3.** Hidrofobia. **ANT. 2.** Simpatía.

rabiar *v.* **1.** Sentir rabia. **2.** Sentir un dolor muy fuerte. ‖ **LOC. a rabiar** Mucho. **SIN. 1.** Irritarse, encolerizarse.

rabieta *s. f.* *fam.* Enfado grande o llanto que suele deberse a motivos poco importantes. **SIN.** Berrinche, pataleta.

rabillo *s. m.* **1.** Rabo corto y pequeño. ‖ **2. rabillo del ojo** Ángulo externo del ojo.

rabino *s. m.* Jefe religioso de una comunidad judía.

rabioso, sa *adj.* **1.** Muy enfadado. **2.** Que tiene la enfermedad de la rabia. **3.** Excesivo, enorme: *un tema de rabiosa actualidad.* **SIN. 1.** Furioso, airado. **ANT. 1.** Tranquilo.

rabo *s. m.* **1.** Cola de algunos animales. **2.** Ramita de la que cuelgan las hojas o los frutos de las plantas. **3.** Cosa alargada que cuelga o sobresale. **4.** *vulg.* Pene. ‖ **LOC. con el rabo entre las piernas** Avergonzado y sin saber qué decir. **SIN. 2.** Rabillo, pedúnculo, pecíolo.

rabón, na *adj.* Se dice del animal que no tiene rabo y debería tenerlo o que lo tiene más corto de lo normal.

racanear *v.* **1.** Ser tacaño, gastar lo mínimo. **2.** Trabajar lo menos posible. **SIN. 1.** Ahorrar. **2.** Vaguear, holgazanear. **ANT. 1.** Derrochar.

racanería *s. f.* Tacañería.

rácano, na *adj.* y *s.* Tacaño. **SIN.** Agarrado, roñoso. **ANT.** Generoso.

racha *s. f.* **1.** Ráfaga de viento. **2.** Tiempo en que se suceden cosas buenas o malas.

racheado, da *adj.* Se dice del viento que sopla a rachas.

racial *adj.* De las razas. **SIN.** Étnico.

racimo *s. m.* **1.** Conjunto de frutos que cuelgan todos del mismo tallo. **2.** Conjunto de otras cosas colocadas de forma parecida a las uvas.

raciocinio *s. m.* **1.** Capacidad de pensar. **2.** Lo que se piensa de manera razonada. **SIN. 1.** Inteligencia, razón. **1.** y **2.** Pensamiento. **2.** Razonamiento.

ración *s. f.* **1.** Cantidad de comida que corresponde a una persona o animal o que se sirve en un bar. **2.** Cantidad de algo que se ha dividido o repartido de alguna manera. **SIN. 1.** Porción.

racional *adj.* **1.** De la razón o relacionado con la razón. **2.** Que está dotado de razón. **3.** Se dice de los números que son fracciones. **SIN. 1.** Lógico, intelectual. **2.** Inteligente. **3.** Fraccionario. **ANT. 1.** y **2.** Irracional.

racionalismo *s. m.* Doctrina filosófica que considera la razón como el medio principal para conocer las cosas.

racionalista *adj.* y *s.* Relacionado con el racionalismo o que sigue esta doctrina.

racionalizar *v.* **1.** Pensar o expresar algo con conceptos racionales. **2.** Organizar algo para obtener los mejores resultados con el menor coste o esfuerzo.

racionamiento *s. m.* Hecho de racionar alguna cosa.

racionar v. Limitar la cantidad de alimentos o de otras cosas que se pueden comprar o consumir cuando escasean.

racismo s. m. Desprecio o rechazo a las personas de otra raza.

racista adj. y s. Del racismo o que piensa o actúa movido por el racismo.

raclette (fr.) s. f. **1.** Plato suizo hecho con queso fundido que se acompaña con patatas, embutidos y otros ingredientes. **2.** Aparato con el que se elabora este plato.

racor s. m. Pieza que se emplea para unir dos tubos.

rada s. f. Parte del mar que entra en la tierra y donde pueden refugiarse del viento las embarcaciones. **SIN.** Bahía, ensenada.

radar s. m. Aparato que por medio de ondas detecta la presencia, la posición y otras características de un objeto alejado.

radiación s. f. Luz, calor u otro tipo de energía que sale de un cuerpo.

radiactividad s. f. Propiedad de emitir radiaciones que tienen algunas materias cuando se desintegran los núcleos de sus átomos.

radiactivo, va adj. Que tiene radiactividad.

radiador s. m. **1.** Aparato para calentar una habitación, sobre todo el que tiene varios tubos por donde pasa agua caliente o vapor. **2.** Conjunto de tubos por donde circula agua para refrigerar algunos motores.

radial adj. **1.** Del radio o relacionado con esta línea. **2.** Se dice de cada una de las carreteras que enlazan el centro de un país con la periferia.

radiante adj. **1.** Que brilla mucho: un sol radiante. **2.** Que muestra una gran alegría. **SIN. 1.** Resplandeciente. **ANT. 1.** y **2.** Apagado.

radiar v. **1.** Dar por la radio noticias, música u otro programa. **2.** Tratar una enfermedad o una lesión con radiaciones: radiar un tumor. **SIN. 1.** Transmitir, retransmitir.

radical adj. **1.** Fundamental, muy importante. ‖ adj. y s. **2.** Muy exagerado, que no tiene término medio. ‖ s. m. **3.** Signo matemático de la raíz ($\sqrt{}$); también se llama así a este signo con el número que lleva debajo. **4.** Raíz de una palabra. **SIN. 1.** Básico, profundo. **2.** Extremista, intolerante. **4.** Lexema. **ANT. 2.** Moderado.

radicalismo s. m. Manera de pensar y de actuar muy radical o exagerada.

radicalizar v. Hacer que alguien o algo se vuelva radical.

radicando s. m. Número o expresión matemática que está bajo el signo de la raíz.

radicar v. **1.** Consistir, tener su origen en algo. **2.** Estar una persona o cosa en un lugar. **SIN. 1.** y **2.** Residir. **2.** Situarse, localizarse.

radícula s. f. Parte del embrión de las plantas que dará lugar a la raíz.

radio[1] s. m. **1.** Recta que va desde el centro de una circunferencia hasta alguno de sus puntos o desde el centro de una esfera a la superficie exterior. **2.** Espacio circular que hay alrededor de un sitio. **3.** Cada una de las varillas que tienen algunas ruedas. **4.** Hueso que va desde el codo a la muñeca y está unido a otro hueso que se llama cúbito. ‖ **5. radio de acción** Espacio u otra cosa sobre los que puede actuar algo.

radio[2] s. m. Elemento químico metálico de color blanco brillante y muy radiactivo.

radio[3] s. f. **1.** acort. de **radiodifusión**. **2.** Emisora que transmite programas o mensajes por medio de ondas. **3.** Aparato que recibe esas ondas y las transforma en sonidos. **SIN. 3.** Transistor.

radioaficionado, da s. m. y f. Persona que, por afición, se comunica con otras mediante un aparato de radio.

radiocasete s. m. Aparato que es a la vez radio y casete.

radiodifusión s. f. Difusión de noticias, música y otros programas por medio de ondas para que puedan ser escuchados a través de los aparatos de radio.

radiofonía s. f. Sistema de comunicación por medio de ondas.

radiofónico, ca adj. De la radio.

radiografía s. f. Fotografía del interior de un cuerpo obtenida por medio de rayos X.

radiología s. f. Parte de la medicina que se ocupa del uso de las radiaciones para diagnosticar o curar enfermedades.

radiológico, ca adj. De la radiología.

radiólogo, ga s. m. y f. Médico especialista en radiología.

radionovela s. f. Novela de tema generalmente amoroso y final feliz que se emite por radio en capítulos.

radiotaxi s. m. Taxi provisto de un aparato de radio que puede enviar mensajes a una centralita y también recibirlos.

radiotelecomunicación s. f. Actividad y conjunto de medios para comunicarse a larga distancia por medio de ondas.

radioteléfono s. m. Teléfono sin cable que recibe las ondas que envía otro aparato y las transforma en sonidos.

radiotelegrafía s. f. Comunicación telegráfica por medio de ondas.

radiotelegrafista *s. m.* y *f.* Persona encargada de la instalación, mantenimiento y servicio de los aparatos de radiotelegrafía.

radiotelégrafo *s. m.* Aparato para transmitir y recibir mensajes telegráficos por medio de ondas.

radiotelegrama *s. m.* Mensaje que se transmite por radiotelégrafo.

radiotelevisión *s. f.* **1.** Acción de enviar imágenes y sonidos a distancia por medio de ondas. **2.** Conjunto de medios para realizar las actividades de la radio y la televisión.

radioterapia *s. f.* Empleo de las radiaciones para tratar algunas enfermedades, como el cáncer.

radioyente *s. m.* y *f.* Persona que escucha la radio.

raer *v.* Raspar una superficie. □ Es v. irreg. Se conjuga como *caer*, excepto la primera persona del singular del presente de indicativo, que puede ser *raigo* o *rayo*, y todo el presente de subjuntivo: *raiga* o *raya*, *raigas* o *rayas…* **SIN.** Rayar, rascar.

ráfaga *s. f.* **1.** Golpe fuerte de viento. **2.** Luz fuerte que se enciende solo durante un momento. **3.** Disparos que lanza una ametralladora de una vez. **SIN. 1.** Racha. **2.** Fogonazo.

rafia *s. f.* Material que se saca de una clase de palmera, con el que se hacen bolsos y otras cosas.

rafting (ingl.) *s. m.* Deporte que consiste en bajar con una balsa neumática por ríos con corrientes rápidas.

raglán o **raglan** (*raglan* es ingl.) *adj.* Se dice de un tipo de mangas que están cosidas al resto de la prenda desde el cuello y no desde los hombros.

ragú *s. m.* Guiso de carne con patatas, zanahorias y guisantes.

raído, da 1. *p.* de **raer.** ‖ *adj.* **2.** Se dice de las telas o los vestidos muy gastados por el uso. **SIN. 2.** Desgastado.

raigambre *s. f.* Circunstancia de ser muy antiguo o de tener mucha importancia algo en un lugar. **SIN.** Arraigo.

raíl *s. m.* **1.** Cada una de las barras o carriles de hierro por donde van los trenes. **2.** Cualquier guía o carril sobre los que puede moverse alguna cosa. **SIN. 1.** y **2.** Riel.

raíz *s. f.* **1.** Parte de las plantas que suele crecer bajo tierra y que absorbe los alimentos que estas necesitan. **2.** Parte de algo que queda oculta y que le sirve de sujeción: *la raíz del pelo*. **3.** Origen o causa. **4.** Número que hay que multiplicar varias veces por sí mismo para obtener otro número. **5.** Parte de una palabra que tiene lo más importante de su significado y a la que se añaden las terminaciones, los prefijos y los sufijos. ‖ **LOC. a raíz de** Como consecuencia de algo. **echar raíces** Quedarse en un lugar durante mucho tiempo. **SIN. 3.** Motivo. **5.** Radical, lexema.

raja *s. f.* **1.** Abertura larga y fina en algo. **2.** Trozo plano y delgado de algunos alimentos. **SIN. 1.** Ranura, grieta. **2.** Rodaja, tajada.

rajá *s. m.* Rey de la India.

rajado, da 1. *p.* de **rajar.** También *adj.* ‖ *adj.* y *s.* **2.** *fam.* Que se acobarda o se echa atrás en lo que iba a hacer.

rajar¹ *v.* **1.** Hacer una o varias rajas en algo. **2.** *fam.* Herir con arma blanca. ‖ **rajarse 3.** *fam.* Echarse atrás en lo que uno iba a hacer. **SIN. 1.** Cortar. **3.** Acobardarse. **ANT. 3.** Animarse.

rajar² *v.* *fam.* Hablar mucho.

rajatabla Se usa en la expresión **a rajatabla**, 'perfectamente' o 'exactamente'.

ralea *s. f.* Clase, especie, generalmente mala: *gente de mala ralea.* **SIN.** Condición, calaña.

ralentí *s. m.* Manera de funcionar el motor de un vehículo cuando este está parado.

ralentizar *v.* Hacer más lento algo.

rallador *s. m.* Utensilio de cocina para rallar alimentos que está formado por una chapa de metal llena de pequeños agujeros de borde saliente y cortante.

ralladura *s. f.* Trocitos pequeños que quedan de una cosa que se ha rallado.

rallar *v.* Deshacer en trozos muy pequeños un alimento con el rallador.

rally (ingl.) *s. m.* Competición generalmente automovilística que se desarrolla por terrenos difíciles y por etapas.

ralo, la *adj.* Poco tupido o poco espeso. **SIN.** Claro, espacioso. **ANT.** Poblado.

RAM (siglas del ingl. *Random Access Memory,* 'memoria de acceso arbitraria') *s. f.* En informática, memoria de acceso directo y rápido para lectura y escritura.

rama¹ *s. f.* **1.** Cada una de las partes de las plantas que salen del tronco o tallo, y en las que nacen las hojas, las flores y los frutos. **2.** Cada una de las partes en que se divide una ciencia o actividad. **3.** Conjunto de personas que tienen un antepasado común. ‖ **LOC. andarse** o **irse por las ramas** Detenerse en lo menos importante de un asunto y no tratar lo principal. **SIN. 2.** Especialidad, sección. **3.** Linaje, familia.

rama² Se usa en la expresión **en rama**, 'en estado más natural': *la canela en rama.*

ramadán *s. m.* Mes en que los musulmanes tienen que ayunar durante el día.

ramaje *s. m.* Conjunto de ramas de un árbol o de un arbusto.

ramal *s. m.* **1.** Carretera, canal u otra cosa semejante que sale de una principal. **2.** Tira de cuero que se sujeta a la cabeza de las caballerías. **3.** Cada una de las cuerdas finas que forman otra más gruesa. **SIN. 1.** Desviación, desvío.

ramalazo *s. m.* **1.** Idea alocada que alguien tiene de repente. **2.** *fam.* Característica del hombre afeminado. **SIN. 1.** Vena.

rambla *s. f.* **1.** Hondonada que forma el agua cuando llueve mucho. **2.** Calle ancha y con árboles de las ciudades y pueblos de Cataluña, Valencia y Baleares, que suele tener un paseo en el centro. **SIN. 2.** Bulevar.

ramera *s. f.* Prostituta.

ramificación *s. f.* **1.** Acción de ramificarse. **2.** Partes en que se ramifica algo. **SIN. 2.** Desviación, derivación.

ramificarse *v.* Dividirse una cosa en varias partes que se separan de ella. **SIN.** Bifurcarse, derivarse. **ANT.** Unirse.

ramillete *s. m.* Ramito de hierbas o flores. **SIN.** Manojo.

ramo *s. m.* **1.** Flores o ramas cortadas y unidas. **2.** Rama cortada de un árbol. **3.** Tipo de industria, ciencia o actividad. **SIN. 1.** Manojo, ramillete. **3.** Sección, sector, especialidad.

ramonear *v.* Comerse los animales las hojas o las puntas de las ramas de los árboles o arbustos.

ramoso, sa *adj.* Con muchas ramas o muy frondosas.

rampa *s. f.* Cuesta o plancha inclinada para subir o bajar de un sitio a otro.

ramplón, na *adj.* Vulgar, demasiado sencillo. **SIN.** Mediocre. **ANT.** Extraordinario.

ramplonería *s. f.* **1.** Característica de ramplón. **2.** Acción, cosa o palabras ramplonas. **SIN. 1.** y **2.** Vulgaridad.

rana *s. f.* **1.** Animal anfibio de cuerpo rechoncho y de color pardo o verdoso, con las patas de atrás muy desarrolladas, que tiene los ojos muy salientes y una lengua larga con la que atrapa insectos. **2.** Juego que consiste en tirar monedas u otras cosas para meterlas en la boca de una rana de metal. ‖ **LOC. salir rana** Decepcionar, no resultar alguien o algo como se esperaba.

ranchera *s. f.* **1.** Canción popular mexicana. **2.** Coche con más espacio en la parte trasera para llevar pasajeros o carga.

ranchero, ra *s. m.* y *f.* Persona que trabaja o vive en un rancho.

rancho *s. m.* **1.** Granja americana donde se crían caballos, vacas y otros animales. **2.** Comida hecha para un grupo numeroso de personas.

rancio, cia *adj.* **1.** Se dice de algunos alimentos que con el tiempo toman un sabor y un olor muy fuertes. **2.** Muy antiguo. **3.** *fam.* Antipático, seco. **SIN. 1.** Añejo; pasado. **2.** Anticuado. **ANT. 1.** Fresco. **3.** Simpático.

rand *s. m.* Moneda de la República Sudafricana.

randa *s. m. fam.* Granuja, pillo.

ranglan o **ranglán** *adj.* Raglán.

rango *s. m.* Clase o categoría. **SIN.** Importancia, jerarquía.

ranking (ingl.) *s. m.* Clasificación de mayor a menor.

ranura *s. f.* Abertura muy estrecha de algunas cosas. **SIN.** Raja, grieta.

rap (del ingl.) *adj.* y *s. m.* **1.** Se dice de un tipo de música moderna de ritmo muy marcado cuya letra se recita al compás. ‖ *s. m.* **2.** Baile de esta música.

rapacidad *s. f.* Característica de las personas que se dedican a robar.

rapado, da 1. *p.* de **rapar**. También *adj.* ‖ *s. m.* **2.** Corte de pelo en el que se deja el cabello muy corto. ‖ **3. cabeza rapada** Miembro de un grupo de jóvenes violentos, racistas y de extrema derecha; suelen llevar el pelo muy corto. Se les llama también *skins* o *skinheads*.

rapapolvo *s. m. fam.* Reprimenda. **SIN.** Regañina, bronca.

rapar *v.* Cortar mucho el pelo o la barba. **SIN.** Pelar; rasurar.

rapaz *adj.* y *s. f.* **1.** Ave carnívora, como el águila o el halcón, que tiene alas fuertes, pico curvo, corto y fuerte, y patas con garras afiladas y arqueadas. ‖ *s. m.* **2.** Muchacho. **SIN. 2.** Chico, mozo.

rapaza *s. f.* Muchacha.

rape[1] *s. m.* Acción de rapar. ‖ **LOC. al rape** Modo de cortar el pelo o la barba dejándolo muy corto.

rape[2] *s. m.* Pez marino bastante grande, de cuerpo plano y mucha cabeza, con los ojos y la boca en la parte de arriba. Es muy apreciado como alimento.

rapé *s. m.* Tabaco en polvo que antiguamente se aspiraba por la nariz.

rapel o **rápel** *s. m.* En alpinismo, descenso rápido por una pared vertical que se hace resbalando por una cuerda colgante.

rapero, ra *adj.* y *s.* Persona que canta, baila o es aficionada al rap.

rapidez *s. f.* Característica de rápido. **SIN.** Velocidad. **ANT.** Lentitud.

rápido, da *adj.* **1.** Que se mueve o sucede muy deprisa. **2.** Que tarda poco tiempo en hacer algo. **3.** Que dura poco tiempo. ‖ *adv.* **4.** Muy deprisa. ‖ *s. m.* **5.** Parte de un río por donde las aguas corren más deprisa. **SIN. 1.** y **2.** Veloz. **2.** Ágil. **3.** Corto, breve. **ANT. 1.** y **2.** Lento. **3.** Largo.

rapiña *s. f.* **1.** Robo. ‖ **2. ave de rapiña** Ave rapaz, como el águila o el buitre. **SIN. 1.** Pillaje, saqueo.

rapiñar *v.* Robar, quitar.

raposo, sa *s. m.* y *f.* Zorro.

rappel (fr.) *s. m.* Rapel.

rapsoda *s. m.* y *f.* **1.** Persona que recita o canta poemas. **2.** Poeta.

rapsodia *s. f.* Obra musical hecha con partes de otras obras.

raptar *v.* Secuestrar.

rapto *s. m.* Secuestro.

raqueta *s. f.* **1.** Pala con cuerdas entrecruzadas para jugar al tenis y a otros juegos. **2.** Objeto parecido a esta pala que se pone en los zapatos para andar por la nieve. **3.** Desvío a un lado de la carretera en forma de media circunferencia, que sirve para dar la vuelta o cruzar al otro lado.

raquis *s. m.* **1.** Columna vertebral. **2.** Parte central dura de la pluma de un ave. **SIN. 2.** Cañón.

raquítico, ca *adj.* y *s.* **1.** Que tiene raquitismo. ‖ *adj.* **2.** Que está demasiado delgado. **3.** Muy pequeño o escaso. **SIN. 2.** Escuálido, flaco; enclenque. **3.** Ridículo. **ANT. 2.** Robusto. **3.** Abundante.

raquitismo *s. m.* Enfermedad infantil, producida por la falta de vitamina D, que debilita los huesos.

raramente *adv.* Muy pocas veces.

rareza *s. f.* **1.** Característica de las personas o cosas raras. **2.** Comportamiento raro o maniático de una persona. **3.** Cosa extraña o muy curiosa. **SIN. 2.** Manía. **3.** Curiosidad.

raro, ra *adj.* **1.** Que es extraña o sorprende porque es diferente de lo normal. **2.** Poco frecuente. **SIN. 1.** Extraño, insólito. **1.** y **2.** Inusitado, inusual. **ANT. 1.** y **2.** Corriente.

ras Se usa en algunas expresiones: **al ras,** 'muy corto', 'a muy poca altura'; **a ras de,** 'justo encima'.

rasante *adj.* **1.** Que va a poca altura del suelo: *vuelo rasante.* ‖ *s. f.* **2.** Inclinación de una calle o carretera.

rasca *s. f. fam.* Frío.

rascacielos *s. m.* Edificio muy alto y con muchos pisos.

rascador *s. m.* Instrumento que sirve para rascar.

rascar *v.* **1.** Pasar por una cosa algo áspero o afilado, sobre todo las uñas por la piel. **2.** *fam.* Sacar un beneficio de algo. **SIN. 1.** Raspar, raer.

rasero Se usa en la expresión **por el mismo rasero,** 'sin hacer diferencias', especialmente cuando se juzga a las personas.

rasgado, da **1.** *p.* de **rasgar.** También *adj.* ‖ *adj.* **2.** Alargado: *ojos rasgados.*

rasgar *v.* Romper o romperse algo al tirar de ello o al engancharse con algo.

rasgo *s. m.* **1.** Línea que se hace al escribir. **2.** Línea de la cara de una persona. **3.** Característica de una persona o cosa. ‖ **LOC. a grandes rasgos** En general, sin entrar en detalles. **SIN. 1.** Trazo. **2.** Facción. **3.** Cualidad, atributo.

rasguear *v.* Tocar la guitarra u otro instrumento musical rozando varias cuerdas a la vez con la punta de los dedos.

rasguñar *v.* Hacer rasguños.

rasguño *s. m.* Arañazo, raspón, herida.

rasilla *s. f.* **1.** Tela delgada de lana. **2.** Ladrillo hueco y delgado.

raso, sa *adj.* **1.** Llano y liso. **2.** Se dice del cielo sin nubes. **3.** A poca altura del suelo. **4.** Que está lleno justo hasta el borde. ‖ *s. m.* **5.** Tejido liso, brillante y suave. ‖ **LOC. al raso** Al aire libre. **SIN. 1.** Plano. **2.** Claro. **3.** Rasante. **ANT. 2.** Nublado. **3.** Alto.

raspa *s. f.* **1.** Espina del pescado. ‖ *adj.* y *s.* **2.** *fam.* Persona antipática.

raspado, da 1. *p.* de **raspar.** También *adj.* ‖ *s. m.* **2.** Acción de raspar. **SIN. 2.** Raspadura, raspón.

raspadura *s. f.* Señal o herida que queda al raspar o rasparse algo. **SIN.** Raspón, raspado.

raspar *v.* **1.** Pasar algo cortante o áspero por una cosa levantando parte de su superficie. **2.** Producir una cosa una sensación desagradable en la piel: *Este jersey raspa.* **SIN. 1.** Rascar, rayar.

raspón o **rasponazo** *s. m.* Señal o herida que se hace al raspar algo. **SIN.** Raspado, raspadura.

rasposo, sa *adj.* Que raspa. **SIN.** Áspero. **ANT.** Suave.

rasqueta *s. f.* Utensilio con el borde afilado para rascar lo que está pegado a una superficie.

rasta *adj.* y *s.* **1.** Rastafari. ‖ *s. f.* **2.** Trenza gruesa y redondeada que se hace poniendo en el pelo cierto aceite, propia de los rasta-faris.

rastafari *adj. y s.* De un movimiento religio-so y político jamaicano, que preconiza la vuelta de los negros jamaicanos a África.

rastral *s. m.* Pieza del pedal de la bicicleta que sirve para sujetar el pie.

rastras Se usa en la expresión **a rastras,** 'arrastrando' o 'a la fuerza'.

rastrear *v.* Buscar algo siguiendo su rastro. **SIN.** Escudriñar.

rastreo *v.* Acción de rastrear.

rastrero, ra *adj.* **1.** Despreciable, malo. **2.** Se dice del tallo que va creciendo a ras de tierra. **SIN. 1.** Miserable, infame. **ANT. 1.** Noble.

rastrillar *v.* Recoger, amontonar o limpiar algo con el rastrillo.

rastrillo *s. m.* Instrumento en forma de T, con dientes o púas en la parte más corta, que sirve para recoger hierba, hojas, paja, etc.

rastro *s. m.* **1.** Huellas u otras señales que deja una persona, animal o cosa. **2.** Merca-dillo en la calle. ‖ **LOC. ni rastro** Nada. **SIN. 1.** Pista, vestigio.

rastrojo *s. m.* Restos de mies que quedan en el campo después de haber segado.

rasurar *v.* Afeitar.

rata *s. f.* **1.** Nombre de algunos roedores; por ejemplo, la de alcantarilla, que es grande y tiene el pelaje oscuro, o la de laboratorio, más pequeña, blanca y con los ojos rojos. **2.** *fam.* Persona despreciable. ‖ *adj. y s.* **3.** *fam.* Per-sona muy tacaña. ‖ **4. rata almizclera** Des-mán². **SIN. 2.** Bicho, sabandija.

ratear *v.* **1.** Robar, hurtar. **2.** *fam.* Comport-arse con tacañería. **SIN. 1.** Birlar, choricear. **2.** Racanear.

ratero, ra *s. m. y f.* Ladrón de cosas de poco valor. **SIN.** Caco, chorizo.

raticida *s. m.* Producto para matar ratas y ratones. **SIN.** Matarratas.

ratificación *s. f.* Acción de ratificar. **SIN.** Confirmación.

ratificar *v.* Confirmar que lo que se ha dicho o escrito es válido y cierto. **SIN.** Corroborar. **ANT.** Negar.

rato *s. m.* Espacio corto de tiempo. ‖ **LOC. a ratos perdidos** Cuando se está libre del tra-bajo o de las ocupaciones habituales. **pasar el rato** Entretenerse, distraerse. **un buen rato** Bastante tiempo. **un rato** Mucho o muy: *Es un rato feo.*

ratón *s. m.* **1.** Pequeño animal roedor, de pelaje gris y cola larga. **2.** Mando separado del teclado de un ordenador que se maneja haciéndolo rodar sobre una superficie.

ratonera *s. f.* **1.** Trampa para cazar ratones. **2.** Madriguera de ratones. **3.** Agujero por donde entran y salen los ratones. **4.** *fam.* Casa o habitación muy pequeña. **SIN. 4.** Cuchitril.

ratonero, ra *adj.* **1.** De los ratones. **2.** Se dice de los animales que cazan ratones.

ratonil *adj.* De los ratones.

raudales Se usa en la expresión **a raudales,** 'en mucha cantidad'.

raudo, da *adj.* Rápido. **SIN.** Veloz. **ANT.** Lento.

ravioli (del ital.) *s. m.* Cada uno de los peque-ños trozos cuadrados de pasta rellenos de carne, verdura, queso, etc., que se cuecen y se sirven con una salsa.

raya¹ *s. f.* **1.** Señal larga y estrecha marcada o pintada en algún sitio. **2.** Línea que queda en la cabeza al separar el pelo a un lado y al otro. **3.** Doblez que se marca de arriba abajo en los pantalones al plancharlos. **4.** En argot, dosis de droga en polvo para aspirarla por la nariz. ‖ **5. tres en raya** Juego que consiste en po-ner tres fichas en línea en un tablero antes de que lo haga el contrario. ‖ **LOC. pasarse de la raya** Pasarse de un límite, excederse. **tener a raya** Tener dominado o controlado.

raya² *s. f.* Pez marino y cartilaginoso, com-pletamente plano y en forma de rombo con la boca en la parte de abajo y una cola larga y delgada.

rayado, da **1.** *p.* de **rayar.** También *adj.* ‖ *adj.* **2.** Que tiene rayas.

rayano, na *adj.* Que raya o se acerca mucho a algo: *una inteligencia rayana en la genialidad.*

rayar *v.* **1.** Hacer rayas. **2.** Estropear un disco haciendo una raya que corta los surcos. **3.** Estar muy cerca de algo: *Su valentía raya en la imprudencia.* ‖ **LOC. al rayar** Al empezar: *al rayar el día.* **SIN. 3.** Rozar, asemejarse.

rayo *s. m.* **1.** Línea que siguen la luz y otras formas de energía cuando se transmiten de una parte a otra. **2.** Descarga eléctrica que se produce cuando hay tormenta. ‖ **3. rayos X** Rayos empleados en medicina para ver el cuerpo por dentro y hacer radiografías. ‖ **LOC. a rayos** Muy mal. **como un rayo** Muy rápido.

rayón¹ *s. m.* **1.** Raya grande o muy marcada. **2.** Cría del jabalí. **SIN. 2.** Jabato.

rayón² (del ingl., marca registrada) *s. m.* Fibra artificial que imita la seda.

rayuela *s. f.* Juego que consiste en ir pasan-do una piedra de unas casillas a otras dibu-jadas en el suelo, yendo a la pata coja y sin pisar las rayas.

raza *s. f.* **1.** Cada uno de los grandes grupos en que se dividen los seres humanos por sus características físicas y el color de su piel.

2. Cada uno de los grupos en que se dividen algunas especies de animales. **SIN. 1.** Etnia.

razia *s. f.* Ataque rápido en terreno enemigo. **SIN.** Incursión.

razón *s. f.* **1.** Lo que permite a las personas pensar. **2.** Acierto al decir o hacer algo. **3.** Causa, motivo. **4.** Idea o explicación con la que se intenta demostrar algo. **5.** Información sobre algo. ‖ **LOC. a razón de** Sirve para decir lo que le toca a cada uno en un reparto. **entrar en razón** Convencerse de algo que es razonable. **perder la razón** Volverse loco. **SIN. 1.** Raciocinio. **3.** Móvil, porqué. **4.** Argumento.

razonable *adj.* **1.** Que piensa bien o está bien pensado. **2.** Justo, suficiente: *un precio razonable.* **SIN. 1.** Sensato, lógico. **ANT. 1.** Insensato, ilógico.

razonamiento *s. m.* Conjunto de ideas que sirven para demostrar algo o para convencer a alguien. **SIN.** Reflexión, explicación.

razonar *v.* **1.** Pensar. **2.** Dar razones para explicar o demostrar algo. **SIN. 1.** Reflexionar, meditar.

razzia (fr.) *s. f.* Razia.

re *s. m.* Segunda nota de la escala musical.

reabrir *v.* Volver a abrir una cosa: *reabrir un negocio.* □ Su p. es irreg.: *reabierto.*

reabsorber *v.* Eliminar el organismo un cuerpo o una sustancia del lugar en el que había aparecido.

reacción *s. f.* **1.** Forma de comportarse como respuesta a algo. **2.** Recuperación de la fuerza o la actividad que se tenía. **3.** Proceso químico por el cual varias sustancias que se mezclan se convierten en otra u otras diferentes. **4.** Chorro de gases que sale con mucha fuerza hacia atrás y sirve para impulsar aviones y cohetes o naves espaciales.

reaccionar *v.* **1.** Tener o experimentar una reacción. **2.** Volver a tener actividad o fuerza. **3.** Combinarse varias sustancias para formar otra u otras diferentes. **SIN. 1.** Responder. **2.** Recobrarse, restablecerse.

reaccionario, ria *adj. y s.* Que es muy conservador y se opone a cualquier cambio o progreso. **SIN.** Retrógrado, carca. **ANT.** Revolucionario, progresista.

reacio, cia *adj.* Contrario a algo, que se resiste a ello. **SIN.** Opuesto, reticente. **ANT.** Partidario.

reactivación *s. f.* Acción de reactivar.

reactivar *v.* Volver a dar actividad y fuerza a algo. **SIN.** Revitalizar; renacer. **ANT.** Decaer.

reactivo, va *adj. y s. m.* **1.** Que produce reacción. ‖ *s. m.* **2.** En química, sustancia empleada para reconocer o detectar algún componente de una mezcla o algún átomo o grupo de átomos en un compuesto.

reactor *s. m.* **1.** Motor que lanza hacia atrás un potente chorro de gases para impulsar a aviones y cohetes o naves espaciales. **2.** Avión que funciona con motores de este tipo.

readmisión *s. f.* Acción de readmitir.

readmitir *v.* Volver a admitir.

reafirmar *v.* Volver a decir o pensar algo con más seguridad. **SIN.** Ratificar, confirmar. **ANT.** Invalidar.

reagrupar *v.* Agrupar de nuevo.

reagudizar *v.* Volver a hacer agudo o intenso algo que empezaba a suavizarse. **SIN.** Empeorar.

reajustar *v.* Hacer reajustes.

reajuste *s. m.* Cambio que se hace en algo para mejorarlo o para que funcione mejor.

real¹ *adj.* Que existe de verdad. **SIN.** Cierto, verdadero. **ANT.** Irreal.

real² *adj.* **1.** Del rey. **2.** Se utiliza para dar más fuerza a algunos sustantivos: *No me da la real gana.* ‖ *s. m.* **3.** Moneda de Brasil. **4.** Antigua moneda española que equivalía a 25 céntimos de peseta. **5.** *fam.* Poco dinero. **SIN. 1.** Regio.

realce *s. m.* Acción de realzar algo.

realengo, ga *adj.* Se dice de las tierras y lugares que en la Edad Media y Moderna pertenecían a la corona.

realeza *s. f.* **1.** Dignidad del rey. **2.** El rey y sus familiares. **3.** Conjunto de las familias reales de un lugar o época.

realidad *s. f.* **1.** Lo que existe de verdad. ‖ **2. realidad virtual** Representación de imágenes creada por un sistema informático, que da la sensación de que son reales. ‖ **LOC. en realidad** Realmente, de verdad. **ANT. 1.** Fantasía, ilusión.

realismo *s. m.* **1.** Forma de ver las cosas como son en realidad. **2.** Estilo artístico o literario que intenta reflejar las cosas como son en realidad.

realista¹ *adj. y s.* **1.** Que piensa o actúa con realismo o que muestra realismo. **2.** Que sigue el estilo artístico o literario del realismo. **ANT. 1.** Idealista.

realista² *adj. y s.* Partidario del rey.

reality show (ingl.) *expr.* Programa de televisión en el que se cuentan historias reales crudas y terribles como espectáculo.

realización *s. f.* Acción de realizar o realizarse.

realizador, ra *s. m. y f.* Persona que dirige una película o un programa de radio o televisión.

rebosadero

realizar v. **1.** Hacer una cosa, llevarla a cabo. **2.** Dirigir una película o un programa de radio o televisión. || **realizarse 3.** Sentirse satisfecho alguien por haber cumplido sus aspiraciones. SIN. **1.** Efectuar, ejecutar.

realmente adv. De verdad.

realojar v. Dar a alguien un nuevo lugar para vivir.

realquilar v. Alquilar a otra persona el piso, habitación o local en que uno está alquilado.

realzar v. Destacar algo, hacer que se note más. SIN. Resaltar, acentuar. ANT. Disimular.

reanimación s. f. Acción de reanimar.

reanimar v. **1.** Dar nuevas fuerzas o ánimos. **2.** Hacer que recupere el conocimiento una persona que estaba inconsciente. SIN. **1.** Fortalecer, animar. **2.** Recobrarse. ANT. **1.** Debilitar, desanimar. **2.** Desvanecerse.

reanudación s. f. Acción de reanudar.

reanudar v. Continuar lo que se había dejado interrumpido. SIN. Reemprender, proseguir. ANT. Parar.

reaparecer v. Volver a aparecer. □ Es v. irreg. Se conjuga como *agradecer.* SIN. Regresar, resurgir.

reaparición s. f. Acción de reaparecer. SIN. Regreso, resurgimiento.

reapertura s. f. Acción de abrir de nuevo algo.

rearmar v. Proporcionar o conseguir armas nuevas o mejores que las que se tenían.

rearme s. m. Acción de rearmar o de rearmarse.

reata s. f. Fila de caballos, mulas o burros unidos por cuerdas o correas.

reavivar v. Volver a avivar algo, hacerlo más fuerte o intenso. SIN. Activar, estimular. ANT. Debilitar.

rebaba s. f. Parte de materia sobrante que sobresale de los bordes de algo.

rebaja s. f. **1.** Reducción en el precio de algo. || s. f. pl. **2.** Venta de productos a precio más bajo y periodo en que se produce esta venta: *Mañana empiezan las rebajas de invierno.* SIN. **1.** Descuento, saldo.

rebajar v. **1.** Bajar el precio de alguna cosa. **2.** Hacer que algo quede menos fuerte o intenso. **3.** Disminuir la altura, el volumen o la cantidad de algo. || **rebajarse 4.** Actuar una persona delante de otra como si fuera inferior a ella o hacer algo poco decente. SIN. **1.** Descontar. **2.** Suavizar, debilitar. **3.** Reducir. **4.** Humillarse, degradarse. ANT. **1.** a **3.** Aumentar. **2.** Reavivar.

rebaje s. m. Parte del borde de algo que se ha reducido cortándolo o limándolo.

rebanada s. f. Trozo plano y delgado que se corta de algo, sobre todo del pan. SIN. Tajada.

rebanar v. **1.** Hacer rebanadas una cosa. **2.** Cortar totalmente una cosa.

rebañaduras s. f. pl. Restos que se rebañan de un plato o recipiente.

rebañar v. Aprovechar los últimos restos que quedan en un plato o en otro recipiente.

rebaño s. m. Grupo de ovejas, cabras u otro ganado. SIN. Hato.

rebasar v. **1.** Pasar un límite. **2.** Adelantar, dejar atrás. SIN. **1.** Sobrepasar, traspasar.

rebatir v. Dar un argumento en contra de lo que ha dicho otro para demostrar que no tiene razón. SIN. Refutar, argumentar. ANT. Corroborar.

rebato Se usa en la expresión **tocar a rebato**, 'avisar de un peligro', sobre todo si se hace tocando las campanas.

rebeca s. f. Chaqueta de punto.

rebeco s. m. Mamífero rumiante del tamaño de una cabra grande, con cuernos lisos y rectos que se doblan en la punta. En España, abunda en los Pirineos.

rebelarse v. **1.** Enfrentarse, negarse a obedecer. **2.** Oponerse totalmente a algo. SIN. **1.** Sublevarse, alzarse. **2.** Rechazar. ANT. **1.** Subordinarse. **1.** y **2.** Someterse.

rebelde adj. y s. **1.** Que se rebela contra alguien o algo. **2.** Desobediente. || adj. **3.** Difícil de manejar o dominar: *un pelo rebelde.* SIN. **1.** Sublevado, levantisco. **2.** Díscolo. ANT. **1.** y **2.** Sumiso. **2.** Conformista. **2.** y **3.** Dócil.

rebeldía s. f. **1.** Característica de las personas rebeldes. **2.** Hecho de rebelarse o negarse a obedecer. SIN. **1.** y **2.** Desobediencia. ANT. **1.** y **2.** Sumisión. **2.** Obediencia.

rebelión s. f. Sublevación, acción de rebelarse. SIN. Revuelta, levantamiento, insurrección.

rebenque s. m. Látigo.

reblandecer v. Poner blando. □ Es v. irreg. Se conjuga como *agradecer.* SIN. Ablandar. ANT. Endurecer.

reblandecimiento s. m. Acción de reblandecer o reblandecerse.

rebobinar v. Enrollar hacia atrás una cinta o algo parecido: *rebobinar un carrete de fotos.*

rebollo s. m. **1.** Nombre de varias especies de robles. **2.** Brote de las raíces de los robles.

reborde s. m. Borde que sobresale de una cosa.

rebordear v. Hacer un reborde a una cosa.

rebosadero s. m. Agujero de los lavabos por donde se va el agua cuando está muy lleno, para que no rebose.

rebosante *adj.* Lleno.

rebosar *v.* **1.** Salirse un líquido por los bordes de un recipiente. **2.** Tener un sentimiento muy fuerte: *rebosar alegría.* **SIN. 1.** Desbordarse, derramarse.

rebotar *v.* **1.** Chocar una cosa con otra y cambiar de dirección. ‖ **rebotarse 2.** *fam.* Enfadarse. **SIN. 1.** Rechazar.

rebote *s. m.* **1.** Acción de rebotar. **2.** En baloncesto, pelota que, al lanzarla a la canasta, rebota contra esta o contra el tablero. **3.** *fam.* Enfado. ‖ **LOC. de rebote** Indirectamente.

reboteador, ra *adj.* y *s.* Jugador de baloncesto que recoge los rebotes.

rebotica *s. f.* Habitación que hay en el interior de las farmacias y de otras tiendas. **SIN.** Trastienda.

rebozado, da 1. *p.* de **rebozar**. También *adj.* ‖ *s. m.* **2.** Capa de harina que cubre los alimentos que se rebozan.

rebozar *v.* **1.** Cubrir un alimento con huevo batido, harina o pan rallado para freírlo luego. **2.** Embadurnar, manchar mucho con algo. **SIN. 1.** Empanar. **2.** Pringar.

rebrotar *v.* Volver a brotar.

rebrote *s. m.* Acción de rebrotar.

rebufo *s. m.* Succión que produce tras de sí un cuerpo en movimiento causada por el desplazamiento del aire. ‖ **LOC. a** (o **al**) **rebufo de** Aprovechando una circunstancia o acontecimiento previos.

rebullir *v.* Moverse. □ Es v. irreg. Se conjuga como *mullir*. **SIN.** Agitarse.

rebuscado, da 1. *p.* de **rebuscar**. ‖ *adj.* **2.** Demasiado complicado o raro. **SIN. 2.** Afectado, artificioso; retorcido. **ANT. 2.** Sencillo.

rebuscamiento *s. m.* Característica de rebuscado. **SIN.** Complejidad. **ANT.** Sencillez.

rebuscar *v.* Revolver en algo para encontrar o coger una cosa.

rebuznar *v.* Dar rebuznos.

rebuzno *s. m.* Sonido que hacen el burro y otros animales semejantes.

recabar *v.* Pedir o intentar conseguir. **SIN.** Solicitar, buscar.

recadero, ra *s. m.* y *f.* Persona que se dedica a hacer recados, sobre todo en una tienda. **SIN.** Mensajero.

recado *s. m.* **1.** Lo que se dice a alguien para que se lo cuente a otra. **2.** Compra u otro encargo que tiene que hacer una persona. **SIN. 1.** Aviso, nota.

recaer *v.* **1.** Empeorar un enfermo que estaba recuperándose. **2.** Volver a caer en un vicio o error. **3.** Tocar, corresponder. **4.** Ir el acento en una sílaba de una palabra. □ Es v. irreg. Se conjuga como *caer*. **SIN. 1.** Agravarse. **2.** Reincidir, incurrir. **ANT. 1.** Mejorar.

recaída *s. f.* Acción de recaer.

recalar *v.* Acercarse un barco a un puerto.

recalcar *v.* Destacar algo o repetirlo para que quede más claro. **SIN.** Acentuar, subrayar, resaltar.

recalcitrante *adj.* Que no quiere cambiar de comportamiento o de opinión aunque esté equivocado. **SIN.** Obstinado.

recalentar *v.* **1.** Volver a calentar. **2.** Calentar demasiado. □ Es v. irreg. Se conjuga como *pensar*. **ANT. 2.** Enfriar.

recalificar *v.* Dar a un terreno una calificación distinta a la que tenía.

recámara *s. f.* **1.** Habitación que está junto a otra principal. **2.** En las armas de fuego, parte de atrás del cañón en la que se coloca la bala que se va a disparar.

recambiar *v.* Cambiar una cosa rota o vieja por otra nueva.

recambio *s. m.* Cosa nueva que sustituye a otra rota o vieja. **SIN.** Repuesto.

recapacitar *v.* Pensar detenidamente algo. **SIN.** Reflexionar, meditar.

recapitulación *s. f.* Acción de recapitular.

recapitular *v.* Decir de forma resumida lo que se había dicho antes por extenso. **SIN.** Resumir, sintetizar.

recargable *adj.* Que se puede volver a cargar: *una batería recargable.*

recargamiento *s. m.* Abundancia excesiva de cosas en un sitio.

recargar *v.* **1.** Volver a cargar. **2.** Cargar con demasiado peso. **3.** Poner demasiadas cosas en un sitio. **4.** Hacer menos respirable el aire de un sitio cerrado.

recargo *s. m.* Cantidad de dinero que hay que pagar de más por haberse retrasado en el pago de algo.

recatado, da 1. *p.* de **recatarse**. ‖ *adj.* **2.** Muy decente, que muestra recato. **SIN. 2.** Pudoroso, decoroso. **ANT. 2.** Desvergonzado.

recatarse *v.* Comportarse con recato.

recato *s. m.* **1.** Decencia, vergüenza. **2.** Cautela, prudencia. **SIN. 1.** Decoro, honestidad, pudor. **2.** Moderación, reserva. **ANT. 1.** Desvergüenza. **2.** Desenfreno.

recauchutado, da 1. *p.* de **recauchutar**. También *adj.* ‖ *s. m.* **2.** Acción de recauchutar.

recauchutar *v.* Cubrir nuevamente de caucho una superficie que ya lo tenía pero que está desgastada o rota.

reciente

recaudación *s. f.* **1.** Acción de recaudar. **2.** Dinero que se ha recaudado. **SIN. 1.** Colecta.

recaudador, ra *s. m.* y *f.* Persona que se dedica a recaudar dinero.

recaudar *v.* Reunir dinero. **SIN.** Recolectar.

recaudo Se usa en la expresión **a buen recaudo**, 'seguro', 'sin ningún peligro'.

rección *s. f.* En gramática, acción de regir una palabra a otra u otras.

recelar *v.* Sentir recelo. **SIN.** Desconfiar, sospechar. **ANT.** Confiar.

recelo *s. m.* Desconfianza o temor. **SIN.** Sospecha, miedo. **ANT.** Confianza.

receloso, sa *adj.* Que recela. **SIN.** Desconfiado. **ANT.** Confiado.

recensión *s. f.* Comentario que se hace de una obra literaria, científica o de otra clase. **SIN.** Reseña, crítica.

recental *adj.* y *s. m.* Cordero o ternero que se alimenta de leche. **SIN.** Lechal.

recepción *s. f.* **1.** Hecho de recibir. **2.** Fiesta o ceremonia que se celebra para recibir a alguna persona importante. **3.** Lugar de atención al público en hoteles, oficinas y otros sitios. **SIN. 1.** Recibimiento.

recepcionista *s. m.* y *f.* Persona que atiende al público a la entrada de hoteles, oficinas y otros sitios.

receptáculo *s. m.* Cavidad que contiene o que puede contener algo. **SIN.** Recipiente.

receptividad *s. f.* Característica de receptivo.

receptivo, va *adj.* Que recibe con facilidad consejos, influencias u otras cosas y no las rechaza. **SIN.** Abierto; sensible.

receptor, ra *adj.* y *s.* **1.** Que recibe algo. || *s. m.* y *f.* **2.** Persona que escucha lo que le dice el emisor. || *adj.* y *s. m.* **3.** Aparato que recibe ondas u otras señales y las transforma en imágenes, sonidos, etc. **ANT. 2.** Oyente. **ANT. 1.** Emisor.

recesión *s. f.* Retroceso o disminución de algo: *recesión económica.* **ANT.** Desarrollo.

recesivo, va *adj.* **1.** Que tiende a la recesión. **2.** En biología, se dice del carácter hereditario que no se manifiesta en el individuo que lo tiene, pero que puede aparecer en sus descendientes.

receso *s. m.* Pausa, descanso.

receta *s. f.* **1.** Nota donde escribe el médico los medicamentos que debe tomar el enfermo. **2.** Lista con los ingredientes para preparar algo, sobre todo un plato de cocina, junto con la forma de hacerlo. **3.** Procedimiento para hacer o conseguir algo: *No puedo darte la receta de la felicidad.* **SIN. 3.** Fórmula.

recetar *v.* Decir el médico al enfermo los medicamentos que tiene que tomar. **SIN.** Prescribir.

recetario *s. m.* Conjunto de recetas.

rechace *s. m.* Acción de rechazar el balón.

rechazar *v.* **1.** No querer o no aceptar. **2.** Hacer que algo que golpea con fuerza en un sitio vaya hacia atrás. **3.** Despejar el balón en el fútbol y otros deportes. **4.** Resistir el ataque del enemigo y obligarlo a retroceder. **SIN. 1.** Denegar, oponerse. **2.** y **4.** Repeler. **ANT. 1.** Admitir. **4.** Claudicar.

rechazo *s. m.* Acción de rechazar. **SIN.** Oposición, negación. **ANT.** Aceptación.

rechifla *s. f.* Burla que se hace para poner en ridículo a alguien.

rechinar *v.* Hacer un ruido el roce de una cosa con otra: *rechinar los dientes.*

rechistar *v.* Hacer un ruido como para empezar a hablar, sobre todo para protestar. || **LOC. sin rechistar** Sin protestar ni oponerse.

rechoncho, cha *adj. fam.* Gordo y bajito. **SIN.** Achaparrado, chaparro. **ANT.** Esbelto.

rechupete Se usa en la expresión **de rechupete**, 'muy bueno' o 'muy agradable'.

recibí *s. m.* En algunos documentos, fórmula que expresa que se ha recibido lo que se indica.

recibidor *s. m.* Parte de una casa u hotel que está a la entrada. **SIN.** Vestíbulo, *hall.*

recibimiento *s. m.* **1.** Acción de recibir. **2.** Recibidor. **SIN. 1.** Recepción.

recibir *v.* **1.** Llegar algo que se envía o viene de otra parte. **2.** Sentir o sufrir algo. **3.** Ir a ver o esperar a alguien que llega. **4.** Permitir una persona que alguien la visite. **5.** Aceptar o aprobar algo: *No sé cómo recibirán la noticia.* **SIN. 2.** Padecer. **4.** Admitir. **ANT. 1.** Mandar, remitir.

recibo *s. m.* Documento en el que pone que se ha recibido algo, como dinero o una cosa que se ha comprado. **SIN.** Factura.

reciclaje *s. m.* Acción de reciclar.

reciclar *v.* **1.** Hacer que algo que ya no servía vuelva a ser utilizable. **2.** Modernizar, poner al día.

reciedumbre *s. f.* Característica de las personas o cosas recias. **SIN.** Fortaleza, solidez. **ANT.** Debilidad.

recién *adv.* Acabado de hacer, sucedido poco antes.

reciente *adj.* Que se ha hecho o ha ocurrido hace muy poco tiempo. **SIN.** Fresco, nuevo. **ANT.** Atrasado, antiguo.

recientemente *adv.* Hace muy poco tiempo. **SIN.** Últimamente.

recinto *s. m.* Espacio que está limitado de algún modo.

recio, cia *adj.* **1.** Fuerte, musculoso, resistente. **2.** Duro, difícil de soportar. ‖ *adv.* **3.** De modo fuerte o firme. **SIN. 1.** Robusto, vigoroso. **2.** Crudo. **ANT. 1.** Débil. **2.** Suave.

recipiente *s. m.* Cualquier cosa que contiene o puede contener algo en su interior. **SIN.** Receptáculo.

reciprocidad *s. f.* Característica de recíproco.

recíproco, ca *adj.* **1.** Se dice de aquello que se da o se dirige a otro y que a su vez se recibe de este. **2.** En gramática, se dice de las oraciones que expresan ese tipo de acciones y también de los verbos y de los pronombres con que se construyen. **SIN. 1.** Mutuo.

recitación *s. f.* Acción de recitar.

recitado *s. m.* **1.** Acción de recitar. **2.** Fragmento o composición que se recita.

recital *s. m.* **1.** Concierto que da un solo cantante o músico. **2.** Lectura de poemas. **SIN. 1.** y **2.** Audición.

recitar *v.* Decir en voz alta y normalmente de memoria una poesía, un texto literario u otra cosa. **SIN.** Declamar.

recitativo, va *adj.* y *s. m.* Se dice del estilo musical a medio camino entre la recitación y el canto.

reclamación *s. f.* **1.** Acción de reclamar. **2.** Queja para protestar por alguna cosa. **SIN. 1.** Petición, solicitud, demanda. **2.** Protesta.

reclamar *v.* **1.** Pedir una cosa que se considera justa o necesaria. **2.** Protestar por algo que está mal. **3.** Llamar a una persona para que vaya a un sitio. **SIN. 1.** Solicitar, demandar. **2.** Quejarse.

reclamo *s. m.* **1.** Lo que usan los cazadores para atraer a las aves, por ejemplo, otra ave enjaulada. **2.** Cualquier cosa que sirve para atraer a las personas y animales. **SIN. 1.** y **2.** Señuelo.

reclinar *v.* Inclinar una cosa, sobre todo para apoyarla sobre otra. **SIN.** Recostar. **ANT.** Levantar.

reclinatorio *s. m.* Mueble que hay en las iglesias para arrodillarse.

recluir *v.* Encerrar, encarcelar. □ Es v. irreg. Se conjuga como *construir.* **SIN.** Apresar. **ANT.** Liberar.

reclusión *s. f.* Acción de recluir.

recluso, sa *adj.* y *s.* Persona que está en la cárcel. **SIN.** Preso.

recluta *s. m.* y *f.* Joven que acaba de comenzar el servicio militar, hasta que se incorpore a su destino definitivo.

reclutar *v.* **1.** Reunir personas para alguna cosa. **2.** Llamar a un joven para que se una al Ejército.

recobrar *v.* **1.** Recuperar algo que se había perdido. ‖ **recobrarse 2.** Recuperarse alguien de una enfermedad, un susto o una mala situación. **SIN. 2.** Mejorar, restablecerse. **ANT. 2.** Empeorar.

recocer *v.* Volver a cocer una cosa o cocerla demasiado. □ Es v. irreg. Se conjuga como *mover.*

recochinearse *v. fam.* Decir o hacer algo con recochineo.

recochineo *s. m. fam.* Forma de decir o hacer algo con burla o ironía para molestar a alguien.

recodo *s. m.* Curva o esquina muy cerrada.

recogedor *s. m.* Cogedor para recoger basura, carbón u otra cosa.

recogepelotas *s. m.* y *f.* Persona que recoge las pelotas que se quedan en la pista durante un partido de tenis y se las da a los jugadores.

recoger *v.* **1.** Coger algo que está en el suelo o se ha caído. **2.** Coger y reunir cosas de diferentes sitios. **3.** Ordenar algo, poner cada cosa en su sitio. **4.** Ir a buscar a una persona o cosa al sitio donde está. **5.** Acoger a una persona o animal para darle comida o un sitio donde dormir. **6.** Poner una cosa de manera que sea más pequeña, quede enrollada o sujeta. ‖ **recogerse 7.** Irse a dormir o descansar. **SIN. 1.** Levantar, alzar. **2.** Recolectar, recaudar. **3.** Guardar. **5.** Albergar. **7.** Retirarse. **ANT. 1.** Tirar. **2.** Esparcir. **5.** Abandonar.

recogida *s. f.* Acción de recoger. **SIN.** Recolección, recaudación; retirada.

recogido, da 1. *p.* de **recoger.** También *adj.* ‖ *adj.* **2.** Que ocupa poco espacio. **3.** Resguardado, acogedor.

recogimiento *s. m.* Actitud de la persona que se aísla de lo que la rodea para meditar.

recolección *s. f.* Acción de recolectar. **SIN.** Cosecha.

recolectar *v.* **1.** Recoger los frutos que dan la tierra, los árboles y las plantas. **2.** Juntar personas o cosas que estaban separadas o venían de sitios distintos. **SIN. 1.** Cosechar. **2.** Reunir, agrupar. **ANT. 2.** Dispersar.

recolector, ra *adj.* y *s.* Que recolecta, sobre todo los frutos de los campos.

recoleto, ta *adj.* Se dice del lugar apartado y tranquilo.

recomendable *adj.* Que es bueno, y por eso se recomienda.

recomendación *s. f.* **1.** Consejo que se da a alguien. **2.** Ventaja que tiene la persona que es favorecida por otra para conseguir un trabajo u otra cosa. **SIN. 2.** Influencia.

recomendado, da 1. *p.* de **recomendar.** También *adj.* ‖ *s. m.* y *f.* **2.** Persona que ha conseguido un trabajo u otra cosa por medio de una recomendación. **SIN. 2.** Enchufado.

recomendar *v.* **1.** Aconsejar, sugerir. **2.** Hablar muy bien de una persona para que otra le ayude en algo, por ejemplo, para darle trabajo. □ Es v. irreg. Se conjuga como *pensar.* **SIN. 2.** Mediar. **ANT. 1.** Desaconsejar.

recompensa *s. f.* Premio u otra cosa que recibe una persona por algo bueno que ha hecho. **SIN.** Gratificación.

recompensar *v.* Dar una recompensa a alguien. **SIN.** Premiar, gratificar.

recomponer *v.* Componer de nuevo algo. □ Es v. irreg. Se conjuga como *poner.* **SIN.** Rehacer, arreglar, reparar. **ANT.** Romper.

reconcentrado, da 1. *p.* de **reconcentrar.** ‖ *adj.* **2.** Muy fuerte o muy concentrado. **ANT. 2.** Suave, ligero.

reconcentrar *v.* Hacer más concentrado.

reconciliación *s. f.* Hecho de reconciliar.

reconciliar *v.* Hacer que vuelvan a llevarse bien dos o más personas. **ANT.** Enemistar.

reconcomerse *v.* Sentirse muy inquieto por algo, por ejemplo, por la envidia. **SIN.** Consumirse.

recóndito, ta *adj.* Muy escondido.

reconducir *v.* Dirigir o guiar algo a la situación en que se encontraba o a la que se considera normal o correcta: *Recondujeron el debate hacia el tema principal.* □ Es v. irreg. Se conjuga como *conducir.*

reconfortante *adj.* Que reconforta.

reconfortar *v.* Dar ánimos, fuerza o energía a alguien. **SIN.** Animar, confortar. **ANT.** Desanimar.

reconocer *v.* **1.** Saber quién es una persona o qué es una cosa, por conocerla de antes. **2.** Examinar con mucho cuidado a una persona o cosa. **3.** Aceptar, admitir. **4.** Estar agradecido por algo. □ Es v. irreg. Se conjuga como *agradecer.* **SIN. 1.** Identificar. **2.** Explorar, inspeccionar.

reconocido, da 1. *p.* de **reconocer.** También *adj.* ‖ *adj.* **2.** Agradecido.

reconocimiento *s. m.* **1.** Acción de reconocer. **2.** Agradecimiento, gratitud. **SIN. 1.** Exploración, examen, inspección. **ANT. 2.** Ingratitud.

reconquista *s. f.* y *n. pr. f.* Acción de reconquistar, particularmente la que realizaron los cristianos en España para recuperar los territorios conquistados por los musulmanes.

reconquistar *v.* Volver a conquistar. **SIN.** Recobrar, recuperar.

reconsiderar *v.* Volver a considerar algo.

reconstituir *v.* **1.** Volver a constituir una cosa. **2.** En medicina, fortalecer un organismo. □ Es v. irreg. Se conjuga como *construir.* **SIN. 1.** Restaurar.

reconstituyente *adj.* y *s. m.* Se dice de la medicina que sirve para fortalecer el organismo. **SIN.** Tónico.

reconstrucción *s. f.* Acción de reconstruir. **SIN.** Restauración.

reconstruir *v.* **1.** Arreglar o volver a hacer algo que está viejo, roto o muy estropeado. **2.** Contar cómo ha pasado algo a partir de recuerdos, declaraciones u otras cosas. □ Es v. irreg. Se conjuga como *construir.* **SIN. 1.** Restaurar, recomponer. **ANT. 1.** Destruir.

reconvención *s. f.* Acción de reconvenir. **SIN.** Reprimenda.

reconvenir *v.* Regañar a alguien, haciéndole comprender que se ha portado mal. □ Es v. irreg. Se conjuga como *venir.* **SIN.** Reprender, reñir.

reconversión *s. f.* Cambios que se realizan en una empresa o en una industria para hacerla más moderna o productiva.

reconvertir *v.* Hacer una reconversión. □ Es v. irreg. Se conjuga como *sentir.*

recopilación *s. f.* Acción de recopilar cosas, y conjunto de cosas así reunidas. **SIN.** Reunión. **ANT.** Dispersión.

recopilar *v.* Reunir cosas que estaban separadas en sitios distintos. **SIN.** Compilar. **ANT.** Dispersar.

recopilatorio, ria *adj.* y *s. m.* Que recopila: *disco recopilatorio.*

recórcholis *interj.* Expresa sorpresa, susto o enfado.

récord (del ingl.) *s. m.* **1.** Mejor resultado obtenido en una competición. **2.** Cualquier cosa que supera a las anteriores. **SIN. 1.** Plusmarca.

recordar *v.* **1.** Tener una cosa en la memoria. **2.** Decirle una cosa a alguien para que no se le olvide. **3.** Relacionar dos o más personas o cosas por tener algún parecido. □ Es v. irreg. Se conjuga como *contar.* **SIN. 1.** Acordarse, rememorar. **ANT. 1.** Olvidar.

recordatorio *s. m.* Tarjeta u otra cosa parecida con que se recuerda algún hecho, por ejemplo, la primera comunión.

recordman o **recordwoman** (ingl.) *s. m.* o *f.* Hombre o mujer que ha conseguido un récord. **SIN.** Plusmarquista.

recorrer *v.* Ir o pasar por varias partes. **SIN.** Atravesar.

recorrido *s. m.* Acción de recorrer y espacio que se recorre. **SIN.** Trayecto, itinerario.

recortable *s. m.* Papel o cartulina con dibujos que se pueden recortar, como los que traen figuras de muñecas con vestidos para ponérselos encima.

recortado, da 1. *p.* de **recortar.** También *adj.* ‖ *adj.* **2.** Que tiene muchos entrantes y salientes: *una costa recortada.* **SIN. 2.** Abrupto, accidentado.

recortar *v.* **1.** Cortar lo que sobra de algo. **2.** Cortar una figura u otra cosa de un papel o tela. **3.** Reducir, disminuir.

recorte *s. m.* **1.** Hecho de recortar. **2.** Figura, foto u otra cosa que se recorta. ‖ *s. m. pl.* **3.** Trozos que sobran de una cosa al recortarla.

recoser *v.* Coser encima de lo cosido.

recostar *v.* **1.** Inclinar y apoyar la cabeza o la parte superior del cuerpo sobre algo. **2.** Inclinar y apoyar una cosa sobre otra. □ Es *v.* irreg. Se conjuga como *contar.* **SIN. 1.** y **2.** Reclinar. **ANT. 1.** y **2.** Incorporar.

recoveco *s. m.* **1.** Curva muy cerrada. **2.** Rincón escondido. **SIN. 1.** Revuelta, recodo. **2.** Apartado.

recrear *v.* **1.** Reflejar un ambiente o una época en una película, novela o en otra obra. **2.** Divertir, disfrutar. **SIN. 2.** Deleitar, complacer. **ANT. 2.** Disgustar.

recreativo, va *adj.* Que divierte o entretiene: *juegos recreativos.*

recreo *s. m.* **1.** Tiempo de descanso que tienen los alumnos entre las clases. **2.** Entretenimiento o descanso: *una finca de recreo.* **SIN. 2.** Distracción, ocio.

recriar *v.* Criar a una persona o animal en un lugar distinto de donde ha nacido.

recriminación *s. f.* Acción de recriminar. **SIN.** Reproche, crítica. **ANT.** Aprobación.

recriminar *v.* Decirle a alguien que está mal algo que ha hecho y quejarse por ello. **SIN.** Reprochar, criticar. **ANT.** Aprobar.

recrudecer *v.* Empeorar algo perjudicial o desagradable. □ Es *v.* irreg. Se conjuga como *agradecer.* **SIN.** Agravar, arreciar. **ANT.** Suavizar.

recrudecimiento *s. m.* Acción de recrudecer. **SIN.** Agravamiento.

recta *s. f.* **1.** Línea formada por una serie de puntos situados en una misma dirección. ‖ **2.** **recta final** Última parte de algo.

rectal *adj.* Del recto, última parte del intestino grueso.

rectangular *adj.* Que tiene forma de rectángulo.

rectángulo, la *adj.* **1.** Que tiene uno o más ángulos rectos. ‖ *s. m.* **2.** Polígono de cuatro lados que tiene los cuatro ángulos rectos y los lados iguales dos a dos.

rectificación *s. f.* Acción de rectificar.

rectificar *v.* **1.** Cambiar un dato, opinión u otra cosa porque estaban equivocados. **2.** Cambiar alguna persona su forma de comportarse por otra mejor. **SIN. 1.** Modificar. **1.** y **2.** Enmendar. **2.** Enderezar. **ANT. 1.** Ratificar.

rectilíneo, a *adj.* Que tiene forma recta o está formado por rectas. **SIN.** Recto. **ANT.** Curvilíneo.

rectitud *s. f.* Característica de la persona recta y honrada. **SIN.** Integridad.

recto, ta *adj.* **1.** Que no está inclinado o torcido. **2.** Honrado y de conducta intachable. **3.** Se dice del ángulo que mide 90 grados. ‖ *adj.* y *s. m.* **4.** Se dice de la última parte del intestino de las personas y de algunos animales. **SIN. 1.** Derecho, tieso. **2.** Honesto, íntegro. **ANT. 1.** Curvo. **2.** Deshonesto.

rector, ra *s. m.* y *f.* **1.** Persona que dirige una universidad o algunas organizaciones o comunidades. ‖ *adj.* **2.** Que rige o gobierna.

rectorado *s. m.* Cargo y oficina del rector.

rectoral *adj.* Del rector.

rectoría *s. f.* **1.** Casa del párroco. **2.** Rectorado.

recua *s. f.* Conjunto de animales que se utilizan para transportar cosas.

recuadrar *v.* Rodear con un recuadro.

recuadro *s. m.* Cuadrado o rectángulo que se pone alrededor de algo.

recubrimiento *s. m.* Acción de recubrir. **SIN.** Revestimiento.

recubrir *v.* Cubrir una cosa del todo. □ Su *p.* es irreg.: *recubierto.* **SIN.** Tapar.

recuento *s. m.* Acción de contar el número de personas o cosas que forman un conjunto. **SIN.** Cómputo, escrutinio.

recuerdo *s. m.* **1.** Acción de recordar y aquello que se recuerda. **2.** Cosa que sirve para recordar un lugar o a una persona querida. ‖ *s. m. pl.* **3.** Saludo que mandamos a alguien que no está, a través de otra persona. **SIN. 1.** Evocación. **2.** *Souvenir.*

redondez

recular v. **1.** Andar o marchar hacia atrás. **2.** fam. Ceder una persona en una opinión o actitud. **SIN. 1.** Retroceder. **2.** Cejar. **ANT. 1.** Avanzar.

recuperación s. f. Acción de recuperar o recuperarse.

recuperar v. **1.** Volver a tener lo que se había perdido. **2.** Hacer que valga una cosa vieja o usada. **3.** Aprobar un examen o una asignatura que se había suspendido antes. || **recuperarse 4.** Ponerse bien después de una enfermedad o situación desfavorable. **SIN. 1.** y **4.** Recobrar(se). **2.** Reciclar. **4.** Restablecerse. **ANT. 4.** Empeorar.

recurrencia s. f. **1.** Acción de recurrir. **2.** Repetición, reiteración.

recurrente adj. Que se repite.

recurrir v. **1.** Acudir a una persona o cosa en caso de necesidad. **2.** En derecho, poner un recurso.

recurso s. m. **1.** Medio o procedimiento de que dispone una persona para hacer o conseguir algo. **2.** En derecho, reclamación contra algunas decisiones de una autoridad. || s. m. pl. **3.** Dinero, riqueza y otras cosas de que se dispone. **SIN. 1.** Solución. **3.** Bienes, fondos.

recusar v. **1.** Rechazar. **2.** En derecho, poner un impedimento legítimo para la actuación de un juez en un proceso. **SIN. 1.** Rehusar. **ANT. 1.** Aceptar.

red s. f. **1.** Tejido hecho con cuerdas, hilos o alambres entrelazados de manera que queden agujeros entre ellos. **2.** Conjunto de tuberías, líneas de teléfono, cables eléctricos, canales o caminos que están comunicados entre sí. **3.** Conjunto de personas o de cosas organizadas para hacer algo. **4.** Internet: buscar en la red. || **5. red social** Conjunto de personas o empresas vinculadas entre sí por tener algún tipo de relación profesional, de amistad o de cualquier otra índole, y que suelen relacionarse a través de Internet. || **LOC. en red** En informática, se dice de los equipos que están conectados entre sí para compartir información. **SIN. 1.** Malla.

redacción s. f. **1.** Hecho de redactar. **2.** Composición escrita sobre un tema que suele hacerse como ejercicio escolar. **3.** Conjunto de redactores de una editorial, periódico o revista, y lugar donde trabajan.

redactar v. Expresar algo por escrito.

redactor, ra s. m. y f. Persona que redacta, especialmente la que lo hace en una editorial, periódico o revista.

redada s. f. Operación policial en la que se detiene a muchas personas a la vez.

redaño s. m. **1.** Pliegue del peritoneo que une el intestino con la pared posterior del abdomen. || s. m. pl. **2.** Valor, coraje. **SIN. 2.** Agallas, narices.

redecilla s. f. **1.** Red pequeña, como la que se ponen algunas mujeres en el pelo. **2.** Una de las cuatro cavidades del estómago de los rumiantes.

rededor Se usa en la expresión **al rededor.** Ver **alrededor.**

redención s. f. Acción de redimir. **SIN.** Salvación. **ANT.** Condenación.

redentor, ra adj. y n. pr. m. Que redime; se dice sobre todo de Jesucristo. **SIN.** Salvador.

redicho, cha adj. y s. fam. Se dice de la persona que quiere ser demasiado perfecta cuando habla. **SIN.** Pedante, repipi.

rediez interj. Expresa enfado o sorpresa.

redil s. m. Lugar vallado en el que se guarda el ganado. **SIN.** Aprisco.

redimir v. **1.** Dar la libertad a alguien o sacarle de una mala situación. **2.** En la religión cristiana, salvar Jesucristo con su muerte y resurrección a todos los seres humanos. **SIN. 1.** Libertar. **ANT. 1.** Condenar.

redistribuir v. Distribuir algo de nuevo o hacerlo de manera diferente. □ Es v. irreg. Se conjuga como construir.

rédito s. m. Ganancia que produce algo, por ejemplo, el dinero que se tiene en el banco. **SIN.** Renta, interés.

redoblar v. **1.** Aumentar una cosa el doble o mucho. **2.** Tocar redobles de tambor. **3.** Tocar alguien las palmas, acompañando a otro, pero con ritmo diferente. **SIN. 1.** Doblar, duplicar. **ANT. 1.** Disminuir.

redoble s. m. Toque de tambor que se hace golpeando muy rápido los palillos.

redoma s. f. Vasija de vidrio ancha por abajo que se va estrechando hacia la boca.

redomado, da adj. Que tiene una característica negativa en grado extremo: un mentiroso redomado.

redonda s. f. Nota musical que equivale a cuatro negras.

redondeado, da 1. p. de **redondear.** || adj. **2.** Que tiene forma redonda o curvada.

redondear v. **1.** Dar forma redonda a algo. **2.** Dejar exacta o más sencilla una cifra añadiendo o restando una pequeña cantidad.

redondel s. m. **1.** Círculo, circunferencia. **2.** Ruedo de las plazas de toros.

redondez s. f. Característica de las cosas redondas.

redondilla *s. f.* Estrofa de cuatro versos de ocho sílabas o menos, que riman el primero con el cuarto y el segundo con el tercero.

redondo, da *adj.* **1.** Que tiene forma de círculo o de esfera. **2.** Muy bueno, perfecto. **3.** Se dice de la cifra o del número que se considera más sencillo o exacto en comparación con otros que son un poco mayores o menores, o tienen decimales. || *adj.* y *s. f.* **4.** Se dice de la letra de imprenta normal, que no es inclinada ni más gruesa. || *s. m.* **5.** Pieza de carne que tiene forma de cilindro. || LOC. **a la redonda** Alrededor, en la distancia que se expresa. **en redondo** Dando una vuelta completa. También, totalmente. SIN. **1.** Circular.

reducción *s. f.* Acción de reducir. SIN. Disminución. ANT. Aumento.

reducido, da 1. *p.* de reducir. También *adj.* || *adj.* **2.** Poco o pequeño.

reducir *v.* **1.** Hacer más pequeño, más corto o menos fuerte. **2.** Consistir una cosa en otra que se dice, sobre todo cuando se considera poco importante. **3.** Dominar, someter. **4.** En matemáticas, convertir una medida o unidad de una cantidad en otra. **5.** Hacer más sencilla una expresión matemática. **6.** En un vehículo, cambiar de una marcha más larga a otra más corta. □ Es v. irreg. Se conjuga como *conducir.* SIN. **1.** Disminuir, acortar. ANT. **1.** Aumentar, agrandar.

reducto *s. m.* **1.** Lugar o grupo de personas donde se conservan costumbres e ideas ya pasadas o a punto de desaparecer. **2.** Sitio muy bien protegido. SIN. **2.** Fortaleza.

redundancia *s. f.* Repetición innecesaria de una palabra, expresión o idea; por ejemplo, *bajar abajo.*

redundante *adj.* Que sobra, que es una redundancia.

redundar *v.* Ser algo bueno o malo para alguien. SIN. Repercutir.

reduplicar *v.* Aumentar el doble o mucho. SIN. Duplicar, doblar.

reedición *s. f.* **1.** Hecho de reeditar. **2.** Nueva edición de un libro, revista u otra cosa.

reeditar *v.* Volver a editar algo.

reeducar *v.* Volver a enseñar algo a alguien incapacitado para ello a causa de un accidente o enfermedad.

reelaborar *v.* Volver a elaborar.

reelección *s. f.* Acción de reelegir.

reelegir *v.* Volver a elegir. □ Es v. irreg. Se conjuga como *pedir.*

reembolsar *v.* Devolver a una persona el dinero que había dado para algo. SIN. Reintegrar, restituir.

reembolso *s. m.* Acción de reembolsar. || LOC. **contra reembolso** Forma de pagar algunas cosas que se piden por correo, al recibirlas.

reemplazar *v.* Sustituir a una persona o cosa por otra. SIN. Reponer, cambiar, suplir.

reemplazo *s. m.* **1.** Sustitución de una persona o cosa por otra. **2.** Conjunto de jóvenes que hacen el servicio militar en el mismo año. SIN. **1.** Cambio.

reemprender *v.* Volver a emprender lo que se había interrumpido. SIN. Reanudar.

reencarnación *s. f.* Acción de reencarnarse.

reencarnarse *v.* Según algunas creencias, nacer el alma, después de la muerte, en el cuerpo de otra persona o en el de otro ser.

reencontrar *v.* Volver a encontrar. □ Es v. irreg. Se conjuga como *contar.*

reencuentro *s. m.* Hecho de volver a encontrar a una persona o cosa.

reengancharse *v.* Quedarse en el Ejército una persona después de haber hecho el servicio militar a cambio de un sueldo.

reenganche *s. m.* Acción de reengancharse.

reenviar *v.* Enviar a alguien algo que se ha recibido.

reescribir *v.* Volver a escribir un texto para corregir los errores. □ Su p. es irreg.: *reescrito.*

reestrenar *v.* Volver a estrenar, por ejemplo, una película. SIN. Reponer.

reestreno *s. m.* **1.** Acción de reestrenar. **2.** Película, obra de teatro o espectáculo que se reestrena.

reestructuración *s. f.* Acción de reestructurar.

reestructurar *v.* Reorganizar algo.

refajo *s. m.* Falda corta que llevaban antes las mujeres debajo de la ropa para abrigarse.

refectorio *s. m.* Comedor de los conventos y otras casas de comunidades religiosas.

referencia *s. f.* **1.** Acción de referirse a algo. **2.** Información sobre algo. || *s. f. pl.* **3.** Informe sobre las cualidades de una persona o cosa. SIN. **1.** Alusión, mención, cita.

referéndum o **referendo** *s. m.* Consulta mediante votación que el Gobierno hace a los ciudadanos para que den su opinión sobre algo importante para el país.

referente *adj.* Que se refiere a algo. SIN. Relativo, concerniente.

réferi o **referí** *s. m. Amér.* Árbitro de fútbol.

referir *v.* **1.** Contar algo. **2.** Poner en relación una cosa con otra. || **referirse 3.** Indicar o mencionar algo directa o indirectamente.

☐ Es v. irreg. Se conjuga como *sentir*. **SIN.** **1.** Narrar, relatar. **2.** Atribuir, relacionar. **3.** Aludir.

refilón Se usa en la expresión **de refilón**, 'de lado' o 'de pasada'.

refinado, da 1. *p.* de refinar. También *adj.* ‖ *adj.* **2.** Fino, elegante. ‖ *s. m.* **3.** Acción de refinar. **SIN. 2.** Selecto, distinguido. **ANT. 2.** Grosero.

refinamiento *s. m.* Distinción, elegancia. **SIN.** Finura. **ANT.** Grosería.

refinar *v.* **1.** Hacer más fina o pura una cosa quitándole impurezas. **2.** Hacer más fino o elegante.

refinería *s. f.* Instalación industrial donde se refinan algunos productos, como el petróleo.

refino *s. m.* Acción de refinar el petróleo u otros productos.

reflectante *adj. y s. m.* Que refleja la luz u otra cosa. **SIN.** Reflector.

reflector, ra *adj. y s. m.* **1.** Que refleja. ‖ *s. m.* **2.** Foco que da luz con mucha intensidad, como los que hay en los campos de fútbol. **SIN. 1.** Reflectante.

reflejar *v.* **1.** Rechazar una superficie la luz, el calor, el sonido u otra cosa que llega hasta ella. **2.** Mostrar, manifestar. **SIN. 2.** Revelar, denotar, plasmar. **ANT. 2.** Ocultar.

reflejo, ja *adj.* **1.** Que ha sido reflejado: *luz refleja*. **2.** Que lo hacemos sin darnos cuenta como respuesta a algo. ‖ *s. m.* **3.** Luz que se refleja. **4.** Imagen reflejada en una superficie. **5.** Aquello que muestra o manifiesta algo. ‖ *s. m. pl.* **6.** Capacidad para reaccionar con rapidez. **SIN. 2.** Espontáneo, inconsciente. **3.** Destello, brillo. **ANT. 2.** Voluntario.

réflex *adj. y s. f.* Se dice de la cámara fotográfica que refleja la luz que entra al objetivo y la dirige hacia el visor donde se puede ver la misma imagen que saldrá en la fotografía.

reflexión *s. f.* **1.** Hecho de ponerse a pensar despacio en algo. **2.** Consejo, advertencia. **3.** Acción de reflejar o reflejarse la luz, el calor, el sonido u otra cosa. **SIN. 1.** Meditación, cavilación. **2.** Recomendación, sugerencia.

reflexionar *v.* Pensar despacio sobre algo. **SIN.** Meditar, cavilar.

reflexivo, va *adj.* **1.** Que piensa bien las cosas antes de hacerlas. ‖ *adj. y s. m.* **2.** Se dice del pronombre personal, como *me, te, se*, que indica la misma persona o personas que el sujeto y, también, de las oraciones en las que aparecen estos pronombres. **SIN. 1.** Pensativo, prudente. **ANT. 1.** Irreflexivo.

reflorecer *v.* Recobrar una cosa inmaterial la importancia que había tenido. ☐ Es v. irreg. Se conjuga como *agradecer*.

reflotar *v.* **1.** Volver a poner a flote una embarcación hundida o encallada. **2.** Hacer que una empresa o negocio vuelva a tener beneficios.

reflujo *s. m.* Descenso de la marea. **ANT.** Flujo.

refocilarse *v.* **1.** Divertirse con cosas groseras. **2.** Alegrarse de algo malo que le ocurre a otra persona. **SIN. 2.** Regodearse.

reforestar *v.* Volver a plantar árboles o plantas en un terreno del que han desaparecido. **SIN.** Repoblar.

reforma *s. f.* Cambio que se hace en algo, sobre todo para mejorarlo. **SIN.** Transformación, renovación.

reformar *v.* **1.** Hacer una reforma en algo para mejorarlo. **2.** Corregir la conducta de una persona. **SIN. 1.** Variar, transformar. **2.** Enmendar.

reformatorio *s. m.* Centro donde se lleva a los menores de edad que cometen un delito para corregir su conducta. **SIN.** Correccional.

reformista *adj. y s.* Partidario de las reformas políticas, sociales, etc.

reformular *v.* Volver a formular.

reforzar *v.* **1.** Hacer que algo quede más fuerte. **2.** Aumentar. ☐ Es v. irreg. Se conjuga como *contar*. **SIN. 1.** Fortalecer, asegurar. **2.** Intensificar.

refracción *s. f.* Cambio de dirección y velocidad de los rayos de luz cuando pasan de un medio a otro.

refractar *v.* Producir refracción. **SIN.** Refringir.

refractario, ria *adj. y s. m.* **1.** Se dice del material que resiste la acción del fuego sin cambiar ni estropearse. ‖ *adj.* **2.** Que se opone a una idea, cambio, etc. **SIN. 2.** Opuesto, reacio. **ANT. 2.** Defensor.

refrán *s. m.* Dicho de tradición popular que expresa una enseñanza, un consejo o algo que suele ocurrir; por ejemplo, *'Quien mal anda, mal acaba'*. **SIN.** Proverbio.

refranero *s. m.* Colección de refranes.

refregar *v.* Restregar. ☐ Es v. irreg. Se conjuga como *pensar*.

refreír *v.* Volver a freír o freír demasiado un alimento. ☐ Es v. irreg. Se conjuga como reír. Tiene dos p.: uno reg., *refreído*, que se utiliza para la formación de los tiempos compuestos, y otro irreg., *refrito*, utilizado también como adj.

refrenar *v.* Controlar, dominar. **SIN.** Frenar, moderar. **ANT.** Liberar.

refrendar *v.* **1.** Dar validez una persona autorizada con su firma a un documento u otra cosa. **2.** Aceptar, decir que sí a algo. **SIN. 2.** Respaldar, ratificar.

refrendo *s. m.* Hecho de refrendar algo. **SIN.** Respaldo.

refrescante *adj.* Que refresca.

refrescar *v.* **1.** Poner fresco. **2.** Hacer que alguien recuerde cosas olvidadas. **3.** Hacer más frío. **ANT. 1.** Calentar.

refresco *s. m.* Bebida fresca, como una limonada o una naranjada.

refriega *s. f.* **1.** Combate poco importante. **2.** Riña o pelea violenta.

refrigeración *s. f.* **1.** Acción de refrigerar. **2.** Aparatos que sirven para refrigerar.

refrigerador, ra *adj.* **1.** Que refrigera o sirve para refrigerar. || *s. m.* **2.** Frigorífico.

refrigerante *adj. y s. m.* Que refrigera: *líquido refrigerante.*

refrigerar *v.* Enfriar algo, como la temperatura de un local o los alimentos.

refrigerio *s. m.* Comida ligera que se toma para reponer fuerzas. **SIN.** Tentempié.

refringir *v.* Refractar.

refrito *s. m.* **1.** Ajo, cebolla y otros ingredientes fritos en aceite, que se añaden a algunos guisos. **2.** *fam.* Cosa de mala calidad que se hace copiando otras. **SIN. 1.** Sofrito.

refuerzo *s. m.* **1.** Hecho de reforzar. **2.** Aquello que refuerza algo. **3.** Conjunto de personas o cosas que se unen a otras para ayudar a algo.

refugiado, da **1.** *p.* de **refugiarse**. También *adj.* || *s. m. y f.* **2.** Persona que busca refugio en otro país, generalmente por motivos políticos.

refugiarse *v.* Ir a un sitio para estar protegido. **SIN.** Cobijarse, resguardarse.

refugio *s. m.* **1.** Lugar que sirve para refugiarse. **2.** Protección, ayuda o consuelo. **SIN. 1.** Abrigo, albergue. **2.** Asilo, cobijo, amparo. **ANT. 2.** Desamparo.

refulgente *adj.* Que brilla o resplandece. **SIN.** Resplandeciente.

refulgir *v.* Brillar, resplandecer. **SIN.** Relucir.

refundición *s. f.* Acción de refundir.

refundir *v.* **1.** Volver a fundir los metales. **2.** Mezclar, reunir varias cosas en una sola. **3.** Dar una nueva forma a un escrito u obra literaria.

refunfuñar *v.* Gruñir en señal de protesta o enfado. **SIN.** Rezongar.

refunfuñón, na *adj. y s.* Persona que refunfuña mucho. **SIN.** Rezongón.

refutación *s. f.* Acción de refutar algo y argumento con que se refuta.

refutar *v.* Contradecir lo que dice otro con argumentos o razones. **SIN.** Rebatir. **ANT.** Ratificar.

regadera *s. f.* Recipiente para regar con un tubo que termina en una tapadera con agujeros por donde sale el agua. || **LOC. estar como una regadera** Estar loco.

regadío *s. m.* Terreno para cultivos que necesitan mucho riego. **ANT.** Secano.

regalado, da 1. *p.* de **regalar**. También *adj.* || *adj.* **2.** *fam.* Muy barato. **3.** Se dice de la vida llena de placeres y comodidades. **SIN. 2.** Tirado. **3.** Placentero. **ANT. 2.** Caro.

regalar *v.* **1.** Dar un regalo. **2.** *fam.* Vender muy barato. **3.** Agradar o divertir. || **LOC. regalar los oídos** Agradar a una persona diciéndole cosas bonitas. **SIN. 1.** Obsequiar. **3.** Agasajar, deleitar.

regalía *s. f.* Privilegio o derecho que solo tienen ciertas personas, sobre todo un rey.

regaliz *s. m.* **1.** Planta de flores azuladas y un tallo subterráneo grueso que se usa para fabricar dulces. **2.** Pasta hecha con el jugo de ese tallo y que se toma como golosina en barritas o pastillas.

regalo *s. m.* **1.** Cosa que una persona da a otra como muestra de cariño, amistad o agradecimiento. **2.** *fam.* Cosa muy barata. **3.** Lo que gusta o agrada: *Aquel paisaje era un regalo para la vista.* **4.** Comodidad y bienestar. **SIN. 1.** Obsequio, presente, donación. **2.** Ganga. **3.** Deleite.

regañadientes Se usa en la expresión **a regañadientes**, 'quejándose, de mala gana'.

regañar *v.* **1.** Decirle una persona a otra que le parece mal su conducta. **2.** Discutir, pelear. **SIN. 1.** Reprender. **1. y 2.** Reñir. **ANT. 2.** Reconciliarse.

regañina *s. f.* Acción de regañar a alguien. **SIN.** Reprimenda.

regar *v.* **1.** Echar agua a una planta, a un terreno, a las calles o a otras cosas. **2.** Derramar o esparcir otra cosa. **3.** Atravesar un río un lugar. □ Es v. irreg. Se conjuga como *pensar.* **SIN. 2.** Desparramar.

regata *s. f.* Carrera entre embarcaciones.

regate *s. m.* Movimiento rápido que se hace con el cuerpo a un lado y a otro para evitar un golpe, choque o caída; en el fútbol y otros deportes, lo que hace un jugador para que no le quiten el balón.

regatear *v.* **1.** Discutir el comprador con el vendedor el precio de algo para conseguirlo más barato. **2.** *fam.* Escatimar, ahorrar. **3.** Hacer un regate.

regateo *s. m.* Acción de regatear.

regatista *s. m.* y *f.* Deportista que participa en regatas.

regato *s. m.* Arroyo pequeño.

regazo *s. m.* Parte del cuerpo de la mujer entre la cintura y las rodillas cuando está sentada.

regencia *s. f.* **1.** Acción de regir o gobernar. **2.** Gobierno de un Estado por parte de una persona o grupo que hace las funciones del rey cuando este es menor de edad o por otro motivo.

regeneración *s. f.* Hecho de regenerar.

regenerar *v.* **1.** Volver a poner en buen estado una cosa gastada, estropeada o destruida. **2.** Volver a salirles a algunos animales una parte de su cuerpo que habían perdido. **3.** Hacer que una persona abandone su mala conducta. **SIN. 1.** Recuperar. **3.** Reformar.

regenta *s. f.* Mujer del regente.

regentar *v.* **1.** Dirigir un negocio. **2.** Estar en un cargo o empleo solo por un tiempo.

regente *adj.* y *s.* **1.** Que rige o gobierna. ‖ *s. m.* y *f.* **2.** Persona que gobierna un Estado cuando el rey es menor de edad o por otro motivo.

reggae (ingl.) *s. m.* Estilo musical popular de Jamaica, de ritmo simple y repetitivo.

reggaeton (ingl.) *s. m.* Estilo musical que fusiona el *reggae* con el *hip hop* y otras influencias, como la salsa.

regicida *adj.* y *s.* Que comete regicidio.

regicidio *s. m.* Asesinato del rey, la reina, el príncipe heredero o el regente.

regidor, ra *s. m.* y *f.* **1.** Concejal de un ayuntamiento. **2.** Persona que en el teatro, el cine o la televisión se encarga del orden y de la realización de los movimientos y efectos dispuestos por el director.

régimen *s. m.* **1.** Forma de gobierno de un país. **2.** Manera de hacerse una cosa o una actividad o modo en que suele producirse algo: *el régimen de lluvias de una región.* **3.** Indicaciones sobre lo que debe comer una persona cuando está enferma, quiere adelgazar, etc. **4.** En gramática, hecho de exigir un verbo, un sustantivo u otra palabra un determinado complemento. **SIN. 2.** Normativa, programa. **3.** Dieta.

regimiento *s. m.* **1.** Unidad del Ejército al mando de un coronel. **2.** *fam.* Conjunto muy numeroso de personas.

regio, gia *adj.* Del rey. **SIN.** Real.

región *s. f.* **1.** Parte de un territorio o país que tiene unas determinadas características. **2.** Parte del cuerpo de una persona o animal. **SIN. 1.** y **2.** Área.

regional *adj.* De una región.

regionalismo *s. m.* Doctrina política que defiende la autonomía o los intereses de una región.

regionalista *adj.* y *s.* Del regionalismo o partidario de él.

regir *v.* **1.** Dirigir, gobernar. **2.** Guiar, conducir. **3.** En gramática, exigir una palabra la presencia de otra u otras; por ejemplo, el verbo *sospechar* rige la preposición *de.* **4.** Estar vigente, ser válido. **5.** Tener bien una persona sus facultades mentales. □ Es v. irreg. Se conjuga como *pedir.* **SIN. 1.** Administrar. **4.** Valer.

registrado, da 1. *p.* de **registrar.** También *adj.* ‖ *adj.* **2.** Que se registró o apuntó en un registro.

registrador, ra *adj.* **1.** Que registra. ‖ *s. m.* y *f.* **2.** Funcionario encargado de un registro público, sobre todo el de la propiedad.

registrar *v.* **1.** Pasar las manos por el cuerpo de alguien para ver si esconde algo. **2.** Buscar con mucho cuidado en un sitio. **3.** Apuntar en un registro. **4.** Anotar, señalar. **5.** Grabar la imagen y el sonido. ‖ **registrarse 6.** Producirse, ocurrir: *Se registraron muy bajas temperaturas.* **SIN. 1.** Cachear. **2.** Inspeccionar. **3.** Inscribir. **6.** Suceder, apreciarse.

registro *s. m.* **1.** Acción de registrar. **2.** Libro, cuaderno o lugar en el que se anotan hechos y datos para que quede constancia de ellos. **3.** Abertura cubierta con una tapa que sirve para examinar, reparar o conservar lo que está bajo tierra o metido en las paredes.

regla *s. f.* **1.** Utensilio para hacer líneas rectas o para medir la distancia entre dos puntos. **2.** Aquello que hay que cumplir o que indica cómo hacer algo o cómo comportarse. **3.** Manera de producirse normalmente algo. **4.** Conjunto de normas de una orden religiosa. **5.** Menstruación. ‖ **6. las cuatro reglas** La suma, la resta, la multiplicación y la división; también, los conocimientos básicos de una ciencia o actividad. **7. regla de tres** Procedimiento matemático para hallar una cantidad desconocida cuando se conocen otras tres con las que tiene relación. ‖ **LOC. en regla** o **en toda regla** Como es debido. **por regla general** Casi siempre o normalmente. **SIN. 2.** Reglamento; pauta; indicación. **5.** Periodo, mes.

reglado, da 1. *p.* de **reglar.** También *adj.* ‖ *adj.* **2.** Sujeto a una regla, ley o norma: *enseñanza reglada.*

reglamentación *s. f.* **1.** Acción de reglamentar. **2.** Conjunto de reglas.

reglamentar *v.* Poner las normas o reglas con que tiene que hacerse algo.

reglamentario, ria *adj.* Que lo manda un reglamento o está relacionado con él.

reglamento *s. m.* Conjunto de normas o reglas que hay que cumplir en una actividad. **SIN.** Normativa.

reglar *v.* **1.** Reglamentar. **2.** Ajustar un mecanismo.

regleta *s. f.* Base de plástico sobre la que se colocan los componentes de un circuito eléctrico.

regocijar *v.* Alegrar, divertir. **SIN.** Entusiasmar. **ANT.** Entristecer.

regocijo *s. m.* Alegría y contento que suele mostrarse exteriormente. **SIN.** Júbilo, entusiasmo. **ANT.** Tristeza.

regodearse *v.* **1.** *fam.* Alegrarse alguien con mala intención de los males ajenos. **2.** *fam.* Disfrutar mucho con algo. **SIN.** **1.** Refocilarse.

regodeo *s. m.* Acción de regodearse.

regoldar *v.* Eructar. □ Es v. irreg. Se conjuga como *contar*.

regordete, ta *adj. fam.* Pequeño y gordo. **SIN.** Rechoncho, chaparro. **ANT.** Estilizado.

regresar *v.* Volver, retornar.

regresión *s. f.* Retroceso. **ANT.** Progresión.

regresivo, va *adj.* Que retrocede o va hacia atrás. **ANT.** Progresivo.

regreso *s. m.* Vuelta, retorno.

regüeldo *s. m.* Eructo.

reguera *s. f.* Reguero, canal.

reguero *s. m.* **1.** Chorro o arroyo pequeño. **2.** Línea o señal que deja algo que se va derramando. **3.** Reguera canal para regar. ‖ **LOC. como un reguero de pólvora** Con mucha rapidez. **SIN.** **1.** Regato.

reguetón *s. m.* *Reggaeton.*

regulable *adj.* Que puede ser regulado: *un asiento regulable.*

regulación *s. f.* Acción de regular.

regulador, ra *adj.* **1.** Que regula. ‖ *s. m.* **2.** Mecanismo que controla o regula un proceso, como el funcionamiento de una máquina.

regular[1] *v.* **1.** Poner en orden. **2.** Hacer que algo siga unas reglas. **3.** Hacer que algo funcione o esté bien. **4.** Graduar. **SIN.** **1.** Regularizar. **2.** Reglamentar. **3.** Ajustar.

regular[2] *adj.* **1.** De acuerdo con una regla; se dice, por ejemplo, de los verbos que se conjugan siguiendo los modelos generales (*cantar, temer* y *partir*). **2.** Mediano. **3.** Ni bueno ni malo. **4.** Sin grandes cambios que sucede a intervalos iguales: *un vuelo regular.* **5.** En geometría, se dice de la figura que tiene los lados, ángulos o caras iguales entre sí. ‖ *adv.* **6.** No muy bien. ‖ **LOC. por lo regular**

Normalmente. **SIN.** **2.** Intermedio. **ANT.** **1.** y **5.** Irregular. **2.** y **3.** Excepcional.

regularidad *s. f.* **1.** Característica de regular. **2.** Hecho de suceder algo de forma regular, sin cambios.

regularización *s. f.* Acción de regularizar. **SIN.** Normalización.

regularizar *v.* Hacer que una cosa sea normal. **SIN.** Normalizar, regular.

regularmente *adv.* Con regularidad, a intervalos regulares.

regurgitar *v.* Echar por la boca, sin vomitar, lo que se ha comido o bebido.

regusto *s. m.* **1.** Sabor que deja un alimento o bebida. **2.** Sensación o recuerdo que deja algo que ha pasado.

rehabilitación *s. f.* **1.** Acción de rehabilitar o rehabilitarse. **2.** Ejercicios para recuperar una capacidad perdida o disminuida por un accidente o enfermedad. **SIN.** **1.** Restauración, restablecimiento.

rehabilitar *v.* Poner a una persona o cosa en el estado, puesto o situación en que antes se encontraba. **SIN.** Restaurar, restablecer.

rehacer *v.* **1.** Volver a hacer algo. ‖ **rehacerse 2.** Recuperar una persona las fuerzas o el ánimo que tenía antes. □ Es v. irreg. Se conjuga como *hacer.* **SIN.** **1.** Reconstruir. **2.** Restablecerse. **ANT.** **1.** Deshacer. **2.** Hundirse.

rehén *s. m.* y *f.* Persona que es retenida a la fuerza por otra para obligar a un tercero a cumplir unas condiciones.

rehogar *v.* Freír ligeramente un alimento. **SIN.** Sofreír, pochar.

rehuir *v.* **1.** Evitar algo molesto o desagradable. **2.** Intentar no tener trato o no encontrarse con otro. □ Es v. irreg. Se conjuga como *construir.* **SIN.** **1.** y **2.** Eludir, esquivar.

rehundir *v.* **1.** Hundir profundamente una cosa en otra. **2.** Producir una cavidad o depresión.

rehusar *v.* Rechazar, no aceptar. **SIN.** Desdeñar. **ANT.** Admitir.

reimplantar *v.* **1.** Volver a implantar. **2.** Operar a una persona para volver a colocar en su lugar un miembro que había sido cortado o separado del cuerpo.

reimpresión *s. f.* **1.** Acción de reimprimir. **2.** Libro o escrito reimpreso.

reimprimir *v.* Volver a imprimir. □ Tiene dos participios: uno reg., *reimprimido,* y otro irreg., *reimpreso.*

reina *s. f.* **1.** Mujer que reina. **2.** Esposa del rey. **3.** Pieza del ajedrez que es la más importante después del rey. **4.** Mujer, animal o cosa del género femenino que sobresale entre las demás. **5.** Hembra de algunos grupos de insectos, como las abejas, que se ocupa sobre todo de tener crías. **SIN. 1.** Soberana.

reinado *s. m.* Actividad de reinar y tiempo que reina un rey o una reina.

reinante *adj.* Que está reinando.

reinar *v.* **1.** Hacer su función un rey o una reina. **2.** Dominar, prevalecer. **SIN. 2.** Imperar, predominar.

reincidencia *s. f.* Acción de reincidir. **SIN.** Recaída.

reincidente *adj.* Que reincide en un error, falta o delito.

reincidir *v.* Volver a cometer un error, falta o delito. **SIN.** Recaer. **ANT.** Corregirse.

reincorporación *s. f.* Acción de reincorporarse.

reincorporarse *v.* Volver a incorporarse.

reineta *adj. y s. f.* Se dice de una variedad de manzana de forma aplanada y sabor algo ácido.

reinicializar o **reiniciar** *v.* En informática, apagar el ordenador, generalmente porque no funciona con normalidad, y volver a encenderlo.

reino *s. m.* **1.** Lugar donde reina un monarca. **2.** Espacio en que domina algo: *el reino de la fantasía.* **3.** Cada uno de los cinco grandes grupos en que se ha dividido a los seres vivos. **SIN. 2.** Mundo, campo.

reinserción *s. f.* Integración de nuevo en la sociedad de algunas personas, como los terroristas o los delincuentes, que vivían al margen de ella.

reinsertar *v.* Introducir de nuevo en la sociedad a alguien que vive alejado de ella: *reinsertar a un expresidiario.*

reinstalar *v.* Volver a instalar.

reintegrar *v.* **1.** Devolver completamente algo. ‖ **reintegrarse 2.** Volver a una actividad. **SIN. 1.** Restituir. **2.** Reincorporarse. **ANT. 2.** Cesar.

reintegro *s. m.* **1.** Pago del dinero que se debe a una persona. **2.** Premio de la lotería que equivale a la cantidad jugada. **3.** Vuelta a una actividad.

reinterpretar *v.* Interpretar o explicar algo de manera distinta.

reinvertir *v.* Invertir los beneficios obtenidos en una actividad económica en esa misma actividad. □ Es v. irreg. Se conjuga como *sentir.*

reír *v.* **1.** Mostrar alguien alegría o que algo le parece gracioso mediante la expresión de la cara y un sonido muy característico. ‖ **reírse 2.** Burlarse o no hacer caso: *Me río yo de*

sus consejos. □ Es v. irreg. **SIN. 1.** y **2.** Carcajearse. **2.** Mofarse. **ANT. 1.** Llorar.

reiteración *s. f.* Acción de reiterar.

reiterado, da 1. *p.* de **reiterar.** ‖ *adj.* **2.** Que se dice o se hace más de una vez.

reiterar *v.* Repetir algo.

reiterativo, va *adj.* Repetitivo.

reivindicación *s. f.* Acción de reivindicar. **SIN.** Reclamación, exigencia.

reivindicar *v.* **1.** Reclamar una persona algo que le parece justo. **2.** Decir alguien que es el autor o el responsable de algo. **SIN. 1.** Exigir. **2.** Atribuirse. **ANT. 1.** Renunciar. **2.** Negar.

reivindicativo, va *adj.* Que reivindica algo.

reja¹ *s. f.* Pieza de hierro del arado que se introduce en la tierra para hacer los surcos.

reja² *s. f.* Conjunto de hierros en forma de barrotes o haciendo dibujos, que se ponen

REÍR	
GERUNDIO	
riendo	
INDICATIVO	
Presente	Pretérito perfecto simple
río	*reí*
ríes	*reíste*
ríe	*rio*
reímos	*reímos*
reís	*reísteis*
ríen	*rieron*
SUBJUNTIVO	
Presente	Pretérito imperfecto
ría	*riera, -ese*
rías	*rieras, -eses*
ría	*riera, -ese*
riamos	*riéramos, -ésemos*
riais	*rierais, -eseis*
rían	*rieran, -esen*
Futuro simple	
riere	*riéremos*
rieres	*riereis*
riere	*rieren*
IMPERATIVO	
ríe (tú)	*reíd* (vosotros)
ría (usted)	*rían* (ustedes)

r

en las ventanas o en otros lugares para protegerlos o con otros fines. ‖ **LOC. entre rejas** Que está preso, en la cárcel. **SIN.** Verja, cancela, enrejado.

rejería *s. f.* **1.** Técnica de construir rejas o verjas. **2.** Conjunto de rejas.

rejilla *s. f.* Red de tela metálica u otro material que se pone en algunos sitios, por ejemplo, para cubrir una abertura.

rejón *s. m.* **1.** Barra de hierro que termina en punta. **2.** Palo largo de madera con una cuchilla de acero en la punta, que se utiliza para rejonear.

rejoneador, ra *s. m.* y *f.* Persona que torea a caballo.

rejonear *v.* Torear a caballo.

rejoneo *s. m.* Toreo a caballo.

rejuvenecer *v.* Dar a alguien el aspecto o las fuerzas de una persona joven. ☐ Es v. irreg. Se conjuga como *agradecer*. **ANT.** Envejecer.

rejuvenecimiento *s. m.* Hecho de rejuvenecer. **ANT.** Envejecimiento.

relación *s. f.* **1.** Situación entre dos hechos, ideas o cosas que están unidos por algo. **2.** Trato entre dos o más personas. **3.** Persona con la que otra tiene amistad o trato. **4.** Lista. **5.** Narración de algo. ‖ *s. f. pl.* **6.** Trato amoroso o sexual entre dos personas. ‖ **7. relaciones públicas** Trabajo basado fundamentalmente en el trato con la gente, que consiste en promocionar a alguien o algo. También, persona que realiza este trabajo. **SIN. 1.** Vínculo, conexión, correlación. **1.** y **2.** Contacto. **3.** Trato. **4.** Enumeración. **5.** Relato, exposición. **ANT. 1.** Desconexión.

relacional *adj.* De la relación o que establece relación.

relacionar *v.* **1.** Poner en relación personas o cosas. ‖ **relacionarse 2.** Tener relaciones de amistad, comerciales o de otro tipo. **SIN. 1.** Vincular, conectar. **2.** Tratarse, alternar. **ANT. 1.** Separar.

relajación *s. f.* **1.** Acción de relajar o relajarse. **2.** El hecho de ser menos duras las normas, la disciplina o las costumbres. **SIN. 1.** y **2.** Relajo.

relajado, da 1. *p.* de **relajar**. También *adj.* ‖ *adj.* **2.** Tranquilo.

relajante *adj.* Que relaja.

relajar *v.* **1.** Hacer que desaparezca la tensión de un músculo o de otra parte del cuerpo. **2.** Tranquilizar o distraer a una persona de sus preocupaciones. **3.** Hacer menos severa una ley, una norma u otra cosa. **SIN. 1.** Aflojar. **2.** Serenar, sosegar. **3.** Suavizar. **ANT. 1.** Tensar. **3.** Endurecer.

relajo *s. m.* **1.** Descanso, tranquilidad. **2.** Falta de orden o disciplina. **SIN. 1.** Relax. **1.** y **2.** Relajación.

relamer *v.* **1.** Lamer otra vez. ‖ **relamerse 2.** Pasar la lengua por los labios. **3.** Encontrar mucho gusto o satisfacción pensando en algo. **SIN. 3.** Recrearse, deleitarse, regodearse.

relamido, da 1. *p.* de **relamer**. ‖ *adj.* y *s.* **2.** Que va excesivamente arreglado.

relámpago *s. m.* **1.** Luz intensa y momentánea que se produce en las nubes por una descarga eléctrica. **2.** Cosa muy rápida o breve: *viaje relámpago.*

relampaguear *v.* **1.** Haber relámpagos. **2.** Brillar de forma intermitente.

relanzar *v.* Volver a lanzar algo o promocionarlo con nuevo impulso.

relatar *v.* Contar, narrar. **SIN.** Referir.

relativamente *adv.* **1.** En relación o en comparación con otras cosas. **2.** Más o menos, según se mire.

relatividad *s. f.* **1.** Característica de relativo. ‖ **2. teoría de la relatividad** Teoría física formulada por Einstein que aporta, entre otras ideas, que el tiempo pasa de forma distinta según los objetos estén en reposo o en movimiento y que la longitud de una cosa varía dependiendo de la velocidad con que se desplaza.

relativismo *s. m.* Teoría que sostiene la relatividad del conocimiento y cuestiona las verdades absolutas.

relativizar *v.* Considerar un asunto teniendo en cuenta ciertas circunstancias que disminuyen su importancia.

relativo, va *adj.* **1.** Que tiene relación con algo o trata de ello. **2.** Que no es absoluto y depende de su relación o comparación con otras cosas. ‖ *adj.* y *s. m.* **3.** En gramática, se dice de algunos pronombres como *que* o *quien*, o adverbios como *cuando* y *donde*, que introducen una oración subordinada y realizan además una función sintáctica dentro de ella. ‖ *adj.* y *s. f.* **4.** Se dice de la oración subordinada que va introducida por estos pronombres o adverbios. **SIN. 1.** Concerniente, referente.

relato *s. m.* **1.** Acción de relatar o contar algo. **2.** Narración breve. **SIN. 1.** Relación, exposición. **2.** Cuento.

relax (del ingl.) *s. m.* Relajación. **SIN.** Relajo. **ANT.** Estrés.

relé *s. m.* Aparato que produce una modificación en un circuito eléctrico al cumplirse unas condiciones dadas.

releer *v.* Volver a leer algo. ☐ Es v. irreg. Se conjuga como *leer*.

relegar v. Apartar, dejar de lado. SIN. Postergar, arrinconar. ANT. Atender.

relente s. m. Humedad fría que hay en la atmósfera en las noches despejadas.

relevancia s. f. Importancia, trascendencia.

relevante adj. 1. Importante, significativo. 2. Muy bueno. SIN. 2. Excelente, notable. ANT. 1. y 2. Irrelevante.

relevar v. 1. Sustituir una persona a otra en una actividad. 2. Liberar a alguien de una carga o de una obligación. 3. Echar a alguien de un trabajo o puesto. SIN. 1. Reemplazar, suplir. 2. Eximir, descargar. 3. Expulsar, destituir. ANT. 2. Cargar.

relevista adj. y s. Se dice del atleta que participa en pruebas de relevos.

relevo s. m. 1. Acción de relevar. 2. Persona o grupo que releva a otro. ‖ s. m. pl. 3. Competición deportiva entre varios equipos en la que los miembros de cada uno de ellos se relevan después de recorrer una misma distancia. SIN. 1. Sustitución.

relicario s. m. 1. Caja o lugar en que se guardan las reliquias de un santo. 2. Estuche, casi siempre en forma de medallón, en que se guarda un recuerdo de una persona.

relieve s. m. 1. Cosa que sobresale en una superficie plana. 2. Conjunto de montañas, valles y otras cosas que hay en la superficie de la Tierra. 3. Importancia o valor. ‖ LOC. **poner de relieve** una cosa Destacarla. SIN. 3. Categoría, prestigio.

religión s. f. Conjunto de ideas y prácticas de las personas que creen en uno o varios dioses o seres superiores. SIN. Confesión.

religiosamente adv. Con mucha puntualidad o exactitud.

religiosidad s. f. Característica de religioso. SIN. Devoción.

religioso, sa adj. 1. De la religión o relacionado con la religión. 2. Que sigue una religión y cumple lo que manda. ‖ adj. y s. 3. Persona que consagra su vida a Dios y entra en una orden, como los frailes y las monjas. ‖ adj. 4. Muy puntual y exacto: *Cumple todas las normas de manera religiosa.* SIN. 2. Devoto, creyente. 3. Monje, hermano. ANT. 1. Pagano. 2. Ateo. 3. Laico.

relinchar v. Dar relinchos el caballo.

relincho s. m. Sonido que hace el caballo.

reliquia s. f. 1. Parte del cuerpo de un santo o cosa que estuvo en contacto con él y que es venerada por los fieles de una religión. 2. Resto que queda de cosas que ocurrieron hace mucho tiempo. SIN. 2. Vestigio.

rellano s. m. Descansillo.

rellenar v. 1. Volver a llenar algo. 2. Escribir en un impreso los datos que se piden. 3. Meter dentro de un alimento otros. 4. Llenar un hueco con algo. SIN. 2. Cumplimentar. ANT. 1. Vaciar.

relleno, na adj. 1. Rellenado con algo. 2. Que está un poco gordo. ‖ s. m. 3. Ingredientes con que se rellena un alimento. 4. Cualquier material con que se rellena algo. SIN. 2. Regordete, fondón. ANT. 2. Delgado.

reloj s. m. Utensilio o máquina para medir el tiempo. ‖ LOC. **contra reloj** Muy rápidamente. También, carrera ciclista en que los corredores, de uno en uno, intentan llegar a la meta en el menor tiempo posible.

relojería s. f. Tienda en que se venden o arreglan relojes.

relojero, ra s. m. y f. Persona que hace, arregla o vende relojes.

reluciente adj. Que reluce o brilla. SIN. Brillante, resplandeciente.

relucir v. Brillar. ‖ LOC. **sacar** o **salir** algo **a relucir** Mencionar algo, generalmente de forma inoportuna. □ Es v. irreg. Se conjuga como *lucir*. SIN. Resplandecer, relumbrar.

relumbrar v. Brillar un cuerpo. SIN. Resplandecer, relucir.

relumbrón s. m. Aspecto de lujo y riqueza, sin que lo sea realmente.

remachadora s. f. Máquina para poner remaches.

remachar v. 1. Machacar un clavo o remache que ya ha sido clavado para que quede bien sujeto. 2. Insistir en algo, recalcarlo. SIN. 2. Subrayar.

remache s. m. Clavo o pieza de metal con una punta que se clava y después se machaca por el extremo opuesto.

remanente adj. y s. m. Parte que queda de una cosa. SIN. Sobrante, resto.

remangar v. Levantar hacia arriba las mangas o la ropa. SIN. Arremangar.

remango s. m. fam. Capacidad de hacer algo con habilidad y eficacia.

remansarse v. Pararse o ir más lenta una corriente de agua. SIN. Estancarse.

remanso s. m. 1. Lugar en que una corriente de agua se detiene o va más despacio. ‖ 2. **remanso de paz** Lugar tranquilo.

remar v. Mover los remos de una embarcación para hacerla avanzar por el agua. SIN. Bogar.

remarcar v. 1. Volver a marcar algo. 2. Destacar, insistir en algo. SIN. 2. Recalcar, remachar, señalar.

remasterizar *v.* Mejorar la calidad de sonido o de imagen de una grabación que ya existía.

rematadamente *adv.* Por completo, sin remedio.

rematado, da 1. *p.* de **rematar**. También *adj.* || *adj.* **2.** Total, completo: *Me parece un loco rematado.*

rematar *v.* **1.** Acabar de matar al que está herido. **2.** Acabar de estropear o agravar algo. **3.** Acabar, finalizar. **4.** En el fútbol, lanzar el balón contra la portería contraria después de un pase u otras jugadas. **5.** Ser algo el final o el extremo de otra cosa. **6.** Dar varias puntadas al final de una costura para que no se deshaga. **SIN. 3.** Concluir. **3.** y **5.** Terminar. **ANT. 3.** y **5.** Comenzar.

remate *s. m.* **1.** Hecho de rematar. **2.** Aquello que es el final o el extremo de algo. || **LOC. de remate** Completamente, sin remedio: *Está loco de remate.* **SIN. 1.** Término, conclusión. **ANT. 1.** Comienzo.

rembolsar *v.* Reembolsar.

rembolso *s. m.* Reembolso.

remedar *v.* Imitar algo, sobre todo los gestos de una persona para burlarse de ella. **SIN.** Parodiar.

remediar *v.* Poner remedio. || **LOC. no poder remediar** algo No poder evitarlo. **SIN.** Solucionar, subsanar.

remedio *s. m.* Lo que sirve para solucionar algo, curar una enfermedad o evitar algo malo. **SIN.** Solución, arreglo.

remedo *s. m.* Imitación, sobre todo cuando está mal hecha o resulta ridícula. **SIN.** Parodia.

rememorar *v.* Recordar. **SIN.** Evocar. **ANT.** Olvidar.

remendar *v.* Arreglar algo viejo o roto poniendo un parche o zurciéndolo. □ Es v. irreg. Se conjuga como *pensar*.

remendón, na *adj.* y *s.* Que se dedica a remendar zapatos o prendas usadas.

remero, ra *s. m.* y *f.* Persona que rema.

remesa *s. f.* Conjunto de cosas que se envían de una vez. **SIN.** Partida.

remeter *v.* Empujar una cosa para meterla en un sitio, por ejemplo, los bordes de las sábanas y mantas.

remiendo *s. m.* **1.** Hecho de remendar. **2.** Pedazo de tela, cuero u otro material con que se remienda algo. **3.** Arreglo provisional. **SIN. 2.** Parche. **3.** Apaño.

remilgado, da *adj.* y *s.* Que es demasiado delicado o hace muchos ascos a todo. **SIN.** Melindroso.

remilgo *s. m.* Gesto o acción que hace la persona remilgada. **SIN.** Melindre.

reminiscencia *s. f.* **1.** Recuerdo de algo. **2.** Aquello que en una obra artística recuerda a otro autor o muestra su influencia.

remisión *s. f.* **1.** Hecho de remitir algo. **2.** En una obra escrita, nota que manda al lector a otra parte de la misma o a otra diferente.

remiso, sa *adj.* Que se resiste a algo. **SIN.** Reacio. **ANT.** Dispuesto.

remite *s. m.* Nota escrita en las cartas, sobres y paquetes en que aparecen el nombre y el domicilio de la persona que lo envía.

remitente *adj.* y *s.* Que remite o envía algo.

remitir *v.* **1.** Enviar. **2.** Indicar al lector de una obra escrita que busque la información en otra parte de la obra. **3.** Perder algo intensidad o fuerza. || **remitirse 4.** Indicar que vale lo ya dicho por uno mismo o por otro para no repetirlo. **SIN. 1.** Mandar, expedir. **3.** Disminuir. **ANT. 3.** Aumentar, arreciar.

remo *s. m.* Pala larga y estrecha que se utiliza para mover algunas embarcaciones haciendo fuerza en el agua.

remodelar *v.* **1.** Modificar la estructura de una obra arquitectónica o de urbanismo. **2.** Reorganizar.

remojar *v.* Mojar completamente una cosa, sobre todo metiéndola en agua. **SIN.** Empapar, bañar. **ANT.** Secar.

remojo Se usa sobre todo en la expresión **en remojo** o **a remojo**, 'dentro del agua u otro líquido'.

remojón *s. m.* Hecho de mojar o mojarse, por ejemplo, dándose un baño o un chapuzón.

remolacha *s. f.* Planta con una raíz carnosa de color rojo, también llamada *remolacha*, que se usa como alimento y de la que se obtiene azúcar.

remolcador, ra *adj.* y *s. m.* Que sirve para remolcar.

remolcar *v.* **1.** Arrastrar una embarcación u otra cosa por el agua, tirando de ella. **2.** Arrastrar un vehículo a otro.

remolino *s. m.* **1.** Movimiento de una masa de aire, polvo o agua que gira muy deprisa. **2.** Pelos que salen en distinta dirección que el resto y al peinarlos quedan de punta. **3.** Aglomeración de gente que se mueve sin ningún orden. **SIN. 1.** Vorágine, torbellino. **3.** Hormiguero.

remolón, na *adj.* y *s.* Que intenta no trabajar o no hacer algo. **ANT.** Diligente.

remolonear *v.* Intentar no trabajar o no hacer algo.

remolque *s. m.* **1.** Acción de remolcar o ser remolcado. **2.** Vehículo sin motor que es arrastrado por otro. ‖ **LOC. a remolque** Arrastrándolo. También significa que una persona hace algo porque otra la ha obligado o ha insistido mucho. **SIN. 1.** Arrastre.

remonta *s. f.* Cría de caballos para el Ejército y lugar donde se realiza.

remontada *s. f.* Hecho de remontar.

remontar *v.* **1.** Subir por el sitio que se dice. **2.** Superar un obstáculo o dificultad. **3.** Avanzar puestos. ‖ **remontarse 4.** Subir o volar muy alto, por ejemplo, las aves o los aviones. **5.** Situarse en una época pasada o pertenecer a ella. **SIN. 1.** y **3.** Escalar. **1.**, **3.** y **4.** Ascender. **2.** Vencer, salvar. **ANT. 1.** y **4.** Bajar. **3.** Perder.

remonte *s. m.* **1.** Acción de remontar o remontarse. **2.** Aparato que sirve para remontar o subir una pista de esquí, como el telesilla. **SIN. 1.** Subida, ascenso. **ANT. 1.** Bajada.

rémora *s. f.* **1.** Pez marino que tiene una especie de ventosa en la cabeza con la que se fija a otros peces más grandes. **2.** Obstáculo que impide que algo se realice o progrese. **SIN. 2.** Lastre, freno.

remorder *v.* Tener alguien remordimientos. ◻ Es v. irreg. Se conjuga como *mover*. **SIN.** Pesar, atormentar.

remordimiento *s. m.* Preocupación o pena que siente una persona por algo malo que ha hecho. **SIN.** Pesar.

remotamente *adv.* De forma vaga, imprecisa: *Este lugar me resulta remotamente familiar.* ‖ **LOC. ni remotamente** En absoluto, de ningún modo.

remoto, ta *adj.* **1.** Muy alejado en el tiempo o en el espacio. **2.** Que es muy difícil que ocurra. ‖ **LOC. no tener ni la más remota idea** No saber nada de algo. **SIN. 1.** y **2.** Lejano. **ANT. 1.** Cercano.

remover *v.* **1.** Mover algo agitándolo, dándole vueltas o cambiándolo de sitio o posición. **2.** Volver a pensar o tratar un asunto. **3.** Apartar un obstáculo o dificultad. ◻ Es v. irreg. Se conjuga como *mover*. **SIN. 1.** y **2.** Revolver.

removible *adj.* Hecho para quitar o poner: *prótesis removible.*

remozar *v.* Dar un aspecto más nuevo o moderno a algo, por ejemplo, a la fachada de un edificio.

remplazar *v.* Reemplazar.

remplazo *s. m.* Reemplazo.

remuneración *s. f.* **1.** Acción de remunerar. **2.** Sueldo, salario. **SIN. 2.** Retribución.

remunerar *v.* Pagar dinero por un trabajo o servicio. **SIN.** Retribuir.

renacentista *adj.* y *s.* Del Renacimiento o relacionado con él.

renacer *v.* **1.** Volver a nacer. **2.** Tomar nuevas fuerzas. ◻ Es v. irreg. Se conjuga como *agradecer*. **SIN. 1.** y **2.** Revivir, resurgir. **ANT. 1.** y **2.** Morir.

renacimiento *s. m.* **1.** Hecho de renacer. ‖ *n. pr. m.* **2.** Movimiento cultural de los siglos XV y XVI en que se estudió a los antiguos escritores y artistas griegos y latinos, y se siguieron sus ideas y su estilo. **SIN. 1.** Resurgimiento. **ANT. 1.** Decadencia.

renacuajo *s. m.* **1.** Larva de la rana. **2.** Forma cariñosa de llamar a los niños pequeños.

renal *adj.* De los riñones.

rencilla *s. f.* Riña, pelea. **SIN.** Desavenencia, disputa. **ANT.** Concordia.

renco, ca *adj.* y *s.* Cojo.

rencor *s. m.* Odio o antipatía que alguien tiene a otro por algo que le hizo tiempo. **SIN.** Resentimiento.

rencoroso, sa *adj.* y *s.* Que guarda rencor a otra persona. **SIN.** Resentido.

rendibú *s. m.* Manifestación de respeto o de sumisión que se hace generalmente para adular a alguien.

rendición *s. f.* Acción de rendirse.

rendidamente *adv.* Mostrándose totalmente sometido a otra persona: *rendidamente enamorado.*

rendido, da **1.** *p.* de rendir. También *adj.* ‖ *adj.* **2.** Muy cansado. **3.** Que hace todo lo que otra persona quiere, por ejemplo, porque está muy enamorado. **SIN. 2.** Agotado, fatigado. **ANT. 2.** Descansado.

rendija *s. f.* Abertura larga y estrecha, por ejemplo, la que hay entre dos cosas cuando está muy cerca una de otra. **SIN.** Hendidura, fisura, ranura.

rendimiento *s. m.* Beneficio o provecho del trabajo de una persona, de una máquina o de otra cosa. **SIN.** Rentabilidad, productividad.

rendir *v.* **1.** Vencer o someter a alguien. **2.** Producir un rendimiento o utilidad. **3.** Dar u ofrecer algunas cosas, por ejemplo, homenajes, honores o tributos. **4.** Dejar muy cansado. ‖ **rendirse 5.** Dejar de luchar o de resistir. ◻ Es v. irreg. Se conjuga como *pedir*. **SIN. 1.** Doblegar. **2.** Rentar. **4.** Agotar, moler. **5.** Ceder, claudicar.

renegado, da **1.** *p.* de renegar. ‖ *adj.* y *s.* **2.** Que rechaza su país, su raza o las creencias que tenía antes.

renegar *v.* **1.** Rechazar una persona la religión u otras ideas que tenía antes. **2.** Rechazar con desprecio una persona a otra o la relación que tenía con ella. **3.** Protestar en voz baja. □ Es v. irreg. Se conjuga como *pensar*. **SIN. 1.** Abjurar, apostatar. **2.** Repudiar, abominar. **3.** Refunfuñar, gruñir. **ANT. 1.** Reafirmar. **2.** Aceptar.

renegrido, da *adj.* De color casi negro. **SIN.** Negruzco.

renglón *s. m.* **1.** Cada una de las líneas horizontales que tienen los cuadernos y otros papeles para escribir sin torcerse. **2.** Palabras o signos escritos en una línea recta. ‖ **LOC. a renglón seguido** A continuación, inmediatamente.

reniego *s. m.* Cosa que se hace o se dice renegando o protestando.

reno *s. m.* Animal parecido al ciervo, que vive en zonas muy frías del hemisferio norte y se domestica para tirar de los trineos.

renombrado, da *adj.* Famoso, célebre. **SIN.** Notorio.

renombre *s. m.* Fama, prestigio.

renovable *adj.* Que se puede renovar.

renovación *s. f.* Hecho de renovar algo.

renovar *v.* **1.** Dar nueva fuerza, intensidad o vitalidad a algo. **2.** Cambiar una cosa por otra de la misma clase más nueva o moderna. **3.** Cambiar un documento que ya no vale por otro igual nuevo: *renovar el carné*. **4.** Volver a hacer algo que se había interrumpido. □ Es v. irreg. Se conjuga como *contar*. **SIN. 1.** Revitalizar. **2.** y **3.** Actualizar. **4.** Repetir, reiterar. **ANT. 1.** Debilitar.

renqueante *adj.* Que renquea.

renquear *v.* **1.** Cojear. **2.** Vivir una persona con dificultades. **3.** Marchar un asunto trabajosamente.

renta *s. f.* **1.** Dinero o ganancia que da una cosa, por ejemplo, al mes o al año. **2.** Dinero que paga una persona a otra por el alquiler de algo. ‖ **3. renta per cápita** Cálculo que se hace dividiendo el dinero que hay en un país entre el número de habitantes. **SIN. 1.** Rendimiento, rédito, provecho.

rentabilidad *s. f.* Característica de lo que es rentable.

rentabilizar *v.* Hacer que una empresa, un negocio o un dinero produzcan beneficios.

rentable *adj.* Que produce beneficio.

rentar *v.* Producir algo una ganancia o beneficio. **SIN.** Rendir.

rentista *s. m.* y *f.* Persona que tiene propiedades por las que recibe una determinada renta o ganancia.

renuencia *s. f.* Hecho de resistirse o mostrarse renuente a hacer algo.

renuente *adj.* Que se resiste a hacer alguna cosa. **SIN.** Reacio, reticente. **ANT.** Dispuesto.

renuevo *s. m.* Brote de una planta o árbol después de haber sido podados o cortados. **SIN.** Vástago, retoño, yema.

renuncia *s. f.* Acción de renunciar y escrito en que se renuncia a algo.

renunciar *v.* **1.** Dejar voluntariamente algo que se posee o a lo que se tiene derecho. **2.** Dejar algo por alguna razón. **3.** No aceptar una persona algo que se le ofrece. **SIN. 1.** Dimitir. **2.** Desistir; abstenerse. **3.** Rechazar, declinar. **ANT. 1.** y **3.** Admitir. **2.** Persistir.

renuncio *s. m.* Mentira o contradicción en que se coge a una persona, por ejemplo, en los juegos de cartas.

reñido, da 1. *p.* de **reñir.** ‖ *adj.* **2.** Que se ha enfadado con otro. **3.** Se dice de las competiciones y otras pruebas en que los participantes están muy igualados. ‖ **LOC. estar reñida** una cosa con otra Ser incompatibles. **SIN. 2.** Peleado. **3.** Disputado.

reñir *v.* **1.** Regañar a alguien. **2.** Discutir, enfadarse. □ Es v. irreg. Se conjuga como *ceñir*. **SIN. 1.** Reprender, amonestar. **2.** Disputar, enojarse. **ANT. 1.** Aprobar. **2.** Reconciliarse.

reo, rea *adj.* y *s.* Persona acusada de un delito.

reojo Se usa en la expresión **de reojo,** 'mirando con disimulo, sin mover la cabeza'.

reordenar *v.* Ordenar de nuevo.

reorganizar *v.* Volver a organizar algo. **SIN.** Reestructurar.

reorientar *v.* Cambiar la orientación de algo.

reostato o **reóstato** *s. m.* Aparato para variar la resistencia en un circuito eléctrico.

repajolero, ra *adj.* **1.** *desp.* Pajolero. ‖ *adj.* y *s.* **2.** *fam.* Gracioso, salado.

repanchigarse o **repanchingarse** *v.* Colocarse cómodamente en un asiento, estirando el cuerpo. **SIN.** Arrellanarse.

repanocha Se usa en la expresión **ser la repanocha,** 'ser una persona o cosa muy sorprendente por lo bueno o por lo malo'.

repantigarse o **repantingarse** *v.* Repanchigarse.

reparación *s. f.* **1.** Arreglo de algo roto o estropeado. **2.** Compensación u otra cosa que se da a una persona por un daño u ofensa que ha sufrido. **SIN. 1.** Restauración. **2.** Desagravio; indemnización.

reparador, ra *adj.* y *s.* **1.** Que repara o arregla algo. ‖ *adj.* **2.** Que sirve para recuperar las fuerzas: *unas reparadoras vacaciones*.

repiqueteo

reparar v. **1.** Arreglar algo roto o estropeado. **2.** Poner remedio a un daño o una ofensa que se ha hecho a alguien. **3.** Fijarse, percatarse. **SIN. 1.** Recomponer, restaurar. **2.** Remediar, enmendar, subsanar. **3.** Percibir. **ANT. 1.** Romper. **2.** Ofender.

reparo s. m. **1.** Pega, objeción que se pone a algo. **2.** Vergüenza, apuro. **SIN. 1.** Traba. **2.** Bochorno, embarazo.

repartidor, ra adj. y s. Que reparte.

repartir v. **1.** Dar a cada persona una de las partes de algo. **2.** Entregar algo en distintos lugares o a personas diferentes. **3.** Dar a cada persona una función o colocación. **4.** Extender algo sobre una superficie. **SIN. 1.** Dividir, partir. **1. a 4.** Distribuir. **3.** Adjudicar, asignar. **4.** Esparcir.

reparto s. m. **1.** Hecho de repartir. **2.** Lista de los actores de una película o espectáculo teatral con los personajes que hace cada uno. **SIN. 1.** Partición.

repasar v. **1.** Mirar otra vez una cosa para comprobar si está bien y corregir sus faltas. **2.** Leer de nuevo lo que se ha estudiado para aprenderlo bien. **3.** Explicar otra vez el profesor una lección. **4.** Coser de nuevo algo que lo necesita. **SIN. 1.** Revisar.

repaso s. m. Acción de repasar algo.

repatear v. fam. Fastidiar, desagradar.

repatriación s. f. Acción de repatriar.

repatriar v. Hacer lo necesario para que una persona vuelva a su país.

repecho s. m. Cuesta empinada y corta. **SIN.** Pendiente, rampa. **ANT.** Bajada.

repeinado, da adj. Que va demasiado bien peinado.

repelar v. **1.** Pelar mucho una cosa. **2.** Acortar: *repelar un texto*. **SIN. 1.** Rapar, trasquilar.

repelente adj. y s. m. **1.** Que repele o da asco. ‖ adj. y s. **2.** fam. Redicho, sabihondo. **SIN. 1.** Asqueroso, repulsivo. **2.** Repipi.

repeler v. **1.** Rechazar, hacer que una persona o cosa se separe o vaya hacia atrás. **2.** Causar repugnancia o asco. **SIN. 1.** Alejar. **2.** Desagradar, repugnar. **ANT. 1.** Atraer. **2.** Agradar.

repelús o **repeluzno** s. m. Escalofrío o sensación desagradable que produce algo que da miedo o repugna.

repensar v. Volver a pensar algo o pensar muchas veces una cosa. ☐ Es v. irreg. Se conjuga como *pensar*.

repente s. m. Reacción inesperada de una persona. ‖ **LOC. de repente** De forma no esperada. **SIN.** Pronto, arranque, arrebato.

repentino, na adj. Que se produce de forma inesperada. **SIN.** Imprevisto, súbito. **ANT.** Esperado.

repercusión s. f. **1.** Influencia de una cosa en otra que ocurre después. **2.** Hecho de llegar a ser algo muy conocido por la importancia que tiene. **SIN. 2.** Resonancia, eco, trascendencia.

repercutir v. **1.** Influir una cosa en otra. **2.** Producir eco al sonido. **SIN. 2.** Resonar, retumbar.

repertorio s. m. **1.** Conjunto de espectáculos o números que un actor o compañía tienen preparados para realizarlos ante el público. **2.** Colección. **3.** Libro o catálogo que contiene de forma ordenada datos o informaciones. **SIN. 2.** Selección.

repesca s. f. **1.** Acción de repescar. **2.** Examen especial para los estudiantes que han suspendido una asignatura.

repescar v. Admitir de nuevo al que ha suspendido una asignatura o ha sido eliminado en un sorteo o competición. **SIN.** Readmitir.

repetición s. f. Acción de repetir y cosa que se repite. ‖ **LOC. de repetición** Se dice sobre todo de las armas de fuego que, una vez puestas en funcionamiento, repiten su acción mecánicamente.

repetidamente adv. Varias veces.

repetido, da 1. p. de repetir. ‖ adj. **2.** Que se repite o que es igual.

repetidor, ra adj. y s. **1.** Que repite; se dice sobre todo del alumno que repite curso. ‖ s. m. **2.** Aparato electrónico usado en la televisión o en las comunicaciones que recibe una señal y la vuelve a transmitir amplificada.

repetir v. **1.** Volver a decir o hacer algo. **2.** Tomar más cantidad de una comida o bebida. **3.** Venir a la boca el sabor de lo que se había comido o bebido. **4.** Volver a ocurrir algo. ☐ Es v. irreg. Se conjuga como *pedir*. **SIN. 1.** Reiterar.

repetitivo, va adj. Que se repite mucho y por eso resulta aburrido.

repicar v. Tocar varias veces las campanas para anunciar un día de fiesta o para celebrar algo. **SIN.** Repiquetear.

repipi adj. y s. Redicho, cursi.

repique s. m. Toque repetido de campanas.

repiquetear v. Repicar con fuerza las campanas u otro instrumento. **SIN.** Resonar; golpetear.

repiqueteo s. m. Acción de repiquetear y sonido que produce.

repisa *s. f.* Estante o soporte colocado horizontalmente contra la pared para poner algo sobre él.

replantar *v.* **1.** Volver a plantar plantas en un lugar. **2.** Trasplantar una planta. **SIN. 1.** Repoblar.

replantear *v.* Plantear de nuevo algo. **SIN.** Reconsiderar, revisar.

replegar *v.* Retirar las tropas de manera ordenada. □ Es v. irreg. Se conjuga como *pensar.* **SIN.** Retroceder. **ANT.** Desplegar.

repleto, ta *adj.* Muy lleno o completamente lleno. **SIN.** Rebosante, abarrotado. **ANT.** Vacío.

réplica *s. f.* **1.** Respuesta, en contra de lo que otro ha dicho. **2.** Copia exacta de una obra artística. **SIN. 1.** Contestación, protesta. **2.** Duplicado.

replicar *v.* **1.** Decir algo en contra de lo que otro ha dicho. **2.** Poner alguien disculpas o pegas a lo que le dicen o le mandan. **SIN. 1.** Alegar, protestar. **1.** y **2.** Contestar, responder. **ANT. 1.** Asentir.

repliegue *s. m.* Retirada ordenada de las tropas. **SIN.** Retroceso.

repoblación *s. f.* **1.** Acción de repoblar un terreno con nuevos árboles o plantas. **2.** Acción de poblar o poblarse otra vez de gente un lugar. **SIN. 2.** Colonización.

repoblar *v.* **1.** Volver a plantar árboles y otras plantas en un lugar. **2.** Poblar otra vez de gente un lugar. □ Es v. irreg. Se conjuga como *contar.* **SIN. 2.** Colonizar. **ANT. 1.** Talar. **2.** Despoblar.

repollo *s. m.* Tipo de col con las hojas grandes y muy juntas.

repolludo, da *adj. fam.* Bajito y rechoncho. **SIN.** Retaco.

reponer *v.* **1.** Poner en un sitio una cosa igual a otra que falta. **2.** Poner a una persona o cosa en el mismo lugar o puesto que tuvo antes. **3.** Volver a poner una obra, película o programa de radio o televisión. **4.** Responder a lo que otro dice. ‖ **reponerse 5.** Recuperarse de una enfermedad o de otra cosa perjudicial. □ Es v. irreg. Se conjuga como *poner.* **SIN. 1.** Devolver, reintegrar. **1.** y **2.** Restituir. **4.** Replicar, contestar. **5.** Restablecerse, recobrarse, reanimarse. **ANT. 1.** y **2.** Quitar. **2.** Apartar. **5.** Empeorar.

reportaje *s. m.* Imágenes y noticias de un periódico o de un programa de radio o televisión sobre un personaje o un tema interesante.

reportar *v.* **1.** Dar, proporcionar. ‖ **reportarse 2.** Contenerse, no dejarse llevar por un sentimiento o un deseo. **SIN. 1.** Producir, traer.

2. Reprimirse, refrenarse. **ANT. 1.** Quitar. **2.** Liberarse.

reportero, ra *s. m.* y *f.* Periodista que hace reportajes.

reposabrazos *s. m.* En los coches, pieza saliente donde los ocupantes pueden apoyar el brazo.

reposacabezas *s. m.* Parte de arriba de un asiento o sillón donde se puede apoyar la cabeza.

reposado, da 1. *p.* de **reposar.** ‖ *adj.* **2.** Tranquilo, descansado. **SIN. 2.** Calmado, sereno. **ANT. 2.** Intranquilo.

reposapiés *s. m.* **1.** Objeto usado para que una persona que está sentada apoye en él los pies. **2.** Cada una de las piezas de las motocicletas en las que se apoyan los pies. **SIN. 1.** Escabel.

reposar *v.* **1.** Descansar. **2.** Dejar quieta o quedarse quieta una cosa. **3.** Estar alguien enterrado en un lugar. **SIN. 1.** Relajarse, sosegarse. **ANT. 2.** Mover.

reposición *s. f.* **1.** Acción de reponer o reponerse. **2.** Película, obra de teatro o espectáculo que se vuelve a poner.

reposo *s. m.* **1.** Hecho de reposar. **2.** Tranquilidad, calma. **SIN. 1.** y **2.** Descanso. **2.** Sosiego, paz. **ANT. 1.** Actividad. **2.** Intranquilidad.

repostar *v.* Coger más provisiones y, sobre todo, echar más combustible a un vehículo.

repostería *s. f.* **1.** Actividad de hacer tartas, pasteles y otros dulces. **2.** Tartas, pasteles y otros dulces. **SIN. 1.** y **2.** Confitería, pastelería.

repostero, ra *s. m.* y *f.* Persona que se dedica a la repostería. **SIN.** Pastelero.

reprender *v.* Regañar. **SIN.** Reñir.

reprensión *s. f.* Lo que se le dice a alguien para reprenderle. **ANT.** Felicitación.

represa *s. f.* **1.** Dique o presa. **2.** Embalse, pantano.

represalia *s. f.* Daño que se hace a alguien como venganza o castigo por algo que ha hecho antes.

representación *s. f.* **1.** Acción de representar. **2.** Persona o personas que representan a otras. **3.** Dibujo o imagen de algo. **SIN. 1.** Exhibición, interpretación. **2.** Delegación, comisión.

representante *adj.* y *s.* **1.** Que representa a una persona o grupo de personas. ‖ *s. m.* y *f.* **2.** Persona que va por las casas, tiendas o empresas enseñando los productos de una casa comercial.

representar *v.* **1.** Hacer un papel en una obra de teatro o en otro espectáculo. **2.** Hacer una pintura, escultura, fotografía de alguien o algo, o imaginárselo de una manera. **3.** Ser una cosa imagen o símbolo de otra. **4.** Actuar o ir a un sitio en nombre de otra persona o de un grupo de personas. **5.** Tener la importancia o el significado que se dice. **6.** Aparentar una determinada edad: *No representa cuarenta años.* **SIN. 3.** Simbolizar; mostrar.

representativo, va *adj.* **1.** Que representa algo. **2.** Significativo, relevante, importante. **SIN. 2.** Trascendente, esencial. **ANT. 2.** Irrelevante.

represión *s. f.* Acción de reprimir la libertad de otras personas.

represivo, va *adj.* Que impide por la fuerza o poniendo castigos duros que se actúe con libertad.

represor, ra *adj.* y *s.* Que reprime.

reprimenda *s. f.* Regañina fuerte.

reprimido, da **1.** *p.* de **reprimir**. También *adj.* ‖ *adj.* y *s.* **2.** Se dice de la persona que reprime sus sentimientos o su voluntad.

reprimir *v.* **1.** Contener un sentimiento o deseo. **2.** Impedir por la fuerza que alguien exprese sus ideas o actúe con libertad. **SIN. 1.** Refrenar, dominar. **ANT. 1.** Exteriorizar. **2.** Fomentar.

reprise (fr.) *s. m.* Rapidez con la que un coche aumenta su velocidad al pisar el acelerador.

reprobable *adj.* Que merece ser reprobado.

reprobación *s. f.* Acción de reprobar y palabras con que se reprueba algo.

reprobar *v.* Decir una persona que algo le parece mal. □ Es v. irreg. Se conjuga como *contar*. **SIN.** Criticar, desaprobar. **ANT.** Alabar.

réprobo, ba *adj.* y *s.* Se dice de la persona a la que se condena o aparta de las demás.

reprochar *v.* Decirle a alguien que ha estado mal algo que ha hecho. **SIN.** Recriminar, censurar. **ANT.** Disculpar.

reproche *s. m.* Lo que se dice a alguien para reprocharle algo. **SIN.** Recriminación, censura. **ANT.** Disculpa.

reproducción *s. f.* **1.** Acción de reproducir o reproducirse. **2.** Cosa que reproduce o imita a otra. ‖ **3. reproducción asistida** Conjunto de técnicas y tramientos médicos que favorecen la fecundación en casos de infertilidad. **SIN. 1.** Generación, procreación; imitación, réplica.

reproducir *v.* **1.** Volver a producir. **2.** Repetir lo que alguien ha dicho. **3.** Copiar o imitar algo. **4.** Ser copia de un original. ‖ **reproducirse 5.** Hacer los seres vivos que nazcan otros de su misma especie. □ Es v. irreg. Se conjuga como *conducir*. **SIN. 1.** Reaparecer. **3.** y **4.** Calcar. **5.** Procrear.

reproductor, ra *adj.* y *s.* **1.** Que sirve para la reproducción. **2.** *s. m.* Aparato que sirve para reproducir imágenes o sonidos.

reprografía *s. f.* Reproducción de documentos de manera mecánica.

reptar *v.* Caminar rozando el suelo, como los reptiles. **SIN.** Arrastrarse.

reptil *adj.* y *s. m.* Se dice de los animales vertebrados, como la tortuga, el cocodrilo o la serpiente, que tienen el cuerpo cubierto de escamas, la sangre fría y la respiración pulmonar; cambian periódicamente la piel, se reproducen por huevos y caminan rozando el suelo con el vientre al no tener patas o tenerlas muy cortas.

república *s. f.* **1.** Forma de gobierno en la que el jefe de Estado es un presidente elegido por el pueblo o sus representantes, que ejerce su cargo durante un periodo. **2.** Nación o Estado que tiene esta forma de gobierno.

republicano, na *adj.* **1.** De la república. ‖ *adj.* y *s.* **2.** Defensor o partidario de esta forma de gobierno.

repudiar *v.* **1.** Rechazar o condenar algo. **2.** Rechazar legalmente el marido a su mujer. **SIN. 1.** Censurar, desaprobar. **ANT. 1.** Aprobar.

repudio *s. m.* Acción de repudiar.

repuesto, ta *adj.* **1.** Que se ha recuperado de una enfermedad o de otra cosa perjudicial. ‖ *s. m.* **2.** Pieza o parte de un mecanismo que sirve para sustituir a otra. **SIN. 1.** Restablecido. **2.** Recambio.

repugnancia *s. f.* **1.** Asco. **2.** Antipatía o rechazo. **SIN. 1.** y **2.** Desagrado, repulsión. **2.** Disgusto. **ANT. 1.** y **2.** Agrado.

repugnante *adj.* Que causa repugnancia. **SIN.** Asqueroso, desagradable. **ANT.** Agradable.

repugnar *v.* Causar repugnancia. **SIN.** Asquear; disgustar. **ANT.** Gustar.

repujado, da **1.** *p.* de **repujar**. También *adj.* ‖ *s. m.* **2.** Técnica de repujar y obra que se hace con esta técnica.

repujar *v.* Trabajar algunas materias, como láminas metálicas o cuero, para obtener figuras en relieve en una de sus caras.

repulsa *s. f.* Condena o rechazo fuerte. **SIN.** Repudio. **ANT.** Aprobación.

repulsión *s. f.* **1.** Repugnancia. **2.** Acción de repeler o rechazar.

repulsivo, va *adj.* Repugnante, muy desagradable. **SIN.** Repelente, asqueroso. **ANT.** Agradable.

repuntar *v.* **1.** Empezar a notarse o a verse una cosa. **2.** Referido a la economía, crecer, mejorar.

repunte s. m. Hecho de repuntar algo.

reputación s. f. **1.** Opinión que tienen los demás sobre una persona o sobre alguna cosa. **2.** Prestigio en una profesión o actividad. **SIN. 1.** y **2.** Fama. **2.** Renombre, celebridad.

reputado, da adj. Famoso por ser muy bueno. **SIN.** Prestigioso, renombrado. **ANT.** Desconocido.

requemar v. **1.** Quemar o tostar mucho algo. **2.** Causar ardor una comida o bebida.

requerimiento s. m. **1.** Hecho de requerir. **2.** Escrito o palabras con que se requiere a una persona para que haga algo.

requerir v. **1.** Necesitar. **2.** Mandar el juez u otra autoridad que una persona haga algo. **3.** Pedir algo a una persona. ☐ Es v. irreg. Se conjuga como *sentir*. **SIN. 1.** Precisar. **2.** Exigir.

requesón s. m. Masa blanda y blanca que se obtiene quitando el suero de la leche.

requiebro s. m. Piropo.

réquiem s. m. **1.** Oración que se reza en la iglesia por los difuntos. **2.** Composición musical con el texto de la misa de difuntos.

requisa s. f. Acción de requisar. **SIN.** Expropiación. **ANT.** Devolución.

requisar v. Quitarle a alguien el gobierno u otra autoridad algo que le pertenece, generalmente dándole una cantidad de dinero por ello. **SIN.** Expropiar. **ANT.** Devolver.

requisito s. m. Condición necesaria o exigida para algo. **SIN.** Exigencia.

res s. f. Animal de cuatro patas de algunas especies domésticas, como la vaca y la oveja, o que se cazan, como el jabalí y el venado. **SIN.** Cabeza.

resabiado, da adj. **1.** Se dice del animal, como el caballo o el toro, que ha adquirido un vicio o costumbre difícil de quitar. **2.** Se dice de la persona que se ha vuelto desconfiada o ha adquirido otros defectos o malas costumbres.

resabio s. m. **1.** Mala costumbre o vicio. **2.** Sabor desagradable que deja algo. **SIN. 2.** Regusto.

resaca s. f. **1.** Movimiento de retroceso de las olas al llegar a la orilla. **2.** Malestar que siente una persona por haber tomado el día anterior demasiadas bebidas alcohólicas.

resalado, da adj. fam. Que tiene mucha gracia. **SIN.** Salado. **ANT.** Soso.

resaltar v. **1.** Destacar. **2.** Sobresalir algo en un edificio o superficie. **SIN. 1.** Descollar. **ANT. 1.** y **2.** Igualarse.

resalte o **resalto** s. m. Parte que sobresale de una superficie. **SIN.** Saliente.

resarcir v. **1.** Compensar a una persona por un daño o perjuicio que ha sufrido. || **resarcirse 2.** Quedarse alguien satisfecho después de haber pasado un mal momento. **SIN. 1.** Reparar, indemnizar. **2.** Desquitarse.

resbaladizo, za adj. **1.** Que resbala o hace resbalar fácilmente. **2.** Complicado y difícil de resolver o tratar. **SIN. 1.** Resbaloso. **2.** Embarazoso, peliagudo.

resbalar v. **1.** Desplazarse rápidamente sobre una superficie, a veces perdiendo el equilibrio. **2.** Producir algo este mismo efecto: *El suelo resbala.* **3.** Caer una cosa lentamente por una superficie. **4.** Equivocarse, meter la pata. || **LOC. resbalarle** algo a una persona. Dejarla indiferente, no importarle nada. **SIN. 1.** a **3.** Deslizar, escurrir. **1.**, **2.** y **4.** Patinar. **4.** Colarse.

resbalón s. m. **1.** Hecho de resbalar. **2.** Pieza de algunas cerraduras que entra y sale mediante un muelle que hace que la puerta quede cerrada. **SIN. 1.** Patinazo.

resbaloso, sa adj. Resbaladizo.

rescatar v. **1.** Lograr liberar a una persona secuestrada o retenida. **2.** Salvar, sacar de un peligro.

rescate s. m. **1.** Hecho de rescatar. **2.** Dinero para rescatar a alguien. **3.** Juego infantil en el que unos niños persiguen a otros, y los atrapados pueden ser rescatados por sus compañeros.

rescindir v. Dejar sin validez algunas cosas, como un contrato. **SIN.** Anular, invalidar. **ANT.** Prorrogar.

rescisión s. f. Acción de rescindir. **SIN.** Anulación. **ANT.** Prórroga.

rescoldo s. m. **1.** Trozo muy caliente de madera o carbón que queda entre las cenizas al desaparecer las llamas. **2.** Resto que queda de un sentimiento, pasión, etc.

resecar v. Secar mucho. **SIN.** Deshidratar. **ANT.** Humedecer.

reseco, ca adj. Muy seco. **SIN.** Deshidratado. **ANT.** Húmedo.

resentido, da 1. p. de resentirse. || adj. y s. **2.** Que todavía sigue sintiendo dolor, pena o rencor. **SIN. 2.** Molesto; rencoroso.

resentimiento s. m. Rencor. **SIN.** Animosidad, resquemor. **ANT.** Simpatía.

resentirse v. **1.** Debilitarse, decaer. **2.** Seguir sintiendo algo de dolor o molestia. **3.** Disgustarse o molestarse por algo. ☐ Es v. irreg. Se conjuga como *sentir*. **SIN. 1.** Desgastarse, flaquear. **3.** Ofenderse. **ANT. 1.** Fortalecerse. **3.** Alegrarse.

reseña *s. f.* Escrito o comentario breve sobre alguna cosa, como por ejemplo, un libro. **SIN.** Recensión, crítica.

reseñar *v.* Hacer una reseña sobre algo.

reserva *s. f.* **1.** Hecho de pedir con antelación una plaza en un hotel, medio de transporte u otros sitios. **2.** Lo que se tiene guardado para utilizarlo en caso de necesidad. **3.** Discreción al hablar o actuar. **4.** Duda o desconfianza. **5.** Territorio donde viven y se conservan plantas y animales. **6.** En los Estados Unidos y Canadá, territorio donde viva una comunidad de indios. **7.** Situación de algunos militares que, aunque siguen perteneciendo al Ejército, por su edad o por otros motivos no tienen un puesto en él. || *s. m.* y *f.* **8.** Persona que sustituye a otra en algunos deportes cuando es necesario. **SIN. 2.** Provisión. **4.** Reparo, inconveniente.

reservación *s. f. Amér.* Reserva de habitaciones, localidades para un espectáculo, o medios de transporte.

reservado, da **1.** *p.* de **reservar**. También *adj.* || *adj.* **2.** Se dice de las personas a las que no les gusta contar sus cosas a las demás. **3.** Secreto, que no se debe conocer. || *s. m.* **4.** Habitación o lugar donde solo pueden entrar algunas personas. **SIN. 2.** Discreto, introvertido. **3.** Confidencial. **ANT. 2.** Indiscreto. **3.** Público.

reservar *v.* **1.** Hacer una reserva en un hotel, avión, etc. **2.** Dejar algo para otro momento o para alguna persona. **SIN. 1.** y **2.** Apartar, guardar.

reservista *adj.* y *s.* Se dice del militar que está en la reserva.

reservón, na *adj. fam.* Excesivamente reservado.

resetear *v.* Reiniciar un ordenador o un aparato electrónico.

resfriado, da **1.** *p.* de **resfriarse**. || *adj.* **2.** Que tiene un resfriado. || *s. m.* **3.** Enfermedad leve causada por un virus, que produce tos y mocos. **SIN. 2.** Acatarrado. **3.** Catarro, enfriamiento.

resfriarse *v.* Coger un resfriado. **SIN.** Acatarrarse, constiparse, enfriarse.

resguardar *v.* Proteger. **SIN.** Defender, preservar. **ANT.** Desproteger.

resguardo *s. m.* **1.** Acción de resguardar. **2.** Recibo, justificante. **SIN. 1.** Protección, refugio. **2.** Comprobante.

residencia *s. f.* **1.** Hecho de residir en un lugar. **2.** Lugar en que vive una persona. **3.** Casa grande y lujosa. **4.** Lugar donde viven personas que tienen características comunes, como la edad o la profesión. **5.** Estable-cimiento de menos categoría que un hotel y más que una pensión. **SIN. 1.** Estancia. **2.** Domicilio. **3.** Mansión.

residencial *adj.* Se dice de la parte de una población donde están las casas más lujosas.

residente *adj.* y *s.* Que reside en un lugar.

residir *v.* **1.** Vivir en el lugar donde se dice. **2.** Estar la causa o explicación de algo en lo que se dice. **SIN. 1.** Habitar, morar. **2.** Consistir, radicar.

residual *adj.* Que sobra o que queda como residuo.

residuo *s. m.* Parte que queda o sobra de algo. **SIN.** Resto, desperdicios.

resignación *s. f.* Actitud de la persona que se resigna o se conforma con algo. **SIN.** Conformidad, paciencia. **ANT.** Rebeldía.

resignarse *v.* Conformarse, aceptar las situaciones malas. **ANT.** Rebelarse.

resina *s. f.* Sustancia pastosa que sale del tronco de algunos árboles, como el pino, o se fabrica artificialmente y se usa para hacer plásticos, pinturas y otras cosas.

resistencia *s. f.* **1.** Acción de resistir o resistirse. **2.** Capacidad para resistir pesos, trabajos, esfuerzos. **3.** Fuerza que se opone al movimiento de una persona o de una máquina. **4.** Mayor o menor dificultad que presenta un material conductor al paso de la corriente eléctrica. **5.** Parte de un aparato eléctrico o de un circuito por la que pasa con dificultad la corriente, por lo que a veces se transforma en calor, como en algunas estufas. **SIN. 1.** Oposición. **2.** Aguante, fortaleza. **ANT. 1.** Abandono. **2.** Debilidad.

resistente *adj.* Que resiste mucho. **SIN.** Fuerte; incansable. **ANT.** Débil.

resistir *v.* **1.** Soportar, aguantar. || **resistirse** **2.** No querer hacer algo, negarse. **3.** Resultar difícil de resolver o realizar una cosa. **SIN. 1.** Tolerar, sufrir; dominar. **2.** Rehusar. **ANT. 1.** Ceder; sucumbir.

resol *s. m.* Reflejo del sol y calor que produce.

resollar *v.* Respirar con dificultad por el cansancio u otra causa. □ Es v. irreg. Se conjuga como *contar*.

resolución *s. f.* **1.** Acción de resolver o solucionar algo. **2.** Decisión de una autoridad. **3.** Capacidad de decisión de una persona. **SIN. 1.** Solución, aclaración. **3.** Determinación. **ANT. 3.** Indecisión, duda.

resolutivo, va *adj.* Que resuelve las cosas rápido y bien. **SIN.** Eficaz, eficiente, operativo. **ANT.** Ineficaz, inoperante.

resolver *v.* **1.** Encontrar una solución. **2.** Tomar una decisión. □ Es v. irreg. Se conjuga como *volver*. **SIN. 1.** Solucionar, averiguar.

2. Decidir, determinar. **ANT. 1.** Complicar. **2.** Dudar.

resonancia *s. f.* **1.** Sonido o eco que se produce cuando resuena algo. **2.** Fama, difusión, publicidad.

resonar *v.* **1.** Sonar muy fuerte y claro. **2.** Rebotar un sonido en un sitio. □ Es v. irreg. Se conjuga como *contar*. **SIN. 2.** Retumbar.

resoplar *v.* Dar resoplidos. **SIN.** Bufar.

resoplido *s. m.* Sonido que se hace al echar con fuerza el aire por la nariz o la boca. **SIN.** Resuello.

resorte *s. m.* Muelle de algunos aparatos, máquinas y mecanismos.

respaldar *v.* Apoyar, proteger. **SIN.** Ayudar, amparar. **ANT.** Desaprobar.

respaldo *s. m.* **1.** Parte de un asiento en que se apoya la espalda. **2.** Acción de respaldar. **SIN. 2.** Apoyo, ayuda.

respectar Se usa en la expresión **por lo que respecta a** o **en lo que respecta a**, que sirve para señalar a la persona o cosa de la que se habla.

respectivamente *adv.* Sirve para relacionar cada una de las personas o cosas de las que hablamos con otra persona o cosa: *Tiene dos hermanos, de siete y diez años respectivamente.*

respectivo, va *adj.* Se dice de lo que corresponde a cada persona o cosa. **SIN.** Correspondiente.

respecto Se usa en las expresiones **al respecto** 'sobre una cosa' y **con respecto a** o **respecto a** o **respecto de** 'hablando de alguien o algo'.

respetable *adj.* **1.** Que merece respeto. **2.** Decente, honesto. **3.** Bastante grande. ‖ *s. m.* **4.** *fam.* Público que asiste a un espectáculo. **SIN. 1.** Digno. **3.** Considerable. **ANT. 1.** y **3.** Ridículo. **2.** Deshonesto. **3.** Insignificante.

respetar *v.* **1.** Tener respeto. **2.** Obedecer una orden, cumplir una norma. **3.** Conservar una cosa, no destruirla. **SIN. 1.** Honrar. **2.** Acatar. **3.** Cuidar, preservar. **ANT. 1.** Insultar. **2.** Desobedecer. **3.** Maltratar.

respeto *s. m.* **1.** Hecho de tratar bien y con educación a una persona o cosa. **2.** Miedo, temor. ‖ *s. m. pl.* **3.** Saludos o muestras de cortesía. ‖ **LOC. campar** alguien **por sus respetos** Hacer lo que quiere, sin tener ninguna consideración hacia nadie. **SIN. 1.** Consideración. **2.** Aprensión, recelo. **ANT. 1.** Desconsideración.

respetuoso, sa *adj.* Que tiene respeto. **SIN.** Considerado, cortés. **ANT.** Irrespetuoso.

respingo *s. m.* Sacudida o movimiento brusco del cuerpo. **SIN.** Salto.

respingón, na *adj.* **1.** *fam.* Se dice de la nariz y de otras partes del cuerpo con el extremo hacia arriba. **2.** Que se levanta por el borde.

respiración *s. f.* **1.** Acción de respirar. ‖ **2. respiración artificial** Técnica empleada para hacer que respire una persona que no puede hacerlo por sí sola.

respiradero *s. m.* Abertura de algunos conductos y lugares cerrados por donde entra o sale el aire.

respirador *s. m.* Aparato que ayuda a respirar a una persona que no puede hacerlo por sí misma.

respirar *v.* **1.** Tomar del aire o del agua los seres vivos el oxígeno necesario para vivir. **2.** Sentirse aliviado o tranquilo después de una situación difícil. **3.** Descansar, tomarse un respiro. **SIN. 2.** y **3.** Relajarse. **ANT. 2.** y **3.** Agobiarse.

respiratorio, ria *adj.* **1.** De la respiración o relacionado con ella. ‖ **2. aparato respiratorio** Conjunto de órganos que permiten respirar a un ser vivo.

respiro *s. m.* Momento de descanso o de tranquilidad. **SIN.** Pausa; reposo.

resplandecer *v.* Brillar mucho. □ Es v. irreg. Se conjuga como *agradecer*. **SIN.** Relucir.

resplandeciente *adj.* Que resplandece. **SIN.** Brillante, reluciente.

resplandor *s. m.* Luz o brillo muy intensos. **SIN.** Luminosidad, fulgor. **ANT.** Oscuridad.

responder *v.* **1.** Contestar a una pregunta, a una llamada, o a lo que otro dice. **2.** Hacer algo para corresponder a una acción realizada por otro: *El público respondió a su actuación con aplausos.* **3.** Experimentar el resultado o el efecto de algo: *El enfermo responde al tratamiento.* **4.** Sufrir un castigo por algo que se ha cometido. **5.** Hacerse responsable de alguien o algo. **SIN. 1.** Replicar. **4.** Expiar, purgar. **5.** Garantizar, avalar.

respondón, na *adj.* y *s. fam.* Que responde de malos modos a lo que se le dice. **SIN.** Contestón.

responsabilidad *s. f.* **1.** Hecho de ser responsable. **2.** Deber, obligación. **SIN. 1.** Seriedad; culpabilidad.

responsabilizar *v.* Hacer o hacerse responsable de algo. **SIN.** Culpar; responder, garantizar. **ANT.** Exculpar; desentenderse.

responsable *adj.* **1.** Que se esfuerza por cumplir con su obligación y pone cuidado en lo que hace. ‖ *adj.* y *s.* **2.** Persona que debe dar cuenta de lo que otros hacen, o del funcionamiento o desarrollo de algo. **3.** Autor, causante. **SIN. 1.** Sensato, serio. **2.** Encargado. **3.** Culpable. **ANT. 1. y 2.** Irresponsable.

responso *s. m.* Oración que se hace por los difuntos.

respuesta *s. f.* Acción de responder y lo que se responde. **SIN.** Contestación.

resquebrajadura *s. f.* Grieta, raja.

resquebrajar *v.* Agrietar, rajar.

resquemor *s. m.* Resentimiento o remordimiento.

resquicio *s. m.* **1.** Abertura estrecha entre el quicio y la puerta. **2.** Cualquier abertura pequeña o estrecha. **SIN. 1. y 2.** Ranura. **2.** Grieta, hendidura.

resta *s. f.* Operación matemática que consiste en quitar una cantidad a otra. **SIN.** Sustracción. **ANT.** Suma, adición.

restablecer *v.* **1.** Volver a establecer algo o hacer que esté como antes. || **restablecerse 2.** Volver a encontrarse bien. □ Es v. irreg. Se conjuga como *agradecer*. **SIN. 1.** Restaurar. **1. y 2.** Recuperar(se), recobrar(se). **ANT. 2.** Recaer; empeorar.

restablecimiento *s. m.* Acción de restablecer.

restallar *v.* **1.** Producir un látigo, una correa o algo parecido un ruido seco al sacudirlos con fuerza en el aire. **2.** Hacer que estos objetos produzcan ese sonido. **SIN. 1. y 2.** Chasquear.

restallido *s. m.* Acción de restallar el látigo y sonido que produce.

restante *adj.* Se dice de lo que falta o queda de algo. **SIN.** Sobrante.

restañar *v.* Detener la salida de un líquido, sobre todo la sangre por una herida. || **LOC. restañar las heridas** Aliviar una pena.

restar *v.* **1.** Quitar o disminuir. **2.** En matemáticas, hacer una resta. **3.** Faltar, quedar. **4.** En el tenis y en otros juegos de pelota, devolver el saque del contrario. **SIN. 1.** Rebajar. **2.** Sustraer. **ANT. 1.** Aumentar. **3.** Sumar.

restauración *s. f.* Acción de restaurar. **SIN.** Reparación; reposición. **ANT.** Destrucción.

restaurador, ra *adj. y s.* **1.** Que restaura. || *s. m. y f.* **2.** Persona que tiene el oficio de restaurar objetos artísticos y valiosos. **3.** Persona que tiene o dirige un restaurante.

restaurante *s. m.* Establecimiento donde se sirven comidas.

restaurar *v.* **1.** Reparar una obra de arte. **2.** Hacer que una cosa vuelva a estar como antes. **3.** Volver a establecer el régimen político que existía en un país. **SIN. 1.** Recomponer, reconstruir. **2. y 3.** Restablecer. **ANT. 1.** Destruir.

restitución *s. f.* Acción de restituir. **SIN.** Devolución.

restituir *v.* **1.** Devolver una cosa a su dueño o al que la tenía antes. **2.** Volver a dar a una cosa algo que tenía. Se conjuga como *construir*. **SIN. 1.** Reintegrar, reponer. **ANT. 1.** Quitar.

resto *s. m.* **1.** Parte que queda de un todo. **2.** Resultado de una resta. **3.** En el tenis y otros juegos de pelota, acción de restar y jugador que resta. || *s. m. pl.* **4.** Lo que queda o sobra de algo. **5.** Cuerpo o parte del cuerpo de una persona o animal muertos: *Sus restos reposan en el panteón familiar.* || **6. restos mortales** Cadáver de una persona. || **LOC. echar el resto** Esforzarse todo lo posible para conseguir algo. **SIN. 4.** Residuos, sobras, desperdicios.

restregar *v.* Frotar mucho o muy fuerte algunas cosas. □ Es v. irreg. Se conjuga como *pensar*.

restregón *s. m.* Acción de restregar.

restricción *s. f.* Reducción, limitación. **SIN.** Disminución. **ANT.** Ampliación.

restrictivo, va *adj.* Que restringe una cosa: *Hicieron un uso restrictivo de las instalaciones.*

restringir *v.* Reducir, limitar. **SIN.** Disminuir, acotar. **ANT.** Ampliar.

resucitar *v.* Hacer que un muerto vuelva a vivir. **SIN.** Revivir.

resuello *s. m.* **1.** Respiración fuerte y ruidosa. **2.** Fuerza, energía.

resuelto, ta **1.** *p. de* **resolver**. También *adj.* || *adj.* **2.** Decidido, valiente. **SIN. 2.** Audaz, intrépido.

resulta Se usa en la expresión **de resultas de**, 'a consecuencia de'.

resultado *s. m.* **1.** Lo que alguien consigue, el efecto o la manera de acabar algo. **2.** Funcionamiento o utilidad. || **LOC. dar resultado** Salir bien, tener éxito. **SIN. 1.** Consecuencia, fruto. **2.** Servicio, rendimiento.

resultante *adj. y s. f.* Que resulta de algo.

resultar *v.* **1.** Producirse una cosa como consecuencia o como efecto de otra. **2.** Ser o quedar de la forma que se dice. Si no se indica nada, quiere decir que ha quedado o salido bien: *Era un plan arriesgado, pero resultó.* **3.** Ser atractiva una persona. **4.** Suceder o descubrirse algo que no se esperaba. **SIN. 1.** Surgir, derivar. **4.** Ocurrir.

resultón, na *adj. fam.* Atractivo.

resumen *s. m.* **1.** Hecho de resumir. **2.** Lo que se ha resumido. **SIN. 1. y 2.** Síntesis, sinopsis. **ANT. 1. y 2.** Ampliación.

resumir v. Exponer algo de forma breve, considerando solo lo más importante. **SIN.** Sintetizar, condensar. **ANT.** Ampliar.

resurgimiento s. m. Hecho de resurgir.

resurgir v. Volver a surgir o marchar bien. **SIN.** Reaparecer, recuperarse. **ANT.** Cesar.

resurrección s. f. Acción de resucitar.

retablo s. m. Conjunto de figuras o escenas talladas o pintadas que hay detrás de algunos altares en las iglesias.

retaco, ca adj. y s. Persona baja y algo gorda. **SIN.** Enano. **ANT.** Espigado.

retaguardia s. f. **1.** Parte de un ejército que está o avanza en último lugar. **2.** Parte más alejada del frente de batalla. **ANT. 1.** y **2.** Vanguardia.

retahíla s. f. Muchas cosas seguidas que se dicen. **SIN.** Sarta, ristra.

retal s. m. Pedazo que sobra de una tela, piel, chapa, etc. **SIN.** Recorte, retazo.

retama s. f. Arbusto que crece en praderas y tiene muchas ramas delgadas, flores pequeñas amarillas o blancas y un fruto redondeado y amarillento.

retamal o **retamar** s. m. Lugar donde crecen retamas.

retar v. Provocar una persona a otra para que luche o compita con ella. **SIN.** Desafiar.

retardado, da **1.** p. de **retardar**. || adj. **2.** Que actúa lentamente o después de un tiempo: efecto retardado.

retardar v. **1.** Hacer que algo vaya o suceda más lento. **2.** Retrasar. **SIN. 1.** Frenar, detener. **1.** y **2.** Demorar. **2.** Atrasar, aplazar. **ANT. 1.** Acelerar. **2.** Adelantar.

retazo s. m. **1.** Retal, pedazo de una tela. **2.** Parte o trozo de una cosa. **SIN. 1.** Recorte, jirón. **2.** Fragmento, porción.

retejar v. Arreglar los tejados poniendo las tejas que faltan o que se han descolocado.

retel s. m. Aro con mango y una red en forma de bolsa que se usa para pescar.

retén s. m. Grupo de personas preparadas para actuar en caso de necesidad.

retención s. f. **1.** Acción de retener. **2.** Atasco de vehículos. **3.** Cantidad de dinero que se retiene de un sueldo, capital, etc., sobre todo para el pago de impuestos. **SIN. 1.** Sujeción, parada.

retener v. **1.** Conservar, guardar. **2.** Mantener algo en la memoria. **3.** Detener, no dejar ir o continuar. **4.** Descontar de un pago o un cobro una cantidad de dinero para destinarla a otro fin o para pagar impuestos. □ Es v. irreg. Se conjuga como tener. **SIN. 2.** Recor-

dar. **3.** Parar, frenar, sujetar. **ANT. 1.** y **3.** Soltar. **2.** Olvidar.

retentiva s. f. Capacidad para retener cosas en la memoria durante mucho tiempo.

reticencia s. f. **1.** Desconfianza, duda. **2.** Hecho de decir una cosa a medias, o dar a entender que uno se calla algo que debía o podría decir. **SIN. 1.** Recelo, reserva. **2.** Indirecta. **ANT. 1.** Confianza.

reticente adj. Que tiene reticencia. **SIN.** Desconfiado, receloso. **ANT.** Confiado.

reticular adj. En forma de red.

retina s. f. Capa interior del ojo donde se reciben las impresiones de la luz.

retintín s. m. **1.** fam. Tonillo con que se dice una cosa para molestar a alguien. **2.** Sonido que deja en los oídos una campana u otro objeto parecido.

retirada s. f. **1.** Hecho de retirarse. **2.** Acción de retroceder los soldados alejándose del enemigo. **SIN. 1.** Jubilación. **2.** Repliegue. **ANT. 2.** Avance.

retirado, da **1.** p. de **retirar**. También adj. || adj. **2.** Lejano o apartado. || adj. y s. **3.** Que se retiró. **SIN. 2.** Alejado, distante. **3.** Jubilado.

retirar v. **1.** Quitar o separar a una persona o cosa de otra o de un sitio. **2.** Hacer que alguien abandone una competición, actividad o juego. **3.** Decir alguien que no mantiene lo que había dicho. || **retirarse 4.** Dejar definitivamente de trabajar por la edad o por otra razón. **5.** Retroceder un ejército abandonando el lugar de la lucha. **6.** Irse a casa o a dormir. **SIN. 1.** Alejar. **1.** y **2.** Apartar. **3.** Desdecirse, retractarse. **4.** Jubilarse. **5.** Replegarse. **6.** Recogerse, acostarse. **ANT. 1.** Acercar. **3.** Confirmar. **5.** Avanzar.

retiro s. m. **1.** Hecho de retirarse una persona de su trabajo y situación de esta persona. **2.** Pensión que reciben las personas retiradas. **3.** Lugar tranquilo y apartado al que se va a descansar. **SIN. 1.** y **2.** Jubilación.

reto s. m. **1.** Acción de retar. **2.** Tarea difícil que alguien debe o desea realizar. **SIN. 1.** Provocación. **1.** y **2.** Desafío.

retocar v. Hacer correcciones o añadidos en una cosa ya acabada para arreglarla o mejorarla.

retomar v. Continuar lo que se había interrumpido. **SIN.** Reanudar.

retoñar v. Volver a echar tallos o brotes una planta. **SIN.** Renacer.

retoño s. m. **1.** Tallo o brote que echa de nuevo una planta o un árbol. **2.** fam. Hijo de poca edad de una persona. **SIN. 1.** Renuevo. **1.** y **2.** Vástago.

retoque *s. m.* Corrección o añadido con que se retoca una cosa.

retor *s. m.* Tela basta de algodón.

retorcer *v.* **1.** Torcer mucho una cosa dándole vueltas alrededor de sí misma. || **retorcerse 2.** Hacer gestos o movimientos bruscos por un dolor fuerte, por la risa o por otra causa. □ Es v. irreg. Se conjuga como *mover*.

retorcido, da 1. *p.* de retorcer. También *adj.* || *adj.* y *s.* **2.** Que es falso y tiene malas intenciones. **3.** Malpensado, desconfiado. || *adj.* **4.** Confuso y difícil de entender. **SIN. 2.** Tortuoso. **4.** Rebuscado. **ANT. 2.** Franco. **4.** Sencillo.

retorcimiento *s. m.* **1.** Hecho de retorcer o retorcerse. **2.** Característica de retorcido. **SIN. 1.** Contorsión, convulsión. **2.** Malicia; desconfianza. **ANT. 2.** Nobleza; sencillez.

retórica *s. f.* **1.** Arte de saber hablar y escribir bien y con elegancia. **2.** Modo de hablar o de escribir demasiado culto y poco natural.

retórico, ca *adj.* De la retórica o que tiene retórica.

retornable *adj.* Que se puede volver a utilizar: *envases retornables.*

retornar *v.* **1.** Volver, regresar. **2.** Volver a estar algo en manos de quien lo tenía. **SIN. 1.** Tornar.

retorno *s. m.* Vuelta, regreso.

retorta *s. f.* Recipiente con cuello largo y curvado hacia abajo que se usa en los laboratorios.

retortero Se usa en la expresión **al retortero**, 'en desorden'. También, 'muy ocupado', 'sin parar'.

retortijón *s. m.* Dolor fuerte e intermitente en el estómago o en el vientre.

retozar *v.* **1.** Jugar saltando y corriendo. **2.** Acariciarse una pareja. **SIN. 1.** Juguetear.

retozón, na *adj.* Juguetón, que retoza.

retractación *s. f.* Hecho de retractarse y palabras con que uno se retracta.

retractarse *v.* Decir alguien que no mantiene lo que había dicho. **SIN.** Desdecir. **ANT.** Ratificarse.

retráctil *adj.* Que puede retraerse, ocultarse: *uñas retráctiles.* **ANT.** Protráctil.

retractilar *v.* Envolver algo con plástico para protegerlo.

retraer *v.* **1.** Ocultar o retirar una cosa doblándola o encogiéndola. || **retraerse 2.** Retirarse, retroceder. □ Es v. irreg. Se conjuga como *traer*.

retraído, da 1. *p.* de retraer. También *adj.* || *adj.* **2.** Tímido, reservado. **SIN. 2.** Introvertido. **ANT. 2.** Extrovertido.

retraimiento *s. m.* **1.** Acción de retraerse. **2.** Timidez.

retranca *s. f.* **1.** Correa ancha que rodea las ancas de las caballerías de tiro. **2.** Mala intención que se disimula.

retransmisión *s. f.* Acción de retransmitir. **SIN.** Emisión.

retransmitir *v.* Dar una emisora de radio o televisión programas o espectáculos desde otra emisora o desde el lugar donde están ocurriendo. **SIN.** Emitir, televisar, radiar.

retrasado, da 1. *p.* de retrasar. También *adj.* || *adj.* y *s.* **2.** Persona que tiene menos inteligencia de lo normal para su edad. **SIN. 1.** Atrasado. **2.** Deficiente, subnormal.

retrasar *v.* **1.** Mover hacia atrás. **2.** Hacer que algo suceda o se realice más tarde. **3.** Poner un reloj en una hora anterior a la que marca. || **retrasarse 4.** Llegar tarde. **5.** Quedarse atrás. **SIN. 1.** a **4.** Atrasar. **2.** Aplazar, retardar. **2.** y **4.** Demorar. **ANT. 1.** a **4.** Adelantar.

retraso *s. m.* Acción de retrasar o retrasarse. **SIN.** Atraso, aplazamiento, demora. **ANT.** Adelanto.

retratar *v.* **1.** Hacer un dibujo, una pintura, una escultura o una fotografía de alguien. **2.** Describir con detalles. **SIN. 2.** Reflejar, plasmar, reproducir.

retratista *s. m.* y *f.* Persona que hace retratos.

retrato *s. m.* **1.** Dibujo, pintura, escultura o fotografía en que se retrata a alguien. **2.** Arte y técnica de retratar. **3.** Descripción. || **LOC. ser** uno **el vivo retrato de** otro Parecerse mucho.

retreparse *v.* Apoyarse en el respaldo de un asiento y echarse hacia atrás, haciendo que este se incline.

retreta *s. f.* Toque militar para ordenar a las tropas retirada o que regresen por la noche al cuartel.

retrete *s. m.* Váter.

retribución *s. f.* **1.** Acción de retribuir algo. **2.** Dinero o cosa con que se paga o recompensa a alguien. **SIN. 1.** y **2.** Remuneración. **2.** Salario, premio.

retribuir *v.* Dar a alguien dinero u otra cosa para pagarle o recompensarle por un trabajo, un servicio o un favor. □ Es v. irreg. Se conjuga como *construir*. **SIN.** Remunerar, recompensar.

retributivo, va *adj.* Relacionado con la retribución o que sirve para retribuir.

retro adj. fam. Que pertenece a un tiempo pasado o lo imita: *moda retro*.

retroactivo, va adj. Que puede afectar a cosas o hechos pasados: *La subida de sueldo tendrá carácter retroactivo desde enero*.

retroceder v. Volver o ir hacia atrás. **SIN.** Retornar, regresar. **ANT.** Avanzar.

retroceso s. m. **1.** Acción de retroceder. **2.** Movimiento brusco hacia atrás que hacen las armas de fuego al dispararlas. **SIN. 1.** Regresión, retorno. **ANT. 1.** Avance.

retrógrado, da adj. y s. desp. Que prefiere las ideas y cosas del pasado y es contrario a los cambios. **SIN.** Carca. **ANT.** Progresista.

retrospectivo, va adj. Que se refiere a un tiempo pasado o que lo recuerda.

retrovisor s. m. Espejo de un coche situado frente al conductor o a los dos lados de él, con el que puede ver lo que está detrás.

retumbar v. Resonar o hacer mucho ruido una cosa.

reúma o **reuma** s. m. Reumatismo.

reumático, ca adj. y s. Del reúma o que tiene reúma.

reumatismo s. m. Enfermedad que produce dolores en las articulaciones.

reunificación s. f. Acción de reunificar o reunificarse.

reunificar v. Volver a unir personas, cosas o países.

reunión s. f. **1.** Hecho de reunir o reunirse. **2.** Conjunto de personas, animales o cosas reunidas. **SIN. 1. y 2.** Junta, asamblea.

reunir v. **1.** Juntar, agrupar. **2.** Tener: *Esta casa no reúne condiciones para ser habitada.* **SIN. 1.** Convocar, congregar. **ANT. 1.** Dispersar.

reutilizar v. Volver a utilizar.

revalidar v. Confirmar, hacer que algo valga de nuevo. **SIN.** Reafirmar, ratificar, convalidar.

revalorización v. Acción de revalorizar.

revalorizar v. Hacer que algo valga más o vuelva a tener valor. **SIN.** Revaluar. **ANT.** Devaluar.

revaluar v. Subir el valor de algo, sobre todo el de una moneda en comparación con las de otros países. **SIN.** Revalorizar. **ANT.** Devaluar.

revancha s. f. Hecho de derrotar o causar alguien un daño a quien antes le había vencido o perjudicado. **SIN.** Venganza.

revanchismo s. m. Actitud de la persona que solo busca la revancha.

revelación s. f. **1.** Acción de revelar o revelarse. **2.** Persona, animal o cosa que empieza a conocerse y destacar por sus méritos: *el equipo revelación de la liga.* **SIN. 1. y 2.** Descubrimiento.

revelado, da 1. p. de revelar. También adj. || s. m. **2.** Operación de revelar fotografías.

revelador, ra adj. Que revela o sirve para revelar algo.

revelar v. **1.** Descubrir algo que no se conocía o era secreto. **2.** Dar a conocer Dios a los seres humanos verdades y hechos muy importantes. **3.** Hacer visible la imagen tomada en un carrete o placa fotográfica. || **revelarse 4.** Resultar de una manera. **SIN. 1.** Manifestar. **ANT. 1.** Ocultar.

revender v. Volver a vender más caro algo que se ha comprado hace poco.

revenido, da p. de revenirse. También adj.: *un pan revenido.*

revenirse v. **1.** Ponerse algunos alimentos, como el pan o las patatas fritas, blandos y correosos con la humedad o el calor. **2.** Ponerse agrio. □ Es v. irreg. Se conjuga como *venir*. **SIN. 2.** Agriarse, avinagrarse.

reventa s. f. Acción de revender.

reventado, da 1. p. de reventar. También adj. || adj. **2.** fam. Rendido, muy cansado. **SIN. 2.** Roto, molido. **ANT. 2.** Fresco.

reventar v. **1.** Estallar o romperse una cosa de golpe, sobre todo la que está muy tirante o muy llena. **2.** fam. Cansar mucho, agotar. **3.** fam. Estallar una persona, no poder contenerse. **4.** fam. Molestar, fastidiar. **5.** Estar una cosa muy llena o cubierta de algo. **6.** Haber comido mucho una persona. **7.** fam. Morir. □ Es v. irreg. Se conjuga como *pensar*. **SIN. 1. y 3.** Explotar. **2.** Fatigar. **4.** Jorobar. **5.** Rebosar. **ANT. 4.** Agradar.

reventón, na adj. **1.** Se dice de algunas cosas que están muy llenas o gordas y parece que van a reventar: *clavel reventón.* || s. m. **2.** Acción de reventar o reventarse.

reverdecer v. **1.** Volver a ponerse verdes los campos o las plantas que estaban mustios y secos. **2.** Tomar nueva fuerza o vigor. □ Es v. irreg. Se conjuga como *agradecer*.

reverencia s. f. **1.** Respeto muy grande a una persona o cosa. **2.** Inclinación del cuerpo que se hace para mostrar respeto o cortesía. **SIN. 2.** Genuflexión.

reverenciar v. Sentir o mostrar reverencia hacia alguien o algo.

reverendo, da adj. **1.** Que merece reverencia o respeto. || adj. y s. **2.** Forma de llamar a los sacerdotes y religiosos.

reverente adj. Que muestra reverencia. **SIN.** Respetuoso. **ANT.** Irreverente.

reversible adj. **1.** Que puede arreglarse o cambiarse para que vuelva a ser como antes.

2. Se dice de la prenda de vestir o la tela que se puede usar por el derecho y por el revés. **ANT. 1.** Irreversible.

reverso *s. m.* Revés, parte contraria de la principal. **SIN.** Envés, dorso, cruz. **ANT.** Cara.

revertir *v.* **1.** Volver algo a la situación en que estuvo antes o a la persona que lo tenía. **2.** Acabar siendo algunas cosas buenas o malas para alguien. □ Es v. irreg. Se conjuga como *sentir*. **SIN. 2.** Redundar, repercutir.

revés *s. m.* **1.** Lado que está detrás o parte contraria de la principal. **2.** Bofetada que se da con el dorso de la mano. **3.** En el tenis y otros juegos parecidos, golpe que se da a la pelota cuando esta viene por el lado contrario a la mano con que se agarra la raqueta. **4.** Desgracia o dificultad. ‖ **LOC. al revés** Del revés. También, al contrario. **del revés** De manera opuesta a la normal o correcta, o en posición o dirección contraria. **SIN. 1.** Reverso, dorso, envés, cruz. **4.** Percance, contratiempo. **ANT. 1.** Derecho, cara, anverso.

revestimiento *s. m.* **1.** Acción de revestir. **2.** Capa de un material con que se reviste una superficie. **SIN. 2.** Cobertura.

revestir *v.* **1.** Poner a algo un material que lo proteja o lo adorne. **2.** Presentar una cosa un aspecto o una cualidad. □ Es v. irreg. Se conjuga como *pedir*. **SIN. 1.** Cubrir, recubrir. **2.** Mostrar, tener.

revisar *v.* **1.** Examinar con atención y cuidado. **2.** Mirar con atención una cosa para ver si está bien o para corregir lo que está mal. **SIN. 2.** Repasar.

revisión *s. f.* **1.** Hecho de revisar. **2.** Examen o reconocimiento médico.

revisor, ra *s. m. y f.* Persona que trabaja revisando algo, como la que en los medios de transporte comprueba si los viajeros llevan billete. **SIN.** Inspector.

revista *s. f.* **1.** Publicación que aparece cada cierto tiempo y que contiene informaciones sobre varias materias. **2.** Espectáculo de teatro que consiste en una serie de números de canciones, baile y humor, a veces unidos por un argumento. **3.** Formación de las tropas para que un superior las inspeccione. **4.** Inspección, examen o revisión.

revistero *s. m.* Mueble para colocar revistas y periódicos.

revitalizar *v.* Dar más fuerza o vitalidad. **SIN.** Fortalecer, robustecer. **ANT.** Debilitar.

revivir *v.* **1.** Resucitar. **2.** Volver a moverse y dar señales de vida un ser vivo que parecía muerto. **3.** Volver a existir algo con fuerza o intensidad. **4.** Recordar. **SIN. 2.** Reanimarse. **4.** Reavivarse, resurgir. **4.** Evocar, rememorar.

revocación *v.* Acción de revocar una orden, norma o decisión.

revocar *v.* **1.** Hacer que deje de valer una orden, una norma o una decisión. **2.** Pintar de nuevo o volver a dar cal a las paredes. **SIN. 1.** Invalidar, anular. **2.** Remozar, blanquear.

revolcar *v.* **1.** Tirar a alguien al suelo y pisotearlo o hacerle dar vueltas. ‖ **revolcarse 2.** Echarse sobre una cosa y dar vueltas o frotarse sobre ella. **3.** *vulg.* Tener relaciones sexuales una pareja. □ Es v. irreg. Se conjuga como *contar*.

revolcón *s. m. fam.* Acción de revolcar o revolcarse.

revolotear *v.* Moverse por el aire dando pequeñas vueltas.

revoloteo *s. m.* Acción de revolotear.

revoltijo *s. m.* Conjunto de cosas revueltas. **SIN.** Mezcolanza, lío.

revoltoso, sa *adj. y s.* **1.** Que hace travesuras y no se está quieto. **2.** Persona que provoca desórdenes y revueltas. **SIN. 1.** Inquieto. **2.** Provocador. **ANT. 1.** Tranquilo.

revolución *s. f.* **1.** Luchas violentas que se producen en un país para que cambie la situación política y social. **2.** Cambio o renovación profunda. **3.** Vuelta completa o giro de una pieza sobre su eje, por ejemplo, en un motor. **SIN. 2.** Transformación, conmoción. **ANT. 1.** Estabilidad.

revolucionar *v.* **1.** Alterar, alborotar. **2.** Producir un gran cambio o renovación. **3.** Dar más o menos revoluciones a un motor. **SIN. 1.** Agitar. **2.** Transformar.

revolucionario, ria *adj.* **1.** De la revolución. **2.** Que produce un gran cambio o renovación. ‖ *adj. y s.* **3.** Persona que apoya una revolución o participa en ella. **SIN. 3.** Rebelde, agitador.

revolver *v.* **1.** Mover mucho algo dándole vueltas. **2.** Desordenar. **3.** Producir malestar en el estómago. **4.** Hacer travesuras, no estarse quietos los niños. ‖ **revolverse 5.** Darse la vuelta o moverse en un sitio. **6.** Ensuciarse el agua u otro líquido porque se ha movido lo que hay en el fondo. **7.** Hacerse inestable el tiempo, empeorar. □ Es v. irreg. Se conjuga como *volver*. **SIN. 1.** Remover.

revólver *s. m.* Pistola con un cilindro que va girando al disparar las balas que lleva dentro.

revoque *s. m.* Acción de revocar las paredes y capa de cal, yeso u otro material, con que se revoca.

revuelo *s. m.* Jaleo, alboroto. **SIN.** Agitación, confusión. **ANT.** Tranquilidad.

revuelta *s. f.* **1.** Alboroto en la calle, sobre todo para protestar o pedir algo. **2.** Curva fuerte. **SIN. 1.** Disturbio. **2.** Vuelta.

revuelto, ta **1.** *p.* de **revolver**. También *adj.* || *adj.* **2.** Intranquilo, agitado. **3.** Se dice del tiempo inestable. **4.** Que siente malestar en el estómago. || *adj.* y *s. m.* **5.** Se dice de los huevos que se preparan revolviéndolos en una sartén, solos o con otros alimentos. **SIN. 2.** Alterado, inquieto. **ANT. 1.** Ordenado. **2.** Tranquilo. **3.** Estable.

revulsivo *s. m.* Estímulo para hacer algo. **SIN.** Acicate.

rey *s. m.* **1.** Jefe de Estado de un país donde hay monarquía. **2.** Pieza principal del ajedrez. **3.** Carta de la baraja que tiene pintada la figura de un rey. **4.** El más importante o el mejor en alguna actividad. || *s. m. pl.* **5.** Regalos típicos del día de la Epifanía. || *n. pr. m. pl.* **6.** Fiesta católica de la Epifanía (6 de enero). || **7. Rey Mago** Cada uno de los tres personajes de Oriente que fueron a Belén a adorar al Niño Jesús. **SIN. 1.** Monarca, soberano. **4.** As.

reyerta *s. f.* Riña, pelea. **SIN.** Altercado, discusión, disputa.

reyezuelo *s. m. dim.* de **rey**. Jefe de una tribu.

rezagado, da *p.* de **rezagarse**. También *adj.*

rezagarse *v.* Quedarse atrás. **SIN.** Atrasarse. **ANT.** Adelantarse.

rezar *v.* **1.** Decir oraciones. **2.** Poner en un escrito una cosa. **SIN. 1.** Orar.

rezo *s. m.* Oración. **SIN.** Plegaria.

rezongar *v.* Protestar en voz baja. **SIN.** Gruñir, refunfuñar.

rezongón, na *adj.* y *s. fam.* Que suele rezongar. **SIN.** Gruñón, refunfuñón.

rezumar *v.* Salir un líquido poco a poco, en forma de gotitas, a través de un cuerpo. **SIN.** Transpirar; filtrar.

ría *s. f.* **1.** Entrada del mar por donde desemboca un río. **2.** Hoyo lleno de agua que, detrás de una valla, se pone como obstáculo en algunas competiciones deportivas, como en la hípica.

riachuelo *s. m.* Río muy pequeño. **SIN.** Arroyo, regato.

riada *s. f.* Gran aumento del agua de un río que puede provocar inundaciones. **SIN.** Avenida.

ribazo *s. m.* Terreno en cuesta a los lados de un camino o de un río. **SIN.** Talud, terraplén.

ribeiro *s. m.* Vino que se elabora en la comarca gallega del Ribeiro.

ribera *s. f.* **1.** Orilla del mar o de un río. **2.** Terreno que está cerca de un río. **SIN. 1.** Borde. **2.** Vega, margen.

ribereño, ña *adj.* y *s.* De la ribera del mar o de un río.

ribete *s. m.* Adorno o remate que se pone en el borde de una cosa.

ribetear *v.* Poner ribetes en una cosa.

ricamente *adv.* **1.** Con lujo o riqueza: *adornar ricamente.* **2.** A gusto, cómodamente: *tan ricamente.*

ricino *s. m.* Planta de cuyas semillas se saca un aceite que se utiliza como purgante.

rico, ca *adj.* y *s.* **1.** Que tiene mucho dinero. || *adj.* **2.** Abundante en algo. **3.** Se dice de la tierra muy productiva. **4.** Que tiene buen sabor. **5.** Cariñoso, agradable. **6.** *fam.* Bonito, guapo. **SIN. 1.** Adinerado, acaudalado. **2.** Próspero, copioso. **4.** Sabroso, exquisito. **5.** Encantador. **6.** Precioso. **ANT. 1.** a **3.** Pobre. **2.** Escaso. **3.** Estéril. **4.** Malo. **5.** Odioso. **6.** Feo.

rictus *s. m.* Gesto en el que se ven ligeramente los dientes; suele ser de dolor o de otra sensación desagradable. **SIN.** Mueca.

ricura *s. f. fam.* Niño o cría de animal bonito y simpático.

ridiculez *s. f.* **1.** Cosa ridícula. **2.** Cantidad demasiado pequeña. **SIN. 1.** Tontería, estupidez. **2.** Miseria.

ridiculizar *v.* Hacer que parezca ridículo alguien o algo. **SIN.** Caricaturizar.

ridículo, la *adj.* y *s. m.* **1.** Que provoca la burla o la risa de los demás. || *adj.* **2.** Absurdo, estúpido. **3.** Muy pequeño o escaso. **SIN. 1.** Estrafalario, grotesco. **1.** y **3.** Irrisorio. **3.** Mísero, insignificante. **ANT. 2.** Lógico. **3.** Grande.

riego *s. m.* Acción de regar.

riel *s. m.* **1.** Pieza alargada por la que corre o se desliza algo. **2.** Carril de las vías del tren. **SIN. 1.** y **2.** Raíl.

rielar *v.* Reflejarse temblorosamente la luz sobre una superficie, sobre todo en el agua.

rienda *s. f.* **1.** Correa con la que se guía a un caballo, mula o burro. || *s. f. pl.* **2.** Dirección o control de algo: *Ella es la que lleva las riendas del negocio.* || **LOC. a rienda suelta** Con toda libertad, sin ningún freno. **dar rienda suelta** Dejar en libertad. **SIN. 2.** Mando.

riesgo *s. m.* Peligro. || **LOC. a todo riesgo** Se dice del seguro que cubre cualquier daño que pueda sufrir la cosa asegurada. **SIN.** Amenaza, emergencia.

riesgoso, sa *adj. Amér.* Peligroso, arriesgado.

rifa *s. f.* Sorteo de una cosa vendiendo papeletas numeradas.

rifar v. **1.** Sortear algo en una rifa. ‖ **rifarse 2.** Querer muchas personas lo mismo.

rifirrafe s. m. fam. Riña o pelea sin importancia.

rifle s. m. Tipo de fusil.

rigidez s. f. Característica de las personas o cosas rígidas. **SIN.** Dureza; rectitud, severidad. **ANT.** Flexibilidad.

rígido, da adj. **1.** Duro, que no se puede doblar o torcer. **2.** Severo, que exige mucho: *Tiene unos padres muy rígidos.* **3.** Que hay que cumplirlo tal y como es: *un horario muy rígido.* **4.** Que no admite cambios. **SIN. 2.** Inflexible, recto, riguroso. **ANT. 1.** y **2.** Flexible.

rigodón s. m. Baile antiguo de origen francés.

rigor s. m. **1.** Severidad. **2.** Dureza de algo difícil de aguantar. **3.** Precisión, exactitud con que se realiza algo. **ANT. 3.** Clemencia.

riguroso, sa adj. **1.** Que se cumple necesariamente: *La lista sigue un riguroso orden alfabético.* **2.** Duro, severo. **3.** Hecho con cuidado, teniendo en cuenta todos los detalles. **SIN. 1.** y **2.** Estricto. **2.** Rígido, inflexible. **3.** Serio, minucioso. **ANT. 2.** Clemente. **3.** Impreciso.

rilarse v. fam. Echarse atrás en lo que se iba a hacer. **SIN.** Rajarse.

rima s. f. **1.** Igualdad entre los sonidos de dos o más palabras desde la última vocal acentuada. **2.** Poema.

rimar v. Haber rima entre dos o más palabras.

rimbombante adj. Llamativo, aparatoso, que resulta poco natural. **SIN.** Pretencioso, ostentoso, grandilocuente. **ANT.** Sencillo.

rímel (marca registrada) s. m. Líquido espeso que se echa en las pestañas para darles color y hacerlas más consistentes.

rimero s. m. Montón de cosas. **SIN.** Pila.

rincón s. m. **1.** Espacio entre dos superficies que forman ángulo. **2.** Lugar oculto o difícil de encontrar. **SIN. 1.** Esquina. **2.** Escondrijo.

rinconada s. f. Espacio entre dos casas o dos calles que se juntan formando ángulo.

rinconera s. f. Mueble en forma de triángulo que se coloca en un rincón.

ring (ingl.) s. m. Cuadrilátero de lona rodeado de cuerdas donde se disputa un combate de boxeo o de lucha.

ringlera s. f. Fila de cosas puestas en orden.

ringorrango s. m. fam. Adorno que resulta llamativo y feo.

rinitis s. f. Inflamación de la mucosa de la nariz.

rinoceronte s. m. Mamífero de gran tamaño que tiene la piel dura, el hocico puntiagudo,

las patas cortas y uno o dos cuernos sobre la nariz. Vive en África y Asia.

riña s. f. Pelea, discusión.

riñón s. m. **1.** Cada uno de los dos órganos que filtran la sangre para eliminar de ella las sustancias perjudiciales, produciendo la orina. ‖ s. m. pl. **2.** Parte del cuerpo situada debajo de la espalda. ‖ **LOC. costar** algo **un riñón** Ser muy caro.

riñonada s. f. **1.** Tejido graso que rodea los riñones. **2.** Lugar del cuerpo en que están situados los riñones.

riñonera s. f. **1.** Faja para proteger los riñones. **2.** Pequeña bolsa unida a un cinturón que se lleva sujeta a la cintura.

río s. m. Corriente natural de agua que desemboca en otra, en un lago o en el mar.

rioja s. m. Vino español elaborado en La Rioja.

riojano, na adj. y s. De La Rioja, comunidad autónoma de España.

rioplatense adj. y s. De Río de la Plata, zona de América del Sur.

ripio s. m. **1.** Palabra o frase que se pone en una poesía solo para que rime o para completar un verso. **2.** Verso de poca calidad con rima. ‖ **LOC. no perder ripio** No perder detalle de lo que uno dice o hace.

riqueza s. f. Abundancia de dinero o de otras cosas. **SIN.** Fortuna, opulencia. **ANT.** Miseria; pobreza.

risa s. f. **1.** Movimiento de la boca y sonido que se hace al reír. **2.** Aquello que hace reír. ‖ **LOC. muerto de risa** Riéndose mucho. También, olvidado, abandonado, como si no existiera. **tomar a risa** Burlarse de una persona o cosa, no hacer caso de ella.

risco s. m. Roca alta y con mucha pendiente.

risión s. f. Persona o cosa que es objeto de burla o risa.

risotada s. f. Carcajada.

risotto (ital.) s. m. Plato típico italiano hecho con arroz, queso rallado y otros ingredientes.

ristra s. f. **1.** Tira formada con ajos, cebollas u otros alimentos unidos. **2.** Serie de cosas que van una detrás de otra: *una ristra de insultos.* **SIN. 2.** Retahíla, sarta.

ristre s. m. Hierro del peto de las armaduras antiguas en el que se llevaba apoyada la lanza. ‖ **LOC. en ristre** Indica que un objeto se lleva bien sujeto para hacer algo con él: *Bolígrafo en ristre, empezó a tomar nota.*

risueño, ña adj. **1.** Sonriente o que se ríe con facilidad. **2.** Favorable, muy bueno. **SIN. 1.** Alegre. **ANT. 1.** Serio; triste.

rítmico, ca adj. Que tiene ritmo o está relacionado con el ritmo. **SIN.** Acompasado.

ritmo *s. m.* **1.** Distribución de las notas musicales de acuerdo con un compás. **2.** Combinación de los acentos en un verso. **3.** Movimiento repetido de algunas cosas, por ejemplo, de los latidos del corazón. **4.** Velocidad con que se hace o se produce algo. **SIN. 4.** Marcha.

rito *s. m.* **1.** Acto religioso que se repite siempre de la misma manera. **2.** Acto que una persona repite siempre de la misma forma y que se convierte en una costumbre.

ritual *adj.* **1.** De los ritos o relacionado con ellos. || *s. m.* **2.** Conjunto de normas que se siguen en una ceremonia o en un acto religioso. **SIN. 2.** Liturgia.

rival *adj.* y *s.* Competidor, adversario. **SIN.** Enemigo, contrincante, contrario. **ANT.** Aliado.

rivalidad *s. f.* Hecho de ser alguien rival de otro. **SIN.** Competencia.

rivalizar *v.* Competir con otro. **SIN.** Pugnar, luchar. **ANT.** Aliarse.

rizado, da **1.** *p.* de **rizar**. || *adj.* **2.** Que tiene rizos. **SIN. 2.** Ondulado. **ANT. 2.** Lacio, liso.

rizador *s. m.* Aparato para rizar el pelo.

rizar *v.* Hacer rizos en el pelo. **SIN.** Ondular. **ANT.** Alisar, desrizar.

rizo *s. m.* Mechón de pelo ondulado. || **LOC. rizar el rizo** Complicar excesivamente algo. **SIN.** Bucle.

rizoide *adj.* y *s. m.* Se dice de los pelos o filamentos que hacen las veces de raíces en algunas plantas que, como los musgos, carecen de ellas.

rizoma *s. m.* Tallo grueso que crece bajo la tierra y en el que se acumulan sustancias que sirven de alimento a la planta.

roano, na *adj.* Se dice del caballo de pelo con mezcla de blanco, gris y bayo.

róbalo o **robalo** *s. m.* Lubina.

robar *v.* **1.** Quitar a alguien algo que le pertenece. **2.** Quitar algunas cosas: *¿Puedo robarte unos minutos?* **3.** En algunos juegos, coger un jugador cartas del montón de la baraja cuando le llega su turno. **SIN. 1.** Hurtar, sustraer.

roble *s. m.* **1.** Árbol de hoja caduca y lobulada que tiene una copa ancha y como fruto una bellota. Su madera es dura y se utiliza para fabricar muebles. **2.** Persona fuerte y sana.

robledal o **robledo** *s. m.* Terreno con muchos robles.

robo *s. m.* **1.** Acción de robar y cosa robada. **2.** Hecho de costar algo demasiado dinero. **SIN. 1.** Hurto, sustracción.

robot (del ingl.) *s. m.* Máquina electrónica que puede hacer automáticamente operaciones o movimientos para los que ha sido programada.

robótica *s. f.* Parte de la ingeniería que se ocupa de la fabricación y la utilización de los robots.

robustecer *v.* Hacer más robusto o fuerte. □ Es v. irreg. Se conjuga como *agradecer*. **SIN.** Fortalecer, reforzar. **ANT.** Debilitar.

robustecimiento *s. m.* Fortalecimiento. **SIN.** Refuerzo. **ANT.** Debilitamiento.

robusto, ta *adj.* Fuerte, resistente. **SIN.** Sólido; fornido. **ANT.** Débil; enfermizo.

roca *s. f.* **1.** Bloque formado por la unión de varios minerales. **2.** Masa grande de piedra. **3.** Persona o cosa dura, resistente y constante.

rocambolesco, ca *adj.* Extraordinario, increíble.

rocanrol *s. m. Rock and roll.*

roce *s. m.* **1.** Acción de rozar o rozarse. **2.** Trato o relación entre personas. **3.** Pequeña discusión. **SIN. 1.** Rozamiento, raspadura. **2.** Contacto, comunicación.

rociada *s. f.* Acción de rociar y el líquido que se rocía.

rociar *v.* **1.** Caer el rocío. **2.** Echar o esparcir un líquido en gotas muy finas.

rocín *s. m.* Caballo de mal aspecto.

rocío *s. m.* Gotas de agua muy pequeñas que aparecen encima de las plantas o la tierra cuando ha hecho frío por la noche.

rock and roll o **rock** (ingl.) *s. m.* **1.** Música nacida en los Estados Unidos, con mucho ritmo, en la que se tocan instrumentos como la batería, el bajo y la guitarra eléctrica. **2.** Baile que se practica con esta música.

rocker (ingl.) *s. m.* Persona aficionada al *rock and roll* que se viste y se peina como los jóvenes norteamericanos de los años cincuenta.

rococó *adj.* y *s. m.* Estilo artístico europeo del siglo XVII, que se usó sobre todo en la decoración.

rocódromo *s. m.* Auditorio al aire libre en donde se celebran conciertos.

rocoso, sa *adj.* Que tiene muchas rocas. **SIN.** Pedregoso, abrupto.

rodaballo *s. m.* Pez muy plano y redondeado, bastante grande y con los dos ojos en el mismo lado del cuerpo. Vive en el fondo del mar. Se usa como alimento.

rodada *s. f.* Señal que deja la rueda de un vehículo en el suelo.

rodado, da **1.** *p.* de **rodar**. También *adj.* || *adj.* **2.** Se dice del tráfico o transporte en ve-

roer

hículos con ruedas. ‖ **3. canto rodado** Piedra que es lisa y redondeada por haber sido arrastrada por el agua. ‖ **LOC. venir** algo **rodado** Ocurrir algo bueno para alguien con gran facilidad.

rodador, ra *s. m. y f.* Ciclista que corre bien en terreno llano.

rodaja *s. f.* Trozo de algo que tiene forma circular.

rodaje *s. m.* **1.** Acción de rodar una película. **2.** Acción de andar con un coche nuevo sin forzarlo mucho. **3.** Experiencia o práctica.

rodal *s. m.* Marca o mancha redondeada.

rodamiento *s. m.* Pieza de formas diversas que permite que algo gire o dé vueltas.

rodapié *s. m.* Banda estrecha que se pone en la pared junto al suelo como adorno o protección. **SIN.** Zócalo.

rodar *v.* **1.** Ir de un lugar a otro dando vueltas. **2.** Moverse por medio de ruedas. **3.** Dar vueltas alrededor de un eje. **4.** Ir de un sitio a otro. **5.** Tomar imágenes con la cámara de cine. ‖ **LOC. echar** algo **a rodar** Estropearlo, hacerlo fracasar. □ Es v. irreg. Se conjuga como *contar*. **SIN.** 3. Girar. 5. Filmar.

rodear *v.* **1.** Poner o estar algo alrededor de una persona o cosa. **2.** Ir a un sitio por un camino que no es el más corto. ‖ **rodearse** **3.** Estar con las personas o cosas que se indican: *Se rodeó de ayudantes eficientes.* **SIN.** 1. Abrazar, ceñir, bordear.

rodela *s. f.* Escudo redondo.

rodeo *s. m.* **1.** Camino más largo que el habitual o que se desvía del directo. **2.** Hecho de no decir una cosa de manera clara y directa. **3.** En algunos países de América, espectáculo en que se montan caballos y toros salvajes y se hacen otros ejercicios, como tirar el lazo. **SIN.** 1. Circunvalación, desviación, desvío. 2. Circunloquio.

rodera *s. f.* Surco o marca que dejan en un camino las ruedas de un vehículo.

rodete *s. m.* Objeto que tiene forma de rueda o rosca, por ejemplo, el que se coloca sobre la cabeza para llevar algo encima.

rodilla *s. f.* Parte de la pierna por donde esta se dobla.

rodillera *s. f.* **1.** Cosa que se pone en la rodilla para protegerla. **2.** Pieza o remiendo que se pone en los pantalones en la parte de la rodilla. **3.** Bolsa que se forma por el uso en la rodilla de un pantalón.

rodillo *s. m.* Utensilio o pieza que tiene forma de cilindro, como el que se utiliza en la cocina para extender las masas o el que se usa para pintar.

rododendro *s. m.* Arbusto de hojas perennes y alargadas, de color verde intenso, y flores grandes en forma de tubo o campana. Se utiliza como planta de adorno.

rodrigón *s. m.* Palo que se clava en la tierra junto a una planta para sostener los tallos y ramas.

rodríguez *s. m. fam.* Marido que se queda trabajando y solo en casa mientras su familia está de vacaciones.

roedor, ra *adj. y s. m.* Se dice de los animales mamíferos con un único par de dientes incisivos, fuertes y largos que les sirven para roer, como el ratón y la ardilla.

roer *v.* **1.** Cortar o desgastar con los dientes partes pequeñas de una cosa dura. **2.** Quitar con los dientes la carne de un hueso. **3.** Ir quitando poco a poco la superficie de algo. □ Es v. irreg.

ROER
GERUNDIO
royendo

INDICATIVO	
Presente	**Pretérito perfecto simple**
roo (o *roigo* o *royo*)*	*roí*
roes	*roíste*
roe	*royó*
roemos	*roímos*
roéis	*roísteis*
roen	*royeron*

SUBJUNTIVO

Presente

roo (o *roiga* o *roya*)*
roas (o *roigas* o *royas*)*
roa (o *roiga* o *roya*)*
roamos (o *roigamos* o *royamos*)*
roáis (o *roigáis* o *royáis*)*
roan (o *roigan* o *royan*)*

Pretérito imperfecto	Futuro simple
royera, -ese	*royere*
royeras, -eses	*royeres*
royera, -ese	*royere*
royéramos, -ésemos	*royéremos*
royerais, -eseis	*royereis*
royeran, -esen	*royeren*

* Formas poco usuales.

rogar *v.* Pedir algo a alguien como favor o con humildad. □ Es v. irreg. Se conjuga como *contar*. **SIN.** Suplicar, implorar.

rogativa *s. f.* Rezo y, a veces también, procesión en que la gente pide a Dios, la Virgen o los santos que pongan remedio a una grave necesidad.

rojizo, za *adj.* De un color que tira a rojo.

rojo, ja *adj.* y *s. m.* **1.** Del color de la sangre o las amapolas. || *adj.* **2.** Se dice del pelo de un color rubio muy intenso, casi colorado. || *adj.* y *s.* **3.** De ideología marcadamente de izquierdas. || **LOC. al rojo** o **al rojo vivo** Se dice de la materia que toma un color rojizo por la acción del calor. También se dice de las situaciones en que hay mucha tensión. **ponerse rojo** Ponerse la cara de alguien de este color a causa de la vergüenza. **SIN. 1.** Encarnado, colorado. **2.** Pelirrojo.

rol *s. m.* Papel o función que realiza alguien.

roll-on (ingl.) *s. m.* Sistema usado en ciertos envases consistente en una bola que al deslizarse permite aplicar el contenido del producto en pequeñas dosis: *desodorante en roll-on*.

rollizo, za *adj.* Gordo y fuerte. **ANT.** Delgado.

rollo *s. m.* **1.** Cosa enrollada en forma de cilindro, por ejemplo, un rollo de película fotográfica. **2.** *fam.* Charla o explicación larga y aburrida. **3.** *fam.* Persona o cosa muy aburrida. **4.** *fam.* Ambiente que hay en un lugar. **5.** *fam.* Asunto: *Le va el rollo de ir a discotecas*. **6.** *fam.* Sensación, impresión: *Me dio mal rollo*. **7.** *fam.* Relación sentimental corta. **SIN. 2.** Perorata.

ROM (siglas del ingl. *R*ead *O*nly *M*emory, 'memoria de lectura únicamente') *s. f.* En informática, memoria en la que solo se puede introducir información una vez, tras lo cual su contenido queda inalterable.

romana *s. f.* Instrumento que sirve para pesar, consiste en una balanza de dos brazos desiguales.

romance *adj.* y *s. m.* **1.** Se dice de las lenguas que proceden del latín, como el español y el italiano. || *s. m.* **2.** Poema generalmente formado por versos de ocho sílabas, de los que los pares riman en asonante y quedan sin rimar los impares. **3.** Relación amorosa. **SIN. 1.** Románico. **3.** Idilio.

romancero *s. m.* Colección de romances, poemas.

románico, ca *adj.* **1.** Se dice del estilo artístico que existió en Europa entre los siglos XI y XIII, caracterizado principalmente por edificios macizos, iglesias con planta en forma de cruz y con pinturas y esculturas que dan una sensación de rigidez. **2.** De las lenguas romances y de lo relacionado con ellas.

romanización *s. f.* Hecho de romanizar.

romanizar *v.* Llevar los antiguos romanos su civilización, cultura y lengua a otros lugares.

romano, na *adj.* y *s.* **1.** De Roma. **2.** Se dice de la Iglesia católica. || **LOC. a la romana** Modo de preparar algunos alimentos rebozándolos con huevo y harina y friéndolos después.

romanticismo *n. pr. m.* **1.** Movimiento artístico de la primera mitad del siglo XIX que da mucha importancia a los sentimientos y a la pasión. || *s. m.* **2.** Característica de la persona o cosa románticas. **SIN. 2.** Sentimentalismo.

romántico, ca *adj.* y *s.* **1.** Del Romanticismo o relacionado con él. **2.** Muy sentimental, propio de los enamorados. **3.** Que tiene muchos ideales. **SIN. 2.** Apasionado. **3.** Idealista, soñador. **ANT. 3.** Pragmático.

romanza *s. f.* Canción, normalmente de tema amoroso, interpretada por un cantante de zarzuela.

rómbico, ca *adj.* Con forma de rombo.

rombo *s. m.* Paralelogramo que tiene los cuatro lados iguales y en el que cada ángulo solo es igual al opuesto.

romboide *s. m.* Paralelogramo en el que solo son iguales los lados y ángulos opuestos.

romería *s. f.* **1.** Marcha que por devoción hace un grupo de personas a una ermita o a un santuario. **2.** Fiesta que se hace junto a esta ermita o santuario el día de la festividad religiosa del lugar. **SIN. 1.** Peregrinación.

romero *s. m.* Arbusto que tiene hojas largas y muy finas, verdes por un lado y blancas por el otro, y flores pequeñas de color entre azul y violeta; su olor es muy agradable.

romero, ra *adj.* y *s.* Persona que va o participa en una romería.

romo, ma *adj.* **1.** Que no tiene filo o punta. **2.** Que tiene la nariz pequeña y aplastada. **3.** Torpe, poco inteligente. **SIN. 2.** Chato. **3.** Lerdo. **ANT. 1.** Afilado. **3.** Agudo.

rompecabezas *s. m.* **1.** Juego en el que hay que hacer un dibujo juntando unos cubos o piezas. **2.** *fam.* Asunto o problema difícil de entender o de resolver. **SIN. 1.** Puzle.

rompecorazones *adj.* y *s.* *fam.* Persona atractiva y capaz de enamorar fácilmente.

rompehielos *s. m.* Barco preparado para abrirse paso en los mares helados.

rompeolas *s. m.* Muro que se mete un poco en el mar y en el que chocan las olas; sirve para proteger un puerto o una bahía.

romper *v.* **1.** Hacer trozos alguna cosa. **2.** Hacer un agujero o una raja en algo. **3.** Estropear o averiar algo. **4.** Hacer que algo deje de estar como estaba: *romper el silencio.* **5.** No cumplir un compromiso, una obligación u otra cosa. **6.** Poner fin a unas relaciones. **7.** Deshacerse las olas en espuma. **8.** Comenzar o iniciarse algo: *romper a llorar, romper a llover.* ‖ **LOC. romper filas** Dejar los soldados de estar en formación, en filas. □ Su p. es irreg.: *roto.* **SIN. 1.** Partir, fracturar. **1.** y **2.** Destrozar. **2.** Rasgar, rajar. **4.** Interrumpir. **5.** Incumplir. **8.** Empezar. **ANT. 1.** Unir. **3.** Arreglar. **4.** y **6.** Continuar.

rompiente *s. amb.* Costa, roca u otra cosa donde chocan con fuerza el agua de un río o las olas del mar.

ron *s. m.* Bebida alcohólica que se saca de la caña de azúcar.

roncar *v.* Hacer con la garganta un ruido fuerte cuando se duerme.

roncha[1] *s. f.* **1.** Bulto rojo que sale en la piel, por ejemplo, por la picadura de un insecto. **2.** Cardenal, moradura. **SIN. 1.** Habón.

roncha[2] *s. f.* Loncha, rodaja.

ronchón *s. m.* Roncha grande que sale en la piel.

ronco, ca *adj.* **1.** Que habla con voz baja y áspera porque tiene mal la garganta. **2.** Se dice de la voz o del sonido que resultan ásperos. **SIN. 1.** Afónico.

ronda *s. f.* **1.** Acción de rondar. **2.** Rondalla. **3.** Cada conjunto de consumiciones que hace un grupo de personas. **4.** Carrera ciclista por etapas. **5.** Paseo, calle o carretera que rodea una ciudad o parte de ella. **6.** Cada partida de cartas que se juega. **7.** Serie de cosas o acciones que se suceden de forma ordenada: *una ronda de negociaciones.*

rondalla *s. f.* Grupo de jóvenes vestidos de manera especial que van por diversos sitios cantando y tocando sus instrumentos. **SIN.** Tuna.

rondar *v.* **1.** Recorrer de noche un lugar vigilando para impedir desórdenes. **2.** Intentar conquistar a alguien. **3.** Dar vueltas por algún lugar. **4.** Estar pensando en algo: *Esa idea me ronda la cabeza.* **5.** Ir detrás de alguien para conseguir algo de él. **6.** Estar a punto de tener algo, como una enfermedad. **SIN. 1.** Patrullar. **3.** Merodear.

rondón Se usa en la expresión **de rondón**, 'sin llamar', 'sin que nadie le haya invitado': *colarse de rondón.*

ronquera *s. f.* Hecho de hablar con voz muy ronca.

ronquido *s. m.* Ruido que se hace al roncar.

ronronear *v.* Hacer los gatos una especie de ronquido cuando están satisfechos.

ronroneo *s. m.* Acción de ronronear.

ronzal *s. m.* Cuerda que se ata al cuello o a la cabeza de las caballerías.

roña *s. f.* **1.** Suciedad pegada fuertemente. **2.** Sarna del ganado lanar. **3.** Capa oxidada que se forma en los metales. ‖ *adj.* y *s.* **4.** *fam.* Tacaño. **SIN. 1.** Mugre. **ANT. 1.** Limpieza.

roñica *adj.* y *s. fam.* Tacaño.

roñosería *s. f. fam.* Tacañería.

roñoso, sa *adj.* **1.** Sucio, que tiene roña. **2.** Que está oxidado. ‖ *adj.* y *s.* **3.** *fam.* Tacaño. **SIN. 1.** Mugriento. **3.** Avaro. **ANT. 1.** Limpio. **3.** Generoso.

ropa *s. f.* **1.** Prendas de vestir y otras cosas hechas con tela, como sábanas y manteles. ‖ **2. ropa vieja** Guisado que se hace aprovechando la carne que ha sobrado de otros guisos. **SIN. 1.** Vestido, vestimenta.

ropaje *s. m.* Vestidura, sobre todo si es lujosa. **SIN.** Indumentaria, vestimenta.

ropavejero, ra *s. m.* y *f.* Persona que compra y vende ropa vieja.

ropero *s. m.* **1.** Armario o cuarto donde se guarda ropa. **2.** Conjunto de vestidos de una persona. **3.** Asociación que proporciona ropa a los necesitados.

roque[1] *s. m.* Torre del ajedrez.

roque[2] *adj. fam.* Dormido.

roqueda o **roquedal** *s. f.* o *m.* Lugar lleno de rocas. **SIN.** Pedregal.

roquefort (del fr.) *s. m.* Queso francés de leche de oveja, muy fuerte y con vetas verdosas.

roquero, ra *adj.* y *s.* **1.** Cantante o músico de *rock.* **2.** Persona a la que le gusta el *rock.*

rorcual *s. m.* Mamífero marino parecido a la ballena que mide entre diez y treinta metros de longitud y tiene una pequeña aleta dorsal.

rorro *s. m. fam.* Bebé.

ros *s. m.* Gorro militar con visera, duro y más alto por delante que por detrás.

rosa *s. f.* **1.** Flor del rosal, de variados colores y olor muy agradable. ‖ *adj.* y *s. m.* **2.** De un color que resulta de mezclar el rojo y el blanco. ‖ *adj.* **3.** Se dice de un tipo de novela de tema amoroso y, generalmente, final feliz. **4.** Se dice de un tipo de periodismo que gira en torno a la vida privada de los famosos. ‖ **5. rosa de pitimini** Rosa muy pequeña que crece en rosales de tallos trepadores. **6. rosa**

de los vientos Círculo que tiene marcados los treinta y dos rumbos del horizonte o los nombres de los diferentes vientos. ‖ **LOC. como una rosa** Con muy buen aspecto. **de color de rosa** De forma muy optimista.

rosáceo, a *adj.* **1.** De color parecido al rosa. ‖ *adj. y s. f.* **2.** Se dice de unos árboles, arbustos y hierbas que tienen el borde de sus hojas en forma de dientes de sierra y las flores con cinco pétalos, como el peral, el almendro y el rosal.

rosado, da *adj.* **1.** De color rosa. ‖ *adj. y s. m.* **2.** Vino de color más claro que el tinto. **SIN. 2.** Clarete.

rosal *s. m.* Arbusto de tallos con espinas y unas flores llamadas *rosas*.

rosaleda *s. f.* Lugar donde hay muchos rosales.

rosario *s. m.* **1.** Rezo de los católicos a la Virgen en el que se recuerdan quince misterios o hechos de su vida. **2.** Cuentas o piedrecillas metidas en un hilo que se utilizan para hacer ese rezo. **3.** Objeto parecido que se usa en otras religiones, como la musulmana o la budista, para llevar la cuenta de las oraciones. **4.** Conjunto de cosas que van una detrás de otra. ‖ **LOC. acabar** una cosa **como el rosario de la aurora** Acabar mal. **SIN. 4.** Retahíla, ristra, sarta.

rosbif (del ingl.) *s. m.* Carne de vaca asada que se deja poco hecha.

rosca *s. f.* **1.** Surco o vuelta en espiral que tienen tornillos, tuercas y tapones, por el que se enroscan. **2.** Cosa redondeada con un agujero en el centro, por ejemplo, una rosca de pan. ‖ **LOC. hacer la rosca** a alguien Alabarle, hacerle la pelota. **no comerse una rosca** No ser capaz de conquistar a alguien. También, no conseguir lo que se pretende. **pasarse de rosca** No agarrar la tuerca en el tornillo; también, pasarse una persona de lo debido en lo que hace o dice.

rosco *s. m.* **1.** Roscón o rosca de pan o de bollo. **2.** *fam.* En el lenguaje de los estudiantes, la peor nota, un cero.

roscón *s. m.* Bollo grande en forma de rosca, sobre todo el que se come en el día de Reyes.

roseta *s. f.* Mancha rosada en las mejillas. **SIN.** Chapeta.

rosetón *s. m.* **1.** Ventana circular con adornos que es característica de las iglesias góticas. **2.** Adorno en forma de círculo, sobre todo el que se coloca en los techos.

rosicler *s. m.* El color rosado del amanecer.

rosquilla *s. f.* Masa dulce y frita de forma redondeada con un agujero en el centro.

rostro *s. m.* **1.** Cara de las personas. **2.** *fam.* Descaro, poca vergüenza. **SIN. 1.** Semblante.

rotación *s. f.* **1.** Acción de rotar, por ejemplo, varias personas en un puesto. **2.** Giro de los cuerpos celestes sobre su eje. **SIN. 1.** Alternancia.

rotar *v.* **1.** Rodar, girar. **2.** Hacer una cosa primero unos y luego otros. **SIN. 2.** Alternarse, turnarse.

rotativo, va *adj.* **1.** Que rota. ‖ *adj. y s. f.* **2.** Máquina que imprime con movimiento seguido y a gran velocidad periódicos, revistas, libros, etc. ‖ *s. m.* **3.** Periódico impreso en estas máquinas. **SIN. 1.** Giratorio, cíclico.

rotatorio, ria *adj.* Que rota o gira. **SIN.** Giratorio.

roto, ta **1.** *p.* de romper. También *adj.* ‖ *adj.* **2.** Muy cansado. ‖ *s. m.* **3.** Agujero, raja. **SIN. 2.** Molido, reventado.

rotonda *s. f.* **1.** Plaza redonda. **2.** Edificio o sala en forma de círculo.

rotor *s. m.* Parte que gira de algunas máquinas, por ejemplo, del motor del helicóptero.

rotoso, sa *adj. Amér.* Muy mal vestido, con la ropa sucia y rota.

rottweiler (al.) *s. m.* Perro muy fuerte, de tamaño mediano, cabeza grande y pelo negro, corto y duro. Se suele usar como perro guardián.

rótula *s. f.* Hueso de la rodilla, que está entre el fémur y la tibia.

rotulación *s. f.* **1.** Hecho de rotular. **2.** Conjunto de rótulos.

rotulador, ra *adj. y s.* **1.** Que rotula o sirve para rotular. ‖ *s. m.* **2.** Utensilio con una carga de tinta dentro que permite escribir o dibujar con un trazo grueso.

rotular *v.* Poner un rótulo o letrero.

rótulo *s. m.* Letrero, cartel.

rotundidad *s. f.* Característica de rotundo. **SIN.** Contundencia. **ANT.** Duda.

rotundo, da *adj.* Que no admite duda o discusión. **SIN.** Terminante, contundente. **ANT.** Dudoso.

rotura *s. f.* **1.** Acción de romper o romperse algo. **2.** Abertura o agujero que queda en algo que se ha roto.

roturación *s. f.* Acción de roturar.

roturar *v.* Arar por primera vez las tierras para dedicarlas a algún cultivo.

roulotte (fr.) *s. f.* Caravana, remolque.

round (ingl.) *s. m.* En boxeo, asalto.

router (ingl.) *s. m.* En informática, dispositivo que dirige un paquete de datos dentro de una red informática y permite la interconexión entre redes.

roza s. f. Surco que se hace en una pared para meter cables o tuberías.

rozadura s. f. **1.** Herida que se produce en la piel por haberse rozado con algo. **2.** Señal que queda en una cosa que se ha rozado con algo. **SIN. 1.** y **2.** Roce.

rozagante adj. Orgulloso y satisfecho.

rozamiento s. m. **1.** Acción de rozar o rozarse. **2.** En física, resistencia entre dos superficies cuando están en contacto, que se opone al movimiento de una sobre otra. **SIN. 1.** Roce.

rozar v. **1.** Tocar ligeramente una persona o cosa a otra. **2.** Producir una herida o un desgaste el contacto de una cosa con otra. **3.** Estar muy cerca una cosa de otra: *Su forma de hablar roza el insulto.* || **rozarse 4.** Tener trato con una persona. **SIN. 2.** Raspar; raer. **3.** Rayar.

rúa s. f. Calle.

ruandés, sa adj. y s. De Ruanda, país de África.

ruano, na adj. Roano.

rubeola o **rubéola** s. f. Enfermedad contagiosa, causada por un virus, que es parecida al sarampión.

rubí s. m. Mineral de color rojo, brillante y de gran dureza, muy apreciado en joyería.

rubiales adj. y s. fam. Rubio.

rubicundo, da adj. **1.** Rubio rojizo. **2.** Se dice de la persona de buen color, de aspecto saludable.

rubio, bia adj. y s. **1.** Se dice del pelo de color entre amarillo y dorado; también se dice de la persona que lo tiene. || adj. **2.** Se dice de un tipo de tabaco de color más claro y sabor más suave que el negro. || s. f. **3.** fam. Antigua moneda de una peseta. || **4. rubio platino** Rubio muy claro. **ANT. 1.** Moreno.

rublo s. m. Moneda de Rusia y también de otras repúblicas que pertenecieron a la antigua Unión Soviética.

rubor s. m. **1.** Color rojo que aparece en la cara a causa de la vergüenza. **2.** Sentimiento de vergüenza. **SIN. 2.** Bochorno, apuro.

ruborizarse v. **1.** Ponerse colorada una persona por vergüenza. **2.** Sentir vergüenza. **SIN. 1.** y **2.** Sonrojarse, abochornarse.

rúbrica s. f. Raya o garabato que una persona añade a su nombre y apellidos cuando firma.

rubricar v. **1.** Poner la rúbrica. **2.** Confirmar, estar totalmente de acuerdo con algo. **SIN. 1.** Firmar. **2.** Apoyar, suscribir.

rubro s. m. Amér. Título, rótulo.

rucio, cia adj. **1.** Se dice de las caballerías de color pardo claro o blanquecino. || s. m. **2.** Asno.

rudeza s. f. Característica de rudo. **SIN.** Tosquedad, ordinariez, brusquedad. **ANT.** Delicadeza, suavidad.

rudimentario, ria adj. Muy sencillo y elemental. **SIN.** Tosco. **ANT.** Sofisticado.

rudimentos s. m. pl. Conocimientos muy elementales sobre algo. **SIN.** Fundamentos, principios.

rudo, da adj. **1.** Basto, poco delicado. **2.** Duro, fuerte. **SIN. 1.** Tosco, brusco. **ANT. 1.** Refinado. **1.** y **2.** Fino. **2.** Suave.

rueca s. f. Máquina sencilla que se usaba antiguamente para hilar.

rueda s. f. **1.** Objeto en forma de círculo que puede girar sobre un eje. **2.** Círculo formado por personas o cosas: *una rueda de canapés.* **3.** Rodaja de algún alimento. || **4. rueda de prensa** Reunión de una persona importante con los periodistas para hablar sobre algo y contestar a sus preguntas.

ruedo s. m. **1.** Terreno circular, cubierto de arena, donde se torea en las plazas de toros. **2.** Borde de una cosa redonda, por ejemplo, de una falda. **3.** Cosa que se pone alrededor del borde de otra para adornarla. **4.** Círculo formado por un grupo de personas. **SIN. 2.** Contorno. **4.** Corro, corrillo.

ruego s. m. Petición que se hace a otra persona como favor, con humildad. **SIN.** Súplica, demanda.

rufián s. m. **1.** Sinvergüenza, granuja. **2.** Hombre que vive a costa de las prostitutas. **SIN. 1.** Bribón. **2.** Chulo.

rugby (ingl.) s. m. Deporte que se juega entre dos equipos de quince jugadores cada uno, con un balón ovalado que se puede coger y golpear con las manos y los pies.

rugido s. m. Sonido que se hace al rugir. **SIN.** Bramido.

rugir v. **1.** Emitir el león y otros animales salvajes su sonido característico. **2.** Producir el mar o la tempestad un sonido fuerte y ronco. **3.** Gritar una persona que está muy enfadada o tiene mucho dolor. **4.** Sonar las tripas a causa del hambre. **SIN. 2.** y **3.** Bramar. **3.** Chillar.

rugosidad s. f. **1.** Característica de lo que es rugoso. **2.** Arruga.

rugoso, sa adj. Que tiene arrugas o asperezas. **SIN.** Arrugado. **ANT.** Liso.

ruibarbo s. m. Planta de hojas grandes de borde dentado y flores amarillas o verdosas en racimos. Tiene un rizoma grueso que se usa como purgante.

ruido *s. m.* Sonido desagradable. **SIN.** Alboroto, estrépito. **ANT.** Silencio.

ruidoso, sa *adj.* Que produce mucho ruido.

ruin *adj.* **1.** Despreciable, canalla. **2.** Tacaño. **SIN. 1.** Vil. **1.** y **2.** Mezquino, miserable. **2.** Roñoso, agarrado. **ANT. 1.** Noble. **2.** Generoso.

ruina *s. f.* **1.** Hecho de quedarse sin dinero o sin otros bienes. **2.** Destrucción de un edificio, de la salud o de otra cosa. **3.** Persona o cosa en muy mal estado. || *s. f. pl.* **4.** Restos de edificios destruidos. **SIN. 1.** Quiebra, bancarrota. **2.** Derrumbamiento, hundimiento. **ANT. 1.** Riqueza.

ruindad *s. f.* **1.** Característica de ruin. **2.** Acción ruin, despreciable.

ruinoso, sa *adj.* **1.** Que está en ruinas, medio destruido. **2.** Que produce ruina o unas pérdidas muy grandes: *un negocio ruinoso*.

ruiseñor *s. m.* Pájaro de canto agradable que tiene el vientre de color claro, la cola rojiza y el resto del cuerpo pardo. Vive en los bosques frondosos.

rular *v. fam.* Rodar o funcionar algo.

ruleta *s. f.* Juego de azar en que se emplea una rueda dividida en casillas numeradas que gira y que consiste en apostar al número en que se parará la rueda.

ruletero, ra *s. m.* y *f.* En México y otros países de América, taxista.

rulo *s. m.* Cilindro hueco en que se enrolla un mechón de pelo para rizarlo.

rumano, na *adj.* y *s.* **1.** De Rumanía, país de Europa. || *s. m.* **2.** Lengua de este país.

rumba *s. f.* **1.** Baile popular de origen cubano y música que lo acompaña. **2.** Música y baile flamenco, muy popular y con mucho ritmo.

rumbero, ra *adj.* y *s.* Persona que baila la rumba.

rumbo *s. m.* **1.** Dirección que se sigue al caminar o navegar. **2.** Forma en la que van ocurriendo los acontecimientos. **3.** Camino que sigue una persona para conseguir alguna cosa. **SIN. 1.** Ruta. **1.** y **3.** Derrotero.

rumboso, sa *adj. fam.* Muy generoso con el dinero. **SIN.** Espléndido, desprendido. **ANT.** Tacaño.

rumiante *adj.* y *s. m.* Mamífero que se alimenta de hierba y tiene el estómago dividido en tres o cuatro partes, como la vaca, la cabra o el ciervo.

rumiar *v.* **1.** Masticar los rumiantes por segunda vez los alimentos. **2.** *fam.* Pensar en algo muy despacio. **SIN. 2.** Meditar, cavilar.

rumor *s. m.* **1.** Noticia que circula entre la gente sin que se sepa si es verdad. **2.** Ruido continuo, como el que hace el mar o el viento. **SIN. 2.** Runrún, zumbido.

rumorearse *v.* Circular un rumor entre la gente.

rumoroso, sa *adj.* Que produce rumor o ruido continuo.

runrún *s. m.* Ruido continuo. **SIN.** Rumor, zumbido.

runrunear *v.* Hacer un ruido suave y continuo. **SIN.** Susurrar.

rupestre *adj.* Se dice de las pinturas o dibujos prehistóricos que fueron realizados en rocas y cuevas.

rupia *s. f.* Moneda de la India, Pakistán, Nepal y otros países.

ruptura *s. f.* Acción de romper o romperse las relaciones entre personas o países.

rural *adj.* Del campo o relacionado con el campo: *turismo rural*. **SIN.** Campestre, campesino. **ANT.** Urbano.

ruso, sa *adj.* y *s.* **1.** De Rusia, país de Europa y Asia. || *s. m.* **2.** Lengua que se habla en Rusia y en otras repúblicas de la antigua Unión Soviética.

rústico, ca *adj.* **1.** Que es propio del campo o está en el campo. **2.** Poco educado en la forma de hablar o comportarse. **3.** Hecho sin cuidado o con materiales de poco valor. || *s. m.* y *f.* **4.** Persona del campo. || **LOC. en rústica** Se dice de la encuadernación de los libros con cubierta de papel o cartulina. **SIN. 1.** Rural. **1.** y **4.** Campesino. **2.** Rudo. **2.** y **3.** Tosco. **ANT. 1.** Urbano. **2.** y **3.** Refinado, elegante.

ruta *s. f.* **1.** Camino o lugares que se recorren en un viaje o trayecto. **2.** Autobús escolar que recorre un trayecto ya fijado. **SIN. 1.** Itinerario, recorrido, trayecto.

rutilante *adj.* Muy brillante, resplandeciente.

rutilar *v.* Brillar mucho. **SIN.** Resplandecer, relumbrar.

rutina *s. f.* Costumbre de hacer las cosas del mismo modo, sin pararse a pensar. **SIN.** Hábito; monotonía.

rutinario, ria *adj.* Que se hace por rutina o actúa por rutina.

s *s. f.* Vigésima letra del abecedario.

S. A. *expr.* Siglas de **S**ociedad **A**nónima. Ver **sociedad**.

S. L. *expr.* Siglas de **S**ociedad **L**imitada. Ver **sociedad**.

sábado *s. m.* Sexto día de la semana.

sabana *s. f.* Llanura grande con pocos árboles que existe en algunas zonas de África, América del Sur y Australia.

sábana *s. f.* Cada una de las dos piezas de tela que se utilizan como ropa de cama y entre las que se coloca la persona que se acuesta. ‖ **LOC. pegársele** a alguien **las sábanas** Levantarse más tarde o costarle mucho salir de la cama.

sabandija *s. f.* **1.** Animal pequeño y molesto. **2.** *fam.* Persona despreciable. **SIN. 1.** Bicho. **2.** Alimaña.

sabañón *s. m.* Bulto rojo que sale por el frío y produce mucho picor.

sabático, ca *adj.* **1.** Relacionado con el sábado. **2.** Se dice del año remunerado en que algunos profesionales interrumpen su trabajo habitual para dedicarse a otras actividades.

sabbat (del hebr.) *s. m.* El día de la fiesta religiosa de los judíos, que es el sábado.

sabedor, ra *adj.* Enterado, conocedor.

sabelotodo *s. m. y f. fam.* Persona que presume de saber mucho. **SIN.** Sabiondo.

saber[1] *v.* **1.** Estar informado de algo. **2.** Tener conocimientos sobre algo. **3.** Haber aprendido a hacer algo. **4.** Tener sabor. ☐ Es v. irreg. **SIN. 1.** Enterarse. **2.** Entender. **ANT. 1.** y **2.** Desconocer.

saber[2] *s. m.* Conocimiento, sabiduría. **SIN.** Cultura, ciencia. **ANT.** Incultura.

sabido, da 1. *p.* de **saber**. También *adj.* ‖ *adj.* **2.** Conocido, habitual.

sabiduría *s. f.* **1.** Conjunto de conocimientos que se aprenden. **2.** Sensatez, prudencia. **SIN. 1.** Saber, cultura. **ANT. 1.** Ignorancia. **2.** Estupidez.

sabiendas Se usa en la expresión **a sabiendas**, 'con intención', 'a propósito'.

sabihondo, da *adj.* y *s. fam.* Sabiondo.

sabina *s. f.* Árbol perenne conífero de hojas pequeñas, escamosas y superpuestas y fruto

SABER	
INDICATIVO	
Presente	**Pretérito perfecto simple**
sé	supe
sabes	supiste
sabe	supo
sabemos	supimos
sabéis	supisteis
saben	supieron
Futuro simple	**Condicional simple**
sabré	sabría
sabrás	sabrías
sabrá	sabría
sabremos	sabríamos
sabréis	sabríais
sabrán	sabrían
SUBJUNTIVO	
Presente	**Pretérito imperfecto**
sepa	supiera, -ese
sepas	supieras, -eses
sepa	supiera, -ese
sepamos	supiéramos, -ésemos
sepáis	supierais, -eseis
sepan	supieran, -esen
	Futuro simple
	supiere
	supieres
	supiere
	supiéremos
	supiereis
	supieren
IMPERATIVO	
sabe (tú)	sabed (vosotros)
sepa (usted)	sepan (ustedes)

en forma de bayas negras o rojizas. Crece en las regiones mediterráneas.

sabio, bia *adj.* y *s.* **1.** Culto, que sabe mucho. ‖ *adj.* **2.** Inteligente, sensato. **3.** Se dice de los animales amaestrados para hacer cosas difíciles. **SIN. 1.** Erudito. **2.** Prudente. **ANT. 1.** Ignorante. **2.** Estúpido.

sabiondo, da *s. m.* y *f.* Sabelotodo.

sablazo *s. m.* **1.** Golpe de sable y herida que hace. **2.** *fam.* Hecho de pedir dinero a alguien y devolvérselo tarde o no devolvérselo. **SIN. 1.** Tajo.

sable *s. m.* Espada un poco curvada y de un solo filo.

sablear *v. fam.* Dar sablazos, sacarle dinero a alguien.

sablista *s. m.* y *f. fam.* Persona que sablea.

saboneta *s. f.* Reloj de bolsillo con una tapa metálica para cubrir la esfera.

sabor *s. m.* **1.** Sensación que produce en la lengua y el paladar una sustancia. **2.** Impresión, sentimiento o recuerdo que deja alguna cosa. **SIN. 1.** y **2.** Gusto, regusto.

saborear *v.* **1.** Comer o beber algo despacio para notar mejor su sabor. **2.** Disfrutar de algo con tranquilidad y a gusto. **SIN. 1.** y **2.** Paladear.

sabotaje *s. m.* Acto de sabotear.

saboteador, ra *adj.* y *s.* Se dice de la persona que hace sabotaje.

sabotear *v.* **1.** Causar daños en fábricas, medios de transporte y otras cosas para luchar contra alguien o para lograr algo. **2.** Boicotear.

sabroso, sa *adj.* **1.** Que tiene mucho sabor y está rico. **2.** Ligeramente salado. **3.** Importante o interesante. **SIN. 1.** Gustoso, suculento. **3.** Sustancioso, apetecible, goloso. **ANT. 1.** Insípido. **1.** a **3.** Soso.

sabrosón, na *adj. Amér.* Agradable, ameno, simpático.

sabueso *s. m.* **1.** Tipo de perro podenco que tiene un oído y olfato muy finos, por lo que se usa para cazar. **2.** *fam.* Persona hábil para investigar y descubrir cosas.

saca *s. f.* Saco grande de tela fuerte. **SIN.** Costal.

sacabocados o **sacabocado** *s. m.* Punzón o tenazas con una o más bocas huecas, que sirve para hacer agujeros.

sacacorchos *s. m.* Instrumento que se utiliza para quitar los tapones de corcho de las botellas. ‖ **LOC. sacar** algo a alguien **con sacacorchos** Conseguir con mucho esfuerzo que lo diga.

sacacuartos *s. m.* **1.** *fam.* Cosa en la que la gente malgasta su dinero. ‖ *s. m.* y *f.* **2.** *fam.* Persona que sabe sacarle dinero a otra.

sacamuelas *s. m.* y *f. desp.* Dentista.

sacapuntas *s. m.* Objeto para sacar punta a los lápices.

sacar *v.* **1.** Poner una cosa fuera de donde está. **2.** Conseguir, obtener. **3.** Hacer que algo aparezca o se descubra: *sacar faltas.* **4.** Retratar o fotografiar: *Te ha sacado muy favorecida.* **5.** En algunos deportes, lanzar la pelota al comienzo del juego o después de haber estado este detenido. **6.** Quitar: *sacar una mancha.* **7.** Ensanchar o alargar algo, especialmente una prenda de vestir. **8.** Aventajar a otro en alguna cosa. ‖ **LOC. sacar adelante** Mantener a una persona, dándole lo necesario para vivir; también, hacer que algo marche bien. **SIN. 1.** Retirar, extraer. **2.** Lograr. **ANT. 1.** Guardar. **1.** y **7.** Meter.

sacarina *s. f.* Sustancia blanca y muy dulce que se emplea para endulzar en lugar del azúcar.

sacarosa *s. f.* Azúcar.

sacerdocio *s. m.* Estado de los sacerdotes y función que desempeñan.

sacerdotal *adj.* De los sacerdotes.

sacerdote *s. m.* **1.** Persona que dirige la vida religiosa de una comunidad. **2.** Hombre que ha recibido el sacramento del orden y puede celebrar misa, administrar los sacramentos y predicar.

sacerdotisa *s. f.* **1.** En algunas religiones, mujer que hace los sacrificios a los dioses y cuida el templo. **2.** Mujer sacerdote.

saciar *v.* Satisfacer una necesidad o deseo. **SIN.** Hartar; colmar.

saciedad *s. f.* Estado del que está saciado o lleno. **SIN.** Hartura, empacho.

saco *s. m.* **1.** Bolsa grande y abierta por uno de sus extremos que sirve para meter cosas dentro. **2.** Saqueo: *entrar a saco.* **3.** *Amér.* Chaqueta. ‖ **4. saco de dormir** Bolsa grande e impermeable donde se mete una persona para dormir al aire libre o en tiendas de campaña. ‖ **LOC. no echar** algo **en saco roto** No olvidarlo, tenerlo en cuenta. **SIN. 1.** Costal, talego. **2.** Pillaje. **3.** Americana.

sacralizar *v.* Hacer que algo sea sagrado.

sacramental *adj.* De los sacramentos o relacionado con ellos.

sacramento *s. m.* **1.** En la religión cristiana, signos sagrados que se realizan en algunos actos y por los que Jesucristo da a los seres humanos su salvación. ‖ **2. Santísimo Sacramento** Jesucristo en la eucaristía. **3. últimos sacramentos** Los de la penitencia, eucaristía y extremaunción que recibe el cristiano que está en peligro de muerte.

sacratísimo, ma *adj. sup.* de **sagrado**.

sacrificar *v.* **1.** Ofrecer una víctima a los dioses para pedirles algo, para alabarles o para darles las gracias. **2.** Matar a un animal, sobre todo para comerlo. **3.** Dejar de hacer o tener algo agradable, o hacer cosas molestas, para ayudar a otro o para conseguir algo. **SIN. 1.** Inmolar. **3.** Renunciar.

sacrificio *s. m.* Hecho de sacrificar o sacrificarse. **SIN.** Inmolación; renuncia, privación.

sacrilegio *s. m.* Lo que se dice o hace contra algo sagrado o es una grave falta de respeto hacia ello. **SIN.** Profanación.

sacrílego, ga *adj. y s.* Del sacrilegio o que comete sacrilegio.

sacristán *s. m.* Hombre que ayuda al sacerdote en el altar y se encarga del cuidado de la iglesia.

sacristana *s. f.* **1.** Mujer del sacristán. **2.** Monja que se encarga de cuidar la iglesia y la sacristía en un convento.

sacristía *s. f.* Lugar en las iglesias donde se guardan las ropas y objetos que se usan en el culto.

sacro, cra *adj.* **1.** Sagrado: *música sacra.* || *adj. y s. m.* **2.** Hueso que está al final de la columna vertebral compuesto por vértebras soldadas entre sí.

sacrosanto, ta *adj.* Sagrado y santo.

sacudida *s. f.* **1.** Movimiento brusco. **2.** Fuerte impresión que produce algo. **SIN. 1.** Meneo, bandazo. **2.** Conmoción.

sacudir *v.* **1.** Mover bruscamente de un lado a otro. **2.** Pegar, zurrar. **3.** Librarse de algo malo, molesto o pesado: *sacudirse la pereza.* **4.** Producir una fuerte impresión. **SIN. 1.** Menear, zarandear. **3.** Liberarse, desembarazarse. **4.** Conmocionar, impresionar. **ANT. 3.** Atraer.

sádico, ca *adj. y s.* Que disfruta haciendo sufrir. **SIN.** Despiadado, inhumano. **ANT.** Clemente.

sadismo *s. m.* Crueldad excesiva. **SIN.** Brutalidad, salvajismo. **ANT.** Piedad.

sadomasoquismo *s. m.* Comportamiento sexual de las personas que disfrutan haciendo daño o sufriéndolo.

sadomasoquista *adj. y s.* Que practica el sadomasoquismo.

saeta *s. f.* **1.** Flecha. **2.** Manecilla del reloj o la brújula. **3.** Canción religiosa flamenca que se canta sobre todo en las procesiones de Semana Santa.

saetera *s. f.* Ventana muy estrecha abierta en el muro de una fortificación.

safari *s. m.* **1.** Cacería de animales grandes en África. **2.** Excursión por lugares naturales con otros fines: *safari fotográfico.*

safena *adj. y s. f.* Cada una de las dos venas que llevan la sangre, a lo largo de la pierna, desde el pie a la femoral.

saga *s. f.* **1.** Leyenda poética, sobre todo de pueblos escandinavos. **2.** Relato de la historia de dos o más generaciones de una familia.

sagacidad *s. f.* Astucia, inteligencia. **SIN.** Perspicacia, agudeza. **ANT.** Torpeza.

sagaz *adj.* Astuto, inteligente. **SIN.** Perspicaz, agudo, listo. **ANT.** Torpe.

Sagitario *n. pr.* Noveno signo del Zodiaco (del 22 de noviembre al 21 de diciembre).

sagrado, da *adj.* **1.** Se dice de lo relacionado con Dios o con los dioses y su culto. **2.** Que merece mucho respeto. **SIN. 1.** Santo, sacro. **ANT. 1.** Profano.

sagrario *s. m.* Especie de armario o construcción en forma de pequeño templo donde se guardan el copón y las sagradas formas.

sah (del persa) *s. m.* Título de los reyes de Persia o Irán.

sahariana *s. f.* Chaqueta de tejido ligero con grandes bolsillos y que se ajusta con un cinturón.

sahariano, na o **saharaui** *adj. y s.* Del Sáhara, desierto del norte de África.

sahib (hindi) *s. m.* En la India, tratamiento que usaban los criados para dirigirse a sus amos.

sahumerio *s. m.* Sustancia aromática que se quema para dar olor.

sainete *s. m.* Obra de teatro breve y divertida, en la que se representan escenas y personajes populares.

saja o **sajadura** *s. f.* Corte hecho en la carne. **SIN.** Raja, incisión.

sajar *v.* Hacer un corte en la carne para curarla. **SIN.** Abrir, cortar, seccionar.

sajón, na *adj. y s.* **1.** De uno de los pueblos germánicos que invadieron Gran Bretaña a mediados del siglo V. **2.** De Sajonia, región de Alemania.

sake o **saki** (del jap.) *s. m.* Bebida alcohólica japonesa que se obtiene del arroz.

sal *s. f.* **1.** Sustancia en forma de cristalitos muy pequeños y de color blanco, compuesta por cloro y sodio, que se usa principalmente para poner salados los alimentos o para conservarlos. Se llama también *sal común.* **2.** Nombre de algunos compuestos químicos que se forman al hacer reaccionar un ácido

sala

con una base. **3.** Gracia, ingenio. ‖ *s. f. pl.* **4.** Sustancia en pequeños cristales que suele contener amoniaco y se da a oler a una persona desmayada para reanimarla. ‖ **5. sales de baño** Sustancia perfumada, en forma de pequeños cristales, que se disuelve en el agua del baño. **6. sal gorda** Sal común de cristales gruesos; también, sentido del humor vulgar o grosero. **SIN. 3.** Salero, chispa.

sala *s. f.* **1.** Habitación de una casa donde se come, se ve la tele y se hace la vida. Se llama también *sala de estar.* **2.** Habitación o espacio grande de un edificio, un barco u otro lugar. **3.** Local destinado a espectáculos o actos a los que asiste mucha gente: *sala de cine.* ‖ **4. sala de fiestas** Local público donde se baila, se toman bebidas y a veces se dan cenas y espectáculos. **SIN. 2.** Salón.

salacot *s. m.* Sombrero rígido en forma de media esfera y de material ligero, para protegerse del sol.

salado, da 1. *p.* de salar. ‖ *adj.* **2.** Que tiene sal o demasiada sal. **3.** Saleroso, gracioso. **ANT. 2.** Insípido. **2. y 3.** Soso.

salamandra *s. f.* Animal anfibio parecido a un lagarto, de cuerpo alargado y cola redondeada. La salamandra común es de color negro con grandes manchas amarillas o amarilla con franjas negras.

salamanquesa *s. f.* Reptil parecido a una lagartija de cuerpo aplastado y de color gris, amarillo, marrón o blanquecino. Trepa por las paredes y se alimenta de insectos.

salami (del ital.) *s. m.* Embutido parecido al salchichón, pero más grande.

salar *v.* Poner sal en los alimentos para conservarlos o para darles sabor. **SIN.** Curar; sazonar.

salarial *adj.* Del salario.

salario *s. m.* Sueldo que se paga a alguien por su trabajo.

salazón *s. f.* **1.** Operación que consiste en salar la carne y el pescado para conservarlos. **2.** La carne y el pescado ya salados.

salchicha *s. f.* **1.** Embutido alargado hecho con carne preparada con sal y otras especias. ‖ **2. perro salchicha** Nombre que se da a los perros *teckel*, que tienen el cuerpo largo y las patas cortas.

salchichería *s. f.* Tienda en la que se venden salchichas y embutidos.

salchichón *s. m.* Embutido hecho de jamón, tocino y pimienta, prensados y curados.

saldar *v.* **1.** Pagar completamente lo que se debe. **2.** Dar por terminado un asunto, una situación, etc. **3.** Vender una mercancía a

muy bajo precio para terminarla. **SIN. 1. y 3.** Liquidar. **2. y 3.** Rematar.

saldo *s. m.* **1.** En una cuenta, el resultado de restar de la cantidad que uno tiene la que debe o ha gastado. **2.** Resultado final, balance. **3.** Venta de mercancías a precios más baratos, normalmente para terminar con ellas. ‖ *s. m. pl.* **4.** Estas mercancías. **SIN. 1.** Liquidación. **4.** Restos.

saledizo *s. m.* Parte que sobresale de la fachada de un edificio.

salero *s. m.* **1.** Frasco o bote con agujeros para servir la sal. **2.** *fam.* Gracia o alegría. **SIN. 2.** Garbo, donaire.

saleroso, sa *adj.* y *s. fam.* Que tiene salero o gracia. **SIN.** Garboso. **ANT.** Soso.

salesa *adj.* y *s. f.* Se dice de la religiosa de la Orden de San Francisco de Sales.

salesiano, na *adj.* y *s.* De la orden religiosa de san Francisco de Sales, fundada por san Juan Bosco.

salida *s. f.* **1.** Hecho de salir o salirse. **2.** Lugar por donde se sale o desde el que se sale. **3.** Solución, remedio; pretexto, disculpa. **4.** *fam.* Cosa divertida e ingeniosa que alguien dice o hace. **5.** Buenas posibilidades que tiene una cosa. ‖ **6. salida de tono** Cosa inoportuna o poco educada que alguien dice o hace. **SIN. 1.** Partida, marcha. **2.** Puerta. **3.** Arreglo. **4.** Ocurrencia. **5.** Expectativa, futuro. **ANT. 1. y 2.** Entrada. **2.** Meta.

salido, da 1. *p.* de salir. También *adj.* ‖ *adj.* **2.** Que sobresale más de lo normal. ‖ *adj.* y *s.* **3.** *vulg.* Persona que siente un gran deseo sexual. **SIN. 2.** Saliente.

saliente *adj.* y *s. m.* Que sobresale. **SIN.** Salido. **ANT.** Entrante.

salina *s. f.* Estanque de agua salada poco profundo, del que se saca la sal cuando se evapora el agua.

salinidad *s. f.* **1.** Característica de salino. **2.** Cantidad de sal disuelta en un líquido.

salino, na *adj.* Salado, salobre.

salir *v.* **1.** Pasar de dentro a fuera. **2.** Soltarse una cosa del lugar en que está puesta o encajada. **3.** Partir o irse. **4.** Ir a la calle o a otro lugar a pasear o a divertirse. **5.** Ser novio o novia de alguien. **6.** Dejar de estar en una situación, sobre todo si es mala. **7.** Quitarse las manchas. **8.** Sobresalir. **9.** Aparecer, surgir, brotar. **10.** Dar el resultado que se dice: *La fiesta salió bien.* **11.** Parecerse una persona a un familiar: *Ha salido a su abuelo.* **12.** Decir o hacer algo que sorprende: *Ahora me sale con que no quiere ir.* ‖ **salirse 13.** Dejar escapar un recipiente el líquido o gas que contiene. ‖ **LOC. salir adelante** Dejar de estar en una situación mala o en dificultades. **sa-**

salsera

lirse alguien **con la suya** Conseguir lo que quería. ☐ Es v. irreg. SIN. 3. Marchar, largarse. 10. Resultar. ANT. 1. y 2. Entrar. 3. Llegar. 9. Ponerse; desaparecer.

SALIR		
INDICATIVO		
Presente	**Futuro simple**	**Condicional simple**
salgo	*saldré*	*saldría*
sales	*saldrás*	*saldrías*
sale	*saldrá*	*saldría*
salimos	*saldremos*	*saldríamos*
salís	*saldréis*	*saldríais*
salen	*saldrán*	*saldrían*
SUBJUNTIVO		**IMPERATIVO**
Presente		
salga		
salgas		*sal* (tú)
salga		*salga* (usted)
salgamos		*salid* (vosotros)
salgáis		*salgan* (ustedes)
salgan		

salitre *s. m.* Sustancia que se encuentra en forma de agujas o de polvo en terrenos húmedos o salinos y, especialmente, las sales que tienen nitrógeno, oxígeno y metales como sodio o potasio, que se emplean como abono o para hacer explosivos.

saliva *s. f.* Líquido que tenemos en la boca producido por las glándulas salivales, y que sirve para ablandar la comida y hacerla fácil de tragar y digerir. SIN. Baba.

salivación *s. f.* Acción de salivar.

salival *adj.* De la saliva o relacionado con ella.

salivar *v.* Producir saliva.

salivazo *s. m.* Escupitajo.

salmantino, na *adj.* y *s.* De Salamanca, ciudad y provincia españolas.

salmo *s. m.* Canto o poema de la Biblia en que se alaba a Dios o se le pide algo.

salmodia *s. f.* **1.** Música religiosa que se toca con los salmos. **2.** *fam.* Canto aburrido que se repite mucho. **3.** *fam.* Lo que se repite de forma molesta e inoportuna. SIN. 3. Cantinela.

salmodiar *v.* **1.** Cantar algo con tono monótono. **2.** Cantar o rezar salmos.

salmón *s. m.* **1.** Pez grande de color gris azulado, con puntos negros en los costados. Pasa la primera parte de su vida en los ríos y, cuando es adulto, emigra al mar; más tarde vuelve a los ríos a poner sus huevos. Su carne es muy apreciada como alimento. **2.** Color entre rosa y anaranjado, parecido al de la carne de este pez.

salmonela *s. f.* Bacteria que causa la salmonelosis.

salmonelosis *s. f.* Infección muy grave del intestino producida por la salmonela.

salmonete *s. m.* Pez pequeño de color rosado y con dos barbillas largas en la mandíbula. Vive en el Atlántico y el Mediterráneo y se utiliza en alimentación.

salmorejo *s. m.* Crema parecida al gazpacho, pero más espesa, hecha con tomate, ajo, pan, aceite y sal.

salmuera *s. f.* Agua o líquido con mucha sal en el que se conservan carnes y pescados.

salobre *adj.* Que contiene o sabe a sal. SIN. Salino; salado. ANT. Dulce.

salomónico, ca *adj.* **1.** Del rey Salomón. **2.** Se dice del juicio o la decisión que quiere contentar a todos por igual. **3.** Se dice de un tipo de columna en forma de espiral.

salón *s. m.* **1.** Habitación grande de una casa en la que se recibe a las visitas y se tienen reuniones o comidas. **2.** Local grande donde se celebran reuniones, actos públicos o fiestas: *salón de actos.* **3.** Nombre de algunos establecimientos: *salón de belleza.* **4.** Exposición para vender o promocionar productos: *salón del automóvil.*

salpicadero *s. m.* En los coches, tablero en el que están los mandos y otros aparatos.

salpicadura *s. f.* Acción de salpicar y mancha que deja.

salpicar *v.* **1.** Hacer que salten gotas de un líquido. **2.** Mojar o manchar con esas gotas. **3.** Esparcir. **4.** Afectar o perjudicar la reputación de alguien, generalmente de forma negativa. SIN. 1. Rociar. 3. Espolvorear, diseminar.

salpicón *s. m.* Comida compuesta de trozos de pescado o marisco con cebolla, sal y otros ingredientes.

salpimentar *v.* Condimentar algo con sal y pimienta. ☐ Es v. irreg. Se conjuga como *pensar.*

salpullido *s. m.* Sarpullido.

salsa *s. f.* **1.** Líquido o pasta que se hace con varios ingredientes y se echa a las comidas para que sepan mejor. **2.** Jugo de un guiso o de un alimento cocinado. **3.** Música del Caribe, mezcla de ritmos africanos y latinos. ‖ LOC. **en su salsa** o **en su propia salsa** En su propio ambiente, a gusto.

salsera *s. f.* Recipiente para servir la salsa.

saltador

saltador, ra *adj.* **1.** Que salta. ‖ *s. m.* y *f.* **2.** Persona que practica algún deporte de salto. ‖ *s. m.* **3.** Cuerda que se utiliza para jugar a saltar. **SIN. 1.** Saltarín. **3.** Comba.

saltamontes *s. m.* Insecto de color amarillo, pardo o verde que tiene las patas de atrás muy largas, con las que da grandes saltos.

saltar *v.* **1.** Darse un impulso para separarse del lugar en que uno está o pasar por encima de algo. **2.** Lanzarse desde donde uno está para caer fuera o más abajo. **3.** Abalanzarse sobre otro para atacarlo. **4.** Salpicar, soltarse, desprenderse o dispararse: *saltar aceite, saltar la pintura, saltar la alarma.* **5.** Explotar, estallar. **6.** Salir: *saltar al terreno de juego.* **7.** Mostrar de repente enfado o desacuerdo. ‖ **saltarse 8.** Pasar de una cosa a otra sin detenerse en algo que está entre las dos. **9.** No cumplir: *saltarse las normas.* ‖ **LOC. saltar a la vista** Destacar o sobresalir, verse mucho. **SIN. 1.** Brincar, botar. **2.** Arrojarse, tirarse. **4.** Caerse; activarse. **8.** Comerse; omitir. **9.** Incumplir.

saltarín, na *adj.* y *s.* Que salta o se mueve mucho.

salteado, da 1. *p.* de **saltear.** También *adj.* ‖ *adj.* **2.** No seguido, unos sí y otros no. ‖ *adj.* y *s. m.* **3.** Plato hecho con alimentos fritos ligeramente: *salteado de champiñones.* **SIN. 2.** Alterno.

salteador, ra *s. m.* y *f.* Persona que robaba a la gente por los caminos. **SIN.** Bandido, bandolero.

saltear *v.* **1.** Hacer algo a ratos o a trozos, no seguido. **2.** Freír un poco. **SIN. 2.** Dorar, sofreír, pochar.

salterio *s. m.* **1.** Libro de coro que contiene salmos. **2.** Instrumento musical de cuerda, de forma triangular.

saltimbanqui *s. m.* y *fam.* Persona que realiza saltos y otros ejercicios como espectáculo. **SIN.** Titiritero, acróbata.

salto *s. m.* **1.** Acción de saltar. **2.** Paso de una cosa a otra que no va seguida o que es muy diferente. **3.** Avance o progreso muy grande. ‖ **4. salto de agua** Cascada. **5. salto de cama** Bata de mujer para levantarse de la cama. **6. salto mortal** El que hacen los acróbatas, gimnastas o saltadores de trampolín tirándose de cabeza y dando una vuelta en el aire. ‖ **LOC. a salto de mata** De una manera desorganizada, improvisando. **SIN. 1.** Brinco. **ANT. 3.** Retroceso.

saltón, na *adj.* Que sobresale mucho. **SIN.** Saliente, prominente, abultado. **ANT.** Hundido.

salubre *adj.* Que es saludable o sano. **ANT.** Insalubre, insano.

salubridad *s. f.* Hecho de ser salubre o sano.

salud *s. f.* **1.** Estado en que se encuentra un ser vivo por el buen o mal funcionamiento de su cuerpo. **2.** Estado de otra cosa. ‖ *interj.* **3.** Se dice a veces para brindar.

saludable *adj.* **1.** Bueno para la salud. **2.** Que refleja buena salud. **3.** Provechoso, beneficioso. **SIN. 1.** y **2.** Sano. **ANT. 1.** y **2.** Insalubre, insano. **2.** Enfermizo. **3.** Perjudicial.

saludar *v.* **1.** Decir palabras de cortesía o hacer algún gesto amistoso cuando nos encontramos con alguien. **2.** Mandarle a alguien una expresión de cortesía: *Saluda a tus padres de mi parte.* **3.** Hacer un gesto de respeto a un militar o un policía ante un superior o en ciertas circunstancias.

saludo *s. m.* Acción de saludar.

salutación *s. m.* Saludo.

salva *s. f.* Disparo o serie de disparos en honor a alguien o para celebrar algo.

salvación *s. f.* **1.** Acción de salvar o salvarse. **2.** En religión, acción de librar Jesucristo a los seres humanos del pecado. **SIN. 1.** Rescate. **2.** Redención.

salvado, da 1. *p.* de **salvar.** También *adj.* ‖ *s. m.* **2.** Cáscara molida de los granos de trigo y otros cereales, que se quita para hacer el pan de miga blanca.

salvador, ra *adj.* y *s.* **1.** Que salva. ‖ *n. pr. m.* **2.** Jesucristo: *el Salvador.* **SIN. 1.** y **2.** Redentor.

salvadoreño, ña *adj.* y *s.* De El Salvador, país de América Central.

salvaguardar *v.* Defender, proteger. **SIN.** Amparar, garantizar. **ANT.** Desamparar.

salvaguardia o **salvaguarda** *s. f.* Defensa, protección. **SIN.** Garantía, amparo. **ANT.** Desamparo.

salvajada *s. f.* Acción brutal y destructiva. **SIN.** Barbaridad, brutalidad.

salvaje *adj.* **1.** Que vive libremente en la naturaleza: *fresas salvajes, caballos salvajes.* **2.** Se dice del terreno sin cultivar ni construir. **3.** Que no se puede controlar o frenar: *huelga salvaje.* ‖ *adj.* y *s.* **4.** En estado primitivo, no civilizado. **5.** Que se comporta sin ninguna educación o de forma insociable y rebelde. **6.** Cruel, inhumano: *Se vengaron de manera salvaje.* **SIN. 1.** Silvestre, montaraz. **2.** Agreste. **5.** Bárbaro, incívico. **ANT. 1.** Doméstico. **2.** Cultivado, edificado.

salvajismo *s. m.* Forma de ser o de actuar de la persona salvaje. **SIN.** Crueldad, brutalidad. **ANT.** Civismo.

salvamanteles *s. m.* Objeto que se pone debajo de ollas o fuentes con comida caliente para que no quemen el mantel o la mesa.

salvamento *s. m.* Acción de salvar o rescatar. **SIN.** Rescate.

sangrar

salvar v. **1.** Librar a una persona o cosa de algún peligro. **2.** Superar un obstáculo, por ejemplo, saltándolo. **3.** Distinguir de los demás: *Todos son unos antipáticos, Manuel es el único que se salva.* **SIN. 1.** Auxiliar, rescatar. **2.** Pasar.

salvavidas adj. y s. m. Se dice de los chalecos, flotadores y otras cosas que se utilizan para que floten en el agua las personas en caso de necesidad.

salve s. f. Oración a la Virgen María.

salvedad s. f. Excepción, el dejar aparte algo. **SIN.** Reserva, exclusión. **ANT.** Inclusión.

salvia s. f. Hierba aromática de flores amarillas, violáceas o blancas, que crece en terrenos secos. Sus hojas se usan como condimento y como digestivo.

salvo, va adj. **1.** Que no ha sufrido daño: *sano y salvo.* ‖ adv. **2.** Menos, ese no: *Están todos salvo Ana.* ‖ **LOC. a salvo** Seguro, fuera de peligro. **SIN. 1.** Ileso. **2.** Excepto. **ANT. 1.** Dañado. **2.** Incluso.

salvoconducto s. m. Documento en el que se autoriza a alguien para ir libremente por un sitio.

samaritano, na adj. y s. **1.** De Samaria, antigua ciudad y región de Palestina. **2.** Persona que ayuda a otra.

samba s. f. Música y baile brasileños con mucho ritmo.

sambenito s. m. Cosa mala que siempre se dice de alguien, aunque no sea verdad.

samoyedo, da adj. y s. **1.** Se dice de un pueblo del norte de Rusia que habita en Siberia y en la costa del mar Blanco. ‖ s. m. y adj. **2.** Se dice de una raza de perros siberianos, muy fuertes y de pelo espeso y blanco, que se usan para tirar de los trineos. ‖ s. m. **3.** Lengua hablada por este pueblo.

samurái (del jap.) s. m. Antiguo guerrero del Japón.

san adj. apóc. de santo: *san Juan.*

san bernardo s. m. Perro de gran tamaño y fuerza, de pelo rojizo con el hocico, pecho y patas blancos. Antes se utilizaba para ayudar a los viajeros perdidos en la nieve.

sanar v. Curar o curarse. **SIN.** Restablecer, reponerse. **ANT.** Enfermar.

sanatorio s. m. Hospital, clínica.

sanción s. f. **1.** Pena o castigo por algo mal hecho o por no cumplir una norma. **2.** Hecho de sancionar o aprobar. **SIN. 1.** Multa, correctivo. **2.** Ratificación. **ANT. 1.** Recompensa.

sancionar v. **1.** Poner una sanción o una multa. **2.** Aprobar o confirmar algo, sobre

todo una ley. **SIN. 1.** Multar. **2.** Ratificar. **ANT. 2.** Derogar.

sanctasanctórum s. m. La parte más reservada, respetada o sagrada de un lugar.

sandalia s. f. **1.** Calzado en el que la suela se sujeta al pie con correas o cintas. **2.** Zapato muy abierto, que se usa en verano.

sándalo s. m. Árbol de gran tamaño que crece en Asia y Oceanía. Su madera tiene muy buen olor y por eso se usa para perfumar, quemándola o sacando de ella perfume.

sandez s. f. Tontería, estupidez. **SIN.** Necedad. **ANT.** Inteligencia.

sandía s. f. Fruta grande y redonda, roja y muy jugosa por dentro y con la cáscara verde o verde y amarilla; nace a ras de suelo de una planta que también se llama *sandía.*

sandial o **sandiar** s. m. Terreno donde hay plantadas sandías.

sandio, dia adj. y s. Tonto, estúpido.

sandunga s. f. fam. Gracia, salero.

sandunguero, ra adj. fam. Que tiene sandunga. **SIN.** Gracioso, saleroso.

sándwich (del ingl.) s. m. Bocadillo hecho con rebanadas de pan de molde. **SIN.** Emparedado.

sandwichera s. f. Aparato para hacer sándwiches calientes.

saneado, da 1. p. de **sanear.** También adj. ‖ adj. **2.** Se dice de los bienes o rentas que producen buenos beneficios.

saneamiento s. m. **1.** Acción de sanear. **2.** Pieza o instalación con agua corriente que se pone en el cuarto de baño, como el retrete o el lavabo.

sanear v. **1.** Limpiar bien, desinfectar. **2.** Hacer que algo funcione bien eliminando lo que lo impide: *sanear un negocio.* **SIN. 2.** Reparar. **ANT. 1.** Ensuciar. **2.** Arruinar.

sanedrín s. m. Consejo supremo de los judíos que decidía sobre cuestiones judiciales, religiosas y de gobierno.

sanfermines s. m. pl. Fiestas que se celebran en Pamplona en honor a san Fermín (7 de julio), en las que los jóvenes corren delante de los toros.

sangrado s. m. Margen izquierdo mayor que se deja en una línea o trozo de texto para que destaque.

sangrante adj. **1.** Que sangra. **2.** Muy grave, muy injusto.

sangrar v. **1.** Echar sangre. **2.** Sacar sangre a un enfermo para curarlo, como se hacía antiguamente. **3.** Sacar provecho de una persona, abusar de ella. **SIN. 3.** Exprimir.

sangre s. f. **1.** Líquido rojo que corre por las venas y arterias llevando oxígeno y alimento a las distintas partes del cuerpo. **2.** Origen de una persona: *Tiene sangre andaluza.* **3.** Heridos o muertos, por ejemplo, en una lucha. || **4. sangre azul** Familia o linaje noble. **5. sangre fría** Serenidad, mucha calma. || **LOC. no llegar la sangre al río** No tener algo consecuencias graves. **SIN. 3.** Mortandad.

sangría s. f. **1.** Bebida refrescante hecha con vino, zumo de limón, trozos de fruta, azúcar, canela y otros ingredientes. **2.** Acción de sangrar a un enfermo. **3.** Gasto o pérdida excesiva de dinero.

sangriento, ta adj. **1.** Que tiene sangre o está manchado de sangre. **2.** Se dice del hecho en el que hay mucha violencia y muertos o heridos. **SIN. 1.** Ensangrentado. **2.** Cruento. **ANT. 2.** Incruento.

sanguijuela s. f. **1.** Gusano de boca chupadora que se alimenta de sangre. **2.** *fam.* Persona que se aprovecha de otras.

sanguina s. f. Lápiz o barra de color rojizo y dibujo que se hace con ella.

sanguinario, ria adj. Cruel, que no le importa nada herir o matar. **SIN.** Feroz.

sanguíneo, a adj. De la sangre: *la circulación sanguínea.*

sanguinolento, ta adj. Con sangre o manchado de sangre. **SIN.** Sangriento.

sanidad s. f. Personas y medios que se dedican a cuidar de la salud de las personas.

sanitario, ria adj. **1.** De la sanidad o relacionado con ella. || s. m. pl. **2.** Saneamientos, como el lavabo, el retrete y la bañera. || s. m. y f. **3.** Persona dedicada a atender y cuidar enfermos.

sanjacobo s. m. Filete empanado y frito que se hace con una loncha de queso entre dos de carne o jamón.

sanmartín s. m. Época del año en que se hace la matanza del cerdo; tiene lugar alrededor del 11 de noviembre, día de la festividad de san Martín. || **LOC. llegarle** a uno **su sanmartín** Tocarle sufrir al que vive satisfecho y despreocupado.

sano, na adj. **1.** Que tiene buena salud. **2.** Bueno para la salud. **3.** Que no está roto, estropeado o podrido. **4.** Que es buena persona y no tiene malas costumbres. **SIN. 1.** y **2.** Saludable. **3.** Entero, perfecto. **4.** Virtuoso. **ANT. 1.** Enfermo. **2.** Insano, nocivo. **3.** Destrozado. **4.** Vicioso.

sánscrito, ta adj. y s. m. Se dice de la lengua culta y sagrada de la India y de lo relacionado con ella.

sanseacabó interj. fam. Se usa para dar por terminado un asunto.

santabárbara s. f. Compartimento de los barcos de guerra donde se guardan las municiones.

santacruceño, ña o **santacrucero, ra** adj. y s. De Santa Cruz de Tenerife, ciudad de la isla de Tenerife (España).

santanderino, na adj. y s. De Santander, ciudad española.

santateresa s. f. Mantis.

santero, ra adj. y s. **1.** Que tiene una devoción exagerada por los santos. || s. m. y f. **2.** Persona que dice curar a los enfermos en nombre de los santos.

santiagués, sa adj. y s. De Santiago de Compostela, ciudad española. **SIN.** Compostelano.

santiaguino, na adj. y s. De Santiago de Chile, capital de ese país de América del Sur.

santiamén Se usa en la expresión **en un santiamén**, 'enseguida'.

santidad s. f. **1.** Hecho de ser santo. **2.** Forma de llamar al papa: *su santidad.*

santificación s. f. Hecho de santificar.

santificar v. **1.** Hacer santo o sagrado. **2.** Celebrar las fiestas religiosas. **3.** Rendir culto a los santos y las cosas divinas o santas. **SIN. 1.** Consagrar.

santiguarse v. Hacerse la señal de la cruz. **SIN.** Persignarse.

santísimo, ma adj. **1.** sup. de **santo**. || n. pr. m. **2.** Jesucristo en la eucaristía: *el Santísimo.*

santo, ta adj. **1.** Dedicado a Dios o relacionado con la religión. || adj. y s. **2.** Se dice de las personas que han sido muy bondadosas y a las que la Iglesia católica les da el título de santos, se les reza y tienen imágenes en las iglesias. **3.** Se dice de alguien muy bueno. || s. m. **4.** Día del año que se dedica a un santo y que celebran las personas que se llaman igual. **5.** fam. Dibujos o fotografías de los libros. || **6. santo** y **seña** Contraseña que dice alguien para pasar por un puesto de guardia o de control. || **LOC. írsele** a uno **el santo al cielo** Olvidarse de algo o distraerse de repente. **llegar y besar el santo** Conseguir algo nada más intentarlo. **SIN. 1.** Sagrado. **3.** Bendito. **ANT. 1.** Profano. **2.** Pecador. **3.** Canalla.

santón s. m. **1.** Hombre de religión diferente a la cristiana que lleva una vida austera y de penitencia. **2.** Persona que ejerce una gran influencia sobre un grupo o comunidad.

santoral s. m. **1.** Lista de los santos que se celebran cada día del año. **2.** Libro con las vidas de los santos.

sartén

santuario *s. m.* **1.** Lugar sagrado. **2.** Lugar destacado por algún motivo que hace que merezca especial consideración o respeto: *Ese barrio parisino es el santuario de la moda.*

santurrón, na *adj. y s.* Persona que es religiosa de una manera exagerada o falsa. **SIN.** Beato, meapilas.

saña *s. f.* **1.** Crueldad excesiva. **2.** Rabia, furia. **SIN. 1.** Ensañamiento.

sañudo, da *adj.* Que muestra saña.

sapeli o **sapelli** *s. m.* Árbol tropical alto cuya madera se usa para hacer muebles.

sapiencia *s. f.* Sabiduría.

sapientísimo, ma *adj. sup.* de **sabio.**

sapo *s. m.* Anfibio parecido a la rana, pero más grande, y con la piel rugosa.

saprofito o **saprófito, ta** *adj. y s.* Se dice de los microorganismos que viven sobre materia orgánica en descomposición.

saque *s. m.* **1.** Acción de sacar en algunos deportes. **2.** *fam.* Capacidad para comer o beber mucho.

saquear *v.* **1.** Entrar en un lugar soldados u otro grupo de gente, llevándose por la fuerza todo lo que encuentran a su paso. **2.** Robar o coger todo o casi todo lo que hay en un sitio. **SIN. 1.** y **2.** Expoliar, desvalijar.

saqueo *s. m.* Acción de saquear. **SIN.** Saco, expolio.

sarampión *s. m.* Enfermedad infecciosa muy contagiosa en la que aparecen multitud de manchitas o granitos rojos en la piel; la suelen padecer los niños.

sarao *s. m.* **1.** Fiesta con baile y música que se hace por la noche. **2.** *fam.* Jaleo, follón.

sarape *s. m.* En México, manta de colores alegres que se usa como capote.

sarasa *s. m. fam.* y *desp.* Hombre homosexual o afeminado.

sarcasmo *s. m.* Burla o ironía con que se dice algo.

sarcástico, ca *adj.* Que emplea sarcasmos. **SIN.** Mordaz.

sarcófago *s. m.* Tumba o caja, casi siempre de piedra, que contiene el cadáver de una persona.

sardana *s. f.* Música y danza popular de Cataluña, que bailan varias personas cogidas de las manos y formando un corro.

sardina *s. f.* Pez marino de cuerpo alargado y estrecho, con el lomo azulado y los lados color plata. Vive en el Atlántico y en el Mediterráneo y se usa mucho como alimento.

sardinada *s. f.* Comida compuesta principalmente por sardinas.

sardinero, ra *adj.* **1.** De la sardina o relacionado con ella. || *s. m.* y *f.* **2.** Persona que vende sardinas.

sardineta *s. f.* Golpe que se da con los dedos corazón e índice juntos y extendidos, haciendo un movimiento de arriba abajo.

sardo, da *adj. y s.* **1.** De Cerdeña, isla de Italia. || *s. m.* **2.** Lengua hablada en Cerdeña.

sardónico, ca *adj.* Sarcástico, irónico; se dice especialmente de la risa.

sarga *s. f.* Tela cuyo tejido forma líneas diagonales.

sargazo *s. m.* Nombre de diversas algas marinas. Una de sus especies forma grandes colonias en el mar de los Sargazos, en el Atlántico.

sargento *s. m.* y *f.* **1.** Grado militar entre cabo y brigada. || *s. m.* **2.** *fam.* Persona muy mandona. **SIN. 2.** Dominante.

sargentona *s. f. fam.* Mujer muy mandona. **SIN.** Marimandona.

sargo *s. m.* Pez marino con aletas largas, el lomo a bandas y una mancha negra en la cola. Puede medir hasta 50 centímetros de longitud.

sari *s. m.* Traje de mujer típico de la India, hecho con una pieza de tela, que se enrolla al cuerpo.

sarmentoso, sa *adj.* Lleno de sarmientos o parecido a los sarmientos.

sarmiento *s. m.* Tallo de la vid, largo, delgado y con nudos.

sarna *s. f.* Enfermedad de la piel que produce vejigas y llagas que pican mucho y está causada por un parásito llamado *arador de la sarna.*

sarnoso, sa *adj. y s.* Que tiene sarna.

sarpullido *s. m.* Granitos o ronchas que salen en la piel.

sarraceno, na *adj. y s.* Moro, musulmán.

sarracina *s. f.* **1.** Pelea en la que intervienen muchas personas. **2.** Lucha en la que se producen muchos muertos y heridos. **3.** Castigo o suspenso a muchas personas. **SIN. 1.** Tumulto. **2.** Carnicería.

sarro *s. m.* Sustancia amarillenta que se va formando sobre los dientes, producida por restos de comida y suciedad.

sarta *s. f.* **1.** Conjunto de cosas unidas por un hilo, una cadena, una cuerda. **2.** Serie, sucesión, retahíla: *una sarta de mentiras.* **SIN. 1.** Ristra, hilera. **2.** Rosario.

sartén *s. f.* Utensilio para freír, redondo y de poco fondo, con un mango largo. || **LOC. tener** alguien **la sartén por el mango** Ser el que manda o dirige.

sartenada *s. f.* Cantidad de comida que se hace de una vez en una sartén.

sartorio *adj.* y *s. m.* Se dice del músculo alargado y plano que se extiende a lo largo de las caras anterior e interna del muslo.

sastre, tra *s. m.* y *f.* **1.** Persona que hace trajes, sobre todo de hombre. **2.** Nombre que se da a algunas prendas de mujer parecidas a las de los hombres: *chaqueta sastre.*

sastrería *s. f.* Taller o tienda donde se hacen o se venden trajes.

satanás o **satán** *s. m.* El diablo.

satánico, ca *adj.* Relacionado con Satanás, el diablo. **SIN.** Diabólico.

satanismo *s. m.* Adoración a Satanás; también los ritos y las creencias relacionadas con Satanás.

satélite *s. m.* **1.** Astro que gira alrededor de un planeta, como la Luna alrededor de la Tierra. **2.** Vehículo o aparato espacial que se sitúa girando alrededor de la Tierra o de otro astro, para estudiar la atmósfera, mandar ondas de radio y televisión o para otras cosas. **3.** País independiente que en algunos asuntos depende de otro más poderoso.

satén *s. m.* Tela brillante de seda o algodón; se usa mucho para hacer forros.

satinado, da 1. *p.* de **satinar.** ‖ *adj.* **2.** Se dice de la superficie con brillo y lisa.

satinar *v.* Dar brillo al papel o a la tela mediante ciertas técnicas.

sátira *s. f.* Crítica a alguien o algo para dejarlo en ridículo, en un libro, en una película, en un discurso. **ANT.** Apología.

satírico, ca *adj.* Relacionado con la sátira o que la hace.

satirizar *v.* Criticar o ridiculizar, especialmente por escrito.

sátiro *s. m.* Personaje de la mitología griega que vivía en el bosque y era mitad hombre y mitad macho cabrío.

satisfacción *s. f.* **1.** Gusto o placer que se siente por una cosa. **2.** Hecho de satisfacer. **SIN. 1.** Alegría, contento. **ANT. 1.** Disgusto.

satisfacer *v.* **1.** Resultar alguna cosa buena, agradable o suficiente para alguien. **2.** Terminar con una necesidad, dar solución a una duda o problema: *satisfacer la curiosidad.* **3.** Realizar algo que se deseaba mucho. **4.** Pagar lo que se debe: *satisfacer una deuda.* **5.** Compensar, dar o hacer a una persona algo bueno por un daño o una ofensa que se le ha hecho. ◻ Es v. irreg. Se conjuga como *hacer,* excepto la 2.ª pers. del sing. del imperativo: *satisfaz* o *satisface.* **SIN. 1.** Gustar, agradar. **2.** Resolver, solucionar. **3.** Cumplir. **4.** Abonar.

5. Indemnizar, reparar. **ANT. 1.** Disgustar. **2.** Avivar. **4.** Deber.

satisfactorio, ria *adj.* Bueno, conveniente, adecuado. **SIN.** Favorable. **ANT.** Desfavorable.

satisfecho, cha 1. *p.* de **satisfacer.** ‖ *adj.* **2.** Contento, a gusto, conforme. **3.** Que ya no tiene más hambre, sed u otra necesidad. **SIN. 3.** Harto, saciado. **ANT. 2.** y **3.** Insatisfecho.

sátrapa *s. m.* **1.** En la antigua Persia, gobernador de una provincia. ‖ *s. m.* y *f.* **2.** *fam.* Persona que gobierna abusando de su autoridad.

saturación *s. f.* **1.** Hecho de saturar. **2.** En química, estado de una disolución que no admite más soluto.

saturado, da 1. *p.* de **saturar.** También *adj.* ‖ *adj.* **2.** Lleno, colmado.

saturar *v.* **1.** Llenar, ocupar o usar al máximo. **2.** Saciar, hartar: *Acabé por saturarme de dulces.* **3.** Empapar o disolver una sustancia en otra hasta que esta no admita más cantidad. **SIN. 1.** Abarrotar, colmar. **ANT. 1.** Vaciar.

sauce *s. m.* Nombre de algunos árboles y arbustos de hoja perenne que crecen en las orillas de los ríos y en sitios húmedos. El más conocido es el *sauce llorón,* que tiene unas ramas largas, que cuelgan.

sauceda o **saucedal** *s. f.* o *m.* Lugar poblado de sauces.

saúco *s. m.* Arbusto con flores blancas o amarillentas y frutos de color negruzco. Crece en zonas montañosas del norte y centro de Europa.

saudí o **saudita** *adj.* y *s.* De Arabia Saudí, país de Asia.

sauna *s. f.* **1.** Baño de vapor que se toma para sudar, dentro de un lugar cerrado en el que la temperatura es muy alta. **2.** Lugar donde se toman estos baños. **3.** Lugar en el que hace mucho calor. **SIN. 3.** Horno.

saurio *adj.* y *s. m.* Grupo de reptiles que tienen cuatro patas, cola larga y cuerpo cubierto de escamas, como los lagartos.

savia *s. f.* **1.** Líquido que circula por los vasos de las plantas y que lleva las sustancias que estas necesitan para su alimentación. **2.** Lo que da vida o energía a algo.

saxo *s. m.* acort. de **saxofón.**

saxofón o **saxófono** *s. m.* Instrumento musical de viento en forma de jota, que está formado por un tubo metálico, una boquilla y varias llaves; se utiliza en las orquestas y en la música de *jazz.*

saxofonista *s. m.* y *f.* Músico que toca el saxofón.

saya *s. f.* Falda o enagua.

sayal *s. m.* **1.** Tela basta de lana. **2.** Ropa hecha con esta tela. **SIN. 1.** Estameña.

sayo *s. m.* Prenda de vestir muy amplia.

sayón *s. m.* Cofrade que en las procesiones de Semana Santa va vestido con una túnica larga.

sazón *s. f.* **1.** Madurez o perfección de algo, por ejemplo, de la fruta. **2.** Sabor que se da a las comidas añadiéndoles diversos ingredientes. ‖ **LOC. a la sazón** En aquel momento, entonces. **SIN. 1.** Plenitud, punto.

sazonado, da 1. *p.* de **sazonar**. ‖ *adj.* **2.** Condimentado, aderezado.

sazonar *v.* Condimentar, dar gusto y sabor a la comida, por ejemplo, añadiendo sal. **SIN.** Aderezar.

scanner (ingl.) *s. m.* Escáner.

scooter (ingl.) *s. m.* Vespa.

scout (ingl.) *s. m.* Joven que pertenece a un grupo que se dedica a hacer excursiones y acampadas al aire libre, también llamado *boy scout*.

se *pron. pers.* Se usa en la tercera persona del singular y del plural. Tiene la función de complemento directo o indirecto cuando es reflexivo: *Javier se peina* (CD); *Javier se peina los rizos* (CI). Se usa también para formar los verbos pronominales: *arrepentirse*; para dar mayor expresividad: *Se tomó el batido de un trago*; o en construcciones impersonales o de significado pasivo: *A las ocho se cierran las tiendas*. Cuando aparece con los pronombres *lo, la, los, las,* tiene función de complemento indirecto: *Se lo di (a mi amigo)*.

sebáceo, a *adj.* **1.** Se dice de la glándula que produce la grasa del pelo y la piel. **2.** De sebo o parecido al sebo. **SIN. 2.** Graso, grasiento, seboso.

sebo *s. m.* Grasa sólida que se saca de los animales.

seborrea *s. f.* Exceso anormal de grasa en la piel o en el cuero cabelludo.

seboso, sa *adj.* Lleno de sebo o grasa. **SIN.** Grasiento.

secadero *s. m.* Lugar en que se ponen a secar algunos productos.

secado *s. m.* Acción de secar.

secador, ra *adj. y s.* Que seca.

secamanos *s. m.* Aparato que echa aire caliente para secarse las manos.

secano *s. m.* Terreno para cultivos que solo recibe el agua de la lluvia y no se riega. **ANT.** Regadío.

secante[1] *adj. y s. m.* Que seca o sirve para secar; se dice sobre todo de un tipo de papel poroso que se utiliza para secar la tinta fresca de un escrito.

secante[2] *adj. y s. f.* Se dice de la línea o superficie que corta a otra línea o superficie.

secar *v.* Hacer que alguien o algo quede seco. **SIN.** Resecar, marchitar. **ANT.** Humedecer.

secarral *s. m.* Terreno muy seco.

sección *s. f.* **1.** Cada una de las partes o zonas en que se divide algo. **2.** Dibujo de lo que se vería de una cosa si estuviera cortada por un plano. Sirve para mostrar su interior. **3.** Corte hecho con un instrumento afilado. **SIN. 1.** Sector.

seccionar *v.* Cortar o dividir en secciones algo. **SIN.** Amputar; segmentar. **ANT.** Unir.

secesión *s. f.* Hecho de separarse un territorio del país al que pertenece. **SIN.** Independencia. **ANT.** Anexión.

secesionismo *s. m.* Postura a favor de la secesión. **SIN.** Separatismo.

secesionista *adj.* **1.** Relacionado con la secesión. ‖ *adj. y s.* **2.** Partidario de la secesión de un territorio. **SIN. 2.** Separatista.

seco, ca *adj.* **1.** Que no está húmedo o mojado o que ya no tiene o lleva agua. **2.** Caracterizado por la falta de lluvias o de humedad: *un clima seco.* **3.** Se dice de la planta o de una de sus partes que está muerta. **4.** Se dice de los frutos de cáscara dura, como las nueces o las avellanas, o de aquellos a los que se les ha quitado la humedad para que se conserven, como las pasas o los higos. **5.** Se dice de la piel o del pelo con poca grasa. **6.** Poco amable o afectuoso. **7.** Se dice de los vinos y otras bebidas alcohólicas poco dulces. **8.** Se dice del golpe fuerte y rápido. **9.** Muy delgado. **10.** *fam.* Con mucha sed. **11.** *fam.* Muy impresionado, sorprendido. ‖ **LOC. a secas** Solo, sin más cosas. **dejar** a alguien **seco** Matarle en el acto. **en seco** Se dice cuando se interrumpe una acción bruscamente. **SIN. 1.** Reseco. **2.** Árido. **3.** Marchito, mustio. **6.** Áspero, adusto. **9.** Flaco. **ANT. 1.** Empapado. **2.** Lluvioso. **3.** Verde. **5.** Graso. **6.** Cordial. **9.** Gordo.

secoya *s. f.* Secuoya.

secreción *s. f.* **1.** Hecho de secretar. **2.** Sustancia que produce una glándula u órgano del cuerpo.

secretar *v.* Segregar una glándula cierta sustancia.

secretaría *s. f.* **1.** Cargo de secretario y oficina donde trabaja. **2.** Parte de una empresa, colegio o de otras organizaciones que se ocupa de tareas administrativas. **SIN. 1.** Secretariado.

secretariado *s. m.* **1.** Estudios que hace una persona para ser secretario. **2.** Cargo y oficina de secretario. **SIN. 2.** Secretaría.

secretario, ria *s. m.* y *f.* **1.** Persona que trabaja a las órdenes de otra, ayudándola y organizando su trabajo. **2.** Nombre de algunos cargos importantes, como el secretario general de un partido político.

secretear *v. fam.* Cuchichear, murmurar dos o más personas entre sí.

secreteo *s. m. fam.* Acción de secretear. **SIN.** Cuchicheo, murmuración.

secreter *s. m.* Mueble que tiene un tablero para escribir y cajones para guardar papeles y otras cosas. **SIN.** Escritorio, bufete.

secretismo *s. m.* Tendencia a actuar en secreto o a escondidas.

secreto, ta *adj.* y *s. m.* **1.** Que solo es conocido por unos pocos y no se muestra ni se comunica a los demás. ‖ *s. m.* **2.** Enigma, misterio. **3.** Hecho de no decir algo a los demás: *llevar algo en secreto.* ‖ **LOC. secreto a voces** El que ya no es secreto porque lo conoce mucha gente. **SIN. 1.** Confidencial; confidencia. **3.** Sigilo, discreción. **ANT. 1.** Manifiesto.

secretor, ra *adj.* Que segrega o secreta una sustancia.

secta *s. f.* **1.** Comunidad religiosa que se aparta de otra dentro de la que estaba. **2.** Seguidores de una doctrina, filosofía o religión que a otras personas les parece falsa o peligrosa.

sectario, ria *adj.* y *s.* **1.** Seguidor de una secta. **2.** Fanático, intransigente.

sectarismo *s. m.* Característica o actitud de la persona sectaria, intransigente. **SIN.** Fanatismo.

sector *s. m.* **1.** Cada una de las partes en que se puede dividir la sociedad, un grupo de personas, un lugar. **2.** En geometría, porción de círculo comprendida entre un arco y dos radios. ‖ **3. sector primario** Actividad económica que incluye agricultura, ganadería, pesca, minería y explotación de los bosques. **4. sector secundario** La industria y la construcción. **5. sector terciario** Las actividades centradas en los servicios como el comercio, la sanidad, la educación, la cultura o el transporte. **SIN. 1.** División.

sectorial *adj.* **1.** De un sector o relacionado con él. **2.** Organizado o dividido en sectores.

secuaz *s. m.* y *f. desp.* Persona que está a las órdenes de otra y la sigue en todo. **SIN.** Esbirro. **ANT.** Enemigo.

secuela *s. f.* Consecuencia, casi siempre mala, que queda de una enfermedad, un accidente u otro hecho.

secuencia *s. f.* Sucesión de cosas ordenadas o que tienen relación entre sí, por ejemplo, la serie de planos o escenas de una película que forman una unidad.

secuestrador, ra *s. m.* y *f.* Persona que secuestra a otra.

secuestrar *v.* **1.** Coger y retener a una persona por la fuerza, para cambiarla por dinero u otras cosas. **2.** Retirar de la circulación por orden del juez una publicación o una película. **SIN. 1.** Raptar. **ANT. 1.** Liberar.

secuestro *s. m.* Acción de secuestrar. **SIN.** Rapto.

secular *adj.* **1.** Que no es eclesiástico ni religioso. **2.** Que existe desde hace siglos o dura un siglo. **SIN. 1.** Seglar, laico. **2.** Centenario. **ANT. 2.** Reciente.

secularizar *v.* Hacer que algo que antes era eclesiástico o religioso deje de serlo.

secundar *v.* Seguir o apoyar a otro. **SIN.** Respaldar. **ANT.** Oponerse.

secundario, ria *adj.* **1.** Que ocupa el segundo lugar: *enseñanza secundaria.* **2.** Que tiene menos importancia o no es principal. ‖ *adj.* y *n. pr. m.* **3.** Se dice del segundo periodo de la historia de la Tierra, que comenzó hace 225 millones de años y terminó hace 65 millones de años aproximadamente. En él surgieron los grandes reptiles y las plantas con flores. **SIN. 2.** Accidental, accesorio. **ANT. 2.** Esencial.

secuoya *s. f.* Árbol conífero de tamaño y altura muy grandes, copa estrecha y hojas muy duraderas. Vive muchos años.

sed *s. f.* **1.** Necesidad o ganas de beber. **2.** Deseo muy grande de algo: *sed de justicia.* **SIN. 2.** Ansia, anhelo.

seda *s. f.* **1.** Hebras que producen las larvas de algunos insectos o la oruga de algunas mariposas, para hacer sus capullos. **2.** Hilo suave y brillante que se saca de estas hebras y tejido fabricado con estos hilos. ‖ **LOC. como una seda** o **como la seda** Que marcha o funciona bien; también, muy dócil.

sedal *s. m.* Hilo de la caña de pescar.

sedán *s. m.* Automóvil de carrocería cerrada.

sedante *adj.* y *s. m.* Que calma o tranquiliza; se dice sobre todo de los medicamentos que sirven para esto. **SIN.** Calmante. **ANT.** Estimulante.

sedar *v.* Calmar, tranquilizar, sobre todo utilizando medicamentos. **SIN.** Relajar, serenar. **ANT.** Excitar.

seguir

sede s. f. **1.** Lugar donde tiene su domicilio una empresa, organización u otra cosa. **2.** Territorio que depende de un obispo y su capital: *sede episcopal.* ‖ **3. Santa Sede** El Vaticano. **SIN. 2.** Diócesis.

sedentario, ria adj. **1.** Se dice de los grupos de personas o animales que están en un lugar y viven siempre en él. **2.** Se dice de la persona, de la actividad o del tipo de vida de poco movimiento. **ANT. 1.** Nómada. **2.** Activo.

sedente adj. Que está sentado: *estatua sedente.*

sedería s. f. **1.** Tienda o fábrica de tejidos de seda. **2.** Conjunto de géneros de seda.

sedero, ra adj. **1.** De la seda. ‖ s. m. y f. **2.** Fabricante o comerciante de seda.

sedición s. f. Levantamiento, sublevación.

sedicioso, sa adj. y s. De la sedición o que toma parte en una sedición. **SIN.** Rebelde, sublevado. **ANT.** Leal.

sediento, ta adj. y s. Que tiene sed.

sedimentación s. f. Hecho de sedimentar o sedimentarse algo.

sedimentario, ria adj. **1.** Del sedimento o relacionado con él. **2.** Se dice de las rocas que se han formado a partir de otras rocas erosionadas, transportadas y depositadas en un lugar distinto del que proceden.

sedimentarse v. Quedarse en el fondo las partículas sólidas que flotan en un líquido. **SIN.** Posarse.

sedimento s. m. Partículas sólidas de un líquido que se han posado en el fondo. **SIN.** Poso.

sedoso, sa adj. Suave como la seda. **ANT.** Áspero.

seducción s. f. Acción de seducir a alguien.

seducir v. **1.** Atraer mucho algo a una persona. **2.** Conseguir una persona, valiéndose de su atractivo o con engaños, que otra haga algo, sobre todo que tenga relaciones sexuales con ella. □ Es v. irreg. Se conjuga como *conducir.* **SIN. 1.** Fascinar, cautivar. **ANT. 1.** Repeler.

seductor, ra adj. y s. Que seduce o atrae. **SIN.** Cautivador, atractivo.

sefardí o **sefardita** adj. y s. De los judíos que proceden de España. También se dice del dialecto español que hablan.

segador, ra s. m. y f. **1.** Persona que siega. ‖ s. f. **2.** Máquina que sirve para segar las mieses o la hierba.

segar v. **1.** Cortar la hierba o la mies de los campos. **2.** Cortar lo que sobresale o está más alto. **3.** Acabar con algo de forma violenta y brusca. □ Es v. irreg. Se conjuga como *pensar.* **SIN. 3.** Truncar.

seglar adj. y s. Que no es sacerdote ni pertenece a ninguna orden religiosa. **SIN.** Laico, secular. **ANT.** Eclesiástico, clérigo.

segmentar v. Cortar o dividir algo en trozos. **SIN.** Partir, seccionar. **ANT.** Unir.

segmento s. m. **1.** Porción o parte cortada o separada de una cosa. **2.** En geometría, parte de una recta situada entre dos puntos. **3.** Parte de un círculo entre un arco y su cuerda. Se llama *segmento circular.* **4.** Cada una de las partes que forman el cuerpo de los insectos y de los crustáceos o las vértebras de la columna vertebral. **SIN. 1.** Trozo, tramo.

segoviano, na adj. y s. De Segovia, ciudad y provincia españolas.

segregación s. f. Acción de segregar o segregarse.

segregacionista adj. y s. Partidario de discriminar a un grupo social por su raza, cultura o religión.

segregar v. **1.** Producir y expulsar un órgano o glándula del cuerpo alguna sustancia, por ejemplo, el sudor, la saliva o la bilis. **2.** Separar una cosa de otra a la que pertenece. **3.** Discriminar a un grupo social a causa de su religión, su raza, su cultura o por otros motivos. **SIN. 1.** Excretar, secretar. **2.** Independizar. **ANT. 2.** Unir. **2.** y **3.** Integrar.

segueta s. f. Sierra pequeña de hoja muy fina que se utiliza para cortar maderas poco gruesas.

seguida Se usa en la expresión **en seguida.** Ver **enseguida.**

seguidamente adv. A continuación.

seguidilla s. f. **1.** Canción y baile popular español de movimiento rápido. **2.** Estrofa de cuatro o siete versos de siete y cinco sílabas, usada en canciones populares.

seguido, da 1. p. de seguir. ‖ adj. **2.** Se dice de las cosas que van una detrás de otra. ‖ adv. **3.** En línea recta, sin cambiar de dirección: *Todo seguido llegas a la plaza.* **SIN. 2.** Continuo. **3.** Derecho. **ANT. 2.** Discontinuo.

seguidor, ra adj. y s. Que sigue a alguien o es partidario de una persona, una organización u otra cosa. **SIN.** Adepto, incondicional. **ANT.** Enemigo.

seguimiento s. m. Acción de seguir a alguien o algo.

seguir v. **1.** Ir una persona, animal o cosa detrás o después de otra. **2.** Fijar la vista sobre algo que se mueve, sin apartarla: *seguir con la mirada.* **3.** Tomar un camino o dirección. **4.** Estudiar, cursar: *Sigue varios cursos de idiomas.* **5.** Continuar en una misma si-

seguiriya **630**

seguiriya *s. f.* Cierto cante flamenco.

tuación o haciendo algo. **6.** Actuar de acuerdo con un consejo, orden u otra cosa: *seguir las instrucciones.* **7.** Estar atento a algo que sucede, a un programa de radio o televisión, etc. **8.** Ser partidario de una persona, doctrina o de otra cosa, tomarlos como modelo. **9.** Adaptar alguien sus movimientos a algo: *seguir el ritmo.* □ Es v. irreg. Se conjuga como *pedir.* SIN. **1.** Perseguir. **5.** Proseguir, persistir. **8.** Secundar, respaldar. ANT. **1.** Preceder. **3.** y **8.** Abandonar. **8.** Rechazar.

según *prep.* **1.** De acuerdo con algo: *Se hizo según sus órdenes.* **2.** En opinión de: *Según Juan, mañana llueve.* ‖ *prep.* y *adv.* **3.** Depende de: *Irán al campo según el tiempo que haga.* ‖ *adv.* **4.** A la vez que o inmediatamente después que: *Según llegué, coloqué las maletas.* **5.** Como: *Todo está según lo dejaste.*

segundero *s. m.* Manecilla del reloj que señala los segundos.

segundo, da *num.* **1.** Que ocupa por orden el número dos. ‖ *s. m.* **2.** Persona más importante después del jefe. **3.** Cada una de las sesenta partes iguales en que se divide un minuto. ‖ **4. primo segundo** Hijo de los tíos segundos de una persona. **5. tío segundo** Primo de los padres de alguien. ‖ LOC. **con segundas** Significa que detrás de lo que se dice o hace hay otra intención. SIN. **2.** Lugarteniente.

segundón, na *s. m.* y *f. desp.* Persona que ocupa el puesto siguiente al más importante o que no destaca porque otros se lo impiden.

seguramente *adv.* Con bastante seguridad, pero no total. SIN. Probablemente.

segurata *s. m.* y *f. fam.* Agente de seguridad, vigilante.

seguridad *s. f.* **1.** Característica de seguro. ‖ **2. Seguridad Social** Organización del Estado que atiende las necesidades de los ciudadanos en caso de enfermedad, jubilación o paro. SIN. **1.** Protección; certeza. ANT. **1.** Inseguridad.

seguro, ra *adj.* **1.** Protegido o libre de daño, peligro o riesgo. **2.** Que no tiene o admite ninguna duda, que no falla. ‖ *s. m.* **3.** Contrato por el que alguien paga un dinero cada año a una empresa aseguradora para que, si sufre un accidente, enfermedad u otra cosa, aquella pague los gastos. **4.** Dispositivo para que algo esté mejor cerrado y no se abra o empiece a funcionar. ‖ *adv.* **5.** Sin duda: *Seguro que llegamos tarde.* ‖ LOC. **a buen seguro** Seguramente. SIN. **1.** Resguardado. **2.** Cierto, indudable. ANT. **1.** Peligroso. **1.** y **2.** Inseguro. **2.** Dudoso.

seis *num.* **1.** Cinco más uno. **2.** Que ocupa por orden el número seis. SIN. **2.** Sexto.

seisavo, va *num.* y *s. m.* Se dice de cada una de las seis partes iguales en que se divide algo. SIN. Sexto.

seiscientos, tas *num.* **1.** Seis veces cien. **2.** Que ocupa por orden el número seiscientos.

seise *s. m.* Cada uno de los seis niños que cantan y bailan en algunas catedrales, como la de Sevilla, para celebrar fiestas religiosas.

seísmo *s. m.* Terremoto.

selección *s. f.* **1.** Acción de seleccionar. **2.** Las personas o cosas que se han seleccionado. SIN. **1.** Clasificación.

seleccionador, ra *adj.* y *s.* Que selecciona; por ejemplo, la persona que escoge y prepara a los deportistas que van a participar en un partido o competición internacional.

seleccionar *v.* Escoger los mejores o más apropiados. SIN. Apartar.

selectividad *s. f.* **1.** Característica de selectivo. **2.** Conjunto de pruebas o exámenes que se hacen en España para poder entrar en la universidad.

selectivo, va *adj.* Que selecciona o sirve para seleccionar.

selecto, ta *adj.* Mejor que otros de su misma clase. SIN. Escogido, notable, exquisito. ANT. Corriente.

selector, ra *adj.* y *s. m.* Que selecciona.

selenita *s. m.* y *f.* Habitante imaginario de la Luna.

self-service (ingl.) *s. m.* Autoservicio.

sellador, ra *adj.* y *s. m.* Que sella o sirve para sellar.

sellar *v.* **1.** Marcar con un sello. **2.** Poner a algo lacre u otra cosa para que no se pueda abrir. **3.** Terminar, poner fin. SIN. **2.** Lacrar, precintar. **3.** Concluir.

sello *s. m.* **1.** Trozo pequeño de papel, con algún dibujo impreso, que se pega en cartas y paquetes para enviarlos por correo. **2.** Objeto que sirve para marcar lo que él tiene grabado sobre una superficie y señal que deja este objeto. **3.** Característica de una persona o cosa que la hace diferente de las demás. **4.** Anillo que tiene grabados en la parte de arriba las iniciales de una persona, el escudo de su apellido, etc. SIN. **1.** Timbre.

seltz (del al.) *s. m.* Agua con gas que se obtiene de forma artificial. También se llama *agua de Seltz.*

selva *s. f.* Bosque ecuatorial y tropical, con muchos árboles y de muy distintas especies. SIN. Jungla.

selvático, ca *adj.* De la selva.

semiprecioso

semáforo *s. m.* Aparato con distintas luces que indican si pueden pasar los vehículos o los peatones.

semana *s. f.* **1.** Conjunto de siete días consecutivos de lunes a domingo. **2.** Siete días seguidos desde un día cualquiera. ‖ **3. Semana Santa** Semana en la que se recuerdan la pasión y muerte de Jesucristo y su resurrección. ‖ **LOC. entre semana** Cualquier día de la semana excepto sábado o domingo.

semanal *adj.* **1.** Que ocurre o se repite cada semana. **2.** Que dura una semana.

semanalmente *adv.* Cada semana.

semanario *s. m.* Publicación que aparece cada semana.

semántica *s. f.* Estudio del significado de las palabras.

semántico, ca *adj.* De la semántica o del significado de las palabras.

semblante *s. m.* **1.** Cara, rostro. **2.** Aspecto que muestra algo. **SIN. 2.** Cariz.

semblanza *s. f.* Descripción de una persona y de los hechos importantes de su vida.

sembrado, da **1.** *p.* de **sembrar**. También *adj.* ‖ *s. m.* **2.** Terreno donde se siembra.

sembrador, ra *adj.* y *s.* Que siembra.

sembradora *s. f.* Máquina que sirve para sembrar.

sembrar *v.* **1.** Echar semillas en una tierra preparada para ello. **2.** Desparramar, esparcir. **3.** Causar: *sembrar el desconcierto*. **4.** Preparar algo para que luego dé un beneficio. ◻ Es v. irreg. Se conjuga como *pensar*. **SIN. 2.** Diseminar. **3.** Provocar.

semejante *adj.* **1.** Casi igual, pero no lo mismo. **2.** Sirve para destacar algo de entre otras cosas: *Nunca vi un espectáculo semejante*. **3.** Tal, esa: *Semejante observación le pareció ridícula*. **4.** En geometría, se dice de las figuras que son diferentes solo por el tamaño y cuyas partes guardan respectivamente la misma proporción. ‖ *s. m.* **5.** Prójimo, cualquier persona para otra. **SIN. 1.** Parecido, similar. **ANT. 1.** Diferente.

semejanza *s. f.* Hecho de ser semejante. **SIN.** Similitud, parecido. **ANT.** Diferencia.

semejar *v.* Ser semejante. **SIN.** Asemejarse, parecer. **ANT.** Diferenciarse.

semen *s. m.* Líquido de color blanquecino producido por los órganos sexuales masculinos, que contiene los espermatozoides. **SIN.** Esperma.

semental *adj.* y *s. m.* Animal macho que se destina a la reproducción.

sementera *s. f.* **1.** Siembra. **2.** Tierra sembrada.

semestral *adj.* **1.** Que ocurre o se repite cada semestre. **2.** Que dura un semestre.

semestre *s. m.* Periodo de seis meses.

semicilindro *s. m.* Cada una de las dos mitades de un cilindro.

semicircular *adj.* En forma de semicírculo.

semicírculo *s. m.* Mitad de un círculo.

semicircunferencia *s. f.* Mitad de una circunferencia.

semiconductor, ra *adj.* y *s. m.* Se dice de los materiales con capacidad para conducir electricidad intermedia entre los conductores y los aislantes.

semicorchea *s. f.* Nota musical que equivale a la mitad de una corchea.

semidesnatado, da *adj.* Se dice del producto lácteo al que se ha quitado parte de su grasa.

semiesfera *s. f.* Mitad de una esfera.

semiesférico, ca *adj.* Que tiene forma de semiesfera.

semifinal *s. f.* Etapa o encuentro anterior a la final en un concurso o competición.

semifinalista *adj.* y *s.* Que ha llegado a la semifinal.

semifusa *s. f.* Nota musical que equivale a la mitad de una fusa.

semilla *s. f.* **1.** Parte del fruto de la que nace una nueva planta. **2.** Origen o causa. ‖ *s. f. pl.* **3.** Granos que se siembran. **SIN. 1.** Simiente. **2.** Germen.

semillero *s. m.* **1.** Lugar donde se siembran y crían plantas para trasplantarlas después en otro sitio. **2.** Lugar donde se conservan semillas. **3.** Origen o causa de algo, generalmente malo: *Ese trabajo fue para ella un semillero de disgustos*. **SIN. 3.** Semilla, fuente.

seminal *adj.* **1.** Del semen. **2.** De la semilla.

seminario *s. m.* **1.** Centro donde se forman los que quieren ser sacerdotes. **2.** Conjunto de actividades o investigaciones en las que trabajan juntos profesores y alumnos; clase o lugar en que se realizan.

seminarista *s. m.* Hombre que estudia en un seminario preparándose para ser sacerdote.

semiótica *s. f.* Ciencia que estudia los distintos tipos de signos.

semiplano *s. m.* Cada una de las dos partes en que una recta divide a un plano.

semiprecioso, sa *adj.* Se dice de las piedras que se utilizan en joyería por su belleza pero que no tienen el valor de las piedras preciosas.

semirrecta *s. f.* Cada una de las partes en que un punto divide a una recta.

semisótano *s. m.* Piso o local situado un poco por debajo del nivel de la calle.

semita *adj.* y *s.* **1.** De algunos pueblos del Próximo Oriente, como los hebreos y los árabes. **2.** Judío, hebreo.

semítico, ca *adj.* De los semitas.

semitono *s. m.* En música, medio tono.

sémola *s. f.* Trigo u otro cereal reducido a granos muy pequeños que se utiliza como pasta para sopa y otros guisos.

sempiterno, na *adj.* Eterno, perpetuo.

Senado *n. pr. m.* **1.** Asamblea de políticos que deben aprobar, modificar o rechazar las leyes hechas por el Congreso de los diputados. **2.** Principal organismo político de la antigua Roma.

senador, ra *s. m.* y *f.* Miembro del Senado.

senatorial *adj.* Del Senado o los senadores, especialmente los de la antigua Roma.

sencillamente *adv.* **1.** Con sencillez. **2.** Refuerza una aclaración, una idea u opinión: *Sencillamente, creo que estás equivocado.*

sencillez *s. f.* Característica de las personas y las cosas sencillas.

sencillo, lla *adj.* **1.** No complicado, fácil. **2.** Sin muchos adornos ni lujos. **3.** Simple, que no está compuesto de varias partes: *tela sencilla.* **4.** Para una sola persona o un solo uso: *un billete sencillo.* **5.** Que no presume de sus cualidades y actúa de forma natural. || *s. m.* **6.** Disco pequeño, de poca duración. **SIN. 1.** Asequible. **5.** Llano; campechano. **6.** *Single.* **ANT. 1.** Difícil. **2.** Artificioso; lujoso. **3.** Doble. **5.** Presuntuoso.

senda o **sendero** *s. f.* o *m.* **1.** Camino, sobre todo el que es estrecho. **2.** Lo que alguien sigue como comportamiento, como forma de vida. **SIN. 1.** Vereda.

senderismo *s. m.* Deporte que consiste en caminar por senderos en el campo o en la montaña.

sendos, das *adj. pl.* Uno o una para cada una de las personas o cosas: *El rey y la reina llevaban sendas coronas.*

senectud *s. f.* Vejez.

senegalés, sa *adj.* y *s.* De Senegal, país de África.

senil *adj.* Propio de la vejez o de los viejos. **ANT.** Infantil, juvenil.

senilidad *s. f.* Decadencia física y mental que provoca la vejez.

sénior *adj.* y *s.* **1.** Categoría de los deportistas que están por encima de los júniors; suelen tener más de veinte años. **2.** Se dice de la persona que tiene una experiencia y categoría profesional: *editor sénior.*

seno *s. m.* **1.** Pecho o mama de la mujer. **2.** Matriz, útero. **3.** Espacio hueco, como el algunos huesos: *seno maxilar.* **4.** Interior. **SIN. 1.** Teta.

sensación *s. f.* **1.** Lo que percibimos o notamos por medio de los sentidos. **2.** Hecho de sentir o presentir algo. || **LOC. causar sensación** Impresionar o despertar un gran interés en la gente. **SIN. 2.** Impresión, percepción.

sensacional *adj.* **1.** Impresionante, que produce una sensación muy fuerte. **2.** Estupendo, maravilloso. **SIN. 2.** Magnífico. **ANT. 1.** Indiferente. **2.** Horrible.

sensacionalismo *s. m.* Tendencia a ser sensacionalista.

sensacionalista *adj.* Que busca que las noticias tengan mucho efecto entre la gente destacando lo que llama mucho la atención.

sensatez *s. f.* Característica de las personas sensatas. **SIN.** Cordura, prudencia. **ANT.** Insensatez.

sensato, ta *adj.* Se dice de la persona que piensa mucho las cosas y pone mucho cuidado en lo que hace o habla y, también, de sus acciones y comportamiento. **SIN.** Prudente, juicioso. **ANT.** Insensato.

sensibilidad *s. f.* **1.** Característica de las personas o cosas sensibles. **2.** Capacidad para percibir, sentir y disfrutar el arte, la belleza. **3.** Capacidad de los seres vivos para percibir sensaciones. **4.** Capacidad de un aparato u objeto para apreciar, medir o registrar fenómenos como la temperatura, la luz o el sonido.

sensibilizar *v.* **1.** Hacer sensible o más sensible. **2.** Hacer que la gente se dé cuenta de la importancia de algo para que colabore. **SIN. 2.** Concienciar.

sensible *adj.* **1.** Capaz de sentir o de experimentar sensaciones. **2.** Que puede ser conocido por medio de los sentidos. **3.** Que se deja llevar por los sentimientos y se impresiona o emociona fácilmente. **4.** Que tiene una capacidad especial para percibir y sentir la música, el arte, la belleza. **5.** Evidente, claro. **6.** Que capta o nota fácilmente la acción de la luz, el sonido u otra cosa. **SIN. 3.** Susceptible. **5.** Perceptible, apreciable. **ANT. 1., 3.** y **5.** Insensible. **5.** Imperceptible.

sensiblemente *adv.* De manera que se nota mucho.

sensiblería *s. f.* Característica de las personas o cosas demasiado sentimentales.

sensiblero, ra *adj.* Que muestra sensiblería. **SIN.** Sentimentaloide.

sensitivo, va *adj.* **1.** Relacionado con las sensaciones y los sentidos. **2.** Capaz de tener o producir sensaciones.

sensor *s. m.* Aparato muy sensible que se utiliza para captar fenómenos o alteraciones que se producen en su entorno.

sensorial *adj.* De los sentidos o relacionado con ellos.

sensual *adj.* **1.** Que produce placer en los sentidos. **2.** Que despierta el deseo sexual. **SIN. 1.** y **2.** Voluptuoso. **2.** Erótico.

sensualidad *s. f.* Característica de sensual. **SIN.** Voluptuosidad.

sentada *s. f.* Hecho de sentarse un grupo de personas durante bastante tiempo para pedir algo o para protestar. ‖ **LOC. de una sentada** De una vez, sin dejarlo a medias.

sentado, da *p.* de sentar. También *adj.* ‖ **LOC. dar** algo **por sentado** Darlo por supuesto o por cierto.

sentar *v.* **1.** Apoyar las nalgas y los muslos encima de un asiento o en otro sitio. **2.** Causar un beneficio o un daño. **3.** Quedar bien o mal a una persona algo que se pone o lleva. **4.** Agradar o disgustar. **5.** Fijar, establecer: *sentar las bases de un acuerdo.* ‖ **LOC. sentar la cabeza** Volverse serio y responsable. ⬚ Es v. irreg. Se conjuga como *pensar.* **SIN. 2.** a **4.** Caer. **ANT. 1.** Levantar.

sentencia *s. f.* **1.** Decisión de un juez con la que termina un juicio o un proceso. **2.** Dicho o frase breve con una enseñanza o un consejo.

sentenciar *v.* **1.** Dictar sentencia el juez. **2.** Condenar, culpar. **3.** Decir, asegurar: *«Nunca», sentenció con tono grave.* **4.** Determinar el resultado de algo. **SIN. 3.** Afirmar, asegurar, expresar. **4.** Decidir, resolver.

sentencioso, sa *adj.* **1.** Que contiene sentencia. **2.** Se dice de la persona y del tono en que habla cuando lo hace de forma grave, dando mucha importancia a lo que dice.

sentido, da 1. *p.* de sentir. ‖ *adj.* **2.** Que expresa o muestra un sentimiento muy sincero. **3.** Que se molesta o se siente herido fácilmente. ‖ *s. m.* **4.** Cada una de las funciones que permiten a las personas y a los animales darse cuenta de lo que sucede a su alrededor por medio de ciertos órganos. Son: vista, oído, olfato, gusto y tacto. **5.** Razón, motivo, finalidad. **6.** Capacidad o aptitud: *sentido del ritmo.* **7.** Significado. **8.** Orientación de algo según vaya hacia arriba o hacia abajo, hacia un lado o hacia otro: *una calle de un solo sentido.* ‖ **9. doble sentido** El tener una palabra o frase dos formas de entenderse. **10. sentido común** Sensatez, lógica. ‖ **LOC. perder el sentido** o **quedarse sin sentido** Encontrarse una persona en un estado en el que no se da cuenta de lo que pasa alrededor, por ejemplo, al desmayarse. **recobrar el sentido** o **recuperar el sentido** Volver a conocer y darse cuenta de las cosas después de haber perdido el sentido. **SIN. 3.** Sensible, susceptible. **5.** Explicación. **7.** Significación.

sentimental *adj.* y *s.* Que tiene o muestra sentimientos de amor, ternura y pena. **SIN.** Romántico.

sentimentalismo *s. m.* Característica de sentimental. **SIN.** Romanticismo.

sentimentaloide *adj.* y *s. desp.* Que es muy sentimental o lo demuestra demasiado. **SIN.** Sensiblero.

sentimiento *s. m.* Estado como la tristeza, la alegría, la ternura, la amistad, el amor o el odio que las personas experimentan. ‖ **LOC. acompañar** a alguien **en el sentimiento** Frase con la que se le muestra dolor por su desgracia. **SIN.** Emoción.

sentina *s. f.* Parte más baja de la bodega de un barco.

sentir¹ *v.* **1.** Tener sensaciones, como frío, calor, hambre, dolor, sueño. **2.** Experimentar

SENTIR		
GERUNDIO		
sintiendo		
INDICATIVO		
Presente	**Pretérito perfecto simple**	
siento	*sentí*	
sientes	*sentiste*	
siente	*sintió*	
sentimos	*sentimos*	
sentís	*sentisteis*	
sienten	*sintieron*	
SUBJUNTIVO		
Presente	**Pretérito imperfecto**	**Futuro simple**
sienta	*sintiera, -ese*	
sientas	*sintieras, -eses*	*sintiere*
sienta	*sintiera, -ese*	*sintieres*
sintamos	*sintiéramos, -ésemos*	*sintiere*
sintáis	*sintierais, -eseis*	*sintiéremos*
sientan	*sintieran, -esen*	*sintiereis*
		sintieren
IMPERATIVO		
siente (tú)	*sentid* (vosotros)	
sienta (usted)	*sientan* (ustedes)	

sentimientos. **3.** Oír. **4.** Notar una parte del cuerpo. **5.** Lamentar, estar apenado o disgustado por algo. **6.** Creer, opinar, estimar. ‖ **sentirse 7.** Encontrarse en el estado que se expresa: *Se siente mareada.* **8.** Considerarse, creerse. □ Es v. irreg. **SIN. 1.** Percibir. **6.** Pensar. **7.** Hallarse.

sentir² *s. m.* **1.** Opinión. **2.** Sentimiento. **SIN. 1.** Parecer.

seña *s. f.* **1.** Indicación que se da sobre alguien o algo para que otro lo conozca. **2.** Gesto que una persona hace a otra para comunicarle algo. ‖ *s. f. pl.* **3.** La calle, número y otros datos de una dirección.

señal *s. f.* **1.** Aquello que tiene o se pone en una persona o cosa para reconocerlo o distinguirlo. **2.** Lo que demuestra algo. **3.** Lo que deja en la piel una herida, golpe o enfermedad, como cicatrices o manchas. **4.** Gestos, luces, sonidos u otras cosas que se utilizan para comunicar algo o avisar de alguna cosa. **5.** Cantidad de dinero que se paga a alguien como adelanto del precio de algo. ‖ **6. señal de la cruz** Signo que hacen los cristianos con la mano representando la cruz en que murió Jesucristo. **7. señal de tráfico** Las indicaciones que se utilizan en calles y carreteras para dar una información a los peatones y conductores. ‖ **LOC. en señal de** Como muestra de. **SIN. 1.** Distintivo. **1.**, **2.** y **4.** Signo. **2.** Prueba, muestra. **3.** Marca.

señalado, da 1. *p.* de **señalar**. También *adj.* ‖ *adj.* **2.** Importante, destacado. **SIN. 2.** Marcado. **ANT. 2.** Insignificante.

señalador *s. m.* Marcapáginas.

señalar *v.* **1.** Hacer o poner señales en algo para que se distinga de otras cosas o pueda reconocerse. **2.** Apuntar con el dedo o de otra forma a alguien o a algo. **3.** Indicar, decir, mostrar. **4.** Fijar, decidir: *señalar una fecha.* **5.** Dejar cicatrices o heridas en alguna parte del cuerpo. ‖ **señalarse 6.** Distinguirse, destacar. **SIN. 1.** Rotular. **1.** y **5.** Marcar. **3.** Enseñar, advertir. **6.** Sobresalir, descollar.

señalización *s. f.* **1.** Hecho de señalizar. **2.** Conjunto de señales que se utilizan en caminos, carreteras, vías de tren y en otros sitios.

señalizar *v.* Poner señales en calles, carreteras o cualquier otro sitio.

señera *s. f.* Bandera de Cataluña y de las comunidades que pertenecieron a la Corona de Aragón.

señero, ra *adj.* Destacado, señalado.

señor, ra *s. m.* y *f.* **1.** Se usa para dirigirse respetuosamente a las personas mayores o a alguien con autoridad. **2.** Persona adulta. **3.** Dueño, propietario. **4.** Nombre que dan las personas que trabajan en una casa a los

dueños de esta. **5.** Persona elegante, con buenos modales: *Es toda una señora.* **6.** Va delante de un apellido, de un cargo o de *don*: *señor García; señora ministra; señor don Antonio Pérez.* ‖ *n. pr. m.* **7.** Dios: *el Señor.* ‖ *adj.* **8.** *fam.* Da más fuerza a la palabra con la que va: *Luis se ha comprado un señor coche.* ‖ *s. f.* **9.** Esposa. **10.** Mujer casada o viuda. ‖ **11. Nuestra Señora** La Virgen María. **SIN. 3.** y **4.** Amo. **5.** Caballero; dama. **9.** Mujer.

señorear *v.* **1.** Dominar o mandar en algo. **2.** Sobresalir una cosa sobre otra por ser más alta o estar más elevada.

señoría *s. f.* Tratamiento que se da a las personas que ocupan algunos cargos, como a jueces y parlamentarios.

señorial *adj.* De nobles o de gente de alta posición social.

señorío *s. m.* **1.** Mando o dominio sobre alguna cosa. **2.** Tierras de un señor. **3.** Distinción, elegancia.

señoritingo, ga *s. m.* y *f. desp.* Señorito.

señorito, ta *s. m.* y *f.* **1.** Hijo de un señor o una persona importante. ‖ *s. m.* y *f.* **2.** *fam.* Forma de llamar las personas que trabajan en una casa a los hijos de los dueños. ‖ *s. m.* y *f.* **3.** *fam.* Joven acomodado y que no trabaja. ‖ *adj.* y *s.* **4.** *desp.* Persona demasiado fina, muy delicada. ‖ *s. f.* **5.** Tratamiento dado a la mujer soltera. **6.** Tratamiento que se da a las mujeres que realizan ciertos trabajos como secretarias, dependientas de comercios y, sobre todo, maestras: *Eso nos lo explicó la señorita en clase.* **SIN. 3.** Señoritingo.

señorón, na *adj.* y *s.* Se dice de la persona rica o muy importante.

señuelo *s. m.* **1.** Ave o cosa que se usa para atraer a otras aves. **2.** Engaño u otra cosa con que se atrae a alguien. **SIN. 1.** y **2.** Reclamo.

seo *s. f.* Catedral, sobre todo en Aragón y Cataluña.

sépalo *s. m.* Cada una de las hojas que forman el cáliz de la flor.

separación *s. f.* **1.** Acción de separar o separarse. **2.** Espacio entre cosas separadas.

separado, da 1. *p.* de **separar**. También *adj.* ‖ *adj.* y *s.* **2.** Se dice del hombre o de la mujer que ha dejado de vivir con su esposa o esposo, o con su pareja.

separador, ra *adj.* y *s. m.* Que sirve para separar.

separar *v.* **1.** Hacer que dos o más personas, animales o cosas dejen de estar juntos o cerca. **2.** Dividir, distinguir: *separar un texto en párrafos.* **3.** Poner aparte del resto. **4.** Apartar, quitar. ‖ **separarse 5.** Dejar de estar junto o cerca. **6.** Dejar de vivir juntas dos personas que estaban casadas o unidas como pareja. **SIN. 1.** y **5.** Alejar(se). **2.** Diferenciar. **4.** Destituir, retirar. **ANT. 1.** Acercar. **1.**, **2.** y **6.** Unir(se). **2.** Mezclar.

separata *s. f.* Publicación separada de un texto, artículo, etc., que ya había aparecido incluido en un libro o revista.

separatismo *s. m.* Idea o postura que defienden los separatistas. **SIN.** Secesionismo.

separatista *adj.* y *s.* Partidario de que un territorio se separe de otro y se haga independiente. **SIN.** Secesionista.

sepelio *s. m.* Entierro de una persona con las ceremonias que lo acompañan.

sepia *s. f.* **1.** Molusco parecido al calamar, pero menos alargado y con un fuerte hueso calcáreo en su interior. ‖ *s. m.* **2.** Color parecido al rosa anaranjado.

septentrión *s. m.* Norte. **ANT.** Sur, mediodía.

septentrional *adj.* Del septentrión o norte. **SIN.** Nórdico, ártico, boreal. **ANT.** Meridional.

septeto *s. m.* **1.** Conjunto musical formado por siete instrumentos o siete cantantes. **2.** Composición musical hecha para siete instrumentos o voces.

septicemia *s. f.* Infección de la sangre.

septiembre *s. m.* Noveno mes del año, de treinta días.

septillizo, za *adj.* y *s.* Se dice de cada uno de los siete hermanos que han nacido de un mismo parto.

séptimo, ma *num.* **1.** Que ocupa por orden el número siete. ‖ *num.* y *s.* **2.** Se dice de cada una de las siete partes iguales en que se divide una cosa. ‖ **3. séptimo arte** El cine.

septingentésimo, ma *num.* **1.** Que ocupa por orden el número setecientos. ‖ *num.* y *s. m.* **2.** Se dice de cada una de las setecientas partes iguales en que se divide una cosa.

septuagenario, ria *adj.* y *s.* Que tiene más de setenta años, pero que todavía no ha cumplido los ochenta. **SIN.** Setentón.

septuagésimo, ma *num.* **1.** Que ocupa por orden el número setenta. ‖ *num.* y *s. m.* **2.** Se dice de cada una de las setenta partes iguales en que se divide una cosa.

séptuplo, pla *num.* y *s. m.* Se dice de la cantidad que incluye siete veces otra.

sepulcral *adj.* Relacionado con los sepulcros o propio de ellos: *un silencio sepulcral.*

sepulcro *s. m.* Construcción levantada del suelo, generalmente de piedra, para enterrar a uno o más cadáveres.

sepultar *v.* **1.** Enterrar un cadáver. **2.** Cubrir totalmente. **SIN. 1.** Inhumar. **ANT. 1.** Exhumar. **1.** y **2.** Desenterrar.

sepultura *s. f.* **1.** Acción de sepultar o enterrar: *dar sepultura.* **2.** Hoyo que se hace en la tierra para enterrar un cadáver. **SIN. 1.** Entierro. **2.** Fosa.

sepulturero, ra *s. m.* y *f.* Persona que tiene como oficio enterrar los cadáveres.

sequedad *s. f.* **1.** Falta de agua o de humedad. **2.** Poca amabilidad. **SIN. 2.** Frialdad. **ANT. 2.** Cordialidad.

sequedal *s. m.* Terreno seco y sin vegetación.

sequía *s. f.* Falta de lluvias en un territorio durante bastante tiempo.

sequillo *s. m.* Dulce de masa frita cubierta de azúcar.

séquito *s. m.* Las personas que acompañan a un personaje importante. **SIN.** Cortejo, comitiva.

ser¹ *v.* **1.** Sirve para decir algo del sujeto, por ejemplo, una cualidad, qué profesión tiene, dónde ha nacido, a qué grupo o a quién pertenece: *Lorenzo es simpático.* **2.** Indica la hora: *Son las ocho.* **3.** Expresa el resultado de una operación o cuenta: *Cinco y diez son quince.* **4.** Forma construcciones impersonales: *Es de noche.* **5.** Valer, costar: *¿A cuánto es el kilo de tomates?* **6.** Suceder, ocurrir: *Dime cómo fue.* **7.** Producirse algo en un momento o lugar: *Mañana es su cumpleaños.* **8.** Haber, existir. **9.** Forma la voz pasiva con el participio de los verbos: *Fue admirado por todos.* ‖ **LOC. ser de lo que no hay** Ser fuera de lo corriente, único por sus cualidades o por sus defectos. ☐ Es v. irreg. Ver cuadro en página siguiente. **SIN. 6.** Acontecer, acaecer.

ser² *s. m.* **1.** Lo que existe de verdad o en la imaginación: *Las hadas son seres imaginarios.* **2.** Persona: *Es un ser adorable.* **3.** Vida, existencia: *Nuestros padres nos dieron el ser.* **4.** Esencia, naturaleza. ‖ **5. Ser Supremo** Dios. **6. ser vivo** Ser que tiene vida; se nutre, tiene relación con el mundo que lo rodea y puede reproducirse. **SIN. 1.** y **2.** Ente.

sera *s. f.* Cesta grande de esparto, sin asas, que se usa para llevar carbón.

seráfico, ca *adj.* De los ángeles o propio de ellos. **SIN.** Angelical.

serafín *s. m.* Ángel de una categoría muy elevada.

serbio, bia *adj.* y *s.* **1.** De Serbia, país de Europa. ‖ *s. m.* **2.** Lengua de este país. ☐ Se escribe también *servio.*

serbocroata *adj.* **1.** Relacionado con Serbia y Croacia. ‖ *s. m.* **2.** Lengua que se habla en Serbia, Croacia y otros lugares de la antigua Yugoslavia. ☐ Se escribe también *servocroata.*

SER	
GERUNDIO	**PARTICIPIO**
siendo	*sido*

INDICATIVO

Presente	**Pretérito imperfecto**
soy	era
eres	eras
es	era
somos	éramos
sois	erais
son	eran

	Pretérito perfecto simple
	fui
	fuiste
	fui
	fuimos
	fuisteis
	fueron

SUBJUNTIVO

Pretérito imperfecto	**Futuro simple**
fuera, -ese	fuere
fueras, -eses	fueres
fuera, -ese	fuere
fuéramos, -ésemos	fuéremos
fuerais, -eseis	fuereis
fueran, -esen	fueren

IMPERATIVO

sé (tú)	sed (vosotros)
sea (usted)	sean (ustedes)

serenar *v.* Tranquilizar, calmar. **SIN.** Sosegar, aquietar. **ANT.** Inquietar.

serenata (del ital.) *s. f.* **1.** Música que se toca en honor de alguien por la noche y al aire libre. **2.** Composición poética o musical que tiene este mismo fin.

serenidad *s. f.* Tranquilidad, calma.

sereno, na *adj.* **1.** Tranquilo, calmado. **2.** Sin nubes o niebla. **3.** Se dice de la persona que no se encuentra bajo los efectos de las bebidas alcohólicas. || *s. m.* **4.** Persona que se encargaba de vigilar las calles durante la noche y abrir las puertas de los portales. **5.** Humedad que hay durante la noche. || **LOC. al sereno** Al aire libre durante la noche. **SIN.** **1.** Sosegado. **2.** Despejado. **3.** Sobrio. **ANT.** **1.** Intranquilo; agitado. **2.** Nublado. **3.** Borracho, ebrio.

serial *s. m.* Obra de televisión o de radio de muchos episodios y, generalmente, con un argumento sentimental.

seriar *v.* Disponer en series.

serie *s. f.* **1.** Conjunto de cosas relacionadas que ocurren o van unas detrás de otras. **2.** Personas o cosas que tienen relación entre sí, aunque no estén en orden: *Llamaron únicamente a una serie de personas.* **3.** Conjunto de sellos, billetes, etc., que pertenecen a una misma emisión. **4.** Obra de radio o de televisión de la que cada vez se transmite un episodio o capítulo. || **LOC. fuera de serie** Extraordinario, fuera de lo común. **SIN.** **1.** Sucesión, progresión.

seriedad *s. f.* Característica de serio. **SIN.** Formalidad, responsabilidad, gravedad. **ANT.** Alegría, ligereza.

serigrafía *s. f.* Procedimiento para imprimir en que se usa una plantilla de tejido fino o de hilos de metal que se cubre con un barniz especial, de forma que la tinta solo pase por las partes que no tienen barniz.

serio, ria *adj.* **1.** Que no es o no está alegre. **2.** Responsable, digno de confianza, que cumple sus compromisos. **3.** Se dice de la ropa y de los colores que son elegantes y no llamativos. **4.** Grave, importante: *un problema serio.* || **LOC. en serio** Sin tomarlo a broma; también; duramente. **SIN.** **1.** Seco, circunspecto. **2.** Reflexivo, cumplidor, formal. **ANT.** **1.** Risueño. **2.** Irresponsable. **2.** y **3.** Informal. **4.** Insignificante.

sermón *s. m.* **1.** Discurso religioso que dice el sacerdote ante los fieles para enseñarles algo. **2.** *fam.* Monserga, rollo. **SIN.** **1.** Homilía.

sermonear *v.* Echar un sermón a alguien.

serón *s. m.* Cesta grande que se pone sobre los burros, mulas u otros animales parecidos para llevar la carga.

seronegativo, va *adj. y s.* Se dice de la persona cuya sangre no contiene los anticuerpos que indican que puede tener sida.

seropositivo, va *adj. y s.* Se dice de la persona cuya sangre contiene los anticuerpos que indican que puede tener sida.

serosidad *s. f.* Líquido del que están llenas las ampollas que se forman en la piel.

seroso, sa *adj.* De suero o serosidad.

serpenteante *adj.* Que serpentea.

serpentear *v.* Moverse o extenderse formando vueltas y ondulaciones como lo hacen las serpientes.

serpentín *s. m.* Tubo largo en forma de espiral que tienen algunos aparatos y sirve para enfriar o calentar el líquido que pasa por él.

serpentina *s. f.* Tira de papel enrollada que se lanzan unas personas a otras en algunas fiestas sujetándola por un extremo y desenrollándola.

serpiente *s. f.* **1.** Animal del grupo de los reptiles, de cuerpo muy alargado y sin patas. || **2. serpiente de cascabel** Especie muy venenosa y que tiene al final de la cola unos anillos que hacen ruido cuando los agita. **SIN. 1.** Sierpe.

serrado, da 1. *p.* de **serrar**. También *adj.* || *adj.* **2.** Que tiene dientes pequeños como los de una sierra.

serrallo *s. m.* Harén.

serranía *s. f.* Terreno montañoso.

serrano, na *adj.* y *s.* **1.** De la sierra. **2.** *fam.* Hermoso, sano: *cuerpo serrano*.

serrar *v.* Cortar con una sierra la madera u otro material. □ Se dice también *aserrar*. Es v. irreg. Se conjuga como *pensar*.

serrería *s. f.* Taller donde se corta la madera. **SIN.** Aserradero.

serrín *s. m.* Conjunto de partículas de madera o corcho que van cayendo al serrar.

serrucho *s. m.* Sierra de hoja ancha con un mango en uno de los extremos.

serventesio *s. m.* Estrofa de cuatro versos de más de ocho sílabas que riman el primero con el tercero y el segundo con el cuarto.

servicial *adj.* Dispuesto a ayudar o a hacer algo para otros. **SIN.** Solícito.

servicio *s. m.* **1.** Ayuda, beneficio o utilidad. **2.** Las personas del servicio doméstico. **3.** Actividad en la que se dan o se hacen algunas cosas que necesita la gente; también las personas y medios que intervienen en ella: *servicio de bomberos*. **4.** Conjunto de objetos que se utilizan para algo, sobre todo en la mesa para comer. **5.** Retrete, cuarto de baño. **6.** El saque en algunos deportes, como el tenis. || **7. servicio doméstico** Trabajo que se realiza en las casas a cambio de un sueldo, como limpiar, lavar y cocinar, y personas que hacen esos trabajos. **8. servicio militar** Permanencia de un joven en el Ejército durante un tiempo aprendiendo a ser soldado. || **LOC. al servicio de** alguien o algo A sus órdenes, o para algo o alguien. **de servicio** Trabajando o haciendo alguna labor de su oficio. **SIN. 5.** Escusado, váter.

servidor, ra *s. m.* y *f.* **1.** Persona que sirve como criado. || *s. m.* y *f.* **2.** Expresión que se usa para referirse a uno mismo: *Una servidora se va a la cama.* || *s. m.* **3.** Unidad central de una red informática que da servicio a los ordenadores conectados a ella. **SIN. 1.** Sirviente.

servidumbre *s. f.* **1.** Conjunto de criados de una casa. **2.** Hecho de ser siervo de alguien. **3.** Situación de una persona que está obligada a algo, sin poder hacer lo que quiere. **SIN. 1.** Servicio. **3.** Esclavitud.

servil *adj.* **1.** Se dice de la persona que hace todo lo que le mandan y actúa como si fuera inferior. **2.** De los siervos o relacionado con ellos. **3.** Muy humilde, de la más baja categoría. **SIN. 1.** Sumiso. **3.** Rastrero.

servilismo *s. m.* Forma de actuar de las personas serviles. **SIN.** Sumisión.

servilleta *s. f.* Pieza de tela o papel que se usa en la mesa para limpiarse.

servilletero *s. m.* Aro u otra cosa que sirve para dejar la servilleta recogida.

servio, via *adj.* y *s.* Serbio.

servir *v.* **1.** Ser útil o valer para algo. **2.** Poner comida o bebida. **3.** Atender a un cliente o traerle lo que ha pedido. **4.** Ser criado o dedicarse al servicio doméstico. **5.** Estar en el Ejército o trabajar en un organismo oficial: *Sirvió en la Marina*. **6.** Trabajar o hacer algo para una persona o cosa. **7.** En tenis, realizar el saque. || **servirse 8.** Utilizar, emplear. □ Es v. irreg. Se conjuga como *pedir*. **SIN. 4.** Asistir. **7.** Sacar. **8.** Usar.

servocroata *adj.* y *s. m.* Serbocroata.

servodirección *s. f.* Mecanismo que hace que la dirección de un vehículo vaya más suave y funcione mejor.

servofreno *s. m.* Mecanismo que aumenta la acción del freno de un vehículo, haciendo que funcione mejor.

sesada *s. f.* Sesos de un animal que se toman como alimento.

sésamo *s. m.* Planta de tallo recto, flores en forma de campanilla y fruto con muchas semillas, que se echan a algunos dulces para darles sabor.

sesear *v.* Pronunciar como una *s* la *z* y la *c* delante de *e* o *i*; es común en Andalucía, Canarias e Hispanoamérica.

sesenta *num.* **1.** Seis veces diez. **2.** Que ocupa por orden el número sesenta.

sesentavo, va *num.* y *s. m.* Se dice de cada una de las sesenta partes iguales en que se divide algo. **SIN.** Sexagésimo.

sesentón, na *adj.* y *s. fam.* Sexagenario.

seseo *s. m.* Hecho de sesear.

sesera *s. f.* **1.** *fam.* Cabeza: *romperse la sesera; tener poca sesera*. **2.** Conjunto de los sesos. **SIN. 1.** Coco, cráneo. **1.** y **2.** Cerebro.

sesgado, da 1. *p.* de **sesgar**. También *adj.* || *adj.* **2.** Subjetivo, muy parcial: *una informa-*

ción sesgada. **SIN. 1.** Oblicuo, atravesado. **ANT. 1.** Recto.

sesgar *v.* Colocar o cortar en diagonal, formando una línea inclinada.

sesgo *s. m.* Dirección o rumbo que sigue un asunto. **SIN.** Cariz.

sesión *s. f.* **1.** Reunión, junta. **2.** Cada vez que ponen un espectáculo, sobre todo las películas en el cine. **3.** Cada vez que se realiza una actividad: *una sesión de masaje.* **SIN. 2.** Función.

seso *s. m.* **1.** Cerebro de las personas o de los animales. **2.** Sensatez, sentido común. ‖ **LOC. devanarse los sesos** Pensar mucho en algo. **perder el seso** Volverse loco. **tener** a alguien **sorbido el seso** o **sorberle el seso** Tenerlo muy enamorado hasta llegar a dominarlo. **SIN. 2.** Prudencia, cordura.

sestear *v.* Dormir una siesta.

sesudo, da *adj.* Sensato. **SIN.** Prudente, cuerdo. **ANT.** Alocado.

set (del ingl.) *s. m.* **1.** Cada una de las partes en que se divide un partido de tenis, voleibol, pimpón y otros deportes. **2.** Conjunto de cosas que sirven para lo mismo: *un set de herramientas.* **SIN. 2.** Kit, equipo.

seta *s. f.* Hongo con forma de sombrero sostenido por un pie. Algunos de estos hongos son comestibles, pero otros son muy venenosos.

setecientos, tas *num.* **1.** Siete veces cien. **2.** Que ocupa por orden el número setecientos.

setenta *num.* **1.** Siete veces diez. **2.** Que ocupa por orden el número setenta.

setentavo, va *num.* y *s. m.* Se dice de cada una de las setenta partes iguales en que se divide una cosa.

setentón, na *adj.* y *s. fam.* Septuagenario.

setiembre *s. m.* Septiembre.

seto *s. m.* Valla formada por palos, ramas o plantas muy juntas.

setter (ingl.) *s. m.* Perro de caza con el pelo largo y suave y las orejas caídas.

seudónimo *s. m.* Nombre inventado que alguien usa en lugar del verdadero.

severidad *s. f.* Dureza, característica de las personas severas. **SIN.** Rigidez, intransigencia. **ANT.** Blandura.

severo, ra *adj.* **1.** Duro, que no deja pasar nada que esté mal. **2.** Serio: *Era un anciano amable a pesar de su gesto serio.* **SIN. 1.** Rígido, estricto, inflexible. **2.** Grave. **ANT. 1.** Blando, flexible. **2.** Alegre.

sevillano, na *adj.* y *s.* **1.** De Sevilla, ciudad y provincia españolas. ‖ *s. f. pl.* **2.** Canción y baile muy alegres típicos de Sevilla.

sex-appeal (ingl.) *expr.* Atractivo físico y sexual de una persona.

sex-shop (ingl.) *expr.* Establecimiento en el que se venden objetos relacionados con el sexo.

sex-symbol (ingl.) *expr.* Persona a la que se considera representación del atractivo erótico o sexual.

sexagenario, ria *adj.* y *s.* Que tiene más de sesenta años, pero que todavía no ha cumplido los setenta. **SIN.** Sesentón.

sexagesimal *adj.* Se dice del sistema de numeración que tiene como base el número sesenta; se utiliza sobre todo para medir ángulos.

sexagésimo, ma *num.* **1.** Que ocupa por orden el número sesenta. ‖ *num.* y *s. m.* **2.** Se dice de cada una de las sesenta partes iguales en que se divide una cosa. **SIN. 2.** Sesentavo.

sexcentésimo, ma *num.* **1.** Que ocupa por orden el número seiscientos. ‖ *num.* y *s. m.* **2.** Se dice de cada una de las seiscientas partes iguales en que se divide una cosa.

sexenio *s. m.* Periodo de seis años.

sexi *adj. Sexy.*

sexismo *s. m.* Discriminación hacia algunas personas a causa de su sexo.

sexista *adj.* y *s.* Del sexismo o que practica el sexismo.

sexo *s. m.* **1.** Características que distinguen a los machos de las hembras en los seres vivos. **2.** Conjunto de los individuos de una especie que tienen una de esas dos constituciones o características: *sexo masculino* y *femenino.* **3.** Órganos sexuales externos. **4.** Sexualidad. ‖ **5. sexo débil** o **sexo bello** Las mujeres. **6. sexo fuerte** Los hombres.

sexología *s. f.* Ciencia que estudia la conducta sexual de las personas.

sexólogo, ga *s. m.* y *f.* Persona que se dedica a la sexología.

sextante *s. m.* Instrumento que mide la distancia entre el horizonte y un astro; sirve para orientarse en el mar.

sexteto *s. m.* **1.** Conjunto musical de seis instrumentos o seis voces. **2.** Composición musical hecha para este conjunto. **3.** Estrofa formada por seis versos de más de ocho sílabas.

sextilla *s. f.* Estrofa formada por seis versos de ocho sílabas o menos.

sextillizo, za *adj.* y *s.* Se dice de cada uno de los seis hermanos que han nacido de un mismo parto.

sexto, ta *num.* **1.** Que sigue en orden al quinto. ‖ *num.* y *s. m.* **2.** Se dice de cada una de las seis partes iguales en que se divide una cosa. **SIN. 2.** Seisavo.

séxtuple o **séxtuplo** *num.* y *s. m.* **1.** Que es seis veces mayor que otra cosa. ‖ *adj.* **2.** Formado por seis cosas iguales.

séxtuplo, pla *adj.* y *s. m.* Se dice de la cantidad que incluye seis veces otra.

sexuado, da *adj.* Se dice de los seres vivos que tienen órganos sexuales desarrollados y con capacidad de funcionamiento. **ANT.** Asexuado.

sexual *adj.* **1.** Del sexo o relacionado con él. ‖ **2. acto sexual** Unión sexual entre dos personas. **3. reproducción sexual** La que necesita de la unión de células reproductoras masculinas y femeninas para formar un nuevo ser, como en el hombre y en los animales.

sexualidad *s. f.* **1.** Características relacionadas con las diferencias entre los sexos. **2.** Actos que se realizan a causa de la atracción entre los sexos y para la reproducción.

sexy (ingl.) *adj.* Que tiene mucho atractivo sexual.

sha *s. m.* Sah.

shéquel (del hebr.) *s. m.* Moneda de Israel.

sheriff (ingl.) *s. m.* En los Estados Unidos, persona encargada de mantener el orden y hacer cumplir la ley.

sherpa (ingl.) *adj.* y *s.* **1.** De un pueblo de Nepal, país de Asia junto a las montañas del Himalaya. ‖ *s. m.* **2.** Guía perteneciente a este pueblo.

shock (ingl.) *s. m.* Choque, reacción nerviosa muy fuerte, generalmente producida por una impresión muy grande. **SIN.** Conmoción.

shopping (ingl.) *s. m.* Hecho de ir de compras por varias tiendas.

short (ingl.) *s. m.* Pantalón muy corto.

show (ingl.) *s. m.* **1.** Espectáculo. **2.** *fam.* Situación en la que se llama mucho la atención: *montar un show.*

showman o **show-woman** (ingl.) *s. m.* o *f.* Protagonista o presentador de un espectáculo.

si¹ *s. m.* Séptima nota de la escala musical.

si² *conj.* Sirve para formar frases que indican una condición: *Si aprueba el curso, le regalarán una bici*; expresa un deseo: *¡Si me compraran la bici!*; forma construcciones en función de un sustantivo: *No sé si iré*; da más fuerza a lo que se dice: *¡Si será bobo!* ‖ **LOC. como si** Se usa para decir lo que parece alguien o algo: *Grita como si estuviera loco.* **si no** En caso contrario.

sí¹ *pron. pers.* Indica tercera persona, se usa siempre con una preposición delante y sirve para formar complementos que hablan de la misma persona o cosa que realiza la acción: *Andrés tira de la cuerda hacia sí.* ‖ **LOC. de por sí** Sin tener en cuenta otras cosas. **fuera de sí** Muy nervioso, medio loco. **por sí mismo** o **por sí solo** Sin la ayuda o intervención de nadie.

sí² *adv.* **1.** Se emplea para responder afirmativamente. **2.** Sirve para dar más fuerza a lo que se dice: *¡Esto sí que es vida!* ‖ *s. m.* **3.** Permiso, consentimiento. ‖ **LOC. porque sí** Sin ningún motivo, porque apetece. **ANT. 1.** y **3.** No.

siamés, sa *adj.* y *s.* **1.** De Siam, país de Asia que actualmente se llama Tailandia. **2.** Se dice de los hermanos que nacen unidos por alguna parte del cuerpo. ‖ *adj.* y *s. m.* **3.** Raza de gatos de color *beige* o marrón muy claro, con la cabeza, la cola y las patas más oscuras. ‖ *s. m.* **4.** Lengua hablada en Tailandia.

sibarita *adj.* y *s.* Persona a la que le gustan mucho los placeres y las cosas buenas y refinadas.

siberiano, na *adj.* y *s.* De Siberia, región de Rusia en el norte de Asia.

sibila *s. f.* Mujer que, según los antiguos griegos y romanos, podía predecir el futuro.

sibilino, na *adj.* **1.** De la sibila. **2.** Misterioso, ambiguo. **SIN. 2.** Oscuro.

sicario *s. m.* Asesino a sueldo. **SIN.** Matón.

siciliano, na *adj.* y *s.* De Sicilia, isla italiana.

sicomoro o **sicómoro** *s. m.* Árbol que procede de Egipto y tiene el tronco de color amarillento y las hojas ásperas; su fruto es pequeño, blanquecino, parecido a un higo, y la madera muy resistente.

sida (siglas de *síndrome de inmunodeficiencia adquirida*) *s. m.* Enfermedad contagiosa producida por un virus que se transmite por vía sexual y a través de la sangre y destruye los mecanismos de inmunidad del cuerpo humano.

sidecar (del ingl.) *s. m.* Especie de cochecito que tienen a un lado algunas motos y en el que puede llevarse a una persona.

sideral *adj.* De las estrellas y los astros o relacionado con ellos: *el espacio sideral.* **SIN.** Estelar, astral.

siderita *s. f.* Mineral de color grisáceo o amarillento y con brillo, del que se extrae el hierro.

siderurgia *s. f.* Industria que se dedica a la producción de hierro y a su transformación, sobre todo en acero.

siderúrgico, ca *adj.* De la siderurgia.

sidra *s. f.* Bebida alcohólica elaborada con zumo de manzanas.

sidrería *s. f.* Establecimiento donde se vende y sirve sidra.

siega *s. f.* Acción de segar.

siembra *s. f.* Acción de sembrar y época en que se hace. **SIN.** Sementera.

siempre *adv.* **1.** Todo el tiempo: *Siempre lo recordaré.* **2.** Todas las veces que se produce una situación: *Cuando viene, siempre nos trae un regalo.* **3.** De todas formas, a pesar de todo: *Quizá no lo consiga, pero siempre es mejor intentarlo.* || **LOC. siempre que** Todas las veces que; también indica una condición: *Irán siempre que terminen sus tareas.* **siempre y cuando** Siempre que, a condición de que. **ANT. 1.** y **2.** Nunca.

siempreviva *s. f.* Planta de hojas gruesas y carnosas, a veces colocadas todas juntas como si fuera una alcachofa, que da unas flores en forma de estrella, casi siempre de color rosa.

sien *s. f.* Parte de la cabeza entre los ojos y las orejas.

siena *s. m.* Color marrón amarillento.

sierpe *s. f.* Serpiente.

sierra *s. f.* **1.** Herramienta para cortar que tiene una hoja de acero con un filo dentado y un mango o algo para agarrarla bien. **2.** Grupo de montañas unas junto a otras; también, lugar donde hay montañas. **SIN. 2.** Serranía, cordillera.

siervo, va *s. m.* y *f.* **1.** Esclavo, sobre todo el que antiguamente pertenecía al señor de la tierra que trabajaba. **2.** Persona que sirve u obedece en serio a otra.

siesta *s. f.* Sueño que se echa sobre todo después de comer.

siete *num.* **1.** Seis más uno. **2.** Que ocupa por orden el número siete. **SIN. 2.** Séptimo.

sietemachos *s. m. fam.* Bravucón, chulo.

sietemesino, na *adj.* y *s.* Se dice del niño que nace a los siete meses de embarazo, en vez de a los nueve.

sífilis *s. f.* Enfermedad muy grave que se contagia con las relaciones sexuales.

sifilítico, ca *adj.* **1.** De la sífilis. || *adj.* y *s.* **2.** Que padece esta enfermedad.

sifón *s. m.* **1.** Botella que contiene agua con gas, que sale a presión cuando se aprieta una palanquita; también, esa agua que está dentro. **2.** Tubo doblado en curva que sirve para pasar un líquido de un sitio a otro que está más arriba. **3.** Tubería en forma de U que retiene el agua e impide la salida de gases de las cañerías.

sigilo *s. m.* Silencio y cuidado.

sigiloso, sa *adj.* Que hace algo con sigilo. **SIN.** Silencioso.

sigla *s. f.* **1.** Letra inicial de una palabra que se toma como abreviatura para formar una unidad con otras, como por ejemplo, *R(eal) A(cademia) E(spañola).* **2.** Palabra formada de esta manera, como *ONU* o *EE. UU.*

siglo *s. m.* **1.** Cada uno de los periodos de cien años en que se divide la historia. **2.** Cien años seguidos. **3.** Mucho tiempo: *Hace un siglo que no le veo.* || **4. Siglo de Oro** Nombre que se da a los siglos XVI y XVII en España, en el que hubo escritores y obras literarias muy importantes. || **LOC. del siglo** Más importante que otros de su misma época: *el robo del siglo.* **por los siglos de los siglos** Para siempre. **SIN. 1.** Centuria.

signatario, ria *adj.* y *s.* Firmante.

signatura *s. f.* Señal de números y letras que se pone en un libro o documento para indicar su colocación en una biblioteca o archivo.

significación *s. f.* **1.** Significado. **2.** Valor, importancia. **SIN. 1.** Sentido. **2.** Interés, trascendencia.

significado *s. m.* Lo que significa una palabra, una frase u otra cosa. **SIN.** Sentido, significación.

significante *s. m.* Sonido o sonidos que pronunciamos al decir una palabra.

significar *v.* **1.** Expresar una palabra, imagen u otro signo alguna cosa o idea. **2.** Tener una cosa la consecuencia que se dice. **3.** Tener valor o importancia. **SIN. 1.** Indicar. **1.** y **3.** Representar. **2.** Implicar, suponer. **3.** Importar.

significativo, va *adj.* **1.** Que significa o da a entender algo. **2.** Importante y destacado. **SIN. 1.** y **2.** Representativo. **2.** Relevante. **ANT. 2.** Insignificante.

signo *s. m.* **1.** Cosa que representa a otra. **2.** Cosa por la que se adivina, se supone o se entiende otra. **3.** Cada una de las letras, puntos y figuras que se usan en la escritura, en imprenta, en matemáticas, en música. **4.** Cada una de las doce partes en que se divide el Zodiaco; también, la figura que las representa. **SIN. 1.** y **2.** Señal. **2.** Símbolo, indicio.

siguiente *adj.* y *s.* Que va detrás o a continuación. **SIN.** Próximo, sucesivo, ulterior. **ANT.** Anterior.

sílaba *s. f.* Letra, sonido o conjunto de ellos que se pronuncian juntos, en un solo golpe de voz; por ejemplo, *pastelería* tiene cinco sílabas: *pas-te-le-rí-a.*

silabario *s. m.* Libro con sílabas o palabras divididas en sílabas que se emplea para enseñar a leer.

silabear *v.* Pronunciar palabras separándolas en sílabas.

silábico, ca *adj.* Relacionado con las sílabas o que forma sílaba: *grupo silábico*.

silbante *adj.* Que silba o suena como un silbido.

silbar *v.* **1.** Dar silbidos o hacer una música con silbidos. **2.** Hacer un ruido parecido a un silbido. **3.** Protestar contra alguien con silbidos. **SIN. 3.** Pitar, abuchear. **ANT. 3.** Aplaudir.

silbato *s. m.* Instrumento pequeño y hueco con que se produce un silbido al soplar por él. **SIN.** Pito.

silbido o **silbo** *s. m.* **1.** Sonido fino y fuerte que se produce al hacer pasar con fuerza el aire entre los labios, juntos y apretados, o colocando la lengua y los dedos de una manera especial. **2.** Sonido parecido de otras cosas, como el de un silbato o el del viento. **SIN. 2.** Pitido.

silenciador *s. m.* Aparato que se coloca en algunas máquinas o mecanismos para que hagan menos ruido.

silenciar *v.* **1.** No decir algo. **2.** Hacer callar. **SIN. 1.** Ocultar. **ANT. 1.** Revelar.

silencio *s. m.* **1.** Hecho de no oírse voces ni ruidos. **2.** El no decir nada: *guardar silencio*. **3.** En música, pausa. ‖ *interj.* **4.** Se usa para hacer callar a alguien. ‖ **LOC. en silencio** Sin hablar; también, sin quejarse ni protestar. **SIN. 1.** y **2.** Sigilo. **ANT. 1.** Alboroto, escándalo.

silencioso, sa *adj.* **1.** Sin ruido. **2.** Callado, sin hablar. **SIN. 1.** y **2.** Sigiloso. **ANT. 1.** Ruidoso. **2.** Hablador.

sílex *s. m.* Piedra muy dura formada sobre todo por sílice, con la que se construyeron muchos utensilios prehistóricos.

sílfide *s. f.* Mujer muy delgada, pero con buen tipo.

sílice *s. f.* Mineral que forma muchas rocas y está compuesto por silicio y oxígeno.

silíceo, a *adj.* De sílice o que contiene este mineral.

silicio *s. m.* Elemento químico muy abundante en la Tierra; es muy duro y entra en la composición de la mayoría de las rocas.

silicona *s. f.* Material artificial, compuesto sobre todo por silicio y oxígeno, que se usa, por ejemplo, para pegar o para tapar huecos.

silicosis *s. f.* Enfermedad respiratoria muy grave, que afecta, sobre todo, a los mineros y picapedreros.

silla *s. f.* **1.** Asiento para una sola persona, con respaldo y casi siempre cuatro patas. **2.** Cochecito para los niños pequeños, en el que van sentados. **3.** Asiento de cuero que se pone al caballo para montar sobre él. ‖ **4. silla** (o **sillita**) **de la reina** Asiento que forman dos personas con sus brazos, agarrándose una a otra. **5. silla de manos** Vehículo para una persona, con un asiento cubierto y sostenido por unas varas que llevan dos personas. **6. silla de ruedas** La que tiene ruedas y utilizan las personas que no pueden andar. **7. silla de tijera** La que tiene las patas cruzadas de manera que puede plegarse.

sillar *s. m.* Cada una de las piedras que forman una construcción.

sillería *s. f.* **1.** Conjunto de sillas o asientos, sobre todo el del coro de las iglesias. **2.** Construcción de sillares.

sillín *s. m.* Asiento de las bicicletas y otros vehículos parecidos.

sillón *s. m.* Asiento con brazos más grande que una silla y más cómodo.

silo *s. m.* Construcción alta, parecida a una torre, para guardar los granos de trigo y otros cereales.

silogismo *s. m.* En lógica, argumento que consta de dos premisas y una conclusión, que se deduce a través de las premisas.

silueta *s. f.* **1.** Línea que forma el borde de una persona o de una cosa. **2.** Tipo o figura de una persona. **SIN. 1.** Perfil, contorno.

siluetear o **siluetar** *v.* Dibujar o marcar el perfil o silueta de un objeto.

silva *s. f.* **1.** Estrofa en que se mezclan versos de once y siete sílabas. **2.** Colección formada por varios escritos diferentes.

silvestre *adj.* Que nace y crece sin cultivar en el campo. **SIN.** Salvaje, natural, agreste. **ANT.** Cultivado.

silvicultor, ra *s. m.* y *f.* Persona que se dedica a la silvicultura.

silvicultura *s. f.* Conjunto de técnicas encaminadas al cuidado y la explotación de los bosques y montes.

sima *s. f.* Agujero muy grande y hondo en la tierra.

simbiosis *s. f.* Relación entre seres vivos de especies distintas en el que ninguno hace daño al otro, sino que los dos salen beneficiados.

simbólico, ca *adj.* **1.** Se dice de lo que es un símbolo o está representado por un símbolo. **2.** Que tiene valor, no por lo que es en realidad, sino por lo que significa.

simbolismo *s. m.* **1.** Característica de lo que es simbólico. **2.** Conjunto o sistema de símbolos.

simbolista *adj.* **1.** Del símbolo. ‖ *adj.* y *s.* **2.** Se dice del artista que se expresa mediante símbolos.

simbolizar *v.* Ser una cosa símbolo de otra.

símbolo *s. m.* **1.** Dibujo, figura u otra cosa que representa algo por tener relación o parecido con ello. **2.** En química, letra o letras que representan un elemento simple. **SIN. 1.** Signo, emblema.

simbología *s. f.* **1.** Conjunto de símbolos. **2.** Estudio de los símbolos.

simetría *s. f.* Hecho de estar colocadas cosas de la misma forma y medida a la misma altura y en la misma posición a uno y otro lado de un eje, un punto o un plano.

simétrico, ca *adj.* Se dice de las cosas entre las que hay simetría.

simiente *s. f.* Semilla.

simiesco, ca *adj.* Propio de los simios.

símil *s. m.* Comparación de dos cosas entre las que hay alguna semejanza o relación: *negro como el carbón.*

similar *adj.* Parecido, casi igual. **SIN.** Semejante, análogo. **ANT.** Diferente.

similitud *s. f.* Hecho de ser similares dos o más cosas. **SIN.** Parecido, semejanza, analogía. **ANT.** Diferencia.

simio, mia *s. m.* y *f.* Mono, animal.

simón *s. m.* Coche de caballos antiguo que se alquilaba.

simonía *s. f.* Hecho de negociar con las cosas de la religión, por ejemplo, con los cargos eclesiásticos.

simpatía *s. f.* **1.** Sentimiento de cariño o agrado hacia las personas o las cosas. **2.** Modo de ser de las personas que son agradables con los demás. **SIN. 1.** Atracción, apego. **2.** Encanto, gancho. **ANT. 1.** y **2.** Antipatía.

simpático, ca *adj.* **1.** Que tiene simpatía. **2.** Gracioso, divertido. **SIN. 1.** Agradable, encantador. **ANT. 1.** Antipático.

simpatizante *adj.* y *s.* Persona que simpatiza con unas ideas o un partido, sin pertenecer a él. **SIN.** Seguidor, adepto. **ANT.** Contrario.

simpatizar *v.* Sentir simpatía. **SIN.** Congeniar, entenderse. **ANT.** Odiarse.

simple *adj.* **1.** Fácil, sin complicaciones. **2.** Formado por una sola cosa o por muy pocas. **3.** Sin importancia: *Fue una simple caída.* ‖ *adj.* y *s.* **4.** Un poco tonto, sin picardía. **SIN. 1.** y **2.** Sencillo. **4.** Bobo, ingenuo. **ANT. 1.** Difícil. **2.** Compuesto. **4.** Pícaro.

simplemente *adv.* **1.** De manera simple, sencillamente. **2.** Solamente, únicamente.

simpleza *s. f.* **1.** Característica de simple, de bobo. **2.** Bobada, tontería. **SIN. 1.** y **2.** Necedad, ingenuidad. **ANT. 1.** Picardía.

simplicidad *s. f.* Característica de simple. **SIN.** Sencillez; ingenuidad. **ANT.** Complicación; picardía.

simplificación *s. f.* Hecho de simplificar algo. **ANT.** Complicación.

simplificar *v.* Hacer más simple, sencilla o fácil una cosa. **SIN.** Facilitar. **ANT.** Complicar.

simplista *adj.* y *s.* Demasiado simple, que no tiene en cuenta que las cosas son más complicadas.

simposio *s. m.* Reunión de científicos o de otros profesionales o especialistas. **SIN.** Congreso.

simulación *s. f.* Acción de simular. **SIN.** Fingimiento.

simulacro *s. m.* Aquello que se hace como si fuera de verdad, pero que no lo es. **SIN.** Ensayo; farsa.

simulador, ra *adj.* y *s.* **1.** Que simula algo. ‖ *s. m.* **2.** Aparato que reproduce el funcionamiento de otro de verdad, como un simulador de vuelo, que reproduce la cabina de un avión.

simular *v.* Fingir, aparentar.

simultanear *v.* Hacer simultáneo. **SIN.** Compaginar.

simultaneidad *s. f.* Hecho de ser simultáneas dos o más cosas.

simultáneo, a *adj.* Se dice de una cosa que ocurre o se realiza al mismo tiempo que otra.

simún *s. m.* Viento abrasador de los desiertos de Arabia y África.

sin *prep.* Que no tiene algo: *Estamos sin luz;* no incluido, aparte de: *El traje sin los arreglos le ha costado cien euros;* delante de un infinitivo es como una negación: *Llevo todo el día sin comer.* **ANT.** Con.

sinagoga *s. f.* Templo judío.

sinalefa *s. f.* En un verso, unión de dos sílabas de palabras distintas cuando una de ellas termina en vocal y la siguiente empieza por vocal o *h.* Estas dos sílabas se cuentan como una sola.

sincerarse *v.* Contar una persona a otra sus secretos, sus sentimientos. **SIN.** Desahogarse, confiar, explayarse. **ANT.** Cerrarse.

sinceridad *s. f.* Característica de sincero. **SIN.** Franqueza. **ANT.** Hipocresía.

sincero, ra *adj.* Que no finge, que actúa de acuerdo con lo que piensa o siente. SIN. Franco, verdadero. ANT. Hipócrita.

sinclinal *adj.* Se dice del pliegue de la corteza terrestre de forma cóncava.

síncopa *s. f.* **1.** Eliminación de una o de más letras en medio de una palabra. **2.** En música, alteración en la acentuación normal de un compás.

sincopado, da *adj.* Se dice de la nota que forma una síncopa o de la música o ritmo que tiene estas notas.

síncope *s. m.* Desmayo producido por una bajada de la tensión arterial.

sincronía *s. f.* Hecho de que sucedan varias cosas a la vez.

sincrónico, ca *adj.* Se dice de los hechos o cosas que suceden al mismo tiempo. ANT. Diacrónico.

sincronizar *v.* Hacer que se produzcan a la vez dos o más cosas, hechos o movimientos. SIN. Coordinar, simultanear.

sindical *adj.* De los sindicatos.

sindicalismo *s. m.* Modo de organización de los trabajadores a través de sindicatos, para defender sus intereses y derechos.

sindicalista *adj. y s.* De los sindicatos o que es miembro de un sindicato.

sindicar *v.* **1.** Organizar en un sindicato a un grupo de trabajadores. ‖ **sindicarse 2.** Entrar a formar parte de un sindicato.

sindicato *s. m.* Asociación de trabajadores para defender sus intereses y derechos.

síndico, ca *s. m. y f.* Persona elegida por una corporación para que defienda sus intereses y la represente: *el síndico de la Bolsa.*

síndrome *s. m.* **1.** Conjunto de síntomas con que aparece una enfermedad. ‖ **2. síndrome de Down** Mongolismo, enfermedad de nacimiento que provoca retraso mental y del crecimiento.

sine die (lat.) *expr.* Significa 'sin fecha o sin plazo fijo': *Aplazaron la inauguración de los cursos* sine die.

sine qua non (lat.) *expr.* Significa 'sin la cual no' y se refiere a una condición que es totalmente necesaria para algo.

sinécdoque *s. f.* Figura retórica que consiste en utilizar una palabra en lugar de otra, tomando la totalidad por una parte, el género por la especie, la materia por el objeto, etc., o al revés: *un pueblo de mil almas* (por *mil personas*), *tañer el bronce* (por *las campanas*).

sinecura *s. f.* Cargo o empleo que no da prácticamente ningún trabajo. SIN. Chollo, ganga.

sinestesia *s. f.* Recurso literario que consiste en dar a una cosa una cualidad que en realidad no puede tener, porque se perciben por sentidos distintos; por ejemplo, *voces blancas.*

sinfín *s. m.* Gran abundancia de algo. SIN. Infinidad, sinnúmero.

sinfonía *s. f.* Composición musical de bastante extensión, hecha para una orquesta.

sinfónico, ca *adj.* **1.** De una sinfonía. **2.** Se dice de algunas orquestas y asociaciones musicales.

singladura *s. f.* **1.** Distancia recorrida por un barco en veinticuatro horas. **2.** Rumbo.

single (ingl.) *s. m.* Disco de poca duración con una sola canción en cada cara. SIN. Sencillo.

singular *adj.* **1.** Especial, raro: *un hecho singular.* **2.** Solo, que no hay otro igual. ‖ *adj. y s. m.* **3.** En gramática, número de las palabras que se refieren a una sola persona o cosa, como por ejemplo, *el niño* o *la casa.* SIN. **1.** Excepcional, peculiar. ANT. **1.** Vulgar. **3.** Plural.

singularidad *s. f.* Característica que distingue a una persona, animal o cosa y lo hace diferente de los demás. SIN. Particularidad, peculiaridad.

singularizar *v.* **1.** Hacer distinta a una persona o cosa entre otras. **2.** Hablar de alguien o algo en particular, y no de otros. SIN. **1.** y **2.** Particularizar.

sinhueso *s. f. fam.* Lengua, órgano.

siniestra *s. f.* Mano izquierda. SIN. Zurda. ANT. Diestra.

siniestrado, da *adj. y s.* Que ha sufrido un siniestro. SIN. Accidentado.

siniestralidad *s. f.* Número de accidentes.

siniestro, tra *adj.* **1.** Malvado, que produce miedo. **2.** Funesto, desgraciado. **3.** Izquierdo. ‖ *s. m.* **4.** Accidente, pérdida o daño graves. SIN. **1.** Perverso, maligno. **2.** Aciago, nefasto. ANT. **1.** Bueno. **2.** Afortunado. **3.** Diestro, derecho.

sinnúmero *s. m.* Gran cantidad de algo. SIN. Infinidad, sinfín.

sino[1] *s. m.* El destino, lo que hace que las cosas sucedan de una manera y no podamos hacer nada para cambiarlas. SIN. Hado.

sino[2] *conj.* Afirma una cosa en oposición a otra que se niega: *Hoy no hace frío, sino calor*; equivale a *excepto, a no ser*: *¿Quién sino Susana sería capaz de hacer tal cosa?*; tan solo, solamente: *No quiero sino que me deje tran-*

quilo. || LOC. **no solo... sino** o **no solo... sino también** Se emplea para añadir algo a lo que ya se ha dicho: *No solo vino Ricardo, sino también Enrique.* SIN. Salvo.

sinodal *adj.* Del sínodo.

sínodo *s. m.* Reunión de obispos o de otros eclesiásticos para tratar algún asunto. SIN. Concilio.

sinonimia *s. f.* Hecho de ser sinónimas palabras o expresiones. ANT. Antonimia.

sinonímico, ca *adj.* De la sinonimia o de los sinónimos.

sinónimo, ma *adj. y s. m.* Se dice de las palabras o expresiones que tienen el mismo significado, como por ejemplo, *lindo* y *bonito.* ANT. Antónimo.

sinopsis *s. f.* Resumen, esquema.

sinóptico, ca *adj.* Hecho en forma de sinopsis: *cuadro sinóptico.*

sinovia *s. f.* Líquido transparente y viscoso que actúa como lubricante de las articulaciones de los huesos.

sinovial *adj.* De la sinovia o relacionado con ella: *líquido sinovial.*

sinrazón *s. f.* Acción injusta o que no es razonable.

sinsabor *s. m.* Disgusto, pena. SIN. Desgracia. ANT. Satisfacción.

sinsentido *s. m.* Cosa absurda, que no tiene sentido.

sintáctico, ca *adj.* De la sintaxis o relacionado con ella.

sintagma *s. m.* En gramática, palabra o grupo de palabras que dentro de una oración forman una unidad.

sintasol (marca registrada) *s. m.* Material plástico usado para cubrir suelos.

sintaxis *s. f.* Parte de la gramática que estudia cómo se forman las oraciones y qué función tienen las palabras dentro de ellas.

síntesis *s. f.* **1.** Unión de varias cosas para formar algo. **2.** Resumen. **3.** En química y biología, formación de un compuesto a partir de elementos más simples. || LOC. **en síntesis** En resumen. SIN. 2. Compendio.

sintético, ca *adj.* **1.** De la síntesis o relacionado con ella. **2.** Se dice de los productos industriales elaborados a partir de elementos más simples y que imitan a los naturales: *piel sintética.* SIN. 1. Esquemático. 2. Artificial.

sintetizador, ra *adj.* **1.** Que hace una síntesis de algo. || *s. m.* **2.** Aparato electrónico que reproduce los sonidos de cualquier instrumento musical y es capaz de crear sonidos nuevos.

sintetizar *v.* **1.** Hacer una síntesis para obtener un compuesto químico u otra cosa. **2.** Resumir. SIN. 1. Unir, concentrar. 2. Condensar. ANT. 1. Disgregar. 2. Desarrollar.

sintoísmo *s. m.* Religión tradicional que se practica en Japón.

sintoísta *adj. y s.* Del sintoísmo o que practica esta religión.

síntoma *s. m.* **1.** Cada una de las señales o molestias que tiene una persona cuando empieza a estar enferma. **2.** Señal de que algo está sucediendo o va a suceder. SIN. 2. Indicio, signo.

sintomático, ca *adj.* Del síntoma o que constituye un síntoma de algo.

sintomatología *s. f.* Conjunto de síntomas de una enfermedad.

sintonía *s. f.* **1.** Música con que empieza o termina un programa de radio o televisión. **2.** Hecho de sintonizar un aparato de radio o televisión con una emisora. **3.** Buena relación entre personas que se entienden bien. SIN. 3. Entendimiento, compenetración.

sintonizador, ra *adj.* **1.** Que sintoniza. || *s. m.* **2.** Aparato receptor que permite sintonizar con otro u otros aparatos o sistemas emisores.

sintonizar *v.* **1.** Hacer que un aparato de radio o de televisión reciba las ondas de la emisora para que pueda verse la imagen y escucharse el sonido. **2.** Entenderse bien una persona con otra porque tienen el mismo carácter, los mismos gustos o aficiones. SIN. 2. Compenetrarse, armonizar.

sinuoso, sa *adj.* Se dice de los recorridos con muchas ondulaciones y curvas muy cerradas. SIN. Ondulado, tortuoso. ANT. Recto.

sinusitis *s. f.* Inflamación de la mucosa de unas cavidades de la cara, llamadas *senos,* que comunican con la nariz.

sinvergonzonería *s. f.* Característica de sinvergüenza o acción de un sinvergüenza.

sinvergüenza *adj. y s.* **1.** Se dice del que comete actos ilegales, engaña a otros para sacar algún provecho o se comporta de forma indecente. **2.** En tono cariñoso, pillo, granuja. **3.** Descarado, fresco. SIN. 1. y 3. Caradura. 3. Desvergonzado.

sinvivir *s. m.* Estado de intranquilidad y angustia.

sionismo *s. m.* Movimiento político nacionalista que defendía la creación de un estado judío israelí en Palestina.

sionista *adj. y s.* Partidario del sionismo.

sioux (fr.) *adj. y s.* De un pueblo indio de América del Norte.

siquiera *conj.* **1.** Equivale a *aunque*: *Dáselo, siquiera sea para que se calle.* || *adv.* **2.** Por lo menos, tan solo: *Ayúdale siquiera a colocar los libros.* En oraciones negativas sirve para reforzar la negación y puede llevar delante el adverbio *ni*: *No tiene (ni) siquiera para comer.*

sir (ingl.) *s. m.* Tratamiento que se da a los hombres que tienen el título de caballero en el Reino Unido.

sirena *s. f.* **1.** Ser fantástico mitad mujer y mitad pez. **2.** Aparato que produce un sonido muy fuerte para dar aviso de algo o como señal de alarma.

sirga *s. f.* Cuerda gruesa para arrastrar un barco, tirar de las redes y otros usos.

sirimiri *s. m.* Llovizna muy fina. **SIN.** Chirimiri, calabobos, orvallo.

siringa *s. f.* Instrumento musical de viento compuesto por varios tubos.

sirio, ria *adj.* y *s.* De Siria, país de Asia.

sirla *s. f. fam.* Navaja.

siroco *s. m.* Viento cálido y seco que procede del desierto del Sáhara.

sirope *s. m.* Líquido espeso muy dulce, que se utiliza para endulzar algunos postres o hacer refrescos.

sirviente, ta *s. m.* y *f.* Persona que sirve a otra, sobre todo haciendo las tareas de la casa. **SIN.** Criado, servidor.

sisa *s. f.* **1.** Dinero que una persona sisa a otra. **2.** Corte que se hace en las prendas de vestir, y sobre todo el corte curvado en que va encajada la manga.

sisar *v.* **1.** Quedarse con un poco de dinero de otra persona, por ejemplo, al hacerle la compra. **2.** Hacer las sisas en una prenda de vestir.

sisear *v.* Hacer un sonido parecido a *chsss...* para llamar la atención de alguien o para pedir silencio. **SIN.** Chistar.

sísmico, ca *adj.* De los terremotos: *movimiento sísmico.*

sismo *s. m.* Seísmo.

sismógrafo *s. m.* Aparato que señala la intensidad, duración y otros datos de un seísmo.

sismología *s. f.* Parte de la geología que se ocupa del estudio de seísmos.

sismológico, ca *adj.* De la sismología o relacionado con ella.

sismólogo, ga *s. m.* y *f.* Persona que se dedica profesionalmente a la sismología.

sistema *s. m.* **1.** Conjunto organizado de cosas que realizan una función: *sistema nervioso, sistema educativo.* **2.** Procedimiento

o medio. || **3. sistema internacional** Conjunto de unidades utilizadas internacionalmente para medir distintas magnitudes físicas. **4. sistema métrico** El de pesas y medidas basado en el metro. **5. sistema montañoso** Conjunto de montañas. **6. sistema periódico** Conjunto organizado de todos los elementos químicos. **7. sistema solar** El formado por el Sol y sus planetas, satélites y cometas. || **LOC. por sistema** Haciendo siempre lo mismo, con motivo o sin él. **SIN. 1.** Organización, estructura. **2.** Método.

sistemático, ca *adj.* Que sigue un sistema. **SIN.** Organizado, metódico.

sistematizar *v.* Organizar siguiendo un sistema.

sístole *s. f.* Movimiento por el que los ventrículos y aurículas del corazón se contraen y expulsan la sangre hacia las arterias. **ANT.** Diástole.

sitar *s. m.* Instrumento de cuerda parecido al laúd y con el mango muy largo; es originario de la India.

site (ingl.) *s. m.* En Internet, sitio web.

sitial *s. m.* Asiento de ceremonia.

sitiar *v.* Rodear una ciudad o una fortaleza para atacarla y apoderarse de ella. **SIN.** Asediar, cercar.

sitio¹ *s. m.* **1.** Espacio que está o puede ser ocupado. **2.** Lugar, zona, parte. **3.** Conjunto de páginas web conectadas entre sí que se pueden ver permanentemente en Internet. || **LOC. dejar** a uno **en el sitio** Dejarlo muerto en el acto. **quedarse** uno **en el sitio** Morirse en el acto. **SIN. 2.** Rincón.

sitio² *s. m.* Acción de sitiar un lugar. **SIN.** Asedio, cerco.

sito, ta *adj.* Situado, localizado. **SIN.** Ubicado.

situación *s. f.* **1.** Hecho de estar en un lugar. **2.** Circunstancia, condición, estado. **SIN. 1.** Ubicación, localización.

situado, da 1. *p.* de **situar.** || *adj.* **2.** Que está en un sitio. **3.** Que tiene una buena situación económica. **SIN. 2.** Sito, localizado, ubicado. **3.** Acomodado.

situar *v.* **1.** Poner en un lugar o situación. || **situarse 2.** Conseguir una buena posición económica o social. **SIN. 1.** Colocar, instalar. **2.** Prosperar. **ANT. 2.** Fracasar.

skai o **skay** (marca registrada; *skay* es ingl.) *s. m.* Escay.

skate (ingl.) *s. m.* Monopatín y, también, deporte que se practica con él.

skateboard (ingl.) *s. m.* Monopatín.

sketch (ingl.) *s. m.* Escena breve y divertida que aparece dentro de un espectáculo más amplio.

ski (fr.) *s. m.* Esquí.

skin, *skin head* o *skinhead* (ingl.) *s. m.* y *f.* Cabeza rapada. Ver **rapado**.

slalom *s. m.* Eslalon.

slip (fr.) *s. m.* Calzoncillo pequeño y ajustado.

slogan (ingl.) *s. m.* Eslogan.

smog (ingl.) *s. m.* Nube de aire contaminado que·se forma sobre las grandes ciudades.

smoking (ingl.) *s. m.* Esmoquin.

SMS (siglas del ingl. *Short Message Service*, servicio de mensajes cortos) *s. m.* **1.** Sistema usado para enviar y recibir mensajes de texto a través de un teléfono móvil. **2.** Mensaje de texto enviado a través de este sistema.

snack (ingl.) *s. m.* Alimento que se toma como aperitivo o tentempié.

snack-bar (ingl.) *s. m.* Bar en el que se sirven también comidas rápidas.

snob (ingl.) *adj.* Esnob.

snowboard (ingl.) *s. m.* Deporte que consiste en deslizarse por la nieve sobre una tabla.

so¹ *s. m. fam.* Se pone delante de un insulto para darle más fuerza: *¡So animal!*

so² *prep.* Bajo, debajo de. Hoy día se usa solo en las expresiones **so pretexto de**, 'con la excusa de', y **so pena de**, 'bajo la pena de' o 'a no ser que'.

so³ *interj.* Palabra que se dice a una caballería para que se pare.

soasar *v.* Asar ligeramente un alimento.

soba *s. f.* **1.** Acción de sobar. **2.** *fam.* Paliza, derrota.

sobaco *s. m.* Axila.

sobado, da 1. *p.* de **sobar**. También *adj.* ‖ *adj.* **2.** Muy usado. ‖ *s. m.* **3.** Bollo o torta hechos con aceite o manteca. **SIN. 2.** Ajado.

sobao *s. m.* Tipo de bizcocho hecho con manteca y cortado en porciones.

sobaquera *s. f.* **1.** Pieza con que se refuerza o se hace impermeable una prenda de vestir por la parte del sobaco. **2.** Abertura que se deja en algunas prendas de vestir en la parte del sobaco.

sobaquina *s. f.* Sudor de los sobacos que tiene un olor desagradable.

sobar *v.* **1.** Tocar o apretar mucho una cosa ablandándola o ensuciándola. **2.** Tocar o acariciar mucho a una persona. **3.** Golpear a alguien. **4.** *fam.* Dormir. **SIN. 1.** y **2.** Manosear, toquetear. **3.** Sacudir.

sobe o **sobeo** *s. m. fam.* Soba, acción de sobar.

soberanía *s. f.* **1.** Poder para gobernar un territorio. **2.** Hecho de ser independiente de otros países. **SIN. 2.** Independencia. **ANT. 2.** Dependencia.

soberano, na *adj.* **1.** Que tiene la máxima autoridad o poder en un país. **2.** Se dice del país que no está sometido a otro: *Estado soberano.* **3.** Grande, enorme. ‖ *s. m.* y *f.* **4.** Rey o reina. **SIN. 2.** Independiente. **3.** Soberbio. **4.** Monarca. **ANT. 1.** Súbdito. **2.** Dependiente.

soberbia *s. f.* Orgullo excesivo. **SIN.** Arrogancia, altivez. **ANT.** Humildad.

soberbio, bia *adj.* y *s.* **1.** Que se cree mejor que los demás. ‖ *adj.* **2.** Muy grande, enorme. **3.** Grandioso, magnífico. **SIN. 1.** Orgulloso, arrogante, altivo. **2.** Soberano. **ANT. 1.** Humilde. **2.** Ridículo. **3.** Insignificante.

sobetear *v. fam.* Tocar o apretar mucho una cosa. **SIN.** Manosear, toquetear.

sobo *s. m.* Soba.

sobón, na *adj.* y *s. fam.* Que soba o manosea mucho.

sobornar *v.* Dar a alguien dinero u otra cosa para que cometa algo injusto o ilegal.

soborno *s. m.* Acto de sobornar y dinero u otra cosa con que se soborna.

sobra *s. f.* Lo que queda después de utilizar o consumir algo, sobre todo alimentos. ‖ **LOC. de sobra** Mucho, más de lo necesario. **SIN.** Desperdicio, desecho.

sobradamente *adj.* De sobra.

sobrado, da 1. *p.* de **sobrar**. ‖ *adj.* **2.** Más de lo necesario. **3.** Que tiene mucho dinero o muchos bienes. ‖ *s. m.* **4.** Desván, buhardilla. **SIN. 2.** Suficiente. **3.** Desahogado. **4.** Altillo. **ANT. 2.** y **3.** Escaso.

sobrante *adj.* Que sobra.

sobrar *v.* **1.** Quedar algo después de usar o consumir lo necesario. **2.** Haber o tener de una cosa más de lo necesario. **3.** No ser necesario o estar donde no debe. **SIN. 2.** Abundar. **ANT. 1.** a **3.** Faltar.

sobrasada *s. f.* Embutido típico de las islas Baleares, hecho con carne de cerdo muy triturada, sal, pimienta y pimentón.

sobre¹ *s. m.* **1.** Papel doblado y pegado formando una bolsa plana y rectangular, en la que meten cartas, tarjetas y otros papeles para enviarlos por correo o para guardarlos. **2.** Envoltorio parecido para meter otras cosas: *un sobre de azúcar.* **3.** *fam.* Cama.

sobre² *prep.* Significa 'encima de' o 'por encima de': *El gato está sobre la silla. Tiene a varios jefes sobre él;* 'control' o 'vigilancia':

Hay que estar sobre ella para que estudie; 'acerca de': *Hablaron sobre la antigua Roma*; 'más o menos', 'aproximadamente': *Vendrá sobre las nueve*; 'hacia', 'contra': *El enemigo marchó sobre la ciudad*; 'después de': *Llegó con diez minutos de retraso sobre la hora prevista*; indica que una cosa actúa o produce un efecto en otra: *El medicamento actúa directamente sobre el virus*.

sobreabundancia *s. f.* Enorme cantidad de una cosa.

sobrealimentación *s. f.* Acción de sobrealimentar.

sobrealimentar *v.* Alimentar en exceso.

sobrecarga *s. f.* **1.** Demasiada carga. **2.** Acción de sobrecargar.

sobrecargar *v.* **1.** Cargar algo demasiado. **2.** Saturar, ocupar o usar tanto que ya no se puede más: *sobrecargarse las líneas telefónicas.* **SIN. 2.** Recargar. **ANT. 1.** Aligerar.

sobrecargo *s. m.* En algunos barcos y aviones, miembro de la tripulación encargado de las mercancías o de atender a los pasajeros.

sobrecogedor, ra *adj.* Que sobrecoge.

sobrecoger *v.* Asustar, impresionar. **SIN.** Amedrentar. **ANT.** Tranquilizar.

sobrecubierta *s. f.* Segunda cubierta que se pone sobre una cosa para protegerla, especialmente la que se pone sobre las tapas de los libros.

sobredimensionar *v.* Hacer que algo tenga más importancia de la que debería tener. **SIN.** Exagerar, magnificar. **ANT.** Minimizar.

sobredosis *s. f.* Dosis muy fuerte de un medicamento o de una droga, que puede llegar a producir la muerte.

sobreentender *v.* Sobrentender.

sobreestimar *v.* Sobrestimar.

sobreexcitar *v.* Aumentar en exceso la actividad de un organismo vivo.

sobreexplotación *s. f.* Explotación excesiva de algo, sobre todo de los recursos naturales.

sobrefalda *s. f.* Falda que se coloca sobre otra como adorno.

sobrehilar *v.* Dar puntadas en los bordes de una tela para que no se deshilache.

sobrehumano, na *adj.* Que supera lo que se considera propio de un ser humano: *un esfuerzo sobrehumano, fuerza sobrehumana.*

sobreimpresión *s. f.* Impresión de algo sobre un texto o una ilustración.

sobrellevar *v.* Soportar, aguantar. **SIN.** Tolerar, sufrir.

sobremanera *adv.* Muchísimo.

sobremesa *s. f.* Tiempo después de la comida, en el que se suele estar aún en la mesa charlando, tomando café, etc.

sobrenadar *v.* Flotar sobre la superficie de un líquido. **SIN.** Nadar. **ANT.** Sumergirse.

sobrenatural *adj.* **1.** Que no se puede explicar según las leyes de la naturaleza: *fenómenos sobrenaturales.* **2.** Relacionado con los dioses, las religiones y con la vida después de la muerte: *el mundo sobrenatural.* **SIN. 2.** Divino, celestial. **ANT. 1.** Natural. **2.** Terrenal.

sobrenombre *s. m.* Apodo.

sobrentender *v.* Entender algo que no está expresado con claridad, pero que puede deducirse de lo dicho. □ Es v. irreg. Se conjuga como *tender.* **SIN.** Intuir, adivinar, suponer.

sobrepasar *v.* **1.** Pasar de un límite, una cantidad o una medida. **2.** Aventajar.

sobrepeso *s. m.* Exceso de peso.

sobreponerse *v.* Recuperarse de una fuerte impresión, de una desgracia, etc. □ Es v. irreg. Se conjuga como *poner.* **SIN.** Recobrarse, superar.

sobreprecio *s. m.* Cantidad que se paga además del precio normal.

sobrero *adj.* y *s. m.* Toro que se tiene guardado para torearlo por si no sirve alguno de los destinados a una corrida.

sobresaliente *adj.* **1.** Que destaca mucho. || *s. m.* **2.** En los exámenes, la mejor calificación después de la matrícula de honor. **ANT. 1.** Mediocre.

sobresalir *v.* **1.** Ser más alto o estar más hacia afuera. **2.** Distinguirse por ser mejor. □ Es v. irreg. Se conjuga como *salir.* **SIN. 1.** Salir. **1.** y **2.** Destacar, resaltar, descollar. **ANT. 1.** Entrar.

sobresaltar *v.* Asustar. **SIN.** Alarmar, impresionar. **ANT.** Calmar.

sobresalto *s. m.* Susto, sorpresa o temor por algo que sucede de repente. **SIN.** Impresión, alarma.

sobresdrújulo, la *adj.* y *s. f.* Se dice de la palabra acentuada en la sílaba anterior a la antepenúltima, por ejemplo, *resuélvemelo.*

sobreseer *v.* Suspender un tribunal un proceso legal, por falta de pruebas o por no haber motivo para continuarlo. □ Es v. irreg. Se conjuga como *leer.*

sobreseimiento *s. m.* Acción de sobreseer.

sobrestimar *v.* Pensar que alguien o algo es mejor de lo que es en realidad. **SIN.** Sobrevalorar. **ANT.** Subestimar, infravalorar.

sobresueldo *s. m.* Dinero que se gana además del sueldo normal. **SIN.** Plus, extra.

sobretodo *s. m.* Prenda amplia y larga que se lleva sobre el traje para protegerlo o para abrigarse.

sobrevalorar *v.* Dar más valor a alguien o algo del que tiene en realidad. **SIN.** Sobrestimar. **ANT.** Infravalorar, subestimar.

sobrevenir *v.* Suceder, sobre todo si es de repente. □ Es v. irreg. Se conjuga como *venir.* **SIN.** Ocurrir, acontecer.

sobrevivir *v.* **1.** Seguir viviendo después de la muerte de otro. **2.** Conseguir salir vivo de un peligro. **3.** Vivir con escasos recursos o en condiciones precarias. **4.** Perdurar en el tiempo algo. **SIN. 3.** y **4.** Subsistir. **ANT. 1.** y **2.** Fallecer.

sobrevolar *v.* Volar por encima. □ Es v. irreg. Se conjuga como *contar.*

sobrexceder *v.* Exceder, superar.

sobriedad *s. f.* Característica de sobrio.

sobrino, na *s. m. y f.* Hijo o hija del hermano o la hermana de uno.

sobrio, bria *adj.* **1.** Que come y bebe poco o se comporta sin excesos. **2.** Que no es excesivo, llamativo o complicado. **3.** Que no está borracho. **SIN. 1.** Frugal. **1.** y **2.** Austero. **3.** Sereno. **ANT. 1.** y **2.** Desmedido. **2.** Recargado, chillón. **3.** Ebrio.

socaire *s. m.* Resguardo que proporciona una cosa en el lado opuesto al viento. ‖ **LOC. al socaire** Utilizando a alguien o algo como ayuda, apoyo o excusa.

socarrón, na *adj. y s.* Que se burla de algo haciendo que parezca que habla en serio. **SIN.** Burlón.

socarronería *s. f.* Característica de socarrón. **SIN.** Burla.

socavar *v.* **1.** Cavar por debajo alguna cosa, dejándola sin apoyo y en peligro de hundirse. **2.** Debilitar, minar. **ANT. 1.** y **2.** Consolidar. **2.** Fortalecer.

socavón *s. m.* Hoyo grande que se hace al hundirse el suelo.

soccer (ingl.) *s. m.* Nombre que se da en los Estados Unidos al fútbol europeo.

sociabilidad *s. f.* Facilidad para relacionarse con los demás.

sociable *adj.* Se dice de la persona a la que le gusta tratar con la gente y hacer amigos. **SIN.** Comunicativo, abierto. **ANT.** Insociable.

social *adj.* **1.** De la sociedad o relacionado con ella. **2.** Se dice de los animales que forman grupos organizados, como las hormigas y las abejas.

socialdemocracia *s. f.* Doctrinas y partidos políticos socialistas que consideran que la transformación de la sociedad tiene que rea-

lizarse progresivamente en una democracia parlamentaria.

socialdemócrata *adj. y s.* De la socialdemocracia o partidario de ella.

socialismo *s. m.* Teorías y movimientos políticos y económicos que surgieron para defender a los trabajadores y que sostienen que el Estado debe dirigir la economía para conseguir una mayor igualdad entre los ciudadanos.

socialista *adj. y s.* Del socialismo o partidario de él.

socializar *v.* Hacer que una propiedad particular pase a pertenecer al Estado.

sociata *adj. y s. fam. y desp.* Socialista.

sociedad *s. f.* **1.** Conjunto de personas que viven en un lugar o en una época y forman una comunidad. **2.** Conjunto de personas que se unen para colaborar en la misma actividad y tratar de conseguir los mismos fines. **3.** Empresa, compañía. **4.** Conjunto de animales que viven en un grupo en el que cada uno cumple una función. ‖ **5. alta sociedad** Grupo formado por las personas ricas y elegantes, sobre todo las que son nobles o famosas. **6. sociedad anónima** Sociedad mercantil que tiene el capital dividido en acciones cuyo importe es entregado por los socios que las suscriben. **7. sociedad limitada** Sociedad mercantil formada por un número reducido de socios que no responden personalmente de las deudas sociales, y cuyo capital se divide en participaciones de igual valor. **SIN. 1.** Colectividad. **2.** Asociación.

socio, cia *s. m. y f.* **1.** Persona que pertenece a una sociedad o asociación. **2.** Persona que se une a otras para algún fin, sobre todo para formar un negocio o una empresa. **3.** *fam.* Amigo, compañero. **SIN. 1.** Asociado, miembro. **3.** Colega, camarada.

sociocultural *adj.* De los aspectos sociales y culturales de una comunidad.

socioeconómico, ca *adj.* De los aspectos sociales y económicos de una comunidad.

sociología *s. f.* Ciencia que estudia las sociedades humanas.

sociológico, ca *adj.* De la sociología.

sociólogo, ga *s. m. y f.* Persona que se dedica a la sociología.

socorrer *v.* Ayudar a alguien que está en peligro o en una mala situación. **SIN.** Auxiliar, salvar. **ANT.** Desamparar.

socorrido, da **1.** *p.* de **socorrer**. También *adj.* ‖ *adj.* **2.** Que sirve para solucionar fácilmente un problema o una dificultad.

socorrismo s. m. Actividades y conocimientos para prestar ayuda a personas accidentadas o en peligro.

socorrista s. m. y f. Persona que practica el socorrismo.

socorro s. m. **1.** Hecho de socorrer. **2.** Aquello con que se socorre, como medicinas, alimentos o dinero. ‖ *interj.* **3.** Se emplea para pedir ayuda. **SIN.** 1. a 3. Auxilio.

soda s. f. Bebida compuesta de agua con gas. **SIN.** Sifón.

sodio s. m. Elemento químico metálico, blando y de color plateado que, junto con el cloro, forma la sal común.

soez adj. Grosero, vulgar, de mal gusto. **SIN.** Chabacano. **ANT.** Refinado.

sofá s. m. **1.** Asiento blando y cómodo, con respaldo y brazos, para dos o más personas. ‖ **2. sofá cama** Sofá que puede convertirse en una cama.

sofisticado, da adj. **1.** Muy arreglado o preparado para que resulte elegante: *un peinado sofisticado*. **2.** Muy complicado y perfecto: *un sofisticado mecanismo*. **SIN.** 1. Refinado, exquisito. **ANT.** 1. Vulgar. 1. y 2. Sencillo.

soflama s. f. Discurso muy apasionado con que se intenta arrastrar a la gente para que haga algo.

sofocante adj. Asfixiante, agobiante.

sofocar v. **1.** Causar o sentir ahogo. **2.** Extinguir: *sofocar un incendio*. **3.** Poner o ponerse rojo de vergüenza. ‖ **sofocarse 4.** Enfadarse o disgustarse mucho. **SIN.** 1. Asfixiar; agobiar. 2. Apagar; aplastar. 3. Abochornar, sonrojar. **ANT.** 2. Avivar.

sofoco s. m. **1.** Asfixia, sensación de ahogo. **2.** Hecho de ponerse uno rojo y parecer que le arde la piel, por ejemplo, por la vergüenza o por el calor. **3.** Disgusto grande. **SIN.** 2. Bochorno. 3. Sofocón, enojo. **ANT.** 1. Alivio. 3. Alegría.

sofocón o **sofoquina** s. m. o f. *fam.* Disgusto muy grande. **SIN.** Sofoco.

sofreír v. Freír un poco. ◻ Es v. irreg. Se conjuga como *reír*. Tiene dos participios: uno reg., *sofreído*, y otro irreg., *sofrito*, mucho más frecuente. **SIN.** Pochar, rehogar.

sofrito s. m. Condimento hecho de varios ingredientes, sobre todo tomate y cebolla, que se sofríen en aceite.

software (ingl.) s. m. Conjunto de programas que se instalan en un ordenador.

soga s. f. Cuerda gruesa de esparto. ‖ **LOC. con la soga al cuello** En muy mala situación, con muchos apuros. **SIN.** Maroma.

soja s. f. Planta procedente de Asia que tiene un fruto parecido a la judía con unas semillas de las que se saca un aceite.

sojuzgar v. Someter, dominar por la fuerza. **SIN.** Oprimir. **ANT.** Liberar.

sol[1] s. m. **1.** La estrella que se ve en el cielo durante el día y que nos da luz y calor. Alrededor de ella giran la Tierra y los otros planetas y satélites del sistema solar. **2.** Cualquier otra estrella parecida, con planetas girando a su alrededor. **3.** Luz y calor que llega del Sol: *hacer sol*. **4.** Lugar en el que da la luz del Sol. **5.** Moneda de Perú. **6.** *fam.* Persona muy buena o agradable. ‖ **LOC. de sol a sol** Todo el día, desde el amanecer hasta la noche. **no dejar** a alguien **ni a sol ni a sombra** Acompañarle o perseguirle continuamente.

sol[2] s. m. Quinta nota de la escala musical.

solador s. m. Albañil que trabaja colocando ladrillos, baldosas o losetas en el suelo.

solamente adv. Se usa para referirse a una persona, cosa o acción y nada más que a esa. **SIN.** Únicamente, solo.

solana o **solanera** s. f. **1.** Mucho sol. **2.** Sitio donde da mucho el sol.

solano s. m. Viento muy cálido que sopla generalmente del este.

solapa s. f. **1.** Pieza doblada que algunas chaquetas, abrigos u otras prendas tienen en la parte del pecho. **2.** Parte del sobre que se dobla y se pega para cerrarlo. **3.** Parte de los lados de la cubierta o la sobrecubierta de algunos libros que se dobla hacia dentro.

solapado, da 1. p. de **solapar**. También adj. ‖ adj. **2.** Que oculta sus pensamientos o propósitos con la intención de engañar. **SIN.** 2. Disimulado. **ANT.** 2. Franco.

solapar v. Tapar una cosa a otra del todo o solo en parte, como las tejas de los tejados. **SIN.** Montar, superponer.

solar[1] v. Cubrir el suelo con ladrillos, baldosas, losetas. ◻ Es v. irreg. Se conjuga como *contar*.

solar[2] s. m. **1.** Terreno vacío sobre el que se puede construir. **2.** Casa más antigua y noble de una familia.

solar[3] adj. Del Sol o relacionado con él: *sistema solar*.

solariego, ga adj. **1.** Se dice de una casa noble o de lo relacionado con ella. **2.** Noble y antiguo.

solárium o **solario** s. m. Lugar destinado a tomar el sol.

solaz s. m. Placer, diversión. **SIN.** Agrado, distracción. **ANT.** Aburrimiento.

solazar v. Agradar, divertir. **SIN.** Distraer, entretener. **ANT.** Aburrir.

soldadesco, ca adj. Relacionado con los soldados.

soldado s. m. y f. **1.** Persona que sirve con el grado más bajo en el Ejército. **2.** Cualquier militar.

soldador, ra s. m. y f. **1.** Operario que trabaja soldando. || s. m. **2.** Instrumento que sirve para soldar.

soldadura s. f. **1.** Acción de soldar y parte en que se unen las dos cosas soldadas. **2.** Material que se usa para unir las cosas que se sueldan, como por ejemplo, el estaño.

soldar v. Unir muy fuerte dos o más cosas fundiendo sus bordes o fundiendo sobre estos otro material igual o parecido. □ Es v. irreg. Se conjuga como contar.

soleá s. f. Cante y baile flamencos.

soleado, da adj. Que tiene o le da sol.

solecismo s. m. Falta que se comete cuando se emplea una frase mal construida o una palabra o expresión incorrecta.

soledad s. f. **1.** Hecho de estar solo. **2.** El estar vacío o no habitado un lugar. **SIN. 1.** Aislamiento. **ANT. 1.** Compañía.

solemne adj. **1.** Se dice de los actos celebrados públicamente con gran seriedad o muchas ceremonias. **2.** Serio, firme. **3.** Majestuoso, impresionante. **SIN. 1.** Ceremonioso. **1.** y **2.** Grave, digno. **3.** Imponente. **ANT. 1.** y **2.** Informal. **3.** Insignificante.

solemnidad s. f. **1.** Característica de solemne. **2.** Acto solemne. **3.** Festividad religiosa.

sóleo s. m. Músculo de la pantorrilla que sirve para subir el talón y extender el pie.

soler v. Hacer con frecuencia o ser frecuente lo que se indica. □ Es v. irreg. y defect. Se conjuga como mover, pero solo se usa en presente y en pretérito imperfecto de indicativo y de subjuntivo, además del infinitivo y del gerundio. **SIN.** Acostumbrar.

solera s. f. **1.** Cualidad que el paso del tiempo va dando a alguien o algo. **2.** Vejez o antigüedad del vino.

soletilla s. f. Bizcocho estrecho y largo.

solfa s. f. **1.** Solfeo. **2.** fam. Paliza, soba. || **LOC. poner en solfa** una cosa Ridiculizarla o ponerla en duda.

solfear v. Cantar marcando el compás y pronunciando los nombres de las notas.

solfeo s. m. Conocimientos para leer un texto musical y estudios de música para aprenderlos.

solicitante adj. y s. Que solicita.

solicitar v. **1.** Pedir alguna cosa con respeto o siguiendo los trámites necesarios. **2.** Intentar conseguir la presencia, la atención o los servicios de alguien. **SIN. 1.** Demandar, rogar. **1.** y **2.** Requerir. **ANT. 1.** y **2.** Rechazar, rehusar.

solícito, ta adj. Amable, que se esfuerza por atender bien a alguien. **SIN.** Servicial, atento. **ANT.** Descortés.

solicitud s. f. **1.** Amabilidad, entrega. **2.** Acción de solicitar o pedir. **3.** Escrito en que se pide algo. **SIN. 1.** Cortesía, atención. **2.** Petición, demanda. **3.** Instancia. **ANT. 1.** Frialdad.

solidaridad s. f. Hecho de ayudar a otro o apoyarle en sus problemas, actividades o ideas. **SIN.** Compañerismo, apoyo. **ANT.** Egoísmo.

solidario, ria adj. Que actúa con solidaridad o la demuestra. **SIN.** Fraternal, amistoso. **ANT.** Insolidario.

solidarizarse v. Comprender los problemas, actividades o ideas de alguien y apoyarlo. **SIN.** Unirse, respaldar. **ANT.** Rechazar.

solideo s. m. Casquete de tela que llevan algunos eclesiásticos.

solidez s. f. Dureza, firmeza. **SIN.** Resistencia. **ANT.** Debilidad.

solidificación s. f. Acción de solidificar o solidificarse.

solidificar v. Hacer que algo líquido se vuelva sólido. **ANT.** Licuar.

sólido, da adj. y s. m. **1.** Se dice del estado de la materia que está dura, y también de lo que está en ese estado. || adj. **2.** Firme, seguro, resistente. || s. m. **3.** Cuerpo geométrico. **SIN. 2.** Fuerte; estable; consolidado. **ANT. 1.** Líquido; gaseoso. **2.** Frágil.

soliloquio s. m. Monólogo.

solio s. m. Trono con un dosel o techo donde se sientan el papa y los reyes.

solista s. m. y f. **1.** Persona que interpreta un solo de una pieza musical. **2.** Cantante de un grupo musical.

solitaria s. f. Tenia.

solitario, ria adj. **1.** Desierto, deshabitado, poco transitado. || adj. y s. **2.** Se dice del que vive solo y de su forma de vivir. **3.** No acompañado. || s. m. **4.** Un único brillante montado en una joya. **5.** Juego de cartas para una sola persona. **SIN. 1.** Despoblado. **2.** Huraño. **ANT. 1.** Poblado, frecuentado. **2.** Sociable.

soliviantar v. **1.** Animar a la rebelión. **2.** Poner muy nervioso o enfadado. **SIN. 1.** Amotinar. **1.** Sublevar. **2.** Alterar, exasperar. **ANT. 1.** y **2.** Calmar.

sollado *s. m.* Cubierta del interior de un barco, donde están los alojamientos, camarotes y almacenes.

sollozar *v.* Llorar con sollozos. **SIN.** Gemir.

sollozo *s. m.* Respiración corta con temblor o sacudidas del cuerpo que se hace a veces al llorar. **SIN.** Gemido.

solo, la *adj.* **1.** Sin otras personas o cosas. **2.** Que no tiene familia ni amigos o que no tiene nadie que le ayude. **3.** Sin gente, vacío. **4.** Único: *una sola vez.* || *adv.* **5.** Solamente: *Solo quiero pasear.* || *adj.* y *s. m.* **6.** Café servido sin leche. || *s. m.* **7.** Pieza musical interpretada solamente por una voz o un instrumento. || **LOC. a solas** Sin compañía. **más solo que la una** Muy solo. **SIN.** 1. y 3. Solitario. **3.** Desierto. **ANT.** 1. Acompañado. 3. Lleno.

solomillo *s. m.* Carne de vaca, de cerdo o de otros animales que está entre las costillas y el lomo.

solsticio *s. m.* Nombre de dos momentos del año. El *solsticio de verano*, que en el hemisferio norte tiene lugar el 21 o 22 de junio, señala el comienzo del verano y tiene el día más largo del año; en cambio, el *solsticio de invierno*, que ocurre el 21 o 22 de diciembre, tiene la noche más larga del año y marca el principio del invierno. En el hemisferio sur las fechas son justo al revés.

soltar *v.* **1.** Hacer que lo que estaba atado, sujeto o unido deje de estarlo o quede más flojo. **2.** Dejar libre. **3.** Echar fuera, despedir: *¡Qué mal olor suelta este pescado!* **4.** Dar: *soltar un puñetazo.* **5.** Contar o decir: *soltar un discurso.* **6.** Hablando del vientre, provocar diarrea. || **soltarse 7.** Comenzar a hacer algunas cosas, como por ejemplo, hablar o andar. **8.** Perder alguien la timidez. □ Es v. irreg. Se conjuga como *contar.* **SIN.** 1. Desatar; aflojar. 2. Liberar. 3. Expulsar. 4. Pegar, asestar, propinar. 5. Largar. 7. Romper, empezar. **ANT.** 1. Fijar; apretar. 2. Encarcelar.

soltería *s. f.* Estado de las personas solteras.

soltero, ra *adj.* y *s.* Que no se ha casado.

solterón, na *adj.* y *s. desp.* Persona bastante mayor que continúa soltera.

soltura *s. f.* Desenvoltura, habilidad que se consigue con la práctica. **SIN.** Destreza, facilidad. **ANT.** Torpeza.

solubilidad *s. f.* **1.** Característica de soluble. **2.** Cantidad de soluto que puede disolverse en una cantidad de disolvente para formar una disolución saturada.

soluble *adj.* **1.** Que se puede disolver. **2.** Que se puede solucionar o resolver. **ANT.** 1. y 2. Insoluble.

solución *s. f.* **1.** Acción de solucionar algo y modo de hacerlo. **2.** Resultado de una operación o un problema de matemáticas. **3.** Mezcla que se obtiene al disolver una o más sustancias, llamadas *solutos*, en el disolvente, que suele ser un líquido. **SIN.** 1. Remedio. 3. Disolución.

solucionar *v.* Conseguir terminar con una duda, un problema o una dificultad. **SIN.** Resolver, remediar. **ANT.** Empeorar.

soluto *s. m.* El componente de una disolución que está en menor proporción.

solvencia *s. f.* Característica de solvente.

solventar *v.* **1.** Solucionar, resolver. **2.** Pagar una deuda. **SIN.** 1. Arreglar, remediar. 2. Liquidar. **ANT.** 1. Empeorar. 2. Deber.

solvente *adj.* Que puede pagar sus deudas. **ANT.** Insolvente.

somalí *adj.* y *s.* **1.** De Somalia, país de África. || *s. m.* **2.** Lengua que se habla en este país.

somanta *s. f. fam.* Paliza, tunda.

somático, ca *adj.* Del cuerpo, el organismo, o relacionado con él.

sombra *s. f.* **1.** Falta de luz producida al ponerse algo delante de lo que da esta luz. **2.** Lugar donde hay esta falta de luz. **3.** Figura oscura que forma un cuerpo en una superficie al estar colocado entre la luz y esta superficie. **4.** Producto para dar color a los párpados de los ojos. Se llama también *sombra de ojos.* **5.** Señal o muestra muy pequeña de algo: *Ya no es ni sombra de lo que era.* **6.** *fam.* Clandestinidad: *Esa organización trabajaba en la sombra.* **7.** *fam.* Persona que sigue a otra por todas partes. || **8. mala sombra** Mala suerte; también, mala idea. **9. sombras chinescas** Espectáculo que consiste en hacer sobre una pantalla sombras de figuras, animales y otras cosas con las manos y con otras partes del cuerpo. || **LOC. hacer sombra** a alguien No dejarle destacar otra persona que le supera. **SIN.** 3. Silueta. 5. Indicio; pizca. **ANT.** 2. Sol.

sombrajo *s. m.* Cubierta hecha con ramas, mimbres y otras cosas para que dé sombra.

sombreado, da 1. *p. de* sombrear. También *adj.* || *adj.* **2.** Que tiene sombra o está a la sombra. **SIN.** 2. Sombrío. **ANT.** 2. Soleado.

sombrear *v.* Dar color más oscuro a algunas partes de un dibujo para imitar las partes que están en sombra.

sombrerera *s. f.* Caja para guardar o llevar sombreros.

sombrerería *s. f.* Tienda donde se hacen o se venden sombreros.

sombrerete *s. m.* **1.** Pieza que tapa o protege algunas cosas. **2.** Sombrerillo de las setas. **SIN.** 2. Sombrero.

sombrerillo *s. m.* Parte de arriba de las setas. **SIN.** Sombrerete, sombrero.

sombrero *s. m.* **1.** Prenda de vestir que se pone en la cabeza para abrigarla o como adorno. **2.** Parte de arriba de las setas. ‖ **3. sombrero cordobés** El típico del traje andaluz, de ala ancha y plana y la copa baja, casi cilíndrica. **4. sombrero de copa** El de ala estrecha y la copa alta, que se usa en algunas ceremonias. **5. sombrero hongo** Bombín.

sombrilla *s. f.* Especie de paraguas para protegerse del sol. **SIN.** Quitasol, parasol.

sombrío, a *adj.* **1.** Oscuro, que tiene muy poca luz. **2.** Triste, melancólico. **SIN.** 1. Sombreado. **1. y 2.** Lúgubre. **2.** Taciturno. **ANT. 1.** Soleado. **2.** Alegre.

somero, ra *adj.* Breve y sin demasiados detalles. **SIN.** Superficial, ligero. **ANT.** Detallado.

someter *v.* **1.** Lograr por la fuerza que alguien obedezca y haga lo que se le dice. **2.** Dejar una cosa a alguien para que opine sobre ella o haga lo que tenga que hacer: *someter a examen.* **3.** Poner a una persona o cosa de forma que reciba la acción de algo. **SIN. 1.** Dominar. **3.** Exponer. **ANT. 1.** Liberar.

sometimiento *s. m.* Acción de someter. **SIN.** Dominación; rendición. **ANT.** Rebeldía.

somier *s. m.* Soporte con muelles u otro sistema sobre el que se pone el colchón.

sommelier (fr.) *s. m. y f.* Sumiller.

somnífero, ra *adj. y s. m.* Se dice de la sustancia que produce sueño. **SIN.** Narcótico.

somnolencia *s. f.* Sensación de sueño: *Algunos medicamentos producen somnolencia.* **SIN.** Soñolencia, modorra.

somnoliento, ta *adj.* Que tiene sueño. **SIN.** Soñoliento.

somormujo *s. m.* Ave acuática de cuello alargado, pico puntiagudo y un penacho de plumas en la cabeza. Habita en las plataformas flotantes de lagos, pantanos y embalses de todos los continentes.

son *s. m.* Sonido agradable: *el son de la flauta.* ‖ **LOC. en son de** Con intención de: *en son de paz.* **sin ton ni son** Ver **ton**.

sonado, da 1. *p.* de **sonar**. ‖ *adj.* **2.** Célebre, famoso. **3.** *fam.* Tonto o loco. **SIN. 2.** Renombrado. **3.** Pirado.

sonaja *s. f.* **1.** Par de chapas atravesadas por un alambre y sujetas a un soporte que al agitarlo hacen que se muevan y suenen. **2.** Instrumento musical formado por un aro con varias chapas como las anteriores.

sonajero *s. m.* Juguete para los bebés que tiene cascabeles y otras cosas que suenan.

sonambulismo *s. m.* Estado de sonámbulo.

sonámbulo, la *adj. y s.* Se dice de las personas que andan, hablan o hacen otras cosas mientras están durmiendo.

sonar¹ *v.* **1.** Hacer sonido o ruido. **2.** *fam.* Resultar conocido: *Su cara me suena.* **3.** *fam.* Parecer, provocar sospecha: *Esa excusa me suena a mentira.* **4.** Echar con fuerza el aire por la nariz para limpiarla de mocos. □ Es *v.* irreg. Se conjuga como *contar*. **SIN. 1.** Resonar, retumbar. **3.** Oler.

sonar² *s. m.* Aparato parecido al radar, que se usa en navegación para saber si hay algún objeto o nave debajo del agua.

sonata *s. f.* Tipo de composición de música clásica.

sonda *s. f.* **1.** Cuerda muy larga con un peso en un extremo que se utiliza para medir la profundidad de las aguas. **2.** Instrumento para explorar algunas cosas por dentro. **3.** Tubo muy delgado que se introduce en el cuerpo para meter un líquido o para sacarlo. **4.** Globo, cohete u otra cosa que se envía al espacio para explorar la atmósfera.

sondar *v.* **1.** Meter una sonda en el cuerpo. **2.** Medir la profundidad del agua usando una sonda.

sondear *v.* **1.** Examinar una cosa por dentro. **2.** Hacer preguntas a la gente o investigar para enterarse de algo. **SIN. 2.** Sonsacar, indagar, encuestar.

sondeo *s. m.* Acción de sondear. **SIN.** Encuesta.

soneto *s. m.* Poema de catorce versos, formado por dos cuartetos y dos tercetos.

sonido *s. m.* **1.** Sensación que producen en el oído las vibraciones de un cuerpo que se transmiten en el aire en forma de ondas. **2.** Forma de pronunciarse cada letra. **3.** Técnicas y aparatos para grabar y producir voces, música o ruidos.

soniquete *s. m.* Sonido que se repite mucho y resulta molesto. **SIN.** Sonsonete.

sonoridad *s. f.* **1.** Sonido de una cosa. **2.** Fuerza con que se oyen los sonidos.

sonoro, ra *adj.* **1.** Que suena o tiene sonido. **2.** Que suena fuerte o de forma agradable. ‖ *s. m.* **3.** Sistema para producir el sonido en una película de cine.

sonotone (marca registrada) *s. m.* Audífono.

sonreír *v.* **1.** Hacer el gesto de reírse, pero sin producir ningún sonido. **2.** Ser bueno y favorable: *La vida le sonríe.* □ Es *v.* irreg. Se conjuga como *reír*.

sonriente *adj.* Que está sonriendo. **SIN.** Risueño, alegre.

sonrisa *s. f.* El acto y el gesto de sonreír.

sonrojar v. Poner rojo de vergüenza. **SIN.** Ruborizar, avergonzar, abochornar.

sonrojo s. m. Hecho de sonrojarse.

sonrosado, da adj. De color rosado. **ANT.** Pálido.

sonsacar v. Conseguir con habilidad o insistencia que alguien nos dé o nos diga algo.

sonso, sa adj. y s. Zonzo.

sonsonete s. m. Soniquete.

soñación Se usa en la expresión **ni por soñación**, 'de ninguna manera'.

soñador, ra adj. y s. Se dice de la persona a la que le gusta imaginar las cosas más bonitas o mejores de lo que son en realidad. **SIN.** Idealista, romántico. **ANT.** Realista.

soñar v. 1. Imaginar acciones y escenas mientras dormimos. 2. Imaginar las cosas que nos gustaría tener o cómo nos gustaría que fueran. ‖ **LOC. ni soñarlo** Ni hablar, de ninguna manera. ☐ Es v. irreg. Se conjuga como *contar*. **SIN.** 2. Idealizar, fantasear.

soñarrera o **soñera** s. f. fam. Muchas ganas de dormir.

soñolencia s. f. Somnolencia.

soñoliento, ta adj. Somnoliento.

sopa s. f. 1. Caldo con fideos, verduras u otros alimentos. 2. Trozo de pan que se moja en un caldo o en una salsa. ‖ adj. 3. fam. Dormido. ‖ **LOC. a la sopa boba** Sin pagar ni dar nada. **como una sopa** o **hecho una sopa** Muy mojado. **dar sopas con honda** Ser mucho mejor que otro en alguna cosa.

sopapo s. m. fam. Bofetada, torta.

sopera s. f. Recipiente hondo para llevar la sopa a la mesa.

sopero, ra adj. Para tomar o servir sopa: *plato sopero, cuchara sopera.*

sopesar v. 1. Calcular más o menos el peso de una cosa cogiéndola o levantándola. 2. Comparar lo bueno y lo malo de algo.

sopetón Se usa en la expresión **de sopetón**, 'de repente'.

sopicaldo s. m. Sopa o caldo poco espeso.

soplado, da 1. p. de **soplar**. También adj. ‖ s. m. 2. Acción de soplar el vidrio.

soplagaitas adj. y s. fam. Tonto.

soplamocos s. m. fam. Bofetada, torta.

soplar v. 1. Echar aire por la boca poniendo los labios como para pronunciar la *u*. 2. Echar aire con un instrumento. 3. Correr el viento. 4. fam. Decirle a alguien alguna cosa con disimulo. 5. fam. Robar, quitar. 6. fam. Tomar en exceso bebidas alcohólicas. 7. Inyectar aire al vidrio fundido para que se hinche

y así poder darle forma de recipiente. **SIN.** 1. Espirar, bufar. 4. Apuntar. **ANT.** 1. y 2. Aspirar.

soplete s. m. Instrumento que produce una llama muy fuerte y se usa para soldar metal.

soplido s. m. Hecho de soplar por la boca. **SIN.** Soplo.

soplillo s. m. 1. Instrumento para avivar el fuego. ‖ 2. **orejas de soplillo** Las que están bastante separadas de la cabeza.

soplo s. m. 1. Acción de soplar. 2. Muy poco tiempo. 3. fam. Chivatazo. 4. Ruido anormal producido en un órgano, especialmente en el corazón, que se percibe al auscultarlo. **SIN.** 1. Soplido. 2. Instante, segundo, momento. **ANT.** 2. Eternidad.

soplón, na adj. y s. fam. Chivato. **SIN.** Confidente.

soponcio s. m. 1. fam. Desmayo. 2. fam. Ataque de nervios, susto o impresión muy fuerte. **SIN.** 1. y 2. Patatús, síncope.

sopor s. m. Sensación de sueño. **SIN.** Somnolencia, modorra.

soporífero, ra adj. 1. Que da sueño. 2. Muy aburrido. **SIN.** 1. Somnífero.

soportable adj. Que se puede soportar. **SIN.** Llevadero. **ANT.** Insoportable.

soportal s. m. Sitio alrededor de algunas plazas, delante o junto a algunos edificios, que está cubierto y tiene arcos y columnas.

soportar v. 1. Aguantar un peso o carga. 2. Aguantar algo malo. **SIN.** 2. Sufrir, tolerar.

soporte s. m. 1. Lo que sirve para que otra cosa se apoye sobre ella. 2. Persona o cosa muy importante para otras y de gran ayuda para ellas. 3. Material sobre el que se hace alguna cosa. 4. Material o dispositivo capaz de almacenar información. **SIN.** 1. y 2. Base, apoyo, sostén.

soprano s. m. y f. Mujer o niño cantantes de música clásica que tienen la voz más aguda.

sor s. f. Hermana; se usa delante del nombre de algunas monjas para dirigirse a ellas: *sor María.*

sorber v. 1. Beber un líquido aspirándolo, por ejemplo, con una pajita. 2. Aspirar por la nariz para que no se caigan los mocos. **SIN.** 1. Chupar, absorber.

sorbete s. m. Dulce parecido a un helado, pero más líquido.

sorbo s. m. 1. Acción de sorber. 2. Trago, buche.

sordera s. f. Pérdida o falta del sentido del oído.

sordidez s. f. Característica de sórdido.

sórdido, da adj. Muy pobre, sucio y feo. **SIN.** Miserable, mísero. **ANT.** Rico.

sordina *s. f.* Pieza que se coloca en un instrumento musical para disminuir la intensidad del sonido o variar su timbre.

sordo, da *adj.* y *s.* **1.** Que no oye o que oye muy poco. **2.** Muy grave o que casi no se oye: *El libro hizo un ruido sordo al caer.* **SIN. 2.** Callado. **ANT. 2.** Ruidoso.

sordomudo, da *adj.* y *s.* Se dice de la persona que es sorda y muda.

soriano, na *adj.* y *s.* De Soria, ciudad y provincia españolas.

soriasis *s. f.* Enfermedad de la piel que hace que se ponga roja y le salgan escamas. □ Se escribe también *psoriasis*.

sorna *s. f.* Tono de burla con que se dice algo. **SIN.** Ironía, socarronería.

soroche *s. m.* Malestar que se siente en las montañas y los lugares muy altos por ser más baja la presión atmosférica.

sorprendente *adj.* **1.** Que sorprende o causa admiración. **2.** Raro, extraño. **SIN. 1.** Asombroso, admirable.

sorprender *v.* **1.** Producir sorpresa a alguien. **2.** Pillar a alguien de repente. **SIN. 1.** Asombrar, admirar. **2.** Pescar.

sorpresa *s. f.* **1.** Impresión que produce a una persona algo que no esperaba. **2.** Aquello que da motivo para que alguien se sorprenda. **3.** Regalo que tienen dentro algunas cosas, como los roscones de Reyes. **SIN. 1.** Admiración, asombro.

sortear *v.* **1.** Decidir la suerte a quién le va a tocar un premio, qué es lo que se va a hacer, dónde va a ir, etc. **2.** Apartarse o ir por otro sitio para no encontrarse con algo. **3.** Evitar peligros o problemas. **SIN. 1.** Rifar. **2.** Rodear, salvar. **3.** Eludir, rehuir. **ANT. 3.** Enfrentarse.

sorteo *s. m.* Hecho de sortear alguna cosa, como por ejemplo, los premios de la lotería. **SIN.** Rifa.

sortija *s. f.* Anillo que se lleva en los dedos, sobre todo el que tiene adornos.

sortilegio *s. m.* Hechizo, embrujo, encantamiento.

S.O.S. *s. m.* Señal internacional que se emplea para pedir socorro.

sosa *s. f.* Nombre de compuestos químicos que contienen sodio, sobre todo el formado por sodio, oxígeno e hidrógeno, que se emplea para fabricar algunos jabones y detergentes.

sosaina *adj.* y *s. fam.* Persona que tiene muy poca gracia. **SIN.** Soso, soseras. **ANT.** Saleroso.

sosegado, da 1. *p.* de **sosegar.** ‖ *adj.* **2.** Tranquilo, calmado. **SIN. 2.** Reposado, apacible. **ANT. 2.** Nervioso.

sosegar *v.* Calmar, tranquilizar. □ Es v. irreg. Se conjuga como *pensar*. **SIN.** Relajar, serenar. **ANT.** Intranquilizar.

sosera *s. f.* Sosería.

soseras *adj.* y *s. fam.* Sosaina.

sosería *s. f.* **1.** Falta de gracia. **2.** Cosa sin gracia. **SIN. 1.** y **2.** Sosera. **ANT. 1.** Chispa, sal.

sosiego *s. m.* Tranquilidad, descanso. **SIN.** Calma, paz. **ANT.** Intranquilidad.

soslayar *v.* Esquivar, evitar, eludir. **SIN.** Sortear, rehuir. **ANT.** Enfrentarse.

soslayo Se usa en la expresión **de soslayo**, 'de lado', 'oblicuamente'.

soso, sa *adj.* **1.** Que tiene poca sal o poco sabor. ‖ *adj.* y *s.* **2.** Que tiene poca gracia o salero. **3.** Aburrido, poco alegre. **SIN. 1.** y **3.** Insulso. **3.** Apagado, triste. **ANT. 1.** Sabroso. **1.** a **3.** Salado.

sospecha *s. f.* Hecho de sospechar una cosa o sospechar de alguien. **SIN.** Presentimiento, suposición; desconfianza. **ANT.** Confianza.

sospechar *v.* **1.** Creer una cosa por algunas señales o por lo que parece. **2.** Pensar que una persona ha actuado mal o ha cometido algún delito o falta. **SIN. 1.** Suponer, presumir. **2.** Desconfiar, recelar. **ANT. 2.** Confiar.

sospechoso, sa *adj.* y *s.* **1.** Se dice de la persona de la que se sospecha. **2.** Que resulta muy extraño y hace sospechar. **SIN. 2.** Raro. **ANT. 2.** Claro.

sostén *s. m.* **1.** Sujetador, prenda interior. **2.** Acción de sostener. **3.** Persona o cosa que mantiene o que protege a otras. **SIN. 2.** Mantenimiento, respaldo. **2.** y **3.** Soporte.

sostener *v.* **1.** Sujetar una cosa para que no se caiga. **2.** Defender una idea, decir algo para que los demás lo crean. **3.** Darle a alguien lo que necesita para vivir. ‖ **sostenerse 4.** Andar o estar de pie sin perder el equilibrio. □ Es v. irreg. Se conjuga como *tener*. **SIN. 1.** Aguantar, agarrar. **1.** a **3.** Mantener. **3.** Afirmar. **ANT. 1.** Tirar. **2.** Negar.

sostenible *adj.* Que puede ser sostenido: *desarrollo sostenible.*

sostenido, da 1. *p.* de **sostener.** También *adj.* ‖ *adj.* **2.** Se dice de la nota musical que es medio tono más alta que su sonido natural: *do sostenido.*

sostenimiento *s. m.* Hecho de sostener.

sota *s. f.* **1.** Décima carta de cada palo de la baraja española, que representa a un paje sosteniendo el símbolo de su palo. **2.** *fam.* Persona, sobre todo una mujer, antipática y de mal carácter.

sotabarba *s. f.* **1.** Papada. **2.** Barba que se deja crecer por debajo de la barbilla.

subalterno

sotana s. f. Traje negro y largo parecido a una túnica, que llevan algunos curas y religiosos.

sótano s. m. Piso de un edificio que está situado por debajo del nivel de la calle.

sotavento s. m. En el lenguaje marinero, lado contrario a la parte desde donde viene el viento. **ANT.** Barlovento.

soterrado, da adj. Oculto, que no se ve. **SIN.** Latente, velado. **ANT.** Patente.

soto s. m. Lugar con árboles, matas y arbustos, sobre todo al lado de un río.

sotobosque s. m. Vegetación formada por las matas y arbustos que crecen bajo los árboles de un bosque.

soufflé (fr.) s. m. Suflé.

soul (ingl.) s. m. Música que surgió en los Estados Unidos y que se originó a partir del jazz y otras formas de música negra.

souvenir (fr.) s. m. Objeto de recuerdo que se trae de un viaje.

soviético, ca adj. y s. De la Unión Soviética, antiguo país de Europa y Asia.

spa (ingl.) s. m. Balneario.

spaghetti (ital.) s. m. Espagueti.

spam (ingl.) s. m. Mensaje, generalmente publicitario, que se envía masivamente a través del correo electrónico.

spanglish (ingl.) s. m. Espanglish.

spaniel (ingl.) adj. y s. Perro inglés de caza, de orejas caídas y pelo largo.

sparring (ingl.) s. m. y f. Boxeador que pelea con otro para que este se entrene.

speech (ingl.) s. m. desp. Discurso breve.

spinning (ingl., marca registrada) s. m. Entrenamiento que se realiza sobre una bicicleta estática al ritmo de la música.

spoiler (ingl.) s. m. Alerón que lleva la carrocería de algunos automóviles.

sponsor (ingl.) s. m. y f. Espónsor.

sport (ingl.) adj. y s. m. Tipo de prendas de vestir más cómodas o informales.

spot (ingl.) s. m. Anuncio publicitario de radio o televisión.

spray (ingl.) s. m. Bote que echa con fuerza y en gotas muy finas un líquido con gas a presión que lleva dentro. **SIN.** Pulverizador.

sprint (ingl.) s. m. 1. Esfuerzo momentáneo que hace un deportista en una carrera, generalmente al final, para conseguir la máxima velocidad. 2. Esfuerzo final en cualquier actividad.

sprinter (ingl.) s. m. y f. Esprínter.

squash (ingl.) s. m. Deporte muy parecido al frontón, pero que se juega en un campo más pequeño y cerrado por todas partes.

stand (ingl.) s. m. Lugar donde se colocan los productos en una feria o exposición.

standard (ingl.) adj. Estándar.

standing (ingl.) s. m. Posición económica y social de una persona; se usa especialmente para referirse a las clases altas: una urbanización de alto standing.

starter (ingl.) s. m. Estárter.

stick (ingl.) s. m. Palo con el que se juega al hockey.

stock (ingl.) s. m. Productos que almacena una empresa o comercio para venderlos después.

stop (ingl.) s. m. 1. Señal de tráfico que indica que hay que parar el vehículo y ceder el paso. 2. En los telegramas se usa como pausa. ‖ interj. 3. Orden de que alguien pare o se detenga. **SIN.** 3. Alto.

streaming (ingl.) s. m. En informática, sistema que permite reproducir directamente un archivo de Internet sin descargarlo previamente en el ordenador.

strip-tease o **striptease** (ingl.) s. m. Espectáculo y local en el que una persona se va quitando la ropa poco a poco y de manera sugerente.

stripper (ingl.) s. m. y f. Persona que hace strip-tease.

su pos. apóc. de **suyo, suya.**

suajili s. m. Variedad de la lengua bantú que se habla en África oriental.

suave adj. 1. Muy liso, sin nada que pinche o raspe. 2. Que no es fuerte, brusco o violento: movimientos suaves. 3. Amable y tranquilo: voz suave. 4. Obediente, dócil. **SIN.** 1. Terso. 2. Blando, flojo. 3. Dulce, plácido. 4. Sumiso. **ANT.** 1. Áspero. 2. Duro. 3. Irritable. 4. Rebelde.

suavidad s. f. Característica de suave.

suavizante adj. 1. Que suaviza. ‖ s. m. 2. Producto que se echa a la ropa para que quede suave y blanda. 3. Producto que se aplica sobre el pelo recién lavado para que esté más suave y se peine mejor.

suavizar v. 1. Hacer suave. 2. Hacer menos duro o fuerte. **SIN.** 1. Afinar, alisar, pulir. **ANT.** 2. Endurecer.

subacuático, ca adj. Que está o que tiene lugar debajo del agua: plantas subacuáticas.

subalterno, na adj. y s. 1. Persona a las órdenes de otra. ‖ s. m. 2. El banderillero y otros toreros de menor categoría que ayudan al diestro. **SIN. 1.** Subordinado, inferior. **ANT. 1.** Superior.

subarrendar *v.* Realquilar. □ Es v. irreg. Se conjuga como *pensar*.

subarriendo *s. m.* **1.** Hecho de subarrendar. **2.** Contrato y precio por el que se subarrienda una cosa.

subasta *s. f.* Forma de venta en la que se vende una cosa al que ofrece más por ella.

subastador, ra *s. m. y f.* Persona que dirige una subasta.

subastar *v.* Vender en una subasta.

subatómico, ca *adj.* De las partículas que componen el átomo y de los fenómenos relacionados con ellas.

subcampeón, na *s. m. y f.* El que ha quedado el segundo, después del campeón.

subconjunto *s. m.* En matemáticas, conjunto que está dentro de otro conjunto.

subconsciente *adj. y s. m.* Ideas o sentimientos que alguien tiene sin que se dé cuenta de ellos.

subcontinente *s. m.* Parte de un continente que, por su tamaño y por tener alguna particularidad, se considera como una zona diferenciada.

subcontratar *v.* Contratar una empresa o una persona a otra para que realice tareas que no puede o no quiere hacer.

subcutáneo, a *adj.* Situado inmediatamente debajo de la piel.

subdelegación *s. f.* Oficina o edificio de los subdelegados.

subdelegado, da *adj. y s.* Persona que sustituye al delegado o que trabaja bajo sus órdenes inmediatas.

subdesarrollado, da *adj.* Que no está bastante desarrollado; se dice sobre todo de los países y regiones más pobres y atrasados.

subdesarrollo *s. m.* Poco desarrollo; se llama así sobre todo a la situación de los países y regiones subdesarrollados.

subdirección *s. f.* Cargo de subdirector y departamento del que se encarga.

subdirector, ra *s. m. y f.* Persona que tiene el puesto inmediatamente por debajo del director o lo sustituye.

súbdito, ta *adj. y s.* **1.** Que está bajo la autoridad de un rey o soberano. ‖ *s. m. y f.* **2.** Ciudadano de un país.

subdividir *v.* Hacer una división en algo que ya está dividido. **ANT.** Unir.

subdivisión *s. f.* **1.** Acción de subdividir. **2.** Cada una de las partes que quedan al subdividir. **3.** Pared, tabla u otra cosa con la que

se subdivide algo. **SIN. 2.** División. **ANT. 1.** Unión.

subdominante *s. f.* En música, nombre de la cuarta nota de la escala musical.

subestación *s. f.* Conjunto de instalaciones y aparatos destinados a la transformación y distribución de la corriente en una red de suministro eléctrico.

subestimar *v.* Dar a alguien o algo menos valor o importancia de la que tiene en realidad. **SIN.** Menospreciar, infravalorar. **ANT.** Sobrestimar.

subfusil *s. m.* Arma de fuego pequeña que dispara muchas veces a gran velocidad. **SIN.** Metralleta.

subgrupo *s. m.* Cada una de las divisiones que se hacen en un grupo.

subida *s. f.* **1.** Acción de subir o subirse. **2.** Camino o terreno que está hacia arriba. **SIN. 1.** Ascenso; elevación. **2.** Cuesta, rampa. **ANT. 1.** y **2.** Bajada.

subido, da **1.** *p.* de **subir**. También *adj.* ‖ *adj.* **2.** Se dice del color, olor o sabor cuando es fuerte. **3.** Algo fuerte o atrevido, sobre todo en cosas relacionadas con el sexo; se dice mucho *subido de tono*. **SIN. 2.** Vivo, chillón. **ANT. 2.** Débil.

subíndice *s. m.* Letra o número que se coloca en la parte inferior de una palabra o expresión matemática.

subinspector, ra *s. m. y f.* Persona que trabaja a las órdenes directas del inspector o lo sustituye.

subir *v.* **1.** Ir o llevar a un sitio más alto. **2.** Ir a un puesto más alto. **3.** Aumentar. **4.** Montar en un vehículo. **5.** Copiar archivos en una página de Internet. ‖ **subirse 6.** *fam.* Emborrachar una bebida alcohólica. ‖ **LOC. subírsele** a alguien **a la cabeza** Emborrachar. También, hacer creer a alguien que es muy importante. **SIN. 1.** Escalar. **1.** y **2.** Ascender. **2.** Progresar, prosperar. **3.** Crecer, incrementar. **5.** Colgar. **ANT. 1.** a **4.** Descender. **1.** a **5.** Bajar. **3.** Disminuir.

súbito, ta *adj.* Muy rápido, que ocurre de repente. **SIN.** Repentino, imprevisto.

subjetividad *s. f.* Característica de subjetivo. **ANT.** Objetividad.

subjetivismo *s. m.* Tendencia a juzgar las cosas dejándose llevar demasiado por gustos, opiniones o sentimientos de uno mismo.

subjetivo, va *adj.* **1.** Que se deja llevar por sus propias ideas, intereses o sentimientos y no ve las cosas como son. **2.** Se refiere al propio individuo, en oposición al mundo que le rodea. **SIN. 1.** Parcial. **2.** Personal. **ANT. 1.** Objetivo.

subjuntivo, va adj. y s. m. Modo del verbo que expresa principalmente una duda: *No creo que venga*; un deseo: *Espero que sigamos siendo amigos*; o que algo es posible: *Quizá llueva.*

sublevación s. f. Acción de sublevarse. **SIN.** Rebelión, motín.

sublevar v. **1.** Hacer que alguien luche o se enfrente contra el que manda. **2.** Enfadar, enfurecer. **SIN. 1.** Amotinar, rebelarse. **2.** Indignar, encolerizar. **ANT. 1.** Someter. **2.** Agradar.

sublimar v. **1.** Alabar mucho a alguien o algo. **2.** Hacer que un cuerpo sólido se convierta directamente en gas o, al revés, un gas en sólido. **SIN. 1.** Exaltar, elogiar. **ANT. 1.** Criticar.

sublime adj. Excelente, extraordinario. **SIN.** Espléndido. **ANT.** Pésimo.

subliminal adj. Se dice de las sensaciones y sentimientos que tenemos sin llegar a darnos cuenta conscientemente: *publicidad subliminal.*

sublingual adj. De la parte inferior de la lengua o que está situado bajo ella.

submarinismo s. m. Actividad que consiste en bucear con trajes especiales y botellas de oxígeno.

submarinista s. m. y f. Persona que practica el submarinismo.

submarino, na adj. **1.** Que está o se hace debajo del mar. ‖ s. m. **2.** Barco que puede navegar debajo del agua.

submeseta s. f. Cada una de las divisiones de una meseta.

submúltiplo, pla adj. y s. m. Número que está varias veces dentro de otro; por ejemplo, el 2 es submúltiplo de 6 porque está tres veces en él.

submundo s. m. Parte marginal de la sociedad: *el submundo de la droga.*

subnormal adj. y s. desp. Se dice de la persona que tiene una capacidad intelectual por debajo de lo que se considera normal. **SIN.** Retrasado.

subnormalidad s. f. desp. Condición de subnormal.

suboficial s. m. y f. Categoría militar inferior a la de oficial; está formada por sargento, brigada y subteniente.

subordinación s. f. **1.** Acción de subordinar. **2.** En gramática, dependencia sintáctica de una palabra o grupo de palabras respecto a otra palabra o grupo. **SIN. 1.** Sometimiento.

subordinado, da 1. p. de subordinar. También adj. ‖ adj. y s. f. **2.** En gramática, se dice de las palabras o proposiciones que dependen de otra principal. ‖ adj. y s. **3.** Persona a las órdenes de otra. **SIN. 3.** Subalterno.

subordinante adj. y s. m. Se dice de la conjunción que subordina una proposición a otra, como *aunque* o *porque.*

subordinar v. **1.** Hacer que algo quede por debajo o dependa de otra cosa. **2.** Dar menos importancia a una cosa que a otra. **3.** En gramática, hacer depender sintácticamente una palabra o grupo de palabras de otras. **SIN. 1.** Someter. **1.** y **2.** Supeditar. **ANT. 1.** y **2.** Anteponer.

subproducto s. m. Producto secundario obtenido a partir de la fabricación o elaboración de otro principal.

subrayado, da 1. p. de subrayar. También adj. ‖ s. m. **2.** Acción de subrayar y letra, palabra o frase subrayada.

subrayar v. **1.** Hacer una raya debajo de una letra, palabra o frase para resaltarla. **2.** Destacar, recalcar. **SIN. 2.** Acentuar, remarcar. **ANT. 2.** Atenuar.

subrepticio, cia adj. Que se hace a escondidas. **SIN.** Clandestino, furtivo.

subrutina s. f. Parte de un programa de ordenador que ejecuta una de las funciones del programa.

subsanable adj. Que se puede subsanar.

subsanar v. Arreglar, solucionar, corregir. **SIN.** Remediar, enmendar. **ANT.** Estropear.

subsecretaría s. f. Cargo de subsecretario y oficina donde trabaja.

subsecretario, ria s. m. y f. **1.** Persona que ayuda o sustituye al secretario. **2.** Secretario general de un ministerio, cargo máximo después del ministro.

subsidiario, ria adj. **1.** Que se da como subsidio. **2.** Se dice de la acción que sirve para reforzar o sustituir a otra principal.

subsidio s. m. Dinero que el Estado da como ayuda, por ejemplo, a los que no tienen trabajo. **SIN.** Subvención.

subsiguiente adj. Que sigue inmediatamente a algo.

subsistencia s. f. Hecho de subsistir. **SIN.** Mantenimiento, vida. **ANT.** Desaparición.

subsistir v. **1.** Vivir. **2.** Perdurar, seguir habiendo o existiendo algo. **SIN. 1.** Sobrevivir. **1.** y **2.** Mantenerse. **2.** Quedar, continuar. **ANT. 1.** Morir. **2.** Desaparecer.

subsuelo s. m. Capas del terreno que están por debajo de la superficie.

subte s. m. fam. En Argentina y Uruguay, metro, medio de transporte.

subteniente s. m. y f. Grado militar más alto dentro de los suboficiales.

subterfugio *s. m.* Pretexto, disculpa.

subterráneo, a *adj.* **1.** Que está debajo del suelo. || *s. m.* **2.** Pasillo o túnel que está bajo tierra. **ANT. 1.** Superficial.

subtitulado, da *adj.* **1.** Que tiene un subtítulo. **2.** Se dice de la película que está en un idioma extranjero y en la pantalla va apareciendo la traducción de los diálogos.

subtítulo *s. m.* **1.** Título que se pone después del título principal. **2.** En las películas subtituladas, traducción de los diálogos que va apareciendo en la pantalla.

suburbano, na *adj.* **1.** Cerca de una ciudad o en las afueras de ella. || *adj.* y *s. m.* **2.** Tren que comunica el centro de las grandes ciudades con los barrios de las afueras.

suburbio *s. m.* Barrio o zona en las afueras de una ciudad. **SIN.** Periferia, arrabal.

subvención *s. f.* Dinero que da el Estado para ayudar a realizar algo.

subvencionar *v.* Dar una subvención.

subversión *s. f.* Oposición o lucha contra los que tienen el poder en un país.

subversivo, va *adj.* Que se opone o lucha contra los que tienen el poder en un país.

subyacente *adj.* Que subyace.

subyacer *v.* Estar debajo u oculto tras otra cosa, por lo que a veces cuesta trabajo apreciarlo. □ Es v. irreg. Se conjuga como *yacer*.

subyugar *v.* **1.** Someter, dominar a una o más personas. **2.** Atraer muchísimo, fascinar. **SIN. 1.** Sojuzgar. **2.** Cautivar. **ANT. 1.** Liberar.

succión *s. f.* Acción de succionar.

succionar *v.* **1.** Chupar, sorber. **2.** Absorber, aspirar. **ANT. 1.** y **2.** Expulsar.

sucedáneo, a *adj.* y *s. m.* Se dice de la sustancia que puede usarse en lugar de otra porque tiene características parecidas a esta.

suceder *v.* **1.** Ocurrir, pasar. **2.** Seguir, venir después. **3.** Ocupar el puesto que tenía otro. **SIN. 1.** Acontecer. **ANT. 2.** Preceder.

sucedido *s. m.* Suceso, hecho.

sucesión *s. f.* **1.** Hecho de suceder. **2.** Conjunto de personas o cosas que van una detrás de otra. **SIN. 2.** Serie, relación.

sucesivo, va *adj.* Que va uno después de otro. || **LOC. en lo sucesivo** De ahora en adelante. **SIN.** Siguiente.

suceso *s. m.* **1.** Algo que sucede, sobre todo si tiene importancia. **2.** Delito, accidente o algún otro hecho desgraciado. **SIN. 1.** Acontecimiento.

sucesor, ra *adj.* y *s.* Que sucede a otro en un trabajo, cargo, etc. **ANT.** Predecesor.

sucesorio, ria *adj.* De la sucesión o relacionado con ella: *bienes sucesorios*.

suciedad *s. f.* Porquería, basura, manchas. **ANT.** Limpieza.

sucinto, ta *adj.* Breve, corto. **SIN.** Conciso. **ANT.** Extenso.

sucio, cia *adj.* **1.** Que tiene manchas, polvo, basura. **2.** Que se ensucia con facilidad: *La ropa blanca es muy sucia*. **3.** Se dice de la persona que no se lava ni se arregla, o que no limpia ni cuida sus cosas. **4.** Que no está permitido por la ley o es poco honrado. || *adj.* y *adv.* **5.** Que hace trampas. || **LOC. en sucio** Se dice de aquello que se escribe sin mucho cuidado antes de pasarlo a limpio en otro papel. **SIN. 1.** Manchado, asqueroso. **1.** y **3.** Cochino. **1.** y **4.** Turbio. **3.** Desaseado. **4.** Ilegal. **5.** Tramposo. **ANT. 1.** Reluciente. **1.** a **3.** y **5.** Limpio. **2.** Sufrido. **3.** Aseado. **4.** Legal.

sucre *s. m.* Moneda de Ecuador.

suculento, ta *adj.* Se dice de comidas que tienen buen sabor y alimentan mucho. **SIN.** Sabroso, rico. **ANT.** Insípido.

sucumbir *v.* **1.** Rendirse, especialmente un ejército. **2.** No ser capaz de vencer una tentación, un sentimiento, un deseo. **3.** Morir. **SIN. 1.** Someterse, entregarse. **3.** Perecer, fenecer. **ANT. 1.** y **2.** Resistir.

sucursal *s. f.* Cada una de las oficinas o tiendas de una misma empresa, como un banco.

sudaca *adj.* y *s. desp.* Sudamericano.

sudadera *s. f.* Prenda parecida a un jersey que se usa para hacer deporte.

sudafricano, na *adj.* y *s.* Del sur de África o de la República Sudafricana. □ Se dice también *surafricano*.

sudamericano, na *adj.* y *s.* De América del Sur. □ Se dice también *suramericano*.

sudanés, sa *adj.* y *s.* De Sudán, país del nordeste de África.

sudar *v.* **1.** Salir sudor a través de los poros de la piel. **2.** Mojar de sudor alguna cosa. **3.** *fam.* Esforzarse mucho. **SIN. 1.** Transpirar. **3.** Afanarse, bregar.

sudario *s. m.* Tela con que se envuelve los cadáveres o con la que se les cubre la cara. **SIN.** Mortaja.

sudeste *s. m.* Punto del horizonte entre el sur y el este, a igual distancia de los dos. **ANT.** Nordeste.

sudoeste *s. m.* Punto del horizonte entre el sur y el oeste, a igual distancia de los dos. **ANT.** Noroeste.

sudoku (del jap.) *s. m.* Pasatiempo consistente en rellenar una cuadrícula con números del 1 al 9 sin que se repitan, siguiendo ciertas reglas.

sudor *s. m.* **1.** Líquido de desecho, de composición parecida a la orina, que sale a través de los poros de la piel. **2.** *fam.* Gran esfuerzo. **SIN. 1.** Transpiración.

sudoración *s. f.* Expulsión de sudor.

sudorípara *adj.* Se dice de la glándula que produce sudor.

sudoroso, sa *adj.* Lleno de sudor.

sueco, ca[1] *adj. y s.* **1.** De Suecia, país de Europa. || *s. m.* **2.** Idioma de Suecia.

sueco, ca[2] Se usa en la expresión **hacerse el sueco**, 'hacer uno como que no se entera de algo'.

suegro, gra *s. m. y f.* El padre y la madre de la persona con la que alguien se ha casado.

suela *s. f.* Parte del zapato que toca el suelo, y cuero con que está hecha.

sueldo *s. m.* Dinero que se paga a una persona por su trabajo. **SIN.** Salario.

suelo *s. m.* **1.** Superficie de la Tierra. **2.** Parte de algún lugar por la que se anda. **3.** Terreno sobre el que se cultivan plantas. **4.** Terreno para construir. || **LOC. por el suelo** o **por los suelos** Muy barato; también, muy desanimado o triste. **SIN. 2.** Piso, pavimento. **4.** Solar.

suelta *s. f.* Acción de soltar: *Se encargaba de la suelta del ganado en el prado.*

suelto, ta **1.** *p.* de **soltar**. || *adj.* **2.** Que no está sujeto. **3.** Separado, no unido, ni pegado a otros. **4.** No envasado o no empaquetado. **5.** Amplio, sin ajustarse. **6.** Con experiencia o desenvoltura en algo. **7.** Que tiene diarrea. || *adj. y s. m.* **8.** Se dice del dinero en monedas o billetes pequeños. **SIN. 2.** Desprendido. **5.** Holgado. **6.** Desenvuelto, hábil. **7.** Descompuesto. **8.** Cambio. **ANT. 3.** Junto. **5.** Ceñido. **7.** Estreñido.

sueño *s. m.* **1.** Ganas de dormir. **2.** Estado del que está durmiendo. **3.** Lo que alguien sueña mientras duerme. **4.** Deseo o cosa que se quiere lograr y que a veces resulta muy difícil de realizar. || **5. sueño ligero** Sueño poco profundo, del que uno enseguida se despierta. **6. sueño pesado** Sueño profundo del que cuesta despertarse. || **LOC. quitar el sueño** Preocupar mucho. **SIN. 4.** Ilusión, ideal. **ANT. 2.** Vigilia.

suero *s. m.* **1.** Parte líquida que queda después de haberse coagulado algunas cosas, como la sangre o la leche. **2.** Líquido con diversas sustancias que se inyecta a una persona cuando está deshidratada o no puede tomar alimentos. **3.** Sustancia que se prepara con suero de

la sangre de personas o animales y se utiliza para evitar y curar enfermedades.

suerte *s. f.* **1.** Lo que hace que algo ocurra por casualidad. **2.** Hecho de irle bien o mal las cosas a alguien; la palabra *suerte* sola suele significar *buena suerte*. **3.** Destino, porvenir. **4.** Clase, tipo: *Venden toda suerte de muebles.* **5.** Cada una de las partes de una corrida de toros y también cada una de las acciones que realiza el torero en esas partes. || **LOC. a suerte** o **a suertes** Haciendo que decida la suerte, por ejemplo, utilizando los dados o una moneda: *echar a suertes.* **por suerte** Afortunadamente. **SIN. 1.** Azar, fortuna. **3.** Sino. **ANT. 2.** Desgracia.

suertudo, da *adj. y s. fam.* Que tiene buena suerte.

suéter *s. m.* Jersey.

suevo, va *adj. y s.* De un pueblo germánico que se estableció en el siglo V en el noroeste de la península ibérica.

suficiencia *s. f.* **1.** Soberbia. || **2. examen de suficiencia** El que se hace para recuperar una asignatura suspendida. **SIN. 1.** Altivez. **ANT. 1.** Modestia.

suficiente *adj.* **1.** Bastante, que no es escaso. **2.** Soberbio, altivo. || *s. m.* **3.** Calificación de aprobado. **ANT. 1. y 3.** Insuficiente. **2.** Modesto. **3.** Suspenso.

sufijación *s. f.* Manera de formar nuevas palabra a través de sufijos.

sufijo *s. m.* Letras que van detrás de la raíz de algunas palabras y les dan algunos significados; por ejemplo, *-ito* en *pastelito* significa 'que es pequeño', *-ón* en *zapatón* expresa 'que es más grande'.

suflé *s. m.* Plato que se prepara con claras de huevo a punto de nieve y se hace en el horno.

sufragar *v.* Pagar los gastos de algo. **SIN.** Costear.

sufragio *s. m.* **1.** Forma de elegir a los políticos y gobernantes por medio del voto en unas elecciones. **2.** Voto. **3.** Oración o acto religioso que se hace por las almas de los difuntos. || **4. sufragio universal** Aquel en el que todos los ciudadanos mayores de edad tienen derecho a votar, con independencia de su sexo, situación, etc.

sufragista *adj. y s.* Defensor del derecho a votar de las mujeres.

sufrido, da **1.** *p.* de **sufrir**. También *adj.* || *adj.* **2.** Que soporta las cosas con mucha paciencia, sin protestar. **3.** Se dice de los colores, telas y otras cosas en que se nota poco la suciedad. **SIN. 2.** Paciente, resignado. **ANT. 2.** Protestón. **3.** Sucio.

sufrimiento *s. m.* Lo que sentimos cuando sufrimos. **SIN.** Dolor, padecimiento.

sufrir *v.* **1.** Tener un dolor, una enfermedad, un accidente, un daño u otra cosa perjudicial. **2.** Sentir una persona mucha pena o angustia. **3.** Soportar, aguantar. **4.** Experimentar, notar. **SIN. 1.** y **2.** Padecer. **ANT. 2.** Disfrutar.

sugerencia *s. f.* Lo que una persona sugiere a otra. **SIN.** Recomendación.

sugerente *adj.* **1.** Que sugiere. **2.** Interesante, atractivo. **SIN. 1.** y **2.** Sugestivo.

sugerir *v.* **1.** Decir a una persona algo para que lo piense y lo haga si le parece bien. **2.** Traer a la memoria o al pensamiento. □ Es v. irreg. Se conjuga como *sentir*. **SIN. 1.** Proponer, recomendar. **2.** Evocar, recordar.

sugestión *s. f.* **1.** Hecho de sugestionar o sugestionarse. **2.** Sugerencia.

sugestionar *v.* **1.** Influir por hipnotismo o de otro modo en una persona para que piense o haga algo. ‖ **sugestionarse 2.** Obsesionarse, no poder dejar de pensar alguna cosa.

sugestivo, va *adj.* Sugerente.

sui generis (lat.) *expr.* Significa 'de su género', 'de su clase', y se utiliza para decir que una persona o cosa es muy peculiar, muy diferente.

suicida *s. m.* y *f.* **1.** Persona que se ha suicidado o que lo ha intentado. ‖ *adj.* **2.** Relacionado con el suicidio. ‖ *adj.* y *s.* **3.** Muy peligroso, muy imprudente. **SIN. 3.** Insensato. **ANT. 3.** Prudente.

suicidarse *v.* Matarse uno mismo.

suicidio *s. m.* Acción de suicidarse.

suite (del fr.) *s. f.* **1.** En un hotel, habitación más grande, generalmente, con una sala de estar. **2.** Composición musical formada por varias partes diferentes.

suizo, za *adj.* y *s.* **1.** De Suiza, país de Europa. ‖ *s. m.* **2.** Bollo redondo hecho con harina, huevo y azúcar.

sujeción *s. f.* **1.** Hecho de sujetar o sujetarse. **2.** Cosa que sujeta.

sujetador, ra *adj.* y *s.* **1.** Que sujeta. ‖ *s. m.* **2.** Prenda interior que llevan las mujeres para sujetar y levantar el pecho. **SIN. 2.** Sostén, corpiño.

sujetalibros *s. m.* Objeto que se apoya contra los libros para mantenerlos derechos.

sujetapapeles *s. m.* Pinza u objeto que se utiliza para sujetar papeles.

sujetar *v.* **1.** Agarrar a alguien o algo para que no se caiga o no se suelte. ‖ **sujetarse 2.** Cumplir, obedecer: *sujetarse a las normas.* **SIN. 1.** Sostener, asir. **2.** Someterse. **ANT. 1.** Soltar.

sujeto, ta *adj.* **1.** Que puede experimentar lo que se indica: *El programa está sujeto a cambios.* ‖ *s. m.* **2.** Individuo, persona. **3.** Palabra o conjunto de palabras de las que el predicado dice algo y que tienen el mismo número y persona que el verbo; en la oración *Paloma estudia*, el sujeto es *Paloma* y el predicado *estudia*.

sulfamida *s. f.* Nombre de unas sustancias químicas que se emplean en el tratamiento de diversas infecciones.

sulfatar *v.* **1.** Echarle sulfato a algo: *sulfatar una viña.* ‖ **sulfatarse 2.** Estropearse una pila por la acción del ácido sulfúrico que tiene en su interior.

sulfato *s. m.* Compuesto químico que tiene un azufre, cuatro oxígenos y otro elemento químico, como por ejemplo, el cobre.

sulfurar *v.* Enfadar mucho. **SIN.** Enfurecer, irritar. **ANT.** Calmar.

sulfúrico, ca *adj.* Se dice de un ácido muy potente, sin color ni olor, compuesto de un azufre, dos hidrógenos y cuatro oxígenos, que se emplea en la industria.

sulfuro *s. m.* Compuesto químico que tiene azufre y otro elemento químico, generalmente un metal.

sultán *s. m.* **1.** Emperador de los turcos. **2.** Príncipe o gobernador de otros países islámicos.

sultana *s. f.* Mujer del sultán.

sultanato *s. m.* Dignidad de sultán y territorio que está bajo su autoridad.

suma *s. f.* **1.** Operación matemática que consiste en añadir una cantidad a otra u otras de manera que dé un resultado; se indica con el signo (+). **2.** El resultado de esta operación. **3.** Conjunto o cantidad, sobre todo de dinero. **SIN. 1.** Adición. **ANT. 1.** Resta, sustracción.

sumamente *adv.* Muy.

sumando *s. m.* Cada una de las cantidades que se suman.

sumar *v.* **1.** Añadir a una cantidad otra u otras y dar un resultado. ‖ **sumarse 2.** Unirse, incorporarse. **SIN. 2.** Adherirse. **ANT. 1.** Restar.

sumarial *adj.* Del sumario de un juicio.

sumario, ria *adj.* **1.** Breve, resumido. ‖ *s. m.* **2.** Conjunto de pruebas, informaciones y otras cosas con las que se prepara un juicio. **3.** Lista de los diferentes apartados de un periódico, revista o programa de televisión.

sumarísimo, ma *adj.* Se dice de los juicios que se realizan con más rapidez que los demás, por ser muy urgentes, graves o importantes.

sumergible *adj.* **1.** Que puede funcionar debajo del agua sin estropearse: *un reloj sumergible.* ‖ *s. m.* **2.** Submarino.

sumergir *v.* Meter por completo en el agua o en otro líquido. **SIN.** Hundir, zambullir. **ANT.** Emerger.

sumidero *s. m.* Conducto o canal por donde se van las aguas sucias o las de la lluvia. **SIN.** Cloaca.

sumiller *s. m.* y *f.* Persona encargada de los vinos y los licores en restaurantes y hoteles.

suministrar *v.* Dar a alguien o algo lo que necesita. **SIN.** Proporcionar, abastecer.

suministro *s. m.* Hecho de suministrar y cosa que se suministra. **SIN.** Abastecimiento, aprovisionamiento.

sumir *v.* **1.** Hundir algo bajo el agua o la tierra. **2.** Hacer caer en un estado negativo: *sumir en la pobreza, sumirse en la tristeza.* **SIN.** **1.** Enterrar, sumergir. **2.** Arrastrar. **ANT.** **1.** Sacar.

sumisión *s. f.* **1.** Hecho de someter o someterse a otras personas. **2.** Actitud de la persona sumisa. **SIN.** **1.** Sometimiento. **2.** Docilidad, mansedumbre. **ANT.** **1.** Rebelión. **2.** Rebeldía.

sumiso, sa *adj.* Que se muestra obediente a otra persona y no se enfrenta a ella. **SIN.** Dócil. **ANT.** Rebelde.

súmmum (del lat.) *s. m.* El colmo o punto máximo a que llega una cosa.

sumo (del jap.) *s. m.* Modalidad de lucha japonesa en la que dos contrincantes, de gran peso, se enfrentan cuerpo a cuerpo dentro de un círculo.

sumo, ma *adj.* **1.** Superior a todos, que no tiene a nadie por encima: *el sumo pontífice.* **2.** Muy grande, enorme. ‖ **LOC. a lo sumo** Indica el grado o cantidad mayor a que puede llegar alguna cosa. **SIN.** **1.** Supremo. **2.** Tremendo. **ANT.** **1.** Inferior. **1.** y **2.** Mínimo.

sunami *s. m. Tsunami.*

suní, sunní o **sunnita** *adj.* y *s.* Se dice de la rama mayoritaria del islam y de sus seguidores.

suntuario, ria *adj.* Relacionado con el lujo o la riqueza.

suntuosidad *s. f.* Lujo, riqueza.

suntuoso, sa *adj.* Muy lujoso. **SIN.** Fastuoso, majestuoso. **ANT.** Modesto.

supeditación *s. f.* Hecho de supeditar o supeditarse.

supeditar *v.* **1.** Hacer depender una cosa de otra. ‖ **supeditarse 2.** Seguir, cumplir, atenerse. **ANT.** **1.** Anteponer. **2.** Incumplir.

súper *adj.* y *adv.* **1.** *fam.* Muy bueno, estupendo. Con este significado se usa a veces como prefijo, unido a otras palabras, pero no lleva tilde: *supercómodo.* ‖ *adj.* y *s. f.* **2.** Se dice de un tipo de gasolina. ‖ *s. m.* **3.** *acort.* de **supermercado.**

superación *s. f.* Acción de superar o superarse.

superar *v.* **1.** Ser superior en algo. **2.** Dejar atrás, sobrepasar. **3.** Pasar con éxito: *superar un examen.* ‖ **superarse 4.** Conseguir una persona ser mejor de lo que ya era. **SIN.** **1.** Aventajar, adelantar. **3.** Vencer, salvar.

superávit *s. m.* **1.** Situación en la que se gana o se recibe más dinero del que se gasta. **2.** Exceso, abundancia. **ANT.** **1.** Déficit. **2.** Escasez.

superchería *s. f.* **1.** Engaño. **2.** Superstición.

superdotado, da *adj.* y *s.* Que tiene unas cualidades superiores a lo normal, sobre todo la inteligencia.

superficial *adj.* **1.** De la superficie o que está en la superficie. **2.** Poco profundo. **3.** Poco serio, que no se preocupa por cosas importantes. **SIN.** **1.** Exterior, externo. **3.** Trivial, frívolo. **ANT.** **1.** Interior, interno.

superficialidad *s. f.* Característica de superficial.

superficie *s. f.* **1.** Parte que está más hacia afuera de algo. **2.** Extensión de tierra. **3.** La extensión que ocupa la parte plana de algo. **4.** Espacio que ocupa una figura geométrica plana. ‖ **5. grandes superficies** Establecimientos o centros comerciales de grandes dimensiones. **SIN.** **4.** Área.

superfluo, flua *adj.* Innecesario, inútil. **ANT.** Imprescindible.

superíndice *s. m.* Letra o número que se coloca en la parte superior, generalmente derecha, de una palabra o expresión matemática.

superintendente *s. m.* y *f.* Persona que tiene la dirección de algunas cosas, siendo su máximo responsable.

superior *adj.* **1.** Que está en un lugar o puesto más alto. **2.** Mayor en tamaño, altura, importancia u otra cualidad. **3.** Se dice de los estudios que se hacen después del bachillerato. ‖ *adj.* y *s. m.* **4.** Persona que tiene a alguien bajo sus órdenes. ‖ *adj.* y *adv.* **5.** Muy bueno, estupendo. **SIN.** **2.** Mejor. **3.** Universitario. **4.** Jefe. **ANT.** **1.**, **2.** y **4.** Inferior. **2.** Peor. **4.** Subordinado.

superior, ra *adj.* y *s.* Que dirige una comunidad religiosa.

superioridad *s. f.* **1.** Hecho de ser superior en algo. **2.** La persona o personas que mandan. **SIN.** **1.** Supremacía. **2.** Autoridad. **ANT.** **1.** Inferioridad.

superlativo, va adj. **1.** Muy grande. ‖ adj. y s. m. **2.** Grado del adjetivo y del adverbio que expresa una mayor intensidad en su significado. Puede ser *superlativo absoluto*, cuando no hace ninguna comparación: *Paco es altísimo*; o *superlativo relativo*, cuando sí la hace: *María es la más alta de la clase.* **SIN. 1.** Enorme. **ANT. 1.** Pequeño.

supermercado s. m. Tienda muy grande donde hay mucha variedad de productos.

supernova s. f. Estrella que explota, produciendo una cantidad inmensa de energía y luz.

superpetrolero s. m. Barco petrolero de enorme tamaño y capacidad.

superpoblación s. f. Hecho de estar superpoblado un lugar.

superpoblado, da adj. Se dice del lugar en el que viven demasiadas personas. **ANT.** Despoblado.

superponer v. Poner una cosa encima de otra. ◻ Es v. irreg. Se conjuga como *poner*.

superposición s. f. Hecho de superponer o superponerse.

superpotencia s. f. País muy poderoso.

superproducción s. f. **1.** Exceso en la producción de algo. **2.** Película que ha costado mucho dinero hacerla y que suele ser muy espectacular.

superpuesto, ta 1. p. de **superponer**. ‖ adj. **2.** Que está puesto encima.

supersónico, ca adj. Que va o puede ir a más velocidad que la del sonido: *un avión supersónico.*

superstición s. f. Cosas no verdaderas que algunas personas creen; por ejemplo, pensar que dan mala suerte los gatos negros. **SIN.** Superchería.

supersticioso, sa adj. **1.** Relacionado con la superstición. ‖ adj. y s. **2.** Que cree en supersticiones.

superventas adj. y s. m. Disco, libro, etc., que ha alcanzado un gran éxito de ventas.

supervisar v. Mirar una cosa en su conjunto para ver si está bien. **SIN.** Revisar, controlar.

supervisión s. f. Acción de supervisar. **SIN.** Revisión, control.

supervisor, ra adj. y s. Que supervisa algo. **SIN.** Revisor, controlador.

supervivencia s. f. Hecho de sobrevivir, de seguir viviendo.

superviviente adj. y s. El que ha conseguido seguir viviendo después de algo muy peligroso o en lo que otros han muerto.

supino, na adj. **1.** Tumbado sobre la espalda. **2.** Muy grande: *una ignorancia supina.*

suplantación s. f. Hecho de suplantar a alguien.

suplantar v. Sustituir a una persona sin tener derecho a hacerlo.

suplementario, ria adj. **1.** Que se utiliza para completar o agrandar otra cosa, o para emplearla en su lugar cuando hace falta. **2.** Se dice de los ángulos que sumados entre sí dan 180 grados. **ANT. 1.** y **2.** Complementario.

suplemento s. m. **1.** Lo que se añade a otra cosa para completarla. **2.** Cuadernillo o revista que se vende junto con otra publicación. **SIN. 1.** Complemento, supletorio.

suplencia s. f. Hecho de sustituir una persona a otra. **SIN.** Sustitución.

suplente adj. y s. Que hace la función de otra persona cuando ella no está. **SIN.** Sustituto. **ANT.** Titular.

supletorio, ria adj. y s. m. **1.** Que sirve para ampliar algo o para sustituir una cosa que falta. **2.** Teléfono que está conectado a otro principal. **SIN. 1.** Suplementario, complementario.

súplica s. f. Acción de suplicar o palabras con que se suplica o se pide algo. **SIN.** Petición, ruego, solicitud.

suplicante adj. Que suplica o sirve para suplicar.

suplicar v. Rogar, implorar. **SIN.** Pedir. **ANT.** Exigir.

suplicio s. m. **1.** Sufrimiento grande y que dura bastante tiempo. **2.** Cosa muy molesta, insoportable. **SIN. 1.** Padecimiento, calvario. **1.** y **2.** Tortura, martirio. **ANT. 1.** y **2.** Delicia.

suplir v. **1.** Remediar la falta de algo. **2.** Hacer una persona o cosa la función de otra. **SIN. 1.** y **2.** Reemplazar.

suponer[1] v. **1.** Pensar algo como si fuera verdad pero sin estar seguro del todo. **2.** Tener la consecuencia, importancia o significado que se dice: *Aprobar le supuso un gran esfuerzo.* ◻ Es v. irreg. Se conjuga como *poner.* **SIN. 1.** Creer, presuponer, presumir. **2.** Entrañar, comportar.

suponer[2] s. m. Suposición.

suposición s. f. Hecho de suponer o aquello que se supone. **SIN.** Presunción, conjetura, hipótesis.

supositorio s. m. Medicamento hecho de una pasta resbaladiza con forma alargada, terminado en punta, que se introduce por el ano.

suprarrenal adj. Situado encima de los riñones.

supremacía s. f. **1.** Hecho de ser una persona o cosa más o mejor que las demás. **2.** La mayor importancia, el puesto más alto. **SIN. 1.** y **2.** Primacía. **ANT. 1.** Inferioridad.

supremo, ma *adj.* **1.** Que es el más importante o el mejor. **2.** Muy grande, sumo. **SIN. 1.** Superior; culminante. **2.** Sobresaliente, superlativo, extraordinario. **ANT. 1.** y **2.** Mínimo.

supresión *s. f.* Acción de suprimir. **SIN.** Eliminación, anulación.

suprimir *v.* Quitar algo, hacer que desaparezca o que no se realice. **SIN.** Eliminar, anular. **ANT.** Poner.

supuesto, ta 1. *p.* de suponer. También *adj.* ‖ *adj.* **2.** Falso, fingido. ‖ *s. m.* **3.** Cosa que se supone. ‖ **LOC. dar algo por supuesto** Pensar que es verdadero o seguro. **por supuesto** Sí, claro, sin ninguna duda. **SIN. 1.** Presumible, presunto. **3.** Hipótesis. **ANT. 2.** Verdadero.

supuración *s. f.* Acción de supurar.

supurar *v.* Salir pus de una herida o de un grano.

sur *s. m.* Punto cardinal que está en la dirección del Polo Antártico, en el lado opuesto al norte. **SIN.** Mediodía. **ANT.** Septentrión.

surafricano, na *adj.* y *s.* Sudafricano.

suramericano, na *adj.* y *s.* Sudamericano.

surcar *v.* **1.** Navegar una embarcación por el agua. **2.** Cruzar volando por el aire. **3.** Hacer o tener rayas, estrías, arrugas o algo parecido.

surco *s. m.* **1.** Línea hundida que se hace con el arado al labrar la tierra. **2.** Marca parecida en otras cosas. **SIN. 1.** Zanja, hendidura. **2.** Estría.

sureño, ña *adj.* y *s.* Del sur. **SIN.** Meridional. **ANT.** Norteño.

sureste *s. m.* Sudeste.

surf o **surfing** (del ingl.) *s. m.* Deporte que se realiza dejándose empujar por las olas sobre una tabla especial.

surfear *v.* Hacer surf.

surfista *s. m.* y *f.* Persona que practica el surf.

surgimiento *s. m.* Hecho de surgir algo. **SIN.** Aparición, brote.

surgir *v.* **1.** Aparecer o producirse: *surgir dudas.* **2.** Salir alguna cosa del interior de algo. **SIN. 1.** Presentarse, suceder. **2.** Manar. **ANT. 1.** Desaparecer. **2.** Entrar.

suroeste *s. m.* Sudoeste.

surrealismo *s. m.* Movimiento artístico europeo surgido en el primer cuarto del siglo xx que se caracterizaba por representar imágenes de los sueños o de situaciones parecidas.

surrealista *adj.* y *s.* Del surrealismo o relacionado con este movimiento artístico, o que lo sigue.

surtido, da 1. *p.* de surtir. También *adj.* ‖ *s. m.* **2.** Conjunto de cosas distintas, pero de una misma clase.

surtidor *s. m.* **1.** Chorro de algún líquido, sobre todo el que sale hacia arriba. **2.** Aparato que saca líquido de un depósito, como el que hay en las gasolineras para echar gasolina a los vehículos.

surtir *v.* Proveer, suministrar. ‖ **LOC. surtir efecto** Producir el efecto esperado. **SIN.** Abastecer.

susceptibilidad *s. f.* **1.** Los sentimientos o la sensibilidad de una persona. **2.** Sensibilidad exagerada que tiene la persona susceptible.

susceptible *adj.* **1.** Que puede hacerse con él lo que se dice: *Es una obra susceptible de ser mejorada.* **2.** Que es demasiado sensible y se molesta por cualquier cosa.

suscitar *v.* Provocar, motivar, causar. **SIN.** Producir. **ANT.** Evitar.

suscribir *v.* **1.** Apuntar a alguien para que reciba un periódico o una revista pagando por ello. **2.** Estar de acuerdo con las ideas o propuestas de otra persona. **3.** Firmar al final de un escrito. ◻ Su p. es irreg.: *suscrito.* **SIN. 1.** Abonar. **2.** Apoyar, adherirse. **ANT. 1.** Borrar. **2.** Rechazar.

suscripción *s. f.* Acción de apuntar a alguien para que reciba una revista o periódico. **SIN.** Abono.

suscriptor, ra *s. m.* y *f.* Persona que suscribe o se suscribe a una publicación periódica.

suscrito, ta 1. *p.* de suscribir. ‖ *adj.* **2.** Que alguien lo suscribió o que se suscribió.

sushi (jap.) *s. m.* Plato típico japonés hecho con pescado crudo y arroz hervido, envuelto en hojas de algas.

susodicho, cha *adj.* y *s.* Que ya se ha dicho antes.

suspender *v.* **1.** Parar, dejar de hacer algo que estaba previsto: *suspender un partido.* **2.** Colgar algo de un lugar alto. **3.** No obtener la nota necesaria para aprobar un examen. **SIN. 1.** Aplazar, detener, interrumpir. **ANT. 1.** Seguir. **2.** Descolgar.

suspense *s. m.* Misterio, emoción, intriga.

suspensión *s. f.* **1.** Hecho de suspender. **2.** Conjunto de piezas de un vehículo que están entre la carrocería y el eje de las ruedas y hacen que se noten menos los baches y sacudidas. **3.** El flotar polvo o pequeñas partículas en el aire o en un líquido. **SIN. 1.** Detención, aplazamiento; anulación. **2.** Amortiguación. **ANT. 1.** Continuación.

suspensivo Se usa en la expresión **puntos suspensivos.** Ver **punto.**

suspenso, sa *adj.* **1.** Que ha sido suspendido, que no ha aprobado. ‖ *s. m.* **2.** Nota que indica que no se ha aprobado un examen. ‖

LOC. **en suspenso** Que se ha interrumpido o dejado para más adelante.

suspicacia *s. f.* Característica de suspicaz o desconfiado. SIN. Desconfianza, recelo. ANT. Confianza.

suspicaz *adj.* Que suele desconfiar o pensar mal de lo que dicen o hacen los demás. SIN. Desconfiado, receloso. ANT. Confiado.

suspirar *v.* **1.** Dar suspiros. **2.** Desear mucho algo, estar enamorado de una persona o sentirse muy atraído por ella. SIN. **2.** Desvivirse, morir.

suspiro *s. m.* **1.** Hecho de tomar y luego echar el aire lentamente, a veces con un gemido, cuando se siente pena, cansancio, deseo, alivio, etc. **2.** *fam.* Persona muy delgada. **3.** *fam.* Tiempo muy corto. SIN. **3.** Santiamén.

sustancia *s. f.* **1.** Materia. **2.** Parte que más alimenta de las cosas que se comen o jugo que tienen. **3.** La esencia o parte más importante de algo. ‖ **4. sustancia gris** Parte del sistema nervioso central situada en la corteza cerebral, en la que se realizan las funciones más importantes del cerebro. SIN. **3.** Meollo, fondo. ANT. **3.** Palabrería.

sustancial *adj.* Muy importante, fundamental. SIN. Trascendental, primordial, capital. ANT. Insustancial.

sustancioso, sa *adj.* **1.** Muy abundante, importante o valioso. **2.** Alimenticio, nutritivo. SIN. **1.** Cuantioso, notable. ANT. **1.** Insignificante.

sustantivación *s. f.* Hecho de sustantivar una palabra o una frase.

sustantivar *v.* Hacer que una palabra o grupo de palabras que no son sustantivos realicen la función de este, por ejemplo, poniéndoles el artículo delante: *lo nuevo; el más pequeño.*

sustantivo, va *adj.* **1.** Relacionado con la sustancia de una cosa. **2.** Que se refiere al nombre o tiene sus características: *oración subordinada sustantiva.* ‖ *s. m.* **3.** En gramática, clase de palabra que sirve para nombrar a los seres y las cosas y realiza principalmente las funciones de núcleo del sujeto o del complemento.

sustentación *s. f.* **1.** Acción de sustentar. **2.** Cosa que sustenta.

sustentar *v.* **1.** Sostener, sujetar, soportar. **2.** Alimentar y mantener a alguien. **3.** Apoyar algo en una base o fundamento. SIN. **1.** Aguantar. **3.** Fundamentarse, basar. ANT. **1.** Tirar.

sustento *s. m.* La comida y otras cosas necesarias para vivir. SIN. Mantenimiento, manutención.

sustitución *s. f.* Hecho de sustituir. SIN. Cambio, reemplazo.

sustituir *v.* Poner en el lugar de otro. ☐ Es v. irreg. Se conjuga como *construir.* SIN. Cambiar, reemplazar.

sustitutivo, va *adj.* y *s. m.* Se dice de la sustancia que puede sustituir a otra porque tiene características parecidas a ella. SIN. Sucedáneo, sustitutorio.

sustituto, ta *adj.* y *s.* Persona que sustituye a otra en un trabajo. SIN. Suplente. ANT. Titular.

sustitutorio, ria *adj.* y *s. m.* Sustitutivo.

susto *s. m.* Sensación de miedo producida por algo que ocurre de repente.

sustracción *s. f.* **1.** Robo, hurto. **2.** En matemáticas, resta. ANT. **2.** Adición, suma.

sustraendo *s. m.* En matemáticas, cantidad que se resta de otra llamada *minuendo.*

sustraer *v.* **1.** Robar. **2.** Hacer una resta. ‖ **sustraerse 3.** No hacer algo que resulta molesto, por ejemplo, una obligación. ☐ Es v. irreg. Se conjuga como *traer.* SIN. **1.** Hurtar. **2.** Restar. **3.** Escabullirse. ANT. **2.** Sumar.

sustrato *s. m.* Capa, nivel u otra cosa que está debajo de otra.

susurrante *adj.* Que susurra.

susurrar *v.* **1.** Hablar muy bajo. **2.** Hacer un ruido muy suave el viento o el agua. SIN. Musitar. **1.** y **2.** Murmurar. ANT. **1.** Gritar.

susurro *s. m.* Hecho de susurrar y sonidos o palabras con que se susurra. SIN. Murmullo.

sutil *adj.* **1.** Muy delgado y fino. **2.** Suave o poco intenso. **3.** Agudo, inteligente. SIN. **1.** Leve, liviano, tenue. **3.** Perspicaz, ingenioso. ANT. **1.** Grueso, tosco. **2.** Fuerte. **3.** Simple.

sutileza *s. f.* **1.** Característica de lo que es sutil. **2.** Idea o frase muy sutil, inteligente, a veces difícil de entender. SIN. **1.** Levedad, suavidad. **1.** y **2.** Agudeza. ANT. **1.** Tosquedad.

sutura *s. f.* Acción de coser el médico una herida para cerrarla.

suturar *v.* Coser una herida.

suyo, ya *pos.* **1.** Que pertenece a otro u otros o tiene relación con ellos; es de tercera persona: *Estos libros son suyos.* **2.** Con *lo,* expresa lo que hace mejor una persona o lo que más le gusta: *Lo suyo es el baloncesto.* ‖ LOC. **hacer** uno **de las suyas** Actuar una persona o animal según su costumbre, sobre todo para hacer algo malo. **lo suyo** Con verbos como *costar* o *llevar,* significa 'mucho trabajo o esfuerzo'; también indica lo mejor para algo: *Lo suyo sería ayudarle.*

swahili (ingl.) *s. m.* Suajili.

t *s. f.* Vigesimoprimera letra del abecedario.

taba *s. f.* **1.** Astrágalo, hueso del tobillo. **2.** Juego que consiste en tirar al aire este hueso o una cosa parecida y, según del lado que caiga, se gana o se pierde.

tabacalero, ra *adj.* **1.** Del cultivo, fabricación y venta de tabaco. ‖ *s. m. y f.* **2.** Persona que cultiva, fabrica o vende tabaco. **SIN. 1.** y **2.** Tabaquero.

tabaco *s. m.* **1.** Planta con muchas ramas, flores en forma de trompeta y hojas grandes que se usan para fabricar cigarros y cigarrillos. **2.** Cigarros o cigarrillos. **3.** Color parecido al de la hoja de tabaco seca.

tábano *s. m.* Insecto parecido a una mosca, pero más grande, que se alimenta de la sangre que chupa a los animales.

tabaquera *s. f.* Caja o bote para guardar tabaco. **SIN.** Petaca.

tabaquero, ra *adj. y s.* Tabacalero.

tabaquismo *s. m.* Intoxicación grave o crónica producida por el abuso del tabaco.

tabarra *s. f.* Molestia, pesadez. Se usa sobre todo en la expresión **dar la tabarra**, 'molestar'.

tabasco (marca registrada) *s. m.* Salsa mexicana muy picante.

taberna *s. f.* Lugar en que se sirven bebidas y a veces también comidas. **SIN.** Tasca.

tabernáculo *s. m.* **1.** Tienda donde los antiguos hebreos colocaban el arca de la Alianza. **2.** Sagrario.

tabernario, ria *adj.* **1.** Que es propio de las tabernas. **2.** Vulgar, grosero.

tabernero, ra *s. m. y f.* Dueño o encargado de una taberna.

tabicar *v.* Cerrar un hueco con un tabique.

tabique *s. m.* **1.** Pared delgada que separa las distintas habitaciones de una casa. **2.** Cosa plana y delgada que separa dos huecos o espacios, como la membrana que separa dos cavidades de un órgano: *el tabique nasal*.

tabla *s. f.* **1.** Trozo de madera, o de otro material rígido, plano, más largo que ancho y poco grueso. **2.** Plancha larga sobre la que se practican algunos deportes de agua, como el surf. **3.** Tapa con un hueco en el centro para sentarse sobre ella en los retretes. **4.** Pliegue ancho y plano de una prenda. **5.** Lista de términos, nombres, números según un orden o una clasificación: *la tabla de multiplicar*. ‖ *s. f. pl.* **6.** Resultado del juego del ajedrez o de las damas cuando ninguno de los dos jugadores ha conseguido ganar la partida. ‖ **LOC. tener tablas** Tener un actor o cualquier persona mucha experiencia en su profesión. **SIN. 1.** Listón.

tablado *s. m.* **1.** Suelo plano formado por tablas unidas, casi siempre construido en alto. **2.** Tablao. **SIN. 1.** Tarima.

tablao *s. m.* Escenario usado para espectáculos de cante y baile flamencos; también, el lugar donde se hacen estos espectáculos. **SIN.** Tablado.

tablazón *s. f.* **1.** Conjunto de tablas unidas. **2.** Conjunto de tablas que forman la cubierta de los barcos o sus costados.

tableado, da *adj.* Se dice de la prenda de vestir que tiene tablas o pliegues rectos.

tablero *s. m.* **1.** Plancha de madera o de otro material rígido. **2.** Superficie cuadrada con recuadros o figuras para jugar a algunos juegos de mesa: *un tablero de ajedrez*. **SIN. 1.** Tablón.

tableta *s. f.* **1.** Pastilla de chocolate o de turrón. **2.** Pastilla de medicina redonda y plana. **3.** Pequeño ordenador portátil con pantalla táctil y aplicaciones multimedia.

tabletear *v.* Producir algo un ruido semejante al de chocar tablas o maderas.

tabloide *adj. y s. m.* Se dice del periódico de tamaño algo más pequeño que el normal.

tablón *s. m.* **1.** Tabla grande y gruesa. **2.** Tablero donde se ponen noticias, avisos, listas y otras informaciones.

tabú *s. m.* **1.** Lo que no se puede o no se debe mencionar o tratar, por prejuicios, convenciones sociales, etc. **2.** Palabra que procura evitarse por estas mismas razones. **ANT. 2.** Eufemismo.

tabulador, ra *adj.* **1.** Que tabula. ‖ *s. m.* **2.** En las máquinas de escribir y los ordenadores, tecla para colocar los márgenes en los lugares deseados.

tabular[1] *v.* **1.** Expresar valores y datos mediante tablas. **2.** Señalar los márgenes en un escrito con el tabulador.

tabular[2] *adj.* Que tiene forma de tabla.

taburete *s. m.* Silla sin brazos ni respaldo. **SIN.** Banqueta.

tac (siglas de **t**omografía **a**xial **c**omputerizada) *s. m.* Método de exploración médica a través de resonancia magnética.

tacada *s. f.* En billar, golpe que se da a la bola con el taco y, también, serie de carambolas seguidas que hace un jugador. || **LOC. de una tacada** De golpe, de una vez.

tacañería *s. f.* Comportamiento o forma de ser del tacaño.

tacaño, ña *adj. y s.* Persona que gasta o da lo menos que puede. **SIN.** Agarrado. **ANT.** Generoso.

tacatá o **tacataca** *s. m.* Especie de carrito para que los niños aprendan a andar sin caerse. **SIN.** Andador.

tacha *s. f.* Defecto o falta.

tachadura *s. f.* Raya o rayas con que se tacha algo. **SIN.** Tachón, borrón.

tachar *v.* **1.** Hacer rayas encima de algo escrito para taparlo o indicar que no vale. **2.** Señalar un defecto o una cualidad negativa de una persona o cosa: *Le tacharon de mentiroso.* **SIN. 2.** Tildar.

tachines *s. m. pl. fam.* Pies.

tacho *s. m. Amér.* Cubo de la basura.

tachón[1] *s. m.* Tachadura, borrón.

tachón[2] *s. m.* Tachuela grande con cabeza dorada o plateada.

tachonado, da *adj.* **1.** Adornado con tachones. **2.** Totalmente cubierto: *un cielo tachonado de estrellas.*

tachuela *s. f.* Clavo corto y de cabeza ancha.

tácito, ta *adj.* Que se sabe sin necesidad de decirlo: *un acuerdo tácito.* **SIN.** Implícito. **ANT.** Explícito.

taciturno, na *adj.* Callado, que habla poco. **SIN.** Reservado, retraído. **ANT.** Abierto.

taco *s. m.* **1.** Pedazo corto de madera u otro material que se encaja en un hueco. **2.** *fam.* Trozo pequeño y grueso de un alimento, sobre todo el jamón o el queso. **3.** Palo con que se golpea la bola en el juego del billar. **4.** Montón de hojas, papeles o cosas parecidas, sobre todo si están bien colocados. **5.** *fam.* Palabrota. **6.** *fam.* Lío, jaleo: *armarse un taco.* **7.** En México, tortilla de maíz rellena de carne y otros ingredientes. || *s. m. pl.* **8.** *fam.* Años que tiene una persona.

tacón *s. m.* Pieza del zapato que se coloca en la suela, bajo el talón, para levantar el pie.

taconazo *s. m.* Golpe de tacón.

taconear *v.* Golpear el suelo con el tacón varias veces seguidas al andar o al bailar. **SIN.** Zapatear.

taconeo *s. m.* Golpe repetido con el tacón del zapato.

táctica *s. f.* **1.** Estrategia o manera de hacer alguna cosa. **2.** Conocimientos para realizar las operaciones militares. **SIN. 1.** Sistema, procedimiento.

táctico, ca *adj.* **1.** De la táctica o relacionado con ella. || *adj. y s.* **2.** Persona que sabe de táctica o que la practica.

táctil *adj.* Del sentido del tacto.

tacto *s. m.* **1.** Sentido corporal con que se perciben los objetos, su forma, su tamaño y otras características tocándolos o sintiéndolos con alguna parte del cuerpo. **2.** Modo en que se perciben las cosas a través de este sentido: *Esta toalla tiene un tacto muy suave.* **3.** Acción de tocar. **4.** Cuidado que hay que tener a veces al tratar con las personas o para hacer algo sin que le siente mal a otro. **SIN. 1.** Sensibilidad. **4.** Delicadeza, diplomacia, tiento.

taekwondo (del coreano) *s. m.* Tipo de lucha coreana parecida al kárate.

tafetán *s. m.* Tela delgada y fuerte de seda o de un tejido parecido.

tafilete *s. m.* Piel curtida, suave, flexible y poco gruesa.

tagalo, la *adj. y s.* **1.** De un pueblo de Filipinas que vive principalmente en la isla de Luzón. || *s. m.* **2.** Lengua de este pueblo.

tahitiano, na *adj. y s.* De Tahití, isla francesa de Oceanía.

tahona *s. f.* Lugar donde se hace y se vende pan. **SIN.** Horno.

tahúr *s. m. y f.* **1.** Persona que juega con frecuencia a las cartas, los dados y otros juegos y lo hace por dinero. **2.** Jugador tramposo. **SIN. 2.** Fullero.

taichí o **taichi** (del chino) *s. m.* Arte marcial que se practica con movimientos muy lentos y coordinados.

taifa *s. f.* Cada uno de los reinos que se formaron en el siglo XI, en la España musulmana al dividirse el califato de Córdoba.

taiga (del ruso) *s. f.* Gran extensión de bosques que hay en algunas zonas frías del norte de Europa, Asia y América.

tailandés, sa *adj. y s.* De Tailandia, país de Asia.

talo

taimado, da *adj.* Astuto, que tiene facilidad para engañar. **SIN.** Ladino. **ANT.** Ingenuo.

taita *s. m. Amér.* Papá.

tajada *s. f.* **1.** Trozo cortado o separado de una cosa, sobre todo de un alimento. **2.** Corte, raja. **3.** *fam.* Beneficio, ventaja: *sacar tajada, llevarse una buena tajada.* **4.** *fam.* Borrachera.

tajamar *s. m.* Construcción que se añade a los pilares de un puente para que corte el agua de la corriente.

tajante *adj.* **1.** Que no se puede discutir o dudar. **2.** Total, brusco o sin término medio. **SIN. 1.** y **2.** Rotundo.

tajar *v.* **1.** Dividir una cosa con un instrumento cortante. ‖ **tajarse 2.** *fam.* Emborracharse. **SIN. 1.** Cortar, sajar.

tajo *s. m.* **1.** Corte profundo hecho con un objeto afilado. **2.** Barranco hondo y estrecho. **3.** *fam.* Trabajo, tarea. **SIN. 1.** Cortadura. **3.** Curro, curre.

tal *dem.* **1.** Indica una persona o cosa que ya se conoce o se ha dicho antes: *Él nunca haría tal barbaridad.* Se usa también para poner ejemplos: *Pinta algunos frutos, tales como la naranja o la pera.* ‖ *indef.* **2.** Tanto, tan grande: *Había tal cantidad de gente, que no se cabía.* **3.** Señala a una persona o cosa cualquiera o que no es muy conocida: *Hizo el pedido indicando tal y tal producto. Ha llamado un tal Matías.* ‖ *adv.* **4.** Con *como* o *cual*, significa 'igual', 'de la misma manera': *Tu hermano es tal como me dijiste. Dejaron la habitación tal cual estaba.* ‖ **LOC. con tal de** Con la condición de que: *Te diré un secreto con tal de que no se lo cuentes a nadie.* **tal para cual** Significa que dos personas son muy parecidas, sobre todo por algo malo. **tal vez** Posiblemente.

tala *s. f.* Acción de talar árboles.

talabartero, ra *s. m.* y *f.* Persona que trabaja el cuero.

taladrador, ra *adj.* y *s.* Instrumento o máquina para taladrar. **SIN.** Taladro.

taladrar *v.* Hacer agujeros en una superficie con un instrumento.

taladro *s. m.* **1.** Instrumento o máquina para taladrar. **2.** Agujero que se hace al taladrar. **SIN. 1.** Taladrador.

tálamo *s. m.* Cama de los recién casados.

talante *s. m.* Modo de ser de una persona o humor que tiene en algún momento. **SIN.** Carácter; ánimo.

talar[1] *v.* Cortar árboles.

talar[2] *adj.* Vestidura que llega hasta los talones, sobre todo la eclesiástica.

talayot o **talayote** *s. m.* Monumento megalítico de las islas Baleares, parecido a una torre de poca altura.

talco *s. m.* Mineral blanco y blando que, en forma de polvo muy fino, se usa en la higiene personal y como cosmético.

talega *s. f.* Bolsa ancha y corta de tela.

talego *s. m.* **1.** Saco de tela. **2.** En argot, cárcel.

taleguilla *s. f.* Pantalón de los toreros.

talento *s. m.* **1.** Capacidad para hacer muy bien una cosa. **2.** Persona que tiene esa capacidad. **SIN. 1.** Aptitud. **ANT. 1.** Incapacidad.

talgo *s. m.* Tren articulado de gran estabilidad y muy rápido.

talibán, na *adj.* y *s. m.* Se dice de una secta fundamentalista musulmana que impone la ley islámica por la fuerza, y de sus seguidores.

talión *s. m.* **1.** Pena en la que alguien sufre el mismo daño que ha causado. ‖ **2. ley de talión** La que castiga con esa pena.

talismán *s. m.* Objeto que según algunos tiene poderes mágicos.

talla *s. f.* **1.** Acción de tallar. **2.** Escultura, sobre todo la de madera. **3.** Medida de una prenda de vestir y de la persona que la usa. **4.** Estatura de una persona. **5.** Importancia o valor. **SIN. 5.** Categoría.

tallar *v.* **1.** Dar forma a un material duro cortando o quitando trozos. **2.** Grabar un dibujo u otra cosa sobre una superficie dura. **3.** Medir la estatura de una persona o de un animal. **SIN. 1.** Esculpir.

tallarín *s. m.* Tira fina y delgada de pasta de harina de trigo, que se come cocida. Es una comida típica italiana.

talle *s. m.* **1.** Cintura. **2.** Parte de una prenda de vestir que cubre la cintura. **3.** Medida de una prenda de vestir que se toma desde el cuello hasta la cintura.

taller *s. m.* **1.** Lugar donde se trabaja en algunos oficios o donde los artistas realizan sus obras. **2.** Lugar donde se arreglan máquinas, aparatos y piezas mecánicas. **3.** Escuela o curso en el que se enseña una actividad: *taller de teatro.*

tallista *s. m.* y *f.* Persona que hace obras de talla.

tallo *s. m.* Parte de las plantas que crece hacia arriba y sostiene las hojas, las flores y los frutos.

talludo, da o **talludito, ta** *adj.* Que ya no es un niño o ya no es joven.

talo *s. m.* En botánica, cuerpo de las plantas talofitas, que equivale a la raíz, el tallo y las hojas de las plantas metafitas.

talofito, ta *adj.* y *s.* Se dice de las plantas que tienen talo y carecen de tejidos vasculares, como las algas y los hongos.

talón[1] *s. m.* **1.** Parte de detrás del pie, que tiene forma redondeada. **2.** Parte del zapato, la media o el calcetín que cubre esa parte del pie. || **LOC.** **pisarle** a alguien **los talones** Seguirle muy de cerca. **SIN. 1.** Calcañar.

talón[2] *s. m.* Hoja que se separa de un cuadernillo, como los cheques y algunos recibos.

talonario *s. m.* Cuadernillo de talones.

talonera *s. f.* Refuerzo en el talón de una media, un calcetín o un zapato.

talud *s. m.* Inclinación o pendiente en un terreno. **SIN.** Cuesta, rampa.

tam-tam *s. m.* Tamtan.

tamal *s. m. Amér.* Empanada de masa de maíz.

tamaño, ña *adj.* **1.** Semejante, tal, tan grande: *Jamás he oído tamaña tontería.* || *s. m.* **2.** Lo que mide y ocupa una persona o una cosa, y por lo que resulta más grande o más pequeña que otras. **3.** Importancia.

tamarindo *s. m.* Árbol africano de tronco grueso y copa ancha, que da un fruto llamado también *tamarindo* que se come en confitura.

tambalearse *v.* Moverse una persona, animal o cosa de un lado a otro cuando le falta el equilibrio. **SIN.** Bambolearse.

también *adv.* **1.** Sirve para afirmar que una persona o cosa es como otra ya nombrada, que hace igual que ella o que tiene lo mismo: *Jorge es mi amigo y Rafa también. Si vais al cine, nosotros también. En mi pueblo también hay polideportivo.* **2.** Además: *Es buen estudiante y también un gran deportista.*

tambor *s. m.* **1.** Instrumento musical que consiste en una caja redonda cerrada por una o dos pieles muy tirantes o por otra superficie; se toca golpeando estas superficies con unos palillos. **2.** Nombre de algunos objetos con forma de cilindro, como el tambor de la lavadora.

tamboril *s. m.* Tambor pequeño y estrecho que se lleva colgado y se toca con un solo palillo.

tamborilear *v.* **1.** Tocar el tamboril. **2.** Dar muchos golpes ligeros sobre algo, haciendo un ruido parecido al del tambor.

tamborilero, ra *s. m.* y *f.* Persona que toca el tambor o el tamboril.

tamborrada *s. f.* Fiesta popular en la que mucha gente toca el tambor a la vez.

tamiz *s. m.* Aro con una redecilla o tela por la que se hace pasar algo para separar las partes más finas de las gruesas. **SIN.** Criba, cedazo.

tamizar *v.* **1.** Pasar una cosa por el tamiz. **2.** Suavizar la luz o cambiar su color haciéndola pasar a través de un filtro, una pantalla o algo parecido. **3.** Seleccionar con mucho cuidado. **SIN. 1.** Cribar.

támpax (marca registrada) *s. m.* Tampón higiénico femenino.

tampoco *adv.* Se usa para negar una cosa después de haberse negado otra: *Ayer no hubo clase y hoy tampoco.*

tampón *s. m.* **1.** Almohadilla empapada en tinta que se utiliza para mojar en ella los sellos de caucho; también, estos sellos. **2.** Cilindro de algodón que se ponen las mujeres en la vagina cuando tienen la menstruación. **SIN. 2.** Támpax.

tamtan *s. m.* Instrumento musical parecido a un tambor grande que usan algunos indígenas.

tamujo *s. m.* Arbusto de ramas delgadas, flexibles y espinosas, que se utilizan para hacer escobas.

tan *adv.* **1.** Se usa delante de adjetivos y de otros adverbios para dar más fuerza a su significado: *Es tan bueno... No vayas tan deprisa.* **2.** En correlación con *como*, expresa una comparación de igualdad: *La chica es tan lista como la madre.* **3.** Con la conjunción *que* forma oraciones subordinadas consecutivas: *Habla tan alto que todo el mundo se entera.*

tanatorio *s. m.* Edificio donde familiares y amigos acompañan a las personas fallecidas antes de enterrarlas o incinerarlas.

tanda *s. f.* **1.** Cada uno de los grupos en que se divide un conjunto de personas, animales o cosas. **2.** Varias cosas de la misma clase que se hacen o se dan seguidas. **SIN. 1.** Partida, turno. **2.** Serie.

tándem *s. m.* **1.** Bicicleta con dos o más asientos y el mismo número de pares de pedales. **2.** Equipo de dos personas.

tanga *s. m.* Braga o calzoncillo muy pequeño, que no cubre los glúteos.

tangencial *adj.* **1.** Relacionado con la tangente. **2.** Que se refiere a algo de manera parcial o superficial.

tangente *adj.* y *s. f.* En geometría, se dice de las líneas o las superficies que se tocan sin llegar a cortarse. || **LOC.** **irse** o **salirse por la tangente** Dar rodeos o excusas para evitar contestar a alguna pregunta o dar explicaciones.

tangible *adj.* **1.** Que se puede tocar con las manos. **2.** Que se nota claramente. **SIN. 1.** y **2.** Palpable. **2.** Evidente.

tango *s. m.* **1.** Baile argentino, de ritmo lento, que baila una pareja entrelazada. **2.** Música y canción de este baile.

tanguillo *s. m.* Cante y baile flamencos típicos de Cádiz.

tanguista *s. m. y f.* Cantante de tangos.

tanino *s. m.* Sustancia que hay en la corteza de algunos árboles, como los robles y castaños, que se usa para curtir pieles y, en farmacia, para cortar la diarrea.

tanque *s. m.* **1.** Vehículo grande de guerra provisto de una carrocería muy fuerte, que suele moverse sobre unas cadenas con las que puede ir por sitios desiguales. **2.** Depósito para líquidos. **3.** *fam.* Vaso grande de una bebida, generalmente cerveza. **SIN.** 2. Cisterna.

tanqueta *s. f.* Vehículo parecido a un tanque, pero más pequeño.

tanteador *s. m.* Marcador de tantos.

tantear *v.* **1.** Ir por un sitio tocando las cosas con las manos cuando no se ve o no hay luz. **2.** Calcular más o menos. **3.** Intentar saber cómo es una persona, qué quiere o qué piensa sobre algo. **4.** Llevar la cuenta de los tantos en un juego. **SIN.** 1. Palpar. 2. Sopesar.

tanteo *s. m.* **1.** Acción de tantear. **2.** Número de tantos o puntos que se consiguen en un juego o en un deporte. **SIN.** 2. Puntuación, resultado.

tanto, ta *indef.* **1.** Significa mucho, gran cantidad de algo: *Había tantos pasteles que no sabía cuál elegir.* **2.** Expresa una cantidad o un número, pero sin decir cuál: *Debe de tener treinta y tantos años.* ‖ *adv.* **3.** En gran cantidad o intensidad: *No chilles tanto.* ‖ *s. m.* **4.** Una cantidad de dinero, sin decir cuánto: *Él le ayuda a repartir la mercancía y se lleva un tanto.* **5.** Punto que se consigue en un juego. ‖ **6. tanto por ciento** Porcentaje. ‖ **LOC. entre tanto** Mientras. **las tantas** Hora que nos parece que es muy tarde. **no ser para tanto** No ser tan bueno o bonito como se había dicho. **por tanto** o **por lo tanto** Se usa para expresar la consecuencia de algo.

tanzano, na *adj. y s.* De Tanzania, país de África.

tañer *v.* **1.** Tocar un instrumento musical, sobre todo si es de cuerda. **2.** Tocar las campanas. □ Es v. irreg. **SIN.** 1. Pulsar.

tañido *s. m.* Acción de tañer un instrumento o una campana y sonido que produce.

taoísmo *s. m.* Sistema filosófico y religión chinos.

taoísta *adj. y s.* Del taoísmo o que sigue el taoísmo.

tapa *s. f.* **1.** Pieza para cerrar o cubrir una caja, un frasco y otras cosas. **2.** Las dos láminas de cartón, papel u otro material que tienen los libros por fuera. **3.** Trozo de cuero, goma u otro material que se pone a los tacones por la parte que toca el suelo. **4.** Pequeña ración de comida que se toma como aperitivo. **SIN.** 1. Tapadera.

tapacubos *s. m.* Tapa redonda que se pone por fuera en las ruedas de los coches para que no se vean las tuercas.

tapadera *s. f.* **1.** Tapa ancha que se pone en la boca de algunos recipientes. **2.** Persona o cosa que sirve para ocultar a otra y que no se sepa lo que es: *El bar lo utiliza de tapadera para sus negocios ilegales.*

tapadillo Se usa en la expresión **de tapadillo**, 'a escondidas'.

tapajuntas *s. m.* Listón moldeado que se utiliza para cubrir la juntura del cerco de una puerta o ventana con la pared.

tapar *v.* **1.** Cubrir o cerrar algo poniendo una cosa encima o delante. **2.** Abrigar con ropa. **3.** Ocultar o disimular una falta, un error o algo parecido. **SIN.** 2. Arropar. **ANT.** 1. y 2. Destapar.

taparrabo o **taparrabos** *s. m.* Trozo muy pequeño de piel o tela que se ponen las personas de algunos pueblos primitivos para cubrirse los genitales.

tapear *v.* Tomar tapas o aperitivos.

TAÑER
GERUNDIO
tañendo
INDICATIVO

Pretérito perfecto simple

tañí
tañiste
tañó
tañimos
tañisteis
tañeron

SUBJUNTIVO

Pretérito imperfecto	**Futuro simple**
tañera, -ese	*tañere*
tañeras, -eses	*tañeres*
tañera, -ese	*tañere*
tañéramos, -ésemos	*tañéremos*
tañerais, -eseis	*tañereis*
tañeran, -esen	*tañeren*

táper *s. m. Tupperware.*

tapete *s. m.* Trozo de tela o plástico que se pone encima de una mesa o de un mueble.

tapia *s. f.* Pared que se pone alrededor de una casa o una finca para protegerla o para separarla de otras. || **LOC. como una tapia** Muy sordo.

tapiar *v.* **1.** Rodear una casa o una finca con una tapia. **2.** Cerrar algo con ladrillos.

tapicería *s. f.* **1.** Telas que se usan para hacer cojines, cortinas o forrar muebles. **2.** Taller donde trabaja el tapicero. **3.** Oficio del tapicero.

tapicero, ra *s. m.* y *f.* **1.** Persona que se dedica a tapizar muebles y hacer cortinas y cojines. **2.** Persona que hace tapices.

tapioca *s. f.* Alimento que se saca de la raíz de una planta americana llamada *mandioca.*

tapir *s. m.* Animal mamífero, algo más grande que un jabalí, que tiene la cabeza acabada en una corta trompa. Se alimenta de hierbas y sobre todo de raíces que encuentra escarbando. Vive en América del Sur y en Asia.

tapiz *s. m.* Trozo de tela tejido con lana, lino u otros hilos que forman dibujos y escenas. Se usa para cubrir y adornar paredes.

tapizado, da 1. *p.* de **tapizar.** También *adj.* || *s. m.* **2.** Acción de tapizar y material con que se hace.

tapizar *v.* Forrar con tela muebles, paredes y otras cosas.

tapón *s. m.* **1.** Pieza que sirve para tapar botellas, tubos y otras cosas: *un tapón de corcho.* **2.** Cualquier cosa que obstruye o tapona algo. **3.** Embotellamiento de vehículos que dificultan el tráfico. **4.** En baloncesto, acción de parar un jugador el balón que otro ha lanzado, cuando va subiendo derecho a la canasta. **5.** *fam.* Persona muy baja y algo gorda. **6.** Acumulación de cera en los oídos. **SIN. 3.** Atasco.

taponamiento *s. m.* Acción de taponar.

taponar *v.* **1.** Cerrar algo con un tapón. || **taponarse 2.** Quedarse tapado un agujero o un conducto. **SIN. 1.** y **2.** Obturar(se), obstruir(se). **ANT. 1.** y **2.** Destaponar(se).

taponazo *s. m.* Estallido que se produce al saltar el tapón de una botella y golpe que este tapón da.

tapujo *s. m.* Disimulo con que se quiere ocultar la verdad. Se usa sobre todo en la expresión **sin tapujos**: *Estuvieron hablando sin tapujos.*

taquicardia *s. f.* Hecho de ir mucho más deprisa de lo normal los latidos del corazón, por una enfermedad o por un esfuerzo muy grande.

taquigrafía *s. f.* Tipo de escritura con unos signos especiales que permiten escribir a gran velocidad.

taquigrafiar *v.* Escribir con taquigrafía.

taquígrafo, fa *s. m.* y *f.* Persona que escribe utilizando la taquigrafía.

taquilla *s. f.* **1.** Ventanilla, mostrador o lugar donde se venden billetes para un transporte o entradas para un espectáculo. **2.** Dinero que se recauda en un espectáculo. **3.** Armario o compartimento para guardar objetos personales en un lugar público.

taquillero, ra *s. m.* y *f.* **1.** Persona que vende billetes o entradas en una taquilla. || *adj.* **2.** Se dice del artista o del espectáculo que consigue mucho dinero porque mucha gente va a verlo.

taquillón *s. m.* Mueble de madera, no muy alto, con puertas y cajones, que suele colocarse en el recibidor.

taquimecanografía *s. f.* Técnica y conocimientos de taquigrafía y mecanografía.

tara *s. f.* **1.** Defecto grave. **2.** Peso de un vehículo sin la carga que puede transportar.

taracea *s. f.* Técnica que consiste en meter en una madera trocitos de madera de otro color, o de otros materiales, formando dibujos o adornos.

tarado, da *adj.* **1.** Que tiene alguna tara o defecto. || *s. m.* y *f.* **2.** Tonto, poco inteligente. **SIN. 2.** Estúpido, torpe.

tarambana o **tarambanas** *adj.* y *s. fam.* Alocado, poco sensato.

tarantela *s. f.* Baile napolitano y música con la que se acompaña.

tarántula *s. f.* Araña grande de color oscuro con rayas blancas y patas peludas, que vive en zonas tropicales.

tararear *v.* Cantar en voz baja y sin pronunciar palabras. **SIN.** Canturrear.

tarareo *s. m.* Acción de tararear.

tararí *interj.* Indica negación o incredulidad. **SIN.** Tururú, nanay.

tarascada *s. f.* Mordedura o arañazo muy rápido. **SIN.** Bocado, dentellada.

tardanza *s. f.* Hecho de tardar. **SIN.** Demora, retraso.

tardar *v.* **1.** Necesitar un tiempo para realizar alguna cosa. **2.** Emplear mucho tiempo en hacer algo. **3.** Retrasarse, demorarse.

tarde *s. f.* **1.** Tiempo que va desde el mediodía hasta que empieza a hacerse de noche. || *adv.* **2.** A últimas horas del día o de la noche: *Ayer se acostó muy tarde.* **3.** Después del momento oportuno o que se había decidido:

tatuaje

llegar tarde. **ANT. 1.** Mañana. **2.** Temprano. **3.** Pronto.

tardío, a *adj.* **1.** Se dice de aquellos frutos que maduran más tarde del tiempo en que sería normal. **2.** Que se produce más tarde de lo normal. **SIN. 2.** Retrasado. **ANT. 1.** y **2.** Temprano.

tardo, da *adj.* **1.** Lento para moverse o hacer las cosas. **2.** Que le cuesta entender las cosas. **SIN. 1.** Pausado. **2.** Lerdo. **ANT. 1.** Vivaracho. **2.** Despierto.

tardón, na *adj.* y *s. fam.* Se dice de la persona que tarda mucho.

tarea *s. f.* Actividad o trabajo, sobre todo el que debe hacerse en un tiempo determinado. **SIN.** Labor, faena. **ANT.** Ocio.

target (ingl.) *s. m.* Sector de la población al que se dirige un producto o una campaña comercial.

tarifa *s. f.* **1.** Dinero que hay que pagar por una cosa o por un impuesto. || **2. tarifa plana** Cuota fija que cobra una compañía, generalmente de telecomunicaciones, por un servicio, sea cual sea su uso o duración.

tarifar *v. fam.* Discutir o pelearse con alguien.

tarima *s. f.* Plataforma de madera a poca altura del suelo.

tarjeta *s. f.* **1.** Pieza rectangular de cartulina, plástico, etc., en la que aparecen impresos ciertos datos. **2.** La que da un banco o unos grandes almacenes y sirve para pagar: *tarjeta de crédito.* || **3. tarjeta amarilla** En fútbol, la que enseña el árbitro a un jugador que ha cometido una falta grave. **4. tarjeta de memoria** Chip con un pequeño circuito electrónico para almacenar información que se usa en móviles, cámaras digitales, etc. **5. tarjeta roja** En fútbol, la que le saca el árbitro a un jugador para indicarle que está expulsado del campo.

tarjetero *s. m.* Cartera para guardar tarjetas.

tarlatana *s. f.* Tejido de algodón poco tupido y consistente.

tarot (del fr.) *s. m.* Adivinación del futuro de una persona usando unas cartas especiales; también se llama así a estas cartas.

tarraconense *adj.* y *s.* De Tarragona, ciudad y provincia españolas.

tarrina *s. f.* Recipiente en que se venden o se conservan algunos alimentos.

tarro *s. m.* **1.** Bote de cristal, barro o porcelana para guardar alimentos y otras cosas. **2.** *fam.* Cabeza. **SIN. 2.** Coco.

tarso *s. m.* Conjunto de huesos del pie situados entre el metatarso y la pierna.

tarta *s. f.* Pastel grande con crema, nata, guindas, almendras y otras cosas.

tartaja *adj.* y *s. fam.* Tartamudo.

tartajear *v. fam.* Tartamudear.

tartaleta *s. f.* Pastel de hojaldre con un hueco que se rellena de diversos alimentos.

tartamudear *v.* Atascarse una persona al hablar, repitiendo varias veces una sílaba. **SIN.** Tartajear.

tartamudeo *s. m.* Hecho de tartamudear.

tartamudez *s. f.* Defecto que tienen las personas que tartamudean.

tartamudo, da *adj.* y *s.* Que tartamudea. **SIN.** Tartaja.

tartán (marca registrada) *s. m.* Material artificial con que se hacen las superficies de las pistas deportivas.

tartana *s. f.* **1.** Carreta con toldo, que suele tener dos ruedas. **2.** *fam.* Coche viejo y estropeado.

tártaro, ra *adj.* y *s.* De un conjunto de pueblos de origen turco y mongol.

tartera *s. f.* Recipiente que queda herméticamente cerrado y se usa para llevar comida.

tartesio, sia *adj.* y *s.* De un antiguo pueblo de la península ibérica que habitaba en la vera baja del Guadalquivir.

tarugo *s. m.* **1.** Trozo de madera corto y grueso. **2.** Trozo grande de pan. **3.** *fam.* Persona bruta o poco lista. **SIN. 3.** Zopenco, zoquete.

tarumba *adj. fam.* Que está loco.

tasa *s. f.* **1.** Medida de algunas cosas: *la tasa de nacimientos.* **2.** Lo que se paga por usar una cosa o por comprarla.

tasación *s. f.* Acción de tasar.

tasador, ra *s. m.* y *f.* Persona que tasa.

tasajo *s. m.* Cecina.

tasar *v.* Decir una persona experta o una autoridad lo que vale alguna cosa.

tasca *s. f.* Bar, taberna.

tascar *v.* Morder la hierba los animales haciendo ruido.

tata *s. f. fam.* En el lenguaje de los niños, niñera.

tatami (del jap.) *s. m.* Suelo acolchado sobre el que se practican algunos deportes, como el yudo o el kárate.

tatarabuelo, la *s. m.* y *f.* El abuelo o la abuela de nuestros abuelos.

tataranieto, ta *s. m.* y *f.* El nieto o la nieta de los nietos de alguien.

tatuaje *s. m.* Dibujo o palabra que se graba en una parte del cuerpo, normalmente metiendo con una aguja sustancias de color bajo la piel.

tatuar *v.* Hacer un tatuaje.

taula (del cat.) *s. f.* Monumento megalítico de las islas Baleares, que consiste en una gran piedra horizontal que se apoya sobre otra u otras verticales.

taurino, na *adj.* De los toros o de las corridas de toros. **SIN.** Torero.

Tauro *n. pr.* Segundo signo del Zodiaco (del 20 de abril al 20 de mayo).

tauromaquia *s. f.* La técnica o el arte de torear.

tautología *s. f.* Repetición de la misma idea, pero con distintas palabras, por ejemplo: *reemprender de nuevo, subir arriba*.

taxativo, va *adj.* Exacto, muy riguroso: *cumplimiento taxativo de las normas.* **SIN.** Estricto, preciso. **ANT.** Relativo.

taxi *s. m.* Coche de alquiler con conductor que transporta a los clientes al lugar deseado, normalmente dentro de una ciudad.

taxidermia *s. f.* Arte de disecar animales.

taxidermista *s. m. y f.* Persona que se dedica a disecar animales.

taxímetro *s. m.* Aparato que en los taxis marca el dinero que tienen que pagar los pasajeros.

taxista *s. m. y f.* Conductor de un taxi.

taxonomía *s. f.* Sistema para clasificar, por ejemplo, los animales y las plantas en familias, especies y otros grupos.

taxonómico, ca *adj.* De la taxonomía.

taza *s. f.* **1.** Recipiente pequeño de boca ancha y con asa, que sirve para tomar bebidas y caldos. **2.** Parte del retrete sobre la que nos sentamos.

tazón *s. m.* Especie de taza, pero más grande y sin asa.

te *pron. pers.* Expresa la segunda persona del singular y funciona como complemento directo o indirecto: *Te vi ayer. Andrés te dejó un recado.* También se utiliza para los verbos pronominales: *¿Te acuerdas?*; a veces sirve para dar mayor expresividad: *Te has comido todo el chocolate.*

té *s. m.* Bebida que se prepara echando en agua hirviendo las hojas secas y tostadas de un árbol chino que también se llama *té*.

tea *s. f.* Trozo de madera que se unta con resina y se enciende para alumbrar o prender fuego. **SIN.** Hacha.

teatral *adj.* **1.** Del teatro o relacionado con él. **2.** Que es muy exagerado y quiere llamar la atención o impresionar a los demás. **SIN.** 1. y 2. Dramático. **ANT.** 2. Natural.

teatrero, ra *adj. y s.* **1.** *fam.* Se dice de la persona a la que le gusta mucho el teatro. **2.** *fam.* Que exagera o finge para llamar la atención. **SIN.** 2. Teatral.

teatro *s. m.* **1.** Género literario formado por las obras escritas para que unos actores las representen delante del público. **2.** Edificio o lugar donde se representan estas obras y otros espectáculos. **3.** Hecho de fingir o simular una cosa.

tebano, na *adj. y s.* De Tebas, antigua ciudad griega.

tebeo *s. m.* Revista de historietas para niños. **SIN.** Cómic.

teca *s. f.* Árbol perenne de gran altura, originario de Asia tropical y muy apreciado por su madera.

techado, da 1. *p.* de **techar.** También *adj.* ‖ *adj.* **2.** Que tiene techo. ‖ *s. m.* **3.** Techumbre, cubierta.

techar *v.* Cubrir una construcción con techo.

techo *s. m.* **1.** Parte de arriba de un edificio, de una habitación o de algo parecido, que sirve para cubrirlo. **2.** Lugar donde vivir o donde refugiarse. **3.** El límite de algo, lo máximo. **SIN.** 1. Techumbre, tejado, cubierta. 2. Cobijo, refugio. 3. Tope.

techumbre *s. f.* Techo de un edificio o de una habitación. **SIN.** Tejado, cubierta.

teckel (al.) *adj. y s. m.* Perro de cuerpo alargado y patas cortas. Se le llama familiarmente *perro salchicha.*

tecla *s. f.* Cada una de las piezas que se aprietan o se pulsan al manejar una máquina de escribir, el teclado de un ordenador, algunos instrumentos musicales, etc.

teclado *s. m.* Parte de un instrumento musical, de un ordenador o de otra cosa, donde están las teclas.

teclear *v.* Apretar las teclas de un instrumento musical, de una máquina o de otra cosa.

teclista *s. m. y f.* Persona que maneja un teclado, sobre todo el músico que toca un instrumento con teclado.

técnica *s. f.* **1.** Conjunto de conocimientos, métodos y aparatos que hacen posible fabricar cosas. **2.** Forma de hacer una cosa o de utilizarla. **SIN.** 2. Procedimiento.

técnicamente *adv.* De manera técnica o según la técnica que se ha utilizado.

tecnicismo *s. m.* Palabra que se utiliza en una ciencia, arte o profesión.

técnico, ca *adj.* **1.** De la técnica o relacionado con ella: *un vocabulario técnico, unos conocimientos técnicos.* ‖ *s. m. y f.* **2.** Experto en una ciencia, un oficio u otra cosa, sobre todo el que entiende de aparatos electrónicos. **3.** Entrenador o preparador físico de un equipo. **SIN. 1.** Tecnológico. **2.** Especialista.

tecnicolor (marca registrada) *s. m.* Técnica de color para el cine, inventada en los Estados Unidos en 1914.

tecno *s. m.* Variedad de música pop que se desarrolló en los años setenta y ochenta y que utiliza instrumentos electrónicos.

tecnocracia *s. f.* Sistema político que propone que los puestos dirigentes del gobierno de un país los ocupen técnicos.

tecnócrata *adj. y s.* **1.** Partidario de la tecnocracia. || *s. m. y f.* **2.** Técnico que desempeña un cargo público.

tecnología *s. f.* **1.** Ciencia y actividad que se ocupa de fabricar y mejorar las máquinas, los aparatos, etc., para utilizarlos luego en la industria o en otras actividades. || **2. tecnología punta** Ver **punta. SIN. 1.** Técnica.

tecnológico, ca *adj.* De la tecnología o relacionado con ella. **SIN.** Técnico.

tectónica *s. f.* Parte de la geología que estudia cómo está formada la corteza terrestre y los movimientos que se producen en ella.

tectónico, ca *adj.* De la corteza terrestre o relacionado con ella.

tedio *s. m.* Aburrimiento o desgana. **SIN.** Monotonía, hastío; desinterés. **ANT.** Animación.

tedioso, sa *adj.* Que causa tedio. **SIN.** Aburrido. **ANT.** Divertido.

tee (ingl.) *s. m.* Soporte con forma de clavo sobre el que se coloca la bola de golf para dar el primer golpe.

teflón (marca registrada) *s. m.* Material plástico muy resistente con el que se recubren algunas cosas.

tegumento *s. m.* Tejido o membrana que cubre y protege algunas partes de los seres vivos.

teína *s. f.* Sustancia excitante que se encuentra en el té.

teísmo *s. m.* Creencia en un Dios creador que cuida de todas las criaturas.

teja *s. f.* **1.** Pieza, generalmente de forma curva y de barro cocido, que sirve, junto con otras muchas, para cubrir los tejados de las casas y dejar escurrir el agua de la lluvia. **2.** Dulce hecho con harina, azúcar y otros ingredientes de forma parecida a la de estas piezas. **3.** Color marrón rojizo parecido al de las tejas de barro. || **LOC. a toca teja** A tocateja. Ver **tocateja.**

tejadillo *s. m.* Pequeño tejado unido a una pared y de una sola vertiente.

tejado *s. m.* Parte de arriba de una casa o de otro edificio, que suele estar cubierta de tejas. **SIN.** Cubierta.

tejano, na *adj. y s.* **1.** Texano. || *s. m. pl.* **2.** Pantalones vaqueros.

tejar[1] *v.* Poner tejas en la cubierta de un edificio.

tejar[2] *s. m.* Lugar donde se fabrican tejas y ladrillos.

tejedor, ra *s. m. y f.* Persona que teje.

tejedora *s. f.* Máquina para tejer.

tejemaneje *s. m.* **1.** *fam.* Chanchullo, trampa. **2.** *fam.* Mucho trabajo, mucho lío. **SIN. 2.** Ajetreo.

tejer *v.* **1.** Hacer telas o tejidos de punto entrelazando hilos o lana. **2.** Hacer, algunos animales, como las arañas o los gusanos, sus telas o capullos. **3.** Pensar o planear algo. **SIN. 3.** Tramar, urdir.

tejeringo *s. m.* Churro, trozo de masa frita.

tejido *s. m.* **1.** Cualquier material que resulta al entrelazar hilos o fibras. **2.** Conjunto de células de una misma clase y con la misma función que forman los órganos y otras partes de los seres vivos: *tejido muscular.*

tejo[1] *s. m.* Trozo de teja, metal o de otra cosa dura que se usa para lanzarlo en algunos juegos. || **LOC. tirar los tejos** a alguien Dar a entender una persona a otra que le gusta.

tejo[2] *s. m.* Árbol conífero de tronco recto, hojas planas y de color verde oscuro que se usa como planta decorativa y por su madera.

tejón *s. m.* Animal mamífero de cuerpo alargado, hocico puntiagudo, pelaje gris con franjas blancas y negras en la cabeza y las patas y larga cola. Es carnívoro y vive en túneles que excava él mismo.

tejonera *s. f.* Madriguera del tejón.

tejuelo *s. m.* Trozo de papel, plástico u otro material que se pone en el lomo de un libro para indicar el rótulo o alguna información de clasificación.

tela *s. f.* **1.** Tejido para hacer vestidos u otras cosas. **2.** *fam.* Dinero. **3.** *fam.* Tarea, asunto. || *adv.* **4.** *fam.* Mucho: *Me costó tela despegar la etiqueta.* || **LOC. poner** algo **en tela de juicio** Ponerlo en duda. **SIN. 1.** Paño. **2.** Guita.

telar *s. m.* **1.** Máquina que sirve para tejer hilos y formar una tela. **2.** Parte del escenario, que no ve el público, de donde bajan los telones y las bambalinas. || *s. m. pl.* **3.** Fábrica de tejidos.

telaraña *s. f.* Tela que hace la araña con el hilo que produce.

tele *s. f. acort.* de **televisión** o de **televisor.**

teleadicto, ta *adj.* y *s.* Se dice de la persona que ve mucho la televisión.

telebasura *s. f. fam.* Tipo de programas de televisión muy vulgares, de muy baja calidad.

telecabina *s. f.* Teleférico.

telecomedia *s. f.* Comedia que se emite en capítulos por la televisión.

telecomunicación *s. f.* **1.** Transmisión a distancia de sonidos, imágenes o señales. ‖ *s. f. pl.* **2.** Todos los medios de comunicación a distancia, como el teléfono, la televisión o el telégrafo.

telediario *s. m.* Programa de televisión que informa de las noticias de cada día.

teledifusión *s. f.* Difusión de imágenes mediante ondas para que puedan verse por el televisor.

teledirigido, da *p.* de **teledirigir.** También *adj.: un robot teledirigido.*

teledirigir *v.* Dirigir aparatos a distancia por medio de ondas electromagnéticas.

telefax (del ingl.) *s. m.* Fax.

teleférico *s. m.* Medio de transporte formado por unos cables que unen dos lugares a distinta altura o por los que se mueven unas cabinas de pasajeros. **SIN.** Telecabina.

telefilme o **telefilm** (*telefilm* es ingl.) *s. m.* Película realizada para la televisión.

telefonazo *s. m. fam.* Llamada telefónica.

telefonear *v.* Llamar a una persona por teléfono.

telefonía *s. f.* Transmisión del sonido, sobre todo de la voz de las personas, a través del teléfono.

telefónico, ca *adj.* Del teléfono.

telefonillo *s. m.* Aparato que sirve para hablar con la persona que llama desde el portal y abrirle la puerta.

telefonista *s. m.* y *f.* Persona que en una empresa o en otro lugar se encarga de coger el teléfono. **SIN.** Operador.

teléfono *s. m.* **1.** Aparato que permite hablar a distancia con otra persona. **2.** Número particular de cada aparato.

telegrafía *s. f.* Transmisión de un mensaje de un lugar a otro a través del telégrafo.

telegrafiar *v.* Mandar un mensaje por medio del telégrafo.

telegráfico, ca *adj.* **1.** Del telégrafo. **2.** Se dice de la forma de hablar o escribir típica de los telegramas, con frases muy cortas o con palabras sueltas.

telegrafista *s. m.* y *f.* Persona que transmite y recibe los telegramas.

telégrafo *s. m.* Aparato para enviar y recibir mensajes mediante unas señales especiales.

telegrama *s. m.* **1.** Mensaje que se transmite por medio del telégrafo. **2.** Papel escrito con este mensaje que se entrega a la persona a la que va dirigido.

telele *s. m. fam.* Patatús, ataque de nervios.

telemando *s. m.* Mecanismo que hace funcionar a distancia un aparato o una máquina.

telemarketing (ingl.) *s. m.* Servicio de venta por teléfono.

telemática *s. f.* Técnicas y servicios que combinan los medios de telecomunicación y la informática.

telemetría *s. f.* Técnica que permite medir distancias entre objetos lejanos.

telémetro *s. m.* Aparato que sirve para apreciar desde un punto de mira la distancia a la que está un objeto lejano.

telenovela *s. f.* Novela que se emite por televisión en capítulos.

teleobjetivo *s. m.* Objetivo con que se pueden fotografiar o filmar personas y objetos que están muy lejos.

telepatía *s. f.* Hecho de saber una persona lo que otra piensa o lo que le sucede sin que haya ningún tipo de comunicación física entre ellas.

telequinesia o **telequinesis** *s. f.* En parapsicología, movimiento de objetos solo con el poder de la mente.

telescópico, ca *adj.* **1.** Del telescopio o relacionado con él. **2.** Que solo puede verse con el telescopio. **3.** Se dice de algunos instrumentos formados por piezas que pueden recogerse encajando cada una en la anterior.

telescopio *s. m.* Instrumento óptico con que se pueden ver cosas muy lejanas, especialmente cuerpos celestes.

telesilla *s. m.* Asiento que se traslada por un cable desde un lugar más bajo a otro más alto, como la cumbre de una montaña.

telespectador, ra *s. m.* y *f.* Persona que está viendo la televisión. **SIN.** Televidente.

telesquí *s. m.* Aparato que transporta a los esquiadores hasta lo más alto de la pista de esquí, tirando de ellos por medio de un cable.

teletexto (del ingl. *teletext,* marca registrada) *s. m.* Servicio informativo realizado por medio de canales de televisión en que la información aparece en pantalla en forma de texto.

teletienda *s. f.* Servicio de venta de productos por medio de la televisión.

teletipo (marca registrada) *s. m.* Aparato telegráfico, con un teclado, que envía y recibe mensajes y los imprime.

teletrabajo *s. m.* Trabajo que se realiza fuera de la empresa a través de una red de telecomunicación, como Internet.

televidente *s. m.* y *f.* Telespectador.

televisar *v.* Transmitir algo por televisión.

televisión *s. f.* **1.** Sistema que transmite imágenes y sonidos a distancia por medio de un tipo de ondas llamadas *hertzianas*. **2.** Televisor.

televisivo, va *adj.* De la televisión.

televisor *s. m.* Aparato que recibe las imágenes y sonidos transmitidos por una emisora de televisión.

télex (marca registrada) *s. m.* **1.** Sistema para enviar mensajes a distancia de un teletipo a otro. **2.** Mensaje enviado por este sistema.

telón *s. m.* Cortina grande que cubre el escenario de un teatro y que se puede subir y bajar.

telonero, ra *adj.* y *s.* Se dice de la persona o grupo menos importante que actúa en un espectáculo antes del artista principal.

telúrico, ca *adj.* Del planeta Tierra.

tema *s. m.* **1.** Asunto de que trata algo. **2.** Lección que hay que estudiar. **3.** Melodía que sirve de base a una composición musical más larga. **4.** Canción. **SIN. 1.** Motivo; argumento, trama.

temario *s. m.* Conjunto de temas.

temática *s. f.* Tema o conjunto de temas de un autor, de un movimiento artístico o de otra cosa.

temático, ca *adj.* Relacionado con el tema u organizado por temas.

tembladera *s. f.* Temblor muy fuerte. **SIN.** Tembleque.

temblar *v.* **1.** Moverse seguida y rápidamente, y de forma involuntaria, el cuerpo o una parte de él. **2.** Moverse una cosa de forma parecida: *La tierra tembló a causa del terremoto.* **3.** Sentir miedo, estar asustado. □ Es *v.* irreg. Se conjuga como *pensar.* **SIN. 1.** y **3.** Estremecerse. **2.** Vibrar.

tembleque *s. m. fam.* Temblor que tiene una persona. **SIN.** Tembladera.

temblor *s. m.* Movimiento que hace alguien o algo cuando tiembla. **SIN.** Escalofrío.

tembloroso, sa *adj.* Que tiembla.

temer *v.* **1.** Tener miedo de alguien o algo. **2.** Pensar que algo ha sucedido o va a suceder, sobre todo si es malo: *Me temo que voy a llegar tarde.* **SIN. 2.** Sospechar.

temerario, ria *adj.* **1.** Arriesgado e imprudente. **2.** Que se dice sin ninguna razón. **SIN. 1.** Insensato. **2.** Infundado. **ANT. 1.** Prudente.

temeridad *s. f.* **1.** Característica de la persona o cosa temeraria. **2.** Cosa temeraria que alguien dice o hace. **SIN. 1.** y **2.** Imprudencia, insensatez, locura. **ANT. 1.** Prudencia.

temeroso, sa *adj.* **1.** Que siente temor. **2.** Que causa temor. **SIN. 1.** Miedoso. **2.** Temible. **ANT. 1.** Valiente.

temible *adj.* Que infunde o causa temor. **SIN.** Terrorífico.

temor *s. m.* Sensación de miedo que tenemos por algo que nos asusta o creemos que puede ser malo. **SIN.** Espanto; recelo.

témpano *s. m.* Plancha de hielo de gran tamaño.

témpera *s. f.* Tipo de pintura que se disuelve en agua.

temperamental *adj.* Se dice de la persona que tiene un temperamento o carácter fuerte.

temperamento *s. m.* **1.** Forma de ser de una persona. **2.** Carácter de las personas con mucho genio.

temperar *v.* Moderar, suavizar la fuerza o la intensidad de algo. **SIN.** Atenuar, mitigar.

temperatura *s. f.* Grado de calor de un cuerpo o de la atmósfera.

tempestad *s. f.* Mal tiempo, con mucho viento, lluvia, truenos y relámpagos. **SIN.** Temporal, tormenta, borrasca. **ANT.** Bonanza.

tempestuoso, sa *adj.* **1.** Con tempestad o que amenaza tempestad. **2.** Complicado, con problemas, discusiones, etc.: *Mantuvieron una tempestuosa relación.* **SIN. 1.** Borrascoso, tormentoso.

templado, da *adj.* **1.** Ni muy caliente ni muy frío. **2.** *fam.* Tranquilo, que no se pone nervioso en una situación difícil.

templanza *s. f.* **1.** Virtud de la persona que no hace excesos cuando come, bebe o disfruta de otros placeres. **2.** Suavidad del tiempo atmosférico. **SIN. 1.** Moderación. **2.** Bonanza. **ANT. 1.** Desenfreno. **2.** Tempestad.

templar *v.* **1.** Quitar el frío a algo calentándolo un poco. **2.** Calmar los nervios. **3.** Hacer más suaves o menos intensas algunas cosas. **4.** Calentar el metal, el vidrio u otro material y luego enfriarlo rápidamente para mejorar sus propiedades: *templar el acero.* **SIN. 1.** Caldear. **2.** Apaciguar. **3.** Moderar. **ANT. 1.** Enfriar. **2.** Exaltar. **3.** Avivar.

templario, ria *adj.* y *s. m.* De la Orden del Temple, orden religiosa y militar de la Edad Media.

temple *s. m.* **1.** Estado de ánimo o carácter de una persona. **2.** Característica de la persona que no se pone nerviosa en situaciones difíciles. **3.** Manera de mejorar el acero, el vidrio u otro material templándolos. **4.** Pintura que se hace mezclando los colores con cola y agua. **SIN. 2.** Entereza, serenidad.

templete *s. m.* Quiosco que suele haber en los parques para que toquen las bandas de música.

templo *s. m.* Edificio al que van los creyentes a rezar y manifestar su respeto y amor a su dios o dioses.

tempo (del ital.) *s. m.* **1.** En música, velocidad con la que se ejecuta una pieza. **2.** Ritmo con el que se desarrolla una acción: *el tempo de una película.*

temporada *s. f.* Espacio de tiempo, que suele ser de varios meses. || **LOC. de temporada** De un periodo de tiempo, que no dura siempre: *la fruta de temporada.*

temporal[1] *adj.* **1.** Del tiempo: *Un lustro es un periodo temporal de cinco años.* **2.** Que solo dura un tiempo. || *s. m.* **3.** Mal tiempo, con tormentas. **SIN. 2.** Eventual, provisional, pasajero. **3.** Borrasca. **ANT. 2.** Permanente. **3.** Bonanza.

temporal[2] *adj.* **1.** De la sien: *músculos temporales.* || *s. m.* **2.** Hueso del cráneo correspondiente a la sien.

temporario, ria *adj. Amér.* Temporal, que dura un tiempo.

temporero, ra *adj.* y *s.* Se dice del trabajador al que se contrata por un periodo de tiempo o para un trabajo determinado.

temporizador *s. m.* Dispositivo electrónico que enciende o apaga automáticamente un aparato, de forma momentánea o por un determinado espacio de tiempo.

tempranero, ra *adj.* **1.** Que madruga. **2.** Que aparece más pronto de lo habitual: *fruta tempranera.* **ANT. 2.** Tardío.

temprano, na *adj.* **1.** Que se adelanta y tiene lugar antes de tiempo. || *adv.* **2.** En las primeras horas del día o de la noche. **ANT. 2.** Tarde.

tempura (del jap.) *s. f.* **1.** Pasta líquida hecha con harina, levadura y agua para rebozar y freír los alimentos. **2.** Fritura hecha con esta pasta.

ten Se usa en la expresión **ten con ten**, 'discreción y habilidad para tratar a una persona o un asunto delicado'.

tenacidad *s. f.* Característica de la persona tenaz. **SIN.** Obstinación.

tenacillas *s. f. pl.* Cualquier utensilio con forma de tenazas, como los usados para coger terrones de azúcar, rizar el pelo, etc.

tenaz *adj.* **1.** Que pone mucho interés en lo que hace y no se desanima. **2.** Difícil de quitar: *un constipado tenaz, una mancha tenaz.* **3.** Se dice del material resistente y duro. **SIN. 1.** Perseverante, constante. **1.** y **2.** Pertinaz. **2.** Persistente. **ANT. 1.** Inconstante.

tenazas *s. f. pl.* Herramienta que sirve para arrancar clavos, cortar alambres o para otros usos, y que está formada por dos piezas cruzadas que se pueden abrir y cerrar.

tenca *s. f.* Pez de agua dulce, con cuerpo alargado de color verde oscuro y dos barbillas bajo la boca. Se usa como alimento.

tendal *s. m.* **1.** Tela que se usa para dar sombra. **2.** Conjunto de cosas tendidas para que se sequen. **3.** Tendedero. **SIN. 1.** Toldo.

tendedero o **tendedor** *s. m.* Lugar o utensilio con cuerdas para tender la ropa mojada.

tendencia *s. f.* **1.** Facilidad que tiene una persona o cosa para que le suceda algo. **2.** Ideas, pensamientos o forma de hacer las cosas de un grupo de personas: *las últimas tendencias musicales.* **SIN. 1.** Inclinación, propensión, predisposición. **2.** Corriente.

tendencioso, sa *adj.* Que no ve las cosas como son, sino que se deja llevar por sus propias ideas u opiniones. **SIN.** Subjetivo, arbitrario. **ANT.** Objetivo.

tendente *adj.* Que tiende a algún fin.

tender *v.* **1.** Extender lo que está doblado o arrugado. **2.** Tumbar sobre algo. **3.** Colgar la ropa mojada para que se seque. **4.** Tener tendencia a algo. **5.** Colocar o construir algo entre dos puntos, por ejemplo, una vía de tren o los cables de la electricidad. □ Es v. irreg. **SIN. 2.** Acostar. **ANT. 2.** Incorporar.

TENDER		
INDICATIVO	**SUBJUNTIVO**	**IMPERATIVO**
Presente	**Presente**	
tiendo	*tienda*	*tiende* (tú)
tiendes	*tiendas*	*tienda* (usted)
tiende	*tienda*	*tended* (vosotros)
tendemos	*tendamos*	*tiendan* (ustedes)
tendéis	*tendáis*	
tienden	*tiendan*	

ténder (del ingl.) *s. m.* Remolque que llevaban las locomotoras de vapor con el carbón y el agua necesarios para el viaje.

tenderete *s. m.* Puesto pequeño al aire libre en que se venden cosas diversas.

tendero, ra *s. m.* y *f.* Dueño o dependiente de una tienda, sobre todo de comestibles.

tendido, da 1. *p.* de **tender**. También *adj.* ‖ *s. m.* **2.** Aquello que se tiende, sobre todo los cables de la electricidad: *tendido eléctrico.* **3.** Todos los asientos que están al descubierto en las plazas de toros.

tendinitis *s. f.* Inflamación de algún tendón.

tendón *s. m.* **1.** Tejido que une los músculos a los huesos. ‖ **2. tendón de Aquiles** El que une el talón con la pantorrilla.

tenebrismo *s. m.* Tendencia de pintura propia del estilo barroco que se caracteriza por los fuertes contrastes entre luces y sombras.

tenebrista *adj.* y *s.* Del tenebrismo o que lo sigue.

tenebroso, sa *adj.* **1.** Lleno de oscuridad o de misterio, que produce miedo. **2.** Malo o perverso. **SIN. 1.** Lúgubre, tétrico. **1.** y **2.** Siniestro. **ANT. 1.** Luminoso.

tenedor *s. m.* Cubierto para pinchar los alimentos y llevarlos a la boca; tiene un mango y una parte ancha con dientes.

tenencia *s. f.* **1.** Hecho de tener algo: *La detuvieron por tenencia de armas.* **2.** Cargo de teniente y lugar donde trabaja.

tener *v.* **1.** Se usa para decir algo del sujeto, por ejemplo, si una cosa le pertenece, es una parte de él o una característica suya: *Isabel tiene un bolígrafo. Este coche tiene dos puertas. Marta tiene mal genio.* **2.** Indica los amigos o parientes de alguien: *Tienen dos niños.* **3.** Se emplea para decir la edad o los años de una persona, animal o cosa: *El cachorro tiene ocho meses. Este edificio tiene veinte años.* **4.** También indica cómo se encuentra alguien, lo que siente o le ocurre, su estado de ánimo: *tener dolor de cabeza, tener frío. Le tienen cariño.* **5.** Expresa una actividad o una obligación: *Hoy tengo clase. Todos los días tiene que trabajar.* **6.** Sostener, sujetar: *Tenme los libros para que pueda anudarme el zapato.* ▢ Es *v.* irreg. **SIN. 1.** Poseer.

tenería *s. f.* Establecimiento donde se curten pieles. **SIN.** Curtiduría.

tenia *s. f.* Gusano plano que llega a alcanzar varios metros y suele vivir como parásito en el intestino de las personas y de algunos animales. **SIN.** Solitaria.

teniente *s. m.* y *f.* **1.** Grado militar inmediatamente inferior al de capitán. ‖ *adj.* **2.** *fam.* Un poco sordo. ‖ **3. teniente coronel** Grado del Ejército inmediatamente inferior al de coronel. **4. teniente de alcalde** Concejal del ayuntamiento que sustituye a veces al alcalde. **5. teniente de navío** Grado de la Marina de guerra equivalente al de capitán. **6.**

teniente general Grado del Ejército inmediatamente inferior al de capitán general.

tenis *s. m.* **1.** Deporte que se practica en una pista rectangular dividida por una red y en el que dos jugadores o dos parejas se lanzan una pelota pequeña con ayuda de una raqueta. ‖ **2. tenis de mesa** Pimpón.

tenista *s. m.* y *f.* Jugador de tenis.

tenor[1] *s. m.* Cantante, sobre todo de óperas y zarzuelas, que tiene la voz más aguda.

tenor[2] Se usa en la expresión **a tenor de**, 'teniendo en cuenta'.

TENER	
INDICATIVO	
Presente	**Pretérito perfecto simple**
tengo	*tuve*
tienes	*tuviste*
tiene	*tuvo*
tenemos	*tuvimos*
tenéis	*tuvisteis*
tienen	*tuvieron*
Futuro simple	**Condicional simple**
tendré	*tendría*
tendrás	*tendrías*
tendrá	*tendría*
tendremos	*tendríamos*
tendréis	*tendríais*
tendrán	*tendrían*
SUBJUNTIVO	
Presente	**Pretérito imperfecto**
tenga	*tuviera, -ese*
tengas	*tuvieras, -eses*
tenga	*tuviera, -ese*
tengamos	*tuviéramos, -ésemos*
tengáis	*tuvierais, -eseis*
tengan	*tuvieran, -esen*
	Futuro simple
	tuviere
	tuvieres
	tuviere
	tuviéremos
	tuviereis
	tuvieren
IMPERATIVO	
ten (tú)	*tened* (vosotros)
tenga (usted)	*tengan* (ustedes)

tenora *s. f.* Instrumento de viento más grande que el oboe y con la campana de metal. Se utiliza para acompañar la sardana.

tenorio *s. m.* Donjuán.

tensar *v.* Poner muy estirada o tirante una cosa, por ejemplo, una cuerda o un cable. **ANT.** Destensar, aflojar.

tensión *s. f.* **1.** Estado de un cuerpo muy estirado, como las cuerdas de la guitarra. **2.** Fuerzas que hacen que un cuerpo esté estirado. **3.** Tensión arterial. **4.** Situación entre personas o países cuando está a punto de haber un enfrentamiento. **5.** Estado de mucho nerviosismo o impaciencia. **6.** Voltaje. || **7. tensión arterial** Presión que hace la sangre al pasar por las arterias. **SIN.** 1. y 4. Tirantez. **ANT.** 1. y 5. Relajación.

tensionar *v.* **1.** Tensar. **2.** *Amér.* Poner nerviosa a una persona.

tenso, sa *adj.* **1.** Se dice de las personas que están en tensión o de las situaciones en las que hay tensión. **2.** Muy estirado. **SIN.** 1. y 2. Tirante.

tensor, ra *adj.* y *s. m.* Que sirve para tensar.

tentación *s. f.* **1.** Impulso que lleva a hacer una cosa, sobre todo algo que no se debe. **2.** Persona o cosa que provoca este impulso.

tentáculo *s. m.* **1.** Especie de brazos o patas que tienen algunos animales, como el pulpo, para moverse y agarrar a sus presas. **2.** Prolongación a modo de cuerno que algunos animales, como los caracoles, utilizan para reconocer el terreno.

tentadero *s. m.* Corral o lugar cerrado donde se prueba la bravura de los becerros.

tentado, da 1. *p.* de **tentar.** También *adj.* || *adj.* **2.** Que tiene la tentación de hacer algo.

tentador, ra *adj.* Que produce tentación porque es muy apetecible.

tentar *v.* **1.** Provocar a una persona para que haga algo malo o perjudicial. **2.** Apetecer mucho una cosa. **3.** Tocar una cosa para reconocerla, sobre todo cuando no se ve o no hay luz. □ Es v. irreg. Se conjuga como *pensar.* **SIN.** 1. Inducir, incitar. 3. Palpar, tantear. **ANT.** 1. Disuadir. 3. Repeler.

tentativa *s. f.* Intento de hacer algo.

tentempié *s. m.* **1.** *fam.* Cosa ligera que se toma para reponer fuerzas hasta que llegue la hora de comer. **2.** Tentetieso. **SIN.** 1. Refrigerio, piscolabis.

tentetieso *s. m.* Muñeco con un contrapeso en la base que le hace volver a su posición vertical cuando se le tumba. **SIN.** Tentempié.

tenue *adj.* **1.** Débil, poco intenso. **2.** De poco grosor. **SIN.** 2. Fino. **ANT.** 1. Fuerte.

teñido, da 1. *p.* de **teñir.** También *adj.* || *s. m.* **2.** Acción de teñir.

teñir *v.* Cambiar una cosa de color utilizando una sustancia. □ Es v. irreg. Se conjuga como *ceñir.*

teocracia *s. f.* Forma de gobierno en que la autoridad se considera que procede de Dios y es ejercida por un poder religioso.

teocrático, ca *adj.* De la teocracia.

teodolito *s. m.* Instrumento óptico de precisión que sirve para medir ángulos de distintos planos.

teogonía *s. f.* Relato que cuenta el nacimiento o el origen de los dioses de algunas religiones.

teologal *adj.* Se dice de tres virtudes cristianas: fe, esperanza y caridad.

teología *s. f.* Ciencia que trata sobre Dios.

teológico, ca *adj.* De la teología.

teólogo, ga *s. m.* y *f.* Persona que se dedica a la teología.

teorema *s. m.* Afirmación científica que se puede demostrar.

teoría *s. f.* **1.** Los conocimientos que se tienen sobre algo. **2.** Ideas o explicaciones sobre algo. || **LOC. en teoría** Sin estar comprobado en la práctica. **SIN.** 2. Hipótesis. **ANT.** 1. Experimentación.

teóricamente *adv.* En teoría. **ANT.** Prácticamente.

teórico, ca *adj.* **1.** De la teoría o en teoría. || *s. m.* y *f.* **2.** Experto en una teoría. **SIN.** 1. Hipotético. **ANT.** 1. Práctico.

teorizar *v.* Formular de manera teórica o abstracta un asunto.

tequila *s. m.* Bebida alcohólica mexicana muy fuerte.

terapeuta *s. m.* y *f.* Especialista en terapéutica.

terapéutica *s. f.* Parte de la medicina, la veterinaria y la botánica que estudia el tratamiento de las enfermedades.

terapéutico, ca *adj.* Que se emplea como tratamiento de una enfermedad.

terapia *s. f.* Tratamiento de una enfermedad.

tercer *num. apóc.* de **tercero.**

tercerilla *s. f.* Composición de tres versos de arte menor con rima consonante, dos de los cuales riman entre sí.

tercermundista *adj.* **1.** Del Tercer Mundo, es decir, de los países más pobres. **2.** *desp.* Se dice de lo que en un país funciona mal o indica que está poco desarrollado, aunque no sea del Tercer Mundo.

termostato

tercero, ra *num.* **1.** Que ocupa por orden el número tres. **2.** Se dice de cada una de las tres partes iguales en que se divide una cosa: *Le corresponde la tercera parte del total.* || *adj.* y *s. m.* **3.** Otra persona distinta de la que se habla al principio: *Como no se ponían de acuerdo, pidieron la opinión de un tercero.*

terceto *s. m.* Estrofa de tres versos de más de ocho sílabas.

terciado, da *adj.* **1.** De tamaño mediano. **2.** Se dice de aquello a lo que le queda solo la tercera parte.

terciana *adj.* y *s. f.* Se dice de la fiebre intermitente que se repite cada tres días: *fiebres tercianas.*

terciar *v.* **1.** Intervenir en una lucha o discusión que tienen otros. || **terciarse 2.** Tener la oportunidad de hacer algo: *Si se tercia, iremos al campo este sábado.* **SIN. 1.** Mediar.

terciario, ria *adj.* **1.** Que ocupa el tercer lugar en orden o importancia. || *adj.* y *n. pr.* **2.** Tercer periodo de la historia de la Tierra que comenzó hace unos 65 millones de años. En él aparecieron muchos animales mamíferos y se formaron grandes cordilleras.

tercio *num.* y *s. m.* **1.** Cada una de las tres partes iguales en que se divide algo. || *s. m.* **2.** Regimiento de infantería española de los siglos XVI y XVII. || *n. pr.* **3.** Cuerpo o batallón de la Legión española o la Guardia Civil.

terciopelo *s. m.* Tela muy suave y con pelo, fabricada con hilos de seda o con otros materiales parecidos.

terco, ca *adj.* **1.** Se dice de la persona a la que resulta difícil hacer cambiar de opinión. **2.** Se aplica al animal que no obedece. **SIN. 1.** Obstinado, cabezota. **ANT. 2.** Dócil.

teresiano, na *adj.* y *s. f.* Se dice de unas religiosas que tienen como patrona a santa Teresa de Jesús y se dedican sobre todo a la enseñanza.

tergal (marca registrada) *s. m.* Fibra artificial muy resistente, que se utiliza para fabricar tejidos.

tergiversación *s. f.* Hecho de tergiversar.

tergiversar *v.* Dar a algo un sentido o una intención que no es la que tiene en realidad. **SIN.** Falsear.

termal *adj.* Se dice del agua que sale caliente del manantial.

termas *s. f. pl.* Baños públicos de los antiguos romanos.

termes *s. m.* Termita.

térmico, ca *adj.* Del calor o la temperatura o relacionado con ellos.

terminación *s. f.* **1.** Final de una cosa. **2.** Parte de la palabra que va detrás de la raíz, donde están los sufijos, el género, el número y otras indicaciones gramaticales. **SIN. 1.** Fin, término. **ANT. 1.** Principio.

terminal *adj.* **1.** Que está al final de algo. **2.** Se dice del enfermo que no puede curarse y que va a morir dentro de poco. || *s. f.* **3.** Primera o última parada de un autobús, de un tren o de otro medio de transporte. **4.** Lugar donde esperan los viajeros y se entregan los equipajes en puertos, aeropuertos y líneas de autobuses. || *s. amb.* **5.** Cada una de las unidades conectadas con un ordenador central.

terminante *adj.* Se dice de aquello que no se puede discutir. **SIN.** Concluyente. **ANT.** Vacilante.

terminantemente *adj.* Completamente.

terminar *v.* Acabar. **SIN.** Concluir, finalizar. **ANT.** Empezar.

término *s. m.* **1.** Final. **2.** Palabra. **3.** Elemento, miembro: *una oración con dos términos: sujeto y predicado.* **4.** Lugar: *En la foto estaban en primer término los abuelos.* || *s. m. pl.* **5.** Punto de vista o manera de hablar sobre algo. || **LOC. término medio** El punto medio de algo, entre los dos extremos. **SIN. 1.** Fin. **2.** Vocablo, voz. **ANT. 1.** Principio.

terminología *s. f.* Palabras que se utilizan en una ciencia, profesión, materia. **SIN.** Vocabulario, léxico.

terminológico, ca *adj.* Relacionado con la terminología.

termita *s. f.* Insecto parecido a una pequeña hormiga de color blanquecino, que vive en grupos muy numerosos y se alimenta de madera. **SIN.** Termes.

termitero *s. m.* Nido de termitas.

termo (marca registrada) *s. m.* Recipiente para conservar la temperatura de la bebida o comida que contiene.

termodinámica *s. f.* Parte de la física que estudia los fenómenos en los que interviene el calor.

termodinámico, ca *adj.* De la termodinámica o relacionado con ella.

termómetro *s. m.* Instrumento que mide la temperatura.

termonuclear *adj.* Se aplica a la reacción nuclear que necesita temperaturas muy elevadas para producirse.

termostato *s. m.* Dispositivo de las estufas, hornos y otros aparatos que mantiene una determinada temperatura, haciendo que se enciendan y apaguen solos cuando sea necesario.

terna

terna *s. f.* Tres personas o cosas propuestas para elegir a una de ellas.

ternario, ria *adj.* De tres partes o elementos.

ternasco *s. m.* Cordero lechal.

ternero, ra *s. m. y f.* Cría de la vaca.

ternilla *s. f.* Cartílago.

terno *s. m.* Conjunto de tres cosas de la misma clase.

ternura *s. f.* Cariño, delicadeza. **SIN.** Dulzura. **ANT.** Dureza.

terquedad *s. f.* Característica de terco.

terracota *s. f.* **1.** Arcilla modelada y endurecida al horno. **2.** Escultura pequeña hecha con esta arcilla.

terrado *s. m.* Azotea, terraza.

terral *adj. y s. m.* Viento que sopla desde tierra en la costa.

terranova *adj. y s. m.* Raza de perros de gran tamaño, pelo generalmente negro, largo y espeso, cabeza ancha y hocico corto.

terraplén *s. m.* **1.** Hondonada muy grande. **2.** Montón de tierra con que se rellena un hueco, se protege algo, o para otro fin.

terráqueo, a *adj.* **1.** Del planeta Tierra. || **2. globo terráqueo** Esfera que forma la Tierra. **SIN. 1.** Terrestre.

terrario *s. m.* Recipiente o instalación para tener algunos animales vivos, sobre todo reptiles.

terrateniente *s. m. y f.* Persona que tiene muchas tierras. **SIN.** Hacendado.

terraza *s. f.* **1.** Azotea. **2.** Balcón grande. **3.** Trozo de terreno llano que junto con otros va formando una especie de escalera en la ladera de una montaña; suele aprovecharse para cultivar. **4.** Espacio al aire libre con sillas y mesas de un bar, cafetería o restaurante.

terrazo *s. m.* Material muy duro con que se fabrican baldosas para el suelo, hecho de piedrecillas y trozos de mármol.

terremoto *s. m.* Movimiento o temblor en la superficie de la tierra.

terrenal *adj.* De la tierra, en oposición al cielo. **SIN.** Terreno. **ANT.** Celestial.

terreno, na *adj.* **1.** Terrenal. || *s. m.* **2.** Trozo de tierra. **3.** Todo lo que tiene que ver con una actividad, situación o con otra cosa. **4.** Campo de fútbol y de otros deportes. || **LOC. sobre el terreno** En el lugar o en el momento en que está o se hace algo. **SIN. 1.** Temporal.

térreo, a *adj.* De tierra o parecido a ella.

terrero, ra *adj.* **1.** Se dice del cesto o saco para llevar tierra. || *s. m.* **2.** Montón de tierra o broza.

terrestre *adj.* Del planeta Tierra o que vive en él. **SIN.** Terráqueo, terrícola.

terrible *adj.* **1.** Muy malo. **2.** Muy grande, muy fuerte. **SIN. 1. y 2.** Horrible.

terriblemente *adv.* De manera terrible, muchísimo.

terrícola *s. m. y f.* Persona que vive en el planeta Tierra. **SIN.** Terrestre.

terrier *adj. y s. m.* Perro de origen británico, como el *fox terrier,* de pelo duro o liso, y el *bull terrier,* muy musculoso.

terrina *s. f.* Pequeño recipiente en el que se guardan o se sirven algunos alimentos: *una terrina de paté.*

territorial *adj.* De un territorio.

territorialidad *s. f.* Defensa de un territorio propio que hace un animal frente a otros de su misma especie.

territorio *s. m.* Extensión de tierra con unos límites geográficos, políticos o administrativos. **SIN.** Zona, región.

terrón *s. m.* **1.** Pequeña masa compacta de tierra. **2.** Trozo pequeño de azúcar prensado y, a veces, de otras sustancias. **SIN. 2.** Azucarillo.

terror *s. m.* Miedo muy grande y lo que lo produce. **SIN.** Pavor, pánico.

terrorífico, ca *adj.* Que produce terror. **SIN.** Espantoso, espeluznante.

terrorismo *s. m.* Actividad de quienes realizan atentados y actos violentos para conseguir sus fines.

terrorista *adj. y s.* Que realiza actos de terrorismo.

terroso, sa *adj.* Que tiene las propiedades de la tierra o está mezclado con ella.

terruño *s. m.* Pueblo o región donde uno ha nacido o donde vive.

terso, sa *adj.* Liso, sin arrugas. **SIN.** Tenso, estirado. **ANT.** Arrugado.

tersura *s. f.* Característica de lo que es terso. **ANT.** Rugosidad.

tertulia *s. f.* Reunión de personas para conversar.

tertuliano, na *s. m. y f.* Cada una de las personas que van a la misma tertulia. **SIN.** Contertulio.

tesela *s. f.* Cada una de las piezas que componen un mosaico.

tesina *s. f.* Trabajo de menor extensión e importancia que la tesis doctoral.

tesis *s. f.* **1.** Idea que se tiene sobre algo y que habrá que demostrar. || **2. tesis doctoral** Trabajo que se hace después de acabar una carrera para conseguir el título de doctor. **SIN. 1.** Teoría, hipótesis.

tesitura *s. f.* Situación, circunstancia. **SIN.** Coyuntura.

tesón *s. m.* Esfuerzo e interés grandes que se ponen para conseguir algo. **SIN.** Perseverancia, empeño.

tesorería *s. f.* **1.** Cargo u oficio de tesorero. **2.** Oficina o despacho del tesorero. **3.** Dinero en metálico que tiene una empresa u organismo.

tesorero, ra *s. m.* y *f.* Persona encargada de guardar y administrar el dinero de una empresa, un organismo, etc.

tesoro *s. m.* **1.** Gran cantidad de dinero, joyas u otras cosas de mucho valor que están guardadas. **2.** Persona o cosa de gran valor o muy apreciada. **3. Tesoro Público** Organismo estatal encargado de elaborar y administrar los presupuestos generales del Estado.

test (del ingl.) *s. m.* **1.** Prueba que se hace para saber o comprobar algunas cosas: *test de alcoholemia.* **2.** Examen o cuestionario en el que hay que contestar con respuestas muy cortas, o sí o no.

testa *s. f.* Cabeza o frente.

testador, ra *s. m.* y *f.* Persona que hace testamento.

testaferro *s. m.* Persona que aparece en un documento, contrato o negocio que en realidad corresponde a otra.

testamentaría *s. f.* Cumplimiento de lo que se dice en un testamento.

testamentario, ria *adj.* **1.** Del testamento. || *s. m.* y *f.* **2.** Albacea.

testamento *s. m.* Escrito o declaración de palabra en que alguien dice lo que quiere que se haga después de su muerte con su dinero y bienes.

testar[1] *v.* Hacer alguien su testamento.

testar[2] *v.* **1.** Comprobar algo sometiéndolo a pruebas: *Testaron un nuevo cosmético.* **2.** Someter a alguien a un test.

testarazo *s. m.* Golpe dado con la cabeza.

testarudez *s. f.* Característica de testarudo. **SIN.** Terquedad, tozudez.

testarudo, da *adj.* y *s.* Terco, tozudo.

testear *v. Amér.* Testar una cosa, probarla.

testículo *s. m.* Cada uno de los dos órganos sexuales ovalados que están debajo del pene en los hombres y en los animales macho. En ellos se producen los espermatozoides.

testificar *v.* Contestar el testigo a lo que le preguntan en un juicio. **SIN.** Testimoniar.

testigo *s. m.* y *f.* **1.** Persona que debe contestar a las preguntas que se le hacen en un juicio porque tiene relación con el caso o puede saber algo sobre él. **2.** Persona que presencia o experimenta un suceso. **3.** Persona que tiene que estar en algunos actos para que sean válidos, por ejemplo, en una boda. || *s. m.* **4.** En las carreras de relevos, pequeño bastón que un corredor da al que le sustituye en la carrera.

testimonial *adj.* Que da testimonio de algo.

testimoniar *v.* Dar testimonio. **SIN.** Testificar.

testimonio *s. m.* **1.** Lo que dice el testigo sobre algo que ha visto o conoce. **2.** Aquello que demuestra alguna cosa. **SIN. 2.** Huella, vestigio.

testuz *s. amb.* **1.** La frente de algunos animales, como el caballo. **2.** La nuca del toro, del buey o de la vaca.

teta *s. f.* Pecho o mama de las hembras de los mamíferos. **SIN.** Seno; ubre.

tétanos *s. m.* Enfermedad producida por una bacteria que puede causar la muerte y suele originarse a causa de heridas infectadas.

tête à tête (fr.) *expr.* Entrevista personal: *tener un* tête à tête. También significa 'a solas', 'mano a mano': *tratar un asunto* tête à tête.

tetera *s. f.* Recipiente para preparar o servir el té.

tetilla *s. f.* Pecho de los machos de los mamíferos, que está menos desarrollado que en las hembras.

tetina *s. f.* Punta de goma que se pone en el biberón para que el niño chupe por ella.

tetra brik o **tetrabrik** (marca registrada) *expr.* Envase de cartón rectangular que contiene líquidos.

tetraedro *s. m.* Cuerpo geométrico con cuatro caras que son triángulos.

tetragonal *adj.* En forma de tetrágono.

tetrágono *adj.* y *s. m.* Polígono de cuatro lados y cuatro ángulos.

tetraplejia o **tetraplejía** *s. f.* Parálisis de las cuatro extremidades del cuerpo.

tetrapléjico, ca *adj.* y *s.* Paralítico de las cuatro extremidades a la vez.

tetrasílabo, ba *adj.* y *s. m.* Que tiene cuatro sílabas.

tetrástrofo, fa *adj.* **1.** Se dice de la composición que consta de cuatro estrofas. || *adj.* y *s. m.* **2.** Estrofa de cuatro versos. || **3. tetrástrofo monorrimo** Cuaderna vía. Ver **cuaderna**.

tétrico, ca *adj.* Oscuro, triste. **SIN.** Tenebroso, lúgubre. **ANT.** Alegre.

teutón, na *adj. y s.* **1.** Antiguo pueblo germano que vivía en las costas del mar Báltico. **2.** Alemán.

texano, na *adj. y s.* De Texas, estado de los Estados Unidos. □ Se escribe también *tejano*.

textil *adj.* **1.** De las telas y los tejidos. **2.** Que sirve para hacer tejidos: *fibra textil*.

texto *s. m.* **1.** Conjunto de palabras escritas. ‖ **2. libro de texto** El que se utiliza para estudiar una asignatura o una materia.

textual *adj.* **1.** Del texto. **2.** Literal.

textura *s. f.* Manera de estar formada alguna cosa. **SIN.** Contextura.

tez *s. f.* Piel de la cara.

thriller (ingl.) *s. m.* Película policiaca o de suspense.

ti *pron. pers.* Indica la segunda persona del singular y se utiliza detrás de una preposición: *a ti*.

tiara *s. f.* **1.** Diadema, joya femenina. **2.** Mitra alta usada por el papa.

tiarrón, na *s. m. y f. fam.* Persona alta y fuerte.

tiberio *s. m. fam.* Jaleo, follón.

tibetano, na *adj. y s.* **1.** Del Tíbet, país de Asia que actualmente pertenece a China. ‖ *s. m.* **2.** Lengua de este país.

tibia *s. f.* Hueso de la pierna que va desde la rodilla hasta el pie por la parte de delante.

tibieza *s. f.* Característica de tibio.

tibio, bia *adj.* Templado. ‖ **LOC. poner tibio** a alguien Insultarle o hablar muy mal de él. **ponerse** uno **tibio** Hartarse a comer; también, ensuciarse o mojarse mucho.

tibor *s. m.* Vasija grande de barro cocido o porcelana, decorada, que es típica de China y Japón.

tiburón *s. m.* **1.** Pez de cuerpo alargado y morro puntiagudo, con la boca en la parte de abajo de la cabeza. Tiene la aleta del lomo triangular y la piel áspera. Es carnívoro y algunos son muy grandes y peligrosos. **2.** Intermediario que adquiere de forma solapada el número necesario de acciones de una empresa que le permite controlarla. **SIN. 1.** Escualo.

tic *s. m.* Movimiento rápido en alguna parte del cuerpo que uno hace a menudo y sin darse cuenta; por ejemplo, parpadear muy deprisa.

ticket (ingl.) *s. m.* Tique.

tictac o **tic-tac** *s. m.* El ruido del reloj.

tiempo *s. m.* **1.** Lo que mide el reloj, que sirve para saber lo que se tarda en hacer algo o lo que dura una cosa. **2.** Época, momento. **3.** Edad de los niños pequeños o de las crías de animales. **4.** Cada una de las partes en que se divide una acción o la duración de algo, por ejemplo, un partido de fútbol. **5.** En gramática, cada uno de los grupos en que se dividen las formas del verbo para expresar el presente (*canto*), el pasado (*canté*) o el futuro (*cantaré*). **6.** Conjunto de fenómenos del clima, como la temperatura, la lluvia o el viento que se dan en un lugar o en un momento. ‖ **LOC. a tiempo** Antes de que sea tarde. **con tiempo** Un poco antes: *llegar con tiempo*. **hacer tiempo** Entretenerse con alguna cosa mientras se espera.

tienda *s. f.* **1.** Establecimiento donde se vende algo. ‖ **2. tienda de campaña** Armazón de tubos o palos cubierto con una lona y que sirve para acampar. **SIN. 1.** Comercio.

tienta *s. f.* Prueba que se hace a los becerros para ver si son bravos y valen para torearlos. ‖ **LOC. a tientas** Tocando las cosas para guiarse cuando no se ve.

tiento *s. m.* Cuidado: *Ándate con tiento*.

tierno, na *adj.* **1.** Blando y fácil de cortar. **2.** Joven. **3.** Cariñoso, dulce. **ANT. 1.** Duro. **2.** Viejo, antiguo. **3.** Seco.

tierra *n. pr. f.* **1.** Planeta en el que habitamos. ‖ *s. f.* **2.** Parte de la superficie de este planeta no ocupada por el agua. **3.** Materia de que está compuesta esa superficie. **4.** Terreno que se cultiva o se puede cultivar. **5.** Suelo. **6.** País o región. **7.** El mundo de los vivos, a diferencia del cielo. ‖ **LOC. echar por tierra** Estropear o hacer que algo salga mal. **quedarse** uno **en tierra** Perder el vehículo en el que tenía que ir.

tieso, sa *adj.* **1.** Recto, levantado. **2.** Poco o nada flexible: *una tela muy tiesa*. **3.** Muy serio o antipático. **4.** *fam.* Muerto en el acto. **5.** *fam.* Muy asombrado: *Cuando oí que se iba, me quedé tiesa*. **6.** *fam.* Con mucho frío. **7.** *fam.* Sin dinero: *Tuve que pagar por adelantado y estoy tieso*. **SIN. 1.** Derecho, erguido. **2.** Rígido. **3.** Seco. **6.** Helado. **ANT. 1.** Torcido. **3.** Simpático.

tiesto *s. m.* Recipiente con tierra donde se ponen plantas para que crezcan.

tifoideo, a *adj.* **1.** Del tifus. ‖ **2. fiebre tifoidea** Enfermedad infecciosa producida por un bacilo que causa daños en el intestino delgado.

tifón *s. m.* **1.** Tromba marina. **2.** Ciclón tropical que se produce en el mar de China.

tifus *s. m.* Nombre de varias enfermedades infecciosas caracterizadas por producir fiebre muy alta y estados de delirio, sobre todo denominación dada a la *fiebre tifoidea*.

tigre, tigresa *s. m.* y *f.* Mamífero felino carnívoro de Asia que tiene la piel con pelo corto y denso de color amarillento y rayas negras. Es fuerte, ágil y rápido. || **LOC. oler a tigre** *fam.* Oler muy mal.

tijera o **tijeras** *s. f.* o *s. f. pl.* Objeto para cortar formado por dos piezas afiladas por uno de los lados y unidas en aspa de manera que pueden abrirse y cerrarse.

tijereta *s. f.* **1.** Insecto nocturno con alas, aunque no vuela, y dos prolongaciones al final del cuerpo en forma de tijera. **2.** Salto que se hace levantando las piernas rectas en el aire, primero una y después la otra.

tijeretazo o **tijeretada** *s. m.* o *f.* Corte que se hace con las tijeras rápidamente y sin dudar.

tila *s. f.* Flor del tilo; con ella, una vez seca, se hace una infusión tranquilizante.

tílburi *s. m.* Coche de caballos para dos personas, ligero y sin cubierta.

tildar *v.* Decir de alguien que tiene algún defecto o falta: *Lo tildaron de mentiroso.* **SIN.** Tachar, motejar.

tilde *s. f.* Signo gráfico que se pone sobre algunas letras, como el usado para marcar el acento o el que lleva la ñ. **SIN.** Vírgula, virgulilla.

tilín Se usa en la expresión **hacer tilín** alguien o algo a una persona, 'gustarle'.

tilo *s. m.* Árbol con hojas caducas suaves en forma de corazón y flores amarillentas de buen olor. Su madera se usa en ebanistería y sus flores se emplean secas para hacer tila.

timador, ra *adj.* y *s.* Estafador.

timar *v.* Estafar.

timba *s. f. fam.* Partida de algunos juegos, sobre todo de cartas.

timbal *s. m.* Tambor de caja metálica en forma de media esfera.

timbrado, da 1. *p.* de **timbrar.** También *adj.* || *adj.* **2.** Se dice del papel con membrete.

timbrar *v.* **1.** Dar a la voz del timbre adecuado, generalmente aumentando su volumen. **2.** Poner un sello en un documento.

timbrazo *s. m.* Toque fuerte de timbre.

timbre *s. m.* **1.** Aparato eléctrico que produce un determinado sonido y sirve para llamar o avisar. **2.** Característica que sirve para diferenciar el sonido de las voces o el de los distintos instrumentos musicales. **3.** Sello que se pone en algunos documentos y que indica que debe pagarse al Estado una cantidad por ellos.

tímidamente *adv.* Con poca fuerza, intensidad, decisión, etc.: *Llamó tímidamente a la puerta.*

timidez *s. f.* Modo de ser de la persona tímida. **SIN.** Vergüenza.

tímido, da *adj.* y *s.* **1.** Se dice de la persona a la que le dan vergüenza muchas cosas. || *adj.* **2.** Que demuestra poca fuerza, intensidad, decisión, etc.: *unos tímidos aplausos.* **SIN. 1.** Vergonzoso, cortado. **2.** Leve, ligero. **ANT. 1.** Atrevido. **2.** Fuerte.

timo *s. m.* Acción de timar. **SIN.** Estafa.

timón *s. m.* Pieza plana que tienen las embarcaciones y los aviones y sirve para cambiar de dirección.

timonear *v.* **1.** Manejar el timón de un barco. **2.** Dirigir un negocio u otra cosa. **SIN. 1.** Patronear. **1.** y **2.** Gobernar.

timonel *s. m.* Persona que maneja el timón de una embarcación.

timonera *adj.* y *s. f.* Se dice de unas plumas grandes que tienen las aves en la cola y que les sirven para estabilizar y dirigir el vuelo.

timorato, ta *adj.* y *s.* **1.** Tímido, miedoso. **2.** Que se escandaliza mucho por cosas que le parecen indecentes. **SIN. 1.** Indeciso. **2.** Puritano. **ANT. 1.** Atrevido.

tímpano *s. m.* Membrana que separa el oído externo del medio; al vibrar, debido al paso del sonido, transmite las vibraciones al caracol a través de una cadena de huesecillos.

tina *s. f.* **1.** Recipiente grande de madera en forma de cubo. **2.** Tinaja. **3.** Bañera.

tinaja *s. f.* Vasija grande de barro, más ancha por la parte del medio, que se emplea para guardar líquidos. **SIN.** Tina.

tinción *s. f.* Acción de teñir. **SIN.** Teñido.

tinerfeño, ña *adj.* y *s.* De Tenerife, una de las islas Canarias (España).

tinglado *s. m.* **1.** Construcción con techo, elaborada con materiales poco resistentes, que se hace normalmente para resguardarse. **2.** Armazón colocado a bastante altura. **3.** *fam.* Lío, jaleo, enredo. **SIN. 1.** Cobertizo.

tiniebla *s. f.* Falta de luz. **SIN.** Oscuridad. **ANT.** Claridad.

tino *s. m.* **1.** Habilidad de alguien para acertar. **2.** Facilidad para calcular algo a ojo. **3.** Prudencia, sentido común. **SIN. 1.** Puntería.

tinta *s. f.* **1.** Sustancia líquida de color que se utiliza para escribir, dibujar, imprimir o reproducir algo en un papel. **2.** Líquido oscuro que lanzan algunos animales, como los pulpos o los calamares, para defenderse. || **3. medias tintas** Cosas que se dicen o se hacen y no están muy claras. **4. tinta china** La que se usa para hacer algunos dibujos, por ejemplo, los planos de las casas.

tintar *v.* **1.** Manchar o empapar en tinta. **2.** Teñir.

tinte *s. m.* **1.** Sustancia de color que sirve para teñir. **2.** Tintorería.

tintero *s. m.* Frasco pequeño con tinta para escribir.

tintinear *v.* Hacer la campanilla u otros objetos un sonido parecido a «tintín».

tintineo *s. m.* Acción de tintinear y sonido que produce.

tinto *adj.* y *s. m.* Se dice del vino de color rojo oscuro.

tintorera *s. f.* Tiburón de tres o cuatro metros de longitud, de color azul oscuro por arriba y gris claro por el vientre; es frecuente en las costas del sur de España.

tintorería *s. f.* Lugar al que se lleva la ropa y otros tejidos para que los limpien y planchen, o para que los tiñan.

tintorero, ra *s. m.* y *f.* Persona que trabaja limpiando y tiñendo ropa.

tintorro *s. m. fam.* Vino tinto.

tintura *s. f.* **1.** Tinte. ǁ **2. tintura de yodo** Yodo disuelto en alcohol que se emplea para desinfectar.

tiña *s. f.* Enfermedad contagiosa de la piel, sobre todo de la zona del cráneo, que produce costras, escamas y ulceraciones, y hace que el pelo se caiga.

tiñoso, sa *adj.* y *s.* Que tiene la tiña.

tío, tía *s. m.* y *f.* **1.** Hermano o hermana de nuestro padre o de nuestra madre. **2.** *fam.* Cualquier persona. ǁ **3. tío abuelo** o **tía abuela** Hermano o hermana de nuestros abuelos. **SIN. 2.** Tipo.

tiovivo *s. m.* Diversión de ferias y parques de atracciones; es una plataforma redonda que da vueltas y sobre la que hay caballitos, coches y otras cosas para montar los niños. **SIN.** Carrusel.

tipa *s. f. fam.* y *desp.* Mujer o chica.

tiparraco, ca *s. m.* y *f. desp.* Persona que resulta ridícula o desagradable.

tipear *v. Amér.* Escribir a máquina.

tipejo, ja *s. m.* y *f. desp.* Persona ridícula y poco importante.

típex (de *Tipp-Ex*, marca registrada) Líquido blanco que se usa para tapar lo escrito en un papel y escribir encima.

tipi *s. m.* Tienda cónica de piel, propia de los indios de América del Norte.

típico, ca *adj.* Característico de alguien o de algo. **SIN.** Peculiar, propio, tradicional.

tipificar *v.* Adaptar varias cosas semejantes a un modelo o norma común.

tipismo *s. m.* Conjunto de caracteres o rasgos típicos.

tiple *s. m.* y *f.* Persona, sobre todo mujer, que canta con una voz muy aguda.

tipo *s. m.* **1.** Modelo que tiene las características principales del grupo o clase a que pertenece. **2.** Grupo de personas, animales o cosas que tienen unas mismas características. **3.** Forma del cuerpo de una persona: *Lola tiene muy buen tipo.* **4.** *fam.* Persona, individuo. **SIN. 1.** Ejemplo, prototipo.

tipografía *s. f.* Técnica de imprimir o reproducir en papel u otro material textos, dibujos, fotos.

tipográfico, ca *adj.* De tipografía.

tipógrafo, fa *s. m.* y *f.* Persona que compone los textos que se van a imprimir en tipografía.

tipología *s. f.* Estudio y clasificación de tipos que se realiza en diversas ciencias.

tique o **tíquet** *s. m.* Documento que sirve como comprobante de que hemos pagado algo. **SIN.** Billete, vale.

tiquismiquis *adj.* y *s.* **1.** *fam.* Persona que pone pegas y fallos a todo. ǁ *s. m. pl.* **2.** Tonterías, cosas sin importancia. **SIN. 1.** Pejiguero, remilgado.

tira *s. f.* **1.** Trozo largo y estrecho de tela, papel u otro material. **2.** Franja de viñetas o dibujos que narran una historia o parte de ella: *una tira cómica.* ǁ **LOC. la tira** Mucho: *Lleva la tira de tiempo sin venir.* **SIN. 1.** Franja, banda.

tirabuzón *s. m.* Rizo de pelo largo que tiene forma de espiral.

tirachinas *s. m.* Objeto para tirar o lanzar piedras u otras cosas pequeñas.

tirada *s. f.* **1.** Acción de tirar. **2.** Distancia larga. **3.** Conjunto de cosas, sobre todo si es largo. **4.** Número de ejemplares que tiene una edición de un libro, una revista u otra cosa. ǁ **LOC. de una tirada** De una sola vez, sin detenerse. **SIN. 1.** Lanzamiento.

tirado, da **1.** *p.* de tirar. También *adj.* ǁ *adj.* **2.** Caído o en el suelo. **3.** Muy barato. **4.** *fam.* Muy fácil. **5.** *fam.* Abandonado, sin ayuda. **SIN. 3.** Regalado. **4.** Chupado. **ANT. 3.** Caro. **4.** Crudo.

tirador, ra *s. m.* y *f.* **1.** Persona que tira o dispara. ǁ *s. m.* **2.** Aquello de lo que se tira, como el agarrador de un cajón. **3.** Tirachinas.

tirafondo *s. m.* **1.** Tornillo especial que se utiliza para asegurar algunas piezas de hierro a la madera. **2.** Instrumento de cirugía que se usa para sacar objetos de las heridas.

titán

tiragomas *s. m.* Tirachinas.

tiralevitas *adj.* y *s. fam.* Adulador.

tiralíneas *s. m.* Instrumento que sirve para trazar líneas con tinta.

tiramisú (del ital.) *s. m.* Dulce hecho de bizcocho empapado en café y licor, cubierto por una crema de huevo y queso suave.

tiranía *s. f.* Gobierno o comportamiento de un tirano. **SIN.** Dictadura, despotismo. **ANT.** Democracia.

tiranicida *adj.* y *s.* Persona que comete un tiranicidio.

tiranicidio *s. m.* Acto de matar a un tirano.

tiránico, ca *adj.* Propio de la tiranía.

tiranizar *v.* **1.** Gobernar un territorio un tirano. **2.** Comportarse con alguien como un tirano.

tirano, na *adj.* y *s.* **1.** Persona que gobierna sin tener derecho, imponiendo su voluntad. **2.** Persona que pretende mandar sobre los demás y que todas hagan lo que ella quiere. **SIN. 1.** Dictador. **2.** Déspota. **ANT. 2.** Tolerante.

tiranosaurio *s. m.* Dinosaurio carnívoro que se sostenía sobre las patas traseras y llegaba a alcanzar dieciséis metros de longitud y seis de altura.

tirante *adj.* **1.** Que está muy estirado y tenso. **2.** Incómodo y molesto por haber algún enfrentamiento o roce entre las personas. || *s. m.* **3.** Tira de tela u otro material que, pasando por los hombros, sujeta los pantalones u otras prendas. **4.** Pieza que sujeta una cosa o tira de ella. **5.** Cada una de las correas con las que los caballos tiran de un carruaje. **SIN. 2.** Violento, embarazoso. **ANT. 1.** Flojo.

tirantez *s. f.* **1.** Característica de tirante. **2.** Situación de enfrentamientos o roces. **SIN. 1.** y **2.** Tensión.

tirar *v.* **1.** Lanzar, echar. **2.** Disparar. **3.** Derribar, hacer caer. **4.** Hacer fuerza para arrastrar o para atraer hacia sí. **5.** Ir hacia un lugar o en una dirección: *Tira a la izquierda.* **6.** Parecerse: *azul tirando a verde.* **7.** Quedar estrecho: *Me tira de la manga de la blusa.* **8.** Funcionar: *Este coche ya no tira.* **9.** Producir un horno, una chimenea u otra cosa una corriente de aire que hace que el fuego esté más fuerte. **10.** Imprimir. **11.** Emplear mal: *tirar el dinero.* **12.** *fam.* Suspender: *Le tiraron en el examen.* **13.** *fam.* Gustar mucho: *Le tira el arte.* || **tirarse 14.** Lanzarse. **15.** Echarse: *tirarse al suelo.* **16.** Pasar: *Se tiró todo el día en la cama con fiebre.* **17.** *vulg.* Tener relaciones sexuales con una persona. || **LOC. tirando** Continuar igual, sin grandes cambios ni para bien ni para mal: *ir tirando.* **tirarse un farol** Decir una mentira para presumir de

algo. **SIN. 1.** Arrojar. **3.** Derrumbar. **8.** Marchar. **11.** Derrochar, malgastar. **17.** Cepillarse. **ANT. 1.** Recoger. **3.** Levantar. **11.** Ahorrar.

tirilla *s. f.* **1.** Tira de tela que une el cuello al escote de una camisa o que remata esta si no tiene cuello. || **tirillas** *s. m.* **2.** *fam.* Persona débil o muy delgada. **SIN. 2.** Enclenque.

tirita (marca registrada) *s. f.* Tira pequeña con una gasa en el centro que se pega sobre una herida.

tiritar *v.* Temblar por causa del frío o de la fiebre. **SIN.** Estremecerse.

tiritera o **tiritona** *s. f.* Temblor producido por frío o fiebre.

tiro *s. m.* **1.** Disparo. **2.** Actividad o deporte que consiste en tirar con un arma a un punto u objeto situado a una distancia. **3.** Acción de lanzar un balón. **4.** Conjunto de animales que tiran de un carruaje. **5.** Distancia que en un pantalón va desde la parte en que se unen las piernas hasta la cintura. **6.** Corriente de aire que se produce en un horno, chimenea u otra cosa y que hace que el fuego arda más fuerte. || **LOC. sentar como un tiro** o **caer como un tiro** Sentar o caer muy mal.

tiroides *adj.* y *s. m.* Se dice de una glándula en forma de H situada en el cuello y que es muy importante porque produce una hormona que regula el crecimiento y el funcionamiento de los órganos.

tirolés, sa *adj.* y *s.* Del Tirol, región de Austria e Italia.

tirolina *s. f.* Actividad deportiva que consiste en desplazarse de un lugar a otro de distinta altura deslizándose por un cable de acero.

tirón *s. m.* **1.** Acción de tirar violentamente. **2.** Movimiento brusco de un vehículo. **3.** En algunos deportes, sobre todo en el ciclismo, el hecho de acelerar un corredor para ponerse el primero. **4.** Dolor muy fuerte en un músculo cuando se ha estirado demasiado o de repente. **5.** Atracción que ejerce una persona o cosa. || **LOC. de un tirón** De una vez.

tirotear *v.* Disparar muchos tiros.

tiroteo *s. m.* Acción de tirotear.

tirria *s. f. fam.* Manía, antipatía. **SIN.** Ojeriza. **ANT.** Simpatía.

tisana *s. f.* Bebida medicinal que se hace cociendo en agua algunas hierbas.

tísico, ca *adj.* Que tiene tisis.

tisis *s. f.* Tuberculosis pulmonar.

tisú *s. m.* Tela de seda en la que se van metiendo y tejiendo hilos de oro o de plata.

titán *s. m.* Persona que tiene mucha fuerza o sobresale por ser extraordinario en algo.

titánico, ca *adj.* Se dice de un esfuerzo muy grande.

titanio *s. m.* Metal de gran dureza y resistencia, más ligero que el acero. Es un elemento químico.

títere *s. m.* **1.** Muñeco que una persona mueve por medio de unos hilos o metiendo la mano debajo de sus vestidos. **2.** Persona que hace lo que otras quieren. || *s. m. pl.* **3.** Espectáculo que se realiza con esos muñecos. **SIN. 1.** y **2.** Marioneta.

titi *s. m.* y *f. fam.* Persona joven, sobre todo una mujer.

tití *s. m.* Mono pequeño de pelo largo y sedoso, que vive en América del Sur.

titilar *v.* Brillar como temblando la luz de una estrella o de otra cosa. **SIN.** Rutilar, temblar.

titiritar *v.* Tiritar.

titiritero, ra *s. m.* y *f.* **1.** Persona que maneja los títeres. **2.** Persona que anda y salta sobre una cuerda o alambre o hace otros ejercicios de circo. **SIN. 2.** Acróbata, saltimbanqui, volatinero.

tito *s. m.* Hueso o pepita de la fruta.

tito, ta *s. m.* y *f. fam.* Forma cariñosa de llamar al tío y a la tía.

titubear *v.* No saber qué hacer o qué decir. **SIN.** Vacilar, dudar.

titubeo *s. m.* Acción de titubear. **SIN.** Vacilación. **ANT.** Seguridad.

titulación *s. f.* Título que una persona tiene por los estudios que ha hecho.

titulado, da 1. *p.* de **titular.** También *adj.* || *adj.* y *s.* **2.** Persona que posee un título.

titular¹ *v.* **1.** Poner título. || **titularse 2.** Tener un escrito, película, cuadro u otra cosa un título. **3.** Obtener una persona un título. **SIN. 1.** y **2.** Llamar(se).

titular² *adj.* y *s.* **1.** Se dice de la persona que realiza un trabajo o ocupa un cargo porque tiene ese puesto o ha sido nombrada para él. **2.** Se dice de la persona o empresa que tiene un documento a su nombre que indica que algo le pertenece o puede disfrutarlo. || *s. m.* **3.** Palabras o frases escritas con letras grandes que se ponen al comienzo de los artículos de los periódicos o revistas.

titulitis *s. f. fam. desp.* Valoración excesiva de los títulos académicos.

título *s. m.* **1.** Nombre de un libro, película, obra de teatro, canción, etc. **2.** Tratamiento que tienen los nobles, como conde, duque, marqués. **3.** Preparación o grado que uno tiene por haber realizado unos estudios, y documento en el que consta: *título de bachi-*

ller. **4.** Honor o distinción que se consigue o merece: *título de campeón de liga.*

tiza *s. f.* Barrita blanca o de colores que se usa para escribir en la pizarra.

tiznajo *s. m.* Mancha de tizne u otra cosa semejante.

tiznar *v.* Manchar con tizne, hollín u otra cosa parecida.

tizne *s. amb.* Humo que se pega a las sartenes, cacerolas y otras cosas que han estado al fuego.

tizón *s. m.* **1.** Palo o trozo de leña a medio quemar. **2.** Hongo parásito del trigo y otros cereales.

toalla *s. f.* Pieza de tejido suave y esponjoso que se utiliza para secarse. || **LOC. tirar la toalla** Rendirse, abandonar.

toallero *s. m.* Mueble, barrita u otra cosa para colgar las toallas.

toallita Pieza de papel resistente, humedecida en algún producto generalmente limpiador, y de un solo uso.

toba *s. f. fam.* Golpe que se da haciendo resbalar rápidamente la uña de un dedo sobre la yema del pulgar.

tobera *s. f.* **1.** Tubo por donde se introduce aire en un horno para que arda mejor. **2.** Dispositivo parecido a un tubo por el que salen los gases en algunos motores.

tobillera *s. f.* Venda con que se sujeta el tobillo cuando está lesionado o para protegerlo.

tobillero, ra *adj.* Que llega hasta los tobillos.

tobillo *s. m.* Parte en la que se unen el pie y la pierna.

tobogán *s. m.* Rampa inclinada por la que los niños se dejan resbalar.

toca *s. f.* **1.** Tela blanca que cubre la cabeza y parte de la cara de las monjas. **2.** Antigua prenda de mujer parecida a la anterior.

tocadiscos *s. m.* Aparato que reproduce el sonido grabado en un disco de vinilo.

tocado *s. m.* Adorno que se ponen las mujeres en el pelo y el peinado que se hacen.

tocado, da 1. *p.* de **tocar.** También *adj.* || *adj.* **2.** Un poco loco, aturdido o atontado. **3.** En deporte, se dice del jugador que no se encuentra totalmente bien o tiene una lesión leve. **SIN. 2.** Chiflado; sonado.

tocador *s. m.* **1.** Mueble que consiste en una mesa y un espejo; se usa para peinarse o pintarse. **2.** Habitación para el arreglo y aseo personal.

tocamiento *s. m.* Acción de tocar.

tocante Se usa en la expresión **en lo tocante a**, 'referido a algo'.

tocar v. **1.** Entrar en contacto con algo por medio de la mano, otra parte del cuerpo o mediante un objeto. **2.** Chocar, rozar. **3.** Hacer sonar: *tocar la trompeta.* **4.** Tener que hacer algo: *Te toca repartir las cartas.* **5.** Caer en suerte: *tocarle a alguien un premio.* **6.** Tratar algo, sobre todo si no se hace con profundidad. **7.** Cambiar, modificar: *No toques más el dibujo, que te ha quedado muy bien.* **8.** Importar, interesar. ‖ **tocarse 9.** Ponerse un sombrero o gorro. **SIN. 1.** Palpar. **2.** Dar. **3.** Tañer. **7.** Alterar, retocar.

tocata s. f. Composición musical para instrumentos de teclado.

tocateja Se usa en la expresión **a tocateja**, 'dando todo el dinero de una vez al pagar'.

tocayo, ya s. m. y f. Persona que tiene el mismo nombre que otra.

tocho, cha adj. y s. m. fam. Muy grande, que ocupa mucho espacio: *Me leí un tocho de mil páginas.*

tocino s. m. **1.** Capa de grasa que tienen algunos mamíferos, sobre todo el cerdo. ‖ **2. tocino de cielo** Dulce hecho con yema de huevo y almíbar.

tocología s. f. Obstetricia.

tocólogo, ga s. m. y f. Médico que se dedica a la obstetricia o tocología.

tocomocho s. m. Timo que consiste en ofrecer a cambio de un billete de lotería falso que se hace pasar como premiado.

tocón s. m. Parte del tronco de un árbol que queda unida a la raíz cuando lo cortan por abajo.

tocón, na adj. y s. fam. Se dice de la persona que toca o manosea mucho a otra. **SIN.** Sobón.

todavía adv. **1.** Expresa que algo continúa: *Todavía está estudiando.* **2.** Sin embargo, encima: *Le pagan todos los gastos y todavía se queja.* **3.** Sirve de refuerzo y equivale a 'en ese caso': *Si tuvieras razón, todavía podrías enfadarte.* **4.** Da más fuerza a algunos adverbios, como *más, menos, mejor, peor: Luisa es alta, pero su hermano lo es todavía más.* **SIN. 1.** a **3.** Aún.

todo, da indef. **1.** En su totalidad, por entero o por completo: *Se ha leído todo el libro. Todos los alumnos felicitaron a la profesora.* **2.** En singular y seguido de un sustantivo, cualquiera, todos o todas: *Toda persona quiere ser feliz.* **3.** En plural equivale a veces a 'cada': *Todos los días da un paseo.* **4.** Da más fuerza al significado de un sustantivo o de un adjetivo: *Es toda una mujer. Está todo enfa-*

dado. ‖ s. m. **5.** Aquello que está entero o lo vemos así: *dividir un todo en partes.* ‖ adv. **6.** Da más fuerza a lo que se dice en una frase: *Esa chica es todo ojos. A ver, cuéntame: soy todo oídos.* ‖ **LOC. ante todo** Sobre todo. **del todo** Por completo. **después de todo** Disminuye la importancia o el valor de algo: *Después de todo, no es para tanto.* **sobre todo** Antes que cualquier otra cosa. **ANT. 1.** Ninguno, nadie, nada.

todopoderoso, sa adj. **1.** Que lo puede todo. ‖ n. pr. m. **2.** Dios.

todoterreno adj. y s. m. **1.** Vehículo preparado para circular por terrenos muy desiguales o incómodos. ‖ adj. y s. **2.** Se dice de la persona que se adapta a cualquier situación. **SIN. 2.** Flexible, versátil.

tofe s. m. Caramelo blando de café con leche.

tofu s. m. Alimento de color blanco y suave preparado con leche de soja coagulada.

toga s. f. **1.** Manto que llevaban los romanos. **2.** Vestidura amplia y larga que usan jueces, abogados, catedráticos, etc.

toilette (fr.) s. f. **1.** Aseo o arreglo personal. **2.** Cuarto de baño.

tojo s. m. Arbusto espinoso de flores amarillas que dan mucho olor.

toldilla s. f. Cubierta parcial que tienen algunas embarcaciones en la parte trasera.

toldo s. m. Tela que se usa para dar sombra en algún lugar.

toledano, na adj. y s. De Toledo, ciudad y provincia españolas.

tolerable adj. Que se puede tolerar. **SIN.** Aceptable, admisible. **ANT.** Intolerable.

tolerado, da 1. p. de **tolerar.** También adj. ‖ adj. **2.** Se dice de la película o del espectáculo que es adecuado para menores de edad.

tolerancia s. f. **1.** Aceptación y respeto por lo que piensan y hacen los demás. **2.** Hecho de tolerar el cuerpo algunas cosas, como los medicamentos. **SIN. 1.** Comprensión. **ANT. 1.** y **2.** Intolerancia.

tolerante adj. Que tolera lo que los demás opinan o hacen. **SIN.** Transigente. **ANT.** Intolerante.

tolerar v. **1.** Soportar, aguantar: *Tolero bien el calor.* **2.** Aceptar y respetar lo que piensan y hacen los demás. **3.** Permitir, consentir: *No tolero que me contestes.* **4.** No hacerle daño o mal al cuerpo alimentos, medicinas u otras cosas: *No tolera las comidas muy picantes.* **SIN. 2.** Comprender. **2.** y **3.** Transigir. **3.** y **4.** Admitir. **ANT. 3.** Prohibir.

tolondrón s. m. Bulto que sale en el cuerpo por un golpe. **SIN.** Chichón.

tolteca *adj.* y *s.* De un pueblo que habitaba en el altiplano central de México.

tolueno *s. m.* Compuesto químico formado por carbono e hidrógeno que se obtiene del petróleo y se emplea como disolvente, materia prima de colorantes y para la fabricación de explosivos.

tolva *s. f.* Objeto parecido a un embudo, en el que se echan diferentes sustancias o productos para que vayan cayendo poco a poco.

tolvanera *s. f.* Remolino de polvo que se forma con el viento.

toma *s. f.* **1.** Hecho de tomar. **2.** Cantidad de un alimento o medicamento que se toma de una vez y cada una de las veces que se toma. **3.** Lugar por donde se desvía un líquido o la corriente eléctrica. **4.** Acción de fotografiar o filmar algo y también trozo que se ha rodado de una película. || **5. toma de corriente** Dispositivo unido a una red eléctrica, al que se puede conectar varios aparatos. **SIN. 1.** Asalto. **2.** Dosis.

tomado, da 1. *p.* de tomar. También *adj.* || *adj.* **2.** Se dice de la voz que está un poco ronca.

tomadura Se usa en la expresión **tomadura de pelo**, 'burla, engaño'.

tomar *v.* **1.** Coger. **2.** Comer o beber algo. **3.** Ponerse en un lugar para sentir algo: *tomar el fresco*. **4.** Ocupar o conquistar. **5.** Poner una persona lo que se dice: *tomarse alguien mucho interés*. **6.** Con algunos sustantivos, realizar la acción que estos expresan: *tomar asiento (sentarse)*. **7.** Entender o considerar algo de una manera: *tomarse algo a broma*. **8.** *Amér.* Consumir bebidas alcohólicas. || **LOC. toma y daca** Intercambio de cosas, servicios o ideas. **tomar tierra** Aterrizar. **tomarla con** alguien o algo Ir en su contra. **SIN. 1.** Asir. **4.** Dominar, invadir. **ANT. 1.** Soltar. **4.** Liberar.

tomatada *s. f.* Comida hecha con tomate.

tomatal *s. m.* Terreno en el que hay plantadas tomateras.

tomate *s. m.* **1.** Fruto de color rojo, carnoso y jugoso, con muchas semillas dentro, que tiene la piel fina, lisa y brillante. **2.** Tomatera. **3.** Salsa hecha con ese fruto triturado y, a veces, también frito. **4.** *fam.* Agujero, por ejemplo, en una media o en un calcetín. **5.** *fam.* Lío, jaleo. || **LOC. ponerse como un tomate** Ponerse muy colorado.

tomatera *s. f.* Planta que da como fruto el tomate y tiene flores amarillas en forma de estrella.

tomatero, ra *adj.* **1.** Se dice de los alimentos adecuados para ser guisados con tomate: *un pollo tomatero*. || *s. m.* y *f.* **2.** Persona que vende o cultiva tomates.

tomavistas *s. m.* Nombre que se dio a ciertas cámaras de uso doméstico que filmaban imágenes.

tómbola *s. f.* Caseta donde se rifan regalos entre la gente que ha comprado papeletas.

tómbolo *s. m.* Cordón de arena que une un islote con la costa.

tomillar *s. m.* Sitio donde hay plantados muchos tomillos.

tomillo *s. m.* Planta pequeña que tiene muy buen olor; sus hojas se usan como condimento para cocinar y en perfumería.

tomo *s. m.* Cada una de las partes en que se dividen algunas obras escritas muy extensas y que están encuadernadas por separado. **SIN.** Volumen.

ton Se usa en la expresión **sin ton ni son**, 'sin motivo' o 'sin razón'.

toná *s. f.* Cante flamenco que se interpreta sin acompañamiento musical.

tonada *s. f.* **1.** Poesía escrita para ser cantada y música con la que se canta. **2.** Melodía o canción.

tonadilla *s. f.* Canción popular española.

tonadillero, ra *s. m.* y *f.* Cantante o compositor de tonadillas.

tonal *adj.* Del tono o la tonalidad.

tonalidad *s. f.* **1.** Sistema de ordenación musical en el que los sonidos están organizados con relación a uno principal. **2.** Distinta intensidad de colores.

tonel *s. m.* Barril muy abombado que se utiliza para contener líquidos, sobre todo vino.

tonelada *s. f.* Medida de masa que equivale a mil kilogramos. También se llama *tonelada métrica*.

tonelaje *s. m.* Lo que cabe en un vehículo de transporte, sobre todo un barco mercante, medido en toneladas.

tonelería *s. f.* **1.** Técnica de construir toneles. **2.** Taller donde se construyen. **3.** Conjunto de toneles.

tonelero, ra *s. m.* y *f.* Persona que construye toneles.

tóner *s. m.* Cartucho de tinta o de polvo colorante que utilizan algunas fotocopiadoras e impresoras.

tongo *s. m.* Trampa que se hace en una competición deportiva y que consiste en que uno de los participantes se deja ganar a cambio de dinero.

tónica *s. f.* Bebida refrescante hecha de agua con gas a la que se añade quinina y aroma de limón. Se llama también *agua tónica*.

tónico, ca *adj.* **1.** Se dice de la vocal, sílaba o palabra que se pronuncia con acento, como la sílaba *pa* en la palabra *campana*. || *s. m.* **2.** Medicina que sienta bien al organismo, abre el apetito y da fuerzas. **3.** Loción para limpiar y refrescar la piel de la cara o para fortalecer el pelo. **SIN.** 2. Reconstituyente. **ANT.** 1. Átono. 2. Sedante.

tonificante *adj.* Que tonifica.

tonificar *v.* Fortalecer y poner bien el organismo. **SIN.** Vigorizar, reconfortar, entonar. **ANT.** Debilitar.

tonillo *s. m.* Tono muy igual que tienen algunas personas al hablar. **SIN.** Sonsonete.

tono *s. m.* **1.** Mayor o menor elevación de los sonidos, que permite distinguirlos en agudos o graves. **2.** Manera de decir las cosas una persona según su intención, su estado de ánimo, sus sentimientos. **3.** Estilo o carácter: *una novela escrita en tono de humor.* **4.** Color o tonalidad. **5.** En música, intervalo entre dos notas musicales seguidas, excepto entre *mi* y *fa*, y *si* y *do*. || **LOC. fuera de tono** Inoportuno: *Ese comentario estuvo fuera de tono.* **SIN.** 2. Entonación. 3. Cariz.

tonsura *s. f.* Coronilla afeitada de algunos sacerdotes y religiosos.

tontada *s. f.* Tontería.

tontaina *adj.* y *s. fam.* Persona tonta y sosa. **SIN.** Sosaina, bobo. **ANT.** Listo.

tontamente *adv.* **1.** De manera tonta. **2.** Sin motivo o por casualidad.

tontear *v.* **1.** Hacer o decir tonterías. **2.** *fam.* Coquetear.

tontería *s. f.* **1.** Característica de la persona tonta. **2.** Cosa tonta que se dice o se hace. **3.** Cosa de poco valor o importancia. **SIN.** 1. y 3. Estupidez, simpleza.

tonto, ta *adj.* y *s.* **1.** Poco inteligente. || *adj.* **2.** Absurdo, innecesario. || **LOC. a tontas y a locas** Sin orden o sin pensar. **SIN.** 1. Idiota, imbécil, bobo. **ANT.** 1. Listo. 2. Necesario.

tontorrón, na *s. m.* y *f. aum.* de **tonto**. Suele decirse en tono cariñoso.

tontuna *s. f.* Tontería, cosa tonta.

toña *s. f.* **1.** *fam.* Puñetazo, golpe. **2.** *fam.* Borrachera.

top (del ingl.) *s. m.* Prenda femenina ajustada al cuerpo, que cubre desde arriba del pecho hasta la cintura o por encima de ella.

top manta *expr. fam.* Venta callejera de objetos falsificados o reproducidos ilegalmente, que se exponen sobre una sábana o una manta.

top secret (ingl.) *expr.* Significa 'muy secreto'.

top ten (ingl.) *expr.* Nombre que se da a los diez primeros puestos en una clasificación.

top-model (ingl.) *s. m.* y *f.* Modelo de moda y publicidad muy famoso y valorado.

topacio *s. m.* Piedra preciosa que se usa en joyería. Es muy dura y resistente, transparente y brillante; las hay de varios colores.

topar *v.* **1.** Chocar. **2.** Encontrar por casualidad. **3.** Embestir un animal con cuernos contra algo. **SIN.** 1. Tocar. 1. y 2. Dar. 2. Hallar, descubrir.

tope *s. m.* **1.** Pieza que detiene una cosa y no deja que pase de un punto. **2.** Pieza que sirve para parar o disminuir los golpes, como las que tienen delante y detrás los vagones de tren. **3.** Lo más a lo que se puede llegar. || **LOC. a tope** Todo lo que se puede: *trabajar a tope, poner la música a tope*. También, demasiado cargado o lleno: *El autobús iba a tope*. **SIN.** 3. Límite.

topera *s. f.* Madriguera del topo.

topetazo o **topetón** *s. m.* **1.** Cabezazo. **2.** Golpe fuerte al chocar una cosa con otra. **SIN.** 1. Testarazo. 2. Encontronazo.

tópico, ca *adj.* y *s. m.* **1.** Que se ha repetido mucho y ya no es nuevo ni original. **2.** Se dice del medicamento que se pone externamente en una parte del cuerpo, como las pomadas; también se dice de su uso. || *s. m.* **3.** Tema, asunto. **SIN.** 1. Manido, trillado.

toples, topless o **top-less** (*topless* y *top-less* son ingl.) *s. m.* **1.** Hecho de estar una mujer desnuda de cintura para arriba. **2.** Bar donde trabajan mujeres desnudas de cintura para arriba.

topo[1] *s. m.* **1.** Animal pequeño de pelo oscuro, hocico puntiagudo y patas anchas con uñas largas y fuertes, que utiliza para excavar túneles bajo la tierra. Se alimenta de lombrices e insectos. **2.** *fam.* Persona que ve muy mal. **3.** Persona infiltrada en una organización como espía.

topo[2] *s. m.* Dibujo en forma de lunar.

topografía *s. f.* Técnica de describir y representar con detalle en un plano la superficie de un terreno.

topógrafo, fa *s. m.* y *f.* Persona que se dedica a la topografía.

toponimia *s. f.* Estudio del origen y significado de los topónimos.

topónimo *s. m.* Nombre propio de un lugar, como una ciudad o un país.

toque *s. m.* **1.** Acción de tocar una cosa un momento, sobre todo si es con poca fuerza. **2.** Sonido producido por las campanas, trompetas o tambores que sirve de señal o aviso de algo. **3.** Detalle o aspecto. **4.** Aviso, llama-

da. ‖ **5. toque de queda** Ver **queda**. **SIN. 1.**
Roce. **3.** Nota, rasgo.

toquetear v. Tocar mucho a alguien o algo.
SIN. Manosear, sobar.

toquilla s. f. Prenda de abrigo en forma de
capa corta o de triángulo con que se tapa a
los niños pequeños o se cubren los hombros
las mujeres. **SIN.** Chal.

torácico, ca adj. Del tórax.

tórax s. m. **1.** Cavidad del pecho. **2.** El pecho
mismo: un tórax musculoso. **3.** Parte central
de las tres en que se divide el cuerpo de los
insectos, las arañas y los crustáceos.

torbellino s. m. **1.** Remolino de aire o de
polvo. **2.** fam. Persona muy viva y activa. **SIN.**
1. Ciclón, turbulencia. **2.** Trasto.

torcedura s. f. **1.** Acción de torcer o torcerse. **2.** Daño que se produce en una articulación cuando se ha torcido bruscamente. **SIN.**
1. Torsión. **2.** Esguince, luxación.

torcer v. **1.** Retorcer. **2.** Doblar una cosa recta, o inclinar o desviar algo de la posición o
dirección normal. **3.** Seguido de gesto, semblante y palabras parecidas, poner cara de
desagrado o enfado. **4.** Cambiar de dirección.
‖ **torcerse 5.** Estropearse, salir mal. □ Es
v. irreg. Se conjuga como mover. **SIN. 2.** Curvar. **4.** Girar. **ANT. 1.** y **2.** Enderezar.

torcida s. f. Mecha de algodón o trapo retorcido que se pone, por ejemplo, en las velas y
los candiles.

torcido, da 1. p. de **torcer**. También adj. ‖
adj. **2.** Inclinado o doblado.

tordo, da adj. y s. **1.** Se dice de la caballería
de pelo con mezcla de negro y blanco. ‖ s. m.
2. Pájaro de canto armonioso y color grisáceo
o marrón; es un ave migratoria que pasa el
invierno en la península ibérica. Se llama
también zorzal.

torear v. **1.** Atraer a un toro y dejarlo pasar
cuando embiste, engañándolo con el capote
o la muleta. **2.** Evitar a alguien o algo. **3.**
Burlarse de una persona. **SIN. 1.** Lidiar.

toreo s. m. **1.** Acción de torear. **2.** Arte de
torear toros. **SIN. 1.** Lidia. **2.** Tauromaquia.

torera s. f. Chaquetilla corta parecida a la del
traje de los toreros. **SIN.** Bolero.

torero, ra adj. **1.** Del toreo o de los toreros.
‖ s. m. y f. **2.** Persona que torea en la corridas.
‖ **LOC. saltarse** algo **a la torera** No hacer
ningún caso de ello. **SIN. 2.** Diestro, espada,
matador.

toril s. m. Lugar en las plazas donde se encierra a los toros que se van a torear.

tormenta s. f. Mal tiempo con mucha lluvia
o granizo, rayos y relámpagos. **SIN.** Tempestad, borrasca. **ANT.** Calma.

tormento s. m. **1.** Sufrimiento o preocupación muy grandes; persona o cosa que los
produce. **2.** Martirio. **SIN. 1.** y **2.** Tortura, suplicio. **ANT. 1.** Placer, alivio.

tormentoso, sa adj. **1.** Se dice del tiempo
en que hay tormenta. **2.** Tenso, conflictivo:
una relación tormentosa. **SIN. 1.** Borrascoso.
1. y **2.** Tempestuoso. **ANT. 1.** Apacible.

torna Se emplea en la expresión **volverse las
tornas**, 'cambiar a una situación totalmente
opuesta'.

tornadizo, za adj. y s. Que cambia fácilmente de ideas, opiniones o creencias. **SIN.** Voluble. **ANT.** Consecuente.

tornado s. m. Tormenta con vientos muy
fuertes que se mueven en forma de espiral.

tornar v. **1.** Cambiar, mudar. **2.** Regresar. **3.**
Volver a hacer. **SIN. 1.** Transformar. **2.** Retornar. **ANT. 2.** Marcharse.

tornasol s. m. Reflejo o cambio de color que
produce la luz en algunas telas o superficies
lisas y brillantes. **SIN.** Viso.

tornasolado, da adj. Que hace tornasoles.

torneado, da 1. p. de **tornear**. También adj.
‖ adj. **2.** De curvas suaves y bonitas: unas
piernas largas y torneadas. ‖ s. m. **3.** Acción
de tornear. **SIN. 3.** Moldeado.

tornear v. Dar forma a algo que gira en el
torno. **SIN.** Moldear.

torneo s. m. **1.** Combate a caballo que se
celebraba en la Edad Media. **2.** Competición
deportiva: un torneo de tenis. **SIN. 1.** Contienda, lid. **2.** Campeonato.

tornero, ra s. m. y f. **1.** Persona que realiza
trabajos con el torno. ‖ s. f. **2.** En los conventos de clausura, monja encargada de atender
el torno.

tornillería s. f. **1.** Conjunto de tornillos y
piezas parecidas. **2.** Fabricación y fábrica de
tornillos.

tornillo s. m. **1.** Clavo o cilindro estrecho con
rosca que se introduce, dándole vueltas, en
una tuerca o en otro sitio. **2.** Instrumento
formado por una pieza fija y otra que se mueve y que sirve para sujetar con fuerza entre
las dos una cosa. ‖ **LOC. faltarle** a alguien **un
tornillo** Estar loco.

torniquete s. m. **1.** Lo que sirve para apretar
una vena o una arteria abierta y evitar que
salga la sangre. **2.** Aparato en forma de cruz
que gira sobre un eje y se coloca en las entradas de los recintos para que las personas
pasen de una en una.

torno s. m. **1.** Máquina formada por un cilindro que se hace girar de modo que va enrollando una cuerda que tira de una cosa o la
levanta. **2.** Nombre de distintas máquinas

que hacen girar un objeto sobre sí mismo para trabajar sobre él y darle forma. **3.** Máquina con una pieza giratoria en el extremo que usan los dentistas para limpiar o limar los dientes. **4.** En los conventos y otros lugares, pieza que tapa un hueco de una pared y que se hace girar para pasar cosas de un lado a otro. ‖ **LOC. en torno a** Alrededor de; también, aproximadamente, más o menos.

toro *s. m.* **1.** Animal mamífero rumiante de cuerpo y cabeza grandes, con dos cuernos curvados y puntiagudos, pelo corto y cola larga. Se cría como animal de tiro, por su carne y su piel y, en España e Hispanoamérica, también para torearlo. La hembra del toro es la vaca. ‖ *s. m. pl.* **2.** Corrida en que se torea a estos animales. ‖ **LOC. pillar el toro** a alguien Acabársele el tiempo antes de conseguir hacer o terminar algo.

toronja *s. f.* Pomelo, fruto del toronjo.

toronjil *s. m.* Melisa.

toronjo *s. m.* Pomelo, árbol.

torpe *adj.* **1.** Que se mueve con dificultad o lentitud. **2.** Poco hábil. **3.** Que es poco inteligente o le cuesta comprender. **SIN. 1.** Lento, pesado. **2.** Inútil, desmañado. **3.** Corto, bruto. **ANT. 1.** Ágil. **2.** Diestro. **3.** Listo.

torpedear *v.* **1.** Atacar a un barco con torpedos. **2.** Hacer fracasar algo: *torpedear un proyecto.* **SIN. 2.** Boicotear.

torpedero, ra *adj. y s. m.* Se dice de la embarcación de guerra armada con torpedos.

torpedo *s. m.* **1.** Proyectil de forma alargada o cilíndrica que se lanza bajo el agua y explota al chocar contra algo. **2.** Pez de cuerpo aplanado, emparentado con las rayas, pero con la cola más corta y dos pequeñas aletas en el lomo. Produce descargas eléctricas para paralizar a sus presas y para defenderse.

torpeza *s. f.* **1.** Lentitud o poca agilidad. **2.** Estupidez, error o cosa que se hace mal. **SIN. 2.** Tontería. **ANT. 2.** Acierto.

torrado, da 1. *p.* de **torrar**. También *adj.* ‖ *s. m.* **2.** Garbanzo tostado y recubierto de una capa blanca salada. **3.** *fam.* Cabeza.

torrar *v.* Tostar al fuego.

torre *s. f.* **1.** Construcción más alta que ancha, que hay en los castillos, las iglesias o en algunas casas. **2.** Nombre de muchas construcciones altas y que tienen distintos usos, como las metálicas que sostienen los cables de la electricidad. **3.** En Cataluña y otras partes de España, chalé o casa de campo. **4.** Pieza del juego de ajedrez con forma de torre de castillo. ‖ **5. torre de control** La que hay en un aeropuerto, para observar lo que ocurre en las pistas y dirigir los aviones. **6. torre del homenaje** La más importante de una forta-

leza o de un castillo. **SIN. 1.** Torreón, atalaya, baluarte; campanario.

torrefacto, ta *adj.* Tostado al fuego; se dice sobre todo del café que se tuesta con un poco de azúcar. **SIN.** Torrado.

torrencial *adj.* Se dice de las lluvias muy fuertes.

torrente *s. m.* **1.** Corriente de agua muy abundante, rápida y fuerte que se forma cuando llueve mucho o con el deshielo de las nieves. **2.** Gran cantidad de personas o cosas juntas. **SIN. 1.** Torrentera. **1.** y **2.** Riada.

torrentera *s. f.* Cauce de un torrente y, también, el mismo torrente.

torreón *s. m.* Torre grande de una fortaleza o de un castillo. **SIN.** Baluarte.

torreta *s. f.* En algunos aviones, barcos de guerra y tanques, estructura metálica giratoria con ametralladoras o cañones.

torrezno *s. m.* Trozo de tocino frito.

tórrido, da *adj.* Muy caluroso. **SIN.** Bochornoso. **ANT.** Helado.

torrija *s. f.* Dulce hecho con una rebanada de pan empapada en leche o vino, rebozada en huevo y luego frita; suele cubrirse con azúcar o miel.

torsión *s. f.* Acción de torcer o torcerse una cosa: *Hizo una torsión con el tronco.*

torso *s. m.* **1.** Tórax, pecho. **2.** Escultura sin cabeza, brazos y piernas.

torta *s. f.* **1.** Masa aplastada y redonda, generalmente de harina, que se fríe o se cuece al horno. **2.** *fam.* Tortazo. **SIN. 2.** Bofetada, trompazo.

tortazo *s. m.* **1.** *fam.* Golpe dado con la mano en la cara. **2.** *fam.* Golpe o choque violento. **SIN. 1.** Bofetada, bofetón. **1.** y **2.** Torta. **2.** Trompazo.

tortel *s. m.* Rosco de hojaldre.

tortícolis *s. f.* Dolor del cuello que no deja mover la cabeza.

tortilla *s. f.* **1.** Huevos batidos y fritos en la sartén con un poco de aceite. **2.** *Amér.* Torta de harina, sobre todo la de maíz. ‖ **3. tortilla española** La que se hace añadiendo al huevo trozos de patata ya fritos. **4. tortilla francesa** La que se hace solamente con huevo.

tortillera *s. f.* *vulg. y desp.* Lesbiana.

tortita *s. f.* Torta pequeña.

tórtola *s. f.* Ave parecida a una paloma aunque más pequeña; tiene la cola larga y estrecha de color negro con los bordes blancos. Vive en bosques y cultivos.

tórtolo *s. m.* **1.** Macho de la tórtola. ‖ *s. m. pl.* **2.** *fam.* Pareja de enamorados.

tortuga s. f. **1.** Reptil protegido por un caparazón que le cubre el cuerpo por arriba y por abajo y en el que puede meter la cabeza, las patas y la cola. Algunas tortugas son marinas y otras viven en tierra. **2.** fam. Persona, vehículo o cosa muy lentos.

tortuoso, sa adj. **1.** Que tiene muchas curvas, vueltas y rodeos. **2.** Que actúa con astucia y disimulo, sin mostrar sus intenciones. **ANT. 1.** Recto. **2.** Franco.

tortura s. f. **1.** Daño muy fuerte que se hace a una persona, casi siempre como castigo o para obligarla a confesar algo. **2.** Sufrimiento. **SIN. 1.** y **2.** Martirio, tormento. **ANT. 2.** Alivio.

torturar v. **1.** Pegar o dañar a alguien como castigo o para que confiese algo. **2.** Hacer sufrir. **SIN. 1.** y **2.** Martirizar, atormentar. **ANT. 2.** Aliviar.

torvo, va adj. Siniestro, que da miedo: una mirada torva. **SIN.** Avieso.

torzal s. m. Cordón formado por varios hilos trenzados o retorcidos.

tos s. f. **1.** Acción de expulsar el aire de los pulmones de forma ruidosa y violenta, como cuando se está acatarrado o nos ha entrado polvo en la garganta. ‖ **2. tos ferina** Enfermedad muy contagiosa producida por una bacteria, que ataca sobre todo a los niños y provoca una tos muy fuerte y hace difícil respirar.

tosco, ca adj. **1.** Hecho con poco cuidado y con materiales poco valiosos. **2.** De poca cultura o poco refinado. **SIN. 1.** y **2.** Basto, burdo. **ANT. 1.** y **2.** Fino, elegante. **2.** Delicado.

toser v. Tener tos.

tosquedad s. f. Característica de tosco. **SIN.** Rudeza. **ANT.** Finura, elegancia.

tostada s. f. Rebanada de pan tostado.

tostadero s. m. **1.** Lugar en el que se tuesta algo. **2.** Lugar en el que da mucho el sol y hace demasiado calor. **SIN. 2.** Horno, sauna. **ANT. 2.** Nevera.

tostado, da 1. p. de **tostar.** También adj. ‖ adj. **2.** Se dice del color marrón clarito o el que tiene la piel cuando se pone morena. **SIN. 2.** Dorado, bronceado.

tostador, ra s. m. y f. Aparato que sirve para tostar pan.

tostar v. **1.** Poner una cosa al fuego para que se ponga dorada sin quemarse. **2.** Broncear. **3.** Calentar demasiado, quemar. □ Es v. irreg. Se conjuga como contar. **SIN. 1.** y **3.** Asar.

tostón s. m. **1.** Cochinillo asado. **2.** fam. Persona o cosa aburrida o pesada. **SIN. 2.** Pesadez, rollo, lata.

total adj. **1.** Completo, del todo: Está negociando el precio total del coche. ‖ s. m. **2.** Todo o todos: El total de la clase ha aprobado. **3.** Resultado de algunas operaciones matemáticas con varias cantidades. ‖ adv. **4.** Se emplea para decir algo como conclusión: Total, que no te enterarte de nada. **5.** Expresa que algo da igual o que ya no tiene arreglo: Llueve, pero no importa; total, no iba a salir. **SIN. 1.** Entero, íntegro. **ANT. 1.** Incompleto, parcial.

totalidad s. f. **1.** Todas las personas o cosas de un grupo. **2.** Todo, la cosa entera. **SIN. 1.** Total. **ANT. 1.** Nadie. **1.** y **2.** Parte, nada.

totalitario, ria adj. Del totalitarismo. **SIN.** Autoritario. **ANT.** Democrático.

totalitarismo s. m. Forma de gobierno en que tiene todos los poderes una persona o grupo y no permite que los demás actúen libremente.

totalizar v. Calcular la cantidad total de la suma de varias cantidades.

tótem (del ingl.) s. m. Ser u objeto que algunas tribus creen que las protege de los males. **SIN.** Fetiche, amuleto.

tour (fr.) s. m. **1.** Excursión o viaje en el que se va a varios sitios. **2.** Nombre de algunas carreras ciclistas. ‖ **3. tour operador** Persona o empresa que se dedica a la organización de viajes colectivos. **SIN. 1.** Gira, tournée.

tournée (fr.) s. f. Tour, sobre todo el que hace un artista actuando en varios sitios.

toxicidad s. f. Característica de lo que es tóxico.

tóxico, ca adj. y s. m. Que puede producir intoxicación al tomarlo, tocarlo o respirarlo. **SIN.** Venenoso.

toxicología s. f. Parte de la medicina que estudia las sustancias tóxicas y su efecto sobre los seres vivos.

toxicomanía s. f. Hábito de consumir drogas y preparación de ellas.

toxicómano, na s. m. y f. Drogadicto.

toxina s. f. Sustancia que se produce en el organismo y resulta perjudicial para él.

tozudez s. f. Característica de tozudo.

tozudo, da adj. Cabezota, terco. **SIN.** Testarudo, obstinado.

traba s. f. Obstáculo, impedimento.

trabajado, da 1. p. de **trabajar.** También adj. ‖ adj. **2.** Que muestra aspecto de haber trabajado o sufrido mucho. **3.** Que se ha realizado con mucho cuidado y esmero.

trabajador, ra adj. **1.** Que trabaja mucho. ‖ adj. y s. **2.** Persona que trabaja para ganar-

tragar

se la vida. **SIN. 1.** Laborioso, hacendoso, aplicado. **2.** Obrero. **ANT. 1.** Vago.

trabajar *v.* **1.** Realizar un trabajo. **2.** Funcionar. **3.** Practicar un movimiento o hacer ejercicios para desarrollar alguna parte del cuerpo. ‖ **LOC. trabajarse** a alguien Ganarse la confianza de una persona para obtener beneficio de ella. **SIN. 1.** Trajinar. **ANT. 1.** Vaguear. **2.** Parar.

trabajo *s. m.* **1.** Actividad que necesita un esfuerzo físico o intelectual, normalmente a cambio de un sueldo. **2.** Obra artística o científica. **3.** En física, resultado de multiplicar la fuerza que se emplea en mover algo por la distancia que recorre. ‖ **LOC. costar trabajo** una cosa Ser difícil de conseguir o de hacer. **SIN. 1.** Faena, tarea, empleo.

trabajoso, sa *adj.* Que da mucho trabajo. **SIN.** Laborioso, pesado. **ANT.** Llevadero.

trabalenguas *s. m.* Palabra o serie de palabras difíciles de pronunciar rápidamente; sirve como juego para hacer que uno se equivoque.

trabar *v.* **1.** Unir. **2.** Sujetar una cosa con algo para que no se mueva. **3.** Iniciar una conversación o relación. ‖ **trabarse 4.** Enredarse, atascarse: *trabarse la lengua.* **SIN. 1.** Juntar. **3.** Entablar. **ANT. 1.** Soltar.

trabazón *s. f.* Unión o relación entre varias cosas. **SIN.** Ligazón.

trabilla *s. f.* Pequeña tira de tela para pasar por ella una correa, una cinta o un cinturón.

trabucar *v.* Cambiar el orden que deben tener varias cosas, sobre todo las letras o las palabras al hablar. **SIN.** Confundir.

trabuco *s. m.* Arma de fuego antigua, más corta y gruesa que una escopeta y con el cañón muy ancho por la boca.

traca *s. f.* Serie de petardos o cohetes que estallan a la vez o muy seguidos. ‖ **LOC. ser** alguien o algo **de traca** Resultar muy sorprendente o particular.

tracción *s. f.* Fuerza o motor que mueve o arrastra algo.

tracto *s. m.* Nombre de los órganos o de parte de ellos que sirven de conductos: *tracto digestivo.*

tractor, ra *adj.* **1.** Que produce la tracción. ‖ *s. m.* **2.** Vehículo de motor de mucha potencia que suele usarse en las faenas del campo.

tractorista *s. m.* y *f.* Persona que conduce un tractor.

tradición *s. f.* Las costumbres, ideas o maneras de hacer algo que existen desde hace mucho tiempo.

tradicional *adj.* **1.** Que existe o es así desde hace mucho tiempo. **2.** Partidario de la tradi-

ción. **SIN. 2.** Tradicionalista, conservador. **ANT. 1.** Actual. **2.** Progresista.

tradicionalismo *s. m.* Actitud de apego a las tradiciones.

tradicionalista *adj.* Que defiende la tradición y es enemigo de los cambios. **SIN.** Conservador. **ANT.** Progresista.

tradicionalmente *adv.* Desde hace mucho tiempo.

traducción *s. f.* **1.** Acción de traducir. **2.** Texto o palabras habladas que resultan al traducir algo.

traducir *v.* Pasar de una lengua a otra algo que se dice o está escrito. □ Es v. irreg. Se conjuga como *conducir.*

traductor, ra *s. m.* y *f.* Persona que se dedica a traducir.

traductora *s. f.* Máquina que sirve para traducir.

traer *v.* **1.** Llevar hasta donde estamos o al lugar que se dice. **2.** Contener un libro, revista o periódico alguna cosa. **3.** Causar, producir: *traer consecuencias.* **4.** Poner o estar de la manera que se dice: *Este dibujo me trae loco. Traía un enfado que no veas.* **5.** Llevar puesto. ‖ **traerse 6.** Estar haciendo algo entre varios: *Menuda juerga se traen.* ‖ **LOC. traer** a uno **a mal traer** Hacerle sufrir o molestarlo mucho. **traérselas** Ser malo o difícil: *El examen de mañana se las trae.* □ Es v. irreg. Ver cuadro en página siguiente. **SIN. 1.** Acercar. **2.** Incluir. **3.** Ocasionar. **ANT. 3.** Evitar.

traficante *s. m.* y *f.* Persona que trafica.

traficar *v.* Comerciar, sobre todo con cosas ilegales: *traficar con armas, con drogas.*

tráfico *s. m.* **1.** Circulación de vehículos. **2.** Acción de traficar. **SIN. 1.** Tránsito. **2.** Comercio, especulación.

tragabolas *s. m.* Muñeco con una boca muy grande en la que hay que meter unas bolas que se tiran a distancia.

tragaderas *s. f.* **1.** *fam.* Garganta, sitio por donde se traga. **2.** *fam.* Paciencia, aguante.

tragadero *s. m.* Agujero o conducto que traga agua u otra cosa.

tragaldabas *adj.* y *s. fam.* Comilón, tragón.

tragaluz *s. m.* Ventana pequeña abierta en el techo o en la parte de arriba de la pared. **SIN.** Claraboya.

tragaperras *s. f.* Máquina que funciona echando monedas y que da dinero si salen algunas combinaciones.

tragar *v.* **1.** Hacer que algo pase de la boca hacia dentro. **2.** Comer mucho o con ansiedad. **3.** Hacer que una cosa pase hacia dentro de algo: *Este fregadero no traga bien.* **4.** *fam.*

TRAER	
GERUNDIO	**PARTICIPIO**
trayendo	*traído*

INDICATIVO	
Presente	**Pretérito perfecto simple**
traigo	*traje*
traes	*trajiste*
trae	*trajo*
traemos	*trajimos*
traéis	*trajisteis*
traen	*trajeron*

SUBJUNTIVO	
Presente	**Pretérito imperfecto**
traiga	*trajera, -ese*
traigas	*trajeras, -eses*
traiga	*trajera, -ese*
traigamos	*trajéramos, -ésemos*
traigáis	*trajerais, -eseis*
traigan	*trajeran, -esen*
	Futuro simple
	trajere
	trajeres
	trajere
	trajéremos
	trajereis
	trajeren

IMPERATIVO	
trae (tú)	*traed* (vosotros)
traiga (usted)	*traigan* (ustedes)

Tener que aceptar algo: *Insistió tanto que su jefe acabó tragando.* ‖ **tragarse 5.** *fam.* Creerse una mentira. **6.** *fam.* Soportar cosas desagradables, pesadas o aburridas. **7.** *fam.* Chocar contra algo: *Me tragué el bordillo.* **SIN. 1.** Ingerir. **1.** y **2.** Engullir. **4.** Transigir. **ANT. 1.** Vomitar. **3.** Expulsar. **5.** Desconfiar.

tragasables *s. m.* y *f.* Artista de circo que realiza ejercicios parecidos a las prácticas de los faquires.

tragedia *s. f.* **1.** Obra de teatro con un tema serio y que acaba en un final dramático. **2.** Suceso real muy triste o desgraciado. **SIN. 2.** Catástrofe, desgracia.

trágico, ca *adj.* **1.** De la tragedia. **2.** Muy triste o desgraciado. ‖ *adj.* y *s.* **3.** Escritor de tragedias. **SIN. 2.** Dramático, desdichado. **ANT. 1.** a **3.** Cómico.

tragicomedia *s. f.* Obra y género de teatro que tiene elementos de la tragedia y de la comedia.

tragicómico, ca *adj.* De la tragicomedia.

trago *s. m.* **1.** Cantidad de líquido que se traga de una vez. **2.** Bebida alcohólica. **3.** *fam.* Situación difícil o triste por la que se pasa. **SIN. 1.** Sorbo. **2.** Copa.

tragón, na *adj.* y *s. fam.* Comilón. **SIN.** Glotón, tragaldabas. **ANT.** Desganado.

traición *s. f.* Acción de traicionar. **SIN.** Deslealtad, infidelidad. **ANT.** Lealtad, fidelidad.

traicionar *v.* **1.** Hacer una persona algo malo a alguien que confiaba en ella. **2.** Tener una cosa la culpa de que algo salga mal: *Los nervios le traicionaron en el examen.* **SIN. 1.** Vender. **ANT. 1.** y **2.** Ayudar.

traicionero, ra *adj.* y *s.* **1.** Traidor. ‖ *adj.* **2.** Hecho a traición.

traidor, ra *adj.* y *s.* Que traiciona a alguien. **SIN.** Desleal, infiel. **ANT.** Leal.

tráiler (del ingl.) *s. m.* **1.** Escenas de una película que ponen antes del estreno para anunciarla. **2.** Remolque muy grande que llevan algunos camiones.

traílla *s. f.* **1.** Cuerda con que se sujeta a los perros en una cacería. **2.** Conjunto de perros atado con esta cuerda.

traína *s. f.* Red de pesca marina que tiene forma de bolsa.

trainera *s. f.* **1.** Embarcación de pesca, alargada y de poco fondo. **2.** Embarcación de remos deportiva parecida a la anterior.

training (ingl.) *s. m.* Curso de formación o periodo de prácticas.

traje *s. m.* **1.** Ropa exterior de una persona. **2.** Conjunto de chaqueta y pantalón o falda. **3.** Ropa especial para una actividad: *traje de buzo.* ‖ **4. traje de baño** Bañador. **5. traje de luces** El de los toreros. **6. traje de noche** Vestido femenino para fiestas o ceremonias. **SIN. 1.** Indumentaria, atuendo.

trajeado, da *adj.* Muy bien vestido, sobre todo si lleva un buen traje.

trajín *s. m.* Mucho trabajo, mucha actividad. **SIN.** Ajetreo. **ANT.** Descanso.

trajinar *v.* Trabajar, tener mucha actividad. **ANT.** Descansar.

trallazo *s. m.* **1.** Latigazo, sacudida. **2.** Chut muy fuerte. **SIN. 2.** Cañonazo.

trama *s. f.* **1.** Conjunto de hilos colocados a lo ancho que, cruzados y enlazados con los de la urdimbre, forman un tejido. **2.** Combinación de puntos de diferentes tonos y colores que forman una imagen. **3.** Argumento. **4.** Plan o complot que se elabora en secreto para perjudicar a alguien. **SIN. 3.** y **4.** Intriga. **4.** Conspiración.

tramar v. Preparar o planear algo en secreto. **SIN.** Maquinar, urdir.

tramitación s. f. **1.** Acción de tramitar. **2.** Trámites que hay que hacer para resolver un asunto.

tramitar v. Hacer los trámites necesarios para algo. **SIN.** Gestionar.

trámite s. m. Cada cosa que hay que hacer para resolver un asunto o para conseguir algo. **SIN.** Gestión, diligencia.

tramo s. m. **1.** Cada una de las partes de un camino y de otras cosas largas. **2.** Parte de una escalera comprendida entre dos descansillos.

tramontana s. f. Viento del norte, frío y seco, que sopla en el Mediterráneo.

tramoya s. f. Máquinas y aparatos que se usan en el teatro para cambiar los decorados.

tramoyista s. m. y f. Persona que maneja las tramoyas de un teatro.

trampa s. f. **1.** Medio o dispositivo para cazar animales engañándolos. **2.** Plan, acción o sistema para engañar a alguien. **3.** Acción dirigida a saltarse una norma o regla. **4.** Deuda. **SIN. 2.** Artimaña, estratagema.

trampear v. fam. Vivir pidiendo prestado y con engaños para salir de apuros.

trampero, ra s. m. y f. Persona que caza con trampas.

trampilla s. f. Tapa, rejilla o puerta pequeña.

trampolín s. m. **1.** Construcción elevada para tirarse al agua desde ella. **2.** Tabla que se usa en gimnasia para darse impulso al saltar. **3.** Lo que sirve a alguien para mejorar su situación.

tramposo, sa adj. y s. Que hace trampas o engaños. **SIN.** Fullero.

tranca s. f. **1.** Palo grueso que se pone atravesado detrás de una puerta o ventana cerradas para que estén más seguras. **2.** fam. Borrachera. || **LOC. a trancas y barrancas** Con dificultades.

trancazo s. m. **1.** Estacazo, golpe. **2.** fam. Gripe o catarro fuerte.

trance s. m. **1.** Momento importante o difícil. **2.** Estado de una persona que habla con los espíritus o con Dios, la Virgen o los santos.

tranco s. m. Paso largo que se da al andar. **SIN.** Zancada.

tranquilidad s. f. Estado en que se encuentra la persona o cosa tranquila. **SIN.** Reposo, sosiego. **ANT.** Inquietud.

tranquilizador, ra adj. Que tranquiliza o pone tranquilo: *Es tranquilizador oír sus palabras.* **ANT.** Alarmante.

tranquilizante adj. y s. m. Que sirve para tranquilizar.

tranquilizar v. Hacer que alguien esté más tranquilo. **SIN.** Calmar, sosegar. **ANT.** Intranquilizar.

tranquillo Se usa en la expresión **coger el tranquillo**, 'lograr aprender a hacer algo'.

tranquilo, la adj. **1.** Que no es nervioso o no está nervioso. **2.** Que no tiene cosas que pueden molestar o poner nervioso: *Vive en un barrio tranquilo.* **3.** Quieto, en reposo. **SIN. 1.** Reposado, calmado. **1.** a **3.** Apacible. **ANT. 1.** Intranquilo.

transacción s. f. Compra o venta.

transaminasa s. f. Cierta enzima que se encuentra en las células de los animales y de las personas.

transar v. Amér. Llegar a un acuerdo.

transatlántico, ca adj. **1.** Que está al otro lado del océano Atlántico. **2.** Que se hace a través del océano Atlántico. || s. m. **3.** Barco muy grande de pasajeros.

transbordador s. m. **1.** Barco que lleva personas o mercancías entre dos orillas cercanas. || **2. transbordador espacial** Nave espacial que despega en vertical y aterriza como un avión. **SIN. 1.** *Ferry.*

transbordar v. Pasar de un vehículo a otro.

transbordo s. m. Hecho de transbordar.

transcontinental adj. Que atraviesa un continente.

transcribir v. Poner por escrito algo que se ha dicho de palabra. □ Su p. es irreg.: *transcrito.*

transcripción s. f. Hecho de transcribir.

transcurrir v. Pasar el tiempo. **SIN.** Discurrir.

transcurso s. m. Paso del tiempo.

transeúnte s. m. y f. Peatón.

transexual adj. y s. Se dice de la persona que transforma su cuerpo mediante operaciones y tratamientos hormonales para cambiar de sexo.

transferencia s. f. **1.** Hecho de transferir. || **2. transferencia bancaria** Cambio de dinero de una cuenta a otra.

transferir v. Hacer que algo pase de un lugar a otro o de una persona a otra. □ Es v. irreg. Se conjuga como *sentir.*

transfiguración s. f. Acción de transfigurar o transfigurarse.

transfigurar v. Cambiar de aspecto.

transformación *s. f.* Acción de transformar o transformarse.

transformador, ra *adj.* **1.** Que transforma. || *s. m.* **2.** Aparato eléctrico que sirve para cambiar el voltaje.

transformar *v.* Cambiar el aspecto o la forma de ser de alguien o algo, convertir una cosa en otra.

transformismo *s. m.* Oficio del transformista.

transformista *s. m.* y *f.* Artista que, cambiándose muy rápidamente de ropa, peinado y maquillaje, imita a distintos personajes.

tránsfuga *s. m.* y *f.* Persona que abandona un partido político, ideología, etc., para pasarse a otros.

transfusión *s. f.* Acción de introducir a una persona sangre de otra.

transgénico, ca *adj.* Se dice de la planta o del animal que han sido creados artificialmente cruzando genes de diversas especies para darle nuevas propiedades: *alimentos transgénicos*.

transgredir *v.* Desobedecer una ley o norma. □ Aunque tradicionalmente ha sido *v. defect.* y solo se conjugaban las formas con una *i* en la raíz: *transgredió*, en la actualidad se consideran correctas todas las formas de la conjugación: *transgreden*. **SIN.** Infringir, quebrantar. **ANT.** Acatar.

transgresión *s. f.* Acción de transgredir. **SIN.** Infracción, violación.

transgresor, ra *adj.* y *s.* Que desobedece una ley o norma.

transiberiano, na *adj.* y *s. m.* Que atraviesa Siberia, región de Rusia; se dice sobre todo del tren que hace este recorrido.

transición *s. f.* Paso de un estado o situación a otro.

transido, da *adj.* Muy afectado por una pena o sufrimiento muy grandes.

transigente *adj.* Que permite a otros hacer lo que quieren. **SIN.** Condescendiente. **ANT.** Intransigente.

transigir *v.* Permitir. **SIN.** Tolerar, admitir, tragar. **ANT.** Oponerse.

transistor *s. m.* **1.** Pequeña pieza electrónica que hay en muchos aparatos. **2.** Radio pequeña.

transitar *v.* Ir por calles, carreteras o caminos. **SIN.** Andar, circular.

transitivo, va *adj.* y *s. m.* **1.** Se dice del verbo que puede llevar complemento directo. || *adj.* y *s. f.* **2.** Se dice de la oración que tiene un verbo transitivo y lleva complemento directo. **ANT. 1.** y **2.** Intransitivo.

tránsito *s. m.* Paso de vehículos y personas por una calle, carretera, vía o camino.

transitorio, ria *adj.* Temporal, provisional. **SIN.** Pasajero. **ANT.** Definitivo.

transmisión *s. f.* **1.** Acción de transmitir. **2.** Mecanismo de una máquina que transmite el movimiento de una pieza a otra. **SIN. 1.** Emisión; contagio. **ANT. 1.** Recepción.

transmisor, ra *adj.* y *s.* **1.** Que transmite. || *s. m.* **2.** En radio, telégrafos y otros medios de comunicación, aparato para transmitir.

transmitir *v.* **1.** Comunicar, hacer llegar a alguien una noticia, un mensaje o un aviso. **2.** Dar una emisora de radio o televisión noticias, programas o espectáculos. **3.** Contagiar una enfermedad. **SIN. 2.** Retransmitir, radiar, televisar.

transmutación *s. f.* Transformación.

transmutar *v.* Cambiar, transformar.

transoceánico, ca *adj.* **1.** Que está al otro lado del océano. **2.** Que atraviesa un océano.

transparencia *s. f.* Característica de las cosas transparentes. **ANT.** Opacidad.

transparentar *v.* Ser transparente un cuerpo; dejar que se vea a través de él lo que hay detrás. **SIN.** Traslucir.

transparente *adj.* **1.** Se dice de las cosas que dejan ver a través de ellas la luz o lo que hay detrás. **2.** Claro, muy fácil de entender. **SIN. 2.** Meridiano. **ANT. 1.** Opaco. **2.** Incomprensible.

transpiración *s. f.* **1.** Hecho de transpirar. **2.** Sudor.

transpirar *v.* Sudar.

transpirenaico, ca *adj.* **1.** Que está al otro lado de los Pirineos. **2.** Que atraviesa los Pirineos: *túnel transpirenaico*.

transportador, ra *adj.* y *s.* **1.** Que transporta. || *s. m.* **2.** Regla con forma de medio círculo, que sirve para trazar ángulos.

transportar *v.* Llevar personas o cosas de un lugar a otro. **SIN.** Portear, acarrear.

transporte *s. m.* **1.** Acción de transportar. **2.** Vehículo o medio que sirve para transportar personas o cosas. **SIN. 1.** Porte, acarreo.

transportista *s. m.* y *f.* Persona que se dedica a transportar personas o cosas.

transversal *adj.* **1.** Que cruza una cosa o la atraviesa de un lado a otro. **2.** Oblicuo, diagonal.

tranvía *s. m.* Vehículo para transportar viajeros en las ciudades y cercanías, que circula sobre raíles y funciona con electricidad.

tranviario, ria *adj.* **1.** Del tranvía. ∥ *s. m.* y *f.* **2.** Persona que trabaja en el servicio público de tranvías.

trapacear *v.* Engañar.

trapacería *s. f.* Engaño, fraude, trampa.

trapajoso, sa *adj.* **1.** Se dice de la persona mal vestida o que no cuida su aspecto. **2.** Se dice de la persona que pronuncia mal, y también de esa forma de hablar: *hablar con lengua trapajosa*. **SIN. 1.** Andrajoso.

trápala *s. f.* **1.** Ruido y movimiento que produce un conjunto de gente. **2.** *fam.* Mentira, engaño. ∥ *adj.* y *s.* **3.** *fam.* Mentiroso. **SIN. 1.** Alboroto, jaleo, bullicio.

trapecio *s. m.* **1.** Especie de columpio situado a mucha altura del suelo para que los artistas hagan acrobacias y piruetas en el circo. **2.** Cuadrilátero irregular que solamente tiene paralelos dos de sus lados. **3.** Uno de los huesos de la mano que forman parte del carpo. **4.** Cada uno de los dos músculos que están en la nuca y en la parte alta de la espalda.

trapecista *s. m.* y *f.* Artista de circo que hace piruetas en el trapecio.

trapense *adj.* y *s. m.* De la orden religiosa de la Trapa.

trapero, ra *s. m.* y *f.* Persona que recoge, compra y vende ropa usada y cosas viejas.

trapezoidal *adj.* Con forma de trapezoide o trapecio.

trapezoide *s. m.* **1.** Cuadrilátero irregular que no tiene ningún lado paralelo a otro. **2.** Uno de los huesos de la mano que forman parte del carpo.

trapichear *v. fam.* Hacer trapicheos.

trapicheo *s. m. fam.* Chanchullo, trampa, lío.

trapichero, ra *s. m.* y *f. fam.* Persona que hace trapicheos.

trapillo Se usa en la expresión **de trapillo**, 'con ropa cómoda'.

trapío *s. m.* Buen aspecto y bravura de un toro de lidia.

trapisonda *s. m.* y *f.* **1.** Trapisondista. ∥ *s. f.* **2.** *fam.* Riña, alboroto. **3.** *fam.* Mentira, lío, enredo.

trapisondista *s. m.* y *f.* Persona que siempre anda metida en líos.

trapo *s. m.* **1.** Trozo de tela viejo o roto. **2.** Trozo de tela que se utiliza para limpiar el polvo y otras cosas. ∥ *s. m. pl.* **3.** *fam.* Ropa, sobre todo la de mujer. **SIN. 1.** Harapo. **2.** Paño, bayeta.

tráquea *s. f.* **1.** Tubo que une la laringe con los bronquios y lleva el aire hasta los pulmones. **2.** Órgano que les sirve para respirar a algunos insectos y otros animales.

traqueal *adj.* **1.** De la tráquea. **2.** Se aplica a la respiración que se hace fundamentalmente a través de tráqueas.

traqueofita *adj.* y *s. f.* Se dice de las plantas que, al contrario que las briofitas, tienen hojas, raíces y tallos.

traqueotomía *s. f.* Operación que consiste en abrir la tráquea para facilitar la respiración.

traquetear *v.* Moverse algunas cosas de manera repetida y continua, haciendo ruido, por ejemplo, un tren.

traqueteo *s. m.* Ruido de lo que traquetea.

tras *prep.* **1.** Después o detrás: *El sol lució tras la tormenta. Se escondió tras la puerta.* **2.** Buscando algo, intentando conseguirlo: *Lleva años tras ese puesto.*

trascendencia *s. f.* Importancia, valor. **SIN.** Relevancia, repercusión.

trascendental *adj.* Muy importante, interesante o valioso. **SIN.** Fundamental, esencial. **ANT.** Insignificante.

trascendente *adj.* Trascendental.

trascender *v.* **1.** Empezar a saberse o a notarse una cosa. **2.** Superar, estar por encima. ☐ Es v. irreg. Se conjuga como *tender*. **SIN. 1.** Difundirse, propagarse.

trascoro *s. m.* En las iglesias, lugar que está detrás del coro; también, estructura decorada generalmente con esculturas, que separa el coro de las naves.

trasegar *v.* **1.** Desordenar. **2.** Trasvasar. **3.** Tomar muchas bebidas alcohólicas. ☐ Es v. irreg. Se conjuga como *pensar*. **SIN. 1.** Descolocar, revolver. **3.** Pimplar.

trasera *s. f.* Parte de atrás.

trasero, ra *adj.* **1.** Que está detrás. ∥ *s. m.* **2.** Nalgas, culo de las personas. **SIN. 2.** Posaderas.

trasfondo *s. m.* Lo que no se ve a primera vista, pero está detrás de alguna cosa.

trasgo *s. m.* Duende, espíritu.

trashumancia *s. f.* Hecho de llevar al ganado de una región a otra, buscando pastos en invierno y en verano.

trashumante *adj.* Que va de una región a otra buscando pastos en invierno y en verano: *ganadería trashumante.*

trasiego *s. m.* Mucho trabajo, movimiento o lío. **SIN.** Trajín, ajetreo.

traslación *s. f.* Movimiento de un astro alrededor de otro, sobre todo el de la Tierra alrededor del Sol.

trasladar v. **1.** Llevar a una persona o cosa de un lugar o de un puesto a otro. **2.** Cambiar la fecha o la hora de alguna cosa. SIN. **1.** Desplazar, mover.

traslado s. m. Acción de trasladar. SIN. Transporte, desplazamiento.

traslaticio, cia adj. Figurado.

traslúcido, da adj. Se dice del cuerpo que deja pasar la luz, pero que no deja ver claramente a través de él lo que está detrás. ANT. Opaco.

traslucir v. **1.** Transparentar. **2.** Mostrar, reflejar. □ Es v. irreg. Se conjuga como lucir. SIN. **2.** Reflejar.

trasluz Se usa en la expresión al trasluz, que indica la forma de mirar una cosa poniéndola entre la luz y los ojos.

trasmano Se usa en la expresión a trasmano, 'en lugar apartado o mal comunicado'.

trasnochado, da adj. Anticuado.

trasnochador, ra adj. y s. Que trasnocha.

trasnochar v. Acostarse muy tarde o pasar la noche sin dormir.

traspapelar v. Perder entre otras cosas un papel o algo parecido, por no haberlo colocado en su sitio.

traspasar v. **1.** Atravesar. **2.** Pasar una barrera o un límite. **3.** Vender a alguien una tienda o un negocio que ya está funcionando. **4.** Causar a alguien una sensación o una impresión muy fuerte. SIN. **2.** Cruzar.

traspaso s. m. Acción de traspasar, sobre todo una tienda o un negocio.

traspié s. m. **1.** Tropezón, resbalón. **2.** Error, descuido o dificultad. SIN. **1.** y **2.** Tropiezo.

trasplantar v. **1.** Volver a plantar un vegetal en otro sitio. **2.** Operar a una persona para cambiarle un órgano enfermo por otro sano sacado de otro cuerpo o del suyo. **3.** Llevar a un lugar algo que viene de otro. SIN. **3.** Implantar.

trasplante s. m. Acción de trasplantar.

trasponer v. **1.** Poner en un sitio distinto. **2.** Pasar al otro lado de una puerta, de un obstáculo o de otra cosa. ‖ **trasponerse 3.** Adormilarse. □ Es v. irreg. Se conjuga como poner. SIN. **1.** Trasladar, mover. **2.** Traspasar, atravesar. ANT. **3.** Espabilarse.

trasportín s. m. Asiento o soporte que tienen detrás algunas bicicletas para llevar cargas pequeñas.

traspuesto, ta 1. p. de trasponer. También adj. ‖ adj. **2.** Adormilado.

trasquilar v. Cortarles el pelo o la lana a algunos animales. SIN. Esquilar.

trasquilón s. m. Corte desigual que se hace en el pelo.

trastabillar v. Tropezar.

trastada s. f. **1.** fam. Travesura. **2.** fam. Faena, mala pasada. SIN. **2.** Jugarreta.

trastazo s. m. fam. Golpe, porrazo.

traste s. m. Cada uno de los salientes horizontales a lo largo del mástil de la guitarra y de otros instrumentos de cuerda. Se ponen los dedos entre un traste y otro para dar las diferentes notas. ‖ LOC. **dar al traste con** una cosa Estropearla, echarla a perder. **irse** algo **al traste** Fracasar, salir mal.

trastear v. **1.** Revolver trastos o cambiarlos de sitio. **2.** Hacer travesuras. SIN. **2.** Enredar.

trastero adj. y s. m. Se dice del cuarto de una casa donde se guardan trastos.

trastienda s. f. Cuarto que en algunas tiendas y bares está detrás del lugar donde se atiende a los clientes y que suele servir de almacén.

trasto s. m. **1.** Mueble, máquina u otra cosa, sobre todo si son viejos, están estropeados o estorban. **2.** fam. Niño muy travieso. ‖ LOC. **tirarse los trastos a la cabeza** Discutir o pelearse. SIN. **1.** Cachivache, armatoste.

trastocar v. Cambiar, desordenar las cosas.

trastornar v. **1.** Estropear, fastidiar, descolocar. **2.** Poner nervioso. SIN. **1.** y **2.** Alterar, perturbar. ANT. **2.** Tranquilizar.

trastorno s. m. **1.** Molestia, problema, dificultad. **2.** Enfermedad o fallo en un órgano o en la salud. SIN. **2.** Alteración.

trastrocar v. Cambiar o confundir unas cosas con otras, o el estado, orden o sentido de algo. □ Es v. irreg. Se conjuga como contar.

trasunto s. m. **1.** Copia de un escrito original. **2.** Aquello que representa otra cosa o da una idea muy aproximada.

trasvasar v. Pasar una cosa de un lugar a otro, sobre todo un líquido.

trasvase s. m. Acción de trasvasar, por ejemplo, agua de un río a otro.

trata s. f. **1.** Hecho de vender y comprar personas: trata de esclavos. ‖ **2. trata de blancas** La realizada con mujeres para dedicarlas a la prostitución.

tratable adj. **1.** Que se puede tratar. **2.** Se dice de la persona amable, con la que es fácil tratar. SIN. **2.** Abierto, cortés. ANT. **1.** y **2.** Intratable.

tratadista s. m. y f. Autor de tratados sobre alguna materia.

tratado s. m. **1.** Libro que trata sobre un tema. **2.** Acuerdo importante entre países. SIN. **1.** Estudio. **2.** Pacto.

tratamiento *s. m.* **1.** Acción de tratar o tratarse. **2.** Forma de llamar a una persona, según su categoría, profesión, edad. **3.** Lo que manda el médico que tome o haga alguien para curarse. **SIN. 1.** Trato.

tratante *s. m. y f.* Persona que se dedica a comprar productos y revenderlos.

tratar *v.* **1.** Portarse con alguien o cuidar una cosa de la manera que se dice: *Me trataron muy bien.* **2.** Hablar a una persona utilizando un tratamiento, por ejemplo, llamándola de usted. **3.** Discutir una cosa con alguien. **4.** Ser amigo de una persona, salir o hablar con ella. **5.** Hablar o escribir sobre algo. **6.** Hacer lo necesario con una cosa para cambiarla, mejorarla, fabricar otra: *tratar el cuero, la madera.* **7.** Atender y cuidar un médico a una persona. **8.** Intentar. **9.** Vender y comprar cosas. **SIN. 4.** Relacionarse. **5.** Versar.

trato *s. m.* **1.** Acción de tratar o tratarse. **2.** Acuerdo entre dos o más personas. **3.** Forma de tratar o hablar a una persona. **SIN. 2.** Pacto, convenio.

trattoria (ital.) *s. f.* Restaurante italiano de precio moderado.

trauma *s. m.* Impresión muy fuerte y duradera que una mala experiencia produce en alguien y que puede influir mucho en su personalidad.

traumático, ca *adj.* **1.** Que causa un trauma. **2.** Que provoca traumatismo.

traumatismo *s. m.* Daño que se produce en una parte del cuerpo, por ejemplo, a causa de un golpe fuerte.

traumatizar *v.* Causar un trauma.

traumatología *s. f.* Parte de la medicina que se ocupa de los daños producidos en los huesos, articulaciones y músculos.

traumatólogo, ga *s. m. y f.* Médico especialista en traumatología.

trávelin, travelín o ***travelling*** (*travelling* es ingl.) *s. m.* **1.** Técnica cinematográfica que consiste en desplazar la cámara sobre un soporte móvil. **2.** Plano que está rodado con esta técnica.

través Se usa en estas expresiones: **a través de**, 'de un lado a otro', 'por en medio de una cosa': *La luz entra a través de la ventana;* y también 'por alguien o algo, gracias a ellos': *Me enteré a través de tu hermano.* **de través**, 'en dirección oblicua o transversal'.

travesaño *s. m.* Pieza que va de una parte a otra de algo, como los peldaños de algunas escaleras.

travesero, ra *adj.* Que se pone de través.

travesía *s. f.* **1.** Viaje, sobre todo el que se hace por mar o por aire. **2.** Calle o camino que une otros más importantes.

travesti o **travestí** *s. m. y f.* Persona, sobre todo un hombre, que se viste y se comporta como si fuera del otro sexo. **SIN.** Travestido.

travestido, da **1.** *p.* de **travestirse.** ‖ *adj.* **2.** Disfrazado. ‖ *s. m. y f.* **3.** Travesti.

travestirse *v.* Vestirse un hombre con ropa de mujer o una mujer con ropa de hombre. ☐ Es v. irreg. Se conjuga como *pedir.*

travesura *s. f.* Acción que causa un pequeño daño y que hace alguien para divertirse, aunque sin mala intención.

traviesa *s. f.* Pieza que se pone atravesada entre los rieles en las vías del tren.

travieso, sa *adj.* Que hace travesuras. **SIN.** Revoltoso.

trayecto *s. m.* Recorrido.

trayectoria *s. f.* **1.** Camino o recorrido que sigue alguien o algo al moverse. **2.** Desarrollo de una cosa, de una actividad. **SIN. 1.** Ruta.

traza *s. f.* **1.** Plano o diseño, por ejemplo, de un edificio. **2.** Aspecto, apariencia. **3.** Huella, rastro: *Muchos bollos contienen trazas de frutos secos.* **SIN. 1.** Trazado. **2.** Pinta, facha. **3.** Vestigio.

trazado *s. m.* **1.** Acción de trazar. **2.** Plano o diseño de un edificio o de otra construcción. **3.** Recorrido de un camino, de un canal o de otra cosa parecida.

trazar *v.* **1.** Hacer líneas, por ejemplo, para realizar un dibujo o un plano. **2.** Planear. **3.** Describir. **SIN. 2.** Idear.

trazo *s. m.* Línea que se hace al escribir o dibujar. **SIN.** Rasgo.

trébol *s. m.* Hierba que tiene unas hojas casi redondas y agrupadas de tres en tres, con flores pequeñas y de color rojizo.

trece *num.* **1.** Diez y tres. **2.** Que ocupa por orden el número trece.

treceavo, va *num.* y *s. m.* Se dice de cada una de las trece partes iguales en que se divide algo.

trecho *s. m.* Distancia que hay entre dos lugares. **SIN.** Tramo, trayecto.

tregua *s. f.* En una guerra, interrupción de los combates durante un tiempo por haberlo decidido así los dos ejércitos.

treinta *num.* **1.** Tres veces diez. **2.** Que ocupa por orden el número treinta.

treintañero, ra *adj.* y *s.* Se dice de la persona que tiene más de treinta años, pero que todavía no ha cumplido los cuarenta.

treintavo, va *num.* y *s. m.* Se dice de cada una de las treinta partes iguales en que se divide algo.

treintena *s. f.* Conjunto de treinta personas o cosas.

trekking (ingl.) *s. m.* Deporte que consiste en recorrer andando zonas naturales, generalmente de montaña.

tremebundo, da *adj.* Tremendo.

tremendismo *s. m.* Tendencia a contar historias alarmantes y terribles o a creérselas.

tremendista *adj.* y *s.* Que tiende a difundir o a creerse noticias alarmantes.

tremendo, da *adj.* **1.** Muy grande, muy fuerte. **2.** Que sorprende o llama la atención. **SIN. 1.** Enorme. **2.** Impresionante. **ANT. 1.** Insignificante.

trementina *s. f.* Resina de los pinos, abetos y otros árboles, de color amarillento y olor muy fuerte.

tremolar *v.* Ondear.

tremolina *s. f.* **1.** Movimiento ruidoso del aire. **2.** *fam.* Ruido, jaleo, confusión.

trémolo *s. m.* Sucesión rápida de varias notas musicales iguales y de la misma duración.

trémulo, la *adj.* Que tiembla: *voz trémula.* **SIN.** Tembloroso.

tren *s. m.* **1.** Conjunto de vagones que van enganchados unos a otros y se mueven sobre raíles, tirados por una locomotora. ‖ **2. tren de aterrizaje** Ruedas que tienen los aviones. ‖ **LOC. a todo tren** Muy deprisa; también, con muchos lujos: *Celebraron la boda a todo tren.* **estar como un tren** Ser muy guapo. **SIN. 1.** Ferrocarril.

trena *s. f. fam.* Cárcel. **SIN.** Trullo.

trenca *s. f.* Chaquetón con capucha.

trencilla *s. f.* Adorno en forma de trenza que se pone en la ropa y en otras cosas.

trenza *s. f.* **1.** Peinado que se hace uniendo y mezclando tres o más mechones de pelo. **2.** Cualquier otra cosa hecha así o que tiene esta forma.

trenzado, da 1. *p.* de **trenzar.** También *adj.* ‖ *s. m.* **2.** Trenza. **3.** En danza, salto ligero que se hace cruzando y descruzando rápidamente los pies.

trenzar *v.* Hacer trenzas con algo.

trepa *adj.* y *s. fam.* Persona capaz de hacer cualquier cosa para ascender en su trabajo.

trepador, ra *adj.* Que trepa: *La hiedra es una planta trepadora.*

trepanación *s. f.* Operación quirúrgica que consiste en hacer un agujero en el cráneo u otro hueso.

trepanar *v.* Hacer una trepanación.

trépano *s. m.* **1.** Instrumento para trepanar. **2.** Máquina para perforar el subsuelo.

trepar *v.* **1.** Subir a un sitio alto agarrándose con las extremidades. **2.** Crecer las plantas agarrándose a los árboles, a los muros o a otra cosa. **3.** *fam.* Ascender una persona profesional o económicamente utilizando cualquier medio. **SIN. 1.** Escalar.

trepidación *s. f.* Vibración.

trepidante *adj.* **1.** Que vibra mucho. **2.** Muy interesante o emocionante; se dice sobre todo cuando pasan muchas cosas.

trepidar *v.* Vibrar mucho. **SIN.** Temblar.

tres *num.* **1.** Dos y uno. **2.** Tercero. ‖ **LOC. ni a la de tres** Indica que es imposible o muy difícil hacer algo.

trescientos, tas *num.* **1.** Tres veces cien. **2.** Que ocupa por orden el número trescientos.

tresillo *s. m.* **1.** Sofá para tres personas; también, conjunto de sofá y dos sillones. **2.** Juego de cartas para tres jugadores.

treta *s. f.* Engaño o acción astuta. **SIN.** Artimaña, estratagema, ardid.

tríada *s. f.* Conjunto de tres seres o elementos que guardan relación.

trial (del ingl.) *s. m.* Prueba de motociclismo que se practica por terrenos accidentados y con muchos obstáculos.

triangular *adj.* En forma de triángulo.

triángulo *s. m.* **1.** Polígono que tiene tres lados y tres ángulos. **2.** Instrumento musical con la forma de este polígono, que se hace sonar golpeándolo con una varilla.

triatlón *s. m.* Prueba de atletismo que consta de tres carreras: de natación, de ciclismo y a pie.

tribal *adj.* De la tribu.

tribu *s. f.* **1.** Grupo de personas con el mismo origen y la misma lengua, que están dirigidas por un jefe. **2.** *fam.* Grupo numeroso de personas con características comunes, como la música o la ideología: *las tribus urbanas.*

tribulación *s. f.* **1.** Preocupación, pena. **2.** Desgracia, calamidad. **SIN. 1.** Sufrimiento, aflicción. **2.** Desventura. **ANT. 1.** y **2.** Alegría.

tribuna *s. f.* **1.** Lugar elevado desde el que una persona habla para un público. **2.** Lugar elevado en que se colocan las personas que presencian un acto o espectáculo. **3.** Parte de algunos campos de deporte donde están los asientos desde los que mejor se ve.

tribunal *s. m.* **1.** Conjunto de jueces que deciden juntos algo. **2.** Edificio y lugar donde juzgan los jueces. **3.** Grupo de personas que

trillón

puntúan a las que se presentan a un concurso, examen, etc. ‖ *s. m. pl.* **4.** La justicia.

tribuno *s. m.* Magistrado del antiguo Imperio romano.

tributación *s. f.* Acción de tributar.

tributar *v.* **1.** Pagar un impuesto. **2.** Tener respeto, cariño u otro sentimiento hacia alguien. **SIN. 1.** Contribuir. **2.** Profesar.

tributario, ria *adj.* De los tributos o que paga un tributo.

tributo *s. m.* **1.** Dinero que los ciudadanos deben pagar al Estado. **2.** Dinero u otras cosas que antiguamente tenía que entregar un vasallo a su señor, a la Iglesia o a un rey. **3.** Aquello que debe soportar una persona a cambio de disfrutar de algo. **4.** Sentimiento bueno que se muestra hacia alguien. **SIN. 1.** Impuesto.

tricentésimo, ma *num.* **1.** Que ocupa por orden el número trescientos. ‖ *num.* y *s. m.* **2.** Se dice de cada una de las trescientas partes iguales en que se divide algo.

tríceps *s. m.* Músculo situado en la parte de atrás de los brazos y de las piernas.

triceratops *s. m.* Dinosaurio herbívoro de gran tamaño que tenía tres cuernos en la cabeza, uno de ellos sobre el hocico.

triciclo *s. m.* Vehículo con tres ruedas que se mueve mediante unos pedales.

triclinio *s. m.* Diván en el que se reclinaban para comer los antiguos griegos o romanos; también, sala donde comían.

tricolor *adj.* De tres colores.

tricornio *s. m.* Sombrero con tres picos como el que usa la Guardia Civil.

tricota *s. f.* En Argentina, tejido de punto o prenda hecha con él.

tricotadora *s. f.* Tricotosa.

tricotar *v.* Tejer un jersey o alguna otra prenda de punto.

tricotosa *s. f.* Máquina de tricotar. **SIN.** Tricotadora.

tricúspide *adj.* **1.** Que tiene tres puntas. ‖ **2. válvula tricúspide** Válvula del corazón que comunica la aurícula y el ventrículo derecho.

tridente *s. m.* Lanza con tres puntas.

tridimensional *adj.* Que tiene tres dimensiones.

triduo *s. m.* Celebraciones religiosas que se realizan durante tres días.

triedro *adj.* Se dice del ángulo formado por tres planos que se juntan en un punto llamado *vértice*.

trienal *adj.* **1.** Que sucede o se repite cada tres años. **2.** Que dura tres años.

trienio *s. m.* **1.** Periodo de tres años. **2.** Subida de sueldo que tiene una persona por cada tres años de trabajo.

trifulca *s. f. fam.* Pelea, discusión.

trigal *s. m.* Terreno sembrado de trigo.

trigésimo, ma *num.* **1.** Que ocupa por orden el número treinta. ‖ *num.* y *s. m.* **2.** Se dice de cada una de las treinta partes iguales en que se divide algo.

triglifo o **tríglifo** *s. m.* Elemento decorativo con forma de rectángulo con tres canales verticales, que suele estar en los frisos de los templos griegos.

trigo *s. m.* **1.** Planta con espigas llenas de granos de los que se saca harina. **2.** Grano de esta planta.

trigonometría *s. f.* En matemáticas, estudio de las relaciones que existen entre los lados y los ángulos de un triángulo.

trigonométrico, ca *adj.* De la trigonometría o relacionado con ella.

trigueño, ña *adj.* De un color parecido al del trigo, como rubio.

triguero, ra *adj.* **1.** Del trigo o que crece o está entre el trigo: *espárragos trigueros.* **2.** Pájaro del tamaño de un gorrión que vive en cultivos de trigo y otros cereales, de los que se alimenta.

trilero, ra *s. m.* y *f.* Persona que realiza el juego de los triles.

triles *s. m. pl.* Juego callejero de apuestas en el que hay que adivinar dónde está escondida una bolita que se ha ocultado y movido rápidamente por quien hace el juego.

trilita *s. f.* Trinitrotolueno.

trilla *s. f.* **1.** Acción de trillar. **2.** Temporada del año en que se trilla.

trillado, da **1.** *p.* de trillar. También *adj.* ‖ *adj.* **2.** Se dice de un tema o asunto del que se ha hablado mucho y por eso no es novedad. **SIN. 2.** Manido.

trilladora *s. f.* Máquina agrícola que sirve para trillar los cereales.

trillar *v.* **1.** Machacar los cereales esparcidos en la era con una máquina o instrumento para separar el grano de la paja. **2.** *fam.* Utilizar o tratar mucho un tema.

trillizo, za *adj.* y *s.* Se dice de cada uno de los tres hermanos nacidos en un mismo parto.

trillo *s. m.* Instrumento para trillar; es una tabla ancha con trozos de piedra o de acero incrustados.

trillón *s. m.* Un millón de billones.

trilobites *s. m.* Cangrejo marino fósil de la era primaria.

trilogía *s. f.* Tres libros u obras de un autor que tienen relación entre sí.

trimestral *adj.* **1.** Que sucede o se repite cada tres meses. **2.** Que dura tres meses.

trimestre *s. m.* Periodo de tres meses.

trimotor *s. m.* Avión con tres motores.

trinar *v.* Cantar los pajarillos. ‖ **LOC. estar** uno **que trina** Estar muy enfadado.

trincar[1] *v.* **1.** Coger, atrapar. **2.** Robar.

trincar[2] *v. fam.* Tomar bebidas alcohólicas.

trincha *s. f.* Conjunto de hebillas o botones que cierran por detrás chalecos, pantalones u otras prendas.

trinchar *v.* Cortar la comida en trozos para servirla, sobre todo la carne.

trinchera *s. f.* **1.** Zanja donde se colocan los soldados para protegerse del fuego enemigo. **2.** Tipo de gabardina.

trineo *s. m.* Vehículo para deslizarse sobre la nieve o el hielo, que en lugar de ruedas lleva patines o esquís.

Trinidad *n. pr. f.* Para los cristianos, tres personas en un solo Dios: Padre, Hijo y Espíritu Santo.

trinitario, ria *adj. y s.* **1.** De la orden religiosa de la Trinidad. **2.** De Trinidad, isla de las Antillas.

trinitrotolueno *s. m.* Compuesto químico que se forma al reaccionar el tolueno con un ácido de nitrógeno. Es un potente explosivo. **SIN.** Trilita.

trino *s. m.* Canto de los pájaros. **SIN.** Gorjeo.

trino, na *adj.* Que contiene en sí tres cosas o participa de ellas.

trinomio *s. m.* En matemáticas, polinomio con tres términos unidos por los signos más o menos.

trinquete[1] *s. m.* **1.** Palo del barco más cercano a la proa. **2.** Palo horizontal más largo que se cruza sobre el anterior. **3.** Vela que se sujeta en este palo.

trinquete[2] *s. m.* Frontón cerrado para jugar a la pelota.

trío *s. m.* Tres personas, animales o cosas.

tripa *s. f.* **1.** Los intestinos o una parte de ellos. **2.** Barriga. ‖ *s. f. pl.* **3.** *fam.* Lo que tiene una máquina u otro objeto por dentro. ‖ **LOC. hacer de tripas corazón** Esforzarse para hacer algo que da asco o mucha rabia. **SIN. 2.** Panza, vientre.

tripartito, ta *adj.* **1.** Dividido en tres partes, órdenes o clases. **2.** Se dice de la conferencia, tratado o pacto en el que intervienen tres personas o partes.

tripazo *s. m.* Golpe dado con la tripa. **SIN.** Planchazo.

tripear *v. fam.* Comer con glotonería.

tripero, ra *adj. y s. fam.* Tragón, glotón, comilón.

tripi o **tripis** *s. m.* En argot, dosis de una droga alucinógena.

triple *num. y s. m.* **1.** Se dice de la cantidad tres veces mayor que otra. ‖ *adj.* **2.** Compuesto por tres partes o cosas.

triplicado, da **1.** *p.* de **triplicar**. También *adj.* ‖ *s. m.* **2.** Tercera copia que se saca de algo. ‖ **LOC. por triplicado** En tres copias.

triplicar *v.* Multiplicar algo por tres o tener el triple.

trípode *s. m.* Soporte con tres patas.

tripón, na *adj. y s.* **1.** *fam.* Que tiene mucha tripa. ‖ *s. m.* **2.** *aum.* de **tripa**. Barriga muy abultada. **SIN. 1.** Tripudo.

tríptico *s. m.* **1.** Pintura hecha sobre tres tablillas unidas, de las cuales las dos exteriores se pueden cerrar sobre la central. **2.** Folleto publicitario con tres dobleces.

triptongo *s. m.* Unión de tres vocales en la misma sílaba.

tripudo, da *adj. y s.* Que tiene mucha tripa. **SIN.** Tripón, barrigudo.

tripulación *s. f.* Personas que tripulan un barco, un avión o una nave espacial, y que atienden a los pasajeros.

tripulante *s. m. y f.* Miembro de una tripulación.

tripular *v.* Conducir un avión, un barco o una nave espacial. **SIN.** Gobernar, pilotar.

triquina *s. f.* Gusano parásito que tiene a veces el cerdo u otros mamíferos en sus intestinos o en los músculos.

triquinosis *s. f.* Enfermedad causada por comer carne contagiada con triquina, que produce fiebre alta, dolores musculares y diarreas.

triquiñuela *s. f. fam.* Engaño, treta. **SIN.** Trampa, ardid.

trirreme *adj. y s. amb.* Embarcación antigua que tenía tres líneas de remos superpuestas.

tris Se usa en las expresiones **estar en un tris**, 'estar a punto de ocurrir algo', y **por un tris**, 'por poco'.

triscar *v.* Saltar de un lugar a otro como hacen las cabras.

trisílabo, ba *adj.* De tres sílabas.

triste *adj.* **1.** Que no está alegre o contento. **2.** Que muestra o produce estos sentimientos. **3.** Expresa falta o escasez: *No tiene un triste mendrugo que llevarse a la boca.* **SIN. 1.** Apenado, afligido. **3.** Mísero.

tristeza *s. f.* **1.** Lo que se siente cuando se está triste. **2.** Característica de triste. **SIN. 1.** Aflicción, pena. **ANT. 1.** Alegría.

tristón, na *adj. fam.* Un poco triste.

tritón *s. m.* Anfibio parecido a la salamandra, de colores pardos o verdosos que tiene una cola larga y aplastada. Vive en arroyos, charcas y estanques.

trituración *s. f.* Acción de triturar.

trituradora *s. f.* Máquina para triturar.

triturar *v.* Convertir una cosa sólida en trozos muy pequeños. **SIN.** Desmenuzar, majar, picar.

triunfador, ra *adj.* y *s.* Que triunfa.

triunfal *adj.* Relacionado con el triunfo.

triunfalismo *s. m.* Actitud triunfalista.

triunfalista *adj.* y *s.* Que está muy seguro de que va a triunfar o de que las cosas saldrán bien: *un discurso triunfalista.*

triunfante *adj.* Que triunfa.

triunfar *v.* **1.** Vencer, ganar. **2.** Tener éxito. **ANT. 1.** Perder. **2.** Fracasar.

triunfo *s. m.* **1.** Hecho de triunfar. **2.** Trofeo. **3.** Carta de la baraja que se considera de más valor por ser del palo que pinta. **SIN. 1.** Victoria, éxito. **ANT. 1.** Derrota.

triunvirato *s. m.* Gobierno formado por tres personas, sobre todo en la antigua Roma.

triunviro *s. m.* Miembro de un triunvirato.

trivalente *adj.* **1.** Que tiene triple valor o sirve para tres cosas: *vacuna trivalente.* **2.** Se dice del elemento químico de tres valencias.

trivial *adj.* Sin importancia ni interés. **SIN.** Banal, intrascendente. **ANT.** Trascendental.

trivialidad *s. f.* **1.** Característica de trivial. **2.** Frase o comentario trivial.

trivializar *v.* Quitar importancia a un asunto o situación.

triza *s. f.* Trozo pequeño de algo. Se usa sobre todo en la expresión **hacer** o **hacerse trizas**, 'destrozar o destrozarse algo'.

trocar *v.* Cambiar. □ Es v. irreg. Se conjuga como *contar.* **SIN.** Variar, mudar, transformar.

trocear *v.* Partir o dividir en trozos.

trocha *s. f.* Camino estrecho abierto entre la maleza.

troche Se usa en la expresión **a troche y moche**, 'en abundancia y para todos': *Se puso a repartir a troche y moche.*

trofeo *s. m.* **1.** Objeto que se da como premio o recuerdo al que gana o a los primeros clasificados de una competición. **2.** Objeto del

enemigo que se lleva el vencedor en una batalla. **3.** Cabeza, cuernos u otra parte de un animal que alguien conserva como recuerdo de haberlo cazado.

trófico, ca *adj.* **1.** Relacionado con la nutrición. ‖ **2. cadena trófica** Sucesión de seres vivos que se alimentan unos de otros en la naturaleza.

troglodita *adj.* y *s.* Cavernícola.

troj o **troje** *s. f.* Lugar que hay en algunas casas de los pueblos para guardar principalmente frutos y cereales.

trol *s. m.* Monstruo imaginario que, según la mitología escandinava, vive en bosques o cuevas.

trola *s. f. fam.* Mentira, embuste.

trole *s. m.* Barra metálica que transmite a los tranvías y otros vehículos eléctricos la corriente del cable que hay por encima.

trolebús *s. m.* Autobús eléctrico, sin carriles, que se mueve gracias a la corriente que toma de un cable.

trolero, ra *adj.* y *s. fam.* Embustero.

trolley (ingl.) *s. m.* Maleta muy manejable con ruedas y asa.

tromba *s. f.* **1.** Chaparrón muy fuerte que se produce de repente. **2.** Masa de agua que se eleva en el mar en forma de columna a causa de un torbellino.

trombo *s. m.* Sangre coagulada que tapona un vaso sanguíneo.

trombocito *s. m.* Plaqueta de la sangre.

tromboflebitis *s. f.* Inflamación de las venas acompañada de formación de trombos.

trombón *s. m.* Instrumento musical parecido a una trompeta grande.

trombosis *s. f.* Formación de un trombo en un vaso sanguíneo o en el corazón.

trompa *s. f.* **1.** Instrumento musical formado por un tubo de metal que se enrosca en círculos ensanchándose. **2.** Prolongación de la nariz de algunos animales, como el elefante. **3.** Aparato chupador de algunos insectos. **4.** Nombre de algunos conductos que hay en el cuerpo, por ejemplo, las *trompas de Falopio,* que van desde la matriz a los ovarios. **5.** *fam.* Borrachera. ‖ *adj.* **6.** *fam.* Borracho. **SIN. 5.** Curda.

trompazo *s. m. fam.* Golpe fuerte, sobre todo el que uno se da al caerse o al chocar. **SIN.** Castañazo, galleta.

trompeta *s. f.* Instrumento musical formado por un tubo de metal que va ensanchándose; tiene unos pistones para dar las notas.

trompetilla *s. f.* Instrumento en forma de trompeta que se ponían los sordos en la oreja para oír mejor.

trompetista *s. m. y f.* Persona que toca la trompeta.

trompicar *v.* Tropezar alguien o andar tambaleándose.

trompicón *s. m.* Tropezón. ‖ **LOC. a trompicones** Tropezando; también, con dificultades: *Este coche anda a trompicones.* **SIN.** Traspié.

trompo *s. m.* **1.** Peonza. **2.** Giro de un automóvil sobre sí mismo al derrapar.

trona *s. f.* Silla de patas altas y con un tablero que sirve para dar de comer a los niños pequeños.

tronada *s. f.* Tempestad o tormenta con muchos truenos.

tronado, da 1. *p.* de tronar. ‖ *adj.* **2.** *fam.* Loco. **SIN. 2.** Ido, tocado.

tronar *v.* **1.** Haber truenos. **2.** Producir un sonido parecido al de los truenos. ▢ Es v. irreg. Se conjuga como *contar*.

tronchado, da 1. *p.* de tronchar. También *adj.* ‖ *adj.* **2.** Agotado, muy fatigado. **SIN. 1.** y **2.** Roto.

tronchante *adj.* Que hace reír.

tronchar *v.* **1.** Romper el tronco, tallo o ramas de una planta o cosas parecidas. ‖ **troncharse 2.** *fam.* Reírse mucho. **SIN. 1.** Truncar. **2.** Partirse, desternillarse.

troncho *s. m.* Tallo de las hortalizas.

tronco *s. m.* **1.** Tallo leñoso, fuerte y macizo de una planta, sobre todo de un árbol. **2.** Parte del cuerpo de una persona o animal sin la cabeza y las extremidades. **3.** Antepasados comunes a dos o más personas, familias o ramas. **4.** Grupo de animales que tiran de un carruaje o de un trineo. ‖ **LOC. dormir como un tronco** Dormir profundamente.

tronco, ca *s. m. y f. fam.* Amigo, colega.

tronera *s. f.* **1.** Abertura por la que asoman los cañones y otras armas para disparar. **2.** Ventana pequeña y estrecha. **3.** Agujero que hay en algunas mesas de billar y otras mesas de juegos para que entren las bolas.

tronío *s. m.* **1.** *fam.* Hecho de presumir de lujo y de gastar mucho dinero. **2.** Señorío, elegancia. **SIN. 1.** Boato, ostentación.

trono *s. m.* Asiento de los reyes y soberanos usado en actos importantes.

tronzadera *s. f.* Sierra con un asa en cada extremo que se utiliza para cortar árboles entre dos personas.

tronzar *v.* Cortar en trozos un tronco, una barra metálica u otras cosas.

tropa *s. f.* **1.** Categoría del Ejército formada por los soldados y los cabos. **2.** Muchas personas. ‖ *s. f. pl.* **3.** Un ejército. **SIN. 2.** Tropel.

tropecientos, tas *adj. fam.* Muchos, gran número o cantidad.

tropel *s. m.* **1.** Grupo numeroso de gente que avanza en desorden y haciendo ruido. **2.** Montón de cosas en desorden. **SIN. 1.** Caterva.

tropelía *s. f.* Atropello, abuso. **SIN.** Desmán, injusticia.

tropezar *v.* **1.** Dar con los pies en un obstáculo o pisar mal, de forma que uno se puede caer. **2.** Encontrar un obstáculo. **3.** *fam.* Encontrar a alguien por casualidad y de repente. ▢ Es v. irreg. Se conjuga como *pensar*. **SIN. 2.** y **3.** Topar.

tropezón *s. m.* **1.** Hecho de tropezar. **2.** *fam.* Trozo pequeño de jamón, pan u otro alimento que se añade a algunas comidas. **SIN. 1.** Traspié, tropiezo.

tropical *adj.* De los trópicos.

trópico *s. m.* **1.** Nombre de dos paralelos terrestres, el *trópico de Cáncer*, situado en el hemisferio norte, y el *trópico de Capricornio*, situado en el hemisferio sur. **2.** Región situada entre esos dos paralelos.

tropiezo *s. m.* **1.** Acción de tropezar. **2.** Dificultad o problema. **3.** Fallo o error. **SIN. 1.** Tropezón, traspié. **2.** Obstáculo.

tropismo *s. m.* Movimiento realizado por las plantas, como el de sus tallos y hojas buscando la luz del sol.

tropo *s. m.* Figura retórica que consiste en dar a las palabras un sentido distinto al que le corresponde, pero relacionado con este, como por ejemplo, la metáfora.

troposfera *s. f.* Capa de la atmósfera más cercana a la superficie de la Tierra, en la que tienen lugar los fenómenos meteorológicos.

troquel *s. m.* **1.** Molde con que se hacen monedas, medallas y otras cosas. **2.** Molde de mayor tamaño que se emplea para dar forma a piezas metálicas. **3.** Instrumento o máquina con bordes cortantes que se emplea para recortar cartones, cuero y otras cosas.

troquelar *v.* **1.** Acuñar sellos, medallas u otras cosas parecidas con un troquel. **2.** Recortar con un troquel piezas de cuero, cartón o de otro material.

trotamundos *s. m. y f.* Persona a la que le gusta recorrer muchos países.

trotar *v.* **1.** Andar al trote un caballo u otro animal parecido. **2.** Cabalgar una persona en un caballo que va al trote. **3.** *fam.* Andar una persona mucho y rápido.

trote *s. m.* **1.** Modo de andar de los caballos y otros cuadrúpedos cuando van a paso ligero y dando pequeños saltos. **2.** Mucho trabajo o actividad. **3.** Mucho uso. **SIN. 2.** Paliza, trajín.

trotón, na *adj.* Se dice de la caballería cuyo paso normal es el trote.

troupe (fr.) *s. f.* Conjunto de personas que forman una compañía de espectáculos, desplazándose de un lugar a otro, sobre todo de circo.

trova *s. f.* **1.** Composición poética de tono amoroso compuesta o cantada por trovadores. **2.** Poema.

trovador *s. m.* Poeta de la Edad Media.

trovadoresco, ca *adj.* De los trovadores o relacionado con ellos.

trovar *v.* Componer trovas.

troyano, na *adj. y s.* **1.** De Troya, antigua ciudad de Asia Menor. ‖ *s. m.* **2.** En informática, virus que se instala en un ordenador y permite el acceso a usuarios externos con el fin de obtener datos o destruirlos.

trozo *s. m.* Parte de algo. **SIN.** Cacho, fragmento, pedazo.

trucaje *s. m.* **1.** Hecho de trucar. **2.** Técnica utilizada en el cine para dar aspecto de realidad a las escenas.

trucar *v.* Preparar o manipular algo para que produzca un efecto.

trucha *s. f.* Pez que vive en ríos o lagos de montaña; abunda en España y se usa como alimento.

truchero, ra *adj.* Relacionado con la trucha o que tiene muchas truchas.

truco *s. m.* **1.** Lo que se hace en el cine, el teatro y en otros espectáculos para lograr con habilidad que algo parezca real: *trucos de magia.* **2.** Manera hábil o astuta para conseguir alguna cosa. **3.** Habilidad o conocimiento que se aprende en una actividad o con la práctica: *Aprendió algunos trucos de cocina.* **SIN. 2.** Treta, artimaña.

truculencia *s. f.* Característica de truculento.

truculento, ta *adj.* Que asusta o impresiona por ser muy cruel, dramático, etc.: *un crimen truculento.* **SIN.** Atroz, terrible.

trueno *s. m.* Ruido fuerte que sigue al rayo en las tormentas.

trueque *s. m.* Acción de cambiar una cosa por otra. **SIN.** Intercambio.

trufa *s. f.* **1.** Un tipo de hongo muy aromático que crece bajo tierra. **2.** Crema de chocolate, mantequilla y otras cosas con la que se preparan dulces y postres. **3.** Dulce redondo hecho con esa crema.

trufado, da 1. *p.* de **trufar.** ‖ *adj.* **2.** Se dice del alimento relleno con trufas, hongos.

trufar *v.* Rellenar carne o embutidos con trufas, hongos.

truhan, na *adj. y s.* Bribón, granuja.

trullo *s. m.* **1.** Lagar con un recipiente debajo que recoge el mosto cuando se pisa la uva. **2.** En argot, cárcel. **SIN. 2.** Trena.

truncar *v.* **1.** Cortar, tronchar. **2.** Quitar a alguien sus ilusiones y esperanzas o impedir que pueda realizar algo. **SIN. 2.** Frustrar. **ANT. 2.** Impulsar.

trust (del ingl.) *s. m.* Unión de varias empresas sometidas a una dirección única.

tse-tse *s. f.* Mosca africana que transmite la enfermedad del sueño.

tsunami (jap.) *s. m.* Ola gigantesca causada por un maremoto.

tu *pos. apóc.* de **tuyo, ya.**

tú *pron. pers.* Forma de segunda persona del singular para el masculino y para el femenino. La forma *tú* se utiliza para hablar con personas con las que uno tiene confianza o entre gente joven. Hace principalmente la función de sujeto: *Tú estudias;* también se usa para dirigirse a alguien: *¡Eh, tú!*

tuareg *adj. y s.* De un pueblo bereber nómada del norte de África.

tuba *s. f.* Instrumento musical de viento, de gran tamaño; tiene un sonido grave.

tuberculina *s. f.* Sustancia que se utiliza para diagnosticar la tuberculosis.

tubérculo *s. m.* Parte de un tallo subterráneo o de una raíz, que se desarrolla y engorda al acumular sustancias, como en el caso de la patata.

tuberculosis *s. f.* Enfermedad infecciosa que puede atacar a cualquier órgano del cuerpo y sobre todo a los pulmones.

tuberculoso, sa *adj. y s.* Enfermo de tuberculosis. **SIN.** Tísico.

tubería *s. f.* Conjunto de tubos unidos unos con otros que sirve para conducir un líquido o un gas. **SIN.** Conducción.

tuberosidad *s. f.* **1.** Tumor. **2.** En botánica, engrosamiento en forma de tubérculo en tallos y raíces.

tuberoso, sa *adj.* **1.** Que tiene tuberosidades. **2.** En forma de tubérculo.

tubo *s. m.* **1.** Pieza hueca, rígida y alargada, casi siempre en forma de cilindro. **2.** Recipiente cilíndrico, como el que contiene pasta dentífrica. **3.** Nombre de algunos conductos que hay en las personas, animales y plantas. ‖ **4. tubo de escape** El que tienen los coches y otros vehículos para que salgan los gases. ‖ **LOC. por un tubo** Mucho.

tubular *adj.* **1.** Formado por tubos. **2.** En forma de tubo. **3.** Se dice del neumático sin cámara de aire.

tucán *s. m.* Ave trepadora americana que tiene un pico grueso, casi tan largo como el cuerpo; su plumaje es negro con manchas de diversos colores.

tuerca *s. f.* Pieza con un hueco redondo que tiene unas ranuras por dentro en las que ajusta la rosca del tornillo.

tuerto, ta *adj. y s.* Se dice de aquel al que le falta un ojo o que no ve por un ojo; también se dice de este ojo.

tueste *s. m.* Acción de tostar.

tuétano *s. m.* **1.** Médula o sustancia blanquecina que está dentro de los huesos. **2.** Parte interior del tallo o de la raíz de una planta.

tufo *s. m.* **1.** Olor desagradable. **2.** *fam.* Sospecha de algo oculto o que está por suceder: *Me dio el tufo de que nos quería estafar.* **SIN. 1.** Pestilencia, hedor. **ANT. 1.** Fragancia.

tugurio *s. m.* Casa, habitación o lugar de mal aspecto o mala fama. **SIN.** Antro.

tul *s. m.* Tela fina y transparente, de seda, algodón o hilo.

tulipa *s. f.* Pantalla de algunas lámparas que se parece en la forma a un tulipán.

tulipán *s. m.* Planta que tiene una flor grande, con seis pétalos de bello colorido, que se llama también *tulipán.*

tullido, da **1.** *p.* de **tullir.** ‖ *adj. y s.* **2.** Inválido. **SIN. 2.** Impedido, lisiado.

tullir *v.* **1.** Dejar inválido a alguien. ‖ **tullirse 2.** Quedar inválido. ◻ Es v. irreg. Se conjuga como *mullir.* **SIN. 1.** Lisiar.

tumba *s. f.* Lugar para enterrar un cadáver. **SIN.** Sepulcro, fosa.

tumbar *v.* **1.** Hacer caer. **2.** Poner o ponerse en posición horizontal. **3.** *fam.* Suspender, no aprobar a alguien. ‖ **tumbarse 4.** Echarse, sobre todo para dormir. **SIN. 2.** Tender. **4.** Acostarse. **ANT. 1.** y **2.** Alzar. **1.**, **2.** y **4.** Levantar(se).

tumbo *s. m.* Caída, vuelta o movimiento brusco y violento. ‖ **LOC. dando tumbos** Tambaleándose; también, con tropiezos o dificultades. **SIN.** Vaivén, trompicón.

tumbona *s. f.* Asiento largo que sirve para estar tumbado o recostado. **SIN.** Hamaca.

tumefacción *s. f.* Hinchazón, inflamación.

tumefacto, ta *adj.* Hinchado, inflamado.

tumor *s. m.* Bulto que se puede formar en un órgano del cuerpo, sobre todo el que se produce al multiplicarse las células de forma anormal.

tumoración *s. f.* Tumor.

tumoral *adj.* Relacionado con el tumor.

túmulo *s. m.* **1.** Construcción levantada sobre el suelo en la que se entierra a los muertos. **2.** Montículo de arena o de piedras con que algunos pueblos antiguos cubrían una sepultura. **3.** Armazón de madera con paños negros que se utiliza en algunos funerales poniendo el ataúd sobre él. **SIN. 1.** Sepulcro, sepultura. **3.** Catafalco.

tumulto *s. m.* Desorden o alboroto producido por una gran multitud de personas. **SIN.** Disturbio.

tumultuoso, sa *adj.* Que provoca tumultos o se hace con tumulto.

tuna *s. f.* Grupo de estudiantes que van por diversos sitios cantando y tocando instrumentos, vestidos con trajes antiguos y capa. **SIN.** Estudiantina.

tunante, ta *adj. y s.* Granuja, pillo.

tunda *s. f. fam.* Paliza, zurra.

tundidor, ra *s. m. y f.* **1.** Persona que tunde los tejidos. ‖ *s. f.* **2.** Máquina para tundir los tejidos.

tundir[1] *v.* Cortar o igualar el pelo de los tejidos o de las pieles.

tundir[2] *v. fam.* Dar a alguien golpes, palos o azotes.

tundra *s. f.* Terreno con vegetación formada principalmente por musgos y líquenes; se da en lugares muy fríos.

tunecino, na *adj. y s.* De Túnez, país del norte de África, o de su capital, también llamada Túnez.

túnel *s. m.* Paso subterráneo hecho por las personas o por algunos animales.

tunear *v.* Personalizar un vehículo u otra cosa, cambiándole su aspecto.

tuneo *s. m.* Acción de tunear.

tungsteno *s. m.* Wolframio.

túnica *s. f.* Vestidura larga y ancha.

tuno, na *adj.* **1.** Tunante. ‖ *s. m.* **2.** Miembro de una tuna universitaria.

tuntún Se usa en la expresión **al tuntún** o **al buen tuntún**, 'sin pensar', 'a lo loco'.

tupé *s. m.* Parte de pelo que se lleva muy peinado y levantado sobre la frente.

tupí-guaraní *adj. y s. m.* Se dice de una familia de lenguas indígenas sudamericanas habladas en el sur de Brasil, en Paraguay y en otras regiones cercanas.

tupido, da **1.** *p.* de **tupir.** ‖ *adj.* **2.** Espeso, apretado. **ANT. 2.** Abierto, ralo.

tupir *v.* Hacer algo espeso o apretado, cerrando sus poros, huecos o separaciones.

tupper (ingl.) *s. m.* Tupperware.

tupperware (ingl., marca registrada) *s. m.* Recipiente con cierre hermético, generalmente de plástico, para llevar o conservar alimentos. **SIN.** Tartera, fiambrera.

turba[1] *s. f.* Tipo de carbón natural que se forma al pudrirse restos vegetales en las zonas pantanosas frías.

turba[2] *s. f.* Multitud de personas que se mueven en desorden. **SIN.** Turbamulta, masa, horda.

turbador, ra *adj.* Que turba.

turbamulta *s. f.* Multitud de personas confusa y desordenada. **SIN.** Turba.

turbante *s. m.* **1.** Tela larga que se lleva enrollada en la cabeza, como la que usan algunos hombres de países orientales. **2.** Gorro de forma parecida que se ponen algunas mujeres.

turbar *v.* **1.** Cambiar la forma normal y tranquila de estar o ser alguna cosa. **2.** Dejar a una persona asombrada y sin saber qué hacer o qué decir, o quedarse alguien así. **SIN. 2.** Conmocionar, anonadar. **ANT. 1.** y **2.** Calmar.

turbera *s. f.* Zona pantanosa rica en carbón de turba.

turbina *s. f.* Máquina con unas aspas o hélices que giran al pasar por ella un líquido o un gas; sirve generalmente para producir energía.

turbio, bia *adj.* **1.** Que no está transparente o limpio porque tiene algo mezclado. **2.** Poco claro, que no se entiende o no se ve bien. **3.** Que parece poco honrado o ilegal. **SIN. 2.** Impreciso, difuso. **2.** y **3.** Oscuro. **3.** Sospechoso. **ANT. 1.** y **2.** Nítido.

turbión *s. m.* **1.** Chaparrón con viento fuerte. **2.** Gran cantidad de cosas que se producen juntas o bruscamente.

turbo *s. m.* Tipo de motor con un mecanismo que aumenta su potencia o su velocidad.

turborreactor *s. m.* Motor a reacción de una aeronave que funciona mediante una turbina.

turbulencia *s. f.* **1.** Remolino. **2.** Alboroto, desorden, agitación.

turbulento, ta *adj.* **1.** Que tiene turbulencias. **2.** Con desórdenes o alborotos. **SIN. 1.** y **2.** Revuelto. **ANT. 1.** y **2.** Tranquilo.

turco, ca *adj.* y *s.* **1.** De Turquía, país de Europa y Asia. **2.** De un grupo de pueblos procedentes del centro de Asia que se establecieron en el este de Europa y crearon un gran imperio. ‖ *s. m.* **3.** Lengua hablada en Turquía y en algunas zonas de Asia central. ‖ **4. baño turco** Baño de vapor que se toma en una habitación preparada para producir este vapor. **SIN. 1.** y **2.** Otomano.

turgencia *s. f.* Característica de lo que es turgente.

turgente *adj.* Abultado, firme, tirante.

turismo *s. m.* **1.** Hecho de viajar a lugares para conocerlos o pasar las vacaciones. **2.** Conjunto de personas, hoteles y otros servicios que se dedican a atender a los que viajan de ese modo. **3.** Coche particular de una persona.

turista *s. m.* y *f.* Persona que hace turismo.

turístico, ca *adj.* Relacionado con el turismo: *una zona de interés turístico.*

túrmix (marca registrada) *s. f.* Batidora eléctrica.

turnarse *v.* Hacer alguna cosa por turnos. **SIN.** Alternar.

turnedó *s. m.* Pieza de carne que se saca de los extremos del solomillo; también, el plato hecho con esta carne.

turno *s. m.* Manera ordenada de hacer varias personas una cosa, primero una y después otra, y el momento en que le toca a cada una.

turolense *adj.* y *s.* De Teruel, ciudad y provincia españolas.

turón *s. m.* Mamífero carnívoro de pequeño tamaño, cuerpo alargado y patas cortas, tiene la piel de color oscuro con manchas blancas en la cara como si fuera un antifaz. Cuando se siente en peligro, expulsa un líquido maloliente.

turquesa *s. f.* **1.** Piedra de color azul verdoso, que se usa mucho en joyería. **2.** Color azul verdoso como el de esta piedra.

turrón *s. m.* Dulce de navidad hecho en forma de tableta con una masa de almendras tostadas, miel y azúcar. También se elabora con chocolate, frutas y otros ingredientes.

turulato, ta *adj. fam.* Pasmado, tonto.

tururú *interj.* Sirve para decir que no: *¡Tururú, que te has creído tú eso!*

turuta *adj. fam.* Loco, chiflado.

tute *s. m.* **1.** Un juego de cartas. **2.** *fam.* Esfuerzo o trabajo muy grande. **3.** *fam.* Mucho uso que se le da a una cosa.

tutear *v.* Hablar a una persona de tú y no de usted.

tutela *s. f.* **1.** Autoridad que, de acuerdo con la ley, se concede a una persona o institución para que cuide de un menor o de una persona legalmente incapacitada, así como de sus bienes. **2.** Cuidado, ayuda, protección. **SIN. 2.** Amparo, dirección.

tutelar[1] *v.* **1.** Encargarse una persona o personas de la tutela de alguien según lo manda la ley. **2.** Ayudar, dirigir o proteger a alguien o algo. **SIN. 1.** y **2.** Cuidar. **2.** Apadrinar, supervisar.

tutelar² *adj.* De la tutela.

tuteo *s. m.* Acción de tutear o tutearse.

tutifruti (del ital.) *s. m.* Helado hecho con frutas variadas.

tutiplén Se emplea en la expresión **a tutiplén**, 'mucho', 'en gran cantidad'.

tutor, ra *s. m.* y *f.* **1.** Profesor encargado de los alumnos de una clase o de un curso para ayudarles y hacer algunas tareas. **2.** Persona encargada por la ley de la tutela de alguien.

tutoría *s. f.* **1.** Función o actividad de tutor. **2.** Tiempo que el profesor tutor dedica a sus alumnos.

tutorial *adj.* **1.** De la tutoría o del tutor. ‖ *s. m.* **2.** Manual electrónico e interactivo en el que se detallan las pautas que han de seguirse para manejar un programa o una aplicación.

tutti-frutti (ital.) *s. m.* Tutifruti.

tutú (del fr.) *s. m.* Falda de las bailarinas de *ballet*, de tela fina y transparente muy fruncida, que se queda muy tiesa.

tuya *s. f.* Árbol conífero de América del Norte que tiene las hojas y las ramas aplastadas, da mucho olor a resina y se usa como árbol de adorno.

tuyo, ya *pos.* Que te pertenece a ti, tiene relación contigo o es propio de ti: *¿Es tuyo este libro? Esta camiseta es la tuya. Lo tuyo es la música.*

twist (ingl.) *s. m.* Baile suelto, muy movido, que se hace balanceándose y girando las piernas y la cadera hacia un lado y hacia otro.

u[1] *s. f.* Vigesimosegunda letra del abecedario.

u[2] *conj.* Se emplea en lugar de *o* delante de palabras que empiezan por esta letra o por *ho: uno u otro, día u hora.*

ubérrimo, ma *adj.* Muy fértil y abundante.

ubicación *s. f.* Situación, localización.

ubicar *v.* **1.** Situar, localizar. ‖ **ubicarse 2.** Estar situado en un lugar. **SIN. 2.** Encontrarse, hallarse.

ubicuidad *s. f.* Capacidad de estar en varios sitios al mismo tiempo.

ubicuo, cua *adj.* **1.** Que está o puede estar en varios sitios al mismo tiempo. **2.** Se dice de la persona que quiere participar en todo o estar en todas partes.

ubre *s. f.* Cada uno de los órganos de las hembras de los mamíferos donde se produce la leche para alimentar a sus crías. **SIN.** Teta, mama.

uci (siglas de *unidad de cuidados intensivos*) *s. f.* Uvi.

ucraniano, na o **ucranio, nia** *adj.* y *s.* **1.** De Ucrania, país de Europa. ‖ *s. m.* **2.** Lengua que se habla en Ucrania.

uf *interj.* Expresa cansancio, fastidio o asco, generalmente provocado por algo que resulta excesivo.

ufanarse *v.* Presumir, alardear.

ufano, na *adj.* **1.** Orgulloso, soberbio. **2.** Contento y satisfecho. **SIN. 1.** Presuntuoso, presumido. **2.** Orondo, pancho. **ANT. 1.** Humilde. **2.** Triste.

ufo (siglas de la expr. ingl. *unidentified flying object,* 'objeto volador no identificado') *s. m.* Ovni.

ufología *s. f.* Disciplina que estudia los ovnis.

ugandés, sa *adj.* y *s.* De Uganda, país de África.

ujier *s. m.* Conserje de un palacio, de un ministerio o de un tribunal.

ukelele (del hawaiano) *s. m.* Instrumento parecido a una guitarra, pero mucho más pequeño y con solo cuatro cuerdas.

úlcera *s. f.* Llaga que sale en la piel o en otras partes y órganos del cuerpo.

ulceración *s. f.* **1.** Acción de ulcerar o ulcerarse. **2.** Úlcera.

ulcerante *adj.* Que ulcera.

ulcerar *v.* Producir úlceras.

ulterior *adj.* Posterior, que va detrás. **SIN.** Siguiente, sucesivo. **ANT.** Anterior.

ultimación *s. f.* Acción de ultimar.

últimamente *adv.* **1.** Hace poco tiempo, en los días o semanas que acaban de pasar. **2.** Por último, finalmente.

ultimar *v.* Terminar. **SIN.** Acabar, rematar. **ANT.** Empezar.

ultimátum *s. m.* **1.** Comunicación o propuesta definitiva que hace una de las partes en una negociación, sobre todo en las relaciones entre países: *Si no aceptan el ultimátum estallará la guerra.* **2.** *fam.* Decisión definitiva.

último, ma *adj.* y *s.* **1.** Que está o va detrás de todos. ‖ *adj.* **2.** Que es lo más nuevo o reciente. **3.** Lejano o escondido: *Buscó hasta en el último rincón de la casa.* **4.** Que es lo único que queda o lo único que se puede hacer. **5.** Definitivo, sin cambios: *Es mi última oferta.* ‖ **LOC. a la última** A la moda que se lleva. **SIN. 1.** Postrero. **2.** Actual. **3.** Recóndito, remoto. **5.** Concluyente. **ANT. 1.** y **4.** Primero. **2.** Antiguo.

ultra *adj.* y *s.* Se dice de algunas personas, ideologías o grupos políticos que tienen opiniones extremistas y comportamientos violentos.

ultracorrección *s. f.* Corrección errónea de una palabra pensando que está equivocada, como cuando se dice *bacalado* por *bacalao.*

ultraderecha *s. f.* Derecha política de ideología radical.

ultraizquierda *s. f.* Izquierda política de ideología radical.

ultrajante *adj.* Que ultraja.

ultrajar *v.* Ofender o insultar gravemente. **SIN.** Agraviar. **ANT.** Alabar.

ultraje *s. m.* Ofensa o insulto muy grave. **SIN.** Agravio, injuria. **ANT.** Alabanza.

ultraligero, ra adj. **1.** Muy ligero. ‖ s. m. **2.** Avión hecho con materiales ligeros, que pesa muy poco y tiene un pequeño motor.

ultramar s. m. Territorios que están al otro lado del mar, sobre todo los que son colonias de un país.

ultramarino, na adj. **1.** Que está al otro lado del mar o viene de allí. ‖ **ultramarinos** s. m. **2.** Tienda de comestibles.

ultranza Se usa en la expresión **a ultranza**, 'firme, por completo': *Es una defensora a ultranza de los animales.*

ultrasonido s. m. Sonido que es tan agudo que las personas no pueden oírlo, aunque sí algunos animales.

ultratumba s. f. Lo que se cree que hay después de la muerte.

ultravioleta adj. Se dice de unos rayos de luz que no se ven y se utilizan, entre otras cosas, para curar algunas enfermedades de la piel, aunque pueden llegar a ser perjudiciales.

ulular v. **1.** Aullar. **2.** Hacer algo un sonido parecido, sobre todo el viento. **SIN. 1.** y **2.** Bramar.

umbela s. f. Grupo de flores o frutos que nacen de un mismo punto del tallo y se elevan a igual altura.

umbilical adj. **1.** Del ombligo. ‖ **2. cordón umbilical** Ver **cordón**.

umbral s. m. **1.** Parte de abajo del hueco de una puerta, en el suelo. **2.** Puerta, entrada. **3.** Comienzo, principio: *los umbrales de la Edad Moderna.*

umbrela s. f. Masa gelatinosa y transparente que forma la parte redondeada de arriba del cuerpo de las medusas.

umbría s. f. Parte de un monte o terreno que está habitualmente en sombra.

umbrío, a adj. Que está en sombra. **SIN.** Sombrío, umbroso.

umbroso, sa adj. **1.** Umbrío. **2.** Que da sombra. **SIN. 1.** Sombreado, sombrío. **ANT. 1.** Soleado.

un num. apóc. de **uno**. Se usa en lugar de *uno* delante de un sustantivo masculino singular: *Hay sitio para un coche, pero no para dos.*

un, una art. indet. **1.** Va delante de un sustantivo singular no conocido por los hablantes: *Vino una niña con su hermano.* La forma masculina *un* también acompaña a sustantivos femeninos que comienzan por *a* o *ha* tónicas: *un águila, un habla.*

unánime adj. **1.** Se dice de un grupo de personas en el que todas piensan o hacen lo mismo. **2.** Se dice de lo que piensan o hacen todos los miembros de un grupo. **SIN. 1.** Conforme. **ANT. 1.** Dividido.

unanimidad s. f. Hecho de estar de acuerdo varias personas en algo, o el hacer o pensar todas lo mismo. **SIN.** Conformidad, avenencia. **ANT.** División.

unción s. f. **1.** Acción de ungir. ‖ **2. unción de enfermos** Extremaunción.

uncir v. Atar los bueyes o las caballerías a algo de lo que tienen que tirar.

undécimo, ma num. **1.** Que ocupa por orden el número once. ‖ num. y s. m. **2.** Se dice de cada una de las once partes iguales en las que se divide algo. **SIN. 1.** Decimoprimero. **2.** Onceavo.

ungir v. Untar con aceite, con perfume o con otros líquidos grasientos.

ungüento s. m. Sustancia líquida o pastosa que se unta en el cuerpo, sobre todo la que se usa para curar. **SIN.** Bálsamo.

ungulado, da adj. y s. m. Se dice de los animales que tienen un casco o pezuña, como el caballo, el ciervo o el jabalí.

únicamente adv. Solamente. **SIN.** Puramente.

unicelular adj. Que tiene una sola célula. **ANT.** Pluricelular.

único, ca adj. y s. **1.** Que no hay otro de la misma clase o de las mismas características. **2.** Que destaca por algo. **SIN. 1.** Solo. **2.** Excepcional, singular. **ANT. 2.** Normal.

unicornio s. m. Animal imaginario parecido a un caballo, con un cuerno largo en medio de la frente.

unidad s. f. **1.** Cada cosa o grupo que forman parte de un conjunto: *un estuche de pilas de cinco unidades.* **2.** Armonía, unión. **3.** Magnitud que se usa para medir otras del mismo tipo comparándolas con ella, por ejemplo, el metro es la unidad de longitud. **4.** El número uno: *Todo número dividido por sí mismo da la unidad.* **SIN. 1.** Elemento. **ANT. 2.** Desunión.

unidireccional adj. Que va en una sola dirección.

unido, da 1. p. de unir. ‖ adj. **2.** Que está junto o pegado. **3.** Se dice de las personas que sienten mucho afecto entre ellas. **ANT. 2.** Separado.

unifamiliar adj. Para una sola familia: *una casa unifamiliar.*

unificación s. f. Acción de unificar. **SIN.** Unión, reunión, suma. **ANT.** División.

unificar v. **1.** Unir, reunir. **2.** Hacer iguales. **SIN. 1.** Agregar. **2.** Equiparar. **ANT. 1.** Dividir. **2.** Diversificar.

uniformar v. **1.** Hacer iguales o semejantes a dos o más personas o cosas. **2.** Vestir con uniforme a una persona. **SIN. 1.** Igualar, unificar. **ANT. 1.** Diversificar.

uniforme *adj.* **1.** Se dice de las personas o cosas que son iguales o muy parecidas. **2.** Que es todo igual, que no cambia: *un estilo uniforme*. ‖ *s. m.* **3.** Ropa que llevan igual todas las personas de un determinado grupo, colegio, etc. **SIN. 1.** Similar, homogéneo. **ANT. 1.** Diferente.

uniformidad *s. f.* Característica de lo que es uniforme o igual. **SIN.** Igualdad; regularidad. **ANT.** Diferencia.

uniformizar *v.* Uniformar, igualar.

unigénito, ta *adj. y s.* Hijo único.

unilateral *adj.* Que solo lo hace una de las personas o grupos que participan en algo: *una decisión unilateral*.

unimembre *adj.* Que tiene un solo miembro. **ANT.** Bimembre.

unión *s. f.* **1.** Hecho de unir o estar unidas dos o más personas o cosas. **2.** Conjunto de personas o cosas unidas. **3.** Lugar en que se unen dos o más cosas. **SIN. 1.** Unificación; relación; armonía. **2.** Alianza, confederación. **3.** Junta, juntura. **ANT. 1.** Desunión.

unipersonal *adj.* Se dice de algunos verbos que se conjugan solo en tercera persona del singular, como *llover*.

unir *v.* **1.** Juntar, agrupar, mezclar. **2.** Hacer que estén de acuerdo o sean amigas dos o más personas. **SIN. 1.** Reunir. **ANT. 1. y 2.** Separar, dividir. **2.** Enemistar.

unisex *adj.* Que sirve lo mismo para hombre que para mujer: *ropa unisex*.

unísono Se emplea en la expresión **al unísono**, 'que suenan a la vez' o 'que sucede o se hace a la vez'.

unitario, ria *adj.* Que es uno solo o tiende a la unidad. **SIN.** Conjunto. **ANT.** Múltiple.

unitivo, va *adj.* Que une o sirve para unir.

universal *adj.* **1.** Del universo. **2.** De todas las personas, países o épocas. **SIN. 1.** Cósmico. **2.** General; mundial. **ANT. 2.** Particular; local.

universalidad *s. f.* Característica de universal.

universalizar *v.* Hacer que una cosa sea universal. **SIN.** Difundir, generalizar. **ANT.** Particularizar, restringir.

universidad *s. f.* Centro de enseñanza donde se estudian las carreras y donde se hacen trabajos de investigación.

universitario, ria *adj.* **1.** De la universidad. ‖ *adj. y s.* **2.** Que ha obtenido un título en la universidad o estudia en ella.

universo *s. m.* **1.** Conjunto de todos los astros y planetas. **2.** Todo lo que existe. **SIN. 1.** Firmamento. **1. y 2.** Cosmos.

univitelino, na *adj.* Se dice de los gemelos que provienen de un mismo óvulo.

univocidad *s. f.* Cualidad de unívoco.

unívoco, ca *adj.* **1.** Que tiene un único significado, por lo que solo puede entenderse de una manera. ‖ **2. correspondencia unívoca** En matemáticas, la que hay cuando a cada elemento de un conjunto le corresponde de uno y solo uno de otro conjunto. **ANT. 1.** Ambiguo.

uno, una *num.* **1.** Número que comienza la serie de todos los números: *Trae una taza y tres vasos. Dame solo uno.* **2.** Primero. ‖ *indef.* **3.** Señala a alguien o algo que no conocemos o que no hemos nombrado antes: *Me lo dijo uno que vive por aquí.* **4.** En plural, indica una cantidad poco exacta, que es más o menos la que se dice: *Tendrá unos veinte años.* ‖ *pron. pers.* **5.** *fam.* Se usa en tercera persona referido a la primera: *Uno hace lo que puede.* ‖ *s. f.* **6.** *fam.* Trastada, lío, etc.: *¡Se armó una!* ‖ **LOC. no dar una** Hacerlo todo mal, equivocarse en todo. **SIN. 1.** Unidad.

untar *v.* **1.** Echar una cosa pastosa o grasienta sobre algo y extenderla bien. **2.** *fam.* Sobornar. **SIN. 1.** Embadurnar.

unte o **unto** *s. m.* **1.** Cosa que se unta. **2.** Manteca.

untuoso, sa *adj.* Pringoso, grasiento.

uña *s. f.* **1.** Placa dura que cubre la punta de los dedos de las manos y de muchos animales. **2.** Casco o pezuña de algunos animales. ‖ **LOC. ser** dos personas **uña y carne** Ser muy amigas o estar muy unidas.

uñero *s. m.* **1.** Inflamación en la raíz de la uña. **2.** Herida que produce la uña cuando, al crecer demasiado y doblarse, se clava en la carne.

uperizar o **uperisar** *v.* Esterilizar la leche con vapor a una temperatura altísima durante menos de un segundo.

uralita (marca registrada) *s. f.* Material hecho con cemento y amianto que se usa sobre todo para fabricar algunos tejados.

uranio *s. m.* Metal parecido al acero, pero que es radiactivo, por lo que se usa para producir energía nuclear y en las bombas atómicas. Es un elemento químico.

urbanidad *s. f.* Buena educación. **SIN.** Cortesía, modales. **ANT.** Grosería.

urbanismo *s. m.* Conjunto de conocimientos y actividades relacionados con el diseño de las ciudades.

urbanista *adj.* **1.** Urbanístico. ‖ *s. m. y f.* **2.** Persona que se dedica al urbanismo.

urbanístico

urbanístico, ca *adj.* Del urbanismo.

urbanita *adj.* y *s. fam.* Que vive en una ciudad, especialmente cuando está acomodado a esta forma de vida.

urbanización *s. f.* **1.** Acción de urbanizar. **2.** Conjunto de casas y edificios que suelen ser parecidos y tienen sus propias tiendas, parques, instalaciones. **SIN. 2.** Colonia.

urbanizador, ra *adj.* y *s. f.* Se dice de la persona o empresa que urbaniza terrenos.

urbanizar *v.* Hacer en un terreno todo lo necesario para que las personas puedan vivir en él, como poner electricidad y alcantarillas o hacer las calles.

urbano, na *adj.* **1.** De la ciudad. ‖ *adj.* y *s.* **2.** Miembro de la policía municipal.

urbe *s. f.* Ciudad importante y grande. **SIN.** Metrópoli, capital.

urdimbre *s. f.* **1.** Conjunto de hilos por los que se pasa la trama para formar la base de un tejido. **2.** Esos mismos hilos en la tela ya confeccionada.

urdir *v.* **1.** Preparar una cosa en secreto: *urdir un plan.* **2.** Preparar los hilos para tejer en el telar. **SIN. 1.** Maquinar, tramar.

urea *s. f.* Sustancia que se produce en el organismo y que se expulsa con la orina.

uréter *s. m.* Cada uno de los dos conductos por los que desciende la orina desde los riñones a la vejiga.

uretra *s. f.* Conducto por donde se expulsa la orina contenida en la vejiga.

urgencia *s. f.* **1.** Mucha prisa o necesidad que hay de alguna cosa. **2.** Lo que corre mucha prisa hacer, por ejemplo, atender a un herido. ‖ *s. f. pl.* **3.** Sección de un hospital donde se recibe y atiende a los enfermos y heridos que necesitan cuidados médicos inmediatos. **SIN. 1.** y **2.** Emergencia.

urgente *adj.* Se dice de las cosas que corren mucha prisa. **SIN.** Apremiante, acuciante.

urgir *v.* Ser muy necesario y urgente. **SIN.** Apremiar, acuciar.

úrico, ca *adj.* **1.** De la orina. ‖ **2. ácido úrico** Sustancia que se encuentra en la sangre y se elimina a través de la orina.

urinario, ria *adj.* **1.** De la orina o de los órganos por los que pasa. ‖ *s. m.* **2.** Retrete situado en los lugares públicos. **3.** Retrete que está fijo a la pared y en el que orinan los hombres. **SIN. 2.** Aseo, servicio.

urna *s. f.* Caja o recipiente que sirve para muchas cosas, por ejemplo, para echar en ella las papeletas de unas votaciones o para proteger del polvo figuras o imágenes. **SIN.** Cofre.

uro *s. m.* Animal salvaje parecido al toro, que desapareció en el siglo XVII.

urodelo *adj.* y *s. m.* Se dice de los anfibios de cola larga y fuerte, como la salamandra.

urogallo *s. m.* Ave del tamaño de un pavo, con las plumas de varios colores y la cola, en los machos, con forma de abanico. Vive en los bosques de Europa y del norte de Asia.

urología *s. f.* Parte de la medicina que estudia el aparato urinario y sus enfermedades.

urólogo, ga *s. m.* y *f.* Médico especialista en urología.

urraca *s. f.* Pájaro del tamaño de una paloma, de plumas negras y blancas y cola larga. Suelen recoger y guardar en su nido objetos metálicos y brillantes.

urticante *adj.* Que produce picor o escozor.

urticaria *s. f.* Enfermedad de la piel en la que salen granos o manchas rojizas que pican y escuecen mucho.

uruguayo, ya *adj.* y *s.* De Uruguay, país de América del Sur.

usado, da **1.** *p.* de usar. También *adj.* ‖ *adj.* **2.** Desgastado, estropeado. **ANT. 2.** Nuevo.

usanza *s. f.* Manera de ser o hacer una cosa. **SIN.** Costumbre.

usar *v.* **1.** Coger una cosa para hacer algo con ella. **2.** Tener costumbre de ponerse, llevar o consumir algo: *Usa una colonia muy fresca.* **SIN. 1.** Servirse. **1.** y **2.** Utilizar. **2.** Gastar.

USB (siglas del ingl. *Universal Serial Bus*) *s. m.* En informática, toma de conexión que permite conectar varios aparatos electrónicos mediante un cable: *puerto USB, memoria USB.*

usía *s. m.* y *f.* Vuestra señoría, antigua forma de dirigirse con respeto a algunas personas.

uso *s. m.* **1.** Acción de usar. **2.** Utilidad. **3.** Costumbre, forma de vivir o hacer las cosas. **SIN. 1.** Utilización, empleo. **2.** Función, fin. **3.** Hábito, usanza.

usted *pron. pers.* **1.** Sirve para dirigirse con respeto y educación a una persona con la que no tenemos mucha confianza. ‖ *pron. pers. pl.* **2.** En algunas zonas de Andalucía y América, se utiliza en vez de *vosotros.*

usual *adj.* Corriente, frecuente. **SIN.** Normal, acostumbrado. **ANT.** Inusual.

usuario, ria *adj.* y *s.* Que usa alguna cosa.

usufructo *s. m.* **1.** Derecho por el que una persona puede usar un bien ajeno y obtener los beneficios que este produzca. **2.** Utilidad, fruto o provecho que se obtiene de una cosa.

usura *s. f.* Hecho de prestar dinero a alguien obligándole a devolver mucho más de lo que se le prestó.

usurero, ra *s. m.* y *f.* Persona que presta dinero con usura. **SIN.** Prestamista.

usurpación *s. f.* Acción de usurpar.

usurpador, ra *adj. y s.* Que usurpa.

usurpar *v.* Apoderarse de algo sin tener derecho a ello. **SIN.** Arrebatar, despojar. **ANT.** Devolver.

utensilio *s. m.* Herramienta o cualquier otro objeto que se utiliza en una actividad o trabajo. **SIN.** Útil, instrumento.

uterino, na *adj.* Del útero.

útero *s. m.* Órgano de las mujeres y de las hembras de otros animales donde se desarrolla el hijo o la cría antes de nacer. **SIN.** Matriz.

útil[1] *s. m.* Utensilio, herramienta.

útil[2] *adj.* Que sirve para algo. **SIN.** Beneficioso, eficaz, práctico. **ANT.** Inútil.

utilería *s. f.* **1.** Utillaje. **2.** Conjunto de elementos que se emplean en la escenografía del teatro o del cine.

utilidad *s. f.* Característica de las cosas útiles. **SIN.** Eficacia.

utilitario *s. m.* Coche pequeño, sin lujo y no demasiado caro.

utilitarismo *s. m.* Tendencia a identificar la utilidad como lo más importante.

utilización *s. f.* Uso, empleo.

utilizar *v.* Usar.

utillaje *s. m.* Las herramientas y otras cosas que se necesitan para un trabajo o actividad. **SIN.** Equipo, utilería.

utopía *s. f.* Algo que es bueno y que deseamos, pero que es imposible o muy difícil de realizar. **SIN.** Quimera.

utópico, ca *adj.* Que constituye una utopía. **SIN.** Quimérico.

uva *s. f.* **1.** Fruto de la vid, pequeño y redondeado, de carne dulce y jugosa, que está agrupado con otros en racimos. || **2. mala uva** Mal humor o mala intención.

uvero, ra *adj.* **1.** De las uvas. || *s. m. y f.* **2.** Persona que vende uvas.

uvi (siglas de *unidad de vigilancia intensiva*) *s. f.* Parte de los hospitales en la que se atiende a enfermos muy graves que necesitan muchos cuidados.

úvula *s. f.* Pequeña masa carnosa que cuelga al final del velo del paladar, a la entrada de la garganta. **SIN.** Campanilla.

uxoricidio *s. m.* Acción de matar un hombre a su esposa.

uy *interj.* Expresa asombro o dolor.

uzbeko, ka *adj. y s.* De Uzbekistán, país de Asia central.

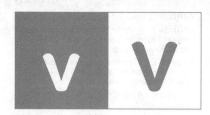

v *s. f.* Vigesimotercera letra del abecedario.

vaca *s. f.* **1.** Hembra del toro. ‖ **2. vacas flacas** Época de escasez. **3. vacas gordas** Época de abundancia.

vacacional *adj.* De las vacaciones.

vacaciones *s. f. pl.* Periodo de descanso en el trabajo o en los estudios.

vacada *s. f.* Manada de vacas.

vacante *adj. y s. f.* **1.** Se dice del cargo o del puesto de trabajo que no está ocupado por nadie. ‖ *adj.* **2.** Se dice de otras cosas que no están ocupadas. **SIN. 1.** Plaza. **1. y 2.** Desocupado, libre.

vaciado *s. m.* Acción de vaciar.

vaciar *v.* **1.** Dejar vacío. **2.** Hacer una escultura rellenando un molde con un material blando que luego se endurece. **3.** Afilar un instrumento cortante. **SIN. 1.** Desocupar, evacuar. **ANT. 1.** Llenar.

vaciedad *s. f.* Estupidez, necedad.

vacilación *s. f.* Duda, indecisión. **SIN.** Titubeo. **ANT.** Seguridad.

vacilante *adj.* **1.** Que vacila o duda. **2.** Que se tambalea. **SIN. 1.** Indeciso. **1. y 2.** Inseguro. **ANT. 1. y 2.** Seguro.

vacilar *v.* **1.** Dudar. **2.** Tambalearse. **3.** *fam.* Tomar el pelo a una persona.

vacile *s. m. fam.* Broma o tomadura de pelo.

vacilón, na *adj. y s. fam.* Guasón, bromista.

vacío, a *adj.* **1.** Se dice del lugar o recipiente en que no hay ninguna persona o cosa. **2.** Se dice del lugar en que hay poca gente. **3.** Se dice de las personas o cosas a las que les falta algo: *una vida vacía, sin ilusiones.* ‖ *s. m.* **4.** Espacio que hay desde una gran altura. **5.** Tristeza por la falta de un ser querido. **6.** En física, espacio en que no hay materia. **SIN. 1.** Desocupado. **1. y 2.** Desierto. **ANT. 1. y 2.** Lleno.

vacuna *s. f.* Líquido con microorganismos debilitados que se inyecta o se da a una persona o animal para que cree defensas contra una enfermedad.

vacunación *s. f.* Acción de vacunar.

vacunar *v.* Inyectar o dar una vacuna.

vacuno, na *adj. y s. m.* De las vacas, bueyes y toros.

vacuo, cua *adj.* Superficial, sin profundidad o interés: *una conversación vacua.* **SIN.** Intrascendente, trivial.

vacuola *s. f.* Cada una de las cavidades del citoplasma de las células en las que se almacenan distintas sustancias.

vadear *v.* Cruzar un río u otra corriente de agua por donde se hace pie.

vado *s. m.* **1.** Parte de un río poco profunda y llana por donde se puede pasar a pie, a caballo o con algún vehículo. **2.** Parte de la acera o del bordillo de una calle que se ha allanado para facilitar la entrada y salida de los vehículos de un local.

vagabundear *v.* **1.** Llevar la vida de un vagabundo. **2.** Caminar de un lugar a otro sin ir a un sitio fijo. **SIN. 2.** Vaguear.

vagabundo, da *adj. y s.* Que va de un lugar a otro y no tiene un sitio fijo donde vivir.

vagamente *adv.* De forma vaga e imprecisa.

vagancia *s. f.* Característica de la persona vaga. **SIN.** Vaguería, holgazanería.

vagar *v.* **1.** Caminar de un lugar a otro sin ir a un sitio fijo. **2.** Dejar algo se desenvuelva libre: *Deja vagar tu imaginación.* **SIN. 1.** Deambular.

vagido *s. m.* Llanto de un recién nacido.

vagina *s. f.* Órgano del aparato reproductor de las mujeres y las hembras de los mamíferos, que tiene forma alargada y va desde la vulva a la matriz.

vaginal *adj.* De la vagina.

vago, ga[1] *adj. y s.* **1.** Se dice de la persona a la que no le gusta trabajar ni esforzarse. ‖ *adj.* **2.** Se dice del ojo que no realiza totalmente su función de ver. **SIN. 1.** Perezoso, holgazán, gandul. **ANT. 1.** Hacendoso, trabajador.

vago, ga[2] *adj.* Poco claro o preciso. **SIN.** Indefinido, confuso.

vagón *s. m.* Cada vehículo de un tren o metro que transporta personas o mercancías.

vagoneta *s. f.* Vagón pequeño y descubierto que transporta mercancías.

vaguada *s. f.* Camino más bajo entre montañas por donde corren las aguas.

vaguear *v.* Hacer el vago. **SIN.** Holgazanear. **ANT.** Trabajar, trajinar.

vaguedad *s. f.* **1.** Falta de claridad o exactitud al decir algo. **2.** Frase que no es clara y precisa: *responder con vaguedades.* **SIN. 1.** Ambigüedad. **ANT. 1.** Precisión.

vaguería *s. f.* Vagancia, holgazanería.

vahído *s. m.* Mareo o desmayo que dura poco. **SIN.** Desfallecimiento.

vaho *s. m.* Vapor que despiden los cuerpos en algunas situaciones.

vaina *s. f.* **1.** Funda de una espada, un puñal u otra cosa. **2.** Cáscara larga y tierna que lleva dentro las semillas de algunas plantas. **3.** *fam.* Fastidio, molestia. ‖ *adj.* y *s. m.* **4.** *fam.* Persona poco formal. **SIN. 3.** Incordio. **4.** Informal.

vainica *s. f.* Labor de costura que se hace sacando varios hilos de una tela, por ejemplo, la que hay en los dobladillos de algunas servilletas.

vainilla *s. f.* Planta trepadora originaria de México cuyo fruto, muy aromático, también llamado *vainilla*, se usa en pastelería, perfumería, etc.

vaivén *s. m.* **1.** Movimiento repetido de un cuerpo hacia un lado y hacia el contrario. **2.** Cambio repentino de las situaciones. **SIN. 1.** Oscilación. **2.** Altibajo, fluctuación.

vajilla *s. f.* Platos, tazas y otros utensilios en que se sirve la comida o bebida.

valdepeñas *s. m.* Vino español que se hace en Valdepeñas, Ciudad Real.

vale¹ *s. m.* **1.** Documento que se puede cambiar por el objeto o la cantidad que figura en él. **2.** Entrada gratuita para un espectáculo. **SIN. 1.** Bono.

vale² Forma del verbo **valer**; significa 'de acuerdo': *–¿Vienes? –Vale.*

valedero, ra *adj.* **1.** Que vale o tiene validez. **2.** Que se puede cambiar por lo que se indica en él: *un cupón valedero por un regalo.* **SIN. 1.** Válido.

valedor, ra *s. m.* y *f.* Persona que protege a otra y la ayuda a conseguir lo que quiere. **SIN.** Protector, benefactor.

valencia *s. f.* Número que indica la capacidad que tiene un elemento químico para unirse con otros y formar moléculas.

valenciano, na *adj.* y *s.* **1.** De Valencia, ciudad y provincia españolas, o de la Comunidad Valenciana. ‖ *s. m.* **2.** Variedad del catalán que se habla en esta comunidad autónoma.

valentía *s. f.* Característica de valiente. **SIN.** Valor, coraje. **ANT.** Cobardía.

valentón, na *adj.* y *s.* Que presume de valiente. **SIN.** Fanfarrón, bravucón.

valer¹ *v.* **1.** Tener un precio o valor. **2.** Tener una persona buenas cualidades para hacer alguna cosa. **3.** Ser útil o apropiado para alguien o algo. **4.** Ser válida una cosa. **5.** Proteger o ayudar: *Que Dios les valga.* ‖ **valerse 6.** Utilizar a alguien o algo para conseguir lo que se quiere. **7.** Ser capaz una persona de moverse y hacer sus cosas sin ayuda de otra. ☐ Es v. irreg. **SIN. 1.** Importar; equivaler. **2.** y **3.** Servir. **6.** Recurrir. **7.** Manejarse.

VALER	
INDICATIVO	
Presente	**Pretérito imperfecto**
valgo	valía
vales	valías
vale	valía
valemos	valíamos
valéis	valíais
valen	valían
Futuro simple	**Condicional simple**
valdré	valdría
valdrás	valdrías
valdrá	valdría
valdremos	valdríamos
valdréis	valdríais
valdrán	valdrían
SUBJUNTIVO	
Pretérito imperfecto	**Futuro simple**
valiera, -ese	valiere
valieras, -eses	valieres
valiera, -ese	valiere
valiéramos, -ésemos	valiéremos
valierais, -eseis	valiereis
valieran, -esen	valieren
IMPERATIVO	
vale (tú)	valga (usted)
valed (vosotros)	valgan (ustedes)

valer² *s. m.* Valía.

valeriana *s. f.* Planta que tiene una raíz que se usa como tranquilizante.

valeroso, sa *adj.* Valiente. **SIN.** Bravo, animoso. **ANT.** Cobarde.

valí *s. m.* Gobernador de una provincia en un país musulmán.

valía *s. f.* **1.** Valor de una persona por sus cualidades o méritos. **2.** Lo que vale una cosa. **SIN. 1.** y **2.** Valer.

validar *v.* Hacer válida o firme una cosa. **ANT.** Invalidar.

validez *s. f.* Característica de válido.

valido *s. m.* Persona de confianza del rey, que tenía mucha influencia en el gobierno del Estado. **SIN.** Privado, favorito.

válido, da *adj.* Que es legal, correcto o apropiado.

valiente *adj.* y *s.* **1.** Que se enfrenta sin miedo a un peligro o situación difícil. ‖ *adj.* **2.** Sirve para destacar lo que se dice: *¡En valiente lío se ha metido!* **SIN. 1.** Valeroso, atrevido. **2.** Menudo. **ANT. 1.** Cobarde.

valija *s. f.* **1.** Maleta. **2.** Saco para llevar las cartas y también, las cartas que van en él.

valimiento *s. m.* Apoyo y ayuda que una persona recibe de otra. **SIN.** Favor.

valioso, sa *adj.* Que tiene mucho valor. **SIN.** Caro; apreciado. **ANT.** Insignificante.

valkiria *s. f.* Valquiria.

valla *s. f.* **1.** Lo que se coloca alrededor de un lugar para protegerlo o impedir la entrada en él. **2.** Soporte para poner carteles publicitarios en la calle. **3.** Cada obstáculo que hay que saltar en algunas carreras de atletismo. **SIN. 1.** Cerca, cercado, vallado.

vallado *s. m.* Valla o muro de tierra que rodea o cierra un lugar. **SIN.** Cercado.

vallar *v.* Rodear con una valla.

valle *s. m.* **1.** Terreno llano entre montañas. **2.** Territorio por el que corren las aguas de un río y de sus afluentes. ‖ **3. valle de lágrimas** Este mundo o esta vida, por los sufrimientos que se pasan. **SIN. 2.** Cuenca, vega.

vallisoletano, na *adj.* y *s.* De Valladolid, ciudad y provincia españolas.

valor *s. m.* **1.** Buenas cualidades por las que algo es apreciado. **2.** Dinero que vale una cosa. **3.** Importancia o interés. **4.** Valentía. **5.** Falta de vergüenza o de consideración. **6.** Persona que posee buenas cualidades para algo. **7.** Cantidad que vale una expresión matemática. ‖ *s. m. pl.* **8.** Principios morales o de otro tipo por los que se guía el comportamiento de una persona o un grupo. **SIN. 1.** y **2.** Valía. **2.** Precio, importe. **3.** Trascendencia. **4.** Coraje, arrojo. **ANT. 3.** Desinterés. **4.** Cobardía.

valoración *s. f.* Acción de valorar algo. **SIN.** Evaluación.

valorar *v.* **1.** Decir la cantidad de dinero que vale algo. **2.** Juzgar o reconocer el valor o el mérito de alguien o algo. **SIN. 1.** Tasar, evaluar. **ANT. 2.** Menospreciar.

valorativo, va *adj.* Que valora.

valquiria *s. f.* Cada una de las diosas de la mitología escandinava que decidían qué guerreros debían morir en combate. □ Se escribe también *valkiria*.

vals (del fr.) *s. m.* **1.** Baile de origen austriaco que se ejecuta en pareja con movimientos giratorios. **2.** Música de este baile.

valva *s. f.* Cada pieza dura que forma la concha de los moluscos.

válvula *s. f.* **1.** Pieza que cierra o abre el paso de un líquido o gas en algunas máquinas o instrumentos. **2.** Pliegue que hay en las venas y en el corazón para que la sangre circule en una dirección y no vuelva hacia atrás. ‖ **3. válvula mitral** La que comunica la aurícula izquierda del corazón con el ventrículo izquierdo. **4. válvula tricúspide** La que comunica la aurícula derecha del corazón con el ventrículo derecho.

vamos *interj.* Forma del verbo *ir*; se usa para animar a alguien o meterle prisa.

vampiresa *s. f.* Mujer atractiva y seductora, que conquista a los hombres para aprovecharse de ellos.

vampiro *s. m.* **1.** Personaje fantástico; es un muerto viviente que se alimenta de sangre humana. **2.** Murciélago americano que chupa la sangre a otros animales.

vanadio *s. m.* Metal grisáceo, resistente a la corrosión del agua, que se hace láminas con facilidad y se usa para fabricar aceros especiales. Es un elemento químico.

vanagloria *s. f.* Actitud de la persona que presume mucho de algo. **SIN.** Presunción. **ANT.** Humildad.

vanagloriarse *v.* Presumir mucho alguien de sus cualidades o acciones. **SIN.** Jactarse, alardear. **ANT.** Humillarse.

vanamente *adv.* En vano, sin resultado.

vandálico, ca *adj.* Del vandalismo: *actos vandálicos*.

vandalismo *s. m.* Gamberrismo.

vándalo, la *adj.* y *s.* **1.** De un pueblo bárbaro que invadió algunas zonas del antiguo Imperio romano, por ejemplo, la península ibérica. **2.** Gamberro.

vanguardia *s. f.* **1.** Parte más adelantada de un ejército, que es la que se enfrenta directamente al enemigo. **2.** Movimiento artístico, cultural o de otro tipo, más moderno y renovador que los de su época. **SIN. 1.** Frente. **ANT. 1.** Retaguardia.

varonil

vanguardismo *s. m.* Ideas y movimientos artísticos de vanguardia.

vanguardista *adj.* y *s.* Del vanguardismo o que lo sigue o defiende.

vanidad *s. f.* Actitud vanidosa. **SIN.** Jactancia, presunción. **ANT.** Modestia.

vanidoso, sa *adj.* y *s.* Que presume mucho de sus cualidades o méritos. **SIN.** Presumido, jactancioso. **ANT.** Modesto.

vano, na *adj.* **1.** Inútil, que no tiene el resultado que se quería. **2.** Sin fundamento: *vanas ilusiones.* **3.** Que muestra vanidad. **4.** Se dice de los frutos con cáscara que están vacíos, secos o podridos por dentro. || *s. m.* **5.** Hueco de una puerta o una ventana. || **LOC. en vano** Inútilmente, sin resultado. **SIN. 1.** Estéril, ineficaz. **2.** Infundado. **ANT. 1.** Eficaz. **2.** Real.

vapor *s. m.* **1.** Gas en que se convierte una sustancia, sobre todo un líquido, generalmente cuando se calienta. **2.** Barco que navega gracias al impulso de una máquina de vapor. **SIN. 1.** Vaho.

vaporeta (marca registrada) *s. f.* Electrodoméstico que limpia mediante vapor a presión.

vaporetto (ital.) *s. m.* Barco de motor que se usa para el transporte de viajeros y es típico de Venecia.

vaporizador *s. m.* **1.** Aparato que convierte un líquido en vapor. **2.** Pulverizador, *spray.*

vaporizar *v.* **1.** Convertir un líquido en vapor por la acción del calor. **2.** Echar un líquido en gotas finas. **SIN. 1.** Evaporar. **2.** Pulverizar.

vaporoso, sa *adj.* Se dice de una tela o vestido muy fino y ligero.

vapulear *v.* **1.** Mover a una persona o cosa de un lado a otro de forma brusca. **2.** Golpear, dar una paliza. **3.** Criticar o tratar mal a una persona. **SIN. 1.** Zarandear. **2.** Apalear.

vapuleo *s. m.* Acción de vapulear.

vaquería *s. f.* Lugar donde se crían y tienen las vacas o se vende su leche. **SIN.** Lechería.

vaquerizo, za *s. m.* y *f.* Pastor de vacas. **SIN.** Vaquero.

vaquero, ra *s. m.* y *f.* **1.** Pastor de ganado vacuno. || *s. m.* **2.** Jinete que en el Oeste americano conduce y cuida el ganado vacuno. || *adj.* **3.** Se dice de una tela de algodón, fuerte y resistente, y de las cosas que se hacen con ella. || *s. m. pl.* **4.** Pantalones hechos con esta tela. **SIN. 4.** Tejanos, *blue jeans.*

vaquilla *s. f.* Vaca joven que es toreada en fiestas populares.

vara *s. f.* **1.** Palo o rama larga y delgada. **2.** Cada uno de los dos palos del carro en los que se enganchan las caballerías.

varadero *s. m.* Lugar donde se dejan los barcos para protegerlos o repararlos.

varado, da **1.** *p.* de **varar.** También *adj.* || *adj.* y *s.* **2.** *Amér.* Se dice de la persona que no tiene trabajo ni dinero.

varano *s. m.* Nombre de varias especies de lagartos de gran tamaño que habitan en Asia, África y Australia.

varapalo *s. m. fam.* Castigo o reprimenda.

varar *v.* **1.** Encallar una embarcación. **2.** Sacar una embarcación a la playa y ponerla en un lugar seco para protegerla o arreglarla.

varear *v.* Golpear con una vara, por ejemplo, para hacer caer los frutos de algunos árboles.

variable *adj.* Que varía o puede variar. **SIN.** Cambiante. **ANT.** Invariable.

variación *s. f.* Modificación, cambio.

variado, da *adj.* Que tiene partes o elementos diferentes. **SIN.** Vario, surtido.

variante *s. f.* **1.** Cada una de las formas distintas que presenta una misma cosa. **2.** Diferencia, variación. **3.** Desviación de un tramo de carretera o camino.

variar *v.* **1.** Cambiar, hacer que algo sea diferente de como era antes. **2.** Dar variedad. **SIN. 1.** Modificar, alterar. **2.** Diversificar. **ANT. 1.** Mantener.

varicela *s. f.* Enfermedad contagiosa que suele atacar a los niños y se caracteriza por la fiebre y la aparición de granos en la cara y el cuerpo.

variedad *s. f.* **1.** Característica de variado. **2.** Conjunto de personas, animales o cosas diferentes. **3.** Cada una de las clases o tipos diferentes de algo. || *s. f. pl.* **4.** Espectáculo en el que alternan números de diferentes tipos. **SIN. 1.** Pluralidad. **1.** y **2.** Diversidad. **ANT. 1.** Uniformidad.

varilarguero *s. m.* Picador de toros.

varilla *s. f.* Tira o pieza delgada, como las que hay en los paraguas o en los abanicos.

vario, ria *adj.* **1.** Variado, diverso: *Esa caja es para guardar materiales varios.* || *indef. pl.* **2.** Más de uno: *Tengo varias llamadas.*

variopinto, ta *adj.* Muy variado. **SIN.** Diverso, heterogéneo. **ANT.** Homogéneo.

varita *s. f.* **1.** Vara pequeña. || **2. varita mágica** La que usan las hadas en los cuentos para hacer prodigios.

variz *s. f.* Vena que se dilata por la acumulación de sangre en ella.

varón *s. m.* **1.** Persona de sexo masculino. || **2. santo varón** Hombre de gran bondad.

varonil *adj.* Del varón o propio de él. **SIN.** Viril, masculino. **ANT.** Femenino.

varsoviano, na adj. y s. De Varsovia, capital de Polonia.

vasallaje s. m. **1.** En la Edad Media, dependencia y fidelidad del vasallo hacia su señor. **2.** Tributo que el vasallo tenía que pagar a su señor.

vasallo, lla adj. y s. **1.** Persona que en el feudalismo servía a un señor. ‖ s. m. y f. **2.** Persona que está bajo la autoridad de un soberano. **3.** Cualquiera que reconoce a otro por superior y le obedece. **SIN. 2.** Súbdito.

vasco, ca adj. y s. **1.** Del País Vasco, comunidad autónoma de España. ‖ s. m. **2.** Lengua hablada en el País Vasco, Navarra y el territorio vasco francés. **SIN. 1.** Euscaldún. **2.** Euskera, vascuence.

vascofrancés, sa adj. y s. Del País Vasco francés, región del suroeste de Francia.

vascongado, da adj. y s. Vasco.

vascuence adj. y s. m. Se dice de la lengua vasca. **SIN.** Euskera.

vascular adj. Relacionado con los vasos circulatorios de los seres vivos.

vasectomía s. f. Operación quirúrgica para esterilizar al varón cortando los conductos que llevan el semen.

vaselina s. f. Sustancia grasa que se obtiene del petróleo y se usa en farmacia y perfumería.

vasija s. f. Recipiente hondo que se usa sobre todo para líquidos o alimentos.

vaso s. m. **1.** Recipiente para contener algo, especialmente el que tiene forma cilíndrica y se usa para beber. **2.** Cantidad de líquido que contiene ese recipiente. **3.** Cada uno de los conductos de los seres vivos por los que circulan algunos líquidos: *vasos sanguíneos*.

vasoconstrictor, ra adj. y s. m. Que produce un estrechamiento de las arterias y las venas. **ANT.** Vasodilatador.

vasodilatador, ra adj. y s. m. Que produce un ensanchamiento de las arterias y las venas. **ANT.** Vasoconstrictor.

vástago s. m. **1.** Renuevo o rama tierna de un árbol o planta. **2.** Hijo, descendiente. **3.** Pieza alargada que sirve para unir otras metiéndola en un agujero. **SIN. 1.** Brote, yema. **1.** y **2.** Retoño.

vasto, ta adj. Muy grande o extenso. **SIN.** Inmenso, amplio. **ANT.** Pequeño.

vate s. m. **1.** Poeta. **2.** Adivino.

váter s. m. **1.** Recipiente para orinar y hacer de vientre provisto de una cisterna de agua. **2.** Cuarto donde está este recipiente. **SIN. 1.** Inodoro. **1.** y **2.** Retrete.

vaticano, na adj. Del Vaticano, pequeño Estado europeo donde vive el papa.

vaticinar v. Anunciar algo que va a suceder. **SIN.** Predecir, pronosticar.

vaticinio s. m. Acción de vaticinar y lo que se vaticina. **SIN.** Predicción, pronóstico.

vatio s. m. Unidad de potencia eléctrica.

VAO (siglas de **V**ehículo de **A**lta **O**cupación) s. m. Carril de una carretera por el que solo pueden circular vehículos ocupados por más de una persona. También se dice *bus VAO*.

vaya interj. Expresa asombro, sorpresa, fastidio o protesta.

vecinal adj. De los vecinos.

vecindad s. f. **1.** Hecho de ser vecino uno de otro. **2.** Vecindario. **3.** Cercanías de un sitio. **SIN. 3.** Inmediaciones.

vecindario s. m. Conjunto de los vecinos de un edificio, barrio o población. **SIN.** Vecindad.

vecino, na adj. y s. **1.** Que vive en el mismo edificio, barrio o población que otros. ‖ adj. **2.** Cercano, próximo: *países vecinos*.

vector s. m. Representación de ciertas magnitudes físicas que se caracterizan por tener una dirección, un sentido y una fuerza.

veda s. f. **1.** Acción de vedar. **2.** Tiempo durante el que está prohibido cazar o pescar.

vedado, da **1.** p. de vedar. También adj. ‖ s. m. **2.** Lugar acotado o cerrado por una ley o mandato: *vedado de caza*.

vedar v. Prohibir. **SIN.** Impedir. **ANT.** Permitir.

vedette (fr.) s. f. Protagonista femenina de revistas y otros espectáculos musicales.

vega s. f. Terreno bajo, llano y fértil, por el que normalmente pasa un río.

vegetación s. f. **1.** Conjunto de vegetales de un lugar, región o clima. ‖ s. f. pl. **2.** Crecimiento anormal de unas glándulas de la faringe que se da, sobre todo, en los niños. **SIN. 1.** Flora.

vegetal adj. **1.** De las plantas. ‖ s. m. **2.** Ser vivo que crece y vive fijo en el suelo y se alimenta de las sustancias de la tierra.

vegetar v. **1.** Nacer, alimentarse y crecer las plantas. **2.** Llevar una vida parecida a la de las plantas realizando solo lo necesario para vivir, como respirar o alimentarse.

vegetariano, na adj. y s. Persona que toma casi exclusivamente alimentos vegetales.

vegetativo, va adj. **1.** Se dice de las funciones vitales relacionadas con la alimentación y el desarrollo. ‖ **2. crecimiento vegetativo** Lo que crece la población, que se calcula restando el número de muertes al número de nacimientos.

vehemencia s. f. Característica de vehemente. **SIN.** Pasión, entusiasmo. **ANT.** Frialdad.

velludo

vehemente *adj.* **1.** Que pone mucha pasión y sentimiento en lo que hace o dice. **2.** Con mucha fuerza y pasión: *un discurso vehemente.* **SIN. 1.** y **2.** Apasionado. **2.** Encendido. **ANT. 1.** y **2.** Frío, moderado.

vehículo *s. m.* **1.** Cualquier medio de transporte. **2.** Lo que sirve para conducir o transmitir fácilmente una cosa: *El agua contaminada es vehículo de enfermedades.*

veinte *num.* **1.** Dos veces diez. **2.** Que ocupa por orden el número veinte.

veinteañero *adj.* y *s.* Se dice de la persona que tiene más de veinte años, pero que todavía no ha cumplido los treinta.

veinteavo, va *num.* y *s. m.* Se dice de cada una de las veinte partes iguales en que se divide algo.

veintena *s. f.* Veinte unidades.

veinticinco *num.* **1.** Veinte más cinco. **2.** Que ocupa por orden el número veinticinco.

veinticuatro *num.* **1.** Veinte más cuatro. **2.** Que ocupa por orden el número veinticuatro.

veintidós *num.* **1.** Veinte más dos. **2.** Que ocupa por orden el número veintidós.

veintinueve *num.* **1.** Veinte más nueve. **2.** Que ocupa por orden el número veintinueve.

veintiocho *num.* **1.** Veinte más ocho. **2.** Que ocupa por orden el número veintiocho.

veintiséis *num.* **1.** Veinte más seis. **2.** Que ocupa por orden el número veintiséis.

veintisiete *num.* **1.** Veinte más siete. **2.** Que ocupa por orden el número veintisiete.

veintitrés *num.* **1.** Veinte más tres. **2.** Que ocupa por orden el número veintitrés.

veintiún *num. apóc.* de **veintiuno**.

veintiuna *s. f.* Juego de cartas o de dados en que gana el que hace veintiún puntos o se acerca más a ellos.

veintiuno, na *num.* **1.** Veinte más uno. **2.** Que ocupa por orden el número veintiuno.

vejación *s. f.* Humillación.

vejar *v.* Maltratar o molestar a una persona, humillándola. **SIN.** Escarnecer, ofender. **ANT.** Alabar.

vejatorio, ria *adj.* Muy humillante.

vejestorio *s. m. desp.* Persona muy vieja. **SIN.** Carcamal. **ANT.** Joven.

vejez *s. f.* Último periodo de la vida humana. **SIN.** Ancianidad. **ANT.** Juventud.

vejiga *s. f.* **1.** Bolsa que contiene la orina producida por los riñones. **2.** Ampolla que sale en la piel. || **3. vejiga natatoria** Saco lleno de aire que tienen muchos peces cerca del tubo digestivo, y que hinchan o vacían para subir y bajar dentro del agua.

vela[1] *s. f.* **1.** Cilindro de cera con un cordón en el centro que se prende para dar luz. **2.** Hecho de velar o estar sin dormir. || *s. f. pl.* **3.** *fam.* Mocos que cuelgan de la nariz. || **LOC. a dos velas** Sin dinero. También, sin comprender nada. **SIN. 1.** Cirio. **2.** Vigilia.

vela[2] *s. f.* **1.** Pieza de tela que se sujeta a los palos de un barco para que, al empujarla el viento, haga navegar la embarcación. **2.** Deporte que consiste en navegar en embarcaciones de vela.

velada *s. f.* **1.** Reunión nocturna de varias personas para charlar y distraerse. **2.** Sesión musical, literaria o de otro tipo, hecha al final de la tarde o por la noche.

velador *s. m.* Mesita, normalmente redonda, con un solo pie.

velamen *s. m.* Conjunto de velas de una embarcación.

velar[1] *v.* **1.** Estar sin dormir por la noche, por ejemplo, cuidando a un enfermo o acompañando a un difunto. **2.** Cuidar, preocuparse: *Siempre ha velado por la educación de sus hijos.* **SIN. 2.** Vigilar.

velar[2] *v.* **1.** Tapar, ocultar: *Su sonrisa velaba su verdadera intención.* **2.** Borrar la imagen de una película fotográfica por efecto de la luz.

velatorio *s. m.* Acto y lugar en que se vela a un difunto.

velcro (marca registrada) *s. m.* Sistema de cierre o de sujeción formado por dos tiras de tejidos diferentes que se enganchan al entrar en contacto y pueden desengancharse una y otra vez.

veleidad *s. f.* Capricho, antojo.

veleidoso, sa *adj.* y *s.* Caprichoso. **SIN.** Voluble, antojadizo, veleta.

velero *s. m.* **1.** Barco de vela. **2.** Planeador, avión que vuela sin motor.

veleta *s. f.* **1.** Pieza metálica con forma de flecha o de otra figura, que gira con el viento y señala la dirección en que sopla. || *s. m. y f.* **2.** Persona caprichosa, que cambia constantemente de idea u opinión. **SIN. 2.** Inconstante, veleidoso.

vello *s. m.* **1.** Pelo de algunas partes del cuerpo, más corto y fino que el de la cabeza y la barba. **2.** Pelusilla que cubre algunas frutas o plantas.

vellón *s. m.* Lana de un carnero u oveja después de esquilarlos.

vellosidad *s. f.* Vello, sobre todo si es abundante.

velloso, sa *adj.* Con vello.

velludo, da *adj.* Que tiene mucho vello. **SIN.** Peludo.

velo *s. m.* **1.** Tela transparente que cubre una cosa, como la que a veces usan las mujeres para cubrirse la cabeza y la cara. **2.** Manto con que algunas monjas se cubren la cabeza y los hombros. ‖ **3. velo del paladar** Especie de membrana que separa la cavidad de la boca de la faringe.

velocidad *s. f.* **1.** En física, relación entre el espacio que se recorre y el tiempo que se tarda en recorrerlo. **2.** Rapidez. **3.** Cada una de las marchas de los coches y otros vehículos. ‖ **4. velocidad punta** Ver punta. **SIN.** 2. Prisa, celeridad. **ANT.** 2. Lentitud.

velocímetro *s. m.* Instrumento que mide la velocidad de un vehículo.

velocípedo *s. m.* Bicicleta de dos o tres ruedas, la de delante más grande.

velocista *s. m. y f.* Deportista que participa en carreras de velocidad, sobre todo en atletismo y ciclismo.

velódromo *s. m.* Pista para carreras en bicicleta.

velomotor *s. m.* **1.** Bicicleta que tiene un pequeño motor. **2.** Ciclomotor.

velón *s. m.* Lámpara de metal que funciona con aceite y está formada por un vaso que termina en uno o varios picos con mechas.

veloz *adj.* Que se mueve o hace algo con velocidad. **SIN.** Rápido, raudo. **ANT.** Lento.

vena *s. f.* **1.** Cada uno de los conductos que llevan la sangre al corazón o a otra vena mayor. **2.** Cada uno de los nervios que sobresalen en el revés de las hojas de las plantas. **3.** Filón de un mineral. **4.** Veta o franja que tiene una cosa y que por su material o color destaca del resto. **5.** Habilidad o talento para hacer algo: *vena artística.* **SIN.** 5. Capacidad, disposición.

venablo *s. m.* Lanza corta para arrojarla.

venada *s. f.* Manía o impulso que le da a uno de repente. **SIN.** Ventolera.

venado *s. m.* Ciervo o animal parecido.

venado, da *adj. fam.* Chalado, loco.

venal *adj.* **1.** Que se presenta para la venta: *valor venal, edición no venal.* **2.** Que se deja sobornar.

venalidad *s. f.* Característica de venal.

vencedor, ra *adj. y s.* Que vence. **SIN.** Ganador, victorioso, triunfador. **ANT.** Perdedor.

vencejo *s. m.* Pájaro de color casi siempre negro o pardo, pico corto y ancho, alas largas y cola en forma de horquilla; vuela muy rápido. Es un ave migratoria y se alimenta de insectos.

vencer *v.* **1.** Ganar al enemigo o al adversario. **2.** Ser una cosa tan fuerte que no se puede resistir. **3.** Dominar alguien sus pasiones, sentimientos o deseos. **4.** Superar dificultades u obstáculos. **5.** Terminar el tiempo que se da o se señala para algo. ‖ **vencerse 6.** Hundirse, doblarse o inclinarse una cosa. **SIN.** 1. Derrotar. 1. y 2. Rendir. 3. Controlar. **ANT.** 1. Perder.

vencimiento *s. m.* **1.** Hecho de vencer o ser vencido. **2.** Término de un plazo. **SIN.** 1. Victoria; derrota.

venda *s. f.* Tira de tela que se coloca sobre una parte del cuerpo, como la que se pone sobre una herida para protegerla y curarla.

vendaje *s. m.* Venda o vendas que se ponen alrededor de una parte del cuerpo o sobre una herida.

vendar *v.* Cubrir con una venda.

vendaval *s. m.* Viento fuerte.

vendedor, ra *s. m. y f.* Persona que vende. **ANT.** Comprador.

vender *v.* **1.** Dar u ofrecer una cosa a cambio de dinero. **2.** Traicionar a alguien por dinero o por otra cosa. ‖ **venderse 3.** Aceptar dinero u otra cosa por hacer algo ilegal o indebido. **ANT.** 1. Comprar.

vendetta (ital.) *s. f.* Venganza entre familias, clanes, grupos.

vendido, da 1. *p. de* **vender**. También *adj.* ‖ *adj. y s.* **2.** Que se deja corromper o sobornar. ‖ **LOC. estar** uno **vendido** Quedarse alguien sin recursos porque le ha fallado una persona o una cosa.

vendimia *s. f.* Actividad de recoger la uva y tiempo en que se hace.

vendimiar *v.* Recoger la uva.

veneciano, na *adj. y s.* De Venecia, ciudad de Italia.

veneno *s. m.* **1.** Sustancia que causa la muerte o daños muy graves en los seres vivos. **2.** Cualquier cosa perjudicial para la salud. **SIN.** 1. Tóxico.

venenoso, sa *adj.* Que es veneno o tiene veneno. **SIN.** Tóxico.

venera *s. f.* Concha de un molusco llamado *vieira.*

venerable *adj.* Que merece que lo veneren: *un venerable anciano.* **SIN.** Respetable. **ANT.** Despreciable.

veneración *s. f.* Acción de venerar a alguien o algo. **SIN.** Adoración, devoción.

venerar *v.* Tener devoción y respeto a alguien o algo. **SIN.** Respetar, adorar. **ANT.** Despreciar.

venéreo, a *adj.* Se dice de las enfermedades de transmisión sexual.

venezolano, na *adj.* y *s.* De Venezuela, país de América del Sur.

venga *interj.* Forma del verbo **venir**; se usa para animar o meter prisa a alguien.

venganza *s. f.* Acción de vengar o vengarse. **SIN.** Desquite. **ANT.** Perdón.

vengar *v.* Causar un mal o un daño a alguien que antes nos había ofendido o perjudicado, para quedarnos satisfechos. **SIN.** Desquitarse. **ANT.** Perdonar.

vengativo, va *adj.* Persona que se venga de cualquier daño o insulto. **SIN.** Rencoroso.

venia *s. f.* Permiso para hacer algo que concede alguien que tiene autoridad. **SIN.** Autorización, licencia.

venial *adj.* Se dice de las faltas poco graves y sobre todo del pecado que no es mortal. **SIN.** Leve.

venida *s. f.* **1.** Acción de venir. **2.** Regreso. **SIN. 1.** Llegada. **2.** Vuelta, retorno. **ANT. 1.** Partida. **1.** y **2.** Ida.

venidero, ra *adj.* Que está por venir o suceder. **SIN.** Futuro, próximo. **ANT.** Pasado.

venir *v.* **1.** Moverse o ir alguien o algo hasta donde estamos. **2.** Ocurrir, suceder. **3.** Tener su origen o su causa en algo. **4.** Tener de pronto o empezar a tener una idea, sentimiento o sensación. **5.** Quedarle algo a una persona o cosa de la manera que se dice: *El jersey le viene ancho.* **6.** Estar una cosa incluida en otra. **7.** Ir a decirle a alguien chismes, excusas u otras cosas que molestan: *Ahora me vienes con que tú no participas.* ‖ **LOC. venirse abajo** Caerse, derrumbarse. □ Es v. irreg. **SIN. 1.** Acudir, acercarse. **2.** Sobrevenir. **5.** Sentar. **ANT. 1.** Irse.

venoso, sa *adj.* De las venas.

venta *s. f.* **1.** Acción de vender. **2.** Posada o mesón. **ANT. 1.** Compra.

ventaja *s. f.* **1.** Cosa buena que tiene una persona o cosa respecto a otras. **2.** Distancia en puntuación o en tiempo que un deportista o un equipo acumula por encima de sus contrarios. **3.** Ganancia que un jugador concede por adelantado a otro que es peor que él para compensar la diferencia. **4.** Provecho, beneficio. **SIN. 1.** y **2.** Delantera. **ANT. 1.** y **3.** Desventaja. **4.** Perjuicio.

ventajista *adj.* y *s.* Se dice de la persona que aprovecha cualquier situación para sacar provecho de ella.

ventajoso, sa *adj.* Que tiene o da ventaja o beneficio. **SIN.** Beneficioso.

ventana *s. f.* **1.** Hueco en el muro de un edificio que da luz y ventilación al interior. **2.** Marco de madera o metal, con una o más hojas y casi siempre cristales, para tapar ese

VENIR	
GERUNDIO	
viniendo	
INDICATIVO	
Presente	**Pretérito perfecto simple**
vengo	*vine*
vienes	*viniste*
viene	*vino*
venimos	*vinimos*
venís	*vinisteis*
vienen	*vinieron*
Futuro simple	**Condicional simple**
vendré	*vendría*
vendrás	*vendrías*
vendrá	*vendría*
vendremos	*vendríamos*
vendréis	*vendríais*
vendrán	*vendrían*
SUBJUNTIVO	
Presente	**Pretérito imperfecto**
venga	*viniera, -ese*
vengas	*vinieras, -eses*
venga	*viniera, -ese*
vengamos	*viniéramos, -ésemos*
vengáis	*vinierais, -eseis*
vengan	*vinieran, -esen*
	Futuro simple
	viniere
	vinieres
	viniere
	viniéremos
	viniereis
	vinieren
IMPERATIVO	
ven (tú)	*venid* (vosotros)
venga (usted)	*vengan* (ustedes)

hueco. **3.** Agujero de la nariz. **4.** En informática, rectángulo en la pantalla de un ordenador en que aparece una aplicación y, dentro de esta, cada uno de los archivos con los que se puede trabajar de forma independiente. ‖ **LOC. arrojar** o **tirar** algo **por la ventana** Malgastarlo. **SIN. 3.** Narina.

ventanal *s. m.* Ventana grande.

ventanilla *s. f.* **1.** Ventana pequeña de los coches, trenes, aviones. **2.** Abertura pequeña en una pared a través de la cual los empleados de un centro de trabajo atienden al público.

ventanuco *s. m.* Ventana pequeña.

ventarrón *s. m.* Viento muy fuerte. **SIN.** Ventisca, ventolera.

ventear *v.* Olfatear el aire los animales.

ventero, ra *s. m.* y *f.* Propietario o encargado de una venta o posada.

ventilación *s. f.* **1.** Acción de ventilar. **2.** Abertura o instalación para ventilar un lugar cerrado.

ventilador *s. m.* Aparato que ventila o enfría un lugar produciendo una corriente de aire mediante unas aspas que giran.

ventilar *v.* **1.** Hacer que circule o se renueve el aire en un lugar cerrado. **2.** Sacar o agitar algo al aire libre para que se le vaya el olor, la humedad o el polvo. **3.** Tratar, resolver o terminar algo, sobre todo si se hace con rapidez: *Se ventiló los deberes en media hora. ¿Te has ventilado el bizcocho tú solo?* **4.** Dar a conocer públicamente un asunto privado. **5.** *vulg.* Tener relaciones sexuales con una persona. **SIN. 1.** y **2.** Orear, airear. **3.** Despachar.

ventisca *s. f.* **1.** Tormenta de viento y nieve. **2.** Viento fuerte. **SIN. 2.** Ventolera.

ventiscar o **ventisquear** *v.* Nevar con fuerte viento.

ventisquero *s. m.* **1.** Lugar en la montaña donde golpea con fuerza la ventisca. **2.** Lugar en la montaña donde se acumula la nieve. **SIN. 2.** Nevero.

ventolera *s. f.* **1.** Ráfaga de viento fuerte. **2.** *fam.* Idea rara o sorprendente que uno tiene de pronto. **SIN. 2.** Venada.

ventosa *s. f.* **1.** Objeto de goma que se pega a una superficie lisa al apretarlo contra ella. **2.** Disco que algunos animales tienen en la boca o las extremidades para sujetarse a una superficie.

ventosear *v.* Tirarse ventosidades.

ventosidad *s. f.* Gases intestinales que se expulsan por el ano. **SIN.** Pedo.

ventoso, sa *adj.* Se dice del día, tiempo o lugar en que hace mucho viento.

ventrecha o **ventresca** *s. f.* Vientre de los pescados.

ventrículo *s. m.* **1.** Cada una de las dos cavidades inferiores del corazón, desde las cuales sale la sangre. **2.** Cada una de las cuatro cavidades del encéfalo.

ventrílocuo, cua *adj.* y *s.* Que sabe hablar sin mover los labios, de modo que parece que es otro el que habla.

ventriloquia *s. f.* Arte del ventrílocuo.

ventura *s. f.* **1.** Felicidad, dicha. **2.** Suerte, fortuna.

venturoso, sa *adj.* Afortunado o feliz. **SIN.** Dichoso. **ANT.** Desgraciado.

venusiano, na *adj.* Del planeta Venus.

ver[1] *v.* **1.** Percibir las cosas por la vista. **2.** Observar o examinar con atención. **3.** Comprender, entender. **4.** Averiguar, comprobar o enterarse. **5.** Juzgar: *Yo no lo veo tan mal.* **6.** Visitar a alguien o encontrarse con él. ‖ **verse 7.** Encontrarse o imaginarse alguien en una situación. ‖ **LOC. a ver** Se usa para llamar la atención de alguien o para decirle o mandarle algo. También se usa como *claro,* para confirmar algo. **estar** algo **por ver** Estar todavía por demostrar o confirmar. **no poder ver** o **no poder ni ver** uno a alguien

VER	
GERUNDIO	**PARTICIPIO**
viendo	*visto*
INDICATIVO	

Presente	Pretérito imperfecto
veo	veía
ves	veías
ve	veía
vemos	veíamos
veis	veíais
ven	veían

SUBJUNTIVO	

Presente	Pretérito imperfecto
vea	viera, -ese
veas	vieras, -eses
vea	viera, -ese
veamos	viéramos, -ésemos
veáis	vierais, -eseis
vean	vieran, -esen

Futuro simple
viere
vieres
viere
viéremos
viereis
vieren

IMPERATIVO	
ve (tú)	ved (vosotros)
vea (usted)	vean (ustedes)

o algo Odiarlo. **vérselas con** uno Enfrentarse o pelear con él. □ Es v. irreg. **SIN.** 1., 2. y 4. Mirar. 2. Analizar. 5. Considerar, estimar. 7. Hallarse.

ver² *s. m.* Aspecto, apariencia: *una chica de buen ver.*

vera *s. f.* Orilla. ‖ **LOC. a la vera de** Junto a, al lado de. **SIN.** Margen.

veracidad *s. f.* Característica de veraz. **SIN.** Sinceridad, verdad. **ANT.** Falsedad.

veraneante *s. m.* y *f.* Persona que veranea en un lugar.

veranear *v.* Pasar las vacaciones de verano en un sitio distinto de aquel en que se vive.

veraneo *s. m.* Hecho de veranear en un sitio.

veraniego, ga *adj.* Del verano. **SIN.** Estival.

veranillo *s. m.* Tiempo corto durante el otoño en que hace un calor de verano.

verano *s. m.* Estación más calurosa del año. **SIN.** Estío.

veras Se usa en la expresión **de veras**, 'de verdad', 'realmente'. También significa 'mucho', 'muy': *Es bueno de veras.*

veraz *adj.* Verdadero o que dice siempre la verdad: *un relato veraz, una fuente veraz.* **SIN.** Verídico, cierto; fiable. **ANT.** Falso.

verbal *adj.* 1. Del verbo. 2. Que se hace con palabras o está relacionado con ellas. 3. Hecho solo de palabra y no por escrito: *acuerdo verbal.* **SIN.** 2. y 3. Oral.

verbalizar *v.* 1. Expresar algo con palabras. 2. Dar carácter de verbo a una palabra que no lo es.

verbalmente *adv.* De palabra, no por escrito. **SIN.** Oralmente.

verbena *s. f.* 1. Fiesta que se celebra al aire libre con motivo de alguna festividad. 2. Planta con flores de diferentes colores formando espigas, que se usaba por sus propiedades medicinales.

verbenero, ra *adj.* De la verbena.

verbigracia *adv.* Por ejemplo.

verbo *s. m.* Clase de palabra que expresa las acciones que hace el sujeto, como *cantar* o *correr,* o un estado o proceso, como *ser, estar* o *parecer.* (Ver cuadros de la conjugación verbal en páginas siguientes.)

verborrea *s. f.* Hecho de hablar demasiado, con muchas palabras. **ANT.** Concisión.

verdad *s. f.* 1. Lo que es o lo que pasa en realidad. 2. Lo que decimos tal y como lo pensamos o sentimos. 3. Cosa que se dice con razón o con motivo. 4. Lo que se dice sin miramientos a una persona para corregirla o regañarla: *Le dijo cuatro verdades.* 5. En forma de pregunta, se usa a veces para pedir a alguien que nos dé la razón. ‖ **LOC. a decir verdad** Expresión con la que alguien dice lo que realmente piensa o siente. También se usa para corregir algo o quitarle importancia. **SIN.** 1. y 2. Autenticidad. **ANT.** 1. y 2. Mentira, falsedad.

verdaderamente *adv.* Sirve para asegurar que lo que se dice es verdad o para dar más fuerza al adjetivo o adverbio al que acompaña. **SIN.** Francamente, realmente.

verdadero, ra *adj.* 1. Que es verdad o de verdad. 2. Que es realmente lo que indica el sustantivo: *Carlos es un verdadero artista.* **SIN.** 1. Sincero, cierto. 1. y 2. Auténtico. **ANT.** 1. Falso.

verde *adj.* y *s. m.* 1. Del color de la hierba fresca. ‖ *adj.* 2. Se dice de las plantas y árboles que no están secos. 3. Se dice de la legumbre que se come fresca: *judías verdes.* 4. Se dice del fruto o de la mies que no están maduros. 5. Se dice de la persona con poca experiencia y de lo que está todavía en sus comienzos. 6. Se dice de los lugares en los que no se puede edificar por estar destinados a parques o jardines: *zonas verdes, espacios verdes.* 7. *fam.* Erótico, obsceno: *un chiste verde, un viejo verde.* ‖ *adj.* y *s.* 8. Se dice de ciertos partidos que defienden el medio ambiente y de sus miembros. ‖ *s. m.* 9. Hierba, césped. ‖ **LOC. poner** a alguien **verde** Criticarlo o insultarlo mucho. **SIN.** 2. Lozano, fresco. 5. Principiante, novato, bisoño. 7. Picante, pornográfico. 8. Ecologista. 9. Pasto. **ANT.** 5. Mustio. 5. Experimentado.

verdecillo *s. m.* Pájaro del tamaño de un canario, de color verde con listas pardas. Vive en parques y jardines.

verdemar *adj.* y *s. m.* De color verde parecido al del mar.

verderol o **verderón** *s. m.* Pájaro del tamaño de un gorrión, que tiene las plumas de color verde oliva y un poco de amarillo en las alas y la cola.

verdial *adj.* 1. Se dice de un tipo de aceituna que se conserva de color verde después de madurar. ‖ *s. m. pl.* 2. Fandango bailable propio de Málaga.

verdín *s. m.* Capa verde que se forma sobre algunas cosas, como la que hay en algunos lugares húmedos o en la superficie de los estanques.

verdor *s. m.* Color verde intenso de las plantas.

verdoso, sa *adj.* De color parecido al verde.

verdugo *s. m.* 1. Persona encargada de matar a los condenados a muerte. 2. Capucha de punto que cubre la cabeza y el cuello y deja fuera ojos, nariz y boca.

CONJUGACIÓN DE LOS VERBOS REGULARES

primera conjugación: *CANTAR*			
INDICATIVO		**SUBJUNTIVO**	
TIEMPOS SIMPLES	TIEMPOS COMPUESTOS	TIEMPOS SIMPLES	TIEMPOS COMPUESTOS
Presente	**Pretérito perfecto compuesto**	**Presente**	**Pretérito perfecto compuesto**
canto	he cantado	cante	haya cantado
cantas	has cantado	cantes	hayas cantado
canta	ha cantado	cante	haya cantado
cantamos	hemos cantado	cantemos	hayamos cantado
cantáis	habéis cantado	cantéis	hayáis cantado
cantan	han cantado	canten	hayan cantado
Pretérito imperfecto	**Pretérito pluscuamperfecto**	**Pretérito imperfecto**	**Pretérito pluscuamperfecto**
cantaba	había cantado	cantara, -ase	hubiera, -ese cantado
cantabas	habías cantado	cantaras, -ases	hubieras, -eses cantado
cantaba	había cantado	cantara, -ase	hubiera, -ese cantado
cantábamos	habíamos cantado	cantáramos, -ásemos	hubiéramos, -ésemos cantado
cantabais	habíais cantado	cantarais, -aseis	hubierais, -eseis cantado
cantaban	habían cantado	cantaran, -asen	hubieran, -esen cantado
Pretérito perfecto simple	**Pretérito anterior**	**Futuro simple**	**Futuro compuesto**
canté	hube cantado	cantare	hubiere cantado
cantaste	hubiste cantado	cantares	hubieres cantado
cantó	hubo cantado	cantare	hubiere cantado
cantamos	hubimos cantado	cantáremos	hubiéremos cantado
cantasteis	hubisteis cantado	cantareis	hubiereis cantado
cantaron	hubieron cantado	cantaren	hubieren cantado
Futuro simple	**Futuro compuesto**	**IMPERATIVO**	
cantaré	habré cantado	canta (tú)	cantad (vosotros)
cantarás	habrás cantado	cante (usted)	canten (ustedes)
cantará	habrá cantado		
cantaremos	habremos cantado	**FORMAS NO PERSONALES**	
cantaréis	habréis cantado		
cantarán	habrán cantado	TIEMPOS SIMPLES	TIEMPOS COMPUESTOS
Condicional simple	**Condicional compuesto**		
cantaría	habría cantado	**INFINITIVO:** cantar	**INFINITIVO COMPUESTO:** haber cantado
cantarías	habrías cantado		
cantaría	habría cantado	**GERUNDIO:** cantando	**GERUNDIO COMPUESTO:** habiendo cantado
cantaríamos	habríamos cantado		
cantaríais	habríais cantado		
cantarían	habrían cantado	**PARTICIPIO:** cantado	

segunda conjugación: *TEMER*				V

INDICATIVO		SUBJUNTIVO	
TIEMPOS SIMPLES	**TIEMPOS COMPUESTOS**	**TIEMPOS SIMPLES**	**TIEMPOS COMPUESTOS**
Presente	**Pretérito perfecto compuesto**	**Presente**	**Pretérito perfecto compuesto**
temo	he temido	tema	haya temido
temes	has temido	temas	hayas temido
teme	ha temido	tema	haya temido
tememos	hemos temido	temamos	hayamos temido
teméis	habéis temido	temáis	hayáis temido
temen	han temido	teman	hayan temido
Pretérito imperfecto	**Pretérito pluscuamperfecto**	**Pretérito imperfecto**	**Pretérito pluscuamperfecto**
temía	había temido	temiera, -ese	hubiera, -ese temido
temías	habías temido	temieras, -eses	hubieras, -eses temido
temía	había temido	temiera, -ese	hubiera, -ese temido
temíamos	habíamos temido	temiéramos, -ésemos	hubiéramos, -ésemos temido
temíais	habíais temido	temierais, -eseis	hubierais, -eseis temido
temían	habían temido	temieran, -esen	hubieran, -esen temido
Pretérito perfecto simple	**Pretérito anterior**	**Futuro simple**	**Futuro compuesto**
temí	hube temido	temiere	hubiere temido
temiste	hubiste temido	temieres	hubieres temido
temió	hubo temido	temiere	hubiere temido
temimos	hubimos temido	temiéremos	hubiéremos temido
temisteis	hubisteis temido	temiereis	hubiereis temido
temieron	hubieron temido	temieren	hubieren temido
Futuro simple	**Futuro compuesto**	**IMPERATIVO**	
temeré	habré temido	teme (tú)	temed (vosotros)
temerás	habrás temido	tema (usted)	teman (ustedes)
temerá	habrá temido		
temeremos	habremos temido	**FORMAS NO PERSONALES**	
temeréis	habréis temido		
temerán	habrán temido	**TIEMPOS SIMPLES**	**TIEMPOS COMPUESTOS**
Condicional simple	**Condicional compuesto**	**INFINITIVO:** temer	**INFINITIVO COMPUESTO:** haber temido
temería	habría temido		
temerías	habrías temido	**GERUNDIO:** temiendo	**GERUNDIO COMPUESTO:** habiendo temido
temería	habría temido		
temeríamos	habríamos temido		
temeríais	habríais temido	**PARTICIPIO:** temido	
temerían	habrían temido		

tercera conjugación: *PARTIR*			
INDICATIVO		**SUBJUNTIVO**	
TIEMPOS SIMPLES	TIEMPOS COMPUESTOS	TIEMPOS SIMPLES	TIEMPOS COMPUESTOS
Presente	**Pretérito perfecto compuesto**	**Presente**	**Pretérito perfecto compuesto**
parto	he partido	parta	haya partido
partes	has partido	partas	hayas partido
parte	ha partido	parta	haya partido
partimos	hemos partido	partamos	hayamos partido
partís	habéis partido	partáis	hayáis partido
parten	han partido	partan	hayan partido
Pretérito imperfecto	**Pretérito pluscuamperfecto**	**Pretérito imperfecto**	**Pretérito pluscuamperfecto**
partía	había partido	partiera, -ese	hubiera, -ese partido
partías	habías partido	partieras, -eses	hubieras, -eses partido
partía	había partido	partiera, -ese	hubiera, -ese partido
partíamos	habíamos partido	partiéramos, -ésemos	hubiéramos, -ésemos partido
partíais	habíais partido	partierais, -eseis	hubierais, -eseis partido
partían	habían partido	partieran, -esen	hubieran, -esen partido
Pretérito perfecto simple	**Pretérito anterior**	**Futuro simple**	**Futuro compuesto**
partí	hube partido	partiere	hubiere partido
partiste	hubiste partido	partieres	hubieres partido
partió	hubo partido	partiere	hubiere partido
partimos	hubimos partido	partiéremos	hubiéremos partido
partisteis	hubisteis partido	partiereis	hubiereis partido
partieron	hubieron partido	partieren	hubieren partido
Futuro simple	**Futuro compuesto**	**IMPERATIVO**	
partiré	habré partido	parte (tú)	partid (vosotros)
partirás	habrás partido	parta (usted)	partan (ustedes)
partirá	habrá partido		
partiremos	habremos partido	**FORMAS NO PERSONALES**	
partiréis	habréis partido		
partirán	habrán partido	TIEMPOS SIMPLES	TIEMPOS COMPUESTOS
Condicional simple	**Condicional compuesto**	INFINITIVO: *partir*	INFINITIVO COMPUESTO: *haber partido*
partiría	habría partido		
partirías	habrías partido	GERUNDIO: *partiendo*	GERUNDIO COMPUESTO: *habiendo partido*
partiría	habría partido		
partiríamos	habríamos partido	PARTICIPIO: *partido*	
partiríais	habríais partido		
partirían	habrían partido		

verdugón *s. m.* Señal muy hinchada y roja que deja en la piel un latigazo o algo parecido.

verduguillo *s. m.* Estoque delgado que se utiliza para el descabello en las corridas de toros.

verdulería *s. f.* Tienda o puesto en que se vende verdura.

verdulero, ra *s. m.* y *f.* **1.** Persona que vende verduras. || *s. f.* **2.** *fam.* Mujer chillona y maleducada. **SIN. 2.** Rabanera.

verdura *s. f.* Hortaliza, sobre todo la que se come cocida.

vereda *s. f.* Camino estrecho. || **LOC. meter** o **hacer entrar** a alguien **en vereda** Hacer que se vuelva serio y responsable. **SIN.** Senda, sendero.

veredicto *s. m.* Decisión de un jurado sobre la persona o hecho que juzga. **SIN.** Fallo, sentencia.

verga *s. f.* **1.** Palo colocado horizontalmente en un mástil y que sirve para sostener una vela. **2.** Pene.

vergajo *s. m.* Látigo hecho con la verga de un toro secada y trenzada.

vergel *s. m.* Huerto o jardín con muchas flores y árboles frutales.

vergonzante *adj.* Que por vergüenza actúa de forma encubierta.

vergonzoso, sa *adj.* **1.** Que hace sentir vergüenza. || *adj.* y *s.* **2.** Que siente vergüenza con facilidad. **SIN. 2.** Tímido, cortado. **ANT. 2.** Atrevido.

vergüenza *s. f.* **1.** Sentimiento de incomodidad que se tiene por temor a hacer el ridículo. **2.** Respeto que una persona se tiene a sí misma y que hace que actúe de la forma más correcta. **3.** Acción que provoca indignación, escándalo, rechazo. **4.** Deshonor, deshonra. || *s. f. pl.* **5.** *fam.* Órganos sexuales externos de las personas. || **6. vergüenza ajena** La que siente uno por algo que otro hace o dice. **SIN. 1.** Bochorno, apuro. **2.** Pundonor. **ANT. 1.** Atrevimiento. **2.** Desvergüenza. **4.** Orgullo, honra.

vericueto *s. m.* Camino estrecho y lleno de curvas. **SIN.** Vereda.

verídico, ca *adj.* Que dice la verdad o es verdad. **SIN.** Veraz; auténtico; verosímil. **ANT.** Falso; inventado.

verificación *s. f.* Acción de verificar.

verificar *v.* **1.** Comprobar o demostrar que algo es verdad o está bien. || **verificarse 2.** Hacerse, realizarse. **SIN. 1.** Probar, confirmar. **2.** Cumplirse.

verja *s. f.* Reja que cubre el hueco de una ventana, cierra una puerta o rodea un lugar.

verjurado, da *adj.* Se dice de un tipo de papel con rayas horizontales y verticales labradas.

vermicida o **vermífugo, ga** *adj.* y *s. m.* Sustancia que se utiliza para matar o expulsar las lombrices del intestino.

vermú o **vermut** *s. m.* **1.** Bebida alcohólica compuesta de vino blanco o rosado, ajenjo y otras sustancias. **2.** Aperitivo que se toma antes de la comida.

vernáculo, la *adj.* Que es propio de un país o lugar: *lengua vernácula.*

veronés, sa *adj.* y *s.* De Verona, ciudad de Italia.

verónica *s. f.* **1.** Planta de flores pequeñas de color azul o violeta. **2.** Pase que da el torero al toro con la capa extendida y poniéndose casi de perfil.

verosímil *adj.* Que parece verdadero. **SIN.** Posible, creíble. **ANT.** Inverosímil.

verosimilitud *s. f.* Característica de lo que es verosímil.

verraco *s. m.* Cerdo macho que se usa para la reproducción.

verruga *s. f.* Bulto redondo, parecido a un grano, que sale en la piel.

versado, da *adj.* Que sabe mucho de algo. **SIN.** Experto, docto. **ANT.** Ignorante.

versal *adj.* y *s. f.* Letra mayúscula.

versalita *adj.* y *s. f.* Letra versal del mismo tamaño que la minúscula.

versar *v.* Tratar sobre un tema.

versátil *adj.* **1.** Que se adapta con facilidad o vale para muchas cosas. **2.** Que cambia fácilmente de ideas o sentimientos. **SIN. 1.** Adaptable. **2.** Variable, cambiante, voluble. **ANT. 2.** Estable.

versatilidad *s. f.* Característica de las cosas o personas versátiles.

versículo *s. m.* División de una o varias frases que se hace en algunos libros, como la Biblia.

versificar *v.* Hacer versos o poner en verso.

versión *s. f.* Manera diferente de contar un mismo suceso o historia, de interpretar una canción o de tratar un mismo tema.

verso *s. m.* **1.** Cada una de las líneas que forman un poema. **2.** Poema. || **3. verso de arte mayor** El que tiene más de ocho sílabas. **4. verso de arte menor** El que tiene ocho sílabas o menos.

versus (del lat.) *prep.* Contra, frente a.

vértebra *s. f.* Cada uno de los huesos que forman la columna vertebral.

vertebrado, da *adj.* y *s. m.* Se dice de los animales que tienen columna vertebral.

vertebral *adj.* **1.** De las vértebras. ‖ **2. columna vertebral** Ver **columna**.

vertebrar *v.* Organizar, estructurar.

vertedera *s. f.* Pieza del arado en forma de placa que sirve para remover y extender la tierra levantada por la reja.

vertedero *s. m.* Lugar donde se tiran escombros o basura. **SIN.** Basurero.

verter *v.* **1.** Echar un líquido, arena o algo parecido en algún sitio, o salirse de donde está. **2.** Dar la vuelta a un recipiente para vaciar su contenido. **3.** Desembocar un río en otro, en un lago o en el mar. □ Es v. irreg. Se conjuga como *tender*. **SIN. 1.** Derramar, esparcir. **3.** Desaguar.

vertical *adj.* y *s. f.* Se dice de lo que está colocado de arriba abajo y recto. **SIN.** Derecho, erguido. **ANT.** Horizontal.

verticalidad *s. f.* Posición vertical.

vértice *s. m.* **1.** Punto de unión de dos o más líneas o de tres o más planos. **2.** Punta de la pirámide o del cono.

vertido, da 1. *p.* de **verter.** También *adj.* ‖ *s. m.* **2.** Acción de verter o tirar algo. **3.** Aquello que se vierte: *un vertido tóxico.* **SIN. 3.** Residuo.

vertiente *s. f.* **1.** Superficie inclinada de algo, por ejemplo, de un tejado o de una montaña. **2.** Parte o aspecto de una persona o de una cosa. **SIN. 1.** Pendiente. **2.** Perspectiva.

vertiginoso, sa *adj.* Rapidísimo. **ANT.** Lento, pausado.

vértigo *s. m.* **1.** Sensación de mareo y de que las cosas giran a nuestro alrededor. **2.** Miedo e inseguridad que tiene una persona cuando mira al suelo desde un sitio elevado.

vesícula *s. f.* **1.** Órgano en forma de bolsa alargada que contiene líquido o aire. ‖ **2. vesícula biliar** La que está situada junto al hígado y en la que se almacena la bilis. **3. vesícula seminal** La que está situada junto a los testículos y sirve para almacenar parte del semen.

vespa (marca registrada) *s. f.* Motocicleta pequeña que tiene el motor cubierto y en la que el conductor va sentado en un asiento en lugar de ir montado. **SIN.** *Scooter.*

vespertino, na *adj.* De la tarde. **ANT.** Matutino, matinal.

vespino (marca registrada) *s. amb.* Ciclomotor con un motor de hasta 50 centímetros cúbicos.

vestíbulo *s. m.* **1.** Parte de una casa que está a la entrada. **2.** En los hoteles, aeropuertos, estaciones de tren y otros edificios, salón grande que está a la entrada. **3.** Una de las cavidades del oído interno. **SIN. 1.** Recibidor. **1.** y **2.** Hall.

vestido *s. m.* **1.** La ropa que usamos para vestirnos. **2.** Prenda de vestir femenina de una sola pieza. **SIN. 1.** Vestidura, vestimenta.

vestidor *s. m.* Habitación para vestirse.

vestidura *s. f.* La ropa, el vestido. ‖ **LOC. rasgarse** alguien **las vestiduras** Escandalizarse o indignarse por algo, generalmente de forma hipócrita.

vestigio *s. m.* Señal o recuerdo que queda de algo. **SIN.** Pista; huella.

vestimenta *s. f.* La ropa, el vestido.

vestir *v.* **1.** Poner o ponerse ropa. **2.** Cubrir o adornar una cosa. **3.** Dar una cosa importancia o elegancia al que la hace o la tiene. □ Es v. irreg. Se conjuga como *pedir*. **ANT. 1.** Desvestir.

vestuario *s. m.* **1.** Toda la ropa que tiene una persona para vestirse. **2.** Los trajes que se usan en el teatro, en el cine o en otros espectáculos. **3.** Lugar que hay en algunos sitios para cambiarse de ropa. **SIN. 1.** Indumentaria. **1.** y **2.** Guardarropa.

veta *s. f.* **1.** Raya o franja que hay en una cosa y que se distingue por su color o forma. **2.** Filón alargado de mineral.

vetar *v.* Poner veto, rechazar o impedir algo. **SIN.** Prohibir. **ANT.** Permitir, autorizar.

veteado, da *adj.* **1.** Que tiene vetas: *una madera veteada.* ‖ *s. m.* **2.** Dibujo con vetas que tienen algunas cosas.

veteranía *s. f.* Hecho de ser veterano. **SIN.** Experiencia.

veterano, na *adj.* y *s.* **1.** Que lleva muchos años en un trabajo o profesión. **2.** Militar que estuvo en una guerra ya pasada. **SIN. 1.** Antiguo. **ANT. 1.** Novato.

veterinaria *s. f.* Ciencia y actividad dedicada a estudiar y curar las enfermedades de los animales.

veterinario, ria *adj.* **1.** Relacionado con la veterinaria. ‖ *s. m.* y *f.* **2.** Persona que se dedica a la veterinaria.

veto *s. m.* **1.** Prohibición, negativa. **2.** Poder que tiene alguien para impedir que se lleve a cabo lo que se ha decidido en una votación. **SIN. 1.** Oposición. **ANT. 1.** Autorización.

vetusto, ta *adj.* Viejo, antiguo. **SIN.** Anticuado, decrépito. **ANT.** Moderno.

vez *s. f.* **1.** Cada una de las acciones que se realizan o cada hecho que ocurre. **2.** Momento u ocasión en que se hace o pasa una cosa. **3.** Puesto que se tiene en una cola. ‖ **LOC. a**

la vez Al mismo tiempo. **a su vez** Por su parte. **a veces** En ocasiones. **de una vez** Con una sola acción; también equivale a *ya*: ¡*Decídete de una vez!* **de vez en cuando** Algunas veces. **en vez de** En lugar de. **hacer las veces de** Sustituir, suplir. **tal vez** A lo mejor, quizá. **una vez que** Después que, cuando. **SIN. 2.** Oportunidad.

vía *s. f.* **1.** Carriles por donde va el tren. **2.** Ruta o camino. **3.** Conducto del cuerpo de las personas o de los animales: *vías respiratorias.* **4.** Medio que se utiliza para llevar una cosa a un sitio: *correo por vía aérea.* **5.** Modo, método. ‖ **6. vía férrea** Vía del tren. ‖ **LOC. en vías de** En camino de realizarse. **SIN. 1.** Riel. **5.** Procedimiento.

via crucis (lat.) *expr.* **1.** Recorrido que se hace parando y rezando delante de una serie de estaciones de cruces, altares o imágenes en recuerdo de la pasión y muerte de Jesucristo. **2.** Sufrimiento prolongado. **SIN. 2.** Calvario.

viabilidad *s. f.* Característica de viable.

viable *adj.* Posible, que se puede hacer. **SIN.** Factible. **ANT.** Inviable.

viaducto *s. m.* Puente para poder pasar por encima de una carretera, de la vía del tren o sobre una hondonada grande.

viajante *adj.* y *s.* **1.** Persona que viaja. ‖ *s. m.* y *f.* **2.** Persona que se dedica a enseñar y vender productos viajando de un lugar a otro. **SIN. 2.** Representante.

viajar *v.* **1.** Ir de un lugar a otro lejano. **2.** Ir en un vehículo.

viaje[1] *s. m.* **1.** Acción de viajar. **2.** Recorrido que hay que hacer para llevar algo a un sitio. **3.** En argot, efecto producido por una droga. **SIN. 2.** Desplazamiento.

viaje[2] *s. m. fam.* Cuchillada profunda, ataque o golpe fuerte.

viajero, ra *adj.* y *s.* Que viaja. **SIN.** Viajante.

vial *adj.* Del tráfico o la circulación.

vianda *s. f.* Comida, alimento.

viandante *s. m.* y *f.* Persona que va a pie. **SIN.** Peatón, transeúnte.

viario, ria *adj.* De las carreteras: *red viaria.*

viático *s. m.* Comunión que se da a los enfermos en peligro de muerte.

víbora *s. f.* **1.** Serpiente venenosa. **2.** Persona muy mala. **SIN. 2.** Bicho.

vibración *s. f.* Hecho de vibrar. **SIN.** Temblor.

vibráfono *s. m.* Instrumento musical que tiene unas láminas metálicas que se golpean con unos mazos pequeños y hacen vibrar un tubo que resuena.

vibrante *adj.* Vibratorio.

vibrar *v.* **1.** Moverse una cosa de un lado a otro con movimientos muy pequeños y rápidos. **2.** Emocionarse, entusiasmarse. **SIN. 1.** Agitarse, temblar.

vibrátil *adj.* Que es capaz de vibrar.

vibratorio, ria *adj.* Que vibra. **SIN.** Vibrante.

vibrisa *s. f.* **1.** Cada uno de los pelos táctiles que tienen en el hocico algunos mamíferos, como los gatos o las ratas. **2.** Cada una de las plumas con función sensorial que protegen los orificios nasales de las aves.

vicaría *s. f.* Lugar donde el vicario hace su trabajo.

vicario, ria *adj.* y *s.* **1.** Persona que hace las veces de otra en algunos asuntos; se llama así, por ejemplo, al papa, que es el *vicario de Cristo* en la tierra. ‖ *s. m.* **2.** Sacerdote que ayuda al obispo.

vicealmirante *s. m.* y *f.* Grado de la Armada que equivale al de general de división.

vicecónsul *s. m.* y *f.* Persona que tiene el puesto inmediatamente inferior al de cónsul.

vicepresidencia *s. f.* Cargo de vicepresidente y oficina donde trabaja.

vicepresidente, ta *s. m.* y *f.* Persona que está en el puesto inmediatamente por debajo del presidente.

vicerrector, ra *s. m.* y *f.* Persona que está en el puesto inmediatamente por debajo del rector.

vicesecretario, ria *s. m.* y *f.* Persona que en algunas ocasiones sustituye al secretario.

vicetiple *s. f.* Cantante con la voz algo más grave que la tiple, que interviene en los números de conjunto.

viceversa *adv.* Al revés de como se ha dicho antes.

vichyssoise (fr.) *s. f.* Sopa fría hecha con puerros, cebolla, patata, mantequilla y crema de leche.

viciado, da **1.** *p.* de viciar. También *adj.* ‖ *adj.* **2.** Se dice del aire de las habitaciones que no están bien ventiladas.

viciar *v.* **1.** Corromper. **2.** Hacer que una cosa coja una forma que no debería tener. **SIN. 1.** Pervertir. **2.** Deformar.

vicio *s. m.* **1.** Hábito que no es bueno y que es difícil dejarlo. **2.** Forma de ser o actuar mala. **3.** Defecto, deformación. ‖ **LOC. de vicio** Muy bueno o muy bien. **ANT. 2.** Virtud.

vicioso, sa *adj.* y *s.* Que tiene vicios.

vicisitudes *s. f. pl.* Cosas o dificultades que se pasan al hacer algo. **SIN.** Contrariedad; avatares.

víctima *s. f.* **1.** El que sufre algún daño. **2.** Persona muerta accidentalmente o por causa de otras.

victimar *v. Amér.* Asesinar.

victimismo *s. m.* Actitud de la persona que se considera una víctima.

victoria *s. f.* Acción de vencer o ganar. **SIN.** Triunfo. **ANT.** Derrota.

victoriano, na *adj.* De la reina Victoria de Inglaterra o de su época.

victorioso, sa *adj.* Que ha vencido. **SIN.** Vencedor, ganador, triunfador. **ANT.** Perdedor.

vicuña *s. f.* Mamífero rumiante con el cuello largo y el cuerpo cubierto por una lana larga y suave, que se utiliza para hacer tejidos. Vive en los Andes.

vid *s. f.* Planta de hojas en forma de palma que da las uvas. Puede ser baja, casi a ras de suelo, o crecer mucho hacia arriba trepando por algún sitio.

vida *s. f.* **1.** Estado de las personas, los animales y las plantas en el que tienen actividad, crecen, se reproducen y se relacionan con lo que los rodea. **2.** Tiempo que vive una persona y todo lo que hace en ese tiempo. **3.** Lo que dura una cosa. **4.** Manera de vivir: *Lleva una vida sencilla*. **5.** Actividad: *vida cultural*. **6.** Energía, fuerza. **7.** Animación, alegría. ‖ **8. la otra vida** Lo que, según ciertas religiones, vendrá después de la muerte. **9. nivel** o **calidad de vida** Situación de alguien según el dinero y las cosas que tiene. **10. vida y milagros** Todas las cosas que ha hecho alguien. ‖ **LOC. de por vida** Para siempre. **de toda la vida** Desde hace mucho tiempo. **en la vida** Jamás. **pasar** alguien **a mejor vida** Morirse. **SIN. 2.** Existencia. **6.** Dinamismo, vigor.

vidente *s. m. y f.* Persona que dice que puede conocer el futuro o saber cosas sin haberlas visto.

video *s. m. Amér.* Vídeo.

vídeo *s. m.* **1.** Sistema de grabación y reproducción por métodos electrónicos de imágenes, con o sin sonido, que, observadas una tras otra, simulan movimiento. **2.** Aparato para grabar y reproducir imágenes mediante este sistema. **3.** Grabación hecha con este sistema.

videoaficionado, da *s. m. y f.* Persona aficionada a filmar vídeos.

videocámara *s. f.* Cámara con la que se graban imágenes y sonidos en vídeo.

videocasete *s. f.* Cinta de vídeo con el cartucho que la contiene.

videoclip *s. m.* Filmación en formato vídeo hecha para promocionar una canción.

videoclub *s. m.* Tienda donde se alquilan o compran películas y videojuegos.

videoconferencia *s. f.* Sistema electrónico de comunicación a distancia que permite ver a las personas con las que se habla, al mismo tiempo que se escucha su voz.

videoconsola *s. f.* Aparato de videojuegos que se conecta a un televisor o a un monitor.

videojuego *s. m.* Juego digital interactivo que se ejecuta en un ordenador o en un aparato especial.

videoteca *s. f.* Conjunto de grabaciones de vídeo y lugar donde se encuentran.

vidorra *s. f. fam.* Buena vida.

vidriar *v.* **1.** Dar a una cosa el aspecto del vidrio. **2.** Recubrir objetos de cerámica con un barniz que tiene el brillo y la transparencia del vidrio.

vidriera *s. f.* Dibujo o combinación formada por trozos de vidrio unidos, que se ponen en puertas o ventanas de algunas iglesias y otros edificios.

vidrio *s. m.* **1.** Material duro y transparente que se rompe con gran facilidad; se forma al enfriarse rápidamente un mineral fundido. **2.** Objeto hecho con este material. **3.** Placa de este material, como las que se ponen en las ventanas. **SIN. 1.** y **3.** Cristal.

vidrioso, sa *adj.* Se dice de los ojos cuando están brillantes y parece que no miran a ningún sitio.

vieira (del gall.) *s. f.* Molusco con dos valvas, una hueca y la otra plana, que es muy apreciado como alimento y cuya concha es la insignia de los peregrinos de Santiago de Compostela.

viejales *s. m. y f. fam.* Persona vieja.

viejo, ja *adj. y s.* **1.** Persona o animal de muchos años. **2.** Muy gastado o usado. **3.** De hace mucho tiempo. ‖ *s. m. y f.* **4.** *fam.* Padre o madre. ‖ **LOC. de viejo** Se dice de las tiendas de cosas usadas: *una librería de viejo*. **SIN. 1.** Anciano. **3.** Antiguo. **ANT. 1.** Joven. **2.** y **3.** Nuevo.

vienés, sa *adj. y s.* De Viena, capital de Austria, país de Europa.

viento *s. m.* **1.** Aire que se mueve. **2.** Cada una de las cuerdas tirantes con las que se aseguran y mantienen derechas las tiendas de campaña, carpas, toldos. ‖ **LOC. con viento fresco** Se usa en expresiones que indican que a alguien se le echa o se le manda a un sitio. **contra viento y marea** Aunque haya muchos problemas o dificultades. **de viento** Se dice de los instrumentos que suenan al pasar por ellos una corriente de aire, por ejemplo, la flauta. **viento en popa** Muy bien. **SIN. 1.** Brisa, ventisca.

vientre *s. m.* La barriga, sobre todo por la parte de abajo. ‖ **LOC. hacer de vientre** Defecar, expulsar los excrementos. **SIN.** Estómago, panza.

viernes *s. m.* Quinto día de la semana.

vierteaguas *s. m.* Reborde en la parte baja de puertas y ventanas para que escurra por él el agua de la lluvia.

vietnamita *adj. y s.* **1.** De Vietnam, país de Asia. ‖ *s. m.* **2.** Lengua de este país.

viga *s. f.* Cada uno de los maderos o hierros largos que sostienen el techo de una casa. **SIN.** Travesaño.

vigencia *s. f.* Actualidad, validez.

vigente *adj.* Que todavía vale o se usa. **SIN.** Actual, válido. **ANT.** Desusado.

vigesimal *adj.* Se dice del sistema de numeración que tiene como base el número veinte.

vigésimo, ma *num.* **1.** Que ocupa por orden el número veinte. ‖ *adj. y s. m.* **2.** Se dice de cada una de las veinte partes iguales en que se divide algo. **SIN. 2.** Veinteavo.

vigía *s. m. y f.* **1.** Persona que vigila desde un lugar alto. ‖ *s. f.* **2.** Torre alta desde la que se puede vigilar. **SIN. 1.** Centinela, observador. **2.** Atalaya.

vigilancia *s. f.* **1.** Hecho de vigilar. **2.** Conjunto de personas y medios para vigilar. **SIN. 1.** Atención, custodia. **1. y 2.** Guardia, control. **ANT. 1.** Descuido.

vigilante *adj. y s.* **1.** Que vigila. ‖ **2. vigilante jurado** El que trabaja en una empresa privada de seguridad. **SIN. 1.** Atento; centinela, celador.

vigilar *v.* Observar a una persona o cosa o estar atento a lo que pasa en un lugar. **SIN.** Cuidar, guardar, controlar. **ANT.** Descuidar.

vigilia *s. f.* **1.** Hecho de estar despierto cuando se debería estar durmiendo. **2.** Celebración que se hace como preparación a una fiesta religiosa importante la noche antes. **3.** Mandamiento de la Iglesia católica que prohíbe comer carne algunos días del año. **SIN. 1.** Insomnio, vela. **3.** Abstinencia.

vigor *s. m.* **1.** Fuerza, vitalidad, energía. **2.** Situación de lo que todavía vale o se usa: *estar en vigor.* **SIN. 1.** Fortaleza, brío. **2.** Vigencia. **ANT. 1.** Debilidad.

vigorizar *v.* Fortalecer, dar vigor o fuerza. **SIN.** Robustecer. **ANT.** Debilitar.

vigoroso, sa *adj.* Que tiene vigor o fuerza. **SIN.** Enérgico, vital. **ANT.** Débil.

vigués, sa *adj. y s.* De Vigo, ciudad española.

vigueta *s. f.* Barra de hierro que se utiliza en la construcción de edificios.

vihuela *s. f.* Antiguo instrumento musical de cuerda parecido a la guitarra.

vikingo, ga *adj. y s.* De unos pueblos de guerreros y navegantes escandinavos que atacaron muchas zonas del oeste de Europa entre los siglos VIII y XI.

vil *adj.* Muy malo, despreciable. **SIN.** Ruin, bajo. **ANT.** Noble.

vilano *s. m.* Bola de pelos muy finos que se forma en el cáliz de las flores y sale volando con el viento, diseminando así las semillas.

vileza *s. f.* **1.** Acción vil. **2.** Característica de lo que es vil. **SIN. 1.** Canallada. **1. y 2.** Bajeza. **ANT. 2.** Nobleza.

vilipendiar *v.* Ofender o hacer daño a alguien con palabras o acciones. **SIN.** Difamar, calumniar. **ANT.** Honrar.

vilipendio *s. m.* Hecho de vilipendiar. **SIN.** Deshonra.

villa *s. f.* **1.** Nombre que se da a algunos pueblos o ciudades que, antiguamente, tuvieron mucha importancia. **2.** Chalé o casa de campo. ‖ **3. casa de la villa** Ayuntamiento.

Villadiego Se usa en la expresión **coger** o **tomar las de Villadiego**, 'irse rápidamente de un lugar'.

villancico *s. m.* **1.** Canción popular que se canta en Navidad y que trata del nacimiento de Jesús o de esas fiestas. **2.** Nombre de algunas composiciones poéticas antiguas que llevaban una cancioncilla corta como estribillo. **3.** Esta cancioncilla.

villanía *s. f.* **1.** Acción vil o mala. **2.** Característica de villano, de malvado. **SIN. 1. y 2.** Vileza, bajeza. **ANT. 2.** Nobleza.

villano, na *adj. y s.* **1.** Antiguamente, habitante de una villa o pueblo que pertenecía a la clase más baja. **2.** Que realiza acciones viles o deshonestas. **SIN. 1.** Plebeyo. **2.** Ruin. **ANT. 2.** Noble.

vilo Se usa en la expresión **en vilo**, 'sin apoyarse en nada'; también 'intranquilo'.

vinacha *s. f. fam. desp.* Vino o licor malo.

vinagre *s. m.* Líquido de sabor ácido que se produce al fermentar vino o algunos otros líquidos alcohólicos; se usa como condimento o para conservar alimentos.

vinagrera *s. f.* **1.** Frasco o recipiente donde se echa el vinagre. ‖ *s. f. pl.* **2.** Los dos recipientes, uno con aceite y otro con vinagre, que se ponen en la mesa.

vinagreta *s. f.* Salsa fría hecha principalmente con aceite, vinagre y cebolla.

vinajera s. f. Cada uno de los dos pequeños jarros, uno para el agua y otro para el vino, que se emplean en la misa.

vinatero, ra adj. **1.** Del vino. || s. m. y f. **2.** Persona que trabaja en la industria del vino o se dedica a su venta.

vinculable adj. Que se puede vincular.

vinculación s. f. Relación, unión.

vinculante adj. Que vincula.

vincular v. **1.** Poner en relación, unir. **2.** Hacer que una persona o cosa dependa de otra. **3.** Ser obligatoria para alguien una ley o norma. SIN. **1.** Relacionar. **2.** Ligar, supeditar. **3.** Obligar. ANT. **1.** Separar.

vínculo s. m. **1.** Unión muy fuerte. **2.** En informática, enlace. SIN. **1.** Lazo, atadura. **2.** Link.

vindicar v. **1.** Vengar. **2.** Defender a una persona que ha sido tratada injustamente. **3.** Reivindicar. SIN. **2.** Rehabilitar.

vindicativo, va adj. Que vindica o sirve para vindicar.

vinícola adj. Relacionado con la producción del vino.

vinicultor, ra s. m. y f. Persona que se dedica a la vinicultura.

vinicultura s. f. Actividad dedicada a la producción del vino y al cuidado de las vides que se destinan para hacer vino.

vinilo s. m. **1.** Sustancia química con la que se fabrican plásticos. **2.** Disco con una grabación musical fabricado con este material.

vino s. m. Bebida alcohólica que se hace al fermentar el zumo de uvas.

vintage (ingl.) adj. y s. m. Se dice del estilo o moda que recupera prendas y objetos antiguos o se inspira en ellos.

viña s. f. Terreno plantado de vides.

viñador, ra s. m. y f. Persona que se dedica al cuidado de las vides.

viñedo s. m. Viña.

viñeta s. f. **1.** Cada uno de los recuadros con dibujos que forman la historieta de un tebeo o cómic. **2.** Pequeño dibujo impreso en un libro, periódico o revista.

viola s. f. Instrumento musical parecido al violín, pero más grande y de sonido más grave.

violáceo, a adj. **1.** Que se parece al color violeta. || adj. y s. m. **2.** Se dice del color violeta. SIN. **2.** Violado.

violación s. f. Hecho de violar. SIN. Vulneración, transgresión, incumplimiento. ANT. Respeto, cumplimiento.

violado, da 1. p. de violar. También adj. || adj. y s. m. **2.** Color violeta.

violador, ra s. m. y f. Se dice de la persona que viola a otra.

violar v. **1.** Desobedecer una ley o una norma. **2.** Obligar una persona a otra a tener relaciones sexuales con ella por la fuerza o engañándola. SIN. **1.** Infringir, transgredir. **2.** Forzar. ANT. **1.** Obedecer.

violencia s. f. **1.** Uso de la fuerza para conseguir o hacer algo. **2.** Característica de lo que es violento, brusco o muy fuerte. || **3. violencia de género** Agresión física o psicológica ejercida sobre una persona, generalmente de un hombre hacia una mujer. SIN. **1.** y **2.** Brutalidad. **2.** Furia, furor. ANT. **1.** y **2.** Delicadeza.

violentar v. **1.** Obligar por la fuerza. **2.** Hacer algo en una cosa empleando la fuerza. **3.** Incomodar o molestar a una persona. SIN. **1.** Forzar.

violento, ta adj. **1.** Que utiliza o suele utilizar la fuerza, la violencia. **2.** Muy fuerte o intenso: un choque violento. **3.** Brusco, inesperado: un movimiento violento. **4.** Forzado, no natural: una postura violenta. **5.** Incómodo, molesto, sin saber qué hacer. SIN. **1.** Bárbaro; bruto. ANT. **1.** Pacífico. **2.** Suave.

violeta s. f. **1.** Planta de jardín con unas flores de color morado claro que tienen los pétalos desiguales. || adj. y s. m. **2.** Del color de esas flores. SIN. **2.** Malva.

violetera s. f. Vendedora de violetas.

violín s. m. Instrumento musical de cuerda que se toca sujetándolo entre el hombro y la barbilla y frotando las cuerdas con un arco.

violinista s. m. y f. Músico que toca el violín.

violón s. m. Contrabajo, instrumento musical.

violonchelista s. m. y f. Músico que toca el violonchelo.

violonchelo s. m. Instrumento musical de cuerda parecido al violín, pero más grande; se toca apoyado en el suelo.

vip (del ingl.) s. m. y f. Persona importante por su fama o su poder político, económico o cultural.

viperino, na adj. **1.** De la víbora. || **2. lengua viperina** Conducta del que habla mal de la gente para hacer daño.

viraje s. m. Acción de virar. SIN. Giro.

viral adj. Vírico.

virar v. Girar para cambiar de dirección. SIN. Torcer, doblar.

virgen adj. y s. **1.** Se dice de la persona, sobre todo de la mujer, que no ha realizado nunca el acto sexual. || adj. **2.** Se dice de las cosas

visionar

que están tal como eran y nadie ha hecho nada en ellas: *una selva virgen.* || *n. pr. f.* **3.** María, la madre de Jesucristo. **SIN. 2.** Intacto.

virginal *adj.* **1.** De las personas vírgenes. **2.** De la Virgen María. **3.** Puro, sin mancha, sin que nadie lo haya tocado. **SIN. 3.** Intacto.

virginidad *s. f.* Característica de virgen. **SIN.** Castidad; pureza.

Virgo *n. pr.* Sexto signo del Zodiaco (del 22 de agosto al 21 de septiembre).

virguería *s. f.* **1.** *fam.* Cosa o acción hecha muy bien o con mucho detalle. **2.** *fam.* Adorno exagerado o innecesario. **SIN. 2.** Floritura.

virguero, ra *adj.* **1.** *fam.* Muy bonito o muy bien hecho. || *adj.* y *s.* **2.** *fam.* Muy hábil haciendo algo. **SIN. 1.** Chulo.

vírgula o **virgulilla** *s. f.* Raya corta y fina que se usa al escribir, como la que lleva la letra ñ.

vírico, ca *adj.* De los virus o producido por ellos. **SIN.** Virulento.

viril *adj.* Varonil.

virilidad *s. f.* Característica de viril.

virreina *s. f.* **1.** Mujer que gobierna un territorio en nombre del rey y con sus mismos poderes. **2.** Esposa del virrey.

virreinato *s. m.* Cargo de virrey o virreina y territorio que gobierna.

virrey *s. m.* Hombre que gobierna un territorio en nombre del rey y con sus mismos poderes.

virtual *adj.* **1.** Posible, probable: *Le consideran el virtual ganador.* **2.** Producido o simulado por ordenador: *animación virtual.* **SIN. 1.** Potencial. **ANT. 1.** Real.

virtud *s. f.* **1.** La bondad, la honradez, la generosidad o cualquier otra cualidad buena. **2.** Capacidad para producir un efecto, sobre todo si es algo bueno. **SIN. 2.** Poder, facultad. **ANT. 1.** Vicio; defecto.

virtuosismo *s. m.* Hecho de saber hacer muy bien una cosa.

virtuoso, sa *adj.* y *s.* **1.** Muy bueno, con muchas virtudes. **2.** Se dice de la persona que sabe hacer algo muy bien, sobre todo tocar un instrumento musical. **SIN. 1.** Honesto, íntegro. **2.** Hábil, diestro. **ANT. 1.** Vicioso. **2.** Torpe.

viruela *s. f.* Enfermedad infecciosa causada por un virus, que produce fiebre alta y ampollas con pus, también llamadas *viruelas*.

virulé Se usa en la expresión **a la virulé**, 'estropeado' o 'en mal estado'; se dice sobre todo del ojo cuando se pone morado por un golpe.

virulencia *s. f.* Violencia, fuerza.

virulento, ta *adj.* **1.** Producido por un virus. **2.** Muy fuerte, muy violento. **SIN. 1.** Vírico. **2.** Intenso; cruel.

virus *s. m.* **1.** Microorganismo que transmite enfermedades. **2.** En informática, programa que daña parte de la memoria de un ordenador y puede pasar de unas máquinas a otras.

viruta *s. f.* Tira pequeña y fina, generalmente enroscada, que se saca de la madera, del metal y de otros materiales con algunas herramientas.

vis a vis (del fr.) *expr.* Cara a cara, frente a frente.

visa *s. f. Amér.* Visado.

visado *s. m.* Nota y sello que se pone en un documento para autorizar algo, por ejemplo, en un pasaporte para permitir que alguien entre en un país.

visaje *s. m.* Gesto que se hace con la cara, sobre todo cuando es exagerado. **SIN.** Mueca.

víscera *s. f.* Órgano del cuerpo, como el corazón, el hígado o los riñones.

visceral *adj.* **1.** De las vísceras. **2.** Se dice de los sentimientos que son muy fuertes y no se pueden evitar y de las personas que los tienen.

viscosa *s. f.* Tela fina y blanda que se utiliza para hacer ropas ligeras.

viscosidad *s. f.* **1.** Característica de lo que es viscoso. **2.** Sustancia viscosa.

viscoso, sa *adj.* Se dice de los líquidos muy espesos y pegajosos.

visera *s. f.* **1.** Pieza saliente de las gorras que sirve para quitar el sol de los ojos. A veces esta pieza se lleva sola y sujeta con una goma o con una cinta. **2.** Pieza que protege la cara, como la que tienen algunos cascos.

visibilidad *s. f.* Característica de visible, de que puedan verse las cosas.

visible *adj.* **1.** Que se puede ver. **2.** Muy claro, que es evidente. **SIN. 2.** Patente, manifiesto. **ANT. 1.** Invisible. **2.** Dudoso.

visigodo, da *adj.* y *s.* Se dice de un grupo del pueblo godo que creó un reino en España.

visigótico, ca *adj.* De los visigodos.

visillo *s. m.* Cortina muy fina, casi transparente.

visión *s. f.* **1.** Capacidad de ver. **2.** Cosa que alguien cree ver o se imagina y que le parece real. **3.** Opinión o punto de vista. **4.** Instinto, olfato, tino. **SIN. 1.** Vista. **2.** Alucinación. **3.** Vertiente.

visionar *v.* Ver imágenes de cine o de televisión, sobre todo cuando se está trabajando con ellas.

visionario, ria *adj.* y *s.* Que se imagina o cree cosas imposibles. **SIN.** Iluso.

visir *s. m.* Ministro más importante de los soberanos musulmanes.

visita *s. f.* **1.** Hecho de visitar. **2.** Persona que visita a alguien. **SIN. 2.** Visitante.

Visitación *n. pr. f.* Fiesta cristiana que conmemora la visita de María a su prima Isabel.

visitador, ra *s. m.* y *f.* **1.** Persona que visita varios lugares para inspeccionarlos. **2.** Persona que trabaja visitando a los médicos para enseñarles y venderles productos, sobre todo farmacéuticos.

visitante *adj.* y *s.* **1.** Que visita. **2.** En deporte, se dice del equipo que juega en un campo que no es el suyo.

visitar *v.* **1.** Ir a ver a una persona al lugar donde está. **2.** Ir a un sitio para conocerlo o para examinarlo. **3.** Entrar en una página web.

vislumbrar *v.* **1.** Ver una cosa no muy bien por estar muy lejos o haber poca luz. **2.** Empezar a ver o comprender una cosa. **SIN. 1.** y **2.** Atisbar.

vislumbre *s. amb.* **1.** Reflejo, débil resplandor de luz. **2.** Indicio, sospecha.

viso *s. m.* **1.** Brillo o reflejo que tienen algunas cosas, según les da la luz. **2.** Aspecto. **SIN. 1.** Destello, resplandor. **2.** Pinta, traza.

visón *s. m.* **1.** Animal mamífero de cuerpo alargado, pequeño tamaño y patas muy cortas. Su piel, muy suave y de color marrón oscuro, se usa en peletería. Vive en las orillas de ríos y lagos. **2.** Prenda de abrigo hecha con la piel de este animal.

visor *s. m.* **1.** Parte de las cámaras y otros aparatos por donde se mira para enfocar la imagen. **2.** Aparato que se usa para ver diapositivas o fotogramas.

víspera *s. f.* **1.** El día anterior a otro. ‖ *s. f. pl.* **2.** Tiempo antes de un hecho o de un suceso. **3.** Oración que rezan los religiosos diariamente al anochecer.

vista *s. f.* **1.** Sentido por el que se perciben las formas y los colores de los objetos, por medio de los ojos. **2.** La mirada. **3.** Hecho de ver. **4.** Paisaje, panorama. **5.** Instinto, olfato, facilidad para darse cuenta de las cosas. ‖ **6. corto de vista** Miope. **7. vista cansada** Defecto de la vista por el que las cosas que están cerca se ven borrosas y en cambio las que están lejos se ven más claramente. También se llama *presbicia.* ‖ **LOC. a la vista** Muy claro o evidente; de manera que pueda ser visto; en un futuro que está cerca. **a la vista de** o **en vista de** una cosa Teniéndolo en cuenta. **hacer la vista gorda** Hacer como si no se hubiera visto una cosa que no está bien. **perder de vista** Dejar de ver a alguien o algo. **SIN. 2.** Visión.

vistazo *s. m.* Mirada, repaso o examen rápido de algo. **SIN.** Ojeada, ojo.

visto, ta **1.** *p.* de **ver.** También *adj.* ‖ *adj.* **2.** Se dice de aquello que todo el mundo conoce y que es poco original. ‖ **3. visto bueno** Aprobación, permiso. ‖ **LOC. bien visto** o **mal visto** Se dice de lo que a la gente le parece bien o mal. **por lo visto** Según se cree, según parece. **visto y no visto** Que sucede o se acaba muy deprisa. **SIN. 2.** Pasado. **ANT. 2.** Nuevo.

vistosidad *s. f.* Característica de las cosas vistosas.

vistoso, sa *adj.* Que llama mucho la atención por su aspecto o sus colores. **SIN.** Llamativo, atractivo, colorista. **ANT.** Discreto.

visual *adj.* De la vista.

visualizar *v.* **1.** Imaginar como si se viera una cosa que no se tiene ante la vista. **2.** Hacer que se vea algo que no es visible a simple vista, por ejemplo, a través de un microscopio.

vital *adj.* **1.** De la vida. **2.** Fundamental, muy importante. **3.** Se dice de la persona con mucha vitalidad. **SIN. 2.** Esencial, básico. **3.** Animoso, dinámico. **ANT. 3.** Abúlico, parado.

vitalicio, cia *adj.* Para toda la vida: *pensión vitalicia.*

vitalidad *s. f.* Ánimo, energía y ganas de hacer cosas. **SIN.** Dinamismo, vigor, brío. **ANT.** Abulia.

vitalista *adj.* y *s.* Vital, positivo, animoso. **ANT.** Negativo, pesimista.

vitalizar *v.* Dar fuerza o energía. **SIN.** Vigorizar, robustecer.

vitamina *s. f.* Nombre de muchas sustancias que se encuentran en la mayoría de los alimentos y son necesarias para el crecimiento y para el desarrollo de las funciones de los seres vivos.

vitaminado, da *adj.* Se dice del alimento o la medicina a los que se les han añadido vitaminas.

vitamínico, ca *adj.* **1.** De las vitaminas. **2.** Que tiene vitaminas.

vitícola *adj.* De la viticultura.

viticultor, ra *s. m.* y *f.* Persona que se dedica a la viticultura.

viticultura *s. f.* El cultivo de la vid y las técnicas usadas para cultivarla.

vitivinícola *adj.* De la vitivinicultura.

vitivinicultor, ra *s. m.* y *f.* Persona que se dedica a la vitivinicultura.

vizcaíno

vitivinicultura s. f. Técnica de cultivar las vides y elaborar el vino.

vitola s. f. Banda estrecha de papel que llevan los puros alrededor, donde pone de qué marca son.

vítor s. m. Expresión con que se alaba a alguien y se muestra entusiasmo y satisfacción, como *hurra* o *viva*. **SIN.** Aclamación. **ANT.** Abucheo.

vitorear v. Gritarle a alguien vítores. **SIN.** Aclamar. **ANT.** Abuchear.

vitoriano, na adj. y s. De Vitoria, ciudad española.

vitral s. m. Vidriera de colores, especialmente la que está en una iglesia.

vítreo, a adj. De vidrio o parecido a él.

vitrina s. f. Mueble, caja o escaparate con puertas o tapas de cristal para que puedan verse las cosas que hay dentro.

vitrocerámica s. f. **1.** Cerámica parecida al vidrio que puede soportar temperaturas muy altas. **2.** Cocina que tiene una placa de este tipo de cerámica.

vituallas s. f. pl. Víveres.

vituperar v. Hablar muy mal de una persona. **SIN.** Criticar, insultar. **ANT.** Elogiar.

vituperio s. m. Lo que se dice para vituperar. **SIN.** Insulto, crítica. **ANT.** Elogio.

viudedad o **viudez** s. f. Hecho de ser viudo.

viudo, da adj. y s. Persona a la que se le ha muerto su marido o su mujer y que no ha vuelto a casarse.

viva interj. Expresa alegría o se dice en honor de alguien: *¡Viva el rey!*

vivac s. m. **1.** Campamento provisional, especialmente el militar, que se instala para pasar la noche a la intemperie. **2.** Hecho de pasar la noche en el campo o la montaña, al aire libre.

vivacidad s. f. Característica de vivaz.

vivalavirgen s. m. y f. fam. Persona que no se preocupa por nada, a la que todo se le da igual. **SIN.** Irresponsable.

vivales s. m. y f. fam. Persona muy lista que saca provecho de todo. **SIN.** Caradura, vivo. **ANT.** Pardillo.

vivamente adv. Con viveza, energía o intensidad.

vivaquear v. Pasar la noche en el campo o la montaña, al aire libre.

vivaracho, cha adj. fam. Alegre, animoso y muy espabilado. **SIN.** Vivaz, despierto.

vivaz adj. Listo, espabilado y muy activo. **SIN.** Vivaracho, dinámico. **ANT.** Parado.

vivencia s. f. Experiencia, lo que le ha pasado a alguien.

vivencial adj. De la vivencia.

víveres s. m. pl. Cosas necesarias para comer. **SIN.** Vituallas.

vivero s. m. **1.** Lugar donde se crían árboles y plantas para luego trasplantarlos a su sitio definitivo. **2.** Lugar en que se crían dentro del agua peces y otros animales, como cangrejos, mejillones y ostras. **SIN. 1.** y **2.** Criadero. **2.** Piscifactoría.

viveza s. f. **1.** Capacidad para hacer cosas o pensar con rapidez. **2.** Entusiasmo, energía. **3.** Brillo, luz, alegría. **SIN. 1.** Dinamismo, presteza. **2.** Pasión, ardor. **ANT. 1.** Lentitud.

vívido, da adj. Que recuerda vivamente la realidad: *Nos hizo un vívido retrato de sus padres.*

vividor, ra adj. y s. **1.** Persona que vive bien sin trabajar mucho y aprovechándose de los demás. **2.** Persona que sabe disfrutar de la vida. **SIN. 1.** Aprovechado, fresco.

vivienda s. f. Casa o construcción para que vivan en ella personas. **SIN.** Residencia, domicilio.

viviente adj. y s. Que vive. **SIN.** Vivo. **ANT.** Muerto.

vivificar v. Dar fuerzas, ánimos o energía. **SIN.** Fortalecer, vigorizar. **ANT.** Debilitar.

vivíparo, ra adj. y s. Se dice de los animales que se desarrollan dentro del vientre de sus madres antes de nacer, como los mamíferos.

vivir v. **1.** Tener vida. **2.** Alimentarse una persona y tener las cosas que necesita, como casa o ropa. **3.** Residir, tener la casa en un lugar. **4.** Llevar un tipo de vida. **5.** Sentir o experimentar algo. **6.** Convivir con una persona sin estar casados. **SIN. 1.** Existir. **2.** Subsistir. **3.** Morar. **6.** Cohabitar. **ANT. 1.** Morir.

vivisección s. f. Disección de un animal vivo.

vivo, va adj. **1.** Que tiene vida. **2.** Actual, vigente. **3.** Muy fuerte, muy intenso. **4.** Alegre, brillante: *colores vivos.* **5.** Rápido o ágil. || adj. y s. **6.** Despierto, listo, espabilado. || s. m. **7.** Borde de alguna cosa, sobre todo el que se pone de adorno en la ropa. **SIN. 1.** Viviente, existente. **3.** Agudo. **6.** Vivaz, vivaracho. **ANT. 1.** y **2.** Muerto. **2.** Anticuado. **3.** Suave. **4.** Triste.

viyela (marca registrada) s. f. Tela ligera de lana o algodón.

vizcaíno, na adj. y s. **1.** De Vizcaya, provincia española en el País Vasco. || s. m. **2.** Dialecto de la lengua vasca que se habla en gran parte de Vizcaya.

vizconde, vizcondesa *s. m.* y *f.* **1.** Noble de categoría inferior a la de conde. ǁ *s. f.* **2.** Mujer del vizconde.

vocablo *s. m.* Palabra de una lengua.

vocabulario *s. m.* **1.** Conjunto de las palabras de una lengua, de una profesión o de una persona. **2.** Libro o lista con estas palabras y sus significados. **SIN. 1.** Léxico, terminología. **2.** Diccionario, glosario.

vocación *s. f.* Atracción que siente una persona por una profesión, actividad o forma de vida.

vocacional *adj.* Relacionado con la vocación o que la muestra.

vocal *adj.* **1.** De la voz. ǁ *s. f.* **2.** Cada una de las cinco letras (*a, e, i, o, u*) que junto con las consonantes forman el alfabeto. ǁ *adj.* y *s.* **3.** Persona que tiene derecho a hablar en una reunión, en una junta o en algo parecido.

vocálico, ca *adj.* De las letras vocales.

vocalista *s. m.* y *f.* Cantante de un grupo musical.

vocalización *s. f.* **1.** Acción de vocalizar. **2.** Ejercicio que hacen los cantantes que consiste en modular la voz utilizando una o varias vocales.

vocalizar *v.* Pronunciar las palabras de forma que se entiendan muy bien. **SIN.** Articular.

vocear *v.* **1.** Dar voces, gritos. **2.** *fam.* Decir algo que se debería callar, como un secreto. **SIN. 1.** Gritar, vociferar. **2.** Pregonar, divulgar. **ANT. 1.** Susurrar.

voceras *s. m.* y *f.* Boceras, bocazas.

vocerío *s. m.* Muchas voces fuertes que se oyen a la vez. **SIN.** Griterío.

vociferante *adj.* Que vocifera.

vociferar *v.* Dar voces, gritar. **SIN.** Vocear, chillar. **ANT.** Susurrar.

vocinglero, ra *adj.* y *s.* Que habla mucho o demasiado alto.

vodevil *s. m.* Comedia de tema algo atrevido, con espectáculos de música y baile.

vodka o **vodca** (del ruso) *s. m.* Aguardiente muy fuerte típico de los países del este de Europa.

voladizo, za *adj.* y *s. m.* Se dice de la parte de un edificio, por ejemplo, una cornisa, que sobresale del muro o de la pared.

volado, da **1.** *p.* de **volar**. ǁ *adj.* **2.** Se dice de la parte de un edificio que sobresale del muro o pared y no tiene otro elemento que lo soporte. **3.** *fam.* Intranquilo, impaciente.

volador, ra *adj.* **1.** Que vuela. ǁ *s. m.* **2.** Tipo de calamar. **SIN. 1.** Volante.

voladura *s. f.* Acción de volar o hacer explotar una cosa. **SIN.** Explosión.

volandas Se usa en la expresión **en volandas**, 'por el aire, levantando a una persona o cosa sin que toque el suelo': *Llevaba al niño en volandas.*

volantazo *s. m.* Giro muy rápido y brusco que se da al volante de un automóvil.

volante *adj.* **1.** Que vuela: *un platillo volante*. ǁ *s. m.* **2.** Pieza del automóvil y de otros vehículos que sirve para dirigirlo. **3.** Tira de tela fruncida que se pone de adorno en la ropa, en las cortinas y otras cosas parecidas. **4.** Documento que sirve para pedir, autorizar o justificar algo. **5.** Semiesfera rodeada de plumas que se lanza con la raqueta en el juego del bádminton. **SIN. 1.** Volador.

volantín *s. m.* *Amér.* Cometa pequeña de papel.

volar *v.* **1.** Ir por el aire. **2.** Viajar utilizando un transporte aéreo. **3.** Ir o hacer algo muy deprisa: *La llamé y vino volando. Recogió su habitación volando.* **4.** Hacer explotar algo con explosivos. **5.** *fam.* Desaparecer de repente alguien o algo. **6.** Pasar muy deprisa el tiempo. **7.** Difundirse rápidamente una noticia. ◻ Es v. irreg. Se conjuga como *contar*. **SIN. 4.** Explosionar.

volátil *adj.* Se dice de la sustancia que se evapora enseguida, como por ejemplo, la gasolina.

volatilizar *v.* Transformar una sustancia líquida o sólida en vapor o gas.

volatinero, ra *s. m.* y *f.* Acróbata.

volcán *s. m.* Abertura en la corteza terrestre, generalmente en una montaña, por la que salen gases, llamas y lava procedentes del interior de la Tierra.

volcánico, ca *adj.* De los volcanes.

volcanismo *s. m.* Vulcanismo.

volcar *v.* **1.** Inclinar alguna cosa haciendo que caiga sobre un lado distinto del que estaba. **2.** Dar la vuelta a una cosa haciendo que se salga lo que contiene. ǁ **volcarse 3.** Hacer una persona todo lo que puede por otra. ◻ Es v. irreg. Se conjuga como *contar*. **SIN. 1.** Derribar, tumbar. **2.** Voltear, verter. **ANT. 1.** Levantar, recoger.

volea *s. f.* Golpe dado a una pelota en el aire antes de que toque el suelo.

voleibol *s. m.* Deporte que se juega entre dos equipos y que consiste en lanzar el balón, golpeándolo con las manos, de un campo a otro por encima de una red.

voleo Se usa en la expresión **a voleo**, 'de cualquier manera', 'sin pararse a pensar'.

volframio *s. m.* Wolframio.

volitivo, va adj. De la voluntad.

volován s. m. Pastel de hojaldre hueco y redondo relleno con diferentes ingredientes.

volquete s. m. Camión que puede volcar la caja para vaciar lo que lleva.

voltaico, ca adj. Se dice de la electricidad producida por pilas.

voltaje s. m. **1.** Cantidad de voltios que hace falta para que funcione un aparato eléctrico. **2.** Diferencia de potencial que hay entre dos puntos de un conductor de corriente eléctrica, siendo la diferencia de potencial la fuerza que hace circular esta corriente.

voltear v. Dar la vuelta o dar varias vueltas. **SIN.** Volcar, volver.

voltereta s. f. Vuelta que da una persona sobre el suelo o en el aire con el cuerpo enroscado y la cabeza doblada hacia las piernas.

voltímetro s. m. Aparato para medir la cantidad de voltios.

voltio[1] s. m. Unidad de voltaje o diferencia de potencial.

voltio[2] s. m. fam. Paseo, vuelta.

voluble adj. Que cambia continuamente de idea, de opinión, de gustos. **SIN.** Caprichoso. **ANT.** Constante.

volumen s. m. **1.** Espacio que ocupa alguna cosa. **2.** Cada uno de los tomos de una obra escrita. **3.** Fuerza de la voz o de otro sonido. **4.** Cantidad, importancia: *Tienes demasiado volumen de trabajo.* **SIN. 1.** Bulto. **4.** Magnitud.

voluminoso, sa adj. Que ocupa mucho espacio. **SIN.** Grande, abultado.

voluntad s. f. **1.** Capacidad de las personas para decidir lo que quieren hacer. **2.** Fuerza que tiene una persona para hacer un gran esfuerzo o sacrificio. **3.** Intención, deseo. ‖ **4. buena voluntad** Deseo o intención de hacer bien algo o hacer una cosa buena. **SIN. 2.** Ánimo, empeño. **2.** y **3.** Determinación. **3.** Propósito, consentimiento.

voluntariado s. m. Conjunto de personas que se ofrecen voluntariamente para hacer una cosa o para prestar un servicio.

voluntariedad s. f. Característica de ser voluntario. **ANT.** Obligatoriedad.

voluntario, ria adj. **1.** Que alguien lo hace porque quiere. ‖ adj. y s. **2.** Que se ofrece para hacer algo porque quiere. **SIN. 1.** Facultativo, opcional. **ANT. 1.** Obligatorio.

voluntarioso, sa adj. Que se esfuerza todo lo que puede por hacer o conseguir algo. **SIN.** Perseverante, tenaz. **ANT.** Inconstante.

voluntarismo s. m. Actitud de quien quiere hacer algo por su propio esfuerzo.

voluntarista adj. y s. Que se caracteriza por su voluntarismo.

voluptuosidad s. f. Característica de voluptuoso. **SIN.** Sensualidad.

voluptuoso, sa adj. y s. Que produce placer o busca el placer. **SIN.** Sensual.

voluta s. f. Adorno en forma de espiral, propio de los capiteles jónicos y corintios.

volver v. **1.** Ir otra vez a un lugar donde se había estado antes. **2.** Suceder o hacer algo otra vez. **3.** Dar la vuelta. **4.** Hacer que una persona o cosa sea de otra manera: *Se ha vuelto muy estudiosa.* ‖ **LOC. volver en sí** Despertar o recuperarse una persona que había perdido el conocimiento. **volverse** alguien **atrás** No hacer lo que había dicho o lo que pensaba hacer. ▢ Es v. irreg. **SIN. 1.** Regresar, retornar. **3.** Voltear, invertir; torcer. **4.** Convertir, transformar.

VOLVER		
PARTICIPIO		
vuelto		
INDICATIVO	**SUBJUNTIVO**	**IMPERATIVO**
Presente	**Presente**	
vuelvo	*vuelva*	*vuelve* (tú)
vuelves	*vuelvas*	*vuelva* (usted)
vuelve	*vuelva*	*volved* (vosotros)
volvemos	*volvamos*	*vuelvan* (ustedes)
volvéis	*volváis*	
vuelven	*vuelvan*	

vomitar v. Echar por la boca lo que se tenía en el estómago. **SIN.** Devolver.

vomitivo, va adj. y s. m. **1.** Que hace vomitar. ‖ adj. **2.** fam. Muy malo, asqueroso.

vómito s. m. Acción de vomitar y lo que se vomita. **SIN.** Vomitona.

vomitona s. f. fam. Vómito grande.

vomitorio s. m. Puerta grande de los estadios, plazas de toros y edificios parecidos por donde se entra a las gradas desde el exterior.

voracidad s. f. Característica de voraz.

vorágine s. f. **1.** Remolino fuerte de agua que se forma en el mar o en otros sitios. **2.** Jaleo, confusión. **SIN. 1.** Torbellino. **2.** Tumulto, lío, barahúnda.

voraz adj. **1.** Que come mucho o con muchas ganas. **2.** Que destruye o consume muy rápidamente: *un fuego voraz.* **SIN. 1.** Tragón, comilón, glotón. **ANT. 1.** Desganado.

vórtice s. m. **1.** Remolino, vorágine, torbellino. **2.** Centro de un huracán.

vos *pron. pers.* **1.** Antigua forma de segunda persona del singular para el masculino y el femenino, que se empleaba para hablar a alguien con mucho respeto. **2.** Forma que se emplea en algunos lugares de Hispanoamérica en lugar de *tú*.

voseo *s. m.* Empleo de la forma *vos* en lugar de *tú*.

vosotros, tras *pron. pers.* Forma de segunda persona del plural. Se utiliza para hablar con un grupo de personas con las que se tiene confianza.

votación *s. f.* Forma de expresar cada una de las personas de un grupo su opinión sobre algo. **SIN.** Sufragio.

votante *s. m.* y *f.* Persona que participa en una votación. **SIN.** Elector.

votar *v.* Manifestar alguien su opinión a favor o en contra de alguna de las opciones que se presentan en unas elecciones, consulta, etc. **SIN.** Elegir. **ANT.** Abstenerse.

votivo, va *adj.* Que se ofrece en señal de un voto o promesa.

voto *s. m.* **1.** Opinión que da cada persona en una votación. **2.** Derecho a votar. **3.** Promesa hecha a Dios, a la Virgen o a un santo; se llaman así sobre todo las que hacen las monjas, sacerdotes y religiosos en la Iglesia católica.

vox populi (lat.) *expr.* Significa 'voz del pueblo' y se utiliza para expresar que algo es sabido por todo el mundo.

voz *s. f.* **1.** Sonido que se produce al pasar el aire de los pulmones por la laringe, haciendo vibrar las cuerdas vocales. **2.** Grito, chillido. **3.** Cantante, vocalista. **4.** Palabra, término. **5.** En gramática, forma en que está un verbo para indicar si el sujeto realiza la acción o si la recibe. En la voz activa el sujeto la realiza (*Rosa hace un dibujo*) y en la voz pasiva el sujeto recibe los efectos de la acción (*Un dibujo es hecho por Rosa*). ‖ **LOC.** **a viva voz** o **de viva voz** Hablando. **correr la voz** Hacer que se extienda un rumor o noticia. **llevar la voz cantante** Ser una persona la que manda en un grupo y suele hablar por los otros. **SIN.** **4.** Vocablo.

vozarrón o **vozarrona** *s. m.* o *f.* Voz muy potente.

vudú *s. m.* Religión de los negros de las Antillas y del sur de los Estados Unidos, en la que se mezclan elementos del cristianismo y de la brujería africana.

vuelapluma Se usa en la expresión **a vuelapluma**, que se refiere a la forma de escribir muy rápida, en la que el autor casi no se detiene a pensar.

vuelco *s. m.* Acción de volcar. ‖ **LOC.** **darle** a alguien **un vuelco el corazón** Sobresaltarse o asustarse.

vuelo *s. m.* **1.** Hecho de volar. **2.** Viaje en un medio de transporte aéreo, como el avión. **3.** Forma de algunas faldas y vestidos que son muy anchos por abajo. ‖ **LOC.** **al vuelo** Con rapidez. **SIN.** **1.** Revoloteo.

vuelta *s. f.* **1.** Regreso, retorno. **2.** Movimiento de una persona, animal o cosa alrededor de un punto o sobre su propio eje hasta volver a la posición que antes tenía. **3.** Hecho de colocar o colocarse en la posición opuesta. **4.** Parte de una cosa opuesta a la que se ve. **5.** Paseo. **6.** Dinero que se devuelve al que paga algo cuando no entrega la cantidad exacta. **7.** En deportes como el ciclismo, carrera en que se recorren distintos lugares. **8.** Curva. **9.** Cada fase de algunas actividades: *la segunda vuelta de las elecciones*. ‖ **LOC.** **a la vuelta de la esquina** Justo después de doblar la esquina; también, muy cerca. **darle** a una persona **cien** o **cuarenta**, **mil**, etc., **vueltas** Ser mucho mejor que ella. **poner** a alguien **de vuelta y media** Hablar muy mal de él, insultarle. **SIN.** **2.** Giro, rotación. **6.** Cambio. **ANT.** **1.** Ida.

vuelto, ta **1.** *p.* de volver. ‖ *adj.* **2.** Que no está de frente. **3.** Del lado opuesto.

vuestro, tra *pos.* **1.** Que os pertenece a vosotros, tiene relación con vosotros o es propio de vosotros: *vuestro libro*. **2.** Se utiliza en algunos casos como forma de respeto para dirigirse a una sola persona: *Majestad, vuestra presencia nos honra*.

vulcanismo *s. m.* Conjunto de fenómenos y procesos geológicos que tienen relación con los volcanes.

vulcanología *s. f.* Parte de la geología que estudia los fenómenos volcánicos.

vulcanólogo, ga *s. m.* y *f.* Especialista en vulcanología.

vulgar *adj.* **1.** Que no destaca o no es original. **2.** Grosero, de mala educación o de mal gusto. **3.** Del vulgo o del pueblo. **4.** Se dice de las palabras corrientes que se emplean para nombrar cosas, en vez del término científico, técnico o culto: *Oculista es el nombre vulgar de oftalmólogo*. **SIN.** **1.** Normal. **1.** y **2.** Ordinario. **2.** Chabacano, basto. **ANT.** **1.** y **2.** Refinado. **2.** Educado.

vulgaridad *s. f.* Hecho de ser vulgar y aquello que es vulgar. **SIN.** Ordinariez. **ANT.** Refinamiento.

vulgarismo *s. m.* Palabra o frase incorrecta o grosera.

vulgarizar *v.* **1.** Hacer vulgar a alguien o algo. **2.** Hacer que personas no especializadas entiendan una materia científica o técnica. **SIN. 2.** Divulgar.

vulgarmente *adv.* **1.** De manera vulgar. **2.** Entre la gente corriente: *A las aves se les llama vulgarmente pájaros.*

vulgo *s. m.* Conjunto de personas del pueblo, sin cultura, educación, ni una posición social destacada. **SIN.** Chusma, masa.

vulnerable *adj.* Que puede ser herido o sufrir algún daño. **ANT.** Invulnerable.

vulneración *s. f.* Acción de vulnerar.

vulnerar *v.* **1.** No cumplir una ley, norma o mandato. **2.** Dañar o perjudicar. **SIN. 1.** Violar, transgredir. **2.** Herir.

vulpeja *s. f.* Zorro, animal mamífero.

vulva *s. f.* Parte exterior del aparato genital femenino y de las hembras de los mamíferos.

w *s. f.* Vigesimocuarta letra del abecedario.

walkie-talkie (ingl.) *s. m.* Aparato de radio portátil que sirve para hablar a corta distancia con otra persona.

walkman (ingl., marca registrada) *s. m.* Casete o radiocasete pequeño que se escucha con auriculares.

washingtoniano, na *adj.* y *s.* De Washington, capital de los Estados Unidos.

water (ingl.) *s. m.* Váter.

waterpolo (del ingl.) *s. m.* Deporte que practican en una piscina dos equipos que intentan meter un balón en la portería del contrario.

web (del ingl.) *s. f.* Página web. Ver **página**.

webcam (ingl.) *s. f.* Cámara pequeña conectada a un ordenador que permite capturar imágenes y enviarlas por Internet.

weblog (ingl.) *s. m.* Blog.

website (ingl.) *s. m.* En Internet, sitio web.

western o **wéstern** (*western* es ingl.) *s. m.* Película del Oeste americano y género formado por estas películas.

whisky (ingl.) *s. m.* Licor que se hace fermentando la cebada o algunos otros cereales.

wifi o **wi-fi** (ingl., marca registrada) *adj.* y *s. f.* Sistema de conexión de dispositivos electrónicos que permite acceder a Internet de forma inalámbrica, sin utilizar cables.

windsurf o **wind surf** (ingl.) *s. m.* Deporte que consiste en navegar sobre una tabla especial con una vela.

windsurfing o **wind surfing** (ingl.) *s. m.* Windsurf o wind surf.

windsurfista *s. m.* y *f.* Persona que practica el windsurf.

wok (chino) *s. m.* Especie de sartén honda y con dos asas que se utiliza para saltear alimentos.

wolframio (del al.) *s. m.* Metal de color blanco plateado que se utiliza para fabricar hilos de bombillas y de algunos aparatos eléctricos y también, con otros metales, para hacer herramientas. Es un elemento químico.

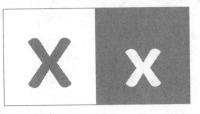

x *s. f.* **1.** Vigesimoquinta letra del abecedario. **2.** Se emplea para hablar de alguien o algo que no se conoce o no se quiere nombrar. **3.** En matemáticas, representa lo que hay que calcular en una ecuación.

xenofobia *s. f.* Odio o antipatía hacia los extranjeros.

xenófobo, ba *adj.* y *s.* Que siente xenofobia.

xenón *s. m.* Gas noble, incoloro e inodoro, presente en el aire en pequeñas cantidades. Es un elemento químico.

xerocopia *s. f.* Fotocopia que se obtiene por medio de la xerografía.

xerófilo, la *adj.* Se dice de las plantas, como los cactus, que pueden vivir en lugares muy secos.

xerografía *s. f.* **1.** Procedimiento electrostático para reproducir textos e imágenes. **2.** Xerocopia.

xilema *s. m.* Conjunto de los vasos leñosos de las plantas, por los que discurre la savia bruta con dirección a las hojas.

xilófago, ga *adj.* y *s.* Se dice de los insectos que comen madera.

xilofón o **xilófono** *s. m.* Instrumento musical formado por unas láminas de madera o metal de distinto tamaño que se golpean con unos macillos.

xilografía *s. f.* Procedimiento de hacer grabados sobre madera, dejando vacías las partes que deben quedar blancas en el dibujo.

y¹ *s. f.* Vigesimosexta letra del abecedario.

y² *conj.* Sirve para unir palabras o frases: *Comimos sopa y filete; comimos y nos marchamos*; y para dar más fuerza a algo que se dice o para hacer una pregunta: *¡Y pensar que casi lo consigue! ¿Y mi libro, dónde está?*

ya *adv.* **1.** Que ahora está acabado: *Ya está pintada la casa*; ahora mismo, en este momento: *Ya no viven aquí*; enseguida: *Ya voy.* **2.** *fam.* Se usa para decir al que habla que le entendemos o que nos hemos dado cuenta de algo: *¡Ah ya!, ahora lo comprendo*; también indica que no creemos lo que alguien dice: *¡Venga ya!* ‖ *conj.* **3.** Sirve para expresar dos cosas diferentes que pueden ocurrir: *Ya con éxitos, ya con fracasos, sigue adelante.* ‖ **LOC. ya que** Puesto que. **SIN. 3.** Bien.

yac *s. m.* Yak.

yacaré *s. m.* Cocodrilo que tiene el hocico tan largo como ancho y es de color negruzco o verde oscuro con manchas negras. Vive en ríos y pantanos de América del Sur.

yacente *adj.* Que yace: *un cristo yacente.*

yacer *v.* **1.** Estar tumbado o acostado. **2.** Estar una persona muerta enterrada en un sitio. **3.** Realizar el acto sexual. □ Es v. irreg. **SIN. 2.** Reposar, descansar. **ANT. 1.** Levantarse.

yacimiento *s. m.* **1.** Mina, filón. **2.** Sitio en el que hay restos prehistóricos o de civilizaciones antiguas.

yak *s. m.* Mamífero de gran tamaño parecido a un toro, pero con el cuerpo cubierto de un abundante pelo que lo protege del frío. Vive en el Tíbet.

yang (chino) *s. m.* En el taoísmo, fuerza universal activa y masculina que, junto con su opuesto, el yin, es responsable de que los fenómenos se alternen en la naturaleza.

yanqui *adj.* y *s. fam.* Estadounidense.

yantar *v.* Antiguamente, comer.

yarda *s. f.* Medida de longitud que se usa en algunos países, como el Reino Unido, y que equivale a 91,4 centímetros.

yate *s. m.* Barco de motor o de vela que tienen algunas personas para estar en el mar o hacer viajes por diversión.

yayo, ya *s. m.* y *f.* Abuelo, abuela.

yedra *s. f.* Hiedra.

yegua *s. f.* Hembra del caballo.

yeguada *s. f.* Manada o rebaño de caballos, especialmente el que está dedicado a la cría.

yeísmo *s. m.* Hecho de pronunciar la *ll* igual que la *y*; por ejemplo, en las palabras *rallar* y *rayar.*

yeísta *adj.* y *s.* Que pronuncia la *ll* igual que la *y.*

yelmo *s. m.* Parte de la armadura antigua que protegía la cabeza y la cara.

yema *s. f.* **1.** Parte amarilla del huevo. **2.** Dulce que se hace con esta parte del huevo y azúcar. **3.** Parte de abajo de la punta de los dedos. **4.** Bulto en las ramas de las plantas por donde saldrán otras ramas, las hojas o las flores.

YACER
INDICATIVO

Presente

yazco, yazgo o yago
yaces
yace
yacemos
yacéis
yacen

SUBJUNTIVO

Presente

yazca, yazga o yaga
yazcas, yazgas o yagas
yazca, yazga o yaga
yazcamos, yazgamos o yagamos
yazcáis, yazgáis o yagáis
yazcan, yazgan o yagan

IMPERATIVO

| yace o yaz (tú) | yaced (vosotros) |
| yazca (usted) | yazcan (ustedes) |

yemení *adj.* y *s.* Del Yemen, país de Asia.

yen *s. m.* Moneda de Japón.

yerba *s. f.* Hierba.

yerbabuena *s. f.* Hierbabuena.

yerbajo *s. m.* Hierbajo.

yermo, ma *adj.* y *s. m.* **1.** Se dice del terreno que no está cultivado. **2.** Deshabitado, desierto. **SIN. 1.** Baldío, inculto. **ANT. 1.** Fértil; sembrado. **2.** Habitado, poblado.

yerno *s. m.* Para una persona, el marido de su hija.

yero *s. m.* Planta de la misma familia que la judía y el garbanzo; sus semillas se usan para dar de comer al ganado.

yerro *s. m.* Error, equivocación. **SIN.** Desacierto. **ANT.** Acierto.

yerto, ta *adj.* Rígido y sin moverse. **SIN.** Inmóvil, inerte.

yesal o **yesar** *s. m.* **1.** Terreno en el que abunda el yeso. **2.** Cantera de yeso.

yesca *s. f.* Material muy seco que se usaba para encender fuego.

yesería *s. f.* **1.** Sitio en el que se fabrica o vende yeso. **2.** Obra hecha de yeso.

yeso *s. m.* Mineral muy blando, incoloro, blanco o castaño. En polvo y mezclado con agua forma una pasta que usan albañiles y escultores.

yeta *s. f. Amér.* Mala suerte.

yeti *s. m.* Ser gigantesco y peludo que, según algunas leyendas, habita en las montañas del Himalaya.

yeyé o **ye-yé** *adj.* y *s.* Se dice de la música pop de los años sesenta del siglo XX y de sus intérpretes y seguidores.

yeyuno *s. m.* Parte central del intestino delgado.

yiddish (ingl.) *s. m.* Lengua hablada por algunos judíos de origen europeo.

yihad (ár.) Guerra santa de los musulmanes.

yihadista *adj.* y *s.* De la *yihad* o partidario de ella.

yin (del chino) *s. m.* En el taoísmo, fuerza universal pasiva y femenina que, junto con su opuesto, el *yang*, es responsable de todo lo que se produce en la naturaleza.

yincana *s. f.* Carrera en la que los participantes deben vencer muchos obstáculos y dificultades.

yo *pron. pers.* Expresa la primera persona del singular, la persona que habla, y se usa con la función de sujeto: *Yo iré a verla.*

yodado, da *adj.* Que tiene yodo: *sal yodada.*

yodo *s. m.* Elemento químico de color oscuro que se encuentra en el suelo en forma de sales y en las algas y otros seres vivos marinos. Se usa como desinfectante y es muy importante para el organismo. □ Se escribe también *iodo.*

yoga *s. m.* Método de origen hindú que, mediante unos ejercicios físicos y mentales, sirve para controlar el cuerpo y la mente y perfeccionar el espíritu.

yogui *s. m.* y *f.* Persona que practica el yoga.

yogur (del turco) *s. m.* Producto de consistencia cremosa y sabor un poco agrio que se hace con leche fermentada.

yogurtera *s. f.* Aparato que sirve para hacer yogur.

yonqui *s. m.* y *f.* En argot, persona adicta a la heroína.

yóquey o **yoqui** (del ingl.) *s. m.* y *f.* Jinete que monta a los caballos en las carreras.

yorkshire (ingl.) *adj.* y *s.* Se dice del perro de una raza de tamaño muy pequeño con el pelaje largo y oscuro.

yoyó *s. m.* Juguete formado por dos discos redondos unidos por un eje, que se hace subir y bajar mediante un cordel que se enrolla y desenrolla.

yuan *s. m.* Moneda de China.

yuca *s. f.* **1.** Planta americana que tiene el tallo cilíndrico terminado en unas hojas largas, gruesas y tiesas que forman un abanico; de ellas salen unas flores blancas que parecen globos. **2.** Mandioca.

yudo (del jap.) *s. m.* Deporte de lucha de origen japonés en la que cada uno de los luchadores intenta derribar al contrario por medio de llaves.

yudoca *s. m.* y *f.* Persona que practica el yudo.

yugo *s. m.* **1.** Instrumento de madera empleado para unir dos animales de tiro y al que se sujeta el carro o el arado. **2.** Autoridad o dominio: *Todo el país estaba bajo el yugo del dictador.* **3.** Atadura o carga muy pesada.

yugoeslavo, va o **yugoslavo, va** *adj.* y *s.* De Yugoslavia, antigua república del sureste de Europa.

yugular *adj.* y *s. f.* Se dice de las venas que recogen la sangre del cerebro y la llevan al corazón.

yunque *s. m.* **1.** Objeto de hierro que sirve para trabajar sobre él los metales golpeándolos con un martillo. **2.** Uno de los cuatro huesecillos que hay en el oído medio.

yunta *s. f.* Pareja de bueyes, mulas o de otros animales de tiro o de trabajo.

yuntero *s. m.* Hombre que labra la tierra con una yunta.

yuppie (ingl.) *s. m.* y *f.* Joven profesional que trabaja en una ciudad, tiene estudios universitarios y buena posición económica.

yurta (del ruso) *s. f.* Tienda circular con el techo en forma de cúpula que usan los nómadas del norte de Mongolia.

yute *s. m.* Planta de flores amarillas y fruto en cápsula, de cuya corteza se saca una fibra con la que se hacen tejidos de arpillera y esteras. Procede de Asia.

yuxtaponer *v.* Poner una cosa junto a otra. □ Es v. irreg. Se conjuga como *poner*.

yuxtaposición *s. f.* En gramática, unión de dos o más palabras u oraciones sin utilizar un enlace o una conjunción, por ejemplo, mediante comas.

yuxtapuesto, ta 1. *p.* de **yuxtaponer.** También *adj.* ‖ *adj.* **2.** Unido por yuxtaposición: *oraciones yuxtapuestas.*

yuyu *s. m.* **1.** *fam.* Miedo: *Entra tú, que a mí me da yuyu.* **2.** *fam.* Ataque de nervios: *Cuando vio cómo se iba el tren casi le da un yuyu.*

Z z

z *s. f.* Vigesimoséptima y última letra del abecedario.

zafarrancho *s. m.* **1.** Hecho de preparar un barco para un trabajo o una actividad. **2.** En el Ejército, limpieza general en un cuartel. **3.** *fam.* Destrozo, lío o pelea. ‖ **4. zafarrancho de combate** Acción de prepararse para entrar en combate inmediatamente.

zafarse *v.* **1.** Escaparse, escabullirse. **2.** Desatarse o soltarse.

zafiedad *s. f.* Característica de zafio.

zafio, fia *adj.* y *s.* Inculto y grosero. **SIN.** Ordinario, rudo, tosco. **ANT.** Refinado, culto.

zafiro *s. m.* Piedra preciosa de color azul y muy dura, que se utiliza en joyería.

zafra¹ *s. f.* Vasija grande de metal en que se guarda el aceite.

zafra² *s. f.* **1.** Cosecha de la caña de azúcar. **2.** Fabricación del azúcar de caña y de la remolacha.

zaga *s. f.* **1.** La parte de atrás o el último lugar. **2.** En algunos deportes, jugadores que forman la defensa del equipo. **SIN. 1.** Trasera, final. **ANT. 1.** y **2.** Delantera.

zagal, la *s. m.* y *f.* **1.** Muchacho o muchacha. **2.** Pastor o pastora joven que está a las órdenes de otro pastor.

zaguán *s. m.* Espacio a la entrada de una casa, junto a la puerta de la calle. **SIN.** Vestíbulo, recibidor.

zaguero, ra *adj.* **1.** Que va o se queda el último. ‖ *s. m.* y *f.* **2.** En algunos deportes, sobre todo en *rugby*, defensor de un equipo. ‖ *s. m.* **3.** En los juegos de pelota por parejas, jugador que se coloca en la parte de atrás de la cancha. **SIN. 1.** Rezagado. **2.** Defensa. **ANT. 1.** Primero. **2.** Delantero.

zaherir *v.* Ofender, humillar. □ Es v. irreg. Se conjuga como *sentir*. **SIN.** Escarnecer, vilipendiar. **ANT.** Alabar.

zahones *s. m. pl.* Especie de pantalones de cuero o paño fuerte que usan los cazadores y las personas que trabajan con ganado.

zahorí *s. m.* Persona que tiene el poder de descubrir lo que está oculto, sobre todo lo que se encuentra bajo tierra, como los manantiales.

zahúrda *s. f.* Pocilga.

zaíno, na o **zaino, na** *adj.* Se dice de las caballerías que tienen el pelo castaño oscuro, y de los toros y vacas de pelo completamente negro.

zaireño, ña *adj.* y *s.* De Zaire, país de África.

zalamería *s. f.* Caricia o cualquier otra demostración de cariño para adular a alguien o conseguir algo de él. **SIN.** Halago, lisonja, zalema.

zalamero, ra *adj.* y *s.* Que hace zalamerías.

zalema *s. f.* **1.** *fam.* Reverencia que se hace a alguien como muestra de respeto. **2.** Zalamería.

zamarra o **zamarro** *s. f.* o *m.* Pelliza.

zambo, ba *adj.* y *s.* **1.** Patizambo. **2.** Hijo de un negro y una india, o al revés. **3.** *Amér.* Mulato.

zambomba *s. f.* Instrumento musical parecido a un tambor, con una varilla que se frota con la mano humedecida y produce un sonido ronco.

zambombazo *s. m.* **1.** Explosión, estampido. **2.** Golpe fuerte. **SIN. 1.** Estallido, cañonazo, pepinazo. **2.** Porrazo.

zambullida *s. f.* Acción de zambullir o zambullirse.

zambullir *v.* **1.** Meter o meterse de golpe debajo del agua. ‖ **zambullirse 2.** Concentrarse mucho en algo: *zambullirse en el trabajo.* □ Es v. irreg. Se conjuga como *mullir.*

zamburiña *s. f.* Molusco marino parecido a la vieira, pero más pequeño. Es apreciado como alimento.

zamorano, na *adj.* y *s.* De Zamora, ciudad y provincia españolas.

zampabollos *s. m.* y *f. fam.* Persona que come mucho. **SIN.** Tragón.

zampar *v.* Comer mucho, rápido y con ansia. **SIN.** Tragar, devorar.

zampón, na *adj.* y *s. fam.* Se dice de la persona que come mucho. **SIN.** Comilón, tragón.

zampoña *s. f.* Instrumento parecido a una flauta o formado por varias flautas unidas.

zanahoria *s. f.* **1.** Planta que tiene una raíz gruesa y alargada, de color anaranjado, que se usa como alimento. **2.** Esta raíz.

zanca *s. f.* **1.** Pata larga de algunas aves. **2.** *fam.* Pierna larga y delgada.

zancada *s. f.* Paso largo. **SIN.** Tranco.

zancadilla *s. f.* Hecho de cruzar alguien su pierna delante de otro que anda o corre para que tropiece y se caiga.

zancadillear *v.* Poner la zancadilla a alguien.

zancajo *s. m.* Talón y hueso que lo forma.

zanco *s. m.* **1.** Cada uno de los dos palos largos con unos soportes para los pies, en los que se sube una persona y anda con ellos manteniendo el equilibrio. **2.** Zueco, chanclo.

zancudo, da *adj.* Que tiene zancas o patas largas: *aves zancudas.*

zanganear *v.* Hacer el zángano. **SIN.** Holgazanear, vaguear.

zángano, na *adj.* y *s.* **1.** *fam.* Perezoso, vago. || *s. m.* **2.** Macho de la abeja reina. **SIN.** 1. Holgazán. **ANT.** 1. Trabajador.

zangolotino, na *adj.* y *s. fam.* Se dice del muchacho ya crecido que se viste o se comporta como un niño de menos edad.

zanja *s. f.* Hoyo largo y estrecho que se cava en el suelo. **SIN.** Fosa, foso.

zanjar *v.* Terminar o resolver algo del todo. **SIN.** Solventar, liquidar.

zanquilargo, ga *adj.* y *s. fam.* Que tiene las piernas muy largas.

zapa *s. f.* **1.** Excavación de una galería subterránea o una zanja al descubierto. **2.** Especie de pala que usan los zapadores.

zapador *s. m.* Soldado que en la guerra se encarga de cavar zanjas, hacer trincheras, puentes y tareas parecidas.

zapapico *s. m.* Herramienta con mango de madera, terminada por un lado en punta y por el otro en una hoja estrecha.

zapata *s. f.* Pieza de algunos vehículos que roza con las ruedas para hacerlos frenar.

zapatazo *s. m.* **1.** Golpe que se da con el zapato. **2.** Golpe o ruido fuerte.

zapateado *s. m.* Baile español en que se dan golpes con los zapatos en el suelo.

zapatear *v.* Dar golpes en el suelo con los zapatos, como se hace en algunos bailes flamencos. **SIN.** Taconear.

zapatería *s. f.* Tienda donde se venden zapatos y otros tipos de calzado.

zapatero, ra *adj.* **1.** De los zapatos o relacionado con ellos. **2.** Se dice de alimentos como las patatas o las legumbres que resultan duros porque hace tiempo que se cocinaron o no son de buena calidad. || *s. m.* y *f.* **3.** Persona que hace, arregla o vende zapatos. || *s. m.* **4.** Mueble para guardar zapatos. **5.** Insecto de cuerpo estrecho y patas muy largas que se mueve por encima del agua.

zapatiesta *s. f. fam.* Jaleo, lío, pelea.

zapatilla *s. f.* Zapato muy cómodo, como los que se usan para hacer deporte o para estar en casa.

zapato *s. m.* Calzado que no llega al tobillo.

zapear *v.* Hacer *zapping*.

zapeo o **zapping** (*zapping* es ingl.) *s. m.* Hecho de estar cambiando continuamente de canal de televisión con el mando a distancia.

zar *s. m.* Nombre que se daba al emperador de Rusia y al rey de Bulgaria.

zaragozano, na *adj.* y *s.* De Zaragoza, ciudad y provincia españolas.

zaragüelles *s. m. pl.* Calzones anchos usados antiguamente.

zarandajas *s. f. pl.* Cosas poco importantes o sin valor.

zarandear *v.* Mover a una persona o cosa de un lado a otro varias veces y de manera brusca. **SIN.** Agitar, sacudir.

zarandeo *s. m.* Acción de zarandear. **SIN.** Sacudida.

zarcillo *s. m.* **1.** Pendiente, sobre todo el de forma de aro. **2.** Rama larga y delgada de algunas plantas, como la vid, que se retuerce para trepar por un lugar y sujetarse.

zarco, ca *adj.* De color azul claro.

zarevich (del ruso) *s. m.* Hijo del zar, heredero de la corona rusa.

zarigüeya *s. f.* Animal mamífero americano de tamaño mediano o pequeño, con el hocico alargado y la cola prensil, con la que sujeta a sus crías cuando las transporta sobre el lomo. Es marsupial, como el canguro, omnívoro y desarrolla prácticamente toda su actividad por la noche.

zarina *s. f.* **1.** Emperatriz de la antigua Rusia. **2.** Esposa del zar.

zarismo *s. m.* Forma de gobierno propia de los zares.

zarista *adj.* **1.** Del zarismo. || *adj.* y *s.* **2.** Partidario del zarismo.

zarpa *s. f.* **1.** Garra. **2.** *fam.* y *desp.* Mano.

zarpar *v.* Salir un barco del lugar donde estaba parado, comenzar a navegar.

zarpazo *s. m.* Arañazo o golpe que se da con la zarpa.

zarrapastroso, sa *adj.* y *s. fam.* Sucio y con la ropa vieja o rota. **SIN.** Desaseado, desaliñado. **ANT.** Elegante.

zarza *s. f.* Nombre de varios arbustos con muchas espinas, por ejemplo, la planta que da las moras, también llamada *zarzamora.*

zarzal *s. m.* Lugar donde hay muchas zarzas.

zarzamora *s. f.* Planta de tallos fuertes con muchas espinas, flores blancas o rosas, y frutos dulces y de color oscuro, que también se llaman *zarzamoras* o *moras.*

zarzaparrilla *s. f.* Bebida refrescante, de color oscuro y sabor dulce, preparada con la raíz de una planta americana del mismo nombre.

zarzuela *s. f.* **1.** Obra de teatro musical en la que se canta y a veces se habla, y es típica española. **2.** Guiso hecho con mariscos y pescados en salsa.

zarzuelista *s. m.* y *f.* Compositor de letras o música para zarzuelas.

zascandil *adj.* y *s. fam.* Persona poco seria e informal, que no para quieta en ningún sitio. **SIN.** Inquieto, revoltoso.

zascandilear *v.* Estar continuamente de un lado para otro, haciendo cosas que no sirven para nada o enredando. **SIN.** Trastear.

zéjel *s. m.* Composición poética de origen árabe.

zenit o **zénit** *s. m.* Cenit o cénit.

zepelín *s. m.* Dirigible.

zigoto *s. m.* Cigoto.

zigurat *s. m.* Edificación religiosa de ladrillo, con forma de pirámide escalonada, propia del arte mesopotámico.

zigzag *s. m.* Línea que va primero hacia un lado y luego hacia el otro.

zigzaguear *v.* Moverse o estar colocado en zigzag.

zinc *s. m.* Cinc.

zíper *s. m. Amér.* Cremallera.

zipizape *s. m. fam.* Riña, jaleo.

zócalo *s. m.* **1.** Rodapié colocado en una pared. **2.** En arquitectura, parte inferior del exterior de un edificio sobre la que se colocan los basamentos. **3.** Parte inferior de un pedestal. **SIN. 1.** Friso.

zocato, ta *adj.* y *s. fam.* Zurdo.

zoco *s. m.* Mercado típico de Marruecos y otros países del norte de África.

zódiac (marca registrada) *s. f.* Lancha pequeña de caucho con motor.

zodiacal *adj.* Del Zodiaco.

Zodiaco o **Zodíaco** *n. pr. m.* Zona del cielo que se divide en doce partes, que corresponden a doce constelaciones o signos: Aries, Tauro, Géminis, Cáncer, Leo, Virgo, Libra, Escorpión, Sagitario, Capricornio, Acuario y Piscis. Según la astrología, estos signos influyen en el carácter y la vida de las personas.

zombi *s. m.* y *f.* **1.** Según algunas creencias, relatos, etc., muerto viviente resucitado por arte de brujería o por otras causas. || *adj.* y *s.* **2.** *fam.* Persona atontada, que se mueve de forma mecánica y sin pensar lo que hace. **SIN. 2.** Alelado, embobado. **ANT. 2.** Despierto.

zona *s. f.* Espacio más o menos extenso que hay dentro de un lugar o de una cosa. **SIN.** Región, franja, sector.

zonzo, za *adj.* y *s.* Se dice de la persona que es tonta y sosa. **SIN.** Sosaina.

zoo *s. m.* Zoológico.

zoología *s. f.* Parte de la biología que estudia los animales.

zoológico, ca *adj.* **1.** Relacionado con la zoología. || *s. m.* **2.** Parque en el que se guardan animales de muchos lugares del mundo y que puede ser visitado por el público.

zoólogo, ga *s. m.* y *f.* Persona especializada en zoología.

zoom (ingl.) *s. m.* Zum.

zoomorfo, fa *adj.* Que tiene forma o apariencia de animal.

zooplancton *s. m.* Parte del plancton marino formado por animales.

zootecnia *s. f.* Conjunto de conocimientos y técnicas sobre la cría de animales domésticos.

zootécnico, ca *adj.* De la zootecnia.

zopenco, ca *adj.* y *s. fam.* Tonto, torpe.

zopilote *s. m.* Ave rapaz americana parecida al buitre, pero más pequeña, con las plumas negras y la cabeza pelada. Se alimenta sobre todo de carroña.

zoquete *adj.* y *s. m. fam.* Tonto, torpe.

zorra *s. f.* **1.** Zorro. **2.** Hembra del zorro. || *adj.* y *s. f.* **3.** *fam.* Prostituta. **4.** *fam.* Mujer astuta. **SIN. 4.** Pícara, espabilada. **ANT. 4.** Ingenua.

zorrera *s. f.* Pequeña cueva en la que viven los zorros.

zorrería *s. f. fam.* Astucia.

zorrillo *s. m. Amér.* Mofeta.

zorro *s. m.* **1.** Mamífero carnívoro que tiene el hocico puntiagudo, las orejas grandes y una cola muy larga y muy peluda. Es un animal que tiene fama de ser astuto. || *adj.* y *s. m.* **2.** *fam.* Hombre astuto. || *s. m. pl.* **3.** Utensilio para sacudir el polvo formado por unas tiras de tela gruesa, cuero, etc., unidas a un mango de madera. || **LOC. hecho unos zorros** Muy cansado o agotado; también, destrozado. **SIN. 2.** Ladino.

zorruno, na *adj.* Del zorro o que se parece a este animal.

zorzal *s. m.* Nombre popular de varios pájaros; el zorzal común es de color pardo por arriba y tiene el pecho amarillento con pequeñas motas.

zote *adj.* y *s.* Tonto, torpe.

zozobra *s. f.* **1.** Sensación de temor o intranquilidad. **2.** Acción de zozobrar una embarcación. **SIN. 1.** Inquietud, desasosiego. **ANT. 1.** Serenidad.

zozobrar *v.* **1.** Naufragar una embarcación. **2.** Fracasar.

zueco *s. m.* **1.** Calzado de madera que usan los campesinos en algunos lugares para andar por el barro o por sitios mojados. **2.** Zapato de cuero sin la parte de atrás y con la suela de corcho o madera. **SIN. 1.** Chanclo, zanco.

zulo *s. m.* Escondite pequeño y subterráneo para ocultar algo o a alguien.

zulú *adj.* y *s.* De un pueblo de raza negra que habita en el sur de África.

zum *s. m.* **1.** Objetivo de una cámara de fotos, de vídeo o televisión que permite enfocar la imagen más cerca o más lejos. **2.** Efecto de acercamiento o alejamiento de la imagen que vemos en una pantalla.

zumba *s. f.* Broma, burla.

zumbado, da **1.** *p.* de **zumbar**. ‖ *adj.* y *s.* **2.** *fam.* Loco. **SIN. 2.** Chiflado, sonado.

zumbador, ra *adj.* **1.** Que zumba: *el vuelo zumbador del abejorro.* ‖ *s. m.* **2.** Timbre eléctrico que produce un zumbido sordo.

zumbar *v.* **1.** Producir un zumbido. **2.** Tener un zumbido en los oídos. **3.** *fam.* Pegar, sacudir. ‖ **LOC. salir zumbando** Irse muy deprisa.

zumbido *s. m.* **1.** Ruido continuo como el que hacen las abejas al volar, algunos motores y otras cosas. **2.** Sensación parecida a este ruido que a veces se tiene en el oído.

zumbón, na *adj.* **1.** Que zumba. ‖ *adj.* y *s.* **2.** *fam.* Burlón, bromista.

zumo *s. m.* Líquido que se saca exprimiendo o triturando frutas y algunas hortalizas. **SIN.** Jugo, néctar.

zurcido, da **1.** *p.* de **zurcir**. También *adj.* ‖ *s. m.* **2.** Remiendo.

zurcir *v.* Coser alguna tela para tapar un agujero que se ha hecho. **SIN.** Remendar.

zurdo, da *adj.* y *s.* **1.** Que maneja mejor la mano o el pie izquierdo que el derecho. ‖ *adj.* y *s. f.* **2.** Mano o pierna izquierda. **SIN. 1.** Zocato. **ANT. 1.** y **2.** Diestro. **2.** Derecha.

zurear *v.* Hacer arrullos las palomas.

zurra *s. f. fam.* Paliza.

zurrar *v. fam.* Pegar, golpear. **SIN.** Atizar.

zurraspa *s. f. fam.* Mancha de excremento en la ropa interior. **SIN.** Palomino.

zurriagazo *s. m.* **1.** Latigazo o golpe con una cosa flexible. **2.** Sacudida, golpazo.

zurriago *s. m.* Látigo.

zurrón *s. m.* Bolsa que se lleva colgada. **SIN.** Morral, macuto.

zurullo *s. m.* **1.** Trozo que está más duro que el resto en las cosas blandas y esponjosas. **2.** *fam.* Trozo de excremento que se expulsa de una vez. **SIN. 2.** Mojón.

zutano, na *s. m.* y *f.* Se usa con las palabras *fulano* o *mengano* para hablar de una persona cualquiera.